WALTER LEISNER · EIGENTUM

Schriften zum Öffentlichen Recht

Band 712

Walter Leisner

EIGENTUM

Schriften zu Eigentumsgrundrecht und Wirtschaftsverfassung 1970-1996

Herausgegeben von

Josef Isensee

Duncker & Humblot · Berlin

Die Deutsche Bibliothek – CIP-Einheitsaufnahme

Leisner, Walter:
Eigentum : Schriften zu Eigentumsgrundrecht und Wirtschaftsverfassung 1970–1996 / von Walter Leisner. Hrsg. von Josef Isensee. – Berlin: Duncker und Humblot, 1996
(Schriften zum öffentlichen Recht; Bd. 712)
ISBN 3-428-08813-1
NE : Isensee, Josef [Hrsg.] ; GT

Satz: W. März, Tübingen
Druck: Berliner Buchdruckerei Union GmbH, Berlin
Printed in Germany

ISSN 0582-0200
ISBN 3-428-08813-1

Vorwort des Herausgebers

I.

Freiheit und Eigentum wachsen aus denselben geistigen Wurzeln. Die Urfrage der Staatsphilosophie, wozu der Staat da ist und was die Menschen bewegt, ihre natürliche Freiheit zugunsten staatlicher Ordnung aufzugeben, beantwortet John Locke, der Vater des politischen Liberalismus: Sie vereinigten sich zum Staat, um gegenseitig ihr Leben, ihre Freiheit und ihre Güter, was er ganz allgemein Eigentum nenne, zu sichern. „Das große und hauptsächliche Ziel, zu dem sich Menschen im Staatswesen zusammenschließen, ist die Erhaltung ihres Eigentums." Der Staat hat Leben, Freiheit und Eigentum zu gewährleisten und vor Übergriffen Privater zu schützen. Aber er hat auch nur so viel Macht, wie diese Aufgabe erheischt. Die Aufgabe ist notwendig begrenzt, damit der Garant der Rechte nicht seinerseits zum Störer werde und die Sicherheit vor den privaten Übergriffen nicht erkauft werde durch die Gefahr seines maßlosen Zugriffs.

In dieser Philosophie, die den genetischen Code des Verfassungsstaates enthält, ist das Eigentum *vor* dem Staat. Es leitet sich ab aus der Person des Menschen. Die Arbeit seines Körpers und das Werk seiner Hände seien im eigentlichen Sinne sein eigen. Was immer er der Natur abringe, habe er mit einem Element seiner selbst, seiner Arbeit, durchdrungen und angereichert, damit sich angeeignet. Grundsätzlich könne niemand außer ihm selbst ein Recht haben auf irgend etwas, was sich einmal mit seiner Arbeit verbunden habe. Wenn die Welt auch allen Menschenkindern gemeinsam gegeben sei, so erlangten doch die Einzelnen durch ihre Arbeit gesonderte Ansprüche auf bestimmte ihrer Teile zu persönlicher Nutzung. Aus der Daseinsverfassung des Menschen also ergibt sich das Privateigentum: Ausdruck der Person, Ergebnis der Arbeit, gegenständliche Freiheit.

Eigentum ist Menschenrecht. Darin hat es gleichen Rang mit der Freiheit. Freiheit und Eigentum gehören zusammen. Diese Erkenntnis steht am Anfang der menschenrechtlichen Entdeckungen und der verfassungsstaatlichen Entwürfe dreier Jahrhunderte. Freiheit und Eigentum lassen sich nicht voneinander lösen und gesonderten Sphären zuweisen, die eine der geistigen und das andere der dinglichen. Denn die Freiheit strebt nach Eigentum, und sie bedarf seiner. Der Erwerb ist Ziel, das Haben Grundlage, die Nutzung Inhalt. Durch das Eigentum, sagt Hegel, gibt sich die Person die Sphäre äußerer Freiheit. Die Sache wird aus der Dingwelt in die Rechtswelt erhoben dadurch, „daß Ich meinen persönlichen Willen in sie hineinlege“. Das Eigentum ist „vom Standpunkt der Freiheit aus“ mehr als bloßes Mittel zur Befriedigung der Bedürfnisse, es ist Wirklichkeit der Freiheit; darin aber ist es „wesentlicher Zweck für sich“.

„Freiheit und Eigentum“ wird zur grundrechtlich-rechtsstaatlichen Chiffre für den privaten Lebens- und Wirkungskreis, der dem Staat verschlossen ist. Der Eingriff der öffentlichen Gewalt steht unter Rechtfertigungszwang. Er muß bestimmten rechtlichen Kautelen genügen, vor allem dem Vorbehalt des Gesetzes. Hier geht es nicht bloß um Rechtstechnik, sondern um ein Konstitutionsprinzip des liberalen Gemeinwesens. Das Eigentum schafft dem Bürger Unabhängigkeit vom Staat, sichert ihm politisches Selbstbewußtsein und gibt ihm die Fähigkeit, seine Freiheit tatsächlich auszuüben. Aus der Symbiose von Freiheit und Eigentum erhebt sich die bürgerliche Gesellschaft als Kultur-, Markt- und Privatrechtsgesellschaft — in fruchtbarer Polarität zum Staat.

II.

Die Einheit von Freiheit und Eigentum wird aufgesprengt durch wirkmächtige antiliberale Ideologie, die einen unversöhnlichen Widerspruch zwischen Freiheit und Eigentum aufreißt. Rousseau klagt das Eigentum an, daß es die Freiheit vernichte. Nach natürlicher Ordnung der Dinge gehörten die Früchte allen, die Erde niemandem. Die Einführung des Privateigentums sei der Sündenfall der Menschheit, mit ihm habe sie ihre Unschuld verloren und sich selbst entfremdet, seinetwegen sei sie verjagt worden aus dem urkommunistischen, natürlichen Paradies in die heutige Zivilisation mit ihren Gegensätzen und Klassenkämpfen, mit Unfreiheit und Ungleichheit. „Der erste, der ein Stück Land eingezäunt hatte und es sich einfallen ließ zu sagen: *dies gehört mir* und der Leute fand, die einfältig waren, ihm zu glauben, war der wahre Gründer der bürgerlichen Gesellschaft“, schreibt Rousseau und nennt die Folgen: Verbrechen, Krieg, Mord, Not, Elend, Schrecknis — am Ende jene Ungleichheit, die dem Gesetz der Natur zuwider sei, daß eine Handvoll Leute sich erbreche am Überfluß, während es der ausgehungerten Masse am Notwendigen ermangele.

Daß Freiheit und Eigentum Menschenrechte sein sollen, provoziert den Hohn von Karl Marx. Menschenrechte liberaler Observanz gelten ihm als Versicherung des Egoismus. Dem verächtlichen Bild des auf sein Privatinteresse und auf seine Privatwillkür zurückgezogenen, vom Gemeinwesen abgesonderten bourgeois stellt er das erhabene Bild des citoyen entgegen, der, alles Eigene opfernd, im Gemeinwesen aufgeht und zu wahrem Menschsein im Kollektiv findet. Die menschenrechtliche Rechtfertigungslast kehrt sich nun um. Nicht der staatliche Eingriff hat sich zu rechtfertigen, sondern das Privateigentum. Vor dem Tribunal des Marxismus besteht es die Probe nicht.

Übrig bleibt gerade noch ein kläglicher Rest staatlich konzedierter Konsum- und Gebrauchsbefugnisse.

Aus dieser Sicht ist Eigentum nicht Ausdruck der Freiheit, sondern Beweis ihres Fehlens. Die eigentliche Herrschaft gründet in der Verfügung über Produktionsmittel, die den Inhaber befähigt, den Nichtinhaber auszubeuten und politisch zu unterdrücken. Freiheit werde erst sein, wenn das Eigentum, das dem Menschen Macht über den Menschen gebe, aufgelöst sei.

Der moralischen Delegitimation des Eigentums folgt seine praktische Vernichtung. Doch der real existierende Sozialismus führt nicht das verheißene Reich der Freiheit herauf. Vielmehr schiebt er dessen Beginn immer weiter hinaus. Zuvor muß er die eigentumslosen Untertanen zur Freiheit erziehen, ihnen die bourgeoisen Rückstände an Eigennutz und Ungleichheit austreiben, bis sie reif sind für das anarchische Paradies der Endzeit, gleichgestimmt, unentwegt arbeitslustig, in Bedürfnissen und Fähigkeiten plankonform. Um der vollkommenen Freiheit der Zukunft willen wird in der Gegenwart ein der Vollkommenheit angenähertes Unterdrückungssystem betrieben.

Die sozialistische Alternative zu Freiheit und Eigentum ist aus innerer Schwäche in sich zusammengestürzt. Der Großversuch am depossedierten Menschen ist abgebrochen. Die alten antikapitalistischen Doktrinen sind versunken im Orkus der welthistorischen Blamage. Aber die Anti-Eigentumsaffekte, so scheint es, überleben und wirken nach in der post-sozialistischen und in der post-spätkapitalistischen Gesellschaft.

III.

Der Staat des Grundgesetzes setzt sich kraftvoll ab von den Totalitarismen, die Deutschland erfahren hat und mit denen es konfrontiert ist, und richtet die Grundrechte wieder auf. Sie durchdringen die Rechtsordnung und leiten das staatliche Leben. Um sie rankt sich üppige Dogmatik. Zugleich entwickeln sie Integrationskraft und erlangen glückliche Popularität.

Doch die Renaissance der Grundrechte ergibt keine neue Einheit von Freiheit und Eigentum. Das Eigentum nimmt nur eingeschränkt teil an der Renaissance, auch wenn es seinen angestammten Platz im Grundrechtskatalog der Verfassung wieder besetzt. Seine Entwicklung verläuft anders als die der ideellen Freiheiten, auch wenn Parallelen und Wechselbeziehungen zu erkennen sind. Die Grundrechtsnorm des Eigentums ist ein Formelkompromiß voll innerer Widersprüche. Die Textgestalt zeigt die auffällige Divergenz zwischen der knappen Gewährleistung des Eigentums und dem breiten Potential der Durchbrechungen: Schrankenregelung, Sozialpflichtigkeit, Enteignung, Sozialisierung. Dort ist der Wortlaut kurz und unklar, hier ausführlich und unklar. Widersprüche zeichnen sich ab zwischen der privatrechtlichen Ordnung des Eigentums und seiner verfassungsrechtlichen Gewährleistung, dem Verfassungsrang des Grundrechts und der Ausgestaltung durch den Gesetzgeber, zwischen der (im Wörtchen „zugleich“ versteckten) Privatnützigkeit und der Gemeinwohlrelevanz, zwischen dem Interesse des Eigentümers und dem Wohl der Allgemeinheit. Letzteres wird dreimal apostrophiert: als Leitbild für den Gebrauch des Eigentums, als Voraussetzung der Enteignung und als Kriterium für die Höhe der Entschädigung (in „gerechter Abwägung“ mit den Interessen der Beteiligten). „Eigentum verpflichtet“ — aber wozu? Darüber schweigt das Grundgesetz, allen Geboten normativer Befehlsklarheit spottend. Just das Schweigen animiert die politisierende und moralisierende Phantasie. Undefiniert sind die tatbestandlichen Unterschiede zwischen Sozialbindung, Enteignung, Sozialisierung. Unverbunden neben dem Eigentumsgrundrecht stehen Steuerkompetenzen und soziales Staatsziel. Damit erhebt sich die Schwierigkeit, zu bestimmen, ob, wo und wie das Grundrecht der Abgabenhoheit und der sozialen Umverteilung eine Grenze zieht und ob es einen verfassungserheblichen Unterschied gibt zwischen grundrechtlich geschütztem Eigentum und Transferleistungen („sozialen Besitzständen“). Auslegungsschwierigkeiten zuhauf! Die wirkliche Bedeutung des Grundrechts erschließt und entscheidet sich in der Interpretation.

Die Rechtsprechung knüpft an die Weimarer Tradition an und vermittelt der Eigentums- und der Entschädigungsgarantie rechtsstaatliche Fasson. Sie leistet Auslegungsarbeit von Fall zu Fall. Auslegung im Großen erreicht sie in einer Sternstunde, wenn das Bundesverfassungsgericht in den Judikaten zur Vermögen- und Erbschaftsteuer 1995 die Grenzen des legitimen Steuerzugriffs aus dem grundrechtlichen Schutz des Eigentums und des Erbrechts herleitet, die Verfügungsgewalt und Nutzungsbefugnis über ein Vermögen als Ausprägung der allgemeinen Handlungsfreiheit deutet, Vermögenspositionen mitsamt des Vermögensertrags als Grundlage individueller Freiheit begreift und den Zusammenhang von Freiheit und Eigentum wiederherstellt. Im allgemeinen aber hat es das Eigentum als Freiheitsrecht schwer, sich in der Rechtspraxis zu behaupten vor der Begehrlichkeit des Abgabenstaates und dem Regulierungs- und Umverteilungsdrang des Sozialstaates; vor zunehmender Abhängigkeit von öffentlicher Planung, Leistung und Lenkung; vor dem Regime der Drittbetroffenen, die Zustimmungs-, Einspruchs- und Kontrollrechte über den Gebrauch des Privat- und Betriebseigentums ausüben. Das Eigentum gerät in undurchschaubare Abwägungsprozeduren mit kollidierenden öffentlichen und privaten Belangen, ohne daß Klarheit über Maße und Gewichte bestände — im Kontrast zu deutlich erkennbaren politischen Bestrebungen, bestimmten Belangen das Übergewicht zu verschaffen, vor allem denen des sozial Schwächeren und denen des Umweltschutzes. Die Rechtsprechung weitet den Eigentumsbegriff und nimmt alle vermögenswerten Rechte in seinen Schutzbereich auf, auch Forderungen, Anteilsrechte, schließlich Anwartschaften in der Sozialversicherung, die für den Großteil der heutigen Gesellschaft jene Subsistenzgarantie leistet, die herkömmlich Eigentum und Erbrecht zukam. Die Ausweitung des Eigentumstatbestandes führt zur Ausdünnung seiner normativen Kraft. Es ist noch offen, ob das klassische Eigentum im Sinne des bürgerlichen Rechts an grundrechtlichem Schutz verliert, ohne daß das neue Eigentum an Bestandssicherheit gewinnt. Wenn nunmehr der Mieter so gut „Eigentümer" ist wie der Vermieter, ergibt sich ein grundrechtliches Patt. Der Versuch, es aufzulösen mit den abstrakten Vorgaben des Verfassungsrechts, gefährdet die differenzierte Ordnung des Privatrechts und leistet letztlich dem Eigentum als Freiheitsrecht einen Bärendienst.

Die Verfassungsdogmatik trägt wenig dazu bei, dem Rechtsmaterial System und Transparenz abzugewinnen. Eher neigt sie dazu, die Kompliziertheit zu steigern. Das Eigentumsgrundrecht wird zunehmend Sache von Spezialisten, die sich von den Generalisten des Verfassungsrechts absondern. Die Eigentumsdogmatik kapselt sich ab von der allgemeinen Grundrechtsdogmatik. Sie widmet sich mehr den Bindungen und Grenzen des Eigentums als seinem Freiheitsgehalt und neigt dazu, das Pferd am Schwanze aufzuzäumen, das Grundrecht von seinen Schranken her zu begreifen. Positivistische Jurisprudenz weicht der Sinnfrage aus und überläßt sie den politischen Mächten. Über der rechtstechnischen Ziselierarbeit am Detail verkümmert der Sinn für die Legitimationsfundamente.

Doch gerade diese sind heute gefährdet. Das Eigentumsgrundrecht wird legitimatorisch bedrängt von vielerlei Kräften, Fiskalismus und Moralismus, Weltverbesserertum und Sozialneid. Postsozialistische und postchristliche Soziallehren wetteifern darin, Eigennutz der Eigentumsausübung und Ungleichheit der Eigentumsverhältnisse zu verdammen und abzulösen durch marktwidrige Umverteilungsentwürfe im Namen sozialer Gerechtigkeit, die alle darauf hinauslaufen, den Maßstab des „sozial Schwachen" zum allgemeinen Maßstab zu machen und das Leitbild des unabhängigen Bürgers durch das des betreuten Bürgers zu ersetzen. Das Eigentum wird funktionalisiert, instrumentalisiert, bis es sich reduziert auf seine Schranken. Wenn es denn noch Grundrecht ist, dann Grundrecht zweiter Klasse. Angesichts solcher Delegitimation fragt es sich, ob das System des Grundgesetzes nicht letztlich einmündet in Freiheit ohne Eigentum.

IV.

An dieser Frage entzündet sich Walter Leisners Lehre vom Eigentum. „Eigentum ist ein eigentümliches Recht: Die meisten haben es, alle streben danach — und doch steht es überall im Streit. Der Kampf ums Recht ist die Theorie, der Kampf ums Eigentum die Praxis. Ohne Eigentumsgarantie bleiben dem Bürger nur ‚nutzlose Freiheiten‘, die Souveränität des Diogenes. Seit zwei Jahrhunderten finden um das Privateigentum, vor allem in Deutschland, die heftigsten Verfassungskämpfe der Neuzeit statt, nirgends ist der Rechtskonsens so gering wie hier — in den Einzelheiten, den Problemen des eigentlichen Eigentums. In der Verfassungsidee ist der Feudalbesitz in das bürgerliche Eigentum übergegangen; wird sich in der grundgesetzlichen Ordnung eine Wandlung vom bürgerlichen Eigentum zum Bürgereigentum vollziehen?“

Am Anfang steht die Legitimation des Eigentums als Menschenrecht und damit seine Legitimation als Grundlage und als wesentlicher Inhalt menschenrechtlicher Freiheit: Eigentum als gespeicherte Freiheit. „Ein Staat, der dem Bürger das Eigentum nimmt oder beschränkt, der verbietet ihm zugleich die Steigerung seiner Freiheit; ein solcher Staat ist ein großes Lager mit gleichen Schlafplätzen.“ In Auseinandersetzung mit den Herausforderungen, denen das Eigentum heute ausgesetzt ist, entwickelt Leisner eine Staats- und Verfassungstheorie des Eigentums, die, als menschenrechtliche Grundlegung, in der Staatslehre der Gegenwart nicht ihresgleichen hat. Das Eigentum wird gewürdigt als Voraussetzung der Demokratie wie der Marktwirtschaft, der liberalen wie der sozialen Gewährleistungen, der Familie wie der Gewerkschaftsfreiheit. Das heißt nicht, daß sich das Ganze des Verfassungsstaates auf ein einziges Recht zurückführen ließe. Doch es bedeutet, daß dieses Rechtsinstitut lebensnotwendig ist für das Ganze und notwendig mit allen seinen Teilen zusammenhängt, daß der Organismus nicht auskommt ohne dieses Organ, in ihm erkrankt oder gesundet. Eine Verfassung, die das Eigentum gewährleistet, ist kein wirtschaftspolitisches Blankett, und sie ist nicht wirtschaftspolitisch indifferent. Sie ist notwendig auch Wirtschaftsverfassung.

Legitimationsgrund und ethisches Leitbild des Eigentums ist die Leistung. Unmittelbar oder erbrechtlich vermittelt, leitet sich das Privateigentum ab von persönlichen Leistungen (und unterscheidet sich dadurch von fürsorgerischen Zuwendungen des Staates). Sein Bestand hängt ab von stetigen Leistungen des Eigentümers, der, was er erworben hat, immer wieder neu erwerben muß, um es zu besitzen. Gegenbild ist der lethargische Drache Fafner auf seinem Nibelungenhort, der in der Stunde der höchsten Gefahr die Warner abweist: „Ich lieg’ und besitz’, laßt mich schlafen.“

Der Grundrechtsjurisprudenz Leisners erschließt sich das Eigentum aus Inhalt und Reichweite der Freiheit, die sich in ihm verkörpert. Ist das Freiheitsrecht sicher bestimmt, können auch die Pflichten, die sich aus widerstreitenden privaten und öffentlichen Belangen ergeben, sachgerecht zugemessen werden. Das Schrankenregime leistet indirekten Freiheitsschutz, wenn seine formellen und materiellen Bedingungen ernstgenommen werden. Leisner gelingt der erstaunliche Nachweis, daß die (bisher nicht ausgeübte) Sozialisierungsermächtigung Ersatz- und Umgehungsformen verbietet und so kraft rechtsstaatlicher Logik das Eigentum als subjektives Recht und als Institut der Wirtschaftsordnung sichert. Zur Bestimmung der Eigentumsschranken bedarf es nicht des Rückgriffs auf plakative Großformeln, politische Klischees und sozialpastorale Erbaulichkeit. Dem Wesen des Grund*rechts* entspricht es, daß Recht und Moral unterschieden werden, daß Freiheit nicht in Moral erstickt, wohl aber als Fähigkeit zum moralischen Eigentumsgebrauch verstanden wird. Öffentliche Aufgaben sollten zuvörderst autonom erfüllt werden, ehe der Rechtszwang einsetzt: Umweltschutz ist auch und zunächst Sache des Eigentümers.

Mit der Legitimation des Eigentums als Menschen*recht* wird der Blick frei auf die ethischen und die religiösen Pflichten, die mit der rechtlichen Freiheit, Gutes zu tun, sich ergeben, im Unterschied zum staatlich organisierten und oktroyierten Altruismus. „Christentum hat stets privates Eigentum bejaht, obwohl, nein: weil die Offenbarung den Wert des Besitzes nicht überschätzt": als Chance und Gefahr des Menschen, seine Güter zum Nächsten hin zu nutzen — oder selbst zu verderben.

Auf festem staats- und verfassungstheoretischem Fundament ersteht Leisners Dogmatik des Eigentums und seines grundrechtlichen Pendants, kraft dessen es die vita brevis seines Inhabers überdauert, des Erbrechts. Deutlich, folgerichtig, kraftvoll entfaltet sich damit ein Freiheitsrecht unter Freiheitsrechten.

Leisner geht den realen Erscheinungsformen des Eigentums nach, vom Grund- bis zum Berufseigentum, von der Baufreiheit bis zum Jagdrecht. Er untersucht Konfliktfelder wie die des Städtebaus, der Bergrechte, der Ökologie, der Altlasten, des eigentümerlosen Alteigentums, das die DDR dem wiedervereinigten Deutschland als Streitstoff hinterlassen hat. Die Fragen reichen von Finessen der Enteignungsentschädigung über Grundfragen der Besteuerung bis zum europäischen Eigentumsbegriff. Leisner beobachtet die Rechtspraxis, er analysiert ihre Ergebnisse und setzt sich mit ihnen kritisch auseinander. Aber er begnügt sich nicht damit, Judikate zu sammeln und zu rubrizieren, wie es dem gängigen Verfassungsgerichtspositivismus entspricht, und – um ein Bild Kants zu verwenden – dem Bundesverfassungsgericht die Schleppe hinterherzutragen. Vielmehr sieht er seine Aufgabe auch und wesentlich darin, ihm mit der Fackel vorauszuleuchten.

Unter Leisners Schriften aus einem Vierteljahrhundert finden sich hochoriginelle Pionierleistung und wissenschaftliches Resümee, systematische Gesamtdarstellung und Ad-hoc-Äußerung zum Einzelproblem, verfassungstheoretisches Räsonnement und funkelnde Streitschrift. Ein literarisches Kabinettstück ist der Essay über den Antiquar: „Handel mit Geist". So vielfältig die Schriften in Thematik und Duktus auch sind: Durchgehend ist die Verbindung von System und Problem, von Begriff und Anschauung, von Sachlichkeit und Verve, von Distanz und Engagement, von Strenge und Virtuosität, von Kompetenz und Esprit.

Die einzelnen Abhandlungen ergeben ein geistiges Ganzes: die Verfassung des Eigentums. Aus dem Boden menschenrechtlicher Theorie erhebt sich das Eigentum zu fester verfassungsrechtlicher Gestalt, verästelt und nuanciert, gleichwohl transparent, traditionsgespeist und gerade deshalb gegenwärtigen wie künftigen Herausforderungen gewachsen. Nun, da im Buch vereint ist, was zu unterschiedlichen Zeiten an disparaten Orten erschien, tritt die Hoffnung, die Leisners Schriften durchdringt, ihnen moralischen Impetus und intellektuellen Glanz gibt, klarer denn je hervor: daß Freiheit und Eigentum wieder zusammenfinden.

Bonn, im Juli 1996 *Josef Isensee*

Inhalt

I. Freiheit und Eigentum

Privateigentum als Grundlage der Freiheit (1977) 3

Freiheit und Eigentum — die selbständige Bedeutung des Eigentums gegenüber der Freiheit (1974) 7

Eigentum — Grundlage der Freiheit (1994) 21

Eigentum als Existenzsicherung? Das „soziale Eigentum" in der Rechtsprechung des Bundesverfassungsgerichts (1986) 52

Privateigentum — Grundlage der Gewerkschaftsfreiheit (1978) 61

Politischer Einfluß des Eigentums — verfassungswidrig? (1975) 73

II. Verfassungsgarantie des Eigentums

Eigentum (1989) 81

Erbrecht (1989) 165

Das Eigentum Privater — Vertragsfreiheit und Sozialbindung (1995) 180

Eigentümer als Beruf — Zum Verhältnis von Art. 12 und Art. 14 GG (1972) 191

Situationsgebundenheit des Eigentums — eine überholte Rechtssituation? (1990) 206

Folgerungen aus der höchstrichterlichen Rechtsprechung zur Gewährleistung des Eigentums (1984) 223

Der Sozialisierungsartikel als Eigentumsgarantie (1975) 233

III. Gegenstände des Eigentums

„Kleineres Eigentum" — Grundlage der Staatsordnung (1976) 253

Eigentumsschutz von Nutzungsmöglichkeiten. Aufopferungsentschädigung für nicht realisierte Nutzungen in der Marktwirtschaft (1992) 291

Die Bodenreform im Lichte einer freiheitlichen Wirtschafts- und Gesellschaftsordnung (1974) . . . 310

Baufreiheit oder staatliche Baurechtsverleihung? (1992) . . . 325

Jagdrecht und Eigentum. Unter besonderer Berücksichtigung des Jagdrechts der Länder (1981) . . . 345

Verfassungsrechtlicher Eigentumsschutz der Anwaltspraxis (1974) . . . 362

IV. Eigentumskonflikte

Städtebauliche Entwicklungsmaßnahmen und Eigentum Privater. Zum neuen Investitionserleichterungs- und Wohnbaulandgesetz (1993) . . . 377

Altlastensanierung zu Lasten der Eigentümer? Sicherheitsrechtliche Zustandsverantwortlichkeit und Eigentumsgrundrecht (1990) . . . 395

Eigentum in engen Rechtsschranken des Umweltschutzes (1993) . . . 414

Forstwirtschaft — Ökologie und Ökonomie (1991) . . . 441

Eigentumsschutz — im Naturschutzrecht eine Ausnahme? (1991) . . . 449

Bestandsgarantie des Eigentums — vom Bergrecht unterminiert? (1988) . . . 465

Das Eigentumssyndikat. Fondseigentum und Zwangsgenossenschaft als Formen der Sozialbindung? (1976) . . . 484

V. Sozialbindung und Eigentum

Sozialbindung des Eigentums nach privatem und öffentlichem Recht. Privates Nachbarrecht als Hilfsmittel zur Bestimmung der „Enteignungsschwelle“ (1975) . . . 507

Eigentumswende. Liegt der Grundwasserentscheidung des Bundesverfassungsgerichts ein neues Eigentumsverständnis zugrunde? (1983) . . . 520

Das Eigentum zwischen privatem Nutzen und sozialer Bindung (1994) . . . 537

Sozialbindung des Waldeigentums. Zu Erwin Nießleins Studie „Waldeigentum und Gesellschaft“ (1980) . . . 550

Regalien und Sozialbindung des Eigentums. Unter besonderer Berücksichtigung des Jagd- und Fischereirechts (1984) . . . 560

Die Höhe der Enteignungsentschädigung. Unterschreitung des Verkehrswertes? (1992) . . . 577

Degressive Ersatzleistungen? Ansätze zu einer „Sozialisierung" von Entschädigung und Schadensersatz (1993) 597

Wertermittlung bei Inanspruchnahme von Grundstücken durch Versorgungsleitungen (1974) 614

Entschädigung für enteignende Eingriffe in das Waldeigentum unter besonderer Berücksichtigung des Verkehrswertprinzips (1977) 623

VI. Alteigentum — Ost

Das Bodenreform-Urteil des Bundesverfassungsgerichts. Kriegsfolge- und Eigentumsentscheidung (1991) 635

Verfassungswidriges Verfassungsrecht. Nach dem „Bodenreform-Urteil" des Bundesverfassungsgerichts (1992) 651

Rückerwerbsrecht von Alteigentum Ost — nach Gesetz oder Verwaltungspraxis? (1992) 667

Das Entschädigungs- und Ausgleichsleistungsgesetz — ein Gleichheitsverstoß (1995) 673

Rückgabe der Schlösser — Ein Gebot von Recht, Geschichte, Kultur (1996) 690

VII. Unternehmerfreiheit und Wirtschaftsordnung

Marktoffenes Verfassungsrecht (1996) 697

Das Eigentum Privater — Grundpfeiler der sozialen Marktwirtschaft (1994) . 712

Privateigentum ohne privaten Markt? Gibt es eine verfassungsrechtliche Garantie „des Marktes"? (1975) 724

Der Eigentümer als Organ der Wirtschaftsverfassung. Gibt es ein „organisationsrechtliches Grundrechtsverständnis"? (1975) 741

Spekulation — ein politisches Schlagwort (1981) 758

Eigentumsgrundrecht und Agrar(struktur)politik (1992) 771

Differenzierungen nach Betriebsgröße. Grundrechtsprobleme bei Eingriff und Förderung gegenüber „größeren Betrieben" (1989) 782

Verfassungsschranken der Unternehmensbelastungen. Personalzusatzkosten und „finanzielle Leistungsfähigkeit" (BVerfG) (1996) 799

Handel mit Geist (1994) 816

VIII. Steuerverfassung

Der Steuerstaat — Weg der Gleichheit zur Macht (1986) 823

Von der Leistung zur Leistungsfähigkeit — die soziale Nivellierung. Ein Beitrag wider das Leistungsfähigkeitsprinzip (1983) 845

Steuer- und Eigentumswende — die Einheitswert-Beschlüsse des Bundesverfassungsgerichts (1995) 858

Ertragswertverfahren — sachgerechte Bewertung des Grundbesitzes. Verfassungsbedenken gegen ein verallgemeinertes Sachwertverfahren (1996) 876

Kein Anrechnungsverfahren für Steuerbefreite? (1984) 893

Abkommensbruch durch Außensteuerrecht? Bilanz der Diskussion um die Novelle des Außensteuergesetzes von 1992 (1993) 916

Die Unzulässigkeit steuerlicher Fiskalprivilegien. Unter besonderer Berücksichtigung der Forstwirtschaft (1970) 937

IX. Sozialversicherung

Umbau des Sozialstaates. Besinnung auf die Grundlagen der Sozialversicherung (1996) 971

Fremdlasten der Sozialversicherung — ein schwerwiegender Verfassungsverstoß (1996) 988

X. Gemeinsamer Markt Europa

Der europäische Eigentumsbegriff. Schwächerer Eigentumsschutz als in Deutschland (1995) 1005

Die Zulässigkeit der Subventionierung deutscher Steinkohle zur Verstromung nach europäischem Recht (1990) 1020

Der mündige Verbraucher in der Rechtsprechung des Europäischen Gerichtshofes. Zur europarechtlichen Zulässigkeit abstrakter Gefährdungstatbestände (§§ 6a, 6b UWG) (1991) 1042

Wahrheitssuche statt Suggestionsvermutung. Ein neuer Anstoß des Europäischen Gerichtshofes zur Wettbewerbsliberalisierung (1993) 1059

Sachregister 1071

Teil I

Freiheit und Eigentum

Privateigentum als Grundlage der Freiheit*

Freiheit ist heute für alle ein hoher Wert. Über die Formen ihrer Verwirklichung im Staate mag man streiten, doch daß die Menschen so frei sein sollten, wie dies das Zusammenleben im Staate gestattet — das leugnet niemand. Das private Eigentum dagegen ist vielen zum Ärgernis geworden: In ihm sieht man den Hort des unmoralischen Egoismus und der Gemeinschaftsfeindlichkeit, vor allem aber eine Bedrohung der Freiheit anderer. Hat nicht im vergangenen Jahrhundert der Liberalismus im Namen von „Freiheit und Eigentum" große soziale Not geschaffen? Hat nicht vor allem das private Eigentum an den Produktionsmitteln Millionen von Arbeitern aller Länder zur industriellen Reservearmee erniedrigt? Was nützte ihnen die politische Freiheit, wenn sie vor den Fabriktoren hungern und an Fließbändern zur größeren Ehre des Kapitals, d.h. aber: des privaten Eigentums anderer, Fronarbeit verrichten mußten! Sind so nicht Freiheit und Privateigentum letztlich unversöhnliche Gegner, ist nicht das Eigentum die schwerste Bedrohung aller Freiheit? Viele sind heute davon überzeugt, nicht nur Marxisten, für welche dies Glaubensbekenntnis ist. Im Namen der Freiheit, der Moral und des Christentums rufen sie zum Kreuzzug gegen das eigensüchtige Eigentum. Wenn sie nicht seine Abschaffung fordern, so verlangen sie doch seine tiefgreifende soziale Beschränkung und sie rufen den Staat auf, laufend Eigentum zu verteilen, damit in mehr sozialer Gerechtigkeit der Sozialstaat Wirklichkeit werde.

Doch wer heute im Namen der Freiheit gegen das private Eigentum antritt, der erliegt dem vielleicht verhängnisvollsten Irrtum unserer Tage, denn: Ohne privates Eigentum kann es in einem Gemeinwesen nie und nirgends menschliche Freiheit geben; das private Eigentum ist die Grundlage, ja es ist wesentlicher Inhalt menschlicher Freiheit.

Eigentum erwerben zu können gehört zum Sinne jeder Freiheit im Staate. Wohl hatte der Arbeiter keine Freiheit, als er kein Eigentum besaß — doch wo ist er heute wirklich frei, wenn er diese Freiheit nicht zu Eigentum nützen darf? Freiheit ist Möglichkeit, eine wahre Chance aber ist sie nur, wenn sie zum Erwerb von Gütern nach freier Wahl führen kann. In unserer für alles Materielle, für alles Nützliche begeisterten Zeit wäre es glatte Utopie, wollte man der Freiheit das materiell Nützlichste nehmen: das Streben nach Eigen-

* Erstveröffentlichung in: *Walter Leisner* (Hrsg.), Staatsethik, Peter Hanstein Verlag, Köln / Bonn 1977, S. 136 – 140.

tum. Jeder hat so viel Freiheit wie er Eigentum erwerben kann. Wo dem Bürger der Weg zu ganzen Kategorien von Gütern versperrt ist, wo er weder Grund und Boden noch Produktionsmittel, noch ein Geschäft sein eigen nennen kann, da geht ihm das Entscheidende an der Freiheit verloren. Denn Freiheit bedeutet ganz wesentlich: Frei sein zum Eigentum, freier Weg zu den Gütern, zu allen Gütern.

Eigentum ist aber für die Freiheit noch mehr als ein Anreiz, es ist selber nichts anderes als gespeicherte Freiheit. Wer ein Gut erwirbt, der wird damit einflußreicher, unabhängiger in der Gemeinschaft, seine Möglichkeiten wachsen mit den Rechten der Nutzung und Verfügung, die das Eigentum eröffnet. Am deutlichsten ist dies beim Gelde — der Möglichkeit der gespeicherten Freiheit an sich. Wer es gewinnt, kann sich von Mühe befreien, ihm öffnen sich die Tore immer größerer Freiheit. Ein Staat, der dem Bürger das Eigentum nimmt oder beschränkt, der verbietet ihm zugleich die Steigerung seiner Freiheit; ein solcher Staat ist ein großes Lager mit gleichen Schlafplätzen.

Eigentum schafft erst die Kommunikation der Freiheit, nur in ihm kann man anderen etwas von seiner Freiheit geben, ihnen zu mehr Freiheit verhelfen. Und wie die Güterbewegung die Wirtschaft belebt und Werte schafft, so verstärkt diese „Freiheitsbewegung", diese Dynamik des Eigentums letztlich die Freiheit aller. Privates Eigentum bedeutet schließlich auch privates Erbrecht; darin, daß die gespeicherte eigene Freiheit, das Eigentum, nach dem Tode fortlebt, daß man sie den liebsten und fähigsten Menschen übertragen kann — darin vor allem wächst der Mensch in einem humanen Staat in eine höhere, geistige Dimension.

Wohl also dem, der Eigentum hat! Doch der andere, der Nächste, sperrt ihn nicht sein besitzender Bruder aus der Freiheit? Mitnichten — denn hier muß man sich entscheiden: Wem Freiheit mehr als ein Wort ist, der muß auch ihr Risiko, ihre Gefahren bejahen. Frei ist nicht, wer „liegt und besitzt", wer nur schlafen will, nachdem er konsumiert hat, was ein Staat ihm zuteilt. Frei ist, wem die Chance das Höchste ist, wer verdienen will, nicht empfangen. Ein freier Staat wacht über die Chancen des Eigentumserwerbs, die jeder nach seiner Leistung haben muß, er verteilt nicht allen nach ihren Bedürfnissen. Unfrei macht privates Eigentum nur dort, wo es sich so in wenigen Händen verfestigt, daß kein anderer mehr eine Chance hat. Deshalb muß der Staat eine wahre Wettbewerbsordnung schaffen und erhalten. Über vielfach gestreute Beteiligungsformen muß jeder einzelne Zugang zu allen Gütern, vor allem zu den Produktionsmitteln gewinnen können — können, nicht unbedingt gewinnen! Denn seine freie Entscheidung muß es bleiben, ob er diesen Weg gehen oder sich mit wenigem bescheiden will.

Der Staat der Freiheit will Eigentumschancen für jedermann, nicht gleichviel Güter für alle. Er nimmt Ungleichheiten in Kauf. Auf den Plan tritt er erst, wenn die Macht, wenn das Eigentum der wenigen die Chancen der vielen zerstört. Doch wem Freiheit etwas bedeutet, dem ist es kein Ideal, daß jeder gleiches Eigentum hat — im Gegenteil: die Freiheit verlangt eine Spanne der Expansion, sie lebt von der Hoffnung, mehr zu besitzen — und, sagen wir es offen: mehr als andere sein eigen zu nennen. Der freie Staat erwartet vom Bürger Verantwortung auch für sein eigenes Leben: Wer seine Eigentumschancen nicht genutzt hat, darf nicht später das „System" anklagen, zum Kadi laufen und verlangen, daß ihm gegeben werde, was der Tüchtige gewonnen hat.

Doch über zweierlei muß der Staat im Namen der Freiheit wachen: daß kein Dschungelkampf ums Eigentum entbrenne, daß die Regeln des großen Spiels der Gesellschaft um Besitz menschlich und sachlich bleiben, daß der gemeinschaftswichtigen Leistung auch ihr Platz als besondere Gewinn- und Eigentumschance erhalten werde. Und ein zweites muß der freie Staat stets erzwingen: daß niemand über Leichen gehe, daß es keine Leichen gebe in diesem wirtschaftlichen Kampf, daß auch der wieder in den Lauf eintreten könne, der ohne seine Schuld oder auch aus Schuld einmal gefallen ist. Wer sich nicht zum Schutz bei Krankheit, Unfall, im Alter bekennt, der verletzt Menschenwürde und Freiheit: er verstärkt nicht Chance und Leistung, sondern das blinde Schicksal.

Die Freiheit unserer Tage will den einzelnen vor allem vor dem Staat schützen, vor den politisch Herrschenden. Gegen ihre Gewalt aber gibt es kein besseres Mittel als das private Eigentum. Wer alle oder die wichtigsten Güter der Gemeinschaft überläßt, der macht die Herrschenden in dieser Gemeinschaft zugleich zu riesigen Eigentümern, er schafft das gefährlichste Monopolkapital — in der offenen Verbindung von politischer und wirtschaftlicher Macht. Wenn Eigentum Macht gibt, so ist es weit besser, daß sie in privater Hand liege, damit auch zwischen „Wirtschaft" und „Staat" eine weitere Gewaltenteilung entstehe, denn nur dann lebt der Bürger frei in einer Gemeinschaft, wenn dort niemand allzuviel Macht hat. Und am besten wäre es wohl, wenn das private Eigentum so verteilt würde, daß es Schwerpunkte zum Anreiz, aber keine Konzentration zur Macht schaffen könnte.

Jedes Stück Eigentum ist eine Burg gegen die Macht des Staates, jede Mark macht unabhängiger vom Staat. Unabhängig war früher, wer sich auf sein Gut zurückziehen konnte, nach dem Fürsten nicht zu schielen brauchte. Unabhängig ist noch heute, wer zu eigenem Recht arbeitet, verdient, besitzt, wer nicht Kostgänger des Staates, Bettler vor den Toren der Gewalt ist. Wer Eigentum hat, mag ein unbequemer Bürger sein, er ist selbstbewußt, weil er sich selbst, nicht den Mächtigen etwas verdankt; niemand kann ihn erpressen und so wird er in Freiheit entscheiden — und damit im Zweifel: für die Freiheit.

Ein Staat, der den Bürger von der Krippe bis ins Grab in seinen Krallen hält, der ist ein schlechter Leistungsstaat — er ist ein Sklavenhalter, der sich diese Gaben mit dem Teuersten bezahlen läßt: mit der Freiheit.

Christentum hat stets privates Eigentum bejaht, obwohl, nein: weil die Offenbarung den Wert des Besitzes nicht überschätzt. Das Eigentum ist von dieser Welt, der Mensch geht in eine andere. Auf diesem Weg trifft er den Bruder, den Armen. Nur was er mit ihm teilt, ist christliches Eigentum. Der Reiche geht nicht ein ins Himmelreich, das Paradies beginnt jenseits des Besitzes.

Doch gerade diese Lehre verdammt nicht das Eigentum, sie fordert den privaten Besitz auf dieser Welt. Selbst der ungerechte Mammon ist ein Mittel, um sich Freunde zu machen für die andere Welt und vor allem: Mit dem Eigentum kann der Mensch jenes Gute tun, für das er auf die Welt gekommen ist. Wer ihm die Chance zum Besitz nimmt, der bringt ihn auch hier um sein Wichtigstes: um die Freiheit, Gutes zu tun — oder sein Heil in Hartherzigkeit zu verlieren. Wenn das private Eigentum im totalen Leistungsstaat verschwindet, so ist nur dieser Moloch für den Himmel geschaffen, nur er tut ja „Gutes" — nicht die Menschen im Staat, denen ein wichtiger Weg zum Heil sich schließt.

Doch gerade die Staatsethik der Christen kennt auch die letzte große Gefahr des Eigentums: Wer es nicht zum Guten, zum Nächsten hin nützt, dem wird es zum Verderben. Und so ist dieses Eigentum eine große, aber auch eine furchtbare Chance für den Menschen, die ihm nie staatliche Eigentumsordnungen abnehmen können: Es ist nichts als die große Freiheit zum Guten wie zum Bösen in dieser unserer Welt, die zwischen Himmel und Hölle stehen bleibt, was immer Gesetze der Menschen versuchen.

Freiheit und Eigentum — die selbständige Bedeutung des Eigentums gegenüber der Freiheit[*][1]

I. Der Widerspruch von Freiheit und Eigentum

„Freiheit und Eigentum" war der Ruf des internationalen Liberalismus, die Devise des deutschen Konstitutionalismus. Daß die Menschen in Freiheit geboren werden, verkündete die Französische Revolution — doch nicht im Namen der Freiheit, um seiner selbst willen war ihr das Eigentum heilig. Nicht allein der Freiheit — Freiheit und Eigentum galt der „Vorbehalt des Gesetzes". Und wenn es Freiheit nicht ohne Eigentum, privates Eigentum nicht ohne Freiheit geben könnte, so hätten sich Liberalismus und Sozialismus nicht getrennt, der Marxismus wäre nie entstanden.

Freiheit und Gleichheit mögen in Spannung stehen, doch sie bezeichnet enge, wesentliche Verbindung; daß dagegen privates Eigentum der Feind der Freiheit sei, daß es große Freiheit nur ohne großes Eigentum geben könne, daß sie Befreiung vom Eigentum sei, diese Überzeugung geht heute über die Welt.

Die deutsche Verfassungstradition schützt Eigentum als Grund-, als Freiheitsrecht. Nie wurde ihre Verbindung enger geknüpft als in der Entstehungszeit des Grundgesetzes. Der neuen Freiheit galten alle Anstrengungen; Eigentum war zerstört oder wertlos — oder es wurde verteilt, im Namen einer neuen Ordnung der Freiheit. Eigentum war nicht Problem, sondern Hoffnung, man fügte dieses Recht ein ins Freiheitssystem der Grundrechte, und als das Eigentum wiederkehrte, sah man in ihm ein Geschenk der Freiheit und verehrte es als Menschenrecht wie diese. Seine Feinde waren die Feinde der Freiheit, als solche bekämpfte man sie, nicht, weil sie anders verteilten.

Und das Eigentum blieb auch dann Provinz der Freiheit, in ihrem Namen, in ihren rechtlichen Dimensionen geschützt, als es überall wieder mächtige Wirklichkeit wurde, als sein Interesse den Drang zur Freiheit verdrängte. Nun kam Eigentumsangst über die satten Freien, das Schild der Freiheit, des „Wertes für alle", sollte die Besitzenden schützen, hinter ihm sollte sich Ei-

---

[*] Erstveröffentlichung in: Festschrift für Hermann Jahrreiß, Köln 1974, S. 135–148.

[1] Der Verfasser hat vor kurzem diese Fragen aus der Sicht des geltenden Staatsrechts ansatzweise behandelt. Vgl. dazu *Leisner*, W., Sozialbindung des Eigentums, Berlin 1972, insbes. S. 74 m. Nachw. Hier wird eine allgemeine staatstheoretische Vertiefung der Problematik versucht.

gentum und Eigentumshunger versammeln. Die enge Verbindung von Freiheit und Eigentum betonten Staatsrecht und Staatslehre: Eigentum befreit, nur der Besitzende ist unabhängig von einer Staatsgewalt, die ihm nicht den Brotkorb sozialer Sicherung höher hängen kann; und was wäre Eigentum anderes, als eine Beschäftigung eigener Freiheit, als die Möglichkeit, ihr Sinn und Wert zu verleihen? Was aber könnte Freiheit sonst sein, als ein Weg zum Eigentum, dem Träger des Wohlstandes? Eigentum als materialisierte Freiheit — Freiheit als Möglichkeit des Eigentums, vollständig, untrennbar scheint die Verbindung, und so mag eines das andere stützen und legitimieren: die Hoffnung der Freiheit mit Blick auf das Vorbild des Erreichten, Besitz als Eröffnung unbegrenzter Möglichkeiten.

Doch die Spannung wuchs, alter Antagonismus kehrte zurück. Gerade seine so enge Verbindung zur Freiheit kann dem Eigentum zum Verhängnis werden. Denn dies ist ja die Kehrseite der Medaille: Wer Eigentum aus Freiheit legitimiert, sein Wesen in Freiheit sichert, der hat damit „Eigentum libertifiziert". Wenn er unter Freiheit und Eigentum einen gemeinsamen Nenner sieht — warum sollte dann nicht das Eigentum durch fremde Freiheit beschränkt sein, ist nicht alle (fremde) Freiheit zugleich Sozialbindung des Eigentums? Muß nicht, wer aus Freiheit begründet, Freiheit als Beschränkung fordern?

Eigentum liegt in einer Hand, fremde Freiheit, Rechte Dritter sind überall. Keine einzige Befugnis wird dem Eigentümer bleiben, wenn sich ihm gegenüber fremde Freiheit voll entfaltet. Sein Gut wird er hergeben müssen, damit andere ihre Meinung äußern und ihren Gott verehren, auf daß sie sich beruflich entfalten, damit sie sich versammeln und wohnen können. Das Recht des Eigentums besteht darin, andere auszuschließen, das Wesen der Freiheit darin, andere zuzulassen. Und wenn man in ihrem Namen alle zuläßt und keinen ausschließt, so können alle nur gemeinsam besitzen, Freiheit ist das Recht kollektiven Besitzes. Freiheit ist nicht Legitimation des Eigentums, sie ist sein Gegenpol; und dies alles ohne ökonomische Theorie, ohne Mehrwert und Proletariat — ganz allein aus jenem Wesen des Eigentums heraus, das man mit Freiheit, als Freiheit erklären will.

So können die Gegner des Privateigentums argumentieren. Ihnen gegenüber helfen wenig „herrschende Lehren" allein, die da etwa das Wesen der Freiheit in Ausgrenzung und Abwehr, nicht in Teilhabe sehen — ihnen kann man entgegnen, Eigentum sei in seiner Ausschlußwirkung wesentlich Eingriff, Freiheit verlange dessen Abwehr; und wer kategorisch feststellt, Grundrechte gäben nie Anspruch auf fremdes Eigentum, der entscheidet, er begründet nicht. Zugegeben — das deutsche Staatsrecht geht heute aus von dieser grundsätzlichen Trennung von Freiheit und Eigentum, es kennt keine allgemeine Drittwirkung der Freiheit gegen fremdes Besitzrecht. Doch dies ist

„nur ein Grundsatz" — heute schon wird er durchbrochen im Namen der Meinungsfreiheit, der politischen Libertät.

Dies alles sind keine Antworten auf die drängende Frage: *Darf* es heißen: Freiheit *und* Eigentum, *muß* es nicht heißen Eigentum in Freiheit, Eigentum im Rahmen, im Dienste der Freiheit, soviel an Eigentum, wie es die Freiheit anderer, aller befördert?

Wenn Eigentum gegenüber der Freiheit nicht prinzipiellen Selbstand besitzt, wenn es nicht eine Grundentscheidung der Verfassung darstellt, welche Libertät fördern und ergänzen mag, mit ihr aber nie identisch sein kann — dann darf es im freiheitlichen Staat kein Eigentum geben.

Dies ist ein Grundsatzproblem, es geht vom Staatsrecht aus, aber es reicht über die Verfassung hinaus, hinein in jene Bereiche legitimierender Staatstheorie, ohne die Verfassungsrecht organisierte Gewaltherrschaft wäre.

II. Nicht: „Eigentum und Freiheit", sondern „Eigentum und Politische Freiheit" — Eigentum als Grundlage der Demokratie

1. Wer das private Eigentum durch „die Rechte", durch „die Freiheit" anderer beschränken will, der verfährt unkritisch mit der Freiheit: Er legt einen anderen Freiheitsbegriff zugrunde als denjenigen, in dessen Namen einst und stets Eigentum zusammen mit Freiheit genannt wurde.

Für ihn ist Freiheit jede Möglichkeit der Betätigung, sie ist identisch mit *allen* Rechten Dritter, mit der allgemeinen Handlungsfreiheit schlechthin, sie umfaßt politische wie kulturelle, wirtschaftliche wie religiöse Freiheit. In ihrem Namen wird Mitbestimmung gegenüber privatem Eigentum ebenso verlangt, wie Einfluß auf Medieneigentum, die Betretung von Seeufern wie die Erweiterung des Wettbewerbs. Zusammen mit ihr kann privates Eigentum nicht geschützt werden, überall steht es ihr im Wege. Doch im Grunde nicht mit ihr zusammen ist das Eigentum stets genannt worden, sondern mit der *politischen Freiheit im Staat.*

Französische Revolutionäre und deutsche Liberale wollten nicht das ethische Prinzip allgemeiner sittlicher Freiheit absolut verkünden — und es sogleich durch Eigentum relativieren, sie strebten nach einer politischen Freiheit, die sie gerade, die sie nur in einer Ordnung privaten Eigentums verwirklicht sahen, zu Recht, oder, wie Marxisten meinten, zu Unrecht. Der Freiheitsbegriff der deutschen Verfassungstradition ist ein völlig anderer als derjenige, mit dessen Hilfe nun „Eigentum im Namen der Freiheit sozial gebunden" werden soll.

2. Von der *politischen* Freiheit mag man mit guten Gründen behaupten, sie ruhe am sichersten auf privatem Eigentum, sie sei gar nicht möglich ohne die Sicherheit, welche privater Besitz verleiht. Politische Freiheit findet ihren Ausdruck in jener *parlamentarischen Demokratie*, als deren Grundlage Eigentum in vielfältiger Weise genannt werden kann:

– Demokratie verlangt selbstbewußte, mündige Bürger. Selbstbewußtsein wächst dort, wo Entscheidungen über Eigenes fallen. Die Demokratie ersetzt Herrschaft über Menschen durch Verfügung über Sachen, sie ist der Weg von der feudalen Eigentumsmacht zu privatem Eigentumsrecht. Das Wesen der Mündigkeit bestand von jeher im vollen Recht über eigenen Besitz. Der „mündige Bürger" bleibt ein leeres Wort, wenn der Bürger nicht Eigentümer sein kann. Wer enteignet, entmündigt.

– In der Demokratie geht die Macht vom Volk aus, nicht vom Staatsapparat. Macht besitzt nur, wer nicht wirtschaftlich abhängig bleibt. Das Volk kann den Staat nur beherrschen, wenn es als Gesellschaft im letzten von ihm unabhängig ist. Eine solche demokratische Gesellschaft ist daher gegründet auf Eigentum. Macht kann auf die Dauer nicht von denen ausgehen, die nichts haben als Ansprüche. Das Ideal der Demokratie ist nicht eine Masse von Staatsgläubigern, sondern ein Volk von Eigentümern.

– Demokratie braucht *demokratische Führung*. Ihr vertraut sie die Güter der Gemeinschaft an. Fremde Belange kann am besten verwalten, wer Verantwortung für Eigenes getragen hat, wer weiß, daß er mit dem Eigentum seiner Mitbürger sein eigenes Gut und das seiner Freunde aufs Spiel setzt.

– Demokratie ohne *Freiheit der Parteien* ist Diktatur. Freie Parteien werden vom Bürger getragen, nicht voll vom Staat finanziert. Wird privates Eigentum gebrochen, so wird der freie Parteienstaat in voller Staatsfinanzierung enden — und mehrere Staatsparteien sind nicht besser als eine.

– *Meinungsfreiheit trägt die Demokratie*. Meinungsfreiheit verlangt ein Zweifaches: Daß die Bürger in Pluralität sich Meinungen bilden *und* daß sie Mittel zu deren Verbreitung bereitstellen; *private* Mittel, denn wenn der Staat allein sie verteilt, so macht er private Meinung zur Staatsmeinung. Privates Eigentum ist also der stärkste Träger der Meinungsfreiheit, politisches Engagement wird zum Anreiz der Eigentumsbildung. Wer sich nicht privates Eigentum schaffen oder Eigentümer überzeugen kann, dem bleibt nur ein Weg — die Staatsmacht für sich einzusetzen, gegen die anderen Bürger, im Namen angeblich höherer Einsicht. Dies aber ist das Gegenteil von Meinungsfreiheit und Demokratie.

– *Pressefreiheit* ist der Mittelpunkt jeder Demokratie, Grundlage freier Presse aber ist das private Eigentum am Presseunternehmen, ohne das es nur staatliche Lizenzpresse gibt. Freie Presse kann nicht bestehen ohne die Werbung einer freien Marktordnung, sie kann sich nicht im Wettbewerb bewähren ohne ein Konkurrenzbewußtsein der Bürger, wie es allein die Eigentumsordnung entwickelt.

- Vielfältiges *Verbandswesen* ist Ausdruck der Demokratie. Verbandlichkeit schützt vor allem, direkt oder mittelbar, gemeinsame Eigentumsinteressen einer Vielzahl von Bürgern. Das Verbandswesen verödet, wenn der Staat Eigentumsrechte an sich zieht, die er im Dialog mit den Bürgern und ihren Verbänden ordnen sollte.

- Demokratie meint *politische Entscheidungsgewalt der Mehrheit.* Ihr wichtigster Gegenstand ist heute Sozial- und Wirtschaftspolitik, Beschränkung und Verteilung von Eigentum. Ohne Privateigentum fehlt der Demokratie ihr wichtigster Entscheidungsraum, es wird ihr die Masse entzogen, die sie täglich neu verteilen kann. Die demokratische Landschaft wird öde, wenn nicht mehr – im letzten – um Eigentum gestritten wird; aus politischer Entscheidung wird technokratische Planorganisation.

  Nur im Namen des Eigentums, seiner Beschränkung und Verteilung, bleibt Demokratie *politisch*, mit dem Eigentum geht politische Diskussion unter in technokratischer Ordnung. Mehrheit hat Sinn nur, wo genommen und gegeben, nicht wo produziert und konsumiert wird.

- *Demokratie schützt Minderheiten.* Wichtigster Ausdruck des Minderheitenschutzes war von jeher das Eigentum, weil es dem Eigentümer Sicherheit gewährt gegen den Zugriff der Mehrheit. Ohne Eigentumsschutz wird die Staatsgewalt zu einer reinen Aneignungsgewalt, zu organisiertem Raub. Minderheiten können sich weder bilden noch halten, wenn sie sich nicht auf Eigentum stützen können. Mit dem Eigentumsschutz verschwände der Gedanke des Minderheitenschutzes auf die Dauer überhaupt, das Ende wäre Demokratie in totalitärer Entartung.

- *Demokratie bedeutet Wechsel der Macht.* Flexibilität und Anpassung an veränderte politische Lage, so oft, so rasch wie dies nur vereinbar ist mit dem Begriff ordnender Staatsgewalt. Keine Kräfteverteilung wechselt so schnell wie die des privaten Eigentums, keine paßt rascher sich neuen Verhältnissen an; hier ist tägliche Demokratie, Machtveränderung, die nicht später erst nachholt, was der Bürger seit Jahren wünscht, sondern sogleich, greifbar, die neue Macht zeigt; die nicht überall mit der großen Gewalt des Staates zuschlägt, sondern mit der situationsangepaßten Mächtigkeit des Eigentums wirkt, das morgen vielleicht schon in anderer Hand sein wird.

Eigentum ist die Krönung der Demokratie im Staat — weil es auf Dauer nur den verantwortlich Tätigen stark macht, weil es den tätigen Bürger schafft. Eigentum ist Fortsetzung der Demokratie in die Gesellschaft hinein — denn in seinem Namen vor allem wechselt dort die Macht.

3. So ist denn privates Eigentum Ergänzung, Vollendung der Freiheit politischer Demokratie, neben ihr bleibt es selbständig, mit ihr zusammen trägt es die Staatsordnung, nicht mit einer allgemeinen Freiheit, die überall im Namen der Freiheit enteignen will. Diese politische Freiheit präziser, punktueller Berechtigung ist die grundrechtliche Libertät angelsächsischer, französischer Tradition. In Deutschland gerät das Eigentum leicht in die Gefahr des Spiels mit einem „doppelten Freiheitsbegriff", der daneben die „allgemeine Handlungsfreiheit" vorschiebt und sich dabei auf die Entwicklung der Rechtsstaatlichkeit in der „einen" Freiheit beruft — von *Kant* über *Jellinek* bis zur Entfaltungsfreiheit des Grundgesetzes (Art. 2 I). *Diese* Freiheit ist es nicht, die *neben* dem Privateigentum gemeint ist, sie ist ein Oberbegriff über dem Eigentum und den anderen Freiheiten, die sie alle gleichmäßig sichert, in deren Namen nicht die eine gegen die andere ausgespielt werden darf.

„Eigentumsbeschränkung im Namen der Freiheit" hat also keine Grundlagen in der deutschen konstitutionellen Entwicklung. Das Privateigentum ist allenfalls punktuell durch die *politische* Freiheit begrenzt, die sich gegen seinen *politischen* Mißbrauch wehren darf, nicht gegen seine sozialpolitischen Auswirkungen. Und wer hier „Politik" einfach mit Sozialpolitik gleichsetzt, für den kann es kein Privateigentum mehr geben.

„Freiheit und Eigentum" haben nur diesen einen Sinn, daß nämlich demokratische politische Freiheit allein in einer privaten Eigentumsordnung gedeihen kann. Das Wort geht aus von einer *Selbständigkeit der Eigentumsbegriffe*, nicht von seiner Identität mit der Freiheit.

III. Selbständigkeit des Eigentums und Menschenwürde

Menschenwürde ist der oberste Wert in der Ordnung des Grundgesetzes. Freiheit und Eigentum sind legitim nur im Dienst an der Würde des einzelnen Menschen. Im letzten Grund ist Eigentum gegenüber der Freiheit selbständig dann, wenn es einen eigenen, eigenartigen Bezug hat auf die eine Würde des Menschen.

Menschenwürde ist nicht *allein* Freiheit, sie beginnt vor dem freien Willen des Menschen, sie überdauert ihn im Tode. Die Freiheit dient ihr, sie verwirklicht die Würde des Menschen; doch er bleibt Träger dieses höchsten Wertes auch dann, wenn seine Freiheit verlorengeht. Freiheit ist Mittel und Weg, gut stets dann, wenn sie aus Menschenwürde kommt, zu höherer Würde führt. Sie ist dynamisch und stets unterwegs; Menschenwürde bleibt unwandelbar, Anfang und Ende zugleich. Die Würde des Menschen ist das höchste Maß, unter ihm steht alles, auch die Freiheit, die von ihr begrenzt wird.

Auch das Eigentum ist gerichtet auf den Wert der Menschenwürde, Mittel zu seiner Entfaltung. Doch in ihm wird menschliche Würde nicht gesehen als die des bindungslosen Wesens, sondern in dessen Beziehung zu den Gütern dieser Welt — in der Herrschaft über Sachen, nicht in der Herrschaftslosigkeit von Menschen liegt sein Wesen; in dem festen Stand auf eigenem Besitz, nicht in der Möglichkeit, ihn zu verändern; in der verantwortlichen Bindung an das Gut, nicht nur in der Freiheit der Verfügung. Eigentum ist vielleicht Möglichkeit zu größerer Freiheit, als solches bedeutet es Freiheit noch nicht. Es bindet vielmehr den Menschen an die Sache, der er seine Freiheit opfern muß, den Bürger an den Staat, der Teilhaber seines Eigentums ist, dem er Verantwortung schuldet. Der Eigentümer ist Diener seines Eigentums — in wahrer, rechtlicher Unfreiheit hängt er von dem ab, was vor ihm ein Wert war, was als Wert ihn überdauern wird. Eigentum ist etwas wesentlich Transpersonales, ein Gut für viele Hände, eine Hilfe für die Entfaltung vieler, unvergleichbarer Menschenwürden, es hat nicht mit Würde *und* Freiheit gemein die unvergleichbare Einmaligkeit des Persönlichen.

Doch gerade deshalb nimmt es in einem anderen, eigenständigen Sinn teil an der Einmaligkeit der Menschenwürde: Erhebt sich der Mensch durch die Freiheit in sterblicher Kürze über den animalischen Raum, so schafft er im Eigentum „kleinere Werte", mit denen viele andere, Unbekannte vielleicht, den Rahmen des einen großen Wertes ihrer Menschenwürde erweitern können. Eigentum ist unsterblich, in ihm, in seinem Vererben ist es der Mensch. Eigentum im Licht der Menschenwürde ist nicht ein Raum, wie die Freiheit, sondern ein Ergebnis, es ist nicht die Schöpfungskraft des Menschen, sondern das Geschaffene. Es kommt aus seiner Würde, doch es läßt sich von ihm völlig, ganz anders trennen als Freiheit: Diese bleibt „sie selbst" im Verzicht auf eigenes Belieben; Menschenwürde kann gerade in Trennung von Gütern liegen, kraft seiner Würde kann der Mensch erwerben und verschenken. Freiheit muß bleiben, Eigentum kann vergehen, Menschenwürde muß nicht besitzen, sie muß besitzen *können.*

In all dem ist Eigentum nicht schwächer, es ist anders als Freiheit, es sieht Menschen und Menschenwürde in anderer Weise. Es ist den Menschen das Nützliche und Unnötige zugleich — Kategorien, in denen Freiheit nicht denkt. Freiheit ist stets ein Wert in actu, Eigentum bleibt stets Menschenwürde in potentia — in der *Möglichkeit* zu besitzen, in der *Möglichkeit*, Güter auf Menschenwürde hin zu gebrauchen. Von der Freiheit wird immer, wesentlich Gebrauch gemacht, Eigentum bleibt als solches passiv.

Eine politische Ordnung, die Freiheiten nimmt und Eigentum beläßt, trifft die Menschenwürde, doch sie läßt ihr noch eigenen Raum. Denn es sind eben zwei Seiten der einen menschlichen Persönlichkeit, die Freiheit und Eigentum bezeichnen.

Die Rechtsdogmatik hat Menschenwürde allzuoft nur in Freiheit gesehen. Sie muß sich auf den eigentumsfähigen Menschen besinnen, der sich die Erde untertan machen kann.

IV. Die Besonderheit des Eigentums als gesellschaftsordnende Grundentscheidung

Der Schwerpunkt der Freiheit liegt im Staat, das Zentrum des Eigentums in der Gesellschaft. Eigentum war stets wesentlich drittgerichtet, seine Ausprägung hat es im Verhältnis zu anderen Bürgern, nicht zur Staatsgewalt gefunden; auch dort besteht es weiter, wo es der Staat leicht nehmen kann, wenn er nur nicht alleiniger Eigentümer sein will. Solange es Eigentum noch gibt, ist Enteignungsrecht sein Annex, nicht sein Wesen.

Ausgangspunkt und Zentrum des Schutzes der Freiheit jedoch bleibt stets das Recht der Polizei. In erster Linie ist Freiheit staatsgerichtet — denn in einem freien Staat ist gesellschaftliche Freiheit *als solche* kein Problem, es gibt sie nur als Frage der Eigentumsordnung. Sie wird vom Staat verändert, doch dieser Vorgang der Umverteilung ist wesentlich verschieden von der Bedrohung der Freiheit, in der der Staat sich zueignet, was er dem Bürger nimmt. *Eigentum wird verteilend expropriiert, Freiheit machtsteigernd appropriiert.* Selbst dort noch, wo die Staatsgewalt sich selbst Güter zueignet, selbst produziert und verteilt, bleibt Eigentum eine Ordnung der Distribution, denn im letzten kann die Staatsgewalt Eigentum nicht benutzen, nicht konsumieren. Auch bei Sozialbindung und Enteignung in der Demokratie schlägt das Eigentumsstreben der „vielen anderen durch“, sie wollen besitzen, genießen, sie expropriieren. Die Freiheit der Bürger jedoch bedroht der Staat im eigenen Namen, er allein ist ihr geborener Feind, weil er letztlich nicht besitzen, sondern nur herrschen kann.

In der freiheitlichen Demokratie, die noch privates Eigentum, nicht nur Staatseigentum als Staatsmacht kennt, ist daher Eigentum die Grundlage einer vom Staat grundsätzlich unabhängigen Gesellschaft. Es hat Berührung zum Staat nur insoweit, als dieser es im Namen der Gesellschaft ordnet. Solange die Einheit von Staat und Gesellschaft nicht besteht, gibt es Freiheit *und* Eigentum, nicht eine Einheit von beiden, solange hat Eigentum Selbstand.

Die Staatsgewalt ändert auch die Eigentumsordnung gar nicht mit Blick auf eine „Freiheit der Bürger“, sondern in der Absicht anderer, wirklich oder vermeintlich besserer Verteilung der Güter. Daraus mag sich mehr Sinn für politische Freiheit ergeben. Doch diese politische Freiheit hat ja in der Demokratie ohnehin schon die Hand am Hebel der Güterverteilung, selbst wenn sie noch nichts besitzt. Sie vermag arm und reich, vor allem aber Arm und Reich gleich zu machen. Wenn dies aber ihr allenthalben festzustellender Zug ist, so kann es letztes Ziel der Sozialgestaltung gar nicht sein, ein Maximum an gesellschaftlicher Freiheit zu schaffen, weil diese ja nur mit Blick auf gesellschaftliche Güterverteilung ihren letzten Sinn findet. Diese, und damit eben doch die Ordnung des Eigentums, nicht ein System von Freiheit, ist daher Endziel aller Gesellschaftspolitik. Diese marxistische Grunderkenntnis läßt sich nicht erschüttern. In der marxistischen Einheit von Staat und Gesellschaft kann es daher nur Gesellschaftspolitik, nur Probleme der Güterverteilung geben. Die freiheitliche Demokratie unterscheidet sich davon nur in einem: durch die Anerkennung einer eigenständigen, „freien Gesellschaft" und *damit* eines Eigentums, das selbständig neben der Freiheit steht.

Diese politische, demokratische Freiheit korrigiert das Eigentum und seine Ordnung, doch sie kann sie nicht ersetzen. „Gesellschaftspolitik im Namen der Freiheit" kann es in einem freien Staat nicht geben, weil dies begrifflich im letzten zur Aufhebung der Gesellschaft als selbständigem Bereich führt, der sich mit den Mechanismen des Eigentums fortentwickelt. Hier gibt der ordnende, verteilende Staat *Impulse*, doch er beläßt das System: „Privates Eigentum als Verfahren" der Güterverteilung — ein „prinzipiell geschlossenes" System, bei aller Korrekturbedürftigkeit; ein System, das zwar gesteuert werden kann, aber nur mit systemimmanenten Mitteln der Umverteilung von Eigentum.

So ist Eigentum das wesentlich Drittgerichtet-Steuerbare; Freiheit das Staatsgerichtet-Beschränkbare; Eigentum die Kategorie der gesellschaftlichen, Freiheit die der staatlichen Macht; Eigentum eine Entscheidung der Verteilung, Freiheit eine Abwehr zugleich und erster Schritt zu solcher Entscheidungsgewalt.

Wer also Eigentum durch Freiheit zu legitimieren versucht, der begründet letztlich das Private durch das Staatliche und kehrt die grundrechtliche Priorität des Bürgers zugunsten der Staatsallmacht um. Eigentum *und* Freiheit dagegen ist der Ausdruck jener Eigenständigkeit der Gesellschaft, welche gerade die höchste Form der Freiheit ist. Paradox mag es klingen: Wer Eigentum auf Freiheit gründet, hebt die Freiheit selbst auf.

V. Das wandlungsfähige Eigentum als „reines Mittel"

Allgemeine, „ungerichtete" Freiheit kann es nicht geben. Die „allgemeine Handlungsfreiheit" mag im Grundrechtskatalog verbürgt sein, in Wahrheit ist sie kein Grundrecht, weil sie ganz wesentlich und vollständig stets unter allgemeinem Gesetzesvorbehalt stehen muß. Nur spezielle Teilfreiheiten können in ihrem Namen als „echte Grundrechte", in einer Weise also verbürgt sein, die dem Gesetzgeber wirklich Schranken zieht.

Freiheit ist also stets spezialisiert, sie hat besonderen Inhalt, sie ist nicht austauschbar. Wie sie unveräußerlich ist, so kann man mit ihr nicht handeln, ihre Räume sind als solche nicht wesentlich veränderlich, und sie sind allen bekannt. Freiheit meint Transparenz der Räume persönlicher Entfaltung, die nur achten kann, wer sie kennt.

Ganz anders das Eigentum. Es ist das eine große ökonomische Sammelrecht, in der Fähigkeit zu besitzen das generellste aller Rechte, in der besonderen Beziehung zum einzelnen Gegenstand zugleich das speziellste. Feste, a priori fixierte mögliche Inhalte sind ihm wesentlich fremd, nur am Rande beengt es der numerus clausus der Rechte. In dieser typischen Eigentumsdynamik lag und liegt die *Einheit* des Eigentumsbegriffs des Verfassungsrechts begründet, die sich seit dem Beginn der Weimarer Zeit entfaltet hat. Wer ihm entgegentritt, wer Eigentum in Eigentümer auflöst, Sondergestaltungen, spezielle Beschränkungen für jedes Gut versucht, der zerstört mit der Einheitlichkeit des Eigentumsbegriffs das Wesen des herkömmlichen privaten Eigentums, das auf Vertretbarkeit, Ersetzbarkeit, Austauschbarkeit eigentumswerter Güter gerichtet ist.

Eigentum ist das „reine" Mittel zu allen zulässigen Zwecken, es ist nicht, wie die grundrechtlichen Freiheiten, schon in seiner Gestattung durch den Staat in bestimmte Bahnen gelenkt. Immanente Begrenzungen, Schranken, die sich aus seinem Begriff bereits ergäben, sind ihm daher wesentlich fremd, sie müssen ausdrücklich durch die Gesetze bestimmt werden.

In seinen Formen wie nach seinen Zielen ist das private Eigentum wesentlich wandlungsfähig; unter dem beschränkenden Zugriff der Staatsgewalt flieht es von einer Form in die andere, wechselt es die Ziele, auf die es als Mittel gerichtet ist. Vielseitig und wechselnd *müssen* daher die Begrenzungen sein, denen die Gemeinschaft es unterwirft, nicht, um es schwerer zu treffen als andere Grundrechte, sondern um der Einheit des Rechts in der Vielheit der Formen willen, damit alle Eigentümer im ganzen doch vergleichbar belastet, nicht Rechte auf ganze Eigentumskategorien entwertet werden.

Dies alles kann es bei grundrechtlichen Freiheiten nicht geben. Ihre erste, wichtigste Beschränkung liegt schon im Begriff, der sie schafft. Auf *einen*, wenn auch großen, Bereich sind sie festgelegt, hier finden sie feste, klare Begrenzung in anderen Rechten, wenn nicht in der „Natur der Sache". Ersetzbar sind sie nicht, und so muß ihr Schutz im Kern ein unbedingter sein, ihnen ist „wesentlich der Wesensgehalt", den es beim Eigentum allenfalls in der Fähigkeit geben könnte, es zu besitzen, nie im Recht an dem einzelnen Gut, das als solches, weit stärker, gesichert ist.

So versagt denn das ganze System der Gesetzesvorbehalte, das bei Freiheiten entwickelt worden ist, grundsätzlich beim Eigentum. Vorbehalte, unter denen es steht, sind etwas anderes als Beschränkungsmöglichkeiten von Freiheit — einerseits weiter in der Bestimmung von „Inhalt und Schranken durch das Gesetz“, enger zum anderen, weil jeder Entzug zum Ersatz verpflichtet, ein aliud überhaupt, weil nicht der rechtswidrige Eingriff im Mittelpunkt steht, sondern der volle Ersatz selbst bei rechtmäßiger Einzelbelastung. Die Freiheit weicht stets zurück vor rechtmäßiger Begrenzung, das Eigentum nicht.

Doch zugleich bringt die Begrenzung des Eigentums, jenes Zugriffs vieler, wandelbarer Mittel, auch Probleme mit sich, die den Freiheiten der Verfassung und ihren Schranken fremd sind. Wie es *einen* Begriff des Eigentums gibt, so wirkt jede einzelne Beschränkung von Rechten an einer Kategorie von Gütern zurück auf jedes Eigentum; denn ist sie zulässig, so steht sie nach Art und Tiefe eben bei keinem Gut mit der Verfassung im Widerspruch, und wenn es sie nach Art anderswo nicht gibt, so ist sie doch nach Tiefe vergleichbar. Ein nutzloses Unterfangen ist es, auf lange Sicht, Eigentum nach Kategorien von Gütern verschieden belasten zu wollen.

Irgendwie, irgendwann wirkt die eine Belastung hinüber auf andere Bereiche in Gesetzesanalogie, wirken die vielen Beschränkungen rechtsanalog „hinauf“ in den einen, einheitlichen Begriff des Eigentums, von ihm aus rechtfertigen sie solche Grenzen bei allen Gütern. Das Recht der Eigentumsbeschränkungen hat wesentlich induktive Bedeutung: Wie das Eigentum in all seinen vielen Formen eines bleibt, als ein Recht geschützt wird, so begrenzen die vielen Schranken letztlich stets einheitlich, jede ist, heute oder morgen „überall“, bei allem Eigentum.

Die ganze Problematik von Einheit in Vielheit kennt die Freiheit und ihre Beschränkung nicht. Verfassung und Recht haben sie schon spezialisiert, hier ist das Zentrum des Rechtsstaates, der festes Vertrauen schützt. Und wenn solche Unterscheidungen überhaupt Sinn haben — hier könnte man trennen: *Begrenzt*, beschränkt werden Freiheiten, *geordnet* wird Eigentum.

„Eigentum“ ist also nicht nur nach der Historie und in der grundsätzlichen Legitimation der Menschenwürde von „Freiheit“ verschieden, nach dem „Raum“ der Gesellschaft, in dem es wirkt, sondern auch, ja vor allem, nach der Art des Schutzes, den es verleiht, der Begrenzung, die es erfordert.

VI. Unterschiedliches Eigentum — gleiche Freiheit

Die Freiheiten bedeuten immer nur eines: Einen Raum, in dem sich der Bürger entfalten *kann*; er wird als solcher geschützt, gleich, ob er in Anspruch genommen wird oder nicht; unverzichtbar ist er, was in ihm geschieht, kümmert den Staat nicht.

Eigentum ist doppelgesichtig. Auch in ihm schützt die Gemeinschaft eine Art von Freiheit — die Fähigkeit zu besitzen. Doch diese Eigentumsfähigkeit kann nicht eigentlich zum Problem werden, weil sie als Freiheitsraum zu weit ist, um die Fragen der Begrenzung zu stellen; weil sie als solche inhaltsleer ist, noch nicht gefüllt mit dem, was Eigentum wertvoll macht, mit den konkreten Gütern; weil die Beschränkungen von möglichen Rechten an einzelnen Gütern den virtuellen Eigentümer nicht wirklich treffen, solange er noch nicht besitzt und daher in anderes Eigentum ausweichen kann.

So ist denn die andere Seite des Eigentums sein wahres Gesicht: Die Beziehung des Menschen zum einzelnen Gut. Hier aber liegt der größte Abstand zur Freiheit; wer sie in ihrem Raum verwirklicht, wird nicht als solcher, es wird nur der Raum geschützt — beim Eigentum ist der Raum nichts, sein Inhalt alles. Und dies nun ist entscheidend: Der „Raum" der Freiheit bleibt immer gleich, der „Inhalt" des Eigentums wechselt ständig. Freiheit ist daher ihrem Wesen nach eine gleiche Größe, ein und derselbe Wert für jeden Bürger, gleich ob er sie verschläft oder bis an die Grenzen des Rechts mit ihr wuchert. Meßbar ist sie nie ganz, ihre Bedeutung liegt auch darin, daß sie niemandem Auskunft geben muß. Das Eigentum aber ist stets irgendwie faßbar, sein Wesen besteht darin, andere auszuschließen, darin allein wird es schon stets greifbar in seiner konkreten Gestalt. Eigentum ist bei jedem seiner Träger verschieden, kein Bürger besitzt genau dasselbe. Eigentum wechselt andauernd, die Freiheit bleibt eine, unwandelbar, mit dem Menschen so geboren, wie sie mit ihm stirbt. Das Eigentum schützt nicht die abstrakte Ordnung der Freiheit, es ist wesentlich selbst „konkrete Ordnung".

Libertät ist also in dem Sinn Fortsetzung der Egalität, daß in ihr alle Bürger gleich sind, ohne Verschiedenheit in ihren Möglichkeiten. Das Eigentum aber bleibt stets das *wesentlich Ungleiche*. Gleich vor dem Gesetz mit anderen ist nur formal das einzelne Recht, nicht seine eigentliche wirtschaftliche Bedeutung. Wie weit immer der Gesetzgeber nivellieren mag — solange er ein Eigentum überhaupt noch kennt, nimmt er Verschiedenheiten in Kauf, die im Raum von Freiheiten unerträglich wären. Er gestattet hier Gewinn und Verlust, jene „Veräußerung" gerade, in der Freiheit nicht verlorengehen, nicht getauscht werden darf.

Das Eigentum bringt überhaupt erst die Bewegung in die Statik der Freiheiten. Diese würden sich selbst aufheben in der nutzlosen, uninteressanten Gleichheit, wenn nicht ihr materialisiertes Ergebnis im Eigentum verschieden sein könnte. Nur das Eigentum bewahrt die Freiheit vor einem Sterben in Gleichheit. Nur weil Eigentum nicht Freiheit ist, kann es Freiheit neben Gleichheit, kann es überhaupt Freiheit begrifflich noch geben.

Aus der Gleichheit der Freiheit kann also nie auf die Gleichheit des Eigentums geschlossen, diese kann nie im Namen gleicher Freiheit verlangt werden. Denn wer so das Eigentum zu einer unter vielen Freiheiten machen wollte, den Bürger gleichzumachen versucht mit allen anderen nicht nur in der Fähigkeit zu besitzen, sondern auch noch im Inhalt des Eigentums, in dessen eigentlichem Gehalt — der verändert das Wesen all dessen, was in der Geschichte je Eigentum war — Fortsetzung, Vollendung aber nicht Teil der Freiheit; und er hebt die Freiheit auf, wandelt sie zu Gleichheit, die allein bleibt, wenn Freiheit nicht mehr verschiedenes Eigentum zu bilden vermag.

So kann also Freiheit nur *neben* dem Eigentum bestehen, vereint sie sich mit ihm, so geht sie unter in Gleichheit. „Gleiches für alle" mag keine Utopie sein, „Gleiche Freiheit" für alle durch gleiches Eigentum ist ein Widerspruch in sich.

Freiheit und Eigentum treiben ein eigentümliches Spiel in der Geschichte von Staat und Gesellschaft: Sie suchen einander, streben zueinander, doch sie dürfen sich nicht finden. Eigentum braucht Freiheit, um wachsen und genießen zu können; Freiheit lebt auf Eigentum hin, findet in vielem ihre Erfüllung in ihm. Doch wenn beide im Namen der Gleichheit sich verbinden, so gehen sie beide unter.

Von der großen Trias Freiheit, Gleichheit, Eigentum sind zwei Begriffe stets offen genannt worden. Der dritte, das Eigentum, war beharrlich gegenwärtig, doch es wurde sorgsam verborgen. An seine Stelle trat später das „gute", gleichheitsträchtige Wort der Brüderlichkeit — ein unbewußter, doch treffender Begriff; denn in ihm war jene Bewegung, in der das Eigentum die Freiheit dynamisiert; Brüderlichkeit überwand die Kälte des Besitzes in der Wendung zum anderen Menschen; fraternité war beiden verpflichtet — der Freiheit – denn Brüder haben keinen Herrn – wie der Gleichheit im Miteinander.

Doch hinter der Brüderlichkeit steht das Eigentum, Bruder kann im Entscheidenden nur sein, wer besitzt und teilhaben läßt. Und so ist die große Trias der liberalen und sozialen Bewegung von 1848 Ausdruck früher tiefer Erkenntnis: Nicht Eigentum als Freiheit darf es heißen, sondern „Freiheit *und* Eigentum in Gleichheit". Und wieder einmal war Verfassungsgeschichte vor Staatstheorie …

Libertifiziertes Eigentum wird zerstört durch die zahllosen Freiheiten anderer. Kommerzialisierte Freiheit hebt den Sinn der Freiheit als „gleiche Möglichkeit für alle" auf, sie endet in totaler Gleichheit. So sollte denn der Staat nicht bedenkenlos Zwischenstufen schaffen, nicht zuviel an „Freiheit als Eigentum", nicht allzuviele „gleiche, geldwerte Ansprüche" an die Gemeinschaft, die einerseits Ausdruck der einen, gleichen Freiheit sind, zum anderen aber doch Eigentum bringen sollen. Denn Eigentum im letzten ist nur, worüber der Bürger verfügen kann, nicht was ihm in Gleichheit unentäußerlich zugewiesen wird. Die große Dynamik des Eigentums, die allein die Freiheit vor der Gleichheit retten kann, liegt nicht in gleicher, diktierter Berechtigung, sondern in der möglichen Ungleichheit der Verfügung.

So zerbricht denn die schöne vermeintliche Harmonie von Freiheit und Eigentum. Beide gehören zusammen, doch sie sind nicht eins — nicht in ihrer Legitimation, nicht in ihrem Wesen, nicht in ihrer Funktion in Staat und Gesellschaft. Bedauern sollte dies niemand: Weder die Verkünder der Freiheit, noch die Verteidiger des Eigentums. Jene sollten es begrüßen, daß nicht Heller und Pfennig herrschen im Reiche der Freiheit — diesen sollte ein Trost sein, daß ihnen vielleicht ihr Gut bleibt, wenn sie an Freiheit verlieren. Doch nicht im Entweder–Oder kann „Freiheit und Eigentum" verstanden werden, nicht als ob eines das andere zu ersetzen vermöchte; ihre Macht entfalten sie beide nur, wenn sie nicht nur in Gleichheit, sondern „gleich" bestehen und entwickelt werden.

Es schuldet der freiheitliche Staat dem Bürger, daß er Freiheit *und* Eigentum *in ihren jeweiligen Räumen* entfalte, nicht eines im Namen des anderen beschränke. Denn dies war noch immer das Wesen der Mündigkeit: In Freiheit besitzen.

Eigentum*

Grundlage der Freiheit

I. „Eigentum Privater" — eine Grundentscheidung unserer Verfassung und Grundlage der Marktwirtschaft

1. Das Ende der kommunistischen Anti-Eigentumsordnung — Anlaß zur Besinnung auf das Privateigentum

Kampf um das Eigentum gibt es in der Gemeinschaft, seit Menschen begonnen haben „sich die Erde untertan zu machen", seit ihnen verboten wird zu begehren „des Nächsten Hab und Gut". Der Kampf gegen das Eigentum aber hat in diesen Jahrhundert die Welt gespalten, vor allem Politik und Gesellschaft in Europa und auch in Deutschland.

„Eigentum ist Diebstahl" — im Namen dieser These aus der Mitte des 19. Jahrhunderts[1] forderten radikale Sozialisten und Kommunisten die eigentumslose Gesellschaft, der sowjetische Bolschewismus verwirklichte sie stufenweise nach 1917, auf deutschem Boden nach 1945: „Bodenreformen" beseitigten nahezu das gesamte private Grundeigentum, Sozialisierungen größten Stils überführten das Grundeigentum ebenso wie das Eigentum an Produktionsmitteln in „Volkseigentum". Damit wurde „das Eigentum", das seit Jahrhunderten im wesentlichen als Ordnung der Güterverteilung zwischen Privaten verstanden wird, schlechthin aufgehoben. Es blieb nur das persönliche „Tascheneigentum", Handel wich der Bedürfnisbefriedigung, jede Art von Marktwirtschaft hörte daher auf. Was ein solcher „Staat ohne Privateigentum" bedeutet, ist den Deutschen erst bei der Wiedervereinigung voll bewußt geworden: Sie übernahmen ein Staatswesen, das zwar nach außen – international notgedrungen – Handel trieb, im Inneren aber ein Eigentum und seinen Wert nicht anerkannte. Die notwendige wirtschaftliche Folge war der Niedergang einer Ökonomie ohne Anreize, die den Bürger auf „fruchtlose Arbeit" verweisen wollte. Politisch machte ihn dies zum unfreien Kostgänger des Staates, da er in der Regel seinen eigenen Freiheitsraum nicht durch Eigentum absichern konnte, sondern nur mehr als Staatsarbeiter, Staatsmieter, Staatsrentner leben durfte. Menschlich wurde eine früher besonders aktive Bevölkerung Deutschlands in graue Lethargie gedrängt, war ihr doch das „In-

---

* Erstveröffentlichung: Deutschland-Report 20, Melle 1994.

[1] *Proudhon*, Pierre Joseph, Was ist Eigentum?, Paris 1840, deutsch 1844.

teresse an Eigenem" genommen, damit aber auch einer der wichtigsten Entfaltungsräume der Persönlichkeit.

Diese Anti-Eigentumsordnung ist zusammengebrochen; nun gilt es, erst recht über das Eigentum nachzudenken, dessen Garantie der freie Westen sich bewahrt hat und die er dem Osten zurückbringen konnte. Auf deutschem Boden vor allem muß in diesen Jahren die Eigentumskrise bewältigt werden, in welche der Kommunismus so viele Länder gestürzt hat. Dies geschieht bereits – und kann nur geschehen – auf der Grundlage der westlichen Vorstellungen über das Privateigentum, wie sie im Grundgesetz ihren Niederschlag gefunden haben. Die große politische Aufgabe der deutschen Besinnung auf die Grundzüge einer verfassungsrechtlichen Eigentumsordnung, von deren Bedeutung und Güte die Mitbürger in den alten Ländern überzeugt werden müssen — aber ebenso die der alten Länder; auch im Westen ist das Eigentum in Bewegung, in Diskussion, ja sogar in Gefahr, denn der Kampf um das Eigentum wird und muß auch hier immer weitergeführt werden; vielleicht hat man sich in den letzten Jahren in allzu selbstverständlicher Eigentumssicherheit gewiegt.

2. Die Wertentscheidung des Grundgesetzes für „Eigentum als Freiheit"

„Das Eigentum und das Erbrecht werden gewährleistet" (Art. 14 Abs. 1 Satz 1 GG) — auf diese lapidare, unmittelbar geltende Bestimmung des Grundgesetzes kann sich jede natürliche wie auch jede deutsche juristische Person (etwa Aktiengesellschaft, GmbH) berufen, wenn die Staatsgewalt auf ihr Eigentum zugreift. Der Staat dagegen (insbesondere Bund, Länder und Gemeinden), genießt diesen Schutz *nicht*, denn Art. 14 GG verbürgt ein Freiheitsrecht *gegen* den Staat.[2]

Nach dem Bundesverfassungsgericht ist das Eigentum Privater ein höchstrangiger Verfassungswert: „Das Eigentum ist ebenso wie die Freiheit ein elementares Grundrecht; das Bekenntnis zu ihm ist eine Wertentscheidung des Grundgesetzes von besonderer Bedeutung für den sozialen Rechtsstaat"[3], die „Nutzung des Eigentums soll dem Eigentümer ermöglichen, sein Leben nach eigenen, selbstverantwortlich entwickelten Vorstellungen zu gestalten".[4] Eigentum heißt damit aber *nicht* „Schutz des Reichtums gegen die Armut", „ar-

---

[2] Ständige Rechtsprechung des Bundesverfassungsgerichts; vgl. etwa die Entscheidungen, in: Entscheidungen des Bundesverfassungsgerichts (BVerfGE) Band 24, S. 367 ff., hier S. 389; 68, S. 193 ff., hier S. 222; 61, S. 182 ff., hier S. 100 f.

[3] BVerfGE 14, S. 263 ff., hier S. 277; 42, S. 64 ff., hier S. 76.

[4] BVerfGE 79, S. 292 ff., hier S. 303 f.

beitsloses Einkommen", rechtliche Schranken um eigensüchtig gehütetes Gut, Hort des Materialismus.

Bekennen will sich die Verfassung auch hier zu dem Wert, der sie insgesamt trägt: zur *Freiheit.* Bürgereigentum ist ihr Freiheit, in einem doppelten Sinn:

a) als „geronnene Arbeit", damit geronnene Freiheit, aus der Vergangenheit — welchen Sinn hätte damals die Freiheit gehabt, wenn von ihr nichts bleiben dürfte? Und

b) als „potentielle Freiheit" für die Zukunft — um wieviel besser kann der Mensch sie nutzen, steht er auf der festen, verfassungsgeschützten Grundlage des von ihm bereits Erworbenen.

Mit Recht fragte ja Karl Marx, welchen Sinn eine Freiheit habe, die es Proletariern nur erlaube, unter Brücken zu verhungern.

Eigentum als Freiheit muß also stets gegenwärtig sein, wenn dieses elementare Grundrecht immer wieder in Verteilungskämpfen als Hort des Egoismus kritisiert wird. Eigentum ist nicht Eigensucht, in ihm wird vielmehr die Freiheit erst zum wirtschaftlich faßbaren Wert.

Wo immer man das Eigentum antastet, wird Freiheit entwertet, im wahren Sinne des Wortes. Die Mitbürger im Osten wurden nach der Wende von vielen deswegen kritisiert, weil sie nicht ständig „die neue Freiheit gepriesen" haben, sondern sich neues Eigentum schaffen wollten, zuallererst ein Auto — das „Eigentum zur Freiheit" par excellence. Solche Kritik geht fehl, sie beweist nur den Freiheitsgehalt des Eigentums; diese Mitbürger wollten eben „Freiheit zum Anfassen", in ihrem neuen Eigentum.

Eines sollte nie vergessen werden: Wer Eigentum nimmt, nimmt Freiheit. Für sie aber waren immer Demokraten bereit einzustehen, bis zum letzten. Dies ist die Grundlage eines wahren Eigentumsethos.

3. Ohne Privateigentum keine Marktwirtschaft

Die „eigentumslose Gesellschaft" hat ihr politisches Freiheitsdefizit jahrzehntelang ertragen, mit Staatsgewalt aufgefüllt; zerbrochen ist dieser Kommunismus ökonomisch, weil ihm die Marktwirtschaft fehlte. Gewiß ist sie keine politische Wunderformel, doch ohne sie ist Effizienz in der arbeitsteilig verflochtenen Weltwirtschaft nirgends mehr möglich. Grundlage, Ausgangspunkt jeglicher Marktwirtschaft aber ist die Anerkennung des Eigentums Privater.[5] Austausch zwischen Eigentumsgütern — das allein nennt man Markt.

---

[5] *Leisner,* Walter, Der Eigentümer als Organ der Wirtschaftsverwaltung, in: Die Öffentliche Verwaltung (DÖV) 1975, S. 73 ff.

Auf ihm bildet sich der Preis und damit der Wert allen Eigentums. Marktwirtschaft ist nichts als ein ständiger, unübersehbarer Mechanismus der Eigentumsbewertung: Einen Markt des „Volkseigentums“ kann es nicht geben. Wo immer Staatseigentum massiv auftritt, stört es das Marktgeschehen; denn es wird kaum je so angeboten und nachgefragt wie Güter zwischen Bürgern — nach wirtschaftlichen Kriterien, unpolitisch. Wo immer die Staatsgewalt in den Marktmechanismus eingreift, etwa durch Preisstopps oder Kontingentierungen, entwertet sie sogleich das Eigentum, dessen Marktaustausch sie behindert, wirtschaftlich ist dies eine Form kalter Teilenteignung. Und wo immer die Staatsgewalt Eigentum Privater entzieht oder belastet, da verfälscht sie das Marktgeschehen. So zeigt sich: Marktwirtschaft ist nur ein anderes Wort für Eigentums-, Eigentümerwirtschaft.

Nach Bundesverfassungsgericht und herrschender Lehre hat das Grundgesetz keine deutsche Wirtschaftsverfassung geschaffen[6], weder im Sinne einer „sozialen Marktwirtschaft“ noch einer Marktwirtschaft schlechthin. Anerkannt ist aber, daß die wirtschaftlichen Grundrechte – allen voran das Privateigentum – einen festen verfassungsrechtlichen Rahmen ziehen, innerhalb dessen der Gesetzgeber die Wirtschafts- und Sozialverfassung im einzelnen gestaltet. Somit ist der immer wieder aufflammende Kampf um die „Wirtschaftsverfassung des Grundgesetzes“ nur ein Streit um Worte: Eine Verfassungsordnung, welche alles Eigentum sichert, nicht nur in seinem Bestand, in der Hand des Eigentümers, sondern auch in seinem Wert, kann nicht ohne jenen Markt funktionieren, ohne den kein Gut irgendeinen Wert hat. Eine moderne Industriegesellschaft aber besteht nicht aus Amateuren, die irgendwelche persönlichen Liebhaberpreise bezahlen, sondern aus wirtschaftlich handelnden Bürgern — aus Händlern, sie bringen ihr Eigentum auf Märkte und bringen von dort anderes Eigentum zurück.

So hat unsere Staatlichkeit auf Märkten begonnen, auf dem römischen Forum, weil sich dort ihre Grundlage bildete, die private Eigentumsordnung. Alles spricht dafür, daß die nächsten Jahrzehnte in Europa, in der Weltwirtschaft, immer mehr Markt bringen werden — also immer mehr Bewußtsein für das Privateigentum und seinen Schutz. In diesem Sinn bekennt sich das Grundgesetz in seinem Art. 14 eben doch zur Marktwirtschaft, sie ist Verfassungsziel, nicht nur ökonomische Theorie. Wer aber – zu Recht – soziale Marktwirtschaft anmahnt, der sei daran erinnert, daß der bedeutendste Faktor dieser sozialen Orientierung, freie Gewerkschaften, in Deutschland jedenfalls nicht vorstellbar ist ohne Privateigentum an Produktionsmitteln wie an Grund und Boden.[7] Nur aus der Partnerschaft, wenn nötig Konfrontation, zu den

---

[6] BVerfGE 4, S. 7 ff., hier S. 17 f.

[7] *Leisner*, Walter, Privateigentum — Grundlage der Gewerkschaftsfreiheit, in: Betriebs-Berater (BB), 2/1978, S. 100–104.

Eigentümern ziehen die Gewerkschaften ihre Legitimation, nur über Nutzungen privaten Eigentums werden Tarifverträge geschlossen. Gäbe es kein Privateigentum, die Gewerkschaften würden, wie einst im Osten, zu parastaatlichen Hilfsorganisationen verkommen.

Freiheit und Marktwirtschaft sind die zentralen politisch-ökonomischen Begriffe unserer Zeit. Aus ihnen gewinnt unser Thema drängende Aktualität, denn mit beiden sprechen wir letztlich nur über eines: über das Eigentum Privater.

II. Begriff und Inhalt des Eigentums

Grundrechte können nicht jegliches menschliche Verhalten in einem unbegrenzten Freiheitsraum gegen Eingriffe des Staates sichern. Jedes Freiheitsrecht wirkt daher, von vorneherein, nur in einem bestimmten Schutzbereich, den es zunächst festzustellen gilt. In diesen darf dann die Staatsgewalt lediglich eindringen, wenn ein sogenannter verfassungsrechtlicher Eingriffsvorbehalt dies gestattet. Bei jedem Eigentumsproblem ist also zuerst zu fragen, ob die vom Staat entzogene Rechtsposition als „Eigentum" von der Verfassung geschützt wird; wird dies bejaht, so ist zu prüfen, ob das Grundgesetz dem Gesetzgeber, oder, auf der Grundlage eines Gesetzes, der Verwaltung gestattet, auf diese eigentumsgeschützten Rechtspositionen zuzugreifen. Denn eines steht in der Tradition des deutschen Rechtsstaats seit dem 19. Jahrhundert fest: In das Eigentum – wie in die Freiheit – darf nur durch Gesetz oder, von Verwaltung oder Gerichten, aufgrund eines Gesetzes eingegriffen werden.

1. „Eigentum nach Gesetz"? Der verfassungsrechtliche Eigentumsbegriff

Für den Schutzbereich des Art. 14 Abs. 1 Satz 1 GG ergibt sich hier nun eine besondere Problematik: Nach der Garantie von Eigentum und Erbrecht heißt es nämlich dort in Satz 2 weiter: „Inhalt und Schranken (des Eigentums) werden durch die Gesetze bestimmt". Dem Wortlaut nach könnte dies so verstanden werden, daß der einfache Gesetzgeber, die Mehrheit des Bundestages, bei Zustimmungsgesetzen noch die des Bundesrates, allein und endgültig festlegen dürften, was jeweils Eigentumsinhalt sei. Das Parlament könnte dann mit einfacher Mehrheit bestimmte Rechtspositionen aus dem Eigentumsbegriff herausnehmen – etwa gewisse bauliche Nutzungen oder das (bisher eingeräumte) Recht auf Verzinsung öffentlicher Anleihen – mit der Wirkung, daß darin, schon rein begrifflich, eine Eigentumsverletzung nicht gesehen werden könnte. Dann gäbe es nur noch „Eigentum nach Gesetz", keinen Verfassungsschutz mehr gegen den Gesetzgeber, sondern nur mehr gegen die Verwaltung; und ihr gegenüber könnte lediglich geltend gemacht werden, sie habe das Gesetz verletzt, nicht aber die Verfassung.

So darf indes Art. 14 Abs. 1 Satz 2 GG nicht verstanden werden; denn dann liefe der gesamte Schutz dieses elementaren Grundrechts völlig leer; Verfassungsbeschwerden wegen Verletzung des Eigentums könnten dann nur mehr geltend machen, in dieses Grundrecht sei ohne gesetzliche Grundlage eingegriffen worden. Mehr als den allgemeinen Schutz der Rechtsstaatlichkeit böte die Verfassung dann nicht.

Der Sinn des Inhaltsbestimmungsrechts des Gesetzgebers beim Eigentum ist aber, heute wie schon zur Weimarer Zeit (vgl. Art. 153 Weimarer Reichsverfassung [WRV]), ein anderer: Viele an sich eigentumsfähige Güter bedürfen der näheren Abgrenzung, ja Definition durch den Gesetzgeber, um überhaupt als „Eigentum" geschützt werden zu können; dies gilt für Grundstücke ebenso wie für immaterielle Güter (Urheberrechte). Der Gesetzgeber muß daher, bevor überhaupt der Schutz der Verfassung eingreifen kann, zunächst einmal sachgerecht bestimmen, was denn zu dem jeweiligen Eigentum gehören soll.

Dabei ist er jedoch keineswegs frei, er muß sich vielmehr an dem verfassungsrechtlichen Eigentumsbegriff orientieren, wie das Bundesverfassungsgericht eindeutig festgestellt hat.[8] Verfassungsgeschützte Eigentumspositionen können zwar erst nach Maßgabe der Gesetze entstehen, doch muß der Gesetzgeber diese aufgrund der Richtschnur des Art. 14 GG erlassen.[9] Das Eigentum Privater ist dabei gekennzeichnet durch seine Privatnützigkeit und grundsätzliche Verfügungsfähigkeit.[10] Der Gesetzgeber darf also bisherigem Eigentum der Bürger nicht dessen Privatnützigkeit nehmen, seine Nutzungen primär der Allgemeinheit zukommen lassen; und er darf den Privaten nicht das Verfügungsrecht entziehen oder dieses so weit einschränken, daß davon kein sinnvoller, insbesondere marktkonformer Gebrauch mehr gemacht werden kann. Dies schließt allerdings nicht aus, daß das Gesetz die Sozialbindung des Eigentums (Art. 14 Abs. 2 S. 1 GG) gewährleisten muß (vgl. dazu unten Abschnitt III.2.).

Damit schafft und sichert die Verfassung den Eigentumsrahmen, der Gesetzgeber gestaltet in ihm das Eigentum aus.

---

[8] Grundlegend BVerfGE 58, S. 300 ff., hier S. 335.

[9] BVerfGE 80, S. 137 ff., hier S. 150 f.

[10] BVerfGE 24, S. 367 ff., hier S. 389.

2. Eigentum als Menschenrecht

a) Eigentum ist in dem Sinn zweifelsfrei ein „Menschenrecht", daß es für Ausländer wie für Deutsche gleichmäßig garantiert ist — eine ausländerfreundliche, in Deutschland aber traditionelle Grundauffassung kommt darin zum Ausdruck, welche weit über das hinaus schützt, was das Völkerrecht an Sicherung ausländischen Eigentums allgemein verlangt.

Wesentlich wichtiger ist aber, ob das Freiheitsrecht des Eigentums auch in dem Verständnis als Menschenrecht zu gelten hat, daß es vorstaatlicher und damit zugleich überstaatlicher Natur, dem Staat mithin in seiner Verfassung vorgegeben ist und daher vom deutschen Gesetzgeber, von deutschen Gerichten und Behörden jedenfalls zu achten ist. Nur solche „Menschenrechte" haben heute höchstrangige Legitimität, in Deutschland wie in der internationalen Staatengemeinschaft, nur eine menschenrechtliche Freiheit ist dem Zugriff des Staates wirklich und letztlich wirksam entzogen.

Auf der Hand liegt, daß nicht alles Eigentum, in allen seinen Ausprägungen, diesen überstaatlichen, absoluten Schutz genießen kann; es wäre sonst die – wesensnotwendige (vgl. oben Abschnitt II.1.) — Ausgestaltung des Eigentums durch den Gesetzgeber gar nicht möglich. Die Staatsgewalt selbst verlöre weithin ihren Sinn, liegt doch ihr hauptsächlicher Sinn, ihre wesentliche Aufgabe in der fortlaufenden Um- und Ausgestaltung der Eigentumsordnung, entsprechend den sich ständig ändernden wirtschaftlichen Verhältnissen. Als „Menschenrecht" geschützt sein kann also nur der Kern einer Eigentumsordnung, welche dem Bürger zweierlei garantiert: daß es stets eine rechtliche Herrschaft von Menschen über Sachen gibt, welche den Namen „Eigentum" (noch) verdient; und daß ihm Güter, welche ihm bisher als ein solches Eigentum zugeordnet waren, nicht ersatzlos entzogen werden dürfen. „Eigentum als Menschenrecht" steht dagegen nicht einer – auch weitgehenden – Umgestaltung der konkreten Eigentumsordnung für die Zukunft entgegen: Der staatliche Gesetzgeber darf den Eigentumsinhalt verändern und insbesondere die Eigentums-Nutzungsrechte einschränken. Bleiben muß aber immer ein Sachherrschaftsrecht, das den Namen „Eigentum" noch verdient, und dem bisherigen Eigentümer muß eine Rechtsposition erhalten bleiben, welche ihm eine gewisse Privatnützigkeit und eine bestimmte, wenn auch eingeschränkte, Verfügungsgewalt über seine Eigentumsgegenstände sichert. Will ihm der Staat auch dies noch nehmen, so muß er ihn dafür angemessen entschädigen (vgl. unten IV).

b) Einem so verstandenen „Eigentum als Menschenrecht" steht die – unbestreitbare – historische Wandelbarkeit der Eigentumsformen nicht entgegen. Einerseits kann nicht alles unwandelbar dem Eigentümer erhalten bleiben, was er sich irgendwann einmal rechtmäßig angeeignet hat — andererseits genügt es aber nicht, daß der Staat „irgendeine" Eigentumsordnung aufrechterhält, den bisherigen Eigentümern aber nahezu alles nimmt, was sie ihr Eigen nennen konnten. Eigentum muß also grundsätzlich – d. h. abgesehen von engen, wohlbegründenden Ausnahmen – an allen an sich und bisher eigentumsfähigen Gütern weiter möglich sein; eine Ordnung, welche die Sachherrschaft nur auf persönliches „Tascheneigentum" beschränken wollte, wie es im wesentlichen dem sozialistischen Eigentumsbegriff entsprach, ist mit „Eigentum als Menschenrecht" nicht mehr vereinbar.

c) Dieser Menschenrechtscharakter auch des Eigentums muß heute besonders betont werden, weil sich immer mehr, politisch, die Auffassung zu verbreiten scheint, „Menschenrechte" seien nur Freiheiten gegen Verhaftung und Folter, allenfalls sicherten sie noch freie Meinungsäußerung und Versammlung. Wer den Menschenrechtsbegriff derart verengt, ihn auf ein Recht beschränkt „die Faust gegen den Staat zu ballen", um als eigentumsloser Proletarier zu protestieren, der nimmt diesem Grundrecht seinen tieferen Sinn: Wer kein Eigentum sichern, keines erringen kann, der wird bald zu Hause bleiben — mehr lohnt sich dann ja nicht. Und ohne Eigentum als Menschenrecht werden auch die anderen Menschenrechte bald zu „nutzlosen Freiheiten", für die sich niemand mehr einsetzt. Die westlichen Demokratien haben unter dem Banner der Menschenrechte über den eigentumsverneinenden Sozialismus gesiegt; nun dürfen sie nicht selbst in dessen grundlegenden Fehler verfallen: Der Sozialismus hat auf Bürger ohne Eigennutz gesetzt, der Westen darf ihn darin nicht kopieren, daß er seine Bürger zum Kampf für Menschenrechte aufruft, aber ohne Eigentumsinteressen.

Von größter Bedeutung für die ethische Bedeutung des Eigentums wie der Freiheit überhaupt ist es also, daß in Deutschland nicht nur „Eigentum als Menschenrecht" überzeugend begründet worden ist[11], sondern daß auch das Bundesverfassungsgericht gerade neuerdings sich zu dieser Vorstellung ausdrücklich bekannt hat. Im sogenannten *Bodenreformurteil*[12] von 1991 war u. a. über die von den Beschwerdeführern aufgeworfene Frage zu entscheiden, ob die Festschreibung der kommunistischen Enteignungen durch Einigungsvertrag und Verfassungsänderungen nicht deshalb nichtig sei, weil sie gegen den unantastbaren, auch vom Verfassungsgesetzgeber nicht zu beseitigenden, also gegen den *überstaatlich* vorgegebenen Menschenrechtskern verstießen. Das Gericht hat dies im konkreten Fall zwar verneint, hat jedoch ausdrücklich anerkannt, daß es auch bei der Eigentumsfreiheit einen derarti-

---

[11] Grundlegend *Dürig,* G., Das Eigentum als Menschenrecht, in: Zeitschrift für die gesamte Staatswissenschaft (ZgS) 109 (1953), S. 326–350; siehe auch *Leisner,* Walter, Eigentum, in: Handbuch des Staatsrechts, Band VI, herausgegeben von Josef Isensee und Paul Kirchhof, Heidelberg 1989, S. 1023–1098, hier S. 1032–1034.

[12] BVerfGE 84, S. 90 ff.

gen, absolut unabänderlichen Grundrechtskernbestand gebe, und daß an ihm selbst die Verfassung zu messen sei.

Damit steht fest, daß Begriff und Inhalt des Eigentums zwar vom einfachen Gesetzgeber (näher) ausgestaltet werden können, ja müssen; doch weder der einfache Gesetzgeber noch der Verfassungsgesetzgeber sind schlechthin „Herren des Eigentums Privater".

Auch die Europäische Gesetzgebung muß diesen deutschen Eigentumsbegriff achten. Das Bundesverfassungsgericht hat in den *„Solange-Urteilen"*[13] klar festgestellt, daß es berufen sei, Vorstöße gegen das Eigentum, die sich auf europäisches Recht berufen, dann abzuwehren, wenn sie Werte gefährden, die vom Grundgesetz mit allerhöchstem, d.h. vorstaatlichem Rang geschützt werden (Art. 1 Abs. 3, 79 Abs. 3 GG); dazu gehört auch der Kern des Eigentums.

Dies alles hat nicht nur juristische Bedeutung: Das Reichsgericht hat in der Weimarer Zeit die Grundrechte als die „Heiligtümer des deutschen Volkes" bezeichnet; nach der auch heute grundlegenden Integrationslehre von Rudolf *Smend*[14] sollen die Deutschen gerade im Namen dieser Werte einig sein, dies ist die Konsens-Grundlage unserer gesamten demokratischen Ordnung. Vorstaatliche Grundrechte haben staatsethische Bedeutung. Wer sich grundsätzlich gegen das Eigentum wendet oder versucht, es durch ständige, immer weitergehende Einschränkungen bis zur leeren Hülse auszuhöhlen, der handelt nach deutscher Verfassungsüberzeugung nicht nur rechtswidrig, sondern unmoralisch; denn am Ende würde dann die Mehrheitsdemokratie zum Staat der Räuber.

Dies alles ist heute eine feste, mit Ausnahme von Randgruppen von allen politischen Kräften akzeptierte Staatsgrundlage. Das bedeutet nicht, daß man den Staat und seine Eigentums-Gesellschaftsordnung auf ein „Naturrecht" gründen müßte, etwa im Sinne von Vorstellungen mancher Vertreter der katholischen Soziallehre. Auch wer solchen Vorstellungen kritisch gegenübersteht, kann sich dem Bekenntnis zu überstaatlichen Menschenrechten anschließen: Es hat immerhin jahrhundertelange Tradition in den Ländern, welche unsere heutige politische Kultur hervorgebracht haben und – hoffentlich – weitertragen.

---

[13] BVerfGE 37, S. 271 ff.; 73, S. 339 ff.

[14] Verfassung und Verfassungsrecht, München und Leipzig 1927.

3. Die Bedeutung der Tradition — Eigentum als „herkömmlich beschränktes Recht“?

a) Die politische, die Verfassungsgeschichte verläuft im Spannungsverhältnis zwischen Bewahrung und Fortschritt; nur beides zusammen trägt eine Entwicklung, die diesen Namen verdient. Die Grundrechtsordnung der Verfassung spiegelt eben dies wieder: Einerseits sichert sie Freiheiten, die schon als solche stets veränderungswillig und damit fortschrittsbereit sind, man denke nur an die Freiheit der Meinungsäußerung (Art. 5 Abs. 1 GG) oder an die Berufs- und Gewerbefreiheit (Art. 12 Abs. 1 GG); hier liegt sozusagen das „liberale Zentrum des Grundgesetzes“. Zum anderen aber sichert die Verfassung auch die Grundlagen, welche es zu bewahren gilt, sie ist daher in diesem Sinne durchaus „konservativ“: Die wichtigste Bestimmung ist hier das Eigentum. Gerade dieses Grundrecht muß infolgedessen, in besonderem Maße, aus einer Tradition heraus verstanden werden, die es ja fortsetzen will. Was „privates Eigentum“ ist, das hat sich vor allem im westeuropäischen Verfassungs-Liberalismus seit der Französischen Revolution von 1789 entfaltet.

b) Im Mittelpunkt steht die Vorstellung von einem „freien Eigentum“. § 903 BGB faßt dies mit den Worten zusammen: „Der Eigentümer einer Sache kann, soweit nicht das Gesetz oder Rechte Dritter entgegenstehen, mit der Sache nach Belieben verfahren und andere von jeder Einwirkung ausschließen.“ „Mit der Sache verfahren“ — d. h., dem Eigentümer stehen alle Herrschaftsrechte über die Sache zu: das Recht des Besitzes, der Verwaltung, der Nutzung und der Verfügung über die Sache. Dies sind nur sozusagen „Aspekte“ des einen Eigentums; sie gehören untrennbar zusammen, wird einer von ihnen wesentlich beeinträchtigt, so ist das Eigentum als solches verletzt.

Seit zwei Jahrhunderten kennt die deutsche Rechtsordnung nicht mehr ein „abgestuftes Eigentum“, wie es der Feudalzeit geläufig war, geteilt etwa in das Untereigentum der Hintersassen und das Obereigentum der „Herren“, der Fürsten. In der historischen Nacht des 4. August 1789 hat die französische Nationalversammlung dieses wesentlich „geteilte“, abgestufte Eigentum aufgehoben, seither gibt es nur mehr das einheitliche, das freie Eigentum. Es kann mehreren Eigentümern zustehen, zu Bruchteilen oder zur gesamten Hand; doch „als Eigentum“ beinhaltet es immer ein einheitliches Recht. Gewisse angelsächsische Vorstellungen vom Eigentum als einem Bündel von „Property Rights“ haben sich in Deutschland nie durchsetzen können. Deshalb widerspricht unserer Tradition und damit unserem Eigentumsbegriff auch eine Aufspaltung des Eigentums in „Nutzungs- und Verfügungseigentum“, wobei dann alle Nutzungen entschädigungslos dem Staat zufallen könnten, dem Eigentümer nur mehr die – wirtschaftlich meist leere – Verfügungsmacht bleiben würde. Derartige Vorstellungen, welche sich gewissen nationalsozialistischen Ideen vom privaten Eigentümer als Treuhänder der Gemeinschaft – im Sinne eines „Eigentumswartes“ – nähern, haben in unserer Verfassungsordnung keinen Platz.

c) Nach der deutschen Tradition ist Eigentum wesentlich ein Ausschlußrecht gegenüber „anderen“, vor allem auch gegenüber dem Staat. „Eigentum“ ist keine altruistische Rechtsfigur, sondern die herkömmliche durchaus egoistische Grundlage auch für den christlichen geprägten Altruismus: Der Mensch soll in freier Entscheidung bestimmen, ob und wie weit er seinen Nächsten teilhaben läßt an seinem Gut, das dieser Nächste aber nicht wider seinen Willen begehren darf. Das Eigentum ist zugleich Versuchung zu übersteigertem Egoismus, und damit zur Sünde, und Chance zu teilendem Altruismus, damit zur Rechtfertigung. Doch in dieser christlich geprägten Tradition entscheidet grundsätzlich der Einzelne, eben der Eigentümer, ob er den Geboten des Altruismus entsprechen will oder nicht, nicht aber der Staat für ihn, indem er ihm „gleich vorsorglich“ sein Eigentum nimmt oder es weitgehend zugunsten anderer beschränkt.

d) Das heißt nicht, daß es nicht gerade der deutschen Verfassungstradition entspräche, daß der Staat dieses Recht auch, ja sogar sehr weitgehend, einschränken kann. Entscheidend ist, daß dies stets nur durch Gesetz oder aufgrund eines Gesetzes geschehen darf, wie es ja auch § 903 BGB bereits zum Ausdruck bringt. Dies ist der sogenannte „Vorbehalt des Gesetzes“, der für das Eigentum wie für die Freiheit gilt; und dies war und ist zugleich der wichtigste Inhalt der „Rechtsstaatlichkeit“, die ihrerseits wieder ein unabänderliches Verfassungsgebot darstellt (Art. 20 Abs. 1, Art. 79 Abs. 3 GG): Eingriffe in Freiheit und Eigentum der Bürger sind letztlich nur dem Gesetzgeber gestattet.

Diese gesetzlichen Beschränkungen gehen in vielen Bereichen sehr weit, und dies von jeher. Man denke nur an das *Baurecht,* welches die wichtigsten Nutzungen des Grundeigentums weitestgehenden Beschränkungen unterwirft, oder an das *Technikrecht,* das sich vor allem im Umweltschutz rasch entfaltet und die Nutzung industrieller Produktionsmittel einschneidenden Beschränkungen unterwirft. Doch hier ist eine Erkenntnis wichtig: Alle diese – zulässigen – Einschränkungen werden von der hoheitlichen Staatsgewalt, vom Gesetzgeber, sozusagen „von außen“ an ein Grundrecht herangetragen; es wird damit gewissermaßen „eingezäunt“. Diese Beschränkungen liegen aber nicht etwa „immanent“ bereits in dem Grundrecht, sozusagen „von Anfang an schon fest mit ihm vorgegeben“. Wäre dies nämlich der Fall, so bräuchte der Gesetzgeber die Einschränkungen ja gar nicht im einzelnen vorzusehen, weil sie sich eben „an sich schon“ aus dem Grundrecht des Eigentums ergäben. Dann aber verlöre der erwähnte „Vorbehalt des Gesetzes“ jeden Sinn, das

Grundrecht des Eigentums wäre von seinem Begriff her bereits in nicht absehbarer Weise relativiert. Dasselbe müßte dann auch für die „Freiheit" angenommen werden, auch sie unterläge einer begrifflich-immanenten Relativierung von Anfang an.

Richtig ist nach der deutschen Verfassungstradition dagegen nur eines: Das Grundrecht des Eigentums ist stets – wie übrigens auch andere Freiheiten – weitgehend beschränkbar gewesen und auch vom Gesetzgeber beschränkt worden. Immer muß dabei aber, und bei jedem einzelnen Gesetz, gefragt werden, ob die Verfassung einen so weitgehenden Eingriff zuläßt, denn es sind dies eben Schranken des Eigentums. Auch darf aus der Tatsache, daß es in gewissen Bereichen von jeher weitreichende Beschränkungen gegeben hat, nicht etwa geschlossen werden, solche lägen gar nicht vor, weil diese Beschränkungen schon zum Begriff des Eigentums gehörten.

Welche praktisch weitreichenden Folgen diese vielleicht nur theoretisch erscheinende Unterscheidung hat, zeigt folgendes politisch besonders brisante Beispiel: Nach herrschender Lehre gehört das Recht des Eigentümers, auf seinem Grund ein Bauwerk beliebiger Art und Größe zu errichten, zum Inhalt des Eigentums. Es handelt sich um die sogenannte Baufreiheit, die damit grundrechtlich geschützt ist. Selbstverständlich durfte von jeher kein Grundeigentümer bauen ohne Rücksicht auf Rechte anderer und die Belange der Allgemeinheit; das Baurecht hat dies immer geregelt und damit das Eigentum – meist zulässig – eingeschränkt.

Eine Mindermeinung hat daraus, vor einiger Zeit, schließen wollen, die Baufreiheit gehöre, wie die Tradition dieser tiefgreifenden Beschränkungen des Eigentums zeige, schon an sich nicht zum Grundeigentum.[15] Wenn also die Baugesetze einem Eigentümer das Bauen erlaubten, so sei dies eine freie, nicht grundrechtsgebundene Gestattung seitens der Hoheitsgewalt, letztlich ein Staatsgeschenk; einen Anspruch darauf gebe es nicht, also könne das Bauen in allen Fällen vom Staat beliebig eingeschränkt werden, weil eben das Eigentumsrecht dadurch gar nicht berührt werde.

Diese Auffassung ist unzutreffend, weil selbst aus einer „Tradition der Einschränkung" beim Eigentum nicht geschlossen werden darf, daß eine bestimmte Befugnis, „mit der Sache nach Belieben zu verfahren", schon begrifflich gar nicht zum Eigentum gehöre. Richtig ist vielmehr, daß jede Schranke, welche die Gesetze dem Eigentum ziehen, sich vor Art. 14 GG, ja sogar vor dem vorstaatlichen Eigentumsbegriff, rechtfertigen lassen muß. Das Recht, redlich Erworbenes als Eigentum zu besitzen, gehört zu jenem „Recht,

---

[15] Nachweise zur Baufreiheit und der im Text angesprochenen Problematik bei *Leisner,* Walter, Baufreiheit oder staatliche Baurechtsverleihung?, in: Deutsches Verwaltungsblatt (DVBl.) 16/1992, S. 1065–1072.

das mit uns geboren ist", es trägt nicht etwas an sich wie eine „Schwäche der Erbsünde", die von vorneherein weitgehende Einschränkungen dem Staat erlaubt. Eine solche – aber immer noch verbreitete – Auffassung wäre der Anfang vom Ende einer relativierten Freiheit überhaupt.

Wichtig ist die Tradition — sie ist die des freien, vollen Eigentümerbeliebens. Vor ihm müssen sich einschränkende Eingriffe stets besonders legitimieren.

4. Die „verfassungsrechtlichen Rechtspositionen" und die Arten des Eigentums

a) „Rechtsposition"

Grundrechtlichem Schutz kann nur, als „Eigentum", unterliegen, was sich als Rechtsstellung der Herrschaft über ein bestimmtes, vermögenswertes Gut hinreichend „verdichtet" hat, so weitgehend, daß man von einer verfassungsrechtlich geschützten Rechtsposition des Eigentümers sprechen kann. Eine solche besteht etwa nicht hinsichtlich künftiger Gewinnchancen durch Nutzung des Eigentums, die sich noch nicht hinreichend konkretisiert haben. Wem z.B. ein Grundstück durch Enteignung entzogen wird, der kann zwar Entschädigung zu dem Preis verlangen, den „der Markt", d.h. der kaufwillige Jedermann, dafür zu zahlen bereit wäre. Doch er kann nicht auch noch den „entgangenen Gewinn" für eine von ihm selbst ins Auge gefaßte, aber noch in keiner Weise geschäftlich realisierte Nutzungsmöglichkeit geltend machen.

Stets muß also das Eigentum dem Berechtigten eine bestimmte Rechtsposition gewähren, die durch den einfachen Gesetzgeber zu seinen Gunsten näher ausgestaltet worden ist. Dieser muß dabei jedoch immer, wie bereits gesagt, den vorgegebenen Verfassungsbegriff des Eigentums nicht nur berücksichtigen, sondern beachten.

Diese Rechtspositionen entsprechen der Beherrschbarkeit und der Nutzbarkeit des jeweiligen Vermögensgutes durch den Eigentümer. Bei aller Einheit des Eigentumsbegriffs, von der bereits die Rede war: Es müssen Eigentumsarten unterschieden werden, die jeweils auch besondere Rechtspositionen zum Eigentumsschutz verleihen.

b) Grundeigentum

Das historisch erste und bis vor kurzem wirtschaftlich bei weitem wichtigste Eigentumsgut ist das Eigentum an Grund und Boden. Bis zur industriellen Revolution des 19. Jahrhunderts wurde die Eigentumsdiskussion fast ausschließlich um dieses Herrschaftsrecht geführt und um Berechtigungen an diesen „unbeweglichen Sachen“, wie etwa Dienstbarkeiten und ähnliche dingliche Nutzungsrechte. Die verfassungsrechtliche Eigentumsdogmatik hat sich fast ausschließlich am Problem des Bodeneigentums entwickelt. Die Proklamation des „freien Eigentums“ in der Französischen Revolution von 1789 bedeutete in erster Linie das Ende der „gestuften Grundherrschaft“ des Feudalsystems, in welchem den meist adeligen oder kirchlichen „Obereigentümern“ vielfache, auf dem Grund und Boden als solchem lastende, Nutzungs- und Abgabenrechte zustanden, von Jagd- und Fischereirechten bis zu besteuerungsähnlichen Abgabeverpflichtungen, nahe dem heutigen Pachtzins.

Noch am Ende des 19. Jahrhunderts entwickelte sich der juristische Begriff der „Enteignung“ im wesentlichen am Grundeigentum: Nur was der Staat an Grund und Boden dem Bürger entzog, vor allem zum Bau der Verkehrswege oder für andere öffentliche Bauten, galt als „Expropriation“ und zog die Folge der Entschädigungspflicht nach sich. Der ursprüngliche, in der deutschen Lehre lange Zeit „klassisch“ genannte Eigentumsbegriff beschränkte diesen Eingriff des Staates also auf Entzug von Grundeigentum. Alle Eigentums- und Enteignungstheorien, die seither entwickelt worden sind, wurden stets in erster Linie mit Blick auf Grund und Boden, den Prototyp allen Eigentums, entfaltet. Umgekehrt war der Boden, neben den später in den Mittelpunkt der Diskussion tretenden Produktionsmitteln, der zentrale Angriffsgegenstand des grundsätzlich eigentumsfeindlichen Sozialismus, der seine mehr oder weniger weitgehende Überführung in Gemeineigentum forderte; in der „Sozialisierungsklausel“ des Art. 15 GG wird denn auch vor allem diese Eigentumsart genannt. Das Privateigentum an Grund und Boden wurde folgerichtig in den kommunistischen Regimen als solches zuerst und nahezu vollständig beseitigt.

Eine Grundentscheidung des westlichen demokratischen Rechtsstaates ist es demgegenüber, daß in erster Linie für das Bodeneigentum der volle Eigentumsschutz gilt. Grundsätzlich gibt es nicht etwas wie ein spezielles, etwa in seinen Schutzwirkungen wesentlich schwächeres, „Bodeneigentumsrecht“. Wohl ist gelegentlich die Rede von einer Materie „Bodenrecht“; es sind dies alle diejenigen rechtlichen Regelungen, welche das Grundeigentum näher definieren, damit den Boden überhaupt erst „eigentumsfähig“ machen, wie etwa das bürgerliche Sachenrecht, insbesondere das Grundbuch- und Vermessungsrecht. Im herkömmlichen Baurecht, im Landwirtschaftsrecht, im Wasser-, Natur- und Landschaftsschutz, vor allem aber in dem rasch sich entwickelnden Umweltschutzrecht, wird insbesondere Grund und Boden in vielen Richtungen speziellen, eben nur bei diesem Gut möglichen, Beschränkungen unterworfen, insbesondere hinsichtlich der Nutzung dieser Vermögenswerte. In der Planung ist sogar die Erweiterung des Umweltschutzrechts zu einem systematisierten Bodenschutzrecht, das vor allem etwa Überdüngung ausschließen und Artenvielfalt sichern soll.

Trotz dieser vielen und vielfältigen Regelungen kann aber von einem „verfassungsrechtlichen Sonderstatus des Eigentumsrechts an Grund und Boden“ nicht die Rede sein. Das Bundesverfassungsgericht hat zwar vor langem einmal in seinem vielzitierten und oft überinterpretierten „Deichurteil“[16] ausgesprochen, Grund und Boden könne weitgehenden Einschränkungen unterworfen werden, was vor allem mit der angeblichen „Unvermehrbarkeit“ dieses Vermögensgutes begründet wurde. Diese ökonomisch naive, von längst überholten malthusianischen[17] Vorstellungen („der knappe Boden reicht für die Ernährung nicht aus“; „Volk ohne Raum“) ausgehende Vorstellung ist heute weitgehend der Erkenntnis gewichen, daß es nicht auf die „Vermehrbarkeit“ eines Gutes ankommt — sie fehlt auch bei manchen anderen, etwa Kunstgegenständen oder bei immateriellen Gütern wie Patent- und Urheberrechten, ohne daß daraus je die Folgerung eines abgeschwächten Eigentumsschutzes gezogen worden wäre. Entscheidend ist vielmehr die Nutzbarkeit eines Gutes. Sie aber kann gerade bei Grund und Boden auf vielfache Weise verändert und gesteigert werden — durch Rodung, Düngung, Hoch- und Tiefbau, Verkehrsanbindungen usw. So bedeutet denn auch die erwähnte, eher beiläufige Bemerkung des Bundesverfassungsgerichts lediglich, daß im Bodenrecht die Gefahrenabwehr- und Ordnungsbedürfnisse besonders weit reichen, welche der Gesetzgeber erfüllen muß, und daß er damit auch in gewissen Bereichen den Eigentumsschutz weiter zurückdrängen darf als bei anderen Eigentumsgegenständen.

Unverrückbar bleibt jedoch der Grundsatz, daß auch beim Grundeigentum voller Eigentumsschutz stets zu gewährleisten, daß die Privatnützigkeit gerade hier zu achten ist. Denn Grund und Boden ist auch heute noch für die Bürgerschaft insgesamt die wichtigste Beleihungsgrundlage, damit die Basis ökonomischer Sicherung und, wie das Volk der „Häuslebauer“ zeigt, die Grundlage der Sicherung persönlichen Lebensraums, damit individueller Freiheit. Die deutsche wie jede andere Eigentumsordnung wird stets daran gemessen werden, wie sie mit dem Bodeneigentum umgeht. Letztlich gibt es in einem Gemeinwesen „so viel Eigentum, wie dort Grundeigentum anerkannt ist“.

c) Das „Betriebseigentum“ — Mitbestimmung

Das private Eigentum an „Produktionsmitteln“ zu beseitigen, war das Hauptziel des Sozialismus im 19. Jahrhundert, der radikale Kommunismus hat dies nahezu völlig verwirklicht und damit seinen Zusammenbruch eingeleitet.

---

[16] BVerfGE 24, S. 367 ff.

[17] *Malthus,* Thomas Robert, Über die Bedingungen und Folgen der Volksmehrungen, London 1798, deutsch 1807, Faksimile-Nachdruck Düsseldorf 1986.

Im freien Deutschland waren und sind sämtliche Produktionsmittel von jeher Gegenstand des vollen Schutzes des Eigentums Privater; die Möglichkeit, sie zu „sozialisieren", welche Art. 15 GG eröffnet, ist bedeutungslose Provokation geblieben. Die deutschen Sozialdemokraten sind von derartigen – angesichts der Entschädigungsverpflichtung auch kaum zu realisierenden – Plänen schon mit dem Godesberger Programm grundsätzlich abgerückt.

Maschinen, Anlagen und alle anderen beweglichen Produktionsmittel stehen daher, ebenso wie ihre „Grundlage", das Eigentum an den Betriebsgrundstücken, unter dem vollen Schutz des Privateigentums. Dieser ist allerdings eingeschränkt einerseits vor allem durch Umwelt-, insbesondere Immissionsschutz sowie die übrigen Normen des rasch sich entfaltenden „Technikrechts", andererseits, und vor allem, durch die betriebliche und überbetriebliche Mitbestimmung der Arbeitnehmer. Das Bundesverfassungsgericht hat dies letztere im sogenannten Mitbestimmungsurteil[18] eingehend näher verdeutlicht und begründet: Wer sein privates Eigentum nur mit Hilfe anderer sinnvoll nutzen kann, muß diesen auch einen gewissen Einfluß zugestehen, der insbesondere der Wahrung ihrer persönlichen Interessen und der Sicherung ihrer Arbeitsplätze dient. Diese Begründung gleicht letztlich derjenigen, welche auch den sozial bestimmten Mieterschutz trägt. Das ändert jedoch nichts daran, daß Besitz, Verwaltung, Nutzung und Verfügung über die Produktionsmittel grundsätzlich beim Eigentümer liegen, und nicht, in einer Art von Miteigentum, bei einer Gemeinschaft von Eigentümern und Arbeitnehmern. Das Bundesverfassungsgericht hat ja auch klar zu erkennen gegeben, daß eine sogenannte Überparität, d.h. ein überwiegend bestimmender Einfluß der Arbeitnehmer auf Einsatz und Nutzung der Produktionsmittel, mit der Eigentumsgarantie der Verfassung nicht mehr vereinbar wäre.

Das betriebliche Eigentum wirft aber auch ein anderes, nicht minder grundsätzliches Problem auf: Bezieht sich der Eigentumsschutz lediglich auf die einzelnen Betriebsmittel oder auch auf den Betrieb als solchen, gibt es ein „verfassungsgeschütztes Eigentum am eingerichteten und ausgeübten Gewerbebetrieb"? Die Frage reicht sogar noch weit über den gewerblichen Bereich hinaus, es geht um das Eigentum an jedem derartigen Betrieb, von der Landwirtschaft bis zu den Praxen der Ärzte, den Kanzleien der Anwälte, den Büros der Steuerberater. Können sich alle diese „Betriebsinhaber" im weiteren Sinn gegenüber Belastungen, die ihnen der Staat auferlegt, darauf berufen, daß zwar nicht in ihr Eigentum an einzelnen Betriebsmitteln, von der Maschine bis zum Computer, eingegriffen werden darf, wohl aber in Rechtspositionen hinsichtlich des Betriebs als ganzen?

---

[18] BVerfGE 50, S. 290 ff., hier S. 348–349.

Das Zivilrecht hat die Frage grundsätzlich bejaht, der private „Betrieb als solcher" ist gegen Eingriffe anderer Bürger geschützt, durch die Möglichkeit, Unterlassungsklage zu erheben und Schadensersatz bei Schädigung zu fordern. Dies ergibt sich mit Notwendigkeit schon daraus, daß alle diese „Betriebe als solche" – wiederum vom Bauernhof bis zur Anwaltskanzlei – ja von jeher auch verkauft werden (dürfen), also als solche ein vermögenswertes Gut darstellen.

Der Bundesgerichtshof ist denn auch stets vom Verfassungsschutz des eingerichteten und ausgeübten (Gewerbe-)Betriebes ausgegangen, das Bundesverfassungsgericht ist dem lange Zeit mit allgemeinen Formeln gefolgt. Dennoch hat sich zeitweise dort Zurückhaltung gezeigt, die vor allem einen Grund hat: Zum „Betrieb" gehören eben nicht nur die einzelnen Betriebsmittel, dieser „Zusammenhangs-Begriff" umfaßt auch den Kundenstamm, ja ganz allgemein den werblichen *good will* des Betriebs. Wie aber kann man derartiges eindeutig abgrenzen von zukünftigen Erwerbschancen, die als solche keinen verfassungsrechtlichen Eigentumsschutz genießen? Was ist good will anderes als die Hoffnung auf zukünftigen Gewinn, der noch nicht realisiert ist? Welchen Eigentumswert haben Kundenkarteien, über die, heute aber noch unverwirklichte, Aussicht hinaus, morgen mit diesem Kundenkreis erfolgreiche Geschäfte abschließen zu können?

Art. 14 GG schützt nur „bereits Geschaffenes", nicht „Erwartetes", „Mögliches". Beeinträchtigung von Gewinnchancen ist grundsätzlich kein Eingriff ins Eigentum. Zur „Rechtsposition" (im Sinne von oben a) ist der „Betrieb als solcher" also nur insoweit verfestigt, als ihm auch – wiederum „als solchem" – ein klar bestimmbarer Wert zuerkannt wird. Hier kommt es daher entscheidend an auf Verkehrsauffassung und Markt: Soweit dieser einen „Betrieb als solchen" bewertet und damit verkäuflich macht, genießt dieser auch verfassungsrechtlichen Eigentumsschutz, denn vermögenswerte Güter sind alle jene, deren Wert auf dem Markt realisiert ist. Bewertet der Markt einen solchen Betrieb nicht nur unwesentlich ungünstiger nach dem Eingriff als vor diesem, so ist das „Eigentum am Betrieb" als solches verletzt, selbst wenn der Eigentümer alle Betriebsmittel einzeln nach wie vor zu deren jeweiligem Marktpreis veräußern kann.

In diesem Sinne muß es in einer Marktwirtschaft ein marktabhängiges Betriebseigentum geben.

d) Anteilseigentum — Forderungsrechte

Der wohl bereits größte Teil der Vermögensgüter in Deutschland befindet sich nicht unmittelbar im unteilbaren Individualeigentum einzelner Bürger, sondern im Eigentum von „Gesellschaften" im weiteren Sinne, seien sie nun als solche rechtsfähig, wie Aktiengesellschaft und GmbH, oder nicht, wie im Falle der OHG. Dies gilt weit überwiegend für gewerbliches Eigentum, aber auch weithin für das Grundeigentum, man denke nur an Grundstücks-, Wohnungsgesellschaften und entsprechende Genossenschaften. Die Gesellschaften als solche haben volles Eigentum und sind, wenn in Deutschland ansässig, auch grundrechtsfähig (Art. 19 Abs. 3 GG).

Wie aber steht es mit den Gesellschaftern und ihrem Eigentum? Ihr „gesellschaftsrechtlich vermitteltes Eigentum" war stets eine gesellschaftspolitische Schwachstelle des verfassungsgesicherten Eigentums. Wenn man dessen Legitimation vor allem daraus herleitet, daß hier dem einzelnen Bürger Herrschaftsrechte über bestimmte Sachen garantiert werden sollen, welche ihm einen individuellen Freiheitsraum sichern — wie verträgt sich das mit den oft völlig undurchsichtigen Schachtel- und Stufenkonstruktionen des Gesellschaftsrechts, bei dem der einzelne Anteilseigner in aller Regel keine Ahnung davon hat – und auch gar nicht haben will – ‚woran er beteiligt ist? Vergleicht man ihn mit einem Landwirt, der Haus und Hof übersieht, jeden Quadratmeter kennt und behütet, so liegt schon die Frage nahe, ob es stets das eine, selbe Eigentum sein kann, welches etwa die über Banken anonymisierten oder weithin auch verwalteten Anteile und welche das grundbuchmäßig verbriefte Bodenrecht an einzelnen Flächen schützt.

Und dennoch: Eben davon geht das deutsche Recht von jeher aus. Es ist ein entscheidender Inhalt der Freiheit des Bürgers, daß dieser auch zusammen mit anderen besitzen darf, in jenen Formen eben, welche das Gesellschaftsrecht dafür allgemein bereitstellt. Jeder Versuch, das verfassungsgeschützte Eigentum auf „direktere", „individualisierte" Mensch-Sache-Beziehungen zurückzudrängen, wäre nichts als ein primitivierender Rückfall in vorindustrielle, agrarisch geprägte Vorstellungen, und nicht einmal für sie wäre dies haltbar. Deutschland würde damit auch, gegenüber internationalem Investitionsfluß, jede Glaubwürdigkeit verlieren, weil eine Eigentumssicherheit hier verloren wäre, auf welche der ausländische Investor aber baut; es wäre dies das Ende internationaler Wettbewerbsfähigkeit.

Vollen Eigentumsschutz genießt also auch jeder durch Gesellschaften vermittelte Anteil an Betriebs-, allem Grundstücks- und auch allem sonstigen Vermögen. Der Anteilseigner kann sich, allein oder zusammen mit seinen Miteigentümern, gegen Eigentumseingriffe in den von ihm anteilig besessenen Vermögensgegenstand ebenso wehren wie gegen Beeinträchtigungen gerade seines Anteilsrechts an diesem.

Dies ist gerecht und entspricht dem Gesamtsystem des geltenden Schutzes, den die Verfassung privatem Eigentum in Deutschland gewährt. Hier geht man davon aus, daß jede vermögenswerte Rechtsposition den Schutz des Grundgesetzes genießt — vermögenswert ist aber gerade auch das Anteilsrecht am Eigentum, es kann als solches verkauft und veräußert werden. Nur recht und billig ist es auch, daß der Anteilseigner, wie fern er auch „seinem" Betrieb, wirtschaftlich oder persönlich, stehen mag, dennoch das Recht hat, sich für diesen auch gegen den eingreifenden Staat zu engagieren; denn immerhin läuft er mit seiner Investition in die Teilhaberschaft an diesem betrieblichen Vermögen auch ein spezielles ökonomisches Risiko, das er abzuwehren versuchen darf — als Eigentümer.

Überhaupt ist es nur folgerichtig, daß auch das Anteilseigentum Eigentumsschutz genießt, selbst wenn es sich im wirtschaftlichen Ergebnis oft kaum mehr von einem einfachen Forderungsrecht (gegen die betreffende Gesellschaft) unterscheidet, und wenn daher laufend in der Praxis, an den Börsen etwa, Aktien (also Eigentum) gegen fest verzinsliche Obligationen (Forderungen) getauscht werden und umgekehrt: Die Verfassung schützt ja auch jedes „Forderungsrecht als Eigentum" gegen staatlichen Zugriff; die Staatsgewalt dürfte also Schuldverschreibungen nicht dem Inhaber entziehen oder sie, zugunsten des Schuldners, als nicht mehr (voll) rückzahlbar erklären.

Jede Vertragsposition eines Bürgers, gegen einen anderen oder gegenüber dem Staat, ist Eigentum im Sinne des Art. 14 GG, soweit sie irgendwie „vermögenswert" ist; dies ist das Ergebnis der massiven Ausweitung des verfassungsrechtlichen Eigentumsbegriffs, die sich bereits in der Weimarer Zeit durchgesetzt hat und von der Rechtsprechung nach 1945 fortgeführt worden ist. Dadurch vor allem unterscheidet sich auch der Eigentumsbegriff des Verfassungsrechts grundlegend von dem des deutschen Zivilrechts, in dem, deutscher Tradition entsprechend, dingliche Rechte, insbesondere das dingliche Vollrecht Eigentum, und Forderungsrechte ganz grundsätzlich zu unterscheiden sind. Wenn aber schon Forderungen den Vollschutz der Verfassung genießen, so kann für das Anteilsrecht nichts anderes gelten, dessen Inhaber immerhin in gewisser Nähe zu einem bestimmten Eigentumsgegenstand wirtschaftlich steht.

e) Öffentlich-rechtliche Rechtspositionen — das „Renteneigentum"

Der bereits erwähnte Trend zur Erweiterung des verfassungsrechtlichen Eigentumsschutzes auf alle vermögenswerten Rechte muß auch Folgerungen für Rechtspositionen haben, die dem öffentlichen Recht entspringen, konkret insbesondere für Forderungen des Bürgers gegen den Hoheitsstaat. Soweit diese in einem öffentlich-rechtlichen Vertrag begründet sind, etwa im Baurecht als Übernahme gemeindlicher Folgekosten durch den Bauherrn, sind die entsprechenden Rechtspositionen des Bürgers bereits als solche vertraglicher Art auch grundrechtlich geschützt. Nicht anders verhält es sich, wenn der Bürger Subventionen vom Staat über einen Vertrag erhält, in dem er auch gewisse Gegenleistungen verspricht. Soweit öffentliche Forderungen in einem Beamtenverhältnis ihre Grundlage haben, etwa Ansprüche des Beamten auf Gehalt, greifen die Sondernormen des Art. 33 Abs. 4, 5 GG mit einem Schutz ein, der über die Eigentumssicherung noch hinausgeht.

Problematisch ist jedoch, ob der Bürger auch dann volles, verfassungsgeschütztes Eigentum geltend machen, bei Verschlechterung seiner Rechtsposition also Entschädigung verlangen kann, wenn in der staatlichen oder überhaupt „öffentlichen Leistung" etwas von einem „Staatsgeschenk" liegt, wenn also der Bedachte nicht eine (annähernd volle) Gegenleistung erbringt. Die Frage ist aufgetreten einerseits bei nicht vertragsgesicherten Ansprüchen auf Subventionen, andererseits und vor allem im Falle von Sozialleistungen, vom Arbeitslosengeld bis zur Rente. Beiden Rechtsbeziehungen ist ja eines gemeinsam: Der Bürger ist nicht nur „Partner" des Staates, sondern ein von diesem Begünstigter. Soll der Staat, der hier „hoheitlich etwas verteilt" (hat), diese Verteilung nicht auch wieder ändern können, oder blockiert ihn hier die Eigentumsgarantie?

Die Frage erreicht im heutigen Umverteilungsstaat immer größere Dimensionen. Einerseits erscheint es als unbillig, Eigentumsansprüche gegen den „Staat als Schenker" anzuerkennen, die diesen zudem in seiner doch dynamisch zu gestaltenden und daher oft auch wechselnden Sozialpolitik entscheidend behindern könnten. Andererseits ist nicht zu verkennen, daß sich gerade jene Sicherungsfunktion heute tiefgreifend verändert hat, welche aber der Eigentumsschutz in erster Linie stets erfüllen soll: Was früher dem Rentier sein „Kapital" war, das ist heute dem Rentner sein „Anspruch gegen die Sozialversicherung" — nur mit dem Unterschied, daß letzterer nicht allein aus Leistungen des Rentners stammt, sondern, in nicht unerheblichem Maße, vom Staate subventioniert wird.

Nach 1949 wurde zunächst die herkömmliche These weiter vertreten: Kein Eigentumsschutz öffentlich-rechtlicher Rechtspositionen. Doch seither hat das Bundesverfassungsgericht, schrittweise, eine andere Grundkonzeption entwikkelt: Auch öffentlich-rechtliche Rechtspositionen können, müssen aber nicht stets, als Eigentum betrachtet werden. Entscheidend soll es nun darauf ankommen, ob und inwieweit die jeweils durch Veränderung oder Aufhebung seitens des Staates betroffene Rechtsposition von dem Begünstigten selbst auch wesentlich durch Einsatz von Kapital und / oder von Arbeit mitgeschaffen worden ist — dann gehört dieser Anspruch zu seinem verfassungsgeschützten Eigentum, ist er doch Grundlage seines lebensgestaltenden Vertrauens.

Praktisch hat dies zu folgender Rechtsprechung des Bundesverfassungsgerichts im Sozialbereich geführt: Der Anspruch auf Leistungen aus einem der vier klassischen Bereiche der Sozialversicherung (Renten-, Kranken-, Unfall-, Arbeitslosenversicherung) wird grundsätzlich als eigentumsgeschützt angesehen. Immerhin hat ja der betreffende Versicherte erhebliche Eigenleistungen dafür erbracht. Anders steht es mit der Sozialhilfe — sie ist reines Staatsgeschenk. Im Ergebnis hat jedoch das Bundesverfassungsgericht auch bei den Sozialversicherungsansprüchen den verfassungsrechtlichen Eigentumsschutz nicht unerheblich relativiert. Korrekturen in der Leistungshöhe oder hinsichtlich der Leistungsvoraussetzungen soll der Gesetzgeber durchführen dürfen, wenn dies insbesondere aus seiner Haushaltslage heraus unabdingbar erscheint, von der ja die Staatszuschüsse abhängen, oder wenn es aus der Sicht der Solidargemeinschaft der Versicherten unbedingt erforderlich ist, um etwa eine gewisse Umverteilung innerhalb dieser Gemeinschaft von Leistungsstärkeren zu Bedürftigeren durchzuführen. Grundsätzlich erscheint auch dies letztere nicht als unbillig: Immerhin befindet sich ja der Berechtigte in einer Solidargemeinschaft, die eben auch auf eine gewisse bedürfnisbefriedigende Solidarität ausgerichtet werden darf.

Im Ergebnis ist damit doch auch der Eigentumsschutz sozialrechtlicher Rechtspositionen weitgehend relativiert worden; von einer „Stärkung des Eigentums“ kann kaum die Rede sein. Im Gegenteil: Es hat sich hier – wieder einmal – gezeigt, daß die Erweiterung des Eigentumsbegriffes, die oft als freiheitssichernder Fortschritt gepriesen wird, in Wahrheit sogleich die Gefahr der dann eben unumgänglichen weitgehenden Relativierung des Rechtsschutzes heraufbeschwört. Hier treten dann sogar Gefahren für das Eigentum als solches auf: Erscheint es einmal in einem Bereich, bei den Sozialleistungen, als relativierbar, so ist schwer einzusehen, weshalb es nicht auch bei anderen Rechtsgütern, bei Grund und Boden etwa, vergleichbar eingeschränkt, zur Disposition des Gesetzgebers gestellt werden darf. Mit dem viel gebrauchten Allerweltswort „Solidarität“ oder mit „Existenzsicherung“ läßt sich derartiges vordergründig leicht begründen.

Zusammenfassend: Alles Eigentum ist grundsätzlich gleichermaßen durch die Verfassung geschützt; der Eigentumsbegriff ist ein sehr weiter Begriff, er umfaßt jedes vermögenswerte Gut. Gerade deshalb besteht eine Tendenz des Staates, mit der anderen Hand einschränkend wieder zu nehmen, was er mit der einen gegeben hatte, welche so weitgehenden Eigentumsschutz in Aussicht stellt. Von dieser anderen, der einschränkenden Gewalt soll nun die Rede sein.

III. Schranken des Eigentums — Sozialbindung

„Die Geschichte des Eigentums ist die seiner Beschränkung“, so konnte es früher schon heißen; heute möchte man fast hinzufügen: Über das Eigentum wird nur gesprochen, wenn es um seine Bindung geht.

1. „Eigentum verpflichtet" (Art. 14 Abs. 2 GG)

a) Diese Formulierung wurde für die Weimarer Reichsverfassung von Friedrich Naumann geprägt; durch den lapidaren Kurz-Satz sollte verfassungskräftig eine Eigentumssituation befriedet werden, die damals durch eigentumsfeindliche sozialistische und kommunistische Tendenzen belastet erschien. Diese Formel war durchaus als Proklamation gedacht, mit vorrangig sozialethischem Charakter. Juristisch präzise Folgerungen haben sich aus ihr, isoliert betrachtet, nie ableiten lassen. Daß Freiheit verpflichtet, ist staatsethisch unbestritten, es gilt dies für jedes Grundrecht, alle diese Verbürgungen sind immer in einem Spannungsverhältnis zu korrespondierenden Pflichten gegenüber der Gemeinschaft zu sehen, ohne deren Schutz es ja Freiheit überhaupt nicht geben kann.

Was hier also für das Eigentum besonders herausgestellt wird, ist nur die Folge von dessen Grundrechtscharakter. Die Formel erlaubt weder andersartige, noch grundsätzlich weitergehende Einschränkungen als bei anderen Grundrechten. Aus ihr allein können weder Beschränkungsrechte abgeleitet werden, noch stellt sie einen sogenannten „Gesetzesvorbehalt" auf, der dem einfachen Gesetzgeber solches gestatten könnte; er wäre auch viel zu allgemein und daher mit der Rechtsstaatlichkeit kaum zu vereinbaren.

b) „Eigentum verpflichtet" muß also im Zusammenhang mit dem im grundgesetzlichen Text folgenden Satz gesehen werden: „Sein Gebrauch soll zugleich dem Wohle der Allgemeinheit dienen." Diese Formulierung ist die Grundlage der im Eigentumsrecht besonders wichtigen und im folgenden zu behandelnden „Sozialpflichtigkeit" des Eigentums. Sie wird in der Regel mit dem bereits besprochenen Recht des (einfachen) Gesetzgebers zusammengesehen, Inhalt und Schranken des Eigentums zu bestimmen. Der Gesetzgeber soll im Rahmen dieser seiner Befugnis das Eigentum soweit einschränken dürfen, wie dies eben Art. 14 Abs. 2 GG mit der Formel von der Gemeinschaftsverpflichtung gestattet. Insoweit findet dann weder eine Eigentumsentziehung (Enteignung im Sinne von Art. 14 Abs. 3 GG) statt, noch auch eine übermäßig beschränkende Ausgestaltung des Eigentums, welche den Gesetzgeber ebenfalls zu Entschädigungs- oder Ausgleichsleistungen verpflichten könnte (dazu unten IV).

Diese Sicht der heute herrschenden Auffassung ist grundsätzlich berechtigt: Das Inhalts- und Schrankenbestimmungsrecht (Art. 14 Abs. 1 S. 2 GG) und die Gemeinwohlklausel (Art. 14 Abs. 2 S. 1, 2 GG) bilden eine Einheit und sind als ein Gesetzesvorbehalt zugunsten des einfachen Gesetzgebers zu sehen, der in diesem Rahmen in den Freiheitsraum des privaten Eigentums eindringen darf.

c) Dabei ist jedoch die Gemeinwohlklausel näher zu betrachten und genauer zu interpretieren als dies gemeinhin geschieht. Zunächst fällt bereits auf, daß sie nicht in der Form einer harten Muß-, sondern einer weicheren Soll-Bestimmung formuliert ist. Es ist also wünschenswert, daß der Eigentumsgebrauch zugleich auch der Allgemeinheit zugute kommt, doch unterliegt der Gesetzgeber keinem grundsätzlichen Zwang, dies auch überall gleichmäßig vorzusehen. Eine solche Regelung wäre auch völlig abwegig: Erwirbt der Bürger Kleidungsstücke oder Einrichtungsgegenstände, so kann deren Gebrauch nicht zugleich öffentlichen Interessen dienen: Im Bett schläft der Bürger nicht zugleich zum Wohle der Allgemeinheit. Die Formel ermöglicht also deren Berücksichtigung nur dort, wo entsprechende Belange der Gemeinschaft überhaupt ersichtlich sind, wie insbesondere beim Grund- und Betriebseigentum.

Dem „Wohl der Allgemeinheit" soll der Eigentumsgebrauch zugleich dienen, nicht aber dem Wohl anderer Bürger. Die Gemeinwohlformel verlangt – und deckt – also nicht grundsätzliche und ständige Umverteilung allen Eigentums, wie es der Kommunismus wollte, soweit er das Eigentum nicht überhaupt beseitigte. Vielmehr müssen jeweils öffentliche Belange nachweisbar sein, will der Gesetzgeber das Eigentum einschränken. Ausgangspunkt war hier eine Rücksichtnahmeverpflichtung auf Belange der Gemeinschaft, welche dieser als solcher zustehen: So muß etwa der Grundeigentümer Lärmbeeinträchtigungen von Verkehrswegen hinnehmen, der Steuerbürger Belastungen seines Eigentums im Interesse des Finanzbedürfnisses der Gemeinschaft, der Eigentümer freistehender Wohnungen die Einweisung von Obdachlosen, zur Gewährleistung einer öffentlichen Sicherheit und Ordnung, welche sonst bedroht sein könnte. Sicher war es nie erklärtes Ziel dieser Formulierung, in ihrem Schutz ökonomische Nivellierungen auf breiter Front durchzuführen, indem davon ausgegangen wird, es diene dem „Wohl der Allgemeinheit", daß alle Bürger annähernd gleichviel verdienten. Wirtschaftliche Interessen Schwächerer kann man nicht kurzerhand als „Wohl der Allgemeinheit" ausgeben. Stets muß sich nachweisen lassen, daß Interessen einer (schwächeren) Gruppe zugleich im öffentlichen Interesse stehen. Hier wird seit langem überaus großzügig verfahren, worauf noch im folgenden (vgl. Abschnitt III.2) zurückzukommen ist: Der Gesetzgeber – der Staat überhaupt – verfolgt sogenannte „sozialgestaltende Ziele", meist zur Korrektur von ökonomischen Ergebnissen der Marktwirtschaft, mit dem Ziel, die Einkommensverhältnisse anzugleichen, sie jedenfalls nicht allzuweit auseinanderdriften zu lassen. Das kann im öffentlichen Interesse liegen, um den sozialen Frieden zu erhalten, um allzu große, diesen Frieden gefährdende Unterschiede der wirtschaftlichen Lage der Bürger zu verhindern, oder um Existenzbedrohungen abzuwenden, welche sogar die öffentliche Sicherheit und Ordnung beeinträchtigen können. Übergegangen ist aber heutige Staatlichkeit ganz allgemein zu „Eigentumseinschränkungen als Umverteilungspolitik", und daß dies stets und in allem dem „Wohl der Allgemeinheit" entspricht, wird man füglich bezweifeln müssen.

Solange allerdings die wirtschaftlich schwächere Mehrheit der ökonomisch stärkeren Minderheit ihren Willen über demokratische Mechanismen aufzwingen kann, wird sich daran wenig ändern. Bewußt bleiben sollte immerhin, daß dies zu einer Perversion der „Verpflichtung des Eigentums" führen kann: Bei seinem Gebrauch hat der Eigentümer nicht an die – verständliche, aber kaum ersättliche – Begehrlichkeit von Mitbürgern zu denken, sondern an das „Wohl der Allgemeinheit". Das ist und bleibt ein wesentlicher Unterschied.

Nur der „Gebrauch" des Eigentums unterliegt der Gemeinwohlbindung, dessen Nutzung also, nicht die anderen Aspekte der grundrechtlich geschützten Freiheit. Das spricht dafür, daß Besitz, Verwaltung und Verfügung jedenfalls dem Eigentümer verbleiben müssen. Den Allgemeininteressen ist sicher Genüge getan, wenn der – ja bei weitem wichtigste – Nutzungsanspekt des Eigentums zugleich mit Blick auf das gemeine Wohl gesehen werden muß. Konkret bedeutet dies, daß Verfügungssperren, Besitzbeeinträchtigungen und Verwaltungsvorgaben für das Eigentum grundsätzlich unzulässig sind, legitim nach der Verfassung nur insoweit, wie sie unumgänglich erscheinen, um die Interessen der Gemeinschaft an einer bestimmten Nutzung des Gutes zu sichern.

„Zugleich", heißt es schließlich in Art. 14 Abs. 2 Satz 2 GG, habe die Eigentumsnutzung den Allgemeinheitsbelangen zu dienen — zugleich mit den Interessen des Eigentümers. Das Wort „zugleich" setzt jedoch eine (Zeit-)Vorgabe voraus, an der sich dann eben die Berücksichtigung des öffentlichen Interesses ausrichten kann. Diese Vorgabe aber steht dem privaten Eigentümer grundsätzlich zu. Er hat, nach dem Wortlaut der Verfassung, das „erste Eigentums-Wort", indem er die von ihm gewünschte Nutzung bestimmt. Dann folgt erst die Verwirklichung des daran sich orientierenden Rechts der Gemeinschaft, daß „auch ihr" dieser Gebrauch diene, daß keine Nutzung stattfinde, bei welcher dies gewährleistet ist. Diese „Priorität der Privatnützigkeit" – die nicht deren absoluten Vorrang bedeutet – darf der Gesetzgeber nicht dadurch umkehren, daß er es zunächst einmal dem Staat überläßt, die Nutzungen eines Gutes festzulegen, um dann dem Eigentümer nur noch ein bescheidenes Mitspracherecht bei einer wesentlich staatsbestimmten Nutzung einzuräumen.

Scharfe Trennungslinien sind hier kaum möglich. Auf der Hand liegt aber, daß es heute vielfache staatliche Tendenzen gibt, das Wort „zugleich" in „primär" umzudeuten, die Eigentumsnutzung vollständig zu verplanen, um dann dem Eigentümer nur noch in engsten Grenzen Nutzungs-Mitsprache zu gewähren. Dies kann nicht das Ziel einer grundrechtskonformen, einer freiheitlichen Eigentumspolitik sein, weder etwa im Bau- noch im Umweltrecht, wo heute das private Eigentum besonders weit und rasch zurückgedrängt wird. Wenn der Staat schon „Nutzungsrahmen“ schafft, so muß er dabei dem Eigentümer bedeutsame, wahrhaft privatnützige Räume der Entscheidung belassen, sonst verstößt er gegen Wortlaut und Geist der Verfassung. „Zugleich“ ist also nicht nur zeitlich zu verstehen, sondern auch quantitativ-hälftig. Diese Erkenntnis, die den Wünschen gewisser politischer Richtungen deutlich entgegensteht, muß nun bei der Behandlung der wichtigsten allgemeinen Schranken des Eigentums fruchtbar gemacht werden, der vielbeschworenen „Sozialpflichtigkeit“.

2. „Sozialpflichtigkeit“ des Eigentums

Als eine Art von Ober- oder Sammelbegriff, aber auch im Sinne einer globalen Legitimation für ganz unterschiedliche Beschränkungen des Eigentums im Namen der Allgemeinheit, haben sich die Begriffe „Sozialbindung“, vor allem aber „Sozialpflichtigkeit“ des Eigentums eingebürgert. Sie gehen im wesentlichen zurück auf Vorstellungen, die in der nationalsozialistischen Zeit besonders hoch im Kurs standen („Gemeinnutz geht vor Eigennutz“); die Sozialbindung wurde damals in radikaler Form praktiziert, meist ohne jede Entschädigung, gegen politisch Mißliebige ebenso wie, flächendeckend, im Rahmen der Kriegswirtschaft. Hier kam deutlich die „sozialistische“, im politischen Sinn „linke“ Grundtendenz des Regimes zum Vorschein, welche die nationalsozialistische Bewegung von Anfang an bis zum Ende gekennzeichnet hat. Es ist erstaunlich, daß bei der – meist recht oberflächlichen – Beurteilung des Nationalsozialismus als einer „rechten“ Regierungsform dieser Mißachtung des Privateigentums zugunsten von Gemeinschaftsbelangen, soweit ersichtlich, kaum je gebührend Rechnung getragen wird. Allein schon wegen dieser Einstellung zum Eigentum, aber auch aus vielen anderen Gründen, wäre es jedenfalls abwegig, die Grundidee der nationalsozialistischen Bewegung mit einem wie immer gearteten Konservativismus gleichzusetzen.

Im vorliegenden Zusammenhang wichtig ist dies: „Sozialpflichtigkeit“ ist nicht ein vorbehaltlos „gutes“ Wort unserer politischen Sprache. Es ist vielmehr immer wieder behutsam mit Sinn zu erfüllen. Dabei muß durchaus Gedankengut einer unseligen Vergangenheit „bewältigt“ werden, in der man von einem grundsätzlichen Überwiegen der Gemeinschaftsbelange ausging; solche Ideen stehen in diametralem Gegensatz zum Grundgesetz.

Wichtig ist auch, daß das Teilwort „Sozial-“ hier eindeutig im Sinne der Gemeinschafts- oder der Allgemeinwohlverpflichtung, und *nur* in diesem Verständnis, gebraucht wird. Es ist nicht einfach gleichzusetzen mit der weit verbreiteten Vorstellung von einem „sozialen“ Verhalten, das grundsätzlich auf „Schwächerenschutz" angelegt ist, bis hin zur Nivellierung. Zu solchem Eigentumsgebrauch ist der Bürger nicht generell und durchgehend verpflichtet. Wenn der Staat den Eigentumsgebrauch in diesem Sinn, und zwar im öffentlichen Interesse, beschränken will, so mag er dabei auch die Schwachen schützende, ja einebnende Ziele mitverfolgen — auf sie darf das „Soziale" aber weder beschränkt werden, noch dürfen sie grundsätzlich bei der Bestimmung des Sozialen in seinen Mittelpunkt treten. Recht verstandene „Sozialpflichtigkeit des Eigentums" bedeutet nicht schlechthin das Gebot, eine „soziale Gerechtigkeit" herzustellen, die meist nur in Umverteilung gesehen wird. Derartige wohlklingende, im Grunde aber gänzlich undefinierte und daher demagogische Vorstellungen haben mit der deutlich liberalen Grundkonzeption des Eigentums im Grundgesetz nichts gemein. Sie lassen sich auch nicht über eine – meist ebensowenig präzisierte oder gleichfalls einseitig interpretierte – „Sozialstaatlichkeit" (Art. 20, 28 GG) in Art. 14 GG hineintragen; denn in der Rechtslehre ist es anerkannt, daß dieser „Sozialstaat" – in Wahrheit „sozialer Bundesstaat" – seine Konkretisierung gerade in der Sozialpflichtigkeit des Eigentums gefunden hat — abschließend.

Sozialpflichtigkeit — das verlangt gemeinschaftsbewußten Umgang mit Hab und Gut, nicht mehr und nicht weniger.

IV. Enteignung — Entschädigung als Eigentumsgarantie

Das Grundgesetz schützt in erster Linie das Eigentum in der Hand des Eigentümers.[19] Er soll es möglichst behalten dürfen und sich nicht nach dem alten Grundsatz des Obrigkeitsstaats richten müssen: „Dulde und liquidiere", also nur Entschädigung nach Enteignung fordern können. Von jeher ließ sich allerdings nicht ausschließen, daß der Staat gewisse Vermögenswerte, insbesondere bestimmte Grundflächen, unbedingt zu öffentlichen Zwecken braucht, etwa zum Verkehrswegebau. Solange es freies Eigentum gibt, hat es daher auch immer „Enteignung" gegeben — stets aber war diese auch grundsätzlich mit Entschädigungsrechten verbunden. Nach dem Bundesverfassungsgericht tritt heute im Enteignungsfalle die Entschädigung „an die Stelle des entzogenen Gutes", der eben erwähnte Bestandsschutz wandelt sich in einen Wertschutz (Art. 14 Abs. 3 GG).

1. Enteignung und enteignende Eingriffe

Die Staatsgewalt kann entweder einen Vermögensgegenstand dem Berechtigten schlechthin entziehen, das Objekt selbst in Anspruch nehmen, oder auf

[19] BVerfGE 24, S. 367 ff., hier S. 400 f.; 46, S. 325 ff., hier S. 334; 51, S. 192 ff., hier S. 220.

Dritte übertragen — oder sie begnügt sich mit dessen Belastung durch Rechte zugunsten der Allgemeinheit, von Versorgungsleitungsrechten über Grundstücke bis hin etwa zu weitgehenden Einschränkungen beim Gebrauch technischer Einrichtungen, im Interesse der Gemeinschaft.

Beides wurde lange Zeit einheitlich als „Enteignung“ bezeichnet, der Teil- oder Vollentzug von Rechtspositionen ebenso wie die eigentumsbeschränkenden Belastungen, welche in ihren Wirkungen nicht selten dem Entzug, jedenfalls wirtschaftlich, nahe oder gar gleichkommen.

a) Neuerdings hat allerdings das Bundesverfassungsgericht mit einer Grundsatzentscheidung, dem sogenannten *Naßauskiesungsurteil*[20] die Systematik dieses Eigentumsschutzes gegen „Enteignungen“ verändert: „Enteignung“ im Sinne von Art. 14 Abs. 3 GG ist heute nur mehr der volle oder teilweise Entzug eines vermögenswerten Gutes: weithin das, was lange Zeit bereits als „klassische Enteignung“ gegolten hatte. Nur in diesem Fall muß nach Art. 14 Abs. 3 GG zunächst – im Streitfalle durch die Verwaltungsgerichtsbarkeit – geprüft werden, ob der Entzug für ein bestimmtes öffentliches Vorhaben überhaupt erforderlich ist; und er darf nur dann stattfinden, wenn dasselbe Gesetz, auf dessen Grundlage er erfolgt, etwa allgemeine Enteignungsgesetze der Länder oder ein spezielles Bundes- oder Landesgesetz, auch Art und Ausmaß der Entschädigung regeln. Ist letzteres nicht der Fall, so ist die Enteignung(sregelung) verfassungswidrig und nichtig (sogenannte Junctim-Klausel). Verwaltung oder Gerichte dürfen jedoch, beim Fehlen gesetzlicher Entschädigungsregelungen, nicht ihrerseits dem Betroffenen angemessene Entschädigung zusprechen und sich dabei allgemein auf Art. 14 Abs. 3 GG stützen. Der Gesetzgeber, welcher selbst unmittelbar enteignen will (Legalenteignung) oder der Verwaltung eine Enteignung gestatten möchte (Administrativenteignung), soll stets vorher über deren Entschädigungsfolgen nachdenken müssen.

b) Für alle anderen enteignend wirkenden Eingriffe – seien sie nun, wie die eben beschriebene „Enteignung“ im rechtlichen Sinne, rechtmäßig, oder handle es sich um rechtswidrige Beschränkungen des Eigentums – kann nicht unmittelbar auf der Grundlage von Art. 14 Abs. 3 GG Entschädigung gewährt werden. Wenn das Gesetz, auf dessen Basis belastet werden soll, keine Entschädigung vorsieht – vielleicht auch gar nicht eine solche normieren kann, weil die schwer belastenden Auswirkungen im Einzelfall unvorhersehbar auftreten –, so gewährt die Rechtsprechung dennoch dem Betroffenen Entschädigung: Gehen die Belastungen so weit, daß ersichtlich die „Enteignungsschwelle“ überschritten wird, so kann der Eigentümer wegen rechtmäßigem („enteignendem“) oder rechtswidrigem („enteignungsgleichem“) Eingriff

[20] BVerfGE 58, S. 300 ff.

sogenannte „Aufopferungsentschädigung“ verlangen. Nach der Rechtsprechung des Bundesgerichtshofs[21] ist Grundlage dafür nicht die Verfassung (Art. 14 Abs. 3 GG), sondern ein ungeschriebener, seit dem Ende des 18. Jahrhunderts in Deutschland geltender „Aufopferungsgrundsatz“.

Im Ergebnis darf es also keinen tieferen Eingriff in Eigentumsrechte ohne Entschädigung geben. Die Entschädigung ist daher, nach dem oben erwähnten „Bestandsschutz“, die wichtigste Garantie des Eigentums, eine entscheidende Hürde für Umverteilungsgelüste der demokratischen Mehrheit.

2. Die Entschädigungshöhe

Entscheidend für die Wirkung des Eigentumsschutzes ist jedoch, wie hoch die Entschädigung ausfallen muß, die grundsätzlich in Geld zu gewähren ist: Erreicht sie nur einen kleinen Bruchteil des Eigentumswertes, so wird die Staatsgewalt stets versucht sein, durch Enteignungen – oder gar Sozialisierungen, bei denen ebenfalls zu entschädigen ist (Art. 15 GG) – „eben doch ein gutes Geschäft“ zu machen, zu Lasten der Eigentümer.

Die Rechtsprechung, vor allem die des Bundesgerichtshofs, der dafür in erster Linie zuständig ist, hat hier insbesondere folgende Grundsätze aufgestellt: Die Entschädigung muß so bemessen sein, daß sie es dem (bisherigen) Eigentümer erlaubt, sich ein Gut gleicher Art und Größe wiederzubeschaffen. Daraus folgt zwingend, daß grundsätzlich Entschädigung zum Verkehrswert, d.h. zum Marktwert des entzogenen Gutes gewährt werden muß, oder in Höhe dessen, was der Markt nun für das belastete Gut weniger bezahlen wird. Dies entspricht den eingangs erwähnten Grundsätzen einer Marktwirtschaft, deren Basis eben das Eigentum ist. Der Gesetzgeber darf allerdings eine andere, auch eine nicht voll dem Verkehrswert entsprechende Entschädigung vorsehen, wie das Bundesverfassungsgericht im bereits erwähnten *Deichurteil*[22] ausgeführt hat: Allerdings kann sich dies, wegen des Grundsatzes, daß die Entschädigung dem Eigentümer wirklichen Ersatz bieten muß, nur auf Ausnahmefälle beziehen; hat der Gesetzgeber nichts näher geregelt, oder sieht er nur „angemessene“ Entschädigung vor, so ist diese stets nach dem Marktwert zu bemessen.

Eine allzu weitgehende Unterschreitung des Verkehrswert(verlust)es bei der Bemessung der Entschädigung würde die Eigentumsgarantie aushöhlen, möglicherweise völlig leerlaufen lassen. Dieses Problem ergibt sich in neuester Zeit insbesondere nach den im Einigungsvertrag und der Rechtsprechung

---

[21] Entscheidungen des Bundesgerichtshof in Zivilsachen (BGHZ) 90, S. 17 ff.; 91, S. 20 ff.

[22] BVerfGE 24, S. 367 ff.

des Bundesverfassungsgerichts[23] vorzusehenden Entschädigungs- und Ausgleichsleistungen für Eigentumsgüter, welche von den früheren kommunistischen Machthabern der SBZ oder der DDR enteignet worden sind, wie nahezu das gesamte private Grundvermögen in den östlichen Ländern Deutschlands. Würde hier allzu wenig an Entschädigung gewährt, so wäre dies nicht nur verfassungsrechtlich bedenklich, es würde damit auch ein unglücklicher, eigentumsgefährdender Präzedenzfall für spätere Enteignungen geschaffen, das Eigentum in Deutschland wäre weitgehend grundsätzlich entwertet. Berufen könnte man sich bei einer solchen Regelung allenfalls auf die Ausnahmesituation, welche durch Krieg, Kriegsfolgen und Wiedervereinigung entstanden ist. Doch dem Gesetzgeber wird es wohl immer möglich sein, irgenwelche schwerwiegenden „Ausnahmesituationen" zu behaupten …

Es bleibt also dabei: Ohne grundsätzlich volle Entschädigung nach dem Verkehrswert, die zeitlich möglichst nahe am Enteignungsakt zu gewähren ist, kann es eine Eigentumsgarantie nicht geben.

V. Schlußbemerkung: Das Eigentum — ein heute besonders gefährdetes Grundrecht

Das Eigentum und seine Garantie im Recht war stets von den politischen Kräfteverhältnissen einerseits, von der sozialpolitischen Lage in der Gemeinschaft zum anderen wesentlich abhängig. Eine gewisse Flexibilität muß sich die staatliche Ordnung gerade im Eigentumsbereich bewahren dürfen, einen gewissen „Eigentumsabschlag" muß jeder Eigentümer, dem Staat gegenüber und der Gemeinschaft, hinnehmen.

Eine besondere Gefahr für das Eigentum liegt aber von jeher, und heute ganz besonders darin: Ist eine Gemeinschaft reich, so wird sie immer versucht sein, das Viele umzuverteilen, was eben in ihr geschaffen worden ist und besessen wird; und einige werden ja immer erheblich wohlhabender sein als die anderen. Deutschland hat derartige Versuche zu Beginn der siebziger Jahre erlebt. Verarmt umgekehrt die Gemeinschaft oder breite Bevölkerungsschichten in ihr – und wir könnten heute durchaus am Beginn einer solchen Entwicklung stehen –, so ist erst recht mit Umverteilungs-, damit aber mit Enteignungsschüben verstärkt zu rechnen, denn dann kann dies leicht als ein Gebot „sozialer Gerechtigkeit", wenn nicht gar als ein solches der Existenzsicherung für die Armen ausgegeben werden. Ob in Reichtum oder Armut — Begehrlichkeit richtet sich nach allen geschichtlichen Erfahrungen stets gegen das Eigentum, und immer in hohem Maße.

---

[23] Vgl. das Bodenreformurteil, BVerfGE 84, S. 90 ff.

Daher ist in einer Gemeinschaft, welche Freiheit und Markt ernst nimmt, Wachsamkeit angesagt. Von den Gerichten ist nicht zu erwarten, daß sie ein Eigentum bewahren, welches die politischen Kräfte aufgeben, welches die Eigentümer selbst nicht verteidigen. Ihre Aufgabe ist es stets, in der Gemeinschaft um Verständnis für eine Eigentumsordnung zu werben, an deren Vorzügen und Produktivität letztlich und auf Dauer alle teilhaben, auch die heute Ärmeren. Solange es ein Recht *am* Eigentum gibt und dieses wirklich gesichert wird, wird es auch stets „ein Recht *auf* Eigentum" geben, jedenfalls eine reale Chance auf Zugang zu dem, was heute andere besitzen oder was noch gar nicht wirtschaftlich geschaffen ist. Eigentumsvernichtung dagegen hat noch nie Arme reicher gemacht; das Schicksal der sowjetischen Proletarier belegt es.

Sicher verlangt dies eine gewisse menschliche und soziale Größe, von eigentumsstarken wie von eigentumsschwächeren Bürgern: Die ersteren dürfen mit ihrem Besitz nicht prahlen, die letzteren müssen ihren, oft nur allzu verständlichen, Neid bekämpfen, der aber nur destruktiv wirken kann. Sie müssen auch ein Erbrecht achten, in dem das Eigentum allein einen letzten Sinn erhält, wenn es eben Nahestehenden weitergegeben werden darf, um über das kurze menschliche Leben hinauszuwirken. Nicht umsonst gewährleistet daher das Grundgesetz Eigentum und Erbrecht in demselben grundlegenden Art. 14 GG.

Für das Erbrecht gilt noch immer das Dichterwort: „Was Du ererbt von Deinen Vätern hast, erwirb es, um es zu besitzen!" Doch dies gilt auch, ja erst recht, für alles Eigentum: Immer muß es neu gewonnen werden, in Aktivität. Wahres Eigentum ist nicht Privileg, sondern Aufgabe.

Literatur

Bryde, Brun-Otto: Kommentierung des Art. 14 GG, in: Ingo von Münch / Philip Kunig (Hrsg.), Grundgesetz-Kommentar, Band 1, 4. Aufl., München 1992

Hesse, Konrad: Grundzüge des Verfassungsrechts der Bundesrepublik Deutschland, 19. Aufl., Heidelberg 1993, Randnummern 441–456

Kimminich, Otto: Kommentierung des Art. 14 GG, in: Bonner Kommentar zum Grundgesetz, Rudolf Dolzer (Gesamtherausgeber), Heidelberg 1993

Kimminich, Otto / *Kerber,* Walter / *Watrin,* Christian: Eigentum, in: Staatslexikon, hrsg. v. d. Görres-Gesellschaft in 5 Bänden, hier: 2. Band, 7. Aufl. 1986, S. 162–178

Leisner, Walter: Die Sozialbindung des Eigentums, Berlin 1972

Leisner, Walter: Umweltschutz durch Eigentümer — Zur Lehre von der Eigentumsordnung, Berlin 1987

Leisner, Walter: Eigentum, Erbrecht, in: Handbuch des Staatsrechts, Band VI, hrsg. v. Josef Isensee und Paul Kirchhof, Heidelberg 1989, S. 1023–1098 und S. 1099–1114

Maunz, Theodor / *Zippelius,* Reinhold: Deutsches Staatsrecht, 28. Aufl., München 1991, S. 243–252

Papier, Hans-Jürgen: Kommentierung des Art. 14 GG, in: Theodor Maunz / Günter Dürig, Grundgesetz Kommentar, München 1993

Stern, Klaus: Das Staatsrecht der Bundesrepublik Deutschland, Band III / 1, Allgemeine Lehren der Grundrechte, München 1988, S. 827–832

Vierhaus, Rudolf (Hrsg.), Eigentum und Verfassung, Göttingen 1972

Eigentum als Existenzsicherung?*

Das „soziale Eigentum" in der Rechtsprechung des Bundesverfassungsgerichts

I. Weitere Schutzbereiche der Grundrechte — dafür mehr staatliche Eingriffe

Das liberale „Mehr Freiheit" heißt in staatsrechtlicher Übersetzung „Mehr Grundrechtsschutz". Schritt für Schritt ist die Normativität der Grundrechte anerkannt und erweitert worden[1]. Die theoretische Spitze wurde schon in Weimarer Zeit erreicht: Die „Entdeckung des Rechtsgehalts der Grundrechte"[2] gipfelte in der berühmten Formel von Thoma: Von mehreren Auslegungen ist derjenigen der Vorzug zu geben, die die Wirkkraft der Norm am stärksten entfaltet[3]. Maximale Geltung also — aber mit welchem Inhalt?[4] Ein halbes Jahrhundert deutscher Grundrechtsdogmatik und -praxis hat die Frage beantwortet: Maximale Geltung bei maximalem Inhalt, die Schutzbereiche der Grundrechte sind ständig erweitert worden, noch läuft die Entwicklung.

Damit nun aber die Staatsmacht nicht im Grundrechtszement ersticke, konnte die notwendige Bewegungsfreiheit nur durch Grundrechtseinschränkung erhalten werden. Und dies ist die andere große Entwicklungslinie der Freiheitsrechte: Zunehmende Eingriffsmöglichkeiten[5] in die immer weiteren Schutzbereiche.

Das erste größere Gefecht um die Freiheit ging bei Art. 2 Abs. 1 GG verloren: Das Bundesverfassungsgericht hat die Freiheit der Persönlichkeitsent-

---

* Erstveröffentlichung in: Festschrift für Klaus Obermayer, 1986, S. 65–73.

[1] Zu dieser Entwicklung vgl. *Leisner*, Grundrechte und Privatrecht, 1960, S. 30 ff. m. Nachw.

[2] Siehe *Apelt*, Geschichte der Weimarer Verfassung, 1946, S. 298 ff.

[3] *Thoma*, in: Nipperdey, Die Grundrechte und Grundpflichten der Reichsverfassung, Bd. I, 1929, S. 9.

[4] Die Frage wurde kritisch schon damals gestellt, vgl. *Schmitt*, Handbuch des Deutschen Staatsrechts, II, 1929/1930, S. 601 f.

[5] Diese Formulierung mag hier zunächst als Oberbegriff für die kaum mehr zu übersehende Fülle der Begriffsbildungen gelten – von der „Inhaltsbestimmung" über die „Gestaltungsrechte" bis hin zu dem, ehrlicheren, Wort „Eingriff" –, mit denen, im Grunde stets, derselbe Sachverhalt bezeichnet, gelegentlich verschleiert werden soll, daß die Staatsgewalt die Freiheit des einzelnen zurückdrängt.

faltung unter allgemeinen Gesetzesvorbehalt gestellt[6], nachdem es den Schutzbereich bis hin zu einer allgemeinen Handlungsfreiheit ausgedehnt hatte[7]. In der Erweiterung des Schutzbereichs der Gleichheit über eine allgemeine Gerechtigkeitsprüfung und der Ausweitung der Schutzbereiche auf den Gesetzgeber hatte man einen epochalen Sieg der Libertät gesehen[8] — doch sehr bald, ja parallel dazu, wurde Grundrechtlichkeit durch die „Gleiches-gleich-Formel" verflacht, bis zum nahezu völligen Leerlauf. Die Meinungsfreiheit soll nicht nur Werturteile von besonderem „geistigen Gehalt"[9], sondern auch Tatsachenwiedergabe umfassen[10], ihr Schutzbereich sichert im Grunde jede Äußerung und nähert sich damit der allgemeinen Handlungsfreiheit. Selbst Eingrenzungen nach dem Inhalt der geäußerten Meinung werden nicht mehr anerkannt — auch Wirtschaftswerbung soll von Art. 5 Abs. 1 GG erfaßt sein. Andererseits werden dann aber die Schranken des Grundrechts schwer vorhersehbar flexibilisiert — der Eingriffsvorbehalt des Art. 5 Abs. 2 GG verliert sich in Abwägungen[11]. Ähnliche Entwicklungen vollziehen sich bei Art. 12 GG: Einerseits wird der Schutzbereich erweitert durch einen weiten Berufsbegriff und die „einheitliche Berufsfreiheit"[12] — zum anderen aber ist immer mehr „abzuwägen", die Schrankenklarheit wird der Verhältnismäßigkeit geopfert[13].

Was mit der einen Hand großzügig an Schutzbereicherweiterung liberal gegeben wurde, wird mit der anderen in etatistischer Verschärfung oder Verunklarung der Eingriffsmöglichkeiten wieder genommen — und vielleicht noch mehr. Wohlmeinender Freiheitsausdehnung droht die Perversion zum Scheinliberalismus; vielleicht werden sich Spätere über so manche begeisterten Sonntagsreden auf die vergrößerte Freiheit wundern, die heute intra muros et extra der deutschen Staatsrechtswissenschaft gehalten werden: Die so breit gewährten Freiheiten laufen in Gesetzesvorbehalten oder Abwägungen weithin leer, und selbst wo dem am Ende das Bundesverfassungsgericht noch einmal entgegentritt, kann man sich vor seinem Orakelspruch auf ein Grundrecht nur selten mehr verlassen; gerade dafür aber sind einst Revolutionäre

---

[6] BVerfGE 6, S. 32 (37 f., 40 f.).

[7] Durch die wohl begründete Kritik, welche vor allem *Dürig* immer aufrechterhalten hat (vgl. Maunz-Dürig, GG, Art. 2 Abs. 1 Rdnr. 18 ff.), hat sich das Gericht nicht beeindrukken lassen.

[8] Vgl. f. viele *Leibholz*, Die Gleichheit vor dem Gesetz, 2. Aufl. 1959.

[9] Krit. dazu etwa *Pietzker*, GRUR 79, S. 147 (158 f.); *Braun*, WRP 82, S. 510 f. m. umfangr. Nachw.

[10] Grundlegend *Wacke*, FS f. F. Schack, 1966, S. 197 ff.; *Lerche*, Werbung und Verfassung, 1967.

[11] BVerfGE 7, S. 198 (209–211); 20, S. 162 (177); 28, S. 202; 33, S. 52 (66, 70).

[12] Seit dem Apothekenurteil, BVerfGE 7, S. 398 ff.

[13] Vgl. dazu *Lecheler*, VVDStRL 43 (1985), S. 49 ff.

gestorben. Und wieder einmal war die weiche Abwägung der Interessenjurisprudenz stärker als die harte Jurisprudenz des Bereichsschutzes.

II. Mehr Eigentumsrechte in der Sozialversicherung — und weniger Grundrechtsschutz für das Eigentum

Ein besonders bedenkliches und weitreichendes Beispiel für die „Grundrechtsunsicherheit der erweiterten Freiheit" bietet das Eigentumsgrundrecht. Kaum ein Schutzbereich ist vergleichbar erweitert worden[14] — die Nemesis der staatlichen Eingriffsgewalt läßt nicht auf sich warten. Mit ähnlichen Operationen wie bei anderen Grundrechten ist sie dabei, die Freunde der „erweiterten Freiheit" in ihre engen Festungen zurückzuwerfen, und mit mächtigen Formen drängt sie auch noch über deren innere Wälle vor: Bestehendes Eigentum darf eben „notwendige Reformen" nicht verhindern[15], und immer mehr verliert sich der einst starke, wahrhaft „dinglich verfestigte" Eigentumsschutz in Abwägungen und Verhältnismäßigkeiten — eben weil er zu weit ausgedehnt wurde.

Die letzte große Entwicklung hat hier im Sozialrecht stattgefunden — von ihr soll im folgenden die Rede sein. Rentenansprüche, ja Rentenanwartschaften[16] sind als Eigentumspositionen im Sinn von Art. 14 GG anerkannt worden, das Bundesverfassungsgericht hat damit seine Rechtsprechung zu den subjektiv-öffentlichen Rechten geändert, nicht präzisiert. Sogleich mußte der Schutz des so weit ausgedehnten Bereiches verdünnt werden, denn sonst könnte keine Rente mehr gekürzt werden, die Sozialpolitik wäre am Ende, die Rentenversicherung eines Tages bankrott.

Die Relativierung des Grundrechtsschutzes beschritt bewährte Wege, und sie erschloß sich neue. Die konsensgetragene Abwägungsformel hatte ja schon lange Eingang in das Sozialversicherungs-Verfassungsrecht gefunden[17]. Mit ihr kann man sich also auch hier „alles offenhalten". Der Hinweis auf die „eigene Leistung" zur Legitimation des Eigentumsschutzes gehört seit langem in das Repertoire der Dogmatik von Art. 14 GG[18] — obwohl weder

---

[14] Siehe dazu die Darstellung von *Leisner*, Sozialbindung des Eigentums, 1972, S.17 ff.

[15] BVerfGE 31, S. 275 (285).

[16] Gefordert schon im Sondervotum von *Rupp-von Brünneck*, BVerfGE 31, S. 111 (141 f.); grundsätzlich anerkannt seit BVerfGE 43, S. 257 (290 ff); Darstellung der Entwicklung bei *Krause*, Eigentum an subjektiv-öffentlichen Rechten, 1982, S. 53 f.; vgl. im übrigen Nachw. bei *Heussner*, Betriebliche Altersversorgung, 1980, S. 86 (88); zu den Anwartschaften siehe insbes. BVerfGE 58, S. 81 (109 f.), sowie f. viele *Stober*, JZ 82, S. 195 (196).

[17] Vgl. etwa BVerfGE 24, S. 220 (230 f.); 31, S. 95 (99); 40, S. 65 (76).

[18] Seit BVerfGE 1, S. 264 (277), vgl. etwa 14, S. 288 (293); 18, S. 392 (397), ständige

klar ist, was „eigene Leistung" sein soll, noch was es bedeuten kann, daß etwas in „besonderem Sinn als Eigentum anzusehen ist". Bei sozialversicherungsrechtlichen Positionen ist überdies der „Anteil der eigenen Leistung" möglicherweise verschwindend gering, jedenfalls im Einzelfall kaum bestimmbar[19]. Es bleibt also bei Legitimations-Großformeln, die über den Wassern der Einzelfälle schweben; immerhin aber besitzen sie einen Vorteil: Sie können zur Rechtfertigung jeder denkbaren Entscheidung verwendet werden und zu beliebig weiten Einbrüchen in den Eigentumsschutz.

Der neue Eigentumsschutz der Sozialversicherungspositionen ist aber vom Bundesverfassungsgericht vor allem und unabsehbar relativiert worden durch die Betonung der Belange der anderen Versicherten: Stets ist bei der durch Solidarität und sozialen Ausgleich geprägten Sozialversicherung[20] die Belastbarkeit der Solidargemeinschaft zu berücksichtigen[21], dadurch sollen sich Sozialversicherungspositionen von denen der Privatversicherungsverträge unterscheiden[22]. Dennoch: Steht nicht jeder Eigentumsbürger in der großen Solidargemeinschaft seiner Mitbürger, müssen dann aber nicht stets „neben gesellschaftspolitischen Veränderungen auch wechselnde Interessen und die Belastbarkeit der Solidargemeinschaft berücksichtigt" werden[23] — also doch „Eigentum nach Gemeinschaftsinteresse", wird man solche Relativierungen auf den Sozialversicherungsbereich beschränken können?

Die Einbeziehung der Sozialversicherungspositionen in den Schutzbereich des Art. 14 GG war für das Eigentum ein Danaergeschenk, hier konnte mit der „Eingriffshand" ganz allgemein und mehr genommen werden, als mit der Hand der „weiteren Freiheit" den Versicherungsbürgern gegeben wurde[24].

III. Existenzsichernde Funktion des Sozialversicherungsrechts

Die Richterin Rupp-von Brünneck hatte schon vor Jahren in einem Sondervotum den Eigentumsschutz sozialversicherungsrechtlicher Positionen ge-

---

Rechtsprechung; vgl. auch die geradezu systematisch-lehrbuchhaften Ausführungen in BVerfGE 50, S. 290 (340) m. w. N.

[19] Vgl. etwa krit. *Meyer-Abich*, Der Schutzzweck der Eigentumsgarantie, 1980, S. 51; *Diemer*, VSSR 80, S. 325 (339); *Stober*, JZ 82, S. 195; *Degenhart*, BayVBl. 84, S. 65 (67 f.).

[20] BVerfGE 22, S. 241 (253).

[21] BVerfGE 51, S. 356 (363) m. Rückverweisungen.

[22] BVerfGE 58, S. 81 (122 f.).

[23] BVerfGE 51, S. 356 (363).

[24] Krit. Stimmen – vgl. etwa *Rüfner*, SGb 81, S. 107 (108 f.) – sollten also nicht überhört werden.

fordert[25]: „Wenn der Eigentumsschutz ein Stück Freiheitsschutz enthält, insofern er dem Bürger die wirtschaftlichen Voraussetzungen einer eigenverantwortlichen Lebensgestaltung sichert, so muß er sich auch auf die öffentlichrechtlichen Berechtigungen erstrecken, auf die der Bürger in seiner wirtschaftlichen Existenz zunehmend angewiesen ist.“ Neuerdings hat das Bundesverfassungsgericht dies aufgenommen und einen in solcher Intensität neuartigen Akzent gesetzt. Eigentum im Sinn des Art. 14 GG ist dort anzunehmen, wo eine Rechtsposition der wirtschaftlichen Existenzsicherung dient: „Konstituierendes Merkmal für den Eigentumsschutz einer sozialversicherungsrechtlichen Position ist schließlich, daß sie der Existenzsicherung der Berechtigten zu dienen bestimmt ist ... Das ist nicht auf Versichertenrenten beschränkt. Auch andere sozialversicherungsrechtliche Positionen können für die große Mehrzahl der Bevölkerung eine wichtige Grundlage ihrer Daseinssicherung sein, insbesondere dann, wenn sich eine wesentliche, durch lange Zeiträume gewährte Leistung so verfestigt hat, daß die Versicherten sie zu ihrer existentiellen Vorsorge rechnen können. Es würde zu einem mit dem Schutz des Eigentums im sozialen Rechtsstaat schwerlich zu vereinbarenden Funktionsverlust der Eigentumsgarantie führen, wenn sie – sofern die anderen konstituierenden Merkmale des Eigentums vorliegen – solche vermögensrechtliche Positionen nicht umfaßte“ (vgl. BVerfGE 53, 257 (294))[26].

Das neue Eigentumskriterium ist also dann erfüllt, wenn das Vermögensgut für die „große Mehrheit“ eine wichtige Daseinssicherung bedeutet – offensichtlich ist dies im objektiven Sinne zu verstehen. Dennoch wird dann ein subjektives Element eingeführt: Insbesondere gelte dies dann, wenn eine wichtige, lange gewährte Leistung von den Versicherten zu „ihrer existentiellen Vorsorge gerechnet werden kann“. Man mag auch dies noch „objektiv wenden“: Die Leistung müsse eben so beschaffen sein, daß jeder vernünftig Denkende sie als eine existenzsichernde verstehe. Doch weitere Bedenken drängen sich auch dann auf:

Was bedeutet denn „Existenzsicherung“ in diesem neuen, wichtigen Zusammenhang? Das Bundesverfassungsgericht gibt dem Interpreten nichts als ein Wort vor, das bisher nie einen einheitlich juristisch faßbaren Inhalt gehabt hat. Ein Begriff der Sozialpolitik, der stets vorwiegend nach politischen Wünschbarkeiten und völlig unterschiedlich bestimmt worden ist, wird hier zum zentralen Verfassungsbegriff. Wenn es eine selbständige Verfassungsbegrifflichkeit geben muß, was das Bundesverfassungsgericht gerade für das Eigentum betont hat,[27] so können arbeits- oder sozialversicherungsrechtliche Begriffe nicht ohne weiteres „in die Verfassung hinaufinterpretiert“ werden

---

[25] BVerfGE 32, S. 111 (129, 141 f.).

[26] BVerfG, BB 85, S. 1537 (1538).

[27] Im Naßauskiesungsurteil, BVerfGE 58, S. 300.

— oder soll man vielleicht von den Pfändungsgrenzen des Zivilprozeßrechts ausgehen?

Folgt man dem Bundesverfassungsgericht, so wird eine der bisher festesten Grundlagen des Eigentumsrechts erschüttert: Ein Gut ist entweder Eigentum — oder nicht, ein „Hineinwachsen in den Eigentumsschutz“ kennt weder das bürgerliche Sachenrecht noch bisher das Verfassungsrecht, auch bei Anwartschaften werden klare Zäsuren geboten. Hier aber muß die Leistung durch „lange Zeiträume“ gewährt sein — eine Art von „Ersitzung des Eigentumsschutzes“ also? Und wie lange soll die dauern? Doch das Problem reicht noch tiefer: Das Bundesverfassungsgericht will offenbar nun etwas wie „Abstufungen des Eigentumsschutzes“ einführen, wie sie schon Rupp-von Brünneck in ihrem Sondervotum im Anschluß an die Judikatur des Gerichts zu Art. 12 und 13 GG vorgeschlagen hatte[28]. Es läge durchaus in der Logik der neuesten Rechtsprechung, derartige Intensitätsstufen des Grundrechtsschutzes nicht nur nach dem Ausmaß der eigenen Leistung – bzw. des staatlichen Beitrags zur Rentenfinanzierung – sondern auch, vor allem, nach dem jeweiligen existenzsichernden Gewicht der betreffenden Rechtsposition anzunehmen. Dann aber ist die Verunklarung vollständig: Der bereits schwer faßbare Begriff der Existenzsicherung wird zudem noch auf beliebig zu bildende Intensitätsstufen verteilt, denen sodann entsprechend intensiver Eigentumsschutz zugeordnet werden soll; und all dies soll dann noch „abgewogen“ werden — das Gericht ist unverdaulich.

Beigegeben werden schließlich noch wenig klare Mehrheitsvorstellungen: auf die Existenzsicherung für die „große Mehrzahl der Bevölkerung“ soll es ankommen. Umgekehrt ist also das Kriterium nicht erfüllt, wenn nur eine kleine Gruppe gesichert wird, wie bei Beamten[29], oder im Fall gewisser Sparanlagen, welche für die „große Mehrheit“ schon deshalb nicht existenzsichernd wirken, weil diese ja sozialversichert ist. Soll es nun etwas wie ein „Majoritätseigentum“ geben, soll Besitz nur sicherungswürdig sein, wenn er der Mehrheit nützlich sein kann — eine neue Eigentumsdemokratie vielleicht?

Wie also das Kriterium der Existenzsicherung interpretatorisch bewältigt werden soll, ist völlig offen.

---

[28] BVerfGE 32, S. 111 (143).

[29] Deren Rechte wären dann nicht, wie es aber der h.L. entspricht, durch Art. 33 GG nur spezialisierend gesichert; wenn es diese Bestimmung nicht gäbe oder sie geändert würde, blieben sie schutzlos.

IV. „Existenzsicherungs-Eigentum“ — Ende des Eigentumsschutzes

Das Bundesverfassungsgericht will ersichtlich das Kriterium der Existenzsicherung auf Rechtspositionen im Bereich der Sozialversicherung angewendet sehen, dort allerdings auf alle Eigentumsrechte. Das Gericht benutzt offenbar den Begriff auch in erster Linie als Vehikel zur Anbindung von Rechtspositionen an Art. 14 GG, welche sonst ohne Eigentumsschutz geblieben wären — wie eben grundsätzlich die Sozialversicherungspositionen nach seiner bisherigen Judikatur. Dies mag auf den ersten Blick als ein Freiheitsfortschritt erscheinen: Wieweit immer die Relativierung des Eigentumsschutzes solcher Positionen auf den oben beschriebenen Wegen, und nun vor allem unter Berufung auf „Existenzsicherung“, fortschreiten mag — „etwas von Eigentum“ wird hier bleiben, jedenfalls mehr als bisher, und ist dies nicht zu begrüßen? Wohl kaum, denn die Nachteile, die Gefahren für die Freiheit überwiegen.

Das Bundesverfassungsgericht mag „Existenzsicherung“ als eine Begründung für den Eigentumsschutz, nicht als eine Begrenzung desselben verstehen und eingeführt haben — nach seiner Entscheidung ist sie eben auch Schranke und wird bald als solche in Anspruch genommen werden. Der Begriff bezeichnet ja nun ein „konstituierendes Merkmal des Eigentumsschutzes“ — wenn auch neben anderen; nach dogmatischen Grundsätzen *muß* dieses Kriterium also *auch* erfüllt sein, die Folge kann nur sein: Kein Eigentumsschutz dort, wo keine Existenzsicherung geboten wird. Für das Sozialversicherungsrecht erscheint die Folgerung unausweichlich. Doch die entscheidende Frage lautet: Gilt dies *nur* für sozialversicherungsrechtliche Positionen, wird es nicht morgen für weitere Eigentumsrechte, eines Tages für alles Eigentum gefordert werden?

Der bisherigen Eigentumsdogmatik entspricht die Erstreckung des Kriteriums auf alles Eigentum. Lehre und Rechtsprechung zu Art. 14 GG liegt – wenn auch meist unausgesprochen – die Vorstellung von der Einheit des Eigentumsbegriffs zugrunde, bei aller Unterschiedlichkeit der einzelnen Eigentumspositionen. Die Lehre vom Eigentum als einem Bündel von „Property Rights“ hat sich bisher nicht durchzusetzen vermocht. Was also ein „konstituierendes Merkmal *des* Eigentums“ ist (BVerfG, Herv. v. Verf.), muß sich bei allem Eigentum nachweisen lassen; wenn die Nichtaufstellung einer Voraussetzung zu einem „Funktionsverlust des Eigentums“ im Sozialrecht führen würde, muß die Voraussetzung auch außerhalb dieses Rechtsgebiets aufgestellt werden. Denn es wäre logisch nicht nachvollziehbar, wollte man für ein Rechtsgebiet den Schutz des Art. 14 GG mit einer Eigentumsfunktion begründen, welche auf anderen Gebieten keine Rolle spielte — sie müßte dann auch im Sozialversicherungsrecht nicht notwendig zum Tragen kommen, weil eben „Existenzsicherung nicht eine (notwendige) Funktion des Eigentums“ wäre.

Die andere, logisch einzig mögliche Alternative – „Existenzsicherung als Eigentumskriterium“ – würde das Ende des bisherigen liberalen Eigentumsschutzes bedeuten. Das bedarf gar keines näheren Nachweises: Das Kapitaleigentum mag – gelegentlich auch – existenzsichernde Funktionen erfüllen, dies ist ihm aber nicht wesentlich, es bleibt reines Akzidens. Für gesellschaftsrechtliches Eigentum gilt dasselbe, weitgehend auch für das Grundeigentum: Zwar sichert Grund- und Bodeneigentum die „bäuerliche Existenz“, aber schon beim Eigenheim, bei der Eigentumswohnung wird in vielen, wenn nicht in den meisten Fällen die Existenzgrundlage des Bürgers noch nicht zerstört, wenn ihm diese Güter vom Staat entzogen werden.

Ein Ausweg bleibt offen: den Begriff der Existenzsicherung so weit zu fassen — daß er dann inhaltslos und überflüssig wird.

Eigentum als Existenzsicherung — das hat nichts mehr mit dem bisherigen Verständnis des Art. 14 GG zu tun. Eigentum ist bis heute stets und ganz gleichmäßig geschützt worden, gleich ob es existenzsichernde Funktionen entfalten konnte oder nicht. Der schiere Gegensatz zum „Existenzsicherungs-Eigentum“, das „reine Luxuseigentum“ genießt bisher genau denselben Verfassungsschutz wie die lebenswichtige Sozialversicherungsposition. Schloß und Kate sind gleich geschützt. Wer hier verändern will, muß beim sozialistischen Tascheneigentum enden. Das Bundesverfassungsgericht hat zwar betont, auf die individuelle Vermögenslage des Grundrechtsträgers komme es nicht an, entscheidend sei, daß eine Position der großen Mehrzahl der Staatsbürger zur existentiellen Sicherung diene. Damit aber lassen sich die dargelegten unannehmbaren Folgerungen nicht vermeiden; denn die meisten durch Art. 14 GG eigentumsrechtlich gesicherten Positionen dienen eben gerade an sich nicht, auch nicht objektiviert, notwendig der großen Mehrheit der Staatsbürger zur existentiellen Sicherung.

V. Eine Lösung: Existenzsicherung nur bei „Sozialeigentum“

Nur eine Lösung ist möglich, soll das klassische liberale Eigentum gerettet werden: das Bundesverfassungsgericht muß rasch und eindeutig klarstellen, daß das „konstitutive Eigentumskriterium“ der „Existenzsicherung“ *ausschließlich* bei sozialversicherungsrechtlichen Positionen, allenfalls vielleicht noch, allgemeiner, bei öffentlich-rechtlichen Berechtigungen erfüllt sein muß, beim „Sozialeigentum“ also, nicht bei anderem Eigentum. Dogmatisch läßt sich dies damit rechtfertigen, daß hier zugleich aus einer besonderen sozialstaatlichen Akzentuierung von Art. 14 GG heraus zu entscheiden sei. Man wende nicht ein, dies sei selbstverständlich: Die bedenkliche Angewiesenheitsrechtsprechung des Bundesverfassungsgerichts, insbesondere zum Mietrecht[30], beweist eine allgemeine Tendenz zum „Eigentum nach Bedürfnis". Dies aber ist eine „andere Freiheit" als diejenige, mit der das Gericht sonst Art. 14 GG laufend zu legitimieren versucht[31]. Wenn nicht bald eine klare Dogmatik des sozialen Eigentums geschaffen wird, muß es zu einer solchen des sozialistischen Eigentums kommen.

---

[30] Vgl. neuerdings wieder BVerfG, NJW 85, S. 2633.

[31] Vgl. dazu neuerdings *v. Brünneck*, Die Eigentumsgarantie des Grundgesetzes, 1984.

Privateigentum — Grundlage der Gewerkschaftsfreiheit*

I. Die Fragestellung: Gewerkschaftsfreiheit gegen Eigentum — oder auf der Grundlage des Eigentums?

1. Die Gewerkschaftsfreiheit beruht auf dem Grundrecht der *Koalitionsfreiheit* (Art. 9 Abs. 3 GG): Die Verfassung sichert hier nicht nur die freie Bildung von Gewerkschaften, sondern auch deren ungestörte Tätigkeit[1]. Viele leiten daraus die verfassungsrechtliche Verbürgung eines Streikrechts ab[2].

Die Gewerkschaften haben sich entwickelt als eine *Gegenmacht* wider diejenigen, welche über die Produktionsmittel verfügten. Diese Gegensätze werden vom Grundgesetz vorausgesetzt[3], die Koalitionsfreiheit, vor allem die Freiheit gewerkschaftlicher Betätigung, dient ihrer Austragung mit dem Ziele eines Ausgleichs in geordneten Formen. Dieses gewerkschaftliche Gegengewichtsprinzip[4] ist von Anfang an, vor allem unter dem Einfluß *marxistischer Ideologie*, nicht nur als eine Opposition von Arbeitnehmern und Arbeitgebern, sondern auch als Ausdruck eines weit grundsätzlicheren Gegensatzes, nämlich des von „Kapital" und „Arbeit", verstanden worden. Damit aber scheint die Legitimation der Gewerkschaftsfreiheit, das Grundrecht der Koalitionsfreiheit, in einen notwendigen Gegensatz zu jenem Grundrecht des Privateigentums zu treten, welches auch die Innehabung der Produktionsmittel verfassungsrechtlich absichert[5].

---

* Erstveröffentlichung in: Der Betriebs-Berater 1978, S. 100–104.

[1] BVerfGE 4, S. 101; 17, S. 333; 19, S. 312; *Dietz*, Koalitionsfreiheit und Arbeitskampfrecht, in: Weber / Scheuner / Dietz, Arbeitskampfrecht, S. 459; *Maunz / Dürig / Herzog*, Kommentar zum GG, Rdnr. 103 ff.

[2] *Brox / Rüthers*, Arbeitskampfrecht, 1965, S. 42 (Fn. 11 m. Nachw.); *v. Mangoldt / Klein*, Anm. VII 2 zu Art. 9, S. 333; *Schnorr*, Öffentliches Vereinsrecht, 1965, Erl. 8 zu § 16 VereinsG, S. 245 m. w. Nachw.; *v. Münch*, Bonner Kommentar, Rdnr. 155 zu Art. 9; *Maunz*, aaO., Rdnr. 112 ff. zu Art. 9.

[3] Vgl. dazu für viele *Krüger*, H., 46. Deutscher Juristentag I S. 20.

[4] Vgl. dazu etwa *Zöllner*, W. / *Seiter*, H., Paritätische Mitbestimmung und Art. 9 Abs. 3 GG, ZfA 1970 S. 97 (insbes. 150 f. m. w. Nachw.); vgl. auch *Scheuner*, U., Die Rolle der Sozialpartner in Staat und Gesellschaft (Walberberger Gespräche), 1973, S. 54 f.

[5] Vgl. dazu *Scholz*, R., Paritätische Mitbestimmung und GG, 1974, S. 104 f.; siehe auch *Pernthaler*, Qualifizierte Mitbestimmung und Verfassungsrecht 1972, S. 93; *Rüthers*, B., Arbeitgeber und Gewerkschaften — Gleichgewicht oder Dominanz? DB 1973 S. 1649 (1651).

2. *Gewerkschaften gegen Privateigentum* — diese Position erschien während der gesamten *Mitbestimmungsdiskussion*, im Grundsätzlichen jedenfalls, als so selbstverständlich, daß ein gewisser Umfang von Mitbestimmung, selbst unter Beteiligung der Gewerkschaften, nahezu unbestritten als ein möglicher Ausdruck der *Sozialbindung* (Art. 14 Abs. 2 GG) anerkannt wurde. Manche versuchten sogar, Bedenken gegen eine Aufhebung der Gegnerfreiheit im Tarifgespräch und gegen die „Überparität" durch den Hinweis auszuräumen, die Koalitionsfreiheit diene im wesentlichen dem Schutz der ex definitione schwächeren Arbeitnehmer. Schon deshalb könne die *Mitbestimmung* nie in Gegensatz zur *Koalitionsfreiheit* und zur *Tarifautonomie* stehen, weil beide aus demselben Grundrecht kämen, aus Art. 9 Abs. 3 GG. Angesichts ihres gemeinsamen Gegensatzes zum Eigentum könnten sich daher Mitbestimmung und Tarifautonomie nie widersprechen[6].

Dies ist nun der Gegenstand der folgenden Überlegungen: Trifft es wirklich zu, daß die Koalitionsfreiheit in ihrer – wichtigsten – Erscheinungsform, der Gewerkschaftsfreiheit, ein reines Gegenrecht gegen das Privateigentum ist, liegt darin vielleicht sogar ihr innerstes Wesen — oder ist sie, zugleich, auch eine Schutzmacht für das Eigentum, weil sie ohne dieses ihren Sinn verlöre? Zugespitzt ausgedrückt: *Ist die Gewerkschaftsfreiheit ein Instrument der Eigentumverteilung oder, darüber hinaus, ein Instrument der Eigentumszerstörung*? Viele halten sie taktisch für das erstere, strategisch für das letztere: Das Privateigentum wird, so nehmen sie an, über kurz oder lang in einer vernichtenden Zangenbewegung zerbrochen werden — einerseits durch den Angriff der Staatsgewalt, welche über *gemeinschaftsbegründete Sozialbindung* vordringt, zum anderen durch den gewerkschaftlichen Vormarsch unter dem Schutz der Grundrechtslegitimation des Art. 9 GG.

Dieser Auffassung wird hier die These entgegengesetzt: Die Gewerkschaftsfreiheit ist kein „reines Gegenrecht" gegenüber dem Privateigentum, dieses ist vielmehr *zugleich ihre Garantie*, da sie ohne eine funktionsfähige private Eigentumsordnung ihren vom Grundgesetz vorausgesetzten Sinn verlöre. Die Gewerkschaften müssen, aus ihren ureigensten Interessen heraus, einer übermäßigen Intensivierung der Sozialbindung durch den Staat entgegentreten: Wird nämlich das Privateigentum über Gebühr durch den Staat geschwächt, so trifft dieser damit zugleich auch — die Gewerkschaftsfreiheit.

II. Die „Verkleinerung des Kuchens" durch Sozialbindung

1. Gewerkschaftsfreiheit ist ein mächtiges *Instrument im Verteilungskampf*, bis hin zum Ausstand. Doch dies legitimiert sie eben auch, bestimmt ihr We-

[6] Diese Komplementarität wird etwa betont von *Simitis*, S., bei der Sachverständigenanhörung im BT, 11. Ausschuß, Prot. 62 S. 118.

sen: Es muß hier überhaupt etwas zu verteilen geben, etwas, das auch anders verteilt werden kann, als es der Unternehmer vorschlägt, günstiger für die Arbeitnehmer.

Die *Macht* der Gewerkschaften beruht auf zwei Komponenten: Auf der Größe des „Kuchens" — und auf der Möglichkeit, ein möglichst bedeutendes Stück davon für die Arbeitnehmer „abzuschneiden". Diese beiden Komponenten müssen möglichst geschickt *kombiniert* werden. Ist die Verteilungsmasse groß, können die Gewerkschaften aber wenig daraus erhalten, so sind sie machtlos; wird sie jedoch sehr klein, so nützt auch das „beste Abschneiden" den Gewerkschaften nur wenig: Sie können ihren Mitgliedern nicht allzuviel bieten, ihre Legitimation wird erschüttert.

Sicher entspricht es bewährter *gewerkschaftlicher Taktik*, die Macht über die Verteilungsmasse für wichtiger zu halten als die Größe derselben. Den *Umfang* des zu Verteilenden können die Gewerkschaften ohnehin nicht allein, nicht wesentlich bestimmen, sie werden dies oft nicht einmal wünschen. Haben sie sich aber erst einmal eine gewisse *Verteilungsmacht* gesichert, so können sie diese morgen auch gegenüber dem größeren Kuchen einsetzen; sie werden daher oft nur wenig Verständnis für Warnungen der Arbeitgeber haben, daß ja nur die Größe der Verteilungsmasse einer gewerkschaftlichen Verteilungsmacht Sinn geben könne, daß aber eine bestimmte Verteilung des Kuchens von heute die Größe des Kuchens von morgen gefährde.

Machtbewußte Gewerkschaften werden sich, bei allem Verantwortungsbewußtsein im übrigen, nicht ohne weiteres einem solchen Argument beugen; denn für sie gilt: *Verteilungsmacht ist wichtiger als Verteilungsgewinn* — einfach schon deshalb, weil ja die Kleinheit des Kuchens (hoffentlich) vergeht, die Verteilungsmacht aber besteht.

2. Diese Rechnung aber kann nur mit einem Wirt gemacht werden: mit einer freien, auf Privateigentum gegründeten Wirtschaft. Sie bewegt sich in der „Hoffnung auf den größeren Kuchen", hier wird die Verteilungsmasse in der Tat immer auch wieder größer.

Ganz anders gegenüber dem sozialgestaltenden Staat, der das Eigentum immer stärker sozial bindet. Zuwenig ist bisher, soweit ersichtlich, eines erkannt worden: Mit jedem *Eigentumsbestandteil*, jedem Element oder Wert, den staatliche Sozialbindung ohne Entschädigung dem privaten Eigentümer nimmt, wird die *Verteilungsmasse* für die Gewerkschaften *kleiner*, damit aber nimmt eine der Komponenten ihrer Macht ab — die Größe des Kuchens schwindet in Sozialbindung, oder besser: Der Staat beteiligt sich an der Verteilung, er drängt Eigentümer und Gewerkschaften vom Verteilungstisch, letztlich vom Verhandlungstisch.

An überzeugenden Beispielen fehlt es nicht: *Steuern* sind Formen der Sozialbindung, selbst wenn sie ertragsunabhängig sind; ihre Erhöhung schmälert die Verteilungsmasse sofort und unmittelbar. Der Steuerstaat ist der Gegenspieler des Gewerkschaftsstaates. *Umweltschutz* bedrängt durch immer weitergehende Belastungen die Betriebe — ihre Manövrierfähigkeit wird geringer, Verteilungsmasse geht mit jeder Auflage verloren. Verstärkte Sozialbindung im *Bodenrecht* erschwert die Bereitstellung erforderlicher Grundstücke und schwächt erneut die Leistungsfähigkeit vieler Betriebe.

In all diesen Bereichen, heute vor allem bei den Abgaben und im Umweltschutz, sollten, müssen die Gewerkschaften letzten Endes in einer Front mit ihren Gegenspielern, den Unternehmern, *übermäßiger Sozialbindung* entgegentreten: Denn wer die Verteilungsmasse durch Sozialbindung praktisch reduziert, verengt den gewerkschaftlichen Aktionsspielraum — was der Staat schon genommen hat, kann man nicht erstreiken; und er nimmt den Gewerkschaften den erforderlichen Verteilungserfolg, damit aber wird das Vertrauen zu ihnen erschüttert.

3. Der staatliche Sozialbindungszugriff auf die Verteilungsmasse, und damit die faktische Einmischung des sozialgestaltenden Staates in die Tarifautonomie, ist aber nicht nur gefährlich wegen der Dimensionen, in denen sie bereits heute den „Kuchen verkleinert". Noch bedenklicher ist, daß ihre Entscheidungen, nach aller Erfahrung, meist über lange Zeit hinweg festliegen, nicht mit der *Elastizität* der Marktwirtschaft korrigiert werden. Was die Politik einmal aus dem Kuchen herausschneidet, das wird diesem fehlen, auf unbestimmte Dauer. Hier vor allem geht die traditionelle Rechnung der Gewerkschaften nicht auf — die *Verteilungsmasse bleibt klein*, damit aber wird der Nutzen der Verteilungsmacht letztlich auch zweifelhaft, wenn endgültig nur mehr so wenig vorhanden ist.

Die Geschichte der Sozialbindung lehrt eben – darauf wird nicht ohne Recht hingewiesen[7] –, daß hier ein weitgehend irreversibler Prozeß im Gange ist. Darauf können die Gewerkschaften nicht rechnen, daß vieles vom Eigentum wieder zurückkommen werde, was der Staat entzogen hat. Auch Art. 14 Abs. 2 GG ist ein „Verteilungsmodus", das hat er mit Art. 9 Abs. 3 GG gemein; was über den ersteren Kanal abgeflossen ist, läßt sich im letzteren nie mehr auffangen.

4. Auch ein naheliegendes Argument verbessert die Lage der Gewerkschaften gegenüber dem sozialgestaltenden Staat nicht: Daß die *Sozialbin-*

---

[7] *Badura*, Eigentum und Verfassungsrecht der Gegenwart, Verhandlungen des 49. Deutschen Juristentages, II T (1972); *ders.*, Die soziale Schlüsselstellung des Eigentums, BayVBl. 1973 S. 1 ff.; *Sendler*, Die Konkretisierung einer modernen Eigentumsverfassung, DÖV 1974, S. 73 ff.

dung sich ja vorwiegend im Einzelfall, gegenüber dem *konkreten Betrieb* auswirken werde, während *Gewerkschaftserfolge* für ganze *Branchen* erstritten werden. Es geht doch nicht um die kleinen Verteilungsmassen der Betriebe – der große Kuchen, um den im Tarifgespräch gestritten wird, bleibt er nicht unberührt von jeder Sozialbindung? Ist sie nicht allenfalls ein Problem für Betriebsräte, die in einzelnen Unternehmen mit durch Engpässe fahren müssen, nicht für die Gewerkschaften?

Keineswegs, die Sozialbindungen werden sehr rasch auf die Gewerkschaften durchschlagen. Die wichtigsten unter ihnen – Sozial- und Arbeitsrecht, Umweltschutz – haben bundeseinheitliche, großflächige Wirkungen, deren Auswirkungen auf die Unternehmen branchenweise rechenbar sind und den Gewerkschaften stets sogleich entgegengehalten werden können. *Die Sozialbindung schlägt heute auf die Gewerkschaften durch*, gerade weil man sie so allgemein hält, daß jeder Anschein eines entschädigungspflichtigen *Sonderopfers* vermieden wird.

Hier zeigt sich also, daß die seit längerem betonte Verbindung von Eigentums- und Koalitionsfreiheit[8] an einem entscheidenden Punkt in der Tat besteht: *Das Eigentum „steht hinter der Koalitionsfreiheit"*, diese ist nur eine Form der Nutzung und Verwaltung von Eigentum[9]. Mit Recht wird daher betont, die weitgehenden Einschränkungsmöglichkeiten der Eigentumsfreiheit (Art. 14 Abs. 2 GG) dürften nicht dazu benutzt werden, die *Koalitionsfreiheit einzuengen*[10]. Dies gilt zunächst für den Unternehmer, schützt dessen Koalitionsfreiheit. Es schlägt jedoch, wie dargelegt, sogleich auf die Gewerkschaften durch. Für sie gilt also: Die Einschränkungsmöglichkeiten des Eigentums dürfen nicht dazu eingesetzt werden, um ihre Verteilungsanstrengungen illusorisch zu machen; denn was der Staat dem Unternehmer bereits sozialbindend genommen hat, darüber kann dieser sich mit den Gewerkschaften nicht mehr unterhalten.

In diesem Sinne also sind Unternehmer und Gewerkschaften echte Sozialpartner: *In der Frontstellung gegen die sozialbindende Staatsgewalt.*

---

[8] Siehe dazu und z. folg. insbes. *Scholz*, R., Koalitionsfreiheit als Verfassungsproblem, 1971, zu diesen Fragen vor allem S. 108 f., 221, 241, 273 f., 328 f., 356 f. m. Nachw.

[9] *Scholz*, aaO., S. 114 , 146 f.

[10] *Scholz*, aaO., 2. 273.

III. Ende des privatgenützten Eigentums — Ende staatsfreier Gewerkschaften

1. Die eigentliche, große *Gefahr* für die Gewerkschaften liegt aber noch gar nicht darin, daß die Verteilungsmasse quantitativ abnimmt: Sie zeigt sich darin, daß infolge des heute typischen, allseitigen, alles durchdringenden Vorgehens des sozialbindenden Staates die *Privatnützigkeit des Eigentums*[11] weithin aufgehoben zu werden droht. Das private Eigentum wird als solches derart mit öffentlich-rechtlichen Bindungselementen durchsetzt, daß es in seiner Gänze nicht mehr zur Disposition der Sozialpartner steht, damit aber auch dem kontrollierenden und verteilenden Einfluß der Gewerkschaften entzogen wird: Es tritt dann auf die Dauer eine *Mutation des Eigentums* ein, die dieses gegen gewerkschaftlichen Einfluß immunisiert.

Daß dies keine rein theoretischen Überlegungen sind, zeigen zahllose Beispiele. Der moderne Industriebetrieb steht heute in vielen und immer mehr einschneidenden Sozialbindungen des Produktiveigentums. Er muß auf Landschaftsschutz und Umwelt Bedacht nehmen, nicht geringe Mittel sind hier auf öffentliche Interessen festgelegt. Arbeits- und Sozialrecht zwingen ihn zu Rücksichtnahmen, die seine Bewegungsfreiheit entscheidend einengen, letztlich zu einer Art von aktiver Arbeitsmarktpolitik im Kleinen — auch dies wieder im öffentlichen Interesse der Erhaltung von Arbeitsplätzen und der sozialen Sicherung der Bürger. Von Ausbildungslasten bis zu den immer schwereren Abgabenbelastungen — überall wird das Unternehmen im öffentlichen Interesse tätig, allenthalben ist es die Sozialbindung, welche all dies gegenüber dem Grundrecht des Eigentums rechtfertigt.

Der sozialgestaltende Staat hat sehr viele Aufgaben unmittelbar (Umweltschutz) wie mittelbar – über die Abgaben – auf das *private Eigentum abgewälzt*. Der Eigentümer wird immer mehr „Organ der Wirtschaftsverfassung"[12] — aber nicht mehr nur in dem von der Verfassung gebilligten Sinne, daß die Verfolgung seines *privaten Nutzens zugleich* dem *Wohl der Allgemeinheit* dienen soll (Art. 14 Abs. 2 GG): Das private Eigentum wird mehr und mehr zum direkten Sachwalter öffentlicher Interessen, und es ist oft nicht mehr weit zur Amtswalterstellung, welche der Nationalsozialismus[13] all jenen auf-

---

[11] *Reinhardt*, R., Wo liegen für den Gesetzgeber die Grenzen, gem. Art. 14 des Bonner GG über Inhalt und Schranken des Eigentums zu bestimmen? in: Verfassungsschutz des Eigentums, 1954, S. 33 f. (insbes. S. 43); ebenso *Scheuner*, U., Grundlagen und Art der Enteignungsentschädigung, in: Verfassungsschutz des Eigentums, 1954, S. 111; *Weber*, W., Eigentum und Enteignung, Die Grundrechte II, 1954, S. 331 (374).

[12] *Leisner*, W., Der Eigentümer als Organ der Wirtschaftsverfassung, DÖV 1975 S. 73 ff.

[13] *Enzinger*, A., Das Eigentumsrecht im nationalsozialistischen Staat, Diss. München 1936; *Huber*, E.R., Die Rechtsstellung des Volksgenossen — Erläutert am Beispiel der

zwang, welche von früheren liberalen Grundrechten noch Gebrauch machen wollten, vom Schriftsteller bis hin eben zum privaten Eigentümer.

2. Durch die Schaffung dieses mit öffentlich-rechtlichen Elementen bereits durchsetzten, dieses *halböffentlichen Eigentums*, wie es sich heute vor allem im Bereich der großen Industrie- und der Kreditunternehmen findet, schlägt der Staat zwar zunächst die Besitzer der Produktionsmittel, er trifft aber zugleich, und im Ergebnis nicht minder schwer, deren „stille Teilhaber" und laufende Kontrolleure, die Gewerkschaften.

Sie werden auf drei Ebenen in die Wahrung des öffentlichen Interesses mit einbezogen: Über die von ihnen beherrschten Betriebsräte, über ihre Vertreter in den Aufsichtsräten und schließlich in den Tarifgesprächen; in all diesen Bereichen haben sie nicht nur auf die öffentlichen Belange Rücksicht zu nehmen, welche ihnen die Sozialbindung vorgibt, sie werden selbst zu Wahrern öffentlicher Interessen.

Hier hat die *Mitbestimmungsgesetzgebung* einen entscheidenden Schritt vollzogen: Die Arbeitnehmer sind mit ihren Gewerkschaften in das große private Industrieeigentum eingedrungen — aber gerade in einer Zeit, in welcher schon ein Dritter in diesem selben Eigentum seinen beherrschenden Platz eingenommen hat: die sozialbindende Staatsgewalt. Die Gewerkschaften werden auf diese Weise nicht nur zu ständiger Rücksichtnahme auf das in der Sozialbindung zum Ausdruck kommende öffentliche Interesse verpflichtet, sie müssen weithin geradezu *im öffentlichen Interesse tätig werden*. Wenn die Sozialpflichtigkeit sich verstärkt, so wechseln sie mehr und mehr aus der Rolle der Vertreter privater Forderungen in die der Wahrer öffentlicher Interessen.

Das in der Mitbestimmungsdebatte immer wieder vorgetragene Argument, daß Art. 9 Abs. 2 GG *Gegnerfreiheit der Koalitionen* verlange[14], gewinnt hier ein neues Gewicht: Indem sich die Arbeitnehmer, praktisch vor allem die sie vertretenden Gewerkschaften, auf die Seite ihrer Gegner begeben, haben sie auch die Last der Sozialbindung mit zu tragen, die Einhaltung all dieser Verpflichtungen mit zu garantieren. Damit aber schwächt sich die Gewerkschaftsfreiheit in einer bisher wenig beachteten Weise ab — nicht nur gegenüber den Arbeitgebern, die sie ja nunmehr mitrepräsentieren, sondern auch gegenüber einer Staatsgewalt, welche diese mächtigen Verbände als Garanten der Sozialbindung in öffentliche Pflicht nimmt.

Eigentumsordnung, ZgesStW 96, 1936, S. 438 ff., *Loth*, Der nationalsozialistische Eigentumsbegriff, JW 1935 II, S. 1752 ff.

[14] Vgl. *Scholz* (Fn. 5), S. 60, 106; *ders.*, Das Grundrecht der Koalitionsfreiheit, 1972, S. 15; *Pernthaler* (Fn. 5), S. 123; *Zöllner/Seiter* (Fn. 4), S. 124 f.; krit. *Schwerdtfeger*, G., Unternehmerische Mitbestimmung der Arbeitnehmer und GG, 1972, S. 254.

3. Nicht nur dort verändert sich durch Sozialbindung die Gewerkschaftsposition, wo Mitbestimmung besteht, auch bei betriebsratlicher Tätigkeit, wie im Tarifgespräch, wird die gewerkschaftliche Lage damit ungünstiger. Die Gewerkschaften sehen sich hier einer *neuen Front* gegenüber, gebildet aus dem *sozialbindenden Staat* und den *Unternehmern*, welche die Sozialpflichtigkeit den fordernden Gewerkschaften immer häufiger und wirksamer entgegenhalten werden. Auf die Arbeitgeber müssen die Gewerkschaften bei weitem nicht die Rücksicht nehmen, welche ihnen der sozialbindende Staat aufzwingt. Wenn einzelne Unternehmen oder ganze Branchen etwa neue, weitgehende *Umweltauflagen* erhalten, so müssen die Gewerkschaften nicht nur zurückweichen, sondern diese Last sogar noch mittragen. *Und: Gegen Sozialbindung hilft kein Streik.*

Manche wollen heute die Sozialbindung derart ausbauen, daß gewisse Eigentumskategorien geradezu eine Art von *verdecktem Volkseigentum* werden, dessen Besitzer im wesentlichen nur Pflichten treffen. Damit aber wird nicht nur privates Eigentümerbelieben verdrängt, sondern zugleich auch die gewerkschaftliche Aktionsfreiheit in eine öffentlich-rechtliche Garantenstellung verwandelt.

4. Für die Gewerkschaften ist dies vor allem deshalb bedenklich, weil ihnen im Zuge solcher Sozialbindungsentwicklungen eine ganze Reihe von mehr oder minder direkten *staatlichen Kontrollen ihres Verhaltens* drohen. Wer in der Mitverwaltung sozialgebundenen Eigentums tätig ist, ihm gegenüber Forderungen anmelden will, der muß sich auch selbst daraufhin kontrollieren lassen, ob er die Einhaltung der Sozialpflichtigkeit nicht vereitelt. Bis in die Gewerkschaftszentralen hinein, dorthin, wo die „große Politik" der deutschen Gewerkschaftsbewegung entsteht, wird sich, über die *Verschärfung der Sozialbindung*, eine eigentümliche Form von *staatlicher Fernsteuerung* entwickeln: Man wird auf die öffentlichen Zielsetzungen Rücksicht nehmen, Kampfmaßnahmen immer mehr dosieren, immer mehr mit staatlichen Augen sehen, mit staatlichen, eigentumsplanerischen Gehirnen denken müssen. Was dies für eine bisher wirklich freie Gewerkschaftsbewegung bedeutet, liegt auf der Hand.

Und im letzten treffen die Gewerkschaften, das ist das Gefährlichste, nicht mehr auf den privaten Gegner, den Arbeitgeber, sondern auf die hinter diesem stehende weit größere, letztlich unbezwingliche Macht — auf den *Hoheitsstaat der Sozialordnung*. Das private Eigentum steckt zwar, wie eingangs dargelegt, in der Zange zwischen Sozialstaat und Gewerkschaften, doch es wird sehr rasch der Zeitpunkt kommen, zu dem die Backen der Zange hart aufeinandertreffen: *Das scharf sozialgebundene Eigentum muß zur scharfen Konfrontation von Gewerkschaften und Staat führen*; dies treibt die Gewerkschaften in eine immer stärkere Politisierung, müssen sie doch versuchen, auf den sozialbindenden Staat politischen Einfluß zu nehmen. Denn freie, unpolitische Gewerkschaften werden, müssen schwächer bleiben als der sozialgestaltende Staat.

5. Nun liegt eine plausible gewerkschaftliche Antwort nahe: Bisher haben die deutschen Gewerkschaften *Verantwortung* für das Ganze *nicht gescheut*, sie werden sie auch in einer neuen Rolle von Garanten der Sozialpflichtigkeit des von ihnen bewachten Privateigentums nicht verleugnen.

Doch hier würden die Gewerkschaften ihre Möglichkeiten überschätzen, ihrem Ursprung, ihrer Zielsetzung, ihrem Wesen nicht mehr treu sein können. Wie die Geschichte der Koalitionen zeigt[15], sind sie aus dem deutschen Liberalismus herausgewachsen[16]. Seine Zeichen tragen sie an sich in der Freiheit ihrer Bildung[17], ja sogar ihr Arbeitskampf hat noch einen gewissen *Wettbewerbscharakter*[18]. Als wesentlich freie Assoziationen bewegen sie sich mit Mitteln und auf dem Boden des Privatrechts[19]. Zwar mag es keinen festen, ein für alle mal festliegenden Koalitionsbegriff geben, auch hier vieles dem gesellschaftlichen *Wandel* unterliegen[20]. Doch eines muß doch erhalten bleiben, ist grundrechtlich fixiert: Die Gewerkschaftsfreiheit als *Privatautonomie* auf kollektiver Ebene[21], nicht zu verstehen als Delegation aus der Staatsgewalt[22], mag auch der Sozialstaat die Sozialpartner in seine Mechanismen mit einbeziehen[23]. Den Gewerkschaften bleibt aber die Aufgabe der Austragung *privater* Konflikte[24], *nicht* der Übernahme *öffentlicher Garantenstellungen*.

Bei aller Verantwortung der Gewerkschaften, die sich aus ihrer Aufgabe ergibt[25] — es darf nicht zu einer Beeinflussung der Rechtsbeziehungen der

---

[15] Vgl. dazu u.a. *Ramm*, Th., Der Koalitionsbegriff, RdA 1968, S. 412 (413); *ders.*, Der Arbeitskampf und die Gesellschaftsordnung des GG, 1965, S. 16 f.; *Heffter*, H., Die deutsche Selbstverwaltung im 19. Jahrh., 1950, S. 273.

[16] *Ramm*, Th., Der Arbeitskampf, aaO.; *Säcker*, Kollektivgewalt und Individualwille bei der Gestaltung des Arbeitsverhältnisses, RdA 1969, S. 291 (302).

[17] Vgl. BVerfGE 4 S. 96 (106, 109); siehe auch *Zöllner/Seiter* (Fn. 4), S. 144 f.

[18] *Ramm*, Th. (Fn. 15), S. 24 f.

[19] *Pernthaler*, P. (Fn. 5), S. 34; *Wagenitz*, Th., Die personellen Grenzen der Tarifmacht, Diss. Berlin 1971, S. 14.

[20] *Zöllner/Seiter* (Fn. 4), S. 126.

[21] *Rüthers*, B. (Fn. 5), aaO.

[22] *Ramm*, Th. (Fn. 15), S. 42; als „beliehene Verbände" bezeichnet sie allerdings ein Teil der Lehre, vgl. *Weber*, W., Die Sozialpartner in der Verfassungsordnung, Göttinger Festschr. f. d. OLG Celle, 1961 S. 239 (244 f.) m. Nachw.

[23] *Weber*, W., aaO., S. 240 f.

[24] *Scholz*, R., Das Grundrecht der Koalitionsfreiheit (Fn. 14), S. 15 f.

[25] Vgl. dazu *Krüger*, H. (Fn. 3), S. 20 f.; *Weber*, W., aaO., S. 246.

Sozialpartner durch das „Gemeinwohl" kommen[26]. Dies aber droht nicht nur über staatliche Zwangsschlichtung und staatlich gelenkte Lohnpolitik, sondern bereits durch deren Vorstufen, die scharfe Sozialbindung des privaten, insbesondere des gewerblichen Eigentums. Hier schon verlieren die Gewerkschaften mit ihrem Kontrollgegenstand ihre Legitimation: *Die Publifizierung des Eigentums ist die Publifizierung der Gewerkschaften*. Das Ende freier Arbeitnehmervertretungen! Und in gewisser Hinsicht ist jede größere Sozialbindung des Produktiveigentums nichts anderes, als eine vorweggenommene staatliche Zwangsschlichtung, in normativer oder administrativer Form.

Um frei zu sein, müssen die Gewerkschaften etwas Privates bleiben, im Kern wenigstens. Deshalb dürfen sie den freien Arbeitsvertrag auch nicht aufgeben[27], aus dem ihre Tarifautonomie hervorgegangen ist; und sie dürfen aus demselben Grunde nicht das in Sozialbindung völlig verstrickte, im Grunde nicht mehr wirklich „private" Eigentum wünschen.

Die Mahnung des Bundesverfassungsgerichts[28] gilt heute in einem neuen Sinn: Es hat vor Jahrzehnten ausgesprochen, Art. 9 Abs. 3 GG wolle „nach seinem Sinn und Zweck nur solche frei gebildeten Vereinigungen schützen, die nach ihrer Gesamtstruktur unabhängig genug sind, um die Interessen ihrer Mitglieder auf arbeits- und sozialrechtlichem Gebiet wirksam und nachhaltig zu vertreten". Eine solche Freiheit muß nicht nur vom Sozialpartner und vom gewerkschaftsintervenierenden Hoheitsstaat bestehen, sie muß auch gegenüber dem sozialbindenden Staat gewahrt bleiben, der die Macht und die Legitimation freier, privater Gewerkschaften durch Publifizierung des Privateigentums bedroht.

IV. Die Gewerkschaften — von der Sozialbindung unmittelbar betroffen

1. Die Gewerkschaften werden jedenfalls dort, wo sie Einfluß in mitbestimmten Unternehmen besitzen, durch deren sich verstärkende Sozialbindung ebenso getroffen wie die Anteilseigner. Doch die Auswirkungen auf ihre Legitimation und Struktur wiegen auf die Dauer ungleich schwerer als das, was die bisherigen Eigentümer verlieren. Deren Einbußen sind letztlich doch materieller Art, sie lassen sich quantifizieren und damit auch begrenzen. Die hinter den Arbeitnehmern stehenden Gewerkschaften dagegen werden in ihrem Wesen und in ihrer Legitimation getroffen, wenn sie aus punktuell Beliehenen zu Organen des öffentlichen Interesses, zu Garanten der Sozialbindung des Eigentums werden. Die private, natürliche oder juristische Person mag

---

[26] *Ramm*, Th., Kampfmaßnahmen und Friedenspflicht im deutschen Recht, 1962, S. 130.

[27] Vgl. BVerfGE 18, S. 18 (26).

[28] BVerfGE 4, S. 96 (107).

als Wirtschaftssubjekt mehr oder weniger mit staatlicher Verantwortung belastet werden — ihr Wesen ändert sich darin nicht eigentlich, ihre Legitimation ist und bleibt das Gewinnstreben im Rahmen der Gesetze. Anders die Gewerkschaften: Sie sind grundsätzlich legitimiert nur als *freie* Organisationen der Arbeitnehmer, nicht als Garanten staatlicher Sozialpolitik. Und sie sind eben doch, ihrer ganzen Tradition nach, letztlich da um zu *fordern*, nicht um zu *garantieren*.

Es war für die Arbeitnehmer und ihre Gewerkschaften schon schwierig genug, sich in die neue Rolle von „Miteigentümern durch Mitbestimmung" zu finden; die gewaltigen, daraus erwachsenden *Rollenkonflikte* sind noch lange nicht ausgetragen. Durch Mitbestimmung über streng sozialgebundenes Eigentum aber wachsen die Gewerkschaften in eine neue, eine öffentliche Garantenfunktion hinein, damit aber in einen nicht mehr zu lösenden zweiten Rollenkonflikt. Deshalb trifft sie jede neue große Sozialbindungswelle ganz anders, viel tiefer, in ihrem Wesen als freie fordernde Vertreter wirtschaftlicher Interessen. Sozialbindung treibt die Gewerkschaften daher wieder zum Konflikt mit dem Staat, weil sie weitere *Schwächung des Eigentums* im Interesse der Arbeitnehmer nicht hinnehmen können.

2. Noch in einem anderen Sinn sind die Gewerkschaften unmittelbar und besonders durch Sozialbindungen größeren Stils betroffen: Sie können ihre Aufgaben nur „als Eigentümer" erfüllen, sie sind Großunternehmer geworden, müssen es funktionsbedingt immer mehr werden. Auch an ihnen kann und wird der sozialbindende Staat nicht vorübergehen. Was ihre Unternehmen anlangt, so mögen sie hier wirtschaftliche Einbußen ohne allzu bedeutsame Schwächung ihrer Funktionsfähigkeit hinnehmen können. Weit schwerer schon wird ihr Stand gegen einen Steuerstaat, der seine Abgaben ja auch wieder — im Namen der Sozialbindung erhebt. Wenn ihm dies immer weiter, ja grenzenlos, auch im Zugriff auf die Substanz des Eigentums, möglich ist, so trifft es früher oder später die Gewerkschaften besonders schwer, denn anders als andere Private müssen sie Lagerhalter gewisser Kapitalien und Wirtschaftsgüter in einer bestimmten Form sein, um ihre Aufgaben erfüllen zu können. Und sie können nicht sicher sein, daß die öffentliche Meinung ihre Privilegierung in jeder Zeit und in jedem Umfang billigen werde.

So wendet sich denn auch hier die *Sozialbindung* unmittelbar *gegen die Gewerkschaftsfreiheit*. Art. 14 Abs. 2 GG wird zum Einbruchstor in die Koalitionsfreiheit: Was der Staat sich als Dimensionen der Sozialbindung heute schafft, wird morgen auch gegen die Gewerkschaften beschränkend eingesetzt werden.

V. Ausblick: Großsozialisierung als Ende der Gewerkschaftsfreiheit

Es gibt heute lautstarke Forderungen nach Veränderung unserer Wirtschafts- und Gesellschaftsordnung durch *Großsozialisierungen.* Hier läßt sich die Probe auf das eben gegebene Exempel machen: Wie die schärfere Sozialbindung zur Gewerkschaftsbindung wird, so wäre der *Staatsmonopolkapitalismus* das Ende der Gewerkschaften in ihrer heutigen Form. Bei einem Durchbruch zum Staatsmonopolkapitalismus hätten die Gewerkschaften nur mehr einen, unendlich potenten Gegner: den Staat. Mit ihm und seiner Staatsraison würden sie zusammenprallen, dabei als freie Vereinigungen aber mit Sicherheit unterliegen. Sie würden nicht mehr in einer privatnützigen Auseinandersetzung mit privaten Eigentümern stehen, sondern nur mehr überleben können, indem sie in einen öffentlich-rechtlichen Verteilungsprozeß als Staatsinstanzen eingebaut würden.

Ob dann dieser neue Kapitalismus arbeitnehmerfreundlich sein würde oder nicht — die Gewerkschaften hätten als solche darauf jedenfalls keinen Einfluß. Die Gewerkschaftsmacht wäre zerstört, Staatsinstanzen besorgten die Verteilung, der gewerkschaftliche Verteilungskampf wäre beendet, die Gewerkschaften könnten sich als freie Vereinigungen auflösen. Sozialisiertes Eigentum macht Gewerkschaften überflüssig. Hier nützt auch der politische Trost nicht, man habe ja bei Großsozialisierungen die ganze politische Macht, dies sei mehr und besser als eine Gewerkschaftsmacht, auf die man dann auch verzichten könne. In Wahrheit würde so doch zunächst nur eine mächtige, alle Güter beherrschende Staatsgewalt geschaffen werden. Und wenn diese nun nicht in denselben, in den „richtigen" Händen bleibt? Für eine Auferstehung der Gewerkschaftsmacht ist es dann zu spät.

So erweist sich das scheinbare Paradox unserer Fragestellung als ein tieferer Sinn der *grundgesetzlichen*, jeder *freiheitlichen* Ordnung. Die Gewerkschaften werden sich zur Verteidigung des privaten Eigentums gegen den Staat bereitfinden — überspitzt ausgedrückt: Es nützt ihnen nichts, wenn ihr Gegner von einem anderen erschlagen wird, sein Fall reißt sie mit. Und verfassungsrechtlich erweist sich hier die Richtigkeit der Feststellungen des Bundesverfassungsgerichts: Das Bekenntnis zum Eigentum ist eine Wertentscheidung von besonderer Bedeutung für den sozialen Rechtsstaat, das wichtigste Rechtsinstitut zur Abgrenzung privater Vermögensbereiche, mehr noch: Es ist Grundlage jeder Art von privater Macht, damit aber auch der Gewerkschaftsmacht. Art. 14 GG ist auch die Basis von Art. 9 Abs. 3 GG; die Sozialbindung muß mit Vorsicht gehandhabt werden, weil sie sonst das vorbehaltlos garantierte Grundrecht der Koalitionsfreiheit aushöhlt.

Denn es gilt:

Gewerkschaften sind so stark, wie privates Eigentum frei ist.

Politischer Einfluß des Eigentums — verfassungswidrig?*

Kampf um Eigentum hat es stets gegeben — die große Schlacht um *das* Eigentum hat erst begonnen, als Sozialrevolutionäre diese *Institution,* die neue Grundlage liberalbürgerlicher Ordnung, an den Diebespranger stellten. Doch auch diese Schlacht scheint heute geschlagen — mit Niederlage und Sieg für das Eigentum: In sozialistischen Staaten ist das bürgerliche Eigentum verschwunden, abgelöst durch ein neues sozialistisches Teilhabe-Eigentum. In der Bundesrepublik, wie in anderen Ländern des Westens, ist die Entscheidung für das Privateigentum als Grundlage der staatlichen wie der gesellschaftlichen Ordnung nicht nur in der Verfassung feierlich verbürgt, es ist reale Gemeinschaftsgrundlage geworden. In einem Volk von Eigentümern droht *dem* Eigentümer nicht ernstlich Gefahr, Sozialisierung wird zum bösen Wort. Der soziale Wohlfahrtsstaat will allen alles geben, er kann nicht allen alles nehmen.

Doch zu Ende ist in der Bundesrepublik Deutschland nur der *ökonomische* Kampf um die Eigentumsinstitution, der *politische* ist voll im Gange. „Mögen sie besitzen, wenn sie nur fürchten." Wer selbst zu essen hat, geht nicht auf Barrikaden, um anderer Gut sich zu holen. Die Unzähligen aber, die mit bescheidenem Besitz kleine Freiheit real gewonnen haben, sie sind mißtrauisch gegen die Macht des großen Besitzes. Diese materialisierte Zeit ist erstaunlich bisweilen in ihrer Uneigennützigkeit: Nicht um den „großen Genuß" der Reichen geht es – weithin ist er ja schon mit der Verfeinerung früherer Zeiten verschwunden –, sondern um die politische Macht des Eigentums. Nicht nur Not, sondern auch langdauernder Wohlstand entwickelt Machtdenken, Herrschaftsstreben überhöht Besitzgier.

Hier stehen wir heute: Die „neue Klasse", die unzähligen „kleinen Besitzbürger" — in ihnen soll ein Eigentumsmißtrauen geweckt werden gegen die „politische Macht des Eigentums", gegen das „Kapital als Faktor der Macht". Wenn es etwas neues gibt am Neomarxismus, so dies: Nicht mehr nur Enteignung als Verteilung, als schaler Konsum, sondern als noble Machtergreifung, als ein Brechen politischer Burgen, wider das „große Eigentum" mit dem Machtwillen des kleinen, egalisierten Eigentums. Eigentum — das ist heute nicht mehr Wille zum Besitz, sondern Wille zur Macht.

---

* Erstveröffentlichung in: Volkswirtschaftliche Korrespondenz der Adolf-Weber-Stiftung, Nr. 1 / 1975.

Nichts Älteres, Traditionsreicheres aber gibt es als Sozialreform, Sozialrevolution. So ist denn auch diese Frage nach der politischen Macht des Eigentums stets im Grunde die Schicksalsfrage des großen Deutschen Sozialismus gewesen. In der Antwort auf sie hat sich entfaltet, was viele heute als Sozialdemokratismus preisen oder schelten: die Überzeugung, daß aus dem Wesen der parlamentarischen Demokratie die Macht des Besitzes politisch könne gemäßigt werden, daß das allgemeine Wahlrecht der Besitzarmen die politische Macht der Reichen werde zurückdrängen können. Wahlrecht und Demokratie als Gegenmacht gegen das politisch gewaltige Eigentum — daran haben Sozialdemokraten stets, Kommunisten nie geglaubt; für sie war die Macht des Kapitals stets stärker als das Wahlrecht der Massen, Eigentum korrumpiert in ihrer Idee stets Wahl und Demokratie.

Dies ist eine Grundfrage der parlamentarischen Demokratie: Ist „das Eigentum“ politisch stärker als sie? Herrschen politisch Trusts über Regierungen, Lobby über Abgeordnete, Kapital über Medien, Eigentum über Bürger? Ist Demokratie ein Marionettenspiel für staunend-kindliche Bürger, während wenige Besitzende Drähte ziehen? Ist diese „Staatsform der Transparenz“ mit ihren Parlamenten und Diskussionen nicht nur raffinierte „Eigentumsverschleierung in Öffentlichkeit“? Drängender werden diese Fragen, wenn öffentlich Ratlosigkeit in Krisen nach Schuldigen sucht — „einen Bessern find'st Du nicht“ als den geheimnisvoll-allgegenwärtigen großen Besitz.

Bibliotheken von Antworten glauben zu wissen, wie dem wirklich sei. Vieles erzählen sie über die Macht des organisierten Besitzes — vom legendären Haus des Baron Rothschild, in dem mehr französisches Schicksal der III. Republik entschieden wurde als in der Nationalversammlung, bis zum Auftreten des „politisierten Kapitals“ gegen die sozialliberale Koalition im Wahlkampf von 1972. Verschwunden ist übrigens das Wort, das dies gut beschrieb: Plutokratie. In seinem Namen, gegen solche „Herrschaft des Reichtums“ hat Hitler seinen Kampf gegen die Angelsachsen geführt; mit ihm ist der Begriff gestorben. Wer heute mit anderen Worten dasselbe meint, der sollte vielleicht darüber nachdenken, wie weit Hitler „rechts“ stand ...

Doch es geht hier nicht nur um Tatsächliches, das stets befangen bleiben wird, in der Bestreitbarkeit neuester Geschichte. Zu fragen ist auch nicht, ob eine graue Milliardeneminenz den Staat aus dem Dunkel regieren darf; solche Extremfragen finden leichte – und nutzlose – Antwort. Drängend ist ein anderer Zweifel: Darf der Bürger mit seinem Besitz eingreifen in die politische Schlacht, jeder Bürger mit kleinem oder großem Geld? Und wem dies demokratische Sünde ist — wird sie größer begangen „allein oder mit anderen“? Verbietet das Grundgesetz der demokratisch-parlamentarischen Bundesrepublik jede politische Macht des Eigentums — oder welche?

Von der Idee her scheinen Macht und Besitz in der Demokratie geschieden: Hier der politische Wille, der besitzlos in Wahlen herrscht, der Volksvertreter bestimmt, welche ihrem Gewissen, nicht dem Geld anderer unterworfen sind (Art. 38 GG) — dort das Eigentum, gesichert zwar durch die Verfassung (Art. 14 GG), doch wesentlich Abwehrrecht gegen den Staat, nicht Teilhabe an ihm. Kein Wahlrecht nach Besitz, Gleichheit hat den Zensus verdrängt, Eigentum ist Gegenstand der Machtausübung, ihr wichtigstes Objekt, es ist nicht selbst organisierte Macht; und so lange mögen die vielen Besitzlosen umverteilen mit Staatsgewalt, bis sie selbst besitzen. Wenn es Sozialdemokratismus gibt, so ist dies seine Idee, so hat er am tiefsten den verborgenen Mechanismus des sozialen Ausgleichs in der Massendemokratie der Mehrheit erfaßt. Nie hat er wohl besser gespielt als in den letzten Jahrzehnten in Deutschland, wo die Verteilungskraft der Mehrheit unter jeder Regierung der Demokratie erstmals im großen soziale Funktion gegeben hat, mag man sie „ausgleichend“ preisen, „nivellierend“ schelten. Das Grundgesetz sieht den frei dastehenden Menschen, nicht was ihm gehören kann. Und auch das Eigentum schützt doch zuallererst die Freiheit der Menschen in der Macht über Sachen, nicht die Sachen darin, daß sie Gewalt über Menschen erlangen. Besitz kennt keinen Pardon, der stärkere Wert überwiegt ohne Toleranz den schwächeren. Die politische Ordnung dagegen ruht auf Minoritätstoleranz, Minderheitenschutz, in Föderalismus und Dezentralisierung umhegt sie auch die schwächere Einheit.

Ist dies also eine Staatsform besitzfreier Gewalt, schwebt der reine Geist der demokratischen Macht über den dunklen Wassern privater Eigentumsgier, gibt es eigentumsferne „Politik an sich“?

Es gibt sie nicht, es kann sie nicht geben; politische Macht des Eigentums gehört in das verfassungsmäßige Spiel der politischen Kräfte, Eigentum und Wahlrecht sind stabilisierende Gegenkräfte, sozialpolitische checks und balances der Demokratie. In nahezu jeder Betätigung grundrechtlicher Freiheiten setzt der Bürger Eigentum ein oder er strebt nach ihm. In all dem wirkt er zugleich — politisch. Ob er nun Geld sammelt für religiöse Zwecke, sich ein Organ zur Verbreitung seiner politischen Meinung schafft, ob er einen Betrieb aufbaut oder Gewerkschaftsbeiträge bezahlt — stets ist es erst der Besitz, der das Gewicht eigener Meinung, persönlicher Anstrengung vervielfacht, politisch wirksam werden läßt. Gesetz der egalitären Massendemokratie ist es, daß sich persönliche Freiheit meist erst auf den Flügeln des Eigentums in die Höhe des politisch Bedeutsamen erheben kann. Einst mochte der große Gedanke allein wirken, politische Berge versetzen, heute geht er nur zu oft unter, wenn ihn Werbung nicht trägt: Eigentum. Eine Bürgerschaft, welche die Weihe von Würden, Titeln, Ämtern gering schätzt — wem anders sollte sie Macht zuerkennen als dem Eigentum? Wer egalisiert, der appropriiert, mehr Macht gibt er dem Eigentum, dem einzigen Unterschied, den auch die Gleichen kennen. Laut ruft der Bürger nach „realer Freiheit“, vom Staat erwartet er, was seine Freiheit zu voller Entfaltung braucht, bedarf da nicht auch seine politische Freiheit — des Eigentums? Der Wohlfahrtsstaat unter Fürsten fragte nicht nach der politischen Macht des Besitzes, der politische Sozialstaat ist das Verlangen nach ihr, er gründet auf der politischen Gewalt des Eigentums der Vielen.

Dies ist heute das Mißverständnis vieler, daß sie mit der „politischen Macht des Eigentums" den einen Konzernherrn verdammen, der aus dem Dunkel regiert, daß sie nicht sehen, wie heute im hellen Tag das gebündelte Masseneigentum der Vielen schon, in Verbänden und Spenden, den Staat beherrscht. Manchmal mag sich noch der „Geist" im politischen Aufstand gegen den „Besitz" erheben, wie im Kampf um die „innere Pressefreiheit". Bis ins Zentrum politischer Macht führt all dies nicht, keine Verfassung fordert es; denn ihr System kann nur leben, wenn es nicht nur eine politische Aktivität gibt, die Wahl; ihr freies Abgeordnetenmandat würde zur unerträglichen Herrschaft auf Zeit, stünden die wenigen nicht stets in den zahllosen Spannungsfeldern, die um sie die tägliche Arbeit aller Bürger aufbaut. Politische Macht des Eigentums ist heute nicht Schattenregierung der „Reichen", sondern Mitregierung aller wirtschaftlich Aktiven im Staat, sei es, daß sie selbst Eigentum schaffen, oder daß sie anderer Besitz bündeln, verwalten, politisieren. Mit eigenem oder fremdem Eigentum — hier hat jeder seine Chance.

Und anders kann sich eine Verfassung gar nicht zum Eigentum bekennen, als daß sie es auch politisch wirken läßt, sonst wäre Politik nichts als Expropriation, Eigentum nur erste Stufe des Kommunismus.

Die grundgesetzliche Eigentumsfreiheit bedeutet einen Minderheitenschutz der Besitzenden gegen den „rein politischen Willen" der Mehrheit. Er kann nur dann wirksam werden, wenn sich das Eigentum auch politisch verteidigen, wenn es politisch mitgestalten darf. Jedem Bürger gibt das Recht zum Eigentum die Möglichkeit, durch eigene Leistung politisch stärker zu wirken als andere; es nimmt ihn heraus aus der Anonymität des Wahltages, wenn er mehr an geleisteter Arbeit einzusetzen vermag als andere, und nichts anderes nennen wir heute ja Eigentum.

In der Wahl achtet das Gesetz die Gleichheit, im Besitz die unaufhebbare Verschiedenheit der Menschen.

Untätige Freiheit schützt die Demokratie nicht, sie ist „Teilnahme aller mit allem" was sie besitzen, mit ihren geistigen wie ihren materiellen Kräften. Die Chance dieser nüchternen Verfassung des Grundgesetzes, gegen den begeisternden ideologischen Schwung anderer Staatlichkeit, sie liegt vor allem in der vollen Öffnung des Politischen zu allem Realen, Wirkenden. Das Eigentum in die Keller der politischen Untätigkeit sperren, heißt nichts anderes als den Weg beschreiten von der Verfassung der Realität zur Verfassung der Ideologie.

So ist denn die Furcht vor der politischen Macht des Eigentums im letzten nicht Bekenntnis zum „reinen politischen Geist“, sondern Angst vor der politischen Freiheit des Grundgesetzes, in der die rechtliche Möglichkeit durch die Eigentumswirklichkeit ergänzt wird. Die Freiheit von gestern, die zu Eigentum genutzt wurde, sie wird zur politischen Gestaltungsfreiheit von morgen.

Eines nur ist die Grenze: das politische Eigentumsmonopol. Nicht eine Besitzmacht darf politisch den Staat erdrücken, sie verstieße gegen ihre eigenen Eigentumsgesetze: die Fluktuation. Nicht institutionalisieren darf die Gemeinschaft die Eigentumsmacht von wenigen oder von Riesenverbänden. Diese Verfassung ruht auf dem Dialog von Wahlwillen und Eigentumswillen, der Besitz folgt seinen eigenen ökonomischen Gesetzen, in staatlicher Verfestigung stirbt er.

Das Grundgesetz kennt nicht den Ständestaat, politische Privilegien, die den Besitz verewigen. Doch ihre Bürger sollten endlich auch den Mut beweisen, sich selbst nicht neue Massen-Privilegien politisch zu zementieren. Wenn sie nach unbedingter Sicherheit rufen, nach Wahrung aller Besitzstände — was fordern sie anderes als den politisch versteinerten Besitz, wünschen sie nicht, daß die Politik eines nur sei: Magd ihres auf ewig gleichen Eigentums? Auch dies ist politische Macht des Eigentums: der unveränderliche, staatsgarantierte Besitz. Auf den Staat mag er wirken, zum Staat darf er nicht selbst werden. Wer mächtige Verbände beleiht mit Staatsgewalt, der belehnt Wirtschaftsmacht mit Obrigkeit, im letzten macht er Besitz zu Staat, Eigentum an Unternehmen und Arbeitskraft, an Wirtschaftserwartungen und Lohnforderungen wird zur neuen Obrigkeit. Das GG achtet all diesen Besitz, doch nur dort, wo er sich staatsfern bewährt, nicht wo er den Staat fest besetzt.

Dies ist das neue Problem des politischen Eigentums: Nicht die graue Eminenz hinter dem Staat, sondern der mächtige Wirtschaftsverband im Staat.

Das Grundgesetz will Freiheit sichern in Gewaltenteilung und Pluralität. Es gibt heute nichts Pluraleres als Besitz in seiner politischen Wirkung. Eigentum bedeutet daher nicht nur persönliche Freiheit des Bürgers, sondern politische Freiheit des Staates.

Teil II

Verfassungsgarantie des Eigentums

Eigentum*

A. Eine Dogmatik des Eigentums

1 Eigentum ist ein eigentümliches Recht: Die meisten haben es, alle streben danach — und doch steht es überall im Streit. Der Kampf ums Recht ist die Theorie, der Kampf ums Eigentum die Praxis. Ohne Eigentumsgarantie bleiben dem Bürger nur „nutzlose Freiheiten", die Souveränität des Diogenes. Seit zwei Jahrhunderten finden um das Privateigentum, vor allem in Deutschland, die heftigsten Verfassungskämpfe der Neuzeit statt, nirgends ist der Rechtskonsens so gering wie hier — in den Einzelheiten, den Problemen des eigentlichen Eigentums. In der Verfassungsidee ist der Feudalbesitz in das bürgerliche Eigentum übergegangen; wird sich in der grundgesetzlichen Ordnung eine Wandlung vom bürgerlichen Eigentum zum Bürgereigentum vollziehen?

2 Das gegenwärtige öffentliche Recht bietet keine geschlossene „Lehre vom Eigentum", wohl aber vielfache Ansätze, aus denen heraus es sich einer Dogmatik des Verfassungs-Eigentums nähern will, einen weiten, aber festen Rahmen für die schwersten gesellschaftlichen Spannungen, welche die staatliche Ordnung bedrohen.

Diese „Elemente einer Eigentumsdogmatik" sollen hier gezeigt werden. Nicht das Schrifttum steht dabei im Vordergrund, das hier weniger als bei anderen Grundrechten die Praxis geprägt hat und nicht selten (rechts-)politische Vorverständnisse nur mühsam wissenschaftlich verschleiert. Das Bundesverfassungsgericht vor allem ist im ganzen seiner Aufgabe als einer „Dritten (Verfassungs-)Kammer" gerecht geworden: Vorsichtig hat es entfaltet und fortentwickelt, was man vielleicht bald als ein deutsches Eigentums-Verfassungsrecht bezeichnen darf[1].

Im Mittelpunkt der Darstellung stehen die Grundlagen der Dogmatik von Inhalt und Schranken des Eigentums nach Verfassungsrecht, nicht wirtschaftsverwaltungsrechtliche Einzelheiten des Enteignungs- und Entschädigungsrechts[2], dessen Grundlagen allerdings, als einer Sanktion des Eigen-

---

* Erstveröffentlichung in: *Isensee/Kirchhof* (Hrsg.), Handbuch des Staatsrechts, Bd. VI, Freiheitsrechte, 1989, S. 1024–1098.

[1] Verwiesen wird insoweit auf *Otto Kimminich* in: BK (Drittb.), Art. 14; *Hans-Jürgen Papier* in: Maunz/Dürig, Komm. z. GG, Art. 14.

[2] Siehe dazu insbes. *Manfred Aust/Rainer Jacobs*, Die Enteignungsentschädigung,

tumseingriffs, verfassungsrechtliche Bedeutung zukommt. Art. 14 steht im Grundrechtsteil des Grundgesetzes. Das Eigentumsverfassungsrecht muß vor allem eine Antwort geben: Ist dies nur Sozialgestaltungsprinzip einer „gerechten Eigentumsordnung" — oder bietet es (auch) dem Bürger Schutz gegen den Staat?

„Sein" und „Haben" sind die Grundworte unserer Sprache. „Sein" wird durch „Freiheit" geschützt — sichert „Eigentum" das Haben?

B. Begriff und Inhalt des Eigentums

I. Der Eigentumsbegriff — Allgemeines

1. Eigentum als subjektives Recht

3 Eigentum im Sinne von Art. 14 Abs. 1 GG begründet in erster Linie einen verfassungsrechtlichen Anspruch des Inhabers eines vermögenswerten Rechts[3] gegen den Staat auf Unterlassung von Eingriffen in Rechtspositionen[4], die sich aus diesem Recht ergeben. Insbesondere ist damit das Zuordnungsverhältnis[5] zwischen Eigentumsobjekt und Grundrechtsträger geschützt, vor allem die grundsätzliche Verfügungsbefugnis über den Vermögensgegenstand[6]. Art. 14 GG sichert also insoweit stets ein Rechts-Eigentum, nicht ein — wie immer definiertes „Sacheigentum"[7].

---

2. Aufl. 1984; *Günter Krohn / Gottfried Löwisch*, Eigentumsgarantie, Enteignung, Entschädigung, 3. Aufl. 1984.

[3] Damit ist noch nichts darüber ausgesagt, ob jedes vermögenswerte Recht den Schutz der Verfassung genießt, wie es der Zivilrechtsjudikatur entspricht; vgl. bereits RGZ 103, 200 (201 f.); 109, 310 (319); 111, 123 (130); 111, 320 (328) — später grdl. BGH 6, 270 (281 f.), oder ob, entsprechend neuerer Rechtsprechung des BVerfG, nur gewisse vermögenswerte Güter Eigentum im Sinne der Verfassung sind, nach ihrer Bedeutung im Gesamtgefüge des Grundgesetzes, siehe BVerfGE 36, 281 (290); 42, 64 (76); 46, 325 (334), st. Rspr. Zur Erweiterung des Eigentumsbegriffs vgl. u.a. *Alexander von Brünneck*, Eigentumsgarantie, 1984, S. 171 f.; *Walter Leisner*, Sozialbindung des Eigentums, 1972, S. 19 f.; *Kimminich* (Fn. 1), Art. 14 Rdnr. 55.

[4] Dieser Begriff wird von der Rspr., deutlich einschränkend gegenüber dem der „Rechte", laufend gebraucht, vor allem beim Bodeneigentum, siehe für viele BVerfGE 20, 31 (34); dazu näher *Hans Schulte*, Zur Dogmatik des Art. 14 GG, 1979, S. 22 ff.

[5] Besonders betont vom BVerfG, vgl. z.B. BVerfGE 42, 263 (LS. 5); 31, 229 (252); 50, 290 (341); 52, 1 (30).

[6] BVerfGE 53, 257 (288 ff.) u. öfter.

[7] Siehe *Peter Badura*, Eigentum, in: HdbVerfR, S. 653 (659). Die Diskussion um etwaige Besonderheiten des Verfassungs-Eigentums gegenüber dem bürgerlich-rechtlichen „Sacheigentum" (vgl. grds. *Robert Nef*, Die Kategorie der Sache, in: H. Holzhey / Georg Kohler, Eigentum und seine Gründe, Studia philosophica, Supplementum 12, 1983, S.

4 Die Verfassung gewährt damit einen subjektiv-öffentlichen Anspruch, kein subjektiv-privates Recht zwischen den Rechtsgenossen. Die Drittwirkungsproblematik[8] hat für Art. 14 GG nie eine Rolle gespielt, schon weil eine ausgebaute Privatrechtsgesetzgebung die subjektiv-privaten Beziehungen regelt und durch generalklauselartige Normierungen (vgl. etwa § 1004 BGB) traditionell vollständig erfaßt. Diese Privatrechtsordnung ist allerdings, als Ausdruck der Staatshoheit, ihrerseits an Art. 14 GG zu messen[9]. Der „Bürgereigentümer" hat ein subjektiv-öffentliches Recht auf subjektiv-private Rechte.

5 Die Verfassung sichert als „Eigentum" einen Abwehranspruch gegen den Staat: Das Bundesverfassungsgericht spricht von der „sichernden und abwehrenden" Bedeutung der Eigentumsgewährleistung[10]. Das Wesen des Eigentumsgrundrechts liegt, wie bei anderen Grundrechten, im Schutz eines status negativus. Neuere Entwicklungen, insbesondere die Anerkennung eines „Eigentums an Rentenansprüchen"[11] haben zu der Frage geführt, ob sich das Verfassungs-Eigentumsrecht nicht (teilweise) zu einem Teilhaberecht wandelt[12]; sie ist zu verneinen. Vorstellungen von einem Eigentum als Teilhabeanspruch eines status positivus sind unvollziehbar. Werden solche öffentlichrechtlichen Forderungsrechte als „Eigentum" anerkannt, so bedeutet dies nur, daß sie zu einem Schutzbereich gehören, der gegen Staatszugriff durch einen Abwehranspruch gesichert ist. Dieser Schutzbereich mag sehr weitgehend einschränkbar sein (etwa „nach Finanzlage"), das ändert nichts an der grundsätzlichen Qualität des Abwehranspruchs, der sich daraus ergibt. Allenfalls kann das Problem auftreten, ob die Voraussetzungen des Eigentums hier noch vorliegen, ob nicht „nur Schranken, kein Inhalt" geboten und damit der Eigentumsbegriff pervertiert wird. Festzuhalten ist demgegenüber als Grundlage der Eigentumsdogmatik: Eigentum ist Abwehranspruch oder es ist nicht. Entweder es bleibt Grundrecht, oder es ist nur mehr Verteilungsmaxime; das erstere allein entspricht dem Grundgesetz.

6 Das Grundgesetz schützt das „Recht am Eigentum", nicht ein „Recht auf Eigentum". Weder das Bundesverfassungsgericht noch die obersten Bundes-

---

199 ff.) gehört allerdings in den Zusammenhang „Verfassungseigentum nach Privatrecht", dazu Rdnr. 39 ff.

[8] Dazu *Walter Leisner*, Grundrechte und Privatrecht, 1960; *Jürgen Schwabe*, Die sogenannte Drittwirkung der Grundrechte, 1971; *Claus-Wilhelm Canaris*, Grundrechte und Privatrecht, in: AcP 1984, S. 201 ff.; → Bd. V, Grundrechtsadressaten.

[9] Siehe etwa BVerfGE 50, 290 (348 f.) – Mitbestimmung: 52, 1 (30) – Pachtrecht; 18, 121 (131); 53, 352 (357 f.) – Mietrecht; 31, 255 (265 f.) – Urheberrecht; 14, 263 (280 f.) – Aktienrecht; dazu *Papier* (Fn. 1), Art. 14 Rdnr. 435 ff.

[10] BVerfGE 42, 263 (LS. 3).

[11] S.u. Rdnr. 121.

[12] Dazu m. Nachw. *Papier* (Fn. 1), Art. 14 Rdnr. 6 f.

gerichte haben je einen subjektiv-öffentlichen Anspruch auf Eigentum auf der Grundlage von Art. 14 GG anerkannt. Er brächte einen Begriffswiderspruch in sich, weil er sich gegen anderes Eigentum richten müßte, der Eigentumsbegriff würde im Kern relativiert und damit unfaßbar werden; die soziale Gestaltungsfreiheit des Gesetzgebers wäre in einem entscheidenden Punkt gebrochen. Dogmatisch gibt es nur das Eigentum und seine (unter Umständen weitgehenden) Bindungen, nicht „Recht auf Eigentum gegen Recht am Eigentum". Das Grundgesetz bringt eine Wertentscheidung für ein sozial gebundenes Eigentum[13], nicht für Eigentums(um)verteilung[14], das heißt: Die rechtlichen Kategorien heißen immer „(Rechts-)Inhalt" und „Schranken", nicht „Anspruch auf Eigentum" und „Verteilung"; wie allgemein und einschneidend auch Eigentumsschranken wirken mögen[15], sie bleiben Eigentumsgrenzen, nicht Verfassungs-Ansprüche auf Eigentum. Wenn der Gesetzgeber Rechtssphären[16] voneinander abgrenzt, leistet er Eigentumsbegrenzung, er setzt kein „Recht auf Eigentum" durch. Es mag eine (auch) aus Art. 14 GG abzuleitende Aufgabe des sozialgestaltenden Gesetzgebers sein, eine „gerechte Eigentumsordnung" zu schaffen, dabei auch Umverteilung zu betreiben, „kleineres Eigentum" zu fördern[17], oder im Namen einer „sozialen Gerechtigkeit" die Solidarität aller Bürger zu realisieren[18] — verfassungsrechtlich stellt sich die Frage nie dahin, ob er damit ein „Recht auf Eigentum" verwirklicht, sondern stets nur in einem Sinn: Ist solche Eigentumsförderung mit dem Grundrecht der (anderen) Eigentümer vereinbar, soweit sie diese in ihrer Freiheit beschränkt? Selbst wenn die Herstellung „realer Eigentumsfreiheit" Staatsaufgabe sein sollte[19], die Aufhebung oder Milderung einer Spannung zwischen „formaler" und „materialer" Eigentumsgleichheit[20] — es gibt keinen Grundrechtsinhalt des Eigentums, der ein Recht der Masse der Bevölkerung auf Zugang zu den materiellen Lebensgrundlagen beinhaltet[21] — abgesehen davon, daß dies rechtlich nicht faßbar wäre[22].

---

[13] BVerfGE 25, 117 f., st. Rspr., vgl. etwa BVerfGE 58, 300 (335).

[14] In den Schranken, welche Art. 14 GG Umverteilungsbestrebungen zieht, vgl. vor allem *Friedrich Klein*, Vermögensbildung und Eigentumsgarantie, 1974.

[15] Etwa die „sozialen Bezüge", in die gewisse Eigentumsgegenstände in besonderem Maße eingebunden sind, s. BVerfGE 42, 263 (294); 50, 290 (340 f.); 52, 1 (32 f.) st. Rspr.

[16] Wobei nicht auf beiden Seiten gerade „Eigentum" stehen muß, vgl. die Mietrechtsjudikatur des BVerfG, etwa BVerfGE 18, 121 (131 f.); ist dies aber nicht der Fall, so wird eben auch die Eigentumsposition der einen Seite (nur) sozial gebunden, nicht aber ein „Recht auf Eigentum" der anderen Seite anerkannt.

[17] Siehe dazu *Otmar Issing / Walter Leisner*, „Kleineres Eigentum", 1976.

[18] Vgl. etwa BVerfGE 41, 126 (153 f.); 27, 253 (270 f.).

[19] So etwa *Georg Müller*, Privateigentum heute, in: ZSchwR 100 (1981), S. 3 (84 f.).

[20] *Anton Hügli*, Gleichheit und Eigentum, in: Holzhey / Kohler (Fn. 7), S. 349 f.

[21] Wie dies *Helmut Rittstieg*, Eigentum als Verfassungsproblem, 1975, S. 383 ff., zu begründen versucht.

7 Wer dem „Recht *am* Eigentum" ein „Recht *auf* Eigentum" gegenüberstellt, kann eine solche „immanent grundrechtliche Spannung" nur in einer Eigentums-Ordnung überhöhen, sie muß er primär aus Art. 14 GG ableiten, alle Ansprüchlichkeit ihr unterordnen. Art. 14 GG gewährt aber ein Grundrecht, darauf ist die gesamte Eigentumsdogmatik gegründet; jeder Versuch, diese Bestimmung primär als eine Wirtschaftsordnungsform, „Eigentum als ein Grundrecht nach Eigentumsordnung" zu verstehen, entwertet von vornherein den Anspruchscharakter dieses Rechts; „Ordnung" mag aus Ansprüchen und deren Beschränkung entstehen, doch ihnen bleibt sie untergeordnet, an ihnen zu messen — nicht umgekehrt[23]. Dies ist Eigentumsgarantie, der Rest mag Eigentumspolitik sein[24].

8 Eigentum im Sinne des Grundgesetzes ist seinem Wesen nach ein Ausschlußrecht des Inhabers gegenüber der Staatsgewalt. „Eigentum" kann auch im Verfassungsrecht gar nicht anders gedacht werden denn als ein Rechtsbereich, der so unbedingt geschützt ist, daß der Eigentümer jeden Dritten, also auch den Staat, von jeder, letztlich auch gesetzgeberischer, Einwirkung ausschließen kann. Die Formel des § 903 BGB ist insoweit jedenfalls Grundlage auch der verfassungsrechtlichen Lehre vom Eigentum. Deutschrechtliche Ablehnung des „absoluten" romanistischen Eigentumsbegriffs und sozialpolitische Frontstellungen gegen ein darauf angeblich gegründetes „bürgerliches Eigentum"[25] haben zu einem schwerwiegenden Mißverständnis geführt: daß die „Schranken" des Eigentums, insbesondere seine Sozialpflichtigkeit, eng begrenzte Ausnahmen bleiben müßten, wenn ein „grundsätzlich absolutes Herrschaftsrecht" anerkannt werde.

9 Davon kann nicht die Rede sein. Die Anerkennung des Eigentums als eines „absoluten", ohne Wenn und Aber gegen jedermann gerichteten Abwehrrechts schließt weitestgehende Schrankenziehung nicht aus, und solche hat es immer gegeben. Diese Schranken können auch ungeschrieben, dem Recht

---

[22] Ein „Recht auf Eigentum" verleiht nicht der – in der Tat verfassungsrechtlich gesicherte, vgl. BVerwGE 23, 149 (153) – Anspruch auf Sozialhilfe; denn dies eben ist staatliche Fürsorge, nicht „Eigentum". Insoweit hat sich die Rspr. d. BVerfG nicht geändert seit BVerfGE 2, 380 (399), vgl. etwa BVerfGE 53, 257 (292).

[23] Dem steht nicht entgegen, daß sich, rechtstheoretisch, das Eigentum als ein subjektives Recht auf eine Norm des objektiven Rechts zurückführen lassen muß, vgl. *Josef Aicher*, Das Eigentum als subjektives Recht, 1975, insbes. S. 20 ff. Im Sinne Kelsens macht eben Art. 14 GG den Eigentümer als Anspruchsberechtigten zum primären Entscheidungs-, Kompetenzträger, nicht eine „Eigentums-Ordnungsgewalt" des Gesetzgebers.

[24] Dazu eingehend *Georg Müller*, Der Streit um die Eigentumsordnung des Verfassungsentwurfs 1977, in: Holzhey/Kohler (Fn. 7), S. 249 ff.; *Georg Kohler*, „Eigentum ist nicht Eigentum", in: Holzhey/Kohler (Fn. 7), S. 277.

[25] Historische Darstellung der Entwicklung aus dieser Sicht etwa bei *Rittstieg* (Fn. 21), S. 114 f.

immanent sein, wie ja auch bei anderen Grundrechten[26]; niemand aber wird deshalb etwa Religionsfreiheit bereits „in sich" „inhaltlich relativieren", die Schranken als Inhalt bezeichnen und damit den letztlich absoluten Freiheitsschutz leugnen — ihn gibt es auch bei Art. 14 GG[27], und mehr besagt die Formel vom Ausschlußrecht nicht, insbesondere nicht, daß nur „geringfügige Beschränkung" zulässig sei. Wie weit diese auch das vielkritisierte „Eigentümerbelieben" zurückdrängen mag — jenseits von ihr beginnt, irgendwo, das absolute Ausschlußrecht des Eigentümers. Und ein weiteres allerdings zeigt die Formel des Bürgerlichen Gesetzbuchs in durchaus grundgesetzkonformer Weise an: „Im Zweifel" verleiht auch das Eigentum, als eine Freiheit, dieses Ausschlußrecht — in dubio pro libertate[28], im Sinne eben des herkömmlichen rechtsstaatlichen „Vorbehalts des Gesetzes".

Die nicht selten als „absolutes Herrschaftsrecht" überzeichnete Ausschlußbefugnis hindert also Sozialgestaltung nicht, sie bietet ihr nur klare Rechtsbegriffe, zwingt sie zur offenen Entscheidung. Eines allerdings schließt sie aus: die unterschwellige Umformung des Eigentums in prekäre Staatskonzession[29].

10 Gegen „Eigentum als Ausschlußrecht" läßt sich auch nicht die Möglichkeit des gemeinsamen Eigentums einwenden. Miteigentum hat es stets gegeben, es wird als solches auch von Art. 14 GG geschützt[30] — und es bleibt Ausschlußrecht in einem doppelten Sinn: Willensbildung jedes Eigentümers unabhängig von der der Miteigentümer; Recht, gemeinsam Einwirkungen Dritter auszuschließen. In diesem Sinne mag sich neuerdings die „kollektive Komponente" im Gesellschaftseigentum verstärken[31], ein grundsätzlich „inter-

---

[26] Etwa Art. 4 GG nach der Rspr.: BVerfGE 12, 1 (4).

[27] Deutlich zeigt sich dies in der vom BVerfG immer wieder betonten Verbindung von „Freiheit und Eigentum", von „Eigentum als Freiheit" (BVerfGE 24, 367 (389); 50, 290 (339); 53, 257 (290) st. Rspr.; auch der „personale Eigentumsbezug" (vgl. etwa BVerfGE 50, 290 (348 f.) hat nur Sinn, wenn die grundsätzliche Absolutheit des Ausschlußrechts anerkannt wird, denn in ihrem Kern jedenfalls tritt die Persönlichkeit anderen als etwas sich Ab-, andere insoweit Ausschließendes gegenüber.

[28] Krit. *Peter Badura*, Die Rechtsprechung des Bundesverfassungsgerichts zu den verfassungsrechtlichen Grenzen wirtschaftspolitischer Gesetzgebung im sozialen Rechtsstaat, in: Ulrich Scheuner (Hg.), Die staatliche Einwirkung auf die Wirtschaft, 1971, S. 593 (603). Das BVerfG erkennt aber die „freie menschliche Persönlichkeit als obersten Wert" an (siehe etwa BVerfGE 7, 377 (405) und spricht z.B. von der „grundsätzlichen Freiheitsvermutung" des Art. 12 GG (12, 281 (295)).

[29] Wie sie etwa bei der Baufreiheit droht, vgl. *Ernst-Wolfgang Böckenförde*, Eigentum, Sozialbindung des Eigentums, Enteignung, in: ders., Staat, Gesellschaft, Freiheit, 1976, S. 318 ff.; *Rüdiger Breuer*, Die Bodennutzung im Konflikt zwischen Städtebau und Eigentumsgarantie, 1976, S. 158 ff. — dagegen eindeutig BVerfGE 35, 263 (276 f.).

[30] Das zeigt sich etwa in der Rspr. zum Anteilseigentum, siehe u.a. BVerfGE 14, 263 (276 f.); 25, 371 (407); 35, 377 (378); 50, 290 (341 f.).

[31] Siehe etwa *Nef* (Fn. 7), S. 199 ff.

aktionistisches Eigentum“[32] – Eigentum nur als Miteigentum – ist dem Grundgesetz fremd.

11 Eigentum im Sinne des Art. 14 GG ist schließlich ein „subjektives“ Recht in dem Sinne, daß sein Träger von besonderer Bedeutung und durch das Verfassungsrecht speziell bestimmt ist. „Alle Privaten“ können Inhaber von Eigentumsrecht im Sinne des Grundgesetzes sein, darüber hinaus Handelsgesellschaften hinsichtlich ihres gesamthänderisch gebundenen Eigentums[33], nicht aber juristische Personen des öffentlichen Rechts, gleich ob diese öffentliche Aufgaben wahrnehmen oder nicht[34]. Art. 14 GG als Grundrecht „schützt nicht das Privateigentum, sondern das Eigentum Privater“[35] — darin liegt eine doppelte Entscheidung: Der Sicherung des Eigentumsbürgers gegen den Staat dient dieses Eigentum, also ist es wesentlich Anspruch, nicht (Ordnungs-)Rahmen, weil es sich im Namen der Freiheit, mit deren ganzer Unbedingtheit, gegen den Staat als den „geborenen Grundrechtsgegner“ wendet, ihn nicht etwa primär in den Besitz des Bürgers ruft, damit er dort Ordnung schaffe. Wäre Eigentum in erster Linie Abgrenzungsordnung, Auftrag zu ihr, so könnte es nicht nur Privaten zustehen. Und zum anderen: Aus dem Grundrecht des Eigentums als solchem kommt dem Staat keinerlei Recht zu; auf das Eigentum kann er sich nie berufen, er ist nur aufgerufen, es zu begrenzen. Das Eigentum legitimiert den Staat nicht, es setzt ihm Schranken.

Nur für den ist Art. 14 GG praktikabel, welcher, wie täglich der Richter, Eigentum als Ausschließlichkeitsanspruch versteht; seinem Grundrechtssinn wird nur gerecht, wer hier das große Pathos und Ethos eines Anspruches der Freiheit sieht — Man versus State.

2. Institutsgarantie

12 Das Grundgesetz gewährleistet das Eigentum nicht nur „in seiner konkreten Gestalt in der Hand des einzelnen Eigentümers, also in der Form des öffentlich-rechtlichen Abwehranspruchs, sondern auch als Rechtsinstitut“[36]. „Diese Garantie sichert einen Grundbestand von Normen, die das Eigentum im Sinne dieser Grundrechtsbestimmung umschreiben“[37]. Es ist dogmatisch

---

[32] Wie es etwa *Dieter Suhr*, Entfaltung der Menschen durch die Menschen, 1976, S. 189 ff., aus dem Begriff einer „interaktionistischen Freiheit“ gewinnen und dem Sacheigentum nach § 903 BGB gegenüberstellen will.

[33] BVerfGE 4, 7 (17) st. Rspr.; → Bd. V, Grundrechtsträger.

[34] So für Gemeinden BVerfGE 61, 82 (100 ff.); a.A. BayVerfGHE 29, 1 (4); 29, 105 (118 f.) für das bayerische Recht.

[35] BVerfGE 61, 82 (100 f.).

[36] BVerfGE 20, 352 (355); 50, 290 (339) st. Rspr.

[37] BVerfGE 26, 215 (222); 52, 1 (31).

nicht sinnvoll, daneben von einer „Rechtsstellungsgarantie“ zu sprechen[38], wenn damit nur der Schutz bestehender und neu entstehender Eigentumsrechte der Rechtsgenossen gemeint ist — dies ist keine „Garantie“, sondern die Anerkennung eines grundrechtlichen Anspruchs[39]. Neben ihm gibt es dann nur eine Gewährleistung: die eines Normenbestandes, eines „Rechtsinstituts“.

13 Der Inhalt der Institutsgarantie des Eigentums ist bisher nie näher definiert worden, genannt werden stets nur einzelne Elemente, etwa die besonders wichtige Verfügungs-, insbesondere die Veräußerungsbefugnis, im übrigen werden Umschreibungsbegriffe gewählt, die um Begriffe wie „Kern“ und „Substanz“ kreisen[40], ohne daß hier immer klar der Kern eines „Normkomplexes Rechtsinstitut“ und der der konkreten Eigentumsbefugnisse in einem Einzelfall unterschieden würden. Generell heißt es etwa, der Gesetzgeber, der Adressat der Institutsgarantie, habe „einen Kernbereich von Normen zur Verfügung zu stellen, welche die Existenz, die Funktionsfähigkeit und die Privatnützigkeit von Eigentum ermöglichen“[41]. Von der Allgemeinheit solcher Umschreibung abgesehen — jeder dieser Begriffe ist an sich schon problematisch, der Verdeutlichung bedürftig.

Welchen Sinn hat eine solche Institutsgarantie?

14 Die praktische Bedeutung der Einrichtungsgewährleistung steht in keinem Verhältnis zu den literarischen Bemühungen um den Begriff[42]. Maßstäbe des Verwaltungshandels kann er nicht bieten, er betrifft die Gesetzgebung. Die Verfassungsgerichtsbarkeit hätte wohl nur im Rahmen der abstrakten Normenkontrolle, in Ausübung ihres nobile officium der allseitigen Verfassungsprüfung anderweitig angegriffener Normen, Gelegenheit, außerhalb des Streites um konkrete Eigentumsansprüche zu untersuchen, ob ein Gesetz die Institutsgarantie verletzt. Das heißt: Die Einrichtungsgewährleistung hat prak-

[38] Zu dem Begriff der Abgrenzungsproblematik vgl. *Papier* (Fn. 1), Art. 14 Rdnr. 11.

[39] Wer hier wieder von „Garantie“ spricht, trägt auch in den Begriff dieses freiheitsrechtlichen Abwehranspruchs die Vorstellung von einem inhaltlichen „Grundbestand“, der allein durch Art. 14 Abs. 1 S. 1 GG geschützt sei, und relativiert damit von vornherein entscheidend und bereits begrifflich den Schutz des „konkreten Eigentums“. Dem „Rechtsinstitut Eigentum“ gegenüber hat der Gesetzgeber, vor allem für die Zukunft, weiterreichende Ausgestaltungsrechte als gegenüber konkretem, entstandenem Eigentum — übrigens pflegt man auch bei anderen Grundrechten, etwa bei der Meinungsfreiheit, nicht von einer „Garantie der durch das Grundrecht vermittelten Rechtsstellung“ des einzelnen zu sprechen.

[40] S.u. Rdnrn. 72 ff. Siehe etwa BVerfGE 26, 215 (222) u. öfter.

[41] *Papier* (Fn. 1), Art. 14 Rdnr. 11.

[42] *Peter Badura*, Zur Lehre von der verfassungsrechtlichen Institutsgarantie des Eigentums, betrachtet am Beispiel des „geistigen Eigentums“, in: FS für Theodor Maunz, 1981, S. 11 ff.; *ders.* (Fn. 7), S. 664 f.; *Kimminich* (Fn. 1), Art. 14 Rdnr. 92 f.; *Papier* (Fn. 1), Art. 14 Rdnr. 11 ff. (Lit.). In keiner größeren Monographie zum Eigentumsrecht fehlen Ausführungen zu dieser Frage. → Bd. V, System der Grundrechte.

tisch kein selbständiges Gewicht, sie gewinnt Bedeutung lediglich im Rahmen der Beurteilung von öffentlich-rechtlichen Grundrechtsansprüchen der Eigentümer.

15 Von Anfang an war es Grundgedanke der Institutsgarantie, daß sie die Geltungskraft des subjektiven Grundrechts verstärken sollte[43]. Entwickelt wurde diese Lehre ja in der Weimarer Zeit[44], um zu verhindern, daß das Eigentumsgrundrecht – und andere Verfassungsverbürgungen – über den allgemeinen Gesetzesvorbehalt leerliefen; gegen den Gesetzgeber sollte so eine innerste Verteidigungslinie aufgebaut werden, deren Schutz dem subjektiv-öffentlich Berechtigten zugute kommen sollte. Diesen selben Sinn hat die Institutsgarantie auch heute noch, praktisch nur ihn: Hier sollen die äußersten Grenzen markiert werden, welche der Gesetzgeber bei der Bestimmung von Inhalt und Schranken des Eigentums zu achten hat.

16 Mit anderen Worten: Dogmatisch betrachtet stellt die Institutsgarantie nichts als eine Frage der zulässigen Beschränkung der Eigentumsgrundrechte durch den Gesetzgeber — hier muß er letzte Grenzen achten, „Eigentum muß Eigentum bleiben". Die Einrichtungsgewährleistung ist heute – wie früher – im Rahmen von Art. 14 Abs. 1 S. 2 GG (Bestimmung von Inhalt und Schranken) zu prüfen[45]; sie ist Teil des Grundrechtsschutzes. Nützlich bleibt sie als ein traditioneller, plastischer Sammelbegriff für letzte Schranken der Gesetzgebung gegenüber den Eigentumsgrundrechten[46]. Als „selbständigen Prüfungsmaßstab" sollte man sie nicht betrachten; denn dann würde an die Stelle der klaren Frage, wie weit der Gesetzgeber die Ausschließlichkeitsansprüche des Eigentümers zurückdrängen dürfe, die unklare Problematik eines vom Gesetzgeber „zu gestaltenden Rechtsinstituts Eigentum" treten. Sie hat keine judikative Tradition und würde die Richter überfordern, jedenfalls aber als Blankett zu einer unabsehbaren Relativierung des Eigentumsschutzes, bis zu einem „Grundbestand von Normen", führen, das „Eigentumsgrundrecht" würde durch „Eigentumsordnung" ersetzt — damit aber der Entwicklungssinn der Institutsgarantie in sein Gegenteil verkehrt[47].

17 Noch bedenklicher wäre es, das Eigentum als Einrichtungsgarantie sozusagen gegen das Eigentum als Grundrecht einsetzen zu wollen, „den Eingriff in

---

[43] *Papier* (Fn. 1), Art. 14 Rdnr. 15.

[44] Insbesondere durch *Carl Schmitt*, Freiheitsrechte und institutionelle Garantien der Reichsverfassung (1931), in: ders., Verfassungsrechtliche Aufsätze, 1958, S. 140 ff., 160 ff.

[45] S.u. Rdnr. 54 ff.

[46] Kaum vorstellbar ist, daß der Gesetzgeber die Institutsgarantie „selbständig", ohne gleichzeitigen Eingriff in konkrete Eigentumsrechte, verletzen könnte — und wer wollte einen solchen „Verfassungsstreit rein pro futuro" führen?

[47] Zutr. betont von *Gunther Schwerdtfeger*, Zur Verfassungsmäßigkeit der paritätischen Mitbestimmung, 1978, S. 76 f.

konkrete Rechtsstellungsgarantien um so eher als zulässig" anzusehen, „je mehr die Einwirkung der Sicherung und Wahrung des objektiven Rechtsinstituts des Privateigentums insgesamt dient"[48]. Daß der Staat, vor allem der Gesetzgeber, befugt, vielleicht verpflichtet ist, Grundrechte des einen Bürgers einzuschränken, damit der andere diese selben Freiheitsrechte wahrnehmen könne, ist eine allgemeine Erscheinung im Grundrechtsbereich, man denke nur an den Problemkreis „Religionsfreiheit und Toleranz". Und im Eigentumsrecht hat dies als Nachbarrecht eine alte Tradition. Doch immer geht es hier darum, Grundrechtskollisionen zu vermeiden, es darf nicht ein – notwendig unklares – Institutionenschema gegen konkrete Freiheit ausgespielt werden; dies würde dem Staat praktisch unbegrenzte Eigentumsbegrenzung im Namen des Eigentums gestatten. Es muß dabei bleiben: Nur der Bürger zieht aus dem Eigentum Legitimation, nie der Staat, auch nicht als Institutsgarant.

Die Lehre von der Institutsgarantie sollte Freiheit stärken — legitim ist sie nur, solange sie Freiheit nicht unter Institutionen verschüttet.

3. Eigentum als Menschenrecht

18 „Menschenrecht" ist ein grundrechtlicher Anspruch gegen den Staat — entweder, weil dieses Recht jedem Menschen, nicht nur deutschen Staatsbürgern zusteht, oder in dem Sinne, daß davon ein Kern unbedingt erhalten bleiben muß, selbst einer Verfassungsänderung also insoweit entzogen ist, weil er, als Ausdruck eines überstaatlichen Rechts, mit der Menschennatur gegeben, dem Staate vorgegeben ist[49]. Das Eigentumsgrundrecht ist in jedem dieser Verständnisse ein Menschenrecht.

19 Eigentum ist nicht nur ein „Deutschenrecht", es steht jedem Menschen zu. Dem widerspricht nicht, daß es gegen Akte ausländischer öffentlicher Gewalt keinen Schutz bietet[50] — Freiheitsrechte als Menschenrechte können die Staatsgewalt immer nur soweit verpflichten, wie diese Schutzmöglichkeit nach Völkerrecht besitzt.

20 Entscheidend für Inhalt und Bedeutung des Eigentumsgrundrechts ist die Erkenntnis, daß hier dem Staat ein Menschenrecht vorgegeben ist[51]. Im kontinentaleuropäischen Verfassungsrecht knüpft dieser Begriff an die wichtigste aller Menschenrechtserklärungen an, an die Déclaration des Droits de l'Hom-

---

[48] *Papier* (Fn. 1), Art. 14 Rdnr. 16.

[49] → Bd. V, Idee der Menschenrechte.

[50] BVerfGE 41, 126 (157 f.) m. Nachw.; 43, 203 (209). → Bd. VII, Geltungsbereich des Grundgesetzes.

[51] Grdl. dazu *Günter Dürig*, Eigentum als Menschenrecht, in: ZgS 109 (1953), S. 326 ff.

me et du Citoyen von 1789. Sie proklamiert in Art. 17 das Eigentum in besonders herausgehobener Weise als Menschenrecht, als ein „droit inviolable et sacré". Art. 14 GG gehört zu den Art. 1 GG folgenden Grundrechten, welche in ihrem Zentrum durch Art. 79 Abs. 3 GG unantastbar geschützt werden — eben in ihrem „Menschenrechtskern"[52]. Das Bundesverfassungsgericht hat diesen Charakter ausdrücklich anerkannt: Es spricht von der „primären Bedeutung der Eigentumsgarantie als Menschenrecht"[53]. Der Eigentumsschutz hat nach ihm „vor- und überstaatlichen Charakter"[54]. Wenn „das Eigentum ebenso wie die Freiheit ein elementares Grundrecht" darstellt[55], welches sogar als „Wertentscheidung von besonderer Bedeutung" gegenüber „allen übrigen Verfassungsnormen" – etwa dem Gleichheitssatz oder der Rechts- und Sozialstaatlichkeit – besonders hervorgehoben wird[56], welche doch auch in ihrem Kerne unantastbar sind, so kann dies nur bedeuten: Das Eigentumsgrundrecht ist ein Menschenrecht, es steht daher nie vollständig zur Disposition des Staates, ebensowenig wie „die Freiheit", wie eine von deren grundrechtlichen Ausprägungen.

21 Dieser Menschenrechtscharakter kann nicht *unter Berufung auf eine angeblich höherrangige menschenrechtliche Freiheit relativiert werden*, welche „Eigentum als Herrschaftsrecht" ausschließe, so daß „Eigentum" ein Menschenrecht nur sei, soweit es einen – möglicherweise auch sehr kleinen – Eigentumsspielraum garantiere[57]. Der freiheitsschützende Sinn des Eigentums ist vom Bundesverfassungsgericht stets als Legitimation und Verstärkung der Eigentumsgarantie verstanden worden[58], nicht als eine begriffliche Minimierung auf eine Art von bedürfnisbefriedigendem „Tascheneigentum". Eigentum *ist* Freiheit, nirgends in der Rechtsprechung steht es in Gegensatz zu ihr. Als eine Freiheit unter anderen muß diese mit den übrigen koordiniert werden, eine Aufgabe, die überall im Grundrechtsbereich zu leisten ist, von „menschenrechtlicher Subsidiarität des Eigentums" kann nicht die Rede sein. „Eigentum als Menschenrecht" darf nicht in ein „offenes Ganzes der Menschenrechte" gestellt und dadurch relativiert werden, daß dies letztere seinerseits wieder durch „soziale Wirklichkeit und sozialen Wandel" laufend ver-

---

[52] Zur Lehre vom Menschenrechtskern vgl. *Günter Dürig* in: Maunz / Dürig, Komm. z. GG, Art. 1 Abs. 1 Rdnr. 17 ff.

[53] BVerfGE 50, 290 (344 f.).

[54] BVerfGE 15, 126 (144).

[55] BVerfGE 14, 263 (277).

[56] BVerfGE 14, 263 (278); 18, 121 (132) u. öfter; vgl. BVerfGE 37, 132 (140); 62, 169 (183).

[57] So *Ludwig Raiser*, Das Eigentum als Menschenrecht, in: FS für Fritz Baur, 1981, S. 105 ff.

[58] Vgl. die st. Rspr., BVerfGE 24, 367 (389) u. öfter, etwa BVerfGE 53, 257 (290).

ändert wird[59]. In derartigen Konstruktionen verliert sich jeder Sinn eines „Menschenrechts“, einer „elementaren Wertentscheidung“; die Grundlagen der Eigentumsdogmatik dürfen nicht preisgegeben werden, nur um Raum für Umverteilung zu schaffen. Menschenrechte — das sind harte, unbequeme Bekenntnisse — an ihnen findet Sozialpolitik unübersteigbare Schranken.

22 Doch diese Bedeutung kommt eben hier, wie bei jedem anderen Grundrecht, nur einem Wesensgehalt zu, nicht jeder Eigentumsposition, schon gar nicht einem „liberalistischen“ Maximaleigentum. Das Bundesverfassungsgericht sieht diesen Wesensgehalt im Sinne von Art. 19 Abs. 2 GG gerade im Inhalt der „Instituts- und Bestandsgarantie des Art. 14 Abs. 1 S. 1 GG und dem Grundsatz der Verhältnismäßigkeit“. „Werden diese Grenzen eingehalten, kann kein Verstoß gegen Art. 19 Abs. 2 GG vorliegen“[60]. Eigentum ist also kein „Recht ohne Wesensgehalt“, das auf Null reduziert werden dürfte und dann in der Tat kein Menschenrecht sein könnte. Daß hier „Inhalt und Schranken durch die Gesetze bestimmt“ werden, steht der Menschenrechtsqualität nicht entgegen, denn es handelt sich auch dabei immer noch um Einschränkungen, die den Kern nicht verletzen dürfen — das Menschenrecht[61].

23 Selbst „allgemeine Gesetzesvorbehalte“ heben den Menschenrechtscharakter eines Grundrechts nicht auf, dieser zieht ihnen vielmehr letzte Grenzen. Die Einschränkbarkeit war beim Eigentum, wie bei allen anderen Freiheiten, stets mitgedacht, zuallererst in jener Menschenrechtserklärung von 1789, in deren Formel „Das Gesetz ist der Ausdruck des allgemeinen Willens“ (Art. 16) demokratisches Denken schon voll zum Durchbruch kommt[62]. Dennoch und gerade deshalb ist Eigentum als Menschenrecht zu achten — als letzte Schranke der demokratischen radikalen Eigentumsmajorisierung Besitzender durch Besitzlose. In diesem Sinne hat Art. 14 Abs. 1 GG als Menschenrecht einen archimedischen Eigentumspunkt gesetzt. Den Namen eines Grundrechts verdient diese Verbürgung nur, weil sie nicht allein Entscheidungsräume absteckt, sondern im letzten Entscheidung ist — etwas, zu dem man sich ohne Sozialängste bekennen darf — muß.

24 Eine Gegenüberstellung von „liberalem“ und „sozialistischem“ Eigentum ist bereits historisch in solcher Allgemeinheit problematisch, rechtstheoretisch kaum zu begründen. Doch wenn schon derart pointiert werden soll, so bedeutet „Eigentum als Menschenrecht“ den Sieg des liberalen Eigentums. Ihn

[59] Vgl. *Klaus Dicke*, Zur Begründung eines Menschenrechts auf Eigentum, in: EuGRZ 1982, S. 361 ff.

[60] BVerfGE 58, 300 (348).

[61] S.u. Rdnr. 54 ff.

[62] Bezeichnenderweise steht diese Bestimmung unmittelbar vor der, welche das Eigentum garantiert, siehe dazu die klassische Untersuchung von *Raymond Carré de Malberg*, La Loi — expression de la volonté génerale, Paris 1931.

muß, unbeschadet rechtspolitischer Überzeugungen, jedermann achten, solange diese Verfassung in Kraft ist. Auch jenseits des Grundgesetzes noch wird sich zu ihm bekennen, wer Menschenrechte ernst nimmt.

4. „Eigentum nach Geschichte"?

25 Der geschichtlichen Entwicklung kommt für das Grundrecht des Eigentums, insbesondere für dessen Begriff, grundsätzlich dieselbe Bedeutung zu wie bei allen anderen Freiheitsrechten[63]. Besonders deutlich sind dabei jedoch in letzter Zeit Tendenzen erkennbar, die Historie der Eigentumsgarantie als Geschichte ihrer Beschränkungen nachzuzeichnen, um daraus eine immanente Begriffsrelativierung, jedenfalls weitestgehende Einschränkbarkeit nach geltendem Recht abzuleiten[64]. Die Historia Magistra wird hier gegen die grundsätzliche Überzeitlichkeit eines „Eigentums als Menschenrecht" gewendet, zumindest soll dieses damit auf etwas wie eine historische Naturrechtlichkeit reduziert werden[65].

26 Methodisch ist hier jedoch Vorsicht geboten: Die Ideenentwicklung[66] hat in dieser politisch hochbrisanten Materie die Entscheidungen nicht durchgehend so tief geprägt, daß man die Eigentumslehren von Locke, Kant, Hegel oder Marx stets zugleich auch als Etappen einer institutionellen Eigentumsentwicklung sehen oder diese als Wechselwirkung von „Theorie und Praxis" verstehen dürfte. Gerade die Geschichte der Eigentumsinstitution läuft in weithin selbständigen Bögen über die meisten dieser Theorien hinweg — oder an ihnen vorbei, meist wirken diese auf sie erst mit erheblicher Verzögerung ein. Die Institutionengeschichte des Eigentums kann daher nicht unbesehen aus der Ideengeschichte des Eigentums sinnerfüllt werden. In keinem Grundrechtsbereich ist soviel an Reformen gefordert worden – bis hin zu Utopismen –, ohne daß dies institutionelle Spuren hinterlassen hätte.

---

[63] Siehe dazu insbes. *Joachim Chlosta*, Der Wesensgehalt der Eigentumsgewährleistung, 1975, S. 115 ff.; *Ursula Floßmann*, Der Eigentumsschutz im sozialen Rechtsstaat, 1979, S. 77 ff.; *Stig Jorgensen*, Der Begriff des Eigentums in geschichtlicher und gegenwärtiger Betrachtung im Bereich der Planung, in: FS für Helmut Schelsky, 1978, S. 249 ff.; *Rittstieg* (Fn. 21), insbes. S. 191 ff.; *Ulrich Scheuner*, Die Garantie des Eigentums in der Geschichte der Grund- und Freiheitsrechte, in: *ders./E. Küng* (Hrsg.), Der Schutz des Eigentums, 1966, S. 5 ff.; *Papier* (Fn. 1), Art. 14 Rdnr. 18 ff.; *Kimminich* (Fn. 1), Art. 14 Rdnr. 1 ff.

[64] Besonders deutlich versucht von *Rittstieg* (Fn. 21).

[65] So wie das Naturrecht nach 1945 historisch relativiert worden ist, dazu *Leisner* (Fn. 8), S. 113 ff.

[66] Siehe dazu insbes. die Beiträge in *Holzhey/Kohler* (Fn. 7).

27 Die verfassungsgeschichtliche, institutionelle Tradition des Eigentums im Sinne von Art. 14 GG reicht nicht allzuweit zurück, sie erweist sich als eine weithin einheitliche und ist – auf Verfassungsebene jedenfalls – weit mehr eine Geschichte der Anerkennung des Eigentums als die seiner Beschränkung oder gar prinzipiellen Relativierung.

28 Ein Rückgriff auf grundsätzliche Eigentumsvorstellungen aus der Zeit vor der Französischen Revolution ist unzulässig. 1789 bedeutet die entscheidende Eigentumszäsur gegenüber einer vom gestuften Feudaleigentum geprägten Vergangenheit. Weitere Rückgriffe mögen bei einzelnen Eigentums-Rechtsgestaltungen möglich sein[67], vor allem wo diese durch traditionelles Privatrecht der Gegenwart vermittelt werden — sie müssen punktuell bleiben. Die Kontinuität mit dem Ancien Régime ist unwiderruflich unterbrochen worden — gerade auch im Namen des neuen Eigentums. Man mag heute neue Eigentumsfeudalismen feststellen und beklagen[68], und auch vom modernen Staat gehen ja solche Versuche aus, der sich ein neues „Obereigentum" vorbehalten möchte, aus dem heraus dann etwa „Baufreiheit als Konzession" verliehen wird. Doch all dies ist prinzipiell unzulässig: Das Feudaleigentum ist dem bürgerlichen Eigentum gewichen, mit diesem völlig unvergleichbar. Die institutionelle Geschichte des Eigentums beginnt in der Nacht des 4. August 1789.

29 Sie setzt sich fort in einer langen, vom Liberalismus und seiner Grundidee des unverletzlichen Eigentums geprägten Periode. Der deutsche Konstitutionalismus kennt keinen Gesetzesvorbehalt beim Eigentum, in das nur in entschädigungspflichtiger Enteignung eingegriffen werden darf; doch dies ist gar keine normative Eigentumsschranke, zulässig bleibt nur der Einzeleingriff als eine Art von Zwangskauf — eher eine Bestätigung als eine Einschränkung der Eigentumsgarantie. Erstmals in den Vorarbeiten zum Bürgerlichen Gesetzbuch tritt die Begrenzungsproblematik deutlich ins Bewußtsein, doch institutionell setzt sich die Tradition des unverletzlichen Eigentums ungebrochen fort, bis 1918. Die Kritik des politischen Sozialismus und des Kathedersozialismus haben daran nichts ändern können.

Die große Tradition des Verfassungseigentums in Deutschland – wenn man von einer solchen schon sprechen will – ist also institutionell die des unantastbaren, nicht eines im Kern relativierten Eigentums.

---

[67] So etwa beim Fischereirecht, vgl. BVerfGE 70, 191 = DVBl. 1986, S. 94 ff.

[68] Siehe z.B. *Franz X. Kaufmann*, Der Schutz der Vermögensrechte des Bürgers gegenüber dem Staat aus soziologischer Sicht, in: Verfassungsrechtlicher Eigentumsschutz sozialer Rechtspositionen, Schriftenreihe des Deutschen Sozialrechtsverbandes 23 (1982), S. 132 (146).

30 In der Weimarer Zeit setzt sich dies in anderer Form fort[69]. Die Verfassungsväter mochten einem neuen Denken in Ordnungskategorien huldigen, ihm die liberalen Ausschließlichkeitsvorstellungen unterordnen, das Eigentum weitergehend zur Disposition der Mehrheit stellen, vielleicht gar sich vom „bürgerlichen Eigentum" abwenden wollen — institutionell wurden die großen Bahnen nicht verlassen. Die Judikative, das Reichsgericht, hat „die Grundrechte entdeckt"[70] als Ansprüche, vor allem den Anspruchscharakter in Art. 153 WRV. Der Volkssouverän erteilte bei den Fürstenenteignungen der entschädigungslosen Legal-Expropriation eine Absage, die Gerichte setzten die strenge Entschädigungspflicht bei der Administrativenteignung durch. In der Erweiterung des Eigentumsbegriffs[71] kam ein neues, typisch verfassungsrechtliches Eigentumsbewußtsein zum Ausdruck: Dieser Schutz wurde von der alten, auch noch im Liberalismus besonders geschätzten Grundlage des Feudaleigentums, von Grund und Boden, auf alles erweitert, was dem Bürger der neuen, gewerblich-industriellen Zeit eigentumswert sein mochte.

Weimar hat die liberale Tradition nicht gebrochen, es hat sie erweitert und systematisiert. Von neuem Verfassungsbewußtsein erfüllt hat sie sich so bis 1933 fortgesetzt.

31 Wer nach Anfängen einer Tradition des „grundsätzlich relativierten Eigentums" suchen will, der findet sie nun allerdings deutlich in der nationalsozialistischen Zeit. Zwar schwächten sich die wuchtigen Ursprungsforderungen des Parteiprogrammes nach „unentgeltlicher Enteignung von Boden für gemeinnützige Zwecke, Abschaffung des Bodenzinses und Verhinderung jeder Bodenspekulation" bald ab. Bei den Vorarbeiten für ein Reichsentschädigungsgesetz (1941 / 1942) wurde der „klassische Enteignungsbegriff" zugrundegelegt, von dem Verkaufswert des Grundstücks sollte ausgegangen werden[72]. Grundsätzlich wurde auch noch immer, Weimarer Tradition fol-

---

[69] Vgl. *Rittstieg* (Fn. 21), S. 252 ff.; *v. Brünneck* (Fn. 3), S. 21 ff.; *Leisner* (Fn. 3), S. 27 ff., alle m. Nachw.

[70] Zu dieser „Normativierung" der WRV vgl. u.a. *Willibalt Apelt*, Geschichte der Weimarer Verfassung, 1946, S. 298 f.; *Richard Thoma*, Die juristische Bedeutung der grundrechtlichen Sätze der Deutschen Reichsverfassung im allgemeinen, in: Hans Carl Nipperdey (Hrsg.), Die Grundrechte und Grundpflichten der Reichsverfassung, Bd. 1, 1929, S. 3 ff.; *Paul Hensel*, Grundrechte und Rechtsprechung, in: FG für das Reichsgericht, 1929, S. 24 ff.; *Albrecht Buschke*, Die Grundrechte der Weimarer Reichsverfassung in der Rechtsprechung des Reichsgerichts, 1930, S. 106 f.

[71] Grdl. *Martin Wolff*, Reichsverfassung und Eigentum, in: FG für Wilhelm Kahl, 1923, S. 1 ff.; *Fritz Fleiner*, Institutionen des Deutschen Verwaltungsrechts, 8. Aufl. 1928, S. 293; kritisch dazu vor allem *Carl Schmitt*, Die Auflösung des Enteignungsbegriffs, in: JW 1929, S. 495 ff.

[72] *Brossok*, Gedanken und Wünsche für ein Reichsenteignungsgesetz, in: DV 1939, S. 265 (268); *Georg Jahn*, Künftige Gestaltung des deutschen Enteignungsrechts, in: RVBl. 1934, S. 339 ff.; vgl. aus der Arbeit der Akademieausschüsse: ZAkDR 1941, S. 162, 359.

gend, die „Enteignungsschwelle" vorwiegend nach der Schwere des Eingriffs bestimmt[73], doch nach nationalsozialistischer Staatsauffassung war das Eigentum eine „gemeinschaftsgebundene Befugnis"[74]. Der entscheidende Wandel zu den „immanenten Gemeinschaftsbindungen" vollzog sich über den Begriff des „Zwecks". Nach liberaler Grundüberzeugung wird dieser primär vom Eigentümer selbst bestimmt, der dabei allerdings *auch* das Gemeinwohl zu berücksichtigen hat. Für Nationalsozialisten waren die „Zwecke" des Eigentums primär Gemeinschaftszwecke, ihnen wurde ex definitione das Eigentum vom Staat nicht entfremdet, solange dieser nur einen „anderen" Gemeinschaftszweck festlegte.

32 In erster Linie mußte der Eigentümer den mit seiner Rechtsstellung verbundenen Pflichten zur Verwirklichung dieses „öffentlichen Eigentumszwecks" nachkommen, wollte er sein Eigentum nicht „verwirken"[75]. Er wurde „Treuhänder der Volksgemeinschaft"[76], eine Art von Amtsträger im weiteren Sinne. Das Eigentum wurde „entsachenrechtlicht — personalisiert", Enteignung bedeutete nur mehr Eingriff in „öffentliche Eigentumskompetenzen"[77], im Grunde nicht mehr des „Berechtigten", sondern eines „Zuständigen": In solcher „Weiterromantisierung" gewisser deutschrechtlicher Personal- und Pflichtigkeitsvorstellungen[78] hat der Nationalsozialismus geistig vom traditionellen Eigentum keinen Stein auf dem anderen gelassen. Das einzige

---

[73] Die allerdings nach „gesunder nationalsozialistischer Anschauung" näher zu bestimmen war, vgl. *Wolfgang Vogt*, Wandlungen im Recht der Enteignung, Diss. Köln 1935, S. 131; siehe dazu auch *Heinz Deintges*, Der Begriff der Enteignung, in: RVBl. 1939, S. 269 f.; *Werner Weber*, Eigentum und öffentliche Verwaltung im neuen Reich, in: DJZ 1935, Sp. 650 (664); *Karl M. Hettlage*, Städtebau und Enteignung, in: ZAkDR 1938, S. 11 ff. (12); *Jarmer*, Raumordnung und Enteignung, in: RVBl. 1942, S. 142 (143); *Martin Busse*, Die Neugestaltung des Enteignungsrechts, in: ZAkDR 1936, S. 770 (775).

[74] *Ernst Rudolf Huber*, Verfassungsrecht des Großdeutschen Reiches, 2. Aufl. 1937/1939, S. 376; *ders.*, Die Rechtsstellung des Volksgenossen, in: ZgS 96 (1936), S. 438 (455); *Theodor Maunz*, Zur Neugestaltung des Enteignungsrechts, in: DJZ 1935, S. 1011 (1013 f.); *Loth*, Der nationalsozialistische Eigentumsbegriff, in: JW 1935, II, S. 1752 ff.; *Ulrich Scheuner*, Eigentum und Eigentumsbindung, in: RVBl. 1936, S. 5 ff.; *Theodor Steimle*, Grundlinien für die Neuordnung unseres Enteignungsrechts, in: DGuWR 1941, S. 68 ff.; *Franz Wieacker*, Wandlungen der Eigentumsverfassung, 1935, S. 24 ff., 42 f., 64 f., 70 f.; *ders.*, Zum Wandel der Eigentumsverfassung, in: DJZ 1934, Sp. 1446 (1450 f.); *ders.*, Eigentum und Eigen, in: DR 1935, S. 497; *Hans Würdinger*, Wandlung in der Eigentumsverfassung, in: ZAkDR 1936, S. 70 (73).

[75] *Huber*, Verfassungsrecht (Fn. 74), S. 388; zur Umwertung des Rechts zur Pflicht siehe *Chlosta* (Fn. 63), S. 138 f.

[76] *Alfred Enzinger*, Das Enteignungsrecht im nationalsozialistischen Staat, Diss. München 1935, S. 20.

[77] Vgl. *Deintges* (Fn. 73); *Vogt* (Fn. 73), S. 116.

[78] Siehe etwa zu den „Schranken des Eigentums" *Otto von Gierke*, Deutsches Privatrecht II, 1905, S. 358.

Grundrecht von Weimar, das formal hatte überleben können, ging in radikaler Funktionalisierung unter.

33 Nach 1945 verläuft die Geschichte des Eigentums wieder in den traditionellen liberal-grundrechtlichen Bahnen. Dies bedeutet nicht sozialökonomische Restauration[79], auch nicht eine Absage an ein angeblich durch das Zusammenwirken von Staat und Wirtschaft unter dem Nationalsozialismus diskreditiertes Eigentum[80]. Die Entscheidung fiel, endgültig, mit dem Grundgesetz, gegen das „Eigentum zu Gemeinschaftszwecken" der Nationalsozialisten, für das staatsfreie Eigentum einer langen liberalen Überlieferung. Sie wurde vom Bundesgerichtshof unter Anknüpfung an Weimarer Vorstellungen fortgesetzt[81] und in den 50er und 60er Jahren, im Anschluß an die grundlegende Darstellung von Werner Weber[82], eindeutig herrschende Lehre in der deutschen Staatsrechtswissenschaft. Es war dies bewußte Abkehr von der hochgesteigerten Sozialpflichtigkeit, vom Bindungs-Eigentum vor 1945, kein Rückschritt, sondern ein Rückweg zur Freiheit. Und jahrzehntelang, in der ganzen, langen Aufbauphase, war dies auch von vollem politischen und sozialen Konsens getragen.

34 Erst in den 70er Jahren kam es zu Versuchen, Vorstellungen von Funktionalimus[83] und Bindungseigentum neu zu beleben, und wieder ist, wie schon einige Jahrzehnte früher, von der „Wandlung des Eigentumsbegriffs" die Rede[84]. Doch nichts in der Rechtsprechung der obersten Gerichte begründet solche allgemeinen Thesen[85]; feststellbar ist lediglich, in einer neuen parteipolitischen Mehrheitskonstellation im Parlament, eine verstärkte Sozialbindungsaktivität des Gesetzgebers[86], welche aber den Verfassungsbegriff der Eigentumsfreiheit vielleicht hat „an Rändern eindrücken", nicht aber verbiegen oder gar umprägen können.

---

[79] So etwa stellt es *Wolfgang Däubler*, Eigentum und Recht in der BRD, in: ders. / Ulrike Sieling-Wendeling / Horst Welkoborsky (Hrsg.), Eigentum und Recht, 1976, S. 153 ff., dar.

[80] Wie es *Rittstieg* (Fn. 21), S. 275 ff., beschreibt.

[81] Insbes. in der Grundsatzentscheidung BGHZ 6, 270.

[82] *Werner Weber*, Eigentum und Enteignung, in: GR II, S. 331 ff.

[83] S.u. Rdnr. 46 ff.

[84] Siehe etwa *Hans-Jochen Vogel*, Kontinuität und Wandlungen der Eigentumsverfassung, 1976; vgl. auch *Dicke* (Fn. 59), S. 361 ff.; *Theodor Maunz*, Wandlungen des verfassungsrechtlichen Eigentumsschutzes, in: BayVBl. 1981, S. 321 ff., spricht vorsichtiger von „Wandlungen des Eigentumsschutzes".

[85] Mögen sich die Judikaturen von BVerfG, BGH und BVerwG auch in mehr als Nuancen unterscheiden — mehr als Akzentunterschiede sind es nicht; siehe dazu den Überblick bei *v. Brünneck* (Fn. 3), S. 170 ff.

[86] Überblick über die „Einschränkung der Eigentumsrechte durch die Gesetzgebung seit dem Ende der 60er Jahre" bei *v. Brünneck* (Fn. 3), S. 125 ff.

35 Seit 200 Jahren ist also die Kontinuität des freien Eigentums mindestens ebenso deutlich, stärker vielleicht als bei anderen Grundrechten des Grundgesetzes, vergleicht man sie etwa mit Meinungs- und Berufsfreiheit. Eigentum ist kein „Grundrecht der floatenden Inhalte", es ist in Deutschland noch immer eine der historisch festesten Freiheitsgrundlagen. Wenn das Grundgesetz „Eigentum nach Geschichte" garantiert, so kann dies nur ein kernfestes Eigentum als Menschenrecht sein.

36 Geschichte und Tradition dürfen aber, gerade beim Eigentum, in ihrer Bedeutung dogmatisch nicht überschätzt werden, das ergibt sich schon aus dem Gewicht dieses Grundrechts für die gesamte Staats- und Gesellschaftsordnung. Ein Fortschleppen solcher Rechte im einzelnen wäre das Ende demokratischer Dynamik. In einem „Eigentum nach Herkommen" wäre das Ethos der Menschenrechte verloren, in dessen Namen das Privateigentum 1789 eine Welt von Traditionen zerstört hat. Wer dieses Grundrecht als Menschenrecht ernst nimmt, darf es geschichtlich weder als starre chinesische Mauer noch als das historische große Tor einer „offenen Verfassung" verstehen. Dies ist „ein Grundsatz für alle Zeiten", der aber nicht allein aus Geschichte aufgefüllt wird, sondern durch täglich neue Gegenwart, die hier ihren Entfaltungsraum findet, sich aber stets am Ende der höchsten Freiheitsentscheidung beugt. In diesem Sinne – Kelsen hat es schon erkannt – führen eben Verfassungsstufungen über alle Historie hinaus.

37 Das Bundesverfassungsgericht ist denn auch vorsichtig: Zwar erwähnt es „traditionelle Beschränkungen" des Eigentums[87] und den „rechtsgeschichtlichen Zusammenhang" mit der Weimarer Verfassung[88] — doch daneben wird sogleich auch auf den (dogmatischen) Sinn der Eigentumsgewährleistung verwiesen. Historische Betrachtung soll offenbar eher relativierend wirken, wenn bei der Beurteilung einer gesetzlichen Eigentumsbeschränkung die „geschichtliche Lage" berücksichtigt werden muß[89]. Das nach dem Grundgesetz Zulässige ist nach den Zeitumständen zu bestimmen[90], den „Änderungen der wirtschaftlichen und gesellschaftlichen Verhältnisse" ist Rechnung zu tragen[91].

38 Das alles bedeutet: Art. 14 GG ist zwar ein Grundrecht von hoher geschichtlicher Kontinuität, nicht aber ein „Freiheitsrecht nach Geschichte". Zwei Seiten müssen daher bei diesem Menschenrecht stets zusammen gesehen werden: Eigentum als ein „Gegenwarts-Grundrecht" — aber auch der

---

[87] BVerfGE 22, 387 (422).

[88] BVerfGE 31, 275 (285).

[89] BVerfGE 20, 351 (361).

[90] BVerfGE 71, 66 (80).

[91] BVerfGE 52, 1 LS. 2 (29 ff.).

Primat einer Dogmatik, welche eine feste, verläßliche Grundentscheidung durchsetzt. Eigentum ist nicht allein Verfassungsgeschichte, aber es verliert sich auch nicht in ihr.

5. „Funktion" des Eigentums?

39 Ein neuerer dogmatischer Ansatz zur Bestimmung des Wesens der Eigentumsgarantie knüpft an den Begriff der „Funktion" an[92]: Der Schutzbereich des Eigentums hänge von den Zwecken ab, zu deren Verfolgung es garantiert sei, er reiche nur so weit, wie die unter Einsatz des Eigentums zu erfüllenden Aufgaben vom Grundgesetz gebilligt würden. „Funktion" des Eigentums sei es zwar einerseits, dem privaten Nutzen des Inhabers zu dienen. Zugleich seien aber auch die „öffentlichen Funktionen" des Eigentums schon bei dessen Begriffsbestimmung zu beachten, sie würden vom Gesetzgeber fixiert, der den „Inhalt des Eigentums" festlege (Art. 14 Abs. 1 S. 2 GG). Bei der Schutzintensität des Grundrechts sei dann auch zu berücksichtigen, wie das Eigentum in der jeweiligen Situation ökonomisch wirke, was zu einer Differenzierung etwa zwischen Sach- und Anteilseigentum, zwischen industriellem und agrarischem Besitz führen könne.

40 Wo einem solchen Funktionalimus gehuldigt wird, da ist meist auch gleich vom „Funktionswandel" die Rede[93]: Sozialstaatlichkeit und gesetzgeberische Sozialbindung hätten eben neuerdings dem Eigentum andere Funktionen verliehen, dem könne ein „statischer" Eigentumsbegriff nicht entgegengehalten werden. Im Ergebnis führt dies zu einer Neuauflage von Versuchen, in einem „Bindungs-Eigentum" die Schranken des Grundrechts dogmatisch zu dessen Inhalt zu machen und den Grundrechtsinhalt weitestgehend zu flexibilisieren — sei es nach „einfacher Eigentumsgesetzgebung" oder nach „gewandelten allgemeinen Auffassungen", die sich meist leichter behaupten als beweisen lassen.

41 Eigentumsdogmatik auf der Grundlage eines solchen „Funktionalimus" begegnet durchgreifenden Bedenken. „Funktion" ist im Verfassungsrecht ein Modewort ohne klare Begriffsinhalte. Am nächsten kommt es noch jenen „Aufgaben", aus denen aber im Rechtsstaat (Eingriffs-)Befugnisse nicht leichthin abgeleitet werden dürfen — das gilt nicht nur im Polizeirecht.

---

[92] Siehe insbes. *Badura* (Fn. 7), S. 653 ff. (Lit.); vgl. ferner *v. Brünneck* (Fn. 3), S. 373 ff.; *Ulrich Ramsauer*, Die faktischen Beeinträchtigungen des Eigentums, 1980, S. 143 ff.; *G. Müller* (Fn. 19), S. 76 ff.; *Rupert Scholz*, Paritätische Mitbestimmung und Grundgesetz, 1974, S. 77 ff.; *Michael Stolleis*, Der Schutz der Vermögensrechte des Bürgers gegen den Staat, in: Verfassungsrechtlicher Eigentumsschutz sozialer Rechtspositionen, Schriftenreihe des Deutschen Sozialrechtsverbandes 23 (1982), S. 104 (124).

[93] Für viele *Badura* (Fn. 7).

„Funktion“ ist ferner ein typischer Begriff des Staatsorganisationsrechts, nicht der Grundrechtsdogmatik: Eine Freiheit ist sich selbst Aufgabe, sie erfüllt keine Funktionen. Selbst im öffentlichen Organisationsbereich begegnet funktionalistisches Denken erheblichen Einwänden[94] — Schranken einer so begründeten „Durchgreif-Effizienz“ lassen sich kaum ziehen — was ist nicht „erlaubt, damit eine Einrichtung nur funktioniere“ — und was ist das?

42 Überhaupt ist in der Eigentumslehre der Funktionsbegriff noch nicht hinreichend durchdacht, er wird zu gänzlich unterschiedlichen Zielen eingesetzt: Einerseits soll so den jeweiligen Wirkungsweisen verschiedener Eigentumspositionen zum Nutzen des Bürgers (und des Staates) differenzierend Rechnung getragen werden[95] — das ist im Kern berechtigt: Eingriffe in das Grundeigentum müssen anders ausgestaltet sein als in das gewerbliche Eigentum[96]; doch hier bezeichnet „Funktion“ die Wirkungsweise des Eigentums, nicht den Zweck, den dieses erfüllt. Selbst dort aber, wo, andererseits, „Funktion“ als „Zweck“ verstanden wird, kommt der „Funktionalimus“ ganz unterschiedlich zum Einsatz: entweder zur Ausweitung des grundsätzlichen Schutzbereichs, zur Erweiterung des Eigentumsbegriffs, wie etwa im Sozialrecht — oder in dessen Verengung durch angebliche verfassungsimmanente Beschränkungen. Der Funktionsbegriff deckt also nahezu alles in der Eigentumsdogmatik — nur zu oft verdeckt er konkrete Eingriffsziele, die man nicht nennen will.

43 Die Rechtsprechung des Bundesverfassungsgerichts kann zur Begründung eines Eigentumsfunktionalismus nicht bemüht werden. Zwar ist dort von „Zweck und Funktion“ der Eigentumsgarantie die Rede[97], doch nur in dem ganz allgemeinen Sinn, daß dieses Grundrecht seinem Träger Schutz bietet[98], seine Rechtssicherheit und sein Vertrauen schützen soll[99]. Der „Zweck“ der Eigentumsgarantie wird also in ihrem Freiheitsschutz gesehen — eine historisch-dogmatische Selbstverständlichkeit, welche die menschenrechtliche Legitimation des Eigentums begründet[100]. Andererseits spricht das Gericht auch von der „sozialen Funktion“ der Eigentumsgewährleistung[101] — doch das be-

[94] Siehe dazu *Helmut Lecheler*, „Funktion“ als Rechtsbegriff, in: NJW 1979, S. 2273 (2276).

[95] Vgl. *Scholz* (Fn. 92).

[96] Unbeschadet der stets zu wahrenden Einheit des Eigentumsbegriffs, s.u. Rdnr. 46 ff.

[97] BVerfGE 36, 281 (290), siehe etwa BVerfGE 53, 257 (290).

[98] BVerfGE 45, 297 (322, 333), siehe auch BVerfGE 24, 367 (397).

[99] So unter ausdrücklichem Hinweis auf die „Funktion der verfassungsrechtlichen Gewährleistung“ BVerfGE 51, 193 (216 ff.).

[100] In diesem Zusammenhang hat das BVerfG stets die untrennbare Verbindung von Freiheit und Eigentum betont, vgl. etwa BVerfGE 24, 367 (389); 30, 292 (334) st. Rspr.

[101] So etwa bei der „sozialen Funktion“ des Anteilseigners im Mitbestimmungsurteil: BVerfGE 50, 290 (348 f.).

deutet nur, daß das Wort „Funktion“ hier im Sinne einer Einschränkungsmöglichkeit der Freiheit seitens des Gesetzgebers, im Interesse Dritter, gebraucht wird. „Funktion“ ist also eine Art von Oberbegriff für Inhalt und Schranken des Eigentums, für den „zulässig abgegrenzten Inhalt“ dieser Garantie. Ob dann „Funktion“ überhaupt noch einen Inhalt hat, muß bezweifelt werden, sie verunklart doch nur die für jede Fallösung unabdingbare dogmatische Unterscheidung von „Inhalt und Schranken“, welche die Verfassung ausdrücklich bringt. Man bedenke die Folgen, wenn solcher Funktionalimus andere Freiheitsrechte erfassen sollte — stets würde sogleich gefragt, „wozu“ sie eigentlich dem Träger verliehen würden, diese „Freiheitszwecke“ würde dann der Staat setzen — damit den Endpunkt der Freiheit.

44 Grundgesetz und Bundesverfassungsgericht haben dem eine Absage erteilt: Das Eigentum wird nicht „zu einem konkreten Zweck“ geschützt, sondern ganz allgemein zur Privatnützigkeit für den Eigentümer[102] — was ihm nützt, bestimmt dieser selbst, der Rest sind Grenzen und Schranken, des Funktionsbegriffes bedarf es nicht.

45 Damit sind auch Versuche zum Scheitern verurteilt, das Eigentum allgemein und grundsätzlich, aus seiner Freiheitsfunktion heraus, immanent und restriktiv zu bestimmen[103]. Freiheiten anderer Bürger ziehen diesem Grundrecht ebenso Schranken wie in Fällen anderer Grundrechts-Kollisionen. Eine funktionalistische These jedoch, der Bürger brauche nur dies oder jenes Eigentum zu seinem Freiheitsschutz, alles andere seien nur Beherrschungsformen, nicht verfassungsgeschütztes Eigentum[104] — diese Auffassung ist verfassungswidrig und zeigt die Gefahren des Funktionalimus: Was zur Sicherung der Bürgerfreiheit an Eigentum vonnöten ist, kann nicht der Staat bestimmen, sonst würde er zum Herrn auch über diese Freiheit — auf dem Umweg über immer kleineres Eigentum würden auch alle anderen Freiheiten klein und kleiner, am Ende stünde nicht mehr nur das Tascheneigentum, sondern die Taschenfreiheit — das Recht, die Faust in der Tasche zu ballen.

Funktionalimus ist einer der gefährlichsten Begriffe für die Freiheit. Aus der Eigentumsdogmatik sollte er verschwinden.

---

[102] BVerfGE 31, 229 (240) m. Nachw.; 42, 263 (294); 58, 300 (345) st. Rspr.

[103] Vgl. dazu u.a. grundsätzlich *René Levy*, Eigentum und Macht in der modernen Industriegesellschaft, in: Holzhey / Kohler (Fn. 7), S. 145 ff.; *Hans Ryffel*, Freiheit und Eigentum, ebd., S. 375 ff.; *Jan Meyer-Abich*, Der Schutzzweck der Eigentumsgarantie. Leistung, Freiheit, Gewaltenteilung — Zur teleologischen Auslegung des Art. 14 Abs. 1 GG, 1980, S. 59 ff., 105 ff.; *Christian Rasenack*, Eigentum, Enteignung, Entschädigung, in: Der Staat 18 (1979), S. 259 ff.

[104] So insbes. *Däubler* (Fn. 79), S. 175 ff., 193 ff.; siehe auch *Meyer-Abich* (Fn. 103), S. 11 ff., 105 ff. Die Frage stellt sich vor allem beim Schutz des großen Produktiveigentums, der jedoch voll zu bejahen ist, vgl. *Peter Selmer*, Unternehmensverflechtung und Grundgesetz, 1981, S. 69; *Roman Herzog*, Eigentum, in: EvStL, 3. Aufl., Sp. 673 ff.

6. Die Einheit des Eigentumsbegriffs

46 Das Grundgesetz sichert „das Eigentum“, nicht nur „einzelne Eigentumsrechte“. Traditionell und fundamental ist die Entscheidung für die Einheit des Eigentumsbegriffes. In erstaunlicher Kontinuität ist in der Judikatur aller obersten Gerichte stets von „dem“ Eigentum die Rede. „Bodeneigentum“ etwa oder urheberrechtliches Eigentum sind demgegenüber deutlich untergeordnete Spezialbegriffe. Das Grundgesetz schützt nicht ein mehr oder weniger systematisch zusammengefaßtes Bündel von Property Rights[105], sondern ein einheitliches Eigentum; die einzelne Rechtsposition steht in dieser Sicherung, soweit auf sie der einheitliche Eigentumsbegriff anwendbar ist.

47 Diese Einheitlichkeit zieht sich durch die gesamte Eigentumsdogmatik. Sie führt etwa auch zu einem einheitlichen Begriff der Sozialpflichtigkeit allgemein[106]. Insbesondere ergibt sich aus ihr, daß sich Subformeln der Beschränkung des Eigentums, wie etwa die „sozialen Bezüge“, in denen dieses steht, ohne weiteres von einer Kategorie von Eigentumsgütern auf die andere übertragen lassen[107]. Daraus folgt eine besondere „Eigentumssensibilität“ gegen staatlichen Zugriff: Was einer Güterkategorie, ja einer Eigentumsposition widerfährt, steht, dem Grunde nach, auch allem anderen Eigentum bevor, zumindest obliegt dort dem Eigentümer dann eine schwierige Argumentationslast aus dem Wesen eines – angeblich – „besonderen Sachbereichs“.

Die „Einheit der Eigentumsordnung“ ist, im Grunde, von Befürwortern wie Kritikern, stets anerkannt worden.

48 Der Eigentumsschutz ist weder grundsätzlich verschieden je nach Güterkategorien ausgestattet, noch bedarf er einer nach Eigentumsgegenständen unterschiedlichen Begründung[108]. Bestrebungen, die Sicherung des korporativen Eigentums grundsätzlich abzuschwächen[109], haben sich nicht durchzusetzen vermocht, auch die Aktie vermittelt Eigentumsrecht[110]. Daß „Leistungseigen-

---

[105] Im Sinne etwa gewisser angelsächsischer Vorstellungen, siehe dazu *Peter Häberle*, Vielfalt der Property Rights und der verfassungsrechtliche Eigentumsbegriff, in: AöR 109 (1984), S. 36 ff.

[106] BVerfGE 20, 351 (356).

[107] Besonders deutlich vgl. etwa BVerfGE 42, 263 (294); 49, 244 (247, 250); 50, 108 (112); 50, 290 (340) — so heterogene Bereiche wie Mietrecht und Mitbestimmung werden dadurch geprägt.

[108] Wie dies etwa *Meyer-Abich* (Fn. 103) in einer Unterscheidung von „personenbezogenen Rechten“, „subjektiv-öffentlichen Rechten“ sowie „Groß- und Produktiveigentum“ versucht.

[109] Dazu etwa *Volker Bornschier*, Eigentum und Verfügungsmacht. Zum korporativen Eigentum, in: Holzhey / Kohler (Fn. 7), S. 161 ff.; *Nef* (Fn. 7), S. 199 ff.; *Vogel* (Fn. 84).

[110] BVerfGE 14, 263 (276 f.).

tum" als besonders schutzwürdig erscheint[111], stellt keine besondere Ausprägung des Eigentumsschutzes für eine bestimmte Güterkategorie dar und bedeutet allenfalls, daß „durch eigene Leistung erworbene Güter" in der Abwägung gegenüber öffentlichen oder Drittbelangen besonders hoch zu bewerten sind; der Schutzbereich des Eigentums deckt sie gleichmäßig wie alle anderen Rechtspositionen.

49 Daß der Verfassungsschutz dem Wesen des jeweiligen Eigentumsgutes angepaßt sein muß, versteht sich von selbst; unterschiedlich sind ja auch die Nutzungsmöglichkeiten von Boden und Forderung, von Industrieanlage und geistigem Eigentum[112]. Das Bundesverfassungsgericht war aber stets bemüht, die Einheitlichkeit des grundsätzlichen Schutzes zu betonen und nach den jeweiligen Einschränkungsmöglichkeiten zu differenzieren.

50 Lediglich beim Grundeigentum scheint das Bundesverfassungsgericht eine generelle Abschwächung des Eigentumsschutzes anzunehmen: Schon wegen seiner Unvermehrbarkeit sei der Boden „weder volkswirtschaftlich noch in seiner sozialen Bedeutung mit anderen Vermögenswerten ohne weiteres gleichzustellen". Sozialbindung dürfe hier stärker als bei sonstigen Gütern zum Zuge kommen[113]. Doch auch hier verläßt das Gericht – sieht man von der im einzelnen bestreitbaren Begründung ab[114] – seine einheitlichen Denkkategorien nicht: Der Eigentumsschutz ist nicht etwa grundsätzlich abgeschwächt – was ja auch erstaunlich wäre bei dem „historisch ersten Eigentumsgut" –, nur in gewissen, einzelnen Richtungen ist weitergehende Sozialbindung legitim; meist wird übersehen, daß sich das Bundesverfassungsgericht hier nur zum Grundstücks*verkehr* geäußert hat, nicht ganz allgemein zum Bodenrecht.

51 Das Grundgesetz verbietet schließlich eine Aufspaltung des einheitlichen Eigentumsrechts an einem bestimmten Gut in mehrere selbständige Berechtigungen. Eine solche ist insbesondere versucht worden in einer Unterscheidung von Verfügungs- und Nutzungseigentum im Bodenrecht[115]: Nachdem

---

[111] S.u. Rdnr. 85 f.

[112] Selbst diese Berechtigung – doch wirklich ein „Eigentum sui generis" – wird vom BVerfG eindeutig in einen allgemein-grundsätzlichen Eigentumsschutz einbezogen, vgl. etwa BVerfGE 49, 382 (392).

[113] BVerfGE 21, 73 (83 f.); siehe auch 52, 1 (32 f.).

[114] Die Unvermehrbarkeitsbegründung entspricht einem längst überholten malthusianischen Denken. Kaum ein Wirtschaftsgut ist unbeschränkt vermehrbar, und es kommt jeweils auf die spezifische Nutzungsrichtung an — in einigen dieser Richtungen hat sich gerade der Boden „vermehrbar" gezeigt wie kaum ein anderes Gut, man denke an Ertragsteigerung durch Düngung und die Intensivierung baulicher Nutzung im Hoch- und Tiefbau.

[115] Dazu insbes. *Harry Westermann*, Zulässigkeit und Folgen einer Aufspaltung des Bodeneigentums in Verfügungs- und Nutzungseigentum, 1974; *Willi Geiger*, Zur Abgrenzung

das Bundesverfassungsgericht die Veräußerungsbefugnis als einen „elementaren Bestandteil der Handlungsfreiheit im Bereich der Eigentumsordnung" anerkannt hatte[116], glaubte man, bodenreformerische Ziele durch diese Konstruktion erreichen zu können, welche dann dem (ursprünglichen) Eigentümer nur mehr das nudum ius der Verfügung belassen hätte.

52 Die Rechtsprechung bietet für solche Aufspaltungen keinen Anhalt. Als grundsätzliches „Vollrecht" verleiht zwar das Eigentum – das ist aus dem Zivilrecht geläufig – eine Fülle von einzelnen Berechtigungen, etwa zu Besitz, Verwaltung, Nutzung, Verfügung, hinzu tritt noch die Erwerbsfreiheit. Doch all dies sind nur Aspekte, Verdeutlichungen von gewissen Seiten des einen Eigentums, sie erschöpfen es nicht. Den Inhalt des Eigentumsrechts darf der Gesetzgeber – in Grenzen – umwandeln, nicht aber Nutzung und Verfügung trennen; denn jene gehört kraft ausdrücklicher Verfassungsaussage (Art. 14 Abs. 1 S. 2 GG) zum Eigentumsinhalt, für die Verfügung gilt dies nach der erwähnten Rechtsprechung des Bundesverfassungsgerichts. Besonders sorgfältig muß der Gesetzgeber diese Schranke bei Versuchen beachten, Miet- und Pachtrechte zu verstärken: Sie dürfen nicht als „Nutzungseigentum" den Eigentümer in das nackte Verfügungsrecht drängen. Die dogmatischen Kategorien des Bundesverfassungsgerichts sind ganz andere, wie vor allem seine Judikatur zum Eigentum an subjektiv-öffentlichen Rechten zeigt[117]: Das Eigentum ist eine einheitliche Rechtsposition; Nutzung, Verfügung und ähnliches mehr mögen „Elemente" sein[118] — verselbständigen lassen sie sich nicht.

53 So bietet denn das „Menschenrecht Eigentum" eine einheitliche, dogmatisch feste Begriffsstruktur: Dies ist ein Abwehrrecht gegen den Staat mit

---

der Eigentumsbeschränkung zum Enteignungstatbestand, in: Grundeigentum — Inhalt und Schranken, Hefte der Deutschen Gesellschaft für Agrarrecht, 1971, S. 28 ff.; *Floßmann* (Fn. 63), S. 48 ff.

[116] BVerfGE 26, 215 (222); 50, 290 (340); vgl. auch den Hinweis auf die Bedeutung der „grundsätzlichen Verfügungsbefugnis beim Eigentumsschutz sozialrechtlicher Positionen" in BVerfGE 53, 164 (175) und weit. Entsch.

[117] Die in der Verfassungsdogmatik gängigen Unterscheidungen zwischen gesetzlichen „Eingriffen", „Ausgestaltungen", „Konkretisierungen" u.ä.m. des Eigentum(-sinhalts) mögen da und dort als technische Verdeutlichungen berechtigt sein; sie führen aber, unterschwellig, zu einer Ausweitung der gesetzgeberischen Zugriffsmöglichkeiten auf das Eigentum, wenn etwa bei „Ausgestaltungen" dem Gesetzgeber grenzenlose Freiheit – im Ergebnis – zugestanden wird. Mit Blick darauf ist diese Terminologie stets zu überprüfen. „Ausgestaltungsfreiheit" darf nicht zum vorgeschalteten allgemeinen Gesetzesvorbehalt werden.

[118] Dazu u.a. *Rudolf Wendt*, Eigentum und Gesetzgebung, 1985, S. 62 f.; *Gunther Schwerdtfeger*, Die dogmatische Struktur der Eigentumsgarantie, 1983, S. 13 ff.; *ders.* (Fn. 47), S. 15; *Böckenförde* (Fn. 29); *Ramsauer* (Fn. 92), S. 143 ff.; *Werner Böhmer*, Probleme der Dogmatik und Systematik der Eigentumsbestimmungen des Grundgesetzes, in: AgrarR 1984, Beil. I, S. 2 ff.; *Breuer* (Fn. 29), S. 10 ff.

einheitlichem Schutzbereich, es ist nicht a priori relativiert durch „in seinem Kern schon mitgedachte Bindungen“. Einschränkbar ist es, doch es bleibt „inviolable et sacré“; dieser fundamentalen Vorgabe muß nun auch seine Inhaltsbestimmung entsprechen.

II. Der „verfassungsrechtliche Eigentumsbegriff“ — kein „Eigentum nach Gesetz“ — Schranken der „Inhaltsbestimmung des Eigentums“ (Art. 14 Abs. 1 S. 2 GG)

1. Die These „Eigentum nach Gesetz“

54 Zentralproblem der Eigentumsdogmatik ist das Verhältnis von Verfassung und Gesetz. Ist der einfache Gesetzgeber – wie bei den meisten anderen Grundrechten – auf Eingrenzung der Schutzbereiche, also doch im wesentlichen auf (zulässige) Eingriffe beschränkt, oder hat er das Recht, den Eigentumsinhalt durch gesetzgeberische Entscheidung überhaupt erst einmal zu schaffen, ist das verfassungsgeschützte Eigentum Kreatur des einfachen Gesetzgebers? Und begrifflich gibt es nur[119] diese beiden Möglichkeiten: Entweder der einfache Gesetzgeber „findet den verfassungsrechtlichen Eigentumsinhalt vor“ und zieht diesem Schutzbereich Schranken, oder er definiert ihn, er bringt ihn hervor und beschränkt ihn (sodann). Im letzteren Fall stünde das Eigentumsgrundrecht, nach genereller Verfassungsdogmatik, nicht nur unter einem „allgemeinen Gesetzesvorbehalt“, wie etwa die Berufsausübungsfreiheit, denn auch diese Begrifflichkeit setzt ja voraus, daß die einzuschränkende Freiheit „vorgegeben“ bleibt, daß sie dann allerdings bis zum Kernbereich eines „Wesensgehalts“ (Art. 19 Abs. 2 GG) vom einfachen Gesetzgeber zurückgedrängt werden darf. Was aber der Gesetzgeber selbst erst hervorbringt, kann ihn, begrifflich, überhaupt nicht beschränken, auch nicht in einem Kernbereich.

55 Die Bedeutung dieser Frage – Schaffung oder Beschränkung des Eigentums durch den Gesetzgeber – muß im größeren verfassungspolitischen Zusammenhang gesehen werden. Kein anderer Freiheitsbereich steht in vergleichbarer Weise, seit über einem Jahrhundert, unter „Reformdruck“. Erstes Ziel aller Richtungen, die sich – irgendwie – „sozialistisch“ nennen, ist die Umgestaltung der Eigentumsordnung. Die großen historischen Ströme des Sozialismus und des Kommunismus haben sich hier, und letztlich allein an diesem Felsen des Anstoßes, getrennt. Während der Kommunismus etwas wie eine „revolutionäre Veränderung der Eigentumsordnung“ anstrebt, setzt demokratischer Sozialismus auf weite Umgestaltungsmöglichkeiten durch die

---

[119] Dazu *Peter Badura*, Der Eigentumsschutz des eingerichteten und ausgeübten Gewerbebetriebes, in: AöR 98 (1973), S. 154.

Mehrheit der Besitzlosen oder doch sozial Schwächeren, also durch den mehrheitslegitimierten einfachen Gesetzgeber. Kommunisten erkennen daher im Grunde an, daß sich legal das „bourgeoise Eigentum" der Verfassung nicht durchgreifend „reformieren" läßt, deshalb soll es mit Gewalt gebrochen werden; für demokratische Sozialisten liegt die eigentliche Eigentumsordnung im allgemeinen Wahlrecht, sie müssen daher einen Gesetzgeber fordern, der Herr über das Eigentum ist, weil er es selbst definiert, während die Verfassung ihm wirklich nur alleräußerste, wenn nicht nurmehr „theoretische" Schranken setzt. In dieselbe Richtung laufen Bestrebungen, die sozialpolitisch unter Umständen völlig anders orientiert sind, aber aus mehr oder weniger autoritären politischen Grundvorstellungen heraus den „starken Staat" wollen — in der Demokratie kann dies aber nur mehr heißen: den starken Gesetzgeber. Politisch gesehen sind hier also immer wieder eigenartige Allianzen autoritätsfreundlicher und autoritätskritischer Kräfte zu beobachten, nicht zuletzt im verfassungsrechtlichen Vorverständnis.

56 Die Frage der „Rechte des Gesetzgebers über das Eigentum" verlangt also eine Antwort, welche solchen Bewegungen gegenüber bestehen kann — den mächtigsten der Gegenwart. Konsens ist bei allen anderen Freiheiten leicht und meist – im wahren Sinne – billig, er schwächt sich sogleich ab, wenn auch dort die Problematik „Gesetzgeber und Eigentum" hineinspielt, von „Verlegerrecht und Pressefreiheit" bis hin sogar zu einer persönlichen Freiheit, die meist staatspolitisch bei denen zum Problem wird, welche eine neue Eigentumsordnung erzwingen wollen.

57 Von nicht wenigen wird – meist allerdings ohne nähere Begründung – behauptet, das „Eigentum" der Verfassung sei eine „Schöpfung der Rechtsordnung"[120]. Einen „vorgegebenen Eigentumsinhalt" könne es nicht geben, das Grundgesetz schütze lediglich das rechtlich, das heißt aber gesetzlich Ausgeformte als Eigentumsposition. Der Schutzbereich der Verfassung könne nicht rein tatsächliche, rechtlich nicht ausgeformte Herrschaftsbeziehungen beinhalten[121].

58 Diese Auffassung ist richtig, aber mißverständlich. In aller Regel wird sich der Bürger ohnehin nur auf einfachgesetzlich ausgeformte Rechtspositionen berufen (können). Die entscheidende Frage ist aber, ob der einfache Gesetzgeber diese Ausgestaltung verfassungskonform vorgenommen hat[122]. Die meisten Vertreter dieser Meinung betonen denn auch zutreffend zugleich diese Verpflichtung des Gesetzgebers, bei der Ausgestaltung des Eigentums der

---

[120] Ablehnend *Wendt* (Fn. 118), der sich auf *Badura* (Fn. 119) beruft.

[121] Will man Konsequenzen vermeiden, welche in Art. 14 GG nur einen „Optimierungsauftrag" sehen, der die freie Verfügung über Eigentumsgegenstände lediglich als eine Variable zu berücksichtigen hat, vgl. *Rittstieg* (Fn. 21), S. 387 ff.

[122] S.u. Rdnr. 60 ff., insb. 72 ff.

Verfassung Rechnung zu tragen — insoweit gibt es also doch nach ihrer Ansicht dem Gesetzgeber vorgegebene Eigentumsinhalte. Daß er zuallererst aufgerufen ist, diese – im einzelnen – festzulegen, macht noch längst nicht allgemein „das Eigentum zu seiner Schöpfung". Und wenn der Gesetzgeber Zuordnungsbeziehungen zwischen Menschen und Gütern nicht als Eigentum behandelt, so steht damit *noch* nicht fest, daß dieser Zustand verfassungskonform sei, unter Umständen ist eine solche Unterlassung des Gesetzgebers verfassungswidrig. Wollte etwa heute die Legislative gewisse existenzsichernde, zum Teil auf eigener Leistung beruhende Rentenansprüche ausdrücklich dem Eigentumsschutz entziehen, so wäre dies verfassungswidrig. Insoweit gibt es also durchaus etwas wie ein „genuin verfassungsrechtliches Schutzobjekt der Eigentumsgarantie"[123].

59 Die Notwendigkeit gesetzgeberischer Ausgestaltung grundrechtlich gesicherter Positionen besteht nicht nur beim Eigentum, sondern auch bei vielen anderen Freiheiten. „Natürliche Freiheit" ist ebenso problematisch wie „natürliches Eigentum". Dennoch postuliert das Grundgesetz diese Vorgaben begrifflich, sonst wäre „Eigentum als Menschenrecht" nur ein Wort; wie sich noch zeigen wird, liefe dieses „fundamentale Grundrecht" völlig leer. Gerade die Französische Revolution, die doch in ihrer Universellen Menschenrechtserklärung von 1789 dem Gesetzgeber soviel Vertrauen entgegengebracht, die Grundrechte weithin unter allgemeinen Gesetzesvorbehalt gestellt hat, betont, unmittelbar nach dem hohen Lied auf das „Gesetz, den Ausdruck der volonté générale", das geheiligte Eigentum; auch für den Gesetzgeber muß es, im letzten, inviolable bleiben — es ist wie eine verfassungsprophetische Warnung.

Eigentum — eine Schöpfung des Gesetzgebers? Diese Worte sollten nicht mehr gebraucht werden[124].

2. Art. 14 Abs. 1 S. 2 GG

60 „Inhalt und Schranken des Eigentums werden durch die Gesetze bestimmt" — liegt nicht in dieser Verfassungsaussage, die sich bei keinem anderen Grundrecht vergleichbar findet, eine Besonderheit der verfassungsrechtlichen Eigentumsordnung, welche gerade diesen Lebensbereich dem freien Gestaltungsermessen des Gesetzgebers überantwortet?

---

[123] So auch etwa *Heribert Draschka*, Steuergesetzgebende Staatsgewalt und Grundrechtsschutz des Eigentums, 1982, S. 125 ff.

[124] Wenn das Inhaltsbestimmungsrecht allgemein so weit gefaßt wird, kann auch das Schrankenziehungsrecht nicht mehr an der Sozialpflichtigkeitsklausel orientiert werden, wie es, im Ergebnis zutreffend, *Wendt* (Fn. 118), S. 176 ff., fordert, nachdem der Gesetzgeber im Namen der Inhaltsbestimmung „potest plus".

61 Begrifflich-systematische Wortauslegung könnte hier bemüht werden: Wer den Inhalt eines Verfassungsbegriffs bestimme, lege damit den Schutzbereich fest, dies aber sei wiederum nicht vorstellbar ohne gleichzeitige Schrankenziehung. „Inhalt und Schranken" — das sei mit logischer Notwendigkeit als einheitlicher Begriff der „Inhaltsbestimmung" zu verstehen. Der Gesetzgeber bleibe also keineswegs auf „Beschränkung von als ‚Eigentum' nach der Verfassung anzuerkennenden Positionen", sozusagen „von außen her" verwiesen; ihm stehe ein Vollrecht der Ausgestaltung der Eigentumspositionen zu, das er insbesondere durch Schrankenziehung ausübe. Jede andere Auslegung verkürze das Recht des Gesetzgebers auf eine Schrankenerrichtung gegenüber vorgegebenen Inhalten. Zugunsten dieser Auffassung mag man auf die Judikatur des Bundesverfassungsgerichts verweisen: Weit überwiegend und in steigendem Maße prüfe das Gericht die Gesetze nicht mehr nach am Maßstab einer „Sozialbindung", also unter „Schrankengesichtspunkten", sondern im Hinblick auf Art. 14 Abs. 1 S. 2 GG — mithin unter Anerkennung des Primats
62 einer „Gestaltung". Ist damit nicht die sonst unbestrittene Grundrechtsdogmatik der Trennung von (verfassungsrechtlich vorgegebenem) Freiheitsinhalt und Schrankenziehungsrechten des Gesetzgebers doch für das Eigentum grundsätzlich aufgegeben, weil der „Gesetzgeber der Herr der Inhalte" bereits ist — also doch „Eigentum nach Gesetz", und zwar kraft ausdrücklicher Verfassungsvorschrift?

63 Art. 14 Abs. 1 S. 2 GG darf nicht so verstanden werden — der Schutzbereich des Eigentums ist nicht der freien Disposition des Gesetzgebers überantwortet; dem stehen schon Wortlaut und allgemein-systematisches Verständnis des Grundgesetzes entgegen.

In Art. 14 Abs. 1 S. 2 GG heißt es nicht, der „Inhalt des Eigentums wird vom Gesetz bestimmt, insbesondere seine Schranken", von „Inhalt *und* Schranken" ist vielmehr die Rede — also sind diese Begriffe zu unterscheiden, „Schrankenbestimmung" ist nicht notwendig nur ein Aspekt eines allgemeineren, weitergehenden Inhaltsbestimmungsrechts, neben dem sie eigentlich gar nicht mehr erwähnt zu werden bräuchte. Wollte man dies nämlich annehmen, so hätte es gar keinen Sinn mehr zu prüfen, ob der einfache Gesetzgeber sein Schrankenziehungsrecht nicht überzogen habe, nachdem er ja das zu Beschränkende hervorbringen durfte[125]. Die gesamte Rechtsprechung des Bundesverfassungsgerichts zu den „Schranken des Inhalts- und Schrankenbestimmungsrechts des Gesetzgebers"[126] würde Makulatur, die „Eigentumsgestaltungsfreiheit" des Gesetzgebers ginge weiter als selbst die Gestaltungsfreiheit bei einem allgemeinen Gesetzesvorbehalt — obwohl das Bundesverfassungsgericht ausdrücklich die nur im Fall von Gesetzesvorbehalten

[125] Vgl. etwa BVerfGE 58, 300 (348).

[126] S.u. Rdnr. 77 ff.

bedeutsame Wesensgehaltssperre (Art. 19 Abs. 2 GG) auch beim Eigentum beachtet sehen will[127]. Von selbständiger Verfassungsbegrifflichkeit könnte hier nicht mehr gesprochen werden[128]. Das Eigentumsgrundrecht bände den Gesetzgeber überhaupt nicht, sondern allein die Verwaltung — in klarem Widerspruch zu Art. 1 Abs. 3 GG und der gesamten Verfassungsjudikatur.

64 Das sonst nicht geläufige gesetzliche Inhaltsbestimmungsrecht beim Eigentum hat ersichtlich die Verfassungsdogmatik verunsichert, es schien die gesamte, dem Interpreten sonst vertraute Schrankensystematik der Grundrechte zu sprengen. Es gilt, ihre Geschlossenheit zu betonen. Der Gesetzgeber ist der Beschränker der Freiheit, nicht ihr Schöpfer.

Was aber ist dann der Sinn der Formel „Inhalt und Schranken" — warum spricht die Verfassung nicht von „Schranken" allein?

65 „Inhaltsbestimmung" durch den Gesetzgeber hat nichts zu tun mit den „immanenten Schranken", welche es bei diesem Grundrecht ebenso gibt wie bei anderen[129] — sie sind durch den Verfassung(sgesetz)geber gezogen, und es handelt sich eben um „Schranken". Notwendigkeit und Sinn eines besonderen „Inhaltsbestimmungsrechts" beim Eigentum ergeben sich vielmehr aus der Eigentümlichkeit dieses Sachbereichs, aus den Besonderheiten der Güter, auf welche sich die Eigentumspositionen beziehen.

66 „Eigentumsfähigkeit" ist nicht in gleicher Weise dem Gesetzgeber bei allen Gütern „natürlich vorgegeben". Schon in ganz allgemeiner Einteilung sind mindestens drei Kategorien zu unterscheiden:

67 – Eigentum an „natürlich abgegrenzten Gütern", insbesondere das Sacheigentum an beweglichen Gütern, die sozusagen „natürlich eigentumsfähig", weil außerrechtlich abgegrenzt und beherrschbar sind. Eigentum an einem Buch könnte von der Verfassung geschützt werden ohne jede weitere gesetzgeberische Konkretisierung, eben als Recht, jedem anderen irgendwelche Formen des Zugriffs auf das Gut zu untersagen (was weitere Abgrenzungen durch den Gesetzgeber nicht ausschließt).

68 – Eigentum an „wesentlich abgrenzungsbedürftigen Gütern", insbesondere beim Grundeigentum; hier *muß* der Gesetzgeber zuerst die „Eigentumsfähigkeit" im einzelnen durch Abgrenzung herstellen, indem er etwa die sachenrechtlichen Voraussetzungen schafft (Grenzziehungen, Grundbucheintragungen). Erst dann kann das Eigentum als ein Ausschließlichkeits-

---

[127] So spricht z.B. das BVerfG von einer „dem Sacheigentum immanenten Sozialbindung, die sich auch ohne spezialgesetzliche Regelung unmittelbar aus Art. 14 Abs. 2 GG ergeben würde", BVerfGE 20, 351 (361).

[128] S.u. Rdnr. 72 ff.

[129] BVerfGE 14, 263 (277).

recht überhaupt seinen Schutz entfalten. Hier insbesondere trifft das Wort des Bundesverfassungsgerichts zu: „Das Eigentum ist das wichtigste Rechtsinstitut zur Abgrenzung privater Vermögensbereiche. Es bedarf *deshalb besonders der Ausgestaltung durch die Rechtsordnung*"[130].

69 – Eigentum an „gesetzlich erst zu bestimmenden Gütern", bei denen der rechtliche Verfassungsschutz überhaupt erst eingreifen kann, wenn der Gesetzgeber tätig geworden ist — etwa Forderungsrechte, vor allem aber die Immaterialgüterrechte. Ein Patent, ein Warenzeichen kann überhaupt erst dann nach Art. 14 Abs. 1 GG geschätzt werden, wenn es vom Gesetzgeber „inhaltlich bestimmt" worden ist.

70 Bei den beiden ersten Kategorien, den natürlich abgegrenzten und den abgrenzungsbedürftigen Eigentumsgegenständen, genügt die Schrankenbestimmung des Eigentums seitens der Gesetzgebung, bei der ersteren ist sie an sich gar nicht nötig. Im Falle des Immaterialeigentums aber „ist nichts greifbar", solange nicht der Gesetzgeber gesprochen hat: Hier also *muß* der Legislative ein „Inhaltsbestimmungsrecht" eingeräumt sein, Verfassung und Verfassungsgerichtsbarkeit können dies nicht leisten. Das bedeutet allerdings auch hier nicht schrankenlose Dispositionsbefugnis des Gesetzgebers über den Eigentumsgegenstand: Wenn der Gesetzgeber der Privatrechtsordnung etwas entzieht oder vorenthält, was „zum elementaren Bestand grundrechtlich gesicherter Betätigung im vermögensrechtlichen Bereich gehört", so ist eine solche Gesetzgebung, eine derartige „Nichtausformung des Eigentums" verfassungswidrig[131]. Nur in engsten Grenzen darf der Gesetzgeber einer Sache die (private) Eigentumsfähigkeit absprechen[132].

71 So also erklärt sich die Formel von dem Recht des Gesetzgebers, „Inhalt und Schranken des Eigentums" zu bestimmen: Ihre Urheber dachten in den zivilistischen Kategorien des Sachenrechts, logisch korrekt wollten sie einen Verfassungsschutz nur an das anknüpfen, was vom Gesetzgeber „eigentumsfähig" gemacht worden war. Sie konnten nicht vorhersehen, daß politische Reformbestrebungen daraus ein absolutes Inhaltsbestimmungsrecht für alles Eigentum würden ableiten wollen. Dies also bedeutet Art. 14 Abs. 1 S. 2 GG: „Natürlich" abgegrenztes Eigentum muß der Gesetzgeber anerkennen; abgrenzungsbedürftiges hat er abzugrenzen; „natürlich nicht vorgegebene Gü-

---

[130] Dies ergibt sich deutlich aus BVerfGE 24, 367 (388 ff.), auf die in BVerfGE 58, 300 (339) Bezug genommen wird. — Hervorhebung v. Verfasser.

[131] BVerfGE 24, 367 (388 ff.); 58, 300 (339).

[132] BVerfGE 25, 112 (117 f.); 26, 215 (222); 58, 300 (335), st. Rspr. Dennoch ist es, nach dem oben Dargelegten, sinnvoll, Inhaltsbestimmung und Sozialbindung zu unterscheiden (vgl. dazu *Scholz* (Fn. 92), S. 136), wenn nur deutlich bleibt, daß sich die Inhaltsbestimmung lediglich auf gewisse Abgrenzungen, im übrigen auf einzelne Kategorien von Eigentumsgütern bezieht.

ter" muß er durch Inhaltsbestimmung eigentumsfähig machen — all dies zusammen gehört in die Kategorie „Inhaltsbestimmung"; und dem so inhaltlich definierten Eigentum mag dann das Gesetz „Schranken", sozusagen „von außen" ziehen. In all dem orientiert den Gesetzgeber Art. 14 Abs. 2 S. 1 GG, der Sozialvorbehalt beim Eigentumsgrundrecht[133].

„Inhalt und Schranken des Eigentums" zu bestimmen — das ist mehr eine Pflicht als ein Recht des Gesetzgebers: Er muß optimale rechtliche Möglichkeiten der privaten Nutzbarkeit aller Güter schaffen, er ist nicht ihr globalsozialisierender Herr.

3. Der „Verfassungsbegriff des Eigentums"

72 Der Eigentumsbegriff des Grundgesetzes ist nicht dem einfachen Gesetzesrecht zu entnehmen, dieses muß vielmehr an einem eigenständigen Verfassungsbegriff des Eigentums gemessen werden. Aus diesem verfassungsmäßigen Eigentumsinhalt ergibt sich erst, wie jenes Eigentum im einzelnen gesetzlich auszuformen ist, welches dann den Gegenstand der Eigentumsgarantie bildet[134].

Das Bundesverfassungsgericht ist stets von der Eigenständigkeit eines verfassungsrechtlichen Eigentumsbegriffs ausgegangen[135], im Naßauskiesungs-Beschluß hat es sich ausdrücklich zu einer selbständigen Verfassungsbegrifflichkeit bekannt, die nicht von der Ausformung durch einzelne Gesetze abhänge: Der Gegenstand und Umfang des durch Art. 14 GG gewährleisteten Bestandsschutzes ergeben sich nicht „aus dem Gesetz", sondern aus „der Gesamtheit der *verfassungsmäßigen* Gesetze"[136] — und dieses Wort ist entscheidend: Keine „Gesetzmäßigkeit der Verfassung"[137] im Eigentumsrecht, vielmehr ein verfassungsrechtlicher Eigentumsbegriff als Maßstab des Gesetzesrechts. Das Schrifttum hat dies von jeher grundsätzlich unterstrichen[138].

---

[133] Dies ist der Sinn der – mißverständlichen – früheren Formulierungen in BVerfGE 24, 367 (396); 37, 132 (141).

[134] Dies war auch schon die Bedeutung der früheren Formel vom Eigentum, „wie es das bürgerliche Recht und die gesellschaftlichen Anschauungen geformt haben", die ja nicht einfach auf Gesetzesrecht Bezug nahm (vgl. BVerfGE 1, 264 (278 f.); 11, 64 (79); 19, 354 (370)); s.u. Rdnrn. 73 f.

[135] BVerfGE 58, 300 (335).

[136] BVerfGE 58, 300 (336) — Hervorhebung v. Verfasser.

[137] Dazu *Walter Leisner*, Von der Verfassungsmäßigkeit der Gesetze zur Gesetzmäßigkeit der Verfassung, 1964.

[138] Dazu grundsätzlich etwa *Suhr* (Fn. 32), S. 187 ff.; *Böhmer* (Fn. 118); *Breuer* (Fn. 29), S. 158 ff.; s. auch *Felix Weyreuther*, Die Situationsgebundenheit des Grundeigentums, 1983, S. 25 ff.; neuerdings *Papier* (Fn. 1), Art. 14 Rdnr. 37 f. m.w.N.

73 Der Verfassungsbegriff des Eigentums ist also auch nicht einfach der des bürgerlichen Rechts: Das „Eigentum“ im Sinne des Art. 14 GG wird nicht lediglich durch Privat-, sondern auch durch öffentliches Recht bestimmt[139], öffentlich-rechtliche Berechtigungen können ebenfalls den Eigentumsschutz genießen, dieser umfaßt nicht das Privateigentum, sondern das Eigentum Privater[140].

Diese Klarstellungen des Bundesverfassungsgerichts sind zu begrüßen, sie stellen auch keine Wende einer Rechtsprechung dar, welche nie einfach das private Eigentumsrecht in die Verfassung transformiert hat. Die frühere Formel des Bundesverfassungsgerichts[141], das Grundgesetz wolle „das Rechtsinstitut des Eigentums so schützen, wie es das bürgerliche Recht und die gesellschaftlichen Auffassungen geformt haben“, zeigt klar, daß dem bürgerlichen Recht eine besondere entwicklungsgeschichtliche Bedeutung zukommt — hier vor allem hat sich die auch heute noch grundlegende Vorstellung vom Eigentum als Ausschlußrecht entfaltet; doch durch den Hinweis auf die „gesellschaftlichen Auffassungen“ hat das Gericht klargestellt, daß das Verfassungsrecht sich gerade nicht einfach in einer Ratifikation des sachenrechtlichen bürgerlichen Eigentums erschöpft, nachdem doch auch schon seit der Weimarer Zeit der Eigentumsbegriff entscheidend über das bürgerliche Recht hinaus erweitert worden ist.

74 Von einer „Abseilung“ des Eigentumsbegriffs vom bürgerlichen Eigentum kann also in der neueren Verfassungsrechtsprechung nicht die Rede sein. Das Zivilrecht bleibt Lehrmeister des Verfassungsrechts in einem Zentrum der Eigentumsdogmatik: in der Entfaltung der herkömmlichen sachenrechtlichen Vorstellungen vom Eigentum als Ausschließlichkeitsrecht[142]. Soweit sich im verfassungsrechtlichen Eigentumsbegriff (auch) gewisse Elemente einer Rechtsanalogie aus einfachgesetzlichem Eigentumsrecht finden, bleibt das Privatrecht die wichtigste Analogiematerie des Eigentumsrechts. Solange Privatnützigkeit ein Konstitutivelement des Verfassungsrechts ist, wird sich der Blick bei der Bestimmung des Inhalts des verfassungsrechtlichen Eigentums stets in erster Linie auf jenes Privatrecht richten, dessen große Strukturen, über täglichem politischen Wandel, überhaupt erst vermitteln, „was privat ist“, was also privat genutzt werden kann. Eingegangen sind in den Verfassungsbegriff nicht zivilrechtliche Detailnormen, wohl aber die Grundlinien des klassischen Sachenrechts, so wie dies ja auch sonst im öffentlichen Recht – man denke nur an das Recht der öffentlichen Sachen – geläufig ist.

---

[139] BVerfGE 58, 300 (330, 335).

[140] BVerfGE 61, 82 (108 f.); s.u. Rdnrn. 119 f.

[141] Vgl. Fn. 134.

[142] Siehe etwa *Rittstieg* (Fn. 21), S. 205 f.; s.o. Rdnr. 8.

75 Doch die Verfassungsdogmatik zeigt sich gerade beim Problem des „selbständigen Verfassungsbegriffs" nach wie vor durch das Bundesverfassungsgericht verunsichert[143]: Entgegen allen Beteuerungen des Gerichts, den Eigentumsbegriff des Verfassungsrechts aus der Verfassung selbst gewinnen zu wollen, werde er doch in der Judikatur zu einem Begriff nach Maßgabe der einfachen Gesetzgebung. Als Verfassungsschranke sei kaum mehr zu erkennen als die Bindung des einfachen Gesetzgebers an die Verhältnismäßigkeit, verbunden mit der Abwägungsverpflichtung[144]. Dies aber sind allgemeine Grenzen staatlicher Eingriffe, nicht eigentumsspezifische Schranken der Staatstätigkeit.

Trifft dann nicht die resignierende Feststellung zu[145]: „Der gesetzgeberische Gestaltungsraum ist deshalb noch nicht wesentlich enger als derjenige Rahmen, der dem außerhalb des Art. 14 GG operierenden Gesetzgeber zur Verfügung stünde?"

76 Wenn dem so ist, stellt Art. 14 Abs. 1 GG nichts als hohles Verfassungspathos dar, dann wäre das Grundgesetz in einem schlechthin entscheidenden Bereich für Staat und Gesellschaft eine wertlose Verfassungshülse. Den Richtern des Bundesverfassungsgerichts sollte klar sein, heute und in Zukunft, daß nicht nur ihre Eigentumsrechtsprechung, sondern ihre gesamte Judikatur daran gemessen wird, ob sie faßbare, typische „Verfassungselemente des Eigentums" heraus- und dem Gesetzgeber entgegenstellen — bei aller Achtung vor dessen Gestaltungsfreiheit.

4. Elemente des verfassungsrechtlichen Eigentumsbegriffs nach dem Bundesverfassungsgericht

77 Welches sind nun, in der Verfassungsjudikatur, die faßbaren eigentumsspezifischen Elemente eines „verfassungsrechtlichen Eigentumsbegriffs", jenseits von allgemeiner Bestimmtheit, Erforderlichkeit, Verhältnismäßigkeit, Abwägung, die der Gesetzgeber bei der Bestimmung von Inhalt und Schranken des Eigentums ohnehin nach der Rechtsstaatlichkeit beachten muß? Dies ist geradezu die Zentralfrage der allgemeinen Verfassungsdogmatik.

78 Das Bundesverfassungsgericht hat immer wieder betont, daß es von derartigen eigentumsspezifischen Begriffselementen ausgehe: Die Institutsgarantie als Schranke aller einfachen Gesetzgebung „sichert einen Grundbestand

143 Vgl. etwa *Papier* (Fn. 1), Art. 14 Rdnr. 38, u.a. unter Berufung auf *Walter Leisner*, Eigentumswende? Liegt der Grundwasserentscheidung des Bundesverfassungsgerichts ein neues Eigentumsverständnis zugrunde?, in: DVBl. 1983, S. 61 (63).

144 BVerfG st. Rspr.; vgl. etwa BVerfGE 21, 73 (83); 55, 249 (258); 58, 300 (335).

145 *Papier* (Fn. 1), Art. 14 Rdnr. 38.

von Normen, die das Eigentum im Sinne dieser Grundrechtsbestimmung umschreiben"[146]. Diese Grundstrukturen des einfachen Gesetzesrechts sind also verfassungsrechtlich verfestigt worden und binden alle künftige Gesetzgebung. Der Gesetzgeber muß vor allen anderen Schranken, die sich insbesondere aus der Rechtsstaatlichkeit und dem Gleichheitssatz ergeben (etwa der Verhältnismäßigkeit), „die grundlegende Wertentscheidung des Grundgesetzes zugunsten des Privateigentums"[147] beachten. Damit ist eindeutig entschieden, daß die berichteten Befürchtungen[148] gegenstandslos sein sollten: Eigentum ist mehr als Rechtsstaatlichkeit.

79 In verschiedenen anderen, laufend gebrauchten Formulierungen kehrt diese Grundaussage des Bundesverfassungsgerichts wieder: Der „Kern des Eigentumsrechts" darf nicht angetastet werden[149], seine „Substanz"[150]; die Einzelbefugnisse und -pflichten, die den „Inbegriff des Eigentums" ausmachen, *muß* der Gesetzgeber inhaltlich normieren[151] — also hat er doch weit mehr zu beachten als nur Rechtsstaatlichkeit und Abwägungsgebot; die „konstituierenden Merkmale des Eigentumsbegriffs" müssen im Einzelfall erfüllt sein, damit eine Rechtsbeziehung dem Schutzbereich des Art. 14 GG zugeordnet werden könne[152]. In scharfen Worten wird der Gesetzgeber davor gewarnt, unter dem „Etikett" einer Inhaltsbestimmung zu enteignen[153] oder Schranken des Eigentums „beliebig (zu) erfinden und damit den verfassungskräftigen Eigentumsschutz des Art. 14 GG (zu) schwächen"[154]. Wenn es keine rechtlich greifbaren Eigentumsentscheidungen der Verfassung gibt, so ist diese ganze Judikatur verfassungswidrig, weil die entscheidenden Norminhalte im dunkeln bleiben, welche den einfachen Gesetzgeber hier verpflichten sollen. Sind das wirklich alles nur „verbale Beteuerungen"?

80 Das Bundesverfassungsgericht ist leider – das ist unverkennbar – in seinen allgemeinen Formulierungen bisher freigiebiger und entschiedener gewesen als im Prägen von „Subformeln", welche die „typisch eigentumsrechtlichen Elemente" des verfassungsrechtlichen Eigentumsbegriffs verdeutlichen könnten. Viel häufiger sind dem Gesetzgeber seine Freiheiten bescheinigt als konkrete Eigentumsschranken gezogen worden. Allerdings können die Richter

---

[146] BVerfGE 26, 215 (222) u. öfter, etwa BVerfGE 50, 290 (340).

[147] Dies ist eine der am meisten und ganz kontinuierlich gebrauchten Formulierungen: BVerfGE 14, 263 (278) st. Rspr.; vgl. etwa BVerfGE 58, 300 (338); 62, 169 (183).

[148] S.o. Rdnr. 76.

[149] BVerfGE 45, 142 (173).

[150] BVerfGE 45, 272 (296); 42, 263 (295); 50, 290 (341); 52, 1 (30).

[151] BVerfGE 21, 73 (79 f.); 56, 249 (260).

[152] BVerfGE 11, 221 (226); 14, 288 (293) und öfter.

[153] BVerfGE 42, 263 (295); 50, 290 (341); 52, 1 (30).

[154] BVerfGE 22, 387 (422).

einen solchen Vorwurf leicht der Lehre zurückgeben: Gerade in den letzten Jahren hat diese weit häufiger gesetzgeberische Freiheiten betont, als daß sie Verfassungselemente eines Eigentumsbegriffs herausgearbeitet hätte, die ihr bei manchen Sozialgestaltungsvorschlägen ersichtlich im Wege gewesen wären. Auch ist grundsätzlich zuzugeben, daß dem Verfassungsrichter zweierlei naturgemäß leichtfällt: einerseits allgemein den Selbstand der Verfassung zu betonen — zum anderen die „typischen Eigentumselemente" des Grundgesetz-Rechts im jeweils entschiedenen Fall zum Tragen zu bringen, entsprechend der Natur des Eigentumsgutes, wie dies etwa beim Urheberrecht deutlich erkennbar versucht worden ist[155]. Derartiges dann „rechtsanalog hochzurechnen", bis zu generelleren Subformeln, wie sie gerade die Praxis braucht, um das Verfassungsprozeßrisiko in Grenzen zu halten — diesen Zwischenbereich zwischen höchstem Grundsatz und Einzelentscheidung durfte die Judikative doch dem Schrifttum überlassen, das aber derartiges weit mehr bei den Eigentumsschranken als bei den Inhaltselementen des verfassungsrechtlichen Eigentumsbegriffs geleistet hat.

81 Allgemeine eigentumsspezifische Elemente des Verfassungsrechts sind immerhin deutlich erkennbar. Besonders wichtig ist dem Bundesverfassungsgericht offensichtlich die „Zuordnung des Eigentumsgutes zur Person des Eigentümers"[156], das „Eigentum in Eigentümerhand" — darin sieht das Gericht sogar eine wesentliche Verstärkung des Eigentumsschutzes gegenüber Weimar[157]. Deshalb sind Verfügungs-, insbesondere Veräußerungsbefugnisse eindeutig verfassungsrechtliche Inhalte der Eigentumsfreiheit[158], sie dürfen grundsätzlich vom Gesetzgeber nicht angetastet werden. „Entzug des Rechts" ist also in der Regel Eingriff ins Eigentum.

82 Dem Bundesverfassungsgericht ist dabei ersichtlich klar, daß die größten Gefahren für das Eigentum seitens der Gesetzgebung nicht hier lauern, sondern in der Beschränkung des Eigentumswertes, der Eigentumsnutzung, unter Aufrechterhaltung einer immer formaler werdenden Zuordnung. Deshalb spricht es regelmäßig, neben der Zuordnung, auch von der Substanz der jeweiligen Eigentumsposition, ihrem „Wert" für den Eigentümer — von der Nutzungsseite.

---

[155] Siehe für viele BVerfGE 31, 229 (240 ff.).

[156] Etwa BVerfGE 31, 275 (285); 42, 263 (293 ff.) – Contergan-Fall: Erhaltung des „Zuordnungsverhältnisses"; 31, 229 (240 ff.): Zuordnung des wirtschaftlichen Wertes eines geschützten Werkes an den Urheber; 50, 290 (341); 52, 1 (30).

[157] BVerfGE 24, 367 (400 ff.) und öfter, etwa BVerfGE 58, 300 (323); neuerdings BVerfGE 74, 264 ff.; weit. Nachw. b. *Walter Leisner*, Bestandsgarantie des Eigentums — vom Bergrecht unterminiert?, in: DVBl. 1988, S. 555 ff.

[158] BVerfGE 26, 215 (222) und öfter; vgl. etwa BVerfGE 53, 257 (288 ff.).

Und hier nun kann man dem Gericht den Vorwurf nicht ersparen, daß es des Guten zuwenig gesagt, allzu große Vorsicht gezeigt habe. Daß die Verfassungsgarantie keinen Anspruch auf die jeweils optimale Eigentumsnutzung gibt[159], ist zu billigen, denn dies ist begrifflich eine Maximalausdehnung des Rechts, weit mehr als seine Substanz, sein Kern. Doch viel zu weit kommt das Gericht umgekehrt dem Gesetzgeber entgegen, wenn es die Vorstellung „Eigentumsverbürgung als Eigentumswertgarantie" als eine „Verkennung der grundlegenden Gehalte der Eigentumsgarantie" bezeichnet[160]. Die Technik moderner Eigentumsbindungen ist längst so verfeinert, daß sich der Staat alles Wesentliche im Wege der belastenden Wertminderung nehmen kann, während er dem Eigentümer die Eigentumslasten der Verwaltung beläßt und damit das Zuordnungsverhältnis aufrechterhält — dann aber nähert man sich nationalsozialistischen Vorstellungen[161], dem Eigentümer als Zuordnungssubjekt, als Sachwalter der Gemeinschaft. Die Garantie eines „Wert-Kerns", einer „Kern-Nutzung" muß also verfassungsfest sein, sonst kann der gesamte Eigentumsschutz unterlaufen werden.

83 Die Formel „Verfassungseigentum — Innehabungs-, nicht Wertgarantie" sollte entweder gar nicht mehr oder nur ergänzt durch einen Hinweis auf den „Substanzschutz" verwendet werden. Denn darin liegt mehr als eine Betonung selbständiger Verfassungsbegrifflichkeit: Die „Substanz" erfaßt auch den „Wert" — daher bedeuten schwere Wertverluste auch Eigentumseingriff, was übrigens in der Rechtsprechung der obersten Bundesgerichte zur Enteignung seit langem anerkannt ist[162]. Und da sich in einer grundrechtlich geprägten Wirtschaft der Wert eines Eigentumsgutes meist auf dem Markt bildet, liegen hier auch die Schranken des staatlichen Marktdirigismus aus dem Eigentumsgrundrecht: Der Staat darf nicht dem Eigentümer seine Sache lassen und ihm „seinen Markt nehmen", auf dem diese erst zum „Gut" wird.[163]

84 Zuordnung und Substanzerhaltung sind also die Grundlagen des verfassungsrechtlichen Eigentumsschutzes. Dies ist dort ohne weiteres vollziehbar, wo das Gesetzesrecht bereits Rechtspositionen als Eigentum eindeutig gekennzeichnet hat. Ist dies noch nicht der Fall, geht es also erst um die allgemeine Zuordnung einer Position zum Schutzbereich des Eigentums, so ist ebenfalls von „Zuordnung und Substanzerhaltung" im Sinne der herkömmlichen Eigentumsgegenstände, insbesondere des sachenrechtlichen bürgerlichen Eigentums auszugehen. Sind jene Rechtspositionen „so stark", „daß sie

---

[159] BVerfGE 58, 300 (345).

[160] BVerfGE 24, 367 (405); 38, 175 (184 f.); 45, 63 (76).

[161] S.o. Rdnr. 31.

[162] Seit BVerwGE 5, 143 ff.

[163] Siehe dazu *Walter Leisner*, Privateigentum ohne privaten Markt?, in: BB 1975, S. 73 ff.

dem Privateigentum an einer Sache oder einer Forderung nahekommen", so liegt „Eigentum" vor — entscheidend sind die „Stärke" des Zuordnungsverhältnisses und ein privatnütziger Wert (Substanz).

5. Leistung — Sicherung — Vertrauen: Elemente des verfassungsrechtlichen Eigentumsbegriffs

85 Das Grundgesetz schützt das Leistungseigentum. Besitz, der durch eigene Leistung erworben wurde[164], genießt nach dem Bundesverfassungsgericht auf jeden Fall und in einem besonderen Maße den Schutz des Art. 14 GG[165]. Insbesondere wurde dies bei der Einbeziehung sozialversicherungsrechtlicher Positionen in den Eigentumsschutz betont und diese damit begründet[166]. Das Bundesverfassungsgericht verlangt dafür ausdrücklich die eigene, nicht eine fremde Leistung[167]: das geschenkte oder ererbte Gut genießt insoweit nicht diesen Schutz, sondern den der Erbrechtsgarantie. In einer weiteren, nicht selten verwendeten Subformel spricht das Bundesverfassungsgericht diesen „besonderen Schutz" dem „durch eigene Leistung und eigenen Kapitalaufwand Erworbenen" zu[168]. Die auch politisch viel diskutierte Frage, ob „Kapital" „geronnene Arbeit" und damit ebenfalls Ausdruck einer Leistung sei, oder ob der „Arbeits-Leistung" dem „Kapital" gegenüber ein Schutzprimat zukomme, braucht daher hier nicht vertieft zu werden: „Kapital"-Einsatz steht eindeutig einer, wie immer definierten, sonstigen „Leistung" gleich.

86 An Kritik an diesem „Leistungskriterium" hat es nicht gefehlt[169]: „Leistung" sei doch auch sonst kein Schutzwürdigkeitskriterium im Recht des Eigentums, und Güter würden ja auch beim Einsatz von Arbeit nicht allein

---

[164] *Rolf Stober*, Verfassungsrechtlicher Eigentumsschutz sozialer Rechtspositionen. Grundlinien der einschlägigen Rechtsprechung des Bundesverfassungsgerichts, des Bundessozialgerichts und der anderen obersten Gerichte, in: Verfassungsrechtlicher Eigentumsschutz sozialer Rechtspositionen, Schriftenreihe des Deutschen Sozialrechtsverbandes 23 (1982), S. 12 (32 f.); *Wolfgang Rüfner*, Die Differenziertheit sozialrechtlicher Positionen und der Anspruch der Eigentumsgarantie, ebd., S. 169 ff.; *Ramsauer* (Fn. 92), S. 133 f.; *Floßmann* (Fn. 63), S. 24 ff.; Leistung soll auch für die Entschädigung von Bedeutung sein, vgl. *Wilhelm Opfermann*, Die Enteignungsentschädigung nach dem Grundgesetz, 1974, S. 99 ff.; zu „Eigentum als Arbeit" in der Rechtsphilosophie Hegels vgl. *Rudolf W. Meyer*, Das Verhältnis von „Person" und „Eigentum" in Hegels Philosophie des Rechts, in: Holzhey/Kohler (Fn. 7), S. 87 ff.

[165] BVerfGE 14, 288 (293) und öfter, etwa BVerfGE 30, 292 (334); 58, 81 (112) st. Rspr.

[166] Dazu *Papier* (Fn. 1), Art. 14 Rdnrn. 130 ff. — Nachw. s.u. Rdnrn. 119 f., vgl. neuerdings BVerfGE 69, 272; 72, 9.

[167] Anderer Ansicht *Rüfner* (Fn. 164).

[168] BVerfGE 1, 264 (277 f.); 50, 290 (340); 58, 81 (112).

[169] *Meyer-Abich* (Fn. 103), S. 25 ff.; *Vogel* (Fn. 84); *Wendt* (Fn. 118), S. 75 ff.

durch diese, sondern etwa auch unter Inanspruchnahme von Produktionsmitteln erworben. Die einen besorgen ersichtlich, daß hier die Verfassungsgarantie auf ein eng umgrenztes „Arbeitseigentum“ beschränkt werden könnte, andere befürchten offensichtlich eine Blockade sozialreformerischer Unternehmungen durch einen allzu weit gefaßten Leistungsbegriff.

87 Die Besorgnis eines engen „Arbeitseigentumsschutzes“ ist wohl unbegründet; der sehr allgemein angesprochene Leistungsbegriff und die Gleichstellung von Leistung und Kapital lassen keinen traditionellen Güterbereich ungesichert. Daß ein „unverdienter Vermögenszuwachs“ keinen Verfassungsschutz verdient, ist zwar für das Urheberrecht ausgesprochen worden[170], bleibt dort aber durchaus im Rahmen des herkömmlichen Privatrechts. Daß das Bundesverfassungsgericht daraus eine Theorie des „unverdienten Besitzes“ allgemein im Eigentumsrecht entwickeln werde[171], steht nicht zu erwarten. Mißverständlich ist wohl die Wendung vom „besonderen Verfassungsschutz“ — dies kann nur bedeuten: „besonderer Eigentumsschutz (auch noch) durch die Verfassung, nicht nur durch einfaches Gesetzesrecht“, denn sonst wäre die Eigentumsdogmatik unabsehbar verunklart: Abstufungen der Intensität des Eigentumsschutzes kann es jedenfalls grundsätzlich nicht geben. Indirekt allerdings mag es doch zu einem ähnlichen Ergebnis kommen: Die „eigene Leistung“ führt dazu, daß nicht jede Gemeinwohlerwägung Eingriffe in das Eigentum rechtfertigt[172] — also ist die „Leistung“ wohl eine Art von „Abwägungselement“ bei der Bestimmung zulässiger Eingriffstiefe; und daß ein Eigentum „mehr oder weniger durch Leistung geprägt sein kann“, hat das Gericht ja, bei sozialversicherungsrechtlichen Positionen, ausdrücklich anerkannt[173]. Einerseits zeigt sich also die „Leistung“ als ein deutliches Legitimationselement des Eigentumsschutzes, und als solche ist sie ja das einzige, was nach heutigem sozialpolitischen Konsens gewissen Umgestaltungsbestrebungen der Eigentumsordnungen erfolgreich entgegenzusetzen ist. Zum anderen aber könnte es in der Tat, wollte man die Formulierungen „je nach Leistung(santeil)“ extensiv verstehen, zu einer unabsehbaren Stufung und damit Relativierung des Eigentumsbegriffes kommen, denn niemand könnte mehr wissen, „wieviel an Leistungsqualität“ denn bei seinem konkreten Eigentum von der Judikative anerkannt werde.

88 So aber kann das „Leistungseigentum“ nicht verstanden werden. Im wesentlichen ist es nur in einer Richtung als dogmatisches Abgrenzungsinstrument entwickelt worden: gegenüber staatlichen Fürsorgeleistungen im Sozial-

---

[170] BVerfGE 31, 229 (243); vgl. auch BVerfGE 49, 382 (392, 400).

[171] Und nicht etwa nur für das Erb- und Schenkungsrecht, wo solches seit langem diskutiert wird.

[172] BVerfGE 31, 229 (243); vgl. auch BVerfGE 49, 382 (392, 400).

[173] BVerfGE 53, 257 (288 ff.); siehe schon BVerfGE 29, 22 (33 f.); 58, 81 (111).

bereich. Hier mag es legitim sein und bleiben, es kann – und muß vielleicht – der Gesetzgeber hier auch zwischen „verdientem“ und „unverdientem“ Eigentum unterscheiden[174]. Eine Abstufung des verfassungsrechtlichen Eigentumsschutzes nach „Leistung“ – der erst einmal eine nähere Bestimmung dieses Begriffs erfordern würde und in der Tat zu einer Umwertung aller Eigentumswerte führen könnte – ist nicht in Sicht.

89 Leistungseigentum — dies ist ein bedeutsames Eigentumselement zur Abgrenzung gegenüber staatlicher Fürsorge, im übrigen ein wichtiger Legitimationsgesichtspunkt des Eigentumsschutzes überhaupt, kein Abstufungskriterium aber für den Eigentumsschutz. Daß jeder Richter in der Praxis „Rechtspositionen besonders schützen“ wird, in die viel Lebenskraft vom Eigentümer investiert wurde, ist eine tägliche Erfahrung, vielleicht ein rechtsethisches Postulat, auch das mag die Verfassung letztlich meinen.

90 Die Verfassung schützt das „Sicherungseigentum“. Daß diesem Grundrecht allgemeine Sicherungsbedeutung zukommt, ergibt sich schon aus seinem Abwehrcharakter[175]. Doch nach der „klassischen“ liberalen Grundrechtsdogmatik gilt diese Sicherung zwar der Innehabung von Gütern — jedoch um der Freiheit willen, welche solcher Besitz verbürgt, als Ausdruck der Staatsunabhängigkeit des Bürgers, und damit dieser dadurch frei vom Staat sei, nicht aber, damit er „etwas besitze“, „nicht allzu arm“ sei. Doch der Begriff „Sicherung“ bot die verbale Brücke: Nachdem er heute in der Weise „sozialpolitisch besetzt“ erscheint, daß er primär „soziale Sicherheit“ bedeutet, mit dem Kern der „Existenzsicherung“, konnte unschwer über die „Sicherungsfunktion des Eigentums“ eine Metabasis eis allo genos vollzogen werden: Verfassungseigentum ist, was existenzsichernd wirkt, was gar zur Existenzsicherung gebraucht wird[176], nur dort ist voll zu entschädigen. Die (elementare) soziale Angewiesenheit wäre dann nicht mehr nur bei den Einschränkungsmöglichkeiten des Grundrechts bedeutsam, als „Gegenrecht“[177], sie würde in den verfassungsrechtlichen Eigentumsbegriff selbst verlagert, zu einem seiner Konstitutivelemente — jedenfalls im Sozialversicherungsrecht.

91 Zunächst sollte in der Judikatur des Bundesverfassungsgerichts auch im Sozialrecht die „soziale Funktion“ lediglich die weitgehende Einschränkbarkeit der Eigentumspositionen, insbesondere durch Gegenrechte der Versicher-

---

[174] *Peter Krause*, Eigentum an subjektiven öffentlichen Rechten — Die Tragweite des Eigentumsschutzes von öffentlich-rechtlichen Leistungsansprüchen am Beispiel der Rentenversicherung, 1982, S. 59.

[175] S.o. Rdnrn. 3 ff.

[176] Siehe etwa *Floßmann* (Fn. 63), S. 48 ff., 62 ff.; grundsätzlich *Ryffel* (Fn. 103), S. 375 ff.

[177] Wie es etwa beim Mietrecht noch der Fall ist, vgl. etwa BVerfGE 37, 132 (140 f.); 53, 352 (357).

tengemeinschaft, legitimieren[178]. Doch schon bald wurde in einem Sondervotum der Eigentumsschutz sozialrechtlicher Ansprüche mit Existenzsicherung begründet: „Wenn der Eigentumsschutz ein Stück Freiheitsschutz enthält, insofern er dem Bürger die wirtschaftlichen Voraussetzungen einer eigenverantwortlichen Lebensgestaltung sichert, so muß er sich auch auf die öffentlichrechtlichen Berechtigungen erstrecken, auf die der Bürger in seiner wirtschaftlichen Existenz zunehmend angewiesen ist“[179]. Neuerdings hat das Gericht Existenzsicherung eindeutig als Verfassungskriterium des Eigentums aufgestellt[180]: „Konstituierendes Merkmal einer sozialversicherungsrechtlichen Position ist es schließlich, daß sie der Existenzsicherung des Berechtigten zu dienen bestimmt ist.“ Eigentum liegt dann vor, wenn solche Positionen „für die große Mehrzahl der Bevölkerung eine wichtige Grundlage ihrer Daseinssicherung sein können“, wenn sich „eine wesentliche, durch lange Zeiträume gewährte Leistung so verfestigt hat, daß die Versicherten sie zu ihrer existentiellen Vorsorge rechnen können“.

92 Diese Formulierung bedarf behutsamer Auslegung, sonst könnte alles Eigentum auf „Existenzsicherungseigentum“ zurückgeführt, der bisherige Freiheitsschutz schwerstwiegend beeinträchtigt werden[181]. Das Bundesverfassungsgericht meint mit seiner Formulierung *nicht*, „Eigentum“ im Sinne der Verfassung sei *nur*, was „zur Existenzsicherung gebraucht werde“ oder es genieße nur insoweit einen „besonderen Schutz“ — dies würde etwas wie die Konstitutionalisierung des marxistischen „Tascheneigentums“ bedeuten, die meisten bisherigen Eigentumspositionen wären kein Eigentum mehr; und die unausweichliche Folge müßte dann wohl auch ein verfassungsgemäßes „Recht auf“ ein so verstandenes Sicherungseigentum sein. Demgegenüber ist zu betonen: Das Gericht hat etwas ganz anderes angesprochen — alle Güter, welche ihrem Wesen nach existenzsichernd wirken können, *können* auch Eigentum im Sinne des Grundgesetzes sein. Es ist also nur über die Eigentumsfähigkeit gewisser Güterkategorien, der sozialversicherungsrechtlichen Ansprüche, entschieden worden, nicht über den Eigentumswert aller anderen Güter. Dies kommt in den erwähnten Formulierungen des Gerichts zum Ausdruck[182], weit deutlicher als im früheren Sondervotum, und sollte auch in weiteren Entscheidungen klargestellt werden. Darüber, was nun „konkretes Eigentum ist“, wird damit nicht entschieden, die sozialen Berechtigungen

---

[178] So noch deutlich etwa in BVerfGE 53, 257 (292 f.).

[179] BVerfGE 32, 111 (142).

[180] BVerfG in: BB 1985, S. 1537 (1538).

[181] Zu solchen Gefahren vgl. *Walter Leisner*, Eigentum als Existenzsicherung?, in: FS für Klaus Obermayer, 1986, S. 65 ff.

[182] Es heißt nicht „dienen“, sondern „zu dienen bestimmt sind“; nicht „wenn die Berechtigten darin eine wichtige Grundlage ihrer Daseinsvorsorge (tatsächlich) sehen“, sondern „wenn sie eine solche (nach dem Wesen des Rechts) sehen können“.

müssen immer, wie alle anderen Güter, zuallererst erworben werden. Weder sehen sich alle Bürger auf ihr konkret existenzsicherndes Eigentum beschränkt, noch werden jedermann Rechte auf dieses durch Art. 14 GG verliehen.

93 Fazit: Alle Werte, welche der Existenzsicherung dienen können, sind eigentumsfähig; sind sie appropriiert, so genießen sie Eigentumsschutz — und dies gilt ja auch für alle Gegenstände des herkömmlichen Eigentums, vom Grundstück über das Patent bis zu jeder Mark im Beutel; sie alle sind geeignet, existenzsichernd zu wirken. Mehr bedeutet das „Sicherungseigentum" nicht. Damit kommt ihm das gleiche Gewicht zu wie dem „Leistungseigentum": Einerseits ist dies ein Kriterium zur Bestimmung der Eigentumsfähigkeit neuartiger Rechtspositionen, vor allem im Sozialrecht, zum anderen verleiht es allem Eigentum eine grundsätzliche, verfassungsethische Legitimation, auch dem großen Eigentum; jedes seiner Bestandteile kann ja eines Tages existenzsichernd wirken, und wie oft sind nicht schon solche Güter „bis auf konkrete Existenzsicherung" zusammengeschmolzen.

Gegenüber diesem „Sicherungseigentum" ist die Wachsamkeit der Verfassungsinterpretation gefordert: Es gilt, absehbaren Versuchen entgegenzutreten, hier – wieder einmal – einem „Wandel des Eigentums", hin zu einem „ganz kleinen sozialen Eigentum".

94 Rechtspositionen Privater werden vom Grundgesetz als „Vertrauenseigentum" geschätzt, Vertrauen ist ein bedeutsames Konstitutivelement des verfassungsrechtlichen Eigentumsbegriffs. Dies gilt nicht in dem Sinn, daß nur dort von Eigentum gesprochen werden dürfte, wo auf den Bestand einer Rechtsposition subjektiv und konkret vertraut wird; Vertrauenseigentum bedeutet vielmehr, daß alle Rechtspositionen in den Eigentumsbegriff einzubeziehen sind, welche objektiv geeignet erscheinen, Vertrauen in ihren Bestand zu wecken, die also ihrem Wesen nach nicht zentral dem Zugriff des Staates oder anderer Bürger ausgesetzt sind.

95 Diese besondere „vertrauensbildende Kraft" des Eigentums hat das Bundesverfassungsgericht häufig unterstrichen. Dies ergibt sich bereits aus der bei der Ausgestaltung des Eigentums stets besonders zu beobachtenden Rechtsstaatlichkeit[183]. Doch der Eigentumsschutz geht weiter und deshalb auch über die Sicherung durch Art. 2 Abs. 1 GG hinaus: „Auch im Falle einer Änderung der Rechtsordnung muß der Gesetzgeber für den Eingriff in geschützte subjektive Rechte legitimierende Gründe haben; insoweit geht die Eigentumsgarantie des Art. 14 Abs. 1 S. 1 GG über den rechtsstaatlichen Vertrauensschutz hinaus"[184]. Eigentum ist alles – aber auch nur das –, auf

183 BVerfGE 14, 263 (278); 18, 121 (132); 62, 169 (183) st. Rspr.

184 BVerfGE 58, 81 (121). Vgl. auch BVerfGE 36, 281 (293); 76, 220 (244 f.); → Bd. III, *Maurer*, § 60 Rdnr. 45 f.

dessen Bestand (Zuordnung, Wert-Substanz) sich der Bürger mit Blick auf die Eigenart des Rechtsgutes an sich hat verlassen dürfen. Das trifft für Grundeigentum und Forderungsrechte ebenso zu wie auf gewisse sozialversicherungsrechtliche Ansprüche[185]. Im letzteren Bereich aber wird das Vertrauen bereits zum wichtigen Abgrenzungskriterium — soziale Staatsgeschenke sind eben ihrem Wesen nach schon kein Gegenstand von Vertrauen. Wichtig wird das Vertrauen bei der Bestimmung der als Eigentum zu schützenden Immaterialgüterrechte — der Gesetzgeber kann sich hier letztlich nur daran orientieren, was an Zuordnung dem Urheber unter Berücksichtigung seiner Leistung noch zu gewähren ist, in welchem Vertrauen er diese erbringen durfte. In solchen Entscheidungen[186] sollte wohl in Zukunft das Vertrauenskriterium noch stärker betont werden. Bei der ebenfalls wichtigen Abgrenzungsproblematik des Eigentums von der „Chance", der „reinen Verdienstmöglichkeit"[187], müßte das Vertrauen als Kriterium eingesetzt werden; denn hinter diesem Begriff steht, im Privat- wie im Verwaltungsrecht, eine große und reiche Rechtsprechungstradition, aus welcher die Lehre Grenzziehungen entwickeln könnte, die mehr als bisher den praktisch bedeutsamsten Eigentumsvorstellungen entsprechen — dem Eigentums-Plébiscite de tous les jours auf dem Markt.

96 Nicht nur ein brauchbarer Abgrenzungsbegriff ist das „Vertrauenseigentum", es zwingt auch den eigentumsgestaltenden Gesetzgeber zu einer Konsequenz, welche über die nicht unproblematischen und neuerdings eher verdämmernden Schranken einer „Systemgerechtigkeit"[188] hinausführt: Die Inhalts- und Schrankenbestimmung darf das Bürgervertrauen in die Beständigkeit der Rechtsordnung nicht erschüttern; was der Gesetzgeber mit der inhaltsgestaltenden Hand heute gegeben hat, darf er nicht morgen mit der Eingriffshand nehmen, damit nicht Arbeit und Kapitaleinsatz „von heute auf morgen entwerten"[189]; was der Gesetzgeber zu Eigentum gemacht hat oder hat werden lassen – selbst wenn es nicht hätte geschehen müssen –, daran hält ihn das Vertrauenseigentum fest, hier liegen die verfassungsrechtlichen Grundlagen des „Bestandsschutzes" vor allem im Bodenrecht[190]; es gilt nicht nur: „Eigentum schafft Vertrauen", sondern auch „Vertrauen schafft Eigentum" — daran sollte der Geschenk-Gesetzgeber stets denken, hier liegen Schranken seiner

[185] S.o. Rdnr. 73.

[186] Vgl. u.a. etwa BVerfGE 31, 229 (240 ff.); 49, 382 (392 ff.).

[187] Welche vom BVerfG recht pauschal aus dem Eigentumsbegriff ausgeklammert werden, vgl. etwa BVerfGE 30, 292 (335); 45, 272 (296).

[188] Vgl. Nachw. bei *Christoph Degenhart*, Systemgerechtigkeit und Selbstbindung des Gesetzgebers als Verfassungspostulat, 1976.

[189] Vgl. BVerfGE 58, 300 (349).

[190] Deutlich betont in BVerfGE 58, 81 (121), entgegen einem Sondervotum (58, 129 (132, 134)).

Subventionsfreiheit, jenseits deren seine politischen Wohltaten in Verfassungsbeton erstarren. Selbst dort, wo der Gesetzgeber Inhaltsgestaltungsfreiheit genießt, ist insoweit der Satz vom actus contrarius materiellrechtlich durch Art. 14 GG beschränkt.

97 Das Vertrauenseigentum begründet schließlich auch einen stärkeren Rückwirkungsschutz als die Rechtsstaatlichkeit. Eigentum ist seinem Wesen nach kein Recht, das sich in der Zeit verliert, Eigentumsentzug darf nicht durch Übergangsregelungen nur verlangsamt werden[191]. Vertrauenseigentum ist eben mehr als nur Vertrauen, es schwächt sich nicht wie dieses ab.

98 Von allen Eigentumselementen, die sich bisher generell, für alles Eigentum, aus der Verfassungsrechtsprechung gewinnen ließen, ist dieses Vertrauenseigentum wohl das wichtigste: Es grenzt den Eigentumsbegriff ab, es begründet und legitimiert Eigentum. Jener Aufbau einer Dogmatik des Eigentumsbegriffs, der in – allzu – vielem noch bevorsteht, sollte hier vor allem beginnen.

99 Einiges allgemein zum Eigentumsbegriff der Verfassung ist hier gesagt worden, weil bisher oft zu große Enthaltsamkeit geübt wurde, weil sich die Verfassungsdogmatik auf Inhalte und Beschränkungen bei einzelnen Güterkategorien konzentriert; damit aber droht ein Zerfall der Einheit des Eigentums. Dies jedoch bedeutet nicht, daß Weiteres, Entscheidendes zum Eigentumsbegriff sich nicht gerade aus jenen Konkretisierungen ergeben wird, welche Inhalte und Schranken bei den einzelnen Güterkategorien betreffen[192].

III. Rechtspositionen des Eigentums im einzelnen — Erweiterung oder Einschränkung des Schutzbereichs?

1. Erweiterter Eigentumsschutz?

100 Nur in der Betrachtung des Rechts der einzelnen Eigentumsgüter kann sich zeigen, ob die Grundsätze der allgemeinen Dogmatik[193] zum Eigentumsinhalt ernst genommen werden, oder ob bereichsweise etwas wie ein „verfassungsrechtliches Eigentumsdefizit“ erkennbar ist. Mit der Feststellung der Erweiterung des verfassungsrechtlichen Eigentumsbegriffs seit der Weimarer Zeit auf „alle vermögenswerten Güter“ ist dies noch nicht beantwortet. Entscheidend ist, welche Rechtspositionen jeweils bei diesen einzelnen Gütern in den

---

[191] Zur Rechtsprechung des BVerwG im Baurecht vgl. *Felix Weyreuther*, Bauen im Außenbereich, 1979, S. 101; BVerwG in: Buchholz 406. 25 § 5 BImSchG Nr. 1, 8; vgl. Bd. III, *Maurer*, § 60 Rdnr. 23 ff., 45.

[192] S.u. Rdnr. 102 ff.

[193] S.o. Rdnr. 3 ff., 54 ff.

Schutzbereich des Art. 14 GG einbezogen werden. Und hier wieder stellt sich die Frage nach dem Zustand des Eigentumsschutzes wie folgt: Hat sich in den letzten Jahrzehnten der Schutzbereich erweitert? Diese Fragestellung drängt sich aufgrund der vieldiskutierten Einbeziehung sozialrechtlicher Positionen in einen Eigentumsschutz in letzter Zeit auf[194]. Ist eine solche Erweiterung im wesentlichen im Wege der Konstitutionalisierung der Entwicklung einfachen Gesetzesrechts erfolgt, oder wurde sie aus dem Verfassungsrecht heraus entfaltet? Wenn es zu Erweiterungen gekommen ist — sind diese durch Bindungen wieder zurückgenommen worden — oder ist gar der Freiheitssaldo nun negativ?

101 Bis auf dies letztere Problem sind das noch immer Fragen des Eigentumsinhalts, nicht der Eigentumsbindung; sie werden daher, der hier vertretenen Grundauffassung entsprechend, nicht in systematischem Zusammenhang mit den Bindungen erörtert[195], damit nicht doch — „Inhalt aus Bindung" gewonnen werde. Wie schwer dies zu vermeiden ist, zeigen neuere Darstellungen[196]. Der Rahmen dieser Untersuchung läßt hier nur exemplarische Behandlung zu.

2. Grundeigentum[197]

102 Die verfassungsrechtliche Garantie des Grundeigentums[198] schließt insgesamt eng an das bürgerliche Sachenrecht an. Daß das Eigentum nicht nur gegen Entzug, sondern auch gegen Belastung geschützt ist, wird hier besonders wichtig. Erweiterungstendenzen des Schutzbereichs von größerer Bedeutung sind dabei nicht ersichtlich; allenfalls wäre anzunehmen, daß die Nutzungsmöglichkeiten eines „Restgrundstücks" – nach Durchschneidung oder sonstigem Teilflächenentzug – als eigentumsrechtliche Rechtsposition anerkannt worden sind[199], und daß überhaupt das agrarische Eigentum immer mehr (auch) in einem gewissen Betriebsbezug gesehen wird[200].

---

[194] S.u. Rdnrn. 119 ff.

[195] S.u. Rdnrn. 133 ff.

[196] Insbesondere zum Bodeneigentum, vgl. *Badura* (Fn. 7), S. 685 f., der sogleich mit den Bindungen beginnt, aber auch *Papier* (Fn. 1), der diese zum Teil beim Eigentumsbegriff (vgl. Art. 14 Rdnrn. 57 ff., insbes. 58), dann aber wieder vertiefend bei den Beschränkungen des Grundeigentums behandelt (Rdnrn. 318 ff.).

[197] Überblicke bei *Papier* (Fn. 1), Art. 14 Rdnr. 57 ff., 318 ff.; *Badura* (Fn. 7), S. 685 f. (Lit.); zur Rspr. insbes. *Hans-Werner Rengeling*, Das Grundeigentum als Schutzobjekt der Eigentumsgarantie (Art. 14 GG) und als Gegenstand verwaltungsrechtlicher Planung, Gestaltung und Schrankensetzung, in: AöR 105 (1980), S. 432 ff.; *v. Brünneck* (Fn. 3), S. 220 ff.

[198] Von der das BVerfG ausdrücklich spricht, vgl. BVerfGE 58, 300 (345).

[199] *Aust/Jacobs* (Fn. 2), S. 27, 128 ff., 187, 189 f., 192 ff. m.w.N.

[200] Was sich allerdings auch gegen den Eigentumsschutz wenden kann, wenn das Eigen-

103 Insgesamt überwiegen beim Inhalt des Grundeigentums eher restriktive Tendenzen. Ausgangspunkt ist dabei der Begriff der „Rechtsposition“: Innerhalb des einem Berechtigten zustehenden globalen Rechts auf Ausschluß von einem Gut werden sozusagen kleine „Schutzinseln“ gebildet, die entweder nach der Eingriffsform (z.B. Immissionen) oder nach der Nutzungsart bestimmt werden. Was die Rechtsprechung (noch) als Rechtsposition anerkennen wird, kann der einzelne Eigentümer oft so lange nicht verläßlich voraussehen, bis sich eine feste „Rechtspositions-Judikatur“ im einzelnen gebildet hat. Bei ihrer Entfaltung sollte sorgfältig darauf geachtet werden, daß nicht über diese begriffliche Hintertüre eine Relativierung des Eigentumsinhalts auf breiter Front stattfindet.

Restriktive Inhaltsbestimmungsversuche zeigen sich vor allem in Bemühungen zur Konstitutionalisierung der Ergebnisse einfachgesetzlicher Beschränkungen im Eigentumsinhalt.

104 Wichtigstes Beispiel ist die in der Lehre umstrittene „verfassungsrechtliche Baufreiheit“. Hier wird von einigen behauptet[201], bauliche Nutzung gehöre nicht zum Begriff des Grundeigentums; die dichten Beschränkungen des Baurechts zeigten, daß eine „Schrumpfung der Freiheit auf Null“ eingetreten sei, insbesondere im „Außenbereich“ — dem müsse Rechnung getragen werden, Baufreiheit sei ein „verliehenes Recht“. Diese These ist mit dem Grundgesetz nicht zu vereinbaren[202]. Sie widerspricht der geschichtlichen Entwicklung: an die Stelle des „freien Bodenrechts“, der Durchbruchsmaterie zum heutigen Eigentum seit der Französischen Revolution, stellt sie ein Boden-Obereigentum des Staates, in diesem „Staatsfeudalismus“ aber würde die Freiheitsentwicklung um zwei Jahrhunderte zurückgedreht. Die bauliche Nutzungsmöglichkeit ist heute geradezu der entscheidende Wertbestimmungsfaktor des Grundeigentums, weit mehr als in früheren agrarischen Zeiten; verleiht das Grundeigentum keine Baufreiheit mehr, so läuft es weitestgehend leer.

Vor allem aber beruht die These von der „staatlich verliehenen Baufreiheit“ auf einer unhaltbaren dogmatischen Konstruktion: Aus „viel gesetzlicher

---

tum nicht mehr als Vermögensgrundlage des Landwirts, sondern als „ein Betriebsmittel unter anderen“ gesehen und der Schutz von Art. 14 zu Art. 12 GG verlagert wird.

[201] *Walter Bielenberg*, Verfassungsrechtliche Eigentumsgarantie und Sozialbindung im Städtebau, dargestellt an der Sanierung (Stadt- und Dorferneuerung) nach dem Städtebauförderungsgesetz, in: DVBl. 1971, S. 441 ff. (444); *Böckenförde* (Fn. 29), S. 28 ff.; *Breuer* (Fn. 29), S. 158 ff.; *Hans Schulte*, Das Dogma Baufreiheit, in: DVBl. 1979, S. 133 ff.; *Nef* (Fn. 7), S. 199 ff.; siehe auch *Peter Badura*, Eigentum im Verfassungsrecht der Gegenwart, in: Verhandlungen des 49. DJT, 1972, S. T 27 f.; *ders.*, Möglichkeiten und Grenzen des Zivilrechts bei der Gewährleistung öffentlicher und sozialer Erfordernisse im Bodenrecht, in: AcP 1976, S. 139; neuerdings erkennt er jedoch verfassungsrechtliche Baufreiheit ausdrücklich an, vgl. *ders.* (Fn. 7), S. 685 f.

[202] Siehe *Papier* (Fn. 1), Art. 14 Rdnr. 59, 63 m. Nachw.

Beschränkung" wird das Recht auf noch mehr Beschränkung, ja die Verleihung abgeleitet — anstatt daß, umgekehrt, gefragt würde, ob die Verfassungsschranken nicht erreicht oder gar überschritten sind. Auf solchem Wege kann aus jedem enger begrenzten Grundrecht „staatlich verliehene Tätigkeit" werden. Grund und Boden können gegen Entschädigung sozialisiert werden (Art. 15 GG) — was bliebe hier noch zu sozialisieren? Dies ist eine Schicksalsfrage der Grundrechtlichkeit: Nichtanerkennung der Baufreiheit bedeutet eine Bresche zur Sozialisierung aller Freiheiten.

Das Bundesverfassungsgericht ist dem entgegentreten: „Das Recht der Bauherrin, ihr Grundstück im Rahmen der Gesetze zu bebauen, ist durch die Eigentumsgarantie des Art. 14 Abs. 1 S. 1 GG geschützt"[203]. Die Anerkennung der Baufreiheit ist auch praktisch von größter Bedeutung: Ohne sie würde sich eine der wichtigsten Materien des Verwaltungsrechts, das Baurecht, im verfassungsfreien Raum bewegen, keine der – ja nun Staatsgeschenke verleihenden – Baurechtsnormen könnte am Grundgesetz wirksam überprüft werden. Die von der Rechtsprechung häufig bereits positiv entschiedene Frage, ob ein Bauverbot Entschädigungspflicht auslösen könne[204], dürfte gar nicht mehr gestellt werden. Vor allem aber müßte nicht mehr bei Rechtsstreitigkeiten „im Zweifel zugunsten des Eigentümers" entschieden werden, was heute die Gesetzmäßigkeit der Verwaltung erzwingt; die Eigentumsposition wäre nicht einmal mehr ein Abwägungselement, Verfassungsbeschwerden, weithin auch verwaltungsgerichtliche Klagen im Baurecht, würden unzulässig — der Kläger könnte gar nicht „in einem ihm zustehenden Recht verletzt" sein (vgl. § 42 VwG0). Die Baufreiheit ist also doch weit mehr als „verfassungsrechtlich nur eine potentielle Größe"[205].

105 Aus dem Bodeneigentum wird der vor allem hier wichtige Bestandsschutz abgeleitet[206], in dem sich das einmal legal Geschaffene gegen spätere, auch gesetzliche, Änderungsversuche verfassungsrechtlich durchsetzt. Dies ist ein Ausdruck des Vertrauenseigentums[207], keine Erweiterung des Inhalts des Grundeigentums. Bedenklich sind Tendenzen, diesen Schutz dadurch „auslaufen" zu lassen, daß etwa Modernisierung von ihm nicht gedeckt sein soll — das Bürgervertrauen umfaßt hier nicht nur den Anspruch auf Aufrechterhaltung eines möglicherweise nur kurz dauernden Zustandes; derart „prekäres Baurecht" wäre wenig sinnvoll, „auslaufendes Eigentum" darf es nicht geben.

---

[203] BVerfGE 35, 263 (276 f.).

[204] BGHZ 37, 269; BGH in: NJW 1972, S. 1946; BGH in: DÖV 1973, S. 100; BGH in: NJW 1981, S. 458; BGHZ 78, 152 ff.

[205] So aber *Badura* (Fn. 7), S. 685.

[206] Vgl. *Papier* (Fn. 1), Art. 14 Rdnr. 86 m. Nachw.

[207] S.o. Rdnrn. 94 ff.

06 Nicht anders steht es mit der „eigentumskräftig verfestigten Anspruchsposition“ auf eine bestimmte Grundstücksnutzung, ein Begriff, den vor allem das Bundesverwaltungsgericht entwickelt hat. Sie erweitert nicht das Bodeneigentum, sondern konkretisiert nur dessen Nutzungsmöglichkeiten — und dies deutlich und bedenklich restriktiv: Schon der Begriff der „verfestigten Anspruchsposition“ ist unglücklich — es wird der Eindruck erweckt, dem Eigentümer stehe „eigentlich“ ein Recht auf beliebige Nutzung seines Eigentums gar nicht zu — obwohl dies doch das Zentrum seines Rechtes bildet — als erwachse hier eine Position nur durch Vertrauen zum Eigentum — obgleich sie sich doch von dem durch Gesetz geschaffenen Bestandsschutz wesentlich unterscheidet.

07 Vertretbar ist wohl die Formulierung des Bundesgerichtshofs, das Eigentum umfasse auch die (nicht ins Werk gesetzten) Nutzungen eines Grundstücks, soweit sie sich „bei vernünftiger und wirtschaftlicher Betrachtungsweise objektiv anbieten“[208] — obwohl doch bei einem Freiheitsrecht eher umgekehrt hätte formuliert werden müssen: „soweit solche Betrachtungsweise dies nicht ausschließt“, wobei es auch noch unbefriedigend bleibt, daß „gegen die Freiheit die Vernunft“ mobilisiert wird: Gibt es nicht auch „Freiheit zur Unvernunft“, muß der Grundrechtsbürger vom Staat oder der Gemeinschaft sich soweit bevormunden lassen? Sie mögen ihn beschränken, dürfen ihm aber nicht a priori sein Eigentum absprechen. Unannehmbar ist schließlich die Formel des Bundesverwaltungsgerichts, nur diejenige Nutzungsbefugnis sei Eigentum, die sich nach der Verkehrsauffassung „aufdränge“, von dieser gar „vermißt werde“[209] — nicht das Publikum, sondern der Eigentümer definiert die Privatnützigkeit seines Bodens, nicht ihm obliegt die Beweislast, daß eine Nutzung sinnvoll sei, sondern dem Staat, der ihn darin beschränken will. Und im übrigen: „Freiheit nach Verkehrsauffassung“? Auf diesem Weg ist Vorsicht geboten, sonst endet er im Boden-Obereigentum der Gemeinschaft.

Insgesamt ist also der Eigentumsbegriff im Bodenrecht – von allen Beschränkungen einmal abgesehen – gewiß nicht erweitert worden.

3. Betriebseigentum

08 Die Privatrechtsprechung hat ein „Recht am eingerichteten und ausgeübten Gewerbebetrieb“ im Sinne des § 823 Abs. 1 BGB anerkannt; es ist folgerichtig, dem auch – wie anderen „sonstigen Rechten“ – den Schutz des Art. 14

---

208 BGHZ 60, 126 (131).

209 BVerwG in: Buchholz 406. 11 § 35 BBauG Nr. 113, 101 f.; s. auch *Papier* (Fn. 1), Art. 14 Rdnrn. 88 f.

GG angedeihen zu lassen. Die Judikatur des Bundesverfassungsgerichts ist hier nicht eindeutig. Einerseits wird seit langem betont, es sei „innerlich berechtigt“, die Sach- und Rechtsgesamtheit, die der Gewerbebetrieb darstellt, „dem reinen Sacheigentum gleichzustellen“, und der Gewerbebetrieb wird in nahezu ständiger Rechtsprechung dem Schutzbereich des Eigentums zugeordnet — andererseits fragt das Gericht neuerdings, ob ein „zusätzlicher verfassungsrechtlicher Schutz des Gewerbebetriebs als solchen geboten“ sei, nachdem er „eigentumsrechtlich doch nur die Zusammenfassung der zu (seinem) Vermögen gehörenden Sachen und Rechte ist, die an sich schon vor verfassungswidrigen Eingriffen geschätzt sind“; und diese Frage wird offengehalten[210].

109 Dies darf nicht so bleiben, es führt zu grundsätzlicher Verunsicherung im Wirtschaftsverfassungsrecht. Genießt der Gewerbebetrieb „als solcher“ keinen Eigentumsschutz, sondern nur die Rechte an den in ihm zusammengefaßten Betriebsmitteln, so wird eigentumsrechtlich die organische Betriebseinheit in einzelne Rechtspositionen aufgelöst, damit aber vollzieht sich eine entscheidende Schutzabschwächung: Der „Wert des Betriebes“ besteht ja in der Regel gerade in der Zusammenfassung der Mittel und einer bestimmten Form ihres Einsatzes, nicht im einzelnen Grundstück oder Patent. Das Betriebseigentum darf nicht auf ein „Schreibmaschineneigentum“ reduziert werden. Der Betrieb als solcher ist aus Leistung entstanden, auf seine Einheit vertraut der Unternehmer, mit ihr sichert er seine Existenz — die wichtigsten Konstitutivelemente des Eigentums[211] liegen vor. Selbst wenn schließlich privatrechtliche Begriffe nicht unbesehen übernommen werden dürfen, so sollte doch die Diskrepanz zum Verfassungsrecht nicht allzu groß werden: Was „als solches veräußert werden kann“, sollte im Zweifel auch Eigentumsgegenstand bleiben; eine Reduktion des Verfassungsbegriffes auf das bürgerlich-rechtliche Sachenrecht widerspricht der Entwicklung.

Der ausgeübte und eingerichtete Gewerbebetrieb muß also verfassungsgeschütztes Eigentum bleiben, es sollte aber hier vom „Betriebseigentum“ die Rede sein; denn auch im Agrarbereich und bei den freien Berufen wird ein „Betrieb“ verfassungsrechtlich geschützt[212], dies ist mehr als nur eine „Erweiterung des Gewerbebegriffs“.

110 Der vom Bundesverfassungsgericht offenbar befürchteten übermäßigen Schutzausweitung des Eigentums im Betriebsbereich muß und kann entgegengewirkt werden, vom Eigentumsinhalt her. Bloße (Erwerbs-)Chancen ge-

---

[210] BVerfGE 1, 264 (277 f.); 22, 380 (386); 50, 290 (340); auch BVerfGE 13, 225 (229); 45, 272 (296).

[211] S.o. Rdnrn. 85 ff.

[212] Vgl. etwa BGHZ 45, 150 (154); *Papier* (Fn. 1), Art. 14 Rdnr. 98.

nießen keinen Eigentumsschutz[213], und diese Faktoren sind in sorgfältiger Einzeljudikatur von den Eigentumspositionen abzugrenzen. Daß solches möglich ist, zeigen Zivil- und Verwaltungsrechtsprechung, solchen Schwierigkeiten darf nicht gleich der Eigentumsschutz des Betriebes geopfert werden, der heute – insoweit den Rentenrechten vergleichbar – im Zentrum der „realen Eigentumsordnung" steht. Der Mittelpunkt des Verfassungsschutzes wird sicher immer dort liegen, wo der Betrieb in einer einigermaßen festen Organisation in Erscheinung tritt[214], doch darauf beschränkt sich die Sicherung nicht. Was seit längerer Zeit und mit hoher Wahrscheinlichkeit an Geschäftsbeziehungen „weiterläuft", ist eben bereits soweit verfestigt, daß es „Eigentum" darstellt — abzüglich eines – vielleicht auch größeren – Risikoabschlags[215]. Hier sollte die Verfassungsrechtsprechung nicht schon vom Begriff her allzu kleinlich sein und die erforderlichen Korrekturen über Sozialbindung, also flexibler, vornehmen. Eine allzu harte These „Verdienstchancen — kein Eigentum" widerspräche auch dem Schutz des Kundenstamms und des „Kontakts nach außen" (insbesondere der Lage des Betriebs) als Eigentum[216].

Daraus können sich schon deshalb keine Rechte auf Fortbestand „äußerer Bedingungen der gewerblichen Tätigkeit" (Papier) ergeben, weil damit (Grund-)Rechte anderer beeinträchtigt und gegen Grundsätze des Nachbarrechts verstoßen würde. Auch ein Bestandsanspruch gegenüber öffentlichrechtlichen Genehmigungen, aufgrund deren der Betrieb aufgenommen und ausgeübt wird, kommt nicht in Betracht[217]. Hier hat der Staat gar keinen Eigentumsschutz bieten wollen, soweit die Genehmigungen mit Fristbestimmungen, Widerrufs- oder Abänderungsvorbehalten versehen sind, Vertrauenseigentum kann daran begrifflich nicht anschließen. Die Lage ist nicht der des Bestandsschutzes vergleichbar[218]: Dort hatte der Gesetzgeber einen Eigentumsraum geschaffen, zu seiner Ausfüllung angeregt — ohne Wenn und Aber; und ein verwaltungsrechtlicher Widerspruchsvorbehalt kann nicht mit der andersartigen jederzeitigen Abänderbarkeit der Gesetze verglichen werden.

---

[213] BVerfGE 51, 193 (221 f.); 45, 142 (173).

[214] Siehe *Papier* (Fn. 1), Art. 14 Rdnr. 98.

[215] Dies entspricht von jeher der Judikatur der obersten Bundesgerichte: BGHZ 29, 65 (67); 76, 387 (392 ff.); 48, 58 (60 f.); BVerwGE 30, 235 (238 f.); dem stimmt auch das BVerfG zu, siehe etwa BVerfGE 51, 193 (221 f.).

[216] Von der die Zivilrechtsprechung aber ausgeht, vgl. etwa BGHZ 45, 150 (157); 57, 359 (361).

[217] Vgl. *Papier* (Fn. 1), Art. 14 Rdnr. 99, 104.

[218] S.o. Rdnr. 105.

111 Die Ausdehnung des Betriebseigentums wird wesentlich durch Richterrecht bestimmt; schon deshalb besteht hier kaum die Gefahr überzogenen Schutzes. Angesichts der mächtigen Wirtschaftslenkungsdynamik der Gesetzgebung ist heute aber gerade hier Art. 14 GG gefordert, soll dies nicht eine liberté inutile werden. Mehr als bisher müssen vor allem auch neuere betriebswissenschaftliche Erkenntnisse über Wesen und Konstitutivelemente eines „Betriebs", der unterschiedlichen „Betriebe", in Verfassungsrecht umgesetzt werden[219], Organisation und Werbung im Vordergrund. Integrierte Betriebe verlangen integrierten Eigentumsschutz lebendiger ökonomischer Organismen, nicht „toter Sachen" — hier wird das Verfassungsrecht noch Feuerproben der Modernisierung zu bestehen haben.

4. Anteilseigentum — Eigentum und Mitbestimmung

112 Anteilseigentum ist volles Eigentum wie jedes andere, es gewährt die typisch eigentumsrechtlichen Ausschlußrechte, aber, nach seinem Wesen, mit einer Besonderheit: Nur zusammen mit anderen Eigentümern kann das Eigentumsrecht an den Gesellschaftsgütern ausgeübt werden. Dieses letztere ist „gesellschaftsrechtlich vermittelt", nicht das Anteilseigentum als solches[220].

113 Seit langem wird behauptet, „die für das Sacheigentum typische Koinzidenz von Rechtsinhaberschaft, Herrschaft und Nutzungsmacht einerseits, Herrschaft und Verantwortung andererseits, ist für das Anteilseigentum signifikanterweise aufgelockert"[221] — bis hin zur Annahme eines besonderen „korporativen Eigentums"[222]. Dies ist schon begrifflich ungenau — es kann sich allenfalls auf das „Eigentum der Gesellschaft", nicht auf das Anteilseigentum einzelner beziehen, ihnen steht volles, nicht „aufgelockertes" Anteilseigentum zu.

114 In der Mitbestimmungsdiskussion[223] wurde dieser Gedanke aufgegriffen und zur Grundlage der Rechtfertigung von Arbeitnehmerrechten gegenüber Art. 14 GG[224]: Gesellschaftsrechtliches Eigentum am Unternehmen sei nur

---

[219] Gute Ansätze dazu finden sich etwa neuerdings in der Kommentierung von Art. 12 GG durch *Rupert Scholz* in: Maunz / Dürig, Komm. z. GG, Art. 12 Rdnrn. 123 ff., 185 f., wo auch der „funktionale Verbund" mit Art. 14 GG betont wird.

[220] Dazu *Papier* (Fn. 1), Art. 14 Rdnrn. 426 ff.

[221] BVerfGE 14, 263 (276 f.); 25, 371 (407); 35, 377 (378): 50, 290 (340 ff.).

[222] Siehe dazu *Bornschier* (Fn. 109), S. 161 ff.; *Nef* (Fn. 7), S. 199.

[223] *Papier* (Fn. 1), Art. 14 Rdnrn. 426 ff.

[224] Dazu u.a. *Scholz* (Fn. 92); *Peter Pernthaler*, Qualifizierte Mitbestimmung und Verfassungsrecht, 1972; *ders.*, Ist Mitbestimmung verfassungsrechtlich meßbar?, 1980; *Schwerdtfeger* (Fn. 47); *Peter Badura / Fritz Rittner / Bernd Rüthers*, Mitbestimmungsgesetz 1976 und Grundgesetz, 1977; *Friedrich Kübler / Walter Schmidt / Spiros Simitis*, Mitbestimmung als gesetzgebungspolitische Aufgabe, 1978.

durch die Anteilseignerversammlung als Organ der Gesellschaft vermittelt, der Gebrauch des Eigentums und die Verantwortung für diesen fielen auseinander, der personale Bezug der betroffenen Anteilsrechte sei „wenig ausgeprägt“. Es wird also eindeutig hier nicht (nur) aus gesteigerter Sozialbindung dieses Eigentums argumentiert, sondern aus seinem Wesen, und es wird ein „schwächer geschütztes Eigentum“, ein Grundrecht minderen Rechts angenommen.

115 Diese Rechtfertigung des Mitbestimmungsgesetzes ist dogmatisch unhaltbar. Es ist zu unterscheiden: Das Eigentum am Unternehmen, das etwa einer Aktiengesellschaft gehört, steht dieser zu. Nach Art. 19 Abs. 3 GG ist sie Träger des Grundrechts des Eigentums, und zwar in demselben Umfang wie eine natürliche Person[225]. Ein abgeschwächtes „Eigentum von Gesellschaften“ gibt es nicht, die unannehmbare Folge wäre, daß sich auch alle anderen Grundrechte sogleich abschwächten, würden sie von juristischen Personen in Anspruch genommen. Die Argumentation aus dem „schwächeren personalen Bezug des Anteilsrechts“ ist verfehlt, weil die Gesellschaft Eigentümerin ist; wollte man ihr gegenüber das „Personalkriterium“ einsetzen, das sich ja ersichtlich auf natürliche Personen bezieht, so könnte sie gar keinen Verfassungsschutz verlangen — dem aber steht Art. 19 Abs. 3 GG entgegen.

116 Eine dem Bundesverfassungsgericht offenbar vorschwebende „Durchgriffstheorie“ – Unternehmenseigentum als indirektes Eigentum der natürlichen Anteilseigentümer und insoweit „vermittelt“ und entpersonalisiert-abgeschwächt – ist ebenfalls unhaltbar, abgesehen davon, daß damit das erwähnte Eigentum der Gesellschaft, entgegen Art. 19 Abs. 3 GG, ignoriert würde. Die Suche nach natürlichen Personen als „letzte (indirekte) Eigentümer“ ist wirklichkeitsfremd — solche Rechte sind oft unzählige Male weiter gebrochen, weil eben Gesellschaften Anteilseigner von Gesellschaften sind. In diesem Sinne ist der gesuchte „personale Eigentumsbezug“ vielfach gar nicht mehr greifbar — dann müßte das Vorliegen von Eigentum überhaupt geleugnet werden — wann aber? Eine solche Theorie wäre gar nicht praktikabel. Vor allem aber wählt sie einen unrichtigen Anknüpfungspunkt: Das Eigentum der Aktionäre bezieht sich nur auf die Aktie, die ein *Mit*eigentumsrecht am Unternehmen verkörpert, „Eigentümer des Unternehmens“ sind die Aktionäre nicht. (Allein-)Verantwortung „für dieses“ können sie begrifflich gar nicht tragen. Nutzung, Verantwortung, Gebrauch ihres Miteigentumsrechts aber steht ihnen voll zu und auch „personalisiert“, wie allem anderen Eigentum, sie üben dieses Recht eigenverantwortlich unter anderem in der Hauptversammlung aus — aber zusammen mit anderen, wie es dem Wesen des Anteilseigentums entspricht. Und dies, nur dies, ist das Wesen des gesellschaftlichen Eigentums, wie übrigens jeden Miteigentums: daß diese Eigentumsrech-

[225] → Bd. V, Grundrechtsträger.

te nur zusammen mit (allen) anderen Miteigentümern ausgeübt werden können, daß sie aber auch *nur* zusammen mit ihnen ausgeübt werden müssen, *nicht* zusammen mit irgendwelchen Dritten, etwa den Arbeitnehmern, die keine eigentumsrechtliche Beziehung zum Unternehmen haben. Es ist ein schwerer dogmatischer Fehler, Mitbestimmungsrechte Dritter über Miteigentum rechtfertigen zu wollen, zur Substanz dieses Rechts gehört es, daß über gemeinsames Eigentum nur zusammen mit anderen Eigentümern entschieden werde; Grundstücksanliegern stehen auch nicht dann weitergehende Einwirkungsrechte auf ein Nachbargrundstück zu, wenn dies im Miteigentum, im Gesellschaftseigentum steht.

117 Dieser dogmatische Sündenfall kann dem Bundesverfassungsgericht auch nicht deshalb vergeben werden, weil er durch den „guten Zweck" der Rechtfertigung einer konsensgetragenen sozialpolitischen Grundentscheidung legitimiert würde — dieses Ziel hätte auch verfassungsrechtlich korrekt erreicht werden können: nicht unter grundsätzlicher Abschwächung des Schutzes von „gesellschaftsrechtlich vermitteltem Eigentum", sondern über dessen verschärfte Sozialbindung[226]. Und auch hier zeigen sich die unglücklichen Folgen eines funktionalistischen Denkens, welches Eigentum auf „Eigenverantwortung" festlegen will und daher Miteigentum schutzmäßig zurückstuft.

118 Dennoch — diese Begründung kann die sonst, und auch für Anteilsrechte, konsequente Eigentumssystematik des Bundesverfassungsgerichts nicht aus den Angeln heben: Anteilseigentum bleibt volles Eigentum in jeder Richtung, wie die Rechte über alle anderen Wirtschaftsgüter. Ob es verschärfter Sozialbindung unterliegt, kann nur von Fall zu Fall, unter Berücksichtigung etwaiger Gegenrechte Dritter, im Rahmen der Sozialbindung entschieden werden. Und dies eröffnet hinreichenden sozialpolitischen Spielraum, es muß nicht auch noch der Eigentumsbegriff solcher Dynamik geopfert werden.

5. Privateigentum an öffentlich-rechtlichen Rechtspositionen — sozialversicherungsrechtliches Eigentum

119 Hier hat sich die wohl bedeutendste Veränderung des verfassungsrechtlichen Eigentumsgedankens seit 1949 vollzogen, die umfangreichste und eine eindeutige Eigentumsinhaltsdiskussion wurde geführt[227]. Das Bundesverfas-

---

[226] BVerfGE 58, 300 (341 ff.).

[227] Überblick vor allem bei *Krause* (Fn. 174) sowie *Fritz Ossenbühl*, Der Eigentumsschutz sozialversicherungsrechtlicher Positionen in der Rechtsprechung des Bundesverfassungsgerichts, in: FS für Wolfgang Zeidler, Bd. 1, 1987, S. 625 ff.; vgl. auch: Verfassungsrechtlicher Eigentumsschutz sozialer Rechtspositionen, Schriftenreihe des Deutschen Sozialrechtsverbandes 23 (1982), mit zahlreichen Beiträgen, insbes. von *Stolleis* (Fn. 92), S. 104 ff.; *Rüfner* (Fn. 164), S. 169 ff.; *Hans-Jürgen Papier*, Die Differenziertheit sozial-

sungsgericht[228] hat hier eine deutliche Kehrtwendung vollzogen: Früher hieß es, Eigentum umfasse „grundsätzlich“ nicht-vermögenswerte Rechte des öffentlichen Rechts[229], sodann, in einer nahezu schon ständigen Rechtsprechung, Eigentum seien nicht „vorwiegend durch das öffentliche Recht gewährte und bestimmte Rechtspositionen“[230]. Doch schon früh meinte das Gericht, entscheidend sei, ob im Einzelfall ein subjektives öffentliches Recht dem Inhaber eine Rechtsposition verschaffe, die derjenigen eines Eigentümers entspreche[231]. Entscheidend sei die „Stärke“ der Position[232]. „Eigentum“ sei sie, wenn ihr ersatzloser Entzug dem „rechtsstaatlichen Gehalt des Grundgesetzes widersprechen würde“; dabei komme es wesentlich darauf an, ob ein Äquivalent eigener Leistung vorliege[233]. Um einem bloßen „Eigentum nach Rechtsstaatlichkeit“ zu entgehen, ist also gerade hier das „Leistungseigentum“ entwickelt worden.

120 Wieviel nun aber hier an „eigener Leistung“ erbracht werden muß, ist nicht voll geklärt. Sie müsse „hinzutreten“[234], das Eigentum dürfe nicht „ausschließlich“ auf staatlicher Gewährung beruhen[235], von Art. 14 GG werde nicht geschützt, was „überwiegend“ auf staatlicher Leistung beruhe[236].

Je höher der Anteil eigener Leistung sei, desto stärker trete der verfassungsrechtlich wesentliche personale Bezug hervor[237]. Die Verfassungsjudikatur schwankt hier also, bis in neueste Zeit, erheblich. Allgemein läßt sich heute schlechthin nicht umschreiben, noch weniger im Einzelfall vorhersehen, wann ein im öffentlichen Recht wurzelnder Anspruch den Schutz des Art. 14 GG genießt — ein rechtsstaatlich höchst unbefriedigender Zustand. Mehr

---

rechtlicher Positionen und der Anspruch der Eigentumsgarantie, S. 193 ff.; *Dieter Grimm*, Eigentumsschutz sozialpolitischer Positionen und rechtlich-politisches System, S. 226 ff.; sowie *Badura* (Fn. 7), S. 668 (Lit.). → Bd. III, *Rüfner*, § 80 Rdnr. 95.

[228] Zu dessen Rspr. allg. vgl. *Christoph Degenhart*, Rentenreform, „Generationenvertrag“ und Bestandsschutz sozialbindungsrechtlicher Positionen, in: BayVBl. 1984, S. 65 (67 f.); *Maunz* (Fn. 84), S. 321 f.; *Meyer-Abich* (Fn. 103), S. 50 f.; *Hans-Wolfgang Diemer*, Sozialrechtliche Anwartschaften und der Eigentumsschutz des Art. 14 GG, in: VSSR 1982, S. 325 (338 f.); *Görg Haverkate*, Eigentumsschutz und Weiterentwicklung im Recht der sozialen Sicherheit, in: ZRP 1984, S. 217 (219).

[229] BVerfGE 2, 380 (399 f.).

[230] BVerfGE 1, 264 (278 f.); 11, 64 (70); 19, 354 (370), bis noch herauf zu 45, 142 (170).

[231] BVerfGE 4, 219 (240 f.); 11, 221 (226); 15, 167 (200); 16, 94 (111); 18, 392 (393).

[232] BVerfGE 16, 94 (111 f.); 18, 392 (397).

[233] BVerfGE 18, 392 (397); 24, 220 (225 f.); 48, 403 (412 f.); 53, 257 (291 f.) st. Rspr.

[234] BVerfGE 18, 392 (397).

[235] BVerfGE 45, 142 (170).

[236] BVerfGE 58, 81 (112).

[237] BVerfGE 53, 257 (292).

noch: Es zeigen sich wieder Gefahren eines „inhaltlich“ grundsätzlich abgestuften Eigentumsschutzes, „je nach Personalbezug“; dieses Kriterium bietet keine hinreichende Sicherheit.

Immerhin — hier ist erstmals eine ganz deutliche Tendenz zur Ausweitung des Eigentumsbegriffs nach 1949 erkennbar, während bisher eher Restriktionen festzustellen waren.

121 Praktisch bedeutsam ist diese Entwicklung in der Einbeziehung sozialrechtlicher Rechtspositionen, insbesondere rentenrechtlicher Anwartschaften, in den Schutzbereich des Art. 14 GG geworden. Von jeher war klar, daß Anwartschaften eigentumsrechtlich nur geschützt werden können, soweit nicht noch weitere Umstände hinzutreten müssen, damit sie realisiert werden können, also nicht nur eine „Chance“ zu ihrer Verwirklichung besteht[238]. Hier nun ist das Bundesverfassungsgericht entgegengekommen: Daß der Versicherungsfall noch nicht eingetreten ist, nimmt der Anwartschaft noch nicht den Eigentumscharakter[239], wenn die Leistung nicht vom Ermessen des Versicherungsträgers abhängt[240]. Insbesondere Altersrentenanwartschaften und Rechte auf Rentner-Krankenversicherung genießen daher Eigentumsschutz.

Dieser Durchbruch zu einer sozialrechtlichen Erweiterung des Eigentumsbegriffs[241] wird mit Sicherheit dazu führen, daß auch nur einigermaßen verfestigte sozialrechtliche Positionen als „Eigentum“ erscheinen. Dies ergibt sich schon aus dem neuerdings[242] hier zusätzlich neben dem Leistungskriterium eingesetzten Existenzsicherungskriterium, durch das zugleich die leidige Frage entschärft wird, wieviel der Sozialversicherte zu seiner Rechtsposition selbst beitragen müsse, damit diese zu seinem Eigentum werde. Daran hätte übrigens der Verfassungsschutz nicht scheitern müssen: „Eigenleistung“ sind ja nicht nur die Beiträge von Arbeitnehmern und Arbeitgebern zur Sozialversicherung. Diese knüpft global an eine „eigene Leistung“, eben an die Beschäftigungszeit, an, als „soziale Gegenleistung“ dafür versteht sich ja auch der Staatszuschuß zur Renten-Sozialversicherung, der ganz wesentlich zur Leistung der Versicherten *hinzutritt*, mag er auch im Einzelfall oder selbst für größere Fallgruppen bedeutsamer sein als jene. Und wenn hier das Leistungskriterium allein nicht genügte, das Vertrauenskriterium würde dies auffüllen: Staatliche Gesetzgebung hat eben, wenigstens dem Grunde nach, ein Vertrauen geschaffen, das stärkste wohl, das es in einem Arbeitsleben geben

---

[238] BVerfGE 14, 288 (295); vgl. auch noch BVerfGE 31, 185 (191); 51, 257 (267).

[239] BVerfGE 51, 257 (267); vgl. auch BVerfGE 72, 9.

[240] BVerfGE 63, 152 (174); BVerfG in: BB 1985, S. 1537 ff.; BVerfG in: NJW 1986, S. 39 ff.

[241] Vollzogen im wesentlichen in BVerfGE 53, 257 (288 ff.).

[242] Vgl. BVerfGE 53, 257 (288 ff.).

kann. Dieser Aufforderung zur „Mitschaffung von Eigentum“ haben Arbeitnehmer und Arbeitgeber entsprochen — dies bindet grundsätzlich künftige Gesetzgebung.

122 Diese Entwicklung ist, im Grundsatz, sozialpolitisch ebenso erfreulich wie rechtsdogmatisch. Wenn es überhaupt etwas wie einen Eigentumskonsens heute gibt, so umfaßt er auch sozialversicherungsrechtliche Positionen. Wer sie aus dem verfassungsrechtlichen Eigentumsschutz ausklammern wollte, würde diesen als eine überholte Sicherungsform diskreditieren. Hier haben sich auch, in der Tat, „neue Eigentumsgüter entwickelt“, der Gesetzgeber hat sie „hervorgebracht“, daran muß er sich festhalten lassen, das verlangt schon das „Vertrauenseigentum“.

Dogmatisch ist zu begrüßen, daß die verbreitete Sorge, damit könnte das Rentenrecht verfassungsrechtlich zementiert und mit Sicherheit notwendige Rentenanpassung blockiert werden[243], das Bundesverfassungsgericht nicht daran gehindert hat, die eigentumsrechtliche Anerkennung in klarer Erweiterung des Eigentumsbegriffs auszusprechen, die erforderliche Flexibilität aber über Sozialbindung zu gewinnen. Inhalt und Bindung sind daher, bei dieser wichtigen Materie, klar getrennt.

123 Eine Sorge allerdings bleibt, wie bei jeder größeren Erweiterung des Eigentumsbegriffs: Wird nicht „das Eigentum als solches“ dadurch verwässert, daß nun über weiter sich verschärfende Sozialbindungsformeln[244] das meiste wieder genommen werden muß, was gegeben wurde — und werden sich solche Relativierungen auf den Sozialversicherungsbereich beschränken? Hier muß Karlsruhe Behutsamkeit zeigen und es sollte sein Werk vollenden: die Klärung des Eigentumscharakters von öffentlich-rechtlichen Ansprüchen, nicht nur im Sozialrecht, sondern ganz allgemein.

6. Eigentumsschutz des Vermögens? — Eigentum als Schranke der Steuergewalt

124 Nach der früher ganz herrschenden, wohl aus der Zivilrechtsdogmatik[245] entlehnten Auffassung ist das Vermögen als solches durch das Eigentumsgrundrecht nicht geschützt; daher seien auch Vermögensbeeinträchtigungen durch Auferlegung von Geldleistungspflichten (Abgaben) nicht an Art. 14

---

[243] Siehe insbes. BVerfGE 53, 257 (288 ff.); *Hans Schneider*, Der verfassungsrechtliche Schutz von Renten der Sozialversicherung, 1980, S. 17 ff.; *Wolfgang Zeidler*, Grundrechte und Grundentscheidungen der Verfassung im Widerstreit, in: Verhandlungen des 53. Deutschen Juristentages, 1980, Sitzungsbericht H / J, S. J 18.

[244] S.u. Rn. 133 ff.

[245] Vgl. etwa BGHZ 6, 270 ff. (LS. III 1).

GG zu messen[246], die Steuergewalt könne begrifflich das Eigentum nicht verletzen[247], auch nicht „mittelbar"[248].

125 Deutlich im Vordringen ist nun aber eine Lehre, welche das Vermögen als solches in den Eigentumsbegriff einbeziehen will, nicht zuletzt, damit die Frage der konkreten Bezogenheit der Steuerforderung auf ein bestimmtes Gut offenbleiben und doch Eigentumsschutz gegen die Steuergewalt gewährt werden könne, auf daß diese „offene Flanke" der Eigentumsordnung (Hesse) abgedeckt werde[249].

126 Die Formel des Bundesverfassungsgerichts lautet schon seit längerem: Eigentumsverletzung kommt „allenfalls dann in Betracht, wenn die Geldleistungspflichten den Pflichtigen übermäßig belasten und seine Vermögensverhältnisse grundlegend beeinträchtigen würden"[250], der Bundesfinanzhof hat dies übernommen[251]. Unzulässig sind Abgaben, die den „Steuerschuldner zur Verschleuderung von Vermögenswerten zwingen"[252], „nachträglich seine (Eigentums-)Position im ganzen entwerten"[253], „die Substanz des Vermögens vernichten"[254].

---

[246] BVerfGE 27, 326 (343).

[247] BVerfGE 4, 7 (17) st. Rspr. bis BVerfGE 30, 250 (271 f.); vgl. auch etwa BFHE 73, 387 (394).

[248] BFHE 92, 495 (505), im Anschluß an die Judikatur des BGH zum „unmittelbaren Eingriff", siehe etwa BGHZ 37, 44 (47).

[249] Vgl. u.a. *Karl Heinrich Friauf*, Aktuelle Verfassungsprobleme im Steuerrecht, in: Jb. d. Fachanwälte für Steuerrecht, 1971/72, S. 72 ff.; *Wolf-Rüdiger Schenke*, Besteuerung und Eigentumsgarantie, in: FS für Hubert Armbruster, 1976, S. 186 f.; *Erhard Denninger*, Die AG, 1978, S. 72; *Rudolf Wendt*, Besteuerung und Eigentum, in: NJW 1980, S. 2111 (2113); *Hans Herbert v. Arnim*, Besteuerung und Eigentum, in: VVDStRL 39 (1981), S. 280 (300 f.); *Paul Kirchhof*, Besteuerung und Eigentum, in: VVDStRL 39 (1981), S. 213 (235); *Draschka* (Fn. 123), S. 105 f.; *Klein* (Fn. 14), S. 31 ff.; *Herzog* (Fn. 104), Sp. 673 ff. (680 ff.). Anderer Ansicht vor allem *Hans-Jürgen Papier*, Die Beeinträchtigung der Eigentums- und Berufsfreiheit durch Steuern vom Einkommen und Vermögen, in: Der Staat 11 (1972), S. 483 (491); *ders.*, Besteuerung und Eigentum, in: DVBl. 1980, S. 787 (790 ff.); *Rittstieg* (Fn. 21), S. 377; zum Problem insgesamt vgl. den Überblick bei *Ramsauer* (Fn. 92), S. 133 ff.; *Walter Leisner*, Wertzuwachsbesteuerung und Eigentum, 1978, S. 126 ff.; *ders.* in: Paul Kirchhof/Walter Leisner, Bodengewinnbesteuerung, Schriftenreihe des BMELF 306, 1985, insbes. S. 139 ff. (180 ff.) m.w.N.

[250] BVerfGE 14, 221 (241); 19, 119 (128 f.); 23, 288 (315) st. Rspr.; → Bd. V, Staatliche Einnahmen.

[251] BFHE 83, 200 (205); 105, 269 (270); 105, 554 (560); 112, 567 (568) st. Rspr.

[252] BFHE 77, 267 (269) — im Wege einer Selbstenteignung, damit doch die Verbindung zu einem „objektbezogenen" Eingriff bleibe.

[253] BVerwGE 21, 98 (102), unter Hinw. auf BVerfGE 14, 288.

[254] BAGE 17, 211 (215).

Man könnte versuchen, darin nicht die Anwendung eines Verfassungsmaßstabs des Eigentums, sondern nur den einer – davon isolierten – Rechtsstaatlichkeit zu sehen, welche jedes Übermaß verbiete. Doch es ist in der Verfassungsrechtsprechung eben nicht nur von „Vermögensverhältnissen", sondern von „Vermögen schlechthin" die Rede. In diese Richtung weist auch das Substanzkriterium in diesem Zusammenhang[255], eine typisch eigentumsrechtliche Kategorie.

127 „Vermögen" ist also als solches Eigentum — darin liegt eine wesentliche, grundsätzliche Erweiterung des Eigentumsbegriffs, aber hier treten die gleichen Gefahren auf – noch größere vielleicht – als bei der Ausweitung des Eigentumsinhalts in das Sozialrecht hinein: daß nunmehr „allzuviel an Bindung" erforderlich und damit das Eigentum überhaupt relativiert wird. Ein diffuser, auch durch Zivilrechtsprechung nicht näher geklärter Begriff wie das „Vermögen" bedarf also noch der eigentumsdogmatischen Präzisierung. Sie kann in der Tat nur über das „Substanzkriterium" erfolgen: Wenn „die Substanz des Vermögens" angetastet wird, greift die Eigentumsgarantie ein. Dies aber ist nicht der Fall beim Entzug irgendwelcher Vermögenswerte, sondern nur, wenn die Vermögensverhältnisse als solche grundlegend, eben im Kern der „Gesamt-Vermögensposition", des „Vermögens als einer Globalposition", verändert werden. In diesem Sinne trifft die Formulierung des Bundesverfassungsgerichts zum Abgabenrecht das Richtige. Jenseits des Steuerbereichs aber bleibt „Vermögen als Eigentumsposition" ein „virtueller Grundrechtsbegriff". Es könnten aus ihm weitere Schutzaspekte hervorgehen, etwa gegenüber staatsdirigierter Inflationierung[256], doch heute ist mehr als Abgabenrelevanz nicht in Sicht. Gerade in seiner sehr allgemeinen Begrifflichkeit kann jedoch „Vermögen als Eigentum" immer nur subsidiär zum Tragen kommen. Es geht nicht an, daß ein Globalbegriff das wohlausgewogene Schutzsystem der einzelnen Rechtspositionen sprengt; und der Schutz von „Vermögen als Eigentum" in Verbindung mit dem Substanzkriterium darf nicht dazu führen, daß die Enteignungsschwelle „je nach Vermögensgröße" bestimmt, die Entschädigung nach der subjektiven Vermögenslage des einzelnen festgesetzt wird.

So ist also „Vermögen als Eigentum" keine entscheidende Erweiterung des Eigentumsbegriffs, sondern eher ein verfassungsrechtlicher Hintergrund-Begriff.

128 Eigentum als Schranke der Abgabengewalt — die rechtlichen Folgerungen können hier nicht vertieft werden. Im einzelnen dürfen die Wirkungen gewiß

---

[255] Siehe etwa BVerfG in: HFR 1969, S. 347; BFHE 89, 422 (441); BVerwGE 6, 247 (267).

[256] S.u. Rdnrn. 131 f.

nicht überschätzt werden, denn hier greift weitgehende, herkömmliche Sozialbindung ein[257], mehr als Randkorrekturen lassen sich aus Art. 14 GG kaum ableiten.

129 Immerhin: Entscheidend ist dabei das Substanzkriterium[258]. Deshalb ist nach herrschender Lehre zwischen Eingriffen in „konsolidiertes" und anderes Vermögen zu unterscheiden[259], wodurch gleichzeitig der bedenklich weite Vermögensbegriff wieder auf besser faßbare Rechtspositionen zurückgeführt wird, weil ja auch die Einkommens-Forderung gegenüber Dritten eine solche Rechtsposition darstellt. Das heißt: vor allem Abgaben vom Vermögen dürfen grundsätzlich nicht höher sein als dessen (möglicher) Ertrag, freier ist dagegen der Gesetzgeber bei der Einkommenbesteuerung[260]. Nicht als ob die „Forderung auf Bezahlung" zwischen Bürgern als solche nicht „Eigentum" oder schon in ihrer Entstehung mit Steuerverpflichtungen belastet wäre; Erzielung von Einkünften ist aber einer anderen Verhaltensweise zuzuordnen als das „reine Halten" eines Gutes. Wer nur „liegt und besitzt", muß in einer anderen Ruhe belassen werden als der Erwerbstätige, der den Zuerwerb von Einkommen sucht. Er unterliegt mit der Einkommensteuer primär nicht einem „Zugriff auf Besitz", sondern einer „Aktivitätsabgabe", die solange zulässig ist, wie sie nicht, durch gesetzlichen Zwang zur Unrentabilität, zur Aufgabe des Gewerbes nötigt, die berufliche Aktivität sinnlos macht[261]. „Eigentümer als Beruf" kann zwar auch für den Besitzenden gelten[262], doch Besitz von Eigentumssubstanz ist gegenüber Eigentumszufluß ein eigentumsverfassungsrechtliches aliud, was mögliche Sozialbindung anlangt, schon weil hier der Berufsfreiheitsaspekt erhöhte Bedeutung gewinnt.

---

[257] S.u. Rdnrn. 133 ff.

[258] Siehe Fn. 2 sowie *Wolfgang Rüfner*, Die Eigentumsgarantie als Grenze der Besteuerung, in: Ulrich Scheuner (Hg.), Die staatliche Einwirkung auf die Wirtschaft, 1971, S. 650; *Peter Selmer*, Steuerinterventionismus und Verfassungsrecht, 1972, S. 325, beide m.w.N.

[259] *Rüfner* (Fn. 258), S. 649; *Selmer* (Fn. 104), S. 324; *Max Imboden*, Die verfassungsrechtliche Gewährleistung des Privateigentums als Schranke der Besteuerung, in: ders., Staat und Recht. Ausgewählte Schriften und Vorträge, 1971, S. 544 f.; *Friedrich Klein*, Bodenwertzuwachssteuer und Artikel 14 des Grundgesetzes, in: DÖV 1973, S. 433 (437); *Schenke* (Fn. 249), S. 177 (198 f.) m. Nachw.; *Karl H. Friauf*, Substanzeingriff durch Steuerkumulation und Eigentumsgarantie, in: StuW 1977, S. 59 (63); *Denninger* (Fn. 249), S. 70 (75).

[260] Grdl. dazu *Kirchhof* (Fn. 249), S. 236 ff.; *ders.*, Besteuerungsgewalt und Grundgesetz, 1973, S. 36 ff.

[261] Und in diesem Sinne „erdrosselnd" wirkt, vgl. *Otto Kimminich* in: BK (Zweitb.), Art. 105 Rdnr. 143; *Rüfner* (Fn. 258), S. 650; *Bruno Schmidt-Bleibtreu / Hans-Jürgen Schäfer*, Besteuerung und Eigentum, in: DÖV 1980, S. 489 (492).

[262] *Walter Leisner*, Eigentümer als Beruf, in: JZ 1972, S. 32 ff.

130 Diese grundlegende eigentumsrechtliche Unterscheidung zwischen Vermögen- und Einkommensteuer darf der Gesetzgeber nicht dadurch unterlaufen, daß er formal „Vermögen in Eigentum umqualifiziert", indem er etwa jeden Verkaufserlös als Einkommen behandelt. Das „Abflußergebnis" kann nicht einfach dem „Zuflußergebnis" gleichgestellt werden, sondern allenfalls dort, wo es noch einen engen Bezug zur einkommenschaffenden Aktivität aufweist, etwa – in Grenzen – beim Betriebsvermögen. Im übrigen ist die finanz(verfassungs)rechtliche Unterscheidung von Substanz- und Ertragsteuern auch eigentumsrechtlich gesichert.

131 Anhang: Eigentumsschutz gegen Inflation?[263] Inflation vermindert den (Tausch-)Wert des Geldes, das als solches eine verfassungsgeschützte Rechtsposition darstellt. Das Wesen des Geldes liegt heute gerade darin, daß seine Substanz nur mehr in diesem Tauschwert besteht. Bewirkt daher der Staat eine über Sozialbindung hinausgehende[264], also „besonders schwere" Wertbeeinträchtigung des Geldes, so wird dadurch Art. 14 Abs. 1 GG verletzt. Diese Schweregrenze kann auch in Kombination mit einer Abgabenbelastung überschritten werden[265], was zur Forderung einer Rücknahme der Zinsbesteuerung in Inflationszeiten geführt hat. Zu pauschal hat das Bundesverfassungsgericht dies mit dem Hinweis abgelehnt, nicht die Besteuerung der Zinsen sei zu beanstanden, sondern die Entwertung des Vermögens, dessen Veränderung nicht Gegenstand der Besteuerung sei[266]: Der Gesetzgeber kann durchaus verpflichtet sein, anderweitige Substanzeingriffe durch Steuerentlastung zu kompensieren, doch im Falle der Geldentwertung müßte der Nachweis erbracht werden, daß und inwieweit diese auf staatliches Verhalten zurückführt. In einer international verflochtenen Marktwirtschaft mit Tarifautonomie ist dies in aller Regel unmöglich, es sei denn, der Staat, insbesondere die Währungsgewalt, betriebe eine massive Inflationierungspolitik, deren Folgen im internationalen Vergleich eindeutig aus jedem Rahmen fielen. Solche Extremfälle liegen außerhalb gegenwärtiger Betrachtung.

Inflation ist vor allem Markteffekt, nicht Folge von Staatseingriffen, die zahllosen Staatseinflußnahmen auf dem Markt wirken hier nur, unfaßbar mediatisiert, mit anderen Faktoren zusammen, zahlreichen „gesellschaftlichen Vorgängen". Freies Eigentum braucht den Markt gegen den Staat, es darf diesen nicht rufen zu einem corriger la fortune.

---

[263] Dazu näher *Papier* (Fn. 1), Art. 14 Rdnrn. 175 ff.

[264] Diese wird hier allerdings durch die allgemein die Wirtschaftspolitik bindende Verpflichtung zur Wahrung des gesamtwirtschaftlichen Gleichgewichts (Art. 109 Abs. 2 GG) noch näher konkretisiert, vgl. für viele *Klaus Vogel*, Steuerrecht und Wirtschaftslenkung, in: Jb. d. Fachanwälte für Steuerrecht, 1968/9, S. 225 (241).

[265] S.u. Rdnrn. 153 ff.

[266] BVerfGE 50, 57 (105 f.).

132 Im Ergebnis bleibt zu den Eigentumsinhalten im einzelnen festzustellen: Insgesamt ist eine wesentliche Ausweitung nicht erfolgt, mit Ausnahme des sozialrechtlichen Bereichs. So lautet denn die Frage weniger: Wird dies durch Sozialbindung (über-)kompensiert, als vielmehr: Rücken die Eigentumsschranken nicht insgesamt näher, steigt das unverletzliche Eigentum nicht doch entscheidend ab — nicht in seinem Inhalt, sondern in seinen Bindungen?

C. Die Schranken des Eigentums

I. Die Sozialbindung — Allgemeines

1. Die Unterscheidung von Inhaltsbestimmung und Sozialbindung

133 Das Bundesverfassungsgericht definiert wie folgt: Die Gesamtheit der in den gesetzlichen Normen sichtbar werdenden Beschränkungen des Eigentums läßt sich in dem Begriff der Sozialpflichtigkeit zusammenfassen; sie zieht der umfassenden Gebrauchs- und Verfügungsbefugnis des Eigentümers im Interesse des gemeinen Wohles allgemein geltende Grenzen; diese werden sodann von Exekutive und Judikative im Einzelfall konkretisiert. An den Eigentümer und alle Staatsgewalten richtet sich das Wort: „Eigentum verpflichtet. Sein Gebrauch soll zugleich dem Wohle der Allgemeinheit dienen" (Art. 14 Abs. 2 GG).

134 In der Lehre ist der Begriff der „Sozialbindung" in letzter Zeit deutlich zurückgetreten, zugunsten von Auffassungen, welche die Bindungen in den Inhalt legen wollten[267]. Demgegenüber ist hier nochmals zu betonen: Sozialbindung und Inhaltsbestimmung sind zu unterscheiden, wie der Wortlaut der Verfassung sie deutlich trennt (Art. 14 Abs. 1 S. 2 GG). Schon von der Wortbedeutung her kann es Schranken nur geben, wenn ein Inhalt vorhanden ist, der eingegrenzt wird, was logisch, nicht zeitlich zu verstehen ist. Der Hoheitsstaat appropriiert sich nicht einen Teil der Güter (als sein Eigentum), er ist ja gar nicht „eigentumsfähig" — er beschränkt das Eigentum der Privaten, nur darin kann er den „Dienst des Eigentums am Allgemeinwohl" überhaupt realisieren.

135 Von der „Trennung von Inhalt und Schranken" des Eigentums geht grundsätzlich auch weiterhin das Schrifttum aus[268], eindeutig und durchgehend die Rechtsprechung der ordentlichen und der Verwaltungsgerichte. Das Bundesverfassungsgericht hat dies immer wieder bestätigt: In der Sozialversiche-

---

[267] S.o. Rdnrn. 3 ff.

[268] Vgl. für viele *Papier* (Fn. 1), ausdrücklich betont u.a. von *Scholz* (Fn. 92), S. 136; *Draschka* (Fn. 123), S. 125 ff.

rungsjudikatur hat es Inhaltsausweitung deutlich unterschieden von der *sodann* zu prüfenden Schrankenziehungsbefugnis, und der Streit um das Grundwasser ist im Naßauskiesungsfall[269] – gerade entgegen der Schrankenthese des Bundesgerichtshofs – dahin entschieden worden, daß dieses Gut aus dem Inhalt des privaten Grundeigentums auszuklammern sei.

136 Daß die Unterscheidung von „Inhalt und Schranken" Grundlage der verfassungsrechtlichen Eigentumssystematik bleibt, läßt sich also nicht mehr bestreiten. Das schließt nicht aus, daß die Sozialverpflichtung bereits bei der Inhaltsbestimmung des Eigentums zu berücksichtigen ist[270]. Die einheitliche Bedeutung der Sozialpflichtigkeit für Inhalt und Schrankenbestimmung – hier sollte die Formel „Sozialpflichtigkeit" verwendet werden – darf aber nicht im Sinne einer Gleichsetzung von Inhalts- und Schrankenbestimmung mißdeutet werden: Sozialpflichtigkeit über Schranken realisiert — das ist die „Sozialbindung" des Grundgesetzes. In diesem Sinne bilden die „Regelung" in Art. 14 Abs. 1 S. 2 GG und die inhaltliche Orientierung in Art. 14 Abs. 2 GG einen einheitlichen Gesetzesvorbehalt[271].

137 Der Eigentumsinhalt darf nicht über Inhaltsbestimmung „wegdefiniert" werden, bevor es überhaupt zur Schrankenbestimmung kommt. Diese Gefahr wird vor allem im Naßauskiesungs-Beschluß deutlich[272] und bedroht insbesondere das gesamte agrarische Bodeneigentum — zunächst schon in der Form einer „Schrankenwirkung der Inhaltsbestimmung": Wenn all diejenigen Nutzungen begrifflich aus dem Grundeigentum ausgeschlossen sind, welche das Grundwasser nur irgendwie beeinträchtigen könnten, so wird weithin auch das verbleibende „Grundeigentum an der oberen Bodenschicht" völlig entwertet. Wenn der (Wasser-)Gesetzgeber so den Inhalt des Eigentums abgrenzend bestimmt, muß er auch die derart geschaffene „vertikale Nachbarrechtslage" mit ihren Konfliktlagen harmonisierend, inhaltsbestimmend regeln. Inhaltsabgrenzung darf jedenfalls nicht zur übermäßigen Eigentumsschranke werden. Doch die Bedrohungen eines „wegdefinierten Eigentums" gehen weiter: Wenn der Gesetzgeber Güter aus dem Eigentumsbegriff „ausklammert", so bedarf es gar keiner Schranken mehr, diese sind jedenfalls gerechtfertigt, bis zu einer „Schrumpfung des Eigentums auf Null" — qui potest plus, potest minus. Eigentum kann gar nicht mehr „zugleich" dem Wohl der Allgemeinheit dienen, wenn es schon vorher durch Inhaltsbestimmung total eliminiert worden ist. Darin aber ist eben der Gesetzgeber nicht

---

[269] BVerfGE 58, 300.

[270] BVerfGE 25, 112 (117); 26, 215 (222) u. öfter, vgl. BVerfGE 37, 132 (140); 52, 1 (29) — allerdings werden dabei die dogmatischen Grenzen nicht immer hinreichend betont.

[271] *Papier* (Fn. 1), Art. 14 Rdnr. 250, im Anschluß an *Leisner* (Fn. 3), S. 44; in diesem Sinne auch BVerfGE 34, 139 (147 f.) sowie BVerfGE 20, 351 (361).

[272] BVerfGE 58, 300.

völlig frei, hier liegt – das ist bisher zuwenig erkannt worden – die Garantiefunktion von Art. 14 Abs. 2 GG für das Eigentum Privater: Es muß zuerst einmal Eigentum (noch) vorhanden sein, damit es dann beschränkt werden kann. Soweit das Eigentum dem Bürger keinen nutzbringenden Inhalt mehr bietet, ist die Schrankenproblematik erledigt, umgangen; was gar nicht Eigentum ist, kann auch nicht durch „kumulierte Schranken" beeinträchtigt werden.

2. Unzulässigkeit „totaler Sozialbindung"

138 Dies ist ein Grundproblem der Eigentumsdogmatik: die „quasi-totalen Eigentumsbeschränkungen", welche die Substanz weitestgehend entwerten und das Eigentum auf eine „Verfügungs-Hülse" reduzieren.

139 Wichtigste Beispiele sind hier die fast völlige Aufhebung der Baufreiheit[273] im Außenbereich, sowie neuere Entwicklungen im Umweltrecht. Könnte der Eigentümer frei baulich nutzen, würde er dann nicht ein Vielfaches an Wertsteigerung realisieren? Doch hier liegt ein logischer Fehler: Könnte ein Bürger im Außenbereich frei bauen, aufgrund seines Eigentums, so dürften es alle anderen auch — „alles würde zu Bauland", bei unabsehbarem Angebot würden die Baulandpreise bei weitem nicht so steigen, vielleicht im bisherigen Rahmen bleiben. Mit anderen Worten: Der (angebliche) virtuelle Wert des heutigen Bau(erwartungs)landes ist das Ergebnis einer staatsgeschaffenen Mangellage auf dem Markt, nicht ein „Wert, der dem Eigentum als solchem zukommt", von der bauplanerische Staatsgewalt nur unzumutbar eingeschränkt würde. Es läßt sich gar nicht im einzelnen sagen, wie groß der Grundstückswert wäre, gäbe es keine Bauordnung im weiteren Sinne; das Eigentum verleiht keinen Anspruch auf eine bestimmte, besonders wertsteigernde Staatsgestaltung desselben. Baubeschränkungen sind also nur scheinbar quasi-totale Eigentumsbeschränkung, ihre Problematik löst sich, eigentumsrechtlich, vor allem über den Bestandsschutz: Wenn der Staat einmal einen Wert geschaffen hat, wenn Vertrauen darauf besteht, darf er ihn nicht übermäßig eingreifend entziehen. Damit wird die Baufreiheit noch nicht zu verliehenem Recht; ihre Beschränkungen greifen nur, bei richtiger Betrachtung, weit weniger tief in die Eigentumssubstanz ein, als es auf den ersten Blick erscheinen mag.

140 Dieses Paradebeispiel angeblich weitestgehender, quasi-totaler Eigentumsbindung beweist also nicht, daß eine solche zulässig ist, dies darf nicht, niemals angenommen werden, denn sonst würde die Verfassung offen gebrochen: Eigentumsgebrauch soll *zugleich* dem Wohle der Allgemeinheit dienen. Diese Formel des Art. 14 Abs. 2 S. 2 GG mag sich *auch* an den Eigentümer

[273] S.o. Rdnrn. 102 ff.

wenden[274], schon weil es eben auch „immanente Sozialbindungen“ gibt, welche der Gesetzgeber gar nicht aussprechen muß[275] — doch in erster Linie ist dieser ihr Adressat: Er *soll* – nicht „muß“, und darin zeigt sich eine zuwenig betonte Abschwächung des Sozialbindungsauftrags – die öffentlichen Belange zum Tragen bringen, aber auch nur „zugleich“, in einer Nutzung, welche neben die des Eigentümers, zu dieser hinzutritt. Primär ist also der Eigentumsgebrauch durch den Eigentümer, eben die vom Bundesverfassungsgericht stets betonte Privatnützigkeit[276], die nicht nur bei der Inhalts-, sondern auch bei der Schrankenbestimmung von Bedeutung ist. Nach dem Wortlaut schwebten den Verfassungsvätern von Weimar und Bonn wohl sogar noch weitergehende, wahrhaft „grundsätzliche“ Eigentümerrechte vor: Der Eigentümer allein gebraucht „voll“ sein Gut, nichts wird durch Sozialbindung „abgespalten“, „bei dieser Nutzung“ denkt er zugleich an das gemeine Wohl — das sind schon andere Akzente als die, welche ein „Schrankendenken“ setzt.

141 Mag hier auch etwas von „Gemeinschaftsromantik“ mitschwingen: Unzulässig ist eine Gesetzgebung der quasi-totalen Sozialbindung, bei der man „vor lauter Schranken das Eigentum nicht mehr sieht“. Und das Verhältnis von Recht und Pflicht ist dann nicht „ausgewogen“, wie es ständig die Verfassungsrechtsprechung fordert, wenn der Staat sich mehr nimmt, als ihm bei einer einigermaßen „gleichgewichtigen Teilung“ zukäme. Insoweit ist eine 50%-Grenze des Wertentzugs eine gewisse, auch verfassungsrechtliche, Orientierungsmarke, denn nur selten und in geringem Umfang werden größere Wertverluste durch verbleibende Verfügungsbefugnis kompensiert.

142 Höchst bedenklich sind daher neuere Tendenzen im Umweltrecht. Die vor allem in der Rechtsprechung des Bundesverwaltungsgerichts heute schon laufend, direkt oder implizit, zum Ausdruck kommende Auffassung, die Belange von Natur- und Landschaftsschutz hätten generell oder auch nur im Zweifel Vorrang vor den Interessen des Eigentümers[277], steht in solcher Allgemeinheit im Widerspruch zu Art. 14 GG. Keine Rede kann davon sein, daß alle umweltschützerischen Eingriffe in agrarisches, industrielles — oder auch schon „rein privates“ Eigentum im Zweifel zulässig wären und etwa auch noch unter Berufung auf das höchst bedenkliche „Vorsorgeprinzip“[278] kaum mehr

---

[274] Angesichts der Formulierungen in BVerfGE 21, 73 (83); 25, 112 (117) u. öfter läßt sich dies kaum bestreiten, vgl. *Breuer* (Fn. 29), S. 42; *Erich Gassner*, Die Situationsgebundenheit des Grundeigentums und das Gesetz, in: NVwZ 1982, S. 165 (167) m. Nachw.; a.A. *Papier* (Fn. 1), Art. 14 Rdnr. 250.

[275] BVerfGE 20, 351 (361).

[276] *Dadurch*, und nicht durch den Dienst am Wohle der Allgemeinheit, „zeichnet sich das Privateigentum aus“, BVerfGE 37, 132 (140); 42, 263 (294) st. Rspr.

[277] BVerwGE 67, 93 ff.; 49, 365 ff.

[278] *Michael Kloepfer*, Systematisierung des Umweltrechts, in: Umwelt-Bundesamt (Hg.), Berichte 8/78, 1978, S. 105 f.; *Urban Rid*, Die Vorsorgepflicht bei genehmigungsbedürfti-

absehbar gesteigert werden dürften. „Eigentum nach öffentlichem Interesse“[279] würde eine deutliche Aushöhlung der Verfassungssicherung bedeuten. Die Enteignungs- und Entschädigungsregelung in Art. 14 Abs. 3 GG zeigt ja, daß die Verfassung das Eigentum den öffentlichen Interessen gerade nicht zu weitgehend ausliefern will, also kann die entschädigungslos hinzunehmende Sozialbindung nicht einfach mit dem Gewicht der öffentlichen Belange ungemessen anwachsen.

Hier läuft eine schwerwiegende, eigentumswidrige Entwicklung im Umweltrecht an. Im Namen des Art. 14 GG muß ihr entgegengetreten werden. Allgemeine in dubio-Formulierungen zugunsten des Umweltschutzes sind bequem, aber unzulässig. In jedem Einzelfall gilt es, zu prüfen und abzuwägen.

3. Die Sozialbindungs-Abwägung — Verhältnismäßigkeit

143 Entscheidend ist die Antwort auf die Frage, wo die Grenzen der Sozialbindung liegen, die „Schranken-Schranken“ des Eigentums. In Schrifttum und Rechtsprechung steht bei den Abgrenzungsversuchen[280] die Abwägungslehre im Vordergrund, meist in Verbindung mit dem Verhältnismäßigkeitsgebot[281].

144 „Abwägung“ bedeutet als solche keine materielle Inhaltsabgrenzung, welche aber in der Sozialbindung zu leisten ist, sie stellt ein Verfahren zu deren „ausgewogener“ Gewinnung dar, einen Verfahrensmaßstab für Verwaltungs- und gerichtliches Verfahren, vor allem aber für das Gesetzgebungsverfahren: Der Gesetzgeber kann nur nach sorgfältiger Abwägung „sachgerecht entscheiden“[282], muß sich dabei auf hinreichende Kenntnis der Ausgangslage stützen können[283]. Der Verfahrensgrundsatz der Abwägung erzwingt nicht, aber er gestattet in gewissem Umfang Prognoseentscheidungen[284], die gerade im wirtschaftslenkenden Eigentumsrecht von großer Bedeutung sind. Wenn

---

gen Anlagen im Bundes-Immissionsschutzgesetz, 1985, S. 9 ff.; *Gerhard Feldhaus*, Der Vorsorgegrundsatz des Bundesimmissionsschutzgesetzes, in: DVBl. 1980, S. 133 ff.; → Bd. III, *Salzwedel*, § 85 Rdnrn. 9 ff.

279 Dazu *Leisner* (Fn. 3), S. 86 ff.

280 Überblick bei *Leisner* (Fn. 3), S. 43 ff.

281 Siehe dazu u.a. *Breuer* (Fn. 29), S. 22 ff.; *v. Brünneck* (Fn. 3), S. 392 ff.; *Lerke Schulze-Osterloh*, Das Prinzip der Eigentumsopferentschädigung im Zivil- und im öffentlichen Recht, 1980, S. 248 ff.; *Papier* (Fn. 1), Art. 14 Rdnrn. 254 ff.; *ders.*, Grundgesetz und Wirtschaftsordnung, in: HdbVerfR, S. 609 (641 f.); *Gunther Schwerdtfeger*, Optimale Methodik der Gesetzgebung als Verfassungspflicht, in: FS für Hans Peter Ipsen, 1977, S. 173 ff.

282 BVerfGE 36, 47 (58 ff.).

283 BVerfGE 39, 210 (225 ff.).

284 Dazu näher *Papier* (Fn. 1), Art. 14 Rdnrn. 262 f. m.w.N.

die Erkenntnismöglichkeiten ausgeschöpft werden, so führt Irrtum nicht zur Verfassungswidrigkeit[285].

145 Doch das Abwägungsgebot betrifft nicht die Erkenntnis der Entscheidungsvoraussetzungen, es stützt sich auf sie und verlangt Bestimmung der Sozialbindungs-Schranken in Wertung[286]; als ein Verfahrensgebot kann es diese nicht inhaltlich orientieren, sie nur, ganz allgemein, auf den „gerechten Ausgleich" der privaten und öffentlichen Belange hinweisen, vor „einseitiger Bevorzugung" oder „Benachteiligung" warnen[287]. Wie im einzelnen zu gewichten, wo die Waage aufzuhängen ist — darüber sagt das Abwägungsgebot nichts aus[288], es ist ein formales Instrument, kein materialer Wertbegriff. Materiellrechtliche Wertung und Entscheidung dürfen sich hier nicht hinter einer verfahrensrechtlichen Fassade verstecken, hinter einem „guten Wort", einem Selbstlob des Grundrechtsbeschränkers, der so sein Ergebnis unangreifbar machen will — wer wollte kritisieren, was „ausgewogen ist", auf „Abwägung" zurückgeht? Selbst im Zivilrecht zeigt die ständige „Abwägung" oft nur den Richter auf der Flucht vor der Begriffsklarheit in die Interessenjurisprudenz, doch dort mag die Waage immerhin noch meist, im Vermögensvergleich, funktionieren. Wo Freiheit gegen Staatsraison abzugrenzen ist, muß Unvergleichbares abgewogen, hier muß letztlich wertend entschieden werden.

„Abwägung" ist eine verfahrensrechtliche Selbstverständlichkeit, nicht eine Inhalts-Abgrenzungsformel zur Bestimmung zulässiger Sozialbindung. Je weniger das Wort gebraucht wird, desto höher sind die Chancen wirklicher Ausgewogenheit.

146 Hinter der Abwägung stehen meist die eigentlichen materiellen Kriterien der Schranken-Schranken, oft werden sie auch neben ihr genannt: „Gerecht" soll abgewogen werden — das ist nur eine Leerformel. Weiter führt schon die Verbindung zum Verhältnismäßigkeitsgebot[289], das ganz allgemein im Mittelpunkt der Verfassungsjudikatur steht[290], bei der Bestimmung der Eingriffsschranken besonders betont wird[291]. Dies ist wirklich eine „allgemeine Formel", anwendbar vom Bodenrecht bis zur Sozialversicherung. Nachdem

[285] BVerfGE 50, 290 (333 f.).

[286] Deutlich etwa in der Judikatur des BVerwG, s. für viele BVerwG in: NJW 1965, S. 879.

[287] So das BVerfG in st. Rspr., siehe etwa BVerfGE 25, 112 (117 f.); 52, 1 (29); 50, 290 (340); 58, 137 (147 f.) usw.

[288] Zur Kritik vgl. *Klaus Schlaich*, Die Verfassungsgerichtsbarkeit im Gefüge der Staatsfunktionen, in: VVDStRL 39 (1981), S. 99 (108 ff.); *Leisner* (Fn. 3), S. 93 f.

[289] Deutlich etwa in BVerfGE 20, 351 (356, 361 f.).

[290] Nachw. etwa in BVerfGE 49, 220 (228 f.).

[291] Siehe für viele BVerfGE 42, 263 (LS. 5); 52, 1 (18 f., 29 ff.); 53, 257 (293); 58, 300 (348).

von den alten, guten polizeirechtlichen Schrankenbegriffen in der Verfassungsrechtsprechung „Bestimmtheit“ weitgehend in Rechtsstaatlichkeit verblaßt, „Geeignetheit“ der Inhaltsgestaltungsfreiheit des Gesetzgebers geopfert worden ist, werden in der „Verhältnismäßigkeit“ als Kriterium zulässiger Sozialbindung die Grundsätze der Erforderlichkeit und der abwägenden Verhältnismäßigkeit zusammengefaßt — oft unklar: Das Gebot des „geringsten erforderlichen Eingriffs“ läßt sich in der Regel noch in klarer Abgrenzung befolgen, ausgehend von den Zielvorstellungen des Staates und den Interessen des Eigentümers, hier ist „faktische Beurteilungsbasis“ gegeben. Doch dann erst muß der letzte Schritt folgen: die wertende Gegenüberstellung von Staats- und Eigentümerbelangen, eine Lösung, welche die letzteren nicht „übermäßig“ beeinträchtigen darf — selbst wenn dies „erforderlich“ sein sollte; diese – eigentliche – Verhältnismäßigkeit verlangt insoweit eben eine Zielkorrektur der eigentumsbindenden Staatsvorgabe.

147 Erforderlich wäre hier eine „materiale Wertlehre“ im Verfassungsrecht, nur so könnte es zu einer Vorhersehbarkeit staatlicher Eingriffe kommen, die diesen Namen verdient. Eine solche Lehre gibt es nicht, die Konsenslage heutiger Demokratie macht sie zunehmend unwahrscheinlich, wenn nicht unmöglich. Hier hätten vielleicht Wertungskategorien des Berufsrechts übernommen werden können („wichtige“, „überragend bedeutsame“ Gemeinschaftsgüter im Sinn der Stufenlehre des Bundesverfassungsgerichts) — doch auch diese Begriffe sind weithin ausgeschliffen zu Verfassungshülsen[292].

Abwägung und Verhältnismäßigkeit — das weist nur Verfahren, allenfalls noch allgemeinere Richtung: Dem Grundrechtsträger darf nicht „allzuviel“ genommen werden. Was aber ist das? Nur Einzeljudikatur weiß es.

4. Enteignungsschwelle — Schwerekriterium

148 Damit erreicht die Eigentumsdogmatik den Bereich, wo sie noch am dichtesten ist: Es muß die „Enteignungsschwelle“ bestimmt werden, der Punkt, an welchem entschädigungslose Sozialbindung aufhört, „in Enteignung umschlägt“[293].

---

[292] Vgl. dazu m. weit. Nachw. *Helmut Lecheler*, Art. 12 GG — Freiheit des Berufs und Grundrecht der Arbeit, in: VVDStRL 43 (1985), S. 48 ff.

[293] So das BVerfG – auch neuerdings – in st. Rspr., ausdrücklich unter Verwendung des Begriffs der „Grenzüberschreitung“, siehe BVerfGE 52, 1 (27 f.); 58, 137 (145); 58, 300 (320); siehe ferner BVerfGE 62, 109 (183).

Daran hat der Naßauskiesungs-Beschluß[294] nichts geändert, nur die Folgen der „Schwellenüberschreitung“ sind, teilweise, anders bestimmt worden. Nach wie vor führt sie zu einer „Enteignung“. Trägt das Gesetz dem verfassungskonform Rechnung, insbesondere über eine Entschädigungsklausel (Art. 14 Abs. 3 GG), so bleibt es bestehen, der Zivilrichter wendet die Entschädigungsregelung an. Fehlt diese, so hebt der Verfassungsrichter das „verfassungswidrige Enteignungsgesetz“ auf.

Die in langer, sorgfältiger Judikatur der ordentlichen und der Verwaltungsgerichte entwickelten „Enteignungstheorien“[295] sind also nicht Makulatur, sondern nach wie vor Rückgrat der Eigentumsdogmatik; denn nur das „enteignende“, nicht das sozialbindende Gesetz bedarf ja der Entschädigungsklausel, ist bei deren Fehlen aufzuheben.

149 Die Theoriendiskussion braucht hier im einzelnen nicht nachgezeichnet oder fortgesetzt zu werden. Ihr allgemeines Ergebnis ist eine heute insgesamt klare Abgrenzung der Sozialbindung. Zwei Abgrenzungskriterien sind zu unterscheiden, aber auch zu kombinieren, nachdem die aus dem „klassischen Enteignungsbegriff“ entwickelte Einzelakttheorie überholt ist[296], weil das Eigentum nicht nur gegenüber der Verwaltung, sondern auch gegen den Gesetzgeber geschätzt werden muß:

50 – „Die Sonderopfertheorie des Bundesgerichtshofs“[297] bezeichnet nach wie vor methodisch den ersten Schritt: Gegen Art. 14 GG verstößt eine Sozialbindung, welche einzelnen oder abgrenzbaren Gruppen, anderen vergleichbaren (Gruppen) gegenüber, eine Sonderbelastung auferlegt. Art. 14 GG ist *auch* Ausdruck des allgemeinen Gleichheitssatzes (Art. 3 Abs. 1 GG), in der spezielleren Ausprägung der Lastengleichheit, die hier weiter zur Eigentumsgleichheit konkretisiert ist. Das Kriterium ist brauchbar, denn seine Ergebnisse sind meßbar. Eine gewisse Unsicherheitsmarge mag in der Notwendigkeit der Bestimmung der „Ungleichheitsschwelle“ liegen — wo beginnt diese, was kann vernachlässigt werden? Doch immerhin ist diese Fragestellung mit Blick auf die Vergleichsgruppen schon weit konkreter als allgemein die der „Sozialbindung und Eigentümerbelange“.

Ein großer Vorteil der Sonderopfertheorie liegt schließlich in ihrer konsensbildenden Überzeugungskraft: Der Bürger vergleicht sich mit anderen, „geteiltes Leid ist halbes Leid“ — auch im Eigentumsrecht (Walter Jellinek).

---

[294] BVerfGE 58, 300.

[295] Siehe aus der verfassungsrechtlichen Literatur für viele *Felix Weyreuther*, Die Situationsgebundenheit des Grundeigentums, 1983, S. 110 ff.; *Breuer* (Fn. 29), S. 43 ff.; *Papier* (Fn. 1), Art. 14 Rdnr. 295 ff., alle m.w.N.

[296] Siehe näher dazu *Papier* (Fn. 1), Art. 14 Rdnr. 291 ff.

[297] Meist schlagwortartig so genannt, nach der auf BGHZ 6, 270 aufbauenden Judikatur.

Nicht aber wird verallgemeinertes Unrecht zum Recht — der Staat darf nicht „vieles" entschädigungslos nehmen, und die entscheidende Problematik der Sonderopfertheorie liegt in der Bestimmung der Vergleichsgruppen — wenn der Gesetzgeber nach sachlich vertretbaren Kriterien Gruppen abgrenzt, sie schwerer belastet — mit welchen anderen können sie da verglichen werden? Die ausgeschliffene Willkürrechtsprechung zu Art. 3 Abs. 1 GG[298] nimmt dem Richter über das „Sonderopfer" hier die Maßstäbe aus der Hand. Führt diese Theorie nicht weiter, wie in der Regel bei der „Gruppenenteignung", so kann nur helfen:

151 – Das Schwerekriterium[299] des Bundesverwaltungsgerichts, mit dem nun auch der Bundesgerichtshof seine Sonderopfertheorie kombiniert[300]: Keinesfalls dürfen einem Bürger durch Sozialbindung übermäßige, unzumutbare Belastungen seines Eigentums auferlegt werden. Daraus folgt schon, daß ein (Total-)Entzug des Eigentums stets Enteignung darstellt[301] — wo nichts mehr übrig bleibt, kann „Schwere der Belastung" nicht gemessen werden. „Zumutbarkeit" schiebt die Problematik nur weiter, „Privatnützigkeit" – hier häufig erwähnt – weist zwar in die richtige Richtung, grenzt aber nicht ab, um eines kommt die Eigentumsdogmatik, mit all diesen Worten, nicht herum: Eine inhaltliche Grenze muß sie ziehen, bei Verfügungserschwerungen wie Substanzentzug, „irgendwo" letzten Endes aber, bei aller Berücksichtigung der qualitativen Aspekte, doch „quantitativ". Ohne eine letzte „Kernvorstellung", ohne „etwas, das dem Eigentümer von seinem Gut bleiben muß", läßt sich die Eigentumslehre im Bereich der Sozialbindung nicht halten[302]. Das Schwerekriterium will eine verfassungsrechtliche Schmerzgrenze des Eigentums ziehen — was amputiert ist, tut nicht mehr weh.

Nur eine Richtung gilt es in diesem Bereich zu verfolgen, wo täglich die Entscheidungsschlacht um das Eigentum geschlagen wird: In geduldiger Kleinarbeit muß, vom einzelnen Eigentumsgegenstand her, die Schweregrenze zulässiger Sozialbindung bestimmt werden. In vielen Fällen wird dies in vermögensrechtlichem Vergleich von Entzogenem und Verbleibendem möglich sein, und Art. 14 Abs. 2 GG weist dabei auf die 50%-Schwelle des „zugleich dem Wohl der Allgemeinheit dienenden Eigentums" hin.

---

[298] BVerfGE 18, 38 (46); 3, 58 (135).

[299] Entwickelt vom BVerwG in st. Rspr. seit BVerwGE 5, 143 (145).

[300] BGHZ 6, 270 (279 f.); 32, 208 (211).

[301] BGHZ 6, 270 (295); 7, 103; BGH in: NJW 1973, S. 287.

[302] Wie schwer dies auch sein mag — vgl. die Diskussionen um den „Wesensgehalt der Grundrechte" im Sinne von Art. 19 Abs. 2 GG, dazu insbes. *Peter Häberle*, Die Wesensgehaltgarantie des Artikel 19 Abs. 2 Grundgesetz, 3. Aufl. 1983, S. 286 ff.

152 Die Rechtsprechung des Bundesverfassungsgerichts zeigt, in allen Eigentumsbereichen, in diese Richtung, mögen auch Großformeln dabei meist nicht verwendet werden — immer geht es darum, wie schwer der Eigentümer getroffen wird, was ihm die Sozialbindung noch beläßt. Im Bodenrecht darf die geleistete Arbeit und der Kapitaleinsatz nicht „von heute auf morgen entwertet" werden — der Eigentümer muß Wesentliches vor dem staatlichen Zugriff in Sicherheit bringen können[303], Erschließungsbeiträge belasten eben nicht allzu schwer[304], Anbaubeschränkungen bedeuten begrenzte, quantitative Einbußen, mehr nicht[305]. Beim Betriebseigentum bringt das Ladenschlußgesetz nur eine „gewisse Minderung der Rentabilität"[306], ein Mehrbetriebsverbot für Apotheken entzieht lediglich einen Teil der Einnahmen. Und durch die Kuponsteuerregelungen wurden die Banken nur gezwungen zur „Bindung einzelner Betriebsmittel, die für die Betriebsführung[307] nicht von ausschlaggebendem Gewicht" waren[308]. Bei der Sozialversicherung schließlich wird der (auch quantitativ zu bestimmende) konkrete „Existenzsicherungssockel" jedenfalls gegen Eingriffe geschützt bleiben.

Überall wird also etwas sichtbar wie eine „quantitative Schweregrenze", auch dort schwingt es mit, wo es in Qualitätsüberlegungen eingebettet ist. „Schranken-Schranken nach Quantität" – das wird man vom Bundesverfassungsgericht offen nie verlangen können, judex non calculat – doch Quantitätsargumente entfalten stets besondere Überzeugungskraft.

Insgesamt ist das Schwerekriterium eine Grundlage für die Bestimmung der Sozialbindung, es gilt, sie noch bewußter zu entfalten

5. Sozialbindungskumulation

53 Ein noch weithin unbewältigtes Problem ist die Kumulation mehrerer Sozialbindungen bei derselben Eigentumsposition. Läßt der letzte Tropfen das Faß der Sozialbindung überlaufen – oder der erste – oder der am wenigsten gewichtige — oder ist jeder getrennt auf seine Zulässigkeit als Sozialbindung zu untersuchen? Dann wird der Rand der Sozialbindung kaum je erreicht werden.

[303] BVerfGE 58, 300 (349 f.) m.w.N. aus der eigenen Rspr.

[304] BVerfGE 34, 139 (145).

[305] BVerfGE 8, 71 (79 f.); siehe auch BVerfGE 51, 193 (207 ff.).

[306] BVerfGE 13, 225 (229 ff.).

[307] BVerfGE 17, 232 (248 f.)

[308] BVerfGE 22, 380 (386 f.).

Das Bundesverfassungsgericht hat sich geweigert, das substanzmindernde Zusammentreffen von Geldentwertung und Besteuerung zu berücksichtigen[309] — im Ergebnis zu Recht, denn hier werden Eigentumsbelastungen seitens Staat und „Gesellschaft" (Markt) addiert, nicht mehrere Sozialbindungen durch den Staat. Im Steuerrecht ist die „Gesamtsteuerlast" diskutiert worden[310], auch unter eigentumsrechtlichen Gesichtspunkten — bisher ohne greifbares Ergebnis: Das Bundesverfassungsgericht hat die Kumulation von Einkommen- und Vermögensteuer gegenüber dem Eigentum gerechtfertigt[311], weil beiden Belastungen, auch kumuliert, in der Regel noch aus dem Eigentumsertrag begegnet werden könne. Dem läßt sich für die „typischen Fälle" kaum widersprechen, und typisiert muß hier ja werden können, was aber gerade bei der Steuerkumulation schwer ist, angesichts der kaum übersehbaren Vielfalt der gesetzlichen Gestaltungen für einzelne Fallgruppen.

154 Dennoch: Bindungskumulation bleibt ein Eigentumsproblem. Wenn das bereits mit vielfachen technischen Sicherheitsauflagen und Umweltverpflichtungen belastete Industrieunternehmen durch zusätzliche Lagerhaltungs- und Bevorratungsbestimmungen belastet wird — ist es nicht einmal genug der Last? Darf der Landwirt, dessen selber Grund und Boden im Namen des Naturschutzes schon mit Aufforstungsverboten und Biotopschutzpflichten belastet ist, nun auch noch weiteren Verpflichtungen im Namen des Wasserschutzes entschädigungslos unterworfen werden?

155 Im Grundsatz kann es nur eine Antwort geben: Sämtliche Sozialbindungsvorbehalte derselben Eigentumsposition[312] müssen bei jeder neuen berücksichtigt und es kann naturgemäß nur nach einem zeitlichen Prioritätsgrundsatz vorgegangen werden — eine bisher unzweifelhaft zulässige Sozialbindung darf nicht durch Hinzutreten einer neuen verfassungswidrig werden, die ihrerseits verfassungsgemäß bleiben soll. Eine Anrechnung nur „ähnlicher" Vorbelastungen (etwa lediglich „im Rahmen des Umweltschutzes") mag sich anbieten, läßt sich aber schwer abgrenzen und kaum begründen.

---

[309] S.o. Rdnrn. 131 f.

[310] Vgl. für viele *Kirchhof* (Fn. 249), S. 239 m. Nachw.; *Peter Jungnickl*, Verfassungsrechtliche Grenzen der Besteuerung, unter besonderer Berücksichtigung der Gesamtsteuerlast, Diss. Erlangen 1980; *Helmut Bockelberg*, Die Eigentumsgarantie des Artikels 14 des Grundgesetzes als Grundlage des freiheitlichen und sozialen Rechtsstaats und die mögliche Aushöhlung dieser Garantie durch das Steuerrecht, in: BB 1973, S. 669 (674); *Papier*, Besteuerung (Fn. 249), S. 792.

[311] BVerfG in: NJW 1976, S. 101.

[312] Und hier wird naturgemäß ein „Eigentum am eingerichteten und ausgeübten Gewerbebetrieb" in besonderer Weise zum Problem: Sollen ihm gegenüber die steuer- und arbeitsrechtlichen Vorbelastungen bei der Beurteilung etwa einer immissionsschutzrechtlichen Sozialbindung als Vorbelastung gelten?

Aufgabe des von Amts wegen prüfenden Verwaltungsrichters wird es sein, die Vorbelastungen, wenigstens größenordnungsmäßig, zu ermitteln und zu entscheiden, ob das Faß der Sozialpflichtigkeit den neuen Tropfen einer Sozialbindung noch faßt, dem Gesetz gegenüber, nach typisierbaren Fallgruppen; und hier müssen die Betroffenen entscheidende Hilfestellung leisten.

Dies ist eine schwierige, noch kaum begonnene Arbeit. Doch die Gerechtigkeit verlangt sie und die Eigentumsfreiheit: Der Staat darf hier nicht divide et impera spielen, seine Belastungen durch Kleinteilungen vor der Verfassung salvieren. Und wieder zeigt sich: Der Eigentumsinhalt darf nicht vorher „wegdefiniert" werden, sonst fällt die gesamte Problematik der Schrankenkumulation ins Leere.

Insgesamt aber erweist sich doch zur Sozialbindung: Hier liegt nicht die eigentliche dogmatische Gefahr für den Eigentumsschutz. Guter Wille zu ausgewogenen Lösungen hat in diesem Bereich wirksamen Schutz ermöglicht — wenn die Stufe der Prüfung der Sozialbindung überhaupt erreicht wird …

II. Allgemeine Sozialbindungsformeln

56 Praktizierung des Eigentumsschutzes über ein „Schwerekriterium" in Einzelfalljudikatur ist sicher nicht unproblematisch, ihre Ergebnisse sind kaum mehr rechtsstaatlich vorherzusehen. Doch der Einsatz allgemeinerer Sozialbindungsformeln beschwört eher Gefahren für das Verfassungseigentum herauf, als daß dieses damit sicherer würde.

1. Situationsgebundenheit

57 In der Judikatur, insbesondere des Bundesverwaltungsgerichts und des Bundesgerichtshofs, ist zum Bodenrecht das Kriterium der Situationsgebundenheit entwickelt worden, mit dessen Hilfe die zulässige Eingriffstiefe bestimmt werden soll[313]: Jede Eigentumsposition an Grund und Boden befindet sich in einer besonderen Lage, welche bei Eigentumseinschränkungen zu berücksichtigen ist. Wenn dort etwa ein Naturdenkmal liegt[314], erscheint eine sozialbindende Unterschutzstellung als „rein situationsbedingt". Ist hier durch die Lage die Bindung nicht bereits „natürlich vorgegeben", so daß sie durch Gesetzgeber oder Verwaltung nur mehr realisiert wird, im Sinne eines mehr deklaratorischen als konstitutiven Eigentumseingriffs?

---

[313] Siehe dazu *Weyreuther* (Fn. 295), insbes. S. 119 f., m. zahlr. Nachw.

[314] BGH in: DÖV 1957, S. 669; BGH in: LM, Art. 14 GG Nr. 70 = BBauBl. 1958, S. 385; BVerwGE 49, 365.

158 Die Formel scheint überzeugend: Wer würde derart „von der Natur selbst Vorgegebenes“ gegen die Gemeinschaft verteidigen wollen? Was „situationsbedingt“ genannt werden kann, schafft Konsens. Hat nicht der Eigentümer diese „natürlichen Belastungen“ gekannt, längst bevor sie nun realisiert werden — kommt ihm hier „Vertrauenseigentum“ überhaupt zugute? Und handelt dabei der Staat als „Eingriffsgewalt im eigenen Interesse“, ist er nicht eigentlich zum Eingriff geradezu gezwungen, für die Belange der Gemeinschaft wie im wohlverstandenen Interesse des Eigentümers selbst? In dem Begriff liegt die ganze Kraft geradezu advokatorischer Überredungskunst. Grundsätzliche Ausdehnungsfähigkeit schließlich ist ihm eigen, auf andere Rechtspositionen. Situationsgebunden ist doch auch der Gewerbebetrieb, der umweltrechtlichen Sozialbindungen unterworfen wird; und liegt im „Situationsbegriff“ nicht noch weit mehr an Virtualität — wenn schon nicht alles Eigentum eingebunden ist in die „politische Lage der Zeit“, muß nicht etwa das Urhebereigentum in der „geistigen Lage seiner Zeit“ jeweils gesehen werden — und gebunden?

159 Situationsgebundenheit kommt aus dem klassischen Naturschutz, das zeigt Möglichkeiten und Problematik der Formel. Mit ihr wird auf „natürliche Gebundenheit“ verwiesen, Außerrechtliches zur Bestimmung zulässiger Sozialbindung eingesetzt. In Grenzen ist dies, hier wie anderswo, legitim, „natürliche Lagen“ muß der Gesetzgeber berücksichtigen, von ihnen darf er sich nicht allzuweit entfernen. Doch „Schutzwürdigkeit“ ist im Eigentumsrecht, wie auch sonst, kein primär „natürlicher“ Begriff, Menschen entscheiden darüber; die eine Generation ging vorüber, die nächste sieht ein Naturdenkmal. Mußte wirklich der Erwerbende damit rechnen? Und diese „gesellschaftlichen Auffassungen“ sind ja viel zu diffus und unsicher, als daß sie dem Eigentümer klare, voraussehbare Sozialbindungs-Schranken weisen könnten. Die staatliche Entscheidung erst legt die Schutzwürdigkeit fest, vorher ist nie mehr als ein dubium, aus dem der Eigentümer für sich eigentlich Freiheits-, Ungebundenheitsfolgerungen ziehen dürfte. Wenn heute „jeder Vernünftige“ die Schutzwürdigkeit anerkennt, sind es nicht nur diejenigen, welchen das Gut nicht gehört, verständlicherweise? Muß der Eigentümer denn in seiner Freiheit „so vernünftig sein“? Bedeutet Situationsgebundenheit mehr als „Eigentum nach (wechselnden) allgemeinen Anschauungen“, vielleicht gar „nach Mehrheitsmeinung“?

160 Noch bedenklicher wäre eine Erweiterung der Situationsgebundenheit über das Bodenrecht hinaus. Hier ist die „Lage“ immerhin noch etwas Faßbares, sie ändert sich meist zeitlich nur in Grenzen. Wer aber definiert die geistige Lage oder gar die politische — doch allein der sozialbindende Staat, unter Berufung auf eigenes Recht — oder Unrecht. So ist denn der Hinweis auf „Situationsgebundenheit“ nicht viel mehr als eine Formulierung der Selbstverständlichkeit, daß sich die Grenzen der Sozialbindung aus dem Wesen des

jeweiligen Eigentumsgegenstandes ableiten lassen. Selbst hier aber ist sie noch dogmatisch doppeldeutig: In ihr wird nicht klar, ob durch Überlegungen zum „Wesen des jeweiligen Gutes“ Eigentumsinhalte „wegdefiniert“ werden, vor jeder Sozialbindung, mit all den schwerwiegenden, hier mehrfach schon herausgestellten Konsequenzen für den Eigentumsschutz — oder ob doch nur der Sozialbindung Schranken gezogen werden. So versteht es wohl die heutige Judikatur weit überwiegend, doch die Formel gestattet es ihr eben, diese Zentralfrage offenzuhalten.

„Situationsgebundenheit“ sollte also nur zurückhaltend, im wesentlichen lediglich im Bodenrecht Verwendung finden[315], stets nur im Hinblick auf langfristige, wenig sich ändernde natürliche Gegebenheiten; wer den Begriff dynamisiert, nimmt ihm die eigentumsschützende Abgrenzungskraft; und dem Eigentümer dürfen hier nicht die Nutzungsvorstellungen der Nichteigentümer unterschoben werden. Ein allgemeiner Begriff der Sozialbindungs -Dogmatik ist dies nicht.

2. „Soziale Bezüge“

161 In seiner neueren Judikatur verwendet das Bundesverfassungsgericht zunehmend den Begriff „soziale Bezüge“: Je mehr das Eigentum in ihnen steht, desto weitergehend darf es auch sozial gebunden werden[316]. Die Formel ist ersichtlich aus der schon früher gebrauchten von der „Sozialfunktion“ des Eigentums[317], von seiner „sozialen Bedeutung“[318] herausgewachsen, wird dann neben dieser gebraucht, neuerdings aber ist auch, vor allem im Rentenrecht, nur mehr von einem „sozialen Bezug“ die Rede[319]. Der Begriff des „Sozialen“ wird zwar von der Verfassungsjudikatur durchaus nicht nur in dem Sinn des „Schwächerenschutzes“ oder gar der Umverteilung gebraucht[320], er bezeichnet auch „gesellschaftliche Bezüge“ schlechthin. Doch gerade im Mietrecht, wo die Begrifflichkeit vor allem entwickelt worden ist,

---

[315] Zu begrüßen ist, daß das BVerfG, insgesamt, hier Zurückhaltung zeigt. Situationsgebundenheit gehört nicht zu seinem laufenden Begriffsrepertoire, nur gelegentlich (vgl. etwa BVerfGE 25 (112, 117, 119 f.)) wird auf die „Lage des Grundstücks“ hingewiesen, welche den Gesetzgeber dazu ermächtige, „Nutzungsbeschränkungen“ aufzuerlegen — also ist dies ein Begriff der Sozialbindungsdogmatik.

[316] BVerfGE 42, 263 (294); 50, 290 (340 f.); 52, 1 (32); 53, 257 (292 f.) st. Rspr.

[317] Vgl. BVerfGE 37, 132 (140 f.), auf die das BVerfG auch später noch Bezug nimmt (siehe etwa BVerfGE 53, 352 (357)).

[318] BVerfGE 37, 132 (141 f.).

[319] BVerfGE 53, 257 (292 f.).

[320] Vgl. etwa BVerfGE 31, 229 (242), zit. in BVerfGE 58, 138 (148 f.), wo „sozial“ „allgemein gesellschaftlich“ bedeutet, wenn es heißt, das (geschützte) Werk trete „zugleich in den sozialen Raum“, wenn das Interesse der Allgemeinheit daran, daß die Jugend es kennenlerne, i.S. einer „sozialen Aufgabe“ gekennzeichnet wird.

konkretisiert sich der „soziale Bezug“ in einer „Angewiesenheit Dritter“ auf Nutzungen des Eigentumsgegenstandes[321], welche den Gesetzgeber ermächtigen, wenn nicht zwingen soll, dieser Lage durch Sozialbindung Rechnung zu tragen; denn daß die sozialen Bezüge als Sozialbindungsbegriff nicht zur Definition des Eigentumsinhalts eingesetzt werden, ist gerade hier deutlich und zu begrüßen.

162 Diesem Begriff nun kommt eine wesentliche Virtualität zu, welche seinen Einsatz grundsätzlich bei allen Eigentumspositionen gestattet — eben vom Grund- bis zum Renteneigentum. Seine Entfaltung ist im Schrifttum nicht selten dargestellt[322], soweit ersichtlich aber noch nicht hinreichend kritisch vertieft behandelt worden. Es ist dies wohl nicht nur ein anderes Wort für „Sozialpflichtigkeit“, und das Bundesverfassungsgericht will ersichtlich auch nicht jedem sozialen Bezug eigentumsdogmatische Bedeutung zusprechen, sondern nur dem „ausgeprägten“, „bedeutsamen“. Offensichtlich liegt sein Kern in der „Angewiesenheit Dritter auf Nutzung fremden Eigentums“.

163 „Ausgeprägter sozialer Bezug“ in diesem Sinn, als Legitimation und Schranke der Sozialbindung, könnte eine schwer kontrollierbare Sprengkraft in der Eigentumsdogmatik entfalten. „Angewiesenheit Dritter“ ist ein dynamischer Begriff, insbesondere, wenn sie mehr aus Forderungshaltungen als aus tatsächlich feststellbaren Bedürfnissen definiert wird; doch beides liegt auch im Gemenge. Lautstarke Forderungsbereitschaft hat noch immer, und heute zumal, von der Berechtigung der Forderung zu überzeugen vermocht und damit auch „Angewiesenheit“ begründet. Wie sehr der Angewiesenheitsbegriff in Bewegung geraten ist, zeigt sich in der neueren Entwicklung der Pfändungsgrenzen[323], wo sich ja auch das im weiteren Sinne eigentumsrechtliche Problem der Realisierung eines verfassungsgeschützten Anspruchs (Forderung) stellt. Wer das Sicherungseigentum[324] betont, kann leicht versucht sein, aus dieser Angewiesenheit sogar ein verfassungsrechtlich gesichertes Eigentums-Gegenrecht zu entwickeln, ein „Recht auf Eigentum“ dem Eigentümer entgegenzusetzen. Dann wäre allerdings die Sozialbindungsproblematik verlassen, es bliebe die, im weiteren Sinn nachbarrechtliche, Frage der „Eigentumsabgrenzung“, also des Eigentumsinhalts[325].

---

[321] BVerfGE 18, 121 (132); BVerfGE 37, 132.

[322] Vgl. für viele etwa *Stober* (Fn. 164), S. 46 ff.

[323] *Franz Scherübl* in: Zöller, Komm. z. ZPO, 13. Aufl. 1981, § 850 c I 1; BAG in: FamRZ 1983, S. 901; LSG Nordrhein-Westfalen in: Rpfleger 1984, S. 278.

[324] S.o. Rdnr. 90.

[325] Und von „Rechteabgrenzung“ ist ja in der Mietrechtsjudikatur des BVerfG bereits die Rede: BVerfGE 18, 121 (131 f.), es bleibt nur noch offen, ob der Mieter Eigentum im Sinne der Verfassung geltend machen kann.

164 Dies aber begründet entscheidende dogmatische Bedenken gegen die Formel von den „sozialen Bezügen“. Sie sind weithin nicht vorgegeben, können vom „Angewiesenen“ durch Forderungen hervorgebracht werden. „Angewiesenheit“ ist kein sachgerecht präzisierbarer Abgrenzungsbegriff, wie sich im Mietrecht zeigt: Längst nicht jeder Mieter ist auf „seine Wohnung angewiesen“. Die „Angewiesenheit“ bleibt vor allem eine Frage jeweiliger Marktlage, die sich laufend ändert, zu Recht hat deshalb auch die Zivilrechtsprechung einen solchen Begriff nur in engsten Grenzen zur Grundlage von Ansprüchen, etwa im Rahmen von §§ 138, 242 BGB gemacht. Wollte man aber die dort entwickelten Schranken privaten Beliebens[326] auf das Verfassungsrecht übertragen, so bliebe nur ein enger Begriff der „existentiellen Angewiesenheit“ übrig, und aus ihm wird man allerdings ohne weiteres eine Beschränkung des Eigentümerbeliebens in Sozialbindung ableiten können; doch deren Schranken sind damit längst nicht ausreichend, schon gar nicht systematisch befriedigend bestimmt.

165 „Angewiesenheit“ besteht nicht immer schon dann, wenn jemand seines Nächsten Hab’ und Gut begehrt. Und schon gar nicht ist der Begriff brauchbar, wenn eine „Angewiesenheit der Allgemeinheit“ dem unterschoben werden soll. Nur in allerengsten, etwa durch Bedürfnisse der äußeren Sicherheit markierten Grenzen ist der unendlich reiche Steuerstaat auf konkretes Eigentum seiner Bürger „angewiesen“.

Wie im Falle der Situationsgebundenheit gilt auch hier: In gewissen Bereichen des Sozialrechts im weiteren Sinne mag solche Begrifflichkeit Sinn ergeben, Grundlage allgemeiner Dogmatik der Sozialbindung kann sie nicht werden.

3. Der Solidarvorbehalt — Belange gesellschaftlicher Gemeinschaften bei kollektivem Eigentum

166 Das Bundesverfassungsgericht hat die Anerkennung der Eigentumsqualität sozialrechtlicher Positionen mit einem weitgehenden Sozialbindungsvorbehalt zu deren Veränderung erkaufen müssen, der nicht als Inhaltsbestimmung, sondern als „Schranken-Schranke“ definiert worden ist, aber insgesamt die einzige größere bisher ersichtliche Ausweitung des Eigentumsbegriffes mehr als kompensiert: Angesicht der Bedeutung des Solidaritätsgedankens in der Sozialversicherung[327] muß der Gesetzgeber auch „wechselnde Interessen und die Belastbarkeit der Solidargemeinschaft berücksichtigen“[328]. Günstige Versicherungsmöglichkeiten müssen nicht erhalten bleiben, es können insbesonde-

[326] BVerfGE 54, 11 (30); 58, 81 (112 f.).

[327] Etwa in BVerfGE 22, 241 (253).

[328] BVerfGE 51, 356 (363) m.w.N. aus der eigenen Rspr.

re Beiträge erhöht werden, denn „wer einer so geprägten Solidargemeinschaft beitritt, erwirbt nicht nur die mit einem solchen System verbundenen Chancen, sondern trägt mit den anderen Versicherten auch ihre Risiken“[329]. Das Bundesverfassungsgericht hebt dies zwar deutlich von Positionen ab, „die aus im Rahmen der Vertragsfreiheit geschlossenen Privatversicherungsverträgen folgen“[330] — die erhebliche Virtualität einer solchen Abgrenzungsformel möglicher Sozialbindung ist dennoch nicht zu unterschätzen: Bei allem „kollektiven Eigentum“, bis hin zum Anteilseigentum, bietet sich ihr Einsatz an sich schon an, und in gewissem Sinne steht eben jede Eigentumsposition in einem kollektiven Bezug, jedenfalls kann er leicht durch Gesetzgebung hervorgebracht oder verstärkt werden.

167 Hier ist also Vorsicht geboten: Überall, wo Eigentumspositionen nur in „kleineren Solidargemeinschaften“ genutzt werden können, könnte leicht alles Eigentum unter einen „Solidarvorbehalt“ gestellt werden, in welchem den wechselnden Interessen der Gesamtgemeinschaft die Positionen des einzelnen Bürgers weitgehend geopfert werden. Beispiele fehlen schon heute nicht — von der Wohnungseigentümergemeinschaft über die Flurbereinigungsgemeinschaft bis hin zu allem genossenschaftlichen Eigentum; und immer ist es der Gesetzgeber, der diese „Solidargemeinschaften“ schafft, vor allem in Zwangsgenossenschaften, um dann Sozialbindungen über den Solidarvorbehalt anzuschließen. Die Rechtsprechung zum Sozialrecht ist hier nur die Spitze eines Eisberges.

Die Versuchung ist groß, aber ihr muß widerstanden werden. Der sozialbindende Staat tritt hier ja weniger im unverhüllten Eigeninteresse hervor, er verbirgt sich hinter den Belangen der kleineren oder größeren Bürgergemeinschaften. Doch er ist es, der sie schafft, mit ihnen den Solidarvorbehalt, und diesen rasch im deutlich staatlichen Interesse, zum Schutz etwa vor allzu weit reichenden eigenen Zuschußpflichten, wie im Sozialrecht.

Der Solidarvorbehalt darf also nicht als ein allgemeines dogmatisches Instrument zur Bestimmung der Grenzen der Sozialbindung eingesetzt werden, sonst schafft der Hoheitsstaat überall neue Pouvoirs intermédiaires, die aber nur seine Gehilfen sind bei immer weitergehender und verschärfter Sozialbindung. Die Achtung vor dem Miteigentum, das sich nicht in Kollektiveigentum verlieren darf, ist ein Prüfstein der Eigentumsfreiheit. So ist dies wohl keine glückliche allgemeine Harmonisierungsformel zur Bestimmung der Grenzen der Sozialbindung, eine solche ist noch nicht in Sicht — mag es bei der Einzeljudikatur zum Schwerekriterium bleiben! Es gibt nicht nur den Beruf einer „Zeit für Gesetzgebung“, auch die Zeit für große Verfassungsrechtsprechung muß reifen, hier ist sie wohl noch nicht gekommen.

---

[329] BVerfGE 58, 81 (122 f.).

[330] BVerfGE 58, 81 (122 f.).

D. Enteignungsrecht als Eigentumsgarantie

I. Enteignung — nur Entzug von Rechtspositionen?

168 Die Enteignungsregelungen des Art. 14 Abs. 3 GG[331] bringen eine herkömmliche und entscheidende Verstärkung des Eigentumsschutzes: Dessen Bestandsgarantie – „Sicherung gegen Entzug" – wandelt sich bei Enteignung in eine Wertgarantie — „Sicherung bei Entzug"[332]. Schon daraus folgt, daß Art. 14 Abs. 1 GG nicht nur die Innehabung von Positionen, sondern auch ein Recht auf deren Wert gewährleistet — anderenfalls dürfte ein Wertersatz auch bei Entzug nicht vorgesehen sein, darin läge eine unerträgliche Ungleichbehandlung von „Entzug der Rechtsposition" und deren (unter Umständen totaler) Entwertung in der Hand des Eigentümers; der Staat könnte auch weithin „vom Entzug in die Entwertung" des Eigentumes fliehen. Der Schluß von der grundgesetzlichen Entschädigungspflicht auf einen Wert-Substanzschutz des Eigentums ist also zwingend.

169 Schon daraus folgt, daß Enteignung nicht nur der Entzug von Rechtspositionen sein kann. Die Definition der Enteignung als „vollständige oder teilweise Entziehung konkreter Rechtspositionen"[333] ist also mißverständlich, weil sie als Beschränkung auf Total- oder Teilentzug des Eigentumsgegenstandes verstanden werden könnte, so daß eine Belastung desselben nie Enteignung darstellen könnte. Dies würde jedoch der Rechtsprechung des Bundesverfassungsgerichts nicht gerecht werden: Nach ihr kann auch der „Entzug sonstiger Befugnisse Enteignung" sein[334], es gibt „Eigentumsentzug ohne Eigentums-Übertragung"[335]. Die Belastung mit einer Dienstbarkeit kann enteignen[336], obwohl sie, auch sachenrechtlich, keinen teilweisen „Entzug des Grundeigentums" darstellt, das hier vielmehr nur „belastet" wird; das Gericht bezeichnet ausdrücklich als Enteignung eine „Beschränkung der Eigentümerbefugnisse, nicht nur deren Entziehung". Nicht allein „Entzug", sondern auch „Minderung von Rechten" kann Enteignung bedeuten, und dabei kommt es (auch) auf die Wertsubstanz an: Die Beurteilung, ob ein Rechtsvorgang *enteignende Wirkung* hat, setzt hiernach zunächst einen Vergleich der rechtlichen und tatsächlichen Verhältnisse vor dem Eingriff mit denen nach dem

---

[331] Im folgenden können nur die verfassungsrechtlichen Grundsatzprobleme angesprochen werden, siehe im übrigen die in Fn. 2 Genannten.

[332] BVerfGE 24, 367 (397); 38, 175 (181); 45, 297 (322); 58, 300 (323) – st. Rspr.

[333] Vor allem neuerdings in der Judikatur des BVerfG betont, vgl. BVerfGE 52, 1 (27); 56; 249 (260); 58, 300 (321).

[334] BVerfGE 24, 367 (415 f.).

[335] BVerfGE 24, 367 (394); vgl. auch 51, 193 (211).

[336] BVerfGE 56, 249 (260).

Eingriff voraus[337]. Einen „enteignenden Eingriff" in diesem Sinne der Belastung des Eigentums gibt es also auch nach Verfassungsrecht — daran hat der Naßauskiesungs-Beschluß nichts geändert.

II. Enteignungszweck als Eigentumsschutz

170 „Eine Enteignung ist nur zum Wohle der Allgemeinheit zulässig" (Art. 14 Abs. 3 S. 1 GG). Diesem deutlich restriktiven Wortlaut entsprechend zeigt die Verfassungsjudikatur beim Enteignungszweck Strenge: Enteignung ist nur zulässig, wenn Entzug oder Belastung der Rechtsposition der Erfüllung einer öffentlichen Aufgabe[338] nicht nur allgemein dient[339], sie müssen dafür ultima ratio sein, und dies gilt auch bei Legalenteignung[340]. So unklar im übrigen der Begriff der „öffentlichen Aufgabe" sein mag — hier zeigt er das deutliche Bemühen, das noch allgemeinere Wort vom „öffentlichen Interesse" zu konkretisieren; nicht jedes öffentliche Interesse legitimiert Enteignung, erforderlich ist ein gesteigertes, sachlich objektives öffentliches Interesse[341], Umverteilungsziele allein reichen nicht aus[342]. „Enteignung ist kein Instrument zur Vermehrung des Staatsvermögens ... Enteignungen aus fiskalischen Gründen sind unzulässig, auch wenn dadurch eine finanzielle Entlastung in anderen Bereichen eintritt"[343]. Das muß ernst genommen werden: Der Staat darf nicht beliebig den einen Bürger belasten, nur damit er dem anderen aus seinem Säckel weniger zu geben braucht — dies gilt auch im Recht der Sozialversicherung.

Der Hinweis auf die „öffentliche Aufgabe" soll insbesondere auch das Bestimmtheitserfordernis beim Enteignungs-Eingriff[344] unterstreichen. Das „Unternehmen muß ausgeführt" werden[345], sonst greift ein Anspruch auf „Rück-

---

[337] BVerfGE 25, 112 (121), vgl. auch 29, 348 (363); 45, 63 (81); 58, 300 (332).

[338] Näher: BVerfGE 56, 249 (Bad Dürkheimer Gondelbahn-Fall) mit dem Sondervotum des Richters Böhmer S. 266 ff.; jetzt BVerfGE 74, 264 ff. (Boxbergentscheidung); aus der Literatur etwa *Michael Menzel*, Das öffentliche Interesse als Voraussetzung der Enteignung, 1978. → Bd. III, *Isensee*, § 57 Rdnr. 173.

[339] BVerfGE 45, 297 (321 f.).

[340] So unter Hinw. auf die Verhältnismäßigkeit BVerfGE 24, 367 (404 f.); 45, 297 (321, 335 f.); 53, 336 (349); 56, 249 (261 f.) – st. Rspr. Von „unumgänglicher Erforderlichkeit" ist die Rede in BVerfGE 38, 175 (180).

[341] Siehe *Klaus Frey*, Die Verfassungsmäßigkeit der transitorischen Enteignung, 1983, S. 169 ff. → Bd. III, *Isensee*, § 57 Rdnrn. 109 ff.

[342] Grdl. *Klein* (Fn. 14), S. 42 ff.; *Frey* (Fn. 341).

[343] BVerfGE 38, 175 (180).

[344] Ausdrücklich betont etwa in BVerfGE 38, 175 (180); näher jetzt BVerfGE 74, 264 ff.

[345] BVerfGE 38, 175 (180), siehe auch BVerfGE 24, 367 (409).

enteignung“ ein[346]; dies setzt der beliebten „Planung auf Vorrat“ eigentumsrechtliche Schranken, die es noch deutlicher zu entwickeln gilt[347].

171 Überhaupt liegt hier eine nicht voll erkannte wichtige Verteidigungslinie des Eigentums Privater: Der Gesetzgeber kann zwar den Enteignungszweck bestimmen[348], doch das Bundesverfassungsgericht betont sein eigenes Nachprüfungsrecht[349], und zwar ohne den sonst in seiner Judikatur schon üblichen Hinweis auf eine Gestaltungsfreiheit des Gesetzgebers oder gar deren weite Ausdehnung. Vielmehr sind die Formulierungen durchgehend restriktiv — es klingt weit mehr wie eine „Bestimmungspflicht“ denn als ein „Gestaltungsrecht“. Episode ist eine Entscheidung geblieben, welche bei „defensivem Verhalten des Staates“, zur Abwehr von Gefahren, welche vom Eigentum ausgehen, schon begrifflich keine Enteignung annahm[350]. Eine so allgemeine Formel müßte die in der Enteignungsregelung liegende Eigentumsgarantie aushöhlen. Abbruch von Gebäuden oder Einzug von instrumenta sceleris müssen anders legitimiert werden — durch vorrangige Rechte anderer, als Eingriff in Rechtspositionen von keinem oder nur von geringem Wert, als Verhinderung von Straftaten; und hier wird man auch nicht allzu pauschal vorgehen dürfen.

172 Die Eingriffsschranke des Enteignungszwecks – denn um eine solche handelt es sich – hat nicht nur materiell-, sondern auch verfahrensrechtliche Bedeutung: Die Verwaltung und auch der Gesetzgeber müssen sich sehr konkrete Gedanken über ein „Unternehmen“ machen, das sie beginnen wollen. Die Freiheit einer gewissen Prognose bleibt, nicht aber die einer sozialgestaltenden, allgemeinen Datensetzung, die dann „alles übrige gesellschaftlicher Entwicklung überlassen“ will. Hier liegt auch der Sinn der engen Beschränkung der Legalenteignung[351]: Enteignung ist ihrem Wesen nach ein Verwaltungsvorgang, hier ist rechtsstaatliches Verwaltungsverfahren und, danach, verwaltungsgerichtliches Verfahren zu dessen Überprüfung gefordert; deshalb muß Enteignung durch Gesetzgebung „eng begrenzte Ausnahme“ bleiben — oder unvorhersehbare „Nebenwirkung“[352].

---

[346] Näher ausgeführt im „Rückenteignungsurteil“: BVerfGE 38, 175.

[347] Immerhin warnt das BVerfG: „Planungsbefugnis und Selbstverwaltungsrecht geben der Verwaltung kein Recht, Enteignungszwecke zu erfinden“ (BVerfGE 56, 249 (261 f.)).

[348] BVerfGE 56, 249 (261 f.).

[349] Vgl. BVerfGE 24, 367 (LS. 7).

[350] BVerfGE 20, 351 (359).

[351] BVerfGE 24, 367 (398 ff.); 45, 297 (325 ff.).

[352] S.u. Rdnrn. 174 f.

III. Die Junktimklausel und die „salvatorischen Entschädigungsklauseln“

173 Das Gesetz, welches enteignet oder dazu ermächtigt, muß „Art und Ausmaß der Entschädigung regeln“ (Art. 14 Abs. 3 S. 2 GG). Diese Junktimklausel ist nicht Formalität, reine Ordnungsvorschrift. Die strenge grundgesetzliche Formulierung („darf *nur* erfolgen“) zeigt hier eine Grundlage der verfassungsrechtlichen Eigentumsdogmatik[353]: Wird gegen sie verstoßen, so ist das gesamte Gesetz nichtig[354]. Die Entschädigungsregelung muß ausdrücklich im Gesetz selbst erfolgen[355], sie kann nicht, wie für vorkonstitutionelle Gesetze[356], Art. 14 Abs. 3 GG unmittelbar entnommen werden. Die Junktimklausel hat den doppelten Sinn, daß der Eigentümer jedenfalls entschädigt werden muß (Garantiefunktion), und daß der Gesetzgeber sich über einen solchen Eingriff Gedanken machen muß[357] — nicht nur, weil dessen Folgen ja den Staat belasten, sondern weil es hier zu einem besonders schweren Eingriff in ein Grundrecht kommt. Die Junktimklausel betont also vor allem die Garantie des „unverletzlichen Eigentums“, auch, vor allem, gegenüber dem Gesetzgeber: „Leichten Herzens“ soll er eben das Eigentum nicht angreifen, und dieser Ernst muß auch jede Sozialbindungsentscheidung erfassen: Was bei Überschreitung der Enteignungsschwelle derart scharfe Sanktionsmechanismen auslöst, muß an sich schon strenger Prüfung unterliegen.

174 Zum Problem werden aber vor allem die „salvatorischen Entschädigungsklauseln“ in enteignend wirkenden oder zu enteignenden Entscheidungen ermächtigenden Gesetzen[358]. Sinngemäß wird etwa bestimmt: Wenn eine Maßnahme aufgrund eines Gesetzes oder dieses selbst im Einzelfall enteignend wirkt, soll dafür angemessene Entschädigung gewährt werden. Nähere Bestimmungen über Art und Ausmaß der Entschädigung fehlen naturgemäß, weil der Gesetzgeber offenbar die Enteignungsfälle im einzelnen weder typisierend vorauszusehen noch auch nur abzuschätzen vermochte. Nun muß zwar der Gesetzgeber nicht mehr vorsehen als „gerechte Entschädigung“. Einzelheiten seiner Abwägungsentscheidung (Art. 14 Abs. 3 S. 3 GG) können, müssen aber nicht in der Entschädigungsregelung zum Ausdruck kom-

---

[353] Ausführlich dazu *Felix Weyreuther*, Über die Verfassungswidrigkeit salvatorischer Entschädigungsregelungen im Enteignungsrecht, 1980, insbes. S. 23 ff.; *v. Brünneck* (Fn. 3), S. 413 ff.

[354] BVerfGE 24, 367 (418); 45, 297 (322); 46, 268 (287) – st. Rspr.

[355] BVerfGE 4, 219 (231 ff.); 45, 63 (81).

[356] BVerfGE 4, 219 (236 f.); 41, 126 (158); 46, 268 (288).

[357] Ausdrücklich dargelegt in BVerfGE 46, 268 (286 f.).

[358] Dazu m. Nachw. *Weyreuther* (Fn. 353); *Peter Olivet*, Rechtsschutz in Fällen verfassungswidriger salvatorischer Klauseln, in: DÖV 1986, S. 224 ff.; *Walter Leisner*, „Entschädigung falls Enteignung“, in: DVBl. 1981, S. 76 ff.

men. Verfassungsrechtlich bedenklich ist es aber, daß hier ersichtlich der Gesetzgeber die Gemeinwohlaufgabe gar nicht selbst deutlich bestimmt haben kann, welche jedoch allein die Enteignung rechtfertigt[359], jedenfalls ist dies nicht „mit Blick auf die Enteignung" geschehen, der Gesetzgeber kann also gar nicht geprüft haben, ob diese konkret für das geplante Unternehmen unumgänglich ist; denn eine „etwaige" enteignende Wirkung ist ja ein unvorhergesehener, vielleicht unvorhersehbarer, möglicherweise sogar ein ungewollter Nebeneffekt.

175 Enteignung als Nebeneffekt — das kann es nach der dargestellten Enteignungsdogmatik des Bundesverfassungsgerichts nicht geben, also können grundsätzlich salvatorische Klauseln nicht genügen, der Gesetzgeber darf sich in sie nicht flüchten. Er läßt den gebotenen Respekt vor der Junktimklausel vermissen, wenn er ihr durch solche Formalismen glaubt gerecht werden zu können.

Daran führt dogmatisch kein Weg vorbei. Doch wenn nun, in der Tat, enteignende Wirkungen vom Gesetzgeber nicht vorausgesehen werden konnten — bricht dann, irgendwann, wegen eines unter Umständen einmaligen Falles, das ganze Gesetz zusammen? Dies wäre unerträglich, die Prognosemacht des Gesetzgebers überfordert; und doch ist es die notwendige Folgerung aus einer strengen Auslegung des Naßauskiesungs-Beschlusses[360]: Der so Betroffene legt das belastende Gesetz dem Bundesverfassungsgericht vor, dieses hebt es insgesamt auf, weil die Entschädigungsregelung fehlt. Eine derartige Auffassung zwingt den Gesetzgeber immer mehr auf die Eselsbrücke der salvatorischen Klauseln — doch sie hält nicht.

Dazu wird es aber nun nicht kommen, daß bedeutende Gesetze, die ersichtlich „nur sozial binden" sollen, wegen eines enteignenden Effekts in einem Einzelfall aufgehoben werden. Wie steht dann aber dieser – vereinzelte – Betroffene?

IV. Die Rechtfertigung der Aufopferungsentschädigung auf zivilrechtlicher Grundlage

176 Die Folge wäre eine unannehmbare Ungerechtigkeit gegenüber dem betroffenen Eigentümer: Den Eingriff müßte er dulden, das Gesetz bliebe bestehen; liquidieren könnte er nicht, mangels Rechtsgrundlage für eine Entschädigung. Wenn in diesen Fällen die Entschädigungsregelung nicht mehr unmittelbar Art. 14 Abs. 3 GG entnommen werden kann – und das Bundesverfas-

---

[359] S.o. Rdnr. 170 sowie Fnen. 347-349.

[360] BVerfGE 58, 300.

sungsgericht hat diesen Weg versperrt – so bleibt nur eines: Abkoppelung der Entschädigungsregelung von der Verfassung, die Entschädigung muß auf eine eigenständige Rechtsgrundlage gestellt werden[361].

177 Der Bundesgerichtshof hat dies durch richterrechtliche Rechtsfortbildung geleistet[362]. Entschädigung gewährt er nun bei (rechtmäßigem) enteignendem wie bei (rechtswidrigem) enteignungsgleichem Eingriff nach wie vor, aber nicht (mehr) aufgrund eines Verfassungsgebots, sondern eines ungeschriebenen Rechtsgrundsatzes, dem in der Zivilrechtsprechung entwickelten und hinreichend präzisierten Aufopferungsgedanken[363]. Wieder einmal ist der Bundesgerichtshof als der erste und beste Hüter des Eigentums hervorgetreten, er hat die in langer Judikatur entwickelten Grundlagen der Eigentumsdogmatik über die Entkonstitutionalisierung der Entschädigung für „Enteignung als Nebenwirkung" hinweggerettet.

178 Ein Problem vor allem bleibt: Wenn die salvatorischen Klauseln nicht salvieren — wann „hätte der Gesetzgeber", eben doch, der Junktimklausel genügend, selbst die Entschädigung regeln müssen? Die Antwortlast trägt auch der betroffene Eigentümer; denn wenn eine Entschädigungsregelung möglich war, erhält er auch nicht die Aufopferungsentschädigung — oder diese mindert sich über Mitverschulden — weil er dann ja den verfassungswidrigen Eingriff hätte angreifen können. Der Bundesgerichtshof wird aber hier wohl bei Mitverschulden großzügig sein, solange noch soviel Unsicherheit besteht.

179 Gefordert ist vor allem eine „Vorhersehbarkeitsjudikatur" vom Bundesverfassungsgericht, in diesen Zugzwang hat sich das Gericht mit dem Naßauskiesungs-Beschluß selbst gebracht; zuviel an „Enteignungsphantasie" wird es dabei vom Gesetzgeber nicht verlangen dürfen. Bestehen bleibt die dogmatisch unschöne Lücke, daß eine Verfassung, die die Entschädigungspflicht so ernst nimmt, den Schutz gegen „Enteignung als Nebenwirkung" „ungeschriebenen Grundsätzen einfachen Zivilrechts" überlassen haben soll — und doch kommt es sonst zu einer unannehmbaren totalen Überforderung des Gesetzgebers in der Enteignungsprognose.

---

[361] Zu der umfangreichen Diskussion nach dem Naßauskiesungs-Beschluß vgl. u.a. *Aust/ Jacobs* (Fn. 2), S. 64 ff.; *Breuer* (Fn. 29), S. 43 ff.; *Wendt* (Fn. 118), S. 306 ff.

[362] BGHZ 90, 17 (24 f.); 91, 20 (25).

[363] Zur dogmatischen Begründung einer Aufopferungsentschädigung auf der Grundlage des Zivilrechts, vgl. *Schulze-Osterloh* (Fn. 281).

V. Entschädigungshöhe

80 In „gerechter Abwägung der Interessen der Allgemeinheit und der Beteiligten“ ist die Entschädigung zu bestimmen, vor allem der Höhe nach[364]. Dies ist nicht jene Abwägung, in welcher die Enteignungsschwelle, der Raum zulässiger Sozialbindung, zu bestimmen ist[365], sie ist Voraussetzung des Vorliegens einer Enteignung, die Entschädigungsabwägung dagegen die Rechtsfolge der letzteren.

81 Das Bundesverfassungsgericht hat bei der Beurteilung dieser Abwägung große Zurückhaltung gezeigt: daß sie zu „angemessener“ Entschädigung führen müsse, entspreche einem „gemeindeutschen Rechtsgrundsatz“[366], doch damit ist wenig gewonnen. Nur in einer Entscheidung ist Näheres dargelegt worden, weniger zu dem, was der Gesetzgeber im einzelnen berücksichtigen muß, als zu der Frage, zu welchem Abwägungsergebnis er kommen darf[367]: „Das Abwägungsgebot des Art. 14 Abs. 3 S. 3 GG ermöglicht es dem Gesetzgeber, je nach den Umständen vollen Ersatz, aber auch eine darunterliegende Entschädigung zu bestimmen. Das Grundgesetz verlangt nicht, daß die Entschädigung stets nach dem Marktwert bemessen werde.“ Dies ist nicht selten in dem Sinne verstanden worden, daß der Gesetzgeber nun schlechthin frei sei, Entschädigung unter den Marktwert abzusenken[368]. Die Enteignungsentschädigung ist als solche nicht primär Instrument des sozialen Interessenausgleichs[369], sie soll dem Eigentümer Ersatz für seinen Verlust bieten. Wenn das bloße Interesse der öffentlichen Hand, möglichst wenig zu zahlen, auch noch als „Interesse der Allgemeinheit“ angesehen wird[370], so ist kein Halten mehr: Dann muß die Höhe der Entschädigung in jedem Fall „nach Null konvergieren“ — denn wann könnte ein Interesse des „Zwangskäufers Staat“ vorliegen, mehr zu bezahlen?

82 Unglücklich ist schon das Wort von der „Marktwertentschädigung als einer vollen Entschädigung“ — als ob hier Abwägung gar nicht stattfände! In Wahrheit ist gerade der Marktwert Ergebnis einer komplizierten Interessenabwägung zwischen Käufer und Verkäufer, eben auf dem Markt. Wenn sie in den „Zwangskauf der Enteignung“ übernommen wird, so ist das nicht nur in

---

364 Dazu für viele *Opfermann* (Fn. 164), insbes. S. 71 ff.

365 Siehe dazu *Winfried Decker*, Die Sozialpflichtigkeit der Entschädigung, Diss. Köln 1981.

366 BVerfGE 8, 229 (239) unter ausdrücklicher Berufung übrigens auf BGHZ 6, 270.

367 BVerfGE 24, 367 (421); vgl. auch BVerfGE 41, 126 (161); 46, 268 (286).

368 Von einer „Absage an die Verkehrswertentschädigung“ kann nicht die Rede sein, so aber *Opfermann* (Fn. 164), S. 330.

369 So jedoch *Floßmann* (Fn. 63), S. 62 ff.

370 Wie *v. Brünneck* (Fn. 3), S. 420 ff., annimmt.

aller Regel angemessen, sondern eben Ergebnis einer Abwägung[371]. Eine Staatsordnung, die „den Markt kennt", darf und sollte sich in erster Linie an dessen Abwägungen orientieren. Nur dort, wo der Marktmechanismus nicht oder nicht vollständig funktioniert, ist der Gesetzgeber gefordert. Wenn der Betroffene gerade die Angewiesenheit der Allgemeinheit auf sein Gut durch höheren Preis ausnutzen könnte, kann die Entschädigung niedriger liegen als ein etwa frei auszuhandelnder Preis. Lediglich in solchen – engen – Grenzen ist die Formel des Bundesverfassungsgerichts zu verstehen, anderenfalls führt sie unausweichlich zu einer Entschädigung — damit aber einem „privaten Eigentum — nach öffentlichem Interesse". Damit wäre die Eigentumsgarantie von hinten aufgerollt.

Verkehrswertersatz bleibt also die erste und beste Enteignungsentschädigung.

183 Die in diesem Beitrag nicht behandelten Eigentumsprobleme sind Legion[372], er mußte sich auf die weittragenden Grundsatzprobleme beschränken, bei denen es um den Eigentumsschutz der Verfassung überhaupt geht. Er ist heute dem Eigentümer nicht mehr ganz sicher — und dieses Wort ist eher zu leicht. Eine Aufgabe stellt die Entwicklung, insbesondere der letzten Jahre: Es darf kein dem Gesetzgeber gegenüber offenes Eigentum geben, sonst ist bei diesem nicht nur eine Flanke offen. Das Grundgesetz hat sich für das Eigentum Privater entschieden; das ist zu respektieren, nicht zu eskamotieren — über Inhaltsbestimmungen, Sozialbindungen, Entschädigungshöhen. Auch für den Staat, für ihn heute zuallererst, gilt das Ende des Dekalogs.

---

[371] Früher schon nachgewiesen bei *Leisner* (Fn. 3), S. 109 ff.

[372] Man denke nur an die Grundrechtskonkurrenz Art. 14 / 12 GG, die wohl ausgehend von der Formel des BVerfG (E 30, 292 (334 f.) – Schutz des Erworbenen – der Betätigungsfreiheit) zu bestimmen ist, jedoch nicht im Sinne eines Schwerpunkts („eher", „mehr"), sondern in grundsätzlicher Konkurrenz, immer wenn „auch" der Schutzbereich des jeweils anderen Grundrechts berührt ist; auch die Grundrechtsschranken der beiden Rechte dürfen nicht vereinfachend „gleichgeschnitten" werden („Ausführungsregelung – Sozialbindung"; „Wahlfreiheitsbeschränkung – Enteignung"). Für die Berufsfreiheit verbleibt jedenfalls ein bedeutsamer exklusiver Schutzbereich, schon bei der Berufsaufnahme, selbst wenn man „Berufsausweitung" zugleich am Maßstab des Art. 14 GG mißt. Die Entscheidung fällt hier vor allem bei dem, was man noch als „Betriebseigentum" im Sinne der Verfassung ansieht, s.o. Rdnr. 105.

Erbrecht*

A. Inhalt und Schranken des verfassungsgeschützten Erbrechts

I. Rechtsqualität der Erbrechtsgewährleistung

1. Erbrecht als selbständiger Schutzbereich — Erbrecht und Eigentum

1 „Was du ererbt ..." — nach dem Dichterwort ist „erben" nicht an sich von Wert, sondern nur als Chance, als Herausforderung zur Schaffung von Leistungseigentum. In Art. 14 Abs. 1 GG aber heißt es: „Das Eigentum und das Erbrecht werden gewährleistet". Ist „Erbrecht" ein Bestandteil des „Eigentums", allenfalls ein spezieller Aspekt desselben, oder bezeichnet es einen selbständigen grundrechtlichen Schutzbereich?

Der enge Zusammenhang von Eigentum und Erbrecht liegt auf der Hand und ist stets betont worden[1]: Ohne Erbrecht ist das Eigentum eher etwas wie ein lebenslanger Nießbrauch, vielleicht noch eine Art von „befreiter Vorerbschaft". Aus der das Eigentum konstituierenden Verfügungsfreiheit[2] würde dann der neben dem kommerziellen „Tauschrecht" wohl wichtigste Aspekt der „Verfügung von Todes wegen" ausgeklammert. Die Bildung privaten Vermögens würde weitgehend sinnlos, wenn es nicht mehr durch Erbfolge übertragbar wäre. Sinnvoll bliebe für den einzelnen dann nur noch die Altersvorsorge nach „Art der Sozialversicherung"[3]. Unabsehbar wären die makro-

---

* Erstveröffentlichung in: *Isensee/Kirchhof* (Hrsg.), Handbuch des Staatsrechts, Bd. VI, Freiheitsrechte, 1989, S. 1100–1113.

1 *Leisner*, W., Grenzen der Erbschaftsbesteuerung, 1969, S. 73 ff. (Lit. Fn. 87); *Stöcker*, Hans A., Das Grundrecht zu erben, WM 1979, S. 214 (219); *Badura*, P., Eigentum, GR II, S. 653 (663); *Rüfner*, W., Eigentumsgarantie und Besteuerung, in: FS für Johannes Broermann, 1982, S. 348 (360).

2 Vgl. BVerfGE 26, S. 215 (222) und öfter; vgl. etwa BVerfGE 53, S. 257 (288 ff.).

3 *Rüfner* (Fn. 1), S. 361: siehe auch *Papier*, H.J., Beeinträchtigungen der Eigentums- und Berufsfreiheit durch Steuern vom Einkommen und Vermögen, Der Staat 11 (1972), S. 483 (512); von der „ökonomisch sinnvollen Nutzbarkeit" des Eigentums ist überhaupt in diesem Zusammenhang selten die Rede, vgl. etwa *Papier*, H.-J., in: Maunz/Dürig, Komm. z. GG. Art. 14 Rdnr. 248; siehe auch *Beyer*, J., Grundprobleme des Erbschaftsteuerrechts in der Bundesrepublik Deutschland, Diss. Regensburg 1976, S. 113 f.; *Papier*, in: Maunz/Dürig, aaO., ohne daß aber stets klar wäre, was dieser Begriff dogmatisch bedeuten soll.

ökonomischen Wirkungen einer „Gesellschaft ohne Erbschaft"[4]. Der Spar- und Vermögenswille, dessen wirtschaftlich hohe Bedeutung von allgemeinem Konsens getragen ist, würde gebrochen, und eines Tages gäbe es überhaupt kein Eigentum mehr, weil alle Güter in öffentlicher Hand lägen[5]. Die vom Grundgesetz gewollte „private Vermögensordnung" verlangt doch, so scheint es, die „Privaterbfolge" – nur sie ist ja in Art. 14 Abs. 1 GG gemeint[6] – ebenso wie das „Eigentum Privater".

2 Dennoch darf das Erbrecht dogmatisch nicht als ein Bestandteil der Eigentumsgarantie, als deren „Schutz bei Verfügungen von Todes wegen" aufgefaßt werden[7]. Die Zusammenfassung von Erbrecht und Eigentum in Art. 14 GG kann, gegenüber Art. 153, 154 WRV, auch nur eine redaktionelle Änderung bedeuten. „Eigentum auf Lebenszeit" ist kein dogmatischer Widerspruch in sich, im Gegenteil: Wenn die Rechtsfähigkeit des Menschen mit seinem Tode endet, findet auch die Grundrechtsträgerschaft beim Eigentum an sich ihr Ende, wird dies nicht durch besondere Gestaltung in den Besitz des Erben hinein fortgesetzt — eben durch Erbrecht. Das bürgerliche Sachenrecht gewährleistet an sich keine Rechtsnachfolge nach dem Tode, dazu bedarf es des besonderen und eigenständigen Erbrechts; Art. 14 GG spiegelt dies im Verfassungsrecht wider: Auch die Menschenwürde (Art. 1 GG) verlangt nicht begrifflich die Eigentums-Grundrechtsfähigkeit über den Tod hinaus und sichert daher noch kein Vererbungsrecht, mag eine solche Wirkung des Art. 14 Abs. 1 GG (Erbrechtsgarantie) auch mit ihr vereinbar sein.

3 „Erbrecht" ist daher keine überflüssige oder nur verdeutlichende Wiederholung von „Eigentum", nur über das Erbrecht wird Eigentumskontinuität über den Tod hinaus möglich. Dieses „Zwillingsrecht zur Eigentumsgarantie" sichert grundrechtlich einen besonderen Schutzbereich: Die Übertragbarkeit – den Übergang – des Eigentums von Todes wegen zwischen Privaten.

4 Die Erbrechtsgarantie umfaßt nicht das Recht, unter Lebenden zu schenken[8]. Die unentgeltliche Verfügung unter Lebenden steht den entgeltlichen Rechtsgeschäften weit näher als der Erbfolge und wird daher auch traditionell

---

[4] Wie denn das Rücklenken zu Erbschaftsvorstellungen in der Sowjetunion beweist, trotz der erbrechtsfeindlichen kommunistischen Ideologie, siehe *Stöcker* (Fn. 1), S. 218.

[5] *Leisner* (Fn. 1), S. 39, 62; der Einwand von *Beyer* (Fn. 3), S. 105 f. dagegen geht fehl: Das reale Wirtschaftswachstum wäre, langfristig betrachtet, nicht höher als der Wert des vom Staat laufend Entzogenen. Im übrigen träten längst vor „quasi-vollständiger Sozialisierung durch Eigentumsbeendigung mit dem Tod" ökonomische Sogwirkungen zugunsten des immer mehr Güter bei sich konzentrierenden Staates ein.

[6] BVerfGE 67, S. 329 (340); *Kimminich*, O., in: BK (Drittb.), Art. 14 Rdnr. 95.

[7] So Art. 60 Abs. 1 Rheinl.-PfalzVerf; vgl. auch EGMR in: EuGRZ 1979, S. 454 (460 f.), sowie *Bryde*, B.-O, in: *v. Münch* I., Art. 14 GG Rdnr. 43, der sich darauf beruft.

[8] *Leisner* (Fn. 1), S. 104 f.

im Schuld-, nicht im Erbrecht geregelt, und zwar abweichend von den Gestaltungen des letzteren. Der Beschenkte setzt in nichts die Persönlichkeit des Schenkers fort, die wesentlichen, spezifischen Konstitutivelemente der Erbrechtsgewährleistung (Testierfreiheit, Verwandtenerbrecht) lassen sich auf das Schenkungsrecht nicht übertragen. Dieses Verfügungsrecht wird daher von der Eigentumsgarantie erfaßt; daran kann steuerrechtliche Gleichbehandlung nichts ändern. Grundrechtlich gesehen zeigt sich gerade hier die Selbständigkeit der Gewährleistung des Erbrechts.

2. Erbrecht als subjektiv-öffentliches Recht

5 Art. 14 Abs. 1 S. 1 GG schützt im Erbrecht, wie beim Eigentum[9], in erster Linie das subjektiv-öffentliche Recht des Bürgers gegen den Staat. Diese Rechtsqualität wird zutreffend heute vom Schrifttum besonders hervorgehoben[10] und auch vom Bundesverfassungsgericht betont[11]. Das ist nicht nur wichtig aus verfassungsprozessualen Gründen und zur Begründung der Menschenrechtsqualität. So allein kann der Fehldeutung begegnet werden, der Gesetzgeber habe hier lediglich etwas wie einen „gesellschaftlichen Sachbereich zu ordnen“, es müsse ihm daher an sich schon größere Eingriffsfreiheit zukommen, als wenn er sich Rechten seiner Bürger gegenübersähe: Diese verfassungsrechtlich geschützten Ansprüche stehen ihm auch hier entgegen, sie verlieren sich nicht in einer Relativierung institutioneller Verbürgungen.

6 Wer ist Träger des Grundrechts? Unbestritten der Erblasser, dessen Verfügungsbefugnis von Todes wegen über sein Eigentum hier gesichert wird. Doch auch der Erbe ist Grundrechtsträger[12], seine Rechtsposition kann nicht mit Anwartschaftskategorien erfaßt werden[13]; denn damit würde er aus dem Schutzbereich gerade des Erbrechts ausgeschlossen: Vor dem Erbfall hat er in der Regel noch keine Rechtsposition, nach demselben würde diese bei ihm allein durch das Eigentumsgrundrecht geschützt. Der Besonderheit des Erbrechts wird vielmehr nur folgende dogmatische Konstruktion gerecht: Träger sind der Erblasser und, nach seinem Tode, der Erbe, welcher insoweit seine

---

[9] Vgl. oben *Leisner*, § 149 Rdnr. 3 ff.

[10] *Bryde* (Fn 7), Art. 14 Rdnr 43; *Papier* in: Maunz/Dürig (Fn. 3), Art. 14 Rdnr. 241; *Nohl*, G., Vermögensredistribution durch die Besteuerung von Erbschaften und die Erbrechts- und Eigentumsgarantie in Art. 14 des Grundgesetzes, Diss. Marburg 1979, S. 107, 186, und *Stöcker* (Fn. 1), S. 222, sprechen sogar von einem Vorrang vor der Institutsgarantie.

[11] BVerfGE 44, S. 1 (17); 67, S. 329 (349); *Nohl* (Fn. 10), S. 104.

[12] Zutr. *Stöcker* (Fn. 1), S. 219 f.

[13] Wie es bei *Bryde* (Fn. 7) anklingt.

Rechtspersönlichkeit fortsetzt[14]. Geschützt ist die Freiheit des Übergangs, daher ist vor diesem der Gebende, nach ihm – bruchlos – der Nehmende geschützt. Die Abgrenzung zum Eigentum ergibt sich aus diesem „Übergangsschutz“: Wird dem Erben „sein Gut als sein Erbe“ vom Staat streitig gemacht, so greift dieser Erbrechtsschutz ein, anderenfalls der des Eigentums. Diese Auffassung allein sichert die notwendige Abstimmung mit dem Zivilrecht.

7 Art 14 Abs. 1 GG kommt hier auch Drittwirkung zu, ebenso wie sonst im Grundrechtsbereich, es wird etwa auch der Erbe gegen den Erblasser geschützt[15] — und umgekehrt; zumindest hat der Zivilrichter bei der Beurteilung erbrechtlicher Sachverhalte die „mittelbare Drittwirkung“ zu beachten — die Effekte der Verfassungsentscheidung auf Sinnerfüllung der Generalklauseln des bürgerlichen Rechts; an Anwendungsmöglichkeiten fehlt es nicht[16]. In sehr vielen Fällen wird allerdings die Testierfreiheit, die Verfassungsentscheidung für die Privatautonomie, in diesem Bereich den Erben gegenüber dem Erblasser schutzlos stellen.

3. Institutsgarantie

8 Der Schutz der Erbfreiheit – denn davon sollte gesprochen werden, wenn sich auch damit nicht voll die Verbindung von Erblasser- und Erbenrechten ausdrücken läßt – ist als Rechtsinstitutsgarantie in der Weimarer Zeit konstitutionalisiert worden. Über diese Begrifflichkeit sollte schon damals nicht „Freiheit in Lebensbereichsordnung relativiert“, es sollte ein Leerlaufen im allgemeinen Gesetzesvorbehalt verhindert werden, ebenso wie beim Eigentumsrecht. Inzwischen ist in der Verfassungsdogmatik anerkannt, daß derartige Einrichtungsgewährleistungen an sich subjektiv-öffentliche Rechte ebenso hervorbringen können, wie letztere wiederum bereichsordnende Institutsgarantien grundzulegen vermögen[17].

9 Der institutionelle Aspekt ist hier besonders wichtig: Er zieht die Grenzen gegenüber jenem Gesetzgeber, der in besonderem Maße Gegner dieses Grundrechts ist, im Erb- wie im Erbschaftsteuer-Recht, und institutioneller Betrachtung vor allem erschließen sich die Inhalte der Erbfreiheit im einzel-

---

[14] Wobei damit allein noch nicht die Entscheidung für die Notwendigkeit einer Universalsukzession gefallen ist; die Rechtskontinuität kann sich auch nur auf einzelne Rechtspositionen an dem Erbe beziehen oder auf einzelne Gegenstände desselben.

[15] Zutr. *Stöcker* (Fn. 1), S. 222; vgl. Bd. V, Staatliche Schutzpflicht; Grundrechtsträger.

[16] Man denke nur an die Testierfreiheit im Lichte der Grundrechte und des Sittengesetzes; dazu *Husmann*, H., NJW 1971, S. 404 ff.

[17] Vgl. m. Nachw. *Leisner* (Fn. 1), S. 43 f.

nen. Wichtig ist nur eines: Der Schutzumfang ist stets derselbe, bei subjektivem Recht wie Einrichtungsgewährleistung; dies sind nicht „Instrumente unterschiedlicher Schrankenziehung“, sondern dogmatische Mittel der vollen Entfaltung desselben Grundrechtsgehalts: Die „Einrichtung“ relativiert den „Anspruch“ nicht[18].

4. Erbfreiheit als Menschenrecht — das „unverdiente Gut“

10 Erbfreiheit ist ebenso ein unantastbares Menschenrecht wie Eigentumsfreiheit. Aus den eindeutigen Aussagen des Bundesverfassungsgerichts zur „elementaren Grundentscheidung“ der Verfassung für das Eigentum läßt sich die in einem Atemzug damit garantierte Erbfreiheit nicht ausklammern. Die lange geschichtliche Tradition dieser Überzeugung ist hier so eindeutig[19], stärker vielleicht noch als beim Eigentum, daß es etwa 1789 für die Revolutionäre gar keiner besonderen Proklamation bedurfte[20].

Ist nicht Konsens über die Menschenrechtsqualität der Erbfreiheit heute noch leichter herzustellen als beim Eigentum? Was hier einmal Inhalts- und Schrankenbestimmung überstanden hat, mag man doch „auch vererben lassen“; und immerhin ist ja der „Persönlichkeitsbezug“ beim Erbgang insgesamt wohl stärker ausgeprägt als bei anderen Güterverkehrs-, -erwerbsvorgängen. Die „egoistische“ Eigentumsfreiheit wird immer kritisiert werden — versöhnt nicht der Altruismus der Erbfreiheit und die Achtung vor der höchst menschlichen Fortsetzung der Rechtspersönlichkeit[21]?

11 Und doch gibt es auch andere, kritische Stimmen, indirekt auch gegen die Menschenrechtsqualität. Setzen sich in dieser „Herrschaft aus dem Grabe“[22] nicht gerade die Herrschaftsstrukturen des Eigentums fort, wird nicht eben hier eine ökonomische Herrschaftsform versteinert[23]? Dahinter steht denn auch rasch rechtsethische Kritik: Ist es nicht Sinn der Erbfreiheit, unverdientes Gut zum Eigentum des Erben zu machen, im Widerspruch zum „Leistungseigentum“, einer Grundidee dieser Verbürgung? Stehen damit nicht Eigentum und Erbrecht in unauflöslicher Spannung, gestattet, fordert nicht

---

[18] Vgl. oben *Leisner*, § 149 Rdnr. 17.

[19] Dazu vor allem *Stöcker* (Fn. 1), S. 214 ff. m. Nachw.; zur Geschichte siehe auch *Nohl* (Fn. 10), S. 107.

[20] *Stöcker* (Fn. 1), S. 217.

[21] Diese Perpetuierungsfunktion der Erbfreiheit wird denn auch häufig betont, vgl. etwa *Herzog*, R., Eigentum, EvStL, Sp. 673 ff.; *Nohl* (Fn. 10), S. 105, 141.

[22] Vgl. *Stöcker* (Fn. 1), S. 222.

[23] Was *Beyer* (Fn. 3), S. 115, insbes. über Erbschaftsteuer verhindern will.

gerade die Garantie des ersteren die Einschränkung des letzteren, und: Kann es ein „Menschenrecht auf Unverdientes“ geben?

Die Kritik am „unverdienten Eigentum“ geht hier, wie auch sonst[24], zu weit, wenn nicht überhaupt fehl: Das traditionelle Erbrecht war, für viele Jahrhunderte, das familiengeprägte Erbrecht der Bauern, des gewerbetreibenden Bürgertums und des Adels. Hier hatten die Erben, in aller Regel, einerseits von Jugend an mitgearbeitet, zum anderen das Alter der Erblasser gesichert; damit hatten sie sich wahrhaft „ihr Erbe erdient“, anders wäre dieses Erbrecht auch gar nicht von säkularem Konsens getragen gewesen. In nicht wenigen Fällen gilt dies, wenn auch abgeschwächt, heute noch. Hinzu kommen Fallgruppen, in denen sich die Erben ihr späteres Gut in oft mühsamer Pflege verdienen oder sich sonst um den Erblasser durch eigene Leistung verdient gemacht haben. Wird jemand „wegen seiner Tüchtigkeit“ eingesetzt, so hat er sich ebenfalls damit das Gut dadurch „verdient“, nach der privatautonomen Beurteilung des Erblassers. Man sollte auch persönliche intime Beziehungen nicht allzu rasch moralisierend verurteilen, wenn ihnen durch Erbeinsetzung gedankt wird[25]. Das Erbrecht der Ehefrau schließlich geht, nach den heutigen Vorstellungen von der ehelichen Arbeits-Gemeinschaft, grundsätzlich auf Mit-Leistung zurück, und das muß sich nicht auf Zugewinnteilung beschränken. Der Anfall von „völlig Unverdientem“ ist also durchaus nicht die Regel, was der Erblasser als „verdient“ ansieht, hat nicht Sozialpolitik zu entscheiden, sondern er selbst.

12 Auch der Anfall des „völlig Unverdienten“ aber ist weder minder schutzwürdig noch gar unmoralisch. Der Erblasser jedenfalls hat dies ja als „Leistungseigentum“ erworben, irgendjemand irgendwann sicher. Dessen „Leistungspersönlichkeit“ aber setzt der Erbe fort, damit jedoch kommt auch die gesamte Legitimation des Leistungseigentums, dogmatisch gesehen, ihm voll zugute, auch wenn er dafür gar nichts geleistet hat. Dies könnte nur ändern, wer den Erbgang verhindern, damit aber die Leistungslegitimation des Erblassers der Leistungslosigkeit des Erben vollständig opfern wollte; und wenn der Erblasser nicht einen einsetzen wollte, „der es verdient hat“, so gehört eben auch dies zu seiner Verfügungsfreiheit, er hätte es immerhin tun können. Das Grundgesetz hat ebensowenig ein Zurücktreten der Erblasserrechte für gerecht gehalten wie die traditionelle – hier nun wirklich einmal: abendländische – Kulturauffassung, die geprägt ist von der christlichen Grundeinstellung: Das Höchste ist Schenkendürfen, nicht fremdbestimmte Sozialordnung. Schon deshalb ist die Erbfreiheit für Christen und Liberale, und nicht nur für sie, ein Menschenrecht.

---

[24] Vgl. *Leisner*, W., Wertzuwachsbesteuerung und Eigentum, 1978.

[25] Erbeinsetzung im Zusammenhang mit intimen Beziehungen ist nicht grundsätzlich verwerflich und darf schon gar nicht generell in die Nähe der „Prostitution“ gerückt werden, vgl. dazu *Husmann* (Fn. 16).

II. Der Inhalt der Erbfreiheit

1. Verfassungsbegriff des Erbrechts

13 „Erbrecht" muß ebenso Verfassungsbegriff sein wie „Eigentum"[26], auch hier kann der Inhalt nicht einfach über „Verfassung nach Gesetz" bestimmt werden[27]. Es darf also der Gehalt der grundgesetzlichen Erbrechtsgarantie nicht mit einem Komplex bestimmter Normen des bürgerlichen Rechts schlechthin identifiziert werden[28], dies läßt sich auch hier nicht aus einem „Inhaltsbestimmungsrecht" des Gesetzgebers (Art. 14 Abs. 1 S. 2 GG) ableiten. Es gibt eben so etwas wie einen Erbbegriff, den der Gesetzgeber vorfindet[29].

14 Nach der Tradition des Rechtsbereichs ist der primäre Blick auf das Zivilrecht geboten, nicht aber die Konstitutionalisierung von dessen Erbrechtsinhalten im einzelnen. Herrschender Lehre entspricht es denn auch, daß nur die „Ordnungsstrukturen" des Privatrechts übernommen werden, sein „Prinzipiengehalt", die allgemeinen normativen Grundlagen seiner Dogmatik[30]. Nichts aber darf hier geschehen, was den wirtschaftlich bedeutsamen Inhalt des subjektiven Rechts aushöhlen könnte. Verfassungsrechtlich geschützt sind mithin die Grundlagen des bürgerlichen Erbrechts „nicht nur in einem qualitativen Kern", wie es institutionellem Denken entspricht[31], sondern auch insofern, als sie nicht im Sinne einer quantitativen Sperre des Übergangs der vererbten Güter sich auswirken dürfen. Mit anderen Worten: Nicht nur der „Kern von BGB-Instituten" ist verfassungsgeschützt, sondern es wird auch „der Übergang der Eigentumssubstanz selbst" vom Grundgesetz geschützt. Was ihn übermäßig behindert (Testamentsrecht) oder seine Ergebnisse entwertet (Erbschaftsteuerrecht), ist verfassungswidrig.

Nach herrschender Lehre stehen als verfassungsgeschützte Inhalte der Erbfreiheit im Vordergrund: Testierfreiheit und Verwandtenerbrecht.

---

[26] Vgl. oben *Leisner*, § 149 Rdnr. 72 ff.

[27] Siehe dazu näher *Leisner* (Fn. 1), S. 44 f. m. Nachw.

[28] Das klang früher nicht selten an, siehe etwa *Böhmer*, G., Erbrecht, in: GR II, S. 410, 412,418, ist nun aber durch die neuere Rechtsprechung des BVerfG zum eigenständigen Eigentumsbegriff (BVerfGE 58, 300) endgültig ausgeschlossen.

[29] Siehe *Nohl* (Fn. 10), S. 110 f.; *Stöcker* (Fn. 1), S. 216.

[30] *Papier* in: Maunz / Dürig (Fn. 3), Art. 14 Rdnr. 243; *Beyer* (Fn. 3), S. 103.

[31] Besonders betont bei *Leisner* (Fn. 1), S. 46 f.

2. Testierfreiheit

15 Die Testierfreiheit bildet den Mittelpunkt der Erbfreiheit[32] als Grundsatz, nicht in allen zivilrechtlichen Ausgestaltungen[33]. In der liberalen Tradition[34] hat sie Vorrang; das Bundesverfassungsgericht erkennt sie als einzigen Bestandteil der Erbrechtsgarantie ausdrücklich und vorrangig an: „Bestimmendes Element der Erbrechtsgarantie ist die Testierfreiheit ..., sie ist als Verfügungsfreiheit des Eigentümers über den Tod hinaus eng mit der Garantie des Eigentums verknüpft und genießt wie[35] diese als Element der Sicherung der persönlichen Freiheit des Einzelnen von Verfassungs wegen besonders ausgeprägten Schutz“[36]. Die Testierfreiheit sichert aber auch das Recht des Bedachten, unabhängig von sonstiger Anfallberechtigung, allein kraft Testaments, das dort bestimmte Vermögen frei von staatlichem Zwang oder Einflußnahme Dritter zu übernehmen. Dieser Schutz des freien, gewillkürten Vermögensübergangs ist in keiner Weise inhaltlich-begrifflich relativiert, in sich etwa schon „gebundenes Belieben“ — gleich ob der Erblasser die Einheit des Familienguts erhalten, unwürdige Anfallberechtigte ausschließen oder sich „Wahlverwandte“ durch Testament gewinnen will. Diese Freiheit ist ihrem Wesen nach wohl das am deutlichsten individuelle, am wenigsten gemeinschaftsgebundene Recht, welches das Grundgesetz schützt.

Die Testierfreiheit sichert nicht nur das Recht, einen Gesamt-Vermögensnachfolger (Erben) zu bestimmen, sondern auch die Befugnis, eine Erbenmehrzahl zu benennen und Vermächtnisse auszusetzen, das Erbgut also rechtlich und wirtschaftlich zu teilen. Sie wird damit zum Recht der Bestimmung des Erbgutanteils, dem die Befugnis entspricht, diesen übernehmen zu dürfen.

16 Gegen die Testierfreiheit verstoßen gesetzliche Ausgestaltungs-Regelungen (Normen über die Testierfreiheit, Gültigkeits-, Anfechtungs-, Widerrufsvoraussetzungen), welche die Vererbungsfreiheit übermäßig einengen würden, etwa den Erblasser allzu weitgehend an seinen eigenen Willen binden, oder ihn steuerrechtlich hindern, den erstrebten Erfolg zu erreichen: die Übertra-

---

[32] *Leisner* (Fn. 1), S. 50 f. m. Nachw.; *Bryde* (Fn. 7), Art. 14 Rdnr. 45 m. Nachw.; *Kimminich* (Fn. 6), Art. 14, Rdnr. 94; *Papier*, in: Maunz/Dürig (Fn. 3), Art. 14, Rdnr. 241; *Beyer* (Fn. 3); S. 109 f.; *Nohl* (Fn. 10), S. 127 ff., 195 f.

[33] *Nohl* (Fn. 10), S. 141; *Leisner* (Fn. 1), S. 50 f.

[34] Vgl. Paulskirchenverfassung, § 165 Abs. 1 S. 1, die neben dem Eigentum ausdrücklich das Recht gewährleistet, den Grundbesitz unter Lebenden und von Todes wegen ganz oder teilweise zu veräußern.

[35] Aber eben nicht „als“ Eigentum; der Vergleich zeigt die Selbständigkeit der Erb- gegenüber der Eigentumsfreiheit.

[36] BVerfGE 67, S. 329 (341), unter Hinw. auf BVerfGE 58, S. 377 (398), sowie auf eigentumsrechtliche Judikatur zur Bedeutung der Verfügungsfreiheit des Eigentümers (vgl. Fn. 2).

gung der wirtschaftlichen Substanz seines Vermögens auf den Erben. Unvereinbar mit diesem Aspekt der Erbfreiheit ist auch ein Richterrecht, welches dem Erblasser zu weitgehende Beschränkungen im Namen moralischer Grundsätze auferlegt[37] oder Beweisregeln festlegt, welchen nach dem Tode des Erblassers kaum nachgekommen werden kann.

Die eigentliche Bewährungsprobe der Testierfreiheit aber liegt in der Ausgestaltung des Erbrechts der Verwandten, welches ihr herkömmlich Schranken zieht.

3. Verwandtenerbrecht — Pflichtteil

17 Das Verwandtenerbrecht zeigt sich in zwei hauptsächlichen Ausprägungen: gesetzliche Erbfolge nach Verwandtschaftsgrad und Pflichtteilsrecht gewisser familiär nahestehender Personen. Im Grundsatz entspricht es herrschender Lehre, daß ein „Verwandtenerbrecht" von der Erbfreiheit umfaßt wird[38], das Bundesverfassungsgericht meint jedoch: „Verfassungsrechtlich nicht geklärt ist, inwieweit Prinzipien des Verwandtenerbrechts in der Erbrechtsgarantie enthalten sind"[39] — und läßt die Frage offen.

18 Das Recht der Verwandten auf einen gesetzlichen Erbanspruch für den Intestatfall gehört von jeher zu dem Kernbereich der privatrechtlichen Erbrechtsgestaltung in Deutschland[40]. Verfassungswidrig wäre eine Gesetzgebung, welche andere Anfallrechte, in Konkurrenz zu jenen, ab intestato vorsähe, oder die Verwandten gar „Fremden" gleich stellen wollte. Unzulässig wäre ein sogleich eingreifendes staatliches Erbrecht. Der Grundsatz des Verwandtenerbrechts kann vom Erblasser im Namen der Testierfreiheit, nicht aber vom Staat (völlig) verdrängt werden.

19 Anerkannt ist jedoch auch, daß unbegrenzte Verwandtenerbfolge nicht verfassungsrechtlich vorgeschrieben ist, auch nicht dem Grundsatz nach. Im Zivilrecht wird nur die Erbfolge der engeren Familie als verfassungsrechtlich garantiert angesehen; dies ist auch herrschende Lehre im Verfassungsrecht[41]. Die Reichweite der „familienerbrechtlichen Gewährleistungen des Grundgesetzes"[42] muß mit Blick auch auf Art. 6 Abs. 1 GG bestimmt werden[43]. Eine

---

[37] Vgl. *Husmann* (Fn. 16).

[38] Vgl. etwa *Bryde* (Fn. 7), Art. 14, Rdnr. 46; *Leisner* (Fn. 1), S. 48 f.; *Papier*, in: Maunz / Dürig (Fn. 3), Art. 14, Rdnr. 245; *Beyer* (Fn. 3), S. 122.

[39] BVerfGE 67, S. 329 (341).

[40] Nachw. bei *Leisner* (Fn. 1), S. 48 f.

[41] Nachw. bei *Bryde* (Fn. 7), Art. 14, Rdnr. 46; siehe auch *Beyer* (Fn. 3), S. 122.

[42] So BVerfGE 67, S. 329 (341).

[43] Zu dessen Bedeutung für das Erbrecht vgl. *Leisner* (Fn. 1), S. 103 ff.

Privilegierung – denn um eine solche handelt es sich – ist gerechtfertigt, soweit hier ein besonderer Schutz für „Ehe und Familie" zum Ausdruck kommt, ohne weiteres also auch zugunsten des überlebenden Ehegatten; im übrigen bedarf sie, im Hinblick auf das Differenzierungsverbot nach „Herkunft" (Art. 3 Abs. 3 GG)[44], besonderer Legitimation. Eine solche wird man allerdings, zumindest für die nächsten Parentelen, noch ohne weiteres dem traditionellen Zivilrecht entnehmen können. Es trägt der Tatsache Rechnung, daß die rechtlichen Bindungen einer „Großfamilie" zwar heute weithin aufgelöst sind, dennoch hier aber noch gewisse gefühlsmäßige Bindungen weiter bestehen, die schwer faßbar sein mögen, vom Recht aber nicht vernachlässigt werden müssen.

Die „Kleinstfamilie" im Sinne der Eltern-Kinderbeziehung muß jedenfalls erbrechtlich privilegiert werden, und auch im Erbschaftsteuerrecht. Ob der Familienbegriff des Art. 6 Abs. 1 GG heute so eng zu fassen ist, erscheint zweifelhaft, zumindest erfaßt er doch auch noch die Geschwister. Umgekehrt gehören nicht notwendig alle Aszendenten und Deszendenten zu einer „Familie"[45].

20 Der Pflichtteilsanspruch familiär dem Erblasser besonders Nahestehender – jedenfalls des Ehegatten und der Kinder – wird überwiegend als Verfassungsinhalt der Erbfreiheit angesehen[46]. Als allerdings auf dem 49. Deutschen Juristentag über die Abschaffung des Pflichtteilsrechts gesprochen wurde[47], war zwar die Ablehnung eines dahingehenden Antrags nahezu einhellig, ein solches Gestaltungsrecht des Gesetzgebers wurde jedoch nicht in Zweifel gezogen. Nicht zuletzt deshalb hat wohl das Bundesverfassungsgericht Zurückhaltung gezeigt[48].

Das Pflichtteilsrecht ergänzt nicht, wie die gesetzliche Erbfolge, die Testierfreiheit, sondern es drängt diese zurück, trägt damit eine immanente Spannung in die Erbfreiheit. Daß eine solche Privilegierung verfassungsrechtlich zulässig ist, ergibt sich aus Art. 6 Abs. 1 GG, denn hier werden nur Angehörige der Kleinstfamilie geschützt. Daß diese mit dem Erbgang gerade – insoweit – zerbricht, daß das Pflichtteilsrecht praktisch eher desintegrativ wirkt, steht der Begründung aus Art. 6 Abs. 1 GG nicht entgegen. Erbrecht ist stets und wesentlich ein „Recht des Überganges", der „Nachwirkungen",

---

[44] Vgl. Bd. V, Besondere Gleichheitsgarantien.

[45] Vgl. oben *Lecheler*, § 133 Rdnr. 29 ff.

[46] *Leisner* (Fn. 1), S. 48 f. m. Nachw.; *Bryde* (Fn. 7), Art. 14 Rdnr. 46: *Papier*, in: Maunz/Dürig (Fn. 3), Art. 14, Rdnr. 246.

[47] *Coing*, H., *Reichert-Facilides*, F., Empfiehlt es sich, das gesetzliche Erb- und Pflichtteilsrecht neu zu regeln?, in: Verhandl. des 49. DtT, 1972. Bd. 1, Gutachten A, S. A 1 ff., sowie Referat dazu von *Dieckmann*, A., Bd. II, S. K 6 ff.

[48] BVerfGE 67, S. 329 (341).

sie ergeben sich hier jedenfalls bei der Kleinstfamilie; und im übrigen entfaltet das Pflichtteilsrecht ja auch gewisse Vorwirkungen schon zu Lebzeiten des Erblassers — meist deutlich im Sinne eines verstärkten Familienzusammenhalts.

Ob allerdings Art. 6 Abs. 1 GG ein Pflichtteilsrecht *erzwingt*, ist keine erb-, sondern in erster Linie eine familienverfassungsrechtliche Entscheidung. Fällt sie dort negativ aus, so bleibt die Frage, ob es einen Pflichtteilsanspruch nach Art. 14 Abs. 1 GG geben *muß*. Dafür spricht die dogmatische Struktur der Erbrechtsgarantie des Grundgesetzes, die auf die tragenden Grundsätze des Zivilrechts verweist, dagegen das heute immer stärker betonte Verfügungsrecht des Eigentümers / Erblassers, damit aber die Testierfreiheit; und die letztere steht doch wohl näher bei der liberalen Grundrechtstradition.

4. Gesamtrechtsnachfolge

21 Universalsukzession ist eine traditionelle Grundgestaltungsform des privaten Erbrechts und deshalb Bestandteil der Erbfreiheit; dies entspricht herrschender Lehre[49]. Verbürgt ist damit, daß der Erbe die „Persönlichkeit des Erblassers fortsetzt", dieser „grundsätzliche Zuordnungspunkt" bleibt, er zerfällt nicht in prinzipieller Vermögensteilung. Dies bereits ist für den Erblasser von großer persönlicher Bedeutung und wird ihn in der Regel in seiner Entscheidung orientieren, wen er zum Erben einsetzt, wem er nur einzelne Vermögensgegenstände als Vermächtnis zukommen läßt. Darüber hinaus zeigt sich hier, daß die persönlichkeitsgeprägte Erbfreiheit die Fortsetzung der Persönlichkeit des Erblassers nicht nur formal, sondern auch materiell will, in der Erhaltung einer „grundsätzlichen Vermögenseinheit", mag diese auch in Miteigentum transformiert werden[50].

Gesamtrechtsnachfolge ist also mehr als ein rechtstechnisches Instrument[51], sie setzt die Grundentscheidung der Erbfreiheit, die Testierfreiheit fort, indem sie dem Erblasser eine Gestaltungsform anbietet, in der sich nun wirklich „seine Persönlichkeit fortsetzt". Und die Bedachten sollen auch „nicht grundsätzlich nur Vermögenstrümmer" erhalten.

---

[49] *Kimminich* (Fn. 6), Art. 14, Rdnr. 94; *Papier*, in: Maunz / Dürig (Fn. 3), Art. 14, Rdnr. 241; *Leisner* (Fn. 1), S. 51 f.; *Mikat*, P., Erbrecht, in: StL II, Sp. 1219; *von Lübtow*, U., Erbrecht I, 1971, S. 21.

[50] Das weitere Schicksal dieser Einheit unterliegt dann der Privatautonomie; fehl geht die Kritik von *Beyer* (Fn. 3), S. 104.

[51] Insbesondere der Gläubigersicherung, vgl. *Nohl* (Fn. 10), S. 193 f.

III. Schranken der Erbfreiheit

1. Inhaltsbestimmungsrecht (Art. 14 Abs. 1 S. 2 GG)

22 Der Gesetzgeber hat beim Erbrecht, „ebenso wie beim Eigentum“ das Recht, Inhalt und Schranken zu bestimmen[52]. Es gilt hier also das zum Eigentum Ausgeführte[53]. Insbesondere steht die verfassungsrechtliche Freiheit nicht voll zur Disposition des Gesetzgebers, der nicht, im Namen der „Inhaltsbestimmung“, beliebig Bestandteile des Schutzbereichs „wegdefinieren“, damit die Schrankenproblematik umgehen darf. Sein Inhaltsgestaltungsrecht beinhaltet also zuerst die Pflicht, die Vererbungsfähigkeit der Güter, je nach den Besonderheiten der Kategorien derselben, ebenso zu bestimmen wie beim Eigentum[54]. Dabei ist aber die Inhaltsbestimmung des Eigentums von der des Erbrechts zu unterscheiden; ist erstere geleistet, so betrifft letztere nur mehr die Vererblichkeit, die Vererbungsmodalität des betreffenden Gutes. Bei Grundbesitz etwa und Immaterialgüterrechten mögen hier besondere Regelungen erforderlich sein, insgesamt wird sich die Normierung auf Randkorrekturen des „freien Übergangs“ beschränken, der den wesentlichen Inhalt der Erbfreiheit ausmacht.

2. Sozialbindung der Erbfreiheit

23 Beim Erbrecht ist, wie beim Eigentum, zu betonen: Inhaltsbestimmung und Festlegung der „Schranken“ des so fixierten Inhaltes sind dogmatisch zu unterscheiden, die Schranken dürfen insbesondere nicht „schon in den Inhalt verlegt“ werden.

Die Erbfreiheit unterliegt der Sozialbindung ebenso wie das Eigentum. Dies ergibt sich bereits aus dem Wortlaut der Verfassung, wenn man – nach richtiger Auffassung – Art. 14 Abs. 1 S. 2 GG („Schranken“) und Abs. 2 S. 1 GG zu einem einheitlichen Eingriffsvorbehalt zusammensieht; denn die erstere Vorschrift bezieht sich auch auf das Erbrecht. Dessen Sozialpflichtigkeit entspricht denn auch herrschender Lehre[55]. Arbeitsrechtliche etwa und steuerrechtliche Bindungen finden darin ihre grundsätzliche Rechtfertigung.

---

[52] BVerfGE 44, S. 1 (17); 67, S. 329 (341).

[53] Vgl. oben *Leisner*, § 149, Rdnr. 60 ff.

[54] Vgl. oben *Leisner*, § 149 Rdnr. 65 ff.

[55] *Bryde* (Fn. 7), Art. 14, Rdnr. 43; *Kimminich* (Fn. 6), Art. 14, Rdnr. 94; unter Hinweis auf *Barnstedt*, F., Das Höferecht und die Erbrechtsgarantie des Art. 14 des Grundgesetzes, DNotZ 1969, S. 17, wo aber nicht hinreichend zwischen Sozialpflichtigkeit des Eigentums und des Erbrechts unterschieden wird; *Papier* in: Maunz / Dürig (Fn. 3), Art., 14, Rdnr. 242.

Zu achten hat der Staat aber stets die verfassungsrechtlichen Konstitutivelemente der Erbfreiheit: das Verfügungsrecht des Erblassers und die Erhaltung einer Wertsubstanz des Übertragenen, ohne welche auch die Testierfreiheit ausgehöhlt würde.

24 Fraglich ist nun aber, ob nicht bei diesem Grundrecht eine besonders weitgehende Einschränkungsmöglichkeit besteht, weil es sich um eine Eigentumsübertragung, um einen „Verkehrsvorgang" handelt[56], oder weil nur die „Nutzungsfreiheit" beeinträchtigt wird[57]. Beides ist grundsätzlich zu verneinen: Das Grundgesetz hat hier die Übertragung von Eigentum, anderen Fällen gegenüber, eher privilegieren wollen, einen Grundsatz weitergehender staatlicher Zugriffsrechte bei Verkehrsvorgängen kann es vielleicht im Abgabenrecht, nicht aber allgemein geben. Nutzungsvorgänge schließlich genießen nicht nur einen abgeschwächten Schutz nach Art. 14 GG.

B. Die Erbschaftsbesteuerung

25 Die Erbschaftsteuer ist die praktisch wichtigste Form einer Sozialbindung der Erbfreiheit; die Diskussion über diese ist vor allem im Anschluß an Vorschläge zu einer einschneidenden Verschärfung der Erbschaftsteuerbelastung[58] seit Ende der 60er Jahre geführt worden[59], die dann allerdings nur abgeschwächt in die Erbschaftsteuerreform von 1974 eingingen, immerhin für entfernte Verwandte erheblich erhöhte Sätze gebracht haben.

26 Sozialistischen Anschauungen entsprechend ist in Schweden und England die Erbschaftssteuer konsequent zur gesellschaftlichen Umgestaltung eingesetzt worden, neuerdings wird ähnliches auch in Deutschland gefordert[60]. Überwiegend wird jedoch Redistribution nicht als legitimes Ziel der Erbschaftsteuer angesehen[61], aus einer deutschen Tradition läßt sich dies auch nicht begründen[62]. Mag ein gewisser Umverteilungseffekt inzwischen jeder

[56] So *Papier* in: Maunz / Dürig (Fn. 3), Art. 14, Rdnr. 242.

[57] *Papier*, Beeinträchtigungen (Fn. 3), S. 483 (511 f.).

[58] Gutachten zur Reform der direkten Steuern, Wiss. Beirat beim BMF, Schriftenreihe BMF, H. 9, 1967, S.72 ff.

[59] Vgl. *Beyer* (Fn. 3) und *Leisner* (Fn 1), beide m. zahlr. Nachw.

[60] So will etwa *Beyer* „die überkommenen Besitzverhältnisse im sozialen Bereich auflokkern", die Erbschaftsteuer sei vor allem ein Instrument gegen „Großvermögen" (Fn. 3), S. 116 f.; *Stöcker* (Fn. 1), S. 221, weist darauf hin, daß das zivilrechtliche Erbrecht an sich schon geeignet ist, Eigentumskonzentrationen entgegenzuwirken.

[61] Siehe etwa *Nohl* (Fn. 10), S. 173 f., 186; kritisch auch *Rüfner* (Fn. 1), S. 361.

[62] So stellt auch Adolf *Harnack*, Die Nachlaßsteuer vom sozialethischen Gesichtspunkt, in: Deutsche Revue 1 (1969), S. 168 (170), seine sozialethischen Betrachtungen zu einer Nachlaßsteuer an, die zwischen 0,5% und 2% liegen sollte.

Abgabe eigen sein — es fragt sich, wie weit hier der Eingriff gehen darf; daß Art. 14 GG auch in diesem Sinn Schranke ist, wird von keiner Seite bestritten. Ebenso besteht Konsens darüber, daß der Staat partizipieren darf („sein Gebrauch soll *zugleich* dem allgemeinen Wohl dienen“), nicht aber konfiszieren[63]. Entscheidend ist, wo der – verfassungswidrige – „Substanzeingriff“ in das Eigentum beginnt, wieviel also „jedenfalls muß übergehen können“, damit noch von „Erbrecht“ gesprochen werden kann. Ist dies nicht mehr der Fall, so wird auch das Verfügungsrecht des Erblassers verletzt, das auf solche Weise seinen Sinn verliert. Es kommt also auf die Höhe der Erbschaftsteuer-Sätze an[64].

27 Hier stellt die Erbfreiheit eine quantitative Wertfrage: Wieviel von dem ihm Zugewandten muß jedem, dem Erben wie dem Vermächtnisnehmer, „nach Erbschaftsteuer bleiben“? Eine Steuer, die herkömmlich nach prozentualer Quantität belastet, kann auch nur mit solchem Maßstab gemessen werden. Dem sollte man mit qualitativen Worten nicht ausweichen, etwa unter Hinweis auf eine „ökonomisch sinnvolle Nutzbarkeit“, die jedenfalls bleiben müsse; wie soll diese bestimmt werden, sind 5% des Wertes nicht ökonomisch sinnvoll zu nutzen? Auch ein Haus, das der Erbe wegen der Erbschaftsteuer überbelasten und dann gar verkaufen muß, wirft in dieser Verwertung noch Nutzen ab; und wie er hier handelt, ist ja auch seine Entscheidung und hängt von seinen persönlichen Verhältnissen ab.

Wenn quantitative Grenzen zu ziehen sind, werden Sie immer „gegriffen“ bleiben, dennoch akzeptiert sie das Recht häufig, gerade auch das Steuerrecht. Kritisieren läßt sich hier jeder „Griff“ leicht — der Verfasser hat früher eine gewisse Schranke bei 50% Wertentzug gesehen[65] und hält dies auch gegenüber einer Kritik aufrecht, die vor allem geltendes Recht salvieren wollte und übrigens ebenfalls in Quantifizierung endet[66]. Für die auch psychologisch bedeutsame 50%-Grenze – die selbstverständlich weitere Toleranzspannen nicht ausschließt – läßt sich ferner die über den Grundsatz der Universalsukzession zu begründende Notwendigkeit der Erhaltung einer „Erbschaftsidentität“ anführen. Damit wird dann der Anschluß an das Schwerekriterium des Enteignungsrechts erreicht. Eines geht sicher nicht an: daß Verfassungsjuristen immer nur mit einem „bis hierher gerade noch – aber nicht weiter“ – hinter der Gesetzgebung herlaufen.

---

[63] Vgl. Bd. IV. Staatliche Einnahmen und oben *Leisner*, § 149 Rdnr. 137 ff.

[64] Das BVerfG hat sich dazu noch nicht allgemein geäußert. Im Erbersatzsteuerfall (BVerfGE 63, 312) hat es lediglich, implizit, Gestaltungen gebilligt, an die sich diese neue Abgabe anschließt, also die Sätze beim Erbfall eines Erblassers mit zwei Kindern: sie aber sind nicht problematisch.

[65] *Leisner* (Fn. 1), S. 58 f.

[66] *Beyer* (Fn. 3), der ohne überzeugende Begründung 75% nennt; auch *Bryde* (Fn. 7), Art. 14 Rdnr. 47, bietet nur eine wenig klare qualitative Gegenthese, keine Widerlegung.

28 „Qualitative Abstufungen“ sind sicher sachgerecht — zusätzlich, zwei vor allem: Entfernte Verwandte müssen nicht so günstig gestellt werden wie nahe Angehörige[67], hier darf also die Erbschaftsteuerbelastung auch höher sein, denn es greift zu ihren Gunsten Art. 6 Abs. 1 GG nicht ein. Daß der Gesetzgeber sie unter Umständen ganz von der gesetzlichen Erbfolge ausschließen dürfte, legitimiert ihn jedoch nicht, über quasi-totalen Entzug der Erbschaftssubstanz durch Erbschaftsteuer dasselbe zu erreichen: Damit würde die Erbschaftsteuer von Partizipation zur Konfiskation pervertiert; wenn der Gesetzgeber schon durch das gesetzliche Erbrecht auch entfernter Verwandter hier erbrechtliche Beziehungen geschaffen hat, darf er sie nicht wieder mit der Steuerhand nehmen, dies wäre ein gesetzgeberischer Formenmißbrauch, den auch Art. 14 GG ausschließt. Unterstellt der Gesetzgeber bei einer zivilrechtlichen Gestaltung eine Beziehung zur Garantie des Erbrechts, so muß er sich auch abgabenrechtlich daran festhalten lassen. Zugestandenes Erbrecht darf steuerrechtlich nie ausgehöhlt werden.

29 Nichtverwandte Testamentserben dürfen nicht in eine so ungünstige Steuerklasse eingestuft werden, daß ihnen auf diese Weise erheblich mehr als 50% wertmäßig entzogen wird[68]. Damit würde die Testierfreiheit ausgehöhlt und deren Selbständigkeit gegenüber den Verwandtenerbrechten mißachtet. Es hat wenig Sinn, die Testierfreiheit als das liberale Zentrum der Erbfreiheit zu feiern, wenn der durch das Testament Bedachte von der Staatsgewalt behandelt wird — wie ein völlig Fremder. Der Sinn des Testaments ist es gerade, daß er ganz eng an den Erblasser heranrückt.

30 So findet denn die Erbschaftsteuer feste Grenzen an der Erbfähigkeit, und dies wird spätestens dann zum Verfassungsproblem werden, wenn etwa die Vermögensteuer verschwinden sollte; der Staat wird sich dann am Todesfall schadlos zu halten versuchen.

31 Das Grundgesetz ist – wie jede demokratische Verfassung – ganz wesentlich eine Staatsform der Gegenwart, die das meiste der heutigen Generation anvertraut; hier, mit der Erbfreiheit, denkt der Verfassunggeber auch einmal an die heute vielbeschworenen künftigen Generationen. Daß sie diese nicht von ihren Vätern trenne — das sollte für eine menschenwürdige Grundordnung selbstverständlich sein, die mit ihren Grundrechten an die heutige Freiheit denkt, und an deren „letzte Dinge“.

---

[67] Vgl. *Papier*, in: Maunz / Dürig (Fn. 3), Art. 14 Rdnr. 248.

[68] Bedenken hat hier auch *Bryde* (Fn. 7), Art. 14 Rdnr. 45.

Das Eigentum Privater — Vertragsfreiheit und Sozialbindung[*]

I. Einleitung

„Sage mir, was Du hast und ich sage Dir, wer Du bist“ — in Amerika ist dies eine selbstverständliche Grundlage des gesamten Gemeinschaftslebens, zugleich ein Staatsgrundprinzip. Die deutsche Version lautet: „Sage mir, was Du hast und ich sage Dir, was Du mir schuldest“.

Das Eigentum Privater wird vom Bundesverfassungsgericht als eine Grundentscheidung unserer Verfassung gefeiert, früher hieß es sogar, dies sei die wichtigste Entscheidung im gesamten Bereich der vermögenswerten Rechte. Der Konsens scheint so allgemein zu sein, daß bei der jüngsten Verfassungsreform selbst die sonst doch gewiß eigentumskritische Opposition auf jede Änderung des Art. 14 GG von vorneherein verzichtet hat, mit der zutreffenden Begründung, mit der Rechtsprechung des Bundesverfassungsgerichts könne sie gut leben.

Ob dies auch für die Eigentümer gilt, ist eine andere Frage. Im Namen einer Terminologie, die zu Zeiten des Nationalsozialismus wenn nicht geschaffen, so doch entscheidend fortentwickelt worden ist, unter Berufung auf die sogenannte Sozialpflichtigkeit des Eigentums, ist dieses Grundrecht in Gesetzgebung, Verwaltungspraxis und Rechtsprechung in den letzten 30 Jahren entscheidend eingeschränkt, ja zurückgedrängt worden. Man konnte sich dabei auf jene Formulierung berufen, welche auf *Friedrich Naumann* zurückgeht und nach welcher „Eigentum verpflichtet. Sein Gebrauch soll zugleich dem Wohle der Allgemeinheit dienen“ (Art. 14 Abs. 2 S. 1 GG). Tiefstgreifende Eigentumsbindungen wurden daher in Karlsruhe abgesegnet; auf zwei besonders wichtige Bereiche dieser Entwicklung wird im folgenden noch zurückzukommen sein: Gesellschaftsrecht und Mitbestimmung zum einen, daneben das Mietrecht.

---

[*] Erstveröffentlichung in: Institut für Genossenschaftswesen der Westfälischen Wilhelms-Universität Münster, 1995, S. 4–17, Vortrag auf der Mitgliederversammlung der Forschungsgesellschaft für Genossenschaftswesen Münster e.V. am 26.4.1995.

II. Beschränkung des privaten Eigentumsrechts

1. Eigentum als Menschenrecht

Diese Gesamtentwicklung vollzieht sich auf einem geistigen, wenn nicht geradezu auf einem ideologischen Hintergrund. Viel und ständig ist die Rede von den Menschenrechten, welche wir in Deutschland selbstverständlich gesichert sehen, in der ganzen Welt zu schützen uns vornehmen. Bei dieser ganzen politischen Euphorie, wenn nicht Begeisterung, bleibt eines völlig unbedacht: Was sind denn nun solche Menschenrechte? Geht es dabei allein um das Recht, nicht gefoltert, nicht willkürlich verhaftet und festgehalten zu werden? Über mehr besteht ja schon wiederum kein Konsens mehr. Die Durchsetzung einer Meinungsfreiheit oder gar Religionsfreiheit würde an den außereuropäischen Gegebenheiten sogleich scheitern. Ein Recht jedenfalls ist hier fast nie auch nur mitgedacht, erwähnt wird es niemals: das private Eigentumsrecht. Verschüttet ist im allgemeinen Bewußtsein, und auch in dem der Juristen, daß „Eigentum als Menschenrecht" in der ersten Hälfte dieses Jahrhunderts von breitem, insbesondere naturrechtsfreundlichem Konsens getragen war, daß insbesondere die damals führende Katholische Soziallehre davon schlechthin ausging. Noch nach 1945 konnte von *Günter Dürig*, einem führenden Vertreter des deutschen Staatsrechts, in einer bahnbrechenden Veröffentlichung „Eigentum als Menschenrecht" behandelt werden.

Heute ist das alles, staatsideologisch gesehen, Vergangenheit in Deutschland. Um es überspitzt auszudrücken: Das Eigentum, die durch dieses Recht geschützten Erwerbs-, Verfügungs-, Nutzungs-, Verwaltungs- und Veräußerungsrechte erscheinen als nicht viel mehr denn als eine Verfügungsmasse der Marktwirtschaft, als eine Grundlage derselben sicher, aber eben als ihr Gestaltungs- und Handelsobjekt.

2. Eigentumsrecht als Eigentumsbeschränkungsrecht

Im deutschen Staatsrecht ist es seit geraumer Zeit Mode geworden, sich als „Wandlungsdogmatiker" zu präsentieren und zu profilieren. „Wandlungen des Eigentumsbegriffs" — hört da nicht jedermann hin? Hinter diesem Wort verbirgt sich letztlich immer nur eines: ein ständiges Vordringen der „eigentumsgestaltenden", unter diesem Mantel aber eben eigentumsverteilenden Staatsgewalt. Sozialisierung und Nationalisierung sind heute Unworte in Staat und Gesellschaft. Art. 15 GG ist faktisch obsolet; große Enteignungsschläge haben keinerlei politische, auch keine rechtliche Chance. Enteignung sogar ist zu einem Reizwort geworden. Wo immer es auftaucht, wie etwa in der Gesetzgebung des Jahres 1993 zur Novellierung des Baurechts, in der Erweiterung der Möglichkeit transitorischen Erwerbs der Kommunen bei zu entwikkelndem Bauland, da löst der Begriff Enteignung politisch aufstandsähnliche Reaktionen aus.

Doch glücklicherweise hat das Bundesverfassungsgericht in seiner Weisheit schon im sogenannten Naßauskiesungsurteil (E 58, 300) den Begriff der Enteignung auf den Entzug vermögenswerter Rechtspositionen beschränkt. „Gestaltungen" sind keineswegs verboten, ihr möglicher Raum wird immer weiter ausgedehnt, auch wenn sich dahinter nichts anderes verbirgt als zum Teil massive, großflächige Eingriffe in das Eigentum. Schlechthin fragwürdig geworden ist eben die Vorstellung von einem grundsätzlich festen, zu wahrenden Kern des Eigentums, der dann, je nach Anforderungen des Gemeinwohls, und unter Beachtung der Verhältnismäßigkeit, vorsichtig und punktuell eingeschränkt werden darf. Vielmehr wird, ganz grundsätzlich, weithin davon ausgegangen, daß „Beschränkungsmöglichkeiten eben im Begriff des Eigentums bereits mitgedacht seien". Über den Inhalt des Eigentums wird kaum je mehr vertiefend gesprochen; wenn das Wort auftaucht, so geht es immer nur um die Sozialbindung dieser Grundrechtspositionen, das Recht des Eigentums wird zum Recht seiner Beschränkungen.

3. Die Gefahr der Demokratie als „Räuberstaat der Mehrheit"

Die grundsätzliche und wahrhaft tödliche Gefahr für die Demokratie, welche darin liegen kann, steht uns allen vor Augen: Die Mehrheiten, welche in dieser Staatsform herrschen, werden nie allein von „Besserverdienenden", ja noch nicht einmal von in größerem Umfang „Besitzenden" gestellt; Eigentumshungrige jedenfalls werden immer zahlreicher vertreten sein als Eigentumsgesättigte. Eine Eigentumszufriedenheit hat sich, trotz aller Verteilungspolitik der letzten Jahrzehnte und Entwicklung eines in seiner Breite noch nie dagewesenen Wohlstands, bisher nicht zu entfalten vermocht — im Gegenteil: Je mehr die breite Masse Eigentum zu besitzen beginnt, desto eigentumsbewußter wird sie, zu Lasten des Eigentums derjenigen, welche eben noch mehr ihr Eigen nennen, und sei es auch nur um ein Weniges. Die großen Revolutionen der Neuzeit, in Frankreich wie in Rußland, erfolgten im Namen des Eigentums, wendeten sich gegen dessen jeweils gegenwärtige Strukturen. Sie brachen nicht in einer Situation des „großen Eigentumsabstands" zwischen den Schichten der Bevölkerungen aus, sondern, gerade umgekehrt, in Perioden immer breiterer Eigentumsstreuung.

Die Demokratie gerät damit in die grundsätzliche Gefahr, sich zum „Räuberstaat der Mehrheit" zu entwickeln; ihre Herrschenden finden hier nahezu unbeschränktes Aktionsfeld ihrer Macht, in ständiger Umverteilung. Das „Wohl der Allgemeinheit" sollten die Eigentümer nach den Vorstellungen von *Friedrich Naumann* achten in gemeinschaftsbewußtem Eigentumsverhalten, in der Berücksichtigung von Interessen etwa der öffentlichen Sicherheit und Ordnung, der Volksgesundheit und der Landesverteidigung. Geworden sind daraus weithin die „öffentlichen Belange als Belange der sozial Schwächeren", der weniger Besitzenden — die Sozialbindung ist zur Rechtfertigung der Umverteilung degeneriert.

4. Marktwirtschaft: Eigentumsproduktion — aber korrigiert durch Verteilung

Der Zusammenbruch des eigentumsfeindlichen Kommunismus hätte eigentlich, dies wäre zu erwarten gewesen, eine solche Entwicklung aufhalten, wenn nicht umkehren müssen. Eher ist politisch das Gegenteil geschehen: Nun wollen viele in immer weiterer Beschränkung des Eigentums zeigen, daß dieser Kommunismus nicht wiederzukehren braucht, wenn die bedeutsamsten „sozialen" Anliegen auch in der Marktwirtschaft, und dort sogar noch besser, erfüllt werden können.

Diese Marktwirtschaft allerdings ist heute noch immer das stärkste Bollwerk des Eigentums, seine beste Legitimation in Deutschland und weit darüber hinaus. Die Erkenntnis, daß Eigentum die eigentliche Grundlage der Marktwirtschaft darstellt, ist heute Gemeingut. Marktwirtschaft ist nichts als der Tausch von eigentumswerten Gütern, sie besteht in der Bewertung der Eigentumspositionen, sie verliert jeden Sinn, wenn ihr nicht der Eigentumsanreiz vorangeht und folgt. Doch auch hier droht dem Eigentum eine schwere Gefahr im allgemeinen politischen und im Rechtsbewußtsein: Immer mehr wird diese Marktwirtschaft gesehen als ein effizienter ökonomischer Mechanismus der Werteproduktion, auf den man gerade dann nicht verzichten kann, wenn man zu ständiger Umverteilung unterwegs ist — was nicht produziert ist, wie sollte es verteilt werden?

Doch der große Zweitakt „Hervorbringung der Eigentumswerte" — „Verteilung der Eigentumsgüter" beherrscht heute vollständig unser Denken, insbesondere die grundsätzliche Trennung dieser beiden Phasen. Achtung des Eigentums an den Produktionsmitteln, d.h. eben: in der Produktion, ist von absolutem Konsens getragen. Achtung des Eigentums im Distributionsvorgang — das ist eine ganz andere Frage, hier wird das Steuer herumgeworfen: Es gilt, ständig die Ergebnisse der doch so hoch gepriesenen Marktwirtschaft zu korrigieren. Die Eigentumspolitik ist nichts mehr als ein großes „corriger la fortune" der Marktwirtschaft. Kaum jemand denkt vertiefend darüber nach, wie „gut" eine marktwirtschaftliche Ordnung denn sein kann, wenn man ständig die Ergebnisse ihrer Verteilung in der Gesellschaft mit Staatsgewalt verändern muß.

So muß denn die These von dem Eigentum als ökonomischer Grundlage unserer Staats- und Gesellschaftsordnung – denn dies ist letztlich unbestritten – doch weithin relativiert werden. Das Eigentum als Grundlage unserer Staats- und Gesellschaftsordnung hat vielmehr zwei Gesichter: Als ökonomischer Produktionsfaktor ist es rechtlich anerkannt und gesichert — zugleich ist es heute Hauptmaterie demokratischer Herrschaftsausübung in laufender, insbesondere umverteilender Beschränkung. Das Eigentum als institutionelle Garantie, durch die Verfassung gesichert, sollte einst den Eigentumsschutz verstärken. Heute ist dies nichts anderes mehr als eine Beschreibung der eben dargelegten Konsenslage. Man könnte vielleicht sogar sagen, die Schaffung von immer mehr Eigentum sei ein Staatsziel von hohem Range — damit dieses Eigentum dann immer weiter beschränkt werden könne.

Manche mögen dieses Bild allzu düster finden. Hat denn nicht die Rechtsprechung zumindest eines stets festgehalten, ja herausgearbeitet: Erhalten bleiben muß, über alle Einschränkungen hinweg, eine gewisse Privatnützigkeit all jener vermögenswerten Rechte, die so global durch Art. 14 Abs. 1 GG geschützt werden. Sicher ist dies noch immer etwas wie ein „harter Kern“ des Eigentums; an ihm prallen insbesondere Versuche ab, die Verfügungsmacht über das Eigentum schlechthin in andere Hände zu legen. Weit weniger Sicherheit bietet die Privatnützigkeit allerdings dort, wo doch, schon dem Wort nach, ihr eigentlicher Sinn liegen muß: bei den Nutzungen des Eigentums. Neuerdings geht hier die Rechtsprechung, insbesondere des Bundesverwaltungsgerichts, sogar soweit, daß sie, etwa im Naturschutzrecht, die Privatnützigkeit schon dann als gewahrt ansieht, wenn auch nur noch „irgendeine Nutzbarkeit“ des Eigentums dem Berechtigten verbleibt, etwa bei der Ausweisung von Landschaftsschutzgebieten. Was aber ist eine Privatnützigkeit noch wert, wenn sie ganz grundsätzlich den „optimalen Nutzen“ nicht mehr garantiert? Die Betriebswirtschaft kennt nur einen Nutzen: den optimalen.

III. Gesellschaftsrechtlich mediatisiertes Eigentum

1. Ordnungsnotwendigkeiten beim Eigentum in Kapitalgesellschaften und Genossenschaften

Bevor die Betrachtung aus einem derartigen kritischen Grundverständnis heraus auf ein Einzelgebiet gerichtet wird, wie etwa das Mietrecht, soll nun, in einem dritten Teil, einiges zu dem Problemkreis „gesellschaftsrechtlich mediatisierte Eigentum“ gesagt werden.

Damit ist ein besonders wichtiger Bereich der Vertragsfreiheit und ihrer Einschränkung im Eigentumsrecht angesprochen. Konkret geht es darum: Bedeutet das verfassungsgeschützte Eigentum Sicherung des Individualeigentums oder auch, in gleicher Weise, eines gesellschaftsrechtlich mediatisierten Eigentums? Gesellschaftspolitisch gewendet: Verdient die Eigentumsstellung in einer großen, weithin anonymisierten Kapitalgesellschaft, das nur durch sie vermittelte Verfügungs- und Nutzungsrecht an einzelnen Vermögensgütern, denselben rechtlichen Schutz, oder ist er hier nur ebenso abgeschwächt zu gewähren, wie eben auch die Zugriffsmöglichkeiten auf das Eigentum lediglich im Zusammenwirken mit anderen eröffnet sind? Dies ist auch eine wesentlich genossenschaftliche Problematik: Genossenstellung als Eigentümerposition — aber Ausgestaltungs-, Einschränkungsmöglichkeit dieser Genossenrechte, über Individualeigentümer-Positionen hinaus? Genossenstellung und damit Eigentumsrecht zur Disposition des Gesetzgebers des Gesellschaftsrechts?

Der Grundsatz ist klar und unbestritten: Die Gesellschafter- und die Genossenstellung sind ebenso eine eigentumsrechtlich geschützte Rechtsposition, insgesamt und in ihren wesentlichen Ausprägungen, wie Individualeigentums-Rechtspositionen. Dem Gesetzgeber steht hier jedoch ein weitergehendes Ausgestaltungsrecht der jeweiligen Eigentumsposition zu — nach der Natur dieser Eigentumsform bereits. Wenn sich Bürger zu gemeinsamer Eigentumsverwaltung zusammenschließen, so darf, ja muß der Gesetzgeber eben ihre Rechtssphären voneinander abgrenzen, den gesellschafts-, den genossenschaftsrechtlichen Rahmen zur Verfügung stellen. Dies ist der wohl wichtigste Grund dafür, daß das GG in Art. 14 Abs. 1 S. 2 dem Gesetzgeber nicht nur das Recht der Bestimmung der Schranken des Eigentums, sondern auch von dessen Inhalt gewährt. Nun sichert zwar die Verfassung ganz allgemein die Privatautonomie und vor allem die daraus fließende Vertragsfreiheit. Systemkonform wäre es also, grundsätzlich die Abgrenzung der Eigentumsrechte zwischen den Gesellschaftern und den Genossen der freien Vertragsgestaltung zu überlassen. Von jeher ist jedoch anerkannt, daß diese Freiheit nur soweit reicht, wie gesellschaftsrechtliche Organisationsformen durch Vertragsautonomie hervorgebracht werden können. Wenn aber der Staat diesen Vereinen und Gesellschaften, den Genossenschaften und Stiftungen besondere Rechtspersönlichkeit, spezielle Aktionsmöglichkeiten eröffnet, so darf er dabei auch, in sachgerechter Abgrenzung der Positionen der Gesellschafter und Genossen, deren jeweilige Miteigentumsbefugnisse bestimmen.

Entscheidend ist jedoch eines, was zu selten betont wird: Diese gesamten gesellschaftsrechtlichen Ausgestaltungen des Eigentums dürfen grundsätzlich immer nur einem Zweck dienen: Der sachgerechten Abgrenzung der Eigentumsbefugnisse der Mitglieder untereinander, nicht jedoch der Sozialbindung des Eigentums gegenüber dem Staat, schon gar nicht dürfen sie zu Instrumenten einer sozialen Umverteilung werden.

2. Umverteilung von Eigentumsrechten durch Mitbestimmung

Das bedeutet, daß grundsätzlich das Gesellschaftsrecht nicht zu einer sozialisierenden Umverteilung von Eigentumsrechten eingesetzt werden darf. Ein entscheidender Schritt gerade in diese Richtung war aber das Mitbestimmungsurteil des Bundesverfassungsgerichts, das eine Gesetzgebung im wesentlichen gebilligt hat, welche Eigentumsmacht-Umverteilungen innerhalb bestimmter gesellschaftsrechtlicher Formen festgelegt hat. Es ist zwar inzwischen selbstverständlich geworden, doch keineswegs grundsätzlich einsichtig, weshalb Eigentümerbefugnisse dort, wo das Gesellschaftsrecht einen Aufsichtsrat erzwingt, durch Beschäftigtenrechte in besonderer Weise eingeschränkt werden dürfen, während dies einem Einzeleigentümer gegenüber nicht der Fall ist. Mitbestimmungsgesetzgebung und Mitbestimmungsurteil lassen jede vertiefende Begründung dafür vermissen. Dieses erstaunliche Grundsatzdefizit in unserer Mitbestimmungsdiskussion erklärt sich einerseits aus historischen Entwicklungen, andererseits daraus, daß man ganz einfach überlegt hat: Mitbestimmung läßt sich nur dort sachgerecht organisieren, wo die entsprechenden Instanzen dafür gesellschaftsrechtlich vorgesehen sind, insbesondere der Aufsichtsrat.

Eine derartige umverteilende Ausgestaltung der Eigentumsbefugnisse im Gesellschaftsrecht – denn um nichts anderes handelt es sich ja – eine solche Zurückdrängung der gesellschaftsrechtlichen Vertragsfreiheit durch Gesetz legitimiert sich prinzipiell wohl nur durch eine Überlegung: Wo immer zahlreiche Bürger sich zusammenfinden, wo das Gesellschaftsrecht jedenfalls Formen für die Bündelung einer solchen Eigentumsmacht zur Verfügung stellt, da müssen die Gesellschafter auch machtbeschränkende, umverteilende Ausgestaltungen ihres Eigentumsrechts hinnehmen. Warum aber soll dies gerade durch Umverteilung auf die Arbeitnehmer geschehen — sind sie denn „die Allgemeinheit"?

Damit wird dem Gesellschaftsrecht auf sehr breiter Grundlage die Zielsetzung der Beschränkung privater Macht untergeschoben. Das Bundesverfassungsgericht hat dies im Mitbestimmungsurteil gebilligt, das Übergewicht des „Eigentums" – denn darum, nicht um das „Kapital" ging es ja – ist „gerade noch" gewahrt worden, und dies durchaus nicht in allen Bereichen.

3. Einschränkung des Eigentums durch das Genossenschaftsrecht

Eine Kritik dieser Lage aus eigentumsrechtlicher Sicht kann hier nicht allgemein geboten werden. Ein Wort jedoch noch zum Genossenschaftsrecht: Hier ist die Machtabschwächung von jeher auf einem ganz anderen Weg erreicht worden: Durch Formen innerer Demokratisierung; insoweit ist also eine Machtbeschränkungsgestaltung „von außen", durch die Einräumung von Gegenrechten der Beschäftigten, an sich grundsätzlich nicht erforderlich. Etwas anderes ist hier jedoch besonders zu betonen: Das gesellschaftlich mediatisierte Eigentum, zu dem im weiteren Sinne auch das Genossenschaftseigentum gehört, mag einem gewissen Gestaltungsrecht des Gesetzgebers, wie eben dargelegt, unterliegen, um übermäßige Machtzusammenballungen oder einseitige Machtausgestaltungen innerhalb der Gesellschaft zu vermeiden. Nicht gedeckt ist jedoch durch den gesellschaftsrechtlichen Auftrag eine generelle Zurückdrängung des Eigentumsrechts bei Gesellschaften oder Genossenschaften. Mit anderen Worten: Der Gesetzgeber darf nicht das Eigentumsrecht der Gesellschaft, der Genossenschaft, damit auch der einzelnen Gesellschafter und der Genossen, etwa im Bereich des Mietrechts oder des Umweltschutzes, oder auch im eigentumsgebundenen Steuerrecht, gerade deshalb besonders weitgehend einschränken, weil dies ja ein „Eigentum minderen Rechtes", eben nur ein gesellschaftlich vermitteltes Eigentum wäre. Derartige Tendenzen sind in der allgemeinen Politik immer wieder aufgetreten: Man wollte unterscheiden zwischen einem vollen, individuellen Eigentum und einem eben nur „weit entfernten", nur in ganz abgeschwächter Form „verantwortlichen" Eigentum.

Dies ist plausibel bei dem aktienrechtlich vermittelten Eigentum, wo eigentlich kaum mehr eine faßbare Beziehung zwischen den vermögensrechtlichen Positionen an einzelnen Betriebsmitteln und einem bestimmten Eigentümer besteht, nachdem die Eigentümer (Aktionäre) ja ständig und weithin unkontrolliert wechseln können. Dennoch ist auch hier daran festzuhalten: Wer aktienrechtlich Eigentümer ist, hat auch die vollen Miteigentümer-Rechte im Hinblick auf sämtliche Betriebsmittel wie hinsichtlich des Gewerbebetriebs im ganzen.

Noch deutlicher ist dies bei den Genossenschaften: Hier ist eine weit engere persönliche Beziehung genossenschaftsrechtlich verankert zwischen dem einzelnen Genossen und dem Genossenschaftsvermögen insgesamt, über dessen Verwaltung der Genosse ja auch in weithin demokratisierten Formen mitbestimmt.

Mit Überzeugung können also die Vertreter der Genossenschaften allen Bestrebungen entgegentreten, welche darauf hinauslaufen, Genossenschaftsrecht und Genossenstellungen als Eigentumsrechte minderer Qualität zu behandeln und deshalb einen weitergehenden Staatseinfluß begründen zu wollen. Wenn es überhaupt ein im weiteren Sinne des Wortes gesellschaftlich vermitteltes Eigentum gibt, welches dem Individualeigentum in vollem Umfang gleichzustellen ist, dann ist es das Eigentum der Genossenschaft wie der einzelnen Genossen innerhalb derselben. Das Eigentum der Genossenschaft ist unmittelbar personallegitimiert durch die Genossenstruktur, das Eigentum an der Genossenstellung ist besonders schutzwürdig, weil der Genosse nicht ein Zufallseigentümer, sondern grundsätzlich ebenso ein Dauereigentümer ist wie der Individualeigentümer auch, vielleicht sogar noch weitergehend, nachdem ihm ein Ausscheiden aus der Genossenschaft ja häufig schwerer gemacht wird als dem Individualeigentümer die Aufgabe seines Eigentums.

IV. Eigentumsrechte und Mietrecht

1. „Besitzer als Eigentümer"

Auf einen zweiten, ganz anderen Eigentumsaspekt ist noch kurz einzugehen, der für viele Genossenschaften von besonderer Bedeutung ist, insbesondere solche, die sich mit Wohnungsbau und der Verwaltung von Wohnungsbeständen, also deren Vermietung, beschäftigen: Es geht um die Mietrechtsentwicklung, insbesondere die Mietrechtsrechtsprechung des Bundesverfassungsgerichts aus jüngster Zeit.

Bekanntlich hat das Gericht seit langem eine weitgehend mieterfreundliche Grundhaltung eingenommen. Die Mieterposition ist aber, nach traditionellem bürgerlichen Recht, gerade nicht eine Eigentümerstellung, Besitz und Eigentum sind streng zu trennen. Dennoch hat das Bundesverfassungsgericht seit vielen Jahren, in ständiger Rechtsprechung, die Auffassung vertreten, angesichts der vitalen Interessen des Mieters an der Erhaltung des Mittelpunkts seiner Lebensverhältnisse, eben seiner Wohnung, habe der Gesetzgeber Recht und Pflicht, die Belange von Eigentümern und Vermietern zu einem gerechten Ausgleich zu bringen. Dies sei auch eigentumsrechtlich zulässig, denn das Grundgesetz gehe davon aus, daß das Eigentum Privater einer um so weitergehenden Sozialbindung unterliege, je stärker es in „sozialen Bezügen" stehe, je weitergehend insbesondere Dritte, hier die Mieter, auf Nutzung dieses Eigentums angewiesen seien. Im Ergebnis hat das Gericht den sehr weitgehenden Kündigungsschutz gebilligt, teilweise noch verschärft, der sich in den letzten Jahren entwickelt hatte. In letzter Zeit hat die „Besitzer als Eigentümer-Entscheidung" sogar noch ausgesprochen: Auch der Besitz sei ein eigentumsgeschütztes Recht, es gelte daher im Mietrecht zwischen zwei Eigentumspositionen abzuwägen, der des Eigentümers nach § 903 BGB und der des Besitzers nach demselben Gesetzbuch.

2. Kritik am übersteigerten sozialen Mietrecht

Diese Entscheidung hat scharfe Kritik im Schrifttum hervorgerufen; hier seilt nun das Bundesverfassungsgericht endgültig das Eigentumsrecht der

Verfassung vom herkömmlichen Eigentumsrecht des BGB ab, während das Gericht früher das Verfassungs-Eigentum wesentlich aus dem bürgerlichrechtlichen Eigentum definiert hatte. Richtig ist zweifellos, daß auch die Besitzerposition als solche eigentumsgeschützt ist — aber eben nur als ein Besitz, gerade nicht als Ausdruck des sachenrechtlichen Voll-Rechts, des Eigentums. Rein dogmatisch läßt sich die erwähnte Entscheidung des Bundesverfassungsgerichts nur halten, wenn man sie als Abwägung zwischen zwei gleichermaßen durch Art. 14 GG geschützten Eigentumspositionen versteht. Doch gerade dieses „gleichermaßen" bringt eben einen massiven, mit dem traditionsgeprägten Begriff „Eigentum" im Art. 14 Abs. 1 GG unvereinbaren Eingriff in das Grundrecht. Übersehen wird damit überdies die Grundsatzwirkung des Urteils: Von nun an fühlen sich die Besitzer geradezu als Eigentümer.

Dadurch ist die gerade jetzt wieder ausgebrochene Diskussion um eine grundlegende Reform des Mietrechts belastet worden. Eine unabhängige Expertenkommission hat sich vor kurzem dafür ausgesprochen, das Mietrecht wesentlich im Sinne der Stärkung von Eigentümerbelangen zu reformieren, den Kündigungsschutz zwar grundsätzlich beizubehalten, ihn jedoch nicht unwesentlich einzuschränken. Der Hintergrund dieses Vorschlags ist klar und überzeugend, gerade weil er nicht ein rechtlicher, sondern ein ökonomischer ist: Mit dem gegenwärtigen Mietrecht läßt sich auf Dauer privater Wohnungsbau nicht sachgerecht finanzieren, weil die Verfügungsrechte des Eigentümers übermäßig beschnitten sind, bis hinein in seine eigene individuelle Lebensgestaltung, wenn er Eigenbedarf geltend machen will. So wenig wie man den Bürger im Umweltschutz zum unbezahlten Gemeinschaftsgärtner machen kann, wird er sein Geld anlegen, nur um Wohnungsbaumeister für fremde Interessen zu sein.

Es geht also nicht allein darum, im finanzierungsleeren Raum menschliche Interessen von Mietern und Vermietern voneinander abzugrenzen; die Geldeigentümer müssen erst einmal soweit gebracht werden, daß sie Wohnungseigentümer werden wollen, es muß Eigentumsanreiz geschaffen werden. Das ist keine Frage des Eigentumsrechts, und die Verfassung schweigt dazu; aber wenn ihr Art. 14 GG so ausgelegt wird, daß Mieter immer mehr Rechte zu Lasten der Eigentümer bekommen, dann wird es eben immer weniger frei finanziertes, privates Wohnungseigentum geben. Daß dies nicht der Sinn einer verfassungskonformen Eigentumspolitik sein kann, liegt auf der Hand.

Eigentum verlangt aber nicht nur Sicherung bestehender Eigentumsverhältnisse, mindestens ebenso gefordert ist eine verfassungskonforme Eigentumspolitik der Eigentumsanreize. Wird sie nicht konsequent betrieben, so kommt es gerade zu jener Aushöhlung der Institutsgarantie des Eigentums, die die Verfassung nicht will: zu einem Eigentumsrecht ohne Eigentum.

V. Zusammenfassung

Zwei Dinge also gilt es vor allem zu bedenken, denkt man an Eigentum: Alles Eigentum verdient gleichermaßen Schutz gegen den Staat, ein Eigentum minderen Rechtes, bei Gesellschaften etwa oder Genossenschaften, kann es nicht geben; und der Staat darf nicht die Eigentumsordnung für gewisse Bereiche faktisch dadurch zerstören, daß er den Eigentumsanreiz und den ökonomischen Nutzen des Eigentums über das hinaus einschränkt, was die Marktwirtschaft allgemein bietet und damit auch fordert.

Die so gestellte Eigentumsfrage ist entscheidend für unsere gesamte freiheitliche Grundordnung. Eigentum ist letztlich nur geronnene Freiheit, Freiheit vor allem Chance zum Eigentum. Das böse Wort von der Gefahr der „nutzlosen Freiheiten", das schon auf die Kritik von *Marx* zurückgeht – was nützt dem Proletarier die Freiheit, wenn er unter Brücken verhungert? – dieses Wort gilt es täglich zu bedenken: Eigentum ohne Nutzen wird zur nutzlosen Freiheit.

Eigentümer als Beruf

Zum Verhältnis von Art. 12 und Art. 14 GG*

I. Die Fragestellung: Verletzung der Berufsfreiheit durch Eigentumsentzug

1. Das Privateigentum ist Grundlage der Wirtschaftsverfassung der Bundesrepublik Deutschland nicht als totes Kapital, sondern als lebendige Erwerbschance. Nicht nur Banken und Manager aber nehmen diese für andere wahr: Für einen erheblichen Teil der Bürger ist der eigene Besitz Grundlage täglicher Erwerbstätigkeit in Beruf und Gewerbe.

Diese Arbeit schützt die Berufsfreiheit (Art. 12 GG)[1], ihre Basis, das Eigentum, wird durch Art. 14 GG gesichert. Wem nun in Sozialbindung oder Enteignung das Eigentum ganz oder teilweise entzogen wird, der wird dadurch auch in seiner Berufsfreiheit berührt. Welche Bedeutung hat es aber für Art. 12 GG, daß der Beruf auf der Grundlage eigenen Besitzes ausgeübt wird, verletzen hier Eigentumseingriffe zugleich die Berufsfreiheit, gibt es also einen „Beruf des Eigentümers" — oder sind die Eigentumsverhältnisse der Berufsgrundlage für Art. 12 GG ein Accidens?

2. Den „Beruf eines Eigentümers" üben große und volkswirtschaftlich besonders bedeutsame Kategorien von Erwerbstätigen aus, welche ihr Eigentum verwalten oder mit diesem produzieren: In der gesamten *Land- und Forstwirtschaft* wird weithin, in gewissen Bereichen in der Regel, mit Gütern gewirtschaftet, welche im (Mit-)Eigentum der Erwerbstätigen stehen. Der Landwirt empfindet meist seine Tätigkeit auch als einen Beruf der Eigentumsbewirtschaftung. Der selbständige *Gewerbetreibende*, vom Einzelkaufmann bis zum Großindustriellen, ist meist in erheblichem Umfang Eigentümer der Produktionsmittel, stets hat er das Eigentum am „eingerichteten und ausgeübten Gewerbebetrieb", das als solches durch Art. 14 GG geschützt wird. *Freibe-*

---

* Erstveröffentlichung in: Juristenzeitung 1972, S. 33–37.

[1] Welche eben auch die Gewerbefreiheit mitumfaßt, vgl. f. viele *Triepel*, H., Staatsdienst und staatl. gebundener Beruf, Festschr. f. Binding, II, 1911, S. 76; *Sieg*, H., Das Recht d. Gewerbezulassung und Art. 12 GG, DV 1950, S. 197 (198); *Haußleitner*, O., Beruf und Gewerbe nach d. BGG, DÖV 1952, 496 (497); *Menzel*, E., Die rechtl. Gewährleistung d. Baufreiheit in: Menzel-Fürstenberg, Die Freiheit d. Berufswahl, 1967, S. 26; *Widmer*, F., Die Gewerbefreiheit nach schweiz. und die Berufsfreiheit nach dt. Recht, Bern 1967, S. 46; *v. Mangoldt/Klein*, BGG, 2. A. I. S. 363; *Bachof*, O., Berufsfreiheit, Die Grundrechte III, 1, S. 155 (186); *Herzog*, R., Art. 12 I GG i.d.Rspr. d. BVerfG, JA 1970, 687.

ruflich Tätige können in gewissem Umfang ähnliche Rechte geltend machen. *Autoren und Erfinder* nutzen häufig ihr sachenrechtlich verselbständigtes geistiges Eigentum, *Grundstückseigentümer* beschäftigen sich nicht selten vorwiegend oder ausschließlich mit der Verwaltung ihres Eigentums und selbst der *Eigentümer von Wertpapieren* kann behaupten, daß seine eigene Vermögensverwaltung sein Beruf sei. Kurz — es gibt keine Kategorie von Eigentum, die man nicht „beruflich", ja „hauptberuflich" verwalten und nutzen könnte. Und letztlich ist ja *jeder Berufstätige* Nutzer und Verwalter von eigentumsgleichen Rechten: Selbst wenn seine Arbeitskraft nicht bereits als Bestandteil des Allgemeinen Persönlichkeitsrechts Eigentumsschutz genießen sollte, so würden doch ihre Grundlage, *Leben und Gesundheit* ebenso wie das gegenständliche Eigentum durch den Aufopferungsanspruch (neuer Prägung) eigentumsgleich geschützt. In diesem Sinn wenigstens ist jeder berufstätige Deutsche Eigentümer von Beruf.

3. Eigentumsnutzung ist allerdings nicht wie andere Tätigkeiten, schon vom äußeren Erscheinungsbild her gesehen, ein stets oder überwiegend „voller Beruf". „Eigentümer" ist nicht notwendig ein „Hauptberuf". Vom „reinen Besitzen", etwa des Wertpapiereigentümers, der nur einmal im Jahr Gewinnausschüttungen entgegennimmt, bis zur „aktiven Vermögensverwaltung" dessen, der mit einem vergleichbaren Besitz täglich an der Börse spekuliert, die Anlageart verändert und damit „voll beschäftigt" ist, führt ein Spektrum von Abstufungen; ähnlich ist es bei nahezu allen Eigentumskategorien. Häufig steht es dem Eigentümer sogar frei, mit welcher Intensität er sich der Verwaltung seiner Habe widmen will.

Die aus berufsrechtlicher Sicht wichtigsten Abstufungen dieser Intensität sind etwa die zeitliche Dauer der Verwaltungstätigkeit; der Gewinn, der aus ihr gezogen wird und seine Bedeutung für den Lebensunterhalt des Eigentümers; Verwaltung mit Hilfe von oder durch andere (Manager); Verbundnutzung von eigenen und fremden Mitteln, insbesondere bei der heute im gesamten gewerblichen, landwirtschaftlichen und Grundstücksbereich üblichen Finanzierung mit zugleich eigenem und fremdem Kapital, sowie im Falle des Betriebs in Gesellschaftsform. Hinsichtlich der ersteren drei Abstufungen (nach zeitlicher, gewinnmäßiger, „persönlicher" Intensität der Eigentumsnutzung) wird sich eine Abgrenzung „reines" Eigentum — beruflich genutztes Eigentum aus dem Berufsbegriff gewinnen lassen[2]. Aus der Tatsache allein der heute weit verbreiteten Verbundnutzung von Eigentum und Fremdmitteln läßt sich kein Argument gegen das „Eigentum als Beruf" ableiten: Es gibt eben den „Beruf des Miteigentümers", den „Beruf des Mitgesellschafters" und überdies stehen wesentliche Eigentumsrechte, insbesondere das Recht am Gewerbebetrieb, in Gänze auch dem zu, der überwiegend mit Fremdmitteln arbeitet.

---

[2] Vgl. unten III.

„Eigentümer als Beruf" ist kein „falsches Phänomen", sondern eine wichtige Erscheinung des Wirtschaftslebens.

4. Wenn es „Eigentümer als Beruf" gibt, so muß ein solcher Berufstätiger zugleich von Art. 12 und Art. 14 geschützt werden. Wichtig ist also *das Verhältnis beider Grundrechte zueinander*. Hier geht es aber nicht um das in diesem Zusammenhang öfters behandelte Problem[3], ob durch Inanspruchnahme von Berufsfreiheit fremdes (etwa Realgewerbe-)Eigentum verletzt wird. Die Grundrechte stehen nicht gegeneinander, ihr Schutz konkurriert vielmehr.

a) Wer nun in seinem Eigentum verletzt wird, hat Interesse daran, sich als „Berufs-Eigentümer" *auch* auf Art. 12 GG berufen zu können, weil die dort gewährte Berufsfreiheit weniger an Eingriff zuläßt als das Eigentum nach Art. 14 GG: Während dieses unter einem *sehr weiten allgemeinen* Gesetzesvorbehalt steht[4], genießt die Berufsfreiheit einen differenzierenden Schutz[5], vor allem dort, wo der Eingriff die Berufswahlfreiheit berührt. Deshalb sind die *staatlichen* Beschränkungen der Berufsfreiheit regelmäßig als Verletzung von Art. 12 gerügt worden, obwohl meist[6] zugleich eine Eigentumsverletzung in Betracht gekommen wäre (Eingriff in einen Gewerbebetrieb): Wenn unabhängig von allen Eigentumsverhältnissen ein Eingriff nicht gegen Art. 12 GG verstößt, so trifft es eben auch den „Berufseigentümer" nicht zu Unrecht; und weil Art. 12 GG gegenüber Art. 14 die „stärkere" Freiheit ist, wird eine zulässige Berufsausübungsregelung im allgemeinen auch eine zulässige Eigentumsbeschränkung sein[7].

b) Doch damit ist das Problem nicht erschöpft. Es kann Fälle geben, in denen – nach Art. 14 GG zulässig – Eigentum entzogen wird und dadurch aus der Sicht der Berufsfreiheit nicht die Berufsausübungsfreiheit geregelt, sonden die Berufswahl berührt wird — etwa wenn durch Eigentumsentzug dem Betroffenen der Zugang zu einem „Eigentümerberuf" des Patentverwer-

---

[3] Dazu grdl. *Forsthoff*, E., Verfassungsmäßiger Eigentumsschutz und Freiheit des Berufs, Jub.Schr. z. 100jähr. Bestehen der dt. Verw.Gerichtsbarkeit, 1963, S. 19 f. (21 f.); ferner *Maunz/Dürig/Herzog*, GG, Art. 14 Rdnr. 15; *Rüfner*, W., Überschneidungen und gegenseitige Ergänzungen der Grundrechte, Der Staat 7 (1968), 41 (49 f.); *Huber*, H., Gewerbefreiheit und Eigentumsgarantie, Festg. f. Gutzwiller Basel 1959, S. 5S5 ff. sowie BVerfGE 8, 72; 21 (150) = JZ 1967, 357.

[4] Nicht nur die „Schranken", sondern bereits der „Inhalt" unterliegt der Bestimmung durch einfaches Gesetz; darüber hinaus wird die Entschädigungspflicht noch durch weitgehende Sozialpflichtigkeit ausgeschlossen.

[5] Nach dem „Stufensystem" da BVerfG (E 7, 377 = JZ 1958, 472 — dazu *Bachof*, S. 468).

[6] Vgl. etwa BVerfGE 10, 185 = JZ 1960, 121 (LS und red. Anm.); 13, 97 = JZ 1961, 701; 14, 19; 13, 181; 17, 269; 17, 232 = JZ 1964, 418; 16, 147; aus der Rspr. d. BVerwG vgl. etwa E 1 92 = JZ 1954, 575.

[7] So BVerfGE 16, 147; 17, 232; 18, 315; 21, 50.

ters oder des selbständigen Landwirts versperrt würde[8]. Solche Fragen tauchen bereits in der Rechtsprechung des *Bundesverwaltungsgerichts* auf[9]. Daß bisher noch nicht das Problem „Eigentumseingriff als Berufswahlbeschränkung", sondern der von Eigentumsverhältnissen unabhängige Eingriff in die Berufswahlfreiheit *als solcher* angegriffen worden ist, hat wohl vor allem zwei Gründe: Einerseits war und ist das Konkurrenzverhältnis von Art. 12 und 14 GG – wie die gesamte Grundrechtskonkurrenz – weithin ungeklärt, desgleichen das Verhältnis Eigentumsbegriff-Berufsbegriff; es konnte daher so scheinen, als müsse man sich stets „ausschließlich an das stärkere Grundrecht" des Art. 12 GG halten. Vor allem aber sind in den vergangenen Jahrzehnten Eigentumsgesetzgebung und Enteignungen nie in großem Umfang, vor allem aber nicht berufspolitisch eingesetzt worden. Wenn aber die Eigentumsverhältnisse für die Berufspolitik keine Rolle spielten — warum hätte der Berufseigentümer sein Eigentum mit Hilfe der Berufswahlfreiheit schützen sollen, wie hätte ihm dies gelingen können?

5. a) Doch ein solcher Schutz des Eigentums durch die Berufsfreiheit, der, wie eben dargelegt, schon bisher gelegentlich zum Rechtsproblem geworden ist — er wird vielleicht bald entscheidende Bedeutung gewinnen: Wenn systematisch Eigentums- und Enteignungsgesetzgebung zu sozial-politischen Reformen eingesetzt werden, so werden sie notwendig auch die freiheitliche Berufsordnung in der Bundesrepublik Deutschland berühren. Wenn ganze Eigentumskategorien entzogen oder umgestaltet, wenn Volksvermögen in größerem Umfang durch gezielte Eingriffe umverteilt werden soll, so wird der Eigentümer in der beruflichen Nutzung und Verwaltung seines Besitzes entscheidend getroffen werden. Art. 12 GG schützt ihn u.U. dagegen besser als Art. 14 — wenn es „Eigentümer als Beruf" gibt! Und dies kann also morgen schon eine sozial-politische Frage von höchster Bedeutung sein.

b) Doch die Bedeutung des Themas reicht über den Interessenkampf ins Grundsätzliche: Die Begriffe „Beruf" und „Eigentum" bedürfen dringend der Präzisierung, soweit möglich der Abgrenzung. Die Grundrechtsdogmatik muß sich auch hier mehr auf die Begriffsprobleme besinnen!

Eine Grundsatzfrage ist es insbesondere, ob das selbstgenutzte Eigentum, ob der „aktive Eigentümer" stärker geschützt werden soll, als der passive Kapitalrentier, oder ob er als „Inhaber von Produktionsmitteln" ganz umgekehrt geringeren Schutz verdient, „Eigentümer als Beruf" ist eine zentrale sedes materiae der Marxismusdiskussion.

---

[8] Ob es einen solchen besonderen Beruf überhaupt gibt, ist hier noch nicht zu entscheiden. Vgl. dazu unten V.

[9] Z.B. BVerwGE 5, 171; 5, 283; 5, 286; 6, 247 (Erdrosselungssteuer).

Schließlich führt all dies, über den Aktivitätsbegriff, zur Frage des Persönlichkeitsbezugs der Grundrechte, der Verfassung überhaupt. Im letzten steht hier Ruhe und Statik gegen die Dynamik des Handelns.

II. Bisherige Stellungnahmen zur Berufsqualifikation des Eigentümers

1. Das Problem „Eigentümer als Beruf" ist bisher, soweit ersichtlich, im Schrifttum nirgends eingehend behandelt worden[10]. Dies ist ebenso erstaunlich wie die Tatsache[11], daß zahlreiche wirtschaftspolitische Maßnahmen in der Bundesrepublik Deutschland bisher ausschließlich eigentumsrechtlich bewertet werden, nicht aber als ein Eingriff in die Berufsfreiheit. Das gilt nicht zuletzt auch von der Mitbestimmung[12] — während man andere Phänomene, die doch auch das Eigentum berühren, rein berufsrechtlich beurteilt[13]. Der Grund für diese „Lücke" dürfte also weniger darin liegen, daß die Eigentumsfreiheit auf Kosten der Berufsfreiheit ausgedehnt wird oder umgekehrt[14], sondern daß die Synchronisierung der beiden konkurrierenden Rechte der Literatur noch nicht zum Problem geworden ist[15].

2. Auch die *Rechtsprechung* hat „Eigentum als Beruf" noch nicht voll geklärt. Nur wenige Entscheidungen befassen sich mit dem Verhältnis der beiden Freiheiten zueinander.

a) Entscheidende Fragen bleiben offen: Im Fall von Eingriffen, bei denen die Verletzung von Art. 12 und 14 GG gerügt wurde, wurden meist beide Freiheitsrechte beziehungslos nebeneinander untersucht[16]; hier bleibt also offen, ob in einer Eigentumsbeschränkung eine Verletzung der Berufsfreiheit liegen kann. Andere Entscheidungen lassen sogar ausdrücklich dahingestellt, ob eine Berufs*ausübungs*regelung überhaupt den Schutzbereich des Art. 14 GG berühren kann[17]. Eine Feststellung dazu wäre für das hier erörterte Pro-

---

[10] Das Problem klingt an bei *Rüfner* (Fn. 3), S. 51, am eingehendsten noch *Huber* (Fn. 3) aaO.

[11] Näher dazu *Huber*, aaO., S. 544.

[12] M.R. *Huber*, aaO., S. 546 f.

[13] Vgl. oben I 5.

[14] Etwa im Gegensatz zur Schweiz, vgl. *Huber*, aaO., S. 543.

[15] Nur zum normativen Rangverhältnis *Forsthoff* (Fn. 3), S. 23 f.

[16] So etwa BVerfGE 8, 71 (Weinanbaubeschränkungen) (79/81); 10, 55 (tierische Erzeugung) (58/9); 21, 150 (Weinanbaubeschränkungen) (155 f., 160) = JZ 1967, 357 (359); BVerwGE 5, 114 (115 f.) (Fortführung einer Apotheke durch Apothekerwitwe); vgl. auch BVerwGE 6, 247 (266).

[17] BVerfGE 17, 232 (Apothekenmehrbetrieb) (248) = JZ 1964, 418 (419); 22, 380 (Kouponsteuerabführung) (386).

blem entscheidend: Wenn sich die Schutzbereiche beider Grundrechte gar nicht berühren könnten, so wäre eine „Eigentumsverletzung als Berufsfreiheitsverletzung“ schlechthin ausgeschlossen. Dasselbe gilt für Entscheidungen des *Bundesverwaltungsgerichts*[18], in denen offen bleibt, ob die Sicherung des Eigentums „im Wesensgehalt des Grundrechts der Berufsfreiheit von vornherein inbegriffen“ sei. Wird dies nämlich *verneint*, so kann eine Eigentumsverletzung zugleich die Berufsfreiheit beschränken; bejaht man es jedoch, so ist Art. 12 GG das weitergehende Recht, dessen Prüfung Art. 14 GG miterfaßt. *Selbständige* Bedeutung hätten dann die Eigentumsverhältnisse bei den sächlichen Grundlagen der Berufsfreiheit nicht[19].

b) In einer Entscheidung allerdings nimmt das *Bundesverwaltungsgericht* Stellung[20]: Nach Art. 14 GG zulässige Eigentumsbeschränkungen blieben auch dann wirksam, wenn sie die Betroffenen in der Aufnahme ihres Berufes (Berufswahlfreiheit) wesentlich beeinträchtigten. „Anderenfalls wäre die Gültigkeit der das Eigentum betreffenden Vorschriften verschieden zu beurteilen, je nachdem ob der Betroffene das Eigentum in Ausübung seines Berufes nutzt oder nicht. Dieses Ergebnis wird dem Grundgedanken des Art. 14 GG nicht gerecht.“ Dies würde die Verneinung der hier gestellten Frage bedeuten: „Eigentümer als Beruf“[21] wäre aus der Sicht von Art. 12 GG eine irrelevante Erscheinung. Doch das *Bundesverwaltungsgericht* fügt hinzu: Dies alles gelte nur für Bindungen, die in der Besonderheit des Eigentums, hier des Grundeigentums, ihre Rechtfertigung fänden. Anderenfalls würde die Befugnis aus Art. 14 GG, den Inhalt des Eigentums zu bestimmen, *zu einer Umgehung des Art. 12 GG führen können* (Herv. v. Verf.). Damit ist entschieden, daß Eigentumsbeschränkungen berufsrechtlich relevant sein können, wenn sie nicht „rein eigentumsrechtlich“ zu verstehen sind. Insoweit also gibt es grundsätzlich „Eigentümer als Beruf“ als Problem der Berufsfreiheit.

3. Um dies nun näher zu begründen und von „reinen“ Eigentumsbeschränkungen abzugrenzen, ist zunächst zu klären, ob „Eigentümer als Beruf“ nach der allgemeinen Dogmatik des Berufsbegriffs möglich ist (III), sodann vor allem noch, ob die Eigentümerstellung jeweils einen „besonderen“ Beruf konstituieren kann (IV).

---

[18] BVerwGE 5, 283; 5, 286.

[19] Die Formel kann allerdings auch genau umgekehrt verstanden werden: Gehört die Eigentumssicherung zum Wesensgehalt der Berufsfreiheit, so müßte auch jeder Eigentumseingriff zugleich Art. 12 GG verletzen, wenn das Eigentum berufsmäßig genutzt wird; andernfalls stünden beide Freiheitsrechte beziehungslos nebeneinander. Dies zeigt: Die Formel ist zur Lösung der Frage ungeeignet.

[20] BVerwGE 5, 171, Weinrebenfall.

[21] AaO., 177.

Hierbei ist vom *Berufsbegriff* auszugehen; denn daß der Begriff des Eigentums dessen berufliche Nutzung nicht ausschließt, bedarf keiner Begründung, wenn die Verfassung selbst sich mit dem „Eigentum an Produktionsmitteln" befaßt (Art. 15 GG).

III. Berufsbegriff und „Eigentümer als Beruf"

Eine vertiefte Behandlung des Berufsbegriffs fehlt bisher[22], seine Präzision läßt zu wünschen übrig[23]. In seiner *allgemeinen Charakterisierung* wird lediglich betont, daß er „weit" zu fassen sei[24] und daß er sich mit den Verhältnissen in Staat und Gesellschaft wandle[25]. Beides würde mehr für als gegen die berufsrechtliche Berücksichtigung des Eigentums sprechen.

1. Lehre und Rechtsprechung gehen von der Definition aus: „Beruf ist jede auf die Dauer berechnete und nicht nur vorübergehende, der Schaffung und Erhaltung einer Lebensgrundlage dienende Bestätigung"[26]. Beruf ist für den Berufstätigen „Lebensaufgabe und Lebensgrundlage"; durch sie erbringt er „zugleich seinen Beitrag zur gesellschaftlichen Gesamtleistung"[27].

2. Mit den Elementen dieses Berufsbegriffs ist es vereinbar, Eigentümer von Beruf zu sein:

a) „Auf die Dauer"[28] kann die Eigentumsnutzung ebenso „angelegt" sein wie jede andere Berufstätigkeit. Bei der relativen Statik des Eigentumsbegriffs liegt dies sogar besonders nahe.

---

[22] Zutr. krit. *Rittner*, F., Unternehmen und freier Beruf als Rechtsbegriffe, 1962, S. 19.

[23] *Hesse*, H.A., Der Einzelne und sein Beruf AöR 1970, 449 (466); *Scheuner*, A.H., Die Entw. d. im Saarland geltenden Berufszulassungsrechts seit d. 1.1.57, Diss. Saarbrücken 1959 S. 79.

[24] F. viele: *Maunz/Dürig/Herzog* GG, Art. 12 Rdnr. 19; *Becker*, H.J., Zum Grundrecht d. freien Berufswahl, NJW 1955, 1737 (1738); BVerfGE 7, 377 (397) std. Rspr. = JZ 1958, 472 (473) — dazu *Bachof*, S. 468; BVerwGE 22, 286 (287); OVG Münster, OVGE 24, 170 (173).

[25] Vgl. *v.d. Heide*, W., Das Recht d. freien Berufswahl, BB 1950, 484 (486); *Becker*, aaO; vgl. auch *v. Mangoldt/Klein*, BGG, I, S. 358 f.; BVerwGE 1, 54; OVG Hamburg DVBl. 1951, 385 (386), sowie Rspr. u Lit. zum „Berufsbild" (vgl. unten IV).

[26] BVerwGE 1, 269 (271) std. Rspr.

[27] BVerwGE 7, 377 (397), std. Rspr. = JZ 1958, 472 (473) — dazu *Bachof*, S. 468.

[28] Vgl. u.a. *Triepel* (Fn. 1), aaO.; *Scholtissek*, H., Die Berufsfreiheit usw., Küchenhoff-Festschrift, 1967, S. 203; *Bachof*, O., Die Grundrechte III, S. 155 (182); BVerwGE 4, 51; 6, 147; std. Rspr.; relativierend *Maunz/Dürig/Herzog*, aaO.

b) *„Schaffung und Erhaltung einer Lebensgrundlage“*[29] bezweckt auch berufsmäßige Eigentumsnutzung. Eine rein wertkonservierende, auf Gewinn verzichtende Eigentumsverwaltung wird berufsmäßig kaum je auf die Dauer betrieben werden[30]. Wenn überdies heute anerkannt ist, daß im Rahmen des Art. 12 GG *mehrere Berufe* gleichzeitig ausgeübt werden[31] oder daß auch „Nebenberufe“ den grundrechtlichen Schutz genießen können[32], so werden damit auch häufige und typische „Eigentümer-Berufe“ geschützt, von der Kleinlandwirtschaft (neben der Tätigkeit in der Industrie) bis zur Verwaltung eigenen Grundbesitzes (neben einem anderen „Hauptberuf“).

c) Im Begriff der „Lebensaufgabe“ mag es liegen, daß der Berufstätige eine Aktivität wählt, *„zu der er sich berufen“ fühlt*[33]. Weder „Wahl“ noch „Berufung“ aber kann man beim Eigentümer von vornherein ausschließen: Auch er hätte ja „einen anderen Beruf *wählen“* können, und warum soll dem das (ethische) Moment des „Berufenseins“ fehlen, der das Gut seiner Väter in gewissenhafter Verwaltung bewahrt?

d) Einen *„Beitrag zur gesellschaftlichen Gesamtleistung“*[34] erbringt doch auch der Eigentümer, der sein Gut entsprechend der Eigentumsverpflichtung (Art. 14 Abs. 2 GG) verwaltet. Von einer generellen Sozialunwertigkeit[35] des Eigentums kann eine Ordnung nicht ausgehen, der das Bekenntnis zum Eigentum eine „Wertentscheidung“ bedeutet, die sie durch ein „elementares Grundrecht“[36] sichert. „Sozial“ unwertig kann auch nicht jede Berufstätigkeit sein, aus der eigentumsbeschränkende Maßnahmen den „Berufs-Eigentümer“ drängen wollen. Der Unwertigkeitsbegriff hat bisher nur in Extremfällen kriminellen und unmoralischen Tätigkeiten den Schutz des Art. 12 entziehen sollen. Wollte man ihn zum Generalvorbehalt für dieses Grundrecht ausbau-

---

[29] Wenn man dies überhaupt zum Berufsbegriff rechnen will, a.A. *Maunz/Dürig/Herzog*, aaO.; krit. dazu *Bachof*, aaO., *Haußleiter* (Fn 1), S. 498.

[30] Wie ja übrigens auch die Berufstätigkeit als solche nur allgemeinen Erwerbszwecken dienen soll, *Scholtissek* (Fn. 28), aaO.

[31] *Bachof* (Fn. 28), S. 187; BVerwGE 1, 48 (53) = JZ 1954, 573 (574 r.Sp.); 1, 165 (168); 21, 195.

[32] *De Clerck*, Das Grdr. d. Berufsfreiheit i.d. Rspr. R.i.A. 1958, 209; *Bachof* (Fn. 28), 182; *Scheuer* (Fn. 23), S. 78; BVerwGE 1, 54 (55), std. Rspr. (offen nur bei Gelegenheitsarbeiten); BVerwGE 35, 326 (332) (Verteilung v. Werbezetteln), ablehnend für Nebentätigkeit i.ö. Dienst, BVerwGE 35, 201 (205); früher auch ablehn. *Haußleiter* (Fn. 1), aaO.

[33] BVerfGE 13, 97 (104) = JZ 1961, 701 (702).

[34] *Ballerstedt*, K., Die Grundrechte III, 1, S. 1 (81) spricht von einem „Dienst für die Mitmenschen zur Deckung des Lebensunterhalts“.

[35] Dazu grdl. *v. Mangoldt/Klein*, BGG, I, S. 358 f., sowie noch u.a. *Widmer* (Fn. 1), S. 43; *Herzog* (Fn. 1), aaO.; *Maunz/Dürig/Herzog*, Art. 12 Rdnr. 20; *Müller*, L., zur rechtl. Beurt. d. Tätigkeit d. Wahrsager, GewArch. 1963, 267 (287 f.).

[36] BVerfGE 14, 277.

en, so stünde dieses unter allgemeinem Gesetzesvorbehalt. Alles was „sonst“ gesetzlich verboten würde, genösse auch nicht den Schutz der Berufsfreiheit. Dies widerspricht der differenzierten Garantiefunktion des Art. 12 GG[37]. Auch „Eigentum *als Berufsgrundlage*“ kann nicht ohne petitio principii unter den allgemeinen Gesetzesvorbehalt der Sozialpflicht gestellt werden — es kommt vielmehr auf seine wesentlich berufsrechtliche Relevanz an[38].

3. Der Berufsbegriff verlangt allerdings auf jeden Fall, daß eine „Tätigkeit“ entfaltet wird, selbst wenn dies nur vorübergehend geschieht oder Liebhaberei genügen sollte. Hier verläuft eine klare Grenze zwischen Eigentümerstellung und Beruf: Nicht jedes Besitzen ist Beruf, vor allem nicht die *rein passive* Innehabung der vollen sachenrechtlichen Verfügungsgewalt. Eigentümer von Beruf kann *nur* sein, wer einen nicht ganz unerheblichen Teil seiner Zeit und Arbeitskraft der Verwaltung seiner Habe widmet. Dieses „aktive Eigentum“ allein könnte den zusätzlichen, weitergehenden Schutz des Art. 12 GG genießen, weil nur diese „Eigentumsaktivität“ es ist, die dem Schutzgut des Art. 14 GG etwas hinzufügt, mit ihm zusammen den neuen berufsrechtlichen Tatbestand „Eigentümer als Beruf“ bildet. Und diese Aktivität läßt sich nicht auch noch — mit Eigentum kaufen. In diesem Sinn ist der Beruf eben höchstpersönliche Tätigkeit[39].

IV. Die Eigentümerstellung als Konstitutivelement eines spezifischen Berufes

Die bisherigen Darlegungen zeigen, daß die Eigentümerstellung als solche nicht „berufswidrig“ ist. Soll jedoch die Eigentumsbeschränkung auch die Berufsfreiheit verletzen können, so muß mehr bewiesen werden: daß es nämlich, wenigstens für eine Reihe von Berufen, konstitutiv ist, daß man sie „als Eigentümer“ ausübt, daß etwa der Beruf ein *anderer* ist, wenn er vom Eigentümer oder wenn er vom Manager ausgeübt wird.

Der eigentliche Sinn der Fragestellung „Eigentümer als Beruf“ entfaltet sich nämlich erst, wenn durch Eigentumsverletzung die Berufs*wahl*freiheit tangiert werden kann. Ist der Beruf derselbe, ob ihn der Eigentümer ausübt, oder nicht, so kann eine Eigentumsbeschränkung nur Berufsausübungsregelung sein. Als solche steht sie unter einem allgemeinen Gesetzesvorbehalt — dieser mag immerhin noch eine stärkere Schranke gegen den Eingriff des Staates sein als der „verhältnismäßig weite Gestaltungsspielraum“, den

---

[37] Nach dem Apothekenurteil BVerfGE 7, 377 = JZ 1958, 472 — dazu *Bachof*, S. 468.

[38] Vgl. dazu BVerwGE 22, 286 (288); Bad.Württ. VGH GewArch. 1963 118; sowie unten IV.

[39] *Triepel* (Fn. 1), S. 79.

Art. 14 GG dem Staat eröffnet[40] — praktisch und politisch ist dieser Unterschied nicht allzu groß.

1. Den dogmatischen Raum bildet hier die Diskussion um das „Berufsbild". Ihre Ergebnisse sind bekannt: Beruf i.S.d. Art. 12 ist grundsätzlich nicht nur eine Tätigkeit, die einem speziellen, insbesondere einem historisch geprägten Berufsbild entspricht. Der Einzelne kann sich vielmehr seinen Beruf frei gestalten[41]. Der Gesetzgeber mag andererseits Berufsbilder in gewissen Grenzen fixieren[42]; er darf dabei jedoch nicht gegen Grundrechte, insbesondere nicht gegen das Wesen der freiheitlichen Berufsordnung verstoßen. Hält sich eine normative Berufsbildfestlegung in diesem Rahmen, so werden in diesem betreffenden Bereich „atypische Berufe" nicht speziell durch Art. 12 geschützt[43].

Die Tatsache, daß *gerade* der „Eigentümer der Berufsmittel" tätig wird, konstituiert daher nur dann jeweils einen *besonders* nach Art. 12 GG geschützten Beruf(saspekt), der durch Eigentumsentzug verletzt werden kann, wenn einer Berufsbildprägung durch das Eigentum keine normativen Entscheidungen entgegenstehen (2) und wenn das Eigentum „berufsrelevant" ist (3).

2. Normative Entscheidungen gegen „Eigentümer als Beruf" sind nicht ersichtlich:

a) Aus dem *Begriff des Eigentums* als solchem und seinem speziellen Grundrechtsschutz können sie nicht abgeleitet werden. Es bedarf hier keines Nachweises, daß grundsätzlich die Verletzung eines Freiheitsrechts *zugleich* auch ein weiteres Grundrecht berühren kann. Das Eigentum kann sehr wohl einerseits in sich, nach Art. 14 GG, zum anderen als berufsbildende Voraussetzung durch Art. 12 GG geschützt werden, wenn es berufsrelevant ist. „Eigentum" und „Beruf" sind nicht grundrechtsdogmatische Gegenbegriffe. Zum Wesen des Eigentums gehört es umgekehrt, daß es ein Mittel zur Wahrnehmung verschiedener anderer Freiheiten ist. Wenn diese Beziehung zwischen einer Freiheit (hier des Berufs) und dem Mittel zu ihrer Gestaltung (Eigentum) besonders eng wird, so ist es nur konsequent, den *Schutz* der Freiheit

---

[40] BVerfGE 8, 72, 80.

[41] F. viele *Menzel* (Fn. 1), S. 26; *Widmer* (Fn. 1), S. 44; *Scholtissek* (Fn. 28), S. 204; *Herzog*, R., Ev. Staatslex., 1966, Sp. 155, *Bachof*, O., *Heidenhain*, M., in: Beiträge zum 1. Jahrz. d. Rspr. d. BSG, 1965, S. 9 (11 f.), m. Nachw.; *v. Mangoldt/Klein*, BGG, I, S. 359 f.; *Hoffmann*, H., Die Verstaatlichung v. Berufen, DVBl. 1964, 457 (461); Nachw. z. Rspr. d. BVerfG in *Leibholz/Rinck*, GG, 1966, S. 158 f., früher a.A. *Uber*, G., Freiheit d. Berufs, 1952, S. 91, 101.

[42] Vgl. v. *Mangoldt/Klein*, aaO., S. 362; vgl. etwa BVerfGE 16, 286 (296).

[43] *Becker* (Fn. 24), S. 1737; *v. Mangoldt/Klein*, aaO.

auch auf das Mittel zu erstrecken. Damit ist keineswegs gesagt, daß die Freiheit ein „Recht auf das Mittel" gäbe.

b) Aus dem *Begriff der Berufsfreiheit* oder dem einer *freien Berufsordnung* läßt sich ebenfalls kein Argument gegen die Figur „Eigentümer als Beruf" gewinnen: Wird sie durch Art. 12 GG besonders geschützt, so liegt darin eine Erweiterung der *Freiheit des Berufs*, da als ein solcher auch laufende Nutzung und Verwaltung von Eigentum angesehen wird. Wer „Eigentümer als Beruf" dagegen nicht anerkennt, der schränkt den Anwendungsbereich von Art. 12 GG erheblich ein, ja er leistet einer Umgehung des Art. 12 durch Art. 14 GG Vorschub[44].

Auch der Einwand, ein Berufsfreiheitsschutz für Eigentümer zementiere die Eigentumsordnung und verbiete dem Gesetzgeber eine Eigentumspolitik, die jedem maximale Berufsfreiheitschancen eröffne, schlägt nicht durch. Im Fall „Eigentümer als Beruf" steht ja gerade nicht das „passive" Kapital gegen den „persönlichen" Arbeitswillen, sondern es steht allenfalls der besitzende Berufstätige dem besitzlosen gegenüber. Es ist aber keineswegs ersichtlich, warum aus dem *Gesichtspunkt der Berufsfreiheit* die erstere Berufsspielart weniger gesichert werden sollte als die letztere — beide zeigen doch grundsätzlich dieselbe Berufswilligkeit, nur mit verschiedenen Mitteln. Wer aber behauptet, die Eigentumsverhältnisse dieser Mittel seien für die Berufsfreiheit irrelevant und daher von ihr nicht geschützt — derselbe kann doch nicht im Namen größerer Berufsfreiheit die Streuung des „Eigentums als Berufschance" verlangen. Der Einwand ist also in sich widersprüchlich. Grundrechte sichern, sie sind keine sozialen Reformprogramme.

3. Es kommt also allein darauf an, ob Eigentumsnutzung berufskonstitutiv sein kann. Dafür spricht die ökonomische Realität (a) und die Grundrechtsdogmatik (b) sowie, insbesondere, die Berufsbildrechtsprechung des *Bundesverfassungsgerichts* (c).

a) Ob ein typischer Beruf vorliegt oder als solcher frei gebildet werden kann, hängt zunächst davon ab, ob es eine solche Erscheinung „in der Wirklichkeit des Wirtschaftslebens" gibt[45]. Für die meisten Bereiche ist jedoch *tatsächlich-ökonomisch das Berufsbild* des berufstätigen Eigentümers von dem des besitzlosen Berufstätigen verschieden: Der Manager ist nicht in gleicher Weise tätig wie der selbständige Unternehmer, der Verwalter nicht so wie der Landwirt oder Gutsbesitzer, der Vermögensverwalter anders als der Effekteneigentümer. Das Berufsbild des Fremdverwalters ist in der Realität entscheidend geprägt durch dessen (mehr oder minder) abhängige Stellung gegenüber dem Eigentümer, die sehr häufig auch ein unterschiedliches Ge-

---

[44] BVerfGE 5, 171 (177).

[45] BVerfGE 18, 353 (361) = JZ 1965, 247 (248).

samtverhalten (etwa in der Einstellung zum Risiko) zur Folge haben wird. Nicht zuletzt aber ist die Mobilität völlig unvergleichbar, die aber wesentlich berufskonstitutiv ist: Der Fremdverwalter kann zu jeder Zeit wechseln, auch „nach Konkurs" seinen Beruf *unverändert* weiter ausüben — der Beruf des Eigentümers geht mit dem Verlust der Verfügungsbefugnis unter.

Weitestgehend beruht heute unsere gesamte Wirtschafts- und Sozialordnung auf der Unterscheidung zwischen jenem „freien Unternehmer", der irgendwie[46] immer „Eigentümer von Beruf" ist oder dies werden will — und dem abhängigen Berufstätigen, der mit fremden Mitteln arbeitet. Und eine derart fundamentale soziale Realität sollte das Verfassungsrecht ignorieren, den „typischen Eigentümer-Beruf" nicht kennen?

b) Der Grundrechtsdogmatik entspricht denn auch die Berufsrelevanz des Eigentums. Der Eigentümer von Beruf wird von zwei Grundrechten (Art. 12, 14 GG) geschützt. Wer von den Grundrechten als einem „Wertesystem" spricht, dem kann eine solche Grundrechtskumulation nicht gleichgültig sein. Der Grundgesetzgeber hat doch das Eigentum besonders sichern wollen — und was so feierlich erwähnt wird, sollte nicht einmal ein Berufsbild prägen können? Wenn also Grundrechtskonkurrenz kein Kunstgriff der Freiheitsbeschränkung, sondern eine Potenzierung der Grundrechtlichkeit werden soll, so ist Eigentum berufsrelevant.

Art. 15 GG hat dies übrigens dadurch anerkannt, daß er die beiden wichtigsten Fälle von Eigentum als Berufsgrundlage (Grund und Boden sowie Produktionsmittel) ausdrücklich demselben Schutz unterstellt, der nach Art. 14 GG allem Eigentum gilt. Die eigentliche Bedeutung dieser Vorschrift liegt ersichtlich nicht darin, Eigentum minderen Rechts zu schaffen — dann hätte eine abgeschwächte Entschädigung vorgesehen werden müssen. Art. 15 sollte vielmehr den Globalentzug von Eigentum *in erster Linie*[47] gegenüber Art. 12 GG decken: Wenn Produktionsmittel sozialisiert werden, so kann, für den betreffenden Bereich, der Beruf eines „Eigentümer-Unternehmers" nicht mehr gewählt werden; dies aber wäre – gäbe es nicht Art. 15 GG – als objektive Berufssperre ein Verstoß gegen die Berufswahlfreiheit. Aus der Existenz von Art. 15 GG folgt also zwingend, daß das Verfassungsrecht die Figur „Eigentümer als Beruf" wenigstens für die beiden wichtigsten Bereiche der Unternehmer und der Grundbesitzer anerkennt. Dies beweist die Berufsrelevanz des Eigentums.

---

[46] Als Eigentümer von „Gewerbebetrieben", Good Will, Firmenrechten, Persönlichkeitsrechten.

[47] Daneben mag Art. 15 GG die Sozialisierung auch gegen den Vorwurf der Verletzung des Wesensgehalts des Eigentums (Art. 14 Abs. 1, 19 Abs. 2 GG) abdecken. Doch ist diese Funktion nicht allzu bedeutsam, weil der Wesensgehalt eines Rechts, dessen *Inhalt* durch das Gesetz bestimmt wird, bekanntlich an sich schon problematisch und nicht allzu schutzfähig ist.

c) Die Berufsbildrechtsprechung des *Bundesverfassungsgerichts* gibt mehr Anhalt für als gegen eine Berufsrelevanz des Eigentums. Zwar hat sich das Gericht nicht grundsätzlich-abschließend zu den Kriterien der Berufsrelevanz äußern wollen[48] und die Formeln vom „eigenen sozialen Gewicht“ und vom „charakteristischen Gepräge“ sind praktisch leer[49]. Das hauptsächliche Abgrenzungskriterium „typischer“ von atypischen Berufsgestaltungen war jedoch immer wieder das der „rein quantitativen“ Ausweitung, die eben, als „Erweiterung der Berufstätigkeit“ *nicht* als Wahl eines neuen Berufs angesehen werden könne[50]. Dies gilt natürlich auch für das Eigentum: Wer lediglich eine zweite (eigene) Apotheke eröffnet, ergreift keinen neuen Eigentümer-Beruf[51]. Die Betonung des quantitativen Erweiterungskriteriums zeigt jedoch an sich schon, daß in anderen Fällen eine gewisse Vermutung *für* die Berufsrelevanz besteht — also auch bei der Eigentümerstellung.

Auch dort, wo eine Gesellschaftsform nicht so sehr wegen der Ausgestaltung des Eigentums an den sächlichen Berufsmitteln, sondern vorwiegend als Kooperationsform freiberuflich Tätiger gewählt wird, wird kein „neuer Beruf“ ergriffen[52] — dies bedeutet aber keineswegs, daß *generell* die Eigentumsverhältnisse an den Berufsmitteln nicht berufs-konstitutiv wären.

Dafür spricht vielmehr entscheidend, daß das *Bundesverfassungsgericht mehrmals*[53] anerkannt hat, daß die Unterscheidung zwischen *selbständig* und *unselbständig ausgeübtem* Beruf berufsrechtliche Relevanz habe, wenn beiden Ausübungsformen eigenes soziales Gewicht zukomme. Diese Unterscheidung beruht aber meist, vor allem in den entschiedenen Fällen (Apotheker, Handwerker), darin, daß der eine Berufstätige Eigentümer der Berufsmittel (Apothekenbesitzer) ist, der andere nicht. Das Eigentum schafft in aller Regel jene „Selbständigkeit“, die das *Bundesverfassungsgericht* als (ein mögliches) Kriterium eines selbständigen Berufes anerkennt. Es liegt daher in der Konsequenz solcher Rechtsprechung, „Eigentümer als Beruf“ als Berufskriterium anzuerkennen — immer unter dem „Generalvorbehalt“ des „eigenen sozialen Gewichts“, welches übrigens Eigentum mindestens ebenso verleiht wie „Unabhängigkeit“.

---

[48] Vgl. BVerfGE 13, 97 (106) = JZ 1961, 701 (702).

[49] Vgl. BVerfGE 17, 232 (241 f.) = JZ 1964, 418.

[50] Siehe u.a. BVerfGE 16, 286 (296); 17, 232 (241) std. Rspr. = JZ 1964, 418.

[51] BVerfGE 17, 232 (241 f.) = JZ 1964, 418.

[52] BVerfGE 21, 227 (232) (Steuerberaterfall).

[53] BVerfGE 7, 377 (398) = JZ 1958, 472 (473) — dazu *Bachof*, S. 468; 13, 97 (105) = JZ 1961, 701 (702).

Wenn also auch diese beiden Kriterien sich nicht voll decken — sie prägen Berufsbilder mit derart vergleichbarer Intensität, daß es willkürlich wäre, dem Eigentum die Berufsrelevanz abzusprechen.

V. Der Berufsfreiheitsschutz des „Eigentümers von Beruf" im einzelnen

In aller Regel ist also berufsmäßige Nutzung oder Verwaltung von Eigentum, die nicht unerhebliche Tätigkeit verlangt, ein (in dem jeweiligen Bereich) spezifischer Beruf: Apothekenbesitzer, Werkstättenbesitzer, Unternehmer, Landwirt.

Eigentumsbeschränkungen, welche hier das Konstitutivelement „Eigentum" antasten, berühren zugleich die Berufsfreiheit. Nach der Stufentheorie des *Bundesverfassungsgerichts*[54] führt dies vor allem zu folgenden Formen des „Eigentumsschutzes aus Berufsfreiheit":

1. Sozialbindung des Eigentums herkömmlicher Art ist in der Regel auch nach Art. 12 GG zulässig: Sie berührt nicht die Berufsgrundlagen, sondern wirkt als Regelung der Berufsausübung, die im Rahmen eines allgemeinen Gesetzesvorbehalts möglich ist. Immerhin müssen dabei – mehr als bisher – die berufsregelnden Auswirkungen bedacht werden.

2. Globaler Eigentumsentzug bei gewissen Kategorien von Gütern (z.B. „Sozialisierung" von Banken, Handelsgeschäften, freiberuflichen eigentumswerten Berufsstellungen und deren sächlichen Grundlagen) ist außerhalb der Grenzen von Art. 15 GG eine objektive Berufssperre für die Betroffenen, bei endgültiger „Vollsozialisierung" für jedermann. Sie ist nur zulässig, soweit dies zur Abwehr dringender, schwerer Gefahren für ein überragendes Gemeinschaftsgut unbedingt erforderlich ist.

Zwischen diesen beiden Extremen liegen andere Zonen, in denen Art. 12 GG indirekte Eigentumsschutzfunktionen entfaltet; insbesondere:

3. Schwerwiegende Eigentumsverletzungen im Einzelfall, insbesondere Enteignungen, welche die konkreten Berufsgrundlagen des Betroffenen (als Unternehmer, Landwirt usw.) zerstören, *können* (nicht müssen) sich im Einzelfall als objektive, in aller Regel werden sie sich als subjektive Schranken der Zulassung zum „Beruf eines solchen Eigentums" auswirken:

– Wird die Entschädigung so bemessen, daß der Aufbau eines vergleichbaren Eigentümerberufs möglich ist, so wird in der Regel die dafür erforderliche Leistung nur eine subjektive Zulassungsschranke darstellen.

---

[54] BVerfGE 7, 377 = JZ 1958, 472, dazu *Bachof*, S. 468.

- Kann der Enteignete mit Hilfe der Entschädigung nicht in den Kreis der betreffenden „Eigentümer-Besitzer" zurückkehren, so ist ein solcher Eigentumseingriff nur zulässig, wenn die Voraussetzungen für eine objektive Zulassungsschranke vorliegen.

Vor allem in doppelter Hinsicht muß also Art. 14 GG stets im Licht von Art. 12 interpretiert werden:

- Die Entschädigung muß stets so bemessen werden, daß der Eingriff gegenüber dem Eigentümer von Beruf nicht übermäßig wird.
- Das „Wohl der Allgemeinheit" muß bei Enteignungen gegenüber einem Berufs-Eigentümer stets so ausgelegt werden, daß die „Stufen" des Apothekenurteils beachtet sind. Insbesondere muß die Gefährdung von Gemeinschaftsgütern dargetan werden.

Der „berufstätige Eigentümer" ist also stärker grundrechtlich geschützt als der „reine Besitzer". Dies entspricht jedoch allein dem Persönlichkeitsbezug der Grundrechte, dem „Menschenbild des Grundgesetzes" — wenn es ein solches gibt.

Hier wird allerdings die Grundforderung des Marxismus umgekehrt, der aktive Eigentümers der Exploiteur, wird stärker geschützt als der Kapitalist der Couponscheine. Doch gerade darin liegt ein großes Konzept: Zwang zum Gebrauchen gegen „reines" Horten und Erben; Eigentum nicht als Sache, sondern als Persönlichkeitschance; „Eigentum verpflichtet — zur Arbeit"; Eigentum nicht als Ende, sondern als Anfang.

Verfassungstechnisch entspricht es der Grundrechtsdogmatik, die differenzierenden Stufen des Schutzes der Berufsfreiheit möglichst weit auch dort wirken zu lassen, wo dem Gesetzgeber so großer Spielraum bleibt — vor allem beim Eigentum. Und verfassungsideell kann nur das Konzept eines „aktiven Besitzes", „Eigentum als Menschenrecht" (*Dürig*) legitimieren.

Nicht: „Hier lieg ich und besitz' — laß mich schlafen", sondern „Erwirb es, um es zu besitzen"!

Situationsgebundenheit des Eigentums — eine überholte Rechtssituation?*

Um mit Konrad Adenauer zu sprechen: „Die Situation ist da" — für das Eigentum Privater, schon seit langem, bedrohlich aber kaum bewußt: die Situationsgebundenheit des Eigentums. Hier wirkt die stille Macht der Richter, der Richterstaat über dem Gesetzesstaat[1]; nicht nur als horizontaler Übergang von einem Zustand in den anderen, etwa im Sinne von Marcic, muß die Entwicklung ja gedeutet werden, sondern vor allem auch „vertikal", im Sinne eines Richterstaats, der über dem Gesetzesstaat, oft auf dessen geistigen Trümmern noch, errichtet wird. Den rechtlichen Überbau in unserer Zeit errichten die Richter vor allem, hoch noch über den Gesetzgeber hinaus. In ihm zeigen sich nicht bei jeder Entwicklung des politischen Substrats sogleich jene Risse, welche so oft den Zusammenbruch der Gesetzesgebäude ankündigen.

Der Verfassungsstaat hat den Richtern, der ganzen Judikative, nicht nur dem Bundesverfassungsgericht, in den wuchtigen Großformeln des Grundgesetzes ein mächtiges Vermächtnis anvertraut, das sie seit Jahrzehnten unverdrossen, wahrhaft treu und beharrlich, erfüllen: Große Formeln zu praktikablen Sub-Formeln zu verdichten, zu „konkretisieren", wie man dies ohne viel dogmatische Klarheit zu nennen bereit ist. Bei jenem eigentümlichen Eigentum sehen sie sich dazu vor allem herausgefordert, die Ariopagiten von Karlsruhe und Berlin. In die zugigen Riesengewölbe der Verfassung, des Art. 14 GG, in denen eben auch der Geist der Freiheit wehen möchte, wie er will, müssen sie, so scheint es doch, wohnliche Behausungen einbauen, in denen die gemeinschaftsverpflichteten Träger des grundgesetzlichen Menschenbildes[2] zusammenfinden, sich auf Dauer in judikativer Kontinuität, rechtsstaatlich einrichten können. Und die Richter selbst vor allem finden dort feste Räume für ihr sodann weiter konkretisierendes Denken.

Leicht geschieht es allerdings, daß man sich allzu wohl fühlt in diesen Räumlichkeiten, in welche eines Tages sogar der eigenartig-nostalgische Charme der Rechtsantiquität einziehen mag. Dann verselbständigen sich die schönen, beruhigenden Formeln, das Richterrecht wird klüger als die Richter,

---

* Erstveröffentlichung in: Schriftenreihe der Juristischen Gesellschaft zu Berlin, Heft 119, 1990, S. 5–21.

[1] *Marcic*, R., Vom Gesetzesstaat zum Richterstaat, 1957.

[2] Vgl. BVerfGE 18, S. 112 (117); 39, S. 1 (67 f.).

läßt sie in immer weitere Höhen hinauf, in Weiten hinaus richten. Die einst treffende Formel „sitzt" so gut, daß sie — zum bequemen Richtersessel wird.

Ein solches Phänomen wollen wir heute, in gebotener Eklektik, von einigen Seiten kritisch beleuchten: Die ständig gebrauchte und nur selten kritisch vertiefte Formel von der „Situationsgebundenheit des Eigentums"[3]. Entwikkelt worden ist die Formel in der Judikatur des Bundesgerichtshofs[4] und des Bundesverwaltungsgerichts[5]. Ihre Bedeutung nimmt in der Praxis ständig zu[6]. Es handelt sich heute bereits um die wohl wichtigste Rechtsfigur des gesamten Agrarrechts, des Natur- und Landschaftsrechts, bald wird dies vielleicht auch für das Umweltschutzrecht überhaupt gelten. Die Anwendung auf das gewerbliche Eigentum wird bereits gefordert[7].

Diese seit einiger Zeit nahezu unverändert in der Rechtsprechung tradierte Allgemeinformel lautet: „Befugnisse, die zur Nutzung oder Benutzung von Grundstücken, von Eigentumsgütern allgemein, berechtigen, unterliegen einer Sozialbindung insbesondere darin, daß alle Arten der Nutzung oder Benutzung der jeweiligen ‚Lage' des Grundstücks oder sonstigen Eigentumsguts, seiner ‚Situation' und der sich daraus im allgemeinen Interesse ergebenden ‚Situationsgebundenheit' entsprechen müssen"[8]. Diese „Situation" war ursprünglich[9] sicher eine lokal zu bestimmende Kategorie, es ging eben um „die Lage eines bestimmten Grundstücks in einer bestimmten Landschaft"; es wird sich aber gerade fragen, ob dem Begriff der „Situation" nicht eine so große Virtualität innewohnt, daß er darüber weit hinauswachsen kann. Damit aber kommen wir dann zu unserem pointiert formulierten Thema: Ist nicht diese Situationsgebundenheit, ursprünglich fest „in der konkreten, ‚natürlichen' Landschaft verankert", nun in der Rechtsprechungsentwicklung durch die politisch-soziale Evolution derart überholt, bis zur Konturlosigkeit ausgeschliffen worden, daß dies, vom ursprünglichen Begriffsverständnis her gesehen, geradezu als eine „überholte Rechtssituation" bezeichnet werden muß —

---

[3] Grundlegend dazu vor allem *Weyreuther*, F., Die Situationsgebundenheit des Grundeigentums, 1983; siehe ferner allg. *Papier*, H.-J., *Maunz/Dürig*, GG, Art. 14, Rdnrn. 324 ff.

[4] Überblick zur Rspr. bei *Krohn/Löwisch*, Eigentumsgarantie 3. Aufl. 1984, Rdnrn. 82 ff.; siehe im einzelnen vor allem BGHZ 30, S. 338 (342 f.); 72, S. 211 (216 f.); 77, S. 351 (353); 87, S. 66 (72 f.); BGH LM Nr. 5 zu Art. 14 (C b) GG; BGH NJW 1977, S. 945; BGH NJW 1980, S. 2299.

[5] Siehe für viele BVerwGE 15, S. 1 (2); 17, S. 315 (318); 26, S. 111 (119 f.); 32, S. 173 (178); 49, S. 365 (368); BVerwG Buchholz 406.11 § 35 BBauG Nr. 113, S. 96 (101 f.); siehe auch bereits BVerwGE 3, S. 335; 4, S. 57 (60).

[6] Siehe *Gassner*, E., NVwZ 1982, S. 165 (166).

[7] So etwa von *Seibel-Schwiedernoch*, C., NJW 1985, S. 592 ff.

[8] Vgl. in diesem Sinne etwa BGHZ 77, S. 351 (354).

[9] Siehe etwa Buchendom-Urteil, BGH DÖV 1957, S. 669.

wobei es dann eine Wertungsfrage ist, ob man dies im Sinne einer positiven oder negativen Entwicklung versteht ...

Im folgenden wollen wir die heute bereits zu beobachtenden, für das Eigentumsgrundrecht aus unserer Sicht höchst bedenklichen Erweiterungstendenzen der „Situationsgebundenheit" betrachten, wobei wir insbesondere zwei Strömungen behandeln werden:

- Von der Situationsgebundenheit nach lange schon bestehender Lage zur „Situationsgebundenheit in jeder neu geschaffenen Lage", und
- von der Situationsgebundenheit an einen „tatsächlichen", nicht (primär) rechtlich geschaffenen Zustand hin zur „Situationsgebundenheit zur Disposition des Rechts".

Sodann soll noch einiges aus dieser Sicht hinzugefügt werden zu den Bestrebungen, verwirklichte Nutzung gegenüber der nur „möglichen" zu prämieren und schließlich zu jenem ominösen „vernünftigen Eigentümer", dessen Bild die Judikatur in diesem Zusammenhang zu zeichnen versucht.

Vor diesen Kurzkapiteln aber noch einige Worte zu einer Grundfrage verfassungsrechtlicher Dogmatik: dem Verhältnis von „Sozialpflichtigkeit des Eigentums" und dessen „Situationsgebundenheit".

Die „Situationsgebundenheit des Eigentums", in ihrer eben dargestellten Umschreibung, wirft das Grundproblem der heutigen Verfassungsdogmatik des Eigentumsgrundrechts überhaupt auf, doch dies wird noch längst nicht überall klar gesehen: ob es sich nämlich bei den aus der Situation angeblich oder wirklich sich ergebenden Bindungen um Beschränkungen handelt, welche dem Eigentum Privater und dessen Schutzbereich an sich immanent, also bereits „im Begriff des Eigentums mitgedacht" sind — oder ob sie im Wege eines staatlichen Eingriffs (nicht notwendig einer Verletzung) in diesen Schutzbereich hineingelegt werden. Im ersteren Fall würde es sich um immanente Grundrechtsschranken handeln, ein Begriff, der uns in der Dogmatik der vorbehaltlos garantierten Grundrechte, insbesondere der Art. 4 (religiöse und weltanschauliche Freiheit) und 5 Abs. 3 GG (Wissenschaftsfreiheit), auch in der Rechtsprechung des Bundesverfassungsgerichts, seit langem begegnet[10]. Wird jedoch die Realisierung der Situationsgebundenheit als ein Eingriff in den Schutzbereich des Art. 14 Abs. 1 GG verstanden, so kann dies dogmatisch nur als eine „Bestimmung von Inhalt und Schranken des Eigentums" gewertet werden, welche der Gesetzgeber zu leisten hat, wobei er an die vom Bundesverfassungsgericht aufgestellten Grenzen, insbesondere die Grundentscheidung für das freie Eigentum, sich stets zu halten hat.

---

[10] *Herzog*, R., Maunz/Dürig, GG, Art. 4, Rdnrn. 89 ff. (91); BVerfGE 28 S. 243 (260 f.); BVerfGE 30, S. 173 (191 ff.).

Daß für Zivilrichter diese dogmatische Unterscheidung nicht leicht verständlich und daher schwer ihrer Judikatur zugrunde zu legen ist, mag durchaus begreiflich sein.

In den meisten der oben zitierten Urteile wird die Situationsgebundenheit zwar ausdrücklich als Ausdruck der Sozialbindung, damit der Sozialpflichtigkeit des Eigentums verstanden, insoweit also in ihrer Realisierung seitens des Staates oder Dritter – im Umweltschutz etwa – ein Eingriff in das Eigentum gesehen, der aber nach der Verfassung zulässig sei und den Eigentümer in der Regel nicht zur Forderung einer Entschädigung berechtige. Gegen diesen Ansatz ist grundsätzlich grundrechtsdogmatisch nichts einzuwenden. Bedenklich sind allerdings Formulierungen, die sich ebenfalls in der Rechtsprechung finden, nach denen Konkretisierungen der Situationsgebundenheit „nicht eigentlich" eine Beeinträchtigung oder Verkürzung der Dispositionsfreiheit des Eigentums bedeuten sollen, weil dessen „Funktion" gar nicht so weit reiche[11]. Abgesehen davon, daß der Hinweis auf „Funktionen" des Eigentums an sich schon höchst problematisch ist — der Bundesgerichtshof gibt an dieser Stelle selbst zu, daß es sich doch um eine „Belastung" des Eigentums handelt. Dann aber sollte man darin nicht immanente Schranken sehen: Belastet werden kann nur etwas, was vor Eintritt dieser Belastung eben auch — unbelastet gedacht werden kann. Nicht anders ist ja auch jene häufig mißverstandene Formulierung des § 903 BGB zu begreifen, nach der nicht etwa die gesetzlich zulässigen Einschränkungen des Beliebens des Eigentümers nur deklaratorischen Charakter für das haben, was dem Eigentümer bereits „an sich" aus dem Begriff des Eigentums heraus, verboten ist; vielmehr begreift das Bürgerliche Gesetzbuch diese – zulässigen – Einschränkungen eben als Beschränkungen von außen durch Staatsgewalt, in diesem Sinne also als Formen der Sozialbindung. Hier liegt auch der grundlegende Unterschied zu der rein deklaratorischen Feststellung, daß ein gewisser Naturbereich überhaupt, sozusagen ab origine, gar nicht zum Eigentum gehört, so etwa der höhere Luftraum oder das Grundwasser[12].

Festzustellen ist also: Die Sozialbindung kann stets nur wirken als eine Form von Eingriffsvorbehalt in das Eigentum; es wird hier nicht etwa festgestellt, daß es in ihrem Bereich „von Anfang an gar kein Eigentum gebe" — denn sonst dürfte ja der Eigentümer das insoweit ihm nicht gehörende Gut gar nicht nutzen, auch nicht, solange eine Konkretisierung der Sozialgebundenheit nicht erfolgt ist; davon aber kann nicht die Rede sein.

Dogmatische Klarheit ist hier unumgänglich: Die Situationsgebundenheit beschränkt, als Ausdruck der Sozialbindung, Besitz, Nutzung, Verwaltung

[11] So etwa BGHZ 30, S. 338 (342 f.); BGH LM Art. 14 (C e) GG, Nr. 24.

[12] BVerfGE 58, S. 300.

und Verfügung des Eigentümers; soweit ihn der Staat jedoch nicht im Namen derselben in Anspruch nimmt, steht ihm all dies zu freiem Belieben zu. Er kann seine Bäume schlagen, solange ihm dies nicht durch Baumordnung oder Natur- und Landschaftsschutz verboten ist, solange etwa nicht ein „Naturdenkmal" (Buchendomfall) diesem seinem Belieben Schranken setzt. Die Konkretisierung der Situationsgebundenheit ist daher stets erforderlich, sie wirkt konstitutiv gegen den Eigentümer. Anderenfalls müßte der Eigentümer vor der Konkretisierung gezogene Nutzungen an den Staat abliefern. Er hätte dann ja, angesichts einer bereits „an sich wirkenden" Situationsgebundenheit seine (früheren) „Eingriffe in Natur und Landschaft" als „Grenzüberschreitung gegenüber der Gemeinschaft" erkennen und daher mit derartigen späteren Ansprüchen rechnen müssen.

Daraus ergibt sich auch, daß diese „Situationsgebundenheit" stets der legislativen Konkretisierung bedarf, oder der administrativen, welche sich dabei auf ein Gesetz stützen kann. „Unmittelbar aus der Verfassung heraus" wirkt diese Form der Sozialbindung nicht[13]. Aus der Sicht der Rechtsstaatlichkeit wäre eine andere Auffassung unerträglich, und das Bundesverfassungsgericht hat immer wieder besonders betont, daß der Gesetzgeber eben klar Inhalt und Schranken des Eigentums bestimmen müsse — gerade aus diesem Grunde kann dann aber hier auch von „immanenten Schranken" nicht gesprochen werden; sie bedürfen keiner solchen Konkretisierung.

Auch ein der „Situationsgebundenheit" unterliegender Teil des Schutzbereichs des privaten Eigentums gehört also „an sich" zum Eigentum. Die in der Rechtsprechung gelegentlich gebrauchte Wendung, diese Bereiche gehörten „nicht eigentlich" zum Eigentumsinhalt[14], sollte – wie im juristischen Sprachgebrauch überhaupt – „eigentlich nicht verwendet werden".

Man mag sich über dieses Ergebnis – Situationsgebundenheit als (im allgemeinen zulässiger) Eingriff in das Eigentum, aber eben doch als ein Eingriff – noch verständigen können. Zu beschwören bleibt die große Gefahr – wir begegnen ihr nicht nur hier –, daß sich Eingriffsermächtigungen, die „in aller Regel" ausgenutzt werden dürfen, bald in „immanente Schranken" verwandeln, weil angeblich der Gesetzgeber etwas bereits „mitgedacht" habe, was im Grunde nur der Richter — weiterdenkt. Dies ist eine grundsätzliche Gefahr, in der unser dogmatisches Denken heute steht.

Doch nun zu den Erweiterungen, ja Ausuferungen des Begriffs der „Situation" und der sich aus ihr ergebenden Bindungen. Daß „Situation" etwas ganz Konkretes, höchst Beschränktes, ja in gewissem Sinne Einmaliges an-

---

[13] Bedenklich also etwa *Kreft*, F., FS für Hauß, 1978, S. 209 f.; dagegen zutreffend *Gassner*, E., NVwZ 1982, S. 165 (167 f.).

[14] Vgl. BGHZ 30, S. 338 (343).

spricht, liegt bereits in diesem Wort. Von vorneherein sollte also größte Vorsicht dort herrschen, wo es zu Erweiterungen kommt, in etwas wie eine „globale Lage“ hinein. Dann „sitzt die Situation nicht mehr so fest“, wie sie es aber nach unserem ursprünglichen Sprachverständnis immer sollte.

Betrachten wir zunächst den zeitlichen Horizont, dort droht die Situationsgebundenheit aus der ihr ursprünglich eigenen temporären Verankerung gerissen zu werden.

Hier ergibt sich nun bereits ein sprachliches Problem: „Situation“ ist ein einprägsames, aber ein recht inhaltsarmes Wort. Wir haben uns neuerdings insbesondere daran gewöhnt, von „wechselnden Situationen“ überall zu sprechen; darin sollte eigentlich die Vorstellung zum Ausdruck kommen, daß „die“ Situation, jeweils für sich betrachtet, schon eine bestimmte Beständigkeit in sich aufweist, daß sie allerdings dann auch wechseln kann. Die Entwicklung bietet hier aber, schon rein sprachlich, weithin ein anderes Bild: „Situation“ wird immer mehr bereits als etwas Kontingentes, der Zeit Unterworfenes angesehen. Dies zeigt sich vor allem bei der Situationsgebundenheit des Eigentums.

Ursprünglich ging man davon aus, die Situation müsse eine bestimmte Stabilität in der Zeit aufweisen, der Zeitfaktor spiele hier eine nicht dynamisierende, sondern eine kontinuitätsbewahrende Rolle. Wenn das Grundstück ursprünglich vor allem als „Bestandteil der Landschaft“ gesehen wurde[15], in einer Lage, die „naturgegeben“ ist[16], und nicht das Ergebnis zufälliger Veränderungen darstellt[17], wenn sie sogar von der Natur der Sache her[18] vorgezeichnet erscheint, oder wie sonst die vielgestaltigen Formulierungen lauten mögen — so kann kaum ein erst seit kurzem bestehender Zustand gemeint sein.

Vergessen wir vor allem nicht: Die Situationsgebundenheit kommt als Begriff aus dem Bodenrecht, und die Lage eines bestimmten Grundstücks kann in aller Regel nicht ein plötzlich eingetretener oder gar ein hinsichtlich seiner Dauer kontingenter Zustand sein. Dann nämlich wäre die Sachangepaßtheit an die Belange des Bodenrechts völlig verfehlt, welche gerade dieser Sozialbindungsformel dort eine gewisse Überzeugungskraft verleihen konnte: „Grundstücke ändern sich eben“ in ihrer Lage im engeren Sinn überhaupt nicht, auch die weitere Umgebung beeinflußt ihre „Situation“ nur marginal. Die entscheidende Überzeugungskraft zieht aber doch die Formel von der Situationsgebundenheit gerade aus der Berücksichtigung der Interessen des

---

[15] Dazu *Ebersbach*, H., AgrarR 1972, S. 129 (133).

[16] Siehe BGHZ 23, S. 30 (33); 60, S. 126 (130).

[17] BGHZ 60, S. 126 (134).

[18] BGHZ 60, S. 145 (147); BGH NJW 1967, S. 1855 (1856).

Eigentümers: Ihm widerfährt kein Unrecht durch sie, er hat, als er das Grundstück erwarb oder erbte, es dann behalten hat, dessen Lage gekannt und einkalkulieren müssen. Sich mit dieser abzufinden, mag nun wirklich als eine „Verpflichtung gegen sich selbst", im Rahmen einer selbstverständlichen Eigentümerverantwortung sich selbst gegenüber, erscheinen. Der Besitzer mußte mit dieser Belastung rechnen, konnte sich seit langem darauf einstellen, schon deshalb ist sie gesetzlich „zumutbar", gerade jenem aktiven Eigentümer gegenüber, der über sein Gut wacht, die Entwicklungen von dessen Wert und Ertrag beobachtet. Das Buchendom-Urteil des Bundesgerichtshofs war wirklich der Ausgangspunkt dieser Situationsgebundenheits-Judikatur, das dort geschützte Naturdenkmal bestand eben seit langer Zeit, und deshalb wird auch sachgerecht in den Entscheidungen häufig ausdrücklich auf die Situationsgebundenheit von jeher[19] oder „von Alters her" bestehender Lagen[20] hingewiesen.

Dieser durchaus vernünftige Ausgangspunkt wird dann jedoch verlassen, wenn jede Veränderung „in der Umgebung" des Grundstücks, des Eigentumsguts überhaupt, sogleich auch schon als eine Modifikation von dessen Situationsgebundenheit erscheint, mag sie auch im Wege einer völlig unvorhersehbaren, politisch kontingenten, ja einer kurzatmigen Modeentwicklung sich vollziehen. Man muß sich einmal folgendes vergegenwärtigen: Im Buchendom-Urteil, in den ursprünglichen Erkenntnissen zur Situationsgebundenheit, ging es um die natürliche, geradezu seit unvordenklichen Zeiten bestehende Lage eines Grundstücks, seine dadurch geprägten besonderen Qualitäten. Nun aber könnte von Situationsgebundenheit auch etwa in folgendem Fall gesprochen werden: Eine kleine Gemeinde weist, aus welchen Gründen immer, in großem Umfang Bauboden aus, durch Ansiedlung von Industrien wächst die Bevölkerung in wenigen Jahren sprunghaft; derartige Fälle sind erlebt worden. Das Erholungsbedürfnis der Bevölkerung wandelt sich dadurch rasch und vollständig. Soll nun wirklich dadurch mit einem Mal, aufgrund einer politischen Entscheidung, eine völlig andere Situationsgebundenheit bei allen umliegenden Grundeigentümern gegeben sein? Was ist hier von den Begründungen des Buchendom-Urteils überhaupt noch erhalten ? Hat sich nicht eine völlige Mutation der Begründungskraft des Situationsbegriffs, eine totale Ausschleifung dieser Begrifflichkeit vollzogen? Was kann man denn da nicht unter „Situation" verstehen, wann und in welche Richtung könnte diese dann nicht verändert werden?

„Situationsgebundenheit des Eigentums" — das sollte in erster Linie dem Eigentümer eine gewisse rechtsstaatliche Sicherheit geben, dahingehend, mit welchen Eingriffen des Staates in seine Verfügungs- und Nutzungsbefugnis

[19] Vgl. etwa BGHZ 60, S. 126 (134).

[20] Siehe z.B. BGH LM Nr. 3 zu Art. 14 (C b) GG.

er denn nun rechnen müsse. Der Begriff ist doch nicht etwa nur geprägt worden, um die Eigentümer zugunsten der Allgemeinheit zurückzudrängen; so verstanden wäre er ja, blanketthaft aufgefaßt, mit der Rechtsstaatlichkeit unvereinbar, jedenfalls ohne vernünftigen Aussagegehalt. Wenn der Eigentümer jede Veränderung seiner Umwelt sogleich auch als eine solche der Sozialbindung entschädigungslos hinzunehmen hat, dann bricht letztlich das gesamte Eigentumsrecht zusammen, die Anerkennung eines neuen, bisher gar nicht gesehenen, nun aber für lebenswichtig erklärten Gemeinschaftsbelangs kann dann ja ohne weiteres unter die Situationsgebundenheit subsumiert werden. Damit aber verliert das Wort jeden Inhalt — es bedeutet nichts anderes mehr, als daß Eigentümer eben alle Belange von einigem Gewicht, die sich um sie herum entwickeln, und gleich zu welcher Zeit dies geschieht, entschädigungslos hinzunehmen und sich darauf einzurichten haben. Dies aber kann nicht der Sinn des Eigentumsgrundrechts sein; wer so fremdes Eigentum belasten will, der soll eben dafür auch bezahlen müssen, und gerade der Allgemeinheit ist dies auch zuzumuten.

Man wird schwerlich bestreiten können, daß diese Entwicklungsgefahren in einem extensiv verstandenen Begriff der Situationsgebundenheit lauern. Wird dieser nicht immer wieder zurückbezogen auf seinen Ausgangspunkt, die Lage eines Grundstücks in der konkret abgegrenzten Landschaft, Bindungen, welchen es dadurch seit längerem unterliegt — dann verliert der Begriff jede Kontur, Kontinuität ist hier durch Kontingenz „überholt" im eigentlichen Sinne, besser: völlig überrannt.

Praktisch bedeutet dies die Forderung, aus der Eigentumsdogmatik heraus: Eine gewisse zeitliche Kontinuität müssen Situationsbindungen immer aufweisen, längere Zeit hindurch müssen sie bereits bestanden haben, bevor man dem Eigentümer in ihrem Namen den Verzicht auf Nutzungen seines Eigentums ansinnen darf. Dann behält das Wort Situation einen greifbaren Sinn und fügt sich in die Rechtsstaatlichkeit ein.

Ein weiteres Problem, an dem wir die Ausuferung der Situationsgebundenheit erkennen können, stellt sich wie folgt: Soll diese „Situation" des Eigentumsgutes ein primär oder gar ausschließlich tatsächlich entstandener Zustand sein, oder kann er auch, und zwar in beliebigem Umfang, rechtlich (neu) geschaffen werden? Die Berührungen mit der eben behandelten Problematik liegen auf der Hand, doch diese Frage dringt eben nun noch tiefer ein und sie führt zu einem prinzipiellen Bedenken: Wenn sich der Staat auf Situationsgebundenheit eines Grundstücks berufen kann, nicht weil dieses in einer bestimmten Lage in der Landschaft sich (von jeher) befindet, sondern weil er selbst, die eingreifende Macht, diese Situation neu durch rechtliche Entscheidung, aus politischen Gründen, gerade erst geschaffen hat, dann droht ja ein wahrhaft eigentumsvernichtender Zirkel: Der Staat greift nicht unmittelbar in das Eigentum ein — hier müßte er unter Umständen entschädigen, wenn dies zu tief eindränge; er begnügt sich jedoch zunächst damit, die „Rahmendaten", etwa planerischer, baurechtlicher oder naturschutzrechtlicher Art, systematisch zu verändern — sodann präsentiert er sich mit ganz konkreten Eingriffen dem Eigentümer, und wenn dieser dagegen protestiert, erklärt er kurzerhand, es habe sich eben die Situation des Grundstücks geändert — er habe sie geändert. Letztlich läuft das, wie leicht einsichtig ist, nur auf einen „Umweg der Eigentumsbelastung" hinaus, überdies geradezu auf einen Anreiz zur „Salamitaktik", zu den kleinen Schritten auf leisen Sohlen, die ohnehin heute schon, in Gesetzgebung und Verwaltung, so beliebt sind. Sie erscheinen ja dann noch nicht, im einzelnen, als hinreichend „gezielt", so daß der Eigentümer dagegen etwas unternehmen könnte — was sollte er denn etwa gegen die industrielle Entwicklung einer Gemeinde vorbringen? Wenn daraus dann aber mit einem Mal ganz konkrete, punktuelle Beschränkungen seines Beliebens abgeleitet und in der Weise gerechtfertigt werden, daß sich „die Situation" so geändert habe, so erfolgt, dogmatisch gesehen, etwas gänzlich Unzulässiges: Aus der angeblich gar nicht gegen das „Eigentum gezielten" Maßnahme wird nun mit einem Mal doch eine ganz harte Zielrichtung gegen den Eigentümer, ohne daß dieser darauf vorbereitet wäre oder damit hätte rechnen können.

Diese Gefahr droht jedenfalls dann, wenn man jede mit Rechtsmacht bewirkte Veränderung auch als eine Situationsveränderung begreifen will, wenn man also nicht den Schwerpunkt der Situationsgebundenheit in der natürlich-tatsächlichen Lage eines bestimmten Gutes sieht.

Hier beobachten wir nun dieselbe Mutation, die gleiche Ablösung von den ursprünglichen Begründungen der Situationsgebundenheit, welche bereits bei der zeitlichen Dimension festzustellen war. Ursprünglich ging die Judikatur eindeutig davon aus, daß die Situation durch die Natur des Grundstücks bestimmt sei, nicht etwa durch staatliche Regelung[21]; jedenfalls dürfe sie nicht durch staatliche Regelungen allein geprägt sein[22].

Die staatlich gesteuerten oder beeinflußten Entwicklungen müßten also doch jedenfalls in einer größeren gesellschaftlichen Entwicklung aufgehen, in ihr eine gewisse Kontinuität erfahren haben, wollte man sie überhaupt bei einer so bestimmten Situationsgebundenheit berücksichtigen. Die Rechtsprechung hat dies auch erkannt, wenn sie meint, Planung möge zwar zur Kon-

[21] BGHZ 23, S. 30 (33) — diese Entscheidung zeigt deutlich den Ausgangspunkt der gesamten Lehre von der Situationsgebundenheit.

[22] So der BGH immer wieder, vgl. etwa BGHZ 60, S. 145 (148); BGH NJW 1967, S. 1855 (1856); siehe auch BVerwGE 26, S. 111 (118).

kretisierung der Situationsgebundenheit nötig sein[23], diese dürfe aber nicht allein auf Planung zurückzuführen sein[24].

Was die Planung anlangt, so ist in der Judikatur sogar erfreulicherweise noch immer eine klare Linie erkennbar: Sie darf durchaus, mit Wirkung auf die Situation, reagieren, nicht aber agieren. Soweit sie als (notwendige) Reaktion auf veränderte (allgemeinere) Verhältnisse erscheint, kann sie auch die Situationsgebundenheit beeinflussen[25]. Dabei muß aber stets die allgemein gebotene Abwägung stattfinden[26].

Bei Berufung auf vorangegangenes hoheitliches Handeln zur Bestimmung der Situationsgebundenheit des Eigentums ist also größte Zurückhaltung geboten. Keinesfalls schließt das Dazwischentreten einer hoheitlichen Maßnahme Entschädigung von vorneherein aus[27/28]. Die Entwicklung der staatlichen Entscheidungen ist situationsrelevant, soweit sie sich als „gesellschaftsbegleitend" darstellt, nicht aber, wenn sie die außerrechtliche Entwicklung übermäßig forciert oder gar völlig diktiert.

So wird sich etwa beim Denkmalschutz, der durchaus nach den Grundsätzen der Situationsgebundenheit beurteilt wird[29], stets zunächst eine Wandlung der allgemeinen historisch-ästhetischen Auffassungen vollziehen müssen, bevor dies von der Staatsgewalt eigentumsbeschränkend ratifiziert werden darf. Sollte diese hier rücksichtslos „voranschreiten", so wäre schon die Legalität durch solche Übermaßentscheidung verletzt. Dasselbe ist hinsichtlich der optisch-ästhetischen Vorstellungen vom „Landschaftsbild" zu fordern[30]. Nicht was irgendwelche staatliche Entscheidungsträger unter dem Einfluß kontingenten politischen Drucks nun für richtig halten, braucht sich der Eigentümer immer schon im Namen der Situationsgebundenheit entgegenhalten zu lassen, sondern nur das, was sich im Schwerpunkt außerrechtlich entwickelt hat und insoweit von allgemeinerem gesellschaftlichen Konsens auf Dauer getragen ist.

---

[23] So das BVerwG, aaO., S.119.

[24] Siehe etwa BGH LM Art. 14 (C e) GG, Nr. 15; vgl. BGH NJW 1964, S. 202.

[25] Vgl. dazu BGH NJW 1983, S. 1657; zur wasserwirtschaftlichen Planung *Ronellenfitsch*, M., VerwArch 1986, S. 177.

[26] Zutr. betont von *Weyreuther*, F., UPR 1981, S. 33 (37).

[27] Vgl. BGHZ 60, S. 126 (137).

[28] Vgl. BGHZ 60, S. 126 (137).

[29] Vgl. BGH JZ 1979, S. 98 (99); BGHZ 72, S. 211 (217 f.); *Krohn/Löwisch* aaO., Rdnr. 95; *Papier*, H.J., *Maunz/Dürig*, GG, Art. 14, Rdnr. 370 m. Nachw.

[30] Dazu *Krohn/Löwisch* (Fn. 4), Rdnr. 92.

In all diesen schwierigen Abwägungsfragen sollten sich die Richter übrigens mehr als bisher selbst doch noch sachkundig fühlen, und nicht einfach als Ratifizierungsinstanz gewisser Sachverständigengutachten fungieren. Dadurch nämlich würden sie die Aufgabe der Gerechtigkeitswahrung gegenüber den Eigentümern verfehlen, die sich auf die Meinung avantgardistischer Experten doch nicht einstellen konnten. Sicher kann eine Veränderung der „Bau- und Wohnungsgesinnung" der Allgemeinheit die Situation eines Eigentumsguts verändern[31]. Der Staat darf, muß dies vielleicht mit seinem Baurecht begleiten, insoweit konkretisiert er zulässig Situationsgebundenheit und damit Sozialpflichtigkeit. Auch eine allgemeine Industrialisierungsentwicklung in einer Gegend, welche ein nunmehr stadtnah gewordenes Grundstück mit neuartigen Verpflichtungen belastet, muß grundsätzlich als neue Situation hingenommen werden[32], mag der Staat dies auch durch seine Subventionen gefördert und dann als Hoheitsgewalt planungs- und baurechtlich ratifiziert haben. Insoweit kann eine Situation durchaus auch größerräumig betrachtet werden[33].

Eines aber muß immer beachtet werden: Man darf nicht mit einem Mal rechtlich diese Situation neu schaffen, sie dann dem Eigentümer entgegenhalten, nur um auf diese Weise die Entschädigungspflicht zu umgehen. Diese „Situation" ist ein „sozialer Bezug" im Sinne der Rechtsprechung des Bundesverfassungsgerichts, in ihr steht der Eigentümer primär nicht den politischen Entscheidungsinstanzen gegenüber, sondern der „Gesellschaft". Grundstücke und andere Eigentumsgüter stehen auch nicht in einer primär „rechtlichen Situation", die dann beliebig vom etwa umweltschützenden Staat verändert werden könnte. Dieser Staat muß sich vielmehr immer als Begleiter von Entwicklungen eines allgemeinen Bewußtseins legitimieren, die Situationsgebundenheit darf nicht durch „politische" Entscheidungen verändert werden, sie wären unbeachtliche „zufällige Veränderungen" aus der Sicht des Eigentümers[34].

Gerade hier haben die sich häufenden kritischen Bemerkungen gegen den Begriff der Situationsgebundenheit, in dem unzulässig Feststellungen und Wertungen[35], Sein und Sollen[36] vermischt und nicht selten die „konkrete Si-

---

[31] BGH NJW 1967, S. 1855 (1856).

[32] BGHZ 23, S. 30 (33).

[33] BayVGH BayVBl. 1984, S. 366.

[34] Einen solchen Fall behandelt BGHZ 60, S. 126 (134).

[35] Siehe *Gassner*, E., NVwZ 1982, S. 165 (166); *Schmidt-Aßmann*, DVBl. 1973, S. 633 (634); *Papier*, H.J., *Maunz/Dürig*, GG, Art. 14, Rdnr. 326 m. Nachw.; *Schink*, A., AgrarR 1985, S. 185 (190).

[36] *Schink*, aaO.; *Gassner*, aaO., S. 167.

tuation" aus den Augen verloren werde[37], durchaus ihre Berechtigung. Die Situationsgebundenheit ist zwar nie reine Beschreibung, in ihr liegen Konstitutivwirkungen; die Sinnerfüllung des Begriffs im Einzelfall muß jedoch stets möglichst nahe an den tatsächlichen Vorgegebenheiten bleiben, von diesen als natürlichen und zugleich gesellschaftlichen Tatbeständen ausgehen. Situationsgebundenheit kann nur ihren guten Sinn behalten, wenn sie eine primär gesellschaftlich, nicht eine primär kontingent-politisch durch rechtliche Entscheidungen determinierte Kategorie bleibt.

Auch in diesem zentralen Punkt sind aber die Gefahren heute fast übermächtig: Aus jeder neuen umweltschützerischen Erkenntnis, aus jeder neuartigen Interessenbewertung, mag diese auch dem Eigentümer völlig unvorhersehbar gewesen sein, werden heute sofort situationsverändernde Folgerungen gezogen, dem Eigentümer damit Belastungen auferlegt, die mit der ursprünglichen Situation seines Grundstücks überhaupt nichts zu tun haben. Natürlich kann der Situationsbegriff nicht gegen jede technisch-naturwissenschaftliche Entwicklung gesperrt werden, die Gesellschaft muß nicht den gesamten Fortschritt den Eigentümern bezahlen. Eines jedoch ist ihr sicher versagt, was aber heute zunehmend versucht wird: daß unter Umwertung einer durchaus auch bisher schon als solcher bekannten tatsächlichen Lage nun eben gänzlich andere Akzente gesetzt, die Vorsorge nahezu ungemessen weit vorverlegt wird, wo man sich früher mit wesentlich zurückhaltenderen Eingriffen begnügt hat. Hier ist eine neue Lage entstanden, Gesetzgebung oder Verwaltung haben anders gewertet. Dies dürfen sie grundsätzlich, in der Bestimmung von Inhalt und Schranken des Eigentums. Sie können es jedoch nicht grenzenlos, einfach unter dem Etikett der Situationsgebundenheit rechtfertigen; nicht die Situation hat sich ja geändert, sondern lediglich der politische Wille der Herrschenden. Dies aber ist gerade der große Unterschied, den man nie aus den Augen verlieren darf: Situationsgebundenheit versagt den Schutz gegenüber dem Tatsächlichen und seiner Entwicklung, nicht aber gegenüber dem Machtwillen eines Umwelt-, Natur- oder irgendeines anderen Schutzstaates. Neue Erkenntnisse muß sich der Eigentümer grundsätzlich entgegenhalten lassen, Entschädigung kann er dafür nicht erwarten, daß nun seine Lage besser bekannt sei. Wird sie jedoch durch politische Entscheidung bewertungsmäßig verändert, so greift der Grundrechtsschutz voll zu seinen Gunsten ein, von Situationsgebundenheit sollte nicht gesprochen werden.

Die Abgrenzungen mögen hier sehr schwierig sein, sie müssen aber versucht werden, denn anderenfalls wird erneut die Situationsgebundenheit überholt — durch jene allgemeine politische Gebundenheit an die Macht, die sie gerade nicht hat sein sollen.

---

[37] *Schmidt-Aßmann*, aaO., S. 633.

Hier erreichen wir eine weitere Problematik der „Situation des Eigentums“: Eigentlich müßte sie auch zugunsten des Eigentümers wirken, Eingriffe des Staates abwehren; doch dies ist nur sehr abgeschwächt der Fall. Eigentumsschutz wird nur bei Eingriffen in bereits verwirklichte oder „naheliegende“ Nutzungen eines Gutes gewährt, nicht aber für solche, die nach der Lage nur „möglich“ sind. Hier hat sich eine erhebliche Verengung vollzogen: Das Bundesverwaltungsgericht sieht nur dann einen entschädigungspflichtigen Eingriff, wenn eine Nutzung beschränkt oder untersagt wird, die „legal und in der gegebenen Situation des Grundstücks in einer Weise angelegt ist, die sich der darauf reagierenden Verkehrsauffassung als angemessen aufdrängt“[38]. Nur wenig zurückhaltender formuliert der Bundesgerichtshof: Entschädigungspflichtig sei die Untersagung oder der wesentliche Eingriff in eine Nutzungsmöglichkeit nur, wenn sich diese nach der Lage und Beschaffenheit des Grundstücks objektiv anbiete[39].

Auf die Gefahr hin, daß keine Möglichkeit mehr besteht, diese eingeschliffenen Formeln noch zu ändern, mag es doch hier nochmals ausgesprochen werden: Dogmatisch sind alle diese Formulierungen nicht voll durchdacht. Jede Nutzungsmöglichkeit, die zu einem bestimmten Zeitpunkt einem Eigentümer legal eröffnet ist, gehört zum Inhalt seines Eigentums. Will der Staat sie nunmehr mit einem Mal verschließen, so ist dies ein Eingriff in das Eigentum, dieser muß darauf untersucht werden, ob er die Verfassungsschranken berücksichtigt, darf insbesondere nicht allzu tief gehen. Bei dieser Beurteilung aber kann es überhaupt keine Rolle spielen, wie naheliegend diese Möglichkeit ist, ob sie vom Eigentümer bereits genutzt wurde oder nicht. Für eine Prämierung der bereits ausgeübten Nutzung fehlt es an jedem dogmatischen Anhaltspunkt. Mein Eigentumsrecht gestattet es mir ebensowohl, von einer bestehenden Nutzungsmöglichkeit (noch) keinen Gebrauch zu machen, als diese sogleich zu realisieren. Die gegenteilige Auffassung würde den Eigentümer zu einem insgesamt volkswirtschaftlich sinnlosen Aktionismus verpflichten. Der Eigentümer, der freie Bürger ist auch keineswegs gehalten, lediglich von den Möglichkeiten seiner Freiheit Gebrauch zu machen, die sich einem Richter gerade „aufdrängen“. Die Freiheit gibt die Möglichkeit, alles zu tun, was das Gesetz gestattet, nicht nur das, was nahe liegt oder sich aufdrängt. Derartige Kategorien, weiter fortgedacht oder hochgerechnet, wären das Ende jeder Freiheit überhaupt. Sie dürfen also auch im Eigentumsrecht nicht von Bestand sein; das mag hier mit aller Härte, die aber unumgänglich ist, gesagt werden.

---

[38] Vgl. etwa BVerwGE 55, S. 272; BVerwG NJW 1976, S. 765 (767).

[39] BGHZ 30, S. 338 (342 f.); 60, S. 126 (137 f.); BGH NJW 1980, S. 2299 (2300); BGHZ 77, S. 351 (354); BGHZ 87 S. 66 (72 f.) std. Rspr.

Ob also eine Nutzung naheliegt oder nicht, ob sie sich gar aufdrängt, ist für die Eigentumsdogmatik völlig gleichgültig. Entschädigung kann davon nicht abhängig gemacht werden. Die einzig mögliche Betrachtungsweise ist vielmehr die folgende: Welche (anderen) Nutzungsmöglichkeiten hat der Eigentümer, wenn ihm die in Frage stehende verschlossen wird? Wenn ihm die anderen Möglichkeiten ohne weiteres als ebensowenig belastend, als ebenso lukrativ zuzumuten sind, so ist dies beachtlich für die Beurteilung der Schwere des Eingriffs, die dann unter Umständen eben nicht so weit geht, wie wenn gerade jene Möglichkeit genommen wird, die die einzige ist. Dies aber sind im Ergebnis gänzlich andere Kategorien als die des „Naheliegens" oder gar „Sich-Aufdrängens", mag auch im Ergebnis damit häufig dasselbe Ergebnis erreicht werden können. Eine Gefahr besteht jedenfalls beim Einsatz der hier geforderten Kategorien nicht: daß nämlich der Richter in beliebiger, ja in willkürlicher Weise bestimmen kann, was nun „naheliegt". Dies nämlich ist die Entscheidung des Eigentümers allein.

Und nun noch einige Worte zu einer großen Gefahr, welcher das Eigentum durch den Begriff der Situationsgebundenheit zunehmend ausgesetzt wird: daß hier der „vernünftige" Richter den „vernünftigen" Eigentümer nicht nur ein-, sondern überholt.

Die Situationsgebundenheit seines Gutes wird dem Eigentümer in der Judikatur in einer ganz besonderen Weise entgegengehalten: Als „vernünftiger Eigentümer" habe er selbst die situationsbedingten Grenzen seines Eigentums erkennen müssen, wenn ihn der Staat also zu deren Einhaltung zwinge, so geschehe ihm schon deshalb kein Unrecht, weil er damit nur von seiner Unvernunft abgebracht werde[40]. Daß es ein letztes Vernünftigkeitskriterium im Recht geben kann, und daß selbstverständlich der einzig letztlich Vernünftige dann der Richter ist — all dies steht außer Zweifel, mag man auch nicht selten Gelegenheit haben, darüber zu lächeln; eine solche rule of reason gibt es eben in allen menschlichen Beurteilungsfällen.

Nun ist aber Vorsicht geboten bei der Bestimmung dessen, was denn nun „vernünftig" sein soll. Es darf nicht der Begriff der „Vernünftigkeit" zu einem stark freiheitseinschränkenden allgemeinen Gesetzes- oder gar Verwaltungsgerichtsbarkeitsvorbehalt werden. Auszugehen ist vielmehr von einem Grundsatz: Die Vernünftigkeit des Freiheitsgebrauchs bestimmt prinzipiell der freie Bürger selbst, nicht irgendeine Staatsgewalt. Wir anerkennen weder das Diktat des besseren Wollens noch des besseren Wissens in unserem freien Staat. Mit Recht überläßt also unser bürgerliches Recht dem Eigentümer den begrifflich nicht beschränkten Gebrauch seines Eigentums — bis hin zur

[40] Siehe für viele BGHZ 30, S. 338 (344); 48, S. 193 (196).

völlig sinnlosen Zerstörung eines Gutes[41]. Vorsicht ist daher schon von vorneherein geboten, wenn man nun mit einem Mal im Eigentums-Entschädigungs-Recht nur mehr den „vernünftigen“ Eigentumsgebrauch zulassen will: Was der Eigentümer unvernünftig zerstören darf, dessen Gebrauch kann er sich auch entschädigen lassen, selbst wenn der Gebrauch unvernünftig ist, er diesen aber eben will.

So weit ist allerdings die Rechtsprechung nie gegangen, und man wird ihr insoweit folgen können, als eben ein Eingriff dann nicht „tief“ ist, wenn er nur unvernünftige Nutzungsmöglichkeiten verschließt[42]. In der Tat sollte der Eigentümer nicht für Eingriffe entschädigt werden, die auch, ja sogar vorrangig, seinem eigenen Schutz dienen, so etwa bei übermäßiger Artenverarmung, die auch für die Landwirtschaft Gefahren bringt[43]. Die Erhaltung von Streuwiesen ist eben auch nicht nutzlos für einen größeren Besitz[44]. Die gesamte Rechtsprechung zur Vorteilsausgleichung ist daher vom Ansatz her durchaus sachgerecht, wird sie auch nicht selten zugunsten des Staates und um dessen Beutel zu schonen übersteigert.

Eine andere und nicht ungefährliche Dimension der „Vernünftigkeit“, welche vom Eigentümer verlangt wird, ist aber dann erreicht, wenn ihm im Namen der Situationsgebundenheit seines Gutes aufgegeben wird, als „vernünftiger Eigentümer“ müsse er eben auch „Rücksicht auf die Allgemeinheit nehmen“, das „Allgemeinwohl nicht aus den Augen verlieren“[45]. Solche Formulierungen scheinen unproblematisch; doch der Eigentümer handelt nicht dann vernünftig, wenn er sich dem staatlichen Zwang beugt; Vernünftigkeit verlangt von ihm nicht, daß er den staatlichen Interessen den Vorrang einräumt, er kann von den eigenen ausgehen. Sache des „vernünftigen“ Richters ist es dann, diese Interessen mit den seinen in einen angemessenen Ausgleich zu bringen. Der Versuch jedoch, in dem Begriff der „Vernünftigkeit“ eine „Von-vorneherein-Harmonisierung“ zwischen öffentlichen und privaten Belangen zu finden, darf die Gegensätze nicht verdecken. Unser gesamtes Rechtssystem baut, gerade im öffentlichen Recht, auf dem Gegensatz zwischen privaten und öffentlichen Interessen auf, diesen gilt es nicht wegzueskamotieren, sondern klar zu sehen und sodann angemessen auszugleichen. Wenn die

---

[41] *Soergel-Siebert/Baur*, BGB, Sachenrecht, Bd. 5, 11. Aufl. 1978, Rdnr. 2 zu § 903 BGB; *Staudinger/Seufert*, Komm. zum BGB, 11. Aufl. 1956, Rdnr. 23 a zu § 903 BGB; *Erman/Hagen*, BGB Handkomm., 7. Aufl. 1981, Rdnr. 1 zu § 903 BGB.

[42] So für viele BGHZ 60, S. 126 (133); BGH NJW 1967, S. 1855 (1856); BGH NJW 1977, S. 945; JZ 1979, S. 98 (100); NJW 1980, S. 2299 (2300); BayVBl. 1985, S. 219 (220).

[43] *Knauber*, R., UPR 1986, S. 9 (16).

[44] Dies berücksichtigt sachgerecht BVerwGE 67, S. 93 (98).

[45] BGHZ 60, S. 126 (131); BGH NJW 1977, S. 945 (946); BGH BayVBl. 1985, S. 219 (226).

staatlichen Interessen so hochrangig, so übermächtig sind, daß die Eigentümerinteressen vor ihnen zurücktreten müssen, mag dies so entschieden werden; es ist dann aber auch in dieser Form zu begründen und nicht damit, daß der Eigentümer ja eigentlich auch das hätte wollen müssen, was der Staat von ihm verlangt. Weiter fortgedacht wäre dies nichts als die unhaltbare Fiktion, daß die unterlegene Minorität im Grunde ja eigentlich für die Mehrheit hätte stimmen müssen, wäre sie vernünftig gewesen. Vernünftig ist vielmehr der Eigentümer stets dann, wenn er seine eigenen Interessen gegen den Staat vertritt und durchzusetzen versucht, dies ist die Grundlage einer freiheitlichen Demokratie. Vernünftigkeit in der Berücksichtigung des Gemeinwohls wird dann nach Art. 14 Abs. 2 GG von ihm verlangt, wenn der Richter gegen ihn entscheidet und er diesen Richterspruch hinzunehmen hat, sonst nicht. Die Situationsgebundenheit darf nicht ein begriffliches Vehikel dafür werden, daß der Eigentümer „schon mit Blick auf sein Gut dem Staat entgegenkommen muß".

Unsere Eigentums-Entschädigungs-Dogmatik geht, das sei hier ausdrücklich betont, nicht davon aus, daß immer Eingriffe aufgrund besonders hochrangiger Staatsinteressen entschädigungslos zu dulden seien, die Entschädigungspflicht ist vielmehr nicht mit Blick auf den Staat und seine Interessen, sondern allein auf die Interessen des Eigentümers zu beurteilen, was nicht selten in einer unklaren Abwägung zwischen öffentlichem und privatem Interesse verlorengeht, die aber im Entschädigungsrecht keinerlei Berechtigung hat. Hier kommt es lediglich darauf an, wie tief der Staat eindringt. Geht er zu weit, so hat er zu entschädigen, aus welchen Gründen immer er glaubt, so handeln zu müssen. Führen seine Eingriffe nicht so tief in das private Eigentum hinein, so hat er auch dann nichts zu bezahlen, wenn die öffentlichen Interessen, zu deren Wahrung sie geschehen, nicht allzu gewichtig erscheinen, wenn sie nur überhaupt noch bejaht werden können. Verhältnismäßigkeit ist eine Kategorie der Legalität, nicht der Bestimmung der Enteignungsentschädigung. Diese Grundlagen unserer Eigentumsdogmatik sollten nicht im Namen der Situationsgebundenheit verändert werden.

Wie gesagt sollte also nicht der „vernünftige" Eigentümer vom „vernünftigen" Richter überholt werden, im Namen des hier kritisch betrachteten Begriffs der Situationsgebundenheit. Sonst käme es am Ende dahin, daß nicht nur die Situation des Eigentumsguts, sondern auch noch die Situation des Eigentümers, seine Vernünftigkeit, vielleicht gar noch seine Vernunft, vom staatlichen Richter bestimmt werden würde.

Der Ausblick nach diesen durchaus kritisch gemeinten Bemerkungen ist aber nicht lediglich negativ. Von Situationsgebundenheit des Eigentums sollte auch in Zukunft gesprochen werden, nur eben in der Weise wie es, vom Buchendom-Urteil angefangen, ursprünglich gemeint war: Rücksichtnahme auf die seit langem bestehende, vor allem aus der tatsächlichen Entwicklung sich ergebende Lage eines Eigentumsgutes, welche auch der Eigentümer zu berücksichtigen hat, und dies mag ihm dann auch als einem „Vernünftigen" abverlangt werden können — nicht aber ein Sich-Unterwerfen im Namen der Vernünftigkeit unter irgendwelche Vernunftdiktate einer Staatsgewalt, welche nur nach politischem Belieben die Eigentumsordnung verändern möchte.

Deshalb ist Vorsicht auch geboten bei einer „in aller Regel-"Anwendung eines solchen Begriffes, insbesondere im neueren Umweltschutz. Die Urteile unserer oberen und obersten Gerichte dürfen sich nicht zu einem Labyrinth bequemer Brückenbauten aus allgemeinen Floskeln entwickeln, unter die dann beliebig die Entscheidungen subsumiert werden können. Großformeln, die ganze Rechtsbereiche abdecken könnten, sie gegen die Freiheit sperren — die gibt es eben nicht, sie sollten auch gar nicht gesucht werden. Gefordert sind weit feinere, speziellere Kategorien bildende Subformeln, nicht derartige Keulenformulierungen, wie sie mit dem Wort von der Situationsgebundenheit den Bürger eben doch letztlich bedrohen. Mag uns dafür das klassische Zivilrecht als Beispiel dienen: Wie sorgfältig abwägend haben doch hier die Richter versucht, zahllose Sub-Begrifflichkeiten zum Bürgerlichen Gesetzbuch zu entwickeln, sie immer weiter zu verfeinern. Wir sollten im öffentlichen Recht – um das es ja hier doch geht – nicht im Namen der Verfassung in immer weitere, letztlich eben doch nur — Vergröberungen unserer dogmatischen Begrifflichkeit ausweichen.

Davor sollte heute an diesem Beispiel gewarnt werden, durchaus provokativ und anti-quietistisch. Doch allzu große „Gefahr" droht ja nicht — haben sich die Gerichte nicht schon gut eingerichtet in dieser — Situation?

Folgerungen aus der höchstrichterlichen Rechtsprechung zur Gewährleistung des Eigentums*

Die Eigentumspolitik läuft in Wellen, getragen von Konsenswechseln und Moden; das Eigentumsrecht und seine Judikatur folgt dem in meist nur geringer Phasenverschiebung, die Stimmungssensibilität der Eigentumsrichter ist bemerkenswert. Unter der ruhigen Wasserfläche dieses augenscheinlich traditionsverhafteten Eigentumsrechts hat es in den vergangenen Jahrzehnten mehr an Tiefenströmungen gegeben als auf manchen anderen Gebieten intensiverer Gesetzgebung, welche in ihrem Wechsel Kontinuitäten nur überlagern konnte.

Charakteristisch für die Entwicklung des Eigentumsrechts sind zwei Entwicklungsformen:

- Zum einen das, was man als *Rechtsprechungsgrundstimmungen* bezeichnen könnte — ein in Judikatur transformiertes allgemeines, verbreitetes Vorverständnis, aus dem heraus von den obersten Gerichten Grundorientierungen gesetzt werden — etwa eine gewisse „Reformoffenheit", ein „Natur- und Umweltbewußtsein";
- andererseits *einzelne Rechtsprechungstendenzen,* die zwar meist aus solchen Grundstimmungen heraus wachsen, sodann jedoch ein dogmatisches Eigenleben entfalten und scheinbar „politikfern" in veränderte Grundstimmungen hinüber wirken; darin wird dann die sich in Eigenzitatkreisen drehende Judikatur zum Opfer ihrer eigenen Begriffe und Methoden — als Beispiel sei hier die „Abwägung" zwischen Eigentümer- und öffentlichen Interessen genannt, oder die „Angewiesenheitsrechtsprechung" des BVerfG zum Mietrecht.

Aufgabe dieses Referates ist es, Folgerungen aus der bereits analysierten höchstrichterlichen Rechtsprechung für die „dogmatische Zukunft" des Eigentumsrechts zu ziehen. Wir werden uns daher mit den Grundstimmungen, vor allem aber mit den heute sichtbaren Rechtsprechungstendenzen zu befassen haben, in denen tiefergreifende Wandlungen angelegt, vielleicht dem Grunde nach bereits vollzogen sind.

1. Nur weniges sei zunächst zu den *Eigentumsgrundstimmungen* ausgeführt. Mit einiger, hier aber gebotener Vereinfachung, können wir deren zumindest vier seit dem Ende des II. Weltkrieges feststellen:

---

* Erstveröffentlichung in: Agrarrecht 1984, S. 21–25.

- Nach 1945 war die eigentumsrechtliche Großwetterlage zunächst durch eine tiefe *Sozialpflichtigkeitsstimmung* geprägt, welche auch die verfassunggebenden Arbeiten des GG bestimmt hat. Nicht nur, daß man stets gerne verteilt, wenn es wenig zu verteilen gibt — hier wirken, vor allem im Schrifttum, noch deutlich solidaristische Reminiszenzen der nationalsozialistischen Eigentumsauffassung nach, wenn auch ungewollt und oft unbewußt. „Du hast nichts, Dein Volk hat alles" — diese eigentumsrechtliche Folgerung aus vergangener Gemeinschaftsphilosophie — ist sie nicht Ausdruck alter deutschrechtlicher Eigentumsbindung?

  Aus dieser Grundstimmung heraus sind die judikativen Ausgangsdaten für die neue Republik gesetzt worden, im Sinne weitreichender Zugriffsmöglichkeiten zumindest des Gesetzgebers auf das Eigentum — im Investitionshilfe-Urteil des BVerfG, aber auch etwa in der großen BGH-Entscheidung im 6. Band, welche die Enteignungsschwelle beim *Sonderopfer* fixierte. Geschützt werden sollte der einzelne Bürger, nicht die größere Bürgergruppe, die „Kategorie"; Sonderbelastung wurde zurückgedrängt, nicht aber sozialgestaltende Sozialpflichtigkeit.

Bis weit in die fünfziger Jahre ist diese Stimmung beherrschend geblieben, doch dann folgte ein Neues:

- Die *eigentumsliberale Grundstimmung* der ausgehenden fünfziger und der sechziger Jahre. Gestützt auf die Dogmatik von Dürig, Werner Weber und Ulrich Scheuner wurde *Eigentum als Menschenrecht* betont, die Grundlage der Privatnützigkeit gelegt, der Grundrechtsschutz aller vermögenswerter Güter und ihres Wertes in Eigentümerhand ernstgenommen. In dieser eigentumsrechtlichen Ludwig-Erhard-Zeit übernahm das *Schwere*-Kriterium des BVerwG die dogmatische Führung in der Judikatur, der enteignende Eingriff wurde zu einer wichtigen Grundlage des Systems der Ersatzleistung.

- Doch gegen Ende der sechziger Jahre erfaßte die Neuerungsfreude, auch vieler Richter, vor allem das BVerfG. Die Grundstimmung war nun eine *eigentumsreformatorische,* der das liberale Grundrecht geöffnet werden sollte.

  Es begann schon etwa mit dem Deichurteil, das den Gesetzgeber nicht in allen Fällen zur vollen Wertentschädigung verpflichtete; der Höhepunkt wurde mit jener erstaunlichen Formel erreicht, nach der das Eigentumsrecht doch nicht entgegenstehen dürfe, wo sich „Reformen als nötig" erwiesen.

  Das BVerfG hat dies dann doch nicht in den Schatz seiner Zitatenkette übernommen, sonst hätte man die Diskussion über den Eigentumsschutz schließen können.

Die Reformfreude der Richter hat die der Politiker nicht überdauert, vielleicht endete sie schon vor ihr — in einer neuen, vierten Grundstimmung:

– Was man nicht zu kategorisieren vermag, pflegt man als „pragmatisch“ zu bezeichnen, und ein gewisser Eklektizismus ist in der Eigentumsrechtsprechung heute unverkennbar. Sozialpflichtigkeit wird stark betont – das Naßauskiesungsurteil zeigt es –, doch liberale Grundanliegen der Reglementierungsfreiheit sind nicht verloren, wie die Kleingartenpachtentscheidung beweist. Eine einheitliche Grundstimmung herrscht wohl nicht vor, es sei denn, man sehe sie in jenen harmonisierenden Erwartungen, welche die Regelung des Eigentumsgebrauchs gesellschaftlichen Gruppenkonsens überlassen will — von der Mietrechtsjudikatur bis zum Mitbestimmungsurteil. Und starkes Umweltbewußtsein hat allerdings auch die Richter ergriffen — die Vermutung für den Vorrang des Naturschutzes vor Eigentümer-Interessen legt doch ein leicht grünes Licht über die sterbenden Wälder.

Gerade wenn aber eine eindeutige Grundstimmung der Eigentumsjudikatur, ein einheitlicher rechtspolitischer Zug heute kaum mehr erkennbar ist – und vielleicht ist dies ein Schicksal aller höher entwickelten Rechtsprechung – so gewinnen *einzelne Rechtsprechungstendenzen* an Bedeutung; sie sollen daher im Mittelpunkt unserer Betrachtungen stehen. Ihre Lebensfähigkeit gegen Politik, Macht, Ideologie ist resistenter als man meint; ihre Wandlungsfähigkeit ist erstaunlich, sie vor allem können „umfunktioniert“ werden — und all dies erwächst aus einer Art von „rechtstechnischer Schwerkraft“, welche politische Strömungen überdauert. Gerade für die Landwirtschaft liegt hier hoch Bedeutsames, erreicht doch die Eigentumsjudikatur in diesen ihren „technischen Rechtsprechungstendenzen“ die Langlebigkeit der Bäume wie deren scheinbar zielloses Wachsen.

Das Wesen solcher Rechtsprechungstendenzen, ihre Gefahren auch — sie liegen in ihrer natürlichen Kryptoentwicklung, in ihrem eisberggleichen Erscheinungsbild. Lassen Sie mich einiges beispielhaft ansprechen, was die Oberfläche erreicht hat. Die Fragestellung ist dabei stets vor allem diese: *Beginnt* hier eine neue Eigentumsdogmatik, steht bei einer „Hochrechnung solcher Tendenzen in die Zukunft“ Stärkung oder Abschwächung des bisherigen individuellen Eigentumsschutzes zu erwarten? Denn von einem anderen Bezugspunkt aus kann man die Szene schwerlich betrachten, selbst wenn man sich für die Zukunft ein „ganz anderes“ Eigentum vorstellt.

2. *„Abwägung“* ist das große Zauberwort der neueren Rechtsprechung, es hat vor allem die Grundrechtsjudikative fasziniert und auf breiter Front das Eigentumsrecht erreicht. Damit ist – weithin unbemerkt – etwas wie eine grundsätzliche Eigentumswende eingetreten.

Der Ausgangspunkt allen Eigentumsschutzes war ja, vergessen wir das nicht, ein ganz anderer: Es ging um den festen, geradezu „statischen“ Bereichsschutz, welcher der sachenrechtlichen Statik der Zuordnung der Güter zum Menschen, der einmaligen liberalen Ordnungskraft des Eigentums entsprechen sollte. Eindeutigkeit, wenn nicht der Ergebnisse, so doch der Kategorien, der Methode wurde angestrebt: Jeder Güterentzug überschritt die Eigentumsschwelle, und selbst beim enteignenden Eingriff sollte möglichst eindeutiger Bereichsschutz vorherrschen, jedenfalls „Feststellung, nicht Abwägung“, um es pointiert auszudrücken. Dem diente das Schwere-Kriterium für die Bestimmung der Enteignungsschwelle, aber letztlich auch die Lehre vom Sonderopfer; denn auch hier werden Inhalt und Schranken des Eigentums, wenn nicht mit Blick auf das Gut und seinen Wert, so doch „im Vergleich“ festgestellt, nicht aber abwägend geschaffen.

Die „Abwägung“ bringt hier eine grundsätzliche Veränderung, dies ist nicht durch eine große Grundsatzentscheidung geschehen, sondern in langsamer, schrittweiser Entwicklung. Nachdem sich die Kategorie in der Berufs-Rechtsprechung des BVerfG durchgesetzt hatte, bestimmte sie auch bald die Judikatur zu den „politischen Grundrechten“, insbesondere die zur Meinungsfreiheit, und wie hätte sie vor dem Eigentum Halt machen können? Die großen neueren Eigentumsentscheidungen des BVerfG, vom Mitbestimmungsurteil bis zur Naßauskiesung, beruhen alle, ausdrücklich oder implizit, auf „Abwägungsentscheidungen“, im Schrifttum sieht man hier die entscheidende neue Entwicklung des Eigentumsrechts überhaupt.

Nicht nur vom BVerfG wird sie getragen. BGH und BVerwG haben gerade im Natur- und Landschaftsschutzrecht deutlich von einem bereichsschützenden Schwerekriterium auf eine Abwägungsjudikatur geschaltet: Die Eigentümerinteressen seien gegenüber dem öffentlichen Interesse abzuwägen. Wie nicht anders zu erwarten, geht dieses dann „in der Regel“ vor.

Hier schon zeigt sich die gerade eigentumsrechtliche Bedenklichkeit der Abwägungsmethode als solcher. Wer die öffentlichen Interessen an der Nutzung von Gütern privaten Nutzungsrechten gegenüberstellt – was kann für ihn da eigentlich anderes überwiegen als das öffentliche Interesse? Sind in der Umverteilungsdemokratie die Interessen der vielen nicht ex definitione höher zu bewerten als die des einzelnen Bürgers, der „gerade im Wege steht“? Schon vor langem ist davor gewarnt worden, die Enteignungsschwelle unter Abwägung gegenüber den öffentlichen Belangen zu bestimmen. Dies ist hier viel gefährlicher für den Rechtsschutz als etwa im Falle der Berufs- und Gewerbefreiheit: Dort etwa läßt sich ein öffentliches Interesse an allzu weitgehender Reglementierung nun oft wirklich nicht mehr feststellen. Doch ein öffentliches Interesse an „mehr Gütern“, „mehr Wert“ für die Gemeinschaft — welcher Staat hätte das nicht, wo sollen hier Grenzen liegen?

Zwar verlangt Art. 14, Abs. 2 GG, das Privateigentum müsse „zugleich" dem Wohle der Allgemeinheit dienen. Doch gerade dies ist keine Abwägungsformel, diese Norm verlangt eher eine klare Bereichstrennung, eine Staatspartizipation am privaten Eigentum, nicht eine Abwägung, in deren Namen dieses Eigentum nur allzu leicht vom öffentlichen Interesse nahezu völlig verdrängt wird — gerade der Naturschutz zeigt dies.

Bei der Frage, ob der Staat eingreifen darf, mag sich auch noch das öffentliche Interesse in die Wertigkeitsbeziehung einer Abwägung zum privaten Interesse setzen lassen. Geht es aber, wie im Entschädigungsrecht, primär darum, daß der Eingriffsstaat dafür bezahlen muß, so ist eine „Abwägung" kaum mehr praktikabel: Sie müßte ja die Finanzinteressen des Staates zu denen des Bürgers in Beziehung setzen. Hier aber sind, im Steuerstaat zumal, die Grenzen des Rationalen erreicht. Nach welchen Kriterien soll denn „abwägend" entschieden werden, wieviel an finanziellen Lasten der Staat für eine Maßnahme tragen soll oder der Bürger, der „gerade im Wege steht", warum sollte ihm nicht eine Entschädigung über Steuern zuteil werden, welche die Lasten dann gerecht verteilt? Hat dies überhaupt mit der Intensität des gegenüberstehenden öffentlichen Interesses etwas zu tun?

„Abwägung" ist ein „gutes Wort", aber auch ein allzu bequemes im Eigentumsrecht. Eigentum — das ist etwas, was mir eben gehört, grundsätzlich ohne Abwägung. Wollen wir in unsere festesten Ordnungsrahmen, die sachenrechtlichen des Eigentums, auch noch die Relativierung der Abwägung tragen? Und wo hängen denn die Gerichte die Waage auf, nach welchen Einzelkriterien gewichten sie? Bei näherer Analyse der Abwägungsjudikatur bleibt dies fast immer im Dunklen. Mehr hat auch kaum je ein oberstes Gericht bei einer Kritik solcher Abwägung gerügt, als daß nicht „alles Bedeutsame berücksichtigt" worden sei. Wirkliche Abwägungskritik müßte jedoch erkennen lassen, nach welchen Kriterien das Bedeutsame gewertet, gewichtet werden muß. Dafür gibt es indes kaum Ansätze; es kann sie nicht geben. Abwägung — das ist ein mildes, demokratisches Wort, in Wahrheit steht es für das harte *sic volo* des Richters. Es ist der Entscheidungsschlag, das Ende der Argumentation.

Deshalb ist zu fordern: Weg soweit wie möglich von der „Abwägung" in der Abgrenzung von Sozialbindung und Enteignung! Zurück zum Bereichsschutz des Schwerekriteriums des BVerwG, mit Blick auf Wert und Nutzen des Gutes.

3. *Schutz des Bestehenden* verlangt das Eigentum, Chancensicherung kann in seinem Namen nicht gefordert werden. Diese alte Faustregel begrenzt den Kreis der eigentumsgeschützten Güter, sie ist gut und soll nicht erschüttert werden. Ein Bestandsschutz, der Hoffnungen sichern sollte, verlöre jede Legitimation: Tauben auf Dächern sind vogelfrei.

a) Doch nun beginnt die diabolische Kleinarbeit der Abgrenzung von Chance und Eigentum, übrigens zugleich auch die zwischen Art. 12 und Art. 14 GG, welcher letztere doch nur „bereits Bestehendes, Geschaffenes" sichert, nach der Rechtsprechung des BVerfG. Unser bürgerliches Recht hat weit in die „Chancen" hinaus gegriffen, wenn es „den Betrieb als solchen" zum schutzfähigen Rechtsgut erklärt, mit all seinem *good will,* seinen Geschäftsbeziehungen und Kundenkreisen. Was sind sie denn anderes als — Gewinnchancen? Und muß nicht jede Gewinnchance eine „Basis" haben, auf deren Grundlage allein man sich künftigen Gewinn ausrechnen kann? Soll sie als solche wertlos sein, kein Gegenstand des Eigentumsschutzes?

Die Eigentumsjudikatur muß den Chancenbegriff überdenken, und sich hier besser mit den zivilrechtlichen Entwicklungen abstimmen. Sicher ist „Chance" nicht einfach gleich „Wert" — doch könnte sie nicht ein „Teilwert" sein, unter welchen Voraussetzungen, in welcher Höhe? Dafür sollten vertiefende Kriterien aufgestellt werden. Geschieht dies nicht, so droht, gerade in wenig entschädigungsfreudigen Krisenzeiten, eine immer engere Grenzziehung beim schutzwürdigen Eigentum: Der bereits nahezu sichere Gewinn von Morgen wird schon als Chance vom Schutz ausgeschlossen. Die Eigentumsrichter werden nicht umhin können, den Begriff des Risikos näher zu erläutern, sonst entwerten sie „das Eigentum in der Zeit", sie, die doch bei jeder Gelegenheit und sehr zu Recht die „rasche Entwicklung der Verhältnisse" betonen und vom Bürger erwarten, daß er sich auf wechselnde Lagen einstelle — gerade dann muß ihm doch ein *gewisser* archimedischer Punkt eigentumsrechtlich gesichert bleiben — eben die Chancenbasis.

b) Neuerdings gerät in der Judikatur ja noch mehr ins Wanken: Selbst die rechtlich zugesicherte Chance, die unzweifelhaft bestehende, aber noch nicht ausgenutzte Rechtsposition soll nicht unbedingt zugesichert sein. Während der BGH bislang, gerade im Recht der Landwirtschaft, auch eine bestimmte, noch nicht ausgenützte, aber rechtlich bestehende Möglichkeit der Bodennutzung als enteignungsfähiges Gut behandelt, eine Veränderungssperre als enteignenden Eingriff gewertet hatte, könnte nunmehr aus der Naßauskiesungsentscheidung des BVerfG herausgelesen werden, daß nur ein Recht, von dem bereits Gebrauch gemacht worden sei, auch eigentumsrechtlich geschützt sei. Eine „Inswerksetzung" wäre also stets Voraussetzung, das Vertrauen auf die verschiedenen Nutzungsmöglichkeiten bliebe völlig schutzlos, auch wenn eine von ihnen noch so nahe läge.

Damit würde die Wertgarantie des Eigentums unterlaufen. Der Wert eines Gutes liegt, gerade in der Landwirtschaft, häufig vor allem in den unterschiedlichen Nutzungsmöglichkeiten, oft wird auch periodisch abwechselnd genutzt — was aber ist dann „ins Werk gesetzt"? Kommt es damit nicht zu einem eigenartigen „Zwang zu raschem Eigentumsgebrauch", nur damit dem

Staat der Zugriff versperrt werde? Und werden damit nicht, nach den tatsächlichen, nun auch noch die „rechtlichen Chancen" aus dem Eigentumsbegriff ausgeklammert, wird dieser auf solche Weise nicht entscheidend verengt, in dem, was das Eigentum nach dem BVerfG doch primär ist — Grundlage der Bürgerfreiheit, Ausgangspunkt wirklicher Entscheidungsfreiheit in einer absehbaren Zukunft?

Daher ist zu fordern: Chancen müssen als Basis zukünftiger Gewinne einen gewissen Eigentumsschutz genießen. Der erfaßt auch die noch nicht realisierten, aber möglichen Nutzungsarten eines Gutes.

4. *Den „eigentumsgeschützten Rechtspositionen"* allein soll der Schutz des Art. 14 GG zukommen – eigentlich eine Selbstverständlichkeit –, doch in der Anwendung dieses Kriteriums der „geschützten Rechtsposition" setzt sich die Tendenz zur Einschränkung des Eigentums fort.

Ein größeres Forstgut wird durch eine Straßentrasse durchschnitten, die nun nahe an einem bisher weit ab vom Straßenlärm gelegenen Gutshaus vorüber führt. Für diese Veränderung ist kein Ausgleich zu leisten, obwohl der Markt eindeutig den Wert des Gutes gerade auch deshalb erheblich niedriger bewerten wird. Dies aber gehe, so meinen die Richter, nicht auf die Verletzung einer eigentumsrechtlich geschützten Rechtsposition zurück. Die Durchschneidung beeinträchtige eine solche nur dadurch, daß nun etwa Wirtschaftserschwernisse aufträten, nicht aber dadurch, daß das Haus jetzt in den Lärmbereich falle.

Für die Entscheidung mag im Ergebnis sprechen, daß ja auch der Straßenanlieger, in Grenzen, eine Veränderung des Verkehrs und damit des Lärmpegels und des Wertes seines Hauses entschädigungslos hinnehmen muß. Immerhin muß und wird hier aber der Grundstücksverkehr gerade damit rechnen, und er wird wegen solcher Risiken das Haus von Anfang an entsprechend niedriger bewerten, wenn es an der Straße liegt. Bei einem Hause mitten im Wald besteht aber für einen solchen „Lärmrisikoabschlag" gerade keine Veranlassung. Ganz abgesehen von solchen Bedenken gegen die erwähnte Entscheidung — der Begriff der „enteignungsfähigen Rechtsposition" darf nicht zum Vehikel für immer weitergehende Einschränkung des Bereiches geschützter Eigentumsrechte werden. Wer weiß heute schon, was eine derartige „Rechtsposition" – noch – ist? Grundsätzlich vertraut doch der Bürger darauf, daß alles, was als wertbildender Faktor seines Gutes wirkt, auch gegen hoheitliche Beeinträchtigungen eigentumsrechtlich geschützt wird. Hier zwischen schutzwürdigen und anderen Rechtspositionen differenzieren zu wollen, muß zu großer Eigentumsunsicherheit führen.

Deshalb ist zu beherzigen: Der Begriff der enteignungsfähigen Rechtsposition sollte nicht zu restriktiv gefaßt werden, er muß die wichtigen wertbildenden Faktoren voll erfassen.

5. Die Anerkennung von *res extra commercium,* und damit nicht eigentumsfähigen Gütern, kann über die Restriktion des Eigentumsbegriffes den Eigentumsschutz weiter einschränken. Dies gilt heute weithin in Europa bereits für die Meeresküste, neuerdings in Deutschland beim Grundwasser infolge der Entscheidung des BVerfG. Ein solches Ausklammern von ganzen Güterkategorien aus dem Eigentumsbegriff wegen überwiegenden öffentlichen Interesses ist nicht grundsätzlich unzulässig, es entspricht der Tradition des Zivilrechts, auf die sich das BVerfG bis vor kurzem ja laufend berufen hat, und auch im Falle des Grundwassers ist die Nicht-Eigentumsfähigkeit mit langer Tradition begründet worden.

Solange so verfahren wird, lassen sich keine Eigentumsgefährdungen feststellen, wohl aber dann, wenn ohne Rücksicht auf jede Tradition neue Kategorien von *res extra commercium* etwa lediglich wegen ganz neu erkannter vorrangig öffentlicher Interessen festgelegt würden; dann nämlich müßte hier der gesamte Eigentumsschutz mit einem Schlag beseitigt werden.

Für Fluß- und Seeufer oder auch für Schutzwälder könnte dies morgen gefordert werden, übermorgen für City-Grundstücke und gewisse Produktionsmittel. Doch so darf die Enteignungs- und Sozialisierungsordnung nicht umgangen werden.

Res extra commercium — das darf es also nur in engsten, vor allem aber lediglich in traditionellen Grenzen geben.

6. *„Obereigentum"* des Staates gibt es nicht in unserer Eigentumsordnung, in welcher Form immer. Alles muß vermieden werden, was auf Umwegen diesen Begriff des Feudalrechts wieder einführen könnte, denn dies wäre ein geschichtlicher Rückfall in die Zeit vor der Französischen Revolution; unser liberales Gemeinwesen kennt kein „gestuftes Eigentum", keine „politischen Eigentumsspitzen", welche der Staat besetzt halten dürfte.

Gerade im Bodenrecht, der alten Domäne des Feudalrechts, entwickeln sich jedoch Tendenzen einer Eigentums-Gegenreformation, welche das liberale Bürgereigentum einem sozialisierenden Staatsfeudalismus unterwerfen oder gar zu altdeutscher Kollektivrechtlichkeit zurücklenken möchten. Wichtigstes Beispiel ist der Streit um die Baufreiheit. Die herrschende Lehre hält daran fest, daß Baubeschränkungen, wie der Name es eben sagt, nur als – in der Regel zulässige – Sozialbindungen des Eigentumsrechts verstanden werden dürfen, als Schranken des Privateigentums also, nicht als dessen Inhaltsbestimmung. Daraus folgt, daß solche Baubeschränkungen besonderer Begründung bedürfen, im Zweifel aufzuheben sind, jedenfalls aber stets vom Staat im Rahmen der objektiven Beweislast des verwaltungsgerichtlichen Verfahrens nachgewiesen werden müssen.

Folgt man jedoch der Mindermeinung, nach welcher das „Recht zu bauen" „an sich" nicht aus dem Eigentumsrecht fließen soll, so ist der Antrag auf

Erteilung einer Baugenehmigung zu behandeln wie ein Antrag auf eine echte Konzession, also auf eine Beleihung mit einem an sich dem Staat zustehenden, aus einer Art von Obereigentum am Grundstück fließenden Recht. Die Nachweislast des Bürgers würde entscheidend erschwert, die Begründungslast des Eingriffsstaates aufgehoben, der Enteignungsschutz nutzlos werden. Alsbald würden solche „Ober-Eigentums-Vorstellungen" auch auf andere Güterkategorien erstreckt werden, etwa auf Unternehmen und Produktionsmittel; damit käme es zu einer völligen Veränderung, im Ergebnis zu entscheidender Abschwächung des Eigentumsschutzes.

Ähnliche Ober-Eigentumstendenzen zeigen sich auch im rechtshistorischen Gewande, so etwa wenn das BVerfG die Zwangsvergenossenschaftlichung der Fischereirechte durch die Gesetzgebung von Nordrhein-Westfalen billigt, weil sich hier an germanische Rechtsvorstellungen und vorrevolutionäre Gestaltungen anknüpfen lasse.

Es ist immerhin erfreulich, daß insgesamt die Judikatur sich den Obereigentumsvorstellungen noch nicht geöffnet hat. So sollte es auch bleiben, sonst ist die Eigentumsordnung wirklich in Gefahr.

7. *Angewiesenheit auf fremdes Eigentum* soll, unter gewissen Voraussetzungen, ein Nutzungsrecht geben; das BVerfG hat dies vor allem im Mietrecht judiziert und daraus eine Verpflichtung des Staates abgeleitet, den Interessengegensatz Eigentümer – Mieter / Pächter gesetzlich aufzulösen. Diese Tendenz, soziale Angewiesenheit auf fremdes Eigentum anzuerkennen, ist äußerst gefährlich. Was bedeutet „Angewiesensein", wer ist nicht in einer Gemeinschaft, mehr oder weniger auf fremdes Gut „angewiesen" — vor allem, wenn er schön und billig leben will? Darf er das dann auf Kosten anderer? Wie soll die Intensitätsgrenze bestimmt werden, bei deren Überschreitung ein Recht auf fremdes Eigentum zugebilligt werden kann?

Denn nichts anderes ist dies ja, als die Anerkennung eines „Rechts auf Eigentum", die Umwandlung des Rechtes am Eigentum zum Recht auf Eigentum. Doch das GG kennt ein solches Recht nicht, ebensowenig wie ein „Recht auf Arbeit". Eine Umwandlung größeren Stiles von Abwehrrechten in Teilhaberechte ist marxistischen Ordnungen vorbehalten.

Die Rechtsprechung sollte diese Tendenzen nicht weiter verfolgen. In dem Begriff der „sozialen Angewiesenheit" liegt eine wahre atomare Sprengkraft für den Gesamtbereich grundrechtlicher Freiheit.

Die sind nur einige Tendenzen neuerer Eigentumsrechtsprechung und -literatur — alle sind sie bedenklich, wenn sie übersteigert werden. Überall liegen hier Anfänge, denen es zu wehren gilt, soll es weiterhin ein privatnütziges Eigentum geben.

Diese Hauptfront des Art. 14 GG aber ist immer noch für den Bürger freiheitsentscheidend, trotz der tiefen offenen Flanke, an der die Steuergewalt, praktisch ohne Widerstand, das Privateigentum aufzurollen beginnt. Es wird trotz aller Tagungen und geistvollen Konstruktionen wohl kaum gelingen, unsere Richter dazu zu bewegen, daß sie wider die Steuer gegensteuern im Namen der Eigentumsgarantie. Um so wichtiger ist es, daß die Eigentums-Entschädigungsfront gehalten wird: Hier nämlich droht dem Bürger nach wie vor, zu aller Steuerbelastung hinzu, noch das individuelle oder das Kleingruppen-Sonderopfer, weil er eben „im Wege steht“ — und nur zu oft trifft ihn gerade dieses vernichtend.

Unzutreffend ist die verbreitete Meinung, weil gegen die Steuergewalt kein Eigentumskraut gewachsen sei, solle man den Enteignungsstaat vergessen, der ohnehin seine Interessen weit wirksamer über die Abgaben verwirklichen werde. Der Fehler liegt in der Verkennung des demokratischen Mechanismus: Abgabengesetze unterliegen in ganz anderer Weise, selbst hinsichtlich kleinerer Einzelausnahmen, der aufmerksamen Kontrolle von gleichheitssensibilisierten Parlamenten und auch der Öffentlichkeit; anderen Eigentumseingriffen dagegen ist immer etwas vom „Sonder-Schlag“ eigen, der da gegen gewisse Bürger zugunsten anderer geführt wird, ohne daß stets die große Gleichheit bemüht würde.

Und deshalb lohnt es sich noch immer, trotz aller Abgabenenteignung, über das alte neue Enteignungs-Entschädigungsrecht zu sprechen. Die Richter aber sollten, gerade weil sie die Abgabeflanke offen lassen, die Eigentumsfront halten — über alle Grundstimmungen und Tendenzen hinweg: in Freiheit.

Der Sozialisierungsartikel als Eigentumsgarantie*

I. Art. 15 GG — Wirkkraft einer unangewendeten Norm

Verfassungsnormen wirken durch ihre Existenz, nicht nur durch Anwendung. Vor allem wer im Grundgesetz nicht punktuell verfestigte Regelungen, sondern eine Wertordnung sieht[1], muß jede Norm zum Tragen bringen — sei es, um das natürliche Systemdefizit einer Charta auszugleichen, die mit wenigen Sätzen alles dem Grunde nach regeln will; sei es zur Beruhigung eines schlechten „Nichtaktualisierungsgewissens“: Je weniger eine Norm Anwendung findet, desto mehr versucht man, sie als „Prinzip“, in Analogie oder Auslegung — doch wirken zu lassen.

Beispiel ist der Sozialisierungsartikel. Zwischen zwei Jubeljahren blieb er ungenützt[2]. Politische Kräfte, die ihn durchgesetzt hatten, distanzierten sich. Doch Art. 15 GG ist gerade *keine* Norm, die durch Nichtanwendung obsolet würde[3]. Erstaunlich, was sich in einer hochentwickelten Grundrechtsdogmatik alles aus ihm entfalten läßt: Konkretisierung der Sozialstaatlichkeit[4], Legitimation staatlicher Wirtschaftslenkung[5], Rechtfertigung der erwerbswirtschaftlichen Betätigung der öffentlichen Hand[6], Berechtigung paritätischer Mitbestimmung[7], vor allem aber: Abschwächung des Eigentumsschutzes bei den

---

* Erstveröffentlichung in: Juristenzeitung 1975, S. 272–277.

1 So das BVerfG in std. Rspr., vgl. E 35, 79 (114) m. Nachw., wobei allerdings ausdrücklich betont wird, daß hier eine „prinzipielle Verstärkung der Geltungskraft der Grundrechte“ zum Ausdruck komme. Der Sozialisierungsartikel dürfte dann kaum Bestandteil einer solchen Wertordnung sein, wenn er lediglich die Eigentumsgarantie abschwächt (vgl. unten). Krit. dazu f. viele *Scheuner*, U., Funktion der Grundrechte im Sozialstaat, 1971, S. 503 (509).

2 Vgl. hierzu Nachw. *Klein*, F., Eigentumsbindung, Enteignung, Sozialisierung und Gemeinwirtschaft iSd. Bonner Grundgesetzes, Tübingen 1972, S. 4.

3 Wie einst *Ridder* meinte (Enteignung und Sozialisierung, VVdStRL 10 (1951), S. 124 (147)).

4 Dazu u.a. *Hamann*, A., Deutsches Wirtschaftsverfassungsrecht, Neuwied 1958, S. 164; *Ipsen*, H.P., Enteignung und Sozialisierung, VVdStRL 10, S. 74 (110); *Kimminich*, O., BK, Art. 15, Zweitbearb. 1965, Rdnr. 21.

5 Was allerdings überwiegend abgelehnt wird, so etwa von Kimminich, aaO. Rdnr. 37; *Hamann/Lenz*, GG, 3. Aufl. 1970, Art. 15 A 1 b; *v. Mangoldt/Klein*, GG, Bd. I, 2. Aufl., Berlin 1966, Art. 15 IV 2; *Klein* (Fn. 2), S. 13 m. Nachw.

6 Siehe dazu m. Nachw. *Leisner*, W., Sozialversicherung und Privatversicherung, Berlin 1974, S. 139 f.

7 Zu diesem Problem eingehend m. Nachw. *Klein* (Fn. 2), S. 23 f.; *Rupp*, H.H., Grundgesetz und „Wirtschaftsverfassung“, Tübingen 1974, S. 27 f.

sozialisierungsfähigen Gütern, Grund und Boden, Naturschätze, Produktionsmittel, damit aber bei den wichtigsten vermögenswerten Gütern.

Vor allem dies letztere ist von grundlegender Bedeutung: Würde *allein schon* die Sozialisierungsfähigkeit von Boden und Produktionsmitteln hier *generell* den Eigentumsschutz vermindern, so wäre ein Blankoscheck für unabsehbare Sozialbindungen ausgestellt, die alle ungehindert die Enteignungsschwelle überschreiten könnten. Der unangewendete Art. 15 GG würde zu einer der wirkmächtigsten Normen der Verfassung. Daß dies, schon wegen seiner Allgemeinheit und Unbestimmtheit, ausgeschlossen ist, wurde in anderem Zusammenhang dargetan[8].

Hier soll nun eine *Gegenthese* erörtert werden: Der Sozialisierungsartikel der Verfassung „schwächt" das Eigentum in einem präzisen Punkt — es kann, unter bestimmten Voraussetzungen, weit globaler entzogen werden als dies nach Art. 14 Abs. III GG zulässig wäre. *Die selbe Sozialisierungsklausel wirkt jedoch auch, gleichzeitig als Eigentumsgarantie*, und zwar eben dadurch, daß sie – nur – unter bestimmten Voraussetzungen einen solchen Eingriff gestattet. Nähere Betrachtung der eigentumsdogmatischen Zusammenhänge ergibt *zahlreiche Schutzwirkungen der Sozialisierungsklausel für das Privateigentum*, die als solche, soweit ersichtlich, noch nicht hinreichend bewußt sind.

II. Die eigentumssichernden Wirkungen des Sozialisierungsartikels

1. Verbot entschädigungsloser Gruppenenteignung

Nach der Sonderopfertheorie des Bundesgerichtshofs[9] liegt entschädigungspflichtige Enteignung nur vor, wenn dem Betroffenen ein besonderes, „den übrigen nicht zugemutetes Opfer für die Allgemeinheit" auferlegt wird. „Betroffen" kann auch eine Mehrzahl von Eigentümern, eine „Gruppe" sein[10], die dann mit anderen Gruppen in ihrer Belastung zu vergleichen ist. Unstreitig ist also, daß Gruppenenteignung nicht als solche entschädigungslos zu dulden ist, etwa weil hier dem Gleichheitssatz durch den Zugriff auf „alle Vergleichbaren" schon genügt wäre. Dennoch ist das Problem der Gruppenenteignung mit der Sonderopfertheorie schlechthin nicht zu lösen: Wenn alle irgendwie vergleichbaren Rechtsträger gleich getroffen werden, so kann kei-

---

[8] *Leisner*, W., Sozialbindung d. Eigentums, Berlin 1972, S. 65 f.

[9] Ihre allgemeine Formulierung fand die Sonderopfertheorie bereits in einer klassischen Entscheidung des Staatsgerichtshofes f.d. Dt. Reich (StGH RGZ 124, Anh. S. 19 (32)). Aufgenommen wurde sie von der Entscheidung des Großen Senats d. BGH, BGHZ 6, 270 (277 f.) (= JZ 1952, 622 f. m. Anm. *Forsthoff*) — seither st. Rspr.

[10] So ausdr. BGH, aaO.

ner etwas verlangen[11]. Sie müssen sich damit trösten lassen, daß „geteilter Schmerz halber Schmerz" ist[12]; der Staat aber entkommt seiner Entschädigungspflicht nur, wenn er möglichst viele, möglichst „alle" enteignet.

Was eine solche „Prämierung der Massenenteignung" bedeuten würde, bedarf keiner Darlegung. Nicht zuletzt um solchen Folgerungen zu entgehen übernimmt ja auch die Judikatur immer häufiger das Schwerekriterium des Bundesverwaltungsgerichts[13], das den Eigentümer auch dann schützt, wenn er „zusammen mit vielen" getroffen wird. Dennoch — im Grundsätzlichen bleibt das Gleichheitsproblem, und man könnte ja durchaus, mit der Sonderopfertheorie des Bundesgerichtshofs, fragen, ob die Egalität nicht ein so hoher Verfassungsgrundsatz sei, daß sie im Fall der, wenn nicht Gruppen-, so doch Kategorienenteignung jede Entschädigung ausschließe — „Gleichheit als Risiko": Wer „in der Gruppe" getroffen wird, hat kein Recht als Individuum.

Der Sozialisierungsartikel gibt ausdrücklich eine andere Antwort: Gerade für den klassischen Fall des Eigentumsentzugs für „alle Vergleichbaren", für die „große Kategorienexpropriation" statuiert er ausdrücklich die *gleiche* Entschädigungspflicht wie für die Individualenteignung. Man mag nun Sozialisierung als Unterfall der Enteignung sehen oder nicht[14] — die Gruppenenteignung kann doch nicht im Namen der Gleichheit entschädigungslos bleiben, wenn jene Sozialisierung zum Ersatz verpflichtet, die doch „weit näher bei der Gleichheit steht".

Damit ist eine große Schwachstelle der Sonderopfertheorie ex Constitutione abgedeckt: Egalität legitimiert nicht entschädigungslose Expropriation.

---

[11] So etwa folgerichtig *Hueck/Nipperdey*, Lehrb. d. Arbeitsrechts II 2, 7. Aufl. S. 1321; *dies*., Grundriß des Arbeitsrechts, 1970, S. 373; *Lenk*, E., Die qualifizierte Mitbestimmung der Arbeitnehmer, Diss. Köln 1961, S. 88.

[12] *Jellinek*, W., Rechtsgutachten f.d. DStT, 1929, S. 14 f.

[13] Vgl. BVerwGE 5, 143 (145) (= JZ 1958, S. 208 f. m. Anm. *Schack*) std. Rspr.

[14] Dafür u.a. *Gauland*, A., Die Verstaatlichung der Banken nach dem GG, DÖV 1974, 622 m. Nachw.; vgl. auch *Rüfner*, W., Die Berücksichtigung der Interessen der Allgemeinheit bei der Bemessung der Enteignungsentschädigung, Festschrift f. Scheuner, Berlin 1973, S. 526 m. Nachw.; *dagegen* neuerdings: *Thiele*, W., Die Sozialisierung — wirtschaftsverfassungsrechtlich betrachtet, BVBl. 1972, 809; *Klein* (Fn. 2) S. 11 m. Übersicht über den Meinungsstand. „Abseilen" kann man Art. 15 von Art. 14 GG nur dann, wenn man hinsichtlich der Voraussetzungen (Sozialisierung etwa: „grundlegende Veränderung der Wirtschaftsordnung") oder des Zieles des Eingriffs (Sozialisierung: Überführung in (vielleicht erst zu schaffende) Formen der Gemeinwirtschaft) differenziert. Doch für den Betroffenen bleibt dies gleich – bei Sozialisierung wie Gruppenenteignung verliert er sein Gut; also muß die Entschädigungspflicht die gleiche sein – ja sogar a fortiori muß sie dann bei der Sozialisierung bestehen, wo doch die Voraussetzung weit potenter vom Allgemeinwohl geprägt wird als im Fall der Gruppenenteignung.

2. Verbot entschädigungsloser Konfiskation wegen „Sozialschädlichkeit"

Mit der Sozialisierung ist kein Vorwurf der „Sozialschädlichkeit" bisheriger Betriebsformen oder bestimmter Gruppen von Vermögensträgern verbunden[15], was als Wesen der „Konfiskation" gilt[16]. Vielmehr ist „Motiv der Vergesellschaftung die Sozialisierungsreife bestimmter Gruppen von Vermögenswerten" (*Friedrich Klein*)[17]. Ob das Grundgesetz neben ihr überhaupt noch Raum für eine „Konfiskation" bietet[18], ist sehr zweifelhaft: Ihr Wesen soll darin bestehen, daß hier aus „politischen Motiven" „sozialschädliches Eigentum" entzogen wird. Doch „politisch" sind auch die Motive jeder Sozialisierung, und eine solche kommt doch nur dann in Betracht, wenn vom Gesetzgeber ein gesellschaftliches Unwerturteil über gewisse Eigentumsverhältnisse gesprochen wird[19]. Es ist kaum vorstellbar, daß es daneben noch eine „verschärfte" Form von Unwerterklärung geben könnte, welche die Konfiskation legitimierte und doch nicht strafrechtlichen Charakter trüge. Die Kategorie eines „sozialschädlichen Eigentums" paßt überhaupt nicht in die Eigentumsdogmatik des Grundgesetzes, sondern allenfalls in die totalitärer Regime. Entweder der Eigentumsentzug stützt sich auf ein Unwerturteil gegen den Eigentümer – dann sind die Strafgerichte zuständig, oder sie soll aus politischen Gründen erfolgen – dann ist gerade für diese Voraussetzung die Sozialisierung mit der Entschädigungsfolge vorgesehen. Kategorienkonfiskation als selbständige Rechtsform wird durch den Sozialisierungsartikel ausgeschlossen. Sie ist allenfalls als Gruppenenteignung möglich — oder als Vergesellschaftung, in beiden Fällen mit Entschädigungsfolge.

Art. 15 GG sichert also das Eigentum gegen undefinierbare „Reserveformen" entschädigungsloser Eigentumsentziehung, die schon mit der Rechtsstaatlichkeit unvereinbar wären. Er ist daher eine *wichtige Form rechtsstaatlichen Eigentumsschutzes.*

---

[15] H.L.; *Kimminich*, O., BK Art. 15 Rdnr. 16; *Hamann/Lenz*, GG, Art, 15 B 2; *Maunz/Dürig/Herzog*, GG, Art. 15 Rdnr. 22; *Krüger*, H., Sozialisierung, in: Die Grundrechte III/1, Berlin 1958, S. 306.

[16] *Klein* (Fn. 2), S. 10.

[17] AaO.

[18] So *Klein*, aaO.

[19] Dies erkennt richtig *Ridder* (Fn. 3), S. 140.

3. Verbot der „Sozialisierung durch Intensivierung der Sozialbindung“

Die Grenze zwischen Sozialbindung und Enteignung/Sozialisierung ist nicht leicht zu ziehen. Sozialbindung wird häufig nicht durch Einzeleingriff, sondern generell unmittelbar, durch Normen realisiert. Es liegt gerade dann nah, eine Belastung als Sozialbindung zu legitimieren und die Entschädigungsfolge auszuschließen, wenn sie für große Kategorien von Gütern von Eigentümern gelten soll.

Hier zeigt wiederum der Sozialisierungsartikel die letzten Grenzen: Sozialbindung läßt sich nicht mit „Allgemeinheit der Belastung“ begründen, wenn sie eine gewisse Schwere erreicht, obwohl diese Versuchung naheliegt –, denn für die „allerallgemeinsten Fälle“ die der Sozialisierung ganzer Kategorien, ist ja ausdrücklich wieder Entschädigung vorgesehen. Und Vergesellschaftung meint ja nicht *nur* den Eigentumsentzug, sondern auch die Überführung in „andere Formen der Gemeinwirtschaft“ (Art. 15 GG)[20], etwa durch Vergenossenschaftlichung, Belastungen usw. Die Sozialbindung muß also nicht nur an der Enteignungsschwelle halt machen, sie darf auch die Sozialisierungsschwelle nicht überschreiten. Kalte Sozialisierung durch Sozialbindung ist ausgeschlossen.

Will der sozialbindende Gesetzgeber tiefer in das Eigentumsrecht großer Kategorien eingreifen, so *muß* er dies im Wege der Sozialisierung, er darf es *nur* unter deren Voraussetzung tun[21]. Dieses Gebot ergänzt und erweitert das Verbot entschädigungsloser Gruppenenteignung (oben 1): *Dort* schließt es der Sozialisierungsartikel der Verfassung aus, daß unstreitig enteignende Eingriffe etwa nur deshalb entschädigungslos blieben, weil sie eine (größere) Gruppe träfen und damit das Sonderopfer ausgeschlossen würde; *hier* wird dem Gesetzgeber darüber hinaus noch untersagt, Eingriffe allein unter Hinweis auf ihre Allgemeinheit (gerade noch) als Sozialbindung zu erklären. Die Sozialisierungsklausel verbietet ebenso die offene Großenteignung wie die verdeckte aushöhlende Sozialbindungs-Sozialisierung[22].

---

[20] Dazu *Klein*, aaO., S. 16 f. m. Nachw.

[21] Wobei nicht zuletzt auch die Frage auftritt, ob damit nicht das Ziel einer institutionellen Veränderung der Eigentumsstruktur anzusteuern wäre, dazu *Rupp* (Fn. 7), S. 37.

[22] Zutr. *Rupp*, aaO., S. 40: „Art. 15 GG enthält also ein Verbot, außerhalb der Sozialisierungsvoraussetzungen Eingriffe nach Art und Intensität einer Sozialisierung vorzunehmen.“

4. Verbot der Beseitigung der „Kategorie Eigentum" für enteignungsfähige Güter

Sozialisierung ist Überführung von privatem Eigentum in Gemeineigentum oder in „andere Formen der Gemeinwirtschaft". Sie ist bisher „im allgemeinen verstanden worden als Veränderung in der Trägerschaft des Eigentums"[23]. Insoweit ging man davon aus, daß die Institution, die Kategorie „Eigentum", wenigstens in ihrem Kern von Sachherrschaftsrechten, nicht verändert werden dürfe, daß also selbst „die Befürworter einer Verstaatlichung den Eigentumsbegriff hypostasieren"[24]. Wenn aber nicht einmal jene größte Verschiebung der Eigentumsverhältnisse, welche in der Sozialisierung liegt, den Eigentumsbegriff durchgreifend verändern, sondern nur andere Träger ins Eigentum setzen kann, so bleibt die Wirtschaftsordnung der Bundesrepublik Deutschland kraft Verfassung stets eine „Eigentumsordnung", wenn nicht sogar eine Ordnung „bürgerlichen" Eigentums. Dafür spräche auch, daß das Eigentumsrecht ein „elementares Grundrecht" ist, eine „Wertentscheidung von besonderer Bedeutung für den sozialen Rechtsstaat" und daß es so geschützt wird, wie „das bürgerliche Recht und die gesellschaftlichen Anschauungen es geformt haben"[25]. Eine neue Kategorie „sozialistischen Eigentums" etwa könnte dann auch durch Sozialisierung nicht geschaffen werden. Daß dies eine, wenn auch sehr allgemeine und objektiv-normative, nicht ansprüchliche Verstärkung des *Eigentums als institutionelle Garantie* darstellen würde, liegt auf der Hand, nicht zuletzt schon deshalb, weil die sozialisierten Güter nach wie vor in Eigentumsstrukturen stünden, die jederzeit Reprivatisierung gestatteten. Sozialisierung würde also weder eine Vor-[26], noch eine Nachwirkung gegen Reprivatisierung zeitigen.

Demgegenüber wird jedoch die Auffassung vertreten, Sozialisierung bedeute eine Umgestaltung der Eigentumsordnung in umfassendem Sinn[27], eine Veränderung des Eigentums als solchen in seinen institutionellen Grundlagen[28]. Wenn hier neben „Gemeineigentum" auch „andere Formen der Gemeinwirtschaft" genannt sind[29], wenn dem Gesetzgeber hier „jegliche Mög-

---

[23] *Klein*, aaO., S. 15 unter Hinw. auf *Krüger*, H.

[24] *Thiele* (Fn. 14), aaO., unter Hinw. auf *Stein*, E.

[25] BVerfGE 14, 277 f. (std. Rspr.).

[26] Dies steht nach BVerfGE 12, 363 f. fest.

[27] Z.B. *Ballerstedt*, B.K., Sozialisierung (III), HdSW, Bd. 9, Stuttgart 1956, S. 478; *Weber*, W., Zur Problematik von Enteignung und Sozialisierung nach neuem Verfassungsrecht, NJW 1950, S. 401 (402); *Apelt*, W., Betrachtungen z. BGG, NJW 1959, S. 481 (482); *Kimminich*, aaO. Rdnr, 37; *Hamann/Lenz*, aaO., Art. 15 B 2; *Maunz*, Th., Dt. Staatsrecht, § 22 V.

[28] *Badura*, P., 49 DJT, S. T 30 ff.; *Rupp*, aaO., S. 40: „Auflösung der Fundamente des Privateigentums."

[29] *Klein*, aaO., S. 14 f.

lichkeit der Neuorientierung, des Experiments und der differenzierenden Behandlung" bleibt[30], so kann in diesen Bereichen die Kategorie Eigentum im bisherigen Sinne nicht nur modifiziert, sondern ersatzlos aufgehoben werden.

Fraglich ist allerdings, ob man dies wirklich dahin verstehen soll, daß der Gesetzgeber die bürgerlich-rechtliche Eigentumskategorie radikal soll aufheben können. Auch ein massiver Trägerwechsel beim Eigentum hat ja „institutionelle" Folgen, insbesondere, wenn man auf die Verfassungswirklichkeit blickt, welche gerade aus institutioneller Sicht bedeutsam ist[31]. Bei der Auslegung des Begriffs „andere Formen der Gemeinwirtschaft" kommt man immer wieder — auf herkömmliche, bürgerlich-rechtliche Kategorien zurück[32]; diese „anderen Formen" sind überdies nach der Redaktion des Art. 15 GG offensichtlich dem „Typfall" des Gemein*eigentums* nachgeordnet, also eigentumsrechtlich orientiert, und schließlich betreffen sie primär das „Wirtschaften", nicht die Rechtsform der Innehabung der Güter — Gründe genug, um daraus nicht eine Möglichkeit einer Aufhebung der Kategorie Eigentum ableiten zu müssen.

Nicht zuletzt aber steht dem wohl doch das Wesen des Sozialisierungsartikels als eines *Eingriffsvorbehalts* entgegen, gleich ob man ihn nun als Gesetzesvorbehalt zu Art. 14 GG faßt oder nicht. Auch nach der Sozialisierung muß also „institutionell noch etwas Wesentliches vom Eigentum übrigbleiben", andernfalls wäre Art. 19 Abs. II GG verletzt. Bei einer Breitensozialisierung der sozialisierungsfähigen Güter aber wäre dies zumindest zweifelhaft. Je weiter die Sozialisierung ausgedehnt würde, desto mehr müßte sie folglich an der Eigentumskategorie festhalten.

Insoweit kommt also dem Eigentum sicher ein gewisser institutioneller Schutz aus der Sozialisierungsklausel zu. Überbewertet darf er, schon wegen der Elastizität „institutioneller" Rechtskategorien, nicht werden.

5. Verbot der distributiven Sozialisierung

Der Sozialisierung ist unbestritten wesentlich, daß sie *nur zum Zwecke der Vergesellschaftung* erfolgen darf und nur in Organisationsformen, welche dies sicherstellen: Gemeineigentum oder andere Formen, welche gemeinschaftliche Nutzung gewährleisten[33]. Ein Kollektiv also muß es sein, das besitzt oder bewirtschaftet.

---

[30] *Krüger* (Fn. 15), S. 287.

[31] Vgl. die grdl. systemat. Darlegungen bei *v. Mangoldt/Klein*, GG I, S. 84 f.

[32] Beispiel: *Klein*, aaO., S. 22 f.

[33] Klar herausgestellt bei *Klein*, aaO., S. 16 f. m. Nachw.

Verboten ist daher jede Form von distributiver Sozialisierung, welche sich darin erschöpft, Güter aus einer privaten Hand in die andere zu legen. Weder Lastenausgleich, noch Vermögensbildung kann sich also, wenn sie enteignend wirken, auf die Sozialisierungskompetenz berufen. Die laufenden, großen Vermögensumschichtungen heutiger Staatlichkeit sind nur zulässig, solange sie im Rahmen der Sozialbindung bleiben.

Expropriative Großumverteilung ist überhaupt nicht zulässig — dies ist eine der wichtigsten Garantiefunktionen des Sozialisierungsartikels für das Eigentum: Als „Sozialisierung" sind sie ausdrücklich ausgeschlossen; doch sie dürfen auch nicht in Form der „Groß-Gruppenenteignung" erfolgen, selbst wenn hier voll entschädigt würde. Für derartige Aktionen setzt die Verfassung eben gerade die einschränkende Voraussetzung der Sozialisierung — sie dürfen nur zur Bereicherung der Gemeinschaft, nicht zu der einzelner anderer Bürger führen. Wenn die Groß-Gruppenenteignung neben der Sozialisierung zulässig wäre, so hätte diese in ihren einschränkenden Voraussetzungen keinerlei Sinn mehr. Sie wäre nur ein Unterfall der Groß-Gruppenenteignung.

Hier zeigt sich Art. 15 GG wirklich als ein „verfassungsrechtlicher Leitgrundsatz"[34]: Der Staat hat entweder die Güter in der bisherigen privaten Hand zu belassen — oder sie der Gemeinschaft zuzuführen. Die Sozialisierungsklausel setzt dem Verteilungsstaat Grenzen. Es geht nicht an, aus der Sozialisierung in die Verteilung zu fliehen. Der Sozialisierungsartikel ist von genossenschaftlichem Ethos getragen: Was sich in Bürgerhand nicht bewährt hat, gehört in Gemeinschaftshand, nicht in die Hände anderer Bürger. Der Staat ist Verwalter, nicht umverteilender Lehnsherr. So erstaunlich es klingen mag: In der Sozialisierung liegt etwas wesentlich Liberales — sie kennt den Bürger und, ihm gegenüber, die Gemeinschaft, nicht den einzelnen in irgendwelchen unklar-solidaren Beziehungen zu anderen. Und der Sozialisierungsartikel ist ein Bekenntnis zum Primat der Produktion vor jedem Konsum — der Staat soll hier nicht durch Großverteilung die Konsumgesellschaft befriedigen, sondern die Produktionsverantwortung in Gemeinschaftshand legen.

Bleibt die Frage nach dem „Kollektiv", das so beliehen werden darf. Dem Staat obliegt es, diese „Gemeinschaft" zu schaffen, wenn er nicht selbst das Eigentum übernimmt. Doch eine Grenze zieht hier die Verfassung; die der *Gemeinnützigkeit.* Privatnützige Kollektivierung wäre nichts als eine Form der Verteilung. Solange also die Arbeitnehmer in Ausübung grundrechtlich geschützter Koalitionsrechte als freie Bürger Mitbestimmung in primär eigenen Interesse fordern, solange nicht sie oder ihre Gewerkschaften gemeinnützige Gemeinschaftsinstanzen sind, solange kann sich die Mitbestimmungsforderung auf die Sozialisierungskompetenz nicht berufen[35].

---

[34] *Thiele* (Fn. 14), S. 811.

[35] Im Ergebnis ebenso *Rupp*, aaO., S. 32 f.; *Klein*, aaO., S. 23 f.

6. Verbot der verschleierten Sozialisierung

Unzulässig ist es, „außerhalb der Sozialisierungsvoraussetzungen Eingriffe nach Art und Intensität einer Sozialisierung vorzunehmen“[36]. Dieses materielle Verbot hat auch formelle Konsequenzen. Die Sozialisierung ist Eingriff in das Grundrecht des Eigentums. Das eingreifende Gesetz muß daher Art. 14 GG als berührtes Recht nennen (Art. 19 Abs. I S. 2). Da jedoch eine nichtsozialisierende, verteilende Groß-Gruppenenteignung unzulässig ist, muß sich aus dem Gesetz *klar ergeben, daß es Vergesellschaftung bringt*, mag nun das Wort fallen oder nicht.

Dies ist in der Demokratie von größter Bedeutung: Ein Staat, der sozialisieren will, muß auch den Mut aufbringen, die *große politische Sozialisierungsdebatte zu führen*, alle Konsequenzen offenzulegen, welche dieser entscheidende Eingriff in die Wirtschaftsordnung mit sich bringt. Wenn es ein Institut Sozialisierung gibt, so kann es keine verschleierte Sozialisierung geben. Die besondere Hervorhebung der Sozialisierung in einem Verfassungsartikel macht diesen zur „Reflexions-Norm“ für den Gesetzgeber, er wird sich diesen Eingriff *als solchen* genau, speziell zu überlegen haben. Damit aber gewährt der Geist des Sozialisierungsartikels dem Eigentum eine besondere Form demokratischen Rechtsschutzes: Sozialisierung unter dem Tisch ist unzulässig. Sozialisierung ist — Staatsaktion.

7. Verbot der Sozialisierung zu fiskalischen Zwecken

Vergesellschaftung aus fiskalischen Gründen ist nach ganz h.L. unzulässig, ein erwerbswirtschaftliches Staatsinteresse darf damit nicht verfolgt werden[37]. Selbstverständlich hat der Staat, wenn einmal enteignet ist, die Güter (erwerbs-)wirtschaftlich zu nutzen; doch die Einnahmeerzielung ist Folge, nicht Grund und Voraussetzung einer Sozialisierung.

Es mag dahinstehen, ob darin nicht bereits ein wesentlicher Unterschied zur Enteignung besteht[38]. Immerhin liegt es bei Groß- oder Massenenteignungen in Form der Sozialisierung sehr nahe, aus erwerbswirtschaftlichen Motiven zu handeln. Mag auch heute die „Sozialisierung (nur) der Verluste“ häufig beschworen und kritisiert werden, Sozialisierung der Gewinne wird stets

[36] *Rupp*, aaO., S. 40.

[37] Vgl. u.a. *Klein*, aaO., S. 9; *Hamann* (Fn. 4), S. 167; *Ridder*, H., VVdStRL 10, S. 124 (145); *Kimminich*, aaO., Rdnr. 11; *v. Mangoldt/Klein*, GG, Art. 15 IV 2; a.A. *Eschenburg*, Th., Staat und Gesellschaft in Deutschland, 3. Aufl., Stuttgart 1965, S. 443.

[38] Immerhin wird gelegentlich behauptet bei der Enteignung sei die Berücksichtigung fiskalischer Gesichtspunkte in gewissem Umfang möglich, vgl. *Sellmann*, M., Sozialbindung des Eigentums, NJW 1965, 1689 (1693).

Versuchung bleiben. Gerade bei weitreichenden Expropriationen ist es leicht, die (unzulässige) betriebswirtschaftliche Gewinnabsicht als volkswirtschaftliches Gesamtinteresse auszugeben. Selbst im gesamtökonomischen Gewande, das sich ja über eine Verbesserung der Haushaltslage durch Sozialisierungsgewinne leicht vorweisen läßt, ist aber die betriebswirtschaftlich-fiskalische Vergesellschaftung mißbräuchlich. Art. 15 GG verbietet nicht nur die primär betriebswirtschaftlich, sondern auch die primär gesamtwirtschaftlich orientierte Großenteignung, wenn sie haushaltspolitisch legitimiert wird. Er verweist damit die Großexpropriation, wenn sie überhaupt zulässig ist, klar auf das Motiv der Brechung wirtschaftlich-politischer Macht oder der sozial-solidarischen Nutzung des Eigentums. Sozialisierung ist nicht Entlastung des Steuerstaates. Soweit die Staatsgewalt dadurch wirtschaftsordnend wirken will, daß „sie selbst reicher" ist, mehr Mittel etwa konjunktursteuernd einsetzen kann, hat sie die Abgabenhoheit zu nutzen, alle zu belasten, nicht Kategorien von Bürgern etwas zu nehmen. Nur dann, wenn allein die Verdrängung der Eigentümer wirtschaftsordnend sich auswirken kann, darf vergesellschaftet werden. Die Sozialisierung ist *neben* der Abgabenhoheit und ebenso wie diese „unmittelbar zur Wirtschaftslenkung", ein paralleles Instrument derselben, sie ist kein Unterfall der Wirtschaftsintervention durch Staatsgewinn.

Diese Trennungslinie zu halten wird nicht leicht sein, wenn politische Passionen Großentscheidungen von der Art der Vergesellschaftung verlangen. Eben deshalb ist die Sozialisierungsklausel eine wichtige Mahnung — letztlich kann sie hier nur in Verfassungsfairneß realisiert werden.

8. Verbot der Totalsozialisierung

Die Frage, ob Art. 15 GG die Totalsozialisierung einer ganzen Unternehmensart oder vielleicht gar einer der dort genannten sozialisierungsfähigen Eigentumskategorien gestatte oder vielleicht gar fordere[39], ist bisher nur wenig behandelt und meist dahin beantwortet worden, daß dem Staat nur eine gegenständlich begrenzte Sozialisierungsmacht zustehe, weil die Sozialisierung nicht „zum Zwecke des ökonomischen und gesellschaftlichen Umsturzes erfolgen" dürfe[40]. Dafür spricht die Kontinuität zur Weimarer Reichsverfassung, über die hier das Grundgesetz wohl kaum hinausgehen wollte — sie läßt nur die Überführung von „Unternehmungen" in Gemeineigentum zu, welche „für die Vergesellschaftung geeignet" sind, sieht also ersichtlich eine Einzelprüfung vor, nicht eine totale Kategoriensozialisierung[41].

---

[39] *Krüger*, H., Allg. Staatslehre, Stuttgart 1964, S. 611.

[40] *Maunz/Dürig/Herzog*, GG, Art. 15 Rdnr. 18; *v. Mangoldt/Klein*, Art. 15, II a; *Thiele* (Fn. 14), S. 810, der dies aus dem „Kompromißcharakter" des GG ableitet.

[41] WV Art. 156, Abs. I; dazu *Anschütz*, G., Die Verfassung d. Dt. Reichs, 14. Aufl.,

Der These, daß nur „einzelne Unternehmungen" sozialisiert werden dürften[42], steht jedoch die neuerdings[43] wieder mit Nachdruck vorgetragene Auffassung entgegen, Art. 15 GG eröffne die Möglichkeit, ein Ordnungsmodell mit „gänzlich anderen Zügen" zu schaffen, also eine voll-kollektive Wirtschaftsverfassung. Und in der Tat — dann *ist* Totalsozialisierung nicht nur zulässig, sondern vielleicht überhaupt die einzige Form in der überhaupt sozialisiert werden darf[44].

Doch man bedenke wohl: Art. 15 GG ist ein Gesetzesvorbehalt gegenüber dem Eigentum, gleich ob man ihn in enger Verbindung mit Art. 14 sieht oder als eigenständige Institution auffaßt[45]. Der einfache Gesetzgeber kann hier in schwerstwiegender Weise die Eigentumsordnung verändern. Er muß aber doch an der Grenze des Wesensgehalts des *institutionell gesicherten* Eigentumsbegriffs haltmachen (Art. 14 Abs. I GG), d.h. es muß noch „so etwas wie Eigentum" übrigbleiben, was nach Art. 14 GG überhaupt gesichert werden kann. Bei einer Totalsozialisierung ist dies jedoch nicht mehr der Fall: Werden etwa sämtliche in Art. 15 GG genannten sozialisierungsfähigen Güter in Kollektiveigentum überführt, so gibt es nicht nur kein Eigentum mehr im primären und sekundären Wirtschaftssektor, auch im tertiären Bereich wird das Eigentum weitestgehend faktisch aufgehoben — was sollen private Banken und Versicherungen ohne Börse und Hypothekengeschäft, ohne Individualkredite und Teilnahme an privaten Investitionsentscheidungen? Welchen Sinn – und Wert – haben private Handelsgeschäfte, wenn sie in allen wichtigen Bereichen, vom Schweinefleisch bis zum Schweißgerät, stets einem Anbieter gegenüberstehen — dem Staat? Gibt es überhaupt noch nennenswerte Eigentumswerte, wenn der Markt in allen wesentlichen Bereichen aufgehoben ist? Was nützt eine Enteignungsregelung (Art. 14 Abs. III GG), wenn der marktbeherrschende Staat alle Werte bestimmt? Und dies alles soll der *einfache Gesetzgeber* vermögen, er soll Entscheidungen treffen dürfen, welche die gesamte Ordnung der Bundesrepublik Deutschland grundlegend sozialrevolutionär verändern müßten? Welchen Sinn hätte dann noch das komplexe System grundrechtlicher Verbürgungen? Um nur ein Beispiel zu nennen: Der einfache Sozialisierungsgesetzgeber könnte etwa die heute mit Recht so feier-

---

Berlin 1933, Art. 156 Anm. 2 a – „Ob ein Unternehmen für die Sozialisierung geeignet und reif ist ...". Auch Art. 156 Abs. II WV spricht für diese Auslegung — er bindet die (sachlich weiterreichende) Zwangssyndizierung an das Vorliegen der Voraussetzung eines „dringenden Bedürfnisses".

42 *Ritter*, FAZ 1972, Nr. 149.

43 *Rupp*, aaO., S. 41.

44 Dies liegt doch wohl in der Konsequenz der Gedanken von *Rupp*, aaO., wenn er die über Sozialisierung geschaffene Ordnung als klare, als einzig mögliche grundgesetzliche Alternative zur Ordnung des individuellen Eigentums und Anreizes bezeichnet.

45 Siehe dazu die Nachw. oben Fn. 14.

lich betonte Koalitionsfreiheit (Art. 9 Abs. III GG) völlig zerstören, obwohl sie doch vorbehaltslos gesichert ist. Im Falle der Totalsozialisierung gibt es keine Arbeitgeberverbände mehr und Gewerkschaften verlieren weithin ihren Sinn, wenn sie dem „totalen Arbeitgeber-Staat" gegenüberstehen. Nicht zu Unrecht wird heute betont, daß der Staat die faktischen Grundlagen der Freiheit zu erhalten, zu fördern, ja zu schaffen habe[46] — hier geschähe das Gegenteil, sie würden rechtlich und faktisch zerstört.

Eine Totalsozialisierung ist daher grundgesetzwidrig. Wie in der Weimarer Zeit dürfen nur Unternehmen oder Gruppen von solchen, allenfalls noch gewisse Kategorien sozialisiert werden, dem Eigentum in seiner herkömmlichen Form aber muß noch wesentliche Bedeutung bleiben.

In Verbindung mit Art. 14 Abs. I und 19 Abs. II GG schützt also der Sozialisierungsartikel bei richtigem Verständnis vor totalen Vergesellschaftungen.

9. Verbot abwägungsloser Entschädigung im Sozialisierungsfall

Sozialisierung ist ebenso entschädigungspflichtig wie Enteignung (Art. 15 S. 2 GG). Auch hier ist der Ersatz des Entzogenen unter gerechter Abwägung der Interessen der Allgemeinheit und der Beteiligten zu bestimmen. In der Regel erfüllt der Marktpreis diese Funktion, er berücksichtigt ja keineswegs einseitig Eigentümerinteressen[47]. Mit Recht geht daher die Rechtsprechung von jeher von dieser Form des „vollen Wertersatzes" aus, der eben durch Art. 3 GG gefordert wird.

Der Fall der Sozialisierung ist jedoch hier bei Entzug größerer Kategorien von Gütern insoweit problematisch, als dann ein „Verkehrswert" schwer zu ermitteln ist, wenn in einem bestimmten Bereich der Markt durch eben diese Maßnahmen beseitigt wird. Überdies wird hinter der Sozialisierung in aller Regel starker politischer Druck stehen, der die Gemeinschaftsinteressen besonders hervorhebt. Dies könnte leicht dazu führen, daß diejenigen Interessen, welche die Sozialisierung begründen, gleich noch in der Weise berücksichtigt werden, daß auch die Entschädigung entsprechend absinkt. Dies ist auch stets deshalb anzunehmen, weil an der „vollen Entschädigung" schon bisher Sozialisierungsvorhaben gescheitert sind und auch in Zukunft möglicherweise hier ihr größtes Hindernis finden.

---

[46] Vgl. f. viele *Scheuner* (Fn. 1), S. 510 (513); *Friauf*, K.H., Grundrechte im Interventions- und Leistungsstaat, DVBl. 1971, 674 (675 f.).

[47] Näher begründet bei *Leisner* (Fn. 8), S. 109 f.; vgl. auch *Maunz*, Th., Das Verhältnis der Baulandentschädigung zum GG, 1955, S. 16. A.A. neuerdings *Bielenberg*, W., Ist die Bemessung der Enteignungsentschädigung nach dem Verkehrswert im Bundesbaugesetz verfassungswidrig? BVBl. 1974, 113, jedoch ohne nähere Begründung. Zutr. dagegen *Rüfner* (Fn. 14), S. 514 f.

Deshalb ist der ausdrückliche Hinweis auf Art. 14 Abs. III GG, die Notwendigkeit gerechter Abwägung und der Marktwert der vollen Entschädigung, jedenfalls als deren Regelorientierung, von größter eigentumsschützender Bedeutung. Hier wird klargestellt, daß die Größenordnung des Eingriffs grundsätzlich nichts über die Entschädigungshöhe besagt, daß die gleichen Grundsätze zur Anwendung kommen, ob einem Kleinhäusler einige Quadratmeter Boden genommen oder ob Riesenunternehmen sozialisiert werden. Dies ist für die Richter ein sicherer positiv-rechtlicher Boden, um dem Bürger gegen den sozialisierungsbereiten und hier naturgemäß besonders entschlossenen und mächtigen Staat Hilfe zu gewähren. Nicht zuletzt werden sie dabei berücksichtigen, daß Gerechtigkeit im egalitären Staat vor allem Gleichheit bedeutet; beim Ausfall der Orientierung durch den Markt werden sie daher auf die Belastungen irgendwie vergleichbarer Eigentümer zurückgreifen, bei denen die Bestimmung der Duldungsschwelle durch den Markt noch funktionieren kann. Und sie werden zu berücksichtigen haben, daß diejenigen Interessen, welche die Sozialisierung begründen und damit die *Voraussetzung* schaffen, keineswegs identisch sind mit jenen Interessen der Allgemeinheit, billig an die Güter zu kommen, welche bei der Bestimmung der *Rechtsfolge* gegen die privaten Interessen abzuwägen sind.

Der Sozialisierungsartikel ist also Eigentumsschutz insoweit, als er klarstellt, daß die Interessen des Bürgers auch in diesem Extremfall denen des Staates nicht schlechthin zu weichen haben, und weil er auf den Markt selbst dort als Orientierung verweist, wo dessen Leitkraft problematisch erscheinen mag. Sozialisierung ist keine haushohe Welle zu neuen Ufern, welche den einzelnen einfach überrollt, sondern ein besonders geordnetes Verfahren im grundrechtlichen Prozeß State versus Man.

10. Verbot schematisierender Entschädigung

Art. 15 S. 2 verweist auf Art. 14 Abs. III S. 3 GG: Auch im Fall der Sozialisierung „steht im Streitfall der Rechtsweg vor den ordentlichen Gerichten offen“. Dies ist eine wichtige Klarstellung. Vergesellschaftet werden durch Gesetz wohl in aller Regel gewisse Kategorien von Gütern. Der Gesetzgeber, welcher sich infolge der Junktim-Klausel (Art. 14 Abs. III S. 2) eingehende Gedanken über Art und Ausmaß der Entschädigung machen muß, wird daher bei der Sozialisierung leicht in die Gefahr einer schematisierenden Regelung geraten, welche die Unterschiede etwa der betroffenen Betriebe oder Grundstücke nicht hinreichend berücksichtigt oder an irgendwelche äußerlichen Kriterien anknüpft, die den eigentlichen Wert des Entzogenen nicht gerecht bezeichnen (einheitliche qm-Preise, gewisse steuerliche Schätzwerte, Zahl der Arbeitsplätze o.ä.m.). Die Sozialisierungsklausel geht demgegenüber davon aus, daß es auch hier einzelne „Streitfälle" geben kann, die bei völlig schematischer Bewertung praktisch ausgeschlossen wären. Sie verlangt also, daß sich der Blick, wie bei jeder Enteignung, auch im Falle der Sozialisierung *stets primär* auf *den Einzelfall* richte, auf das, was dem einzelnen Bürger genommen worden ist. Hier *hat* der Gesetzgeber Gestaltungsfreiheit, aber nicht soweit wie bei der Ausgestaltung des Eigentumsinhalts. Vorgegeben ist ihm hier das konkrete, durch Leistung erworbene Eigentum und sein Wert. Er mag ihn praktikabel bestimmen, *spezielle* Individualinteressen unberücksichtigt lassen, welche die Stellung des Bürgers in der Gemeinschaft verkennen. Doch die Sozialisierung bleibt, aus der Sicht der Bürger, die hier entscheidet, eine Bündelung von Einzel-Expropriationen, nicht ein großer Eigentumsschlag, sie ist in jedem Falle auf ihre Zulässigkeit zu prüfen, *im einzelnen* auf die Höhe der Entschädigung hin zu beurteilen, wie die Enteignung auch.

Zuungunsten des Bürgers darf hier also, der Enteignung gegenüber, nicht abgekürzt, vereinfacht, schematisiert werden. Der Betroffene hat ebenso ein Recht auf ein geordnetes, dann gegebenenfalls erst zu schaffendes, *Sozialisierungsverfahren*, wie das Enteignungsverfahren zu seinen rechtsstaatlichen Sicherungen zählt.

Art. 15 S. 2 GG muß ernst genommen werden: Sozialisierung ist kein eigentumsrechtlicher Notstand. Eher trifft aus allgemeingrundrechtlicher Sicht das Gegenteil zu: Je größer eben der Zugriff ist, desto wirksamer und sorgfältiger muß Berechnung und Gewährung der Entschädigung geregelt sein.

11. Verbot berufssperrender Enteignung

Art. 15 GG hat noch einen weiteren guten und im letzten eigentumssichernden Sinn im Grundrechtssystem: Er stellt klar, daß es keine berufssperrende Enteignung geben darf, daß vielmehr solche Wirkungen allenfalls im Falle der Sozialisierung möglich sind. Er sichert damit der „Eigentumsverfassung" des Art. 14 GG die erforderliche Elastizität gegenüber der „Berufsverfassung" des Art. 12 GG.

Verfassungsschutz des *Eigentums* und der *Berufsfreiheit* stehen unter verschiedenen Bestimmungen: Art. 14 GG schützt vorwiegend „das Geschaffene", Art. 12 GG die „Freiheit zu schaffen"[48]. Dennoch können von eigentumsordnenden gesetzgeberischen Maßnahmen Wirkungen ausgehen, welche die Freiheit der Berufswahl beeinträchtigen. Im Falle der Sozialisierung ist dies besonders einleuchtend: Wenn etwa die Kohlengruben verstaatlicht werden, so kann niemand mehr, allein oder mit anderen, den Beruf eines freien

[48] BVerfGE 30, 292 (334 f.).

„Bergwerkunternehmers“ ergreifen[49]. Dies bedeutet objektive Berufssperre und wäre nach den Stufenkategorien des Apothekenurteils des Bundesverfassungsgerichts nur zum Schutze überragender Gemeinschaftsinteressen ausnahmsweise zulässig, wenn alle anderen Mittel versagten. Letzteres würde sich im Falle größerer Enteignungen mit berufssperrender Wirkung nur schwer oder überhaupt nicht nachweisen lassen. Hier öffnet Art. 15 GG ein Ventil: Seine ausdrückliche Vorschrift legitimiert die Berufssperre durch Eigentumsrecht — aber eben *nur* in den Formen der Sozialisierung, unter ihren Voraussetzungen. Art. 15 GG wirkt so auch als Eingriffsvorbehalt gegenüber Art. 12 GG. Doch dies zeigt auch die Schranken auf: Die Sozialisierung muß sich in ihrer objektiv-berufssperrenden Wirkung in Grenzen halten, sie mag einzelne Berufe, sie darf nicht große Berufsfelder völlig sperren. Hier bestätigt sich das Verbot der Totalsozialisierung (vgl. oben 8.).

Eine weitere Folge ergibt sich für Art. 14 Abs. III GG. Wenn die berufssperrende Enteignung unter den besonderen Voraussetzungen von Art. 15 GG zulässig ist, so kann sie es eben nach Art. 14 GG nicht sein — die *berufssperrende Enteignung ist unzulässig*, berufssperrend kann nur die Sozialisierung wirken. Art. 15 GG erweist sich auch hier nicht als „Systemwidrigkeit“, sondern als systematische Folge einer freiheitlichen Eigentumsverfassung, welche dem Staat auch Möglichkeiten größerer Eigentumsgestaltung eröffnen will.

12. Kein Verfassungsauftrag zur Sozialisierung

Die Sozialisierungsklausel wird sehr häufig in irgendeinem, meist nicht näher definiertem Zusammenhang mit der Sozialstaatsklausel (Art. 20, 28 GG) genannt. Es ist eine bedauerliche methodische Vergröberung der Integrationslehre, alle möglichen Verfassungsbestimmungen, in denen gleiche oder ähnliche Worte gebraucht werden, „zusammenzulesen“, um aus ihnen eine angebliche „Verfassungsgrundstimmung“ zu entwickeln, oder gar die eine aus der anderen heraus zu „akzentuieren“. Oft und mit Recht ist beklagt worden, daß durch solche „Öffnungen“, „Gewichtungen“, „Sinnerfüllungen“ die Dogmatik verunklart wird. Ein Musterbeispiel ist die Zusammenschau „Sozialstaat — Sozialisierung“. Hier entsteht wirklich der erste Eindruck, daß dieser Verfassung irgendeine „sozialisierende“, „sozialistische“ Tendenz innewohne, die bisher nicht hinreichend zum Tragen gekommen sei, nicht zuletzt, weil noch nicht — sozialisiert worden ist. Es liegt dann nahe, „Sozialstaatlichkeit“ im Sinne irgendwelcher größerer Umverteilungen oder wenigstens scharfer

[49] Es kann auch kein Bürger mehr privater Bergmann oder Bergwerkstechniker werden; wenn er dies wünscht, so wird er gezwungen, in den öffentlichen Dienst einzutreten. Ob ein solcher „Zwangseintritt in den öffentlichen Dienst“ nicht besonderer verfassungsrechtlicher Legitimation bedarf, mag hier offen bleiben.

Sozialbindungen als Verfassungsauftrag zu verstehen — „wenn schon keine Sozialisierung, dann wenigstens verstärkte Sozialstaatlichkeit“.

Dies mag heute weit verbreitete und durchaus legitime *politische* Meinung sein, auf die Verfassung, auf Normen kann sie sich nicht berufen: Art. 15 GG enthält keinen Verfassungsauftrag zur Sozialisierung, sondern nur eine Ermächtigung dazu an den Gesetzgeber. Ob und in welchem Umfang dieser davon Gebrauch macht, muß seiner politischen Entscheidung überlassen bleiben. Keinesfalls enthält auch Art. 15 ein Gebot, vom Inkrafttreten des GG an alles zu unterlassen, was eine künftige Sozialisierung erschweren könnte[50]. Die „Sozialstaatlichkeit“ ist also der „Sozialisierung“ gegenüber völlig neutral. Wenn sie in einem Sinne durch die Sozialisierungsklausel „konkretisiert“ wird, so dahin, daß *Sozialstaat nicht Sozialisierungsstaat* bedeutet. Und wenn man die Sozialisierungsklausel ausgewogen deutet, also, wie hier versucht, auch ihre Eigentumsschutzfunktionen betont, so zeigt eine Zusammenschau von Sozialstaat und Sozialisierung, daß wohlverstandene Sozialstaatlichkeit gerade keine Antieigentumsordnung ist, sondern in gleicher Weise Schutz und Fortentwicklung des herkömmlichen Eigentums verlangt.

Ein solches entideologisierendes Verständnis der Sozialstaatlichkeit ist ihre stärkste eigentumssichernde Wirkung.

III. Der Sozialisierungsartikel als Integrationsnorm

Diese Darlegungen haben zeigen sollen, daß Art. 15 GG vielfache Wirkungen entfaltet — er schwächt und er schützt zugleich das Privateigentum. Mit ihm ist nicht etwa ein sozialistisches Parteiprogramm Verfassung geworden[51], das heute ebenfalls weithin der Vergangenheit angehört. Vergesellschaftung kann ebenso geboren werden aus liberalem Freiheits- und Chancengleichheitsdenken, das marktfeindliche Macht zerstört, wie aus konservativ-genossenschaftlicher Sorge vor Liberalisierung — wie endlich aus der sozialistischen Überzeugung von der Schädlichkeit privater Verfügungsmacht. Wer aber immer zu diesem Instrument greift — er muß es im Rahmen einer Verfassung gebrauchen, welche alle Macht, auch die Sozialisierungsgewalt, vielfach bändigt, ja sogar zum Schutz für Freiheit und Eigentum der Bürger werden läßt. Dieses Grundgesetz ist nicht ideologisch interpretierbar, auch nicht in seinem Sozialisierungsartikel, in dem eben weit mehr und andere systematische Kraft und Bedeutung liegt als nur die eines Aufrufs zur Riesenenteignung.

---

[50] BVerfGE 12, 363 f.

[51] Siehe etwa *Klein*, aaO., S. 6, (9); *Kimminich*, aaO. Rdnr. 3; *Maunz/Dürig/Herzog*, GG, Art. 15 Rdnr. 5.

Im Namen der Verfassung, der Grundrechte zuvörderst, sollen die Bürger einig sein im Staate. Der Sozialisierungsartikel war bisher das Gegenteil — Kampfruf und Angstvorstellung, eine Norm, in deren Namen die Bürger uneins waren. Möge eine ausgewogene Deutung der Sozialisierung als Eigentumsschranke *und* Eigentumsschutz den gefürchteten Sozialisierungsartikel endlich zu einer Kraft der Einigung werden lassen!

Teil III

Gegenstände des Eigentums

„Kleineres Eigentum" — Grundlage der Staatsordnung*

I. „Kleineres Eigentum" und Verfassung

1. Die Kritik am „Großbesitz" und das „Kleinere Eigentum"

a) Art. 14 GG gewährleistet das Privateigentum. Das bedeutete zweierlei: Was der Bürger besitzt, wird durch die Verfassung geschützt, vor allem gegen den Zugriff des Staates, gegen Enteignung; der Bürger hat einen Anspruch darauf, daß ihm sein konkretes Eigentum bleibe. Darüber hinaus aber garantiert das Grundgesetz „Eigentum als Institution":[1] Immer muß es etwas geben, was den Namen „Eigentum" noch verdient. Der Begriff darf durch die Gesetzgebung nicht „ausgehöhlt" werden: Verfassungswidrig wäre es, die Eigentümer so zu binden, daß von den Befugnissen, die heute das Privateigentum charakterisieren – Besitz, Verfügung, Verwaltung, Nutzung – nur mehr ein bedeutungsloser Rest bliebe, eine Art von Fassade; der Gesetzgeber darf aber auch nicht die Eigentumsordnung so gestalten, daß an vielen wichtigen Gütern überhaupt kein Privateigentum mehr begründet werden könnte. Die Verfassung schützt das Eigentum so, wie „das Bürgerliche Recht und die gesellschaftlichen Anschauungen es geformt haben":[2] Von wenigen Güterkategorien abgesehen, an denen traditionell Eigentum nicht begründet werden kann, müssen Güter „eigentumsfähig bleiben", weiter in privatem Eigentum stehen können.

b) Die Verfassung schützt „alles Eigentum" — sämtliche vermögenswerten Rechte in Bürgerhand. Die „Größe" des Besitzes spielt dabei keine Rolle. Gesichert ist der wertvollste Besitz ebenso wie ein Gut von bescheidenem Wert. Wer viel Eigentum hat, muß nicht etwa sein Gut billiger der Allgemeinheit überlassen als der „kleine Eigentümer".[3] Das bürgerliche Recht, das den Eigentumsbegriff geformt hat, schützt nie grundsätzlich den „größe-

---

* Erstveröffentlichung in: *Otmar Issing / Walter Leisner*, „Kleineres Eigentum" — Grundlage unserer Staats- und Wirtschaftsordnung, Göttingen 1976, S. 51–94.

[1] BVerfGE 14, S. 263 (277); 31, S. 229 (241); *Weber*, W., Eigentum und Enteignung, in: Die Grundrechte Bd. 2, Berlin 1954, S. 355; *Calliess*, R.-P., Eigentum als Institution, München 1962.

[2] BVerfGE 1, S. 264 (278); dazu *Kimminich*, O., Erweiterung des verfassungsrechtlichen Eigentumsbegriffs?, Der Staat 14 (1975), S. 397 ff.

[3] Vgl. *Leisner*, W., Verfassungsrechtliche Grenzen der Erbschaftsbesteuerung, Berlin 1970, S. 86; *Wolff*, M., Reichsverfassung und Eigentum, Festschr. f. Wilhelm Kahl, 1923, S. 2 (11 ff).

ren" Eigentümer mehr oder weniger als den „kleineren". Insoweit bestand stets in Deutschland „Eigentumsgleichheit". Kann es da überhaupt eine verfassungsrechtliche Frage nach der Bedeutung des „kleineren Eigentums" geben?

c) Allein schon die Kritik am Großbesitz spricht dafür. Von jeher hat der „Großbesitz" in der staatspolitischen Diskussion eine ganz andere Rolle gespielt als das „kleinere Eigentum" — verständlich: Gewinne, Formen des Großbesitzes, führen zu vielfacher Abhängigkeit und zu sozialen Spannungen in der Gemeinschaft; das „sehr große Eigentum" kann Einfluß auf Staat und Gesamtwirtschaft gewinnen; großer Besitz weckt leicht Sozialneid.

Heute gerade steht der Großbesitz im Mittelpunkt der Kritik: Wer über ausgedehnten Grundbesitz verfügt, ist leicht dem Vorwurf ausgesetzt, er bereichere sich im Großen am Landbedürfnis der Allgemeinheit, er stehe vernünftiger Baubodenplanung im Wege. Altes Mißtrauen gegen den Großgrundbesitz lebt so wieder auf, obwohl dem agrarischen Eigentum heute längst keine beherrschende wirtschaftliche Bedeutung mehr zukommt. Härter noch ist die Kritik am „großen Eigentum" der gewerblichen Wirtschaft. Nach marxistischer Überzeugung ist die immer stärkere Konzentration von Eigentum an Produktionsmitteln in immer wenigeren Händen eine notwendige Folge der „kapitalistischen" Wirtschaftsordnung, die eben deshalb zerstört werden muß. Konzentrationsvorgänge sind in der Tat überall festzustellen, und die sogenannten „Krelleschen Zahlen" haben viele davon überzeugt, daß die Bundesrepublik auf dem Wege sei, ein Staat der Rieseneigentümer zu werden. Ein politisches „Problem Großeigentum" gibt es also heute ganz sicher, zur Verfassungsfrage kann es leicht werden, wenn das Grundrecht des Eigentums als solches ausschließlich oder überwiegend auf das Großeigentum bezogen und – was dann die natürliche Folge ist – alles Eigentum entsprechend beschränkt wird.

d) Dieser Punkt ist heute eigentlich schon erreicht. Die umfangreiche neuere Diskussion über das Eigentum und seine Sozialbindung,[4] vor allem über einen „Sinnwandel" dieses Begriffes,[5] geht, offen oder unausgesprochen, meist nicht vom kleineren, sondern von „großem" Eigentum aus, von seiner Macht, seiner Gefährlichkeit für die Allgemeinheit. Man spricht zwar stets

[4] *Leisner*, W., Sozialbindung des Eigentums, Berlin 1972; *Klein*, F., Eigentumsbindung, Enteignung, Sozialisierung und Gemeinwirtschaft im Sinne des Bonner Grundgesetzes, Tübingen 1972; *Benda / Kreuzer*, Eigentum und Eigentumsbindung, Zeitschr. f. Sozialreform 1974, S. 1 ff; BVerfG DÖV 1975, S. 92 (98); BGHZ 60, S. 129.

[5] BVerfGE 32, S. 112 (142 f.); 31, S. 229 (240 f.); *Sendler*, H., Zum Wandel der Auffassung vom Eigentum, DÖV 1974, S. 73 ff.; *Badura*, P., Eigentum im Verfassungsrecht der Gegenwart. Schlußvortrag auf dem 49. Deutschen Juristentag in Düsseldorf 1972, München 1972; *Thiele*, W., Wandel des Eigentumsbegriffs? DVBl. 1972, S. 625 ff.

von „dem“ Eigentümer, meint aber im Grunde oft nur den Großbesitz — wenn man etwa fordert, die Kommunen sollten in ihrer Planung nicht von einzelnen abhängig sein, oder wenn die Absenkung der Enteignungsentschädigung unter den Verkehrswert[6] begrüßt wird; da denkt man dann nicht an den „Bürger im Reihenhaus“ oder an das Ladengeschäft an der Ecke, sondern an den spekulierenden Besitzer vieler wertvoller Grundstücke oder an das Großunternehmen: Sie können doch der Allgemeinheit wirklich entgegenkommen! Und auch von einer politischen Machtballung des Eigentums kann ja nur dort ernstlich Gefahr drohen, wo „großes Eigentum“ auftritt; der kleinere Eigentümer vermag die Staatsgewalt nicht zu manipulieren.

e) Deshalb ist heute die Bedeutung des „kleineren Eigentums“ eine wichtige Verfassungsfrage — für die Eigentumsverfassung im ganzen wie für die Staatsordnung überhaupt: Die Diskussion um die künftige Eigentumsordnung darf nicht nur über das Großeigentum, sie muß auch, ja vor allem, aus der Sicht des „kleineren Eigentums“ geführt werden; denn fast jede Eigentumsentscheidung, in Norm oder Verwaltungspraxis, wirkt sich ja auf den großen wie auf den kleineren Besitz aus. Das „kleinere Eigentum“ ist in der Bundesrepublik eine so mächtige Realität, daß keine Eigentumsordnung gerecht wäre, die nur an den großen Besitz dächte.

Einen Beitrag zur Lösung der Diskussion aus einer solchen, oft gar nicht bewußten, Einseitigkeit will diese Untersuchung leisten. Für sie ist das „kleinere Eigentum“ kein Alibi für etwaige Sünden des „Großkapitals“. Solchen Gefahren gilt es zu wehren, nicht nur im Interesse der Allgemeinheit, sondern auch des kleineren Eigentums — aber eben nicht auf Kosten des kleineren Eigentums. Dieses muß bei seiner vitalen Bedeutung für zahllose Bürger in die Diskussion eingeführt werden, nicht nur, um deren sozialpolitische Problematik zu erweitern, sondern auch aus rechtlich-dogmatischer Notwendigkeit: Das „kleinere Eigentum“ ist weder wirtschaftlich „besonders leistungsfähig“, noch politisch wirklich „mächtig“, es darf also nicht aus solchen Gründen besonders geordnet oder speziell beschränkt werden. Eine Eigentumsordnung, welche das „kleinere Eigentum“ berücksichtigt, wird daher auch rechtlich zu anderen Ergebnissen gelangen, als wenn sie stets nur Leistungsfähigkeit und politische Macht des Großbesitzes im Auge hat.

Es ist deshalb vor allem zu fragen:

- Welche Bedeutung hat das „kleinere Eigentum“ in der Verfassungsordnung?
- Was muß bewahrend und fördernd geschehen, um dieser Bedeutung gerecht zu werden?

---

[6] Vgl. dazu *Leisner* (Fn. 4), S. 109 ff. m. weit. Nachw., v.a. S. 115 Anm. 293.

– Was gilt es bei Entscheidungen zur Eigentumsordnung zu vermeiden, damit nicht das kleinere Eigentum getroffen wird, wenn man Mängeln des „größeren“ begegnen will?

Dies sind die wichtigsten verfassungsrechtlichen, verfassungspolitischen Fragen zum „kleineren Eigentum“.

2. Was ist „kleineres Eigentum“ im staatspolitischen Sinn?

a) Die staatspolitische Bedeutung des „kleineren Eigentums“ läßt sich nur untersuchen, wenn dieser Begriff mit einer gewissen Deutlichkeit auch rechtlich faßbar umschrieben werden kann. Eine strenge dogmatische Definition soll hier nicht versucht werden; sie ließe sich heute weder aus dem Verfassungsrecht, noch aus dem bürgerlichen Recht gewinnen. Es geht hier ja auch vor allem darum, eine sehr bedeutsame außerrechtliche Wirklichkeit in das Recht einzuführen; einen „Rechtsbegriff kleineres Eigentum“ wird es in voller rechtlicher Schärfe erst dann geben, wenn die Eigentumsordnung diese Wirklichkeit „normativ zur Kenntnis nimmt“, wenn sie, etwa im Wettbewerbs- oder Steuerrecht oder im Rahmen der Vermögensbildung, das „kleinere Eigentum“ berücksichtigt.

Heute kann also „kleineres Eigentum“ nichts anderes sein, als eine begriffliche Arbeitshypothese, die in ihren Randzonen keineswegs fest bestimmt ist. Wer aber schon deshalb über „Verfassung und kleineres Eigentum“ gar nicht sprechen wollte, weil er diesen letzteren Begriff nicht abschließend definieren könne, der begeht einen methodischen Fehler: Was erst „an das Recht herangebracht“ werden soll, kann nicht schon rechtlich verfestigt sein.

Dies vorausgesetzt, läßt sich immerhin folgendes zum Begriff „kleineres Eigentum“ aussagen:

b) Was in einer gegebenen gesellschaftlichen und wirtschaftlichen Lage „kleineres Eigentum“ ist, das „weiß“ irgendwie jeder Bürger, ohne daß er es natürlich ökonomisch oder rechtlich exakt zu definieren vermöchte.

In dem Begriff „kleiner“ steckt ein Element des Vergleichs, ja der Wertung. „Kleineres Eigentum“ kann also auch rechtlich immer nur mit Blick auf die *jeweilige* allgemeine wirtschaftliche und soziale Lage – auf die Bürger – bestimmt werden: In „mageren Jahren“ wird auch das „kleinere Eigentum“ bescheidener sein als in „fetten“; wenn die Vermögensunterschiede in einer Gesellschaft größer werden oder sich abschwächen, wird sich dementsprechend jeweils ein anderes Bild vom „kleineren Eigentum“ ergeben. Der Inhalt dieses Begriffs ist also sicher in gewissen Grenzen beweglich, abhängig von volkswirtschaftlichen und sozialpolitischen Entwicklungen.

Dies steht jedoch seiner rechtlichen Faßbarkeit nicht entgegen. Die Rechtsordnung zeigt Beispiele, in denen solche variablen Begriffe in der jeweiligen Lage, für einen gegebenen Augenblick, durchaus rechtlich bestimmt werden müssen — so etwa in der Sozialhilfe das Existenzminimum[7] oder die zumutbaren Pfändungsgrenzen im Prozeßrecht.[8] In ähnlicher Weise läßt sich also auch das „kleinere Eigentum“ für jede gegebene Lage bestimmen, um so mehr, als unsere Wirtschafts- und Sozialordnung, insgesamt hier doch eine gewisse Konstanz der Entwicklung zeigt.

c) Deutlich lassen sich *äußerste Grenzen abstecken*, zwischen denen das „kleinere Eigentum“ jedenfalls anzusiedeln ist.

– „Kleineres Eigentum“ kann in einer freiheitlich-demokratischen Staats- und Wirtschaftsordnung *nicht identisch* sein mit dem *„persönlichen Eigentum“ sozialistischer Staatlichkeit.* Weder kann das „kleinere Eigentum“ auf die „Befriedigung täglicher Bedürfnisse“ beschränkt, noch darf es allein als Ergebnis laufender persönlicher Arbeit verstanden werden. Die Quelle, aus der ein bestimmtes Eigentum kommt, mag auch für die Rechtsordnung der Bundesrepublik eine gewisse Bedeutung haben — was durch „eigene Leistung“ erworben ist, genießt besonderen Schutz.[9] „Eigene Leistung“ ist aber nicht nur Einsatz von eigener Arbeitskraft, sondern auch, anders als in sozialistischen Ländern, Einsatz eigenen Kapitals. „Kleineres Eigentum“ ist also mehr als „persönliches Eigentum“.

– „Kleineres Eigentum“ wird dann kaum mehr anzunehmen sein, wenn jemand überhaupt nicht mehr „mit seinem Eigentum arbeitet“, wirtschaftet und – unter Inkaufnahme des Risikos – die optimale Ausnutzung der auf das Eigentum gegründeten wirtschaftlichen Möglichkeiten anstrebt. „Eigentümer von Beruf“[10] kann durchaus der „kleinere Eigentümer“ sein, Landwirte, Gewerbetreibende. Kaum wird aber dazu gehören, wer nur „liegt und besitzt“, um zu schlafen.

---

[7] „Notwendiger Lebensunterhalt“ in § 11 Abs. 1 S. 1 BHG (vgl. dazu *Schellhorn/Jirasek/Seipp*, Das Bundessozialhilfegesetz, 5. A., Darmstadt/Berlin 1968, Anm. I zu § 11) und § 12 BSHG (dazu *Knopp/Fichtner*, BSHG, 3. A., München 1974, Anm. 1; *Oestreicher*, E., BSHG, Stand: Aug. 1974, Rdnr. 4 zu § 12); die Einkommensgrenzen in § 79 (dazu *Knopp/Fichtner*, Anm. 2 zu § 79).

[8] Vgl. *Stein/Jonas/Pohle*, Komm. z. Zivilprozeßordnung, Bd. 3, 19. A., Tübingen 1975, Anm. I 1 zu § 850 ZPO: Die Pfändungsschutzvorschriften des § 811 und der §§ 850 ff. ZPO „konkretisieren den Schutzgedanken des Sozialstaatsprinzips“. Das Gesetz hat die Pfändungsregelungen „mit einer gewissen Elastizität“ versehen. Die Unpfändbarkeitsgrenzen des Arbeitseinkommens (§ 850 c) werden von Zeit zu Zeit angepaßt (zuletzt durch G. v. 1.3.1972, BGBl., S. 221).

[9] *Leisner*, W., Eigentümer als Beruf, JZ 1972, S. 33.

[10] Siehe Fn. 9.

d) Eine *nähere Bestimmung* des „kleineren Eigentums" kann vor allem von folgenden Gesichtspunkten ausgehen:

– „Kleineres Eigentum" besitzt nicht nur eine kleine Gruppe, die nur wenige Prozente der Bürgerschaft ausmacht, sondern die Schicht zwischen denen, welche man früher die „Oberschicht", die „happy few" des Besitzes nannte und denjenigen, welche nur von laufendem Arbeitseinkommen leben, nur den Arbeitsplatz und die damit verbundene soziale Sicherheit haben.

  Die „kleineren Eigentümer" sind also eine zahlenmäßig bedeutsame Gruppe der Gesellschaft und damit auch in der Wahl- und Mehrheitsdemokratie eine wichtige Größe. In Parteien-Größenordnungen ausgedrückt müßte man sie als eine „größere" wirtschaftlich-soziale Partei bezeichnen, nicht als eine „kleinere" oder eine „Splitterpartei".

– Entscheidend für die Bestimmung des „kleineren Eigentums" wird immer die *Größe des Besitzes* sein, die man dem Begriff zuordnet. Kleinstbesitz würde als solcher staats- und wirtschaftspolitische Berücksichtigung nicht rechtfertigen. „Kleineres Eigentum" kann man nur etwas nennen, was immerhin eine gewisse lebensgestaltende Bedeutung für den betreffenden Bürger hat.

  Hier muß man von der außerrechtlichen Wirklichkeit ausgehen, der gegenwärtigen Eigentumsstruktur Orientierungshilfen entnehmen. Ein gewisser – keineswegs der einzige – Ausgangspunkt ist hier das *„eigene Haus"*, die *„eigene Wohnung"* — oder ein Besitz, der jederzeit die Möglichkeit eröffnet, ein derartiges Gut erwerben zu können. Dies ist heute in der Bundesrepublik eine Art von „Typbesitz", der zwar im Wert Unterschiede zeigt, in der Auswirkung auf die Lebensgestaltung aber viele Gemeinsamkeiten bringt: Der Eigentümer der „größeren" und „kleineren" Wohnung wird einerseits entsprechend gesichert, andererseits in bestimmter Weise verwurzelt. Weitere typische Kategorien von „kleinerem Eigentum" finden sich beim *kleineren Gewerbe* und in der *Land- und Forstwirtschaft.* Dort ist heute der Ertragswert weithin so stark zurückgegangen, daß selbst bei einem Flächenbesitz, den man früher ohne weiteres als „mittleres", ja als „größeres Eigentum" hätte ansprechen können, in Wahrheit heute typisches „kleineres Eigentum" vorhanden ist. Diese Kategorie läßt sich also weder mehr ohne weiteres nach der „Größe" des Grundbesitzes, noch allein nach Umsätzen im gewerblichen Bereich bestimmen; wichtiger ist etwa der Ertragswert.

– Die *Zwecke*, denen das „kleinere Eigentum" dient, geben schließlich weiteren Anhalt. Zum „kleineren Eigentum" gehört der „kleinere Eigentümer". Für diesen Bürger, für seine Lebensgestaltung muß das Eigentum, das er hat, etwas nicht ganz Unwesentliches bedeuten. Oft heißt es, das Bürgereigentum habe in unserer Zeit entscheidend an Gewicht verloren, weil kaum mehr jemand „von seinem Eigentum lebe", vielmehr im wesentlichen Arbeitseinkommen und soziale Sicherungen die Lebensgrundlage darstellten.[11] Es gebe nurmehr den Lohn-, den Sozialversicherungs-, nicht den Besitzbürger.

In solcher Allgemeinheit trifft dies nicht zu. Für eine kleinere Schicht, das frühere Besitzbürgertum, ist diese Entwicklung eingetreten, das Eigentum hat entscheidend an Bedeutung eingebüßt. Für eine große Gruppe anderer Bürger dagegen ist heute gerade das Gegenteil der Fall: Das Eigentum hat für sie erstmals Bedeutung. Damit hat sich die typische Funktion des Eigentums für die Lebensgestaltung geändert: Es dient nicht mehr der Befriedigung elementarer, meist auch nicht der Befriedigung „laufender", als „normal" angesehener Bedürfnisse, es vermittelt auch keine Sicherheit, daß diesen laufenden Bedürfnissen in der Zukunft stets Rechnung getragen werden wird. Diese Funktion haben Lohn und Rente übernommen.

Gerade bei den Lohnempfängern, deren leistungsfähigere Kategorien zugleich immer mehr in die Rolle der „kleineren Eigentümer" hineinwachsen, dient vielmehr dieses „kleinere Eigentum" der Schaffung und Erhaltung einer „speziellen Lebensqualität", um dieses viel mißbrauchte Wort einmal in einem angemessenen Zusammenhang zu verwenden. Nach eigener Wahl kann der Eigentümer diese Lebensqualität in einzelnen Bereichen stärken oder in mehreren um einiges steigern — er kann besser oder sicherer wohnen, schöneren Urlaub genießen, kostspieligeren Freizeitbeschäftigungen nachgehen als es ihm seine berufliche und familiäre Lage sonst gestatten würde. Gerade angesichts des unaufhaltsam erscheinenden Anwachsens der Freizeit mit all ihren Problemen kommt dem „kleineren Eigentum" eine immer größere Bedeutung zu — nicht nur beim Schrebergärtner, sondern vor allem in der Gestalt dessen, der sich mit Wirtschaftsabläufen oder mit der Bewertung von Anlagechancen vertraut macht im Selbstgefühl wachsender Kompetenz die Funktion eines „Eigentümers in Freizeit" wahrnimmt. Auch in diesem Sinn dient das kleinere Eigentum der Befriedigung der „Bedürfnisspitzen", die sich beim „Durchschnittsbürger" ergeben können; dies hebt ihn eben um einiges über diesen Durchschnitt hinaus.

---

[11] Deshalb treten häufig bei politischen Initiativen der Vermögenspolitik einkommenspolitische Ziele – zu Unrecht – zurück. Vgl. dazu *Stein*, E., Vermögensbildung und Grundrechte, 1974, S. 21; vgl. auch *Lutter*, M., Vermögensbildung und Unternehmensrecht, 1975, S. 16; *Pohlschröder*, K., Vermögensbildung durch Vertrag und Gesetz, 1966, S. 23.

Dieses lohn- und versicherungsergänzende Eigentum[12] breiterer Schichten ist das typische „kleinere Eigentum". Es kann nicht das „kleine" heißen, weil dies dem „tagtäglichen Tascheneigentum" oder dem „persönlichen Eigentum" der sozialistischen Länder nahekommen würde. Und seine gesellschaftliche Bedeutung ist überragend: Je mehr im Arbeits- und Versorgungsstaat entlohnt und gesichert wird, je mehr für die Befriedigung einer bestimmten Stufe von Bedürfnissen bei allen Bürgern Vorsorge, immer einheitlicher, getroffen wird, desto mehr wird all dies geradezu zur Selbstverständlichkeit, desto begehrenswerter erscheint jede „Spitze" darüber hinaus.

Es ist also gerade umgekehrt: Im nivellierenden Versorgungsstaat nimmt die Bedeutung des Eigentums nicht ab, sie steigt entscheidend beim kleineren Eigentum. Je mehr Gleichheit sein wird, desto wertvoller wird dem Bürger jedes Mittel erscheinen, mit dem er sich unterscheiden kann, und sei es auch noch so wenig.

So läßt sich zusammenfassend das kleinere Eigentum im Sinn dieser Untersuchung umschreiben als das *lohn- und versicherungsergänzende Eigentum breiterer Schichten der Bevölkerung, ausgehend etwa von der Größenordnung des heute weitgestreuten Haus- und Wohnungseigentums.*

3. Was ist am „kleineren Eigentum" staatspolitisch besonders wichtig?

a) Aus der vorstehend versuchten Standortbestimmung des „kleineren Eigentums" ergibt sich auch, was seine besondere staatspolitische Bedeutung ausmacht.

Nicht entscheidend ist, daß es den einzelnen insgesamt „wohlhabender" macht, daß es dem Bürger einen im ganzen höheren Lebensstandard der allgemeinen Bedürfnisbefriedigung gewährleistet. Diese Aufgabe hat die gesellschaftliche und staatliche Wirtschaftspolitik zu erfüllen, insbesondere die Lohn- und Versicherungspolitik. Deswegen sind Gegenstand dieser Untersuchung auch nicht allgemein die „wirtschaftliche Leistungsfähigkeit" des Bürgers oder sein allgemeiner Lebensstandard. Das „kleinere Eigentum" stellt vielmehr in den Händen des Bürgers eine *Entscheidungsmacht* dar, die für ihn jedenfalls nicht unbedeutend ist. Da es letztlich den Charakter des „Zusätzlichen" nicht des „Normalen", für die Gestaltung der Lebensqualität hat, lockt es nicht nur zu laufendem Konsum, es zwingt zur Entscheidung, einmal und immer wieder. Dies gilt selbst dann, wenn das „kleinere Eigentum", wie bei Wohnung und Haus, weitestgehend Bestandteil des „laufenden Lebens-

---

[12] Auf diesen Aspekt weisen mit Recht u.a. hin *Pohlschröder* (Fn. 11); *Ringer*, P., Der Investivlohn, 1970, S. 53.

standards" geworden ist. Abgesehen davon, daß es dann, eben als „Eigenes", nicht „Gemietetes", einen ganz anderen Ausgestaltungsraum eröffnet, bleibt vor allem Recht und jederzeitige Möglichkeit des Verkaufs oder anderweitiger Nutzung, damit aber eine ständige Situation virtueller Entscheidungsmacht.

Diese Position geht über die eines laufenden Konsums von „frei Haus gelieferten Gütern" entscheidend hinaus. Hier ist der „Hahn der Leistungen" fest eingestellt, nur von „höherer Hand", etwa durch den Staat, kann er verstellt werden; der Eigentümer dagegen kann ihn – in Grenzen – selbst bedienen. Deutlicher noch als beim Immobilienbesitz ist dies beim kleineren gewerblichen oder Wertpapiereigentum: Der Gewerbetreibende steht ständig in der Entscheidung, sich zu verändern, zu adaptieren, wer Papiere besitzt, sieht laufend die Chance der Umschichtung seines Vermögens.

Dies also ist das Wichtigste am „kleineren Eigentum": nicht „mehr Geld", sondern „mehr Entscheidung"; und noch ein Zweites: eine gewisse Sicherheit, welche nicht so weitgehend fremdbestimmt ist, wie Renten und ähnliche Ansprüche, die sich an Staat und Allgemeinheit wenden.

b) Was am „kleineren Eigentum" in diesem Staate besonders wichtig ist, zeigen deutlich die sogenannten Funktionen des Eigentums, die Befugnisse, die es in einem freien Gemeinwesen verteilt.

Das „Eigentum" ist nach seiner Definition begrifflich ein „volles Herrschaftsrecht" über ein Gut oder ein Recht. Daraus ergeben sich jedoch vor allem vier Befugnisse: Besitz, Verwaltung, Nutzung, Verfügung. Nur wenn sie alle, im Kern ungeschmälert, vereint sind, kann man überhaupt von Eigentum sprechen, kommt diesem Recht die von der Verfassung vorausgesetzte Funktion zu. Der Schwerpunkt liegt dabei auf Nutzung *und* Verfügung, ohne sie werden Besitz und Verwaltung zur Last. Wesentlich aber ist, daß das Eigentum nicht in ein „Nutzungs-" und ein „Verfügungseigentum" aufgespalten ist. Ein Eigentumsrecht, das nur zur Verfügung berechtigt, hat in der Regel für den Bürger keinen Sinn; wenn man die Verfügungsbefugnis isoliert, so ist sie nicht so sehr ein vermögenswertes Recht, als vielmehr eine Lenkungsbefugnis über Nutzungsrechte anderer, die man damit freilich auch in ihrer Substanz beeinflussen, insbesondere vermindern kann. „Verfügungseigentum" ist letztlich nur ein Wort für weitgehendes staatliches Eigentumslenkungsrecht, eine Art von hoheitlichem Obereigentum, wie es insbesondere für die Gemeinden von manchen Reformern bei Stadtgrundstücken erstrebt wird. Mit dem Privateigentum des Grundgesetzes hat das nichts zu tun.

Aber auch das reine Nutzungseigentum ist in der Regel kein volles „Eigentum". Zwar werden auch alle Nutzungsrechte *als solche* durch Art. 14 GG geschützt, weil die Verfassung eben jedes vermögenswerte Recht gewährleistet. Zum „Eigentum" im Sinne des Grundgesetzes gehört aber, daß es auch *Vollrechte* an allen Gütern geben kann, nicht nur verfügungsbeschränkte Nutzungsrechte. Nur wenn der Bürger zugleich nutzen und verfügen kann, ist er wirklich „Herr" eines Gutes; die Verfassung will ihm nicht nur den Wert des Gutes garantieren, der sich im Nutzen niederschlägt, sondern die Innehabung des Gutes, das „Gut in seiner Hand".

Dies gilt vor allem für das „kleinere Eigentum": Wenn es *nur* auf laufenden (zusätzlichen) Gewinn[13] hinausläuft, so mag es eine Erhöhung des allgemeinen Lebensstandards bewirken, es erfüllt aber nicht die Funktion als ergänzende Lebensqualitätsspitze nach eigener Entscheidung. Es entspricht nur mehr allgemein Lohn- und Versicherungs-, nicht mehr den speziellen Eigentumsfunktionen. Gerade das „kleinere Eigentum" ist an sich nicht allzu weit davon entfernt, zu „allgemeinen laufenden Zuschüssen" zu führen, so daß sich die Entscheidungsmacht abschwächt, die es aber dem Bürger doch stets noch gewähren soll. Besonders wichtig ist es also gerade hier, daß in der *Verbindung von Nutzungs- und Verfügungsmacht* etwas von dem Eigenverantwortlichen, von der Entscheidungskompetenz des Eigentümers erhalten bleibt.

Das Gegenbild dieses Eigentums ist das Fondseigentum, in welchem dem Bürger seine Verfügungsrechte genommen und in eine große Vermögensmasse eingebracht werden, über die andere bestimmen, aus der der Bürger sein Recht nie mehr „herausnehmen" kann. Die Verfassung mag auch solche Rechte schützen — zum Leitbild des Eigentums passen sie nicht, um dessentwillen Eigentum auch als Rechtsinstitut geschützt wird: Eine Verwandlung wesentlicher Eigentumskategorien in verrentetes Fondseigentum wäre verfassungswidrig, weil sie der Institutsgarantie des Eigentums widerspräche.

Was also „wichtig" ist am Eigentum für diesen Staat ist dies: daß Nutzungs- *und* Verfügungsrecht beim Eigentümer bleibe. Besonders wichtig ist dies für das „kleinere Eigentum": Nur dann wird es nicht zu Zusatzlohn, bleibt es Macht zu selbstverantwortlicher Entscheidung.

II. Das „kleinere Eigentum" — Ausdruck der Grundentscheidungen der Verfassung

1. Privateigentum als Höchstwert

a) Das Privateigentum ist nicht nur Basis einer Wirtschaftsordnung, die mit dem Grundgesetz vereinbar ist, es stellt eine der wichtigsten Grundlagen

---

[13] BVerfGE 24, S. 367 ff. (Hamburger Deich-Urteil).

der verfassungsmäßigen Ordnung der Bundesrepublik dar. Das Bundesverfassungsgericht bezeichnet das Eigentum „ebenso wie die Freiheit" als ein „elementares Grundrecht". Das Bekenntnis zu ihm ist eine Wertentscheidung des Grundgesetzes von besonderer Bedeutung für den sozialen Rechtsstaat.[14] Da nach der Gesamtauffassung des Grundgesetzes die freie menschliche Persönlichkeit der „oberste Wert" ist,[15] gehört auch das Privateigentum, das in seiner Bedeutung der Freiheit gleichkommt, zu den höchsten Werten dieser Gemeinschaft.

Das bedeutet: Keine einzige Norm der Verfassung steht höher als die des Eigentumsschutzes, denn das Eigentum ist ein Recht, in dem die Würde des Menschen besonders klar in Erscheinung tritt. Nach den Wertvorstellungen dieses Gemeinwesens definiert sich die menschliche Persönlichkeit ganz wesentlich dadurch, daß sie die natürliche Fähigkeit besitzt, sich die Güter dieser Erde zu eigen zu machen — und damit dieses kein leeres Wort sei, darin, daß der Staat dieses Eigentum achten muß. Deshalb ist die Fähigkeit, Eigentum zu erwerben und das rechtmäßig Erworbene zu behalten, ein echtes „Menschenrecht" im Sinne der Aufklärung und des Liberalismus, ein Recht, das nicht der Staat verleiht, sondern das mit dem Menschen geboren ist und ihm, unantastbar und unveräußerlich, bis zu seinem Tode bleiben muß. Als einziges Grundrecht wirkt es, nicht nur in einzelnen Ausstrahlungen, sondern in voller Breite, sogar über den Tod hinaus: Art. 14 Abs. 1 S. 1 GG gewährleistet zusammen mit dem Eigentum das Erbrecht.

Was immer zum kleineren Eigentum gesagt wird — es steht vor diesem Hintergrund der Höchstwertigkeit des Eigentums überhaupt. Die freiheitliche Grundordnung kennt zwar keine „Ideologie" im Sinne eines festen „Systems von Wahrheiten", das mit quasireligiösem Eifer geschlossen zu verwirklichen wäre. Doch keine Staatsverfassung, die diesen Namen verdient und in deren Namen Menschen einig sein sollen (Rudolf Smend), kann ohne Werte bestehen, zu denen man sich bekennt, die als solche nie in Frage gestellt werden dürfen. Einer der ganz wenigen Werte von dieser Art ist das Privateigentum. Es ist „das wichtigste Rechtsinstitut zur Abgrenzung privater Vermögensbereiche" der Bürger; und nachdem Mündigkeit von jeher vor allem bedeutet, über sein eigenes Gut frei verfügen zu dürfen, wünscht nur derjenige wahrhaft den mündigen Bürger, der das Privateigentum bejaht, das jeder Emanzipation erst wirklichen Sinn gibt.

b) „Privateigentum" ist nun aber nichts Vorgegebenes, das man nur statistisch beschützen könnte; es ist ein dynamischer Wert, der sich täglich legitimieren muß, den es zu steigern gilt. Wie in der grundgesetzlichen Ordnung

---

[14] BVerfGE 14, S. 263 (277).

[15] BVerfGE 7, S. 377 (405).

alles darauf angelegt sein muß, „immer mehr Freiheit“ dem Bürger zu gewinnen, so gibt es auch ein Verfassungspostulat, daß „immer mehr Eigentum sei“ in diesem Staat. Die ganz große Aufgabe dieses Staates ist und wird in stets noch höherem Maße sein „mehr Eigentum“ — sein Grundproblem aber ist dabei dies: Er muß die Eigentumsfähigkeit seiner Bürger steigern *und zugleich* den Schutz des bestehenden Eigentums, denn wenn er nur das erste leistet, indem er Güter verteilt, so schwächt er gerade dadurch die Bedeutung der Verteilung: etwas zu erhalten, was ständig entzogen werden kann, das ist schlechte Verteilung, ein minderwertiges Geschenk. Eigentumsfähigkeit — Eigentumsschutz: beides in optimaler Verbindung, das allein ist wirklich „mehr Eigentum“.

Daraus ergibt sich bereits die Bedeutung des „kleineren Eigentums“ für die Verwirklichung dieses Höchstwertes der Verfassung: Es zeigt, daß die Eigentumsfähigkeit der Bürger gesteigert ist, eben weil eine größere Zahl von ihnen Eigentum von nicht unwesentlicher Bedeutung besitzt — nur gilt es dabei eben zu vermeiden, daß ein derart „gestreutes“ Eigentum nicht wieder durch Beschränkungen in seinem Wert gemindert wird.

Immerhin: Das „kleinere Eigentum“ ist sicher *eine* wesentliche Komponente jeder Eigentumspolitik, die hier auf *einem* Wege dem Verfassungsauftrag der „Maximierung des Privateigentums“ zustrebt — über eine breite Realisierung der Eigentumsfähigkeit der Bürger. Wenn Privateigentum ein Höchstwert der Gemeinschaft ist, so ist „kleineres Eigentum“ von höchster Wertbedeutung in der Bundesrepublik.

2. „Kleineres Eigentum“ als Freiheit der Person

a) „Der Eigentumsgarantie kommt im Gesamtgefüge der Verfassung zunächst die Aufgabe zu, dem Träger des Grundrechts durch Zubilligung und Sicherung von Herrschafts-, Nutzungs- und Verfügungsrechten einen Freiheitsraum im vermögensrechtlichen Bereich zu gewähren und ihm damit die Entfaltung und eigenverantwortliche Gestaltung des Lebens zu ermöglichen; insoweit steht sie in einem inneren Zusammenhang mit der Garantie der persönlichen Freiheit“ — so sieht das Bundesverfassungsgericht das verfassungsrechtliche Wesen des Eigentums.[16] Besonders wichtig ist dabei die Veräußerungsfreiheit, die das Gericht als „elementaren Bestandteil der Handlungsfreiheit im Bereich der Eigentumsordnung“ bezeichnet.[17] Und der Bun-

[16] BVerfGE 31, S. 229 (239); ähnlich schon 30, S. 292 (334); 24, S. 367 (389); 21, S. 73 (86); 14, S. 288 (293).

[17] BVerfGE 26, S. 215 (222).

desgerichtshof hat in der wichtigsten Grundsatzentscheidung zum Eigentum[18] festgestellt: „Der in den Staat eingegliederte einzelne bedarf, um unter seinesgleichen als Person, das heißt frei und selbstverantwortlich leben zu können und um nicht zum bloßen Objekt einer übermächtigen Staatsgewalt zu werden, also um seiner Freiheit und Würde willen, einer rechtlich streng gesicherten Sphäre des Eigentums."

Das Grundgesetz will also nicht primär den „Besitzbürger" vergangener Zeiten. Der freie Mensch aber, der seine Grundvorstellung ist, muß Eigentum *haben können*, weil in diesem eine besonders wichtige Seite der Freiheit liegt, weil der Bürger heute Freiheit wünscht, um etwas erwerben zu können. Dieser freie Bürger muß aber nicht unbedingt eine bestimmte Menge von Gütern *haben*, sondern sie sich nur in Freiheit gewinnen *können*. Wenn der Staat die Zuteilung übernähme, so würde dadurch ja wieder die Freiheit genommen, aus der das Privateigentum kommen soll.

Freiheit und Eigentum sind also eng verbunden: Freiheit ist heute gerade auch Chance zu Eigentum, Eigentum Verstärkung und Sinngebung der Freiheit; Eigentum ist Freiheit, Freiheit mögliches Eigentum. Wer daher die freiheitlich-demokratische Grundordnung bejaht, *muß* sich auch zum Privateigentum bekennen.

b) *Gerade beim „kleineren Eigentum"* wird dieser enge Zusammenhang von Freiheit und Eigentum sichtbar. Während der „Riesenbesitz" den Eigentümer durch seine wirtschaftliche Eigengesetzlichkeit oder seine Verwaltungslast nur zu oft bindet, seine persönliche Freiheit einengt, bringt das „kleinere Eigentum" in das Leben des Bürgers eine „Spitze von Entscheidungsfreiheit", die sich abhebt vom „normalen" Verlauf, gerade deshalb aber einen besonderen Freiheitswert darstellt. Immer mehr ist heute der Bürger eingespannt in den gleichmäßigen Ablauf des lohn- und versicherungsbestimmten Berufslebens, seiner Freizeit, seines schließlichen Ruhestandes. Die persönliche Freiheit, ihr besonderer Wert, ist ihm keineswegs tagtäglich bewußt, oder sie wird ihm selbstverständlich wie etwa „Normales". Oft mag es ihm scheinen, als unterscheide sich hier kaum mehr etwas von der Gesellschaftsordnung sozialistischer Staaten, als sei die vielgepriesene Freiheit des Grundgesetzes nur etwas für „wenige", „Reiche".

Da erfährt gerade er, der Alltagsbürger, mit seinem „kleineren Eigentum" etwas von Freiheit; und dies ist gar nicht eine „kleinere Freiheit", sieht man sie im Verhältnis zu den vielen, festen, beruflichen und familiären Bindungen, in denen er tagein tagaus steht. Die Freiheitswirkung ist im Verhältnis viel größer im Leben des „Normalbürgers" als der Wert des Gutes, unver-

[18] BGHZ 6, S. 270 (276).

gleichbar viel bedeutsamer als dort, wo zu großem Besitz noch etwas hinzukommt.

Der lohn- und versicherungsgesicherte Normalbürger findet mit seinem kleineren Besitz zur persönlichen Freiheit, er erfüllt sich persönliche Wünsche, und dieser Freiheitskontakt ist ein laufender, so wie eben jedes Eigentum, das nicht in täglichem Konsum kommt und geht, ständiger Beschäftigung, Verwaltung bedarf. In ihr handelt der Bürger in Freiheit, in ihr denkt er ständig, ohne es vielleicht zu wissen — an die Freiheit.

Damit aber hat das „kleinere Eigentum" die engste Beziehung zur verfassungsrechtlichen Grundentscheidung der Freiheit, die es nur geben kann. Es entspricht am besten dem Leitbild des freien Eigentumsbürgers, das unseren obersten Gerichten vorschwebt.

c) „Kleineres Eigentum" ist noch in einem anderen Sinn ein besonderer Ausdruck der Freiheit der Person: in seiner notwendig weiteren Streuung.

Freiheit steht jedermann zu, und grundsätzlich ist sie stets gleich groß. Daß dies nicht zu „gleichem Eigentum für jedermann" führen kann, wurde schon dargelegt — es wäre dies das Ende der Freiheit. Dennoch liegt in der Entscheidung zur Freiheit das Ziel beschlossen, „der Gleichheit der realen Freiheitsräume aller einzelnen näher zu kommen".[19] Das „kleinere Eigentum für viele" liegt auf diesem Weg; es gibt die nötige „reale Freiheitshilfe" — und zerstört nicht die Freiheit in der völlig gleichen Güterverteilung. Damit hält das „kleinere Eigentum" die richtige Mitte zwischen der eigentumslosen „rein formalen" Freiheit, gegen die sich der Marxismus nicht zu Unrecht von jeher gewandt hat, und dem freiheitslosen gleichen Eigentum sozialistischer Ordnungen.

Freiheit verlangt keinen Großbesitz, aber sie braucht kleineres Eigentum, das zu größerem werden — und auf kleineres wieder zurückfallen kann. In diesem Sinne ist „kleineres Eigentum" ein Verfassungsziel aus der Freiheit.

3. „Kleineres Eigentum" als Voraussetzung des Demokratiegebotes

a) Die Staatsordnung der Bundesrepublik beruht auf der Verfassungsentscheidung für die Demokratie (Art. 20, 28 GG), die unabänderlich ist (Art. 79 Abs. 3 GG). Das Demokratiegebot verlangt vor allem[20] die Herrschaft der Mehrheit, eine gewisse politische Gleichheit, insbesondere die Wahlrechtgleichheit, und die Chance der Minderheit, Mehrheit werden zu können.

---

[19] *Stein* (Fn. 11), S. 31.

[20] Näher zum Inhalt des Demokratiegebots *Maunz*, in: Maunz / Dürig / Herzog, GG, Art. 20, Rdnr. 28 f.

Die „demokratische Grundordnung", das Mehrheitsprinzip, überläßt einer – mehr oder minder großen (qualifizierten) – Majorität die Leitung des Staates und damit auch die heute so bedeutsame gesellschaftsgestaltende Staatsgewalt. Die Mehrheit ist also auch Herr über die Eigentumsordnung. Die einfache Mehrheit kann die (entschädigungslose) Sozialbindung des Eigentums verschärfen oder lockern, etwa beim Umweltschutz, im Arbeitsrecht oder in der objektbezogenen Besteuerung. Sie kann auch Eigentum durch Enteignung oder Sozialisierung entziehen (Art. 14 Abs. 3, 15 GG), muß allerdings den Bürger für solchen Verlust entschädigen. Die verfassungsändernde Zweidrittel-Mehrheit kann sogar noch weitergehend ins Eigentum eingreifen, wobei allerdings völlig entschädigungslose Enteignung gegen das ebenfalls unabänderliche Prinzip der Rechtsstaatlichkeit verstoßen dürfte.

Selbst außerhalb dieser „theoretischen" Möglichkeiten radikaler Umgestaltung der Eigentumsordnung ist also die Macht der Mehrheit zu ihrer Veränderung, insbesondere zur Umverteilung des Eigentums, sehr groß. Andererseits geht die Verfassung aber ganz ersichtlich nicht von einer Eigentumsordnung aus, die ständig, grundlegend verändert wird. Die höchstrangige Grundentscheidung für das Privateigentum hat sicher vor allem schützenden, bewahrenden Charakter; einschneidende Veränderungen der Eigentumsordnung sollen Ausnahme bleiben. Das zeigt sich schon darin, daß nach dem Bundesverfassungsgericht Enteignungen unmittelbar *durch* Gesetz nur ausnahmsweise zulässig sind.[21]

Eine derartige Stabilität des bestehenden Eigentums, ohne die dessen grundrechtliche Sicherung sinnlos wäre, setzt nun aber voraus, daß nicht ständig eine große Mehrheit darauf ausgeht, einer Minderheit ihr Eigentum durch demokratische Entscheidung zu nehmen. Dies aber kann nur erwartet werden, wenn eine Voraussetzung zutrifft: daß eine breite Schicht von Bürgern hinter dem bestehenden Eigentum steht, weil sie selbst Eigentum hat, und weil ja niemand genau wissen kann, wann „er an die Reihe kommt", wenn erst einmal der Schutzdamm durchbrochen ist, der alles Eigentum sichert.

Deshalb ist das „kleinere Eigentum" eine echte Verfassungsvoraussetzung für eine Ordnung, in der das Demokratiegebot gilt und zugleich das Privateigentum geschützt wird. Bereits „kleineres Eigentum" ist der Zustand, welcher „am nächsten bei der Verfassung steht". Gäbe es dieses Eigentum nicht, so müßte das Demokratiegebot mit Notwendigkeit zu einer ständigen „Majorisierung des bestehenden Eigentums" und damit zur Aufhebung des Grundrechts durch die „Demokratie" führen.

[21] BVerfGE 24, S. 367 ff.

In der Diskussion um die Vermögensbildung ist nicht selten zugunsten einer breiten Vermögensstreuung angeführt worden, man könne so die Bürger für diese Staatsform gewinnen, sie bei ihr halten. Kritiker sehen darin wiederum eine Art von Korrumpierung des Bürgers durch das Kapital.[22] Was auch immer daran richtig sein mag — es geht gar nicht darum, durch Geschenke beim Bürger nachträglich Wohlwollen für diese Verfassung zu erkaufen: Die Verfassung selbst, ihre Grundidee, verlangt das breite kleinere Eigentum; auf daß Demokratie nicht Freiheit zerstöre, ist Verfassungsziel eine „Demokratie von Eigentümern", damit aber das „kleinere Eigentum". Wenn es eine „reale Bedingung" für das Funktionieren dieser Verfassung gibt, so ist es diese Eigentumsgrößenordnung bei vielen Bürgern.

b) „Kleineres Eigentum" ist aber in der Demokratie nicht nur unumgänglich, damit diese Staatsform nicht zu einem Mittel degeneriere, Minderheiten ihr Gut zu nehmen: Demokratie verlangt den *frei* entscheidenden, damit aber den Eigentumsbürger. Ihr Idealbild sind nicht Abstimmungsmassen, die von fremdbestimmter Sicherheit leben, die sich leicht manipulieren lassen, weil sie kaum Gelegenheit haben, ihr Leben eigenverantwortlich zu gestalten, da sie „der Freiheit nicht begegnen". Möglichst viele Bürger sollen diese eigenverantwortliche Freiheit erfahren, und dies geschieht gerade in Nutzung und Verwaltung eines selbst bescheidenen Eigentums, in der Verfügung darüber (dazu näher oben 2). Nur dann, wenn das „kleinere Eigentum" vielen eine solche „Freiheitsspitze" bietet, werden sie sich in der Wahl auch wirklich „verantwortlich" entscheiden, denn wenn dies nicht nur ein leeres Wort sein soll, kann es nur bedeuten, daß man „Einsätze" in seinem Leben kennt, immer wieder erlebt.

Sicher bietet heute das Privateigentum nur in selteneren Fällen mehr eine wahre „Unabhängigkeit" vom Staat, von der Gemeinschaft. Wohl wäre derjenige der beste Demokrat, der, wie einst die Schweizer Bauern, Eigenständigkeit gegen die Gemeinschaft aufgrund seines Eigentums besitzt, der so immer von neuem in der demokratischen Entscheidung einen echten Sozialvertrag im Lockeschen Sinn abschließt, in den er etwas von seinem Eigentum einbringt, anderes sich zurückbehält. Doch der eigentliche Sinn des Eigentums war nie allein eine solche „Unabhängigkeit vom Staat", die es in fester gefügten Gemeinschaften ohnehin nicht geben kann, sondern stets das lebendige Erlebnis einer beschränkten Eigentumsfreiheit im Staat, aus der die wahre Eigenverantwortlichkeit des Wahlbürgers erwächst. Das Grundgesetz sieht

[22] Zu diesen Gesichtspunkten vgl. u.a. krit. Jungsozialisten, Bundeskongreß 1970, in: Aktuelle Dokumente, Vermögensbildung, Vermögensverteilung, zus. gest. v. *Pulte*, P., 1973, S. 65 f.; zur Auffassung der CDU siehe *Stein*, E. (Fn. 11), S. 33; siehe ferner *Schreiber*, W., Vermögensbildung in breiten Schichten, 1958, S. 12; *Pohlschröder* (Fn. 11), S. 23.

das allgemeine Wahlrecht nicht als Machtinstrument des besitzlosen Proletariers. Die Wahl ist in dieser Ordnung eine Gesamtentscheidung der Bürger über ihre gemeinsamen Güter, in der sich die Verwaltung ihres Eigentums fortsetzt. Und wenn es kein breites „kleineres Eigentum" gäbe, Besitzgrößen, die jeder Bürger wenn nicht schon *erlangt hat*, so doch bei Anspannung seiner Kräfte *erreichen kann*, so wäre die eigentliche demokratische Basis dieses Grundgesetzes zu schmal.

Wenn es in diesem Lande eine funktionsfähige Demokratie gibt, so deshalb, weil sich nicht besitzlose Massen von der gemeinsamen Verantwortung abwenden, in reiner Protesthaltung am Ende die Demokratie selbst ad absurdum führen. Nach dreißig Jahren freiheitlicher Ordnung ist in der Bundesrepublik das Proletariat verschwunden, ein Volk von „kleineren Eigentümern" entstanden — deshalb ist die Wahl heute ein staatsintegrierender Akt, deshalb gibt es diese Demokratie.

Die Wahlrechtsgrundsätze des Grundgesetzes (Art. 38) wollen nicht nur die „allgemeine" und „gleiche", sie proklamieren auch die „freie geheime" Wahl. Hinter diesen Prinzipien, welche die Ordnung der Bundesrepublik von der vieler Staaten unterscheidet, steht vor allem eine reale Bedingung: das „kleinere Eigentum". Nur wer es fördert, verstärkt entscheidend die Grundlagen dieser Demokratie.

4. „Kleineres Eigentum" — ein Gebot der Sozialstaatlichkeit

Allgemeine Verfassungsprinzipien von höchstem Normrang stehen stets in der Gefahr, inhaltlich leer zu laufen. Je höher sie gepriesen werden, desto dünner wird ihr Inhalt. So geschah es beim allgemeinen Gleichheitssatz (Art. 3 Abs. 1 GG), der auf ein Willkürverbot reduziert wurde und damit für diese Betrachtung über eine ausgeglichene Eigentumsstruktur praktisch ausscheidet — obwohl dies doch eigentlich in erster Linie eine Frage der Gleichheit wäre. Und nicht anders scheint es um die „Sozialstaatlichkeit" zu stehen (Art. 20, 28 GG):[23] Den schlechtesten Dienst haben ihr jene Reformeifrigen erwiesen, die aus ihr das Verfassungsgebot der Erfüllung ihrer politischen Wünsche, ja ihrer ganz neuen Wirtschaftsverfassung glaubten ableiten zu können. Gerade deshalb vielleicht, weil in diesem Prinzip von Anfang an so viel sozialpolitische Sprengkraft zu liegen scheint, ist es im Verfassungsrecht stets

[23] *Siecken*, H.-J., Die Sozialstaatsklausel des Grundgesetzes in Literatur und Rechtsprechung. Göttingen 1974; *Schreiber*, W., Das Sozialstaatsprinzip des Grundgesetzes in der Praxis der Rechtsprechung, Berlin 1972; *Suhr*, D., Rechtsstaatlichkeit und Sozialstaatlichkeit, Der Staat 14 (1970), S. 69 ff.; *Hartwich*, H.-H., Sozialstaatspostulat und gesellschaftlicher status quo, Köln 1970; *Menzel*, E., Die Sozialstaatlichkeit als Verfassungsprinzip der BRD, DÖV 1972, S. 537 ff.

mit solcher Vorsicht eingegrenzt worden, daß kaum mehr ein faßbarer selbständiger Inhalt sichtbar ist: Das wesentliche zu seiner Realisierung kann nur der Gesetzgeber tun.[24]

Trotz dieses weitgehenden Leerlaufs der Sozialstaatlichkeit: Aus dem Prinzip lassen sich gerade für die Problematik „kleineres Eigentum" Orientierungen gewinnen. Die „Sozialstaatlichkeit" legitimiert nicht nur Hilfe für „sozial Bedürftige"[25] — daraus ließe sich noch kaum etwas zugunsten „kleineren Eigentums" ableiten. Sie fordert darüber hinaus den Gesetzgeber zum „Schutz der wirtschaftlich Schwächeren" auf.[26] Eine derartige Schutzfunktion erfüllt kleinerer Besitz jedenfalls in dem Sinne, daß er eine Ergänzung der sozialen Sicherungen für außerordentliche Lagen schafft, damit aber das besondere Sicherheitsgefühl dem verleiht, der sich selbst zu helfen vermag. Für den „wirtschaftlich Schwächeren", den das Sozialstaatsgebot schützen soll, ist dies von entscheidender Bedeutung; ein Schutz des „kleineren Eigentums" kann sich also insoweit sicher auf das Sozialstaatsgebot berufen.

Darüber hinaus ist jedoch dem Sozialstaatsprinzip der Auftrag an Gesetzgeber und Verwaltung zu entnehmen, für einen gewissen „Ausgleich der sozialen Gegensätze und damit für eine gerechte Sozialordnung zu sorgen" (Bundesverfassungsgericht).[27] Dies ist zwar keineswegs im Sinne eines Nivellierungsprogramms zu verstehen. Zu vermeiden gilt es lediglich, im Sinne des „sozialen Friedens", daß allzu krasse Unterschiede in den Besitzverhältnissen entstehen, die materielle Ungleichheit also allzu groß werde.[28] Es geht hier, da die Frage nach der Gesamt-Sozialordnung gestellt ist, weder darum, einzelne besonders große Vermögen zu zerschlagen, noch einzelnen besonders bedürftigen Bürgern konkrete Ansprüche auf fremdes Eigentum zuzuerkennen. Die Sozialstaatlichkeit verlangt vielmehr eine staatliche Eigentums- und Vermögenspolitik, welche Spannungen zwischen Schichten der Bevölkerung vermeidet und diese nicht zu Klassengegensätzen werden läßt.

---

[24] BVerfGE 1, S. 97 (105); 22, S. 180 (204); BSozGE 6, S. 213 (219); *Bachof*, O., Der soziale Rechtsstaat in verwaltungsrechtlicher Sicht, VVdStL H. 12, 1954, S. 37 (43); *Weber*, W., Die verfassungsrechtlichen Grenzen sozialstaatlicher Forderungen, Der Staat 4 (1965), S. 409 (416); *Menzel* (Fn. 23), S. 539 f.

[25] Vgl. dazu etwa BVerfGE 26, S. 44 (61); 27, S. 253 (283); 32, S. 111 (139).

[26] Dazu etwa BVerfGE 18, S. 257 (267).

[27] BVerfGE 22, S. 180 (204); vgl. auch E. 9, S. 131.

[28] Siehe als Ausgangspunkt solcher Gedanken *Heller*, H., Rechtsstaat oder Diktatur?, 1930; vgl. dazu auch *Salomon*, K.D., Der soziale Rechtsstaat als Verfassungsauftrag des BGG, 1965, der daraus allerdings sehr weitgehende Folgerungen im Sinne „machtverteilender Eigentumspolitik" ableitet.

Erste Voraussetzung hierfür ist die Schaffung einer Grund-Sicherung für den Bürger am Arbeitsplatz und in seiner Versorgung. Dies allein kann jedoch nicht genügen. In der Bundesrepublik beruht die soziale Ordnung, nach der ausdrücklichen Verfassungsvorschrift des Art. 14 GG, auf dem Privateigentum — denn darüber gibt es zwischen „Konservativen", „Liberalen" und „Marxisten" keinen Streit: Wo eine Verfassung das Privateigentum so stark gewährleistet, da ist ihre Wirtschafts- und Sozialordnung auf ihm gegründet. Die Sozialordnung der Bundesrepublik kann also nur dann dem Grundgesetz entsprechen, wenn das „Institut Privateigentum" in voller Breite bejaht wird, dies aber ist nur zu erwarten, wenn der Bürger ein gewisses „Eigentumsgefühl" besitzt. Dazu ist zunächst erforderlich, daß der „Normalverbraucher" Eigentum überhaupt einmal für erstrebenswert hält. Hier genügt es nicht, den eigenen Gartenzaun oder vielleicht noch ein Sparkonto mit festem und ansehnlichen Zinssatz zu bejahen und zu erstreben. Es muß auch das „Gefühl für das dynamische Eigentum", für das „wirtschaftliche Eigentum" entwickelt werden. Hier liegt heute noch ein weites bildungs- und reformpolitisches Niemandsland. Eines aber ist dann auch sicher: Ein solches „Eigentumsgefühl" kann nur bestehen, wenn es breites „kleineres Eigentum" gibt, das „jedermann" entweder bereits besitzt oder das ihm doch irgendwie „erreichbar" ist.

Die von der Sozialstaatlichkeit geforderte „gerechte Sozialordnung" verlangt also für jedermann „Eigentum in Reichweite"; nur eigene Leistungsfähigkeit, eigener Leistungswille darf von solcher Chance trennen. „Kleineres Eigentum" ist also in doppelter Hinsicht Ziel des Sozialstaates: Nur eine solche Struktur verhindert die „allzu großen" wirtschaftlichen Unterschiede in der Bevölkerung, und soziale Spannungen lassen sich auf Dauer nur vermeiden, wenn ein echtes „Eigentumsgefühl" weit verbreitet ist; anders als über „kleineres Eigentum" kann dies praktisch nicht geschehen.

„Kleineres Eigentum" genießt also in vollem Umfang die besondere Legitimation einer nicht nur verfassungskonformen, sondern verfassungstragenden Gestaltung. Es steht mitten im Zentrum grundgesetzlicher Wertvorstellungen.

5. Was bedeutet „Kleineres Eigentum — Grundlage der Verfassungsordnung" praktisch?

a) „Kleineres Eigentum" ist eine reale Bedingung der Existenz der grundgesetzlichen Ordnung. Dies bedeutet zunächst: Die Gewährleistung von „kleinerem Eigentum" ist ein verfassungspolitisches Postulat, das sich an alle Staatsinstanzen und alle politischen und sozialen Instanzen, insbesondere an die politischen Parteien richtet. Hier ist nicht etwas, das man in voller politischer Freiheit „tun oder lassen" könnte; eine solche Eigentumspolitik ist eine verfassungspolitische Zielvorgabe des Grundgesetzes und sollte daher von allen unterstützt werden, die zu dieser Verfassungsordnung stehen.

Kann man nun einen Schritt weiter gehen und eine rechtliche Verpflichtung der Staatsinstanzen oder Dritter zur Begünstigung des „kleineren Eigentums“ annehmen — wenn ja, wie müßte sich das praktisch auswirken, was müßte getan, was unterlassen werden?

b) Das „kleinere Eigentum“ ist, wie nachgewiesen, in besonders enger Weise mit Staatsgrundnormen verbunden, welche die Staatsform der Bundesrepublik bestimmen — mit Freiheit, Demokratie, Sozialstaatlichkeit. Eine dieser Eigentumsform freundliche Gestaltung ist also sicher mehr als ein unverbindliches politisches Postulat, sie hat normatives Gewicht. Man kann sie als eine „nähere Staatszielbestimmung“ des Grundgesetzes bezeichnen.

„Staatszielbestimmungen“ sind einerseits ein rechtlich fixiertes Programm für Gesetzgeber, Verwaltung und Richter; als solches kann jedoch seine Verwirklichung nicht rechtlich erzwungen werden. Der Gesetzgeber kann nicht etwa durch Verfassungsklage veranlaßt werden, breites „kleineres Eigentum“ zu schaffen.

c) Darin erschöpft sich jedoch die normative Bedeutung solcher Staatszielbestimmungen nicht. Sie bringen Grundentscheidungen der Verfassung zum Ausdruck, die bei Auslegung und Fortentwicklung aller Normen, von der Verfassung bis zu Verordnungen und Satzungen, zu berücksichtigen sind; darüber hinaus entfalten sie eine Bindungswirkung für das Ermessen der Behörden und Gerichte: Diese haben im Zweifel diejenige Entscheidung zu treffen, welche dem Staatsziel am nächsten kommt.

Das bedeutet praktisch: Bei Auslegung und Anwendung sämtlicher Normen, welche die Eigentumsordnung berühren, ist stets in einer dem Eigentum günstigeren Weise zu entscheiden, soweit Zweifelsfragen auftreten und soweit die betroffene Norm dies zuläßt. Dies betrifft vor allem das Enteignungs- und Entschädigungsrecht, Baurecht, Gewerberecht, aber auch das Steuerrecht sowie das Sozialversicherungsrecht. Dies kann sich nicht nur in eigentumsgünstigen Härte- und Billigkeitsentscheidungen niederschlagen, sondern auch in Befreiungen, Genehmigungen, Wertfestsetzungen, die das Gesetz einer Behörde ermöglicht, ohne sie dazu zu verpflichten: Sie können über das Staatsziel der Begünstigung des kleineren Eigentums im Einzelfall zur Rechtspflicht werden.

Damit ist nun freilich nicht gesagt, daß jede staatliche Entscheidung „im Zweifel stets für das kleinere Eigentum“ zu fallen hätte; es gibt andere Staatszielbestimmungen, welche ebenfalls zu berücksichtigen sind, etwa die Stabilitätsziele. Mit ihnen muß die Eigentumsfreundlichkeit gegebenenfalls zum Ausgleich gebracht werden. Wichtig ist nicht, daß ihr stets entscheidendes, sondern daß ihr stets mitentscheidendes Gewicht für alles staatliche Handeln zukommt.

d) Ferner kommt der Staatszielbestimmung „Förderung kleineren Eigentums" eine wichtige *legitimierende* und eine *einschränkende* Bedeutung für staatliches Handeln zu:

- *Legitimierend*: Wenn Maßnahmen zur Förderung „kleineren Eigentums" mit Interessen der Allgemeinheit oder Dritter kollidieren, so bedeutet das Staatsziel der Eigentumsfreundlichkeit eine Rechtfertigung, wo sich sonst verfassungsrechtliche Bedenken erheben könnten. Jedenfalls bringt der Favor des „kleineren Eigentums" ein wichtiges Abwägungselement in die Überlegungen. In diesem Sinne sind insbesondere Vermögensbildung und Mittelstandsförderung in einem anderen Licht zu sehen als bisher (dazu im folgenden III).
- *Einschränkend*: Mag auch die Staatsgewalt nicht zu konkreten Förderungsmaßnahmen verpflichtet sein, sie hat alles zu unterlassen, was von dem Staatsziel entfernt. Dies ist ein verfassungsrechtlicher Normbefehl: Das „kleinere Eigentum" genießt den besonderen abwehrenden Schutz der Verfassung; dies hat zentrale Bedeutung für die gesamte Eigentumsordnung der Bundesrepublik (dazu im folgenden IV).

III. Die bisherige Hauptform der Förderung „kleineren Eigentums"

Eine „Förderung des kleineren Eigentums als Grundlage der Staatsordnung" hat der Staat seit längerer Zeit als vordringliche Aufgabe erkannt. Sie ist bisher vor allem – sieht man von Fragen der Steuerprogression ab – in dreifacher Hinsicht versucht und diskutiert worden: Vermögensbildung, Mittelstandsschutz, Wettbewerbsschutz. Dabei ist jedoch der zentrale Gedanke der Eigentumsfreundlichkeit nicht hinreichend hervorgetreten.

1. Vermögensbildung

Vermögensbildung ist bisher über eine, allerdings im ganzen durchaus erfolgreiche, Sparförderungspolitik nicht hinausgekommen, doch alle politischen Parteien schreiben sie nunmehr ganz neu auf ihre Fahnen.[29] Nach dem

[29] Vgl. Leitsätze der SPD zur Beteiligung der Arbeitnehmer am wachsenden Produktivvermögen, Beschlüsse des SPD-Parteitags in Hannover 10.–14.4.1973; vgl. auch die Jungsozialisten-Stellungnahme (Fn. 21); Vermögenspolitisches Grundsatzprogramm der CDU. Entwurf der Kommission für den Parteitag, 1973, Hamburg; FDP: Freiburger Thesen zur Gesellschaftspolitik (1971), abgedr. b. *Pulte* (vgl. Fn. 22).

vorläufigen Ende der Mitbestimmungsdiskussion wird sie voraussichtlich zum wichtigsten sozialpolitischen Thema der kommenden Jahre werden.[30]

Hier stehen sich jedoch zwei parteipolitisch, ja ideologisch bedingte Grundkonzeptionen gegenüber; es gibt zwei Formen der Vermögensbildung, die sich grundsätzlich unterscheiden:

a) Vermögensbildung soll nach den Vorstellungen der *CDU/CSU und der FDP* in erster Linie zu breiter Eigentumsstreuung führen, damit aber notwendig zu dem, was hier das „kleinere Eigentum" genannt wird. So finden sich denn auch aus dieser Sicht zur Begründung der Vermögensbildung die meisten Argumente wieder, mit welchen oben (II) die wahrhaft verfassungstragende Bedeutung „kleineren Eigentums" dargetan werden konnte: Die geistige und materielle Freiheit und Staatsunabhängigkeit des so begünstigten Bürgers, die Vergrößerung des von ihm „beherrschten Lebensraums"; die Ergänzung der sozialen Sicherungen; die Erhöhung des Verantwortungsbewußtseins für das Ganze und die Steigerung des politischen Interesses der Bürger; die Verstärkung der positiven Haltung zur privaten Eigentums- und damit Verfassungsordnung durch breite Eigentumsstreuung; die Überwindung der Klassengesellschaft; die Förderung des Wettbewerbsgedankens und die Steigerung der Leistungsgerechtigkeit; und nicht zuletzt die Familienfreundlichkeit solcher Gestaltungen — um nur die wichtigsten Vorteile der Vermögensbildung zu erwähnen, die immer wieder genannt werden. Sie sollen auch bei der Streuung vergleichsweise kleinerer Vermögenswerte zu erreichen sein,[31] eben weil es nicht primär darum geht, „Reichtümer" zu verteilen, sondern Eigentum und damit Eigentumsbewußtsein zu schaffen. Auf einen kurzen Nenner gebracht: Diese Vermögensbildung soll primär Eigentumsbildung werden, Schaffung von „kleinerem Eigentum".

b) Anders die Vermögensbildung in der Sicht der *SPD*. Hier geht es in erster Linie um die „gerechtere Verteilung von Produktivvermögen", das nicht in wenigen Händen bleiben dürfe. Angestrebt wird so eine „Demokratisierung der Wirtschaft"; Hauptziel ist die „Machtentflechtung", die „Dezentralisierung" im ökonomischen Bereich.[32]

---

[30] Vgl. zum folgenden die in Am. 11, 12, 22 Genannten, sowie noch *Scholz*, R., Arbeitnehmerische Vermögensbildung durch fondskonzentrierte Gewinn- und Unternehmensbeteiligung, RdA 1973, S. 65 ff.; *Flume*, W., Die rechtliche Problematik breiter Vermögensbildung, DB 1965, S. 405 ff.; *Uhl*, K., Vermögensbildung in der Industriegesellschaft, 1974; *Weis*, J., Wirtschaftsunternehmen und Demokratie, 1970, insbes. S. 130 f.; *Strauß*, F.J., Finanzpolitik, Theorie und Wirklichkeit, 1969, insbes. S. 131 f.

[31] Vgl. etwa *Strauß* (Fn. 30), S. 131; siehe auch *Ringer* (Fn. 12), S. 52 f.

[32] Deutlich dargestellt vor allem von *Stein* (Fn. 11), S. 20 f.

Vermögensbildung als „Einkommenspolitik" tritt hier in den Hintergrund. Der Einkommensgewinn des einzelnen aus der Vermögensbildung könne, so heißt es, ja ohnehin immer nur gering, für seine eigentliche Lebensgestaltung werde er stets unwesentlich bleiben. Es gehe hier auch gar nicht primär um den einzelnen Bürger, sondern um die politisch-ökonomische Gesamtordnung, um eine Änderung der durch das privatkapitalistische System geschaffenen Machtverteilung. Entscheidend ist daher nicht „Schaffung von Eigentum", sondern „Verteilung von *Produktiv*vermögen", auf Umschichtung dieser Vermögensart liegt der Schwerpunkt, nicht auf dem, was nach der Vermögensbildung in den Händen der Begünstigten daraus werden kann, auf dem „kleineren Eigentum". Nicht Eigentum für den Bürger, sondern Produktiveigentum für den Arbeitnehmer, das ist die Grundforderung.

Weil es sich dabei um Machtfragen zwischen Schichten, besser: Klassen der Bürgerschaft handelt, nicht um den Freiheitsraum des Einzelbürgers, deshalb ist auch die entscheidende Frage gar nicht, *wieviel* verteilt werde, sondern wer das so gebildete Vermögen „demokratisch kontrolliere" und „Macht dekonzentrierend einsetze". Nach gewerkschaftlichen Vorstellungen sind dazu am besten die Interessenvertretungen der Arbeitnehmer in der Lage, deshalb soll dieses neu gebildete Vermögen in Großfonds gewerkschaftlich verwaltet und damit zur Gegenmacht gegen das Gewicht des Privatkapitalismus eingesetzt werden.

In dieser Sicht hat Vermögensbildung nur wirklich Sinn, wenn „Fondseigentum als soziale Gegenmacht" entsteht, und da bisher eine Mehrheit hierzu nicht zu gewinnen war, läßt sich sogar ein gewisses Desinteresse der SPD an der Vermögensbildung feststellen. Umgekehrt hätte Vermögensbildung über Fondseigentum in Verbindung mit der Mitbestimmung, zur Überparität zugunsten der Arbeitnehmer in den Betrieben führen können,[33] und gerade deshalb steht zu erwarten, daß doch bald wieder solche Pläne energisch verfolgt werden, eben um die „unvollständige" Parität der Mitbestimmung doch noch zu einer „vollen" zu machen.

„Vermögensbildung als Arbeitnehmermacht", so könnte man diese Vorstellungen abgekürzt charakterisieren.

c) Diese beiden Vermögenspolitiken mögen sich an Punkten berühren — so geben auch CDU / CSU und FDP zu, daß die Vermögensbildung im wesentlichen aus dem Produktivvermögen kommen muß, und daß dessen so bewirkte Dekonzentration wünschenswert sei; andererseits wird auch die SPD

[33] Darauf hat besonders Klaus *Stern* im Verfassungshearing zum Mitbestimmungsgesetz aufmerksam gemacht, vgl. Sitzungsberichte des Arbeitgeberausschusses des Dt. Bundestages Nr. 7 / 51., 52., 55., 62. (1974). S. 125 f., m. Nachw. zur Problematik des Fondseigentums.

die Stärkung des Selbstbewußtseins der Arbeitnehmer durch Eigentumsgewinn berücksichtigen.

Doch im Zentralen, und hier muß man wohl sagen: im Ideologischen, stehen sich zwei Welten gegenüber: Hier diejenigen, welche auf den *einzelnen Bürger* blicken, auf seine Freiheit, sein Eigentum; dort der mißtrauische Blick auf die Macht des Privatkapitals, die es durch die organisierte und kollektivierte Vermögensmacht der *Arbeitnehmerschaft* zu brechen gilt.

Hier werden mit Sicherheit noch jahrelang Politiker, Ökonomen, Juristen „aneinander vorbei diskutieren", weil sie von ganz unterschiedlichen Vorverständnissen ausgehen: den einen ist privates Eigentum ein Selbstwert, etwas an sich Gutes, den anderen eine stete Gefahr der Macht und ihres Mißbrauchs, Eigentum ist nur gut als „Gegenmacht" gegen Macht dieses Privatkapitals. Die einen sehen im Staat auf die Bürger und ihre einzelnen Freiheiten, die anderen auf Klassen, die um Macht kämpfen, um die Produktionsmittel.

Und es mag noch so viele Kompromißmöglichkeiten im einzelnen geben, an einem Großen werden sich die Geister scheiden: ob Eigentum in Bürgerhand oder Fondseigentum entstehen soll. Dahinter stehen zwei völlig unterschiedliche Staatsauffassungen, zwei Ideologien; denn wer liberal denkt, dem bedeutet Fondseigentum eher Freiheitsverlust, neue Formen der Freiheitsbedrohung durch den Staat; wer sozialistisch empfindet, der wird eine Vermögensbildung zugunsten des einzelnen ablehnen, welche diesen nur aus der Solidarität der Arbeiterklasse herausbrechen und zugunsten des Privatkapitals mit kleinen Werten korrumpieren will.

Darum wird in den nächsten Jahren der große Streit gehen.

d) Aus der Sicht des „kleineren Eigentums", wie es hier als Grundlage der Staatsordnung erkannt wurde, und damit aus der Sicht des geltenden Verfassungsrechts, sollte die Entscheidung eindeutig sein: Staatsziel ist nicht in erster Linie eine „Vermögensbildung in Klassenhand", sondern die „Eigentumsbildung in Bürgerhand".

Das Verfassungsziel, dem Bürger Eigentum *und damit mehr Freiheit* zu geben, ist deutlich feststellbar und entspricht der Rechtsprechung des Bundesverfassungsgerichts. Jede Form der Vermögensbildung, die dies bewirkt oder auch nur begünstigt, steht ganz nah bei den zentralen Wertungen der Verfassung.

Das Grundgesetz kennt nicht eine „Klassengesellschaft"; das Privateigentum ist ihm ein Wert, an dem die Gemeinschaft teilhaben soll, nicht eine ökonomisch-politische Macht, die durch Gegenmacht zu brechen wäre. Insoweit ist eben das Grundgesetz voll und ganz liberal konzipiert, entsprechend der Tradition des Deutschen Konstitutionalismus, nicht nach den sozialistischen Parteiprogrammen, die, jedenfalls bis zum Godesberger Programm, stets im Grunde nur ein großes Zentralproblem behandelt haben: das Private Kapital und seine große *Gefährlichkeit*, die Umstrukturierung des Eigentums an den Produktionsmitteln. Es ist nur verständlich, daß die SPD auch die Vermögensbildung stets vor allem unter diesem Gesichtspunkt sieht, und es ist hier nicht zu entscheiden, inwieweit dies mit der Verfassung vereinbar ist oder nicht. Eines aber ist sicher: Auf das Staatsziel des „kleineren Eigentums" kann sich eine solche Auffassung nicht berufen, sie wirkt ihm eher entgegen.

Das Fondseigentum, welches etwa über Vermögensbildung entstünde, schafft gerade das nicht, worum es beim „kleineren Eigentum" geht: das Eigentumsbewußtsein des Bürgers mit seinem Freiheitserlebnis und seinem Freiheitssinn. Dem Inhaber steht weder Verwaltung noch Verfügung zu, sondern nur fremdbestimmte Nutzung. Das primäre Ziel des Grundgesetzes ist nicht, daß der Mensch „reich", sondern daß er „frei" sei. Fondseigentum macht ihn vielleicht reicher, nicht freier, es ist das typische „reine Vermögen", das nur sekundär noch Eigentum ist, nicht das, was die Verfassung sichert: ein Eigentum, das zugleich Verantwortung, Last *und* Nutzen bringt. Solches Fondseigentum hätte natürlich nichts gemein mit dem Fondseigentum des Wertpapierrechts, etwa bei Investmentfonds, bei dem Verfügungs- und Nutzungsrecht in voller Privatautonomie besteht. Hier dagegen würde ein „Zwangsfondseigentum" entstehen.

Das „Eigentumszwangssyndikat"[34], in das ein „Fondseigentum aus Vermögensbildung" die Bürger mit obrigkeitlicher Gewalt zusammenschlösse, wäre nichts als eine Zusatz-Sozialversicherung, weitestgehend fremdbestimmt wie diese. Würde es in größerem Umfang zwangsweise durchgesetzt, so ginge, der Arbeitnehmerschaft jedenfalls, die Möglichkeit praktisch überhaupt verloren, noch wesentliches Eigentum zu erwerben, weil ja ihr gesamtes Vermögen von Anfang an von anderen verwaltet würde. Im Ergebnis würde sich dann der Arbeitnehmer nicht mehr wesentlich vom Unmündigen des bürgerlichen Rechts unterscheiden, bei dem alle Vermögensgeschäfte von einiger Bedeutung vom Vormund getätigt werden — wenn auch immer im „wohlverstandenen Interesse" des Mündels. Demgegenüber geht aber das Grundgesetz gerade vom freien, mündigen Bürger aus, der selbst und allein am besten versteht, wo seine Interessen liegen.

Die Konsequenz eines Fondseigentums wäre auch, mit Sicherheit, auf die Dauer die Kollektivierung der wesentlichen Vermögenswerte überhaupt. Die Fonds würden die von ihren Verwaltungen einheitlich festgesetzten Bedürf-

---

[34] Siehe dazu *Leisner*, W., Das Eigentumssyndikat, DVBl. 1976, S. 125 ff.

nisse der Anteilsinhaber befriedigen, es würde alsbald Fondswohnungen, später vielleicht auch Fonds-Kraftfahrzeuge geben. Alle jene Spitzen der Lebensqualität, welche das kleinere Eigentum *in Eigenentscheidung* ermöglicht, würden von den Fonds eingeebnet. Es würde nicht zu vielen individuellen Spitzen, sondern allenfalls zu einer gewissen Steigerung des allgemeinen Lebensstandards kommen, und zwar notwendig in nivellierter Form.

e) Dies alles ist mit dem Individualeigentum des Grundgesetzes nicht vereinbar: Es will das „kleinere Eigentum", nicht den „kleineren Rentenanspruch". Die Verfassung ist kein ökonomisches Wohlstandsprogramm, sie setzt ein politisches Ziel, sie will primär politisch, nicht wirtschaftlich wirken. Und dieses ihr politisches Ziel ist der freie Eigentumsbürger, der, nicht zuletzt über sein „kleineres Eigentum", soviel jedenfalls an Selbstgefühl gewinnt, daß er nicht manipuliert werden kann, weder vom Staat, noch durch Interessenvertretungen oder Groß-Fonds.

Dies aber ist einfach das Axiom dieser liberalen Grundauffassung des Grundgesetzes: daß ein solcher mündig-besitzender Bürger sich mit anderen zusammen eine Ordnung schaffen *wird*, in der er nicht exploitiert wird, von keiner „Klasse", von keinem „Kapital". Nach der marxistischen Grundauffassung kommt das Politische aus dem Ökonomischen, nach der liberalen ist es gerade umgekehrt: Aus der „politischen Tat" der Schaffung von „kleinerem Eigentum" erwächst die gerechte Sozialordnung.

Eine großangelegte Fonds-Vermögensbildung würde die Rechtsinstitutsgarantie des Eigentums (Art. 14 Abs. 1 GG) im Ergebnis völlig aushöhlen und auf kaltem Wege das Grundgesetz im Kern verändern. Um dies zu rechtfertigen, könnte man sich auch nicht auf ein angeblich „veränderliches Eigentumsverständnis" berufen: Wenn es derartiges gibt, so allenfalls im Sinne stärkerer Sozialbindung von Gütern, die im übrigen in der Hand des Eigentümers bleiben, nicht in der Richtung, daß Vermögen kollektiviert wird.

f) Im *Ergebnis* läßt sich also feststellen: Vermögensbildung ist nicht nur verfassungskonform, sie richtet sich auf ein höchstrangiges Verfassungsziel, auf das „kleinere Eigentum" als Grundlage der Staatsordnung. Dieses Ziel rechtfertigt, in Grenzen, selbst ein hoheitlich verordnetes Zwangssparen — aber nur unter einer Bedingung: daß dessen Ergebnis in den Händen der Sparer zum „echten Eigentum" wird, mit allen Befugnissen des Besitzes, der Verwaltung, der Verfügung, der Nutzung. Und mit dem Recht, es zu mehren — und zu verlieren. Der Staat sichert den Bürger gegen das Risiko der eigenen Fehlentscheidung in der Sozialversicherung sehr weitgehend; das Freiheitsrisiko des Eigentums kann er ihm nicht abnehmen, sonst nimmt er die Freiheit.

Die Vermögensbildung soll zu Eigentum führen, nicht zur Veränderung kollektiver Machtverhältnisse; schon deshalb darf sie nicht primär dahin gebunden und dazu eingesetzt werden, Mehrheitsverhältnisse in Aufsichtsräten zugunsten einer sozialen Gruppe, der Arbeitnehmer, zu ändern. Vermögensbildung dient dem Eigentümer, nicht dem „Faktor Arbeit".

Sinn der Vermögensbildung ist es, Konsumverzicht zu erzwingen, zugunsten von späterem Eigentum. Längerfristige Anlage kann also erzwungen werden. Doch stets muß der Wille des Berechtigten entscheidend bleiben, dem es auch unbenommen sein muß, die Anlageart zu wechseln und in dessen freies Eigentum das Zwangsgesparte – nach absehbarer Zeit jedenfalls – übergehen muß, so wie es etwa beim Bausparen der Fall ist.

Eine Vermögensbildung, die diesen Rahmen hält, ist verfassungsmäßig, verfassungsfreundlich in hohem Maße. Sie allein führt zu „kleinerem Eigentum".

2. Mittelstandsförderung

a) Förderung und Schutz des „selbständigen Mittelstandes in Landwirtschaft, Gewerbe und Handel" erhob schon Art. 164 Weimarer Reichsverfassung zum Staatsprogramm,[35] doch kam es zu keiner eigentlichen Mittelstandspolitik; die Verfassungsaussage erschien als eine anachronistische Verbeugung vor der Vergangenheit. Das Grundgesetz, das keine vollformierte Wirtschaftsverfassung bringen wollte, hat die „Mittelstandsklausel" nicht übernommen, sie findet sich jedoch in einigen Länderverfassungen,[36] in Anlehnung an das Weimarer Vorbild, ist aber dort Verfassungsprogramm geblieben, aus dem Ansprüche nicht abzuleiten sind.[37] Schutz und Förderung des Mittelstandes entspricht immerhin den Intentionen des Grundgesetzgebers, wie das Bundesverfassungsgericht zur Handwerksordnung ausgesprochen hat.[38]

b) Gewisse Parallelen zwischen Mittelstandsschutz und der Förderung des „kleineren Eigentums", von dem hier die Rede ist, liegen auf der Hand. Mag auch eine „Definition" des Mittelstandes bisher nicht gelungen sein[39] und er

---

[35] Vgl. dazu die Kommentare zur WRV, insbes. *Anschütz*, G., 14. Aufl. 1933; *Gebhard*, L., Handkomm. d. Verf. d. Dt. R., 1932; *Bredt*, Art. 164, Mittelstand, in: Nipperdey, H.C., Die Grundrechte und Grundpflichten d. RV, III, S. 515 ff.

[36] Bayern Art. 153; Bremen Art. 40; Hessen Art. 43, 44 Rheinland-Pfalz Art. 65; Saarland Art. 54; NRW Art. 28.

[37] Vgl. f.d. BayVerf. BayVerfGH 21, S. 76 (82).

[38] BVerfGE 13, S. 97 (108).

[39] Vgl. dazu den Überblick bei *Abel/Schlotter*, Mittelstandspolitik, HdWB d. Soz. wiss. VII, 1961, S. 395 f. m. weit. Nachw., sowie insbes. noch *Utz*, A.F., Maximen moderner

im gewerblichen Bereich weder abschließend nach Unternehmensgröße, noch nach Gewinn oder Umsatz bestimmt werden können — zu ihm gehören jedenfalls die „kleineren Eigentümer" in Gewerbe, Landwirtschaft und freien Berufen. Das ursprünglich für den Mittelstand wohl konstituierende Merkmal der „selbständigen Erwerbstätigkeit" wird aber neuerdings häufig überlagert durch die Vorstellung von einem „neuen Mittelstand", in dem diese mittleren „Selbständigen" mit denjenigen zusammengefaßt werden, die über staatsbegünstigtes Sparen und eigene Leistung zu einem gewissen Vermögen gelangt sind und eine „wirtschaftliche Mittelschicht" bilden.

Es mag dahinstehen, ob man hier von „neuem Mittelstand" sprechen sollte, ob nicht in Wahrheit hier schon eine „Basisschicht" unserer Gesellschaft angesprochen wird — das „kleinere Eigentum", so wie es hier verstanden wird, müßte wohl zum großen Teil einem solchen erweiterten „Mittelstand" zugerechnet werden. Und so finden sich denn die hier für das „Staatsziel des kleineren Eigentums" entwickelten Begründungen auch in der Mittelstandsdiskussion, von der Bedeutung des Mittelstands für die freiheitliche Staatsordnung bis zur Kultur- und Familienpolitik, unter besonderem Hinweis gerade auf die Streuung des Privateigentums.[40] Die bisher in der Mittelstandspolitik entwickelten Instrumentarien[41] haben daher auch für eine „Politik des kleineren Eigentums" Bedeutung — von Ausbildung, Fortbildung, Beratung über Investitionserleichterungen bis zu schonender Steuerpolitik: Eben dies sind auch die wichtigsten Wege, auf denen eine Eigentumspolitik laufen sollte, die dem Verfassungsziel des „kleineren Eigentums" entspricht.

Mittelstandspolitik wird in der Regel zugleich Politik des „kleineren Eigentums" sein.

c) Dennoch muß davor gewarnt werden, Förderung des Mittelstands mit der des „kleineren Eigentums" schlechthin zu identifizieren: Die hier geforderte Eigentumspolitik ist in ihrem Kern etwas anderes, sie kommt aus anderen Prinzipien als die traditionelle „Mittelstandsförderung".

Beim „kleineren Eigentum" geht es nicht darum, eine bestimmte soziale Stufe zwischen „Besitzlosen" und „Reichen" zu erhalten oder gar zu schaffen. Der Begriff „kleineres Eigentum" setzt gar keine derart voll formierte Pyramide voraus: Er will das für die Staatsordnung Entscheidende schaffen, die breite Basis; „unter ihm" soll — möglichst wenig sein, möglichst nichts, also ist dies kein „Mittelstand" im klassischen Sinn.

Mittelstandspolitik, Stuttgart 1968, Veröffentlichungen des Instituts für Gesellschaftswissenschaft Walberberg e.V., Bd. 1, S. 16 f.

[40] Vgl. etwa *Albrecht*, R. / *Schüren*, P., Der Mittelstand zwischen Bedrängnis und Bewährung in der Marktwirtschaft, 1957, insbes. S. 18, 66.

[41] Überblick bei *Abel / Schlotter* (Fn. 39).

„Mittelstandsschutz“ ist in seiner zentralen Bedeutung eben doch eine Kategorie des Gewerberechts, nicht des Eigentumsrechts. Diesem geht es nicht um „Selbständigkeit“ oder „Abhängigkeit“ des Erwerbs; entscheidend ist beim „kleineren Eigentum“, daß der Besitzende *gerade durch sein Eigentum selbständig wird*, auch wenn er es nach seinem Beruf nicht ist.

Vor allem aber: „Mittelstandsförderung“ ist zuallererst ein Prinzip der Wirtschaftspolitik, ein ökonomisches Ordnungsprogramm. „Kleineres Eigentum“ als „Ziel der Staatsverfassung“ dagegen stellt eine politische Entscheidung zugunsten der Freiheit des einzelnen dar. Damit werden zwar entscheidende Voraussetzungen für eine Wirtschaftsordnung geschaffen, die sich dann aus dieser Freiheit und in Freiheit entfalten soll; diese „Eigentumsfreundlichkeit“ ist jedoch kein primäres, gezieltes Wirtschaftsordnungsprogramm. Hier bleibt insbesondere die wichtige Wirtschaftsordnungsfrage völlig offen, in welchen Bereichen und welchen Größenordnungen von Unternehmen produziert werden soll. „Kleineres Eigentum“ kann ja sowohl als Wertpapierbesitz in Form von Beteiligung an Großunternehmen bestehen, als auch im landwirtschaftlichen oder gewerblichen Betrieb sowie im Handelsgeschäft.

Eine „Politik des kleineren Eigentums“ entscheidet also *als solche noch nicht* die Frage nach der „optimalen Wirtschaftsstruktur“. Mittelstandspolitik mag ihr förderlich sein; sie sollte jedoch nicht in die große Diskussion um die (Un-)Ausweichlichkeit der Konzentration in der Wirtschaft und damit das „Schicksal der kleineren Selbständigen“ hineingezogen und darin etwa diskreditiert werden. Selbst wer Mittelstandspolitik als Anachronismus abtut, hat damit noch keinerlei Urteil über eine „Politik des kleineren Eigentums“ gesprochen, im Gegenteil: Gerade wenn der „selbständige“ Mittelstand verschwinden sollte, muß er – erst recht – ersetzt werden durch den Basisstand des „kleineren Eigentums“. In ihm überlebt die „Selbständigkeit“ — nicht in der Quelle des Verdienstes, sondern in dessen Ergebnis, dem Eigentum.

Deswegen ist auch Rang und Bedeutung der Eigentumsfreundlichkeit in der Staatsordnung der Bundesrepublik ein ganz anderer als der einer wie immer verstandenen Mittelstandspolitik: Diese ist allenfalls ein Programm, jene ein echtes Staatsziel, Mittelstandsförderung ist eine verfassungskonforme Art von Wirtschaftspolitik, hinter der Eigentumsfreundlichkeit steht das Bekenntnis zu einem höchsten Verfassungswert.

Wer „kleineres Eigentum“ fördert, wird einen „gesunden Mittelstand“ stets begrüßen; doch das „kleinere Eigentum“ steht und fällt nicht mit einem „Mittelstand“ — wenn er fällt, muß die Forderung nach ihm um so fester stehen.

3. Wettbewerbspolitik

a) Das Gesetz gegen Wettbewerbsbeschränkungen (Kartellgesetz) und die gesamte seit Jahrzehnten geführte Antikartellpolitik der Bundesregierungen in all ihren parteipolitischen Zusammensetzungen bedeutet in *erster Linie die Durchsetzung eines wirtschaftspolitischen Ordnungskonzepts*: Einem „maximalen" oder „optimalen" Wettbewerb wird zugetraut, daß er die ökonomischen Leistungen der Gesamtwirtschaft wie des einzelnen Wirtschaftenden in unübertrefflicher Weise zu steigern vermag. Insoweit betrifft das Kartellrecht, vor allem der Streit um Mißbrauchskontrolle oder Verbotssystem,[42] nur eine zentrale Frage der Wirtschaftsordnung, der Wirtschaftspolitik. Nie hat ernstlich darüber Zweifel bestanden, daß eine kartellfreundlichere Haltung ebenso mit den Grundrechten, insbesondere der Eigentumsgarantie vereinbar gewesen wäre, wie das kartellfeindliche gegenwärtige Recht.

b) Zwar ist bei Erlaß des Kartellgesetzes und seiner Novellierung 1965 die *Bedeutung der „Freiheit"* von den Verfechtern des Wettbewerbs hervorgehoben, ja dieser ist sogar als Ausdruck der Menschenwürde[43] und der Demokratie[44] gepriesen worden; und in der Tat sieht ja die herrschende Lehre die Wettbewerbsfreiheit des einzelnen als Ausfluß jener allgemeinen Handlungsfreiheit, welche in Art. 2 Abs. 1 GG als „Mutterrecht aller Freiheiten" verfassungsrechtlich verbürgt ist.[45] Insoweit berühren sich also die Begründungen der Antikartellpolitik mit denen, die hier für das „kleinere Eigentum als Verfassungsziel" gebracht werden. Dennoch läßt sich nicht bestreiten, daß die *primäre Zielsetzung* des Kartellrechts, die in der Optimierung der Marktwirtschaft liegt, die einer wirtschaftlichen Gesamtordnung, nicht eine individualrechtlich-freiheitliche ist. Beim Kampf gegen Wettbewerbsbeschränkungen geht es nicht in erster Linie darum, daß eine breite Schicht von Bürgern „Eigentum erwirbt, das frei macht", sondern um einen wirtschaftspolitischen Mechanismus, der ein Höchstmaß einer bestimmten Freiheit, nämlich der Wettbewerbsfreiheit, gewährleistet. Und der eigentliche Streit ging im Kartellrecht nie um ein Bekenntnis zu Eigentum und Freiheit, sondern um die Leistungsfähigkeit der eingesetzten Instrumentarien, letztlich also um ökonomische Effizienz.

---

[42] Dazu und im folgenden v.a. *Müller/Henneberg/Schwarz*, GWB, 1958, S. 54 f.; *Rasch*, H., Wettbewerbsbeschränkungen, Komm., 2. Aufl. 1958; *Kaufmann/Rautmann/Strickrodt*, GWB-Frankfurt, Komm., 1958, Einl. B 21 f.; *Müller/Gries/Giessler*, Komm. z. GWB, 3. Aufl., § 1; *Langen*, E., Komm. z. GWB, 4. Aufl., S. 6 f.

[43] *Biedenkopf*, in: Biedenkopf/Callmann/Deringer, Aktuelle Grundsatzfragen des Kartellrechts, Heidelberg 1957, S. 15 (34).

[44] *Müller/Gries/Giessler* (Fn. 42), Rdnr. 33 f. m. Nachw.

[45] BVerfGE 8, S. 274 (328); 9, S. 1 (11); 10, S. 89 (99); 12, S. 341 (347); 25, S. 371 (407); 32, S. 311 (316); *Scheuner*, U., Die staatliche Intervention im Bereich der Wirtschaft, VVDStL H. 11, 1954, S. 1 (61) (Nachw. Anm. 162).

Insoweit ist also die Antikartell-, die Wettbewerbspolitik allgemein nicht primär Eigentumspolitik im hier erörterten Sinne. Mag solche Konkurrenzpolitik nun Verfassungsgebot oder nur mit dem Grundgesetz vereinbar sein — sie läßt sich als solche nicht primär aus einem Verfassungsziel der „Schaffung kleineren Eigentums" legitimieren.

c) Dennoch besteht eine *Verbindung zwischen „kleinerem Eigentum" und Wettbewerbspolitik*: Diese ist ja nicht nur Regelung wirtschaftlicher Abläufe, sondern zugleich ökonomische Strukturpolitik: Das Überhandnehmen von Riesenunternehmen soll verhindert, der mittlere und kleinere Betrieb in seiner Konkurrenzfähigkeit gestärkt werden. Damit aber schützt solche Wettbewerbspolitik im Ergebnis auch weite Bereiche des „kleineren Eigentums", nämlich das entsprechende gewerbliche Eigentum, sie wirkt sich zugleich als „Mittelstandsförderung" im herkömmlichen Sinne aus.

Das Grundgesetz schützt über Art. 14 auch das „Recht am eingerichteten und ausgeübten Gewerbebetrieb". Zwar werden damit nicht alle „künftigen Verdienstchancen", es wird auch nicht die Wettbewerbsfähigkeit der kleineren Betriebe als solche durch Art. 14 GG gewährleistet. Die kleineren Gewerbetreibenden müssen sich auf die allgemeine Wettbewerbslage und auf die Wettbewerbspolitik des Staates einstellen, auf wettbewerbliche Förderung haben sie keinen Anspruch. Dennoch wird ihr „kleineres gewerbliches Eigentum" im Ergebnis durch eine Antikartellpolitik des Staates wesentlich berührt — es kann dadurch wertvoller, weil konkurrenzstärkender, es könnte aber auch wertärmer werden, wenn nämlich nur eine Kartellierung des „Kleineren" gegen die größere Konkurrenz Hilfe bringt und auch diese unmöglich gemacht wird.

Daraus ergeben sich gewisse Maßstäbe für die staatliche Wettbewerbspolitik: Auf das Verfassungsziel des breitgestreuten Eigentums kann sie sich als Legitimation nur berufen, wenn sie die „kleineren" Gewerbetreibenden gegen „größere" Konkurrenten schützt; eine solche Politik ist sicher verfassungskonform. Sie ist jedoch nicht verfassungsnotwendig, denn „kleineres Eigentum" kann auch anders entstehen und bewahrt werden als durch „kleinere Betriebe". Immerhin: Wer das „kleinere Eigentum" wirklich wünscht, wird all seine Formen bejahen und daher auch, im Rahmen gesamtwirtschaftlicher Zielsetzungen, das kleinere gewerbliche Eigentum durch Kartellpolitik schützen. Die Chance des „kleineren Eigentums" ist größer, wenn überall eine gewisse Dezentralisierung herrscht.

IV. „Kleineres Eigentum" und die Einheit des Eigentumsbegriffs

1. Das „kleinere Eigentum" und die „Entwicklungsfähigkeit allen Eigentums"

a) Das Grundgesetz sieht Eigentum nicht als „Reichtum", auf dem man sich ausruht, sondern als Freiheit, die zu verantwortlichem Handeln anregt. Die „Chance der Freiheit" liegt in allem Eigentum, auch, ja besonders im kleineren. Es ist dies nicht die Chance eines „Mehrwerts", der nach einer vom Marxismus behaupteten ökonomischen Gesetzmäßigkeit nichtstuenden Kapitalisten laufend und automatisch zufällt und „das Kapital vermehrt". Das Freiheitseigentum des liberalen Grundgesetzes verleiht die Chance, mit eigener Leistung, in Verwaltung, Verfügung, Nutzungsverzicht, auf dem schon Gewonnenen aufzubauen und es zu „größerem Eigentum", vielleicht sogar zu wirklich „großem" Eigentum zu steigern.

In jedem Eigentum von einigem Gewicht, also jedenfalls in dem, was hier das „kleinere Eigentum" genannt wird, steckt diese Chance der Wertsteigerung und damit der Eigentumsmehrung. Dies ist auch die grundgesetzkonforme Version der „Mehrwertlehre" des Marxismus: Dieses Privateigentum ist „Träger persönlicher Leistung zu einem Mehr an Eigentum"; es müßte eigentlich eine „Mehreigentumslehre" entwickelt werden. Diese „überschießende Tendenz", dieses virtuelle „Mehreigentum", das in jedem kleineren Eigentum steckt, ist nichts staatspolitisch Verwerfliches, sondern seinerseits ein hoher Verfassungswert: Das „kleinere Eigentum" ist der ökonomische Marschallstab im Tornister des freien Bürgers, und wie viele ihn herausholen und mit ihm über größere Werte gebieten konnten, das zeigt die Sozialgeschichte täglich.

Darin liegt ein entscheidendes Wertelement des Eigentums überhaupt, in *der Entwicklungsfähigkeit allen Eigentums zu höherer ökonomischer Stufe*, als Träger von Leistung und Freiheit des Bürgers — ebenso wie in allem Eigentum das Risiko des Verlustes, der Herabentwicklung zu geringerem Wert oder gar zum Wertverlust liegt. Der hat also den Sinn des Privateigentums nicht erfaßt, der nur „bescheidene, todsichere Werte" in die Hände von Arbeitnehmern legen will, die er vorsorglich für unfähig erklärt, solches Gut risikobereit zu verwalten. Dies sind die Vorstellungen vom „verführten, unwissenden Proletariat" des 19. Jahrhunderts. Sie sind antiquiert in einer Zeit der riesigen Bildungsanstrengungen, der Technisierung und einer dadurch bewirkten effektiven Emanzipation des Bürgers. Man mag diese nicht überschätzen, und sicher hat allzu vieles Reden vom „mündigen Bürger" mehr Demagogie- als Wirklichkeitsgehalt. Dennoch ist überall in der Bevölkerung heute mehr faktische, ökonomische Freiheit als früher und damit auch deutliche Bereitschaft, sein Eigentum in die eigenen Hände zu nehmen, sich zu seiner Entwicklungsfähigkeit zu bekennen, auch wenn man einmal darunter leiden muß.

b) Und dies ist die erste Lehre daraus für eine „Politik des kleineren Eigentums": Diese Güter in Bürgerhand können und dürfen einerseits nicht bedingungslos vor Wertverfall geschützt werden, sie würden zu einer Art von eiserner Pension und Staatsrente, sie wären nicht mehr der Besitz, den das Grundgesetz schützt — das *dynamische Eigentum.* Auch der kleinere Eigentümer muß verlieren können, verlieren lernen. Der Staat mag ihn beraten und bilden, seine Verluste kann er nicht alle sozialisieren. Gerade wenn er Sozialversicherung garantiert und die Arbeitsplätze optimal sichert — und beides sind sicher heute nicht nur gesetzliche, sondern Verfassungsziele — so darf er solche Wohlfahrtsstaatlichkeit nicht auch noch auf das private Eigentum seiner Bürger ausdehnen. Das „kleinere Eigentum" ist etwas, das auch verloren werden kann, sonst verdient es den Namen des Eigentums nicht.

c) Zum anderen aber, und dies ist praktisch viel wichtiger, darf der Staat die Entwicklungsfähigkeit des „kleineren Eigentums nach oben" nicht behindern. Er mag gewisse Starthilfen geben und die einmal „lancierten" Eigentümer dann ihrer eigenen Leistungsfähigkeit überlassen. Eines aber verstößt gegen das Grundprinzip des „kleineren Eigentums": daß Eigentum in kleiner Größenordnung begünstigt, daß Eigentumswille „angekurbelt" werde — daß er aber dann, wenn er wirklich im Laufen ist, wenn er Erfolg bringt, sogleich in einer Weise belastet, ja zu Boden gedrückt wird, daß der Bürger sehr rasch den „Eigentumsplafonds" erreicht, kaum daß er „kleineres Eigentum" gewonnen hat.

Dies also ist die zentrale Forderung aus dem „Staatsziel kleineres Eigentum": daß dies kein kleineres Eigentum bleiben muß, daß es größer werden darf, vielleicht nicht mehr mit staatlicher Hilfe, aber auch nicht in einem verzweifelten Schwimmen gegen den Strom staatlicher Wirtschaftspolitik. „Kleineres Eigentum" kann man nur wirklich fördern, wenn man alles Eigentum, auch das größere, als solches bejaht; denn im kleineren Besitz von heute steckt schon der große von morgen, und dieser kann und wird zu kleinerem werden, wenn ihn nicht persönliche Leistung hochhält.

Eine Eigentumspolitik, die „Eigentum nur als kleineres gibt, als größeres jedoch nimmt", ist in sich widersprüchlich, sie bekennt sich nicht wirklich zum dynamischen Eigentum des Grundgesetzes; sie untersteht sich, die Eigentumsgrößen endgültig zu bestimmen, die der Bürger erreichen darf, so wie dies in sozialistischen Ländern der Fall ist. Damit aber würde der Staat „maximale Freiheitsräume" zudiktieren, über die niemand je hinauswachsen dürfte. Dies ist mit der liberalen Staatsordnung des Grundgesetzes unvereinbar. Sie läßt es zu, dem Mißbrauch wirtschaftlicher Macht zu wehren, aber sie blickt nicht mißtrauisch auf alles größere Eigentum, denn in jedem Gut sieht sie vor allem seine Entwicklungsfähigkeit aus der Freiheit des Eigentümers. Auch wer größeres Eigentum ersatzlos nimmt, trifft das „kleinere" entscheidend: Es kann nicht mehr wachsen, es ist seiner schönsten Zukunft beraubt, denn so vieles ist doch — nichts anderes als Zukunftshoffnung am Eigentum.

Das Grundgesetz ist kein Modell der Güterverteilung, sondern eine Garantie der Freiheit; es will nicht Eigentumsgrößen festlegen, sondern den Bürger zum dynamischen Eigentum führen. Dies ist die letzte, noch ganz unerkannte Größe der liberalen Verfassung, ihre größte Zukunftschance: daß sie das *Anreizproblem* löst, nicht zuletzt im kleineren Eigentum, und dies kann vielleicht das Problem der sozialen Zukunft überhaupt werden.

2. Die „Einheit des Eigentumsbegriffs" — Kleineres Eigentum kein Alibi für Großkapital

a) Wer kleineres Eigentum will als Grundlage der Staats- und Wirtschaftsordnung, darf auch größeres nicht entwerten — dieses Ergebnis mag jener Kritik wieder Vorschub leisten, die sich von jeher und vor allem neuerdings[46] gegen die „privatkapitalistische" Förderung „kleineren Eigentums" wendet: Eine solche Eigentumsordnung bringe, so heißt es, der breiten Masse der Bürger nur wenig, sie festige jedoch die Eigentumsordnung als solche und diene damit nur den „eigentlichen Eigentumsinteressen", denen des Großkapitals. Die vielen, denen man Eigentumskrümel hinwerfe, seien eine Alibi-Armee, in deren Schutz die wenigen ihren Reichtum genießen könnten, ungestört durch soziale Kritik.

Diese Einwände wären nur bei einer „pro-forma-Politik des kleineren Eigentums" berechtigt, und eine solche gilt es in der Tat zu vermeiden. Eine wahre Eigentumsfreundlichkeit wird in erster Linie „die Reichen" etwas kosten, und dies geschieht schon bisher laufend, nicht zuletzt in der Abgabenpolitik. Diesen Preis für soziale Ruhe, besser: für ein gutes soziales Gewissen, können und müssen sie bezahlen, in ihrem eigenen Interesse wie in dem der Gemeinschaft. In diesem Sinne *sind* die „kleineren Eigentümer" ein Alibi für das größere Eigentum, aber sie lassen sich dies in einem echten Sozialpakt laufend bezahlen — und dies ist eben die „gerechte Sozialordnung", die das Bundesverfassungsgericht fordert.

Wer aber auf den „Gewinn der Reichen" blickt, nicht auf den „kleineren Eigentümer", oder von vornherein jede Möglichkeit eines solchen ausschließt, mit dem läßt sich nicht sachbezogen diskutieren, weil er alles in ideologischer Blickverengung betrachtet und seine Augen vor der Wirklichkeit ver-

---

[46] Vgl. die Kritik der Jungsozialisten (Fn. 22).

schließt: Schon bisher hat die Sozialpolitik dieses Staates eine breite Eigentumsstreuung gebracht. Die wirtschaftlichen faktischen, insbesondere die Konsummöglichkeiten der breiten Bürgerschaft sind unverhältnismäßig stärker gewachsen als die der „wenigen Reichen". Diese Entwicklung hat sozial befriedigt, es gilt, sie unter Beachtung der Verfassungsziele fortzuführen. Wer Eigentumsgegensätze lieber verschärft, nur damit das „negative Eigentumsbewußtsein der Massen" sich in immer stärkerem Sozialneid auf wenige richte, der wendet sich gegen eine „soziale Entspannung", wie sie nur auf der Grundlage des Bürgereigentums des Grundgesetzes gelingen kann — ausgehend vom kleineren Eigentum, aber nicht feindlich gegen das größere, in dem sich ja letztlich nur die Möglichkeiten des kleineren fortsetzen.

b) Hier, am Ende, muß die staatliche, verfassungspolitische Untersuchung in der Tat zurücklenken zu der *Einheit des Eigentumsbegriffs* der Verfassung, von dem sie ausgegangen war. Das *Grundgesetz schützt gleichmäßig alles Eigentum, sein Ziel ist aber zugleich die besondere Förderung des kleineren* — nur in der Verbindung dieser beiden Grundsätze kann heute verfassungskonforme Eigentumspolitik betrieben werden.

Jeder Schlag gegen irgendeine Kategorie des verfassungsgeschützten Eigentums, sei es Grund und Boden, Aktieneigentum oder landwirtschaftlich genutzter Besitz, Industrieunternehmen oder Handelsgeschäft — all dies trifft zugleich alle anderen Eigentümer; nicht nur, weil es die gesamte Eigentumsordnung ändert, sondern weil die Inhaber aller anderen Eigentumswerte alsbald mit ähnlichen Beschränkungen werden rechnen müssen. Und dies gilt vor allem für „größeres" und „kleineres" Eigentum. Was „kleiner" ist, liegt ja nicht unveränderlich fest, und wer heute den größeren Grundbesitz nicht achtet, wird morgen das Häuschen nicht schonen, das ihm im Wege liegt; wer heute große Industrien enteignet, wird morgen kleinen Aktienbesitz entwerten, ja er erreicht dies schon in einem größeren Schlag, der auch die kleinen Aktionäre trifft. Kein Eigentümer kann ganz sicher sein, daß er noch zu einer Kategorie gehöre, die zahlenmäßig, politisch so bedeutend ist, daß ihm nichts geschehen könnte: Die staatliche Eigentumspolitik verfügt über hinreichend feine Instrumentarien, um die Front der Eigentümer aufzuspalten und sie getrennt zu schlagen. Nur eine einheitliche Front allen privaten Eigentums kann also das Eigentum immer wieder zu dem werden lassen, was die Verfassung fordert: Zu einer Wertentscheidung für den freien Bürger. In dieser Front decken nicht etwa die vielen Kleineren wenige Große. Alle sind den gleichen Gefahren durch staatlichen Zugriff ausgesetzt, und so kämpft selbst der, welcher größeres Eigentum ebenso verteidigt wie sein kleineres, in erster Linie nicht für den fremden Besitz, sondern, weit wirksamer, zugleich um sein eigenes Gut: das, was den Großkapitalisten kaum berührt, würde ihn aus der Bahn seiner Lebensgestaltung werfen. Deshalb muß der „kleinere Eigentümer" unbedingter zum Eigentum stehen, als der Herr vieler Güter, dem immer noch genug bleibt.

Und deshalb fordert das „Staatsziel des kleineren Eigentümers“ erst recht vom Staat den Respekt allen Eigentums, seiner eigenen Grundlagen: In jeder Beeinträchtigung irgendwelchen Eigentums, in jeder Veränderung der Eigentumsordnung, welche das Eigentum einschneidend beschränkt, schlägt die Staatsgewalt in erster Linie das „kleinere Eigentum“, nicht nur in seiner Hoffnung, zum größeren zu werden, sondern in seiner zentralen Schutzgarantie — denn was dem kleineren Eigentum damit an Sicherung eben auch genommen wird, das trifft schwer, nicht, wie beim großen Besitz, nur am Rande.

Eigentumspolitik muß also in allem und jedem zuallererst mit Blick auf das „kleinere Eigentum“ betrieben werden. Erwächst sie aus Sozialneid gegen den großen Besitz — und mag dieser noch so verständlich oder gar berechtigt erscheinen –, so trifft sie nur diejenigen wirklich, die mit ihrem „kleineren Eigentum“ die besten, die einzigen zahllosen Garanten dafür sind, daß Eigentum nicht in den Himmel wächst.

Die Zeiten des schlafenden bürgerlichen Besitzes sind vorüber. Heute zählt nur mehr ein dynamisches Eigentum, das in persönlicher Leistung von vielen Bürgern sozialgestaltend eingesetzt wird. Demokratie ist eine Staatsform der Dynamik und der Gefahr. Sie kann sich halten nur dann, wenn sie diese stete Herausforderung annimmt: Wenn sie im „kleineren Eigentum“ ihren Bürgern Hoffnung zu Unbekanntem, Größerem läßt, nur dann bleibt die Freiheit lebendig, die allein dies alles verwirklichen kann. Und dann ist dies eine ausgewogene Ordnung, wenn sich die soziale Sicherheit verbindet mit der sozialen Hoffnung, in den unbeschränkten Möglichkeiten des Bürgereigentums.

Zusammenfassung

Art. 14 GG gewährleistet das Privateigentum: Besitz, Verfügung, Verwaltung, Nutzung muß dem Bürger bleiben. Der Staat hat überdies die „Institution Eigentum“ zu achten: Das Recht des Bürgers über seinen Besitz muß stets den Namen „Eigentum“ noch verdienen.

Wer Eigentumsordnung reformieren will, sollte nicht nur an den „großen“ Industrie- oder Landbesitz, er muß in erster Linie an das typische Bürgereigentum, das „kleinere Eigentum“ denken. Es darf keine Eigentumspolitik betrieben werden, die vorgibt, sich gegen das „Großkapital“ zu wenden, in Wahrheit aber vor allem kleineres Eigentum trifft.

„Kleineres Eigentum“ ist nicht nur das „persönliche Eigentum“ sozialistischer Staaten, es ist nicht nur auf Güter zur Befriedigung täglicher Bedürfnisse beschränkt. „Kleineres Eigentum“ ist heute vielmehr der Besitz breiter Schichten der Bevölkerung in der Größenordnung des durchschnittlichen

Haus- und Wohnungseigentums. Dieses Eigentum ergänzt in bedeutsamer Weise Arbeitseinkommen und Sozialversicherung und ermöglicht damit dem Bürger eine spezielle Lebensqualität nach eigener Wahl. Kleinere Eigentümer sind heute keine Splittergruppen der Gesellschaft, sondern eine große „verteilungspolitische Volkspartei".

Die entscheidende staatspolitische Bedeutung des Eigentums liegt nicht in „mehr Geld", sondern in „mehr Entscheidungsmacht, mehr Freiheit". Individuell kann der Bürger seinen Lebensstandard nach eigener Wahl in dem steigern, was ihm gerade wichtig ist — Wohnung, Kleidung, Reisen, Hobbies. Nicht nivellierter Konsum wird ihm fremdbestimmt „frei Haus geliefert", er selbst muß sein Gut verwalten, über seine Nutzung entscheiden. Eigentum hat daher nur Sinn, wenn dem Eigentümer Nutzungs- und Verfügungsrecht bleiben.

Eigentum ist eine Form der Freiheit, es ist wie diese ein Höchstwert der Verfassung. Mehr als im Großbesitz, der oft den Menschen beherrscht, erfährt der Bürger Freiheit vor allem im „kleineren Eigentum". Es ist Voraussetzung der Demokratie, weil es Freiheit und Selbstbewußtsein des Wahlbürgers steigert. Das Grundgesetz will kein Wahlproletariat. „Kleineres Eigentum" ist ein Gebot der Sozialstaatlichkeit: In seiner Streuung werden die sozialen Gegensätze ausgeglichen und damit eine gerechte Sozialordnung geschaffen. Doch der Staat darf nicht allen gleiches Eigentum zuteilen, er würde damit Freiheit zerstören; entscheidend ist die „gleiche Eigentumschance", damit aber „kleineres Eigentum in Reichweite jedes Bürgers". Kleineres Eigentum zu fördern und zu schützen ist daher hochrangiges Verfassungsziel. Alle Gesetze sind in diesem Sinne auszulegen.

Förderung des „kleineren Eigentums" geschieht vor allem in Vermögensbildung. Zwei Konzepte stehen sich hier gegenüber: Nach liberaler Vorstellung soll sie zu breiterer Eigentumsstreuung führen, dadurch die sozialen Sicherungen ergänzen, die positive Haltung der Bürger zum privaten Eigentum und damit zur Verfassungsordnung verstärken und so die „Klassengesellschaft" überwinden. Nach sozialistisch-gewerkschaftlicher Auffassung dagegen soll Vermögensbildung vor allem den Arbeitnehmern Gegenmacht gegen das „Großkapital" schaffen. Deshalb soll das so gebildete Vermögen nicht frei in Bürgerhand liegen, sondern durch Großfonds, unter besonderer Beteiligung der Gewerkschaften, verwaltet werden. Dies aber widerspricht dem „Verfassungsziel des kleineren Eigentums", weil den Arbeitnehmern das volle Nutzungs- und Verfügungsrecht vorenthalten bleibt. Grundgesetzkonform ist nur eine liberale „Vermögensbildung als Eigentumsbildung". Es geht nicht um Vermögensbildung in Klassenhand, sondern um Eigentumsbildung in Bürgerhand.

„Kleineres Eigentum" wird auch in sachgerechter Mittelstands- und Wettbewerbspolitik gefördert und gesichert, die nicht Unproduktives konserviert, sondern dynamisch wirkendes Eigentum begünstigt.

In jedem Eigentum, vor allem im „kleineren" liegt die Chance der Steigerung zu größerem. Wenn der Staat „größeres" Eigentum zu stark beschränkt und abschöpft, trifft er in Wahrheit vor allem „kleineres": Er nimmt ihm die entscheidende Entwicklungshoffnung. Der Staat muß kleineres Eigentum fördern, deshalb aber alles Eigentum achten. Jeder Schlag gegen eine Art von Eigentum trifft im Grunde alle Eigentümer, entwertet alles Eigentum — kein kleinerer Eigentümer kann wissen, wann er an die Reihe kommt, in der Regel dann unentrinnbar!

Die Politik des „kleineren Eigentums" verlangt ein Bekenntnis zu allem Eigentum, zum mündigen Bürger, zu den unbeschränkten Entwicklungsmöglichkeiten des Bürgereigentums.

Eigentumsschutz von Nutzungsmöglichkeiten*

Aufopferungsentschädigung für nicht realisierte Nutzungen in der Marktwirtschaft

I. Das Problem: Die Verschärfung der Nutzungsbeschränkungen und die restriktive Rechtsprechung des Bundesverfassungsgerichts zum Enteignungsschutz der Nutzungsmöglichkeiten

1. Das Vordringen der normativen Nutzungsbeschränkungen — die Bedeutung der Problematik für die Wirtschaft

a) Änderung und Beschränkung bisher legaler Nutzungsmöglichkeiten von Wirtschaftsgütern durch Gesetze und Verordnungen waren stets ein Problem, seit es staatlichen Wirtschaftsinterventionismus in größerem Stil gibt — ohne derartige Zugriffe auf das Eigentum Privater ist er nicht denkbar. In jüngster Zeit hat dies aber neue Dimensionen erlangt, es hat sich hier eine Zentralfrage des öffentlichen Wirtschaftsrechts entwickelt. Die vieldiskutierte Baurechtsnovelle von 1976[1] hat den Planungs-Bestandsschutz für die baulichen Nutzungen von Grundstücken im wesentlichen auf einen Siebenjahreszeitraum herabgesetzt. Im Natur- und Landschaftsschutzrecht werden, gerade in jüngster Zeit, Schutzausweisungen in größtem Stil vorgenommen[2], welche bisher mögliche Formen der Nutzung verbieten oder doch erheblich einschränken. Hier hat der Naturschutz eine neue Größenordnung erreicht, wir stehen noch ganz am Anfang[3]; denn das Ziel scheint die Unterschutzstellung eines nicht geringen Teiles der Erdoberfläche in Deutschland zu sein. In besonderer Intensität wirken sich die Wasserschutzbestimmungen nutzungsbeschränkend aus[4]; in ähnlicher Weise ist die bauliche Nutzung durch die Entwicklung des Denkmalschutzrechts beeinträchtigt[5].

---

* Erstveröffentlichung in: Der Betriebs-Berater 1992, S. 73–79.

[1] *Battis,* DVBl. 1977, S. 160 ff.; *Schneider,* DVBl. 1975, S. 457 ff.; *Schmidt-Aßmann,* NJW 1976, S. 1913 ff.; *Seewald,* JZ 1977, S. 6 ff.

[2] Dazu aus letzter Zeit etwa *Borgmann,* AgrarR 1989, S. 285 ff.; *Gassner,* UPR 1986, S. 412 ff.; *Hillermeier,* RdL 1985, S. 59 ff.; *Krohn,* AgrarR 1986, Beil. I, S. 18 ff.; *Schink,* AgrarR 1985, S. 185 ff.; *ders.,* DVBl. 1990, S. 1375 ff.; *ders.,* NuR 1984, S. 8 ff.; *Stenschke,* BayVBl. 1987, S. 644 ff.

[3] *Krohn* (Fn. 2), S. 23 f.

[4] Dazu etwa *Schaefer,* AgrarR 1988, S. 33 ff.

[5] Siehe *Moench,* NVwZ 1988, S. 304 ff. m. Nachw.

b) Daß dadurch auch Interessen der gewerblichen Wirtschaft tiefgreifend in Mitleidenschaft gezogen werden können, ergibt sich schon bei der Standortwahl, weil dabei zunehmend auf Belange des Natur- und Landschaftsschutzes Rücksicht zu nehmen ist, einmal ins Auge gefaßte Projekte deshalb unter Umständen nicht mehr verwirklicht werden können[6]. Angesichts des raschen Vordringens des Umweltschutzes auf breiter Front, mit der Schubkraft einer machtvollen, parteiübergreifenden politischen Bewegung, ist hier mit weiteren, heute noch kaum abzusehenden Nutzungsbeschränkungen nicht nur für die Land- und Forst-, sondern auch für die gewerbliche Wirtschaft zu rechnen[7]. Bedeutsame betriebliche Interessen sind aber, jenseits des Bodenrechts, auch insoweit im Spiel, als im Bau- und Grundstücksrecht ja letztlich – wie es stets der historischen Entwicklung entsprochen hat – nur eine viel weitere, eine ganz allgemeine Eigentumsproblematik beispielhaft behandelt wird. Was beim Boden an Nutzungsbeschränkungen durch Gesetz, oder aufgrund eines Gesetzes, als legal hingenommen werden muß, wofür dort auch Entschädigung nicht in Betracht kommt, das, oder ähnliches, wird bald[8] auch als Einschränkung der Eigentumsnutzungen von Mobiliargütern hinzunehmen sein; es wird eine Rolle spielen im Immaterialgüterrecht, schließlich beim eingerichteten und ausgeübten Gewerbebetrieb. Hier läßt sich die erkennbare Zurückhaltung des BVerfG gegenüber einem Grundrechtsschutz[9] wohl nicht zuletzt auch aus der Sorge des Gerichts erklären, die Sicherung der Nutzungsmöglichkeiten allzuweit auszudehnen.

c) Es gibt eben doch – immer noch – die „Einheit des Eigentumsbegriffs“[10]: Was an Nutzungsmöglichkeiten einer Güterkategorie – etwa von Grund und Boden – nicht (mehr) zum verfassungsgeschützten Eigentumsinhalt gerechnet wird, das ist auch bei anderen Eigentumsgegenständen keine enteignungsfähige Rechtsposition mehr, eine solche oder ähnliche Nutzung kann dann kompensationslos untersagt werden. Gerade in jenem Schrifttum, das sich primär mit Natur- und Landschaftsschutz zu befassen scheint[11], wird denn auch durchgehend die grundsätzliche Eigentumsproblematik der Beschränkungen von Nutzungsmöglichkeiten gesehen, aus den Verfassungsgrundsätzen des Art. 14 GG werden die Lösungen gewonnen. Wenn schließ-

---

[6] Einen solchen Fall behandelt *Erbguth,* JuS 1988, S. 699 ff.

[7] Deutlich wird dies heute bereits bei den in letzter Zeit diskutierten Bodenschutzkonzeptionen; siehe dazu *Stein,* AgrarR 1988, S. 42 ff. (43); *Kreuzer,* AgrarR 1989, S. 201 ff.

[8] Trotz der vielberufenen besonders weitgehenden Sozialbindung von Grund und Boden (BVerfGE 21, S. 73 ff., 82 f.), die hieran schon deshalb nichts ändern wird, weil es dabei vor allem um den Schutzbereich des Eigentums geht, nicht um Eingriffsmöglichkeiten in diesen.

[9] BVerfGE 45, S. 142 (173).

[10] Dazu m. Nachw. *Leisner,* Handbuch des Staatsrechts, VI, S. 1023 ff., Rdnrn. 46 ff.

[11] Fn. 2; siehe noch *Schoch,* Jura 1990, S. 140 ff.

lich nun das Umweltschutzrecht gesetzgeberisch zusammengefaßt werden soll[12], so wird diese kodifikatorische Einheit der Schrankenbestimmung des Eigentums – und der Enteignungsfälle – erst recht die Einheit der hier behandelten Problematik erweisen. Mag sie sich auch heute am Beispiel Grundeigentum am besten zeigen lassen: Sie betrifft den Agrarsektor wie die gewerbliche Wirtschaft, mehr noch: alle Bürger unserer Eigentumsgesellschaft, die Besitz haben oder anstreben.

2. Der Eigentumsschutz der Nutzungsmöglichkeiten — das System des Bundesverfassungsgerichts — „Entfesselung der Gesetzgebung" bei der Inhaltsbestimmung des Eigentums

a) Vor dem Naßauskiesungsbeschluß des BVerfG von 1981 waren alle Nutzungsbeschränkungen durch Gesetz oder aufgrund eines solchen einheitlich (nur) darauf zu prüfen, ob sie „enteignend wirkten". Wenn dies, nach der „Sonderopfertheorie" des BGH[13], nach der „Schweretheorie" des BVerwG[14] oder einer aus solchen Kriterien kombinierten „Enteignungstheorie" der Fall war, so konnte der Zivilrichter dafür unmittelbar aufgrund von Art. 14 Abs. 3 GG Entschädigung zusprechen. Als Enteignung wurden also sowohl „Entzug" wie „Beschränkung der Nutzungsmöglichkeit" des Eigentums angesehen. Insbesondere der BGH ging eben davon aus, daß die Verfassung „das Eigentum" in einer grundsätzlich umfassenden Weise garantiere, im Anschluß an §§ 903 ff. BGB[15], als ein Recht, alles mit dem Eigentumsgegenstand zu tun oder zu unterlassen, was nicht eine Norm verbiete — in zulässiger Weise, weshalb denn auch diese normativen Nutzungsbeschränkungen „nicht allzu tief" in den so weit gezogenen Schutzbereich des Eigentums Privater eindringen durften. Gerade wegen dieser weiten Fassung des Schutzbereichs war hier die Rechtsprechung aber schon damals bemüht, die verfassungsgeschützten Nutzungsmöglichkeiten einzugrenzen, alles bereits aus dem Eigentumsbegriff auszuklammern, was nicht als „irgendwie zentrale Nutzungsmöglichkeit" erschien. Diese Judikatur von BGH und BVerwG (vgl. unter II) hat ihre Wurzeln bereits in der früheren weiten Auffassung vom Schutzbereich des Eigentums.

[12] Zu den Vorbereitungen für ein neues Umwelt-Gesetzbuch *Kloepfer* u. a., DVBl. 1991, S. 339 (zum Eigentumsschutz: S. 344).

[13] Vgl. insbes. BGHZ 6, S. 270 ff.

[14] BVerwGE 5, S. 43 ff.

[15] Immerhin konnte man sich dabei auf die anfängliche Formulierung des BVerfG berufen, nach der der Verfassungsbegriff des Eigentums durch das „Bürgerliche Recht und die gesellschaftlichen Anschauungen" geprägt sei (BVerfGE 11, S. 64, 70; 28, S. 119, 142).

b) Das BVerfG hat im Naßauskiesungsbeschluß[16] zwar ersichtlich nicht durch eine grundlegend neue Konzeption eine „Eigentumswende" herbeiführen wollen[17]; es hat aber doch das Eigentums- und Enteignungsrecht wesentlich umgestaltet. In seinem neuen System, an dem es bis in die letzte Zeit festhält[18], ist „Enteignung" im Sinn von Art. 14 Abs. 3 GG nur mehr der gezielte, als solcher gewollte Entzug einer Rechtsposition durch hoheitliche Rechtssetzung[19], sei es durch Gesetz oder aufgrund eines solchen; Legal- und Administrativenteignungen sind zu unterscheiden. Keine Enteignung können dagegen Rechtsnormen des privaten und öffentlichen Rechts bringen, welche generell und abstrakt Rechte und Pflichten des Eigentümers festlegen, also den „Inhalt" des Eigentums bestimmen (Art. 14 Abs. 1 Satz 2 GG). Solche Normen begründen die Rechtsstellung des Eigentümers und sie formen sie aus[20]; sie schaffen die Zuordnung des Eigentumsgutes zum Eigentumsträger und gestalten seine Privatnützigkeit aus[21]. Zu dieser Privatnützigkeit zählt – das Wort bereits drückt es aus – vor allem all das, was an Nutzungsmöglichkeiten zum Eigentum gehört, wie etwa der Grundeigentümer bauen, was der Landwirt anbauen darf.

Die „Sozialpflichtigkeit des Eigentums" (Art. 14 Abs. 2 Satz 1 GG), früher zur Bestimmung der „Enteignungsschwelle" gerade bei Nutzungen herangezogen (vgl. oben a), hat nun Bedeutung zunächst im Bereich der Inhalts- und Schrankenbestimmung des Eigentums (Art. 14 Abs. 1 Satz 2 GG), mittelbar damit aber auch für die Enteignung; denn durch die Inhaltsbestimmung des Eigentums werden diejenigen Rechtspositionen festgelegt, die dann der Gesetzgeber nicht enteignend entziehen darf.

Inhalt und Schranken des Eigentums sind vom Gesetzgeber so zu bestimmen, daß damit ein Sozialmodell verwirklicht wird, „dessen normative Elemente sich einerseits aus der grundgesetzlichen Anerkennung des Privateigentums und andererseits aus dem Sozialgebot des Art. 14 Abs. 2 GG ergeben"[22]. Beidem ist in gleicher Weise Rechnung zu tragen[23], keiner der Faktoren darf über Gebühr verkürzt, vielmehr müssen die schutzwürdigen Inter-

---

[16] BVerfGE 58, S. 300 (insbes. S. 330 ff.).

[17] *Leisner*, DVBl. 1983, S. 61 ff., unter näherer Analyse der Entscheidung.

[18] Siehe etwa BVerfGE 72, S. 66 ff.; 74, S. 284 ff.; 79, S. 174 ff.

[19] BVerwG, DVBl. 1990, S. 585 (586).

[20] BVerfGE 58, S. 300 (330 / 1), unter Hinw. auf BVerfGE 52, S. 1 (27).

[21] Die das BVerfG stets als ein Wesensmerkmal des verfassungsrechtlichen Eigentumsbegriffs besonders betont hat, vgl. etwa BVerfGE 37, S. 132 (140); 50, S. 290 (339); 51, S. 1 (31).

[22] BVerfGE 52, S. 1 (29).

[23] BVerfGE 25, S. 112 (117 f.).

essen in einen angemessenen Ausgleich gebracht werden[24]. Die Grenze für den Gesetzgeber wird in der Institutsgarantie des Eigentums gesehen, in Verbindung mit der Gleichheit und der Beachtung des Übermaßverbots[25]. Es genügt also nicht, daß ein „letzter Rest von Privatnützigkeit", daß „irgendetwas an Nutzung" noch erhalten bleibt — so die Dogmatik des BVerfG. Die Praxis sieht allerdings anders aus: Bei den heute besonders im Vordergrund stehenden normativen Nutzungsbeschränkungen des Natur- und Landschaftsschutzes sei „in der Regel" von Sozialbindung, also Zulässigkeit der Maßnahmen ohne Entschädigungsleistung, auszugehen[26]; bald wird dies wohl zu einer Großformel erweitert werden, welche Nutzungsbeschränkungen im Umweltschutz ebenso „regelmäßig" legalisiert. Weithin dürften also die vom BVerfG im Naßauskiesungsbeschluß noch beschworenen Grenzen der normativen Sozialgestaltung Theorie bleiben, in Wirklichkeit dagegen wird es heißen: „Dulde, ohne zu liquidieren." Daran werden auch die letzten Versuche wenig ändern, wenigstens solche Nutzungsbeschränkungen ausgleichspflichtig zu machen, welche den Eigentümer geradezu „existenzbedrohend" treffen[27]. Das hat mit Enteignungs-Entschädigungsgrundsätzen nichts mehr zu tun, bei denen es ja nicht um die Existenz des Berechtigten, sondern um die Nutzung „des belasteten Gutes geht". Und wenn die Grenze nicht ausgleichspflichtiger Nutzungsbeschränkungen erst dort gezogen wird, wo der Berechtigte „das Gut nicht mehr halten kann"[28], so liegt der Grund dafür wohl mehr in einer dadurch bewirkten (indirekten) Aufhebung der Zuordnung zum bisherigen Eigentümer, der das Gut abgeben muß, als in einer übermäßigen Beeinträchtigung seiner Privatnützigkeit.

c) Der Gesetzgeber ist also nach der Systematik des Naßauskiesungsbeschlusses weitgehend frei, Nutzungsmöglichkeiten dem Eigentum ohne Ausgleich „nicht zuzuordnen", sie damit aus dem Schutzbereich der Eigentumsgarantie herauszunehmen. Selbst dort aber, wo er nun doch einmal zu weit gehen, die Privatnützigkeit durch übermäßige Einschränkung von Nutzungsmöglichkeiten verletzen würde, da will ihn die heute wohl herrschende Lehre[29] zwar zur Kompensation gegenüber dem Betroffenen verpflichten — mit Recht, denn sonst würde der Gesetzgeber immer mehr „aus der Enteignung

[24] BVerfGE 58, S. 137 (147).

[25] Dazu *Erbguth,* JuS 1988, S. 704; *Schink,* DVBl. 1990, S. 1375 (1381); *Kleinlein,* DVBl. 1991, S. 365 (368).

[26] BVerwGE 67, S. 84 (87) m. Nachw. (std. Rspr.), ebenso die Rechtsprechung der Zivilgerichte (vgl. etwa BGHZ 90, S. 4, 11; BayObLG NVwZ 1989, S. 290).

[27] Vgl. *Borgmann,* AgrarR 1989, S. 289.

[28] BVerwGE 67, S. 93 (97/98), unter Hinw. auf den BGH.

[29] Vgl. die Nachw. bei *Schink,* DVBl. 1990, S. 1375 (1383).

in die (übermäßige) Inhaltsbestimmung fliehen“[30]. Doch solche Leistungen werden eben „Ausgleich“[31] sein, nicht „Entschädigung“, sie werden sich an einem allgemeinen Gleichgewicht von Privatnützigkeit und Allgemeinbelangen orientieren, nicht an dem Wert des entzogenen Eigentumsinhalts, was aber das Wesen der Entschädigung ist[32]. Deshalb wird hier auch von einem „Abfedern“ gesprochen[33] — das ist etwas ganz anderes, als wenn entschädigt werden muß. Letztlich bewegt man sich hier im Bereich von Härteausgleichen[34]; und wie lange wird es dauern, bis bei dieser Form des Inhaltsbestimmungsausgleichs der Anschluß an jenen Begriff des „Ausgleichs“ gefunden wird, von dem das BVerfG bei Lastenausgleichs- und Kriegsfolgelasten ausgegangen ist[35]?

Nach Voraussetzungen wie Rechtsfolgen ist also der einfache Gesetzgeber heute weitestgehend Herr des Eigentumsbegriffs und damit des Eigentums. Was er selbst an Nutzungsmöglichkeit einem Eigentumsgut zuordnet, das ist eigentumsfähig, sein Entzug ist Enteignung und damit entschädigungspflichtig (Art. 14 Abs. 3 GG); was er an Nutzungsmöglichkeiten untersagt, ohne Entschädigung zu gewähren – und insoweit kommt es in der Tat wesentlich darauf an, ob sich in solchen Normen eine Entschädigungsregelung findet[36] –, das fällt allein damit schon aus dem Begriff der Enteignung und mithin aus dem verfassungsrechtlichen Eigentumsbegriff heraus.

Ist damit auch schon die hier gestellte Frage beantwortet: Von Härtefällen abgesehen[37] — Eigentumsschutz für Eigentumsnutzungen praktisch „unter allgemeinem Gesetzesvorbehalt“? Stehen wir damit bereits beim „Eigentum nach Gesetz“?

3. „Enteignung“ — nur bei Entzug von ausgeübter investiver Nutzung

a) Das ganze Eigentumssystem des Naßauskiesungsbeschlusses ist auf der Trennung von Enteignung und Inhaltsbestimmung des Eigentums aufgebaut.

---

[30] Hier kann man sich auch auf das Pflichtexemplarurteil des BVerfG stützen, BVerfGE 52, S. 137 (147).

[31] Vgl. *Erbguth,* JuS 1988, S. 705.

[32] *Kleinlein,* DVBl. 1991, S. 371.

[33] *Bryde,* in: *v. Münch,* GG, Art. 14 Rdnrn. 60, 62.

[34] Vgl. *Soell,* DVBl. 1983, S. 241 (248).

[35] BVerfGE 12, S. 151 ff.; 15, S. 126 ff.; 35, S. 324 ff.; vgl. neuerdings das „Bodenreformurteil“, BVerfG, NJW 1991, S. 370 ff.

[36] Insoweit zutreffend *Kleinlein,* DVBl. 1991, S. 370 ff.

[37] Auf diesem Weg bewegt sich das BVerfG ja auch neuerdings, wenn es im Bauplanungsfall die Grenzen erst bei den „schweren und unerträglichen Auswirkungen der Planung“ zieht (BVerfGE 79, S. 174, 199 f.).

Denkt man jedoch die Gestaltungsmöglichkeiten des Gesetzgebers konsequent fort, welche das Gericht bei der Inhaltsbestimmung eröffnet, so kann Enteignung nur mehr vorliegen, wenn der Gesetzgeber eine von ihm selbst früher geschaffene Zuordnung eines Gutes zu einem Rechtsträger aufhebt, das Recht am Gut also entzieht. Nutzungsbeschränkungen sind diesem Entzug nur in dem Extremfall gleichzustellen, daß alle Nutzungen entzogen würden, also eine Totalentleerung des Eigentumsrechts stattfände[38]. Nutzung(smöglichkeit)en können also, um es zugespitzt auszudrücken, „als solche nie enteignet werden". Daß damit der Eigentümer, gegenüber dem Rechtszustand vor 1981, weitestgehend den Schutz der Verfassung verliert, liegt auf der Hand. Das Eigentum kann „in seiner Hand durch Nutzungsentzug nahezu völlig entwertet" werden; Art. 14 Abs. 1 Satz 1 GG sinkt weithin nicht nur zur „liberté inutile" herab, dem Eigentümer bleibt allein die Zuordnung — bei einem nutzungsentleerten Gut eine Last, kein Recht. Sollte dies das Ende eines „elementaren Grundrechts"[39] sein?

b) Hat das BVerfG dies wirklich sagen wollen? Im Naßauskiesungsbeschluß heißt es – und dies ist eindeutig ein tragender Grundsatz der Entscheidung –, der Begriff des von der Verfassung gewährleisteten Eigentums müsse „aus der Verfassung selbst gewonnen", aus einfachem Gesetzesrecht dürfe er nicht abgeleitet werden[40]. Dies überzeugt — es entstünde sonst in diesem zentralen Punkt der grundgesetzlichen Ordnung „Verfassung nach Gesetz". Und sogleich fährt das Gericht fort, der Gesetzgeber müsse auch den Interessen des einzelnen gerecht werden, also muß etwas nicht Unwesentliches auch von jener Privatnützigkeit des einem Rechtsträger zugeordneten Gutes bestehenbleiben und nicht nur ein schmaler Rest; anderenfalls würde der den Eigentumsbegriff ausgestaltende Gesetzgeber seiner Inhaltsbestimmungsaufgabe nach Art. 14 Abs. 1 Satz 2 GG nicht gerecht. Beinhaltet aber Privatnützigkeit auch einen nicht ganz unbedeutenden Nutzen, den der Eigentümer von seinem Gut soll haben dürfen, verstößt dann nicht der inhaltsgestaltende Gesetzgeber gegen die Eigentumsgewährleistung (Art. 14 Abs. 1 Satz 1 GG), wenn er ohne Ausgleich zuviel an Nutzung(smöglichkeit)en entzieht? Was er dem Eigentum früher schon belassen hat, genießt jedenfalls vollen Verfassungsschutz; es stellt eine enteignungsfähige Rechtsposition dar[41]. Dagegen läßt sich nun aber einwenden: Wenn der inhaltsbestimmende

[38] Ob hier der Nutzungsentzug durch Inhaltsbestimmung in Enteignung umschlägt, hat übrigens das Gericht auch noch neuerdings offengelassen, BVerfGE 79, S. 174 (192).

[39] BVerfGE 50, S. 290 (339).

[40] BVerfGE 58, S. 300 (335).

[41] Daß das Gericht eine „Substanzentleerung des (Grund-)Eigentums" nicht zulassen wollte, daß dieses nicht einer „totalen Sozialbindung" unterworfen werden darf, zeigen gerade die eingehenden Ausführungen im Naßauskiesungsbeschluß, die nachweisen sollten, daß die Einwirkungen auf das Grundwasser nie als das zentrale Nutzungsrecht angesehen

Gesetzgeber zuviel an Nutzungen verbietet, so überschreitet er damit eben die Grenzen, welche hier seiner Gestaltung gesetzt sind, er ist dann allenfalls ausgleichspflichtig (im Sinne von oben 2 c), eine „Enteignung einer die Privatnützigkeit konstituierenden Rechtsposition" liegt darin nicht. Selbst die Bestimmung des engsten, eigentumskonstitutiven Kernbereichs der Nutzung ist eine Aufgabe der Inhaltsbestimmung, und wenn hier eine Um-Gestaltung erfolgt, so kann darin nie Enteignung liegen; denn Nutzung(smöglichkeit)en – dabei bleibt es eben – können als solche nie enteignet werden.

c) Hat der Beschluß gerade diese sehr weitgehende Folgerung ziehen wollen? An zwei Stellen heißt es dort ausdrücklich, daß jedenfalls eine ausgeübte Befugnis Gegenstand einer Legalenteignung sein könne, wenn der Gesetzgeber nämlich „subjektive Rechte entzieht, die der einzelne aufgrund des alten Rechts ausgeübt hat"[42] und: „Die Problematik der Legalenteignung stellt sich bei Änderung des objektiven Rechts allerdings dann, wenn von einer nach früherem Recht möglichen Nutzungsbefugnis bereits Gebrauch gemacht worden ist und diese entzogen wird"[43]. Doch dann steht an einer späteren Stelle, auf welche die eben erwähnte Passage ausdrücklich verweist[44], wie das Gericht „ausgeübte Nutzung" versteht: „Die verfassungsrechtliche Prüfung muß daher davon ausgehen, daß ... (die vom Eigentümer) ausgeübte Nutzungsbefugnis unter dem Schutz der Eigentumsgewährleistung stand. Es wäre mit dem Inhalt des Grundrechts nicht vereinbar, wenn dem Staat die Befugnis zugebilligt würde, die Fortsetzung von Grundstücksnutzungen, zu deren Aufnahme umfangreiche Investitionen erforderlich waren, abrupt und ohne Überleitung zu verbieten. Eine solche Regelung würde die geleistete Arbeit und den Einsatz von Kapital von heute auf morgen entwerten. Sie würde das Vertrauen in die Beständigkeit der Rechtsordnung, ohne das eine eigenverantwortliche Lebensgestaltung im vermögensrechtlichen Bereich nicht möglich ist, erschüttern."

Nicht die „ausgeübte Nutzung als solche", „die Ausübung" also, genießt Eigentumsschutz gegen Enteignung[45], auch nicht die „ausgeübte mögliche Nutzung", sondern dieser Enteignungsschutz wird vom BVerfG nur der investiv ausgeübten Nutzung gewährt. In deren Rahmen ist eben „etwas geschaffen" worden, etwas, das Eigentum ist[46]. Für die Eigentumsnutzung als

---

wurden; denn: „von jeher betraf das Nutzungsrecht des Grundeigentümers in erster Linie die Oberfläche des Grundstücks ..." (BVerfGE 58, S. 345).

[42] BVerfGE 58, S. 300 (331 / 2).

[43] BVerfGE 58, S. 338.

[44] BVerfGE 58, S. 348 ff.

[45] Das läßt sich, als solches, auch unter dem Gesichtspunkt des „Entzuges", gar nicht begründen, vgl. im folgenden II 3.

[46] So das Gericht bei seiner Abgrenzung der Eigentums- von der Berufsfreiheit, BVerfGE 30, S. 292 (334 f.).

solche aber gilt, daß es in die Entscheidung des Gesetzgebers fällt, solche „bisher allgemein eingeräumten rechtlichen Befugnisse für die Zukunft zu beseitigen oder zu beschränken". Hierdurch allein werden noch keine „nach altem Recht rechtmäßig erworbenen subjektiven Rechtspositionen betroffen, die dem Schutz der Eigentumsgarantie unterliegen"[47]. Eine enteignende „Einwirkung neuer, objektiv-rechtlicher Vorschriften auf individuelle Rechtspositionen"[48] liegt also nie darin, daß nur eine bislang gegebene oder auch naheliegende (vgl. im folgenden II) Nutzungsmöglichkeit für die Zukunft geschmälert wird, sondern immer nur in dem „Entzug des Geschaffenen". Nicht die Inswerksetzung schafft die enteignungsfähige Rechtsposition, sondern das ins Werk Gesetzte.

Enteignungsrechtlich wenigstens trifft also die oben getroffene Aussage doch zu: Herr des Eigentums ist der Gesetzgeber für die Zukunft, nur das bisher durch investive Nutzung Geschaffene als solches muß er anerkennen.

II. Eigentumsschutz „sich aufdrängender, naheliegender, vernünftiger Nutzungen"

1. Das Problem: Aufopferungsschutz der Nutzungen — über Enteignungsschutz hinaus?

Wird eine bisher nicht ausgeübte Nutzungsmöglichkeit entzogen oder beschränkt, so ist ex definitione noch nichts „ins Werk gesetzt", also kann Enteignungsschutz nicht gegeben sein. Im Typfall des Umwelt-, insbesondere naturschützenden Eingriffs durch Verordnungen oder Satzungen liegt insoweit nur Bestimmung von Inhalt und Schranken des Eigentums durch Gesetz vor (Art. 14 Abs. 1 Satz 2 GG); der Gesetzgeber ist hier lediglich zu einer sachgerechten Verhältnismäßigkeits-Abwägung gezwungen. In der Regel wird diese zum Ergebnis kommen, daß die normative Veränderung der Nutzungsmöglichkeiten, als Ausdruck der Sozialbindung, ohne Ausgleich zulässig ist (vgl. oben I 2); also erhält der Betroffene nichts, wenn er sein agrarisches oder gewerbliches Eigentum nicht mehr wie bisher nutzen kann.

Deshalb ist konsequent, und nach der Rechtsprechung des BVerfG zulässig, auch die Regelung des früheren § 44 BBauG, jetzigen § 42 BauGB, welche seit 1976 (Enteignungs-)Entschädigung nur gewährt, wenn eine noch nicht ausgenützte Bebauungsmöglichkeit innerhalb von sieben Jahren nach ihrer Gewährung entzogen oder wesentlich verändert wird. Darin liegt eine inhaltsgestaltende Entscheidung des Baugesetzgebers: „Eigentum" im Sinne

[47] BVerfGE 45, S. 297 (332).

[48] Vgl. BVerfGE 52, S. 1 (28).

des Art. 14 Abs. 3 Satz 1 GG – und damit enteignungsgeschützt – ist eine Rechtsposition, welche sowohl Inswerksetzungen als auch entsprechende Nutzungsmöglichkeiten sieben Jahre vor diesen beinhaltet. Der Gesetzgeber hat auf diese verhältnismäßige Weise das von ihm früher weitergehend gewährte Grundeigentum hinsichtlich der Baunutzungsmöglichkeiten umgestaltet[49].

Nun fragt es sich aber, ob dies die einzige Form des Eigentumsschutzes für nicht ausgeübte Nutzungsmöglichkeiten ist. Nach der Rechtsprechung soll dies offenbar nicht der Fall sein; insbesondere der BGH gewährt Entschädigung nicht nur für ausgeübte nicht-investive Nutzungen, sondern sogar noch dann, wenn darüber hinausgehende, aber „naheliegende“ und „vernünftige“ Nutzungsmöglichkeiten geschmälert werden.

2. Die Rechtsprechung des BGH — kein Widerspruch zu der des BVerfG

a) Der BGH gewährt Entschädigung für die Schmälerung von Nutzungsmöglichkeiten durch Gesetz oder aufgrund eines solchen nicht nur, wie es der Rechtsprechung des BVerfG (vgl. oben I 3) entspräche, bei Entzug von investiv ausgeübten Nutzungsmöglichkeiten, sondern, deutlich darüber hinaus, stets unter folgender Voraussetzung: Die Nutzungsmöglichkeiten müssen innerhalb der Schranken liegen, welche die Sozialbindung zieht. Diese Grenzen sind im Einzelfall „jeweils aufgrund wertender Beurteilung der Kollision zwischen den berührten Belangen des Allgemeinwohls und den betroffenen Eigentümerinteressen festzustellen. Eine situationsbedingte Belastung des Grundstücks kann angenommen werden, wenn ein – als Leitbild gedachter – vernünftiger und einsichtiger Eigentümer, der auch das Gemeinwohl nicht aus den Augen verliert, von sich aus mit Blick auf die Lage und die Umweltverhältnisse seines Geländes von bestimmten Formen der Nutzung absehen würde. Hierfür sind in der Regel die bisherige Benutzung und der Umstand von Bedeutung, ob die Benutzungsart in der Vergangenheit schon verwirklicht worden war. Entscheidend ist, ob eine zulässige Nutzungsmöglichkeit, die sich nach Lage und Beschaffenheit des Grundstücks objektiv anbietet, untersagt oder wesentlich eingeschränkt worden ist“[50]. Diese Formel gilt es nun zu interpretieren und mit dem unter I geschilderten System des BVerfG zu koordinieren.

---

[49] Dazu *Battis*, in: *Battis/Krautzberger/Löhr*, BauGB, 2. Aufl. 1987, § 42 Rdnr. 3, der mit Recht hervorhebt, daß durch diese Gesetzgebung nicht etwa die grundsätzliche Baufreiheit abgeschafft worden ist.

[50] BGHZ 90, S. 17 (25), m. zahlr. Nachw. zur Rechtsprechung, std. Rspr.

Eines vorweg: Eigentumsgeschützt können und konnten stets[51] nach der Rechtsprechung des BGH nur legale Nutzungsmöglichkeiten sein; denn der inhaltsbestimmende Gesetzgeber entscheidet, was zum Inhalt des Eigentums gehört[52]. Was er diesem Begriff schon früher nicht zuordnet, in das kann später nicht eingegriffen werden.

b) Es bleibt eine scheinbare Diskrepanz zwischen BVerfG und BGH: Das BVerfG gewährt Entschädigung stets nur bei ausgeübter investiver Nutzung, dem BGH ist die Ausübung ihrerseits nur „von Bedeutung", andererseits gibt er Entschädigung nicht nur in diesem Falle, sondern auch bei Entzug „sich anbietender legaler Nutzungsmöglichkeiten". Wie erklärt sich nun der hier gewährte „erweiterte Bestandsschutz"[53]? Schwebt über der ständigen Rechtsprechung des BGH das Damoklesschwert eines zweiten Naßauskiesungsbeschlusses?

Die Diskrepanz erklärt sich aus der unterschiedlichen Rechtsgrundlage und damit der Verschiedenheit der Entschädigungen, welche das BVerfG und der BGH gewähren. Beim BVerfG geht es nur um die Enteignungsentschädigung, sie ergibt sich aus Art. 14 Abs. 3 GG und nur bei Entzug ausgeübter investiver Nutzungsmöglichkeit. Der BGH dagegen gewährt nunmehr die sogenannte Aufopferungsentschädigung – für enteignenden oder enteignungsgleichen Eingriff – aufgrund eines ungeschriebenen Rechtsgrundsatzes auf einfachgesetzlich-traditioneller Grundlage, nicht (mehr) auf der Basis von Art. 14 Abs. 3 GG[54]. Da der BGH allein berufen ist, dieses einfachgesetzliche Prinzip zu interpretieren, kann er aufgrund desselben einen anderen, insbesondere auch einen weiteren Eigentumsschutz für Eigentumsnutzungen gewähren als das BVerfG.

Dogmatisch rechtfertigt sich dies wie folgt: Der einfachgesetzliche Aufopferungsgrundsatz besagt, daß für gewisse entzogene – ausgeübte und nicht ausgeübte – Nutzungsmöglichkeiten angemessen zu entschädigen ist. Dies ist eine Inhalts- und Schrankenbestimmung des Eigentums, wie sie der Gesetzgeber durchgeführt hat — gerade nach der Judikatur des BVerfG[55]. Solange

[51] Für den BGH war übrigens „das Eigentum" auch schon vor dem Naßauskiesungsbeschluß kein „Vulgärbegriff" (*Schwerdtfeger,* JuS 1983, S. 104, 109). Er hielt ihn damals eben für wesentlich privatrechtsbestimmt; dies entsprach nur der früheren Rechtsprechung des BVerfG, welche auch von der wesentlichen Privatrechtsprägung des Begriffs ausgegangen war, BVerfGE 11, S. 64 (70); 28, S. 119 (142).

[52] Deshalb prüft auch jetzt der BGH mit Recht, ob der Gesetzgeber eine bestimmte Nutzung aus dem Schutzbereich des Eigentums herausgenommen hat, vgl. etwa BGHZ 84, S. 223 (226 f.); 84, S. 230 (233 ff.); 90, S. 4 (8 ff.).

[53] *Erbguth,* JuS 1988, S. 702/3 m. Nachw.

[54] Vgl. f. viele grundlegend BGHZ 90, S. 17 (29 f.) m. zahlr. Nachw.

[55] In diesem Sinne auch *Schwerdtfeger,* JuS 1983, S. 110.

er sie nicht beseitigt, gehört alles, wofür bei Entzug nach dem Aufopferungsgrundsatz zu entschädigen ist, zum Eigentumsinhalt. Dies ist nicht der – engste – Eigentumsinhalt nach der Verfassung, der nur die investiv ausgeübte Nutzung schützt und auch den Gesetzgeber bindet, sondern ein anderer, ein weiterer, ein „einfachgesetzlich-ungeschriebener Eigentumsinhalt". Dieselbe ungeschriebene Rechtsnorm der Aufopferung bestimmt auch gleich die Rechtsfolge: angemessene Entschädigung, zu gewährleisten durch den Zivilrichter.

Bleibt ein Problem: Wenn nun eine einfachgesetzliche Norm gewisse Eingriffe entschädigungslos zuläßt – etwa für ein satzungsmäßig ausgewiesenes Naturschutzgebiet –, derogiert sie dann nicht für diesen Fall dem allgemeinen Aufopferungsgrundsatz? Die Antwort ergibt sich aus dem Inhalt dieser lex posterior: In aller Regel will sie lediglich gewisse Nutzungen verbieten, der Aufopferungsgrundsatz trifft eine allgemeine Bestimmung. Zu den Rechtsfolgen für die einzelnen betroffenen Eigentümer äußert sich die spätere Norm nicht. Sie derogiert also insoweit auch nicht dem Aufopferungsgrundsatz, der daher zugunsten der Betroffenen eingreifen kann[56]. Nur dann, wenn ein einfaches Gesetz ausdrücklich für seinen Anwendungsbereich den Aufopferungsgrundsatz aufheben oder doch durchbrechen wollte, müßte wohl auch der Zivilrichter sich beugen und Aufopferungsentschädigung versagen. Doch dies wäre ein odioses, bisher noch nicht dagewesenes Vorgehen, das hier vernachlässigt werden kann.

Die betroffenen Nutzungsberechtigten genießen also heute, bei Beeinträchtigung ihrer Möglichkeiten, einen doppelten Rechtsschutz. Er stimmt wohl im wesentlichen in der Rechtsfolge („angemessene Entschädigung"), nicht aber in den Voraussetzungen überein: Enteignungsentschädigung für Entzug investiv ausgeübter Nutzungen — Aufopferungsentschädigung bei Beeinträchtigung gewisser Nutzungsmöglichkeiten (vgl. oben a).

[56] Wenn übrigens der spätere einfache Gesetzgeber – nach alter, auf die Zeit vor dem Naßauskiesungsbeschluß zurückgehender Tradition – eine *salvatorische Klausel* angebracht hat („für den Fall, daß enteignende Auswirkungen — Entschädigung"), und wenn man diese Klausel für zulässig ansieht (so etwa BGHZ 99, S. 24, 28; 105, S. 15, 17; BGH, NuR 1987, S. 381; vgl. demgegenüber BVerwGE 84, S. 361 [364 ff.]; allg. zum Problem u.a. neuerdings *Kimminich,* NuR 1985, S. 1 ff.; *ders.,* NuR 1988, S. 134 ff.; *Krohn* [Fn. 2], S. 24; *Moench,* NVwZ 1988, S. 304 [312 f.]; *Ossenbühl,* JZ 1989, S. 190 f.) so gilt folgendes: Der einfache Gesetzgeber hat hier insoweit Eigentumspositionen für möglich angesehen, was die Existenz der salvatorischen Klausel beweist. Nach ihr kann also der Zivilrichter im Falle des Entzugs investiv ausgeübter Nutzungen entschädigen — entsprechend dem engen Verfassungsbegriff der Enteignung, vgl. I 3. Der Zivilrichter ist aber nicht gehindert, darüber hinaus noch Aufopferungsentschädigung zu gewähren. Die Auslegung, daß die salvatorische Klausel bedeute, alle Nutzungen – oder das nach dem Aufopferungsgrundsatz zu Entschädigende – habe hier der Gesetzgeber als Eigentum im Sinne des Verfassungsrechts ansehen und dafür Enteignungsentschädigung vorsehen wollen, geht wohl zu weit; er hätte sich dann ausdrücklich auf diesen Grundsatz beziehen oder selbst die von ihm zugeordnete „Nutzung als Eigentumsposition" näher definieren müssen.

Es fragt sich nun, nachdem dieses in sich widerspruchslose System des BVerfG und der BGH-Rechtsprechung geklärt ist, ob der vom BGH gewährte Rechtsschutz sachgerecht umschrieben, ob er einschränkungsbedürftig oder erweiterungsfähig ist. Fest steht, daß der BGH hier nicht, in keiner Weise, an den Enteignungs-Rechtsschutz des BVerfG und dessen Eigentumsbegriff gebunden ist; der BGH interpretiert eine andere Rechtsgrundlage — den Aufopferungsgrundsatz; der aber bietet Ersatz nicht nur für ein Entzogenes, sondern auch für eine wesentliche Entwertung von Rechtspositionen.

3. Aufopferungsrechtsschutz nur bei „sich aufdrängenden Nutzungsmöglichkeiten"?

a) Die ausgeübte Nutzung — ein wichtiges Aufopferungsindiz

Der BGH mißt der Ausübung einer bestimmten Nutzung im Augenblick des Eingriffs der Nutzungsbeschränkung durchaus Bedeutung bei, mit Recht aber nicht in dem Sinne, daß hier Verbote stets und automatisch zu staatlichen Ersatzleistungen führen müssen. Hat der Betroffene für die bisherige Nutzung sonst keine wesentlichen Investitionen erbracht, kann er sie ohne allzu große Belastungen für die Zukunft ändern, so ist in der Tat kaum einzusehen, warum er die Nutzungsform nicht soll ändern müssen, wenn ihm dies auch wirtschaftlich ohne weiteres möglich ist, wenn sich solches vielleicht sogar ökonomisch günstig für ihn auswirken kann. Mit anderen Worten: Die gerade, vielleicht zufällig, ausgeübte Nutzungsart als solche kann die Annahme einer Aufopferung nicht begründen, wenn nicht ein Vertrauen gerade in diese Nutzungsform zu achten ist. Ein Landwirt kann Entschädigung für das Verbot einer bestimmten, von ihm vielleicht eher zufällig ausgeübten Bewirtschaftung nicht verlangen, wenn ihm ein Kulturwechsel ohne weiteres zuzumuten ist, und wenn sein Grundstück dadurch in den Augen des Verkehrs nicht wesentlich an Wert verliert — vorausgesetzt, gewichtige öffentliche Belange erfordern dies.

Die Formel „Ausgeübtes sakrosankt – Mögliches vogelfrei" wäre unhaltbar; sie würde zum Schutz – und zur Schutzlosigkeit – für Zufälligkeiten führen. Nur investive Inswerksetzungen sind stets schutzwürdig. Auch ein „Aufopferungsschutz des Status quo": Entschädigung stets, aber auch nur bei Veränderungszwang, nicht bei Veränderungsverbot — all dies ist in solcher Allgemeinheit nicht zu begründen[57]. Warum den Status quo achten? Das wäre eine allzu bequeme Formel; entscheidend ist, wie schwer es trifft, wenn dieser Status verändert wird; und zum Status quo gehört auch, wie sich zeigen wird, das legal Mögliche.

---

[57] Bedenklich daher, in solcher Allgemeinheit *Soell,* NuR 1984, S. 8 (13), sowie *Stenschke,* BayVBl. 1987, S. 651; zutr. dagegen der Ansatz bei *Weber,* DVBl. 1955, S. 40 ff.

Das bedeutet nicht, daß die gerade ausgeübte Nutzungsart nicht ein wichtiges Indiz sein kann für das Vorliegen einer Aufopferungslage. Was der Landwirt, der Gewerbetreibende, immer – wieder – produziert haben, das prägt ihren Betrieb, ein Veränderungszwang führt hier oft, wenn nicht in der Regel, zu erheblichen betrieblichen, nicht zuletzt auch absatzmäßigen Erschwerungen und auch zu Wertverlusten. Die „ausgeübte Nutzung" ist also ein wichtiges Aufopferungsindiz; nur: Sie ist nicht stets ein Aufopferungsfall — aber auch nicht der einzige. Und dies soll nun gezeigt werden.

b) Ist die „nächstliegende" Nutzungsmöglichkeit allein aufopferungsgeschützt?

aa) Entschädigt werden kann nach dem BGH für Nutzungseinschränkungen auch, wenn sie sich „nach Lage und Beschaffenheit des Grundstücks objektiv anbieten"[58]. „Sich anbieten" ist hier im Sinne einer wirtschaftlichen, nicht einer primär rechtlichen Kategorie zu verstehen; denn rechtlich mag eine Nutzungsart zulässig sein oder nicht, allenfalls noch geeignet, erforderlich, verhältnismäßig — juristisch „bietet sie sich nicht an". Entscheidend für den Eigentumsschutz der Nutzungsmöglichkeiten ist nun, wie dies „sich anbieten" zu verstehen ist: Wird dadurch jede Nutzungsform aufopferungsgeschützt, welche sich „so anbietet, wie andere eben auch", oder verlangt der Begriff mehr, ein „besonderes Naheliegen" gerade dieser Nutzungsart; und wenn dies letztere anzunehmen ist, wann liegt eine Nutzung „so nahe" — für jedermann, nicht nur nach der subjektiven Einschätzung des Eigentümers[59]?

bb) Man könnte hier nun das BVerwG heranziehen, das in seiner Judikatur zu der gleichen Frage ein, wie es scheint, restriktiveres Verständnis zugrunde legt: Nur dann solle eine nicht ausgeübte Nutzungsmöglichkeit den Eigentumsschutz genießen[60], wenn sie „in der Situation des Grundstücks in einer Weise angelegt ist, daß sie sich der darauf reagierenden Verkehrsauffassung als angemessen aufdrängt, daß die Verkehrsauffassung diese Nutzung geradezu vermißt"[61]. Daß hier die „Verkehrsauffassung" bemüht wird, ist nicht zu beanstanden, ist sie es doch, gerade in einer Marktwirtschaft, welche Eigentum bewertet, nach welcher dieses verwertet wird. Auch „Angemessenheit" der Nutzung wird man verlangen können, hat dieses Allerweltswort auch, selbst durch Aufnahme in Art. 14 Abs. 3 GG, an juristischen Konturen kaum etwas gewonnen.

---

[58] BGH (Fn. 50).

[59] Denn der BGH verlangt ja, daß die Nutzungsart *objektiv* sich anbiete.

[60] Nach der vor dem Naßauskiesungsbeschluß herrschenden Rechtsauffassung den Schutz aus Art. 14 Abs. 3 GG, heute jedoch den Aufopferungsschutz.

[61] BVerwGE 49, S. 265 m. Nachw. zur Rechtsprechung.

Was aber heißt nun „sich aufdrängen", „vom Verkehr geradezu vermißt werden"? Ist das nicht etwas wie ein „umgekehrtes ökonomisches Vernünftigkeitskriterium"? Die betreffende Nutzung ist die primäre des Eigentumsguts, vor der alle anderen zurücktreten müssen, mehr noch: Ihre Nichtausübung ist „eigentlich gar nicht verständlich", wenn der Verkehr die Ausübung vermißt. Wird damit nicht derjenige geradezu durch Aufopferungsentschädigung prämiert, der etwas nicht tut, was jedermann aber erwartet? Es drängen sich Zweifel auf, ob diese „Sich-aufdrängen-Formel" durchdacht ist. Gemeint ist allerdings damit wohl: Nur eine Beeinträchtigung „der nach der Rechtsauffassung zentralen, primären Nutzungsmöglichkeit" kann eine Aufopferungsentschädigung auslösen.

Damit wird die Formel des BGH wenn nicht überhaupt verändert, so doch entscheidend verengt: „Sich anbieten" und „sich aufdrängen", „vermißt werden" ist nach allgemeinem Sprachgebrauch nicht identisch[62]. Würde die BGH-Judikatur in diese Richtung gebogen, so käme in den weitaus meisten Fällen eine Aufopferungsentschädigung nicht in Betracht: Wann wird der Betroffene die Richter schon überzeugen können, daß der Verkehr „gerade diese Nutzung vermisse", wenn es nicht mehr genügt, daß sie sich „anbietet" — als eine unter mehreren? Wenn man zwischen BGH und BVerwG hier nur eine „graduelle Variation" sieht[63], so verengt man auch das „sich-Anbietende" auf die „nächstliegende Nutzungsform" (nach der Meinung des beurteilenden Richters).

cc) Eine solche Restriktion der BGH-Rechtsprechung ist jedoch durch die Rechtsprechung des BVerfG zur Eigentumsgarantie nicht erzwungen.

Das BVerfG hat die Hauptbedeutung der grundgesetzlichen Eigentumsgarantie im Bestandsschutz gesehen[64]: Das Eigentum müsse grundsätzlich in der Hand des Eigentümers bleiben. Nachdem die nicht investiv realisierte Eigentumsnutzung aber nicht zu diesem Bestand von „Eigentums-Rechts-Positionen" gehört, kann es dafür auch keinen Bestandsschutz geben. Ersichtlich aus diesem Grund wollte das BVerwG mit seiner Formel von der „sich aufdrängenden Nutzung" – wohl letztlich durchaus eigentumsfreundlich denkend – doch noch all das dem Eigentumsschutz unterfallen lassen, was eben „so zu werten ist, als stünde es einer ausgeübten Nutzung gleich"[65].

Dieser Weg aber ist nun durch den Naßauskiesungsbeschluß versperrt: „Nicht investiv ausgeübte Nutzungsmöglichkeiten" genießen keinen Be-

---

[62] Was das BayObLG verkennt (NVwZ-RR 1989, S. 290, 291), wenn es zunächst die Rechtsprechung des BGH zitiert — um dann mit der Formel des BVerwG fortzufahren.

[63] *Erbguth,* JuS 1988, S. 703.

[64] BVerfGE 24, S. 367 (397); 35, S. 348 (361); 56, S. 249 (260 f.).

[65] Nur so erklärt sich die Judikatur des BVerwG, BVerwGE 49, S. 365 (369 f.).

stands-, keinen Enteignungs-Eigentumsschutz, solche Rechtspositionen gibt es von Verfassungs wegen nicht, wenn sie nicht der Gesetzgeber ausdrücklich geschaffen hat, sie können daher auch nicht entzogen werden; darum allein aber geht es nach Verfassungsrecht.

Dies schließt jedoch keineswegs aus, daß der einfachgesetzliche Aufopferungsgrundsatz einen weiteren, wirtschaftlich orientierten Begriff des „Eigentumsbestandes" zugrunde legt, der alle ökonomisch vernünftigen Nutzungen miteinbezieht. Gerade dies aber will die Judikatur des BGH[66]: Es ist dort von der „vernünftigen Nutzung" des Gutes, von seiner Nutzung durch einen „vernünftigen Eigemtümer" die Rede. Vernünftig handelt wirtschaftlich aber nicht nur derjenige, welcher das „sich-Aufdrängende" tut, sondern eben alles, was sich ihm als einem homo oeconomicus anbietet, was wirtschaftlich nicht unvernünftig ist: All dies gehört zum aufopferungsgeschützten Eigentum.

Diese einfachgesetzlichen Grundsätze stehen nahe beim grundgesetzlichen Eigentumsbegriff, sie widersprechen ihm in keiner Weise: Nach dem BVerfG ist das Eigentum die Grundlage eigenverantwortlicher Freiheitsbetätigung[67]. Dieser enge, notwendige Bezug von Freiheit und Eigentum bedeutet dann aber auch, daß das Eigentum zugleich Freiheitsraum, Freiheitsgegenstand ist — dazu wird es jedoch vor allem in seinen noch nicht realisierten Nutzungsmöglichkeiten. Sie eröffnen dem Berechtigten die entscheidende grundgesetzliche Freiheit, zwischen dem Gebrauch a oder b eigenverantwortlich zu wählen. Wenn ihn der Gesetzgeber hier einengt, ihm Nutzungsmöglichkeiten entzieht, wenn er darin schon so weitgehend frei ist, wie das BVerfG ihn im Naßauskiesungsbeschluß gestellt hat, dann liegt es doch durchaus auf der freiheitsschützenden Grundlinie des Art. 14 Abs. 1 Satz 1 GG, wenn derselbe einfache Gesetzgeber mit seinem Aufopferungsprinzip dieses Eigentum so ausformt, daß bei Entzug nicht fernliegender Nutzungsmöglichkeiten Entschädigung zu gewähren ist — und nicht nur, wenn „sich aufdrängende Lösungen" verboten werden. In der Privatnützigkeit hat das BVerfG das Wesen des Eigentums Privater gesehen[68]: Das Wort kommt von „Nutzen"; ihm entspricht eine Entschädigung überall dort, wo ökonomisch sinnvolle Nutzung verboten wird.

Ein Widerspruch zwischen einem weitreichenden Schutz von nicht realisierten Nutzungsmöglichkeiten, über den Aufopferungsgrundsatz, zur Rechtsprechung des BVerfG, ergibt sich auch nicht daraus, daß nach dem BVerfG niemand Anspruch auf Einräumung gerade derjenigen Nutzungsmöglichkeiten hat, die ihm als Eigentümer den größtmöglichen wirtschaftlichen Vorteil ver-

---

[66] Vgl. BGHZ 90, S. 17 (25 ff.).

[67] BVerfGE 21, S. 73 (86); 31, S. 229 (239); 32, S. 111 (142).

[68] BVerfGE 42, S. 263 (294); 52, S. 1 (30).

spricht[69]. Diese oft weit überinterpretierte, aus ihrem Zusammenhang gerissene mißverständliche Formel gestattet es dem Gesetzgeber, einzelne Nutzungsmöglichkeiten, auch gerade die günstigste, zu verschließen. Sie verpflichtet ihn nicht dazu, dafür keine Aufopferungsentschädigung zu gewähren.

4. Jede sinnvolle Nutzungsmöglichkeit verdient Schutz in einer Marktwirtschaft

a) Ein weiter Aufopferungsschutz im Sinne einer nicht eingeschränkten BGH-Judikatur steht also nahe beim GG, in keiner Weise widerspricht er ihm. In sachgerechter Form wird hier vielmehr jener Wertschutz des Eigentums realisiert, der immer dann eingreifen soll, wenn Bestandsschutz nicht gewährt werden kann[70].

Das GG kennt keine Wirtschaftsverfassung[71]; aber dies gilt nur in dem Sinn, daß aus der Verfassung kein formiertes System einer bestimmten Wirtschafts- und Sozialordnung abgeleitet werden darf, insbesondere nicht im Sinne einer „sozialen Marktwirtschaft". Dennoch ergeben sich aus wirtschaftlichen Grundrechten, insbesondere aus den Art. 12 und 14 GG, Rahmendaten, die nur in einer vom Staat vielleicht grenzkorrigierten, in ihrem Kernmechanismus aber geachteten Marktwirtschaft gehalten werden können. Unvereinbar mit den Grundrechten ist insbesondere ein staatliches Diktat wirtschaftlicher Güterbewertung. Darüber besteht heute ein so weitgehender allgemeiner Konsens, daß dies hier nicht weiter vertieft zu werden braucht.

Dann dürfen aber auch das Eigentums-, das Entschädigungs- und das Aufopferungsrecht nicht völlig am Markt vorbei sich entwickeln, und dies verlangt zwingend zumindest den Aufopferungsschutz für die nicht realisierten Nutzungsmöglichkeiten, wenn das BVerfG nun schon den Enteignungsschutz dafür nicht gewährt. Der Markt trennt „Eigentumsbestand" und „Eigentumsnutzung" in der Regel nicht, er bewertet die Güter primär nach ihren Nutzungsmöglichkeiten, nach den realisierten wie nach den noch nicht verwirklichten, aber zulässigen, vernünftigen, sich anbietenden Möglichkeiten im Sinne der Rechtsprechung des BGH. Nicht selten ist ein Gut mehr wert, gerade weil seine Nutzungsmöglichkeiten noch nicht ausgeschöpft sind, im Baubereich ist dies sogar die Regel. Der Markt der Möglichkeiten ist mindestens so wichtig wie der der Realitäten. Auf diesem Tauschplatz der Freiheit haben nicht nur „naheliegende" oder gar „sich aufdrängende" Nutzungsmöglichkeiten ihren Kurs. Die größte Kraft der Marktwirtschaft liegt gerade dar-

---

69 BVerfGE 58, S. 300 (345).

70 BVerfGE 24, S. 367 (397).

71 BVerfGE 4, S. 7 (17 f.); 50, S. 290 (337).

in, daß der Käufer Virtualitäten erwirbt, daß Entscheidungschancen zwischen der einen oder anderen Nutzungsmöglichkeit, bzw. zwischen möglichst vielen liegen. Der Markt trägt dabei durchaus dem rechtlichen Eigentumsprinzip Rechnung, daß künftige Verdienste noch nicht verdient, daß sie also auch nicht Eigentum sind[72]. Doch daraus zieht er nicht den radikalen, viel zu weit gehenden Schluß, daß hier, in diesen vielfachen „virtuellen“ Nutzungsmöglichkeiten „gar nichts an Wert“ sei. Denselben Mittelweg darf und sollte auch die Rechtsprechung gehen: Aufopferungsentschädigung insoweit, als auch der Markt dafür etwas geben würde, daß diese oder jene Nutzungsmöglichkeit noch (zusätzlich) besteht. Hüten aber sollten sich die Richter davor, dem Markt ihre Wertungen von dem vorzugeben, was „vernünftig“, was ein „Wert“ sei: Selbst wenn es manche judikative Entscheidungsträger nicht gerne hören: Der Markt weiß es nicht nur besser als Politik und Gesetzgeber, er ist auch ökonomisch klüger als die Richter; und dafür haben diese ihre Schätzer und andere Experten, daß sie sich kundig machen – zu jeder Zeit – über den Wertverlust, den ein Gut, eine Kategorie von Vermögensgegenständen, durch neue Gesetzgebung oder aufgrund von dieser erleidet.

b) Völlig unvereinbar mit jeder marktwirtschaftlichen Konzeption wäre ein gerichtlich sanktionierter rechtlicher „Inswerksetzungszwang“, der denjenigen prämierte, der gerade (noch), oft zufällig, „genutzt“ hätte. Wenn das Eigentum heute vielleicht nicht mehr ganz und gar ein ius utendi et abutendi ist — ein ius utendi et non utendi muß es bleiben. Wenn überall, vom Religions- bis zum Koalitionsgrundrecht, negative Freiheiten heute anerkannt sind, so muß es auch eine negative Eigentumsfreiheit geben, ein Recht wenigstens, von dieser oder jener Nutzungsmöglichkeit keinen Gebrauch zu machen. Jedenfalls darf dieses Recht nicht a limine geleugnet, es muß in die Verhältnismäßigkeits-Abwägung stets einbezogen werden. Volkswirtschaftlich unverträglich wäre ein allgemeiner Investitions- und Konsumzwang, der jede Nichtnutzung mit Entschädigungsausschluß bedrohte. Ein solches Gebot kann nur im einzelnen, etwa bei Aufbauanordnungen zur Stadtentwicklung, legitim sein; doch es bedarf dann spezieller Legitimation, als Ausdruck einer allgemeinen Maxime des „Aktivitätszwangs zur Nutzung“ wäre es unannehmbar.

Das Grundgesetz will nicht den „Eigentumsaktivisten“, der ständig alle Nutzungsmöglichkeiten seines Gutes zu realisieren versucht. Unglaubhaft würde ein solcher Staat, sparen könnte er nicht mehr empfehlen — doch davon lebt er.

Dies alles mögen allgemeine Erwägungen sein — sie stützen eine weite, liberale Auslegung der BGH-Formel vom Aufopferungsschutz für alle vernünftigen, sinnvollen Nutzungsmöglichkeiten, und sei dies alles auch in kei-

---

[72] BVerfGE 28, S. 119 (142); 30, S. 292 (335); BGHZ 65, S. 241 (244 f.); 78, S. 41 (44).

ner Weise ins Werk gesetzt. Nur am Ende noch eine Mahnung zur „objektiven Vernunft“: Die Marktwirtschaft ist dadurch groß geworden, daß sie die subjektive Vernunft des Bürgers an die Spitze stellt, daß der Staat sie honoriert — in dubio.

c) So werden denn – wir sind sicher – auch die BGH-Richter kein staatliches Wirtschaftsrecht der Nutzungsvernünftigkeit entfalten, sondern im Zweifel den Eigentümer und seine Freiheit schützen gegen den normsetzenden Staat. Daß damit übrigens allzuviel an Entschädigung bezahlt werden müßte, steht kaum zu befürchten: Die Aufopferungsentscheidungen müssen letztlich nach dem alten, guten Schwerekriterium fallen, das früher das Enteignungsrecht beherrscht hatte[73]. Dann aber sind alle Nutzungsmöglichkeiten, verbleibende wie nun neuerdings verschlossene, zusammenzusehen; nur wenn letztere verhältnismäßig schwer wiegen, kommt überhaupt Entschädigung in Betracht, nicht aber dann, wenn dem Eigentümer ohne weiteres zugemutet werden kann, auf andere Nutzungswege auszuweichen.

Der Eigentumsschutz der Nutzungsmöglichkeiten ist eine komplexe, schwierige, dogmatisch noch weithin ungesicherte Materie. Entscheidend ist, daß die BGH-Richter unbeirrt ihren liberalen Weg der Aufopferungsrechtsprechung weitergehen. Sonst käme, nach dem Eigentum, auch noch die Freiheit in Gefahr; denn was ist sie anderes als — Nutzungsmöglichkeit?

---

[73] Vgl. BVerwGE 5, S. 43.

Die Bodenreform im Lichte einer freiheitlichen Wirtschafts- und Gesellschaftsordnung*

I.

Bodenreformen sind, das lehrt die Geschichte, innere Reformen besonderer Art. Sie stehen stets an der Schwelle der Sozialrevolution und sie überschreiten diese häufig.

An der nicht bewältigten Bodenreform des vergangenen Jahrhunderts ist das zaristische Rußland zerbrochen; Hochpeitschen und Sabotieren der Bodenreform waren ein wesentlicher Grund für die große Regime- und Staatsenttäuschung, die das Ende von Weimar beschleunigt hat.

Bodenreformpläne waren stets die beste Form der Revolutionsstrategie. Grund und Boden ist das finanziell wertvollste unter den Gütern dieser Erde, welche ein einzelner Mensch nutzen und genießen kann; es befriedigt seine elementarsten Bedürfnisse; es ist am deutlichsten sichtbar, am festesten greifbar; und — von ihm kann unschwer behauptet werden, es sei nicht vermehrbar, sondern nur verteilbar. Das letztere ist sogar entscheidend in unserer jetzigen sozialen Marktwirtschaft: Hier wenigstens kann sie, so scheint es, den hungrigen Bürger nicht auf jene Produktion abdrängen, auf die sie so stolz ist, hier muß sie sich der *primären Verteilungsfrage* stellen — und dies allein schon stellt eine Marktwirtschaft in Frage.

Bodenreform ist schließlich ein glänzender Exerzierplatz für die klassische sozialrevolutionäre Doppelstrategie: Durch radikale Forderungen wird „das Problem bewußt gemacht"; da sie unerfüllbar bleiben müssen, verschärft sich die Lage, ein dumpfes Gefühl der Sozialfrustration entsteht — aus dem dann neuer Reformwille, ja Aktionismus sich bildet.

Mit der Forderung nach einer neuen Bodenordnung bekommt der scheinbar utopische Revolutionär — den Boden der Reform unter die Füße.

Daß am Ende einer großen Aufbauphase Mängel sichtbar werden, ist eine historische Erfahrung. Daß nach der breiten Verteilung aller anderen Güter unter die Bürger diese den Ruf nach Grundeigentum erheben, ist selbstverständlich. So hat denn das magische Wort „Bodenreform" alle verant-

* Erstveröffentlichung in: Grund und Boden in einer freiheitlichen Wirtschaftsordnung. Fachreferate des Deutschen Maklertages 1974, hrsg. vom Bundesverband „Ring Deutscher Makler" (RDM) e.V., 1974.

wortungsbewußten Sozialreformer auf den Plan gerufen. Ihrer waren so viele, daß sich unter sie leicht jenes Häuflein von Sozialrevolutionären mischen konnte, die genau wissen, daß das Reizwort „Neue Bodenordnung" ihnen einen idealen Formelkompromiß mit jeder Mehrheit ermöglicht, die nur Verbesserung, die keinen Umsturz will. Sie gilt es, an die Grenzsteine der Verfassung zu ziehen — und diese dann entschlossen zu versetzen.

Bisher war die Strategie erfolgreich. Die Mehrheit der Reformwilligen verfällt in Schweigen, die kleine Minderheit spricht gar nicht mehr über die Voraussetzungen der Reform, sie sind ja außer Streit. Die Marktwirtschaft hat hier versagt, sie muß durch Planwirtschaft ersetzt werden. Und mit immer radikaleren Thesen drängt sie die Gutwilligen immer mehr aus Verfassung und Freiheit. Totale Verstaatlichung, Kommunalisierung, Frankfurter Modell, Mammutfonds, konfiskatorische Abgaben. Die Reformwilligen, die Grundeigentum und Markt irgendwie doch noch erhalten wollen, sind derart in der Defensive, daß sie glauben, dem angeblichen „Zug der Zeit", dessen Lokomotive aber von echten Revolutionären bedient wird, nur mehr durch immer schärfere Restriktionen folgen zu können, welche die Grenzen der Marktwirtschaft, ja die der Verfassung überschreiten.

Demgegenüber soll hier versucht werden, aus der Sicht der Marktwirtschaft und des Grundgesetzes jene Sozialreformer zu ermuntern, die in diesem Staate – noch – die Macht haben. Deshalb ist zu zeigen, daß

– die grundsätzlichen Voraussetzungen der sozialrevolutionären Bodenpläne unrichtig sind,
– so manche Reformpläne, deren Autoren vielleicht glauben, erhalten zu können, in Wahrheit nur vernichten werden.

Natürlich ist das — Entlarvung; doch warum sollten Entlarver nicht entlarvt werden — noch dazu von Professoren, deren Lernprozeß sie doch in dankenswerter Weise in Gang gesetzt haben?

Die heutige Bodenrechtsdiskussion hat sich weithin drei sozialrevolutionäre Grundannahmen aufdrängen lassen, von denen sie nun oft axiomatisch ausgeht:

1. Grund und Boden ist ein „ganz anderes Gut", weil es unvermehrbar ist. Die allgemeinen (Verfassungs-)Normen über Eigentumsschutz und Sozialbindung gelten dafür überhaupt nicht. Hier ist allein nach „Sozialstaatlichkeit" zu verfahren.

2. Die Bundesrepublik steht heute in einer akuten Bodenkrise. Diese rechtfertigt auch außergewöhnliche Mittel.

3. Und vor allem: Die Marktwirtschaft hat versagt — und diese Katastrophe ist der beste Beweis dafür, daß sie überhaupt – wie heißt es doch im vorsichtigen Reformdeutsch? – „neu überdacht werden muß".

Nichts von alledem trifft zu.

1. Grund und Boden ist ein vermögenswertes Gut wie andere Güter auch. Wie bei allen anderen Gütern ist an ihm jenes Eigentumsrecht möglich, „wie es das bürgerliche Recht und die gesellschaftlichen Anschauungen" geschaffen haben. Es kann keine Rede davon sein, daß sich die gesellschaftlichen Anschauungen gerade in den letzten zehn Jahren so gewandelt haben sollen, daß es nun als rechtens erscheine, einen Eigenheimbesitzer etwa mit einem Fondspapier abzuspeisen, einer Staatsanleihe soz. auf sein eigenes Grundstück ... Den Bodenhunger, mit dem heute Reformbeflissene operieren, es gäbe ihn mit Sicherheit gar nicht mehr, wenn sich dieses „reformierte Bodeneigentum" durchsetzte. Doch warum übrigens nicht mit bourgeoisen Gelüsten zu einem sozialistischen Erfolg gelangen — eine List der Vernunft.

Das BVerfG hat auch nie ausgesprochen, daß Bodeneigentum mit anderem Eigentum völlig unvergleichbar sei. Seine Formel lautet dahin, daß „Grund und Boden weder volkswirtschaftlich noch in seiner sozialen Bedeutung anderen Vermögenswerten *ohne weiteres gleichzustellen war"* — und dies übrigens als eine Selbstverständlichkeit früheren Rechts. Weitergehende, tief einschneidende Beschränkungen gab es eben von jeher, sie sind auch für jede Reform unstreitig zulässig. Nie aber ist in unserem bürgerlichen Recht davon die Rede gewesen, daß der freie Bodenmarkt beseitigt werden solle, stets sollte er allein funktionsfähig gemacht werden. Es wäre eine kopernikanische Wende unseres Grundstücksrechts, wenn nun das Ziel plötzlich anstatt von Förderung und Funktionsstärkung des Marktes heißen sollte — teilweise oder gänzliche Abschaffung des Marktes. Über das Ausmaß einer solchen Reform, in Wahrheit: Rechtsrevolution, sollte der Sozialreformer nachdenken.

Und daß die Gesellschaft dieses wolle, ist nichts als Behauptung — es sei denn die „Gesellschaft der Sozialrevolutionäre".

Selbst die neuerdings gelegentlich behauptete tiefgreifende Wandlung, ja Auflösung des Eigentumsbegriffs, vor allem an Grundstücken, existiert nur in den Köpfen der Theoretiker. Eingehende Analysen beweisen, daß sich in der Rechtsprechung des BGH keine Spur zeigt etwa von einer Auflösung des Grundeigentums in ein Bündel von isolierten Berechtigungen — Verfügung, Nutzung, Verwaltung, Besitz. Dies alles sind allenfalls Aspekte des einen, unteilbaren Eigentums. Die Gerichte kennen nur dieses.

Doch selbst die bis zur Ermüdung wiederholte Begründung der „sui-generis-Theorie" beim Grundeigentum, daß dieses nämlich „unvermehrbar" sei, hält kritischen Nachprüfungen nicht stand. Einerseits gibt es sehr viele Güter, die überhaupt nicht vermehrbar sind, ohne daß daraus derartige Folgerungen gezogen würden — etwa Kunstgegenstände, Antiquitäten. Und zum anderen taugt das ganze Argument wenig, weil es aus der Mottenkiste der alten Landreformer, ja der uralten Physiokraten stammt und unaufpoliert vom rollenden Fortschritt zu ganz anderen Zwecken übernommen wird. Damals ging es um Bauerntum, um Ernährung und ihre Sicherung — hier ließ sich in der Tat bis zum Kunstdünger wenig vermehren. Heute aber geht es allein um das Baubodenrecht — und dieser Boden läßt sich vermehren bis weit über die utopischsten Bedürfnisse hinaus — durch Hoch- und Tiefbauen, durch Intensivierung und Extensivierung der Bebauung; und wenn jedem Deutschen das eigene Haus beschieden wäre, so würden nur wenige Prozent der Gesamtfläche überbaut.

Und die echte Wertschöpfung durch Erweiterung der bebaubaren Flächen wird selbst bei allen notwendigen Investitionen nicht unwirtschaftlich, wenn noch echter Bedarf besteht und die Gesellschaft bereit ist, für mehr Bauland auch nur etwas zu opfern. Es bleibt dabei, daß gerade die Gegenthese richtig ist: So leicht, so billig ist kaum ein anderes Gut „an sich" zu vermehren wie Bauland. Hier werden stets zwei Argumente vermengt: Die tatsächliche Vermehrbarkeit — sie ist größer als bei jedem anderen Gut; und die Frage nach dem, der die „Kosten der Produktion" trägt. *Darüber* kann und muß sozialreformerisch diskutiert werden. Doch endlich nicht mehr über die Unvermehrbarkeit, sie ist nichts als ein falsches Problem, sie beweist als solche gar nichts, am wenigstens ein Eingriffs- oder gar Enteignungsrecht. Die Diskussion wäre wahrlich konkreter, wenn diese falschen Bärte abgenommen würden.

2. Es mag hier offen bleiben, welche außergewöhnlichen, grundrechtsbeschränkenden Eingriffe im Falle eines echten Bodennotstandes verfassungsrechtlich zulässig wären. Ein solcher liegt, nach all den Grundsätzen, welche die Rechtsprechung an den bitteren Beispielen der Kriegs- und Nachkriegszeit entwickelt hat, in keiner Weise vor. Allgemeine, unerträgliche Wohnungsnot wird von niemandem behauptet. Im ganzen gibt es eher zu viele Wohnungen. Was entsteht, ist ein sektoriales Preisproblem — geradezu der Typ dessen, was sich durch sektoriale Marktkorrektur und, wo notwendig, durch staatliche Hilfe auch lösen läßt. Natürlich nur, wenn Marktfairneß besteht. Man kann nicht einerseits lautstark unerfüllbare Bodenerwartungen beim Bürger wecken, ihm weismachen, es sei gerecht, daß er für nur wenige hundert Mark eine schöne Wohnung erhalte — und mit der anderen Hand die Alarmglocke des sozialen Notstands bedienen, den man selber erst schafft. Wie viele unserer mündigen Bürger wären bereit, auf allzu kostspielige Dinge, auf Großwagen, Luxusurlaub, Luxusrestaurants zu verzichten, würden sie von allen Verantwortlichen verantwortungsbewußt stets darauf hingewiesen, daß das Wohnen, wie alles im Leben, kostendeckend und ertragsbringend bezahlt sein will. So aber wird die revolutionäre Hoffnung bei ihm genährt, das finstere Großkapital der Bodenbesitzer werde es eines Tages „schon billiger geben" — und wenn nicht — ja dann erst recht Revolution!

Das hat mit sozialer Einstellung nichts zu tun. Unsozial handelt, wer von anderen Bürgern erwartet, daß sie ihm seine kostspieligsten Wünsche erfüllen. Und dies ist noch ein Faß ohne Boden — wer kann sich nicht eine noch schönere, größere Wohnung vorstellen. Der unerfüllbare Wunsch, das ideale Instrument der Sozialrevolution, muß endlich als das gesehen werden, was es ist: als Verführung.

Die Revolutionäre sind doch übrigens, wie jeder weiß, die besten Demokraten. Und wenn es nun hier wirklich einmal nach Mehrheit ginge — würden wohl mehr Bürger für das Eigentum an Grund und Boden eintreten und Krisenmaßnahmen ablehnen — oder würde die Mehrheit eine wirkliche Krise mit eigentumsvernichtendem Ergebnis bejahen? Das wäre eine Umfrage wert!

3. „Der Markt funktioniert nicht" — wie er funktioniert, davon können heute Baufirmen, Makler, Eigentümer ein Lied singen! Doch nicht ein schwacher Versuch fairer Anerkennung wird unternommen — dessen, daß der Markt nun ebenso brutal nimmt, wie er freigebig verschenkt hat, daß er den Uneinsichtigen, den Unvorsichtigen härter straft als es der härteste Staat vermöchte.

Nein — dies ist nun ein neuer Beweis gegen ihn: Er löst die Probleme nicht, er geht zu weit und gefährdet — nicht Volksvermögen, sondern „Vermögen des Volkes". Die radikalen Reformer vergessen, daß wir – noch – „Vermögen des Volkes" als Obereigentum haben und daß der Markt doch eben jene trifft, denen auch sie alles nehmen wollen. Und sie verschweigen, daß der Markt *allein* ein Problem gar nicht lösen kann, daß es eben weithin in der „Bodenpsychologie" der Bürger liegt, die es marktwirtschaftlich zu entwickeln, nicht interventionistisch zu verbiegen gilt.

In einem tiefen Widerspruch steckt übrigens hier die Sozialrevolution: Einerseits behauptet sie die grundlegende Verschiedenheit von Boden und anderen Eigentumsgütern — damit man auf Boden leichteren Zugriff habe. Im gleichen Atemzug aber wird erklärt, das Nichtfunktionieren des Bodenmarktes zeige, daß die *gesamte* Marktwirtschaft durch eine neue sozialistische Planwirtschaft überwunden werden müsse. Wenn Grund und Boden schon etwas so Unvergleichbares sind, so könnte die Marktwirtschaft gut sein, selbst wenn sie beim Boden nicht funktionierte.

Doch im ganzen funktioniert sie auch dort. Hier scheiden sich aber die Geister. Wer aus seiner allgemeinen Polit-Ideologie den Markt verdammt, der wird begierig als Konfliktstratege gerade den Boden untersuchen, sich durch jeden Riß in seiner Ordnung bestätigt finden und ihn gierig erweitern. Wer zum Markt steht und seiner Ordnungsfunktion, der wird manches um der größeren Freiheit willen hinnehmen, größere Schäden durch staatliche Hilfe zu heilen suchen, vor allem aber die Frage stellen, die doch eigentlich für den freien, mündigen Bürger selbstverständlich auftauchen müßte: Ob denn das teilweise Versagen des Marktes gerade auf staatliche Intervention zurückzuführen sei. Mehr Staat kann doch der Vernünftige nur fordern, wenn überzeugend bewiesen wird, daß nicht — zuviel Staat war.

Und gerade dies zeigt schon der erste Blick. Man blicke auf die Bausparförderung: Eine einst krisenbedingte Privilegierung hat der Staat ohne Rücksicht auf Bedürfnisse fortgesetzt, zugleich die inflationäre Steuerschraube angelegt — und so den Bürger am Markt vorbei zehntausende von Wohnungen produzieren lassen.

Dieser Staat hat mit deutscher Gründlichkeit eine der am meisten perfektionierten Bauordnungen dieses Planeten geschaffen. Seine Beauftragten kriechen mit Meterstäben in Küchen und Kammern, kein Quadratmeter darf bebaut werden ohne einen Kubikmeter von Papier — doch dieser Staat war nicht in der Lage vorherzusehen, was geschehen ist, rechtzeitig zu warnen. Daraus gibt es nur eine Folgerung: Voraussehen läßt sich offenbar nichts — es läßt sich nur diktieren.

Der Freiheitliche würde daraus freilich zwei ganz andere Folgerungen ableiten: Zum einen würde er das bisherige staatliche Instrumentarium einmal Stück für Stück auf seine Marktkonformität untersuchen. Kaum irgendwo hat der Staat so viel experimentiert mit dem Inhalt des Eigentums wie bei Grund und Boden, man denke nur an das Mietrecht. Jetzt muß es die Gesellschaft bezahlen. Soll sie darauf mit der Einladung an den „Großen Bruder" antworten, er solle nun noch mehr experimentieren?

Und der Freiheitliche würde vom Staat Bodenberichte, Bodenwarnungen ganz anderer Intensität verlangen als bisher. Wenn der Staat das nicht vermag, so ist er erst recht nicht gut zu planen und zu diktieren.

Doch zu all dem ist keine Zeit. Der Staat braucht ein Alibi für seine Fehler, für die seiner Kommunen. Bereitwillig öffnet er sich daher der ideologischen Ungeduld der Sozialrevolutionäre, die auf den Sündenbock zeigen: Auf Eigentümer und Markt.

II.

Hier muß nun Flagge gezeigt werden. Vor allem steht die Grundsatzfrage: Erlaubt es das Grundgesetz, den Markt im Bereich von Grund und Boden aufzuheben und ihn durch zentralverwaltete Bodenpreise zu ersetzen? Wenn ja, so endet hier das Recht, der Rest ist Politik und reine Ökonomie; wenn nein, so werden sich die Pläne der Reformer an dieser Verfassung und ihren Wertvorstellungen messen lassen müssen.

Sie müssen es. Ein Grundrecht des Eigentums ist ohne Markt schlechthin undenkbar. Wenn der Staat, direkt oder indirekt, auf dem Bodensektor auf Dauer die Preise diktieren kann, so bestimmt er allein zu jedem Augenblick nach freiem Ermessen über den Wert all dieser Güter — damit aber über die Bedeutung dieses Eigentums überhaupt. Das komplizierte Enteignungssystem des Art. 14 Abs. III wäre dann nichts als eine Verfassungsgroteske. Wozu sollten sich bedächtige Richter mühen um das Maß der gerechten Entschädigung, wenn der Staat, dieselbe Enteignungsgewalt, vorher den Wert des Gutes vollständig zu manipulieren vermag? Sicher — an solchen Preisbestimmungen durch den Staat fehlt es auch jetzt nicht — doch sie sind ganz anderer Art und Intensität als bei einem Bodenverkehr ohne Markt: Entweder sie ergeben sich aus der Natur der Sache — wo der Staat Aufträge erteilt, diktiert er weithin auch Preise, oder sie erfolgen primär zur Förderung anderer Interessen als zur Beseitigung des betreffenden Marktes, oder sie orientieren sich an der steuerlichen Leistungsfähigkeit ohne primäre Rücksicht auf marktliche Austauschbeziehungen. Vor allem aber: Bei ihnen allen erfolgt die Marktkorrektur, nicht die Marktzerstörung. Wo *sie* eintritt, steht das Grundrecht des Eigentums vollständig zur Disposition des Staates, es läuft total leer.

Wird ein Bodenmarkt aufgehoben, so nimmt der Staat damit Grund und Boden aus der Kategorie der eigentumswerten Güter heraus. Dies ist nichts anderes als Sozialisierung, es verpflichtet zur Entschädigung (Art. 15 GG).

Man wende nicht ein, das BVerfG habe ausdrücklich diese unsere Wirtschaftsordnung als die nicht verfassungsrechtlich allein mögliche bezeichnet. Dies geschah – mit vollem Recht – für das spezielle Modell der „sozialen Marktwirtschaft", das übrigens noch niemand hat überzeugend rechtlich definieren können. Daß aber der gesamte Markt sektorial aufgehoben würde, das hätte selbst der fortschrittlichste Richter zu jener Zeit für unmöglich gehalten. Übrigens haben die Verfassungsrichter damals ausdrücklich hinzugefügt, jede Wirtschaftsverfassung habe die Grundrechte zu beachten, und das Privateigentum ist ihnen die wichtigste Grundentscheidung des GG für den gesamten Bereich des privaten Vermögensrechts.

Jede Bodenreform muß sich also daran messen lassen, ob sie bereit ist, den Markt zu korrigieren, oder ob sie ihn aufhebt. Ist dies ihr Ziel oder ihre notwendige Folge, so ist sie verfassungswidrig. Beispielhaft mögen hier einige Vorstellungen untersucht werden, welche zur Reform eines Bundesbaugesetzes vielerorts, auch im Regierungsbereich, erwogen worden sind.

1. Das Eigentum am Grundstück schließt grundsätzlich das Recht zu jeder Nutzung ein, die nicht im Wege der Sozialbindung untersagt werden darf, also auch das Recht zu bauen. Wenn also der Staat die Bebauung freigibt, so nimmt er eine Beschränkung des Eigentumsrechts zurück, er erteilt dem Ei-

gentümer keine „Konzession“. Solche irrigen Vorstellungen könnten jedoch Formulierungen erwecken wie die, daß durch das Bundesbaugesetz die Befugnis zur baulichen Nutzung eröffnet und beendet werde (§ 29 nach dem Regierungsentwurf des BBauG). Dies würde eine Art von Obereigentum des Staates wiederherstellen, das seit dem Spätfeudalismus der Vergangenheit angehört, dessen Beseitigung einst eine der größten Taten des Liberalismus war. Es wäre ein Rückschritt um Jahrhunderte.

Dies ist kein Spiel mit Worten und schon gar nicht reine Theorie. Wenn nämlich der Staat echte „Baukonzessionen“ vergeben dürfte, so könnte er sich dafür grundsätzlich bezahlen lassen, was er wollte. Da es um sein Eigentum ginge, dürfte er den Markt völlig bestimmen, den privaten Markt aufheben. Insbesondere könnte er anstandslos jede Preisdifferenz vor und nach Baureife abschöpfen. Dies muß ganz klar sein: Das Prinzip der Baukonzession ist das Ende des privaten Grundeigentums, des freien Bodenmarktes überhaupt. Es wäre eine gigantische Teilsozialisierung von Grund und Boden.

2. Vielen Plänen, auch Regierungsentwürfen, liegt der Gedanke zugrunde, sämtliche oder ein großer Teil der Preissteigerungen bei Grundstücken, die irgendwie im Zusammenhang mit Baureifeerklärung stünden, gebührtem dem Staat, seien von ihm durch niedrige Enteignungsentschädigungen oder durch Ausgleichsabgaben (vgl. § 135 a nach dem Regierungsentwurf des BBauG) abzuschöpfen.

Diese Argumentation, die oft mit geradezu ideologischem Eifer vorgebracht wird, ist völlig abwegig. Ganz abgesehen von den unabsehbaren Schwierigkeiten der Wertermittlung — dem liegt ein falsches Staatsverständnis zugrunde. Der Staat schafft den neuen Grundstückswert gar nicht, er ermöglicht nur, daß er sich auf dem Markt bilde. Das Grundstück wird nicht durch die Unterschrift eines Beamten mehr wert, sondern dadurch, daß andere Bürger es brauchen und dafür bezahlen. Und ein echter Sozialstaat „leistet“ mit der Unterschrift keinerlei Wertschöpfung — er beseitigt nur, gemeinschaftskonform, eine Sozialbindung des Eigentums. Die Gesellschaft hat den Bedarf, sie schafft den Wert, der Staat nur als einer unter vielen, als „Privater“, wenn er Grundstücke braucht, für öffentliche Anlagen, nur im Gefolge der Gesellschaft.

Die *volle* Abschöpfung läßt sich theoretisch nur in einer einzigen Weise folgerichtig begründen: Aus der marxistischen Theorie der völligen Einheit von Staat und Gesellschaft — dann, natürlich, kann der Staat auch voll für die Gesellschaft kassieren.

Rechtsgrundsätzlich betrachtet ist es nach unserem Grundgesetz völlig anders: Der Staat verteilt mit Baureifeerklärungen keine Geschenke an die Eigentümer, er ordnet nach pflichtgemäßem Ermessen das Bauwesen. Daraus entstehen, zugegeben, dem Bürger in der Regel Vorteile. Es kann aber doch nicht im Ernst der Grundsatz aufgestellt werden, der Staat könne abkassieren, was dem Bürger durch die Erfüllung irgendeiner in seinem pflichtgemäßen Ermessen stehenden Ordnungsaufgaben an finanziellem Vorteil zufließe. Soll etwa die Polizei kassieren, was ein Geschäftsmann infolge einer Verkehrsumleitung mehr verdient? Oder soll gar jeder staatsverursachte Gewinn abzuführen sein — etwa der Gewinn eines Gaststättenbesitzers, der nachweislich auf Verköstigung von Angehörigen einer naheliegenden Behörde zurückzuführen ist?

Hier ist der gesamte Ansatz verfehlt. Was der Staat, was die Gemeinde verlangen kann, ist ganz allein ihr Investitionsaufwand, der eindeutig dem Grundstück wertsteigernd zugute kommt. Und selbst hier wäre es verfassungswidrig, wenn der Steuerstaat die Finanzierung seiner zentralen Sozialaufgaben auf die Grundeigentümer überwälzen wollte. Hier muß eine vernünftige Staffelung nach Grundstückswertnähe stattfinden. Eine Straße hat hier einen ganz anderen Stellenwert als ein nahes Krankenhaus, ein Kindergarten einen anderen als ein Hallenbad. Und absolute Spitzenpreise werden nicht selten dort erzielt, wo es weder Sandkasten noch das berühmte Schwimmbad gibt.

Wir sollten vorsichtig bleiben und nicht rückschrittlich heutige Sozialklischees festschreiben — der Bürger will morgen etwas völlig anderes, deshalb müssen auch die Zuordnungen der Folgelasten stets flexibel bleiben. Und vor allem — nicht alles zuordnen. Sonst enden wir bei den Kosten der Panzergarnison, weil doch gut verteidigte Grundstücke einen besonders hohen Wert haben — müssen — eben für den, der auf seine bessere Einsicht setzt, nicht auf den Markt.

3. Obereigentum des Staates und Ausgleichsbeträge sind rechts-, weil grob sachwidrig. Sie verfälschen nicht nur den Markt, sie helfen, ihn völlig aufzuheben. Dies soll nach neueren Vorstellungen durch den Dreiklang von Regelungen erreicht werden:

a) Die Enteignungsentschädigung sinkt entscheidend, weil ja Planungsgewinne abgeschöpft werden.

b) Die Gemeinde darf ohne Rücksicht auf eigene Grundstücksreserven enteignen, sie wird zum freien Grundstücksbankier der Gesellschaft.

c) Die Gemeinde kann verkaufen, wann sie will; sie muß es nicht ohne Gewinn tun und sie vermag es in beliebiger Form — insbesondere durch Fondsanteile.

Auf diese Weise kann sich die Gemeinde zu billigem Geld jede beliebige Menge an Baugrundstücken sichern, sich grenzenlos bereichern und auf die

Dauer nahezu vollständig den Markt bestimmen. Dieser Boden-Stamokap wird flankiert durch Bebauungs-, Abbruchs- und Modernisierungsgebote, die es der Gemeinde gestatten, auf die Dauer den Eigentümer zur Aufgabe jedes beliebigen Grundstücks zu zwingen, weil er es wirtschaftlich nicht so verwerten kann wie die Gemeinde dies diktiert. Die Gemeinde ihrerseits kann die Grundstücke mit rentableren Flächen in Fonds zusammenschließen und sie dann leicht beliebig nutzen, möglicherweise unter Verlust. Die Krönung der Konstruktion ist der Wegfall des Planungswertausgleichs: Wer nicht schon ins Werk gesetzt hat, dem dürfen durch Planungsänderung nicht nur entsprechende Abgaben auferlegt, er kann auch durch wirtschaftlich unmögliche Nutzungsauflagen gezwungen werden, sein Gut abzugeben.

Schon allein wenn die Entschädigung derart sinkt und die Gemeinde frei für die Gesellschaft Grundstücke horten darf, so *kann* es in absehbarer Zeit nur mehr einen vom öffentlichen Dumping beherrschten, also einen völlig verfälschten Grundstücksmarkt geben. Es wird sich also das Gefährlichste ergeben, was dem Eigentum drohen kann: Eine schleichende Sozialisierung mit Pseudo-Marktmitteln. Die Evolution ist in Gang gesetzt, die letztlich bei der vollständigen Enteignung enden muß; und zwar mit „sauberen", bürgerlichen Mitteln.

4. Und nun einmal kein Blick auf den bösen Eigentümer, sondern auf den Begünstigten, den Bürger. Er ist zu bedauern, denn dieses „Geschenk" widerfährt ihm ...

Zwar „soll" die Gemeinde ihm das alte, bürgerliche Eigentum verschaffen — doch es ist ja kein wirkliches Verfügungsobjekt mehr, weil der Staat völlig den Markt beherrscht. Die Reformer sind auch schon einen Schritt weiter gegangen — ihre Ideologie verlangt die Fonds — fond of Funds. Nur so läßt sich die totale sozialistische Abhängigkeit des Bürgers vom Staat und von den „gesellschaftlichen Massenorganisationen" vollenden. Der Bürger hat einen Anteil, er steht Schlange bei der gemeindlichen Fonds-Verwaltung und die Mehrheit steht dort, in bewährter Mitbestimmungsstrategie, stets der „konzertierten Öffentlichkeit" zu — dem Staat und Gewerkschaften in ihrer Doppelrolle als Vertreter des Volkes und als Mitkapitalisten.

Da fordern munter mehrere Männer, ermuntert vom damaligen Minister für Wohnungsbau, die Übertragung gleich aller deutschen Grundstücke in Fonds (Peter Conradi u.a., Für ein soziales Bodenrecht, 3. A. 1973). Der Preis der Anteile wird vom Staat bestimmt, der Fonds verwaltet und vergibt an Kleinpächter. Der Markt ist völlig aufgehoben, den Wert selbst dieses kümmerlichen Eigentumsrelikts bestimmt die Obrigkeit. Und die Autoren meinen listig, das Enteignungsrisiko könne man doch wohl durch entsprechende juristische Ausgestaltung ausschließen. Es ist ihnen entgangen, daß allein schon die Zwangsvergesellschaftung solchen Ausmaßes selbstredend Enteignung ist.

Der Fondsbürger, der abhängige Berechtigungsempfänger — das ist die triste Gestalt, die da übrig bleibt. Nein — hier geht es gar nicht mehr um Eigentum, hier geht es um Freiheit.

III.

Diese Wege führen nicht nach Rom. Doch niemand kann sie wirksam verschließen, der nicht andere auftut. Irgend etwas muß geschehen, am besten etwas ganz Wuchtiges.

Das Wuchtigste und das erste überhaupt ist für den kritischen Bürger stets der Blick auf die Staatsgewalt, die so eifrig auf Kosten anderer hier beglükken will. Ihre Fehler sind Legion, dort muß es beginnen.

1. Den Kommunen, die weitestgehend versagt haben, darf nicht mehr Macht gegeben, sie müssen weit schärfer kontrolliert werden. Wenn schon Planungshoheit bei ihnen bleiben soll, so muß

- in den kleinen Verhältnissen die oft offene und bekannte Planungskorruption endlich bekämpft werden;
- entschlossen, wenn nötig mit speziellen strafrechtlichen Mitteln gegen jeden Versuch der Einflußnahme zu eigensüchtigen Zwecken vorgegangen werden;
- die Aufsicht der Staatsbehörden hier speziell neu geregelt und verschärft werden;
- die Bauplanung in völlig anderer, endlich effizienter Weise, wenn erforderlich durch scharfe Ersatzvornahmen, erzwungen werden;
- die Gemeinde zu laufender Berichterstattung über die jetzige und die zu erwartende Grundstückslage an die Aufsichtsbehörden verpflichtet werden, damit jedes Versagen klar nachweisbar wird;
- die Kontrolle der Rechnungshöfe über Grundstückspolitik und Preisgebaren der öffentlichen Hand ganz erheblich gestrafft und rascher durchgeführt werden.

Nicht der Bürger hat versagt mit seinem Markt, sondern der Staat mit seinen Planungshoheiten und unkontrollierten Autonomien. Welcher Organisator wird auf den Gedanken kommen, denen mehr Macht zu geben, welche nicht einmal ihre bisherigen Befugnisse zu nutzen wußten?

Doch hier nun erhebt sich die kommunale Klagemauer, an der Eigentümerbeschimpfung die Tränen erstickt. Man könne nicht anders, man werde erpreßt vom mächtigen Eigentümer oder Unternehmer; mit ihm müsse man leben, er diktiere die Grundstückspolitik.

Wann immer man solchen Klagen nachgeht — sie münden in Politik, nicht in Baurecht. Mit Baurecht sind ihre Gründe kaum zu beseitigen. Vor allem aber — sollte man nicht nachdenklich werden, nicht so viel neue Macht in Hände legen, die ganz offensichtlich zittern? Steht nicht zu befürchten, daß auch diese Macht wieder an die verruchten Politkapitalisten weitergegeben wird? Wie dies geschehen wird, ist doch klar — sie werden die billigen Staatsgrundstücke aufkaufen und alles abbrechen lassen, was ihren Hochhausplänen im Wege steht. Gegen so massive Millioneninteressen glaubt man angehen zu können mit dem frommen Rat, es sollten möglichst „breite Kreise der Bevölkerung beteiligt werden"? Solche Bodenreform kann nun leicht den „Kapitalismus" wirklich unerträglich machen.

Wer eine echte Bodenreform will, muß zuerst eine wahre Gemeindereform einleiten. Dann allein wird es soviel Boden geben wie gebraucht wird.

2. Eine *Verbesserung des Bauplanungsrechts* ist ebenfalls dringend erforderlich. Sie muß jedoch marktkonform, sie darf nicht gegen den Markt erfolgen. Das bedeutet vor allem:

- *Beständigkeit* der Planung ist unbedingt anzustreben. Ein überschaubarer und auf die Dauer gerechter Bodenmarkt kann sich schlechthin nicht bilden, wenn die Gemeinde dauernd experimentiert. Schon deshalb ist der Vorteilsausgleich beizubehalten, weil er nicht nur dem Eigentümer gegenüber gerecht ist, sondern auch dem kaufwilligen Bürger entscheidende Vorteile bringt: Er hindert die Gemeinden an Dauerexperimenten mit dem Vermögen ihrer Bürger, und dadurch vor allem wird hektischer, damit aber ungesunder Spekulation entgegengewirkt.
- Die *Transparenz* der Planung ist wesentlich zu verstärken. Von den ersten Vorplanungsüberlegungen an ist möglichst alles offenzulegen — selbst, ja gerade auf die Gefahr der „Einflußnahme" hin: Einmal können ja durchaus gute Anregungen kommen, die später gar nicht mehr zu berücksichtigen wären, die Transparenz ist ein Gebot der Bürgernähe, zu der die Gemeinde weit mehr als jede andere Verwaltung *verpflichtet* ist, denn aus ihr zieht ja die gesamte Kommunalautonomie ihre Legitimation. Zum anderen ist es weit besser, die Pressionen zeigen sich rasch, damit ihnen Widerstand entgegengesetzt werden kann; und schließlich sind gerade die Pressionen ein sehr gutes Marktindiz — zeigt sich, daß sie überstark werden, so wird dies in aller Regel der Beweis sein, daß die Planung geändert, ausgedehnt werden muß.

Der Grundstücksmarkt leidet vor allem an einem: am Mangel an Transparenz. Er wird ungesunde Spekulation von selbst ausschalten, wenn mehr Klarheit geschaffen wird.

- Die Bebauungspläne haben die *Investitionskosten* möglichst eindeutig zu nennen, damit sich der Markt auf diese zusätzlichen Belastungen einstellen kann. Von *vorneherein* darf nicht ohne ständigen Blick auf möglichst präzise, umlegbare Investitionskosten geplant werden. Bleiben nämlich letztere in der Schwebe, so wird stets die korrumpierende Pression auf die Gemeinden sich verstärken: Die Baureife ist erreicht, nun wird alles eingesetzt, um Investitionsfolgelasten zu senken. Gerade wer sich in guter sozialreformerischer Absicht dafür einsetzt, daß Investitionskosten der Gemeinde mehr und gerechter als bisher erstattet werden, der muß das unbedingte, optimal bezifferte Junktim von Bebauungs- und Investitionsplan verlangen. Werden sie getrennt, so setzt ziellose Spekulation ein, einen geordneten, überschaubaren Markt kann es gar nicht geben.

3. Der Grundstücksmarkt kann schließlich nicht funktionsfähig bleiben ohne ein *gerechtes Bodensteuersystem*, das zwar den Besonderheiten des Bodenverkehrs Rechnung trägt, daraus aber keine ungerechtfertigten Privilegien entstehen läßt.

Mit aufgebrachten Reaktionen auf ungerechtfertigte Gewinne einzelner läßt sich kein gerechtes System für Millionen von Eigentümern schaffen. Warum sollen Mißbräuche in einzelnen, durchaus überschaubaren Bereichen von so vielen, bald vielleicht von der Mehrheit der Bürger bezahlt werden, die Grundeigentümer sind?

Zu solchen Aufgebrachtheits-„Reformen“ zählt vor allem die *Wertzuwachssteuer* für Grund und Boden. Sie ist verfassungsrechtlich höchst bedenklich. Der Wert jedes Gutes, also auch des Grundstücks, wird für jeden Augenblick von der Eigentumsgarantie erfaßt. Ist er gestiegen, so sichert die Verfassung diesen neuen Wert als Eigentum. Die Wertsteigerung ist ganz genau so Eigentum wie der „Ausgangswert“, nicht etwa prekäres Eigentum oder solches, das weniger geschützt wird, weil es etwa nicht „erarbeitet“ worden wäre. Wäre dies nämlich zu bejahen, so wäre jeder Zinsgewinn prekäres Eigentum. Die Wertzuwachssteuer will davon einen vielleicht nicht unerheblichen Teil entziehen. Sie wirkt also als eine spezielle Vermögensteuer. Eine solche aber ist nur insoweit nicht konfiskatorisch, als sie in der Regel noch aus den Erträgen des Gutes bezahlt werden kann. Dies ist bei der Wertzuwachssteuer sicher insoweit nicht der Fall, als sie sogar bei nichtrealisierten Gewinnen erhoben wird, hier wirkt sie eindeutig konfiskatorisch, und sie verletzt auch das Prinzip der Leistungsfähigkeit in seinem herkömmlichen Verstand: Der Eigentümer hat ja noch gar nichts — außer einer Schätzung, die ihm aber keiner abkaufen muß. Daß überdies Zuwachssteuern bei nichtrealisiertem Gewinn einen schweren Einbruch in das gesamte System der Steuern bedeuten würden, weil Ertragsteuern eben Gewinne, nicht Wertsteigerungen erfassen, ist bereits mehrfach nachgewiesen worden.

Selbst bei realisierten Gewinnen aber ist die Zuwachssteuer stets dann eine verfassungswidrige Steuer, wenn sie so hoch bemessen wird, daß sie auf die Dauer zu erheblichem Substanzeingriff führt.

Und schließlich — welche Folge müßte eine solche Steuer in einem System haben, das Steuergerechtigkeit auf die Fahnen schreibt? Steigen andere Werte denn nicht oder notorisch weniger im Wert – etwa Sammlungen, Kunstschätze – wie kann eine so schwere Diskriminierung des Grundeigentums gerechtfertigt werden?

Ganz zu schweigen von den unüberwindlichen Schwierigkeiten der Wertermittlung — entweder man bleibt eben doch bei jenen vorsichtig niederen Schätzungen, die dann nichts anderes als eine Form von Einheitswert bedeuten — oder man fingiert einen Markt dort, wo vielleicht einmal ein zufälliger oder gar ein Affektionspreis bezahlt worden ist. Gewinn zeigt stets nur der realisierte Vertrag, nicht das, was der Nachbar tut — vor allem im Bodenverkehr, wo kein Mieter dem anderen, kein Tag dem Vortag gleicht.

Nur eine mäßige Zuwachssteuer auf realisierte Gewinne kann also in Betracht kommen. Und wer wird sie tragen? Allein der Käufer; wenn also der Boden knapp ist, wird er so noch teurer. Ist er es aber nicht, so bleibt an sich schon der Wertzuwachs in berechtigten Grenzen.

Hier soll auch eine Lanze für den Einheitswert gebrochen werden: Er war kein böses Herrschaftsinstrument der Bourgeoisie, sondern Ausdruck einer einfachen, noch heute gültigen Erkenntnis — der Bodenmarkt ist nicht so „direkt", daß der (möglicherweise zu erzielende) Verkehrswert und der (in jedem Fall zu versteuernde) Schätz-(Einheits-)Wert übereinstimmen könnten. Daß die Einheitswerte bis ins Groteske veraltet sind, ist allein eine Schuld des Staates, nicht der Eigentümer. Hier muß periodisch angehoben werden — das wäre allein schon eine große, eine ehrliche Bodenreform, die alle Bürger tragen würden.

Wer anderes will, sollte sich selbstkritisch prüfen, ob er nicht Neidsteuern vorbereitet, auf die steuerliche Gerechtigkeit nie gegründet werden kann.

Wahre Bodenreform kann also nur eines sein: Daß der Staat den freien Bodenmarkt wieder voll herstellt, ihn von dirigistischen Verzerrungen befreit, ihm stets neue Güter zuführt, ihn dann aber endlich auch einmal in Ruhe und sich selbst überläßt. Markt ist Demokratie, Markt ist für alle da, nicht nur für kleine Grüppchen, die billiger kaufen wollen. Die Ordnung des Grundgesetzes ist die der Gleichheit für alle, nicht eine Discount-Gesellschaft für wenige, welche laut schreien. Und nicht sollte vergessen werden, daß dieser Staat nicht eine Ordnung voller Gerechtigkeit in jeder Sekunde sein kann, und daß daher seine Marktordnung ein *Pendel* bedeutet, bei dem sich aus vielen kleinen und großen Ungerechtigkeiten doch am Ende eine letzte Summe der Gerechtigkeit ergibt.

Grund und Boden ist ein Langzeitgut. Wer an ihm nervös hantiert, der verliert ihn überhaupt als Gut, als Wertträger für seine Volkswirtschaft.

Nur Unmündige vermögen die Begehrlichkeit eines Augenblicks nicht zu unterdrücken. Der mündige Bürger wird nicht in einer Freund-Feind-Bodenreform — den Boden unter den Füßen verlieren.

Baufreiheit oder staatliche Baurechtsverleihung?*

A. Das „Problem Baufreiheit“ und seine Bedeutung

I. Die Diskussion der siebziger Jahre um die Baufreiheit als Eigentumsinhalt

1. Die Baufreiheit – herkömmlich stets Eigentum

a) Seit über zwei Jahrhunderten ist das Recht des Grundeigentümers, seinen Boden nach seinem Belieben zu bebauen, in Deutschland als Bestandteil des „Eigentums“ anerkannt, jedenfalls seit das PrALR bestimmte (§ 65 I 8): „In der Regel ist jeder Eigentümer, seinen Grund und Boden mit Gebäuden zu besetzen oder seine Gebäude zu verändern, wohl befugt.“ Dies bedeutet nach herrschender Lehre[1] „Baufreiheit“, und zwar auch, ja vor allem gegenüber dem Staat[2]. „Die geschichtliche Betrachtungsweise zeigt, daß seit der Zeit, in der man in Deutschland von der Garantie subjektiver Freiheitsrechte sprechen kann, also dem 19. Jahrhundert, die Baufreiheit zu den Essentialia der Eigentümerbefugnis gehört.“[3] In dieser Verbindung von Eigentum und Freiheit leben liberale Vorstellungen weiter[4] – auch heute noch in der Rechtsprechung des Bundesverfassungsgerichts klar erkennbar[5]. Im Schrifttum wurden, soweit ersichtlich, bis vor etwa 20 Jahren Bedenken gegen die „Baufreiheit“ nicht vertiefend geäußert[6].

---

* Erstveröffentlichung in: Deutsches Verwaltungsblatt 1992, S. 1065 – 1072.

[1] Vgl. dazu *Schmidt-Aßmann*, E., Grundfragen des Städtebaurechts, 1972, S. 89 f.; *Papier*, H.-J., in: Maunz / Dürig, GG, Art. 14 Rdnr. 59; *Kimminich*, O., BK, Art. 14 Rdnr. 40.

[2] Deutlich in dem an sich schon in seinem Freiheitsbereich weithin „staatsgewendeten“ ALR (vgl. dazu *Leisner*, W., Grundrechte und Privatrecht, 1960, S. 15 ff. m. Nachw.), durch den Hinw. auf die öffentlichen Bauinteressen (§ 66 I 8), klarer noch im Code civil, wo unmittelbar nach der Proklamation des Eigentums als „le droit de jouir et disposer des choses de la manière la plus absolue“ (art. 544) Voraussetzungen und Entschädigungs-Rechtsfolgen der Enteignung normiert (art. 545) und dieses so geschützte Eigentumsrecht auf das Recht ausgedehnt wird „de faire au-dessus toutes les plantations et constructions qu'il juge à propos“ (art. 552 / II).

[3] *Erbguth*, W., Bauplanungsrecht, 1989, S. 9; *Grooterhorst*, J., Die Wirkung der Ziele der Bauordnung und Landesplanung, 1985, S. 126, beide m. Nachw.

[4] *Oldiges*, M., in: Steiner, Besonderes Verwaltungsrecht, 4. Aufl. 1992, IV Rdnr. 132; *Peine*, F.J., Raumplanungsrecht, 1987, S. 100.

[5] Zur notwendigen Verbindung von Freiheit und Eigentum vgl. BVerfGE 24, 367 (389); 79, 292 (303 f.); zum überverfassungsrechtlichen Gehalt des Eigentumsgrundrechts neuerdings BVerfGE 84, 90 (120 f.); dazu *Leisner*, W., DÖV 1991, 781 ff.

b) Die Rechtsprechung hat sich stets eindeutig zur Baufreiheit bekannt, vom preußischen Oberverwaltungsgericht bis zum Bundesgerichtshof und zum Bundesverwaltungsgericht[7], und zwar gerade auch in der Zeit, in welcher Kritik an der Baufreiheit laut wurde (vgl. unten 2.). Auch das Bundesverfassungsgericht hat sich eindeutig geäußert[8]. Bundesverfassungsgericht, Bundesverwaltungsgericht, Bundesgerichtshof und Bayerischer Verfassungsgerichtshof leiten ausdrücklich die Baufreiheit unmittelbar aus Art. 14 GG ab[9]. In diesem Sinn ist also von einer verfassungsrechtlichen Baufreiheit auszugehen[10], was eine „baurechtliche", d.h. einfachgesetzliche, Baufreiheit keineswegs ausschließen muß[11]. Hinter diese eindrucksvoll geschlossene judikative Phalanx hat sich das Schrifttum derart überwiegend gestellt, daß ganz allgemein, und gerade neuerdings, von einer *herrschenden Lehre der verfassungsgeschützten Baufreiheit* gesprochen wird[12]. Daß es sich hier um eine herrschende Lehre handelt, anerkennen selbst diejenigen, welche ihr distanziert oder ablehnend gegenüberstehen[13]. Sie hat sich in letzter Zeit im Schrifttum wieder deutlich stabilisiert[14].

---

[6] Dies ergibt auch die Literaturanalyse von *Schmidt-Aßmann* (Fn. 1), S. 90, nicht, denn aus der (ebenfalls von Anfang an unbestrittenen) Beschränkbarkeit ihres Inhalts folgt nicht, daß ihr Inhalt grundsätzlich in Frage gestell wird: Die – mißverständliche – Äußerung vom „Zweckeigentum" (*Baltz-Fischer*, zit. ebenda) kann ebensowenig als grundsätzliche Ablehnung eines Freiheitsrechts gedeutet werden wie heute gewisse „Funktionalisierungen" der Grundrechte (dazu m. Nachw. *Lecheler*, H., NJW 1979, 2273 ff.). Noch 1964 konnte *Hoppe*, W., DVBl. 1964, 165 (166) die Gegenmeinung als „verschwindend gering" bezeichnen.

[7] Vgl. PrOVGE VII, Bd. 1, 320 (323); BGHZ 30, 338 (341); 60, 112 (115); 65, 182 (186); 67, 320 (326 f.), 88, 51 (59 f.) BVerwGE 2, 172 (174); 42, 115 (116); 45, 309 (324); 48, 271 (273); BVerwG, DVBl. 1979, 67 (69).

[8] „Das Recht der Bauherrin, ihr Grundstück im Rahmen der Gesetze zu bebauen, ist durch die Eigentumsgarantie des Art. 14 Abs. 1 GG geschützt" (BVerfGE 35, 263, 276); siehe auch E 58, 300 (335 f.); 70, 35 (52 f.). Ebenso BayVerfGH, NVwZ 1986, 551 (552).

[9] Vgl. etwa BVerfGE 35, 263 (276); BVerwGE 48, 271 (273); BGHZ 88, 51 (59 f.).

[10] Im Sinne von *Hoppe* (Fn. 6), S. 166.

[11] Kritisch zu diesem Begriffspaar *Schulte*, H., DVBl. 1979, 133 (134); *Schmidt-Aßmann* (Fn. 1), S. 93 f.

[12] Für viele *Nüßgens/Boujong*, Eigentum, Sozialbindung, Enteignung, 1987, Rdnr. 39; *Oldiges* (Fn. 4), Rdnr. 140, *Peine* (Fn. 4), S. 101; *Broy-Bülow*, C., Baufreiheit und baurechtlicher Bestandsschutz 1982, S. 3, 12; *Wendt*, R., Eigentum und Gesetzgebung, 1985S. 170 f.; *Battis*, U., Öffentliches Baurecht und Bauordnungsrecht, 2. Aufl. 1987, S. 74 f. (alle m. Nachw.).

[13] Wie etwa *Schulte* (Fn. 11), *Schmidt-Aßmann* (Fn. 1), *Breuer*, R., Die Bodennutzung im Spannungsfeld zwischen Städtebau und Eigentumsgarantie 1976, S. 162 ff.

[14] Siehe etwa die in Fn. 12 Genannten, sowie auch *Battis/Krautzberger/Löhr*, BauGB, 3. Aufl. 1991, § 1 Rdnrn. 7–9; § 42 Rdnr. 3; *Papier*, H.-J., in: Maunz/Dürig, GG, Art. 14 Rdnrn. 59 ff.; *ders.*, Eigentumsgarantie des Grundgesetzes im Wandel, 1984, S. 21 ff.; *Scholz*, R., NVwZ 1982, 337 (343 ff.); *Rengeling*, H.-W., AöR Bd. 105 (1980), 423 (441); *Grooterhorst* (Fn. 3); von dieser h.L. gehen auch aus *Finkelnburg/Ortloff*, Öffentliches

2. Die Kritik an der Baufreiheit

Demgegenüber wurden im Schrifttum in den siebziger Jahren Bedenken gegen die „Baufreiheit" generell, vor allem aber gegen deren grundrechtlichen Schutz laut, speziell in der baurechtlichen Literatur[15]. Im wesentlichen gehen sie auf Überlegungen von *Breuer*[16] und *Schulte*[17] zurück, die allerdings in Begründung wie Ergebnis nicht unwesentlich differieren. Beiden ist gemeinsam, daß sie die Baufreiheit als durch Bauplanungsrecht staatlich verliehen betrachten; der Gesetzgeber schaffe damit, im Rahmen der Inhalts- und Schrankenbestimmung des Eigentums, eine Rechtsposition, die nicht bereits im verfassungsrechtlich garantierten Eigentum (Art. 14 Abs. 1 S. 1 GG) begründet sei. Während nun aber *Schulte* einen Verfassungsschutz dieser Position überhaupt ablehnt, es jedenfalls für möglich hält, daß der Gesetzgeber die bauliche Bodennutzung ebenso vom Eigentumsbegriff abspalte, wie dies im Naßauskiesungsurteil für das Grundwasser geschehen sei[18], nimmt *Breuer* im Ergebnis einen Eigentumsschutz der Baufreiheit als eines subjektiv öffentlichen Rechts an; die Folge wäre dann allerdings wohl, daß die Baufreiheit weiter zurückgedrängt werden könnte, und daß insbesondere die für den Eigentumsschutz öffentlich-rechtlicher Rechtspositionen entwickelten Kriterien – von der „eigenen Leistung" bis vielleicht gar zur „Existenzsicherung" – zur Anwendung kommen müßten[19].

Schon wegen dieser Positionsunterschiede der beiden Hauptvertreter der kritischen Auffassung zur Baufreiheit kann kaum, wie es aber im Schrifttum häufig vereinfachend geschieht, von „einer" Mindermeinung gesprochen werden, es sei denn in dem allerdings wesentlichen Punkt, daß die Baufreiheit vom Planungsgesetzgeber verliehen worden sein soll; in diesem Verständnis wird denn auch hier die Alternative der „Verleihung des Baurechts" diskutiert. Im übrigen kann heute weder gesprochen werden von „ausufernden Kontroversen" im Schrifttum[20], noch von einer „vordringenden" Mindermei-

---

Baurecht, 2. Aufl. 1990, S. 86 ff.; *Erbguth* (Fn. 3), sowie *ders.*, JuS 1988, 699 (701 f.), der allerdings die verfassungsrechtliche Baufreiheit institutionell versteht.

[15] Sorgfältig zusammengestellt bei *Breuer* (Fn. 13) bis 1976; siehe auch *ders.*, DÖV 1978, 189 ff.; *ders.*, ZfW 1979, 78 (90 ff.); ders., Jura 1979, 401 (409); ihm folgend insbes. noch *Schulte* (Fn. 11); *ders.*, JZ 1984, 297 (301); *Rittstieg*, H., NJW 1982, 721 (722); vgl. zum Meinungsstand auch *Wahl*, R., DVBl. 1982, 51 (56).

[16] Fn. 13, der seinerseits auf *Schmidt-Aßmann* (Fn. 1) aufbaut.

[17] Fn. 11.

[18] BVerfGE 58, 300; vgl. *Schulte*, JZ 1984, 297 (302).

[19] Überblick neuestens bei *Stücke*, A., Eigentum an Wirtschaftssubventionen, 1991, S. 41 ff.

[20] *Erbguth*, W., Bauplanungsrecht, 1989, S. 8.

nung[21]. Es sind vielmehr vor zwei Jahrzehnten bedenkenswerte Denkanstöße gegeben worden, sie sind jedoch seit nahezu einem Jahrzehnt nicht mehr vertieft – allerdings auch nicht vertiefend widerlegt – worden. Daß dies etwas mit der allgemeinen rechtspolitischen Lage dieser beiden Jahrzehnte zu tun hat liegt auf der Hand.

II. Die gegenwärtige Bedeutung der Frage nach der Baufreiheit

Der geschilderte Meinungsstand könnte dafür sprechen, die Frage überhaupt offenzulassen – oder einfach abzuwarten, bis die herrschende Lehre durch fortschleppendes Weiterzitieren noch herrschender, die Mindermeinung zur Fußnotenantiquität wird. Angesichts der hohen Bedeutung des Problems geht dies nicht an, gerade heute – nicht aus folgenden Gründen vor allem:

1. Planungswertausgleich, entschädigungslose Planungsänderung, billiges Bauland: Probleme von heute

a) Die Baufreiheit ist vor 20 Jahren nicht aus abstrakt-wissenschaftlichem Interesse, sondern deshalb zum Problem geworden, weil man damals baupolitisch und -rechtlich zu neuen Ufern aufbrechen wollte: Ein sogenannter *Planungswertausgleich* sollte, nach einem Regierungsentwurf von 1974[22], die Abschöpfung von 50% der bauplanungsbedingten Wertsteigerungen bei Grundstücken realisieren. Die Lehre erkannte, daß dies verfassungsrechtlich an dem Eigentumsgrundrecht dann scheitern müsse, wenn die Baufreiheit aus diesem fließe, nicht aber vom Bauplanungs-Gesetzgeber verliehen werde[23]. Wenn nämlich die Baufreiheit an sich zum Eigentum gehört, sind bauplanerische Beschränkungen oder Verbote der Bebauung gesetzliche – in der Regel allerdings zulässige – Freiheitsbeschränkungen. Werden diese aber durch eine Bauplanung wieder beseitigt, die dann nur die (ursprüngliche) Baufreiheit wiederherstellt, so wächst der damit eintretende Mehrwert allein dem Eigentümer zu. Dieses Grundrecht schließt dann also den Planungswertausgleich grundsätzlich ebenso aus wie eine Wertzuwachsbesteuerung[24].

---

[21] So *Wendt* (Fn. 12), S. 171, allerdings 1985, als dies noch berechtigt erscheinen mochte.

[22] So der Entwurf der Bundesregierung zur Novellierung des BBauG, BT-Drucks. 7/2496, vgl. dazu näher m. Nachw. *Söfker*, W., DVBl. 1975, 467 ff.; siehe auch *Maunz*, Th., DÖV 1975, 1 (6 f.) m. Nachw.

[23] *Broy-Bülow* (Fn. 12), S.22, 24; *Schulte* (Fn. 11), S. 136 ff.

[24] Siehe dazu eingehend *Leisner*, W., Wertzuwachsbesteuerung und Eigentum, 1978.

Der Planungswertausgleich ist damals gescheitert; geblieben ist nur eine Bestimmung im früheren Städtebauförderungsgesetz (§ 23 Abs. 2), die nun – abschwächend modifiziert – in das Baugesetzbuch übernommen worden ist (§ 153 Abs. 1): Lediglich durch Aussicht auf Sanierung bewirkte Verkehrswerterhöhungen sind bei der Bemessung der Enteignungsentschädigung nicht zu berücksichtigen, wenn der Betroffene sie nicht durch eigene Aufwendungen zulässigerweise bewirkt hat. Sanierung aber ist etwas ganz anderes als Planung, mit der Sanierung erbringt die Gemeinde dem Bürger echte wertsteigernde Leistungen, nicht aber allein durch Planung[25]; Abschöpfung der Sanierungswertsteigerung kann also unter den Grundgedanken der – sicher zulässigen – Umlegung der Erschließungskosten gestellt werden[26]. Überdies ist bei § 153 BauGB die Kausalität „Sanierungserwartung-Wertsteigerung" nach strengen Kriterien zu prüfen[27].

Solange also verfassungsrechtlich garantierte Baufreiheit anerkannt wird, mag der Staat Kosten eigener, gezielt erbrachter Leistungen auf den Begünstigten umlegen, der Planungsgewinn verbleibt dem Bürger doch, zum „großen Schlag" eines Planungswertausgleichs kann es nicht kommen. Wird aber der Staat nicht bald wieder dazu ausholen, wenn es gilt, die immer populäre Forderung nach „billigem Bauland" ohne eigene Belastung durchzusetzen? Die Versuchung dazu ist heute sicher so groß wie vor zwei Jahrzehnten.

b) *Entschädigungslose Bauplanungsänderung* ist nach § 42 BauGB nur zulässig nach Ablauf von sieben Jahren ab Zulässigkeit der Bebauung. In dieser Neuregelung von 1976 haben die Gegner der Baufreiheit wenn nicht einen umwälzenden Neubeginn, so doch einen Schritt in die richtige Richtung gesehen[28]: Wenn Baufreiheit anzunehmen sei, könne doch wohl der durch Planung in ihrem Namen wieder zugewachsene Wert nicht nach einigen Jahren dem Eigentümer erneut, und entschädigungslos, entzogen werden; bei verliehenem Bebauungsrecht sei der planende Staat frei, also entspreche diese Lehre dem Baugesetzbuch.

Diese Argumentation überzeugt nicht, aus § 42 BauGB läßt sich nichts gegen die Baufreiheit ableiten. Selbst wenn die planerisch anerkannte bauliche Nutzungsmöglichkeit eine eigentumsgeschützte Position darstellt[29], so folgt doch schon aus der unbestreitbaren Notwendigkeit flexibler Bauplanung,

---

[25] *Kimminich*, O., BK, Art. 14 Rdnr. 39; von „Managementleistungen der Gemeinde, wenn ein Gebiet zum Bauland wird" (*Schulte*, JZ 1984, 297 [302]), kann man wohl nur in engsten Grenzen sprechen.

[26] Vgl. BVerfGE 34, 139 (145 f.).

[27] *Battis/Krautzberger/Löhr* (Fn. 14), § 153 Rdnr. 6.

[28] *Breuer*, R., in: Schrödter, H., BBauG, 4. Aufl. 1980, § 44 Rdnrn. 7–10; *ders.*, DÖV 1978, 189 (194 ff.); *Ziegler*, E., ZfBR 1983, 169 (171 f.); *Schulte* (Fn. 11), S. 136.

[29] Dagegen *Badura*, P., zit. bei *Breuer*, R., DÖV 1978, 189 (190).

daß eine „Rechtsposition Bebaubarkeit" nicht in infinitum unantastbar sein muß, so daß ein 7-Jahre-Zeitraum hier als ausgewogen-verhältnismäßige Bestimmung von Inhalt und Schranken des Eigentums erscheinen mag[30]. Im übrigen kann doch eine Nutzungsbefugnis, die früher durch Bauplanung zulässig und entschädigungslos ausgeschlossen worden ist, auch später wieder, wenn dem Vertrauen des Begünstigten genügt ist und sich die Verhältnisse (wieder) geändert haben, erneut entschädigungslos genommen und so das Eigentum wieder beschränkt werden[31]. Um also § 42 BauGB und ähnliche Bestimmungen zu rechtfertigen, bedarf es nicht des Rückgriffs auf ein „staatlich verliehenes Baurecht"; beschränkter Planungsbestandsschutz rechtfertigt sich auch bei Anerkennung verfassungsrechtlicher Baufreiheit[32]; § 42 BauGB sollte hier nicht mehr bemüht werden.

Dennoch ist auch diese Planungsbestandsproblematik ein dringender Grund, über Baufreiheit zu sprechen; denn zumindest politisch ist es plausibel, und daher damit zu rechnen, daß zugunsten eines „verliehenen Bebauungsrechts" auch geltend gemacht werden wird, nur auf dieser Grundlage könne flexible Bauplanung sichergestellt werden. Vor allem aber: Kostenlose Umplanung ermögliche es Staat und Kommunen, durch Enteignung oder über Vorkaufsrechte billigen Boden zu erwerben, der für öffentliche Zwecke, einschließlich des Umweltschutzes oder als Bauland, gebraucht werde (Umplanung von Gewerbe- zu Wohngebieten).

c) *Verbilligung von Bauland* – darum ging es also schon bisher vor allem, auch in jenem Wohnungsbau-Erleichterungsgesetz von 1990 (BGBl. 1990 I, 926 ff.), welches das Vorkaufsrecht der Gemeinden erweitert hat. Damit erhält die hier behandelte Problematik hohe Aktualität. „Recht auf (billige) Wohnung" ist heute schon ein Postulat gewichtiger politischer Richtungen. Ohne Zweifel steht dem eine Baufreiheit im Wege, die den Staat hindert, billigen Bauboden zur Verfügung zu stellen, „Recht auf Wohnung" auf Kosten der Eigentümer anderen Bürgern zu gewähren, ohne Belastung der öffentlichen, stets angespannten, heute aber geradezu überlasteten Haushalte. Angesichts des hohen und wohl steigenden Wohnungsbedarfs wird diesem Anliegen politische Priorität eingeräumt werden; dies aber muß die rechtspolitische Phantasie des Gesetzgebers beflügeln. Dieser könnte etwa, anstelle von (Teil-)Abschöpfung von Planungsgewinnen oder bodenverbilligenden Umplanungen, morgen Grund und Boden vielleicht schlechthin zu „Agrar-

---

[30] *Battis/Krautzberger/Löhr* (Fn. 14), § 153 Rdnr. 2.

[31] Die Lage ist also derjenigen nicht vergleichbar, in der einem Eigentümer eine bisher stets zulässige Art von Eigentumsnutzung entschädigungslos soll verboten werden können, mit der Begründung, das gehöre gar nicht zum verfassungsrechtlich geschützten Eigentum; dazu *Leisner*, W., BB 1982, 73 ff. m. Nachw.

[32] *Broy-Bülow* (Fn. 12), S. 20 ff.

preisen", über reduzierte Enteignungsentschädigung oder Vorkaufsrechte, erwerben lassen, mit der Begründung, jeder andere Preis beruhe nur auf verliehenen Nutzungsbefugnissen, insbesondere Bauberechtigungen, die man – allenfalls unter Wahrung eines kurzfristigen „Vertrauens" – aber ignorieren dürfe. Nur eine wirksame Schranke gibt es hier: die Baufreiheit. Über sie muß gerade heute nachgedacht werden, weil eine ähnliche Lage wieder entstanden ist wie vor zwei Jahrzehnten. Und deshalb wird man wiederum leugnen, daß hier „unbezähmbarer staatlicher Reglementierungswille" am Werk sei, sondern sich auf allgemeine „ökonomische Gegebenheiten" berufen (Bodenknappheit, Industrieintensivierung, enorme Steigerung der Nutzungsintensität), um die seinerzeit schon behauptete „Wandlung des Begriffs Baufreiheit" erneut zu begründen[33]. Dann aber ist die Frage heute drängend: Baufreiheit oder Baurechtsverleihung?

2. Notwendigkeit der Klärung des grundsätzlichen Problems: „Über Planung von der Freiheit zur Verleihung"?

a) Höchst bedenklich ist es auf Dauer, daß in einer praktisch so wichtigen Frage nicht im Schrifttum eine Klärung herbeigeführt wird, auf die dann die Rechtsprechung, wenigstens in obiter dictis, Bezug nehmen kann. Immerhin hängt davon doch ab, welches subjektiv-öffentliche Recht der durch baurechtliche Entscheidungen betroffene Bürger vor den Verwaltungsgerichten geltend machen kann (§ 42 VwGO), ob er sich bei der Verfassungsbeschwerde auf Art. 14 oder auf Art. 2 Abs. 1, allenfalls noch Art. 3 Abs. 1 GG soll berufen dürfen. Die Prüfungsmaßstäbe des Baurechts sind materiell völlig andere, je nachdem, ob Baufreiheit oder staatliche Baurechtsverleihung angenommen wird (dazu noch näher unten B III). Solche Fragen können nicht auf Dauer offen bleiben, soll nicht das böse Wort von den „ungeklärten Eigentumsverhältnissen" bald für ganz Deutschland nun in einem neuen Sinn die Runde machen; denn heute gilt ja: „Ohne Eigentumssicherheit kein Wirtschaftsstandort."

b) Die Dogmatik des deutschen öffentlichen Rechts ist heute, gerade in ihrer engen Verbindung von Verfassungs- und Verwaltungsrecht, so hoch entwickelt, daß dies in kaum einem europäischen Partnerland erreicht wird. Hier ist sie nun herausgefordert: In der Eigentumsdogmatik hat die Rechtsprechung des Bundesverfassungsgerichts, von der „Kleingartenentscheidung"[34] über das Naßauskiesungsurteil[35] bis zum Bauplanungsurteil[36], zwar

[33] Diese Worte von *Schmidt-Aßmann* (Fn. 1), S. 93 scheinen nicht 1972, sondern 1992 geschrieben zu sein.

[34] BVerfGE 52, 1.

[35] BVerfGE 58, 300.

keine Wende gebracht[37], wohl aber wichtige Akzente gesetzt. Damit verstärkt sich die Bau-Eigentumsunsicherheit; denn nun könnte ja aus einer dort vollzogenen „Abwendung vom privatrechtlichen Eigentumsbegriff" gefolgert werden, wie die Grundwassernutzung gehöre auch die Baunutzung nicht mehr zum verfassungsgeschützten Eigentum[38] (dazu näher unten B II am Ende). Es gilt also, die Eigentumsdogmatik des Bundesverfassungsgerichts auch baurechtlich zu bewältigen.

c) Vor allem aber ist die Kritik an der Baufreiheit in einem Punkt bisher nicht ernst genug genommen worden: Sie stützt sich insbesondere auf jenen *Planungsvorbehalt*, unter dem das Bauen steht (dazu unten B II). Wenn hier aber die Beplanung eines knappen Guts als solche schon[39] die Baufreiheit und damit einen grundrechtlichen Anspruch auf Bauen ausschließt, dann ist damit eine neue, die „Planungsfront" eröffnet gegen alle grundrechtlichen Freiheiten. Überall kann dann mit der Begründung, eine Güterkategorie müsse beplant werden, das bisherige anspruchsbegründende Recht zur Verleihung, zur Konzession im neuen Sinn einer Erlaubnis relativiert werden, auf die kein Rechtsanspruch besteht[40] (unten B III). Über die Planung führt dann eine Straße von der Freiheit zur Staatsverleihung; wie breit sie ist, wird im immer planungsintensiveren Umwelt-, insbesondere im Naturschutzrecht deutlich.

Hier geht es also um die Grundlagen der rechtsstaatlich-grundrechtlichen Freiheitsdogmatik.

B. Begründung der Baufreiheit — Kritik der Verleihungslehren

I. Verfassungsrechtliche Begründung der herrschenden Lehre

1. Baufreiheit — ein „Dogma"?

Alle Kritiker der Baufreiheit gehen – ausdrücklich oder implizit – davon aus, daß es sich hier um einen heute verfassungsrechtlich nicht (mehr) begründbaren Begriff handle[41], dessen Geltung pauschal behauptet werde, weil dies eben einer längeren Tradition entspreche, und obwohl sich rechtliche

---

[36] BVerfGE 79, 174.

[37] Dazu m. Nachw. *Leisner*, W., DVBl. 1983, 61 ff.

[38] Diese Folgerung ist ja auch schon gezogen worden, vgl. *Schulte* (Fn. 18).

[39] In diesem Sinne neuerdings *Wieland*, J., Die Konzessionsabgaben, 1991, S. 126 ff.

[40] Vgl. *Wieland* (Fn. 39), S. 117.

[41] So *Schulte* (Fn. 11), S. 133 ff.; *Breuer* (Fn. 13), S. 164 f.; *Schmidt-Aßmann* (Fn. 1), S. 89 ff.

Wandlungen des Bodeneigentums vollzogen hätten; insbesondere gehe die Berufung auf „Baufreiheit" einfach an der heutigen Realität vorbei. Dies gipfelt in dem Vorwurf, hier werde ein „Dogma" verteidigt[42]. Das fordert, vor der Einzelbegründung, methodische Vorbemerkungen heraus.

Mit so verallgemeinernden Feststellungen sollte man vorsichtig sein. Rechtstradition ist – hier wie anderswo – nichts Negatives; sie weist der Gegenposition eine gewisse Begründungslast zu, auch wissenschaftlich. Das Wort „Wandlung" wird, seit schon geraumer Zeit, nur allzugerne benutzt, um aus allerallgemeinsten Thesen – oft Wünschen – beliebig eine Grundstimmung zu erzeugen, welche den Abschied von bisherigen Positionen nahelegt. Deshalb muß „Wandlungsdogmatikern" stets sogleich ein präziser und detaillierter Nachweis der angeblichen Veränderung abverlangt werden; „Wandlung" ist keine frei schwebende Brücke für irgendwelche Rechtsanalogien. Dasselbe gilt für angebliche „Realitätsferne", ganz abgesehen davon, daß unser Recht nicht auf einer „Überbaulehre" beruht, nach der es sich mit seinem realen Substrat wandeln müßte.

„Dogma" wird hier schlechthin unzutreffend verwendet; gemeint ist eher „Axiom". Im Recht ist Dogmatik seit Jahrhunderten die grundlegende Konstruktionsform, mit traditionsgetragener, begründungsloser Realitätsferne hat hier das „Dogma" ebensowenig etwas zu tun wie in der katholisch-theologischen Dogmatik. Unterschwellig-unfaßbare Abwertungsversuche (vgl. „Dogmatismus") dürfen in der rechtswissenschaftlichen Diskussion mit dem Begriff „Dogma" nicht verbunden werden. Nur in einem – ganz anderen – Sinn ist er für die Baufreiheit unter Umständen gerechtfertigt: in dem einer festen, unwandelbaren Systemgrundlage; und als solche war und ist Baufreiheit in der Tat gewollt, ob mit Recht, das ist nun zu prüfen.

2. Verfassungsrechtliche Baufreiheit — gesetzlich vorgesehene Nutzungsfreiheit unter gesetzlichem Einschränkungsvorbehalt

a) Die Begründung der Baufreiheit ergibt sich heute aus folgendem: Bauen ist – unbestritten – gegenwärtig, wie zu jeder Zeit, die für den Eigentümer ökonomisch wichtigste Nutzungsart eines Grundstücks. Nur an diesen wirtschaftlich geprägten Nutzungsbegriff kann Art. 14 Abs. 2 S. 2 GG anschließen, wenn dort von einem „Gebrauch" gesprochen wird, der den Interessen des Eigentümers und zugleich dem Wohl der Allgemeinheit dienen soll. Wenn Bauen kein Grundeigentumsgebrauch wäre, würde das Grundeigentum weithin zur leeren Hülse, durch Agrar- und Umweltplanungen könnte es völlig entleert werden. Ein solcher „Begriffsentleerungstrick" bei Art. 14

---

[42] *Schulte* (Fn. 11).

Abs. 1 GG würde dem Grundsatz vom verfassungsrechtlich gebotenen Verständnis der Grundrechte nicht gerecht, das „deren Wirkkraft am stärksten entfaltet“[43]. Mit dem Begriff der *Privatnützigkeit* (auf den das Bundesverfassungsgericht sein Eigentumsverständnis gründet[44]), wäre eine Auffassung völlig unvereinbar, die von vorneherein die wichtigste Nutzungsart einer Güterkategorie aus dem Eigentumsbegriff ausklammern wollte.

b) Dennoch muß nun gefragt werden, wie der einfache Gesetzgeber hier „Inhalt und Schranken des Eigentums“ nach Art. 14 Abs. 1 S. 2 GG bestimmt hat. Dabei muß zunächst auf die grundsätzlich-allgemeine Inhaltsbestimmung des Eigentums zurückgegriffen werden: Nach § 903 BGB hat der „inhalts- und schrankenbestimmende einfache Gesetzgeber“ – denn daß er hier gesprochen hat, gilt es zu betonen – festgestellt: „Der Eigentümer einer Sache kann, soweit nicht das Gesetz oder Rechte Dritter entgegenstehen, mit der Sache nach Belieben verfahren und andere von jeder Einwirkung ausschließen.“ „Sache“ ist hier das Grundstück, „mit ihr verfährt“ der Eigentümer eindeutig (auch) durch Bebauung, schon weil damit ja sein Bauwerk ebenfalls Teil seines Eigentums wird (§§ 946, 94 I BGB). Damit steht eindeutig fest, daß der Gesetzgeber des Bürgerlichen Gesetzbuchs das Recht zu bauen als Eigentums*inhalt* anerkannt hat. Zugleich hat der BGB-Gesetzgeber auch die Eigentums*schranken* gezogen, und zwar sehr eng: Es gilt der allgemeine Gesetzesvorbehalt.

c) Das (weitgehend spätere) Bauplanungsrecht habe diese „Inhaltsbestimmung des Bürgerlichen Gesetzbuchs“ abgeändert, so könnte man einwenden. Aus dem Begriff des „Gebrauchmachens vom Grundstück“, der früher das Bauen eingeschlossen habe, sei nun diese Baufreiheit ausgeklammert worden. Abgesehen davon, daß kein Kritiker je hat angeben können, wann und durch welche Norm(en) sich denn eine solche rechts-, finanz- und wirtschaftspolitisch wahrhaft revolutionäre Veränderung vollzogen haben soll — das Bundesverfassungsgericht hat dem neuerdings eine Absage erteilt: In der Bauplanungsentscheidung wird, entsprechend der Dogmatik des Naßauskiesungsurteils, festgestellt, der Bebauungsplan gestalte Inhalt und Schranken des Eigentums[45]. Hier findet also Art. 14 Abs. 3 GG keine Anwendung, der den Eigentumsentzug regelt und entschädigungspflichtig macht. Das Gericht überlegt dann ausdrücklich, wie es zu beurteilen wäre, wenn sich (durch den Bebauungsplan) eine „zu enge Begrenzung“ „der geschützten Rechtsposition“ (des Eigentums also) ergäbe. Diese „Rechtsposition“ wird aber beim Bebauungsplan stets in erster Linie in der Baufreiheit bestehen. In der Entscheidung ging es zwar um die Planungsauswirkungen auf schon bestehende Bauten.

[43] BVerfG, st. Rspr. vgl. etwa E 52, 1 (30) m. RV.

[44] BVerfGE 37, 132 (140); 42, 263 (294); 82, 6 (15).

[45] BVerfGE 79, 174 (192).

Das Bundesverfassungsgericht formuliert aber ganz allgemein: Bei hoher Intensität der Einwirkung von Planungen auf geschützte Rechtspositionen ist ein Ausgleichsanspruch vorzusehen; „wenn eine inhaltsbestimmende Regelung die Nutzung des geschützten Rechts praktisch schlechthin unmöglich machen und das Recht damit völlig entwerten würde“, käme sogar die Anwendung von Art. 14 Abs. 3 GG in Betracht. Wäre also das Bundesverfassungsgericht der Auffassung gewesen, die ökonomisch wichtigste und nach der Judikatur aller obersten Gerichte (vgl. oben A I 1) verfassungsrechtlich begründete Baufreiheit sei gar keine „Rechtsposition“, die nach Art. 14 Abs. 1 S. 2 GG „nicht zu eng begrenzt werden“ dürfe, so hätte das in diesem Zusammenhang zum Ausdruck kommen *müssen*; denn dann käme dem Bauplanungsrecht eine durch das Eigentumsgrundrecht beschränkte Inhalts- und Schrankenbestimmungsfunktion nur mehr gegenüber bereits bestehenden Bauten zu — eine an sich schon abwegige Vorstellung. Sie würde voraussetzen, daß die Baufreiheit vom Gericht gesehen würde wie die Nutzung des Grundwassers[46]. Dafür aber spricht nichts: Die Ausklammerung dieser mit der Bebauungsfreiheit in ihrer Bedeutung auch nicht entfernt vergleichbaren Nutzungsform eines Grundstücks hat das Bundesverfassungsgericht an Voraussetzungen elementarer öffentlicher Interessen geknüpft, die hier keinesfalls generell vorliegen; das bedarf keiner näheren Begründung. Überdies wurde die Herausnahme aus dem Eigentumsbegriff vom Gericht gerade mit jener Tradition begründet, die, wie dargelegt (oben A I 1), im Falle der Baufreiheit eindeutig *für* Eigentumsinhalt spricht.

Auch die neuere Rechtsprechung des Bundesverfassungsgerichts spricht also nicht gegen, sondern für die Baufreiheit[47]. Der Beweis, den die Kritiker der Baufreiheit gegen die herrschende Lehre zum Eigentumsinhalt hätten erbringen müssen, kann schon deshalb nicht gelingen.

d) Dafür besteht auch nach dem herkömmlichen System gar kein Bedürfnis, denn die *Bauplanung läßt sich zwanglos in das Regelungssystem des Art. 14 GG einfügen*, als Bestimmung von Inhalt und Schranken eines Eigentums, das die Baufreiheit mit umfaßt. Das Verhältnis § 903 BGB – Bauplanung ist geradezu ein Musterbeispiel für ein gesetzgeberisches Vorgehen nach Art. 14 Abs. 1 S. 2 GG: Der Grundsatz der Privatnützigkeit wird anerkannt, in dem anerkennenden Gesetz selbst aber bereits durch allgemeinen Gesetzesvorbehalt generell eingeschränkt. Dieser ermöglicht, neben vielen anderen gesetzlichen Beschränkungen, auch ein Bauplanungsrecht; umschreibt § 903 BGB allgemein den *Inhalt* des Eigentums, so werden hier nun dessen *Schranken* konkretisiert. Was Art. 14 Abs. 1 S. 2 GG ausspricht, war schon früher, vor allem für das Grundeigentum, in § 903 BGB angelegt. Das Bauplanungsrecht

[46] Vgl. Fn. 18.

[47] In diesem Sinn auch *Grooterhorst* (Fn. 3), S. 129.

verwirklicht die Sozialbindung des Eigentums (Art. 14 Abs. 2 S. 2 GG), damit wird das Sozialmodell verwirklicht, welches das Grundgesetz wünscht, dessen Realisierung es dem Gesetzgeber aufgibt, unter gleichmäßig-verhältnismäßiger Berücksichtigung der Privatnützigkeit und der Sozialpflichtigkeit[48]. Hier hat der Gesetzgeber einen weiten, politischen Gestaltungsspielraum, was auch schon vor dem Naßauskiesungsurteil anerkannt war[49]. Sicher kann der Gesetzgeber mögliche Nutzungen auch bereits aus dem Eigentumsinhalt ausgrenzen, und darauf beruft sich die Kritik für die Baufreiheit. Doch dies verlangt, wie das Grundwasserbeispiel zeigt, legislative Traditionalität und gesamtnutzungsmäßige Marginalität. Wird die zentrale Nutzungsform des Bauens schon aus dem Eigentumsinhalt ausgeklammert, so gibt es nur mehr „Grundeigentum nach Gesetz", die Privatnützigkeit des Bodeneigentums wird nicht zur Fiktion, sondern zur Farce.

Der Versuch, hier mit „dem Eigentumsbegriff immanenten Beschränkungen" zu arbeiten, widerspricht der Grundrechtsdogmatik, wenn damit die zu beschränkende Freiheit überhaupt geleugnet werden soll: Die Lehre von den immanenten Schranken vorbehaltlos gewährleisteter Grundrechte[50] beweist es: Schranken, die der Glaubensfreiheit immanent sind, müssen stets an dieser gemessen, dieser gegenüber abgewogen werden — eben weil es die Glaubensfreiheit als solche gibt, ebenso wie eine Baufreiheit, und mag diese noch so weit durch Planung eingeschränkt sein. Beschränkungen dürfen nicht in Inhaltsentleerungen umgedeutet werden, sonst bricht die Grundrechtsdogmatik zusammen. Konkordanzformeln wie die von der „rechtlich geordneten Freiheit", die „in die Rechtsordnung eingebunden ist"[51], treffen für die Baufreiheit zu, wie bei vielen anderen Grundfreiheiten, aber sie bedeuten nicht die Negation dieser Freiheit; Konflikte können hier nur über deren Beschränkung, durch Schrankennormen, gelöst werden[52]; und gerade dies leisten Bauplanungs- wie Bauordnungsrecht, die eben keine „Zuteilung" bewirken.

---

[48] Für viele BVerfGE 52, 1 (28).

[49] Vgl. *Breuer* (Fn. 13), S. 192 m. Nachw. in Fn. 26.

[50] *Herzog*, R., in: Maunz / Dürig, GG. Art. 4 Rdnrn. 89 ff.; *Maunz / Zippelius*, Deutsches Staatsrecht, 28. Aufl. 1991 S. 157 f.; BVerfGE 3, 248 (252 f.); 28, 243 (260 f.).

[51] Vgl. etwa *Friauf*, K.-H., in: v. Münch (Hrsg.), Besonderes Verwaltungsrecht, 8. Aufl., 1988, S. 556.

[52] Zutr. *Wendt* (Fn. 12), S. 176; dagegen auch *Oldiges* (Fn. 4), Rdnr. 139. Die Formulierung des BVerwG, die Bauleitplanung sei „in der Realität weithin von eigentumsverteilender Wirkung" (BVerwGE 54, 309 (324)), sollte gerade die rechtliche Bindung der Planung begründen, die dort eindeutig als eine „durch Art. 14 Abs. 2 GG gedeckte Eigentumsbindung" verstanden wird.

II. Verleihung, nicht Beschränkung der Baufreiheit — eine Besonderheit des Bauplanungsrechts?

Das zentrale Argument der Kritiker der Baufreiheit stützt sich auf angebliche Besonderheiten der Bauleitplanung: Diese zeigten, daß hier nicht Beschränkung, sondern Verleihung eines Rechtes vorliege.

1. „Kein Anspruch auf begünstigende Bauplanung“

a) Nach der herrschenden Lehre bedeutet die Baugenehmigung die Wiedereröffnung eines durch Bauplanungs- und Bauordnungsgesetzgebung verschlossenen grundrechtlichen Raumes der Baufreiheit. Die Genehmigungsbedürftigkeit des Bauens spricht also als solche jedenfalls nicht für ein „verliehenes Baurecht“[53]. Dafür kann auch die Konstitutivwirkung der Baugenehmigung nicht ins Feld geführt werden[54]: Dieser Konstitutiveffekt liegt in der bestandskräftigen Feststellung, daß Freiheitshemmnisse nicht (mehr) bestehen. Auf diese Genehmigung besteht aber ein Anspruch – wenn die gesetzlichen Voraussetzungen vorliegen – den die Rechtsprechung übrigens unmittelbar aus Art. 14 Abs. 1 S. 1 GG, eben aus der Baufreiheit, ableitet[55]. Dies ist im wesentlichen unbestritten.

Die Verleihungslehre behauptet nun aber, beim Planungsrecht liege es ganz anders. Auf begünstigende Planung, welche das Bauen gestattet, habe der Eigentümer keinen Anspruch, deshalb könne Bauplanung nicht gleichgesetzt werden mit Genehmigung: Diese eröffne einen bisher durch Schranken verschlossenen Freiheitsbereich wieder, jene verleihe ihn erst[56].

b) Richtig ist, daß es keinen dem Baugenehmigungsanspruch entsprechenden Anspruch auf begünstigende Bauplanung gibt, schon weil eben der Verwaltungsakt Baugenehmigung von anderer Rechtsnatur ist. Daraus folgt aber nicht, daß im Planungsbereich überhaupt kein Anspruch des Eigentümers, also auch kein einem solchen zugrundeliegendes Recht der Baufreiheit anzunehmen wäre[57]. Der Eigentümer hat vielmehr einen „Planungsabwehranspruch“ gegen den Planungsträger, der sich gerade auf seine Baufreiheit, mithin auf Art. 14 Abs. 1 S. 1 GG gründet: Ist eine ihn beschränkende Planung

---

[53] Das sieht auch *Schulte* (Fn. 11), S. 134 in seiner Auseinandersetzung mit den von ihm zitierten Vertretern der h.L.; vgl. auch *Broy-Bülow* (Fn. 12), S. 30 f.; früher insbes. *Maunz* (Fn. 22), S. 5; *Friauf* (Fn. 51), S. 557.

[54] So darf auch nicht verstanden werden *Friauf*, K.-H., DVBl. 1971, 713 (721).

[55] BVerfGE 48, 271 (273).

[56] Dies ist ein Zentralargument von *Schulte* (Fn. 11), S. 133.

[57] Mit der Konsequenz, daß von einer „Baukonzession“ zu sprechen wäre, im Sinne von *Wieland* (Fn. 39).

grundrechtswidrig, etwa unverhältnismäßig, so kann er durch Gerichtsentscheidung einen ihm günstigen Planungszustand herstellen. Wollte man daraus ableiten, es gebe das so beschränkte Freiheitsrecht gar nicht, so müßte man zu dem unhaltbaren Ergebnis gelangen, dem durch eine objektive Zulassungsschranke von einem bestimmten Beruf Ausgeschlossenen, der ja auch keine Möglichkeit hat, eine ihm günstige gesetzliche Regelung zu erzwingen, stehe die Berufsfreiheit gar nicht zu; das aber wäre ein offener Widerspruch zur Apothekenrechtsprechung des Bundesverfassungsgerichts[58]. Übrigens zeigt sich hier, daß die Kritik mit einem Zirkelschluß operiert: Weil es keine Baufreiheit gibt, kann die Planung nicht an Art. 14 GG gemessen werden; weil aber gegen Bauplanung kein Anspruch zuerkannt ist, gibt es keine grundrechtliche Baufreiheit ...

Auch das Bauplanungsrecht ist also eine Eigentumsbindung, es bringt Schranken des Eigentums, wie die herrschende Lehre mit Recht annimmt[59]. „Darin liegt vor allem die Bekräftigung des mit Art. 14 Abs. 1 GG verfassungsrechtlich vorgegebenen Ansatzes, daß im Verhältnis zwischen der Bauleitplanung und den durch sie betroffenen individuellen Positionen *die von der Planung ausgehende Eigentumsbeschränkung rechtfertigungsbedürftig ist und keinesfalls bis zum Beweis des Gegenteils ihre Rechtfertigung schon in sich trägt*“ (Hervorhebung vom Verfasser)[60]. Auf die Frage, ob die Planung als präventives Verbot mit Erlaubnisvorbehalt verstanden werden kann[61], kommt es also nicht an. Keinesfalls ist sie etwas anderes als eine Beschränkung der Baufreiheit; diese sollte vielleicht, soweit planungsrechtlich beschränkt, nicht mehr als „potentielle“ oder „virtuelle“ bezeichnet werden[62], weil die Kritik daraus Argumente gegen die Freiheit selbst ableitet[63]. Es liegt beschränkte Freiheit vor — aber eben Freiheit.

2. Weitgehende Beschränkung – deshalb Verleihung?

Plausibel erscheint zunächst eine Begründung, welche der Kritik an der Baufreiheit – wenn auch meist unausgesprochen[64] – zugrundeliegt: Das Bau-

[58] BVerfGE 7, 377 (403 f.), hier zu der objektiven Zulassungsschranke.

[59] *Hoppe* (Fn. 6), S 167; *Oldiges* (Fn. 4); *Maunz* (Fn. 53).

[60] BVerwGE 45, 309 (312).

[61] Zu diesem Begriff neuerdings *Wieland* (Fn. 39), S. 117 ff.

[62] Zu dem an sich durchaus plausiblen Begriff vgl. *Hoppe* (Fn. 6), S. 108; *Grooterhorst* (Fn. 3), S. 122, 128; *Broy-Bülow* (Fn. 12), S. 17.

[63] *Schulte* (Fn. 11), S. 133; *Breuer* (Fn. 13), S. 164; *Schmidt-Aßmann* (Fn. 1), S. 90.

[64] Vgl. etwa *Schmidt-Aßmann* (Fn. 1), S. 90 f.: Das Prinzip der Baufreiheit sei vom Bauplanungsrecht „überrollt“ worden; vgl. auch *Schulte* (Fn. 11), S. 133.; *Breuer* (Fn. 13), S. 169.

en sei derart intensiv und flächendeckend beplant, daß das Baurecht in Wahrheit eben doch verliehen, nicht die Baufreiheit anerkannt werde. Den juristischen Laien wird dies sicher beeindrucken: Was „hat“ denn der Eigentümer überhaupt an Baufreiheit, wenn nicht das ihm vom Staat Zugestandene? Doch rechtlich ist die Argumentation vollständig unbehilflich; sie sollte auch nicht eine unterschwellige Anti-Baufreiheits-Grundstimmung schaffen.

Von der Intensität einer Grundrechtsbeschränkung führt kein Weg zu einer Mutation des Begriffs der beschränkten Freiheit. Die Berufsfreiheit etwa mag, z.B. durch das öffentliche Dienstrecht, noch so intensiv und flächendekkend eingeschränkt sein, sie steht dennoch auch dem Beamten zu[65]. Nie könnte ja, mit einer auch nur annähernden Sicherheit, festgestellt werden, wann sich der Umschlag von „Freiheit“ in „Verleihung“ vollzöge. Im gegenwärtigen Umweltrecht etwa nimmt „Planung“, intensiv wie extensiv, rasch zu[66]. Ist also bereits die agrarische Anbaufreiheit zum verliehenen Anbaurecht geworden, wann wird die industrielle Freiheit zu einer nach Technikrecht verliehenen Berechtigung? Leugnung der Baufreiheit wegen Planungsintensität würde überdies zur Versuchung für die beschränkende Staatlichkeit, möglichst weitgehend zu begrenzen, in der Hoffnung, daß eine wandlungsfreudige Rechtslehre ihr eines Tages den Umschlag in die Inhaltswandlung der Freiheit, hin zur Verleihung, bescheinige und sie damit von jeder Verfassungsbindung freistelle. „Keine Freiheit mehr, weil immer mehr Bindung“ — das ist eine bedauerliche Tatsachenfeststellung; dagegen muß das Recht Front machen, es darf derartiges nicht als Rechtsprinzip übernehmen. Denn dann gäbe es bald kein einziges Grundrecht mehr. Der gesetzgeberische Münchhausen kann sich nicht an seinen eigenen Freiheitsbeschränkungen aus den Grundrechten ziehen.

3. Baufreiheit — ein Relikt des „zivilrechtlichen“ Eigentumsbegriffs?

a) Die Verleihungslehre hat man damit rechtfertigen wollen, daß sie auf einer traditionellen „zivilrechtlichen“ Eigentumskonzeption beruhe, die noch § 903 BGB widerspiegele. Diese aber sei vom öffentlichen Bauplanungsrecht „überrollt“ worden (*Schmidt-Aßmann*); solche privatrechtlichen Vorstellungen in das öffentlich-rechtlich durch Planungsrecht gestaltete Baurecht hineinzutragen, sei ein Kurzschluß[67]. Die Bauberechtigung könne daher allenfalls den Eigentumsschutz öffentlich-rechtlicher Rechtspositionen genießen[68], wenn sie

[65] BVerfGE 7, 377 (398).

[66] *Ketteler*, G., in: Ketteler/Kippels, Umweltrecht, 1988, S. 85 f., 267 ff.; *Schmidt-Aßmann*, E., DÖV 1990, 169 ff.

[67] *Breuer* (Fn. 13), S. 163 ff.

[68] *Breuer* (Fn. 13), S. 179.

verliehen worden sei. Aufwind scheint diese These durch das Naßauskiesungsurteil des Bundesverfassungsgerichts zu erhalten, das einen „Abschied vom allein zivilrechtlich geprägten Eigentumsinhalt" bedeute[69]. Damit sei, so könnte man schließen, auch das zivilrechtliche Relikt der Baufreiheit aufgegeben, das nur auf jener privatrechtlichen Prägung beruhe.

b) Doch dies ist ein Mißverständnis, aus dem sich kein Argument gegen die Baufreiheit ergibt. Das Eigentumsrecht ist nie ausschließlich „zivilrechtlich" geprägt gewesen. Wenn sein Begriffsinhalt durch Normen festgelegt wurde, die sich in gemeinhin als „zivilrechtlich" eingestuften Kodifikationen (ALR, Code civil, BGB) finden, so bedeutet dies nicht, daß diese Norminhalte nicht zugleich auch öffentlich-rechtliche Bedeutung gehabt hätten; gerade bei Art. 544 ff. Code civil zeigt dies der Wortlaut, das ALR bringt in diesem Zusammenhang auch öffentlich-rechtliche Normen, und § 903 BGB wurde stets auch als Hinweis auf öffentlich-rechtliche Beschränkungen verstanden[70]. Daß das Bauplanungsrecht diese letzteren intensiviert hat, ist unbestritten, kann aber § 903 BGB als *allgemeine* Inhaltsumschreibung des Eigentums, gültig für privates wie öffentliches Recht, nicht aus den Angeln heben[71].

Das Bundesverfassungsgericht hat dies im Naßauskiesungsurteil auch gar nicht ausschließen wollen. Es hat nur betont, der Eigentumsinhalt könne *auch* durch öffentlich-rechtliche Normen, etwa das Wasserrecht, bestimmt werden, welche die Grundwassernutzung von jeher aus dem Eigentumsbegriff ausgeklammert hätten. Wäre dies beim Bauplanungsrecht auch anzunehmen, gäbe es in der Tat keine Baufreiheit; daß dem aber nicht so ist, wurde bereits dargelegt. Dann aber ergibt sich das subjektiv-öffentliche Recht des Eigentümers gegen den Bauplaner Staat, nach wie vor, aus Art. 14 Abs. 1 S. 1 GG, i.V. mit Art. 14 Abs. 1 S. 2 GG und § 903 BGB. Denn daß das zivilrechtliche Eigentum auch subjektiv-öffentliche Rechte verleiht, weil seine Inhalte eben Berechtigungen, eben Eigentumsinhalt nach Art. 14 GG sind — das gilt auch heute noch.

c) Die Lehre von der Baubefugnis als öffentlich-rechtlich verliehener Eigentumsposition ist überdies unbefriedigend. Sie vermag nicht zu erklären, weshalb nur der zivilrechtlich Berechtigte Zuteilungsberechtigter sein könne[72]. Vor allem aber gerät diese Lehre von der öffentlich-rechtlich verliehe-

---

[69] Vgl. BVerfGE 58, 300 (335 f.). Seither hat in der Tat das Gericht die frühere Wendung nicht mehr gebraucht vom „Eigentum wie es das Zivilrecht geprägt" hat (BVerfGE 1, 254 (277 f.); 11, 64 (70)).

[70] *Baur*, J.F., in: Soergel, BGB, Bd. 6, 12. Aufl. 1990, § 903 Rdnr. 36; *Säcker*, F.J., in: Münchener Komm. zum BGB, Bd. 4, 2. Aufl., 1986, § 903 Rdnr. 32; *Seiler*, H.H., in: Staudinger, BGB, 12. Aufl. 1989, § 903 Rdnr. 17.

[71] Zutr. gewinnt daher *Wendt* den Begriff der Baufreiheit wieder aus § 903 BGB (Fn. 12), S. 175.

[72] *Wendt* (Fn. 12), S. 174; keine Widerlegung ist es, wenn *Schulte* (Fn. 11), S. 135 meint

nen Baufreiheit in die schier unüberwindlichen Schwierigkeiten hinein festzulegen, was hier denn nun die eigentumsgeschützte „eigene Leistung" des Eigentümers sei[73]. Daß dann entschädigungslos viel weitergehend beschränkt und entzogen werden kann als nach der herrschenden Lehre von der Baufreiheit, liegt auf der Hand. Wie weit aber? Eine andere Grenze als die „Ins-Werk-Setzung" der Baubefugnis läßt sich kaum finden.

Doch selbst wenn dies gelänge — die Privatnützigkeit wäre dennoch völlig ausgehöhlt; denn einen Anspruch auf die Verleihung gäbe es nicht, ihre Einschränkung oder Verweigerung könnte grundrechtlich nicht überprüft werden. Der Planungsstaat besäße volle Bau-Konzessionierungsfreiheit. Daß gerade solche Folgen der „Verleihungslehre" unannehmbar sind, ist nun noch näher darzutun.

III. „Baukonzession" — Abbau des Grundrechtsschutzes, Entwertung von Grund und Boden

Die Verleihungslehre würde – das ist ein Haupteinwand gegen sie – den Grundrechtsschutz des Art. 14 Abs. 1 GG, und zwar Bestands- und Wertgarantie für Bau(erwartungs)land — völlig entwerten und hier „Eigentum nach Gesetz" schaffen.

1. Bebaubarkeit — grundrechtsfreier Nutzungsraum?

Wer grundrechtliche Baufreiheit ablehnt, der kann ihre Einschränkungen durch Bauplanungs- und Bauordnungsrecht nicht mehr am verfassungsrechtlichen Maßstab des Art. 14 Abs. 1 GG messen; insbesondere darf dann nicht mehr gefragt werden, ob die Beschränkungen „nicht zu weit gehen", ob der Gesetzgeber Individual- und Gemeinschaftsbelange auch gleichgewichtig berücksichtigt habe[74]. Denn das Gesetz operiert dann ja in einem grundrechtsfreien Raum[75], der verfassungsrechtliche Determinationswert der Eigentumsgarantie entfällt, eine Verhältnismäßigkeitsprüfung mit Blick auf die Privatnützigkeit ist entbehrlich[76]. Dies widerspräche eindeutig der Judikatur des

---

„die Rechtstatsache, daß Baubefugnis nur dem Grundeigentum innewohnen oder zuwachsen kann, ist vielmehr selbstverständlich vorgegeben". Verliehen werden könnte jedem Dritten.

[73] Vgl. *Breuer* (Fn. 13), insbes. S. 180 ff.

[74] BVerfGE 52, 1 (29 f.).

[75] *Ernst/Hoppe*, Das öffentliche Bau- und Bodenrecht, Raumplanungsrecht, 2. Aufl. 1981 Rdnrn. 165 ff.; *Nüßgens/Boujong* (Fn. 12), S. 22 m. Nachw.; *Peine* (Fn. 4), S. 101.

[76] *Ernst/Hoppe* (Fn. 75); *Grooterhorst* (Fn. 3), S. 128.

Bundesverfassungsgerichts, nach der auch das Bauplanungsrecht am Eigentumsgrundrecht zu messen ist[77], wie der des Bundesverwaltungsgericht, das eine verfassungsrechtliche Kontrollierbarkeit des Bauplanungsrechts verlangt[78]. § 1 Abs. 6 BauGB, der auch die Berücksichtigung privater Belange fordert – als Ausdruck eben dieser Verhältnismäßigkeit[79] – könnte entfallen. Als Verfassungsmaßstab des „Baurechts als Baurechtsverleihung" bliebe allenfalls der ausgeschliffene Art. 3 Abs. 1 GG, und selbst diese Gleichheit würde dann voraussichtlich durch unübersichtlich-ungleiche Baukonzessionen beeinträchtigt werden[80]. Damit wäre der verfassungsrechtliche Bestandsschutz bei dieser Güterkategorie beseitigt. Das wäre verfassungswidrig.

2. Völlige Entwertung von Grund und Boden

Die Wertgarantie des Eigentums verlangt Entschädigung im Enteignungsfall (Art. 14 Abs. 3 GG)[81]. Hier ist vom Verkehrswert auszugehen[82]; dieser bildet sich aber ganz wesentlich mit Blick auf Bauerwartung und Baulandqualität. Zwar könnte man behaupten, dies sei auch nach der Verleihungslehre der Fall, wenn der Staat sie in Aussicht stelle, müsse er im Enteignungsfall auch selbst die verkehrswertentsprechende Entschädigung zahlen, ebenso im Vorkaufsfall. Dabei würde indessen übersehen, daß im Verhältnis zum Staat – anders als im Verhältnis zu dritten Käufern – diese Werterhöhung erst durch (erweiterte) Baurechtsverleihung eingetreten wäre. Ebenso wie im Erschließungsfall die „Staatsleistung" in Ansatz zu bringen ist, könnte dies nicht nur, es müßte dann hinsichtlich des gesamten Bebauungswerts geschehen. Der Staat dürfte nicht nur, er müßte den Planungswert vollständig abschöpfen (vgl. oben A II 1); denn wie käme er dazu, gewissen Eigentümern das „Bebaubarkeitswert-Geschenk" zu machen, dies wäre doch eklatante Ungleichbehandlung anderen gegenüber[83].

---

[77] BVerfGE 79, 174 (192).

[78] BVerwGE 45, 309 (324); siehe auch BVerwGE 40, 94 (98 f.), wo das verfassungsrechtliche Abwägungserfordernis aus Art. 14 GG abgeleitet und dies als st. Rspr. bezeichnet wird.

[79] Siehe dazu *Broy-Bülow* (Fn. 12), S. 19; *Wendt* (Fn. 12), S. 175 f.

[80] *Wendt* (Fn. 12), S. 175.

[81] BVerfGE 24, 367 (397).

[82] Siehe m. Nachw. *Leisner*, W., NJW 1992, 1409 ff.

[83] Selbst wenn man dem nicht folgen und den Staat anhalten wollte, grundsätzlich von ihm geschaffene Bodenwerte auch selbst zu respektieren – jedenfalls wäre dies dann wohl ein „besonderer Fall", in dem die Entschädigung unter den Verkehrswert abgesenkt werden dürfte (vgl. BVerfGE 24, 367 [421]) – aber bis in welche Tiefe?

Nur eines ist nach der Verleihungslehre konsequent: Der Eigentümer erhält Entschädigung nur für das, „was er hat", worauf sich seine Nutzungsfreiheit erstreckt — also nie für Bebaubarkeitswert. Dann bleibt allenfalls noch ein agrarischer Bodenwert; dieser wird aber bald einem Staat auch nicht mehr entgegengehalten werden können, der zur flächendeckenden Landschaftsplanung übergeht, damit das agrarische Nutzungsrecht verleiht, wie früher schon die Baufreiheit. Am Rande kann dann nur eines stehen: Das „an sich völlig wertlose Grundeigentum" — wertlos jedenfalls im Verhältnis zum Staat, der aber den Wert dann auch bei Verkäufen an Dritte abschöpfen kann, muß.

Damit verlöre der gerade für Grundeigentum geschaffene Art. 14 Abs. 3 GG seine Funktion.

Daß dies verfassungswidrig, ja völlig absurd ist, liegt auf der Hand. Doch wie will man den Teufelskreis dieser Hochrechnung durchbrechen, wenn einmal der große Anfang gemacht ist — die Leugnung der Baufreiheit?

C. Ausblick: Durch Staatskonzession bei der Bewirtschaftung „knapper Güter" zum Planungsstaat

Bauboden wird immer ein „knappes Gut" sein in Deutschland. Für die Bewirtschaftung solcher knapper Güter (Umweltressourcen, „natürliche Monopole der Daseinsvorsorge", „sozialschädliche Aktivitäten" (Spielbanken)) wird neuerdings das Modell einer „Konzession" im modernen Sinn angeboten; gemeint sind wirtschaftliche Tätigkeits- und Nutzungserlaubnisse, auf die kein Rechtsanspruch besteht[84]. In dieses Schema würde sich die verliehene Baubefugnis zwanglos einfügen; und auch dem baubegünstigten Eigentümer könnten, müßten wohl *Konzessionsabgaben* abverlangt werden[85]. Dies zeigt, wie nahe die Gefahr für das Eigentum, ja für alle Grundrechte, schon heute ist: Was „knapp" ist, definiert der Staat — jedenfalls wird es ihm immer leicht sein, Knappheit zu behaupten. Was aber ist nicht „knapp" in einem übervölkerten Staat? Also kann alles beplant, überall darf die Freiheit durch Verleihung ersetzt werden. Wo soll hier der Unterschied liegen zwischen dem Eigentum und anderen Grundrechten[86]? Dann gibt es bald auch keine Rundfunk- und Fernsehfreiheit, keine Unterrichtsfreiheit, keine (institutsgestützte) Wissenschaftsfreiheit mehr — überall ist der planende, auf Planungsgrundlage „verleihende" Staat.

---

[84] *Wieland* (Fn. 39), S. 119 ff., 126 ff.

[85] *Wieland* (Fn. 39), S. 136 f.

[86] Darauf hat schon Theodor *Maunz* hingewiesen, DÖV 1975, 1 (6).

Wollen wir uns, mit der Kritik an der Baufreiheit, zu solchen Hallen aufmachen, die soeben um uns herum zusammengebrochen sind, unter historischem Getöse? Wollen wir ein planungsverliehenes Eigentum, wenn eine ganze Welt um uns sich im Gegensinne bewegt?

Jagdrecht und Eigentum*

Unter besonderer Berücksichtigung des Jagdrechts der Länder

I. Fragestellung: Jagdrecht als Bund-Länderregelung der Bodenordnung

Der Jagd kommt heute nicht mehr das frühere wirtschaftliche Gewicht zu. Geschärftes Umweltbewußtsein, ein neues Streben „zurück zur Natur" und immer größere Freizeitprobleme verleihen jedoch der Jagd, dieser eigentümlichen Verbindung von Naturverbundenheit, Pflege der belebten Landschaft und Vergnügen, eine neue und steigende Bedeutung.

Das Jagdrecht in der Bundesrepublik Deutschland wirft heute vor allem in *zweifacher Hinsicht Probleme* auf, die dogmatisch und rechtspolitisch über einen Bereich hinausgehen, welchen man herkömmlich als eine Randmaterie des öffentlichen Rechts betrachtet: Einerseits findet sich hier eine Rechtslage, welche durch eine Verzahnung von bundesrechtlichen Rahmenbestimmungen und ausfüllenden Landesnormen gekennzeichnet ist; dies entspricht den Regelungsformen anderer bodenordnender Rechtsmaterien (Wald-, Naturschutz-, Wasserrecht), stellt also *Fragen des Verhältnisses von Bundes- und Landesrecht*, wie sie auch in jenen Rechtsgebieten auftreten. Zum anderen geht es im Jagdrecht vor allem um die Abgrenzung von Eigentumsrechten gegenüber dem öffentlichen Interesse wie auch im nachbarrechtlichen Verhältnis. Hier werden also von Gesetzgebung und Verwaltung Aufgaben der *Bodenordnung* erfüllt, die auch sonst im Agrarrecht und im Baurecht auftreten. Jagdrechtliche Streitigkeiten sind meist Auseinandersetzungen um Eigentumsrechte; es gilt daher, das Jagdrecht in den Zusammenhang jenes Eigentumsrechts zu stellen, welches in seinen Grundzügen in Art. 14 GG geregelt ist, und seine Probleme unter Berücksichtigung allgemeinerer bodenordnender Gesichtspunkte zu lösen.

In dieser Sicht vor allem werden im folgenden ausgewählte Fragen des Jagdrechts untersucht. Es soll insbesondere dargestellt werden, wie die Stellung des Eigentümers im Bundesrecht und in den inzwischen ergangenen Folgeregelungen der Länder[1] bestimmt wird, welche Belastungen er zu tra-

---

* Erstveröffentlichung in: Natur und Recht 1981, S. 11–17.

[1] Abkürzungen der Länder im folgenden: Baden-Württemberg – BW; Bayern – Bay; Berlin – B; Bremen – Brem; Hamburg – HH; Hessen – H; Niedersachsen – NS; Nordrhein-Westfalen – NW; Rheinland-Pfalz – RP; Saarland – SL; Schleswig-Holstein – SH.

gen, welche Verantwortung für die Allgemeinheit er zu übernehmen hat. Deshalb sollen hier nur eigentumsrelevante Probleme erörtert werden; dazu gehören allerdings auch Regelungen, welche die Jagdausübung als solche betreffen, soweit sie eben den Wert des „Eigentums am Jagdrecht" bestimmen und dabei von einigem ökonomischem Gewicht sind. Jagdnachbarliche Bestimmungen werden nur einbezogen, soweit sie eine bedeutsame Bestimmung von Inhalt und Schranken des Eigentums bringen.

II. Jagdrecht — „Jagdhoheit" — Jagdregal

§§ 1, 3 BJagdG bestimmen das Jagdrecht als ausschließliche Befugnis zu Hege und Jagd; es steht dem Inhaber des Grundeigentums zu, ist untrennbar mit diesem verbunden und kann nicht als selbständiges Recht begründet werden. Die Länder gehen von diesem traditionellen Begriff aus[2], wobei allerdings heute die Hege überall besonders betont wird[3]; doch darin liegt keine grundsätzliche Rechtsänderung, Hege war stets Grundlage der Jagd; Abschußrechte sind im Zusammenhang mit, ja als Ausdruck der Hege zu sehen.

Eine *„Jagdhoheit"* des Staates, etwa einem früheren Jagdregal entsprechend, kennt das BJagdG nicht; von einem „Obereigentum" des Staates, aus dem etwa (beliebig) weitgehende Einschränkungsmöglichkeiten – oder gar Konzessionsrechte – abgeleitet werden könnten, kann nicht mehr die Rede sein. Das Jagdeigentum steht zwar unter allgemeinem Gesetzesvorbehalt (§ 1 Abs. 6 BJagdG), doch ist dies schon deshalb eigentumsfreundlicher als ein Jagdregal, weil bei allen Eigentumsbeschränkungen doch immer noch „etwas vom Eigentum" bestehen, dieses jedenfalls noch so erhalten bleiben muß, wie es sich im herkömmlichen Privatrecht und nach den gesellschaftlichen Anschauungen entwickelt hat[4].

„Jagdhoheit"[5] oder ein Recht des Staates, das gesamte Jagdwesen zu ordnen und zu beaufsichtigen[6], kann also nur im Sinne eines solchen allgemeinen Gesetzesvorbehalts, nicht als Ausdruck eines Jagdregals verstanden werden; der Staat muß sich stets bei Eigentumseingriffen auf spezielle gesetzliche Ermächtigungen berufen können, ein grundsätzlich-globales Eingriffsrecht in das Jagdeigentum steht ihm nicht zu.

---

[2] Sieht man von einzelnen jagdnachbarlichen Ablieferungs- und Anzeigepflichten ab, vgl. etwa BW § 1, B § 3, H § 1 a, NS Art. 3, NW § 1, RH § 1, SL § 3.

[3] Hier zeigt sich eine Akzentverschiebung gegenüber dem RJagdG (§ 1), das noch in B gilt; in NS (Art. 3 Abs. 1) ist nurmehr von Hegerecht und -pflicht die Rede.

[4] BVerfGE 1, 278; 11, 70.

[5] Brem § 1, SL § 1.

[6] Bay Art. 2.

III. Der Begriff des Jagdbezirkes

„Jagdbezirk" ist eine Fläche, auf der, nach ihrem Umfang und ihrer Gestalt, die Jagd nach den „Erfordernissen der Jagdpflege und Jagdausübung" möglich ist (§§ 4, 5 BJagdG); diese bestimmen sich nach den gesetzlichen Vorschriften über ordnungsgemäße Nutzung des Jagdrechts, die allerdings den außerrechtlichen Sachgesetzlichkeiten der Jagd entsprechen müssen[7].

Die Länder gehen wohl alle von diesem sehr flexiblen Begriff aus. In einigen wird näher bestimmt, wann bei „schlauchähnlicher" Verbindung zwischen zwei Flächen noch ein einheitlicher Jagdbezirk besteht[8]. Dies dürfte als Konkretisierung von § 5 Abs. 2 BJagdG[9] gedacht sein, ist aber nicht unbedenklich, weil das BJagdG hier wohl eine punktuelle Vollregelung[10] bringt, die der Ausgestaltung der Länder nicht mehr zugänglich ist; auch die Elastizität des Begriffes steht dem nicht entgegen. Da die Jagdbezirksbildung auch im Rahmen der Hege eine optimale Ausnutzung des Eigentums ermöglichen muß[11], ist eine derartige Einengung des Verwaltungsermessens kaum sachgerecht, welche keine Rücksichtnahme auf die besondere Grundstückslage ermöglicht. Hier handelt es sich wohl doch um eine perfektionistische Überregelung.

IV. Abrundung von Jagdbezirken

1. Jagdbezirke können durch Abtrennung, Angliederung oder Austausch von Flächen abgerundet werden, wenn dies zu Jagdpflege und Jagdausübung notwendig ist (§ 5 Abs. 1 BJagdG). Eine behördliche Abrundung ist keine Enteignung[12], doch müssen ihre Voraussetzungen streng beachtet und eng ausgelegt werden.

---

[7] Der Begriff der Jagdbezirke verweist also nicht einfach auf jagdrechtliche Normen beliebigen Inhalts; so sind zu verstehen *Kolodziejcok/Recken*, Naturschutz, Landschaftspflege und einschlägige Regelungen des Jagd- und Forstrechts, Rdnr. 13 zu §§ 1–3 BJagdG; *Lorz*, BJagdG, in Erbs/Kohlhaas, Strafrechtliche Nebengesetze, § 5 Anm. 3.

[8] H § 2 Abs. 4, NW § 3, SH § 1 Abs. 3: Sofern die Breite 200 m nirgends erreicht, darf die Länge nicht mehr als 400 m betragen.

[9] Und nicht als Bestimmung einer „ähnlichen Fläche", § 5 Abs. 2 S. 1 BJagdG.

[10] Dazu allg. *Kolodziejcok/Recken* (Fn. 7), Vorbem. zum BJagdG Rdnr. 17 f.

[11] § 5 Abs. 2 BJagdG verstößt nicht gegen Art. 14 GG, vgl. *Leonhardt*, Jagdrecht in Bayern, 1979, m. Nachw. zur Rspr. des BVerwG.

[12] Siehe *Leonhardt* (Fn. 11) Anm. 6 zu § 5 BJagdG unter Hinweis auf BVerwG DÖV 1958, S. 179; der begriffliche Ausschluß der Enteignung rechtfertigt sich, weil hier im wohlverstandenen Interesse des Eigentümers selbst geordnet wird.

Das Landesrecht nimmt überwiegend ein behördliches Abrundungsermessen an[13], während Bayern (Art. 4) und Berlin (§ 6 RJagdG) eine Verpflichtung statuieren, entsprechend dem früheren Jagdrecht. Dafür spricht, daß es folgerichtig erscheint, die Abrundung auch zu erzwingen, wenn sie schon aus jagdlichen Gründen „notwendig" sein sollte. Dies entspricht aber wohl § 5 Abs. 1 BJagdG nicht; dieser macht die jagdliche Erforderlichkeit zur *Voraussetzung* einer möglichen Abrundung; die Behörde soll *dann* aber offensichtlich noch, im Rahmen einer Ermessensentscheidung, diese jagdlichen Gesichtspunkte gegenüber etwaigen anderen abwägen (land- und forstwirtschaftliche Nutzung, andere Eigentümerbelange, Erholung usw.). Das Bundesrecht bringt mit dem Worte „können" hier *keine Rahmen-*, sondern eine punktuelle Vollregelung im Sinne *notwendig vorzusehenden Ermessens*. Wäre dem anders, so hätte der Bundesgesetzgeber ja begrifflich gar keine Möglichkeit, die Länder zur Einräumung eines Ermessens zu zwingen; wo immer er den Begriff „können" im Rahmengesetz verwendete, würde sogleich eine Rahmenbestimmung angenommen, mit der Möglichkeit für den Landesgesetzgeber, daraus ein „Müssen" zu machen. Dem Rahmengesetzgeber kann aber das Recht zur punktuellen Vollregelung nicht ganz genommen werden.

2. *Abrundung durch Vertrag oder auf Antrag der Berechtigten* ist in fast allen Ländern ausdrücklich vorgesehen[14]: In Niedersachsen ist eine entsprechende Einigung der Behörde anzuzeigen, welche sie bei Nichtvorliegen der gesetzlichen Voraussetzungen beanstanden muß; in Bayern, Baden-Württemberg und dem Saarland ist die Zustimmung der Behörde erforderlich[15], was aber auf dasselbe hinausläuft, weil sie nur versagt werden darf, wenn die Abrundungsvoraussetzungen nicht erfüllt sind[16]. In Nordrhein-Westfalen (§ 3 Abs. 2–3) nimmt die Behörde die Abrundung vor, ist dazu jedoch verpflichtet, wenn sie nach dem Gesetz erfolgen darf. Die Regelungen von Hessen (§ 2) und Schleswig-Holstein (§ 1), die Abrundung auf Antrag vorsehen, nicht aber eine Pflicht der Behörde, dem zu entsprechen, sind ebenfalls so zu verstehen, daß bei Vorliegen der gesetzlichen Voraussetzungen zu genehmigen ist.

Nach dem Grundsatz des geringsten Eingriffs verdient die Lösung des Abrundungsvertrags mit Anzeigepflicht (Niedersachsen, Hamburg) eindeutig den

---

[13] Ausdrücklich BW § 2, HH § 1, NS Art. 6, NW § 3 Abs. 2 f., SL § 4, ebenso wohl H § 2, RP § 3, SH § 1 Abs. 1 wo ohne Verpflichtung lediglich die Modalitäten der Abrundung geregelt sind.

[14] Ausnahmen: B, RP; angesichts der insgesamt eigentumsfreundlichen Regelung in diesem letzteren Land sollte aber wohl auch dort eine Anregung der Beteiligten als Antrag behandelt werden.

[15] BW § 2, Bay Art. 4, NS Art. 6, SL § 4.

[16] Ebenso *Leonhardt* (Fn. 11), Art. 4 Anm. 13.

Vorzug. Es entspricht auch den praktischen Bedürfnissen am besten, wenn die Beteiligten die Einzelheiten im Rahmen des Gesetzes regeln und die Behörde nur dessen Beachtung überwacht. Ausdrückliche behördliche Bestimmung mag der Rechtsklarheit dienen, Abrundung *durch* die Behörde aber (Nordrhein-Westfalen) dürfte kaum erforderlich sein.

3. *Abrundung von Amts wegen* ist überall vorgesehen[17] — eine Möglichkeit dazu sollte nach dem BJagdG wohl eröffnet sein, damit etwaigen jagdlichen Erfordernissen zumindest Rechnung getragen werden *kann* (vgl. oben a). Den Vorzug verdient jedoch eine Regelung wie die von Baden-Württemberg (§ 2), wo die Behörde nur eingreifen kann, wenn eine Vereinbarung nicht zustande kommt. In diesem Sinne sollten auch die Gesetze der übrigen Länder ausgelegt werden[18]; daß die Beteiligten vorher zu hören sind[19], ist im Verwaltungsverfahren des Rechtsstaates selbstverständlich.

4. *Veränderungen der Jagdbezirke durch Abrundung* sollten nur in möglichst geringem Umfang stattfinden — dies dürfte wohl als ein Grundsatz des gemeinen deutschen Jagdrechts gelten[20] und liegt auch schon im Begriff der Abrundung selbst. Die Jagdbezirkseigenschaft darf nach übereinstimmendem Landesrecht durch Abrundung nicht verloren gehen; auch dies ergibt sich wohl aus § 5 Abs. 1 BJagdG, nach dem offenbar die bestehende Jagdbezirkseinteilung erhalten bleiben soll[21]. Ob ein Jagdbezirk durch Abrundung seine gesetzliche Mindestgröße verlieren darf, entscheidet sich nach Landesrecht[22]. Eine prozentual begrenzte Unterschreitungsmöglichkeit erscheint auch aus der Sicht des Eigentums als sachgerecht, weil so eine optimale Eigentumsnutzung ermöglicht wird. Zu weit geht aber wohl eine beliebige Unterschreitungsmöglichkeit der Reviermindestgrößen bei Abrundungen[23]; hier wird wiederum jenes „System der Jagdreviere" in Frage gestellt, das aber nach dem BJagdG durch Abrundung doch wohl nur am Rande korrigiert werden sollte.

5. In *laufende Pachtverträge* darf durch Abrundung nicht eingegriffen werden — dies muß in allen Ländern gelten, weil die eigentumsgeschützten Vertragspositionen nicht beeinträchtigt werden dürfen; es ist aber nicht anzunehmen, daß dort ein Enteignungstatbestand geschaffen werden sollte, wo

---

[17] Außer in NW § 3, wo sie auf Flächen beschränkt ist, die keinem Jagdbezirk angehören (Enklaven).

[18] So für Bay zutreffend *Leonhardt* (Fn. 11), Art. 4 Anm. 12.

[19] Ausdrücklich nur SL § 4.

[20] Ausdrücklich: BW § 2, Bay Art. 4, NW § 3, SH § 1.

[21] Bedenklich daher die hessische Regelung (§ 2 Abs. 5), nach der bei Flächenverlusten über 20% die Jagdbezirkseigenschaft verloren geht.

[22] *Leonhardt*, § 5 BJagdG Anm. 1; in H kann die Mindestreviergröße um 20%, in RP um 5%, im SL um 10% unterschritten werden.

[23] Wie sie NS Art. 6 Abs. 5 vorsieht.

ein solches Verbot nicht ausdrücklich ausgesprochen wird[24]. Abrundungen durch Verwaltungsakt sollen also, ohne Zustimmung des Pächters, erst vom Ende der Pachtzeit an wirksam sein können[25]. Abrundungen für die Dauer der Pachtzeit können – wohl in allen Ländern[26] – auch mit dem Pächter vereinbart werden, jedoch nur für die Dauer der Pachtzeit[27]. Daß sich bei Abrundungen während der Pachtzeit der Pachtzins entsprechend der Flächenänderung ebenfalls verändert[28], erscheint als sachgerecht, wenn abweichende Vereinbarungen zulässig bleiben.

6. Bei *Angliederung von Grundflächen an einen Eigenjagdbezirk* hat der Eigentümer Anspruch auf angemessene Entschädigung gegenüber dem Eigentümer des Eigenjagdbezirks[29]. In der Regel geschieht dies in Form eines Pachtzinses oder in Anlehnung an einen Pachtzins für die angegliederte Fläche. Sachgerecht ist es, hier den „ortsüblichen Jagdpachtzins" zugrundezulegen[30]. In einigen Ländern wird als „angemessen" der Pachtzins bezeichnet, der für den gemeinschaftlichen Jagdbezirk der Gemeinde bezahlt wird, oder der Durchschnitt der Pachtzinsen für mehrere angrenzende gemeinschaftliche Jagdbezirke[31]. Dagegen bestehen Bedenken: Auszugehen ist doch nach Enteignungsrecht vom Verkehrswertprinzip, nach dem auch der Richtwert der ortsüblichen Pacht sachgerecht erscheint; diese *muß* nicht mit dem übereinstimmen, was im Falle des gemeinschaftlichen Jagdbezirks der Gemeinde bezahlt wird. Gründe des öffentlichen Interesses, nach denen hier – im Verhältnis zwischen *zwei Privaten!* – vom Verkehrswertprinzip abzugehen wäre[32], sind nicht ersichtlich.

V. Befriedete Bezirke

In befriedeten Bezirken ruht die Jagd (§ 6 BJagdG). Wegen der schweren damit verbundenen Eigentumsbeeinträchtigungen – die Jagd darf nicht ausge-

---

[24] Ausdrücklich: BW § 2, Bay Art. 4, H § 2, NW § 3, SL § 4.

[25] So zutreffend NS Art. 6 Abs. 3; HH (§ 1 Abs. 3) kennt dies nur als Sollvorschrift, aus eigentumsrechtlichen Gründen ist sie als Mußvorschrift zu verstehen.

[26] Ausdrücklich vorgesehen nur in NS Art. 6 Abs. 3.

[27] Und zwar können sie auch eine Pachtaufhebung aus wichtigem Grund nicht überdauern, sonst könnte der Pächter über sein Recht hinaus über das fremde Eigentum bestimmen.

[28] So Bay Art. 4, NS Art. 6.

[29] So die meisten Landesrechte: BW § 2, Bay Art. 5, HH § 1 Abs. 4, H § 2 Abs. 2, NS Art. 6 Abs. 4, NW § 5, RP § 3 Abs. 2, SL § 4, SH § 1 — dies muß allgemein gelten.

[30] So HH, SL.

[31] NW, SL, SH; ähnlich für Bay, das wie BW keine nähere Regelung bringt, *Leonhardt* (Fn. 11), Art. 5 Anm. 2.

[32] Vgl. die Grundsätze des Deichurteils des BVerfGE 24, 367 ff.

übt werden, andererseits drohen Wildschäden – kann der Landesgesetzgeber dies nur zum Schutz höherrangiger Interessen, insbesondere der öffentlichen Sicherheit, anordnen.

1. Nach gemeinem deutschen Recht[33] sind *befriedet* von Gesetzes wegen Gebäude, die zum Aufenthalt von Menschen dienen und räumlich damit zusammenhängende Baulichkeiten, eingefriedete Hofräume und Hausgärten sowie Friedhöfe[34]. Zu weit geht wohl Niedersachsen, wo alle Grundstücke „im Gebiet eines Bebauungsplans“ für befriedet erklärt werden — dort müssen ja noch keine Bauwerke errichtet sein.

2. Die *Behörde kann für befriedet erklären* – in allen Ländern – öffentliche Anlagen und eingezäunte Flächen. Naturschutzgebiete werden in Niedersachsen und im Saarland als befriedbar erwähnt; doch muß sich dies auf das beschränken, was der jeweilige Naturschutzzweck zwingend erfordert. Sachgerecht ist es, den etwa betroffenen Eigentümern ein Antragsrecht einzuräumen (so ausdrücklich Niedersachsen und das Saarland).

3. *Beschränkte Jagdausübung* in befriedeten Bezirken wird in einigen Ländern den Eigentümern durch Gesetz gestattet[35], im übrigen kann allgemein „eine beschränkte Jagdausübung“ im Verordnungswege[36] oder es können einzelne Jagdhandlungen von der Behörde gestattet werden[37]. Die Behörden sollten hier wohl nicht durch allzu eingehende Regelungen an der Berücksichtigung der Besonderheiten des Einzelfalles gehindert werden.

VI. Eigenjagdbezirke

Das BJagdG überläßt den Ländern hier (§ 7 Abs. 1 und 3) weitgehende Regelungsmöglichkeit, von der in zum Teil recht unterschiedlicher Weise Gebrauch gemacht worden ist. Lediglich die notwendige Mindestgröße ist übereinstimmend auf 75 ha festgesetzt worden[38]. Im übrigen ist von Bedeutung:

---

[33] Vgl. zum folgenden BW § 3, Bay Art. 6, B § 7, Brem § 7, HH § 2, H § 3, NS Art. 8, NW § 4, RP § 4, SL § 5.

[34] NS und NW beziehen noch Schau- und Sondergehege ein, H Wildgehege mit Ausnahme von Jagdgehegen.

[35] Jagd auf Raubwild und Wildkaninchen, BW, HH, H, NS, SL.

[36] B, Brem, NS, NW, RP.

[37] Bay, HH, SL.

[38] Die bayer. Besonderheit für Hochgebirge und Vorberge (300 ha) ist durch Bundesrecht gedeckt und sachlich gerechtfertigt.

1. Eigenjagdbezirke können auch im *Miteigentum* stehen (§ 7 Abs. 1 BJagdG). In Hessen (§ 4 Abs. 4) und im Saarland (§ 6 Abs. 3) wird eine Gestaltung nicht als Miteigentum anerkannt, in der sich Eigentümer zusammenhängender Grundflächen gegenseitig das Miteigentum an diesen Flächen nur zu einem geringen Bruchteil übertragen. Dies erweckt Bedenken: Der Begriff „Miteigentum" liegt nach Bundesrecht (bürgerliches Sachenrecht) fest. Seine Voraussetzungen sind auch bei geringem Anteil anderer erfüllt; dies ist sachgerecht, denn auch dann ist ja das Eigentum durch die Mit-Rechte der anderen wesentlich beschränkt. Ein besonderer jagdrechtlicher Miteigentumsbegriff darf doch wohl durch Landesrecht nicht geschaffen werden. In extremen Umgehungsfällen kann auch nach bürgerlichem Recht mit Nichtigkeitsfolgen (Rechtsmißbrauch, Gesetzesumgehung) abgeholfen werden.

2. Ausübungsberechtigt ist der Eigentümer oder derjenige, welchem die Nutzung des ganzen Eigenjagdbezirks zusteht (§ 7 Abs. 4 BJagdG). Bei *Personenmehrheit* oder einer juristischen Person als Verfügungsberechtigtem bestimmt das Landesrecht übereinstimmend[39], daß ausübungsberechtigt ist, wer von Verfügungsberechtigten der unteren Jagdbehörde als solcher angezeigt wird. Die Behörde kann dazu eine Frist setzen, nach ihrem Ablauf den Ausübungsberechtigten in Ersatzvornahme bestimmen.

Die Zahl der möglichen Ausübungsberechtigten ist in den meisten Ländern flächenmäßig beschränkt[40], wobei erhebliche Unterschiede bestehen. Eine Begrenzung der Benennungsmöglichkeit von Jagdausübungsberechtigten ist aus jagdlichen Gesichtspunkten und zur behördlichen Überwachung sicher erforderlich; doch sollten nicht allzu große Flächen festgesetzt werden, damit das Jagdrecht auch aus der Sicht des Eigentümers optimal genutzt werden kann.

3. *Verzicht auf die Selbständigkeit des Eigenjagdbezirks* ist in mehreren Ländern[41] möglich. Der Eigentümer kann sich damit der Hegepflicht (§ 1 Abs. 1 S. 2 BJagdG) und einer mit ihr verbundenen Pflicht zur Ausübung der Jagd (Bayern Art. 7) entziehen. Aus der Sicht der grundsätzlichen Dispositionsfreiheit des Eigentümers spricht vieles für eine derartige Verzichtmöglichkeit.

4. Das *Ruhen der Jagd* kann der *Eigentümer* im Eigenjagdbezirk mit Genehmigung der Jagdbehörde in Hamburg (§ 2), Niedersachsen (Art. 9 Abs. 2) und Hessen (§ 7 Abs. 2) anordnen. Auch diese Regelung entspricht der Dis-

---

[39] BW § 4, Bay Art. 55, Brem § 7, H § 4, NS Art. 9, NW § 5, RP § 5, SL § 6, SH § 7.

[40] In Revieren bis zu 300 ha nicht mehr als zwei, für jede weiteren 150 ha eine weitere Person (BW, NW, SH); RP und SL nennen 250 ha bzw. 124 ha, SL 300 ha bzw. 200 ha, Bay (Art. 7 Abs. 2 iVm. 15) 250 ha bzw. 250 ha, H 150 ha bzw. 75 ha.

[41] HH § 2, H § 4, NS Art. 9, RP § 5 Abs. 2, SL § 6.

positionsbefugnis des Eigentümers über sein Gut; jagdliche Nachteile können durch behördliche Überwachung vermieden werden. Es wäre daher die Übernahme dieser Regelung in die anderen Landesrechte zu erwägen.

5. *Vollständig eingefriedete* oder kleinere an der Bundesgrenze gelegene Flächen können nach Landesrecht zu Eigenjagdbezirken erklärt werden (§ 7 Abs. 3 BJagdG). Bayern, Niedersachsen und Schleswig-Holstein haben diese Rahmenbestimmungen noch nicht ausgefüllt, was für die Eigentümer von Nachteil sein mag, denen hier kein Eigenjagdbezirk zustehen kann. Auch in diesen Ländern sollte etwa, nach dem Beispiel von Baden-Württemberg, vorgesehen werden, daß das Landwirtschaftsministerium durch Rechtsverordnung die Voraussetzungen näher regelt. Rechtsstaatlich unbefriedigend ist es, wenn die „besonderen Voraussetzungen" (vgl. Hessen § 4), unter denen ein Eigenjagdbezirk gebildet werden darf, nicht näher verdeutlicht werden.

VII. Gemeinschaftsjagdbezirke

1. Die *Mindestgröße* der zusammenzulegenden Fläche muß 150 ha betragen (§ 8 Abs. 1 BJagdG), die Länder können sie erhöhen (Abs. 4); davon haben alle Länder Gebrauch gemacht[42], mit Ausnahme von Baden-Württemberg (§ 5), Berlin (§ 9 Abs. 1 RJagdG) und Nordrhein-Westfalen (§ 6). Diese letzteren Regelungen, die Übernahme also der Mindestgröße nach BJagdG, begünstigen das Eigentum, weil die Nutzungsmöglichkeit des Jagdrechts im Rahmen kleinerer Genossenschaften bleibt, wo die Durchsetzungschance des einzelnen Eigentümers größer ist. Die eigentumsfreundlichen Regelungen der neueren Jagdgesetze (Baden-Württemberg, Nordrhein-Westfalen) könnten vielleicht auch von den anderen Ländern übernommen werden.

2. Zusammenhängende Flächen mit Mindestgrößen (vgl. a) bilden einen gemeinschaftlichen Jagdbezirk, wenn sie in einer Gemeinde oder abgesonderter Gemarkung liegen; ist dies nicht der Fall, so *können sie auf Antrag zu einem Gemeinschaftsjagdbezirk zusammengelegt* werden (§ 8 Abs. 2 BJagdG).

Antragsberechtigt ist nach Landesrecht die Mehrheit der Eigentümer, wenn sie mehr als die Hälfte der Gesamtfläche besitzen (Hessen, Niedersachsen, Saarland), die Mehrheit der Eigentümer in jeder Gemeinde, wenn ihnen zugleich mehr als die Hälfte der zusammenzulegenden Flächen in der Gemein-

---

[42] Mindestgröße 250 ha: Bay Art. 10, H § 5, NS Art. 10, RP § 6, SL § 7, SH § 3; in H und NS können 200 ha im Einzelfall zugelassen werden, in RP 225 ha. In H, NS, RP und dem SL sind bei der Mindestgröße befriedete Bezirke mitzurechnen, in NS muß nach ihrem Abzug der Bezirk noch 75 ha betragen. Brem § 9 hat die Mindestgröße von 150 ha übernommen, doch kann sie im Einzelfall bis auf 300 ha hinaufgesetzt werden.

de gehört (Bayern) — oder die Eigentümer von mehr als der Hälfte der Gesamtfläche (Baden-Württemberg, Nordrhein-Westfalen) oder der zusammenzulegenden Grundfläche in jeder Gemeinde (Schleswig-Holstein). In dieser Reihenfolge sind die Regelungen auch eigentumsfreundlicher: Wenn die Mehrheiten in den einzelnen Gemeinden genügen, so hat der einzelne Eigentümer auch größeres Stimmgewicht und damit mehr Möglichkeit seine Interessen zur Geltung zu bringen. Wird neben der „Mehrheit der Flächen" auch noch die „Kopf-Mehrheit" der Eigentümer verlangt, so entfernt sich dies von den sachenrechtlichen, güterbezogenen Grundvorstellungen des Art. 14 GG. Eine solche „Eigentumsdemokratisierung" wie sie auch dem Regelfall bei Abstimmungen der Wohnungseigentümer zugrunde liegt, erscheint nur dort gerechtfertigt, wo sie zu einer echt genossenschaftlichen Vergemeinschaftlichung führen soll, in der eben jeder einzelne als solcher geachtet wird; ob dies bei derartigen Jagdgenossenschaften zutrifft, ist zwar an sich zweifelhaft; der Bundesgesetzgeber geht allerdings wohl davon aus (vgl. § 9 BJagdG).

Nach dem BJagdG *kann* die Zusammenlegung erfolgen, ebenso in den meisten Ländern. In Bayern, Baden-Württemberg und Nordrhein-Westfalen muß dies auf Antrag geschehen. Dem stehen ähnliche Bedenken entgegen, wie im Falle der Abrundung der Jagdbezirke (oben 4 a): daß nämlich das Bundesrecht das Ermessen durch eine punktuelle Vollregelung zwingend vorsieht, so daß die Länder keine Mußvorschrift erlassen dürfen. Eine solche kann auch nicht unter Hinweis auf das Eigentumsrecht der Antragsteller gerechtfertigt werden; es mag diesem entsprechen, daß die Entscheidung der Behörde herbeigeführt werden kann, doch daß die jeweilige „Eigentumsmajorität" sich mit ihrem Antrag auch durchsetzen muß, ist allenfalls Ausdruck eines Genossenschafts-Demokratieprinzips, nicht aber der Eigentumsgarantie — die Interessen der majorisierten Eigentümer etwa werden bei einer Ermessensentscheidung der Behörde möglicherweise besser gewahrt als durch die Eigentümermehrheit.

Im Saarland (§ 7) darf nur zusammengelegt werden, wenn dies zur Beseitigung unhaltbarer Grenzen oder zur Erhaltung eines angemessenen Wildbestands zweckmäßig ist. Diese weitgehende Ermessensbeschränkung geht über den bundesrechtlichen Rahmen hinaus und ist daher nicht unbedenklich.

3. *Teilung von Gemeinschaftsjagdbezirken* können die Länder vorsehen, wenn jeder Teil eine Mindestgröße von 250 ha hat (§ 8 Abs. 3 BJagdG). Baden-Württemberg, Niedersachsen, Nordrhein-Westfalen und das Saarland lassen dies nur auf Grund eines Beschlusses der Jagdgenossenschaft zu. Das behördliche Ermessen bleibt jedoch erhalten, und auch eigentumsrechtlich ist diese Lösung kaum zu beanstanden; zwar kann nicht jeder Eigentümer die behördliche Entscheidung herbeiführen, eine gewisse „Vergemeinschaftung wichtiger Beschlüsse über das Eigentum" liegt aber im Wesen der (Jagd-)Genossenschaft.

In Baden-Württemberg *muß* dem Antrag der Jagdgenossenschaft entsprochen werden. Diese Mußvorschrift erweckt ähnliche Bedenken, wie bereits oben (b und 4 a) erwähnt.

Die *notwendige Mindestgröße der einzelnen Teile* wird in einigen Ländern höher festgesetzt als im BJagdG[43]. Einer optimalen und auch jagdgerechten Eigentumsnutzung wäre es wohl dienlich, wenn das Gesetz die Mindestgrößen nicht allzu hoch ansetzte, damit das behördliche Ermessen den Bedürfnissen im Einzelfall entsprechen kann.

In Hessen, Rheinland-Pfalz und im Saarland darf *nur geteilt werden*, wenn dies jagdwirtschaftlich vertretbar ist und wegen der Gestaltung des Geländes zweckmäßig erscheint. Eine derartige Orientierung des durch Bundesrecht vorgesehenen Ermessens dürfte unbedenklich sein, soweit jagdwirtschaftliche Vertretbarkeit verlangt wird, sie allerdings muß stets gegeben sein. Dagegen darf doch wohl – nach dem Sinn des Bundesrechts – auch geteilt werden, wenn dies zwar nach der Geländegestaltung nicht zweckmäßig, aber nach anderen zu beachtenden Gesichtspunkten (etwa Eigentumsbelange, Erholungsinteressen) angezeigt ist. Auch das Verbot der Teilung von Wald- und Feldjagden in diesen Ländern bringt eine Einengung des Teilungsermessens, die nach Bundesrecht problematisch ist — es sei denn, man wolle hier wie oben (b, a, 4 a) dem Landesgesetzgeber das Recht zur beliebigen Ermessensbindung geben, bis zum Ausschluß des Ermessens durch Mußvorschriften.

VIII. Jagdgenossenschaften

1. Die Eigentümer der Grundflächen eines gemeinschaftlichen Jagdbezirks bilden eine Jagdgenossenschaft. Entscheidungen bedürfen hier der „Grundflächenmehrheit“ *und* zugleich der „Kopf-Mehrheit“ der anwesenden Eigentümer (§ 9 BJagdG)[44]. Eigentumsrechtlich ist eine derartige Zwangsgenossenschaft kraft Gesetzes stets problematisch[45], weil das dem Eigentum wesentliche Recht, andere auszuschließen, auf ein Teilhaberecht (Stimmrecht) herabgesetzt wird. Dem Grunde nach ist hier aber eine solche Zwangsgenossenschaft gerechtfertigt, weil anders die Jagd nicht sachgerecht ausgeübt werden kann. Durch den Abstimmungsmodus entfernt sich das Gesetz zwar von den sachenrechtlichen Grundvorstellungen des Eigentums, welche die „Flächen-

[43] SL und SH: 300 ha.

[44] Daraus ergibt sich übrigens *nicht* die Unzulässigkeit von landesrechtlichen Regelungen, die für die *Anträge auf Bildung von Gemeinschaftsjagdbezirken* Grundflächenmehrheit genügen lassen, vgl. oben 7 b; § 9 BJagdG regelt nur Abstimmungen in *gebildeten* Genossenschaften.

[45] Vgl. dazu näher *Leisner*, W., Das Eigentumssyndikat, DVBl. 1976, 125 ff.

mehrheit" verlangen würden, der Gesetzgeber kann sich aber immerhin darauf berufen, daß damit eine allzu belastende ständige Majorisierung des kleineren Eigentums verhindert werden soll.

2. Nach *Landesrecht*[46] untersteht überall die Jagdgenossenschaft als Körperschaft des öffentlichen Rechts der Staatsaufsicht, die in einigen Ländern, etwa Niedersachsen, näher nach kommunalrechtlichem Vorbild ausgestaltet ist. Derartiges ergibt sich aber wohl allgemein schon aus dem Begriff der Körperschaft des öffentlichen Rechts. Die Verpflichtung zum Erlaß einer Satzung und deren behördlicher Genehmigung muß auch dort gelten, wo dies gesetzlich nicht ausdrücklich vorgesehen ist (Berlin, Bremen). Gegen Bundesrecht verstoßen die bremischen Regelungen, nach denen Eigentümer von weniger als 2 ha kein Stimmrecht haben — nach Bundesrecht sind auch sie Jagdgenossen (§ 9 Abs. 1 BJagdG) und jeder hat eine Stimme (arg. § 9 Abs. 3 BJagdG). Dasselbe gilt für die bremische Regelung, daß nur die Mehrheit der Berechtigten, nicht die Flächenmehrheit, erforderlich sein soll — dies letztere verlangt ausdrücklich § 9 Abs. 3 BJagdG.

3. Die meisten Länder[47] sehen *Angliederungsgenossenschaften* für den Fall vor, daß Grundflächen mehrerer Eigentümer einem Eigenjagdbezirk angegliedert werden. Ein solcher Zwangszusammenschluß dürfte doch wohl nur dann sinnvoll sein, wenn mehr als fünf (Nordrhein-Westfalen, Schleswig-Holstein) oder gar mehr als fünfzehn Berechtigte (Bayern) angegliedert werden, weil diese in der Tat ihre Rechte am besten genossenschaftlich wahrnehmen können. Ein Zwangszusammenschluß schon bei drei Angegliederten dagegen (Hessen, Rheinland-Pfalz, Saarland) und die Schaffung einer Körperschaft des öffentlichen Rechts in diesem Falle dürften aber kaum sinnvoll sein.

IX. Die Jagdausübung in Natur- und Wildschutzgebieten

Regelungsbefugt ist der Landesgesetzgeber (§ 20 Abs. 2 BJagdG).

1. Zu *Wildschutzgebieten* können Flächen in Hessen (§ 20) und im Saarland (§ 27) auf Antrag des Berechtigten, in Hessen auch von Amts wegen, für sechs bis zwölf Jahre erklärt werden mit der Folge, daß dort die Jagdausübung beschränkt, daß das Ruhen der Jagd angeordnet sowie das Betreten von Flächen und nichtöffentlichen Wegen zeitweise Nichtjagdausübungsberechtigten untersagt werden kann. Dies wird oft, muß aber nicht im Interesse der Eigentümer liegen; erfolgt es von Amts wegen, so kann es einen so schweren Eingriff bedeuten, daß Enteignungsfolgen eintreten müssen. Da da-

[46] BW § 6, Bay Art. 11, B § 10, Brem §§ 10–12, HH § 5, H § 6, NS Art. 14, NW § 7, RP § 7, SL § 8, SH §§ 4, 4 a.

[47] Bay, H, NW, RP, SL, SH.

durch auch der benachbarten Landwirtschaft erhebliche Schäden entstehen können, erscheint die saarländische Regelung als sachgerecht, nach der Wildschutzgebiete nur eingerichtet werden dürfen, wenn solches nicht zu erwarten steht.

2. *Wildparke* können in Bayern für Schalenwild (Art. 24), allgemein in Niedersachsen (Art. 28, 29) und Nordrhein-Westfalen (§ 20) genehmigt werden, wobei dies mindestens für die Größe eines Eigenjagdbezirks geschehen muß. Schwer verständlich ist, warum Niedersachsen – das frühere kleinere Jagdgehege ausdrücklich aufrechterhält – nur eine Mindestgröße von 250 ha fordert. Den Belangen des Eigentums wäre am besten dadurch Rechnung getragen, daß die Möglichkeit von Gehegen nicht auf bestimmte Tiergattungen von vorneherein gesetzlich beschränkt und daß nicht nur sehr große Grundflächen als Gehege zurückgelassen werden können. Die Bestimmungen, daß durch die Eingatterung nicht das allgemeine Zutrittsrecht unangemessen eingeschränkt werden darf (Niedersachsen, Nordrhein-Westfalen) dürfen nicht zu streng gehandhabt werden; Schleusen, Überstiege u.ä. müssen genügen.

X. Beteiligung Dritter an der Ausübung des Jagdrechts (Jagdpacht)

Das Bundesjagdgesetz regelt die Materie bereits eingehend (§§ 11-14). Gerade im Landesrecht[48] finden sich jedoch einige Regelungsbereiche, in denen die Gesetze nicht unwesentlich voneinander abweichen.

1. *Zahl der Pächter*. Die Mindestgröße für zwei Pächter variiert von 250 ha (Bayern) bis 500 (Hessen, Rheinland-Pfalz u.a.). Sicher besteht ein Interesse an der Übersichtlichkeit der Jagdverhältnisse, damit auch daran, daß die Jagdpacht nicht zersplittert wird. Es fragt sich aber doch, ob es sachgerecht ist, allzu große Mindestflächen zu verlangen, wenn Länder mit großen Waldflächen wie Bayern und Niedersachsen 250 ha genügen lassen; die Verpachtungsfreiheit des Berechtigten sollte doch aus eigentumsrechtlichen Gründen nicht allzu sehr beschnitten werden[49]. Dasselbe gilt für die Mindestflächen für jeden weiteren Pächter; eigentumsgünstige Regelungen, etwa in Baden-Württemberg, lassen hier je 150 ha genügen. Die Berliner Regelung des RJagdG, nach dem die Begrenzung der Zahl der Pächter im behördlichen Ermessen steht, genügt den rechtsstaatlichen Bestimmtheitserfordernissen wohl nicht mehr.

---

[48] BW §§ 7 Abs. 7, 8, 10; Bay Art. 14-16; B §§ 12, 13, 15; Brem §§ 14, 15, 18; HH §§ 7, 8, 9, 10; H §§ 8, 9; NS Art. 19-24; NW §§ 8, 9, 10, 12, 13; RP §§ 9, 10, 11; SL §§ 10, 12, 14; SH § 5.

[49] Zur Zeit können in SH 1000 ha nur an vier Pächter vergeben werden, im angrenzenden NS an acht Pächter.

2. *Mindestpachtgrößen*: Grundsätzlich darf der Pachtvertrag nur über einen Jagdbezirk im ganzen geschlossen werden (§ 11 Abs. 1 BJagdG)[50]. Ausnahmsweise können aber auch bei Gemeinschaftsrevieren Flächen von mindestens 250 ha verpachtet werden, kleinere Flächen nur, wenn die Verpachtung an Anlieger erfolgt und zur besseren Reviergestaltung dient (§ 11 Abs. 2 BJagdG). Das Landesrecht entspricht dem — Baden-Württemberg (§ 7 Abs. 1) allerdings verlangt das Vorliegen dieser Voraussetzungen schon bei Flächen gemeinschaftlicher Jagdbezirke unter 300 ha; dies stimmt mit der bundesrechtlichen Regelung nicht voll überein. Bei der Verpachtung von Eigenjagdbezirken lassen alle Länder eine Größe von 75 ha genügen, nur Bayern verlangt 250 ha (Art. 14 Abs. 1, 8 Abs. 2). Es fragt sich, ob dies nicht generell herabgesetzt werden sollte, denn dem Eigentümer würde es auf diese Weise erheblich erleichtert, sein Gut nach eigenem Willen optimal zu nutzen — so wie in den anderen Ländern auch.

3. *Mindestpachtzeit*: Das BJagdG geht zwar noch davon aus, daß die Pachtzeit mindestens neun Jahre betragen *soll* (vgl. § 11 Abs. 4 S. 2), hat aber auf eine zwingende Festsetzung wie im früheren RJagdG verzichtet (Niederwildreviere neun Jahre, Hochwildreviere 12 Jahre); diese gilt jedoch landesrechtlich heute noch in den meisten Ländern, während die übrigen in ihren teilweise neueren Jagdgesetzen auf die unbedingte Festsetzung von Mindestpachtzeiten verzichten (Baden-Württemberg, Bremen, Hamburg, Niedersachsen, Nordrhein-Westfalen). Dies letztere erscheint als durchaus sachgerecht: Absolute Mindestpachtzeiten schränken den Eigentümer erheblich ein und sind wohl nicht in allen Fällen aus jagdlichen Gründen zwingend erforderlich. Jedenfalls sollte daher beim Vorliegen besonderer Gründe eine geringere Pachtdauer zugelassen werden können (vgl. Bayern Art. 14 Abs. 2).

XI. Jagderlaubnis

Die Jagderlaubnis ist schriftlich zu erteilen[51]. Im übrigen liegt die Regelungszuständigkeit bei den Ländern[52]. Folgende Besonderheiten fallen hier auf:

Die *Zustimmung des Verpächters* wird in Hamburg und, bei Erlaubnis für mindestens ein Jahr, in Niedersachsen (Art. 21 Abs. 1) verlangt. Dies mag im einzelnen zu Schwierigkeiten führen, ist aber an sich doch eigentumsfreund-

---

[50] So auch *Leonhardt* (Fn. 11), § 11 Anm. 2 A.

[51] Von „Erlaubnis*scheinen*" ist die Rede (§ 11 Abs. 1 S. 3 BJagdG). Schriftform verlangen ausdrücklich Bay Art. 17 Abs. 2 S. 1 Abs. 3; B § 14; Brem § 16; HH § 9; H § 10.

[52] BW § 9, Bay Art. 7, B § 14, Brem § 16, HH § 8,H § 10, NS Art. 13, NW § 11, RP § 11, SL § 13, SH § 6.

lich. Sachgerecht erscheinen die Regelungen von Bayern, Berlin und Rheinland-Pfalz (vgl. auch Hessen § 10 Abs. 3), nach denen eine *entgeltliche vorübergehende Erlaubnis weder der Genehmigung noch der Anzeige* an die Behörde bedarf — eine Freistellung von doch wohl überzogenen bürokratischen Kontrollen. In allen Erlaubnisfällen sollte die Anzeige genügen[53]; Genehmigungsverpflichtungen[54] erschweren die Eigentumsnutzung übermäßig. *Beschränkung oder Verbot der Erlaubniserteilung* aus Gründen der Jagdpflege ist in den meisten Ländern möglich; dies ist grundsätzlich nicht zu beanstanden. Nicht unbedenklich ist es jedoch, wenn hier besonders auf „Gründe der öffentlichen Sicherheit" in Gesetzen hingewiesen wird (Baden-Württemberg, Rheinland-Pfalz, Saarland) — hier könnten die Behörden leicht zu übermäßigen Eingriffen provoziert werden, weil man sich ja auf Sicherheitsbedenken immer dann wird berufen können, wenn sich ein Bürger bewaffnet in der freien Natur bewegt. In diesem Sinn ist jede Jagd „gefährlich"; ausgeübt werden darf sie ja ohnehin nur von entsprechend geprüften Personen. Ein ganz ungebundenes Ermessen zur Untersagung der Erlaubniserteilung andererseits wäre rechtsstaatlich auch wiederum bedenklich; diese hessische Regelung (§ 10 Abs. 4) muß also so verstanden werden, daß die Versagung nur aus Gründen der Jagdpflege erfolgen darf.

XII. Jägernotweg

Das Recht, bei Ausübung der Jagd fremde Jagdreviere in Jagdausrüstung auch auf einem nicht zum öffentlichen Gebrauch bestimmten Weg, der nötigenfalls durch die Jagdbehörde bestimmt wird, betreten zu dürfen, ist im BJagdG (§ 39 Abs. 2 Nr. 6) erwähnt, wird aber von den Ländern geregelt[55] — im wesentlichen übereinstimmend. Außer in Niedersachsen ist überall angemessene Entschädigung des Eigentümers vorgesehen; auf nachbarrechtlicher oder enteignungsrechtlicher Grundlage muß dies aber auch in Niedersachsen gelten.

Die Entschädigung wird in einigen Ländern[56] noch „Anerkennungsgebühr" genannt — eine überholte Terminologie, denn selbst wenn der Ausgleich von der Behörde festgesetzt wird, liegt keine „Gebühr" vor, etwa für eine Gestattung auf Grund eines staatlichen Jagdregals. Die Entschädigung sollte nicht in allen Fällen von der Behörde festgesetzt werden können[57], sondern nur,

---

[53] So die meisten Länder, vgl. etwa BW, HH, NS.

[54] Wie in H und dem SL.

[55] BW § 13, Bay Art. 35, B § 28, Brem § 34; HH § 19, H § 16, NW § 24, NS Art. 2, RP § 19, SL § 20, SH § 13.

[56] B, Brem, H, NW.

[57] BW, Brem, NW, SL sehen dies nicht mehr vor.

wenn sie es ist, welche den Notweg bestimmt; denn im übrigen handelt es sich um rein nachbarrechtliche, privatrechtliche Regelungen, in welche die Behörde gar nicht eingeschaltet werden sollte.

XIII. Eigentumsbeeinträchtigende Anlagen

Nach gemeinem Landesrecht darf der Revierinhaber solche Anlagen nur mit Zustimmung des Grundeigentümers und gegen angemessene Entschädigung errichten; die Betroffenen sind zur Duldung verpflichtet, wenn ihnen dies zumutbar ist[58]. In Bayern ist von Anlagen die Rede, welche „das Eigentum *wesentlich* beeinträchtigen“ (Art. 36); daraus kann aber der Revierinhaber keine weitergehenden Rechte ableiten als in anderen Ländern[59], auch in Bayern gelten insbesondere Futterplätze, Ansitze und Jagdhütten als derartige Anlagen. In Rheinland-Pfalz ist stets die Zustimmung des Eigentümers erforderlich, außer bei Ansitzen — eine besonders eigentumsfreundliche Regelung.

Die „angemessene Entschädigung“ wird in einigen Ländern[60] durch die Behörde festgesetzt. Wie im Falle des Jägernotwegs (oben 12) entspricht auch diese Einschaltung der Obrigkeit in zivilrechtliche Beziehungen eher einer überholten jagdrechtlichen Denkweise und sollte entfallen[61].

XIV. Wildschäden

Dem Eigentümer oder Nutzungsberechtigten eines Grundstücks ist die Verhütung von Wildschäden durch Fernhalten oder Verscheuchen gestattet (§ 26 BJagdG). Dabei darf das Wild nicht gefährdet oder verletzt werden. Damit ist unvereinbar der in Berlin geltende § 41 RJagdG sowie die entsprechenden Normen in Rheinland-Pfalz (§ 28) und dem Saarland (§ 35), nach denen das Wild nicht verscheucht werden darf, wenn der Jagdausübungsberechtigte in der Nähe ist: Weder ist dann ein Verscheuchen stets unnötig, um Schäden zu vermeiden, noch wird das Wild „durch Aufscheuchen gefährdet“, denn ein verantwortungsbewußter Jäger muß stets damit rechnen, daß Wild aufgescheucht wird und wird sich darauf einstellen.

---

[58] BW § 14, Bay Art. 36, B § 29, Brem § 35, HH § 20, H § 17, NW § 25, RP § 20, SL § 23, SH § 21. Eigentumsfreundlich NS Art. 2 Abs. 3: Die Grundstücksnutzung darf nicht behindert werden.

[59] So auch *Leonhardt* (Fn. 11), Art. 36 Anm. 4.

[60] B, Bay, H, SH; in RP nur, wenn keine Einigung der Beteiligten erzielt wird.

[61] NS bringt keine Ausgleichsregelung. Dennoch ist auch hier ein Ausgleich nach nachbarrechtlichen Grundsätzen vorzunehmen, wenn das Eigentum unzumutbar beeinträchtigt wird.

Im übrigen sind der Wildschaden und der Umfang der Ersatzpflicht eingehend im BJagdG (§§ 29 bis 32) geregelt.

Schlußbemerkung

Das Jagdrecht ist heute, aus eigentumsrechtlicher Sicht keine Problemmaterie. Jagdregalistische Ideen, Vorstellungen von einem Obereigentum des Staates, sind weitestgehend überwunden. Ein gewisser Administrativperfektionismus mag sich noch in den hier nicht näher behandelten Abschußregelungen finden; es wäre auch zu wünschen, daß einige übersteigerte Behördenzuständigkeiten in wesentlich privatrechtlichen Bezügen, etwa bei der Entschädigungsfestsetzung, abgebaut würden. In Revierabgrenzungsfragen sollte stets zunächst die Initiative der Betroffenen angeregt werden, und auch der Pachtdirigismus könnte wohl noch weiter gelockert werden. Unter Wahrung der jagdlichen Belange – die ja auch die eines verständigen Eigentümers sind – kann da und dort dem Eigentümer noch mehr an Nutzungsfreiheit zugestanden werden.

Doch all dies geht letztlich kaum über Randkorrekturen hinaus, durch die allerdings einige Diskrepanzen zwischen Bundes- und Landesrecht beseitigt werden müssen. Und die Länder sind wohl gut beraten, wenn sie sich der flexiblen Liberalität des BJagdG anschließen und insbesondere nicht versuchen, dessen Ermessensräume durch schärfere Bindungen zu ersetzen.

Insgesamt bietet heute das Jagdrecht, einst Quelle schwerer, oft blutiger und auch politischer Auseinandersetzungen, ein Bild der Befriedung. Dem Eigentum werden zwar nicht wenige einschneidende Bindungen auferlegt, gerade durch die notwendigen Jagdgenossenschaften. Doch im ganzen hält sich dies im Rahmen einer Sachgerechtigkeit, die der verständige Eigentümer im Interesse der Allgemeinheit – und in seinem eigenen zugleich – achten wird; womit jene Verbindung der öffentlichen und privaten Eigentumsnutzung hergestellt wäre, von der Art. 14 Abs. 2 GG ausgeht.

Vor allem aber ist eines erfreulich: Jagdrecht ist auch Recht der Bodenordnung und des Eigentums. Es ist jedoch noch nicht von jenen politischen Modernismen erfaßt worden, die, insbesondere beim Naturschutz, gelegentlich sogar zu ideologisch geprägten Versuchen des Abbaus von Eigentümerbefugnissen geführt haben. Im Interesse der Jagd steht nur zu hoffen, daß das Jagdrecht auch in Zukunft eine der „politikferneren“ Rechtsmaterien bleiben möge.

Verfassungsrechtlicher Eigentumsschutz der Anwaltspraxis*

Seit es eine freie Advokatur gibt, hat es nie an Versuchen gefehlt, die „staatliche Bindung" dieses Berufes zu verstärken. Derartige Bestrebungen werden sich voraussichtlich in einer Zeit, welche die Gemeinschaftsbindungen entschieden betont, noch erheblich verstärken. Die Frage nach der verfassungsrechtlichen Sicherung der Anwaltsfreiheit ist daher aktuell. Daß der Rechtsanwalt in seiner Berufsfreiheit durch Art. 12 GG gesichert wird, steht außer Zweifel. Es fragt sich jedoch, welche Sicherung ihm Art. 14 GG bietet. Dies aber hängt davon ab, ob die Anwaltspraxis „Eigentum" ist.

1. *Der Begriff der Praxis.* Die Zulassung bei einem Gericht, ein öffentlich-rechtlicher Hoheitsakt, ist die Grundlage der Tätigkeit des Rechtsanwalts. Sie ist jedoch nicht das einzige, was der Anwalt „in der Hand hat". Er baut sich vielmehr auf dieser Basis eine Praxis auf, welche in erster Linie aus den typisch anwaltschaftlichen Beziehungen zu einer größeren Anzahl von aktuellen und virtuellen Klienten besteht, die Vertrauen zu ihm haben, weil er Vertrauen bei Gericht genießt. Dies ist der Goodwill, insbesondere der „Kundenstamm" der Praxis. Dem dadurch bedingten Geschäftsanfall entsprechend beschafft und unterhält der Anwalt eine „Gesamtheit persönlicher und sächlicher Hilfsmittel", welche in Verbindung mit der Klientel und dem Vertrauen des Gerichts die eigentliche „Praxis" ausmachen; in diesem Sinn ist von ihr im folgenden die Rede. Die Praxis ist daher durch die Zulassung in gewissem Sinn bestimmt, mit ihr jedoch nicht identisch.[1]

Diese Unterscheidung ist für die folgende Untersuchung besonders wichtig. Es geht hier nicht um einen „Eigentumsschutz der Zulassung", sondern um den Eigentumsschutz dessen, was sich ein bestimmter Rechtsanwalt auf Grund der Zulassung als Praxis aufgebaut hat. Die Zulassung ist immer dieselbe, Art und Umfang der Praxen dagegen sind, entsprechend der Eigenart und dem Leistungsvermögen des einzelnen Anwalts, völlig verschieden.

Es fragt sich nun, ob diese Praxis durch Art. 14 GG geschützt wird.

2. *Der Eigentumsschutz des ausgeübten und eingerichteten Gewerbebetriebes — ein analogiefähiger Fall.* a) Das Eigentum wird durch Art. 14 GG so geschützt, wie „das bürgerliche Recht und die gesellschaftlichen Anschau-

---

* Erstveröffentlichung in: Neue Juristische Wochenschrift 1974, S. 478–483.

[1] Bei den Beratungen der BRAO im Rechtsausschuß ist beides in der Frage des Bestandsschutzes vom Vertreter des BMI, OLG-Rat *Sigloch,* deutlich unterschieden worden, vgl. Kurzprot. Sitzung v. 14.5.1958, S. 22.

ungen es geformt haben".[2] Alle diejenigen Rechte, welche nach bürgerlichem Recht eigentumswert sind, genießen daher seit den zwanziger Jahren auch den Schutz der Verfassung.[3]

Am nächsten der Anwaltspraxis vergleichbar ist unter den „privatrechtlichen Vermögenswerten" der *„ausgeübte und eingerichtete Gewerbebetrieb":* Auch er beruht in erster Linie auf Kundenstamm und Goodwill, ohne die er als organische, auf Dauer berechnete betriebswirtschaftliche Einheit nicht denkbar wäre. Auch bei ihm richtet sich der „Bestand an persönlichen und sächlichen Betriebsmitteln" nach diesem Kundenstamm und der dadurch geschaffenen oder mit einiger Sicherheit zu erwartenden Auftragslage. Die Sachmittel können dabei von unterschiedlichem Wert sein — es gibt zahlreiche Gewerbebetriebe, bei denen sie nicht über die Mittel hinausgehen, die in einer Anwaltspraxis investiert sind.

b) Der *„ausgeübte und eingerichtete Gewerbebetrieb"* wird seit langem im Zivil- und Verfassungsrecht als selbständiges Rechtsgut geschützt:[4] „Der eingerichtete Gewerbebetrieb gibt dem Inhaber sowohl ein privates als auch ein öffentliches subjektives Recht, kraft dessen er Eingriffe und Störungen von Einzelpersonen wie von seiten der öffentlichen Gewalt abwehren kann."[5] Geschützt wird der Betrieb in seiner gesamten Erscheinungsform,[6] in all seinen Erscheinungsformen,[7] in denen er sich in der jeweiligen Situation[8] darstellt: Entscheidend ist dabei, daß nicht nur ein gewisser „Sachbestand"[9] von der Eigentumsgarantie erfaßt wird, sondern alle wirtschaftlichen Werte des Betriebes,[10] soweit sie „bereits konkret vorhanden" sind.[11] Dies alles ist im ein-

[2] BVerfGE 1, 264, 278 = NJW 52, 865; st. Rspr.

[3] Zu dieser Entwicklung im einzelnen vgl. *Leisner,* Sozialbindung des Eigentums, 1972, S. 19 f.

[4] Vgl. BGHZ 29, 65 = NJW 59, 479; BGHZ 30, 338, 355, 356 = NJW 59, 2156; BGHZ 45, 150, 154 = NJW 66, 1120; *E.R. Huber,* DÖV 56, 172; *W. Weber,* Eigentum und Enteignung, Die Grundrechte II., S. 331, 353; *Badura,* Wirtschaftsverfassung und Wirtschaftsverwaltung, 1971, S. 107; *Berger,* Das Kriterium der Unmittelbarkeit in der Rspr. des BGH, Diss. Würzburg 1970, S. 113 f.

[5] BVerfGE 1, 264, 277 = NJW 52, 865.

[6] BVerfGE 13, 225, 229 = NJW 62, 100; Nachw. zur Rspr. des BGH bei *Kröner,* Die Eigentumsgarantie in der Rspr. des BGH, 2. Aufl. 1969, S. 51.

[7] BGHZ 23, 157, 162 = NJW 57, 630; BGHZ 45, 150, 155 = NJW 66, 1120; BGHZ 48, 65, 66 = NJW 67, 1749.

[8] BGHZ 23, 157, 162, 163 = NJW 57, 630.

[9] Vgl. Nachw. bei *Kröner* (Fn. 6).

[10] BGHZ 45, 83, 87 = NJW 66, 877.

[11] BGHZ 14, 363, 367 = NJW 54, 1802 m. Nachw.; BGHZ 30, 338, 355, 356 = NJW 59, 2156; BGH, NJW 61, 968; BGH, MDR 61, 752.

zelnen nach wirtschaftlicher Betrachtungsweise zu ermitteln,[12] auch die Auffassung des Verkehrs ist zu berücksichtigen.[13] Die Geschäftsbeziehungen, der Kundenstamm gehören zum eingerichteten Betrieb,[14] wobei es aber gleichgültig ist, ob der Betrieb „in Gang" ist oder nicht.[15]

Nur zwei Einschränkungen macht die Rechtsprechung: Einerseits liegt eine Enteignung nur bei einem Eingriff in die *Substanz* des Betriebes vor,[16] zum anderen werden reine *Chancen* nicht geschützt.[17] Dies muß jedoch deutlich von dem als Betriebsbestandteil geltenden Goodwill abgegrenzt werden: Er ist keine „Chance", sondern bereits ein existenter Wert.

c) Dieser weitgehende Eigentumsschutz des eingerichteten Gewerbebetriebs zeigt sich vor allem in voller Deutlichkeit im *öffentlichen Entschädigungsrecht,* wenn es darum geht, ob eine Schädigung auf einen gezielten Eingriff zurückgeht.

Hier hatte das RG früher stets sehr zurückhaltend entschieden und für eine Beeinträchtigung der Erwerbschancen, ja eine Schmälerung des Ertrages in der Regel die Entschädigung mit der Begründung versagt, es handle sich nur um die „Schmälerung des wirtschaftlichen Gewinns, der Aussicht auf Erwerb", nicht aber um einen „Eingriff in die Grundlagen des Gewerbebetriebes". In ständiger Rechtsprechung wurde daher für den Entzug von wirtschaftlichem Gewinn, für die schädigende Einwirkung auf Lieferanten, die Beschränkung des Kundenkreises und die Störung bloßer Erwerbsaussichten Entschädigung nicht gewährt.[18]

Mit dieser Judikatur hat der BGH in Grundsatzentscheidungen[19] ausdrücklich gebrochen, er rechnet etwa „auch die Laufkundschaft und die Möglichkeit, auf die vorüberflutenden Fußgänger einzuwirken" zum „Gewerbebetrieb

---

[12] BGHZ 45, 150, 154 = NJW 66, 1120; BGH, NJW 61, 968; BGH, EGH VII, 14, 18.

[13] BGH, NJW 61, 968.

[14] *Kröner* (Fn. 6), m. Nachw. sowie BGHZ 45, 150, 155 = NJW 66, 1120; BGHZ 48, 65, 66 = NJW 67, 1749.

[15] BGHZ 30, 338, 355, 356 = NJW 59, 2156.

[16] „Regelungen, die nicht in die Substanz des Betriebes eingreifen, sondern lediglich Auflagen für die Ausübung des Gewerbes machen, sind ähnlich wie Vorschriften, die die Nutzung von Eigentum betreffen, in der Regel nur als Bestimmung von Inhalt und Grenzen des Eigentums i.S. des Art. 14 Abs. 1 Satz 2 GG zu werten." BVerfGE 13, 225, 229 = NJW 62, 100 — womit freilich noch nicht feststeht, ob sie auch verfassungsgemäß, weil etwa auch notwendig und verhältnismäßig sind; vgl. dazu auch BVerfGE 30, 292, 334, 335 = NJW 71, 1255.

[17] Vgl. z.B. BGH, EGH VII, 14, 18; BAGE 19, 14, 23 f.; BVerfGE 28, 119, 142 = NJW 70, 1363.

[18] Nachw. zur Rspr. des RG in BGHZ 29, 65, 67 = NJW 59, 479.

[19] Vor allem BGHZ 23, 157, 162 f. = NJW 57, 630; BGHZ 29, 65, 68 = NJW 59, 479.

des Klägers". Damit hat die Rechtsprechung eine deutliche Erweiterung des Schutzbereiches des eingerichteten Gewerbebetriebes vollzogen, die als solche auch von der Literatur angesehen worden ist.[20] Vor allem ist klar erkannt worden, daß es eben für den Betriebswert durchaus nicht allein auf die greifbar vorhandenen, einzeln verkaufbaren Güter ankommt, die seinen Bestand bilden, sondern vor allem auch auf den Goodwill, wie er insbesondere im Kundenstamm zum Ausdruck kommt. Diese moderne Betrachtungsweise des Betriebes gilt es nun auf die Praxis des Anwalts anzuwenden.

3. *Die Praxis als „Eigentum des Anwalts".* a) Wendet man die zum eingerichteten Gewerbebetrieb von der Rechtsprechung entwickelten Grundsätze auf die Praxis an, so ergibt sich per analogiam[21] eindeutig, daß die Praxis als solche als Eigentum des Anwalts den Schutz der Verfassung genießt:

Das Wesentliche ist hier der Goodwill, das Vertrauen bei Gericht und Publikum – gerade er ist „Eigentum"; eine wirtschaftliche Betrachtungsweise ist durchaus angebracht – die Praxis soll ja auch Gewinn bringen, sie stellt die Lebensgrundlage des Anwalts dar; ob ein Substanzeingriff vorliegt, ist nicht bereits beim Begriff des betroffenen Gutes, sondern bei der Art des Eingriffs, zu beurteilen; von den Elementen, welche nach der Rechtsprechung Bestandteile des Gewerbebetriebes bilden, fehlt bei der Anwaltspraxis kein einziges.

Geschützt wird dann aber eigentumsrechtlich die *jeweilige* Praxis, die einzelne Praxis in ihrer *konkreten Erscheinungsform.* Wollte man die Anwaltspraxis außerhalb des Eigentumsschutzes stellen, so würde man sich einer klaren allgemeinen Rechtsprechungstendenz entgegenstemmen.

b) Entgegen der früheren Zurückhaltung des RG[22] haben denn auch Schrifttum[23] und Rechtsprechung[24] allgemein den *Betriebscharakter der Anwaltspraxis* anerkannt und insbesondere das Vorliegen eines Goodwill bejaht. Vor allem der BGH hat ebenfalls die Praxis als Bestandteil des Vermögens des Anwalts ausdrücklich anerkannt:[25]

---

[20] Vgl. etwa *Konow,* Eigentumsschutz gegen Eingriffe d. öff. Hand, 1968, S. 65. Der BGH sucht selbst einer übermäßigen Ausweitung entgegenzuwirken, vgl. etwa BGHZ 29, 65, 73 = NJW 59, 479.

[21] Hierbei kann zunächst offen bleiben, ob man den Begriff des „Gewerbebetriebes" weiter ausweiten und auch auf den Anwalt erstrecken sollte (dazu näher unten 3.) oder einen entsprechenden Eigentumsschutz unmittelbar aus Art. 14 GG ableitet; so für den Kassenarzt *Dürig,* JZ 58, 22 (Anm. zu BSG, JZ 58, 20 ff. = NJW 57, 1691).

[22] RGZ 153, 280, 284.

[23] Zu diesem Begriff allg. *Becher,* NJW 51, 540 f. Für den Fall des Anwalts: *Callmann,* NJW 56, 1909, 1910; *Schwarz,* RzW 57, 83.

[24] OLG Hamburg, RzW 56, 88, 89.

[25] BGH, RzW 57, 83.

„Wenn auch das persönliche Vertrauen, das ein Anwalt genießt, auf einen Nachfolger im eigentlichen Sinne nicht übertragen werden kann, so ist dennoch zu berücksichtigen, daß die Klienten, die dem früheren Inhaber der Praxis ihr Vertrauen zuwandten, zum Teil aus Gewohnheit auch den Übernehmer einer solchen Praxis aufsuchen werden ...

Diese Chancen haften an der Praxis selbst, überdauern auch den Tod des Praxisinhabers, und kommen dem Anwalt zugute, der die Praxis ‚fortsetzt''. Daß die Praxis bzw. der in ihr verkörperte nutzbare Vermögenswert nicht Gegenstand eines subj. Rechts ist, schließt die Zugehörigkeit zum (wirtschaftlichen) Vermögen des Anwalts nicht aus, denn dieses umfaßt auch Güter und Chancen, die irgendwie verwertbar sind. Die Praxis eines Anwalts besitzt allerdings nicht schlechthin einen Vermögenswert. Dies hängt vielmehr von den konkreten Umständen (Umfang, Dauer etc.) ab. Gegebenenfalls kann dann die eingerichtete Praxis als Vermögensbestandteil angesprochen werden."

Diese Entscheidung ist zu einer Zeit ergangen, in der die Entwicklung in Richtung auf verstärkten Schutz des eingerichteten Betriebes noch nicht so weit fortgeschritten war. Heute kann also kein Zweifel mehr am Vermögenswert und damit am Eigentumscharakter der Anwaltspraxis im Sinn des Verfassungsrechts bestehen, wobei sich der Wert naturgemäß nach Umfang und Dauer der Praxisausübung richtet. Der früher gelegentlich geäußerte Einwand, der Wert der Praxis lasse sich von der Person des jeweiligen Inhabers nicht lösen, je größer der angebliche Goodwill sei, desto fester beruhe er gerade auf der höchst persönlichen Leistung des Praxisinhabers,[26] ist heute verstummt. Anwaltspraxen werden laufend vererbt und verkauft, sie sind übertragbar wie andere Eigentumswerte. Durchgesetzt hat sich damit, was bereits 1930 der Nestor des deutschen Anwaltsrechts, *Friedländer,* festgestellt hatte:[27]

„Der Anwalt kann damit rechnen, daß ein beträchtlicher Teil seiner Klientel zunächst ‚seinem Büro'' treu bleiben wird, auch wenn er es einem Kollegen übergibt, und er kann diesen Teil seiner Persönlichkeit, den er ‚in dem Betrieb'' investiert hat, als einen wirtschaftlichen Wert betrachten, der in Geld zu schätzen ist. Der Ruf eines Anwalts gewährt in weitem Umfange dem Nachfolger die Gelegenheit, sich – durch eigene Leistungen – diesen Ruf zu erhalten. Die Klientel bleibt zunächst aus Gewohnheit, dann aber deswegen treu, weil der Nachfolger den Ruf der Kanzlei rechtfertigt."

Die Praxis ist also *als solche,* in ihrer jeweiligen Erscheinungsform, Eigentum des betreffenden Rechtsanwalts.

4. *Die Anwaltspraxis als enteignungsfähiges Gut.* Die Praxis ist als privatrechtliches Eigentum durch Art. 14 GG geschützt; enteignende Eingriffe

---

[26] *Bielschowsky,* RzW 56, 184, 185, 186.

[27] RAO, 3. Aufl. 1970, Exkurs II § 28, Anm. 84 f.

verpflichten zur Entschädigung, inhaltsbestimmende Sozialbindung ist nur zulässig, soweit sie erforderlich und verhältnismäßig ist.

a) Die grundsätzliche Enteignungsfähigkeit der Anwaltspraxis ist, soweit ersichtlich, in letzter Zeit[28] nicht mehr wirklich in Frage gestellt worden. Von der „Enteignung" des Rechtsanwalts aber ist bereits seit langem die Rede, sie wird mit guten Argumenten im Schrifttum vertreten[29] und sie ist neuerdings ausdrücklich vom OLG *Hamm* anerkannt worden:[30] „Durch die Zulassung als Rechtsanwalt wird eine öffentlich-rechtliche Rechtsstellung erlangt, die gegen die Enteignung geschützt ist." Der BGH spricht von den „Früchten der Arbeit des Rechtsanwalts".[31]

b) Der Eigentumsschutz ist im Falle der Anwaltspraxis nicht irgendeine wirtschaftspolitische Entscheidung, wie dies etwa bei der mehr oder weniger weiten Ausdehnung des Schutzes des eingerichteten Gewerbebetriebes noch angenommen werden mag. Der Eigentumsschutz der Arbeitsgrundlage des Anwalts ist vielmehr eine notwendige Folge der „fundamentalen objektiven Bedeutung" der seit fast einem Jahrhundert durchgesetzten „freien Advokatur", auf deren zentrale Wichtigkeit für die Staatsordnung das BVerfG mit Nachdruck hingewiesen hat.[32] Der Rechtsanwalt kann nur dann ein *freies* Organ der Rechtspflege sein, wenn er nicht mit allem, was er sich beruflich geschaffen hat, zu jedem Augenblick voll zur Disposition der Staatsgewalt steht. Gerade weil der Gesetzgeber das Recht hat, für die Zukunft mit dem Gerichtsverfassungsrecht auch das Zulassungsrecht der Anwaltschaft fortzuentwickeln, eben deshalb muß er dabei in besonderer Weise die selbständige Existenz des freien Anwalts achten, deren Grundlagen er nicht beliebig entschädigungslos vernichten, den er damit nicht zum Kostgänger des Staates machen darf.

Selbst wenn es also noch Argumente gegen eine allzu weite Ausdehnung des Schutzes des eingerichteten Gewerbebetriebes geben mag, der vor allem

---

[28] Gewisse Bedenken wurden noch 1958 während der parlamentarischen Beratungen der BRAO geäußert, sie gingen aber auf die damals noch nicht voll präzisierte Auffassung der Rechtsprechung zur Enteignungsfähigkeit öffentlich-rechtlicher Positionen zurück, vgl. dazu unten 4. Der BayVerfGH (zit. in JZ 56, 758) hat die Frage offen gelassen. *Ostler,* Der deutsche Rechtsanwalt, 1963, S. 17, zit. eine Äußerung des Staatssekretärs des Reichsjustizamtes (vgl. JW 19, 614): „Die Armenlast bedeutet die Enteignung der Arbeitskraft und des Vermögens des Rechtsanwalts ohne Entschädigung."

[29] Vgl. vor allem *Schwarz,* AnwBl. 55, 222, 224, 225; *Husmann,* Betr. 70, 2305, 2308: „Unbestreitbar bewirkt die Inpflichtnahme des Anwalts einen Substanzverlust seines Vermögensrechts".

[30] OLG Hamm, Betr. 70, 2317, 2318.

[31] BGH, NJW 71, 1990, 1991.

[32] BVerfGE 15, 226, 234; vgl. dazu auch m. Nachw. zur Entwicklung *Fleischmann,* Die freien Berufe im Rechtsstaat, Berlin 1970, S. 81 f.

Bedenken aus der Sicht des Wettbewerbs entgegenstehen — gegenüber dem Eigentumsschutz der Anwaltspraxis tragen sie nicht, weil hier die Sicherung zugleich in erheblichem Maße im öffentlichen Interesse steht.

5. *Bedenken gegen den Eigentumsschutz der Anwaltspraxis aus dem Gesichtspunkt des „freien Berufes"?* Gegen dieses Ergebnis der Enteignungsfähigkeit der Praxis könnten folgende Bedenken geltend gemacht werden:

a) Der Rechtsanwalt übt einen „freien Beruf" aus.[33] Das BVerfG spricht von der besonderen Bedeutung der „freien Advokatur".[34] Nach ihm gehört zum Wesen des freien Berufes die Unabhängigkeit in der gesamten Berufsgestaltung: Der Angehörige eines freien Berufes hat die freie Verfügung über die eigene Arbeitskraft, er kann insbesondere seine Arbeitszeit frei einteilen, trägt aber auch das volle wirtschaftliche Berufsrisiko. Diese Merkmale treffen beim frei praktizierenden Arzt zu.[35] Nichts anderes kann grundsätzlich für den Rechtsanwalt gelten.

Es mag nun hier dahinstehen, ob der Begriff „freier Beruf" als solcher rechtlich von Bedeutung ist.[36] Immerhin trägt dieses Berufsbild deutlich einen unternehmerischen Zug.[37] Dieser vor allem rechtfertigt es jedenfalls, auch beim freien Beruf eigentumsrechtlich von einem „Betrieb" zu sprechen, in den eingegriffen werden kann; man hat dies treffend als einen „Berufsbetrieb" bezeichnet.[38] Anerkannt ist ferner, daß es sich bei dem eingerichteten Gewerbebetrieb nicht um ein Gewerbe im Sinne der Gewerbeordnung handeln muß:[39] Auch Berufsstellungen, „jedenfalls die der freien (gebundenen) Berufe", sind enteignungsfähig[40] — aber eben um dieses unternehmerischen Charakters der Tätigkeit willen.

---

[33] Vgl. dazu *Kalsbach,* Komm. zur BRAO, 1960, § 2 Anm. 2 II; *A.* u. *M. Friedländer,* RAO, 3. Aufl. 1930, Allg. Einl., Anm. 8 ff.; *Ostler* (Fn. 28), S. 19; *Meier-Greve,* Öff. rechtl. Bindungen und freiberufliche Stellung der Kassenärzte, Diss. Göttingen 1968, S. 127.

[34] BVerfGE 22, 114, 122 = NJW 67, 2051.

[35] BVerfGE 16, 286, 294 = NJW 63, 1667; die „Zulassung" kann daran nichts ändern, auch der Arzt wird ja „zugelassen", der Kassenarzt noch in besonderer Weise.

[36] A.A. das BVerfG, vgl. dazu m. näh. Nachw. *Meier-Greve* (Fn. 33), S. 105, s. auch m. Nachw. u. krit. dazu *Fleischmann* (Fn. 32), S. 105 f.

[37] BVerfGE 10, 354, 369 = NJW 60, 619.

[38] So *Callmann,* NJW 56, 1909, 1910 mit Bezug auf *Oppenkofer,* Das Unternehmungsrecht in geschichtlicher, vergleichender und rechtspolitischer Betrachtung, 1929, S. 136.

[39] BGHZ 45, 150, 154 = NJW 66, 1120.

[40] *W. Weber* (Fn. 4), S. 331, 353 unter Hinw. auf BVerfGE 1, 264, 277 = NJW 52, 865; *Nipperdey,* Schriftenreihe der BDA Heft 9, S. 41, Anm. 8.

Beim Rechtsanwalt wurde nun aber behauptet, daß er deshalb kein „Gewerbe“ betreibe, weil er nicht „aus Gewinnstreben“ tätig werde.[41] Ginge man davon aus, so würde es in der Tat schwer fallen, von der Praxis als vom Berufs-„Betrieb“ des Anwalts zu sprechen; der Anwalt dürfte sich dann nicht in seiner Praxis einen Vermögenswert aufbauen, der nicht nur Erwerbszwecken dienen, sondern selbst realisierten und als solchen weitergepflegten Erwerb darstellen würde. Wer dem Anwalt das Erwerbsstreben verbieten will, kann die Praxis nicht als Vermögensbestandteil schützen.

b) In Wahrheit kann jedoch von einem Ausschluß des Gewinnstrebens beim Anwalt nicht die Rede sein. Schon das RG hat anerkannt,[42] daß die Tätigkeit des Rechtsanwalts regelmäßig auch dem Erwerb dient, den er dann natürlich auch im Auge haben darf. Zutreffend meint das OLG Hamburg,[43] der Anwaltsberuf erschöpfe sich jedenfalls nicht im Dienst an der Rechtspflege. Er sei auf Erwerb gerichtet und könne bei allen standesrechtlichen Vorbehalten seine Ziele nur im Wege des Erwerbsstrebens erreichen.

Im Grunde liegt bei dem angeblichen Verbot des Erwerbsstrebens auch nur ein Mißverständnis vor: Der Anwalt darf natürlich sein Gewinnstreben nicht in standeswidriger Form verfolgen, etwa nicht werben und keine Erfolgshonorare verlangen. Diese Bindungen sind hier schärfer als bei anderen „Betriebsinhabern“ — die übrigens auch durch Normen, etwa wettbewerbsrechtlicher Art, gebunden sind. Der Anwalt unterliegt also spezifischen Berufsausübungsregelungen; diese lenken sein Gewinnstreben in gewisse Bahnen, schließen es aber keineswegs aus.[44] Derartige Bindungen, die auch das Gewinnstreben in Grenzen halten sollen, gehören gerade zum Wesen freier Berufe.[45] Die Tatsache, daß ein Beruf staatlich gebunden ist, steht also der Annahme der Enteignungsfähigkeit des Berufsbetriebes keineswegs entgegen.[46]

Die These vom Verbot des Gewinnstrebens für den Rechtsanwalt wird heute, soweit ersichtlich, nicht mehr vertreten. Auch der Gesetzgeber geht, ganz im Gegenteil, davon aus, daß der Rechtsanwalt „im Wettbewerb“ steht,

---

[41] So der RegE, Begr. zu § 2 BRAO, vgl. *Kalsbach* (Fn. 33), § 2 Anm. 3 I, vgl. dazu *Fleischmann* (Fn. 32), S. 46 f. m. zahlr. Nachw.

[42] RGZ 153, 280, 284 unter Hinw. auf RGZ 66, 143 ff.; vgl. dazu auch *Callmann,* NJW 56, 1909, 1910.

[43] RzW 56, 88, 89.

[44] Vgl. im einzelnen hier die guten Ausführungen von *Fleischmann* (Fn. 32), S. 49 f. m.w. Nachw.

[45] So schon *Triepel,* Staatsdienst und staatl. gebundener Beruf, Binding-Festschr. II, 1911, S. 1, 15 f.

[46] So auch BSG, JZ 58, 20 = NJW 57, 1691; vgl. auch *Dürig,* JZ 58, 23 unter Hinw. auf *Forsthoff.*

wurde doch gerade die Neufassung der BRAO im Jahre 1972 damit begründet, daß „Wettbewerbsverzerrungen" beseitigt werden müßten.[47] Der Anwalt geruht nicht in vornehmer Zurückgezogenheit gelegentlich einen Ehrensold (Honorar) anzunehmen, sondern seine Praxis stellt ganz deutlich einen „werbenden Betrieb"[48] dar wie bei anderen Erwerbstätigen auch. Wird dies nämlich nicht klar erkannt, so besteht immer die Gefahr einer unterschwelligen Relativierung des Eigentumswertes der Anwaltspraxis, die Gefahr einer übermäßigen, ja ausschließlichen „Personalisierung"[49] der Tätigkeit des Advokaten, welche im Ergebnis jeden Eigentumsschutz ausschließen würde.

Nur wenn der Rechtsanwalt ganz deutlich *auch* als Inhaber eines „erwerbswirtschaftlichen Betriebes" – eben seiner Praxis – gesehen wird, kann man seiner freiberuflichen Stellung wirklich gerecht werden.

6. *Weitere Bedenken aus dem Gesichtspunkt der „öffentlich-rechtlichen Position" des Anwalts?* a) Der Rechtsanwalt übt seine Tätigkeit auf Grund einer staatlichen Zulassung aus. Beruht damit seine Praxis nicht auf einer „öffentlich-rechtlichen Rechtsposition" und ist daher, wie diese, kein „Eigentum" im Sinne von Art. 14 GG?

Derartige Erwägungen haben gelegentlich während der parlamentarischen Vorarbeiten zur BRAO eine Rolle gespielt;[50] sie beruhen jedoch auf früheren Erkenntnissen der Rechtsprechung,[51] welche z.T. Bedenken gegen die Enteignungsfähigkeit „öffentlich-rechtlicher Positionen" geäußert hatte. Inzwischen hat jedoch die Rechtsprechung klar Stellung bezogen: Ob eine auf einem öffentlich-rechtlichen Akt beruhende Rechtsposition Eigentumsschutz genießt, hängt allein davon ab, ob sie die Stellung eines Sacheigentümers einräumt.[52] Das entscheidende Kriterium dafür ist, ob die Rechtsposition im

---

[47] Vgl. die Begr. zum Antrag des Abg. Dr. *Stark* u. Genossen, BT 6. Wahlp. Drucks. VI/3282.

[48] So BVerfGE 17, 232, 247, 248 = NJW 64, 1067 (für den Apotheker).

[49] Womit natürlich die besondere Bedeutung der „Persönlichkeit" für den freien Beruf keineswegs geleugnet werden soll; vgl. dazu *Fleischmann* (Fn. 32), S. 35 f.

[50] So etwa Abg. Dr. *Kanka* (CDU/CSU), Rechtsausschuß, Kurzprot. Sitzung v. 8.5. 1958, S. 8; Abg. *Hoogen* (CDU/CSU), ebda. Sitzung v. 14.5.1958, S. 23.

[51] Ausdruck dieser, vor allem durch frühe Urteile des BVerfG (BVerfGE 1, 264, 274, 275 = NJW 52, 865; BVerfGE 4, 219, 240 = NJW 55, 1268) hervorgerufenen Unsicherheit ist etwa BVerwGE 11, 68, 74. Das Bundesjustizministerium hat 1958 die Rechtslage geprüft, sie zunächst für zweifelhaft gehalten (Rechtsausschuß, Sitz. v. 8.5.1958, S. 7, OLG-Rat Dr. *Arnold;* dagegen damals bereits Abg. Dr. *Arndt* [SPD], ebda.), nach erneuter, vom Rechtsausschuß angeregter Prüfung neigte dann das Ministerium (Sitz. d. Rechtsausschusses v. 14.5.1958, S. 18 f.) zu der Auffassung, daß jedenfalls durch die Simultanzulassung niemand enteignet werde.

[52] BVerwG, NJW 66, 899; BGH, VersR 64, 89.

wesentlichen durch die eigene Leistung des Inhabers geschaffen worden ist.[53] „Leistung" bedeutet dabei den Einsatz von Arbeit oder Kapital durch den Eigentümer.[54] Diese beiden Begriffe haben alternatives, aber gleiches Gewicht[55] — ein besonderer Kapitaleinsatz ist nicht erforderlich. Daneben wird noch gelegentlich das Kriterium des „Risikos" genannt, das etwa den Inhaber der öffentlich-rechtlichen Position dennoch zum Eigentümer i.S. von Art. 14 GG mache,[56] während die Übertragbarkeit der Position, welche sicher ein Indiz für das Vorliegen eines privaten „Betriebes" darstellt,[57] bei der Entschädigungsfähigkeit öffentlich-rechtlicher Positionen gelegentlich abgelehnt wird.[58]

b) Wie dem aber auch sei — nach den heute eindeutigen Kriterien ist die Rechtsanwaltskanzlei, mag sie auch auf einer öffentlich-rechtlichen Zulassung beruhen, eine enteignungsfähige Rechtsposition: Die Praxis, die Berufsstellung als solche, ist durch Einsatz von privater Arbeit und privatem Kapital geschaffen worden.[59] Sie ist in besonderem Maße Ausdruck der Leistung des betreffenden Anwalts. Wollte man gerade hier den Eigentumscharakter leugnen, so könnte überhaupt keine freiberuflich geschaffene Position mehr den Schutz des Art. 14 GG in Anspruch nehmen.[60] Arbeit und Kapital müssen hier investiert werden. Daß die erstere überwiegt, steht dem Eigentumscharakter der Praxis nicht entgegen. Wie dargelegt, ist Eigentum heute kein primär kapitalbezogener Begriff; ganz abgesehen davon würde es der heutigen Auffassung von Sozialstaatlichkeit widersprechen, gerade den Früchten der Arbeit den Eigentumsschutz zu versagen. *Risiko* trägt der Anwalt in hohem Maße; die Praxis ist das Ergebnis einer besonders risikointensiven Tätigkeit, die den Rechtsanwalt dem Unternehmer annähert. Wer schließlich die *Übertragbarkeit* der Rechtsstellung als Kriterium für den Eigentumsschutz herausstellt, findet auch dies im Fall der Anwaltspraxen bestätigt.[61] Sie werden lau-

---

[53] Grundlegend BVerfGE 18, 392, 397 = NJW 65, 1013.

[54] BSG, JZ 58, 20 = NJW 57, 1691; zur Rspr. des BVerwG s. *Bachof,* Verfassungsrecht, Verwaltungsrecht, Verfahrensrecht in der Rspr. des BVerwG, 1963, T. 1 Nr. 40; Überblick über die neue Judikatur bei *Gronefeld,* Preisgabe u. Ersatz des „Eingriffs" in der Rspr. des BGH u. des BVerwG, 1972, S. 16 f.

[55] Gegenüber der früher stärkeren Betonung des „Kapitals" (vgl. *Bachof* [Fn. 54]) wird mit Recht später auf die Bedeutung der Arbeitsleistung hingewiesen, vgl. etwa BSG, JZ 58, 21 = NJW 57, 1691; *Dürig,* JZ 58, 23, 24.

[56] Vgl. *Bachof* (Fn. 54).

[57] Vgl. dazu BVerfGE 1, 264, 277 = NJW 52, 865.

[58] Vgl. etwa BSG, JZ 58, 20 = NJW 57, 1691; krit. *Dürig,* JZ 58, 23.

[59] Dazu *Schwarz,* AnwBl. 55, 222 f.

[60] Für einen solchen Schutz spricht sich jedoch u.a. deutlich aus BSG, JZ 58, 20 f. = NJW 57, 1691.

[61] Zu Unrecht leugnet es *Bielschowsky,* RzW 56, 184 f., 186; zutr. dagegen die Widerlegung von *Schwarz,* RzW 57, 83 f.

fend veräußert oder sonstwie vermögensrechtlich verwertet, wobei es natürlich vor allem um den konkreten Goodwill geht, der meist den Preis bestimmt. Alle diejenigen Kriterien, welche den Eigentumsbegriff konstituieren, sind also im Fall der Anwaltspraxis erfüllt.[62]

Dagegen kann auch nicht eingewendet werden, die Zulassung werde dem Anwalt ja „nicht zu dem Zwecke gewährt, damit er sich eine Praxis aufbaue, sondern weil dies im Interesse der Rechtspflege liege". Ändere sich dieses, so könne jedenfalls auch die Zulassung verändert werden.[63] Wer so argumentiert, der macht den Rechtsanwalt zum Träger eines öffentlichen Amtes, das er – im Gegensatz etwa zum Notar – gerade nicht innehat; die Zulassung wird nicht nur im Interesse der Rechtspflege gewährt, sonst wäre sie eine Beamtenposition, sondern zugleich als freiberufliches Betätigungsfeld des Rechtsanwalts, und zwar ganz ersichtlich, damit dieser sich eine Praxis aufbaue und sich dadurch sichere, nachdem dies der Staat nicht übernimmt. Insoweit unterscheidet sich die Zulassung nicht von der ärztlichen Approbation, bei welcher ebenfalls die Enteignungsfähigkeit anerkannt ist; es wäre genauso unrichtig, zu behaupten, die ärztliche Zulassung werde „allein" im Interesse der Volksgesundheit gewährt. Schließlich könnte man mit solcher Beweisführung allen öffentlich-rechtlich verliehenen Positionen den Eigentumscharakter absprechen, weil sie ja stets primär nicht im privaten, sondern im öffentlichen Interesse gewährt werden.

c) Gegen dieses Ergebnis des Eigentumscharakters der Anwaltspraxis kann schließlich nicht geltend gemacht werden, es müsse zwischen der Zulassung als solcher und der auf Grund dieser Zulassung errichteten Praxis unterschieden werden;[64] die Zulassung sei nicht eigentumsgeschützt, zumindest gegen ihre Änderung gebe es also auch keinen Eigentumsschutz der Praxis.[65] Wollte man den entschädigungslosen Entzug der Zulassung ermöglichen, nur weil *diese* nicht durch persönlichen Einsatz erreicht sei, so gäbe es überhaupt keine enteignungsfähigen öffentlich-rechtlichen Positionen mehr, weil solche ja

---

[62] Das Bedenken, welches dagegen Dr. *Sigloch* als Vertreter des BMJ auf der Sitzung des Rechtsausschusses v. 14.5.1958 (S. 22) äußerte, daß nämlich eine Zulassungsänderung etwa mit der Einführung der Buchführungspflicht vergleichbar sei, welche die davon betroffenen Betriebe ja auch nicht in ihrem Eigentum verletze, überzeugt nicht: Eine solche Gesetzesänderung würde in der Tat das Eigentum berühren. Sie wäre in der Regel jedoch als Sozialbindung des Eigentums zulässig.

[63] So Dr. *Arnold,* Vertr. d. BMJ, Rechtsausschuß, Sitz. v. 14.5.1958, S. 19.

[64] So Dr. *Sigloch* (Fn. 62).

[65] Nach dem BGH ist eigentumsrechtlich geschützt die von einer Erlaubnis abhängige, ja sogar die unter Widerrufsvorbehalt stehende gewerbliche Betätigung, solange der Widerruf nicht erfolgt ist, BGH, NJW 62, 1816. Das BVerfG konnte im Apotheken-Mehrbetriebsfall die Frage offenlassen, da sie nicht entscheidungsrelevant war (vgl. BVerfGE 17, 232, 247, 248 = NJW 64, 1067).

letztlich begrifflich stets durch einseitigen Akt des Staates entstehen. Es gilt vielmehr: Die Rechtsstellung als zugelassener Anwalt genießt Eigentumsschutz.

Auch die Zulassung als Anwalt, selbst wenn man sie von der später auf ihrer Grundlage aufgebauten Praxis isolieren wollte, ist nämlich eindeutig durch Einsatz von eigener Arbeit (Studium, Prüfungen) und Kapital (Ausbildungsfinanzierung) in dem Sinn jedenfalls „geschaffen", daß die vom Gesetz geforderten Voraussetzungen vom Bewerber durch eigene Leistung hervorgebracht werden müssen. Die Genehmigung spricht dann meist, und vor allem im Falle des Rechtsanwalts, nur aus, was ohnehin schon rechtens ist.[66] „Materiell" liegt also in vollem Umfang nicht etwa „Leistung des Staates", sondern eigene Leistung des Antragstellers vor, damit aber wiederum privates Eigentum. Es wäre obrigkeitsstaatlich im schlimmsten Sinne gedacht, wollte man bedeutsame individuelle Leistungen des Bürgers nur deshalb aus der Sphäre des Privaten und damit des Eigentumsschutzes herausnehmen, weil sie durch staatlichen Stempel anerkannt werden.

7. Die Anwaltspraxis wird also durch Art. 14 GG geschützt. Ob ein staatlicher Eingriff in ihren Bestand (Änderung der Zulassung, Verschiebung der Konkurrenzlage) im Rahmen der Sozialbindung bleibt oder die Enteignungsschwelle überschreitet, läßt sich nur im Einzelfall entscheiden. Entgegenzutreten ist jedenfalls der Tendenz, freie Berufe *nur* über Art. 12 GG zu schützen. Eigentumsaspekte mögen hier gelegentlich zurücktreten, sie dürfen nie ignoriert werden. Ebenso unrichtig wäre es, das Phänomen „Eigentümer als Beruf" zu übersehen,[67] wie umgekehrt vor einer „Professionalisierung des Eigentums" gewarnt werden muß, die den Eigentumsschutz des freiberuflich Geschaffenen aufhöbe.[68] Berufsfreiheit und Eigentumsfreiheit gehören zusammen. Nur in ihrer Verbindung schützen sie voll den freien Anwalt.

---

[66] Bei einer gebundenen Erlaubnis gewährt nämlich die Erlaubnis kein Recht, sie spricht vielmehr aus, was schon rechtens ist, so BGH, WM 62, 1008.

[67] Dazu *Leisner*, JZ 72, 32 ff.

[68] Dies wäre auch nicht im Sinne des BVerfG, mag dies auch neuerdings eine gewisse Abgrenzung der Schutzbereiche von Art. 12 und 14 versuchen; s. etwa BVerfGE 30, 292, 334, 335 = NJW 71, 1255.

Teil IV

Eigentumskonflikte

Städtebauliche Entwicklungsmaßnahmen und Eigentum Privater[*]

Zum neuen Investitionserleichterungs- und Wohnbaulandgesetz[**]

Das neue Investitionserleichterungs- und Wohnbaulandgesetz bringt wichtige Änderungen und Klarstellungen zum Baurecht der Erschließung, welche auch eigentumsrechtlich sehr bedeutsam sind. Bei der in Dauerrecht übernommenen Erschließung über gemeindliche Satzung ist zwar der Anwendungsbereich erweitert worden; sie unterliegt aber streng zu beachtenden Erforderlichkeits-Einschränkungen. Insbesondere ist sie subsidiär gegenüber vertraglichen Vereinbarungen, die mit dem „Städtebaulichen Vertrag" eine neue und wesentlich erweiterte Grundlage erhalten haben. Bei transitorischen Enteignungen aufgrund von Entwicklungssatzungen darf die Gemeinde, nach ausdrücklicher gesetzlicher Vorgabe, nur ihre Entwicklungskosten dekken, nicht aber Planungswertsteigerungen „abschöpfen". Diese stehen hier, wie auch sonst, den Eigentümern zu.

I. Die besonders eigentumsrelevanten Neuregelungen

Am 1.5.1993 ist das Investitionserleichterungs- und Wohnbaulandgesetz (InvWoBauLG) in Kraft getreten (BGBl. I, 466). Unter den zahlreichen Neuerungen, welche dieses Artikelgesetz im Bau- und Umweltrecht bringt, betreffen zwei Komplexe Privatautonomie und Privateigentum in besonderem Maß: Die Regelungen über die städtebaulichen Entwicklungsmaßnahmen (§§ 6 f. des Wohnungsbau-Erleichterungsgesetzes (WoBauErlG) von 1990) werden nun als „Dauerrecht" in das Baugesetzbuch (§§ 165-171) übernommen, unter einer Ausdehnung des Normanwendungsbereichs auf auch kleinerflächige Entwicklungsbereiche; die Bestimmungen über den „Städtebaulichen Vertrag" der bisher in den neuen deutschen Ländern geltenden Bauzulassungsverordnung (§§ 54, 55) werden als neue §§ 6 und 7 in das Wohnungsbau-Erleichterungsgesetz eingefügt.

---

[*] Erstveröffentlichung in: Neue Zeitschrift für Verwaltungsrecht 1993, S. 935–940.

[**] Ausgangspunkt dieses Beitrages ist ein Rechtsgutachten, das der Verfasser dem Bayerischen Bauernverband erstattet hat.

1. Entwicklungssatzungen und Enteignungen

Mit Ausnahme des zeitlichen (für die Entwicklungsmaßnahmen) und des örtlichen (für den Städtebaulichen Vertrag) Geltungsbereichs scheint sich also nichts Wesentliches geändert zu haben. Dennoch ist gerade durch diese Novellierung allgemein, vor allem aber unter agrarischen Grundeigentümern, erhebliche Unruhe entstanden: Das Gesetz gestattet den Erlaß von kommunalen „Entwicklungssatzungen“, in denen auch Enteignungen vorgesehen werden können, allerdings unter Wiederverkaufspflicht der Kommunen, vorrangig an die früheren Eigentümer, nach Abschluß der Entwicklung. Da dies aber zu Marktpreisen für entwickeltes Land zu geschehen hat, während die Kommune die Eigentümer nur zum Verkehrswert für unentwickelte Flächen entschädigen muß, besteht unter Eigentümern die Befürchtung, sie könnten nunmehr überall und großflächig „zu Ackerpreisen enteignet“ werden, die starken Wertsteigerungen der Grundstücke, als eines nach der Entwicklung höherstufigen Bauerwartungslandes, dürften die Kommunen abschöpfen. Durch die Diskussion in der Öffentlichkeit ist teilweise der Eindruck entstanden, diese Entwicklungsmaßnahmen seien als ein Instrument zur Sanierung kommunaler Haushalte konzipiert, als eine Neuauflage des in den 70er Jahren gescheiterten „Planungswertausgleichs“[1]. Im Schrifttum ist auch, in diesem Zusammenhang, von „Bodenwertabschöpfung“ die Rede[2] — ein Begriff, über den seinerzeit in der Tat den Eigentümern „unverdiente“, planungsbedingte Wertsteigerungen entzogen werden sollten; er ist seither zum eigentumspolitischen Reizwort geworden.

2. Die neue Aktualität — Fragestellungen

Die Frage ist jedoch vor allem dadurch brisant geworden, daß in nicht wenigen Räumen heute der Wohnungsmarkt angespannt ist wie schon lange nicht mehr. In der – den Intentionen des Gesetzgebers sicher entsprechenden – Hoffnung[3], durch Entwicklungsmaßnahmen billiges Bauland bereitstellen zu können, hat eine Reihe von Kommunen in letzter Zeit Entwicklungssatzungen

---

[1] *Bielenberg*, Blätter für Grundstücks-, Bau- und Wohnungsrecht (BlGBW) 1974, 1 ff.; *Engelken*, DÖV 1974, 361 ff., 403 ff., 685 ff., DÖV 1975, 296 ff.; *Klein*, DÖV 1973, 593 ff.; *Steiner*, BayVBl. 1975, 345 ff.

[2] S. etwa *Gaentzsch*, NVwZ 1991, 921 (926); vorsichtiger – und in diesem Zusammenhang zutreffend – spricht *Brenner*, DVBl. 1993, 291 (293) von der „Abschöpfung umlegungsbedingter Bodenwertsteigerungen“.

[3] Nach der Allgemeinen Begründung des Entwurfs des InvWoBauLG (v. 2.12.1992 – RS I 1 – 602 201, I a.E.) sollten nicht zuletzt die Entwicklungsmaßnahmen „zugleich Anstöße für die Gemeinde sein, ihrer Planungshoheit durch eine bedarfsgerechte Ausweitung von Bauland ... nachzukommen“.

erlassen, zahlreiche andere erwägen dasselbe. Mochten also die verhältnismäßig wenigen Anwendungsfälle der Entwicklungssatzung nach dem Wohnungsbau-Erleichterungsgesetz von 1991 und die noch selteneren der entsprechenden Satzungen nach dem früheren Städtebauförderungsgesetz als eine nicht nur baurechtliche, sondern auch wohnungspolitische Marginalie erscheinen, so ist heute die Bereitstellung von (billigem) Bauland mit allen Mitteln, also auch mit diesem, zum höchstrangigen Eigentums-, ja allgemeinpolitischen Problem geworden.

Eigentumsrechtliche Brisanz, weit über „technische" Fragen des Baurechts hinaus, gewinnen die Städtebaulichen Entwicklungsmaßnahmen dadurch, daß nun möglicherweise wieder der Kampf um die „unverdienten", also „abzuschöpfenden" Planungsgewinne beginnen könnte[4], der dann allerdings eine der Grundfragen der Eigentumsgarantie, ja der Marktwirtschaft überhaupt aufwerfen würde.

Juristische Analyse ist daher aufgerufen, zunächst die Frage nach der möglichen Anwendbarkeit der Städtebaulichen Entwicklungsmaßnahme zu untersuchen, insbesondere nach deren Schranken (im folgenden II) — es muß sich zeigen, ob hier ein ganz allgemein und unschwer einsetzbares Instrumentarium geboten wird, ob also „überall Enteignungen drohen". Sodann ist zu prüfen, ob von einer „Planungsgewinnabschöpfung" gesprochen werden kann, ob eine solche überhaupt zulässig wäre (im folgenden III). Dies ist alles schon deshalb erforderlich, weil die „Entwicklungssatzungen" bisher zwar gelegentlich behandelt[5], die hier aufgeworfenen Probleme aber noch nicht hinreichend vertieft worden sind. Erst recht gilt dies für jenen „Städtebaulichen Vertrag", der im Zusammenhang mit der Erforderlichkeit einer Städtebaulichen Entwicklungssatzung zu würdigen ist, vor allem unter dem Gesichtspunkt der Subsidiarität der Satzung gegenüber der vertraglichen Einigung über Entwicklung von Flächen (im folgenden II 4).

---

[4] Zu früheren Positionen in diesem Sinn vgl. *Badura*, in: Benda / Maihofer / Vogel, HdbVerfR, 1983, S. 653 (662 f.).

[5] Die neue Übersichts-Darstellung von *Krautzberger / Runkel*, DVBl. 1993, 453 (460 f.) geht auf die hier behandelten Fragen nicht näher ein. Aus dem früheren Schrifttum vgl. *Bielenberg*, in: Ernst / Zinkahn / Bielenberg, BauGB 1991, §§ 6, 7 BauGBMaßnG; *Gaentzsch*, NVwZ 1991, 921 ff.; *Jäde*, NVwZ 1991, 921 (926); *König*, BayVBl. 1990, 650 ff.; *Moench*, NVwZ 1990, 918 ff.; *Neuhausen*, in: Brügelmann, BauGB 1991, WoBauErlG Rdnrn. 92 ff.; *ders.*, DÖV 1991, 146 ff.; *Runkel*, BBauBl. 1990, 252 ff.; *Scholtissek*, UPR 1990, 167 ff.

II. Der Anwendungsbereich der Entwicklungssatzungen und seine Grenzen

Städtebauliche Entwicklungsmaßnahmen erfolgen – nach entsprechenden Voruntersuchungen und der Einleitung der Vorbereitung der Entwicklung durch Beschluß der Gemeinde (§ 165 Abs. 4 BauGB) – aufgrund einer Satzung (§ 165 Abs. 3 BauGB). Diese muß erlassen werden[6], wenn die gesetzlichen Voraussetzungen dafür vorliegen.

1. Erforderlichkeit — ein streng zu beachtender Grundsatz

a) Satzungserlaß ist nur beim Vorliegen der *objektiven Voraussetzungen* zulässig: Einheitliche Vorbereitung und zügige Durchführung müssen im öffentlichen Interesse liegen (§ 165 Abs. 1 BauGB); nur dann besteht „Erforderlichkeit" (§ 165 Abs. 3 BauGB). Dies ist ein (unbestimmter), durch Aufsichtsbehörden und Gerichte voll überprüfbarer Rechtsbegriff[7]. Gerade weil hier Enteignungen in Betracht kommen, das Gesetz aber – nach überwiegender Auffassung[8] – die Anforderungen des Boxberg-Urteils des Bundesverfassungsgerichts[9] an gesetzgeberische Präzision erfüllen soll, muß die Erforderlichkeit ernst genommen, sie darf weder dem Ermessen der Gemeinde noch deren Beurteilung überlassen bleiben.

b) Die *Gemeinde* darf hier die öffentlichen Interessen mitbestimmen, nicht aber in freier Entscheidung definieren: Nach dem Bundesverwaltungsgericht wird lediglich „was städtebaulich erforderlich ist, von den städtebaulichen Entwicklungszielen der Gemeinde mitbestimmt"[10], dies gilt auch für Entwicklungssatzungen. Nur in diesem Rahmen darf dann auch im Namen der „bodenrechtlichen Entwicklung der Gemeinde" enteignet werden[11]. Zwar besteht dabei ein gewisser kommunaler Satzungsprognose-Spielraum[12]; es kann aber nun, nach dem neuen Gesetzeswortlaut, nicht mehr aus dem Fehlen einer Be-

---

[6] Nach dem Gesetzeswortlaut (§ 165 Abs. 3 BauGB) „kann" zwar entwickelt werden, dies muß aber geschehen, wenn es um Maßnahmen geht, deren einheitliche Vorbereitung und zügige Durchführung im öffentlichen Interesse liegen, vgl. § 165 I BauGB: „werden durchgeführt".

[7] *Gaentzsch*, NVwZ 1991, 921 (923); *Jäde*, BayVBl. 1992, 549 (551).

[8] *Neuhausen*, DÖV 1991, 146 (151); *Runkel*, BBauBl. 1990, 252 (254); *Gaentzsch*, NVwZ 1991, 921 (922 f.).

[9] BVerfGE 74, 264 = NJW 1987, 1251 = NVwZ 1987, 487 L.

[10] BVerwG, NVwZ 1985, 745 (746).

[11] BVerfGE 74, 264 (288 ff.) = NJW 1987, 1251 = NVwZ 1987, 487 L.

[12] *Runkel*, BBauBl. 1990, 252 (254).

gründungspflicht geschlossen werden, über die Erforderlichkeit entscheide begründungs- und damit besonders „frei" die Gemeinde[13]. Sie hat jetzt ihrem Genehmigungsantrag einen Bericht über die Gründe beizufügen, welche einen Satzungserlaß rechtfertigen (§ 165 Abs. 7 BauGB) und überdies noch eine Kosten- und Finanzierungsübersicht aufzustellen (§ 171 Abs. 2 BauGB). Insbesondere darf der „erhöhte Bedarf an Wohn- und Arbeitsstätten" (§ 165 Abs. 3 S. 2 BauGB) nicht von der Kommune „gegriffen" oder nur grob abgeschätzt werden. Begründete Einwendungen dagegen im gerichtlichen Verfahren könnten ein Entwicklungsvorhaben blockieren.

c) Satzungen dürfen nur erlassen werden, wenn dem *öffentlichen Interesse anders nicht Rechnung getragen werden kann*, also nicht schon dann, wenn etwa ein Eigentümer der Entwicklung Einwendungen entgegensetzt. Vielmehr hat in diesem Fall eine eingehende *Interessenabwägung* stattzufinden. Dem Wesen der Erschließung als einer *Gesamtmaßnahme* entsprechend kann allerdings die Erforderlichkeit nicht in Abwägungen für jedes einzelne Grundstück ermittelt werden; die für und gegen das Gesamtvorhaben sprechenden Gründe sind gegenüberzustellen[14], also sämtliche, nicht nur einzelne Eigentümerbelange „dem öffentlichen Interesse". Anschließen muß sich eine Prüfung der Verhältnismäßigkeit im engeren Sinn, darauf, ob im konkreten Fall jedem einzelnen Betroffenen der Eingriff zugemutet werden kann. Pauschalformeln widersprechen hier der Rechtsstaatlichkeit.

d) Fraglich ist, ob sich das die Erforderlichkeit für einen Satzungserlaß begründende öffentliche Interesse aus einer möglichen *Kostenersparnis bei der Gemeinde*, aus einer Entlastung von deren Haushalt, ableiten läßt. Hier ist zu unterscheiden: Kann die Gemeinde nachweisen, daß sie auf diesem Weg weniger für die Entwicklung aufwenden muß, so ist dieser Kostenfaktor ein zu berücksichtigender gemeindlicher Belang[15]. Macht sie aber nur geltend, daß sie dann infolge transitorischer Enteignung[16] mehr einnehmen werde, so begründet allein dies das öffentliche Interesse nicht; denn es handelt sich um eine Folge von Enteignungsmaßnahmen, die jedoch ihrerseits nicht als Finanzierungsinstrument für öffentliche Haushalte eingesetzt werden dürfen[17]. Allerdings kann eine höhere Wahrscheinlichkeit, die Entwicklungskosten auf dem Satzungswege wieder einzubringen, ein möglicher öffentlicher

[13] S. dazu *Bielenberg* (Fn. 5), Rdnr. 29.

[14] BVerwG, NJW 1982, 2787 (2788).

[15] Ebenso wie bei der Zulässigkeitsprüfung von Bauvorhaben im Außenbereich, vgl. *Ernst*, in: Ernst / Zinkahn / Bielenberg (Fn. 5), § 127 Rdnr. 29.

[16] Einer Regelfolge des Satzungserlasses, vgl. im einzelnen *Bielenberg* (Fn. 5), Rdnrn. 22 ff.; s. auch BVerwG, NJW 1982, 2787 f.

[17] Vgl. *Leisner*, NJW 1992, 1409 (1415 m. Nachw.).

Belang sein; dessen Vorliegen muß aber im einzelnen nachgewiesen werden, und das wird wohl im Einzelfall nicht leicht sein.

2. Insbesondere: Notwendigkeit einer Satzung zur zügigen Erschließung

Satzungserlaß ist nur zulässig, wenn allein so zügig weiterentwickelt werden kann. Die Gemeinde darf aber nicht ohne weiteres die Eigentümer unversehens unter engen Zeitdruck setzen und bei Nichtübernahme ihrer Vorstellungen sofort zum Satzungserlaß schreiten. Bedeutsam ist hier auch ihr eigenes bisheriges Verhalten. Besteht der „erhöhte Wohnungsbedarf" schon längere Zeit, ohne daß an Entwicklung gedacht worden wäre, so muß die Kommune auch den Eigentümern eine gewisse Zeit lassen, um sich auf die Entwicklungsnotwendigkeit einzustellen, dazu auch eigene Vorstellungen zu entwickeln. In gewissen Grenzen bestimmt also die Gemeinde selbst, durch ihr bisheriges Verhalten, mit dem sie sich nicht in Widerspruch setzen darf, die Dringlichkeit eines Entwicklungsvorhabens und damit die Notwendigkeit „zügiger Durchführung". Schon aus rechtsstaatlichen Gründen kann „Zügigkeit" nicht „Überfallaktionen zum Satzungserlaß" legitimieren.

Sicher ist auch die Beurteilung des Zeitaspekts in gewissem Sinn eine gemeindliche Prognoseentscheidung. Eine solche ist aber nicht nur bei „evidenten Fehleinschätzungen" aufsichtlich oder gerichtlich korrigierbar[18]. Die Gemeinde muß also mit eingehender Überprüfung dahin rechnen, ob *nur* über Satzung zügig entwickelt werden kann. Angesichts des schwerfälligen Satzungsgenehmigungs- und dann noch Entwicklungsverfahrens werden hier nicht selten rechtliche Bedenken auftreten. Wesentlich kommt es sicher auf den Einzelfall[19] an, auf Umfang und Schwierigkeit der erforderlichen Maßnahmen[20]. Die Zeitdimension kann die Gemeinde, da ein unbestimmter Rechtsbegriff zu konkretisieren ist, nicht frei bestimmen[21]. Geringer mag die Zeitspanne bei kleineren Vorhaben, bei bebauten Flächen oder schwer überschaubarer ökologischer Lage wird sie länger sein können[22]. Lange Zeiträume dürfen aber von den Gerichten, schon nach der klaren Zielsetzung des Gesetzes, nicht zugebilligt werden. Es könnte sonst leicht zu kommunaler Grundstückshortung, ja Grundstücksspekulation kommen. Zügige Entwicklung liegt im übrigen gerade im Interesse der Gemeinden, die hier ja häufig

---

[18] Zu weitgehend zugunsten der Kommunen hier *Bielenberg* (Fn. 5), Rdnr. 33.

[19] *Bielenberg* (Fn. 5), Rdnr. 22.

[20] *Neuhausen*, DÖV 1991, 146 (149).

[21] *Neuhausen*, DÖV 1991, 146 (149).

[22] *Bielenberg* (Fn. 5), Rdnr. 22.

erhebliche Mittel aufnehmen müssen. Können diese Schulden nicht in absehbarer Zeit abgedeckt werden, so darf eine Satzung überhaupt nicht genehmigt werden.

3. Vorrang der Entwicklung durch Eigentümer

a) Anders als früher nach dem Städtebauförderungsgesetz kann die Gemeinde durch Vertrag die Durchführung von Erschließungsmaßnahmen ganz oder teilweise dem Eigentümer überlassen (§ 169 Abs. 1 S. 2 iVm. § 147 Abs. 2 BauGB) — nicht „übertragen"; er wird dadurch nicht ihr beliehener Unternehmer[23], kann also etwa Enteignungen nicht für sie durchführen. Ob dann, wenn hoheitliche Maßnahmen gegen andere (Eigentümer) von der Gemeinde nicht für nötig erachtet werden (müssen), auch einem von mehreren Eigentümern die Durchführung der Maßnahmen überlassen werden darf, ist nach dem Gesetzeswortlaut zweifelhaft. Meines Erachtens ist dies nur unter Zustimmung der anderen Eigentümer zulässig. Daß sich der Eigentümer, als „Entwicklungsunternehmer" vertraglich eines Subunternehmers, ganz oder teilweise, bedient, etwa eines Bauträgers, schließt das Gesetz nach seinem Wortlaut nicht aus.

b) Die Entscheidung für einen Eigentümer steht nicht im Ermessen der Gemeinde[24]. Das „kann" in § 147 Abs. 2 BauGB ist vielmehr so zu verstehen, daß die Entwicklung dem Eigentümer überlassen werden *muß*, wenn die strengen Erforderlichkeitsvoraussetzungen für Entwicklung über Satzungserlaß, insbesondere unter Enteignung (vgl. insbesondere oben 1, 2) nicht gegeben sind. Dann nämlich stellt die Entwicklung durch den Eigentümer den geringeren Eingriff in dessen Rechtsposition dar[25], sie ist daher schon von Verfassungs wegen, zur Verwirklichung des Sinngehalts des Art. 14 Abs. 1 GG, und nach der Rechtsstaatlichkeit, im Sinne der Verhältnismäßigkeit, zwingend geboten[26]. Die Frage, ob dem im Einzelfall entsprochen wurde, wird wohl noch häufig die Gerichte beschäftigen.

4. Satzungserlaß subsidiär gegenüber dem „Städtebaulichen Vertrag"

Das neue Gesetz stellt mit der Übernahme der bisherigen §§ 54, 55 DDR-BauZVO als §§ 6, 7 in das Wohnungsbau-Erleichterungsgesetz ein großange-

---

[23] *Krautzberger*, in: Battis / Krautzberger / Löhr, BauGB, 3. Aufl. (1991), § 147 Rdnr. 10.

[24] A.A. *Krautzberger* (Fn. 23), § 147 Rdnr. 11.

[25] Was auch *Krautzberger* (Fn. 24) zugibt.

[26] In diesem Sinne auch *Bielenberg* (Fn. 5), Rdnr. 11.

legtes *neues Entwicklungsinstrument* bereit: den „Städtebaulichen Vertrag“. Überdies werden bisher bundesweit geltende Regelungen wesentlich weiterentwickelt.

a) Der *Erschließungsvertrag* (§ 124 BauGB) wird als solcher aufrechterhalten, jedoch in seinem Anwendungsbereich bedeutsam erweitert.

aa) Wie bisher bleibt die Erschließung Aufgabe der Gemeinde (§ 123 Abs. 1 BauGB). Die Erschließung als solche – und nicht nur die Durchführung einzelner Ordnungsmaßnahmen (§ 147 BauGB) – konnte und kann jedoch stets Dritten übertragen werden (§ 124 Abs. 1 BauGB a.F. und n.F.). In der Praxis werden dies vor allem Eigentümer oder Bauträger sein. Im Zweifel wird man, nach wie vor, die Gemeinde für verpflichtet halten müssen, vorrangig mit Eigentümern zu verhandeln, wenn eine solche Lösung in Betracht kommt; das ergibt sich aus der Eigentumsgarantie und dem Gebot, des mildesten Eingriffs (vgl. oben 3). Auch hier steht nichts entgegen, daß Eigentümer mit der ihnen übertragenen Erschließung Dritte, etwa Bauträger, ihrerseits vertraglich betrauen.

Eine wesentliche Änderung bringt jedoch nun der in den Absätzen 2 bis 4 neu gefaßte § 124 BauGB. Erschließungsverträge können jetzt über „nach Bundes- oder nach Landesrecht beitragsfähige sowie nicht beitragsfähige Erschließungsanlagen in einem bestimmten Erschließungsgebiet in der Gemeinde“ abgeschlossen werden (§ 124 Abs. 2 S. 1 n.F. BauGB). Der Dritte kann sich auch – wiederum unabhängig von der Beitragsfähigkeit – ganz oder teilweise zur Kostenübernahme verpflichten (§ 124 Abs. 1 S. 2 n.F. BauGB). In diesem Fall muß die Gemeinde auch den in § 129 Abs. 1 S. 3 BauGB vorgesehenen Eigenbetrag von 10% des beitragsfähigen Erschließungsaufwandes nicht übernehmen (§ 124 Abs. 2 S. 3 BauGB n.F.). Damit soll ersichtlich der Gemeinde ein Anreiz zum Abschluß derartiger „Erschließungsverträge neuen Rechts“ geboten werden.

bb) Schon angesichts dieser wesentlichen Erweiterungen der Erschließungsverträge dürfte ein Bedarf für den Abschluß von *Folgekostenverträgen* nun nicht mehr bestehen, deren Funktionen im übrigen mit Sicherheit durch den neuen Städtebaulichen Vertrag übernommen werden können (vgl. im folgenden b). Die Folgekostenverträge hatten sich als Erweiterung des herkömmlichen Erschließungsvertrages eingebürgert[27], in dessen Zusammenhang sie bisher auch in der Regel behandelt wurden[28]. Die Rechtsprechung hatte sie auch ohne besondere gesetzliche Grundlage für zulässig erklärt, soweit es ging „um Aufwendungen, die den Gemeinden jenseits der beitrags-

---

[27] S. *Ernst* (Fn. 15), § 127 Rdnr. 28.

[28] Vgl. *Löhr*, in: Battis / Krautzberger / Löhr (Fn. 23), § 124 Rdnrn. 3 ff.

fähigen Erschließung als Folge neuer Ansiedlung für Anlagen und Einrichtungen des Gemeingebrauchs" entstanden[29]; die §§ 123 ff. BauGB a.F. waren darauf nicht anwendbar[30]. Damit wurde einer Erweiterung des Erschließungsbegriffs, infolge früher nicht absehbarer sozialstaatlicher Daseinsvorsorgeverpflichtungen der Gemeinde (Verkehrsbedürfnisse, Schulen, Kindergärten, Krankenhäuser) Rechnung getragen.

cc) Trotz dieser Erweiterung des Begriffs des Erschließungsvertrages bleibt dessen Anwendungsgebiet begrenzt: Die vertraglich vereinbarten Leistungen müssen in sachlichem Zusammenhang mit der Erschließung stehen (§ 124 Abs. 3 S. 1 BauGB). Es ist damit zu rechnen, daß hier die bisherige restriktive Rechtsprechung weitergeführt werden wird, welche nur Verträge über das zuläßt, was ein bestimmtes Bauvorhaben an Kostenfragen ausgelöst hat; diese Kausalbeziehung muß konkret und eng sein. Eine Finanzierung von aufwendigen *Voraussetzungen* einer Erschließung und nachfolgenden Bebauung als solchen (etwa besonders aufwendiger Formen der Verkehrsanbindung), wird also auch über Erschließungsverträge neuer Art nur schwer zu erreichen sein, schon weil sich allgemeine baupolitische Voraussetzungen einer Planung nicht beliebig zu konkreten Folgen derselben rechtlich umdefinieren lassen. Schwierigkeit bereitet auch nicht nur die zeitliche Dimension des „Zusammenhangs mit der Erschließung" (als Voraussetzung oder Folge), sondern mehr noch die Kausalverbindung zwischen auf der Grundlage der Erschließung zu planenden Bauvorhaben und den als deren Voraussetzung zu finanzierenden Anlagen und Einrichtungen. Der Erwerb eines größeren Grundstücks für eine öffentliche Einrichtung in einer in Zukunft insgesamt größer zu dimensionierenden Ansiedlung läßt sich nicht immer von vornherein zweifelsfrei einer bestimmten Erschließung zuordnen, bei der etwa die endgültige Bauplanung in Einzelheiten noch gar nicht feststeht. Dasselbe gilt für einen Verkehrswegebau, der dann auf eine größere Kommune zugeschnitten werden muß. Dennoch ist es für die Gemeinde häufig entscheidend, daß auch diese Erschließungslasten im weitesten Sinn durch Bauwillige gedeckt werden. Diese werden aber wiederum nur finanzieren wollen, wenn die Gemeinde feste Bebauungsvorstellungen entwickelt hat.

b) Hier schafft nun das neue, allgemein einsetzbare Instrumentarium des *„Städtebaulichen Vertrags"* Abhilfe (§§ 6, 7 WoBauErlG n.F.). Nach dieser neuen Regelung können zwischen Gemeinde und Privaten, insbesondere und vorrangig (vgl. oben 3) Eigentümern, vereinbart werden:

(1) *Vorbereitung und Durchführung* städtebaulicher Maßnahmen, also auch (§ 6 Abs. 1 S. 1 WoBauErlG) von Erschließungen. Die „Insbesondere-"Ver-

[29] BVerwG, BRS 27, 29 (32).

[30] *Ernst* (Fn. 15), § 127 Rdnr. 27.

deutlichung in § 6 Abs. 1 S. 2 WoBauErlG zeigt, vor allem mit dem weiten Begriff der „sonstigen Maßnahmen, die notwendig sind, damit Baumaßnahmen durchgeführt werden können", daß hier Vereinbarungen über die Verwirklichung von Voraussetzungen und Folgen geplanter Bebauung durch Dritte *im weiten Sinn* möglich sind.

(2) *Vorbereitung und Sicherung von Zielen und Zwecken der Bauleitplanung oder Entwicklungssatzung (§ 6 Abs. 2 WoBauErlG)*; das Gesetz gestattet auch noch nach Erlaß einer Entwicklungssatzung, eben „im Zusammenhang mit ihr", vertragliche Vereinbarungen zwischen der Gemeinde und Dritten, um die erwähnten Ziele und Zwecke „vorzubereiten und zu sichern". Noch während des Gesetzgebungsverfahrens wurde dies näher verdeutlicht. Insbesondere sind nun Verträge zulässig mit dem Ziel,

- „die Grundstücke binnen angemessener Frist einer Nutzung entsprechend den Festsetzungen des Bebauungsplanes zuzuführen" (S. 2 Nr. 1), d.h.: Es dürfen im Zusammenhang mit Entwicklungs- und Bauleitplanung Vereinbarungen darüber mit Dritten getroffen werden, unter welchen Voraussetzungen, insbesondere bei welcher (vorgesehenen) Intensität der Bebaubarkeit diese Dritten welche Voraussetzungs- oder Folgekosten der Gemeinde übernehmen;

- „den dringenden Wohnbedarf von Bevölkerungsgruppen mit besonderen Wohnungsversorgungsproblemen zu decken" (Nr. 2) — dies deckt Bestimmungen in den vorstehend erwähnten Verträgen darüber ab, daß den Eigentümern / Bauträgern bestimmte Bebauungsrechte unter der Bedingung zuerkannt werden, daß sie der Gemeinde einen gewissen Teil der Flächen für den Sozialen Wohnungsbau zu verhältnismäßig niedrigen Preisen überlassen, was schon bisher weithin praktiziert wurde;

- „dem Wohnbedarf der ortsansässigen Bevölkerung zu dienen" — damit wird ähnliches zur vorrangigen Wohnungsversorgung nicht nur sozial Schwächerer, sondern auch Ortsansässiger ermöglicht, was das Bundesverwaltungsgericht vor kurzem in der Grundsatzentscheidung zu den „Einheimischenmodellen" für zulässig erklärt hat[31].

Alle diese Verdeutlichungen des früher im Osten geltenden und insgesamt erfolgreich praktizierten Rechts stellen nicht nur bisher bereits verbreitete Praktiken nun auf eine klare gesetzliche Grundlage; sie räumen auch Zweifel hinsichtlich des sogenannten „Planungshandels" aus. Zwar hält das neue Gesetz an dem herkömmlichen Grundsatz fest, daß sich die Gemeinde vertraglich weder zur Aufstellung einer bestimmten Bauleitplanung noch zum Erlaß von Entwicklungssatzungen verpflichten darf[32]; denn dadurch würde das je-

---

[31] BVerwG, NVwZ 1993, 562 = DÖV 1993, 391.

[32] Vgl. BVerwG, NVwZ 1983, 92 = DVBl. 1982, 1096.

weils gesetzlich vorgesehene Verfahren zur formalen Ratifizierung degradiert und der Gemeinde die ihr gesetzlich obliegende Abwägung unmöglich gemacht[33]. Ein solcher, nach wie vor unzulässiger, „Planungshandel" liegt jetzt aber jedenfalls dann nicht mehr vor, wenn sich der Dritte für den Fall der Genehmigung bestimmter Intensitäten baurechtlicher Nutzungsmöglichkeiten jeweils zu entsprechend abgestuften Leistungen an die Gemeinde verpflichtet; denn dann bleibt das Entscheidungsrecht über den Satzungsinhalt voll bei der Gemeinde, sie weiß nur, daß sie bei gewissen Planungen mehr, bei anderen weniger von Dritten erhält, und dies kann auch bereits bei der Erschließung, mit Blick auf spätere Bebauung, vereinbart werden[34]. Hier liegen dann „Festsetzungen des Bebauungsplanes" vor, welche der Dritte – je nach Gestaltung – durch seinen Beitrag zur Erschließung zu realisieren hilft.

(3) Bauwillige können *Kosten und sonstige Aufwendungen übernehmen*, welche der Gemeinde für städtebauliche Maßnahmen, Anlagen und Einrichtungen entstehen, die Voraussetzung oder Folge des von ihnen geplanten Vorhabens sind (Nr. 3). Wiederum ist die Beteiligung auch auf Voraussetzungen erweitert, weiter dahin, daß die Anlagen und Einrichtungen nun auch außerhalb des (Entwicklungs-)Gebietes liegen können (etwa Verkehrsanbindungen).

Damit sind, soweit ersichtlich, alle Vertragsinstrumentarien bereitgestellt, welche einerseits den Bauwilligen die nötige finanzielle Planungssicherheit für ihre Dispositionen geben, andererseits für die Kommunen zu einer Entlastung von Entwicklungskosten führen können. Den Gemeinden bleibt das Druckmittel der Planungsgewalt; sie können dieses aber nur begrenzt einsetzen, weil sie sonst mit keiner vertraglichen Drittbeteiligung an ihren (Entwicklungs-)Kosten mehr rechnen können.

c) Für die hier untersuchte Erforderlichkeit der Entwicklungssatzungen erhebt sich nun die Frage, ob diese nicht nur dann erlassen werden dürfen, *wenn die Durchführung der Entwicklung anders nicht gesichert werden kann*, sci cs durch die dafür nötige Neuordnung der Grundstücksverhältnisse, sei es insbesondere durch Deckung der Erschließungskosten.

---

[33] BVerwG, DVBl. 1977, 529 (529 f.), wobei übrigens fraglich bleibt, ob sie das Ergebnis dieses Verfahrens und dieser Abwägung dann nicht doch (noch) vertraglich fixieren dürfte.

[34] Um jede Gefahr eines unzulässigen Drucks auf die Planungshoheit der Gemeinde auszuschließen, der bei finanziellen Angeboten zu nur einer Bebauungslösung immerhin noch angenommen werden könnte, wäre wohl zu folgendem Vorgehen zu raten: Die Gemeinde entwickelt aus ihrer Sicht eine Reihe von Entwicklungs- und Bauplanungsalternativen und holt Kooperations- bzw. Kostenbeteiligungsangebote bei Bauwilligen ein; diese äußern sich zu all diesen Alternativen. Sodann trifft die Gemeinde ihre Auswahl.

Das Gesetz trifft keine ausdrückliche Bestimmung über das Verhältnis von Satzungs- und Vertragserschließung. Dennoch ergibt sich die *Subsidiarität* der ersteren aus folgender Überlegung: Bei einer Satzungserschließung „soll" die Gemeinde die entsprechenden Flächen erwerben (§ 166 Abs. 3 S. 1 n.F. BauGB); geschieht dies nicht, so wird der Eigentümer mit einer Ausgleichsabgabe belastet (§ 166 Abs. 3 S. 4 n.F. BauGB). Geht er auf das Ankaufsangebot der Gemeinde nicht ein, so muß er mit Enteignung rechnen (§ 169 Abs. 3 n.F. BauGB). In jedem Fall unterliegt er also, bei Satzungserschließung, hoheitlichem Zwang. Dieser aber darf, wenn der Gemeinde ein anderer Weg der Erschließung noch offen steht, nämlich das oben a, b dargestellte Vertragsinstrumentarium, nicht eingesetzt werden; denn dies widerspräche dem im Gesetz stark betonten Erforderlichkeitsgrundsatz, dem der Verhältnismäßigkeit überhaupt. Dieser ist jedoch jedenfalls dort streng zu beachten, wo eine Enteignung in Betracht kommt[35].

Diese Subsidiarität ist im Gesetzgebungsverfahren ausdrücklich betont worden. Im Ausschußbericht heißt es: „Die Koalitionsfraktionen weisen in diesem Zusammenhang insbesondere darauf hin, daß für die Anwendung der Entwicklungsmaßnahmen dann kein Raum ist, wenn die städtebaulichen Ziele auch mit den herkömmlichen Instrumenten des allgemeinen Städtebaurechts, wie z.B. einer Umlegung, einem städtebaulichen Vertrag oder einem Bebauungsplanverfahren erreicht werden können"[36]. Dem kann nicht entgegengehalten werden, daß ein Städtebaulicher Vertrag ja stets die Zulässigkeit des Erlasses einer Satzung, wenn nicht gar diesen selbst, voraussetze und nur in deren Rahmen, zur näheren Ausgestaltung, in Betracht komme: § 6 n.F. WoBauErlG beschränkt nicht allgemein die Anwendung des Vertragsinstrumentariums auf diesen Fall[37]. Auch kann gegen die Subsidiarität nicht eingewendet werden, unter Umständen langwierige vorgängige Vertragsverhandlungen würden, wegen der daraus vom Publikum abgeleiteten Erschließungserwartung, zu derartig „spekulativen" Preissteigerungen bei den zu erschließenden Flächen führen, daß beim Scheitern einer Einigung tatsächlich-wirtschaftlich nicht mehr enteignet werden könne. Dies ist ein – im vorliegenden Zusammenhang nicht zu vertiefendes – Problem, das sich bei jeder Enteignung stellt, soweit der vorgängige Versuch freihändigen Erwerbs Voraussetzung für sie ist.

---

[35] *Papier*, in: Maunz / Dürig, GG, Art. 14 Rdnrn. 507 f.; BVerfGE 21, 150 (155) = NJW 1967, 1175; BVerfGE 24, 367 (405) = NJW 1969, 309.

[36] BT-Dr. 12/4340, S. 14, unter Bezugnahme auf das eingangs erwähnte Gutachten von *Leisner*.

[37] § 6 Abs. 2 n.F. WoBauErlG stellt lediglich klar, daß *auch* „im Zusammenhang mit Satzungsverfahren" solche Verträge geschlossen werden können.

Fazit: Die Entwicklungssatzung ist kein allgemein und beliebig anwendbares Entwicklungsinstrument; es sind bei ihr deutliche und insgesamt enge Grenzen rechtlicher Zulässigkeit zu beachten[38]. Die Sorge, es könne hier zu einer das Eigentum Privater gefährdenden kommunalen „Entwicklungsfreiheit" kommen, ist nicht nur nach der Finanzlage der Kommunen, sondern vor allem auch wegen der zahlreichen Möglichkeiten, die Erforderlichkeit des Satzungserlasses im Genehmigungs- wie später in einem verwaltungsgerichtlichen Verfahren zu bestreiten, kaum begründet. Die Satzungs-Entwicklung ist nicht nur an sich schon ein höchst schwerfälliges Verfahrens-Vehikel; dieses kann auch im Einzelfall durch geschickte Verhandlungs- oder Prozeßführung, in schwer absehbarer Weise, blockiert werden. Die finanziellen Risiken der Gemeinden sind dabei so groß, daß ihnen zu vertraglicher Einigung stets zu raten ist.

III. Abschöpfung von Planungs-Wertsteigerungen durch satzungsrechtliche Enteignungen?

1. Die transitorische Enteignung

a) Wird über Satzungserlaß entwickelt, so „soll" die Gemeinde die Flächen erwerben (§ 166 Abs. 3 S. 3 n.F. BauGB); wenn ein Ankaufsversuch zu angemessenen Bedingungen („ernsthaft") scheitert, *ist zu enteignen* (§ 169 Abs. 3 S. 1 n.F. BauGB). Nach Durchführung der Neuordnung der Entwicklung sind die Grundstücke wieder zu veräußern (§ 166 Abs. 5-8 n.F. BauGB), und zwar unter vorrangiger Berücksichtigung der früheren Eigentümer. Gefallen ist die bisherige Einschränkung dieser Berücksichtigung: „ ... und zwar in erster Linie diejenigen, die kein sonstiges Grundeigentum oder nur Grundeigentum in geringem Umfang haben" — zu Recht: Die strengen Voraussetzungen des Boxberg-Urteils des Bundesverfassungsgerichts[39] müssen gewahrt bleiben; das Enteignungsziel allein darf angestrebt werden, als ein solches hat das Bundesverfassungsgericht die Entwicklung des Gemeindegebiets gebilligt. Weitere, insbesondere sozialpolitisch-bodenverteilende Zielsetzungen dürfen jedoch nur, gehen sie zu Lasten der Eigentümer, auf einer gerade dies gestattenden speziellen gesetzlichen Grundlage verfolgt werden. Das Baugesetzbuch stellt eine solche Grundlage für vorrangige Berücksichtigung „Landarmer" nicht zur Verfügung.

---

[38] Auf diese „Grenzen" weist der Ausschußbericht (Fn. 36) ausdrücklich hin.

[39] BVerfGE 74, 264 (295 ff.) = NJW 1987, 1251 = NVwZ 1987, 487 L; vgl. schon früher BVerfGE 24, 367 (403 ff.) = NJW 1969, 309; BVerfGE 38, 175 (180 f.) = NJW 1975, 37; BVerfGE 66, 248 (257) = NJW 1984, 1872 = NVwZ 1984, 574 L.

b) Der beschriebene „transitorische Erwerb“, in vielen Fällen durch *transitorische Enteignung* seitens der Kommune, findet zu einem *„Anfangswert“* statt (vgl. § 154 Abs. 2 BauGB), d.h. zum Verkehrswert der Flächen ohne Entwicklung(saussicht). Dies ist dann gleichzeitig der Ausgangswert für eine Ausgleichsleistung dort, wo ein Zwischenerwerb der Gemeinde nicht stattfindet (§ 153 Abs. 1 iVm. § 169 Abs. 4 n.F. BauGB). Nach dem Gesetz – aber auch bereits nach allgemeinen Grundsätzen des deutschen Enteignungsrechts[40] – kann dies nur der Verkehrswert sein, zur Zeit des Zugriffs auf das Privateigentum. Da Bodenpreise, bei Aufkommen eines „Entwicklungsverdachtes“, nicht unerheblich anzuziehen pflegen, muß die Kommune versuchen, eine solche Erhöhung der Anfangswerte durch Einleitungsverfügungen (vgl. § 153 Abs. 1 BauGB) zu „blockieren“. Dem sind in der Praxis aber enge Grenzen gesetzt; denn Interessenten, insbesondere Bauträger, beobachten diesen „Markt der Möglichkeiten“ sorgfältig, und wachsame Eigentümer werden in vielen Fällen durch Abschluß entsprechender Verträge den Beweis erbringen können, daß schon der Anfangswert ihrer Grundstücke relativ, hoch war — mit der Folge, daß die Differenz zum „Endwert“ (§ 154 Abs. 2 BauGB), zu dem die Kommune wieder verkaufen muß (§ 169 Abs. 5-8 n.F. BauGB) soweit schrumpft, daß sie kaum mehr die Entwicklungskosten der Gemeinde deckt. Dies ist ein finanzielles Risiko, das den Gemeinden nicht abgenommen werden kann, es wird, gerade in Zeiten wirtschaftlicher Rezession, mit stagnierenden oder sinkenden Grundstückspreisen, Satzungsabsichten der Gemeinden in vielen Fällen entgegenstehen: Es gibt eben „nur wenig abzuschöpfen“. In diesen engen ökonomischen Grenzen ist auch das folgende, von vornherein, zu sehen.

2. Einbringung kommunaler Entwicklungskosten — nicht Abschöpfung der Planungswertsteigerung

a) Die Abschöpfung, die den „Zugriff auf die Planungsgewinne“[41] realisieren soll und die Eigentümer verständlicherweise beunruhigt hat, ist jedenfalls durch den Endwert (Wiederverkaufspreis) bestimmt. § 169 Abs. 8 S. 1 n.F. BauGB sollte nach dem Regierungsentwurf lauten: „Das Grundstück oder das Recht ist zu dem Verkehrswert zu veräußern, der sich durch die rechtliche und tatsächliche Neuordnung des städtebaulichen Entwicklungsbereichs ergibt.“ Danach wären die „Enteignungsgewinne“ jedenfalls und in vollem Umfang den gemeindlichen Haushalten zugefallen. Die Kommunen hätten dann schon deshalb ein Interesse an möglichst weitgehender Entwicklung durch Satzung und Enteignung und an großzügiger Auslegung der Voraussetzungen

---

[40] Vgl. dazu *Leisner*, NJW 1992, 1409 m. Nachw.

[41] Titel etwa eines Beitrags in der SZ v. 2./3./4.10.1992.

dafür (oben II) gehabt, weil sie in der Tat etwas wie eine Abschöpfung der planungsbedingten Wertsteigerungen hätten betreiben können: Der „Entwicklungswert" eines Grundstücks wird vom Markt – das ist für die Praxis selbstverständlich – nicht nur nach den „gerade durch Entwicklungs-Investitionen bewirkten Wertsteigerungen" beurteilt. Entscheidend ist vielmehr die dadurch in der Regel sich ergebende wesentlich höherstufige Bauerwartung hinsichtlich der entwickelten Fläche: Wo einmal aufwendig entwickelt worden ist, kann ohne weiteres mit baldiger Bebauung gerechnet werden; dies ist ja auch die Absicht des Gesetzgebers. Mehr noch: Aus der Art der Entwicklung ergibt sich bereits ein gewisser, oft sogar durchaus präziser Rahmen für das, was demnächst, nach Bauleitplanung, erstellt werden darf; insoweit ist der Entwicklungs-Mehrwert bereits etwas wie eine weitgehende Vorwegnahme des Bauplanungs-Mehrwerts als solchen. Daran hätte die verbale Beschränkung im Entwurf wenig ändern können: Weithin wäre es zu einer Abschöpfung der „Bauplanungsgewinne" schlechthin gekommen.

b) *Hier aber hat nun die Volksvertretung eine Änderung durchgesetzt, die grundsätzlich eigentumsrechtlich, wie in ihrem praktischen Gewicht, höchst bedeutsam ist*: § 169 Abs. 8 n.F. BauGB lautet nach der Endfassung: „Zur *Finanzierung der Entwicklung* ist das Grundstück oder das Recht zu dem Verkehrswert zu veräußern, der sich durch die rechtliche und tatsächliche Neuordnung des städtebaulichen Entwicklungsgebietes ergibt." Die vom *Verfasser* hervorgehobenen Eingangsworte bedeuten, daß die Kommune als Wiederverkaufspreis, als „Endwert", nur ansetzen darf: den Anfangswert, zu dem sie die Flächen erworben hat, zuzüglich der von ihr oder in ihrem Auftrag tatsächlich aufgewendeten Entwicklungskosten und -aufwendungen, einschließlich jeweils angemessener Verzinsung.

Mit anderen Worten: Die transitorische Enteignungsgewalt darf – und soll – ihre Entwicklungskosten hereinbringen, an der Entwicklung, insbesondere an der Enteignung, aber nichts verdienen. Im Ausschußbericht heißt es dazu erläuternd — unter ausdrücklicher Bezugnahme auf das Rechtsgutachten des *Verfassers*: „Keinesfalls dürfen fiskalische Interessen der Gemeinden Hauptmotiv für die Durchführung einer Entwicklungsmaßnahme sein. Die sachgerechte Anwendung des besonderen Finanzierungssystems dieses Instruments läßt es nicht zu, daß dabei Überschüsse zugunsten der Gemeinde entstehen. Um dies klarzustellen, ist die Ausschußmehrheit mehreren Änderungsanträgen gefolgt, die u.a. festlegen, daß die insbesondere aus dem Verkauf der baureifen Grundstücke herrührenden Einnahmen der Gemeinde ausschließlich zur Finanzierung der erforderlichen Kosten der Maßnahme eingesetzt werden dürfen"[42]. Derartiges ergab sich zwar bereits für die Ausgleichsbeträge der Eigentümer bei den städtebaulichen Sanierungsmaßnahmen (§ 154 Abs. 1

[42] Fn. 36.

S. 1 BauGB: „zur Finanzierung der Sanierung“). Da aber in § 153 Abs. 4 BauGB die „Abschöpfung“ nicht entsprechend, und wie nun im neuen Gesetz, auf Kosten beschränkt war, konnte bisher argumentiert werden, eine solche Einschränkung gebe es nicht, die Differenz schlechthin sei abschöpfbar[43].

Diese, nach dem Wortlaut schon eindeutige, Rechtslage wird noch dadurch bestätigt, daß der Bundestag dem Entwurf auch einen § 171 n.F. BauGB hinzugefügt hat, nach dessen Absatz 2 die Gemeinde „nach dem Stand der Planung eine Kosten- und Finanzierungsübersicht aufzustellen (hat). Zu berücksichtigen sind die Kosten, die nach den Zielen und Zwecken der Entwicklung erforderlich sind.“ Damit ist von vornherein die Gemeinde zu kostenbewußter Entwicklung angehalten, und eine Nachprüfung an tatsächlichen Entwicklungskosten wird, durch Vergleich mit der Übersicht, später erleichtert, so daß nicht etwa beliebige Kosten als solche der Entwicklung eingesetzt werden dürfen.

Einnahmen der Gemeinde aus dem Wiederverkauf von Grundstücken, welche die Entwicklungskosten übersteigen, müssen „nach einem der konkreten Entwicklungsmaßnahme angemessenen und gleichmäßigen Maßstab den Entwicklungsbetroffenen zukommen“[44].

3. Die eigentums-grundsätzliche Bedeutung der Beschränkung des Entwicklungswerts auf die gemeindlichen Entwicklungskosten

a) Die praktischen Auswirkungen dieser endgültigen Gesetzesfassung sind erheblich: Jeder der Eigentümer, denen nach Abschluß der Entwicklung die Flächen ja wieder angeboten werden müssen (vgl. § 169 Abs. 6 n.F. BauGB), kann – und wird – sorgsam prüfen, notfalls gerichtlich überwachen lassen, ob die Gemeinde nur die Entwicklungskosten aufrechnet. Bei den Gemeinden aber fehlt jeder Anreiz, Satzungs-Entwicklungen zur Haushaltssanierung zu betreiben.

Entscheidend ist aber die *eigentumsrechts-grundsätzliche Bedeutung dieser gesetzlichen Präzisierung*: Von „Abschöpfung“ kann und sollte hier nun überhaupt nicht mehr gesprochen werden. Diese – von Anfang an rechtlich

---

[43] Obwohl dies schon, nach bisherigem Recht, entschiedenen Bedenken unterlag; denn es können Sinn und Zweck der Abschöpfung nicht anders und weitergehend bestimmt werden als die der Ausgleichsbeträge, welche sich an jener ja orientieren. Schon bisher wurde auch betont, die zwischenzeitliche Werterhöhung müsse zur Kostendeckung verwendet werden, vgl. *Neuhausen* (Fn. 5), Rdnr. 138, s. auch *Gaentzsch*, NVwZ 1991, 921; *Löhr* (Fn. 28), § 154 Rdnr. 4.

[44] *Krautzberger/Runkel*, DVBl. 1993, 453 (461).

unglückliche und sozialpolitisch emotionsbeladene – Vokabel setzt voraus, daß die Hoheitsgewalt sich etwas nehmen darf, was „an sich“ dem Bürger zufällt, ihm aber nicht zukommen sollte. Bei der städtebaulichen Entwicklung gibt es nun nichts mehr, „abzuschöpfen“. Die Kommune erhält, was ihr von Anfang an zusteht, ihre Entwicklungsinvestitionskosten, aber auch nicht mehr. Der gesamte Entwicklungs- und Planungsmehrwert der Grundstücke als solcher steht und fällt den Eigentümern zu.

Aus dem Wortlaut des § 89 Abs. 3 BauGB war bisher geschlossen worden: Weil beim Wiederverkauf enteigneter Grundstücke kein „Verdienstverbot“ – wie früher – der Gemeinde bestehe, dürfe diese „konjunkturbedingte und neuordnungsbedingte Wertsteigerungen abschöpfen“[45]. Dies ist nun, jedenfalls für den Entwicklungsbereich, nicht mehr haltbar. Darüber hinaus darf wohl § 89 BauGB nicht anders mehr ausgelegt werden als § 154 BauGB, vor allem aber nicht anders als der nunmehr in anderem Sinne präzisierte § 166 Abs. 8 n.F. BauGB. Denn die ratio legis ist in allen Fällen die gleiche: Enteignungen sind kein Instrument dafür, den Kommunen einen Zugang zum Grundstücksmarkt zu eröffnen, auf dem sie dann Gewinne, etwa durch Horten von Grundstücken oder durch Spekulation, im Wege der Abschöpfung von Wertsteigerungen, erzielen dürften.

b) *Diese gesetzliche Präzisierung war eigentums-verfassungsrechtlich nicht nur zulässig, sondern geboten.* Die (transitorische) Enteignung gibt keine Legitimation zu einer „Abschöpfung“ zugunsten der Gemeindehaushalte. Mag „Bauland zu niedrigen Preisen“ noch ein öffentlicher Belang im Sinne von Art. 14 Abs. 3 GG sein — zu seiner Befriedigung sind Wertabschöpfungen seitens der Kommunen nicht das geeignete Mittel; sie würden das Bauland eher noch verteuern. Der Zweck, den Gemeindehaushalten Mittel zuzuführen, darf jedoch über Enteignungen generell nicht verfolgt werden[46].

Durch „Entwicklungswert-Abschöpfung“ kann auch dem Eigentümer nicht etwa ein – ihm nicht zustehender – „planungsverliehener“ Wert entzogen werden. Dies würde voraussetzen, daß das „Baurecht“, welches die Gemeinde dem Eigentümer eröffnet, diesem im Weg der Baukonzession verliehen wäre; nur dann dürften, bereits auf der Entwicklungsstufe, dadurch „bewirkte Wertsteigerungen abgeschöpft“ werden. Davon aber kann nicht die Rede sein. Der Bundesgerichtshof[47], das Bundesverwaltungsgericht[48], und das Bundesverfas-

---

[45] *Battis*, in: Battis / Krautzberger / Löhr, BauGB, 3. Aufl. 1991, § 89 Rdnr. 5; s. auch *Jäde*, BayVBl. 1992, 549 (555 f.).

[46] BVerfGE 38, 175 (180) = NJW 1975, 37; ganz h.L., vgl. etwa *Schmidbauer*, Enteignung zugunsten Privater, 1989, S. 93 ff.; *Gramlich*, JZ 1986, 269 (275); *Leisner*, NJW 1992, 1409 (1415), alle m.w.Nachw.

[47] BGHZ 30, 338 (341) = NJW 1959, 2156; BGHZ 60, 112 (115) = NJW 1973, 616; BGHZ 65, 182 (186) = NJW 1976, 184; BGHZ 67, 320 (326) = NJW 1977, 388; BGHZ 88, 51 (59 f.).

sungsgericht[49] haben sich stets zur Baufreiheit als Ausfluß der verfassungsrechtlichen Eigentumsfreiheit (Art. 14 Abs. 1 GG) bekannt. Zwingende Folge ist: Auch der Mehr-Wert, der sich aus solcher Bebaubarkeit ergibt, steht dem Eigentümer, nicht einem Hoheitsstaat zu, der hier nichts verleiht, sondern nur einen bisher – in der Regel zulässig – dem Bürger verschlossenen Freiheitsbereich (bauliche Nutzung) wieder eröffnet[50]. Demgegenüber hat sich eine Mindermeinung, die von staatlicher Baurechtsverleihung ausgeht, nicht durchzusetzen vermocht[51].

Das neue Gesetz ist eine klare Bestätigung der herrschenden Lehre von der Baufreiheit, eine Sicherung der Eigentumsfreiheit. Es mag noch immer politische Kräfte und juristische Strömungen geben, die schon vor zwei Jahrzehnten bedauert haben, daß der „Planungswertausgleich" damals gescheitert ist. Einer Entwicklung, in der das Baurecht – weithin unbemerkt – heute über Entwicklungswert-Abschöpfung in Planungswert-Abschöpfung hineingleiten könnte, hat der Gesetzgeber einen Riegel vorgeschoben. Dies ist zu begrüßen. Denn in einer Marktwirtschaft, die sich dadurch definiert, daß jeder Bürger ständig „spekuliert", werden die wirtschaftlichen Werte eben vom „Markt geschaffen", nicht durch Satzungserlaß und Verwaltungsakt. Daher gebühren sie dem Marktteilnehmer, dem Eigentumsbürger[52].

---

[48] BVerwG, NJW 1978, 2311 = DVBl. 1979, 67 (69).

[49] BVerfGE 35, 263 (276) = NJW 1973, 1491 (2196 L); vgl. auch BVerfGE 58, 300 (335 f.) = NJW 1982, 745 = NVwZ 1982, 242 L; BVerfGE 70, 35 (53 f.) = NJW 1985, 2315 = NVwZ 1985, 732 L.; s. auch BayVerfGH, NVwZ 1986, 551 (552).

[50] In diesem Sinne nunmehr auch *Brenner*, DVBl. 1993, 291 (298).

[51] Näher dazu *Leisner*, DVBl. 1992, 1065 ff.

[52] Ebenso im Ergebnis *Brenner*, DVBl. 1993, 291 (298).

Altlastensanierung zu Lasten der Eigentümer?*

Sicherheitsrechtliche Zustandsverantwortlichkeit und Eigentumsgrundrecht

I. Das Problem „Altlasten und sicherheitsrechtliche Zustandsverantwortlichkeit“

1. Die „Müllbomben im Boden“

Im Dezember 1989 hat der Sachverständigenrat für Umweltfragen ein Sondergutachten über „Altlasten“ vorgelegt[1]. Die Feststellungen der Umweltexperten sind niederschmetternd: Die Zahl der im Boden der Bundesrepublik Deutschland ruhenden umweltgefährdenden Mülldeponien wird auf 50 000 geschätzt; im einzelnen sind sie weithin noch gar nicht eindeutig lokalisiert oder überhaupt näher bekannt. Allein in Nordrhein-Westfalen wird der Sanierungsbedarf auf etwa 60 Milliarden DM von den dortigen Gemeindeverwaltungen veranschlagt. Umweltkosten in Größenordnungen, die vom „Waldsterben“ bekannt sind, lassen sich also nicht ausschließen, die Gefahren für Leben, Gesundheit und Eigentum der Bürger sind unabsehbar. Wenn schon nicht eine nationale Katastrophe — eine schwere nationale Belastung bahnt sich an.

Seit längerem wird die Einführung eines *bundesweiten Fondssystems* nach US-Vorbild gefordert, und von Bankenseite wird die Beteiligung des Bundes daran verlangt; in Rheinland-Pfalz gibt es heute einen Mischfonds unter Beteiligung des Landes, der Kommunen und der Industrie. Unumgänglich ist dies schon deshalb, weil es in sehr vielen Fällen nicht (mehr) möglich sein wird, einen „Verursacher“ zu finden, und weil auch die Eigentümer als „Zustandsverantwortliche“ häufig wirtschaftlich überrascht und völlig überfordert sein werden, den jeweiligen Kommunen aber die erforderliche Sanierung finanziell nicht überall zugemutet werden kann.

2. „Zuerst gegen den Störer“

Doch verschlungen und lang sind, nach allen bisherigen Erfahrungen, die Kanäle, aus denen solche öffentliche Mittel zum Sanierungsverpflichteten

---

* Erstveröffentlichung in: Jahrbuch des Umwelt- und Technikrechts 1990, S. 217–234.

[1] Bericht der SZ vom 14.12.1989.

fließen, und so wird man denn, nach gutem polizeilichen Brauch, zunächst nach einem „Verantwortlichen“ Ausschau halten, der insbesondere auch für die Kosten aufzukommen hat. Denn die Behörde selbst hält sich ja zurück, muß dies tun: „Nur wenn Anordnungen gegen Störer, also auch gegen Zustandsstörer, nicht möglich, nicht zulässig oder nicht erfolgversprechend sind, kommen eigene Maßnahmen der Behörden zur Beseitigung der Störung in Betracht“[2] — daß eine „Störung“ der öffentlichen Sicherheit und Ordnung im Sinne des Sicherheitsrechts im Fall gefährdender Deponie-Altlasten vorliegt, bedarf hier keiner näheren Begründung[3]. Gerade im Namen der Rechtsstaatlichkeit und des Eigentums gilt also der Grundsatz „zuerst gegen den Störer“ — ein Danaergeschenk für den Bürger, wie sich nun zeigt:

Die Sicherheitsbehörde hat in erster Linie, und in der Regel möglichst rasch, den Gefahrenherd zu beseitigen, also für die Sanierung der Altdeponien zu sorgen. Ihr steht dabei das polizeiliche Eingreifermessen zur Verfügung, ob sie sich gegen den Verursacher wenden und ihn belasten will, also den „Handlungsstörer“, oder gegen die „Zustandsstörer“, den Inhaber der tatsächlichen Gewalt über die Altlast, in der Regel den Besitzer des Grundstücks, meist dessen Eigentümer[4]. Das Sicherheitsrecht gestattet es überdies ausdrücklich, Maßnahmen „auch“, jedenfalls gegen den Eigentümer zu richten[5].

Zwar entspricht es herrschender Lehre, daß zunächst die Sanierungsanordnung gegen den Handlungsstörer zu richten ist, der die Gefahr verursacht hat[6] — wobei die Behörde aber nicht gegen den „letzten Störer“ vorzugehen braucht[7]. Ist der Handlungsstörer aber nicht zu ermitteln, oder ist es der Behörde, im Sinne rascher und effizienter Gefahrenabwehr, nicht zuzumuten, lange Nachforschungen nach dem Verursacher anzustellen, so wird die Maßnahme, also die Sanierungsanordnung, gegen den „Zustandsstörer“, den Inhaber der tatsächlichen Gewalt, zu richten sein. Dies letztere ist jedenfalls dann

---

[2] BayVGH, BayVBl. 1986, S. 590 (594) — überzeugend jedenfalls nach bayerischem Sicherheitsrecht, vgl. Art. 7 Abs. 3 BayLStVG; siehe dazu auch VGH Mannheim, DÖV 1986, S. 249 (250).

[3] Dazu näher mit Nachw. BayVGH, BayVBl. 1986, S. 590 (591). Die Abgrenzungsprobleme liegen hier im einzelnen vor allem bei den „Verdachtfällen“ (dazu etwa *Breuer*, R., NVwZ 1987, S. 751 (754)) und bei der Gefahrenerforschungslast der Behörde (siehe *Breuer*, a.a.O.).

[4] Siehe u.a. BayVGH, BayVBl. 1986, S. 590 (593); BayVGH, BayVBl. 1984, S. 16 (16/17) m. Nachw.; dazu auch *Drews/Wacke/Vogel/Martens*, Gefahrenabwehr, 9. Aufl. 1986, S. 320/321.

[5] Vgl. etwa Art. 8 Abs. 2 BayPAG.

[6] BayVGH, BayVBl. 1984, S. 16 (16/17); BayVGH, BayVBl. 1986, S. 590 (593), beide m. Nachw.; siehe auch *Friauf*, K.H., FS f. Wacke, 1972, S. 293 (296).

[7] Siehe dazu OVG NW, UPR 1984, S. 279 (280).

(zusätzlich noch) nötig, wenn dieser sich der Sanierung durch den Handlungsstörer widersetzen sollte; die Anordnung beschränkt sich dann ihm gegenüber auf den Duldung befehlenden Verwaltungsakt.

3. Der „Zustandsstörer" als faktischer Primäradressat der Sanierungsanordnungen

Bei Altlasten wird nun nicht selten, bei heute erst „entdeckten" derartigen Gefahrenherden sehr häufig, der Zustandsstörer primär in Anspruch genommen werden. Er ist greifbar und jedenfalls der Adressat der Duldungsanordnung, gänzlich vermögenslos wird er oft, schon als Eigentümer, doch nicht sein. Über ihn führt ja meist auch erst der Weg zum „Handlungsstörer", „da er regelmäßig besser als die Behörde die Vorgeschichte der Störung und die bisherigen Verhältnisse seines Grundstücks kennt oder kennen sollte und darlegen kann. In dieser Hinsicht trägt er in gewissem Sinne auch die formelle Beweislast"[8]. Er mag sich dann eben an etwaige ihm gegenüber zivilrechtlich Verpflichtete halten[9], oder der Behörde den „Handlungsstörer" nennen. Ist er dazu nicht in der Lage, so wird die Sicherheitsbehörde es in aller Regel nicht für unbillig halten, daß er als Eigentümer letztlich auch bezahlen muß — er hätte sich eben besser informieren oder absichern sollen; und wenn dies nach Sachlage gar nicht möglich gewesen wäre, dann hat ihn eben etwas getroffen wie ein „unglücklicher Zufall" — casum sentit dominus.

Praktisch bedeutet dies nun aber, daß in vielen der oben erwähnten Fälle der Eigentümer zu sehr hohen Kostentragungen von den Sicherheitsbehörden verpflichtet werden wird. Gerade unter größerem, etwa land- und forstwirtschaftlichem Grundbesitz tickt, in den meisten Fällen noch unbemerkt, häufig heute die „Müllbombe". Wird sie entdeckt, so wird etwa der bäuerliche Eigentümer nicht selten wirtschaftlich völlig überfordert, ja ruiniert sein, denn auch durch Dereliktion kann er sich der Belastung nicht entziehen[10]. Er darf dann als Bittsteller in „Härtefällen" bei öffentlichen Fonds anklopfen — wenn es solche gibt. Und Vorsorge kann er dagegen, jedenfalls bei versteckten Altlasten, nicht treffen.

Ein typischer Fall mag sich dann etwa so darstellen: In einem Waldgrundstück wird eine Mülldeponie entdeckt. Dort sind vor etwa 60 bis 100 Jahren Abfälle gelagert worden, darunter auch solche aus längst nicht mehr beste-

---

[8] BayVGH, BayVBl. 1986, S. 590 (594) — eine nicht unbedenkliche Formulierung bei einer Anfechtungsklage; besser sollte von Darlegungslast gesprochen werden.

[9] Die Problematik ist eingehend untersucht bei *Marburger,* P., Grundstückserwerb und Altlastenhaftung in zivilrechtlicher Sicht, Jahrb. d. Umwelt- und Technikrechts, 1987, S. 170 ff., dort auch ein Ausblick auf die öffentlich-rechtliche Problematik, S. 199 f.

[10] Dazu *Drews/Wacke* (Fn. 4), S. 328.

henden gewerblichen Betrieben, aber offenbar auch solche, welche von anderen Privaten stammen. Wer im einzelnen abgelagert hat, läßt sich ebensowenig mehr ermitteln wie aufzuklären ist, ob der damalige Eigentümer für die Deponie etwas gefordert oder erhalten, ob er sie geduldet oder ob er auch nur von ihr gewußt hat. Auch läßt sich nicht mehr herausfinden, ob irgendeine Behörde, etwa die Gemeinde, etwas damals veranlaßt hat, oder ob ihr die Ablagerung bekannt war.

Als Variante des Falles mag noch angenommen werden: Die Deponie ist von solcher Art, von derartigem Ausmaß, daß mit großer Wahrscheinlichkeit anzunehmen ist, der Eigentümer und die zuständigen Gesundheits- und Sicherheitsbehörden hätten damals von der Ablagerung der Abfälle gewußt.

Können, müssen vielleicht, wirklich solche Altlasten zu Lasten des Eigentümers saniert werden?

Hier wird die Untersuchung, vor allem eigentumsrechtlich, einmal für solche Altlasten im engeren Sinne durchgeführt. Der – diffuse – Begriff[11] der Altlasten bedarf weiterer, sorgfältig fallgruppenbildender Eingrenzung. Die Untersuchung beschränkt sich auf das sicherheitsrechtliche Altlastenproblem, also auf Fälle, in welchen abfallrechtliche, wasserrechtliche oder bergrechtliche Spezialregelungen nicht eingreifen[12]. Solche Normen können sich, jedenfalls für die erwähnten, seit langem tatsächlich völlig abgeschlossenen Tatbestände, auch keine Rückwirkung beilegen[13].

4. Volle Kostentragungspflicht des Zustandsstörers und Bemühungen, sie einzuschränken

a) Nach dem heutigen Stand der Rechtsprechung und der herrschenden Lehre[14] muß in dem vorstehend angenommenen Fall der Eigentümer mit einer Sanierungsverfügung der zuständigen Sicherheitsbehörde rechnen — er habe die gefährliche Deponie umgehend auf seine Kosten sachgerecht zu sanieren.

Eine solche Anordnung wird auf das geltende Polizeirecht (im weiteren Sinn) gestützt. Es regelt meist[15] zwar ausdrücklich nur, gegen wen die Maßnahme zu richten ist. „Die Maßnahme“ beinhaltet aber eben die Beseitigungs-

---

[11] So zutr. *Breuer* (Fn. 3), S. 752.

[12] Vgl. *Brandt/Lange,* UPR 1987, S. 11 (13); *Breuer* (Fn. 3), S. 753.

[13] Zur Rückwirkungsproblematik *Papier,* H.-J., Altlasten und polizeirechtliche Störerhaftung, 1985, S. 7/8.

[14] Nahezu lehrbuchhaft dargestellt vom BayVGH, in: BayVBl. 1986, S. 590 ff.

[15] So etwa in Bayern, Art. 7 LStVG, 8 ff. PAG.

verpflichtung. Nachdem aus dieser in der Regel kein anderer zur Kostentragung Verpflichteter zu ersehen ist, bleiben die Kosten dem Adressaten. Entschädigung kann er nur in den gesetzlich besonders geregelten Fällen in Anspruch nehmen, die hier in der Regel nicht gegeben sein werden[16]. Die Verpflichtung, sein Eigentum an dem giftigen Müll aufzugeben, kann auch nicht zu einem Anspruch auf Enteignungsentschädigung führen. Die Kostentragungspflicht (Sekundärebene) wird polizeilich damit kurzerhand als Annex zur Beseitigungspflicht (Primärebene)[17] konstruiert; gesetzlich ist sie jedenfalls nicht ausdrücklich von letzterer abgehoben.

b) Hier zeigt sich nun eine bedenkliche Grundstruktur des Polizeirechts: Dieses unterstellt eine grundsätzliche Einheit der polizeilichen Maßnahme, die weder dogmatisch, noch praktisch-wirtschaftlich gegeben ist, wie gerade die Altlastensanierung zeigt. Jedermann wird es ohne jede Diskussion billigen und für gerecht halten, daß der Eigentümer zur Duldung der Gefahrenbeseitigung, ja auch dazu verpflichtet wird, diese selbst durchzuführen — aufgrund seiner Eigentümerkenntnisse wird er häufig dazu selbst am besten in der Lage sein; das Recht, hier zunächst selbst handeln zu dürfen, ergibt sich aus seiner Eigentümerverantwortung, in einer Ordnung des „primären Umweltschutzes durch Eigentümer"[18].

Anders aber steht es mit der Kostenfrage. Hier werden dem objektiven Betrachter doch zumindest Zweifel kommen, ob es gerecht ist, bei lange zurückliegenden, unaufklärbaren Sachverhalten gerade den ahnungslosen Eigentümer aufgrund eines völlig neuen Erkenntnisstandes von einem Tag auf den anderen mit vielleicht wirtschaftlich vernichtenden Belastungen zuzudecken[19] — obwohl etwa früher sein Rechtsvorgänger durch seine Gestattung möglicherweise nur der Allgemeinheit, seinen Mitbürgern, einen unentgeltlichen Dienst hatte erweisen wollen.

c) Um solchen Problemen zu begegnen, ist in neuerer Zeit eine *Beschränkung der Kostentragungsverpflichtung des Zustandsstörers gefordert worden*[20].

[16] Etwa Inanspruchnahme des Nichtstörers, vgl. Art. 11 BayLStVG, 49 BayPAG.

[17] Dazu BayVGH, BayVBl. 1986, S. 590 (592).

[18] Siehe *Leisner,* W., Umweltschutz durch Eigentümer, 1987.

[19] Darauf könnte dann kaum durch eine Praxis notarieller Gewährleistungsklauseln reagiert werden — sie würden die Ungerechtigkeiten nur verschieben; es bliebe letztlich allein die „Versicherung gegen Müllbomben" ...

[20] Zuerst, soweit ersichtlich, von *Friauf,* K. H., Polizei- und Ordnungsrecht, 1. Aufl. 1969, S. 171; sodann *ders.* (Fn. 6), S. 300 f., weit Nachw. in BayVGH, BayVBl. 1986, S. 590 (592), überdies und vor allem noch *Czychowski,* M., DVBl. 1970, S. 379 (384); *Papier* (Fn. 13), S. 48 ff. m. Nachw.; *ders.,* NVwZ 1986, S. 256 (261); siehe auch *Kloepfer,* M., NuR 1987, S. 7 (17).

Die Vorschläge lassen sich in folgenden Thesen zusammenfassen:

- Kostentragung kann vom Eigentümer insoweit nicht gefordert werden, als der gefährliche Zustand nicht seiner Eigentümersphäre, sondern der *Risikosphäre der Allgemeinheit* zuzurechnen ist[21]. Bei Altdeponien wäre dies dann anzunehmen, wenn entweder der Ablageplatz ohne Zutun des Eigentümers von der Allgemeinheit – einer unbekannten Vielzahl von Bürgern – angelegt worden wäre, oder dies in der Verantwortung einer Verwaltungsinstanz geschehen wäre. Es läge insoweit eine „Einwirkung der Allgemeinheit“ auf das Grundstück vor, ähnlich wie in jenen Fällen des Auslaufens von Treibstoff aus einem von der Straße abgekommenen Fahrzeug, was ein Ausgangspunkt dieser These war.
- Der Eigentümer kann nur für einen Zustand haftbar gemacht werden, der zur Sphäre seiner *Privatnützigkeit* zu rechnen ist, soweit er aus einem solchen Zustand also auch privaten Nutzen zieht oder doch ziehen könnte. Wird jedoch durch die Schaffung eines Zustandes die Privatnützigkeit gerade für den Eigentümer ausgeschlossen, „unterbrochen“, ist dieser also selbst im wesentlichen das „Opfer“ dieses Zustands, so hat er für dessen Beseitigung auch nicht aufzukommen[22]. Im Deponiefall müßte dann der Eigentümer nichts bezahlen, die Deponie schadet ja der Privatnützigkeit.

Die beiden Theorien stimmen insoweit überein, als sie von einer *„Risiko-Sphären-Trennung“* ausgehen. Sie unterscheiden sich dadurch, daß die erstere vor allem darauf abhebt, wie es zu dem Zustand gekommen ist, die zweite mehr darauf, ob der Eigentümer selbst „mehr Opfer als Störer“ ist.

Bei näherem Zusehen zeigt sich, daß beide Argumentationen die *Zustandshaftung als solche in Frage stellen:* Sie beruht ja, in ihrer herkömmlichen sicherheitsrechtlichen Konstruktion, allein darauf, daß der Verpflichtete *jedenfalls nach Eintritt des gefährlichen Zustandes,* im Augenblick des notwendigen Eingreifens der Behörde, *die tatsächliche Gewalt über die gefährliche Sache innehat* — während die erwähnten Einschränkungsversuche beide darauf hinauslaufen, doch danach zu fragen, wie es dazu gekommen ist, sei es durch Entwicklungen, die der öffentlichen Risikosphäre zuzurechnen sind, sei es durch irgendeine sonstige „Einwirkung von außen“, die jedenfalls vom nutzungsberechtigten Eigentümer nicht ausgeht, diesem vielmehr in der Privatnützigkeit seines Gutes schadet.

Dies alles wird aus einer Verfassung abgeleitet, die zum „Eigentum“ im Sinn von Art. 14 Abs. 1 GG nur rechne, was *der Eigentümer* mit seinem Gut beginne oder was zum Bereich der *Privatnützigkeit* des Eigentumsgutes gehö-

---

[21] So vor allem *Friauf.*

[22] Dies ist insbes. der Lösungsansatz von *Papier.*

re. Nicht ein, unabhängig von der Verfassung zu bestimmendes, „polizeirechtliches Eigentum", sondern nur der verfassungsrechtliche Eigentums-(Nutzungs-)Inhalt könne die Kostentragungspflicht begründen; in den erwähnten Altlastfällen würde er sie weitgehend (erste Alternative) oder gar nicht mehr (zweite Alternative) legitimieren.

II. Verfassungsrechtliche Legitimation der Zustandshaftung

1. Notwendigkeit verfassungsrechtlicher Legitimation der polizeirechtlichen Störerhaftung

Es ist das Verdienst der erwähnten Einschränkungsversuche der polizeirechtlichen Zustandshaftung, auf die Notwendigkeit hingewiesen zu haben, *die polizeirechtliche Störerhaftung an Art. 14 GG zu messen;* nur im Rahmen der Verfassung kann sie von Bestand sein, denn sie zieht dem Eigentum Privater Schranken: „Als Eigentümer" wird der Zustandsstörer in Anspruch genommen, nicht zuletzt auf Kostentragung.

Daß auch eine aus dem Zustand des Eigentums begründete persönliche Verpflichtung des Eigentümers eine Eigentumsbeschränkung – welcher Art immer – ist, bedarf keiner vertiefenden Begründung. Unerträglich wäre es, nur „dingliche" Beschränkungen als solche des Eigentums anzuerkennen; die Staatsgewalt könnte auf dem Umweg über „persönliche" Verpflichtungen des Eigentümers beliebige Eigentumsbeschränkungen durchsetzen. Es genügt, daß Eigentumsrechte Anlaß und wesentlicher Anknüpfungspunkt solcher Verpflichtungen sind, deren „Tatbestand" konstituieren[23]. Anderenfalls könnten Abgabennormen nie Art. 14 Abs. 1 GG verletzen, was aber das BVerfG grundsätzlich für möglich hält[24].

Selbstverständlich sollte es also sein, daß derartige Eigentumsbeschränkungen an der Verfassung gemessen werden. Denn die Kritik[25] ist berechtigt: Es droht hier die Anwendung *eines verfassungsunabhängigen, rein polizeirechtlichen Eigentumsbegriffs,* aus dem sich etwa ergeben könnte, daß jedermann unbegrenzt zur Beseitigung aller Störungen verpflichtet sein soll, die von seinem Eigentum ausgehen und dafür die volle Kostenverantwortung zu übernehmen hat — ohne daß gefragt würde, ob denn diese Regelungen mit der Eigentumsgewährleistung vereinbar sind, wie sie *im einzelnen* dieser gegen-

---

[23] Das wird in der Verfassungsrechtsprechung ohne nähere Begründung angenommen, vgl. etwa das Pflichtexemplarurteil des BVerfG, E 58, S. 137 ff.

[24] Dazu *Kirchhof/Leisner,* Bodengewinnbesteuerung, 1985, Schriftenreihe des BMELF, Heft 306, S. 133 ff. m. Nachw.

[25] Von *Friauf* (Fn. 6), S. 300/301.

über sich legitimieren können. *Die volle „Polizeipflichtigkeit des Eigentums" ist eben eine traditionelle Figur des Verwaltungsrechts,* der polizeirechtliche Eigentumsbegriff war insoweit vor dem verfassungsrechtlichen da. Die Gefahr lag also von vorneherein nahe, daß er entweder global aus der Eigentumsgarantie des Art. 14 Abs. 1 GG herausgenommen — oder in dessen Eigentumsbegriff einfach „hineininterpretiert" wird, „von unten nach oben", in einer „Verfassung nach Gesetz"[26]; im Rechtsstaat wäre dies besonders fatal — es käme zu „Grundrechten nach Polizeirecht" ...

Diese Gefahr ist noch keineswegs durch die bisherige Diskussion gebannt. Zwar wird die Verfassungsfrage inzwischen in diesem Zusammenhang ausdrücklich gestellt[27], aber eben doch nur in sehr allgemeiner, fast formelhafter Weise, und sie wird bald ebenso durchgehend-unkritisch zugunsten einer Ratifizierung der Polizeirechtsnormen beantwortet werden, wie dies bedauerlicherweise im Umweltschutzrecht bereits geschehen ist. Welchen Schutz bietet denn hier noch Art. 14 Abs. 1 GG, wenn sich die Gerichtsbarkeit die Formel zu eigen macht, „in aller Regel" hielten sich Maßnahmen des Natur- und Landschaftsschutzes im Rahmen der Sozialbindung des Eigentums[28]?

Es darf aber nicht dahin kommen, daß Art. 14 Abs. 1 GG nurmehr Gegenstand formelhafter verfassungsrechtlicher Pflichtübungen wird, oder daß er lediglich in „allerärgsten Fällen" eingreift, sozusagen als ein letztes Gerechtigkeitskorrektiv zugunsten des „absolut Unzumutbaren".

Deshalb gilt es nun, die polizeiliche Zustandshaftung am Maßstab des Art. 14 GG *im einzelnen* zu überprüfen – stets mit Blick auf die Altlastenproblematik – und nicht nur mit dem Ziel, aus der Verfassung zu irgendwelchen Restriktionen der Verantwortlichkeit zu kommen.

2. Trennung von Beseitigungs- und Kostentragungsanordnung; die eigentumsverfassungsrechtliche Zulässigkeit des Beseitigungsverlangens

a) *Die polizeirechtliche grundsätzliche Gleichschaltung von Beseitigungs- und Kostentragungsanordnung*[29] ist verfassungsrechtlich nicht nur nicht zwingend, *sie ist bedenklich.* Schon die Zielrichtungen der beiden Maßnahmen sind ganz unterschiedlich: Dort geht es um Beseitigung der Gefahr als sol-

---

[26] Vgl. dazu *Leisner,* W., Von der Verfassungsmäßigkeit der Gesetze zur Gesetzmäßigkeit der Verfassung, 1964.

[27] Siehe dazu etwa BayVGH, BayVBl. 1986, S. 590 (592).

[28] BVerwGE 49, S. 365 (368) m. RV.; 67, S. 93 (95); BGH, JZ 1979, S. 98 (99); BGH, NJW 1980, S. 2299; BGH, BayVBl. 1985, S. 219 (220); BGHZ 60, S. 126 (143 f.); 72, S. 211 (217); 77, S. 351 (354); 90, S. 17 (25 f.).

[29] Zu den Bedenken im Hinblick auf eine „Gerechtigkeit prima vista" vgl. oben I, 4, b.

cher — hier um die vermögensrechtliche Abwicklung derselben; dort wird der Zustand des Eigentumsgutes verändert — hier werden dem Eigentümer Zahlungsverpflichtungen auferlegt; dort ist in der Regel nichts teilbar, für „Abwägungen und Mittellösungen" kein Raum, denn die Gefahr muß gebannt werden — hier eröffnet sich für all dies ein weites Feld; dort kann ein „Schwerekriterium" des Eingriffs kaum je in Betracht kommen, weil es gilt, die Gefahr auszuschalten — hier können die früher zur „Enteignungsschwelle" entwickelten Theorien (Schwere, Sonderopfer) ohne weiteres Anwendung finden.

All dies ist, allein schon aus verfassungsrechtlicher Eigentumsdogmatik heraus, Grund genug, die „Primär- und die Sekundärebene" zu trennen, was ja auch bereits gefordert wird[30].

b) Für die *Primärebene,* die *Beseitigungsanordnung,* ergibt sich dann folgendes: Da auch sie einen Eingriff in das Eigentum darstellt, aufgrund einer (polizeirechtlichen) Norm, die Inhalt und Schranken des Eigentums näher bestimmt (Art. 14 Abs. 1 S. 2 GG)[31], müßte an sich der Gesetzgeber „die schutzwürdigen Interessen der Beteiligten in einen gerechten Ausgleich und ein ausgewogenes Verhältnis bringen"[32].

Davon kann aber hier nicht die Rede sein: Die Störung ist in aller Regel völlig zu beseitigen, um jeden Preis dann, wenn Leben und Gesundheit anderer bedroht werden.

Grundrechtsdogmatisch ist dies wie folgt zu begründen:

- Soweit Gefahren für *Rechtsgüter drohen, welche dem Eigentum Privater im Rang vorgehen* – Leben, Gesundheit, aber etwa auch Landesverteidigung oder das Funktionieren der Rechtspflege – kann eine solche Beseitigungsanordnung ohne weiteres, ohne jede Abwägung ergehen, das Eigentum muß schlicht zurücktreten. Für die Entziehung und Vernichtung von Sachen, von denen erhebliche Gefahren für die öffentliche Gesundheit ausgehen, ist dies ausdrücklich ausgesprochen worden[33]. Das entspricht auch der Rechtsprechung des BVerfG zu den sogenannten *immanenten Grundrechtsschranken*[34], und würde daher ex Constitutione auch ohne gesetzge-

---

[30] Siehe dazu BayVGH, BayVBl. 1984, S. 16/17 und die dortigen Nachw., sowie noch vor allem *Papier* (Fn. 13), S. 51, 57.

[31] Dazu *Friauf* (Fn. 6), S. 299/300.

[32] So das BVerfG in std. Rspr., vgl. etwa E 25, S. 112 (117); 52, S. 1 (29); 58, S. 300 (335) usw.

[33] BVerfGE 20, S. 351 (357 ff.).

[34] *Herzog,* R., in: Maunz/Dürig, GG, Stand: 1989, Art. 4, Rdnrn. 3, 89 ff.; *Schmidt-Bleibtreu/Klein,* GG-Komm., 6. Aufl. 1983, Art. 4, Rdnr. 3; BVerfGE 28, S. 243 (260 f.); 30, S. 173 (191).

berische Konkretisierung gelten; diese letztere darf jedenfalls im Sinn dieser immanenten Schranken ausgelegt werden.

- Wenn die Gefahren aus dem Eigentum *gleichrangigen Rechtsgütern* drohen, insbesondere dem Eigentum anderer Privater, so ist zu prüfen, inwieweit das gefahrbringende Gut in speziellen sozialen Bezügen steht und daher besonders weitgehenden Einschränkungen zugänglich ist[35]. Ist dies nicht der Fall, so wird die Lösung unter Abwägung zwischen bedrohtem und gefahrbringendem (Eigentums-)Rechtsgut erfolgen müssen, wobei insbesondere der drohende Schaden mit dem Nichteingriffsinteresse des Eigentümers verglichen wird. Nur in diesem Zusammenhang dürfen also überhaupt Zumutbarkeitsüberlegungen angestellt werden.
- Sind nur Beeinträchtigungen für Rechtsgüter ersichtlich oder zu befürchten, die im Rang unter dem immerhin besonders grundrechtlich gesicherten Eigentum stehen, so ist die Beseitigungsanordnung nur zulässig, wenn sie in Abwägung gegenüber der beeinträchtigten Rechtsposition des Eigentümers als diesem zumutbar erscheint. Dies gilt insbesondere für öffentliche Umweltinteressen, wie etwa das an einer schönen Erholungslandschaft, welche nicht zugleich Rechtspositionen anderer Bürger (Leben, Gesundheit) beinhalten. Eine klare Unterscheidung zwischen diesen beiden Komplexen ist daher unumgänglich, bisher aber noch keineswegs überzeugend gelungen; oft wird sie bewußt verunklart. Daran kann selbst die Einfügung einer „Staatszielbestimmung Umweltschutz“ in die Verfassung nichts, lediglich ein „Grundrecht auf Umwelt“ könnte hier grundrechtsdogmatisch etwas ändern — durch eine solche GG-Novelle würde die Abwägungslage auch zwischen Eigentümer und Staat im Ergebnis wesentlich verschoben.

Das Ergebnis für die Altlasten ist eindeutig: Soweit von ihnen, wie häufig, wenn nicht in der Regel, Gefahren auch für Leben und Gesundheit ausgehen (können), sind Beseitigungsanordnungen „um jeden Preis“ zulässig, im übrigen in angemessener Abwägung.

3. Kostentragungsanordnung — die verfassungsrechtliche Begründung und deren Grenzen

Ganz anders zeigt sich die Problematik im Falle der Kostentragung. Hier kann auch bei schwerwiegenden Gefahren für Leben und Gesundheit nicht kurzerhand und immer der Eigentümer herangezogen werden, wie etwa folgende Fallgestaltung zeigt:

---

[35] Dazu etwa BVerfGE 58, S. 137 (148) m. RV.

Ein Grundstückseigentümer hat sich vor langen Jahren auf Drängen der Gemeinde bereiterklärt, kostenlos eines seiner Grundstücke als Mülldeponie zur Verfügung zu stellen. Er hat aber eine gesundheitsamtliche Garantie dafür verlangt, daß dies nicht zu Gefahren für die öffentliche Sicherheit führen werde. Diese wurde ihm nach entsprechender Überprüfung erteilt. Nach neuerem Erkenntnisstand stellt sich nun heraus, daß eben doch Gefahren vorhanden sind. Soll er nun, als „Zustandsstörer“, alles auf seine Kosten beseitigen lassen müssen? Wenn auch nicht gerade unter gemeindlicher Garantie — so ähnlich mag sich so mancher Fall früher gelegter „Müllbomben“ entwikkelt haben. Wäre eine Kostentragungslösung hier nur Härte, „nicht vielmehr Ungerechtigkeit, eine unberechtigte Freizeichnung der Allgemeinheit“ gegenüber einer Verantwortung, die doch gerade ihre Organe im Verhältnis zum Bürger trifft? Und läßt sich wirklich noch eine *Kostentragung allein aus dem Eigentum,* im Wege der Zustandsverantwortung, begründen? Ein Argument versagt dabei jedenfalls: Die Gefahr müsse eben rasch beseitigt werden — das kann geschehen; zur Lastenverteilung ist dann aber mehr Zeit vorhanden.

a) Der Eigentümer — Träger von Nutzen und Lasten des Eigentumsgutes

Ausgangspunkt muß ein „Eigentum Privater“ im Sinne der Verfassung sein, *das auch im Polizeirecht ganz ernst genommen wird* — und dies spricht zunächst durchaus für eine Zustandsverantwortlichkeit des Eigentümers, soweit ein Verursacher nicht zu ermitteln ist. Das *BVerfG hat Konturen dieses Eigentumsinhalts und seiner Legitimationskraft herausgearbeitet:* Eine wesentliche Funktion der Eigentumsgarantie ist es, dem Bürger *Rechtssicherheit* hinsichtlich des durch Art. 14 Abs. 1 GG geschützten Gutes zu gewähren[36]. Das Eigentum muß also vor allem seinem Inhaber, anderen und der Allgemeinheit eine klare Grundlage bieten für die Zuordnung von Rechten und Pflichten an dem Gut und aus ihm; das spricht für eine zumindest subsidiäre Zahlungsverpflichtung für alles, „was irgendwie vom Eigentum ausgeht“. Das Grundrecht gewährt vor allem die Befugnis, jede ungerechtfertigte Einwirkung auf den Bestand des geschützten Gutes abzuwehren[37] — dem muß aber auch die Verpflichtung entsprechen, in dem so geschützten Innenbereich für alles auch grundsätzlich die vermögensrechtliche Verantwortung zu übernehmen, was von dort aus zu Verpflichtungen führen kann. Ob der Eigentümer von dieser ihm auch durch § 903 BGB garantierten Absperrbefugnis tatsächlich Gebrauch gemacht hat, ist irrelevant; für das, was er sperren darf, ist er grundsätzlich in jeder Hinsicht verantwortlich, auch für das, was er durch Unterlassungsansprüche absichern kann. Das Eigentum ist das wichtigste

---

[36] BVerfGE 75, S. 78 (105) m. RV.

[37] BVerfGE 34, S. 384 (400).

Rechtsinstitut zur *Abgrenzung privater Vermögensbereiche*[38]; diese Abgrenzungsfunktion kommt ihm auch gegenüber dem Bereich der Allgemeinheit zu, und sie wird durch Art. 14 Abs. 1 S. 2 GG nicht aufgehoben, sondern nur zur Kooperation ausgestaltet. Dann aber kommt dem Eigentum eine Klärungsbedeutung der Verantwortungssphären zu, welche sich auch im Recht der polizeilichen Verantwortung bewähren muß — grundsätzlich also Verantwortung des Eigentümers. Wenn das Privateigentum so geschützt wird, wie es sich aus der Gesamtheit verfassungsmäßiger Gesetze des bürgerlichen und öffentlichen Rechts ergibt[39], erst recht wenn es so gesichert wird, wie das bürgerliche Recht und die gesellschaftlichen Anschauungen es geformt haben[40], so ist es eben, auch im Sinne der Verfassung, in erster Linie jenes *sachenrechtliche Vollrecht,* dem auch eine vermögensrechtliche Vollpflicht für alle Belastungen entsprechen muß.

Das BVerfG hat schließlich besonders betont, das GG gewährleiste das Eigentum – anders als noch die WRV – vor allem als Bestandsgarantie in seiner konkreten Gestalt in der Hand des Eigentümers[41]. Eigentumskonstitutiv ist also die *rechtliche Zuordnung zur Privatsphäre des Eigentümers* — sie gilt grundsätzlich und durchgehend, mit allen Rechten und Lasten, Anwartschaften und Gefahren, die sich in konkretisierter Form aus dem Eigentum ergeben, also auch für die Kostenlast zur Beseitigung von Gefahren, die nicht über eine – wie immer definierte – Verursachung einem Dritten zugeordnet werden können.

b) Kritik der „Risikosphären" — wenn Zustandsverantwortung, dann auch Eigentumspartizipation des Staates

Wie gesagt: Das Eigentum muß ernst genommen werden, nicht nur, wenn aus ihm dem Eigentümer neue, bisher ungeahnte Vorteile und Rechte erwachsen, sondern auch im Falle der Belastungen. Unbilligkeiten mag der Gesetzgeber im Härteausgleich vermeiden — die Zurechnung von Rechten *und* Pflichten darf er nicht aufheben. Eine grundsätzliche Freistellung des Eigentümers von seiner Zustandshaftung müßte zu der eigentumsgefährdenden Folgerung führen, daß dann eine dem Eigentümer und seiner „Risikosphäre" nicht zuzuordnende Rechteverstärkung oder auch Wertsteigerung ebenfalls als „aus der Sphäre anderer", insbesondere der Allgemeinheit, kommend, dieser letzteren zugeordnet werden muß — und daher vom Staat abgeschöpft wer-

---

[38] BVerfGE 14, S. 263 (277).

[39] BVerfGE 74, S. 129 (148).

[40] BVerfGE 1, S. 264 (278) u. a. frühere Entscheidungen.

[41] BVerfGE 20, S. 351 (355); 24, S. 367 (389); 31, S. 229 (239); 46, S. 325 (334); 51, S. 193 (220), (std. Rspr.).

den darf. Mit solchen Begründungen ist seinerzeit der sogenannte „Planungswertausgleich" gefordert worden, ganz allgemein eine *„Wertzuwachsbesteuerung"* des Besitzes[42]: Jenem Staat, der den „Mehrwert" wenn nicht gezielt geschaffen, so doch durch Rahmenbedingungen „ermöglicht" habe, gebühre dieser wirtschaftliche Vorteil. Wenn dem das Eigentum Privater entgegensteht, eben weil dem Eigentümer, Kraft der Zuordnung des Gutes zu seiner Rechtspersönlichkeit, auch alle Wertzuwächse zustehen, dann kann nicht umgekehrt, im Namen einer „Risikotheorie", eine unerwartete, sich mit einem Mal realisierende Belastung mit Beseitigungsfolgen doch wieder jener Allgemeinheit aufgebürdet werden, die auch hier dem Gut doch nicht nähersteht als der Eigentümer. Daran, und nicht erst an der Unbestimmtheit des Begriffs der „Risikosphäre der Allgemeinheit"[43], scheitert eine allgemeine Lehre von der Einschränkung der polizeilichen Zustandshaftung[44]. Soweit sie allerdings im Grunde nur eine Vertiefung der Verursachungshaftung verlangt, wie sie ja bei allen Formen der Gefährdungshaftung stets aufgegeben ist, bleibt sie bedenkenswert. Nur darf nicht vergessen werden: Gerade im Begriff der „Gefährdung", der „Schaffung einer Risikolage" können Verursachungs- und Zustandshaftung bedenklich ineinander übergehen, wenn es so zu einer „Verursachungsfiktion" kommt, die nicht mehr durch tatsächliche Eintrittswahrscheinlichkeiten gestützt wird.

Mit anderen Worten und auf den vorliegenden Fall der Altlasten bezogen: Soweit dem Staat noch angelastet werden kann, er habe die „gefährliche Lage" – in welcher Weise immer – mitverursacht, er sei für das „Legen der Müllbomben" zumindest mitverantwortlich (vgl. dazu unten III), insoweit kann, muß ihm dann auch die Kostenlast ganz oder zum Teil auferlegt werden. Eine allgemeine „Risikosphärentheorie" aber würde in der Anerkennung einer „wesentlich staatlichen Verantwortung für das Privateigentum" enden — ihre positiven Seiten wären dann mit Notwendigkeit neue Formen eines staatlichen Obereigentums. Wer den Staat als Zahlmeister für Eigentumskosten ins eigene Haus ruft, darf sich nicht wundern, wenn er sich häuslich einrichtet im Eigentum Privater; und auch über Gefährdungshaftung kann nicht, in reiner Verursachungsfiktion, die Zustandshaftung des Eigentümers beseitigt werden: Ohne diese Negativseite des Eigentums ist dieses auch kein positives Vollrecht.

---

[42] Zur Kritik dieser Bestrebungen aus der Sicht des Eigentumsgrundrechts *Leisner,* W., Wertzuwachsbesteuerung und Eigentum, 1978.

[43] Kritisch dazu *Papier* (Fn. 13), S. 49.

[44] Wie sie vor allem von *Friauf* vertreten wird (Fn. 6), S. 300 ff., vgl. oben 2 b.

c) „Unterbrochene Privatnützigkeit"?

Die Lehre von der „unterbrochenen Privatnützigkeit" folgert aus den grundgesetzlichen Maßgaben in Art. 14 Abs. 1 S. 2 und Abs. 2 GG, die polizeirechtliche Zustandshaftung bedürfe der verfassungsrechtlichen Reduktion, wenn und soweit die von der Sache ausgehende Gefahr oder Störung auf einem *Ausschluß* oder einer *Verhinderung* (jeder) privatnützige Eigentumsverwendung basiert — der Eigentümer sei dann selbst „Opfer", also nicht „Störer"[45].

Richtig ist der Ausgangspunkt: Das Grundrecht schützt die Privatnützigkeit des Eigentums[46] — es verlangt allerdings auch, daß dabei zugleich an den öffentlichen Nutzen gedacht werde (Art. 14 Abs. 1 S. 2 GG); schließt aber nicht gerade die Altlast unbekannter Herkunft den privaten Nutzen aus, weil sie ja, ebenso wie sodann die Beseitigungsanordnung, den Eigentümer belastet? Kann nicht immer „nur der Nutzen die Last tragen", darf je „Last auf Last gesetzt werden"? Doch dies geschieht ja nicht durch Beseitigungsanordnung und Kostentragungsverpflichtung. Abgesehen davon, daß diese Theorie von der „unterbrochenen Privatnützigkeit" dazu führen müßte, daß dann u. U. nicht einmal eine Beseitigungsverfügung mehr zulässig wäre, und daß ihr daher qui nimis probat entgegensteht — *Beseitigungs- und Kostentragungsverpflichtung selbst* zielen ja nicht nur auf fremdnützige Belastung des Eigentums, sondern *auch auf Wiederherstellung von dessen (voller) Privatnützigkeit,* eben durch Beseitigung dessen, was nicht nur die Allgemeinheit „stört", sondern auch den Eigentümer, der insoweit in der Tat auch Opfer ist. Anders gewendet: Die von der Verfassung gemeinte Privatnützigkeit, und damit das durch sie begründete Eigentumsrecht, hört nicht schon immer dort auf, wo der Eigentümer keinen tatsächlichen Nutzen von seinem Eigentum hat. Das Eigentum besteht nicht in der tatsächlichen, sondern in der rechtlichen Privatnützigkeit; diese aber schließt das Recht ein, die tatsächliche Privatnützigkeit auf eigene Kosten wiederherzustellen, dem Staat gegenüber also auch die Pflicht, ihm und sich selbst gegenüber, so zu handeln und die Kosten dafür selbst zu übernehmen. Wäre dem nicht so, dann könnte nie ein Eigentümer dazu verpflichtet werden, Lasten zu übernehmen, die auch seinem eigenen, wohlverstandenen Interesse entsprächen, die dogmatische Grundlage und die Vorteilsausgleichung wären erschüttert.

Zu demselben Ergebnis gelangt man bei Betrachtung von praktischen Fallgestaltungen: Wenn ein unbekannter Feind in meinem Grundstück eine Bom-

---

[45] *Papier* (Fn. 13), S. 50/51.

[46] *Papier,* in: Maunz/Dürig, GG, Stand: 1989, Art. 14, Rdnrn. 307 ff.; *Schmidt-Bleibtreu/Klein,* GG-Komm., 6. Aufl. 1983, Art. 14, Rdnr. 10; BVerfGE 31, S. 229 (240); 37, S. 132 (140); 50, S. 290 (339); 52, S. 1 (30).

be legt, um mich zu ermorden, so bin ich insoweit gewiß das „Opfer", „von der Bombe" soll ich gewiß keinen Vorteil haben, sondern als Grundrechtsträger des Eigentums überhaupt beseitigt werden. Dennoch kann ich nicht deshalb vom Staat die Erstattung der Kosten für Entschärfung und Abtransport der Bombe verlangen, sondern allenfalls von dem Bombenleger.

Dies zeigt: Die Lehre von der „unterbrochenen Privatnützigkeit" geht hier zu weit, denn letztlich erlegt sie dem Staat eine Verantwortlichkeit für alle Störungen auf, deren Verursachung nicht aufzuklären ist. Davon kann nicht die Rede sein; überdies würde damit der Staat zu etwas wie einem sicherheitsrechtlichen Obereigentümer oder, zumindest, -besitzer.

Das Ergebnis der eigentumsdogmatischen Untersuchung ist für den Eigentümer nicht erfreulich: Auch die Kostentragungspflicht muß er bei Altdeponien unbekannter Anlage grundsätzlich erfüllen; an der polizeirechtlichen Zustandshaftung ist nicht zu rütteln, und nicht nur aus der praktischen Überlegung, daß „doch jemand zahlen müsse", „selbstverständlich" aber nicht die Allgemeinheit. Das GG gibt hier in der Tat dem Eigentümer — Müll statt Brot ... aber gerade im Namen des Eigentums.

Muß dies das letzte Wort sein?

III. Entlastungswege für den Eigentümer aus der Verantwortung für Altlasten

1. Suche nach den Verursachern

Die Sicherheitsbehörde muß oft rasch handeln — doch wenn eine Deponie seit Jahrzehnten bestanden hat, kann sie sich wohl die Zeit für einige Nachforschungen nehmen, gegebenenfalls vorsorglich provisorische Maßnahmen anordnen. Primär muß sie gegen den Handlungsstörer vorgehen (vgl. oben I, 2), also den Ablagerer ausfindig machen, und dies von Amts wegen, sich an ihn oder seinen Rechtsnachfolger halten[47]. Sachgerecht ist es unter Umständen, den Eigentümer zunächst zur Kostentragung oder zu einer entsprechenden Garantieübernahme zu veranlassen, damit die dringendsten Maßnahmen durchgeführt werden können. Dies sollte aber nicht weitere, rasche Nachforschungen der Behörde ausschließen, wenn diese auch nur irgendwie Erfolg versprechen; *denn die zur Gefahrenabwehr gebotene Eile rechtfertigt nicht eine vermeidbare, ungerechte, rechtswidrige Entscheidung auch zur Kostentragung.* Dies sollte von der Rechtsprechung, die hier meist nur die Beseiti-

---

[47] Zu der hier nicht zu vertiefenden Frage, wie dieser in die Störerverantwortlichkeit eintritt, vgl. *Breuer,* JuS 1986, S. 359 (364); *ders.* (Fn. 3), S. 756.

gungsanordnung sieht und insoweit die Dringlichkeit allgemein betont[48], deutlicher als bisher herausgearbeitet werden. Polizeieile rechtfertigt nicht immer unrichtige Kostentragungsentscheidungen.

Der Hinweis, allzutief könne die Behörde nicht in zivilrechtliche Beziehungen eindringen, insbesondere bei länger schon bestehenden Altlasten verstärke sich also die Zustandshaftung[49], ist gewiß grundsätzlich richtig; und dem Zeitablauf kommt hier sicher auch der Polizei und dem Eigentum gegenüber eine ordnende Publizitätswirkung zu. Vertiefte Nachforschung schließt dies dennoch nicht aus, vor allem, wenn es um hohe Kosten geht; vor der Überprüfung obligatorischer Rechtsbeziehungen darf die Behörde nicht in jedem Fall zurückschrecken, der Eigentümer darf nicht zum „bequemen Zugriffsobjekt" der Polizei werden.

Wird all dies ernstgenommen, so werden sich viele, und gerade besonders belastende, Industriemüllfälle eben doch lösen, die „Müllbomben" sich wenigstens teilweise entschärfen lassen. Doch weitere Überlegungen sind noch anzustellen:

2. Altdeponien — „Negativschätze"?

Eine Analogie scheint doch nahezuliegen, zumindest bei Altdeponien unbekannter Herkunft: die Parallele zum *„Schatzfund"*, den das BGB in § 984 geregelt hat. Die Altablagerung hat dort „lange verborgen gelegen", muß aber noch nicht notwendig, durch Kompostierung oder ähnliche Vorgänge, untrennbar mit dem Boden verbunden und damit dessen wesentlicher Bestandteil, also schon deshalb Eigentum des Berechtigten geworden sein. Daß die Abfälle von den Ablegern derelinquiert worden sind, schließt deren Verantwortung nach Polizeirecht nicht aus, wie bereits erwähnt. Übrigens sind – entgegen dem Wortlaut es § 984 BGB – die früheren Eigentumsverhältnisse gleichgültig; es ist nicht einmal erforderlich, daß die Sache jemals im Eigentum gestanden hat[50]. Die (früheren) Eigentümer können auch nicht mehr ermittelt werden. Dann aber wird der Eigentümer, der die Deponie selbst entdeckt (spätestens mit diesem Fund), Eigentümer der „Müllbombe" — denn daß er sich bei dem „Schatz" um eine wertvolle Sache handeln müsse, verlangt das Gesetz nicht; und wollte man dies aus Sinn und Zweck der Norm in Verbindung mit der legislativen Tradition in den Begriff der „lange verborgenen Sache" hineininterpretieren, so schlösse dies zumindest nicht die Analogie zum „Negativschatz" aus.

---

[48] Siehe etwa BayVGH, BayVBl. 1984, S. 16.

[49] BayVGH, BayVBl. 1986, S. 590 (593).

[50] Siehe etwa *Jauernig*, in: Jauernig u. a., BGB, § 984, 1.

Damit scheint nun wenig gewonnen, nur eben, daß dem Grundstückseigentümer auch der Müll gehört — nichts zur Zustandshaftung für diesen. Doch die BGB-Regelung führt weiter: Der Entdecker wird Eigentümer zur Hälfte, auch dann, wenn er den „Schatz" durch von ihm mit der Suche Beauftragte entdeckt. Hier nun wird in aller Regel nicht der Eigentümer selbst auf diese fatale Suche gehen, sondern die Behörde, allenfalls verpflichtet sie ihn zur Suche — dann aber könnte zumindest erwogen werden, den Eigentümer als ihren Beauftragten anzusehen. Finden die öffentlichen Deponiefahnder die Ablagerung, so wird diese, wenn sie nicht schon in privatem Eigentum steht, zum „Eigentum" des öffentlich-rechtlichen Rechtsträgers. Dieser kann sich, muß sich wohl sogar im öffentlichen Interesse, dann auch durch Absperrungen die tatsächliche Gewalt sichern, die er möglicherweise zusammen mit dem Eigentümer ausübt. Dann aber wird er auch polizeirechtlich mitverantwortlich in Sinne der Zustandshaftung, vielleicht allein verantwortlich schon als Inhaber der durch Absperrung hergestellten ausschließlichen tatsächlichen Gewalt über die „Müllbombe". Er hat dann – zunächst jedenfalls – auch ganz oder jedenfalls teilweise für deren Beseitigung aufzukommen.

Dies sollte in der Rechtsprechung an einem geeigneten Fall näher geprüft werden. Gerade bei „Uraltdeponien" könnte es zu einer sachgerechten Lösung die dogmatische Grundlage bieten.

3. Legalisierung — Duldung durch die Staatsgewalt als Entlastung von Zustandsverantwortlichkeit

Es gilt die Regel: Derjenige ist nicht als Störer anzusehen, der lediglich eine von der Rechtsordnung vorgesehene Möglichkeit der Rechtsausübung in sozialüblicher Weise wahrgenommen hat[51]. Anderenfalls verlöre die Erteilung der Genehmigung ihren wesentlichen Sinngehalt. Das BVerwG hat sogar bereits 1979 angenommen, eine Duldung seitens der Verwaltung könne ein Einschreiten gegen den Berechtigten verbieten, weil dies gegen die Verhältnismäßigkeit verstoße[52]. Erst recht gilt dies dann, wenn die zuständige Behörde früher solche Veranstaltungen sogar noch gefördert hat[53].

Dagegen wird nun eingewendet, eine frühere Genehmigung, Förderung und auch nur Duldung könne nur soweit legalisierend wirken, wie die Behörde damals habe prüfen müssen[54]. In den meisten Fällen würde dies die Lega-

---

[51] BVerwGE 55, S. 118 (120); siehe auch OVG NW, UPR 1984, S. 279 m. weit. Nachw.

[52] BVerwGE, DVBl. 1979, S. 67 (69); vgl. in diesem Sinne auch *Sendler,* H., Festschr. für Ernst, 1980, S. 403 (417).

[53] *Kamphausen,* P., DB 1987, Beil. 3/87, S. 1 (7/8).

[54] *Breuer,* R., JuS 1986, S. 350 (363); *Kamphausen,* a.a.O., S. 7.

lisierungswirkung ausschließen: Die Gefahr war damals eben noch nicht erkennbar.

Hier treten nun aber Gerechtigkeitszweifel auf: Was die gerade wegen ihres besonderen Sachverstandes eingeschaltete oder informierte Behörde nicht erkannt hat, dessen Feststellung konnte doch vom Eigentümer erst recht nicht verlangt werden — darf ihm dies dann heute zur Last gelegt werden? Trägt allein das private Eigentum die Gesamtlast des technischen Fortschritts? Prima vista muß die Antwort negativ ausfallen — wenn der Staat seiner Verantwortung nicht gerecht geworden ist, sollte er auch bezahlen, nicht der Bürger, dann jedenfalls, wenn sich dieser an ihn rechtzeitig gewendet hat.

Dagegen könnte nun sprechen, durch seine allgemein-sicherheitsrechtliche Aufsichtspflicht übernehme der Staat nicht etwa eine vermögensrechtliche Mit-, noch weniger eine Alleinverantwortung für alle Störungen der öffentlichen Sicherheit. Dem ist zuzustimmen; der Fall der Altmülldeponien ist aber doch wohl besonders gelagert: Hier besteht heute und bestand im Grunde von jeher eine öffentliche Verantwortung, im wesentlichen der Gemeinden, für eine nicht gesundheitsgefährdende Ablagerung; mit der allgemeinen These etwa, die Beseitigung industrieller Abfälle sei bis 1972 nicht als öffentliche Aufgabe angesehen worden[55], kann sich die Staatsgewalt nicht aller Verantwortung entziehen: Verantwortung für die Entsorgung gesundheitsgefährdender Substanzen trägt sie, seit den Tagen der Epidemien, von jeher; und dies ist auch weit mehr als eine generelle „Aufgabe zur Überlassung an andere", es handelt sich eben bei der Müllabfuhr insoweit – und seit langem – um eine wichtige eigene Aufgabe der Gemeinde.

Hier müßte die Betrachtung nun vertieft, es müßte gefragt werden, ob nicht wenigstens eine Gemeinde, die ihre Bürger Abfälle lange Zeit hatte lagern lassen, die damit ihrer kommunalrechtlichen Verantwortung gerecht werden wollte, all dies heute als einen „rein privaten Vorgang" zwischen den Bürgern und dem Eigentümer ansehen darf, der unter Umständen seiner Kommune und deren Bürgern nur hat helfen wollen. Die Entgeltlichkeit der Ablagerungserlaubnis wird hier eine, allerdings nicht allein entscheidende, Rolle spielen.

Antworten müssen sicher differenzierende, je nach Art und Entwicklung der „versteckten Müllgefahr", gefunden werden. Doch bei ausdrücklicher Genehmigung spricht Entscheidendes für die Allein-, bei langer Duldung seitens der Gemeinde vieles wenigstens für eine Teilverantwortung der Kommune.

Denn eines kann auch rechtsdogmatisch kaum hingenommen werden: daß die polizeiliche Gefahrenlage aus der heutigen Sicht, die Verantwortung aber

---

[55] *Koch*, H.-J., Bodensanierung nach dem Verursacherprinzip, 1985, S. 4 ff.

aus früherer Sicht bestimmt wird — auch letzteres muß gesehen werden, „wie wenn sich die Frage heute, nach neuem Erkenntnisstand“ stellt — dann aber müßte, in der Regel, die Behörde verbieten, also trägt sie auch für Früheres (Mit-)Verantwortung.

So kann die Zustandshaftung beim Eigentümer bleiben, die Kostenverantwortung doch in vielen Fällen differenziert und damit gerechter geregelt werden. Das „Schweigen im Walde“ so vieler Jahre muß nicht durch die Explosionen der „Müllbomben“ zerrissen werden.

Eigentum in engen Rechtsschranken des Umweltschutzes*

I. Allgemeines zu Problemlage und Problembehandlung in Schrifttum und Rechtsprechung

1. Umweltschutz als Eigentumsproblem

Umweltschutz ist heute, nach ganz allgemeinem Konsens, das wichtigste Gemeinschaftsproblem, die erste, am meisten drängende Staatsaufgabe — sieht man von kürzerfristigen, nicht selten tagespolitischen, Schwierigkeiten in der Konjunktur-, Arbeitsplatzsicherungs- und Wanderungspolitik ab. So wichtig diese Bereiche im Augenblick erscheinen mögen — vergleichen läßt sich dies nicht mit den Ängsten, welche auch längerfristig eine Industrialisierungs-, ja eine allgemeine Technisierungsentwicklung in der Bürgerschaft weckt. Unvergleichbar mit allen anderen Gemeinschaftsproblemen ist hier insbesondere die Intensität der Bürgersorgen, welche den Staat zu immer neuen, sich steigernden, ja überschlagenden Anstrengungen treiben. Bedeutsam ist dabei vor allem die außerordentliche Spannweite der Problematik: Sie reicht von Vergiftungsängsten, Degenerationsphobien für den Nachwuchs über Berufssorgen des Verkehrs und der Arbeitssicherheit bis hin zum allgemeinen Erholungsbedürfnis der Bevölkerung, das seinerseits wieder durch Umweltbelastungen ständig gesteigert wird.

Daraus ergibt sich bereits eine wesentliche Besonderheit der rechtlichen Umweltschutzproblematik: Bei ihr gibt es weder ein einheitliches Schutzgut, noch lassen sich von vorneherein die Eingriffs- und Verletzungshandlungen seitens des Staates oder anderer Bürger rechtlich-typisierend eingrenzen. Umwelt ist eigentlich alles, der Name sagt es ja bereits, was den Menschen umgibt, das seine Lebensqualität ausmacht und prägt. Es besteht die Gefahr, daß wir in dieses Wort alle Wünsche des Bürgers in einer modernen Industriegesellschaft hineinlegen; dann aber verliert es jede Kontur.

Hinzu kommt, daß sich hier auch die traditionelle, grundlegende Einteilung unseres Rechts nicht mehr halten läßt: in privates und öffentliches Recht. Denn Umweltschutz wird – die Probleme des Waldsterbens zeigen es – ebensowohl gegenüber dritten Schädigern in Anspruch genommen, als auch gegenüber dem Staat, sei es nun, daß dieser als Verursacher auftritt, oder daß ihm vorgehalten wird, er werde seiner Grundrechts-Schutzpflicht nicht gerecht. Hier entsteht also, im rechtlichen Sinn, eine ganz neue Form der früher

---

* Erstveröffentlichung in: WF 3/93, S. 125–129 und WF 4/93, S. 177–184.

schon vieldiskutierten „Drittwirkung der Grundrechte", die das BVerfG im Lüth-Urteil (BVerfGE 7, S. 198) nicht wirklich bewältigen konnte: Die Grundrechte als Schutz gleichermaßen gegen andere Bürger und gegen die Hoheitsgewalt.

Selbst wenn man die Betrachtung auf das Grundstücksrecht verengt, zeigt sich doch diese Allgemeinheit und Unbestimmtheit des Begriffs des Umweltrechts sogar noch besonders deutlich: Was gibt es schon Gemeinsames, nach Schutzgut und Verletzungsform, zwischen der Problematik des Reitens im Walde und der Einleitung von Giften in Boden und Gewässer? Dennoch läuft all dies unter dem großen Thema „Umweltschutz", dessen Behandlungen in Gesetzen, in der Rechtsprechung wie im Schrifttum, damit in einer rechtsstaatlich höchst bedenklichen Unübersichtlichkeit auseinanderfallen. Dies alles muß einmal allgemein ins Bewußtsein gehoben werden, um die gerade in dem hier näher behandelten Gebiet auftretenden Schwierigkeiten in ihrem ganzen Gewicht erkennen zu können. Denn vor allem eine Folge ergibt sich daraus: die geradezu notwendige Tendenz, vor allem in der Rechtsprechung, Lösungen in allzuweiten Großformeln finden zu wollen, welche nicht selten die Grenzen jeder Rechtsstaatlichkeit überschreiten.

Im folgenden wird das Eigentum in den engen Schranken des Natur- und Landschaftsschutzes behandelt. Es ist, erstaunlicherweise, heute gar keine Selbstverständlichkeit mehr, daß hier gerade dieses Recht heraus- und als Schutzgut in den Mittelpunkt der Überlegungen gestellt wird — und doch sollte dies eigentlich für den Juristen eine Selbstverständlichkeit sein. Denn die gesamte Umweltentwicklung ist, rechtlich gesehen, wesentlich eine einzige, große Eigentumsfrage. Hier kommt es, auf ganz breiter Front, zum Zusammenprall zwischen staatlicher Eigentumsregelung und der Privatnützigkeit der eigentumsfähigen Güter: Umweltschutz kann immer nur realisiert werden dadurch, daß das Eigentumsbelieben gewisser Gruppen von Bürgern eingeschränkt wird zugunsten von Nutzungs-, jedenfalls von Genußmöglichkeiten anderer Bürger: Im Natur- und Landschaftsschutz ist dies ohne weiteres einsichtig, aber keineswegs im allgemeinen Bewußtsein lebendig: Wer einem anderen eine von ihm und vielen seiner Mitbürger als Verunstaltung empfundene Landschaftsveränderung will untersagen lassen, mit der Begründung, hier werde die Schönheit der Landschaft beeinträchtigt, der macht im Grunde nichts anderes geltend als ein gewisses Eigentumsrecht im weitesten Sinne: Dies gilt nicht nur bei Bildern, Baudenkmälern und ähnlichen Gütern, sondern eben allgemein auch für Natur und Landschaft.

Seinem Wesen nach ist also dieser Umweltanspruch ein Forderungsrecht auf etwas wie eine Eigentums-Mitnutzung. So ist es denn auch nur allzu verständlich, daß sich die große politische Umweltschutzbewegung in Deutschland mächtig entfalten konnte, nachdem die Bewegungen von 1968, vor allem in ihren neomarxistischen Speerspitzen, ein anderes Eigentumsbewußtsein, bis hinein in die Rechtswissenschaft und die Gerichtssäle, erzeugt hatten. Mag es auch nie in voller Deutlichkeit ausgesprochen worden sein: Im Namen des Umweltschutzes wird heute, in ganz großem Stil, das Eigentum zurückgedrängt. Nationalisierungen und Sozialisierungen sind ebenso antiquiert wie der Sozialismus, welcher sie einst gefordert hatte. Man braucht auch nicht mehr zu philosophieren über jene Trennung von Verfügungs- und Nutzungseigentum, welche zu Beginn der 70er Jahre modern erschien und so viele erregen konnte: Im Namen des Umweltschutzes findet eine laufende, massive Sozialisierung der Eigentums-Nutzungsrechte statt, und dabei ist nun eines entscheidend: Man kann sich auf diese Weise dem Odium der Enteignung entziehen, das in einer Gesellschaft wohlhabender Eigentumsbürger geradezu unüberwindlich erscheint: Wer im Namen des Umweltschutzes fremdes Eigentum, insbesondere Grundeigentum beschränkt, der wird sich immer zunächst darauf berufen, er handle zur „Gefahrenabwehr", jedenfalls zur „Gefahren-Vorsorge" in einem neuen Sinn. Dann aber bleibt zwar der Umweltschutz ein Eigentumsproblem, denn es geht ja weiterhin darum, daß schädigende Auswirkungen von Eigentum auch ausgehen dürfen; aber hier scheint es doch, als bewege man sich voll im Rahmen jener traditionellen Grundrechts-Dogmatik, nach welcher eben kein Grundrecht, auch nicht das Eigentum, irgendeinem Bürger das Recht verleiht, einen anderen an seinen Grundrechten, insbesondere an Leben und Gesundheit, zu schädigen.

Wenn es nun von Anfang an gelungen wäre, eine klare Trennlinie zu ziehen zwischen dem „gefahrenabwehrenden Umweltschutz" und einem „lebensqualität-steigernden Umweltschutz", so wäre viel an Problemen entschärft, die wesentlichen Gefahren für das Eigentum wären beseitigt worden. Gerade dazu ist es aber nicht gekommen, und dies ist eine fundamentale Ausgangs-Erkenntnis für die Beschränkung des Eigentums durch Natur- und Landschaftsschutz: Hier wird, im wesentlichen undifferenziert, zusammengefaßt der Schutz gegen tödliche Vergiftungen — und das Recht darauf, eine Berglandschaft in früherer Schönheit zu betrachten, Blumen wie bisher blühen zu sehen. Eigentlich erscheint es als fast unglaublich, daß derartige auch grundrechtlich völlig unterschiedliche Ziele im Namen einer einzigen, einheitlichen staatlichen Aufgabe verfolgt werden dürfen, und zwar ohne daß irgendeine wesentliche Gewichtung stattfindet, indem also ohne weiteres vom einen immer wieder zum anderen gewechselt werden kann. Dennoch ermöglicht dies eben die Besonderheit des Begriffs „Umwelt": Der Artenschutz etwa betrifft gewiß nicht sogleich und unmittelbar Leben und Gesundheit des Bürgers und seiner Kinder; dennoch läßt sich seitens der Biologie die These vortragen, auf lange, vielleicht säkulare Sicht, die man hier aber, ganz anders als in allen anderen Bereichen des Gemeinschaftslebens, zugrunde legen müsse, werde das eine ins andere umschlagen.

Eine sonst im Recht ganz unbekannte Langfristigkeit einerseits, ein Verzicht auf die Feststellung unmittelbarer Kausalzusammenhänge andererseits sind es also, welche das Umweltrecht als solches prägen und es, vor allem im Agrarbereich, zu einer besonderen – man muß schon sagen – Gefahr für das Eigentum in seinem herkömmlichen Verständnis werden lassen: Wer wollte schon dem entgegentreten, was eines Tages sich zur Gefahr für Leib und Leben entwickeln könnte; und wer wollte es wagen, die ästhetischen Belange der Allgemeinheit vor Grundrechten schlechthin zurücktreten zu lassen, in einer Zeit, die sich doch auch einer Vergeistigung bewußt sein will?

Dennoch bleibt es erstaunlich, wie selten im Zusammenhang mit heutigem Umweltschutz vom Eigentum, im grundrechtlichen Verständnis, ausgegangen wird. Dies gilt nicht zuletzt für die inzwischen bekannten Vorarbeiten und Entwürfe für ein Umweltgesetzbuch; auch hier ist zunächst und vor allem von Zielen und Instrumentarien die Rede, die Schranken gegenüber dem doch wesentlich beeinträchtigten traditionellen Rechtsgut, dem Eigentum, werden eher am Rande behandelt.

In dieser ganzen Entwicklung ist eine Eigentums-Grundstimmung entstanden, die man sich vergegenwärtigen muß, will man sich nicht nur in Einzelheiten des heutigen Umweltrechts verlieren; die Aufgabe aber muß es gerade sein, nicht nur Einzelheiten aus Lehrbüchern und Gerichtsentscheidungen vorzutragen, welche jeder Interessierte auch in Kommentaren und Rechtsprechungsübersichten nachlesen kann; vielmehr gilt es, jene Eigentums-Grundstimmung aufzuzeigen und bewußt werden zu lassen, aus der allein letztlich ja dann auch die Entscheidenden, im Gerichtssaal wie in den Amtsstuben der Behörden, ihre eigentumsbeschränkenden Festsetzungen entwickeln.

2. Die Rechtsprechung — Großformeln und Einzelfalljudikatur

Die rechtlichen Schwierigkeiten der Betrachtung dieses Gebietes zeigen sich jedoch gerade dann, wenn man, wie es aber nach dem bereits Dargelegten unumgänglich ist, im wesentlichen von der Judikatur ausgeht: Den Richtern ist es bisher ebensowenig wie dem Schrifttum gelungen, rechtsstaatliche Systematik im Recht des Umweltschutzes durchzusetzen: Die Schuld daran liegt nicht so sehr bei ihnen, als vielmehr in der Gesetzeslage, in der Gerichtsorganisation und den allgemeinen Grenzen richterlicher Erkenntnisfähigkeit.

Dem Föderalismus hat die Rechtssicherheit gerade hier einen schweren Tribut zahlen müssen. Mit Normgebungen auf all den vielfach gestuften Ebenen geht heute der Staat gegen das Grundeigentum vor, welche unser föderalisierter und kommunalisierter Staat in so reichem Maße entfaltet hat: Von der Gemeindesatzung über das von vielfachen Zweckverbänden gesetzte

Recht, das Verordnungs- und Gesetzesrecht der Länder und dann des Bundes — bis nun hin vielleicht zu einem Umwelt-Verfassungsrecht ist eine Vielfalt von umweltschützerischen Bestimmungen entstanden, welche, schon von Land zu Land, kaum mehr übersehbar ist und die systematisch-zusammenfassende Behandlung entscheidend erschwert: Damit ist geradezu eine Verlustliste der Rechtseinheit, wie man früher einmal das EGBGB genannt hatte, in neuer Form entstanden dort, wo doch in besonderer Weise die Väter gerade des BGB Rechtseinheit herstellen wollten: im Eigentumsrecht.

Das Scheitern des Staatshaftungsrechts hat uns vorläufig die Zweispurigkeit der Rechtsprechungen bewahrt. Sie führt, das wird sich auch im folgenden gerade hier zeigen, zu bedeutsamen Akzentunterschieden zwischen BGH und BVerwG, im übrigen aber leistet sie der Tendenz Vorschub, mit möglichst weiten Rechtsprechungsformeln den Anschluß an die jeweilige Paralleljudikatur zu halten, selbst wenn im einzelnen die Rechtsprechungs-Grundstimmungen nicht unwesentlich divergieren.

Und hier liegt vor allem das Wesen der auch im folgenden zugrunde zu legenden Rechtsprechung: Einerseits hängt sie ihre Erkenntnisse auf, hält sich geradezu fest, an einigen Großformeln, wie etwa von der „Situationsgebundenheit", vom „vernünftigen Eigentümer" oder einer „in der Regel-" Zulässigkeit von umweltschützerischen Eingriffen in das Eigentum; um dann auf der anderen Seite in eine kaum mehr übersehbare Einzelfall-Judikatur zu verfallen, in welcher nahezu für jede Anbau- oder Abbau-Art höchstrichterliche Entscheidungen nachgewiesen werden können, die ihrerseits wieder, oft für den Leser kaum verständlich, differieren, weil eben der Sachverhalt nicht immer im einzelnen bekannt ist.

Die wohl größte Gefahr, welche mit diesem Zerfallen des Umweltrechts in Kasuistik verbunden ist, dürfte diese sein: Mit den kleinen Schritten und auf den leisen Sohlen der Minimal-Verschiebungen läßt sich, insgesamt kaum bemerkt, doch auf die Dauer eine Akzentverschiebung im ganzen bewirken, welche aber als solche von niemandem vorhergesehen, von wenigen überhaupt nur bemerkt worden ist. Auch stellt der gutachterlich Tätige nicht selten fest, daß es kaum mehr heute Spezialisten der hier behandelten Materie gibt, welche wirklich, ohne größeres Nachdenken, neu auftretende Einzelfragen entscheiden könnten, soweit sie nicht vollständig bisher entschiedenen Fällen gleichen: Unsicher ist, wie weit Analogiebrücken von einem höchstrichterlichen Urteil zu einem nun zu entscheidenden Fall tragen, noch schwieriger wird es, wenn gar aus allgemeineren, etwa verfassungsrechtlichen Überlegungen, deduziert werden soll. Dies letztere aber ist doch immer wieder und gerade deshalb nötig, weil eben die Einzelfalljudikatur nicht alles abdeckt, was zur Entscheidung ansteht.

Im folgenden muß daher zunächst einmal – wenn auch in gebotener Kürze – jenes Grundrecht des Eigentums in seinen verfassungsrechtlichen Grundkonturen dargestellt werden, welches durch den Umweltschutz beschränkt wird. Dabei allerdings kann nur auf weniges eingegangen werden, aus dem sich dann auch im folgenden praktische Konsequenzen ableiten lassen.

Am Ende dieses Abschnittes muß jedoch die allgemeine Feststellung stehen: Selten läßt der Gesetzgeber, lassen Schrifttum und Rechtsprechung den Juristen in einem Bereich so allein wie in dem hier behandelten; wenn überhaupt die Frage einmal auftreten sollte, ob nicht die Grenzen der Rechtssicherheit doch überschritten sind, so müßte es hier der Fall sein.

II. Das Eigentumsgrundrecht als Schranke staatlichen Umweltschutzes

Die Fragestellung des hier behandelten Themas wird zunächst umgekehrt: Es soll nicht nach dem Eigentum in den engen Schranken des Umweltschutzes gefragt werden, sondern nach den – allerdings recht weiten – Schranken, welche das Eigentumsgrundrecht dem staatlichen Belieben zieht.

1. Der Eigentumsbegriff

Das Eigentum ist, nach der Rechtsprechung des BVerfG, ein Grundrecht von fundamentaler Bedeutung (BVerfGE 14, S. 263 (277); zum folgenden siehe Nachw. auch in Leisner, W., „Eigentum", in: Isensee / Kirchhof (Hrsg.), Handbuch des Staatsrechts VI, S. 1023). Hierzu sollen zunächst nur einige allgemeine Thesen formuliert werden, welche sich alle eindeutig durch die Rechtsprechung belegen lassen:

- Das Eigentum wird als Grundrecht gesichert (Art. 14 Abs. 1 GG). Sein Kern, sein Wesen, seine eigentliche Bedeutung liegt also, wie bei allen anderen Grundrechten, darin, daß es einen Abwehranspruch verleiht, in erster Linie gegen die Hoheitsgewalt des Staates, in gewissem Umfang auch gegenüber Privaten. Keine Rede kann also davon sein, daß hier nur ein allgemeines Ordnungsprinzip aufgestellt wäre, daß es nur etwas gäbe wie eine „Eigentumsordnung", während Eigentumsansprüche immer nur in engem, etwa gesetzlichem, Rahmen in Betracht kämen. Die Berufung auf Art. 14 Abs. 1 GG, darin ist sich auch die gesamte Rechtsprechung zum Umweltschutz einig, ist nicht etwas wie ein lästiges Zitat, das man rasch beiseite wischen kann; und der Staat kann auch vom Betroffenen nicht verlangen, daß er sich immer sogleich auf einzelne betroffene Eigentumsbefugnisse berufe, er darf vielmehr hier aus der ganzen grundrechtlichen Fülle seines Eigentums heraus stets argumentieren.

- In diesem Zusammenhang ist zu betonen, daß für das gesamte Agrarrecht, insbesondere aber im Umweltrecht, der Begriff der Institutsgarantie des Eigentums praktische Bedeutung kaum wird erlangen können. Er sollte daher auch in Ausführungen vor Gericht nicht bemüht werden, denn dies könnte nur dahin mißverstanden werden, daß man sich auf ein allgemein-unverbindliches Prinzip berufe, nicht auf die Grundlage eines konkreten rechtlichen Anspruchs: Die „Institutsgarantie" sollte ursprünglich einmal den Schutz des Eigentums verstärken; inzwischen ist es aber soweit gekommen, daß immer häufiger versucht wird, die Ansprüchlichkeit des Eigentums auf Kosten des Institutscharakters des Grundrechts auszuhöhlen und damit Art. 14 GG auf ein allgemeines Ordnungsprinzip zu reduzieren. Dieser Versuchung sollte überall widerstanden werden.

- Eigentum ist nicht nur ein Grundrecht, es ist ein Menschenrecht im eigentlichen Sinne. Günter Dürig hat dies schon vor Jahrzehnten in bisher nicht widerlegter Weise nachgewiesen; die traditionell liberale Grundrechtstheorie wie die katholische Soziallehre sind immer davon ausgegangen. Dies bedeutet, daß die einzelnen Eigentumsansprüche des Bürgers, auch gegenüber dem Umwelt-Gesetzgeber und der Verwaltung, nicht nur grund-, sondern menschenrechtlich gesichert sind. Dies ist weder Rechtsphilosophie noch allgemeine Theorie, eine solche Entscheidung strahlt bis in die Verästelungen der einzelnen Fälle aus. Stets muß sich der Beamte, aber auch der klagende Betroffene, darüber im klaren sein, daß es hier um weit mehr geht als nur um Geld und Gut: Es geht um jene „gewonnene Freiheit", welche das Eigentum für den Bürger bedeutet: Wenn sie einem zu Unrecht genommen wird, ist sie bei allen anderen ebenfalls in Gefahr. Das BVerfG hat neuerdings, im Bodenreformurteil, anerkannt, daß der Kern des Eigentumsgrundrechts unveräußerlich, eben als Menschenrecht, sogar durch Art. 79 Abs. 3 GG gesichert wird.

- Neuerdings wird, und gerade im Umweltrecht, häufig von der „Funktion des Eigentums" gesprochen, wie ja überhaupt der Begriff „Funktion" bei den Grundrechten in Mode gekommen ist. So heißt es dann oft leichthin, die „Funktion" des Eigentums liege nicht darin, irgendeine Gesellschaftsordnung zu zementieren, irgendwelchen Wohlhabenden ihren Besitz zu erhalten. Vielmehr gehe es allein um die „freiheitssichernde Funktion" des Eigentums, woraus dann rasch die Folgerung gezogen wird, wirklicher Eigentumsschutz sei nur zu gewähren, soweit durch den Besitz gewisser Güter auch die Freiheit oder doch die Freiheitsfähigkeit des Bürgers erhalten werde. Am Ende steht dann bald das sozialistische Tascheneigentum; jedenfalls aber läßt sich leicht daraus ableiten, daß Eigentum nur im Kern dort zu schützen ist, wo es der wirtschaftlichen Existenzsicherung dient. Demgegenüber ist zu betonen, daß mit dem Begriff der „Funktion“ bei Grundrechten ohnehin vorsichtig verfahren werden sollte. Der Staat sichert die Freiheit des Bürgers an sich, er hat diesem nicht vorzuschreiben, in welcher Funktion er diese Freiheit einzusetzen habe, zu welchem Ziel. Dies gilt auch für das Eigentum. Es hat nur eine Funktion: Es ist ein Schutzwall für die Freiheit des Bürgers. Dies hat gerade für das Grundeigentum im agrarischen Bereich immer gegenüber dem Staat gegolten.

– Besonders zu betonen ist die Einheit des Eigentumsbegriffs. Sie allein liegt unserer gesamten Eigentumsdogmatik zugrunde, sie darf nicht aufgelöst werden in ein Bündel von property rights. Das Grundeigentum ist eines, es läßt sich weder aufspalten in Verfügungs- und Nutzungseigentum, noch kann es gar ein besonderes Eigentumsrecht auf diese oder jene agrarische Nutzung geben. Wo immer die Nutzungsmöglichkeiten eingeschränkt werden, ist „das Eigentum“ als solches beeinträchtigt, nicht irgendeine „Einzelbefugnis“ des Eigentums. Hierbei handelt es sich nur gewissermaßen um Inseln, die aus dem Meer der staatlichen Reglementierung des Eigentums herausragen. Der Sockel, auf dem sie stehen, ist aber immer einer: Das Eigentum. Und stets muß alles, was an Beschränkung dem Bürger zugemutet wird, zusammengesehen und gemessen werden an dem, was eigentlich das Eigentum ausmacht: das Recht, andere von der Verfügung, der Nutzung eines Gutes auszuschließen.

2. Der verfassungsrechtliche Eigentumsbegriff

a) Kein „Eigentum nach Gesetz“

Die Formulierung des GG in Art. 14, daß dessen Inhalt und Schranken durch das Gesetz bestimmt werden, ist immer wieder, neuerdings in verstärktem Maße, mißverstanden worden. Ist es nicht der Gesetzgeber selbst und er allein, der das Eigentum erst konstituiert, kann er dann aber nicht das, was er durch seine Normen dem Bürger gegeben hat, auch wieder auf diesem Wege entziehen, weil es eben ein allgemeines „Gesetzesvertrauen“ des Bürgers in keinem Bereich gibt, in der Demokratie der wechselnden Mehrheiten ganz wesentlich schon nicht geben kann?

Eine solche Vorstellung wäre das Ende des Eigentumsgrundrechts als verfassungsrechtliche Anspruchsgrundlage. Einen Grundrechtsschutz gegen den Gesetzgeber gäbe es dann überhaupt nicht mehr. Gerade im Umweltrecht ist dies von großer Bedeutung: Es darf nicht dahin kommen, daß als „Eigentum“ nur diejenigen subjektiven Berechtigungen angesehen werden, die irgendein umweltschützendes Gesetz dem einzelnen (noch) zuerkennt, nicht dahin also, daß diese Gesetze ihrerseits nicht wieder an einem verfassungsrechtlichen Eigentumsbegriff gemessen werden müßten. Dann nämlich wäre das Grundrecht des Eigentums zu völlig nutzlosem Recht herabgesunken, es böte Schutz gerade nicht gegenüber demjenigen, der sein größter Gefährder ist: gegenüber dem Gesetz- und Satzunggeber.

Das BVerfG hat dem eine klare Absage erteilt. Gerade in jenem Naßauskiesungsurteil (E 58, S. 300), in welchem es ausnahmsweise gebilligt hat, daß das für die Gemeinschaft lebenswichtige Grundwasser aus den eigentumsfähigen Gütern, und damit aus dem Eigentum des Bürgers, ausgeklammert werde, hat es sehr deutlich die engen Grenzen erkennen lassen, in denen allein dies zulässig ist: bei ganz wenigen, in ihrer Bedeutung besonders elementaren und vor allem traditionell immer derart geregelten Fällen von Gütern. Es kann also keine Rede davon sein, daß der Umweltgesetzgeber nun beliebig Berechtigungen des Eigentümers im agrarischen Bereich aus dem Eigentumsbegriff ausklammern, damit dann von vorneherein entschädigungslos sollte entziehen können.

Auch aus der Tatsache, daß in einem Bereich die Regelungsdichte besonders hoch ist, kann nicht darauf geschlossen werden, daß nunmehr ein Recht des Bürgers zu einer staatlichen Nutzungsverleihung geworden wäre. Dies ist insbesondere für das Baurecht bereits durchdiskutiert worden (vgl. dazu Nachw. bei Leisner, W., Baufreiheit oder staatliche Baurechtsverleihung DVBl. 1992, S. 1065 ff.). Es kann also auch keine staatliche Agrarrechts-, Bodenrechts- oder etwa Düngungsrechts-Verleihung geben. Wo immer derartiges dem Bürger gestattet wird, bedeutet es lediglich, daß allgemeinere Schranken, die bisher seinem Eigentumsbelieben gezogen worden waren, nunmehr wieder abgebaut worden sind. Das BVerfG hat ausdrücklich die Baufreiheit des Bürgers, als Ausfluß aus seinem Recht des Grundeigentums, hervorgehoben; aus demselben Grunde muß man auch stets von einer Umweltfreiheit des Eigentümers, vor allem im agrarischen Bereich ausgehen, wie dicht immer das Regelungswerk des staatlichen Umweltschutzes sein mag. Dieser muß sich daher stets, nach den Grundsätzen der verfassungsrechtlichen Verhältnismäßigkeit, daran messen lassen, ob er die Grundstrukturen des verfassungsrechtlichen Eigentumsschutzes noch beachtet. Dies gilt für das Bundesgesetz genauso wie für die Gemeindesatzung.

b) Elemente eines verfassungsrechtlichen Eigentumsbegriffs

Die Problematik beginnt nun dort, wo es um die Festlegung der konstitutiven Elemente des verfassungsrechtlichen Eigentumsbegriffes geht. Eigentum ist mehr als Rechtsstaatlichkeit, der Gesetzgeber muß vielmehr „die grundlegende Wertentscheidung des GG zugunsten des Privateigentums beachten“

(dies ist eine der am meisten und kontinuierlich gebrauchten Formulierungen, vgl. etwa BVerfGE 14, S. 263 [278]; 62, S. 169 [183]). Der Kern des Eigentums darf nicht angetastet werden (BVerfGE 45, S. 272 [296] std. Rspr.). In scharfen Worten wird der Gesetzgeber davor gewarnt, unter dem Etikett einer Inhaltsbestimmung zu enteignen (vgl. BVerfGE 52, S. 1 [13]) oder Schranken des Eigentums „beliebig (zu) erfinden und damit den verfassungskräftigen Eigentumsschutz des Art. 14 GG (zu) schwächen“ (BVerfGE 22, S. 387 [422]).

Sicher hätte das BVerfG noch weitere griffige „Subformeln“ prägen sollen, um zu verdeutlichen, was denn nun diese Konstitutivelemente des Eigentums ausmache. Immerhin hat es betont, daß dazu gehört die „Zuordnung des Eigentumsgutes zur Person des Eigentümers“, das „Eigentum in Eigentümerhand“ (vgl. etwa BVerfGE 31 S. 275 [285]). Darauf aber beschränkt sich das Eigentum nicht; daher bedeuten schwere vom Gesetzgeber oder der Verwaltung verursachte Wertverluste auch Eigentumseingriff, was übrigens in der Rechtsprechung der obersten Bundesgerichte zur Enteignung seit langem anerkannt ist (seit BVerwGE 5, S. 143 ff.). Und da sich in einer grundrechtlich geprägten Wirtschaft der Wert eines Eigentums meist auf dem Markt bildet, liegen hier auch die Schranken des staatlichen Marktdirigismus aus dem Eigentumsgrundrecht: Der Staat darf nicht dem Eigentümer seine Sache lassen und ihm „seinen Markt nehmen“, auf dem diese erst zum „Gut“ wird.

In der neueren Rechtsprechung des BVerfG findet sich immer häufiger der Begriff der „Privatnützigkeit“ des Eigentums (BVerfGE 82, S. 6 [16]; 84, S. 382 [384]). Das Eigentum Privater darf stets nur so vom Staat ausgestattet werden, daß ihm noch wesentliche Privatnützigkeit innewohnt; denn Art. 14 Abs. 2 S. 1 GG legt ja ausdrücklich fest, daß der Gebrauch des Eigentums „auch“ dem Wohle der Allgemeinheit dienen soll, also nicht etwa ausschließlich diesen Belangen, ohne Blick auf den Nutzen für den Bürger. Immer dann ist also die Grenze der Eigentumsverletzung erreicht, wenn dem Bürger keine wirtschaftlich vernünftige Nutzung des Eigentums mehr belassen wird; dies aber wird für die folgenden Überlegungen zum Schutz der Bodennutzung von wesentlicher Bedeutung sein. Gerade der Umweltschutz nimmt es sich ja vor, dieses Wohl der Allgemeinheit zu konkretisieren, er hält es den Interessen des Eigentümers entgegen: Der Verfassung kann nur eines entsprechen: jener gerechte Ausgleich, den die Verfassung ja (Art. 14 Abs. 2 GG) ausdrücklich fordert, daher eine Ordnung auch des Umweltschutzrechts, welche in gleicher, wenn nicht sogar in vorrangiger Weise die Interessen des Eigentümers berücksichtigt, die immerhin grundrechtlich im Kern geschützt sind. Jeder Aushöhlung des Eigentums durch Umweltschutzgesetzgebung und -verwaltung sollte damit eigentlich eine nicht zu überschreitende Schranke gezogen sein.

Nur noch ein Wort zu den – angeblichen – Kriterien der „Leistung“ und der „Existenzsicherung“ als Wesensmerkmale des verfassungsrechtlichen Eigentums:

- Anerkannt ist, daß verfassungsrechtlich nicht nur dasjenige Eigentum geschützt ist, welches sich der Eigentümer mit eigener Arbeit verdient hat. Der Einsatz von Kapital wird ebenso gewertet wie der von Arbeit. Eine Rechtsordnung ferner, welche auch das Erbrecht ausdrücklich schützt, kann nicht das „arbeitslos Erworbene“, eben das „Ererbte“ schutzlos lassen. Von Bedeutung wird das Leistungskriterium allerdings dort, wo es sich um Eigentumsrechte an öffentlich-rechtlichen Befugnissen handelt, etwa an Ansprüchen gegenüber der Sozialversicherung: Wenn der Staat selbst weitgehend dem Bürger geschenkweise Ansprüche einräumt, so können diese nicht in gleicher Weise eigentumsgeschützt sein wie das, was sich der Bürger durch eigene Arbeit, durch seine Sozialversicherungsbeiträge, erworben hat. Insoweit hat das Leistungskriterium sicher Bedeutung. Im Agrar- und Umweltrecht aber vermag es die Rechte der Eigentümer nicht zu beschränken, denn sie berufen sich hier nicht auf Staatsgeschenke einer „umweltrechtlichen Zulassung“, sondern auf einen Ausfluß aus ihrem Eigentumsrecht.
- Existenzsicherung mag wiederum im Sozialversicherungsrecht ihre Bedeutung für den Eigentumsschutz haben; ein Staat, der die Menschenwürde sichert, wird deshalb sicherlich mehr an Eigentumsrechten gewährleisten, als wenn es sich um Bezugsrechte nur zur Steigerung der Lebensqualität geht. Keine Rede kann jedoch davon sein, daß etwa ein gesteigertes Eigentumsgrundrecht dort anzunehmen sei, wo der Bürger bei Entzug eines Vermögensgegenstandes in seiner wirtschaftlichen Existenz bedroht ist. Art. 14 GG schützt also nicht nur den Kleinbauern, dem durch eine weitere Belastung die wirtschaftliche Existenz zerstört würde, sondern ebenso auch den größeren Grundstückseigentümer, der ohne weiteres auf andere Güter ausweichen kann. Eine andere Frage mag es sein, ob sich natur- und landschaftsschützende Normen, welche tiefe Eingriffe in das Eigentum bringen, damit rechtfertigen lassen, daß sie Härteklauseln bei Gefahr des Existenzverlustes vorsehen. Sicher wird dies die Eigentumsproblematik entschärfen können, es darf aber nie dahin kommen, daß derartige Härtebestimmungen als Alibi für im übrigen übermäßige Belastungen angesehen werden.

Nachdem nun die wichtigsten Konturen des stets zu sichernden Eigentums klargelegt sind, soll im folgenden vor allem auf zwei zentrale Problemkreise eingegangen werden, welche sich insbesondere im Natur- und Landschaftsschutz in den letzten Jahren herausgebildet haben: Das Naturschutzrecht als ein schwer angreifbares Generalklausel-Recht und die Beschränkung des Eigentumsschutzes in diesem Bereich auf ausgeübte oder „sich aufdrängende“ Nutzungen.

III. Umweltschutz — ein Generalklauselrecht; Eigentumsschutz — eine Ausnahme

Aufgabe der Gesetzgebung in Bund und Ländern bei der Bestimmung von Inhalt und Schranken des Eigentums (Art. 14 Abs. 1 S. 2 GG) ist die Verwirklichung eines Sozialmodells, dessen normative Elemente sich einerseits aus der Anerkennung des Grundrechts, andererseits aus dem Sozialgebot ergeben. Dabei muß aber der Gesetzgeber nach dem BVerfG der Verbürgung des Eigentums wie dessen Sozialpflichtigkeit in gleicher Weise Rechnung tragen: Einseitige Bevorzugung oder Benachteiligung steht mit Art. 14 GG nicht in Einklang (BVerfGE 25, S. 112 [117 ff.]). Ein genereller Vorrang der Allgemeininteressen ist ausgeschlossen, es muß angemessener Ausgleich stattfinden. Es darf, gerade im Umweltrecht, nicht mit Blick auf ständig sich wandelnde – und meist sich steigernde – Gemeinwohlbedürfnisse immer mehr durch Gesetz aus dem Schutzbereich des Eigentums herausgenommen werden, bis man endlich an die äußerste Grenze der Privatnützigkeit (vgl. zu dieser BVerfGE 52, S. 1 [30]) stößt. Vieles spricht jedoch dafür, daß im Namen des Umweltschutzes heute das Eigentum viel weiter zurückgedrängt wird, daß es im Naturschutzrecht geradezu zur Ausnahme geworden ist (dazu und zum folgenden Nachw. bei Leisner, W., Eigentumsschutz im Naturschutzrecht eine Ausnahme?, in: DÖV 1991, S. 781 ff.).

1. Die Zurückdrängung des Eigentums im Natur-Umweltschutz

Der Natur- und Landschaftsschutz gewinnt seit dem Ersten Weltkrieg laufend neue Dimensionen: vom isolierten Objekt zum weiträumigen Flächen- und Lebensbereichsschutz, vom „passiven“, defensiven, reagierenden zum aktiven Naturschutz, der immer häufiger geradezu offensiv auftritt, nicht mehr nur restaurativ, sondern eindeutig innovativ. Günter Krohn hat bereits 1986 festgestellt, die Eigentümerrechte gerieten immer mehr in den Hintergrund (AgrarR 1986, Beil. 1, S. 23 f.). Der Sachverständigenrat für Umweltfragen fordert die Schaffung großräumiger ökologischer Vorranggebiete, vornehmlich als Naturschutzgebiete, die dann noch zu vernetzen sind. Intensiv wird die Entwicklung in vielen Regionen in diesem Sinne vorangetrieben; ihr Ziel ist ersichtlich die Unterschutzstellung eines nicht geringen Teils der Bodenfläche Deutschlands. Die Ausweisung von Naturschutzgebieten greift durch Nutzungsbeschränkungen tief ein, vor allem bei großflächigen Unterschutzstellungen, wie sie etwa für Feuchtgebiete typisch sind; und selbst in Landschaftsschutzgebieten kann die Bewirtschaftung einschneidenden Veränderungssperren unterworfen werden. Wendet sich der Betroffene gegen derartige Belastungen, wie sie meist schon die Verordnungen und Satzungen bringen, so findet er bei Gericht wenig Schutz. In der Praxis müssen meist die Eigentümerbefugnisse zurückstehen, die Entschädigungsrechtsprechung ist „restriktiv" (Krohn, a.a.O.). Die Zahl der erfolgreichen Klagen ist so gering, daß es sich bereits fragt, ob Rechtsstreitigkeiten hier überhaupt noch praktischen Sinn haben. Es ist daher nach den Gründen für diese eigentumsungünstige Judikatur zu fragen und zu überlegen, ob sie verfassungskonform, im Sinne der erwähnten Gleichgewichts-Rechtsprechung des BVerfG, weiterentwickelt werden kann.

Vorweg ist dabei gegen ein sehr bedenkliches Vorverständnis Front zu machen: Aus einem „allgemeinen Bewußtsein" darf die Rechtsprechung heute genausowenig argumentieren, wie es früher rechtens war, sich auf das „gesunde Volksempfinden" zu berufen. Wenn sich ein Bewußtseinswandel vollzogen hat, so mag der Gesetzgeber die Naturnutzungsbefugnisse neu regeln — aber immer eben nur in den Grenzen der Verfassung. Nur wenn sich deren zentrale Eigentums-Wert-Vorstellungen geändert haben sollten, darf er dies zu Lasten der betroffenen Bürger berücksichtigen. Nachgewiesen werden müßte also eine Veränderung der Eigentumsvorstellungen, nicht nur der Umweltwertungen. Auch darf man nicht vorübergehende Moden als Rechtsüberzeugungen ausgeben, will man nicht in ideologische Bahnen zurücklenken.

Wenn überdies schon von einem Bewußtseinswandel des Eigentums heute die Rede sein soll, so müßte doch vor allem auf eine Verstärkung der Überzeugung der Wertigkeit des Privateigentums hingewiesen werden, der sich nach dem Zusammenbruch der systematisch eigentumsfeindlichen kommunistischen Ideologie mit Sicherheit in der Gemeinschaft vollzogen hat.

2. „Die Normausuferung" im Naturschutzrecht

In letzter Zeit häufen sich Untersuchungen zum Verhältnis Eigentum – Naturschutz, insbesondere zur Abgrenzung der Nutzungsbefugnisse durch normative Unterschutzstellungen. Erstaunlicherweise wird aber eine zentrale Problematik kaum behandelt: wie denn die Belange der Allgemeinheit normativ definiert werden, in den Naturschutzgesetzen und jenen Verordnungen und Satzungen, welche sie lokal spezialisieren sollen. Dies ist vor allem deshalb für das Eigentum bedrohlich, weil das BVerfG ja den Bürger darauf verwiesen hat, die rechtliche Zulässigkeit normativer und administrativer Eigentumsbeschränkungen zunächst einmal gerichtlich überprüfen zu lassen, er darf nicht mehr sogleich Entschädigung verlangen (BVerfGE 58, S. 300 [324]). Nun ist aber das Natur- und Landschaftsschutzrecht zu einem „Recht der Generalklauseln" geworden, in einer Weise, die sonst im öffentlichen Recht wohl nirgends eine Entsprechung findet. Es beginnt mit den „Zielen des Naturschutzes“ in den §§ 1 und 2 BNatSchG, es wiederholt sich dann aber geradezu flächendeckend in einem Geflecht unbestimmter Rechtsbegriffe. Schon die Bestimmungen der Landesgesetze (vgl. etwa Art. 7 des BayNatSchG) gestatten der Verwaltung nahezu in jedem Fall die Unterschutzstellung: „Lebensgemeinschaften oder Lebensstätten bestimmter wildwachsender Pflanzen oder wildlebender Tierarten“ finden sich doch auf jedem Grundstück, es genügen aber sogar „ökologische Gründe“. „Wissenschaftliche Gründe“ können Biologen und Agrarwissenschaftler unabsehbar und kaum kontrollierbar vorweisen — oder produzieren. Schließlich darf eine Ausweisung sogar noch „wegen Seltenheit, besonderer Eigenart oder hervorragender Schönheit“ erfolgen. Eine derartige „besondere Eigenart“ aber ist praktisch jedem Grundstück eigen. Der Betroffene müßte Ökologe oder Biologe sein, um auch nur umrißhaft absehen zu können, was ihm drohen kann, wenn er ein Grundstück erwirbt.

Es fragt sich, ob dies noch mit der Rechtsstaatlichkeit vereinbar ist, die Berechenbarkeit, Vorhersehbarkeit möglicher staatlicher Eingriffe verlangt (BVerfGE 7, S. 89 (92), std. Rspr.). Wir haben es hier ja nicht nur mit einem Geflecht von unbestimmten Rechtsbegriffen, sondern mit einer Häufung von echten Generalklauseln zu tun („ökologische Gründe“, „besondere Eigenart“). Die Gerichte werden hier immer mehr zu Ratifikationsorganen nicht nur von Sachverständigen-, sondern sogar von Behördenwertungen. Ortsbesichtigungen können daran meist nichts mehr ändern.

Noch prekärer fast ist die Lage des Bürgers gegenüber Landschaftsschutzgebietsausweisungen. Hier genügt oft schon die „Erhaltung oder Wiederherstellung des Naturhaushalts“ (vgl. Art. 10 BayNatSchG), jedenfalls läßt sie sich über den Schutz von „Vielfalt, Eigenart oder Schönheit des Landschaftsbildes“ ohne weiteres legitimieren, ganz zu schweigen von der „besonderen Bedeutung für die Erholung“, die ja noch nicht gegeben, sondern nur plausibel zu erwarten sein muß. Das BVerfG hat Generalklauseln zwar generell gebilligt, aber nur dort, wo der Gesetzgeber der Vielfalt der Sachverhalte anders nicht gerecht werden kann. Zu fordern wäre daher eine erheblich weitergehend spezialisierende Gesetzgebung, welche auch möglichst bei jedem dieser wertungsbedürftigen Begriffe deutliche Akzente setzt („besonders“, „wichtig“, „überragend“). Der Rechtsstaat ist keine Rechtsform der Arbeitserleichterung für begründungsmüde Behörden und Gerichte. Warum sollte man hier nicht mit der normativen Genauigkeit des Steuerrechts vorgehen, welches derartige Globalnormierungen nicht dulden würde? Der Naturschutz wird sicher einwenden, Lücken dürfe es in einem solchen System nicht geben; es kann jedoch ohne weiteres mit „insbesondere-Formulierungen“ gearbeitet werden. Auch sollte der Gesetzgeber sich immer neue Gedanken über eine Ergänzung – oder auch Einschränkung – seiner Kataloge machen. Wenn er aber schon so weit formuliert, so ist es erst recht dringende Aufgabe des Verordnung- oder Satzunggebers, nicht nur den Gesetzeswortlaut mit ähnlichen Generalklauseln zu wiederholen, sondern Unterschutzstellungen im einzelnen detailliert zu begründen. Eine deutliche Fehlentwicklung ist es, daß dies schon deshalb meist nicht geschieht, weil sich derartige Satzungen an Musterentwürfen orientieren, welche mit nichtssagenden Allgemeinformeln arbeiten — obwohl es doch ohne weiteres möglich wäre, besondere Begründungen im Einzelfall zu geben.

Entscheidend ist jedoch, daß sich diese Normausuferung nicht auch noch in der Rechtsprechung fortsetzt oder gar dort noch verstärkt. Gerade diese Gefahr aber zeigt neuere Judikatur. Was denn nun „ökologische Gründe" seien oder was „Schönheit" bedeute — das ergibt sich meist aus den Urteilen auch nicht ansatzweise. Nicht nur, daß kaum je spezialisierend besondere Voraussetzungen entfaltet werden, was doch bei so allgemeinen Formeln die Rechtsstaatlichkeit verlangt — manchmal scheint es fast, als sollten die schon weiten Begriffe noch erweitert werden: Wenn etwa das Gesetz von der „besonderen Eigenart" spricht, so meint ein Gericht, es genüge schon die „Erhaltung eines eigenartigen Landschaftsbildes" (BayOblG, NVwZ-RR 1989, S. 290 [292]); die Sicherung von Lebensräumen rechtfertigen auch den Schutz von „Umgebungen" derselben (VGH Baden-Württemberg, NJW 1984, S. 1700 [1702]); als Begründungen dienen sogar Aussagen einzelner Behördenbediensteter.

Selbst wenn dies im Einzelfall zu richtigen Ergebnissen führen sollte — bedenklich ist die allgemeine Tendenz, daß auf die schwere Problematik der Subsumtion unter so allgemeine Formeln gar nicht näher eingegangen wird, diese vielmehr immer weiter ausgeschliffen werden. Die Richter sind aufgerufen, durch die Entfaltung praxisnaher, spezialisierender und einschränkender Subformeln ein Mindestmaß von Berechenbarkeit und Vorhersehbarkeit herzustellen, sie dürfen sich nicht in den Nebel der nahezu alles salvierenden Großformeln zurückziehen; die Betroffenen sollten vor Gericht nachdrücklich auf diese Problematik in jedem Einzelfall hinweisen.

3. Abwägungen Naturschutz–Eigentum: durch Allgemeinformeln verdrängt

Der Eigentümer sollte eigentlich im Einzelfall Schutz finden in einer Verhältnismäßigkeitsprüfung, welche seine Belange gerecht gegenüber denen der Allgemeinheit abwägt. In der Praxis bleibt diese meist unvollständig, wenn sie diesen Namen überhaupt noch verdient. In den meisten Fällen folgt nach Erwähnung der Verhältnismäßigkeitskategorien, mit allgemeinen Formulierungen, die Kurzfeststellung, in diesem Fall hätten die – meist ökonomischen

Belange – des Betroffenen gegenüber den höher oder gar höchstrangigen Interessen der Allgemeinheit eben zurückzutreten — viele Worte für den Maßstab, wenige für die doch entscheidende Subsumtion unter diesen. Eine Einzelfallwertung sucht man, in aller Regel, vergeblich. Die obersten Gerichte ratifizieren solche Prüfungen, die sich in wenigen Worten erschöpfen. Die Verhältnismäßigkeitsprüfung droht zum Wortritual zu verkümmern. Oft werden die Eigentümerinteressen gar nicht mehr abwägend erwähnt.

Auch hier muß es zu einer Änderung kommen, vor allem durch entschiedene Vorstellung der Betroffenen, bei Behörden und Gerichten: Die Abwägung muß im Einzelfall, in konkret nachvollziehbarer Weise erfolgen.

Daß die Verhältnismäßigkeitsprüfung dem Eigentümer keinen Schutz mehr bietet, hat vor allem einen Grund: Die Allgemeinheitsbelange werden als hoch- und höchstrangig angesehen, so daß dann Eigentumsinteressen zurückzutreten haben, und zwar auch noch ohne Entschädigung. Das BVerfG selbst habe ja, so könnte man sagen, die Erhaltung von Artenvielfalt und Naturschönheit nicht nur als einen gewichtigen öffentlichen Belang, sondern als ein Gemeinschaftsgut von überragender Bedeutung bezeichnet (vgl. etwa BVerfG, NJW 1990, S. 1230). Was kann da noch Verhältnismäßigkeitsprüfung bewirken? In Wahrheit liegt hier nichts anderes vor als deutliche Überinterpretation einer Allgemeinaussage des obersten Gerichts. Landschaftsschönheit und Artenvielfalt können im Einzelfall ohne weiteres einmal von höchster Bedeutung sein und daher Eigentumsinteressen vorgehen, dies muß aber nicht immer so sein; anderenfalls gäbe es auch überhaupt keine rechtlichen Schranken mehr für Schießübungen und Militärflüge, weil die Landesverteidigung ja ohne weiteres als höchstrangiger globaler Gemeinschaftsbelang anzuerkennen ist; das Gegenteil ist aber in der Rechtsprechung anerkannt. Die Gerichte dürfen sich also nicht auf derartige Generalklauseln zurückziehen, um die Verhältnismäßigkeitsprüfung, das letzte Schutzinstrument des Eigentümers, praktisch aufzugeben.

4. Die beiden Abwägungen: ob überhaupt Beschränkung — ob ohne Entschädigung

In aller Regel wird die Abwägung zwischen den Naturschutzbelangen der Allgemeinheit und den Eigentümerinteressen in einem einzigen Gang vorgenommen: Es wird zugleich darüber entschieden, ob die Schutzmaßnahme zulässig und auch darüber, ob sie ohne Entschädigung erlaubt sein soll. Dies aber sind, gerade nach der neuen Eigentumsdogmatik des BVerfG, zwei streng zu trennende Fragen.

Der Gesetzgeber darf Inhalt und Schranken des Eigentums bestimmen, dies hat er unter Berücksichtigung der Sozialbindung vorzunehmen. Nur wenn sie ihn legitimiert, darf Beschränkung ohne Entschädigung erfolgen. Greift die Inhaltsbestimmung jedoch allzutief ein, so ist dafür, nach heute herrschender Auffassung, ein Ausgleich zu schaffen, im Wege einer „Inhalts- und Schrankenbestimmungsentschädigung“. Wenn diese nicht vorgesehen ist, verstößt die Norm gegen das GG.

Hier liegt der Schlüssel zu einer gerechten Lösung nicht weniger Probleme: In vielen Fällen muß der Eigentümer die Schutzmaßnahme dulden, weil eben ein überragendes Allgemeininteresse vorliegt. Darin ist der Bedeutung des Naturschutzes entsprochen. Keineswegs entschieden ist damit aber, ob der Eigentümer all dies ohne jeden Ausgleich hinzunehmen hat, ob die Verordnungen oder Satzungen einen solchen nicht vorsehen müssen. Genügen kann hier nicht ein minderrangiger „Ausgleich unter der Enteignungsschwelle“, oder gar nur in Härtefällen. In der Sache geht es um echte Entschädigung. In jedem Fall sollte also darauf hingewiesen werden, daß jede Zulässigkeitsabwägung, fällt sie zugunsten des Naturschutzes aus, dann zu einer zweiten führen muß, zur Entschädigungsabwägung. Nachdem in den meisten hier anzuwendenden Normen sogenannte salvatorische Klauseln enthalten sind – auf deren Zulässigkeit in diesem Zusammenhang nicht vertiefend eingegangen werden kann – haben Behörden und Gerichte ohne weiteres die Möglichkeit, dann, wenn sie die Zulässigkeit der Maßnahme aus ihrer Notwendigkeit für den Naturschutz heraus gerechtfertigt haben, im Wege einer zweiten, eben der Entschädigungsabwägung, festzustellen, daß hier enteignend beschränkt worden ist und daß daher Entschädigung bezahlt werden muß. In vielen Fällen wird dies allerdings die Beschränkungsfreudigkeit der Umweltschutzbehörden entscheidend herabsetzen. Höchste Zeit ist es also, die Entschädigungsabwägungen im Naturschutzrecht systematisch einzusetzen.

5. Vermutung für Sozialbindung?

Hier hilft sich allerdings die Praxis kurzerhand mit einer weiteren Allgemeinformel, ja mit einer Art von Vermutung: Natur- und Landschaftsschutz stellten regelmäßig keine Enteignung, sondern nur eine konkrete Ausgestaltung der Sozialgebundenheit des Eigentums dar (für viele BGH, NJW 1977, S. 945; BVerwGE 67, S. 93). Selbst wenn dies übrigens zuträfe, würde es noch nicht der Prüfung entheben, ob hier nicht doch eine Ausnahme vorliegt; eine Entschädigungsabwägung müßte also dennoch stattfinden.

Die Vermutung ist aber als solche schon unhaltbar. Sie kommt letztlich aus früheren Zeiten, welche durch die – nationalsozialistische – Reichsnaturschutzgesetzgebung geprägt waren, in der es, aus damaliger Grundauffassung heraus, eine Entschädigung nicht gab. Auch waren die früheren Naturschutzeingriffe in der Regel so wenig einschneidend, daß dies auch noch gerechtfertigt erscheinen konnte. Es ist höchst bedenklich und sollte geradezu ein Alarmzeichen des Grundrechtsschutzes auslösen, wenn im Wege solcher „in der Regel-Rechtsprechung" pauschal staatliche Eingriffe von derartiger Breitenwirkung und Tiefe wie im Fall des in seinen Konturen noch gar nicht abzusehenden Umweltschutzes „zunächst einmal generell gebilligt" werden. Dies ist mit der Rechtsstaatlichkeit unvereinbar, denn ein derartiges Werturteil kann nicht allgemein für den gesamten Natur- und Landschaftsschutz, noch weniger für Umweltbelange schlechthin getroffen werden. Der Eigentümer wird dadurch meist in eine wahre probatio diabolica gedrängt, unter dem skeptischen Blick eines Richters, der unter dem flächendeckenden Schutz derartiger Generalformeln judiziert.

Die Gefahr, daß das Umweltrecht zu einem Geflecht von Generalklauseln wird, welche jeden juristischen Angriff von vorneherein zum Scheitern bringen, wird sich in nächster Zeit eher noch verschärfen. Es ist daher unbedingt erforderlich, daß die Prüfung der Notwendigkeit von umweltschützerischen Maßnahmen, vor allem im Natur- und Landschaftsschutz, von den Betroffenen immer wieder angemahnt und durch gutachterliche Bemühungen verstärkt wird; die Gerichte aber sollten den Mut haben, hier nun auch einmal den Gesetzgeber aus der Zufriedenheit seiner Mustersatzungs-Formeln zu werfen, ihm eine rechtsstaatlich faßbare Bestimmung der Eingriffsvoraussetzungen aufzuzwingen.

IV. Eigentumsschutz für Nutzungen und Nutzungsmöglichkeiten

Das zentrale Problem des Eigentumsschutzes im Umweltrecht, insbesondere im Natur-, Landschafts- und Bodenrecht, stellt sich wie folgt: Die Staatsgewalt greift ein auf der Grundlage bereits bestehender oder neuer Generalklauseln oder auch auf der Grundlage neuer Spezialnormen derselben oder verbietet sie; der klassische Fall ist der der Unterschutzstellungen in ihren vielfachen Formen. In aller Regel geht es also nicht um den Entzug von Grundeigentum, sondern um eine Nutzungsbeschränkung desselben, die allerdings sehr tief gehen und die Innehabung des Eigentums zum „nutzlosen Recht" im wahren Sinne machen kann. Es ist fraglich, ob hiergegen die Eigentumsgarantie überhaupt Schutz gewährt. Und hier divergieren die Formulierungen der obersten Gerichte, des BVerfG, des BGH und des BVerwG nicht unerheblich.

1. Die Rechtsprechung des BVerfG, insbesondere das Naßauskiesungsurteil

In der Entscheidung E 58, S. 300 ff., hat das BVerfG die Eigentumsdogmatik in einem Punkt entscheidend verändert: Eigentumsbeschränkung ist (noch) nicht Enteignung. Die Expropriation ist vielmehr auf den gezielten Entzug einer Rechtsposition, auf Auflösung der Zuordnung eines Rechtsguts zu seinem bisherigen Träger beschränkt. Eine solche Enteignung im eigentlichen, jetzt: im einzigen Sinne des Wortes und des Art. 14 Abs. 3 GG, findet aber in aller Regel im Umweltrecht nicht statt. Nur in wenigen Fällen wird die Staatsgewalt aus Gründen des Natur- und Landschaftsschutzes zu Enteignungen schreiten, schon deshalb, weil in den weitaus meisten Fällen die Ziele des Umweltschutzes ja durch Beschränkungen erreicht werden können, durch Nutzungseinschränkungen, bis hin zum völligen Ausschluß jeder wirtschaftlich vernünftigen Nutzung.

Es besteht heute kaum Zweifel darüber, daß das Naßauskiesungsurteil in diesem Punkt eine zwar dogmatisch vielleicht saubere, wirtschaftlich aber wenig sinnvolle Veränderung gebracht hat, nur um es dem BGH unmöglich zu machen, aus Art. 14 Abs. 3 GG unmittelbar Entschädigung auch für Eigentumsbeschränkungen zu gewähren. Gerade dies aber war eine herkömmliche und ökonomisch vernünftige Rechtsauffassung: Wem die Nutzungen eines Grundstücks weitgehend entzogen werden, der ist eben de facto enteignet, auch wenn er de iure noch im Grundbuch steht, das allgemeine Rechtsbewußtsein hat es immer so empfunden. Das BVerfG ist hier also einem höchst unerfreulichen Rechtsformalismus erlegen.

Nach dem Naßauskiesungsurteil stellt sich daher die Frage des Eigentumsschutzes für Nutzungen in einem neuen Licht. Was die Staatsgewalt, was insbesondere der Gesetzgeber an Nutzungsmöglichkeiten dem Eigentümer generell zuerkennen will, ist nach dieser Entscheidung Ausdruck seiner Gestaltung im Rahmen der Bestimmung von Inhalt und Schranken des Eigentums (Art. 14 Abs. 1 S. 2 GG). Hier aber steht ihm ein weiter Gestaltungsspielraum offen. Das Gericht hatte ja wenig vorher bereits ausgesprochen, für die Eigentumsnutzung als solche gelte: Es falle in die Entscheidung des Gesetzgebers, bisher allgemein eingeräumte rechtliche Befugnisse für die Zukunft zu beseitigen oder zu beschränken. Hierdurch allein würden noch keine nach altem Recht rechtmäßig erworbenen subjektiven Rechtspositionen betroffen, die dem Schutz der Eigentumsgarantie unterlägen (BVerfGE 45, S. 297 [332]). Dies erscheint als Ausdruck des allgemeinen Prinzips, daß niemand auf den Fortbestand bisheriger Gesetzeslagen vertrauen kann, ein Grundsatz, der ja im Steuerrecht für den Bürger oft recht unerfreuliche Auswirkungen zeitigt. Es genügt demnach, daß die Staatsgewalt das Rückwirkungsverbot achtet.

Nun hat allerdings das BVerfG im Naßauskiesungsurteil selbst zum Ausdruck gebracht, eine Enteignung komme dennoch in Betracht, wenn „bei Änderung des objektiven Rechts von einer nach früherem Recht möglichen Nutzungsbefugnis bereits Gebraucht gemacht worden ist und diese entzogen wird" (BVerfGE 58, S. 338). Daraus wird im allgemeinen vom Schrifttum gefolgert, „ausgeübte Nutzungen" jedenfalls dürfen nicht, auch nicht durch Gesetz, verboten werden. Es ist jedoch sehr zweifelhaft, ob das Gericht dies wirklich hat sagen wollen und ob sich dies auch im Umweltschutz durchsetzen ließe.

Das BVerfG hat im Naßauskiesungsurteil selbst deutlich zum Ausdruck gebracht, welcher ausgeübten Nutzung es den Eigentumsschutz nicht gewähren will: Es wäre mit dem Inhalt des Grundrechts nicht vereinbar, wenn dem Staat die Befugnis zugebilligt würde, die Fortsetzung von Grundstücksnutzungen, zu deren Aufnahme umfangreiche Investitionen erforderlich waren, abrupt und ohne Überleitung zu verbieten. Eine solche Regelung würde die geleistete Arbeit und den Einsatz von Kapital von heute auf morgen entwerten. Sie würde das Vertrauen in die Beständigkeit der Rechtsordnung, ohne das eine eigenverantwortliche Lebensgestaltung im vermögensrechtlichen Bereich nicht möglich ist, erschüttern. Nicht der ausgeübten Nutzung als solcher wird also Eigentumsschutz gegen Enteignung gewährt, noch weniger der „ausgeübten möglichen Nutzung", sondern nur der investiv ausgeübten Nutzung, in deren Rahmen eben etwas geschaffen worden ist, auf dessen Grundlage nun genutzt wird. Möglichkeiten, ob sie nun ausgenützt worden sind oder nicht, können daher, nach dem BVerfG, für die Zukunft verschlossen werden; nicht aber darf damit das völlig entwertet und damit im Ergebnis entzogen werden, was investiert worden ist, um die Nutzung durchzuführen. Hat also etwa ein Landwirt umfängliche Investitionen getätigt, um durch Entwässerungsanlagen die Voraussetzung für eine bestimmte Bodenkultur zu schaffen, so würde das Verbot dieser Nutzung eine Enteignung der „Nutzungsinvestitionen" bedeuten, es könnte Art. 14 Abs. 3 GG eingreifen.

Dies wird allerdings nur in seltenen Fällen zutreffen; nach der Rechtsprechung des BVerfG bleiben daher im wesentlichen die Nutzungsmöglichkeiten, seien sie nun ausgeübt oder nicht, eigentumsrechtlich von Verfassungs wegen schutzlos.

Es fragt sich nun, ob die anderen obersten Bundesgerichte nicht doch dem Eigentümer mehr an Abwehrmöglichkeiten gegenüber dem Umweltschutz zubilligen und ob dies mit der erwähnten Rechtsprechung des BVerfG vereinbar ist.

Vorher aber noch eine allgemeine Bemerkung: Eigentumsschutz kann es nie geben für Nutzungen, welche deshalb verboten werden, weil sie nach neueren, aber gesicherten Erkenntnissen zu Schädigungen anderer, insbesondere von deren Gesundheit oder Eigentum, führen können, selbst wenn dies nach der bisherigen Erkenntnislage nicht mit der erforderlichen Sicherheit abzusehen war. Das Eigentum gibt nie das Recht, durch seine Nutzung andere zu schädigen. Eine derartige fremdschädigende Eigentumsnutzung war daher von Anfang an rechtswidrig, illegal, mochte dies auch bisher nicht erkannt worden sein; darauf kann kein Vertrauen eines Eigentümers gegründet werden. Es wäre absurd, wollte die Gemeinschaft es dem einen Bürger teuer abkaufen, daß er den anderen nicht schädige. Dies setzt allerdings voraus, daß wirkliche Rechtsbeeinträchtigung anderer durch diese Nutzungsart droht. Genügen kann es nicht, daß anderen Bürgern auf diese Weise lediglich etwas von ihrer Lebensqualität genommen wird, etwa indem ihre Aussicht weniger schön wird, es kann auch nicht ausreichen, daß sich gewisse Schädigungen einstellen könnten. Dies letztere mag für ein umweltschützendes Verbot in der Zukunft ausreichen; wenn dieses sich aber nicht durch absehbare, kausal naheliegende Schädigungen anderer Bürger rechtfertigen läßt, so war auch die bisherige Nutzung nicht etwa von Anfang an illegal, sie wird es nun erst durch das umweltschützerische Gebot. Dann aber stellt sich die Frage, ob der Staat dies dem Betroffenen nicht doch soll abkaufen müssen.

2. Die Rechtsprechung des BGH

In ständiger Rechtsprechung gewährt der BGH Eigentumsschutz für Nutzungsmöglichkeiten unter folgender Voraussetzung: Die Nutzungsmöglichkeiten müssen innerhalb der Schranken liegen, welche die Sozialbindung zieht. Diese Grenzen sind im Einzelfall jeweils aufgrund wertender Beurteilung der Kollision zwischen den berührten Belangen des Allgemeinwohls und den betroffenen Eigentümerinteressen festzustellen: Eine situationsbedingte Belastung des Grundstücks kann angenommen werden, wenn ein – als Leitbild gedachter – vernünftiger und einsichtiger Eigentümer, der auch das Gemeinwohl nicht aus den Augen verliert, von sich aus mit Blick auf die Lage und die Umweltverhältnisse seines Geländes von bestimmten Formen der Nutzung absehen würde. Hierfür sind in der Regel die bisherige Benutzung und der Umstand von Bedeutung, ob die Benutzungsart in der Vergangenheit schon verwirklicht worden war. Entscheidend ist, ob eine zulässige Nutzungsmöglichkeit, die sich nach Lage und Beschaffenheit des Grundstücks objektiv anbietet, untersagt oder wesentlich eingeschänkt worden ist (BGHZ 90, S. 17 [25] m. zahlr. Nachw. zur std. Rspr.).

Entscheidend ist also zunächst die Situationsgebundenheit des Grundstücks. Dieser Begriff ist sicher kritikabel, wenn nicht bereits völlig überholt, jedenfalls aber derart allgemein, daß er als rechtsstaatlich bedenklich erscheint. Man denke nur an die Veränderung der „Situation" von landwirtschaftlich genutzten Grundstücken, die sich in der Nähe einer rasch sich entfaltenden Stadt befinden. Immer wieder wird aus dieser „Situation" abgeleitet, infolge des steigenden Erholungsbedürfnisses der Bevölkerung müsse sich eben der Eigentümer immer weitere Einschränkungen gefallen lassen, auch wenn ursprünglich die „Situation" des Grundstücks, an sich betrachtet, derartiges überhaupt nicht nahelegte. Die Rechtsprechung zur Situationsgebundenheit ist ja ursprünglich entwickelt worden aus Entscheidungen zu Naturdenkmalen, etwa im Buchendom-Urteil, wo eben die Situation ganz konkret, mit Blick gerade auf das Grundstück selbst, nicht auf seine weitere oder gar weite Umgebung beurteilt wurde. In deren Einbeziehung in die Situationsgebundenheit hat sich eine höchst bedenkliche eigentumsbelastende Verschärfung vollzogen.

Dennoch hat die Rechtsprechung versucht, hier gegenzusteuern: Die Situationsgebundenheit dürfe vom hoheitlich beschränkenden Staat stets nur reaktiv bewahrend berücksichtigt werden, nicht aber aktiv, insbesondere durch Umplanungen, zuerst verändert werden, um unter Berufung darauf dann immer weitere Einschränkungen durchzusetzen. Dies ist ein wichtiger Grundsatz, den es bei allen rechtlichen Auseinandersetzungen immer zu beachten gilt: Wenn etwa durch Bauplanungen die Umgebung eines Grundstücks völlig verändert wird, so kann daraus nicht dem Eigentümer eine neuartige Belastung erwachsen.

Bedenklich ist auch der Hinweis auf den „vernünftigen Eigentümer, der das Gemeinwohl nicht aus den Augen verliert". Im Problem Eigentum-Umweltschutz geht es um die Gegenüberstellung von Belangen des Eigentümers und der Allgemeinheit. Es kann nicht dem Eigentümer zugemutet werden, die Allgemeinwohlbelange bereits bei der Definition seiner eigenen Interessen zu berücksichtigen; sie wären dann ja „überall" und von Anfang an. Mit derselben Begründung könnte man sagen, der Staat dürfe auch, bei der Berücksichtigung öffentlicher Interessen, weil er eben als „vernünftiger Staat" handeln müsse, die Privatinteressen seiner Bürger nicht aus dem Auge verlieren; derartiges wäre völlig abwegig. Es handelt sich hier aber auch nur um eine fortgeschleppte Formel mit moralisierendem Unterton, die allerdings möglichst rasch aufgegeben werden sollte.

Der entscheidende Gesichtspunkt findet sich in der Aussage, daß sich die zulässige Nutzungsmöglichkeit „nach Lage und Beschaffenheit des Grundstücks objektiv anbieten" muß. Dies ist eine durchaus brauchbare, sachgerechte, in einer Marktwirtschaft angemessene Formel. Keine Entschädigung kann nach ihr derjenige verlangen, der sich etwa eine besondere, mit speziellem Aufwand verbundene, für den durchschnittlichen Verkehr keineswegs naheliegende Nutzungsmöglichkeit ausgedacht hat und diese nun verschlossen sieht; wollte er hierfür Entschädigung verlangen, so würde ihm Ersatz geleistet im Grunde nicht für das, was das Grundstück für jedermann wert ist, mit

Nutzungsmöglichkeiten, die eben jedermann auch ausüben würde, der wirtschaftlich vernünftig denkt, er würde vielmehr gewissermaßen für einen eigenen Ideeneinsatz Entschädigung verlangen, den er noch gar nicht getätigt hat, der eigentumsrechtlich nicht zu einer Rechtsposition verfestigt worden ist.

Die Formel kann also nur so verstanden werden, daß zu entschädigen ist für all das, was der normale Grundstücksverkehr, der Durchschnittskäufer also, als wirtschaftlich sinnvolle Nutzungsmöglichkeit des Grundstücks ansehen würde — und was eben nach bisherigem Recht (vgl. dazu auch oben) zulässig war. Ausgeübt muß aber die Nutzung mit Sicherheit bisher nicht sein.

Es fragt sich nun, ob diese eindeutige Erweiterung des Eigentumsschutzes, über die Rechtsprechung des BVerfG hinaus, mit der Judikatur dieses letzteren Gerichtes vereinbar ist. Man könnte ja einwenden, die Verfassung gebiete keinerlei weiterreichende Entschädigung, also sei sie, bei nur möglichen Nutzungen, von Verfassungs wegen ausgeschlossen.

Diese Begründung wäre jedoch unzutreffend. Der BGH hat – und daran konnte ihn das BVerfG auch gar nicht hindern – angenommen, Entschädigung für Eigentumsbeschränkungen werde nun nicht mehr von ihm nach Art. 14 Abs. 3 GG gewährt, wegen einer „Enteignung" seitens der Hoheitsgewalt, sondern aufgrund eines ungeschriebenen Aufopferungsgrundsatzes, der seit dem Preußischen Allgemeinen Landrecht das Deutsche Recht stets beherrscht habe. Dieser Aufopferungsgrundsatz ist seinem Wesen nach einfaches Gesetzesrecht. Er steht jedoch den Verfassungsnormen über die Enteignung nicht entgegen, betrifft vielmehr einen völlig anderen Sachverhalt. Er bewegt sich im Raume der Ausgestaltung jener „Inhalt und Schranken des Eigentums", welche dem einfachen Gesetzgeber überlassen bleibt, er hat hier im Wege des ungeschriebenen einfachen Gesetzes gehandelt.

Nun könnte man einwenden, wenn der Umweltgesetzgeber Beschränkungen anordne, und sei es auch über Satzungsrecht, für diese jedoch eine solche Aufopferungsentschädigung nicht vorsehe, so habe er damit, für diesen konkreten Bereich, das allgemeine Aufopferungsrecht außer Kraft gesetzt. Derartiges kann indes nicht vermutet werden, es müßte sich aus einer ausdrücklichen Bestimmung der betreffenden Satzung oder Verordnung ergeben. Derartige Normen fehlen in aller Regel — im Gegenteil: Häufig heißt es in den entsprechenden Normwerken, in Form von salvatorischen Klauseln, wenn enteignende Wirkungen entstünden, sei auch angemessen zu entschädigen.

Ganz allgemein kann also nach der Rechtsprechung des BGH entschädigt werden, wenn eine Nutzungsmöglichkeit verschlossen wird, welche der normale Geschäftsverkehr mit dem Grundstück aus wirtschaftlichen Gesichtspunkten heraus verbinden würde. Liebhabereien bleiben selbstverständlich außer Betracht.

3. Die Rechtsprechung des BVerwG

Von der vorstehend interpretierten Formel des BGH unterscheidet sich diejenige deutlich, welche das BVerwG zugrunde legt (vgl. etwa BVerwGE 49, S. 265 m. Nachw. zur Rspr.): Nur dann solle eine nicht ausgeübte Nutzungsmöglichkeit Eigentumsschutz genießen, wenn sie „in der Situation des Grundstücks in einer Weise angelegt ist, daß sie sich der darauf reagierenden Verkehrsauffassung als angemessen aufdrängt, daß die Verkehrsauffassung diese Nutzung geradezu vermißt."

Es ist nicht zu beanstanden, daß hier die Verkehrsauffassung bemüht wird, ist sie es doch, gerade in einer Marktwirtschaft, welche das Eigentum bewertet, nach welcher dieses verwertet wird. Auch Angemessenheit der Nutzung wird man verlangen können, hat dieses Allerweltswort auch, selbst durch Aufnahme in Art. 14 Abs. 3 GG, an juristischen Konturen kaum etwas gewonnen.

Was aber heißt nun „sich aufdrängen", „vom Verkehr geradezu vermißt werden?" Ist das nicht etwas wie ein umgekehrtes ökonomisches Vernünftigkeitskriterium? Wird damit nicht derjenige geradezu durch Aufopferungsentschädigung prämiert, der etwas nicht tut, was jedermann aber erwartet? Diese „Sich-aufdrängen-Formel" ist nicht durchdacht. Gemeint ist wohl: Nur eine Beeinträchtigung der nach der Rechtsauffassung zentralen, primären Nutzungsmöglichkeit kann Aufopferungsentschädigung auslösen. Damit aber würde die Formel des BGH unzulässig verengt, da der Betroffene entschädigungslos bliebe, wenn ihm nur noch irgendeine Nutzungsmöglichkeit verbliebe. Wie sollte er den Richter davon überzeugen, daß der Verkehr, d.h. der Richter selbst, gerade diese Nutzung vermissen müsse?

Der wesentliche Richter für den Eigentumsschutz von Nutzungsmöglichkeiten ist der jeweils entscheidende Senat des BGH, nicht das BVerwG. Nach der BGH-Formel sollte daher allenthalben judiziert werden. Dies allein wird auch in der Praxis jenen Bedürfnissen gerecht, welche in der Marktwirtschaft selbstverständlich anerkannt werden sollten.

4. Jede sinnvolle Nutzungsmöglichkeit verdient Schutz in der Marktwirtschaft

Das GG kennt zwar keine Wirtschaftsverfassung, aber dies gilt nur in dem Sinne, daß aus der Verfassung kein formiertes System einer bestimmten Wirtschafts- und Sozialordnung abgeleitet werden darf, insbesondere nicht im Sinne einer „sozialen Marktwirtschaft". Dennoch ergeben sich aus wirtschaftlichen Grundrechten, insbesondere aus den Art. 12 und 14 GG, Rahmendaten, die nur in einer vom Staat vielleicht grenzkorrigierten, in ihrem Kernmechanismus aber geachteten Marktwirtschaft erhalten werden können. Unvereinbar mit den Grundrechten ist insbesondere ein staatliches Diktat wirtschaftlicher Güterbewertung.

Dann aber dürfen auch das Eigentums-, das Entschädigungs- und das Aufopferungsrecht nicht völlig am Markt vorbei sich entwickeln, und dies verlangt zwingend zumindest den Aufopferungsschutz für die nicht realisierten, aber sinnvollen Nutzungsmöglichkeiten. Der Markt trennt „Eigentumsbestand“ und „Eigentumsnutzung“ in der Regel nicht; er bewertet die Güter primär nach ihren Nutzungsmöglichkeiten, nach den realisierten wie nach den noch nicht verwirklichten, aber zulässigen, vernünftigen, sich anbietenden Möglichkeiten im Sinne der Rechtsprechung des BGH. Nicht selten ist ein Gut mehr wert, gerade weil seine Nutzungsmöglichkeiten noch nicht ausgeschöpft sind, im Baubereich ist dies sogar die Regel. Der Markt der Möglichkeiten ist mindestens so wichtig wie der der Realitäten. Auf diesem Tauschplatz der Freiheit haben nicht nur „naheliegende“ oder gar „sich aufdrängende“ Nutzungsmöglichkeiten ihren Kurs. Die größte Kraft der Marktwirtschaft liegt gerade darin, daß der Käufer Virtualitäten erwirbt, daß Entscheidungschancen zwischen der einen oder anderen Nutzungsmöglichkeit bzw. zwischen möglichst vielen liegen. Der Markt trägt dabei durchaus dem rechtlichen Eigentumsprinzip Rechnung, daß künftige Verdienste noch nicht verdient, daß sie also auch noch nicht Eigentum sind (BVerfGE 28, S. 119 [142] std. Rspr., BGHZ 65, S. 241 [255 f.] std. Rspr.). Doch daraus zieht er nicht den radikalen, viel zu weit gehenden Schluß, daß hier, in diesen vielfachen „virtuellen“ Nutzungsmöglichkeiten, „gar nichts an Wert“ sei: Denselben Mittelweg darf und sollte auch die Rechtsprechung gehen, vor allem im Umweltrecht: Aufopferungsentschädigung insoweit, als auch der Markt dafür etwas geben würde, daß diese oder jene Nutzungsmöglichkeit noch (zusätzlich) besteht. Hüten sollte sich der Richter davor, dem Markt eigene Wertungen von dem vorzugeben, was „vernünftig“, was ein „Wert“ sei: Der Markt weiß es nicht nur besser als Politik und Gesetzgeber, er ist auch ökonomisch klüger als die Richter; und dafür haben diese ihre Schätzer und andere Experten, daß sie sich kundig machen — zu jeder Zeit über den Wertverlust, den ein Gut, eine Kategorie von Vermögensgegenständen durch neue Gesetzgebung oder aufgrund von dieser erleidet.

Der Eigentumsschutz der Nutzungsmöglichkeiten ist eine zentrale, aber eine dogmatisch noch weithin ungesicherte Materie des hier behandelten Themenkreises. Entscheidend ist, daß die BGH-Richter unbeirrt ihren liberalen Weg der Aufopferungsrechtsprechung weitergehen. Sonst käme, nach dem Eigentum, auch noch die Freiheit in Gefahr; denn was ist sie anderes als — Nutzungsmöglichkeit.

Hier war viel vom Natur- und Landschaftsschutz, wenig nur vom Bodenschutz die Rede — bewußt: In diesem Bereich tut sich nun eine neue Front auf gegen das Eigentum, weit gefährlicher noch und in höherem Grade systematisch als die vor allem im agrarischen Bereich schon bisher höchst belastenden Veranstaltungen des Umweltschutzes. Der Bodenschutz bedeutet ja die vollständig flächendeckende Erfassung sämtlicher, insbesondere agrarisch genutzter Grundstücke, im wesentlichen wird er mit Argumenten des Gewässerschutzes zunächst einmal vorangetrieben, sodann, etwa durch Überlegungen des Artenschutzes, mit dem Naturschutz kombiniert, so daß sich am Ende daraus eine entscheidende, die Nutzungsmöglichkeiten immer weiter einschränkende Intensivierung des Naturschutzes ergeben wird. Mögliche Grenzen derartiger Belastungen sind heute noch nicht einmal in Umrissen absehbar. Gerade deshalb muß darauf verzichtet werden, hier bereits über Einzelheiten zu sprechen. Sicher ist nur, daß die im Natur- und Landschaftsschutz aufgezeigten Probleme sich im Bodenschutz noch wesentlich verschärfen werden.

Aus der Entwicklung des Umweltrechts drohen dem Eigentum Privater, damit aber der Freiheit schlechthin, heute die wohl schwersten Gefahren, dies ist noch nicht hinreichend bewußt. Mit dem Umweltschutzrecht entwickelt sich ein neuer, mächtiger Zweig der Hoheitsverwaltung, welche man doch so häufig schon glaubt, zugunsten des Service-Staates totsagen zu können. Im Namen des Umweltschutzes wird ja auch laufend jenes Strafrecht wieder verschärft, welches man, im Zug „humanerer" Staatsgrundideen, vorher laufend entpönalisiert hatte. Es ist eine Rückkehr des alten, mächtigen Hoheitsstaates festzustellen, der immer der gefährlichste Feind der Freiheit war. Umweltschutzrecht ist – auch wenn es seine Urheber nicht wahrhaben wollen – ganz wesentlich eine Form neuen Polizei-Rechts, vor einem Jahrhundert hätte man es ohne weiteres dieser Materie zugerechnet. Es fehlt dem Umweltrecht aber bisher – und dieser Zustand wird sich so rasch nicht ändern – gerade an jener Präzision der Aufgaben und Befugnisse, welche das Polizeirecht rechtsstaatlich erträglich hat werden lassen. Im Umweltrecht wird das Eigentum, ja die Freiheit des Bürgers vor allem durch allzu lose Kausalketten und ein Vorsorgeprinzip schwer belastet, welches den Einsatz von Hoheitsgewalt „auf Vorrat" zuläßt, ohne daß wirkliche Gefahren erkennbar oder auch nur umrißhaft abzusehen sind.

Hier bleibt noch viel zu leisten, vor allem aber eine Bewußtseinsbildung, welche erkennen läßt, daß hier nicht nur der „gute Vater Staat" am Werke ist, sondern vor allem einmal und zuerst die freiheitsbedrohende Hoheitsgewalt. Und die Deutschen sollten hier vor allem ihr traditionelles Bedürfnis nicht allzu eifrig befriedigen, alles flächendeckend regeln zu wollen, im Namen der ihnen so lieben Systematik.

V. Literatur

Aust, Manfred / *Jacobs,* Rainer: Die Enteignungsentschädigung, 3. Aufl. 1991, S. 258–262

Deseslaers, Josef: Existenzgefährdungen durch Wasserschutzgebietsverordnungen — vermeidbar?, in: AgrarR 1991, S. 325 (325–331)

Engelhardt, Hanns: Entschädigungsfragen bei Naturschutzmaßnahmen, in: NuR 1991, S. 101 (101–106)

Gellermann, Martin / *Middeke,* Andreas: Der Vertragsnaturschutz, in: NuR 1991, S. 457 (457–465)

Hammer, Wilhelm: Artenschutzrechtliche Eingriffe in die Grundrechte, in: MDR 1990, S. 369 (369–375)

Heidenreich, Klaus / *Tausch,* Christian: Staatliche Entschädigungspflicht für Auswirkungen besonders geschützter Tierarten?, in: NuR 1992, S. 210 (210–219)

Hoppe, Werner / *Beckmann,* Martin: Umweltrecht, 1989, S. 52–62

Kerger, Henry: Düngebeschränkungen aus Gründen der Vorsorge, in: AgrarR 1991, S. 117 (117–121)

Ketteler, Gerd / *Kippels,* Kurt: Umweltrecht, 1988, S. 15–17, 296–198

Krach, Karl: Existenzgefährdung landwirtschaftlicher Betriebe als Folge des Eingriffs durch die öffentliche Hand, in: AgrarR 1991, S. 40 f.

Leisner, Walter: Die Höhe der Enteignungsentschädigung, in: NJW 1992, S. 1409 (1409–1415)

– Eigentumsschutz von Nutzungsmöglichkeiten, in: BB 1992, S. 73 (73–79)

– Eigentumsschutz — im Naturschutzrecht eine Ausnahme?, in: DÖV 1991, S. 781 (781–787)

Nüßgens, Karl / *Boujong,* Karlheinz: Eigentum, Sozialbindung, Enteignung, 1987, S. 92–105

Osterloh, Lerke: Eigentumsschutz, Sozialbindung und Enteignung bei der Nutzung von Boden und Umwelt, in: DVBl. 1991, S. 906 (906–914)

Pietzcker, Jost: Zur Entwicklung des öffentlichrechtlichen Entschädigungsrechts insbesondere am Beispiel der Entschädigung von Beschränkungen der landwirtschaftlichen Produktion, in: NVwZ 1991, S. 418 (418–427)

Schink, Alexander: Umweltschutz — Eigentum — Enteignung — Salvatorische Klauseln, in: DVBl. 1990, S. 1375 (1375–1386)

– Umweltrechtliche Beschränkungen ordnungsgemäßer Landwirtschaft, in: UPR 1991, S. 201 (201–210).

Schulze-Hagen, Bernhard: Ausgleich bei Mehrfachbelastungen von hoher Hand — DGAR-Ausschuß „Enteignungsrecht" zu Mehrfachbelastungen, in: AgrarR 1991, S. 188

BayVerfGH BayVBl. 1991, S. 461 (461–463)

BGH NuR 1990, S. 192

BGH NuR 1990, S. 429

OVG Rhld.-Pf. AgrarR 1991, S. 20 (20 f.)

OVG Lüneburg AgrarR 1990, S. 210 (210 f.)

OVG Lüneburg UPR 1990, S. 319

VG Würzburg NVwZ-RR 1991, S. 238 (238 f.)

Forstwirtschaft — Ökologie und Ökonomie[*/**]

I. Die Verfassungswidrigkeit eines gemeinsamen Absatzfonds für Land- und Forstwirtschaft

Das Bundesverfassungsgericht hat in seiner Absatzfonds-Entscheidung dem Agrarrecht eine Lektion erteilt: Überraschend wurde das Absatzfonds-Gesetz vom 8.11.1976[1] insoweit für nichtig erklärt, als es sich auf die Forstwirtschaft bezog, also nicht nur die Vermarktung landwirtschaftlicher, sondern auch die von forstwirtschaftlichen Erzeugnissen über Zwangsabgaben vorsah. Die Frage der Zulässigkeit der Einbeziehung auch der Forstwirtschaft in die staatliche Absatzförderung war in den Ausgangsverfahren nicht entscheidungserheblich, nach den Gründen des BVerfG-Urteils spielten sie im Karlsruher Verfahren nur am Rande eine hilfsargumentative Rolle. Diese nobile officium-Entscheidung kam auch deshalb unerwartet, weil die gemeinsame Förderung land- und forstwirtschaftlicher Produkte bisher, soweit ersichtlich, weder im Schrifttum zum Absatzfonds-Gesetz[2], noch in der dazu ergangenen Judikatur[3] zu irgendwelchen Verfassungszweifeln Anlaß gegeben hatte. Das BVerwG hatte implizit die Zulässigkeit der Forstförderung durch den Absatzfonds bejaht[4], weil Land- und Forstwirtschaft den Boden zur Produktion nutzten[5]. Auch seitens des EuGH wurden Bedenken nicht erhoben[6].

Das Bundesverfassungsgericht hat seine Entscheidung allein mit der *mangelnden Homogenität von Land- und Forstwirtschaft* im Sinne einer für die

---

[*] Erstveröffentlichung in: Neue Zeitschrift für Verwaltungsrecht 1991, S. 40–42.

[**] Zu BVerfG, Beschl. v. 31.5.1990 – 2 BvL 12.13/88 und 2 BvR 1436/87 – NVwZ 1991, 53.

[1] BGBl I, 3109.

[2] S. vor allem *v. Arnswald,* in: Hdb des AgrarR (HAR) I, 1982, Sp. 12 f.; *Godry,* AgrarR 1980, 268; *Frhr. v. Massenbach,* Das Marktstruktur- und AbsatzfondsR, Diss. Göttingen 1972, S. 31 f., 219 ff.; *Wüst-Pelhak,* Das Gesetz zur Förderung der bay. Landwirtschaft, 1986, S. 54.

[3] OVG Münster, Urt. v. 15.12.1977 – IX A 1657/75; VGH Kassel, AgrarR 1980, 192; BVerwG, AgrarR 1980, 132; BVerwGE 69, 227; w. Nachw. bei *Godry,* AgrarR 1980, 268. Die Instanzgerichte hatten allerdings keine Gelegenheit, sich dazu im einzelnen zu äußern, da ihnen, ebenso wie dem BVerwG, die allgemeineren Prüfungskompetenzen einer Normenkontrollinstanz nicht zustehen.

[4] Weil „Land- und Forstwirtschaft Zweige der Urproduktion seien" (BVerwG, AgrarR 1980, 132), beide den Boden zur Produktion nützten (BVerwGE 69, 227 [229 f.]).

[5] Ein Argument, das auch vor dem BVerfG angeführt wurde.

[6] Vgl. BVerwGE 69, 227 (230) m. Nachw.; vgl. EuGHE 1977, 595 = NJW 1977, 1005.

gemeinsame Finanzierung des Absatzfonds verantwortlichen Gruppe begründet[7]. Die zur Rechtfertigung einer Abgabenbelastung auch der Forstwirtschaft zunächst herangezogenen erhebungstechnischen Gründe seien entfallen — dies trifft zu[8]. Die besondere Wettbewerbslage innerhalb der gemeinsamen Agrarpolitik der Europäischen Gemeinschaft, das die Homogenität der Abgabenschuldner begründende Merkmal, sei „derzeit für die Forstwirtschaft nicht kennzeichnend" — das auch dies letztere richtig ist, bedarf keiner Vertiefung. Fraglich ist allerdings, ob der Gesetzgeber des Absatzfonds-Gesetzes gerade dem die entscheidende homogenitätsbegründende Bedeutung für seine „Gruppenbildung" hat zuerkennen, ob er die Zusammenfassung nicht auf andere Gründe hat stützen wollen. Zwar waren Aktivitäten Brüsseler Instanzen und in Partnerländern seinerzeit Anstöße für die Schaffung des Absatzfond-Gesetzes[9], und die EG-Situation wurde *auch* zur Begründung des Gesetzes herangezogen[10] — aber immer neben allgemeineren Argumenten aus der Marktsituation und der Konkurrenz „des Auslandes" schlechthin[11]. Auch im Schrifttum spielte die EG-Lage nicht die entscheidende Rolle. Es liegt nahe, daß der Gesetzgeber des Absatzfond-Gesetzes vielmehr von der engen „natürlichen" Verbindung von Land- und Forstwirtschaft ausgegangen ist, die sich nicht nur aus der gemeinsamen Zugehörigkeit zur „Urproduktion"[12], sondern vor allem aus dem häufigen Bewirtschaftungswechsel von einem Bereich zum anderen, aus der oft gegebenen gemeinsamen Eigentümerstellung in Land- und Forstwirtschaft sowie aus der gemeinsamen Bewirtschaftung der verschiedenen Flächen ergibt. Gerade bei der hier ja in Frage stehenden Förderung überschneiden sich Land- und Forstwirtschaft, eben im Bereich der wirtschaftlichen Strukturförderung[13]. Im Bundesgesetzrecht wie in Landesgesetzen[14] werden land- und forstwirtschaftliche Förderung seit langem zusammengefaßt, mag auch das Förderniveau – zu Lasten der Forstwirtschaft – EG-bedingt sehr unterschiedlich sein[15].

---

[7] Zu dieser die Dogmatik der Sonderabgaben betreffenden Feststellung (s. dazu *W. Schmidt,* NVwZ 1991, 36) wird im folgenden nicht Stellung genommen.

[8] Vgl. BT-Dr. V / 4006, S. 3; allerdings spricht diese Stelle, wo auf „gründliche Beratungen" hingewiesen wird, dafür, daß Erhebungstechnik wohl nicht der einzige Grund für die Einbeziehung der Forstwirtschaft war.

[9] S. *Frhr. v. Massenbach* (o. Fn. 2), S. 33 f.

[10] Schriftlicher Bericht des Ernährungsausschusses, BT-Dr. V / 4006, S. 1 u. 2.

[11] BT-Dr. V / 4006, S. 4, 6; vgl. auch aus der Rspr. *Godry,* AgrarR 1980, 268 (268); VGH Kassel, AgrarR 1980, 192 (193).

[12] Vgl. das BVerwG, AgrarR 1980, 132; BVerwGE 69, 227 (229 f.).

[13] Vgl. *Ebersbach,* in: HAR I, 1982, Sp. 661 (664 / 5).

[14] BundesagrarstrukturG v. 3.9.1969, BGBl I, 1573, § 1 Ziff. 1; vgl. *Pruns,* in: HAR I, 1982, Sp. 759 ff.; Bay. LandwirtschaftsförderungG v. 8.8.1974, GVBl, 395, Art. 1 I a.

[15] *Thoroe,* Allg. ForstZ (AFZ) 1986, 190 (193).

An diese doch wohl ständige Gesetzgebungspraxis hat sich das Bundesverfassungsgericht, hier, wo es um strenge Anwendung seiner Sonderabgabe-Dogmatik ging, nicht gebunden gefühlt — auch dafür sprechen gute Gründe[16]. Im übrigen: Karlsruhe locuta … ein Wichtiges aber ergibt sich aus dem Dargelegten: Das Urteil des Bundesverfassungsgerichts kann nur für die *Sonderabgabengestaltung* gelten; *im übrigen* ist die legislative oder administrative Zusammenfassung der Förderung der Forstwirtschaft mit der der Landwirtschaft *verfassungsrechtlich zulässig wie bisher*, sie kann auch nach denselben Grundsätzen erfolgen. Das Urteil trifft eine Abgabenentscheidung; die Einheit von Land- und Forstwirtschaft bricht es nicht.

II. Die Funktionen des Waldes — Umweltschutz und wirtschaftlicher Nutzen

1. Ökologischer Schutzzweck

Damit sind aber nicht alle Bedenken ausgeräumt, die sich für das Forstrecht aus der Entscheidung ergeben könnten. In dieser heißt es nämlich weiter:

> „Die Forstpolitik der Bundesregierung ist weniger auf Marktpflege ausgerichtet; sie dient vor allem der Erhaltung des Waldes als ökologischem Ausgleichsraum für Klima, Luft und Wasser, für Tier- und Pflanzenwelt sowie für die Erholung der Bevölkerung (Zit. Agrarbericht). Neben den wirtschaftlichen Nutzen des Waldes tritt gleichrangig seine Bedeutung für die Umwelt (Zit. Bundeswaldgesetz) … Die staatliche Forstpolitik fördert im Gegensatz zur Landwirtschaftspolitik weniger die Betriebe und die Absetzbarkeit ihrer Produkte als vielmehr die Leistungsfähigkeit des Naturhaushalts. Landwirtschaft und Forstwirtschaft unterliegen demnach grundsätzlich verschiedenen Produktions- und Marktbedingungen. Die staatlichen Förderungsaufgaben … sind bei der Landwirtschaft grundsätzlich anders als bei der Forstwirtschaft.“

Isoliert man diese Aussagen vom Sonderabgaben-Kontext des Urteils, so könnte daraus eine grundlegende forstrechtliche Aussage abgeleitet werden: Von Verfassungs wegen müßten staatliche Landwirtschafts- und Forstpolitik zumindest in der Förderung, wohl aber auch im Eingriffsbereich, ganz unterschiedlich gestaltet sein, Forstpolitik hätte primär der Ökologie, nicht der Ökonomie zu dienen.

---

[16] Der Gesetzgeber hatte übrigens offenbar – wenn auch unklar – die Problematik erkannt, wenn es schon im schriftlichen Ausschußbericht heißt (BT-Dr. V/4006, S. 3), die Verwendung der von der Forstwirtschaft aufgebrachten Beiträge solle in Fühlungnahme mit den zuständigen Verbänden der Forstwirtschaft erfolgen.

Damit aber würde man dem Urteil nicht gerecht, Aussagen zu verfassungsrechtlichen Vorgaben trifft es hier nicht; es stützt sich allein auf (bisherige) Gesetzgebung und Staatspraxis. Nachdem dadurch aber verfassungsrechtliche Aussagen begründet werden, läge darin eine bedenkliche „Verfassung nach Gesetz“[17] — oder eine Verpflichtung der Gesetzgebung zu einer systematischen Folgerichtigkeit und Geschlossenheit ihrer Politik[18], der das Gericht sonst eher zurückhaltend gegenübersteht. Und warum sollte auch der Gesetzgeber nicht in Förderungsgesetzen – als leges posteriores – einmal andere Akzente setzen? Eine verbietende Verfassungsnorm ist nicht ersichtlich.

Mehr können die Aussagen des Bundesverfassungsgerichts also nicht sein als Begründungen aus einer angenommenen tatsächlichen Gesetzespolitik und Staatspraxis, der „Förderung primär für Ökologie“, durch welche der „natürliche Sachverhalt Forstwirtschaft“ eben geprägt sei. Doch auch so verstanden könnten sie die Forstpolitik wesentlich umorientieren, ja beschränken — weg von der Ökonomie, hin zur Ökologie im Walde.

2. Ökonomische Bedeutung

Entscheidende Bedenken bestehen nun aber dagegen, daß das Gericht soweit habe gehen wollen, daß es so verstanden werden dürfte. Das Urteil erwähnt den Agrarbericht der Bundesregierung[19]: In ihm wird zwar die – unbestrittene[20] – steigende ökologische Bedeutung des Waldes hervorgehoben, doch er geht von dessen wirtschaftlicher Bedeutsamkeit als Holzlieferant gerade aus; wenn er sich anschließend ausführlich mit der Problematik der neuartigen Waldschäden beschäftigt, so ist dies nicht nur ein Umwelt-, sondern auch, wenn nicht sogar vorrangig, ein ökonomisches Problem — hier soll ja gezeigt werden, was der Staat für die betroffenen Eigentümer tut. Dieselbe Akzentuierung findet sich im Agrarbericht 1990[21]. Die Bundesregierung hat also stets einen starken Akzent bei der Förderung der ökonomischen Waldfunktion gesetzt.

Dazu war die *Exekutive* auch durch die allgemeinen Forstgesetze von Bund und Ländern gezwungen. Das vom Bundesverfassungsgericht zitierte

---

[17] Vgl. *Leisner,* JZ 1964, 201; *ders.,* Von der Verfassungsmäßigkeit der Gesetze zur Gesetzmäßigkeit der Verfassung, 1964.

[18] Dazu *Degenhart,* Systemgerechtigkeit und Selbstbindung des Gesetzgebers als Verfassungspostulat, 1976.

[19] 1989 – BR-Dr. 85/89, S. 105 ff.

[20] *Klose-Orf,* ForstR, 1982, S. 54 f., 164; *Nießlein,* in: HAR I, 1982, Sp. 657 f.; s. auch *Hasel,* RdL 1975, 197 (199).

[21] BR-Dr. 95/90, S. 63 ff.

Bundeswaldgesetz betont in der Tat gleichrangig[22] in §§ 1 und 6 die – inzwischen klassische – *Nutzfunktion*[23] neben der wesentlich ökologischen *Schutzfunktion;* dasselbe gilt für die Landesforstgesetzgebung[24]. *Nach ganz herrschender Lehre* in Forstwirtschaft und Forstrecht sind diese *Funktionen* nicht im Gegensatz zueinander zu sehen, nicht in ein Rangverhältnis zu bringen, sie sind *zu harmonisieren*[25]. Es besteht hier eine Zielkonformität[26]. Auch wenn man nicht der „Kielwassertheorie" folgt, Ökonomie werde hier „Ökologie schon nachziehen"[27] — allein erfolgreiche Bewirtschaftung schafft die strukturelle Voraussetzungen wirksamen Umweltschutzes[28], gerade hier ist Ökologie Langzeitökonomie[29]. So ist denn auch das *gesetzliche Förderungsrecht* von Bund und Ländern im Forstbereich stets allgemein von einer staatlichen Aufgabe der ökonomiewirksamen Strukturverbesserung ausgegangen, und zwar *auch* zur Förderung der Nutz-, nicht nur der Schutzfunktion[30]. Wenn hier waldbauliche Maßnahmen subventioniert, Ausgleichszahlungen geleistet werden, ohne ökologische Zweckbestimmungen, so liegt darin bereits die Entscheidung für eine Förderung auch der Absatz- und Verwertungsmöglichkeiten von Holz. Ausdrücklich macht daher dann der Gesetzgeber, etwa in § 41 III, V BWaldG, die Strukturverbesserung der Holzwirtschaft, die „Förderung des Absatzes von Holzerzeugnissen", zu seinem Anliegen; staatliche Forstpolitik ist zugleich Holzverwertungspolitik[31]. Das Recht zur „Förderung der land- und forstwirtschaftlichen Erzeugung" (Art. 74 Nr. 17 GG) muß auch die Aufgabe der Absatzförderung einschließen, ebenso die nach Landesrecht vorgesehene „Förderung der Produktion hochwertiger forstwirtschaftlicher Erzeugnisse" (z. B. Art. 1 I lit. b BayLwFöG).

Die gesamte Systematik des geltenden Forstrechts baut denn auch auf der *hochrangigen Bedeutung der Nutzfunktion* auf, der sinnvollen Erzeugung von Holz: Deshalb sind hier Forst-, nicht Umweltbehörden federführend[32], die

---

[22] Zutr. das BVerfG — das dann aber doch einen Vorrang der Ökologie anzudeuten scheint.

[23] *Klose-Orf* (o. Fn. 20), S. 50, 68; *Zilien,* RdL 1989, 253.

[24] *Klose-Orf* (o. Fn. 20), S. 73 f, 170 f., 470; für Bayern etwa *Zerle/Hein/Stöckel,* ForstR in Bayern, 1.4., Art. 1, S. 4.

[25] Für viele: *Ebersbach* (o. Fn. 13), Sp. 661 ff.

[26] *Klose-Orf* (o. Fn. 20), S. 66 f.

[27] *Klose-Orf* (o. Fn. 20), S. 56, unter Hinw. auf *Rupf.*

[28] *Klose-Orf* (o. Fn. 20), S. 56; *Zilien,* RdL 1989, 253; *Zerle/Hein/Stöckel* (o. Fn. 24), S. 10.

[29] *Klose-Orf* (o. Fn. 20), S. 321.

[30] *Ebersbach* (o. Fn. 13), Sp. 668 f., *Klose-Orf* (o. Fn. 20), S. 462 ff.; *Zerle/Hein/Stökkel* (o. Fn. 24), 1.4., Art. 20, S. 1.

[31] *Nießlein* (o. Fn. 20), Sp. 659, 660.

[32] *Klose-Orf* (o. Fn. 20), S. 66 f.

forstliche Rahmenplanung soll alle Forstfunktionen sichern[33]. Die Bewirtschaftungsverpflichtung der Eigentümer (§ 11 BWaldG), im Sinne der Ordnungsmäßigkeit und Nachhaltigkeit[34], die gerade auch der Ökologie dient, läßt sich nur halten, wenn der Staat auch zur wirtschaftlichen Förderung bereit, zumindest ermächtigt ist, bis hin zu Marktpflege und Absatzförderung; dies jedenfalls ist die Grundlage der Systematik der Wald- und Forstgesetze.

Die *Bedeutung der Holzerzeugung* rechtfertigt dies auch, gesamtwirtschaftlich wie ökologisch, nach heute wohl unbestrittener Auffassung. Sie mag nicht mehr derart staatsexistentiell sein wie nach dem Ersten Weltkrieg[35] — noch immer ist ihre Bedeutung sehr erheblich[36], nicht zuletzt zur Erhaltung und Sicherung von Arbeitsplätzen. Davon geht sowohl das Bundeswaldgesetz aus[37] wie die Länderregelungen[38], hier wird vor einer Mißachtung der Rohstoffunktion gewarnt[39]. All dies sind jedenfalls hinreichende Gründe für eine Förderung der Forst- und der Holzwirtschaft, die auch dann bei Marktpflege und Absatz hilft, wenn dies nicht durch die EG-, sondern die allgemeine Marktsituation zu rechtfertigen ist.

Die gemeinsame Verwaltung unterschiedlich motivierter Staatsförderung mag also verfassungsrechtlich unzulässig sein – so das Bundesverfassungsgericht –, an der Zulässigkeit einer Marktpflege- und Absatzförderungshilfe des Staates für die Forst- und Holzwirtschaft ändert das nichts. Der Bundesgesetzgeber ist daher durch das Urteil nicht gehindert, die bisher vom gemeinsamen land- und forstwirtschaftlichen Absatzfonds verwalteten Zwangsbeiträge – eine Form staatlich verordneter Selbstförderung der Betroffenen – über einen speziellen forstwirtschaftlichen Absatzfonds fortzuführen, und dies geschieht denn auch nunmehr[40].

---

[33] S. *Hasel*, RdL 1975, 197 (198 f.); *Zerle / Hein / Stöckel* (o. Fn. 24), 1.4., Art. 5, S. 3 f.

[34] Dazu etwa *Klose*, Forstarchiv 1976, 21 (22); *Hasel*, RdL 1975, 197 (199); *Klose-Orf* (o. Fn. 20), S. 320.

[35] S. *Ebersbach* (o. Fn. 13), Sp. 661 f.; *Hasel*, RdL 1975, 197.

[36] Dazu *Nießlein* (o. Fn. 20), Sp. 656; *Volk*, VerwRdsch 1987, S. 304 (305).

[37] *Klose-Orf* (o. Fn. 20), S. 169.

[38] *Zerle / Hein / Stöckel* (o. Fn. 24), 1.4., Art. 1, S. 1, 9; Art. 5, S. 4.

[39] *Zerle / Hein / Stöckel* (o. Fn. 24), 1.4., Art. 1, S. 3.

[40] Vgl. Entwurf von CDU / CSU, SPD und FDP für ein Gesetz über den Forstabsatzfonds, BT-Dr. 11 / 7839; zwischenzeitlich ist das Gesetz vom Bundestag und Bundesrat (s.a. BR-Dr. 716 / 90) verabschiedet worden.

III. Unterschiedliche Funktionen von Privat- und Körperschaftswald — unterschiedliche Förderung?

Das Urteil des Bundesverfassungsgerichts enthält den Satz: „Die Bewirtschaftung des Körperschafts- und Staatswaldes ... dient der Umwelt- und Erholungsfunktion des Waldes, nicht der Sicherung von Absatz und Verwertung forstwirtschaftlicher Erzeugnisse." Daraus könnte gefolgert werden, hier sei eine staatliche Förderung überhaupt nicht oder nur ganz anders zulässig als beim Privatwald. Diese Konsequenz kann aber nicht gezogen werden.

Die Ziele der Walderhaltung und der Bewirtschaftungsauftrag des Bundeswaldgesetzes in dessen zweitem Kapitel gelten für alle Waldbesitzarten, also für Staats-, Körperschafts- und Privatwald, in gleichem Maße. Der Staats-, der Körperschaftswald überhaupt[41] unterliegt nach den – insoweit unterschiedlichen – Forstrechten der Länder besonderen Gemeinwohlverpflichtungen[42]. Diese betreffen aber nicht nur den Umweltschutz, beziehen sich vielmehr auch auf die Bewirtschaftung, die eine vorbildliche sein soll, sowie auf die Steigerung der Holzerzeugung (so etwa Art. 18 I BayWaldG). Der *Körperschaftswald* hat nicht andere Funktionen als der *Privatwald,* er hat dieselben exemplarisch zu erfüllen. Seine Interessenlage mag der des Privatwalds nicht voll entsprechen[43], wesentliche Unterschiede bestehen jedoch hinsichtlich der Nutzfunktion nicht[44]: Auch hier haben Umweltschutz- und Erholungsfunktion gerade nicht schlechthin Vorrang[45], „insbesondere ist unter Beachtung der anderen Funktionen stets eine nachhaltige, höchstmögliche Holzerzeugung ... anzustreben" (Art. 6 BayWaldG). Der Körperschaftswald unterliegt den gleichen oder gar noch höheren Verpflichtungen nachhaltiger Bewirtschaftung[46], auch zur Holzerzeugung, seine öffentlichen Eigentümer sind daher, schon nach dem von ihnen besonders streng zu beachtenden Wirtschaftlichkeitsgrundsatz, auf ökonomisch optimale Verwertung angewiesen[47], um nicht unrentabel zu arbeiten, wovon auch die Staatsforstbetriebe bedroht sind. Der Körperschaftswald wird daher gefördert wie der Privatwald[48]. Dabei darf es, muß es wohl, schon aus Wettbewerbsgleichheitsgründen des Verfassungsrechts, auch bleiben.

---

[41] Zu den – landesrechtlichen – Begriffsbestimmungen s. etwa *Zerle / Hein / Stöckel* (o. Fn. 24), 1.4., Art. 3.

[42] *Klose-Orf* (o. Fn. 20), S. 169; vgl. etwa Art. 18 BayWaldG.

[43] *Nießlein* (o. Fn. 20), Sp. 659.

[44] *Zerle / Hein / Stöckel* (o. Fn. 24), 1.4., Art. 18, S. 6.

[45] *Zerle / Hein / Stöckel* (o. Fn. 24), 1.4., Art. 18, S. 11.

[46] *Klose-Orf* (o. Fn. 20), S. 319 (326 f.).

[47] *Zerle / Hein / Stöckel* (o. Fn. 24), 1.4., Art. 18, S. 8.

[48] Vgl. BayLwFöG Art. 41.

Funktionsunterschiede zwischen Privat- und Körperschaftswald, die ganz grundsätzlich unterschiedliche Förderung gestatteten oder gar erzwängen, gibt es nicht. Bedeutsamen Belastungsunterschieden im einzelnen kann durch sachgerechte, spezielle Differenzierungen entsprochen werden: Nur bei einem solchen Verständnis des Urteils des Bundesverfassungsgerichts kann verhindert werden, daß „größere Verfassungsschäden im Walde entstehen".

Eigentumsschutz — im Naturschutzrecht eine Ausnahme?*

Bei der Inhaltsbestimmung des Eigentums muß der Gesetzgeber gleichmäßig öffentliche und private Belange berücksichtigen. Vor allem im Natur- und Landschaftsschutz, im Umweltschutz überhaupt, verschiebt sich dies zu Lasten des Eigentums. Hier entsteht ein Generalklausel-Recht („Schönheit der Landschaft", „ökologische Belange"), das die Unterschutzstellung fast jeden Grundstücks erlaubt. Gesetz- und Verordnung-Gebung muß daher stärker spezialisieren, vor allem aber restriktiv interpretiert werden. Die Verhältnismäßigkeitsprüfung darf nicht zum Wortritual erstarren, das in der Regel den Vorrang öffentlicher Interessen annimmt. Und stets ist hier getrennt zu prüfen, ob eine Eigentumsbeschränkung überhaupt zulässig ist und ob sie ohne Ersatzleistung dem Bürger zuzumuten ist.

I. Das Problem: Die Aufgabe des „angemessenen Ausgleichs" von Eigentum und Naturschutz und dessen neue Dimension

1. Die „Gleichgewichts-Rechtsprechung" des Bundesverfassungsgerichts

Aufgabe der Gesetzgebung in Bund und Ländern bei der Bestimmung von Inhalt und Schranken des Eigentums (Art. 14 Abs. 1 S. 2 GG) ist die Verwirklichung eines „Sozialmodells", dessen normative Elemente sich einerseits aus der grundgesetzlichen Anerkennung des Privateigentums durch Art. 14 Abs. 1 S. 1 GG und andererseits aus dem Sozialgebot des Art. 14 Abs. 2 GG ergeben: „Der Gebrauch des Eigentums soll zugleich dem Wohl der Allgemeinheit dienen"[1]. Er hat sich dabei also zwar am Wohl der Allgemeinheit zu orientieren[2], dabei muß aber, wie das Gericht deutlich hervorhebt, *der Verbürgung des Eigentums wie seiner Sozialpflichtigkeit in gleicher Weise Rechnung getragen werden;* einseitige Bevorzugung oder Benachteiligung steht mit den verfassungsrechtlichen Vorstellungen eines sozialgebundenen Privateigentums nicht in Einklang[3]. Keiner der beiden Faktoren darf über Gebühr verkürzt, vielmehr müssen die schutzwürdigen Interessen der Beteiligten

* Erstveröffentlichung in: Die Öffentliche Verwaltung 1991, S. 781–787.

[1] BVerfGE 52, 1 (29).

[2] BVerfGE 50, 290 (340) mit Rückverweisungen.

[3] BVerfGE 25, 112 (117 f.).

zu einem angemessenen Ausgleich gebracht werden[4]. Einen generellen Vorrang von Privat- oder Allgemeinheitsinteressen darf es bei der Inhalts- und Schrankenbestimmung nicht geben; diese hat nicht nur den Belangen der Gemeinschaft, *sondern ebenso und mit gleichem Gewicht* den Interessen des einzelnen Bürger-Eigentümers zu dienen.

Die Schaffung dieser sozial gerechten Eigentumsordnung darf also nach dem Grundgesetz nicht im Sinne einer heute weitverbreiteten Auffassung erfolgen, daß aus dem Eigentum Privater, mit Blick auf ständig sich wandelnde – und meist sich steigernde – Gemeinwohlbedürfnisse immer mehr durch Gesetz herausgenommen werden kann, bis man endlich an äußerste Grenzen der Privatnützigkeit stößt[5]. Gerade wenn die Aufgabe nicht nur in einer Schrankenziehung liegt, sondern in einer Gestaltung, die das Ganze einer Eigentumsordnung als solcher stets im Auge behält – und eben dies verlangt das Bundesverfassungsgericht – so geht es um eine Ausgewogenheit, die dem Bürger nicht nur „gerade noch das Halten seines Gutes" oder ein „Weiterleben in bescheidener Eigentums-Ruhe" erlaubt. Überall muß vielmehr ein Ausgleich erfolgen, der diesen Namen verdient, der eben eine Eigentumsordnung *in der Gleichheit von Eigentümer und Gemeinschaft* zum Ziel hat, die nicht in einem grundsätzlichen Denken in Über- und Unterordnung, von Prioritäten und Nachrangigkeiten verharrt. Denn schließlich geht es ja auch um ein *„elementares Grundrecht"*[6], bei dem nicht immer nur zu fragen ist, ob „noch irgend etwas übrigbleibt"[7]; den Weg hat vielmehr – wieder im Sinne des gleichgewichtigen Ausgleichs – das Bundesverfassungsgericht mit seiner Wechselwirkungslehre für den Bereich der Grundrechte gewiesen[8].

Es besteht Anlaß, *gerade im Naturschutz eine Bewußtseinsschärfung* in diesem Sinne anzuregen; nur wenn gerade hier die größere Richtung deutlich bleibt, wird die kleinere Lösung nicht abirren. Und dies ist nur das Zentrum einer allgemeineren Eigentumsproblematik: Seit mehr als zwei Jahrhunderten hat sich das freie Eigentum gerade auf und an Grund und Boden entwickelt. Auf ihm werden alle Schlachten um das Eigentum stets zuerst geschlagen werden, bevor der Sieger auf andere Güter greift. Droht heute gerade hier das Eigentumsrecht zu verfallen?

---

[4] BVerfGE 58, 137 (147).

[5] Zur Privatnützigkeit für viele BVerfGE 52, 1 (30).

[6] BVerfGE 24, 367 (389); 50, 290 (339).

[7] In solchem Sinne eines – etwas spärlichen – Grundrechtsrestes darf auch nicht verstanden werden, wer Art. 19 Abs. 2 GG nach dem auslegen will, was „nach Beschränkung noch übrigbleibt": *Schmidt-Bleibtreu/Klein*, GG-Komm., Art. 19 Rn. 9; *Maunz*, in: *Maunz/Dürig*, GG-Komm., Art. 19 Abs. 2, Rn. 8.

[8] Am deutlichsten bei Art. 5 GG, BVerfGE 7, 198 (208 f.); 47, 198 (232) — doch dies ist nun schon eine allgemeine Kategorie der Grundrechtsdogmatik geworden.

2. Der neue Natur-Umweltschutz und die Zurückdrängung des Eigentums

Ob wir noch in einer auch nur einigermaßen gleichgewichtigen Eigentums-Gemeinschafts-Ordnung stehen[9], uns auf sie zubewegen — daran zu zweifeln besteht heute, gerade im Natur- und Landschaftsschutz, aktueller Anlaß. Daß diese Schutzaktivitäten schon seit dem Ersten Weltkrieg neue Dimensionen laufend gewinnen, ist bekannt — vom isolierten Objekt zum weiträumigen Flächen- und Lebensbereichsschutz, vom „passiven“, defensiven, reagierenden zum aktiven Naturschutz, der immer häufiger geradezu offensiv auftritt. Die Umweltschutzbewegung hat all dem in den letzten Jahren mächtige neue Schubkräfte verliehen. Der „natürliche“, im letzten trotz aller Harmonisierungsbemühungen[10] unauflösliche Gegensatz von Privateigentum und Naturschutz entwickelt sich immer deutlicher zu einer Zurückdrängung der Bürgerrechte im Interesse der Allgemeinheit. So wurde schon 1986 von berufener Seite[11] festgestellt: „In ihrer jetzigen Dimension geraten die Anforderungen an die Sozialbindung des landwirtschaftlich genutzten Grundeigentums ... immer mehr in den Hintergrund.“ Dies zeige sich vor allem bei den großräumigen Schutzausweisungen, wie sie in letzter Zeit insbesondere in Nordrhein-Westfalen vorgenommen worden seien. Hier stehe man sogar noch ganz am Anfang. Denn der Sachverständigenrat für Umweltfragen fordere die Schaffung großräumiger ökologischer Vorranggebiete, vornehmlich als Naturschutzgebiete, die dann noch zu vernetzen wären. In diesem Sinne wird die Entwicklung in vielen Regionen intensiv vorangetrieben; ihr Ziel ist ersichtlich die Unterschutzstellung eines nicht geringen Teiles der Bodenfläche Deutschlands.

Die Ausweisung von Naturschutzgebieten[12] greift durch Nutzungsbeschränkungen tief ein, vor allem bei großflächigen Unterschutzstellungen, wie sie etwa für Feuchtgebiete typisch sind[13]. Geringer ist die Belastung des Eigentümers bei Landschaftsschutzgebieten[14], doch auch hier kann die Bewirtschaftung einschneidenden Veränderungssperren unterworfen werden.

---

[9] Davon sollte – besser als von „Sozialordnung“ – möglichst gesprochen werden, um nivellierende Untertöne aus dem Begriff des „Sozialen“ zu vermeiden, die hier unangebracht sind.

[10] Die allerdings intensiv fortgesetzt werden müssen, vgl. m. Nachw. *W. Leisner,* Umweltschutz durch Eigentümer, 1988; denn prinzipielle Konfrontationsmodelle widersprechen den Vorgaben des BVerfG (Anm. 1).

[11] *G. Krohn,* AgrarR 1986, Beil. I, S. 23 f.

[12] Zum Anordnungsverfahren etwa *E. Schäfer,* AgrarR 1988, S. 33 (36 f.).

[13] *Krohn* (Anm. 11), S. 23; *A. Schink,* AgrarR 1985, S. 185 (186) (Weide- und Grünlandbearbeitungsbeschränkungen, Düngungsverbote, Untersagung der Umwandlung von Grün- und Ackerland, der Entwässerung und der Veränderung des Bodenreliefs).

[14] Dazu *H. Soell,* DVBl. 1983, S. 241 (248 f.), m. Nachw.

Wendet sich der betroffene Bürger – meist ein Landwirt – gegen solche schwere Belastungen, wie sie oft schon die entsprechenden Natur- oder Landschaftsschutzverordnungen und -satzungen bringen, spätestens die sie umsetzenden Verwaltungsentscheidungen, so findet er bei Gericht wenig Schutz. Die Praxis läuft „meist darauf hinaus, daß die Eigentümerbefugnisse zurückstehen müssen“[15]; „trotz der unbestreitbaren wirtschaftlichen Schlechterstellung eines Eigentümers von Flächen in einem Naturschutzgebiet ist die Entschädigungsrechtsprechung restriktiv“[16], die Zahl der klageabweisenden Urteile steht in keinem Verhältnis zu der der wenigen erfolgreichen Klagen[17]. Fälle, in denen Schutzausweisungen als unzulässig angesehen werden, sind nicht ersichtlich. Der Eigentümer muß sich also fragen, ob Rechtstreitigkeiten hier überhaupt noch praktischen Sinn haben.

Ob diese Abdrängung des Eigentums in die Bedeutung einer (seltenen) Ausnahme-Schranke mit der eingangs dargestellten Forderung des Bundesverfassungsgerichts nach einer Berücksichtigung von Eigentum und Gemeinschaftsbelangen „in gleicher Weise“ vereinbar sein kann, ist der Gegenstand dieser Untersuchung. Kritisch zu prüfen sind daher die hauptsächlichen Gründe, auf die sich die erwähnte eigentumsungünstige Judikatur stützt, und es ist zu untersuchen, aus welchen Ansätzen sich gegebenenfalls eine verfassungskonforme Praxis entwickeln könnte.

3. Bewußtseinswandel — zugunsten des Naturschutzes, aber auch zugunsten des Eigentums

Ein Vorverständnis muß jedoch vorweg mit einem Fragezeichen versehen werden: Aus einem *angeblichen „grundlegenden Wandel von Wertanschauungen“* darf nicht verkürzend argumentiert, unter Berufung darauf kurzerhand das Eigentum Privater relativiert werden[18]; auch der Rechtsprechung ist es nicht gestattet, ganz allgemeine Begründungen für eine Zurückdrängung kurzerhand aus einem „allgemeinen Bewußtsein“ abzuleiten, welches verstärkten Umweltschutz verlange[19]. Selbst wenn dies der Fall sein sollte, so darf zwar der Gesetzgeber jene Naturnutzungsbefugnisse neu regeln, die von politischen und gesellschaftlichen Verhältnissen in der Tat abhängig und mit diesen wandelbar sind[20] — aber immer nur in den Grenzen der Verfassung. Nur wenn sich auch *deren* zentrale Eigentums-Wert-Vorstellungen geändert

[15] *Krohn* (Anm. 11), S. 24.

[16] *Schäfer* (Anm. 12), S. 37.

[17] Siehe etwa die neuere Übersicht von *R. Borgmann,* AgrarR 1989, S. 285 (288/289).

[18] Siehe etwa *H. Soell,* NuR 1984, S. 185 (187).

[19] So etwa BayObLG, NVwZ-RR 1989, S. 290 (292).

[20] Vgl. dazu *H. Sendler,* DÖV 1974, S. 74 ff.

haben sollen, darf er dies zu Lasten der betroffenen Bürger berücksichtigen. Es genügt also weder die Berufung auf einfache Gesetzgebung – die ja unter Umständen nur eine langsame Verfassungsverbiegung versucht – erst recht nicht auf eine angebliche allgemeine, meist nur auf die veröffentlichte Meinung. Sie drückt vielleicht auch nur Mode, nicht Rechtsüberzeugung von Dauer aus; jedenfalls aber gerät solche Verfassungsinterpretation in die evidente Gefahr, eigene und rechtspolitische Wünsche als allgemeinen Bewußtseinswandel auszugeben. Nur allzu leicht dringt dann unter dem Mantel eines Wandels der Wertanschauung — Weltanschauung ein, Ideologie.

Im Fall des Naturschutzes zeigt sich besonders klar die Bedenklichkeit solcher Vorverständnisse, die aber stets von neuem unterschwellig wirken: Aus einem allgemein geschärften Umweltschutzbedürfnis ergibt sich noch lange nicht, daß nach Meinung der Bürger der Staat all dies den Betroffenen gleich unentgeltlich soll nehmen dürfen. Es geht doch immer vor allem um die Frage, wer den – unstreitig notwendigen – Umweltschutz bezahlen soll: hier aber dürfte der Nachweis „allgemeinen Bewßtseinswandels" sehr schwer fallen, wird nur die Diskussion ganz offen geführt.

Selbst wenn sich aber, gerade in den letzten Jahren, ein solcher Bewußtseinswandel zu — auch finanziellen Lasten des Eigentums ergeben haben sollte: Vollzieht sich nicht gerade jetzt, und nun wirklich in einem ganz allgemeinen Sinn, ein Bewußtseinswandel zugunsten des Eigentums? Der Zusammenbruch jener Ideologien und Staatsformen, die auf der Leugnung des Privateigentums gegründet waren, lehrt die Bürger eines freien Staates, den hohen Wert eines elementaren Grundrechts neu und höher zu schätzen, ohne das es weder Markt- noch echte persönliche Freiheit geben kann. Auch aus dieser Sicht muß das Problem der gleichgewichtig gestalteten Eigentumsordnung heute neu überdacht werden. Bewußtseinwandel ist – wenn es ihn denn gibt – keine Einbahnstraße, weg vom Eigentum.

II. Die „Normausuferung" im Naturschutzrecht

1. Naturschutz — ein Recht der Generalklauseln

In den gerade in letzter Zeit sich häufenden Untersuchungen zum Verhältnis Eigentum – Naturschutz, insbesondere zur Abgrenzung der Nutzungsbefugnisse durch normative Unterschutzstellungen[21], wird eine zentrale Proble-

[21] Siehe vor allem *Borgmann* (Anm. 17); *W. Erbguth*, JuS 1988, S. 699; *E. Gassner*, URP 1986, S. 412 ff.; *H. Hillermeier*, RdL 1985, S. 59 ff.; *H.-J. Hötzel*, AgrarR 1982, S. 1 ff.; *O. Kimminich*, NuR 1985, S. 1 ff.; *ders.*, NuR 1988, S. 134 ff.; *Krohn* (Anm. 11); *B. Maiwald*, BayVBl. 1991, S. 101 ff.; *C. Moench*, NVwZ 1988, S. 304 ff.; *F. Ossenbühl*, JZ 1989, S. 190 f.; *Schäfer* (Anm. 12); *A. Scherzberg*, DVBl. 1991, S. 84 ff.; *A. Schink*,

matik, soweit ersichtlich nicht vertieft, ja kaum erwähnt: *wie denn die Belange der Allgemeinheit normativ definiert werden,* in den Naturschutzgesetzen und jenen Verordnungen und Satzungen, welche sie noch lokal spezialisieren sollen. Dies ist schon deshalb erstaunlich, weil das Bundesverfassungsgericht in jenem Naßauskiesungsurteil, das heute weithin als Grundlage einer neuen Eigentumsdogmatik gilt, den Bürger gerade darauf verwiesen hat, die rechtliche Zulässigkeit normativer und administrativer Eigentumsbeschränkungen gerichtlich überprüfen zu lassen, nicht aber sogleich Entschädigung zu verlangen[22]. Daß jedoch weder die Verfassungsmäßigkeit der Naturschutzbelange in ihrer gesetzlichen Bestimmung noch die Gesetzmäßigkeit entsprechender Verordnungsfestlegungen zum behandlungswürdigen Problem werden, hat einen Grund, der ebenso einfach wie für das Eigentum gefährlich ist: Natur- und Landschaftsschutzrecht sind, im Bundesbereich wie in den Ländern, in einem „Recht der Generalklauseln" geregelt, das in seinen kombinierten Allgemeinaussagen eine Entsprechung kaum irgendwo im öffentlichen Recht findet[23]. Sind schon die Ziele des Naturschutzes sehr allgemein bestimmt (§§ 1, 2 BNatSchG), so wiederholt sich dies beim Recht der das Grundeigentum belastenden Schutzausweisungen in einer – in jedem Sinne! – flächendeckenden Konstellation von unbestimmten Rechtsbegriffen. Prüft man, was in Landesgesetzen, etwa im Bayerischen Naturschutzgesetz Art. 7, die Ausweisung von Naturschutz- oder Landschaftsschutzgebieten rechtfertigen mag, so kann die Verwaltung eigentlich in keinem Fall in einen Begründungsnotstand für Eigentumsbeschränkungen geraten: Auf welchem Grundstück finden sich denn nicht „Lebensgemeinschaften oder Lebensstätten bestimmter wildwachsender Pflanzen oder wildlebender Tierarten" (Ziff. 1)? Wenn dies – ausnahmsweise – nicht eingreifen sollte, so genügen „ökologische Gründe" (Ziff. 2) — ist das nicht „alles, was ein Naturschutz überhaupt nur sich wünschen kann?" „Wissenschaftliche Gründe" können Bio-, Geo- und Agrarwissenschaften unabsehbar und kaum kontrollierbar vorweisen — oder produzieren. Und schließlich darf die Ausweisung noch „wegen Seltenheit, besonderer Eigenart oder hervorragender Schönheit" (Ziff. 3) erfolgen. Jede Landschaft, ja jedes Grundstück hat seine „besondere Eigenart". Was soll hier ein Betroffener auch nur annähernd noch vorhersehen, worauf soll er sich einstellen können? Es gibt kein Grundstück in Deutschland, das sich nicht mit einer dieser Begründungen unter Naturschutz stellen ließe, wenn sie

---

AgrarR 1985, S. 185 ff.; *ders.*, DVBl. 1990, S. 1375 ff.; *H.K. Schmaltz,* DVBl. 1987, S. 571 ff.; *F. Schoch,* Jura 1990, S. 140 ff.; *H. Soell,* NuR 1984, S. 8 ff., S. 185 ff.; *Y.C. Stenschke,* BayVBl. 1987, S. 644 ff.

[22] BVerfGE 58, 300 (324).

[23] Sieht man von jenem Sicherheitsrecht ab, das in der Tat auf Gefahren reagieren muß, die dem Gesetzgeber gar nicht näher bekannt sein können, weder nach Art noch nach Intensität.

nicht restriktiv verstanden werden; und der Eigentümer müßte schon hochspezialisierter Ökologe oder Biologe sein, um auch nur umrißhaft absehen zu können, was ihm drohen könnte. So muß sich der Grundstücksmarkt heute allgemein darauf einstellen, derartige lotteriehafte Risiken — „mitzukaufen".

Doch diese Praxis, die faktische Quasi-, wenn nicht vollständige Unmöglichkeit, eine Unterschutzstellung als unzulässig anzugreifen, weil sie vom Gesetz nicht gedeckt sei, enthebt nicht der kritischen Frage, ob denn all dies noch mit der Rechtsstaatlichkeit vereinbar sei, die doch Berechenbarkeit, Vorhersehbarkeit möglicher staatlicher Eingriffe verlangt[24]. Denn wir haben es hier mit einem Geflecht nicht nur von unbestimmten Rechtsbegriffen, sondern auch von echten Generalklauseln („ökologische Gründe", „besondere Eigenart") zu tun, die so weit sind, daß sie von der Rechtsprechung erst einmal im Einzelfall sinnerfüllt werden müssen. Doch gerade dazu sind die Gerichte hier noch weit weniger in der Lage als etwa bei Generalklauseln des Immissionsschutzrechts; sie werden daher vielmehr zu Ratifikationsorganen nicht nur von Sachverständigen-, sondern sogar von Behördenwertungen. Daran können auch Ortsbesichtigungen nichts ändern, in denen es kaum je zu Korrekturen der Behördenwünsche kommt, nach dem Gesetzeswortlaut praktisch gar nicht kommen kann.

Fast noch prekärer ist die Lage des Bürgers gegenüber einer *Landschaftsschutzgebietsausweisung.* Dort genügen (vgl. Art. 10 BayNatSchG) schon Notwendigkeiten der „Erhaltung oder Wiederherstellung des Naturhaushalts" — was kann darunter denn nicht fallen? Jedenfalls läßt es sich dann über den Schutz von „Vielfalt, Eigenart oder Schönheit des Landschaftsbildes" legitimieren; ganz zu schweigen von der „besonderen Bedeutung für die Erholung", die ja noch nicht gegeben, sondern unter Umständen auch nur plausibel zu erwarten sein muß. Wenn es dann gar noch „im gestalterischen Ermessen des Verordnungsgebers" liegen soll, ob er sich mit dem „minderen Schutz" durch ein Landschaftsschutzgebiet begnügt[25], so wird die Lage für den Eigentümer völlig unübersichtlich.

Das *Bundesverfassungsgericht hat Generalklauseln* zwar dort gebilligt, wo der Gesetzgeber der Vielfalt der Sachverhalte anders nicht gerecht werden kann[26]; hier aber fragt es sich doch, ob die Grenzen der Rechtsstaatlichkeit nicht überschritten werden, wenn Generalklauseln derart kombiniert zum Einsatz gelangen. *Zu fordern ist daher eine erheblich weitergehend spezialisierende (vor allem Landes-)Gesetzgebung,* welche auch möglichst bei jedem

---

[24] BVerfGE 9, 137 (147); 17, 306 (313 f.); 47, 343 (362).

[25] So BayVGH, NuR 1989, S. 182 (183) — eine schon aus Gründen der Verhältnismäßigkeit sehr bedenkliche Vorstellung: Wenn Landschaftsschutz, obwohl minder belastend, genügen kann, so darf nur diese Schutzform gewählt werden.

[26] BVerfGE 8, 274 (326); 13, 153 (161); 56, 1 (12).

dieser wertungsbedürftigen Begriffe deutliche Akzente setzt („besonders", „wichtig", „überragend"), damit sich Eigentümer, Verwaltung und Gerichte an solchen Abstufungen orientieren können. Natürlich bedeutet es Arbeitserleichterung, mit einem großen normativen Wurf alles abzudecken — oder zu überdecken ... Doch der Rechtsstaat ist nicht eine Rechtsform der Arbeitserleichterung für Behörden und Gerichte. Warum sollte man nicht in jenem Naturschutz, wo es doch um hohe Werte geht, der normativen Genauigkeit des Steuerrechts nacheifern, welches derartige Globalnormierungen nicht duldet?

Die Naturschutzinstanzen werden betonen, es dürfe keine Lücken im Schutz von Natur und Landschaft geben, dies aber sei bei spezialisierender Gesetzgebung zu befürchten. Dazu muß es jedoch nicht kommen; es mag auch teilweise mit „insbesondere-Formulierungen" gearbeitet werden. Und es wäre nur zu begrüßen, wenn sich der Gesetzgeber auch immer wieder Gedanken über eine Ergänzung – oder Einschränkung – seines Katalogs machte, anstatt die Verwaltungen für viele Jahre sich selbst zu überlassen.

Wenn aber der Gesetzgeber schon so weit formuliert, so ist es erst recht dringende Aufgabe des Verordnung- oder Satzunggebers, der doch die Gesetze hier spezialisieren soll, bei Unterschutzstellungen nicht etwa nur pauschal und fortgesetzt den Gesetzeswortlaut zu wiederholen, sondern Unterschutzstellungen im einzelnen detailliert zu begründen. Dem aber werden die Verordnungen und Satzungen schon deshalb weithin nicht gerecht, weil sie sich an einheitlichen Mustern orientieren, die als juristisch abgesichert gelten und über die daher in der Praxis nicht hinausgegangen wird. Es ist aber eine deutliche Fehlentwicklung, welche das Wesen der Verordnung- und Satzunggebung verkennt: Sie darf sich nicht in einer reinen Subsumtion von Sachverhalten unter Gesetzesnormen, die dabei wiederholt werden, erschöpfen.

2. Die Notwendigkeit einschränkender Auslegung durch die Gerichte

Der beschriebenen Normausuferung muß also bereits in Gesetzgebung und Verordnunggebung entgegengewirkt werden. Von entscheidender Bedeutung ist aber, daß sich *diese Normausuferung nicht auch noch in der Rechtsprechung fortsetzt oder sich dort gar noch verstärkt.* Gerade diese Gefahr aber zeigt die neuere Judikatur: Sucht man dort nach normspezialisierenden Erkenntnissen, wo denn nun „ökologische Gründe" seien, was denn „Schönheit" bedeute – was nicht, was die „besondere Eigenart" ausmache – was nicht, so sieht man sich regelmäßig enttäuscht. Die Gerichtsbarkeit richtet sich in den schon nahezu unabsehbar weiten Räumen ein, findet in ihnen, meist nur mit wenigen Worten, fast en passant, leichte Begründungen, nicht nur zur Rechtfertigung der Belastung, sondern sogar noch zum Ausschluß jeder Entschädigung für diese. Nicht nur, daß kaum je spezialisierend besondere Voraussetzungen entfaltet werden, was doch bei so allgemeinen Formen die Rechtsstaatlichkeit verlangt — manchmal scheint es fast, als sollten die schon weiten Begriffe noch weiter werden.

So soll etwa schon die „Erhaltung eines eigenartigen Landschaftsbildes" eine gesteigerte Situationsgebundenheit auslösen[27] — obwohl das Gesetz von der „besonderen Eigenart" spricht. Es genügt ein „erhaltenswertes Landschaftsbild, das seiner Umwelt das Gepräge gibt"[28] — wesentlich wäre zu wissen, worin denn diese „Umweltprägung" liegt. Die Sicherung von Lebensräumen rechtfertigt auch den Schutz von „Umgebungen" derselben[29] — erneut ein erweiternder Begriff. „Wildlebende Tiere sind Bestandteil des Naturhaushalts" — eine Feststellung[30], die in solcher Allgemeinheit verwundert und die Frage aufwirft, warum dann diese Tiere wiederum besonders geschützt werden. Nicht selten finden sich zur Legitimation der betreffenden Gemeinwohlbelange keinerlei nähere Ausführungen[31], häufig wird zur Begründung auf die Aussage eines öffentlichen Bediensteten hingewiesen, der dies bestätigt habe[32]. Um den Begriff der „schützenswerten Schönheit" anzuwenden, genügen Feststellungen wie die von „sanften Übergängen" und dem „abwechslungsreichen Auf und Ab der Sanddünen"[33], zur Feststellung der Schutzwürdigkeit der Erhaltung von Lebensräumen der „Siedlungsdruck" aus einem naheliegenden Gewerbe- und Industriegebiet, die „Insellage" des betreffenden Raums[34].

Man könnte diesen Überblick verlängern. Im einzelnen mögen derartige Erkenntnisse im Ergebnis sachgerecht sein. Bedenklich ist aber die hier sich zeigende allgemeine Tendenz, auf die schwere Problematik der Subsumtion unter so allgemeine Formeln gar nicht näher einzugehen, diese eher noch weiter auszuschleifen. Gerade das Gegenteil ist aber dringende Aufgabe der Gerichte. Sie sollen nicht nur die wortreichen Formeln der höchstrichterlichen Rechtsprechung immer wieder abzitieren, aus denen sich allgemein ergeben soll, wie weit der Bürger vor dem naturschützenden Staat zurückweichen muß, sich bei der Begründung dieser Notwendigkeit im konkreten Fall aber mit wenigen Worten nur begnügen. Wenn schon die Gesetzgebung den

---

[27] BayObLG, NVwZ-RR 1989, S. 290 (292).

[28] BGHZ 90, 4 (16), unter Hinw. auf BGHZ 77, 351.

[29] VGH Bad-Württ., NJW 1984, S. 1700 (1702).

[30] OVG NW, NuR 1989, S. 188 (189).

[31] Z.B. BayVerfGH, NVwZ 1986, S. 464 (466).

[32] Etwa VGH Bad.-Württ., NJW 1984, S. 1700 (1701).

[33] BVerwGE 67, 84 (90).

[34] BayVGH, NuR 1989, S. 261.

rechtsstaatlichen Schutz kaum mehr bietet, so sind *die Richter aufgerufen, durch Entfaltung praxisnaher, spezialisierender und einschränkender Subformeln ein Mindestmaß von Berechenbarkeit und Vorhersehbarkeit herzustellen, sie dürfen sich nicht in den Nebel der nahezu alles salvierenden Großformeln zurückziehen;* anderenfalls läuft das Gebot des Bundesverfassungsgericht an die Eigentümer, zuallererst die Rechtsgrundlagen behördlicher Entscheidungen überprüfen zu lassen, völlig leer.

III. Abwägungen Naturschutz–Eigentum: durch Allgemeinformeln verdrängt

1. Verhältnismäßigkeitsprüfung auf dem Weg zum Wortritual

Die zweite Hauptform, und zugleich Begründung, der Zurückdrängung des Eigentums im Naturschutzrecht ist eine Verhältnismäßigkeitsprüfung, die unvollständig bleibt, weithin diesen Namen gar nicht mehr verdient.

Nachdem es – woran kein Zweifel besteht – durch Natur- und Landschaftsschutzverordnungen (Satzungen) und aufgrund von solchen zu Eigentumsbeschränkungen kommt[35], ist ebenso unbestritten, daß dies wiederum nicht schrankenlos erfolgen darf. Genannt werden hier, entsprechend der allgemeinen Dogmatik des Verwaltungshandelns, Geeignetheit, Erforderlichkeit und, vor allem, Verhältnismäßigkeit der Eigentumsbeschränkung[36].

Eine *Geeignetheitsprüfung* hilft den Betroffenen in aller Regel nichts. Es ist kaum eine Anordnung vorstellbar, die nicht zum Schutz so weit, nahezu grenzenlos definierter Schutzgüter dienen könnte (vgl. oben II). Dasselbe gilt für die *Erforderlichkeit:* Wenn ein solches Ziel erreicht werden darf, so wird dem Bürger nur in seltensten Fällen, gegenüber einer ökologisch-biologisch kompetenten Verwaltung, der Nachweis gelingen, daß auch andere Maßnahmen ausgereicht hätten; und davon müßte er den oft nicht ebenso kompetenten Richter überzeugen. Soweit ersichtlich, findet sich in der höherrichterlichen Judikatur der letzten Jahre kein Beispiel, in dem in eine vertiefende Geeignetheits- oder Erforderlichkeitsprüfung eingetreten worden wäre.

Die Hoffnungen des Eigentümers müssen sich also auf die *Verhältnismäßigkeitsprüfung* richten, welche die allgemein betonte Abwägung zwischen Eigentümer- und Gemeinschaftsbelangen bringen sollte[37]. Doch gerade hier

---

[35] Vgl. z.B. BVerwGE 67, 84 (86, 95); OVG Rheinl.-Pfalz, DVBl. 1984, S. 641.

[36] Für viele: BVerwGE 67, 84 (86).

[37] Siehe etwa BayVGH, NuR 1989, S. 261 (262); OVG Bremen, NuR 1990, S. 85; BayVerfGH, NVwZ 1986, S. 464 (466).

sieht er sich enttäuscht. In den meisten Fällen folgt nach Erwähnung der Verhältnismäßigkeitskategorie, nach den allgemeinen dazu geprägten Formulierungen, die Kurzfeststellung, in diesem Fall hätten die – meist ökonomischen – Belange des Betroffenen gegenüber den höher- oder gar höchstrangigen Interessen der Allgemeinheit eben zurückzutreten — viele Worte für den Maßstab, wenige für die doch entscheidende Subsumtion. Die im Rahmen der Verhältnismäßigkeitsprüfung erforderliche Gegenüberstellung der Belange, ihre Erörterung in Pro und Contra, in jenem *Einzelfall,* in dem ja die Verhältnismäßigkeit zu wahren ist[38] — all das sucht man in höhergerichtlichen Urteilen vergeblich; die obersten Gerichte ratifizieren solche Prüfungen, die sich in wenigen Worten erschöpfen.

Die Verhältnismäßigkeitsprüfung droht dergestalt zum Wortritual zu werden, das dem Eigentümer zeigen soll, daß man doch „an ihn gedacht habe". Und dies trifft manchmal – für den Gesetzgeber – nicht einmal mehr zu: Die Obergerichte müssen schon begründen, warum sie Eigentümerinteressen überhaupt noch „abwägend" berücksichtigen, wenn sie im betreffenden Gesetz in diesem Zusammenhang gar nicht mehr erwähnt sind[39] — wirklich nur deshalb, weil ihre Berücksichtigung selbstverständlich ist, oder nicht vielmehr, weil sie ohnehin keinen Sinn hätte? Selbst über größte wirtschaftliche Eigentümerinteressen kann man hier rasch hinweggehen[40].

2. Naturschutzbelange als „höchstrangige" Gemeinschaftsinteressen

Der Grund ist einfach: Nicht nur, daß es im Natur- und Landschaftsschutz kaum faßbare Grenzen des Schützenswerten gibt — dies letztere wird als hoch- und höchstrangig angesehen, so daß dann die Eigentumsbelange zurückzutreten haben, und zwar auch noch ohne Entschädigung. „Denn Übermaßverbot und Verhältnismäßigkeitsgrundsatz versagen in ihrer den Bestand des Eigentums schützenden Funktion, wenn derartige Belange des Naturschutzes von solchem Gewicht auftreten, daß sie sich auch gegenüber existentiellen Bedürfnissen des Grundeigentums durchzusetzen vermögen."[41] Hier kann das Bundesverfassungsgericht zitiert werden, das die Erhaltung von Artenvielfalt und Naturschönheit nicht nur als einen gewichtigen öffentlichen Belang, sondern als ein Gemeinschaftsgut von überragender Bedeutung bezeichnet hat[42]. Dann mag die Beschränkung von Eigentümerbefugnissen als

[38] BGHZ 77, 351 (355).

[39] OVG Rheinl.-Pfalz, DVBl. 1984, S. 641 (642); VGH Bad.-Württ., NJW 1984, S. 1700 (1701).

[40] Vgl. den von *Erbguth* (Anm. 21) behandelten Fall (S. 701).

[41] *Krohn* (Anm. 11), S. 24.

[42] BVerfGE 61, 291 (312); BVerfG, NJW 1990, S. 1230.

„grundsätzlich berechtigt“ erscheinen[43]; heißen müßte es: „berechtigt in jedem Fall.“

Wenn diese Aussagen des Bundesverfassungsgerichts als Allgemeinformeln so verstanden werden dürften, so würde nicht nur der Eigentumsschutz in ein reines Verhältnismäßigkeitsprinzip aufgelöst — eine Verhältnismäßigkeitsprüfung bräuchte überhaupt im Naturschutz nicht mehr stattzufinden; das Grundrecht stünde zur Disposition des Gesetzgebers. Gerade das aber hat das Bundesverfassungsgericht verworfen[44].

Hier liegt übrigens ein deutlicher Fall von *Überinterpretation einer Allgemeinaussage des Bundesverfassungsgerichts* vor: Landschaftsschönheit und Artenvielfalt *können* – auch einmal – höchstrangige Verfassungswerte sein; doch nicht alles, was ihnen irgendwie dient, ist absolut durchsetzungswürdig. Hier gerade ist eine sachgerechte Verhältnismäßigkeitsprüfung gefordert, die *im Einzelfall gewichtet* und die Belange sachgerecht gegenüberstellt. Nicht einmal die Landesverteidigung, gewiß doch ein höchstrangiger Wert, gestattet *jede* Grundrechtsbeschränkung, sonst gäbe es überhaupt keine Schranken für Schießübungen und Militärflüge; derartiges ist nie behauptet worden. Und es würde schlechthin abwegig, dem Vorkommen bestimmter Lurche gerade in einem gewissen Landkreis den absoluten Vorrang vor der Ansiedlung von Gewerbetreiben zu geben, in denen Tausende von Bürgern ihre Lebensgrundlage finden. Vor allem aber darf dem Bundesverfassungsgericht nicht die elementare Verfassungsverkennung unterstellt werden, es habe die Verhältnismäßigkeitsprüfung damit überhaupt als überflüssig erklären wollen.

3. Die beiden Abwägungen: Ob überhaupt Beschränkung — ob ohne Entschädigung

Die Abwägungsversuche in Rechtsprechung und Schrifttum – die weithin diesen Namen gar nicht verdienen – begehen aber noch einen weiteren, und nun wirklich verwunderlichen Fehler: In einem einzigen Beurteilungsvorgang soll darüber entschieden werden, ob a) die Schutzmaßnahme zulässig *und* ob sie b) ohne Entschädigung zulässig sein soll. Dem Eigentümer wird bestätigt, er habe einerseits die Maßnahme hinzunehmen, andererseits erhalte er dafür nichts. Dies aber sind, gerade nach der neueren Eigentumsdogmatik des Bundesverfassungsgerichts, zwei streng zu trennende Fragen:

Nachdem das Bundesverfassungsgericht im Naßauskiesungsurteil die Enteignung auf den gezielten Zugriff zum Entzug von Eigentum eingegrenzt hat,

[43] *A. Schink,* DVBl. 1990, S. 1375 (1382).

[44] So zutr. *H. Soell,* DVBl. 1983, S. 241 (246), unter Berufung auf das Mitbestimmungsurteil und auf *Schachtschneider.*

fallen Eigentumsbeschränkungen, wie die des Natur- und Landschaftsschutzes, unter den Begriff der gesetzlichen Bestimmung von Inhalt und Schranken des Eigentums (Art. 14 Abs. 1 S. 2 GG); diese ist unter Berücksichtigung der Sozialbindung (Art. 14 Abs. 2 S. 1 GG) vorzunehmen. Nur wenn eine solche Sozialbindung gegeben ist, darf ohne Entschädigung inhaltsbestimmend beschränkt werden. Verletzt jedoch die Inhaltsbestimmung die Eigentumsgarantie, weil sie etwa allzu tief eingreift, so ist dafür ein Ausgleich zu schaffen, im Wege einer Inhalts- und Schrankenbestimmungs-Entschädigung. Ist diese nicht vorgesehen[45], so verstößt die Norm gegen das Grundgesetz[46].

Hier nun liegt der Schlüssel zu einer gerechten Lösung nicht weniger Probleme: Der Eigentümer muß in vielen Fällen die Schutzmaßnahme dulden, eben weil ein hohes oder gar überragendes Allgemeininteresse vorliegt. Damit ist der Bedeutung des Naturschutzes entsprochen. *Keineswegs entschieden ist damit aber, ob der Eigentümer all dies ohne jeden Ausgleich hinzunehmen hat.* Ein solcher darf nicht nur im Sinne eines der Entschädigung gegenüber minderrangigen oder -wertigen Ausgleichs diskutiert werden, als „Ausgleich unterhalb der Enteignungsschwelle". Der Sache nach geht es vielmehr um *echte Entschädigung,* die Leistungen an den Eigentümer müssen, wenn die Belastungen im allgemeinen Interesse in das Eigentum eingreifen, allen Kriterien entsprechen, die auch für die Enteignungsentschädigung gelten. Denn anderenfalls könnte der Gesetzgeber ungestraft über Eigentums*beschränkungen* all das durchsetzen, was ihm bei Eigentums*entzug* strikt durch Art. 14 Abs. 3 GG verboten ist — wenn er eben nicht entschädigt. Soweit wird niemand gehen wollen, daß er den Gesetzgeber nun bei Eigentumsbeschränkungen von allen Leistungsverpflichtungen generell freistellt. Dies widerspräche der seit langem, soweit ersichtlich stets unangefochtenen, Auffassung, daß das Eigentum heute weit mehr durch Beschränkungen als durch Entzug gefährdet ist, einer der grundlegenden Erkenntnisse neuerer Grundrechtsdogmatik. Das Bundesverfassungsgericht hat dies im Grundsatz bereits im Pflichtexemplarurteil[47] bestätigt.

Auf jede Zulässigkeits-Abwägung muß also, fällt sie zugunsten des Naturschutzes aus, eine zweite, die Entschädigungs-Abwägung folgen; daran geht

45 Wobei dafür, dem Wortlaut nach, die Junktim-Klausel des Art. 14 Abs. 3 GG nicht gilt; siehe zu dieser Problematik und zu dem hier nicht zu vertiefenden Problem der Salvatorischen Klauseln die Untersuchungen von *Kimminich, Krohn, Moench* und *Ossenbühl* (Anm. 2), sowie insbes. BGHZ 99, 24 (28 ff.); 105, 15 (17 ff.); BGH, NuR 1987, S. 381 ff.; BVerwGE 84, 361 (364 ff.); BayObLG, NVwZ-RR 1989, S. 290 f.; OVG NW, NuR 1989, S. 188 (189).

46 Siehe zur Darstellung dieser Lehre *A. Schink,* AgrarR 1985, S. 185 (188); *ders.,* DVBl. 1990, S. 1375 (1380f.); *Erbguth* (Anm. 21), S. 705, alle m.w.N.

47 BVerfGE 52, 137 (147).

die heutige Praxis vorüber, indem sie beide Abwägungen uno actu vornimmt. Dies aber ist dogmatisch unzulässig, vor allem wegen der praktischen Ergebnisse: Was nämlich „an sich“ zulässig ist, muß vom Eigentümer durchaus nicht immer ohne Ausgleich hingenommen werden; das zeigt ja gerade Art. 14 Abs. 3 GG. Auch schwere Belastungen mögen hinzunehmen sein — aber eben nur unter Ausgleich. Und hier gewinnt die Verhältnismäßigkeits-Abwägung eine ganz neue Dimension. Der Eigentümer darf nicht von vornherein, und durch Hinweis auf den Rang der Allgemeinheitsbelange, verdrängt werden; diesen ist schon durch das Zulässigkeitsurteil entsprochen. Es gibt keinen allgemeinen Grundsatz des Entschädigungsrechts, daß um so weniger entschädigt werden soll, je schwerer das Wohl der Allgemeinheit wiegt; sonst dürfte auch bei Enteignungen zum Straßenbau nichts bezahlt werden. Gerade von diesem unzulässigen Ansatz aber geht die Praxis ständig aus, sie verfährt im Ergebnis, als habe das Bundesverfassungsgericht mit dem Naßauskiesungsurteil jede Entschädigungsabwägung bei Eigentumsbeschränkungen ausschließen wollen; davon kann keine Rede sein. Höchste Zeit ist es also, die Entschädigungsabwägungen im Naturschutzrecht einzusetzen.

IV. Vermutung für Sozialbindung?

Doch hier nun hilft sich die Praxis kurzerhand mit einer weiteren Allgemeinformel, ja sogar mit einer Art von Vermutung: Natur- und Landschaftsschutz stellten regelmäßig – oder „in der Regel“ – keine Enteignung, sondern nur eine konkrete Ausgestaltung der Sozialgebundenheit des Eigentums dar[48]. Selbst wenn dies zuträfe[49], würde es noch nicht der Prüfung entheben, ob nicht eine „Ausnahme“ vorliegt, so daß eben doch entschädigt werden müßte; eine Entschädigungsabwägung müßte also dennoch stattfinden.

Die Vermutung ist aber als solche schon unhaltbar. Abgesehen davon, daß sie ihre Wurzeln in der Zeit vor dem Naßauskiesungsurteil hat[50] — sie wurde seinerzeit vor allem aus den engen Voraussetzungen heraus begründet, die das RNatSchG aufstellte[51]. Es mag dahinstehen, ob dies nur so wenig belastende Eingriffe zuließ, daß die Entschädigungsschwelle in der Regel nicht überschritten wurde; heute kann das, angesichts der neuen Dimension des Naturschutzes, mit Sicherheit nicht mehr so allgemein gelten.

---

[48] BGH, NJW 1977, S. 945; BGHZ 90, 4 (11); BVerwGE 67, 93 (95); BayVerfGHE 12, 1 (8, 39); BayObLG 1978, 69 (77); NVwZ-RR 1989, S. 290; OVG NW, NuR 1989, S. 230 (231).

[49] Krit. mit Recht *Krohn* (Anm. 11), S. 23.

[50] Deutlich ersichtlich etwa aus BVerwGE 49, 365 (368).

[51] BVerwG, a.a.O.

Keinesfalls aber darf eine solche Regel-Vermutung die Entschädigungs-Abwägung überflüssig machen. Denn diese erfolgt mit Blick auf den *Einzelfall,* nicht auf allgemeine Wesenszüge oder generelle Bedeutungen von Natur- und Landschaftsschutz, wie sie die erwähnte Vermutung bringt. Es ist höchst bedenklich und sollte geradezu ein Alarmzeichen des Grundrechtsschutzes auslösen, wenn im Wege solcher „in der Regel"-Rechtsprechung pauschal staatliche Eingriffe von derartiger Breitenwirkung und Tiefe wie im Falle des in seinen Konturen noch gar nicht abzusehenden Umweltschutzes „zunächst einmal generell gebilligt" werden. Der Eigentümer wird dadurch meist in eine wahre probatio diabolica gedrängt, unter dem skeptischen Blick eines Richters, der unter dem flächendeckenden Schutz derartiger Generalformeln judiziert. Sie werden fortgeschleppt, weil sie bequeme Begründungen liefern, sie stehen in jedem Urteil, nur zu oft anstelle der – viel schwierigeren – Abwägung.

Schon heute ist es in der Praxis verbreitete Auffassung, daß das Eigentum gegenüber dem Umweltschutz gänzlich schutzlos sei. Dies mag – noch – zu weit gehen; doch wenn solche „Vermutungen" nicht bald zurückgenommen oder wenigstens wesentlich eingeschränkt werden, so ist die Aushöhlung des Grundeigentums nicht aufzuhalten. Und wenn solche Vermutungen Schule machen (für „Volksgesundheit", „Sicherheit und Ordnung", „Landesverteidigung" usw. usf.) — was bleibt dann überhaupt noch übrig vom Eigentum?

V. Schlußbemerkung: Der Eigentümer von vielen Seiten bedrängt

Der Bürger sieht sich heute, dem Natur- und Landschaftsschutz gegenüber, weitgehend „an den Rand seines Grundeigentums gedrängt". Hier wurden nur die herausragenden Erscheinungen dieser Entwicklung kritisch beleuchtet. Man könnte dies unschwer fortsetzen, etwa mit Bemerkungen zu jener „Situationsgebundenheit"[52], welche aus dem Eigentum selbst immanente Schranken hervorzaubert, an denen dann alle Verhältnismäßigkeit scheitert. Vor allem aber wird der Eigentümer noch an einer anderen Front zurückgedrängt, an welcher der Staat im raschen Vormarsch ist: bei dem, was noch Eigentumsinhalt, Eigentumsposition ist, die überhaupt in eine Abwägung eingeführt werden darf. Hier wären gewiß auch kritische Fragen angebracht, ob etwa wirklich nur „ins-Werk-gesetzte" und „sich aufdrängende Nutzung" geschützt sind, ob solche Auffassungen dem Wesen und den Wertvorstellungen einer Marktwirtschaft entsprechen, die realisierte wie nicht verwirklichte Nutzungen bewertet. Erst wenn all dies einbezogen ist, kann die Dimension heutiger Eigentumsproblematik sich voll erschließen.

---

[52] Krit. dazu *w. Leisner,* Situationsgebundenheit des Eigentums — eine überholte Rechtssituation, Schriftenreihe der Juristischen Gesellschaft zu Berlin, 119, 1990.

Hier ging es in erster Linie um eine ernste Mahnung an den Gesetzgeber: Daß er nicht in allgemeinen Formeln alles und jedes, nahezu wertungsfrei, ermögliche, was das Grundeigentum belastet — vor allem, wenn die Rechtsprechung kaum hilft, an die sich eine noch dringendere Mahnung richtet: Praktisch kann sie allein, durch einschränkendes Verständnis allzu weiter Schutzwürdigkeits-Formulierungen, insbesondere aber durch intensive Entfaltung der Verhältnismäßigkeitsprüfungen, einen verfassungsgemäßen Zustand gewährleisten, indem sie auf den beiden Ebenen abwägt: auf der der Prüfung der Zulässigkeit der Naturschutzmaßnahmen wie auf der der Entschädigung. Nur dann ist dem Gebot des Bundesverfassungsgerichts entsprochen, daß keiner der Faktoren einer gerechten Eigentumsordnung verkürzt werden darf. Dies mag für den Staat teuer werden; doch die Allgemeinheit darf den Eigentümer zwar heranziehen, sie darf sich aber nicht einfach auf seine Kosten entlasten. Das wäre zu billig — unbillig.

Bestandsgarantie des Eigentums — vom Bergrecht unterminiert?*

I. Bestandsgarantie — Zentrum des Eigentumsgrundrechts

1. Eigentum — Grundlage persönlicher Freiheit: Zwang zum Bestandsschutz

„Eigentum — Schutz der Freiheit, nicht des Reichtums" — dahin bewegt sich, unter Führung des Bundesverfassungsgerichts, das Verständnis des Art. 14 GG. Nicht nur seine Legitimation — sein Wesen wird in dem gesehen, was jedes Grundrecht konstituiert: in der *(persönlichen) Freiheit,* deren reale Grundlagen hier besonders geschützt werden, je mehr sie eben persönliche Freiheit verbürgen[1], als Grundlagen „eigenverantwortlicher Lebensgestaltung"[2], aus „eigener Leistung" heraus[3].

Damit ist der verfassungsrechtliche Eigentumsschutz als solcher nicht verstärkt, sondern – schwer absehbar – relativiert worden, durch Begriffe, die undefiniert, eigentumsrechtlich undefinierbar sind; und letztlich verschiebt sich damit der Schutz der Freiheit dann doch hin zur Sicherung von deren „realen Grundlagen", in ungewollte Nähe zu einem anderen Staatsverständnis. Es ist eine kopernikanische Wende, ob man von „Freiheit und Eigentum" spricht, oder nur von Freiheit.

Das „Persönlichkeitseigentum" – etwa zu Wohn- oder Erwerbszwecken – muß dann „in seinem Bestand eher gesichert werden, als Eigentum, das nur anonymes Produktionsmittel ist"[4].

So rechtfertigt sich eine gesetzgeberische Eigentumsgestaltung (Art. 14 Abs. 1 Satz 2 GG), welche die Schranken *je nach den „sozialen Bezügen"* enger zieht, in denen ein Eigentumsgegenstand steht[5]; der freiheitsschützende

* Erstveröffentlichung in: Deutsches Verwaltungsblatt 1988, S. 556–562.

1 Für viele BVerfGE 50, 290 (340) m. RV; s. auch u.a. *Nüßgens/Boujong,* Eigentum, Sozialbindung, Enteignung, 1987, Rdnr. 133.

2 Z.B. BVerfGE 58, 137 (151); 46, 325 (334); 42, 263 (293) m. RV.

3 Etwa BVerfGE 50, 290 (340) m. RV.

4 *A. v. Brünneck,* NVwZ 1986, 425 (428) unter Hinw. auf das Mitbestimmungsurteil des BVerfG.

5 Etwa BVerfGE 52, 1; 50, 290 m. RV; *Nüßgens/Boujong* (Fn. 1), a.a.O. — auch hier wird, ganz entsprechend der Stufung bei der Legitimation des Eigentums aus der „persönlichen Freiheit", eine (umgekehrte) Stufung von dessen Schutzintensität angenommen.

Zweck, die „Funktion" des Eigentums[6], darf ja nicht in der Zurückdrängung der (persönlichen) Freiheit anderer gesehen werden[7]. So wird eine Auffassung verständlich, welche den Grundrechtsschutz des Eigentums für rechtlich (bisher) mögliche, aber tatsächlich *noch nicht ausgeschöpfte Nutzungsmöglichkeiten* in Frage stellt oder auf „sich aufdrängende Nutzungen" beschränkt[8] — auf den Freiheitsschutz aus solchen Eigentumspositionen ist eben der Besitzer ersichtlich nicht für seine persönliche Freiheit angewiesen.

Vor allem aber: *Wenn Eigentum Grundlage zur Entfaltung persönlicher Freiheit bedeutet, steht im Vordergrund seine Innehabung, nicht sein Wert,* der den „Reichtum" vermittelt — dann kann der Gesetzgeber bei Enteignungen auch *Entschädigung unter Verkehrswert* vorsehen[9], denn das Eigentum ist ja nicht primär dazu geschützt, daß es der Inhaber veräußere und seinen Verkehrswert genieße, sondern seine persönliche Freiheit auf dessen Grundlage entfalte[10].

„Klein, aber mein" — das steht deutlich über dieser gesamten Eigentumskonzeption des BVerfG, damit dem Volkssouverän hinreichend Umverteilungsspielraum bleibe, auf daß der Bürger mit seiner eigentumsgestützten größeren Freiheit ihm nicht politisch gefährlich werde. Ob ein solches Eigentumsdenken – dem das „kleinere Eigentum"[11] besonders zusagen mag – staatsgrundsätzlich zu billigen, sozialpolitisch notwendig ist, steht hier nicht zur Erörterung. Wichtig ist ein anderes: Die gesamte Eigentumsdogmatik des BVerfG läuft auf einen *strengen primären Bestandsschutz des Eigentums hinaus:* Nur wenn das eng begrenzte „Eigentum in Eigentümerhand" optimal gesichert wird, kann man die Wertgarantie relativieren, Nutzungsmöglichkeiten aus dem Eigentumsinhalt ausklammern. *Wird die Bestandsgarantie nicht*

---

[6] Zur Kritik am funktionalen Grundrechts-, insbesondere Eigentumsverständnis vgl. *K.-H. Wigginghaus,* Die Rechtsstellung des enteigneten Grundeigentümers, 1978, S. 50, sowie *H. Lecheler,* NJW 1979, 2273 ff., beide m. Nachw.

[7] Der Kategorie „Eigentum als Freiheitsgrundlage" entspricht die des „Eigentums als Herrschaftsinstrument" — was es zu verhindern gilt. Beide Denkmodelle entfernen sich vom liberalen Staatsverständnis des 19. Jahrhunderts weiter, als vielen bewußt ist.

[8] Vgl. dazu *H.-J. Papier,* Eigentumsgarantie des Grundgesetzes im Wandel, 1985, S. 33 f.; *G. Schwerdtfeger,* Die dogmatische Struktur der Eigentumsgarantie, 1982, S. 22; *ders.,* JuS 1983, 104 (108); *W. Leisner,* Umweltschutz durch Eigentümer, 1987, S. 90 ff. m. Nachw.

[9] So das Deichurteil, BVerfGE 24, 367 (397 ff.).

[10] Eine übrigens logisch kaum haltbare Auffassung: Wenn der Eigentümer nicht den Verkehrswert erhält, kann er sich gerade den notwendigen Ersatz nicht beschaffen, dann aber wird ihm die Möglichkeit genommen, seine Freiheit entsprechend dem ihm entzogenen Gut zu entfalten.

[11] Siehe dazu *Issing/Leisner,* „Kleines Eigentum", Grundlagen unserer Staats- und Wirtschaftsordnung, 1976.

ganz ernst genommen, wo schon die Wertgarantie relativiert ist, so bietet Art. 14 GG nichts mehr, was den Namen eines Grundrechtsschutzes verdient.

2. Die Bestandsgarantie — ernst zu nehmen

a) Das Bundesverfassungsgericht hat dies von Anfang an gesehen: In derselben Grundsatzentscheidung wurde die Wertgarantie des Eigentums abgeschwächt, die Bestandsgarantie unterstrichen[12]. In ständiger Rechtsprechung betont das Gericht den Schutz des *Eigentums in der Hand des einzelnen Eigentümers als den Kern der Eigentumsgarantie*[13]; die Zuordnung zum (bisherigen) Rechtsträger, die privatnützige Innehabung durch ihn, müßten gewahrt bleiben[14]. Dies ist der „verfassungsmäßige Zustand"[15]. Er *darf nur durch zulässige Enteignung verändert werden, bei welcher sich die Bestandsgarantie in eine Eigentumswertgarantie wandelt*[16].

Mit ungewöhnlicher Schärfe setzt sich das Bundesverfassungsgericht damit von der Weimarer Eigentumsauffassung ab, welche lediglich eine Wertgarantie gebracht habe[17]. Angesichts dieser Neubestimmung der Eigentumsgarantie[18] entspricht es herrschender Lehre, daß die Bestandsgarantie primär sei, die Eigentumswertgarantie zurücktrete[19]; auf sie darf allerdings nicht gänzlich verzichtet werden[20], sonst kann das Eigentum in der Hand des Eigentümers entwertet werden.

b) *Das Bundesverfassungsgericht hat so den Eigentumschutz verstärken wollen*[21]. Dies aber setzt voraus, daß *Enteignung heute schwieriger ist,* jedenfalls strenger gerichtlich überwacht wird als zur Weimarer Zeit. Dies verlangt *präzise, kontrollable Zulässigkeitskriterien der Enteignung.* Solche können nur Art. 14 Abs. 3 Satz 1 GG entnommen werden: „Eine Enteignung ist nur zum Wohle der Allgemeinheit zulässig". Schon die Wortwahl zeigt, daß hier

---

[12] BVerfGE 24, 357 (400).

[13] Etwa BVerfGE 58, 00 (323); 50, 20 (339); 46, 325 (334); 38, 175 (181).

[14] Vgl. BVerfGE 50, 290 (339); ähnlich der BGH, vgl. *Krohn / Löwisch,* Eigentumsgarantie, Enteignung, Entschädigung, 1984, Rdnrn. 1, 133.

[15] BVerfGE 58, 300 (324); 45, 63 (76).

[16] BVerfGE 58, 300 (323); 46, 268 (285); 45, 63 (76); 35, 348 (361); 24, 367 (397).

[17] Vgl. dazu *A. v. Brünneck* (Fn. 4), S. 428; vgl. schon *M. Bullinger,* Der Staat, 1962, 449 (453).

[18] *B. Stüer,* NuR 1985, 263 (265) m. Nachw.

[19] *Nüßgens / Boujong* (Fn. 1) Rdnrn. 6 f., 346; *R. Breuer,* DVBl. 1981, 972); *Krohn / Löwisch* (Fn. 14), a.a.O., *Maunz / Dürig,* GG, Art. 14 Rdnrn 9, 154; *H.J. Papier,* AöR 1973, 528 (534).

[20] Zutr. *J. Ipsen,* DVBl. 1983, 1029 (1031).

[21] BVerfGE 24, 367 (400).

kein weiterer Beurteilungsspielraum der Exekutive liegen kann. Wenn sich aus diesen Worten nicht feste, rechtsstaatlich vorhersehbare Schranken der Enteignung ableiten lassen, *bricht der gesamte Eigentumsschutz zusammen* — die Wertgarantie ist sekundär und relativiert, die Bestandsgarantie läuft leer, wenn irgendeine öffentliche Aufgabe genügt, wie sie der Staat jederzeit beliebig an sich ziehen kann, irgendein öffentlicher Belang, den die Verwaltung weitestgehend zu definieren vermöchte.

c) *Die unbedingte Notwendigkeit primärer strenger Enteignungsvoraussetzungen* ergibt sich überdies aus dem Enteignungs-Entschädigungs-System des BVerfG selbst:

– *Das Naßauskiesungsurteil*[22] sollte das „dulde und liquidiere" des früheren Wertgarantie-Eigentums beenden[23]. Bevor er Entschädigung fordert, muß der Eigentümer nun versuchen, „Eingriffe auf die durch die Eigentumsgarantie geschützten Gegenstände abzuwehren"[24], indem er den Enteignungsakt selbst angreift[25] — in aller Regel[26].

  Die früher durch die Rechtsprechung des Bundesgerichtshofs geförderte Duldungsbereitschaft[27] – man konnte ja sogleich Entschädigung verlangen, den Enteignungsakt hinnehmen – kann jedoch nur dem verwaltungsgerichtlichen Primärschutz weichen, wenn es *klare Kriterien gibt, nach denen die Zulässigkeit eines Enteignungsaktes sich bemißt* — anderenfalls hängt das gesamte System des Primärrechtsschutzes in der Luft, das Naßauskiesungsurteil wird unvollziehbar.

– Der Enteignete kann sein Gut zurückverlangen, sobald die Enteignungsvoraussetzungen wegfallen. Diese *„Rückenteignung"*[28] *wird unvollziehbar,* wenn sich nicht jederzeit präzise angeben läßt, welche Voraussetzungen des allgemeinen Wohls die Enteignung (weiterhin) erfüllen muß.

Es bestätigt sich also: Das heute herrschende Eigentumsverständnis verlangt zwingend präzise, gerichtlich überprüfbare Zulässigkeitsvoraussetzungen der Enteignung.

---

[22] BVerfGE 58, 300.

[23] *J. Ipsen* (Fn. 20), S. 1038.

[24] BVerfGE 24, 367 (397); 45, 63 (76).

[25] BVerfGE 58, 300 (323 f.); zur dogmatischen Konstruktion *F. Ossenbühl,* NJW 1983, 1 (4).

[26] Zu den Fällen, in denen dies nicht möglich ist, vgl. *Ossenbühl,* a.a.O., S. 3.

[27] *Ipsen* (Fn. 23); *Ossenbühl* (Fn. 25).

[28] BVerfGE 38, 175; dazu für viele in diesem Zusammenhang: *v. Brünneck* (Fn. 4), S. 429; *M. Frenzel,* Das öffentliche Interesse als Voraussetzung der Enteignung, 1978, S. 128f.; *B.-O. Bryde,* in: I. v. Münch, GG, Art. 14 Rdnr. 84; sowie grundlegend bereits *M. Bullinger* (Fn. 17), S. 468 f.

3. Enteignung nach Gesetz? — Die Boxberg-Entscheidung des BVerfG

a) Hier aber leidet die herrschende Lehre und das Bundesverfassungsgericht unter einem *schweren, historisch bedingten Defizit:* Nach dem bis zum Naßauskiesungsurteil „dulde und liquidiere" galt oder doch nahelag, brauchten klare, kontrollierbare Kriterien zum „Wohl der Allgemeinheit" nicht entwickelt zu werden. Irgendein „öffentliches Interesse" an der Enteignung wurde leichthin gefunden und bejaht, selbst bei Enteignungen zugunsten Privater. Klar gesehen hat dies *Böhmer,* der geistige Vater der neuen, die Bestandsgarantie durch verwaltungsgerichtlichen Primärschutz sichernden Eigentumskonzeption. Rechtzeitig wollte er die materiell-rechtlichen Voraussetzungen schaffen: Zulässigkeit der Enteignung nur, wenn das begünstigte Unternehmen etwas wie ein „Stück öffentlicher Verwaltung" darstelle[29]. Privatinteressen trügen die Enteignung nicht. Wie immer man zum Naßauskiesungsurteil, ja zum Eigentum steht — *Böhmer* verdient hier Respekt für eines der wenigen mutigen Worte zum Eigentum seit *Werner Weber.*

Böhmers Vorstoß aber ist gescheitert. Die herrschende Lehre berief sich sogleich auf jene *Tradition,* die stets Enteignungen zugunsten Privater gekannt und mitverfolgte, private Interessen des Enteignungsbegünstigten[30] nicht als enteignungsschädlich betrachtet habe[31]; eine Gemengelage privater und öffentlicher Belange mache die Enteignung noch nicht unzulässig[32]. Früher mag dies so auch berechtigt gewesen sein[33] — aber eben weil „dulde und liquidiere" galt. Doch wenn heute die Eigentumskonzeption des primären Bestandsschutzes eingreift, so versagen solche Argumente aus Tradition. Der herrschenden Lehre muß aber immerhin zugestanden werden: Wie hätte sie anders entscheiden können, da doch weder der Begriff der „öffentlichen Verwaltung" noch und der der „öffentlichen Aufgaben" heute auch nur annähernd geklärt ist? Jedenfalls hat sich eine auch schon früher teilweise vertretene Auffassung gefestigt: *Nur ein „dringendes öffentliches Interesse" kann eine Enteignung rechtfertigen*[34], *ein vorrangiges*[35], *gesteigertes*[36], *beson-*

---

[29] Sondervotum zu BVerfGE 56, 249 (266 ff.); s. als „Vorläufer" *Bullinger* (Fn. 17), S. 471 f., 477 f.

[30] Ein Wort, das *Böhmer* zu Recht durch „Enteignungsverpflichteter" hatte ersetzen wollen (Fn. 29), S. 272.

[31] Vgl. für viele *R. Breuer,* DVBl. 1981, 971 (974); *Maunz/Dürig,* GG, Art. 14 Rdnr. 501; *U. Battis,* NVwZ 1982, 585 (588).

[32] *v. Brünneck* (Fn. 4), S. 430; *Bryde* (Fn. 28), Rdnr. 82; *Briegelmann/Pohl,* BBau, § 87 I 1 c.

[33] Vgl. vor allem für die preußische Tradition *Bullinger* (Fn. 17), S. 462 f.

[34] *Schwerdtfeger* (Fn. 8), S. 32 f.; *Wigginghaus* (Fn. 6), S. 58 f.; *v. Brünneck* (Fn. 4), S. 426; *Bullinger* (Fn. 17), S. 452/453, S. 456.

[35] BVerfGE 42, 263 (295), m. RV; *Krohn/Löwisch* (Fn. 14), Rdnr. 1.

ders intensives[37], dessen Wahrung unumgänglich ist[38] — das bleibt formal, schafft aber Grundstimmung.

b) *Das Bundesverfassungsgericht* hat dieses strengere Verständnis der Zulässigkeitsvoraussetzungen der Enteignung zwar in allgemeinen Wendungen gebilligt[39], sich bisher aber auf eine andere Form der Verschärfung zurückgezogen: Der Gesetzgeber müsse präzise das öffentliche Wohl konkretisieren, der Verwaltung dürfe dies nicht überlassen bleiben[40]; unwesentlich dagegen sei es, ob der Enteignungsbegünstigte ein Privater ist[41].

In der *Boxberg-Entscheidung*[42] hat das Bundesverfassungsgericht dies präzisiert: Was „Wohl der Allgemeinheit" sei, müsse der Gesetzgeber „unzweideutig entscheiden"; gesetzlich sei festzulegen, „für welche Vorhaben, unter welchen Voraussetzungen und für welche Zwecke eine Enteignung zulässig sein soll". Gerade bei Enteignungen zugunsten Privater müsse die Zweckerreichung auf Dauer gesichert sein.

Dies bedeutet eine zweifache Sicherung für die Bestandsgarantie:

- Der *Gesetzgeber* muß den Enteignungszweck dem öffentlichen Wohl entsprechend *konkretisieren*[43]; *er darf nicht nur ganz allgemein umschrieben sein,* weil sonst der Exekutive die Konkretisierung überlassen bliebe. Dies gilt vor allem bei einer Enteignung zugunsten Privater, bei der sich „der Nutzen für das allgemeine Wohl nicht aus dem Unternehmensgegenstand selbst, sondern ... nur als mittelbare Folge der Unternehmenstätigkeit" ergibt.
- Der *Gesetzgeber ist bei dieser Konkretisierung aber nicht völlig frei.* Dies ergibt sich schon aus dem vom BVerfG gebrauchten Begriff der Konkretisierung; von einer solchen kann nur gesprochen werden, wenn ein Rahmen vorgegeben ist. Das BVerfG spricht denn auch von einem *„durch das Grundgesetz vorgesehenen* und durch den Gesetzgeber hinreichend festgelegten Ziel" (Herv. vom Verf.). Ohne solche verfassungsrechtlichen Vor-

---

[36] *Frenzel* (Fn. 28), S. 99; *Weides/Jahnz,* DVBl. 1984, 921 (926); *H. Zeiler,* DB 1980, 529 (530).

[37] Vgl. etwa *Maunz/Dürig,* GG, Art. 14, Rdnr. 505; *O. Kimminich,* BK, Art. 14, Rdnr. 273.

[38] BVerfGE 38, 175 (180); *Böhmer* (Fn. 29), S. 279 (283); BGHZ 68, 100 (102).

[39] Vgl. Fn. 35, 38.

[40] BVerfGE 56, 249 (261); vgl. *L. Gramlich,* JZ 1986, 269 (272).

[41] BVerfG, NJW 1984, 1872.

[42] BVerfGE 74, 264 ff.

[43] Die *Notwendigkeit des „besonderen Zwecks"* wird allgemein betont, vgl. etwa BVerfG, NJW 1984, 1872; *H. Schulte,* Eigentum und öffentliches Interesse, 1970, S. 88 f., 94 f.

gaben stünde das Eigentum als Enteignungsgegenstand unter allgemeinem Gesetzesvorbehalt, der Gesetzgeber wäre hier noch weniger gebunden als bei der Inhalts- und Schrankenbestimmung[44], obwohl doch behauptet wird, hier sei er freier als beim enteignenden Zugriff[45].

Stets muß also ein auf die Verfassungsebene in seiner Intensität zurückführbarer Enteignungszweck vorliegen und vom Gesetzgeber genau konkretisiert werden, anderenfalls wird der Bestandsschutz aufgehoben, das Zentrum der verfassungsrechtlichen Eigentumsgarantie. Wenn das Bundesverfassungsgericht nicht in einer Grundsatzentscheidung die „vom Grundgesetz vorgegebenen" Ziele präzisiert – was schwer halten dürfte –, so bleibt es aufgerufen, deren Raum und Wesen in Einzelfalljurisprudenz topisch abzustecken.

c) Ein letztes: *Der Bestandsschutz verlangt bei Enteignungen stets Abwägung im Einzelfall*[46], zwischen den öffentlichen Enteignungsinteressen einer-, entgegenstehenden privaten[47] und öffentlichen Interessen[48] andererseits; letztere kann auch der betroffene Eigentümer geltend machen[49]. Dies verlangt wiederum *abwägungsfähige Enteignungsinteressen,* die schon deshalb konkret faßbar sein müssen. Diese Abwägung ersetzt die Konkretisierung nicht, sondern setzt sie voraus. Und sie darf nicht zum Alibi werden — zur „Selbstbestätigung sorgfältiger Prüfung", deren Ergebnis aber „grundsätzlich", „in der Regel" doch schon feststeht. Abwägung muß immer „offen" sein, sonst verliert der Bestandsschutz seinen Sinn.

Fazit: Der eigentumsrechtliche Bestandsschutz ist, als Zentrum des Eigentumsgrundrechts, ernst zu nehmen. Er verlangt ein besonders intensives öffentliches Enteignungsinteresse und die eindeutige Konkretisierung des Enteignungszieles durch den Gesetzgeber, damit eine echte, offene Abwägung gegenüber privaten und entgegenstehenden öffentlichen Belangen stattfinde.

---

[44] Wo das BVerfG dem Gesetzgeber weite, aber doch feste Schranken zu ziehen bemüht ist, vgl. etwa BVerfGE 50, 290 (339 f.); *J. Ipsen,* DVBl. 1983, 1029 (1030); BGHZ 53, 226 (234).

[45] Etwa *Bryde* (Fn. 28), Rdnr. 79 — eine übrigens eigentumsgefährdende Vorstellung, solange Inhaltsbestimmung des Eigentums und Festlegung der Enteignungsvoraussetzungen weitgehend austauschbare gesetzgeberische Instrumentarien darstellen.

[46] BVerfGE 42, 263 (295), m. RV; in der Boxberg-Entscheidung ist von der Verhältnismäßigkeit und vom „Interessendreieck" der Beteiligten die Rede; *v. Brünneck* (Fn. 4), S. 427; *Bryde* (Fn. 28), Rdnr. 79 m. Nachw.; *Krohn/Löwisch* (Fn. 14), Rdnr. 44, 355; *B. Stüer,* NuR 1985, 263 (266); *Frenzel* (Fn. 28), S. 100; sowie schon *F. Schack,* BB 1961, 74 (77).

[47] *v. Brünneck,* a.a.O, S. 427, 429; *Frenzel,* a.a.O., S. 111 f.; *Krohn/Löwisch,* a.a.O.

[48] *v. Brünneck,* a.a.O, S. 428, der dem BVerfG hinsichtlich seiner Boxberg-Entscheidung (E 71, S. 108) zutr. vorwirft, es habe nur die gegen den Eigentümer sprechenden öffentlichen Interessen untersucht.

[49] BVerwG, DVBl. 1983, 899 m. Nachw.; zum Problem auch *Stüer* (Fn. 46), S. 411.

Wird das geltende Bergrecht dem gerecht — oder untergräbt es den Bestandsschutz des Art. 14 GG? Das ist nun die Frage.

II. Die bergrechtlichen Enteignungsbestimmungen und die Bestandsgarantie

Das Problem stellt sich wie folgt: Wenn seit langem, von jeher vielleicht, das öffentliche Enteignungsinteresse beim Bergbau ganz allgemein und mit durchschlagender Intensität angenommen worden ist — wird dann bei bergrechtlichen Enteignungen dem enteignungsrechtlichen Bestandsschutz (vgl. oben I) Rechnung getragen? Ist das „Wohl der Allgemeinheit" hier durch das Bundesberggesetz zulässig und hinreichend bestimmt — oder muß der Eigentümer befürchten, daß die erforderliche Abwägung überhaupt nicht oder doch nicht sachgerecht erfolgt, muß die Allgemeinheit besorgen, daß wichtige öffentliche Belange, insbesondere Landschafts- und Denkmalschutz, pauschal den Abbauinteressen geopfert werden? Spricht wesentliches dafür, so ist zu befürchten, daß dies ein Modell für andere, ähnliche „Pauschalierungen des Wohls der Allgemeinheit", etwa im Baurecht oder im Straßen- und Wegerecht, werden könnte. Dann würden viele solche Stollen nicht nur die Häuser einzelner Betroffener, sondern den Bestandsschutz des Eigentums überhaupt zum Einsturz bringen.

1. Die Entwicklung der bergbaurechtlichen Enteignung — „dulde und liquidiere"

a) *Die Geschichte des Bergbaus und der bergrechtlichen Grundabtretung*[50] legt es nicht nahe, spezielle öffentliche Enteignungsbelange zu konkretisieren und diese gegenüber privaten und entgegenstehenden öffentlichen Interessen abzuwägen, wie es aber heute Art. 14 GG verlangt; und dies ist bei einem Rechtsgebiet bedeutsam, das sich stets der Kontinuität verpflichtet fühlte.

Das *Bergregal,* eine Art von hoheitlichem Obereigentum an den mineralischen Bodenschätzen[51], stellte beim Abbau schon grundsätzlich-dogmatisch nicht die Enteignungsfrage in den Vordergrund, es brauchte daher auch nach einem speziellen öffentlichen Interesse für die Gewinnung der Mineralien gar

---

[50] Vgl. dazu vor allem *Isay,* Allg. Berggesetz für die preußischen Staaten, I, 1919, S. 61 ff.; *Boldt/Weller,* BBergG 1984, § 69, Rdnrn. 1–22; vor § 77 Rdnrn. 1 ff.; *H. Nebel,* ZfB 1965, 234 f.; *Piens/Schulte/Graf Vitzthum,* BBergG 1983, § 69, Anm. 1–33; *Willecker/Turner,* Grundriß des Bergrechts, 2. Aufl. 1970, S. 145 ff.; *H. Schulte,* NJW 1981, 88/89.

[51] Vgl. *Boldt/Weller* (Fn. 50), Rdnr. 1; *Willecker/Turner* (Fn. 50), S. 12; *Weides/Jahnz,* DVBl. 1984, 921 (928); BGHZ 53, 226 (230/231).

nicht gefragt zu werden: Wenn diese dem Fürsten gehörten, mußte er einen Gemeinwohlbelang für ihre Förderung nicht begründen; ebensowenig derjenige, welchem er den Abbau überließ. Daß in den (späteren) *Bergordnungen,* welche das Bergregal aufrechterhielten, dem Grundeigentümer ein Anspruch auf eine Vergütung für die Zurverfügungstellung des für den Abbau benötigten Grund und Bodens zuerkannt wurde[52], ändert daran nichts: Aus der Sicht heutiger Eigentumsdogmatik lag darin keine Prüfung öffentlicher Enteignungsbelange hinsichtlich des Abbaus, sondern ein reines „dulde und liquidiere" — gerade das, was heute in solcher Form verfassungswidrig ist (s.o. II, 1, 2).

b) Daran hat sich auch mit dem *Allgemeinen Berggesetz Preußens* vom 24.6.1865 nichts geändert[53], das in Verbindung mit den ihm nahestehenden Bergrechten der „preußischen Bergrechtsgruppe"[54] das deutsche Bergrecht und seine Enteignungsregelungen bis 1982 geprägt hat. Zwar wurde das Bergregal abgeschafft, die (allerdings schon 1907 wieder wesentlich eingeschränkte) Bergbaufreiheit eingeführt. Doch nach ganz herrschender Lehre mußte ein öffentliches Interesse am „Unternehmen Abbau" entweder überhaupt nicht dargetan werden, weil es einfach ex lege unterstellt wurde[55], oder es wurde grundsätzlich als derart überwiegend, vorrangig gegenüber allen möglicherweise entgegenstehenden Interessen Privater oder der Allgemeinheit angesehen[56], daß eine Zulässigkeitsprüfung unter dem Gesichtspunkt des „Wohles der Allgemeinheit" hinsichtlich der Mineralgewinnung nicht stattzufinden brauchte. Die Folge war eindeutig: Für die Enteignungen im Namen dieses Abbaues galt – traditionell – „dulde und liquidiere".

Zwischen diesen beiden Konstruktionen mußte dogmatisch gar nicht unterschieden werden, weil sie für die Enteignung auf dasselbe hinausliefen: Der Gesetzgeber hatte nach dieser Auffassung allgemein-grundsätzlich das gegenüber allen Gegenbelangen unbedingt „durchschlagende öffentliche Interesse am Bergbau" festgeschrieben — eine Abwägung im Einzelfall, unter Prüfung der Frage, ob denn „gerade hier und so" der Abbau im öffentlichen Interesse

---

[52] *Boldt/Weller* (Fn. 50), Rdnr. 2.

[53] Dazu vor allem *G. Boldt,* Das allgemeine Berggesetz, 1.–3. Aufl. 1948, §§ 135/136; *Ebel/Weller,* ABG, 2. Aufl. 1963, §§ 135/136, 142, Anm. 7; *Reuss/Grotefend/Dapprich/Schlütter,* ABG, 11. Aufl. 1959, S. 135/136; sowie *Boldt/Weller* (Fn. 50); *Willecke/Turner* (Fn. 50), S. 18 f.; *Isay* (Fn. 50), S. 63 f.

[54] *Boldt/Weller* (Fn. 50), Rdnr. 9.

[55] Vgl. etwa *G. Gerecht,* ZfB 1966, 264 (272); *Piens/Schulte/Graf Vitzthum* (Fn. 50), § 77, Rdnr. 3; *M. Palm,* ZfB 1981, 415 (418); *G. Turner,* ZfB 1967, 45 (61); *Weides/Jahnz,* DVBl. 1984, 921 (928); *Ebel/Weller* (Fn. 53), vor § 135, 2, § 136, 1.

[56] *Willecke/Turner* (Fn. 50), S. 20 und *Boldt* (Fn. 53), S. 131, sprechen vom „starken Recht" des Bergbautreibenden gegenüber dem schwächeren Recht des Grundstückseigentümers.

erforderlich und damit zulässig sei, fand nicht mehr statt. Der Gesetzgeber hatte auch in keiner Weise näher bestimmt, unter welchen Voraussetzungen denn nun zum Zweck dieses absolut durchschlagenden öffentlichen Interesses die Enteignung zulässig sei; anzustellen war allenfalls noch eine ganz andere, viel engere Notwendigkeitsprüfung bei der Grundabtretung: ob denn gerade diese beantragte Entwehrung für den Betrieb erforderlich sei, der als solcher jedenfalls zulässig erschien — eben schon als „Bergbauunternehmen".

Schon diese abstrakt-absolute Festlegung des Wohles der Allgemeinheit widersprach eindeutig dem GG, weil der Gesetzgeber eben näher und im einzelnen das öffentliche Interesse bestimmen muß, in dessen Namen Enteignung begehrt wird (vgl. oben I, 3 b). Darüber hinaus aber fiel nun *jede Form* der – ebenfalls grundgesetzlich vorgeschriebenen (vgl. I, 3 c) – *Abwägung entgegenstehender Interessen aus:* Beabsichtigt und als Grundlage der Grundabtretung angeführt wurde ja nie das „abstrakte Unternehmen Kohleabbau", sondern stets eine Abbaubewilligung laut detailliertem Betriebsplan. Dann aber durfte im Enteignungsverfahren nurmehr gefragt werden, ob dieser Plan *bergbautechnisch* die Notwendigkeit der Enteignung begründe. War dies der Fall, so schlug das öffentliche Interesse am Bergbau sogleich und vollständig durch — also gab es „keine Interessenabwägung gegenüber dem Bergbau". Dies aber widerspricht erneut dem Grundgesetz.

Jedenfalls galt dies für die privaten Interessen des betroffenen Eigentümers — lediglich bei Überwiegen der öffentlichen Interessen durfte die Grundabtretung versagt werden (§ 136 Abs. 1 ABG), was zur Notwendigkeit einer Abwägung gegenüber den Bergwerksinteressen führen konnte[57]. *Dem Eigentümer blieb nur eines: „dulde und liquidiere"*[58].

2. „Vertikale Nachbarschaft von Mineralien- und Grundeigentum" — nur Entschädigung

Das traditionelle deutsche Bergrecht, welches bis 1982 in der Bundesrepublik Deutschland gegolten hat, verstieß aber nicht nur darin gegen den eigentumsrechtlichen Bestandsschutz – und dies ganz offensichtlich –, daß der Gesetzgeber die öffentlichen Enteignungsinteressen nicht sachgerecht bestimmt hatte. Der tiefere Grund, warum hier gar nichts anderes als ein „dulde und liquidiere" in Frage kommen, eine Zulässigkeitsprüfung des „Unternehmens Abbau" überhaupt nicht stattfinden konnte, lag in der *traditionellen bergbaurechtlichen Eigentumskonzeption.*

---

[57] Vgl. *Ebel/Weller* (Fn. 53), § 136, Anm. 1, die zu Unrecht annehmen, damit schon sei dem grundgesetzlichen Abwägungsgebot genügt.

[58] *B. Stüer,* NuR 1985, 263.

Nach herrschender Lehre bestand zwischen dem Bergbauberechtigten und dem Grund(= Oberflächen-)Eigentümer eine Art von Nachbarschaftsverhältnis privaten Rechts[59]. Dabei mochte es gleichbleiben, ob man die Entstehung der bergrechtlichen Position, als eines absoluten Rechts, öffentlich- oder privatrechtlich konstruierte[60]. Da der Abbauberechtigte ein eigentumsähnliches – wenn nicht gleiches – Recht innehatte, trat er dem Grundeigentümer stets als vertikaler Nachbar gegenüber. Folgerichtig verstand auch die früher herrschende Lehre jene Grundabtretung, welche der Gewinnungsberechtigte verlangte, um sein Recht überhaupt ausüben zu können, als eine *Form der Inhaltsbestimmung privaten Eigentums*[61]. Nach dem Bundesgerichtshof gilt dies für *„die das Verhältnis von Bergwerkseigentum zu Grundeigentum bestimmenden Vorschriften des Preußischen Allgemeinen Berggesetzes"*[62].

Aus dieser Auffassung, die allerdings nicht ohne Widerspruch geblieben ist[63], kann dann eine Duldungspflicht des Grundeigentümers gegenüber dem Abbauberechtigten abgeleitet werden, die bis zur völligen Entwertung, ja Vernichtung des Oberflächeneigentums geht[64]. Bürgerlich-rechtliche Abwehransprüche stehen dann dem Grundeigentümer nicht zur Verfügung[65] — die Folge ist wieder: Nur Entschädigungsansprüche — „dulde und liquidiere".

Diese nachbarrechtliche Eigentumskonzeption des Bergrechts ist eine wichtige, wenn nicht die entscheidende Grundlage für die Vorstellung, daß eine Zulässigkeitsprüfung hinsichtlich des Abbaubetriebs als solchem nicht in Betracht kommt: Wenn der Bergbauberechtigte dem Grundeigentümer gegenübersteht wie ein Nachbar dem anderen – nur diesmal nicht im horizontalen, sondern im vertikalen Nebeneinander – so kann der Bodeneigentümer von ihm allenfalls nachbarliche Rücksichtnahme verlangen[66], er hat aber kein Recht auf Überprüfung, ob sein Unterlieger-Nachbar sein eigentumsähnliches

---

[59] Siehe u.a. dazu *U. Karpen*, AöR 1981, 15 (30 f.); *Boldt/Weller* (Fn. 50), § 8, Rdnr. 4 m. Nachw.; *H. Bähr*, Handkomm. z. BergG, 1968, Art. 178, 1; auch die Rspr. des BGH (BGHZ 53, S. 226 [233]) und die des BVerwG (BayVBl. 1968, 101) wurden in diesem Sinne gedeutet.

[60] Vgl. zu den Bergwerks-Eigentumstheorien *H. Hydek*, ZfB 1960, 97 (100 f.).

[61] Siehe für viele *Zydek*, a.a.O., S. 102 m. Nachw.; *Frenzel* (Fn. 28), S. 118 m. Nachw.; *Ebel/Weller* (Fn. 53) sprechen 1963 von der „bisher herrschenden Lehre", vor § 135, 2; vgl. auch *Bähr* (Fn. 59) m. Nachw.; s. dazu aber auch kritisch *B. Stüer*, NuR 1985, 263 (265).

[62] BGHZ 53, 226 (234).

[63] Vgl. *Karpen* (Fn. 59), S. 27 ff. m. Nachw.; *H. Zeiler*, BB 1980, S. 529.

[64] *Boldt/Weller* (Fn. 50), Rdnr. 8; *Piens/Schulte/Graf Vitzthum* (Fn. 50), vor § 110, Rdnr. 2, unter Hinw. auf die Rspr. des RG und des BGH.

[65] Zur Frage, ob dem Grundeigentümer Ansprüche aus § 1004 BGB überhaupt zustehen, s. *Boldt/Weller*, a.a.O.

[66] Siehe *B. Stüer*, NuR 1985, 263 (267).

absolutes Recht zulässig ausübt oder nicht. Mit der Grundabtretung verlangt dann der Abbauberechtigte, so mag es scheinen, lediglich Zugang zu seinem dem Eigentum vergleichbaren Gut, so wie ein Grundeigentümer gegen den anderen ein Notwegrecht geltend macht. Zu prüfen wäre dann allein, ob die Grundabtretung für den Abbau notwendig, nicht ob dieser selbst notwendig und damit zulässig ist; und diese Notwendigkeitsprüfung wird eben regelmäßig – wie oben 1. am Ende dargelegt – zugunsten des Abbauberechtigten ausfallen.

Entscheidend aber ist: Die Zulässigkeit des „Unternehmens Bergbau" ist dann als solche überhaupt nicht zu prüfen, sondern vorauszusetzen; Belange des Bergbaus sind gegenüber anderen nicht abzuwägen. Sicher war dies – zumindest unterschwellig – der Hintergrund, vor dem man sich bis 1982 um das „öffentliche Interesse am Bergbau" keine vertiefenden Gedanken glaubte machen zu müssen, und im übrigen sah man sich durch die Globalstatuierung des öffentlichen Interesses an der Mineralgewinnung abgedeckt.

Soweit ersichtlich, ist vor 1982 gar nicht vertiefend untersucht worden, ob es denn angesichts dieser Vorstellungen vom „Bergwerkseigentum" im weiteren Sinn überhaupt noch eines öffentlichen Interesses bedurft hätte. Doch — „doppelt genäht" hält immerhin, so schien es, die These vom „dulde und liquidiere" im Bergrecht am besten.

3. Das BBergG: Grundabtretung als Enteignung

Doch irgendwie sah sich das *Bergrecht zunehmend vom schlechten Eigentumsgewissen geplagt.*

a) *Die bergrechtliche Grundabtretung war eben traditionell stets als Enteignung ausgestaltet*[67], nicht als rein privatrechtliche Realisierung eines schon im Bergwerksrecht liegenden „Notwegrechts" privater Art. Enteignung aber bedeutet, daß mit Hilfe der Staatsgewalt dem Grundeigentümer ein Teil seines Eigentums im Einzelfall weggenommen wird, es werden nicht Eigentumssphären von Grundeigentümer und Bergwerksberechtigtem abgegrenzt. Also greift doch Art. 14 Abs. 3 GG ein, nicht die Inhaltsbestimmung des Eigentums (Art. 14 Abs. 1 Satz 2 GG).

Schon für das Allgemeine Berggesetz wurde daher zunehmend, wenn nicht schon herrschend angenommen, die dort geregelte Grundabtretung sei Enteignung im verfassungsrechtlichen Sinn[68]. In diesem Sinne sprach sich auch

---

[67] *Boldt/Weller* (Fn. 50), Einl. Rdnr. 105; vor § 77, Rdnrn. 2 f.

[68] Siehe für viele *Piens/Schulte/Graf Vitzthum* (Fn. 50), § 77, Rdnr. 3; *Boldt/Weller*, vor § 135, 2; *H. Schulte*, Privatrechtliche Aufopferung und Enteignung, 1964, S. 10 ff.; *H. Zydek*, ZfB 1960, 97/98, m. Nachw.; *D.J. Heinemann*, NJW 1967, 1306; *N. Kremer*, ZfB 1958, 409 (415).

schon im Jahre 1959 das Bundesverwaltungsgericht aus[69]. Eine grundlegende Reform des Bergrechts wurde vor allem deshalb für unumgänglich gehalten, weil die bergrechtliche Grundabtretung mit Art. 14 GG in Einklang gebracht werden sollte[70]. *Nach ganz herrschender Lehre hat denn auch das Bundesberggesetz die bergrechtliche Grundabtretung als eine Enteignung im verfassungsrechtlichen und verwaltungsrechtlichen Sinne ausgestaltet*[71]. Dabei wurde häufig betont, es handle sich um eine konsequente Fortentwicklung bisheriger Rechtsauffassungen zur bergrechtlichen Grundabtretung. *Entgegen bisherigem Recht aber sei nun das öffentliche Interesse nicht mehr zu unterstellen, sondern in jedem Einzelfall zu prüfen*[72].

Erstaunlich ist dabei immerhin: Von einer konsequenten Fortentwicklung kann hier doch nicht die Rede sein, hier liegt ein schwerwiegender Bruch in der Tradition des Bergrechts — zugunsten der Verfassung, von Art. 14 Abs. 3 GG erzwungen — wenn sich eben etwas geändert hat. Und es ist die wohl nicht häufige Erscheinung festzustellen, daß der Gesetzgeber 32 Jahre gebraucht hat, um eine deutlich verfassungswidrige Situation zu korrigieren — wenn er sie wirklich korrigiert hat; denn es ist nun die Frage berechtigt: Hat sich wirklich etwas geändert durch Erlaß des Bundesberggesetzes — oder gelingt es der erstaunlichen Kontinuitätskraft des Bergrechts, das schon den Erlaß des Grundgesetzes über eine Generation unverändert überleben konnte, nun weiter im Gewand des Bundesberggesetzes mit Inhalten fortzudauern, welche mit dem Grundgesetz und seiner eigentumsrechtlichen Bestandsgarantie unvereinbar sind? Ist nun wirklich jene strenge Zulässigkeitsprüfung *jedes konkreten Unternehmens Bergbau* im Grundabtretungsfall gesichert, welche die Boxberg-Entscheidung, wie dargelegt verlangt?

b) Vor dieser Prüfung noch eine Feststellung: *Der privatrechtlichen Begründung des „dulde und liquidiere“,* im Namen privatrechtlicher „vertikaler Nachbarschaft“ (s.o. 2 am Ende), ist nun jedenfalls *endgültig der Boden entzogen.* Zwar kann sie sich, hinsichtlich der Eigentumsverhältnisse, heute noch zusätzlich auf das *Naßauskiesungsurteil des Bundesverfassungsgerichts* berufen[73]: Darf der Gesetzgeber das „unten fließende Wasser“ aus dem Bodeneigentum herausnehmen, so darf dies auch bei den „unten liegenden Minera-

[69] ZfB 1960, 89 (93).

[70] Vgl. *H. Zydek,* Materialien zum BBergG, S. 37, 42; *H. Weller,* ZfB 1986, 227 (243).

[71] *Weides/Jahnz,* DVBl. 1984, 921; *Boldt/Weller* (Fn. 50), Einl. Rdnr. 105; vor § 77 Rdnr. 7; *Piens/Schulte/Graf Vitzthum* (Fn. 50), § 77 Rdnr. 4; § 79 Rdnr. 1; *M. Palm,* ZfB 1981, 414 (416); *Zydek* (Fn. 70), S. 335; *H. Schulte,* NJW 1981, 88 (92).

[72] *Boldt/Weller* (Fn. 50), Einl. Rdnr. 106; vor § 77 Rdnr. 8; *Piens/Schulte/Graf Vitzthum* (Fn. 50), § 77 Rdnr. 4; § 79, Rdnr. 4.

[73] BVerfGE 58, 300 — in diesem Sinne bereits *Piens/Schulte/Graf Vitzthum* (Fn. 50), vor § 110 Rdnr. 17; *G. Dapprich,* ZfB 1984, 174 ff.; OVG Lüneburg, ZfB 1986, 358 (367).

lien" geschehen. Dennoch zeigt die Ausgestaltung der bergrechtlichen Grundabtretung durch das Bundesberggesetz als Enteignung eindeutig: *Die Befugnis des Abbauberechtigten, sich Zugang zum Gegenstand eines absoluten Rechts*[74] *zu verschaffen, durch „das Oberflächeneigentum hindurch", ergibt sich nicht schon aus dieser privatrechtlichen Rechtsposition als solcher,* sie muß dem Berechtigten im Wege der Enteignung verliehen werden; nur zur Gestaltung der Rechtsposition ist der Gesetzgeber im Namen der Inhaltsbestimmungen des Eigentums (Art. 14 Abs. 1 Satz 2 GG) ebenso berechtigt, wie er, andererseits, die Bodenschätze aus dem Grundeigentum herausnehmen darf.

Dann aber gilt für diese *„Zugangs-Enteignung": In ihrem Verfahren ist, wie bei jeder anderen Entwehrung, zu prüfen, ob das durch sie begünstigte „Unternehmen Abbau" zum Wohl der Allgemeinheit erforderlich ist (Art. 14 Abs. 3 Satz 1 GG) nicht, ob die dem Eigentümer zugemutete Eigentumseinbuße durch das Unternehmen notwendig ist oder nicht, dessen Zulässigkeit als solche nicht zu prüfen wäre.* Dies bedeutet, auch in der Praxis, einen entscheidenden Unterschied: Es muß nun, in jedem einzelnen Fall, geprüft werden, ob denn der Abbau „hier und jetzt", mit Blick auf das Wohl der Allgemeinheit, unumgänglich ist, unter Abwägung gegenüber den Belangen des Oberflächen-Eigentümers und anderer öffentlicher Belange, etwa des Naturschutzes.

Um es nochmals zu sagen: Dies allein grundgesetzgemäße Verständnis bedeutet einen Bruch mit langer Tradition im Bergrecht. Dort gibt es offenbar auch heute noch Tendenzen, den früheren Rechtszustand fortzuführen, indem die Frage nach der Zulässigkeit des konkreten Abbaus nicht gestellt oder global unter Hinweis auf die Bedeutung des Bergbaues positiv beantwortet wird. Eine privatrechtliche Grundlage dafür gibt es, wie hier nachgewiesen, für solche Vorstellungen nicht mehr[75].

Wie aber steht es nun mit den Enteignungsbestimmungen des Bundesberggesetzes — setzt sich hier das alte „durchschlagende öffentliche Globalinteresse am Abbau" nicht doch fort, entsprechen sie dem Bestandsschutz des Grundgesetzes, der genaue Einzelprüfung der Unternehmensbelange und Abwägung gegenüber entgegenstehenden Interessen verlangt (vgl. oben I am Ende)?

---

[74] Dazu *Zydek* (Fn. 70), S. 102; *Karpen* (Fn. 59), S. 22; *H. Schulte,* NJW 1981, 88 (91).

[75] Obwohl „Nachbarschaftsvorstellungen" in diesem Zusammenhang auch neuerdings auftauchen, vgl. etwa *Dapprich* (Fn. 73), S. 179; *Piens/Schulte/Graf Vitzthum* (Fn. 50), § 79 Rdnrn. 2 ff.

4. Die Zulässigkeitskriterien der Enteignung nach dem Bundesberggesetz — verdeckte Kontinuität zum früheren „durchschlagenden öffentlichen Globalinteresse am Bergbau“

a) Wenn das BBergG Enteignung will (vgl. o. 2a), muß es eine Zulässigkeitsprüfung des begünstigten Unternehmens im Einzelfall fordern und ermöglichen[76]. Der Gesetzgeber war sich dessen bewußt: „Eine ausdrückliche Feststellung im Gesetz, daß die Gewinnung von Bodenschätzen schlechthin dem Allgemeinwohl dient, überschreitet die Grenzen des Art. 15 GG“[77]. Also heißt es nun in § 79 Abs. 1 BBergG: „Die Grundabtretung ist im einzelnen Falle zulässig, wenn sie dem Wohl der Allgemeinheit dient, insbesondere die Versorgung des Marktes mit Rohstoffen, die Erhaltung der Arbeitsplätze im Bergbau, der Bestand oder die Verbesserung der Wirtschaftsstruktur oder der sinnvolle und planmäßige Abbau der Lagerstätte gesichert werden sollen ...“

Eindeutig will der Gesetzgeber die *Prüfung im Einzelfall* („die Grundabtretung ist im einzelnen Falle zulässig ...“). Er kann auch durch Beispiele die Richtung weisen[78]. Doch er muß die richtige Richtung und er muß sie präzise zeigen. *Daran aber bestehen hier entscheidende Zweifel:*

Bezeichnend ist bereits, daß sich, soweit ersichtlich, nirgends Versuche finden, diese vier Kriterien, mit deren Erfüllung doch der Abbau steht und fällt, näher zu bestimmen. In der Regel werden sie, auch in im übrigen eingehenden Kommentierungen, lediglich kurz berichtet[79]. Allenfalls wird – zutreffend – bemerkt: „Ein Verlangen auf Grundabtretung, in dem nicht wenigstens eines dieser vier Kriterien erfüllt ist, dürfte in der Praxis kaum vorkommen“[80] — ist dann aber nicht nur das frühere durchschlagende Bergbauinteresse wortreich umschrieben worden? Daß dem so ist, belegen auch andere Äußerungen, welche, genau wie früher, den „generellen Vorrang“ der Interessen des Bergbautreibenden, schon aus dem volkswirtschaftlichen Interesse an der Gewinnung von Bodenschätzen heraus, betonen[81], oder ganz offen an frühere Formulierungen von „grundsätzlichem Allgemeinwohl“ anschließen[82].

---

[76] Wie es die Boxberg-Entscheidung ausdrücklich verlangt, s.o. 1 am Ende; vgl. in diesem Sinne auch die bergrechtlichen Zitate aus neuester Zeit, Anm. 72.

[77] *Zydek* (Fn. 70), S. 344.

[78] *Weides/Jahnz,* DVBl. 1984, 921 (926) zur Zulässigkeit solcher paradigmatischer Aufzählung m. Nachw.

[79] Siehe etwa *Boldt/Weller* (Fn. 50), Einl. Rdnr. 106; § 79, Rdnr. 4; *Piens/Schulte/Graf Vitzthum* (Fn. 50), § 79 Rdnr. 1.

[80] *Boldt/Weller,* Einl. Rdnr. 107.

[81] *Piens/Schulte/Graf Vitzthum* (Fn. 50), vor § 110 Rdnr. 2; s.a. *Karpen* (Fn. 59), S. 20 f.

[82] *Boldt/Weller* (Fn. 50), vor § 77 Rdnr. 8.

Die Folgerung wäre dann unausweichlich: § 79 Abs. 1 BBergG wäre ebenso verfassungswidrig, wie der Rechtszustand, den er ablösen wollte — das BBergG hätte nur verdeckte Kontinuität gebracht.

An anderer Stelle wird § 79 Abs. 1 BBergG wie folgt kommentiert[83]: „Wie jedoch ein derartiger Nachweis im konkreten Grundabtretungsfall geführt werden kann, ist noch völlig offen" — trifft dies zu, so erhebt sich die Frage, ob das Gesetz hier nicht schon wegen Unbestimmtheit verfassungswidrig ist. Sie ist auch bereits gestellt worden[84].

b) Eine *Einzelanalyse* der vier Beispielskriterien für das „Wohl der Allgemeinheit" (§ 79 Abs. 1 BBergG), die *alternativ* vorliegen müssen[85], bestätigt und verstärkt noch diese verfassungsrechtlichen Bedenken:

- *Versorgung des Markts mit Rohstoffen* — das ist höchst allgemein. Wenn hier nicht weitestgehend überlebte Autarkievorstellungen beschworen werden: Wie soll denn ein Richter dies feststellen, er kann es einfach und in jedem Fall nur bejahen; denn wenn irgendwo Kohle gefördert wird, sichert dies offensichtlich die Versorgung des Marktes. Was zu dieser erforderlich ist, ob der Abbau gerade eines bestimmten Flözes in einer gewissen Region notwendig ist, kann kein Verwaltungs- oder Verfassungsrichter beurteilen. Entscheidend ist, ob der Markt nicht auf andere Energieträger ausweichen kann — soll dies im Gerichtssaal festgestellt werden? In dieser Voraussetzung lebt also nur die alte, allgemeine „volkswirtschaftliche Bedeutung" des Bergbaus weiter — obwohl doch sie nach herrschender Auffassung nun nicht mehr genügen soll[86]. Und wo ließen sich auch solche allgemeinwirtschaftliche Gründe nicht finden[87]?
- *Die Erhaltung der Arbeitsplätze im Bergbau:* „Kein Verlust von Arbeitsplätzen" — das wird gelegentlich ganz allgemein als legitimes Enteignungsziel zugunsten Privater genannt[88]. Es ist immer wieder scharf und überzeugend kritisiert worden[89]. Wenn dies, in solcher Allgemeinheit, ein

[83] *M. Palm,* ZfB 1981, 415 (418).

[84] *H. Schulte,* NJW 1981, 88 (90); s.a. *Weides/Jahnz,* DVBl. 1984, 921 (927).

[85] „oder" — *Boldt/Weller* (Fn. 50), § 79 Rdnr. 3.

[86] Siehe etwa *Karpen* (Fn. 59), S. 29; *H. Schulte,* NJW 1981, 88 (92); *Piens/Schulte/Graf Vitzthum* (Fn. 50), § 79 Rdnr. 4.

[87] Deutlich angesprochen wird die „generelle Bedeutung der Gewinnung von Bodenschätzen" bei *Zydek* (Fn. 70), S. 341/342.

[88] Vgl. *v. Brünneck,* NVwZ 1986, 425 (428); *Frenzel* (Fn. 28), S. 109 (125 f.); *Nüßgens/Boujong* (Fn. 1), Rdnr. 387; auch das BVerwG erwähnt dies in seiner Teststrecken-Entscheidung E 71, S. 108 (124).

[89] *Frenzel,* a.a.O., S. 116; *Böhmer,* BVerfGE 56, 266 (284), *Gramlich,* JZ 1986, 269 (275 ff.); *H. Schulte,* Eigentum und öffentliches Interesse, 1970, S. 89/90; kritisch auch, aus der Sicht der notwendigen Bestimmtheit, *Weides/Jahnz,* DVBl. 1984, 921 (927).

Zulässigkeitskriterium sein soll, so sind die Akten über den Bestandsschutz zu schließen: In jedem Fall läßt sich dann zugunsten der Arbeitsplatzschaffung oder -erhaltung argumentieren; der Richter ist aber völlig überfordert, wenn er hier die Erforderlichkeit beurteilt oder gar feststellen soll, ob durch ein bestimmtes Unternehmen nicht nur die Schaffung neuer Arbeitsplätze ermöglicht, sondern bestehende gesichert werden[90]. Das Bundesverfassungsgericht hat erkannt, daß der Bestandsschutz völlig aufhört, wenn die heilige Kuh der Arbeitsplätze die Gerichtssäle betritt.

In der Boxberg-Entscheidung hat es ausgesprochen, das Bundesbaugesetz lasse eine Enteignung mit dem Ziel, Arbeitsplätze zu schaffen und dadurch die regionale Wirtschaftsstruktur zu verbessern, nicht zu[91]. Dasselbe muß für das Bundesberggesetz gelten; solche Klauseln sind völlig inkontrollabel, daher verfassungswidrig. Sie rechtfertigen jede beliebige Enteignung im Wirtschaftsbereich.

– *Der Bestand und die Verbesserung der Wirtschaftsstruktur* — das ist noch allgemeiner: In jedem denkbaren Fall des Bergbaus trifft es zu. Der Gesetzgeber hat damit überhaupt nichts entschieden, ein Zulässigkeitskriterium der Enteignung überhaupt nicht gesetzt.

– *die Sicherung des sinnvollen und planmäßigen Abbaus der Lagerstätte:* Dieses Kriterium könnte Bedeutung überhaupt nur im Zusammenhang mit einem der anderen – bereits als verfassungswidrig erkannten – haben, etwa der Versorgung des Marktes[92]. Im übrigen besteht am ordnungsgemäßen Abbau kein anderes Interesse als an ordnungsmäßiger privater Wirtschaftstätigkeit überhaupt — also jedenfalls kein öffentliches[93].

Wenn eine Enteignung zugunsten Privater aus solchen Gründen zulässig ist, kann alles und jedes jederzeit enteignet werden: von den Maschinenparks jedes privaten Unternehmens bis zu jedem Patent: Kann denn nicht geltend gemacht werden, diese Güter würden gebraucht, um den High-Technology-Markt zu versorgen, Arbeitsplätze zu schaffen? Mit gutem, vielleicht mit weit besserem Recht als im Kohlebergbau läßt sich dies sagen, wo immer eine Branche wirtschaftlich notleidend wird.

Das Ergebnis kann nur lauten: § 79 BBergG ist verfassungswidrig. Hier hat der Gesetzgeber Zulässigkeitsbestimmungen entweder überhaupt nicht oder in unzulässiger Weite festgelegt. Die erforderliche Abwägung privater

---

[90] Dazu äußert sich, ohne jede Begründung, OVG Münster, ZfB 1986, 370 (376).

[91] Vgl. BayVBl. 1987, 621, LS 1.

[92] Zutr. *Weides/Jahnz,* DVBl. 1984, 921 (927).

[93] Auf polizeiliche Interessen (Gefahrenabwehr) kann nicht verwiesen werden: Sie ergeben sich erst dann, wenn der Abbau schon enteignungsrechtlich zulässig ist; letzteres kann also mit ersterem nicht begründet werden.

und anderer öffentlicher Belange gegenüber den Bergbauinteressen kann auf solche Weise überhaupt nicht stattfinden. Eine „restriktive Auslegung“[94] kann nichts retten: Kautschuk läßt sich nicht restringieren. Der Gesetzgeber hat seine Aufgabe nicht erfüllt; er hat nur unter einem neuen Wortmantel das alte bergrechtliche „zu unterstellende“ und „durchschlagende“ öffentliche Interesse am Abbau fortgeschrieben. Damit hat er eine bereits früher überzeugend kritisierte[95] Begriffsvertauschung fortgesetzt: Aus dem öffentlichen Generalinteresse am Bergbau – wenn es besteht – darf nicht auf das Wohl der Allgemeinheit beim einzelnen Abbau geschlossen werden.

Wird hier vom Gesetzgeber nicht eindeutig normiert, so bestimmt nicht er, sondern die Verwaltung die Zulässigkeit des enteignungsbegünstigten Unternehmens. Damit ist der Bestandsschutz untergraben.

5. Eine wichtige Randbemerkung: „Abwägung“ verlangt sachgerechte Kompetenzregelungen für bergrechtliche Entscheidungen

Der Bestandsschutz fordert nicht nur sachgerechte Bestimmung der öffentlichen Enteignungsbelange, er verlangt auch deren *Abwägung gegenüber privaten und anderen öffentlichen Belangen* (oben I am Ende). Dem muß auch bei der Bestimmung der über Enteignungen entscheidenden Behörden Rechnung getragen werden; denn Art. 14 GG verbietet nicht nur Eigentumseingriffe unter Verletzung von Gesetzgebungskompetenz[96], sondern auch solche, die aus sachwidrig bestimmter Verwaltungskompetenz sich ergeben.

Im vorliegenden Fall sind allein die Bergbehörden entscheidungsbefugt. Ihnen kommt heute noch[97] – wie übrigens ebenfalls traditionell[98] – eine umfassende Zuständigkeit zu. In keiner Weise mitentscheidungsbefugt sind dagegen Instanzen, welche gegenwärtig so wichtige Belange wie die des Natur-, Landschafts- und Denkmalschutzes zu wahren haben. Daher steht zu besorgen, daß Enteignungsentscheidungen ausschließlich oder weit überwiegend aus bergrechtlichen Überlegungen heraus ergehen, eine sachgerechte Abwägung gegenüber anderen Belangen jedoch nicht stattfindet.

Die größere Problematik „Recht des Bürgers auf sachgerechte Kompetenzordnung“ kann hier nicht vertieft werden. Unabhängig davon aber sollten aus den veränderten Vorstellungen vom Umwelt- und Denkmalschutz, schon im

[94] *Weides/Jahnz* (Fn. 92); *Karpen* (Fn. 59), S. 33.

[95] *Schulte* (Fn. 89), S. 238 f.

[96] BVerfGE 34, 139 (146).

[97] Siehe dazu *H. Schulte*, NJW 1981, 88 (94).

[98] Dazu *H. Nebel*, ZfB 1965, 234 ff.; *Wellecker/Turner* (Fn. 50), S. 145 ff.

öffentlichen Interesse, bald organisationsrechtliche Folgerungen gezogen werden.

III. Ausblick: Enteignung in engen Grenzen — ein allgemein bedeutsames Anliegen

Die Bedeutung der hier erörterten Problematik geht weit über das Bergrecht hinaus. Die Bestandsgarantie des Art. 14 GG läuft leer, wenn sich der Gesetzgeber mit Allgemeinformeln globaler und notwendig stets durchschlagender öffentlicher Belange aus seiner Verantwortung für Abgrenzung und Schutz des Eigentums Privater ziehen kann. Bleibt es hier beim bisherigen „dulde und liquidiere“, welches das Berggesetz nur dem Namen nach beseitigt hat, so kann auf solche Weise auch jedem anderen Eigentümer sein Gut ohne rechtsstaatliche Zulässigkeitsprüfung aus der Hand genommen werden. Das Bergrecht hat auch hier Modellcharakter für viele andere Bereiche, insbesondere das Baurecht[99]. Der Gesetzgeber darf die Boxberg-Entscheidung des BVerfG nicht — umfahren. Die Bundesrepublik Deutschland würde sonst zum Enteignungs-Standort.

---

[99] *H. Schulte,* NJW 1981, 88 (89).

Das Eigentumssyndikat*/**

Fondseigentum und Zwangsgenossenschaft als Formen der Sozialbindung?

I. Eigentumsneuordnung durch Kollektiveigentum

1. Die schweren Wege zur Umgestaltung der Eigentumsordnung

a) Durch Enteignungen (Art. 14 Abs. 3 GG) läßt sich die private Eigentumsordnung, auf der Staats- und Gesellschaftsordnung der Bundesrepublik beruhen, nicht wesentlich verändern. Entgegen steht dem das Erfordernis der Expropriation für einen *bestimmten Zweck,* der neuerdings vom BVerfG betont wird[1] und ungezielte Vorratsenteignungen ausschließt. Ein entscheidendes Hindernis ist überdies die Entschädigungspflicht im Enteignungsfall, die in der Regel zur Gewährung *vollen Wertersatzes,* also des Marktpreises, führen muß. Dies gilt nach h.L. und Rechtsprechung wenigstens dann, wenn der Gesetzgeber nicht für spezielle Bereiche eine niedrigere oder höhere Entschädigung vorgesehen hat[2]. Dieser Weg ist ihm zwar nicht völlig verschlossen, doch müssen eben Umstände vorliegen, die ausnahmsweise den Marktpreis *nicht* als Ausdruck jener „gerechten Abwägung der Interessen der Allgemeinheit und der Beteiligten“[3] erscheinen lassen, welche hier die Verfassung verlangt. Mit Ausnahme von Extremsituationen schwerster Wirtschafts-, ja Staatskrisen ist bisher, soweit ersichtlich, die Entschädigung nur gesenkt worden, wo das Eigentumsrecht oder doch ein Wertzuwachs desselben irgendwie auf Staatsveranstaltungen zurückzuführen zu sein schien[4].

Es mag hier dahinstehen, ob sich in diesen Fällen die Unterschreitung des Marktwertes wirklich als eine „Abschöpfung staatsverursachter Gewinne“

---

* Erstveröffentlichung in: Deutsches Verwaltungsblatt 1976, S. 125–132.

** Der Begriff „Syndikat“ wird hier im weiteren Sinne des „Zwangszusammenschlusses“, nicht im (vor allem früher verbreiteten) „technischen“ Sinn des zwangsweisen Gemeinschaftsvertriebs (Art. 156 Abs. 2 WV) gebraucht.

1 BVerfG, Beschluß vom 12.11.1974, NJW 1975, S. 37.

2 Vgl. dazu *W. Leisner,* Sozialbindung des Eigentums, 1972, S. 109 f.

3 Art. 14 Abs. 3 S. 3 GG.

4 So etwa nach § 23 Abs. 2–4 Städtebauförderungsgesetz; vgl. auch den Regierungsentwurf einer Novelle zum BBauG, durch den ein § 96a eingefügt werden soll, nach dem diejenigen Wertsteigerungen bei der Bemessung der Entschädigung zu 50% berücksichtigt werden sollen, welche „lediglich durch die Aussicht auf eine Neugestaltung oder Entwicklung des Gebietes“ eingetreten sind.

rechtfertigt[5] und ob die konsequente Anwendung eines solchen Grundsatzes nicht unabsehbare und unerträgliche Konsequenzen hätte[6]. Derartige „Verbilligung der Enteignung" mag politisch erwünscht sein, ihre Verfassungsrisiken sind noch keineswegs voll erkannt. Selbst wenn aber insoweit dem Kaiser zurückzugeben wäre, was schon seine Leistung war, so könnte nur in sehr begrenzten Bereichen die Eigentumsordnung durch billige Enteignung verändert werden — und gerade dort wäre stets die staatliche (Vor-)Leistung nachzuweisen; was allenfalls dem Staat gelänge, wäre daher Eigentumsrestitution, nicht Eigentumsreform. Auf allen anderen Gebieten aber muß voller Marktwertersatz für das geleistet werden, was eben der Bürger durch „eigene Leistung", durch seine Arbeit, sein Kapital erworben hat[7]. Zu diesem Ergebnis gelangen auch umfangreiche neuere Untersuchungen zur Höhe der Entschädigung im Enteignungsfall[8].

Auch die *Sozialisierung* ist aus diesem Grunde kein Weg zu einer neuen Eigentumsordnung: Hier ist nach den gleichen Grundsätzen, d.h. in der Regel voll zu entschädigen[9].

b) Es mag Mittel geben, die Vermögensverteilung zu ändern, ja sogar Eigentumswerte zu beeinflussen, von der Steuer über (gewährte oder unterlassene) Subventionen bis zur Beeinflussung der Märkte[10]. Doch sie alle haben

---

[5] Zumindest in der allgemeinen Form, wie dies der Regierungsentwurf zur Neufassung des BBauG vorsieht, ist dies grundsätzlich bedenklich: Nicht die Freigabe des Grundstükkes zur Bebauung „schafft" den Wert, sondern die sodann völlig veränderte Nachfragesituation. Diese aber ist eine „Leistung" der Gesellschaft, nicht ein „Geschenk des Staates"; dieser ist nicht Obereigentümer aller Grundstücke, er vergibt nicht Baukonzessionen an Private, sondern beseitigt durch Bebauungsgestattung lediglich – nach pflichtgemäßem Ermessen oder in Vollzug zwingenden Rechts – Beschränkungen jenes Grundeigentums, zu dem ja das „Recht auf Bebauung" grundsätzlich und untrennbar gehört.

[6] Man denke nur an Gewinne subventionierter Betriebe, die dann als „staatsverursacht" abzuschöpfen wären, an Gewinne aus Staatsaufträgen u.ä.m. Man könnte hier dann auch keine unbegrenzte staatliche Entscheidungsfreiheit darüber anerkennen, ob abgeschöpft werden solle oder nicht, denn „der Staat hat nichts zu verschenken".

[7] Dazu vgl. den sehr guten Überblick bei *W. Paptistella*, Eigentum und eigene Leistung, Diss. München 1974, der zu dem Ergebnis gelangt, daß nur dort kein voller Eigentumsschutz eintritt, wo sich das „Staatsgeschenk" deutlich nachweisen läßt, den Kreis dieser Fälle aber, u.a. unter Heranziehung des Sozialstaatsprinzips, eng begrenzt.

[8] Vgl. *W. Opfermann*, Die Enteignungsentschädigung nach dem Grundgesetz, 1974, der dieses Ergebnis (vgl. insbes. S. 95 f.) noch zutreffend dahin präzisiert, daß diejenigen Leistungen bei der Bemessung der Entschädigung zu berücksichtigen sind, die von einer „dem Betroffenen zurechenbaren Person" (Schenker, Erblasser) erbracht wurden; vgl. auch *Paptistella*, a.a.O., S. 79.

[9] *H.P. Ipsen*, VVdStL Heft 10, S. 113; *H. Ridder*, VVdStL Heft 10, S. 144 f.; *Th. Maunz*, Deutsches Staatsrecht, 20. Aufl., München 1975, S. 190; *Hamann/Lenz*, 3. Aufl., Neuwied/Berlin 1970, Anm. 6 zu Art. 15; *H. Krüger*, Sozialisierung, in: Die Grundrechte, Bd. 3/1, S. 266 ff./319 f. (m.w.N. S. 317 Fn. 215).

[10] Die sich allerdings in gewissen verfassungsrechtlichen Grenzen halten muß, weil sonst

– von Extremfällen (konfiskatorische Steuern) abgesehen – nur *mittelbar* eigentumsordnende Wirkungen, die lediglich in Verbindung mit anderen gesellschaftlichen Impulsen eintreten; es kommt auf die Reaktion der Betroffenen an, auf die wirtschaftliche Entwicklung im ganzen und im betreffenden Bereich. Der Staat muß warten, er kann enttäuscht werden; unmittelbare Eigentumsordnung durch seinen klaren Normbefehl ersetzt dies alles nicht. Staatliche Finanzpolitik und Wirtschaftslenkung sind eigentumsrelevant, nicht eigentumsordnend. Aus ihrer (immer stärkeren) Entfaltung kann also unmittelbar auch nichts für oder gegen die Zulässigkeit normativer Eigentumsordnung geschlossen werden[11].

c) Bleibt also praktisch zu einer „großen Eigentumsneuordnung" nur der kostenlose normative Eigentumsbefehl des Staates — die *Sozialbindung*. Sie existiert in zahllosen Formen, von der Baubeschränkung bis zur Mitbestimmung. Wer „das Eigentum reformieren" will, muß versuchen, in all diesen Bereichen die Enteignungsschwelle zuungunsten des Eigentümers zu verlegen. Es mag hier einige große sozialpolitische Durchbruchsversuche geben, die bis zur Systemveränderung reichen, etwa in der paritätischen Mitbestimmung. Doch im ganzen ist es eine Klein-, eine Sisyphusarbeit, deren Systemrelevanz für eine künftige Eigentumsordnung oft zweifelhaft ist. Wer die große Neuordnung wünscht, muß neue Ordnungsbegriffe von größerer Wirkkraft finden, welche systematisch verstärkte, neuartige Sozialbindung beschreiben und zugleich rechtfertigen.

2. „Eigentumszwangssyndikat" als Kollektivierung von Eigentumsrechten

Ein solcher Begriff könnte das *Eigentumszwangssyndikat* sein, von der Eigentumszwangsgenossenschaft bis zum Eigentumszwangsfonds.

Hier geht es um die kollektive Ausübung von Eigentumsrechten oder von einzelnen Befugnissen, welche das Privateigentum verleiht: Besitz, Verwal-

---

die Wertgarantie des Eigentums, von der Art. 14 Abs. 3 GG ausgeht, entfiele; dazu näher *W. Leisner,* Privateigentum ohne privaten Markt, BB 1975, S. 1 ff.

[11] Insbesondere schlägt das verbreitete Argument nicht durch, der Staat dürfe stärker sozial binden, weil ja das Eigentum schon vielfachen indirekten Bindungen, etwa über Steuern, ausgesetzt sei; man könnte übrigens ebensogut e contrario argumentieren, eben deshalb sei verstärkte Sozialbindung unnötig. — Bedeutsam scheinen allerdings die Grenzen der Möglichkeit indirekter Eigentumsordnung, etwa über „steuerliche Eigentumssteuerung", zu sein, wenn die Notwendigkeit verschärfter Sozialbindung damit begründet werden soll, daß andernfalls der „arme Staat" nicht an gewisse gemeinschaftswichtige Güter herankommen könne — aber hier zeigt die Steuergewalt die Unrichtigkeit der Prämisse: Der Staat ist eben nicht „so arm". Und auch hierin liegt, strenggenommen, kein „Schluß von der Steuergewalt auf (Un-)Zulässigkeit verstärkter Sozialbindung", denn für die Abgrenzung Sozialbindung–Enteignung ist es gleichgültig, ob der Staat arm oder reich ist; es kommt allein darauf an, wie schwer er trifft.

tung, Nutzung, Verfügung. Die entscheidende Verfassungsfrage lautet: *Darf der Staat – Gesetzgeber oder Verwaltung – bisherige Einzeleigentümer zwangsweise zusammenschließen, ohne daß dies enteignend wirkte,* ohne daß also Entschädigung geschuldet würde? Derartige Zwangszusammenschlüsse sind in vielfachen Formen denkbar und zum Teil schon wirklich, insbesondere

- *öffentlich-rechtlich* (z.B. als Körperschaft) oder *privatrechtlich* (etwa als Genossenschaft);
- unter stärkerer Betonung *genossenschaftlicher* oder *anteilsrechtlicher* Gestaltungsformen (Fonds), näher also entweder dem Typ „Genossenschaft" oder dem Typ „Aktiengesellschaft" — je nachdem, ob primär „die Eigentümer" oder „das Eigentum" zwangszusammengeschlossen werden sollen;
- unter Aufhebung, Bindung oder Belastung des Verfügungsrechts über die syndizierten Eigentumsgegenstände in der Hand der bisherigen Eigentümer.

Dies alles mag im Einzelfall wichtig sein zur Bestimmung der Eingriffstiefe und damit zur Beurteilung der Enteignungsfrage. Das allgemeinere, solchen Überlegungen vorausliegende und allen Formen des Zwangszusammenschlusses von Eigentum gemeinsame Problem besteht aber darin: Liegt im zwangsweisen Zusammenschluß selbst, im Normbefehl also, bisher unabhängig von anderen ausübbare Eigentumsrechte nun nurmehr „zusammen mit anderen" wahrnehmen zu dürfen — liegt in diesem Übergang vom Individual- zum Kollektiveigentum an sich schon, stets oder doch im Zweifel eine Expropriation, oder ist dies „prinzipiell noch" Sozialbindung? Wie bedeutsam ist für das Wesen des Privateigentums das „Alleinsein im Eigentum"? Eine große Eigentumszwangsgemeinschaft gibt es für alle — die Territorialhoheit des Staates; doch sie ist ganz anderer Art — sie bindet nur an Normbefehle, nicht über sie an den Willen dritter Rechtssubjekte. Und „Sozialbindung des Eigentums" ist nicht begrifflich schon Bindung an fremden Willen, sondern Zurückdrängen des einzelnen Eigentümerwillens auf einen engeren Bereich, wo er dann aber allein entscheidet. Hier geht es jedoch nur darum, ob die *Aufhebung der Alleinentscheidung begrifflich überhaupt auch noch* Sozialbindung sein kann.

3. Neuere Formen von Eigentumssyndikaten

Drei Beispiele zu neueren Versuchen in Richtung auf Kollektivierung von Eigentumsrechten:

a) Das *Fischereigesetz* von Nordrhein-Westfalen[12] verordnet einen Zwangszusammenschluß aller Fischereiberechtigten zu einer Fischereigenossenschaft des öffentlichen Rechts, deren Fischereirechte zu einem gemeinschaftlichen Fischereibezirk gehören (§ 22 Abs. 1). Dies aber gilt für *alle* Fischereirechte an fließenden Gewässern im Gebiet einer Gemeinde (§ 21 Abs. 1). Ob darin eine Enteignung liegt, läßt der Gesetzgeber in einer Weise offen, die an sich schon verfassungsrechtlich bedenklich ist[13]. Die Zwangsgenossenschaft übt die Fischereieigentumsrechte aus; der bisherige Einzeleigentümer kann in ihr ohne weiteres majorisiert werden[14] — allein hat er nichts mehr zu entscheiden. Ist nicht dies bereits Expropriation? Die qualifizierte Genossenschaftsmehrheit kann überdies den Genossenschaftswert der eingebrachten Rechte bestimmen[15] — liegt darin nicht eine weitere unbestimmte Enteignungsermächtigung? Das „Fischereisyndikat" legt nicht nur die Ausübung des Eigentumsrechts, sondern auch die Bestimmung seines Inhaltes in Kollektivhand.

b) Bodenrechtsexperten der SPD schlagen vor[16], „daß *jegliches Bodenrecht in regionale Fonds* eingebracht wird. Die bisherigen Eigentümer erhalten Fondsanteile im Werte der eingebrachten Grundstücke ... Entscheidend ist, daß die Eigentümer die Wertsubstanz ihres Eigentums in Form von verzinslichen und handelbaren Papieren behalten. An die Stelle des unmittelbaren Eigentums am je spezifischen Grundstück tritt Miteigentum an einem kollektiven Bodenfonds aller Grundeigentümer". Eine Enteignung liege darin nicht, weil die Eigentumssubstanz ja erhalten bleibe. Dies sei vergleichbar dem Übergang vom Einzelunternehmer zur Aktiengesellschaft, „deren Miteigentümer über die Produktionsmittel nicht unmittelbar verfügen können". Die Autoren halten also offenbar die Zwangsvergesellschaftung des gesamten gewerblichen Eigentums ebenfalls für zulässig.

---

[12] Vom 11.7.1972, GVBl. 1972, S. 226.

[13] § 24 Abs. 1: „Stellt eine Regelung nach den §§ 21 bis 23 eine Enteignung dar und entstehen dadurch einem Berechtigten Nachteile, so ist er zu entschädigen." Gegen die Verfassungsmäßigkeit des Gesetzes sind denn auch gewichtige Bedenken vorgebracht worden, vgl. *K. Vogel,* Rechtsgutachten zur Verfassungsmäßigkeit des Fischereigesetzes von NRW, 1972; *R. v. Schalburg,* Die Sozialbindung des Grundeigentums — dargestellt am Beispiel des NRW-Fischereigesetzes, Agrarrecht 1974, S. 1 ff.

[14] Die Stimmrechte und damit die Mehrheiten entsprechen schon gar nicht vollständig dem Wert der einzubringenden Rechte. So hat jeder Genosse mindestens eine Stimme (§ 27 Abs. 2).

[15] Die Genossenschaftsversammlung kann durch Zweidrittelmehrheit einen anderen Nutzungs- und Lastenmaßstab beschließen als den des Wertes der Fischereirechte, § 22 Abs. 2 Satz 2.

[16] *P. Conradi/H. Dieterich/V. Hauff,* Für ein soziales Bodenrecht, mit einem Vorwort von *L. Lauritzen,* damals BMin. für Wohnungsbau, 3. Aufl. 1973, insbes. S. 131 f. (132/133).

c) *Formen der paritätischen Mitbestimmung* sind, rechtsdogmatisch betrachtet, Eigentumszwangskartelle. Die bisherigen Miteigentümer (Aktionäre) werden durch Gesetzesbefehl mit der jeweiligen Arbeitnehmerschaft zu einer Verwaltungs- und Verfügungsgemeinschaft zusammengeschlossen. Hier wird nicht Einzeleigentum in Kollektiveigentum umgewandelt, sondern eine bestimmte Eigentümergemeinschaft, in welche die bisherigen Miteigentümer freiwillig eingetreten waren, in eine neue, größere zwangsweise umgeschaffen, was die Aktionäre beim Erwerb ihres Eigentums weder gewollt noch in Kauf genommen hatten. Der neue Mitbestimmungs-Zwangszusammenschluß wirkt sich nicht nur für gewisse Einzel- oder Randentscheidungen über das Eigentum aus (Betriebsratsmitbestimmung), sondern zentral für die „private Eigentumspolitik"[17]. Es geht hier allein darum, ob ein solcher Zwangszusammenschluß zur Mitbestimmung *an sich* und durch seine Kollektivierungswirkung enteignend wirkt — ganz unabhängig von den weiteren Problemen, ob er nicht etwa als eine Erscheinung sui generis der betrieblichen Beziehungen Kapital—Arbeit doch einer verfassungsrechtlichen Sonderbehandlung unterliegt und insoweit aus dem Enteignungsbegriff generell auszuscheiden hätte. Im Rahmen dieser Untersuchung kann also kein abschließendes Verfassungsurteil über paritätische Mitbestimmung gefällt werden, es geht allenfalls darum, ob sie einer speziellen Legitimation bedarf, welches sie aus einer Enteignungszone herausnimmt, in der sie sonst, eben als Zwangszusammenschluß, anzusiedeln wäre.

All diesen Fällen und vielen anderen ist eines gemeinsam: die Aufhebung der Einzelberechtigung, die Umwandlung in Kollektiveigentum. Gleichgültig ist dabei, ob und in welchen Formen *nach* dem Zwangszusammenschluß das bisherige Eigentum = der neue Miteigentumstitel aufgegeben, veräußert werden kann, ob dabei der frühere Wert erhalten bleibt, realisiert werden kann[18]. Ist dies nicht der Fall, so mag schon darin Enteignung liegen. Hier fragt es sich nur, ob *allein schon* der Zwangszusammenschluß expropriiert. Kein bisheriger (Allein-)Eigentümer darf darauf verwiesen werden, wenn ihm eine staatliche Maßnahme nicht passe, könne er ja verkaufen. Gerade zu diesem Akt der Eigentumsaufgabe kann ihn nie die Sozialbindung, sondern nur die Enteignung drängen. Sie allein verändert die Innehabungsgarantie des Gutes zur Wertgarantie. Veräußerungsmöglichkeit legitimiert nicht Zwangszusammenschluß.

---

[17] Zu diesem als wesentlichem Inhalt des Eigentums vgl. *W. Leisner,* Sozialbindung des Eigentums, S. 219 f.

[18] Was z.B. bei den Bodenrechtsfonds, vgl. oben b, wohl nicht der Fall wäre, weil sie zugleich zur Aufhebung des Bodenmarktes führen sollen.

4. Eigentumszwangssyndikat — ein Weg zu „ganz neuem Eigentum"

Sind Zwangszusammenschlüsse von Eigentum, Eigentümern als Sozialbindung entschädigungslos zulässig, so kann der einfache Gesetzgeber die gesamte Eigentumsordnung ohne Verfassungsrisiko vollständig verändern. Verschlossen ist ihm dann nur der Staatsmonopolkapitalismus in Regie. Vergenossenschaftlichen kann er in Körperschaften des öffentlichen Rechts sämtliche Eigentumsgüter, vom Boden bis zur Großindustrie. Die Rechtsform sichert die Staatsaufsicht, ja staatliche Mitwirkung; erhalten bleiben muß allenfalls ein Restbestand von Selbstverwaltung der früheren Eigentümer, der aber wohl durch die Einbeziehung „gesellschaftlich relevanter Kräfte" in die Verwaltung (Verbände, Gewerkschaften, Kirchen) zurückgedrängt werden könnte, überdies dadurch, daß die Selbstverwaltungsorgane den Genossenschaftswert und damit die Mitgliedschaftsrechte selbst bestimmen — Extrem-Beispiel: Zwangsvergenossenschaftlichung aller stahlverarbeitenden Betriebe, ein jeder erhält eine Stimme.

All dies ist möglich, wenn es *ein* Prinzip gibt: Zwangszusammenschlüsse von Eigentum sind als solche nicht verfassungswidrig. Mit Art. 14 GG wäre dann die totale Kollektivierung der Wirtschaft, die Kolchosenbildung in allen Bereichen vereinbar. Politisch mag dies abwegig klingen — rechtlich ist die Frage ernst, bisher noch gar nicht voll erkannt, geschweige denn überzeugend beantwortet.

II. Grundsätzliche Verfassungswidrigkeit von Eigentumszwangszusammenschlüssen

1. Eigentumszwangssyndikat als Enteignung

a) Nach allgemeinem Eigentumsrecht gilt: Der Totalentzug von Eigentum ist stets Expropriation[19]. Bei Zwangszusammenschlüssen ist daher zu unterscheiden:

– Die *Vollübertragung von Eigentumsgegenständen auf Fonds,* welche dafür nur Anteilsscheine ausgeben, ist nach allgemeinen Grundsätzen ein Enteignungsvorgang. Fondsbildung ist also nur bei öffentlichem Interesse an eben dieser Vermögensumbildung im Sinne eines „konkreten Unternehmens" überhaupt zulässig. Ob dann die Ausgabe von Fondsanteilsscheinen eine ausreichende Entschädigung darstellt, ist eine andere Frage. In der Regel wird sie zu verneinen sein, weil gerade durch diese Umbildung der

---

[19] Vgl. etwa BGH, MDR 1958, S. 493; BVerwG, DÖV 1969, S. 426; BayVerfGH n.F. Bd. 9, S. 14; OVG Rhld.-Pfalz, AS Bd. 3, S. 308; *H. Bender,* Sozialbindung des Eigentums und Enteignung, NJW 1965, S. 1297 ff.; *W. Bielenberg,* Verfassungsrechtliche Eigentumsgarantie und Sozialbindung im Städtebau ..., DVBl. 1971, S. 441/447.

Wert des zwangszusammengeschlossenen Eigentums, und damit auch der der Fondsanteile, entscheidend absinkt[20], eine solche Entschädigung unter Marktwert aber nur im Falle von speziellen abschöpfbaren Staatsleistungen möglich ist (vgl. oben I.1.a).

- *Die personenrechtlich geprägte Zwangsvergenossenschaftlichung von Eigentum* ist ebenso zu beurteilen, wenn die Eigentümerposition (quasi-)total mit anderen zusammengefaßt wird. Auch hier wechselt „der Rechtsträger des Eigentums"; darauf allein aber kommt es an.

- *Der zwangsweise Zusammenschluß hinsichtlich gewisser Besitz-, Verwaltungs-, Nutzungs-, Verfügungsrechte* von Eigentumsgegenständen steht dem insoweit gleich, als dadurch das Eigentumsrecht so schwerwiegend beeinträchtigt wird, daß eine Enteignung nach dem Schwerekriterium vorliegt, welches Enteignung und Sozialbindung abgrenzt. Dies läßt sich nur im Einzelfall entscheiden. Als „Eingriff", auf dessen Tiefe es ankommt, ist hier die Einflußmöglichkeit der Genossenschaft anzusehen. Die Tatsache, daß auf deren Willensbildung der Eigentümer *auch* einen, wenn selbst beschränkten, Einfluß hat, spielt keine Rolle, weil ein anderer Rechtsträger, eben die Genossenschaft, handelt. Anderes könnte nur dann gelten, wenn der zwangsweise Zusammenschluß als solcher gar nicht ohne weiteres enteignend wirkte. Hier liegen auch die eigentlichen Gefahren einer schrittweisen Aushöhlung des Eigentumsrechts: Nacheinander können die verschiedenen Ausstrahlungen des Eigentums[21] zwangsvergenossenschaftlicht werden, dies kann wiederum in stufenmäßig sich verstärkender Bindung erfolgen — wann ist die Enteignungsschwelle überschritten? Eine gewiß nicht leicht zu entscheidende Frage, die sich aber beim Zwangskartell genauso stellt wie bei jeder anderen Sozialbindung auch, die sich zur Enteignung steigert.

Aus den allgemeinen Grundsätzen des Enteignungsrechts läßt sich keine Privilegierung der Zwangszusammenschlüsse in dem Sinne ableiten, daß diese stets oder auch nur in der Regel als Sozialbindung entschädigungslos erfolgen dürften. Der Zusammenschluß ist zu behandeln wie jede andere Form

---

[20] Vor allem, wenn dadurch der private Markt ausgeschaltet werden soll, vgl. oben Anm. 10.

[21] Vgl. dazu *W. Geiger*, Zur Abgrenzung der Eigentumsbeschränkung vom Enteignungstatbestand, in: Grundeigentum, Inhalt und Schranken, Hefte d. Dt. Gesellsch. f. Agrarrecht, 1971, S. 28 f. — Unterscheidungen innerhalb des Eigentumsbegriffs dürfen jedoch nicht derart übersteigert werden, daß das einheitliche Eigentum sich in ein Bündel von heterogenen Rechten auflöst (vgl. dazu *Schulze/von Lassaulx*, AcP 151, S. 449 ff./454 [Bespr. des Sachenrechts-LB von *H. Westermann*]). Die Judikatur des BGH gibt hierfür keinen hinreichenden Anhalt, und auch das BVerfG spricht nur sehr generisch von „Herrschafts-, Nutzungs- und Verfügungsrechten", welche die Eigentumsgarantie sichere, BVerfGE 31, S. 229 (239).

der Eigentumsbeschränkung auch — er ist, je nach Schwere, Sozialbindung oder Enteignung.

b) Das Recht des Gesetzgebers, „*Inhalt und Schranken des Eigentums zu bestimmen*" (Art. 14 Abs. 1 Satz 2 GG), gibt nicht das Recht, beliebige Zwangszusammenschlüsse entschädigungslos anzuordnen. Der Gesetzgeber kann hiernach „neue Rechtsformen" schaffen und diese nach sachlichen Gesichtspunkten als „notwendiges Miteigentum" ausgestalten, wie etwa im Fall des Wohnungseigentums. Voll kann dies jedoch immer nur für die Zukunft wirken; eine neue Eigentumsbildungsform ist für bestehende Rechte irrelevant. Zwar darf der Gesetzgeber auch „in bereits begründete Rechte eingreifen und diesen einen neuen Inhalt geben, m.a.W., *unter Aufrechterhaltung des Zuordnungsverhältnisses* neue Befugnisse und Pflichten festlegen" (Bundesverfassungsgericht) (Hervorhebung vom Verf.)[22] — doch selbst in dieser wohl reformoffensten Äußerung zum Eigentum macht das Bundesverfassungsgericht die entscheidende Einschränkung, daß nicht „anders zugeordnet", also nicht „entzogen" werden darf. Dies gerade aber geschieht durch die Schaffung von zwangsweisem Miteigentum.

Jede *bisher anerkannte Eigentumsform* kann nur mit dem Inhalt geschützt werden, den sie ihrem Wesen nach haben kann. So ist es dem „in der Aktie verkörperten gesellschaftsrechtlichen Eigentum" eigentümlich, daß es gegen Mehrheitsbeschlüsse nicht gesichert ist[23] — aber nur gegen Entscheidungen gleichartiger Mehrheiten, solcher Aktienmehrheiten, die bereits grundsätzlich majoritätsberechtigt waren, als die Aktien erworben wurden. Derartige wesentliche Miteigentumsformen konnte der Gesetzgeber *früher* schaffen, die *jetzigen* Eigentümer haben sich freiwillig in das so gestaltete Eigentum mit seinen möglichen Majoritätschancen und Majoritätsbelastungen hineinbegeben, sie werden insoweit nicht expropriiert — anders aber dann, wenn ihre Mitgliedschaftsrechte mit *neuen*, bedeutenden, potentiell majoritätsbildenden Gegenrechten belastet, damit in *neue*, einschneidende Zwangsmiteigentumspositionen hineingezwungen werden (paritätische Mitbestimmung)[24]. Dies wirkt ebenso grundsätzlich enteignend wie die *zwangsweise* Umwandlung von Einzeleigentum zu Aktieneigentum.

Zwangskartellierung wird nicht durch die „Inhaltsbestimmung des Eigentums" gedeckt.

---

[22] BVerfGE 31, S. 275 (285).

[23] BVerfGE 14, S. 263 (278).

[24] Zur Problematik „Mitbestimmung als Zwangsorganisation" vgl. m.N. *Pernthaler*, Qualifizierte Mitbestimmung und Verfassungsrecht, 1972, S. 118 f.

2. Zwangszusammenschlüsse und Sozialisierung — Weimarer Vorbilder

a) Zwangsweise Eigentumszusammenschlüsse kommen als Formen der Sozialisierung (Art. 15 GG) in Betracht[25]. Sie können insoweit – bei den sozialisierungsfähigen Wirtschaftsgütern – auch auf den Vertrieb beschränkt werden[26], stets muß jedoch dabei grundsätzlich volle Entschädigung gewährt werden — damit scheidet die sozialisierende Eigentumszwangssyndizierung als großes Neuordnungsinstrument heute praktisch aus.

Aus der Erfassung des Eigentumszwangszusammenschlusses als Sozialisierung folgt zwingend, daß diese Formen zwangsweiser Miteigentumsschaffung grundsätzlich *nicht als Sozialbindung gelten können.*

b) Dies bestätigt ein Blick auf *Weimarer Vorgänger,* welche bei heutigen Versuchen wohl nicht selten zum Vorbild genommen werden. Die Weimarer Verfassung unterschied in Art. 156 zwischen Sozialisierung (Abs. 1) und anderen, schwächeren Formen der Vergesellschaftung (Abs. 2). Erstere führten zu (voller) Entschädigungspflicht, letztere dagegen nicht (Kohle-, Kalisyndikat[27]). Dies wurde gelegentlich damit gerechtfertigt, daß ja „das Eigentum unangetastet" bleibe[28], eine schon nach damaligem Eigentumsrecht in dieser Allgemeinheit kaum haltbare Begründung, die sich aber aus der in jener Zeit noch unvollkommenen dogmatischen Ausbildung der Begriffe „Sozialpflichtigkeit" und „enteignender Eingriff" versteht. Im übrigen ist es in der Weimarer Zeit hier nie „zum Treffen gekommen", weil in letzter Minute stets freiwillige Zusammenschlüsse erfolgten[29].

---

[25] So *F. Klein,* Eigentumsbindung, Enteignung, Sozialisierung und Gemeinwirtschaft im Sinne des BGG 1972, S. 22 f.; *P. Badura,* Das Verwaltungsmonopol, 1963, S. 141, beide m.N.

[26] *A.A. Hamann/Lenz,* GG, 3. Aufl. 1970, Art. 15, 5, die eine auf den Vertrieb beschränkte Sozialisierung, ein „Zwangssyndikat im klassischen Sinn" nicht zulassen wollen. Dem steht immerhin entgegen, daß der Gesetzgeber diese Betriebe auch „voll" sozialisieren könnte (also: qui potest plus ...) und durch diese Ansicht stets zum schärfsten Mittel gezwungen würde; vor allem aber, daß dann selbst dieses stumpf bliebe, weil das „gemeinschaftlich Erwirtschaftete" nicht in Formen der Gemeinwirtschaft vertrieben werden dürfte. Richtig dagegen ist, daß der tertiäre Bereich als solcher nicht sozialisiert werden darf.

[27] Dazu u.a. *O. Bühler,* Die Reichsverfassung, Berlin 1929, S. 157; *L. Gebhard,* Handkomm. zur Verf. d. Dt. Reiches, Berlin 1932, S. 549; *Friedlaender,* in: Die Grundrechte und Grundpflichten der RV, III, 1930, S. 336 f.; *Freytagh/Loringhoven,* Weimarer Verf. in Lehre und Wirklichkeit, 1924, S. 368 f.; *E. Tatarin-Tarnheyden,* Die Berufsstände, Berlin 1922, S. 74 f.; *P. Gieseke,* Die Rechtsverhältnisse der gemeinwirtschaftlichen Organisation, Jena 1922, S. 9 f., sämtliche mit Einzelheiten zu den (Selbstverwaltungs-)Organisationen von Kali, Kohle, Eisen usw.

[28] *Freytagh/Loringhoven,* a.a.O., S. 371.

[29] *Friedlaender,* a.a.O., S. 344.

Entscheidend ist aber, daß schon damals Zwangszusammenschlüsse eindeutig als Formen der Sozialisierung anerkannt waren[30] — schwächer wohl als die eigentumsübertragende Vollsozialisierung, aber doch als eine Stufe der Vergesellschaftung, nicht als immanente Sozialpflichtigkeit des Eigentums.

Art. 15 GG hat eine dem Art. 156 Abs. 2 WRV entsprechende Vorschrift über entschädigungslose Zwangssyndizierung nicht übernommen, er kennt nur *einen* Begriff der „Sozialisierung", die ebenso Entschädigungsfolgen auslöst wie die Enteignung. Daraus ergibt sich, daß Grundrechtsbeschränkungen nicht zu vermuten sind, daß das Grundgesetz nur mehr die Form der „Voll-Vergesellschaftung" kennt, für andere Stufen der Sozialisierung aber die Entschädigungsfolge nicht ausgeschossen hat. Da dies in der Weimarer Verfassung noch ausdrücklich geschehen ist, andernfalls auch schon damals wohl als Sozialisierung zur Entschädigung geführt hätte, gibt es nur einen Schluß: Das Grundgesetz kennt keine Privilegien für Syndikatsformen; diese sind nach allgemeinen Grundsätzen, bei bedeutender Eingriffsschwere als Enteignung oder als Sozialisierung zu behandeln.

III. Der „Wandel des Eigentumsbegriffs" und die Zwangszusammenschlüsse

Neuerdings ist von einem „Wandel der Auffassung vom Eigentum" die Rede[31]. Könnte ein solcher, insbesondere in der Judikatur, die Zwangszusammenschlüsse als Sozialbindungen legitimieren?

1. BVerfG und Eigentum

a) Das Bundesverfassungsgericht hat stets das Recht des Gesetzgebers anerkannt, die Eigentumsordnung auszugestalten, sich dabei allerdings regelmäßig nicht so sehr auf die Sozialbindungskompetenz (Art. 14 Abs. 2 GG) als vielmehr auf Art. 14 Abs. 1 Satz 2 GG berufen, nach dem „Inhalt und

[30] *Bühler,* a.a.O.; grdl. *J.W. Hedemann,* Sachenrecht des BGB, Berlin 1924, S. 24 f., der unter der Überschrift „Stufen der Sozialisierung" unterscheidet: Öffentlich kontrollierte Selbstverwaltung (unterste Stufe); gemischtwirtschaftliche Unternehmen (2. Stufe); Gemeineigentum (oberste Stufe). Im folgenden diskutiert *Hedemann* ausführlich die Möglichkeit, die Sozialpflichtigkeit in den Eigentumsbegriff selbst aufzunehmen (S. 27 f.), unterscheidet sie jedoch deutlich von den „von außen kommenden" Formen der sozialisierenden Eingriffe, darunter auch dem Zwangssyndikat, das also ersichtlich nicht als solches schon als Form immanenter Sozialbindung erscheint.

[31] Dazu für viele *H. Sendler,* Zum Wandel der Auffassung vom Eigentum, DÖV 1974, S. 73 f. m.N.

Schranken des Eigentums" durch Gesetz bestimmt werden[32]. Größere Reformen dürften demnach mehr durch „Inhaltsbestimmung" „von innen" als durch eine verstärkte Sozialbindung „von außen" erfolgen. Das stünde allerdings der Möglichkeit normativer Zwangszusammenschlüsse nicht entgegen, weil diese ja gerade als Inhaltsbestimmung gedeutet werden könnten und der Gesetzgeber überdies dabei auch in bestehende Positionen eingreifen dürfte[33].

Nun dürfen aber gerade diese Entscheidungen nicht überinterpretiert werden, die sich am weitesten in Richtung auf ein „ganz offenes Eigentum" bewegen: Sie sind zum Urhebereigentum ergangen, einem Gut, das ganz wesentlich der gesetzgeberischen Ausgestaltung bedarf, das es ohne legislative Festlegung „gar nicht gibt", bei dem Faktizität, Situationsgebundenheit kaum eine Rolle spielen. Selbst hier aber hat das Bundesverfassungsgericht immer wieder nachdrücklich die Grenze aufgezeigt: Der *„grundlegende Gehalt der Eigentumsgarantie"* ist zu achten.

b) Dieser verfassungsrechtlich geschützte Kern des Eigentums beinhaltet auch das Recht, nicht umfassend mit anderen zu einem Eigentumszwangssyndikat zusammengeschlossen zu werden. Gerade für die Patentrechte, die in besonderer Weise der gesetzgeberischen Ausgestaltung bedürfen, hat das Bundesverfassungsgericht in neuester Zeit den Ausschlußcharakter des Eigentums betont[34], das eben dazu berechtige, „alle anderen von der Benutzung der Erfindung auszuschließen". Betont wird die „sichernde und abwehrende Bedeutung der Eigentumsgarantie", welche „Herrschaftsrechte" verleihe[35]. Neuerdings wird immer mehr die Legitimation durch die „persönliche Leistung" in den Mittelpunkt gestellt[36], kaum irgendwo tritt eindeutiger „der einzelne" dem Staat gegenüber. Ein so starkes Persönlichkeitsethos aber würde durch Zwangskollektivierung auf breiter Front sicher gebrochen. Schließlich sieht das Bundesverfassungsgericht die „Aufgabe des Eigentums im Gefüge der Grundrechte" darin, dem Grundrechtsträger einen Freiheitsraum im vermögensrechtlichen Bereich sicherzustellen und ihm damit eine *eigenverantwortliche* Gestaltung des Lebens zu ermöglichen. Die Gewährleistung des Eigentums ergänzt insoweit die Handlungs- und Gestaltungsfreiheit[37] (Hervorh. vom Verf.). Deutlicher kann der *individuelle* Kern des Eigentums kaum umschrieben werden, mit dem Zwangszusammenschlüsse grundsätzlich unvereinbar sind: Was wäre das für eine Freiheit, für eine Eigenverantwortung, die

---

[32] BVerfGE 30, S. 292 (235); 31, S. 229 (240).

[33] BVerfGE 31, S. 229 (240).

[34] BVerfGE 36, S. 281 (291).

[35] BVerfGE 31, S. 229 (239).

[36] A.a.O.; vgl. auch die grundsätzlicheren Unterscheidungs- und Abstufungsversuche in BVerfGE 32, S. 111 (142/143).

[37] BVerfGE 30, S. 292 (334) m.N. zu früheren Urteilen des Gerichts.

stets nur in voller Bindung an viele andere auszuüben wäre? Diese Grundlage der Staatlichkeit der Bundesrepublik Deutschland verlöre jeden Sinn.

Das BVerfG hat also gerade in neuesten Entscheidungen keinen Wandel des Eigentumsbegriffs im Sinne der Kollektivierung erkennen lassen. Es hält überdies daran fest, daß dieses Grundrecht so geschützt ist, wie das bürgerliche Recht und die gesellschaftlichen Anschauungen es geformt haben[38]. Eine kollektivierende Veränderung der gesellschaftlichen Anschauungen zeigt die Judikatur, wie dargelegt, nicht. Das bürgerliche Recht sieht jedoch, nach wie vor, das Eigentum als Ausschlußrecht.

2. Das bürgerlichrechtliche Eigentum als „Recht, andere auszuschließen"

Zum Wesen des bürgerlichrechtlichen Eigentums gehört es, daß der Berechtigte „andere von jeder Einwirkung ausschließen kann" (§ 903 BGB). Diese Betonung der Ausschließlichkeit findet sich schon in den Materialien[39], ohne daß man dabei auf die *Savignyschen* Vorstellungen von dem „der Idee nach unbeschränkten Eigentum" zurückgreifen müßte[40]. Problematisch war die Ausschließlichkeit stets nur unter einem technisch-zivilistischen Gesichtspunkt: Wie sie mit „anderen Rechten", insbesondere den beschränkten dinglichen Rechten vereinbart werden könne — hier sollte das BGB die Vermutung der Unbeschränktheit bringen[41]. Überlegungen zu einer Kollektivierung wurden überhaupt nicht angestellt, ein Obereigentum deutlich abgelehnt, das ja Zwangszusammenschlüsse u.u. legitimieren könnte. Die Fixierung dieses Eigentumsinhalts im BGB erfolgte übrigens ausdrücklich im Hinblick auf die „grundlegende Bedeutung des Eigentums für die gesamte Staats- und Gesellschaftsordnung"[42].

Die grundlegende Bedeutung der „Ausschließlichkeit" des individuellen Eigentumsrechts wird auch heute im Zivilrecht stark betont: „Den Charakter als Recht erhält das Eigentum nicht etwa durch die positive Befugnis, mit der Sache nach Belieben zu verfahren ..., sondern durch die negative Ausschließungsbefugnis[43]." Mit „liberalistischem Denken" hat das nichts zu tun[44]. Es

---

[38] BVerfGE 1, S. 264 (278 f.), st. Rspr. zu den „Konstitutivelementen des Eigentums".

[39] Vgl. Motive zum Entw. BGB, III (Sachenrecht), Berlin/Leipzig 1888, S. 262/263; Protokolle III, hrsg. von *Achilles/Gebhard/Spahn*, Berlin 1899, S. 118 f.; siehe auch *B. Mugdan*, Die gesammelten Materialien zum BGB, III, Berlin 1899, S. 145.

[40] Dazu die Klarstellung bei *H. Paulick*, Zur Dogmatik des Wohnungseigentums, AcP 152, S. 420 (428/429).

[41] Vgl. Motive, a.a.O.

[42] Protokolle, a.a.O., S. 119.

[43] *Staudinger*, III/1, 11. Aufl. 1956, S. 378; vgl. auch *Soergel/Siebert*, 10. Aufl. 1968, S. 173.

trifft auch nicht zu, daß im Zivilrecht „nach heute vordringender Überzeugung die Beschränkung des Eigentums einen seiner Freiheit gleichwertigen Bestandteil des Eigentumsbegriffs bildet“[45]. Es mag dahinstehen, ob dies mit dem GG vereinbar wäre, das „Inhalt“ und „Schranken“ des Eigentums unterscheidet (Art. 14 Abs. 1 Satz 2). Allenfalls könnte dies in dem allgemeinen Sinn zutreffen, daß diejenigen Beschränkungen zum Eigentumsbegriff gehören, die sich aus dem herkömmlichen Wesen der bürgerlichen Rechtsordnung ergeben (beschränkte dingliche Rechte, situationsbedingte Sozialbindung u.ä.m.). Dazu gehört Eigentumszwangszusammenschluß nicht. Wer jede mögliche Beschränkung schon in den Inhalt des Eigentums aufnimmt, entwertet ihn völlig[46] — damit aber auch die Konstitutivelementlehre des BVerfG.

Die „Ausschließlichkeit“ bildet also nach wie vor ein Wesenselement des bürgerlichrechtlichen, damit aber auch des verfassungsgeschützten Eigentums. Tiefgreifende Eigentumszwangszusammenschlüsse sind daher grundsätzlich Enteignung.

IV. Rechtfertigung des Eigentumszwangssyndikats durch eine „Tradition von Eigentumszwangszusammenschlüssen?“

Der Tradition kommt im Recht der Eigentumsbeschränkungen große Bedeutung zu[47]. Als zulässig anerkannte Zwangszusammenschlüsse könnten Analogiebrücken zu einer allgemeinen Zulässigkeit des Eigentumszwangssyndikats als Sozialbindung tragen. Bei näherem Zusehen zeigt sich aber, daß

---

[44] Wie *Palandt/Hoche*, 33. Aufl. 1974, § 903 1, meinen. Der Kommentar übernimmt damit übrigens seine Kommentierung aus der NS-Zeit, mit einem für diese Periode typischen Ausdruck, der wohl der Überprüfung bedarf. Damals (vgl. etwa 4. Aufl. 1941) wurde anschließend festgestellt, diese „liberalistische“ Konzeption sei überholt, weil „Gemeinnutz vor Eigennutz“ gehe. In dieser Allgemeinheit kann davon heute keine Rede mehr sein. — Vgl. auch die zutr. Kritik bei *Staudinger*, a.a.O.

[45] Der von *Palandt/Hoche* zitierte Aufsatz von *J.M. Sontis*, Strukturelle Betrachtungen zum Eigentumsbegriff, Festschrift für Larenz, München 1973, S. 981 (983), bringt gerade diese Aussage *nicht*, sondern stellt im Gegenteil zutreffend fest, daß der „Sturm des Angriffs“ gegen den § 903, der in der NS-Zeit seinen Höhepunkt erreicht habe, sich im Zivilrecht „ziemlich gelegt zu haben“ scheine und (S. 982) daß selbst erfahrene und bewährte „Dogmatiker“ nicht leicht davon zu überzeugen seien, daß der Gesetzesvorbehalt in § 903 BGB einen „der Freiheit des Eigentümers gleichwertigen Bestandteil des Eigentumsbegriffs“ bilde (S. 983).

[46] Das „Fallenlassen des zivilrechtlichen Eigentumsbegriffs“ mochte nach der Räterevolution „in der Luft liegen“; doch schon damals wurde klar erkannt, daß man dann in Sozialisierung enden müsse, vgl. dazu *J.W. Hedemann* (Fn. 30), S. 28 f. Von dort aus führen übrigens klare Entwicklungslinien zur NS-Zeit, wie noch andernorts nachzuweisen sein wird.

[47] Dazu *W. Leisner*, Sozialbindung des Eigentums, S. 209 f.

derartige Erscheinungen entweder überhaupt nicht oder nur unter besonderen Voraussetzungen und sehr beschränkt analogiefähig sind.

1. Nicht analogiefähige Zwangszusammenschlüsse

a) Als Rechtfertigung für die Zulässigkeit von Eigentumszwangssyndikaten scheiden einige Zusammenschlüsse von vornherein aus, weil sie nicht in bestehende Eigentumspositionen eingreifen, sondern nur für die Zukunft neue oder fortentwickelte Eigentumsformen bringen (sollen); dies gilt insbesondere in folgenden Fällen:

- Das *Wohnungseigentumsgesetz* bringt eine Eigentümer-Zwangsgemeinschaft. Doch niemand wurde gezwungen, derartiges Miteigentum zu erwerben, eine Zwangsumwandlung erfolgte nicht. Die Vergemeinschaftung ist hier überdies nach der Natur der Sache zwingend erforderlich[48]. Bezeichnend ist übrigens, daß auch hier Alleineigentum soweit wie möglich erhalten werden sollte[49]. Und so ernst nahm man bei Einführung dieser Kollektivform das Alleineigentum als Konstitutivelement des Eigentums, daß die Frage laut wurde, ob nicht ein neuer Eigentumsbegriff geschaffen worden sei[50].

- Eine *Fondsschaffung zur Vermögensbildung der Arbeitnehmer* greift nicht als solche, sondern nur dann in bestehende Eigentumsrechte ein, wenn der Eigentumsschutz der Altaktionäre durch die Ausgabe von Belegschaftsaktien berührt wird, welche von den Fonds verwaltet werden, die Altaktionäre mit diesen also sozusagen „zwangsweise zusammengeschlossen werden". Dagegen sind denn auch, wie gegen den Zwangszusammenschluß durch Mitbestimmung, verfassungsrechtliche Bedenken erhoben worden[51].

---

[48] Überzeugend *H. Paulick* (Fn. 40), S. 429/430; *Weitnauer*, Das WEG, JZ 1951, S. 161 (162).

[49] *Weitnauer*, a.a.O., S. 163; von einem „Zuwachs an realer Herrschaftsmacht" spricht *F. Riedel*, Miteigentum am Wohnungseigentum, JZ 1951, S. 625.

[50] Vgl. die eindringlichen Ausführungen von *J. Bärmann*, Zur Dogmatik des gemeinen Raumeigentums, AcP 155 (1956), S. 1 (10 f.). Sie dazu auch *Wesenberg*, DRiZ 1951, S. 123 f.

[51] Dazu *K.M. Meessen*, Vermögensbildungspläne und Eigentumsgarantie, DÖV 1973, S. 812 f.; *R. Scholz*, Arbeitnehmerische Vermögensbildung durch fondskonzentrierte Gewinn- und Unternehmensbeteiligung?, RdA 1973, S. 65 (67), der vor allem auf die „tatsächliche Umverteilung" von Eigentum hinweist, welche die Folge wäre. Überblick über die Vermögensbildungsmodelle und ihre bisherige rechtliche Beurteilung bei *F. Klein*, Vermögensbildung und Eigentumsgarantie, Karlsruhe 1974.

– Die Einbringung von Grundstücken, die aus bauplanerischen Gründen ent eignet wurden, in *Immobilienfonds*[52] beeinträchtigt keine Eigentumsrechte, weil diese bereits vorher im Wege der Enteignung entzogen wurden. Sollen allerdings solche Fondszertifikate als Entschädigung gewährt werden, so ist fraglich, ob damit voller Wertersatz stattfindet, in der Regel wird dies nicht der Fall sein (dazu oben I.3. a.E.). Wird enteignet und (voll) entschädigt, werden später also denselben Eigentümern ihrem früheren Gut entsprechende Fondsanteile angeboten, so liegt eine Sozialisierung vor, denn die Entwehrung sollte nur zur vergesellschafteten Verwaltung und Nutzung führen. Das hier behandelte Problem tritt in keinem dieser Fälle auf, weil keine „Fondsbildung im Namen der Sozialbindung" erfolgt, vielmehr enteignet (sozialisiert) wird.

b) Die *Flurbereinigung* scheidet als Analogiefall aus: Zwar wird dabei in der Regel eine Eigentümerzwangsgemeinschaft, die „Teilnehmergemeinschaft" als Körperschaft des öffentlichen Rechts geschaffen[53], und zwar auch gegen den Willen der Beteiligten[54]. Dieser Minoritätenzwang berücksichtigt nur ihr „objektives", nicht ihr „subjektives" Interesse an besserer Bewirtschaftungsmöglichkeit[55]. Die Flurbereinigung wird jedoch von der h. Rspr. überhaupt nicht als Enteignung angesehen[56], weil sie den wohlverstandenen *Eigentumsinteressen* der Betroffenen diene und auch der *Kontinuität* des Eigentums, das ja durch den Zwangsumtausch nur melioriert werden solle. Dagegen mögen Bedenken bestehen, wenn im Einzelfall ein Nutzen gar nicht zu erwarten ist[57]. Dennoch läßt sich die Teilnehmer-Zwangsgemeinschaft der Umlegung nicht zur Legitimierung anderer Zwangszusammenschlüsse einsetzen, weil sie eine vorübergehende Stufe in einem Prozeß der Eigentumsverbesserung darstellt; sie soll zu besserem Individualeigentum, nicht zu Kollektiveigentum führen[58].

---

[52] Vgl. § 25 Abs. 5 Städtebauförderungsgesetz; ähnlich § 98 Abs. 3 Z. 4 des Regierungsentwurfs 1973 zur Novellierung des BBauG.

[53] Einzelheiten zur Entwicklung und zum geltenden Recht bei *R. Steuer,* FlurberG, Komm. 1956, §§ 16 ff.

[54] BVerwG, RdL 1968, S. 164; HessVGH, in: HessVG-Rspr. zu § 4 FlurberG.

[55] BVerwG, a.a.O.

[56] Grdl. BVerwGE 1, S. 225 (226 f.) m.N. zum Meinungsstand; Überblicke über die Rspr. bei *Seehusen,* Die Flurbereinigung in der höchstrichterlichen Rspr., RdL 1960, S. 169 ff.; *ders.,* Zum Wesen der modernen Flurbereinigung, RdL 1966, S. 141 ff., der vor allem (S. 142) auf die Judikatur des BGH hinweist, der hier die „Idee der ungebrochenen Fortsetzung des Eigentums an einem verwandelten Grundstück" achtet. — Der BayVerfGH sieht dagegen im FlurberG ein Enteignungsgesetz, VerfGH n.F. Bd. 5, S. 225 ff. / 235 f.; VerfGH, BayVBl. 190, S. 23.

[57] VGH Baden-Württ., RdL 1972, S. 127 (128 / 129).

[58] Die Unterschiede kommen deutlich heraus bei *Meessen* (Fn. 51), S. 814.

2. Berufszwangsgenossenschaften und Eigentumszwangszusammenschlüsse

Der Zwangszusammenschluß Berufstätiger zu (öffentlich-rechtlichen) Berufsgenossenschaften ist verfassungsrechtlich nicht zu beanstanden[59]. Daraus könnte geschlossen werden, wenn Freiheitsrechte aus Art. 12 GG kollektiviert werden könnten, so dürfe dies auch mit Eigentumsrechten nach Art. 14 geschehen. Dieser Schluß trägt jedoch nicht:

- Die Berufszwangsgenossenschaften sind vom Bundesverfassungsgericht stets besonders gerechtfertigt worden aus der Eigenart sozialer Gruppen[60], aus den öffentlichen Aufgaben dieser Zusammenschlüsse sowie aus der Rechtstradition[61]. Für neu zu schaffende Eigentumszwangssyndikate könnte dies allgemein kaum in vergleichbarer Weise in Anspruch genommen werden, insbesondere nicht das Herkommen.
- Der berufsrechtliche Zwangszusammenschluß berührt zwar die Berufsausübung, jedoch meist nur sehr am Rande. Er erlegt Pflichten auf, die sich als Berufsausübungsregelungen deuten lassen und insoweit grundsätzlich der Sozialbindung des Eigentums entsprechend hinzunehmen sind. Gegen entsprechende „Randberührungen" wäre auch beim Eigentumsgrundrecht nichts einzuwenden. Bei den Eigentumszwangsgenossenschaften besteht jedoch keine vergleichbare wesentliche Begrenzung der Eingriffstiefe — ganz umgekehrt: In der Regel wird hier in den Verfügungs-, Nutzungs-, Verwaltungskern dieser Rechte eingegriffen. Schon deshalb ist das Recht der Berufszwangsgenossenschaften hier nicht analogiefähig.
- Das Bundesverfassungsgericht hat bei den Berufszwangsgenossenschaften gelegentlich auch geprüft, ob durch sie das Eigentumsrecht der Zwangsmitglieder (etwa an ihrer Berufsstellung, ihrem Betrieb) beeinträchtigt sei. Es hat dies regelmäßig mit der Begründung abgelehnt, der Eingriff sei zuwenig belastend[62]. Daraus ergibt sich klar: Eigentumszwangsverbände *sind* grundsätzlich nach Art. 14 GG zu beurteilen, wenn dies schon bei eigentumsrechtlichen Nebenfolgen berufsrechtlicher Zwangsverbandlichung zu geschehen hat. Zulässig sind sie jedoch *nur* bei nicht zu belastender Eingriffstiefe.

---

[59] Für gewerbliche Betriebe BVerfGE 15, S. 235 (239); für Handwerker BVerfGE 32, S. 54 (64).

[60] BVerfGE 13, S. 97 (110).

[61] BVerfGE 32, S. 54 (65).

[62] BVerfGE 14, S. 221 (241); BVerfGE 36, S. 383 (400).

3. Bodenrechtliche Zwangsverbände

Eigentumszwangsverbände gibt es traditionell in verschiedenen Bereichen des Bodenrechts. Ihre Zulässigkeit ergibt sich aus den Besonderheiten dieser Bereiche, sie legitimiert nicht allgemein das Zwangssyndikat.

a) Im *Jagdrecht* bilden weithin die Jagdberechtigten eines gemeinschaftlichen Jagdbezirkes eine Jagdgenossenschaft des öffentlichen Rechts[63]. Die Eigentumsfrage ist hier, soweit ersichtlich, nie gestellt worden — mit Recht: Die Notwendigkeit des Zusammenschlusses ergibt sich daraus, daß andere Kleinparzellen gar nicht ordnungsgemäß forstlich zu verwalten und zu nutzen wären.

b) *Fischereirechtliche Zwangsgenossenschaften* sind ebenfalls seit vielen Jahrzehnten im Landesrecht vorgesehen — bisher aber stets nur, wenn dies zur Nutzung und Verwaltung der Rechte unbedingt erforderlich ist und den Eigentümern einen wesentlichen wirtschaftlichen Nutzen bringt[64]. Diese Voraussetzungen sind im neuen Fischereigesetz von Nordrhein-Westfalen (vgl. oben I.3.a)) fallengelassen worden — ein entscheidender Unterschied!

c) Das *Wasserverbandsrecht* läßt die Zwangsgründung auch gegen den Willen der Minderheit, ja aller Mitglieder[65] zu (1. WassVerbVO vom 3.9.1937, §§ 152 f., 166). Dagegen sind Bedenken erhoben worden; in der Regel könne nur aufgrund eines Mehrheitsbeschlusses gegründet werden. Wie dem auch sei — auch das hier weitgehende Wasserverbandsrecht begrenzt die Zwangsgründung durch sehr restriktive Voraussetzungen: Die Aufgaben der Verbände sind genau umschrieben, sie greifen in das Eigentum ein, wirken aber nicht entwehrend (vgl. § 2 WassVerbVO); zum Verband kann überhaupt nur gezogen werden, wer davon objektiven Vorteil hat, der auch darin bestehen kann, daß ihm Lasten abgenommen werden (§ 153 WassVerbVO). Schließlich ist die so gesicherte Wasserwirtschaft eine konkrete, traditionelle öffentliche Aufgabe von besonderer Wichtigkeit.

Faßt man also das Bodenverbandsrecht im weiteren Sinn zusammen, so erscheinen Zwangszusammenschlüsse nur legitim, wenn sie entweder zur Bewirtschaftung erforderlich sind oder sonst den Eigentümern Vorteile bringen und zugleich konkrete, traditionelle, besonders wichtige öffentliche Aufgaben erfüllt werden.

---

[63] Vgl. dazu u.a. altes BayJagdG von 1850, erläutert von *G. Pollwein*, 9. Aufl. 1914, S. 1 f., mit geschichtlichem Rückblick; das RJagdG vom 3.7.1934, erläutert von *E. Klotz*, Karlsruhe 1936, insbes. § 10; das BayJagdG vom 15.12.1949, Art. 8.

[64] Typisch etwa das BayFischG, Art. 38.

[65] Dazu *C. Dornheim*, Das Recht der Wasser- und Bodenverbände, Berlin 1960, S. 31; *Bochalli*, Das Wasser- und Bodenverbandsrecht, 3. Aufl., Köln 1966, S. 45.

4. Das Erftverbandsurteil

Zentral hat sich das Bundesverfassungsgericht mit dem Eigentumszwangssyndikat nur im Erfturteil befaßt[66]. Es hat dort nicht etwa Zwangszusammenschlüsse generell legitimiert, ihnen vielmehr eindeutige Grenzen gezogen. Sie ergeben sich nach dem Gericht nicht aus Art. 9 GG, sondern aus Art. 2 Abs. 1 GG, der zeigt, daß eine solche Zwangsmitgliedschaft nur im Rahmen der verfassungsmäßigen Ordnung möglich ist. Danach dürfen öffentlich-rechtliche Verbände nur gegründet werden, um *legitime* öffentliche Aufgaben wahrnehmen zu lassen. Ob dies der Fall ist, prüft das Bundesverfassungsgericht in vollem Umfang nach und bejaht es für den Fall der Wasserwirtschaft im Erftgebiet. In der Wahl der Rechtsform (Zwangsverband oder Behördenorganisation) läßt es dem Gesetzgeber Gestaltungsspielraum.

Damit steht fest, daß jedenfalls in öffentlich-rechtlicher Form Eigentumszwangszusammenschlüsse nur zur Erfüllung *öffentlicher Aufgaben* geschaffen werden dürfen. Solche liegen weder in der Bewirtschaftung von Fischereirechten (allenfalls in der „Fischereipolizei") noch in der „Grundstückswirtschaft" als solcher, noch in der Gestaltung der Unternehmenspolitik (Mitbestimmung). In den drei Ausgangsbeispielen (oben I.3.) liegt insoweit Verfassungsverstoß vor.

Bedauerlich bleibt, daß das Bundesverfassungsgericht im Erfturteil keine Gelegenheit hatte, auf die Eigentumsproblematik einzugehen. So ist damit die Frage „Eigentumszwangssyndikat" nur zum Teil beantwortet.

V. Ergebnis — Schlußbetrachtung

Zusammenfassend ist festzustellen: Zwangszusammenschlüsse von Eigentümern sind Eingriffe in das Eigentum. Zu dessen Konstitutivelementen gehört das Recht, andere vom (Mit-)Gebrauch ausschließen zu können. Das Eigentumszwangssyndikat ist ebenso zu beurteilen wie andere Eigentumseingriffe auch. Sozialbindung ist es, wenn es Besitz-, Verwaltungs-, Nutzungs-, Verfügungsbefugnis nicht *schwerwiegend* einschränkt; zur entschädigungspflichtigen Enteignung wird es, wenn die Kollektivbindung wichtige Bereiche des Rechts der Alleinentscheidung des bisherigen Eigentümers entzieht. Eine Vermutung dahin, daß Zwangszusammenschlüsse von Eigentümern stets nur Sozialbindung darstellen, gibt es nicht.

---

[66] BVerfGE 10, S. 89 (102 f.); vor der (alleinigen) Verwendung des Kriteriums der „legitimen öffentlichen Aufgabe" warnt allerdings mit Recht *R. Scholz*, Koalitionsfreiheit als Verfassungsproblem, München 1971, S. 273/274.

Enteignung liegt stets vor bei Übertragung des Rechts auf einen anderen Rechtsträger (Fonds, Genossenschaft). Im übrigen kommt es darauf an, ob der Zwangszusammenschluß den (objektiven) Interessen der Eigentümer dient, ob er zur Bewirtschaftung des Gutes zwingend erforderlich ist, ob er dem Herkommen entspricht und, vor allem, ob er zur Erfüllung einer legitimen öffentlichen Aufgabe erfolgt. In diesen Fällen kann es – unter Abwägung gegenüber der Eingriffstiefe – bei Sozialbindung bewenden.

Eigentumszwangssyndikate sind bisher Randerscheinungen; so wird es bleiben, solange nicht Versuche großangelegter Veränderung der Eigentumsordnung erfolgen. Dann allerdings bietet sich vor allem diese Rechtsform an: Sie erscheint als eigentumsfreundlich, weil sie zwar das Gut nimmt, aber doch noch eine Genossenstellung beläßt; sie zeigt sich als demokratisch, weil sie Abwehrrecht in Mitwirkungsrecht verwandelt; und sie gibt sich ungefährlich für die Freiheit, weil nicht „der Staat“ profitiert, sondern die „Gesellschaft“, andere Bürger. Damit wirkt das Eigentumszwangssyndikat verschleiernd wie so mancher andere Sprachgebrauch, der statt „Staat“ „Allgemeinheit“ sagt, statt „obrigkeitlichem Zwang“ „Gemeinschaftsbindung“. Doch damit ändert sich nichts: Die staatsgelenkte Gesellschaft ist für den freien Bürger gefährlicher als der offen zugreifende „nackte Staat“. Und im Eigentumszwangssyndikat sollte sich nicht so sozialisierende Staatsgewalt in gesellschaftlicher Solidarisierung verhüllen können. Aufgabe der Dogmatik des öffentlichen Rechts war es stets, Staatsgewalt zu entzaubern — auf daß sie sich in all ihren Formen der Verfassung und dem Recht stelle.

Teil V

Sozialbindung und Eigentum

Sozialbindung des Eigentums nach privatem und öffentlichem Recht*

Privates Nachbarrecht als Hilfsmittel zur Bestimmung der „Enteignungsschwelle“

Der Aufsatz hat die Abgrenzung zwischen entschädigungsloser Sozialbindung und entschädigungspflichtiger Enteignung zum Gegenstand. Der Autor unternimmt den Versuch, das dem bürgerlichen Recht zugehörige Nachbarrecht als Hilfsmittel für die Bestimmung der Enteignungsschwelle nutzbar zu machen. Dem steht zunächst nicht entgegen, daß im Nachbarrecht der Bürger, im Enteignungsrecht der Staat in das Eigentum eingreift. Denn es ist davon auszugehen, daß ohne Rücksicht auf Unterschiede zwischen Gleichordnungs- und Überordnungsverhältnis die Verfassung eine gewisse Einheit des Eigentumsinhalts geschaffen hat, was zur Folge hat, daß jedenfalls die bürgerlich-rechtlichen Grundstrukturen (wie die Grundnorm des § 906 BGB) im Enteignungsrecht zu berücksichtigen sind. Da nach der Grundrechtsdogmatik das Eigentum gegenüber Eingriffen des Staates mindestens in gleicher Weise Schutz verdient wie gegenüber Eingriffen durch Private, kann die Sozialbindung gegenüber dem Staat keinesfalls weitergehen als die Sozialbindung im Nachbarrecht. — Anschließend werden aus der privat-nachbarrechtlichen Judikatur im einzelnen die Grundsätze dargestellt, die – allerdings nicht schematisch – auch im öffentlichen Entschädigungsrecht zu beachten sind.

I. Problemstellung

Eingriffe der Staatsgewalt in privates Eigentum *können* durch die Sozialbindung des Eigentums (Art. 14 II GG) gedeckt und damit entschädigungslos zulässig sein; sie *können* aber auch so weit gehen, daß sie zwar rechtmäßig bleiben, weil sie aus Gründen des Allgemeinwohls erfolgen, jedoch als Enteignung den Staat zur Leistung einer Entschädigung verpflichten (Art. 14 III GG). Die Bestimmung der Grenzlinie zwischen Sozialbindung und Enteignung, der „Enteignungsschwelle“, ist und bleibt eines der Zentralprobleme des öffentlichen Rechts.

---

* Erstveröffentlichung in: Neue Juristische Wochenschrift 1975, S. 233–238.

Mit allgemeinen Rechtsprechungsformeln oder mit „Theorien“ (Sonderopfertheorie, Privatnützigkeitstheorie) allein lassen sich solche Fragen in der Praxis nicht lösen. Großformeln und Theorien können allenfalls Anhaltspunkte geben[1]. Die Rechtsprechung versucht daher seit langem, praktikable „Subformeln“ für bestimmte Bereiche[2] zu entwickeln. Je dichter das Netz solcher Subformeln wird, desto leichter lassen sich mit der Methode der Gesetzesanalogie „neue Pfähle setzen“, desto besser kann der Versuch einer Rechtsanalogie zur näheren Bestimmung des verfassungsrechtlich, enteignungsrechtlich geschützten Eigentumsinhalts gelingen. Ein Problemrest wird dennoch in vielen Fällen bleiben — doch dies ist ein Raum richterlicher Rechtsfortbildung, diese Aufgabe kann niemand der Judikatur abnehmen.

Aufgabe der Eigentumsdogmatik ist es jedoch, dem Richter allgemeine Hilfsmittel zur Bestimmung der Enteignungsschwelle zu bieten. Diese Bemühungen dürfen sich aber nicht auf das öffentliche Recht beschränken. „Eigentum“ ist in erster Linie eine Kategorie des Privatrechts, privates Eigentum schützt die Verfassung so, wie es „das bürgerliche Recht und die gesellschaftlichen Anschauungen geformt“ haben[3]. Das ius publicum ist ein eigentumsrechtlicher Parvenu, es hat rezipiert, was das Privatrecht in Jahrhunderten entwickelt hat. Zwar sichert das bürgerliche Recht Eigentum gegen gleichgeordnete Dritte, die Verfassung schützt es vor allem gegen den übergeordneten Staat. Dies schließt jedoch nicht von vornherein aus, daß der *Inhalt* des zu achtenden Eigentums in beiden Fällen identisch sein kann, oder daß das Privatrecht dem öffentlichen Enteignungsrecht hier wenigstens wertvolle Orientierung bietet.

Diese Möglichkeit ist bisher, soweit ersichtlich, noch nicht vertiefend untersucht worden. Hier sind zwei Fragen zu beantworten:

Ist es grundsätzlich überhaupt zulässig, private Eigentumsinhalte zur Bestimmung der öffentlich-rechtlichen Enteignungsschwelle heranzuziehen (im folg. II.)?

Wenn dies zu bejahen ist — bietet das Privatrecht Ansätze, die sich als „Subformel“ ins öffentliche Enteignungsrecht übernehmen lassen, oder die doch wenigstens dessen Lösungsformeln bestätigen oder präzisieren? Dies soll (im folg. III.) unter besonderer Berücksichtigung des *Nachbarrechts*[4] geprüft werden.

---

[1] Vgl. dazu m. Nachw. *Leisner*, Sozialbindung des Eigentums, 1972, insb. S. 191 f.

[2] So etwa die 3-Jahresfrist bei Bausperren oder die weitergehenden festen Werte für die von Versorgungsleitungen in Anspruch genommene „Schutzstreifenfläche“, siehe dazu m. Nachw. *Leisner*, Grundeigentum und Versorgungsleitungen, 1973, vor allem S. 20 f.

[3] BVerfGE 1, 264 (278) = NJW 1952, 865; st. Rspr.

[4] Dazu *Leisner* (Fn. 1), S. 226 f.

Wichtig sind aber hierbei nicht so sehr konkrete Ergebnisse, von denen in diesem Zusammenhang allenfalls einzelne angedeutet werden können, als vielmehr die Besinnung auf die *Einheit des Eigentumsbegriffs.* Wird sie voll bewußt, so kann der Reichtum des Privatrechts an Kategorien, Wertungen, Regelungen in unabschbarer Weise das öffentliche Recht des Eigentums befruchten.

II. Die Einheit des Eigentumsinhalts — „Öffentliches Eigentumsrecht nach Privatrecht"

1. Gelegentlich wird behauptet, das Recht des *Privateigentums* habe *unterschiedlichen Inhalt,* je nachdem ob es in den Beziehungen zwischen Bürgern oder dem Staat gegenüber geltend gemacht werde: in der „Privatrichtung" werde das Eigentum durch Normen des bürgerlichen Rechts, also etwa auch des Nachbarrechts, in der „Staatsrichtung" dagegen werde es allein durch Verwaltungsrechtssätze konstituiert[5]. Insbesondere könnten die Nachbarrechtsnormen des BGB, z.B. § 906, nicht ohne weiteres auf öffentlich-rechtliche Beziehungen angewendet werden[6], weil die Regelungsgegenstände nicht vergleichbar seien. Dann dürfte das private Nachbarrecht nicht zur Bestimmung der Enteignungsschwelle herangezogen werden.

Diese Auffassung trägt jedoch dem Wesen der *verfassungsrechtlichen* Eigentumsgarantie nicht Rechnung. Das Privateigentum wird nicht *allein* durch die einfachen Gesetze konstituiert. Wäre dem so, so liefe Art. 14 GG vollständig leer, er enthielte *nichts* als einen Verweis auf die Gesetzgebung. Daß dies nicht zutreffen kann, ist seit langem unbestritten und bedarf hier keines Nachweises. Der Gesetzgeber gestaltet das Eigentum aus[7], er konstituiert es nicht. Art. 14 I 2 GG gibt ihm hier ein weites, aber kein schrankenloses Ermessen, insbesondere muß er die grundlegende Wertentscheidung des Grundgesetzes zugunsten des Privateigentums im herkömmlichen Sinn beachten[8]. Art. 14 GG fixiert also gewisse verfassungsrechtliche Elemente des Eigentumsinhalts, die *nicht* zur Disposition des einfachen Gesetzgebers stehen. Die wichtigste verfassungsrechtliche Festlegung ist aber gerade die auf die *privatrechtlichen Wesenselemente des Eigentumsrechts,* das eben Art. 14 GG so schützen will, wie es vom bürgerlichen Recht geformt worden ist[9]. Diese pri-

[5] *H.H. Rupp,* Grundfragen der heutigen Verwaltungsrechtslehre, 1965, S. 221 f.

[6] *Martens,* Öffentlich-rechtliche Probleme des negatorischen Rechtsschutzes gegen Immissionen, Festschrift Schack 1966, S. 85 f., insb. S. 93.

[7] BVerfGE 14, 263 (277) = NJW 1962, 1667.

[8] BVerfGE 1, 264 (276) = NJW 1952, 865.

[9] BVerfGE 1, 264 (278) = NJW 1952, 865, st. Rspr.; zutr. neuerdings *Papier,* NJW 1974, 1797 (1799): „Denn Art. 14 GG knüpft nun einmal an jedenfalls auch und in erster

vatrechtlichen Eigentumselemente sind also nicht nur insoweit und solange im öffentlichen Recht, zur Bestimmung etwa der Enteignungsschwelle, zu achten, wie Verwaltungsgesetze nichts anderes bestimmen[10], sie sind deren Disposition schlechthin entzogen. Ohne Rücksicht auf Unterschiede zwischen Gleichordnungs- und Überordnungsverhältnis schafft die Verfassung eine *gewisse* Einheit des Eigentumsinhalts.

2. Dem steht auch die *„Verschiedenheit der Regelungsgegenstände"* nicht entgegen. Nach dem Bundesverfassungsgericht entfaltet das Eigentumsrecht eine Art von „umgekehrter Drittwirkung": Hier werden nicht „ursprünglich staatsgerichtete" Norminhalte im Verhältnis zu Dritten (Bürgern) eingesetzt, sondern ursprünglich drittgerichtete Privatrechtsinhalte ins öffentliche Recht rezipiert.

Es mag heute naheliegen, diese Gleichstellung von Staat und Dritten gegenüber dem Privateigentum deshalb abzulehnen, weil das Eigentum gegenüber dem sozialgestaltenden Staat weit weniger „fest" sei als gegenüber gleichgeordneten Dritten. Damit aber trägt man gerade dem bedeutsamsten Einwand gegen die Drittwirkungslehre nicht Rechnung: Ihr steht doch, wenn überhaupt etwas, vor allem das Bedenken entgegen, dem Staat gegenüber müsse der Einzelne fester und unbedingter geschützt werden als gegen Private, denen gegenüber er, schon auf Grund seiner Privatautonomie, durchaus auch auf Rechtspositionen verzichten könne. Hier würde genau das Gegenteil behauptet: Dem Staat gegenüber böten die Grundrechte weniger Schutz als gegenüber anderen Bürgern.

Dies würde die gesamte bisherige Grundrechtsdogmatik auf den Kopf stellen. Sie geht, schon wegen der besonderen Gefährlichkeit des Staates, der Schutzbedürftigkeit der Bürger, davon aus, daß dem Staat gegenüber *mindestens* soviel Recht bleiben soll wie gegenüber Dritten. Und so bedeuten denn auch im Eigentumsrecht die bürgerlich-rechtlichen Wesenselemente des Eigentumsbegriffs den *Mindeststandard dieses Rechts auch gegenüber der Staatsgewalt.* Grundsätzlich darf die Frage nicht lauten, ob im öffentlichen Recht das Eigentumsrecht weniger weit, sondern allenfalls, ob es nicht weiter reiche als im Privatrecht[11].

Linie *privatrechtlich* konstituierte und geprägte Rechte öffentlich-rechtliche Abwehransprüche."

[10] *Papier,* NJW 1974, 1797 (1799).

[11] Dem steht nicht entgegen, daß die Verfassung selbst im öffentlichen Recht die besondere Rechtsform des Eigentumsentzugs durch Enteignung vorsieht (Art. 14 III GG). Sie relativiert damit nicht etwa den Eigentums*inhalt.* Das Institut Enteignung setzt eine Enteignungsschwelle voraus, es ist nicht geeignet, sie zu bestimmen.

3. Diese „Einheit des Eigentumsbegriffs nach bürgerlichem Recht"[12] kann jedoch keine vollständige sein; insoweit ist der eben kritisierten Auffassung zuzustimmen. Verfassungsrechtlich gesichert sind allenfalls die „bürgerlichrechtlichen Grundstrukturen" des Eigentumsinhalts[13]. Voraussetzung für eine Orientierung des Enteignungsrechts am Privatrecht ist daher stets, daß dessen Norminhalte

- auf Staat-Bürger-Beziehungen überhaupt anwendbar sind,
- den Eigentumsinhalt betreffen, damit aber „das Eigentum formen" (Bundesverfassungsgericht),
- ein hohes Maß von Allgemeinheit und Rechtsgrundsätzlichkeit aufweisen. Der Gesetzgeber hat ein weites Ausgestaltungsermessen hinsichtlich des Eigentumsinhalts, nicht nur in privatrechtlicher, sondern auch in öffentlichrechtlicher Hinsicht. Verfassungsrechtlich gebunden ist er nur an privatrechtliche inhaltliche Grundstrukturen, an Inhalte also, deren *Bedeutung* über die Regelung enger Fallgruppen hinausreicht und die in ihrer Allgemeinheit auch eine gewisse Flexibilität aufweisen.

4. Dies alles ist für die Grundnorm des *bürgerlichen Nachbarrechts,* § 906 BGB, zu bejahen: Sie ist eine der wichtigsten Abgrenzungsvorschriften des Eigentumsinhalts im Privatrecht; sie weist ein hohes Maß an Allgemeinheit und Flexibilität[14] auf, das richterliche Rechtsfortbildung zuläßt und die Anwendung auf unterschiedliche Lebenssachverhalte ermöglicht; sie wird schließlich seit langem im Staat-Bürger-Verhältnis eingesetzt.

Nach der ganz herrschenden Lehre gilt § 906 BGB hinsichtlich des Eigentumsinhalts auch bei Immissionen, die nicht von Dritten, sondern vom Staat ausgehen, gleich ob dieser hier „hoheitlich" oder „in den Formen des Privatrechts" tätig wird[15]. Der Unterschied zwischen Staats- und Drittrichtung hat

---

[12] Sie kann auch nicht unter Berufung auf Art. 111 EGBGB geleugnet werden, der landesrechtliche Vorschriften aufrechterhält, „welche im öffentlichen Interesse das Eigentum in Ansehung tatsächlicher Verfügungen beschränken". Daraus ergibt sich nicht etwa, daß „nach bürgerlichem Recht selbst" der Eigentumsinhalt in der Staatsrichtung ein „ganz anderer" sein dürfte. Träfe dies generell zu, so würde damit die Aussage des Bundesverfassungsgerichts vollständig aufgehoben, daß die Verfassung „das Eigentum nach bürgerlichem Recht" schütze. Derart grundlegende materiellrechtliche Bedeutung kommt Art. 111 EGBGB nicht zu; er erging aus kompetenzrechtlichen Gründen, weil der Reichsgesetzgeber keine Entscheidungskompetenz besaß.

[13] Dogmatisch vergleichbar ist insoweit die Übernahme von erbrechtlichen Inhalten des Privatrechts in die verfassungsrechtliche Institutsgarantie des Erbrechts nach Art. 14 I GG, dazu *Leisner,* Verfassungsrechtliche Grenzen der Erbschaftsbesteuerung, 1970, S. 46 f. m. Nachw.

[14] Vgl. für die „Enteignungsschwelle" im öffentlichen Recht BGH, NJW 1972, 243 = MDR 1972, 216, unter Hinweis auf § 906 BGB.

[15] Für viele BGH, NJW 1967, 1857; BGH, NJW 1971, 94; BGH, NJW 1972, 243 = MDR 1972, 216; BGH, NJW 1973, 326.

nur eine Bedeutung: Vom Staat kann in der Regel[16] nicht Beendigung der schädigenden Einwirkungen und Beseitigung von deren Folgen verlangt werden, sondern nur Entschädigungsleistung in Geld[17]. Der Unterschied zwischen öffentlichrechtlichem und privatrechtlichem Eigentumsschutz betrifft also lediglich die Rechtsfolge (Beseitigung, Entschädigung), nicht aber die Voraussetzung, den Eigentumsinhalt und seine Verletzung — dafür gilt in beiden Richtungen dasselbe, der Eigentums*begriff* zeigt eine Einheit über die Schranken der Rechtsgebiete hinweg. Die Unterscheidung öffentlichrechtlich-privatrechtlich, Hoheitsverhältnis-Gleichordnungsbeziehung spielt übrigens *als solche* selbst für die Rechtsfolge (Beseitigung oder Entschädigung) keine Rolle: „Privilegiert", und daher nur zu Ersatz verpflichtend, sind auch gewisse eindeutig privatrechtliche Veranstaltungen, mit denen – zugleich – wichtige öffentliche Interessen verfolgt werden (Bauarbeiten, Buslinien)[18].

Dies alles zeigt, daß die Rechtsprechung von einem einheitlichen Begriff des nachbarrechtlich zu schützenden Eigentums ausgeht, der auch für das Recht des enteignenden Eingriffs gilt. In Anlehnung an Grundsätze der Enteignungsentschädigung ist der zivilrechtliche Ausgleichsanspruch entwickelt worden[19] — also ist auch der privat-nachbarrechtliche Eigentumsinhalt zur Bestimmung der Enteignungsschwelle heranzuziehen.

5. Die *Einheitlichkeit des Eigentumsinhalts* im privaten und öffentlichen Recht ist auch *rechtssystematisch legitim*, § 906 BGB ist nach herrschender Auffassung eine Ausprägung der Sozialbindung des Eigentums (Art. 14 II GG), eine Inhaltsbestimmung des Eigentumsrechts (Art. 14 I 2 GG)[20] ebenso wie öffentlich-rechtliche Normen. Letztlich ist es stets der Staat, der auf

---

[16] Immerhin wird der Verwaltung von den ordentlichen Gerichten nicht selten die Anbringung von nachbarschützenden Vorrichtungen auferlegt (vgl. etwa bei einem Kindergarten, LG Aachen, ZMR 1959, 172); dies wird selbst dann geprüft, wenn die Veranstaltung als solche „hoheitsrechtlichen" Charakter trägt (Schulhof, vgl. BGH, NJW 1962, 2341 = MDR 1963, 38). Die Zuständigkeitsgrenze der ordentlichen Gerichte wird erst dort überschritten, wo die Aufhebung oder Änderung einer bestimmten hoheitlichen Maßnahme verlangt wird (BGH, NJW 1964, 1472 = MDR 1964, 583).

[17] Überblick zu den gesetzlichen Duldungspflichten bei *Pikart,* WM 1973, 2 (insb. 7 f.); vgl. dazu u.a. noch BGH, NJW 1963, 2020 = BB 1963, 1077; OLG Celle, DWW 1966, 106; siehe auch *H. Westermann,* Die Funktion des Nachbarrechts u.s.w., Festschrift Larenz 1973, S. 1003 (1015 f.).

[18] Überblick bei *Pikart,* WM 1973, 2 (8); vgl. z.B. BGHZ 60, 119 (123) = NJW 1973, 508; VGH Mannheim, DÖV 1972, 865; LG Wiesbaden, VersR 1957, 18 f.

[19] BGH, NJW 1968, 1278.

[20] So ausdrücklich BGH, NJW 1967, 1854; OLG Hamm, ZMR 1961, 32; vgl. auch (für öff.-rechtl. Beziehungen) BVerwG, ZMR 1961, 181 sowie *Meisner/Stern/Hodes,* Nachbarrecht im Bundesgebiet, 5. Aufl. (1970), S. 734; *Glaser/Dröschel,* Das Nachbarrecht in der Praxis, 3. Aufl. (1971), S. 123.

Grund seiner Gesetzgebungshoheit hier hoheitlich selbst eingreift (Verwaltungsrecht), dort anderen Bürgern Eingriffe in das Eigentum gestattet. Das Schutzgut Eigentum muß all diesen Eingriffen gegenüber stets gleichen Inhalt, gleiche Festigkeit aufweisen — andernfalls gelänge es unschwer, durch die Verfeinerung sozial- und verteilungsstaatlicher Instrumentarien, den Bürger „privatrechtlich, durch Private enteignen zu lassen", oder, umgekehrt, die nachbarrechtlichen Schranken durch öffentliches Recht übermäßig zu verschärfen.

Die Notwendigkeit einheitlicher Bestimmung des Schutzumfangs des Eigentums im privaten wie im öffentlichen Recht ergibt sich nicht zuletzt aus Sinn und Zweck zahlreicher öffentlich-rechtlicher Eigentumsbeschränkungen: Sie dienen nicht nur dem Schutz öffentlicher, sondern zugleich der Sicherung privater Interessen, häufig wird nur „privates Interesse als öffentliches Interesse" geschützt[21]. Wenn die Polizei gegen Lärmbeeinträchtigung durch Private vorgeht[22] oder die Verwaltung andere Belästigungen unterbindet[23], so müssen sich die Störer, wegen der Sozialbindung ihres Eigentums, eben jene Beschränkungen desselben gefallen lassen, welche der Nachbar auch über § 906 BGB durchsetzen könnte. Wer sein Grundstück zum nächtlichen Posaunenspielen nutzt, muß sich von dem einschreitenden Polizisten in dieselben Grenzen seines Eigentumsrechts zurückweisen lassen wie vom belästigten Nachbarn, der eine einstweilige Verfügung gegen ihn erwirkt. Wohl wird die Verwaltung nicht gegen alles einschreiten, was der Private nachbarrechtlich rügen kann. Dies bedeutet aber nicht etwa, daß die Grenzen des Eigentumsinhalts *materiellrechtlich* nicht stets die gleichen wären. Es ist vielmehr eine Kompetenzfrage, eine Frage der Staatsorganisation im weiteren Sinn, ob der betroffene Bürger gegen den Eigentümer auch durch die Verwaltung oder ob er nur durch die ordentlichen Gerichte geschützt wird, wie es in Urteilen häufig heißt. Allenfalls spräche die Tatsache, daß die Verwaltung nicht jeden Nachbarstreit regelt, materiellrechtlich dafür, daß das Eigentum Dritten gegenüber stärker sozial gebunden ist als gegenüber dem Staat, was ja auch mit der Drittwirkungslehre in Einklang stünde (vgl. oben 2.); keinesfalls könnte daraus geschlossen werden, daß der Eigentümer der enteignenden Hoheitsgewalt gegenüber schwächer dastünde als gegenüber anderen Bürgern.

Inhalt und Grenze des Eigentumsrechts sind also grundsätzlich ein und dieselben, gleich ob der Eingriff vom Staat oder von einem Bürger ausgeht. Wenn es überhaupt hier Unterschiede geben kann, so nur in dem Sinn, daß der Schutz in der Staatsrichtung weiter geht, daß dem Staat noch nicht recht

---

[21] Zu dieser Problematik vgl. *Leisner*, DÖV 1970, 217 ff.

[22] Siehe etwa OVG Lüneburg, DVBl. 1966, 648; BVerwG, ZMR 1961, 181; BVerwG, MDR 1968, 950; BVerwG, MDR 1969, 164; BGH, NJW 1959, 767.

[23] Vgl. etwa OVG Bremen, DVBl. 1966, 278.

sein darf, was dem Nachbarn schon billig ist. Dies bedeutet: *Die Sozialbindung gegenüber dem Staat darf allenfalls soweit, sie kann nie weiter gehen als die Sozialbindung im Nachbarrecht.* Dieses ist daher als äußerste Grenzorientierung für die Bestimmung der Enteignungsschwelle geeignet.

III. Nachbarrechtliche Orientierungshilfen zur Bestimmung der Enteignungsschwelle

Aus der privat-nachbarrechtlichen Judikatur ergeben sich u.a. folgende Grundsätze, die auch im öffentlichen Recht zu beachten sind:

1. Die Grenze von Eingriffen, die auf Grund der Sozialbindung hinzunehmen sind, bestimmt sich grundsätzlich in erster Linie nach dem *Schwerekriterium:* Auch im Nachbarrecht wird nur dort fremdes Eigentum verletzt, wo etwa die Immission „erheblich", „übermäßig", „ganz besonders störend" wirkt, wo sie also „wesentlich" ist[24]. Primär ist nicht der Vergleich mit anderen gleichen und ähnlichen Eigentümern, die Frage, ob ihnen etwa dasselbe zugemutet wird oder ob ein „Sonderopfer" vorliegt, sondern der Blick auf das konkret beeinträchtigte Eigentum, auf das Ausmaß der Einwirkung. Dies bestätigt die Rechtsprechung des Bundesverwaltungsgerichts im Entschädigungsrecht[25].

2. Entscheidend sind *Natur und Zweckbestimmung des betroffenen Eigentumsgutes,* nicht dagegen das, was sich aus Natur und Zweck der das Eigentum beeinträchtigenden Veranstaltung etwa ergeben könnte[26]. Die durchaus erforderliche Interessenabwägung zwischen Eingriffsgewalt und Betroffenen darf also nicht in der Art „vorgezogen" werden, daß etwa wegen der Bedeutung der verfolgten öffentlichen Interessen die Interessen des Eigentum sogleich als inexistent betrachtet werden. Auszugehen haben die Überlegungen stets von ihnen, *dann* erst ist allenfalls zu fragen, ob sich der Eingriff nicht doch als Sozialbindung legitimieren läßt.

3. In keinem Fall darf eine Beeinträchtigung des Eigentums zu einer *Existenzvernichtung* führen. Durch Sozialbindung sind aber auch Einwirkungen

---

[24] Vgl. u.a. BGH, NJW 1968, 549; BGH, LM § 1004 BGB Nr. 110; BGHZ 30, 273 = NJW 1959, 1867; BGHZ 46, 35 (39) = NJW 1966, 1858; BGHZ 49, 148 (152) = NJW 1968, 549; BGH, NJW 1955, 19; BGH, LM § 906 BGB Nr. 4; BayObLG, BayVBl. 1972, 77; BGH, NJW 1971, 94 = MDR 1971, 118. Vgl. dazu auch *Feldhaus,* Bundesimmissionsschutzrecht-Entscheidungen, Stand 1974, § 906 Nr. 20. — Das Schwerekriterium war schon für *Jhering* entscheidend, über dessen für das Nachbarrecht grundlegende Theorien *H. Westermann* (Fn. 17), S. 1017 f. berichtet.

[25] Vgl. dazu *Leisner,* Sozialbindung des Eigentums, S. 151 f.

[26] Vgl. BGH, NJW 1958, 1393 (m. Nachw.); OLG Hamm, zit. b. *Feldhaus* (Fn. 24), § 906 BGB Nr. 23.

nicht gedeckt, welche „das wirtschaftliche Fortkommen schwer beeinträchtigen“[27]. Dies gewinnt im öffentlichen Recht besondere Bedeutung für das Recht am eingerichteten und ausgeübten Gewerbebetrieb, etwa bei „Erdrosselungsmaßnahmen“, insbesondere auch bei entsprechendem Wettbewerb der öffentlichen Hand. Die Interessenwertungen der Zivilgerichte bieten hier wertvolle Anhaltspunkte. Sie berücksichtigen nicht nur die Wirkungen auf das beeinträchtigte Gut, sondern auch jene, welche sich aus ihnen darüber hinaus für den Eigentümer ergeben[28].

4. Die Rechtsprechung versucht, soweit wie möglich eindeutige, *quantitative Kriterien* (feste Phonzahlen[29], Lärmdauer[30], Immissionsgrenzwerte[31]) einzusetzen. Dies liegt bei Immissionsproblemen nahe und läßt sich dort auch leichter durchführen als etwa bei einem berufs- oder bauordnenden Eingriff. Dennoch sollte es allgemein Anstoß zu Überlegungen sein, welche quantitativen Kriterien, etwa Minderungen von Verkehrs- oder Ertragswerten, sich in anderen Bereichen u.U. noch entwickeln lassen. Wirklich eindeutig, und damit eminent rechtsstaatlich, ist meist nur die quantitative Grenze.

5. Nur was den „normal empfindenden“, den „Durchschnittsmenschen“ beeinträchtigt, muß unterlassen werden oder kann zu Entschädigung führen[32]. Dieses *„Durchschnittskriterium“* gibt für die Enteignungsschwelle einen allgemeinen Hinweis: Belastungen von Betrieben, Grundstücken, anderen Vermögenswerten dürfen nicht so schwer wiegen, daß ihre Folgen nur durch ganz außerordentliche Anstrengungen überwunden oder ausgeglichen werden können. Der Landschaftsschutz etwa darf keine Belastungen bringen, welche den Durchschnittslandwirt überfordern; bei Beeinträchtigungen des Goodwill eines Geschäftes durch Bauarbeiten ist nicht nur insoweit Ersatz zu leisten, als auch ein besonders findiger Geschäftsmann die Verluste nicht auszugleichen vermag. Den Bürger trifft, dem eigentumsordnenden Staat gegenüber, keine *besondere* Anstrengungslast.

6. Von besonderer Bedeutung ist im Nachbarrecht der Begriff der *Ortsüblichkeit einer Beeinträchtigung,* der Unterlassungs- und Entschädigungs-

---

[27] BGH, NJW 1962, 2341 = BB 1962, 1261; der BGH (NJW 1959, 1867) hat hier den Eigentumsschutz über den Fall der Existenzvernichtung hinaus ausdrücklich ausgedehnt.

[28] So kann etwa die „Beeinträchtigung“ auch durch erhöhte notwendige Ausgaben für den Lebensbedarf mit herbeigeführt werden, „die mit dem beeinträchtigten Erwerbsunternehmen unmittelbar nichts zu tun haben“ (BGH, NJW 1959, 1867).

[29] St. Rspr. d. BGH u. d. OLGe, siehe etwa BGH, MDR 1971, 203; OLG Karlsruhe, NJW 1960, 2241.

[30] Z.B. OLG Celle, NJW 1958, 1648.

[31] VGH Mannheim, DÖV 1972, 865.

[32] BGH, NJW 1958, 1393; BGH, MDR 1971, 119; st. Rspr. Vgl. dazu *H. Westermann* (Fn. 17), S. 1006, 1007 unter Hinweis auf *Jhering.*

ansprüche ausschließt. Im öffentlichen Recht ist das bereits in die Judikatur zur „Situationsgebundenheit“ von Grundstücksrechten eingegangen. Das Kriterium der Ortsüblichkeit vermag jedoch darüber hinaus in mehrfacher Hinsicht bei der Bestimmung der Enteignungsgrenzen zu orientieren:

Der örtliche oder regionale[33] Bezug ist bei Grundstücken besonders deutlich, er spielt jedoch auch bei anderen eigentumswerten Gütern (Betrieben, Praxen) eine nicht geringe Rolle. Die Enteignungsschwelle sollte also auch bei ihnen stets unter besonderer Berücksichtigung örtlich (regionaler) Verhältnisse bestimmt werden.

Ortsüblichkeit bedeutet, daß die Eigentumsschranken allgemein nicht „ganz von außen“, aus einer abstrakt-zentralistischen Sicht oder lediglich aus gesamtwirtschaftlichen Erwägungen heraus festgelegt werden dürfen. Das nachbarrechtliche Kriterium gibt einen Hinweis auf die grundsätzliche „Situationsgebundenheit allen Eigentums“ in kleineren, überschaubaren Gemeinschaften, in denen eben jeder Bürger lebt und alles Eigentum genutzt wird.

Was ortsüblich ist, bestimmt sich vor allem nach den tatsächlichen Gegebenheiten, während öffentliche Planungen oder auch Rechtsnormen hier allenfalls gewisse Anhaltspunkte bieten, aber die Ortsüblichkeit nicht *bestimmen* können[34]. Dies spricht dafür, bei der Bestimmung der Enteignungsschwelle generell den tatsächlichen, insbesondere wirtschaftlichen, Verhältnissen entscheidende Bedeutung zuzumessen; Planungen dagegen können als solche das Eigentumsrecht noch nicht relativieren, sie sind vielmehr ihrerseits daraufhin zu untersuchen, ob sie nicht eine Eigentumsverletzung darstellen.

Das Herkommen ist für den Begriff des „Ortsüblichen“ von großer Wichtigkeit — dies sollte für die Enteignungsschwelle allgemein gelten. Hat sich der Bürger *seit längerer Zeit* auf eine bestimmte Lage eingerichtet, verlassen dürfen, so gebietet schon die Rücksicht auf sein rechtsstaatliches Vertrauen, ihm hier nicht völlig überraschend neuartige Sozialbindungen anzusinnen. Der Eigentumsinhalt gewinnt sicher, bis zu einem gewissen Grade, mit der Zeit an Festigkeit. Diese historische Erfahrung achtet auch das geltende Recht.

Die Bestimmung des Eigentumsinhalts nach der Ortsüblichkeit deutet schließlich darauf hin, daß bei der Fixierung der Enteignungsschwelle durch Vergleich mit anderen, gleichgelagerten Fällen und Belastungen der *Vergleichskreis nicht allzu weit gezogen werden darf.* Dies gilt insbesondere,

---

[33] Wie ja auch die „Ortsüblichkeit“ nicht zur Berufung auf „engbegrenzte Verhältnisse“ führen und alle gesamtwirtschaftlichen Bezüge verkennen darf, BGH, NJW 1971, 94 = MDR 1971, 118.

[34] BGH, NJW 1958, 1776 (Pläne der Verwaltungsbehörde); BGH, NJW 1958, 1776 = LM § 906 BGB Nr. 9/10 (Bebauungsplan, RGarO).

wenn, entsprechend der Judikatur des Bundesgerichtshofs, nach der „Sonderopfertheorie“ entschieden wird, die ja von einem Vergleich mit Belastungen anderer Eigentümer ausgeht. Das Vorliegen eines Sonderopfers darf also nicht etwa mit der Begründung verneint werden, daß auch in sachlich oder örtlich weiter entfernten Verhältnissen ähnliche Belastungen aufträten. Es entspricht den Grundtendenzen deutscher, von Föderalismus, Kommunalisierung und Autonomisierung geprägter Staatlichkeit, Vergleiche nach dem Gleichheitssatz möglichst in überschaubaren Bereichen anzustellen.

7. Im privaten Nachbarrecht gelten die Sätze *nicht:* „Wenn schon viel Belastung, dann noch mehr“, oder: „Wenn schon andere starke Belastungen, dann auch diese noch“. Diese Entscheidungen zur Geräuscheinwirkung enthalten insoweit allgemeinere Rechtsgedanken: Der Zwang, Geräusche des menschlichen Zusammenlebens hinzunehmen, „öffnet keine Schleuse für jegliche Arten von Geräuschbeeinträchtigungen“[35] — wenn also der Eigentümer ohnehin schon durch das allgemeine Zusammenleben in einer gewissen Richtung weitgehend sozialgebunden ist, berechtigt *dies* den Staat noch nicht zu weiterer, ähnlicher Inpflichtnahme. Die Wesentlichkeit der Beeinträchtigung entfällt auch nicht, weil neben derartigen Geräuschen andere mit gleicher oder höherer Intensität auftreten[36] — eine bestimmte Sozialbindung rechtfertigt daher als *solche* keine andere. Es gibt keine „Kettenreaktion“, keine „Automatik“ von Sozialbindungen.

8. *Abstumpfung oder Passivität* der Betroffenen oder anderer Bürger führt im Nachbarrecht nicht zu Verstärkung der Sozialbindung[37]. Grundsätzlich kann im Enteignungsrecht nicht geltend gemacht werden, bestimmte Beeinträchtigungen würden ja „von anderen auch“ entschädigungslos geduldet. Dies könnte nur bei Ortsüblichkeit bedeutsam werden, die aber eine gewisse Rechtsüberzeugung voraussetzt.

9. Aufschlußreich ist die nachbarrechtliche Judikatur zur *„Änderung der Lebensverhältnisse“* und zum *„technischen Fortschritt“*, womit heute häufig verschärfte Sozialbindung begründet wird. Dem „Fortschritt“ gegenüber sind die Gerichte mißtrauisch. Mit Recht erwarten sie, daß in seinem Namen dem Bürger nicht mehr, sondern weniger zugemutet werde[38]. Was aber für Geräusche gilt, muß auch für andere Bereiche zutreffen: Der Eigentümer hat nicht generell hinzunehmen, daß andere unter dem Schutz staatlicher Sozial-

---

[35] OVG Berlin, NJW 1967, 997.

[36] BGH, MDR 1971, 119.

[37] So etwa für den Einsatz von Maschinen OLG Bremen, ZMR 1956, 193; aus der Passivität einer durch ein Zementwerk beeinträchtigten Bevölkerung im ganzen können keine Folgerungen dafür gezogen werden, daß eine bestimmte Gärtnerei die Einwirkungen zu dulden habe, BGH, BB 1957, 1123.

[38] Vgl. BGH, BB 1964, 1235 m. Nachw. (st. Rspr.).

bindung auf seine Kosten im Namen des „Fortschritts" ihre wirtschaftlichen Positionen verbessern. Hier bedarf es stets besonderer Legitimation und sorgfältiger Abwägung. Geänderte Lebensverhältnisse sind nur insoweit von Bedeutung, als sehr allgemeine umfangreiche und unstreitige Veränderungen festzustellen sind[39]; zugleich sind die für den Eigentümer günstigen Auswirkungen zu berücksichtigen. Auch im Enteignungsrecht darf also nicht leichthin aus irgendwelchen angeblichen „allgemeinen Veränderungen" und „Reformnotwendigkeiten" verschärfte Sozialbindung begründet werden, vielmehr muß mit besonderer Zurückhaltung selbstkritisch stets geprüft werden, ob es sich nicht nur um eigene politische Wunschvorstellungen, ob es sich wirklich um jene „Veränderung gesellschaftlicher Anschauungen" handelt, die nach dem Bundesverfassungsgericht den Eigentumsinhalt verändern kann. Das Privatrecht mahnt hier zur Vorsicht.

10. Zur Bestimmung des Eigentumsinhalts im Privatrecht ist die Kategorie des *„nachbarlichen Gemeinschaftsverhältnisses"* entwickelt worden[40]: Die Abgrenzung der Eigentumsinhalte muß bei benachbarten Grundstücken im Geiste gegenseitiger Rücksichtnahme und im Wege des Ausgleichs erfolgen. Dies gilt auch bei hoheitsrechtlichen Veranstaltungen[41]. Mag die Kategorie auch aus NS-Ideologie entwickelt worden sein[42] — der Begriff hat sich halten können, er wird gerade neueren solidaristischen Bestrebungen im Eigentumsrecht entsprechen. Vieles ist hier sicher nur „schöne Formel", doch ein Grundgedanke gewinnt auch für die Enteignungsschwelle Bedeutung: In sehr vielen Fällen ist auch der Hoheitsstaat „Nachbar" des Bürgers, wenn er Schulen und Krankenhäuser betreibt, Straßen baut oder Manöver durchführt. Nicht nur bei Immissionen, sondern auch bei rechtlichen Regelungen und Einzelentscheidungen sollte sich die Sozialbindungs- und Enteignungsgewalt mehr als bisher in einem „nachbarlichen Gemeinschaftsverhältnis" mit dem betroffenen Bürger fühlen. Die Enteignungsschwelle darf nicht allenthalben durch politische oder gar ideologische Entscheidungen „von oben" verschoben werden, sie ist im Einzelfall in einer Interessenabwägung zu bestimmen; diese darf nicht nur eine Gemeinschaft kennen, die staatliche, sie muß den Staat in

[39] „Grundlegend veränderte Verkehrsverhältnisse", „allgemeine, jedermann mehr oder weniger berührende Umweltveränderung", LG Kleve, NJW 1970, 1975; „Entwicklung des modernen Wirtschaftslebens" (gegenüber der Sonntagsruhe) BayObLG, NJW 1968, 762; „Wandlung im Laufe der Zeit" bei Geräuschduldung, OLG Bremen, ZMR 1965, 193; „technische Entwicklung in modernen Staaten", BGH, NJW 1968, 549; vgl. auch BGH, NJW 1972, 243 = MDR 1972, 216.

[40] Vgl. dazu *Meisner/Stern/Hodes* (Fn. 21), S. 733 m. Nachw. zur Rspr. des RG; *Mühl*, NJW 1960, 1133; *Kübler*, AcP 159 (1960), 236 (284 f.); *Schött*, Grundlagen und Probleme des modernen Immissionsrechts, Diss. Hamburg, 1961, S. 98 f. m. Nachw.

[41] *Meisner/Stern/Hodes* (Fn. 21), S. 734 unter Hinweis auf RGZ 159, 129 (Unternehmen „Reichsautobahn").

[42] *Kübler* (Fn. 40), a.a.O.

einer gutnachbarlichen Gemeinschaft mit dem Bürger verbinden. Hier wäre es wieder einmal gut, die „Obrigkeit“ wirklich sterben zu lassen. Und im letzten ist der Staat bei allen sozialbindenden Maßnahmen „des Bürgers großer Nachbar“ — etwas vom Geist des „nachbarlichen Gemeinschaftsverhältnisses“ sollte ihn überall durchdringen.

IV. Grenzen für die Berücksichtigung des Nachbarrechts im Enteignungsrecht

Am *Schluß* muß ein *Vorbehalt* stehen, ein großes mutatis mutandis. Man kann ebensowenig alle Rechtsbeziehungen des privaten und öffentlichen Rechts durch den Rechtsgedanken des Nachbarrechts erfassen wie es je möglich war, alles durch Vertrag zu erklären. Ein Enteignungsgesetz ist keine Immission, es kann nicht nach Phon-Zahlen beurteilt werden. Doch unangebrachte Schematik liegt ja gerade dem schon in sich sehr differenzierten Nachbarrecht fern. Sie läßt sich dann vermeiden, wenn man vorsichtig seine Grundgedanken im Enteignungsrecht berücksichtigt, nicht seine Einzelheiten gewaltsam überträgt. Dies, nur dies sollte hier versucht werden. Der Versuch hat sich schon dann gelohnt, wenn Einzelheiten diskutabel sind, das Bewußtsein des *einen Eigentums* aber bleibt.

Dem Eigentumsrecht droht heute im öffentlichen Recht die Gefahr einer Auflösung, welche die Sozialbindung überbetont. Hier tut eine Rückbesinnung Not auf die Wurzeln des Eigentums, auf das Privatrecht, darauf, daß hinter dem Schleier der Sozialbindung letztlich doch nur andere Bürger stehen, die eben irgendwo alle Nachbarn sind: Und in diesem Sinn ist Eigentum nicht nur Hort der Freiheit, Problem der Gleichheit, sondern Institut der staatsbürgerlichen Brüderlichkeit.

Eigentumswende*

Liegt der Grundwasserentscheidung des Bundesverfassungsgerichts ein neues Eigentumsverständnis zugrunde?

I. Abschied vom „alten Eigentum"?

1. „Eigentum nach Bundesverfassungsgericht"?

Die Lehre vom Eigentum, dem praktisch wichtigsten und geradezu die Staatsform konstituierenden Grundrecht, ist in Bewegung: Das ewige Problem der *Eigentumsschranken* wird mehr denn je diskutiert, immer weniger Klarheit herrscht über den *Begriff des Eigentums*, selbst vertraute Worte stehen in Frage — darf im Verfassungsrecht noch von „Privateigentum" gesprochen werden, muß es nunmehr nicht „Eigentum Privater" heißen, nachdem das Bundesverfassungsgericht dem Fiskaleigentum den Schutz des Art. 14 GG aberkannt hat[1]?

Längst vergangen sind die Zeiten, in denen die Eigentumsdogmatik des Verfassungsrechts von bedeutenden literarischen Äußerungen geprägt war[2]. Entscheidend ist heute die Rechtsprechung des Bundesverfassungsgerichts, in jedem Sinne dieses Wortes. Wie auf so vielen anderen Gebieten erschöpft sich die Bedeutung des Schrifttums hier zunehmend in Versuchen, Karlsruhe einzelne Denkanstöße für die nächste „große Eigentumsentscheidung" zu liefern, öfter noch im Glossatorentum der Detailkritik, wenn nicht der puren Wiedergabe.

Beginnend mit dem Hamburger Deichurteil von 1968[3] hat die Judikatur des Bundesverfassungsgerichts die Eigentumsdogmatik mit einer Reihe von großen Grundsatzentscheidungen immer weitergehend besetzt, in einer Weise, die in der Tat als einzige dieses Recht und seine Schranken verdeutlichen kann — in einem immer dichteren Netz von „Subformeln", wie sie seit lan-

---

* Erstveröffentlichung in: Deutsches Verwaltungsblatt 1983, S. 61–67.

1 BVerfG, NJW 1982, 2173.

2 Wie etwa *Martin Wolff* „Reichsverfassung und Eigentum", Festgabe für Kahl, 1923 (S. 2 ff.) (zum Inhalt der Eigentumsgewährleistung); *Reinhard/Scheuner*, Verfassungsschutz des Eigentums, 1954, S. 10 ff. (zur „Privatnützigkeit" als Wesenselement des Privateigentums).

3 BVerfGE 24, 367 ff.

gem gefordert werden[4]; nur in solchen „Annäherungen von vielen Seiten“ kann „das Eigentum der Verfassung“ deutlicher werden — und wenn es ein Phantombild wäre.

Mehr Klarheit durch die Karlsruher Eigentumsjudikatur — oder immer weniger? Die Fragen werden drängender gestellt — hinter ihnen stehen Ängste der Eigentümer, aber auch die Hoffnung derer, die es werden wollen. Muß nicht die Abgrenzungsdogmatik Sozialbindung-Enteignung durch eine neue Abwägungslehre öffentlicher und privater Belange ergänzt oder gar ersetzt werden[5]? Kann die „Institution Eigentum“ ihre verfassungsrechtliche Identität noch wahren[6]? Diese Frage ist schon ein Signal.

2. Die Grundwasserentscheidung als „Eigentumsschlag“ — auf dem Weg zum „Abwägungs“- oder „Vertrauenseigentum“?

Die jüngste der Grundsatzentscheidungen des Bundesverfassungsgerichts hat auf den Vorlagebeschluß des Bundesgerichtshofs[7] die Verfassungsmäßigkeit des entschädigungslosen Ausschlusses des privaten Eigentümers von jeder Grundwassernutzung durch das Wasserhaushaltsgesetz festgestellt[8]: Der Wassergesetzgeber habe Inhalt und Schranken des Grundeigentums hinsichtlich des Grundwassers für die Zukunft so gestalten können, daß selbst bisher gesetzlich zulässige, aber noch nicht ausgeübte Nutzungsmöglichkeiten ohne jede Entschädigung ausgeschlossen wurden. Zum „Eigentum“ im Sinne der Verfassung zählten nur Rechtspositionen, die durch privates und öffentliches Gesetzesrecht dem Bürger von einer Zweiten Gewalt eingeräumt worden seien, die sie für die Zukunft auch entschädigungslos wieder entziehen könne; all dies gehöre zur „Bestimmung von Inhalt und Schranken des Eigentums“, welche dem Gesetzgeber nach Art. 14 Abs. 1 S. 2 GG obliege.

Ist diese Wasserentscheidung des Bundesverfassungsgerichts nicht der große Eigentumsschlag, eine wahre Eigentumswende? Wenn der Gesetzgeber unter Berufung auf Inhalts- und Schrankenbestimmung wirtschaftliche Nutzungsmöglichkeiten einer bestimmten Güterkategorie ersatzlos verbieten darf – hier die Naßauskiesung von Grundstücken – wenn die Gesetze jederzeit Eigentumsräume wieder verschließen dürfen, die sie früher eröffnet hatten,

---

[4] Vgl. bereits *Leisner*, W., Sozialbindung des Eigentums, 1972, S. 193 ff.

[5] Vgl. dazu die eingehenden Ausführungen von *Schulze-Osterloh*, L., Entschädigungspflichtige Inhalts-Schrankenbestimmung des Eigentums und Enteignung, NJW 1981, 2537 ff.

[6] Siehe *Scholz*, R., Identitätsprobleme der verfassungsrechtlichen Eigentumsgarantie, NJW 1982, 337 ff.

[7] BGH, DVBl. 1979, 58 ff. = NJW 1978, 2290 f.

[8] BVerfG, DVBl. 1982, 340 ff. = NJW 1982, 745.

welchen Schutzwert hat dann ein derartiges „variables Verfassungseigentum“?

Solche Bedenken sind denn auch eindringlich erhoben worden[9]: Der Eigentumsbegriff der Verfassung werde zur Disposition des einfachen Gesetzgebers des öffentlichen Rechts gestellt, jener selben Eingriffsgewalt also, gegen welche die Verfassung den Bürger doch sichern solle; wenn schon derjenige weichen müsse, der dem öffentlichen Wasserhaushaltsinteresse im Wege stehe, warum solle ihm nicht von der Bürgergemeinschaft im Namen der Lastengleichheit Entschädigung geleistet werden? Beschreitet das Bundesverfassungsgericht nicht den typischen Weg der Aushöhlung einer Verfassungsgarantie[10]?

Wer dagegen der herrschenden Eigentums- und Enteignungslehre kritisch gegenübersteht, wird das Grundwasserurteil begrüßen[11], weil es eben eine grundsätzliche Wende einleitet: Aufgegeben werde der traditionelle Eigentumsbegriff des bürgerlichen Rechts mit seiner einheitlichen Sachherrschaft, Eigentum sei bald nichts mehr als ein Bündel verschiedenartiger, gegen Dritte gerichteter Abwehrrechte, die vom Gesetzgeber einzeln zugewiesen und eben auch wieder entzogen werden könnten[12]. An die Stelle der stets unklar gebliebenen Lehren zur Abgrenzung von Eigentum und Enteignung – Sonderopfer- und Schweretheorie – trete nun ein mehr dynamisches Verständnis, welches die Funktion der einzelnen Eigentumsrechte in den Mittelpunkt rücke und vor allem nach der Erforderlichkeit des staatlichen Eingriffs zur Erreichung der jeweiligen Ziele des Gesetzgebers frage. „Nicht nur die herrschende Rechtsdogmatik des Zivilrechtseigentums und seiner verfassungsrechtlichen Gewährleistung, sondern auch seine theoretische Begründung im Naturrecht der vorindustriellen Marktgesellschaft bedürfen daher der Überprüfung[13]“.

Fragen wir doch offen: Muß vom „alten Eigentum“ überhaupt Abschied genommen werden, vom festen Bereichsschutz gegen hoheitliche Eingriffe, zugunsten eines *Abwägungseigentums*, für das nur Entschädigung gewährt wird, wenn es im Einzelfall dem öffentlichen Interesse gegenüber als „höherwertig“ erscheint? Oder gibt es gar nur mehr ein „Vertrauenseigentum“, das zur Disposition des Staates steht, soweit sich der Bürger nicht darauf verlassen hat, daß ihm Verfügungs- und Nutzungsrecht bleiben werden? Was muß

[9] *Baur*, F., Die „Naßauskiesung“ — oder wohin treibt der Eigentumsschutz, NJW 1982, 3734 ff.

[10] *Baur* (Fn. 9), S. 1735.

[11] *Rittstieg*, H., Grundgesetz und Eigentum, NJW 1982, 721.

[12] *Rittstieg* (Fn. 11), S. 722 unter Hinweis auch auf das „Recht, zu bauen“.

[13] *Rittstieg* (Fn. 11), S. 724.

der Bürger hier der Hoheitsgewalt entgegenhalten, oder im Grunde schon: nachweisen — denn liegt nicht im Abwägungs- wie im Vertrauensbegriff etwas wie eine „Umkehr der verfassungsrechtlichen Beweislast", und steht am Ende nicht „Eigentumsgrundrecht als Ausnahmeschutz[14]"?

Hier wird eine *doppelte These* aufgestellt:

- *Das Grundwasserurteil des Bundesverfassungsgserichts bringt keine Eigentumswende.* Es bedeutet insgesamt nur eine Fortentwicklung früherer Judikatur, in der heute immer häufigeren Form der (teilweisen) „Rechtsprechungskodifikation". Was nunmehr, angesichts der konkreten Ergebnisse zum Wasserrecht, vielen als bedenklich erscheinen mag, war schon seit langem angelegt, tritt jetzt nur klarer hervor.
- *Die bisher erkennbare Eigentumsdogmatik des Bundesverfassungsgerichts läßt sich noch immer im Sinne des herkömmlichen Verfassungsschutzes des Eigentümers verstehen und fortentwickeln.* Einige verfassungsrechtliche Eigentumsformeln lassen jedoch „Öffnungen" für Eingriffe der Staatsgewalt erkennen, die nicht etwa eine neue Eigentumsklarheit bringen, sondern eine Relativierung, welche den Schutz der Eigentumsgarantie unvorhersehbar abschwächt — wie immer man „Eigentum" auch verstehen mag.

Im folgenden soll dies an den wichtigsten tragenden Begründungen des Grundwasserurteils verdeutlicht werden, wobei zunächst (i.f. II) die Kontinuität des festen Eigentumsschutzes im Urteil herausgestellt, sodann (i.f. III) auf eine bedenkliche Verunklarung durch einige Formulierungen des Bundesverfassungsgerichts hingewiesen wird.

II. Kontinuität fester Eigentumsdogmatik

Viele der tragenden Begründungen wie der obiter dicta der Entscheidung des Bundesverfassungsgerichts liegen auf der Linie der bisherigen „herrschenden Lehre", die sich nach 1945 aus der Grundsatzentscheidung des Bundesgerichtshofs[15] entwickelt hat. Von einem „neuen Eigentumsbegriff" kann nicht die Rede sein, „totale Sozialbindung" ist nicht auf breiter Front ermöglicht worden.

---

[14] Die Rechtsprechung zum Naturschutz bewegt sich in diese Richtung, wenn sie „in der Regel" den Belangen des Naturschutzes über entschädigungslose Sozialbindung Vorrang vor den Eigentümerrechten zubilligt, vgl. etwa BVerwGE 3, 335; 5, 143 (144 f.); BGHZ 50, 91 (98); 63, 240.

[15] BGHZ 6, 278 ff.

1. Eigentum — ein einheitliches Recht, nicht ein „Rechtebündel"

Art. 14 GG schützt ein einheitliches Recht des Bürgers gegen den Zugriff der Hoheitsgewalt, nicht nur ein Bündel verschiedenartiger, nach Zweckmäßigkeit zusammengeordneter Rechte gegenüber bestimmten Dritten, deren Verbindung jederzeit nach Opportunität gelöst, deren Inhalt vom Gesetzgeber beliebig verändert werden könnte. Der Begriff (enteignungsfähige) „Rechtsposition" wird zwar vom Bundesverfassungsgericht in der Grundwasserentscheidung mehrmals verwendet, doch dies bedeutet keinen Abschied vom „einheitlichen Eigentum".

Der Ausdruck „Rechtsposition" kehrt in der Judikatur von Karlsruhe in diesem Zusammenhang regelmäßig wieder[16], das Grundwasserurteil weist diesem ständigen Begriffsgebrauch gegenüber keinerlei Besonderheiten auf. Gemeint ist damit nicht etwa ein isolierter Abwehranspruch gegen einen anderen Rechtsträger, sondern die sich aus dem einheitlichen Eigentum ergebende Rechtsstellung — Rechtsposition ist nur ein anderes Wort dafür. Von der „Rechtsstellung des Eigentümers" wird aber auch im traditionellen Zivilrecht laufend gesprochen, das Bundesverfassungsgericht übernimmt hier also lediglich zivilrechtliche Terminologie. Nach dieser ist zwar das Eigentum ein einheitliches Recht – die „volle Sachherrschaft" – es verleiht jedoch eine globale Rechtsstellung, die bei jeder Berührung mit dem „Rechtskreis anderer Rechtsträger" als eine bestimmte, eine „konkrete" Rechtsposition in Erscheinung tritt. Der Dritte, sei er nun ein Privater oder der Hoheitsstaat, „berührt" eben den „Schutzkreis Eigentum" an einer bestimmten Stelle, dort ergibt sich dann, unter Umständen, die konkrete (Gegen-)Position des Eigentümers, es fragt sich, ob sie stark genug ist, den Eingriff abzuwehren. Doch diese Bastion ist Teil eines großen, einheitlichen Befestigungswerkes, welches eben „das Eigentum" um das Gut legt, aus dem heraus sich der Bürger nach allen Seiten hin soll verteidigen können. Bei der Grundwasserentscheidung war lediglich zu klären, ob auch dieses Wirtschaftsgut von einer Eigentumsposition gedeckt wird — das Bundesverfassungsgericht hat es verneint; allenfalls wurde damit die Befestigungslinie zurückgenommen, nicht aber deren Einheit, das einheitliche Eigentum geleugnet.

Der Begriff der „Rechtsposition" ist übrigens identisch mit dem ebenfalls vom Bundesverfassungsgericht verwendeten Begriff des „konkreten subjektiven Rechts", das durch Art. 14 GG geschützt wird[17]. Auch dies verdeutlicht wieder, daß „Rechtsposition" nichts mit einem „isolierten Recht" zu tun hat, weil eben Eigentum nicht in ein Rechtsbündel aufgelöst werden kann: „Rechtsposition" bedeutet, daß sich das Eigentum an einem bestimmten

---

[16] Vgl. etwa BVerfGE 25, 112 (121); 45, 297 (322); 51, 193 (211); 56, 249 (260).

[17] Vgl. etwa BVerfGE 52, 1 (27) m. N. einerseits, E 56, 249 (260) zum anderen.

Punkt „schutzwürdig verfestigt“ hat, während an anderen „nur wirtschaftliche Chancen“ bestehen, „noch kein Eigentum“. Die Abgrenzung Chance – Recht muß aber immer geleistet werden; über die Einheitlichkeit des geschützten Rechtsgutes sagt sie nichts aus.

Die Grundwasserentscheidung rückt nirgends von der ständigen Rechtsprechung ab, nach welcher das „Eigentum als solches“ vor allem als die „grundsätzliche Verfügungsbefugnis über einen Gegenstand“[18] aufgefaßt wird, als das Recht, Einwirkungen auf diese umfassende Herrschaft auszuschließen[19]. Damit knüpft das oberste Gericht deutlich erkennbar an jene zivilrechtliche Qualifikation des Eigentums als eines umfassenderen Rechtes an, welche auch § 903 BGB zugrunde liegt. Nirgends ist auch, weder im Grundwasserurteil noch früher, von isolierten, heterogenen Eigentumsrechten, stets ist von dem einen Eigentum die Rede. Ausdrücklich heißt es im Deichurteil[20]: „Eigentum ist eine Form der Sachherrschaft und damit der umfassende Begriff für die vielfältig denkbaren sachenrechtlichen Beziehungen.“ Klarer hätte das Gericht, das ja auch neuerdings immer wieder von „dem Eigentum“ spricht[21], der „Bündeltheorie“ keine Absage erteilen können, und in diesem Sinne allein ist auch im Grundwasserurteil von „dem“ Grundstückseigentum die Rede. Wie hätte denn auch immer wieder von Art. 14 GG als einer „grundlegenden verfassungsrechtlichen Wertentscheidung“ gesprochen werden können[22], wenn diese Dezision nicht auch „für ein Recht“ gefallen wäre? Gerade auf diese Judikatur aber bezieht sich stets erneut auch das Grundwasserurteil. Selbst das „öffentliche Eigentum“ wird übrigens, noch in neuerer Zeit, als „hoheitliche Sachherrschaft“ verstanden[23]. Mag auch der Begriffsinhalt des verfassungsrechtlich geschützten Eigentums nicht *nur* privatrechtliche Inhalte aufweisen (vgl. i.f. 2) — die sachenrechtliche Kategorie der Sachherrschaft liegt ihm nach wie vor zugrunde.

Für die Eigentumsdogmatik führt dies vor allem zu einer wichtigen Folgerung: Der Bürger hat nicht nur „Stücke von Eigentum“ in der Hand, die isoliert betrachtet und einzeln wieder entzogen werden können — der Zugriff des Staates richtet sich, wo immer er ansetzt, gegen das „eine Eigentum“; die Entscheidung haben wir dann danach zu treffen, „was uns bleibt“ nach dem Zugriff — von der einen, umfassenden Sachherrschaft. „Eigentümer“ — das ist nach wie vor nicht der Plural von „Eigentum“.

---

[18] BVerfGE 31, 229 (240) m.N.; 37, 132 (140).

[19] So ausdrücklich gegenüber der „öffentlichen Hand“ BVerfGE 24, 357 (396, 400).

[20] BVerfGE 24, 367 (389 f.).

[21] Siehe etwa BVerfGE 20, 351 (359); 50, 290 (339).

[22] So insbes. BVerfGE 21, 73 (82); 24, 367 (389).

[23] BVerfGE 42, 20 (33 f.); krit. dazu *Dicke*, D., in: von Münch, I., GG, 2. Aufl., Art. 14 Rdnr. 11.

2. Eigentum — ein selbständiger Verfassungsbegriff

Ein Kernpunkt der Grundwasserentscheidung ist die Ablehnung der Auffassung des Bundesgerichtshofs, daß der verfassungsrechtliche Eigentumsbegriff sich in erster Linie am zivilrechtlichen Eigentumsbegriff der grundsätzlich schrankenlosen Sachherrschaft orientiere; daraus hatte der Bundesgerichtshof den Enteignungscharakter des öffentlich-rechtlichen Grundwassernutzungsverbotes hergeleitet.

Das Bundesverfassungsgericht stellt lapidar fest[24]: „Der Begriff des von der Verfassung gewährleisteten Eigentums muß aus der Verfassung selbst gewonnen werden. Aus Normen des einfachen Rechts, die im Range unter der Verfassung stehen, kann weder der Begriff des Eigentums im verfassungsrechtlichen Sinne abgeleitet, noch kann aus der privatrechtlichen Rechtsstellung der Umfang der Gewährleistung des konkreten Eigentums ermittelt werden.“ Vielmehr wirkten „bürgerliches Recht und öffentlich-rechtliche Gesetze gleichrangig zusammen“ zur Bestimmung des Eigentumsinhalts.

Diese Formulierungen sind nicht ausgewogen: Wenn es einen eigenständigen Eigentumsbegriff für Art. 14 GG gibt, unabhängig von Gesetzesrecht, so kann dieses Eigentum doch nicht durch den einfachen Gesetzgeber des privaten oder öffentlichen Rechts bestimmt werden; das wäre ein offener Zirkel[25]. Die Aussage des Bundesverfassungsgerichts kann – und muß – vielmehr wie folgt verstanden werden, soll sie in der Kontinuität der Karlsruher Judikatur und der herrschenden Eigentumsdogmatik bleiben:

a) *Nicht allein und auch nicht vorrangig bestimmt bürgerliches Recht des Eigentumsinhalt, die Eigenart des Verfassungsbegriffs liegt vielmehr in der Verbindung bürgerlich- und öffentlich-rechtlicher Inhaltsbestimmung des Eigentums.* Das mag eine Akzentverschiebung sein, eine Neuerung stellt es nicht dar. Zwar kann man dem Bundesverfassungsgericht hier einen Vorwurf nicht ersparen: Bis in die neueste Zeit hat es in ständiger Formulierung den Inhalt der Eigentumsgewährleistung in Art. 14 GG mit den Worten umschrieben, diese Norm schütze „das Eigentum, wie das bürgerliche Recht und die gesellschaftlichen Anschauungen es geformt haben“[26]. Verständlich war es also doch, daß der Bundesgerichtshof von eben diesem bürgerlich-rechtlich geprägten Eigentum ausging. In der Grundwasserentscheidung hätte das Gericht, wollte es schon die Formel nicht verwenden, von ihr nicht stillschweigend abrücken dürfen. So entsteht doch der Anschein einer Rechtsprechungs-

[24] DVBl. 1982, 340 (345).

[25] Darauf weist zutreffend *Baur* hin (Fn. 9), S. 1734 f.

[26] So jedenfalls von der Entscheidung BVerfGE 1, 278 bis zu E 45, 272.

änderung, die aber in Wahrheit nicht vorliegt. Nie war es nämlich *allein* bürgerliches Recht, welches den verfassungsrechtlichen Eigentumsbegriff geprägt hat, man denke nur an die Polizeipflichtigkeit allen Privateigentums, die stets, und gerade auch in der „vorindustriellen" Zeit, den Eigentumsbegriff zumindest wesentlich mitbestimmt hat, und zwar durch öffentliches Gesetzesrecht. Das Bundesverfassungsgericht hat ferner stets auf bürgerliches Recht *und* gesellschaftliche Anschauungen hingewiesen, die sich ohnehin in erster Linie in der öffentlich-rechtlichen Gesetzgebung niederschlagen. Und schließlich verweist ja gerade die Zentralnorm des bürgerlichen Eigentumsrechts, § 903 BGB, mit der Wendung „soweit nicht das Gesetz entgegensteht" von jeher auch auf öffentlich-rechtliche Gesetzesnormen, wie jeder BGB-Kommentar belegt. Insofern ist also die Formel von dem „Eigentum nach bürgerlichem Recht und gesellschaftlichen Anschauungen" auch heute noch haltbar[27]. Die Klarstellung, daß öffentlich-rechtliche Bindungen ebenfalls inhaltsprägend wirken können, mag man sogar begrüßen.

b) *Der Eigentumsbegriff der Verfassung ist kein reiner „Durchlaufbegriff" einfachgesetzlicher Gestaltungen, auch darin zeigt sich sein Selbstand.* Daß Art. 14 GG nicht einfach „Verfassung nach Gesetz" bedeuten kann[28], wird man nicht bezweifeln dürfen, wenn das Wort von der „Grundentscheidung der Verfassung für das Eigentum"[29] Sinn behalten soll. Das Bundesverfassungsgericht hat seit langem eine Auffassung vertreten, die es nun im Grundwasserurteil wie folgt zusammenfaßt: „Welche Befugnisse einem Eigentümer zu einem bestimmten Zeitpunkt konkret zustehen, ergibt sich vielmehr aus der Zusammenschau aller in diesem Zeitpunkt geltenden, die Eigentümerstellung regelnden gesetzlichen Vorschriften[30]." Damit bleibt das Bundesverfassungsgericht bei dem, was es früher mit den Worten ausgedrückt hatte, Gegenstand der Eigentumsgarantie sei nur das durch die Gesetze ausgeformte Eigentum[31]. Gerade weil diese früheren wie die neueste Grundwasserurteilsformel es nahelegen könnten, von einem „Eigentumsinhalt nach öffentlichem Gesetzesrecht" auszugehen, was das Ende des Verfassungsschutzes bedeuten

---

[27] Sie wird denn auch von *Niebler*, E., Die Sozialbindung des Eigentums nach der Rechtsprechung des Bundesverfassungsgerichts, Forstwissenschaftl. Centralblatt, S. 229 (236) an die Spitze seiner „Schlußfolgerungen" gestellt.

[28] Zu dieser Problematik und den Gefahren eines begrifflichen Leerlaufens des Verfassungsrechts vgl. bereits *Leisner*, W., Die Gesetzmäßigkeit der Verfassung, JZ 1964, 201 ff.; *ders.*, Von der Verfassungsmäßigkeit der Gesetze zur Gesetzmäßigkeit der Verfassung, 1964.

[29] Vgl. Fn. 22.

[30] DVBl. 1982, 340 (345).

[31] Vgl. etwa BVerfGE 20, 351 (356); 24, 367 (396); 37, 132 (141); 50, 290 (339) — die konkrete Reichweite der Eigentumsgarantie ergibt sich erst aus der Inhalts- und Schrankenbestimmung durch den Gesetzgeber.

müßte, ist es sogar zu begrüßen, daß das Gericht unmittelbar vorher den begrifflichen Selbstand des „Eigentums“ nach Art. 14 GG betont. Er kommt nicht nur aus dem Zusammenwirken bürgerlich- und öffentlich-rechtlicher Gesetze bei der Inhaltsbestimmung (vgl. oben a), sondern vor allem aus der „Inhaltsprägung durch die Verfassungsentscheidung“. Der Gesetzgeber ist in der Inhaltsbestimmung des Eigentums aber gerade *nicht* frei[32], er muß vielmehr die grundlegende verfassungsrechtliche Wertentscheidung achten[33]: Er darf „den durch das Grundrecht geschützten Freiheitsbereich nicht aufheben oder wesentlich schmälern“[34], den „grundlegenden Inhalt der Eigentumsgarantie“ muß er wahren[35], der Gleichheitssatz darf nicht verletzt werden[36].

Dies ist auch im Grundwasserurteil stark unterstrichen worden[37]: „Bei der Begrenzung von Eigentümerbefugnissen sind dem Gesetzgeber – wie das Bundesverfassungsgericht mehrmals betont hat – Schranken gesetzt“, der „elementare Bestand grundrechtlich geschützter Betätigung im vermögensrechtlichen Bereich“ müsse erhalten bleiben.

Es kann also keine Rede davon sein, daß öffentlich-rechtliche, restriktive Inhaltsbestimmung stets oder auch nur in der Regel verfassungsmäßig sei. Gerade die Betonung des Selbstandes des Eigentumsbegriffes in Art. 14 GG erlegt dem Bundesverfassungsgericht die Prüfungspflicht auf, ob der inhaltsbestimmende Gesetzgeber die Grundentscheidung für das Eigentum gewahrt habe. Beim Ausschluß der Grundwasserbenutzung war das der Fall — doch die Grenzen der Gesetzgebung sind eher noch deutlicher geworden.

3. Sozialbindung — Bestandteil der Inhalts- und Schrankenbestimmung

Endgültig geklärt dürfte nun – ebenfalls im Anschluß an frühere Rechtsprechung – das Verhältnis von Art. 14 Abs. 1 S. 2 GG (Inhalts- und Schrankenbestimmung) zu Art. 14 Abs. 2 S. 1 GG (Sozialpflichtigkeit des Eigentums) sein: Der Gesetzgeber hat nur *eine* Befugnis, die der Bestimmung von Inhalt und Schranken des Eigentums. Bei Ausübung dieser Kompetenz hat er der Sozialpflichtigkeit Rechnung zu tragen[38]; diese ist also nur Orientierung der Inhalts- und Schrankenbestimmung, nicht eine zusätzliche, selbständige

---

[32] Mag sein Ermessen auch bei „sozialem Bezug“ des Eigentums „relativ weit“ sein, vgl. BVerfGE 50, 290 (341).

[33] BVerfGE 21, 73 (82); 24, 367 (389).

[34] BVerfGE 24, 367 (389).

[35] BVerfGE 25, 113 (117).

[36] BVerfGE 31, 248 (253); 49, 220 (233).

[37] DVBl. 1982, 340 (346).

[38] DVBl. 1982, 340 (346).

Eingriffskompetenz des Gesetzgebers. Auch dies ist nichts Neues[39], und das Gericht hatte ja wiederholt ausgesprochen, daß im Rahmen der Bestimmung von Inhalt und Schranken des Eigentums öffentliche und private Belange vom Gesetzgeber gerecht auszugleichen seien, daß also dabei auch der Sozialpflichtigkeit Rechnung getragen werden müsse[40]. Das Grundwasserurteil stellt nochmals eindeutig klar, daß es nur zwei Formen der Beeinträchtigung von Eigentümerinteressen gibt — Inhalts- und Schrankenbestimmung oder Enteignung[41]. Eine „dreistufige Dogmatik" – Inhaltsbestimmung, entschädigungslose Sozialbindung, entschädigungspflichtige Enteignung – ist nicht mehr haltbar. Die beiden ersten Stufen fallen zusammen. Dies aber bedeutet: Der eigentliche Angriffsgegenstand ist für den Bürger nie die Entscheidung der Sozialbindung, sondern stets die der Inhalts- und Schrankenbestimmung, durch welche Sozialbindung verwirklicht wird. Diese ist nicht Kompetenz, sondern Kompetenzrichtlinie.

4. Keine „totale Sozialbindung"

Nach dem Grundwasserurteil verstößt es nicht gegen die Eigentumsgewährleistung, „wenn für die Allgemeinheit lebensnotwendige Güter zur Sicherung überragender Gemeinwohlbelange und zur Abwehr von Gefahren nicht der Privatrechtsordnung, sondern einer öffentlich-rechtlichen Ordnung unterstellt werden", wie das für das Grundwasser durch die Regelungen des Wasserhaushaltsgesetzes geschehen ist[42].

Liegt darin eine „totale Sozialbindung" und somit eine entschädigungslose (Teil-)Sozialisierung von Eigentumsrechten[43]?

Die Frage ist zu verneinen. Nach der Dogmatik des Bundesverfassungsgerichts schließt der einfache Gesetzgeber lediglich das Grundwasser aus dem Kreis der eigentumsfähigen Güter aus, „Sozialbindung" kann ja nur hinsichtlich eines Gegenstandes bestehen, der – im übrigen – noch in Eigentümerhand liegt. Für das Grundwasser trifft dies nach dem Bundesverfassungsgericht nicht zu.

Problematisch bleibt allerdings, wie weit die Freiheit des Gesetzgebers reicht, res extra commercium privatum zu schaffen; wäre sie grenzenlos, so müßte dies in der Tat die Möglichkeit „kalter Sozialisierung" bedeuten. Das

---

39 Vgl. bereits BVerfGE 37, 132 (140); 50, 290 (340); 52, 1 (29).

40 BVerfGE 21, 73 (83); 25, 112 (117); 37, 132 (140).

41 DVBl. 1982, 340 (345).

42 BVerfG, DVBl. 1982, 340 (346).

43 Die Frage stellt erneut *Baur* (Fn. 9), S. 1735; sie wurde schon in der Vorlage aufgeworfen, vgl. BVerfG, DVBl. 1982, 340 (347).

Bundesverfassungsgericht hat dies bereits im Deichurteil erkannt[44] und es dem Gesetzgeber untersagt, „daß solche Sachbereiche der Privatrechtsordnung entzogen werden, die zum elementaren Bestand grundrechtlich geschützter Betätigung im vermögensrechtlichen Bereich gehören und damit der durch das Grundrecht geschützte Freiheitsbereich aufgehoben oder wesentlich geschmälert wird"; es dürfe dadurch nicht „eine für die Wirtschafts- und Sozialordnung des Bundes und aller Glieder fundamentale und einheitlich geltende Rechtseinrichtung zerstört" werden[45]. Auch wenn man den eingehenden Ausführungen des Bundesverfassungsgerichts zur Bedeutung des Grundwassers nicht in allem folgt und die gesetzgeberische Entscheidung nicht für notwendig hält — daß sie nach den eben erwähnten Formulierungen verfassungsmäßig zulässig war, wird man schwerlich bestreiten können. Eigentum am Grundwasser gehört nicht zum „elementaren Bestand" der durch das Grundeigentum geschützten Betätigung, und es ist zumindest fraglich, ob hier von „wesentlicher Schmälerung eines Freiheitsbereichs" gesprochen werden kann. Bereits in einer früheren Entscheidung[46] hatte übrigens das Bundesverfassungsgericht erkennen lassen, daß es Bedenken gegen die Grundwasserrechtsprechung des Bundesgerichtshofs hege.

Steht also auch insoweit das Grundwasserurteil in der Kontinuität der Karlsruher Judikatur, ist auch dem Gesetzgeber kein Blankoscheck zur beliebigen Einschränkung des Kreises privateigentumsfähiger Güter ausgestellt worden — das Gericht präzisiert bei dieser Gelegenheit, unter welchen Voraussetzungen Güterkategorien der Privatrechtsordnung entzogen werden dürfen: „... wenn für die Gemeinschaft lebensnotwendige Güter zur Sicherung überragender Gemeinwohlbelange und zur Abwehr von Gefahren nicht der Privatrechtsordnung, sondern einer öffentlich-rechtlichen Ordnung unterstellt werden (vgl. BVerfGE 24, 367 (398 f.))[47]." Das Zitat des Deichurteils – vorsichtig durch „vgl." eingeleitet – deckt diese durchaus selbständige und neuartige nähere Bestimmung nicht, die schon darin ein novum darstellt, daß sie positiv aussagt, wann eine Güterkategorie „aus dem Privateigentum ausgeklammert" werden darf. Gibt das Grundwasserurteil hier dem Gesetzgeber zuviel Freiheit?

Die Frage ist zu verneinen, wenn man die Beschränkung des Gesetzgebers im Sinne der allgemeinen Grundrechtsjudikatur von Karlsruhe deutet. Die Formel entspricht ersichtlich jener, mit welcher, höchst ausnahmsweise, objektive Beschränkungen der Berufswahlfreiheit gerechtfertigt werden[48]. Die

---

[44] BVerfGE 24, 367 (389).

[45] AaO, S. 391.

[46] BVerfGE 45, 63 (80 f.).

[47] DVBl. 1982, 340 (346).

[48] Ausgehend vom Apothekenurteil des BVerfG, E 7, 398.

Problemlage ist auch die gleiche: In beiden Fällen wird in höchstrangigem öffentlichen Interesse ein Freiheitsbereich (Berufswahlfreiheit-Privateigentum) völlig verschlossen. Daß der Staat in extremis ein solches Recht haben muß, kann, hier wie dort, nicht bestritten werden[49]. Es wird auch nicht leicht sein, die Voraussetzungen solcher Extrem-Lösungen rechtlich eindeutig zu bestimmen, stets muß es wohl bei Allgemeinformeln bleiben. Sie erfüllen ihre Funktion dann, wenn sie eindeutig hier den Freiheitsausschluß als einen Extremfall charakterisieren; der Gesetzgeber darf lediglich für eng begrenzte Güterkategorien und nur in seltenen Fällen die private Eigentumsordnung ausschließen. Man wird dem Bundesverfassungsgericht nicht vorwerfen können, es sei hier in der Grundwasserentscheidung zu entgegenkommend gewesen; allenfalls hätte es noch betonen können, den Gefahren für die Allgemeinheit dürfe auf anderem Weg nicht begegnet werden können — doch gerade dies hat es für das Grundwasser eingehend begründet, so daß man diese weitere Einschränkung seiner Formel noch hinzufügen darf. Dann aber kann diese ebenso befriedigen, wie sie ja auch für die Berufswahl nicht zur Freiheitsauflösung geführt hat: Wollte man allenthalben „höchstrangige Gemeinschaftsbelange" sehen, welche der Berufsfreiheit vorgingen, so würde diese ebenfalls durch ein System objektiver Zulassungsschranken nahezu völlig beseitigt werden können — dies ist nicht geschehen, und es ist daher auch nicht zu befürchten, daß das Bundesverfassungsgericht nun überall Güterkategorien erblicken könnte, welche der Gesetzgeber der privaten Eigentumsordnung entziehen dürfte. Daß übrigens diejenigen öffentlichen Interessen dafür nicht ins Feld geführt werden dürfen, welche eine Sozialisierung rechtfertigen könnten, ergibt sich eindeutig aus der Sonderregelung des Art. 15 GG — hier muß eben für einen Eigentumseingriff entschädigt werden; und im Grundwasserurteil hat sich das Gericht ausdrücklich dagegen verwahrt, daß die umstrittene wasserrechtliche Regelung etwa mit Baurechtsüberlegungen oder unter Hinweis auf den Arbeitsplatzschutz gerechtfertigt werden könnte[50].

Ein grundsätzlicher Einbruch in die Privatrechtsordnung ist also nicht erfolgt; bei sachgerechter Interpretation des Grundwasserurteils kann die Kontinuität der Verfassungsrechtsprechung weitgehend gewahrt werden.

---

[49] Daß bei Eingriffen ins Eigentum die Verfassung selbst eine Enteignungs-Entschädigungsregelung bringt (Art. 14 Abs. 3 GG), nicht aber für den Fall des Eingriffs in die Berufsfreiheit, bedeutet zwar einen Unterschied zwischen den beiden Bereichen, kann aber nicht entscheidend sein, weil ein Gesetzgeber, der eine Güterkategorie öffentlich-rechtlicher Ordnung unterstellt, eben nicht iSv. Art. 14 Abs. 3 GG enteignet, sondern Eigentumsinhalte festlegt. Dann aber besteht die Parallele zu gesetzgeberischen Prägungen des Berufsbegriffs nach Art. 12 GG.

[50] DVBl. 1982, 340 (347).

III. Und doch Eigentumsunklarheiten

Es ist also kein neues Eigentum vom Bundesverfassungsgericht „aus dem Grundwasser gehoben“ worden, die Grundlinien der Dogmatik bleiben unverändert, mag auch das konkrete Hauptergebnis des Beschlusses vielleicht nicht befriedigen, was aber nicht Gegenstand dieser Betrachtungen ist.

Dennoch muß diese Entscheidung zum Anlaß genommen werden, kritisch auf einige Begründungsformulierungen hinzuweisen, die nicht den gerade beim Eigentum so nötigen festen Anhalt bieten, vielmehr zunehmende Eigentumsunklarheit schaffen.

1. Kein Anspruch auf „optimale Eigentumsnutzung“?

In ständiger Rechtsprechung betont das Bundesverfassungsgericht, das Grundeigentum unterliege zu Recht besonders weitgehenden Eingriffsrechten des Staates[51]. Begründet wird dies von Anfang an mit seiner „Unentbehrlichkeit“, einem bedenklich unbestimmten Kriterium. Ist das Grundeigentum denn so „unentbehrlich“ — und für wen vor allem? Und läßt sich ähnliches nicht für viele andere Güter auch behaupten, etwa für geistiges Eigentum, das technologischen Fortschritt verspricht? Die „Unvermehrbarkeit“, jenes Argument aus malthusianischer Vorzeit, hat angesichts agrochemischer Fortschritte, der bauplanerischen Möglichkeiten und der modernen Techniken des Hoch- und Tiefbaus entscheidend an Überzeugungskraft verloren. Man könnte eher die Gegenthese aufstellen: Kaum ein Gut sei – „physisch“ jedenfalls – so leicht „vermehrbar“ wie etwa Bauboden. Eine so allgemeine „Sonderrechtsformel“ für Grundeigentum ist doch aus der Sicht der „Institutsgarantie Eigentum“ bedenklich.

Übrigens sei hier am Rande bemerkt, daß das Bundesverfassungsgericht in diesem Zusammenhang stets, und auch im Grundwasserurteil[52], von „Einschränkungen der Befugnis, über Grundstücke zu verfügen und diese zu nutzen“ spricht. Das gilt auch, ja vor allem, für baurechtliche Beschränkungen. Das oberste Gericht sieht in ihnen also ausdrücklich Grenzen eines „an sich“ dem Eigentümer zustehenden Rechts, nicht etwa ermöglicht es in grundstücksrechtlichen Genehmigungen umgekehrt etwas wie eine konzessionsähnliche Rechtsverleihung seitens des Staates[53]. Im Streit um die „Baufreiheit“ steht das Bundesverfassungsgericht also auf deren Seite.

---

[51] BVerfGE 21, 73 (82 f.); 25, 112 (117); 55, 1 (32 f.).

[52] DVBl. 1982, 340 (347).

[53] Wie dies manche für die Baufreiheit behaupten, so *Rittstieg* (Fn. 11), S. 722 m.N.

Das Bundesverfassungsgericht verwendet aber im Grundwasserurteil wieder die Formel von den besonderen Einschränkungsmöglichkeiten gegenüber dem Grundeigentum, und nachdem es sogleich eine „allgemein eigentumskritische Grundstimmung“ für den zu entscheidenden Fall erzeugt hat – dies ist eben das Bedenkliche an solchen General-Einschränkungsformeln – kommt es zu der Formulierung[54]: „Aus der verfassungsrechtlichen Garantie des Grundeigentums läßt sich nicht ein Anspruch auf Einräumung gerade derjenigen Nutzungsmöglichkeit herleiten, die dem Eigentümer den größtmöglichen wirtschaftlichen Vorteil verspricht.“

Diese Begründung des Ausschlusses der Eigentümer von jeder Grundwassernutzung war gar nicht nötig, ja sie ist unrichtig: Das Bundesverfassungsgericht hat doch das Grundwasser dem Eigentumsrecht des Grundstücksbesitzers entzogen — also ist dies keine „Eigentumsnutzung des Grundstücks“, wie weit die Grundstücksnutzung gehen darf, ist in diesem Zusammenhang daher unerheblich. Wenn ein Gut der privaten Eigentumsordnung gar nicht unterliegt, stellt sich nicht mehr die Frage, wie weit ein Eigentumsrecht an ihm genutzt werden darf.

Vor allem aber wird hier Eigentumsunsicherheit vergrößert. Früher hatte es noch geheißen, nicht jede mögliche Nutzung gehöre notwendigerweise zum *rechtlichen* Inhalt des Eigentums[55] — das führt nicht viel weiter, mag aber hingenommen werden, schon wenn man an die Polizeipflichtigkeit denkt. Daß nun aber kein Recht auf wirtschaftlich optimale Nutzung aus dem Eigentum fließen soll, kann so allgemein nicht akzeptiert werden: Soll der Staat jederzeit beliebig den Eigentümer auf „wirtschaftlich schlechtere“, damit aber nur zu oft unzumutbare Nutzungen verweisen dürfen? Damit verlöre das Eigentum seinen wirtschaftlichen Sinn. Zumindest müßte also die Aussage eingeschränkt werden: Kein Recht auf optimale Nutzung, soweit überragende Gemeinschaftsinteressen dies verbieten — doch diese Einschränkung fehlt im Grundwasserurteil.

In der vorliegenden Form ist dies also eine höchst verunklarende Eigentumsformel, die auch noch überflüssig war — doppelt genäht hält schlechter.

2. Aufhebung von Altrechten — zulässig im Zuge der „Neuordnung eines Rechtsgebietes“

Das Bundesverfassungsgericht hat es auch gebilligt, daß das Wasserhaushaltsgesetz die alten Eigentumsnutzungen des Grundwassers entschädigungslos aufgehoben hat, obwohl sie durch die Eigentumsgarantie geschützt waren.

---

[54] DVBl. 1982, 340 (347).

[55] BVerfGE 45, 63 (81).

In erster Linie wird dies ganz allgemein mit der Zulässigkeit der Neuordnung des Rechtsgebiets, erst nachrangig mit den besonderen öffentlichen Belangen gerechtfertigt[56]. Dies begegnet Bedenken.

Das Bundesverfassungsgericht beruft sich im Grundwasserurteil für die „Zulässigkeit des Eigentumsentzugs bei Neuordnung eines Rechtsgebiets" auf mehrere frühere Erkenntnisse — keines von ihnen deckt jedoch den hier gebilligten entschädigungslosen Eingriff ins Eigentum:

- E 31, 275 (285, 290) geht zwar von der These aus, „die Eigentumsgarantie und das konkrete Eigentum sollen keine unüberwindliche Schranke für die gesetzgebende Gewalt bilden, wenn Reformen sich als notwendig erweisen". Dies ist einer der dunkelsten Punkte der gesamten Verfassungsrechtsprechung, erklärlich allenfalls aus der Reformeuphorie der beginnenden siebziger Jahre. Stehen denn Grundrechte so einfach unter dem Vorbehalt künftiger Reformen, wer beurteilt deren „Notwendigkeit", kann „einfache Notwendigkeit" hier genügen? Doch immerhin wird das Gericht dann gleich vorsichtiger: Dem Gesetzgeber wird nicht die Entziehung, sondern nur die Umgestaltung individueller Rechtspositionen gestattet — im Grundwasserfall wurden sie entzogen.
- In E 36, 281 (293) ist allenfalls nur von Umgestaltung die Rede, die Entscheidung kann also für den Grundwasserfall ebensowenig herangezogen werden.
- E 43, 242 (288) erwähnt zwar auch die „Aufhebung" geschützter Rechtspositionen, bringt aber gar keine Aussage dazu, ob diese Aufhebung verfassungsrechtlich zulässig sei, setzt dies vielmehr ausdrücklich voraus und spricht für diesen Fall dann lediglich die Notwendigkeit des Erlasses angemessener Übergangsregelungen aus. Im Grundwasserurteil wird dagegen die Zulässigkeit des Eigentumsentzuges selbst behandelt und mit der „Neuordnung eines Rechtsgebiets" begründet. Dafür aber ergibt diese Entscheidung nichts.

Das Grundwasserurteil geht hier also über die bisherige Judikatur eigentumseinschränkend einen entscheidenden Schritt hinaus: Nicht mehr nur Umformung, sondern auch Entzug von Eigentumsrechten soll bei Reformen zulässig sein, und zwar ohne jede Entschädigung. Dies kann so allgemein nicht hingenommen werden. Herr der Reformen ist der Gesetzgeber; wenn sie ihn zu entschädigungslosem Eigentumsentzug ermächtigen; wird er zum Herrn des Eigentums. Das hat die Verfassung nicht gewollt. Hier ist die Grundwasserentscheidung nicht nur unrichtig begründet, sie ist unrichtig. Bleibt es dabei, so tritt ein entscheidender Sicherheitsverlust für alles Eigentum ein.

[56] DVBl. 1982, 340 (348).

3. Eigentumsschutz nur für ausgeübte Nutzungsmöglichkeiten?

Das Bundesverfassungsgericht hält es im Grundwasserurteil für entscheidungserheblich für die Zubilligung des Eigentumsschutzes, ob die betreffende Nutzung, hier die des Grundwassers, im Augenblick des Eingriffs tatsächlich vom bislang Berechtigten ausgeübt worden ist; nur in diesem Fall soll Art. 14 GG eingreifen, „mögliche“ Nutzungen unterfielen nicht dem Schutze der Verfassung: Das Problem der Legalenteignung stelle sich (sinngemäß zu ergänzen: nur) dann, „wenn von einer nach früherem Recht möglichen Nutzungsbefugnis bereits Gebrauch gemacht worden ist und diese entzogen wird“[57]. Das Gericht prüft sodann[58], ob dies der Fall war. Soll dies bedeuten, daß der Eigentumsschutz nie für rechtlich eröffnete Nutzungsmöglichkeiten besteht, von denen aber tatsächlich noch nicht Gebrauch gemacht worden ist? Das Grundwasserurteil scheint das nahezulegen, dies aber wäre ein schwerer Einbruch in den bisherigen Grundrechtsschutz, der große Eigentumsunruhe auslösen müßte.

- Welche Nutzungsart – unter mehreren bisher rechtlich möglichen – „gerade“, im Augenblick des hoheitlichen Eingriffs, ausgeübt wird, das ist oft reiner Zufall, nicht selten werden die Nutzungsarten periodisch gewechselt. Soll dem Landwirt jede andere Bodennutzung ersatzlos verboten werden können als die eben ausgeübte, obwohl andere bisher möglich sind, sich wirtschaftlich anbieten, früher gewählt worden waren, morgen vielleicht wieder gewählt werden?
- Die Folge der These des Bundesverfassungsgerichts wäre ein ganz harter Nutzungszwang für den Eigentümer, in jeder Richtung, für welche er irgendwann einmal Eigentumsschutz beanspruchen möchte, ein „Bracheverbot“ im weitesten Sinn des Wortes. Gebrauch zu machen vom Eigentum, das mag man vielleicht, global betrachtet, sogar als eine der Grundpflichten ansehen[59]; wird das Eigentum aber nur ausgeübten Nutzungen vorbehalten, so bleibt allzu vieles schutzlos, verloren geht gerade jene wirtschaftliche Entscheidungsfreiheit, welche das Eigentum sichern soll — eben nach der Rechtsprechung des Bundesverfassungsgerichts[60]. Wenn ein Bauwerk abgebrochen würde, müßte nicht unverzüglich, sondern sofort gebaut werden, damit die Staatsgewalt nicht entschädigungslos in diesem Augenblick „nichtausgeübter Nutzung“ zugreife. Der Landwirt würde wieder, in neuer Eigentums-Leibeigenschaft, in dauernder Nutzungspflicht an die Scholle gefesselt.

---

[57] DVBl. 1982, 340 (345).

[58] AaO., S. 348.

[59] Dazu neuerdings Graf *von Pestalozza*, Chr., Eigentum verpflichtet, NJW 1982, 2169 ff.

[60] Etwa BVerfGE 31, 229 (239); 51, 193 (218).

- Die Abgrenzung von „Recht" und „Chance" muß sicher auch im Rahmen von Art. 14 GG geleistet werden — „reine Chancen" werden nicht geschützt. Doch das Bundesverfassungsgericht darf nicht beim Eigentumsschutz soviel restriktiver vorgehen als die reich differenzierte Zivilrechtsprechung. Will sie etwa nun allen rechtlich geschützten Anwartschaften den Eigentumsschutz versagen, nur weil diese „noch nicht realisiert" worden seien? Soll es Arbeitspflicht durch Eigentumsschutz geben? Zumindest ist doch eines erforderlich: Eine weitere Fassung des Begriffs der „ausgeübten Nutzung".

- Bisher hat der Bundesgerichtshof Schutz auch gegen Entziehung rechtlich möglicher, wirtschaftlich sinnvoller, aber noch nicht ausgeübter Nutzungsmöglichkeiten gewährt[61]. Soll diese Judikatur Makulatur werden? Das hätte nicht ohne eingehende Auseinandersetzung mit ihr geschehen dürfen. Soviel müßte doch dem Bundesverfassungsgericht die Sachkompetenz eines obersten Zivilgerichts wert sein, welches hier in jahrzehntelanger Arbeit eine nuancierte Dogmatik entwickelt hat und sicher an erster Stelle kompetent dafür ist, Rechte und Chancen voneinander abzugrenzen.

Was das Bundesverfassungsgericht ablehnen wollte, war ersichtlich die Lehre vom „natürlichen Eigentumsinhalt", der dem Gesetzgeber vorgegeben sei. Darüber mag man diskutieren, doch darum ging es hier ja nicht, sondern nur um die (bisher) *rechtlich* mögliche, noch nicht ausgeübte Nutzung. Sie aber muß nach wie vor Verfassungsschutz genießen, sonst wird aus Eigentumsrecht Nutzungszwang — in unabsehbarer Intensität. Rasch sollte hier das Bundesverfassungsgericht ein klärendes Wort sprechen.

Das Grundwasserurteil ist eine der großen, nicht eine der besten Entscheidungen aus Karlsruhe. Es bringt keine Eigentumswende, sondern eine „Teil-Kodifikation" der Verfassungsjudikatur zu Art. 14 GG, die vieles bewahrt, manches klärt, einiges verunklart. Hier wird kein schlimmer, finsterer Weg wider das Eigentum beschritten, kein „neues Recht" aus der Tiefen-Taufe gehoben. Ruhige Interpretation und ein beruhigendes Wort aus Karlsruhe mögen die größeren Wellen glätten. Was sicher bleibt, ist eine Warnung vor allzu viel richterlicher Begründungsfreude; vielleicht wäre hier doch weniger mehr gewesen.

Und noch eines: Eigentum verlangt, wie kaum ein anderes Recht, vom Richter die klare Rede: Allzu viel Abwägung wird Abwertung.

---

[61] BGHZ 60, 130 f.; BGH, DVBl. 1974, 233; BGH, ZfW 1975, 45.

Das Eigentum zwischen privatem Nutzen und sozialer Bindung*

Das Thema trifft den entscheidenden Punkt im jahrtausendelangen Kampf Man Versus State. Die Grundrechte haben dem Menschen eine Chance gegen die allmächtige Staatsgewalt geben wollen. Ist es ihnen auch beim Eigentum gelungen? Ein eigentümliches Recht ist das Eigentum vor allem darin, daß seine Verletzung die Bürger nicht, wie bei anderen Grundrechten, gegen den Staat sogleich solidarisiert: Wird die Freiheit des einen bedroht, so stellen sich viele andere hinter ihn, müssen doch mit ähnlichen Eingriffen bald auch sie rechnen. Auch beim Eigentum sollte dies eigentlich eintreten — doch diese Solidarisierung wird überlagert durch etwas anderes, das es nur hier gibt: Die Umverteilungsbegehrlichkeit. Gerade in der modernen Staatlichkeit wandert all das, was dem einen an Eigentumsnutzung entzogen wird, nicht nur, nicht mehr vor allem in die Kassen eines anonymen Gemeinwesens, das dies für Straßenbau oder Landesverteidigung ausgibt, für Veranstaltungen, die allen gleichmäßig nützen. Vor allem wird hier über Eigentumsbindungen umverteilt, immer mehr in neuester Zeit. Dann aber steht nur zu oft der private Eigentümer allein gegen einen Staat und unzählige Mitbürger, welche sich mit diesem offen oder insgeheim, solidarisieren, weil sie sich davon eigene Vorteile, Entlastung versprechen. So ist der Kampf ums Eigentum, den jeder Eigentümer auf seine Weise zu führen hat, der schwerste, den die Gesellschaftspolitik kennt. Gerade deshalb ist es erforderlich, das „Eigentum Privater" als eine Grundentscheidung unserer Verfassung und als eine Grundlage der Marktwirtschaft zu erkennen, bevor wir in den Mittelpunkt unserer Thematik eintreten.

Kampf ums Eigentum herrscht in der Gemeinschaft, seit Menschen begonnen haben, „sich die Erde untertan zu machen", seit ihnen verboten wird zu begehren „des Nächsten Hab und Gut". In unserem Jahrhundert hat der Kampf gegen das Eigentum erstmals die ganze Welt gespalten, vor allem Politik und Gesellschaft in Deutschland.

„Eigentum ist Diebstahl" — im Namen dieser These forderten radikale Sozialisten und Kommunisten die eigentumslose Gesellschaft schon im 19. Jahrhundert, der sowjetische Bolschewismus verwirklichte sie stufenweise nach 1917, auf deutschem Boden nach 1945: „Bodenreformen" beseitigten nahezu das gesamte private Grundeigentum, Sozialisierungen größten Stils

---

* Erstveröffentlichung in: Agrarrecht 1994, Beilage II, S. 3–7.

überführten das Bodeneigentum ebenso wie das Eigentum an Produktionsmitteln in „Volkseigentum". Damit wurde „das Eigentum", das seit Jahrhunderten im wesentlichen als Ordnung der Güterverteilung zwischen Privaten verstanden wird, schlechthin aufgehoben. Es blieb nur das persönliche „Tascheneigentum", der Handel wich der Bedürfnisbefriedigung, jede Art von Marktwirtschaft hörte daher auf. Was ein solcher „Staat ohne Privateigentum" bedeutet, ist den Deutschen erst bei der Wiedervereinigung voll bewußt geworden: Sie übernahmen ein Staatswesen, das zwar nach außen – notgedrungen – Handel trieb, im Inneren aber ein Eigentum und dessen Wert nicht anerkannte. Die notwendige wirtschaftliche Folge war der Niedergang einer Ökonomie ohne Anreize, die den Bürger auf „fruchtlose Arbeit" verwies. Politisch machte ihn dies zum unfreien Kostgänger des Staates, da er ja seinen eigenen Freiheitsraum nicht durch Eigentum absichern konnte, sondern in der Regel nur mehr als Staatsarbeiter, Staatsmieter, Staatsrentner leben durfte. Menschlich wurde eine früher besonders aktive Bevölkerung Deutschlands in graue Lethargie gedrängt, war ihr doch alles „Interesse an Eigenem" genommen, damit aber der wichtigste Entfaltungsraum der Persönlichkeit.

Diese Antieigentumsordnung ist spektakulär zusammengebrochen; daher gilt es, nun erst recht über das Eigentum nachzudenken, dessen Garantie der freie Westen sich bewahren, die er dem Osten zurückbringen konnte. Auf deutschem Boden vor allem muß in diesen Jahren eine Eigentumskrise bewältigt werden, in welche der Kommunismus so viele Länder gestürzt hat. Dies kann nur auf der Grundlage westlicher Vorstellungen über das Privateigentum gelingen, wie sie im Grundgesetz ihren Niederschlag gefunden haben. Die Schicksalsaufgabe der deutschen Wiedervereinigung verlangt daher gerade heute eine vertiefende Besinnung auf die Grundzüge einer verfassungsrechtlichen Eigentumsordnung, von deren Bedeutung und Güte nicht nur die Mitbürger in den neuen Ländern überzeugt werden müssen; auch im Westen Deutschlands ist das Eigentum in Bewegung, in Diskussion, ja sogar in Gefahr, denn der Kampf ums Eigentum wird und muß auch hier immer weiter geführt werden. In den letzten Jahren haben wir uns vielleicht in allzu selbstverständlicher Eigentumssicherheit gewiegt.

Das Grundgesetz hat eine Wertentscheidung höchsten Ranges für „Eigentum als Freiheit" getroffen. Auf Art. 14 Abs. 1 S. 1 GG kann sich jeder Mensch und jede deutsche juristische Person berufen, wenn die Staatsgewalt auf ihr Eigentum zugreift. Der Staat dagegen genießt diesen Schutz nicht, verbürgt doch Art. 14 GG ein Freiheitsrecht gerade gegen ihn.

Nach dem Bundesverfassungsgericht ist dieses Eigentum ein höchstrangiger Verfassungswert: „Das Eigentum ist ebenso wie die Freiheit ein elementares Grundrecht; das Bekenntnis zu ihm ist eine Wertentscheidung des Grundgesetzes von besonderer Bedeutung für den sozialen Rechtsstaat". Hier sind wir bereits mitten in unserem Thema: Die „Nutzung des Eigentums soll dem Eigentümer ermöglichen, sein Leben nach eigenen, selbstverantwortlich entwickelten Vorstellungen zu gestalten" (BVerfGE 79, 292 [303 f.]).

Eigentum heißt aber nicht „Schutz des Reichtums gegen die Armut", „arbeitsloses Einkommen", rechtliche Schranken um eigensüchtig gehütetes Gut, Hort des Materialismus. Bekennen will sich die Verfassung auch hier nur zu dem Wert, der sie insgesamt trägt: zur Freiheit. Bürgereigentum ist nichts als Freiheit in einem doppelten Sinn: Als „geronnene Arbeit", damit geronnene Freiheit, aus der Vergangenheit — welchen Sinn hätte damals Freiheit gehabt, wenn von ihr nichts hätte bleiben dürfen? Und als „potentielle Freiheit" für die Zukunft — um wieviel besser kann der Mensch sie nutzen, steht auf der festen verfassungsgeschützten Grundlage des von ihm bereits Erworbenen.

Mit Recht hat Karl Marx gefragt, welchen Sinn eine Freiheit habe, die es Proletariern nur erlaube, unter Brücken zu verhungern.

Eigentum als Freiheit muß also stets gegenwärtig sein, wenn dieses elementare Grundrecht immer wieder in Verteilungskämpfen als Hort des Egoismus kritisiert wird. Eigentum ist nicht Eigensucht, in ihm wird vielmehr die Freiheit erst zum wirtschaftlich faßbaren Wert. Wo immer man das Eigentum antastet, wird Freiheit entwertet, im wahren Sinne des Wortes. Die Mitbürger im Osten wurden nach der Wende von vielen dafür kritisiert, daß sie nicht ständig „die neue Freiheit gepriesen" haben, sondern sich neues Eigentum schaffen wollten, zuallererst ein Auto — das „Eigentum zur Freiheit par excellence". Solche Kritik geht fehl, sie beweist nur den Freiheitsgehalt des Eigentums; diese Mitbürger wollten eben „Freiheit zum anfassen", in ihrem neuen Eigentum.

Wer Eigentum nimmt, nimmt Freiheit. Für sie aber waren immer Demokraten bereit einzustehen, bis zum letzten. Dies ist die Grundlage eines wahren Eigentumsethos.

Ohne Privateigentum und seine Nutzung gibt es keine Marktwirtschaft. Die „eigentumslose Gesellschaft" hat ihr politisches Freiheitsdefizit jahrzehntelang ertragen. Mit Staatsgewalt aufzufüllen versucht; zerbrochen ist dieser Kommunismus ökonomisch, weil ihm die Marktwirtschaft fehlte. Gewiß ist sie keine politische Wunderformel, doch ohne sie ist Effizienz in der arbeitsteilig verflochtenen Weltwirtschaft nirgends mehr möglich. Grundlage, Ausgangspunkt jeder Marktwirtschaft ist die Anerkennung des Eigentums Privater. Austausch zwischen Eigentumsgütern — das allein nennt man Markt. Auf ihm bildet sich der Preis und damit der Wert allen Eigentums. Marktwirtschaft ist nichts als ein ständiger, unübersehbarer Mechanismus der Eigentumsbewertung. Einen Markt des „Volkseigentums" kann es nicht geben.

Wo immer Staatseigentum massiv auftritt, stört es das Marktgeschehen; denn es wird kaum je so angeboten und nachgefragt wie Güter zwischen Bürgern — nach wirtschaftlichen Kriterien, unpolitisch. Wo immer die Staatsgewalt in den Marktmechanismus eingreift, etwa durch Preisstopp oder Kontingentierung, entwertet sie sogleich das Eigentum, dessen Marktaustausch sie behindert, wirtschaftlich ist dies eine Form kalter Teilenteignung. Und wo immer die Staatsgewalt Privateigentum wegnimmt oder belastet, da verfälscht sie das Marktgeschehen. So zeigt sich: Marktwirtschaft ist nur ein anderes Wort für Eigentums-, Eigentümerwirtschaft.

Nach Bundesverfassungsgericht und h.L. hat das Grundgesetz keine deutsche Wirtschaftsverfassung geschaffen, weder im Sinne einer Marktwirtschaft schlechthin noch auch in dem einer „sozialen Marktwirtschaft". Anerkannt ist aber, daß die wirtschaftlichen Grundrechte – allen voran das Privateigentum – einen festen verfassungsrechtlichen Rahmen ziehen, innerhalb dessen der Gesetzgeber die Wirtschafts- und Sozialverfassung im einzelnen gestaltet. Somit ist der immer wieder aufflammende Kampf um die „Wirtschaftsverfassung des Grundgesetzes" nur ein Streit um Worte: Einer Verfassungsordnung, welche alles Eigentum sichert, nicht nur in seinem Bestand, in der Hand des Eigentümers, sondern auch in seinem Wert und damit in seinen Nutzungen, ist jener Markt vorgegeben, ohne den kein Gut irgendeinen Wert hat. Eine moderne Industriegesellschaft besteht nicht aus skurrilen Amateuren, sondern aus wirtschaftlich handelnden Bürgern — aus Händlern, sie bringen ihr Eigentum und dessen Nutzungsmöglichkeiten auf Märkte, sie bringen von dort anderes Eigentum zurück.

So hat unsere Staatlichkeit auf Märkten begonnen, auf dem römischen Forum, weil sich dort ihre Grundlage bildete, die private Eigentumsordnung. Alles spricht dafür, daß die nächsten Jahrzehnte in Europa, in der Weltwirtschaft, immer mehr Markt bringen werden — also immer mehr Bewußtsein für das Privateigentum und seinen Schutz bringen müssen. In diesem Sinn bekennt sich das Grundgesetz in seinem Art. 14 eben doch zur Marktwirtschaft, sie ist Verfassungsziel, nicht nur ökonomische Theorie. Wer aber soziale Marktwirtschaft anmahnt, sei daran erinnert, daß der bedeutendste Faktor dieser sozialen Orientierung, freie Gewerkschaften, in Deutschland jedenfalls nicht vorstellbar ist ohne Privateigentum an Produktionsmitteln wie an Grund und Boden. Nur aus der Partnerschaft, wenn nötig der Konfrontation, zu den Eigentümern ziehen die Gewerkschaften überhaupt ihre Legitimation, nur über Nutzungen privaten Eigentums werden Tarifverträge geschlossen. Gäbe es kein Privateigentum, die Gewerkschaften würden, wie einst im Osten, zu parastaatlichen Hilfsorganisationen verkommen.

Freiheit und Marktwirtschaft sind die zentralen politisch-ökonomischen Begriffe unserer Zeit. Aus ihnen gewinnt unser Thema drängende Aktualität, denn mit beiden sprechen wir letztlich nur über eines: über das Eigentum Privater.

In Deutschland wird viel über Freiheit, wenig über deren Bindung gesprochen, wenig aber über Eigentum, viel über dessen Bindungen. „Die Geschichte des Eigentums ist die seiner Beschränkung" — früh lehrten dies bereits Sozialisten und Kathedersozialisten. Heute möchte man fast hinzufügen: Über Eigentum wird nur gesprochen, wenn es um seine Bindungen geht.

„Eigentum verpflichtet" (Art. 14 Abs. 2 S. 1 GG). Diese Formulierung wurde für die Weimarer Reichsverfassung von Friedrich Naumann geprägt; durch den lapidaren Kurz-Satz sollte verfassungskräftig eine Eigentumssituation befriedet werden, die damals durch eigentumsfeindliche sozialistische und kommunistische Tendenzen belastet erschien. Diese Formel war durchaus als eine Proklamation gedacht, mit vorrangig sozial-ethischem Charakter — wobei „sozial" hier nicht im Sinne der Nivellierung, sondern der Gemeinschaftsverpflichtung gemeint war. Juristisch präzise Folgerungen haben sich daraus, isoliert betrachtet, nie ableiten lassen. Daß Freiheit überhaupt verpflichtet, ist moralisch unbestritten, es gilt dies für jedes Grundrecht, alle diese Verbürgungen stehen immer in einem Spannungsverhältnis zu entsprechenden Pflichten gegenüber einer Gemeinschaft, ohne deren Schutz es ja Freiheit überhaupt nicht geben kann.

Was hier also für das Eigentum besonders herausgestellt wird, ist letztlich nur die Folge von dessen Grundrechtscharakter. Die Formel erlaubt weder andersartige, noch grundsätzlich weitergehende Einschränkungen als bei anderen Grundrechten. Aus ihr allein können weder Beschränkungsrechte abgeleitet werden noch stellt sei einen allgemeinen Gesetzesvorbehalt auf, der dem einfachen Gesetzgeber derartiges unbegrenzt gestatten könnte; ein solcher wäre auch viel zu allgemein und daher mit der Rechtsstaatlichkeit unvereinbar.

„Eigentum verpflichtet" muß also im Zusammenhang gesehen werden mit dem im Text der Verfassung folgenden Satz: „Sein Gebrauch soll zugleich dem Wohle der Allgemeinheit dienen". Diese Formulierung ist die Grundlage der im Eigentumsrecht besonders wichtigen, im folgenden zu behandelnden „Sozialpflichtigkeit" des Eigentums. Sie wird in der Regel mit dem Recht des einfachen Gesetzgebers zusammen gesehen, Inhalt und Schranken des Eigentums zu bestimmen (Art. 14 Abs. 1 S. 2 GG). Der Gesetzgeber soll im Rahmen dieser seiner Befugnis das Eigentum soweit einschränken dürfen, wie dies eben Art. 14 Abs. 2 GG mit der Formel von der Gemeinschaftsverpflichtung gestattet. Insoweit findet dann weder eine Eigentumsentziehung (Enteignung im Sinne von Art. 14 Abs. 3 GG) statt, noch auch eine übermäßig beschränkende Ausgestaltung des Eigentums, welche den Gesetzgeber ebenfalls zu Entschädigungs- oder Ausgleichsleistungen verpflichten könnte.

Diese heute herrschende Auffassung ist grundsätzlich zutreffend: Das Inhalts- und Schrankenbestimmungsrecht und die Gemeinwohlklausel bilden eine Einheit und sind als ein Gesetzesvorbehalt zugunsten des einfachen Gesetzgebers zu sehen, der in diesem Rahmen in den Freiheitsraum des privaten Eigentums eindringen darf.

Die Gemeinwohlklausel ist jedoch genauer zu interpretieren als dies gemeinhin geschieht. Zunächst fällt bereits auf, daß sie nicht in der Form einer harten Muß-, sondern einer weicheren Soll-Bestimmung formuliert ist. Es ist also wünschenswert, daß der Eigentumsgebrauch zugleich auch der Allgemeinheit zugute kommt, doch unterliegt der Gesetzgeber keinem grundsätzlichen Zwang, dies auch überall gleichmäßig vorzusehen. Eine solche Regelung wäre auch völlig abwegig: Erwirbt der Bürger Kleidungsstücke oder Einrichtungsgegenstände, so kann deren Gebrauch nicht zugleich öffentlichen Interessen dienen: Im Bett schläft der Bürger bis auf weiteres nicht zugleich zum Wohle der Allgemeinheit. Die Formel ermöglicht also deren Berücksichtigung nur dort, wo entsprechende Belange der Gemeinschaft überhaupt ersichtlich sind, wie insbesondere beim Grund- und Betriebseigentum.

Dem „Wohl der Allgemeinheit" soll der Eigentumsgebrauch zugleich dienen, nicht aber dem Wohl anderer Bürger. Die Gemeinwohlformel verlangt – und deckt – also nicht grundsätzliche und ständige Umverteilung allen Eigentums, wie es der Kommunismus wollte, soweit er das Eigentum nicht überhaupt beseitigt hat. Jeweils müssen vielmehr öffentliche Belange nachweisbar sein, will der Gesetzgeber das Eigentum einschränken. Ausgangspunkt war hier eine Rücksichtnahmeverpflichtung auf Belange der Gemeinschaft, welche dieser als solcher zustehen: So muß etwa der Grundeigentümer Lärmbeeinträchtigungen von Verkehrswegen hinnehmen, der Steuerbürger Belastungen seines Eigentums im Interesse der Finanzbedürfnisse der Gemeinschaft, der Eigentümer freistehender Wohnungen die Einweisung von Obdachlosen, zur Gewährleistung einer öffentlichen Sicherheit und Ordnung, welche sonst bedroht sein könnte. Sicher war es nie erklärtes Ziel dieser Formulierung, in ihrem Schutz ökonomische Nivellierungen auf breiter Front durchzuführen, indem davon ausgegangen wird, es diene eben dem „Wohl der Allgemeinheit", daß alle Bürger annähernd gleichviel verdienten oder besäßen. Wirtschaftliche Interessen Schwächerer kann man nicht kurzerhand als „Wohl der Allgemeinheit" ausgeben. Stets muß sich nachweisen lassen, daß Interessen einer (schwächeren) Gruppe zugleich im öffentlichen Interesse stehen. Hier wird seit langem allzu großzügig verfahren, ja gesündigt: Der Gesetzgeber, der Staat überhaupt, verfolgt sogenannte „sozialgestaltende Ziele" meist zur Korrektur von ökonomischen Ergebnissen der Marktwirtschaft, mit dem Ziel, die Einkommensverhältnisse anzugleichen, sie jedenfalls nicht allzuweit auseinanderdriften zu lassen. Das kann im öffentlichen Interesse liegen, um den sozialen Frieden zu erhalten, allzugroße, diesen Frieden gefährdende Unterschiede der wirtschaftlichen Lage der Bürger zu verhindern, vor allem aber, um Existenzbedrohungen abzuwenden, welche die öffentliche Sicherheit und Ordnung beeinträchtigen können. Übergegangen ist aber heutige Staatlichkeit ganz allgemein zu „Eigentumseinschränkungen als Umverteilungspolitik", und daß dies stets und in allem dem „Wohl der Allgemeinheit" entspricht, davon kann nicht die Rede sein.

Solange die wirtschaftlich schwächere Mehrheit der ökonomisch stärkeren Minderheit ihren Willen über demokratische Mechanismen aufzwingen kann, wird sich an solcher Praxis wenig ändern. Bewußt bleiben sollte immerhin, daß dies zu einer Perversion der „Verpflichtung des Eigentums" führen kann: Bei seinem Gebrauch hat der Eigentümer nicht an die – verständliche, aber kaum ersättliche – Begehrlichkeit von Mitbürgern zu denken, sondern an das „Wohl der Allgemeinheit". Das ist und bleibt ein wesentlicher Unterschied.

Nur der „Gebrauch" des Eigentums unterliegt der Gemeinwohlbindung, dessen Nutzung also, nicht die anderen Aspekte der grundrechtlich geschützten Freiheit. Das spricht dafür, daß Besitz, Verwaltung und Verfügung jedenfalls dem Eigentümer verbleiben müssen. Den Allgemeininteressen ist sicher Genüge getan, wenn der – ja bei weitem wichtigste – Nutzungsaspekt des Eigentums zugleich mit Blick auf das gemeine Wohl gesehen werden muß. Konkret bedeutet dies, daß Verfügungssperren, Besitzbeeinträchtigungen und Verwaltungsvorgaben für das Eigentum grundsätzlich unzulässig sind, legitim nach der Verfassung nur insoweit, wie sie unumgänglich erscheinen, um die Interessen der Gemeinschaft an einer bestimmten Nutzung des betreffenden Gutes zu sichern.

„Zugleich" heißt es schließlich in Art. 14 Abs. 2 S. 2 GG habe die Eigentumsnutzung den Allgemeinheitsbelangen zu dienen — zugleich mit den Interessen des Eigentümers. Das Wort „zugleich" setzt jedoch zunächst einmal eine (Zeit-)Vorgabe voraus, an der sich die Berücksichtigung des öffentlichen Interesses auszurichten hat. Diese Vorgabe steht aber dem privaten Eigentümer grundsätzlich zu. Er hat, nach dem Wortlaut der Verfassung, das „erste Eigentums-Wort", indem er die von ihm gewünschte Nutzung bestimmt. Dann erst folgt die Verwirklichung des daran sich orientierenden Rechts der Gemeinschaft, das „auch ihr" dieser Gebrauch diene, daß keine Nutzung stattfinde, bei welcher solches nicht gewährleistet ist. Diese „Priorität der Privatnützigkeit" darf der Gesetzgeber nicht dadurch umkehren, daß er es zunächst einmal dem Staat überläßt, die Nutzungen eines Gutes festzulegen, um dann dem Eigentümer noch ein bescheidenes Mitspracherecht bei einer wesentlich staatsbestimmten Nutzung einzuräumen.

Scharfe Trennungslinien sind hier zwar kaum möglich. Auf der Hand liegt aber, daß es heute vielfache staatliche Tendenzen gibt, das Wort „zugleich" in „primär" umzudeuten, die Eigentumsnutzung vollständig zu verplanen, um dann dem Eigentümer nur in engsten Grenzen Nutzungs-Mitsprache zu gewähren. Dies kann nicht das Ziel einer grundrechtskonformen, einer freiheitlichen Eigentumspolitik sein, weder etwa im Bau- noch im Umweltrecht, wo heute das private Eigentum besonders weit und rasch zurückgedrängt wird. Wenn der Staat schon „Nutzungsrahmen“ schafft, hier das „erste Nutzungswort“ spricht, so muß er dabei dem Eigentümer bedeutsame, wahrhaft privatnützige Räume der Entscheidung belassen, sonst verstößt er gegen Wortlaut und Geist der Verfassung.

Diese Erkenntnis, die den Wünschen gewisser politischer Richtungen deutlich entgegensteht, muß nun bei der Behandlung der wichtigsten allgemeinen Schranke des Eigentums fruchtbar gemacht werden, der allzuviel beschworenen „Sozialpflichtigkeit“.

Als eine Art von Ober- oder Sammelbegriff, aber auch im Sinne einer globalen Legitimation für ganz unterschiedliche Beschränkungen des Eigentums im Namen der Allgemeinheit, haben sich die Begriffe „Sozialbindung“, vor allem aber „Sozialpflichtigkeit“ des Eigentums eingebürgert. Sie gehen im wesentlichen zurück auf Vorstellungen, die in der nationalsozialistischen Zeit entwickelt worden sind und damals besonders hoch im Kurs standen („Gemeinnutz geht vor Eigennutz“); die Sozialbindung wurde seinerzeit in radikaler Form praktiziert, meist ohne jede Entschädigung, gegen rassisch oder politisch Mißliebige ebenso wie, flächendeckend, im Rahmen der Kriegswirtschaft. Hier kam deutlich die „sozialistische“, im politischen Sinn „linke“ Grundtendenz des Regimes zum Vorschein, welche die nationalsozialistische Bewegung von Anfang an bis zum Ende gekennzeichnet hat. Es ist erstaunlich, daß bei der – meist recht oberflächlichen – Beurteilung des Nationalsozialismus als „rechte“ Regierungsform dieser Mißachtung des Privateigentums zugunsten von Gemeinschaftsbelangen, soweit ersichtlich, kaum je gebührend Rechnung getragen wird. Allein schon wegen dieser Einstellung zum Eigentum, aber auch aus vielen anderen Gründen, wäre es jedenfalls abwegig, die Grundidee des Nationalsozialismus mit einem wie immer gearteten Konservativismus gleichzusetzen.

Im vorliegenden Zusammenhang wichtig ist dies: „Sozialpflichtigkeit“ ist nicht ein vorbehaltlos „gutes“ Wort unserer politischen Sprache. Es muß vielmehr immer wieder behutsam mit Sinn erfüllt werden. Dabei gilt es durchaus, Gedankengut einer Vergangenheit zu „bewältigen“, in der man, wie in vielen heutigen Tendenzen auch, von einem grundsätzlichen Überwiegen der Gemeinschaftsbelange ausging; dies letztere steht in diametralem Gegensatz zum Grundgesetz.

Wichtig ist auch, daß das Teilwort „Sozial-“ hier eindeutig im Sinne der Gemeinschafts- oder der Allgemeinwohlverpflichtung, und nur in diesem Verständnis gebraucht werden darf. Es ist nicht einfach gleichzusetzen mit der weit verbreiteten Vorstellung von einem „sozialen“ Verhalten, das grundsätzlich auf „Schwächerenschutz“ angelegt ist, bis hin zur Nivellierung. Zu solchem Eigentumsgebrauch ist der Grundrechtsträger nicht generell und durchgehend verpflichtet.

Wenn der Staat den Eigentumsgebrauch, und zwar im öffentlichen Interesse, beschränken will, so mag er dabei auch die Schwachen schützen, ja einebnende Ziele mit verfolgen — auf sie darf das „Soziale“ weder beschränkt, noch dürfen sie grundsätzlich bei der Bestimmung des Sozialen in den Mittelpunkt gerückt werden. Recht verstandene Sozialpflichtigkeit des Eigentums bedeutet nicht schlechthin das Gebot, eine „soziale Gerechtigkeit“ herzustellen, die meist nur in Umverteilung gesehen wird. Derartige wohlklingende, im Grunde aber gänzlich undefinierte und daher demagogische Vorstellungen haben mit der deutlich liberalen Grundkonzeption des Eigentums im Grundgesetz nichts gemein. Sie lassen sich auch nicht über eine – meist ebensowenig präzisierte oder gleichfalls einseitig interpretierte – „Sozialstaatlichkeit“ (Art. 20, 28 GG) in Art. 14 GG hineintragen; denn ganz herrschender Lehre entspricht es, daß dieser „Sozialstaat“ – in Wahrheit „sozialer Rechtsstaat“ – seine Konkretisierung gerade in der Sozialpflichtigkeit des Eigentums abschließend gefunden hat.

Sozialpflichtigkeit — das verlangt gemeinschaftsbewußten Umgang mit Hab und Gut, nicht mehr und nicht weniger.

Die Staats- und Gesetzgebungspraxis in Deutschland trägt allerdings diesen an sich doch klaren Grundsätzen nur sehr beschränkt Rechnung. Zu beobachten ist vielmehr, im Namen von Sozialstaatlichkeit und Sozialpflichtigkeit, eine laufende, im wahren Sinne des Wortes schleichende, manchmal aber auch bereits ganz offene Aushöhlung der Eigentumsgarantie. Das frühere liberale Eigentumsbewußtsein des Großbürgertums ist mit dieser Schicht untergegangen, das „Kleinere Eigentum“ des heutigen demokratischen Durchschnittsbürgers und -wählers hat sich schon deshalb nicht vergleichbar entwickeln können, weil die früheren Sicherungsfunktionen des Eigentums Privater heute weitgehend für diese wahlentscheidenden Schichten ersetzt wurden einerseits durch das Interesse am Arbeitsplatz — er aber ist nicht eigentumsgeschützt und kann es als solcher kaum je sein; zum anderen durch die Sicherungen, welche die Sozialversicherung bietet — sie werden zwar, dem Namen nach, in die Eigentumsgarantie mit einbezogen, dort jedoch derart, im Namen der Solidarität der Arbeitnehmer und der öffentlichen Finanzen, relativiert und durchlöchert, daß sie die „Schutzmauer-Funktion“ des Privateigentums schlechthin nicht erfüllen können.

Wie schlecht es um das traditionelle Eigentum bestellt ist, wie sehr hier meist ganz unklare „Sozial-Vorstellungen“ einbrechen, soll kurz an zwei Beispielen gezeigt werden:

Im Osten Deutschlands ist, zwischen 1945 und 1949, nahezu der gesamte agrarische Grundbesitz über 100 ha entschädigungslos enteignet worden, vor allem im Zuge der sogenannten demokratischen Bodenreform. Nach der Wiedervereinigung war von vornherein klar, daß dieses Unrecht, das weithin von schweren Menschenrechtsverletzungen begleitet war, insoweit nicht rückgängig gemacht werden konnte, als redliche Erwerber auf oder an diesen Flächen Eigentum erworben und sich dort neue Existenzen aufgebaut hatten. In den meisten Fällen lag jedoch die Beute aus diesen Konfiskationen in den Händen von LPGs oder Öffentlich-rechtlicher Körperschaften, welche die Nachfolge der DDR und ihrer volkseigenen Betriebe angetreten hatten. Insoweit konnte es allenfalls darum gehen, ob die Alteigentümer oder frühere LPG-Mitglieder bzw. sogenannte Neueinrichter diesen Grund und Boden erhalten sollten. Das Bundesverfassungsgericht hat im sogenannten Bodenreformurteil vom April 1991 den Alteigentümern einen Rückgabeanspruch aufgrund von Art. 14 GG versagt: Die seinerzeitigen Enteignungen müßten als Akte einer „fremden Staatsgewalt" hingenommen werden. Da die Alteigentümer im Augenblick der Wiedervereinigung keine Eigentumsposition mehr besessen hätten, seien ihnen lediglich sogenannte Ausgleichsleistungen geschuldet, nach dem Vorbild des Kriegsfolgenausgleichs nach 1945 im Westen Deutschlands. Hier aber habe der Gesetzgeber ein sehr weites Gestaltungsermessen, aufgrund des hier ausschließlich zu beachtenden Sozialstaatsprinzips, wobei allerdings auch der Gleichheitssatz zu beachten sei. Solche Leistungen müsse der gesamtdeutsche Gesetzgeber vorsehen, wie dies bereits im Einigungsvertrag niedergelegt ist. Drei Jahre nach diesem Urteil, vier Jahre nach dem Einigungsvertrag ist der deutsche Gesetzgeber noch immer nicht in der Lage, sich auf Eckwerte eines solchen Ausgleichs zu einigen. In diesen Tagen wird sich erstmals entscheiden, ob es überhaupt in dieser Legislaturperiode noch zu einem Entschädigungs- oder Ausgleichsgesetz kommt. Wie immer man zu dieser Problematik steht — dies ist ein Armutszeugnis für den deutschen Gesetzgeber, die deutsche Demokratie und die Solidarität zwischen den Bürgern. Von Bedeutung für die hier behandelte Problematik „Eigentum – Sozialbindung" ist dies vor allem unter einem Gesichtspunkt: Für die nach 1949 in der DDR Enteigneten hat bereits der Einigungsvertrag „Entschädigung" vorgesehen. In den bisherigen Beratungen zum Entschädigungs- und Ausgleichsgesetz scheint sich aber die Auffassung durchgesetzt zu haben, daß auch für diese Fälle „Entschädigung" nichts anderes bedeutet als „Ausgleich", daß also im Namen der Sozialbindung der deutsche Gesetzgeber auch dort, wo er ausdrücklich selbst eine Eigentumsposition nach 1989 anerkannt hat, diese Position, im Namen der Gleichheit und der Sozialstaatlichkeit, weitestgehend ignorieren darf: Nach den jetzt diskutierten „Eckwerten" von Entschädigung und Ausgleich würden die Betroffenen bei einem Besitz über 250 ha wohl keinerlei Entschädigung, darunter eine Entschädigung im Durchschnitt von 5% erhalten. Damit könnte von „Entschädigung" im herkömmlichen Sinn des Eigentums überhaupt nicht mehr die Rede sein. Was dies für eine Eigentumsgarantie in der Zukunft bedeuten kann, die nun nicht mehr entschädigungsbewehrt ist, bei der im Namen der Sozialbindung der Ausgleich im Falle der Enteignung derart, bis nahe Null, reduziert werden kann, läßt sich leicht vorstellen. Hier gerät die gesamte zukünftige deutsche Eigentumsordnung im Namen einer weit übersteigerten Sozialbindung in Gefahr. Man mag einwenden, dies sei die Folge ganz außerordentlicher Umstände, der Wiedervereinigung eben. Die Geschichte lehrt aber, daß der Staat und seine Regierung immer in der Lage gewesen sind, „außergewöhnliche Situationen" entweder zu definieren oder — zu erfinden.

Noch an einer anderen, nun durchaus „herkömmlichen" Problematik läßt sich das Vordringen der Sozialbindung demonstrieren: Beim Natur- und Landschaftsschutz, bei Nutzungsbeschränkungen, welche auf seiner Grundlage privaten Eigentümern auferlegt werden. Hier hat ein Grundsatzurteil des Bundesverwaltungsgericht vom 24.6.1993 in letzter Zeit viel von sich reden gemacht. Das Bundesverwaltungsgericht hat darin die von ihm früher, wenigstens teilweise, vertretene Auffassung aufgegeben, nach welcher weitgehende Nutzungseinschränkungen in oder aufgrund von Natur- und Landschaftsschutzsatzung als Eingriffe in besondere verfassungsrechtlich geschützte Rechtspositionen anzusehen und daher als Enteignungen nach Art. 14 Abs. 3 GG zu behandeln wären. Vielmehr handle es sich bei all diesen Nutzungsbeschränkungen ausschließlich um die Bestimmung von „Inhalt und Schranken des Eigentums", nach Art. 14 Abs. 1 S. 2 des GG. Enteignungsgrundsätze und Enteignungsentschädigung seien hier nicht anwendbar. Allerdings hat das Gericht auch klargestellt, daß der Gesetzgeber dann einen Ausgleich vorsehen müsse, wenn er im Zuge der Inhalts- und Schrankenbestimmung des Eigentums den Betroffenen allzuschwere Opfer auferlege. Und das Bundesverwaltungsgericht will sogar prinzipiell dieselben Kriterien an eine solche Ausgleichsregelung anlegen, mit welchen früher die sogenannte „Enteignungsschwelle" bestimmt worden war. Insoweit also hat sich eine Lehre durchsetzen können, nach welcher dem Gesetzgeber bei der Inhalts- und Schrankenbestimmung des Eigentums letztlich auch kein größerer Spielraum zugestanden wird, als wenn er zu Enteignungen überginge. Dies muß durchaus als ein Erfolg des Eigentumsschutzes gewertet werden. Im konkreten Fall des Natur- und Landschaftsschutzes dagegen zeigt die Entscheidung in einigen höchst bedenklichen Formulierungen, daß die Sozialpflichtigkeit immer weiter vordringt. Vor allem an einer Stelle wird dies deutlich. Das Gericht meint nicht nur, wie schon früher, in aller Regel seien Einschränkungen von den betroffenen Eigentümern hinzunehmen, es bringt nun ganz deutlich zum Ausdruck, daß der vom Gesetzgeber festzusetzende Ausgleich nichts anderes sei als eine Härteregelung, im Falle von „wesentlichen" Einschränkungen der Nutzungsmöglichkeit. Diese letztere Umschreibung hält das Bundesverwaltungsgericht für hinreichend bestimmt und damit für rechtsstaatlich vertretbar.

Dies letztere mag noch hingehen, ist es doch dem Gesetzgeber in der Tat kaum möglich, alle Ausgleichsfälle durch eine einzige Formel zu erfassen. Nicht einzusehen ist allerdings, weshalb der Gesetzgeber nicht, wie in so vielen anderen Fällen, durch eine Liste von Beispielen näher verdeutlichen könnte, was denn nun „wesentliche Beeinträchtigungen" der Eigentumsnutzungen seien. Wenn es darum geht, öffentliche Interessen zu definieren, geht das Gesetz ja auch diesen Weg. Wird er hier nicht beschritten, so wird es in Kürze dazu kommen, daß eben doch nur Härtefälle zu Ausgleich berechtigen.

Der Einsatz dieser Härte-Kategorie im Natur- und Landschaftsschutz, in solcher Offenheit, läuft jedoch auf einen nahezu völligen Leerlauf der Eigentumsgarantie hinaus. Härteausgleich wird eben, traditionell im deutschen Recht, nur dort gewährt, wo im Einzelfall, unter Berücksichtigung der gesamten Situation, also auch der wirtschaftlichen Lage des Betroffenen im übrigen, der Eingriff als unzumutbar erscheint. Damit aber führt die Rechtsprechung des Bundesverwaltungsgerichts zu einer deutlichen „Sozialisierung des Entschädigungsrechts": Wer eben leistungsfähiger oder „reicher" ist, der kann sich nicht auf „Härte" berufen, erhält deshalb auch keinen Ausgleich. Dieser wird nicht mehr nach dem Wert der entzogenen Nutzungsmöglichkeit berechnet, sondern nach der „sozialen Lage" des Berechtigten. Die Folgerungen sind unabsehbar für das gesamte deutsche Recht der Ersatzleistungen: Wenn Enteignungsentschädigung und Aufopferungsentschädigung nach den Vermögensverhältnissen der Betroffenen gestaffelt werden können, oder auch nur, wie es beim Entschädigungs- und Ausgleichsgesetz bereits vorgesehen ist, nach der Höhe der vom Schädiger zu zahlenden Summe, so wird sich diese „Sozialverträglichkeit" morgen entsprechend im Bereich der Amtshaftung auswirken; dann aber ist eine Revolutionierung des gesamten deutschen Zivilrechts nicht mehr aufzuhalten: Sämtliche Ersatzleistungen, insbesondere der Schadensersatz, werden „sozial verträglich", vielleicht gar nach Härtegesichtspunkten, ausgestaltet werden müssen; das Ersatzleistungsrecht wird zu einem Vehikel massiver Umverteilung. Daß dies mit zentralen Traditionen des deutschen, ja des kontinentaleuropäischen Rechts brechen würde, liegt auf der Hand.

Kein Schlagwort ist so eingängig wie das der Sozialpflichtigkeit des Eigentums im öffentlichen Recht, keines ist in den vergangenen Jahren stärker strapaziert worden. Nie aber ist es, soweit ersichtlich, gelungen, hier den Begriff des „Sozialen" näher zu bestimmen, wie ja auch niemand je hat sagen können, was denn unter „sozialer Gerechtigkeit" zu verstehen sei — es sei denn nur eines: den Weg beschreiten zur Nivellierung.

Nach 1949, in den ersten Jahrzehnten der Bundesrepublik Deutschland, konnte man als überall noch ganz herrschende Auffassung lesen, Gleichheit bedeute Gleichbehandlung, nicht Gleichmachungs-Gleichheit, Gleichmacherei. Derartige Formulierungen finden sich heute kaum mehr. Die Mehrzahl der Beherrschten findet Gefallen an einem „Sozialen“, das ihnen im Ergebnis bisher fremdes Gut in die eigenen Taschen bringt; die Herrschenden aber, denn auch in der Demokratie gibt es eben solche, finden rasch Gefallen an einem Herrschaftsinstrument, das noch immer die Staatsgewalt gestärkt hat: Macht durch Nivellierung.

Sozialbindung des Waldeigentums*

Zu Erwin Nießleins Studie „Waldeigentum und Gesellschaft"

Die Lage des privaten wie des öffentlichen Waldbesitzes hat sich in den vergangenen Jahrzehnten tiefgreifend verändert — zum Nachteil der Waldeigentümer. Einerseits ist die früher beispielhafte und hochgeschätzte *Rentabilität entscheidend und wohl auf Dauer zurückgegangen*; die Grenzen der Defizitwirtschaft sind auf breiter Front überschritten. Zum anderen nimmt der Staat das Eigentumsgut *Wald* immer mehr, durch Verbote und Gebote, *zum Nutzen der Allgemeinheit in Anspruch* — vom „klassischen", konservierenden Naturschutz über die mannigfachen Formen modernen Umweltschutzes bis hin zum Erholungswald; und die meisten dieser Belastungen werden entschädigungslos auferlegt, sie gelten als *„Sozialbindung des Waldeigentums"*.

Nun läßt sich die schwierige Lage des Waldbesitzes sicher nicht allein aus diesen Belastungen der Sozialbindung erklären; doch sie können leicht der große Tropfen sein, der das waldbetriebliche Faß zum ständigen defizitären Überlaufen bringt. Grund genug, um Belastungen und Belastbarkeit dieses Wirtschaftsgutes vertieft und spezialisierend zu überdenken, aus den Verfassungskategorien jenes Eigentums heraus, dessen zentraler Gegenstand der Wald seit vielen Jahrhunderten ist.

Die Sozialbindung des Eigentums ist allgemein in den letzten Jahren im Schrifttum sehr eingehend erörtert worden[1]. Sozialbindung des Waldeigentums war ebenfalls Gegenstand einiger neuerer Studien[2]. Das Bundeswaldge-

---

* Erstveröffentlichung in: Agrarrecht 1980, S. 126–129.

[1] Siehe f. viele *Bender*, B., Sozialbindung des Eigentums und Enteignung, NJW 1965, 1297; *Bielenberg*, W., Verfassungsrechtliche Eigentumsgarantie und Sozialbindung im Städtebau, DVBl. 1971, 441; *Böckenförde*, E.-W., Eigentum, Sozialbindung des Eigentums, Enteignung, in: Gerechtigkeit in der Industriegesellschaft 1972, 215; *Breuer*, R., Die Bodennutzung im Konflikt zwischen Städtebau und Eigentumsgarantie, 1976; *Dittus*, W., Planung und Sozialgebundenheit des Grundeigentums, DVBl. 1957, 329; *Farke*, W., Öffentliche Bedeutung privater Wirtschaftsunternehmen und Sozialpflichtigkeit des Eigentums, 1973; *Klein*, F., Eigentumsbindung, Enteignung, Sozialisierung und Gemeinwirtschaft im Sinne des Bonner Grundgesetzes, 1972; *Leisner*, W., Sozialbindung des Eigentums, 1972; *Ockermann*, J., Die soziale Bindung des Eigentums in der BRD, ihren Nachbarländern und den USA, 1974 (Diss.); *v. Schalburg*, R., Die Grenzen der Sozialbindung des Eigentums, Gesellschaftspol. Komm. 1977, 40.

[2] Vgl. vor allem *Badura*, P., Grenzen der Sozialpflichtigkeit des Waldeigentums, Der Forst- und Holzwirt, 1976, 237 ff.; *Leisner*, W., Eigentum als Schranke der Waldgesetzgebung, Allgemeine Forstwirtschaft, 3/1977; *Ebersbach*, H., Eigentumsbeschränkungen im Hinblick auf die Sozialfunktion des Waldes, AgrarR 1972, 129 ff.

setz und die neueren Waldgesetze der Länder[3] haben zwar in manchen Einzelheiten vielfältig-unterschiedliche Regelungen gebracht, insgesamt aber doch die Tradition eines „gemeinen deutschen Waldrechts" in wichtigen Grundzügen fortgesetzt, und vor allem in Regelungen, welche Sozialbindung im Wald betreffen.

Sehr zu begrüßen ist es deshalb, daß ein anerkannter forstlicher Fachmann, *Erwin Nießlein*, es in seinem Buch „Waldeigentum und Gesellschaft — eine Studie zur Sozialbindung des Eigentums"[4] unternimmt, praktikable Abgrenzungen zwischen dem zu entwickeln, was der Waldeigentümer an Belastungen entschädigungslos als Sozialbindung zu dulden hat, und jenen Eingriffen, welche als Enteignung den Staat zu Ersatzleistungen verpflichten. Gerade wenn man davon ausgeht, daß diese Enteignungsschwelle nach der Schwere des Eingriffs zu bestimmen ist[5], müssen für die *einzelnen Eigentumsgegenstände* „Subformeln" entwickelt werden, in denen diese Schweregrenze jeweils bestimmt wird[6]. Selbstverständlich können diese die „Großformel" – das Schwerekriterium – nicht ersetzen oder verdrängen; doch gerade sie gestatten es dann dem Gesetzgeber, mehr als bisher auch für einzelne Bereiche die Enteignungsschwelle zu bestimmen und damit die Junctim-Klausel ernster zu nehmen. Solche Subformeln können nicht allein aus juristischer Sicht aufgestellt werden; denn sie setzen vertiefte „technische" und betriebliche Einzelkenntnisse voraus. Für den Wald muß daher hier der Forstwirt sprechen. Aufgabe des Juristen wiederum ist es, diese Ergebnisse aus juristisch-systematischer Sicht zu werten und einzuordnen. Dies soll hier zu einigen der wichtigsten Thesen und Ergebnissen von *Nießlein* geschehen.

Zunächst kurz der *Aufbau des Buches von Nießlein*: Am Anfang steht eine Analyse der verschiedenen Waldfunktionen (S. 23 f.), insbesondere Wald als Produktionsbetrieb (S. 25 f.) und infrastrukturelle Leistungen des Waldes (S. 30 f.). Aus den Ansprüchen der Öffentlichkeit (S. 31 f.) ergibt sich die Notwendigkeit einer Synthese privaten und öffentlichen Nutzens in einer Mehrzweckewirtschaft (S. 39 f.), wobei die Frage der Bewertung der infrastrukturellen Leistungen auftritt (S. 47 f.) — sie ist schwer lösbar, nicht unlösbar.

Es folgt eine vorwiegend juristische Darstellung der Eigentumsordnung (S. 55 f.), beginnend mit den Besonderheiten des Waldeigentums als Grundvermögen (S. 58 f.). Eingehend wird der Stand der Lehre zur Sozialbindung

---

[3] Umfassend novelliert wurden nach Erlaß des BWaldG die Ländergesetze von Baden-Württemberg, Berlin, Hessen, Nordrhein-Westfalen, Rheinland-Pfalz, Saarland, Schleswig-Holstein. In Bayern erfolgten weitgehende Harmonisierungen.

[4] Verlag Paul Parey, Hamburg und Berlin, 1980.

[5] BGHZ 8, 273; 30, 241; 50, 93 (98); BVerwGE 5, 143 (145); 7, 297 (299); 32, 173.

[6] So *Leisner*, Sozialbindung (Fn. 1), 77.

des Eigentums dargestellt (S. 62 f.), die aber nicht zu einem Miteigentum der Gemeinschaft führen darf. Sodann wird eine allgemeine Abgrenzungsformel entwickelt (S. 82 f.): Sozialbindung / Gefahrenabwehr; Enteignung / konkurrierende Gemeinschaftsnutzung. Es folgt ein umfangreicher Überblick über einzelne hoheitliche Eingriffe in das Waldeigentum, die jeweils der Sozialbindung oder der Enteignung zugeordnet werden (S. 103 f.).

Den Abschluß bildet ein Kapitel über Entgelte für infrastrukturelle Leistungen des Waldes (S. 137 f.). Diese können grundsätzlich berechnet und es sollten auch beim öffentlichen Wald die entsprechenden Belastungen gesondert ausgewiesen werden (S. 140 f.). Entgelt ist grundsätzlich als Entschädigung, bei schwer meßbaren, infrastrukturellen Wirkungen kann es auch als Ausgleichsleistung gewährt werden (S. 147 f.).

1. Waldbesitz bedeutet „echtes Eigentum", „Betrieb" — nicht Verwaltung von Gemeinschaftsgütern oder Hobby

Im Bewußtsein vieler Bürger ist der Wald noch immer etwas wie eine romantische Enklave der Vergangenheit in der hochindustriellen Welt; er erscheint dann als eine Art von großem Gemeinschaftsgarten, in dem wechselnde Schichten von Herrschenden oder Privilegierten irgendwelche Vorrechte ausüben, der im übrigen aber stets irgendwie „für alle gepflegt" und „von allen genutzt" wird — und dies muß sich dann natürlich vor allem in der egalitären Demokratie verstärken: Der „Waldbesitzer als Gemeinschaftsgärtner".

Nießlein tritt dem von Anfang an (S. 25 f.) und immer wieder (etwa S. 28, 40, 46, 96 usw.) entgegen: Waldeigentum ist *kein „Hobby"*, es ist Grundlage eines *Betriebes*[7]. Auf ihn müssen alle betriebswirtschaftlichen Grundsätze der Marktwirtschaft ganz selbstverständlich angewendet werden — Rentabilität, Gewinnoptimierung. Es kann daher „Enteignung" nicht erst dort beginnen, wo die Belastungen so schwer werden, daß Steuern und Abgaben aus dem Wald nicht mehr getragen werden können[8]: Waldbesitz ist auf Gewinn abgestellt, auf einigermaßen sichere, vernünftige Gewinnerwartung — sonst müßte er allenthalben aufgegeben werden, mit schwerstwiegenden Folgen für die öffentlichen Haushalte; und diese selbst haben ein Recht auf Gewinnerwartung aus Waldbesitz.

---

[7] Hier findet sich ein ganz typisches Beispiel von „Eigentümer als Beruf", vgl. *Leisner*, W., JZ 1972, 33 ff.

[8] S. 102 unter Hinw. auf *Badura* (Fn. 2), zitiert bei *Nießlein*, 102 (Fn. 127).

Nießlein zieht an mehreren Stellen und mit vollem Recht die *Parallele zum Gewerbebetrieb*[9]. Der Unterschied zwischen land- und forstwirtschaftlichem Betrieb einerseits und Gewerbebetrieben andererseits, wie er sich aus dem Begriff des „Gewerbes“ seit Erlaß der Reichsgewerbeordnung ergibt, darf nicht ins Eigentums- und Entschädigungsrecht hineingetragen werden. „Betriebe“ gibt es genauso hier wie im gewerblichen Bereich; der Eigentumsschutz knüpft nicht an den „gewerblichen“ Betrieb[10], sondern allein an den *Betrieb* als Ergebnis des Einsatzes von eigener Arbeit und eigenem Kapital an.

Es sollte daher, weit mehr als bisher, vom Betriebscharakter des Waldbesitzes, vom *Waldbetrieb* die Rede sein. Andernfalls besteht die Gefahr, daß der Waldbetriebsinhaber nicht als „normaler“, auf ökonomischen Erfolg wirtschaftender Bürger, sondern als eine Art von gemeinschaftsgüterverwaltendes Relikt einer feudalen Vergangenheit verstanden wird. Derartige pseudoromantische Vorstellungen reichen oft bis in „nüchterne“ juristische Deduktionen hinein.

Diese Verkennung des Wald*betriebes* wäre um so weniger gerecht, als damit aus der traditionellen Tugend der Waldbesitzer — ihre Not würde: *Nießlein* weist zutreffend darauf hin (vgl. etwa S. 32 f.; 152 f.), daß gerade die privaten Waldeigentümer von jeher der Gemeinschaft dienen, vor allem infrastrukturelle Dienstleistungen ohne jedes Entgelt erbringen. Man mag dies mit „berufsständischem Denken“ oder anders erklären — jedenfalls darf dieses Entgegenkommen nun nicht zur Begründung von Pflichtigkeiten, immer weiteren Sozialpflichten und Belastungen „umfunktioniert“ werden. Vielmehr muß, ganz umgekehrt, eben wegen des betrieblichen Charakters der Waldnutzung, gefragt werden, wie die Gemeinschaft dem „Betriebsinhaber Waldbesitzer“ diesen Betriebsnutzen entgelten kann. Bemerkenswerte Überlegungen dazu hat *Nießlein* angestellt (S. 138 f; 152 f.).

Früher war reich, wer Wald besaß, heute meinen nicht wenige, Wald habe, wer reich sei, daher könne er belastet werden. Doch dies würde die Dinge auf den Kopf stellen; hier gilt es, eine oft unfaßbare, aber doch sehr gegenwärtige Grundstimmung zu verändern: Waldbesitz ist kein „privates Hobby mit Gemeinschaftsnutzen“, sondern harte betriebliche Realität — für Staat, Gemeinden, Private; sie alle haben hier gleiche Rechte.

---

[9] So etwa S. 28, wo die Annäherung von gewerblichen und landwirtschaftlichen Betrieben mit überzeugenden Argumenten betont wird, oder S. 96, wo die Parallele zum Fremdenverkehrsbetrieb gezogen wird, der für reine Erholungsleistungen ganz selbstverständlich ein privatwirtschaftliches Entgelt verlangt, während der Waldbesitz kostenlos Erholungsraum bereitstellen soll.

[10] BVerfGE 13, 225 (229); 45, 142 (173).

2. Waldeigentum zu primärer Eigentümernutzung — kein Mit- oder Obereigentum der Gemeinschaft

Ein besonderer Vorzug des Buches von *Nießlein* ist es, daß es sich freihält von einseitigen Frontstellungen: Den Belangen der Gemeinschaft, des Staates, wird breiter Raum gewährt, ohne daß Eigentümerinteressen mißachtet würden. Diese Ausgewogenheit prägt die Ausführungen durchwegs.

So beginnt denn auch die Darstellung zur Eigentumsordnung mit einer starken Betonung der *Unterschiede von Fahrnis- und Grundeigentum* (S. 55 f.); beim letzteren reicht die Sozialbindung besonders weit[11]. Klar und überzeugend ist jedoch dann die Grundthese des Verfassers (S. 62 f., 76): Gerade angesichts der weitreichenden Sozialbindung des Waldeigentums wird unterstrichen, was über aller Bindung steht — daß das Waldeigentum, auch und gerade in seiner Nutzung, stets primär „für den Eigentümer da ist", nicht für die Gemeinschaft.

In bemerkenswerter Klarheit werden neuere Auffassungen widerlegt[12], welche Sozialbindung zu einem Miteigentum der Gemeinschaft steigern wollen. *Nießlein* ist zuzustimmen, daß aus der Sozialbindungsformel der Verfassung „Eigentum verpflichtet. Sein Gebrauch soll zugleich dem Wohle der Allgemeinheit dienen" (Art. 14 Abs. 2 GG), gerade das Gegenteil folgt: Primäres Eigentümerrecht; denn die Verfassung spricht eben von dem Gebrauch des *Eigentums durch den Eigentümer*, nicht von einem Miteigentum, Miteigentum von Bürger und Staat. Man könnte dem noch zwei Argumente hinzufügen: Der Bürger wird „verpflichtet". Eine Generation von Weimar, die in den strengen Unterscheidungen des BGB aufgewachsen war, konnte darunter nur die Einräumung von Ansprüchen verstehen, nicht von quasi-dinglichen Miteigentumsberechtigungen. Vor allem aber: Das Bundesverfassungsgericht hat für die Meinungsfreiheit ausgesprochen, daß bei diesem fundamentalen Grundrecht auch Einschränkungen wieder im Licht der grundrechtlichen Freiheit gesehen und ihrerseits relativiert werden müssen[13]. Diese *Wechselwirkungslehre* gilt auch für das Eigentum, das eine besonders wichtige Wertentscheidung darstellt[14]. Seine Beschränkungen (Sozialbindung) müssen stets

---

[11] Fraglich ist allerdings, ob die Konflikte im Bereich des Mobiliareigentums heute geringer sind als beim Grundeigentum, und ob sich daraus schon die stärkere Sozialbindung des letzteren rechtfertigen läßt; seit der Mitbestimmungsentscheidung des BVerfG – E 50, 290 ff. – wird man wohl eher von der Verschiedenartigkeit der jeweiligen Sozialbindungen auszugehen haben. Das Mobiliareigentum unterliegt sehr weitgehenden arbeits- und steuerrechtlichen Sozialbindungen, im Fall des Grundeigentums sind diese vorwiegend „nachbarrechtlicher" Art (i. weit., etwa auch ökologischen Sinn).

[12] Etwa von *Breuer* (Fn. 1) zitiert bei *Nießlein*, 76 (Fn. 91).

[13] BVerfGE 7, 198 (208 ff.); 20, 162 (176 f.); 42, 133 (141).

[14] BVerfGE 14, 263 (277); 42, 64 (76).

wegen der Bedeutung der Eigentumsgarantie relativiert werden; zu Miteigentum der Gemeinschaft dürfen sie nie anwachsen. Es ist erfreulich, daß diese an sich wirklich „natürliche" Betrachtungsweise von forstfachlicher Seite mit Entschiedenheit zugrundegelegt wird.

Nießlein erteilt schließlich auch der zur Ausweitung der Sozialbindung, gerade bei Wald, Jagd, Fischerei, immer wieder bemühten Auffassung von einem weiterwirkenden *„Obereigentum" der Gemeinschaft* im Sinne des alten Feudalrechts eine Absage: Bei der Darstellung der historischen Entwicklung (S. 58 f.) betont er zwar die traditionellen Sozialbindungen des Waldes, kommt jedoch zu dem zutreffenden Ergebnis, daß sich das Untereigentum gerade hier eben zu einem Alleineigentum entwickelt habe (S. 59 f.). Versuche, mit feudalrechtlichen Kategorien Sozialbindungen in der egalitären Demokratie zu begründen, sind rechtshistorisch unzulässig und rechtspolitisch abwegig. Am Wald gibt es nur ein Eigentum — es liegt in der Hand des Eigentümers, nicht der Gemeinschaft[15].

3. Die natürliche Einheit der Mehrzweckewirtschaft im Wald — sachgerechte Forstwirtschaft zugleich im Interesse der Gemeinschaft

Eines der wichtigsten Ergebnisse der Arbeit von *Nießlein* ist der Nachweis (vgl. S. 53 f., 77 f.), daß gerade im Waldbetrieb die *sachgerechte Eigentumsnutzung zugleich und ganz natürlich die öffentlichen Belange wahrt*; eine forstlich unvertretbare Nutzung dagegen wendet sich *zugleich* gegen wohlverstandene Eigentümer — wie gegen Gemeinschaftsinteressen; die Erosion als Beispiel genügt. Daß der sachgerechte Eigentumsgebrauch „zugleich" dem Wohle der Allgemeinheit dient (Art. 14 Abs. 2 GG), wird vielleicht nirgends

[15] In einem Punkt, der allerdings für ihn am Rande liegt, muß *Nießlein* widersprochen werden: Wenn er meint (S. 107 f.), die Baufreiheit als Ausfluß des Grundeigentums werde zunehmend aufgegeben. Davon kann, trotz einzelner kritischer Stimmen (vgl. etwa *Schulte*, H., Das Dogma Baufreiheit, DVBl. 1979, 133), nicht die Rede sein. Im Gegenteil: Eine Formulierung, welche auf die Baufreiheit als etwas „Verliehenes" hingedeutet hätte, ist bei der großen Novelle des BauGB nicht Gesetz geworden; vgl. im übrigen zur durchaus h.L.: *Badura*, P., Möglichkeiten und Grenzen des Zivilrechts bei der Gewährleistung öffentlicher und sozialer Erfordernisse im Bodenrecht, AcP 176 (1976), 119 (140 f.); *Battis*, U., Novelliertes BauGB und GG, DÖV 1978, 113 (118 ff. — Übersicht über den Streitstand); *Ernst / Hoppe*, Das öffentliche Bau- und Bodenrecht, Raumplanungsrecht (1978) Rdnr. 165; *Friauf*, K.H., Bau-, Boden- und Raumordnungsrecht, in: v. Münch (Hrsg.), Besonderes Verwaltungsrecht, 5. Aufl. 1979, 443, 478,, 493, 497 f., 507; *Kimminich*, O., Bonner Komm. (Drittbearb.), Art. 14 Rdnr. 40, 139 ff.; *Maunz*, Th., Bodenrecht vor den Schranken des Grundgesetzes, DÖV 1975, 5; *ders.*, in: Maunz / Dürig / Herzog, GG, Art. 14 Rdnr. 61; *Papier*, H.-J., Aktuelle Probleme des Planungsschadenrechts nach § 44 BBauG, BauR 1976, 297; *Schrödter*, H., BauGB, 3. Aufl. 1973, § 1 Rdnr. 1; *Weitnauer*, H., Grundeigentum und Bergbau, JZ 1973, 73; *Wolff / Bachof*, VerwR III, 4. Aufl. 1978, § 136 Rdnrn. 2, 11, 32; vgl. auch BVerfGE 35, 263 (276); BGH DVBl. 1973, 918; BayVerfGH BayVBl. 1967, 21.

so deutlich wie im Walde (S. 78). *Nießlein* bringt zahlreiche Belege für dieses ganz natürliche Zusammenfallen privater und öffentlicher Interessen und er weist überzeugend nach, daß der Staat insbesondere eine Nachhaltigkeit der Interessensicherung vom gut bewirtschafteten Waldbesitz gar nicht zu verlangen braucht (S. 32 f.), weil sie im Wesen dieser Nutzung liegt; und zwar ist hier, wie man hinzufügen darf, die „Natur“ oft klüger und weitsichtiger als der Politiker, der Tagesinteressen als „öffentliche“ hochspielt; sein nicht selten nervöses Eingreifen kann gerade den wahren öffentlichen Belangen schaden — im Wald sind es die von Übermorgen.

Der Forstwirt hat hier also eine hohe kombinierte Verantwortung: In betriebswirtschaftlicher Verbesserung verfolgt er öffentliche Interessen — privates Interesse als öffentliches Interesse[16]. Gerade wenn aber im Wald öffentliche Interessen in aller Regel als private Interessen in sachgerechter Forstwirtschaft ohnehin verfolgt werden, so ist es besonders gefährlich, eben hier öffentliche Interessen in Frontstellung gegen das Eigentum durchsetzen zu wollen. *Nießleins* Arbeit ist die Mahnung an manchen Reglementierer: Der Staat sollte mehr auf das Rauschen des Waldes hören.

Und schließlich dürfen deshalb auch aus dem *Begriff der Mehrzweckewirtschaft*, wie sie *Nießlein* für den Waldbetrieb entwickelt (S. 39 f.), keine falschen Schlüsse gezogen werden. Sie bedeutet nicht, daß der Staat im Wald etwas wie eine partielle Gemeinwirtschaft gegen die öffentlichen oder privaten Eigentümer durchsetzen dürfe, um die „anderen“, die „öffentlichen“ Zwecke zu wahren. In erster Linie dient eben dieses wie alles andere Eigentum — dem Eigentümer, seinen legitimen wirtschaftlichen Interessen[17]. Im Walde aber werden auch die öffentlichen Zwecke weitestgehend in Verfolg des privaten Nutzens erfüllt; es gibt wirklich „Mehrzweckewirtschaft im Eigentümerinteresse“.

Deshalb ist im Walde geringeres Interventionsbedürfnis gegeben als in vielen anderen Bereichen — sachgerechte Forstwirtschaft immer vorausgesetzt.

4. Die Abgrenzung: Gefahrenabwehr / Sozialbindung — Konkurrenznutzung durch die Gemeinschaft / Enteignung

Nießlein sieht die Enteignungsschwelle so (S. 94 f.): Wo immer vom Walde *Gefahren* für das Wohl der Allgemeinheit ausgehen (unsachgemäße Schädlingsbekämpfung, Wasserhaushalt, Klimaveränderung usw.), kann und

---

[16] Vgl. dazu *Leisner*, W., Privatinteressen als öffentliche Interessen, DÖV 1970, 217.

[17] Vor einer unzulässigen „Funktionalisierung“ von Freiheitsbegriffen, insbesondere auch des Eigentums, warnt mit Recht neuerdings *Lecheler*, H., Funktion als Rechtsbegriff? NJW 1979, 2273.

muß die Staatsgewalt ohne Entschädigung im Rahmen der *Sozialbindung* eingreifen. Kommt es jedoch zu *konkurrierender Nutzung* von Waldeigentum durch die Gemeinschaft, so soll *Enteignung* vorliegen. Damit wäre in der Tat ein klares Abgrenzungskriterium gewonnen.

Nun könnte man zwar einwenden, der Begriff „Gefahr" sei leicht auszuweiten, wie sich ja beim modernen Umweltschutz zeige; nicht *jede* wasserhaushaltsschützende Maßnahme etwa könne den Eigentümern aufgelastet werden. Andererseits müsse doch das Betreten des Waldes, das eine konkurrierende Nutzung der Allgemeinheit bedeute, jedenfalls hingenommen werden.

Die Unterscheidung *Nießleins* läßt sich dennoch halten. Denn nach ihm kann eben von konkurrierender Nutzung im eigentlichen Sinn nur gesprochen werden, wo entsprechende Aufwendungen im Waldbetrieb entstehen. Dies ist beim „einfachen" Betreten nicht der Fall, wohl aber bei Reiten und größeren Haftungsfolgen. Und zur Gefahrenabwehr sind entschädigungslose Eingriffe auch immer nur dann möglich, wenn die Gefahren *vom Walde ausgehen*, nicht wenn sie „durch Wald verhindert werden können" (Lärmschutzwald).

Überzeugend ist *Nießleins* Abgrenzung vor allem in einem: Es muß eben hier weit mehr als bisher *nachbarrechtlich* gedacht werden; das Waldeigentum darf nur insoweit zurückgedrängt werden, als es zu negativen externen Effekten führt; es darf nicht zur Gemeinschaftsgärtnerei umfunktioniert werden. Mit Recht zieht *Nießlein* gerade hier die Parallele zum Gewerbebetrieb, zum Umweltschutz (S. 96): Von ihm erwartet man Unterlassen von Schädigung, nicht Arbeit zum primären Gemeinschaftsnutzen; und der Waldbetrieb kann genau so Entgelt verlangen, wenn er der Gemeinschaft Leistungen erbringt, wie jedes andere industrielle Unternehmen.

5. Hoheitliche Einwirkungen auf den Wald im einzelnen — Sozialbindung oder Enteignung?

Für die Praxis am wichtigsten ist wohl der umfangreiche Überblick über waldbelastende Eingriffe, den *Nießlein* gibt (S. 104), indem er sie im einzelnen der Enteignung oder der Sozialbindung zuordnet. Hier ist vor allem billigend hervorzuheben:

Untersagung der Waldrodung ist in der Regel Enteignung, *Umwandlung in landwirtschaftliche Nutzung* grundsätzlich vernünftig, Grundlage unserer gesamten Kultur (S. 112, 115 f.) — ein bemerkenswertes Wort eines Forstmannes. Beim *Verbot der Entnahme von Bodenbestandteilen* kommt es entscheidend auf Rekultivierungsmöglichkeiten an (S. 113). *Schutzwald gegen Umwelteinwirkungen* ist vom Verursacher, nicht vom Waldbetrieb zu bezahlen

(S. 113). *Veränderungsverbote zu Natur- und Landschaftsschutz* ordnet *Nießlein* mit guten Gründen weitergehend der Enteignung zu als dies im allgemeinen geschieht (S. 118 f.): Nur dort kann entschädigungslos Veränderung verboten werden, wo es wirklich um „Natur“ geht, nicht um das, was menschliche Anstrengung zu erkennbar betriebswirtschaftlichen Zwecken geschaffen, gepflanzt, gebaut hat[18]. Ebenso wird Sozialbindung weit eher bei kleinflächigen Unterschutzstellungen (Naturdenkmale) in Betracht kommen, als bei größerflächigem Landschaftsschutz (S. 121), wo auch die Situationsgebundenheit nicht überstrapaziert werden darf. Selbst bei *Wasserschutzwäldern* liegt Enteignung dann vor, wenn es sich nur um Einzugsgebiete einzelner, lokaler Quellen und entsprechende Wasserentnahmen handelt (S. 124, 130). Behördlich aufgezwungene *Wirtschaftspläne* sind nicht erforderlich, weil hier in die Eigentümerbefugnisse eingegriffen wird (S. 126), und selbst gegen das allzu detaillierte Vorschreiben von Hiebsätzen werden beachtliche Bedenken vorgebracht (S. 126). Schließlich geht die Gestattung des Reitens über Sozialbindung hinaus (129), ebenso Haftungsfolgen von Betretungen.

Man wird der ausgewogenen Darstellung nahezu in allen Einzelheiten folgen können. Allenfalls die allgemeine Entschädigungslosigkeit bei Erholungswäldern (S. 135) bedarf eines Vorbehalts: Begründet ist sie nur, wo spezielle Situationsgebundenheit des betreffenden Waldes, etwa nach seiner stadtnahen Lage, gegeben ist.

6. Entschädigung, Ausgleichszahlung, Nutzungsentgelt — auch für allgemeine Infrastrukturleistungen an die Gemeinschaft

Grundsätzlich ist stets, bei Überschreiten der Enteignungsschwelle, Entschädigung zu gewähren; enteignende Belastung ist ein Einzelvorgang, Pauschalierung kommt allenfalls bei Abwicklung, nicht bei der Tatbestandsfeststellung in Betracht. Dieses wichtige Prinzip muß mit *Nießlein* (S. 150) unterstrichen werden.

Oft ist allerdings die genaue Berechnung des Schadens des Eigentümers und seiner Aufwendungen schwierig. Hier kann pauschaliert werden – in Grenzen (S. 151) – beim Kleinbetrieb allerdings kommt es kaum in Betracht.

Ausgleichszahlungen sind nicht generell unzulässig, müssen aber Ausnahme bleiben und dürfen die klare Trennung Enteignung – Sozialbindung nicht verwischen. Zutreffend werden sie als eine Mischung von Entschädigung und Subvention qualifiziert (S. 148).

---

[18] Die Ableitung dieser Grundsätze aus dem Buchendom-Urteil des BGH, DVBl. 1957, 861 überzeugt.

Die Arbeit schließt mit einer ebenso ungewöhnlichen wie einleuchtenden Forderung (S. 152 f.): Infrastrukturleistungen der Waldbesitzer für die Gemeinschaft sind (pauschal) abzugelten, selbst wenn sie den Waldbesitzern keine speziell nachweisbaren Belastungen bringen (günstige Auswirkungen sachgerechter Bewirtschaftung). Die Begründung: Wenn der Umweltverschmutzer zahlen muß, gleich welchen Vorteil er aus der Umweltbelastung erzielt, so muß der Umweltreiniger (Waldbetrieb) Leistungen erhalten, ob er spezielle Aufwendungen hat oder nicht.

Eine beherzigenswerte Mahnung für mehr Konsequenz im Umweltschutz; das Verursacherprinzip ist keine Einbahnstraße.

Forstverwaltung und Waldeigentümer haben *Nießlein* für viele wertvolle Anregungen zu danken. Die *öffentliche Hand* sollte es begrüßen, daß er die klare Forderung nach einer *gesonderten Erfassung „privaten" Nutzens und öffentlicher Leistungen* auch für ihren Bereich gefordert hat (S. 140 f.); denn gerade dies trägt ja zur Legitimation des Waldbesitzes der öffentlichen Hand in einer Demokratie bei, zugleich auch zum Abbau mancher Spannungen zwischen Privat-, Körperschafts- und Staatswald, zu einem juristisch friedlichen „Schweigen im Walde".

Regalien und Sozialbindung des Eigentums*

Unter besonderer Berücksichtigung des Jagd- und Fischereirechts

I. Die Fragestellung und ihre Bedeutung

1. Neuere Gesetzgebung versucht, die Sozialbindung vor allem bei Grund und Boden wesentlich zu verschärfen, insbesondere im Namen des Umweltschutzes. Es fragt sich, ob sie sich hier, etwa bei Regelungen im Bereich des Jagd-und Fischereirechts, darauf berufen kann, daß schon früher das Privateigentum durch Regalien beschränkt gewesen sei. Art. 14 GG schützt das Eigentum so, wie das bürgerliche Recht und die gesellschaftlichen Anschauungen es „geformt haben“[1]. Rechtsgeschichte und Tradition kommt daher für die Bestimmung des Ausmaßes möglicher Sozialbindung besondere Bedeutung zu[2].

Die Feststellung allein, daß bestimmte Formen der Eigentumsnutzung etwa im Spätmittelalter oder zur Zeit des Absolutismus den Eigentümern entzogen oder daß diese besonders intensiv gebunden waren, ist allein noch kein Beweis dafür, daß dies auch unter dem Grundgesetz entschädigungslos zu dulden sei. Im Gefolge der Französischen Revolution erst ist jener Begriff von Freiheit und Eigentum entstanden, in Liberalismus und Konstitutionalismus entfaltet worden, der heute der Verfassung zugrunde liegt. Nur dann also, wenn sich bestimmte historische Beschränkungen bis ins 20. Jahrhundert erhalten haben und der gegenwärtigen Rechts- und Staatsauffassung nicht widersprechen, können sie als Inhaltsbestimmung des Begriffs „Eigentum“ im Sinne von Art. 14 GG heute Bedeutung gewinnen. Selbst wenn allerdings ein solcher Nachweis nicht lückenlos gelingt, so ist doch schon die Feststellung, daß hier nicht „etwas ganz Neues“ unternommen wird, von nicht unwesentlichem, vor allem politischem Gewicht. Und dies gilt nicht nur für den agrarischen Bereich.

2. Problematisch ist es allerdings stets, hier aber besonders, Rechtsentwicklungen einer entfernten Vergangenheit nicht nur mit Begriffen der gegenwärtigen Dogmatik qualifizieren, sondern aus ihnen sogar noch präzise positivrechtliche Folgerungen ableiten zu wollen. Das Eigentumsrecht ist in

---

* Erstveröffentlichung in: Deutsches Verwaltungsblatt 1984, S. 697–703.

[1] BVerfGE 1, 278 und öfter.

[2] Näher zur Bedeutung der Tradition *Leisner*, Sozialbindung des Eigentums, 1972, S. 209 f. m.w.N.

der deutschen Rechtsgeschichte wie kaum ein anderes Gebiet vielschichtig verzweigt, ja zersplittert, ein „gemeinsames deutsches Recht“, das heute auf Verfassungshöhe relevant werden könnte, ist im *einzelnen* kaum nachweisbar, allenfalls können Tendenzen, Begriffe, Kriterien aufgezeigt werden, die eine verfassungsentsprechende Allgemeinheit besitzen. Dies setzt der Möglichkeit verfassungsrechtlichen, rechtspolitischen Einsatzes der Vergangenheit Schranken.

Retrospektive Qualifizierung, die hier erforderlich wäre, ist um so schwieriger, als die heutige Eigentumsdogmatik in Deutschland eine sehr spezielle Begrifflichkeit ausweist, die sich eigentlich erst seit der Weimarer Zeit voll entfaltet hat, in einer Periode also, in der die große Dogmatik der Regalität schon unbestritten der Vergangenheit angehört. Gerade hier muß die Bedeutung der neuen Verfassungsvorstellungen also sehr hoch veranschlagt[3], die der Regalität darf nicht überschätzt werden. Daß diese Schwierigkeiten aber eine Anwendung historischer Erkenntnisse nicht völlig ausschließen, hat sich schon einmal gezeigt. In nationalsozialistischer Zeit sind auch die Regalien herangezogen worden, um der Sozialpflichtigkeit des Eigentums, die ja damals bereits besonders betont wurden, einen geschichtlichen Hintergrund zu geben[4].

Mögen also auch historische Erkenntnisse in diesem Bereich generell nur mit Vorsicht verwertbar sein — gleichgültig kann es auch für konkrete Sozialbindungsfälle nicht sein, ob sich solche gewinnen lassen. Selbst wenn sie rechtlich nichts entscheiden — sie könnten politisch vieles legitimieren. Und darin liegt in einer ideologisierten Diskussion der Sinn der Historia Magistra.

3. Geschichte und Dogmatik der Regalien kann hier nicht in allen Verästelungen nachgezeichnet werden. Drei Fragen sind zu stellen, will man beurteilen, ob Regalien Vorläufer möglicher heutiger Sozialbindung sind:

a) Sind Regalien selbst Ausfluß dessen, was man heute Privateigentum nennen könnte, sind sie bürgerlich-rechtlichen Belastungen vergleichbar, welche zugunsten Dritter auf dem Privateigentum ruhen, selbst aber wesentlich eigentumsähnliche Rechte? Wenn dies zutrifft, so sind sie der heutigen Sozialbindung insoweit nicht vergleichbar, als sie nicht im öffentlichen Interesse Privateigentum zurückdrängen, vielmehr selbst Ausdruck desselben sind.

b) Soweit Regalien das Privateigentum in einer Weise belasten, die mit heutiger Sozialbindung vergleichbar ist — mit welcher Zielsetzung geschah

[3] Darauf weist mit Recht besonders hin *Neumark*, im Hdw. d. Staatsw., Bd. 6, 4. Aufl. 1925, S. 1212 f.

[4] *Thieme*, Die Funktion der Regalien im Mittelalter, Z. f. Rechtsgeschichte, Bd. 62, 87/88: „Vielleicht, daß uns die Anschauung stammverwandter Bildungen des Mittelalters dazu verhilft, den eigenen Standort und Weg klarer zu sehen“; vgl. näher unten II, 5.

dies? Handelte es sich um Belastungen, die heute abgabenrechtlich oder entschädigungsrechtlich zu deuten wären? Boten insbesondere die Regalien eine Handhabe für einen hoheitlich angeordneten Güterverschiebungsvorgang zwischen den Rechtsgenossen, etwa in der Form der heutigen Sozialbindung zugunsten Dritter — mag hier nun direkt „umverteilt" werden (Beispiel: Landschaftsschutz, Betretungsrechte) oder dies über (öffentlich-rechtliche) Genossenschaften geschehen (Fischereigesetz NRW)[5]?

c) Sind derartige sozialbindungs-relevante Entwicklungen (nach a, b) feststellbar, so ist zu prüfen, ob und wie intensiv sie gegebenenfalls in der Gegenwart als solche noch wirken.

II. Die allgemeine Entwicklung der Regalien

1. Entstehung — Verhältnis zum Eigentum

a) Die Regalien[6] waren ursprünglich Rechte, die dem Deutschen König als Träger der obersten Gewalt ausschließlich zustanden[7]. In ihrer Entstehungszeit, dem hohen Mittelalter, war nicht klar und mangels entsprechender rechtlicher Begriffsbildung auch gar nicht eindeutig zu entscheiden, ob sie privat- oder öffentlich-rechtlichen Ursprungs und Wesens waren. „Privatrechtliche und öffentliche Befugnisse sind ungeschieden nebeneinander gestellt, ein Zusammenhang zwischen ihnen ist nicht erkennbar – außer in der Person ihres Trägers – des Königs"[8]. Immerhin spielt das Grundeigentum des Herrschers hier eine wichtige Rolle, das ja zugleich auch Grundlage seiner politischen Macht und damit seiner Hoheitsgewalt war[9]. Die Regalien standen also von Anfang an dem privaten Eigentum nicht so sehr gegenüber, als sie vielmehr ein Ausdruck desselben waren. Ihre ursprüngliche Idee ist weit mehr die einer gesteigerten Eigentumsbefugnis, als einer sozialen Bindung desselben.

b) Dies wird erhärtet durch die erste historisch bedeutsame Funktion, welche die Regalien erfüllen sollten: Die Begründung staatlicher (herrscherlicher) Rechte an kirchlichen Befugnissen und kirchlichem Eigentum im sogenannten Regalienstreit, vor allem in Frankreich[10]. Ulrich *Stutz* hat die

---

[5] Dazu *Drees*, Zur Fortentwicklung des Fischereirechts in NRW, Agrarrecht 1973, 210 f.

[6] Literaturüberblicke u.a. bei *Troeltsch*, Handw. b. d. Staatsw. Bd. 6, 2. Aufl. 1901, S. 355, der selbst eine der besten Darstellungen gibt, sowie bei *Gierke*, Dt. Privatrecht II, 1905 S. 396 f., und *Neumark*, aaO.

[7] *Troeltsch*, aaO., S. 351.

[8] *Neumark*, aaO., S. 1209.

[9] *Neumark*, aaO., S. 1208.

[10] Dazu grdl. *Stutz*, Regalien, in: Realenzykl. f. prot. Theol. XVI, 1905, S.536 f. m. zahlr. N.

engen Zusammenhänge aufgezeigt, welche zwischen diesen Regalienrechten und dem Eigenkirchenrecht bestanden[11]: „Oder was war selbstverständlicher, als daß der Herr, der als Eigentümer die Kirche und deren Zubehör, selbst während sie besetzt war, nutzte ... nach Erledigung der Kirche bis zur Wiederbesetzung den vollen Ertrag ... bezog?" Das Eigenkirchenrecht aber war, das hat *Stutz* nachgewiesen, eine weitverbreitete Form von „Privateigentum an Kirchenfunktionen" — auch die Regalien, seine bedeutsame Ausprägung, waren daher wohl von Anfang an nicht so sehr hoheitsrechtliche Beschränkung des Eigentums, als vielmehr sein Ausfluß. Sie waren nicht in erster Linie Sozialbindung, sondern selbst Eigentum.

c) Auf eigentumsrechtliche Wurzeln deutet schließlich die Regalienlegitimation aus dem Recht des Königs (später des Fiskus) an herrenlosen Sachen, insbesondere an eigentümerlosem Land hin[12]. Es spielte vor allem für die hier interessierenden Aneignungsrechte, insbesondere zur Begründung des Fischereiregals, eine wichtige Rolle[13]. Wiederum war das Fischereirecht nicht so sehr Ausdruck eigentumsbindender königlicher Gewalt, als vielmehr königliches Eigentum.

2. Der Durchbruch zur „Souveränisierung der Regalien"

Im Zuge der Bemühungen der weltlichen Gewalt um Legitimierung ihrer Herrschaftsrechte kam es alsbald, sicher nicht ohne begriffsbildende Hilfe der römischen Juristen, zur Erfassung der Regalien als Ausdruck der Souveränität, als Synonym von Hoheitsrechten[14]. Nicht als ob sie von Anfang an ausschließlich Souveränitätsrechte an fremdem Gut gewesen wären[15] — aber spätestens mit dem französischen Regalienstreit wurde die hochpolitische Bedeutung der Regalien deutlich[16]. Sie dienten nun den Fürsten zur „Befestigung der eigenen Macht" — nicht mehr so sehr gegenüber der Kirche, als vielmehr in Frontstellung gegen den Kaiser[17]. Doch auch hier hat sich nicht etwa eine vollständige Ablösung von eigentumsrechtlichen Vorstellungen

---

[11] AaO., S. 539 Z. 47 f.

[12] Vgl. dazu *Gierke*, aaO., S. 398.

[13] Siehe dazu *Cahn*, Das Recht d. Binnenfischerei, 1956, S. 182; *Giese*, „Fischerei", in: Stengel / Fleischmann, Wörterbuch d. Dt. Staats- und Verwaltungsrechts, 1911, S.791 (792).

[14] Vgl. *Forsthoff*, Rechtsgutachten, Anl. Bd. V z. Ber. d. Studienkommission z. Ref. d. öffentl. Dienstrechts, 1973, S.17 (57 f.).

[15] Mißverständl. etwa die Darstellung in *Staudinger*, BGB, 6. Aufl. 1929, Art. 73 EG Anm. 2; zur Beziehung der Regalien zur Souveränität vgl. *Troeltsch*, aaO., S. 351; *Gierke*, aaO., S. 398; *Thieme*, aaO., S. 82.

[16] *Stutz* sieht die französische Regalie – jedenfalls zur Zeit Ludwig XIV – als „allgemein verpflichtendes Hoheitsrecht", aaO., S. 542.

[17] Dazu *Thieme*, aaO., S. 83 f.

vollzogen, diese Souveränität war nach wie vor nicht so sehr eine Gewalt, die fremdes Eigentum binden, als vielmehr eine Macht, die selbst Eigentum im Namen der Regalien besitzen, ihre Eigentumsrechte unter Berufung auf Regalien legitimieren wollte. Sieht man von der Erweiterung des Regalienbegriffs ab, der in der Folge eine Unzahl heterogener Befugnisse umfaßte[18], so scheinen die Regalien, in ihrer „souveränitätsmäßigen" Wendung, in erster Linie nicht der Schaffung, sondern der Legitimation, der Bewehrung der bestehenden Eigentumsrechte gedient zu haben. Auch als Souveränität waren sie nicht Ausdruck der primär staatlichen Ordnungsgewalt gegen das Eigentum, sondern ein „souveränitätsgeschütztes", ein besonderes „kräftiges" Eigentum.

3. Die Kommerzialisierung der Regalien

a) Dieses fortdauernde egalitäre Eigentumsbewußtsein zeigt sich weiter ungebrochen in der Folgezeit, die durch die Kommerzialisierung der Regalien geprägt ist. Sie beginnt schon im späteren Mittelalter und setzt sich fort bis zum Ende des Ancien Régime. Finanzrechte waren es, auf welche „dann mehr und mehr allein der Ausdruck Regalien ... angewendet wurde"[19]. Von ihnen wurden die eigentlichen Souveränitäts-Regalien in der Scheidung von regalia maiora und minora abgehoben[20]. Zwar umfaßten auch letztere noch gewisse hoheitsrechtliche Befugnisse[21]; ihr eigentlicher Gegenstand aber waren die ursprünglich aus dem Eigentum abgeleiteten, teilweise verselbständigten und spezialisierten Eigentums-Nutzungsrechte, insbesondere auch das Jagdrecht und das Fischereirecht. Hier wurde also der eigentumsrechtliche Grundgedanke bewahrt, bis herauf in die erste Hälfte des 19. Jahrhunderts, als dann die Lehre von diesen Regalien nochmals mit der Domänentheorie und der neueren Fiskustheorie, den Vorstellungen vom „unmittelbaren Staatseigentum", verbunden wurde[22].

Die im Zuge der späteren Kommerzialisierung aufkommende Unterscheidung von „grundherrschaftlichen und gewerblichen" Regalien[23] hebt zwar nicht auf die Legitimation der jeweiligen Berechtigung aus dem Eigentum ab, sie zeigt diese aber deutlich, jedenfalls bei den grundherrschaftlichen Regalien des Jagd- und Fischereirechts.

---

[18] Zu Zahlenangaben vgl. *Neumark*, aaO., S. 1210.

[19] *Troeltsch*, aaO., S. 352.

[20] *Troeltsch*, aaO.; *Gierke*, aaO., S. 398; *Neumark*, aaO., S. 1209; *Staudinger*, aaO., m.w.N.

[21] *Gierke*, aaO.

[22] Über diese Lehren von *v. Malchus* berichtet *Troeltsch*, aaO., S. 353.

[23] Die vor allem von *Gierke* für das Recht des 19. Jahrh. zur Geltung gebracht wurde, vgl. aaO., S. 400; siehe auch *Staudinger*, aaO.

b) Die Kommerzialisierung unterstrich aber nicht nur die servitutenähnliche Eigentumsnähe der Regalien, sie zeigt auch deutlich deren Funktion. Seit dem Ausgang des Mittelalters waren sie nicht mehr so sehr dogmatische Stütze einer sich entfaltenden Staatsgewalt, als vielmehr deren zeitweise wichtigste *abgabenrechtliche Grundlage*[24]. Sie entwickelten sich zu Spezialabgaben und wurden so zu Vorläufern der Steuern. In diese gingen sie – grundsätzlich zur Zeit der Französischen Revolution – weithin nahezu bruchlos über, die Revolution bedeutet nicht zuletzt die entscheidende Wende vom Regalienstaat zum Steuerstaat. Gegen die servitutenähnlichen Regallasten des Ancien Régime lief man Sturm, weil sie mit den neuen, frühliberalen Vorstellungen vom Eigentum und der dadurch gestützten Freiheit unvereinbar schienen. Die weit schwerere Steuerlast wurde hingenommen, fand sie doch ihre Legitimation nunmehr in der Souveränität.

Die Kommerzialisierung der Regalien endet also in einer „Flucht aus der Privat- und Feudalrechtlichkeit in die Souveränität“, vor allem in die Steuern, gelegentlich in die neue, wohlfahrtsstaatliche „Polizey“[25]. Soweit sich in dieser vielfach verschlungenen Entwicklung überhaupt ein Grundcharakter der Regalien zur Zeit des Ancien Régime feststellen läßt, ist es vorwiegend der von Abgaben, nicht von eigentumsordnenden Befugnissen. Die Regalien waren dabei weit mehr die Vorläufer von Steuern einer-, modernem Staatseigentum andererseits, als daß man sie als Hoheitsrechte zur Bändigung und Zurückdrängung des Eigentums begreifen könnte. Eigentlich „polizeiliche“ Bedeutung haben sie als solche nicht besessen, „Polizei“ und damit Eigentumsordnung waren allenfalls die Formen abgabenrechtlicher Durchsetzung.

c) Damit aber entfällt, jedenfalls für die Regalien der alten Zeit, aus zwei Gründen die Möglichkeit, sie als *Vorläufer von Sozialbindungen des Eigentums, insbesondere des Grundeigentums*, zu verstehen[26]:

Sie entstammten zwar nicht alle dem Eigentum, doch eigentumsrechtlich war ihre eigene Grundidee, ihr rechtliches Wesen. Selbst wo sie daher als eigentumsexterne Berechtigung das „Eigentum zurückdrängten“[27], da geschah

---

[24] Vgl. dazu *Troeltsch*, aaO., S. 352; nähere finanzwirtschaftsgeschichtliche Hinweise bei *Neumark*, aaO., S. 1211; *Thieme*, aaO., S. 84 f.

[25] Siehe dazu *Troeltsch*, aaO., S. 353 unter Hinweis auf die Reformvorstellungen von *Sonnenfels*.

[26] So ist auch *Gierke* nicht zu verstehen, wenn er meint (aaO., S. 396), in ihrem Namen sei es zu einer „Verstaatlichung nutzbarer Privatrechte“ gekommen, so daß „aus dem ursprünglichen Inhalt des Grundeigentums vermögenswerte Bestandteile herausgehoben und unter die Regalien versetzt wurden“ — denn dies geschah eben in Form einer „Enteignung“, welche auf Staatsseite eine Art von „privatem Eigentum“ schuf. Die vom „Eigentum getrennten Herrschaftsrechte“ aber, welche *Gierke* ebenfalls mit Recht dem Regalienbegriff unterwirft (aaO., S. 401), trugen eben vorwiegend abgabenrechtlichen, nicht „polizeilichen“ Charakter.

[27] Vgl. *Gierke*, aaO., S. 403.

dies nicht in der Form moderner Sozialbindung, als Instrument „öffentlich-rechtlicher Eigentumsordnung", sondern in der Wirkungsweise „privatrechtlicher Gegenrechte" des Staates von servitutenhaftem Charakter. Die Regalien waren also primär Ausdruck des Eigentums, nicht seiner Beschränkung.

Die Regalien hatten vorwiegend abgabenrechtlichen, nicht polizeilich-eigentumsordnenden Charakter. Sie stehen nicht in der Tradition des grundrechtlichen Eigentumsschutzes, sondern des Steuerstaates. Aus ihnen lassen sich also allenfalls historische Legitimationen für bestimmte Spezialabgaben, nicht aber für die heutigen Versuche verschärfter „polizeilicher" Sozialbindung in den Formen des Verwaltungsrecht herleiten — es sei denn, man fasse Sozialbindung in jenem allgemeinsten Sinn, in dem ja auch alles Abgabenrecht Sozialbindung ist[28]. Dies aber bedeutet den Verzicht auf speziellere geschichtliche Begründung.

Die alten Regalien sind eine Form von öffentlichem Eigentum, eine Teilhabe des Staates am privaten Eigentum, aber nicht zu Zwecken der allgemeinen Gesellschaftsordnung oder in Verfolgung einer spezifischen Sozialpolitik, sondern in einem fiskalischen Staatsegoismus. Die Regalien stehen damit in einem anderen Koordinatensystem als die heutige Sozialbindung.

4. Die Regalien zu Beginn des 20. Jahrhunderts

a) Seit der Französischen Revolution war der Niedergang der Regalien nicht mehr aufzuhalten[29]. Er war vor allem die Folge der neuen Vorstellungen der liberalen Rechtsstaatlichkeit[30], welche dem Staat derartiges mitagierendes Dirigieren des Wirtschaftslebens nicht gestatten wollte, insbesondere aber die in den Regalien liegende Verquickung von fiskalischen und hoheitsrechtlichen Befugnissen mit den Kategorien der Legalität nicht zu bewältigen vermochte. Die in ihrem Gefolge aufkommende spätliberale Finanzwissenschaft zerlegte die Regalien in die verschiedenen Bestandteile, aus denen sie sich nach rechtsstaatlichen Vorstellungen zusammensetzten — insbesondere in Gebühren und in private Nutzungsrechte[31]. Das Bürgerliche Gesetzbuch griff zwar in diesen Zerfallprozeß nicht ein, es salvierte in Art. 73 EGBGB die „landesgesetzlichen Vorschriften über Regalien". Schon vor dem Ende der Kaiserzeit war jedoch die Entwicklung soweit fortgeschritten, daß die

---

[28] In diesem Sinn meint *Welter*, Die Jagdgerechtigkeit gegenüber dem Grundbesitz in Westfalen, 1845, S. 9 zur eigentumsbeschränkenden Wirkung dieses Regals: „... allein alles Recht erleidet durch die Einwirkung eines socialen Staatenverbandes, im Lauf der Zeit mannigfache Veränderungen".

[29] Dazu *Troeltsch*, aaO., S. 354.

[30] Besonders betont von *Neumark*, aaO., S. 1212 f.

[31] *Troeltsch*, aaO., S. 354; *Neumark*, aaO., S. 1213.

Regalien überwiegend als ein Begriff von „lediglich historischer Bedeutung“ erschienen[32]. Der bescheidene „Rückstand“, der sich gelegentlich noch feststellen ließ[33], umfaßte jedenfalls nicht das Jagd- oder Fischereiregal.

Diese Relikte früherer Regalität werden nun auch abschließend dogmatisch definiert[34]:

„Regalien im Sinne des heutigen Rechts sind nutzbare Rechte, die kraft eines Satzes des öffentlichen Rechts ausschließlich dem Staate zustehen, während ihr Inhalt an sich als privatrechtliche Befugnis gilt. Sie sind aus besonderen Gründen mit der Staatsgewalt verbunden, ohne daß sie ihr als begriffswesentliche Bestandteile einverleibt wären. Sie beschränken das Eigentum und die Freiheit, ändern aber nichts an der Zugehörigkeit der von ihnen verstaatlichten Befugnisse zum Bereiche des Privatrechts und können daher die Quelle abgeleiteter Privatrechte von Einzelpersonen bilden. — Scharf sind heute die Regalien von den staatlichen Hoheitsrechten zu unterscheiden. Die Hoheitsrechte sind begriffswesentliche Bestandteile der Staatsgewalt, die der Staat schon aufgrund seines Daseins in Anspruch nimmt. Auch wenn sie in erster Linie finanzieller Natur sind oder nebenbei einen Vermögensnutzen gewähren, haben sie heute mit den Regalien nichts mehr gemein“.

b) Aus drei Gründen kann also die Regalität, auch wenn man den Ausführungen zu den älteren Regalien (oben 3) nicht folgen wollte, keine historische Stütze für heutige Sozialbindung bieten:

Der Komplex Regalien hat sich bereits im 19.Jahrhundert nahezu vollständig aufgelöst. Insbesondere wurden aus ihm diejenigen Berechtigungen ausgeschieden, die heute als Vorläufer von Sozialbindung in Betracht kommen könnten. Es fehlt daher hier an jener Kontinuität, welche allein einer Tradition der Eigentumsbeschränkung legitimierende Kraft verleihen könnte. Ein Rückgriff auf Ancien Régime oder Mittelalter müßte Jahrhunderte überspringen.

Der Niedergang der Regalien ist in erster Linie mit dem Aufkommen der Vorstellungen von der modernen Rechtsstaatlichkeit verbunden. Diese sind heute noch schärfer präzisiert und fester rechtlich verankert als vor einem Jahrhundert. Es wäre daher ein Widerspruch, wollte man im Namen eben der modernen Staatlichkeit auf den Regalienbegriff zurückgreifen, dessen Negation das moderne Staatsrecht darstellt.

Die wenigen Regalien, welche sich bis ins 20. Jahrhundert erhalten konnten, müssen als privatrechtliche Berechtigungen der Staatsgewalt verstanden werden. Sie vermögen daher schon aus rechtssystematischen Gründen nicht als Vorläufer oder gar als Legitimation einer Sozialbindung zu gelten, welche

---

[32] Zu dieser Auffassung von *Wagner* vgl. *Troeltsch*, aaO., vgl. auch *Neumark*, aaO.

[33] Vgl. *Gierke*, aaO., S. 398 f.

[34] Von *Gierke*, aaO.; vgl. *Neumark*, aaO., S. 1212.

ganz wesentlich ein Ausdruck jener Hoheitsgewalt ist, die nunmehr von den Regalien streng zu scheiden ist[35].

5. Die „Nachwirkung der Regalien" und die moderne Sozialbindung

a) Als Nachwirkung der Regalien sieht Otto *Gierke* die Verselbständigung gewisser Berechtigungen, die „besondere, dem Eigentum am Boden nebengeordnete Privatrechte geblieben" seien[36]. Dies ist ohne Bedeutung für die Sozialbindung, die nicht privatrechtliche Abgrenzungen, sondern öffentlichrechtliche Befugnisse zum Tragen bringt.

Ferner meint jedoch *Gierke*: „Die in der Hülle eines Regals entwickelten Hoheitsrechte (haben) auch nach Abstreifung dieser Hülle manche ihnen einmal aufgeprägte Züge und damit eine besondere Kraft bewahrt. So ist vor allem, wo das Bergregal aufgehoben ist, die Berghoheit ihm in vielen Punkten ähnlich geblieben. Aber auch die Jagdhoheit, die Fischereihoheit, die Wasserhoheit, die Forsthoheit, die Wegehoheit tragen Spuren ihrer ehemaligen Verquickung mit dem Regalbegriff, der sie ihre energische Ausgestaltung verdanken."

Die entsprechenden privaten Eigentumsrechte erscheinen somit in ihrem Schutz als relativiert einer Hoheitsgewalt gegenüber, welche nach Umfang und Intensität durch frühere Regalien bestimmt und legitimiert ist. Da diese häufig, ja in der Regel bis zu Mit-, vielleicht bis zu Alleinnutzungsrechten gesteigert waren, könnte daraus der Schluß gezogen werden, „die Rechtsgeschichte" gestatte in all diesen Bereichen die Zurückdrängung des Privateigentums bis zum nudum ius.

Ein solches Verständnis wäre jedoch eine unerträgliche Beschränkung der Eigentumsfreiheit; es entspräche auch nicht den Ideen *Gierkes*.

Gierke hat nicht etwa Regalien konservieren oder wieder zum Leben erwecken wollen. Er legitimiert auch nicht durch sie moderne Hoheitsgewalt, sondern beschreibt deren Entwicklung. Es ist ihm darin zuzustimmen, daß

[35] Die Weimarer Verfassung hat an dieser Lage nichts geändert. Nach Art. 155 Abs. 4, S. 2 WV waren „private Regale im Wege der Gesetzgebung auf den Staat zu überführen". Die Vorschrift betraf nach h.L. nur Bergregale (*Erman*, in: Nipperdey, Die Grundrechte und Grundpflichten der RV, III, 1930, S. 319 m.w.N.). Damit wurde nur eine Vermögensverschiebung normiert, nicht aber ein neuer Rechtsbegriff geschaffen (*Arndt*, Reichsverf., 3. Aufl. 1927, S. 394). Zur Realisierung vgl. *Staudinger*, aaO., Art. 73 EGBGB Nr. 6; zum Bergregal und seinen hier nicht analogiefähigen Besonderheiten vgl. *Merk*, AöR Bd. 9, 147 f. — Der Staatsgerichtshof für das Dt. Reich sieht in der Einführung der Regalität des Bergbaus „keine Enteignung, sondern eine Neuregelung der Gesetzgebung über Inhalt und Schranken des Grundeigentums", vgl. *Thieme*, aaO., S. 88 m.w.N.

[36] AaO., S. 404.

eine gewisse ferne Verbindung zwischen der Intensität dieses Imperiums und der früheren Regalität bestehen mag. Doch sie legitimiert heute keine konkreten Eigentumsbindungen mehr. Diese könnten sich nicht auf frühere Regalien, sondern allenfalls auf die Tradition eben dieser „energischen" Hoheitsmacht berufen — dies aber ist unbestritten. Die Regalien bieten also nicht etwa eine Zusatzbegründung.

Eine solche wäre auch aus grundsätzlichen staatsrechtlichen Erwägungen nicht möglich. Sie könnten weder nach Gegenstand, noch nach Ausmaß näher bestimmt werden. In irgendeiner Hinsicht unterlag nahezu jedes private Recht zu irgend einem Zeitpunkt irgendwelcher Regalität. Die Regalien aber zur Reservebegründung für allgemeine Verstaatlichung bereit zu halten — das würde nicht nur die Entwicklungsgeschichte auf den Kopf stellen, „Fortschrittliches" mit „Feudalistischem" erklären; es verbietet sich auch eine derartige romantisierende Renaissance-Begründung, welche Jahrhunderte überspringen müßte. Die Regalien sind gefallen, weil sie der Rechtsstaatlichkeit widersprechen, sie können nicht im sozialen Rechtsstaat in solchem Umfang wiedererweckt werden.

b) Derartige Regalienromantik blieb der NS-Zeit vorbehalten. Damals fragte sich *Thieme*, „was uns heute ... eine solche Erscheinung des mittelalterlichen Rechts zu sagen hat. Mir scheint: nicht wenig, sind uns doch die Idee des Pflichtrechts, der Vorrang von Gemeinschaftsinteressen, der Betriebszwang des Unternehmers und die Verwirkung geläufig genug. ‚Unsere Zeit' ist nicht mehr, wie das 19. Jahrhundert, ‚dem Gedanken der Regalität entschieden ungünstig gesinnt' *(Bluntschli)*. Die öffentliche Bewirtschaftung von Bodenschätzen ist jetzt wieder im Vordringen, der fiskalische Gesichtspunkt gegenüber dem des gemeinen Wohls zurückgetreten, und wir haben den Eigentumsbegriff des Pandektenrechts über Bord geworfen."[37]

Dies sind Argumente, mit denen heute erneut die Verstärkung der Sozialbindung begründet werden soll. Nur wer sie aufnimmt, und den Liberalismus des 19. Jahrhunderts ablehnt, der mag unmittelbar auch auf alte Regalität zurückgreifen. Die Regalien „helfen" nur dann, wenn man von einer kollektivierenden Rechtsauffassung ausgeht, wie sie das Grundgesetz aber eindeutig verbietet, das eben keinen grundsätzlichen Vorrang der Gemeinschaftsinteressen statuiert. Nur wer ihn bejaht, der kann in den Regalien Begründungen gegen das Eigentum finden. Er darf sich dann mit *Thieme* bescheinigen: „Dann hätten wir nicht nur Zeugnis abgelegt von dem ewigen Gehalt und der Lebenskraft des deutschen Rechts, sondern auch einen bescheidenen Beitrag zu den Gegenwartsaufgaben unseres Volkes erbracht, wie dies unser aller Wunsch und Wille ist." Heute ist all dies ausgeschlossen.

---

[37] *Thieme*, aaO., S. 87 f.

Diese allgemein zu den Regalien gewonnenen Ergebnisse sollen nun noch besonders für den Fall des *Jagd- und Fischereirechts überprüft werden.*

III. Jagdregal und „Sozialbindung des Jagdrechts"

1. Die Entwicklung des Jagdrechts — Jagdregal als historische Parenthese

a) Das Jagdrecht[38] war von Anfang an eng mit dem Grundeigentum verbunden, es galt als eine Emanation desselben[39]. Ende des 14. Jahrhunderts zeigen sich erste Regalitätsvorstellungen, jedoch erst im 15. und 16. Jahrhundert gelingt den Landesherrn weithin die Durchsetzung eines Jagdregals. Dessen Ursprung lag aber wiederum im Eigentum: Einerseits betrachteten die römischen Juristen die „herrenlosen Tiere" als Eigentum des Staates, zum anderen entwickelten sich in den großen landesherrlichen Forsten gewisse Bannrechte, welche das private Fürsteneigentum hoheitsrechtlich verfestigten und ausdehnten.

So entstand die „Jagd als Regal", der Grundsatz, „daß das Recht der Jagdausübung, der Wildbann, von dem echten Eigentum und dem rechten Lehen getrennt und als Grund der Jagdbefugnis nunmehr entweder die Verleihung durch den Fürsten oder der Nachweis stillschweigender Erlaubnis aufgrund unvordenklichen Gebrauchs angesehen wurde"[40].

b) Dieses Jagdregal trug deutlich hoheitsrechtliche Züge, im 17. und 18. Jahrhundert erstarkte es zu einem allgemeinen Rechtsgrundsatz. Es umfaßte das Recht des Wildbanns und das Recht zur Jagd selbst[41] und drängte das Grundeigentum in dieser Hinsicht weit zurück[42]; dieses konnte zwar grundsätzlich noch neben dem Jagdregal ausgeübt werden, bedurfte jedoch stets besonderer Legitimation.

Wie die Regalien allgemein, so war aber auch das Jagdregal nicht etwa ein „reines Souveränitätsrecht", dessen sich sein Inhaber nicht hätte entäußern können. Vielmehr konnte es „als Recht auf fremden Boden selbständig vergeben und veräußert werden"[43].

---

[38] Lit. bis z. Ende d. W. Zeit bei *Staudinger*, aaO., Art. 69 (Anm.); zur Gesetzgebungslage der W. Zeit vgl. ebenda Anm. 3.

[39] Dazu u.a. *Machwart*, Die Jagd und das Jagdrecht im ehem. Markgrafent. Ansbach, 1913, S. 4; *Welter*, (Fn. 28), S. 6 f.; *Gierke*, aaO., S. 400; *Stelling*, in: Stengel/Fleischmann, Wörterb. d. Dt. Staats- und Verwaltungsrechts, 1911, „Jagd", S. 462; *Landau*, Die Geschichte der Fischerei in beiden Hessen, 1865, S. 1.

[40] *Hübsch*, Jagdrecht d. Fürstentums Bayreuth, 1909, S. 7.

[41] *Machwart*, aaO., S. 5.

[42] Vgl. *Welter*, aaO., S. 7.

[43] *Stellinger*, aaO., S. 462.

Die Jagdregalität kann also heute schon deshalb nicht zur Begründung von gesteigerter Sozialpflichtigkeit des Grundbesitzes dienen, weil hier besonders deutlich jener Rechtscharakter der Regalien hervortritt, der dies ausschließt (vgl. oben I, 3): Das Jagdregal war nicht eine gegen das Privateigentum gerichtete Ordnungsmacht, sondern selbst Teil desselben, besonders „hoheitlich bewährtes Eigentum“; es diente überdies nicht als Instrument der Disziplinierung des Grundeigentums im Sinne einer Gemeinverträglichkeit desselben, sondern erwerbswirtschaftlichen Zielen — oder der Selbstnutzung. Das Jagdregal wirkte also entweder als privatrechtliche Servitut, oder als öffentlich-rechtliche Abgabe, meist als beides, keineswegs jedoch als Sozialbindung des Eigentums.

c) Selbst die „Souveränisierung des Jagdregals“ sollte jedoch *„historische Parenthese“* bleiben. Ganz hatte sich dasselbe ohnehin nie durchsetzen können[44]. Entscheidend wurde es schon in der Französischen Revolution erschüttert: Das Dekret vom 4.8.1789 hob alle Jagdregalien auf und verankerte den *Grundsatz der Verbindung von Grundeigentum und Jagdrecht*[45]. Im linksrheinischen Deutschland trat diese Regelung im Gefolge der napoleonischen Besetzung in Kraft; im übrigen Deutschland kam das Ende des Jagdregals 1848: § 37 Abs. VIII des Entwurfs der Reichsverfassung (Frankfurter Grundrechte) bestimmte: „Im Grundeigentum liegt das Recht zur Ausübung der Jagd auf eigenem Grund und Boden“. Damals wurde vor allem in Preußen und Bayern das Jagdrecht ohne Entschädigung aufgehoben, in anderen Staaten, wie Hannover, Sachsen und Baden für ablösbar erklärt[46].

Allgemein sah man darin die Wiederherstellung des Jagdrechts entsprechend „seiner eigentlich richtigen Natur als Ausfluß des Grundeigentums“ (*Welter*), als Rückkehr zu dem „altgermanischen Grundsatz“, daß die Jagd dem Eigentümer zustehe (*Gerstmeyer*), als Beseitigung eines historischen, wenn auch lang dauernden Zwischenzustandes.

d) Im Falle des Jagdregals kommt also eine Legitimation heutiger verstärkter Sozialbindung durch Hinweis auf Regalien schon deshalb nicht in Betracht, weil diese Gestaltung weder in einer kontinuierlichen Tradition mit der Gegenwart verbunden, noch auch in der Vergangenheit dauernd und eindeutig sozialbindend wirksam war.

Dem steht nicht entgegen, daß gerade beim Jagdrecht deutlich festzustellen ist, wie sich „polizeiliche“, eigentumsordnende Befugnisse der Staatsgewalt an die Ablösung anschlossen — nicht aber etwa auf ihr aufbauten: Schon in

---

[44] *Welter*, aaO.

[45] Art. 3 „... et tout propriétaire a le droit de détruire et de faire détruire seulement sur ses possessions, toute espèce de gibier ...“.

[46] *Machwart*, aaO., S. 6; vgl. auch *Hübsch*, aaO., S. 9.

der Französischen Revolution wurde das Jagdrecht unter Polizeibehalt gestellt (Dekret vom 4.8.1789, Art. 3: „... à se conformer aux lois de police") und Beschränkungen in Ansehung der Jagd wurden sodann auch in Deutschland eingeführt[47]. Inhalt und Ziel dieser – nunmehr wirklichen – Sozialbindung war aber etwas ganz anderes als im Falle der Jagdregalien: Bei diesen ging es primär um Rechte, um Gewinn und Vergnügen; die „Jagdpolizei" bezweckt in erster Linie die Erhaltung und Pflege des Wildbestandes, im Interesse der Allgemeinheit und des Eigentümers.

Vom Jagdregal zur Jagdpolizei kann daher grundsätzlich keine Analogie gezogen werden, mochten auch die Jagdregalien gelegentlich jagdpolizeiliche Nebenwirkungen gezeitigt haben. Die „Nachwirkungen des Regals auf die Polizeibefugnis" ist hier im ganzen sicher nicht stärker, sondern eher noch schwächer, als dies schon (oben I, 4) für die Regalien im ganzen festgestellt wurde.

2. Der heutige Rechtszustand — Jagdrecht als Bestandteil des Grundeigentums

So ist also das Jagdregal ein Beispiel für besonders geringe Fortwirkung regalistischer Rechtsvorstellungen. Dem entspricht auch der heutige Rechtszustand. „Das Jagdrecht steht nach § 3 des Bundesjagdgesetzes vom 29.9.1952 (BGB I, S. 780) dem Eigentümer auf seinem Grund und Boden zu; es ist untrennbar mit dem Eigentum am Grund und Boden verbunden. Es fällt daher unter § 96 BGB"[48], d.h. es ist „Bestandteil des Grundstücks".

Der Bundesgesetzgeber hat insoweit Art. 69 EGBGB modifiziert, der die landesgesetzlichen Vorschriften über „Jagd und Fischerei" aufrechterhalten hatte. Damit ist seit fast einem Vierteljahrhundert die letzte mögliche Rechtsbrücke zu Gestaltungen einer fernen Vergangenheit abgebrochen worden. Insbesondere gibt es heute – im Gegensatz zur Fischerei – keinerlei „selbständiges Jagdrecht" mehr im Sinne einer „selbständigen Gerechtigkeit", wie noch früher nach § 40 PrAGBGB[49]. Einer „Beschränkung des Jagdrechts" steht also von vornherein entgegen, daß es ein solches gar nicht gibt, so daß jede Beschränkung unmittelbar als Einschränkung von Eigentümerrechten am Grundstück konstruiert werden müßte.

Daß bei allen derartigen Vorhaben die früheren Regalien keine Begründungshilfe leisten können, dürfte eindeutig feststehen.

---

[47] *Machwart*, aaO.; *Hübsch*, aaO.; *Stelling*, aaO., S. 464.

[48] *Staudinger*, BGB § 96, Rdnr. 2.

[49] Siehe dazu die Grundsatzentsch. RGZ 70, S. 70 f.

IV. Fischereiregal und „Sozialbindung des Fischereirechts“

1. Die Entwicklung des Fischereirechts[50] — ein Beispiel für Regaliengeschichte (i.S. von I)

a) Die Grundlagen des Fischereirechts wurden im Mittelalter, entsprechend der allgemeinen Regaliengeschichte, sowohl in Grundeigentums-, als auch in Hoheitsrechten gesehen[51], wobei nach der Art der Gewässer differenziert wurde: Während bei den „öffentlichen Gewässern“ insoweit Hoheitsrechte in Anspruch genommen wurden[52], wurde für die Teiche und die nicht schiffbaren Gewässer jedenfalls von Anfang an das Fischereirecht auf das Grundeigentum zurückgeführt[53]. Sogar bei den schiffbaren Flüssen nahmen Könige und Landesherrn die Fischerei zum Teil als Eigentümer „an umgebendem oder angrenzendem Grund und Boden“ in Anspruch.

Selbst die Regalität war aber ihrerseits wiederum eigentumsrechtlich insoweit begründet, als die Landesherrn sich zum Teil als Eigentümer alles unbebauten und eroberten Landes fühlten[54], so daß sie das Fischereieigentum zurückbehalten konnten, selbst wenn das Land im übrigen vergeben wurde. Überdies galten nach römisch-rechtlichen Vorstellungen auch die Fische als „herrenlose Tiere“[55], welche einem Aneignungsrecht des Souveräns unterworfen werden konnten.

Daß also das Fischereirecht ursprünglich nicht so sehr Ausfluß eines speziellen Hoheitsrechts, als vielmehr des Grundeigentums der Anlieger war, kann kaum zweifelhaft sein[56].

b) Ein Beispiel für eine typische Regalienentwicklung zeigen jedoch die bald einsetzenden Versuche der Landesherrn oder von ihnen Beliehener, mit Hilfe der Regalien die privaten Eigentumsrechte zurückzudrängen. Dies gelang mehr oder minder vollständig, erreichte aber meist seinen Höhepunkt in der Wende vom 17. zum 18. Jahrhundert. So entstand ein überaus bunter

---

[50] Übersicht über ältere Fischereirechtsliteratur b. *Giese*, aaO., S. 802 f.; *Staudinger*, Art. 69 EGBGB.

[51] Vgl. *Cahn*, Das Recht d. Binnenfischerei, S. 174 f. m.w.N.

[52] Dazu *Gierke*, Die Hoheits- und Fischereirechte in der Travemünder Bucht, 1926, S. 47 f.

[53] *Cahn*, aaO.

[54] *Cahn*, aaO., S. 177 (183).

[55] Vgl. *v. Bitter*, Hdb. d. Preußischen Verwaltung, 3. Aufl. 1928 („Fischerei“), S. 534 (535).

[56] Siehe *Giese*, aaO., S. 792.

Rechtszustand[57], aus dem sich kaum gemeinsame Grundsätze oder auch nur Begriffe gewinnen lassen.

Im 19. Jahrhundert wird diese Entwicklung wieder rückläufig, die Fischereiregalien verschwinden nahezu vollständig[58]. Das Bürgerliche Gesetzbuch brachte hier keine Rechtseinheit (Art. 69 EGBGB). Dennoch konnte im Grundsätzlichen *Giese* bereits 1911 feststellen[59]: „Nach positiven Vorschriften steht heute in der Regel die Fischerei in öffentlichen (schiff- und floßbaren) Gewässern (Flüssen, Seen, Kanälen) dem Staate, in geschlossenen Privatgewässern als Ausfluß des Eigentums am Wasser dem Eigentümer des Gewässers, in nicht geschlossenen Privatgewässern den Ufereigentümern (Anliegern, Adjazenten) oder den Gemeindegenossen zu." Für Preußen galt zur Weimarer Zeit[60]: „In den Küstengewässern, die im Eigentum stehen, und in den Binnengewässern hat grundsätzlich der Eigentümer das Fischereirecht. Wer Eigentümer eines Gewässers ist, regelt das WG. Grundsätzlich ist der Eigentümer des Wasserlaufs fischereiberechtigt". „Nach 1927 gibt es daher nur noch Fischereirechte, die dem Eigentümer eines Grundstücks zustehen oder solche, die im Wasserbuch oder im Grundbuch eingetragen sind". Damit war der frühere Grundsatz der Verbindung von Fischerei und Eigentum in vollem Umfang wieder hergestellt. Die „selbständigen Fischereirechte" wurden verdinglicht und konnten, in Preußen jedenfalls, nicht mehr neu bestellt werden[61]. Auch hier war also der Anschluß an die Eigentumsvorstellung voll erreicht.

Dies selbständigen Fischereirechte wurden in jeder Hinsicht als Privateigentum angesehen. Insbesondere verliehen sie eine enteignungsfähige Rechtsposition[62].

2. Fischereiregal und Sozialbindung des Fischereirechts

Auch beim Fischereirecht kann aus einem Rückgriff auf die Regalien eine verschärfte Sozialbindung nicht legitimiert werden:

– Die *Verbindung zum Eigentum* besteht von Anfang an, und zwar mutatis mutandis für alle Arten von Gewässern. Sie geht nie ganz verloren, ver-

---

[57] Überblick bei *Cahn*, aaO.

[58] *Staudinger* weiß 1929 nur mehr von einem Fischereiregal in der Rheinprovinz zu berichten (Art. 73 EGBGB Anm. 4).

[59] aaO., S. 794.

[60] *Bitter*, aaO., S. 537.

[61] *Bitter*, aaO., S. 538; zu den selbständigen bayerischen Fischereirechten vgl. *Reimann*, Die selbständigen Fischereirechte nach dem bay. Fischereigesetz, BayVBl. 1972, S. 571 ff., 601 ff.

[62] Dazu *Bitter*, aaO., S. 538.

stärkt sich nach der Französischen Revolution und beherrscht als Rechtsgrundsatz das gemeine deutsche Fischereirecht seit über einem Jahrhundert. Dies bedeutet, daß einerseits die Fischerei als Bestandteil des Grundeigentums angesehen wird, und daß zum anderen selbst diejenigen „selbständigen" Fischereirechte, in denen sich Regalitätsvorstellungen erhalten haben könnten, in vollem Umfange „privatisiert", das heißt nicht mehr als eigentumsordnende Hoheitsrechte, sondern selbst als Eigentumsrechte angesehen wurden; sie konnten zwar fremdes Privateigentum beschränken, aber nur wie Servituten, auf der Gleichordnungsebene des privaten, nicht als eigentumsordnender, sozialbindender Ausdruck des öffentlichen Rechts. Die Fischereiregalien weisen also insoweit in ihrer gesamten Entwicklung keine Nähe zur heutigen Sozialbindung des Grundeigentums auf.

- Das Fischereiregal hat sich in Deutschland niemals voll oder auch nur soweit wie andere vergleichbare Berechtigungen durchsetzen können. Der Rechtszustand war stets überaus zersplittert, allgemeine Rechtsgrundsätze oder Begrifflichkeiten sind nicht erkennbar. Aus derartig sporadischen und heterogenen Berechtigungen aber läßt sich heute keine bundesrechtlich wirksame Legitimation für eine Sozialbindung ableiten.

- Bei den Fischereiregalien stand, mehr noch als bei den Jagdgerechtigkeiten, das Erwerbsstreben, der fiskalische Gesichtspunkt im Vordergrund. Da sie auch weitaus häufiger noch als die Jagd *vergeben* wurden, nahmen sie nahezu überall den Charakter von Fischereigebühren an. Nicht zur heutigen Hoheitsgewalt der „Fischereipolizei" lassen sich also insoweit Parallelen ziehen, nicht zur sozialbindenden Eigentumsordnung, sondern allenfalls zu Steuern und Gebühren einer-, zur Fiskaltätigkeit der öffentlichen Hand andererseits. Unter den Veranstaltungen der öffentlichen Hand weisen die Regalien zu den öffentlich-rechtlichen Eigentumsbeschränkungen bei näherem Zusehen die geringste Verbindung auf.

- Im Fischereirecht fehlt es schließlich, nicht anders als im Falle des Jagdrechts, an der Kontinuität der Regalien bis in unsere Zeit hinein. Auch die Fischereigerechtigkeiten verfielen seit der Französischen Revolution, auch hier setzte sich schon im Laufe des 19. Jahrhunderts eine deutliche privatrechtliche Verdinglichung und eine Rückführung auf das Privateigentum an Grund und Boden durch. Bei den Fischereirechten ist daher ein Rückgriff auf die Regalien bereits deshalb nicht möglich, weil sie keine lebendige Tradition mehr mit unserer Zeit verbindet.

Schon 1926 beklagte *Julius von Gierke* in einer Fischereirechtsarbeit[63] die „seit den siebziger Jahren festzustellende Unsicherheit in der Kenntnis der älteren Rechtsentwicklung". Sie ist sicher in dem vergangenen halben Jahr-

[63] aaO., S. 61.

hundert größer geworden. Es wird also mit Sicherheit nicht möglich sein, heutige Sozialbindung hier aus Regalien zu legitimieren.

Das *Ergebnis* dieser Untersuchung zeigt: Aus Regalienvorstellungen einer fernen Vergangenheit lassen sich Legitimationen für Sozialbindungen in unserer Zeit nicht gewinnen, und dies gilt jedenfalls für den gesamten Agrarbereich. Vor allem geht es nicht an, irgendwelche Zwangszusammenschlüsse zur Nutzung auf solche Weise zu begründen.

Der Umweltschutz heutiger Prägung müßte, nach früherer Qualifikation, eindeutig der „Polizey" zugerechnet werden, seine Nutzungsbeschränkungen haben nichts mehr mit jener Regalität zu tun, welche von Anfang an Eigentum zwar beschränkt hat, aber — selbst ein eigentumswertes Recht gewährte.

Gerade bei Sozialbindung und Umweltschutz ist heute viel von Fortschritt die Rede, von einer neuen, technisierten Zeit. Sie muß ihre Regelungen und Beschränkungen aus ihren eigenen Bedürfnissen legitimieren, nicht aus einer Feudalzeit, von der sie sich doch so deutlich abheben will. Wenn unsere Zeit schon unromantisch sein will — hier darf, hier muß sie's sein.

Die Höhe der Enteignungsentschädigung*

Unterschreitung des Verkehrswertes?

Nach dem Bundesverfassungsgericht (Deichurteil) darf Enteignungsentschädigung auch unter dem (vollen) Marktwert vom Gesetzgeber festgesetzt werden, weil Art. 14 GG eine Abwägung der Belange der Allgemeinheit und der Beteiligten fordere; dies müßte dann auch für Einzelenteignungen, ja für enteignende Eingriffe gelten. Hier aber geht der Bundesgerichtshof von der Regel voller Marktwertentschädigung aus; seine Judikatur zeigt, daß er auch massiver Unterschreitung des vollen Werts durch Gesetz kritisch gegenübersteht. Das geplante Entschädigungsgesetz für frühere DDR-Enteignungen aber sieht eine solche Unterschreitung vor. Es fragt sich, ob dies nicht ein bedenklicher Präzedenzfall für eine Aushöhlung der Eigentumswertgarantie werden könnte. Vom vollen Marktwert darf die Entschädigung nur in engen Grenzen abweichen (etwa bei Vorteilsausgleichung), nicht aber zur Befriedigung des staatlichen Finanzbedarfs. Es gilt, endlich Deiche gegen die Unterschreitungsformel des Deichurteils zu bauen.

I. Einführung

Im deutschen Entschädigungsrecht sind seit Jahrzehnten Fragen ungeklärt, deren Beantwortung rechtsgrundsätzlich, vor allem aber praktisch von größter Bedeutung ist, für das gesamte Eigentumsrecht, ja für die freiheitliche Grundrechtsordnung überhaupt: Unter welchen Voraussetzungen, in welchen Grenzen darf der Gesetzgeber bei der Festsetzung der Höhe der Enteignungsentschädigung (Art. 14 Abs. 3 S. 3 GG) den Marktwert des entzogenen Vermögensgegenstandes unterschreiten? Kann auch die die Entschädigung zusprechende Verwaltung, können die darüber entscheidenden Gerichte unter solchen Voraussetzungen im Einzelfall weniger als eine Verkehrswertentschädigung zusprechen? Gilt dies vielleicht auch bei der Bestimmung der Entschädigungshöhe bei enteignendem und enteignungsgleichem Eingriff?

Ein wichtiges Gesetzgebungsvorhaben macht die Frage aktuell: Im Zusammenhang mit dem geplanten Gesetz über die *Entschädigung von in der früheren DDR Enteigneten* sind Entschädigungsfestlegungen im Gespräch[1], die

---

* Erstveröffentlichung in: Neue Juristische Wochenschrift 1992, S. 1409–1415.

[1] Zu diesem Gesetzgebungsvorhaben s. etwa Süddeutsche Zeitung / Wirtschaft 7./8.3.1992; vgl. *Leisner*, DVBl. 1992, 131.

jedenfalls nur einen kleineren Bruchteil des Verkehrswertes ausmachen. Es fragt sich aber nicht nur, ob das in diesem wichtigen Fall zulässig ist, sondern, ganz allgemein, wie weit der Eigentumswert zur Abwägungsdisposition der Legislative, aber auch der Exekutive und Judikative steht. Bisherige Praxis weitestgehender Verkehrswertentschädigung darf nicht darüber hinwegtäuschen: All dies bewegt sich auf wenig gesichertem Boden. Könnte dies ein Unsicherheitsrisiko für die Freiheitsordnung im wirtschaftlichen Bereich werden?

II. Zulässigkeit der Unterschreitung des Verkehrswerts durch Gesetz — das „Deichurteil" des Bundesverfassungsgerichts und die Judikatur des Bundesgerichtshofs

Zunächst sind, als Ausgangspunkt, die bisherigen Judikaturen von Bundesverfassungsgericht und Bundesgerichtshof zu den Grundsätzen der Entschädigung zu prüfen.

1. Die Judikatur des Bundesverfassungsgerichts: Verkehrswertunterschreitung nach Zeitumständen

a) Die These, daß Enteignungsentschädigung unter Marktwert zulässig sei(n könne), stützt sich vor allem auf das Deichurteil des Bundesverfassungsgerichts[2]. Das Gericht betont zwar, der Eigentumsschutz des Grundgesetzes sei schon deshalb stärker als der durch die Weimarer Verfassung gebotene, weil nunmehr grundsätzlich Bestandsschutz gewährt werde und dieser ernst zu nehmen sei[3]; nur in dem verfassungsrechtlich besonders geregelten Fall der Enteignung wandle sich diese Eigentumsbestandsgarantie zur Eigentumswertgarantie[4]. Dies entspricht einer seit Generationen herrschenden Auffassung von der Enteignung, welche in dieser eine „Zwangsumwandlung einer Sache in Geld"[5] sieht; jedenfalls wird sie in ihrem „Tauschwert", wenn schon nicht in ihrem „Bestand", für den Eigentümer gesichert[6].

---

[2] BVerfGE 24, 367 ff. = NJW 1969, 309, 1424 L.

[3] *Papier*, in: Maunz/Dürig, GG, Art. 14 Rdnr. 9; BVerfGE 24, 367 (400) = NJW 1969, 309, 1424 L; BVerfGE 38, 175 (181, 184 f.) = NJW 1975, 37; BVerfGE 58, 300 (323) = NJW 1982, 745 = NVwZ 1982, 242 L.

[4] BVerfGE 24, 367 (397) = NJW 1969, 309, 1424 L; s. auch BVerfGE 45, 63 (76) = NJW 1977, 1960; BVerfGE 46, 268 (285) = NJW 1978, 1367; BVerfGE 58, 300 (323) = NJW 1982, 745 = NVwZ 1982, 242 L; *Hesse*, Grundzüge des VerfR, 18. Aufl. (1991), S. 184.

[5] *v. Gierke*, Dt. PrivatR II, 1905, 471.

[6] *Papier* (Fn. 3), Rdnr. 8 m. Nachw.

b) Doch hinsichtlich dieser Eigentumsgarantie sieht das Deichurteil nun *wesentliche Unterschiede zwischen der Weimarer Verfassung und dem Grundgesetz*: Einerseits habe die Weimarer Verfassung den Ausschluß der Entschädigung durch Gesetz gestattet — nicht aber das Grundgesetz. Andererseits aber sei damals das Gebot „angemessener" im Sinne von „voller" Entschädigung verstanden worden[7], das Allgemeinwohl habe das Reichsgericht nicht als Bemessungsfaktor für die Angemessenheit der Entschädigung gelten lassen. Nun aber *gebiete Art. 14 Abs 3 S. 3 GG eine Abwägung zwischen den Interessen der Beteiligten und der Allgemeinheit.* Die entscheidenden Sätze, deren Zitat seit 1968 in keiner Darstellung zur Höhe der Enteignungsentschädigung fehlt, lauten:

> „Das Abwägungsgebot des Art. 14 Abs. 3 S. 3 GG ermöglicht es dem Gesetzgeber – zwingt ihn unter Umständen aber auch – auf situationsbedingte Besonderheiten des Sachverhalts und die Zeitumstände Rücksicht zu nehmen (Zitat) und damit zu einer im Zeitpunkt der Enteignung gerechten Entschädigung zu kommen. Eine starre, allein am Marktwert orientierte Entschädigung ist somit dem Grundgesetz fremd. Es trifft auch nicht zu, daß den Enteigneten durch die Entschädigung stets das ‚volle Äquivalent für das Genommene gegeben werden muß'. Der Gesetzgeber kann je nach den Umständen vollen Ersatz, aber auch eine darunterliegende Entschädigung bestimmen (Zitat)."

Unterschreitung des Verkehrswerts durch Gesetz also „je nach Zeitumständen", in einem durch keine nähere Verdeutlichung eingeschränkten Umfang.

c) Schon früher hatte ja das Gericht festgestellt, die gerechte Abwägung der Interessen der Allgemeinheit erfordere unter Umständen die Berücksichtigung einer großen Zahl von wirtschaftlichen, sozialen und politischen Faktoren; der dem Gesetzgeber bei der Festsetzung der Enteignungsentschädigung vom Grundgesetz eingeräumte weite Ermessensbereich ermögliche es dem Gericht nur festzustellen, „wann die äußersten Grenzen dieses Ermessens durch Festsetzung einer zweifelsfrei *nicht* gerechten Entschädigung überschritten sind"[8]. Dieses Ermessen war vom Bundesverfassungsgericht sogar soweit ausgedehnt worden, daß eine Entschädigungsvorschrift nur verfassungswidrig sein könne „im Fall der Willkür, also wenn ein irgendwie vertretbares, sachgemäßes und vernünftiges Argument für die Regelung nicht ersichtlich" sei[9].

---

[7] BVerfGE 24, 367 (420/421) = NJW 1969, 309, 1424 L, unter Hinw. auf RG 128, 18 (33), was *Bielenberg* ohne überzeugende Begründung zu relativieren versucht (DVBl. 1974, 113 (114)).

[8] BVerfGE 4, 219 (236) = NJW 1955, 1268.

[9] BVerwG, Buchholz 424. 10 Nr. 3 v. 3.5.1956.

Seit fast einem Vierteljahrhundert hat sich das Bundesverfassungsgericht zu diesem höchst brisanten Thema nicht mehr geäußert[10], obwohl sich die Frage stellt, ob es nicht mit seinem Deichurteil etwas wie eine „Eigentumsrevolution" vollzogen hat — „der Eigentumswert zur Disposition des Gesetzgebers". Dazu nun ein Blick auf die BGH-Rechtsprechung.

2. Die Entschädigungsrechtsprechung des Bundesgerichtshofs vor und nach dem Deichurteil: grundsätzlich volle Marktwertentschädigung

a) *Vor 1968* hatte der *Bundesgerichtshof* deutlich erkennen lassen, daß für ihn ein Unterschied zwischen der Weimarer Reichsverfassung („angemessene" Entschädigung) und dem Grundgesetz („Abwägung") nicht bestehe[11]. Er hat übrigens auch noch weiter nach dem Deichurteil vertreten, daß „angemessene" Entschädigung (Weimarer Reichsverfassung) als „abgewogene" (Grundgesetz) verfassungskonform zu verstehen sei[12]. Insoweit mochte es nur um Worte gehen. Ein eindeutiger inhaltlicher Gegensatz zwischen der früheren BGH-Rechtsprechung und dem Deichurteil lag nun aber darin: „Angemessen" (und damit auch „abgewogen") war für den *Bundesgerichtshof begrifflich der „wirkliche Wertausgleich"*, der nach ihm allein dem Wesen der Entschädigung entsprach, wenn er *voller Wertausgleich war*[13]. Dies verlangte nach ständiger Rechtsprechung des Bundesgerichtshofs, daß die Entschädigung den Betroffenen in den Stand setzen mußte, eine *Ersatzbeschaffung einer Sache von gleicher Art und Güte vorzunehmen*[14] (Äquivalenztheorie). Das aber ist in aller Regel nur über eine Entschädigung in Höhe des *vollen Verkehrswerts*[15] möglich. Eine Regelung, die dem nicht entspreche, so der Bundesgerichtshof noch 1964, sei „verfassungsrechtlich bedenklich"[16], wenige Jahre später gestattete das Bundesverfassungsgericht dem Gesetzgeber eine Bestimmung der Entschädigung „nach Zeitumständen".

---

[10] In BVerfGE 46, 268 (285) = NJW 1978, 1367 etwa wird nur die Formel des Deichurteils, abgekürzt, wiederholt.

[11] Vgl. die beiden Entscheidungen des Großen Senats für Zivilsachen, BGHZ 6, 270 (294) = NJW 1952, 972 (1176); BGHZ 11, 156 (163 ff.) = NJW 1954, 345 = LM § 26 RLG Nr. 10; s. dazu auch BGHZ 19, 139 (146/147) = NJW 1956, 178 = LM Hess. AufbauG Nr. 4.

[12] BGHZ 59, 250 (258 f.) = NJW 1973, 47, 467.

[13] Grdl. BGHZ 11, 156 (165 ff.) = NJW 1954, 345 = LM § 26 RLG Nr. 10.

[14] Vgl. etwa BGHZ 11, 156 (163 ff.) = NJW 1954, 345 = LM § 26 RLG Nr. 10; BGHZ 14, 106 (108/109) = NJW 1954,1 485; BGHZ 26, 373 (374) = NJW 1958, 749 = LM Hess. AufbauG Nr. 9; BGHZ 39, 198 (200) = NJW 1963, 1451 = LM § 639 BGB Nr. 3; BGHZ 41, 354 (358) = NJW 1964, 1227 = LM Art. 14 (Ea) GrundG, Nr. 38.

[15] D.h. nach den im Geschäftsverkehr gezahlten Preisen, BGHZ 39, 198 (202) = NJW 1963, 1451 = LM § 639 BGB Nr. 3.

[16] BGHZ 41, 385 (392) = NJW 1964, 1674 = LM § 20 BLG Nr. 2.

b) *Nach 1968 hat jedoch der Bundesgerichtshof seine Rechtsprechung dennoch nicht wesentlich geändert.* Zwar hat er gelegentlich die Formel des Deichurteils von der Unterschreitungsmöglichkeit der Verkehrswertentschädigung durch den Gesetzgeber wiederholt, sich jedoch nicht näher dazu geäußert, ob wirklich Verkehrswertunterschreitung vorliege, und wie sie zu rechtfertigen sei[17], oder er zitiert zwar das Deichurteil, hält dennoch aber die vorgesehene Entschädigungsregelung unter Verkehrswert für verfassungswidrig[18]. Die „Äquivalenztheorie" jedoch wird unverändert weitervertreten[19]; die Ausgleichsfunktion der Entschädigung wird betont[20], Ersatz von gleicher Art und Güte müsse aufgrund der Entschädigung beschafft werden können[21].

c) *Eine Diskrepanz zwischen dem Deichurteil („Verkehrswertunterschreitung nach Zeitumständen") und dem Bundesgerichtshof („Beschaffung gleichwertiger Sachen")* ist deshalb bisher nicht deutlich ins Bewußtsein getreten, weil die Gesetze weitgehend ausdrücklich den Ersatz des vollen Wertes vorsehen[22]. Außerdem hat der Bundesgerichtshof seine frühere Judikatur, und die des Reichsgerichts, auch darin unbeirrt fortgesetzt, daß „angemessene" Entschädigung eben die nach dem „vollen Marktwert" sein soll, und daß sie auch zuzusprechen ist, wenn sich in einschlägigen Gesetzen über die Höhe der Entschädigung keine besonderen Bestimmungen finden[23]. Mit anderen Worten: Der Gesetzgeber „kann" nach unten abweichen, doch dies muß „ausdrücklich" geschehen. Damit scheint dem Deichurteil Genüge getan. Gibt es überhaupt eine Diskrepanz zwischen Bundesverfassungsgericht und Bundesgerichtshof? Und das Bundesverfassungsgericht hat doch anerkannt, daß Entschädigung nach Marktwert jedenfalls dem Grundgesetz entspricht[24].

---

[17] So etwa in BGHZ 59, 250 (254) = NJW 1973, 47, 467 L; BGH, WM 1974, 696 (697).

[18] BGHZ, NJW 1980, 888 (889), unter Berufung auf einen Verstoß gegen die Lastengleichheit, Art. 3 GG.

[19] *Krohn/Löwisch*, Eigentumsgarantie, Enteignung, Entschädigung, 3. Aufl. (1984), Rdnrn. 284 f. m. Nachw.; *Schneider*, NJW 1986, 493 (494); *Aust/Jacobs*, Die Enteignungsentschädigung, 3. Aufl. (1991), S. 69.

[20] *Kreft*, WM 1982, Sonderteil 7/82, 3 (6).

[21] Weiterhin st. Rspr., vgl. etwa BGHZ 66, 173 (177) = NJW 1976, 1088 = LM Art. 14 GG Nr. 22 a; BGHZ 83, 1 (5) = NJW 1982, 2181 = LM § 86 BBauG Nr. 4; *Krohn/Löwisch* (Fn. 19), Rdnrn. 248/249, 323 m. Nachw.; *Nüßgens/Boujong*, Eigentum, Sozialbindung, Enteignung, 1987, Rdnr. 387; *Papier* (Fn. 3), Rdnr. 9.

[22] *Aust/Jacobs* (Fn. 19), S. 70; *Gelzer/Busse*, Der Umfang des Entschädigungsanspruchs aus Enteignung und enteignungsgleichem Eingriff, 2. Aufl. (1980), S. 185.

[23] *Aust/Jacobs* (Fn. 19); *Kreft*, WM 1982, Sonderteil 7/82, 3 (4).

[24] BVerfGE 24, 367 (423) = NJW 1969, 306, 1424 L.

III. Das Entschädigungsgesetz 1992 — „Entschädigung weit unter Marktwert" in der Rechtsprechung

1. Die Höhe der beabsichtigten Entschädigungen und Ausgleichsleistungen

Die Judikaturen des Bundesverfassungsgerichts und des Bundesgerichtshofs sind also bisher nur dadurch – „politisch" – harmonisiert worden, daß der Gesetzgeber in der Regel Entschädigung nach vollem Marktwert vorgesehen oder jedenfalls von einem Recht, diese Grenzen zu unterschreiten, nicht in wesentlichem Umfang Gebrauch gemacht hat. Doch dies könnte sich nun rasch und durchgreifend ändern, infolge eines massiven Präzedenzfalls: durch Art. 41 Einigungsvertrag ist bei Eigentum, das in der früheren DDR nach 1949 enteignet worden ist, grundsätzlich Rückgabe vorgesehen. Wo diese nicht möglich ist, insbesondere weil das Gut zwischenzeitlich von Dritten gutgläubig erworben worden ist, oder (weiterhin) für öffentliche Zwecke gebraucht wird, ist „Entschädigung" vorgesehen; eine solche wird also in zahlreichen Fällen gefordert werden; zur Zeit ist der Entwurf eines Entschädigungsgesetzes in der Diskussion, in welchem, nach Presseberichten, bei Grundstücken etwa *das 1,3-fache des Einheitswerts 1935 als Entschädigung gewährt werden soll*, abzüglich früher geleisteten Lastenausgleichs. Überdies wird eine *degressive Staffelung der Entschädigung* erwogen, so daß bei größeren Entschädigungssummen ein Abschlag von bis zu 40% hinzunehmen wäre.

Diese selbe Regelung soll aber nicht nur für nicht wieder rückgängig zu machende Enteignungen gelten, sondern auch als Bestimmung der *„Ausgleichsleistungen"*, auf welche diejenigen nach dem Urteil des Bundesverfassungsgerichts zur sogenannten Bodenreform einen Anspruch haben, die zwischen 1945 und 1949 enteignet wurden[25]. Das Bundesverfassungsgericht hat dort zwar, unter Anknüpfung an seine frühere Kriegsfolgenjudikatur[26], dem Ausgleichsgesetzgeber einen weiten Gestaltungsspielraum zugebilligt. Innerhalb desselben hält sich aber mit Sicherheit auch eine Regelung der Ausgleichsleistungen, welche diese den „Entschädigungen" im Sinne von Art. 14 Abs 3 S. 3 GG gleichstellt. Gerade bei den Enteignungen in der früheren DDR wäre ein allzu großer Abstand zwischen Ersatzleistungen für Eingriffe vor und nach 1949 sogar bedenklich[27]. Die Gleichstellung von „Entschädi-

---

[25] BVerfG, NJW 1991, 1597.

[26] BVerfGE 12, 151 (166) = NJW 1961, 595; BVerfGE 17, 122 (130) = RzW 1964, 90, 565 L.

[27] Im „Bodenreform"-Urteil (NJW 1991, 1597) hat denn auch das BVerfG den Rechtsanspruch der Betroffenen auf Ausgleichsleistung vor allem daraus abgeleitet, daß die Gleichheit zwischen Enteigneten vor und nach 1949 ein „alles oder nichts" verbiete.

gung" und „Ausgleichsleistung" in einem künftigen Entschädigungsgesetz ist also sicher nicht zu beanstanden.

Das bedeutet aber nicht, daß nunmehr die „Entschädigung" nach dem Gesetz zu einer „Ausgleichsleistung" würde: *Wo der Gesetzgeber (des Einigungsvertrages) „Entschädigung" sagt, da meint er auch, daß diese für eine Enteignung gewährt werden soll*[28]. Zur Bestimmung der Entschädigungshöhe kann er sich also nicht auf seine – recht weite – Gestaltungsfreiheit der Ausgleichsleistungen berufen, er muß sich vielmehr in dem für die Enteignungsentschädigung durch Art. 14 Abs. 3 S. 3 GG gezogenen Rahmen halten.

Unausweichlich stellt sich also hier nun die Frage, wie weit der Gesetzgeber den gegenwärtigen Verkehrswert, vor allem bei den Grundstücken, mit seiner Entschädigungsregelung *unterschreiten darf*, ob es insbesondere angehen kann, daß er nur das 1,3-fache des Einheitswertes von 1935 dafür ansetzt. Wie immer man die Höhe der heutigen Verkehrswerte der Vermögensgegenstände im Osten ansetzt — die Entschädigungsberechtigten würden nach den Entschädigungsdaten, die bisher im Gespräch sind, wohl kaum je mehr als 20%, in vielen Fällen wohl noch weit weniger, sogar erheblich unter 10% des Verkehrswertes erhalten.

Eine derart massive Unterschreitung des Marktwertes bei der Bestimmung der Entschädigung hat es in Deutschland seit dem Ende des Nationalsozialismus noch nicht gegeben. Wäre sie als verfassungsmäßig anzuerkennen, so könnte die Folge für spätere Entschädigungsregelungen durch Gesetz unabsehbar sein; der Eigentumswert stünde, bis auf wenige Prozent, zur Disposition des einfachen Gesetzgebers. Wie ist ein solches Vorhaben nach der bisherigen Rechtsprechung von Bundesverfassungsgericht und Bundesgerichtshof zu beurteilen?

2. „Massive Verkehrswertunterschreitung" durch Gesetz — nach der Rechtsprechung von Bundesverfassungsgericht und Bundesgerichtshof

a) Nach dem Wortlaut des *Deichurteils* darf der Entschädigungsgesetzgeber – er muß es unter Umständen sogar – auf „situationsbedingte Besonderheiten des Sachverhalts und die Zeitumstände Rücksicht nehmen", je nach den Umständen kann voller Ersatz, aber auch eine darunterliegende Entschädigung bestimmt werden[29]. Es steht zu erwarten, daß sich der Gesetzgeber hier auf die „außerordentlichen Zeitumstände" der Wiedervereinigung und

[28] So überzeugend schon BGHZ 41, 385 (387) = NJW 1964, 1674 = LM § 20 BLG Nr. 2, zum Bundesleistungsgesetz.

[29] BVerfGE 24, 367 (421) = NJW 1969, 306, 1424 L.

ihrer Bewältigung berufen wird, welche ihm höhere Entschädigungsleistungen unmöglich machten. Daß eine so niedrige Entschädigung allerdings (auch) deshalb erforderlich sei, weil ja auch Leistungen für vor 1949 Enteignete zu erbringen seien, würde die Unterschreitung nicht rechtfertigen können; denn eine niedrigere Festsetzung der Ausgleichs- als der Entschädigungsleistungen ist verfassungsrechtlich zulässig. Nachdem sich andere Hinweise, auf präzise Schranken, dem Deichurteil nicht entnehmen lassen, könnte man die Auffassung vertreten, ein Verfassungsrisiko sei hier nicht zu erkennen.

b) Differenzierter muß die Antwort nach der BGH-Rechtsprechung ausfallen, macht man mit dem Fall einer so massiven Verkehrswertunterschreitung die Probe aufs Exempel, wie weit der Gesetzgeber den Verkehrswert unterschreiten darf.

aa) Kein Zweifel kann zunächst daran bestehen, daß die Entschädigung sich *an heutigen Verkehrswerten orientieren muß, nicht etwa an Wertvorstellungen der früheren DDR-Enteignungsgewalten.* In langer und ständiger Rechtsprechung hat der Bundesgerichtshof stets unterstrichen, daß der Zeitpunkt entscheidend ist für die Bestimmung des Marktpreises (der Marktverhältnisse)[30], welcher dem Zeitpunkt der Auszahlung möglichst naheliegt[31]; meist wird dies der Zeitpunkt der Zustellung des Enteignungsbeschlusses sein[32]. Preisentwicklungen bis zum Zeitpunkt der gerichtlichen Entscheidung sind aber zu berücksichtigen, nach der Steigerungsrechtsprechung des Bundesgerichtshofs[33], übrigens auch zu Lasten des Eigentümers[34], und all dies wird aus der Notwendigkeit abgeleitet, vollen Ausgleich zu gewähren[35]. Eine etwaige Entschädigung seitens der früheren DDR — in vielen Fällen wurde gar nichts geleistet, was nach rechtsstaatlichen Grundsätzen diesen Namen verdient — darf aber allenfalls auf die Entschädigung angerechnet werden, die *heute festgesetzt* und dann wohl in absehbarer Zeit geleistet werden soll.

---

30 Für die Bestimmung der Qualität des Vermögensgegenstandes mag ein anderer Zeitpunkt gelten, vgl. BGH, WM 1980, 682 f. = NJW 1980, 1633; *Schwager/Krohn*, WM 1991, 33 (51); *Aust/Jacobs* (Fn. 19), S. 356 ff.

31 S. u.a. BGHZ 26, 373 (374) = NJW 1958, 749 = LM Hess. AufbauG Nr. 9; BGHZ 40, 87 (88) = NJW 1963, 2165 = LM Art. 14 GG Nr. 17 a; BGHZ 41, 385 (390) = NJW 1964, 1674 = LM § 20 BLG Nr. 2; *Krohn/Löwisch* (Fn. 19), Rdnr. 323; *Schmidt-Bleibtreu/Klein*, GG, 7. Aufl. (1990), Art. 14 Rdnr. 21; *Gelzer/Busse* (Fn. 22), Rdnrn. 106 ff.; *Kreft*, WM 1982, Sonderteil 7/82, 3 (14).

32 Vgl. die Zit. o. Fn. 31 sowie etwa noch BGHZ 39, 198 (201) = NJW 1963, 1451 = LM § 639 BGB Nr. 3; BGH, NJW 1966, 493 (496).

33 *Krohn/Löwisch* (Fn. 19), Rdnrn. 324 ff.; *Schwager/Krohn*, WM 1991, 33 (53); *Aust/Jacobs* (Fn. 19), S. 290 ff.; *Gelzer/Busse* (Fn. 22), Rdnrn. 56 ff., 111 ff.; *Kreft*, WM 1982, Sonderteil 7/82, 3 (17), alle m.w. Nachw. zur Rspr. des BGH.

34 Vgl. BGHZ 14, 106 (109) = NJW 1954, 1485 = LM § 26 RLG Nr. 15.

35 BGHZ 11, 156 (167) = NJW 1954, 345 = LM § 26 RLG Nr. 10.

Gleichgültig ist also, was etwa früher als „gerechte Entschädigung“ angesehen wurde, allein entscheidend bleibt und Gegenstand der Beurteilung ist daher ausschließlich, was nach dem Entschädigungsgesetz zu leisten ist. Was die Instanzen des Unrechtsstaates sich vorgestellt haben mögen, darf den Gesetzgeber des Rechtsstaates nicht orientieren; es kommt daher allein auf die durch das Entschädigungsgesetz gewährte Entschädigung an, sie ist an den Marktpreisen von 1992 und 1993 zu messen. Hier aber wird sich mit Sicherheit eine massive Unterschreitung des Verkehrswerts durch das Entschädigungsgesetz ergeben.

bb) *Allgemein* hat der Bundesgerichtshof eine *Unterschreitung des Verkehrswerts bei Entschädigungsfestsetzung* durch den Gesetzgeber in Wendungen für zulässig erachtet, die aber *jede nähere Präzisierung vermissen lassen.* Der Große Senat für Zivilsachen hat in dem bedeutendsten Eigentumsurteil des Bundesgerichtshofs[36] ausgeführt: „angemessene Entschädigung“ bedeute, daß sich die Höhe der Entschädigung „nach den im jeweiligen Einzelfall gegebenen Verhältnissen zu richten hat, und daß eine Entschädigung unter dem gemeinen Wert niemals als angemessen betrachtet werden kann, wenn keine besonderen Gründe eine Festsetzung unter dem gemeinen Wert im Einzelfall als erforderlich erscheinen lassen“. Dies bezieht sich zwar in erster Linie auf Einzelfallfestsetzungen durch die Verwaltung, nicht auf Entschädigungsbestimmungen durch Gesetz, doch bemerkenswert bleibt, daß die „besonderen Gründe“, die eine Verkehrswertunterschreitung rechtfertigen könnten, auch nicht ansatzweise präzisiert werden. Wenig später wird dann erneut, sehr vage, von derartigen „besonderen Gründen“ gesprochen; nun aber fügt der Bundesgerichtshof hinzu, der allgemeine Grundsatz der Vermeidung eines Sonderopfers (durch Entschädigung) greife ein, „wo kein Sondergesetz die Ansprüche des Betroffenen regelt und unter Umständen einschränkt“[37]. Wann und in welchen Grenzen ein solches „Sondergesetz“ zulässig ist, bleibt offen. Und zur selben Zeit meint der Bundesgerichtshof, Ersatzbeschaffung (durch marktpreisgerechte Entschädigung) müsse möglich sein, „wenn das Gesetz nicht aus besonderen Gründen ausdrücklich ein anderes vorgeschrieben“ habe[38]. Die Beobachter der BGH-Rechtsprechung haben daraus geschlossen, der Gesetzgeber dürfe „je nach Lage auch eine geringere Entschädigung als den vollen Wert vorsehen“[39]. Das „volle Äquivalent des Genommenen“ sei zugrundezulegen, wenn der Gesetzgeber nicht „ausnahmsweise“ eine niedrigere Entschädigung bestimmt habe[40]. Doch was sind die Voraussetzungen

---

[36] BGHZ 6, 270 (293) = NJW 1952, 544 = LM § 31 BGB Nr. 5.

[37] BGHZ 13, 395 (398) = NJW 1954, 1362 = LM Art. 14 GG Nr. 32.

[38] BGHZ 14, 106 (108/109) = NJW 1954, 1485 = LM § 26 RLG Nr. 15.

[39] *Aust/Jacobs* (Fn. 19), S. 70.

[40] *Krohn/Löwisch* (Fn. 19), Rdnr. 248.

einer solchen „Ausnahme", in welchen Grenzen muß sie sich halten, ist sie eng zu interpretieren oder umschreibt das Wort nur den Sachverhalt, daß (bisher) diese Marktwertunterschreitung eben nur selten vorkommt?

cc) Nachdem die BGH-Judikatur also kein allgemeines Kriterium für die Zulässigkeit der Verkehrswertunterschreitung durch Gesetz erkennen läßt, ist zu fragen, ob sich ein solches induktiv aus Einzelentscheidungen zur (notwendigen) Entschädigungshöhe ableiten läßt.

- Wird der Enteignete *nur mit einem Zehntel des wirklichen Wertes entschädigt*, so „würde dadurch der Grundsatz der ausgleichenden Gerechtigkeit im Verhältnis zwischen den Beteiligten so unerträglich verletzt, daß nicht angenommen werden kann, dies sei der Sinn des Umstellungsgesetzes"[41]. Daraus ergibt sich wohl eindeutig, daß der Große Zivilsenat des Bundesgerichtshofs ein solches Gesetz als verfassungswidrig angesehen hätte — in derartiger Größenordnung aber bewegen sich die für das Entschädigungsgesetz diskutierten Entschädigungswerte.

- Zu einer *gesetzlichen Verzinsungshöhe der Enteignungsentschädigung*, die unter dem üblichen Zinssatz liegt und damit im Ergebnis, über Jahre hinaus fortgesetzt, eine Unterschreitung des Marktwerts in der Größenordnung von 10 bis 20% durchaus bewirken kann, meint der Bundesgerichtshof unter Berufung auf das Deichurteil, nur sehr allgemein, ein Verfassungsverstoß liege „nicht ohne weiteres bereits dann vor, wenn die Verzinsung ... niedriger festgesetzt ist als die im Wirtschaftsleben übliche". Doch dann bemüht sich das Gericht, selbst eine solche – verhältnismäßig geringe – Verkehrswertunterschreitung noch aus der Funktion der Verzinsung und der konkreten Entschädigungsregelung zu rechtfertigen[42]. Daraus läßt sich schließen, daß der Bundesgerichtshof selbst nach dem Deichurteil noch eine massive Verkehrswertunterschreitung als verfassungsrechtlich bedenklich ansah.

- Eine unrichtige Festsetzung der Entschädigung, bei welcher Anfechtung in Betracht kommt, sieht der Bundesgerichtshof schon bei einer *Differenz von 6% zum gegenwärtigen Marktpreis* als möglicherweise gegeben an[43].

- *Zurückliegende Bewertungsstichtage* „aus der Zeit vor zwei Jahrzehnten mit völlig anderen wirtschaftlichen Verhältnissen" können „niemals eine *generelle* Ausschaltung des gemeinen Wertes der Gegenwart" rechtfertigen[44]. Ebensowenig anerkennt das Bundesverwaltungsgericht Stoppreise

[41] BGHZ 11, 156 (166) = NJW 1954, 345 = LM § 26 RLG Nr. 10.

[42] BGHZ, WM 1974, 696 (697).

[43] BGH, NJW 1966, 493 (496) m. Nachw.

[44] BGHZ 19, 139 (147) = NJW 1956, 178 = LM Hess. AufbauG Nr. 4.

aus dem Jahre 1935 als eine nach Art. 14 GG zulässige Bemessungsgrundlage für die Enteignungsentschädigung im Jahre 1957[45] — erst recht können es also steuerliche Einheitswerte aus demselben Jahre 1935 für eine 57 Jahre später zu gewährende Entschädigung nicht sein.

- Das Bundesverwaltungsgericht hat übrigens die *Heranziehung steuerlicher Einheitswerte zur Bemessung der Enteignungsentschädigung* generell als verfassungswidrig erklärt: „Daß der steuerliche Einheitswert der Entschädigung zugrunde gelegt wird, entspricht nicht einer gerechten Abwägung der Interessen der Allgemeinheit und der Beteiligten ... Der Einheitswert, der vor 20 Jahren unter ganz anderen Wirtschafts- und Währungsverhältnissen festgesetzt wurde, bleibt in der Regel unter dem wirtschaftlichen Ertragswert. Er steht in keiner Beziehung zu den Interessen, die miteinander abzuwägen sind."[46]
- Die Entschädigungshöhe muß sich schließlich, nach ständiger Rechtsprechung des Bundesgerichtshofs, *allein orientieren an dem Wert des Genommenen*[47], *nicht an der sozialen Lage des Betroffenen*; diese letztere kann allenfalls bei Ausgleichsleistungen eine Rolle spielen[48]. Nach dem Bundesgerichtshof ist etwa eine Entschädigung, die nur gewährt wird, wenn sonst Unwirtschaftlichkeit droht oder Härten eintreten würden, verfassungswidrig[49].

Daraus ergibt sich für die Rechtsprechung der obersten Bundesgerichte ein Doppeltes: *Bundesgerichtshof (und Bundesverwaltungsgericht) hatten bisher keine Gelegenheit, sich allgemein dazu zu äußern, wie weit der Verkehrswert bei Entschädigungsfestsetzung durch Gesetz unterschritten werden darf.* Die Judikatur läßt aber eindeutig erkennen, daß eine Unterschreitung in einer Größenordnung von über 10 bis 20% als verfassungsrechtlich bedenklich angesehen wird.

Was das geplante Entschädigungsgesetz anlangt, so ergeben sich nach der Rechtsprechung des Bundesgerichtshofs und des Bundesverwaltungsgerichts erhebliche verfassungsrechtliche Zweifel, ob der Verkehrswert der genommenen Vermögensgegenstände derart massiv durch Gesetz unterschritten werden darf, und ob überhaupt eine Orientierung der Entschädigung an Jahrzehnte

---

[45] BVerwG, DVBl. 1957, 541 (542).

[46] BVerwG, Buchholz 424. 10 Nr. 3 v. 3.5.1956, S. 11.

[47] BGHZ 91, 243 (257) = NJW 1984, 2216; s. *Krohn / Löwisch* (Fn. 19), Rdnr. 248; *Gelzer / Busse* (Fn. 22), Rdnrn. 9, 10; *Kreft*, WM 1982, Sonderteil 7/82, 3 (6), beide m. Nachw.

[48] BVerfGE 27, 253 (283) = NJW 1970, 799; BVerfGE 41, 126 (150 ff.) = NJW 1976, 1491, 2122 L.

[49] BGHZ, NJW 1980, 888 (889).

zurückliegenden steuerlichen Einheitswerten möglich ist. Dies könnte allenfalls in Betracht kommen, wenn der Gesetzgeber davon ausgehen dürfte, daß es Verkehrswerte für im Osten belegene Grundstücke noch gar nicht gebe; doch dies ist wohl nach dem Stand der Diskussion nicht der Fall, man geht eben gerade von Verkehrswerten aus. Überdies ergeben sich begründete Zweifel an der Verfassungsmäßigkeit einer solchen Regelung auch aus einer etwaigen degressiven Entschädigung, die nicht den Wert des „konkret Genommenen" zugrunde legt.

IV. Unterschreitung des Verkehrswerts durch Entschädigungsfestsetzung im Einzelfall

1. Entschädigungshöhe bei gesetzlich normierter Entschädigungspflicht

Soweit ein Gesetz von „voller Entschädigung" spricht oder eine solche nach dem Verkehrswert vorsieht (vgl. etwa §§ 95, 194 BauGB)[50], haben Verwaltung und Gerichte diesen Verkehrswert nach den von der Rechtsprechung aufgestellten Grundsätzen zu ermitteln und zugrunde zu legen[51]. Ist die Entschädigung im Enteignungsgesetz überhaupt nicht angesprochen, so ist das gesamte Gesetz wegen Verstoßes gegen die Junktimklausel des Art. 14 Abs. 3 GG verfassungswidrig[52]. Daraus ergibt sich aber noch nicht, daß bei allen Einzelfestsetzungen von Entschädigung durchgehend der volle (Markt-) Wert zugrunde zu legen wäre, geht man von den Grundsätzen des Deichurteils aus.

a) Wie ist zu entscheiden, wenn in einem Gesetz (nur) die Verpflichtung zu „angemessener" Entschädigung oder, unter Wiederholung des Wortlauts des Grundgesetzes, zu einer Leistung ausgesprochen wird, welche die Belange der Allgemeinheit und der Beteiligten in gerechter Abwägung berücksichtigt[53]? In Zukunft sind derartige Formulierungen sogar zunehmend zu erwarten. Nach dem Deichurteil hat „der Gesetzgeber zu entscheiden ..., welche Bewertungsgrundlagen sowie welche Maßstäbe entscheidend sein sollen" für

---

[50] Was allerdings für verfassungswidrig gehalten wird, weil es an der erforderlichen Abwägung fehle, *Opfermann*, Die Enteignungsentschädigung nach dem Grundgesetz 1974, S. 271; zurückhaltend auch *Bielenberg* (DVBl. 1974, 113 (114)).

[51] Vgl. dazu für viele BGHZ 26, 373 (375) = NJW 1958, 749 = LM Hess. AufbauG Nr. 9; BGH, WM 1980, 682 (684) = NJW 1980, 1633; *Schwager/Krohn*, WM 1991, 33 (50); *Aust/Jacobs* (Fn. 19), S. 54 ff.; *Gelzer/Busse* (Fn. 22), Rdnrn. 89 ff., 304 ff.; *Kreft*, WM 1982, Sonderteil 7/82, 3 (18 f).

[52] BVerfGE 46, 268 (287) = NJW 1978, 1367; BVerfGE 58, 300 (323) = NJW 1982, 745 = NVwZ 1982, 242 L.

[53] Vgl. § 12 SchutzBerG; § 32 PflSchG; § 20 WHG.

die Höhe der Entschädigung, die sodann von der Exekutive oder der Judikative festzusetzen ist[54]. Daraus kann aber nicht abgeleitet werden, daß der Gesetzgeber diese Maßstäbe der Entschädigungshöhe bis ins einzelne festlegen, daß er also die Höhe der Entschädigung konkret bestimmten *müßte*; dazu ist er lediglich berechtigt, wenn „bei den enteigneten Gegenständen keine wertmäßig bedeutsamen Unterschiede in den wertbestimmenden Faktoren" gegeben sind[55]. In aller Regel kommt es jedoch gerade hier auf den Einzelfall an, der dann eben, auf der Grundlage allgemeiner gesetzgeberischer Maßstäbe, zu entscheiden ist, vor allem hinsichtlich der Höhe der Entschädigung im Einzelfall. Damit übernehmen Verwaltung und Gerichte noch nicht eine Aufgabe, „die von einem Gericht nicht erfüllt werden kann", weil „die gerechte Abwägung der Interessen der Allgemeinheit unter Umständen die Berücksichtigung einer großen Zahl von wirtschaftlichen, sozialen und politischen Faktoren, die selten in dem einem Gericht unterbreiteten Einzelfall sämtlich erkennbar werden"[56], verlangt. Die Verfassung fordert nämlich vom Gesetzgeber nicht mehr als – in der Regel – eine Orientierung der Festsetzung der Entschädigung im Einzelfall, allenfalls eine Rahmenbestimmung derselben; mehr kann nun umgekehrt auch der Gesetzgeber nicht leisten, selbst die Wesentlichkeitstheorie des Bundesverfassungsgerichts[57] kann ihn – eben wegen der Unterschiedlichkeit der Einzelfälle – zu mehr nicht verpflichten.

Dann aber muß doch auch die Verwaltung, müssen die Gerichte in jene Abwägung von öffentlichen und Beteiligtenbelangen bei der Bestimmung der Entschädigungshöhe eintreten, welche Art. 14 Abs. 3 S. 3 GG fordert. Kaum anders kann doch das Deichurteil verstanden werden: „In Anwendung der abstrakten Normen hat die Verwaltung die ‚Höhe der Entschädigung' im einzelnen Fall zu ermitteln."[58] Gilt dann aber nicht auch für diese Einzelfallfestsetzung, was das Deichurteil für den Gesetzgeber ausspricht: Auf „situationsbedingte Besonderheiten des Sachverhalts und die Zeitumstände ist Rücksicht zu nehmen", eine „starre, allein am Marktwert orientierte Entschädigung ist somit dem Grundgesetz fremd"[59]?

Die Folgen wären gravierend: Auch im Einzelfall könnte, müßte vielleicht von der bisher hier praktizierten vollen Verkehrswertentschädigung nach unten abgewichen werden, und zwar ohne daß das Bundesverfassungsgericht sagte, wie weit dies zulässig wäre.

---

[54] BVerfGE 24, 367 (419) = NJW 1969, 306, 1424 L.

[55] BVerfGE 24, 367 (420) = NJW 1969, 306, 1424 L.

[56] BVerfGE 4, 219 (236) = NJW 1955, 1268.

[57] BVerfGE 33, 125 (158 f.) = NJW 1972, 1504; BVerfGE 34, 165 (192 f.) = NJW 1973, 133; BVerfGE 47, 46 (78 ff.) = NJW 1978, 807.

[58] BVerfGE 24, 367 (419) = NJW 1969, 306, 1424 L.

[59] BVerfGE 24, 367 (421) = NJW 1969, 306, 1424 L.

b) *Dem könnte man kaum unter Berufung auf den Gleichheitssatz wirksam entgegentreten*[60]. Zwar trifft es zu, daß bei der Einzelenteignung die Gleichheit (Lastengleichheit) eine weit größere Rolle spielt als bei der – eben schon von vorneherein durch Gesetz „gleichschneidenden" – Gruppenenteignung, daß also hier nicht nur Art. 14 GG, sondern auch Art. 3 Abs. 1 GG besonders zu beachten ist[61]. Dennoch ist, geht man vom Deichurteil aus, eben auch hier eine Unterschreitung des Marktwertes möglich, und man könnte sich dabei sogar auf den Großen Zivilsenat des Bundesgerichtshofs berufen, der schon 1952 meinte: „Denn jedenfalls besteht Einigkeit darüber, daß sich die Höhe der Entschädigung nach den im Einzelfall gegebenen Verhältnissen zu richten hat, und daß eine Entschädigung unter dem gemeinen Wert niemals als angemessen betrachtet werden kann, *wenn keine besonderen Gründe eine Festsetzung unter dem gemeinen Wert im Einzelfall als erforderlich erscheinen lassen*" (Herv. v. Verf.)[62] — stellen Behörden oder Gerichte aber das Vorliegen dieser besonderen Gründe fest, so ist die Gleichheit durch eine Abwägung nicht verletzt. Will der Gesetzgeber „gerechte" Entschädigung — warum sollte diese *immer nur nach (vollem) Marktwert bestimmt werden dürfen*, sind zwei Fälle gleich, in deren einem besondere Allgemeininteressen vorliegen? Dann aber stellt sich genau dieselbe Frage wieder wie schon gegenüber dem Gesetzgeber (oben III): Wie weit dürfen Verwaltung und Gericht nach unten abweichen, sind etwa auch massive Unterschreitungen des Marktwerts im einzelnen zulässig — und unter welchen Voraussetzungen? Das Deichurteil schweigt ja, das Entschädigungsgesetz bringt vielleicht einen „Präzedenz-Einbruch" bis auf ein Zehntel.

2. Entschädigung bei enteignendem und enteignungsgleichem Eingriff

Doch die bisher weithin „wegharmonisierte" Entschädigungsunsicherheit erweist sich als noch weit größer. Gilt dies alles nicht auch für Entschädigungen wegen enteignendem und enteignungsgleichem Eingriff? Für beide Entschädigungsfallgruppen gelten doch nach dem Bundesgerichtshof dieselben Entschädigungsgrundsätze wie für die Enteignung[63].

a) Was den (rechtswidrigen) *enteignungsgleichen Eingriff* anlangt, so kann man sich allerdings wohl auf eine frühere Rechtsprechung des Bundes-

---

[60] Vgl. dazu *Krohn/Löwisch* (Fn. 19), Rdnr. 238.

[61] So etwa BGHZ 62, 305 (311) = NJW 1974, 1465 = LM § 93 BBauG Nr. 5; BGHZ 67, 320 (327) = NJW 1977, 388 = LM § 1 BBauG Nr. 3 a, § 9 BBauG Nr. 4; vgl. auch BGH, NJW 1980, 888 (889); *Kreft*, WM 1982, Sonderteil 7/82, 3 (4). Zutr. wird dies betont von *Rüfner*, in: Festschr. f. Scheuner, 1973, S. 511 (514 ff.).

[62] BGHZ 6, 270 (293) = NJW 1952, 972.

[63] Vgl. *Nüßgens/Boujong* (Fn. 21), Rdnr. 386 m. Nachw.

gerichtshofs zurückziehen: Soweit dort keine „Sondergesetze“ vorliegen – dann wäre es eben ein Problem des Gesetzgebers, nicht der Verwaltung oder eines Gerichts –, muß bei Rechtswidrigkeit der allgemeine Grundsatz des vollen Ausgleichs des Sonderopfers gelten[64]; in der Tat ist nicht ersichtlich, welche Belange der Allgemeinheit geringere Entschädigung rechtfertigen könnten, wenn deren Vertreter rechtswidrig handeln.

b) Doch beim *enteignenden Eingriff* läßt sich kaum überzeugend begründen, daß die Entschädigung generell nach Marktwert erfolgen dürfe, ohne Abwägung, wenn der Gesetzgeber diesen unterschreiten darf, vielleicht sogar massiv. Ein Abwägungsgebot analog zu – wenn schon nicht aus – Art. 14 Abs. 3 S. 3 GG muß doch auch dort gelten, wo der Betroffene eher weniger belastet wird als im Falle der „Enteignung“. Konnte der Bundesgerichtshof wirklich den von ihm angewendeten ungeschriebenen Aufopferungsgrundsatz[65] auch noch so weit „von Art. 14 GG abseilen“, daß er immer volle Entschädigung verlangte, anders als die Verfassung?

Auch für den enteignenden Eingriff stellt sich also die Frage: Ist eine – vielleicht massive – Unterschreitung des Marktwerts bei der Entschädigungsfestsetzung angesichts bedeutender Belange der Allgemeinheit zulässig?

V. Entschädigungshöhe zur Disposition staatlicher Abwägung — Gefahr für die rechtsstaatliche Ordnung

1. Verlust der Eigentumssicherheit — Was sind „besondere Zeitumstände“?

Die Sicherung des Eigentums Privater könnte – das zeigen die vorstehenden Betrachtungen – weit prekärer sein, als es Jahrzehnte marktwertentsprechender Gesetzgebungs-, Verwaltungs- und Gerichtspraxis annehmen ließen. Wenn der Gesetzgeber die Marktwertentschädigung massiv unterschreiten darf, sobald es die „Zeitumstände“ zulassen oder gar fordern, dann sind dazu auch Gerichte und Verwaltungen im Einzelfall berechtigt, jedenfalls aufgrund von gesetzlichen Allgemeinformeln zur Entschädigung („angemessen“, „gerecht“ u.ä.) (vgl. oben IV); und dasselbe muß bei enteignenden Eingriffen gelten (vgl. oben IV). Nachdem aber kein oberstes Gericht in mehr als 40 Jahren seiner Judikatur dem Bürger hat sagen können, wann dies zulässig ist oder nicht, was die „besonderen“ oder die „Ausnahmeumstände“ sind, in denen der Staat so weit gehen kann, muß bei jedem Bürger – denn jeder hat

[64] BGHZ 13, 395 (398) = NJW 1954, 1362 = LM Art. 14 GG Nr. 32.

[65] BGHZ 90, 17 = NJW 1984, 1169 = LM Art. 14 GG Nr. 25; BGHZ 91, 20 (26 ff.) = NJW 1984, 1876 = LM Art. 14 GG Nr. 32.

Eigentum – völlige Rechtsunsicherheit herrschen, wie weit er grundrechtlich gesichert ist durch die, entscheidende, Eigentumswertgarantie: zu 90%, 80%, 10% — 1%?

„Zeitumstände"? Das kann alles sein, alles was staatlichen Finanzbedarf hervorbringt, derartiges gibt es tagtäglich. Und die öffentlichen Haushalte sind ex definitione angespannt, da in aller Regel alles auszugeben ist. Was seine Aufgabe ist, definiert der Staat selbst — bis an die Grenzen der Grundrechte, soweit kann er also auch seine wirtschaftlich-finanziellen Belastungen und somit Belange selbst definieren. Wird die Entschädigungshöhe, damit aber die Eigentumswertgarantie, unter diesen Vorbehalt gestellt, so kommt zu der schon weiten Ausgestaltungsmöglichkeit des Eigentums nach „Inhalt und Schranken" (Art. 14 Abs. 1 S. 2 GG) noch ein zweiter, nicht minder globaler Vorbehalt zugunsten des Gesetzgebers: Er kann auch das so Ausgestaltete dem Bürger nahezu beliebig entziehen, zu ganz geringem Preis, wenn er nur ein entsprechend „dringendes Bedürfnis" nachweist.

Solche Bedürfnisse aber gibt es immer, es ist nur eine Frage der legislativen oder exekutiven Technik, sie überzeugend vorzutragen. Man braucht dazu wenig Phantasie: Der Asylantenstrom verstärkt sich „besorgniserregend"; eine Wanderungswelle von Ost nach West oder innerhalb Europas setzt ein; in der neuen Hauptstadt lassen sich „Grundstücke zu Marktpreisen nicht erwerben"; die „Wohnungsnot wird unerträglich", usw. Stets, und erst recht bei wirtschaftlichen oder Umweltkrisen, kann dann die Last Bürgern auferlegt werden, in deren Eigentum das gerade Benötigte steht; alle anderen genießen ihren bisherigen Lebensstandard weiter, sie *müssen*[66] nicht durch Steuern zur Solidarität mit den Enteigneten verpflichtet werden, zu deren Entschädigung nichts beitragen. Das alte Wort kehrt sich um: beati *non* possedentes.

Nicht nur, daß dann überhaupt all dies geschehen kann — es kann praktisch *jederzeit und in unvorhersehbarer Belastung eintreten*. „Hat der Staat kein Geld" – d.h.: will er es nicht für Entschädigung ausgeben – so senkt er, unter Berufung auf seine Belange, die „Preise der Zwangskäufe" (Enteignungen). Und wenn er das wirklich darf, so wird seine Eigentumsbegehrlichkeit rasch ins Ungemessene wachsen, jedenfalls wird er das Eigentum auch in den Händen der Eigentümer immer schwerer belasten und entwerten. Dann wären wir am Ende jeder Eigentumssicherheit, damit am Ende eines der fundamentalen Grundrechte (Bundesverfassungsgericht), und überdies noch am Ende der Rechtsstaatlichkeit, denn hier könnte nichts mehr vorausgesehen werden.

---

[66] Sollten vielleicht, aber es ist rechtlich irrelevant, vgl. *Bielenberg* (DVBl. 1974, 113 (114)). Eine Vermögensabgabe für die Nichtenteigneten ist ja auch, zur Verminderung des Abstandes zwischen den Restitutions- und den Entschädigungsberechtigten, für das Entschädigungsgesetz im Gespräch.

2. Sozialisierungen — kein Problem bei der Zulässigkeit massiver Verkehrswertunterschreitung

Sozialisierungen sind bisher nicht nur aus marktwirtschaftlicher Überzeugung unterblieben, sondern vor allem aus einem rechtlichen Grund: Nach herrschender Lehre verpflichtet auch die Sozialisierung zu einer Entschädigung, ebenso wie die Enteignung[67]. Ist diese nach Marktwert zu leisten, so wird sich ein Vorgehen nach Art. 15 GG in aller Regel schon aus finanzwirtschaftlichen Gründen verbieten. Kann jedoch in einer „außerordentlichen Lage" – und in einer anderen wird man zu diesem Instrument ohnehin nicht greifen – die Entschädigung etwa auf 10% gesenkt und dabei noch ein börsenmäßig schwankender Marktpreis in einer für die Sozialisierungsgewalt günstigen Weise bestimmt werden[68], so ist die Entschädigung kein Hindernis mehr, die Sozialisierung wird jedenfalls ein ausgezeichnetes Geschäft für den Staat; und eines Tages mögen ihr dann ja wieder „Privatisierungen" folgen, welche die gemeinwirtschaftlichen Bindungen des Art. 15 GG achten können. Es muß aber gar nicht zur sozialisierenden Kategorienenteignung kommen; einzelne „gemeinwohlwichtige" Großunternehmen – auch Banken und Versicherungen, bei denen Sozialisierung ausgeschlossen ist[69] – könnten dann über Enteignungen nach Art. 14 Abs. 3 GG unschwer verstaatlicht werden, wenn dies den Staat nur ein Zehntel, oder weniger, des Wertes kostet, den er übernimmt.

Die Möglichkeit massiver Marktwertunterschreitung bei Entschädigung bringt also die Grundlagen des bisherigen Wirtschaftsrechts ins Wanken.

VI. Grenzen der Entschädigung unter Marktwert

Solchen Sorgen gegenüber genügt nicht das Vertrauen in die Vernunft des demokratischen Gesetzgebers. Grundrechte und Verfassung sind dazu da, gerade auch ihm feste Schranken zu ziehen. In schrankenloser Allgemeinheit ist die Unterschreitungsformel des Deichurteils schlechthin unerträglich. Wenn sie nicht überhaupt nur als obiter dictum zu verstehen ist[70], verlangen Grund-

---

[67] Dazu, gerade in der Sicht der Verkehrswertentschädigung, *Rüfner* (Fn. 61), S. 526 f.; *Maunz*, in: Maunz / Dürig (Fn. 3), Art. 15 Rdnr. 26; *Schmidt-Bleibtreu / Klein*, GG, 7. Aufl. (1990), Art. 15 Rdnr. 10; *Weber*, W., Die Grundrechte (Hrsg.: Neumann / Nipperdey / Scheuner), Bd. 2, 2. Aufl. (1968), S. 331 (388 ff.).

[68] *Rüfner* (Fn. 61), S. 526 f.

[69] *Kimminich*, BK, Art. 15 Rdnr. 31; *Maunz* (Fn. 67), Rdnr. 15; ebenso *Henkel*, DVBl. 1975, 315 (321).

[70] Wofür immerhin spricht, daß eine so allgemeine Aussage im Deichurteil gar nicht erforderlich gewesen wäre, weil das BVerfG zutreffend festgestellt hat, daß in diesem Fall

rechte und Rechtsstaat zwingend *ihr verfassungskonform einschränkendes Verständnis*. Dazu noch einige Orientierungen zur Beantwortung der entscheidenden Frage: Wo und wie weit darf überhaupt vom Marktwert abgewichen werden?

1. Bisher anerkannte Unterschreitungen des Marktwerts

a) Nach herrschender Lehre ist nach *Vorteilsausgleichung* der Marktwert zu mindern[71], eben soweit er durch *Vorwirkungen der Enteignung* sich erhöht[72]. Eine Interessenabwägung im engeren Sinn ist dies allerdings nicht, es werden nur gewisse wertbildende Faktoren nicht berücksichtigt.

b) *Staats-(kommunal-)verursachte Verkehrswerterhöhungen* können unter Umständen außer Betracht bleiben, doch nur da, wo die Verkehrswertsteigerungen eindeutig (z.B. bei Infrastrukturmaßnahmen) auf sie zurückzuführen sind, nicht aber auf allgemeine Marktentwicklungen. Die Durchsetzung eines Kriteriums der „eigenen Leistung", für das allein der Eigentümer zu entschädigen wäre[73], ist in einer Marktwirtschaft nicht nur schwierig, sondern unmöglich; und als Bürger-Unternehmer muß er ja auch Nutznießer des Eigentumsrisikos sein. Die *Abschöpfung von Planungsgewinn* durch „billige Enteignung" kann auch nicht mit „Staatsverursachung" begründet werden[74], dem steht vor allem die *Baufreiheit* im Wege[75]: Der Staat schafft nicht durch Baukonzession einen (besonderen) Grundstückswert, er stellt die grundsätzliche Baufreiheit wieder her, aufgrund deren sich, durch Reaktion des Marktes, der höhere Baulandpreis ergibt.

c) Entschädigung unter Marktpreis für Gegenstände, die einer *Sozialbindung* unterliegen, bei deren Realisierung durch den Staat sie billiger würden,

---

kein eigentlicher Marktpreis unterschritten wurde; so äußerte sich damals auch das Schrifttum, vgl. *Weber*, W., in: Festschr. f. Michaelis 1972, S. 316 (322); *Meyer*, AöR 97, 12 (19 f.); *Leisner*, Sozialbindung des Eigentums, 1972, S. 114 f.; *Rüfner* (Fn. 61), S. 524 f.; doch das nützt wenig, wenn die Allgemeinformel immer weiter tradiert wird.

[71] *Krohn/Löwisch* (Fn. 19), Rdnrn. 354 ff.; *Aust/Jacobs* (Fn. 19), S. 335 ff.; jeweils m. Nachw. zur Rspr. des BGH.

[72] Jedenfalls sind Wertsteigerungen nicht mehr zu berücksichtigen, die nach Ausschluß eines Grundstücks aus der konjunkturellen Entwicklung eintreten, vgl. BGH, WM 1969, 568 (569); w. Nachw. bei *Kreft*, WM 1982, Sonderteil 7/82, 3 (13).

[73] Wie es *Opfermann* (Fn. 50), S. 102 f. m. Nachw. in den Mittelpunkt seiner Entschädigungstheorie stellt.

[74] Zu dieser Problematik, die ja in den Jahren nach dem Deichurteil viel erörtert wurde, vgl. zusammenfassend *Leisner*, Wertzuwachsbesteuerung, 1978.

[75] Sie entspricht h.L., vgl. für viele *Nüßgens/Boujong* (Fn. 21), Rdnrn. 39 ff.; *Friauf*, in: v. Münch, Bes. VerwR, 8. Aufl. (1988), S. 477 (556 f.); *Battis*, Öffentliches BauR und RaumordnungsR, 2. Aufl. (1987), S. 76 ff., alle m. Nachw.

so daß dann der Staat diese Sozialbindung gleich durch geringere Entschädigung bei Enteignung berücksichtigen dürfte[76] — das ist an sich erwägenswert; doch festzuhalten ist, daß Sozialbindung (Inhaltsbestimmung des Eigentums) und Entschädigung streng zu trennen sind[77]. Inhaltsbestimmung darf nicht (nur) dem Ziel dienen, billiger an Vermögensgegenstände zu kommen, vor allem aber — der Enteignungsgewalt nützt dies wenig: Hebt der Staat etwa, im Namen der Sozialbindung, zulässig die Bebaubarkeit auf, so erhält er zwar – wenn er dann enteignet – billiges Land, aber eben nur Äcker, nicht Bauland; auch er muß sich dann der Sozialbindung unterwerfen.

d) Soweit ein *Preisstopp* zulässig ist[78], darf auch der (bisherige) Marktpreis bei Entschädigung unterschritten werden — im Grunde ist dann aber der Stoppreis der neue „volle Wert". Und Stoppreise nur zu billiger Entschädigung sind wiederum unzulässig[79].

Immerhin: Es gibt Fallgruppen, in denen „nicht starr am Verkehrswert zu haften ist". Insoweit ist dem Deichurteil zuzustimmen — aber auch nicht weiter.

2. Staatliche Finanzbedürfnisse — kein abwägungswürdiger öffentlicher Belang

Enteignet werden darf nur zu besonderen öffentlichen Zwecken, nicht zur Verbesserung der Vermögenslage der öffentlichen Hände[80], um etwa günstig an Vermögensgüter zu kommen[81]. Das ist herrschende Lehre seit jeher, und deshalb darf auch staatlicher Finanzbedarf – oder umgekehrt angespannte Haushaltslage – *nie ein abwägungswürdiger Belang der Allgemeinheit im Rahmen von Art. 14 Abs. 3 S. 3 GG sein*; das ist im Schrifttum überzeugend begründet worden[82]. Solche öffentliche Finanzinteressen könnte der Staat selbst ja beliebig steigern, sie müßten dann stets durchschlagen. Verwaltungen, vor allem aber Gerichte wären völlig überfordert, hier gegenüber Bürgerinteressen abzuwägen. Soll ein Landgericht die Finanzlage Deutschlands

---

[76] *Rüfner* (Fn. 61), S. 525 f.

[77] Wie *Rüfner* selbst zutr. bemerkt (Fn. 61), S. 517.

[78] Zu ihrer Zulässigkeit BGHZ 13, 378 (384 ff.) = LM PreisstopVO Nr. 4; BGHZ 31, 238 (242 ff.) = NJW 1960, 574 = LM Art. 14 GG Nr. 5.

[79] BGHZ 19, 139 (147) = NJW 1956, 178 = LM Hess. AufbauG Nr. 4.

[80] Der BGH warnt vor einer „gelegentlich zutage tretenden Tendenz der öffentlichen Hand, Grund und Boden im Wege der Enteignung möglichst billig zu erwerben", BGHZ 26, 373 (375) = NJW 1958, 749 = LM Hess. AufbauG Nr. 9; vgl. dazu auch *Schmidt-Aßmann*, Grundfragen des StädtebauR, 1972, S. 292 ff.

[81] *Papier* (Fn. 3), Rdnr. 498.

[82] Vor allem von *Opfermann* (Fn. 50), S. 241 f.

durchschauen und diese gegenüber Marktwertinteressen des Bürgers Müller „abwägen“? Auch der Gesetzgeber vermochte dies nie zu leisten.

Hier liegt die entscheidende Schwäche der bisherigen Entschädigungsdogmatik: Diese Schranke ist nie klar in der schwammigen Unterschreitungsformel des Deichurteils gezogen worden. Wenn dies nicht endlich gelingt, ist Art. 14 GG nur mehr wenige Prozent wert. Wird aber das geplante Entschädigungsgesetz nicht letztlich dadurch gerechtfertigt, daß volle Entschädigung eben „nicht zu bezahlen sei“?

3. Kein „Notstandsrecht der Enteignungsentschädigung“.

Bleibt die Frage, ob „billige Enteignung“ durch „außergewöhnliche Zeitumstände“ gerechtfertigt werden kann. Dem ist zu widersprechen. Rechtsstaatlich wäre eine solche Formel unerträglich. Das Grundgesetz gilt voll auch in Notzeiten — soweit nicht die „Notstandsverfassung“ in Kraft tritt; um sie ist zuviel gestritten worden, als daß nun eine „Eigentums-Notstands-Verfassung“ stillschweigend in Art. 14 Abs. 3 S. 3 GG hineingelegt werden dürfte. Staatskonkurs und außergewöhnliche Umstände der Wiedervereinigung dürfen nach dem „Bodenreform“-Urteil des Bundesverfassungsgerichts bei den Ausgleichsleistungen, sie dürfen aber nicht bei der Entschädigung berücksichtigt werden, sonst gerät für alle Zukunft Art. 14 GG unter den unabsehbaren Vorbehalt des Unvorhersehbaren.

Der eigentliche Grund für die wahrhaft unglückliche Formel des Deichurteils dürfte in der unbewußt nachwirkenden Weimarer Reichsverfassung liegen, die ja sogar Entschädigungsausschluß durch Gesetz vorsah. Doch hier soll doch das Grundgesetz, laut Bundesverfassungsgericht, gerade einen neuen, entscheidend stärkeren Schutz gebracht haben. Wie das geplante Entschädigungsgesetz zu rechtfertigen ist, außer durch staatlichen Finanzbedarf, werden seine Urheber überlegen müssen, und auch, wie Schaden für das künftige Eigentumsrecht in Deutschland abgewendet werden kann.

Denn es gilt, nun endlich gegen die Fluten des Deichurteils Deiche zu bauen. Alles Gute ist teuer — auch der Rechtsstaat.

Degressive Ersatzleistungen?*

Ansätze zu einer „Sozialisierung" von Entschädigung und Schadensersatz

Der Entwurf eines „Entschädigungsgesetzes Ost" sieht degressiv gestaffelte Entschädigungen vor, je nachdem, wieviel einem Berechtigten auszuzahlen ist. Damit wird der traditionelle Objektbezug der Entschädigung letztlich aufgehoben und, durch Berücksichtigung von Vermögensverhältnissen des Anspruchsträgers, eine „Sozialgestaltung durch Entschädigung" betrieben. Dies ist unvereinbar mit dem verfassungsfesten Begriff einer Entschädigung nach der ganz herrschenden Wiederbeschaffungstheorie. Es müßte dies auch eine „Sozialisierung" des Staatshaftungsrechts, ja des privaten Deliktsrechts einleiten: Die Vermögensverhältnisse von Schädiger und Geschädigtem wären stets zu berücksichtigen. Die Folge könnte nur sein: Entwertung allen privaten Eigentums, Erleichterung der Sozialisierung, Enteignung und Entschädigung als sozialpolitische Instrumente.

I. Die Bedeutung der Problematik

1. Der Anlaß der Untersuchung: Der Entwurf eines „Entschädigungsgesetzes Ost"

a) Entschädigung im Enteignungsfall (Art. 14 Abs. 3 GG) sowie für „Aufopferung" (früher: enteignender und enteignungsgleicher Eingriff)[1] dient dem Ausgleich der hoheitlich verursachten Vermögenseinbußen. Grundsätzlich hat daher der Betroffene Anspruch auf den Marktwert des Entzogenen[2] in vollem Umfang, soll er sich doch auf dem Markt Ersatz beschaffen können[3]. Von diesem Prinzip, welches von ganz herrschender Lehre und Rechtsprechung seit Generationen getragen ist, weichen nun, auf breiter Front und mit schwerstwiegenden praktischen Auswirkungen, Überlegungen ab, die schon seit längerem über die Ersatzleistungen des Staates nach einem „Entschädigungsgesetz Ost" angestellt werden; sie haben sich inzwischen in einem Ent-

---

* Erstveröffentlichung in: Neue Juristische Wochenschrift 1993, S. 353–359.

[1] Im Sinne der neueren Rspr. des BGH, vgl. für den „enteignenden Eingriff" BGH, NJW 1988, 478, für den „enteignungsgleichen Eingriff" BGHZ 90, 17 = NJW 1984, 1169.

[2] Dazu für viele *Ossenbühl*, StaatshaftungsR, 4. Aufl. (1991), S. 168 f. m. Nachw.

[3] Dazu m. Nachw. *Leisner*, NJW 1992, 1409.

wurf konkretisiert[4]; ob eine wesentliche Veränderung in den hier interessierenden Kernpunkten im Gesetzgebungsverfahren in Betracht kommt, ist sehr fraglich.

b) Nach Art. 41 Einigungsvertrag werden zwischen 1945 und 1949 im Osten konfiszierte Vermögensgegenstände den Alteigentümern nicht zurückgegeben. Diese haben jedoch, nach dem Urteil des Bundesverfassungsgerichts[5], Anspruch auf Ausgleichsleistungen, bei deren Bestimmungen allerdings dem Gesetzgeber ein weiter Gestaltungsspielraum eröffnet ist. Abweichend davon sind alle anderen, vor und nach 1945 auf dem Gebiet der früheren DDR enteigneten Gegenstände ihren früheren Eigentümern zurückzugeben, soweit nicht die im Einigungsvertrag vorgesehenen Ausnahmen (vor allem Einsatz für öffentliche Zwecke, zwischenzeitlicher gutgläubiger Erwerb durch Dritte) oder eine der nach 1991 erlassenen sogenannten „Vorfahrtsregelungen" zugunsten von Investoren eingreifen; näher regelt dies das Vermögensgesetz[6]. Für diese letzteren – umfangreichen – Fallgruppen der Nichtrückgabe ist nach dem Einigungsvertrag ausdrücklich „Entschädigung" vorgesehen, nicht etwa „Ausgleich", wie vor allem im Fall der Bodenreform-Konfiskationen. Das Bundesverfassungsgericht hat in seinem Bodenreformurteil diese Unterscheidung deutlich hervorgehoben[7] und sie ausdrücklich, mit Blick vor allem auf die Gleichheit, gebilligt. Das Bundesverfassungsgericht spricht dabei von „Entschädigung", ebenso auch der Referentenentwurf des Entschädigungsgesetzes[8].

c) Diese „Entschädigung" wird nun aber im Gesetzentwurf – übrigens ebenso wie die Ausgleichsleistung – wie folgt ausgestaltet:

– Übersteigt die jeweils auf einen Berechtigten entfallende Entschädigungssumme gewisse Grenzen (100.000 DM, 300.000 DM, 500.000 DM, 1 Million DM, 2 Millionen DM), so wird, entsprechend, der überschießende Betrag um 10%, 20%, 30%, 40%, 70% gekürzt.

---

[4] Referentenentwurf eines Gesetzes über die Entschädigung nach dem Gesetz zur Regelung offener Vermögensfragen und über staatliche Ausgleichsleistungen für Enteignungen auf besatzungsrechtlicher oder besatzungshoheitlicher Grundlage (Entschädigungsgesetz – EntschG, BMF VI, 26 1992, F/VIAG/216.1 – 216.63).

[5] BVerfGE 84, 90 = NJW 1991, 1597.

[6] Vgl. dazu etwa *Fieberg/Reichenbach/Messerschmidt/Verstegen*, VermG, Stand: 1992; *Rädler/Raupach/Arndt/Drygalski*, Vermögen in der ehemaligen DDR, 1991; *Bielenberg*, Eigentum an Grund und Boden in den neuen Ländern, 1992; *Brunner* (Hrsg.), Rechtshdb. Vermögen und Investitionen in der ehemaligen DDR, 1991; *Döring*, Zeitschrift für offene Vermögensfragen (ZoV) 1991, 24; *Kilian*, ZoV 1991, 63; *Motsch*, ZoV 1991, 4; *Schniewind*, BB 1991, Beil. 21 zu H. 30, 1991, 1; *Försterling*, DVBl. 1992, 497.

[7] BVerfGE 84, 90 (129) = NJW 1991, 1597.

[8] Entwurf (Fn. 4), Art. 1 und passim nennt der Entwurf ausdrücklich die beiden Regelungskomplexe „Ausgleichsleistungen"–„Entschädigung", schon in der Überschrift des Normenwerks übrigens.

– Die Leistungen erfolgen nach Maßgabe der verfügbaren Mittel.

Damit wird eine degressiv gestaltete „Entschädigung nach Haushaltsmitteln“ geboten. In einer flankierenden Ausarbeitung[9] wurde überdies alsbald ein Höchstbetrag der Entschädigung für jeden entzogenen Vermögensgegenstand vorgesehen. Eine solche Plafondierung der Entschädigung kann sich bei den Entschädigungen für einzelne Gewerbebetriebe und größere Güter sehr belastend auswirken. Systematisch gesehen handelt es sich um eine Art von „Extrem-Degression auf Null“ für überschießende Beträge, deren Behandlung im Rahmen der „degressiven Entschädigung“ erfolgen kann.

Es fragt sich nun nicht nur, ob diese konkreten Gesetzgebungsabsichten verfassungsrechtlich zulässig sind. Weit wichtiger ist die Frage, ob degressive Entschädigung mit den Verfassungsgrundsätzen des Eigentums- und Enteignungsrechts vereinbar ist, und was ihre Normierung im Entschädigungsgesetz an Folgen für das öffentliche Recht der Ersatzleistungen wie für den Schadensersatz im Zivilrecht nach sich ziehen kann.

2. Die Dimension des Problems: „Personalisierung“ und „Sozialisierung“ der Ersatzleistungen

a) Eine Entschädigungsdegression bewirkt eine Belastungsprogression bei Eingriffen in das Eigentum. Derartiges ist dem Steuerrecht geläufig, etwa im Falle der Erbschaft- und Schenkungsteuer. Wo immer hier die verfassungsrechtlichen Grenzen liegen mögen[10] — es handelt sich dabei um eine *sachbezogene, nicht um eine personenbezogene Abgabe*, in dem Sinn, daß die Vermögensverhältnisse der Erben im übrigen keine Rolle für die Steuerhöhe spielen. Ein personales Element liegt allerdings in dieser Besteuerung insoweit, als sämtliche vererbte Vermögensgegenstände als wertmäßige Berechnungsgrundlage der Abgabe zusammengefaßt und jeweils einem Berechtigten, eben dem Erben, zugerechnet werden. In diesem Sinne ist die Erbschaftsteuer „(erb-)fallbezogen“, in einer Mischung von Personen- und reiner Sachbezogenheit.

Ähnlich soll die degressive Entschädigung nun ausgestattet werden[11], also „entschädigungsfallbezogen“. Die zusätzlich vorgeschlagene Plafondierung

---

[9] „Kommission Vermögensfragen SBZ / DDR“, Vorsitzender *Johannes Gerster*, MdB, vom 15.10.1992 (km 111 – 6 / 0), vgl. nun Entwurf (Fn. 4), Art. 1 § 2 Abs. 2.

[10] Dazu grds. *Leisner*, Verfassungsrechtliche Grenzen der Erbschaftsbesteuerung, 1969, S. 84 ff.; vgl. auch *Beyer*, Grundprobleme des ErbStR, Diss. 1976, S. 102 ff.; *Nohl*, Vermögensredistribution durch die Besteuerung von Erbschaften, Diss. 1979, S. 103 ff.

[11] Entwurf (Fn. 4), Art. 1 § 7: „Übersteigt die auf einen Berechtigten entfallende Summe ... so ist die Entschädigung ... zu kürzen.“

dagegen bleibt streng sachbezogen, sie gilt für jeden einzelnen Vermögensgegenstand.

Die degressive Entschädigung ist also personenbezogen im Sinne einer „Enteignungsfallbezogenheit".

b) Die persönlichen, insbesondere *die Vermögensverhältnisse des Entschädigungsberechtigten spielen, so scheint es, für die Höhe der staatlichen Ersatzleistung dagegen keine Rolle.* Es ist nicht so, daß ganz offen der „arme Staat", als Entschädigungsschuldner, um so weniger zu zahlen hat, je „reicher" sein Enteignungsgläubiger ist. Dennoch liegen der degressiven Entschädigung eindeutig ebenso sozialpolitische Vorstellungen zugrunde, wie dies auch bei der Erbschaftsteuer der Fall ist: Wer „schon so viel an Entschädigung erhält", damit also dadurch allein schon wohlhabend wird, der ist in einer Weise dem Staat gegenüber „leistungsfähig", daß dieser seine (weiteren) Leistungen an ihn kürzen, verhältnismäßig weniger an ihn zahlen darf. Dahinter steht also die Vorstellung einer „Ersatzberechtigung nach Leistungsfähigkeit", durchaus in einem steuerrechtlichen Sinn[12], die ja auch die Erbschaftsteuer-Progression trägt; und wenn man schon diese Parallele fortsetzen will: Werden die Erbschaftsteuer und ihr Ansteigen damit gerechtfertigt, daß dort „Unverdientes" zufalle, so läßt sich hier sagen, daß Vermögensgüter „unerwartet" zurückkämen. Und so wie die Erbschaftsteuer stets auch – man denke nur an das englische Beispiel – zur „sozialisierenden" Umgestaltung der Gesellschaft eingesetzt worden ist, so würde eine „degressive Entschädigung Ost" im Ergebnis durchaus ähnliche Wirkungen hervorbringen, mag es nun der Gesetzgeber beabsichtigt haben oder nicht: Die Vermögensunterschiede zwischen einer nicht kleinen Schicht früherer Eigentümer würden weitgehend eingeebnet. Sozialisierende Effekte eines derartigen Entschädigungsrechts sind daher unverkennbar.

c) Eine degressive Entschädigung erfolgt zwar, wie gesagt, nicht ausdrücklich nach den „persönlichen (Vermögens-)Verhältnissen" des (durch Entschädigung wohlhabend werdenden) Alteigentümers und des (durch die Wiedervereinigung arm werdenden) Staates. Ein wesentlicher Ausschnitt aus den Vermögensverhältnissen des Gläubigers dient dennoch als Bemessungsgrundlage der Ersatzleistungen: eben jene Entschädigungsforderungen, die in vielen Fällen die Vermögensverhältnisse des Berechtigten wesentlich prägen werden. Wird hier nach dem Grundsatz der degressiven Entschädigung verfahren „An der Spitze immer weniger", so liegt der nächste Schritt nahe: Kann dann nicht im Namen des ja bereits entschädigungsfallbezogen angewandten Leistungsprinzips die Entschädigung überhaupt nach den, nach allen Vermögensverhältnissen des Berechtigten gestaffelt werden? Im Steuerrecht geschieht

[12] *Birk*, Das Leistungsfähigkeitsprinzip als Maßstab der Steuernormen, 1983.

das eine im Erbschaftsteuerrecht, das andere im Einkommensteuerrecht, unter Hinweis auf das eine Leistungsfähigkeitsprinzip bei der Progression. Sollte es dann nicht auch öffentliche Ersatzleistungen nach den jeweiligen Vermögensverhältnissen von Bürger und Staat geben dürfen, systematisch vielleicht gar geben müssen?

Die *erste Frage* der folgenden Betrachtungen richtet sich daher auf die Bedeutung der persönlichen Vermögensverhältnisse des Berechtigten nach geltendem (Verfassungs-)Recht — ist damit Degression vereinbar (im folgenden II)? Die *zweite Frage* zielt auf die Folgerungen, die sich aus (der Zulässigkeit) einer Entschädigungsdegression im öffentlichen Recht für das öffentliche, vor allem aber auch für das private Schadensersatzrecht ergeben müßten, wo ja die Berücksichtigung von persönlichen Vermögensverhältnissen des Schuldners früher schon gefordert worden ist (im folgenden IV). Ergeben sich daraus nicht vielleicht sogar Argumente für die Zulässigkeit einer degressiven Entschädigung im öffentlichen Recht?

Dies zeigt die rechtsgrundsätzliche Dimension des Problems für unser Rechtssystem als solches. Stehen wir am Anfang einer sozialisierenden Entwicklung des gesamten Rechts der Ersatzleistungen? Werden Entschädigung und Schadensersatz zu Instrumenten der Sozialgestaltung, gibt es bereits heute Ansatzpunkte dafür? Werden dann nicht vor allem Sozialisierungen[13] rechtlich und ökonomisch entscheidend erleichtert, weil eben bei hohen Entschädigungssummen nur ein kleiner Bruchteil davon zu leisten ist?

II. Grundsätzliche Unvereinbarkeit degressiver Entschädigung mit dem Entschädigungsbegriff

1. Entschädigung zur Ersatzbeschaffung für das „Genommene“

a) „Entschädigung“ ist im deutschen Enteignungsrecht seit Generationen ein terminus technicus mit festem Inhalt. Es handelt sich um einen Verfassungsbegriff (Art. 14 Abs. 3 GG), der nicht zur Disposition des einfachen Gesetzgebers steht. Daß der Begriff der Entschädigung der Ausgestaltung durch einfaches Gesetz entzogen war, galt grundsätzlich bereits nach der Weimarer Reichsverfassung – gerade deshalb wurde es ja dem Gesetzgeber gestattet, *anstelle* „angemessener Entschädigung“ etwas anderes zu normieren – aber eben nicht den Entschädigungsbegriff zu manipulieren (Art. 153 Abs. 2 S. 1, 2 WRV). Verfassungsfest gilt der Entschädigungsbegriff jeden-

---

[13] Bei denen ja, nach bisher herrschender Lehre, nach Enteignungsgrundsätzen zu entschädigen ist, vgl. etwa *Herzog*, in: Maunz/Dürig, GG, Art. 15 Rdnr. 26; *Schmidt-Bleibtreu / Klein*, GG, 7. Aufl. (1990), Art. 15 Rdnr. 10.

falls für jene Eingriffe, welche nach dem Naßauskiesungsurteil des Bundesverfassungsgerichts[14] allein den Namen „Enteignung" verdienen, also für den Entzug einer Rechtsposition; um eben dies geht es beim Entschädigungsgesetz. Ob der einfache Gesetzgeber im Falle des enteignenden und des enteignungsgleichen Eingriffs, wo der Bundesgerichtshof die Wiedergutmachungspflicht nun auf einen umgeschriebenen Rechtsgrundsatz stützt, allgemein oder sektoral einen anderen Entschädigungsbegriff entwickeln kann, mag hier offenbleiben; angesichts der traditionellen Einheit des gesamten öffentlichen Eingriffs-Ausgleichsrechts wäre jedenfalls zu fordern, daß dies in ausdrücklicher Distanzierung gegenüber dem verfassungsrechtlichen Entschädigungsbegriff geschieht.

b) *Der normative Inhalt des Entschädigungsbegriffes liegt nach ganz herrschender Lehre eindeutig fest*: „Die Entschädigung ist das Surrogat für das bei freihändigem Verkauf zu entrichtende privatrechtliche Entgelt"[15]. Nach ständiger Rechtsprechung des Bundesgerichtshofs muß die Entschädigung den Betroffenen in den Stand setzen, *die Ersatzbeschaffung einer Sache von gleicher Art und Güte vorzunehmen*[16]. Diese „Wiederbeschaffung eines gleichwertigen Objekts"[17] ist zwar nach dem Bundesgerichtshof „bildhaft" zu verstehen, aber nur in dem Sinne, daß nicht der gesamte reale Aufwand der Wiederbeschaffung, sondern nur das Genommene aufgewogen wird[18] — die Ersatzsache muß auch nicht tatsächlich beschafft werden[19], sie muß jedoch mit Hilfe der Entschädigung beschafft werden können.

c) Dem entsprechen auch die *Entschädigungsgrundsätze*, welche die herrschende Lehre entwickelt hat:

– *Möglichst zeitnah zur Wiederbeschaffung* muß entschädigt werden, für die Entschädigung ist grundsätzlich derjenige Zeitpunkt maßgeblich, der „der Auszahlung möglichst nahe liegt"[20]. Eine umfangreiche sogenannte Steigerungsrechtsprechung[21] berücksichtigt daher Preiserhöhungen zwischen Ent-

---

[14] BVerfGE 58, 300 = NJW 1982, 745 = NVwZ 1982, 242 L.

[15] *Ossenbühl* (Fn. 2), S. 168, im Anschluß an *Werner Weber*.

[16] Vgl. etwa BGHZ 11, 156 (163 ff.) = NJW 1954, 345; BGHZ 14, 106 (108 f.) = NJW 1954, 1485; BGHZ 26, 373 (374) = NJW 1958, 749; BGHZ 39, 198 (200) = NJW 1963, 1492; BGHZ 41, 354 (358) = NJW 1964.

[17] *Ossenbühl* (Fn. 2).

[18] *Ossenbühl* (Fn. 2), im Anschluß an *Kreft*.

[19] BGHZ 39, 198 (200) = NJW 1963, 1492; BGH, NJW 1966, 497 (498).

[20] BGHZ 26, 373 (374) = NJW 1958, 749; BGHZ 40, 87 (88) = NJW 1963, 2165; BGHZ 41, 385 (390) = NJW 1964, 1674, st. Rspr., vgl. *Krohn/Löwisch*, Eigentumsgarantie, Enteignung, Entschädigung, 3. Aufl. (1984), Rdnr. 323; *Schmidt-Bleibtreu/Klein* (Fn. 13), Art. 14 Rdnr. 21.

[21] *Krohn/Löwisch* (Fn. 20), Rdnr. 324.

eignung und (Entscheidung über die) Entschädigung zugunsten, aber auch, bei Preissturz, zu Lasten des Berechtigten[22]. Dies zeigt, daß die Entschädigung jenen „wirklichen Wertausgleich“[23] bringen soll, der sich nur an der Wiederbeschaffung orientieren kann. Damit unvereinbar ist übrigens die vorgesehene Regelung im Entwurf des Entschädigungsgesetzes, nach welcher die ohnehin ja bereits jahrzehntelang später erst gewährte Entschädigung erst ab 1996 ausgezahlt werden soll.

– Ausgangspunkt jeder Entschädigungsberechnung kann immer nur der *Marktwert des Entzogenen* sein, eben „entsprechend der Wiederbeschaffungstheorie“[24]. Die grundsätzliche Gewährung des Marktwerts liegt auch der ständigen Rechtsprechung des Bundesgerichtshofs zugrunde[25]: Der Markt ist das Forum der Wiederbeschaffung; nur sie, als Wesenskern der Entschädigung, trägt die Berechnung nach dem gemeinen Wert.

Mit Blick auf diese Entschädigungsgrundsätze hat die herrschende Lehre stets betont, die Höhe der Enteignungsentschädigung orientiere sich allein an dem Wert des „dem Betroffenen mit der enteignenden Maßnahme Abverlangten, an dem Wert des ihm Genommenen“[26].

2. Unvereinbarkeit degressiver Ersatzleistung mit dem Entschädigungsbegriff

Mit diesem Grundsatz der Entschädigung, der geradezu ein Konstitutivprinzip des Begriffs darstellt[27], ist eine degressive Gestaltung der Entschädigung, nach deren jeweiliger Höhe, nicht vereinbar. Wenn der Berechtigte, bei an sich höheren Ersatzleistungsforderungen, kraft Gesetzes eine nicht unwesentliche Kürzung hinzunehmen hat, so kann er sich eben ein Gut gleicher Art und Güte mit Sicherheit nicht beschaffen; es wäre abwegig, einen entsprechenden „Preissturz“ zu unterstellen, und das Gesetz hat ja, mit Feststellung eines zu entschädigenden Wertes – der sodann gekürzt wird – bereits zu

---

[22] BGHZ 14, 106 (109) = NJW 1954, 1485.

[23] BGHZ 41, 385 (390) = NJW 1964, 1674; *Krohn/Löwisch* (Fn. 20), Rdnr. 248; *Kreft*, WM 1982, Sonderbeil. 7 (1982), 3 (4).

[24] So jetzt erneut *Ossenbühl* (Fn. 2), S. 168, der sodann (S. 169) daran auch gegenüber dem Deichurteil des BVerfG (BVerfGE 24, 367 (421) = NJW 1969, 309), das er zutr. einschränkend interpretiert, festhält.

[25] Nachw. dazu bei *Leisner*, NJW 1992, 1409.

[26] Grdl. BGHZ 91, 243 (257) = NJW 1984, 2216, s. u.a. auch *Krohn/Löwisch* (Fn. 20), Rdnr. 248; *Gelzer/Busse*, Der Umfang des Entschädigungsanspruchs aus Enteignung und enteignungsgleichem Eingriff, 2. Aufl. (1980), S. 9; *Kreft*, WM 1982, Sonderbeil. 7 (1982), 3 (6).

[27] Nicht zuletzt stützt sich darauf nach h.L. ja die Abgrenzung Entschädigung – Schadensersatz, vgl. dazu näher unten IV 1.

erkennen gegeben, wieviel auf dem Markt für eine Ersatzbeschaffung ausgegeben werden muß. Damit würde sich also der Gesetzgeber in diametralen Gegensatz zu einem verfassungsrechtlich verfestigten Norminhalt setzen. Degression der Entschädigung ist die Negation der Funktion der Entschädigung. Wenn sich also keine spezielle Rechtfertigung für ein solches Vorgehen finden läßt (vgl. im folgenden III), wäre eine solche Bestimmung eindeutig verfassungswidrig.

Der Gesetzgeber müßte sich auch in klaren Widerspruch setzen zu dem oben (1 c am Ende) herausgestellten Grundsatz, daß sich die Entschädigung *allein*[28] am Wert des „Genommenen" ausrichtet, also keinerlei andere Kriterien oder auch nur Orientierungen berücksichtigt werden dürfen. Eine degressive Lösung wird aber in aller Regel – und dies zeigt sich gerade am Beispiel des Entwurfs eines Entschädigungsgesetzes – aus allgemeineren, haushalts- oder sozialpolitischen Überlegungen heraus in Betracht gezogen werden. Beim Entschädigungsgesetz dürfte beides eine Rolle spielen: einerseits die durch die Wiedervereinigung verursachte „Bedürftigkeit des Schuldners Staat", der deshalb auch nur soll leisten müssen, was er an Mitteln für seinen Entschädigungsfonds bei anderen Bürgern hat beitreiben können; zum anderen die Leistungsfähigkeit der Berechtigten, infolge von deren durch höhere Entschädigungsansprüche bereits verbesserten Vermögensverhältnissen. Letztlich läuft dies alles also doch – und sei es auch in einer durch den „Entschädigungsfall eingeschränkten Form" – darauf hinaus, daß man nicht den Wert des Genommenen, sondern die Vermögensverhältnisse von Schuldner und Gläubiger des Entschädigungsanspruchs zugrunde legt.

Eine derartige Orientierung ist, soweit ersichtlich, im Entschädigungsrecht, in allgemeiner Form jedenfalls, noch nie auch nur ansatzweise angeklungen. Es müßten sich also spezielle Legitimationsgründe für eine Durchbrechung dieser Grundsätze oder gar für deren generelle Veränderung finden lassen. Die wichtigsten in Betracht kommenden Gesichtspunkte hierfür sind nun zu untersuchen.

III. Legitimationsmöglichkeiten einer Abweichung von der Wiederbeschaffungstheorie?

1. Entschädigung gesagt — Ausgleich gemeint?

Degressiv gekürzte Entschädigungen könnten deshalb zulässig sein, weil angenommen werden müsse, in solchen Fällen habe der Gesetzgeber nicht Entschädigung im enteignungsrechtlichen Sinne gewähren wollen, sondern

---

[28] Vgl. BGHZ 91, 243 (257) = NJW 1984, 2216.

eine Art von „Ausgleich". In dessen Festlegung aber sei die Legislative frei; sie könne, müsse vielleicht, die Haushaltslage berücksichtigen[29]. Da überdies der Ausgleich wesentlich eine Art von Ausformung der Sozialstaatlichkeit sei, und es daher bei ihm vor allem um Eingliederungsbeihilfen in die Gemeinschaft gehe, sei auch eine Berücksichtigung der Vermögensverhältnisse des Gläubigers zulässig, wenn nicht gar geboten.

Der Rechtsbegriff des „Ausgleichs" scheint sich, vor allem in letzter Zeit, zu einem eigenartigen Institut zu entwickeln, dessen Konturen allerdings noch weithin unklar sind, auf zwei Gebieten vor allem: Im Umweltrecht im weiteren Sinne wird Ausgleich bei erhöhten, die Enteignungsschwelle aber nicht erreichenden Anforderungen an das Eigentum Privater gewährt[30]; die frühere Judikatur des Bundesverfassungsgerichts zu Kriegsschäden und -folgengesetzgebung, welche (nur) „Ausgleich" vorsah[31], ist neuerdings im Falle der Bodenreformopfer wieder vom Bundesverfassungsgericht, „reaktiviert" worden, nach Jahrzehnten[32]. All diesen „Ausgleichsfällen" ist aber eines gemeinsam: Hier werden Leistungen gewährt in Fällen, wo gerade keine Enteignung, kein enteignender oder enteignungsgleicher Eingriff vorliegt. Die strenge begriffliche Trennung hat gerade neuerdings das Bundesverfassungsgericht im Bodenreformurteil betont; und auch der Entwurf des Entschädigungsgesetzes geht systematisch und durchgehend von der Unterscheidung Entschädigung–Ausgleichsleistung aus, mag es auch im Ergebnis beides dann weitgehend gleichbehandeln. Dann aber ist, weil beide Rechtsfiguren in der Verfassung verankert sind (Art. 14/20 GG), „Entschädigung als Ausgleich" mit der Verfassung nicht zu vereinen. Degressiver Ausgleich ist zulässig, nicht aber degressive Entschädigung. Dem Bundesgerichtshof ist zu folgen: Hat der Gesetzgeber den Ausdruck „Entschädigung" gewählt, so hat er damit zum Ausdruck gebracht, daß insoweit ein Enteignungstatbestand vorliegt[33].

2. „Angemessene" — also auch „degressive" Entschädigung?

Zugunsten der Degression könnte argumentiert werden, Entschädigung sei schon von Verfassungs wegen nicht als voller, sondern nur als „angemessener" Wertausgleich zu gewähren. Es seien eben Fälle denkbar – wie der der Bewältigung des DDR-Unrechts –, in denen gerade Entschädigungskürzungen

---

[29] Vgl. BVerfGE 84, 90 (130) = NJW 1991, 1597.

[30] Vgl. etwa § 19 WHG iVm. entspr. Landesrecht; *Roth*, Hdb. des deuschen WasserR, 1992, § 19 WHG Rdrn. 7 ff.

[31] BVerfGE 27, 253 (283 f.) = NJW 1970, 799; BVerfGE 41, 126 (150) = NJW 1976, 1491.

[32] Im Bodenreformurteil, BVerfGE 84, 90 = NJW 1991, 1597.

[33] BGHZ 41, 385 (387) = NJW 1964, 1674.

die vom Grundgesetz geforderte „gerechte Abwägung der Interessen der Allgemeinheit und der Beteiligten“ (Art. 14 Abs. 3 S. 3 GG) verwirklichten.

Das Grundgesetz spricht jedoch nur von gerechter Abwägung „der Interessen“, es sagt nichts über den Bezugspunkt dieser Interessen aus. Es wäre höchst schwierig, wenn nicht unmöglich, in jedem Enteignungsfall die allgemeinen Vermögensinteressen – und damit Vermögensverhältnisse – des Staates oder einer Kommune den allgemeinen Vermögensverhältnissen des jeweils Betroffenen gegenüberzustellen. Gemeint sein können also nur die Interessen der beiden Seiten *im Hinblick auf den zu enteignenden Gegenstand und damit hinsichtlich der Höhe der Entschädigung.* Mit anderen Worten: Das Grundgesetz läßt nicht nur mit seinem Begriff der „Angemessenheit“ Raum für eine nicht personen-, sondern rein objektbezogene Bestimmung der Entschädigung, es setzt diese sogar voraus — wie es eben auch allgemeiner Praxis, schon bei seinem Inkrafttreten, entsprach.

3. Degressive Unterschreitung des Verkehrswertes?

Eine Unterschreitung des Verkehrswertes des entzogenen Objekts mag in „besonderen Ausnahmefällen“ (*Ossenbühl*)[34] entschädigungsrechtlich zulässig sein. Dies schließt aber den strengen Objektbezug der Entschädigung nicht aus, von dem auch das Bundesverfassungsgericht im Deichurteil[35] ausgegangen ist — im Gegenteil: Das Bundesverfassungsgericht hat – selbst bei weitem Verständnis dieser Entscheidung – dort nur ausgesprochen, die Entschädigung müsse *der Höhe nach* nicht in allen Fällen notwendig den vollen Verkehrswert des genommenen Objekts erreichen. Dieser „Wert des Objekts“, nicht die Vermögensverhältnisse der Partner oder gar sozialpolitische Umverteilungsziele, ist aber, gerade nach dieser Entscheidung, der Bezugspunkt der Entschädigung. Die Deichurteilsproblematik der „geringeren Entschädigung“ erhebt sich also, im Fall des Entschädigungsgesetzes, nur insoweit, als ein geringerer Prozentsatz des Verkehrswerts objektbezogen ersetzt werden soll; mit Degression der Entschädigung hat dies nichts zu tun.

4. Entschädigungsrelevanz der „Vermögensverhältnisse des Betroffenen“ nach Steuerverfassungsrecht?

Nach längerem Zögern hat das Bundesverfassungsgericht eine früher herrschende Auffassung aufgegeben, nach welcher Besteuerung grundsätzlich den Schutzbereich des Eigentums nicht berührte. Seine Formel lautet nun, eine

[34] Fn. 2, S. 169, unter Berufung auf das Schrifttum, w. Nachw. bei *Leisner*, NJW 1992, 1409.

[35] Deichurteil, BVerfGE 24, 367 (421) = NJW 1969, 309.

Eigentumsverletzung komme „allenfalls in Betracht, wenn die Geldleistungspflichten den Pflichtigen übermäßig belasten und seine Vermögensverhältnisse grundlegend verändern würden“[36]. Der Bundesfinanzhof hat dies übernommen[37]. Nach dieser, allerdings wenig präzisen, Formulierung[38] können die Vermögensverhältnisse des Entschädigungsberechtigten bei Expropriation durch Steuern bedeutsam werden. Läßt sich aus diesem Ansatz eine Legitimation für ihre allgemeinere Berücksichtigung durch Degression gewinnen?

Entgegen steht dem zunächst, daß die „Vermögensverhältnisse des Betroffenen“ im dargestellten Steuerverfassungsrecht die Voraussetzung der Enteignung betreffen, die Berührung des Schutzbereichs des Art. 14 GG durch ein tiefgreifendes Steuergesetz — im Degressionsfall dagegen die Rechtsfolge (Entschädigungshöhe); dieser systematisch entscheidende Unterschied begründet bereits Bedenken gegen jeden Analogieversuch. Vor allem aber ist zu berücksichtigen, daß das Bundesverfassungsgericht deshalb auf die „Vermögensverhältnisse“ des Betroffenen zurückgegriffen hat, weil Zugriffsobjekt der Besteuerung in der Tat das Gesamtvermögen des Schuldners ist, aus dem die Abgabenschuld zu begleichen bleibt. Unter Berufung darauf hatte ja auch die früher herrschende Lehre das Vorliegen einer Enteignung hier generell verneint[39]. Durch Einbeziehung der „Vermögensverhältnisse“ in den Enteignungstatbestand wurde diesen Bedenken vom Bundesverfassungsgericht Rechnung getragen.

Daraus ergibt sich jedoch, daß die Berücksichtigung der „Vermögensverhältnisse“ eine nicht ausdehnungsfähige Besonderheit des Steuerverfassungsrechts ist, die überdies gerade jenen Objektbezug der Entschädigung bekräftigt, den degressive Ersatzleistung außer acht läßt; sie kann also unter Berufung auf „Steuereingriff und Eigentum“ nicht legitimiert werden.

5. „Existenzsicherung“ und „Erdrosselungsverbot“ — Berücksichtigung der Lage des Betroffenen?

a) Das Bundesverfassungsgericht hat in seiner neueren Judikatur den Eigentumsbegriff nicht unerheblich ausgedehnt, den Verfassungsschutz insbesondere auch auf wichtige sozialversicherungsrechtliche Rechtspositionen erweitert, dort, wo die Versicherten sie zu ihrer existentiellen Vorsorge rech-

---

[36] St. Rspr. seit BVerfGE 14, 221 (224) = NJW 1962, 2003; vgl. etwa BVerfGE 19, 119 (128 f.) = NJW 1965, 2247; BVerfGE 23, 288 (315) = NJW 1968, 1667; BVerfGE 29, 402 (413) = NJW 1971, 319; BVerfGE 38, 61 (102) = NJW 1975, 31.

[37] In st. Rspr., vgl. etwa BFHE 83, 200 (205); 112, 567 (568).

[38] Näher dazu m. Nachw. *Kirchhof/Leisner*, Bodengewinnbesteuerung, 1985, S. 144 ff.

[39] Nachw. bei *Kirchhof/Leisner* (Fn. 38), S. 139 ff.

nen können[40]. Dies könnte im Sinn eines nach Existenzsicherung abgestuften Eigentumsschutzes zu verstehen sein[41]. Kann daraus eine Begründung für eine „sozial gestaffelte" Degression abgeleitet werden, welche ebenfalls die weniger Leistungsfähigen begünstigt?

Abgesehen davon, daß auch hier (wie oben 4) die Existenzsicherung den Tatbestand (Enteignung), nicht die Rechtsfolge (Entschädigung) betrifft — der Gesetzgeber hätte dann „freibetragsähnlich" mit einem existenzsichernden „Entschädigungsminimum" operieren, das Überschießende einheitlich, objektbezogen, kürzen müssen; so aber soll degressive Entschädigung nicht normiert werden. Selbst wenn man im übrigen grundsätzliche Bedenken gegen „Eigentum als Existenzsicherung" nicht teilt[42] — auch nach einer solchen Auffassung bliebe der Objektbezug voll erhalten: Die betreffende Rentenposition wird generell und voll geschützt, für sie wird voll entschädigt; daß sie selbst wieder, durch Sozialversicherungsrecht, „degressiv" ausgestaltet wird, ist eine andere Frage, welche nicht die Rechtsfolge der Entschädigung, sondern deren Voraussetzung betrifft, die Enteignung.

b) Ähnliches gilt für die „Erdrosselungsjudikatur"[43], welche in solchen Fällen, ausnahmsweise, Eigentumsverletzung bejaht. Auch sie bleibt „objektbezogen": Der eingerichtete und ausgeübte Betrieb ist das eigentumsrechtliche Zugriffsobjekt, er darf nicht vernichtet werden. Im übrigen bleiben Vermögensverhältnisse des Berechtigten außer Betracht; sozialpolitisch motivierte Gesellschaftsgestaltung liegt alldem nicht zugrunde.

Soweit ersichtlich gibt es also nirgends eine Begründung oder auch nur einen Analogieansatz für eine Rechtfertigung degressiver Entschädigung. Es muß daher bei dem Urteil bleiben, daß sie verfassungswidrig ist.

IV. Konsequenz degressiver Entschädigung: „Sozialisierung" auch des Schadensersatzrechts?

Degressive Entschädigung hebt, das hat sich ergeben, den bisher strengen „Objektbezug" der öffentlichen Ersatzleistungen auf, zugunsten einer gewissen „Personalisierung". Sollte man den vorstehend geäußerten Verfassungsbedenken nicht folgen, werden – oder müssen sogar – daraus nicht bald auch *Konsequenzen für das öffentliche und das private Schadensersatzrecht gezo-*

[40] Vgl. BVerfGE 53, 257 = NJW 1980, 2100; BVerfGE 69, 272.

[41] Wie sie schon früher gefordert worden war, vgl. das Sondervotum *Rupp v. Brünneck*, BVerfGE 32, 111 (143) = RzW 1972, 151.

[42] Vgl. *Leisner*, in: Festschr. f. Obermayer, 1986, S. 65 ff.

[43] BVerwGE 32, 173 (179) = NJW 1969, 1787; BVerfGE 36, 248 (251); BGHZ 78, 41 (47 f.) = NJW 1980, 2100.

gen werden, im Sinn einer Ablösung des Schadensersatzes von seiner bisherigen „Schadensfallbezogenheit", und in dem einer Berücksichtigung der allgemeinen Vermögensverhältnisse auf Gläubiger- und Schuldnerseite? Oder bieten gar, umgekehrt, derartige, dem Schadensersatzrecht etwa bereits geläufige Gestaltungen Ansatzpunkte für eine Legitimation degressiver öffentlich-rechtlicher Entschädigung?

1. Grundsätzliche Nähe von Entschädigungs- und Haftungsrecht

a) *Staatshaftungs-Schadensersatz — Nähe zur Entschädigung.* Eine Brücke vom öffentlichen Entschädigungs- bis hin sogar zum privaten Schadensersatzrecht läßt sich unschwer schlagen; sie findet eine Stütze im Staatshaftungsrecht. Seit langem ist anerkannt, daß bei der Beurteilung öffentlich-rechtlicher Entschädigungsfälle auch Amtshaftungsgrundsätze heranzuziehen sind[44]. Zwar unterscheiden sich Entschädigung und Staatshaftungs-Schadensersatz nicht unerheblich[45], insbesondere darin, daß erstere nur den Substanzverlust ausgleichen, nicht aber den Betroffenen so stellen soll, als habe das schädigende Ereignis nicht stattgefunden, was aber Grundlage des Schadensersatzrechts ist[46]. Doch hat sich in der Folgeentschädigungsrechtsprechung bereits eine bedeutsame Annäherung der öffentlich-rechtlichen Entschädigung an den Schadensersatz vollzogen[47], und dies wird mit „generellen Grundgedanken des Enteignungsrechts" legitimiert[48]. Deshalb konnte mit gutem Grund die Frage gestellt werden, ob sich denn eine Unterscheidung Entschädigung-Schadensersatz überhaupt noch begründen lasse[49]. Selbst wenn sie aufrechterhalten bleibt, so betrifft sie doch nirgends die Höhe der Ersatzleistung in dem Sinne, daß der „Objektbezug" zugunsten einer wie immer gearteten „Personalisierung" aufgegeben würde, welche etwa nach dem staffelt, was ein bestimmter Betroffener fordern kann, oder wie dessen Vermögensverhältnisse liegen.

Wenn daher das öffentliche Entschädigungsrecht im Sinne einer degressiven Entschädigung umgestaltet wird, so kann dies nicht ohne Auswirkung auf das Staatshaftungsrecht bleiben: Mit derselben Begründung könnte, müßte vielleicht sogar, aus systematischen Gründen, auch degressiver Schadenser-

---

[44] Vgl. etwa *Konow*, Eigentumsschutz gegen Eingriffe der öffentlichen Hand, 1968, 107.

[45] S. dazu etwa *Krohn/Löwisch* (Fn. 20), Rdnrn. 250 ff.; vgl. auch insb. BGHZ 30, 338 (351) = NJW 1959, 2156 m. Nachw.

[46] Prinzip der Totalreparation, vgl. für viele *Palandt/Heinrichs*, BGB, 51. Aufl. (1992), Vorb. § 249 Rdnr. 6.

[47] Vgl. etwa BGHZ 55, 294 = NJW 1971, 1176.

[48] BGH, NJW 1966, 493 (495).

[49] *Ossenbühl* (Fn. 2), S. 171.

satz und Schadensersatz nach Haushaltslage des öffentlichen Schuldners vorgesehen werden.

b) *Bedeutung degressiver Entschädigung für das private Schadensersatzrecht.* Das Staatshaftungsrecht ist, nach seinen Ursprüngen, ziviles Deliktsrecht, dessen Ausgestaltungen prägen es auch heute noch entscheidend, wie u.a. die herrschende Lehre zur Anwendbarkeit der Grundsätze des Mitverschuldens zeigt[50]. Gewisse Besonderheiten des öffentlichen Schadensersatzrechts, wie etwa § 839 Abs. 3 BGB, betreffen einerseits nicht die Höhe der Ersatzleistung, zum anderen versucht die Rechtsprechung ersichtlich, sie in die zivilrechtliche Systematik einzubinden[51].

Werden also Reparationsleistungen im öffentlichen Entschädigungsrecht durch Einführung von in gewissem Sinn personalbezogenen Degressionen tiefgreifend verändert, so ist schwer vorstellbar, daß dies nicht auch zu Konsequenzen für das bürgerliche Schadensersatzrecht führen sollte oder gar müßte. Insbesondere wäre dies die wohl systematisch naheliegende Folgerung bei Einführung degressiver Staatshaftung (vgl. 1). Denn die bisherigen Diskussionen um die Begründetheit von haftungsrechtlichen „Staatsprivilegien", insbesondere im Fall von § 839 Abs. 3 BGB, lassen es als wenig wahrscheinlich erscheinen, daß ein weiteres und so schwerwiegendes Staatsprivileg im Haftungsrecht akzeptiert würde, wie es aber degressive Ersatzleistungen darstellen würden. Wäre es wirklich gerecht, daß sich der Gläubiger Staat dem (schon durch höhere Entschädigung) „wohlhabenden Berechtigten" gegenüber auf seine „Armut" berufen dürfte, nicht aber der arme privatrechtliche Schädiger gegenüber dem reichen Geschädigten?

Damit würde also jedenfalls wohl notwendig wieder die Diskussion um die „Berücksichtigung der Vermögensverhältnisse im Zivilrecht" (vgl. unten 2, a) aufleben und alsbald in eine noch weitere einmünden: über eine „Sozialisierung" des Deliktsrechts überhaupt. Hier ist nun aber, umgekehrt, zu fragen, was das Zivilrecht bisher zu einer öffentlich-rechtlichen Entschädigungsdiskussion beiträgt; wie steht es um „degressiven Schadensersatz"?

2. Degression im deliktischen Schadensersatzrecht?

a) *Der Grundsatz: Irrelevanz der Vermögensverhältnisse.* Dem vom Staat dem Betroffenen „Genommenen" im öffentlichen Entschädigungsrecht entspricht im Zivilrecht der Schaden, insbesondere der Vermögensschaden des Geschädigten. Wenn sich der Schadensersatz an dem Wert dieses Vermögensschadens allein orientiert, so wie bisher das öffentliche Ent-

---

[50] Dazu m. Nachw. *Ossenbühl* (Fn. 2), S. 73.

[51] S. BGHZ 56, 57 (63) = NJW 1971, 1694.

schädigungsrecht an dem Wert des Entzogenen, so ist im bürgerlichen Recht für eine Schadensersatz-Degression kein Raum, welche etwa die Vermögensverhältnisse beider Seiten berücksichtigen wollte.

Die Besonderheit des zivilrechtlichen Schadensersatzrechts liegt nun darin, daß es auch, und meist sogar entscheidend, auf das *Verschulden* des Schädigers, auf etwaiges Mitverschulden des Geschädigten ankommt. Bei dessen Prüfung wird beurteilt, was „gerade diesem Schädiger zugemutet" werden konnte, nach gruppenbezogenen[52], aber auch nach individualbezogenen Kriterien[53], wobei allerdings vorgegebene Maßstäbe, auch normativer Qualität, nicht bindend sein sollen[54]. Jedenfalls ist jedoch der Maßstab ein objektiver, er orientiert sich an der tatsächlichen Verkehrsübung[55], an deren Anforderungen an das Verhalten eines ordentlichen und verständigen Menschen[56]. Dabei kommt es zwar auf individuelle Fähigkeiten, Kräfte, Erfahrungen und Kenntnisse der beiden Seiten an, nicht aber auf deren Vermögensverhältnisse[57]. Gerade bei der nach § 254 BGB vorzunehmenden Abwägung wird betont, daß es auf Verursachung, Verschulden, Betriebsgefahr ankomme[58], nicht aber auf die jeweiligen Vermögensverhältnisse. Gegen diese herrschende Lehre[59] hat sich eine vor Jahrzehnten geäußerte Mindermeinung[60] nicht durchsetzen können: Die Rechtssicherheit dürfe, so wurde ihr entgegengehalten, nicht durch solche Vergleiche in Gefahr kommen; wesentlich komme es auf das Einstehenmüssen für den Schaden an. Selbst dort, wo bei der Bestimmung des Verschuldensmaßes auf individuelle Verhältnisse beider Seiten Rücksicht genommen wird (Abwägung der Handlungsfreiheit des Schädigers gegenüber der Unverletzlichkeit von Rechtsgütern[61]; Schutzwürdigkeit des Geschädigten[62]; Zumutbarkeit sorgfältigen Handelns[63]; persönliche Leistungsfähigkeit

---

[52] Siehe *Ossenbühl* (Fn. 2), S. 75; *Staudinger/Medicus*, BGB, 12. Aufl. (1983), § 254 Rdnrn. 70 f.

[53] Vgl. etwa *Hanau*, in: MünchKomm, § 276 Rdnr. 89 m. Nachw.

[54] *Hanau* (Fn. 53), Rdnr. 94; vgl. auch BGH, VersR 1979, 532 = NJW 1979, 1367.

[55] *Hanau* (Fn. 53), Rdnrn. 78, 81, 90.

[56] *Hanau* (Fn. 53), Rdnr. 79; BGH, VersR 1979, 532 = NJW 1979, 1367; BGH, VersR 1979, 532 (533).

[57] *Hanau* (Fn. 53), Rdnr. 78; auch bei den möglichen Entlastungsgründen werden diese nicht genannt, *Hanau* (Fn. 53), Rdnr. 81.

[58] *Staudinger/Medicus* (Fn. 52), Rdnrn. 91 ff.

[59] Vgl. *Staudinger/Medicus* (Fn. 52), Rdnr. 99.

[60] Sie geht wohl zurück auf *Venzmer*, Mitverschulden und Mitverursachung im SchadensersatzR, 1960; *Böhmer*, MDR 1962, 442 lenkt dabei rasch wieder auf das Verursachungsgewicht zurück (MDR 1963, 732); *Schlief*, NJW 1965, 676 argumentiert, eher beiläufig, aus § 847; dagegen schon damals überzeugend *Dunz*, NJW 1964, 2133; *Klauser*, NJW 1965, 1894.

[61] *Hanau* (Fn. 53), Rdnr. 95.

[62] *Hanau* (Fn. 53), Rdnr. 97.

zur Aufbringung der erforderlichen Sorgfalt[64]), ist, soweit ersichtlich, nirgends von den allgemeinen Vermögensverhältnissen beider Seiten die Rede.

Im Zivilrecht orientiert sich also die Ersatzleistung an Schadenshöhe und Verschulden, nicht an den Vermögensverhältnissen der beiden Beteiligten, oder gar allgemein an sozialpolitischen Überlegungen. Deren Berücksichtigung würde einen schwerwiegenden Bruch mit wichtigen Grundsätzen des bürgerlichen Rechts bringen. Dagegen läßt sich auch nicht einwenden, das öffentliche Entschädigungsrecht sei, infolge seiner Verschuldensunabhängigkeit, offener gegenüber solchen Entwicklungen als das Zivilrecht: Auch bei diesem wird ja die objektive „Leistungsfähigkeit" beurteilt — aber eben nicht die vermögensrechtliche, und auch schon bei der zivilrechtlichen Gefährdungshaftung würde deren Berücksichtigung einen bedenklichen Einbruch darstellen.

b) *Berücksichtigung von Vermögensverhältnissen im Rahmen der Billigkeit.* An einzelnen Punkten können sich im zivilrechtlichen Deliktsrecht die Vermögensverhältnisse auf die Höhe der Ersatzleistung auswirken. Wenn aber hier auf § 847 BGB hingewiesen wird[65], so wird übersehen, daß der Wohlhabende, schon infolge seines allgemein höheren Lebensstandards, der ihm ja durch die Schädigung als solcher nicht genommen wird, auch erhöhte Schmerz-Kompensationsmöglichkeit hat, daß er insoweit also auch „den Schmerz weniger fühlen wird" als ein Unbemittelter.

Aus § 829 BGB könnte man abzuleiten versuchen, bei erheblichem Vermögensgefälle zwischen Berechtigtem und Ersatzleistungsverpflichtetem könnten allgemein die Leistungen des letzteren gekürzt werden[66]. Doch § 829 BGB bringt, wie schon die Entstehungsgeschichte zeigt[67], kein allgemeines Prinzip des Deliktsrechts zum Ausdruck, sondern eine Ausnahmeregelung, eine Rechtssingularität[68]. Eine Begründung der Entschädigungsdegression durch Analogie aus § 829, 254 BGB wäre zudem mehr als gewagt: Es müßte ein Vermögensgefälle zwischen dem über seine Abgabengewalt doch unendlich reichen Staat als einem „Bedürftigen" und einem etwa durch eine Entschädigungsleistung von 150.000 DM bereits „reichen" Bürger festzustellen sein ...

---

[63] BGH, VersR 1956, 257; *Hanau* (Fn. 53), Rdnrn. 130 f. m.w. Nachw.

[64] *Hanau* (Fn. 53), Rdnrn. 130 f.

[65] *Schlief*, NJW 1965, 676.

[66] *Steffen*, in: RGRK, § 829 Rdnr. 13; *Palandt/Thomas*, § 829 Rdnr. 3.

[67] *Staudinger/Schäfer*, § 829 Rdnr. 1.

[68] *Mertens*, in: MünchKomm, § 829 Rdnr. 2, unter Hinw. auf Erweiterungstendenzen in der NS-Zeit; *Staudinger/Schäfer*, Rdnr. 11; *Steffen*, in: RGRK, § 829 Rdnr. 12.

Fazit: Das bürgerlichrechtliche Schadensersatzrecht bestätigt die Bedenken gegen degressive Entschädigung; aus ihm ergibt sich kein Ansatzpunkt zu ihrer Begründung.

V. Ausblick — ein Weg zur Entwertung allen Eigentums

Degressive Entschädigung – die sich auch nicht aus der Sozialstaatlichkeit ableiten läßt[69] – ist ein gefährlicher Weg zur weitestgehenden Entwertung allen Eigentums in zukünftiger einfacher Gesetzgebung. Enteignung und Sozialisierung würden „billig", also eine ständige Versuchung für den Staat darstellen und dies auf ganz breiter Front. Durch ein naheliegendes Übergreifen auf den Schadensersatz würden hier Grundlagen des Zivilrechts erschüttert und eine „Sozialisierung" desselben eingeleitet. Das steuerrechtliche Kriterium der Leistungsfähigkeit und das strafrechtliche der Fühlbarkeit der Strafbelastung würden systemwidrig ins Eigentumsrecht übernommen. Enteignungsentschädigung und sozialstaatlicher Ausgleich wären vermengt, typische Subventionskriterien („Maßgabe des Haushalts") der „Staatshilfe" wären auf Grundrechtspositionen angewendet, welche die Staatsgewalt achten muß — eine größere systematische Konfusion könnte kaum eine Gesetzgebung in unser gegliedertes Rechtssystem tragen.

Bei der degressiven Entschädigung geht es nicht nur um „Eigentum Ost", die Entwicklung des deutschen Eigentumsrechts steht auf dem Spiel. Was heute als durch Wiedervereinigung bedingte Sondergestaltung erscheint, kann, als Präzedenzfall, die Tür zu unabsehbaren Folgegestaltungen öffnen. Und vor einem Eigentums-Ausnahmerecht ist zu warnen: Nicht nur die Steuererfindungs-, auch die Ausnahmeerfindungsphantasie des Gesetzgebers ist unerschöpflich ...

[69] Dies kann hier nicht vertieft werden; die Rechtsprechung des BVerfG zu „Sozialstaat und Eigentum" bringt, soweit ersichtlich, nirgends einen Anhaltspunkt für einen Personal-, nicht Objektbezug einer „Entschädigung nach Vermögensverhältnissen". Stets geht es um soziale Bindungen hinsichtlich der Eigentumsgegenstände.

Wertermittlung bei Inanspruchnahme von Grundstücken durch Versorgungsleitungen*

Die Frage, welche es hier zu behandeln gilt, ist keine technisch-landwirtschaftliche, sondern ein grundsätzliches Rechtsproblem. Durchschneidungsfälle häufen sich, sie werden immer vielfältiger, man denke nur an Erdgas- und Ölleitungen. Dies alles gilt es in den Zusammenhang der großen Eigentumsproblematik unserer Tage zu stellen. Es geht darum, wie weit die Allgemeinheit den Einzelnen durch öffentliche oder durch staatlich privilegierte Energieversorgungsunternehmen in Anspruch nehmen darf.

Eines vorweg: Wir unterliegen alle der Versuchung, hier in erster Linie auf „die Allgemeinheit" zu blicken, allenthalben Allgemeininteressen zu sehen, vor allem nachdem sich in der Energiekrise die vitale Bedeutung dieser Versorgung gezeigt hat. Hier aber beginnt die besondere Aufgabe der unabhängigen Sachverständigen und der zuständigen Beamten, welche in diesem Staat auch, vor allem den Bürger zu schützen haben — ihre Entscheidung darf nicht, aus der gesteigerten Allgemeinbedeutung der Energieversorgung heraus, „im Zweifel" oder „grundsätzlich" gegen das Eigentum fallen. Es steht nämlich gar nicht auf der einen Seite die majestätische Staatsgewalt, welche stets für alle handelt — auf der anderen der eigenbrötlerische Einzelne, der nur von seinem Gut nicht lassen will. Die Entscheidung fällt zwischen dem, der zufällig „im Wege steht" — und den vielen Steuerbürgern, die ihn entweder entschädigen oder nicht. Jeder moralische Appell an eine Gemeinwohlverpflichtung oder gar ein Verlangen nach Eigentumsopfer aus Bürgersolidarität ist fehl am Platz, er ist entweder Gemeinschaftsromantik aus längst vergangener Zeit, oder er will den einen Bürger, dessen Gut nur gerade belastet wird, auf Kosten der anderen schmälern. Gerade dies aber widerspricht der Solidarität und der Gleichheit. Es darf also nie aus einer „allgemeinheitsverpflichteten Grundstimmung gegen das Privateigentum" heraus bewertet, entschieden werden.

Ebenso unrichtig wäre es, die Bewertungsfrage bei durchschnittenen Grundstücken aus der sog. „Sozialbindung des Eigentums" herauszulösen. Vor allem dort, wo man mit Sozialisierungsabsichten umgeht, liegt es nahe, mit Hilfe der Sozialbindung (Art. 14 Abs. 1 und 2 GG) die „Enteignungsschwelle" des Art. 14 Abs. 3 GG zu ungunsten des Eigentümers verlegen zu wollen. Daß sich solches Denken auch an der Gerichtsbarkeit bemächtigt,

---

* Erstveröffentlichung in: Entschädigungsaspekte in der Landwirtschaft (HLBS, Heft 77), Bonn 1974, S. 56–67.

zeigt ein neueres Urteil des Bundesgerichtshofs (DVBl 1973, S. 27), das allerdings zum Wasserrecht ergangen ist. Dort heißt es, Sozialbindung müsse um so intensiver sein, je wichtiger ein Gut für die Allgemeinheit werde. Für ihren Bereich würde das bedeuten, daß die Eigentümer sehr bald jeden Eingriff entschädigungslos zu dulden hätten, weil Energie und damit Durchschneidungen ja „so allgemeinheitswichtig" seien. Dies aber wäre höchst ungerecht dem gegenüber, der nun zufällig einer so wichtigen Veranstaltung „im Wege liegt" und der ja keineswegs ein „reicher Mann" sein muß, sondern vielleicht ein Kleinhäusler ist. Aufgabe der Sachverständigen ist es, hier die Gleichheit vor dem Gesetz dadurch bewahren zu helfen, daß sie sich bei Schätzungen nicht auf derartige Sozialbindungs-Ideologien einlassen, hinter denen meist nichts anderes steht als reine Staatsraison.

Die Rechtsprechung, voran der Bundesgerichtshof, hat allgemein, aber auch für die Durchschneidungsschäden, stets daran festgehalten, daß grundsätzlich nach „vollem Verkehrswert" zu entschädigen sei (vgl. etwa BGH RdL 1967, S. 242). Dies gilt jedenfalls, soweit Gesetze nicht ausdrücklich ein anderes bestimmen, was in diesem Bereich, mit Ausnahme des Städtebauförderungsgesetzes, nicht der Fall ist. Ausdrücklich ist auch stets betont worden, es sei ganz gleichgültig, wie teuer damit die Überspannung komme (siehe etwa BGH NJW 1964, S. 653). Der Steuerstaat ist unbeschränkt leistungsfähig, der einzelne Eigentümer muß nicht unter dem mangelnden Mut der Politiker zu Steuerhöhungen leiden. Wenn ein privates Energieversorgungsunternehmen beteiligt ist, so muß es entsprechend die Tarife erhöhen, genügt dies nicht, so hat die Staatsgewalt die Versorgung zu subventionieren oder zu übernehmen.

An diesen Grundsätzen ändert auch das sog. Deichurteil des Bundesverfassungsgerichts nichts, nachdem die Marktwertentscheidung vom Gesetzgeber auch unter- oder überschritten werden kann. Mit Recht ist dies so interpretiert worden, daß es nur in Ausnahmefällen gilt, wo eben der Marktmechanismus zur Wertbestimmung versagt. Wertersatz nach Marktpreis ist auch nicht deshalb ungerecht, weil es damit nicht zu dem von Art. 14 Abs. 3 GG geforderten „Ausgleich der Interessen der Allgemeinheit und der Beteiligten" komme. Der Marktpreis ist in aller Regel ein solcher Ausgleich, denn einen reinen Verkäufermarkt gibt es nur selten, auf die Dauer kaum in irgend einem Bereich, im Bodenrecht heute weniger denn je.

Sehr bedenklich sind dagegen neueste Tendenzen, die Entschädigung in der Weise herabzusetzen, daß gewisse bisher wesentliche Elemente des Marktwertes nun nicht mehr Berücksichtigung finden. So hat der Bundesgerichtshof in NJW 1974, S. 15 ausgesprochen, daß bei Bauerwartungsland die Wiederaufhebung der Bauerwartung deshalb nicht entschädigungsfähig sei, weil es sich hier nur um eine „Chance" handle. Selbst wenn der Markt dies durch einen höheren Preis honoriere, so könne dies nicht berücksichtigt werden, eben weil nicht mehr als eine „Aussicht" bestehe. Setzt man dies konsequent fort, so bricht die gesamte Rechtsprechung des Bundesgerichtshofs zusammen, die ja darauf beruht, daß es auf den Markt ankommt. Wenn der gleich noch näher zu behandelnde „gesunde Grundstücksverkehr" die Bauerwartung berücksichtigt, obwohl diese wieder aufgehoben werden kann, so darf der Richter insoweit nicht sein Urteil an die Stelle der Beurteilung durch den Markt setzen. Kann dagegen die Staatsgewalt den Marktpreis manipulieren, indem sie dessen wichtigste Elemente berücksichtigt — oder eben unbeachtet läßt, so „gilt" nicht mehr der „tatsächliche" Markt für die Wertermittlung, sondern ein fiktiver Staats-Markt. Die Entschädigung steht dann, auf längere Sicht betrachtet, im Belieben des Staates, der sich Bauland so billig verschaffen kann, wie er dies wünscht, indem er eben die Elemente des Marktpreises nach seinem Belieben berücksichtigt oder nicht. Dahin gehen zwar neuere Tendenzen im Baurecht, sie bedeuten aber das Ende der bisherigen Enteignungsdogmatik.

Entschädigung ist dann ausgeschlossen, wenn es sich um Durchschneidung eines Grundstückes handelt, das selbst durch die Leitung versorgt wird. Dieses entspricht den „Allgemeinen Bedingungen für die Versorgung mit elektrischer Arbeit aus Niederspannungsleitungen" (vgl. OLG Stuttgart, Elektrizitätswirtschaft, Rechtsbeilage 1958, S. 28). Dort heißt es, wer für sein Grundstück Versorgung erlangen wolle, könne keinen Ausgleich verlangen. Dies ist insoweit gerecht, als es eben zur Sphäre des Eigentümers gehört, wohin innerhalb seines Grundstücksbereichs die Leitung zu legen ist. Wird hier etwa ein schöner Wald durchschnitten, so hat dies der Eigentümer zu tragen, dessen Haus inmitten liegt, läge es nahe der Grundstücksgrenze, so käme es nicht zur Durchschneidung. Der Eigentümer hat die (heute unbestreitbaren) Vorteile der „isolierten Lage" — er muß auch deren Nachteile ertragen. Ungerecht wäre es dagegen, auch für die Durchschneidung *anderer* als der versorgten Grundstücke keinen Ersatz zu leisten, nur weil sie zufällig grundbuchmäßig demselben Eigentümer gehören. Dies ist jedenfalls insoweit unzulässig, als diese Grundstücke mit dem versorgten keine besitzmäßige Einheit bilden (dazu unten).

Die Über- oder Unterspannung von Grundstücken ist stets eine Form von Eigentumsentzug und daher „Enteignung" im technischen Sinn. Von Sozialbindung kann hier nie gesprochen werden, dies steht nach der Judikatur fest. Gleichgültig ist dabei, wie die Durchschneidung bewirkt wird — durch Straßenführung, durch Rohr- oder Drahtleitungen. Mit dem Begriff der „Teilenteignung" dagegen sollte man vorsichtig sein; er könnte dazu führen, die Durchschneidung als einen quantitativen Teilentzug in dem Sinn anzusehen, daß nur eine bestimmte Fläche entwehrt, also auch *nur für diese* Ersatz zu leisten sei. Das aber würde, wie noch zu zeigen ist, zu Unrecht die sog. Grundstückswert- und Besitzwertentschädigung ausschließen.

Dies führt sogleich zu einer Zentralfrage: Ist Entschädigung grundsätzlich nur für die überspannte qm-Fläche zu leisten oder ist auch für die Wertminderung zu entschädigen, welche dadurch für das Rest-Grundbuch-Grundstück entsteht — oder sogar für die Minderung des Wertes eines irgendwie zusammenhängenden größeren „Besitzes", zu dem das betroffene Grundstück gehört? Bis vor kurzem wurde nur ersteres gewährt. Man ging von der sog. „Teilflächenentschädigung" aus, Wertsenkungen beim Restgrundstück oder Restbesitz blieben außer Ansatz. Die Teilflächenentschädigung, die heute in Größenordnungen von 15% bis 25% des Teilflächen-qm-Preises gewährt wird, erschien damit zugleich als eine pauschale Abgeltung aller übrigen Grundstücksnachteile des Eigentümers. Dieses „Abgeltungsdenken" wäre jedoch letztlich nur eine Fortsetzung der bis in die 50er Jahre hinein praktizierten „Anerkennungsgebühr", durch die in streng obrigkeitlichem Denken dem Betroffenen 2–5 Pf. pro qm gewährt wurde. Dann aber begann man, die Folgerungen aus der Verkehrswertrechtsprechung des Entschädigungsrechts auch hier zu ziehen, und in seinem Grundsatzurteil vom 9.11.1959 erklärte der Bundesgerichtshof diese pauschalierende Methode für rechtswidrig.

Wollte man aber in jedem Fall bei der reinen Teilflächenentschädigung stehen bleiben, Restgrundstücks- oder Restbesitzbelastung gar nicht berücksichtigen, so würde dennoch nur das unzulässige Pauschalieren fortgesetzt. Dies mag bequem sein, wäre jedoch offensichtlich rechtswidrig. Wenn dennoch heute in den weitaus meisten Fällen lediglich Teilflächenentschädigung verlangt und gewährt wird, so hat dies einen anderen Grund. Regelmäßig handelt es sich um Bauerwartungsland, und hier wird der Wert nicht durch die landschaftliche „Geschlossenheit" bestimmt, sondern, gerade umgekehrt, durch die spätere Möglichkeit der Parzellierung. Bei dieser wird man jedoch die Durchschneidung berücksichtigen und damit deren Wertminderung ausschließen können. Wie weit dann noch eine über die Teilflächenbelastung hinausgehende Wertminderung bleibt, läßt sich meist im Überspannungszeitpunkt gar nicht sagen. Deshalb also ist in der großen Mehrzahl der Fälle Teilflächenentschädigung gerecht, nicht aber, weil es Grundstückswertentschädigung grundsätzlich nicht gäbe.

Sehr strikt ist die BGH-Rechtsprechung in der Ablehnung der *Wertberechnung nach Ertrag,* sie kann nur dort ausnahmsweise Platz greifen, wo sich Ertrags- und Verkehrswert decken — etwa bei „rein" land- und forstwirtschaftlich zu nutzenden Grundstücken — denn auf diesen letzteren *allein* kommt es an. Viele OLG-Urteile sind deshalb vom Bundesgerichtshof kassiert worden, weil sie diesem noch in unzulässigem Ertragswertdenken befangen schienen. Dies ist zugleich eine Mahnung an die Sachverständigen, die ja verständlicherweise häufig vom Ertrag ausgehen, eben weil sich dieser meist exakter berechnen läßt. Doch die Entschädigung hat sich am Markt zu orientieren, nicht daran, wie die Experten glauben, daß er reagieren sollte.

Einen „Markt des wissenschaftlichen als ob“ kann es in einer Marktwirtschaft nicht geben, er findet seinen Platz in der zentralverwaltenden Planwirtschaft.

Wertminderungen des Gesamtgrundstücks sind jedenfalls auszugleichen. Für die früher preußischen Landesteile ergibt sich dies schon aus § 8 des PrEntG, nach dem Entschädigung auch für Nachteile zu gewähren ist, die bei den „übrigen Grundstücken“ des Entschädigungsberechtigten auftreten. Darin liegt sogar implizit schon eine Entscheidung für die Besitzwertentschädigung, weil ja von den „übrigen Grundstücken“ die Rede ist.

Dies entspricht auch dem Bundesrecht: § 92 Abs. 3 BBauG gibt bei Teilenteignungen bebauten Besitzes einen Übernahmeanspruch hinsichtlich des Restgrundstückes. Dies zeigt, daß auch die Nachteile auszugleichen sind, welche der Betroffene hinsichtlich des Restgrundstückes erleidet. Der Eigentümer kann auch nicht *grundsätzlich* auf spätere Parzellierung oder gar eine bestimmte spätere Parzellierung verwiesen werden, welche die Grundstückswertminderung als unwesentlich erscheinen ließe. Er kann sein Grundstück auch unparzelliert behalten oder nutzen. Durchschneidungen bringen keinen legitimen Parzellierungszwang – ausgenommen dann, wenn eine solche Parzellierung schon „ins Werk gesetzt ist“ – dann wäre das Verlangen nach Grundstückswertminderung ein venire contra factum proprium.

Die Grundstückswertentschädigung ist vor allem auch deshalb der *grundsätzlich* richtige Entschädigungsmodus, weil es für die rechtliche Betrachtung auf den *rechtlich zusammenhängenden* Teil der Erdoberfläche ankommt — eben auf das Grundstück „wie es im (Grund-)Buch steht“. Die Grundstückswertentschädigung legt im *Grundsatz* auch der Bundesgerichtshof seit über 10 Jahren zugrunde (vgl. etwa BGH RdL 1963, S. 75; diese Entscheidung ist von Pagendarm in WM-Sonderbeilage 5 / 1965 zu Unrecht dahin kommentiert worden, daß sie Entschädigung stets nur für die Teilfläche vorsehe. In Wahrheit erging das Urteil nur in einem Einzelfall, in dem Teilflächenentschädigung angebracht war, die Grundstückswertentschädigung hat es keineswegs ausschließen wollen. Die Ansicht von Pagendarm ist isoliert geblieben).

Teilflächenentschädigung ist übrigens in der Regel bei Gerichten nicht aus Eigentumsfeindlichkeit beliebt, sondern wegen der leichteren Praktikabilität, ja sogar aus eigentumsfreundlichen Erwägungen. Häufig wird ja von den Energieversorgungsunternehmen gegen die Entschädigung(-shöhe) eingewendet, wenn man auf das Gesamtgrundstück oder gar auf den (großen) Gesamtbesitz des Klägers sehe, so sei der Durchschneidungsschaden vergleichsweise unbedeutend. Durch Festsetzung einer Entschädigung pro qm Schutzstreifen wird dieser Einwand grundsätzlich ausgeschaltet. Wer daraus aber schließen wollte, daß in jedem Fall *nur* für die Teilfläche Ersatz zu leisten sei, der würde die grundsätzliche Eigentumsfreundlichkeit der Rechtsprechung in ihr Gegenteil verkehren.

Wenn schließlich Wertsteigerungen entschädigungsmindernd wirken, welche auf dem Restgrundstück dem Eigentümer entstehen, so ist umgekehrt auch eine dort feststellbare Wertminderung nicht unbeachtlich. Das Prinzip der Vorteilsausgleichung, neuerdings wieder bestätigt in BGH NJW 1974, S. 14, verlangt zwingend e contrario auch die Grundstückswertentschädigung.

Auch für *Besitzwertminderung* ist grundsätzlich zu entschädigen. „Besitz" ist hier eine Art von Sammelgut, etwa zusammenhängender Forstbesitz, der als unberührte Natur heute besonders geschätzt wird. Erfolgen hier Durchschneidungen – etwa bei großen Herrenbesitzen – so fällt nicht nur der Wert einer Teilfläche, eines oder einiger Grundstücke, sondern „des Besitzes als solchen". Der Sachverständige hat nicht nur auf die Quadratmeter der Schutzstreifenfläche oder auf das Grundbuchblatt eines Grundstückes zu sehen, er muß auf den Gesamtbesitz sehen. Gewerbe- oder landwirtschaftliche Betriebe werden schon jetzt selbstverständlich als Einheit bewertet, ebenso Kunstsammlungen, die als solche an Wert unverhältnismäßig verlieren, wenn einzelne Stücke weggenommen werden. Deshalb also muß auch der „Gesamtbesitz", der „arrondierte Besitz" als solcher berücksichtigt werden.

Grundsatzrechtsprechung gibt es hierzu, soweit ersichtlich, nicht. Dennoch liegt es in der Linie der Judikatur, für Güterdurchschneidungen als solche zu entschädigen. Kriterium kann hier sein: die jagdliche Geschlossenheit, die Aesthetik der unberührten Natur, die umweltschützerische Abgeschiedenheit. Diese Isolation gegenüber der industrialisierten Welt stellt heute einen ökonomischen Wert dar, der beim Verkauf berücksichtigt wird. Ungerecht dagegen wäre es, einen verstreuten Riesenbesitz ebenfalls als einen solchen „Besitz" gelten zu lassen. Ein „Zusammenhang" ist also erforderlich, den der Markt würdigt. Es kann dies der rein lokale Zusammenhang sein, in der Regel aber kommt es auf die Möglichkeit an, den Besitz gerade als einen zusammenhängenden zu nutzen. Dabei ist die Bewirtschaftung wichtig, entscheidend ist aber nicht, wie gerade im Enteignungszeitpunkt tatsächlich genutzt wird oder wie vernünftig genutzt werden sollte — wichtig allein ist, wie es der Markt sieht, der u.U. auch die Chancen anderweitiger Nutzung einkalkuliert. In der Rechtsprechung ist dies, jedenfalls für Straßendurchschneidungen, anerkannt (vgl. OLG Köln, Agrarrecht 1973, S. 125, nicht rkr.), es muß auch für Hoch- und Tiefleitungen gelten, weil diese vom Bundesgerichtshof grundsätzlich stets durchschneidungsrechtlich wie Straßen behandelt werden.

Im einzelnen werden allerdings bei der Ermittlung einer Wertminderung nicht selten große Schwierigkeiten auftreten, denn einen Markt für große Güter gibt es heute ebensowenig wie Gütermakler, welche den Wert großer Besitzungen vergleichsmäßig ohne weiteres einschätzen könnten. Dennoch darf die Ermittlung der Besitzwertminderung nicht grundsätzlich an Beweisschwierigkeiten scheitern, gerade hier hat der Sachverständige eine noch näher zu würdigende Freiheit.

Nun noch einiges zu den *Wertbestimmungskriterien* im einzelnen, welche die Rechtsprechung herausgearbeitet hat.

Alle Durchschneidungen sind grundsätzlich nach gleichen Gesichtspunkten zu behandeln; es gibt kein Spezialrecht für Straßentrassen, Öl- oder Elektrizitätsleitungen, wobei allerdings die Auswirkungen auf die betroffenen Grundstücke im einzelnen variieren können. In der Regel wird etwa eine Straßendurchschneidung am stärksten beeinträchtigen. Allgemeine Grundsätze dazu gibt es allerdings nicht.

Die Rechtsprechung stellt vor allem ab auf *Bewirtschaftserschwernisse, Verunzierungen, Immissionsnachteile,* die sich aber stets in einer Verkehrswertminderung niederschlagen müssen.

Die *Trassenführung* im einzelnen kann grundsätzlich zwar auf ihre Erforderlichkeit rechtlich nachgeprüft werden; doch in der Regel folgen hier die Richter der Verwaltung, welche sie für technisch kompetent ansehen. Gegen die Durchschneidung selbst ist also nur in seltenen Fällen ein Einwand möglich.

Bei der Wertermittlung ist vom Verkehrswert auszugehen, wie ihn der sog. „gesunde Grundstücksverkehr" sieht. Dies ist seit langem ständige Rechtsprechung (vgl. etwa BGH NJW 1964, S. 65). Der Ausdruck erinnert zwar etwa an das „gesunde Volksempfinden" und vielleicht stecken in ihm auch einige Komplex-Reminiszenzen gegen frühere „Güterzertrümmerer" oder „Bodenspekulanten". Dennoch orientiert sich die Judikatur ausschließlich am freien, privaten Bodenmarkt, nicht etwa an einem staatsbestimmten Enteignungsmarkt. Der Sachverständige hat also auch nicht Vergleichspreise anderer Enteignungen zugrunde zu legen, selbst wenn sich die Betroffenen mit diesen einverstanden erklärt haben. Es entstünde somit neben dem freien Bodenmarkt ein rein staatlicher Markt, der durch „Enteignungspreise" gebildet würde. Wohl mag es gelegentlich als ungerecht erscheinen, daß ein Enteignungsberechtigter mehr oder weniger erhalten soll als ein vergleichbarer anderer. Doch hier ist nicht das Gleichheitsgebot der iustitia distributiva anzuwenden, der Staat folgt dabei vielmehr dem gleichheitsfreien Markt der iustitia commutativa.

Alle Kriterien sind bei der Wertermittlung zu berücksichtigen, welche für den „freien Grundstücksmarkt" auch maßgeblich sind. Dazu gehört zuzeiten auch der „Landhunger", von dem die Gerichte zwar gelegentlich etwas abschätzig sprechen, der aber stets von ihnen beachtet wird. Es ist in einer Marktwirtschaft selbstverständlich, daß die Knappheit eines Gutes wertsteigernd wirkt; der Güteraustausch wird damit allein noch nicht „ungesund".

Zu den *„zukünftigen Werten"* ein Wort: Auf den Wert im Augenblick der Enteignung kommt es an. Planungen mögen ihn beeinflussen, sie bestimmen ihn jedoch nicht vollständig. Die Planung ist ein wichtiges Wertbildungselement im gesunden Grundstücksverkehr, sie bestimmt den Wert nicht allein und abschließend (ausdrücklich ausgesprochen in BGH NJW 164, S. 653). Die gegenteilige Auffassung wäre auch verfassungswidrig, weil nach ihr die Grundstückswerte ausschließlich in der Hand des planenden Staates lägen, es bestünde Planwirtschaft. Nach Art. 14 GG bestimmt aber der Markt den Wert, nicht Staat oder Kommunen.

Für Spekulationschancen ist ebenfalls grundsätzlich Ersatz zu leisten. Die Rechtsprechung folgt nicht einem weitverbreiteten Pauschalurteil, das jegliches Spekulantentum als rechtlich und moralisch verwerflich ansieht. Diese Spekulantenangst hat in Deutschland eine lange Geschichte, sie kommt aus ständischen Sorgen vor dem aufsteigenden Liberalismus, setzt sich im agrarischen Konservatismus der Kaiserzeit fort und findet in radikaler Form Wortführung im Nationalsozialismus, der schon im Programm der NSDAP Drohungen gegen die „Spekulanten" ausstößt. Auch nach 1945 ist „Spekulation" ein schlechtes Wort geblieben — zu Unrecht, denn eine Marktwirtschaft definiert sich so, daß in ihr jedermann dauernd — spekuliert. Man rechnet auf Steigen oder Fallen der Preise, auf Wertzuwachs, Wertminderung. Dies gerade ist der „freie Markt". Die Judikatur ratifiziert es (vgl. etwa RdL 1964, S. 23) mit Recht. Das GG will weder eine regierungs- noch eine richterbestimmte Wirtschaftsordnung. Nicht der Richter kann dem Markt auferlegen, was dieser hätte erhoffen oder nicht erwarten dürfen. Grenzen gibt es allerdings, sie liegen bei der Nichtberücksichtigung sog. „reiner" Spekulationschancen, dort also, wo entweder völlig Irreales verlangt oder die Preise durch Täuschungsaktionen kurzfristig hochgetrieben werden. Hierbei kommt es nicht auf angebliche „volkswirtschaftliche Schädlichkeit" an, die der Richter in der Regel gar nicht beurteilen könnte, sondern allein auf ein marktgerechtes Verhalten der Spekulanten.

Gefühlsmäßige Wertbildungsfaktoren sind grundsätzlich zu berücksichtigen. Die Judikatur hat in Durchschneidungsfällen anerkannt, daß etwa eine gefühlsmäßige Abneigung gewisser Käuferschichten gegen Grundstücke bestehe, auf denen unterirdische Leitungen gezogen würden. Mögen diese Gründe hier einleuchten oder nicht — der Schätzer hat nur auf den tatsächlichen Markt zu sehen.

Jede Durchschneidung bringt nach der Rechtsprechung eine Wertminderung. Dem Grunde nach ist in derartigen Fällen also stets zugunsten des Klägers zu entscheiden, nur um die Entschädigungs*höhe* kann es noch gehen. Hier ist zwar der Ertragswert nicht entscheidend, soweit er mit dem Verkehrswert nicht identisch ist. Dennoch ist er stets auch beachtlich, und die Judikatur prüft hier etwa vor allem Wirtschaftserschwernisse, Ausbauerschwerungen und -verbote, Immissionswirkungen, Betretungsrechte. Einen numerus clausus von Gesichtspunkten gibt es jedoch nicht. So fällt etwa auch die geringere Beleihungsfähigkeit durchschnittener Flächen ins Gewicht, ebenso das Prozeßrisiko, das die Richter aus Erfahrung nicht gering einschätzen. Hier kann und muß überall weitgehend pauschaliert werden.

Zum Schluß ein Wort zum *Verfahren der Schätzung und zur Macht der Schätzer.* Die Richter wissen, daß eine exakte Bestimmung der Verkehrswertminderung in der Regel unmöglich ist (vgl. etwa BGH NJW 1964, S. 633). Der Sachverständige hat das Recht der „freien Würdigung“, die er selbstverständlich, soweit irgend möglich, durch Fakten untermauern muß. Das Gericht vertraut aber in der Regel den Sachverständigen, ihrer Sachkunde und Erfahrung. Diese sind ihm oft wichtiger als Daten und Vergleichspreise. Diese sind zwar bei Gericht beliebt, aber eben nur als Anhaltspunkte; und selbst wenn sie noch so eindeutig zu sein scheinen, kann es vorkommen, daß das Gericht dem Sachverständigen folgt, nicht ihnen (vgl. etwa RdL 1963, S. 304). Dies aber bedeutet für die Sachverständigen eine besondere Verpflichtung. Wenn sie nicht als wahrhaft unabhängig und als seriös anzusehen sind, bricht das ganze System der Bodenmarktordnung zusammen, die Verfassungsgarantie des Eigentums verliert ihre Wirkung.

Es gibt das Wort vom Richterkönigtum. Die Richter hören es nicht ungern. Man könnte, in diesem Bereich jedenfalls, auch von einem Schätzerkönigtum sprechen. Mögen dies die landwirtschaftlichen Sachverständigen auch gerne hören und sich des Vertrauens würdig erweisen, das diese Macht verlangt!

Entschädigung für enteignende Eingriffe in das Waldeigentum

Unter besonderer Berücksichtigung des Verkehrswertprinzips*

Die Forst- und Landschaftsgesetze des Bundes und der Länder aus letzter Zeit haben die seit langen Jahren geführte Diskussion um die enteignenden Eingriffe in das private Waldeigentum neu belebt[1]. Standen bisher vor allem forstwirtschaftliche Beschränkungen, etwa Aufforstungsverbote, und Durchschneidungsschäden[2] im Vordergrund, so zeigt sich neuerdings immer deutlicher noch eine bedeutsame „dritte Dimension" der Belastung des Waldeigentums: Landschafts- und Umweltschutz, Betretungs- und Reitrechte. Die Besonderheit dieser letzteren Beschränkungen des Privateigentums liegt darin, daß dem Eigentümer hier Schäden nicht unmittelbar „vom Staate" drohen, sondern durch andere Bürger, denen die Hoheitsgewalt rechtliche Möglichkeiten bietet, deren Ausnutzung erst zum Schaden führt. Man könnte von einem „enteignenden Eingriff durch Private" sprechen.

Die Aufgabe der Rechtsprechung, welche hier die eigentliche Entwicklung des Eigentumsrechts trägt und dabei zahlreiche bis ins einzelne gehende Prinzipien und Sub-Formeln entwickelt hat, wird in nächster Zeit vor allem eine dreifache sein: Es gilt zunächst, die *Enteignungsfälle der neueren Gesetzgebung* mit der bisherigen und insgesamt bewährte Dogmatik des Entschädigungsrechts zu bewältigen und dabei insbesondere für die Betretungsschäden u.ä. Belastungen des Waldeigentumes ausgewogene Lösungen zu finden, welche öffentliche und private Interessen angemessen berücksichtigen. Ferner muß auf die Wahrung der *Einheitlichkeit der entschädigungsrechtlichen Grundsätze* besonders geachtet werden — das „Waldentschädigungsrecht" muß in sich geschlossen und folgerichtig bleiben, und es darf sich nicht zu einem reinen Sonderrecht außerhalb des sonstigen Entschädigungsrechts entwickeln.

---

* Erstveröffentlichung in: Agrarrecht 1977, S. 356 ff.

1 Aus dem umfangreichen Schrifttum vgl. etwa *Ebersbach,* H., Eigentumsbeschränkungen im Hinblick auf die Sozialfunktion des Waldes, Agrarrecht 1972, 129 f.; *Badura,* P., Grenzen der Sozialpflichtigkeit d. Waldeigentums, Der Forst- und Holzwirt 1976, 237 f.; *Heim,* W., Das Waldgesetz f. Bayern, BayVBl. 1976, 129 f.; *Wagner,* F., Waldbau und Waldfunktionen, Der Forst- und Holzwirt, 1975, 436 f.; *Mantel,* K., Wald, Forstwirtschaft und Landwirtschaft, Der Forst- und Holzwirt, 417 f.; *Leisner,* W., Eigentum als Schranke der Waldgesetzgebung, Allg. Forstzeitschrift 1977, H. 3.

2 Vgl. m. Nachw. *Leisner,* W., Grundeigentum und Versorgungsleistungen, 1973.

Gerade deshalb ist aber schließlich stets die *Besinnung auf die obersten Grundsätze des Entschädigungsrechts* nötig, welche aus der Eigentumsgarantie des Art. 14 GG entwickelt worden sind. Um diese Prinzipien sachgerecht fortzuentwickeln, sollte die Rechtsprechung auch bereit sein, gelegentlich von vertrauten, lange tradierten Vorstellungen und Formeln einmal abzuweichen, wenn dies zur Wahrung eines funktionsfähigen Privateigentums am Walde unter Berücksichtigung öffentlicher Belange erforderlich ist.

In diesem Sinne sollen hier Aussagen zu einigen zentralen Problemen des Entschädigungsrechts folgen. Es geht dabei vor allem um eines: Das Prinzip der Entschädigung nach Verkehrswert muß ganz ernst genommen werden.

I. Eigentumsfreiheit als Wertgarantie

1. Der erste Grundsatz des Rechts der enteignenden Eingriffe lautet: Das Privateigentum bietet nicht nur eine Innehabungs-, es gibt dem Eigentümer *auch eine Wertgarantie.* Das BVerfG hat es umgekehrt formuliert und die Verstärkung des Eigentumsschutzes durch das Grundgesetz, gegenüber Weimar, mit Recht darin erblickt, daß nicht nur der Wert, sondern auch die Innehabung des Eigentums gewährleistet werde[3]. Damit aber hat es nicht etwa behaupten wollen, daß es keine Wertgarantie gebe, daß dem Eigentümer nicht für „den Wert" des Entzogenen Ersatz zu bieten sei[4]. Es hat lediglich ausgesprochen, daß sich die Wertfrage erst stellt, wenn die Zulässigkeit der Entziehung oder Belastung des Eigentumsgutes feststeht. Die grundsätzliche Wertgarantie liegt schon im Wort, im Begriff „Ent-Schädigung": Wertverlust ist ein wirtschaftlicher Schaden, er soll vom Eigentümer genommen werden.

Wenn das Grundgesetz keine Wertgarantie böte, so wäre in den meisten Fällen für enteignenden Eingriff gar nicht zu entschädigen — hier wird ja, etwa bei Betretungsschäden, „nichts genommen", es wird jedoch der Wert herabgesetzt.

Diese Feststellungen scheinen selbstverständlich, und doch sind sie heute höchst bedeutsam: Neuerdings ist nämlich eine Tendenz zu beobachten, die Eigentumsgarantie dadurch zu relativieren, daß behauptet wird, sie schütze ja nicht die vermögenswerten Rechte „in allen rechtlich denkbaren Verfügungs- und Gebrauchsmöglichkeiten und nicht in ihrem jeweiligen Ertrag oder Wert"[5]. Dies trifft insoweit zu, als die „reine", die ganz unsichere Chance nicht geschützt wird (dazu noch unten 5.). Der jeweilige, der realisierte, realisierbare Wert aber *wird* geschützt und muß erstattet werden.

---

[3] BVerfGE 25, 112 f.

[4] So mit unhaltb. Begründung etwa *Leibholz,* G. / *Lincke,* D., Denkmalschutz und Eigentumschutz, DVBl. 1975, S. 933 f.

[5] *Badura,* P. (Fn. 1), S. 241, Denkmalschutz und Eigentumschutz, DVBl. 1975, S. 933 f.

Hier ist also Vorsicht geboten: Der Substanzwert darf nicht geleugnet werden, nur weil man für Chancen nicht zu entschädigen braucht. Irgendwo ist ja jede Substanz — Chance, Verkaufschance etwa. Die Judikatur sollte aber einer „Aushöhlung der Substanz durch Ausdehnung des Chancenbegriffes" entgegentreten. Hier droht vor allem dem Waldeigentum Gefahr, denn dort läßt sich besonders leicht behaupten, alle „angeblichen" Werte seien eben — nur Chancen.

2. Und noch ein Zweites bedeutet die Wertgarantie: Sie *verweist auf wirtschaftliche, nicht auf rechtliche Verluste.* Bedenklich ist daher die Argumentation, der Eigentümer, der Bauerwartung verliere, habe ja „keine Rechtseinbuße" erlitten, könne daher Entschädigung nicht verlangen[6]. Hier werden Innehabungs- und Wertgarantie verwechselt; zwar bleibt die Inhaberschaft bestehen, „das Gut" wird aber weniger wert, und es ist *als solches* geschützt in seinem Wert, nicht in einzelnen Ausstrahlungen („Bauerwartungseigentum"). Wenn man das einheitliche Eigentumsrecht aufspaltet in einzelne „Rechtspositionen" (Recht auf forstwirtschaftliche Nutzung, auf Ackerbau, zum Verkauf, zur Bebauung etc.), so gelangt man nicht nur zu einer Vielzahl von Werten und kann gar nicht mehr beurteilen, nach welchen zu entschädigen ist. Viel bedenklicher noch ist, daß so die Wertgarantie nahezu völlig unterlaufen werden kann: Aus dem einheitlichen Eigentum werden „Positionen" herausgenommen, die angeblich nicht rechtlich „verfestigt" seien, obwohl jedermann für sie etwas bezahlt. Das aber ist nichts anderes als ein Nichtersatz für entzogene Eigentumswerte, damit aber eine Verletzung der Wertgarantie des Art. 14 GG.

Unter diesem Gesichtspunkt sollten Bauerwartungsfälle, die ja für die Waldwirtschaft besonders bedeutsam sind, doch nochmals grundsätzlich überprüft werden.

II. Entschädigung nach Verkehrswert — eine demokratische Entscheidung

1. Die Rechtsprechung hat mit Recht seit langem das Ertragswertprinzip aufgegeben, sie bekennt sich mit Entschiedenheit zur Entschädigung nach Verkehrswert. Zugrundezulegen ist der Preis, der im maßgebenden Zeitpunkt im gewöhnlichen Geschäftsverkehr nach den Eigenschaften, nach der Beschaffenheit und Lage des Grundstückes ohne Rücksicht auf ungewöhnliche Verhältnisse zu erzielen wäre[7].

[6] So etwa das einschränkende Verständnis des Begriffs der „Rechtsposition" bei Bauerwartungsland in BGHZ 61, 253; 62, 98; BGH AgrarR 1974, 282, vgl. näher unten 5.

[7] BGH std. Rspr., vgl. neuerdings etwa BGH AgrarR 1974, 282; BGH NJW 1977, 1725.

Die Judikative bestimmt diesen Verkehrswert auch nicht etwa allein nach dem „Rentierungswert", der bei Annahme einer bestimmten Verzinsung zugrunde zu legen wäre. Vielmehr sind für die Bestimmung des Verkehrswertes auch andere Gesichtspunkte maßgebend, etwa gute Geldanlage, finanzielle Reservefunktion der Waldbestände, günstige Eigenverbrauchsmöglichkeit, Jagdmöglichkeit, Erholungsmöglichkeit, Schaffung von Treffpunkten für Familie und Gäste, sogar das Prestige[8]. Alle rechtlich zulässigen wirtschaftlichen Überlegungen können eben den Verkehrswert mitbestimmen und sind als solche vom Entschädigungsrichter zu berücksichtigen.

„Persönliche Verhältnisse" des Enteigneten sind dagegen in der Regel irrelevant — aber auch nur insoweit, als sich „ein Markt" um sie nicht kümmert, als es eben für sie „keinen Markt gibt". Dies gehört zum Wesen des Verkehrswertprinzips, das den Markt sprechen lassen will, nicht den Sachverstand oder den Staat. So braucht sich denn der Richter in der Regel gar nicht selbst mit der Relevanz persönlicher Umstände zu befassen — entweder der Markt berücksichtigt solche, dann sind sie nicht „persönlich" — oder dies ist nicht der Fall, dann ist eben der Verkehrswert niedriger. Dieser „Markt" ist aber durchaus spezialisiert zu verstehen, es kommt nicht darauf an, was „irgend jemand", sondern was ein Wirtschaftstätiger, ein Gewerbetreibender derselben Kategorie für das Gut geben oder nunmehr weniger zahlen würde[9]. Dieses Prinzip des spezialisierten Marktes sollte besonders ernst genommen werden[10].

2. Die Entschädigung für den Verkehrswert ist nicht eine unter vielen möglichen, sie ist die einzige, welche der verfassungsrechtlichen Wertgarantie des Eigentums voll entspricht. In einer freien Wirtschaftsordnung bilden sich solche Werte auf dem Markt, in Angebot und Nachfrage. Wenn der Staat den Verkehrswert nicht zugrundelegen wollte, so würde er *mit der Entschädigungsfestsetzung* einen zweiten enteignenden Eingriff verbinden: Er würde das belastete Gut seinem Bewertungsdiktat unterwerfen, auf das Wirtschaftsgut eine Art von vorgängigem Preisstop legen.

In einer freien Wirtschaftsordnung muß jede Enteignung in der Tat wieder als jener „Zwangskauf" verstanden werden, als den sie bereits frühere Zeiten, spätestens seit dem 18. Jahrhundert, verstanden hatten. Deshalb aber muß sie auch zu Marktbedingungen abgewickelt werden, vor allem über den Markt-

[8] Derartige Sachverständigenbeurteilungen werden vom OLG Hamm, 10 U 76/77 (nicht rkr.) mit Recht gebilligt.

[9] BGH NJW 1977, 1725.

[10] Das schließt selbstverständlich nicht aus, daß dann, wenn ein solcher spezialisierter Markt nicht vorhanden ist, auf den „sachnächsten" anderen Markt zurückgegriffen und seine Vergleichspreise zugrunde gelegt werden, wie dies etwa in BGH Agrarrecht 1973, 282 geschieht (Acker- und Wiesenbodenpreise für Waldgrundstück).

preis. Andernfalls würden auch mehrere Preise für ein- und dasselbe Gut entstehen — der Marktpreis und der „Enteignungspreis". Diese notwendige Beziehung des Verkehrswertprinzips zu den fundamentalen Grundsätzen unserer Wirtschaftsordnung sollte weit mehr als bisher in den Mittelpunkt des Entschädigungsrechts gestellt und das Verkehrswertprinzip ernster genommen werden. Der Verkehrswert ist nicht eine Reservegröße, welche den Richter oder den Sachverständigen nur dann orientiert, wenn sie auf andere Weise nicht zu einer sachgerechten Lösung kommen. Er ist *das* Prinzip schlechthin, von dem nur unter besonderen und gesetzlich bestimmten Umständen überhaupt abgewichen werden darf.

3. Das Verkehrsprinzip ist in besonderer Weise *demokratisch legitim.* Die Werte der Güter aller Bürger, damit aber auch ihr Freiheitsraum, werden durch alle anderen Bürger mitbestimmt und mitbegrenzt. Dies ist ein tiefer Sinn des freien Zugangs zu offenen Märkten, welcher vor allem durch die Berufsfreiheit (Art. 12 GG) gewährleistet wird. Die Wertbestimmung in diesem freien, täglichen Plebiszit des Marktes kann allenfalls durch den Gesetzgeber, wo unbedingt erforderlich, randkorrigiert, sie darf aber nicht durch eine „Entschädigungs-Preis-Politik" von Exekutive und Judikative ersetzt werden.

Gerade bei der Enteignungsentschädigung für Waldbelastungen, wo es nicht immer leicht oder üblich ist, sollte der Richter in besonderer Weise „auf den Markt hören"; es sollte auch nicht vom „merkantilen" oder vom „Verkehrswert", es sollte vom Marktwert gesprochen werden, damit die Beziehung zu einem Grundwert unserer freien Ordnung deutlich wird — zur Marktwirtschaft, ohne die es eine echte Eigentumsgarantie gar nicht geben kann[11].

III. Die Grenzen der Rechenbarkeit

1. Gegen den Verkehrswert als Grundlage der Enteignungsentschädigung könnte nun allerdings, gerade im Forstbereich, sprechen, daß er im Einzelfall nicht leicht exakt feststellbar sei; Vergleichspreise fehlten, von einem „freien Markt" könne gar nicht gesprochen werden[12]. Dies gilt insbesondere für den Wertverlust von arrondiertem Forstbesitz, etwa bei Durchschneidungen[13] — hier wird nicht selten die Einmaligkeit der Lage die Bildung eines echten Verkehrswertes ausschließen, ein solcher sich jedenfalls nicht überzeugend begründen lassen. Eine Ertragsberechnung dagegen ist in der Regel leichter und nach exakten forstwirtschaftlichen Gesichtspunkten möglich.

---

[11] Dazu *Leisner,* W., Privateigentum ohne privaten Markt, BB 1975, 1.

[12] Dies klingt auch in der neueren Rspr. immer wieder an, vgl. etwa BGH Agrarrecht 1974, 282; OLG Hamm (Fn. 8), a.a.O.

[13] Dazu unten IV.

Die Gerichte müssen dann nicht den „Verkehrswert", sondern den „Verkaufswert" bestimmen und zugrundelegen – von ihm sollte hier gesprochen werden – in einer Schätzung über § 287 ZPO, und sie haben diesen Weg, gerade in letzter Zeit, mit Entschiedenheit beschritten, sich und den Sachverständigen dabei auch die unumgängliche Freiheit bewahrt[14].

Bei aller Freiheit solcher Schätzung ist es aber selbstverständlich, daß auch sie stets auf gewissen Grundlagen beruhen muß, mögen diese auch im einzelnen nicht „voll rechenbar" sein. Sachverständige wie Richter mögen hier gelegentlich zögern, es spricht für ihre Sorgfalt, wenn sie dabei ein „schlechtes Schätzungsgewissen" haben — doch sie sollten darüber entschlossen hinweggehen, mit Blick auf das Marktwertprinzip, das über dem ganzen Entschädigungsrecht steht. Hier ist eben dann das *Ende der Rechenbarkeit* erreicht, und die Gemeinschaft kann nicht mehr tun, als Sachverständige und spezialisierte Richter soz. „zu fiktiven Käufern" zu bestellen, um den Verkaufspreis festzustellen.

Hier dürfen nicht unterschwellig Ertragsberechnungen – soz. als „exakte Anhaltspunkte" – mitsprechen, was im Unterbewußtsein leicht geschehen kann, gerade wenn sorgfältige Schätzung versucht wird. Und dies liegt um so näher in einem Land wie der Bundesrepublik, die über hervorragende Bewertungsspezialisten verfügt. Die Spezialisierung der Richter, die diesen nicht selten an Sachkunde gleichkommen, kann ebenfalls leicht dazu verleiten, daß „gerechnet" wird, wo die Grenzen der Rechenbarkeit schon überschritten sind, wo eine Art von „wertender eigener Kaufentscheidung" derjenigen, welche die Entschädigung festsetzen, an die Stelle von forstwirtschaftlichen Berechnungen treten müßte.

Doch es bleibt dabei: Am Markt, am Verkaufswert darf auch nicht „vorbeigerechnet" werden; denn die Kaufentscheidung ist wichtiger als das forstwirtschaftlich Vernünftige, und beides deckt sich nicht immer, wie jeder Sachverständige weiß.

2. Hier dürfen auch nicht andere als Markt- oder Verkaufserwägungen, insbesondere Ertrags- oder Rentabilitätsgesichtspunkte auf dem Umweg über die Wahrung eines *„gesunden Grundstücksverkehrs"* eingeführt werden[15].

Von dieser Vokabel sollte Abschied genommen werden. Sie kommt aus einem biologistisch-völkischen Denken der Vergangenheit, sie hat einen moralisierenden Beigeschmack, in dem noch etwas von der Spekulantenangst der Gründerzeit liegt, und sie überfordert die Judikative: Diese soll ja nur, ganz schlicht, den im Einzelfall unter Berücksichtigung der Marktentwick-

---

[14] Ein gutes Beispiel findet sich im BGH Agrarrecht 1974, 282.

[15] Von dem die Rspr. seit langem ständig ausgeht.

lung ungerechtfertigten Preis nicht gelten lassen. Dazu bedarf es des tönenden Wortes von der „Gesundheit" nicht, das eine unangemessene Grundstimmung der Judikatur schaffen und dazu verführen könnte, daß sich der Richter als Wirtschaftspolitiker fühlt. Bewahrung eines „gesunden Marktes" obliegt allenfalls dem Gesetzgeber, nicht der Zweiten und Dritten Gewalt. Besser als das unkontrollierbare Pathos sind hier einfache Worte, sie entsprechen der heutigen sachlichen Rechtsprechung.

IV. Entschädigung für den „Forstbetrieb" — der Wert des geschlossenen Besitzes

1. Eine der wichtigsten neueren Entwicklungen hat zur Anerkennung des besonderen Entschädigungswertes für den „geschlossenen", „arrondierten" Besitz geführt[16]. Aus diesen für landwirtschaftlich genutzte Flächen ergangenen Urteilen gilt es, auch die ebenso wichtigen forstrechtlichen Folgerungen zu ziehen.

Forstwirtschaftlich sind ja Größe und Geschlossenheit des Besitzes von besonderer Bedeutung: Sie erleichtern nicht nur wegemäßig die Bewirtschaftung; sie ermöglichen die Schaffung und Erhaltung großer einheitlicher Bestände, was die wirtschaftliche Verwertung erleichtert. Wichtig sind auch die jagdlichen Vorteile — von den Reviergrößen bis zur Wildhege; und vor allem geben Größe und Geschlossenheit eine bedeutsame Wertprämie durch die Schönheit, den Reiz eines ausgedehnten Wald- und Jagdgebiets.

Im Worte „Unberührtheit" ist viel von den im einzelnen gar nicht rechenbaren Werten angesprochen, welche ein potentieller Käufer hier aber mit Sicherheit bezahlen wird. Die Judikatur sollte daher gerade im Forstbereich den „Restbesitzschaden" stets berücksichtigen und keineswegs auf Erschwerungen der Bewirtschaftung beschränken.

2. Der Grundsatz der Restflächenentschädigung gilt nicht nur für Durchschneidungsschäden, er muß auch auf forstwirtschaftlich und landschaftsschützerisch begründete Eingriffe angewendet werden, nicht zuletzt aber auch auf Betretungs- und Reitschäden: Der besondere Wert der Größe und Geschlossenheit liegt ja häufig gerade darin, daß hier der Eigentümer „Randbeeinträchtigungen" leichter hinnehmen kann, weil ihm ein unberührtes „Zentrum" seines Besitzes jedenfalls bleibt. Wird nun, durch Landschaftsschutz etwa oder infolge massiver Betretung, auch noch dieser Kernbereich beeinträchtigt, so kann der eigentliche Schaden, der Wertverlust, weit größer sein, als in kleineren Verhältnissen.

[16] Vgl. etwa BGH Agrarrecht 1975, 282; BGH NJW 1977, 189.

3. Die „Resthofentschädigung" ist letztlich nur Ausdruck eines allgemeineren Grundsatzes: Daß nämlich im Grundstücksenteignungsrecht die *Betriebseinheit* berücksichtigt werden muß, aus welcher eine belastete Fläche etwa – zum Teil – herausgenommen wird[17]. Hier gewinnt die Rechtsprechung den Anschluß an den Eigentumsschutz des Unternehmens[18] und beim Grundeigentümer-Betriebsinhaber wird deutlich, daß es gerade in solchen Fällen „Eigentümer als Beruf"[19] gibt. Damit aber darf nicht eine reine Schätzung nach betrieblichen Ertragswerten verbunden sein, auch hier bleibt stets allein der Marktwert des in seinem Wert geminderten Betriebes maßgebend.

V. Entschädigung für die Minderung möglicher, nicht realisierter Nutzung

1. Entschädigungsfähig ist nicht nur eine Wertminderung durch Beschränkung oder Entzug einer bereits verwirklichten Waldnutzung. Ersatz muß der Staat auch dann leisten, wenn er dem Waldeigentümer eine *Nutzungsmöglichkeit* verschließt, die ihm nach Lage und Beschaffenheit seines Eigentums bisher rechtlich und wirtschaftlich möglich war.

Die Sozialbindung des Waldeigentümers ergibt sich aus der *Situationsgebundenheit*[20]: Entschädigungslos muß er hinnehmen, was ein vernünftiger Waldbesitzer unterlassen würde[21]: Der Ausschluß einer trotz dieser Situationsgebundenheit möglichen Nutzungsart dagegen begründet Entschädigungspflicht, auch wenn diese Nutzung bisher nicht realisiert wurde. Die Rechtsprechung hat dies gerade neuerdings eindeutig bestätigt[22]. Eine „Inswerksetzung" durch den Eigentümer, etwa nach Grundsätzen des baurechtlichen Vertrauensschutzes, ist nicht erforderlich.

2. Mit dieser billigenswerten und nach dem Verkehrswertprinzip gebotenen Judikatur – der Markt schützt ja nicht nur Verwirklichtes, sondern auch Realisierungsmöglichkeiten – muß nun aber auch die Rechtsprechung zu den „Lagevorteilen" und den „Chancen" koordiniert werden.

---

[17] BGH NJW 1977, 189, 191.

[18] Siehe BGHZ 45, 150; BGH LM Art. 14, Ea Nr. 32; BGH Agrarrecht 1975, 285.

[19] Dazu *Leisner*, W., Eigentümer als Beruf, JZ 1972, 33 f.

[20] BGH std. Rspr., siehe etwa BGHZ 23, 30; BGHM LM Nr. 60, 70 zu Art. 14 GG; BGHZ 30, 338; BVerwG DVBl. 1976, 211 m. Nachw.

[21] BGHZ 23, 30; 48, 193; BGH MDR 1959, 558; vgl. m. weit. Nachw. *Bender*, B., Sozialbindung des Eigentums und Enteignung, NJW 1965, 1297.

[22] Vgl. bereits BGH 23, 30, sowie ferner BGH LM Nr. 70 zu Art. 14 GG; BGH NJW 1964, 202; BGH NJW 1973, 623.

„Bloße Chancen", die sich dem Unternehmer bieten, Lagevorteile und sonstige – rechtliche und tatsächliche – Umstände, die sich günstig für den Betrieb auswirken und gewinnbringend ausgenutzt werden können, sollen nicht enteignungsfähig sein; derartigen „mehr oder minder zufälligen" Vorteilen fehle der konkrete Bezug zu einem bestimmten Betrieb (einer bestimmten Grundstücksnutzung), sie könnten daher auch nicht der – allein geschützten – Substanz zugerechnet werden[23].

Ein Grundsatz solcher Allgemeinheit ist sowohl mit dem Marktwertprinzip als auch mit dem Begriff der Situationsgebundenheit unvereinbar. Wenn der Markt solche Vorteile, etwa eine Straßenanbindung, berücksichtigt, so stellen sie einen Wertbestandteil des betreffenden Grundstücks dar. Die „Leistung" des Eigentümers, auf die es nach der Rechtsprechung allein ankommen soll, liegt dann eben darin, daß er Geld für ein solches Grundstück ausgegeben und dieses bisher nicht verkauft hat — er hat dann eben richtig kalkuliert. Mit welcher Begründung sollten hier Verwaltung oder Gerichte klüger sein können als der Markt — etwa weil es sich nicht um „rechtlich geschützte Positionen" handle (vgl. oben I.)? Das aber hat mit dem *wirtschaftlichen* Wert nichts zu tun, um den allein es hier geht; und „mehr oder weniger zufällig", leicht wandelbar sind alle Faktoren, auf denen die Bewertung irgendeines Gutes beruht, so etwa die Holzpreise, deren Entwicklung doch weit unsicherer ist als das Weiterbestehen einer günstigen Verkehrsanbindung.

Auch mit der *Situationsgebundenheit* ist diese Chancen- und Lagevorteilsjudikatur unvereinbar. Sie bedeutet doch, daß alles an Bindung ersatzlos hinzunehmen ist, was sich aus der konkreten Lage eines Grundstücks ergibt — daß umgekehrt aber auch alle Nutzungsmöglichkeiten entschädigungsfähig sind, welche diese Lage gestattet. Verkehrslagen gehören eindeutig dazu, ebenso Geschäftschancen. Nur wenn sie allzu fern sind, stellen sie keinen Wertsteigerungsfaktor mehr dar.

Hier liegt also bisher in der Rechtsprechung ein gewisser Bruch. Es wird Aufgabe der Judikatur sein, die Chancenrechtsprechung an die Judikatur zum Verkehrswertprinzip und zur Situationsgebundenheit anzugleichen.

VI. Betretungsschäden und Verkehrswert

1. Die ausgedehnten Betretungs- und Reitrechte der neuen Forstgesetze werden in sehr vielen Fällen zu Schädigungen führen, welche über die Sozialpflichtigkeit hinausgehen[24]. Der Gesetzgeber konnte hier vielleicht in der

---

[23] BGHZ 45, 83; 150; 48, 58; 55, 261; BGH AgrarR 1975, 285.

[24] So auch *Mantel,* K., Wald, Forstwirtschaft und Landschaftsrecht, Der Forst- und Holzwirt 1972, 420.

Tat nicht all die vielgestaltigen Entschädigungsfälle normativ regeln. Von einem generellen Entschädigungsausschluß, oder auch nur einer Vermutung dafür kann aber nicht die Rede sein. Sie ergeben sich auch nicht daraus, daß ja auch bisher die Betretung meist geduldet wurde — einerseits hatte sich dann eben der Eigentümer den Schaden selbst zuzuschreiben, nunmehr ist es nicht mehr seine Entscheidung; zum anderen ist nun, durch die Verrechtlichung, eine völlig andere psychologische Situation entstanden, in der vom Betretenden, der sich selbstbewußt auf sein Recht beruft, nicht mehr dieselbe Rücksicht erwartet werden kann. Insbesondere die Reitschäden werden mit Sicherheit, unmittelbar im Zusammenhang mit der neueren Gesetzgebung, erheblich zunehmen.

2. Dem Waldeigentümer ist insoweit von jenem Staat Entschädigung zu gewähren, welcher das Betreten und das Reiten durch hoheitliche Eingriffe in das Waldeigentum hervorgerufen hat. Der Eigentümer wird in aller Regel nicht vom unmittelbaren Schädiger Ersatz verlangen können. Es wäre ungerecht, von ihm in jedem Falle eine probatio diabolica zu erwarten, daß ein ganz bestimmter Schaden auf die Eröffnung *neuer* Betretungs- oder Reitmöglichkeiten zurückzuführen sei. Vielmehr muß hier eine Rechtsprechung das Verkehrswertprinzip anwenden und globale Entschädigung beim Nachweis erheblich größerer Schäden gewähren — denn für den Markt *ist* ein mit hohen Betretungsschäden belastetes Waldgrundstück weniger wert.

Die konsequente Anwendung der Entschädigung nach dem Verkehrswert für die Forstwirtschaft wird in nahezu allen Fällen zu gerechten Lösungen führen und sie allein entspricht der Grundentscheidung unserer Verfassung für das Privateigentum und seine auf dem Markt gebildeten Werte. Der Staat soll das Recht zum Zwangskauf haben — aber zu Marktbedingungen. Für das Enteignungsrecht muß der Satz gelten: Zwangskauf — ja; Zwangsverbilligung, Zwangsverteuerung — nein.

Teil VI

Alteigentum — Ost

Das Bodenreform-Urteil des Bundesverfassungsgerichts*

Kriegsfolge- und Eigentumsentscheidung

Das Bundesverfassungsgericht hat den im Zuge der sog. „demokratischen Bodenreform" 1945–1949 durch Konfiskationen in der SBZ Betroffenen den Rückgabeanspruch versagt und insoweit den Einigungsvertrag gebilligt: Es handle sich um Akte fremder Staatlichkeit, die von der Bundesrepublik als wirksam behandelt werden dürften. Diese Konfiskationen sind nach dem Bundesverfassungsgericht nicht menschenunwürdige, damit unheilbar nichtige Verfolgungsmaßnahmen, sondern entschädigungsloser Eigentumsentzug; im übrigen werden sie als Kriegsfolgen behandelt. „Verfolgung wegen Besitzes" oder Zugehörigkeit zu einer besitzenden Schicht ist also anders zu sehen als Verfolgung wegen Religion, Rasse oder politischer Überzeugung. — Der Gesetzgeber hat auch weite Gestaltungsfreiheit hinsichtlich der Ausgleichsansprüche, muß allerdings solche einräumen, und er darf auch den Rückerwerb früheren Eigentums, unter Verrechnung auf solchen Ausgleich, zulassen.

I. Eine erwartete Entscheidung — in den politischen Grenzen der Verfassungsgerichtsbarkeit

Karlsruhe hat gesprochen[1]: Der 1945 bis 1949 auf dem Territorium der späteren DDR enteignete Besitz muß nicht zurückgegeben, Entschädigung dafür muß nicht bezahlt werden. Die Betroffenen werden auf finanzielle Ausgleichsleistungen verwiesen, bei deren Bestimmung dem Gesetzgeber eine sehr weite Gestaltungsfreiheit zuerkannt ist. Der größere Grundbesitz im Osten Deutschlands[2], einer der traditionellen Grundlagen der Gesellschaftsstruktur in diesen Territorien, gehört endgültig der Vergangenheit an; jahrhundertealter Besitz vieler Familien mit historischem Namen bleibt verloren. Punkt 17 des Programmes der NSDAP konnten deren kommunistische Nachfolger verwirklichen[3].

---

* Erstveröffentlichung in: Neue Juristische Wochenschrift 1991, S. 1569–1575.

[1] BVerfG, NJW 1991, 1597.

[2] Die „demokratische Bodenreform" entzog den gesamten Grundbesitz über 100 ha; von „Großgrundbesitz" konnte allenfalls dort gesprochen werden, wo die herkömmliche „Güterdimension" erreicht wurde, also etwa bei 250 ha. Wo immer man diese Grenze ziehen mag – was auch standortmäßig verschieden sein kann –, die „demokratische Bodenreform" hat unstreitig nicht nur „Großagrarier", sondern auch größere bäuerliche Betriebe getroffen.

Nur wenige wird dieses Ergebnis überrascht haben[4]. Konnte man – ein historisch beispielloser Vorgang – die Rückgabe von einem Drittel der Fläche der früheren DDR erwarten, hätte dies nicht eine wahre Sozial-Revolution bedeutet, hier nun einmal im Sinne einer „Rückwälzung" über Jahrzehnte? Hatte nicht die Bundesregierung ständig betont, vor dem Gericht erstmals auch näher darzulegen versucht, die UdSSR habe eine Beurteilung oder gar Annullierung dieser Enteignungen durch deutsche Gerichte strikt abgelehnt, daran habe die Wiedervereinigung nicht scheitern dürfen? In der Öffentlichkeit – und bis in die Regierung hinein – waren alte Ängste vor einer Restauration ostelbischen großagrarischen und „junkerlichen" Grundbesitzes laut geworden; und viele sahen in den infolge von Rückgabeforderungen „ungeklärten Eigentumsverhältnissen" im Osten das entscheidende Investitions- und Aufschwunghindernis[5]. Konnte in dieser rechtspolitischen Großwetterlage ein beispielloser judikativer Kraftakt von acht Richtern verlangt werden, der vielleicht eine Veränderung des allgemeinen Bewußtseins vorausgesetzt hätte? Sollten hier – zum ersten Mal – Verfassungsnormen (Art. 143, 135 a GG n.F.) für verfassungswidrig erklärt werden, in einem wirklichen Gouvernement des juges? Das war nicht zu erwarten. Das Gericht ist in seinen politischen Grenzen geblieben.

Erstaunt werden aber manche über die Gründe sein. Sie gehen an zentralen Begründungsversuchen beider Seiten vorbei: Entscheidend war weder, ob hier Deutsche oder Sowjets gehandelt hatten, noch die Schwere der Verfolgung; und einer Verfassungsänderung hätte es nach Meinung des Gerichts zum Ausschluß der Rückgabe gar nicht bedurft. Karlsruhe ist seinen eigenen und es ist den kürzesten Weg gegangen. Die tragenden Entscheidungsgründe finden sich auf wenigen Seiten[6]. Sie laufen auf eine *Grundthese* hinaus: Im

---

[3] „Wir fordern eine unseren nationalen Bedürfnissen angepaßte Bodenreform, Schaffung eines Gesetzes zur unentgeltlichen Enteignung von Boden für gemeinnützige Zwecke." Das NSDAP-Programm bleibt allerdings noch weit hinter den kommunistischen Maßnahmen zurück, denn es fordert nicht den Entzug des *gesamten* größeren Grundbesitzes.

[4] *Forsthoff* hatte früher die Bodenreformmaßnahmen für nichtig angesehen, so daß die Rückgabeverpflichtung notwendige Folge sein mußte („Ist die Bodenreform in der DDR im Falle der Wiedervereinigung als rechtswirksam anzusehen", 1954, insb. S. 26–27 m. Nachw., zum damaligen Schrifttum und zur Rechtsprechung); im Ergebnis ebenso *Kimminich,* Die Eigentumsgarantie im Prozeß der Wiedervereinigung, 1990. Überwiegend wurde jedoch die Rückgabeverpflichtung im neueren Schrifttum abgelehnt, vgl. etwa *Papier,* NJW 1991, 193; *Badura,* DVBl. 1990, 1256; *Fieberg-Reichenbach,* NJW 1991, 321; ebenso *Scholz,* Die Welt v. 30.10.1990, der allerdings für Ausgleichsleistungen in voller Entschädigungshöhe eintritt.

[5] Das Gegenargument der Betroffenen, gerade eine rasche Rückgabe sei der kürzeste Weg zur Eigentumsklarheit, die früheren Eigentümer würden am besten für sachgerechte Bewirtschaftung, für Investitionen und damit für Aufschwung sorgen, hat, soweit ersichtlich, in der politischen und juristischen Diskussion kaum eine Rolle gespielt.

[6] Unter C II 2 a a bis cc der Urteilsbegründung.

Augenblick der Wiedervereinigung, des Eingreifens deutscher rechtsstaatlicher (Verfassungs-)Gesetzgebung hatten die Betroffenen ihr Eigentum längst und endgültig verloren; eine Verpflichtung, es ihnen wiederzugeben, besteht nach der Verfassung nicht.

Das Urteil ist in hohem Maße interpretationsfähig und -bedürftig: Zu vielen der im Verfahren aufgeworfenen Fragen äußert es sich nicht näher, ja gerade tragende Gründe müssen nicht selten erst erschlossen oder fortgedacht werden. Vor allem bleibt zu fragen, ob dies nur eine einmalig-kontingente Entscheidung in einer historischen Ausnahmesituation ist, oder ob sich damit die Verfassungs-, insbesondere die Eigentumsdogmatik in Deutschland ändert.

II. Die drei Grundlagen der Nicht-Rückgabe-Entscheidung

Das Urteil beruht auf drei Grundannahmen, deren letzte unausgesprochen, aber deutlich erkennbar ist. Die Enteignungen von 1945 bis 1949 gründen auf fremder Hoheitsgewalt; sie dürfen von den Staatsorganen der Bundesrepublik Deutschland als rechtsgültig hingenommen werden; dagegen kann nicht eingewendet werden, daß es sich um Verfolgungsmaßnahmen handelte, welche die Menschenwürde verletzten.

1. Die Enteignungen — Maßnahmen fremder Staatsgewalt — keine Verantwortung der Bundesrepublik Deutschland

„Die Enteignungen im Gebiet der sowjetischen Besatzungszone Deutschlands können unabhängig davon, ob sie unmittelbar von der sowjetischen Besatzungsmacht veranlaßt wurden oder ob den von dieser Besatzungsmacht eingesetzten deutschen Stellen insoweit ein eigener Spielraum zustand, nicht dem Verantwortungsbereich der dem Grundgesetz verpflichteten Staatsgewalt der Bundesrepublik Deutschland zugerechnet werden" (Urt. C II 2 a aa 2). Nach dem Gericht kann also offenbleiben, was beide Seiten des Verfassungsprozesses für entscheidungszentral angesehen hatten: ob es sich um „deutsches Recht" oder um „Besatzungsrecht" handelte.

a) Das Gericht meint zwar, die Enteignungsnormen seien „allein von deutschen Organen erlassen". Nicht gesichert sei aber, ob und in welchem Umfang die Besatzungsmacht entsprechenden Druck ausgeübt habe (Urt. B I 2). Dann kann vielleicht von *Besatzungsrecht* nicht die Rede sein[7]. Die Enteig-

[7] Vgl. die Erläuterung der Bundesregierung selbst zum Gesetz zur Regelung offener Vermögensfragen, BT-Dr. 11/7831, S. 1 (3).

nungen durften aber als „Maßnahmen auf besatzungshoheitlicher Grundlage" eingeordnet werden, „denn der Geschehensablauf ergibt jedenfalls, daß sie von der sowjetischen Besatzungsmacht nicht nur hingenommen wurden, sondern ihrem erklärten Willen entsprachen"[8]. Der Begriff „besatzungshoheitlich" wird also in dem Sinne gebilligt, daß alle Rechts- und Hoheitsakte der Länder der ehemaligen Sowjetischen Besatzungszone dadurch erfaßt werden[9]. Ein solcher Begriff des „Besatzungshoheitlichen" war dem deutschen Recht bisher fremd. Dieses unterschied vielmehr, in ganz herrschender[10], auch vom Bundesverfassungsgericht gebilligter[11] Lehre, zwischen „weisungsgebundenem deutschen Recht" – es wurde als Besatzungsrecht eingestuft[12] – und sogenanntem „mittelbarem, indirektem, verdecktem Besatzungsrecht". Nach dieser Unterscheidung wurde offenbar auch in der SBZ judiziert[13]. Nach den Feststellungen im Bodenreform-Urteil könnten daher die Enteignungsnormen der deutschen östlichen Länderinstanzen von 1945 – denn vor allem um sie geht es – nur deutsches Recht sein; denn eine Zustimmung der Besatzungsmacht zu deutschen Akten konnte nicht eine Gleichstellung mit unmittelbarem Besatzungsrecht bewirken[14].

Demgegenüber läßt nun das Bundesverfassungsgericht die vom (Verfassungs-)Gesetzgeber geschaffene neue Kategorie „besatzungshoheitliches Recht" zu — ein unvorhersehbares dogmatisches Novum. Dagegen könnte eingewendet werden: Was „Besatzungsrecht" sei, dürfe vom deutschen Gesetzgeber nicht authentisch interpretiert werden, auch nicht durch verfassungsänderndes Gesetz; denn der Begriff entziehe die betreffende Maßnahme aller deutschen Gerichtsbarkeit. Dann aber könne dies oder ähnliches nicht über einen Begriff des „Besatzungshoheitlichen" geschehen, der vom Gesetzgeber geschaffen werde. „Besatzungshoheitlich" ändere also nichts an der Qualifikation der damaligen Enteignungsnormen als nicht sowjetisches, sondern deutsches Recht. Dafür spricht auch noch die anderenfalls ja notwendige, aber unannehmbare Folgerung, daß sonst auch alles westdeutsche Recht zwischen 1945 und 1949, einschließlich des Grundgesetzes, als „besatzungshoheitlich" einzustufen wäre, also doch als eine Art von „Besatzungsrecht"; es ist aber eindeutig deutsches Recht, also muß dies auch für die Ent-

[8] Was denn auch aus dem SMAD-Befehl vom 22.10.1945 geschlossen wird, der den bis dahin erlassenen Normen „Gesetzeskraft" beilegt.

[9] So BT-Dr. (o. Fn. 7).

[10] So etwa *Holtkotten,* in: BK, Art. 123, S. 4, 5 m. Nachw.; *v. Mangoldt-Klein,* GG I, 2. Aufl. (1957), S. 13; *Maunz,* StaatsR, z.B. 9. Aufl. (1959), S. 365, 366; *Höpfner,* MDR 1949, 197 ff.

[11] BVerfGE 2, 181 (199) = NJW 1953, 657.

[12] BVerfGE 2, 181 (202) = NJW 1953, 657.

[13] s. etwa Thüringisches OVG, DV 1949, 530 m. Anm. *Laum.*

[14] *Maunz* (o. Fn. 10), S. 366.

eignungsnormen von 1945 in der damaligen SBZ gelten. Allerdings kann man zur Stützung der Auffassung, hier liege doch kein deutsches Recht vor, auf die Staatsdoktrin der Bundesrepublik Deutschland bis in die 70er Jahre verweisen: Die „SBZ" sei eben kein Staat, sondern nur ein verlängerter Arm der sowjetischen Militärgewalt gewesen. Das BVerfG sagt dies nicht; doch nur so konnte es, ohne offenen Bruch mit seiner Rechtsprechung, das damalige Enteignungsrecht als „besatzungshoheitlich" qualifizieren.

b) Das BVerfG hat nun aber das Enteignungsrecht im Ergebnis nicht eindeutig als „etwas wie Besatzungsrecht" verstehen, sondern offenlassen wollen, ob es nicht doch deutsches Recht sei. Es spricht von einem „Einstehenmüssen (der Bundesrepublik Deutschland) für etwaige aus ihrer Sicht rechts- oder verfassungswidrige Maßnahmen der deutschen Staatsgewalt" (Urt. C II 2 a aa 2). Damit aber hat das Gericht seine Judikatur in einer unvorhersehbaren Weise präzisiert, wenn nicht geändert. Die Bodenreform wird nämlich als „Kriegsfolgeregelung" eingestuft (Urt. II 2 a cc 2), das Gericht verweist ausdrücklich auf seine beiden grundlegenden Entscheidungen zu diesem Bereich. In eingehenden Ausführungen hatte es damals aber seine rechtliche Qualifikation gerade darauf gestützt, daß bei Besatzungsschäden und Enteignungen durch ausländische Staaten nicht deutsche Instanzen, sondern fremde Hoheitsgewalt gehandelt habe[15]. Also konnte es auch bei der Bodenreform doch schwerlich Handlungen deutscher Staatsgewalt annehmen. Dennoch meint das Urteil, auch das könne am Ergebnis nichts ändern, denn keinesfalls seien diese (normativen) Akte der Bundesrepublik Deutschland „zuzurechnen", sie müsse nicht „dafür einstehen". Begründet wird dies damit, daß sich die bundesrepublikanische Staatsgewalt stets auf das Gebiet der Westzonen beschränkt habe (Art. 23 S. 1 GG). Was dann allerdings die vom Gericht selbst zitierte frühere Entscheidungsformel noch bedeuten soll, daß sich die Bundesrepublik seit jeher im Sinne der Präambel des Grundgesetzes für das ganze Deutschland verantwortlich fühle[16] – wenn sie für keine deutsche Staatsaktion außerhalb der Bundesgrenzen einstehen muß –, bleibt dunkel, aber das war es wohl immer. Auch die Tatsache, daß es immer weiter „Deutsche" (der Staatsangehörigkeit nach) waren, die da etwa handelten, spielt dann keine Rolle. Es genügt, daß die *Staatsgewalt* keine bundesdeutsche war. Deshalb war es für das Gericht auch ohne Belang, daß sich die Enteignungsakte – unstreitig – 1945 auf „deutschem Territorium" abspielten, denn Deutschland sollte nach der Judikatur des BVerfG ja nicht untergehen[17]. 1945 gab es auch noch nicht zwei deutsche Staatsterritorien. Doch auch dies ändert nichts daran, daß bundesdeutsche Staatlichkeit für jene Enteignungen nicht „einzuste-

[15] BVerfGE 27, 253 (270 f.) = NJW 1970, 799; BVerfGE 41, 126 (141) = NJW 1976, 1491.

[16] BVerfGE 36, 1 (16) = NJW 1973, 1539.

[17] BVerfGE 5, 85 (126) = NJW 1956, 1393; BVerfGE 6, 309 (338) = NJW 1957, 705.

hen" hat, weil eben das entscheidende Element, die bundesdeutsche Staatsgewalt, fehlte. Nicht umsonst hat das Gericht ausdrücklich betont, die normativen Grundlagen der Enteignungen seien „sowohl von der Besatzungsmacht als auch von der deutschen Staatsgewalt in der SBZ und in der späteren DDR in vollem Umfang als rechtmäßig angesehen worden." Mit anderen Worten: Selbst wenn dies damals „in Deutschland durch Aktionen deutscher Stellen gegenüber Deutschen" geschehen sollte — „fremde Staatsgewalt" war hier schon deshalb tätig, weil die Enteignungen später *durch DDR-Gewalt und auf DDR-Territorium* gebilligt und aufrechterhalten worden sind.

Könnte sich eine Verantwortlichkeit der Bundesrepublik Deutschland aus einer *Rechtsnachfolge in die Positionen der DDR bei Wiedervereinigung* ergeben? Diese Frage hat das Gericht den Beteiligten gestellt, in seiner Urteilsbegründung aber nicht aufgegriffen. Es könnte sich damit rechtfertigen, daß dies nicht nötig gewesen sei; denn bei völkerrechtlicher Staatensukzession übernehme nach herrschender Lehre[18] der Nachfolgestaat das fremde Territorium in einer durch keine Rechtsnorm beschränkten Freiheit — die Bundesrepublik Deutschland habe also sowohl Verantwortung übernehmen können, wie für die Enteignungen nach 1949, als auch nicht — wie eben im Falle der Bodenreform.

c) *Fazit.* Die erste und wichtigste These des Urteils ist also in sich konsequent, mag sie auch die frühere Judikatur des Gerichts zum „Besatzungsrecht" (vgl. oben a) und zu den „Kriegsfolgen" (vgl. oben b) korrigieren, auf welche die Beschwerdeführer ihre Argumentation gestützt hatten: Was eine außer-bundesrepublikanische Staatsgewalt vorgegeben hat, kann, es muß aber nicht heute korrigiert werden. „Vorgegeben" aber hat sie auch alle „Enteignungsexzesse" nach dem Bundesverfassungsgericht, Fälle von Eigentumsentzug also, die selbst nach damaligem SBZ- oder SMAD-Recht in Deutschland durch die Enteignungsnormen nicht gedeckt waren, wie etwa die Wegnahme von beweglichen persönlichen Gegenständen: Auch dies sei durch diese Rechtsauffassungen gedeckt und daher in vollem Umfang „vorgegeben". Zum Vergleich: Was deutsche Besatzungsinstanzen oder die Vichy-Regierung 1940 bis 1944 in Frankreich konfisziert hatten, das konnte die wiedereingesetzte französisch-republikanische Staatsgewalt staatsrechtlich bestehen lassen — hätte sie nach bundesdeutschem Staatsrecht gehandelt; sie hat, nach französischer „republikanischer Tradition", dieses Zwischenrecht unverzüglich und radikal als nichtig behandelt. Und auch für nationalsozialistische Staatsgewalt in Deutschland muß grundsätzlich dasselbe gelten: Die Instanzen der Bundesrepublik können, müssen aber ihre Maßnahmen nicht korrigieren[19].

---

[18] *Berber,* VölkerR I, 2. Aufl. (1975), § 32; *Ipsen,* VölkerR, 3. Aufl. (1990), § 25 Rdnr. 2.

[19] Wie sie dies nach § 1 VI VermG im Falle der Bodenreform vorhaben; zur Frage der „Verfolgungen" vgl. u. 3.

2. Das Bodenreform-Recht darf in der Bundesrepublik Deutschland angewendet werden

Nun stellte sich aber doch noch die weitere Frage, ob derart „vorgegebenes Recht" etwa in der Bundesrepublik Deutschland angewendet werden darf. Das Gericht hat dies, unter Hinweis auf die hier ausgiebig durch Zitate belegte herrschende Lehre zum deutschen Internationalen Privatrecht, für Enteignungen durch ausländische Hoheitsgewalt unbeschränkt bejaht (Urt. C II 2 a aa 3).

Das ist nun deshalb nicht so unproblematisch, wie es nach dem Urteil scheinen könnte, weil der heutige Art. 6 EGBGB die Anwendung fremdstaatlicher Normen[20] dann verbietet, wenn sie mit wesentlichen bundesdeutschen Rechtsauffassungen unvereinbar sind, insbesondere gegen Grundrechte verstoßen; dann nämlich ist eine Anwendung solcher Normen mit dem deutschen ordre public unvereinbar. Das Gericht hat sich mit dieser Problematik gar nicht auseinandergesetzt, obwohl die Beschwerdeführer einen Verstoß gegen grundlegende Grundrechtsvorstellungen durch die Anwendung des SBZ / DDR-Rechts gerügt hatten. Im Urteil heißt es lediglich, der ordre public verbiete nur bei einer „hinreichenden Inlands- und Gegenwartsbeziehung" die Anwendung der enteignenden fremden Normen. Die Rechtslage nach deutschem Internationalen Privatrecht ist aber weit vielschichtiger: Grundsätzlich dürfen fremde entschädigungslose Enteignungen gerade *nicht* angewendet werden[21]. Prinzipiell begründet auch die Staatsangehörigkeit von Beteiligten den erforderlichen Inlandsbezug[22], hier waren die Enteigneten aber alle deutsche Staatsbürger, viele von ihnen wurden später Staatsbürger der Bundesrepublik Deutschland. Im übrigen kann der Inlandsbezug um so schwächer sein, je krasser der Verstoß gegen deutsche Gerechtigkeitsvorstellungen ist[23]. An sich stand also der deutsche ordre public einer Anwendung der östlichen Enteignungsnormen im Wege — entgegen der Begründung des Gerichts[24].

---

[20] Und um eine solche handelt es sich ja, denn die auf sie gestützte Rechtsbeständigkeit der Enteignungsnormen wird etwaigen Herausgabeklagen früherer Eigentümer nunmehr entgegenstehen.

[21] BGHZ 104, 244 = NJW 1988, 2173.

[22] RG, JW 38, 1518; BGHZ 28, 375 = NJW 1959, 529; er fehlt dagegen, wenn alle Beteiligten ausländische Staatsangehörige sind, BGHZ 60, 68 = NJW 1973, 417.

[23] *Palandt / Heldrich,* BGB, 50. Aufl., Art. 6 EGBGB 2 c m. Nachw.

[24] Das von diesem zitierte Urteil in BGHZ 62, 340 (343) = NJW 1974, 1944 deckt übrigens die Urteilsaussage nicht; denn es ging dort nicht darum, ob allein die Entschädigungslosigkeit der ausländischen Enteignung die Anwendungssperre des ordre public auslöse, sondern allein darum, ob das Territorialitätsprinzip über die Grenze der enteignenden Staatsgewalt hinauswirke.

Dennoch ist das Ergebnis, daß nämlich die SBZ-Normen in der Bundesrepublik Deutschland als rechtsgültig zu behandeln seien, nach Internationalem Privatrecht zutreffend: Die Anerkennung dieser Rechtsvorschrift erfolgte hier durch bundesdeutsches (Verfassungs-)Gesetz. Dieses aber kann dem – ebenfalls nur einfachgesetzlichen – Art. 6 EGBGB mit der Wirkung derogieren, daß die fremden Normen anzuwenden sind. Dies war auch bisher schon herrschende Lehre im deutschen Internationalen Privatrecht, insbesondere zum Kriegsfolgerecht[25]. Dagegen kann – auch nach der gegenwärtigen Fassung der Vorschrift – nicht geltend gemacht werden, ein Gesetz dürfe keinen grundrechtswidrigen Zustand sanktionieren: Die Grundrechte bieten vollen Schutz gegen die innerstaatliche Gewalt, nicht gegen jeden Akt fremder Staatsgewalt irgendwo auf der Welt. Es gibt – noch – kein „Weltrechtsprinzip des Grundrechtsschutzes" nach deutschem Recht, es wird wohl dazu auch nie kommen. Der Gesetzgeber kann also – Notwendigkeiten der Außenpolitik entsprechend – fremde Enteignungen anerkennen, auch wenn sie deutsche Staatsbürger im Grundrecht verletzen, ihnen etwa Entschädigung versagen. Dieser für das *deutsche Internationale Privatrecht wichtige Leitsatz* läßt sich dem Urteil entnehmen. Erst recht gilt dies, wenn die Anerkennung, wie im vorliegenden Fall, durch Verfassungsgesetz ausgesprochen wird.

Nimmt man also mit dem Gericht an, es habe hier „fremde Staatsgewalt" gehandelt (vgl. oben 1), so *durfte der (Verfassungs-)Gesetzgeber die Anwendung der Bodenreform-Normen des Ostens anordnen.* Ohne seine Intervention allerdings hätte kein deutsches Gericht sie als gültig zugrundelegen dürfen.

3. Bodenreform — Enteignung, nicht menschenunwürdige Verfolgung

a) Das Bundesverfassungsgericht hat ausdrücklich in diesem Urteil auch den verfassungsändernden Gesetzgeber in seine Schranken gewiesen (Urt. C II 2 a). Zu achten hat er – auch bei einer Anerkennungsentscheidung fremder Rechtsnormen (nach oben 2) – nicht nur den Grundsatz der Menschenwürde (Art. 1 I GG), sondern auch die deutschen Grundrechtsvorstellungen, soweit sie „zur Aufrechterhaltung einer menschenwürdigen Ordnung unverzichtbar sind." Auch der verfassungsändernde Gesetzgeber darf „grundlegende Gerechtigkeitspostulate nicht außer acht lassen. Dazu gehören der Grundsatz der Rechtsgleichheit und das Willkürverbot"[26]. Da nun das BVerfG am Maßstab des so in seiner Rahmenwirkung umschriebenen Art. 79 III GG die Verfassungsänderung geprüft hat, welche die Bodenreform für bestandskräftig erklärte, hätte erwartet werden müssen, daß das Gericht sich mit der Frage aus-

---

[25] Vgl. BGH, NJW 1957, 217; BGHZ 62, 340 ff. = NJW 1974, 1944.

[26] So das Urteil unter Hinw. auf BVerfGE 1, 208 (233); 23, 98 (106 f.) = RzW 1968, 381.

einandersetzt, ob die Aufrechterhaltung des durch die Bodenreform geschaffenen normativen Zustandes gegen die Menschenwürde, gegen den Menschenwürdegehalt des Art. 14 I GG verstoßen hat. Denn das BVerfG hat ausdrücklich hier anerkannt, daß es einen „durch Art. 79 III GG verbürgten Kernbereich“ auch des Eigentumsgrundrechts gibt (Urt. C II 2 a aa 3).

b) Das Bundesverfassungsgericht hat diese Prüfung des Einigungsvertrags an Art. 79 III GG nicht systematisch vorgenommen, sondern in einzelnen, eher marginalen Äußerungen angedeutet. Zu einer etwaigen Menschenwürdeverletzung durch Verweigerung einer Entschädigung heißt es, aus Art. 79 III GG folge nicht etwa eine Restitutionsverpflichtung in Natur. Zu der dann sich aufdrängenden Frage, ob nicht Entschädigung erfolgen müsse, äußert sich das BVerfG nicht, es meint, die Ausgleichsregelung genüge, die ja auch Rückerwerb zulasse. Das Gericht hätte übrigens hier auf seine frühere Rechtsprechung verweisen können, nach der es eine übergesetzliche Norm nicht gibt, welche dem Gesetzgeber Enteignung ohne Entschädigung verwehre[27]. So sehr es der ganzen deutschen Verfassungstradition widersprechen mag, entschädigungslos zu enteignen[28] — immerhin sah auch schon Art. 153 WRV diese Möglichkeit vor. Die Folgerung des Bundesverfassungsgerichts, Art. 79 III GG biete keine eigentumsrechtliche Schranke für die Anerkennung der Bodenreform durch den bundesdeutschen Verfassungsgesetzgeber, ist also nicht zu beanstanden.

c) Es stellt sich aber eine weitergehende Frage: War die Bodenreform nicht nur *herausragender Ausdruck einer Verfolgung, die ihrerseits nun aber die Menschenwürde schwer verletzte?* Wenn dem aber so ist, durften dann die Enteignungsakte aufrechterhalten werden, welche *nicht als solche,* also rein als Eigentumsbeschaffung, konzipiert waren, sondern als Teil einer Gesamtstrategie, welche auf die ökonomische und physische Vernichtung einer Gruppe von Mitbürgern, des „besitzenden Klassenfeindes“ im marxistisch-kommunistischen Sinn, abzielte? Nach dem vom Gericht berichteten Sachverhalt haben die Beschwerdeführer dies nachdrücklich vorgebracht, die Bundesregierung hat dem nicht grundsätzlich widersprochen.

Das Bundesverfassungsgericht hat dazu eine bemerkenswerte Position eingenommen — allerdings nicht ausdrücklich, wohl aber deutlich implizit. Das Gericht hätte von der von ihm selbst erwähnten Möglichkeit Gebrauch machen können, in der Anerkennung einer Bodenreform nur eine zulässige „Modifikation der positivrechtlichen Ausprägung dieser Grundsätze aus sach-

[27] BVerfGE 15, 126 (144) = NJW 1963, 32 unter Hinw. auf BVerfGE 2, 237 Ls 2 (253 f.) = NJW 1953, 1017; BVerfGE 4, 219 (232) = NJW 1955, 1268; weitergehend BGHZ 6, 270 (275) = NJW 1952, 972, der die überzeitliche Geltung des Entschädigungsgrundsatzes erwägt. Krit. dazu *Stödter,* DÖV 1953, 97 (98) m.w. Nachw.

[28] Dazu *Scholz* (o. Fn. 4).

gerechten Gründen“ zu sehen[29]. Darauf mochten sich die Richter jedoch nicht einlassen; sie haben vielmehr ersichtlich einen *„Verfolgungscharakter“ der Bodenreformmaßnahmen nicht angenommen.* Nach ihrer früheren Rechtsprechung ist die Menschenwürde immer dann verletzt, wenn es zu „Verfolgungen“, zu „Ächtungen“ kommt[30], wenn ohne jede Rücksicht auf die Menschenqualität der Betroffenen gehandelt wurde[31]. Diese meinten, sie seien als „Klassenfeinde“ zu reinen Objekten des Handelns eines Staates der proletarischen Sozialrevolution erniedrigt worden[32]. Die damaligen Eigentumseingriffe seien sozusagen versteinerte Effekte dieser menschenverachtenden Willkür. Sie dürften daher nicht bestehen bleiben. Hier sei überdies diskriminierend die vorstaatliche Gleichheit verletzt worden[33], das Fundament jeder Rechtsordnung[34], ein Ausdruck materieller Gerechtigkeit[35], der Klassenkampf verbiete[36], wie er hier aber unstreitig abgelaufen ist. Auch machten sie geltend, ihnen gegenüber sei im Verfahren der Bodenreform die gleichfalls vorstaatliche Rechtsstaatlichkeit verletzt worden, die ja das BVerfG gerade in der Bodenreform-Entscheidung als Schranke selbst der Verfassungsänderung anerkannt hat. Schließlich fragte es sich aus dieser Sicht, ob nicht eine Verfolgungs-Konfiskation vorliege, die sich nach ganz herrschender Lehre wesentlich von der Enteignung gerade durch ihren personenbezogenen Verfolgungscharakter unterscheidet[37]. Die Bodenreform wurde daher von namhaften Autoren schon frühzeitig als Musterfall der Konfiskation erkannt[38].

d) Das Gericht hat jedoch in der Bodenreform nur Enteignung gesehen. Das Wort „Konfiskationen“ wird von ihm in der Begründung nur einmal, in Anführungszeichen und in der Wendung „die Enteignungen einschließlich der entschädigungslosen ‚Konfiskationen‘“ gebraucht; dies erfolgt überdies nicht im Rahmen der Darlegung der Auffassung des Gerichts selbst, sondern beim Referieren der herrschenden Lehre des Völkerrechts zur Rechtsbeständigkeit ausländischer Enteignungsakte (Urt. C II 2 a aa 3). Fraglich ist sogar, ob da-

---

[29] BVerfGE 30, 1 (24) = NJW 1971, 275.

[30] BVerfGE 1, 97 (104) = NJW 1952, 297.

[31] BVerfGE 30, 1 (26) = NJW 1971, 275.

[32] Vgl. BVerfGE 50, 166 (175) = NJW 1979, 1100.

[33] BVerfGE 1, 208 (233).

[34] BGHZ 16, 350 (353) = NJW 1955, 905.

[35] BayVerfGHE 4, 51 (59); 11, 127 (137); vgl. *Wintrich,* in: FS Laforet, 1952, S. 227 (237).

[36] *Maunz/Dürig,* GG, Art. 14 Rdnr. 7.

[37] *Maunz/Dürig,* GG, Art. 14 Rdnr. 577; *Kimminich,* in: BK, Art. 14 Rdnr. 210; *ders.,* Die Enteignungsgarantie (o. Fn. 4), Rdnr. 210; *Schmidt-Bleibtreu/Klein,* GG, Art. 14 Rdnr. 26; *Ipsen,* VVDStRL 10 (1952), 74 (88); *W. Weber,* Die Grundrechte II, 1954, S. 331 (348); *Wolff/Bachof,* VerwR I, 9. Aufl. (1974), § 63 IX g.

[38] *Weber* (o. Fn. 38), S. 349; *Forsthoff,* Rechtsgutachten (o. Fn. 4).

mit die *subjektbezogene* Konfiskation gemeint ist — so wird der Begriff in der deutschen Lehre definiert, nicht aber durch das Fehlen der Entschädigung. Nach all dem ist fraglich, ob der traditionelle Begriff der „Konfiskation als personenbezogener Enteignung" nach diesem Urteil in der deutschen Eigentumsdogmatik überhaupt noch Sinn hat.

Nicht nur aber, daß die Bodenreform durchgehend einfach als „Enteignung" qualifiziert wird, das Gericht geht mit keinem Wort wertend in seiner Begründung auf die schweren, teilweise tödlichen Verfolgungen ein, denen die besitzende Klasse im Zusammenhang mit diesen Enteignungen ausgesetzt war. Es ist lediglich von „etwaigen aus ihrer Sicht (der Bundesrepublik Deutschland) rechts- und verfassungswidrigen Maßnahmen deutscher Staatsgewalt" die Rede. Das Gericht, das früher in der Verurteilung einer Unrechtsstaatlichkeit nicht zurückhaltend war[39], das dabei auch vom Verstoß gegen die Gerechtigkeit gesprochen hat, fällt hier nirgends, auch nicht vorsichtig, ein rechtliches Unwerturteil über das kommunistische Regime. Vielmehr heißt es lediglich (Urt. C II 2 a aa 3):

> „Auch wenn, wie die Beschwerdeführer geltend machen, die in Frage stehenden Enteignungsmaßnahmen von Anfang an auf die Umgestaltung der gesellschaftlichen Verhältnisse im Sinne einer sozialistischen Ordnung gerichtet waren, gilt nichts anderes. Es wird gerade zum Wesen einer solchen Ordnung gerechnet, daß dabei keine oder nur eine geringe Entschädigung geleistet wird, weil sonst die beabsichtigte soziale Umschichtung vereitelt würde."

Das Gericht verzichtet also auf jede Verurteilung, ja auf jede nähere rechtliche Beurteilung dieser Maßnahmen. Harte Worte findet es lediglich für die Wirtschaftspolitik der DDR („desolate Wirtschaftslage", „Mißwirtschaft", „wirtschaftliche Bankrottlage") — aber nur, um den Staat gegen Rückgabeansprüche der Betroffenen in Schutz zu nehmen.

Dem NS-Regime wurde seinerzeit von der Judikatur vorgehalten, seine Gesetze seien wegen des „den Grunderfordernissen jeder rechtsstaatlichen Ordnung widersprechenden Unrechtsgehalts als von vorneherein nichtig anzusehen"[40], seine Versuche, nach „rassischen" Kriterien eine Gruppe von Bürgern „physisch und materiell zu vernichten", hätte mit Recht und Gerechtigkeit nichts gemein[41]. Ähnliche Folgerungen, wenigstens im Sinne der Nichtanwendbarkeit, wie sie *Ernst Forsthoff* seinerzeit gefordert hatte[42], hat das Gericht für die Bodenreform nicht gezogen.

Daraus ergibt sich jedenfalls für die allgemeine Grundrechtsdogmatik: Es macht *einen wesentlichen Unterschied,* ob eine Gruppe wegen ihrer rassi-

---

[39] Vgl. etwa BVerfGE 1, 97 (104) = NJW 1952, 297; BVerfGE 30, 103 (106) = NJW 1971, 795.

[40] BGHZ 16, 350 (354) = NJW 1955, 905.

[41] BVerfGE 23, 98 (104) = RzW 1968, 381.

[42] Vgl. o. Fn. 4.

schen oder religiösen oder ob sie wegen ihrer sozialen, durch Besitz vermittelten Klassenstellung verfolgt wird. Eine solche Eigentums-Verfolgung, ein derartiger Klassenkampf ist primär enteignungsrechtlich zu beurteilen, im Zweifel kann all dies als „Maßnahmen fremder Staatsgewalt" in Deutschland anerkannt werden. Dieser Grundsatz ist von großer Bedeutung für das Asyl- und Fremdenrecht. Darüber hinaus spricht er zumindest auch für eine sehr einschränkende Gewichtung des – vom Gericht grundsätzlich anerkannten – Menschenrechtsgehalt des Eigentums.

Zum Wesen der kommunistischen Ideologie gehört es, daß Verfolgungen gerade über ökonomisch motivierte Klassenkämpfe geführt werden, übrigens auch gegen rassisch Mißliebige. Folgt man der dargestellten Menschenwürdedogmatik des deutschen obersten Gerichts, so läßt sich dem mit den Kategorien des bürgerlich-liberalen Rechtsstaats kaum begegnen — es sei denn, man wertet das Urteil hier als eine einfache Anerkennung der normativen Kraft des Faktischen: Schließlich hat das kommunistische Regime keinen Krieg verloren, es ist nicht in völliger Niederwerfung untergegangen.

Geht man von dieser Grundposition des BVerfG aus, so ist das Bodenreform-Urteil nicht nur in sich voll konsequent, es hat auch bemerkenswerte Weichen für grundsätzliche Wertungen in der Eigentumsdogmatik gestellt. Selbst wenn sich Vorgänge wie die Bodenreform so nicht wiederholen — die Verfassungsgrundstimmung dieser Entscheidung wird immer dann eine Rolle spielen, wenn es um „Änderungen der gesellschaftlichen Ordnung" geht. Darin liegt seine Bedeutung, weit über den Augenblick hinaus.

III. Die Ausgleichsleistungen

1. Grundlage des Ausgleichsanspruches in Art. 79 III GG

a) Nachdem ein Verstoß des Einigungsvertrags gegen die Menschenwürde und den Menschenwürdegehalt des Eigentumsgrundrechts einer Anerkennung der Bodenreform nicht im Wege steht, kommen auch Entschädigungsansprüche im eigentums-verfassungsrechtlichen Sinn (Art. 14 III GG) nicht in Betracht. In vollem Umfang greifen vielmehr die Grundsätze der Kriegsfolgenjudikatur des Bundesverfassungsgerichts ein[43]. Im Reparationsschädenurteil[44]

[43] Zu nennen sind hier insbesondere: Die Entscheidungen zum Lastenausgleich — BVerfGE 12, 151 = NJW 1961, 595; BVerfGE 15, 126 = NJW 1963, 32; BVerfGE 17, 67 = NJW 1963, 1915 L; BVerfGE 35, 324 = RzW 1974, 122; die Besatzungsschädenentscheidung — BVerfGE 27, 253 = NJW 1970, 799; die Reparationsschädenentscheidung — BVerfGE 41, 126 = NJW 1976, 1491; sowie die Entscheidung über Regelungen mit der Schweiz — BVerfGE 6, 290 = NJW 1957, 745; BVerfGE 18, 441; mit Portugal — BVerfGE 24, 203 und mit den Niederlanden — BVerfGE 29, 348.

sind sie zusammengefaßt. Das Gericht geht hier von einem *sehr weiten Kriegsfolgenbegriff* aus: daß die Bodenreform den Zusammenbruch von 1945 nicht so sehr bewältigen, vielmehr primär als Gelegenheit für eine ganz neue, übrigen schon lange vor 1933 geforderte und geplante zukunftsweisende Veränderung nehmen wollte, bleibt gleichgültig. „Kriegsfolge" kann alles sein, was historisch durch den Zusammenbruch des Reichs 1945 ausgelöst wurde, also etwa auch Aufschwungsanstrengungen für die neuen Länder.

b) Ansprüche der Betroffenen ergeben sich hier allein aus „der Wertordnung des Grundgesetzes, besonders im Hinblick auf das in Art. 20 I GG zum Ausdruck gekommene Sozialstaatsprinzip". Verlangt werden kann jedoch nur ein „innerstaatlicher Lastenausgleich" (Urt. C II 2 b cc 1). Da das Sozialstaatsprinzip in seinen Grundstrukturen in Art. 79 III GG verankert ist, prüft das Gericht die Ausgleichsverpflichtung des Staates auch an diesem Maßstab. Offen bleibt daher, ob der (Verfassungs-)Gesetzgeber bereits durch Art. 79 III GG gehalten war, Ausgleich zu gewähren, oder ob er ihn „an sich" auch hätte völlig versagen können. Daß dies im vorliegenden Fall – entgegen der Formulierung des Einigungsvertrages – nicht zulässig war, leitet das Urteil vielmehr (Urt. C III) aus dem Gleichheitssatz ab: Nachdem für alle anderen Gruppen Wiedergutmachung vorgesehen sei, dürfe der (Verfassungs-)Gesetzgeber eine solche für die Bodenreform-Geschädigten nicht ganz ausschließen.

Daraus ergibt sich: Ob ein „Lastenausgleich" aufgrund der Sozialstaatlichkeit geleistet werden muß, ist allgemein noch nicht entschieden. Bestehen bei einer „gesellschaftlichen Umgestaltung" Ansprüche aus Art. 14, 15 GG nicht, so könnte der Gesetzgeber vielleicht auch jeden Ausgleich versagen. Wiedergutmachungs-Ausgleich ist noch kein dogmatisch konturiertes „neues Rechtsinstitut unterhalb der Enteignungsschwelle".

c) Das Bodenreform-Urteil führt hier übrigens zu einer erstaunlichen Konsequenz: Alle Restitutions- und Rückgaberegelungen, für die vor 1945 wie für die nach 1949 Geschädigten, sind grundsätzlich „Lastenausgleich", sie gewähren nicht etwa Ansprüche nach Eigentums- und Enteignungsgrundsätzen. Nun hat aber der Verfassungsgesetzgeber, nicht etwa nur das einfache Gesetz, eindeutig eine Eigentumsregelung treffen wollen. Nach der Dogmatik des Bodenreform-Urteils kann dies nur so verstanden werden: Der Einigungsvertrag hat hinsichtlich der nach 1949 durch rechtsbeständige Enteignung untergegangenen Rechtspositionen den „fremden Enteignungsakten" wegen Grundrechtswidrigkeit die Anerkennung versagen, hier also die durch den deutschen ordre public an sich gebotene Nichtanwendung (Art. 6 EGBGB) eingreifen lassen. Damit ist er seiner Wiedergutmachungs-Lastenausgleichs-Verpflichtung in ausreichendem Maße nachgekommen (Urt. C III 1 a). Er war aber frei darin, dies für die Bodenreform-Geschädigten nicht vorzusehen.

---

[44] BVerfGE 41, 126 (149 ff.) = NJW 1976, 1491.

2. Verpflichtung zu gleichheitsentsprechendem Ausgleich

Nachdem der (Verfassungs-)Gesetzgeber „Restitution bzw. Entschädigung als Ausgleich“ in allen anderen Fällen vorgesehen hat, durfte er nach Meinung des Gerichts nicht für die Betroffenen gerade der Bodenreform jeden Ausgleich überhaupt ausschließen. Dies aber erzwinge die Regelung des Einigungsvertrages ihnen gegenüber auch rechtlich nicht; gegen eine derartige verfassungskonforme Interpretation bestehen keine Bedenken.

Die unantastbaren Elemente des Gleichheitssatzes verbieten aber nicht eine Ungleichbehandlung zu Lasten der Bodenreformgeschädigten dadurch, daß ihnen, anders als allen anderen Betroffenen, ein Restitutionsanspruch nicht zuerkannt wird (Urt. C II 2 b cc 3). Die Differenzierung ist nach dem Gericht schon dadurch gedeckt, daß die Wiedervereinigung, wegen des Widerstandes der Sowjetunion, gefährdet gewesen wäre, hätte man Restitution auch im Falle der Bodenreform vorgesehen. Daß dem so war, hat das Gericht den Vertretern der Bundesregierung geglaubt: „Die Einschätzung dessen, was nach der Verhandlungslage erreichbar war, unterlag dabei eigenverantwortlicher, pflichtgemäßer Beurteilung der Bundesregierung und entzieht sich der verfassungsgerichtlichen Nachprüfung.“[45] Wie weit dieser „Vorbehalt der Auswärtigen Gewalt“ reicht, zeigt sich hier schon darin: Aus der Einlassung der Bundesregierung, wie sie Grundlage des Urteils ist, ergibt sich nicht, daß die Sowjetunion oder die DDR jemals etwas gegen Entschädigung eingewendet hätten — Entschädigung setzt ja gerade die Bestandskraft der Enteignung voraus, und um diese allein ging es diesen Mächten. Doch angesichts des vom Gericht bei Wiedergutmachung angenommenen weiten Gestaltungsspielraums konnte wohl jedenfalls den nach 1949 Betroffenen Restitution oder Entschädigung, den Betroffenen der Bodenreform brauchte nicht einmal Entschädigung gewährt zu werden. Art. 135a GG n.F., der es erlaubt, in solchen Fällen gar nicht zu entschädigen, befreit aber den Gesetzgeber nicht auch noch von einer Ausgleichsverpflichtung, jedenfalls dann nicht, wenn er anderen Betroffenen sogar Entschädigung gewährt.

Im übrigen aber zeigen die vom Gericht genannten Umstände, auf die der Gesetzgeber Unterscheidungen – außer dem Widerstand der fremden Mächte – noch stützen konnte, daß das Differenzierungsverbot des Art. 3 Abs. 1 GG wirklich nur mehr einen aller-äußersten Rahmen bietet: Als sachgerecht wird, neben dem Einfluß der Besatzungsmacht und einer etwaigen Schwere „rechtsstaatlicher Defizite“, sogar noch der weitere zeitliche Abstand genannt (Urt. C III 1 a) — also sind zeitliche Zäsuren des Gesetzgebers mit Blick auf die Gleichheit in der Regel hinzunehmen.

---

[45] Urt. II am Ende, unter Hinw. auf BVerfGE 40, 141 (178) = NJW 1975, 2287; BVerfGE 66, 39 (61) = NJW 1984, 601.

3. Die Ausgleichsgrundsätze

a) Die Ausgleichsregelungen haben nichts mit Grundrechtsschutz zu tun, sie wurzeln „ausschließlich im Rechts- und Sozialstaatsgedanken" (Urt.. C II 2 cc 2), also kann schon deshalb ein Restitutionsanspruch daraus nicht abgeleitet werden, auch kein Recht auf irgendeine Entschädigung, die sich wesentlich am Wert des Entzogenen orientiert[46]. Als Ausgleich kann aber „den Betroffenen auch die Möglichkeit eines Rückerwerbs ihres ehemaligen Eigentums eingeräumt" werden. Das Gericht überläßt dies jedoch der freien Entscheidung des Gesetzgebers — „soweit es von der Interessenlage her angezeigt ist": Das ist eine reine Zweckmäßigkeitsfrage; zu ihrer Beurteilung kann das Bundesverfassungsgericht nicht erneut angerufen werden. Und das Gericht betont noch einmal, der Umstand, daß gerade diese Objekte noch vorhanden seien, stelle eine „Zufälligkeit" dar, die keinerlei „wertmäßige Bevorzugung bei der Wiedergutmachung vor anderen Enteigneten oder vor Opfern von Unrechtsmaßnahmen, die Schäden anderer Art erlitten haben", verlange. Dies gelte gerade bei der Einräumung der Möglichkeit eines Rückerwerbs ehemaligen Eigentums.

b) Den Unterschied zwischen (voller) Entschädigung und Ausgleichsleistung arbeitet das Urteil deutlich heraus (Urt. C III 2). Im Anschluß an seine Kriegsfolgenrechtsprechung[47] stellt es *zwei Grundsätze* für die Umstände auf, welche der Gesetzgeber hier berücksichtigen darf — nicht muß:

(1) Das Gesamtvolumen der wiedergutzumachenden Schäden darf er berücksichtigen, also auch alle Beeinträchtigungen sämtlicher anderer Güter – etwa Leben, Gesundheit, Freiheit und berufliches Fortkommen – mit einbeziehen.

(2) Der Gesetzgeber darf darauf Rücksicht nehmen, „welche finanziellen Möglichkeiten er unter Berücksichtigung der sonstigen Staatsaufgaben hat". Insbesondere gehören dazu Wiederaufbaulasten in den neuen Bundesländern.

Es ist wohl keine Ausgleichsleistung vorstellbar, die nicht unter einem dieser Gesichtspunkte gerechtfertigt werden könnte; das bereits erwähnte Ergebnis, daß es eine „ausgebaute Dogmatik der Ausgleichsleistungen" nicht geben kann, bestätigt sich — es wird sich auch keine solche entwickeln.

Zu bemerken bleibt noch, daß der Gesetzgeber, dem „bei der Einschätzung der wirtschaftlichen und finanziellen Lage des Staates und der Gewichtung der einzelnen Staatsaufgaben ein besonders weiter Beurteilungsspielraum zukommt", nicht etwa zur Berücksichtigung nationaler Bürger-Solidarität oder gar zur Erhebung von Solidaritätsbeiträgen verpflichtet wird.

---

[46] Urt. II am Ende, unter Hinw. auf BVerfGE 40, 141 (178) = NJW 1975, 2287; BVerfGE 66, 39 (61) = NJW 1984, 601.

[47] Verwiesen wird hier vor allem auf BVerfGE 27, 253 (284 f.) = NJW 1970, 799; BVerfGE 38, 128 (133) = RzW 1975, 24.

IV. Aufgabe und Verantwortung des Gesetzgebers

Die Betroffenen können also nun ihre Hoffnungen nur mehr in den Gesetzgeber setzen, auf den sich das Bundesverfassungsgericht in vollem Umfang entlastet hat. Er muß handeln und wird dies rasch tun. Wesentliche Vorgaben hat ihm das Gericht in keiner Richtung gemacht, auch nicht zu Lasten der Betroffenen. Er ist nicht etwa in der Pflicht, zuerst einen Gesamtstatus aller unter Umständen wiedergutzumachender Schäden zu erstellen und alle Betroffenen gleichmäßig zu bedenken. Durchaus sachgerecht ist es vielmehr, Ausgleich für die Bodenreform-Betroffenen zuerst zu regeln, nachdem ja der Einigungsvertrag das hier auch bereits vorgesehen hat, nicht aber in anderen Fällen, und dies mit Verfassungskraft. Der Gesetzgeber handelt auch sachgerecht, wenn er eine Rückkaufmöglichkeit, etwa unter Verrechnung mit Ausgleichsansprüchen, vorsieht, das Gericht hat dies ausdrücklich bestätigt. Bei der Preisgestaltung der von ihm abzugebenden Güter steht ihm hier ebenfalls ein Beurteilungsspielraum zu. Der Gesetzgeber darf bei alldem insbesondere berücksichtigen, ob er selbst ein Interesse daran hat, heruntergewirtschaftetes Grundeigentum zu behalten, oder ob er solche Vermögensgegenstände nicht lieber früheren Eigentümern überläßt, insbesondere, wenn diese gerade investitionsbereit sind oder Investitionsgarantien bieten. Das Urteil schließt es auch nicht aus, im Zweifel dem früheren Eigentümer den Vortritt zu lassen.

Das Bodenreform-Urteil hat den Gesetzgeber sehr frei gestellt — dies aber gilt zu Lasten wie zugunsten der Betroffenen. Der Gesetzgeber kann auch bei seiner Entscheidung das ganz anders werten, wozu sich das Bundesverfassungsgericht nicht glaubte äußern zu sollen: die Bodenreform als Klassenverfolgung in einem Unrechtsstaat. Recht setzt der demokratisch legitimierte Vertreter des Volkssouveräns. Recht gesprochen aber hat das oberste Gericht Deutschlands. Sein Urteil ist insgesamt doch wohl mehr juristische Vergangenheitsbewältigung, Kriegsfolgenentscheidung, als eine Eigentumsfortbildung, als eine solche war es kaum im Kern gewollt.

Dies ist ein Urteil, das nicht nur über viel Geld und Gut, sondern auch über viel menschliches Leid gesprochen wurde. Dennoch gilt: und wieder einmal — justice est faite …

Verfassungswidriges Verfassungsrecht*

Nach dem „Bodenreform-Urteil" des Bundesverfassungsgerichts

Verfassunggebung findet materielle Schranken an ungeschriebenem Recht, Verfassungsänderung überdies noch an höchstrangigen Verfassungsnormen (Art. 79 GG); dies ist bedeutsam mit Blick auf die anstehende Verfassungsreform.

Das Bundesverfassungsgericht hat im „Bodenreform-Urteil" die herrschende Lehre bestätigt, insbesondere hinsichtlich des „Menschenwürdegehalts" der Grundrechte; es wurden jedoch auch neue Akzente gesetzt, etwa zu Eigentum und Sozialstaatlichkeit. Deutlich ist aber die Zurückhaltung gegenüber einem Naturrecht; und „verfassungswidriges Verfassungsrecht" bleibt auf wirkliche Extremfälle beschränkt.

I. Der Anlaßfall: Das Begehren der Rückgängigmachung der sozialen „Bodenreform" in der SBZ

1. Die „Bodenreform" und das Urteil aus Karlsruhe

In der SBZ wurde eine „Bodenreform" aufgrund von Vorschriften durchgeführt, welche die Landes- und Provinzialverwaltungen im September 1945 erlassen hatten, mit im wesentlichen gleichlautendem Inhalt[1]. Neben dem Grundbesitz von „Kriegsverbrechern" und führenden und aktiven Nationalsozialisten wurde auch der gesamte private Grundbesitz von mehr als 100 ha Größe mit allem dort sich befindenden landwirtschaftlichen Vermögen entschädigungslos enteignet. Rechtsschutz dagegen war nicht vorgesehen[2].

Im Einigungsvertrag Art. 41 wurde vorgesehen, daß Eigentumseingriffe nicht mehr rückgängig gemacht würden, die auf besatzungsrechtlicher oder besatzungshoheitlicher Grundlage erfolgt seien; dazu wurde die „Bodenre-

---

* Erstveröffentlichung in: Die Öffentliche Verwaltung 1992, S. 432–439.

[1] Überblick in: Bestimmungen der DDR zu Eigentumsfragen und Enteignungen, hrsg. v. Gesamtdeutschen Institut, 1971, S. 101 ff.; *Mampel*, S., Die Verfassung der SBZ, 1962, S. 112 ff.; *ders.*, Das Recht in Mitteldeutschland, 1966, S. 130 ff.; BM für gesamtdeutsche Fragen, Die Enteignungen in der SBZ, 3. Aufl. 1962, S. 23 m. Nachw.; *Kimminich*, O., Die Eigentumsgarantie im Prozeß der Wiedervereinigung, 1990, S. 57 ff.

[2] BM für gesamtdeutsche Fragen (Anm. 1), S. 24.

form" von 1945 gerechnet. Art. 143 Abs. 3 GG verlieh dieser Festlegung normativen Verfassungsrang.

Betroffene Eigentümer haben mit Verfassungsbeschwerden die normativen Voraussetzungen für eine Restitution der seinerzeit entzogenen Grundstücke schaffen wollen. Ein solches Rückgabebegehren gegenüber den öffentlichen Händen der Bundesrepublik Deutschland, der neuen Länder oder der dortigen Gemeinden, konnte jedoch nur Erfolg haben, wenn die damaligen Hoheitsakte als nichtig behandelt werden durften *und* wenn ihnen Rechtswirksamkeit auch nicht durch konstitutiven Rechtsakt der Bundesrepublik Deutschland nach 1989 beigelegt worden ist.

Über diese Fragen hat das Bundesverfassungsgericht in seinem „Bodenreform-Urteil" entschieden[3] und die Verfassungsbeschwerden als unbegründet zurückgewiesen. Der Gesetzgeber sei jedoch aus Gründen der Gleichheit verpflichtet, auch den vor 1949 Betroffenen einen Ausgleich zu gewähren, wenn er für die nach 1949 Enteigneten sogar grundsätzlich Rückgabe, jedenfalls aber Entschädigung vorgesehen habe. Zur Ausgestaltung dieser Ausgleichsleistungen habe er jedoch weitgehende Gestaltungsfreiheit.

Die Betroffenen hatten ausdrücklich auch die Verfassungswidrigkeit des Art. 143 Abs. 3 neue Fassung GG gerügt. Das Gericht mußte schon deshalb die Frage des „verfassungswidrigen Verfassungsrechts" in den Mittelpunkt seiner Entscheidung stellen, weil es keine Möglichkeit gab, das Restitutionsproblem zu entscheiden, ohne auf die „Grenzen der Verfassungsänderung" einzugehen.

2. Die Unausweichlichkeit der Frage einer Verfassungswidrigkeit des Art. 143 Abs. 3 neue Fassung GG

a) Keine Heilung etwaiger Nichtigkeit der „Bodenreform" schon durch Zeitablauf

45 Jahre waren seit der „Bodenreform" vergangen. Dennoch durfte nicht davon ausgegangen werden, daß ihre Maßnahmen etwa als „nichtige Rechtsakte durch *Zeitablauf* zu Rechtstatsachen und schließlich bestandskräftig" wurden[4]. Ein solcher allgemeiner Grundsatz ist dem deutschen Recht unbekannt. Eine *Umdeutung* solcher, etwa nichtiger, „Enteignungsakte" in rechtsbeständige andere Akte[5] war ausgeschlossen; diese Maßnahmen waren ein-

[3] BVerfG, NJW 1991, S. 1597 ff.; DVBl. 1991, S. 575 ff.; DÖV 1991, S. 600 ff.

[4] Wie es das frühere Bundesministerium für innerdeutsche Beziehungen offenbar annahm (II, B, 1 vom 17.9.1990).

[5] Dazu etwa *Stelkens*, P./*Sachs*, M., in: Paul Stelkens/Heinz J. Bonk/Klaus Leonhardt, VwVfG-Komm., 3. Aufl. 1990, § 43 Rdnr. 153.

deutig und wesentlich auf völligen Eigentumsentzug gerichtet. Andere Akte, mit auch nur entfernt ähnlicher Funktion, kennt unser Recht nicht. Verwirkung[6] scheidet aus, denn der Unrechtsstaat hinderte die Betroffenen an der Geltendmachung etwaiger Ansprüche.

b) Die „Bodenreform" — nicht als „Besatzungsrecht" verfassungsgerichtlicher Nachprüfung entzogen

Die „Bodenreform" war nicht „unmittelbares Besatzungsrecht" und als solches von vornherein der Karlsruher Gerichtsbarkeit entzogen[7]: Ihre Rechtsgrundlagen und Akte wurden von deutschen Instanzen gesetzt, es lag also nicht etwa „eigenes Recht des Okkupanten" vor[8], sondern materiell deutsches Recht, so daß auch dieses, und nicht nur Völkerrecht, solchem Besatzungsrecht Schranken ziehen konnte[9]. Nicht am Grundgesetz gemessen werden, eben als unmittelbares Besatzungsrecht[10], konnte auch 1991 nur, was von alliierten Besatzungsinstanzen veröffentlicht oder angeordnet worden war[11], oder soweit deutsche Stellen zur Umsetzung von Besatzungsrecht in deutsches Recht besatzungsrechtlich ermächtigt waren[12]. Dies traf für die „Bodenreform" nicht zu.

Zwar hat es seinerzeit, im Osten wie im Westen, vielfache Einwirkungen der Besatzungsmächte auf deutsche Rechtssetzung gegeben[13]. Als *„mittelbares, indirektes, verdecktes Besatzungsrecht"*[14] war jedoch der Nachprüfung

---

[6] Vgl. BVerwG, NJW 1981, S. 363 f.

[7] Dazu BVerfGE 1, 10 (11); 2, 181 (204); *Bachof*, O., Verfassungswidrige Verfassungsnormen? 1951, S. 61.

[8] So schon die damals herrschende Lehre zum Begriff des Besatzungsrechts, vgl. *Kruse*, H., Besatzungsmacht und Freiheitsrechte, 1953, S. 32 f.; *Verdross*, A., Völkerrecht, 5. Aufl. 1964, S. 464; *Stappert*, JbIntR 1948, I, S. 139 (142 f.).

[9] *Stappert* (Fn. 8); *von Turegg*, K.E., Deutschland und das Völkerrecht, 1948, S. 38.

[10] Vgl. *von Schmoller*, G. / *Maier*, H. / *Tobler*, A., Hb. des Besatzungsrechts, 1957, S. 22.

[11] BVerfGE 2, 181 (204); 36, 146 (171); BGHZ 11, Anh. 86 (89 f.); ebenso die Landesverfassungsgerichte, vgl. *von Mangoldt*, H. / *Klein*, F., Das Bonner Grundgesetz, Bd. I, 2. Aufl. 1957, S. 141 m.N.; vgl. weiter *Dölle*, H., Betrachtungen zum ausländischen internationalen und interzonalen Privatrecht im besetzten Deutschland, Fs. für Leo Raape, 1948, S. 149 (158); *Maunz*, T., Deutsches Staatsrecht, 9. Aufl. 1959, S. 368.

[12] Daher konnte ein „Überleitungsvertrag" verfassungsgerichtlich überprüft werden, vgl. *von Mangoldt*, H. / *Klein*, F. / *Starck*, Chr., Das Bonner Grundgesetz, Bd. I, 3. Aufl. 1985, Art. 1 Abs. 3 Rdnr. 165; *Maunz* (Fn. 11).

[13] So daß eine ganze Dogmatik dazu entwickelt wurde, vgl. *Höpfner*, W., Die rechtliche Natur der bizonalen Wirtschaftsverwaltung, MDR 1949, S. 197 ff.

[14] *Holtkotten*, H., BK, Art. 123, S. 4 f. m. Nachw.; *von Mangoldt / Klein* (Fn. 11), S. 13; *Maunz* (Fn. 11), S. 365 f.; für die SBZ etwa Thür. OVG, DV 1949, S. 530, m. Anm. von *Laun*, R.

durch deutsche Gerichte nur entzogen, was auf bindende Anweisung der Besatzungsmacht vollinhaltlich von deutschen Instanzen gesetzt war, oder was aufgrund einer besatzungsrechtlichen Ermächtigung normiert wurde, die ausdrücklich von der Beachtung deutschen übergeordneten Rechts entband[15]. Dies ist nicht zu vermuten, vielmehr muß hier ein strenger Maßstab angelegt werden[16]. Selbst wenn die „Bodenreform" auf „Veranlassung" der Sowjets ergangen sein sollte[17] — auch mittelbares Besatzungsrecht lag hier nicht vor.

Die Partner des Einigungsvertrags nahmen dies offenbar auch nicht an, daher sprachen sie von Maßnahmen auf „besatzungsrechtlicher" oder „besatzungshoheitlicher Grundlage"; der letztere Begriff war dem deutschen Recht bisher unbekannt, er hinderte aber die Überprüfung der Bodenreform durch das Bundesverfassungsgericht nicht, und davon ist auch ersichtlich das Gericht ausgegangen.

c) Grundgesetzwidrigkeit der Bodenreform — aber keine „Rückwirkung der Grundrechte"

Art. 143 Abs. 3 neue Fassung GG brauchte nur an höherrangigem Recht gemessen zu werden, wenn er eine Art von *konstitutiver Normwirkung* hervorbrachte, und sei es auch nur „klarstellender Art", durch Ausräumung von nicht unerheblichen Zweifeln an der Rechtsgültigkeit der „Bodenreform"-Maßnahmen und ihrer Rechtsgrundlagen.

aa) Derartige Zweifel lagen hier nahe: Die *„Rechtsgrundlagen der Bodenreform" waren eindeutig unvereinbar mit Art. 14 GG.* Hier lag „klassische Enteignung" vor, völliger Entzug des Eigentums an den Grundstücken, im Sinne von Art. 14 Abs. 3 GG, in der Form einer Legalenteignung[18]. Nur zum *„allgemeinen Wohl"* hätte dies geschehen dürfen — davon konnte nicht die Rede sein, die Ziele der Bodenreform waren vielmehr eindeutig verfassungswidrig: Gewisse Gruppen von Bürgern (insbesondere die sogenannten „Junker") sollten als „Klasse" politisch ausgeschaltet, wirtschaftlich ruiniert oder gar physisch vernichtet („liquidiert") werden; dies verstößt gegen das unbedingte Diskriminierungsverbot nach Abstammung (Art. 3 Abs. 3 GG). Der „Großgrundbesitz" als solcher sollte aufgelöst werden; selbst wenn dies grundsätzlich zulässig gewesen wäre (vgl. Art. 15 GG), hätte es nur durch Einführung durchgehender Grundbesitzobergrenzen für *alle* Bürger geschehen dürfen — hier aber sollten nur bestimmte Gruppen getroffen werden (groß-

---

[15] BVerfGE 2, 266 (272); 181 (199, 202).

[16] *von Mangoldt/Klein* (Fn. 11), S. 13; *Maunz* (Fn. 11), S. 365.

[17] Was zweifelhaft ist, vgl. *Mampel* (Fn. 1), S. 112, aber ohne Begründung.

[18] Im Sinne des Naßauskiesungsurteils des BVerfG, E 58, 300 (330 f.).

grundbesitzender Adel und „Bourgeoisie"), diese aber vernichtend. Derartige Klassenkampf-Erwägungen sind keine sachlichen Gründe im Sinne von Art. 3 Abs. 1 GG[19]. Überdies erfolgte der *Eigentumsentzug ohne jede Entschädigung*, was aber sogar bei Maßnahmen nach Art. 15 GG verfassungswidrig ist[20]. Die „Bodenreform" ist also unvereinbar mit der deutschen Verfassung, als Ausdruck einer Gesamt-Wertauffassung vom Eigentum, die in diametralem Gegensatz zur grundgesetzlichen Verfassungsordnung steht[21].

bb) Dennoch stand im Jahr 1991 einer Aufhebung der „Bodenreform"-Grundlagen und -Maßnahmen wegen Grundgesetzwidrigkeit entgegen, *daß es sich um vor Erlaß des Grundgesetzes abgeschlossene Tatbestände handelte, auf die Art. 14 GG nicht zurückwirkt*[22], und dies gilt auch für die Junktim-Klausel[23]: Die Enteignung ist vor 1949 vollzogen worden[24]; ihre Wirkungen sind auch nicht erst später hervorgetreten[25]. Dagegen kann nicht eingewendet werden, daß die „Bodenreform"-Normen und -Maßnahmen auch nach 1949, ja bis in die Gegenwart, noch *„fortwirken"*: Am Grundgesetz konnte 1991 nur gemessen werden, was *heute noch* weitere von *„Ursprungsmaßnahmen"* unabhängige Rechtswirkungen hervorbringt[26]. Solche Effekte entfaltete die Bodenreform nach 1949 nicht mehr. Die Fortgeltung eines Verbotes genügt dafür ebensowenig wie die Erfolglosigkeit eines heute gegen die früheren Maßnahmen gerichteten Rechtsmittels[27].

Bedurfte es also der „Klarstellung" durch Art. 143 Abs. 3 neue Fassung Grundgesetz überhaupt, konnte nicht seine Normbedeutung in Karlsruhe dahingestellt bleiben, weil die Verfassungsbeschwerden schon mit der Begründung hätten zurückgewiesen werden können, sie richteten sich gegen „abgeschlossene Maßnahmen"?

---

[19] BVerfGE 1, 14 (52); 18, 38 (46); 38, 1 (17); 65, 141 (148).

[20] *Maunz*, Th., in: Maunz / Dürig, GG, Art. 15, Rdnrn. 2, 26; *Schmidt-Bleibtreu*, B., in: Schmidt-Bleibtreu / Klein, Kommentar zum Grundgesetz, 7. Aufl. 1990, Art. 15 Rdnr. 10; *Bryde*, B.-O., in: von Münch, GG-Komm., Bd. 1, Art. 15 Rdnr. 20 f.

[21] Näher dargestellt bei *Kimminich* (Fn. 1), S. 26 ff.

[22] BVerfGE 2, 237 (246).

[23] BVerfGE 4, 219 (236); 46, 268 (288); *Hamann*, A., GG, 1956, Art. 14 Rdnr. 11; *Kimminich*, O., BK, Art. 14 Rdnr. 291; *von Mangoldt / Klein* (Fn. 11), S. 450; vgl. auch BVerwGE 2, 35; anders zunächst der BGH, vgl. *Weber*, W., Die Entschädigungspflicht bei Naturschutzmaßnahmen, DVBl. 1955, S. 40 (43).

[24] BVerfGE 2, 124 (128 ff.); 4, 219 (237).

[25] *Weber* (Fn. 23).

[26] *Rudolf*, W., Entschädigungspflicht für vorkonstitutionelle Enteignungen, DÖV 1959, S. 674 (677); *Schmidt-Bleibtreu*, in: Schmidt-Bleibtreu / Klein (Fn. 20), Art. 14 Rdnr. 16; *Weber*, H., Rechtsprechungsübersicht, JuS 1972, S. 282 (283); BGHZ 57, 178 (184 f.).

[27] *Weber* (Fn. 23); *Rudolf* (Fn. 26), S. 676.

d) Dennoch: Möglicher Verstoß der Bodenreform gegen höchstrangiges Recht

Das Bundesverfassungsgericht ist diesen Weg nicht gegangen und hat die Verfassungsmäßigkeit der Grundgesetznovelle von 1990 geprüft — mit Recht: Von etwaigen Normwirkungen des Art. 143 Abs. 3 neue Fassung Grundgesetz durfte nicht abgesehen, die Frage seiner (möglichen) Verfassungswidrigkeit nicht offengelassen werden. Denn die Rechtsgrundlagen und Maßnahmen der „Bodenreform" weisen, aus westlicher Verfassungssicht, so gravierende Mängel auf, daß sie möglicherweise gegen ein höher-, ja höchstrangiges Recht verstoßen, das auch vor Erlaß des Grundgesetzes bereits die deutschen Instanzen in der SBZ band; dann aber war dem Einigungsvertrag und seiner Verfassungsnovelle insoweit konstituierende Normwirkung zuzuerkennen, weil nur über sie die „Bodenreform" aufrechtzuerhalten war; sie mußten also auch an diesem höchstrangigen Recht gemessen werden.

In der Tat kam im Falle der Bodenreform ein solcher Verstoß gegen derartiges höchstrangiges Recht in Betracht:

- Im Gegensatz zu der Bodenreform im Westen Deutschlands[28] handelte es sich um *personenbezogene Verfolgungsmaßnahmen eines Unrechtsstaates*, was auch die Begleitumstände zeigen (Verjagung, Verbannung, nicht selten Ermordung der Eigentümer). Dieses Vorgehen konnte immerhin als eine *Verletzung der Menschenwürde* gewertet werden[29].
- Die *vorstaatliche Gleichheit* konnte als verletzt erscheinen, jener „überpositive Rechtsgrundsatz, auf den zurückgegriffen werden müßte, wenn der Gleichheitssatz nicht in Art. 3 GG geschriebenes Verfassungsrecht geworden wäre"[30], weil dieses Prinzip Fundament jeder Rechtsordnung ist[31], Ausdruck der materiellen Gerechtigkeit[32]: Hier wurde eine „Klasse" als solche verfolgt. Dieser „Klassenkampf" hat mit Recht und Gerechtigkeit ebensowenig etwas gemein wie der „Rassenkampf" des NS-Staates[33].
- Die *Rechtsstaatlichkeit* wurde ebenfalls durch die „Bodenreform" verletzt, vor allem durch deren Durchführung, bei welcher auch nicht der Ansatz eines rechtsstaatlichen Verfahrens erkennbar war[34]; dies vor allem unter-

---

[28] BVerfGE 46, 268 (288 f.).

[29] Siehe BVerfGE 1, 97 (104); 30, 1 (26); 50, 166 (175).

[30] BVerfGE 1, 208 (233).

[31] BGHZ 16, 350 (353).

[32] BayVerfGHE n.F. 4, 51 (59); 11, 127 (137).

[33] Zu dessen Unrechtscharakter BVerfGE 23, 98 (106).

[34] *Forsthoff*, E., Rechtsgutachten zur sog. „Bodenreform"; erstattet der Arbeitsgemeinschaft der Grundbesitzerverbände in Bonn, 1954, S. 17.

schied sie von der Bodenreform im Westen[35]. Auch ein solcher „jeder rechtsstaatlichen Ordnung widersprechender Unrechtsgehalt" kann Normen als „von vornherein nichtig" erscheinen lassen[36].

– *Die „Bodenreform" brachte nicht Enteignung, sondern Konfiskation*: Sie war subjektbezogen, richtete sich gegen bestimmte Personen, deren Verhalten als staats- oder sozialschädlich angesehen wurde[37]. Sekundär war, was mit dem Gut geschah, primär die Absicht, die bisherigen Eigentumspositionen zu vernichten. Namhafte Autoren sahen daher hier schon frühzeitig einen Musterfall der Konfiskation[38]. Daß solche Einziehung einer übergesetzlichen Norm widersprach, ergibt sich nicht allein aus dem Ausschluß jeder Entschädigung[39], wohl aber in Verbindung mit dem Verfolgungscharakter der „Bodenreform", die hier möglicherweise gegen den Menschenwürdegehalt gerade des Art. 14 GG verstieß[40].

Alle diese Umstände des zu entscheidenden Falles warfen also zwingend die Frage auf, ob und unter welchen Voraussetzungen es „verfassungswidriges Verfassungsrecht" geben könne, wegen Verstoßes gegen höchstrangiges geschriebenes oder gar ungeschriebenes Recht; und darauf hat denn auch das „Bodenreform-Urteil" eine Antwort gegeben.

3. Die grundsätzliche und aktuelle Bedeutung der Problematik der Grenzen der Verfassungsänderung

Das besondere Gewicht der hier darzustellenden Problematik liegt heute vor allem auf vier Ebenen:

a) Es geht um die Auslegung des Art. 79 GG, insbesondere seines Abs. 3, welcher der Verfassungsänderung, wie der Verfassunggebung, materielle

[35] BVerfGE 46, 268 (288 f.).

[36] BGHZ 16, 350 (354); darauf beruht die verzweigte Rechtsprechung über die strafrechtliche Verfolgung von während der NS-Zeit begangenen Taten.

[37] Siehe dazu *Kimminich*, in: BK (Fn. 23), Art. 14 Rdnr. 210; *Maunz*, in: Maunz / Dürig (Fn. 20), Art. 14 Rdnr. 577; *Schmidt-Bleibtreu*, in: Schmidt-Bleibtreu / Klein (Fn. 20), Art. 14 Rdnr. 26; *Ipsen*, H.P., Enteignung und Sozialisierung VVDStRL 10, 1952, S. 74 (88); *Weber*, W., Eigentum und Enteignung, in: Neumann / Nipperdey / Scheuner, Die Grundrechte II, 1954, S. 331 (348); *Wolff*, H.J. / *Bachof*, O., Verwaltungsrecht I, 9. Aufl. 1974, § 62, IX, g.

[38] *Weber* (Fn. 37), S. 349; *Forsthoff* (Fn. 34).

[39] BVerwGE 15, 126 (144).

[40] Grundlegend *Dürig*, G., Das Eigentum als Menschenrecht, ZgesStW 109, S. 326 (330 ff.); *Maunz / Dürig*, in: Maunz / Dürig (Fn. 20) (Art. 79 Rdnr. 42) nehmen ebenfalls einen auch von Art. 79 GG erfaßten Menschenwürdegehalt des Eigentums an. Von einer „übergesetzlichen Eigentumsgarantie" spricht der BGHZ 16, 350 (353).

Normschranken zieht. Diese Fragen werden zwar im Schrifttum erörtert[41], konnten aber, soweit ersichtlich, noch nicht hinreichend vertieft werden, eben weil es an Fällen und sie entscheidenden gerichtlichen Erkenntnissen fehlte. Über herkömmliche Verfassungsdogmatik geht dies weit hinaus, dahinter stehen Staatsgrundsatzfragen von hohem Rang: Die Vollendung der Normenpyramide, von der das geltende Recht ausgeht[42], in höchsten, „super-rigiden" Normen; eine Rechtsordnung, die sich in positiv-rechtlichen Bestimmungen sozusagen „selbst hält", sich etwas gegeben hat wie eine geschriebene Kelsen'sche Grundnorm[43]; die Unabänderlichkeit einer Staats-Grundstruktur, die sich aus dem Schutz der Menschenwürde legitimiert; der Versuch, das Phänomen „Revolution" juristisch zu bewältigen[44].

b) Grenzen der Verfassungsänderung können sich nicht nur aus „stärkeren Normen innerhalb der Verfassung" ergeben (Art. 79 Abs. 3 GG, vgl. dazu im folgenden II), sondern auch *aus über- und vorstaatlichem Recht*[45]. Damit ist zugleich der Problembereich „Naturrecht und positives Recht" angesprochen. Zwar ist nach der Renaissance nach 1945[46] bald eine gewisse „Naturrechtsmüdigkeit", ja eine Rückwendung zum „Positivismus" der neu aufgebauten Rechts- und Verfassungsordnung eingetreten; dennoch wird auch neuerdings der naturrechtliche Hintergrund des Grundgesetzes wieder intensiv diskutiert[47]. Aussagen zum „verfassungswidrigen Verfassungsrecht" eröffnen daher stets auch naturrechtlich-metaverfassungsrechtliche Dimensionen.

c) Um die *Gewaltenteilung* geht es aber ebenso, um ein zentrales Prinzip des geltenden Rechts. Wem steht die „rechtsstaatliche Souveränität" zu — nicht weil er „über den Ausnahmezustand entscheidet" (*Carl Schmitt*), sondern weil er als Hüter der höchsten Normen auftritt? Schreiten wir weiter voran auf dem Weg „vom Gesetzesstaat zum Richterstaat"[48], leben wir unter

---

[41] *Evers*, H.-U., BK, Art. 79 Abs. 3 GG, Rdnrn. 149 ff.; *Stern*, K., Das Staatsrecht der Bundesrepublik Deutschland, Bd. I, 2. Aufl. 1984, S. 165 ff.; *Weber*, H.-W., Die materiellen Schranken für die Änderung des Bonner Grundgesetzes nach Art. 79 Abs. 3 BGG, Diss. Köln 1954.

[42] *Stern* (Fn. 41), S. 80 ff.; 105 ff.; vgl. etwa auch Bestimmungen des Gesetzesrechts wie § 47 Abs. 1 VwGO: „im Range unter dem Gesetz".

[43] *Kelsen*, H., Reine Rechtslehre, 2. Aufl. 1960, S. 196 ff.

[44] Zur Revolution als Demokratieproblem grundsätzlich *Leisner*, W., Die demokratische Anarchie, 1982, S. 300 ff.

[45] BVerfGE 1, 14 (18, Ls. 27).

[46] Siehe Überblicke bei *Süsterhenn*, A., Der Durchbruch des Naturrechts in der deutschen Verfassungsgesetzgebung nach 1945, 1950, S. 42 ff.; *Würtenberger*, T., Wege zum Naturrecht in Deutschland 1946–1948, in: Archiv für Rechts- und Sozialphilosophie 38, 1949/50, S. 98 ff.; *Ritter*, K., Zwischen Naturrecht und Rechtspositivismus, 1956, S. 119 ff.

[47] Vgl. Das Parlament 1991, Beil. 33/91 mit Beitr. von *Kaufmann*, A., *Detjen*, J., *Waldstein*, W., *Irrgang*, B.

[48] *Marcic*, R., Vom Gesetzesstaat zum Richterstaat, 1957.

einem „Gouvernement des Juges“[49], hat sich das Bundesverfassungsgericht mit dem „Bodenreform-Urteil“ das „letzte Wort im Staat“ gesichert?

d) *Aktuell* ist dieser Gegenstand schließlich. Nach langen Jahren nur marginaler Grundgesetz-Korrekturen gewinnt nun die „klassische“ Diskussion[50] über die Grenzen der Verfassungsänderung wieder Bedeutung, im Zusammenhang mit der anstehenden „Großen Grundgesetzreform“ nach der Wiedervereinigung[51]. Wo liegen die materiellen Grenzen der Verfassungsrevision, können sie, gerade jetzt, bedeutsam werden?

II. „Verfassungswidriges Verfassungsrecht“ — bis zum und nach dem „Bodenreform-Urteil“

1. Die Möglichkeit „verfassungswidrigen Verfassungsrechts“ — die Maßstäbe der Prüfung verfassungsändernder Gesetze

a) Die herrschende Lehre: Verfassungswidriges Verfassungsrecht ist möglich

Herrschender Lehre entspricht es, daß es verfassungswidriges Verfassungsrecht gibt und das Bundesverfassungsgericht dies feststellen darf.

Nach anfänglichen Unsicherheiten[52] brachten Entscheidungen des Bayerischen Verfassungsgerichtshofs in ständiger Rechtsprechung[53] und des Bun-

---

[49] *Lambert*, E., Le Gouvernement des Juges, Paris 1926.

[50] Siehe aus früheren Jahren: Der Kampf um den Wehrbeitrag, Veröffentlichungen des Instituts für Staatslehre und Politik in Mainz, Bd. II, 1953, mit Beitr. von *Forsthoff*, E., *Klein*, F., *Loewenstein*, K., *Maunz*, T., *Menzel*, E., *Scheuner*, U., *Smend*, R., sowie noch immer grundlegend *Ehmke*, H., Grenzen der Verfassungsänderung, 1953; *ders.*, Verfassungsänderung und Verfassungsdurchbrechung, AöR 79 (1953/4), S. 385 ff.; *Huber*, H., Die Gesamtänderung der Verfassung, in: Fs. für Scheuner, U. 1973, S. 183 ff.; *Krüger*, H., Verfassungsänderung und Verfassungsauslegung, DÖV 1961, S. 721 ff.; *Meyer-Arndt*, L., Rechtsfragen der Grundgesetzänderung, AöR 82 (1957), S. 275 ff.; *Roßnagel*, A., Die Änderung des Grundgesetzes, 1981; *Stern*, K., Totalrevision des Grundgesetzes? in: Festgabe für Theodor Maunz, 1971, S. 391 ff.; *Weber*, W., Das Problem der Revision und einer Totalrevision des Grundgesetzes, in: Festgabe für Maunz, T., 1971, S. 451 ff.; *Wahl*, R., Empfehlungen zur Verfassungsreform, AöR 103 (1978), S. 477 ff.

[51] *Badura*, P., Der Verfassungsauftrag der Eigentumsgarantie im wiedervereinigten Deutschland, DVBl. 1990, S. 1256 (1260 ff.); *Papier*, H.-J., Verfassungsrechtliche Probleme der Eigentumsregelung im Einigungsvertrag, NJW 1991, S. 193 (196 ff.); *Stern*, K., Der verfassungsändernde Charakter des Einigungsvertrages, DtZ 1990, S. 289 ff.; Das Parlament 1991, Beil. 49/91 mit Beitr. von *Blumenwitz*, D., *Preuß*, U.K., *Badura*, P., *Leisner*, W., *Pawlas*, A.

[52] Siehe den Überblick bei *Bachof* (Fn. 7), S. 14 ff.; vgl. auch Nachw. im BayVerfGHE n.F. 11, 127 (134 f.); ablehnend zunächst auch der BGH, BGHZ 1, 274 (276 m. Nachw.).

[53] BayVerfGHE n.F. 2, 45 (47 f.); 3, 28 (47 f.); 4, 51 (59); 9, 1 (8 f.); 11, 127 (134).

desverfassungsgerichts den Durchbruch zur Anerkennung der Möglichkeit von verfassungswidrigem Verfassungsrecht. Karlsruhe hat die Existenz überpositiven, auch den Verfassunggeber bindenden Rechts schon früh anerkannt[54]. „Es gibt Verfassungssätze, die so sehr Ausdruck eines auch der Verfassung vorausliegenden Rechts sind, daß sie den Verfassungsgesetzgeber selbst binden, und daß andere Verfassungsbestimmungen, denen dieser Rang nicht zukommt, wegen Verstoßes gegen sie nichtig sein können. Dies kommt insbesondere dann in Betracht, wenn eine Verfassungsnorm grundlegende Gerechtigkeitspostulate, die zu den Grundentscheidungen dieser Verfassung selbst gehören, in schlechthin unerträglichem Maße mißachtet“[55]. Die Lehre hat sich, unter Führung von *Otto Bachof*[56] und *Josef Wintrich*[57], dieser Auffassung angeschlossen. Der Streit über das verfassungswidrige Verfassungsrecht ist seither abgeklungen[58]. Soweit ersichtlich, sind in den letzten drei Jahrzehnten ernsthafte Versuche, die Möglichkeit von verfassungswidrigem Verfassungsrecht in Zweifel zu ziehen, nicht mehr unternommen worden[59].

Ebenso unbestritten ist heute das richterliche Prüfungsrecht hinsichtlich verfassungswidrigen Verfassungsrechts. Das Bundesverfassungsgericht hat selbst sein Prüfungsrecht ausdrücklich betont[60]; heute entspricht es herrschender Lehre, daß es hier ein Prüfungsmonopol besitzt[61].

b) Maßstäbe für verfassungsändernde Gesetze

Verfassungsändernde Gesetze sind zunächst an den geschriebenen Normen der Verfassung zu messen[62]. Maßstäbe sind jedenfalls die in Art. 79 Abs. 3 GG niedergelegten unabänderlichen Verfassungsgrundsätze[63]: „Art. 79 Abs. 3 GG als Schranke für den verfassunggebenden Gesetzgeber hat den Sinn zu verhindern, daß die geltende Verfassungsordnung in ihrer Substanz, in ihren Grundlagen auf dem formal-legalistischen Wege eines verfassungsändernden Gesetzes beseitigt und zur nachträglichen Legalisierung eines totalitären Re-

---

[54] BVerfGE 1, 14 (18, Ls. 27).

[55] BVerfGE 3, 225 (Ls. 2).

[56] Fn. 52.

[57] Die Bedeutung der „Menschenwürde“ für die Anwendung des Rechts, BayVBl. 1957, S. 137 ff.

[58] *Dürig*, in: Maunz / Dürig (Fn. 20), Art. 1 Abs. 2 Rdnr. 82 m. Nachw.

[59] Zu früher ablehnenden Haltungen *Bachof* (Fn. 52), S. 47 ff.

[60] BVerfGE 1, 14 (18, Ls. 27); 3, 225, Ls. 3 (235 f.).

[61] *Maunz / Dürig* (Fn. 58), Rdnr. 83.

[62] Siehe dazu *Bachof* (Fn. 52), S. 35 ff.; *Zeidler*, W., Die Unverbrüchlichkeit der Grundrechte, DVBl. 1950, S. 598 (600).

[63] *Wintrich* (Fn. 57).

gimes mißbraucht wird"[64]; das Gericht ist auch schon in die Prüfung am Maßstab des Art. 79 Abs. 3, 1 Abs. 1 GG eingetreten, hat jedoch die Verfassungsmäßigkeit bejaht[65].

Maßstab sind aber nur die in Art. 79 Abs. 3 GG angesprochenen Grundsätze, *nicht etwa alle Grundrechte in ihrer im einzelnen in der Verfassung positivierten Gestalt*. Die Lehre von der sogenannten „Kettenreaktion", nach welcher die Grundrechte über den in Art. 79 Abs. 3 GG für unantastbar erklärten Art. 1 Abs. 3 GG ebenfalls als solche zum Maßstab von verfassungsänderndem Recht erhoben worden wären[66], hat sich nicht durchsetzen können[67]. Anerkannt war dagegen bisher schon die Lehre vom sogenannten Menschenwürdegehalt oder -kern, der jedem Grundrecht innewohnt: Er muß auch durch den Verfassungsgesetzgeber geachtet werden[68]. Eine *Ausstrahlung des Art. 1 GG in die einzelnen Grundrechte hinein* wird vor allem angenommen bei Art. 2 Abs. 1 GG[69], Art. 5 Abs. 1 GG (Kunstfreiheit)[70], beim Asylrecht[71] und bei der Gleichheit[72], in der Lehre auch beim Eigentum[73].

Daß *überpositives Recht als solches* auch dann zum Maßstab des verfassungsändernden Gesetzes werden kann, wenn es in eine Verfassung nicht rezipiert worden ist, wird ebenfalls überwiegend bejaht[74]. Auch nach dem Bundesverfassungsgericht ist selbst eine originär-verfassunggebende Versammlung (nur) „gebunden an die jedem geschriebenen Recht vorausliegenden Rechtsgrundsätze"[75] — also ist es erst recht der Verfassungsgesetzgeber.

---

[64] BVerfGE 30, 1 (24).

[65] BVerfGE 12, 45 (50 f.) – Wehrpflichtfall.

[66] *Wernicke*, K.G., BK, Art. 1 (Erstkommentierung), Rdnr. 5.

[67] Krit. *Dürig* (Fn. 40), S. 328 f.; *Dürig*, in: Maunz / Dürig (Fn. 20), Art. 1 Abs. 2 Rdnr. 77; *Maunz*, in: Maunz / Dürig (Fn. 20), Art. 79 Rdnr. 24; *Geddert-Steinacher*, T., Menschenwürde als Verfassungsbegriff, 1990, S. 174 f.

[68] *Dürig*, G., Der Grundrechtssatz von der Menschenwürde, AöR 81 (1956), S. 117 (120 ff.); *Dürig*, in: Maunz / Dürig (Fn. 20), Art. 1 Abs. 1 Rdnr. 45; Art. 1 Abs. 2 Rdnr. 73; *Maunz*, in: Maunz / Dürig (Fn. 20), Art. 79 Rdnr. 42, jeweils m.w.N.; *Geddert-Steinacher* (Fn. 67), S. 146 f.

[69] Vgl. BVerfGE 6, 32 (36); 27, 344 (353); *Geddert-Steinacher* (Fn. 67), S. 145, 148.

[70] BVerfGE 30, 173 (193).

[71] BVerfGE 54, 341 (357).

[72] *Dürig*, in: Maunz / Dürig (Fn. 20), Art. 3 Abs. 1 Rdnrn. 2, 6; *Maunz / Dürig*, in: Maunz / Dürig (Fn. 20), Art. 79 Rdnr. 42.

[73] *Wintrich*, J., Über Eigenart und Methode verfassungsgerichtlicher Rechtsprechung, FS für Wilhelm Laforet, 1952, S. 227 (234); *Dürig* (Fn. 40), S. 326 (330 f.); *Maunz*, in: Maunz / Dürig (Fn. 20), Art. 79 Rdnr. 42.

[74] *Bachof* (Fn. 7), S. 14, 30 f.; zur früheren Literatur Nachw. ebenda, S. 20 f.; ausdrücklich der BayVerfGH, E n.F. 4, 51 (58 f.); 11, 127 (135).

[75] BVerfGE 1, 14 (61).

Wenn der Grundgesetzgeber „in seine Grundentscheidungen Normen einbezogen und damit im Grundgesetz positiviert hat, die vielfach als übergesetzlich bezeichnet werden (etwa in Art. 1, aber auch in Art. 20 GG), haben sie ihren besonderen Charakter nicht verloren. In ihrer Einzelausgestaltung, namentlich in der Frage, inwieweit Ausnahmen von ihnen zuzulassen sind, stehen sie also zur freien Disposition des Gesetzgebers nur insoweit, als jene letzten Grenzen der Gerechtigkeit selbst nicht überschritten werden“[76]. Der Gleichheitssatz gilt unabhängig davon, ob er im Grundgesetz positiviert ist[77]; von „überpositivem Recht“ kann ja auch nur die Rede sein[78], wenn ein nicht unter Verlust seines ursprünglichen Geltungsgrunds in die Verfassung rezipiertes Recht gemeint ist.

c) Relativierung der Schranken der Verfassungsänderung

Das Bundesverfassungsgericht war aber von Anfang an bemüht, hier auch Schranken-Schranken zu ziehen. Zum *ungeschriebenen Recht* wird ausgeführt: „Die Wahrscheinlichkeit, daß ein freiheitlich-demokratischer Gesetzgeber diese Grenzen irgendwo überschritte, ist freilich so gering, daß die theoretische Möglichkeit originärer ‚verfassungswidriger Verfassungsnormen‘ einer praktischen Unmöglichkeit nahezu gleichkommt“[79]. *Zu Art. 79 Abs. 3 GG* heißt es, ihm müsse nur „im allgemeinen Rechnung getragen“ werden, diese Grundsätze dürften aber „für eine Sonderlage entsprechend deren Eigenart aus evident sachgerechten Gründen modifiziert“, insoweit durften „auch elementare Verfassungsgrundsätze systemimmanent modifiziert“ werden[80]. Interessant ist nun insbesondere, wie dieser letztere Grundsatz, dessen Anwendung auf den Einigungsvertrag sich ja anbot, weiterentwickelt worden ist (vgl. unten III 1).

2. Das höchstrangige Verfassungsrecht als Maßstab im „Bodenreform-Urteil“ — Allgemeines

Das Bundesverfassungsgericht hat die bisher herrschende Lehre im wesentlichen bestätigt, jedoch einige nicht unwesentliche Akzentuierungen vorgenommen. Dabei bleiben hier die – eingehenden – Ausführungen zu den formellen Voraussetzungen wirksamer Verfassungsänderung (in C II 1 des

---

[76] BVerfGE 3, 225 (233).

[77] BVerfGE 1, 208 (233).

[78] BVerfGE 1, 14 (18, Ls. 27).

[79] BVerfGE 3, 225 (231 ff.); 4, 294 (296).

[80] BVerfGE 30, 1 (24).

Urteils) außer Betracht, insbesondere zur Textänderung des Grundgesetzes; sie werfen nicht die Frage „höchstrangiges Verfassungsrecht“ auf.

a) Das verfassungsändernde Gesetz wird *mit bemerkenswerter Selbstverständlichkeit* an Art. 79 Abs. 3 GG gemessen (C II). Für das Gericht bedarf es offenbar keinerlei Begründung mehr, daß der verfassungsändernde Gesetzgeber nicht zur „Selbstbefreiung“ von der Bindung an Art. 79 Abs. 3 GG befugt sei — so heißt es eher beiläufig. Der sonst übliche Rückgriff auf eigene Judikatur fehlt zu dieser Grundsatzfeststellung.

b) Die herrschende Auffassung vom unantastbaren *Menschenwürdegehalt der Grundrechte* wird erstmals ganz allgemein gebilligt und präzisiert: Die Grundrechte sind einer Einschränkung insoweit entzogen, als „sie zur Aufrechterhaltung einer dem Art. 1 Abs. 1 und 2 GG entsprechenden Ordnung unverzichtbar sind“. Darin könnte sogar eine Systematisierung des „Menschenwürdegehalts“ mit erweiternder Tendenz gesehen werden: Unantastbar ist „die ganze Ordnung, ohne welche die Menschenwürde nicht geschützt ist.“ Andererseits klingt darin auch eine Gesamtbetrachtung an: Das Gericht will sich nicht grundsätzlich auf unantastbare Grundrechts-Einzelinhalte festlegen.

c) *Die Beachtung „ungeschriebenen Verfassungsrechts“* macht dagegen das Bundesverfassungsgericht dem verfassungsändernden Gesetzgeber nicht ausdrücklich zur Pflicht; es vermeidet jede derartige Formulierung, spricht auch nicht von über- oder vorstaatlichem Recht. Der Begriff „überstaatliche Rechtsgrundsätze“ wird vielmehr später in anderem Zusammenhang synonym mit „supranational“ gebraucht. Es wird nicht generell ausgesprochen, daß (alle) diese Normen in das Grundgesetz eingeflossen und dort (abschließend) positiviert worden seien. Vorsichtig wird nur die Bindung an „grundlegende Gerechtigkeitspostulate“[81] erwähnt, und dabei will das Gericht also nicht auf Vorstaatlichkeit oder gar Naturrechtsvorstellungen zurückgreifen; die höchsten Prinzipien gewinnt es vielmehr in der Form allgemeiner Rechtsgrundsätze — ein salomonisches Urteil, mit dem – zunächst einmal – „Naturrechtler“ wie „Positivisten“ leben können. Doch die Annahme einer Distanzierung von naturrechtlichem Denken ist wohl keine Überinterpretation.

d) *Was nun im einzelnen unbedingt zu „achten“ sei*, wird weder erschöpfend noch in einem umfangreichen Beispielkatalog ausgeführt. Erwähnt werden in der einleitenden Passage als grundlegende Elemente nur die Gleichheit, die schon früher näher verdeutlichte Rechtsstaatlichkeit[82] und das Sozial-

---

[81] Während sie früher nur Beispiel für ein „der Verfassung vorausliegendes Recht“ waren, BVerfGE 3, 225 Ls. 2.

[82] BVerfGE 30, 1 (24 f.).

staatsprinzip; aus diesem letzteren wird sodann die Notwendigkeit eines Ausgleichs abgeleitet, bei dem der Gesetzgeber aber eine weitgehende Gestaltungsfreiheit hat[83]. Unabdingbare Lastenausgleichsverpflichtungen, auch in außergewöhnlichen Lagen — das ist ein neuer Akzent in der Dogmatik der Sozialstaatlichkeit.

e) Bemerkenswert ist die Behandlung der *Eigentumsgarantie*: In den allgemeinen Ausführungen über die höchstrangigen Prinzipien wird sie nicht erwähnt, auch nicht beispielhaft. Später aber heißt es, auch wenn sie berührt wäre, ließe sich aus ihrem durch Art. 79 Abs. 3 GG verbürgten Kernbereich hier nicht herleiten, daß gerade ein Restitutionsanspruch auf die konfiszierten Grundstücke bestehe. Eindeutig ist damit bestätigt, daß es auch einen Menschenwürdekern des Eigentumsrechts gibt, damit aber *„Eigentum als Menschenrecht" (Dürig, G.).*

Das Fazit dieser allgemeinen „Fortschreibung" der Maßstäbe für Verfassungsänderungen ist zwiespältig: Einerseits erscheinen sie als solche unproblematisch und werden, insgesamt eher systematisierend-ausdehnend, bestätigt. Dem steht jedoch eine deutliche Zurückhaltung hinsichtlich eines überpositiv-ungeschriebenen höchstrangigen Rechts gegenüber, das zu „Gerechtigkeitspostulaten" verdünnt erscheint. *Die Distanz zu naturrechtlichem Denken nimmt zu.*

Nicht nur darauf aber kommt es an, was als höchstrangiger Maßstab, auch der Verfassungsänderungen, gilt; entscheidend ist vielmehr, inwieweit diese „Grundsätze" relativiert werden. Geht hier das „Bodenreform-Urteil" bisher schon aufgezeigte Wege (vgl. oben c) weiter, oder schlägt es neue Richtungen ein?

III. Neue Tendenzen der Relativierung der unantastbaren Grundsätze

1. Keine Entscheidungsbegründung aus bisherigen allgemeinen Relativierungsformeln

a) Bemerkenswert ist, daß das Gericht nicht ausdrücklich auf seine anfänglich geprägte Formel von der *praktischen Quasi-Unmöglichkeit einer Verletzung der höchsten Prinzipien* durch einen demokratisch legitimierten Verfassunggeber zurückgreift — sie müßte ja auch, wenn nicht erst recht, gegenüber dem verfassungsändernden Gesetzgeber gelten. Das Gericht erwähnt zwar eine seiner früheren Entscheidungen in diesem Sinn[84], will sich aber

[83] Dazu näher *Leisner*, W., Rückerwerbsrecht von Alteigentum Ost — nach Gesetz oder Verwaltungspraxis?, DVBl. 1992, S. 131 ff.

[84] BVerfGE 3, 225 (232 f.).

offensichtlich nicht auf die Kontrolle einer„ theoretischen Möglichkeit“ verfassungswidrigen Rechts zurückziehen; diese unglückliche Formel dürfte also nun keine Rolle mehr spielen.

b) Es lag nahe, den Einigungsvertrag als Regelung einer „Sonderlage“ zu begreifen, in der aus „evident sachgerechten Gründen“ (zur Wiedervereinigung) auch elementare Verfassungsgrundsätze „systemimmanent“ modifiziert werden dürften. Diese früheren Formeln werden nur teilweise und ungenau[85] und in den allgemeinen Ausführungen zum „Maßstab“ wiederholt, aus ihnen wird aber die Begründung nicht dogmatisch im einzelnen abgeleitet — ein erstaunliches Phänomen. Darf man daraus schließen, daß das Gericht sein „letztes Wort“ nicht durch so allgemeine Formeln relativiert sehen will?

2. Die Entscheidungsgründe des „Bodenreform-Urteils“ — zukunftsgefährliche Relativierungen?

Gewisse tragende Begründungen, mit denen hier ein Verstoß gegen höchstrangiges Recht abgelehnt wurde, könnten zukunftsgefährlich in dem Sinn sein, daß dadurch die Bindungen des verfassungsändernden Gesetzgebers in für zukünftige Fälle bedenklicher Weise relativiert würden.

a) Die Möglichkeit für den Verfassungsgesetzgeber, *fremde Hoheits-, insbesondere Enteignungsakte* (hier der SBZ / DDR-Gewalt) als grundsätzlich rechtsbeständig hinzunehmen, bedeutet, daß die deutsche Staatlichkeit schwerste Grundrechtsverstöße im Ausland akzeptieren, ihnen in Zukunft in Deutschland Rechtsgültigkeit zuerkennen darf, selbst wenn sie sich gegen Deutsche richten. Durch Verfassungsgesetz jedenfalls kann insoweit Art. 6 EGBGB neuer Fassung überspielt werden, der im Internationalen Privatrecht den ordre public der Grundrechte schützen will. Dies bedeutet im Ergebnis eine weitreichende Freistellung des Staates von auch elementaren Grundrechtsbindungen in internationalen Beziehungen. Bleibt nur zu hoffen, daß Europäische Hoheitsakte nicht als solche „fremder Staatsgewalt“ aufgefaßt werden.

b) *Außenpolitische Überlegungen* rechtfertigen nach dem „Bodenreform-Urteil“ den deutschen Verfassungsgesetzgeber jedenfalls gegenüber dem höchstrangigen Gleichheitssatz, wohl auch gegenüber der Eigentumsgarantie: Das Veto der früheren UdSSR legitimierte nach dem Bundesverfassungsgericht die Ungleichbehandlung der Konfiskationen vor und nach 1949 vor Art. 79 Abs. 3 GG — obwohl früher ausgesprochen war, daß die Wiedervereini-

---

[85] Im „Bodenreform-Urteil“ heißt es nur, die „positivrechtliche Ausprägung der Grundsätze“ (in: E 30, 10 (24 f.): „Die Grundsätze“ dürften aus „sachgerechten Gründen modifiziert“ werden (in BVerfG, aaO., dagegen: aus „evident sachgerechten Gründen“ und „systemimmanent“).

gung – die unter Umständen bei Aufhebung der „Bodenreform" gefährdet wäre – elementaren Grundrechtswerten gegenüber nachrangig ist[86]. Damit werden für die Zukunft selbst höchstrangige Verfassungswerte unter den Vorbehalt der Außenpolitik gestellt. Übrigens: Ist nach der Auflösung der UdSSR nicht diese Begründung entfallen, könnte der Einigungsvertrag insoweit „nachträglich verfassungswidrig" werden?

c) *Die Rechtsbeständigkeit der „Bodenreform"* wird vom Bundesverfassungsgericht unter anderem auch damit verteidigt, daß es sich um eine „Übergangsregelung" handle, die „vergangenheitsbezogen" sei, weil „bereits vorher entstandene Sachverhalte" am Grundgesetz zu messen seien. Abgesehen davon, daß hier allenfalls eine Überleitungs-, nicht eine Übergangsvorschrift vorliegt — die Bodenreform wird ja „verewigt": Jede nachträgliche Legalisierung von Grundrechts-Eingriffen ist wesentlich „vergangenheitsbezogen"; wirkt sie aber, wie hier, noch weiter, soll gerade dies rechtlich gesichert werden, so könnte eine derartige Begründung den Schutz der elementaren Grundrechte in nahezu allen Fällen aufheben.

d) Das Bundesverfassungsgericht ist mit keinem Wort darauf eingegangen, daß hier nicht herkömmlich *„Enteignung" sondern „Verfolgungs-Konfiskation" vorlag*, also gerade in der Enteignung einer Klasse ein Vorstoß gegen die Menschenwürde liegen konnte. Sicher gibt es kein allgemeines Kriterium dafür, wann die Menschenwürde verletzt ist, entscheidend ist der Einzelfall[87]. Daß dies aber gar nicht näher geprüft wurde, spricht für ein Verfassungsverständnis, nach dem Eigentumseingriffen kaum je der Schutz höchster Verfassungsgrundsätze entgegenstehen dürfte. Dann aber wäre die bedenkliche Folge, daß der Verfassungsgesetzgeber praktisch kaum je Schranken an den wirtschaftlichen Grundrechten findet. Läuft dies nicht am Ende auf die gefährliche Formel hinaus, daß nur ein Teil der Grundrechte, vielleicht sogar die praktisch bei weitem weniger bedeutsamen, in ihrem Menschenwürdekern unbedingt gesichert sind?

Das Gericht hat die – odiose – Formel nicht mehr gebraucht, es sei praktisch unmöglich, daß der freiheitlich-demokratische Verfassunggeber höchste Verfassungsgrundsätze verletze. Hat es hier nicht, in einem Fall, wo eine solche Verletzung hätte „praktisch werden" können, doch wieder so entscheiden, daß „verfassungswidriges Verfassungsrecht" — Theorie bleibt?

---

[86] BVerfGE 5, 85 (320).

[87] BVerfGE 30, 1 (25 f.).

Rückerwerbsrecht von Alteigentum Ost — nach Gesetz oder Verwaltungspraxis?*

Nach Art. 41 Einigungsvertrag, 143 Abs. 3 GG neue Fassung werden die Konfiskationen der früheren SBZ zwischen 1945 und 1949 nicht rückgängig gemacht, im Gegensatz zu späteren Eigentumseingriffen. Das Bundesverfassungsgericht hat dies gebilligt[1], den Gesetzgeber aber zu Ausgleichsleistungen verpflichtet, wobei er jedoch weite Gestaltungsfreiheit habe. In der Diskussion ist jetzt die Rohfassung eines Referentenentwurfs für das Entschädigungsgesetz[2]. Er sieht grundsätzlich Gleichbehandlung des Ausgleichs für Alteigentümer vor 1949 und der Entschädigung für Alteigentümer nach 1949 vor — sie alle sollen das 1,3fache der Grundstücks-Einheitswerte von 1935 erhalten. Offen ist jedoch die Frage, ob den vor 1949 Betroffenen ein (ausschließliches) Rückerwerbsrecht während kurzer Zeit und zu verhältnismäßig günstigen Bedingungen eingeräumt werden soll. Parlamentarische Kräfte von erheblichem Gewicht traten alsbald nach dem Bodenreform-Urteil für eine Lösung ein, welche einer Restitution zwar nicht gleich-, aber doch nahekommen sollte. Fraglich ist aber, ob die Einräumung eines solchen Rückerwerbsrechts verfassungsrechtlich zulässig ist, und ob es durch Gesetz – zu ebenfalls gesetzlich fixierten Preisen und Bedingungen – oder (nur) im Wege geordneter Verwaltungspraxis – also durch Verwaltungsverordnung – vorgesehen werden kann oder gar muß. Zu diesen beiden Fragen wird im folgenden kurz Stellung genommen.

I. Keine verfassungsrechtlichen Bedenken gegen ein Rückerwerbsrecht

Daß ein Rückerwerbsrecht für Alteigentümer grundsätzlich vorgesehen werden darf, ist unstreitig — das Bundesverfassungsgericht hat diese Gestaltung an zwei Stellen des Bodenreform-Urteils ausdrücklich erwähnt. Fraglich ist aber, ob ein solches Angebot, auf kurze Zeit befristet, allein den Alteigentümern zu pauschalierten günstigen Bedingungen gemacht werden darf.

1. *Das verfassungsrechtliche Restitutionsverbot* steht dem nicht entgegen. Die Konfiskationsakte bleiben gültig; der Staat verkauft das auf ihrer Grund-

---

* Erstveröffentlichung in: Deutsches Verwaltungsblatt 1992, S. 131–134.

[1] Bodenreformurteil, NJW 1991, 1597 ff.

[2] Aus dem BMF, Stand 6.11.1991, VI A7-01319 BMF – 89/91.

lage Erlangte. Ein sowjetisches Veto oder ein solches der DDR hindert nicht — es verbot allenfalls eine Rückgängigmachung der Konfiskationen.

2. *Der Ausschluß von Restitutionsansprüchen der Alteigentümer im Bodenreform-Urteil* – ein bindender Entscheidungsgrund dieses Urteils (§ 31 BVerfGG) – verbietet die Einräumung eines Rückerwerbsrechts ebensowenig. Das Gericht hat eindeutig nur *Rechte* der Alteigentümer auf Rückerwerb ausschließen, nicht es aber dem Staat *verbieten* wollen, derartige Rechte vorzusehen. Das gesamte Bodenreform-Urteil beruht auf einer Grundthese: Bei der Regelung derartiger Kriegsfolgen ist auch der Ausgleichsgesetzgeber, wie schon frühere Kriegsfolgengesetzgeber[3], weitestgehend frei. Das Gericht wird nicht müde, diese gesetzgeberische Freiheit als „besonders weit" hinzustellen[4], gebunden lediglich an einen allgemeinen Gleichheitssatz (Art. 3 Abs. 1 GG), der seinerseits wieder überaus weite Gestaltungsräume eröffnet[5]. Einem solchen Grundtenor des Urteils widerspricht von vornherein die Annahme einer derart engen Bindung des Gesetzgebers, daß dieser[6] ein Rückerwerbsrecht nicht vorsehen dürfe, von dem das Gericht selbst ausdrücklich spricht.

Die Einräumung gewisser Vorzugsbedingungen für Alteigentümer widerspricht ebenfalls dem Urteil nicht. Dort heißt es lediglich (C III a.E.), *verlangen* könnten diese keine wertmäßige Besserstellung, weil „zufällig" ihr Gut noch verfügbar sei. Das Gericht wollte – und mußte konsequenterweise – den Eigentümern auch diesen Begründungsweg eines „Restitutionsanspruchs auf Umwegen" versperren. Mit keinem Wort aber hat es dem Gesetzgeber verboten, die Rückkehr der Alteigentümer zu fördern. Für diese *kann* – muß nicht! – der Gesetzgeber gute Gründe haben: Die Alteigentümer kennen die Eigentumsgüter und ihre Umgebung am besten, sie sind in besonderer Weise rückkehrwillig; Tradition und Kontinuität soll im Osten gerade in der Landwirtschaft gepflegt werden, und ähnliches mehr. Nur eines wollten die Karlsruher Richter nicht: Die Alteigentümer sollten den Staat nicht zwingen können, derart entgegenzukommen.

3. Neben dem Ausschluß von Restitutionsansprüchen ist der zweite wesentliche Entscheidungsinhalt (§ 31 BVerfGG): Elementare Gleichheit muß gewahrt bleiben, daher gilt ein *Verbot des „alles für die Alteigentümer nach, nichts für die vor 1949 Betroffenen"*. Doch dagegen verstößt gerade eine

---

[3] Z.B. BVerfGE 15, 126, 140 ff.; 27, 253, 270, 283 ff.; 41, 126, 150 ff.

[4] Siehe im Urteil etwa die Aussagen unter C III 2 b cc (1) und (2).

[5] Nach früherer Rechtsprechung des BVerfG geradezu bis zur Willkürgrenze (BVerfGE 29, 148, 153 ff.; 49, 192, 207), neuerdings entsprechend den sachlichen Unterschieden, die aber vom Gesetzgeber in weitestgehender Beurteilungsfreiheit zu bewerten sind (BVerfGE 79, 87, 98; 82, 126, 146; 83, 395, 401).

[6] Denn von einer Ausgleichsregelung durch ihn geht das Urteil ersichtlich aus, vgl. C II 2 a cc (2) sowie C III a.E. sowie unten II.

Rückerwerbsvergünstigung nicht — im Gegenteil: Dadurch wird eine Parallele zur Regelung für Fälle nach 1949 hergestellt, in denen verfügbares Gut ja sogar zurückgegeben wird. Daß aber Alteigentümer noch verfügbarer Gegenstände im Ergebnis günstiger stehen können als solche, die auf Entschädigung / Ausgleich angewiesen bleiben, das hat das Bodenreform-Urteil ausdrücklich gebilligt — für die Fälle nach 1949 wird lediglich verlangt, daß bei der Entschädigung berücksichtigt werden müsse, daß anderen ihr Gut zurückgegeben werde (C III 1 a). Das mag eine Mahnung sein, die Entschädigung nicht allzu niedrig zu halten, ebenso den Ausgleich, wenn dieser schon der Entschädigung entsprechen soll. Solches gilt aber schon nach dem allgemeinen Grundsatz des Entschädigungsrechts, nach dem hier eben eine Ersatzmöglichkeit für Entzogenes geboten werden soll[7]. Unterschritten werden darf aber der wirtschaftliche Wert, der Marktpreis des Gutes, für welches entschädigt wird[8].

4. *Ein nur für landwirtschaftliche Grundeigentümer, nicht etwa auch für Gewerbetreibende, besonders günstiges Rückerwerbsrecht verletzt die Gleichheit ebensowenig.* Eigentumsrechte am eingerichteten und ausgeübten Gewerbebetrieb sind – wenn es sie denn als solche gibt[9] – jedenfalls von anderer Art als solche an Grund und Boden, für den in jeder Richtung[10] Besonderheiten gelten. Von jeher entspricht es deutscher Rechtstradition, daß Eigentumsvertrauen in Immobilien besonders geschützt wird[11]; und überdies kann der Gesetzgeber gute Gründe haben (vgl. oben 3), im agrarischen Bereich die Rückkehr der Alteigentümer besonders zu fördern. Die Verfassung steht dem nicht entgegen.

5. *Die Festsetzung pauschalierter Rückerwerbspreise ist ebenfalls zulässig.* Die Rückerwerbsregelungen sind jedenfalls (auch) eine Form der Bestimmung der Entschädigung / Ausgleichsleistungen: Der Staat kann sie in Geld gewähren oder in günstigen Preisen. Wenn er bei Entschädigungsfestlegungen den Marktpreis unterschreiten darf, was feststeht[12], so ist er auch bei den Rückerwerbsbedingungen nicht an diesen gebunden. Überdies ist zu berücksichtigen, daß es weithin einigermaßen sichere agrarische Marktpreise im

---

[7] Vgl. *Krohn / Löwisch*, Eigentumsgarantie, Enteignung, Entschädigung, 3. Aufl. 1984, Rdnrn. 238-242; *Nüßgens / Boujong*, Eigentum, Sozialbindung, Entschädigung, 1987, Rdnrn. 384-392.

[8] BVerfGE 24, 367, 421.

[9] Zurückhaltend das BVerfG E 51, 193, 221 f.; 58, 300, 353; 68, 193, 222 f.

[10] Und nicht nur zu Lasten des Grundeigentümers (vgl. dazu BVerfGE 21, 78 ff.).

[11] Vgl. die Privilegierung der mündelsicheren Anlagen, dazu etwa *Sichtermann*, S., Das Recht der Mündelsicherheit, 3. Aufl. 1980; *Möhring*, O., Vermögensverwaltung in Vormundschafts- und Nachlaßsachen, 6. Aufl. 1981.

[12] BVerfG (Fn. 8).

Osten heute (noch) gar nicht gibt. Da der Staat aber den Ausgleich nicht aufschieben und auch nicht gezwungen werden darf, alle Bodenreform-Grundstücke zugleich auf den Markt zu werfen, damit sich Marktpreise bilden – die er damit in Ost und West ruinieren würde –, ist er berechtigt, wenn nicht gezwungen, auch den Rückerwerbspreis zu pauschalieren.

Daß dies allzu günstig für die Alteigentümer sich auswirkt, kann übrigens durch besondere Bewirtschaftungs- und Investitionsauflagen sowie durch längere Spekulationsfristen verhindert werden.

Fazit: Es besteht keinerlei Verfassungsrisiko, wenn der Staat etwa an agrarische Alteigentümer zu für diese günstig pauschalierten Preisen zurückverkauft.

II. Rückerwerbsregelungen nicht durch Gesetz, sondern durch Verwaltungsverordnung?

Der BMF lehnt offenbar[13] ein gesetzliches Rückerwerbsrecht, die Festlegung des Kreises der Berechtigten, der Preise, der Konditionen (Auflagen) und des Verfahrens durch Gesetz ab. All dies soll vielmehr durch Verwaltungsverordnungen geregelt werden; denn es sei schwierig, die Gegenstände den Berechtigten zuzuordnen. Dies ist schwer verständlich, denn dieselben Probleme treten auch bei Rückerwerb über Verwaltungsverordnungen auf. Für einen Rückerwerb nach Verwaltungspraxis mag sprechen, daß hier der Staat sein Eigentum privatisiert. Das kann, muß aber nicht generell durch Gesetz geschehen. Dennoch gibt es für diesen Fall entscheidende rechtliche und rechtspolitische Gründe im Sinne einer Notwendigkeit des Eingreifens des Gesetzgebers.

1. Rechtliche Gründe für die Notwendigkeit gesetzlicher Regelung

a) Ein wie immer geregeltes *Rückerwerbsrecht von Alteigentum vor 1945 ist ein Teil jener Ausgleichsregelung*, zu welcher das Bundesverfassungsgericht den Staat im Bodenreform-Urteil verpflichtet hat. Der heutige deutsche Staat schuldet allen durch kommunistisches Unrecht Betroffenen Ausgleich, schon aufgrund der Sozialstaatlichkeit. Für die nach 1949 Betroffenen erfolgt dieser grundsätzlich durch Restitution, was nach dem Bundesverfassungsgericht zulässig ist. Niemand käme auf den Gedanken, diese Restitution rechtlich anders zu qualifizieren, denn als eine der möglichen Formen des kriegsfolgenbewältigenden Ausgleichs. Dasselbe muß dann aber für ein Rückerwerbsrecht gelten, welches ja, nach der erklärten politischen Absicht seiner

[13] Vgl. den Entwurf (Fn. 2).

Befürworter, einer Restitution zwar nicht gleich-, aber doch nahekommen soll. Wird dieses Recht gerade Alteigentümern überdies zu günstigen Bedingungen gewährt, so würden diese, anderen Bürgern gegenüber, entgegen der Gleichheit bevorzugt, wäre die Lösung nicht als Ausgleichsregelung legitim. Dann aber ist dem „gesamtdeutschen Gesetzgeber", und nur ihm, die Regelung des Ausgleichs vorbehalten (Art. 41 EV), nicht aber der Verwaltung. Eine administrative Regelung eines Rückerwerbsrechts verstößt daher gegen den Einigungsvertrag.

b) Nach der *Wesentlichkeitstheorie* des Bundesverfassungsgerichts[14] hat der Gesetzgeber die entscheidenden Daten selbst zu setzen, wenn es um Grundrechtspositionen der Bürger geht; dies ist hier schon aus Gründen der in diesem Zusammenhang vom Bundesverfassungsgericht besonders betonten Gleichheit der Fall. Also muß das „Wesentliche" des Rückerwerbsrechts im Gesetz stehen: Berechtigtenkreis, Rückerwerbspreise, mögliche Auflagen, Grundzüge des Verfahrens.

c) Nach Pressemeldungen[15] plant die Bundesregierung ein *Agrarförderungsprogramm Ost*: Rückkehrwilligen Alteigentümern und „Wiedereinsiedlern" sollen günstige Zahlungs- und Zinsbedingungen gewährt werden, so daß Alteigentümer bis zu einer gewissen Flächengröße (etwa 200 ha) über Ertrag und Ausgleichsleistung unter diesen Bedingungen den Rückerwerb finanzieren können. Abgesehen von der schwerwiegenden Diskriminierung aller anderen Alteigentümer, die nur verhältnismäßig geringe Ausgleichsleistungen erhalten — der so ermöglichte Rückerwerb bliebe dennoch „Regelung der Ausgleichsleistung", nicht „Agrarstrukturhilfe". Letzteres wäre Falschetikettierung. Also muß der Gesetzgeber dennoch handeln.

d) Regelung durch Verwaltungsverordnung *verkürzt den Rechtsschutz* im Ergebnis wesentlich, weil für ihn kaum materielle Maßstäbe geboten werden, außer den – wirklich nur äußersten – Schranken des Gleichheitssatzes. Vor dem Bundesverfassungsgericht kann eine solche allgemeine Regelung nicht angegriffen werden.

2. Rechtspolitische Bedenken gegen eine administrative Regelung des Rückerwerbsrechts

a) Die *öffentliche Diskussion* in dieser rechtlichen und moralischen, die Bürger bewegenden Frage wird wesentlich eingeschränkt; weder in den Ausschüssen noch im Plenum des Parlaments wird darüber diskutiert; die Medien

---

[14] Siehe zu dieser ständigen Rechtsprechung des BVerfG Nachweise bei *v. Münch*, I., GG-Kommentar, Art. 20 Rdnr. 46.

[15] Vgl. FAZ vom 14.12.1991.

werden entsprechend weniger berichten, vollendete Rechtstatsachen können unschwer geschaffen werden.

b) Die *Betroffenen und ihre Verbände werden nicht beteiligt*, Parlamentsanhörungen zu dieser für sie doch entscheidenden Frage finden nicht statt. In einer rechtspolitisch so wichtigen Angelegenheit – immerhin geht es auch um die Eigentumsordnung im ganzen – ist dies problematisch.

c) Die dringend erforderliche *rasche Klärung der Eigentumsverhältnisse im Osten*[16] wird nicht gefördert, sondern eher erschwert und verzögert. Gegen rein administrative Entscheidungen müssen die Betroffenen einen langen Rechtsweg durchlaufen, ehe oberste Gerichte, insbesondere das Bundesverfassungsgericht, allgemeine Grundsätze aufstellen können, die einigermaßen Rechtssicherheit bringen. Setzt der Gesetzgeber dagegen alle wichtigen Daten selbst, so schafft dies an sich schon viel an Rechtssicherheit, endgültig kann diese rasch durch ein Urteil aus Karlsruhe entstehen.

Verwaltungsverordnungen können ohne Schwierigkeit und ohne viel Aufsehen jederzeit geändert werden; auf sie können sich Investitionswillige weit weniger verlassen als auf ein Gesetz.

Fazit: Nachdem die Bundesregierung bis vor kurzem die Freiheit des Gesetzgebers den Betroffenen entgegengehalten hat, behauptet sie nun dessen strenge Verfassungsbindung, ja sie möchte ihn gänzlich aus der Rückerwerbsfrage ausschließen — immer zu einem Ziel: damit sie nur wenig den Betroffenen bieten „dürfe". Diese werden dahinter ein fiskalistisches Denken vermuten. Nur der Gesetzgeber kann hier befrieden und verhindern, daß das „Alteigentum Ost" zu einer Unendlichen Geschichte vor deutschen Gerichten wird.

---

[16] Vgl. die neueste Entscheidung des BVerfG zur Zulässigkeit der „Vorfahrtsregelung", BVerfG 1 BvR 1730/91.

Das Entschädigungs- und Ausgleichsleistungsgesetz — ein Gleichheitsverstoß*

Das Entschädigungs- und Ausgleichsleistungsgesetz ist – endlich – am 1.12.1994 in Kraft getreten. Es regelt die Entschädigung der in der SBZ/DDR nach 1949 Enteigneten und den Ausgleich für die Enteignungsopfer aus der Zeit vor 1949. Während den nach 1949 Enteigneten ihr Gut zurückgegeben wird, wenn es noch verfügbar ist, damit aber der volle Verkehrswert, sollen Betroffene, deren Vermögensgegenstände nicht mehr verfügbar sind, nur eine demgegenüber verschwindend niedrige Entschädigung erhalten, etwa zwischen 12% und 2% des Verkehrswertes, „sozial" gestaffelt. Dies verletzt den Gleichheitssatz (Art. 3 I GG). Die Entschädigung muß daher erheblich angehoben werden, um die „Wertschere" zwischen Restitutions- und Entschädigungsberechtigten zu schließen. Dann aber muß dies auch zu einer Erhöhung der Ausgleichsleistungen für vor 1949, vor allem für „Bodenreform-Betroffene", führen. Auch im Recht der Wiedergutmachung gibt es kein „Alles (oder) fast Nichts".

I. Gesetzesverspätung

1. Entschädigungs- und Ausgleichsleistungsgesetz — fünf Jahre nach Mauerfall

Die Wiedervereinigung ist in bewundernswerter Schnelligkeit rechtlich umgesetzt und insgesamt auch bewältigt worden. Weniger als elf Monate nach dem Fall der Mauer waren bereits der Einigungsvertrag und das Vermögensgesetz[1] in Kraft; letzteres schuf nicht nur die Grundlagen, sondern traf alle wesentlichen Entscheidungen für eine Neuordnung der Eigentumsverhältnisse in den neuen Ländern, nach dem Zusammenbruch des von eigentumsverneinender Ideologie getragenen DDR-Staates. Nur wenige Monate später wurden diese normativen Weichenstellungen im wesentlichen vom Bundesverfassungsgericht im sogenannten Bodenreformurteil[2] bestätigt. Zu regeln blieben dem Bundesgesetzgeber lediglich Art und Höhe der Entschädigung und des Ausgleichs bei Nichtrestitution sowie einzelne, davon aber durchaus zu trennende, Komplexe der Wiedergutmachung, wie etwa die Vertriebenenentschädigung.

---

* Erstveröffentlichung in: Neue Juristische Wochenschrift 1995, S. 1513–1519.

[1] VermG v. 23.9.1990, BGBl. II, 889, 1159.

[2] BVerfGE 84, 90 = NJW 1991, 1597 = NVwZ 1991, 663 L = LKV 1991, 239 L.

Diese Norm-Leistung hat der Bundesgesetzgeber nunmehr erbracht durch das Entschädigungs- und Ausgleichsleistungsgesetz (EALG)[3]. Der Zeithorizont ist wahrhaft düster: Dieses Gesetz ist in Kraft getreten mehr als fünf Jahre nach dem Fall der Mauer, mehr als vier Jahre nach Inkrafttreten des Einigungsvertrags, mehr als dreieinhalb Jahre nach dem Bodenreformurteil des Bundesverfassungsgerichts. Diese ganze Zeit benötigte der Gesetzgeber, obwohl ihm eine volle neue Legislaturperiode ab Ende 1990 zur Verfügung stand, zu deren Beginn bereits die wesentlichen Grundentscheidungen (keine Rückgabe des vor 1949 Konfiszierten, im übrigen Restitution vor Entschädigung) getroffen und verfassungsgerichtlich bestätigt waren; überdies gab es klare Mehrheitsverhältnisse im Bundestag. Dennoch wurde das Gesetz „gerade noch" am Ende der Legislaturperiode in einer bei einem Werk solcher Bedeutung wohl beispiellosen, geradezu dramatischen Hektik regelrecht „durchgepeitscht".

2. Der Hauptgrund der Gesetzesverspätung: die Staatsfinanzen

Diese erstaunliche Diskrepanz zwischen zügiger rechtlicher Wiedervereinigung und verzögerter Entschädigungsregelung muß geradezu als Gesetzesverspätung erscheinen, angesichts der außerordentlich hohen Gesetzeserwartung weiter Kreise der Bevölkerung in Ost und West und des Staus einer millionenschweren Antragslawine. Ein wohl allgemeiner Konsens – über alle kontroversen Standpunkte hinweg – erspart den Beleg dafür, daß in dieser Gesetzesverspätung das wohl größte „Aufschwunghindernis Ost" lag und liegt. Dies erwuchs nicht daraus, daß es Streit über Inhalt und Bedeutung des Bodenreformurteils des Bundesverfassungsgerichts gegeben hätte[4]. Entscheidend war vielmehr ersichtlich, daß der federführende Bundesminister der Finanzen von Anfang an „Haushaltsneutralität" anstrebte in dem Sinn, daß Restitution, Entschädigung und Ausgleich aus dem bestritten werden sollten, was Bund, Ländern und Gemeinden aus dem Staatskonkurs der DDR an Vermögenswerten zugewachsen war — unter Wahrung der Rechte redlicher Erwerber zu DDR-Zeiten. Damit aber erschien von vorneherein als ausgeschlossen eine volle Verkehrswertentschädigung, welche für das Nicht-Restituierbare aus dem Haushalt hätte aufgebracht werden müssen, aber auch Rückgabe / Rückkauf konfiszierter noch verfügbarer Gegenstände durch Alteigentümer in grö-

---

[3] Gesetz über die Entschädigung nach dem Gesetz zur Regelung offener Vermögensfragen und über staatliche Ausgleichsleistungen für Enteignungen auf besatzungsrechtlicher oder besatzungshoheitlicher Grundlage v. 27.9.1994, in Kraft getreten am 1.12.1994, BGBl. I, 2624.

[4] Zu dem es sogar erstaunlich wenige kritische Stellungnahmen gegeben hat, vgl. den Überblick bei *Sendler*, DÖV 1994, 401; vielmehr ist geradezu Verwunderung darüber verständlich, wie wenig sich die deutsche Staatsrechtslehre damit beschäftigt hat, s. *Graf Vitzthum / März*, Restitutionsausschluß, 1995, S. 193 f.

ßerem Umfang; sie wäre zwar rechtlich zulässig gewesen[5], hätte aber, konsequent durchgeführt, wiederum eine „Entschädigungslücke“ entstehen lassen, welche über die Haushalte zu schließen gewesen wäre. Dies wäre jedoch in der Rezession unzumutbar gewesen, so der Bundesminister, und dieses kontingente finanzpolitische Argument hat in der Öffentlichkeit gewiß beeindruckt.

3. Fortsetzung einer unendlichen Geschichte vor dem Bundesverfassungsgericht

Doch die „unendliche Geschichte Eigentum Ost“, welche ersichtlich Rechtswissenschaft und Öffentlichkeit bereits ermüdet, ist noch nicht zu Ende, vielleicht lange noch nicht. Gegen das Vermögensgesetz sind mehrere Verfassungsbeschwerden in Karlsruhe anhängig, welche den Nichtrückgabegrundsatz insgesamt oder für Einzelbereiche (etwa ausländische Vermögen) in Frage stellen. Gegen das Entschädigungs- und Ausgleichsleistungsgesetz selbst ist unmittelbar nach seinem Erlaß Verfassungsbeschwerde erhoben worden. Über alle diese Beschwerden wird das Gericht in nächster Zeit entscheiden müssen; erst dann ist eine Klärung erreicht, auf welche Alteigentümer, redliche Erwerber und Investoren, aber auch die zuständigen Verwaltungen nun seit vielen Jahren vergeblich warten.

Zu wünschen wäre, daß dies bereits bei der Entscheidung über die anhängigen Verfassungsbeschwerden geschieht. Sollte das Bundesverfassungsgericht sich dem unter Berufung darauf entziehen wollen, daß eine genaue Bestimmung der Betroffenheit erst noch durch die Fachgerichte erfolgen müsse, so könnte es sich dabei allenfalls noch um rechnerische Randkorrekturen dessen handeln, was den Betroffenen nach den insoweit klaren Aussagen des Entschädigungs- und Ausgleichsleistungsgesetzes zusteht. Bei allen Betroffenen und Interessierten würde dies den Eindruck eines „prozessualen Tricks“ machen; die „unendliche Geschichte“ würde, vielleicht über Jahre, weitergesponnen, ohne daß sich das Bundesverfassungsgericht der Entscheidung schließlich entziehen könnte — irgendein Instanzgericht würde die Frage nach Art. 100 GG in Karlsruhe eines Tages stellen.

Jene „Rechtssicherheit und Rechtseindeutigkeit“, deren Schaffung sich die Regierungen beider deutscher Staaten bei der Wiedervereinigung vornahmen[6], ist bisher völlig verfehlt worden. Möge es dem Bundesverfassungsgericht gelingen, dies bald zu bewirken, damit endlich auch jene „dauerhafte Sicherung des Rechtsfriedens in einem künftigen Deutschland“, den der Einigungsvertrag ebenfalls bringen sollte, damit dann endlich die deutsche Einheit Rechtsrealität werde.

---

[5] Dazu näher m. Nachw. *Leisner*, DVBl. 1992, 131 ff.

[6] Gemeinsame Erklärung v. 15.6.1990, Anl. III EinigungsV, BGBl. 889, 1237.

Zur Bewältigung dieser überaus schwierigen Aufgabe soll dies, aus verfassungsrechtlicher Sicht, ein Beitrag sein.

II. Die unterschiedliche Behandlung der Enteignungsopfer im Entschädigungs- und Ausgleichsleistungsgesetz

1. Die drei Hauptkategorien: Restitutions-, Entschädigungs-, Ausgleichsberechtigte

Das Artikelgesetz Entschädigungs- und Ausgleichsleistungsgesetz faßt zehn (Änderungs-)Gesetze zusammen[7]. Von entscheidender Bedeutung und Gegenstand der folgenden Untersuchung sind die zentralen Vorschriften des Art. 1 EALG – Entschädigungsgesetz (EntschG) und Art. 2 EALG – Ausgleichsleistungsgesetz (AusglLeistG). Aus ihnen ergibt sich, in Verbindung mit dem geändert weitergeltenden Vermögensgesetz, daß der Gesetzgeber drei Kategorien von Wiedergutmachungsberechtigten gebildet hat:

a) *Die Restitutionsberechtigten*: nach Oktober 1949 Enteignete, welche nach dem unverändert weitergeltenden § 3 I 1 VermG Rückgabe ihrer zwischen 1949 und 1989 in Volkseigentum überführten oder an Dritte veräußerten Vermögenswerte verlangen können[8]. Mit der Regelung dieser Ansprüche befaßt sich das Entschädigungs- und Ausgleichsleistungsgesetz nur am Rande[9].

b) *Die Entschädigungsberechtigten*, die sich aus zwei Gruppen zusammensetzen: Einerseits denjenigen, welche Vermögensgüter nicht mehr zurückerhalten können, insbesondere weil diese zwischenzeitlich dem Gemeingebrauch gewidmet oder anderweitig zu wohn- oder gewerblichen Zwecken genutzt, oder weil sie zu DDR-Zeiten redlich von Dritten erworben wurden; zum anderen denjenigen, welche anstatt Restitution Entschädigung gewählt haben[10].

---

[7] Überblick über die gesetzlichen Regelungen bei *Schmidt-Preuß*, NJW 1994, 3249 ff.; vgl. allg. zum Gesetz *Zimmermann*, DtZ 1994, 359 ff., sowie eingehend Graf *Vitzthum / März* (Fn. 4), S. 193 ff.

[8] Der Stichtag der Entstehung der DDR im Jahre 1949 gilt allerdings insoweit nicht, als Konfiskationen schon vor ihm angeordnet oder gebilligt worden waren, vgl. die „Liste-3-Entscheidung" des BVerwG, NJW 1995, 1301 und 1306.

[9] Immerhin bringt es in Art. 10 Änderungen von 16 Paragraphen des Vermögensgesetzes, darunter auch solche von bedeutsamem Gewicht, etwa in Nr. 3: Nach dem 1.7.1994 von Verfügungsberechtigten gezogene Nutzungen sind den Restitutionsberechtigten nunmehr herauszugeben (§ 7 VII VermG) — eine wichtige Erweiterung der Rechte der Restitutionsberechtigten, in Richtung auf den „vollen Verkehrswert".

[10] Diese Kategorienbildung geht bereits auf die „Gemeinsame Erklärung von 15.6.1990, Nr. 3 a–c zurück, vgl. nun Art. 1 § 1 I EALG.

c) Die *Ausgleichsberechtigten*: Ihnen gegenüber ist Restitution nicht, wie bei den Entschädigungsberechtigten, kraft „Natur der Sache" oder infolge ihrer eigenen Wahlentscheidung ausgeschlossen. Vielmehr wurde ihnen Restitution durch das Vermögensgesetz (§ 1 VIII) versagt, weil ihre Vermögenswerte „auf besatzungsrechtlicher oder besatzungshoheitlicher Grundlage" enteignet wurden. Dies sind die Konfiskationsfälle zwischen 1945 und 1949, insbesondere die der sogenannten „demokratischen Bodenreform" in der SBZ.

Die Höhe der Ausgleichsansprüche entspricht der der Entschädigungsansprüche (vorstehend b), Art. 2 § 2 I EALG. Das Ausgleichsleistungsgesetz verweist also im wesentlichen auf das Entschädigungsgesetz, nimmt allerdings gewisse Reparations- und Zerstörungsschäden von der Ausgleichsberechtigung aus (Art. 2 § 1 III EALG), was aber nicht Gegenstand dieser Untersuchung ist. Diese hat vielmehr davon auszugehen, daß es heute *nur zwei Berechtigtenkategorien gibt*: Die Restitutionsberechtigten, welche ihre Vermögensgegenstände zurückerhalten, und die Entschädigungs / Ausgleichsberechtigten, welche gleichbehandelt werden und sich auf andere vermögenswerte, letztlich auf Geldleistungen verwiesen sehen.

2. Die Schlechterstellung der Entschädigungs- / Ausgleichsberechtigten — die „Wertschere"

a) Die *Restitutionsberechtigten* erhalten mit ihrem Vermögensgegenstand den gesamten in diesem verkörperten Wert zurück. Infolge der Neuregelung des Entschädigungs- und Ausgleichsleistungsgesetzes (Art. 10 Nr. 3 EALG) stehen ihnen nun sogar die seit Mitte 1994 von den Verfügungsberechtigten noch gezogenen Nutzungen zu.

Die *Entschädigungs / Ausgleichsberechtigten* dagegen erhalten nicht etwa eine diesem Verkehrswert entsprechende andere vermögenswerte Leistung, insbesondere eine solche in Geld. Ihr Anspruch wird vielmehr in einer Weise festgesetzt, die ihn weit unter einen wie immer zu ermittelnden Verkehrswert drückt. Dies wird durch ein Zusammenspiel von im wesentlichen zwei Berechnungsmethoden von Entschädigungausgleich bewirkt, nämlich durch

aa) *Bemessungsgrundlage*: Bei Grundstücken reicht sie vom 3fachen (bei land- und forstwirtschaftlichen Flächen) bis zum 20fachen (bei unbebauten Grundstücken) des Einheitswerts von 1935 (Art. 1 § 3 EALG), bei Unternehmen beträgt sie das 1,5fache des im Hauptfeststellungszeitraum vor der Schädigung (also auch vor 1945) zuletzt festgestellten Einheitswertes (Art. 1 § 4 Abs. 1 EALG).

Ein vor 60 Jahren (!) festgesetzter Einheitswert kann an sich schon kaum mehr den Anspruch erheben, auch nur einen sachgerechten Anhalt für gegenwärtige Verkehrswerte zu geben[11].

Die Verkehrswertentwicklung zeigt, daß die Ansätze des Entschädigungs- und Ausgleichsleistungsgesetzes wohl für jede der einzelnen Bewertungsgruppen weit unterhalb der Verkehrswerte am Ende 1994 liegen. Dies gilt insbesondere für Geschäftsgrundstücke und unbebautes Bauland, aber auch für Unternehmen(steile): Für eine große und durchaus auch kategorienmäßig erfaßbare Zahl von Entschädigungsfällen werden also die Bemessungsgrundlagen des Entschädigungs- und Ausgleichsleistungsgesetzes wohl nicht einmal die Hälfte der Verkehrswerte erreichen, welche den Restitutionsberechtigten aber voll zurückerstattet werden.

Demnächst wird das Bundesverfassungsgericht über die Zulässigkeit der Orientierung der Besteuerung an bei weitem zeitnäher festgelegten Einheitswerten entscheiden. Sollte ein – allgemein erwartetes – Verdikt der Verfassungswidrigkeit gefällt werden, in Namen der Steuergleichheit, so wird sich der Gesetzgeber des Entschädigungs- und Ausgleichsleistungsgesetzes fragen lassen müssen, wie er die Anknüpfung an noch viel zeitfernere Einheitswerte vor der Entschädigungsgleichheit rechtfertigen will.

bb) Die entscheidende Schlechterstellung ergibt sich jedoch aus den sogenannten *Kürzungsbeträgen*, der sehr einschneidenden, während des Gesetzgebungsverfahrens immer noch weiter verschärften Degression bei den Entschädigungs- und Ausgleichsleistungen (Art. 1 § 7 EALG): Wer (das folgende in überschlägiger Berechnung) 50.000 DM an sich beanspruchen könnte, erhält nur 64%, bei 100.000 DM Anspruch lediglich 47%, bei 1 Mio. Anspruch wird nur mehr 27% gewährt, bei 10 Mio. Anspruch sinkt die Entschädigung auf 8,27% (!)

b) Entschädigung und Ausgleich werden überdies nicht sogleich gewährt, sondern in erst ab dem Jahre 2004 einlösbaren Schuldverschreibungen (Art. 1 § 1 EALG). Infolge des Zwischenzinsverlustes erhält daher der Berechtigte heute einen *diskontierten Betrag*, der etwa die Hälfte des sich nach a und b errechnenden Betrages ausmacht.

---

[11] Zurückliegende Bewertungsstichtage aus der Zeit vor zwei Jahrzehnten mit völlig anderen wirtschaftlichen Verhältnissen können niemals eine generelle Ausschaltung des gemeinsamen Wertes der Gegenwart rechtfertigen (BGHZ 19, 139 [147] = NJW 1956, 178 = LM Hess. AufbauG Nr. 4). Das BVerfG hat zwar im Jahre 1977 das 1,6fache der Einheitswerte von 1935 als zulässigen Entschädigungsansatz gebilligt (BVerfGE 46, 268 [297] = NJW 1978, 1367). Doch galt dies nur für landwirtschaftliche Flächen, und nachdem nun weitere zwei Jahrzehnte vergangen sind, ist zumindest zweifelhaft, ob das 3fache, selbst bei agrarischen Grundstücken, noch gebilligt werden wird.

Kombiniert man diese Anspruchsreduktion und geht man – was eher vorsichtig geschätzt ist – davon aus, daß die Bemessungsgrundlage vielleicht die Verkehrswerte in einer Größenordnung von 50% erfaßt, so ergibt sich: Bei einem Entschädigungsanspruch von 100.000 DM erhält der Berechtigte etwa 12% des Verkehrswertes, bei 1 Mio. wenig über 6%, bei 10 Mio. nicht einmal 2,1% dessen, was ein anderer an Wert bekommt, dem die Vermögensgegenstände als Restitutionsberechtigten zurückgegeben werden. Optimal kann, wenn die Bemessungsgrundlage mit der der Verkehrswerte übereinstimmen sollte, bei mittleren Ansprüchen knapp 25% des Verkehrswertes erreicht werden, bei höheren Ansprüchen nie mehr als 4–10% davon. Sind die Bemessungsgrundlagen ungünstig, so sinken die Prozentzahlen bei mittleren Ansprüchen unter 10%, bei höheren Ansprüchen können sie sogar unter 1% des Verkehrswerts fallen. Es ist fraglich, ob diese wahrhaft erstaunlichen Ergebnisse jemals ins Bewußtsein der Öffentlichkeit gedrungen sind; soweit ersichtlich, sind sie jedenfalls in parlamentarischen Gremien nie vertiefend diskutiert worden.

c) Es eröffnet sich daher eine wahrhaft *gewaltige Wertschere* zwischen dem, was etwa demjenigen (zurück-)gewährt wird, dessen Grundstück noch verfügbar ist, und seinem Nachbarn, der nur mehr Entschädigung verlangen kann, weil seine Flächen seinerzeit für öffentliche Belange in Anspruch genommen wurden — obwohl doch beide nach 1949 enteignet wurden, von demselben Regime, dessen Unrecht nun wiedergutgemacht werden soll: Diese Schere öffnet sich von 75% bis zu über 99%. Im ersten Entwurf eines Entschädigungs- und Ausgleichsleistungsgesetzes hatte der Bundesminister der Finanzen noch versucht, diese Wertschere durch eine *Vermögensabgabe* von 30% des Verkehrswertes restituierter Güter zu begrenzen[12]. In der Diskussion war zeitweise eine Abgabe von bis zu 50%. Doch selbst dies hätte die Schere auch nicht annähernd schließen können; in einer Größenordnung von 30-40% hätte sie auch dann noch bestanden. Da jedoch diese Vermögensabgabe bereits im zweiten Entwurf Ende 1993 ersatzlos wegfiel[13], blieb keine andere Möglichkeit mehr, die Schere zu schließen, als die Entschädigung wesentlich zu erhöhen. Das scheiterte am Widerstand des Bundesministers der Finanzen.

---

[12] S. dazu *Motsch*, VIZ 1993, 274 (278); *Strobel*, DStR 193, 689 ff., 726 ff. (insb. 690 ff.).

[13] Nicht zuletzt aufgrund der massiven Kritik aus abgabensytematischer („Sonderabgabe"), eigentumsrechtlicher („Enteignung") und rechtsethischer Sicht („Opfer entschädigen Opfer") in der ersten Expertenanhörung vor den zuständigen BT-Ausschüssen (12. BT, Prot. Nr. 57 (7. Ausschuß) und Nr. 86 (6. Ausschuß) seitens Vertreter der Staatslehre; s. auch *Stern/Aussem*, Die Vermögensabgabe, Rechtsgutachten (masch.), 1993.

3. Die Entschädigungsregelung des Entschädigungs- und Ausgleichsleistungsgesetzes und die Entschädigungsgrundsätze des Vermögensgesetzes

Mit der Normierung derart gravierender Wertunterschiede zwischen Restitution und Entschädigung, innerhalb der einen Gruppe der nach 1949 Enteigneten, tut sich zugleich eine „Normschere" auf zwischen den Entschädigungsregelungen des – weiterhin geltenden – Vermögensgesetzes und des Entschädigungs- und Ausgleichsleistungsgesetzes:

a) *Das Vermögensgesetz hatte in § 8 Abs. 1 VermG ein Wahlrecht Restitutionsberechtigter vorgesehen zwischen einem Anspruch auf Rückübertragung und auf Entschädigung in Geld*; Art. 10 Nr. 5 EALG erhält dies sogar aufrecht mit einer Frist von sechs Monaten für die Ausübung des Wahlrechts. § 8 VermG kann nur so verstanden werden, daß Rückübertragung und Entschädigung „annähernd denselben wirtschaftlichen Wert" besitzen sollen[14]. Klaffen diese Werte nun derart auseinander (vgl. oben 2), so wird kein denkender Mensch je noch Entschädigung wählen. § 8 VermG, Art. 10 Nr. 5 EALG verlieren daher jeden Sinn; derartig eindeutig sinnlose Normen widersprechen der Rechtsstaatlichkeit und sind verfassungswidrig. Ja man kann füglich die Frage stellen, ob nicht ein Gesetz, das einerseits durch Einräumung eines Wahlrechts annähernde Gleichwertigkeit annimmt, diese dann aber mit einer solchen Wertschere völlig aufhebt, nicht an einem so schweren inneren Systembruch leidet, daß wiederum Verfassungswidrigkeit die Folge sein muß[15].

b) In *§ 9 II bestimmt das Vermögensgesetz* – auch weiterhin – wenn ein Grundstück nicht zurückübertragen werden könne, dann „kann die Entschädigung durch Übereignung von Grundstücken mit möglichst vergleichbarem Wert" erfolgen. Darin liegt wiederum eindeutig die gesetzgeberische Entscheidung für eine grundsätzliche Gleich„wertigkeit" von Rückübertragung und Entschädigung. Dieses „kann" ist als „muß" zu lesen; denn der folgende Satz zeigt, daß nur bei Unmöglichkeit der Bereitstellung von Ersatzgrundstücken in Geld – nunmehr: „Nach Maßgabe des Entschädigungsgesetzes" (Art. 10 Nr. 6 b EALG) – zu entschädigen ist. Damit öffnet sich die oben (1, 2) beschriebene Wertschere voll zwischen solchen, die ihr Grundstück nicht zurückerhalten, weil es von redlichen Dritten seinerzeit erworben worden ist – sie können möglichst „wertvergleichbare" Ersatzgrundstücke verlangen – und anderen, deren Grundstücke etwa öffentlichen Belangen gewidmet wurden — wiederum eine massive Diskriminierung, diesmal nach den Nutznie-

---

[14] So zutr. *Huber* in: Festschr. zur Wiedererrichtung des OLG Jena, 1994, S. 271 (275/6).

[15] Die Frage wird vertieft bei Graf *Vitzthum/März* (Fn. 4), S. 203 ff.

ßern des früheren Eigentumsverlustes, was aber doch mit den Rechten der Enteigneten nichts zu tun hat. Sinnvoll war und ist die Vorschrift nur, wenn Entschädigung nach dem Entschädigungsgesetz ebenfalls „möglichst wertgleich“ ist mit dem „Konfiszierten“[16].

Die „Wertschere“ stellt sich also dar als ein bei Erlaß des Vermögensgesetzes unvorhersehbarer schwerer, im Entschädigungs- und Ausgleichsleistungsgesetz nicht bereinigter Bruch im gesetzlichen Wiedergutmachungssystem[17].

Nicht dies ist aber das Zentralproblem dieser Untersuchung, sondern, aufgrund der Wertschere:

III. Die Gleichheitsfrage an das Entschädigungs- und Ausgleichsleistungsgesetz

1. Wiedergutmachung — kein Eigentumsproblem mehr

Nach dem Bodenreformurteil des Bundesverfassungsgerichts[18] ist Art. 14 GG nicht (mehr) Verfassungsmaßstab des Entschädigungs- und Ausgleichsleistungsgesetzes. Die Eigentumspositionen der Alteigentümer sind, aufgrund von den bundesdeutschen Staatsinstanzen als wirksam hinzunehmender Konfiskationsakte in der SBZ / DDR, ersatzlos untergegangen. Im Bodenreformurteil wurde dies zwar ausdrücklich nur für die Enteignungen zwischen 1945 und 1949 ausgesprochen, nach dem Sinn dieser Ausführungen gilt es jedoch auch für Eigentumsverletzungen nach 1949[19]. Alle diese Aussagen mögen problematisch sein, sie müssen jedoch ernst genommen und zugrunde gelegt werden: Wo kein Eigentum (mehr) besteht, kann die Eigentumsgarantie keinerlei Schutzfunktion entfalten. Eine „Verpflichtung, eine neue Eigentumsordnung zu schaffen“, oder „bei hinzunehmendem Eigentumsverlust (dennoch) möglichst eigentumsnah wiedergutzumachen“, mag den Grundgedanken der institutionellen Sicherung des Eigentums entsprechen — als Maß-

---

[16] *Huber* (Fn. 14).

[17] Zu erwähnen ist überdies auch noch § 16 des Investitionsvorranggesetzes vom 14.7.1992 (BGBl. I, 1268), nach dem bei Veräußerung eines an sich zu restituierenden Wertes nach 1989 der Berechtigte Anspruch auf die vom Verfügungsberechtigten vereinnahmte Geldleistung hat. Auch hier zeigt sich wieder das bisherige Verkehrswertdenken des Wiedergutmachungsgesetzgebers.

[18] BVerfGE 84, 90 = NJW 1991, 1597 = NVwZ 1991, 663 L = LKV 1991, 239 L.

[19] So meint das BVerfG in BVerfGE 84, 90 (129) = NJW 1991, 1597 = NVwZ 1991, 663 L = LKV 1991, 239 L, der Gesetzgeber habe für diese Fälle die Wiedergutmachungsregelung der grundsätzlichen Rückübertragung getroffen, er wäre dazu aber nicht etwa nach Art. 14 GG verpflichtet.

stabsnorm für das Entschädigungs- und Ausgleichsleistungsgesetz ist sie unfaßbar. Die in der ersten[20] wie in der zweiten Expertenanhörung des Bundestags gemachten Ausführungen[21] sind daher auch vage geblieben. Eine ganz andere Frage ist es, ob ein Wiedergutmachungsgesetzgeber der „Entschädigung" bieten will, sich dann nicht an den verfassungsrechtlich auf Wiederbeschaffungsmöglichkeit eines gleichwertigen Gutes festgelegten Entschädigungsbegriff halten muß, ob anderenfalls nicht der Entschädigungsbegriff bis zur Inhaltslosigkeit entleert wird, mit schwerstwiegenden Folgen für das gesamte Enteignungs- und Entschädigungsrecht[22]. Doch dieses Problem und das einer etwaigen „verfassungsrechtlichen Vorgabe des Entschädigungsbegriffs" muß hier ausgeklammert bleiben.

2. Wiedergutmachung — an die Gleichheit gebunden

a) Alteigentümer A und Alteigentümer B, beide vielleicht zur selben Zeit zwischen 1949 und 1989 enteignet, erhalten nach dem Entschädigungs- und Ausgleichsleistungsgesetz wertmäßig völlig unterschiedliche Wiedergutmachungsleistungen: Der eine 100%, der andere etwa nur 2% des Wertes des früheren Gutes, nur weil zum Beispiel die eine Fläche restituierbar, weil verfügbar ist, die andere nicht.

Das Bundesverfassungsgericht hat im Bodenreformurteil Art. 3 Abs. 1 GG eindeutig als Maßstab für das gesamte Wiedergutmachungsrecht aufgestellt[23]. Es hat aus ihm sogar die konkrete Verpflichtung abgeleitet, den vor 1949 Enteigneten einen Anspruch jedenfalls zu gewähren, der allerdings im Rahmen eines weiten Ermessens vom Gesetzgeber ausgestaltet werden dürfe. Der Vorsitzende des entscheidenden Senates, Roman *Herzog*, hat bei der Verlesung der Urteilsbegründung, sogar außerhalb des schriftlich fixierten Textes, einen Satz eingefügt etwa des Inhalts, daß es nicht angehe, daß die einen Opfer alles, die anderen nichts erhielten; in der Tat ist dies der tragende Grund der Gesamtentscheidung. Nach der oben II 2 dargestellten Wertschere stellt sich aber gerade diese Frage: Die Restitutionsberechtigten erhalten „alles" an Wert, die Entschädigungsberechtigten nur einen kleinen Bruchteil davon, viele „fast nichts."

---

[20] Fn. 13, vgl. etwa *Graf Vitzthum*, S. 105 f., 268 ff.; *Maurer*, S. 151/2, der das Deichurteil heranziehen will, *Schmidt-Jortzig*, S. 165; Es geht um die Wiederherstellung der alten Eigentumsverhältnisse; nach *Arndt* dagegen, S. 136, sollte Art. 14 GG hier bewußt umgangen werden.

[21] 12. BT, Prot. Nr. 68 (7. Ausschuß) und Nr. 111 (6. Ausschuß): *Horn*, 19/20; *Schmidt-Preuß*, 22.

[22] Dazu m. Nachw. *Leisner*, NJW 1992, 1409 ff.

[23] BVerfGE 84, 90 (128, 131 f.) = NJW 1991, 1597 = NVwZ 1991, 663 L = LKV 1991, 239 L.

Das Entschädigungs- und Ausgleichsleistungsgesetz wirft also die Gleichheitsfrage drängend und in ihrem, ganzen Gewicht auf[24].

b) Art 3 I GG ist mit dem Inhalt als Maßstab des Entschädigungs- und Ausgleichsgesetzes anzuwenden, den ihm die *neuere Rechtsprechung des Bundesverfassungsgerichts gibt*: Während früher jeder sachlich-vernünftige Grund eine Differenzierung rechtfertigen konnte[25], wird neuerdings gefordert[26], es müßten zwischen den unterschiedlich behandelten Gruppen von Normadressaten Unterschiede von solcher Art und solchem Gewicht bestehen, daß sie die ungleiche Behandlung rechtfertigen können. Der Einschätzungs- und Differenzierungsspielraum des Gesetzgebers ist damit eingeschränkt worden[27], im Sinne einer Verhältnismäßigkeitsbetrachtung. Die Differenzierung durch die „Wertschere" könnte hier größer kaum sein: Sie reicht vom „Alles" bis zur Quantité négligeable, ja bis fast zum „Nichts". Die Differenzierungsgründe müssen dafür außerordentlich stark, schlechthin überzeugend sein, und sie müssen gerade dies „Alles oder (fast) Nichts" tragen.

3. „Verfügbarkeit" zu restituierender Güter — kein ausreichender Grund für so weitgehende Ungleichbehandlung

a) *Auszugehen ist vom Bodenreformurteil.* Dieses stellt ausdrücklich die Beziehung her zwischen Restitution und Entschädigungshöhe — allerdings nur in sehr allgemeiner Form: Die Entscheidung für die Restitution „kann auch für die Höhe der an Stelle einer Restitution zu gewährenden Entschädigung von Bedeutung sein"[28]. Mehr festzustellen war damals aber nicht veranlaßt, es ging ja nicht um das Verhältnis von Restitution und Entschädigung für nach 1949 Enteignete, sondern nur darum, ob sich aus der „Restitutionsentscheidung nach 1949" eine solche „vor 1949" herleiten ließ[29]. Dies wurde abgelehnt, weil aus der Haltung der UdSSR und der DDR ein hinreichendes

[24] Die Ausführungen von *Motsch*, VIZ 1994, 279 (281), der die Bedeutung des Gleichheitssatzes hier relativieren möchte, liegen angesichts des Bodenreformurteils neben der Sache.

[25] Nach der „Willkürformel", vgl. etwa BVerfGE 1, 14 (52) BVerfGE 1, 14 (52) = NJW 1951, 877 25, 101 (105) = NJW 1969, 651; BVerfGE 46, 224 (233) = NJW 1978, 365.

[26] „Neue Formel", BVerfGE 55, 72 (88) = NJW 1981, 271; BVerfGE 75, 108 (117) = NJW 1987, 3115; BVerfGE 75, 382 (393) = NJW 1988, 403; BVerfGE 75, 348 (357); BVerfGE 78, 249 (287) = NJW 1988, 2529 = NVwZ 1988, 1017 L, std. Rspr.

[27] Vgl. dazu *Maaß*, NVwZ 1988, 14 ff.; *Rüfner*, in: BK, Art. 3 I Rdnrn. 25 ff.; *Huber* (Fn. 14), S. 281; *Graf Vitzthum/März* (Fn. 4), S. 164 ff.; *Graf Vitzthum*, DZWiR 1994, 1 (3).

[28] BVerfGE 84, 90 (129) = NJW 1991, 1597 = NVwZ 1991, 663 L = LKV 1991, 239 L.

[29] *Schmidt-Preuß*, NJW 1994, 3249 (3256).

Differenzierungskriterium abgeleitet werden konnte. Ob dies heute noch halt bar ist[30], kann hier nicht vertieft werden.

b) *Das einzige faßbare Differenzierungskriterium zwischen Restitutions- und Entschädigungsberechtigten „nach 1949“ ist die Verfügbarkeit der Vermögensgegenstände.* Aus ihm läßt sich jedoch kein hinreichender Differenzierungsgrund gewinnen. Nach dem Bodenreformurteil ist dies nicht anzunehmen: Das Bundesverfassungsgericht hat die „Verfügbarkeit“ dort als eine „Zufälligkeit“ bezeichnet, welche einen Anspruch auf „wertmäßige Bevorzugung bei der Wiedergutmachung vor anderen Enteigneten“ nicht begründen könne. Dies gelte auch, „wenn ihnen (den Alteigentümern) die Möglichkeit eines Rückerwerbs ihres ehemaligen Eigentums eingeräumt wird“[31]. Was als „Zufall“ eine Besserstellung durch Restitution nicht begründen kann, darf auch eine Schlechterstellung bei Entschädigung nicht legitimieren[32].

Die Ableitung eines Differenzierungsgrundes aus der Verfügbarkeit beruht überdies auf einem Denkfehler. Die Nicht-Mehr-Verfügbarkeit begründet es, Entschädigung an die Stelle der Restitution treten zu lassen; sie legitimiert also die Differenzierung der Art nach, nicht aber hinsichtlich der Höhe („Alles oder Nichts“). Träfe dies letztere zu, so ergäbe sich, ganz allgemein im Entschädigungsrecht, bereits aus dem Begriff der Entschädigung, daß diese bis in die Nähe von Null abgesenkt werden darf. Das ist abwegig und widerspricht allen (Verfassungs-)Grundsätzen des Entschädigungsrechts[33].

Es müßten also schon andere, „wirkliche“ Differenzierungsgründe zwischen Restitutions- und Entschädigungsleistungen aufzufinden sein, und zwar von bedeutsamem Gewicht.

IV. Differenzierungsgründe zwischen Rückübertragungs- und Entschädigungsberechtigten „nach 1949“?

1. Die grundsätzlich ablehnende Haltung der deutschen Staatsrechtslehre

Die Frage ist eingehend in den beiden Anhörungen zum Entschädigungs- und Ausgleichsleistungsgesetz vor den zuständigen Bundestagsausschüssen diskutiert worden. *Dabei hat sich eine erstaunlich einheitliche Auffassung herausgestellt: Das Entschädigungs- und Ausgleichsgesetz ist verfassungswidrig, wenn sich die „Wertschere“ nicht wenigstens annähernd schließen läßt.*

---

[30] Zu dieser Diskussion, vor allem um das Vorliegen eines sowjetischen Restitutionsvetos, vgl. etwa *Sendler*, DÖV 1994, 401; *Motsch*, VIZ 1994, 279 ff.

[31] BVerfGE 84, 90 (130) = NJW 1991, 1597 = NVwZ 1991, 663 L = LKV 1991, 239 L.

[32] Abl. auch *Glantz*, MDR 1994, 421 (423).

[33] Näher dazu *Leisner*, NJW 1992, 1409 ff.

a) Bei der *ersten Anhörung* – damals war noch eine Vermögensabgabe vorgesehen – äußerten sich insbesondere (in Reihenfolge)[34]: *Stern*: Die Entschädigung müsse sich annähernd am Restitutionswert orientieren, diesem annähernd gleichwertig sein; sie sei so gering, daß der Entwurf Karlsruhe nicht passieren werde, dies ergebe sich auch aus dem Bodenreformurteil[35]. *Badura*: Es müsse eine ungefähre Schließung der Wertschere erfolgen, deshalb sei eine Vermögensabgabe nötig[36]. *Maurer*: Die Restitution biete den Vergleichsmaßstab; Art. 3 GG verbiete beliebige Absenkung der Entschädigung; ein Spielraum dafür könne etwa zwischen 50 und 70% des Restitutionswertes liegen[37]. *Leisner*: Schon aus dem verfassungsrechtlich geprägten Begriff „Entschädigung" ergebe sich ein Anspruch auf einen Betrag, für den man sich Vergleichbares beschaffen könne. Eine Entschädigungshöhe wesentlich unter 50% des Restitutionswertes sei jedenfalls problematisch[38]. *Schmidt-Jortzig*: Ziel der Entschädigung müsse der 100%-Ausgleich sein, denn es gehe ja um Enteignungsentschädigung[39]. *Graf Vitzthum*: Selbst im Kriegsfolgerecht sei nur eine begrenzte Degression zulässig; das „Schwerekriterium" des Bundesverwaltungsgerichts müsse beachtet werden[40].

b) *Bei der zweiten Anhörung*[41] *setzte sich die Kritik fort* — eher noch verschärft, nach dem Entfallen der Vermögensabgabe: *Badura*: Die Gleichheitsbedenken hätten sich nun verstärkt; die Wertschere sei zu groß; die „Schieflage", in die nunmehr das Gesetz geraten sei, lasse sich nur durch erhöhte Geldleistungen bereinigen; wenn nach „sozialer Gerechtigkeit" gestaltet werden solle, müsse dies bei allen gleichmäßig geschehen, nach abgabenrechtlichen Kriterien[42]. *Leisner*: Die sich immer weiter öffnende Wertschere könne nicht nach den Grundsätzen des Deichurteils des *Bundesverfassungsgerichts geschlossen werden; der potentiell „unendlich reiche Staat" müsse nun und könne auch höhere Entschädigung leisten*[43]. *Graf Vitzthum*: Der Staat sei „reich genug"; eine solche Wertschere sei unzulässig, weil die EALG-Regelung näher beim Eigentum als bei der Sozialstaatlichkeit stehe[44]. Lediglich

---

[34] Fn. 13.

[35] S. 45 f., 56 ff., 77 f.

[36] S. 48 f., 67 f.

[37] S. 152 ff., zugleich in Beantwortung einer in dieselbe Richtung zielenden Frage von *Scholz*.

[38] S. 116 ff., 165 ff.

[39] S. 162 ff.

[40] S. 268 ff., insbes. S. 270.

[41] Fn. 21.

[42] S. 9 ff., 41 ff., 106 ff.

[43] S. 7 f., 86 ff.

[44] S. 14 f., 52 ff.

Schmidt-Preuß sprach sich für die (Noch-)Zulässigkeit der Wertschere aus, vor allem weil der Restitutionsberechtigte auch mehr für den Aufbau Ost leisten könne, und die Finanzmasse beim Staat begrenzt sei[45].

Die *ablehnende Reihe der Staatsrechtslehre ist also nahezu völlig geschlossen*[46]*: In dieser Form verstößt das Entschädigungs- und Ausgleichsleistungsgesetz gegen den Gleichheitssatz.*

2. Mögliche Differenzierungsgründe — Kritik

Eine Reihe von Differenzierungsgründen sind zwar angeführt worden — eine derartige Schlechterstellung Entschädigungsberechtigter vermögen sie jedoch nicht zu tragen:

a) *Im Kriegsfolgenrecht* stehe dem Gesetzgeber ein besonders weiter Gestaltungsspielraum offen, der schon früher vom Lastenausgleichsgesetz genutzt worden sei[47]: Selbst wenn dieser weite Spielraum nicht nur für die Regelung der Enteignungen 1945–1949 anzunehmen wäre, trotzdem es sich für die Fälle nach 1949 um „Entschädigung" handeln soll, nach dem Willen des Gesetzgebers selbst — nach dem Bodenreformurteil stehen gerade solche Kriegsfolgenregelungen unter dem Gleichheitssatz, und beim Lastenausgleich gab es keine entsprechenden, gleichheitswidrig privilegierten Vergleichsfälle[48].

b) *Aus Art. 135 a II GG n.F.* könnte ein Recht auf weitgehende Absenkung der Entschädigung folgen[49]: Doch selbst wenn diese Bestimmung auf die Entschädigung anwendbar sein sollte[50] — sie entbindet gerade nicht von der Beachtung des Gleichheitssatzes, wie das Bundesverfassungsgericht ausdrücklich festgestellt hat[51].

c) *Das Deichurteil des Bundesverfassungsgerichts gestatte eine Absenkung der Entschädigung unter den Verkehrswerts*[52]: Dem steht entgegen, daß die

---

[45] S. 62 ff.; vgl. auch *dens.*, NJW 1994, 3249 ff.

[46] Im selben Sinne vgl. etwa noch *Huber* (Fn. 14); nicht zu berücksichtigen sind die mehr politisch gewendeten Ausführungen von *v. Münch*, Der Staat 1994, 165 (178 ff.), der sich überdies insbesondere gegen die Restitution als solche wendet.

[47] Vor allem *Schäfer* (Fn. 21), etwa S. 34 f., 103 f, 184; vgl. auch *Schmidt-Preuß*, NJW 1994, 3249 ff.

[48] Krit. auch *Maurer* (Fn. 13), S. 110; sowie der Abgeordnete *Gattermann*, ebda., S. 185.

[49] Vgl. *Badura* (Fn. 13), S. 132 f; *Schmidt-Jortzig* (Fn. 13), S. 163 f.; *Schmidt-Preuß*, NJW 1994, 3249 ff.

[50] Abl. *Huber* (Fn. 13), S. 77 f.

[51] BVerfGE 84, 90 (131 f.) = NJW 1991, 1597 = NVwZ 1991, 663L = LKV 1991, 239 L; ebenso *Stern* (Fn. 13), S. 77 f.

[52] BVerfGE 24, 367 (421) = NJW 1969, 309.

Deichurteilsformel an sich schon nebulös geblieben, jedenfalls bisher nie im Sinne eine derart radikalen Absenkungslegitimation verstanden worden ist[53]; geschähe dies hier, so käme das gesamte geltende Entschädigungsrecht in Gefahr. Überdies eröffnet sie nur eine Möglichkeit, aus ihr ergibt sich kein Grund, der eine Gleichheitsverletzung rechtfertigen könnte. Schließlich betrifft sie den Schutzbereich von Art. 14 GG — hier geht es aber allein um den des Art. 3 I (vgl. oben III 1).

d) *Pauschalierungen könnten Entschädigungsansprüche mindern*: Doch dies legitimiert allenfalls verwaltungsvereinfachende Ausnahmen, etwa bei den Bemessungsgrundlagen des Entschädigungs- und Ausgleichsleistungsgesetzes — stets allerdings unter dem Vorbehalt zu überprüfender Realitätsnähe (vgl. oben I 2), nie eine prozentuale Absenkung; sie erleichtert hier die Berechnung nicht, setzt diese vielmehr voraus.

e) *Auf den Zeitpunkt der Enteignung komme es für die Entschädigung an, zu ihm seien aber diese Vermögensgüter, in der SBZ/DDR, fast nichts wert gewesen*[54]: Doch nach Entschädigungsrecht sind immer auch die zwischen Enteignung und Entschädigung eingetretenen Wertentwicklungen zu berücksichtigen[55]; es darf daher heute nicht von früheren SBZ / DDR-Werten ausgegangen werden[56].

f) *Der Gesetzgeber dürfe doch zwischen Enteigneten und anderen, etwa Haft-Opfern differenzieren — warum nicht zwischen jenen*? Diese anderen Gruppen repräsentieren völlig andere Sachverhalte, welche Ungleichbehandlungen legitimieren mögen[57]. Grundstücksenteignung und Freiheitsentziehung werden auch von jeher unterschiedlich behandelt.

g) *Der Restitutionsberechtigte* könne deshalb bessergestellt werden, weil von ihm als *aktivem Eigentümer* zu erwarten steht, daß er den „Aufbau-Ost" ganz anders fördern werde als ein Entschädigungsberechtigter[58]: Dann aber hätte das Gesetz ihm Investitionsverpflichtungen und Veräußerungsbindungen auferlegen müssen. Es gibt keinerlei Sicherheit, ja nicht einmal einen plausiblen Grund zu der Annahme, daß sich der „Alt- und Neueigentümer" so verhalten werde, nicht aber ein Entschädigungsberechtigter, dem das Gesetz ja auch eine Rückerwerbsverpflichtung hätte auferlegen können.

---

[53] Vgl. näher *Leisner*, NJW 1992, 1409 ff.

[54] Vgl. *Badura* (Fn. 21), S. 72.

[55] S. dazu Nachw. zur Rspr. des BGH bei *Krohn*, Enteignung, Entschädigung, Staatshaftung, 1993, S. 164 ff., insb. BGHZ 25, 225 = NJW 1958, 59; BGHZ 44, 52 = NJW 1965, 1761.

[56] Herrschende Auffassung; vgl. *Stern* (Fn. 13), S. 77; *Maurer* (Fn. 13), 110; *Leisner* (Fn. 13), S. 117, 166.

[57] *Leisner* (Fn. 21), S. 86 ff.

[58] *Schmidt-Preuß*, NJW 1994, 3249 ff.

h) *Wer Geld empfange, stehe generell besser als der Restitutionsberechtigte*: In einer Marktwirtschaft, in welcher der Rückübertragungsberechtigte jederzeit sein Gut versilbern kann – eben zum Marktwert – ist dies nicht nachvollziehbar; allenfalls könnte es einen kleineren Abschlag rechtfertigen, nie eine derart große Wertschere.

i) *Der Staat habe die zur Schließung der Wertschere erforderlichen Mittel nicht; eine Verpflichtung zur Aufbringung eines zweistelligen Milliardenbetrags überfordere ihn.* Die finanzielle Leistungsfähigkeit des Staates müsse gesichert bleiben, dies sei sogar ein Verfassungsgrundsatz[59]: Ein derartiges Verfassungsprinzip ist bisher, und auch in dieser Diskussion, weder überzeugend als solches begründet, noch sind seine Grenzen geklärt worden; mehr als vage Thesen liegen bisher nicht vor. Demgegenüber ist zu betonen: Auf die exceptio pecuniam non habendi kann sich auch der Staat nicht berufen, gerade er nicht, der sich jederzeit die keineswegs „staatsgefährdenden" Mittel beschaffen kann. Die Behauptung, eines der reichsten Länder der Erde könne seine Bürger nicht in Größenordnungen entschädigen, in denen er jährlich einen kleinen Wirtschaftszweig, die Steinkohlenförderung, subventioniert, ohne daß darauf irgendein rechtlicher Anspruch bestünde, ist schlicht abwegig; sie verdeckt nur den fehlenden politischen Willen. Ein Grundsatz „Entschädigung nur nach Haushaltslage" von Staat und Gemeinden (!), wäre das Ende des Eigentums- und Entschädigungsrechts. Und was das Bundesverfassungsgericht dem Gesetzgeber zumutet im Namen der Steuergleichheit[60], geht viel weiter; dann müssen dem Staat im Namen der Entschädigungsgleichheit weit höhere Leistungen wirklich — billig sein ...

V. Verfassungsmäßigkeit des Entschädigungs- und Ausgleichsleistungsgesetzes — nur bei Anhebung von Entschädigung und Ausgleichsleistung

Wenn das Bundesverfassungsgericht hier Art. 3 GG so ernst nimmt wie in anderen Fällen aus jüngster Zeit, so kann die gegenwärtige Fassung vor ihm nicht bestehen: Sie bricht die Gleichheit in wahrhaft beispielloser Weise, aus rein fiskalischen Gründen.

1. *Eine wesentliche Anhebung der Entschädigung ist daher unumgänglich, für die Enteignungsfälle nach 1949.* Denn eine nachträgliche, die Wertschere schließende Belastung der Restitutionsberechtigten kommt nicht in Frage:

---

[59] Angesprochen vor allem in der zweiten Anhörung (Fn. 21), etwa von *Badura*, BVerfGE 12, 41 ff.; *Schmidt-Preuß*, S. 22, 62 ff.; *Schmidt-Jortzig*, S. 69 ff.; dagegen etwa *Graf Vitzthum*, S. 52 f. S; *Leisner* S. 47 f.; vgl. *dens*., NJW 1992, 1409 (1415).

[60] BVerfGE 87, 153 ff. = NVwZ 1993, 55 L.

Eine Vermögensabgabe würde aus rechtlichen Gründen scheitern, ganz abgesehen von ihrer politischen Undurchsetzbarkeit. Der Vergleichspunkt „Restitutionswert = voller Marktwert" liegt daher unverrückbar fest; der Gesetzgeber selbst ist dafür verantwortlich. Daher steht ihm hier und heute nicht (mehr) die sonst bei Aufhebung einer Regelung wegen Gleichheitsverstoßes eröffnete Gestaltungsfreiheit[61] zu. Die Bestimmung der Mindesthöhe der Entschädigung ist nicht Aufgabe der Rechtslehre, sondern der Verfassungsgerichtsbarkeit. Nach dem bisherigen Stand der Diskussion besteht aber wohl unter 50% akutes Verfassungsrisiko.

2. *Die Ausgleichsleistungen für Enteignungen vor 1949 müssen dann aber ebenfalls erhöht werden.* Ob die Opfer aus der Zeit vor und die aus der Zeit nach 1949 völlig gleichbehandelt werden müssen, wofür immerhin der einheitliche Wiedergutmachungsauftrag spricht, mag hier offenbleiben; wesentlich wird es dabei auch darauf ankommen, ob das Bundesverfassungsgericht den Differenzierungsgrund des UdSSR/DDR-Restitutionsvetos unverändert gelten läßt oder nicht. Im letzteren Fall muß auch hier restituiert werden — dann ergibt sich für die Entschädigungshöhe derselbe Gleichheitszwang zu wertgleichem Ausgleich.

Jedenfalls aber ist das Bodenreformurteil zu beachten: Es hat einer allzugroßen Spannung zwischen Wiedergutmachung vor und nach 1949 begangenen Unrechts eine klare Absage erteilt; „Alles oder Nichts" ist auch hier keine Lösung. Eine erhebliche Entschädigungsanhebung verlangt also auch eine Erhöhung der Ausgleichsleistungen.

3. *Wie wenige Gesetze stellt das Entschädigungs- und Ausgleichsleistungsgesetz nicht nur Rechtsfragen, es stellt die Gerechtigkeitsfrage.* Klaus *Stern* hat, schon angesichts des ersten, noch wesentlich gleichheitskonformeren Entwurfs gewarnt, eines dürfe nicht geschehen: „Wir haben Gerechtigkeit gewollt und das Entschädigungs- und Ausgleichsleistungsgesetz bekommen."[62] Über die Wiederherstellung früherer Eigentumslagen mag man verschieden denken, nicht aber darüber, ob der Staat dem einen Bürger alles geben darf, dem anderen nahezu nichts. Der Gleichheitskonsens ist heute vielleicht die stärkste, wenn nicht die letzte, staatserhaltende Klammer. Wird sie an einer so wichtigen Stelle gelockert, so ist auch die Freiheit in Gefahr, ja die heute Solidarität genannte Brüderlichkeit: Sie verbindet nur Gleiche.

---

[61] BVerfGE 22, 349 (361) = NJW 1968, 539; BVerfGE 30, 292 (333) = NJW 1971, 1255; BVerfGE 75, 166 (182) = NJW 1987, 2919 = NVwZ 1987, 1067 L.

[62] Fn. 13, S. 200.

Rückgabe der Schlösser — Ein Gebot von Recht, Geschichte, Kultur*

1. Sachsens Burgen, Schlösser und Gutshäuser gehören zu dem Wichtigsten, was Deutschland an geschichtlichem, kulturellem, künstlerischem Erbe in Stein besitzt. Dies waren einst Heimstätten der historisch führenden Schicht eines der geistig bedeutendsten Staaten des Reiches.

Im Zuge der „demokratischen Bodenreform" wurde nach dem Ende des Zweiten Weltkriegs nahezu der gesamte größere agrarische Grundbesitz Privater in Sachsen seinen rechtmäßigen, oft jahrhundertelangen Eigentümern entschädigungslos entzogen. Dem fielen auch zahlreiche Häuser zum Opfer.

Soweit dies durch Einzelmaßnahmen der sowjetischen Besatzungsmacht erfolgte, verstieß es eindeutig gegen ein Völkerrecht, das dem militärischen Okkupanten derartige Konfiskationen verbietet. In den meisten Fällen jedoch handelte es sich um Maßnahmen deutscher, von der Besatzungsmacht eingesetzter Verwaltungs-Instanzen, welche sich dabei auf eine „Bodenreform-Verordnung" sowie auf einen Volksentscheid aus dem Jahre 1946 beriefen. Es besteht heute nirgends der geringste Zweifel daran, daß alle diese „Rechts"-Grundlagen, und damit die auf ihnen beruhenden Einzelmaßnahmen, mit elementaren Rechtsgrundsätzen der rechtsstaatlichen Demokratie unvereinbar waren, weil es sich um kommunistische, damals stalinistische, Verfolgungsmaßnahmen handelte.

2. Dennoch hat das Bundesverfassungsgericht, in seinem „Bodenreformurteil" vom 23.4.1991 (BVerfGE 84, S. 90), den früheren Eigentümern wie deren Erben Ansprüche auf Rückgabe ihres agrarischen Grundbesitzes und damit auch ihrer damaligen Häuser versagt: Diese Enteignungen seien von „fremder Staatsgewalt" ausgegangen und müßten daher auch von der Ordnung des gesamtdeutschen Rechtsstaates hingenommen werden. Diese Feststellung ist rechtlich unanfechtbar, wie sie moralisch zu bewerten ist, bleibt der Gewissensentscheidung der Bürger überlassen, historische Urteile werden Spätere fällen.

Damit sind die Deutschen von heute aber nicht aus ihrer Verantwortung entlassen. Nach dem Bundesverfassungsgericht verpflichtet der Einigungsvertrag den gesamtdeutschen Gesetzgeber, den früheren Eigentümern Ausgleich

* Erstveröffentlichung in: Burgen, Schlösser, Gutshäuser in Sachsen. Hrsg. von Bruno J. Sobotka (Veröffentlichungen der Deutschen Burgenvereinigung: C, Burgen, Schlösser, Gutshäuser). Stuttgart 1996, S. 530–533.

für ihren Verlust zu gewähren. Dabei steht ihm ein weites Gestaltungsermessen zu; dieses kann jedoch auch in der Weise ausgeübt werden, daß die einstigen Eigentümer ihr Gut zurückerwerben dürfen. Der Gleichheitssatz verbietet es allerdings, grundlos einzelne (Gruppen von) Betroffene(n) anderen gegenüber zu bevorzugen.

3. These dieses Beitrages ist: Das geltende Recht, insbesondere das Bodenreformurteil, steht einer Rückgabe historischer Häuser an die einstigen Eigentümer oder deren Erben nicht entgegen, wenn sie „an Ausgleichs Statt" erfolgt; bei der Gestaltung der Rückgabebedingungen darf den Besonderheiten dieser Kategorie zu restituierender Güter Rechnung getragen werden. Dies verletzt nicht nur die Gleichheit nicht, es ist vielmehr Ausdruck ihres Gebotes, die Besonderheiten des jeweiligen Regelungsbereichs zu berücksichtigen.

Die „Bodenreform" der kommunistischen Machthaber verfolgte, nach ihrer ausdrücklichen Begründung, seinerzeit vor allem zwei Ziele: Die „Macht der Grundbesitzer auf dem Dorf" sollte gebrochen, „Bauernland in Bauernhand" gelegt werden — für Vertriebene und andere Landbedürftige sollten Existenzgrundlagen geschaffen werden. Die erstere, im engeren Sinn politische Zielsetzung konnte damals gerade die Konfiskation von Schlössern und Gutshäusern begründen, der „feudalen Zwingburgen", unabhängig von ihrem wirtschaftlichen Zusammenhang mit enteignetem agrarischem Grundbesitz. Daß dies heute keine Legitimationsgrundlage mehr darstellt, daher im Rahmen von Rückgabeüberlegungen nicht zu berücksichtigen ist, steht außer Zweifel: Hier handelt es sich um eindeutigen Ausdruck kommunistischer Ideologie, von der sich der Ausgleichsgesetzgeber des gesamtdeutschen Rechtsstaats nicht leiten lassen darf — ganz abgesehen davon, da sich die tatsächlichen, insbesondere auch politischen Verhältnisse derart gewandelt haben, daß es zu derartigen „Feudalerscheinungen" nicht mehr kommen könnte.

4. Der andere, der sozialpolitische Bodenverteilungszweck der „Bodenreform" wurde zwar damals nur teilweise verfolgt und von Anfang an weitestgehend zu einem agrarpolitischen Kollektivierungsziel, wiederum kommunistischer Prägung, pervertiert. Immerhin war es wohl Absicht des Einigungsvertrages, die so geschaffene Sozialstruktur der neuen Länder nicht zu belasten, insbesondere den dortigen Siedlungsentwicklungen Rechnung zu tragen.

Diese sozialpolitische Zielsetzung hätte aber schon seinerzeit bei vielen historischen Häusern an sich gar nicht als Rechtfertigung einer Konfiskation herangezogen werden dürfen, dort nämlich nicht, wo diese Gebäude nicht Wirtschafts- oder Verwaltungszentren agrarischen Besitzes waren. Insoweit war ihre Konfiskation, jedenfalls wirtschaftlich und sozialpolitisch gesehen, ein Enteignungsexzeß, der selbst aufgrund des Bodenreformurteils des Bundesverfassungsgerichts kaum gerechtfertigt werden kann. Vieles spricht also auch rechtlich dafür, derartige Fälle als nicht der Bodenreform unterfallend zu behandeln und daher, schon nach geltendem Recht des Vermögensgesetzes, hier Rückgabeansprüche grundsätzlich zuzulassen.

Selbst wenn man dem nicht folgt, so muß aber doch, für diese Fälle und jene anderen, in denen damals die historischen Häuser (zugleich) agrarische Wirtschaftszentren waren, ein besonderes legitimes Interesse der früheren Eigentümer an einem „Rückerwerb an Ausgleichs Statt“ anerkannt werden. Dies ergibt sich schon daraus, daß meist sozialpolitische, insbesondere Siedlungsüberlegungen einer Wiederübernahme durch die früheren Eigentümer nicht entgegenstehen; in diesem selben Maß aber schwächt sich die Berechtigung des heute verfügungsberechtigten Staates ab, die Rückgabe zu verweigern.

5. Entscheidend sprechen jedoch schon private Eigentumsinteressen dafür, die Wiederübernahme durch frühere Eigentümer bei dieser Güterkategorie in besonderer Weise zu fördern. Selbst wenn Rückgabeansprüche heute auf das Eigentumsgrundrecht des Art. 14 Abs. 1 GG nicht gestützt werden können, so war doch stets unbestritten, insbesondere auch bei den parlamentarischen Beratungen zum Entwurf eines Entschädigungsgesetzes, daß die fundamentale Wertentscheidung der Verfassung für das Eigentum Privater (Bundesverfassungsgericht) den Restitutionsgesetzgeber heute leiten muß. Als spezieller Ausdruck persönlicher Freiheit (Bundesverfassungsgericht) weist das Privateigentum jedenfalls einen besonderen Persönlichkeitsbezug auf. Dieser darf, ja muß dann zu einer Sonderregelung durch den Gesetzgeber führen, wenn bestimmte Güter nicht so sehr von wirtschaftlicher als von persönlicher Bedeutung für die (früher) Berechtigten sind; und dieser Persönlichkeitsbezug wirkt durchaus auch „familiär“, in einer Ordnung, die besonders dem Schutz der Familie verpflichtet ist. Dies alles trifft gerade für die historischen Häuser zu: In aller Regel geht es hier den früheren Eigentümern nicht darum, „Kasse zu machen“, diese Güter sind nicht fungibel, austauschbar, sie haben für die Berechtigten meist, vor allem oder gar ausschließlich, „höchstpersönliche“ Bedeutung im eigentliche Sinne des Wortes. Überdies sind sie häufig in einem solchen Zustand, auch noch mit so weitgehenden Denkmalschutz- und anderen Auflagen belastet, daß schon etwas wie ein Liebhaberinteresse dazugehört, sie wieder übernehmen zu wollen. Da dies nicht Vorteile bringt, sondern Lasten, darf der Staat deren Übernahme durch Rückerwerbsbedingungen erleichtern, welche diesen besonderen persönlichen Bindungen Rechnung tragen. Das verlangt eine Grundrechtsordnung, die zuallererst auf den Menschen und seine Persönlichkeit bezogen ist.

6. Vor allem aber sollten die historischen Häuser, soweit irgend möglich, im öffentlichen Interesse wieder von denen übernommen werden, deren Fa-

milien dort generationenlang gelebt, die selbst durch Jugenderlebnisse und Tradition mit ihnen verbunden sind.

Denkmalschutz hat in unserer Zeit hohen öffentlichen Rang, in einer Gemeinschaft, die sich ganz selbstverständlich als Kulturstaat versteht. So wie aber Natur- und Umweltschutz heute etwas ganz anderes sind als die Konservierung kurioser Naturerscheinungen, so will moderner Denkmalschutz das Land nicht mit öden, museal verwalteten „Friedhöfen der Kunst" überziehen. Deshalb bezieht heute der Denkmalschutz überall die aus kulturellem Bewußtsein gelebte Geschichte mit ein, baut in Deutschland gerade weitestgehend auf sie. Der Eigentümer historischer Gebäude wird besonders belastet — aber auch besonders gefördert, weil der Staat mit Recht davon ausgeht, daß ihm an seinem Gut weit mehr und etwas ganz anderes liegt als dem Besitzer anderer Wirtschaftsgüter, die in Profitorientierung gehalten werden: Er verwaltet damit zugleich Werte der Gemeinschaft und „seiner eigenen Geschichte". Nirgendwo deutlicher als hier wird dem Verfassungsgebot entsprochen, daß Eigentum verpflichtet, sein Gebrauch zugleich dem Wohl der Allgemeinheit dienen soll (Art. 14 Abs. 2 GG). Und der Staat vertraut darauf, daß der private Eigentümer, unter staatlicher Kontrolle, der beste Denkmalschützer ist. Die Erfahrung hat ihm Recht gegeben.

Dann aber verlangen diese Grundsätze des gegenwärtigen Denkmalschutzs in Deutschland, daß dessen Voraussetzungen auch im Osten wieder hergestellt werden, wo lebendige, persönlichkeits- und familiengetragene Denkmalpflege in staatlicher Musealität erstarrt — oder einfach verfallen ist. Nicht als ob darin nur Mißtrauen gegen museale Pflege in der früheren DDR läge; viel Gutes ist damals geleistet worden, vor allem in der Rettung kultureller Werte vor ideologisch-politisch motivierter Zerstörungssucht. Doch gerade wer damals so gewirkt hat, wird es heute nur begrüßen, wenn historische Häuser ihrer Geschichte zurückgegeben werden, unter Auflagen, Aufsicht und Förderung eines Staates, der allein ihren Denkmalschutz gar nicht zu leisten vermöchte. Darin liegt dann die teilweise Privatisierung einer Staatstätigkeit, welche die öffentlichen Haushalte überfordern würde und überhaupt einem Grundzug unserer Zeit entspricht.

7. Doch die Rückgabe der historischen Häuser, die Erleichterung jedenfalls ihrer Wiederübernahme durch ihre früheren Eigentümer, hat auch noch eine weitere und wiederum sehr menschliche Dimension

Die Eingliederung vieler Millionen von Mitbürgern, welche Opfer ethnischer Säuberungen geworden waren, wurde nach dem Krieg als höchstrangige öffentliche Aufgabe gesehen, noch heute wird sie als geschichtliche Großtat mit Recht gefeiert. Diese Deutschen haben bei uns eine neue Heimat gefunden, sie haben es uns mit ihrer Aufbauleistung gedankt. Müssen wir nicht aus gleicher Grundhaltung heraus heute anderen Deutschen, die auch Opfer von Verfolgungen geworden sind, Vergleichbares zurückgeben, wo immer wir können: ihre Heimat? Damals ging es darum, menschliche und kulturelle Werte des Ostens in unsere Gemeinschaft aufzunehmen — heute stellt sich die Aufgabe, Mitbürger wieder in ihre alte Heimat zu integrieren, nirgends wird sie deutlicher als dort, wo traditioneller, ja historischer Besitz wieder übernommen werden kann.

Mehr noch: Diese Form der Geschichts-Wahrung ist zugleich eine kulturell-menschliche Verpflichtung in den neuen Ländern. Familien sind von dort vertrieben worden, welche ihrer Heimat wirklich sozio-kulturelle Prägungen verliehen hatten, in der Vielfalt ihrer Traditionen. Wer sogar für eine multikulturelle Gesellschaft eintritt, der darf doch auch diesen menschlich-kulturellen Beitrag nicht ausschließen, der so lange im Mittelpunkt der nationalen Kultur gestanden hat. Und wer mit Recht Investitionen in die Zukunft anmahnt, darf nicht übersehen, daß es auch „Investitionen in die Vergangenheit als Investitionen in die Zukunft" gibt. Schloßruinen ehren ein Volk nicht. Staatliche Förderung der Wiederübernahme von Kulturgütern durch die Nachkommen derer, die sie geschaffen und lange gepflegt haben, ist Verpflichtung einer zivilisierten Nation, alle unsere Partner erwarten dies von einem Land, das zu „Old Europe" gehören will. Wenn Menschen zu den alten Steinen ihrer Vorfahren zurückkehren dürfen, so ist dies Ausdruck einer Menschenwürde, die eben über den Tod hinaus wirkt.

Teil VII

Unternehmerfreiheit und Wirtschaftsordnung

Marktoffenes Verfassungsrecht*

Martin Kriele hat sich im Jahre 1974 befaßt mit „Wirtschaftsfreiheit und Grundgesetz — Rückblick und Bilanz am Verfassungstag“[1]. Diese Bilanz soll hier in einer Rubrik fortgeschrieben werden: Wie hält es das Verfassungsrecht mit dem Markt, mit den Märkten, will es ihre ordnenden Kräfte rezipieren, regulieren oder exkludieren? Was ist hier wünschbar oder gar zu fordern?

I. Marktöffnung der Staatlichkeit — eine Zentralfrage am Ende des „realen Sozialismus“

1. *Das Ende des Rätekommunismus bedeutete einen Sieg der Marktwirtschaft, nicht der Freiheit* — weit weniger jedenfalls. Den Mechanismus des Marktgeschehens in erster Linie wollte diese Form des Sozialismus radikal ausschließen, seine Eigentumsfeindlichkeit war nur die Folge davon, auf dieses Ziel war er gerichtet. Wiedervereiniger fanden vor allem eines im Osten nicht wieder: ein wirkliches Marktbewußtsein — es war weit schwerer zu wecken als die Verstärkung des Eigentumsbewußtseins, vom sozialistischen Tascheneigentum zum Eigentum an den Produktionsmitteln, vor allem dem Bodeneigentum[2].

Die eigentliche „stille Revolution“ der Wende vollzog sich im Einbruch der Marktwirtschaft in den „geschlossenen Handelsstaat“, mit der force tranquille, wie sie dem Markt eigen ist. Hinter dieses neue Marktgeschehen trat das neue Freiheitserlebnis zurück – bis heute –, was war auch anderes zu erwarten in einem verarmten Land, in dem seit fast 60 Jahren nicht mehr „liberal“ hatte gedacht werden dürfen?

Für den Westen Deutschlands, der diese Ideen in seinen Osten tragen will — ist dies nicht ein Aufruf, über den „Markt in der gemeinsamen Verfassung“ nachzudenken?

---

* Erstveröffentlichung in: Festschrift für Martin Kriele, 1996.

1 ZRP 1974, S. 105 ff.

2 Der erbitterte politische und juristische Kampf um das einst konfiszierte „Grundeigentum Ost“ wird, zwischen (westdeutschen) Alt- und (ostdeutschen) Neubesitzern nicht „gegen das Eigentum“ geführt, sondern um dieses; das wurde bereits deutlich im Bodenreformverfahren vor dem BVerfG, vgl. E 84, S. 90 ff.

2. *Das Grundrecht des Eigentums Privater*, eine Basisentscheidung des Grundgesetzes, die wichtigste im vermögensrechtlichen Bereich[3], beinhaltet nicht nur *Bestands-, sondern auch Wertgarantie*[4]; andernfalls stünden staatlicher Wertmanipulation, insbesondere einer „Enteignung durch Preisdiktat", die Tore offen. Eigentum ist (nur) so viel wirklich wert, wie der Markt dafür „hergibt"; er ist daher als solcher durch die Garantie von Eigentum und Erbrecht (Art. 14 Abs. 1 GG) mitumfaßt[5]. Wenn die „institutionelle Garantie des Privatrechts" ihrerseits etwas Wert sein soll, so kann dies nur gefunden werden in der Gewährleistung der Mechanismen, ohne welche „von einem Eigentum nicht (mehr) die Rede sein könnte"[6], in erster Linie des freien, grundsätzlich vom Staat unbeeinflußten Marktes. Die institutionelle Garantie darf aber auch hier nicht etwa gegen die stets primäre grundrechtliche Sicherung ausgespielt werden: Staatliche Eingriffe in das Marktgeschehen, welche in nachweisbarer Kausalität Eigentumswerte herabsetzen, berühren jedenfalls den freiheitsrechtlichen Schutzbereich des Eigentums Privater.

Damit ist die *Verfassungsfrage der Zulässigkeit von staatlichen Preiskontrollen* gestellt[7]: Grundrechtskonform können sie nur sein als Globalregelungen zur Gewährleistung funktionierenden Güterumschlags, nie aber als lenkender gezielter Eingriff — und doch werden sie herkömmlich gerade dazu eingesetzt, ein erstes Fragezeichen hinter die „Verfassungsideologie einer Demokratie als Staatsordnung der Märkte".

3. Dem *Liberalismus* in seinem nicht politischen, sondern staatsrechtlichen Verständnis, in der großen deutschen Verfassungstradition, kann nur eines zugrundeliegen: *Der Markt nicht nur als „Bewertungsort des Eigentums", sondern als „Platz der Freiheit"*. Marktbetätigung ist nicht allein Wertschöpfung, Wertsicherung, Schaffung eines ökonomischen Freiheitsbereichs durch Aufrichtung eines Eigentums-Schutzwalls gegen den Staat[8]. Agieren auf Märkten ist als solches Freiheitsbestätigung par excellence, es ist der Kern jener „Persönlichkeitsentfaltung im wirtschaftlichen Bereich"[9], die Art. 2

---

[3] BVerfGE 24, S. 367 (389); 79, S. 292 (303 f.).

[4] BVerfGE 56, S. 249 (260 f.).

[5] Vgl. *Leisner*, W., Privateigentum ohne Markt?, BB 1975, S. 1 ff.

[6] BVerfGE 24, S. 367 (389); 31, S. 229 (241).

[7] Vgl. etwa BVerfGE 21, S. 292 (297); der BGH spricht von dem „anerkannten Rechtssatz", daß Freiheit der Preisbildung bestehe, GRUR 1979, S. 55 f.

[8] Den dann allerdings das moderne Steuerrecht der Progression wieder einzureißen ständig sich bemüht, im Namen der „Leistungsfähigkeit", siehe *Tipke*, K., Die Steuerrechtsordnung, Bd. I, 1993, S. 478 ff. Dennoch ist das Eigentum als Verkörperung einer Grundrechtsschranke gegen den Staat der eigentliche Sinnmittelpunkt der Rechtsprechung des BVerfG zum Freiheitsgehalt des Eigentums Privater, vgl. BVerfGE 1, S. 264 (277 f.); 58, S. 300 (335 f.).

[9] BVerfGE 6, S. 32 (41 f.); 8, S. 274 (328); 89, S. 48 (61).

Abs. 1 GG als solche schützt, nicht nur als Ausprägung spezieller ökonomischer Grundrechte (Art. 12, 14, 9 GG). In der Praxis mag Art. 2 Abs. 1 GG in der vom Bundesverfassungsgericht angenommenen Subsidiarität[10] immer weiter zurücktreten; es bleibt aber der tiefere, grundsätzliche Sinn der allgemeinen ökonomischen Freiheitssicherung über Art. 2 Abs. 1 GG erhalten, vor allem im Schutz der Markttätigkeit des Bürgers als solcher; hier ist Art. 2 Abs. 1 GG wirklich das große liberale Auffanggrundrecht, jenseits von Beruf, Gewerbe, Eigentum und Arbeit.

Diese Marktfreiheit — sie hat die Entwicklung des Verfassungsrechts seit der Französischen Revolution immer getragen, weithin als eine ungenannte, ja unbekannte Verfassungskraft. Sie hat über den „realen Sozialismus" gesiegt, ihm ihre Begeisterung, ja Zukunftsromantik siegreich entgegengesetzt. Soviel Freiheitskraft liegt im Grundgesetz, wie dort Marktmacht wirkt, das belegt die Verfassungsgeschichte.

4. *Grenzüberschreitende, internationalisierte Märkte* setzen sich, auf Dauer unwiderstehlich, gegen eine Staatsgewalt durch, welche ihre Mechanismen nur in foro domestico zu beeinflussen, zu stören vermag. Der Druck der internationalen Finanzmärkte ist stärker als die mächtigste Notenbank, vitaler Bedarf einer Volkswirtschaft an Export und Import zerbricht auf Dauer alle Schutzzölle. In der ökonomischen Internationalisierung ist sogar etwas im Lauf wie ein Absterben der Staatsgewalt in ihrem herkömmlichen Mittelpunkt: Sie wird überrollt durch die zwischenstaatlichen Geld- und Warenfluten.

Mehr noch: Der Hoheitsstaat wird, mit all seiner intern marktregelnden, international über Verträge marktbeeinflussenden Macht seinerseits zum Marktakteur; die internationalen Beziehungen wirtschaftlicher Austauschverträge wie völkerrechtlicher ökonomischer Normenwerke werden zum „Markt der ökonomischen Hoheitsgewalten" der Staaten, deren Volkswirtschaften und Einzelunternehmen dort in Wettbewerb treten. Das staatsrechtlich Undenkbare wird zur täglichen Wirklichkeit: Das Gewaltmonopol des Staates wandelt sich auf den Weltmärkten zur Gewaltkonkurrenz, die absolute „innere Souveränität", der marktregulierenden Hoheitsgewalt ist im Konzert der Marktwirtschaft, in ihrer ökonomischen „äußeren Souveränität", nur mehr ein Instrument unter vielen. Die Hoheitsgewalt muß sich durchsetzen im Wettbewerb mit anderen Hoheitsmächten, vor allem in Konkurrenz mit anderen, von ihren jeweiligen Hoheitsgewalten (weitergehend) entbundenen Privaten. So führt die internationale Marktwirtschaft zu einem Kampf der Wagen und Gesänge nicht nur von obrigkeitlichen Mächten, sondern zwischen ihnen und schier unübersehbar vielen freien Bürgern in aller Welt, die keine „marktordnende" interne Hoheitsmacht zu erreichen vermag.

---

[10] BVerfGE 6, S. 32 (37).

5. *Die Europäische Einung* hat begonnen im Namen der staatstranszendenten Macht zwischenstaatlicher Märkte als Staatsersatz. Doch von Anfang an lag in ihr die Gegentendenz: Der Markt als Staats-Vorstufe, als Einungskraft eines Zusammenschlusses zu einer politischen Verbindung[11] — nicht mehr (nur) „Markt statt Staat", sondern „Staat aus Markt". Aus dem, was ihn begrenzt, aus den zwischenstaatlichen Marktverbindungen, will sich europäische Staatlichkeit „aufladen zum Superstaat", in einem Umschlag der Marktkräfte in ihr Gegenteil, hin zur Staatsbefestigung.

Dies ist der tiefere Hintergrund des Kampfes um Maastricht vor dem Bundesverfassungsgericht[12]: Schlägt die Brüsseler Marktbürokratie, deren ursprüngliche – und noch immer verkündete – Legitimation die Stärkung des europäischen Marktes war, nun um in eine staatsgleiche Super-Verwaltung, welche die Festung Europa verteidigt, in ihren Mauern endlich jene gesteigerte Hoheitsgewalt zum Tragen bringt, die auch den (früheren) zwischenstaatlichen Verkehr zu ordnen vermag? Und die Wette geht darauf, ob dies am Ende mehr Liberalismus sein wird oder nur „noch eine", eine noch höhere Verwaltung. Europa „allein, damit ‚mehr Markt' sei" — das ist doch wohl mehr nicht als politischer Optimismus; er ist legitim, rechtlich aber nicht zwingend. Der verbale Schritt vom „Gemeinsamen Markt" zur „Union" könnte als solcher schon nachdenklich stimmen, gerade wenn er notwendig sein sollte — für diejenigen, die nachdenken über „Staat und Markt". Soll hier eine große „Revanche der Staatsgewalt" beginnen, im Namen ihres Gegenpoles, der Marktfreiheit?

II. Der „geschlossene Verfassungsstaat" — der „macht-ignorierte Markt"

Die Demokratie mag wesensmäßige Markt-Verbindungen aufweisen, der Staat hat solche nicht. Die moderne Staatlichkeit ist zwar auf dem Römischen Forum gewachsen, imperium neben commercium, das eine mit der materiellen Kraft des anderen. Doch da waren immer nur Folgebeziehungen – die Kaufleute folgten den Legionen, die gepanzert waren mit dem Tribut des Marktes – nie wesensmäßige Gemeinsamkeiten, in dem Sinn etwa, daß sich die Befehlsgewalt legitimiert hätte aus Marktgeschehen, diesem sich zumindest notwendig, ihrem Wesen eben entsprechend, hätte öffnen müssen. Macht und Markt — zwei Realitäten waren dies immer, Gegenbegriffe vielleicht. So ist es geblieben, auch in neuerer Zeit:

1. *Der Rechtsstaat, die Staatlichkeit der Normen*, ist seinem Wesen nach weniger zur Wirklichkeit geöffnet als andere Ordnungen, die sich als Ver-

[11] Vgl. *Leisner*, W., Die Staatseinung 1991, S. 129 ff., 253 ff.

[12] BVerfGE 89, S. 155 ff.

rechtlichungen von Fakten und deren Traditionen begreifen, wie insbesondere der theokratisch fundierte Feudalismus[13]. Der Markt ist Realität, so wie die Macht der Autokratien; er ist ökonomische Tatsachenlage, wie jener physiokratische Paternalismus, den die großen adeligen Oligarchien ins Recht umgesetzt haben, von Rom bis ins Ancien Régime.

Ganz anders der Staat der Gesetze. Er gründet sich nicht auf Wirklichkeit, sondern auf Normwillen, im letzten wird er selbst eins mit der Norm; er ist nicht Bewahrer des Rechts — er ist selbst Recht, und nur dies[14]. Der Markt kann für ihn nur ein Faktum sein, das er ordnet; öffnen darf er sich ihm ebensowenig wie der „Politik", denn all dies sind nicht-normstrukturierte Bereiche, die als solche daher auch nicht in das Recht rezipiert werden können. Der Staat darf sich also „dem Markt nicht öffnen", auf dessen Gesetze nicht global verweisen, sie achten wie die Freiheit seiner Bürger; denn der Staat kennt nur seine eigenen Gesetze, nicht die der Ökonomie des Marktes. Zwar muß auch der strengste Normativismus immer wieder, sozusagen über sich selbst hinweg, auf Außerrechtliches verweisen; doch dies ist nicht vorstellbar in einer generellen Öffnung zu einer allgemeinen ökonomischen Lage, wie der Markt sie darstellt.

Die *„normative Kraft des Faktischen"* hat zwar auch die normgegründete Staatssouveränität eines *Georg Jellinek* anerkennen müssen[15]; doch dies kann nicht zur Marktöffnung des Rechtsstaates erweitert werden, mag hinter der Markt-Kategorie auch die liberale Grundstimmung des 19. Jahrhunderts fühlbar werden. Dies war gerade kein allgemeines ex facto oritur ius, sondern ein Hinweis auf den „allerletzten Urgrund des Rechts", den Normen verschütten mögen, der aber immer wieder aufbrechen wird — stets jedoch nur im „Ausnahmezustand", in der rechtlich nur mühsam oder gar nicht zu bewältigenden Revolution. Hier geht es dann um „Souverän ist, wer über den Ausnahmezustand entscheidet"[16], um das letzte Wort, um faktische Situationen am Rande oder jenseits schon des Rechts. Mit einer Öffnung des Staates und seiner Verfassung zur Realität der Märkte hat dies nichts zu tun, hier ist „wesentlich tagtägliche Wirklichkeit" eines Marktgeschehens, das bei aller dramatischen Zuspitzung an sich nichts anderes darstellt als Normalität par excellence.

Es bleibt also dabei: Der Rechtsstaat, wie er uns aus der großen deutschen Allgemeinen Staatslehre überkommen ist, muß ganz wesentlich den Markt normativ, staats-essentiell, ignorieren; er kann ihn nur als Ordnungsobjekt

---

[13] *Jellinek*, G., Allg. Staatslehre, 3. Aufl. 1922, S. 186 ff.

[14] Diese letzte Konsequenz der Normwerdung des Staates wie sie *Hans Kelsen* in seiner Allg. Staatslehre 1966, S. 16 ff., 47 ff. gezogen hat, wird sich rechtslogisch wohl nie entkräften lassen.

[15] In seiner Allg. Staatslehre, 3. Aufl. 1922, S. 337 ff.

[16] Im Sinne der Staatslehre von *Carl Schmitt*, Verfassungslehre, 7. Aufl. 1989, S. 111 f.

akzeptieren. Staatsrecht bleibt dann „Macht jenseits des Marktes", wenn nicht „Macht gegen Markt".

2. *Beispiele für heutige Marktblindheit des Staatsrechts drängen sich geradezu auf.* Immer wieder zeigt sich der Verfassungsstaat, in Entscheidungen vor allem seiner höchsten Gerichtsbarkeit, als der Souverän, welcher die Wirklichkeit beurteilt und ordnet, wie es ihm gefällt, wie es in sein Normensystem sich einfügt; die Staatslehre nimmt nahezu kritiklos entgegen, was für ordoliberale Wirtschaftswissenschaft im Grunde nur Häresie sein kann — weil sie ganz einfach „vorbeischaut an aller Marktwirtschaft":

a) Die Bürgerfreiheit sichert auch die *Dispositionsfreiheit des Unternehmers*[17], der sich in ihrem Namen auf staatlichen Wirtschaftszwang soll einstellen müssen, diesen damit soll abmildern können[18]. Nach dem Bundesverfassungsgericht gilt etwa: Eine Abgabe verletzt den Schutzbereich des Art. 2 Abs. 1 GG nicht, „wenn dem Betroffenen ein angemessener Spielraum bleibt, sich wirtschaftlich frei zu bewegen. Dieser Spielraum ist gegeben, soweit die Abgabenbelastung verhältnismäßig ist"[19]. Nur diese Dispositionsfreiheit soll, als „Kern der wirtschaftlichen Handlungsfreiheit"[20] unantastbar sein[21]. Doch was „verhältnismäßig" ist in diesem Sinne, wird vom Staat, vom Normgeber entscheidend bestimmt: Er definiert die Staatsziele, die Eingriffszwecke. Ihre Bedeutung, die Notwendigkeit ihrer Verfolgung kann er derart steigern, daß jene Dispositionsfreiheit, die einem durch Eingriffe eingeengten Unternehmer verbleibt, demgegenüber immer noch als „angemessen" erscheint — eine völlig marktblinde Betrachtung: Was der Unternehmer an Dispositionsfreiheit braucht, was ihm der eingreifende Staat im Einzelfall noch beläßt – und ob dies noch genügen kann –, das alles darf doch nicht die Staatszwecke setzende Macht entscheiden, sondern nur der Markt. Von ihm aber ist hier mit keinem Wort die Rede, im Gegenteil: Der Staat stellt den Grundrechtsschutz auf den Kopf: Seine Eingriffe legitimiert er aus der Freiheit des Bürgers.

b) *Abwälzungsanstrengungen von Kostenbelastungen auf Kunden ist ein markttypischer, ja marktimmanenter Vorgang*, ihr ökonomischer Erfolg ist meist entscheidend für das Unternehmensergebnis. Das Bundesverfassungsgericht meint dazu, Abwälzung auf den Preis sei ein wirtschaftlicher Vorgang, von der Marktlage hänge es letztlich ab, ob die Überwälzung gelinge.

---

[17] Dazu näher m. Nachw. *Erichsen*, H.-U., Handb. d. Staatsrechts VI, 1989, S. 893 (1211).

[18] Dazu und zum folgenden vgl. *Leisner*, W., Verfassungsrechtliche Belastungsgrenzen der Betriebe, Berlin 1996, S. 44 ff.

[19] BVerfGE 12, S. 341 (347 f.); 48, S. 102 (115 f.); 75, S. 108 (154); 78, S. 232 (244 f.).

[20] BVerfGE 78, S. 232 (246).

[21] BVerfGE 65, S. 196 (210), unter Hinw. auf E 50, S. 290 (366) m.w.N.

Mehr als eine gesetzlich nicht gehinderte Möglichkeit der Steuerüberwälzung etwa könne nicht gefordert werden[22]. Auf die Marktlage komme es dabei nicht an: „Die situationsbedingte und prinzipiell variable Marktlage ist kein geeignetes Kriterium für die Verfassungsmäßigkeit eines Gesetzes. Rechtliche Hindernisse für eine Abwälzung der Bevorratungskosten enthält (dieses) Gesetz jedenfalls nicht."[23] Dies entspricht vor-marktwirtschaftlichem Denken. Es mag für die Beurteilung einer Abgabe wichtig sein, ob der Gesetzgeber selbst von deren Abwälzbarkeit ausgeht[24], dies also ausdrücklich zum Bestandteil seines Abgabensystems erhebt[25]. Doch wie stark eine Abgabenbelastung auf den Betroffenen wirkt, darüber entscheidet in aller Regel primär der Markt; seine „variablen Lagen" darf das Recht mit seinen Eingriffen doch nicht einfach ignorieren, wie hier aber geschehen.

c) *Rentabilitätsminderungen seien als solche hinzunehmen*, gegen sie schützt, nach dem Bundesverfassungsgericht, das Grundgesetz nicht[26] — wiederum eine nicht nur marktblinde, sondern eine schlechthin antimarktwirtschaftliche Aussage. Der Markt ist es doch, der die Folgen einer staatsverursachten Rentabilitätsminderung zuallererst bestimmt. Sperrt er das unrentabel gewordene Unternehmen aus, so ist es ökonomisch vernichtet, erdrosselt durch die Staatshand — das kann doch nicht stets, in allen Fällen, schutzlos hinzunehmen sein, blickt man auf Art. 12 Abs. 1 GG. Dahinter steht eine völlig ökonomieblinde Juristensicht: Der Unternehmer erwirtschaftet dann eben „ein wenig weniger Gewinn" — das müsse er hinnehmen — als ob eine staatliche Instanz über das zu befinden hätte, was nur der Markt beurteilen kann, als ob nicht zumindest die existenzgefährdende Rentabilitätsminderung rechtlich zu definieren und jedenfalls zu vermeiden wäre. Derart allgemeine Formeln sind in einer Marktwirtschaft nicht nur unangebracht, sie sind nicht erträglich. In dieselbe Richtung geht die pauschale Behauptung, kein Eigentümer habe aus Art. 14 Abs. 1 GG ein Recht auf optimale Nutzung seines Gutes[27] — doch der Markt und seine Ökonomie kennt nur optimale Nutzung, nur sie anerkennt er überhaupt als Nutzung; das ist eine betriebswirtschaftliche Banalität. Wann wird das Recht von ihr Kenntnis nehmen?

d) *Möglichen, ja zu erwartenden künftigen Gewinn will die Rechtsprechung völlig vom Eigentumsschutz ausschließen*, dafür ist nicht zu ent-

---

[22] BVerfGE 14, S. 76 (95 ff.); 27, S. 375 (384).

[23] BVerfGE 30, S. 292 (326).

[24] Wie etwa beim Kohlepfennig, BVerfGE 91, S. 186 (209).

[25] Dann wäre eine Abweichung davon unter Umständen eine Systemwidrigkeit, vgl. dazu BVerfGE 59, S. 36 (49) m. Nachw.; 66, S. 214 (223 f.).

[26] BVerfGE 30, S. 292 (313 f., 325).

[27] BVerfGE 21, S. 73 (83).

schädigen[28] — doch auf jedem Markt wird gerade dafür beim Unternehmensverkauf bezahlt, im Sinne einer Ertragserwartung, je nach deren Sicherheit; und der enteignete Unternehmer muß eben diesen Preis bezahlen, will er sich ein Ersatzgut wiederbeschaffen. Mit welchem Recht behauptet ein Staat, er habe ihm hier nichts genommen — nur mit dem der Marktblindheit. Und warum soll für den Entzug nicht ausgeübter, aber rechtlich zulässiger Nutzungsmöglichkeiten entschädigt nur werden, wenn sich „eine solche Nutzung aufdrängt"?[29] Der Markt drängt nie etwas auf; auf ihm wird aber für alles bezahlt, was zulässig ist und vernünftig, nicht zwingend.

e) *Die Wettbewerbsfreiheit und -gleichheit wird im Verfassungsrecht seit langem recht stiefmütterlich behandelt.* Nicht einmal ihre grundrechtliche Zuordnung ist eindeutig, früher wurde sie aus Art. 2 Abs. 1 GG abgeleitet, heute meist als ein Aspekt der Berufs / Gewerbefreiheit gesehen[30]. Das Wettbewerbsrecht behandelt sie im Zusammenhang mit der „Freiheit der wirtschaftlichen Betätigung"[31], das Bundesverfassungsgericht erwähnt sie nur gelegentlich, eher am Rande[32] und meint dabei, eine verfassungsrechtliche Unzulässigkeit der Veränderung der Wettbewerbslage durch Staatsgewalt könne sich „nur aus besonderen Umständen" ergeben[33]. Warum diese Einschränkung, welche die Wirksamkeit der Märkte ignoriert? Auf ihnen läuft ganz wesentlich Wettbewerb ab, ohne ihn kann es sie im Sinne heutigen marktwirtschaftlichen Denkens gar nicht geben. Jeder Eingriff in die Konkurrenzlage wird also zugleich zum Eingriff in den Markt. Soll ein solcher wirklich nur unzulässig sein „unter besonderen Umständen"? Damit wird das Recht der staatlichen Marktkorrektur zur Regelkompetenz erklärt, der Wirtschaftsinterventionismus zum Normalfall. Der Legitimation bedarf dann die Abwehr des Interventionismus, nicht dieser selbst. Markt also doch nur — nach staatlicher Erlaubnis?

Alle diese und nicht wenige andere Formeln schleppen sich fort, wie eine ewige Krankheit der Marktblindheit, von den Anfängen der Verfassungsrechtsprechung an. Diese war noch geprägt durch Kriegs- und Nachkriegsinterventionismus zweier Weltbrände; Marktwirtschaft war ein neuer Begriff im

---

[28] Std. Rspr., vgl. etwa BVerfGE 28, S. 119 (142) m. RV; 30, S. 292 (335); 45, S. 272 (296); 65, S. 196 (209); 68, S. 193 (222) usw.

[29] *Leisner*, W., Eigentumsschutz — im Naturschutzrecht eine Ausnahme?, in: DÖV 1991, S. 781 (786 f.).

[30] F. viele *Scholz*, R., in: Maunz / Dürig, GG, Art. 12 Rdnr. 79 ff.

[31] Vgl. etwa BGH GRUR 1958, S. 557 (558); BGH DB 1977, S. 392 (393); BGH GRUR 1979, S. 55 (56).

[32] Siehe etwa BVerfGE 4, S. 7 (24); sowie etwa noch 21, S. 292 (297); 32, S. 311 (317 f.).

[33] BVerfGE 4, S. 7 (24).

Staatsrecht, das diese Befreiung von den Ängsten jahrzehntelang bevormundender Wohlfahrtsstaatlichkeit nur zögernd zur Kenntnis nahm — um alsbald von der Umverteilungswelle nach 1968 überspült zu werden, wieder den Markt zu ignorieren.

Doch nun ist die Zeit gekommen, das deutsche Verfassungsrecht dem Markt zu öffnen, in einer härteren Wettbewerbssituation, in einem Europäischen Gemeinsamen Markt, in einer computergesteuerten Welt — eben in der Marktwirtschaft.

III. Die Notwendigkeit der Öffnung der Verfassung zum Markt — Wege dorthin

1. *Das Staatsrecht muß und kann sich den Märkten öffnen, schon im Namen der offenen Verfassung.* Dieses Wort kann nicht nur „Flexibilisierung" bedeuten, ständige „Wandlungen" — dies müßte in völliger Entnormativierung der höchsten Normen enden. Die wichtigste Offenheit der Verfassung ist die zur Realität, der Ausbruch aus dem normativen Elfenbeinturm, aus den Zwängen einer Ideologie, welche die Welt verändern will, nicht sie in ihre Analysen aufnehmen. Für eine solche Realitätsoffenheit der Verfassung gibt es bereits nicht wenige entwicklungsfähige Ansätze:

a) Vor 1919 hatte das Verfassungsrecht *„keine Parteien gekannt — nur Deutsche"*. Nach 1945 hat es sich in Art. 21 GG diesen primären politischen Willensbildnern geöffnet. Nur sehr maßvoll wurde Organisation und Verfahren im Bereich dieser neuen politischen Realität normativ geordnet, eher randkorrigierend, zur Aufrechterhaltung und Stärkung der Funktionsfähigkeit der Parteiendemokratie — des politischen Parteienmarktes. Die *Verbände*, eine zunehmend gewichtige Realität von Staatswillen bildender Bedeutung, sind noch nicht bis zu verfassungsnormativer Anerkennung vorgedrungen; doch gerade darin haben sie ihre Freiheit, ihre Realität und außernormative Identität bewahren können. In der Staatspraxis wachsen sie indes in die Dimension von Verfassungsorganen hinauf, so daß vom „Verbändestaat" gesprochen werden kann[34] — warum sollte dem nicht eine Entwicklung zum „Marktstaat" folgen, der Marktimpulse ebenso aufnimmt, grundrechtlich berücksichtigt wie die Verbandsimpulse? Das Marktgeschehen, die Marktzwänge lassen sich doch weit klarer – geradezu normförmig – erfassen als die wesentlich unvorhersehbaren Pressionen organisierter Gruppen. Floaten die Märkte etwa stärker als die Interessenvertreter in der Lobby? Und darf nicht der Wirtschaft zumindest billig sein, was der Politik recht ist?

---

[34] *Stern*, K., Das Staatsrecht der Bundesrepublik Deutschland, Bd. I, 2. Aufl. 1984, S. 480 ff.

b) *Verfassungsöffnung kann auch gegenüber Realitätslagen erfolgen, nicht nur nach Vorstößen ihrer Akteure.* Die Märkte als solche muß und kann die Staatsgewalt zur Kenntnis nehmen, sich ihnen angleichen, vorsichtig sich ihrer Macht gegenüber zurückhalten; nicht nur auf pressure groups ist zu reagieren, sondern auf die pressure des Marktes als solche, oder, wenn man nun schon in „Organen" und „Instanzen" denken will, auf die marktgebündelte Macht der ökonomische pressure groups.

c) *Der marktunterstützende Staat ist heute gefordert*, seine fördernde, nicht seine marktbeschränkende Ordnungsmacht muß zum Einsatz kommen. Dies setzt eine Grundentscheidung voraus: daß *Märkte*, wo es sie nur irgendwie nach ökonomischen Kategorien faßbar gibt, *im Zweifel als funktionierend*, jedenfalls als funktionsfähig betrachtet werden, damit als förderungswürdig in diesem ihrem Funktionieren, nicht als zu beschränkende Institutionen, denen mit Mißtrauen zu begegnen sei. Öffnung zum Markt im Namen der Verfassung und ihrer Grundfreiheit (vgl. oben I) ist eine Grundentscheidung der Verfassungsentwicklung; wer die Freiheit vorzieht, auch wenn sie gefährlich ist, dem muß auch der Markt lieber sein, auch wenn er Gefahren bringen mag. Diesen ist durch seine Funktionsstärkung zu begegnen, nicht durch Funktionshemmung. Gelingen kann dies nur aus der Grundhaltung heraus, daß „der Markt als solcher am nächsten steht beim Grundgesetz". Aus ihr ist die Fundamentalentscheidung zur Marktstärkung gefallen, nach der Grundsatzdiskussion über das Gesetz gegen Wettbewerbsbeschränkungen[35], vor nun fast vier Jahrzehnten. Die Kategorien dieser Erörterung (Markt als Freiheitsförderung — Marktförderung als Freiheitspotenzierung, nicht als Freiheitsbeschränkung) gilt es, neu ins allgemeine juristische Bewußtsein zu heben, in dem sie heute nahezu verschüttet sind. Marktförderung als Verfassungsgrundentscheidung — im Lichte dieser historischen Vorgänge ist das weit mehr als ein politisches Bekenntnis; es ist bereits zur rechtlichen Dogmatik emporgewachsen.

2. *Demokratie als Staatsform der Marktwirtschaft bedeutet ein Programm der Verfassungsöffnung zum Markt.* Ein Gemeinplatz der Volkswirtschaftspolitik ist es, daß die Marktwirtschaft sich legitimiert als das ökonomische plébiscite de tous les jours. Die Demokratie ist legitim nur als die Staatsform des potentiell täglichen Plebiszits des Volkssouveräns. „Wirtschaftsdemokratie" verlangt nicht nur Verbändemitwirkung, „Betroffenendemokratie" einer Basis, die immer rasch zur Grüppchenentscheidung entartet; in erster Linie fordert sie den Markt als Entscheidungsträger, denn auf ihm wirken alle — und wirken mit. Erstaunlich ist, daß gerade politisch-gesellschaftliche Rich-

---

[35] *Immenga*, U. / *Mestmäcker*, E.-J., GWB-Komm., 1981, Einl. Rdnrn. 1 ff.; *Bunte*, H.-J., in: Langen / Bunte, Komm. z. deutschen und europäischen Kartellrecht, 7. Aufl. 1994, Einf. z. GWB Rdnr. 1 ff.

tungen, welche den Weg in die Basisdemokratie predigen, oder doch „immer mehr unmittelbare Demokratie" fordern[36], oft mißtrauisch jenen Mechanismus betrachten, über den doch alle Kräfte wirken (können), in voller Freiheit: den Markt. Gleichheitsstreben ist es wohl, das hier die Mitwirkung der Bürger rein personenbezogen, nicht interessenbezogen ausgestaltet sehen möchte, Ängste vor „anonymen Marktgewalten". Doch wo immer massive Interessenbündelung stattfindet, stellt sich notwendig die Anonymität des Apparates ein, muß sie hingenommen werden, mit allen ihren Entpersönlichungs-, ja Anonymisierungseffekten, bis hin zur Gewerkschaftsorganisation.

a) Die *Parallele Demokratie — Markt* bedarf sicher noch der Vertiefung in dieser Richtung und in manch anderer. Daß es sie aber gibt, zeigt schon die geschichtliche Parallel-, nein: die gemeinsame Entwicklung, beweist neuerdings der Aufstieg der demokratischen Staatsform zur allgemeinen Weltgeltung *im Gefolge der Marktwirtschaft* (vgl. oben I, 1).

So ist denn vertiefend darüber nachzudenken, ob die Demokratie als Staatsformbegriff[37] nicht normativ anzureichern ist um ein Kapitel über die *„Marktwirtschaft als ökonomische Volksherrschaft"*, über den „Markt als Wirtschaftsabstimmung". Wer mehr Wahlen will, häufigere Urnengänge — hier hat er sie, im Gang an die Tische und Kassen; und er muß all dies nicht mit Wahlgeheimnissen stützen.

Mehr Demokratie wagen — mehr Markt wagen: Wo liegt der Unterschied? Gleichen Mut verlangt beides.

b) *Untrennbar zeigt sich die Verbindung von Demokratie und Markt an einem zentralen Punkt: bei der Medienfreiheit.* Demokratie verlangt nicht nur den freien Markt der Meinungen, sie ist dieser Markt. Daher muß sie den Medienmarkt in seiner Funktionsfähigkeit fördern (vgl. oben 1, c); dies ist ein Verfassungsgebot, Gegenstand einer der wichtigsten Entwicklungen der Verfassungsgerichtsbarkeit in letzter Zeit[38]. Hier muß diese Marktförderung täglich durchgesetzt werden, hier sind ihre Kategorien, gerade neuerdings, immer neu entfaltet worden — nicht ohne manches Floaten der Verfassungsrechtsprechung, das aber eben die floatenden Meinungen, vielleicht auch über den Medienmarkt selbst, widerspiegelt. Wenn dort aber Marktwirtschaft geradezu demokratienotwendig ist — sollte sie es in der allgemeinen Ökonomie nicht sein, hat die Volksherrschaft politisch eine Chance, wenn sich Meinungen nur frei entfalten können, nicht aber ökonomische Interessen, wirtschaft-

---

[36] Dazu etwa *Rittger*, G., Der Streit um die direkte Demokratie in der Bundesrepublik Deutschland, 1991; *Jung*, O., Grundgesetz und Volksentscheid, 1994.

[37] Art. 20 Abs. 1 u. 2 GG; *Böckenförde*, E.-W., Demokratische Willensbildung und Repräsentation, Hdb. d. Staatsrechts, Bd. II, 1988, § 30 Rdnrn. 12 ff.

[38] BVerfGE 57, S. 295 (325); 73, S. 118 (152 ff.); 74, S. 297 (342); 83, S. 238 ff.

licher, nicht nur „geistiger“ Wohlstand? Ökonomie und Meinungen liegen doch nicht nur nahe beieinander auf den Märkten der Medien, sie liegen dort untrennbar im Gemenge, wenn es ohne wirtschaftlichen Medienmarkt keinen freien Meinungsmarkt geben kann; dies aber ist heute von politischem Konsens getragen.

Die Demokratie hat sich durchgesetzt als die Staatsform des laissez faire, laissez passer! Muß nicht gerade der demokratische Staat „die Märkte gehen lassen, auch wenn sie an ihm vorbeigehen sollten — über ihn hinweg“?

Dies ist ein gefährliches Wort; doch in die Diskussion muß es kommen.

3. a) *Der Marktbezug als Realitätsbezug.* Die Öffnung der Verfassung zum Markt ist keine revolutionierende Forderung; im Staatsrecht ist sie bereits vorgezeichnet. Die Notwendigkeit des Realitätsbezugs wird schon seit längerem vom Bundesverfassungsgericht immer wieder betont, vor allem in seiner Rechtsprechung zu den Steuerbemessungsgrundlagen[39]. Verfassungsrechtliche Grundlage dafür ist das Gebot der Verwirklichung rechtlicher *und tatsächlicher* Gleichheitsbelastung, also der Gleichheitssatz[40].

Nun hat das Bundesverfassungsgericht dies in seinen Einheitswertbeschlüssen[41] bekräftigt: „Die Bemessungsgrundlage muß ... die Werte in ihrer Relation realitätsgerecht abbilden.“ Erstmals wird diese *verfassungsrechtlich notwendige Realitätsöffnung* zur prinzipiellen Grundlage eines weittragenden Verdikts — der Aufhebung zeitferner, damit aber auch eben realitätsferner Einheitswerte. Die Gesetzgebung unterliegt einem *klaren Verbot marktblinder Besteuerung*; auf den Märkten bilden sich ja die durch Abgaben zu belastenden – oder zu verschonenden – Werte, der Markt legt jene Erträge fest, welche Besteuerungsgrundlagen des ruhenden Vermögens dort sein müssen, wo ein Gut nicht „wesentlich verkaufsorientiert“ ist[42].

b) Der Gesetzgeber darf zwar *Lenkung durch Gesetzgebung* betreiben[43]; es muß jedoch sein Lenkungswille stets deutlich erkennbar, die Tatbestände von deren abgabenrechtlicher Belastung die Lenkung ausgehen soll, müssen normativ festgelegt sein[44]. Dies begründet aber kein gesetzgeberisches Lenkungsrecht allgemein und beliebig „weg vom Markt“, oder marktblind an diesem vorbei; der Realitätsbezug der Marktöffnung drängt solche Lenkung in eine

---

[39] BVerfGE 61, S. 319 (346); 66, S. 214 (233); 67, S. 290 (297); 82, S. 60 (88).

[40] Vgl. etwa das Zinsbesteuerungsurteil, BVerfGE 84, S. 239 (268, 271).

[41] BVerfG NJW 1995, S. 2615 (2624).

[42] Zu dieser Wertproblematik vgl. *Leisner*, W., DB 1996, S. 595 ff. (597).

[43] Vgl. f. viele *Arndt*, H.W., Lenkung durch Steuern, hgg. v. Fröhler, Wirtschaftsverwaltung 1990, I, S. 1 ff. m. Nachw.

[44] BVerfG NJW 1995, S. 2615 (2619 f.).

Ausnahmeposition, welche der eingehenden Legitimation bedarf — gegenüber der generellen und mächtigen ins Staatsrecht hineinwirkenden Freiheitsmacht des Marktes. In den meisten Fällen, vor allem im Steuerrecht, verbietet schon der Gleichheitssatz eine Lenkung, die vom Markt wegführen wollte. Lenkung ist also kein neues „Blankett gegen den Markt", sie ist zur klaren begründungspflichtigen Ausnahmekompetenz geworden.

In dubio pro foro — dies allein kann Grundmaxime des Wirtschaftsverfassungsrechts sein, in einer Ordnung der Freiheit.

4. *Der „soziale Bundesstaat" — marktkorrigierende, nicht marktblinde Ordnung.* Der soziale Bundesstaat[45] steht nicht in unauflöslicher Spannung zum Markt. Er ist Ausdruck der staatlichen Förderverpflichtung zur Funktionsfähigkeit der Märkte und der sozialen Korrekturnotwendigkeit derselben. Das Bundesverfassungsgericht sieht das Wesen dieser Staatsformbestimmung einerseits in einem menschliche Würde sichernden Minimalschutz[46] — eine klare „Grenzkorrekturaufgabe" gegenüber den in der Tat „erbarmungslosen Marktmächten". Zum anderen gilt es, allzugroße materielle Unterschiede zwischen Gruppen und Schichten der Bürger zu vermeiden[47]. Dies ist nicht etwa ein Nivellierungsgebot, sondern ein „Übermaßverbot von Ungleichheit" — und daher, wie jeder Übermaß-Ausschluß, wiederum nur eine letzte, eine Grenz-Korrektur.

Das Recht als Marktkorrektur — aber eben nicht als Kernveränderung, sondern als Grenz-Angleichung — das wird nie bestritten werden. Entscheidend ist aber, daß hier von der richtigen Aufgabenstellung ausgegangen wird: Es geht nicht darum, den Markt als eine reine Gestaltungsmaterie „auf soziale Ziele hin zu verändern". Der Markt muß zuallererst zur Kenntnis genommen, muß als solcher hingenommen werden — dann sind seine Ergebnisse, als „Resultante der Freiheit", grenzkorrigierend abzuwägen gegenüber den Erfordernissen sozial ausgewogenen Zusammenlebens von nicht allzuweit unterschiedlich lebenden Bürger(-Gruppe)n. Der „sozialen Dynamik" beläßt dies hinreichenden Gestaltungsraum. Doch all dies muß eben Abwägung bleiben: Der Markt ist als dominanter Rechtsbegriff in diese einzuführen, er ist nicht nur Materie, aus der soziale Standbilder geformt werden.

---

[45] Dies ist die Verfassungsbegrifflichkeit, nicht die vereinfachende, teilweise irreführende, wenngleich seit langem unkritisch gebrauchte herrschende Bezeichnung als „Sozialstaat". Der Unterschied ist gravierend: Als „Sozialstaat" würde die Hoheitsgewalt wesenskonstitutiv auf die Erreichung „sozialer Ziele" fixiert, im sozialen Bundesstaat ist dies sicher kein Akzidens, aber eben doch nur ein wichtiger Akzent — in der hier anzusprechenden Aufgabe der Marktkorrektur.

[46] „Sozialstaat" als Minimalschutz — vgl. dazu BVerfGE 40, S. 109 (133); 44, S. 360 (375); 82, S. 60 (80).

[47] BVerfGE 22, S. 180 (209); 35, S. 355 f.

Und nicht zuletzt: Der Staat der Freiheit ist – natürlich – auch von einer Ideologie getragen: vom Credo, daß gerade ein dergestalt grenzkorrigierter, aber eben doch primär und wesentlich „ein Markt", die beste soziale Gerechtigkeit darstellt, nicht der „angeblich alles so menschlich" ordnende Staatsbefehl, der im Kommunismus in Unmenschlichkeit geendet hat.

IV. Handlungsformen marktkonformer Staatlichkeit

Was im Namen des in die Verfassung eingehenden Marktes vom Staat zu verlangen bleibt, ist kompliziert zugleich und doch einfach: Der Staat muß die Märkte fördern — daher hat er ihren Gesetzmäßigkeiten zu entsprechen, sie in seinen Normen, seiner Verwaltung und Rechtsprechung, in seinem eigenen Bereich, zum Tragen zu bringen. Ziel muß sein *marktkonforme Staatlichkeit.* Um dies nur beispielhaft zu verdeutlichen:

a) *Privatisierung* ist keine Beliebigkeitsaufgabe der Politik, es ist eine Staatsaufgabe; ihre punktuelle Nichterfüllung bedarf der Begründung. Wer Staatsbesitz legitimationslos halten will, greift in die Normal-Realität der Märkte ein, vergewaltigt sie. Wenn sich Fiskaleigentum legitimieren kann, dann im Einzelfall dadurch, daß der Staat mit ihm agiert zur Unterstützung der Funktionsfähigkeit der Märkte; ein Marktführertum der öffentlichen Hand rechtfertigt dies in aller Regel nicht. Und der Privatisierungsbegriff darf allerdings nicht verengt werden zu dem Verkauf von Staatsgut; zu ihm gehört auch marktkonformes Verhalten bei legitim noch gehaltenem Staatsbesitz.

b) *Ermessen, Handlungsmargen für die Verwaltung*, im wirtschaftlichen Hoheitsbereich verlangt marktkonforme Staatlichkeit. Nicht eine allzu schlagworthaft beschworene „Bürgernähe" allein ist anzustreben, nicht nur sie legitimiert Vereinfachung, Straffung im Bereich der Verwaltung — und zugleich erhöhte Flexibilität. Auf das Marktgeschehen muß sich die Administration einstellen können, ihren Gesetzmäßigkeiten entsprechen, ihre Forderungen erfüllen, ihre Belastungen berücksichtigen, bis hinein in den Einzelfall, vor allem in ihm. „Berücksichtigung marktentsprechender Leistungen und Verpflichtungen der Bürger" muß zu einem allgemein-ungeschriebenen Grundsatz des Verwaltungshandelns werden, denn mehr ist vom Wirtschaftenden nicht zu verlangen, zu mehr darf er daher auch nicht verpflichtet werden. Marktkonformität, ja Marktförderung als generelles Gesetzesziel — sie muß bis hin zum Einzelfall das Verwaltungsermessen leiten, ihre Verfehlung wird zur Verletzung „innerer Ermessensschranken".

c) *Fordert Marktoffenheit den „Staat der Experimente"*, Öffnungsklauseln im Bundesrecht für Versuche der Länder, begrenzte Geltungsdauer zu erprobender Normen? Einerseits wird auf solchen Wegen Flexibilität geschaffen, auf einzelne, auf regionalisierte Märkte kann Rücksicht genommen werden, schwerfällige Gesetzesmaschinerie wird leichter umschalten, entsprechend den Entwicklungen der Märkte. Doch dagegen steht die Forderung gerade des Marktes an eben eine marktkonforme Staatlichkeit: daß sie wenig nur reguliere — dann aber stets entschieden, mit verläßlichen Rahmendaten für das Marktgeschehen. Eines muß die Hoheitsmacht bedenken: Das Experiment ist wesentlich nicht ihr Instrument, sondern das des Marktes, den sie zu achten hat; das staatliche Versuchspotential wird nie die Flexibilität des Marktes erreichen, übertreffen oder gar vorwegnehmen können. Immer droht im Staatsexperiment der Versuch von Marktersatz durch den Staat. Ein Staat der Experimente ist nicht der marktkonforme, es ist der Marktersatzstaat; das Grundgesetz erlaubt ihn nicht.

V. Ausblick: Der Markt — vom Nachtwächter zum Marktwächter

Den liberalen Staat der Marktachtung hat leichte Kritik verspottet als Nachtwächterstaat, der nur auftrete, wenn in Dunkelheit die Märkte ohnehin geschlossen seien, bei Tageslicht aber ihnen die Wacht über die Bürger überlasse und deren Freiheit. Und selbst bei Nacht — kommt der Nachtwächter nicht erst wieder vorbei, nachdem – wie in den Meistersingern – die Prügelszene des Markts über die Bühne gegangen ist?

Diese Karikatur war stets nur unberechtigte Polemik: Die liberale Hoheitsgewalt hat streng zugegriffen im 19. Jahrhundert, oft weit härter als heute, und gerade das Marktgeschehen wollte sie ordnen, die Reichsgewerbeordnung beweist es. Allerdings — dies sollte immer nur ein Wächterstaat sein, und gewiß nicht im platonischen Sinn der „Gesetze als Totalordnung". Wachen sollte der Staat, bei Nacht und Tag, über die Märkte, die er organisiert, nicht manipuliert. Nachtwächterstaat — das war von Anfang das falsche Wort: Marktwächterstaat hätte es heißen müssen, und dies gilt heute mehr denn je.

Majestät des Staates muß bleiben; sie aber muß die Majestät der Märkte achten, bewahren, fördern. Dies ist doch der „große Alliierte" der liberal gedachten Staatlichkeit, vor deren Thron sich der Commerz verneigt, an den er seine Schätze bringt — aber eben in einem Selbstgefühl eigener ökonomischer Gesetzgebungsmacht, einer wahren Markt-Hoheit.

Der Hoheitsbegriff muß umgedacht werden und erweitert. Staat *und* Markt — das ist der Doppeladler eines Reiches der Bürgerfreiheit.

Das Eigentum Privater — Grundpfeiler der sozialen Marktwirtschaft*

1. „Heiligtümer des deutschen Volkes" — so nannte das alte Reichsgericht zur Weimarer Zeit die Grundrechte der Reichsverfassung — in ihrem Namen sollten die Deutschen einig sein, nachdem die Einigungskraft der Monarchie verloren war. Für ein Grundrecht gilt dies noch heute nicht, für das wahrhaft „eigentümliche Eigentum"; stets von neuem ist es mehr Zankapfel als Konsensträger.

Das Grundrecht des „Eigentums Privater" (Art. 14 Abs. 1 GG) wird, nach wie vor, eifrig in zahllosen Sonntagsreden gepriesen, als unabdingbare Grundlage unserer freiheitlichen Ordnung der menschenverachtenden Eigentumsfeindlichkeit des zusammengebrochenen Kommunismus gegenübergestellt. Das Bundesverfassungsgericht feiert das Eigentum als Wertentscheidung von besonderem Rang für die grundgesetzliche Ordnung, als Ausdruck der Freiheit — und gleichzeitig ist es, wie noch zu zeigen sein wird, emsig bemüht, diesem selben Eigentum immer neue Schranken zu ziehen.

Sobald Minister, Abgeordnete, Bürger ihre Feierstunden verlassen, hebt sogleich Streit und Zank um das Eigentum und seine Begrenzung an — im Grunde um seine Verteilung. Denn soweit haben wir es allerdings geistig gebracht: Das Eigentum ist schon gut, das eigene, schlecht aber ist das Eigentum anderer; und um das alte 10. Gebot „Du sollst nicht begehren deines Nächsten Hab und Gut", machen wir einen geschickten staatsrechtlichen Bogen: Soll es vielleicht gar auch noch den Staat binden, die Gesellschaft?

Alle Bürger sind Freunde des Eigentums, deshalb streben sie alle nach dessen „gerechter Verteilung" — nach Umverteilung. Denn was „gerecht" sein soll, definiert eben jeder für sich, und so war es immer.

Ist dann das Bekenntnis zum Eigentum überhaupt mehr als eine Tautologie, als eine sinnentleerte Selbstverständlichkeit, allenfalls noch Absage an eine kommunistische Ideologie, die sich selbst damit gerichtet hat, daß sie am Ende nicht mehr in der Lage war, nennenswerte „Eigentumsgüter" auch nur noch hervorzubringen?

2. Und doch hatte es mit dem modernen freien Eigentum ganz anders begonnen. Es ist nicht entstanden in einer Veranstaltung von Konservativen, welche ihr Gut gegen Besitzlose abschirmen wollen. In der heißen Nacht des

---

* Erstveröffentlichung in: FWI-Management 1994, Nr. 1, S. 3–6.

4. August 1789 ist es in der französischen Nationalversammlung zu der eigentlichen, großen Revolution der neuesten Zeit gekommen: zur Abschaffung der Feudalprivilegien, welche das Eigentum der Bürger bisher belasteten, zur Aufhebung aber vor allem des Obereigentums, wie es dem König, dem Adel und der Kirche im weitesten Umfang zustand. Das heutige Eigentum ist nicht aus Konservierung entstanden, sondern aus Revolution. Mit diesem neuen, revolutionären Eigentumsschwung vor allem konnten die französischen Revolutionsarmeen die Macht der Großen Nation über ganz Europa ausbreiten, überall hatte hier das herrschende Bürgertum, die eindeutig geistig führende Schicht jener Zeit, Entscheidendes zu gewinnen.

Dies alles war bereits Ausdruck des frühen Liberalismus, und der Liberalismus ist es auch gewesen, der in den folgenden Jahrzehnten mit der Begeisterung des Fortschritts dieses „Eigentum als Revolution" immer weiter getragen hat. Im ganzen 19. Jahrhundert, ja bis in unsere Zeit, ist dieser Schwung nie ganz verloren gegangen, und damit erreichen wir unser Thema: Das Eigentum Privater wurde in den Augen der Bürger legitim, konsensgetragen als Grundlage der modernen Marktwirtschaft. Vergessen wir nicht: Auch diese auf das Eigentum Privater gegründete Marktwirtschaft ist letztlich ein Kind der Französischen Revolution, Ausdruck „fortschrittlichen", nicht, im historischen Sinn des Wortes, konservativen Denkens.

3. Das Privateigentum als Grundlage der Marktwirtschaft, das ist gerade heute ohne weiteres jedem einsichtig: Alle Märkte waren immer und sind gerade heute mehr denn je nichts anderes als Tauschplätze von Eigentumsgütern, Räume von Eigentumsbewegungen. Mehr noch: Märkte sind die Bewertungsplätze des Eigentums, ohne sie hat dieses keinen Wert in einer Wirtschaft, die diesen nicht mehr primär nach Erträgen, sondern nach Verkaufs-, nach Verkehrswerten festlegt. Ja selbst die Ertragswerte können sich nur auf Märkten, im Marktgeschehen bilden. Die Marktwirtschaft ist daher eine Eigentümerwirtschaft, letztlich nichts als eine Eigentumswirtschaft. Der Kommunismus wollte nicht primär den Markt abschaffen, wohl aber das Eigentum; und im Gefolge dieser letzteren Utopie hat er dann den Markt zerstört. An die Vernichtung des Eigentums haben sich seine abgestumpften Massen gewöhnt, die daraus notwendig folgende Zerstörung der Märkte haben sie am Ende nicht mehr hingenommen.

Die Marktwirtschaft als solche ist genauso wenig eine Zauberformel wie jene Demokratie, deren Ausdruck sie im wirtschaftlichen Bereich ist. Auch für sie gilt das berühmte Wort, daß sie die beste der schlechten Lösungen sei, auch ihr kann zugesungen werden „eine bessere findst du nit". Korrekturen an ihr kann und wird es ebenso geben, wie wir auf Korrekturen an der Demokratie nie werden verzichten können. Radikaldemokratismus ist ebenso abwegig wie die Radikal-Marktwirtschaft des Manchester-Liberalismus. Dies kann und wird auch immer zu Korrekturen am Eigentum, am Eigentumsbelieben führen müssen. Doch aufgegeben kann dieses ebensowenig werden wie die Kernbereiche der Demokratie, die Mehrheitsentscheidung, und das Zentrum der Marktwirtschaft: das freie Laissez passer!

Privateigentum und darauf gestützte Marktwirtschaft sind zusammen mit der modernen Demokratie entstanden, es sind geistig untrennbare Zwillinge. Seit der Demokratiekritik Platons wissen wir, daß Volksherrschaft im Räuberstaat notwendig enden muß, wird nicht das Eigentum geachtet; denn es wird immer eine Mehrheit für Umverteilungen geben, für so zahlreiche Umverteilungen, daß am Ende das Eigentum keinen Sinn mehr hat. Deshalb hat die Französische Revolution von Anfang an ihre große Freiheit mit ihrem großen Eigentum verbunden, beides gleichmäßig geschützt; deshalb hat sie proklamiert, daß die Freiheit dem Bürger kein Recht auf fremdes Eigentum gebe, weil darin nichts anderes liegt als fremde Freiheit.

Müßig ist es also, darüber zu spekulieren, ob das GG eine Marktwirtschaft als Wirtschaftsverfassung unseres Gemeinwesens festgelegt hat. Wo das Eigentum garantiert ist, da ist der Markt mit garantiert, ohne den es Eigentum und Eigentumswert eben nicht geben kann.

4. Eigentum Privater als Grundlage der Marktwirtschaft — dies ist leicht zu beweisen, im Grunde fast schon eine Banalität, wenn nicht eine Tautologie. Das große Problem, das größte vielleicht, vor dem wir heute geistig in unserer Gemeinschaft stehen, beginnt mit dem zweiten Teil unseres Themas: Ist das Eigentum Privater auch Grundlage einer „sozialen" Marktwirtschaft?

Hier stellt sich sogleich ein grundlegendes Verständnisproblem: Was heißt „sozial" in diesem Zusammenhang? Der Wirtschafts-Nobelpreisträger von Hayek hat einmal gesagt, dies sei einer jener Begriffe, welche letztlich inhaltlos seien. Würden sie mit irgendwelchen anderen, an sich inhaltlich bestimmten Begriffen zusammengefaßt, so komme es auch zur Sinnentleerung dieser letzteren. Ist dies nicht auch das Schicksal der „sozialen Marktwirtschaft"?

Das Wort geht uns mit solcher Leichtigkeit über die Lippen, und doch findet sich, soweit ersichtlich, nirgends eine auch nur einigermaßen befriedigende Definition dessen, was wir darunter verstehen, dessen insbesondere, was denn nun die „soziale" Komponente dieser Marktwirtschaft sein soll. Der Schöpfer des Begriffs, Müller-Armack, hat darunter eine „gemeinschaftsverpflichtete" Marktwirtschaft verstanden; die privaten Eigentumsbürger und Eigentums-Tauscher auf den Märkten sollten nicht einfach in staatsfreien, gemeinschaftsblind erweiterten Räumen agieren dürfen, sie sollten immer wissen: „Eigentum verpflichtet. Sein Gebrauch soll zugleich dem Wohle der Allgemeinheit dienen", wie es nunmehr Art. 14 Abs. 2 GG, im Anschluß an die Weimarer Reichsverfassung, proklamiert. Die „Soziale Marktwirtschaft" war von ihren geistigen Vätern in den späten 40er und den 50er Jahren unseres Jahrhunderts konzipiert als Absage an den liberalen Nachtwächterstaat, als ein Versuch, der radikalen durchaus verständlichen Staatsablehnung nach dem Zweiten Weltkrieg entgegenzuwirken; mehr wollten diese Nationalökonomen nicht, mehr auch nicht jene Juristen, wie etwa Nipperdey, welche die „Soziale Marktwirtschaft" mit der Sozialpflichtigkeit des Eigentums in Verbindung brachten.

Doch hinter dem Wort „sozial" stand eben schon damals und steht heute erst recht die gesamte mächtige Dynamik von zwei Jahrhunderten sozialer, im Kern sozialistischer Bewegungen. Sie hatten schon mitten in der Französischen Revolution eingesetzt, kurz nach der Proklamation des freien Bürgereigentums dessen Umverteilung gefordert; sie waren, von den Gedanken von Marx und Engels beflügelt, im 19. Jahrhundert aufgestanden gegen die liberale, eigentumsmaximierende Marktwirtschaft. Sie hatten die Blicke auf die eigentumslosen Proletarier des vergangenen Jahrhunderts gelenkt, denen die Französische Revolution, wie Marx es zutreffend formulierte, doch nicht mehr gebracht hatte als die Freiheit, unter Brücken zu verhungern.

Daher forderten alle diese Strömungen, und vor allem die mächtigste unter ihnen, die internationale sozialistische Bewegung und die deutsche, in ihr wieder vor allem die deutsche Sozialdemokratie, eine neue Eigentumspolitik im Namen des Sozialen. Und hier trennten sich dann die beiden größten Strömungen voneinander: Die Kommunisten sahen nur den Weg der Vergemeinschaftung allen wesentlichen, insbesondere des Produktionseigentums, die Sozialdemokratie setzte auf Eigentumsumschichtungen mit den Mitteln der parlamentarischen Mehrheitsentscheidung. Durchgesetzt hat sich, in unserem Lande wie international, dieser Sozialdemokratismus: Vergleicht man die privaten Eigentumsverhältnisse zu Beginn unseres Jahrhunderts und heute, so läßt sich ohne weiteres feststellen, daß eine Umverteilung größten Umfanges stattgefunden hat, von oben nach unten. Eingelagert in diese Großbewegung finden sich allerdings immer wieder auch gegenläufige Entwicklungen, die ja gerade heute mit dem Schlagwort der „Umverteilung von unten nach oben" beschworen und kritisiert werden. Wo immer wir hier im einzelnen stehen, in welcher Entwicklung wir uns gerade jetzt befinden mögen, wie morgen wieder gegengesteuert werden mag — eines ist sicher: Das Wort „sozial" hat einen ganz anderen Sinn bekommen, als es die Schöpfer der „sozialen Marktwirtschaft" ursprünglich wollten: Es liegt wesentlich in dem Programm einer ständigen, Ergebnisse der Marktwirtschaft korrigierenden Umverteilung. Diese „Redistribution", wie es in anderen Sprachen klar heißt, bedeutet letztlich eine erneute Versuchung dessen, was die Marktwirtschaft bereits zugeordnet hatte; es ist also nichts anderes als eine Fortsetzung der Marktwirtschaft mit anderen Mitteln. Und es sind ganz andere in der Tat: Nun wird nicht mehr nur ein Mechanismus zur Verfügung gestellt, wie der der Märkte, sondern hinzu kommt ein Ziel: Das Ziel maximaler Gleichheit; so jedenfalls sehen es viele heutige Sozialreformer.

Andere, und wohl auch die Führungen der Union wie der Sozialdemokratie in Deutschland, verwahren sich gegen den Vorwurf derartiger Gleichmacherei; „soziale Marktwirtschaft" bedeute doch nichts anderes als die Verhinderung derart großer wirtschaftlicher Unterschiede zwischen den Bevölkerungsschichten, daß sich daraus „soziale Spannungen" ergeben könnten. In diesem Sinne hat auch das Bundesverfassungsgericht gelegentlich den Begriff der Sozialstaatlichkeit vorsichtig zu umschreiben versucht. Die große Problematik, welche dieser so harmonisch erscheinende Konsens auslöst, liegt auf der Hand: Wann sind denn Unterschiede so bedeutend, so gravierend, daß sie im Namen des Sozialen nicht hingenommen, daß sie in einer sozialen Marktwirtschaft korrigiert werden müssen, weil die „reine Marktwirtschaft" zu sozialen Spannungen, ja sozialen Unruhen führen müßte? Dies ist eine historische Ewigkeitsfrage; eine Antwort gibt unsere Verfassungsordnung nur darin, daß sie Volksvertreter wählen läßt, welche dies jeweils für die einzelnen Fälle und Komplexe beantworten sollen. Doch das Problem bleibt uns auch dann noch erhalten, denn fast möchte man sagen: „Ideologen werdet ihr immer unter euch haben" — unter dem Deckmantel dieser gemäßigten sozialen Auffassungen versuchen sie unermüdlich, ihrem Endziel der totalen Nivellierung näherzukommen. Daß sie es nie erreichen können, ist ihnen klar, doch sie legen jedenfalls eine Dynamik in den Begriff der „sozialen Marktwirtschaft", die auf eines gerichtet ist: „immer mehr Gleichheit". Faszinieren wird dies die Politik immer: denn nur mit solchem Schwung kann man doch, so scheint es, überhaupt irgend etwas bewegen.

Damit aber gerät in den Begriff der „sozialen Marktwirtschaft", über das historisch begründete sozialistische Mißtrauen gegen das Privateigentum, eine immanente Spannung: einerseits ist doch die Marktwirtschaft ohne Eigentum nicht vorstellbar, zum anderen soll dieses ständig umverteilt werden, um dem sozialen Aspekt Rechnung zu tragen.

5. Die große Problematik liegt nun darin: Wenn die verfassungsrechtliche Eigentumsgarantie so elastisch ist, daß sie diese Umverteilungen ohne weiteres ermöglicht, so kann sie auch Grundlage der gleichheitsfreundlichen sozialen Marktwirtschaft sein. Verfestigt jedoch diese Eigentumsgarantie den Eigentumsschutz in den Händen der gegenwärtig, der laufend aufgrund des Marktgeschehens immer mehr Besitzenden, so gerät die Eigentumsgarantie in Konflikt mit der Sozialstaatlichkeit, die soziale Marktwirtschaft zerbricht an einem unauflöslichen inneren Widerspruch.

Man muß sich diese Frage einmal klar stellen, selbst auf die Gefahr hin, Gegensätze und Widersprüche zu überzeichnen. Denn Harmonisierungswille allein kann nicht genügen, wo derartig gegensätzliche Interessen aufeinanderprallen. Vor allem aber stellt sich ja eine Grundfrage: Der Sinn der Eigentumsgarantie war immer letztlich nur einer: Sicherung des legal Erworbenen in den Händen des Besitzers, optimale Sicherung auch von dessen jeweiligem Wert. Deshalb konnte das deutsche BGB das Eigentum als das Recht definieren, jeden anderen von jeder Einwirkung auf das Eigentumsgut auszuschließen. Dieser „andere" muß nun aber, so will es die Verfassung, grundsätzlich auch der Staat sein, die Gesetzgebung und die Verwaltung vor allem. Es ist also der „feste Eigentumsschutz", um den es letztlich geht, gerade nicht in einer Flexibilität, die der jeweiligen Mehrheit die Belastung des Bürger-Gutes mehr oder weniger beliebig gestattet, der Belastung mit Pflichten gegenüber dem Staat wie den Steuern, der Belastung aber auch mit Pflichten gegenüber anderen Bürgern, wie etwa in der Mitbestimmung.

Darüber besteht heute allgemeiner Konsens, daß das verfassungsgeschützte Eigentum Privater nicht einfach unter den Vorbehalt des jeweiligen Parlamentswillens, unter allgemeinem Gesetzesvorbehalt stehen kann; das Bundesverfassungsgericht hat immer wieder darauf hingewiesen, daß es einen eigenständigen verfassungsrechtlichen Eigentumsbegriff gibt; er ist gekennzeichnet insbesondere durch grundsätzliche Verfügungsfreiheit und prinzipielle Privatnützigkeit des betreffenden Gutes. Geht hier der Staat zu weit, so überschreitet er die ihm von der Verfassung eröffnete Befugnis, Inhalt und Schranken des Eigentums zu bestimmen. Seine Regelungen sind dann wegen Verfassungswidrigkeit nichtig, wenn sie nicht einen angemessenen Ausgleich vorsehen, etwas wie eine Entschädigung für legislativen Zugriff.

Dies alles sind aber nur formale Kategorien. Es kommt nun darauf an, wie sich in den letzten Jahrzehnten die Eigentumsgarantie entwickelt hat. Zu fragen ist hier, ob sie diejenige Flexibilität aufweist, welche die aufgezeigte immanente Spannung zwischen „Eigentum auf dem Markt" und „sozialer Verpflichtung des Eigentums" ausgleichen kann.

Damit sind wir bei dem, worüber im allgemeinen im Zusammenhang unseres Themas gesprochen wird: weniger über Eigentum als vielmehr über die Sozialbindung desselben.

6. Bei erster Betrachtung scheinen die Zeichen dafür günstig zu stehen, Harmonie ist in Sicht: Bei der doch sehr kontroversen Behandlung der anstehenden Grundgesetzreform wurde Art. 14 GG völlig ausgespart. Die Sozialdemokratische Partei ließ erklären, die Rechtsprechung des BVerfG sei für sie befriedigend, sie gestatte eine hinreichende sozialorientierte Entwicklung der Eigentumsordnung. Dem wurde von keiner Seite widersprochen.

Es ist dies auch eindeutig richtig. Das Bundesverfassungsgericht hat in seiner langen Rechtsprechung eines ganz deutlich werden lassen: Karlsruhe tritt nicht für eine Eigentumsvorstellung ein, welche von einem festen Schutz des Erworbenen gegen den Staat und seine Gesetzgebung ausgeht. Die Schranken des Eigentums sind in einem hohen Maße durch die Verfassungsrechtsprechung flexibilisiert worden. Nur einige Beispiele: Das BVerfG verlangt im Deichurteil nicht in jedem Fall, daß Entschädigung bei Eigentumsentzug stets nach Marktwert bezahlt werde; die Verfassungsjudikatur erkennt gerade bei Grundeigentum eine besonders weitreichende Sozialpflichtigkeit an; Karlsruhe nimmt bestimmte, besonders gemeinschaftswichtige Güter wie das Grundwasser, vom Eigentumsinhalt völlig aus (Naßauskiesungsurteil); die Verfassungsrichter haben die Mitbestimmung gebilligt, obwohl sie eine massive Einschränkung der Eigentümerrechte gebracht hatte; das BVerfG hat sogar allgemein ausgesprochen, das Eigentum sei desto weitergehender Sozialbindung unterworfen, je mehr es in „sozialen Bezügen" stehe, also auch von anderen Rechtsgenossen gebraucht werde; daraus hat sich dann die bekannte Mietrechtsprechung entwickelt, welche in ihrem letzten, vielkritisierten Urteil sogar den Mieter wie einen Eigentümer gegen den Eigentümer schützen will; schließlich haben die obersten Richter im sogenannten Bodenreformurteil zum Eigentum Ost eine Entscheidung getroffen, welche in der Ablehnung jeden Restitutionsanspruches der von den Kommunisten Enteigneten in der Allgemeinheit als eine klare Abschwächung des Eigentumsschutzes überhaupt aufgefaßt wurde.

Insgesamt läßt sich sogar ohne Übersteigerung sagen: Artikel 14 GG ist das einzige Grundrecht, welches Karlsruhe weitestgehend zur Disposition des einfachen Gesetzgebers gestellt hat; es gibt nicht ein einziges Urteil zugunsten des Eigentums, welches man als eine Grundsatzentscheidung bezeichnen könnte, zahlreiche, wie die aufgeführten, dagegen sind letztlich gegen den Eigentumsschutz gefallen. Er wird heute mehr vom Bundesgerichtshof, insbesondere seinem dritten Senat, für Zivilsachen, getragen als vom Bundesverfassungsgericht, das sich ja mehrfach deutlich gegen die Rechtsprechung des obersten deutschen Zivilgerichts gewandt hat.

Damit könnte also doch eine verfassungsrechtliche, eine staatsgrundsätzliche Betrachtung zu dem letztlich erfreulichen Ergebnis kommen, daß unser gegenwärtiges Eigentums-Verfassungsrecht jenen Ausgleich erlaubt – und sei es auch zu Lasten der Eigentumssicherung –, den das Spannungsverhältnis erfordert, welches im „sozialen Rechtsstaat" liegt. Dann könnte man nun wirklich, und ohne Vorbehalt sagen: Das Eigentum Privater ist die Grundlage der sozialen Marktwirtschaft.

Doch damit dürfen die Ausführungen nicht schließen, Kritik drängt sich auf, sowohl aus der Sicht der Eigentümer wie aus der die Umverteilung Fordernden.

7. Aus der Sicht der Eigentümer und damit im wesentlichen auch der Marktwirtschaft, liegen die Bedenken auf der Hand: Das Eigentum ist letzt-

lich gegenüber staatlichem Zugriff kaum mehr geschützt. Es darf zwar nicht im Einzelfall entzogen werden, sonst läge entschädigungspflichtige Enteignung vor. Diese Phase aber hat der moderne demokratische Staat längst hinter sich, er nimmt im großen und über seine Gesetzgebung, und er entzieht nicht so sehr, als er vielmehr belastet, damit wirkt er „sozialgestaltend", durch Steuern und Sozialversicherung, über Mitbestimmung und neuerdings vor allem im Umweltschutz. Sicherung gegen all dies bietet die Verfassung in der Rechtsprechung des Bundesverfassungsgerichts kaum mehr. Oft läuft fast alles auf eine mehr oder weniger vage Verhältnismäßigkeitsprüfung hinaus, bei der niemand weiß, was wie gewichtet und wo die Waage aufgehängt wird. Und die Verfassungsrichter haben stets eine wache Sensibilität für Zeit-, ja für Modeströmungen bewiesen ...

Das Eigentum ist also letztlich, so werden die Vertreter der Eigentümer kritisch sagen, nicht durch die Verfassung, nicht durch das BVerfG, sondern nur durch einen Mechanismus letztlich noch einigermaßen gesichert, der kein rechtlicher ist: durch die Marktwirtschaft als solche. Sie zu beseitigen oder wesentlich zurückzudrängen, gelingt auch dem sonst allmächtigen Gesetzgeber nicht. Soweit sie die Milch gibt, welche die sozialen Bedürfnisse allein befriedigen kann, darf diese Kuh natürlich nicht geschlachtet werden. Letztlich haben wir also wohl weniger eine rechtliche als vielmehr eine ökonomische Garantie des Eigentums. Und ist sie gar so schlecht?

Für den Juristen ist dies dennoch eine deprimierende Situation: Er vermag mit seinen scharfen Waffen das nicht zu leisten, was das ökonomische Gold schafft — doch wog dieses nicht immer schwerer als das Schwert?

8. Sozialreformer auf dem Wege zu immer noch mehr Gleichheit mögen sich heute mit dieser rechtlichen Eigentumssituation unschwer zufriedengeben, ja sogar anfreunden können: Es sind ihnen doch, durch den Abbau der rechtlichen Eigentumssicherungen, alle jene Räume freigegeben, in denen nun umverteilt werden kann.

Doch auch hier muß die Betrachtung tiefer eindringen. Ist mit dieser unserer Entwicklung nicht letztlich auch der so vielbeschworene „kleine Mann" ein Opfer der sozialen Dynamik geworden, weil ihm und seinen vitalen Interessen nun ebenfalls der rechtliche Eigentumsschutz versagt wird? Einige Beispiele mögen dies beleuchten:

Sozialversicherungsansprüche, „die Rente" vor allem, sind heute das wichtigste Vermögensgut des „kleinen Mannes". Eine großzügige Verfassungsrechtsprechung hat dies sogleich als „sein Eigentum" deklariert — und diese Garantie sodann in einer Weise eingeschränkt, daß die Höhe der Renten eben doch wieder nahezu vollständig zur Disposition der öffentlichen Träger und des Staates steht. Dies ist die notwendige Folge einer mit immer weiterer

Ausdehnung des Eigentumsbegriffs einhergehenden Aufweichung des Eigentumsschutzes. Wäre er noch ein wenig sicherer, gegenüber allen öffentlichen Veranstaltungen und Machenschaften, so hätte man wohl darüber nachdenken können, ob man nicht wenigstens in gewissen, klar gezogenen Grenzen den schwächeren Mitbürgern wirkliches, fest gesichertes Sozialversicherungs-Eigentum hätte einräumen können. Diese Chance ist verpaßt.

Neben der Sozialversicherungs-Sicherheit ist das wichtigste Gut des „kleinen Mannes“ sein Arbeitsplatz. Irgendwann einmal wäre es sicher an der Zeit gewesen, über etwas wie einen „Eigentumsschutz des Arbeitsplatzes“, unter gewissen Voraussetzungen wenigstens, nachzudenken. Heute ist auch der Zug abgefahren, und nicht deshalb, weil Liberale nachgewiesen hätten, begrifflich könne der Arbeitsplatz nie gesichert werden. Der wirkliche Grund ist, daß uns gar kein Eigentumsbegriff mehr zur Verfügung steht, der so fest wäre, daß er hier, wenn auch in engsten Grenzen, einsetzbar wäre.

Der „kleine Mann“ findet sich heute in Deutschland im agrarischen Bereich, vor allem auch als Nebenerwerbs-Landwirt. Diese Kreise, nicht die immer wieder in die Schußlinie geratenen sogenannten „Großagrarier“, werden durch rasch und beständig zunehmende öffentliche Anforderungen des Umweltschutzes und viele andere agrarpolitische und sonstige Auflagen in einer Weise belastet, die immer mehr ihre Existenz bedroht. Das Eigentumsgrundrecht bietet ihnen hier deshalb keinerlei Schutz, weil die Rechtsprechung auf breiter Front dazu übergegangen ist, alle Belastungen des Umweltschutzes und ähnliche öffentliche Anforderungen an den Bürger als grundsätzlich durch die Sozialbindung gedeckt anzusehen; sie sind daher entschädigungslos zu dulden.

Gegen steuerliche Belastungen gibt es zwar einen letzten Schutz aus der Eigentumsgarantie, aber nur, nach dem BVerfG, wenn dadurch die Vermögensverhältnisse des Steuerschuldners grundlegend verändert werden. Dies mag der Geschäftsmann, der Industrielle noch nachweisen können, der „kleine Mann“, der Renten oder kärglichen Lohn bezieht, wird sich mit solchen Einwendungen gegen die Steuerschraube niemals durchsetzen können.

Diese Beispiele könnten leicht fortgesetzt werden, bis hin etwa zum Schutz der Mieter gegen den Eigentümer — immer häufiger ist ja gerade der „kleine Mann“, der ein Häuschen gebaut oder ererbt hat, eben auch der durch solche „Sozialveranstaltungen“ benachteiligte „Eigentümer“. Die Zeiten sind eben längst vorbei, in denen der „Eigentümer“ ex definitione ein „reicher Mann“ war. Der „kleinere Eigentümer“ könnte leicht zum Opfer der Abschwächung des Eigentumsschutzes werden.

Über all dies werden wir in den nächsten Jahren vertieft nachdenken müssen, wollen wir nicht Sozialpolitik für eine ferne Vergangenheit machen, im

Kampf gegen ein längst nicht mehr existierendes Großbürgertum, sondern für die Zukunft, für jeden von uns, auch für diejenigen, die in ihrem Eigentum schwächer sind, gerade deshalb aber besonderen Schutzes bedürfen.

9. Einige Worte am Ende noch zu der Bedeutung unseres Themas für die Wohnungswirtschaft, insbesondere die früher gemeinnützigen Träger derselben.

Vor wenigen Jahren noch, unter dem Regime der Gemeinnützigkeit, hat man sich in diesem Bereich um die sozialpolitische Problematik des Eigentums verständlicherweise vertiefend nicht bemüht. Wo nachgedacht wurde, konnte man den eigenen Weg sogar als einen „dritten" sehen, zwischen „Markt" und „Sozialem". Als Rechtsträger sah man sich, juristisch betrachtet, in der Eigentümerposition, nach der wirtschaftlichen Zielsetzung aber verwaltete man etwas wie eine Art von vergemeinschaftetem Vermögen, jedenfalls ohne Gewinnerzielungsabsicht, voll und ganz im Interesse der meist schwächeren Bürger.

Daß dies schon damals nicht dazu führen durfte, die eigene Eigentümerstellung völlig zu verdrängen, zeigten Auseinandersetzungen mit staatlichen Instanzen, etwa zur Frage der kostendeckenden Miete, jener Berechnungsregelungen, welche die noch gemeinnützigen Unternehmen, im Namen eben dieses Status, übermäßig einzuengen drohten. Damals begann man, sich auf die Eigentumssicherung der Verfassung zu berufen, verfassungsrechtlich zu argumentieren gegen den Gesetz- und Verordnungsgeber.

Die Aufhebung der Gemeinnützigkeit müßte hier wohl eine grundsätzliche Wandlung gebracht haben, mag diese auch noch nicht im Bewußtsein aller früher gemeinnützig Tätigen klargeworden sein. Nunmehr werden hier ja selbständige, private, steuerpflichtige Unternehmen im Wettbewerb auf einem Markt tätig, der zwar stark von staatlicher Gesetzgebung beeinflußt ist, immer weitergehend jedoch nunmehr liberalisiert werden soll. Den Unternehmen der Wohnungswirtschaft ist die Grundverpflichtung aller Marktwirtschaft unentrinnbar auferlegt: Gewinnmaximierung mit allen zulässigen Mitteln. Wer sie nicht anstrebt, macht sich wegen Untreue strafbar. Da mag noch immer Wohlwollen herrschen, „soziales Entgegenkommen im Einzelfall" — die Grundstimmung muß nunmehr die des hart wirtschaftenden Eigentümers sein, der das Beste aus seinem Gut macht, als Verwalter eines solchen gerade deshalb dazu besonders verpflichtet ist, weil ihm dieses Gut nicht gehört.

Ein Verbot gilt in der Marktwirtschaft absolut: Es gibt nichts zu verschenken. Eigentum bedeutet eine Verpflichtung nicht nur gegenüber der Gesellschaft, sondern auch gegenüber sich selbst, eben infolge der marktwirtschaftlichen Mechanismen. Genossenschaftseigentum ist nicht eine Art von unfaßbarem „Volkseigentum", das diesen Namen ja nie verdient hat; es steht jedem einzelnen Genossen entsprechend seinen Beteiligungen zu, hier gerade ist echte Eigentums-Demokratie lebendig. Sie aber kann nicht gedeihen, wenn das Eigentumsbewußtsein sich nicht verstärkt.

Der vielbeschworene „Kampf ums Recht" ist in unserer Zeit in erster Linie „Kampf fürs Eigentum". Dazu sind auch alle in der privaten Wohnungswirtschaft Tätigen aufgerufen, in ihrer Grundeinstellung wie in allem ihrem tagtäglichen Tun. Sie sind Eigentümer als Vermieter und müssen mit Eigentumsbewußtsein hier handeln. Vertreter von Eigentümern sind sie als Organe von Genossenschaften, um Eigentumsrechte kämpfen sie gegen den Steuerstaat, gegen Genehmigungsbehörden im Bau- und Umweltbereich. Nirgends haben sie etwas zu verschenken, nirgends haben sie „Sozialstaat im kleinen zu spielen" zu Lasten der Eigentumsinteressen, welche sie vertreten. Das gute Recht ihrer Gegenspieler, der Mieter etwa, ist es, sie in ihre rechtlichen Schranken zu weisen. Doch diesen friedlichen Krieg um das Eigentum will eben gerade unsere Ordnung der sozialen Marktwirtschaft; wer hier seinen Part nicht spielt, verstößt gegen ihre Grundregeln. Die staatlichen Instanzen sind aufgerufen, als Schiedsrichter zu wirken, Gegensätze auszugleichen oder zu versöhnen.

Die früher gemeinnützige Wohnungswirtschaft verwaltet heute nicht etwas wie „kleine, autonome Republiken sozialer Marktwirtschaft, in sich geschlossen"; sie ist Eigentümerwirtschaft wie jede andere private Ökonomie; zu beachten hat sie nur die Schranken, welche der sozialgestaltende Staat ihr zieht.

Man mag diese Entwicklung bedauern, bedeutet sie doch auch etwas wie einen weiteren Abschied, nach vielen anderen Illusionen, von einem „dritten Weg", zwischen Eigentum und dessen Entwertung in laufender Umverteilung. Doch eine jüngere Generation von Managern wird die hier aufgestellten Forderungen, sich der Marktwirtschaft zuerst einmal zu stellen und sodann ihre sozialen Schranken einzuhalten, mit Selbstverständlichkeit stellen. Ältere aber mögen vielleicht bedauern, daß auch hier wieder einmal der Staat seinen Bürgern etwas Schönes abgenommen hat: Gutes zu tun.

Soziale Marktwirtschaft — das ist keine weiche, weichliche Allerweltsformel, in welche man beliebig menschliche Habgier und menschliche Güte, Bürgerlist und Bürgerliebe hineinpacken könnte. Dies ist eine harte Ordnung, die der Staat immer wieder für den einen erleichtern mag, für den anderen nur noch härter dadurch gestaltet. Es ist keine Zauberformel, welche alle Probleme des „Menschen in der Gemeinschaft" lösen könnte. Einen Sinn wird sie nur dann gewinnen, wenn zwei Leitlinien stets eingehalten werden:

– Dem Eigentum muß etwas von einem unbedingten Schutz bleiben, auch gegenüber dem Staat, sonst gibt es keine Marktwirtschaft.

– Das Eigentum eines Bürgers darf nicht zur Unterwerfung des anderen mißbraucht und das Eigentum der Schwächeren muß besonders geschützt werden.

Eines kann das Eigentumsrecht nie schützen: die unstillbare Eigentumsbegehrlichkeit von uns allen. Eigentum muß sich zuallererst der Bürger schon einmal selber schaffen. Für uns alle gilt jedenfalls der zweite Teil des berühmten Satzes „... erwirb es, um es zu besitzen."

Privateigentum ohne privaten Markt?*

Gibt es eine verfassungsrechtliche Garantie „des Marktes"?

„Das Eigentum ist ebenso wie die Freiheit ein elementares Grundrecht; das Bekenntnis zu ihm ist eine Wertentscheidung des Grundgesetzes von besonderer Bedeutung für den sozialen Rechtsstaat. Das Eigentum ist das wichtigste Rechtsinstitut zur Abgrenzung privater Vermögensbereiche. Es bedarf deshalb besonders der Ausgestaltung durch die Rechtsordnung."[1]

Ist dieses verfassungsrechtlich garantierte Privateigentum vorstellbar ohne einen privaten Markt, der Preise und damit Eigentumswerte staatsunabhängig bestimmt? Kann der Staat für gewisse Bereiche „den Markt aufheben", ohne gegen die Eigentumsgarantie zu verstoßen? Wenn dies nicht möglich ist, welche Grenzen zieht das Grundrecht des Privateigentums der staatlichen Intervention in dem Bereich des Marktes? Diese Frage soll hier allgemein und grundsätzlich nicht mit Blick auf spezielle Interventionsmaßnahmen erörtert werden. Daß sie aber in aller Schärfe aktuell ist, mag ein Beispiel zeigen: Neuerdings wird vorgeschlagen, daß alles Bodeneigentum in der Bundesrepublik Deutschland „in regionale Fonds eingebracht wird. Die bisherigen Eigentümer erhalten Fonds-Anteile im Wert der eingebrachten Grundstücke". Die Fonds verpachten die Grundstücke und setzen dafür Preise fest. Doch „mit der Bildung der Bodenfonds existiert kein Bodenmarkt mehr, d.h. es gibt keinen Ankauf und Verkauf von Grundstücken mehr. Auch die Begriffe Einheits- und Verkehrswert verlieren ihre Bedeutung"[2]. Nach Ansicht der Autoren liegt keine Enteignung vor, weil ja die bisherigen Eigentümer durch die Vergabe der Fondsanteile entschädigt werden. Hält man diese Zwangs-Vergenossenschaftlichung für zulässig, was hier offen bleiben mag, so fragt sich weiter, ob die damit bewirkte und ausdrücklich gewünschte völlige *Aufhebung des Bodenmarkts* für alle Zukunft mit Art. 14 GG vereinbar wäre. Dies aber ist die zentrale Fragestellung der nachfolgenden Untersuchung.

---

* Erstveröffentlichung in: Der Betriebs-Berater 1975, S. 1–6.

1 BVerfGE 14, S. 263 (277).

2 *Conradi/Dieterich/Hauff*, Für ein soziales Bodenrecht, 3. unveränderte Aufl. 1973, insbes. S. 131 f. Daß es sich hier nicht um ein abseitiges Kuriosum handelt, zeigt ebenso die Persönlichkeit der Autoren, die anerkannte Bodenrechtsexperten der SPD sind, wie das Vorwort des damaligen Wohnungsbauministers Lauritz *Lauritzen,* der den Verfassern dafür dankt, daß „sie den Mut hatten und die Mühen auf sich nahmen, in einem kritischen Bereich konkrete Vorschläge zu erarbeiten, die in der Öffentlichkeit für ein soziales Bodenrecht werben und wirken können" (S. 8).

I. „Marktwirtschaft als Wirtschaftsverfassung" — ein unrichtiger Ansatz

1. „Keine Wirtschaftsverfassung, also auch keine Marktgarantie"

Es liegt nahe, die Frage nach der „Verfassungsgarantie des Marktes" als ein Problem der „Wirtschaftsverfassung des Grundgesetzes" zu sehen. In der Tat wäre ein „Verfassungszwang zum Markt" Grundentscheidung einer wie immer verstandenen „Wirtschaftsverfassung des Grundgesetzes". Dann aber scheint die Antwort auf der Hand zu liegen: Das Grundgesetz hat sich nicht für eine besondere Wirtschaftsverfassung entschieden, auch nicht für eine Form der Marktwirtschaft[3]; die Frage ist dann glatt zu verneinen, eine verfassungsrechtliche Garantie des Marktes gibt es nicht, jedenfalls nicht in größeren Bereichen von gesamtwirtschaftlichem, wirtschaftsverfassungsrechtlichem Gewicht. Diese Argumentation erscheint bestechend. Hier zeigt sich, welchen schweren Schaden der Vorstoß Hans Carl Nipperdeys gerade jener Marktwirtschaft zugefügt hat, deren Triumph er bringen sollte. Die „soziale Marktwirtschaft" war damals wirtschaftspolitische Realität. Nipperdey wollte[4] sie als Grundentscheidung der Wirtschaftsverfassung des Grundgesetzes konstitutionalisiert sehen. Daß *dies* vom Bundesverfassungsgericht abgelehnt wurde, hat zu der eingängigen Abkürzungsformel von der wirtschaftspolitischen Entscheidungslosigkeit oder gar Neutralität[5] des Bonner Grundgesetzes geführt. Damit würde dem Gesetzgeber ein praktisch unermeßlicher Entscheidungsraum in oeconomicis zugebilligt, die Eigentumsgrundrechtlichkeit, ja die Eigentumsdogmatik überhaupt schwer getroffen. Doch diese Folgerungen gehen viel zu weit, mit derart vordergründiger Argumentation läßt sich die Frage nach der Verfassungsgarantie des Marktes nicht beantworten. Es gilt, zunächst festzustellen, *was* das Bundesverfassungsgericht zur „Wirtschaftsver-

---

[3] BVerfGE 4, S. 7 (17); 7 S. 377 (400); 12, S. 341 (347); 12, S. 354 (363) ständige Rechtsprechung; vgl. aus dem Schrifttum u.a. (auch zu folgendem, mit weiteren Nachweisen) *Badura*, Das Verwaltungsmonopol, 1963, S. 395 f.; *ders.*, Die Rechtsprechung des Bundesverfassungsgerichts zu den verfassungsrechtlichen Grenzen wirtschaftspolitischer Gesetzgebung im sozialen Rechtsstaat, AöR 92 (1967), S. 382 (393 f.); *Scholz*, Wettbewerbsrecht und öffentliche Hand, ZHR 132 (1969), S. 97 (100 f.); *Klein*, Die Teilnahme des Staates am wirtschaftlichen Wettbewerb, 1968, S. 118; *Reuss* u.a., Wirtschaftsverwaltungsrecht I, 1963, S. 20; *Püttner*, Die öffentlichen Unternehmen, 1969, S. 150 f.; *Kriele*, Wirtschaftsfreiheit und Grundgesetz, ZRP 1974, S. 105 (109); *Scheuner*, Die staatliche Intervention im Bereich der Wirtschaft, VVDStRL 11 (1954), S. 1 (19 f.); *Schmidt*, Wirtschaftspolitik und Verfassung, 1971, S. 128 f.

[4] Die Grundprinzipien des Wirtschaftsverfassungsrechts, DRZ 1950, S. 193; *ders.*, Die soziale Marktwirtschaft in der Verfassung der Bundesrepublik, 1954.

[5] Zur sog. „Neutralitätstheorie" siehe vor allem *Krüger*, Staatsverfassung und Wirtschaftsverfassung, DVBl. 1951, S. 361 (363 f.); *Ipsen*, Rechtsfragen der Investitionshilfe, AöR 78 (1962/63), S. 284 (309); *Hamann*, Rechtsstaat und Wirtschaftslenkung, 1953, S. 31 f.

fassung" *wirklich entschieden hat* und warum diese Entscheidung auch nur so *ausfallen konnte.* Erst dann kann sich zeigen, welche Bedeutung dem Eigentumsgrundrecht im Hinblick auf den Markt dennoch zukommt — trotz aller wirtschaftspolitischen Zurückhaltung der Verfassung.

2. Die Rechtsprechung des Bundesverfassungsgerichts — keine Entscheidung zur „Wirtschaftsverfassung", keine Ablehnung der grundgesetzlichen Marktgarantie

a) Das Bundesverfassungsgericht hat in seinen wirtschaftsrechtlichen Grundentscheidungen[6] weder von einer „Wirtschaftsverfassung" gesprochen, noch das Beiwort „wirtschaftsverfassungsrechtlich" verwendet. Die Frage, ob es eine „Wirtschaftsverfassung des Grundgesetzes" gibt, ist also, entgegen häufig vereinfachender Darstellung, bisher nie entschieden worden. Die Rede ist stets lediglich von einem „Wirtschaftssystem" und von der „gegenwärtigen Wirtschafts- und Sozialordnung", die keineswegs die einzig mögliche sei, sondern vom Gesetzgeber auch anders als bisher fortentwickelt werden dürfe. Andererseits hat das Bundesverfassungsgericht immer wieder ausdrücklich betont, daß dem wirtschaftsordnenden Gesetzgeber Grenzen in den Normen des Grundgesetzes, „insbesondere in den Grundrechten" gesetzt seien[7]. Das Bundesverfassungsgericht hat also insoweit keineswegs revolutionäre wirtschaftsverfassungsrechtliche Obersätze aufgestellt. Es hat lediglich ausgesprochen, daß das Grundgesetz Normen enthalte, welche auch der staatlichen Intervention Grenzen setzten, daß aber, außerhalb von diesen, ein Gestaltungsraum für den Gesetzgeber bleibe, den das Gericht „Wirtschaftsordnung" nennt und der „Wirtschaftspolitik" von Legislative und Regierungsgewalt überantwortet. Dies alles ist, von den dogmatischen Kategorien her gesehen, unbestreitbar und auch von H.C. Nipperdey nicht geleugnet worden. Nur in den konkreten, vom Bundesverfassungsgericht zu entscheidenden Fällen konnte man allenfalls verschiedener Ansicht sein — hier aber sah eben das Gericht die Grenzen der Gesetzgebung nicht überschritten und den *allgemeinen* Einwand, hier werde wirtschaftsverfassungswidrig gehandelt, ließ es *in den Einzelfällen* nicht gelten. Die obiter dicta zur „veränderlichen Wirtschaftsordnung" dekonstitutionalisieren also keineswegs den gesamten Wirtschaftsbereich — sie stellen für ihn nur fest, was *für alle anderen Bereiche auch* gilt: Die Verfassung zieht Grenzen, innerhalb deren der Gesetzgeber frei ist. Diese Urteile schaffen weder eine absolute Verfassungsoffenheit, noch gehören sie überhaupt zu den konstruktiven Grundsatzurteilen des Bundesverfassungsgerichts, sie stellen nur klar, was der Verfassungs- und Grund-

---

[6] Vgl. Fn. 3.

[7] BVerfGE 7, S. 377 (400).

rechtsdogmatik an sich schon entspricht. Einen riesigen „verfassungsfreien Raum der Wirtschaft“ gibt es nicht. Die Entscheidung fällt, wie immer, in der Abwägung zwischen den Rechten des Bürgers und des Staates im Einzelfall[8]. Mit den eingewurzelten Vorstellungen von der „verfassungsunabhängigen Wirtschaftsgesetzgebung“ gilt es zu brechen.

b) Das Bundesverfassungsgericht hat sich nicht ausdrücklich dazu geäußert, ob „der Markt“ als solcher von der Verfassung garantiert sei und wie weit diese Gewährleistung reiche. Festgestellt hat es dazu nur zweierlei: die heutige „grundsätzlich marktwirtschaftlich geordnete Wirtschaft“ ist mit der Verfassung vereinbar[9] und: Die Wirtschaft muß nicht notwendig mit „marktkonformen Mitteln“ gesteuert werden[10]. Beide Aussagen stellen weder eine grundgesetzliche Marktgarantie fest, noch schließen sie dieselbe aus. Wenn eine Wirtschaftsordnung der Marktwirtschaft grundgesetzgemäß ist, so besagt dies nichts darüber, ob eine „nicht marktwirtschaftliche“ Wirtschaftsordnung die grundgesetzlichen Schranken überschreitet oder nicht[11].

Vor allem aber liegt in der Ablehnung eines Gebotes *„marktkonformer staatlicher Intervention“ keinerlei Aussage* für oder gegen eine Verfassungsgarantie des privaten Marktes. Das Gericht äußert sich nur klärend zu den Formen seiner Beschränkung. Das Wort „marktkonform“ ist *doppeldeutig.* Intervention ist hoheitlicher Eingriff von außen, er erfolgt zur *Korrektur* des Marktes aus Gründen des Gemeinwohls, er wird daher in der Regel nicht in dem Sinne marktkonform wirken können, daß von ihm typische Marktimpulse ausgehen. Aber auch in dem Verständnis kann „Marktkonformität“ nicht ex Constitutione verlangt werden, daß stets nur „der Markt dadurch wiederhergestellt“ werden soll. Dies würde nämlich voraussetzen, daß ein *ganz bestimmter* Begriff von Markt zugrundegelegt würde, der aber in der Tat nirgends in der Verfassung fixiert ist. Überdies aber würde so das *Wesen der Intervention* verkannt. Sie ist eine Freiheitsbeschränkung, die zwar *auch* freiheitsfördernd sein *kann*, es in der Regel sein sollte, aber es durchaus nicht in allem und jedem sein *muß.* Greift der Staat interventionistisch in den Markt ein, so kann dies sowohl darin bestehen, daß er Wettbewerbschancen der

---

[8] Darauf weist ausdrücklich das BVerfG, aaO., hin.

[9] BVerfGE 30, S. 292 (311 f.).

[10] BVerfGE 4, S. 7 (17).

[11] Zwar liegt es nahe, aus dem Begriff „grundsätzlich marktwirtschaftlich geordnete Wirtschaft“ zu schließen, daß die Entscheidung für ein „Prinzip der Marktwirtschaft“ *als solche* zur Wirtschaftsordnung gehöre und damit dem Gesetzgeber vorzubehalten sei. Dies würde jedoch zu weit gehen. Das BVerfG hat hier, wie auch sonst (vgl. etwa BVerfGE 12, S. 341 [347]), die Marktwirtschaft als „Konkurrenzwirtschaft“, als „Wirtschaft des freien Unternehmertums“ im Auge, und dies ist allerdings eine wirtschafts*politische* Entscheidung, das GG zwingt zu *ihr* nicht. Der Begriff des „privaten Marktes“ ist ein anderer, ob *er* nicht vom GG vorausgesetzt wird, ist unten (III 1) zu untersuchen.

Bürger verändert und damit Freiheitsräume anders verteilt als bisher, als auch darin, daß er *alle* privaten Freiheitsräume im öffentlichen Interesse, etwa aus Gründen der Verteidigung, beschränkt. Beides ist nicht „marktkonform“ in dem Sinne, daß es etwa „den bisherigen Markt wieder herstellte“ — es schafft vielmehr „einen anderen Markt“ — und ist dennoch legitim; oder es greift in den Markt ein — und ist doch nicht unberechtigt, eben weil es ja staatlicher Eingriff in die Freiheit ist. Der Begriff der „marktkonformen Intervention“ sollte im Verfassungsrecht nicht mehr verwendet werden, weil er mehrdeutig ist und überdies in der extrem liberalistischen Weise mißverstanden werden könnte, als gebe es überhaupt kein staatliches Eingriffsrecht in den „Freiheitsbereich der Wirtschaft“. Dies aber wäre ebenso unrichtig wie die Gegenthese von der völligen Dekonstitutionalisierung des Wirtschaftsbereiches. Das Bundesverfassungsgericht hat also mit Recht die These von der „nur marktkonformen Intervention“ abgelehnt. Zur verfassungsrechtlichen Garantie aber hat es damit nichts ausgesagt, weil der „Markt“ – wie immer er verstanden wird – *das zu Beschränkende* ist, das Bundesverfassungsgericht sich aber nur zu *Formen der Beschränkung geäußert* hat.

c) Die Rechtsprechung des Bundesverfassungsgerichts hat also die hier untersuchte Frage bisher nicht entschieden, es hatte keine Gelegenheit dazu. Zwei wichtige Vorentscheidungen aber lassen sich ihr entnehmen:

– Eine bestimmte *volkswirtschaftliche Lehrmeinung* darf nicht dem Grundgesetz unterschoben und zum Maßstab der einfachen Gesetze, der Wirtschaftspolitik erhoben werden[12]. Ganz abgesehen von den grundsätzlichen und vor allem methodischen Schwierigkeiten der Normifizierung nationalökonomischer Modelle[13] — hier würde in der Tat eine unerträgliche „Offenheit der Verfassung“ entstehen, ein „Professoren-Verfassungs-Recht“, das in der Unvorhersehbarkeit seiner Entwicklung mit der Rechtsstaatlichkeit ebensowenig vereinbar wäre wie das Gelehrten- oder Expertenrecht mit Demokratiegebot und Volkssouveränität. Dies bedeutet: Die wirtschaftswissenschaftlichen Marktmodelle haben für das Verfassungsrecht kategorialen Erkenntniswert[14], sie besitzen keinerlei Sinnerfüllungswert gegenüber „offenen“ Verfassungsklauseln. Wenn es also überhaupt eine Marktgarantie des Grundgesetzes gibt, so muß dies eine *typisch verfassungsrechtliche* sein, jenseits spezifischer ökonomischer Modelle.

---

[12] BVerfGE 7, S. 377 (400).

[13] Ebenso *Badura*, AöR 92 (1967), S. 382 (393); *Scholz*, (Fn. 3), S. 100; zur Schwierigkeit der Normfixierung ökonomischer Modelle vgl. *Mestmäcker*, Macht — Recht — Wirtschaftsverfassung, ZHR 137 (1973), S. 97 (106).

[14] Was natürlich nicht bedeutet, daß man auf juristische Kategorisierung schlechthin verzichten müßte. Zu den Marktkategorien in diesem Sinn immer noch grundlegend *Huber*, Wirtschafts-Verwaltungsrecht I, 2. Aufl. 1953, S. 31 f.

– Eine *formelle Wirtschaftsverfassung* gibt es nicht als ein zusammenhängendes, kodifikationsähnliches Normensystem. Angesichts der Abstraktionshöhe der verfassungsrechtlichen Regelungen wäre dies noch weit problematischer als ein „Wert- und Anspruchssystem" der Grundrechte, das manche dem Grundgesetz unterlegen und welches das Bundesverfassungsgericht immerhin in dem Sinne einer grundrechtlichen „Wertordnung" anerkannt hat. Die unübersehbare, detaillierte Vielfalt der Wirtschaftsordnung schließt ein wirtschaftsverfassungsrechtliches System aus, welches etwa Deduktionen von Lösungen für den Einzelfall ermöglichen sollte. Mag es noch ein „Verfassungssystem" geben können — ein wirtschaftsverfassungsrechtliches Subsystem würde die Gestaltungsfreiheit von Legislative und Exekutive unerträglich einschränken und die Entscheidungen jener Gewalt zuschieben, die dafür am wenigsten geeignet ist — der Jurisdiktion, wo doch — judex non calculat ... Für kaum einen anderen Bereich würde man von einer solchen „formellen Sub-Verfassung" sprechen, etwa auch nicht von einer „Kultur- oder Wissenschaftsverfassung" oder von einer „Medienverfassung" des Grundgesetzes[15]. Es gibt Beamten-, Medien-, Kulturverfassungs*recht*, keine entsprechende „Verfassung" — also auch keine Wirtschaftsverfassung. Sie wäre nur eine romantische Reminiszenz an den freifliegenden Merkur des 19. Jahrhunderts.

d) Das Bundesverfassungsgericht hat die *Wirtschaftsverfassung* abgelehnt, nicht die Existenz eines *Wirtschaftsverfassungsrechts*. Zu diesem rechnet es vor allem die Grundrechte, unter ihnen auch die Eigentumsgarantie. Aus der *Einzelauslegung* dieser Grundrechte können sich gewisse Grenzen der Legislative und Gubernative ergeben[16]. Die verbreitete Ansicht, den Grundrechten könnten keine objektiven Ordnungsstrukturen entnommen werden[17], eine (wirtschaftsverfassungsrechtliche) Institutionalisierung von Freiheiten könne es nicht geben[18], ist jedenfalls insoweit berechtigt, als eine *Systemformierung* aus solchen Einzelbegrenzungen oder -orientierungen ausgeschlossen ist. Das bedeutet nicht, daß eine völlig isolierende Interpretation der einzelnen grundrechtlichen Verbürgungen erfolgen müßte[19] – es sind in jedem Fall auch sachnahe andere Verfassungsnormen heranzuziehen –, ausgeschlossen ist jedoch a priori die Erreichung eines System-Zieles, über eine Vielzahl von Ge-

---

[15] Von „Wehrverfassung" war nur in einem formell-redaktorischen, nicht in einem systematischen Sinn die Rede, als Zusammenfassung zahlreicher, in sich allerdings keineswegs systematisch geschlossener, „neuer" Verfassungsnormen, ebenso von der Wirtschafts- (= Stabilitäts-)Verfassung.

[16] Zutr. *Kriele* (Fn. 3), S. 109.

[17] *Klein* (Fn. 3), S. 111 f.

[18] *Klein*, aaO.; *Püttner* (Fn. 3), S. 150 f.

[19] *Badura*, AöR 92 (1967), S. 382 (393), betont die Notwendigkeit der „wertenden Abwägung" — dies gilt auch im Verhältnis zu anderen grenzziehenden Verfassungsnormen.

setzes- und Rechtsanalogien; denn ein solches „System" wäre eben notwendig jene Wirtschaftsordnung, deren Gestaltung der Ersten und Zweiten Gewalt vorbehalten bleiben muß. Dies schränkt von vorneherein die mögliche Tragweite der folgenden Untersuchung ein: Sie kann aus der Eigentumsgarantie kein wie immer geartetes geschlossenes Markt-System ableiten. Mehr kann sie nie bringen als eine Antwort auf die Fragen,

- ob der etwa z.Zt. bestehende Konkurrenz-Markt ganz oder in gewissen Bereichen aufgehoben werden darf;
- welche Anforderungen an einen „privaten Markt" im Sinne des Grundgesetzes jedenfalls zu stellen wären;
- nach welchen Gesichtspunkten im einzelnen die Übereinstimmung von Gesetzen mit diesem „eigentumsgarantierten Markt" zu prüfen wäre.

Die Garantie eines vollformierten Marktsystems dagegen ist dem Grundgesetz fremd.

3. Exkurs: Sozialstaatlichkeit als Grundlage einer „Wirtschaftsverfassung"

Das Bundesverfassungsgericht hat nicht etwa nur die „soziale Marktwirtschaft", es hat jedes wirtschaftliche Gesamtmodell *als formelle* Wirtschaftsverfassung abgelehnt. Aus dem Grundgesetz kann insbesondere *auch nicht eine „sozialstaatliche Wirtschaftsordnung" als Verfassungsauftrag oder gar als geltendes Verfassungsrecht abgeleitet werden*. Dies ist heute weit aktueller als der längst antiquierte Streit um den Verfassungsrang der „sozialen Marktwirtschaft". Daß die Sozialstaatlichkeit ein Begriff ist, aus dem sich ein solches Gesamtsystem ableiten ließe, ist seit langem erkannt und ein derartiges „Sozialmodell" ist dem „Marktmodell" gegenübergestellt worden[20]. In neuester Zeit hat man der Sozialstaatlichkeit immer stärkere normative Wirkkraft, immer mehr an systematischem Inhalt für das Ganze der Wirtschaftsordnung zugesprochen. Wenn sie ein Auslegungsgrundsatz ist, der für alle Normen gilt und alle Gewalten bindet[21], und wenn sie mit dieser allseitig-systematischen Wirkkraft dem Staat so generelle Aufträge geben soll, wie „die soziale Gerechtigkeit" zu verwirklichen[22] oder die „politische Idee des Wohl-

---

[20] So *Ehmke*, Wirtschaft und Verfassung, 1961, S. 19 f., der dies dem Nipperdeyschen „System" gegenüberstellt, um die Unmöglichkeit von dessen Konstitutionalisierung zu erweisen.

[21] Vgl. dazu *Schreiber*, Das Sozialstaatsprinzip des Grundgesetzes in der Praxis der Rechtsprechung, 1972, S. 62 mit Nachweisen; vgl. insbes. BVerfGE 1, S. 97 (105); BSGE 15, S. 1 (8); 19, S. 88 (92). Aus dem Schrifttum grundlegend *Bachof*, VVDStRL 12, S. 43; *Weber*, Die verfassungsrechtlichen Grenzen sozialstaatlicher Forderungen, Der Staat 4 (1965), S. 409 (418, 432); zur Bindung von Behörden vgl. BVerfGE 3, S. 377 (381).

[22] Dazu ausführlich BVerfGE 5, S. 85 (198); 22, S. 180 (204); BVerwGE 7, S. 180

fahrtsstaates" zum Tragen zu bringen[23], so bleibt dies entweder inhaltslos — oder es zwingt zu *systematischer Wirtschaftsordnung*, gerade zu dem also, was sich *aus der Verfassung* nach dem Bundesverfassungsgericht *nicht ergibt*. Nichts anderes als eine derartige verfassungswidrige Auslegung der Sozialstaatlichkeit droht dann, wenn man aus ihr *allgemein* eine „Verpflichtung zur Daseinsvorsorge"[24] oder das Gebot eines „erträglichen Ausgleiches" im Sinne sozialer Kompromisse ableiten will[25]. Versucht man dann daraus auch nur *eine konkrete* normative Folgerung zu ziehen, so müßte dies, wegen der systematischen Generalität der Sozialstaatlichkeit, in allen wirtschaftlichen Bereichen geschehen, eine solche sozialstaatliche Gleichschaltung aber könnte gar nichts anderes bewirken als — eine „sozialstaatliche Wirtschafts*verfassung*", diese widerspräche dem Grundgesetz. Mit Recht ist also die Sozialstaatlichkeit als ein „offener Begriff" bezeichnet worden[26], zu dessen Konkretisierung eben nur der Gesetzgeber das Wesentliche tun könne[27]. Dies ist nicht etwa eine beklagenswerte verfassungsrechtliche Abwertung der Sozialstaatlichkeit, sondern die notwendige Folge aus der dogmatischen Position des Bundesverfassungsgerichts zur „Wirtschaftsverfassung". Die Sozialstaatlichkeit ist vor allem Aufgabe für den Gesetzgeber, ihre Verfassungsnormativität muß besonders behutsam begrenzt werden, weil dem Begriff schlicht eine überschießende Tendenz auf eine Gesamtordnung mit Verfassungsrang entnommen werden könnte. Eine solche aber kann es unter dem Grundgesetz nicht geben — weder als „soziale Marktwirtschaft", noch als „Sozialstaat", „Wohlfahrtsstaat", „Daseinsvorsorge-Staat" — eine Mahnung an diejenigen, welche die heutige marktwirtschaftliche Ordnung im Namen des Sozialstaates grundlegend ändern *und* dieses ihr Ergebnis dann auch noch auf diese Weise konstitutionalisieren wollen: *Eine Wirtschaftsverfassung der Sozialstaatlichkeit ist nicht möglich.*

---

(182); grundlegend *Bachof*, VVDStRL 12, S. 40; *Badura*, Auftrag und Grenzen der Verwaltung im sozialen Rechtsstaat, DÖV 1968, S. 446.

[23] Vgl. *Badura*, aaO., S. 442.

[24] Vgl. BVerfGE 21, S. 245 (251); vgl. dazu *Friauf*, Die Rolle der Grundrechte im Interventions- und Leistungsstaat, DVBl. 1971, S. 674 (676).

[25] Das BVerfG spricht dies für den speziellen Bereich des Rechtsschutzes aus in BVerfGE 9, S. 124 (131).

[26] Dazu die lesenswerten Ausführungen von *Suhr*, Rechtsstaatlichkeit und Sozialstaatlichkeit, Der Staat 9 (1970) S. 67 (73).

[27] BVerfGE 1, S. 97 (105), ständige Rechtsprechung; BSGE 15, S. 1 (8), ständige Rechtsprechung; vgl. dazu *Bettermann*, Grenzen der Grundrechte, 1968, S. 19.

4. Verfassungsrechtliche Marktgarantie und „Wettbewerbsfreiheit"

Von der herrschenden Lehre wird eine sogenannte (verfassungsrechtliche) Wettbewerbsfreiheit aus Art. 2 Abs. 1 GG als ein besonderer Aspekt der allgemeinen Handlungsfähigkeit abgeleitet[28]. Es liegt nahe, daraus eine „Garantie des privaten Marktes" schlechthin gewinnen zu wollen. Wenn jeder wirtschaftlich Tätige ein Recht auf „möglichst ungestörten Wettbewerb" hat, so muß es in der Tat einen privaten Markt geben; aus der dichten Vielzahl gleichgerichteter subjektiver Rechte könnte sich ein objektives Ordnungssystem ableiten lassen — es käme dann eben doch zu einer objektiv-systematischen Wirkung der Grundrechte[29], weil die Wettbewerbsfreiheit jedenfalls *ohne* einen derartigen Marktmechanismus nicht existieren könnte. Es mag hier offen bleiben, ob ein Wettbewerbsgrundrecht anzuerkennen ist; die Rechtsprechung des Bundesverfassungsgerichts zur Wirtschaftsverfassung spricht eher dagegen, denn auch hier entstünde ja eine Kategorie von übermäßig globaler, systembildender Kraft. Art. 2 Abs. 1 GG führt aber in der Frage der Marktgarantie schon deshalb nicht weit, weil sein Aspekt „Wettbewerbsfreiheit" jedenfalls, über die „verfassungsmäßige Ordnung", unter allgemeinem Gesetzesvorbehalt stünde, vom wirtschaftsordnenden Gesetzgeber also beliebig, bis an die Grenze des Wesensgehalts (Art. 19 Abs. 2 GG), eingeschränkt werden könnte. Ein etwa durch sie verfassungsrechtlich legitimierter Markt könnte also ebenfalls gesetzgeberisch umgestaltet werden — nahezu frei, denn es könnte kaum eine einzige konkrete Grenze der staatlichen Intervention aufgezeigt werden, die sich aus der Dogmatik dieses Grundrechts ergäbe. Dies aber ist seine Schwäche — es würde allzu viel schützen und sicherte daher kaum etwas wirklich; allenfalls könnte aus ihm das Verbot totaler Marktaufhebung in größeren Sektoren abgeleitet werden.

II. Das grundgesetzliche Enteignungsrecht (Art. 14 Abs. 3 GG) als Garantie eines „staatsfreien Marktes"

Wirtschaftsverfassungsrecht kann nur aus Einzelanalysen bestimmter grundgesetzlicher Normen gewonnen werden[30]. So soll hier eine Antwort auf die oben (2. a.E.) aufgeworfenen Fragen nach einer „Markt-Garantie" aus Art. 14 Abs. 3 GG versucht werden.

---

[28] Nachweise zum Meinungsstand bei *Leisner*, Sozialversicherung und Privatversicherung, 1974, S. 149, sowie noch (ablehnend) *Klein* (Fn. 3), S. 111 mit Nachweisen; (zustimmend) *Rüfner*, Formen öffentlicher Verwaltung im Bereich der Wirtschaft, 1967, S. 211 mit Nachweisen; differenzierend *Zacher*, Aufgaben einer Theorie der Wirtschaftsverfassung, Festschrift für F. *Böhm*, 1965, S. 63 (98).

[29] Zu den Bedenken dagegen vgl. oben 2 d, Fnen. 18, 19.

[30] Vgl. *Kriele* (Fn. 3), S. 109.

1. Art. 14 GG und die problematischen wirtschaftsverfassungsrechtlichen „Zitatketten“

Die Anerkennung der Bedeutung der Eigentumsgarantie für die Marktwirtschaft ist spätestens seit *Max Weber*[31] „Allgemeingut“ auch im Bereich des Staatsrechts — aber sie wird eben meist nur in recht allgemeinen Wendungen betont[32]; dies gilt auch für ihre „institutionellen“ Auswirkungen, die etwa übermäßige Lenkung ausschließen sollen[33]. Damit ist allenfalls eine allgemeine Garantie des Marktes angesprochen[34], nähere dogmatische Anhaltspunkte für ihren Umfang ergeben sich daraus nicht.

Dasselbe gilt für eine Form der Begründung allgemeinerer wirtschaftsverfassungsrechtlicher Aussagen, die sich häufig findet: das „Kettenzitat“. Da wird etwa ein Prinzip der „Wirtschaftsfreiheit“[35] auf eine Reihe von vorwiegend grundrechtlichen Verbürgungen gestützt oder es werden diese als „Netz grundrechtlicher Strahlungszentren“[36] vorgestellt. Nicht anders hatte auch Nipperdey sein Verfassungsprinzip der sozialen Marktwirtschaft zu untermauern versucht. Art. 14 fehlt nie in dieser Kette, neben Art. 2, 9, 12 GG. Sie ist legitim, soweit sie die sodann im einzelnen zu interpretierenden Normen nennt, doch es kommt ihr nicht *als solcher* irgendeine Begründungswirkung zu, ebensowenig wie ihrem Pendant, der „Sozialreihe“ (Art. 1, 9, 14 Abs. 2, 15, 20, 28). Die „Ketten“ zeigen nicht etwa eine Entscheidung für eine bestimmte Wirtschaftsverfassung, sie können auch nicht „Verfassungsstimmung“ für irgend eine Grundentscheidung machen, nicht selten zeigen sie nur das dogmatische Defizit der Staatsrechtslehre im ganzen, was die präzise abgrenzende Einzelauslegung dieser Normen anlangt. Zur „Garantie des Marktes“ ergeben die „Ketten“ nicht als solche, sondern erst dann etwas, wenn ihre einzelnen Grundrechtsglieder dogmatisch fest geschmiedet sind.

---

[31] Wirtschaftsgeschichte, 3. Aufl., hrsgg. von J.F. *Winckelmann*, 1958, S. 239 f.

[32] Vgl. für viele *Klein* (Fn. 3), S. 118; *Scheuner*, VVDStRL 11 (1954), S. 63; *Neuman*, Unternehmen und Unternehmensführung, in: *Gemper* (Hrsg.), Marktwirtschaft und soziale Verantwortung, 1973, S. 139 f.

[33] Vgl. u.a. *Huber*, Wirtschafts-Verwaltungsrecht II, 1953, S. 10; *Friauf*, Eigentumsgarantie, Leistung und Freiheit, in: *Gemper*, aaO., S. 438 (450).

[34] Daß übrigens die soziale Marktwirtschaft „besonders nahe“ beim GG steht, wird heute wieder ausdrücklich anerkannt, vgl. etwa *Zacher*, Soziale Sicherung in der sozialen Marktwirtschaft, VSSR 1973, S. 97 f. (insbes. S. 102 f. zum Eigentum).

[35] Z.B. *Reuss*, Wirtschafts-Verwaltungsrecht I, 1963, S. 21 f.

[36] *Zacher* (Fn. 28), S. 97; vgl. auch *Schmidt* (Fn. 3), S. 132; *Scheuner*, VVDStRL 11 (1954), S. 1 (59 .f).

2. Art. 14 Abs. 3 GG als Verbot der Wertbestimmung durch den Staat

Staatliche Eingriffe in das Privateigentum sind nach Art. 14 Abs. 2 Satz 2 und Abs. 2 GG im Wege der Sozialbindung entschädigungslos zulässig. Der Entzug oder die übermäßige Belastung eines Eigentumswertes verpflichtet dagegen den Staat zu einer Ersatzleistung, die in der Regel Entschädigung nach Marktwert verlangt. Dies gilt ebenso für Individual- wie für Gruppenenteignungen, sei es, daß die entzogenen Werte dem Staate zukommen, oder daß sie, direkt oder mittelbar, Dritten zugewendet werden[37].

a) Daraus ergibt sich *für den „Markt" eine Folgerung von fundamentaler Bedeutung. Die Werte, die das Privateigentum dem Bürger zusichert, dürfen nicht staatsbestimmt sein, sonst würden die Garantien des verfassungsrechtlichen Enteignungsrechts unterlaufen, ja völlig wertlos.* Die Werte werden heute in ihrer Höhe im wesentlichen „auf dem Markt" bestimmt, und daher legt die Judikatur auch mit Recht prinzipiell den Marktwert im Enteignungsfall zugrunde. Könnte nun der Staat, so wie etwa eingangs für den Bodenmarkt dargestellt, den Markt völlig aufheben, so würde er allein durch Gesetzgebung und Verwaltung, durch Hoheitsgewalt alle Bodenwerte bestimmen. Welchen Sinn hätte dann noch ein Streit über die Höhe der Entschädigung, eine Möglichkeit, die doch das Grundgesetz in Art. 14 Abs. 3 a.E. ausdrücklich garantiert? Der Staat könnte die Wertbestimmung für jeden Sektor durch Marktaufhebung völlig in die Hand nehmen. Da er die Marktgesetzgebung legitim nach Eigentümer- oder Eigentumsgruppen spezialisieren dürfte, vermöchte er jede Enteignung beliebig über vorgängige Wertbestimmung zu seinen Gunsten zu steuern. Die *Marktaufhebung* ist daher nichts anderes als eine „vorgezogene Enteignung". Wollte man sie zulassen, so wäre entschädigungslose Gruppenenteignung nur mehr eine Frage geschickter Gesetzestechnik; übrig bliebe von Art. 14 Abs. 3 lediglich das Verbot der gesetzlichen Individualenteignung, weil nur das Gesetz verfassungswidrig bliebe (Art. 19 Abs. 1 GG), das *einen bestimmten Wert* festlegen wollte. Die vielgepriesenen Fortschritte der Eigentumsdogmatik seit dem Beginn der Weimarer Zeit wären in einem entscheidenden Punkt wieder aufgehoben: Gegen den Gesetzgeber gäbe es überhaupt keinen Eigentumsschutz mehr. Selbst Individualenteignungen aber könnten auf diesem Weg „vorgezogen" werden: Indem etwa die Marktbetätigung im Einzelfall von Genehmigungen abhängig und diese gar noch weithin in das Ermessen der Behörde gestellt würden. Der Bürger könnte dann, mangels Genehmigung, sein Gut auf dem Markt nicht anbieten, folglich hätte es keinen oder kaum einen Wert mehr. Was für die – individuelle oder kollektive – Marktaufhebung durch Hoheitsgewalt gilt, trifft auch für jede *tiefgreifende Marktmanipulation* durch den Staat zu.

---

[37] Vgl. dazu mit Nachweisen *Leisner*, Sozialbindung des Eigentums, 1972, S. 101 f.

Wenn er die Bedingungen völlig verändert, unter denen ein Gut seinen Besitzer wechseln kann, wenn sich daraus ein entscheidender Wertabfall ergibt, weil niemand mehr das Gut zu einem auch nur annähernd vergleichbaren Preis mehr haben will, so wirkt dies für den Bürger genau wie ein enteignender Eingriff. Man muß sich von der mechanistischen Vorstellung frei machen, das Eigentumsrecht garantiere die „Rechtsbeziehung von Menschen zu Sachen", nicht zu „Werten". Sache ohne Wert ist nichts als ein Objekt der Dereliktion, Eigentumsgarantie ohne Wertgarantie ist völlig sinnlos. *Deshalb* ist auch Eigentum nicht nur Besitz, Recht der Innehabung; es umfaßt vor allem die Rechts-Aspekte der Nutzung und Verfügung. Entwertet es der Staat durch Markintervention, so entzieht er damit *unmittelbar* Nutzung und er nimmt eine Verfügungsgewalt, die keinen Sinn mehr hat, wenn die Verfügung wirtschaftlich nichts erbringt. Streng genommen bliebe dann ja dem Eigentümer nichts mehr anderes als — gerade jenes „Affektionsinteresse", für das aber gerade nicht entschädigt wird. Die Eigentumsgarantie bedeutet also, daß ein *staatsunabhängiger Markt garantiert bleiben muß*, weil durch hoheitliche Marktveränderung jede beliebige Wertänderung bewirkt werden kann. Diese aber wäre, ginge sie zu weit, entzöge sie insbesondere vollständig den Wert, nichts anderes als (Quasi-)Totalenteignung. Ein Grundrecht des Eigentums hat nur einen Sinn, wenn eine Trennung von Staat und Gesellschaft wenigstens insoweit besteht, als die Wertbestimmung der Güter über einen *wie immer gearteten Markt* nicht vom Staat, sondern von den Bürgern vollzogen wird. Dies gilt selbst dann, wenn man die Entschädigungsgewalt nicht in jedem Fall auf den Marktpreis festlegen will[38], weil in ihm etwa sektorial kein „angemessener Ausgleich zwischen den Interessen der Allgemeinheit und des Betroffenen" zu sehen wäre (Art. 14 Abs. 3 GG). Gerade diese Wendung zeigt deutlich, daß es jedenfalls einen staatsunabhängigen Markt geben muß. Denn wenn der Gesetzgeber, nach reiflicher Überlegung (Junktimklausel) eine andere Entschädigungsregelung trifft als der Markt es nahelegt, so muß doch grundsätzlich zunächst dieser Markt vorhanden sein und zu allererst die „Interessen des Betroffenen" fixieren, andernfalls gäbe es diese Interessen nicht, sie könnten also gar nicht gegenüber denen der Allgemeinheit abgewogen werden. Selbst die Sozialisierung (Art. 15 GG), die möglicherweise den Markt für die Zukunft aufhebt, setzt voraus, daß es bis zu ihrem Zeitpunkt eben diesen Markt gibt, weil nach seinen Hinweisen zu entschädigen ist. Wenn also irgendwo das Schlagwort von der „kalten Enteignung" oder „Sozialisierung" berechtigt ist, so hier — wenn der Staat den Markt aufhebt oder tiefgreifend manipuliert.

b) Dem kann nicht entgegengehalten werden, der Markt-Eingriff sei ja stets, seinem Wesen nach, nur eine *„indirekte Eigentumsberührung"*, hier

[38] Siehe das Deich-Urteil des BVerfG, BVerfGE 24, S. 367 ff.

würden nicht subjektive (Grund-)Rechte getroffen, sondern ein gesamtwirtschaftlicher Mechanismus, der die Ansprüche der Eigentümer auf Erhaltung ihrer Werte „mediatisiere“. Wenn auf Dauer jeder Handel mit Aktien oder mit Grundstücken verboten und hier etwa durchgehende Zwangsvergenossenschaftlichung ohne Entschädigung verfügt würde, so müßte jeder Betroffene dies als Enteignung empfinden, schon weil der Staat dann den Wert der Güter nach Belieben festsetzen könnte, ja diesen rein nach öffentlichem Interesse fixieren müßte, womit jede Privatnützigkeit entfiele. Die Enteignung läge aber nicht erst in der nachfolgenden hoheitlichen Wertbestimmung, sondern in der Aufhebung des Markt- und damit des Entschädigungsmechanismus. Ein solcher Eingriff in den Markt oder seine Sperre bewirkt *unmittelbar* eine „Enteignung in Eigentümerhand“, denn der Wert des Gutes bildet sich nicht allein in Eigentümerhand, sondern nur in Verbindung mit der Möglichkeit, es in fremde Hände zu legen. Getroffen im Kern würde das Eigentum in seinem Aspekt des *Verfügungsrechts* über das Gut; dieses würde sich darauf beschränken, den Eigentumsgegenstand nach staatsdiktierten Bedingungen abzugeben und damit zu einem Akt der „Verwaltung“ degenerieren, während es heute ein Recht auf Wert-(Mit-)Bildung über den Markt darstellt und damit eine „Realisierung des Eigentums“ im wahren Sinne des Wortes. „Markt“ und „Eigentumsrechte“ kann man schon deshalb nicht trennen, weil „der Markt“ ja nicht nur durch die aktuelle Güterbewegung bestimmt wird, sondern auch, ja vor allem durch die jeweils dahinter stehenden Mengen von Eigentums-Gütern, die als determinierende marktwirtschaftliche Reserve-Powers wirken. Scholastisch ausgedrückt: Das Eigentum ist Markt in potentia, der Markt ist Eigentum in actu, Markt ist letztlich nichts — als Eigentum. Virtuell ist jeder Eigentümer mit seinem Gut stets auf dem Markt präsent, mit ihm wird er sofort, unmittelbar getroffen.

Man hat für den industrialisierten Massenstaat das bittere Wort von der „liberté inutile“ geprägt, weil die Freiheit für den Macht- und Besitzlosen nutzlos wird. Die Trennung von Markt und Eigentum würde die „propriété inutile“ schaffen, als „Recht zum frierenden Besitz“, sie wäre nur mehr ein Recht auf ökonomische Unvernunft, auf Festhalten wertloser Gegenstände in einer radikal kommerzialisierten Welt. Markt und Eigentum könnten nur dann rechtlich auseinanderfallen, wenn es einen speziellen Marktbegriff des Grundgesetzes gäbe und hier die staatlichen Gestaltungsrechte abweichend von Art. 14 GG geregelt wären. Dies aber ist nicht der Fall, es würde dies ja gerade etwas voraussetzen, was das Bundesverfassungsgericht ausschließt — die vollformierte Wirtschaftsverfassung. Der Markt-Eingriff muß also die Eigentumsschranken achten.

c) Regelt der Staat den Markt, so schafft er auch nicht nur „Recht zwischen Bürgern“, so daß etwa gar keine hoheitliche Enteignungsbeziehung Staat–Bürger entstünde. Für den Eigentümer wirkt jede wesentliche Beschränkung enteignend — gleich ob sie dem Staat oder Dritten zugute kommt. Die Enteignung zugunsten Dritter ist seit langem anerkannt. Wäre eigentumsentziehende Umverteilung nicht begrifflich Enteignung, so verlöre die Eigentumsgarantie ihren wichtigsten Sinn im modernen Staatswesen. Staatsnützige, allgemeinheitsnützige, bürgernützige Enteignungen lassen sich weder unter dem Gesichtspunkt des Gleichheitsverstoßes unterschiedlich behandeln – sie bewirken ihn gleichmäßig – noch sind sie in ihren Wirkungen zu trennen, wie das Beispiel der Bodenfonds zeigt: Ziel ihrer Schaffung ist es vor allem, den Kommunen in Zukunft billig zu Land für öffentliche, gemeinnützige *und* privatnützige Zwecke zu verhelfen. Hebt der Staat irgendwo den Markt auf oder manipuliert er ihn durchgreifend, so kann er den Preis der Güter bestimmen und er wird, ja er muß dabei in erster Linie seine eigenen Interessen wahrnehmen. Derartige Aktionen werden also stets auch, ja primär, ein unmittelbar staatsnütziges Enteignungsziel verfolgen. Staatliches Wertdiktat durch Ausschaltung des Marktes ist daher unter allen Gesichtspunkten unmittelbare Enteignung.

3. Sozialbindende Marktintervention

Markteingriff als Eigentumsverletzung — ist dies nicht völlig wirklichkeitsfremd? Welcher Markt kann heute, wie immer er beschaffen sein mag, staatsunabhängig funktionieren? Vom Wettbewerbsrecht bis zur Währungsregelung, vom Außenwirtschaftsrecht bis zum Umweltschutz — mit allem was sie verordnet, setzt die Staatsgewalt Daten, Grenzen für den Markt und damit für das Eigentum. Unbestritten nimmt sie damit heute ihre wichtigste Aufgabe in reiner Marktordnung wahr — ganz abgesehen von den sozialen Komponenten, die sich dem noch überlagern und nicht selten, ja sogar in der Regel marktverändernd, marktverfälschend wirken. Wäre dies alles „Enteignung", so bliebe Art. 14 GG unvollziehbare Utopie.

Doch hier zeigt sich, daß die Eigentumsdogmatik besser gerüstet ist als die der „Wettbewerbsfreiheit" (vgl. oben I, 4.). Sie muß das Grundrecht nicht durch einen allgemeinen Gesetzesvorbehalt der staatlichen Intervention einfach preisgeben, sich auf einen problematischen Kernbereich zurückziehen: *Der entschädigungslose Eigentumseingriff steht dem Gesetzgeber im Rahmen der Sozialbindung offen (Art. 14 Abs. 1 und 2 GG), ebensoweit darf er auch dem Markt gegenüber intervenieren, wie sich dies auf den Eigentumswert nur als Sozialbindung auswirkt.* Vermöchte er mehr, so würde der „Markt" aus einem Garantie- und Verwirklichungsmechanismus des Eigentums zum Gegenteil desselben: Zu einer Art von „Zweiter Sozialbindung". Den *„Markt als Gesetzesvorbehalt" gibt es nicht, Schranke der Marktintervention ist die Enteignungsschwelle.* Hier zeigt sich auch, weshalb nicht etwa „die Marktwirtschaft als solche" verfassungsrechtlich verankert *sein kann*: Weil dies der

Verfassungsdogmatik des Eigentums widerspräche. Dem Gesetzgeber würde zu Unrecht der Sozialbindungsraum verschlossen, ein solcher privater Eigentumsabsolutismus wäre verfassungswidrig. Der Markt ist geschützt wie das Eigentum, er steht aber dem Gesetzgeber auch ebensoweit offen wie dieses. Das Bundesverfassungsgericht hat also die „Wirtschaftsverfassung" nicht in einer Art von frei gestaltender Verfassungsauslegung abgelehnt (vgl. oben I., 2.) — es hat lediglich, was kaum erkannt worden ist, durch diese Entscheidung die staatliche Sozialbindung anerkannt, die das Grundgesetz ausdrücklich ermöglicht. Die „Wirtschaftsverfassungsurteile" sind grundlegende und zutreffende Eigentumsentscheidungen.

III. Grenzen der Marktintervention aus der Eigentumsgarantie

Das Grundgesetz gewährt also eine „Marktgarantie als Eigentumsgarantie" — mehr nicht. Daraus lassen sich praktikable Folgerungen für die Grenzziehung der Marktintervention ziehen, die ebenso der Grundrechtlichkeit wie dem staatlichen Gestaltungsrecht entsprechen; sie orientieren sich an der „Enteignungsschwelle", zu deren Bestimmung zahllose Einzelerkenntnisse aus Judikatur und Wissenschaft vorliegen. Hier können nur einige Hinweise gegeben werden.

1. Verbot der staatsabhängigen Garantie des „privaten" Marktes

Das Grundgesetz verbietet, daß der Staat die Eigentumswerte schlechthin bestimme, es untersagt den „staatsabhängigen", es gewährleistet den „privaten" Markt. Wie dieser aber im einzelnen beschaffen sein muß, läßt sich dem Grundgesetz nicht entnehmen. Insbesondere läßt sich aus ihm keine Entscheidung für eine „reine Konkurrenzwirtschaft" ableiten. Oligopolistische Märkte kann der Staat ohne weiteres zulassen, begünstigen, dies alles ist „Wirtschaftspolitik". Selbst monopolbeherrschte Märkte sind dann jedenfalls zulässig, wenn man dem Eigentumsrecht nicht volle, unmittelbare Drittwirkung zubilligt; der Monopolist darf nicht der Staat sein, es muß eine staatsunabhängige, private Instanz bleiben. Solange also die Staatsgewalt die Wertbestimmung des Eigentums im wesentlichen, außerhalb zulässiger Sozialbindung, privaten, von ihr unabhängigen Instanzen überläßt, solange gibt es ein „privates Eigentum". Für diejenigen, welche Eigentumsdrittwirkung ablehnen, ist der viel kritisierte *private* Monopolkapitalismus verfassungsrechtlich zulässig, seine Bekämpfung ist Entscheidung der Gesetzgebung. Verfassungswidrig ist allein der *Staats*monopolkapitalismus, der alle Eigentumswerte staatsbürokratisch festsetzt. Der „Marktbegriff" des Grundgesetzes ist also ein spezifischer: Markt ist hier jeder nicht staatsabhängige Mechanismus der Wertbildung.

2. Einzelnes zu Möglichkeiten und Schranken der Intervention

a) Eine *Totalaufhebung* des Marktes für Güterkategorien ist stets Enteignung. Das eingangs dargestellte Bodenmodell ist daher, mangels Entschädigungsregelung, verfassungswidrig. Dasselbe gilt für eine Quasitotalaufhebung, welche staatsunabhängige Preisbildung nur mehr in Ausnahmefällen oder in engsten Grenzen ermöglicht.

b) Staatliche *Preisführerschaft* auf dem Markt ist nur insoweit zulässig, als sie über „reine Fiskaltätigkeit" erfolgt, in Formen, mit der erwerbswirtschaftlichen Zielsetzung und mit den typisch finanziellen Mitteln des Privaten. Aufrechterhaltung der Preisführerschaft durch Einsatz von Steuermitteln ist bedenklich[39].

c) *Zeitlich begrenzte* Eingriffe in die staatsunabhängige Preisbildung sind im Rahmen der Sozialbindung zulässig (Schließung der Devisenbörsen).

d) *Quantitativ begrenzte* Wertverluste werden dem Eigentümer auch sonst im Rahmen der Sozialbindung zugemutet, sie können ebenso Folge von Marktinterventionen sein, selbst wenn sie, über längere Zeit kumuliert, ein erhebliches Ausmaß annehmen (Inflationsverluste; hier besteht auch die Möglichkeit des „Ausweichens", vgl. unten).

e) Art. 14 GG sichert stets nur den *gegenwärtigen Wert* des Eigentums, nicht den zukünftigen, er garantiert die Marktposition, nicht die Marktchance. Spekulation ist an sich nicht unzulässig, doch *für die Zukunft* kann sie ausgeschlossen werden. Ein Preisstopp begegnet daher unter diesen Gesichtspunkten keinen Bedenken.

f) Marktintervention ist nur insoweit unzulässig, als sich ihre Auswirkungen auf den Güterwert *feststellen* lassen. Unsicherheiten gehen zu Lasten des Eigentümers, der ja auch im Entschädigungsrecht den Schaden nachweisen muß. Dies eröffnet dem Staat weite Gestaltungsmöglichkeiten.

g) Marktintervention ist zulässig, soweit der Eigentümer zur Wertrealisierung auf einen einigermaßen gleichwertigen *„Ersatzmarkt"* verwiesen wird. Der Staat, welcher die staatsunabhängige Gesellschaft achtet, kann auch erwarten, daß sich die Eigentümer mit „privater Marktphantasie" Auswege eröffnen, diese Fähigkeit des privaten Marktes legitimiert ihn ja gerade verfassungsrechtlich. Diese „Umstellungslast" trägt, im Rahmen ökonomischer Vernunft, alles Eigentum.

---

[39] Vgl. *Rüfner* (Fn. 28), S. 232; für zulässig hält es *Klein* (Fn. 3), S. 250 mit Nachweisen.

h) Der marktordnende Gesetzgeber kann, bei tiefergehenden Eingriffen in den Markt, zu einer „weichen Überleitung“[40] rechtlich verpflichtet sein, nicht nur aus Gründen der Rechtsstaatlichkeit, sondern auch zur Achtung des Eigentums.

Solche und ähnliche Grundsätze geben dem Kaiser, was des Kaisers ist. Er bedarf keines Eigentums-Diktaturparagraphen, um „im Notfall“ einigen durch Marktmanipulation alles nehmen zu können — hier müssen alle Bürger mitbezahlen. So lassen sich der Abgrenzung Sozialbindung–Eigentum auch einzelne Schranken für den staatlichen Marktinterventionismus entnehmen. Hier ging es aber vor allem darum, die enge Verbindung von Markt und Eigentum zu zeigen, damit der Gesetzgeber auch auf das Grundrecht blicke, wenn er den Markt ordnet, damit er stets auch hier die Grenzen der Sozialbindung achte, nicht im Namen des Marktes eine Wertdiktatur errichte.

Enteignen, Sozialisieren — Wegnehmen ist heute politisch odios, unpopulär. Warum sollte sich der Staat um Kleines mit dem Bürger streiten, wenn er über den Markt Großes nehmen kann? „Enteignung über den Markt“ ist eine große Versuchung der Gegenwart. Wer Staats- und Gesellschaftsordnung radikal verändern will, der nimmt keinem ein Stück, er hebt den Markt auf. Und deshalb sollten Verfassungsrichter stets an Eigentum denken, wenn vom Markt gesprochen wird.

Dieser Markt ist kein Eigentumsprivileg, er ist ein Eigentumsschicksal, ein ewiges Gericht über das Privateigentum, das er erhöht und erniedrigt. Hier darf der Staat nicht stets letzte Instanz sein. „Besitzbürger“ ist wohl ein schlechtes Wort, nicht nur in der üblichen Sozialpolemik. Der Staat soll nicht den Bürger ins unverkäufliche Häuschen sperren. Das Grundgesetz kennt nicht diesen Besitzbürger, sondern den freien Eigentumsbürger.

---

[40] Dazu neuerdings *Sendler*, Zum Wandel der Auffassung vom Eigentum, DÖV 1974, S. 73 (81).

Der Eigentümer als Organ der Wirtschaftsverfassung

Gibt es ein „organisationsrechtliches Grundrechtsverständnis"?*

I. „Zu neuen Grundrechtsufern"

Die Grundrechte stehen in einer grundlegenden Verfassungswandlung, welche auf die Dauer die Staatsform verändern wird. Die relative Geschlossenheit der liberal-rechtsstaatlichen Grundrechtsdogmatik löst sich in mehrere bereits deutlich formierte „Grundrechtstheorien" auf[1].

Dies mußte kommen. Grundrechte waren die Rechtsromantik der Aufklärung, sie sind Rechtsnaivität unserer Tage; in ihnen lebt der Glaube an die wunderbare Ordnungskraft einiger großer Worte. Doch fast scheint es heute, als habe man in ihnen den unbekannten Gott verehrt, als könnten sie nur einen, wo Einigkeit schon besteht. Nicht umsonst geht das Mühen um Verfassungsänderung an ihnen vorbei[2]: Man kann kaum reformieren, was jeder anders versteht, man muß nicht ändern, was sich in kleinen Schritten, fast unbemerkt wandeln läßt, durch neue Begriffe, neue Inhalte. Der deutsche Rechtsraum ist der einzige, in dem eine eigentliche, auf Theorie, Geschichte und Praxis gebaute Dogmatik der Freiheitsrechte gewachsen ist; sie wirkt als große „Umschaltstation" für alle Einzelimpulse auf alle Grundrechte: Ein neues Verständnis der Versammlungsfreiheit gibt etwa auch der Glaubensfreiheit ein anderes Gesicht[3]; eine Wandlung des Eigentumsinhalts kann Meinungsfreiheit verstärken[4].

---

* Erstveröffentlichung in: Die Öffentliche Verwaltung 1975, S. 73–79.

1 Überblick bei *Böckenförde*, E.W., Grundrechtstheorie und Grundrechtsinterpretation, NJW 1974, S. 1529 ff.; *Klein*, H.H., Die Grundrechte im demokratischen Staat, Stuttgart 1974, S. 9 ff.

2 Vgl. den Zwischenbericht der Enquete-Kommission des Deutschen Bundestages für Fragen der Verfassungsreform, 21.9.72, BT-Ds. VI/3829.

3 Wird dieses Grundrecht über einen Abwehranspruch hinaus zu einem teilhabeähnlichen „Recht auf Demonstration" gesteigert, das fremde Freiheit, insbesondere aber fremdes Eigentum zurückgedrängt (vgl. dazu *Diederichsen* und *Marburger*, Die Haftung für Demonstrationsschäden, NJW 1970, S. 777 ff. m. Nachw.; *Ossenbühl*, F., Versammlungsfreiheit und Spontandemonstration, Der Staat 1971, S. 53 (55 f.), so muß dies – vielleicht sogar „erst recht", angesichts der Vorbehaltlosigkeit – für Art. 4 GG gelten (bisher vor allem diskutiert unter dem Stichwort „Gewissensverwirklichungsfreiheit" vgl. etwa *Bäumlin*, R., VVdStL 28 (1970), S. 3 (15 f.); *Böckenförde*, E.W., ebda., S. 33 (50 f.), der allerdings die Gewissensfreiheit im wesentlichen auf den ausgrenzenden status negativus beschränkt).

4 *Klein*, H.H., Öffentliche und private Freiheit, Der Staat 1971, S. 143 (160); *Diederich-*

Doch die Wandlung vollzieht sich nicht nur bei einzelnen Grundrechten — die Mutation der Grundrechte als solcher, ihres innersten Wesens, ihrer normativen Geltung bahnt sich an: Zurücktreten, vielleicht verschwinden sollen die Grundrechte als *„Abwehr gegen den Staat"*, als status negativus, zugunsten der Grundrechte als *Teilhaberechte* (status positivus) und als (politische) *Gestaltungsrechte*, als „Bürgerrechte" (status activus). Diese Tendenzen und ihre Begründung sind bekannt. Hier geht es nur darum zu zeigen, daß

- die Forderungen nach Verstärkung der status positivus und activus nicht isolierte Erscheinungen, sondern eng verbunden und Bestandteile eines *einheitlich*-neuen Grundrechtsverständnisses sind, das Abwehrrechte und Ansprüchlichkeit abschwächt (i. folg. II.);
- der Abwehrcharakter der Grundrechte (status negativus) nicht nur wegen dieser Neuakzentuierungen, sondern *in sich selbst*, aus eigenem Wesen, zum Problem wird, und daß dies die erwähnten Wandlungstendenzen entscheidend verstärkt (i. folg. III.);
- diese gesamte Entwicklung zwar nicht allein, aber doch vor allem auf eine wesentliche Abschwächung der Eigentumsgarantie hinausläuft (i. folg. IV.).

Und dann wird vor allem eine Frage bleiben: Ist das Grundrecht des Eigentums allein *Objekt* dieser Entwicklung oder muß auch hier ein grundlegend neues Verständnis Platz greifen? „Eigentümer als Organe der Wirtschaftsverfassung" ist darauf eine mögliche Antwort — wenn es etwas gibt wie ein „organisationsrechtliches Grundrechtsverständnis" (i. folg. V.).

II. Grundrechte als Teilhabe- und als Bürgerrechte — Freiheit und Sozialstaatlichkeit

1. Grundrechte sind nicht nur Abwehr gegen den Staat, sie begründen auch vor allem Ansprüche gegen ihn[5]. Dem wirtschaftlich autonomen „Besitzbürgertum" mochte der status negativus genügen, der Lohnabhängige will fordern können. Der steuergewaltige Sozialstaat zieht immer mehr Werte an sich, ohne seine Förderung[6] wird alle Freiheit zur Liberté inutile. Können

---

sen/Marburger, aaO., S. 779, m. Nachw.; dazu insbes. BVerfGE 7, S. 198 (208); 27, S. 71 (81) (Informationsfreiheit).

[5] Siehe etwa *Martens*, W., VVdStL 30, S. 7 (insbes. S. 26 f.); *Häberle*, P., ebda., S. 82 f.; *Scheuner*, U., Die Funktion der Grundrechte im Sozialstaat, DÖV 1971, S. 505 (insbes. S. 507 f.); *Häberle*, P., Die Wesensgehaltsgarantie des Art. 19 Abs. 2 GG, 2. A. Karlsruhe 1972, insbes. S. 9 f.; *Klein* (Fn. 1), aaO.; *Friauf*, K., Grundrechte im Interventions- und Leistungsstaat, DVBl. 1971, S. 674 (675 f.).

[6] Dazu *Scheuner*, aaO., S. 510, 513; *Friauf*, aaO., S. 675 m. Nachw.; *Böckenförde* (Fn. 1), S. 1535 f.

nicht allein Teilhabegrundrechte es verhindern, daß der Verteilungsstaat zum riesigen rechtsfreien Raum wird?[7]

Noch folgen die Richter nur zögernd: Grundrechte geben vor allem dort Anspruch auf staatliche Leistung, wo ein staatliches Monopol besteht[8], in „außerordentlichen Fällen“[9], auch aus der Sozialstaatlichkeit ergibt sich nicht mehr[10]. Doch die Vision der Dogmatik reicht weiter: Hier sehen manche den Himmel staatlicher Hilfen offen, die Grundrechte als Leiter von der konservativen, ausgrenzenden Freiheit der Bourgeoisie zur realen, beschenkten Freiheit der Bürger.

Dies ist nicht der Ort, vielfach geäußerte Bedenken zu vertiefen[11]: daß es dann nur mehr ein „Grundrecht auf Schlangestehen“ geben werde; daß es noch viel schwerer halten werde, die Grundrechtsgrenzen bei Forderungen zu bestimmen als bisher bei Eingriffen, wo doch schon so viele, ja oft schier unüberwindliche Schwierigkeiten auftreten; daß sich dann alle Freiheit auf die Gleichheit reduzieren werde, soviel zu erhalten wie andere, die Grundrechte also alle zu besonderen Gleichheitssätzen degenerieren; daß der Förderungsstaat letztlich nichts anderes sein werde als die „reale Freiheit“ der Marxisten, denen die bourgeoise Abgrenzungsfreiheit gegenüber dem Staat ja auch nichts anderes bedeutet als ein Konservieren von Ungleichheiten.

Von solcher „staatsrechtlicher Konvergenztheorie“ sind die Befürworter der „Grundrechte als Teilhabe“ weit entfernt, ganz überwiegend argumentieren sie nicht ideologisch, geschweige denn marxistisch. Teilhabe ist ihnen, ganz umgekehrt, Bewährung, Verstärkung des grundrechtlichen status negativus, der nur in solcher Ergänzung durch den status positivus glaubwürdig bleiben könne[12] — und muß man nicht erst „etwas haben“, um es gegen den Staat verteidigen zu können?

---

[7] Überblick über die Judikatur etwa bei *Friauf*, aaO.

[8] Begründung aus dem „faktischen Monopol“ vor allem neuerdings in BVerfGE 35, S. 79 (115); ebenso schon 33, S. 303 (331 f.).

[9] Das vielzitierte Privatschulurteil des BVerwGE 27, S. 360 (362 f.) will gerade keine Wende bringen: ... „und es trifft grundsätzlich zu, daß die Schutzwirkung eines verfassungsrechtlichen Freiheitsrechts sich nicht auf positive Leistungen der sog. gewährenden Verwaltung erstreckt. In *außergewöhnlichen Fällen* kann sich aus einer verfassungsrechtlichen Garantie aber ein Leistungsanspruch ergeben“ (Herv. v. Verf.).

[10] Siehe m. Nachw. *Martens*, W., VVdStL 30, S. 26 f.; Überblick auf die Problemlage b. *Leisner*, W., Sozialversicherung und Privatversicherung, Berlin 1974, S. 117 f.

[11] Vgl. f. viele *Böckenförde*, aaO., S. 1535 f.

[12] Besonders betont von *Häberle*, P., VVdStL 30, 76, 102; *Klein*, H.H., Die Grundrechte, S. 162 f.; den „Komplementärcharakter“ der Teilhaberechte betonen BVerfG (E 33, S. 303 [330]) und BVerwG (E 27, S. 360 [362]).

Dennoch müssen die Konsequenzen einer *allgemeinen* Teilhabevorstellung bedacht werden, die sich nicht auf Fälle eines (faktischen) staatlichen Monopols beschränkt: *Die Ansprüchlichkeit der Grundrechte muß sich dann notwendig abschwächen.* Immer mehr wird der Satz gelten: Je mehr Teilhabe, desto weniger Abwehranspruch aus den Grundrechten; denn damit der Staat verteilen kann, muß er sich vorher Freiheitsräume und Güter beim Bürger holen. Die Teilhabelehre zwingt den Staat zur vorherigen schärferen Grundrechtsbegrenzung, damit er nachher mehr verteilen könne. Jeder status positivus ist eine Legitimation des Verteilungsstaates; Abwehrrecht und Teilhabe sind bei den Grundrechten im letzten nicht komplementär, sondern konträr. Verstärkte Teilhabe bedeutet eine Kompetenzverschiebung vom Richter zum Gesetzgeber, der ja allein das Wesentliche für die Realisierung partizipatorischer Sozialstaatlichkeit tun kann (*Bundesverfassungsgericht*). Dies aber ist nicht nur eine Gefahr für überlebte bourgeoise Vorstellungen aus dem 19. Jahrhundert, sondern für die Grundrechts-, ja für die Verfassungsidee: Sie ist Ausdruck des *Mißtrauens gegen den Gesetzgeber*, gegen die knappe, nur zu oft tyrannische Mehrheit, ihr Ziel ist Schutz politisch und sozial Schwächerer durch den *Richter*, nicht durch den potenten Gesetzgeber, das Instrument der politisch Herrschenden[13].

Durch Teilhabe wächst überdies der Bürger, die Gesellschaft in den Staat hinein. Dies mögen manche begrüßen, die lange schon Freiheit zum Staat, nicht Freiheit vom Staat fordern. Doch auch hier wird die Totalmutation der Grundrechte deutlich. Der Bürger motiviert, ja er zwingt den Staat zum Handeln — allgemein zur Beschaffung „verteilungsfähiger Freiheitsräume und Güter“, speziell zur konkreten Zuteilungshandlung. Die grundrechtliche Freiheit ist nicht mehr Kompetenzgrenze des Staates, sie ist selbst öffentliche Kompetenz; überpointiert ausgedrückt: Der Forderungsbürger steht im staatlichen Verfahren, er erreicht einen organnahen Status. Freiheitsrechte und demokratische Staatsorganisation stehen nicht mehr ergänzend nebeneinander, sie sind eins: Grundrechte *sind* Demokratie, im Zukunftsstaat voller Teilhabe nichts als Demokratie.

2. Die Ergebnisse der Teilhabelehre — Zurückdrängung der Ansprüchlichkeit, organnaher Status des Bürgers — erreicht auf anderem, kürzerem Weg die sog. *funktional-demokratische Grundrechtstheorie*[14]. Sie begreift Grundrechtsgeltung weder als status negativus, noch als status positivus, sie will in

---

[13] Dies wird auch klar erkannt, siehe z.B. *Häberle*, P., VVdStL 30, S. 76 f.; *ders.*: Wesensgehaltsgarantie, S. 18 f.; *Krüger*, H., Allg. Staatslehre, 1. A. Stuttgart 1964, S. 538 (548 f.); *Scheuner* (Fn. 5), S. 509; *Friauf* (Fn. 5), S. 675 (677); die grdl. Kritik begann mit *Smend*, R., Bürger und Bourgeois im dt. Staatsrecht, in: Staatsr. Abhandlungen, Berlin 1955, S. 312 f.

[14] Überblick bei *Böckenförde* (Fn. 1), S. 1534 f.; sowie *Klein* (Fn. 1), aaO., beide m. Nachw.

ihnen den status activus, das Bürgerrecht auf politische Mitwirkung im Staat schützen. Bei Meinungsfreiheit[15] und Versammlungsfreiheit[16] läßt sich dies gut begründen, seit dem Lüth-Urteil des *Bundesverfassungsgerichts* ist es in der Judikatur dem Grunde nach anerkannt. Doch zu wenig ist bisher erkannt worden, daß auch diese Theorie viel weiter trägt, daß sie grundsätzlich allen Freiheitsrechten eine ganz andere Dimension geben kann: Erkennt man an, daß sich das Aktivbürgerverhältnis Einzelner-Staat heute nicht nur auf die Bildung des staatlichen Willens im engeren Sinn, etwa auf Partei- und Demonstrationspolitik beschränkt, daß der einzelne vielmehr auch im wirtschaftlichen und sozialen Bereich Aktivbürger ist, dort direkten Einfluß nehmen kann, wo heute das Schwergewicht der Staatsaufgaben liegt, dann übt der Bürger auch dadurch „demokratische parastaatliche Willensbildungsfunktion" aus, daß er von seiner Freizügigkeit, seiner Koalitions-[17], seiner Berufsfreiheit „demokratischen Gebrauch" macht. Mitbestimmung ist dann wesentlich grundrechtskonform, weil auch beim Eigentum[18] nicht so sehr ausgrenzende Abwehr, als vielmehr aktive Teilhabe an der Rechtsausübung grundrechtlich legitim ist; und „politische Theologie" ist ganz wesentlich „aktive" Ausübung der Glaubens- und Gewissensfreiheit. Die funktional-demokratische Grundrechtstheorie läßt sich also bei dem heutigen Stand der Staatsaufgaben und Staatsverantwortung kaum mehr auf „enge Politik" begrenzen, in einer Zeit, in der Verbände oft politisch gewichtiger sind als Parteien. Für *alle* Grundrechte muß dann gelten: Der Freiheitsgebrauch ist *nur* soweit von der Verfassung geschützt, als hier auch oder überwiegend „öffentliche Belange" verfolgt werden.

Auch gegen diese „Grundrechtsdemokratisierung" hat sich Kritik erhoben[19]: Ihr dürfe kein „Vorrang" vor dem herkömmlich-abwehrenden Grundrechtsverständnis zukommen[20]. Und auch hier tritt das Problem der „Grenzen"[21] auf — wer bestimmt, wieweit die „aktive Teilnahme" gehen darf, was überhaupt im wirtschaftlichen und sozialen Bereich „öffentliche Belange"

---

[15] Dazu u.a. *Böckenförde*, E.W., Die Bedeutung der Unterscheidung von Staat und Gesellschaft, Festg. f. W. Hefermehl, Stuttgart 1972, S. 11 (21 f.); Klein (Fn. 1), S. 20 f. m. Nachw. zur Entstehung; *ders.*, Der Staat, 1971, S. 143 (159 f.).

[16] Vgl. *Diederichsen* und *Marburger*, sowie *Ossenbühl*, aaenOen. (Fn. 3).

[17] Ansätze hierzu etwa in den Ausführungen von *Adolf Arndt* zum Personalvertretungsfall vor dem BVerfG (vgl. E 28, S. 295 (299)).

[18] Anklingend bereits b. *Häberle*, P., Wesensgehaltsgaranie 1. A. 1965, S. 18.

[19] *Häberle*, aaO., S. 11 warnt „dringend vor Vereinseitigungen"; vgl. auch *Klein*, H.H., Der Staat 1971, S. 143 (164 f.).

[20] *Müller*, F., Die Positivität der Grundrechte, Berlin 1969, S. 44.

[21] Die „Sachhaltigkeit der Normbereiche" hilft hier nicht immer (vgl. *Müller*, aaO., S. 42 f.), und selbst darüber, daß „Gewissen und Kunst" „unpolitisch belassen" worden seien, wird sich heute kein Konsens mehr finden lassen.

sind? Letztlich müßte hier die Kategorie des „Politischen“ abgrenzend definiert werden, dies aber ist noch nie möglich gewesen. Gelingt jedoch keine Balancierung von „Abwehrrecht“ und „Bürgerrecht“ bei den Grundrechten, so ist die konsequent marxistische Endlösung unvermeidbar: Ersatz von Freiheit und Eigentum durch Teilnahme an der Herrschaft.

Für die funktional-demokratische Grundrechtstheorie gilt dasselbe wie für die „sozialstaatliche“ des status positivus (oben 1.). *Sie drängt notwendig die abwehrende Ansprüchlichkeit der Freiheitsrechte zurück.* Diese wird nicht nur durch den Vorbehalt der „öffentlichen Funktionen“ allgemein relativiert; je mehr es Mitwirkungsrechte gibt, desto weniger kann an Freiheits- oder Güterbesitzstand gesichert werden. Status activus und status negativus sind im letzten unbedingt antinomisch. Und auch das zweite Ergebnis der sozialstaatlichen Partizipationslehre wird hier auf kürzestem Weg erreicht: Die *„Organnähe“* des grundrechtsausübenden Bürgers: Wenn er im Vorfeld der Wahlen Meinung bildet oder seine Gewerbe- und Eigentumsfreiheit durch Mitwirkung in der Sozialversicherung ausübt, so *ist* er ein „öffentliches Organ sui generis“.

Ergebnis: Alle neueren Grundrechtstheorien führen zu gleichen Konsequenzen — zu einer Abschwächung der Ansprüchlichkeit und zu einer organnahen Einbeziehung des grundrechtsausübenden Bürgers in eine eigenartige Verbundorganisation von Staat und Gesellschaft.

III. Die Problematik der Grundrechte als Abwehrrechte

Die neuen Grundrechtstheorien entwickeln sich nicht nur „aus eigener Kraft“. Ihr potentieller Gegner, der status negativus, ist in sich seit langem problematisch, er wird es immer mehr. Allzusehr wird allerdings hier die Verfassungsentwicklung seit dem 19. Jahrhundert bemüht, welche an die Stelle des durch Abwehransprüche zu sichernden Besitzbürgers den staats- und gesellschaftsabhängigen Lohnbürger gesetzt habe, dem der status negativus allenfalls noch persönliche Freiheit sichern könne[22]. In der Bundesrepublik Deutschland besteht heute die Mehrheit nicht aus besitz- und freiheitslosen Proletariern, fast jeder Bürger hat Freiheiten und Eigentum, das immer mehr und in stets neuer Weise vom Staat bedroht wird. Baurecht und Umweltschutz, Fahrverbote und einseitig-ideologisierter Schulunterricht, Eigentumsrechte an Sozialrenten, dies und vieles andere stellt stets *in erster Linie* die Frage, ob der Staat dem Bürger etwas nehmen darf, das Problem des status negativus. Wie in jeder Wohlfahrtsstaatlichkeit schreitet auch heute der Fortschritt nicht selten an den Krücken eines eigenartigen Neo-Polizeirechts, das die These vom Übergang zum Leistungsstaat in Frage stellt.

---

[22] Siehe vor allem die in Fn. 13 Genannten.

Die Probleme des status negativus liegen also nicht oder nicht nur in einem „soziologischen Wandel“, der eine Entbürgerlichung des Verfassungsrechts zur Folge haben müßte. Sie ergeben sich vor allem aus der *Tradition des deutschen Staatsrechtsverständnisses*, aus der Spannung zwischen Demokratie und Grundrechten sowie aus der *Komplexität des Lebens im Industriestaat.*

1. Die Grundrechte sind in Deutschland nie mit der Intensität als Abwehrrechte erfaßt worden wie etwa in Frankreich. Seit der Naturrechtsperiode trat hierzulande immer wieder ihre „systematische“ Bedeutung hervor, die sie als Strukturprinzipien der Rechtsordnung erfassen, in ihrem Namen nicht den einzelnen vom Staat isolieren, sondern ihn in diesen einbinden und zugleich seine Pflichtigkeit betonen wollte[23]. Niemand hat dies eindrucksvoller zusammengefaßt als *Rudolf Smend*[24]. Seine Integrationslehre ist vor allem der Versuch der Überwindung der Polarität Einzelner–Staat, wie sie unzweifelhaft in den Grundrechten des status negativus erscheint. Die deutsche Staatsrechtslehre ist seit dem Zweiten Weltkrieg so entscheidend von *Smends* Gedanken geprägt, daß sie nicht beim status negativus stehenbleiben konnte.

2. *Grundrechte und Demokratie* stehen in unaufhörlicher Spannung: Die Freiheitsrechte schützen gegen eben jene Mehrheit, der die Demokratie alle Macht gibt. Die Lockesche Balance wurde schon von Rousseau in radikaler Volkssouveränität zugunsten der Demokratie gebrochen; Frankreichs Verfassungsgeschichte ist ein einziger großer Kampf zwischen Freiheit und Demokratie. Nach wenigen Jahren Demokratie brach schon in der Weimarer Zeit der Konflikt zwischen Grundrechten und demokratisch legitimierter Staatsräson auf, voll bewußt wurde er in den Schriften *Carl Schmitts*. In der Lehre von den Einrichtungsgarantien, sodann in der Objektivierungsbewegung der Weimarer Endzeit wurde vergeblich eine Harmonisierung versucht, welche die Grundrechte zu Grundsatznormen auch der Staatsorganisation machen, sie in die Demokratie hineintragen wollte. Nach 1945 trat in der Anti-NS-Reaktion für ein Jahrzehnt eine Beruhigung ein, in der die Demokratie schien neben dem status negativus der Grundrechte bestehen zu können, als deren organisatorische Sicherung vor allem sie aufgefaßt wurde. Die Ruhe ist seit langem zu Ende. Politische Dynamik und Staatsräson nehmen im Namen und im Gewande der Demokratie den Kampf gegen das „staatsferne Individuum“ auf. Die neuen Grundrechtstheorien sind im letzten nur eine Phase der ewigen Antinomie von Demokratie und Freiheit, deren deutliche Kampfansage — der status negativus ist.

---

[23] Zu dieser Entwicklung vgl. *Leisner*, W., Grundrechte und Privatrecht, 1960, S. 10 f.

[24] Vgl. Fn. 13.

3. Angesichts der *Komplexität des Lebens im Industriestaat* überfordert der status negativus dauernd den Bürger und diejenigen Staatsorgane, welche hier seine Freiheit sichern sollen, vor allem die Richter. Zahllos und vielfältig sind die Eingriffe, hinter jedem von ihnen stehen andere, oft kaum wägbare öffentliche Interessen. Die herkömmliche Interessenabwägung des Zivilrechts führt hier häufig nicht weiter, sie ist auch der Unbedingtheit des Grundrechtsschutzes nicht immer angemessen. Wirken kann der status negativus letztlich nur, wenn einigermaßen feste Kernbereiche anerkannt werden — wer aber vermöchte diese bei Freiheit und Eigentum heute zu bestimmen? Sich so allgemein, grundsätzlich der Staatsgewalt entgegenstellen, dies würde eine politische Tat sein, von der Judikative kann man sie nicht erwarten; wer aber vom Gesetzgeber eine Umschreibung grundrechtlicher Schutzbereiche wünscht, macht den Bedroher zum Schützer. Der status negativus ist also in sich bereits eine prekäre Konstruktion, weithin unangemessen der Dynamik heutiger staatlicher Wirtschafts- und Sozialpolitik. Dynamisiert aber kann er nur werden[25] durch — eben jenes „funktionale" Grundrechtsverständnis, das aber gerade zu seinem Niedergang führen muß (oben II.2.).

Noch stehen die Grundrechte als Abwehrrechte[26]. Doch es scheint, als sei schon die Axt an einen Baum gelegt, der von innen heraus krank ist.

IV. Das Eigentumsgrundrecht — Hauptobjekt des Grundrechtswandels

Die Abschwächung grundrechtlicher Ansprüchlichkeit in der dargestellten Krise des status negativus trifft irgendwie alle Grundrechte, vor allem aber das Eigentum (Art. 14 GG). Die sozialstaatliche Verstärkung des status positivus (oben II.1.) setzt voraus, daß der Staat in erster Linie die zu verteilenden Güter den Eigentümern vorenthalten oder sie ihnen nehmen kann. Je stärker das Eigentum geschützt wird, desto weniger kann es an sozialstaatlicher Teilhabe geben. Wenn die materiellen Voraussetzungen für die Freiheitsbetätigung vom Staat zu schaffen sind, so muß dieser auf privates Eigentum zurückgreifen oder anderen Bürgern gestatten, dies zu tun. *Die gesamte Teilhabelehre ist — Eigentumsbeschränkung* durch grundsätzlich-begrifflichen Eigentumswandel. Konsequent wird daher, aus der Sicht solcher allgemeiner Grundrechtsdogmatik, der generelle[27], insbesondere aber der sozialstaatliche

[25] Bezeichnend ist, daß gerade bei vertiefender Beschäftigung mit Kernbereichsproblemen derartige Dynamisierungen als notwendig empfunden und entwickelt worden sind (*Häberle*, P., Die Wesensgehaltsgarantie des Art. 19 Abs. 2 GG).

[26] Ausdrücklich bekennen sich BVerfG (E 33, S. 303 [330]) und BVerwG (E 27, S. 30 [362]) zur primären „Schutzfunktion" der Grundrechte.

[27] Vgl. *Scheuner* (Fn. 5), S. 511.

Wandel des Eigentums betont[28]. Der „liberale Eigentumsbegriff" des primären status negativus erscheint als „übergesetzliches Unrecht"[29].

Noch deutlicher macht die *funktional-demokratische Grundrechtstheorie* gegen herkömmlich-ausgrenzendes Eigentumsrecht Front: Auch das Eigentum ist ja „demokratischer Interpretation zugänglich"[30], etwa in der Mitbestimmung. Das Eigentum, dessen Einfluß im Staat „toleriert" wird, muß dann, z.B. im Namen der Meinungs- oder Versammlungsfreiheit, aktivbürgerlich-dynamisierten Grundrechten weichen[31] — und nicht nur diesen, sondern aller Ausübung von Grundrechten, die als Teilnahme am staatlich-gesellschaftlichen Willensbildungsprozeß Vorrang genießen, als „eigentliche Freiheitsrechte", deren Ausübung zugleich im öffentlichen und privaten Interesse steht[32]: Das besitzbürgerlich-abwehrende traditionelle Eigentum muß also auch dem „Eigentumsrecht" weichen, das sich als Ausübung demokratisch-gesellschaftlicher Funktion begreift, etwa in Vermögensbildung oder Mitbestimmung. Letzte Konsequenz ist, daß das *Recht auf Eigentum dem Recht am Eigentum vorgeht.* Das verfassungsgeschützte Eigentumsrecht wird auf das „Recht zu leisten", auf „Freiheit zum und am Arbeitsplatz", vielleicht noch auf Versorgung beschränkt[33] — eben weil es nur ein Recht *auf* Eigentum sein kann.

Die Grundrechte können letztlich nur auf Kosten des Eigentumsrechts in Teilhabe oder Teilnahme dynamisiert werden. Was die neueren Grundrechtstheorien meinen, ist eigentlich ein Problem des Eigentums, nicht der Freiheiten. Nur dort, im Eigentum, läßt sich „etwas verändern", kann der status negativus sozialgestaltend überwunden werden. Bei den anderen Grundrechten ist die „Abkehr von der bürgerlich-liberalen Grundrechtlichkeit" Geplänkel, das Eigentum ist das Schlachtfeld.

Diese Folgerungen mögen heute noch nicht allenthalben bedacht sein, und die Vertreter der neuen Grundrechtslehren wünschen keineswegs Systemveränderung durch Beseitigung des Privateigentums. Doch die Sprengkraft ihrer Ideen ist viel größer. Mit Notwendigkeit werden sie auf die Dauer nicht zu

---

[28] „Der Wandel des Eigentums ist praktisch leistungsstaatliche Sozialisierung grundrechtlicher Freiheit: sie wird allgemein, öffentlich" (*Häberle*, P., VVdStL 30, S. 139, Ls 37; *ders.*, Wesensgehaltsgarantie, S. 216 f.).

[29] *Häberle* meint (Wesensgehaltsgarantie, S. 216): „Der liberale Eigentumsbegriff ist von C. Schmitt mit naturrechtlicher Weihe und vorstaatlichem Pathos umgeben worden. Heute empfände man ihn zu Recht eher als übergesetzliches Unrecht." — Daß das „liberale Eigentum" seine Weihe nicht etwa erst von C. Schmitt, sondern vor allem schon 1789 erhalten hat (vgl. *Scheuner*, aaO.), bedarf hier keines Nachweises.

[30] *Klein*, H.H., Die Grundrechte, S. 17.

[31] So etwa *Diederichsen* und *Marburger* (Fn. 3), S. 780 für die Demonstrationsfreiheit.

[32] Dazu *Häberle*, P., Wesensgehaltsgarantie, S. 21 f.

[33] *Häberle*, P., VVdStL 30, S. 85.

einer Wandlung, sondern zu einer totalen Verwandlung der Eigentums- und damit der Gesellschaftsverfassung der Bundesrepublik Deutschland führen, wenn Verfassung und Grundrechtsdogmatik nicht Rechtsformen bieten, in denen das Privateigentum auch im Teilhabe- und Teilnahmestaat noch bestehen kann. Dies mag als Problem von morgen erscheinen; doch diese Zukunft hat im deutschen Staatsrecht begonnen — in den neuen Grundrechtslehren. Die Idee vom Staat der aktiv teil*nehmenden* Bürger wird sich wohl als stärker erweisen als das Forderungsbürgertum. Dies zwingt zum Nachdenken, ob „Grundrechte als Teilnahme" an „öffentlichen Entscheidungen" nicht auch ein neues Eigentumsverständnis fordern — vom „Eigentümer als Mauerbauer" zum „Eigentümer als Organ der Wirtschaftsverfassung". Diese Frage ist nicht damit ausgestanden, daß „das Grundgesetz eine Wirtschaftsverfassung nicht kennt"[34], es gibt sie sicher in dem Sinne, daß das Privateigentum als eine tragende Grundentscheidung vom Gesetzgeber zu achten ist. Läßt sich dies „teilnahmerechtlich" deuten?

V. Das Eigentum als „Recht zum Staat"

Der Gedanke einer Dynamisierung des Eigentums, der Überwindung des alleinigen Ausgrenzungsgedankens in seinem Bereich ist nicht neu. Bereits *Smend* betont[35] die Gewährleistung des Eigentums sei „nirgendwo selbständig eingeführt, sondern überall als ein Stück der politischen Emanzipation". Nicht den status negativus gelte es hier hervorzuheben, sondern den „positiven Zusammenhang", der vor allem den Grundeigentümer an den Staat binde. Daher „bedeutet die Eigentumsgarantie nicht eine verfassungsmäßige Verankerung eines Instituts des BGB, sondern eine gewisse Sicherung der sozialen Grundlagen der staatsbürgerlichen Stellung des im engeren Sinne ‚bürgerlichen' Volksteils"[36]. Einen Schritt weiter noch geht auf diesem Wege Herbert Krüger[37]: Eigentum ist wie Freiheit „von öffentlicher Bedeutung", von den Grundrechten muß Gebrauch, vom Eigentum darf vor allem kein willkürlicher Gebrauch gemacht werden. Die Grundrechte werden als „Funktion der Verwirklichung von Gesellschaft und Staat" ausgeübt. Das Eigentum rückt geradezu in die Nähe einer „Kompetenz"[38].

[34] Zu den Elementen einer Wirtschaftsverfassung vgl. m. Nachw. *Leisner*, W., Sozialversicherung und Privatversicherung, Berlin 1974, S. 170 f.

[35] AaO., S. 317.

[36] AaO., S. 319; ebenso, unter ausdrücklicher Berufung auf *Smend*, *Häberle*, Wesensgehaltsgarantie, S. 18.

[37] Allgemeine Staatslehre, S. 542 f., 548 f.

[38] Allerdings wird *Krüger* wohl so zu verstehen sein, daß das Eigentum zwischen (gebundener) „Kompetenz" und einem „Recht" anzusiedeln ist, das Belieben verleiht, eben weil es einer „Veröffentlichung" zu unterwerfen ist (aaO., S. 543).

Diese, im wesentlichen auf *Smend* zurückgehende, Auffassung von den Grundrechten, insbesondere vom Eigentum, als „Recht zum Staat" enthält einen richtigen Ansatz, der heute wichtiger ist denn je: Das Eigentum darf nicht allein als Abwehr gesehen, seine *Verbindung* zum Staat muß dogmatisch erfaßt werden. Doch zweierlei gilt es dabei zu vermeiden: „Eigentum als Funktion" darf nicht nur dazu dienen, Sozialpflichtigkeit zu begründen[39] — dies wäre eben doch nichts anderes als eine Form funktional-demokratischer Grundrechtlichkeit, eine Zurückdrängung des status negativus, keine neue dogmatische Form für das Eigentumsrecht. Auch sollte der Begriff der „Grundrechte als Kompetenz" nicht lediglich als ein Eingriffs- oder Ausgestaltungsrecht *des Staates gegenüber dem Bürger* verstanden werden[40] — denn sonst könnte ja wirklich die Grundrechtlichkeit auf den Kopf gestellt werden: Von Art. 14 GG als Eigentumsschutz bliebe nichts als eine Eingriffsermächtigung zur Sozialgestaltung. Dies wäre funktional-demokratisches Grundrechtsverständnis in reiner Form.

Hier soll vielmehr die These aufgestellt werden: Das Eigentum verleiht dem Bürger nicht nur ein „Recht des Beliebens", der Abwehr gegenüber Staat und Dritten, es gibt ihm eine *Kompetenz als Organ der Wirtschaftsverfassung*. Daß „Kompetenz" hier nicht im Sinne der staatlich-bürokratischen Zuständigkeit, „Organ" nicht als klassische Staatsorganschaft gemeint sein kann, bedarf keiner Darlegung. Der bewußte Einsatz dieser aus dem Staatsorganisationsrecht kommenden Worte ist aber nicht nur deshalb legitim, weil diese Begriffe schon heute auch im außer-, im vorstaatlichen Raum gebraucht werden[41], sondern weil diese Wortwahl auch die Frage nach der Möglichkeit stellen soll, Vorstellungen des Staatsorganisationsrechts im Grundrechtsbereich zum Tragen zu bringen. Die Frage lautet nicht nur: Gibt es ein organrechtliches, sondern: Gibt es ein *organisationsrechtliches Grundrechtsverständnis*?

VI. Der Eigentümer als Organ der Wirtschaftsverfassung — verfassungsrechtliche Begründung

1. Die „Organstellung" des Eigentümers in der öffentlichen Wirtschaftsordnung[42] bedeutet vor allem ein Dreifaches: Der Staat hat das Privateigentum in Eigentümerhand zu *konservieren*; er hat seinen Gebrauch zur gleich-

---

[39] Darauf aber liegt eben doch das entscheidende Gewicht bei *Krüger*, aaO.

[40] In diesem Sinn aber fordert *Häberle*, P., VVdStL 30, S. 103 m. Nachw. „Grundrechtspolitik" des Staates.

[41] So etwa für die Parteien als „Staatsorgane im Sinne von Kreationsorganen", BVerfGE 1, S. 225 std. Rspr.

[42] Vgl. dazu auch näher *Leisner*, W., Sozialbindung des Eigentums, S. 222 f.

zeitigen Berücksichtigung des Allgemeinwohls zu *orientieren*; er kann an den Nutzungen des Eigentums *partizipieren* und auch in dieser Weise die Interessen der Allgemeinheit wahren. Unzulässig ist also der (unentgeltliche) Eigentums*entzug* — privates Eigentum muß grundsätzlich in privater Hand bleiben. Der Eigentümer hat das „Initiativrecht seiner kleinen Eigentumspolitik". Der Staat mag diese durch Förderung oder Erschwerung orientieren, er darf private Eigentumsinitiative nicht durch staatliche Eigentumspolitik ersticken. Und der Staat mag teilhaben an den Früchten des Privateigentums (Steuer), aber nicht so, daß die Privatnützigkeit aufgehoben wird.

Diese hat der Staat zu achten. *Der Eigentümer aber hat generell kein völlig freies Belieben*. In Besitz und Verwaltung, in Nutzung und Verfügung ist er eingespannt in die großen Zielsetzungen staatlicher Wirtschaftspolitik. „Ganz frei" ist er nur, wo der Staat sein Eigentum ignoriert. Er ist ein Organ der „Feinsteuerung" des Wirtschaftsprozesses[43], autonom stets nur in einem Rahmen, den der Staat schaffen darf. Jede Eigentumsförderungsmaßnahme ist also legitim schon aus dieser Organvorstellung heraus, weil es Aufgabe der Staatlichkeit ist, für ihre zahllosen „gesellschaftlichen Hilfsorgane" einzutreten. Ganze Sektoren, Richtungen von Eigentumsnutzung und Eigentumsgebrauch können verschlossen werden, wenn nur andere einigermaßen „gleichnützige" offen bleiben. *In diesem Sinn* ist es zu verstehen, daß der „Inhalt des Eigentums von dem Gesetz" geschaffen wird (Art. 14 Abs. 1 S. 2 GG). Die größere Aufgabe stellt der Staat; die Initiative bleibt beim Eigentümer; den Nutzen teilen beide.

Dies bedeutet noch lange keine „völlige Einheit von Staat und Gesellschaft", ebensowenig wie Medien oder Parteien Teil der Staatsorganisation sind. Es gilt aber zu erkennen, daß die Privateigentümer letztlich für die „Wirtschaftsverfassung" das darstellen, was die Parteien für die „politische Verfassung" sind — eigenartige „Kreationsorgane", die im großen Rahmen und in der großen Richtung der staatlichen Wirtschaftspolitik *in Autonomie* eingesetzt sind.

2. Die *verfassungsrechtliche Legitimation* dieses „organisationsrechtlichen Modells des Eigentums" liegt vor allem auf zwei Ebenen: In der *Eigentumsverfassung* und in der *Staatsform* der Bundesrepublik Deutschland.

a) *Art. 14 GG läßt sich heute nur mehr aus dieser Sicht deuten*:

- Der *Wortlaut* spricht für die Organstellung des Eigentümers — welch anderen Sinn könnte auch die ganz allgemeine Formulierung „Eigentum verpflichtet" haben als den, einen Aktivstatus des Eigentümers im Staat zu schaffen, aber nicht nur auf die Verwirklichung „politischer Demokratie"

[43] Siehe hierzu *Badura*, P., Wirtschaftsverwaltungsrecht, in: Bes. VerwR, hrsg. Ingo v. Münch, 2. A. 1970, S. 262.

gerichtet und dadurch beschränkt, wie es funktional-demokratischer Auffassung entspräche, sondern in „typisch eigentumskonform-wirtschaftsverfassungsrechtlichem Einsatz". Das Grundgesetz spricht von „Pflicht", nicht von „Bindung", es redet organisationsrechtlich, nicht abwehrend-ausgrenzend.

- Das Wörtchen *„zugleich* (dem Wohle der Allgemeinheit dienen)" wird leicht überlesen. In ihm liegt eine typisch organisationsrechtliche Verbund-Zielsetzung: Jeder Eigentumsgebrauch muß *zugleich* privat- und allgemeinnützig sein. *Reine* Privatnützigkeit kann es gar nicht geben. Die Kombination verschiedener, ja gegensätzlicher Zielrichtungen, welche hier das Grundgesetz vorschreibt, ist wiederum nicht ausgrenzend, sondern organhaft gedacht.

- Daß „der *Inhalt des Eigentums durch das Gesetz bestimmt"* wird, kann letztlich nur organisationsrechtlich verstanden werden: Der Staat schafft den Kompetenzraum oder er gibt die Kompetenzziele vor. Dem Organ-Eigentümer gibt die Verfassung das Recht, „darauf hin zugleich zum eigenen Nutzen" zu arbeiten.

- „Privateigentum" ist auch *Einrichtungsgarantie.* Diese institutionellen Aspekte treten heute zwar in der Diskussion zurück, oder sie werden sogleich teilhaberechtlich gewendet[44] (vgl. oben II.2.). Sie bedeuten aber weit mehr eine organisationsrechtliche Grundlegung — wie könnte ein Eigentum, das man nicht (nur) als Anspruch sehen will, anders durch „objektive Normen" konstituiert werden, denn als eine „Organisationsform"? Wer den Begriff der institutionellen Ordnung ernst nimmt, der meint nicht nur Ansprüche, sondern auch, vor allem Kompetenzen.

- Die *Mitbestimmung als solche* läßt sich von der Verfassung her überhaupt nur aus einer organisationsrechtlichen Sicht bewältigen — bei reinem Anspruchsdenken wäre sie glatt und in allen ihren Formen verfassungswidrig. Wird jedoch das Eigentum am Gewerbebetrieb als kombinierte privat-öffentliche Kompetenz verstanden, der die Arbeitnehmerstellung im Betrieb als eine doch grundsätzlich vergleichbare eigentumsrechtlich gewendete Position (Arbeitsplatz) gegenübertritt, so sind Kombinationen denkbar. Die Mitbestimmung ist letztlich nichts als ein organisations-, ein kompetenzrechtliches Grundrechtsproblem.

---

[44] Zur institutionellen Interpretation als Begründung des Teilhaberechts (status positivus) vgl. etwa *Martens*, W., VVdStL 30, S. 26, 32; *Friauf*, K., DVBl. 1971, S. 677; das BVerfG entwickelt seine Lehre vom status positivus, der den status negativus ergänze, aus institutionellen Überlegungen, welche die Grundrechte als „objektive Normen einer Wertordnung" sehen (vgl. etwa BVerfGE 3, S. 303 [330] m. Verw.; dazu auch *Scheuner* [Fn. 5], S. 509); vor einer Übersteigerung des institutionellen Denkens warnt *Ossenbühl* (Fn. 3), S. 64.

Das gesamte Eigentumsverfassungsrecht des Grundgesetzes ist von Anfang an auf den „Eigentümer als Organ“ angelegt.

b) Die *Staatsformbestimmungen* des Grundgesetzes ergeben eine Verfassungsgrundstimmung, welche ein derartiges Modell begünstigt.

- *Rechtsstaatlichkeit* erzwingt im Organisationsrecht gerade jene *klaren Kompetenzordnungen*, deren Notwendigkeit zum Wesen des Eigentums gehört, das ohne Vertrauen und Verläßlichkeit nicht lebensfähig ist.

- Für den *Sozialstaat* ist das Privateigentum eine „Wertentscheidung von besonderer Bedeutung“[45]. Dies kann nur so verstanden werden, daß das „Privateigentum eine Kompetenznorm zu sozialstaatlichem Verhalten“ darstellt; organisationsrechtlich ist die Aussage sinnvoll, nicht aber, wenn man *allein* vom Abwehranspruch ausgeht — dann nämlich wäre die Sozialstaatlichkeit lediglich als Beschränkung eigentumsrechtlich relevant. Die Entscheidung zum Sozialstaat stünde in unauflöslicher Antinomie zum Eigentum. Ist jedoch Eigentümerstellung „Kompetenz“, so erhält im Privateigentum die Sozialstaatlichkeit die Instrumente und Kräfte, welche sie zu orientieren hat.

- Die Entscheidung für den *Föderalismus* betrifft in erster Linie das Bund-Länderverhältnis. Doch ihr grundsätzlicher Aussagegehalt reicht weiter: Die Bundesrepublik Deutschland ist ein Staat, der nicht selbst alles erschaffen hat, der Autonomien aller Art und plurale Vielfalt anerkennt und fördert, der ihre originären Kräfte aufnimmt, mannigfach staatlich beleiht und in Kompetenzen umformt. Organisationsrechtlich verstandenes Privateigentum ist eine eigenartige Form von wenn nicht Föderalisierung, so doch Autonomisierung der Wirtschaftsverfassung. Es fügt sich ein in die verfassungsrechtliche Landschaft föderaler Vielgestaltigkeit.

- *Demokratie* kann nicht Demokratisierung allen Eigentums in dem Sinn bedeuten, daß darüber irgendwelche Bürgermehrheiten zu entscheiden hätten. Dies wäre ein Generalauftrag zur Sozialisierung, welche aber das Grundgesetz besonders und einschränkend nach Voraussetzung und Rechtsfolgen in Art. 15 GG geregelt hat. Eine „Demokratisierung“ ist also nur in der Weise denkbar, daß die demokratisch verfaßte politische Gewalt die Eigentümer als Kompetenzträger orientiert und an ihren Leistungen partizipiert. Demokratisierung des Eigentums bedeutet Schaffung des „Organisationsgefüges Eigentum“ durch den Staat, nicht staatlichen Eigentumszentralismus durch notwendige Sozialisierung.

---

[45] BVerfGE 14, S. 277.

Überspitzt könnte man formulieren: Es gibt die Frage „Privateigentum *an* Staatsfunktionen“[46], doch es gibt *auch* das Problem „Privateigentum *als* Staatsfunktion“.

VII. Nachteile und Nutzen einer organisationsrechtlichen Betrachtung des Eigentums

Bringt die organisationsrechtliche Grundrechtsbetrachtung überhaupt, vor allem aber beim Eigentum, dogmatischen Nutzen, der ihre Nachteile übersteigt?

1. Die *Gefahren* liegen auf der Hand: Die Aushöhlung der Ansprüchlichkeit droht auch dann, wenn man den Eigentümer so nahe an den Staat heranführt, wenn der Eigentümer zum unkündbaren Güterverwalter für die Gemeinschaft wird. Doch das „Ende des Beliebens“ ist ohnehin nicht aufzuhalten. Wer hier schon allzuviel Sorgen hat, der wird vielleicht bald erleben, daß dem Eigentümer überhaupt — gekündigt wird. Eine gewisse „Verbindung von Staat und Gesellschaft“ wird so sicher geknüpft. Doch auch sie ist – in Grenzen – heute gar nicht mehr zu leugnen, und hier kann die erforderliche liberale Distanz immerhin noch durch die Kategorie der Autonomie gesichert werden. Eine Verfestigung der „politischen Macht des Eigentums“ könnte die Folge sein — doch diese ist weit gefährlicher, wenn sie aus staatsfernen Trutzburgen reinen Beliebens heraus operiert, als wenn sie als Kompetenz verstanden wird und damit eingebunden bleibt.

2. Die *allgemeinen und speziellen Vorteile, die dogmatischen Chancen* des organisationsrechtlichen Eigentumsverständnisses sollten jedoch nicht unterschätzt werden: Die staatliche „Intervention“ erhält eine sichere Grundlage: Sie wird vom „Eingriff“ zur „sozialen und wirtschaftlichen Steuerung“, die Kompetenzen erhält, fördert, orientiert. Der leidige Sozialisierungsstreit wird grundsätzlich entschärft: Das Privateigentum *ist* in dem Sinne *von Anfang an sozialisiert*, daß es zugleich private und öffentliche Kompetenz bedeutet. *Das Grundgesetz sozialisiert das Eigentum in der Hand des Eigentümers*. Es gibt ihm Autonomie und Ermessen — aber kein Belieben[47].

---

[46] *Rupp*, H.H., Privateigentum an Staatsfunktionen?, Recht und Staat, H. 278, Tübingen 1963.

[47] Daß übrigens der Übergang vom „reinen“, „klassischen“ Privateigentum in das Eigentum als Grundlage öffentlich-rechtlicher Kompetenz-, ja Amtsausübung in der heutigen Rechtsordnung mehr und mehr fließend wird, zeigen die zahllosen Formen der „beliehenen Unternehmer“, aber auch das „Privateigentum an der Anwaltspraxis“ als Grundlage einer Stellung als Organ der Rechtspflege (dazu *Leisner*, W., Verfassungsrechtlicher Schutz der Anwaltspraxis, NJW 1974, S. 478 f.) bis hin zu einem möglichen Eigentumsschutz der Notarstellung, in der ein öffentliches Amt ausgeübt wird (ausdrücklich offengelassen in BVerfGE 11, S. 192 [202 f.]).

Der *Kooperation von Staat und Privateigentum* gehört wohl, in mannigfachen Formen, die Zukunft. Dieses Zusammenwirken kann nur im Geiste des Organisationsrechts bewältigt werden. „Eigentümer als Organ“ könnte dort das Ende eines „kalten Grundrechtskrieges“ bedeuten, wo das Eigentum zur Blockade der Zukunft führen müßte — während an anderen Fronten, etwa bei Pressezensur und persönlicher Freiheit, dieser Krieg State versus Man ein Schicksal bleibt. Das Eigentumsrecht kann dann auch teilhaben an den Wandlungen des Organisationsrechts, die eben heute sichtbar und notwendig werden: Dezentralisierung, Autonomisierung, Verteilung der Verantwortung, kooperative Führung, dies alles kann auch eigentumsrechtlich fruchtbar werden.

Vor allem aber können, geht man vom organisationsrechtlichen Denkansatz aus, die *Prinzipien des Organisationsrechts* in die Grundrechts-, vor allem in die Eigentumsdogmatik eingeführt werden. Sie mögen heute in vielem noch unterentwickelt sein, doch hier könnten sie sich entfalten und sogar justiziabel werden. Darin aber liegt die Zukunft des Rechtsstaates. Organisationsrechtliche Kategorien bedeuten etwa für das Eigentum:

- *Klarheit* der Kompetenzen muß bestehen, verstärkt werden. Zuständigkeiten kennen keine „grauen Zonen“; es kann kein „prekäres“, kein „Von-Fall-zu-Fall-Eigentum“ geben.
- Die „Eigentumszuständigkeit“ gegenüber dem Staat muß *unbedingt* bestimmt sein. Über Kompetenzen gibt es in der Regel kein Paktieren. Der Staat hat die Orientierungskompetenz — er muß sie ausüben.
- Mit *eigener Motivation* handelt das autonome Eigentümer-Organ. Sein „Ermessen“ darf nicht auf Null fallen, aber auch nicht „gleich Unendlich“ werden.
- Eigentümernutzen ist nicht staatsgewährte Sozialrente, doch er muß auch als Gegenleistung für *Organverhalten* gesehen und entsprechend gewertet werden. Renditestützaktionen sind dann legitim, ja Verpflichtung, wenn die öffentlichen Aufgaben gewisser Güter zunehmen (Landwirtschaft – Umweltschutz).
- Kompetenz bedeutet grundsätzliches Entscheidungs- (hier: Verfügungs-) Recht des Organträgers (Eigentümers) innerhalb der Kompetenzgrenzen, aber zugleich Teilung des Kompetenznutzens (hier: Partizipation des Staates, der Allgemeinheit). Der Staat schafft und sichert den Kompetenzraum und hat Teil am Nutzen. Die Kompetenz auszuüben ist grundsätzlich Sache des Bürgers. Die Kooperation liegt *nicht* in der Wahrnehmung der Zuständigkeit.

Aus all diesen allgemeinen Grundsätzen lassen sich sogleich Lösungen für einzelne Fälle gewinnen, etwa für das, was bisher, oft allzu „ausgrenzend“, Enteignungsschwelle genannt wird.

Das Wichtige aber wären nicht jene einzelnen dogmatischen Hilfen, sondern ein „neuer Geist“ eines dynamisch verstandenen Eigentums, das sich nicht in hilfloser Abwehr aus dem Staat drängen läßt, sondern in diesen verantwortungsbewußt hineinwachsen will.

Dies ist ein kritischer Beitrag zur Grundrechtsdogmatik — er will nicht Patente, sondern ein Diskussionsmodell bieten. Vielleicht muß man es verwerfen, wenn sich die organisationsrechtlichen Kategorien als unübertragbar auf das Eigentum; auf die Grundrechte überhaupt erweisen sollten.

Doch was lebendig bleiben sollte ist die Idee des dynamischen Eigentums. Eigentum in Bunkern hat keine Zukunft.

Spekulation — ein politisches Schlagwort*

„Spekulation“ ist in den letzten Jahren wieder einmal – wie schon nicht selten früher – zum politischen Schlagwort geworden. Von gewissen Gruppierungen, die sich als „politisch links“ verstehen, wird es, vor allem in der Bodenpolitik, gegen diejenigen eingesetzt, welche einen von staatlicher Intervention möglichst freien Markt erhalten oder schaffen wollen. Ihnen wird vorgehalten, es solle in einem derartigen „freien“ Staat der eigentliche, der große Gewinn nicht der Arbeit gebühren, sondern dem geschickten „Zuschauen“, Abschätzen — Wetten. In kommunistischen Ländern kann es eine Spekulation in diesem Sinn nicht geben, nachdem alles staatlich geplant und gelenkt ist. Ist dies dann aber nicht die bessere, die näher bei der Leistungsgerechtigkeit stehende Ordnung?

Doch nicht nur von „links“ kommen Angriffe im Namen der „Spekulationsbekämpfung“. Konservative und noch weiter „rechts“ stehende Gruppierungen betrachten Versuche, hohe Gewinne über An- und Verkauf zu erzielen, gleichfalls mit Mißtrauen: Ihrer law and order-Vorstellung widerspricht es, derartige unabsehbare, „liberalistische“ Bewegung in die Gemeinschaft zu bringen.

Die Kritik geht in der Regel aus vom Bodenrecht. Von jeher ist ja Grund und Boden als ein Wirtschaftsgut eigener Art angesehen worden, und das Bundesverfassungsgericht hat dies auch bestätigt. Muß dann aber bei diesem „begrenzten“, „nicht vermehrbaren“ Wirtschaftsgut nicht die an sich schon gefährliche Spekulation besonders verheerend wirken, führt sie nicht zu ungerechtfertigten Riesengewinnen und, was noch schwerer wiegt, zu ständiger Preissteigerung? Sicher — systematische Spekulationsgegner beschränken sich nicht auf die Bodenspekulation, mit gleicher Schärfe gehen sie gegen jede Art von Börse vor, gegen eine Preisbildung, welche sie hier unabsehbaren Glücksspielen überlassen sehen. Doch es fällt im Grunde die Sepkulationsbekämpfung immer wieder auf Grund und Boden besonders zurück, aus einem ganz einfachen Grund: Dieses Wirtschaftsgut unterliegt wohl am stärksten der einheimischen, damit aber der politisch zu beeinflussenden Gesetzgebung, Grund und Boden kann man eben nicht exportieren. Die wirklich großen Börsen aber sind international, selbst die nationalen Börsen reagieren auf Impulse aus dem Ausland, und diese kann man weder steuern noch abschaffen, sie müssen auch von dem schärfsten Spekulationsgegner als not-

---

* Erstveröffentlichung in: Deutsche Wohnungswirtschaft 1981, S. 276–283.

wendiges Übel der heutigen Zeit hingenommen werden. So ist es also doch Grund und Boden letztlich, an dem sich immer wieder Spekulationsängste und Spekulationsfeindlichkeit entzünden, mögen sie von dort aus auch in andere Wirtschaftsbereiche übergreifen.

Im Worte „Spekulation" liegt etwas eindeutig Abwertendes, ja Verurteilendes. Schon rein sprachlich hat es wohl für viele einen schlechten Klang, und eine lange Entwicklung hat in dieses Wort etwas Schmutziges gelegt, etwas Geheimes und etwas „Allgemein-Volksschädigendes". Zwar sind alle diese negativen Urteile nicht eigentlich faßbar, man braucht sich nicht ausdrücklich zu ihnen zu bekennen, doch sie sind immer gegenwärtig und gerade deshalb besonders politisch wirksam, weil die Spekulation damit zum unbestimmtmächtigen Begriff wird, zugleich zum Angstbegriff, der undefinierte Sorgen weckt. Wir haben es hier im politischen Bereich mit einem Phänomen des Weckens von Angstvorstellungen zu tun, die in Extremfällen bis in die Nähe einer gewissen Schizophrenie gehen, wie ja in jedem, auch dem als geistig gesund geltenden Menschen Tendenzen angelegt sind, sich von unbekannten Mächten bedroht und verfolgt zu fühlen, damit man diesen dann auch die Verantwortung für eigenes Unglück und eigenes Versagen auferlegen kann.

Sicher würde man nun dem Komplex „Spekulation" nicht damit gerecht, wollte man dies nur als ein Schlagwort kurz abtun oder mit einer heute ja auch weitverbreiteten, aber wenig begründeten „Strahlenangst" vergleichen. Es gilt vielmehr, den geistigen Ursprüngen dieser Besorgnis nachzuspüren, um sie auf ihre wirkliche Bedeutung zurückzuführen.

I. Die *Wurzeln der Spekulationsangst* liegen vor allem, politisch gesehen, in drei Bereichen:

1. *Im konservativ-bäuerlichen Denken.* In allen bäuerlichen Gegenden, früher also fast überall, bestand und besteht noch heute Abneigung gegen Bodenspekulation. Vor allem gilt dies dort, wo es durch den Zwang der Realteilung doch auch zu ständigem bäuerlichem Grundstücksverkehr kam, wie etwa in Franken. Dort wurde immer wieder die Angst vor den Güterzertrümmerern geweckt, vor jenen ja in der Tat nicht immer seriösen Geschäftsleuten, vor allem des 18. und des 19. Jahrhunderts, die die Notlage von Landwirten nicht selten ausgenutzt und große Vermögen dadurch erworben haben. Der Antisemitismus hat sich in unserem Lande nicht zuletzt in diesen Bereichen entwickelt, war doch der Grundstückshandel, wenigstens in gewissen Gegenden, zu nicht geringem Teil in jüdischer Hand. Die furchtbaren Ausbrüche dieser Angst und dieses Hasses, wie wir sie vor nun fast einem halben Jahrhundert erlebt haben, gehen wohl nicht zuletzt auch auf solche Wurzeln zurück.

Doch der eigentliche Grund für den konservativen-bäuerlichen Bereich liegt tiefer: Spekulation, das heißt eben doch An- und Verkauf, entspricht dort nicht der eigentlichen Grundhaltung. Was man hat, behält man, Familiensinn steht über allem, dies galt bis hinauf in den hohen Adel. Geprägt ist dieses Denken ja auch durch die tägliche Arbeit, das immer gleiche bäuerliche Tun, mit dem nicht eigentlich spekuliert werden kann, weil die Abhängigkeit von unvorhersehbaren Naturgegebenheiten zu groß ist.

So hat sich denn gerade im bäuerlichen Bereich ein weitgehendes wirtschaftliches *Ertragswertdenken* entwickelt. Verkehrswerte aber, von denen doch die Spekulation lebt, werden dort, und bis hinein in die landwirtschaftsrechtliche Rechtsprechung, nur zögernd zur Kenntnis genommen. Dies war ja auch weithin und lange Zeit eine „inflationslose Welt", bei der „alles beim alten blieb", auch die Werte, in der keine Wertbewegung besondere Inflations-Spekulation ermöglicht hätte.

Letztlich liegt aber in all dem die Ablehnung, ja der Kampf gegen den vordringenden Liberalismus. Spekulationsbekämpfung von „rechts", vom preußischen Junker bis zum Bauern, das ist die Angst vor dem Neuen, dem „freien Handel".

2. Die zweite und praktisch noch weit bedeutendere Wurzel der politischen Spekulationsbekämpfung liegt im linken Marxismus, in der Arbeiterbewegung seit der Mitte des 19. Jahrhunderts.

Man muß es schon zugeben — der lohnabhängige Arbeiter steht dem Kommerz mit seinen Produktionsmitteln einigermaßen ängstlich, verständnislos, aber auch wirklich hilflos gegenüber. Er bringt seine Arbeitskraft ein, mit welcher andere spekulieren können, ihm selbst ist Spekulation kaum möglich. Aus bäuerlichen Verhältnissen stammend, hat unsere Arbeiterschaft im 19. und im Beginn des 20. Jahrhunderts vom Lande die dort weitverbreitete Angst vor der Dynamik der liberalen Spekulation mit in die Städte gebracht, wo sie sie im gewerblichen Kommerz und in der Industrie verwirklicht sahen.

Der ungebildete Proletarier konnte lange Zeit dieses komplizierte Geschäft für rasche, geschickte Gehirne nicht verstehen, und seine Führer hatten generationenlang ein lebendiges Interesse daran, ihn eben in diesem Mißtrauen, in dieser Angst zu belassen, ja sie noch zu verstärken.

Hinzu kommt die Arbeit des Lohnabhängigen, vor allem des früheren Proletariers — sie ist immer die gleiche, sie ist fremdbestimmt, in allem und jedem das Gegenbild der selbständigen, risikobelasteten, aber auch eigenverantwortlichen Spekulation.

Hinzu kam und kommt noch immer ein besonders Wichtiges: die Erregung, ja die Wut über den raschen, den großen, den unverdienten Gewinn. Man hat den von manchen Führern der Arbeiterbewegung wenig verantwortlich gesteigerten Sozialneid oft kritisiert — hier aber kann ihm doch nicht jede Berechtigung abgesprochen werden, wenn der Werktätige zusehen muß, wie andere, ohne für ihn ersichtliche „Arbeit", zum Teil hohe und höchste Gewinne in kurzer Zeit erzielen können. Für den humanistisch ausgerichteten Sozialismus kam und kommt hinzu noch das Bedauern über jene vielen Existenzen – von Spekulanten und Spekulationsopfern –, die auf diese Weise in der Tat zerstört wurden.

All dies wurde schließlich entscheidend gesteigert durch den doktrinären, wissenschaftlich begründeten Marxismus, der daraus wichtige Beweise für die systematische und gemeinschaftsschädliche Ausnutzung, für die berühmte Exploitation der Arbeiterklasse ziehen konnte. Damit war die Spekulation eben nicht nur irgendein isoliertes Phänomen, sondern Ausdruck der Wühlarbeit des Klassenfeindes, ein zentrales kapitalistisches Instrument.

Die konservativ-bäuerlichen und die Arbeiterkräfte fanden sich nun aber häufig, sie finden sich vielleicht sogar heute noch unausgesprochen zusammen in der Ablehnung der Spekulation, und dies ist besonders bedenklich für diejenigen, welche als Spekulanten bezeichnet werden, der Kampf gegen sie ist einer der ganz wenigen politischen Konsenspunkte zwischen der Rechten und der Linken stets gewesen. Dem entspricht es, daß in den Anfängen der nationalsozialistischen Bewegung, wo noch rechte und linke Elemente in fast unausscheidbarem Gemenge liegen, im Programm der Nationalsozialistischen Deutschen Arbeiterpartei vom 24. Februar 1920, Nr. 17 Abs. 2, zu lesen ist, die Bewegung fordere „Abschaffung des Bodenzinses und Verhinderung jeder Bodenspekulation". Zu diesem Punkt hat der Führer am 13. April 1928 u.a. folgendes erklärt: „Dies richtet sich demgemäß in erster Linie gegen die jüdischen Grundspekulationsgesellschaften." Im folgenden Punkt 18 wird dann auch deutlich, mit welcher Intensität hier vorgegangen werden soll, denn der Kampf gegen die Bodenspekulation leitet im Parteiprogramm wie natürlich über zu der Aussage: „Wir fordern den rücksichtslosen Kampf gegen diejenigen, die durch ihre Tätigkeit das Gemeininteresse schädigen. Gemeine Volksverbrecher, Wucherer, Schieber usw. sind mit dem Tode zu bestrafen, ohne Rücksichtnahme auf Konfession und Rasse." Der Zusammenhang zeigt, daß dies in erster Linie für die Bodenspekulanten gelten sollte.

3. Doch damit nicht genug — auch aus dem Bereich der an sich, seiner Grundhaltung nach, doch nun spekulationsfreundlich sein sollte, kam und kommt Kritik, von den Liberalen. Seit seinen Anfängen im 18. Jahrhundert hat der Liberalismus Spekulation wenn nicht verteidigt, so praktisch fast immer begünstigt. Doch gerade deshalb kam es auch hier immer wieder zu Kritik:

Für viele Liberale war die Spekulation gerade der übersteigerte Liberalismus, jene Form, wo sie ihren Gegnern leichte Angriffspunkte zu bieten schienen, mit denen sie also nichts zu tun haben wollten. So wurde denn die

Spekulation rasch zu einer Art von „politischem Sündenbock des Liberalismus“, auf ihn glaubte man, alle eigenen Sünden werfen zu können.

Die Doktrinäre der liberalen Volkswirtschaftslehre sahen hier überdies ihr Grundprinzip, den *Wettbewerb*, gefärdet, weil Spekulation ja zu leistungslosem Gewinn führe, damit aber die moralischen Grundlagen des Liberalismus verlassen würden.

Die Liberalen versprechen von jeher größere Effizienz ihres Wirtschaftssystems über Freiheit, damit auch im Ergebnis die niedrigstmöglichen Preise aus Freiheit heraus und eine optimale Bedienung des Jedermann. Spekulation dagegen, mit ihren häufig als preistreiberisch verschrieenen Effekten scheint dem diametral entgegenzulaufen.

Schließlich leben die Liberalen von jeher in einer Phobie, die sich bei ihnen zum Komplex steigern kann: daß sie ein „Ordnungsdefizit“ schaffen oder begünstigen könnten in der Gemeinschaft, daß sie eben nur mehr Bewegung, nicht aber feste Werte und Ordnungen herzustellen in der Lage seien. Im Bereich der Spekulation scheint nun alles dieser Kritik recht zu geben, und deshalb konnten sich die Liberalen bis auf den heutigen Tag nie wirklich zur offenen Verteidigung der Spekulation verstehen. Denn hier scheint ja, wie bereits gesagt, das „freie Spiel der Kräfte“ zum Va-Banque-Spiel zu entarten.

So wurde denn schon im 19. Jahrhundert die Spekulation als der „schmutzige Liberalismus“ abgelehnt, denn gerade hier findet der sogenannte „Linksliberalismus“ feste Grundlagen und Unterscheidungskriterien zum rechten Liberalismus, der toleranter sein mag.

All dies zusammen hat dann einen Ausdruck von historischer Dimension erreicht, eine der größten Volksbewegungen hervorgerufen, von der allerdings heute nur wenige mehr etwas wissen: den großen Schwung der Wertzuwachsbesteuerungs-Bewegung in der zweiten Hälfte des 19. Jahrhunderts und bis in den Ersten Weltkrieg hinein. Der Ausgangspunkt lag in der englischen Nationalökonomie der Mitte des 19. Jahrhunderts: Theorien, welche von dem ständig steigendem Bodenwert ausgingen. Sie stehen im Zusammenhang einerseits mit dem Malthusianismus, der Lehre vom immer knapper werdenden Nährboden, aber auch der Mehrwertlehre des Marxismus, nach der das Eigentum notwendig immer wertvoller werde. Die englischen Theoretiker gingen damals so weit, daß sie glaubten, den gesamten Steuerbedarf des Staates nur über Wertzuwachsbesteuerung von Grund und Boden decken zu können.

In Deutschland wurde dies aufgenommen und zur großen Volksbewegung gesteigert, vor allem von Damaschke und seinen Freunden, hier kam es zur ersten mächtigen „Basisbewegung“, noch vor dem Ersten Weltkrieg. Die Einführung der Vermögensteuer geht auf derartige Vorstellungen zurück, und die

Finanzierung der Vorbereitungen des Ersten Weltkriegs wurde maßgeblich auch auf diesem Wege versucht. Was dem allen zugrunde lag, war ein großer politischer Konsens, von agrarisch-konservativen Kreisen über die Liberalen bis hin zur Sozialdemokratie, und im Grund war es vor allem der Anti-Spekulationskonsens. Genügte es nicht, die Bodenspekulanten zu schlagen, damit alle reich würden? — So weit fast schon war man gegangen.

So haben denn Spekulationsangst und Spekulationsbekämpfung eine lange und mächtige Tradition. Dies ist kein Schlagwort von heute, es ist die, allerdings weithin unbewußte, Aufnahme von Ängsten, welche in unserem Land die Menschen seit Jahrhunderten bewegen.

II. Doch es gibt auch etwas wie eine aktuelle Bedeutung der *Spekulationsbekämpfung als Schlagwort*. Spekulation ist schon deshalb besonders gefährlich für diejenigen, welche in solchen Verruf geraten, weil auch heute noch eine Art von Konsens zu bestehen scheint, der die Ablehnung der Spekulation geradezu als eine Selbstverständlichkeit, ja als ein Tabu erscheinen läßt, so daß derjenige mit allgemeiner Ablehnung zu rechnen hat, der ein gutes Wort für sie findet.

1. Alle unsere heutigen staatstragenden Parteien sind sich letztlich in der Bekämpfung der Spekulation stets einig, mögen sie auch nicht alle unter dem Wort dasselbe verstehen.

- Für die CDU / CSU ist dies in ihren als konservativ eingestuften tragenden Kreisen schon eine Selbstverständlichkeit, ihr Arbeitnehmerflügel will sich hier von Sozialdemokraten nicht überholen lassen. Kirchlicher Einfluß – von dem noch die Rede sein wird – verstärkt dies alles noch.
- Für die SPD ergibt sich die scharfe Ablehnung jeder möglichen Form von Spekulation einerseits aus marxistisch geprägtem Denken, zum anderen aus jener linksliberalen Grundhaltung, welche hierin ja das Zentrum ihrer Wirtschaftspolitik sieht.
- Für die F.D.P. gilt die Spekulation als Feindin Nr. 1, jedenfalls dort, wo sie heute Regierungsverantwortung trägt, also in den mehr linksliberal orientierten Kreisen.

Nach alledem ist es nicht verwunderlich, daß man weder im Bundestag noch im Bundesrat wohl kaum je ein Wort der Verteidigung zugunsten der Spekulation wird hören können.

2. Aber auch Verbände gibt es in unserem heute so stark von der Verbandlichkeit geprägten Gemeinwesen nicht, welche sich dafür einsetzen, fast alle wenden sich entschlossen dagegen:

- „Spekulantenverbände“ gibt es nicht und kann es, mit einiger politischer Wirksamkeit, dem Wesen der Spekulation entsprechend, und wie immer man sie bestimmen mag, auch gar nicht geben. Spekulanten sind Individualisten, Immobilien- und Börsenhändler haben noch nie eine politisch bedeutsame Lobby bilden können.

– Soweit es aber doch Verbände „wesentlich spekulierender Berufe“ gibt, im Immobilien- oder in anderen Bereichen, sind sie einerseits nicht stark genug, um politisch Durchschlagskraft zu erreichen, zum anderen sind ihre Mitglieder untereinander durch den meist sehr scharfen Wettbewerb derart distanziert, ja sie blockieren sich so weitgehend, daß ein gemeinsames gezieltes Vorgehen zur Verteidigung gewisser Spekulationspraktiken kaum denkbar ist.

– Der Bereich der großen Industrie wird sich auch nicht für Spekulation wirklich erwärmen können, jedenfalls nicht in seiner politischen Programmatik. Hier glaubt man ohnehin, dem Spekulationsvorwurf in der reinen Produktion einfach entgehen zu können, dieses Odium allenfalls auf händlerische Randerscheinungen abdrängen zu können, und ist gerade darum sehr bemüht.

– Gewerkschaften sind die schärfsten Feinde jeder denkbaren Art von Spekulation, von ihrer marxistisch beeinflußten Grundstimmung bis zu ihrem dauernden Verteilungskampf und Egalisierungsstreben. Spekulation bedeutet die Bejahung des Unterschiedes, ja der großen Ungleichheit, für Gewerkschaften kann es etwas Derartiges nie wirklich geben.

– Für die christlichen Kirchen versteht sich ebenfalls die Ablehnung der Spekulation nahezu von selbst, ja es scheint, sie könne theologisch begründet werden: Sind nicht jene „Wucherer“ das Urbild der Spekulanten, welche dann zu den „Reichen“ werden, die den ungerechten Mammon nicht durch das Nadelöhr mit ins Jenseits nehmen können? Im Evangelium finden sich in der Tat immer wieder Spitzen gegen jene beginnende große Liberalisierung des Mittelmeerraums, welche durch das Römische Weltreich sich vollzog und in der dann allen Formen der Spekulation Tür und Tor geöffnet erschien.

– Im Bereich der Universitäten, der Wissenschaft, kann Spekulation, wie immer verstanden, auf wenig Verständnis rechnen. Der Wissenschaftler mag spekulativ denken, spekulieren kann er nicht. Seine Denkweise ist, wenn sie ernst ist, von der gewinnfreien Wahrheitssuche geprägt, im übrigen, und vor allem in Deutschland, von jener Beamtenmentalität, die das sichere Gegenteil des Spekulationsverhaltens darstellt. Dazu braucht wohl kein Wort mehr gesagt zu werden.

– Die Medien schließlich, die eigentlich spekulationsfreundlich sein sollten, und dies auch gelegentlich erkennen lassen, weil sie ja mit Meinungen, mit Vorgängen, mit Skandalen spekulieren, sind doch stets mißtrauisch gegen solches Verhalten gewesen: Wichtiger ist ihnen Spekulationskritik, denn sie richtet sich gegen ein Verhalten, das man überall vermuten kann, das man nie wirklich beweisen muß, und überdies bietet ja die Spekulation nicht selten gerade jene Skandale, von deren Kritik Medien noch immer gelebt haben.

– So ist denn die Bilanz der Spekulationsablehnung, gerade in unserem Lande, beeindruckend. Es handelt sich wirklich nicht nur um ein „billiges Schlagwort", wer damit abgewertet wird, dem kann dies sehr teuer zu stehen kommen.

III. Kann nun überhaupt ein gutes Wort für die Spekulation gesagt werden und welches?

Zunächst einmal muß eines klar sein: Wer grundsätzlich Spekulation bejaht, sie in unserem Staate als legitim, ja geradezu als förderungswürdig erklärt, der will damit nicht etwa alle irgendwie unseriösen, gemeinschafts- oder individualschädigenden Geschäftspraktiken verteidigen. Daß es sie gibt, und daß in diesem Sinn das traditionelle Wort von der Spekulation seinen guten schlechten Sinn hat, ist ganz unbestreitbar. Nur leidet eben diese Spekulationsablehnung an einem: Der Begriff der Spekulation wird viel zu weit gefaßt. Er beschränkt sich gerade nicht auf das unseriöse, auf das betrügerische Verhalten, er bezieht alles ein, was durch An- und Verkauf von Gütern und Diensten erworben wird, vor allem wenn dies in rascher Folge geschieht. Dies aber ist nun gerade weder schädlich noch verboten, es gehört sogar zu den Grundlagen unserer heutigen Staats- und Wirtschaftsordnung. Diese These soll im folgenden mit einigen Argumenten für die Spekulation im allgemeinen erhärtet werden. Ich nehme dabei durchaus in Kauf, mißverstanden und morgen irgendwie als Freund „der Spekulanten" hingestellt zu werden. Gegen solche bewußten Mißverständnisse ist ohnehin kein Kraut gewachsen.

1. Zunächst einmal ist darauf hinzuweisen, daß in unserer Gesetzgebung die „Spekulation" nirgends mit einem Unwerturteil bedacht oder auch nur abschätzend behandelt wird. Nur an einer Stelle spielt sie in der Gesetzgebung eine bedeutendere Rolle, in jenem § 23 des Einkommensteuergesetzes, der auch den Gewinn aus der Veräußerung von Privatvermögen insoweit der Einkommenbesteuerung unterwirft, als nicht zwischen Anschaffung und Veräußerung der Wirtschaftsgüter gewisse Zeitspannen liegen. Im Gesetzestext wird dies mit dem Wort „Spekulationsgeschäfte" überschrieben. Das Bundesverfassungsgericht hat die Regelung als verfassungsrechtlich zulässig anerkannt (BVerfGE 26, S. 300 [312/13]). Nach der ständigen Rechtsprechung des Bundesfinanzhofs ist eine Spekulationsabsicht hier nicht erforderlich.

Auch darin liegt aber kein Unwerturteil über diese Spekulationsgeschäfte, mit welchem Recht immer man sie so bezeichnet haben mag. Sie werden ja nur, und immerhin mit einigen guten Gründen, der Anschaffung und Veräußerung von Betriebsvermögen gleichgestellt, also als Ausdruck eines „kommerziellen“ Verhaltens, nicht aber einfach nur als Austauschvorgänge im Privatvermögen behandelt. Sowenig aber An- und Verkauf von Gütern des Betriebsvermögens ein moralisches Unwerturteil treffen kann – sonst dürfte ja in Deutschland nicht mehr gehandelt werden –, ebensowenig gilt dies für die Spekulationsgeschäfte, sie sind an sich ebenso zulässig und seriös wie das Verhalten jedes Händlers.

Es kann also keine Rede davon sein, daß sich aus der Gesetzgebung unseres Landes, insbesondere aus der Steuergesetzgebung, eine Abwertung der Spekulation ergäbe, im Gegenteil, einen gesetzlichen Spekulationsbegriff gibt es gar nicht, nach den Gesetzen ist Spekulation als solche erlaubtes Verhalten, durch Art. 2 Abs. 1 GG wird es als Ausdruck der Entfaltung der Persönlichkeit auch vom Grundgesetz geschützt.

2. Hinzuweisen ist zugunsten der Spekulation insbesondere auf die übermäßige Allgemeinheit des Begriffes — in ihm kann schon deshalb nichts Schlechtes liegen, weil wir ja alle laufend spekulieren.

- Nicht nur dort wird ja im Grunde spekuliert, wo angekauft und sodann wieder verkauft wird, spekulatives Tätigwerden liegt letztlich in jedem Kauf und in jedem Verkauf, auch wenn man sie isoliert betrachtet, denn auch hier wird ja der richtige Zeitpunkt abgewartet, zu dem man den größten Nutzen aus dem eigenen Verhalten ziehen zu können glaubt. Nichts anderes aber tut auch der Spekulant an der Börse, geht man nur etwas in die Tiefe. Der Spekulationsbegriff, der so häufig kritisiert wird, der des Kaufens und Verkaufens, nimmt also nur zwei Vorgänge zusammen, die aber auch schon isoliert Spekulation darstellen können. Denn wenn die Hausfrau sich entschließt, Fleisch anstatt Fisch einzukaufen, weil sie annimmt, daß der Fisch in den nächsten Tagen billiger werden werde, so ist auch dies Spekulation; und wenn ich für meinen Urlaub deutsche Währung in ausländische umzutauschen beabsichtige, so spekuliere ich regelrecht darauf, den richtigen Tag für meine Transaktion zu wählen.
- In diesem Sinn wird auch in der Industrie laufend nichts anderes getan als spekuliert — dieses oder jenes Gut soll zu diesem oder jenem Zeitpunkt auf den Markt kommen, zu dem man es besonders gut verkaufen zu können glaubt. Auch der spekulationsfeindiche Landwirt handelt nicht anders, nicht nur, wenn er seinen Grund und Boden zurückhält, um ihn möglichst günstig abzustoßen, sondern auch beim Verkauf seiner sonstigen Produkte. Und schließlich ist auch der Arbeiter, das immer wieder beschworene Opfer der bösen Spekulation, selbst heute mehr und mehr zum Spekulanten mit seiner Arbeitskraft geworden, wenn er etwa den richtigen Zeitpunkt

abwartet, zu dem er seine Arbeitskraft einem anderen Unternehmer anbieten will.

- Spekulation im so allgemeinen Sinne definiert sich also eigentlich nur durch das Abwarten des günstigsten Zeitpunkts für einen Vorgang der Güterbewegung. Wollte man die Spekulation als solche ablehnen, so müßte das Unwerturteil nahezu jedes menschliche Verhalten treffen, auch das einfache „Nichtstun", auch das „Nicht-Verkaufen", weil dies ja immer in der Erwartung geschehen könnte, daraus einen wirtschaftlichen Vorteil zu ziehen.

  Damit aber wird der Spekulationsbegriff derart ausgeweitet, daß es keinen Sinn hat, Spekulation als solche zu bekämpfen, oder auch nur im Bodenbereich anzugreifen, weil ja auch dort jedes Verhalten, auch jedes Nichtstun, als spekulativ dann abgewertet werden könnte.

3. Dem Vorurteil muß entgegengetreten werden, bei Spekulation werde weder Arbeit noch Kapital eingesetzt, es entstehe also völlig leistungsloser Gewinn. In Wahrheit steckt in der Spekulation oft sehr viel Arbeit und noch mehr Kapital.

- Was hier an Arbeit anfallen kann, brauche ich an dieser Stelle nicht näher zu erläutern: Da gilt es, höchst vielschichtige Märkte laufend zu beobachten, den Kaufwillen und Verkaufwillen zu beeinflussen, überhaupt eine Grundstücksbewegungsmentalität zu erzeugen, Verbesserungen von Grund und Boden in die Wege zu leiten, sachgerechte Planungen zu begünstigen oder gar hervorzurufen — all dies ist ein wahrhaft aufreibendes, ein ermüdendes Geschäft, es ist wirklich Arbeit. Und sehr viel in alldem ist natürlich auch Bereitstellung, es ist Verhalten und Tätigkeit ohne unmittelbaren Erfolg, deshalb aber kann es nicht einfach als arbeitsloses Verhalten abqualifiziert werden.

- Der Kapitaleinsatz ist ebenso leicht nachweisbar: Der Spekulant muß oft große eigene Werte binden, er muß sie einem Börsenspiel anvertrauen, das er nicht zu beeinflussen, das er oft nicht einmal voll zu übersehen vermag. Der Zeitfaktor spielt eine entscheidende Rolle — und hier wird die Belastung besonders groß: Welcher Spekulant weiß schon, ob er den richtigen Augenblick wählen wird, wie viele sind nicht auf ihren Spekulationsgütern sitzengeblieben.

  Es kann also die Spekulation zu einem „echten Beruf" werden, sie wird es sogar in der Regel, die Kritik, welche vom arbeitslosen Spekulationsgewinn spricht, wendet sich gegen einige glückliche Zufälle, welche man nie wird ausschalten können, sie trifft überhaupt nicht das, was doch als besonders verwerflich erscheint: die systematische, die berufsmäßige Spekulation.

4. Dies leitet nun bereits über zu einem wesentlichen Rechtfertigungsgrund der Spekulation: Sie ist nicht einfach Glück — wäre sie es, warum spekuliert dann nicht jedermann, vor allem die Kritiker? Entscheidend ist hier vielmehr das meist sehr hohe Risiko, die Gefahr des Verlustes, welche gerade die Kritiker nicht tragen wollen.

- Die Kritik übersieht vor allem, daß die Spekulation, insbesondere bei Grundstücken, keineswegs ausschließlich Gewinn bringt, daß sich vielmehr, gerade hier, Gewinn und Verlust sehr häufig die Waage halten. Es entspricht aber nicht nur marktwirtschaftlichen Grundsätzen, sondern auch einer echten Gerechtigkeit, daß sehr viel Gewinn dort erzielt werden kann, wo eben auch sehr viel Verlust droht. Und das schließlich jemand seine Existenz verspielen darf, ist auch Ausdruck der großen Freiheit.

- Das große Risiko aller Spekulation, das in ihrer Unvorhersehbarkeit liegt, verlangt eine oft außerordentlich starke Absicherung und zwingt erneut nicht nur zu laufendem Arbeitseinsatz, sondern zu besonders weitgehendem Kapitaleinsatz.

- Nicht zuletzt aber ist der oft kritisierte „ganz große Spekulationsgewinn" für den Gewinner eben gar nicht ganz so groß, wie wenn er nun säuberlich, auf Monate verteilt, ihm nach Beamtengrundsätzen laufend und sicher zugewiesen würde. Einerseits greift die Besteuerung mit hoher Progression ein, zum andern und vor allem aber ist auch das, was dem Spekulanten verbleibt, eben wegen der Unvorhersehbarkeit des Eintritts des Gewinnes „weit weniger wert", als wenn man darauf vertrauen und entsprechend planen könnte. Gerade deshalb heißt es hier leider auch oft: „Wie gewonnen, so zerronnen".

5. Die eigentliche Kritik gegen die Spekulationsgewinne richtet sich sehr häufig gegen ihren Umfang, „der ganz große" Gewinn erscheint als unberechtigt. Gerade hier aber geht die Kritik in ihrer Allgemeinheit grundsätzlich fehl:

- Was an Gewinn in unserer Gemeinschaft zulässig ist, bestimmt gerade der Markt — wir haben kein staatlich oder behördlich bestimmtes iustum pretium.

- Der Gewinn könnte nur dann als ungerechtfertigt hoch erscheinen, wenn es möglich wäre, mit einiger Sicherheit das Risiko und die Arbeit zu bewerten, welche der Spekulant aufzuwenden hat. Gerade dies aber erscheint als völlig unmöglich.

- Heute besteht sicher die Tendenz, jeden Gewinn politisch als „zu hoch" zu kritisieren, in wirtschaftlich schwierigen Zeiten wird aller Gewinn auf den „kleinen Mann" und seine Einkünfte hin ausgerichtet, doch mit solchen

Kategorien läßt sich eben der große Gewinn und der große Verlust des Spekulationsgeschäftes überhaupt nicht erfassen. Spekulation kann man nicht mit den Kategorien des Lohnempfängers oder des Beamten messen. Wer Spekulation als solche ablehnt, muß den totalen Beamtenstaat oder den totalen Arbeiterstaat fordern.

– Gewisse äußerste Grenzen lassen sich hier allenfalls dort ziehen, wo wirkliche Lotteriegewinne erzielt werden, und auch hier wäre es weit sachgerechter, nicht ein Unwerturteil zu sprechen, sondern entsprechend zu besteuern, wie ja auch der Staat Einkünfte aus Lotterien zieht.

– Vor allem an die Richter sollte die Mahnung gerichtet werden, nicht aus ihrer nun wirklich optimal und maximal gesicherten, nahezu bewegungslosen wirtschaftlichen Position heraus diese großen Bewegungen eines ganz anderen Bereichs vorschnell zu verurteilen. Insgesamt hat sich die Gerichtsbarkeit in Deutschland auch von dieser Versuchung weit mehr freigehalten als der politisch agierende Gesetzgeber.

6. Die Vorteile der Spekulation, vor allem im makroökonomischen Bereich, müßten weit mehr herausgestellt werden, als dies heute in der Nationalökonomie geschieht. Man denke nur etwa an

– die große Güterbereitstellung, die „Güteranlockung“, die sich hier vollzieht, gerade auch bei Grund und Boden,

– den raschen Umschlag der Güter, mit dessen Hilfe Ludwig Erhard ja einst das deutsche Wirtschaftswunder ankurbeln konnte,

– die tiefe Demokratizität einer Spekulation, die nicht nur jedem seine Freiheit läßt, sondern auch jedem irgendeine wirtschaftliche Chance eröffnet, sich bedienen zu können,

– die großen Vorteile für den Staatshaushalt, der doch an dem raschen Umlauf der Güter und an den hohen Gewinnen durch seine Steuerprogression besonders partizipiert,

– vor allem aber das für die Wirtschaft so unerläßliche Risikodenken, die Aktivierung der menschlichen Einsatzbereitschaft.

Spekulanten kann man alle Vorwürfe machen, nur einen nicht: Sie seien faul. Unsere immer faulere Gesellschaft aber hat gerade diese Hechte im Karpfenteich wirklich nötig.

7. In unserer freiheitlichen Demokratie ist, über all diese ökonomischen Erwägungen hinaus, Spekulation aber schon deshalb legitim, ja förderungswürdig, weil unser Staatswesen, über seine Marktwirtschaft und die politischen Wahlen, selbst weitgehend auf Spekulation aufruht:

- Ohne Sicherung des privaten Eigentums gibt es keine freie Demokratie. Eigentum aber hat keinen Sinn, wenn sein Wert sich nicht einigermaßen frei auf dem Markt bilden kann, es wird sonst sogleich vom Staate manipuliert. Deshalb verlangt die freiheitliche Demokratie den Markt, die Börse, die Spekulation.

- Wenn der Staat versucht, immer mit seinen ökonomischen Vorstellungen einzugreifen, wenn es nur mehr den dauernd von ihm gegängelten oder ständig kupierten, den sogenannten „vernünftigen" Menschen gibt, so ist die Freiheit in ihrem Kern getroffen. Denn der Richter wird dann eben stets, wie der Gesetzgeber, Tendenz haben, als „vernünftig" nur das risikolose Verhalten des Beamten anzusehen, wie aber sollte dann eine freie Wirtschaft funktionieren?

- Schließlich beruht unsere ganze Demokratie auf der politischen Spekulation der Wahl, mit deren Ausgang sich doch so viele politische Erwartungen und Ängste verbinden, für welche doch soviel Risiko und Arbeit eingesetzt werden. Mit welcher Berechtigung will die Volksherrschaft etwas gegen Spekulation sagen, wo ihr doch selbst dann der Vorwurf gemacht werden könnte, sie sei eine „Staatsform des Zufalls"?

Spekulation ist also nichts Unwertiges, nichts als solches Verwerfliches, sie gehört in unsere wirtschaftliche und politische Landschaft, denn sie ist ja nichts als eine Form gesteigerter persönlicher Freiheit. Wie immer darf dem Mißbrauch solcher Freiheit sicher entgegengetreten werden, aber eben nur dort, wo es wirklich zur Entartung kommt. Und es gilt hier, ein ehernes Gesetz der Freiheit: Jene Freiheit, bei der alle Mißbrauchsrisiken ausgeschlossen werden sollen, verdient diesen Namen nicht mehr. Ein gutes altes lateinisches Wort lautet: Malo periculosam libertatem — die Freiheit ziehe ich vor, auch wenn sie gefährlich ist. Kaum irgendwo ist dies wahrer als gegenüber Spekulanten. Und so laßt uns denn nicht allzuviel über und gegen Spekulation — spekulieren!

Eigentumsgrundrecht und Agrar(struktur)politik*

„Struktur“ und „Strukturpolitik“ sind zu beliebten Modeworten nicht nur der Politik, sondern des Rechts geworden. Von der „Infrastruktur“ über die „Regionalstruktur“ bis hin zur „Wirtschaftsstruktur“ gewisser Bereiche oder gar der gesamten nationalen Ökonomie — überall hat das Wort Eingang in die wirtschaftspolitische Diskussion gefunden, und vor allem auch als „Agrarstruktur“. Ein „gutes Wort“ ist es dabei geworden, denn es weckt in allen Sektoren nahezu automatische Assoziationen zu Subventionen, Förderungen, Staatsunterstützung jeder Art — eben die „Strukturhilfen“. Aus rechtlicher Sicht ist dies vor allem aus einem Grunde nicht unbedenklich: „Struktur“ ist ein wirkliches Allerweltswort, es umschreibt nur ganz vage einen bestimmten bestehenden oder gewünschten Zustand, meistens ist es sogar noch ein Oberbegriff über beidem. Was im einzelnen noch dazu gehört, was also materienmäßig etwa im Namen der „Agrarstruktur“ noch geleistet werden darf, bleibt meistens ganz bewußt im unklaren. Einigermaßen faßbar ist nur, daß es dabei sowohl um qualitativ als auch um quantitativ zu definierende, immer aber eben um mehr oder weniger globale Zustände geht, und daß der Staat irgendwie eine Verantwortung für diese Strukturen trägt, sie daher auch verändern darf, wie es die allgemeine Wirtschafts- und Agrarpolitik jeweils fordert. Verlockend wird dies dem Bürger eben dadurch nahegebracht, daß nur selten von Strukturveränderungen, desto häufiger aber von Strukturverbesserungen die Rede ist.

Rechtlich verbirgt sich nun dahinter ein ganz einfacher Anspruch der Staatsgewalt: Sie tritt als „Herrin der ökonomischen Strukturen“ auf, aus dieser Position heraus betreibt sie Wirtschafts-, insbesondere Agrarpolitik. Diese Stellung ist heute grundsätzlich wohl, auch in der juristischen Diskussion, unangefochten. Um so wichtiger ist es aber, gerade deshalb, nun näher und an Einzelheiten darzulegen, welche Auswirkungen derartige „Strukturgesetzgebungen“ auf das wirtschaftliche Verhalten und den ökonomischen Erfolg der Tätigkeit der Bürger haben. Denn es liegt auf der Hand, daß der Staat mit dem Zauberstab der Agrarstrukturgesetzgebung einzelne Berufsbilder in der Land- und Forstwirtschaft, bis hin zu einem Global-Berufsbild des Landwirts tiefgreifend umprägen kann, was ihm das BVerfG ja grundsätzlich auch gestattet. Wenn gewisse Tierhaltungen, bestimmte Düngungsintensitäten verboten oder wirtschaftlich schwer benachteiligt werden, so kann das ebenso

---

* Erstveröffentlichung in: Leit(d)bilder der Agrarpolitik (Schriftenreihe des Vereins für Agrarwirtschaft e. V., Bd. 49), Bonn 1992, S. 51–61.

als „Agrarstrukturmaßnahme" bezeichnet werden, wie wenn es schlechthin darum geht, eine gewisse „ideale Betriebsgröße" für einen Bereich anzusteuern oder diese gar durch konzertierte Mittel zu erzwingen.

Im Vordergrund stehen dabei nicht Veränderungsinstrumentarien in qualitativer, sondern eher in quantitativer Richtung. Natürlich kann die Agrarstruktur auch qualitativ orientiert werden, indem etwa finanziell gewisse Intensivierungen oder Extensivierungen begünstigt, der Einsatz bestimmter Maschinenarten gefördert wird. Deutlich im Vordergrund stehen jedoch, seit einiger Zeit, quantitativ orientierende Strukturmaßnahmen, welche insbesondere der Gesetzgeber ergreift. Wird hier konzentrisch eine gewisse ideale Betriebsgröße – selbstverständlich unter Berücksichtigung der jeweiligen Bodenqualität – angesteuert, so hat dies dann auch qualitativ-strukturelle Auswirkungen, hinsichtlich des Einsatzes der Arbeitskräfte ebensowohl wie im Landmaschinen- und Baubereich, ja auch hinsichtlich genossenschaftlicher Zusammenschlüsse und Verpachtungen. Hier ist also auch der Staat seit langem von marginalen Strukturkorrekturen übergegangen zu globaleren Strukturkonzepten, davon ist das deutsche Landwirtschaftsrecht seit, man kann nun schon sagen: Generationen, geprägt. Systematischer Kern dieser Bemühungen ist der seit den 30er und 40er Jahren in der Agrarökonomie, vor allem von Priebe geprägte Begriff der „bäuerlichen Landwirtschaft", die getragen ist vom „bäuerlichen Familienbetrieb". In der Gesetzgebung wurde die „bäuerliche Landwirtschaft" bereits im 19. Jahrhundert in Deutschland gefördert, vor allem um Zersplitterung in der Agrarwirtschaft zu vermeiden. Deutlich schwebte dem das Idealbild eines bäuerlichen Betriebes zwischen 50 und maximal 150 ha vor. Eine Frontstellung gegen größere landwirtschaftliche Betriebe im Namen solcher Bestrebungen war anfänglich jedoch noch nicht erkennbar.

Aufgebaut wurde sie erst durch den Nationalsozialismus, mit ideologischer Intensität. In seiner Erbhofgesetzgebung schuf er Sonderregelungen für „Bauern", während sich Inhaber von größeren land- und forstwirtschaftlichen Betrieben nur „Landwirte" oder „Forstwirte" nennen duften. Punkt 17 des Parteiprogramms der NSDAP forderte die entschädigungslose Enteignung des Großgrundbesitzes, wobei allerdings offen blieb, wie diese „Großen" definiert werden sollten. In der agrarökonomischen Diskussion haben spätestens Ende des 19. Jahrhunderts auch strukturelle Größenüberlegungen eine wichtige Rolle gespielt, wobei dies nicht selten mit der allgemeinen politischen Diskussion um „Junkertum" und „ostelbischen Großgrundbesitz" vermengt wurde. Gewisse Bestrebungen in Richtung auf „kleinere Betriebsstrukturen" in der Landwirtschaft kamen dabei übrigens politisch aus ganz unterschiedlichen Lagern; überall aber war es das Eigentumsrecht, das als Ziel der Angriffe oder als Verteidigungsposition im Mittelpunkt stand: Sozialisten und Kommunisten bekämpften dieses Grundeigentum, aus politischen wie sozialen

Gründen des Schutzes der landlosen Agrararbeiter, sogenannte „nationale“ Kreise, später dann auch die Nationalsozialisten, wandten sich, vor allem im Osten, gegen die „Überfremdung“ im Bereich des Großgrundbesitzes, der insbesondere polnische Arbeitskräfte einsetzen mußte. Die Strukturvorstellungen waren dabei jedoch recht unterschiedlich, mochte auch das Schlagwort „Bauernland in Bauernhand“ gemeinsam sein: Sozialistische / kommunistische Kräfte strebten allenfalls ein Kleinstbauerntum an, und nach der kommunistischen Machtergreifung im Osten Deutschlands konnte dies durch die sogenannte „Bodenreform“ denn auch in radikaler Weise verwirklicht werden: Jeder Grundbesitz von über 100 ha wurde enteignet, die neuen Betriebsgrößen schwankten zwischen 5 und 10 ha, sie erwiesen sich rasch als völlig unwirtschaftlich, und dies war ja auch gewollt, denn sie sollten in den LPGen aufgehen, einer neuen Form des nun allerdings wahrhaft riesigen und flächendeckenden ostelbischen Großgrundbesitzes.

Im Westen Deutschlands dagegen konnte von einer systematisch verkleinernden Agrarstrukturgesetzgebung nach 1945 kaum die Rede sein. Die „Bodenreform“ in den westlichen Besatzungszonen führte nur in beschränktem Maße zu Landabgaben, sie war auch nicht etwa systematisch auf die Schaffung idealer Betriebsgrößen, auf Durchsetzung einer durchgehenden „bäuerlichen Landwirtschaft“ gerichtet. Als Legitimations- und Abgrenzungsbegriff hat der „bäuerliche Betrieb“, mit entsprechenden näher definierten Idealgrößen, im Schrifttum jedoch bisher, soweit ersichtlich, keine rechtlich relevante Vertiefung erfahren. Es finden sich lediglich, seit Ende der 50er Jahre, Äußerungen in der wirtschaftspolitischen Diskussion sowie wirtschaftswissenschaftliche Untersuchungen, die aber nicht etwa auf eine Ausgrenzung größerer bäuerlicher oder sonstiger landwirtschaftlicher Betriebe aus der Agrarwirtschaft abzielen. Die Agrarstruktur im Westen Deutschlands zeigt übrigens, wohl auch aufgrund der allgemeinen ökonomisch-sozialen Entwicklung wie infolge der historischen Vorgaben, daß von großagrarischen Strukturen insgesamt kaum die Rede sein kann. Großgrundbesitz ist eindeutige Marginalerscheinung, von größerer Bedeutung allenfalls noch im Forstbereich. Recht unterschiedlich sind dagegen Betriebsgrößen und Betriebsstrukturen auch im Raume dessen, was man, in einem weiteren Sinn, noch zur „bäuerlichen Landwirtschaft“ rechnen kann, jener Struktur also, welche im Kern durch die Arbeitsleistung einer Familie getragen wird. Der deutsche Agrargesetzgeber konnte daher, Ende der 80er Jahre, durchaus noch davon ausgehen, daß ein gewisser strukturpolitischer Handlungsbedarf gegeben war.

Dies hat nun in den letzten Jahren zu Entwicklungen, insbesondere groß angelegten agrarstrukturellen Versuchen geführt, welche die Bedeutung der hier behandelten Fragestellung besonders verdeutlichen können. Wir wollen nur zwei von ihnen herausheben:

- Im Jahre 1988 ging es um die Vergabe von EG-Grenzausgleichsmitteln, die nur bis zu einer gewissen Hektarzahl flächengebunden gewährt werden sollten, überdies nur für jene Betriebe, welche bestimmte Tierbestandsobergrenzen nicht überschritten. Nur diesen Betrieben sollte das Bauen im Außenbereich unter erleichterten Bedingungen gestattet werden. Man wendete sich also nun nicht mehr nur gegen die nicht oder wenig flächengebundene Tierproduktion (Agrarfabriken), sondern ebenso auch gegen die flächenextensiv wirtschaftenden größeren landwirtschaftlichen Betriebe, und zwar auch dort, wo weder Gründe des Umweltschutzes noch der Produktionseinschränkung gegeben waren. Aus „soziostrukturellen" Gründen sollte sich dieses Fördergesetz gegen die flächenmäßig größeren Betriebe wenden, vom Bundeslandwirtschaftsministerium wurde es als Teil eines umfassenden Konzepts der Bundesregierung zur Stärkung bäuerlicher Familienbetriebe bezeichnet. Dabei konnte man sich übrigens auf wichtige Vorgänge berufen: Die Garantiemengenregelungen für Milch benachteiligten ebenfalls alle größeren landwirtschaftlichen Betriebe, und dies ganz erheblich, sie ist jedoch von den Gerichten als verfassungsmäßig gebilligt worden.

- Zur selben Zeit, zum Teil schon vorher, kamen von Länderseite verschiedene Vorschläge für eine umfassende Agrarstrukturgesetzgebung. Aus Bayern wurde z.B. gefordert, daß der „bäuerliche Betrieb", insbesondere durch Tierbestandsobergrenzen, so definiert werde, daß dort mehr als 3 Arbeitskräfte nicht zu beschäftigen seien, die auch zur Familie gehören sollten. Alle staatlichen Förderungen müßten auf solche Betriebe beschränkt werden, sie allein dürften ein Umweltbewirtschaftungsentgelt erhalten, während größere Betriebe eine schwer belastende Strukturaufgabe zu bezahlen hätten. Niedersachsen verlangte, ein „bäuerlicher Familienbetrieb" müsse als solcher behördlich anerkannt werden, während Baden-Württemberg anregte, die landwirtschaftliche Zubilligung eines Umweltbewirtschaftungsentgelts bereits bei der Vorsteuerpauschale zu fördern.

Die vor wenigen Jahren beabsichtigte großflächige, geradezu kodifikatorische Regelung der Agrarstruktur ist dann, vor allem infolge der Entwicklungen zur deutschen Einheit, doch nicht zustande gekommen. Dennoch werden solche Bestrebungen partiell weiterverfolgt, und man wird sicher auch eines Tages wieder zu umfassenden Durchsetzungsversuchen einer Struktur „bäuerlicher Landwirtschaft" zurückkehren. Allerdings ist heute noch nicht klar abzusehen, wie hier im einzelnen die Flächengrößen und die strukturellen Bewirtschaftungsvoraussetzungen definiert werden sollen. Klar ist jedoch, daß ein umfangreiches und ganz heterogenes Instrumentarium eingesetzt werden kann und wohl auch soll, um größenmäßig und damit insgesamt auch qualitativ diese Strukturen nicht nur nahezulegen, sondern schlechthin zu erzwingen.

Denn darüber kann kein Zweifel bestehen: Wenn hier Eingriffsregelungen, etwa im Baubereich oder bei Pachtgenehmigungen, mit finanziellen Fördermaßnahmen aller Art verbunden werden, wenn andererseits größeren Betrieben sogar noch „Strukturabgaben" auferlegt werden, so kann dies, in einem ohnehin heute schwer belasteten Bereich, zu derart einschneidenden Auswirkungen sich summieren, daß die Fortsetzung agrarbetrieblicher Tätigkeit in größeren Betriebseinheiten völlig unwirtschaftlich wird und aufgegeben werden muß, wird sie nicht als reine Liebhabertätigkeit fortgesetzt.

– Ein weiteres und nun sehr aktuelles Beispiel, wie Agrarstruktur systematisch betrieben werden kann, zeigt das gerade in diesen Wochen anlaufende „Siedlungsprogramm Ost" (Programm zur Wiedereinrichtung bäuerlicher Betriebe): Den durch die kommunistische „Bodenreform" auf dem Gebiet der früheren DDR enteigneten Land- und Forstwirten, d.h. all denjenigen, welche mehr als 100 ha dort besessen hatten, waren diese Flächen entschädigungslos und im Wege echter Verfolgungsmaßnahmen im Jahre 1945 entzogen worden. Der Einigungsvertrag (Art. 41) und das in seinem Zusammenhang geänderte Grundgesetz (Art. 143 Abs. 3 n.F.) sehen vor, daß diese „Bodenreform" nicht mehr rückgängig gemacht wird, das Bundesverfassungsgericht hat dies mit Urteil vom 23. April 1991 bestätigt, den Gesetzgeber jedoch zu Ausgleichsleistungen verpflichtet. Diese letzteren sollen nun in einem „Entschädigungs- und Ausgleichsgesetz" noch 1992 den Betroffenen zugesprochen werden, wobei sie allerdings wohl im Ergebnis kaum mehr als etwa 10 v.H. des Wertes der verlorenen Güter erhalten werden. Um diese Flächen jedoch rasch in tragfähige agrarische Strukturen zu verwandeln, sie aus dem Großgrundbesitz der LPGen herauszuführen, wird ein sogenanntes Siedlungsprogramm im Osten aufgelegt: Frühere Eigentümer, aber auch sogenannte „Siedlungsbauern", denen die Flächen nach 1945 übergeben worden sind, und auch „Wiedereinrichter", diejenigen, welche aus LPGen heraus ihren Betrieb wieder aufbauen wollen, vielleicht sogar andere zu bäuerlicher Bewirtschaftung Bereite, können bis zu 160 ha Wald derart zinsbegünstigt oder gar unter Stundung des Kaufpreises erwerben, daß dies aus den Erträgen bezahlt werden kann. Hier ist also die agrarstrukturelle Zielsetzung völlig eindeutig: Es soll möglichst Betriebe über 160, bei guten Böden über 80 bis 100 ha im Osten Deutschlands nicht geben, denn kaum jemand wird, jenseits dieses Förderprogramms, bereit sein, angesichts des Zustandes der dortigen Landwirtschaft, in großem Umfang zu investieren.

Mag dies noch als verhältnismäßig weiter Rahmen agrarstruktureller Gestaltung durch den Staat erscheinen — in der Zukunft muß man sicher gewärtigen, daß die Staatsgewalt bereit ist, noch erheblich restriktiver vorzugehen, die Betriebsgrößen insbesondere eindeutig „herunterzusubventionieren".

Hier nun stellt sich, wie ja schon gegenüber der gesamten dargestellten Entwicklung, die Frage, ob die Grundrechte dem Staat, insbesondere dem Gesetzgeber, nicht doch gewisse Schranken ziehen, insbesondere in der Diskriminierung größerer landwirtschaftlicher Betriebe; und wer hier „größer" und „kleiner" sein wird, liegt ja heute ebenso im Dunkeln, wie die Begriffe der „Leistungsschwachen" und „Leistungsstarken" im Steuerrecht nahezu beliebig, je nach politischer Überzeugung, verändert werden können. Wer sich also heute noch als „Kleiner" geschützt sieht, kann morgen schon zu jenen „Größeren" gehören, denen schwere agrarstrukturelle Belastungen auferlegt werden. Hier greifen auch kaum definierbare sozialpolitische Überlegungen ein, und es eröffnet sich ein nahezu unabsehbares Feld jener Ideologie, welche, gerade in der agrarstrukturellen Diskussion, bereits nicht unbedenkliche Vorbilder in Deutschland hat.

Um so wichtiger ist es, hier die Grenzen zu erkennen, welche das Eigentumsrecht zieht — wenn es derartige überhaupt noch gibt, wenn es nicht schon zu der ja heute schon viel beklagten Aushöhlung gekommen ist. Jedenfalls ist, wie immer die Entwicklung verlaufen wird, eine Bewußtseinsschärfung erforderlich, damit manche agrarpolitische Zielsetzungen schon im Vorfeld kritisch gewürdigt werden können.

Wir wollen uns im folgenden auf Art. 14 des GG konzentrieren, obwohl auch Art. 12 GG (Berufsfreiheit) einschlägig sein kann, schreitet doch die „Verbetrieblichung" im landwirtschaftlichen Bereich schnell voran. Das „klassische" Grundrecht zum Schutze agrarischer Bodennutzung ist aber nach wie vor die Eigentumsgarantie. Sie erlaubt, aus rechtlicher Sicht, folgende grenzziehende Feststellungen gegenüber staatlichen Strukturmaßnahmen: Art. 14 Abs. 1 GG ist als Schranke der Agrargesetzgebung anerkannt. Dies hat sich auch bei der Diskussion um die Milchmengenregelung gezeigt, wo dieser Maßstab sogar im Vordergrund stand. Wegen der (angeblich) fehlenden Schwere dieses Eingriffs wurde er jedoch gebilligt. Aus der früheren Rechtsprechung des Bundesverfassungsgerichts läßt sich jedoch nicht ableiten, Art. 14 Abs. 1 GG stehe einem staatlichen Plafondierungszwang überhaupt nicht im Wege. Vielmehr muß das Eigentumsgrundrecht hier in vollem Umfang geprüft werden. Vor allem Plafondierungen bei Förderungen sind es ja, über welche Strukturanpassungen erzwungen werden können.

Plafondierungen der landwirtschaftlichen Nutzungsflächen, in welcher Form immer, beeinträchtigen die Möglichkeit, Land hinzuzuerwerben, nicht nur bei Inhabern größerer landwirtschaftlicher Betriebe, sondern auch bei all denen, welche mit ihrem Besitz größennah an den jeweils geltenden Förder- und Eingriffsschwellen liegen. Allerdings läßt sich ein „Recht auf mehr Eigentum" aus Art. 14 Abs. 1 GG nicht ableiten, der ja überhaupt ein „Recht auf Eigentum" nicht gewährt. Deshalb bietet diese Verfassungsnorm den potentiellen Erwerbern von Grund auch keinen Schutz, denen hier Normen des Grunderwerbsrechts oder des Pachtrechts zur Verhinderung „ungesunder“ Flächengrößen seit langem mit Erfolg entgegengehalten werden.

Wenn Land- und Forstwirte ihre Betriebe aus agrarstrukturell bedingter Unrentabilität verkleinern oder aufgeben müssen, so können sie sich leicht einem Wertverlust durch Verkaufsdruck ausgesetzt sehen. Staatlich verordneter Veräußerungszwang kann zwar grundsätzlich das Eigentumsrecht verletzen. Doch durchgehend typische Sachverhalte eines schwerwiegenden Wertverfalls werden sich dann ebensowenig finden lassen wie eine notwendige Kausalbeziehung der Gesetzgebung zu solchem Wertverlust nachweisbar sein dürfte. Das Ausmaß eines solchen Wertverlusts wird sicher von vielen, oft lokal unterschiedlichen Gegebenheiten abhängen, auf sie muß sich der Betroffene eben einstellen.

Entscheidend wird also sein, wie die agrarstrukturellen, gesetzlichen oder förderungsmäßigen Vorgaben sich auf Betriebe auswirken, welche die gewünschten strukturellen Voraussetzungen nicht erfüllen. Hier sind die etwa betroffenen Eigentümer-Kategorien in einer praktisch schwierigen Lage: Wie sollen sie den Beweis führen, daß sie unter solchen Umständen verkaufen oder aufgeben müssen, daß es ihnen auch unter den größten Anstrengungen, die ihnen sicher dann von den Gerichten zugemutet würden, nicht möglich sein wird, die bisherigen Betriebsgrößen zu halten? Der staatliche Gesetzgeber wird ja immer einwenden, er zwinge niemanden zu etwas, er überlasse es vielmehr dem ökonomischen Geschick der Betriebsinhaber, mit den neuen „Rahmenbedingungen“ fertig zu werden. Zur Berufsfreiheit – und dies gilt auch im Bereich des Eigentumsrechts – hat die Rechtsprechung sinngemäß eine letzte Grenze nur dort gezogen, wo von gesetzlichen oder administrativen Maßnahmen eine wahrhaft erdrosselnde Wirkung ausgeht, wo also auf keinem Wege mehr die staatlich aufgebauten Hemmnisse überwunden werden können. Die große Problematik liegt jedoch bei Strukturgesetzgebungen und Strukturfördermaßnahmen in der kumulativen Wirkung verschiedenster Einwirkungen, welche vom Steuerrecht über das Umweltrecht bis zu den agrarischen Marktordnungen reichen, sodann noch ins Pachtrecht, ins Baurecht usw. usf. Überall können kleine Schraubendrehungen erfolgen, die insgesamt aber derartige Belastungen hervorbringen, daß der Betrieb in bestimmten Größenordnungen unrentabel wird. Die Rechtsprechung prüft aber immer nur – bisher jedenfalls – eine bestimmte Eingriffsregelung, ein determiniertes Förderprogramm auf seine Vereinbarkeit mit dem Eigentums- oder mit anderen Grundrechten. Der Gesetzgeber hat seine Technik inzwischen so verfeinert, daß er diesem groben Raster ohne große Gefahren entkommen kann.

Wenn also die Aussichten, auch tief strukturverändernden staatlichen Maßnahmebündeln gerichtlich entgegenzutreten, recht skeptisch beurteilt werden müssen, weil der Staat eben in der Tat sich auf den leisen Sohlen vielfacher Einzelveränderungen in eine große Strukturänderung schleichen kann, so bedeutet dies doch nicht, daß nicht gewisse verfassungsrechtliche Vorgaben anzuerkennen wären, die nicht nur einzelnen Gesetzgebungen, sondern auch ganzen Tendenzen der Strukturpolitik mit Erfolg entgegengehalten werden können, nicht erst vor Gericht, sondern bereits im politisch-parlamentarischen Vorfeld. Wir wollen hier nun einiges herausgreifen:

Art. 14 Abs. 1 GG beinhaltet vor allem eine Bestandsgarantie des Eigentumsrechts, die einzelnen Eigentumsgüter dürfen grundsätzlich nicht entzogen werden. Bei intensiver Diskriminierung gewisser Strukturen geraten die Inhaber derartiger Betriebe unter unentrinnbaren Verkaufs- oder Verpachtungsdruck hinsichtlich eines vielleicht großen Teils ihres Grundbesitzes: Sie müssen hier ihre verfassungsrechtlich geschützten Rechtspositionen räumen, bei Verpachtungsdruck die wesentlichen „Eigentumsausstrahlungen" des Besitzes und der Verwaltung aufgeben, ihre eigenbestimmte Nutzung und die Verfügungsmöglichkeiten werden erheblich beeinträchtigt. Darin kann eine Eigentumsverletzung seitens des Staates liegen. Die Staatsgewalt kann sich auch nicht darauf berufen, es liege dann ja beim Auswahlermessen des Betroffenen, von welchen Grundstücken er sich trennen wolle, auch alternative Abgabeverpflichtungen können das Eigentum verletzen. In Extremfällen läge dann eine verfassungswidrige Enteignung vor, denn Entschädigung wäre ja nicht vorgesehen, und es wäre auch nicht ersichtlich, welchen konkreten Vorhaben all dies nützen solle; ein solches Vorhaben ist aber im Falle der Enteignung erforderlich. Selbst wenn man eine größerflächige derartige Enteignung durch Strukturgesetzgebung als Sozialisierung ansehen wollte (Art. 15 GG), so müßte auch hier nach herrschender Lehre Entschädigung vorgesehen sein, was sicher nicht der Fall wäre. Die Eigentümer insbesondere größerer land- und forstwirtschaftlicher Betriebe könnten sich auch, durch einen solchen Druck, hinsichtlich ihrer Wirtschaftsgebäude, die dann ja auch nicht mehr sinnvoll genutzt werden könnten, enteignet sehen, darüber hinaus geradezu in ihrem land- und forstwirtschaftlichen Betrieb als solchem, der, nach immer noch herrschender Auffassung, ein eigentumsgeschütztes Gut darstellt.

Das Eigentumsgrundrecht schützt also zwar rechtlich wohl nur vor extremen Versuchen einer Strukturveränderung seitens des Staates. Im politisch-parlamentarischen Vorfeld allerdings ist es besonders wirksam, sich darauf zu berufen, denn noch immer gibt es in Deutschland kaum eine politische Richtung, die einen offenen, großflächigen Angriff auf Eigentumspositionen wagen möchte, wenn dies nicht durch überragende Gemeinschaftsinteressen gerechtfertigt wird, etwa im Umweltschutz. Hierdurch läßt sich aber eine tiefgreifende Agrarstrukturveränderung wohl kaum legitimieren, denn die oft aufgestellte Behauptung, gerade der kleine, der bäuerliche Familienbetrieb sei in besonderer Weise umweltfreundlich, ist nicht nur bisher nie bewiesen worden, sie ist nicht einmal plausibel — im Gegenteil: Ein größerer landwirtschaftlicher Betrieb kann etwa viel leichter auf Überdüngungen verzichten als ein Kleinbetrieb, der versuchen muß, alles Mögliche aus der Fläche herauszuwirtschaften, damit der Eigentümer wirtschaftlich überleben kann. Auch Pilotprojekte, Flächenstillegungen und ähnliches mehr zu Zwecken des Umweltschutzes lassen sich von größeren Grundeigentümern weit eher erwarten.

Mag also die allzuviel gerühmte Eigentumsgarantie hier mehr politisch als rechtlich wirksam sein, die mit ihr eng verbundene eigentumsbezogene Wettbewerbsfreiheit und -gleichheit, die allerdings auch mit Art. 2 Abs. 1 GG oder Art. 12 Abs. 1 GG in Zusammenhang gebracht wird, dürfte wohl rechtlich, solchen Strukturveränderungsversuchen gegenüber, noch wirksamer sein. Die Wettbewerbsgleichheit – ebenfalls heute ein „gutes Wort" auch im politischen Bereich – kann nicht erst dann bemüht werden, wenn ein strukturbedingter Verkaufsdruck unentrinnbar wird; der Staat muß sich vor dieser Wettbewerbsgleichheit auch schon bei jeder Diskriminierung einem Begründungszwang stellen, etwa im Verhältnis zwischen kleineren und größeren Betrieben. Diese Gleichheit schützt auch gegen tatsächliche Eingriffe der Staatsgewalt, Nicht-Subventionierung etwa kann sie verletzen.

Nach der Rechtsprechung des BVerfG ist es legitim, wenn der Gesetzgeber die Wettbewerbslage dadurch verändert, daß er größenbedingte Konkurrenzunterschiede ausgleicht. Dies rechtfertigt jedoch nicht eine flächenmäßig bestimmte Betriebsplafondierung, weil derartige Unterschiede hier grundsätzlich wohl kaum beweisbar sind und sie, wenn dies zuträfe, auch nicht ausgeglichen würden, die größeren Konkurrenten vielmehr einfach ausscheiden müßten. Grundprinzip des deutschen Wirtschaftsverfassungsrechts ist es überdies, daß Konkurrentenschutz sich in engsten Grenzen halten muß.

Auch auf Prinzipien des Mittelstandsschutzes könnte sich ein Agrargesetzgeber hier kaum berufen. Zwar ist Mittelstandsschutz legitimes gesetzgeberisches Anliegen, wenn kleinere Betriebe durch größere in Existenzgefahr gebracht werden. Dies ließe sich hier aber wohl kaum belegen. Flächenplafondierung als Mittelstandsschutz überschreitet also die begriffliche Schranke dieser – legitimen – Mittelstandsbemühungen, denn sie rechtfertigt den Schutz der „kleineren", nicht die Zerstörung der „größeren" Betriebe, setzt vielmehr deren Existenz gerade voraus.

Die Legitimation einer „Förderung der bäuerlichen Landwirtschaft" gegenüber dem Eigentumsgrundrecht mit der Wettbewerbsgleichheit, der Unterstützung für „bäuerliche Familienbetriebe", könnte nun zwar als eine agrarspezifische Rechtfertigung der Diskriminierung größerer landwirtschaftlicher Betriebe erscheinen. Dem steht allerdings entgegen, daß es herkömmlich eine rechtlich faßbare Definition dieses Begriffes des bäuerlichen Familienbetriebes nicht gibt. Es handelt sich um eine Diskussionsgröße, von einem rechtlichen Kernbegriff des traditionellen Agrarrechts kann nicht die Rede sein.

Selbst dort, wo etwa durch Grundstücksverkehrs- oder Landpachtrecht „ungesunde Bodenverteilung“ verhindert werden soll – ein schon recht unklarer und bedenklicher Begriff – läßt sich daraus kaum etwas wie ein herkömmliches „Leitbild deutscher Agrargesetzgebung“ ableiten, die sich in der Weise am bäuerlichen Familienbetrieb orientieren müßte, daß es größere Betriebe überhaupt nicht mehr geben dürfte, oder daß die bäuerliche Familie allein den Betrieb tragen müßte, was ohnehin heute sozial eine Utopie ist.

Flächenmäßig bestimmte Obergrenzen erscheinen kaum als sachgerecht, schon weil die Standortbedingungen, insbesondere die Bodenqualität, sich allzusehr unterscheiden. Produktionsobergrenzen als Bestimmungsmerkmal sind ebenfalls nicht unbedenkliche Differenzierungsmerkmale: Sie müßten sich ständig ändern, würden laufend umkämpft sein. Je stärker Extensivierungs- oder Intensivierungsnotwendigkeiten, im nationalen oder europäischen Interesse, auftreten, desto mehr müßten sie ständig korrigiert werden. Berufsethische Bedenken ergäben sich überdies daraus, daß hier Mittelmaß prämiert, die leistungssteigernden Vorteile einer privaten Landwirtschaft und eines risikobewußten Unternehmertums nicht genutzt würden.

Die Zahl der Arbeitsplätze ist ebenfalls kaum ein geeignetes Abgrenzungskriterium für eine bäuerliche Agrarstruktur. Die Nebenerwerbslandwirtschaft nimmt immer mehr zu, hier wie auch bei der Saisonarbeit könnte ein solcher Bestimmungsfaktor kaum genügen. An die Leitung des Betriebs durch den Inhaber mag die Förderung gebunden werden; doch dies läßt sich rechtlich leicht verwirklichen, auch bei größeren landwirtschaftlichen Betrieben ist es meist der Fall, und laufende körperliche Mitarbeit kann praktisch nicht durchgesetzt werden. Die Beschäftigung nur familienangehöriger Arbeitskräfte zu verlangen, wäre grob unbillig, wenn eine Familienarbeitskraft ausfiele; nicht einmal überwiegende Beschäftigung solcher Personen läßt sich durchsetzen.

Die Begriffe „bäuerlicher Familienbetrieb“ oder „bäuerliche Landwirtschaft“ lassen sich rechtlich jedenfalls durch kein Kriterium wirklich sachgerecht abgrenzen. Als Legitimationsgrundlage einer Benachteiligung von anderen landwirtschaftlichen Betrieben sind sie also wenig geeignet. Im übrigen spricht gegen ihre Verwendung im Agrarrecht auch die Gefahr, daß sich hier eine gewisse „Bauernideologie“ entfalten könnte, die im Hinblick auf die Vergangenheit unerfreulich und auch insgesamt überholt wäre.

Die heute von allgemeinem Konsens getragene Marktwirtschaft muß sich eines Tages auch im Agrarbereich durchsetzen, dazu muß sicher der Staat auch agrarstrukturelle Hilfe in unterschiedlicher Form leisten. Auf eine Strukturlenkung aber sollte er verzichten, sie ist jedenfalls mit dem Geist des Eigentumsgrundrechts und einer Wettbewerbsordnung nicht zu vereinbaren, welche ganz unterschiedliche Größen und Qualitätsstrukturen im agrarischen Bereich voraussetzt, und diese Vielfalt sollte hier gepflegt werden, ebenso wie in anderen Wirtschaftssektoren. Wohlfahrtstaatlichkeit ist eine alte Versuchung der Deutschen. Nirgendwo anders hat man staatlicherseits so oft versucht, den Bürger zu behüten, zu umhegen, zu schützen insbesondere vor sich selbst und seiner eigenen Freiheit. Hilfe für das, was von selbst wächst, ist gut. Staatliche Struktur-Gärtnerei in der Agrarwirtschaft, vielleicht gar hin bis zu einer öd-nivellierenden Gleichheit, ist das Gegenteil dessen, was die Grundrechte schützen wollten, in einem freien Staat der Marktwirtschaft.

Differenzierungen nach Betriebsgröße*

Grundrechtsprobleme bei Eingriff und Förderung gegenüber „größeren Betrieben"

Wesentliche Probleme und Ergebnisse der folgenden Untersuchung sind:

„Größere Betriebe" werden gegenüber kleineren bei Eingriffen, vor allem aber in der staatlichen Förderung, häufig benachteiligt, insbesondere bei sogenannten „Strukturgesetzgebungen" oder durch Kumulation heterogener Differenzierungen; Entwicklungen im Agrarbereich sind ein Beispiel dafür. Wenn auch in der Regel ein besonderer „Beruf des Inhabers eines größeren Betriebes" nicht vorliegt, so können doch systematisierte Differenzierungen, die in einem Bereich das Weiterführen größerer Betriebe entscheidend erschweren oder gar unmöglich machen („Plafondierung"), die Berufsausübungsfreiheit oder das Eigentumsgrundrecht Privater verletzen; sie bringen auch wohlverstandenen Mittelstandsschutz in Gefahr. Zulässig ist lediglich der staatliche Ausgleich betriebsgrößenbedingter Wettbewerbsnachteile.

I. Differenzierungen, Fördergrenzen, Tendenzen der „Plafondierung" nach Betriebsgröße

1. „Eingriff und Förderung nach Betriebsgröße" — eine Grundrechtsfrage

a) Die wirtschaftliche Gestaltungsfreiheit des Gesetzgebers und, auf seinen Schultern, der Verwaltung, findet verfassungsrechtliche Grenzen zuallererst an den Grundrechten der wirtschaftenden Bürger, vor allem an deren *Berufs- und Eigentumsfreiheit* (Art. 12 Abs. 1, 14 Abs. 1 GG). Auch wenn es nach h.L. eine *Wirtschaftsverfassung des GG nicht gibt*[1], also auch nicht eine solche der „wirtschaftsgrundrechtlichen Freiheit", und selbst wenn eine *„allgemeine Wirtschaftsfreiheit" nicht anerkannt werden sollte*[2], so sind doch die

---

* Erstveröffentlichung in: Deutsches Verwaltungsblatt 1989, S. 1025–1031.

[1] Im Anschluß an BVerfGE 4, S. 7; vgl. dazu aus früherer Zeit grundlegend *E.R. Huber*, DÖV 1956, 135 ff.; das BVerfG hat allerdings damals vor allem – was häufig übersehen wird – der Auffassung eine Absage erteilen wollen, der Gesetzgeber sei „durch die Verfassung an gewisse wirtschaftspolitische Auffassungen und volkswirtschaftliche Lehrmeinungen" gebunden (Soziale Marktwirtschaft) — dies ist unstreitig und gilt auch für alle anderen Grundrechtsbereiche.

[2] *Tendenzen zur Anerkennung einer „Wirtschaftsfreiheit"* lassen sich allerdings seit lan-

Verfassungsnormen, welche hier dem Gesetzgeber Grenzen ziehen, in den Augen des BVerfG nicht nur „isolierte Einzelbeschränkungen"[3]. „Freiheit" bedeutet immer im Staatsrecht etwas flächendeckend Systematisches; das GG schützt, auch im wirtschaftlichen Bereich, nicht nur die „kleine Freiheit" des Bürgers. In diesem Sinn gilt auch in oeconomicis „in dubio pro libertate"[4].

b) Realität ist demgegenüber heute eine allseitige, durch vielfältige, laufend verfeinerte Instrumentarien sich vollziehende Einengung der wirtschaftlichen Entfaltungsfreiheit des Unternehmers. *In zunehmendem Maße knüpften dabei Gesetzgebung und Verwaltungspraxis an die „Betriebsgröße" an,* mag diese auch im einzelnen unterschiedlich definiert werden — nach der Zahl der Beschäftigten, den eingesetzten Betriebsmitteln, der Größe der Wirtschaftsfläche, der Quantität der Produktion, dem Umsatz, oder nach anderen, quantifizierbaren (meist zugleich Besteuerungs-)Grundlagen — nach daraus kombinierten oder nach anderen Kriterien. Hauptanwendungsgebiete waren bisher bei der *Eingriffsverwaltung* Differenzierungen im Abgaben-, Arbeits- und Sozialrecht, nun werden sich rasch weitere, im Umweltbereich, entwikkeln.

Mehr noch als das „Eingriffsrecht" im herkömmlichen Sinn spielt jedoch eine, wie immer definierte, Betriebsgröße im *Förderungsrecht* eine ständig zunehmende, praktisch häufig die entscheidende Rolle: Fördergrenzen und -schwellen werden festgelegt, nicht selten in Anlehnung an die steuerrechtliche Begrifflichkeit der Freibeträge und Freigrenzen[5].

c) Alle diese Differenzierungen nach Betriebsgröße können nun nicht etwa in einem grundrechtsfreien Raum erfolgen. Subventionierungen aller Art un-

---

gem feststellen: Anschließend an die herrschende Auffassung, daß Art. 2 Abs. 1 GG auch die wirtschaftliche Betätigungsfreiheit schützt (vgl. BVerfGE 8, 274 [328] st. Rspr.; vgl. auch BGHZ 23, 365 [371]) hat sich aus diesem „Mutterrecht" bereits etwas wie eine „*Unternehmerfreiheit*" entwickelt (dazu BVerfGE 14, 263 [282/283]; 29, 260 [266]; 50, 290 [337 f.]; *P. Badura,* Wirtschaftsverwaltungsrecht, in: *I. v. Münch,* Besonderes Verwaltungsrecht, 8. Aufl. 1988, S. 301 [340]; *R. Scholz,* in: Maunz/Dürig, GG, Art. 12, Rdnrn. 123/124 m. Nachw.; *H.P. Ipsen,* in: J. Kaiser, Rechtsfragen der Wirtschaftsplanung, II, 1966, S. 63 [95 f.]), welche dem Wirtschaftenden einen angemessenen Spielraum für die Entfaltung selbstverantwortlicher Initiative gewährleistet (vgl. etwa BVerfGE 4, 7 [15 f.]; 8, 274 [328]; 10, 89 [99]; 12, 341 [347 f.]; 29, 260 [266/26]) und öfter, einen „letzten, unantastbaren Bereich" (*Baumbach/Hefermehl,* 15. Aufl. 1988, Rdnr. 46 m. Nachw.).

[3] *P. Badura,* in: U. Scheuner, Die staatliche Einwirkung auf die Wirtschaft, 1967, S. 593 (603).

[4] Dies ergibt sich eindeutig schon daraus, daß das BVerfG stets „überwiegende Gemeinwohlgründe" gefordert hat, will der Gesetzgeber auch nur die allg. Freiheit des Art. 2 Abs. 1 GG zurückdrängen (siehe etwa BVerfGE 18, 315 [327]; 29, 260 [266/267]; 27, 344 [351]); Überblick über die Rspr. bei *R. Scholz,* AöR 100 (1975), 277/278.

[5] Vgl. *U. Prinz,* in: Herrmann/Heuer/Raupach, EStG und KStG, § 9a EStG, Rdnr. 15; *H.W. Kruse,* in: HwStR, 1. Bd. 1972, S. 108 f.

terliegen ebenfalls der Bindung der Hoheitsgewalt: Sie geschehen schon insoweit im Wege der hoheitlichen Entscheidung, als der Nichtgeförderte durch Nichtzulassung ausgeschlossen wird. Der Staat kann hier auch nicht bereits deshalb privilegiert werden, weil er wirtschaftslenkend die Wettbewerbslage durch Förderung gewisser Kategorien ebenso gezielt, oft noch wirksamer verändern kann als durch „klassische" Eingriffe. *Gezielt wettbewerbsverändernde staatliche Förderung unterliegt also voller Grundrechtsbindung*[6]. Dies hat das BVerwG ausdrücklich anerkannt[7], und das BVerfG wendet sich auch dagegen, daß die Ausübung eines Berufs „faktisch unmöglich" gemacht wird[8].

d) *Es fragt sich, ob grundrechtsspezifische Veränderungen der Rahmenbedingungen des Wirtschaftens durch Förderung* auch dort vorliegen, wo der Gesetzgeber unter Berufung auf seinen *sozialstaatlichen Auftrag schwächerenschützend eingreift*[9]. Grundrechtsbindung ist auch hier zu bejahen. *Entscheidend ist die Wirkung in der Bürgersphäre;* sie kann grundrechtsspezifisch auch dort eintreten, wo der Staat im Namen der Sozialstaatlichkeit zwischen „größer" und „kleiner" differenziert; bei der in der Regel gebotenen Abwägung ist dann jedoch *die Sozialstaatlichkeit angemessen zu berücksichtigen.* Allerdings ist zu beachten, daß dieser Begriff kein Blankett für jede Art von Schwächerenschutz gibt – das widerspräche der Rechtsstaatlichkeit –, daß vielmehr der Akzent hier auf der Vermeidung *übermäßiger Unterschiede* liegt[10].

e) Grundrechtsprüfung direkter und indirekter (fördernder) „Eingriffe nach Betriebsgröße" wird auch *nicht von vorneherein durch Berufung auf Mittelstandsschutz ausgeschlossen.* Das BVerfG hat immer wieder Regelungen, die über Mittelstandsschutz legitimiert wurden, dennoch am Maßstab der Grundrechte, vor allem Art. 12 Abs. 1 GG, geprüft[11], sie erst bei Vorliegen der Voraussetzungen dieses Schutzes gutgeheißen[12]. Voraussetzung sind dabei die Wirksamkeit der Maßnahmen[13] und, vor allem, die Beachtung des Gleich-

---

[6] Grundlegend bereits von *H.P. Ipsen,* VVDStRL 25 (1966), 257 (298 ff.) nachgewiesen.

[7] Wenn es sich eben um „finale und grundrechtsspezifische" Veränderung von Rahmenbedingungen handelt, die der Staat „zielgerichtet" vornimmt; grundlegend BVerwGE 71, 183 (193 f.); vgl. auch BVerwG DVBl. 1988, 1014 (1017/1018).

[8] Vgl. etwa BVerfGE 61, 291 (309).

[9] Zur Sozialstaatsklausel als Auftrag an den Gesetzgeber vgl. die st. Rspr. des BVerfG, etwa BVerfGE 5, 85 ff. (198); 8, 274 (329); 59, 231 (263).

[10] Vgl. BVerfGE 5, 85 (198).

[11] So etwa darauf, ob auch die unterschiedliche Ertragskraft der Unternehmen gegeben sei, BVerfGE 19, 101 (114).

[12] Vgl z. B. BVerfGE 41, 360 (372); dort wird sogar – zutreffend – festgestellt, der Mittelstandsschutz habe offenbar an Bedeutung gewonnen.

[13] BVerfGE 25, 1 (20).

heitssatzes[14]. Allerdings haben die zahlreichen Differenzierungen nach Größenordnung der Betriebe durchaus nicht alle mittelstandsschützenden Charakter, wie immer man diesen nicht leicht faßbaren Begriff auch definieren mag[15]: Oft soll hier nur „kleinen" Betrieben geholfen werden, unter Benachteiligung auch mittelgroßer Einheiten, wie gerade eine bedeutsame, neuere Entwicklung zeigt:

2. Ein neueres Beispiel: „Agrarstrukturgesetzgebung" — Vorläufer von „Industriestrukturregelungen"?

a) Solange zwischen größeren und kleineren Betrieben nur für diese oder jene Abgabe, die eine oder andere Förderung differenziert wird, sind in der Regel etwaige Grundrechtsschranken schon deshalb nicht überschritten, weil die Betroffenen in ihrem Berufs- oder Eigentumsfreiheitsbereich nicht so schwer beeinträchtigt werden, daß etwa die Grenzen zulässiger Gestaltung der Berufsausübung oder der Sozialbindung des Eigentums überschritten sind.

Anders gestaltet sich die Lage, wenn immer weitere – im wesentlichen gleichartige – Differenzierungen nach Größenordnung der Betriebe *gezielt kumuliert* oder gar systematisch zusammengefaßt eingesetzt werden; die Größendifferenzierungen gewinnen dann eine neue, grundrechtsrelevante Dimension, wenn sie konzertiert zur Durchsetzung einer bestimmten *betrieblichen Größenordnungs-Struktur* in dem betreffenden Wirtschaftsbereich dienen sollen. Besonders deutlich wird dies, wenn der Gesetzgeber zum Ausdruck bringt, daß er in der Regel, oder gar ausschließlich, eine bestimmte Betriebsgröße für einen Wirtschaftsbereich anstrebt, und zwar auf (eine gewisse) Dauer.

b) *Ein Phänomen dieser Art ist gegenwärtig im Agrarbereich zu beobachten.* Dort wird schon seit längerer Zeit die *„bäuerliche Landwirtschaft" als Leitbild der Gesetzgebung bezeichnet;* sie verwirkliche sich im „bäuerlichen Familienbetrieb"[16]. Inwieweit dabei Beziehungen zu einer „Bauerntumsideologie" aus früherer Zeit bestehen[17], kann an dieser Stelle nicht vertieft wer-

---

[14] BVerfGE 19, 101 (116).

[15] Vgl. dazu *G. Schetting,* Rechtspraxis der Subventionierung, 1973, S. 98/99 m. Nachw.

[16] Dazu u.a. *E.E. Lipinsky,* AgrarR 1988, Beil. 1, S. 1 ff.; *B. Bendel,* ebd., S. 14; vgl. auch *Vorwerk/Spreckelsen,* GrdstVG 1963, 157 (158); *ders.,* Handbuch des Agrarrechts, 1981, I, Sp. 140; *Schulze-Vendrop,* Handbuch des Agrarrechts, 1982, II, Sp. 563; auch in der Rspr. wird der Begriff „Leitbild" hier – ohne nähere Begründung – gebraucht, vgl. etwa HessVGH, RdL 1987, 20 (21).

[17] Siehe dazu *E.E. Lipinsky,* AgrarR 1987, Beil 2, S. 3 (9); *ders.,* Handbuch des Agrarrechts 1981, I, Sp. 137. Siehe zum Sonderrecht des Reichserbhofgesetzes für die bäuerliche Landwirtschaft: *K. Kroeschell,* ReichserbhofG, Handbuch des Agrarrechts, 1982, II,

den. Wie immer ein solcher „bäuerlicher Familienbetrieb" im einzelnen definiert werden mag[18] — wenn dies nicht nur ein Wort sein, der Betrieb also überwiegend von Familienangehörigen bewirtschaftet werden soll, so fällt eine Betriebsgröße von über 200 bis 250 ha in der Regel nicht mehr unter diese privilegierende Kategorie.

In der Vergangenheit mögen sich insbesondere einzelne Förderungsgrenzen an solchen Größenordnungen orientiert haben, dies geschah jedoch nicht systematisch, zur Durchsetzung einer bestimmten Betriebsgröße im Regelfall oder durchgehend. Eine Wende hat dagegen eine Entschließung des *Bundesrates* im Jahre 1986 eingeleitet[19]. Der Bundesrat fordert eine Agrarstrukturregelung zur gezielten Förderung der „bäuerlichen Landwirtschaft", in einer Kombination eines ganzen Bündels von Maßnahmen, insbesondere: Bestandsobergrenzen pro Betrieb mit Flächenbindung in der tierischen Veredelung, konsequentes Förderungsverbot bei Überschreiten bestimmter Betriebsgrößen, gestaffelte Marktordnungsbeiträge (der größeren) zum Schutz der kleineren und mittleren Betriebe. In sehr weitgehender Form wird dies in einem bald darauf vorgelegten bayerischen[20], zurückhaltender in einem niedersächsischen Agrarstrukturgesetzentwurf[21] versucht: Größere landwirtschaftliche Betriebe erhalten keinerlei wie immer geartete landwirtschaftliche Förderung mehr, ebensowenig die (nun einzuführenden) Ausgleichszahlungen für landwirtschaftliche Umweltleistungen, sie müssen überdies eine degressiv gestaffelte Strukturabgabe bezahlen. Hinzu kommen weitere Benachteiligungen, etwa im Baubereich, im Pachtrecht usw. Das ursprünglich so bezeichnete „Agrarstrukturgesetz" des Bundes[22] sollte in ähnlich weit ausholendem systematischen Schwung grundsätzlich die „bäuerliche Landwirtschaft" fördern; in der Endfassung beschränkt es sich auf gewisse Förderungsgrenzen von bescheidenerer Bedeutung, bewegt sich aber doch in diese Richtung, deren Intensivierung ab 1993 spätestens zu erwarten ist.

c) Auch ohne nähere ökonomische Analyse ist einsichtig, daß die Verwirklichung solcher Pläne eine regelrechte *größenordnungsmäßige Betriebsplafondierung* in verhältnismäßig kurzer Zeit erzwingen würde. Kaum ein landwirtschaftlicher Betrieb kann heute, könnte vor allem morgen in verschärfter EG-Konkurrenz bestehen, erhielte er einerseits keinerlei Förderung,

---

Sp. 664; *H. Priebe,* Zur Frage der Gestaltung und Größe des zukünftigen bäuerlichen Familienbetriebes in Deutschland, Berichte über Landwirtschaft, 1942, S. 485 (488).

[18] Dazu näher Bericht AgrarR 1986, 257.

[19] BR-Drucks. 217 / 86.

[20] BR-Drucks. 164 / 88.

[21] Zum niedersächsischen (und bayerischen) Entwurf vgl. Wirtschafts- und Agrarpolitik, Informations- und Pressedienst, „Das sollten Sie wissen", Nr. 40 / 87 vom 29.9.1987.

[22] Nunmehr: „Landwirtschaftliches Fördergesetz"; BGBl. 1989, I S. 1435 ff.

keinerlei Ausgleichszahlungen mehr und müßte, zum anderen, auch noch eine belastende Strukturausgleichsabgabe entrichten. Hier wäre mit Sicherheit, diesen Betrieben gegenüber, die Schwelle zur Existenzvernichtung, zur ökonomischen Erdrosselung überschritten[23], oder sie müßten geteilt, jedenfalls eingeschränkt werden — größere landwirtschaftliche Betriebe könnte es dann in der Bundesrepublik Deutschland auf Dauer überhaupt nicht mehr geben.

d) *Die Folgen einer solchen „Strukturgesetzgebung" würden jedoch über den Agrarbereich weit hinaus-, in den gewerblichen, insbesondere in den industriellen Raum notwendig hinüberwirken.* Ist ein derart plafondierendes Agrarstrukturgesetz zulässig, so können morgen „Industrie-" oder „Gewerbestrukturgesetze" folgen, die es unternehmen, die Größenordnung dort zu duldender Betriebe in der Weise zu regeln, daß diese einem konzertierten, immer engeren Regel-Netz-Werk von Beschränkungen und systematischen, gesetzlich allgemein vorgeschriebenen Förderversagungen unterworfen werden. Der Staat könnte auch dort behaupten, es gelte eben, *„optimale Betriebsstrukturen größenordnungsmäßig zu schaffen", zu erzwingen,* nicht nur zuzulassen. Sozialrechtliche Überlegungen können dann zur Rechtfertigung ebenso dienen wie, vor allem, solche des Umweltschutzes, im Namen einer „industriellen Dekonzentration", für deren Durchsetzung das Planungsrecht nicht mehr ausreiche. Umgekehrt wäre dann etwa auch eine gewisse staatsverordnete Betriebskonzentration in gewissen Bereichen aus denselben Gründen zulässig.

Kurz — die Folgen einer, wie immer definierten, sanktionierten und legitimierten Betriebsplafondierung für Wirtschaftspolitik und Wirtschaftsrecht wären unabsehbar. Und wenn irgendwo derartige „Strukturgesetzgebung" zulässig ist — wo könnten dem überzeugend Grenzen gesetzt werden?

3. Die verfassungsrechtliche Problematik

a) Zu messen ist die verfassungsrechtliche Zulässigkeit solcher Strukturregelungen in erster Linie an den Grundrechten; das Problem, ob sie, angesichts der Globalität ihrer Wirkungen, nicht auch kompetenzrechtliche Fragen aufwerfen, insbesondere im Hinblick auf das Planungsrecht der Länder, kann hier nicht vertieft werden.

Im Vordergrund stehen die *Berufsfreiheit* (Art. 12 Abs. 1 GG) und die *Eigentumsfreiheit* Privater (Art. 14 Abs. 1 GG), deren Verhältnis zueinander gerade hier nicht zweifelsfrei ist. Vor allem aber wirken sich derartige Strukturregelungen, insbesondere in der Art ihrer Durchsetzung, als tiefgreifende

---

[23] Kriterien zur Beurteilung der Existenzgefährdung von Landwirten durch öffentliche Maßnahmen bei *M. Köhne,* AgrarR 1986, 169/170.

Veränderung der (bisherigen) Wettbewerbslage aus, wenn eben ein Teil der Konkurrenten vom Staat viel an Förderung erhält, andere nichts, und wenn letztere noch dazu Strukturabgaben unterworfen werden. Eine mögliche Verletzung der *Wettbewerbsgleichheit* wäre dann am Maßstab von Art. 12 – oder von Art. 2 Abs. 1 – GG zu prüfen, jeweils unter besonderer Berücksichtigung des allgemeinen Gleichheitsgebots (Art. 3 Abs. 1 GG).

b) Selbst wenn aber systematisch-flächendeckende „Differenzierungen nach Betriebsgrößen" im Wege einer Strukturgesetzgebung in den Schutzbereich dieser Freiheitsrechte eindringen, so treten grundsätzliche und praktische Probleme auf, die etwa Betroffenen die Verteidigung ihrer Grundrechtspositionen nicht unerheblich erschweren:

– Ihnen wird man entgegenhalten, *nicht die kumulierten Effekte verschieden(artig)er Eingriffe und Förderungsversagungen,* sondern nur jeweils die Belastungswirkungen des „einzelnen Instruments" seien am Maßstab der Verfassung zu überprüfen[24]. Dies wird vor allem dort zum Problem, wo belastende Differenzierungen sich in einer Vielzahl gänzlich heterogen erscheinender Gesetze finden, ja sogar auf unterschiedlichen Rechtsgebieten, dennoch aber im Namen einer einheitlichen Betriebsgrößen-Grundkonzeption zusammenwirken sollen[25]. Wenn allerdings ein „Strukturgesetz" all dies zusammenfaßt, damit einen einheitlichen Regelungsgegenstand schafft, so müssen wohl auch alle Wirkungen der unterschiedlichen, dort vorgesehenen Instrumentarien addiert werden; gerade deshalb wird der Gesetzgeber sich dies vielleicht überlegen und beim bewährten divide et impera bleiben ...

– Der Nachweis der für Grundrechtsverletzungen stets, vor allem bei *Förderversagungen, notwendigen Eingriffstiefe,* wird den Betroffenen nicht leicht werden. Langsam können sie in eine bestimmte Größenordnung „gedrängt", durch „sanfte Gewalt", in „weicher Betriebsplafondierung". Ist nicht die Erdrosselungs-Kategorie bisher fast durchgehend Theorie geblieben, kann der Unternehmer nicht, gerade einer „Scheibchentaktik" gegenüber, immer noch, immer weiter ausweichen? Hier sind die Gerichte gefordert, vor allem aber die Ökonomen, zu einer überzeugenden Bestimmung der *„Schwelle der Unentrinnbarkeit",* durchaus (auch) unter Berücksichtigung der (jeweils noch verbleibenden, tatsächlichen) Unternehmerfreiheit, sich darauf einzustellen.

---

[24] Zu solcher „mikrojuristischer Betrachtung" vgl. *H. Maassen,* NJW 1979, 1473 (1475); zum Kumulationsproblem näher m. Nachw. *M. Kloepfer,* AgrarR 1986, Beil. 1, S. 3 (15).

[25] Beispiel: Das vom BMELF aufgrund der Koalitionsvereinbarungen von CDU / CSU und F.D.P. vom 9.3.1987 herausgestellte Konzept der Bundesregierung zum Schutze der „bäuerlichen Landwirtschaft", dessen Verwirklichung ganz heterogene Maßnahmen dienen sollen, von der Agrarsozialversicherung bis zur Garantiemengenregelung für die Milchproduktion (AGRA-Europe 43 / 88, 24.10.1988).

– Jenseits all dieser schon nicht leichten Fragen erheben sich aber *prinzipielle Grundrechtsprobleme,* wenn der Staat versucht, bestimmte Betriebsgrößen rahmenmäßig zu erzwingen, und sie vor allem sollen hier näher untersucht werden:

Was die *Berufswahlfreiheit* anlangt, so ist fraglich, ob es überhaupt den „Beruf des größeren Unternehmers" gibt, ob gerade er also „frei gewählt" werden kann (dazu im folgenden II, 1). Wenn aber allein die *Berufsausübungsfreiheit* Maßstab ist, geht es hier nicht nur um „bloße Marktchancen und Verdienstmöglichkeiten", die ebensowenig geschützt werden[26] wie ein angebliches Recht auf die „Erhaltung des Geschäftsumfangs und die Sicherung weiterer Erwerbsmöglichkeiten"[27] (im folgenden II, 2)? Steht einem Eigentumsanspruch nicht entgegen, daß niemand Anspruch auf gerade diejenigen Nutzungsmöglichkeiten hat, die ihm „den größtmöglichen wirtschaftlichen Vorteil verspricht"[28] (im folgenden III)? Rechtfertigt sich ein Eingriff in die Wettbewerbslage hier nicht durch das legitime Bestreben, größenordnungsbedingte Wettbewerbsverzerrungen zu Lasten Schwächerer zu beseitigen (im folgenden IV)?

II. Berufsfreiheit als Schranke der Betriebsgrößenfestlegung durch den Staat

1. Berufswahlfreiheit — Beruf des „größeren Unternehmers"?

Die *strengen Anforderungen an die Einschränkung der Berufswahlfreiheit* (zwingende Erforderlichkeit zum Schutz eines schwer bedrohten, höchstrangigen Gemeinschaftsgutes)[29] setzen voraus, daß es für den (jeweils geregelten) Strukturbereich einen eigenständigen „Beruf des größeren Unternehmers" gibt.

a) Im *Agrarrecht,* wo Tendenzen zu plafondierender Strukturregelung erkennbar sind (vgl. oben I, 2), ist im Rahmen der Formen spezieller Subventionierung kleinerer Betrieb, der Förderschwellen und Prosperitätsklauseln[30], *bisher nicht ersichtlich, daß dabei der Beruf des Inhabers eines „größeren landwirtschaftlichen Betriebes" angenommen worden wäre.* Bei der Diskus-

---

[26] Dies wurde gerade in der Diskussion um die strukturnormierende Milchmengenregelung zum wesentlichen Legitimationsargument, vgl. *W.-R. Schenke,* AgrarR 1987, 89 (93); OVG Lüneburg, AgrarR 1987, 115 (116); BVerwG, DVBl. 1988, 1014 (1018).

[27] BVerfGE 34, 252 (256) m. RV.

[28] BVerfGE 58, 300 (345 f.).

[29] BVerfGE 7, 377 (378); zur Stufentheorie insbes. *K.H. Friauf,* JA 1984, 537 (543 f.).

[30] Überblick etwa bei *M. Köhne,* AgrarR 1987, Beil. 2, S. 9 (12 ff.); *E.E. Lipinsky,* ebd., S. 3 (6 f.).

sion um die *Bestandsobergrenzen*[31], welche größere Betriebe erheblich benachteiligen, wurde früher von maßgeblicher Seite das Vorliegen eines besonderen Berufs des „Massentierhalters" behauptet[32]. Neuerdings wird angenommen[33], es gebe ihn ebensowenig wie den eines (größeren) „Milchbauern"[34]. Die Inhaber größerer landwirtschaftlicher Betriebe fühlen sich wohl auch in ihrem Selbstverständnis nicht als Angehörige eines besonderen Berufs (etwa als „Gutswirte"), sondern einer einheitlichen Berufskategorie von „Landwirten".

b) *Das Bundesverfassungsgericht hat mehrmals die Annahme abgelehnt, „Großunternehmer" sei ein spezieller Beruf* — weder gebe es den Beruf eines „Weinbaugroßunternehmers"[35], noch den eines „Mühlengroßunternehmers"[36]. Soweit Karlsruhe dabei auf das von den Berufsangehörigen selbst, *autonom entwickelte Berufsbild* abstellt[37], dem Vorrang vor staatlicher Berufsbildprägung zukommt[38], wenn es sich gesellschaftlich durchgesetzt hat, wird also wohl, unter Berücksichtigung der außerrechtlichen Selbstgesetzlichkeit[39], nur in *seltenen Ausnahmefällen* ein spezieller Beruf des „größeren Unternehmers in Betracht kommen"[40]. Neben der *allgemeinen Verkehrsauffassung*[41] sind hier eben *vor allem Selbstverständnis und Selbstdarstellung der Berufsangehörigen wichtig*[42], unter Berücksichtigung der Tradition[43].

---

[31] Dazu etwa *L. Liebermann,* AgrarR 1984, 206 ff.

[32] Gutachten von *E. Forsthoff* und *Werner Weber,* Prot. Nr. 31, BR V, 12. Ausschußs. vom 2.2.1967.

[33] Siehe etwa *L. Liebermann,* AgrarR 1984, 206 (211).

[34] *M. Kloepfer* (Fn. 24), S. 12/13; *Schenke* (Fn. 26), S. 98; ebenso BVerwG, DVBl. 1988, 1014 (1018).

[35] BVerfGE 21, 150 (160).

[36] BVerfGE 25, 1 (11 ff.).

[37] Dazu neuerdings *W. Höfling,* DVBl. 1987, 881 (883).

[38] Zutr. *R. Scholz,* BB 1980, Beil. 5, S. 1 (4 f.).

[39] Zur Rspr. des BVerfG vgl. *Fröhler/Mörtel,* Gew.Arch. 1978, 249 (253 f.); 1979, 105 f.

[40] Die Zurückhaltung in der Anerkennung eigenständiger Berufe ist allgemein, vor allem in der früheren Rechtsprechung, deutlich (vgl. BVerfGE 18, 353 [361]; siehe auch BVerfGE 10, 147 [163/164]; 11, 30 [41]; 16, 286 [294] und, näher bei der hier behandelten Fallgestaltung, die Nichtanerkennung des Berufs eines „Mehrapothekenbetreibers", BVerfGE 17, 232 [241]).

[41] Siehe dazu *Fröhler/Mörtel,* a.a.O., S. 107.

[42] *Scholz* (Fn. 38), S. 5; *Höfling* (Fn. 37), S. 885.

[43] Vgl. *Fröhler/Mörtel* (Fn. 39), S. 254; deutlich zurückhaltend allerdings insoweit das BVerfG, siehe etwa E 9, 73 (79), 10, 185 (187); 30, 336 (353).

c) *Der Gesetzgeber kann Berufsbilder beeinflussen, ja prägen*[44], muß sich dabei allerdings an Art. 12 Abs. 1 GG messen lassen[45]. Eine solche Berufsbildprägung könnte auch durch ein „Strukturgesetz" erfolgen, das etwa den Beruf eines kleineren oder eines mittleren Betriebsinhabers (eines „bäuerlichen Familienbetriebs") heraushebt, ihn von dem der Inhaber größerer Betriebe abgrenzt. Eine solche *Berufsbildprägung nach Betriebsgröße durch Strukturgesetz* ist zwar an sich vorstellbar, ihr könnte aber eine – allerdings sehr allgemeine – These des Bundesverfassungsgerichts entgegengehalten werden: Der Gesetzgeber könne grundsätzlich nicht im Wege der „quantitativen Ausweitung des Umfangs der typischen Berufstätigkeit" einen neuen Beruf schaffen[46] — dann dürfte dies auch nicht, umgekehrt, durch Umfangseinschränkung, bis hin zur Plafondierung, erfolgen. „Quantitative Schranken" wären stets „berufsneutral", im Gegensatz zu Gesetzen, die ein Berufsbild nach qualitativen Gesichtspunkten der Berufstätigkeit prägen[47]. Der Gesetzgeber muß zwar bei seiner Berufsregelung „nach Größe und Art des Betriebes" differenzieren[48], doch solche „Regelungen nach der Größe" schaffen noch nicht in jedem Fall unterschiedliche Berufsbilder.

Es mag nicht immer leicht sein, „qualitative und quantitative Unterschiede" von Betrieb(stätigkeit)en zu trennen; vor allem wird manchmal „Quantität in Qualität umschlagen". Dennoch kann man – mit insoweit gebotener Vorsicht – feststellen: *In der Regel übt der Inhaber eines größeren Betriebs insoweit keinen eigenständigen Beruf aus; Berufsplafondierung verletzt ihn dann also nicht (primär) in seiner Berufswahlfreiheit.*

2. Berufsausübungsfreiheit — „Recht größer zu bleiben — zu werden"

a) (Quantitative) *Erweiterungssperre einer bereits ausgeübten Berufstätigkeit* durch Gesetz betrifft in der Regel *(lediglich) den Schutzbereich der Berufsausübungsfreiheit*[49]. Die „quantitative Ausweitung" wird hier weit gefaßt: Ausdehnung der Berufstätigkeit eines Biologen auf operative Eingriffe bleibt

---

[44] Anerkannt seit der Handwerksentscheidung BVerfGE 13, 97; dazu *Friauf* (Fn. 29), S. 359; *Fröhler/Mörtel* (Fn. 39), S. 250.

[45] Dazu *Scholz* (Fn. 38), S. 9/10.

[46] BVerfGE 17, 232 (241/242).

[47] Beispiel: Bei Aufnahme gewisser Waren in das Sortiment greifen spezielle Berufsregelungen ein (BVerfGE 9, 39 [48] — lose Milch).

[48] BVerfGE 19, 330 (339).

[49] BVerfGE 10, 185 (193/194) — Prozeßagententätigkeit nur erweiterte Rechtsbeistandschaft; 16, 286 (295/296) — Chefarzt nur „Ausdehnung eines bereits ausgeübten Berufs" des Krankenhausarztes; ähnlich schon für zusätzlichen Verkauf früher apothekenpflichtiger Waren durch Drogisten BVerfGE 9, 73 (78/79); vgl. auch BVerfGE 11, 30 (41).

Berufsausübung[50]; auch für ein Mühlenbetriebs-Erweiterungsverbot gilt dies[51], selbst wenn es „gerade tüchtige und leistungsfähige Unternehmer trifft"[52]. Doch „auf dem Hintergrund einer solch diffusen Differenzierung gedeiht die Kasuistik"[53], wenn „das Problem der quantitativen Beschränkung eines Berufs nicht nach allgemeinen Kriterien gelöst werden kann, sondern jeweils für den konkreten Fall gelöst werden muß"[54]: Beim Kassenarzt soll wieder die Anpassung an eine größere Patientenzahl die Berufswahl betreffen[55].

b) Wenn schon Betriebserweiterung verboten werden kann — *darf dann auch Größeres durch Berufsausübungsregelung „kleingeschnitten" werden,* von der hier auftretenden Eigentumsfrage (unten III) abgesehen? Die wuchtige Formel des Bundesverfassungsgerichts, niemand habe nach dem Grundgesetz „ein subjektives öffentliches Recht auf Erhaltung des Geschäftsumfangs und die Sicherung weiterer Erwerbsmöglichkeiten"[56], kann doch nur den Ausschluß wirklich in der Zukunft liegender, unsicherer, wenn nicht unwahrscheinlicher Entwicklungsmöglichkeiten durch den Gesetzgeber legitimieren, nicht aber die zielgerichtete Veränderung von Rahmendaten[57], bei deren Fortbestehen der bisherige Betriebsumfang mit hoher Wahrscheinlichkeit hätte gehalten werden können. Die Einschränkung der bestehenden Betriebsgröße muß doch „erst recht" – zumindest – Berufsausübungsregelung sein, wenn dies für die Verhinderung der Erweiterung des Betriebes gilt.

c) *Eine Betriebsstrukturgesetzgebung mit Plafondierung nach Betriebsgröße ist jedenfalls ein schwerer Eingriff in die Berufstätigkeit.* Wenn sie schon (nur) in die Berufsausübung eingreift, so müssen die dafür *vom Bundesverfassungsgericht aufgestellten Voraussetzungen ernst genommen werden*[58]. Allgemeine Hinweise auf „vernünftige Erwägungen des Gemeinwohls", auf das „System einer Marktordnung" oder das „Funktionieren eines Wirtschaftszweiges" können nicht genügen[59]. Der Gesetzgeber hat auch hier einen Prognosespielraum, muß sich aber stets „die Kenntnis von der zur Zeit des Erlasses des Gesetzes bestehenden tatsächlichen Ausgangslage in korrekter und ausreichender Weise verschafft" haben[60]. Die Prüfungsmaßstäbe der Eignung

---

[50] BVerfGE 48, 376 (388), unter Hinw. auf E 9, 73 (78 f.); 10, 185 (197); 11, 30 (41).

[51] BVerfGE 25, 1 (11).

[52] A.a.O., S. 22.

[53] *P.J. Tettinger,* AöR 108 (1983), 92 (99), unter Hinw. auf *Scholz.*

[54] *L. Liebermann,* AgrarR 1984, 206 (211).

[55] BVerfGE 11, 30 (43).

[56] BVerfGE 34, 252 (256).

[57] Vgl. BVerwGE 71, 183 (193/194).

[58] Gute Zusammenfassung der Rspr. m. RV in BVerfGE 30, 292 (316).

[59] Dazu *Liebermann* (Fn. 54), S. 211, unter Hinw. auf *Werner Weber.*

[60] BVerfGE 39, 210 (226).

und Erforderlichkeit[61] dürfen nicht leerlaufen[62]; nach der „Gefahrenneigung" der jeweils zu verbietenden Betriebsgröße ist zu differenzieren[63], bei der Verhältnismäßigkeitsprüfung ist ein strenger Maßstab anzulegen[64].

d) Mehr noch: Zunehmend wird eine „Linie der Rechtsprechung" erkennbar, „die gewisse, besonders scharf eingreifende Regelungen der Berufsausübung nach den strengen Anforderungen an die Beschränkungen der freien Berufswahl beurteilt"[65]. Entscheidend stellt die Judikatur ab auf die „tatsächliche Wirkung, die einer Beschränkung der Berufswahl nahekommt"[66]. Gerade Abgabenbelastung – hier etwa „Strukturabgaben" – können als „Erlaubnissteuern" zu Lasten größerer Betriebe auf die Berufswahlfreiheit zurückwirken[67].

Sollen Berufswahl und Berufsausübung nicht in „höchst willkürlicher Etikettierung" unterschieden werden[68], müssen Übergänge von Ausübungsregelungen zu Wahlbeschränkungen gesehen[69], die Stufentheorie muß hier nach einem Intensitätskriterium des Eingriffs ausgebaut werden[70], die Verhältnismäßigkeitsprüfung in einem nahezu bruchlosen Spektrum erfolgen[71].

Ein staatlicher Betriebs-Größen-Dirigismus kann also nie durch allgemein-politische Wünschbarkeiten legitimiert werden — gerade sie nur liegen aber häufig strukturgesetzlichen Überlegungen zugrunde; vielmehr müssen dafür *zwingende Notwendigkeiten zum Schutz hochrangiger Gemeinschaftsgüter nachweisbar sein.* Denn solche Normen liegen an der Grenze zwischen Berufswahl- und Ausübungsfreiheit, *sie zwingen zur Besinnung auf die letzte Einheit der Berufsfreiheit.*

---

[61] Für viele BVerfGE 30, 292 (316); 40, 196 (222/223).

[62] Strenge Prüfung der Notwendigkeit verlangt insbesondere *Friauf* (Fn. 29), S. 543.

[63] *Scholz* (Fn. 38), S. 10.

[64] BVerfGE 16, 147 (167); allg. zur Verhältnismäßigkeit BVerfGE 30, 292 (316/317) m. RV.; vgl. überdies noch E 17, 232 (242); 33, 161 (168).

[65] *Friauf* (Fn. 29), S. 544 m. Nachw.

[66] A.a.O. unter Hinw. vor allem auf BVerfGE 30, 292 (313 f.), siehe auch 38, 61 (85).

[67] BVerwGE 13, 181 (186).

[68] So schon früher *H.H. Rupp*, AöR 92 (1967), 212 (236).

[69] Siehe neuerdings etwa BVerfGE 61, 291 (310/311); 68, 155 (170/171).

[70] *P.J. Tettinger*, AöR 108 (1983), 92 (108 ff.) m. Nachw.

[71] *Kloepfer* (Fn. 24), S. 3.

III. Eigentumsfreiheit als Sicherung der Betriebsgröße

1. Art. 14 Abs. 1 GG als Maßstab einer Strukturgesetzgebung

Legt der Gesetzgeber Betriebsgrößen fest oder begünstigt sie unentrinnbar, so wirkt dies vor allem für die Zukunft, also auf die Erwerbs-, auf die Berufsfreiheit[72]. Daneben aber ist auch „das bereits Erworbene" betroffen — das Eigentum Privater, vor allem wenn diese ihre Betriebe verkleinern müssen, um in den Genuß staatlicher Förderung zu gelangen. Gerade bei größeren Unternehmen vollzieht sich hier eine *„Professionalisierung der Eigentumsnutzung" — „Eigentümer als Beruf"*[73], *in welcher die beiden Maßstäbe der Art. 12 und 14 GG konkurrieren,* nicht das Eigentum zurücktritt.

Gerade im Zusammenhang mit den agrarstrukturellen Plafondierungstendenzen der Betriebsgröße (siehe oben I, 2) wurde stets Art. 14 Abs. 1 GG als Maßstab, auch gegenüber „tatsächlichen Eingriffen" der Staatsgewalt diskutiert[74]. In der Diskussion um die *Milchgarantieregelungen,* wo ja die Differenzierung nach betrieblicher Größenordnung eindeutig ist[75], wurde diese letztere zwar überwiegend für verfassungsmäßig gehalten[76], aber aus speziellen Gründen dieses Bereichs (mangelnde Eingriffsschwere, kein Recht auf Aufrechterhaltung einer Marktordnung); Art. 14 GG war auch hier unbezweifelter Maßstab[77].

2. Durch staatliche Betriebsgrößenbestimmung nicht beeinträchtigte Eigentümerinteressen

a) *Die Betriebsinhaber könnten in einem Eigentums-Zuerwerbs-Recht betroffen sein:* Wenn sie „nicht größer werden dürfen — kleiner werden müs-

---

[72] BVerfGE 30, 292 (334/335).

[73] *W. Leisner,* Eigentümer als Beruf, JZ 1972, 33.

[74] Vgl. etwa *W.-R. Schenke,* AgrarR 1987, S. 89 ff.; *E. Barnstedt,* AgrarR 1985, 93; *Kloepfer* (Fn. 24), S. 3.

[75] Dazu *M. Köhne,* AgrarR 1987, Beil. 2, S. 9 (11); Überblick bei *J. Lukanow,* AgrarR 1986, 10 ff.; *V. Nies,* AgrarR 1988, 1 (3).

[76] Vgl. *B. Willms,* AgrarR 1987, 98 (100); *Nies,* a.a.O.; *E. Barnstedt,* AgrarR 1985, 93 (96 ff.).

[77] Die Eigentumsfrage kann hier auch nicht unter Hinw. auf eine frühe Entscheidung des BVerfG als erledigt angesehen werden, in der (E 16, 147 [187]) es heißt: Die mit Verfassungsbeschwerde angefochtene Steuernorm greife in das Eigentum „auch insoweit nicht ein, als Beschwerdeführer ihren Gewerbebetrieb haben verkleinern ... müssen". Eine durch staatliche Auflage erzwungene Minderung der Rentabilität werde nicht über Betriebseinschränkung in eine unzulässige Enteignung verwandelt. Dies wurde zu einer Zeit ausgesprochen, in der sich in Karlsruhe noch nicht die Erkenntnis durchgesetzt hatte, daß auch Steuern das Eigentum verletzen könnten.

sen", können sie weitere Produktionsmittel, zusätzlichen Grund nicht sinnvoll hinzuerwerben. Ein solches „Recht auf mehr Eigentum" gibt aber Art. 14 Abs. 1 GG nicht[78], jedenfalls nicht als subjektiv-öffentliche Berechtigung, allenfalls könnte hier der Gedanke einer institutionellen Garantie einer freien Eigentumsordnung eingreifen. So hat denn auch bisher das Eigentumsgrundrecht im Zusammenhang mit Normen des *Grundstücksverkehrsrechts,* welche Zuerwerb oder Zupacht von Grundstücken im Namen einer „gesunden Entwicklung" in Grenzen halten wollen, soweit ersichtlich keine Rolle gespielt[79].

b) *Zu Wertverlust von Eigentum unter Verkaufsdruck* mag es im Zuge einer Gesetzgebung kommen, welche Betriebsverkleinerung erzwingt. Doch dies hängt von den jeweiligen Marktverhältnissen ab, die sich nicht typisierend vorhersehen lassen. Auch würde wohl den Betroffenen meist entgegengehalten werden, die Verluste seien nicht übermäßig schwer, und vor allem: sie träten nicht notwendig oder doch in aller Regel ein[80], der Betroffene habe sich darauf einstellen können.

3. Durch Betriebsgrößendirigismus möglicherweise verletzte Eigentümerpositionen

a) *Das Eigentum an bestimmbaren einzelnen Produktionsmitteln und/oder Grundstücken* kann in einem solchen Fall vielleicht nicht mehr optimal, aber eben immer noch genutzt werden; dies hat der Eigentümer hinzunehmen (vgl. oben I am Ende). Wird aber der Einschränkungsdruck so stark, daß es völlig unwirtschaftlich wäre, diese Güter weiter zu halten, müssen sie also unter dem Druck staatlicher Maßnahmen abgegeben werden, so ändert sich die Lage. Der Nachweis, welches *konkrete Eigentumsgut* hier aus zwingenden wirtschaftlichen Gründen aufgegeben werden muß, mag nicht leicht, er wird aber in gewissen Fällen möglich sein. Dann ist die *Bestandsgarantie des „Eigentums in der Hand des Eigentümers" verletzt,* welche das BVerfG gerade für Art. 14 GG betont[81]. Man könnte darin übrigens auch eine Verletzung der Verfügungsfreiheit sehen, die aus Art. 14 Abs. 1 GG abzuleiten ist[82], wenn

---

[78] Sieht man von dem nur in engen Grenzen gewährten „überholenden Bestandsschutz" ab, der einen Zuerwerbsanspruch auf das absichert, was zur Sicherung des Bestehenden unumgänglich ist.

[79] Siehe dazu *Kalo/Bendel,* GrdstVG-Komm., 1963, S. 549 ff.; *W. Ehrenforth,* RSiedlG und GrdstVG, Komm., 1965, S. 433 ff.; *W. Winkler,* NuR 1988, 170 m. Nachw.; *Köhne* (Fn. 75), S. 13.

[80] Was aber hier, wie im Fall der Beeinträchtigung der Berufsfreiheit, Voraussetzung eines Verfassungsverstoßes ist, vgl. f. viele BVerfGE 13, 181 (186/187); 16, 147 (165) und öfter.

[81] BVerfGE 24, 367 (400); 38, 175 (181); 46, 325 (334); 58, 300 (323); dazu näher *W. Leisner,* Bestandsgarantie des Eigentums, DVBl. 1988, 555.

[82] *H.J. Papier,* in: Maunz/Dürig, GG, Art. 14, Rdnr. 14.

man darunter auch die *negative Freiheit* versteht, sich von einem Gut nicht zu trennen, die bei anderen Grundrechten anerkannt ist[83]. Dies liefe auch nicht auf einen „Vermögensschutz durch das Eigentumsgrundrecht" hinaus[84], weil sich der Eigentümer ja dem Betriebsverkleinerungszwang durch „Eigentumsaufgabe nach seiner Wahl" beugen könne[85]. Selbst wenn schließlich der zu erzielende Kaufpreis als Entschädigung im Sinne von Art. 14 Abs. 3 GG „angemessen" sein sollte — es wäre wohl höchst zweifelhaft, ob hier ein hinreichend konkretisiertes „Enteignungsunternehmen" vorläge[86].

b) *Verletzung des „Eigentums am Betrieb"* kommt in Betracht, wenn der Zwang zur Betriebsverkleinerung auch die geschäftlichen Verbindungen und Beziehungen, den Kundenstamm, also alles, was in seiner Gesamtheit den wirtschaftlichen Wert des konkreten Betriebs ausmacht, beeinträchtigt[87]. Dies ist insbesondere anzunehmen, wenn durch die erzwungenen Betriebsteilungen oder -einschränkungen die Identität des Betriebs aufgehoben wird. Dem stehen übrigens *Bedenken, die auch neuerdings wieder gegen einen „Eigentumsschutz des Betriebs"* geäußert wurden[88], nicht grundsätzlich entgegen, was hier allerdings nicht vertieft werden kann: Die Rechtsprechung bekennt sich nach wie vor dazu[89]. Problematisch bleibt die Abgrenzung zu den (nicht geschützten) Gewinnchancen; doch sie ist überall erforderlich und stets geleistet worden, wo es im Wirtschaftsrecht um den „Schutz des Betriebs" geht — bis hin zum Wettbewerbsrecht.

Ein scharfer Betriebsgrößendirigismus ist also auch einem erheblichen Verfassungsrisiko aus Art. 14 GG ausgesetzt.

IV. Wettbewerbsgleichheit und staatlich bestimmte Betriebsgrößenordnung

Differenzierungen staatlicher Eingriffe, vor allem aber staatlicher Förderung nach Betriebsgröße verändern die *Wettbewerbsbedingungen* auf dem

---

83 So etwa bei der Entsprechung von positiver und negativer Koalitionsfreiheit, vgl. *R. Scholz*, in: Maunz/Dürig, GG, Art. 9, Rdnrn. 221 ff.

84 Dazu *Leisner*, in: P. Kirchhof/W. Leisner, Bodengewinnbesteuerung, 1985, S. 139 m. Nachw.

85 Wie etwa auch dann nicht, wenn ein Eigentümer einen Betrieb, ein Kunstwerk seiner Wahl behalten darf, alle anderen abzugeben hat.

86 BVerfGE 74, 264 ff.

87 *H.J. Papier*, in: Maunz/Dürig, GG, Art. 14 Rdnrn. 96 f. m. Nachw.

88 *Kloepfer* (Fn. 24), S. 9, der unter Berufung auf *Bryde* und *Pieroth/Schlink* die Frage als „ungeklärt" bezeichnet, selbst aber im Ergebnis für Eigentumsschutz eintritt.

89 Zur Judikatur des BGH vgl. Nachw. bei *Kloepfer*, a.a.O.; dic Rspr. des BVerwG – in demselben Sinn – wird neuerdings vom BVerfG zitiert (E 71, 183 [192] — BVerwG, Buchholz 415.1 Nr. 16 S. 19), das sich davon nicht etwa distanziert.

betreffenden Markt, unter Umständen in gravierender Weise. Bei scharfem Wettbewerb können durch Förderungsversagung größere Betriebe zur Teilung, Verkleinerung oder zur Aufgabe gezwungen werden.

1. Grundrechtliche Verbürgung der Wettbewerbsgleichheit

Teilnahme am Wettbewerb ist grundrechtlich verbürgt[90]. Eine „Wettbewerbsfreiheit" wird – wohl noch überwiegend – auf Art. 2 Abs. 1 GG gestützt[91]. Neuerdings wird sie, mit beachtlichen Argumenten, als Aspekt der Berufsausübungsfreiheit (Art. 12 Abs. 1 GG) verstanden[92]; dies kann nur als Verschärfung der verfassungsrechtlichen Zulässigkeitsanforderungen, gegenüber denen des Art. 2 Abs. 1 GG, verstanden werden, es wäre dann auf das oben II Dargelegte zu verweisen.

Wie auch immer: Wesentlicher Inhalt einer Wettbewerbsfreiheit– oder eines entsprechenden Aspekts der Berufsfreiheit – ist die *Wettbewerbsgleichheit:* Die Konkurrenzlage darf vom Staat *nicht gezielt verzerrt werden*[93], auch nicht durch systematische Förder(versag)ungen gegenüber größeren Betrieben.

2. Schutz der schwächeren Wettbewerber

Mit jeder wirtschaftslenkenden Maßnahme korrigiert der Staat den Wettbewerb[94]; hier hat er weite Gestaltungsfreiheit, sonst würde die Gleichheit Subventionen überhaupt unmöglich machen[95]. Wettbewerbsschutz gewisser Branchen gegen andere ist zulässig[96]. Über Verschiebungen der Wettbewerbsbedingungen darf also auch der Geschäftsumfang von Unternehmen eingeschränkt werden[97]. Die zentrale Legitimation liegt dabei darin, „einen gewissen Ausgleich zwischen schwächeren und leistungsfähigeren Mitgliedern einer Gruppe zu Lasten der letztgenannten herbeizuführen"[98]. Vor allem bei

---

[90] Für viele *W. Henke,* Das Recht der Wirtschaftssubventionen, 1979, S. 117/118.

[91] Vgl. BVerwGE 17, 306 (309); 30, 191 (198); 60, 154 (159); 65, 167 (174), im Ergebnis auch BVerwGE 71, 183 (189 ff.).

[92] *R. Scholz,* in: Maunz/Dürig, GG, Art. 12, Rdnrn. 7, 115, 123 f., 135 f. m. Nachw.

[93] BVerwGE 71, 183 (191/192); vgl. auch BVerfGE 61, 291 (308) für die Berufsfreiheit, m. Nachw.

[94] So schon grundlegend BVerfGE 4, 7 (19).

[95] Zutr. insoweit *Henke* (Fn. 90), S. 117 f., der allerdings mit seiner Infragestellung der Wettbewerbsfreiheit überhaupt zu weit geht.

[96] Vgl. etwa BVerfGE 30, 292 (318).

[97] BVerfGE 34, 252 (256).

[98] BVerfGE 37, 1 (24), unter Hinw. auf E 19, 101 (114); 21, 292 (299); 23, 50 (59 f.).

scharfem Wettbewerb dürfen kleinere und mittlere Betriebe geschützt werden, die sonst „zur Aufgabe gezwungen wären, obwohl sie bei ruhigeren Marktverhältnissen durchaus existenzfähig wären“[99].

Hier liegen aber auch die Gestaltungsgrenzen für den Gesetzgeber: Er hat den Wettbewerb zu balancieren, nicht zu dirigieren. Größenordnungsbedingte Betriebsschwächen darf er ausgleichen, „Wachsen an sich“ gibt es aus dieser Sicht nicht, jede Abwehrreaktion gegen Konzentration scheint berechtigt; und sie mag es auch dort sein, bis zur Ausschaltung größerer Betriebe, wo diese notwendig zur Marktbeherrschung durchbrechen, zur Aufhebung des Wettbewerbs, welchen das GWB verhindern will.

Doch es gibt auch *die Gefahr der Überreaktion* gegen Konzentration, des anderen Extrems, gerade der Agrarsektor zeigt es. Dort, wo keine Schädigung kleinerer durch größere Betriebe droht, darf nicht eine bestimmte Größenordnung der Unternehmen durch Strukturdogmatik durchgesetzt werden. Dadurch würde vor allem *wohlverstandener Mittelstandsschutz gefährdet;* denn der „Plafond“ kann ja leicht und beliebig immer niedriger werden, bis er auch mittlere Betriebe niederdrückt. Staatliche Betriebsgrößenbestimmung wäre überdies ein bedenkliches Verzunftungsphänomen.

„Schutz für größere Betriebe“ ist sicher keine Gesetzgebungsdevise, Schwächerenschutz bleibt sozialstaatliches Gebot und politischer Zwang in einer Demokratie. Doch bei allen flächendeckend angelegten „Strukturgesetzgebungen“, oder ihnen vergleichbaren Kumulationen von Differenzierungen nach Betriebsgröße, ist in einem freien Land Vorsicht geboten: Hier kann es zu wirtschaftsideologischen Verfremdungen kommen, wo Ausgleich gefordert ist, Entwicklungsraum für alle.

---

[99] BVerfGE 39, 210 (227, 237).

Verfassungsschranken der Unternehmensbelastungen*

Personalzusatzkosten und „finanzielle Leistungsfähigkeit" (BVerfG)

Die deutschen Unternehmen sind mit den welt-höchsten Personalzusatzkosten belastet. In der Öffentlichkeit wird mit Sorge intensiv erörtert, ob dies nicht den Wirtschaftsstandort Deutschland gefährdet. Hier liegt mehr als ein Problem der Wirtschafts-, Sozial- und Rechtspolitik. Es fragt sich, ob die Verfassung nicht diesen Abgaben Schranken zieht, die erreicht oder bereits überschritten sind, insbesondere aus den Grundrechten des Eigentums und der Berufsfreiheit. Die neueste Rechtsprechung des Bundesverfassungsgerichts zu den Einheitswerten hat wichtige Orientierungen für Verfassungsschranken der Abgabengesetzgebung gebracht. Bedeutsame Grundsätze dieser Judikatur, insbesondere zur finanziellen Leistungsfähigkeit der Betriebe, sind auch von der Soziallegislative zu beachten. Gefordert ist ein Verfassungsrecht der dynamischen Belastungsgrenzen zur ökonomischen Gefahrenabwehr.

I. Die Personalzusatzkosten als Gefährdung des Standorts Deutschland

1. Aus der dramatischen Personalzusatzkostendiskussion eine verfassungsrechtliche Frage

Für alle deutschen Unternehmen sind Personalkosten einer der wichtigsten, bei vielen der bei weitem bedeutendste Kostenfaktor. Arbeitsplätze gehen vor allem deshalb verloren, werden nicht neu geschaffen, weil hier der größte Rationalisierungsspielraum sich eröffnet, die weitestgehenden Möglichkeiten der Einsparung.

Die Tarifpartner entscheiden über die Lohnhöhe, damit aber nur über einen Teil der Personalkosten. Neben den Löhnen werden die Unternehmen vor allem durch Personalzusatzkosten belastet, insbesondere durch Arbeitgeberbeiträge zur Sozialversicherung aufgrund gesetzgeberischer Entscheidungen. Die wohl intensivste ökonomische und rechtliche Erörterung zu Beginn des letzten Jahrfünfts des Jahrtausends wird über diese Frage geführt: Haben die gesetzlichen Personalzusatzkosten nicht bereits die Grenzen erträglicher Höhe

* Erstveröffentlichung in: Neue Juristische Wochenschrift 1996, S. 1511–1517.

überschritten, gefährden sie schon die Wettbewerbsfähigkeit der deutschen Wirtschaft? Behindern sie nicht vor allem die mittelständischen Betriebe des Handwerks bei der Schaffung neuer Arbeitsplätze? Die seit langem in den Medien begonnene Diskussion[1] spitzt sich dramatisch zu zwischen den Verbänden, im Bereich von Regierung und Parlament. Konzepte zur Senkung der gesetzlichen Personalzusatzkosten sind gefordert von Wirtschafts- und Rechtspolitik. Doch solche Fragen schöpfen das Problem nicht aus: Es hat eine verfassungs*recht*liche Dimension erreicht[2], insbesondere im Lichte der neuesten Rechtsprechung des Bundesverfassungsgerichts zu den Verfassungsschranken der Vermögen- und Erbschaftsteuer[3]. In den bisherigen Reaktionen des Schrifttums auf diese Beschlüsse[4] ist dies, soweit ersichtlich, noch nicht vertieft worden. *Es geht hier zuallererst nicht um eine rechtspolitische, sondern um eine verfassungsrechtliche Frage*: Verbietet die Verfassung nicht eine gesetzgeberische Dynamik, welche die Unternehmen wirtschaftlich schlechthin überlastet, hat Karlsruhe nicht bereits die verfassungsrechtlichen Belastungsgrenzen der Betriebe aufgezeigt? Gegenstand der folgenden Betrachtungen sind nicht Ratschläge für den Gesetzgeber, es sind ihm seine rechtlichen Schranken zu weisen, in einer Konzeption der Verfassung als „Recht der letzten Grenzen“ (im folgenden IV).

2. Der Begriff der „gesetzlichen Personalzusatzkosten“

a) *Die Personalkosten der Unternehmen* gliedern sich in *Löhne / Gehälter* (Brutto- und Sachbezüge) und *Personalzusatzkosten*; dazu zählen: *Entgelt für arbeitsfreie Tage* (Urlaub, gesetzliche Feiertage, Krankheitstage, sonstige Ausfallzeiten), *Sonderzahlungen* (Urlaubsgeld, Weihnachtsgeld, Gratifikationen, Tantiemen), *Vorsorgeaufwendungen* (insbesondere Beiträge zur Sozialversicherung, (Aufwendungen für die betriebliche Altersversorgung), sowie

---

[1] Vgl. aus den 80er Jahren insbes. folgende Veröffentlichungen: *Merklein*, Griff in die eigene Tasche, 1980; *dies.*, Die Rentenkrise, 1986; Bundesverband der Selbständigen, Kongreß „Wer die Sozialkosten künftig zahlen wird“, IMPULSE, 10 / 1985; Arbeitsbedingungen und -kosten in acht fernöstlichen Ländern, Arbeit und Sozialpolitik, 3 / 1986; *Miegel*, Sicherheit im Alter, Vorwort von Kurt Biedenkopf, Stuttgart 1981; BDA, Soziale Selbstverwaltung, 1 / 1987; *Schmähl*, Alternativen der Rentenfinanzierung, Deutsche Angestelltenversicherung 2 / 1987; *Kannengießer*, Deutsche Angestelltenversicherung 6 / 1986; Frankfurter Institut für Wirtschaftspolitische Forschung e.V. (Kronberger Kreis), Reform der Alterssicherung.

[2] Eine vertiefende Behandlung der Problematik findet sich bei *Leisner*, Die verfassungsrechtlichen Belastungsgrenzen der Unternehmen, Schriften zum Öffentlichen Recht, Verlag Duncker & Humblot, Berlin 1996.

[3] BVerfG NJW 1995, 2615, 2624.

[4] *Arndt / Schumacher*, NJW 1995, 2603; *Leisner*, NJW 1995, 2591; *Vogel*, JZ 1996, 431; *Felix*, BB 1995, 2241.

sonstige Personalzusatzkosten (etwa Familienhilfen, Kosten der Berufsausbildung).

Entsprechende Daten werden vom Statistischen Bundesamt periodisch erhoben[5]; durch wirtschaftswissenschaftliche Untersuchungen sind sie bis ins Jahr 1995 fortgeschrieben[6].

b) Alle aussagekräftigen Lohnkostenstatistiken gliedern die Personalzusatzkosten in *„gesetzliche"* und *„tariflich / betriebliche"* Aufwendungen der Arbeitgeber für ihre Arbeitnehmer. Gesetzliche Personalzusatzkosten sind vor allem (zu etwa zwei Dritteln) die Sozialversicherungsbeiträge, daneben die Bezahlung für Ausfallzeiten und die Entgeltfortzahlung im Krankheitsfall. Bei den tariflich / betrieblichen Leistungen stehen im Vordergrund Urlaub(sgeld — fast die Hälfte), Sonderzahlungen (Gratifikationen) sowie die betriebliche Altersversorgung[7]. Nach den amtlichen Statistiken stehen gesetzliche zu betrieblichen Personalzusatzkosten-Belastungen etwa im Verhältnis 45% zu 55%; für zentrale Bereiche des Handwerks kehrt sich dagegen das Verhältnis um[8]. Zu berücksichtigen ist überdies, daß die tariflich / betrieblichen Kosten weitgehend „gesetzgeberisch verursacht" sind, so etwa die Urlaubskosten nach dem Bundesurlaubsgesetz und die Leistungen für Arbeitsbefreiungen nach § 616 BGB. Unter Einrechnung dieser vom Gesetzgeber auferlegten, tariflich / betrieblich lediglich umgesetzten Kosten machen die „gesetzlichen Personalzusatzkosten im weiteren Sinn" mindestens 70% der gesamten Personalzusatzkosten-Belastung aus.

c) Das Grundgesetz zieht den Tarifpartnern keine Schranken, wie weit sie sich (gegenseitig) mit Personalzusatzkosten belasten wollen; die Unternehmen sind frei darin, ihren Arbeitnehmern einseitig Leistungen zu gewähren. Die hier untersuchte Verfassungsfrage stellt sich also nur für die gesetzlichen Personalzusatzkosten. Sie kann jedoch nicht mit dem Argument umgangen werden, die gesetzlichen Personalzusatzkosten, insbesondere die Arbeitgeberbeiträge zur Sozialversicherung, seien doch nur automatische Folge der von den Tarifpartnern (ebenfalls) frei ausgehandelten Löhne; nicht der Gesetzgeber erlege also Personalzusatzkosten auf, welche vielmehr nur eine gesetzes-automatische Folge der Tarifautonomie seien. Diese Argumentation geht fehl: Der

[5] Für das produzierende Gewerbe seit 1966, für den Dienstleistungsbereich seit 1978, im Abstand von 3 Jahren, seit 1984 im Vierteljahresabstand.

[6] Vgl. etwa Institut der Deutschen Wirtschaft, Argumente zu Unternehmensfragen („Argumente"), z.B. 1994 und 1995, jeweils Nr. 5, Auswertung etwa durch *Kornhardt*, Standortfaktor PZK — Kontaktstudium Wirtschaftswissenschaft, hgg. v. Seminar für Handwerkswesen der Universität Göttingen 1995, insbes. S. 15.

[7] Institut der Deutschen Wirtschaft (Fn. 6) 1995, Nr. 5.

[8] Vgl. Betriebswirtsch. Informationsstelle des Dt. Maler- und Lackiererhandwerks, Frankfurt, Planwerte 1995, S. 9.

Gesetzgeber greift auch dann in die Freiheit des Bürgers ein, wenn er an dessen privatautonome Entscheidungen (Lohnabschlüsse) gesetzesautomatisch Belastungen knüpft. Bei Tarifverhandlungen mögen diese mitbedacht sein; doch dies ändert nichts daran, daß es sich um gesetzliche Fesseln der Privat-, der Tarifautonomie handelt; sie aber hat der Gesetzgeber vor der Verfassung zu verantworten.

3. Personalzusatzkosten als „zweiter Lohn" — steigende Tendenz

a) Die Personalzusatzkosten liegen heute bei erheblich über 80% des sogenannten Direktentgelts, des den Arbeitnehmern ausbezahlten Lohnes; dabei ist eine etwaige zusätzliche Belastung durch die soziale Pflegeversicherung sowie durch die für 1996 zu erwartenden steigenden Sozialversicherungsleistungen noch nicht berücksichtigt. Die Personalzusatzkosten sind also längst nicht mehr „Lohnnebenkosten"; der mit ihnen bezahlte „Soziallohn" ist im Begriff, das Direktentgelt, den Leistungslohn einzuholen, wenn nicht zu überholen. Für Betriebe des Schreinerhandwerks führt dies etwa dazu: Stundenlohn 21,– DM, Personalzusatzkosten 18,– DM; Berechnung der Arbeitsstunde 70,– DM (unter Einrechnung von Sachkosten, kalkulatorischen Kosten und einer mäßigen Wagnis / Gewinnmarge für die Unternehmen von 4,– DM); dem Arbeitnehmer bleibt ein Netto-Lohn von etwa 11,– bis 12,– DM (!)[9]. Ist dies den Kunden, der Allgemeinheit noch zu vermitteln?

b) Noch größere Gefahr liegt in der *Dynamik der Personalzusatzkosten*: 1966 lagen sie im produzierenden Gewerbe bei etwa 43% des Direktentgelts — der Anteil hat sich in 30 Jahren fast verdoppelt. Die Personalzusatzkosten steigen, von kürzeren Perioden abgesehen, kontinuierlich rascher an als Direktentgelte. Diese Steigerungsdynamik entfaltet sich weitgehend unabhängig von der Tarifpolitik der Sozialpartner. Gerade in letzter Zeit führt sie wesentlich auf sozialpolitische Entscheidungen des Gesetzgebers zurück.

4. Internationaler Vergleich — deutsche Personalzusatzkosten als Weltspitze

Die *Arbeitskosten* sind in Deutschland die höchsten unter allen Industrienationen (1993: 42,– DM). Um 3,– DM niedriger liegt die Schweiz, um über 5,– DM zurück Japan. Frankreich, die arbeits-teuerste Nation der EU, erreichte 28,– DM, die USA 27,– DM, Großbritannien lag noch weit darunter. *Die deutschen Personalzusatzkosten* standen 1993 an einsamer Spitze aller Länder bei über 19,– DM / Stunde, gegenüber Frankreich mit 13,– DM, den USA mit 8,– DM, Großbritannien mit 6,– DM.

---

[9] Vgl. Fn. 8.

In den *osteuropäischen Ländern* lagen die Arbeitskosten zur selben Zeit bei 2 bis 12% der westdeutschen, die Personalzusatzkosten-Quote im Verhältnis zum Direktentgelt nur wenig über der Hälfte der westdeutschen Rate. In absoluten Zahlen bedeutet dies eine verschwindend geringe Belastung derartiger Arbeit mit Personalzusatzkosten[10]. Diese Länder treten aber zunehmend in Konkurrenz zu insbesondere mittelständischen Betrieben in Deutschland, vor allem im Bereich des Handwerks.

In den *südostasiatischen Ländern*, zugleich Konkurrenten und Verlagerungsgebieten der deutschen Wirtschaft, wird nirgends auch nur die Hälfte der deutschen Arbeitskosten erreicht, in einigen Staaten (Thailand, Malaysia) nur wenig mehr als ein Zehntel, in anderen (China, Indonesien) noch wesentlich weniger[11], die Personalzusatzkosten-Quote beträgt dabei höchstens etwa die Hälfte der deutschen. In absoluten Zahlen ergibt sich daher eine Personalzusatzkostenbelastung derartiger Betriebe mit höchstens 20 bis 22% der deutschen Kosten — bis hin zu Personalzusatzkosten, die nur mehr eine zu vernachlässigende Größe darstellen.

5. Der entscheidende Personalzusatzkosten-Treibsatz: die Sozialversicherung

a) Die exorbitante Höhe der deutschen Personalzusatzkosten *beruht vor allem auf den Sozialversicherungsbelastungen*. 1993 bereits überstiegen hier die Leistungen der Unternehmen ein Viertel der Direktentgelte. Besonders deutlich ist dabei überdies die Anstiegsdynamik: Von 1978 bis 1993 nahm das Verhältnis zum Leistungslohn von 19 v.H. auf 24 v.H. zu, ohne daß auch nur in einem Dreijahreszeitraum der Anstieg unterbrochen worden wäre — bei den anderen Hauptbestandteilen der gesetzlichen Personalzusatzkosten dagegen (Entgeltfortzahlung im Krankheitsfall, bezahlte Ausfallzeiten) lagen die Prozentsätze vom Direktentgelt 1978 niedriger als 1994.

Dies zeigt: Der eigentliche Personalzusatzkosten-Treibsatz liegt in der Sozialversicherung. Deshalb kam es denn auch zu massivem Widerstand der Arbeitgeber gegen die soziale Pflegeversicherung: Ein Ende jahrzehntelanger Belastungssteigerungen schien nun nicht mehr absehbar.

b) *Die Sozialversicherung bietet denn auch das wohl nächstliegende Senkungspotential der Personalzusatzkosten*: Schon wenn die beitragsfinanzierten versicherungsfremden Leistungen der Sozialversicherung aus Steueraufkommen finanziert würden[12], könnte der Beitragssatz zur Rentenversicherung um

---

[10] 4% bis 8% der entsprechenden Leistungen westdeutscher Betriebe; vgl. Argumente Nr. 6, 1993; siehe auch I.W.-Trends-Dokumentation 1/95, 1 ff.

[11] I.W.-Trends 1/95, 8.

[12] Zu dem Begriff vgl. f. viele *Isensee*, Umverteilung durch Sozialversicherungsbeiträge

bis zu 2% niedriger ausfallen[13]. Noch weitergehend würden bei einem Abbau versicherungsfremder Leistungen die Beitragssätze zur gesetzlichen Krankenversicherung und Arbeitslosenversicherung zurückgehen[14]. Feststeht also ebenso die *wahrhaft enorme Höhe* der vom Gesetzgeber den Unternehmen auferlegten Personalzusatzkosten wie auch der Weg, diese zu verringern: Entlastung der Sozialversicherungsträger von versicherungsfremden Leistungen, wenn dies nicht genügen sollte: Einschränkung der Sicherungshöhe.

Nun fragt es sich, ob der Gesetzgeber hier weiterhin einfach „tun kann, was er will — insbesondere auch: lassen“, ob ihn kein Recht, keine Verfassung zwingt, sich einer Herausforderung zu stellen, welche auf breiter Front deutsche Unternehmen in Existenzgefahr zu bringen droht. Enthält das Grundgesetz wirklich nur Wegweisungen zu Sitzblockaden und gegen Kruzifixe in Klassenzimmern — und schweigt zu Existenzfragen der Wirtschaft, der arbeitenden Menschen?

II. Soziallasten als Grundrechts-Eingriff

1. Berührte Grundrechte — Schutzbereiche

Wirksame Verfassungsschranken können sich für den Gesetzgeber, der die Betriebe mit Personalzusatzkosten belastet, vor allem aus den wirtschaftlichen Grundrechten der Unternehmer ergeben. Verfassungswidrig sind dabei auch Belastungen, welche etwa dem Sozialversicherungs-Verfassungsrecht widersprechen: Sie beeinträchtigen die Verpflichteten in ihrem Grundrecht aus Art. 2 Abs. 1 GG[15]. Insbesondere sind jedoch die *Schutzbereiche der Art. 12 Abs. 1 und 14 Abs. 1 GG* berührt[16]. Aus der Berufsfreiheit wird heute[17] vor allem die *Wettbewerbsfreiheit* der Unternehmer begründet[18]. Die Schutzwir-

---

1973, passim, insbes. 23, 42, 57 f.; *Krause*, Fremdlasten der SV, VSSR 1980, 115 ff. m. weit. Nachw.; *Doetsch* (hg.), HZS, Erl. zu SGB, IV 1 Gr. 2 Rdnrn. 16 f.; *Ruland*, in: Die Sozialversicherung und ihre Finanzierung, hg. v. *Bieback* 1986.

[13] Nach Berechnungen der Träger der SV, vgl. *Ruland* (Fn. 12), 62.

[14] Vgl. *Seffen*, Der Arbeitgeber 1994, Nr. 12.

[15] BVerfGE 11, 105 (110 ff.); 75, 108 (149 ff.); 72, 175 (187 ff., 193 ff.).

[16] Zu der hier sich ergebenden Frage des Eigentums am eingerichteten und ausgeübten Betrieb, vgl. unten III.

[17] Für viele *Scholz*, in: Maunz / Dürig, GG, Art. 12 Rdnr. 79 ff.; vgl. auch *Breuer*, Handbuch des Staatsrechts, VI, 1989, 893 f.

[18] Früher sah man Art. 2 Abs. 1 GG als Grundlage der Wettbewerbsfreiheit, vgl. *Dürig*, in: Maunz / Dürig, Art. 2 Abs. 1 GG Rdnr. 48 ff. In Literatur und Rechtsprechung zum Wettbewerbsrecht wird dieses Recht im Zusammenhang mit der „Freiheit der wirtschaftlichen Betätigung“ behandelt. Vgl. etwa BGH GRUR 1958, 557 (558); BGH DB 1977, 392 (393); BGH GRUR 1979, 55 (56); *Sirch*, BB 1956, 1049; *Schricker*, GRUR 1975, 349 (350); *Schricker / Lehmann*, WRP 1977, 289.

kung gerade dieses anerkannten Rechtssatzes[19], den auch das Bundesverfassungsgericht nicht selten anwendet[20], wird hier beeinträchtigt durch die Gefahr einer Wettbewerbsunfähigkeit vieler Betriebe, ja Branchen, die sich schon aus dem enormen Personalzusatzkosten-Gefälle gegenüber ausländischer, auch im Inland wirkender Konkurrenz ergibt (oben I); gerade dies aber hat ein Gesetzgeber zu verantworten, der nicht nur die interne deutsche Wettbewerbsgleichheit wahren muß. Wenn je einmal „besondere Umstände" anzunehmen sind, in denen eine weitere Veränderung der Wettbewerbslage durch die Gesetzgebung unzulässig wird[21], so ist dies bei derart hohen gesetzlichen Personalzusatzkosten der Fall.

Zu prüfen ist jedoch, ob eine derartige Einengung zu einem verfassungswidrigen *Eingriff* führen kann — immerhin liegt hier ja nur eine Abgabenbelastung vor als Folge privatautonomen Verhaltens, und sie wird nur wirksam über ein Marktgeschehen, auf das sich die Unternehmer in privater Freiheit einstellen können.

2. Abgabenbelastung — ein Eingriff

Grundrechte werden nicht nur durch hoheitliche Gebote und Verbote beeinträchtigt, welche den wirtschaftlichen Freiraum der Unternehmen begrenzen oder gar versperren. Dies kann auch durch gesetzliche Auferlegung von Abgaben aller Art geschehen. Anerkannt ist grundsätzlich der Eingriffscharakter hoheitlicher Abgabenbelastung; schon die verbreitete Lenkung durch Steuern beweist dies[22]. Nicht auf die – bei den Personalzusatzkosten nicht ersichtliche – Lenkungs*absicht* kommt es an, sondern allein auf die grundrechtsverletzende Wirkung einer gesetzlich auferlegten Abgabe[23]. Das Bundesverfassungsgericht anerkennt den Eingriffscharakter gesetzlicher Bestimmungen ohne berufsregelnde Zielsetzung durch rechtlich mittelbare oder tatsächliche Auswirkungen[24]. Dies gilt insbesondere für die freiheitsbeschränkende Wirkung von Abgabengesetzen, die an Art. 2 Abs. 1 GG zu messen sind[25].

---

[19] Vgl. BGH GRUR 1979, 55 (56).

[20] Siehe etwa BVerfGE 4, 7 (24); 21, 292 (297); 32, 311 (317 f.).

[21] BVerfGE 4, 7 (24).

[22] Grundlegend *Arndt*, in: Fröhler (Hg.), WiVerw 1990 / 1, 1 ff.; speziell etwa für den Umweltschutz *Meßerschmidt*, Umweltabgaben als Rechtsproblem 1986, 110 ff.; jeweils m. zahlr. Nachw. Grundsätze für diese Lenkung etwa in BVerfGE 38, 61 (81 / 82), neuerdings BVerfG NJW 1995, 2620.

[23] H.L., f. viele *Papier*, Der Staat 1972, 494 f.; *Tipke*, Steuerrechtsordnung I, 1993, 439.

[24] Siehe etwa BVerfGE 13, 181 (185 f.); 62, 291 (308); 81, 68 (121 f.).

[25] BVerfGE 87, 152 (169), std. Rspr.

Erst recht ist dann die gesetzliche Auferlegung von Personalzusatzkosten als Eingriff zu werten[26]: Die Steuer ist, als „allgemeine“ Abgabe zur Finanzierung (grundsätzlich) nicht näher definierter, letztlich aller Staatsveranstaltungen[27] weit weniger in ihrer Wirkung zielgerichtet als Sozialabgaben[28], die daher an sich schon eine viel stärker einzelne wirtschaftliche Grundrechte beschränkende Wirkung entfalten.

3. Feststellung der Überschreitung der verfassungsrechtlichen Belastungsgrenzen — „Durchschnittswirkungen“

a) Daß es verfassungsrechtliche Belastungsgrenzen auch für Sozialabgaben, insbesondere für Personalzusatzkosten gibt, steht also fest. Problematisch wird es immer sein, ihre Überschreitung festzustellen, insoweit die Verfassungswidrigkeit eines solchen konkreten Eingriffs. Wann ist die Wettbewerbsfähigkeit von Unternehmenskategorien[29], von ganzen Branchen oder gar der Gesamtwirtschaft so akut bedroht, daß sich dies zur Grundrechtsverletzung steigert?

Hier ist Zurückhaltung nötig, ein weiter wirtschaftspolitischer Prognosespielraum des Gesetzgebers ist zu achten. Doch dies darf nicht in wirtschaftsverfassungsrechtlicher Gleichgültigkeit enden, welche alle Abgaben-Belastungsgrenzen als „theoretische Schranken“ abtut, deren Überschreitung sich nie werde beweisen lassen. Gewiß muß die Betrachtung globalisiert werden — doch dies darf die Anforderungen an den Begriff übermäßiger, damit verfassungswidriger Belastung nicht überspannen. Wären die Personalzusatzkosten erst dann verfassungswidrig, wenn etwa ganze Branchen des deutschen Handwerks unrentabel oder gar größere Bereiche der Gesamtwirtschaft zusammenbrechen würden, so wäre dies das rechtswidrige Verlangen einer probatio per absurdum. Vielmehr muß gelten: Gerade wenn sich „Sozialbelastungs-Grenzfragen“ nur global beantworten lassen, müssen die Verfassungsschranken entsprechend vorverlegt werden: *Schon wenn ernste Anzeichen für*

---

[26] Daß *dies* noch nicht für Sozialabgaben ebenso vertieft worden ist wie für Steuern, hat seinen Grund darin, daß hier bislang weniger die Höhe im Vordergrund stand als die Abweichung von den verfassungsrechtlich vorgegebenen Grundstrukturen der SV, etwa von der Äquivalenz.

[27] Grds. zum Steuerbegriff *Isensee*, in: Staatsfinanzierung im Wandel, hg. v. *Hansmeyer*, Schriften des Vereins für Socialpolitik, n.F., 134 (1983), 435 (438 ff.).

[28] Zu den Unterschieden zwischen Steuern und Soziallasten vgl. f. viele *Krause* (Fn. 12), 117, 133 ff.; *Isensee* (Fn. 12), 52; *Selmer*, Steuerinterventionismus und Verfassungsrecht 1972, 368 f.; *Picot*, RdA 1979, 16 (19).

[29] Denn bei der Normprüfung kann grundsätzlich nicht eine Rechtsverletzung im Einzelfall genügen oder in wenigen solchen, vgl. BVerfGE 14, 76 (101); 16, 147 (165, 187); 31, 8 (29); 38, 61 (85) usw.

eine schwere Bedrohung von ganzen Unternehmenskategorien durch überhöhte Personalzusatzkosten sprechen, muß der freiheitsachtende Sozialstaat sein soziales Belastungspotential entsprechend zurücknehmen.

Nur dies entspricht Grundprinzipien des öffentlichen Rechts, die im *Sicherheitsbereich* bereits verdeutlicht sind: Dort ist anerkannt, daß Gefahrenabwehr (hier: Zurücknahme sozialer Belastungen) bei nicht auszuschließendem exorbitanten Schaden (hier: Unrentabilität von ganzen Wirtschaftszweigen) schon einsetzen muß, wenn die Eintrittswahrscheinlichkeit des Schadens noch verhältnismäßig gering erscheint; Schadenshöhe und Eintrittswahrscheinlichkeit kompensieren sich wechselseitig[30]. Entsprechend verengt das Bundesverfassungsgericht den gesetzgeberischen Prognoseraum im Atomrecht[31].

b) Im Verfassungsrecht sind bereits Kriterien dafür entwickelt worden, wann eine Belastung wie die mit Personalzusatzkosten „unzumutbar" wird: *Durchschnittsbetrachtung ist gefordert.* Als „zumutbar"[32] wurde eine Belastung von jeher angesehen, die unter „normalen Umständen" noch zu tragen ist[33].

Entscheidend bleibt, ob dies von der großen Mehrheit der betroffenen Berufsgruppen-Angehörigen noch ohne Schwierigkeit bewältigt werden kann; unbeachtlich ist ökonomisches Fehlverhalten einzelner[34]. Normativ unvorhersehbare, von einzelnen Betroffenen nicht abzuwendende Überbelastung muß durch Härteklauseln begegnet werden[35]. Nicht nur für Steuern, auch für Sozialbelastungen gilt grundsätzlich, daß sie jedenfalls unter normalen Umständen noch wirtschaftlich sinnvolle Rendite zulassen müssen[36]; denn wenn dies nicht mehr zutrifft, zerstört das vom Grundgesetz grundsätzlich gebilligte Zusammenwirken von Gesetz und Markt[37] die Unternehmen, es wird dann zur gesetzlich verordneten Berufssperre über den Markt. Der Gesetzgeber

---

30 *Drews / Wacke / Vogel / Martens*, Gefahrenabwehr 1985, 223 f.; *Lisken / Denninger*, Handbuch des Polizeirechts 1992, 121; *Berner / Köhler*, PAG 1994, Art. 2 Rdnr. 10.

31 BVerfGE 49, 89 (130 ff.); 53, 30 (57 ff.).

32 BVerfGE 30, 292 (329).

33 So schon BVerwGE 6, 242 (268), m. Nachw. zur Rspr. PrOVG.

34 So für die Steuer *Tipke* (Fn. 23), 439 f.

35 Vgl. f. viele BVerfG NJW 1976, 101 m. Nachw.; *Friauf*, StuW 1977, 59 (65 ff.); *Schmidt-Bleibtreu*, DÖV 1989, 489 (495).

36 *Papier*, Der Staat 1972, 503 m. Nachw.

37 Dies ergibt sich schon daraus, daß das gesamtwirtschaftliche Gleichgewicht eben im Rahmen einer marktwirtschaftlichen Ordnung zu verwirklichen ist, siehe dazu *Stern*, Das Staatsrecht der Bundesrepublik Deutschland III, 1, 1988, 882 m. Nachw.; *Papier*, in: *Maunz / Dürig*, GG, Art. 14 Rdnr. 186.

mag Rentabilitätsschwellen verändern[38] — aber eben nur bis an die Grenze durchschnittlicher Erträglichkeit. Sie wird in aller Regel durch statistische Erhebungen, vor allem aber durch Untersuchungen jener Verbände deutlich, die damit eine wichtige tatsächliche Hilfsfunktion für die Anwendung des Verfassungsrechts erfüllen.

Da die hier maßgeblichen Markt-, die Wettbewerbsverhältnisse sich täglich, auch tiefgreifend, ändern können, gibt es in der Tat etwas wie „Verfassungsschranken nach Marktlage", was noch in anderem Zusammenhang zu vertiefen ist. Der Gesetzgeber hat nicht im Börsentrubel zu agieren; doch er darf auch nicht, wie die antike Karikatur des staatsleitenden Philosophen, seine Blicke auf die Gestirne richten — die hoheitlich-hoheitsvollen ...

4. „Hineinwachsen in Verfassungswidrigkeit"

Karikatur wäre auch eine Verfassung jenseits aller Gesetzgebungs- und Marktdynamik. Gewiß ist sie die feste Burg normativer Sicherheit, wie gerade die floatende Wirtschaft sie braucht. Doch wenn diese Wellen steigen, in geradezu „gesetzmäßiger Kontinuität"[39], so greift eine weitere Kategorie des neueren Verfassungsrechts ein: „Hineinwachsen in Verfassungswidrigkeit" droht dann akut, oder ist bereits Rechts-Realität.

Eindrucksvoll hat das Bundesverfassungsgericht in den Einheitswert-Beschlüssen gezeigt – ebenso wie dies bereits in den vorhergehenden Entscheidungen angelegt war[40] – wie eine gesetzliche Regelung, die früher einmal der Verfassung entsprochen haben mochte, durch Zeitablauf, vor allem aber durch Marktentwicklung, verfassungswidrig werden kann, und zwar gerade im Abgabenbereich. Das Gericht hat dabei allerdings[41] nicht die Markt- und Wertentwicklung als solche zur Grundlage des Verfassungsverdikts gemacht, sondern die Verletzung des Gleichheitssatzes: Der Gesetzgeber habe sein traditionelles Belastungsprinzip zeitnaher Wertfeststellung bei der Vermögensteuer beibehalten, sei von ihm aber gerade und nur bei den Einheitswerten des Grundbesitzes abgegangen; dies verletze die Verfassung. Daraus ist jedoch nicht abzuleiten, Belastungszunahme durch Zeitablauf könne allein nie die Verfassungsschranken überschreiten, sondern immer nur in Verbindung mit Gleichheitsverstößen oder anderen, zusätzlichen Verfassungsverletzungen: Der Fall der Einheitswerte war insoweit besonders gelagert, als *sie* privile-

---

[38] BVerfGE 29, 327 (332).

[39] Im doppelten Sinn der Eigengesetzlichkeit wie der Gesetzesform solcher Belastungssteigerungen.

[40] BVerfGE 23, 242 (252 ff.); 25, 216 (226 ff.); 30, 129 (143); 41, 269 (280 ff.); 74, 182 (198 f.); 89, 329 (339).

[41] BVerfG NJW 1995, 2619 f.

gierten, nicht belasteten, die anderen Steuerpflichtigen *dadurch* aber nicht belastet wurden; nur über die Gleichheit konnte daher ein Verfassungsverstoß angenommen werden. Die Personalzusatzkosten dagegen belasten als solche, und zwar keineswegs gleichheitswidrig; hier geht es um Lasten für viele, nicht um Privilegien für eine Gruppe. Und wenn schon die Gleichheit angezogen werden muß, damit eine Beeinträchtigung der Wettbewerbsfreiheit feststellbar werde, so wird hier eben die Wettbewerbsgleichheit gegenüber den ausländischen Konkurrenten gebrochen (oben I, 4); es ist also doch – wenn auch indirekt – die Abgabengleichheit, welche den Verfassungsbezug herstellt.

So eröffnet diese jüngste Rechtsprechung des Bundesverfassungsgerichts neue Dimensionen auch für die Betrachtung von Verfassungsschranken der Sozialabgaben, insbesondere der Personalzusatzkosten. Doch sie leitet die Untersuchung noch weiter:

III. Die Einheitswertbeschlüsse des Bundesverfassungsgerichts

1. Orientierungen für die Verfassungsschranken der Sozialabgaben-Belastungen

Die Einheitswertbeschlüsse des Bundesverfassungsgerichts[42] sind zu Steuerbelastungen des Besitzes ergangen, nicht zu Sozialbelastungen der Unternehmen wie den Personalzusatzkosten. Dennoch haben die hier vom obersten Gericht dem Gesetzgeber gezogenen Schranken Bedeutung auch für die Soziallasten. Dies folgt bereits daraus, daß es sich auch bei diesen um hoheitlich auferlegte Abgaben mit Auswirkungen auf die „finanzielle Leistungsfähigkeit" der Abgabenschuldner handelt; angesichts dieses durchaus vergleichbaren Eingriffscharakters und Eingriffseffekts beider Abgabenarten kommt einer etwaigen unterschiedlichen dogmatischen Einordnung der beiden Abgabenkategorien (Steuern, Sozialabgaben)[43] aus der hier entscheidenden grundrechtlichen Sicht nur begrenzte Bedeutung zu. Vielmehr sind auch für die

[42] BVerfG (Fn. 3).

[43] Eine Diskussion über die Natur der Arbeitgeberleistungen für die Sozialversicherung hatte sich vor allem daran entzündet, ob es sich hier um eine *„Sonderabgabe"* handle (vgl. BVerfGE 55, 274 (306 f.); 67, 256 (275 ff.); 82, 15 (179); 91, 186 (203) — „gefestigte Rechtsprechung"); vgl. dazu *Loritz*, NJW 1986, 1 (2 f.). Allgemein wurde dabei vom hoheitlichen Abgabencharakter ausgegangen, vgl. etwa *Isensee*, in: Hansmeyer (Hrsg.) (Fn. 27), 459; *ders.*, DRV 1980, 145 (147); *Friauf*, StuW 1977, 1774 ff.; *Arndt*, DRV 1987, 282 (287); *Maunz*, in: *Maunz/Dürig*, GG, Art. 24 Rdnr. 174; *Picot*, RdA 1979, 16 (19); *Ruland*, in: Bieback (Hrsg.) (Fn. 12), 153; *Wegmann*, Transferverfassungsrechtliche Probleme der SV, 1987, 143.

Personalzusatzkostenbelastung folgende Aussagen des Bundesverfassungsgerichts von entscheidendem Gewicht, als Grundlagen eines Verfassungsrechts der Belastungsgrenzen der Unternehmen:

b) *Verfassungsrechtliche Maßstäbe für Abgaben ergeben sich aus den Art. 14 und 12 GG.* Die Personalzusatzkosten greifen, ebenso wie Besitzsteuern, in die „in der Verfügungsgewalt und Nutzungsbefugnis über ein Vermögen (des im Unternehmen zusammengefaßten Betriebsvermögens, vgl. im folgenden c; der Verfasser) angelegte allgemeine Handlungsfreiheit (Art. 2 Abs. 1 GG) gerade in deren Ausprägung als persönliche Entfaltung im vermögensrechtlichen Bereich ein (Art. 14 GG). Dies bedeutet, daß das geschützte Freiheitsrecht nur so weit beschränkt werden darf, daß dem Steuerpflichtigen ein Kernbestand des Erfolges eigener Betätigung im wirtschaftlichen Bereich als Ausdruck der grundsätzlichen Privatnützigkeit des Erworbenen und der grundsätzlichen Verfügungsbefugnis über die geschaffenen vermögenswerten Rechtspositionen erhalten wird ... Die Zuordnung der vermögenswerten Rechtsposition zum Eigentümer und die Substanz des Eigentums müssen gewahrt bleiben.“[44]

Gewahrt bleiben muß all dies auch bei Auferlegung von Soziallasten; auch sie können ja, ins Übermäßige gesteigert, zur Wettbewerbsunfähigkeit des Unternehmens führen, damit zur Vernichtung des „Vermögenswertes Betrieb“. Es ist kein rationaler Grund ersichtlich – aus grundrechtlicher Sicht –, weshalb dem Sozialabgabengesetzgeber generell gestattet sein sollte, was die Verfassung (sogar) dem Steuergesetzgeber verbietet, der doch mit eher noch höherer staatserhaltender Legitimation zugreift als der Sozialgesetzgeber.

Neben diesem – eindeutig zentralen – Verfassungsmaßstab des Art. 14 GG hat der Gesetzgeber bei der Auferlegung von Sozialabgaben wie den Personalzusatzkosten *auch Art. 12 Abs. 1 GG, die Berufs- und Gewerbefreiheit,* zu beachten, wie das Bundesverfassungsgericht ausdrücklich für die Vermögensteuer betont[45]: Die Personalzusatzkostenbelastung darf nicht unverhältnismäßig sein, keinesfalls sich berufssperrend auswirken.

c) *Dieser Grundrechtsschutz sichert insbesondere das Eigentum am eingerichteten und ausgeübten (Gewerbe-)Betrieb.* Das Bundesverfassungsgericht hat nun die Rechtsprechung des Bundesgerichtshofs zu diesem Eigentumsschutz[46] eindeutig bestätigt: Es bezieht diesen ausdrücklich (auch) auf die „in Verkehrswerten erfaßte wirtschaftliche Einheit“[47]. Noch deutlicher wird dies

---

[44] BVerfG NJW 1995, 2617, unter Hinw. auf BVerfGE 87, 153 (169); 42, 263 (295); 50, 290 (341).

[45] BVerfG NJW 1995, 2618.

[46] BGHZ 23, 157 (161 ff.); 92, 34 (37 ff.).

[47] BVerfG NJW 1995, 2618.

im Erbschaftsteuer-Beschluß[48]. Dort wird geradezu eine „Dogmatik des Betriebes an sich“ entwickelt, seiner „Verselbständigung“, seiner möglichen Gefährdung, seiner Fortführung. Dies alles hat nur Sinn, wenn es „den Betrieb“ als Gegenstand des Grundrechtsschutzes gibt; das Gericht bezeichnet ihn sogar ausdrücklich als „wirtschaftlich zusammengehörige Funktionseinheit“. Damit dürfte die zeitweilig in der Judikatur offengebliebene Frage des Verfassungsschutzes des Betriebs[49] – zutreffend – beantwortet sein; und er ist in der Hand des Unternehmers auch gegen übermäßige Sozialabgaben geschützt.

2. Die Verfassungsschwelle: Das „Durchschnittliche“ und die „Gefährdung“

a) Der Abgabengesetzgeber der Besitzsteuern muß sich orientieren am *Sollertrag* der Vermögensgüter, auch der „wirtschaftlichen Einheit Betrieb“ (vorst. 1, c), an den „üblicherweise zu erwartenden möglichen Erträgen“[50], an den Erträgen, „die aus der in Verkehrswerten erfaßten wirtschaftlichen Einheit typischerweise erwartet werden“[51]. Diese Ertragslage muß auch der Soziallasten-Gesetzgeber beachten; denn gerade diesen Belastungen ist mit der Vermögensteuer gemeinsam, daß sie „an sich“ ertragsunabhängig erhoben werden — sie ergeben sich aus Zahl und Bezahlung der Arbeitnehmer, ohne Rücksicht auf das, was diese erwirtschaften (können). Die Verfassungsschwelle ist daher nicht erst überschritten, wenn „Erdrosselung“ droht[52] — dort ergibt sich die Belastungsschranke gerade nicht aus dem „üblicherweise zu Erwartenden“. Das Bundesverfassungsgericht hat also das oben (II, 3, b) entwickelte Durchschnittskriterium bestätigt.

Dies darf auch nicht dadurch unterlaufen werden, daß dem Unternehmer pauschal zugemutet wird, er müsse sich eben auf die *Sozialbelastungen einstellen, im Namen seiner Dispositionsfreiheit*[53]: Der staatliche Hoheitseingriff (Abgabenbelastung) darf nicht durch Freiheit (Dispositionsrecht des Unternehmers) legitimiert werden; damit würde der Grundrechtsschutz auf den Kopf gestellt. Entscheidend ist, was dem Unternehmer „üblicherweise“ zugemutet werden darf[54], wobei heute die *Wechselwirkungslehre* anzuwenden ist, im Verhältnis „Unternehmensverhalten – Abgabenlasten“[55].

---

[48] BVerfG NJW 1995, 2624 (2625 f.).

[49] BVerfGE 51, 193 (221 f.).

[50] BVerfG NJW 1995, 2617.

[51] BVerfG NJW 1995, 2618.

[52] BVerfGE 16, 147 (162 ff.).

[53] Zu dieser vgl. *Erichsen*, Handb. d. Staatsrechts VI, 1989, 893 (1211).

[54] Vgl. bereits BVerfGE 4, 7 (16).

b) Der Abgabengesetzgeber muß sich schon dann zurückhalten, wenn *„die Existenz von bestimmten Betrieben – namentlich von mittelständischen Unternehmen – durch zusätzliche finanzielle Belastungen ... gefährdet werden kann"* (Herv. v. Verf.)[56]. Dies kann nicht nur durch die Erbschaftsteuer drohen, für welche es ausgesprochen wurde, sondern ebenso, ja noch deutlicher durch Übersteigerung der Soziallasten der Personalzusatzkosten. Der Gesetzgeber hat eine echte Prognose zu betreiben, Vorausschau, wann solche Gefährdungen aufgrund der Belastungen eintreten „können" — sie müssen nicht bereits eingetreten sein. Nach dem oben I Dargelegten spricht alles dafür, daß diese Gefährdungsschwelle erreicht, vielleicht schon überschritten ist.

3. Das verfassungsrechtliche Verschonungsgebot bei vorbelasteten Wirtschaftseinheiten — „Sozialbindung als Eigentumsposition"

a) *Das Bundesverfassungsgericht hat im Erbschaftsteuer-Beschluß eine verfassungsrechtliche Betrachtungsweise zur „Sozialbindung der Betriebe"* entwickelt, daraus aber zugleich Verfassungsschranken für den Abgabengesetzgeber gewonnen. Mit Blick vor allem auf mittelständische Unternehmen hat es ausgeführt[57]:

„Derartige Betriebe, die durch ihre Widmung für einen konkreten Zweck verselbständigt und als wirtschaftlich zusammengehörige Funktionseinheit organisiert sind, sind in besonderer Weise gemeinwohlgebunden und gemeinwohlverpflichtet: Sie unterliegen als Garant von Produktivität und Arbeitsplätzen, insbesondere durch Verpflichtungen gegenüber den Arbeitnehmern, das Betriebsverfassungsrecht, das Wirtschaftsverwaltungsrecht und durch die langfristigen Investitionen einer gesteigerten rechtlichen Bindung. Sie hat zur Folge, daß die durch die Erbschaftsteuer erfaßte *finanzielle Leistungsfähigkeit* des Erben nicht seinem durch den Erbfall erworbenen Vermögenszuwachs voll entspricht." (Herv. v. Verf.).

Die Abgabenlast müsse hier so bemessen werden, daß der Betrieb in seiner Sozialgebundenheit aufrechterhalten werden kann, und daß diese „Fortführung des Betriebs steuerlich nicht gefährdet wird".

Damit erfolgt eine *entscheidende Wende: Die Sozialpflichtigkeit des Eigentumsgegenstandes „Unternehmen" wird zur Grundrechtsposition des Eigentümers gegen den Staat.* Dies ist kein Paradox, sondern nur die konsequente

---

[55] Vgl. BVerfGE 7, 198 (268); 12, 113 (124): Der Sozialgesetzgeber muß die Freiheit der Unternehmer, die Sozialbindung berücksichtigen.

[56] BVerfG ErbSt-Beschl. NJW 1995, 2625.

[57] BVerfG NJW 1995, 2625 f.

Fortführung der Rechtsprechung des Bundesverfassungsgerichts zu den „sozialen Bezügen", in denen gewisse Eigentumsgegenstände – Mietwohnungen und eben auch Unternehmen – stehen[58]: Sie sind Träger von sozialen Verpflichtungen gegenüber Dritten, den Mietern, den Arbeitnehmern, deren Rechte ihnen gegenüber sind sogar durch das Eigentumsgrundrecht der Verfassung geschützt, jedenfalls gegen den Staat — der Mietbesitz[59], die Rentenanwartschaft[60]. Der Gesetzgeber darf den privaten „Garanten" dieser Ansprüche, das Unternehmen, nicht durch soziale Abgabenüberlastung gefährden oder gar zerstören; er würde damit auch in Rechtspositionen der sozial Berechtigten eingreifen. Daran ändert es nichts, daß etwa die Personalzusatzkosten wiederum weitestgehend eben diesen sozial Berechtigten, den Arbeitnehmern, zugute kommen (die übrigens auch ihrerseits entsprechend belastet werden); es nützt ihnen wenig, wenn sie zwar höher versichert sind, dafür aber, nach dem Zusammenbruch ihres Unternehmens, in Arbeitslosigkeit enden.

Sozialpflichtigkeit als Eigentumsposition — gerade daraus ergeben sich Schranken für Sozialabgaben.

b) Kernbegriff der steuerlichen Verschonungsforderung des Bundesverfassungsgerichts gegenüber dem Abgabengesetzgeber ist die *Leistungsfähigkeit.* Sie ist ein Zentralbegriff des Steuerrechts[61], doch sie hat Bedeutung für das gesamte Abgabenrecht: Wo nichts (mehr) ist, kann – und daher darf – sich der Abgabenstaat nichts holen. Deshalb sind etwa sogar im Gebührenrecht, einem klaren Bereich von Leistung und Gegenleistung, stets Sozialgestaltungen erfolgt[62]. Das Bundesverfassungsgericht beschränkt den Erbschaftsteuer-Gesetzgeber insoweit, als die „finanzielle Leistungsfähigkeit" des Erben dem angefallenen Vermögenswert nicht voll entspricht — weil eben das Unternehmen mit Soziallasten belegt, sozial vorbelastet ist[63]. Im Vermögensteuer-Beschluß heißt es, unter Berücksichtigung der „steuerlichen Vorbelastung" dürfe Vermögen nicht durch weitere Belastung gemindert werden[64]. An der zentralen Stelle dieses Beschlusses, wo die fundamentale neue Folgerung gezogen wird, etwa die Hälfte der Erträge müsse jedenfalls dem Eigentümer ver-

---

[58] BVerfGE 37, 132 (139 ff.).

[59] BVerfGE 89, 1 (5 ff.).

[60] BVerfGE 53, 257 (288 f., 291 f., 293 f.).

[61] *Tipke/Lang*, Steuerrecht, 13. Aufl. 1991, § 3 C; *Birk*, Das Leistungsfähigkeitsprinzip als Maßstab des Steuerrechts, 1983.

[62] OVG Bremen, DVBl. 1988, 250 ff.; *Widtmann/Grasser*, Komm. z. BayGO (Losebl., Stand 6/95) Exkurs über das Gemeindefinanzrecht, sub IV, 1 Benutzungsgeb. m. weit. Nachw.

[63] BVerfG (Fn. 57).

[64] BVerfG NJW 1995, 2618.

bleiben[65], wird nun vom Gesetzgeber überdies noch verlangt, daß er „... insgesamt auch Belastungsergebnisse vermeidet, die einer vom Gleichheitssatz gebotenen Lastenverteilung *nach Maßgabe finanzieller Leistungsfähigkeit* zuwiderlaufen" (Herv. v. Verf.).

c) *Dieses Verschonungsgebot kann nicht nur für die Steuern, es muß auch für Soziallasten gelten.* Das Gericht selbst faßt den Begriff der Vorbelastung weit, erstreckt ihn ausdrücklich auf alle Steuern und fordert die Berücksichtigung auch der sozialen Lasten explizit im Erbschaftsteuer-Beschluß (oben a). Die finanzielle Leistungsfähigkeit wird genauso durch überhöhte Personalzusatzkosten, bei schlechter Wettbewerbs-, Auftrags-, Ertragslage, herabgesetzt wie durch Besteuerung. Dem Sozialgesetzgeber anderes, mehr zu gestatten als der Steuerlegislative, wäre schon deshalb abwegig, weil gerade nach der neuen Sozialgesetzgebung Steuern und Sozialabgaben bei der Finanzierung der Sozialversicherungs in ständigem Gemenge liegen und klar ist, daß Defizite der sozialen Sicherung über Steuern gedeckt werden dürfen, ja müssen. Dann aber kann es nicht zulässig sein, die eine (Steuer-)Hand des Sozialstaates – wie nun geschehen – zu fesseln, die andere (Soziallasten-)Hand völlig ungebunden zu lassen. Dies wäre ein krasser Widerspruch auch zur Realität der Praxis: Soziallasten und Steuerlasten der Unternehmen liegen nebeneinander auf dem Tisch der Tarifverhandlungen, wenn dort „der Kuchen verteilt wird".

Wenn die finanzielle Leistungsfähigkeit vieler Betriebe in Gefahr ist durch überhöhte Personalzusatzkosten (vgl. oben I), so fordert die Verfassung Entlastung:

4. Personalzusatzkosten — oder Steuerentlastung — eine Entscheidung des Gesetzgebers

Die gesetzlichen Personalzusatzkosten können weithin nur einheitlich gesenkt werden, nicht nach der jeweiligen Ertragslage der Unternehmen, ihrer Gefährdung im Wettbewerb. Legitim ist es also, wenn der Gesetzgeber, um soziale Spannungen zu vermeiden, bei der sozialen Sicherung der Arbeitnehmer nicht nach der Leistungsfähigkeit der Betriebe differenziert. Dies ist aber auch nicht nötig. Die vorstehenden Ausführungen (insbes. 3) haben ergeben, daß Sozial- wie Steuerlasten über den Begriff der *„finanziellen Leistungsfähigkeit der Unternehmen"* in einer nahen, vielleicht einer Wechselwirkungsbeziehung stehen, die dann auch wechselseitige Kompensation zuläßt: *Wenn der Gesetzgeber die Personalzusatzkosten nicht senken will, kann er die Steuerbelastung mindern.* Dafür stellt ihm das Steuerrecht ein differenziertes, flexibles Instrumentarium zur Verfügung. Der sozial überlastete Betrieb muß steuerlich entlastet werden; so will es die Verfassung.

---

[65] BVerfG NJW 1995, 2517; vgl. dazu *Leisner*, NJW 1995, 2591 (2594).

IV. Ausblick: Auf dem Weg zu einem Verfassungsrecht der dynamischen Belastungsgrenzen

Das moderne Verfassungsrecht ist geschaffen worden als ein Instrumentarium des klaren, punktuellen Schutzes: Niemand sollte willkürlich festgenommen, zu einer religiösen Handlung gezwungen, entschädigungslos enteignet werden. Heute ist dies immer noch gefordert, aber noch weit mehr: Ökonomische Marktbewegungen, soziale Entwicklungen riesigen Ausmaßes hat der Gesetzgeber zu bewältigen, zu kanalisieren, in ihnen Sicherheit zu bieten. Er muß daher eine früher völlig unbekannte Dynamik entwickeln. Damit sie nicht an einer auf einstige Eindeutigkeiten verengten Verfassung vorbeilaufe, muß diese feste Pfähle bieten — zugleich aber flexible Rahmen, Leuchtbojen zumindest, welche vor Kurs auf verfassungsrechtliche Untiefen warnen.

Konkret bedeutet dies: Wir brauchen dringend ein *Verfassungsrecht der dynamischen Belastungsgrenzen*, welches bei gesetzgeberischer Annäherung verfassungsrechtliche Warnsignale aussendet. Das traditionelle „Wenn (soviel) — dann (Verfassungswidrigkeit)" muß ergänzt werden durch ein „wenn noch mehr — dann Verfassungsbruch". Nur so läßt sich die Realitätsöffnung ganz verwirklichen, zu der das Bundesverfassungsgericht aufgebrochen ist, nur auf diese Weise bleiben flutende Märkte rechtlich erfaßbar.

Nicht der Verfassungsgesetzgeber kann dies leisten, er würde sich in Ökonomie verlieren, in Rechtstechnik oder in Kautschukformeln. Dies ist nun wirklich die Stunde der Verfassungsrichter: Von der Kassation zur Orientierung müssen sie ihren längst beschrittenen Weg fortschreiten, unbeirrt durch den größten Entfesselungskünstler, den parlamentarischen Gesetzgeber.

Gerade die vielleicht schicksalhafte Diskussion um einen in Personalzusatzkosten gefährdeten Standort Deutschland zeigt: Prokrustesbetten der Gesetzgebung taugen nichts; doch nach ökologischer Gefahrenabwehr, Gefahrenvorsorge, ist nun auch ökonomische Gefahrenvorsorge gefordert. Politischen Kollisionskurs fordern die Bürger nicht von den Hütern der Verfassung, wohl aber immer wieder „einen Schuß vor den Bug", und vielleicht „ist die Situation da ...".

Handel mit Geist*

Der Bücherfreund geht im alten „Franzosenviertel" Münchens, mit seinen Straßennamen aus den Befreiungskriegen, bis zum Ende der Briennerstraße. Ein kurzer beruhigender Blick stellt fest, daß auf dem Karolinenplatz noch immer der mächtige, eherne Obelisk für Bayerns Rußlandtote steht, von dem er schon früh gehört hat, daß er nicht ganz aus Metall bestehe. Nach rechts wendet er sich nun zur Barer Straße, zu einem neoklassizistischen Haus von italianisierender Anmut. Eigentlich könnten ihm hier Gestalten aus seiner frühesten Jugend begegnen, der Großonkel mit Stock und Gamaschen, bei dem er das erste Mal erfahren hat, daß Bücher eigentlich alt sein sollten, weil ihr Inhalt dann besonders wichtig sei und wahr. Doch nur einige noble Automobile verengen den Zugang, dem in nachdenklicher Geschäftigkeit auch andere zustreben, mit Katalogbüchern, nachlässig unter dem Arm oder sorgsam in Plastiktüten verpackt.

Hinter einer Tür, an der auch heute jeder der vielen zu klingeln hat, beginnt dann erst recht eine literarische Gegenwart in ungebrochener Vergangenheit: Bücher und Bücher, in unendlichen Regalen schmale Gänge entlang, fast so wie bei alten Professoren, viel gelesen bis gut erhalten, so als wollten sie dort zeitlos stehen bleiben.

Doch links liegt der Auktionsraum für Enggedrängte, welche diese unantastbaren Schätze in alle Winde zerstreuen werden, im Namen eines Geistes, der eben weht, wo er will. Manche sitzen da in Anzügen wie aus der Zeit des Buchhändlers Palm, Spitzwegfiguren sind darunter, aber auch viele wache Gesichter, die Merkur sichtlich beflügelt. Dann beugen sich zahlreiche Brillen zu letzter Limitierung über Kleingedrucktes.

Der Auktionator erscheint mit einem kleineren Kometenschweif, dessen Kontrollmitschriften unberechtigte Proteste zunichte machen werden. Die rasche, jugendliche Bewegung, mit der er hoch über den Bietern Platz nimmt, tröstet manch alternden Kunden, dessen Augen schlechter geworden sind, seit dem letzten Mal: Ja, das ist er wieder, ganz unverändert, der Versteigerer, dem man eigentlich kein Alter geben kann, dessen Geburtstag man irgendwann erstaunt aus einer Festschrift erfahren wird.

Er überblickt sein Publikum mit einem leisen Lächeln, gemischt aus Begrüßungsfreude, Hochachtung für die Gescheiten, die gute Geschäfte machen

---

* Erstveröffentlichung in: Varia Antiquaria. Festschrift für Karl Hartung zum 80. Geburtstag. München 1994, S. 85–89.

werden, und Mitleid für die anderen. Und dann geht er, mit bedächtiger Geschwindigkeit, in die „vollen Bücher“. Der Auktionator kennt jeden Anwesenden, mag er ihn auch zum ersten Mal sehen, denn jedenfalls sind ihm in seinem Leben schon unzählige derartige untergekommen — im wahren Sinne des Wortes. In leutseliger Herablassung bedient er auch die Bibliotheksvertreter des unendlich reichen Steuerstaates, und sollten sie dem Behördenschlaf verfallen, so erinnert er sie an ihre doch traditionellen Interessengebiete oder Qualitätskriterien. Überhaupt kennt er die Wünsche seiner Kunden so genau, daß viele von ihnen sich eigentlich gar nicht bei ihm zu melden, sondern ihn nur nachträglich zu fragen bräuchten, was sie gewollt hätten, was er ihnen folglich zugeschlagen habe.

Nun wird versteigert und zurückgenommen, stundenlang, unterbrochen nur von einer Pause, in der leichte Aufputschmittel die Bieterfreudigkeit erhöhen. So kennt man es aus allen Auktionen; doch da ist etwas Besonderes, über das hier berichtet und nachgedacht werden soll. Über der leicht muffigen Nachdenklichkeit des Publikums, wie sie bei Bücherwürmern selbstverständlich ist, schwebt immer wieder die Heiterkeit des Auktionators. Es ist, als freue er sich über jede Nummer, ob sie nun „geht“ oder nicht, es macht ihm einfach Vergnügen, sie anzubieten. Die erzielten Preise amüsieren ihn offenbar fast immer. Entweder sie erscheinen ihm wohl bemerkenswert hoch — endlich nimmt Minerva auch Merkur zur Kenntnis, wie günstig konnte man doch früher kaufen ... Oder er wundert sich, daß ein Buch für so wenig keinen Käufer findet — die alte Unterbewertung also, wie schön aber, da es noch Günstiges gibt. Während er aufruft, denkt der Versteigerer ersichtlich nach über die wechselnden Preise des Geistigen, des altvertrauten, so oft nun schon wiederkehrenden Papiers. Doch das Besondere liegt nicht so sehr darin, etwa in so manchen Randbemerkungen zu einer Geschichtsphilosophie der Bücher. Das Eigenartige an solchen Auktionen ist eine distanzierte Zuneigung des Versteigernden für die Bücher, aus der immer eines unausgesprochen spricht: eine wirkliche Hochachtung für Autor und Inhalt, vom Erhabenen bis zum Kuriosen. Man fühlt, daß ihm selbst einiges besonders nahestehen mag; doch er bietet insgesamt mit einem nahezu unveränderten Engagement jedes Werk auf seinem Niveau an, als gebe es nur Bemerkenswertes. Irgendwie scheint es für diesen Mann nichts Wertloses geben zu können, was gedruckt ist, nichts, in das sich Vertiefung nicht lohnte. Doch zugleich ist da immer eine ganz leise Ironie, die sich nicht ganz identifiziert, mit einem Inhalt oder einem Einband, wie wenn lange Erfahrung gelehrt hätte, „il meglio c'è sempre“.

Ein solcher Blick begleitet den Kunden auch, wenn er die Versteigerung verläßt, stolz auf besonders günstig erscheinenden Kauf: Ordentlich bist Du zum Zug gekommen, vor allem aber war es schön, daß Du da warst.

Begleitet wird der Bücherfreund aber von einem tieferen Eindruck: Hier hat er einige Stunden das erlebt, was man den Liberalismus des Geistes nennen darf, der Geist ist handelbar geworden. Der Versteigerer verkörpert dieses alte Liberale, das man auf den Straßen Deutschlands nur so selten mehr findet, in allem und jedem: Gleichmäßige Offenheit für ganz Unterschiedliches, waches Erstaunen gegenüber allem „noch nicht ganz so Gesehenem", eine geradezu familiare Nähe zu Bücher-Klassikern im weitesten Sinn — und zugleich Freude an altem und neuem Kuriosen. Er ist in die Jahre gekommen, aber nicht in die Vorurteile; auf sie trifft man bei ihm nie, weder auf dem Thron des Auktionators noch im persönlichen Gespräch. An ihm ist etwas wie eine große Freude an allen Büchern, wirklich an allen.

Hier begegnet man noch einmal dem großen geistigen Liberalismus des alten Leipzig, in seiner Verbindung von Kunst, Geist und Handel. Ein bekannter französischer Antiquar meinte einmal, von allen Händlern seien die härtesten die „marchands de livres"; und viele berühmte Autoren mögen, vor allem in jenem 19. Jahrhundert der verkannten Genies, ihren Verlegern und den Buchhändlern geflucht haben, die den Geist nur als Handelsware gesehen, das Denken zur Drachme hätten verkommen lassen. Eine Bücherauktion wie die beschriebene eröffnet aber auch ganz andere Horizonte: Auch der Handel hat seinen antiken Gott, und er bringt etwas Göttliches zu den Menschen: Er leiht dem Geist die Schwingen des Handels, im Engagement des freien Verkaufs wird er zu geistiger Freiheit. Daß er dies verkörpert, ehrt den durch dieses Buch Geehrten.

„Handel mit Geist" — darin liegt eine symbolhafte Doppeldeutigkeit: Der Geist in den Büchern wird zum kommerziellen Objekt — solcher Handel kann nur wieder betrieben werden in diesem selben Geist; und die Versteigerung ist ein eigenartiger Aspekt des geistigen Handels, als geistiges Handeln.

Daß gedruckte Gedanken gehandelt, daß sie damit zum „ganz normalen Profitträger" werden, ist in der Marktwirtschaft selbstverständlich. Wer das Denken höher halten wollte, hat es am Ende, mit Verlag und Buchhandel, einem Staat vorbehalten, der im östlichen Geistesdiktat enden mußte. Daß Bücher auch antiquarisch gehandelt, daß sie also auch versteigert werden, erscheint als eine notwendige Folge dieser „Marktwirtschaft des Geistes", zusammen mit Antiquitäten-Auktionen gehören sie zu den ältesten und vornehmsten kommerziellen Erscheinungen des Frühliberalismus. Die Gedanken überleben die Denker, sie stellen sich hier immer wieder dem Plebiszit des Marktes, so wie frühere Kunst, zu der das Gedruckte mit seinen Abbildungen und Einbänden gehört. Insoweit unterscheiden sich unsere Bücherauktion und ihr Versteigerer nicht von Veranstaltungen, in denen der Geschmack unter den Hammer kommt; man kann über ihn nicht streiten, gerade deshalb wird er, in einer Art von „Plebiszit ohne Aussprache" in solchen Bieterverkäufen bewertet. Wertbildung bis hin zur Wertschöpfung, in Fernwirkungen weit über erzielte Preise hinaus — das ist die volkswirtschaftlich wie vor allem kulturell hoch bedeutsame Funktion der Kunstauktionen. In einem freien Staat setzt sich eine freie Gesellschaft immer wieder bewertend mit Leistungen der Vergangenheit auseinander, meist mit dem Besten, was ihre Urheber hinterlassen haben. Darin bewährt sich eine Menschenwürde, die über den Tod, ja über alle Urheberechte, weit hinaus wirkt. Doch wenn es nun um das gedruckte Wort geht, so gewinnt diese uns so vertraute freiheitliche Kommerzialität der Auktionen noch eine weitere, eine tiefere Dimension. Über Gedanken läßt sich eben streiten, für sie, mit ihnen muß ganz wesentlich gestritten werden. In der schöngeistigen Literatur mögen sie sich einer Kunst nähern, die man eben liebt — oder ablehnt. Da ist aber immer auch noch, und in vielen Bücherkategorien sehr ausgesprochen, etwas anderes, das man geradezu, in einem sehr weiten Sinne allerdings, „politisch" nennen könnte: In Titeln und Thesen, in Antithesen und Synthesen findet Wahrheitssuche statt, der ständige geistige Kampf der Vergangenheit um den Einzelnen in seiner Gemeinschaft wirkt gerade in einer größeren Bücherauktion sichtbar hinein in unsere Gegenwart, in unsere deutschen und europäischen Kämpfe, in unser Streben nach mehr Weltweite wie nach Bewahrung unserer nationalen Identität, in unsere Erziehungssorgen und in unsere Freizeitprobleme. All dies muß ein Bücherauktionator kennen, aufsuchen, vorbewerten, bevor der Kunde sein Endurteil spricht; und wie oft ist nicht auf diesen verschlungenen Wegen das erste zugleich schon das letzte Wort. So wird jede solche Versteigerung zur soziologischen Einfühlung — vom staatsbeamtlichen Bücherverwalter über den Wissenschaftler und Sammler bis hin, ganz einfach, zum „Leser" muß jede Kundenfigur bei Auswahl und Preisschätzung stets gegenwärtig sein. Bisher erzielte Preis mögen leiten, doch wie oft führen sie auch in die Irre.

Solche Sensibilität für Moden, Strömungen, Gegensätze und Versöhnungen – einfach für das Weiterwirken früheren Geistes – ist an sich schon nur selten sonst gefordert in einem Handel, der meist kürzerlebige Vorlieben befriedigt, tiefere „politische" Hintergründe nur selten auszuleuchten braucht. Doch der Handel mit dem gegenwärtigen Wert vergangenen Geistes verlangt noch weit mehr Annäherung an seinen Gegenstand, negativ wie positiv: Keine Spur darf da sein von Ideologie oder auch nur doktrinärer Verfestigung; der Auktionator spricht vom Katheder, doch der gütige Gott des Handels bewahrt ihn davor, als Professor wirken zu wollen. Hier findet nicht Vergangenheitsbewältigung statt, sondern nur deren vielleicht einzig gültige Form: Vergangenheitsbewertung. Selbst, was stets verneint, bleibt Geist; es kann, es muß versteigert werden.

Die positive Begegnung mit früher Gedachtem aber ist es vor allem, die den Versteigerer prägt, dem wir in jenem alten Haus begegnet sind: Es ist die Freude an der Vielfalt der Titelinhalte, die ihn trägt, das ganz sichtliche

Vergnügen nicht an einem Gegenstand, sondern an den vielen Büchern, die wieder einmal durch seine Hände laufen, eher fließen, ohne daß er sie halten könnte oder möchte. Über Tausenden von Einzelbewertungen bleibt für ihn letztlich eine große, unendlich bewegte Geschichte des Denkens lebendig, und sie hat keinen Wert, sie wird ganz einfach nicht nach-, sondern durch ihn weitervollzogen.

In all dem liegt etwas nicht nur ständig Anregendes, sondern etwas wirklich Aufregendes, denn in dieser Bewertung einstiger Gedanken treten in jeder Auktion Gegenwart, ja Zukunft hervor. So lebt unser Versteigerer zwischen den Zwängen des Geschäfts, zahllosen Kontakten mit Kunden – nun wirklich – jeder Couleur, vor allem aber zwischen der Erregung der bibliophilen Trouvaille und den ständig abfahrenden und ankommenden Zügen seiner Zeit. Beides ist überraschend, beides erhält jung. Vor allem aber bewahrt es den offenen Blick des wahren Liberalen, der alles liest oder doch durchblättert, dessen letztes Ziel bei diesem „Annehmen alles Gedruckten", des ganzen Geistes, dann eines immer mehr werden kann — *ridendo vendere verum,* mit einem Lächeln Wahres verkaufen.

Ob wir so manche Ironie unseres Auktionators auch auf solchen Wegen deuten dürfen? Uns jedenfalls und vielen anderen hat er ein Doppeltes gezeigt: daß alles, was der Geist berührt, zu seinem Gold wird, daß von dem wahrhaft „tiefen" Gold des Handels dann, wenn dieser sich mit Geist beschäftigt, am Ende das höhere Edelmetall des Über-Materiellen bleibt. Und noch ein anderes: daß im Handel wirklich der Geist der Freiheit wohnt, daß er sich dann besonders entfalten kann, wenn er Gedanken zum Gegenstand hat, dann erst wirklich die Höhe des Liberalen erreicht. Verdient soll dabei werden — es ist dann wirklich verdient.

Möge noch oft der Weg in dieses alte Haus führen — in eine Stimmung geistiger Freiheit.

Teil VIII

Steuerverfassung

Der Steuerstaat — Weg der Gleichheit zur Macht*/**

Die Steuergleichheit ist die wichtigste Ausprägung der Egalität im modernen Gemeinwesen. Der Steuerstaat ist eine besonders deutliche Form von „Macht durch Gleichheit"; hier vor allem verstärkt sich diese Gleichheitsmacht eigengesetzlich.

I. Die Steuergewalt als einheitliche Macht

In der Besteuerung ist die Verwaltung eng an den Willen des Gesetzgebers gebunden, der Richter gleichfalls, eben im Namen der Gleichheit. Die freiheitschützende Funktion der Gewaltenteilung scheint also voll gewahrt, in derselben Intensität, mit der hier Machtausübung erfolgt.

Bei näherem Zusehen zeigt sich jedoch eine gegenläufige Tendenz: die der Machtintegration der drei Gewalten zu einem wirklichen Steuerstaat, gerade im Namen der Gleichheit. Wie dargelegt, findet hier ja eine Gewaltenverschränkung, weit über das sonst übliche hinaus, statt: Der Richter, jedenfalls die höchste Gerichtsbarkeit, wird gerade hier in besonderer Weise gesetzgeberisch tätig, eben weil die schematische Steuergleichheit dies ermöglicht, wenn nicht verlangt. Der Verwaltung stehen spezielle Informations- und Exekutivbefugnisse zu, welche sonst dem Richter vorbehalten sind. Das Parlament wiederum greift nicht selten in Einzelgestaltungen auf einen Bereich über, welcher eigentlich der Verwaltung vorbehalten sein sollte. Daher wird auch die Steuergewalt als besonderes Beispiel der Gewaltenverschränkung genannt.

Mit Recht: Hier bewährt sich die gewaltenintegrierende Katalysationskraft der Gleichheit: Indem jeder Pouvoir etwas von jedem anderen in sich trägt, ihn sozial bereits vorwegnimmt, wird jede der Gewalten zu einem zwar nicht vollen, aber doch weitgehenden Ausdruck der einen Steuergewalt; in der Ge-

---

* Erstveröffentlichung in: Steuer und Wirtschaft 1986, S. 305–314.

** Die folgenden Ausführungen hat der Verfasser bereits, in größerem Zusammenhang, in einer Monographie „Der Gleichheitsstaat — Macht durch Nivellierung", Duncker & Humblot, Berlin 1980, vorgelegt. Diese Arbeit wiederum ist der zweite Band einer Reihe von Betrachtungen zur „Spätdemokratie": Sie begann mit „Demokratie — Selbstzerstörung einer Staatsform?", Duncker & Humblot, Berlin 1979, wurde nach dem „Gleichheitsstaat" fortgesetzt mit „Die demokratische Anarchie — Verlust der Ordnung als Staatsprinzip", Duncker & Humblot, Berlin 1982, und soll demnächst mit einer Monographie über die Persönliche Gewalt fortgeführt werden.

waltenverschränkung entsteht nicht nur ein einheitlicher Pouvoir — hier ist wirklich „der" Steuerstaat Wirklichkeit. Möglich und notwendig wird dies, weil alle Träger der Staatsmacht unter einem Prinzip stehen und dieses laufend durchsetzen: die Steuergleichheit. Die Gewaltenteilung schafft ja, ganz allgemein im Staatsrecht, gewisse Reibungsflächen zum einen, ein staatsherrschaftliches Niemandsland auf der anderen Seite; so ist es auch gewollt: Es sollen hier wirkliche Freiheitsräume bewahrt werden. Die Steuerherrschaft dagegen muß eine lückenlose sein, aus dem Begriff der Gleichheit heraus, deshalb kann es hier allzuviel an Gewaltenteilung nicht geben. Damit aber wird die Staatsgewalt in den Abgaben eine besonders lastende, eben in ihrer Einheitlichkeit.

Die enge Gewaltenkooperation zeigt sich, ganz praktisch, schon in einem: in einer sonst nicht gewohnten Rücksicht, welche hier eine Gewalt auf die andere nimmt. Der Verwaltungsrichter blickt in erster Linie auf den einzelnen Bürger, er entscheidet leicht auch dann gegen den Staat, wenn hier bedeutende öffentliche Interessen getroffen werden; die Urteile zum Umweltschutz und Kernkraftwerken zeigen es deutlich. Ganz anders die Finanzgerichtsbarkeit: Derartige „Staatsgefährdungen durch Urteile" wird es hier niemals geben, denn ein höchstes Gesetz respektiert stets die Finanzgerichtsbarkeit: Die Staatsfinanzen dürfen nicht gefährdet werden. Der parlamentarische Gesetzgeber bereitet nicht selten einer Verwaltung Schwierigkeiten im Namen der Gleichheit der Bürger, er versagt ihr Informations- oder Durchsetzungsmacht im Namen der Grundrechte. Anders wiederum im Falle der Steuer: Die große fiskalische Staatsräson wird hier stets rechtzeitig zum Tragen gebracht, vor ihr weichen Ausschüsse und Plenum zurück. Die oft übergroße Sorge, den Staat ins Wanken zu bringen, führt zu einer Selbstverständlichkeit der Steuermacht, die sich immer unter Berufung auf den Finanzbedarf des Staates nicht nur halten, sondern verstärken wird.

Immer häufiger findet sich der Zusatz „-gewalt" für Erscheinungsformen der Staatsmacht. Da spricht man von Auswärtiger Gewalt und Polizeigewalt, Personalgewalt und Enteignungsgewalt; und immer steht dahinter das Phänomen einer sich in gewissen Bereichen verstärkenden Gewaltenintegration, einer Gewaltenverschränkung, in der die Gewaltenteilung ihre freiheitsschützende Kraft langsam aber sicher verliert. Wenn überhaupt dieser Zusatz in einem Bereich Sinn hat, so in dem der Steuergewalt. Hier hat die Gleichheit über die Gewaltenteilung gesiegt; und hier ist es sogar zulässig, noch den Zusatz „-staat" hinzuzufügen: Ob es einen Bildungsstaat oder einen Sozialstaat geben kann, mag zweifelhaft sein. Der Steuerstaat aber ist ein realistischer, dogmatisch einwandfreier Begriff, weil sich hier die Phänomene der staatlichen Gewaltausübung in unerhörter Weise zusammenballen, und weil diese Machtäußerung wirklich im Zentrum der politischen Herrschaft steht — alles im Namen der Egalität.

II. Die Steuergleichheit als moralische Macht — das Steuerstrafrecht

Gegen keine Machtäußerung des Staates wird so stillschweigend, hartnäkkig und unablässig angekämpft wie gegen die Steuergewalt. Doch die Gewalt tut ihren Gegenzug. In keinem Bereich versucht sie sich mit so viel moralischem Anspruch zu umgeben wie in dem der Abgaben. Hier wird doch am häufigsten das Verhalten des Bürgers gegenüber dem Staat mit dem Wort „Moral" bezeichnet, seine Verfehlung als „Sünde" gebrandmarkt. Bis vor kurzem gab es wohl keinen Verwaltungsbereich, in dem die Mittel des Strafrechts mit gleicher Strenge zur Ahndung eines Fehlverhaltens eingesetzt wurden wie im Steuerbereich. Und vielleicht mußte und muß dies immer weiter mit solcher Unbedingtheit geschehen, weil die Vorstellungen in der Gesellschaft, jedenfalls in gewissen Kreisen, über den moralischen Unwertgehalt eines steuerlichen Fehlverhaltens keineswegs ungeteilt sind.

Die große Entpoenalisierungsbewegung der letzten Jahrzehnte hat das Steuerstrafrecht kaum erfaßt. Der Grund dafür liegt nicht so sehr darin, daß man hier zugleich das Ende aller Staatlichkeit hätte befürchten müssen, das Versiegen der Steuerströme. Vielmehr schützt das Steuerstrafrecht etwas ganz anderes, das eben nie gebrochen werden darf, weil es die Staatsgrundlage selbst bildet: die Gleichheit. Sonstiges kriminelles Unrecht wendet sich in aller Regel gegen andere Bürger; der Staat muß sie bis zu einem gewissen Grade schützen, doch er wird hier nicht allzu weit gehen, insbesondere, wenn es sich um „Ungleiche" handelt, welche sich eben in eine besondere Gefahrenzone sozusagen selbst begeben haben, etwa durch allzu vieles oder wenig geschütztes Gut. Nur dann wird der Staat schärfer zugreifen, wenn elementar gleiche Güter in Frage stehen, etwa Leben und Gesundheit; doch auch in letzterem Fall will er sich ersichtlich nicht allzuviel in den Streit der Bürger einmischen, er braucht es auch nicht, seine Herrschaftsgrundlagen sind hier so lange nicht bedroht, wie nicht allgemein Waffengewalt eingesetzt wird.

Ganz anders bei Steuerhinterziehung: Hier negiert der Rechtsbrecher die Gleichheit, die vornehmste Form der Staatsgewalt. Hier droht der anarchisierende Ketteneffekt. Milde kann der Gleichheitsstaat viel leichter dem Staatsfeind, dem Terroristen bezeigen; durch Polizei und Gerichte kann er ihn in Grenzen halten, „durch Geld" läßt sich hier, so scheint es doch, Repression abbauen. Und wer sich mit Bomben und Gewehren außerhalb der Gemeinschaft gestellt hat, bei dem bleibt immer noch die Chance der Rehabilitierung. Anders der Steuersünder: Er hat das eigentliche Zentrum der Macht erkannt und gebrochen, in dem der Staat wirklich verwundbar ist. Die Achillesferse der Gewalt läßt sich nur durch massiven Einsatz moralisierender Gewalt schützen, eben im Strafrecht.

Hier bedarf es auch, anders als bei sonstigen Poenalisierungen, keiner aufwendigen Überredung der Bürger, die doch sonst so rasch gegen jede Form der Repression sich wenden: Für das Steuerstrafrecht wird sich immer eine Mehrheit finden, wie hart es auch sein mag, denn es trifft ja in der Regel die wenigen, die ungleich sind oder ungleich werden wollen, die große Zahl der Arbeitnehmer wird ihm ohnehin nie verfallen. Daher wird das Steuerstrafrecht wie kein anderes getragen von einer echten „Sozialmoral“, die hier zur Staatsschutzmoral wird.

Andere Kriminelle wenden sich gegen ihresgleichen, gegen Private. Der Steuersünder ist der moderne Staatsverbrecher, er begeht die eigentliche Majestätsbeleidigung: den Angriff auf den Steuerstaat eben mit den Mitteln, mit welchen dieser Gewalt über ihn ausübt — in den unmerklichen, verschleierten kleinen Schritten.

Und deshalb sind auch Steuererleichterungsparteien bisher nie etwas anderes gewesen als Formen der Anarchie. Soweit ist der Steuerstaat bereits vorgedrungen, so selbstverständlich ist er geworden.

III. Die ungezielte, unmerkliche Herrschaft der Steuergleichheit

1. Die Steuer ist kein Befehl, sondern eine Forderung. In ihr kommt, so scheint es doch, nicht ein herrschender Wille zum Ausdruck, sondern die Notwendigkeit einer Bedürfnisbefriedigung seitens des Staates. Sicher ist jedem klar, daß hier Mittel für Herrschaft beschafft werden, die Unmerklichkeit dieser Herrschaftsform bewährt sich dennoch: Dem Steuerbürger ist ja, im Augenblick der Erfüllung der Forderung, keineswegs bewußt, welche Herrschaftsveranstaltungen er nunmehr finanziert. Dies aber ist von entscheidender staatspsychologischer Bedeutung: In der Steuerunterworfenheit liegt nicht nur eine gewisse Gleichgültigkeit gegenüber dem unbekannten Verwendungszweck der Steuer, sondern auch eine Art von Steuerhoffnung: daß diese Mittel nicht etwa gegen die eigenen Interessen, sondern zu deren Schutz eingesetzt werden; und dies ist ein ganz wesentliches Motiv der Steuerzufriedenheit.

In unmerklicher, verschleierter Weise aber kann der Gleichheitsstaat gerade damit durch die Steuern herrschen, daß er eben die Verwendungszwecke, meist erst nach der Erhebung, zu variieren vermag. Diese Zwecksetzungen erscheinen dann als Herrschaft, nicht die Erhebung der Steuer selbst; sie wird sozusagen aus dem gesamten Odium der Macht und ihrer Ausübung herausgenommen. Dies aber ist, wiederum psychologisch von großer Bedeutung — der primäre Steuereffekt, der der Angleichung, ja Nivellierung durch die Erhebung der Abgaben, erscheint so als geradezu herrschaftslose Staatsveranstaltung.

2. Nun nehmen allerdings die direkt und sichtbar sozialgestaltenden Steuern an Bedeutung wohl doch laufend zu, und unter ihnen wieder vor allem die Steuern mit deutlich fühlbarem Nivellierungseffekt, man denke nur an die Steuerentlastungen im Wohnungsbau. Hier wird das Herrschaftsziel durchaus klar: Es soll etwa möglichst jene „Normalfamilie" geben, welche Wohnungen von einer gewissen mäßigen Quadratmetergröße bezieht. Auf diese Weise ist es zu einer großen sozialen Nivellierung gekommen, selbst bei jenen, welche sich im Grunde mehr an Wohnraum, damit aber auch an Lebensqualität, leisten könnten. Doch auch diese und zahllose andere, ähnliche Gestaltungen werden, erstaunlicherweise, nicht eigentlich als Herrschaft empfunden. Selbst der Sozialgestaltungseffekt ist kaum bewußt. All dies tritt eben zurück hinter einem primären Ziel, das ein typischer Steuerzweck ist: der Verstärkung der Egalität. Derartige Normierungen werden hingenommen, weil durch sie angeblich oder wirklich „Luxus" verhindert oder begrenzt wird, damit aber eine irgendwie doch skandalöse Form von Ungleichheit.

Dem Gleichheitsstaat ist es auf diese Weise bereits gelungen, feste, harte Herrschaft als herrschaftslose Steuererhebung auszugeben, in der Ungezieltheit der Abgabenerhebung oder darin, daß die Ziele eben hinter dem großen Zweck der größeren Gleichheit zurücktreten.

IV. Die unaufschiebbare Gewalt des Steuersatzes

Eine Gewaltausübung wird um so mächtiger, je drängender sie erscheint, je weniger sie Aufschub duldet. Von vorneherein kommen Zweifel nicht auf, und nachträgliche Diskussion hat immer etwas Schwächliches. Mehr noch: In der Unaufschiebbarkeit selbst liegt schon das Eingeständnis einer besonderen Bedeutung der Veranstaltung, damit aber ein wichtiger Ansatz der Legitimation der Macht.

Dem Steuerstaat ist dies alles in hoher Perfektion gelungen: Er setzt die mächtigste politische Drohung ein, die doch ganz unpolitisch erscheint, Regierung und Opposition, alle Kräfte im Staate, alle denkenden Menschen überhaupt überzeugt: die drohende Haushaltslücke, damit die Beschwörung des Endes der staatlichen Gemeinschaft.

Gegen die Notwendigkeit dieser Machtausübung, und damit gegen die Macht überhaupt, läßt sich also gar nichts Grundsätzliches mehr einwenden. Der Steuerimperativ ist damit der mächtigste, den es überhaupt gibt, und er ist es im Namen der Gleichheit: Wenn sich einer der Steuer entzieht, so können es — alle, dann aber wird die Haushaltslücke sogleich unerträglich.

Die drängende Steuerherrschaft bewährt sich zugleich als Verschleierung der Macht. Der Staat, der mit solcher Unaufschiebbarkeit Mittel benötigt —

geht es bei ihm letztlich nicht viel mehr um das Überleben, als um eine „feudale“ Herrschaftsausübung? Hat diejenige Macht überhaupt Herrschaftsspielraum, die sich stets bemühen muß, gerade noch die Haushaltslücke zu füllen? Und in der Tat ist es ja über die Theorie von den „weitgehend festgelegten Haushalten“ zu einer weiteren Machtverschleierung gekommen: Dem Bürger scheint es, als vollziehe sich das gesamte Haushaltsgebaren des Staates, damit aber die Herrschaft, in festen, vorherbestimmten, jedenfalls nicht durch irgendeine Macht beliebig zu verändernden Bahnen. Dann aber — kann es sich hier überhaupt noch um Macht handeln?

Die List des Gleichheitsstaates als Steuerstaat besteht hier darin: Er herrscht, unmerklich und langfristig, nicht nur durch die speziellen Ziele der Staatlichkeit, die er sich setzt und mit Steuern erfüllt, sondern durch die Steuererhebung als solche; die Haushalte mögen festgelegt sein, in der „Schließung der Haushaltslücken“ entfaltet sich die neue Herrschergewalt des Steuerstaates. Ihr ständiger, geradezu allgegenwärtiger, immer gleicher Einsatz gewöhnt den Bürger an die Macht, schwächt deren Merklichkeit ab. Das Drängende dieser Gewalt *scheint nur als ein weiterer Beweis dafür, daß* hier die „bedürftige Herrschaftsmacht“ am Werke ist, die jedoch eigentlich als solche nie gefährlich werden kann. Und doch liegt in ihrem Drängen nicht Schwäche, sondern weitere Stärke, Unbedingtheit, Diskussionslosigkeit.

V. Der Steuerstaat — Ausdruck der Machtverstärkung durch atomisierende Gleichheit

Der Steuerstaat wirkt nicht nur egalisierend, er bewirkt dies in der besonderen Form der Atomisierung der Bürgerschaft, er schafft die Gleichheit der Isolierten.

1. Die Steuerforderung richtet sich an den Einzelnen, wenn auch in voller Gleichheit, geht stets auf seine unauswechselbare Lage ein. Vergleiche ziehen und damit Gleichheit herstellen oder korrigieren — dies ist ein Monopol der Steuerverwaltung, welche allein die verschiedenen Daten hat; der Bürger genießt jenes Steuergeheimnis, das seine Freiheit sichern soll, er ist in diesem aber auch eingesperrt: Von den anderen isoliert, die ebenfalls, ihm gegenüber, das *Steuergeheimnis* geltend machen können, kann er den eigentlichen Gleichheitsdialog nicht führen, die Egalitätsargumente nicht bringen. So wirkt sich das vielgepriesene Steuergeheimnis, in diesem Sinne wenigstens, sogar als ein Herrschaftsinstrument aus, es wendet sich gegen den Bürger. Deshalb schon braucht die Staatsgewalt keinen allzugroßen Widerstand der Bürger im Namen der Gleichheit zu befürchten — der ja allein wirksam sein könnte — weil und solange es dieses Steuergeheimnis noch gibt. Hier wird die Steuerforderung zu einer Art von fiskalischer Isolationshaft.

2. Diese Steueratomisierung verhindert auch, im Ergebnis, den wirksamen Zusammenschluß der Steuerbürger gegen den Gleichheitsstaat. *Steuerzahlerbünde* müssen sich, immer wieder, mit allgemeinerer Staatspolitik beschäftigen, weil sie durch das Steuergeheimnis am wirksamen Widerstand gegen den Gleichheitsstaat gehindert werden. Und sie sind immer „allgemeine", kaum je spezielle Steuervereinigungen gewisser „Tatbestandsbetroffener" — nur als solche aber hätten sie letzte Wirksamkeit.

Nicht von ungefähr sind in der französischen Revolution zu gleicher Zeit die Zwischengewalten beseitigt und es ist das große neue Prinzip der Gleichheit vor den öffentlichen Lasten durchgesetzt worden. Eines ist ja ohne das andere nicht möglich: Die eigentliche Zwischengewalt wird bzw. muß immer versuchen, nicht etwa ein verlängerter Arm einer zentralen Herrschaft zu sein, sondern zentrale Macht für einen bestimmten Bereich zu autonomisieren. Dazu gehört jedoch auch, ganz wesentlich, etwas, das heute im allgemeinen Bewußtsein fast verschüttet ist: Echte Zwischengewalten haben insbesondere das Recht, öffentliche Lasten zwischen ihren Mitgliedern selbst in autonomer Entscheidung zu verteilen. Reste davon sind nur noch in gewissen Beitragsfestsetzungskompetenzen erhalten geblieben.

Die eigentliche große, gleiche Steuergewalt ist also mit der Existenz eines großen Netzes von Zwischengewalten völlig unvereinbar, weil sie dann nicht mehr, in allen wesentlichen Abgaben vor allem, auf den einzelnen Bürger durchgreifen kann. Dieser ist dann eigentlich ein Bürger der Zwischengewalten, nicht ein Gewaltunterworfener der zentralen Macht. Durch die Beseitigung der Zwischengewalten hat die Französische Revolution im Kern, im Grundsatz, das wesentlich aristokratische Prinzip der „Steuer-Innengestaltung" radikal zerstört; nun gibt es keine Städte, keine Stände mehr, welche an Stadtmauern Königen Tribute entrichten. Der Steuerbürger, die angeblich große Errungenschaft der modernen Staatlichkeit, ist in seiner Isolierung, seiner Atomisierung und damit Hilflosigkeit gegenüber dem Staat vielleicht der größte praktische Machtfortschritt gewesen, den — gerade auch noch die Revolution der Freiheit gebracht hat! Nicht mehr „Divide et impera" heißt die Maxime, sondern „Isoliere und herrsche"; dies ist weit wirksamer.

Der größte aller Durchgriffe, der des Staates auf den einzelnen Bürger, er macht den Staat, um die berühmte Formulierung von *Karl Barth* abzuwandeln, zum Abgaben-Gott auf Erden: Alle Bürger, alle Menschen sind endlich „unmittelbar zu ihm". Und auch das „Unmittelbar-Sein-zu-Gott" ist ja nicht nur ein Weg der göttlichen Liebe, sondern in erster Linie das Zeichen der Allmacht des ganz Anderen.

3. Gegen diese lastende Macht werden immer wieder letzte Aufstände versucht, nicht nur im *Steuerwiderstand*, dem einzigen, was den isolierten Steuerbürgern noch bleibt, sondern auch in jener kollektiven Form, die doch das

einzig wirksame Gegenmittel gegen den Steuerstaat der Gleichen zu sein scheint. Da werden *Steuerparteien* gegründet, die sich nicht zu Unrecht Bürger-Parteien nennen, wollen sie doch das Joch abschütteln oder wenigstens erleichtern, das sie gerade zum Bürger macht — die Abgaben. Große *Verbände von Steuerzahlern* entstehen, die nichts anderes mehr zusammenschließt als das gemeinsame Interesse an „weniger Macht durch Steuern“

All diesen politischen Phänomenen hat man Utopismus vorgeworfen, oder doch eine egoistische Verengung der Politik auf das reine Steuerinteresse — im Grunde sehr zu Unrecht. Sie allein beschäftigen sich nämlich mit dem eigentlich Hochpolitischen, mit der Ausübung der modernen Gewalt durch die Steuern. Was nachher kommt, die Diskussion um die Verwendung der Abgaben, die Erregung über Politik in fernen Landen oder die unverständlichen Technologien — was ist es schon anderes als weithin ein Spiel medienmanipulierter Machtloser? Es war eine interessante Beschäftigung für englische Lords oder französische Großbourgeois, die ja auch diese größere Innen- und Außenpolitik noch wirksam bestimmen konnten. Dem atomisierten Steuerbürger bleibt eigentlich doch, will er gegen die neue Gewalt vorgehen, nur mehr eines: *die kollektive Steuergewalt.*

Doch gerade sie ist auch bereits von der modernen Gleichheitsmacht besteuert — versteuert; sie kann das eiserne Gesetz der Gleichheit, das die Steuer prägt, nicht nur nicht brechen, sie muß es sogar verstärken. So pflegen denn Steuerparteien mehr Steuergerechtigkeit, das heißt: Steuergleichheit zu verlangen; Steuerverbände fordern nicht selten jenen Abbau der Steuerbürokratie, der doch nur zu einem führen kann: zu noch mehr schematischer Steuererhebung, damit zu noch mehr Gleichheit. So wird denn gerade das, was der Ausdruck eines letzten, kollektiven und durchaus begreiflichen, machtkonformen Widerstandes gegen die neue Gewalt ist, umfunktioniert zu deren Verstärkung.

VI. Die Nicht-Sachgebundenheit der Steuer — Grundlage des Herrschaftsbeliebens

Zum Wesen der modernen Steuer gehört, daß sie grundsätzlich nicht zweckgebunden ist. Sachgebundene Ausgaben sind in den modernen Staatshaushalten enge Ausnahme; selbst wo sie mit Zweckbindung erhoben werden, ist diese noch regelmäßig so weit, daß der Staatsgewalt große Verwendungsfreiheit bleibt. Diese Zweckungebundenheit beruht auf der modernen Gleichheit und ist eine der wichtigsten Grundlagen neueren Herrschaftsbeliebens.

1. Der *solidarisierende Effekt der Nicht-Zweckgebundenheit* der Steuer ist unverkennbar. Jeder Steuerbürger zahlt seinen Obolus grundsätzlich zugleich für alle Ziele, für die, welche er billigt, wie für diejenigen, welche er ablehnt, für Zwecke, die sich direkt gegen seine Interessen wenden. Geduldig hat er sein Scherflein in den Schoß der Mächtigen zu legen, die damit nur zu oft den friedlichen inneren Bürgerkrieg stillschweigend finanzieren, der aber unbemerkt abläuft — mit dem Geld des Bürgers wird nicht selten dessen eigener sozialer Abstieg finanziert. Doch dagegen gibt es überhaupt keinen Widerstand, weder rechtsstaatlich-gerichtlich noch politisch-parlamentarisch. Alles fällt ja zusammen in den großen Staatshaushalt, wird gedeckt durch und ausgegeben für das Interesse aller, das jedoch zum öffentlichen Interesse integriert wird.

Dies kommt im letzten — nur aus Gleichheit: Da alle Bürger gleichermaßen zu allen Lasten herangezogen werden können, müssen sie auch gleich behandelt werden, denn an irgendwelchen Zwecken sind sie ja alle interessiert. Logisch folgt hier allerdings ein Salto mortale dem anderen: Von der Gleichheit der Heranziehung für alle Zwecke wird auf die Gleichheit der Belastung, von dort wieder auf die voll herzustellende materielle Gleichheit der Bürger geschlossen — Gleichheiten, die miteinander im Grunde gar nichts zu tun haben, jedoch politisch in ihrer Verkettung überaus wirksam sind. Und im berühmten Wort von der „égalité devant les charges publiques" ist das politisch wirksamste Wörtchen listig vergessen worden: „devant *toutes* les charges publiques": vor *allen* öffentlichen Lasten, ohne Rücksicht auf den Zweck, der ohnehin im Dunkel bleibt.

2. Dies hat zunächst für die Gewalt die angenehme Folge, daß sie *Verwendungsfreiheit* genießt. In dieser jedoch liegt geradezu das Wesen moderner Herrschaft. Sie ergeht sich nicht mehr im Einsatz von Waffen, man ist ja human; mit Geld wird gekauft, gestaltet, geherrscht, das Geld des einen wandert in die Taschen des anderen, in unbemerkter Gewaltausübung. Und die Transferuntersuchungen, wieder einmal ein letzter Bürgeraufstand gegen die Gleichheit — sie werden vor dem großen Herrschaftsbelieben bald Makulatur werden.

Dem Bürger jedenfalls braucht die Staatsgewalt nicht Rechenschaft geben, wohin sein Obolus wandert; der „große Topf", in dem dann die Haushalts-Lose gemischt werden, breitet zunächst einmal etwas wie das große Herrschaftsgeheimnis über die Einnahmen des Staates. Und wenn schon jemand etwas dagegen grundsätzlich erinnern wollte, die Legitimation schwebt ebenfalls darüber: die Gleichheit. Denn all diese immensen Mittel; sie werden doch nur verwendet entweder zu echten gemeinsamen Aufgaben, wie Straßen und Landesverteidigung, oder aber zu einem, wogegen doch niemand etwas sich zu sagen getraut: zu noch mehr Gleichheit, überall Gleichheit. Die große, ungezielte Verwendung ist daher gedeckt durch die große, ungezielte Legitimation: die Egalität.

3. Doch der Steuergewalt gelingt auf diese Weise, durch die zweckungebundene Steuer, noch ein weiterer entscheidender Fortschritt: die *Trennung der Einnahmenproblematik von der der Ausgaben*; sie ist zum großen modernen Herrschaftsinstrument, ganz unbemerkt, geworden.

Erst einmal einnehmen — dann Rechenschaft legen auf Heller und Pfennig, dies schien dem modernen, liberalen Staat ganz ungefährlich, der ja gleich nach der Französischen Revolution auch die perfekte Kontrolle der staatlichen Rechnungen durch seine unabhängigen Rechnungshöfe geschaffen hat, der in der Parlamentsdebatte des Haushalts zugleich mit den Ausgaben die allgemeine und besondere Politik der Regierung zu kontrollieren scheint. Doch all diese komplizierten Instrumente der Kontrolle bewirken eben nur eine einseitige Überwachung, die der Ausgaben. Ein anderes stellen sie nicht her, was aber entscheidend wäre aus der Sicht des Bürgers: die Verbindung zwischen Einnahmen und Ausgaben, das, womit die Französische Revolution begonnen hat: Die Bürger der Provinzen wollten wissen, wofür ihr Geld in Paris und Versailles im einzelnen verwendet wurde. Eben dies, und damit der eigentliche Grund des großen Aufstandes, ist aber schon im ersten Anfang unterdrückt worden: Die Einnahmen wollte man wohl genau aufzeichnen, über die Ausgaben Rechnung legen; die Einnahmen aber den Ausgaben zuordnen — niemals! Gerade diese Verbindung ist durch die Französische Revolution noch viel stärker und endgültiger unterbrochen worden als je in dem so verhaßten Ancien Régime. Könige hatten Städten und Zwischengewalten manchmal noch sagen müssen, wofür sie diese oder jene Contribution verwendeten; der moderne, fortschrittliche Staat hat seine Rechnungen geteilt und hier ein vernichtendes Divide et impera durchgeführt. Von dem Bürger fordert er genauest berechnete Einnahmen, und er spricht mit seinen Vertretern über die Ausgaben — mehr nie und nimmer! Alles andere ist Herrschaftsbelieben.

Und deshalb findet sehr häufig die eigentliche Diskussion gar nicht statt, die bei der Erhebung zweckgebundener Einnahmen erfolgen müßte; deshalb werden die großen Debatten gar nicht geführt, die über die Erhebung neuer Steuern. Über all dies wird nur ganz global, sozusagen volkswirtschaftlich gesprochen, nicht aber in der sofortigen Zuordnung zum Zweck. Mehr Geld aber läßt sich immer global leichter verlangen, als wenn die Einzelrechnung aufgemacht und im einzelnen mit dem Bürger diskutiert werden müßte. Gegen das niederschmetternde Argument der Globalerhöhung bei ungezielten Steuern gibt es ja auch keinen Widerstand: „Sagt doch, wo sollte gespart werden?“ Daß damit die unendlich dokumentierte und starke Staatsgewalt die Beweislast arrogant dem Bürger zuschiebt — das wird kaum bemerkt.

Die Rechnungen aber des Staates bleiben getrennt. Zwischen ihnen steht die stärkste politische Wand, die es geben kann: die der Gleichheit, in deren Namen zunächst einmal für alle Zwecke gleichermaßen eingenommen wird, damit sodann beliebig ausgegeben werden könne.

VII. Steuervielfalt — Machtvielfalt

Der moderne Gleichheitsstaat ist gegen die unübersehbare Steuervielfalt der feudalen Zeit angetreten im Namen einer Gleichheit, welche einfache Besteuerung verlangte. In 200 Jahren hat er ein *neues Steuerdickicht* geschaffen, das weit unübersichtlicher ist als die feudalen Gefälle und Sporteln — in demselben Maß ist seine Macht noch viel größer geworden als die der feudalen Herren; denn *Steuervielfalt ist Machtpotenzierung* — getrennt marschieren und vereint schlagen, in die Staatskasse, im Namen der Gleichheit.

1. Im Abgabenrecht ist das schöne Wort vom *Steuererfindungsrecht* des Staates geprägt worden; es ist nichts als eine Form institutionalisierter Herrschaftsphantasie. Und gerade durch derartige Erfindungsrechte, durch den Anspruch auf Machtphantasie, unterscheidet sich der moderne Gleichheitsstaat vom Feudalregime, das in vielfachen traditionellen Bindungen stand. Gerechtfertigt können letztlich derartige Erfindungen nur werden durch ein ganz großes, höchst allgemeines Ziel: eben durch eine überall und stets von neuem herzustellende Gleichheit. So wie Ungleichheiten immer neu entstehen, müssen sie auch durch die reaktive Phantasie der Herrschenden immer von neuem gekappt und gebrochen werden — daher Steuererfindungsrecht. Und wenn dieses dann einmal weitergeht als die angeblichen oder wirklichen Ungleichheiten, dann ist eben der Gleichheitsmacht eine weitere eigenartige Prämie der Macht zugewachsen, die nur sie verdient.

2. Steuervielfalt, Steuererfindung im Namen der Gleichheit sind ein *besonders starkes Herrschaftsinstrument*:

- Hier wird das *Vertrauen abgebaut*, in der Unübersichtlichkeit des Steuerlabyrinths wie in der jederzeitigen Möglichkeit, unvorhersehbare Abgaben der bisherigen Belastung hinzuzufügen. Vertrauen aber steht gegen Herrschaft, vor allem in einem Staat der Normen ist es fast schon das einzige, was noch einige Freiheit, eine gewisse Ungleichheit bewahren mag: Hier wird dieses Vertrauen erschüttert, mehr noch — ignoriert
- Die Gleichheit kann hier sogar über sich hinauswachsen: Im Namen der höheren Gleichheit dürfen, im Gestrüpp der Steuern, *beliebige Ungleichheiten* sogar durch Steuergestaltung hergestellt werden. Gewisse Gruppen können bei einer Abgabe entlastet werden, wenn sie durch eine andere um so stärker getroffen werden. Im Ergebnis entgeht die Steuergewalt damit

ihrem einzigen Kontrollprinzip, dem der Gleichheit. Sie erwächst zum reinen Herrschaftsbelieben.

- Die Vielfalt der Steuern erlaubt es, eine dieser *Herrschaftsformen* gegen die andere *auszutauschen.* Was der Staat beim Bürger mit allen Mitteln verhindern will, die Steuerflucht, ihm gelingt sie mühelos: Die Steuerflucht des Steuerstaates besteht darin, daß er von einer Abgabe in die andere beliebig fliehen kann, von der merklichen in die unmerkliche, von der odiosen in die weniger molestierende. Und dies letztere ist besonders wichtig in der Parlamentarischen Demokratie mit ihrem Freiheits-Schein: Hier können gelegentlich sogar Erleichterungen gewährt werden, die im Steuergestrüpp an anderer Stelle leicht wieder und noch mehr egalisierend eingebracht werden. Eine Steuer, die als Massenabgabe unbeliebt zu werden droht, wie etwa die Erbschaftsteuer oder die Vermögensteuer, sie werden etwas zurückgenommen, durch Nichtabzugsfähigkeiten an anderer Stelle läßt sich leicht noch mehr einbringen. Wahre Macht ist eben elastisch und nimmt an der Stelle des geringsten Widerstandes.

- Die Steuervielfalt begünstigt jene *Kleingruppenbildung*, die zur Machtdurchsetzung besonders geeignet ist, weil sich wenig zahlreiche Gruppen Betroffener *nicht wirksam zur Wehr setzen* werden. So können gewisse eng begrenzte steuerliche Tatbestände geschaffen werden, die zunächst zum Zwecke der Egalisierung kaum wirksam erscheinen; gegen ihre Einführung, gegen die entsprechenden Steuern oder Tarife wird daher niemand wirksam Protestieren. Ist die Kategorie jedoch einmal geschaffen und akzeptiert, so kann sie zu jeder Zeit beliebig „aufgeblasen" und damit zur vernichtend egalisierenden Sozialgestaltung werden. Die Entwicklung der Vermögen-, mehr noch der Erbschaftsteuer ist hierfür ein lehrreiches Beispiel.

- Dem Bürger, den parlamentarischen und den gerichtlichen Kontrollinstanzen, ist eine *Zusammenschau der steuerlichen Belastungen heute weder allgemein noch im einzelnen Fall mehr wirklich möglich.* Die Volksvertretung ist niemals hinreichend datenmäßig dokumentiert, sie kann auch den für die Nivellierung entscheidenden Einzelfall nicht berücksichtigen. Die Gerichte jedoch, welche auf diesen Einzelfall Rücksicht nehmen müßten, werden im Ergebnis schon dadurch ausgeschaltet, daß immer nur die Belastung durch die Einzelsteuer gerügt werden kann, nicht die Globalbelastung durch verschiedene Abgaben. Damit bleibt die eigentlich lastende Gleichheitsherrschaft der vielfachen Steuern – und dies ist das Wichtigste an diesem Punkt – ein echtes Geheimnis der Herrschenden, dadurch aber, wie jede Arkanmacht, ein besonders wirksames Herrschaftsinstrument.

VIII. Steuern — Machtstrategie und Gewöhnungseffekt

1. Mehr als jede andere staatliche Machtäußerung in der modernen Zeit steht der Steuerstaat unter dem *Zwang der Kontinuität.* Diese muß sich allerdings keineswegs in einer deutlichen, bewußten oder gar gewollten Steuerpolitik, in einer echten Abgabenstrategie äußern.

Die hier eigentlich herrschende Steuertechnik steht ja vor allem unter dem täglichen Zwang der Schließung der Haushaltslücken, und es wird ihr daher durchaus nicht immer möglich sein, bewußte Machtstrategie einzusetzen. Dennoch bleibt die Kontinuität, damit aber kommt es im Ergebnis doch zu einer letztlich höchst wirksamen, wenn auch oft unbewußten Herrschaftsstrategie: Werden allgemeinere Steuerentscheidungen getroffen, so sind sie in aller Regel nur schwer, gegen großen politischen Widerstand, rückgängig zu machen; auch die Opposition bleibt hier meist, wenn sie an die Macht kommt, gebunden. Die Veränderung der Grunddaten, der Rahmenbedingungen wirkt also stets, gewollt oder nicht, machtstrategisch. Diese Strategie wider Willen ist sogar eine wahre List der Vernunft moderner Herrschaft, denn sie läßt sich kaum wirksam aufdecken, geschweige denn angreifen,

Der Nivellierungseffekt derartiger Kontinuität ist unverkennbar; nur auf längere Sicht können ja kleinere Effekte sich wahrhaft egalisierend auswirken, ohne daß Widerstand entsteht. Ein besonderer Egalisierungsvorteil liegt dabei noch darin, daß Steuerentscheidungen um so kontinuierlicher zu sein pflegen, je stärker sie egalisierend wirken, daß sie politisch leichter jedoch rückgängig gemacht werden können, wenn es sich um die Aufrechterhaltung oder gar Schaffung von Ungleichheiten handelt. So sind Tarife, bei denen die Nivellierungswirkung im Vordergrund steht, weit schwerer veränderbar als Abschreibungsregelungen, welche nicht selten Ungleichheiten konservieren.

2. Die sonst so traditionsskeptische, ja geschichtsfeindliche egalitäre Demokratie kann hier sogar ein ganz erstaunliches historisches Bewußtsein entwickeln. In den heutigen Abgaben denkt sie bereits an die Zukunft, durch die strenge Abgabenherrschaft des Heute bringt sie Werke hervor, um welche künftige Generationen dankbar sein werden; und wiederum steht alles unter dem großen Gedanken einer diesmal historischen Gleichheit: Künftige Generationen dürfen doch nicht stärker belastet werden als die gegenwärtige, daher darf – mit Ausnahme von Wahlzeiten – nicht allzu viel geschenkt, es muß streng und auf die Dauer regiert werden.

3. Der Zwang zur langfristigen Steuerherrschaft bringt zugleich das Beste hervor, was sich die Macht wünschen kann: die Abschwächung des Widerstandes gegen solche Formen der Herrschaft in einem beispiellosen Gewöhnungseffekt.

Im Steuerbereich haben sich wohl die stärksten Herrschaftsgewöhnungseffekte entwickelt, welche die moderne Zeit überhaupt kennt. In keinem anderen Bereich wären derartige kontinuierliche Entwicklungen, vor allem hin zur Egalisierung, möglich gewesen. Allein durch die Steuern sind in einem Jahrhundert Staat und Gesellschaft grundlegend verändert worden, und dies bedarf hier nicht des Beleges. Am erstaunlichsten ist der Herrschaftsgewöhnungseffekt gerade bei jener Klasse, welche man doch nach allen Theorien als die tatsächlich „herrschende" früher ansehen konnte und auch heute noch ansehen muß. Sie, die Trägerin des Kapitals, der wirtschaftlichen und weithin auch der politischen Macht, ist nicht durch Barrikaden und Geiselerschießungen um ihre Güter gebracht worden; sie hat sich ganz einfach an die wachsende Steuerlast gewöhnt, wenn sie es nicht selbst war, die sich ihres Reichtums in steigender Besteuerung als erste entäußern zu müssen glaubte. Begeisterung der Kriegszeit, das Bewußtsein, für gemeine Wesen Opfer bringen zu müssen, ist nur besonders deutlicher Ausdruck für einen an sich laufenden und typisch steueregalitären Gewöhnungsakt: Woran sich alle gewöhnen müssen, dagegen ist Widerstand nicht zu erwarten, weil es keine Gruppe gibt, die hoffen könnte, dieser Flut zu entgehen, keine auch, welche noch zu befürchten hätte, daß sie bald von ihr eingeholt wird. Ein sehr starker Herrschaftswiderstand aber war zu aller Zeit jener eigentümliche „Macht-Befürchtungs-Widerstand". Hier gab und gibt es ihn gar nicht mehr; er wird ja von vorneherein durch absolute Egalität der Steuerwirkung ausgeschaltet.

So ist denn Egalität nicht ein Befehl zur Gewöhnung, Gleichheit ist vielmehr vorweggenommene Gewöhnung an Macht. Sie bringt etwas, was „eigentlich immer hätte so sein sollen" und daher hingenommen wird, als gelte es schon von jeher.

IX. Mit den kleinen Schritten der Steuer in die Macht

Daß die kleinen Schritte die große Macht bringen, ein alter Ausdruck der Staatsweisheit. Daß die merkliche Gleichheitsgewalt hierzu besonders gerüstet ist, läßt sich gerade am Beispiel der Steuern zeigen.

1. Die Gleichheit als oberste Herrschaftsmaxime läßt den Mächtigen gar keine andere Wahl: Sie müssen, zur eigentlichen Ausdehnung ihrer Macht, ständig die kleinen Schritte gehen, sonst scheitern sie alsbald am vernichtenden Widerstand der zahllosen Gleichen. Ihnen gegenüber kann Macht weder deutlich gezeigt, noch in großen Schlägen ohne weiteres ausgedehnt werden, es sei denn, bei besonderen Gleichheitsanlässen. Der normale Weg der Machterweiterung muß dagegen in ganz kleinen Schritten gegangen werden, weil die Gleichen eben nur schwer etwas Lastendes, Ungleiches hinzunehmen bereit sind. Doch gerade im Abgabenbereich läßt sich dies beispielhaft be-

wirken, die Egalität selbst kommt sich hier zu Hilfe: Weil in ihrem Namen eben allen etwas genommen werden muß, bringt auch die kleinste Erhöhung viel Gold, großen Machtgewinn. Sogar zeitweise Ungleichheitseffekte werden dann hingenommen, das Beispiel des Übergangs des Steuersystems der Bundesrepublik von der Einkommensteuer auf die Umsatzsteuer, durch laufende Erhöhung der letzteren, zeigt es. In dieser egalitätsgeschaffenen Machtausübung der kleinen Schritte ergeht sich die Steuergewalt wirklich in reinem Herrschen. Und in all dem ist der Steuerstaat ja nur ein Modell für alle andere Staatlichkeit, die bei ihm tagtäglich die kleinen Schritte lernt.

2. Kleine Schritte vermeiden Skandale. Kaum etwas aber kann der Herrschaft als solcher gefährlicher werden als der Skandal, vor allem der Macht der Gleichen: Denn hier ist der große Skandal, das plötzlich aufgedeckte unberechtigte Privileg, ein Majestätsverbrechen gegen die Grundlagen der Herrschaft. Doch davor schützt sich eben die Gleichheit selbst, vor allem die Steuergleichheit: Ihre Skandale sind immer klein, bleiben immer in der Verwaltung. Den großen, den parlamentarisch-politischen Steuerskandal kann es jedoch begrifflich gar nicht geben, denn diese, die eigentliche Herrschaftsmaschine bewegt sich in den kleinen Schritten, auf den breiten Gleisen, dort gibt es kein großes Entgleisen in den Skandal. Die Herrschaftsskandale der Gleichheitsmacht bleiben daher auf dem Niveau der Boulevardpresse, sie erreichen keine staatsgrundsätzliche Dimension; hier werden nicht Kaisersöhne erschlagen, es wird allenfalls einer von allen als Steuersünder verhaftet; einer aber ist hier – das ist das Geheimnis der Gleichheit – nicht „alle", sondern keiner.

3. Gerade die Steuergleichheit ist es im übrigen, welche nicht nur die Möglichkeit, sondern geradezu die Notwendigkeit für viele kleine Schritte schafft: Stets muß ja die große Gleichheit bewahrt, deshalb aber müssen die vielen kleinen Ungleichheiten ausgeglichen werden, welche ganz notwendig durch die Anwendung des großen Egalitätsrasters geschaffen werden. Es ist also gar nicht notwendig so, daß in dem großen Hause der Gleichheit viele kleine Wohnungen für Ungleichheiten erhalten bleiben müssen — gerade die ganz große Schematik verlangt das stete Glätten der unzähligen kleinen Ungleichheitswellen, damit aber setzt sich die große Pauschalierung in zahllosen kleinen Schritten fort. Gegen diese Verwaltungsgleichheit der Steuer wird auch nie jemand etwas sagen; entweder er kennt die Lage des anderen nicht, oder er fürchtet die Aufdeckung eigener Defekte.

In diese scheinbar einzelfallbezogene Verwaltungsgleichheit der Steuer lassen sich aber, durch Runderlasse und Durchführungsverordnungen, langfristig und wirksam allgemeine Herrschaftsformen einbauen, die dauernden kleinen Fluktuationen des Einzelfalls werden zum Hoch- oder besser zum Herunterschaukeln der allgemeinen Gleichheit.

Diese Steuerherrschaft der vielen kleinen Belastungen ist im Einzelschritt kaum fühlbar, nur der letzte Tropfen bringt die plötzliche Überlastung; und welche Steuer im einzelnen, welcher Steuerschritt es ist, das wird sich in aller Regel kaum sagen lassen, und es ist ja auch dann, wenn die wirtschaftliche Schwierigkeit oder Katastrophe eingetreten ist, bereits zu spät. Die Überlastung, der Abstieg, der wirtschaftliche Zusammenbruch im Einzelfall erscheinen als Konsequenz der Belastung aller und daher als etwas Notwendiges, ja Gerechtes. Und stets wird ja auch der Steuerstaat seine Hände irgendwie in Unschuld waschen können — Steuerverwaltung oder Steuerrichter belehren den einzelnen, daß sein schlechtes Wirtschaften ihn überlastet hat, nicht die Herrschaft des Staates.

So zieht sich denn die Steuerherrschaft geschickt hinter die Marktwirtschaft und ihre Freiheit – oder ihren Freiheitsschein – zurück. Ihre großen kleinen Eingriffe erscheinen als eine der vielen „Daten", wohlverpackt in der Vielfalt marktwirtschaftlicher Rahmenbedingungen, mit denen sie ihrem Wesen nach nichts zu tun haben, sind sie doch letztlich nichts anderes als harte staatliche Herrschaft — aber eben verbrämt durch den Schafspelz der freiheitlichen Marktökonomie, durch ihre Kategorien erfaßbar.

Dies ist wahre Homöopathie der Macht, ja geradezu Akupunktur der Herrschaft. Was könnte heute wirksamer sein?

4. Diese „vielen kleinen Schritte" der Abgabengewalt erhalten vor allem die Illusion individueller Freiheit, eine der wichtigsten Garantien gegen Auflehnung und Widerstand. *Die große Freiheit des einzelnen wird in viele steuerliche Tatbestandsräume aufgespalten*, von der Wohnung bis zum Erbgang, vom Kraftfahrzeug bis zum täglichen Kauf. Und jeder dieser Räume wird langsam, aber sicher in die herrschaftliche Steuerzange genommen, zusammengedrückt. Doch da „überall etwas bleibt", etwas ganz individuell, unauswechselbar Erscheinendes, wird das eigentliche Maß der Freiheitsbeschränkung nie wirklich sichtbar. Allenfalls merkt der einzelne, daß ihn eine unsichtbare Schwere zu Boden drückt. So summieren sich die kleinen Bewegungen der Steuerherrschaft zu einer Art von Schwerkraft der Macht, die jeden Bürger am Boden festhält — am Staate.

X. Mißbrauch und wirtschaftliche Betrachtungsweise — Überwindung der Norm im Namen der Gleichheit

Die lastende Steuer wird angenommen als der beste Ausdruck des großen staatsgründenden Prinzips der Gleichheit, erscheint sie doch als diejenige Herrschaftsform, die am stärksten normierbar ist, damit aber die beste Sicherung gegen Herrschaftswillkür bietet. In Wahrheit befreit sie sich weithin auch von dieser Fessel, sie erzeugt viel von der „reinen Herrschaft", von der normfreien Furcht des Herrn.

1. Nirgends ist soviel vom *Rechtsmißbrauch*, von der *illegalen Umgehung* die Rede, wie im Steuerrecht. In allen anderen Rechtsbereichen ist dies nur ein allerletztes, fast schon theoretisches Herrschaftsinstrument des Staates, wenigstens in der liberal regierten Gemeinschaft, daß er irgendeiner Gestaltung die Rechtswirksamkeit versagen darf mit der Behauptung des Mißbrauchs. Im Abgabenrecht hat sich alles dabei beruhigt, daß das Damoklesschwert der Umgehung und des Mißbrauchs über jedem Bürger stets hängt, daß es ihn mit vernichtenden Effekten der Rückwirkung, ja des Strafrechts jederzeit bedroht. Hier sind die Grenzen aller Rechtssicherheit, jenes großen Wortes, das doch gerade für das Steuervertrauen so zentral ist.

Man wende nicht ein, diese scharfen Sanktionen würden ja nicht in der großen Zahl, sie würden ja doch nur in wenigen Fällen ergriffen, kaum je gegenüber den „vielen Kleinen"; gerade darin liegt ja ihre herrschaftliche und typisch egalisierende Macht: Der Lohnsteuerzahler hat hier nichts zu befürchten, er ist ja auch keine Gefahr für die Herrschaft mehr, er ist bereits klein geschnitten zum gefügigen Bürger. Wer sich aber erheben möchte, neue Freiheitsräume sich schaffen, der läuft in den immer engeren Palissaden der Mißbrauchsdrohungen, um der Umgehung zu entgehen — ins Labyrinth. Natürlich will die Steuergewalt ihre Furcht des Herrn nicht dort zeigen, wo bereits Unentrinnbarkeit geschaffen ist. Doch ihr gelingt in der Mißbrauchsdrohung das Hervorragende: der Einzeleingriff im Namen der Gleichheit, die Korrektur der gleichheitssichernden Normen im Namen der Egalität. Es fällt schwer, ein größeres und wahreres Paradox aufzuzeigen: Hier schreitet die neue Macht über die Norm hinweg, die sie legitimiert, und zeigt wirkliche Herrschaft. Daß vor ihr immer noch schützend die Steuergerichtsbarkeit steht, ist für den Bürger ein schwacher Trost: Wenn ihre Hilfe ihn zeitlich überhaupt noch erreicht, so muß er befürchten, daß sie nur sehr zurückhaltend gewährt wird, denn immerhin wird ihm ja Bruch der Gleichheit vorgeworfen; dann wird der Richter ihn leichter auch, über die Norm hinweg, schlagen, fühlt er sich doch als Institution der höheren Steuergleichheit.

2. Auch die *„wirtschaftliche Betrachtungsweise"* des Steuerrechts, der Steuerverwaltung und -gerichtsbarkeit, hat keinen entscheidenden Widerstand in der Staatstheorie gefunden; auch sie ist zum Herrschaftsinstrument des Steuerstaates geworden, auch sie entfaltet, wie Mißbrauchs- und Umgehungstatbestände, eine Fernwirkung, die weit über den Einzelfall egalisierend hinausreicht.

Hier muß es sich zwar der Bürger gefallen lassen, daß seinen vertraglichen Gestaltungen, seinem wirtschaftlichen Verhalten, die rechtliche Verbindlichkeit von demselben Staat mit der Steuerhand abgesprochen wird, der mit der anderen Hand, der des Zivil- oder Handelsrechts, gerade diese Gestaltungen zugelassen hat. Hier hat sich der besondere Steuerstaat von der allgemeinen

Staatlichkeit gelöst, als deren notwendiger Bestandteil und Kassenwart er doch sonst sich so gerne legitimiert. Hier wird Recht im Namen nackter Wirtschaftlichkeit gebrochen, hier erfolgt gerade das, was sonst die moderne Herrschaft dem Bürger allenthalben vorwirft und nicht gestattet: daß er sich im Namen des Gelderwerbs über andere, allgemeinere Interessen der Staatlichkeit, der Gemeinschaft hinwegsetze.

Da hat nun der Staat, ganz allgemein, Rechtsformen geschaffen, welche dem Bürger sichere Freiheit garantieren sollen; es ist geschehen ohne Ansehen der Person, der Geschicklichkeit oder Ungeschicklichkeit der Gewaltunterworfenen. Einem gelingt es, sich eine Lücke, vielleicht ein staatliches Versehen, zunutze zu machen. Und da fehlt es diesem Staat an der elementaren Noblesse, zuzusehen und dann, später, normativ zu korrigieren, wieder für alle, wieder abstrakt. Was er vom Bürger jederzeit erwartet — ein „Dulde und liquidiere", er ist dazu nicht fähig, er muß sogleich liquidieren. Hier gibt es mit einem Mal nicht mehr den großen, sonst so oft gepriesenen Wert der Rechtssicherheit der Gesetzesbegriffe, der großen Kodifikationen, in deren Namen doch der Bürger sonst so viel Schwerfälliges und Eigenartiges in Kauf nehmen muß. Hier hört ganz einfach das Recht auf, auf das sich doch sonst der Staat so laufend stützt, es beginnt die reine Manchester-Ökonomie, nur in aller Regel eben zugunsten des Staates. An diesem Punkt endet auch die Einheit der Rechtsordnung, im Namen des Geldes, und die Rechtslehre hat es noch immer überwiegend geduldet, wenn nicht gar gebilligt — machen wir den Juristen keinen Vorwurf, es zeigt sich hier ihr guter Instinkt für Macht: Hier würden sie ja auch auf das reine Herrschen stoßen.

In der wirtschaftlichen Betrachtungsweise ist letztlich die Gleichheit stärker als ihr vornehmster Ausdruck, die Norm. Hier beginnt die Herrschaft mit der schönsten ihrer Formeln: „Den Bürger behandeln, als wenn er wäre, wie ..."

XI. „Der wesentlich ungleiche Steuerpartner Staat" — gedeckt durch die Gleichheit

1. Der Steuerstaat ist der Schöpfer der Gleichheit, daher ist er an seine Schöpfung nicht gebunden. Dem Bürger gegenüber tritt er als der „ganz andere" auf, gesichert in seiner Machtausübung durch einen Kranz von verfahrensrechtlichen und materiellen Privilegien. Darunter sind Vorrechte, die weder praktisch unumgänglich sind, noch rechtlich oder auch nur moralisch gerechtfertigt erscheinen. Man denke nur das Privileg der Nichtverzinsung vorausgezahlter und sodann zurückzuerstattender Steuern, das gegen elementare Rechtsbegriffe verstößt und zudem noch Prämie verzögerlicher Sachbehandlung darstellt. Dahin gehört auch das ganze System der Vorauszahlungen mit

ihren Schuldvermutungen, wie sie sonst im Rechtsleben völlig unbekannt sind. An all dies hat man sich ruhig gewöhnt, obwohl hinter ihm nichts steht als jenes Geldbedürfnis, das jede Institution, jeder Mensch auf Erden ebenso hat.

2. Doch darin steckt mehr als Gewöhnung, es läuft auch hier ein, wenn auch verdeckter, Gleichheitsmechanismus ab: Jener Staat, welcher die große Gleichheit zu verwirklichen hat, darf eben selbst als der wesentlich Ungleiche auftreten, damit noch mehr Gleichheit entstehe. Gerade weil die Bürger untereinander im laufenden Spiel der Gleichheit befriedigt werden, von ihm selbst, kann er sich über sie als der Privilegierte erheben. Ein ganz eigenartiges Gesetz kommt hier zum Tragen: Je stärker die belastete Seite egalisiert ist, desto weniger wird das Bedürfnis empfunden, die Belastungsgewalt selbst in die Gleichheit einzubeziehen. Es ist, als wenn es nur eine „gewisse Quantität an Egalität" geben müsse — ist sie erreicht, so werden die ganz großen Abstände und Unterschiede nicht mehr gefühlt; dieses große Gesetz, mit dem der Absolutismus die Oligarchie überwunden hat, der moderne Steuerstaat macht es sich zunutze.

Ihm, der modernen Herrschaft, ist es gelungen, die Gleichheit ganz allein „horizontal zu wenden", den Steuerblick, das Steuermißtrauen der Bürger ganz wesentlich auf andere Bürger zu lenken, im Namen der Gleichheit. Die eigentlich ganz große Gleichheitsdimension, die Einebnung der vertikalen Ungleichheiten zwischen Staat und Bürger, mit der einmal die Freiheit so mächtig begonnen hat, sie geht hier nahezu völlig verloren. Je mehr horizontale Gleichheit unter Bürgern besteht, desto weniger muß vertikale Gleichheit gegenüber den Herrschenden geschaffen, desto mehr kann an Macht ausgeübt werden, heute in der parlamentarischen Demokratie, morgen durch denjenigen, der an ihre Stelle tritt und ihren Herrschaftsapparat gerade im Abgabenrecht ungebrochen weiterlaufen läßt.

XII. Steuertypisierung — Nivellierung durch die Exekutive

1. Typisierende Verwaltung hat sich im Abgabenbereich weiter entwickelt als in irgendeinem anderen staatlichen Herrschaftsraum. Ihrem ganzen Wesen nach ist sie vor allem nivellierendes Herrschen: Der anwendende Steuerbeamte, die Steuerministerialverwaltung, sie denken vor allem die Gleichheitsgedanken des Steuergesetzgebers hier nivellierend fort. Da hat die eine Kategorie von Bürgern gerade noch ein Anrecht auf ein Arbeitszimmer, die andere nicht; diesem wird eine Schreibmaschine gegönnt, ein anderer hat für sie viel mehr zu zahlen, weil er sie steuerlich nicht absetzen kann. Dem einen wird mit Gästehaus und Boot ein Quäntchen Luxus allgemein ermöglicht, auch wenn im Grunde jedermann weiß, daß er es für sich selbst verwendet, der andere muß darauf verzichten.

An sich sind dies alles ja noch Oasen der Ungleichheit, die aber nicht die Verwaltung beläßt, sondern die der Gesetzgeber noch duldet — im allgemeinen eben ad maiorem oeconomiae gloriam. Oder um dem Arbeitenden nicht auch noch den Hammer aus der Hand zu nehmen im Namen der Herrschaft. Doch kaum ist jenes Minimum an Ungleichheit gewährt – wie oft übrigens noch in ungerechter, ja moralisch anstößiger Weise – so greift schon wieder die Nivellierung ein, in der besonderen Form der Verwaltungsegalität. Der Steuerbeamte, das vornehmste Instrument moderner Herrschaft, hat eben nicht den unauswechselbaren Einzelfall, den individuellen Freiheitsraum zu sehen, er muß schematisieren, egalisieren. So werden denn die gesetzgeberischen Ausnahmen, in denen sich doch eigentlich der Einzelfall einmal ganz frei sollte entfalten dürfen, sogleich wieder „in sich nivelliert". Denn nichts anderes ist diese typisierende Verwaltungsegalität. Die Regel bleibt eben die Regel, die Ausnahmen bestätigen sie hier nicht, sie werden selbst wieder zur feineren „Ausnahme-Regel".

Typisch ist für die Typisierung, daß sie gerade dort eingreift, nivelliert, wo der Gesetzgeber an sich noch Raum für Ausnahmen, für Individualität gelassen hat, politisch lassen mußte, weil sonst sein Steuerraster allzu lastend geworden wäre. Doch diese parlamentarische Freiheitsillusion vergeht ganz rasch in der Tagtäglichkeit der Erlasse, die zahllose nivellierende Sub-Normen hervorbringen, und was dann noch an Individuellem bleibt, das endet in der Behördenpraxis des konkreten Amtes. Und diese Egalisierung wird durchgeführt durch eine Personengruppe, die ihrerseits ein waches Gefühl für Egalität hat, ist sie doch durch eine sorgsam nivellierende Dienstrechts- und Besoldungsgesetzgebung bereits eingespannt in eine große Gleichheit.

Die Betroffenen aber wenden sich nicht etwa gegen die Typisierung, sie begrüßen ihre Nivellierung noch dankbar, denn sie ist ja immerhin noch ein Rest von Verläßlichkeit — oder sie erscheint doch als solche. Hier also, in der Steuernivellierung, sieht man den großen Egalitätsmechanismus im Laufen: Zunächst werden, im Namen der ganz großen Gleichheit, die Normen gesetzt; sie lassen Räume der Freiheit, größere Bereiche inegalisierter Individualität. Doch in diesen Räumen greift dann eine ganz andere Gewalt, die Exekutive ein, mit ihrer typischen Nivellierungswirkung.

2. Mit rechtsstaatlichen Mitteln ist gerade im Abgabenbereich diese Egalisierung völlig unangreifbar. Hier wird im Namen der Gleichheit, also des an sich normerzwingenden Prinzips, Normfremdes zu Hilfe gerufen: das Außerrechtliche, die sozialen Typen. Die typisierende Steuerverwaltung schafft ja ihre Unter-Normen durch laufenden Rückgriff auf die „Wirklichkeit", auf die Berufsnotwendigkeiten und Lebensgewohnheiten einzelner Bürgergruppen; sie „weiß" eben, was der Lehrer noch braucht, was der Wissenschaftler brauchen darf, beurteilt den Appetit des Geschäftsmannes und das Trainingsbedürfnis des Berufssportlers. Hier überläßt ihr der Steuerrichter einen sehr

weiten Beurteilungsspielraum, bei diesem Vorgang des Schöpfens aus der Wirklichkeit. Jener Staat, der im Gewerbezulassungsrecht sich so vorsichtig zurückhält in der Anerkennung von besonderen Berufsbildern, weil dies der Freiheit schaden, die wirtschaftliche Entwicklung einseitig festlegen könne — er läßt sie hier den Steuerbeamten ohne weiteres und ganz frei schaffen in einem Bereich, der für den Berufstätigen meist noch weit wichtiger ist.

Der Vorgang der Verwaltungsnivellierung durch Typisierung ist also dieser: Die Staatsgewalt schöpft aus der Wirklichkeit irgendwelche nivellierende Kategorien, an sich völlig normfrei, und sie setzt diese dann zu „mehr Gleichheit" ein. So geschieht etwas, was im übrigen Verwaltungsrecht, vor allem im Recht der eingreifenden Polizei, verpönt ist: Hoheitliche Befugnisse, Herrschaftsinstrumente werden allein durch den Zweck legitimiert. Kein politisch-parlamentarisches Gremium hat festgelegt, was der oder jener Bürger „noch brauchen darf", was eben ihm angemessen ist — die Verwaltung weiß es, sie stellt es normfrei fest. Hier ist also normfreies Herrschen zum Zwecke der Gleichheit, aber nicht mehr gebunden durch die Gleichheit.

So ist die Egalität in der Typisierung wieder dasselbe gelungen, wie schon in der wirtschaftlichen Betrachtungsweise: Im Namen ihrer großen Ziele überwindet sie ihre Bindungen, transzendiert sie ihre eigenen Mittel, die ihr, von einem bestimmten Punkt an, als Fesseln erscheinen könnten. Die steuertypisierende Herrschaft ist die freie Macht, die normativ kaum begrenzbare, greift sie doch aus auf jenes Außerrechtliche, das sie aber selbst feststellt; hier ist sie nicht einmal an die Berufstraditionen gebunden, welche dem Ständestaat früherer Perioden noch herkömmliche Fesseln auferlegten. Sie wird hier zur freien Tatbestandsbildungsgewalt, sie bricht aus den Normen aus in die freie Natur des Außerrechtlichen; gleich jenem Ringer der Antike gewinnt sie wieder Kontakt zur belebenden Erde des Außerrechtlichen, neue Herrschaftskraft.

3. Die Typisierung entfaltet überdies hier eine bedeutsame Doppelwirkung: Einerseits befreit sie die Exekutive von normativen Bindungen und schafft damit „reine Herrschaft" zum Zwecke der Gleichheit — doch welche Exekutive? Im wesentlichen die Erlaßgewalt, den Durchführungsverordnung-Geber, die Ministerialmacht. Bei der nachgeordneten Steuergewalt jedoch wird das Gegenteil bewirkt, eine noch weit stärkere Bindung an Nivellierungsgedanken, eine Disziplinierung der Verwaltung unter der Herrschaftsmacht, welche besonders in der Ministerialgewalt in Erscheinung tritt.

Denn auf der Ebene der Finanzämter, vielleicht schon der Oberfinanzdirektion, gilt ja, gerade im Namen der Typisierung, das reine, harte Gleichheitsdenken nahezu widerspruchslos. Andere als Egalitätserwägungen werden hier nur selten mehr angestellt werden können, gerade weil Typisierung so weitgehend noch von oben, aus dem Ministerialbereich heraus, erzwungen wird. Behördenpolitik in Anerkennung besonderer Freiheitsräume, Individualitäten, hat hier kaum noch Sinn und einen im Laufe der Zeit immer geringeren Raum.

Die Machtverstärkung zeigt also hier zwei Gesichter: zum einen die Entbindung der höheren Exekutive von jener Norm, welche Freiheit, Vertrauen sichern könnte; zum anderen die scharfe Disziplinierung innerhalb der Exekutive, damit aber lastende Machtverstärkung innerhalb der Staatsgewalt. Und dies entlastet wiederum auch die nachgeordneten Bereiche der Steuerverwaltung: Sie müssen weniger befürchten, daß sich der Bürger mit Anfragen, Eingaben, Beschwerden gegen ihre nivellierende Steueranwendung zur Wehr setzt; und wenn er es tut, so kann sogleich — nivellierend, vereinfachend, machtwirksam gebrochen werden. Typisierung ist nicht nur bequemere Verwaltung unten, sondern auch oben, sie ist der Anfang vom Ende wirksamer Beschwerden. Und daß der Steuerstaat damit sogar der parlamentarischen Kontrolle entgeht, die hier vielleicht noch für mehr Freiheit sorgen könnte, ist doch auch ein angenehmes Nebenergebnis der Machtverstärkung.

Denn der Steuerstaat ist eben letztlich nur eines: ein Mechanismus unbeschränkter Machtverstärkung, ein einziger großer Gleichheitsapparat.

Von der Leistung zur Leistungsfähigkeit — die soziale Nivellierung*

Ein Beitrag wider das Leistungsfähigkeitsprinzip**

I. Leistungsfähigkeit — ein allgemeiner Nivellierungsbegriff

In der modernen Steuerstaatlichkeit haben sich zahlreiche Herrschaftsbegriffe entwickelt, die in andere Bereiche der Staatlichkeit übernommen werden konnten und dort eine der Abgabengewalt vergleichbare Herrschaft begründet haben. Der wichtigste von ihnen ist der der Belastung nach Leistungsfähigkeit, der heute noch immer die zentrale „Steuerlegitimation" darstellen soll. Die These des Folgenden ist: In der Leistungsfähigkeit liegt keine Spur von Legitimation, es sei denn die der Nivellierung. Belastung nach Leistungsfähigkeit beruht auf einem radikal egalitären Vorverständnis; sie verstärkt nicht nur die staatliche Herrschaft, sie ist selbst nichts als ein Begriff reinen Herrschens, purer Staatsgewalt.

Leistungsfähigkeit ist als Legitimationsbegriff im Steuerrecht entwickelt worden, nachdem sich alle anderen Begriffe der Steuerlegitimation (Gegenleistung, Assekuranz u.ä.m.) nicht nur als ungenügend erwiesen hatten, sondern als generell ungeeignet, die harte Wirklichkeit eines hier ganz reinen Herrschens auch nur zu beschreiben. Im Steuerrecht selbst ist der Begriff heute steigender Kritik ausgesetzt; immer deutlicher wird erkannt: Die Behauptung, wer mehr habe, könne auch dem Staat mehr geben, legitimiert nicht. Noch nicht klar erkannt ist aber bisher, daß in dem Wort eine gewaltige Machtpotentialität steckt, und daß es heute, weit über alle Abgaben hinaus, auch in anderen Bereichen Geltung beansprucht, dort den Gleichheitsstaat beschreibt, ja konstituiert.

Der wirtschaftlich Stärkere kann mehr an Belastung tragen, und weil er es kann, muß er mehr leisten — dies ist heute ein Prinzip nivellierender Sozial-

---

* Erstveröffentlichung in: Steuer und Wirtschaft 1983, S. 97–102.

** Die folgenden Ausführungen hat der Verfasser bereits, in größerem Zusammenhang, in einer Monographie „Der Gleichheitsstaat — Macht durch Nivellierung", Duncker & Humblot, Berlin 1980, vorgelegt. Diese Arbeit wiederum ist der zweite Band einer Reihe von Betrachtungen zur „Spätdemokratie": Sie begann mit „Demokratie — Selbstzerstörung einer Staatsform?", Duncker & Humblot, Berlin 1979, wurde nach dem „Gleichheitsstaat" fortgesetzt mit „Die demokratische Anarchie — Verlust der Ordnung als Staatsprinzip", Duncker & Humblot, Berlin 1982, und soll demnächst mit einer Monographie über die Persönliche Gewalt fortgeführt werden.

politik als solcher. Die Beitragsbemessung nach dem Einkommen in der Sozialversicherung beruht ebenso darauf wie die Forderung nach Sozialtarifen für kommunale Leistungen, die Gewährung einheitlicher Sockelbeträge bei Lohn- und Gehaltsrunden kann ebenso darauf zurückgeführt werden wie die zahllosen nach dem Einkommen gestaffelten staatlichen Leistungen an die „sozial Schwächeren". Und die immer häufiger in Gesetzen auftretenden sogenannten Härteklauseln, welche die Härte des Regierens weniger abmildern als vielmehr erst eigentlich deutlich machen, sind wiederum nichts anderes als ein Ausdruck der Belastung nach Leistungsfähigkeit.

Der Begriff hat heute schon alle Vorteile eines echten Axioms: Er wirkt allgemein, unbewußt, unbedingt. In der Staatslehre wird er als solcher nicht unter den Staatsgrundprinzipien abgehandelt, obwohl er im Gleichheitsstaat ein solches geworden ist. Zur Begründung wird er nur nach Bedarf herangezogen, es ist nicht allgemein bewußt, daß er letztlich überall zugrunde liegt. Daher wird das Leistungsfähigkeitsaxiom auch gar nicht mehr diskutiert, es ist, als solches, der Kritik entzogen. Wer mehr hat, kann mehr geben — dies wirkt geradezu als Ausdruck einer ganzen Staats-, wenn nicht Lebensphilosophie von ungeistiger, naturalistischer, damit aber um so stärkerer Überzeugungskraft. Wer über diesen Begriff nachdenkt, ihn kritisiert, trifft das Herrschaftszentrum des Gleichheitsstaates.

II. Die Pseudobegründung der Leistungsfähigkeit aus der Freiheit

Scheinlegitimation aus Freiheit ist die größte Stärke des Gleichheitsstaates — hier zeigt sich dies besonders deutlich: Wer kann, der muß – er braucht ja nur – nicht zu können ... Gewährt das Axiom von Belastung nach Leistungsfähigkeit nicht eine ganz große Freiheit, die „Freiheit, klein zu bleiben, damit immer weniger belastet zu werden"? Dies ist die Freiheit des Gleichheitsstaates: die Freiheit nach unten. Mit eigentlichem Freisein hat sie nichts zu tun, denn es ist immer nach oben gerichtet, zur Ungleichheit, dahin, wo man größer wird als der Nächste.

Unterschwellig wird für diese Pseudobegründung des Leistungsfähigkeitsaxioms aus der Freiheit sogar noch die Zustimmung des Belasteten selbst bemüht: Hat er nicht damit den stärkeren Eingriff „gebilligt", daß er eben größer hat werden wollen, hat er nicht damit rechnen müssen und gerechnet, daß ihn jede Verstärkung seiner Position in größeren Staatszwang führt? Sind das nicht einfach — die Spielregeln der modernen Staatlichkeit?

Doch auf diese Weise kann nicht etwa Sozialvertraglichkeit in einer neuen Version bemüht werden, als habe der Bürger nicht nur die Macht stillschweigend akzeptiert, sondern auch noch die sich verstärkende Belastung. Mit

Recht verweist die Staatslehre immer mehr derartige globale und implizite „Billigungen“ in den Bereich der machtverschleiernden, unzulässigen Fiktionen; und dies wäre ja nicht anders als ein riesiger, globaler Grundrechtsverzicht — je mehr ich Freiheit in Anspruch nehme, desto mehr muß ich an staatlichem Zwang dulden!

Wer also den Grundsatz der Belastung nach Leistungsfähigkeit auch noch durch Freiheit rechtfertigen will, setzt im Grunde alles voraus: daß es gut und zulässig sei zu nivellieren, und daß der leistungsfähige Bürger dies auch noch einsehe und billige.

III. Leistungsfähigkeit — ein Begriff reiner faktischer Gewalt

1. Der Leistungsfähigkeitsgrundsatz besagt, daß demjenigen Bürger mehr genommen werden soll, der mehr geben kann. In diese Sollens-Form gekleidet erscheint der Satz als ein Rechtsprinzip. In Wahrheit ist er zunächst nur eines — eine Feststellung reiner Tatsächlichkeit: Je mehr vorhanden ist, desto mehr, desto leichter kann man es nehmen. Und da der Satz nicht in erster Linie einen Befehl aussprechen, sondern Befehle legitimieren soll, so kann man eben nur auf diese Faktizitäts-Begründung setzen, daß der Staat um so mehr nimmt, je mehr er findet, daß er also um so mehr Gewalt einsetzen darf, je mehr diese Macht ihn zu materiellem Gewinn führt.

Was hier im Kleide eines Rechtsprinzips, einer großen staatstheoretischen Legitimation der Herrschaft geboten wird, läßt sich an Banalität, ja an Trivialität kaum überbieten. Es ist letztlich nichts als die Feststellung der Herrschaft, des Ablaufens des Machtmechanismus selbst; denn was wäre Macht denn anderes als eine Kraft, die sich dort und nur dort durchsetzt, wo eben etwas zu beherrschen, etwas zu holen, etwas zu bewirken ist. Es ist wirklich erstaunlich, daß die Rechtswissenschaft eine Tatsachenfeststellung, die docht nichts als reine Machtbeschreibung, und noch dazu auf einer intellektuell recht niederen Stufe, als ein Rechtsprinzip von höherer Bedeutung einsetzen zu können glaubt, denn diese Staatsweisheit ist entweder nichts als eine reine Tautologie — geherrscht kann eben nur werden, soweit es etwas bringt; oder sie ist sogar Ausdruck einer echten Machtbrutalität — die Macht soll soviel nehmen, wie sie irgendwo erlangen kann. Daß dies alles mit dem Recht, mit Begründung, Ordnung, Beschränkung überhaupt nichts zu tun hat, sondern rein einen Tatsächlichkeitsmechanismus beschreibt, bedarf eigentlich keines weiteren Beleges.

2. Als Rechtssatz ist das Prinzip der Belastung nach Leistungsfähigkeit von einer „Qualität“, die mit den allgemeinen Rechtsprinzipien unvereinbar ist. Hier wird ja nicht nur etwa das Sein mit dem Sollen gleichgesetzt, zum Sollen erhoben; der Sprung ist noch größer: von der Möglichkeit zum Müs-

sen, von der Möglichkeit, etwas zu nehmen, zu der Berechtigung, dies zu tun. Hier wird nicht so sehr ein tatsächlicher Zustand zur Norm erhoben; denn nur im Urwald mag es der Realität entsprechen, daß überall dort genommen wird, wo sich etwas findet. Es erfolgt vielmehr der viel gefährlichere Übergang von der Möglichkeit zum Müssen. Dies aber ist, es muß einmal hart ausgesprochen werden, staatsgrundsätzlich nichts anderes, als die Glorifizierung der reinen Gewalt, als der Anreiz dazu, diese Gewalt systematisch einzusetzen und auszunützen. Hier verdecken komplizierte juristische Begriffe und Deduktionen nichts anderes als ein ganz primitives „Wer kann, der darf" — der ungleiche, stärkere Staat darf den Bürgern soviel nehmen, wie sie haben, wenn er sie durch Gleichheit schwächer gemacht hat, damit sie noch stärker egalisiert werden.

Moralphilosophen mögen darüber nachsinnen, was eine derartige Staatsmaxime unterscheidet von den selbstverständlichen und jahrhundertealten Gewohnheiten der Straßenräuber, die ja auch nur dort nehmen, wo etwas zu finden ist.

3. Doch jenseits einer solchen, und wohl sehr berechtigten, staatsethischen Entrüstung bleibt staatsgrundsätzlich für den Gleichheitsstaat festzustellen: Daß es überhaupt möglich war, daß der Leistungsfähigkeitsgrundsatz als Begründung staatlicher und notwendig nivellierender Eingriffe, weit über die Steuer hinaus, eingesetzt wurde, dies zeigt nur eines: daß in der Gleichheit selbst die Gewalt nicht abgebaut, sondern in ganz grundsätzlicher, geradezu nackter Weise als solche herausgestellt, „legitimiert" wird. Es ist, als könne die Staatsgewalt nur unter der Maske der Gleichheit ihr Gesicht der reinen Gewalt verbergen, es gegen alle anderen Grundsätze von Recht und Gerechtigkeit schützen.

Ein Staat, der nach dem Grundsatz der Belastung nach Leistungsfähigkeit vorgeht, beweist allerdings eindrucksvoll eines: daß er der Stärkere ist, und daß er es überall ist. Wo immer dieses Prinzip eingesetzt wird, erscheint die Existenzberechtigung des Staates besonders deutlich bewiesen — im Steuerstaat zuerst, in dessen Perfektionismus schon ein Ludwig XIV. erstmals den großen, absoluten Staat in Europa errichtet hat. Nehmen nach Leistungsfähigkeit — dies treibt die Macht an zur Allgegenwart, zum Zugriff an allen Ecken und Enden, und immer mit einer Tendenz: Es soll die kleinere oder größere, mögliche oder schon tatsächliche Gegengewalt gebrochen oder erstickt werden, die der Bürger sich durch Leistung aufgebaut hat. Denn dies vor allem ist ja solche Leistungsfähigkeit: der Gegenbegriff zu jeder Leistung.

Daß hinter dem Leistungsfähigkeitsprinzip nur eines steht: durch mehr Gleichheit zu mehr reiner Macht, zeigt sich deutlich, wenn man die herkömmlichen Begründungen dieses Prinzips näher analysiert.

IV. Belastung nach Leistungsfähigkeit — „gleiche Merklichkeit der Herrschaft“

Die Maxime, daß der Staat nach der Leistungsfähigkeit den Bürger belasten müsse, wird häufig damit begründet, daß er verpflichtet sei, überall eine „gleiche Merklichkeit der Macht“ herzustellen. Diese aber sei nur gewährleistet, wenn dem Leistungsstärkeren mehr genommen werde als dem Schwächeren; das soll insbesondere auf dem Wege der Progression durchgesetzt werden. Andernfalls, so argumentiert man, müsse die Leistung des Einzelnen zu einer Mauer gegen die Staatsgewalt werden, hinter der sich ein neuer Leistungsfeudalismus gegen die zentrale Macht aufbauen könne; denn diese Mauern des Besitzes oder des Einflusses schirmten den Bürger gegen die Staatsgewalt ab, machten ihn machtunempfindlich.

Hier wird ein Zweifaches ganz deutlich: zum einen, daß Belastung nach Leistungsfähigkeit ganz wesentlich ein Nivellierungsbegriff ist; und zum anderen, daß diese Egalisierung auf Machtmaximierung hinausläuft.

1. Das Postulat, daß die Staatsgewalt jedem Bürger gegenüber gleich merklich sein soll, läßt sich nur durch ein Gleichheits-Vorverständnis begründen. Denn wo steht denn geschrieben, daß der Staat jedem Bürger machtmäßig gleich nah kommen muß, daß seine Macht allen gegenüber gleicherweise merklich sein soll? Dies ergibt sich doch keineswegs aus dem Wesen der Staatsgewalt als solcher, sondern nur dann, wenn man in sie ein egalitäres Element von vornherein legt. Ein solches mag im Begriff des Bürgers zu finden sein, der dann eben dadurch definiert wird, daß jeder, der diesen Namen trägt, nicht nur unmittelbar zum Staat ist, sondern auch mit seiner privaten Sphäre in gleichem Abstand um diese staatliche Sonne rotiert. Doch dann ist nichts anderes erfolgt, als daß man den Bürgerbegriff eben auch bereits durch ein egalitäres Vorverständnis belastet hat; und gerade dies ist ja seit der Französischen Revolution geschehen. Aus dem Begriff der Staatlichkeit oder der Staatsgewalt aber läßt sich ein derartiger gleicher Abstand der Gewaltunterworfenen zur Macht nicht gewinnen.

Dies zeigt deutlich das Beispiel der aristokratisch strukturierten Staatlichkeit: Hier steht die vermeintliche oder wirkliche Elite näher und zugleich weiter entfernt von der Staatsgewalt als die anderen Gewaltunterworfenen, gewisse Äußerungen derselben sind für sie merklicher, andere wieder unmerklicher. Diese Elite ist es auch, welche die Merklichkeit der Staatsgewalt für die „Kleineren“ erst vermittelt. Dies ist also ein ganz anderes System der Merklichkeit staatlicher Macht als das des Gleichheitsstaates: Seine „gleiche Machtmerklichkeit für alle“, welche das Prinzip der Belastung nach Leistungsfähigkeit begründen soll, ist nichts anderes als Ausdruck einer Gleichheit, mit der diese Staatlichkeit bereits begonnen hat, einer Egalität, die sich eben in dieser Belastung nach Leistungsfähigkeit fortsetzt. Leistungsfähigkeit kann man also von Gleichheit gar nicht isolieren, sie vermag keine Egalität zu begründen, weil sie ja selbst auf dieser aufruht.

Darüber kann allerdings kein Zweifel bestehen: Wenn man ausgeht vom Postulat größtmöglicher Gleichheit, dann gibt es kaum ein besseres Instrument, derartiges herzustellen, als demjenigen mehr zu nehmen, der mehr hat und vermag.

2. Der eigentliche Hintergrund der Lehre von der Notwendigkeit „gleicher Merklichkeit der Staatsgewalt“ ist aber noch ein anderer: Dies ist ein rein machtpolitischer Lehrsatz, kein Prinzip des Rechts, sondern eine Regel wirksamer Machtausübung. Hier wird die Staatsgewalt nicht, wie in feudalen, aristokratischen Ordnungen, mit den Interessen gewisser Gruppen verbunden, sie wird vielmehr als solche, in reiner Form, den Gewaltunterworfenen gegenübergestellt. Geht man davon aus, so ist es selbstverständlich, daß jede Gegenmacht verhindert werden muß, daß sich infolgedessen niemand in die Staatsferne einer geringeren Merklichkeit der Staatsgewalt soll flüchten können. Die Staatsgewalt, welche über allem steht, muß auch für alle gleich fühlbar bleiben, wie stark, das heißt aber: leistungsfähig sie auch sein mögen.

Damit erweist sich die Regel von der Belastung nach der Leistungsfähigkeit als nichts anderes, denn als das Postulat der absoluten Machtmaximierung gegenüber den Gewaltunterworfenen: Keiner von ihnen soll sich der Herrschaft entziehen können; und deshalb muß diese Leistungsfähigkeit auch auf alle Herrschaftsformen angewendet werden, weil sie für alle Macht, für die ganze Gewalt gelten muß, nicht nur für Sektoren derselben, etwa das Steuerrecht. Im letzten ist also dieses Leistungsfähigkeitsprinzip nichts anderes als die Umschreibung der Herrschaftsform des Gleichheitsstaates selbst, der Herrschaft durch Gleichheit. Gerade hier zeigt sich, welche gewaltige Macht in der Egalität steckt: Flächendeckend will sie alle Bürger erfassen, weil sie sich, im Gegensatz zu oligarchisch-aristokratischer Machtauffassung, nicht nur will behaupten können, sondern weil sie wirklich und aktiv zu herrschen beabsichtigt. Wo also das Leistungsfähigkeitsprinzip eingesetzt wird, zeigt sich ein ganz hochentwickeltes Selbstbewußtsein der Macht, die sich nicht behaupten, sondern wirken will, und zwar systematisch-allseitig, nicht schwerpunktmäßig. Hier sollen keine feudalen Zwingburgen errichtet werden, mit dem Leistungsfähigkeitsprinzip werden, ganz im Gegenteil, alle Gegenburgen gebrochen, das ganze Land ist der Gleichheit in voller Herrschaftsunterworfenheit geöffnet.

V. Leichtere Durchsetzbarkeit gegenüber Leistungsfähigen — ein Zeichen vorgängiger Egalisierung

1. Es liegt nahe, das Prinzip der Leistungsfähigkeit damit begründen zu wollen, daß die für den Staat erforderlichen Leistungen erfahrungsgemäß leichter bei Leistungsfähigen beizutreiben seien als bei weniger potenten Bürgern. Dieser Praktikabilitätsgesichtspunkt könnte dafür sprechen, in dem Prinzip nichts anderes zu sehen als eine Erfahrungsmaxime reibungsloser Machtabwicklung. In Wahrheit läßt sie sich so jedoch nicht erklären, sondern es zeigt sich auch hier wieder, daß sie nichts anderes als der Ausdruck der bereits installierten Gleichheitsmacht, daß sie ihr Instrument ist. Denn dadurch wäre eine Verminderung des Widerstandes gegen die Herrschaft ja letztlich gar nicht zu erreichen, daß man sich in erster Linie an die leistungsfähigeren Bürger wendet — das Gegenteil müßte notwendig eintreten: Sie als die sozial Stärkeren würden wirksamen Widerstand leisten. Widerstandsvermeidend wäre also genau das Gegenteil: stärkere Belastung der Schwächeren, weil sie weniger wirksam widerstehen können. Nur dann ist der Machtdruck wirksamer gegenüber den Leistungsfähigen, wenn diese bereits völlig „entfeudalisiert" sind, in einer vorgängig geschaffenen Gleichheitsordnung, in der sie sich verpflichtet fühlen wie alle anderen Bürger auch. Am Anfang muß also stets die Gleichheit, das allgemeine Gleichheitsgefühl stehen, erst dann kann damit gerechnet werden, daß der Belastungswiderstand bei den Leistungsfähigeren geringer ist, daß sich bei ihnen „leichter etwas holen läßt". Praktikabilitätserwägungen leichter Durchsetzbarkeit können also nie am Anfang der Machtausübung nach Leistungsfähigkeit stehen, sie sind stets nur die Folge einer bereits weithin durchgesetzten Gleichheitsordnung.

2. Und einer Egalitätsordnung, die sich gerade durch die Belastung nach Leistungsfähigkeit noch weiter verfestigt. Denn das Wort von der stärkeren Belastung nach Leistungsfähigkeit ist eben nicht nur eine Folge der Egalität, sondern zugleich auch ein Instrument zu ihrer Durchsetzung. Was wenig bemerkt wird: Es sagt letztlich gar nicht aus, was es wirklich meint — erweckt wird der Eindruck, als wolle man nur an stärkerer Leistungsfähigkeit partizipieren, sie als solche jedoch belassen. Doch hier gerade kommt es zum entscheidenden Übergang in etwas ganz anderes, im Namen der Gleichheit: Das folgerichtig eingesetzte Leistungsfähigkeitsprinzip führt dazu, daß immer weniger Unterschiede in der Leistungsfähigkeit bestehen, denn es wirkt eben einebnend, die Steuerentwicklung zeigt es deutlich. Das Prinzip sagt ja nicht aus, daß jeder um soviel mehr belastet werden soll, als er leistungsstärker ist: vielmehr liegt in ihm die Möglichkeit einer viel weitergehenden Belastung der Stärkeren, damit aber der Durchbruch zu einem Prinzip, das letztlich mit der Leistungsfähigkeit gar nichts mehr zu tun hat: zur *Progression*. In der Leistungsfähigkeit steckt die Fähigkeit zur großen Mutation, vom Niederhal-

ten der Bürger in Machtkonservierung bis hin zur Machtverstärkung durch weitere progressive Nivellierung.

Hier erweist sich sehr deutlich, daß es keineswegs nur darum geht, eine „Herrschaft des geringsten Widerstandes“ aufzubauen, daß man nicht nur dort holen will, wo man es am leichtesten findet; vielmehr soll die gesamte Sozialstruktur in einer Weise aktiv verändert werden, die dann nicht nur ein „leichteres Herrschen“ ermöglicht, sondern ein vollständigeres, ein systematisches, wie es eben nur der Gleichheitsstaat kennt. Nicht praktikable Abwicklung, sondern echte Machtbegründung — darum geht es beim Einsatz der Leistungsfähigkeit.

VI. Belastung nach Leistungsfähigkeit — steigender Zoll für Ungleichheit — die Rückkehr des Assekuranzdenkens

Der Grundsatz der Belastung nach Leistungsfähigkeit, der sich inzwischen längst ausgeweitet hat, zu einem allgemeinen Prinzip der Belastung nach Belastbarkeit, sollte im Abgabenrecht ursprünglich die frühere hauptsächliche Rechtfertigung der Steuern ablösen: die Assekuranztheorie. Nach dieser Auffassung war die Steuer letztlich doch nur ein Kaufpreis, den der einzelne der Gemeinschaft entrichtet — für eine Versicherung seines freien, ungehinderten privaten Lebens in ihr. Dem modernen Gleichheitsstaat konnte eine derartige Theorie nicht genügen, welche seine Herrschaftsordnung aufzulösen versuchten in eine kommerzielle Austauschbeziehung, in ein Tauschgeschäft „Geld gegen Sicherheit durch Macht“. Er verlangte mehr, eben jene allgemeine Leistungsfähigkeitstheorie, die ihm Rechte gab zur Egalisierung, ohne die Verpflichtung, jeweils entsprechend größere und kleinere Freiheitsräume dem einzelnen zu belassen.

Doch eine eigentümliche Entwicklung führt nun dazu, daß einer nivellierten Bürgerschaft gegenüber sogar wieder das alte, gute Assekuranzdenken als Rechtfertigung der Staatlichkeit, der Herrschaft herangezogen werden kann. Wenn die Gleichheit das Grundprinzip des Gemeinschaftslebens ist, so wird jede Ungleichheit zur Anomalie im wahrsten Sinne des Wortes, zu einer sozialen Unebenheit, welche der besonderen Rechtfertigung, wenn nicht spezieller staatlicher Zulassung bedarf. Dann aber liegt es ganz nahe, daß die Gemeinschaft eine Art von Wegezoll erhebt für Ungleichheit, daß sie es sich besonders hoch bezahlen läßt, wenn ein Bürger anders oder höher leben will als der andere. So kann ja durchaus auch das Leistungsfähigkeitsprinzip verstanden werden; dann aber steht es doch eigentlich gar nicht mehr im Gegensatz zum Assekuranzdenken: Der Reiche, Mächtige muß mehr abgeben als der sozial Schwächere, weil er eben in seiner ungewöhnlichen, herausragenden Stellung in einer nivellierten Gemeinschaft von dieser nicht nur geduldet wird, sondern besonders gesichert werden muß. Diese sozialen Sicherungskosten aber werden um so größer, je stärker die Gleichheit anwächst. Je mehr also über das Leistungsfähigkeitsdenken nivelliert wird, desto mehr kann man vom ungleichen Bürger an Wegezoll der Freiheit verlangen, an Ungleichheitsversicherung.

Dies ist auch durchaus nicht graue Staatstheorie, vielmehr lassen sich hier die alten Gedankengänge der Assekuranztheorie wieder aufnehmen: Die Gemeinschaft der Gleichen duldet den Luxus grundsätzlich nicht, wer ihn sich leistet, muß mit berechtigtem Sozialneid rechnen; wird er von den anderen Gleichen angegriffen, politisch oder kriminell, so bedarf er des ganz besonderen Schutzes der Gemeinschaft, der immer schwieriger wird, je mehr man sich über das allgemeine Niveau erhebt. In einem eigentümlichen Paradox wird der Stärkere immer schutzbedürftiger, weil er auf immer härteren Gleichheitswiderstand stößt. Die Aufrechterhaltung dieser speziellen Gleichheitsreservate — die muß er eben hoch bezahlen, wie ja auch in der modernen industrialisierten Marktwirtschaft der Luxusartikel unverhältnismäßig mehr kostet als die Befriedigung der platten, nivellierten Massenbedürfnisse.

So findet die Leistungsfähigkeit wieder zurück zum Assekuranzdenken, verbindet sich mit ihm in einer einzigen egalitären Machtlegitimation. Und nicht nur Herrschaftsbegründung wird hier geleistet, es werden die Grundlagen der typisch egalitären Herrschaftsverstärkung bereits prinzipiell gelegt: Jener Gleichheitswiderstand, gegen den der Ungleiche sich durch höhere Leistungen „versichern" muß, er wächst eben keineswegs gleichmäßig mit dem Maße der Ungleichheit, er nimmt vielmehr weit rascher zu, in geometrischer Progression; jedenfalls läßt sich dies politisch leicht behaupten und durch die ja stets in einer Gleichheitsordnung berechtigten Reaktionen des kollektiven Sozialneides eindrucksvoll belegen. Damit aber leistet die Assekuranztheorie neuen Stiles, aufbauend auf einer „recht verstandenen", egalitären Leistungsfähigkeit, gerade das, wozu sie früher kaum dienen konnte: die Legitimation der höchsten Steigerung des Leistungsfähigkeitsdenkens — der Progression.

VII. Die egalitäre Selbstverstärkung der Herrschaft durch das Leistungsfähigkeitsprinzip: die progressive Belastung

Die Steuerprogression war es, welche den großen Durchbruch zum Gleichheitsstaat erreicht hat und diesen immer weiter befestigt. Sie hat sich inzwischen gesteigert und erweitert zu einem ganz allgemeinen Denken in progressiver Belastbarkeit, wie es insbesondere in den zahllosen Transferleistungen des Staates an die sozial schwächeren Bürger täglich praktiziert wird. Mit der Progression erreicht der Gleichheitsstaat einen, wenn nicht überhaupt seinen Höhepunkt: Hier nivelliert er am stärksten, und hier wird sein Grundprinzip der Leistungsfähigkeit zur Selbstverstärkung der Herrschaft.

1. Die größte Macht des Prinzips der Leistungsfähigkeit liegt in seiner eingängigen Unbestimmtheit. Daß derjenige mehr an die Gemeinschaft zu leisten habe, der mehr besitzt oder mehr vermag, dies mag ja an sich geradezu als eine Forderung der Gerechtigkeit erscheinen, niemand wird ihm widersprechen. Die entscheidende List der Gleichheit liegt aber darin, daß der Grundsatz eben nichts darüber aussagt, um wieviel mehr denn der Stärkere jeweils zu leisten habe. So konnte denn hier, politisch zwar nicht unbemerkt, aber doch in seinen eigentlichen Auswirkungen auch nicht annähernd erkannt, eine Wende erfolgen, die man wieder einmal nur kopernikanisch nennen kann: der Übergang von der einfach-verhältnismäßigen zur progressiven Belastung bei steigender Leistungsfähigkeit. Dieser Übergang gelang in jener Welt der späten Gründerzeit und der jugendstilhaften Staatsromantik, in der sich die herrschende Schicht so grenzenlos reich dünkte – und es war – daß sie dem Staat diesen kleinen Obolus geradezu als Wegezoll ihres Glücks glaubte entrichten zu müssen; sie ist daran zugrunde gegangen.

Denn nun brach alsbald der eigentliche Inhalt des Leistungsfähigkeitsdenkens durch: Es geht nicht darum, daß der Staat gleichmäßig teilnehmen soll am Erfolg des Bürgers, sondern um weit mehr — um Veränderung, Nivellierung des Herrschaftssubstrats, um Herrschaft. Nunmehr wurde die Gleichheit mit ihrer Leistungsfähigkeit erst wirklich herrschaftsbewußt: Sie nahm den Grundsatz ernst, daß nicht Güter Steuern zahlen, sondern Menschen; das erscheint als Selbstverständlichkeit, doch darin liegt ein tiefes Herrschaftsprinzip aller Abgaben- und staatlicher Belastungsgewalt: Wären es Güter, wäre es Reichtum, der belastet würde, so könnte nichts die Progression rechtfertigen. So aber wird all dies einzelnen Menschen zugerechnet, dem Bürger, der ja ein Herrschaftsobjekt ist; und dann wird die Abgabe zum Herrschaftsinstrument, weil es eben letztlich nicht darum geht, dem Staat Geld zuzuführen, sondern die Bürger gleich zu machen, sie aus jener großen Kapitalkraft zu drängen, die stets Staatsunabhängigkeit, Freiheit, ja Antistaatlichkeit bedeutet hat. Im Namen der Leistungsfähigkeit sollten nicht Staatszinsen von privatem Kapital erhoben werden, es läuft ein Unterwerfungsvorgang von Menschen unter staatliche Gewalt ab. Und in der Unbestimmtheit des Leistungsfähigkeitsgrundsatzes, der jede beliebige Progression prinzipiell gestattet, darin wird die Gleichheit zu einer Selbstverstärkung der Macht prinzipiell grenzenlos, bis hin zur völligen Nivellierung.

2. Dies ist die große Stärke der Progression im Leistungsfähigkeitsdenken: Sie gleicht den Mehrwert der Freiheit nicht nur aus, sie überholt auf Dauer all das, was man den Prämiengewinn der Freiheit nennen kann. Die marxistische Theorie vom ökonomischen Mehrwert, der dem Kapitalisten zufällt, ist ja nur Teil einer viel weiter zu entfaltenden Mehrwertlehre. Für den Bereich der politischen Macht ist etwas Entsprechendes, die Prämien der Macht, eindrucksvoll nachgewiesen worden, jene Selbstverstärkung der Herrschaft, die

der Besitz der Mächtigkeit in vielfacher Weise gewährt, auch und vor allem in der parlamentarischen Demokratie. Doch auch dies ist nur ein Unterphänomen einer weit größeren Entscheidung: Es gibt etwas wie eine Prämie der Freiheit schlechthin, einen Mehrwert der erreichten Libertät, der angesammelten Möglichkeiten. Dem, der hat, wird eben ganz allgemein leicht gegeben, das gilt für Macht, Einfluß, Kapital, es gilt für jeden Freiheitsraum in der Gemeinschaft. In jedem erreichten Stück Bürgerfreiheit liegt die Tendenz zu seiner Verstärkung, zur Schaffung eines größeren Freiheitsraumes auch gegen die Gemeinschaft. Deshalb muß der Staat, um das Gleichgewicht stets zu halten, gegensteuern mit den allgemeinen Prämien seines Machtbesitzes. Und nirgends ist er darin wirksamer, als in der egalitären Progression der Belastungen nach Leistungsfähigkeit. Dies ist das deutlichste Zeichen des egalitären Mehrwerts, der der Staatsgewalt stets zufließt; und er verstärkt sich eben, dies liegt im Prinzip der Progression, schneller als jeder kapitalistische Mehrwert, als jede Zunahme der Freiheit. In der Progression hat damit die Egalität die Libertät grundsätzlich und endgültig überholt.

3. Die Progression ist auch darin ein besonders günstiges Herrschaftsinstrument der Gleichheit, daß sie nicht nur einzelne Spitzen abbricht, sondern eine allgemeine, nahezu bruchlose Einebnung bewirkt. Ganz folgerichtig ist es dem modernen Gleichheitsstaat von Anfang an nicht darum gegangen, im Namen der Leistungsfähigkeit Spitzen zu „kappen". Er hätte dadurch vielleicht gewisse private Gegenmächte, neue Formen der Zwischengewalten von Kapitalisten oder anderen Mächtigen brechen können; doch hier hätte letztlich die Gleichheitslegitimation versagt, die Herrschaft wäre als lastender Eingriff offenbar „odios" geworden. Ein derartiges Vorgehen, ein solches Brechen großer Bürgerzwingburgen in der modernen Gemeinschaft, es wäre auch nichts anderes gewesen, als der Ausdruck eines überholten Herrschens mit großen Schlägen, wie es die Feudalzeit üben mochte. Der Staat der Progressionen kennt keine derartigen Kraftakte, ihm ist an bruchlosen Übergängen gelegen. Deshalb wird er auch immer versuchen, sich von stufenmäßig wirkenden Steuertarifen zu entfernen, denn sie sind mit dem Odium der Ungleichheit belastet. Seine Kurve progressiver Belastungen mag noch so steil steigen, wichtig ist, daß dies kontinuierlich geschieht, damit die Unmerklichkeit bewahrt bleibe — und all dies liegt ja in einem wohlverstandenen Grundsatz wirklich progressiver Belastung.

Der Sinn des Gleichheitsstaates ist erst dann verwirklicht, wenn diese Ordnung gar keine großen feudalen Gegenspieler mehr findet, keine Kanonenbarone oder andere Kapitalisten mehr, welche so mächtig wären, daß ihr politischer Einfluß durch Spezialgestaltungen gebrochen, auf Gleichheit reduziert werden müßte. Das eigentliche System der Leistungsfähigkeits-Gleichheit muß in der Progression sozusagen gewichtlos rollen; reibungslos und wie von selbst muß die immer größere Abflachung privater Mächtigkeit erreicht werden. Alle Täler müssen ausgeglichen werden, und eines Tages werden alle Stufentarife im gleitenden Spektrum der Progression verschwinden. Den Gleichheitsstaat braucht gelegentliche kapitalistische Mächtigkeit nicht zu beunruhigen; denn am Ende wird doch die große Gleichheit stehen — mit der Notwendigkeit der Progression.

VIII. Durch Leistungsfähigkeitsdenken zur Bedürfnisbeherrschung durch den Staat

Der Staat herrscht nicht nur darin, daß er dem Bürger im Namen der Leistungsfähigkeit Werte entzieht, ihn stärker belastet, sondern auch darin, daß er ihm Güter und Entfaltungsräume seiner Freiheit beläßt — aber gleiche Räume. Damit wird er zum Herrn der Bedürfnisse, welche jeder Bürger befriedigen darf, er erschließt sich einen gerade heute entscheidenden Raum der Macht.

Das gesamte Denken in Kategorien der Leistungsfähigkeit beruht ja, irgendwie, auf einer Vorstellung von „elementaren Bedürfnissen", welche jedermann in der Gemeinschaft befriedigen darf. Im Namen der Egalisierung sind diese Bedürfnisse immer höher geschraubt worden, für alle. Heute gehört dazu bereits die größere Wohnung, das schönere Fahrzeug. Der Gleichheitsstaat ist der Garant all dieser Bedürfnisse für jedermann, oder auch für den allergrößten Teil der Bürgerschaft. Dies wird ihm denn auch immer mehr fordernd abverlangt, nicht mit vorsichtigen Anträgen, sondern in politischer Drohung. Wenn er es schon nicht selbst ist, der solche Bedürfnisse befriedigt — und bei immer zahlreicheren wird er selbst zum Garanten, man denke nur an das neue „Recht auf Wohnung" — so hat er doch durch seine gesamte Steuer- und Belastungspolitik dafür zu sorgen, daß ihre Erfüllung in der Leistungsfähigkeit des einzelnen liege.

Belastung nach Leistungsfähigkeit — eigentlich ist dies nichts mehr anderes als eine Belastung nach nivellierten Bedürfnissen.

Sicher kann hier der Staat nicht alles diktieren, vieles wird ihm von der technischen Entwicklung aufgezwungen, durch die selbstverständliche Forderung der egalisierten Masse. Und doch wächst dem Staat, dem Herrn über die egalisierte Leistungsfähigkeit, damit auch eine große Herrschaftsmacht zu: Soviel wie er an privater Leistungsfähigkeit dem Bürger noch beläßt, soviel kann dieser zur Bedürfnisbefriedigung einsetzen; durch den Rahmen seiner Belastungen und Abgaben bestimmt er den Lebensstandard in der Gemeinschaft, den Lebenszuschnitt ihrer Schichten und Gruppen. Mit den Mitteln, welche er dem privaten Konsum noch beläßt, bestimmt er wiederum die Investitionen und Produktionen, und all dies in der großen Gleichmäßigkeit der großen Zahl. Damit erst wird die Bestimmung der Leistungsfähigkeit durch den Staat zum Herrschaftsinstrument, daß es eben nicht einzelne sind, denen hier etwas gestattet oder verboten wird, daß dies auch nicht unmittelbar erfolgt, sondern daß durch die Steuerung zahlloser privater Leistungsfähigkeiten, letztlich durch die Konsumsteuerung, eine riesige globale Investitionskontrolle ausgeübt werden kann.

Natürlich ist dies nicht ein Herrschen in Einzelanordnungen, sondern Machtausübung durch das Setzen von Rahmenbedingungen. Doch dies gerade sind die modernen Formen der Machtausübung, die sich hier zeigen, von der Kontrolle der Leistungsfähigkeit über das Rahmendiktat der Bedürfnisse: Geherrscht wird nicht mehr in einzelnen Befehlen, sondern im Ziehen unüberschreitbarer Grenzen, innerhalb deren etwas von Freiheit bleibt. Leistungsfähigkeit — das ist letztlich ja ein Gewährenlassen, ein — noch-Gestatten. Und dies sind Formen moderner Gleichheitsordnung, ebenso weich und flexibel wie unentrinnbar. So sehr hat man sich bereits daran gewöhnt, staatliche Herrschaft nur mehr im harten zupackenden Einzeldirigismus zu sehen, daß diese doch viel stärkeren Herrschaftsformen bereits als Freiheit erscheinen.

Steuer- und Eigentumswende — die Einheitswert-Beschlüsse des Bundesverfassungsgerichts*/**

Die Einheitswertbeschlüsse des Bundesverfassungsgerichts bringen grundlegende Neuerungen im Steuer- und Eigentumsrecht: Die Gesamtsteuerbelastung muß aus den Erträgen der besteuerten Wirtschaftsgüter zu bezahlen sein, etwa die Hälfte der Erträge aber dem Eigentümer verbleiben. Die wirtschaftliche Grundlage persönlicher Lebensgestaltung hat die Besteuerung zu verschonen. Eine wesentliche Erhöhung der Vermögen- und Erbschaftsteuer dürfte daher ausgeschlossen sein. Höhere Freibeträge müssen – familiengerecht – vorgesehen werden. Die gegenwärtigen Einheitswerte sind verfassungswidrig, weil nicht hinreichend zeitnah. Das Einheitswertsystem aber kann Bestand haben. Angesichts der typischen Ertragslage des Grundeigentums müssen dessen Einheitswerte jedenfalls weit unter den Verkehrswerten liegen. Diese Entscheidungen zu Gleichheit und Eigentum gehören zu den bedeutendsten des Bundesverfassungsgerichts.

I. Bisher: Nach Verfassungs-Jahrzehnten — Steuer-Verfassungsrecht nur in Ansätzen

1. Schutzlosigkeit gegen die Steuerbelastung

Nach über 45 Jahren Grundgesetz, nach über 90 Bänden Verfassungsrechtsprechung aus Karlsruhe gab es von dort Korrekturen am Steuerrecht, ein Steuer-Verfassungsrecht gibt es nur in Ansätzen. Nun ist erstmals dessen Verfassungsgrund als solcher wirklich und wirksam gelegt worden — durch die beiden Beschlüsse zu den steuerlichen Einheitswerten, in ihrer Bedeutung für die Vermögensteuer[1] und die Erbschaftsteuer[2]. Damit hat sich eine verfassungsrechtliche Steuer-Wende vollzogen, die wohl niemand erwartet hatte. Ihr außerordentliches Gewicht zeigt ein Blick auf den bisherigen Rechtszustand: Das Bundesverfassungsgericht hat sich mit dem Themenkreis „Finanzverfassung“ befaßt, dort insbesondere den Begriff der „Steuer“ von der nur

---

* Erstveröffentlichung in: Neue Juristische Wochenschrift 1995, S. 2591–2596.

** Zugleich Besprechung von BVerfG, Beschl. v. 22.6.1995 – 2 BvL 37/91, NJW 1995, 2615 – Vermögensteuer-Beschluß, und BVerfG, Beschl. v. 22.6.1996 – 2 BvR 552/91, NJW 1995, 2624 – Erbschaftsteuer-Beschluß.

[1] NJW 1995, 2615.

[2] NJW 1995, 2624.

ausnahmsweise zulässigen Sonderabgabe abgegrenzt, die gelegentlich von Angehörigen einer homogenen Gruppe gruppennützig erhoben werden darf[3] — doch vor allem sollte dadurch die Haushaltsklarheit gewährleistet werden. In kaum mehr übersehbarer Judikatur[4] sollte die streng zu wahrende Steuergleichheit durchgesetzt werden — doch dies endete in einem Gestrüpp von einzelnen Steuertatbestandsvergleichen. Sichtbar ragte darüber nur eines heraus: die ständige Betonung der weiten Gestaltungs-, damit aber auch Belastungsfreiheit des Gesetzgebers[5] — nur äußerste Schranken waren ihm gesetzt. Damit lief Art. 3 GG weitestgehend leer[6]. Daran konnte auch das immer wieder betonte allgemeine Prinzip der Leistungsfähigkeit nichts ändern; das Bundesverfassungsgericht hat es selbst entscheidend relativiert[7], als „vieldeutig“ abgewertet[8].

Im Ergebnis blieb der Bürger, blieben Unternehmen und Wirtschaft weiterhin schutzlos gegenüber dem eigentlichen Zugriff dieser weichsten – und härtesten – aller Staatsgewalten: gegen die Abgabenhöhe. Was nützten ihnen vollmundige Beteuerungen ihrer unternehmerischen Wirtschaftsfreiheit[9], wenn der Steuerstaat sie in praktisch schrankenloser Höhe ständig zur Kasse bitten durfte, bis sie, um ein *Marx*-Wort abzuwandeln, unter Brücken verhungerten? Völlig versagt hat hier ein Schutz durch die wahrhaft billige Allerweltsformel der Verhältnismäßigkeit[10]: Das Ziel, dem Staat die – ex definitione existenznotwendigen – Einnahmen zu sichern, mußte doch immer gegenüber „partikulären“ Bürgerinteressen durchschlagen[11].

---

[3] BVerfGE 55, 274 (289 f.) = NJW 1981, 329; BVerfGE 67, 256 (275 ff.) = NJW 1985, 37; BVerfGE 82, 159 (179 ff.) = NVwZ 1991, 53 = NJW 1991, 830 L — gefestigte Rechtsprechung (vgl. BVerfGE 91, 186 (203) = NJW 1995, 381).

[4] S. den Überblick bei *Leibholz/Rinck/Hesselberger*, GG, Art. 3 Rdnrn. 496 ff.

[5] Die Beispiele sind Legion — vgl. etwa BVerfGE 19, 356 (367 f.); BVerfGE 29, 327 (335); BVerfGE 42, 263 (294) = NJW 1976, 1783; BVerfGE 49, 343 (360 f.) = NJW 1979, 859; BVerfGE 50, 386 (391) = NJW 1979, 1399; BVerfGE 65, 325 (356) = NJW 1984, 785; BVerfGE 74, 182 (200) = NJW 1987, 1617.

[6] Zu den dürftigen Ergebnissen der verfassungsrechtlichen Gleichheitskontrolle s. den Überblick bei *Loritz*, NJW 1986, 1 (6).

[7] BVerfGE 47, 85 (90) = NJW 1978, 629: „Rein“ müsse es nicht verwirklicht sein; BVerfGE 21, 12 (26) = NJW 1967, 147; BVerfGE 26, 1 (8) = NJW 1969, 1243: „Sachgerechte Erwägungen“ genügten auch hier; „Grundsätzlich“ orientiere es: BVerfGE 74, 182 (200) = NJW 1987, 1617.

[8] BVerfGE 43, 108 (120, m. Nachw.) = NJW 1977, 241.

[9] Als „unantastbarer Spielraum“ zur Entfaltung unternehmerischer Initiativen, vgl. etwa BVerfGE 50, 290 (366) = NJW 1979, 699; BVerfGE 65, 196 (210) = NJW 1984, 476.

[10] Dazu etwa BVerfGE 70, 278 (286) = NJW 1986, 1603; BVerfGE 78, 232 (245) = NJW 1988, 3258; krit. zur Ineffizienz des Schutzes *Papier*, in: Maunz/Dürig, GG, Art. 14 Rdnr. 176; *Bryde*, in: v. Münch/Kunig, GG, Art. 14 Rdnr. 66, beide m.w. Nachw.

[11] Krit. dazu *Papier* (Fn. 10); noch weitergehend *v. Arnim*, VVdStRL 39 (1981), 310 (316).

Das Bundesverfassungsgericht hat dem Gesetzgeber Lektionen der Steuergeschicklichkeit erteilt, der Macht des souveränen Nehmens hat es sich bisher nicht in den Weg gestellt.

2. Der Leerlauf der Eigentumsgarantie gegenüber der Steuergewalt

Der wahrhaft bedauernswerte Zustand des Steuerverfassungsrechts gegenüber einer fast schon nach finanz- und sozialpolitischem Belieben den Bürger belastenden Hoheitsgewalt wurde offenbar in einer sonst im deutschen öffentlichen Recht beispiellosen Hilflosigkeit der Staatsrechtswissenschaft, aus Art. 14 GG der Steuerobrigkeit Schranken zu ziehen.

Begonnen hatte es mit der – unhaltbaren – Behauptung, Abgaben könnten das Eigentum nicht verletzen, weil sie vom Steuerschuldner nicht aus dem steuer-tatbestandlichen Wirtschaftsgut, sondern aus seinem Vermögen zu erfüllen seien[12]. Dieses Vermögen sei als solches durch Art. 14 Abs. 1 GG nicht geschützt[13]. Das staatsrechtliche Schrifttum reagierte heftig, warf sich in breitem Einsatz zum Schutz des Eigentums in dessen „offene Flanke"[14]. Immerhin erreichte es in Karlsruhe die Formulierung, ausnahmsweise könne auch ein Abgabengesetz das Eigentumsgrundrecht verletzen, „wenn die Geldleistungspflichten den Betroffenen übermäßig belasten und seine Vermögensverhältnisse grundlegend beeinträchtigen (Erdrosselungswirkung)"[15]. Nicht in einem Fall ist dies auch nur näher erwogen worden — es war nichts als eine „theoretische Schranke", die ohnehin wohl nur in Einzelfällen hätte eingreifen, dann allenfalls Härteklauseln erzwingen können. Weit seltener schon sprach das Gericht von der Möglichkeit einer „konfiskatorischen Steuer"[16] oder von der Notwendigkeit, Substanzeingriffe zu vermeiden[17]. Irgendwelche Folgerungen hat es, gerade aus dem Begriff der Substanzwahrung, nicht gezogen.

---

[12] Entscheidend ist allein, daß es doch der Steuertatbestand einer bestimmten Vermögensmehrung ist, der die Zahlungspflicht auslöst.

[13] Z.B. BVerfGE 30, 250 (271 f.) = NJW 1971, 1603; BVerfGE 45, 272 (296) = NJW 1977, 1629; BVerfGE 65, 196 (209); BVerfGE 74, 129 (148, st. Rspr.) = NZA 1987, 347 = NJW 1987, 1689 L, w. Nachw. bei *Tipke*, Die Steuerrechtsordnung I, 1993, S. 444.

[14] Eingehende Überblicke über die eindeutig h.L., welche Art. 14 GG als Schranke auch der Besteuerung ansieht, etwa bei *Kimminich*, in: BK, Art. 14 Rdnrn. 55 ff.; *Tipke* (Fn. 13), S. 444 ff.

[15] Vgl. F. v. BVerfGE 30, 250 (272) = NJW 1971, 1603 m. Rv.; w. Nachw. bei *Tipke* (Fn. 13), S. 444.

[16] Etwa in BVerfGE 23, 288 (315) = NJW 1968, 1667.

[17] Z.B. BVerfGE 50, 57 (104) = NJW 1979, 1151; BVerfGE 63, 343 (368) = NJW 1983, 2757.

Mit Bibliotheken hat sich das Schrifttum um dieses Problem der Eigentumsschranken der Besteuerung bemüht[18]: Das Ergebnis blieb, seit Jahrzehnten, gleich null. Der Abgabengesetzgeber konnte weiter frei die Abgabenhöhe bestimmen, und er tat dies nicht mit der Zurückhaltung weit vorgrundgesetzlicher Steuergewalten, etwa in einer Kaiserzeit, auf die sich erstaunlicherweise gerade auch jene berufen, welche dem Parlament als Vertreter des Volkssouveräns eine freie Steuergasse schlagen wollen[19].

Und in der Tat: Hier hatte sich ein Stück Radikaldemokratie bisher erhalten: Die abgeordneten Vertreter des Volkssouveräns walteten in nahezu grundrechtsfreiem Raum, die Gleichheit trieb sie allenfalls in immer breitere Belastungen — und all dies, obwohl die Lenkungswirkung der Abgaben längst erkannt war[20], vom Einzeldirigismus bis zur Sozialgestaltung.

Das deutsche Staatsrecht hatte insgesamt schon resigniert, vor dieser laufenden „Steuerentwertung" zentraler Grundrechte, da kam die Wende aus Karlsruhe. Rückblendend mögen „Auguren ex post" sagen, daß sie seit Jahren ins Haus stand — das Ergebnis hat jeder, seine weittragende Begründung hat wohl kaum jemand erwartet.

II. Der begrenzte „steuertechnische" Anlaß: die verschlafene Neubewertung des Grundbesitzes

1. Die Befassung des Bundesverfassungsgerichts

In einem Vorlagenbeschluß[21] war vom Instanzgericht angenommen worden, § 10 Nr. 1 VStG stehe mit Art. 3 Abs. 1 GG nicht in Einklang, weil dort für einheitswertgebundenes und nicht einheitswertgebundenes Vermögen ein einheitlicher Steuersatz festgelegt sei. Unter Berufung auf Bundesfinanzhof-Entscheidungen[22] und frühere Andeutungen des Bundesverfassungsgerichts[23] meint das Finanzgericht, die Einheitswerte seien in willkürlicher Weise um ein Mehrfaches niedriger als die gemeinen Werte nicht einheitswertgebundenen Vermögens. Aus gleichem Tarif und derartig unterschiedlichen Bemessungsgrundlagen ergebe sich gleichheitswidrige Steuerbelastung. Eine

---

[18] Vgl. etwa die Nachw. bei *Tipke* (Fn. 13), die sich noch verlängern ließen.

[19] Neuerdings etwa *Böckenförde* in seinem abweichenden Votum zu dem Vermögensteuer-Beschluß, II 3 a.

[20] S. für viele *Arndt*, Lenkung durch Steuern, in: Fröhler (Hrsg.), WiVerw 1990, 1.

[21] FG Rheinland-Pfalz v. 4.11.1991 (K 2464/91), vgl. Fn. 1, A II.

[22] BFH, BStBl. II 1986, 782; BStBl. II 1988, 1025.

[23] BVerfGE 74, 182 (199) = NJW 1987, 1617.

Verfassungsbeschwerde rügte aus demselben Grund die Gleichheitswidrigkeit des § 12 Abs. 1 und 2 ErbStG[24].

Die beiden Verfassungsfragen betrafen insoweit den gleichen Normprüfungsgegenstand, als es um die Gleichheitswidrigkeit der steuerlichen Einheitswerte von Grundbesitz ging, die wegen Zeit- und damit Realitätsferne als unvereinbar mit Art. 3 Abs. 1 GG erschienen. Aus diesem Grunde war bereits seit langem[25], vor allem in den letzten Jahren[26], im steuerrechtlichen Schrifttum diskutiert worden, auf welche Weise realitätsnahe Bemessungsgrundlagen beim Grundbesitz hergestellt werden könnten. Dabei zeichnete sich in letzter Zeit eine gewisse Präferenz für eine Fortentwicklung der Einheitswerte ab.

2. Bisherige Bundesverfassungsgerichts-Rechtsprechung zur Zeit- und Realitätsnähe der Einheitswerte — die Untätigkeit des Gesetzgebers

a) Diese Verfahren und ihr unmittelbar praktisches Ergebnis, die Verfassungswidrigkeit der gegenwärtigen Einheitswerte, können keinen Beobachter überraschen. Schon seit 1968 (!) behandelte das Bundesverfassungsgericht eingehend diese Problematik, nicht zuletzt aufgrund von „beachtlichen Bedenken" des Bundesfinanzministers *Franz Josef Strauß*, zeigte aber immer wieder Verständnis für den Gesetzgeber wegen der Nachkriegsschwierigkeiten und der schweren Feststellbarkeit von Einheitswerten[27]. 1969 stellte es fest, die Brauchbarkeit der Einheitswerte habe „erheblich gelitten", doch noch immer sei kein verfassungswidriger Wertabstand gegeben[28]. 1971 war bereits vom „Mißverhältnis" infolge „steuerlich unterbewerteten Grundbesitzes" die Rede[29]. 1976 wurde das Gericht deutlicher: „Die Ungleichheit entspreche immer weniger der Steuergerechtigkeit"; mit linearer Einheitswert-Erhöhung sei

---

[24] Fn. 2, A II.

[25] Vgl. insb. *Vogel*, DStZ/A 1979,28; *Friauf*, StuW 1971, 369; *Uelner*, in: Werte und Wertermittlung im SteuerR, DStJG 1984, 275; Wiss. Beirat b. BMF, Die Einheitswertbesteuerung in der BRep. Dtschld. — Mängel und Alternativen, 1989.

[26] *Meyding*, DStR 1992, 1113; *Kleeberg/Bruckmeier*, BB 1992, 2330; *Miehler/Kronthaler*, DStZ 1992, 741; *Bacher*, BB 1992, 2333; *Wolf*, DStR 1993, 541; *Oechsle*, BB 1993, 1369; *Höll*, DB 1993, 2053; Tipke (Fn. 13), II, 1993, S. 869; *Flaspöhler*, BB 1994, 2274; zur Gesamtproblematik m.w. Nachw. *Jakob*, Möglichkeiten einer Vereinfachung der Bewertung des Grundbesitzes u.s.w., Schriftenreihe BMF-Heft 48, 1992; *Bund der Steuerzahler* (Hrsg.), Die Einheitswertbesteuerung des Grundbesitzes, Schriftenreihe Heft 76, 1993.

[27] BVerfGE 23, 242 (252 f.) = NJW 1968, 1715.

[28] BVerfGE 25, 216 (226 f.).

[29] BVerfGE 30, 129 (143) = NJW 1971, 982.

es nicht getan — doch wiederum wurde der Gesetzgeber verschont: Er habe ja Anstrengungen unternommen, doch die wirtschaftlichen Verhältnisse erlaubten eben noch nicht hinreichend sichere Prognosen[30]. Noch 1987 blieb offen, ob der Grundbesitz „tatsächlich privilegiert" sei; dies müsse in „eingehender Überprüfung eines ganzen Komplexes schwieriger Fragen" geklärt werden[31]. 1989 schließlich wurde ausgesprochen, die verfassungsrechtlichen Bedenken ließen sich „nicht ohne weiteres von der Hand weisen", angedeutet wird die Notwendigkeit differenzierter Bemessung auf Ertragsgrundlage[32].

b) Das Gericht mochte noch so oft aus prozessualen Gründen der Sachentscheidung ausweichen, sich immer wieder hinter die – unbestreitbaren – steuertechnischen Schwierigkeiten zurückziehen: Seit mehr als einem Vierteljahrhundert sind seine Warnungen vor Verfassungswidrigkeit unüberhörbar. Seit drei Jahrzehnten waren Verwaltung und Gesetzgeber nicht in der Lage, Wesentliches zur Beseitigung des Verfassungsrisikos zu tun. Nachkriegszeit, Wiedervereinigung in Ehren — ein derartiges Verhalten oberster Staatsorgane, trotz ständiger Warnung, ist wohl beispiellos. Es würde auf eine schwere Krise der Gesetzgebungsfähigkeit hindeuten, drängte sich nicht noch ein anderer Verdacht auf: daß der Gesetzgeber sich vom Bundesverfassungsgericht zum Handeln wollte zwingen lassen. Das Verfassungsgericht als „politischer Blockadebrecher", als „Dritte Kammer mit Anstoß- und Kassationsbefugnis" — um Hinweise darauf zu erkennen, bedarf es keiner AWACS-Flüge …

Schon deshalb mußte das Gericht endlich reagieren, die Funktionsfähigkeit, die Glaubwürdigkeit der Drei Gewalten stand auf dem Spiel. Und diese Reaktion ist zur Aktion geraten, zur Haupt- und Staatsaktion.

3. Die Erweiterung der Fragestellung — von den Einheitswerten zur Steuer-Belastungs-Gestaltung

a) Gestellt war dem Bundesverfassungsgericht nur die Frage, ob die zeitfernen Einheitswerte mit der Verfassung vereinbar seien. Der *Senat* hätte sich, so scheint es, auf die nach seiner dargestellten Judikatur selbstverständliche, allgemein erwartete und konsensgetragene Antwort beschränken können, dies sei nicht mehr der Fall. Er hätte nicht einmal die – ebenfalls vielfach vorhergesehenen und erwünschten – weiteren „Korsettstangen" dem Gesetzgeber einziehen müssen: Grundbesitz dürfe / müsse nach Einheits-, dürfe oder müsse nach Verkehrswerten beurteilt werden. Im Bundesministerium der Finanzen gab es, dem Vernehmen nach, jedenfalls zeitweise, Sympathien für

---

[30] BVerfGE 41, 269 (280 f.) = NJW 1976, 843.

[31] BVerfGE 74, 182 (198 f.) = NJW 1987, 1617.

[32] BVerfGE 89, 329 (339) = NJW 1994, 509.

die Verkehrswertbesteuerung des Grundbesitzes; die Fachdiskussion[33] beschäftigte sich weit überwiegend mit der Alternative Ertragswert – Verkehrswert. Jahrelang rollte eine Befürchtungswelle durch ein Land mit fast einer Hälfte grundbesitzender Bürger; sie erfaßte die übrigen, die Mieter, in der Sorge vor Steuerabwälzung, also erhöhten Wohnungskosten. Spitzenpolitiker der großen, republik-tragenden Parteien dachten laut darüber nach, wie die notleidenden Kriegskassen mit dem Billionenerbe einer fleißigen Generation zu füllen seien.

Das Bundesverfassungsgericht hat jedoch dem Bundesminister der Finanzen keinen verfassungsrechtlichen Passierschein zu notwendiger Verkehrswertbesteuerung ausgestellt — im Gegenteil (näher unten III). Nicht derart verengt, sondern viel weiter ausholend, hat es die Frage ausgedehnt auf die Grundsätze der Gestaltung von Abgabenbelastungen, insbesondere von Vermögensteuer und Erbschaftsteuer.

b) Diese Erweiterung ist vom abweichenden Richter *Böckenförde* kritisiert worden[34]: Sie gehe über die dargestellte Frage hinaus und beschneide die Rechte der Volksvertretung, welche die Gesetze zu gestalten und politisch zu verantworten habe. Hier stoßen die beiden Grundtendenzen der Demokratie aufeinander, welche zwei Jahrhunderte nicht versöhnen konnten: jakobinisch-volkssouveräne politische Parlamentsmacht und gewaltenteilend-freiheitsschützender Rechtsstaat; der *Senat* hat sich für den individualen Bürgerschutz entschieden. Damit steht er weit näher dem Grundgesetz und dessen höchstrangigem Individualschutz (Art. 1 GG) als sein Kritiker.

Die *Senat*sentscheidungen haben mit Recht ausgeholt bis zu den Grundsätzen der Steuergestaltung. Werden nämlich die zeitfernen Bemessungsgrundlagen, damit die geltende Einheitswertbesteuerung, aufgehoben, so muß der Gesetzgeber neue Bewertungsnormen setzen, sonst kann keine der einheitswertgebundenen Steuern mehr erhoben werden. Für die Erbschaftsteuer ordnet Art. 10 § 3 ErbStRG 1974 ausdrücklich an, daß dann die Rechtsgrundlage dieser Besteuerung entfällt[35]. Der Gesetzgeber muß also jedenfalls Vermögensteuer und Erbschaftsteuer neu gestalten, in Bewertung und / oder Steuersatz. Weist ihm das Bundesverfassungsgericht nicht die Gestaltungsprinzipien, so droht erneute Verfassungswidrigkeit, neue Rechtsunsicherheit vielleicht über viele Jahre. Das durfte dem Bürger, der Wirtschaft nicht zugemutet werden.

---

[33] Vgl. die in Fnen. 25, 26 Genannten.

[34] Dies ist die Zentralkritik seiner abweichenden Meinung (vgl. Fn. 1).

[35] Darauf weist der Erbschaftsteuer-Beschluß, NJW 1995, 2624 (B a.E.) ausdrücklich hin.

Schließlich trägt auch die Vorlagefrage des Finanzgerichts[36] den Vermögensteuer-Beschluß: Gerügt war das willkürlich niedrige Niveau der Grundbesteuerung; dies ist zwar die Folge der Zeitferne der Werte. Doch die Gleichheitskritik richtet sich auch, ja vor allem, gegen die Höhe der Belastung — also mußte das Gericht auch Hinweise zu deren künftiger Gestaltung geben. Die Kritik der Abweichenden Meinung ist daher unberechtigt.

III. Die Thesen des Vermögensteuer-Beschlusses — Gleichheit und Eigentum als Steuerschranken

Die Leitsätze bringen nur weniges Zentrales, der Beschluß enthält aber eine große Zahl fundamentaler Entscheidungen. Sie entwickeln bisherige Judikatur präzisierend fort, gehen jedoch in vielem weit über diese hinaus. Der Beschluß ist nicht Revolution, aber bedeutende Evolution.

1. Gesamt-Abgabenbelastung als Besteuerungskriterium

„Die Gesamtbelastung durch eine Besteuerung des Vermögenserwerbs, des Vermögensbestands und der Vermögensverwendung ist vom Gesetzgeber so aufeinander abzustimmen, daß das Belastungsgleichmaß gewahrt und eine übermäßige Last vermieden wird" (C I 1 b). Dabei sind Einkommen- und Ertragsteuern, aber auch indirekte Steuern einzubeziehen, die „den konkreten Vermögensgegenstand vorbelasten" (C I 3 b). Mehr noch: Der Erbschaftsteuer-Beschluß verlangt ausdrücklich auch die Berücksichtigung sozialrechtlicher Belastungen (dort C I 2 b bb). Daß es für Verfassungsschranken nur auf die *Gesamtsteuerbelastung* ankommen kann, war zwar im Schrifttum anerkannt[37] und klang auch gelegentlich in Karlsruhe an[38]. Nun aber gelten drei neue Feststellungen: Gesamtbelastung ist ein allgemein-fundamentales Kriterium; sie ist nicht nur auf das Gesamtvermögen, sondern auch auf einzelne Vermögensgegenstände zu beziehen; auch alle anderen hoheitlichen Belastungen sind zu berücksichtigen. In der Diskussion um die Personalzusatzkosten der Unternehmen oder um die Umweltbelastungen des Eigentums sind damit neue Kapitel aufgeschlagen: im Durchbruch zum „Summationsdenken" bei kumulierten Belastungen.

---

[36] Fn. 1, A II.

[37] S. dazu etwa *Tipke* (Fn. 13), I, S. 439; *Kirchhof* NJW 1987, 3217 (3223); *Scholz/Aulehner*, BB 1991, 73 (76).

[38] Z.B. BVerfGE 40, 109 (118 f.) = NJW 1975, 1965 — aber nur einfache Gesetzgebung referierend.

2. Realitätsgerechte Abbildung der Werte in den Steuerbemessungsnormen

„Die Bemessungsgrundlage muß ... (die) Werte in ihrer Relation realitätsgerecht abbilden" (C II 2), also insbesondere nach ihrer *realen Ertragskraft*, denn rechtliche *und tatsächliche* Gleichbelastung ist ja nach dem Gleichheitssatz zu verwirklichen[39]. Schon früher waren „realistische Bemessungsgrundlagen" gefordert worden. Nun wird diese Realitätsnähe erstmals zum prinzipiellen Inhalt der Gleichheit, zur Grundlage eines weittragenden Verdikts[40]. Diese Bestätigungsjudikatur bedeutet für den Gesetzgeber zugleich das *Verbot marktblinder Besteuerung*: denn auf den Märkten bilden sich die zu besteuernden Werte. Der Markt kalkuliert jedoch auch die *Geldentwertung* ein. Darf dann *inflationsblinde Belastung* das „letzte Wort sein"[41], ist nicht die Geldentwertungs-Rechtsprechung nun zu überdenken, insbesondere, wenn der Pflichtige über die „Realität Inflation" in verschärfte Progression hineinwächst?[42] Realitätsnähe ist doch nun nicht mehr nur Argument, sie ist Besteuerungsgebot.

3. Besteuerung nur nach Ertragsfähigkeit

„Die verfassungsrechtlichen Schranken der Besteuerung ... begrenzen den steuerlichen Zugriff auf die Ertragsfähigkeit des Vermögens. An dieser Grenze der Gesamtbelastung des Vermögens haben sich die gleichheitsrechtlich gebotenen Differenzierungen auszurichten" (C II 3). Jedes Wirtschaftsgut „ist in seiner Ertragsfähigkeit zu bewerten, nach typisch zu erwartenden Soll-Erträgen" (C II 4 c). Dies begrenzt auch die Vermögensteuer: *Verfassungsrechtlich betrachtet gibt es nur Ertragsteuern, nicht Vermögensteuern.* Vermögensinhaberschaft allein begründet als solche keine steuerrechtfertigende erhöhte Leistungsfähigkeit. Der *Senat* hat damit dem alten[43] steuerdogmatischen Eiertanz ein Ende gemacht: „Besteuerung des Vermögens als solchen – aber Steuerzahlung aus dessen Erträgen"[44] — nein: Belastung *nur der (Soll-) Erträge.*

---

[39] So schon, gerade neuerdings, BVerfGE 84, 239 (268, 271) = NJW 1991, 2129.

[40] Vgl. etwa BVerfGE 61, 319 (364) = NJW 1983, 271; BVerfGE 66, 214 (232) = NJW 1984, 2453; BVerfGE 67, 290 (297) = NJW 1985, 845; BVerfGE 82, 60 (88) = NJW 1990, 2869; vgl. auch die Nachw. C 11 2.

[41] BVerfGE 50, 57 (105 ff.) = NJW 1979, 1151; dazu m. Nachw. *Tipke* (Fn. 13), I, S. 456 ff.

[42] Krit. dazu *Papier* (Fn. 10), Art. 14 Rdnr. 182.

[43] Bis in die Kaiserzeit zurückreichend, vgl. Nachw. bei *Böckenförde* (Fn. 1).

[44] So nach BVerfGE 43, 1 (45); vgl. Fn. 15.

Mit dieser fundamentalen neuen Aussage zu Ertrag und Ertragsfähigkeit als Gegenstand aller Steuern, als Belastungsbegrenzung, ist die bisherige unglückliche Formel von der allein verfassungsrechtlich verbotenen „grundlegenden Veränderung der Vermögensverhältnisse des Schuldners“ wie das Kriterium der daran anknüpfenden „Erdrosselung“[45] endlich überholt, nach Jahrzehnten unfruchtbarer, nun wirklich „rein theoretischer“ Diskussionen: Steuerbelastung verletzt nicht erst dann die Verfassung, wenn sie die wirtschaftliche Existenz des Schuldners gefährdet – ein gar nicht eigentumsrechtliches, sondern berufsrechtliches Kriterium –, sondern schon dann, wenn sie zur „schrittweisen Konfiskation“ von einzelnen Vermögensgütern führt, die „den Steuerpflichtigen *dadurch* übermäßig belasten und seine Vermögensverhältnisse grundlegend verändern würde“ (Herv. v. Verf.) (C II 3 b); durch diese geschickte Wendung wahrt der *Senat* die äußere Kontinuität der Rechtsprechung — und setzt ein neues Prinzip.

4. Substanzwahrung — endlich ernst genommen

„Die Vermögensteuer darf nur so bemessen werden, daß sie in ihrem Zusammenwirken mit den sonstigen Steuerbelastungen die Substanz des Vermögens, den Vermögensstamm, unberührt läßt“ (C II 3 b). Nun wird endlich dieses Substanzkriterium ernst genommen, es begründet überzeugend die „Besteuerung (nur) nach Ertrag(sfähigkeit)“[46]. Beendet ist damit die unendliche Geschichte des Streits um den „Schutz des Vermögens durch Art. 14 Abs. 1 GG“[47]. Dieses wird nun verfassungsrechtlich geschützt, als Eigentum[48], und zwar wirkungsvoll.

5. Gesamtbelastung des Soll-Ertrags — nur etwa zur Hälfte: klarer Eigentumsschutz

Dies ist das bedeutsamste neu formulierte Prinzip des Steuerverfassungsrechts: Die steuerliche Gesamtbelastung muß *„in der Nähe einer hälftigen Teilung zwischen privater und öffentlicher Hand* verbleiben“. Weitergehende

[45] Vgl. BVerfGE 87, 153 (169) = NVwZ 1993, 55 L.

[46] Zur früher hier wenig klaren Rspr. des BVerfG vgl. etwa BVerfGE 41, 269 (281) = NJW 1976, 843; in BVerfGE 42, 263 (295) = NJW 1976, 1783 ist wieder von der „Substanz“ des Rechts die Rede.

[47] S. Fn. 12, 13.

[48] Eine späte Folgeerkenntnis daraus, daß Art. 14 GG nicht einfach an das „Bürgerliche Recht“ anknüpft, nachdem das „Vermögen“ grundsätzlich nicht Schutzgut ist (vgl. früher BVerfG, sogar noch BVerfGE 65, 196 (209) = NJW 1984, 476 — später korrekt BVerfGE 58, 300 (335 f.) = NJW 1982, 745; BVerfGE 74, 129 (148) = NZA 1987, 347 = NJW 1987, 1689 L; st. Rspr.).

Belastungen laufen „einer vom Gleichheitssatz gebotenen Lastenverteilung nach Maßgabe finanzieller Leistungsfähigkeit zuwider“ (Herv. v. Verf.) (C II 3 c).

Diese längst fällige Folgerung wird aus dem Text des Art. 14 Abs. 2 GG gezogen: Der Eigentumsgebrauch dient danach „zugleich“ dem privaten Nutzen und dem Wohl der Allgemeinheit. „Zugleich – grundsätzlich zu gleichen Teilen“ – gewiß eine konstruktive Auslegung; doch welche andere Interpretation kann diesem Schlüsselwort gerecht werden, über das mehr als vier Jahrzehnte einfach hinweggelesen wurde? „Dem Berechtigten muß ein privater Ertragsnutzen verbleiben“ (aaO.); dies war die einzige Möglichkeit, Art. 14 GG gegenüber der Steuergewalt wirksam werden zu lassen. Das durch ihn „geschützte Freiheitsrecht“ darf nur so weit beschränkt werden, „daß dem Steuerpflichtigen ein Kernbestand des Erfolges eigener Betätigung im wirtschaftlichen Bereich als Ausdruck der grundsätzlichen Privatnützigkeit des Erworbenen ... erhalten wird“ (II 3 a). Endlich ist diese Privatnützigkeit mehr als eine Begriffsmolluske[49]; sie bedeutet: „Mindestens halber Nutzen dem Eigentümer“.

Diese Formel wird weit aber den Steuerbereich hinauswirken. So dürfen nun etwa Umweltschutzbelastungen nicht immer dann noch gebilligt werden, wenn dem Eigentümer nur „etwas an Nutzen“ bleibt; die Verfassung verlangt seinen *grundsätzlich hälftigen Nutzen.* Will man dies unterschreiten, so wird man jedenfalls überzeugender – und sorgfältiger! – als bisher, etwa aus der „Situationsgebundenheit“, argumentieren müssen. Jedenfalls ist der Hoheitsgewalt nun, bei allen ihren Belastungen, eine weit schwerere Legitimationslast aufgebürdet.

Vor allem ist das Privateigentum endlich wieder als „liberté utile“ bekräftigt. Was nützen auch Verfügungsrechte ohne Nutzungen, was nutzen Rechte ohne einen Wert, den der Markt vor allem den Erträgen entnimmt? Der Vermögensteuer-Beschluß hat Eigentumssicherheit wiedergebracht — ein positives Signal für den Standort Deutschland. Seit Generationen verunsichert das Steuerrecht alles Eigentum; nun wird dieses durch Steuer-Verfassungsrecht gesichert, im Zusammenklang von Bestands- und Nutzungsschutz[50].

---

[49] Welche allgemeine Schranke konnte sich daraus denn nach bisheriger Judikatur ergeben? Vgl. etwa BVerfGE 50, 290 (339) = NJW 1979, 699.

[50] Wie ihn das Schrifttum seit langem fordert, vgl. etwa *Rüfner*, DVBl. 1970, 882; *Bettermann*, ZRP 1974, 18; *Kimminich* (Fn. 14), Art. 14 Rdnr. 65; *Papier* (Fn. 10), Art. 14 Rdnr. 172; *Draschka*, Steuergesetzgebende Staatsgewalt und Grundrechtsschutz des Eigentums, 1982, S. 177.

6. Steuerrechtliche Folgen: Keine höhere Vermögensteuer oder Einkommensteuer — mäßige Einheitswerte für Immobilien

a) „Unter den Bedingungen des gegenwärtigen Steuerrechts" – insbesondere Einkommensteuer-Belastung von bereits bis zu über 50% – bleibt für die „ergänzende" Vermögensteuer nur noch ein „enger Spielraum": Beide Steuersätze dürfen praktisch nicht mehr gesteigert werden, da sie zusammen schon erheblich „über der Hälftigkeit" die Erträge belasten. Auch die *Grundsteuer* ist wohl nicht wesentlich steigerungsfähig; denn auch sie gehört zur „Gesamtsteuerbelastung" (vgl. oben 1). Eine „Progression der Vermögensteuer nach unten" wäre absurd. So wirkt die Vermögensteuer im Ergebnis progressionsabschwächend nach oben. Als Umverteilungsinstrument taugt sie nicht mehr, diese Frage konnte daher leicht offenbleiben (C II 1 b). Damit verliert sie ihre politische Anziehungskraft für gesellschaftsverändernde politische Bestrebungen.

b) *Grund und Boden* darf nach Ertrags-, er muß keineswegs nach Verkehrswerten beurteilt werden; der gemeine Wert ist hier – nach der klaren Tendenz des Beschlusses – eher die Ausnahme[51].

Die Bodenerträge dürfen typisierend bestimmt werden. Die Einheitswerte sind also keineswegs als solche verfassungswidrig, sie kommen der vom Gericht gewollten Ertragswertbelastung in diesem Bereich sogar am nächsten. Neu festzusetzen sind sie wegen ihrer Zeitferne. Wegen ihrer längerzeitigen Wirkung müssen aber wohl, orientiert man sich am Verkehrswert, zunächst Wertschwankungsabschläge von vornherein einkalkuliert werden.

Ferner ist die typische Ertragslage bei definierbaren Kategorien, etwa Nutzung zu Wohnzwecken, zu berücksichtigen, wobei dem sozialen Mietrecht Rechnung zu tragen ist. Da die „typischen Erträge" hier doch wesentlich niedriger sein dürften als bei Kapitalvermögen, werden sich insgesamt kaum Einheitswerte über 40% der – auch nur mit typisierender Vorsicht festzustellenden – Einheitswerte rechtfertigen.

7. Erhebliche Vermögensteuerfreibeträge — ein Verfassungsgebot: Schutz der Grundlagen „persönlicher Lebensführung"

a) Die Senatsentscheidung fordert weitreichende Freibeträge und verbreitert damit entscheidend die Bundesverfassungsgerichts-Judikatur zum Existenzminimum[52]. Wiederum stützt sich der Beschluß hier auf das Eigentums-

---

[51] Ähnlich übrigens bereits die Tendenz der Entscheidung des *Ersten Senats*, BVerfGE 89, 329 (338 f.) = NJW 1994, 509.

[52] BVerfGE 87, 153 (170 ff.) = NJW 1992, 3153 = NVwZ 1993, 55 L.

Grundrecht, mit neuartigen Folgerungen: Das Vermögen genieße besonderen Schutz als „Freiheitsraum für die eigenverantwortliche Gestaltung des persönlichen Lebensbereiches", es sichere „die persönliche Freiheit des Einzelnen in Ergänzung der im wesentlichen durch Arbeitseinkommen und Sozialversicherungsanspruch sowie durch Gewerbe und andere selbständige Tätigkeit gewährten Sicherheit" (C II 5 a)[53]. Das Gericht unterstreicht damit seine herkömmliche Begründung des Eigentumsschutzes[54]: Eigentum ist Freiheit. Daher dürfe der Steuergesetzgeber „unter Berücksichtigung der steuerlichen Vorbelastung des Vermögens das vom Steuerpflichtigen zur Grundlage seiner individuellen Lebensgestaltung bestimmte Vermögen nicht durch weitere Besteuerung mindern. Er muß daher jedenfalls die wirtschaftliche Grundlage persönlicher Lebensführung gegen eine Soll-Ertragsteuer abschirmen". Diese „entwickelt sich je nach den in einer Rechtsgemeinschaft erreichten ökonomischen und kulturellen Standards". Sie ist daran erkennbar, „in welcher Breite in der Bevölkerung die Wirtschaftsgüter der persönlichen Lebensgestaltung gewidmet sind". Daher liege es nahe, daß der Gesetzgeber in der ihm aufgegebenen typisierenden Bemessung etwa den Wert eines *durchschnittlichen Einfamilienhauses* von der Vermögensteuer freistelle (C II 5 a). Dies bedeutet praktisch einen verfassungsrechtlichen Freibetragsanspruch von wohl mindestens 500.000 DM für jeden Bürger — weit mehr als bisher.

„Persönliche Lebensführung" ist der engere Begriff innerhalb der „individuellen Lebensgestaltung". Erfolgt diese letztere über Luxusaufwendungen, so können nicht „Luxus-Freibeträge" gefordert werden. Vielmehr führt das Gericht hier seine Existenzminimum-Entscheidung[55] in konstruktiver, neuartiger Weise fort: Die Steuer muß die „durchschnittliche Lebensführung" achten: Nicht nur die selbstgesetzten Sozialhilfestandards binden die Hoheitsgewalt, sondern die tatsächlich erreichten Standards der Gesellschaft — eine beispiellose Realitätsöffnung der Rechtsprechung. Daß diese Standards wiederum – schon gegenwärtig – weithin durch eben die durch sie gebundene Steuergewalt bestimmt werden, macht die Argumentation nicht zum Zirkel: Von jetzt an müssen dem Vermögensinhaber ja etwa die Hälfte seiner Erträge bleiben (oben 5); Lohn und gewerblich / freiberufliche Einkommen entwickeln sich weithin staatsfern auf dem Markt. Der Abgabengesetzgeber muß sich jetzt an der Reaktion der Bürger auf diese außerstaatlichen Vorgaben orientieren – mit Steuern und auch Sozialabgaben –; er darf nicht selbst „Abgaben-Vorgaben" setzen. Der Steuerstaat ist nunmehr Folgegewalt des Marktes.

---

[53] Ohne Art. 14 GG zu nennen, leitet der Senat das aus diesen seinen Eigentumsdefinitionen ab, wie die Zitate (BVerfGE 24, 376 [389]; 50, 290 [339 f.] = NJW 1979, 699) zeigen.

[54] Vgl. etwa BVerfGE 42, 263 (294) = NJW 1976, 1783.

[55] BVerfGE 87, 153 (169 ff.) = NJW 1992, 3153.

b) *Familiengerechte Erweiterung dieser Freibetragsansprüche ist Verfassungsgebot*: „Jeder Ehegatte hat einen gleichen Anspruch. Aus der Ehe dürfen dem Ehegatten keine steuerlichen Nachteile erwachsen“ (C II 5 b — so führt der Senat konsequent die Judikatur fort)[56]. Wegen des „gleichen Anspruches“ jedes Ehegatten liegt es nahe, eine Verdoppelung der Freibeträge zu fordern — andernfalls wirkt sich das eheliche Zusammenleben eben doch steuerdiskriminierend aus. Die Steuer darf nicht zum Single-Wohnprivileg führen.

c) *Für Kinder werden weitere Erhöhungen der Freibeträge gefordert*, wenn auch nicht im einzelnen definiert. Dabei findet sich die bemerkenswerte Feststellung, daß „Kinder auf Grund ihres Unterhaltsanspruches gegen die Eltern an deren Vermögensverhältnissen und Lebensgestaltung teilhaben“ (C II 5 b) — dann kann es aber nicht zulässig sein, jeden Bürger nur mit demselben Betrag für ein Kind zu entlasten; sonst wirkt Kinderreichtum „deklassierend“.

d) *Bei landwirtschaftlicher, gewerblicher, freiberuflicher Erwerbstätigkeit* sind überdies Steuerverschonungen „mit Blick auf Art. 12 Abs. 1 GG“ erforderlich (C II 6) — ein wichtiger tragender Grundsatz, nicht nur ein obiter dictum, das an bisherige Judikatur zu „Steuern und Berufsfreiheit“ anknüpft[57]. Doch nun ist nicht mehr „Berufssperre“, „Erdrosselung“ die Grenze, sondern die höchstens hälftige Gesamtbelastung (vgl. oben 5). Das muß zu neuen Freibeträgen für diese Bereiche führen.

8. Keine Steuerlenkung durch „hingenommene faktische Entwicklung“

Die aufzuhebenden, weil realitätsfernen, Bemessungsgrundlagen der Einheitswertbesteuerung legitimieren sich nicht aus Lenkungsabsichten (C III 2 c aa). Diese müßte der Gesetzgeber erkennbar verfolgen und tatbestandlich eingrenzen. Es genügt nicht, daß er eine tatsächlich sich entfaltende Lenkungswirkung (Privilegierung des Grundbesitzes) nur „untätig hinnimmt“. Damit ist der allzu billigen Steuerbegründung aus Wirtschaftslenkung[58] der Boden entzogen. Lenkungsbegründungen müssen nun genauer Verfassungsprüfung standhalten — ein großer, liberalisierender Fortschritt.

---

[56] Aus welcher er BVerfGE 6, 55 (76) = NJW 1957, 417 und BVerfGE 69, 188 (205) = NJW 1985, 2939 zitiert.

[57] S. etwa BVerfGE 75, 108 (154 f.) = NJW 1987, 3115; BVerfGE 13, 181 (186 f.) = NJW 1961, 2299; BVerfGE 42, 374 (384 f.); 16, 147 (162 f.) = NJW 1963, 1243; BVerfGE 47, 1 (21) = NJW 1978, 877; BVerfGE 81, 108 (121 f.) = NJW 1990, 2053.

[58] Vgl. o. I 2 Fn. 20.

IV. Die Thesen des Erbschaftsteuer-Beschlusses: Belastungsgrenzen und Steuerverschonung

1. Die Schranken gesetzgeberischer Belastungsfreiheit: auch hier Achtung des Kerns der Privatnützigkeit

Die Verfassung zieht auch der Erbschaftsteuer Schranken[59]. Bisher hatte das Gericht nur Gelegenheit zu wenig aussagekräftigen obiter dictis[60]. Nun hat der *Senat* dieses heiße Eisen angefaßt, das bedeutsame politische Kräfte traditionell zur Umgestaltung der Gesellschaft einsetzen wollen.

Dem Gesetzgeber wird hier zwar eine weite Gestaltungsbefugnis zugestanden; er darf sich auch von finanzpolitischen, volkswirtschaftlichen und sozialpolitischen Erwägungen leiten lassen (C II 2) — aber nur bei der Anpassung der Steuersätze an künftige Erbschaftsteuer-Bemessungsgrundlagen.

Für die Belastung gilt, daß durch sie das Erbrecht weitergehend als das Eigentum eingeschränkt werden darf, weil dies „an einen Vermögensübergang anknüpft“ (C I 2 a cc). Dies entspricht der Steuerrechtskonzeption des Berichterstatters[61] (die letztlich auf Eigentumsdogmatik beruht). Doch auch der Erbschaftsteuer-Belastung wird eine Grenze gezogen: Sie darf den Grundrechtsschutz aus Art. 14 1 GG „nicht weitgehend entwerten“; dabei wird (C I 2 a bb) – das ist entscheidend – auf zentrale Aussagen des Vermögensteuer-Beschlusses verwiesen (dort C II 1 b): „Übermäßige Lasten darf also auch die Erbschaftsteuer nicht auferlegen“, auch dem Erben muß die Privatnützigkeit des ihm Zugefallenen „jedenfalls im Kern erhalten bleiben“. Das Bundesverfassungsgericht verweist hier zwar nicht ausdrücklich auf seinen Grundsatz der „Hälftigkeit der Belastung“ (vgl. oben III 5), so daß wohl in Extremfällen auch noch mehr als 50% des realitätsnah bemessenen Wertes „weggesteuert“ werden darf. Menetekel für den Gesetzgeber bleibt das Verbot „übermäßiger Belastung“ und der „Entwertung des Angefallenen“. Überschreitet er weit die Hälftigkeitsgrenze, so betritt er grundgesetzliche Risikozonen.

---

[59] Vgl. dazu *Leisner*, Verfassungsrechtliche Grenzen der Erbschaftsbesteuerung, 1970.

[60] Vgl. etwa BVerfGE 41, 269 (280 f.) = NJW 1976, 843; BVerfGE 63, 312 (326 f.) = NJW 1983, 1841.

[61] *Kirchhof*, JZ 1979, 153 (156); *ders.*, VVDStRL 39 (1981), 213 (226 f.); krit. *Böckenförde* (Fn. 34).

2. Familiengerechte Freibeträge

Weit schärfer sind die Verfassungsgebote zur Familienverschonung (C I 2 b aa): Jedem Familienangehörigen muß sein jeweiliger Nachlaß „je nach dessen Größe, zumindest zum deutlich überwiegenden Teil oder, bei kleinerem Vermögen, völlig steuerfrei zugute" kommen. Dabei gibt der „Wert des persönlichen Gebrauchsvermögens einen tauglichen Anhalt" (vgl. oben III 7). *Die Familienfreibeträge müssen also erheblich angehoben werden.*

3. Verschonung des Betriebsvermögens — verstärkter Mittelstandsschutz

Der Erbschaftsteuer-Gesetzgeber muß berücksichtigen, „daß die Existenz von bestimmten Betrieben – namentlich von mittelständischen Unternehmen" – durch die zusätzlichen Belastungen dieser Steuer „gefährdet werden kann". Sie sind zu verschonen, weil und soweit sie „in besonderer Weise gemeinwohlgebunden und gemeinwohlverpflichtet sind", was sich vor allem in ihren Verpflichtungen gegenüber ihren Arbeitnehmern zeigt (C I 2 b bb).

Das darf nicht so mißverstanden werden, als dürften sie nun immer weiter sozial gebunden werden. Das Gericht will hier das gerade Gegenteil: keine steuerliche Verschärfung dieser „Sozialbindung"; deren Inhalt ergibt sich aus der bisherigen Rechtsprechung des Gerichts[62]. Sie wesentlich zu erweitern, verbietet gerade jener Art. 14 GG, der hier besonders in seiner Schutzwirkung verstärkt worden ist.

4. Zum Mittelstandsschutz

Dieser hat so eine neue verfassungsrechtliche Dimension erreicht: Er legitimiert nicht mehr nur gesetzgeberische Sondergestaltung[63], nun fordert er sie: Mittelstandsschutz ist Schranke der Abgabengesetzgebung.

V. Zusammenfassung und Ausblick: eine Grundsatzentscheidung schreibt Rechtsprechungs-Geschichte

1. Wenn je ein Karlsruher Urteil die Bezeichnung „Grundsatzentscheidung" verdient, so diese Beschlüsse: Wirtschaftspolitisch könnten sie sich als wichtigstes Judikat seit dem Apothekenurteil erweisen — nach der *Breite und*

---

[62] Insb. aus dem Mitbestimmungsurteil, BVerfGE 50, 290 = NJW 1979, 699.

[63] Vgl. etwa BVerfGE 13, 97 (110 f.) = NJW 1961, 2011; BVerfGE 16, 147 (182 f.) = NJW 1963, 1243; BVerfGE 21, 160 (169) = NJW 1967, 819; BVerfGE 23, 50 (59 f.); 39, 210 (227 f.); vgl. auch BVerfGE 19, 101 (114 f.) = NJW 1965, 1581.

Bedeutung der angesprochenen Themen, nach dem Prinzipiengehalt der Aussagen, nach der praktischen Bedeutung.

Die Steuerdogmatik ist neu geordnet worden, aus den Steuerbelastungen und ihren Schranken heraus, die „reine Sachsteuer" ist Vergangenheit; der Ballast der Steuerbelastungsdiskussion, vom „Vermögensschutz" bis zu „Erdrosselung", ist abgeworfen. Die Realitätsöffnung der Abgaben ist durchgesetzt; dem bisher nahezu allmächtigen Belastungsgesetzgeber sind klare Schranken gezogen. Dies alles muß auch auf andere hoheitliche Abgabenlasten, insbesondere auf die sozialrechtlichen, sinngemäß und grundsatzgemäß übertragen werden; auch hier sind Verfassungsgrenzen zu achten — ein wichtiger Richtpunkt etwa für die Personalzusatzkosten. Es handelt sich um die wohl wichtigste Eigentumsentscheidung des Bundesverfassungsgerichts: Die „offene Flanke" des Grundrechts ist geschlossen, Art. 14 Abs. 2 GG und der Privatnützigkeit mit dem „hälftigen Teilungsgrundsatz Staat–Bürger" endlich ein faßbarer Inhalt gegeben.

Der Schutz der „persönlichen Lebensführung" auf der Grundlage des Privateigentums gibt dessen Bezug zur persönlichen Freiheit konkreten Inhalt. Damit ist auch die *Sozialstaatlichkeit klärend entfaltet worden*, fortschreitend vom Existenzminimum zur Verschonung der wirtschaftlichen Grundlagen der „persönlichen Lebensführung" und der kleineren ererbten Vermögen. Der „Ausgleich der sozialen Gegensätze"[64] muß durch Stützung der Schwächeren erfolgen, nicht in nivellierender Suche nach „sozialer Gerechtigkeit". Roman Herzog hat gelehrt: „Mit den Formeln von der ‚aktiven Sozialgestaltung' oder der ‚sozialen Gerechtigkeit' ist (zur Bestimmung des Zieles staatlicher Sozialpolitik) ... nichts anzufangen"[65] — das Bundesverfassungsgericht fängt mit dem Sozialstaat etwas an. Der *Familienschutz* und der *Mittelstandsschutz* sind durch Freiheitsgebot entscheidend aufgewertet worden. Kann *eine* Entscheidung mehr leisten?

2. Nun wird eine wahre *„Umsetzungsschlacht"* der Beschlüsse beginnen, und das ist nicht übertrieben: Enttäuschtes Gesellschaftsveränderungsstreben wird auf Relativierungen drängen, enttäuschtes Besitzstandsdenken auf möglichst gelinde bewertende Urteilsfolgen. Beidem sollte widerstanden werden: Das Urteil ist so deutlich ausgefallen, wie es nur möglich war, es darf nicht aus früherer Rechtsprechung relativiert werden, eben weil es eine Grundsatzentscheidung ist. Und es ist ein gerechtes Urteil der Mitte, das zeigen schon jetzt die Klagen der einen, die Kritik der anderen.

---

[64] BVerfGE 22, 180 (204) = NJW 1967, 1795.

[65] In: Freiheit und Bindung im Recht der soz. Sicherheit, Schriftenreihe des Dt. Sozialgerichtsverbandes 1972, S. 37 (42).

Das Bundesverfassungsgericht ist in letzter Zeit durch manches Urteil ins Zwielicht geraten — vor allem übrigens seines *Ersten*, nicht des hier entscheidenden *Zweiten Senats*. Menschliche Gefühle wurden verletzt, vielleicht auch das Recht. Das Gericht wird erkannt haben, daß es damit seine hohe Autorität, mit ihr den Rechtsstaat aufs Spiel zu setzen beginnt; die Forderung nach Zweidrittelmehrheit bei seinen kassatorischen Entscheidungen steht schon im Raum. Doch dieses Zwielicht trifft die hier kommentierten Beschlüsse nicht. Sie haben – 7 zu 1 ergangen – Konsens im *Senat* gefunden, sie können Konsens in einer Gemeinschaft finden, deren schwächere Glieder durch sie entlastet, deren stärkere von Hoheitszwängen befreit werden. Und leere Staatskassen lassen sich auch in Belastungsgleichheit füllen, wie das Bundesverfassungsgericht sie versteht.

Eines vor allem sollten alle dem höchsten deutschen Gericht danken: Gesichert haben seine Beschlüsse zum Einheitswert — den Eigentumswert.

Ertragswertverfahren — sachgerechte Bewertung des Grundbesitzes*

Verfassungsbedenken gegen ein verallgemeinertes Sachwertverfahren

I. Einleitung

Das Bundesverfassungsgericht hat die Bewertung des Immobiliarvermögens nach den Einheitswerten aus den Jahren 1964/1974 für verfassungswidrig erklärt, soweit diese der Vermögensteuer[1] oder der Erbschaftsteuer zugrundegelegt werden[2]. Noch im Jahre 1996 muß der Gesetzgeber ein neues Erbschaftsteuer-Recht in Kraft setzen und ein verändertes Vermögensteuer-Recht, wenn er an dieser Steuerart festhalten will. Zeitliche Vorgaben für eine gesetzliche Neuordnung der *Grundsteuer* hat das Bundesverfassungsgericht nicht gesetzt, so daß dort die bisherigen Einheitswerte weiter angewendet werden können[3]. Die Gleichheitsfrage stellt sich hier nur, wenn erhebliche Wertverzerrungen innerhalb des Grundbesitzes festzustellen sind[4]. Jedenfalls gehört das in den Zusammenhang kommunaler Finanzreform[5]. Die Zugrundelegung unterschiedlicher Bewertungssysteme für Vermögensteuer, Erbschaftsteuer und Grundsteuer wird allerdings auf Dauer zu Problemen führen[6]. Die erforderliche Neuordnung des Bewertungsrechts muß also – selbst wenn die Vermögensteuer wegfallen sollte[7] – entscheidende Bedeutung für die Abgabenbelastung des Grundbesitzes gewinnen, schon über Erbschaftsteuer und Grundsteuer.

---

* Erstveröffentlichung in: Der Betrieb 1996, S. 595–600.

1 BVerfG NJW 1995, S. 2615.

2 BVerfG NJW 1995, S. 2624.

3 *Gürsching/Stenger*, BewG/VSt Lfg. 77, Nov. 1995, Vorbem. z. BewG Rdnr. 2; *Krüger/Kalbfleisch/Köhler*, DStR 1995, S. 1452 (1457 f.).

4 Siehe dazu *Gürsching/Stenger* (Fn. 3), Rdnr. 338, die dies für die Gegenwart bezweifeln.

5 Deutscher Städte- und Gemeindebund, ZKF 1995, S. 263; vgl. auch *Stein*, ZKF 1996, S. 26 ff.

6 *Moench*, Bundessteuerberaterkammer, Steuerberaterkongreß 1995, S. 2 f.

7 Wie dies seitens der Wirtschaftsverbände nahezu einhellig, im Schrifttum weit überwiegend gefordert wird, vgl. f. viele *Flume*, DB 1995, S. 1779; *Meyding*, DStR 1991, S. 1270; 1992, S. 1113; *Ackermann*, DB 1995, H. 35; diese Frage wird hier nicht vertieft.

Die Finanzverwaltung hatte bereits vor Bekanntwerden der Entscheidung des Bundesverfassungsgerichts in einer Bund-Länder-Arbeitsgruppe[8] untersuchen lassen, ob der Immobiliarbesitz künftig grundsätzlich nach einem Ertragswert- oder nach einem Sachwertverfahren bewertet werden solle; damals wurde offenbar das Ertragswertverfahren bevorzugt[9]. Nun aber dürften die Würfel der Abgabenexekutive anders fallen: Nach zuverlässigen Presseberichten[10] hat eine am 7.9.1995 eingesetzte Bund-Länder-Arbeitsgruppe zur Umsetzung der Entscheidungen des Bundesverfassungsgerichts unter anderem (unter 3.3) folgendes vorgeschlagen: „Keine allgemeine Hauptfeststellung. Bewertungsanlaß: Bei Grundvermögen und land- und forstwirtschaftlichem Vermögen Bedarfsbewertung für Vermögensteuer- und Erbschaftsteuer-Zwekke. *Bewertungsverfahren*: *Grundvermögen*: *Unbebaute Grundstücke nach Bodenrichtwerten, bebaute Grundstücke Wohn/Nutzflächenverfahren*, Industriegrundstücke Kubikmeterverfahren. Land- und Forstwirtschaft: Hektarbezogenes Verfahren mit 24 festen Ertragswerten, Wohnteil und Landarbeitswohnungen wie Grundvermögen. Bewertungsstichtag 1.1.1996 mit 6-jähriger Wertfestschreibung." Sicherem Vernehmen nach wird ein derartiger Referentenentwurf vom Bundesminister der Finanzen demnächst vorgelegt. Damit wäre eine Vorentscheidung für ein grundsätzlich anzuwendendes Sachwertverfahren, gegen ein prinzipiell zugrundezulegendes Ertragswertverfahren gefallen.

Eine solche Entscheidung wäre, sollte der Gesetzgeber sie in Kraft setzen, von außerordentlich schwerwiegender Bedeutung für alle Bodeneigentümer, darüber hinaus für die Grundlagen des Steuerrechts überhaupt; zentrale Aussagen der Beschlüsse des Bundesverfassungsgerichts könnten so unterlaufen werden:

Eine vorgezogene Bewertungsrechtsnovelle kann – und wird wohl – bei den Steuerbürgern den Eindruck erwecken, die „eigentlichen Belastungsentscheidungen" würden erst in einem „zweiten Schritt" getroffen, bei der Gestaltung von Tarifen und Freibeträgen, hier gehe es nur um Bewertungstechnik. Dieser Schein trügt: *Die eigentlichen Entscheidungen fallen bereits im Bewertungsrecht*; sie können rechtlich – und werden politisch – nur mehr in Randzonen korrigiert werden, für viele Betroffene ohne fühlbare Auswirkungen.

---

[8] Bericht der von der Finanzministerkonferenz am 22.4.1993 eingesetzten Arbeitsgruppe „Steuerrechtsvereinfachung" vom Dezember 1993, insbes. S. 182 ff.; vgl. dazu *Rid*, DStR 1994, S. 3 f.

[9] AaO., S. 186 f.

[10] Vgl. etwa *Engler*, in: Blick durch die Wirtschaft, 29.11.1995, Nr. 231, S. 7; ebda, 23.1.1996, Nr. 16, S. 3.

Das Sachwertverfahren führt in vielen Fällen – vor allem bei baulich weniger genutzten Grundstücken – *zu weit höheren Steuerwerten als das Ertragswertverfahren*. Im Schrifttum ist dies immer wieder hervorgehoben worden, soweit ersichtlich wurde dem nie widersprochen[11]. Berechnungsbeispiele aus neuester Zeit[12] zeigen vielmehr, daß die Steuerwerte für bestimmte Kategorien, insbesondere Ein- und Zweifamilienhäuser, beim Sachwertverfahren mindestens zweimal, nicht selten dreimal höher liegen als bei einem Ertragswertverfahren.

Dies war denn wohl die entscheidende Überlegung der Finanzgewalt: Auf diesem Bewertungsweg wird sie viel mehr einnehmen, größere Kategorien von Eigentümern werden viel stärker belastet als bei Anwendung eines Ertragswertverfahrens; dies sollte aber offen herausgestellt und nicht der Eindruck erweckt werden, als stünde beides in Form rechtstechnischer Alternativen nebeneinander[13]: *Es geht zuallererst um viel Geld für den Staat.*

Die Pläne der Steuerexekutive laufen auf eine Verschiebung der herkömmlichen Grundlagen des deutschen Bewertungsrechts hinaus: Was bisher eindeutige Ausnahme war, das Sachwertverfahren, soll nun ebenso klare Regel für zentrale Kategorien des Grundbesitzes werden (näher dazu unten III). Dies ist ein entscheidender Schritt hin zu den Verkehrswerten als Regelgrundlage aller Bewertung.

Das Bundesverfassungsgericht hat in seinen Einheitswertbeschlüssen den *Ertragswert deutlich als Bewertungsbasis herausgestellt* (vgl. dazu unten II 4). Wenn es nun zu einem Sachwertverfahren für große Kategorien von Grundeigentum kommt, so wird dieser tragende Grundsatz der Entscheidungen unterlaufen, ohne daß die Möglichkeit einer wirksamen Korrektur ersichtlich wäre, welche die Gleichheit wahren könnte. *Damit geraten die Planungen der Finanzgewalt zu einem solchen Sachwertverfahren in ein akutes Verfassungsrisiko.*

Diese Probleme (vorstehend b–d) sind Gegenstand der folgenden Untersuchung. Diese wird vertiefend zu prüfen haben, ob nach dem Bundesverfassungsgericht eine so erhebliche Belastung auf einer derartigen Belastungsgrundlage mit der neuesten „Ertragsjudikatur" des Bundesverfassungsgerichts vereinbar ist. Und dahinter steht ein gewiß nicht „ideologiefreies" Problem: Wenn man schon globale Aufkommensneutralität[14] bei dieser Reform an-

---

[11] So bereits 1979 *Vogel*, DStZ, S. 28 (30, m. Nachw. Fn. 27); *Hofmann*, DStJG 12 (1989), S. 145 (149), unter Berufung auf *Uelner*, DStJG 7 (1984), S. 275 (283 f.); *Flore*, DStR 1994, S. 276 f.); *Höll*, DB 1993, S. 2053 (2056).

[12] Fn. 6, S. 12.

[13] Dieser drängt sich etwa bei *Gürsching/Stenger* (Fn. 3) Rdnr. 318 f. auf.

[14] Kritisch zu diesem völlig undifferenzierten, für den einzelnen Steuerbürger aussage-

strebt — ist es dann vor der Gleichheit zu rechtfertigen, die einen (durch Freibeträge) zu entlasten, die anderen (durch die Höhe der Bewertungsgrundlagen) um so viel mehr zur Kasse zu bitten?

II. Vorrang des Ertragswertverfahrens, insbesondere beim Grundbesitz

1. Die beiden „Grundtypen" der Steuerbewertung: Verkehrswert und Ertragswert

Das deutsche Steuerrecht setzt herkömmlich im Bewertungsgesetz eine „Vielzahl von je gesonderten Wertbegriffen" (Vogel) ein: vom Verkehrswert über den Kurswert bis zum Ertragswert[15]; bei bebauten Grundstücken ist grundsätzlich das Ertragswertverfahren, daneben ein Sachwertverfahren vorgesehen[16]. Vogel und Kirchhof haben nachgewiesen[17], daß sich all dies auf *zwei Grundtypen* zurückführen läßt:

- den *„Verkehrswert als Tauschwert"* und
- den *„Ertragswert als Gebrauchswert"*.

Alle anderen Wertansätze oder Bewertungsmethoden sind Verfeinerungen eines dieser Grundtypen oder Hilfsmethoden zu einer der beiden Wertfeststellungen, die vor allem beim (landwirtschaftlichen) Grundbesitz entwickelt worden sind[18]. Das Sachwertverfahren, welches künftig entscheidende Bedeutung gewinnen soll, ist dagegen, wie noch darzulegen sein wird (im folgenden III), kein Bewertungsgrundtyp, sondern ein Bewertungshilfsverfahren.

Von „Grundtypen der Wertermittlung" zu sprechen, ist deshalb berechtigt, weil letztlich der Wert eines Gutes nur entweder in dem gefunden werden kann, was man dafür bekommt — oder was man davon hat. Tertium non datur — schon ökonomisch gesehen. Die gesamte bisherige Bewertungsentwicklung spricht gegen eine Freiheit des Gesetzgebers, „irgendeinen beliebigen" Wert anzunehmen; sachgerecht muß er sich vielmehr an den beiden Grundtypen orientieren.

---

losen Begriff etwa *Glier*, DWW 1995, S. 229 (232); *Moench* (Fn. 6), S. 4; siehe auch *Bareis*, DStR 1995, S. 1928 (1929).

[15] *Vogel* (Fn. 11), S. 28 ff. — grundlegend für die folgenden Ausführungen.

[16] Dazu näher *Kirchhof*, Die Steuerwerte des Grundbesitzes, 1985, S. 3 ff.; BVerfG (Fn. 1), S. 2615.

[17] *Vogel* (Fn. 11), S. 29 ff.; *Kirchhof* (Fn. 16), S. 8 ff; *ders.*, DStR 1984, S. 575 ff.; vgl. auch *Gürsching/Stenger* (Fn. 3), Rdnr. 37 ff., 45 ff.

[18] *Vogel* (Fn. 11), S. 30 ff.

Einen allgemeinen Vorrang einer der beiden Wertermittlungsverfahren gab es bisher nicht; die Entwicklung von Gesetzgebung und Rechtsprechung in Deutschland vollzog sich zwischen beiden Werten (Verkehr und Ertrag) als eigenständigen Typen[19]. Die gelegentlich früher und auch neuerdings vertretene These vom Verkehrswert als dem „eigentlichen Wert“ eines Gutes[20] ist weder historisch noch rechtsdogmatisch haltbar; dies zeigt nähere Betrachtung des Verkehrswertes:

2. „Verkehrswert über Ertragswert“: ein Verfassungsproblem der Besteuerung

In einer Marktwirtschaft liegt es nahe, alle Güter nach ihrem Marktwert steuerlich zu erfassen, also auch den Grundbesitz. Der Ertragswert könnte dann als eine Hilfsmethode zur Bestimmung des Marktwertes erscheinen: Auf dem Markt werde eben jedermann nach erwartetem Ertrag bezahlen — nach einem Verkehrswert als kapitalisiertem Ertragswert[21]. An der Wirklichkeit geht dies völlig vorbei, vor allem bei Immobilien: Ihr Verkehrswert war weithin immer, und ist gerade heute, wesentlich höher als der Ertragswert[22]. Wenn dann der Ertrag als Indiz des Verkehrswerts versagt — muß der Steuergesetzgeber von ihm absehen, muß nicht die Abgabengleichheit über Verkehrswert(annäherung) hergestellt werden, auch beim Grundbesitz? Und wenn jetzt der Gesetzgeber mit seinem geplanten Sachwertverfahren „ganz soweit nicht gehen will“ (vgl. unten III) — darf er sich diesem Bewertungsoptimum des Verkehrswerts nicht auf diese Weise nähern?

Dies ist heute zur Verfassungsfrage geworden: Der Gesetzgeber muß seine Bewertungsreform zuallererst vor der Belastungsgleichheit (Art. 3 Abs. 1 GG) legitimieren. Politisch motiviertes, weithin systemloses Schwanken der Gesetzgebung zwischen Ertrags- und Verkehrswertbesteuerung des Grundbesitzes, wie in früheren Zeiten, begründet heute nichts mehr; die Worthülse der weiten gesetzgeberischen Gestaltungsfreiheit ist hier keine Verfassungsantwort. Die Frage kann nur mehr lauten: Aus welchen Gründen liegt beim Grundbesitz der Verkehrswert so weit über dem Ertragswert, *muß* der Gesetzgeber dem Rechnung tragen, in realitätsgetreuer Abbildung der Werte? Es geht nicht nur darum, ob er es *darf*; es geht um Verfassungsrecht, nicht um Gesetzgebungszweckmäßigkeit.

---

[19] Dies ist ein wesentliches Ergebnis der Untersuchungen von *Vogel* (Fn. 11).

[20] *Pelka*, StuW 1975, S. 206 ff.; vgl. neuerdings *Höll*, DB 1993, S. 2053, der den Ertragswert als Form des Verkehrswertes oder wenigstens als Indiz für diesen sehen will.

[21] So etwa *Höll* (Fn. 20).

[22] Vgl. dazu f. viele *Vogel* (Fn. 15), S. 30; *Glier* (Fn. 14), S. 229 f.; *Bareis* (Fn. 14).

3. Rechtfertigung des Ertragswertes beim Grundbesitz — herkömmliche Ansätze

Wenn der Markt Grundstücke höher bewertet als ihr Ertrag es nahelegt, so kann dies vor allem zwei Gründe haben:

- Die Erwartung einer Steuerverschonung über günstige Bewertung — dies muß kein Grund für den Gesetzgeber sein, eine solche Vergünstigung aufrechtzuerhalten,
- oder die außerordentliche Beständigkeit einer Vermögensanlage, welche zugleich zur Lebensgrundlage, zu einem wirklichen vermögensrechtlichen Lebensinhalt wird. Dies muß der Gesetzgeber bei sachgerechter Regelung berücksichtigen, es zwingt ihn aber ebenfalls nicht, die niedrigeren Ertragswerte zugrundezulegen.

Zur Rechtfertigung der letzteren Lösung werden nun seit langem verschiedene Argumente vorgebracht:

Manche Begründungen für den Ertragswert haben Plausibilität für Gesetzgebungspolitik — ihr Verfassungsgewicht zugunsten zwingender Ertragswertbesteuerung ist problematisch[23]:

- Der *Ertrag von Grund und Boden ist zweifellos weithin geringer* als bei anderen Wirtschaftsgütern — doch dies legitimiert kein Abgehen von den Verkehrswerten, wenn diese höher liegen als der Ertragswert, weil etwa Wertsteigerungen einzurechnen sind[24]; so erfolgt ja auch von jeher die Besteuerung des Aktienbesitzes. Wesen des Verkehrswertansatzes ist es gerade, daß seine Realisierung durch Verkauf fingiert wird.
- *Der Grundbesitz unterliegt, anderen Wirtschaftsgütern gegenüber, verstärkter Sozialbindung*, die heute immer weiter zunimmt, im Umweltschutz[25], vor allem aber durch mietrechtliche Beschränkungen — doch der Umweltschutz belastet zunehmend auch andere (insbesondere gewerbliche) Wirtschaftsgüter. Die Verfassung läßt gerade beim Grundbesitz weitergehende Sozialbindung zu[26], insbesondere in den „sozialen Bezügen" des Mietrechts[27], ohne daß dies durch Entschädigungsansprüche kompensiert werden müßte; also muß ihm auch der Gesetzgeber nicht durch Ertragswerte Rechnung tragen.

---

[23] Vgl. zum folgenden *Kleeberg/Bruckmeier*, BB 1992, S. 2330 (2331 f.); *Kirchhof* (Fn. 16), S. 58 ff.; *Gürsching/Stenger* (Fn. 3) Rdnr. 71 ff.

[24] So *Gürsching/Stenger* (Fn. 3) Rdnr. 73; *Höll* (Fn. 20).

[25] *Kleeberg/Bruckmeier* (Fn. 23).

[26] BVerfGE 21, S. 73 (82 f.).

[27] BVerfGE 18, S. 121 (131 f.); 42, S. 263 (294); 52, S. 1 (32).

– *Einer Substanzminderung durch Abnutzungen* unterliegt das Grundvermögen vor allem bei bebauten Grundstücken; doch dem kann – und wird – durch Bewertungsabschläge Rechnung getragen; auch der Markt nimmt darauf Rücksicht[28].

– *Das Bundesverfassungsgericht* hat die – jedenfalls weithin – ertragsorientierten Einheitswerte damit gerechtfertigt, daß *der Gesetzgeber hier eben den Ertrag besteuern wolle*[29] — doch daraus folgt kein Verfassungsgebot, eine solche Besteuerungsgrundlage beizubehalten.

– Die Verwaltung von Grundbesitz erfordert sicher höheren Aufwand als die manch anderer Vermögensgüter — doch diesen und ähnlichen Argumenten kann entgegengehalten werden, dies werde ökonomische Vernunft bei den Verkehrswerten berücksichtigen.

Schwerer wiegen aus Verfassungssicht andere Argumente:

– *Funktionsschwächen des Grundstücksmarkts*[30]: Verkehrswertbestimmung setzt einen voll funktionierenden Markt voraus, in manchen Bereichen, etwa in der Land- und Forstwirtschaft, kann davon nur mit erheblichen Einschränkungen gesprochen werden. Fraglich ist aber doch, ob sich für bebaute und bebaubare Grundstücke heute nicht bereits ein einigermaßen funktionsfähiger Markt entwickelt hat[31]. Jedenfalls wird man aber dem Gesetzgeber nicht sach- und damit gleichheitswidrige Entscheidung vorhalten können, wenn er davon ausgeht.

– *Daß der Grundstücksmarkt „reglementiert" wird*, ist ihm mit so manchen anderen Märkten gemeinsam, bei denen die Einschränkungen oft noch weitergehen, von pharmazeutischen Produkten bis zur Wehrtechnik, ohne daß deshalb die dort umgeschlagenen Vermögensgüter anders als mit ihrem Verkehrswert angesetzt würden.

– Die zweifellos erheblichen, weithin unvorhersehbaren *Preis- und damit Marktwertschwankungen bei Grund und Boden* mögen den Gesetzgeber zu umfangreichen Bewertungsabschlägen vom Verkehrswert zwingen[32], im Namen der verfassungsrechtlichen Lastengleichheit, kaum wird sich aber

---

[28] Vgl. *Fischer*, IStR 1995, S. 593 (594).

[29] BVerfGE 41, S. 269 (281).

[30] Dazu u.a. *Vogel* (Fn. 11), S. 32; *Kleeberg/Bruckmeier* (Fn. 23); *Hofmann* (Fn. 11), S. 147.

[31] Wie dies *Höll* (Fn. 20) mit dem allerdings recht pauschalen Hinweis auf Immobilienteile der Zeitungen behauptet. Außerdem setzt er sich nicht mit dem Problem auseinander, daß es einen „funktionierenden Wohnungsmarkt" allenfalls als eine Vielzahl kleiner regionaler und lokaler Teilmärkte geben kann.

[32] So bereits *Meyer*, Festschr. für von Wallis, 1985, S. 527 (538).

die These halten lassen, daß bei „unsicheren Marktverhältnissen" von Verfassungs wegen der Ansatz des Verkehrswertes unzulässig sei; der Gesetzgeber könnte einer solchen Kritik auch unschwer dadurch entgehen, daß er dem Steuerpflichtigen den Nachweis eines tatsächlich niedrigeren Verkehrswertes im Einzelfall gestattet.

– *Die Doppelbelastung des Grundbesitzes mit (zusätzlich noch) der Grundsteuer* spricht sicher für Entlastung bei Vermögensteuer und Erbschaftsteuer, so sieht es auch die herrschende Lehre[33], ja es ist von einer Verfassungsverpflichtung die Rede[34]. Dafür spricht insbesondere dann vieles[35], wenn die Leistungen der Gemeinden für die Grundstücke und deren Eigentümer zunehmend im einzelnen nach betriebswirtschaftlichen Grundsätzen abgerechnet werden. Doch es ist dann wohl immer noch Gestaltungsfreiheit des Gesetzgebers, wie er diese von der Gleichheit geforderte Entlastung herbeiführt — durch Abschläge, Steueranrechnung oder auf anderen Wegen. Gerade über Ertragswerte muß dies nicht erfolgen.

Dies alles mögen also gute Argumente für eine Gesetzgebungspolitik der Ertragswerte sein, bis zu einem Verfassungsgebot der Ertragswertbesteuerung tragen sie nicht.

4. Die neue Judikatur des Bundesverfassungsgerichts und die Verfassungsbegründung der Ertragswertbesteuerung des Bodens

Das Bundesverfassungsgericht hat im Vermögensteuer-Beschluß[36] *eindeutig entschieden, daß bei Abgabenbelastung von Vermögensgütern von deren Erträgen auszugehen und dementsprechend zu bewerten ist.* Denn die Bewertung ist das Primärinstrument zur Herstellung der Steuergleichheit: „In der Regel wird der Steuergegenstand in der Bemessungsgrundlage so verdeutlicht und zählbar gemacht, daß sich die Steuerschuld durch Anwendung des Steuersatzes berechnen läßt." *Gegenstand dieser Belastung sind die Erträge und sie allein*: „Die verfassungsrechtlichen Schranken der Besteuerung des Vermögens durch *Erbschaftsteuer* und *Vermögensteuer* begrenzen den steuerlichen Zugriff auf die Ertragsfähigkeit des Vermögens." „Die Vermögensteuer

---

[33] *Glier* (Fn. 14); *Fischer* (Fn. 28), S. 597; *Meyer* (Fn. 32), S. 535; *Mark*, in: Raupach (Hrsg.), Werte und Wertermittlung im Steuerrecht, 1986, S. 298 f.; a.A. *Strunk*, StuW 1980, S. 51 ff.

[34] *Meyer*, aaO.

[35] Nicht überzeugen kann dagegen der Hinweis auf die Abwälzbarkeit der Belastung auf die Mieter (*Gürsching/Stenger*, Fn. 3 Rdnr. 72) — soweit sie überhaupt möglich ist, mindert sie den Ertrag des Eigentümers eben doch; und ob dies durch Freibeträge ausgeglichen werden kann, ist eine ganz andere Frage.

[36] BVerfG vom 22.6.1995 – 2 BvL 37/91, DB 1995, S. 1740.

muß die Substanz des Vermögens unberührt" lassen „und aus den üblicherweise zu erwartenden, möglichen Erträgen (Sollerträgen) bezahlt werden" (können). „Der Gesetzgeber kann diese Belastungsobergrenze dadurch wahren, daß er *die Erträge* in der Bemessungsgrundlage um Abzugstatbestände mindert." Das Bundesverfassungsgericht verlangt diese ertragsorientierte Bewertung für jedes einzelne Wirtschaftsgut[37]:

> „Die nach dem Sollertrag bemessene Besteuerung kann nicht an vorgefundenen Ertragssummen anknüpfen, sondern muß für Zwecke der Besteuerung einen *erwarteten Ertrag* unterstellen. *Deshalb ist das die Ertragserwartung begründende Wirtschaftsgut in seiner Ertragsfreiheit zu bewerten.* Die Ermittlung des Sollertrags setzt *grundsätzlich am Tatbestand der Ertragsfähigkeit eines Wirtschaftsgutes an* ...".

Es gibt kaum eine Entscheidung des Bundesverfassungsgerichts, welche eine Grundthese so oft wiederholt und deutlich unterstrichen hätte wie diese Beschlüsse, welche zum Grundbesitz ergangen sind: *Vom Ertragswert ist auszugehen, nicht vom Verkehrswert, von Verfassungs wegen. Die Auffassung, daß der Gesetzgeber die Bewertungsverfahren frei wählen könne*[38], *ist überholt, zumindest mißverständlich; wie immer bewertet wird — es darf nur mehr ertragsorientiert bewertet werden.*

Dieser eindeutige Vorrang der Ertragswertbesteuerung, jedenfalls die Exklusivität der verfassungsrechtlich geforderten Ertragswertorientierung der Bewertung, läßt sich auch nicht durch Hinweis auf eine Bemerkung des Gerichts zur Verkehrswertbesteuerung unterlaufen:

> „Die Ermittlung der Sollerträge ... mag aber auch an den Verkehrswert (eines Wirtschaftsgutes) anknüpfen, sofern die im Steuersatz bestimmte Belastung gewährleistet, daß die Vermögensteuer lediglich anteilig auf die Erträge zugreift, die aus der in Verkehrswerten erfaßten wirtschaftlichen Einheit typischerweise erwartet werden. Erfaßt die Bemessungsgrundlage nicht den vermuteten Ertrag, sondern den Veräußerungswert eines Wirtschaftsgutes, so kommt dem Steuersatz die Aufgabe zu, anknüpfend an einen aus dem Veräußerungswert abgeleiteten Sollertrag den steuerlichen Zugriff auf diesen angemessen und gleichheitsgerecht zu begrenzen."

Diese „Korrektur des Verkehrswertes durch den Steuersatz"[39] ändert nichts daran, daß es *stets auf den Sollertrag ankommt, nicht auf den Verkehrswert. Dieser kann zum Sollertrag werden*, aber nur dann, wenn er *„typischerweise erwartet", wenn er also üblicherweise realisiert wird.* Anderenfalls läßt sich

---

[37] Nicht für das gesamte Vermögen, vgl. in diesem Sinne *Gürsching/Stenger* (Fn. 3) Rdnrn. 58 f. unter Hinw. auf die Steuerreformkommission.

[38] Vgl. f. viele *Meyer* (Fn. 32), S. 534 m. Nachw.

[39] Dazu *Kirchhof*, Die Steuerberatung 1996, S. 1 (4); *Krüger/Kalbfleisch/Köhler* (Fn. 3), S. 1455.

ein „Sollertrag nicht aus dem Veräußerungswert ableiten" — nur in diesem Fall darf aber überhaupt nach Verkehrswerten angesetzt werden. Mit anderen Worten: *Auch eine solche Verkehrswertmethode ist legitim nur als eine Form der Ertragswertmethode*, verfassungsrechtlich zulässig lediglich, soweit der Veräußerungsgewinn zum Sollertrag werden kann, das heißt nur, wenn der Eigentümer ihn üblicherweise auch erzielt.

Für Grundbesitz bedeutet dies: Nach Verkehrswerten, oder in bewußter Annäherung an solche, darf nur bewertet werden, wenn eine Grundstückskategorie als solche Vermögensgüter umfaßt, die üblicherweise gekauft und verkauft werden, die also ihrem ökonomischen Wesen nach *verkaufsorientiert sind — umschlagsorientiert*. Grundstücke dagegen, die typischerweise nur selten veräußert werden, können keinen „Sollertrag"[40] abwerfen; den Verkehrswert als Sollertragswert zu sehen, wäre nicht nur Fiktion, sondern realitätsfern, damit aber verfassungswidrig.

Dies bedeutet im einzelnen:

- *Land- und forstwirtschaftliche Grundstücke* werden nicht gekauft, um verkauft, sondern um bewirtschaftet zu werden. Der Ansatz eines Verkehrswertes wäre hier offensichtlich verfassungswidrig. Daß solcher Besitz manchmal auch als Bauland-Verkaufsreserve gehalten wird, ändert daran nichts. Derartige spekulationsbelasteten, im übrigen schwer nachweisbaren, oft nur fernen Absichten machen solche Grundstücke nicht „wesentlich umschlagsorientiert".

- *Eigenheime und Eigentumswohnungen* werden nicht erworben, um „typischerweise verkauft" zu werden, weit überwiegend werden sie vererbt. Dasselbe gilt für noch unbebaute Flächen, die zu solchen Zwecken erworben werden. Anderes mag dort gelten, wo der Eigentümer eine Immobilie zum Gegenstand von Handelsaktivitäten bestimmt, sie in sein Umlaufvermögen einbezieht[41].

- *Mietwohnobjekte* sind ebenfalls nicht wesentlich „zur Veräußerung bestimmt", mag hier auch Verkauf häufiger vorkommen als bei den vorgenannten Kategorien. Noch immer ist es aber in den bei weitem meisten Fällen die Erwartung sicherer Rendite, wie beim früheren „Mietshaus", es ist die Absicht etwa der Alterssicherung, aus der heraus solche Mietobjekte erworben werden. Der „Markt für sie" ist deshalb keineswegs weiter geöffnet als der für Eigenheime und Eigentumswohnungen.

---

[40] Schon 1985 konnte *Kirchhof* (Fn. 16), S. 49 m. Nachw. feststellen, daß der Begriff bei Objektsteuern gefestigter Judikatur des BVerfG entspreche; ferner *Rose*, DB 1995, S. 2387 (2388 f.); *Kirchhof* (Fn. 39), S. 3; *Meyding*, DStR 1992, S. 2113. *Gürsching/Stenger* (Fn. 3) Rdnr. 47 bezeichnen VSt als Sollertragsteuer als „nahezu unbestritten".

[41] Siehe dazu *Kirchhof*, DStR 1984, S. 575 (583).

Nach der neuesten Rechtsprechung des Bundesverfassungsgerichts ist also bei der Bewertung auch von Grundstücken grundsätzlich vom Ertragswert auszugehen. Eine Verkehrswertbesteuerung als solche ist verfassungsrechtlich gar nicht zulässig — möglich ist nur ein Verkehrswertansatz als Sollertrag bei verkaufsorientierten Gütern.

Daraus ergibt sich eine wichtige, soweit ersichtlich noch gar nicht näher bedachte Folgerung: *Der Verkehrswert darf auch nicht überall „hilfsweise" angesetzt werden, wo ein Ertragswert schwer feststellbar ist.* Denn damit würden (auch) nicht verkaufsorientierte Wirtschaftsgüter unzulässig in veräußerungsorientierte umetikettiert, es würde ein Verkaufswert zum Sollertrag, der bei diesem Gut, nach dessen Wesen und den typischen Intentionen des Eigentümers, „gar nicht sein soll".

Beim Grundbesitz bleiben nur einige Kategorien übrig, bei denen „Verkehrswerte als Sollertragswerte" angesetzt werden dürfen: Bestandteile des Umlaufvermögens, gewerblicher Bereich. *Nicht zulässig ist daher eine Grundbesitzbewertung, welche von einem Wertansatz ausgeht, der den Sollertrag außer acht läßt.* Was dies für das geplante Sachwertverfahren bedeutet, ist noch im folgenden unter III zu untersuchen.

5. Die Grundsatz-Begründung der Sollertrags-Besteuerung: kein Veräußerungszwang für „ruhendes Vermögen"

Diese Judikatur des Bundesverfassungsgerichts hat Klarheit gebracht, sie hat aber nur aufgenommen, was längst herrschende Lehre war: Verkehrswertbesteuerung ist beim Grundbesitz abzulehnen[42], angemessen ist das Ertragswertverfahren[43]. Dies bedarf aber noch vertiefender verfassungsrechtlicher Begründung.

Das Bundesverfassungsgericht geht im Vermögensteuer-Beschluß von der Dreiteilung der Vermögenswerte in zufließende, bewegte und ruhende aus. Auf die beiden ersteren Kategorien hat die Steuergewalt weiterreichenden Zugriff (durch Einkommensteuer, Verkehrsteuern) als auf das ruhende Vermögen. Dieses ist in seinem Bestand durch die Verfassung (Art. 14 Abs. 1 GG) geschützt[44], anderenfalls käme es zu unzulässiger Substanzbesteuerung[45],

---

[42] *Kirchhof*, DStR 1984, S. 575 (577 f., 583); *Loritz*, DStR Beih. 8, 1995, S. 10; *Hofmann* (Fn. 11), S. 147 f.; *Meyer* (Fn. 32), S. 538; *Krüger/Kalbfleisch/Köhler* (Fn. 23), S. 1455.

[43] *Kirchhof*, Die Steuerberatung 1996, S. 1 (4); *ders.*, DStR 1984, S. 575 (582); *Loritz*, aaO., S. 8; *Glier* (Fn. 14), S. 232.

[44] Vgl. f. viele *Kirchhof*, DStR 1985, S. 575 (583); *Hofmann* (Fn. 11), S. 147.

[45] *Kirchhof*, Die Steuerberatung 1996, S. 1 (2); *Kleeberg/Bruckmeier* (Fn. 23), S. 2331; zu dem „Substanzverzehr" aus ökonomischer Sicht *Dichtl*, BB 1995, S. 2501.

zu Konfiskation durch Abgaben[46]. Die Vermögensteuer als eine Belastung des ruhenden – in der Regel bereits aus versteuertem Einkommen gebildeten – Vermögens muß dem Eigentümer im Namen der Privatnützigkeit den Kernbestand des Erfolgs seiner wirtschaftlichen Betätigung belassen, also etwa die Hälfte des Ertrages. Und das Bundesverfassungsgericht fügt hinzu, es müsse auch die „grundsätzliche Verfügungsbefugnis" und die „Zuordnung der vermögenswerten Rechtsposition zum Eigentümer" gewahrt bleiben[47]. Damit wird Art. 14 Abs. 1 GG als „Bestandsgarantie für das Eigentum in der Hand des Eigentümers" angesprochen — heute nach dem Bundesverfassungsgericht die Primärfunktion des Eigentumsschutzes überhaupt[48]. Darin liegt auch die tiefere verfassungsrechtliche Begründung der Besteuerung nach Ertrags-, nicht nach Verkehrswerten. Diese letztere fingiert einen Verkauf, den der Eigentümer nicht will, auch nicht „wollen muß". Wirtschaftlich zwingt sie ihn überdies dann, auf die Dauer, in vielen Fällen tatsächlich zum Verkauf, weil er anderenfalls die schwere Steuerlast aus dem Ertrag nicht bezahlen kann. Die Verkehrswertbesteuerung geht also davon aus, es sei etwas geschehen, wozu sie aber den Privaten nicht zwingen darf (*„Fiktionszwang"*) — oder sie übt einen, ökonomisch vielleicht unentrinnbaren, *„Verkaufszwang"* auf ihn aus[49]. Beides verletzt Art. 14 Abs. 1 GG, und zwar wohl sogar im Wege der Enteignung (Art. 14 Abs. 3 GG): Der Eigentümer muß sich unter Steuerdruck „selbst enteignen"; seinen eigentumszentralen Bestandsschutz gibt er dann auf, der Steuerdruck löst die „Zuordnung des Vermögensguts zu ihm", seine Verfügungsfreiheit ist verletzt, durch hoheitliche Steuergewalt.

Anders gewendet: Das Grundgesetz akzeptiert den Markt, öffnet seiner Freiheit die Rechtsordnung. Aber es erzwingt nicht den marktaktiven Bürger, es wirft ihn nicht ständig mit all seinen Gütern auf den Markt. Als Verkäufer dort aktiv zu werden — das ist eine Freiheitsbetätigung, die ihm der Staat nicht abverlangen, die er also auch über Steuern nicht erzwingen darf.

Es ist gut, wieder einmal den Verfassungstext zu lesen: Nach Art. 14 Abs. 2 GG „verpflichtet" das Eigentum nur zu einem „Gebrauch" der Güter, der „zugleich dem Wohl der Allgemeinheit dienen soll" — nicht zum Verkauf. Am Gebrauch allein darf der Steuerstaat teilhaben, er darf nicht jeden Grundeigentümer behandeln, als „sei er Grundstückshändler, ohne es zu sein" — um dann an seinen Transaktionserfolgen zu partizipieren. Die Verfassung

---

[46] BVerfG vom 22.6.1995 – 2 BvL 37/91, DB 1995, S. 1740; *Loritz* (Fn. 42), S. 19.

[47] BVerfG NJW 1995, S. 2615 (2617), unter Hinw. auf BVerfGE 42, S. 263 (295); 50, S. 290 (341).

[48] Diesen Bestandsschutz erwähnt der Vermögensteuerbeschluß ausdrücklich (BVerfG vom 22.6.1995 – 2 BvL 37/91, DB 1995, S. 1740); BVerfGE 24, S. 367 (400 f.); 38, S. 175 (184 f.).

[49] Erkannt bereits bei *Vogel* (Fn. 11), S. 33.

kennt nur den Gebrauch des Eigentums, nur zu ihm verpflichtet sie — daher Verkehrswertbesteuerung nur als Ertragswertbesteuerung.

III. Verfassungsbedenken gegen das Sachwertverfahren

1. Sachwertverfahren als Ausnahme — als Bewertungshilfe

Die Finanzexekutive plant die Einführung eines Sachwertverfahrens als Regelverfahren für bebautes und unbebautes Grundvermögen, in Form des sogenannten *Wohn- und Nutzflächenverfahrens*[50]: Unbebaute Grundstücke und der Grundstücksanteil bei bebauten Flächen sollen über Richtwerte nach Baugesetzbuch, der Gebäudewert soll über durchschnittliche Herstellungskosten ermittelt werden[51].

Das Sachwertverfahren ist im traditionellen Bewertungsrecht bisher *eindeutige Ausnahme* geblieben. Das Bundesverfassungsgericht hat dies auch im Vermögensteuer-Beschluß an zwei Stellen[52] ausdrücklich hervorgehoben. In den Beschlüssen wird im übrigen das Sachwertverfahren nicht näher angesprochen — mit Recht: Bisher war es eine Bewertungshilfe für Fälle, in denen, wie bei gewerblicher Bebauung, ein Ertrag nicht objektiv über Mietvergleich festzustellen war[53]. Dies mag auch sachlich insoweit berechtigt erscheinen, als hier nicht „ein Grundstück isoliert" zu bewerten ist, sondern „in Verbindung mit speziellen Aktivitäten des Eigentümers", der damit verdient (Gewerbetätigkeit), oder es besonders aufwendig ausgestattet hat; hier kommt es zu einer Teil-Sach-Teil-Aktivitätsbewertung, die eine Orientierung an Verkehrswerten nahelegen mag.

2. Allgemeines Sachwertverfahren — eine unzulässige Verkehrswertorientierung

Ein Sachwertverfahren für alle, auch sämtliche bebaute Grundstücke ist nach den Darlegungen zu oben II *mit der Verfassung nicht zu vereinbaren.* Die nach den Bodenrichtwerten ermittelten Grundstückswert(anteil)e sind wesentlich Verkehrswerte; sie dürfen denjenigen gegenüber nicht zugrunde-

---

[50] Siehe *Gürsching/Stenger* (Fn. 3) Rdnrn. 181 ff.

[51] *Christoffel*, UVR 1995, S. 331 (332 f.); *Glier* (Fn. 14), S. 233; *Loritz* (Fn. 42), S. 9; *Gürsching/Stenger* (Fn. 3) Rdnrn. 182 ff.; *Rid*, DStR 1994, S. 1 (3); *Wolf*, DStR 1993, S. 541 (548); *Halaczinsky*, Stbg 1995, S. 504 (507).

[52] Zum Sachverhalt BVerfG DB 1995, S. 1740, a, bb.

[53] *Meyer* (Fn. 32), S. 534; *Flore*, DStR 1994, S. 274 ff.; *Kleeberg/Bruckmeier* (Fn. 23), S. 2331.

gelegt werden, die nicht Eigentümer deutlich verkaufsorientierter Güter sind, also sicher nicht bei Eigenheimen, Eigentumswohnungen, Mietobjekten, aber auch nicht bei dafür bereits nach Flächennutzungs- oder gar nach Bauleitplänen bestimmten unbebauten Grundstücken außerhalb eines Umlaufvermögens.

Völlig ertragsfern ist jedoch auch die Bestimmung des Wertes eines vermietbaren Gebäudes nach durchschnittlichen Herstellungskosten. Diese werden auf dem Baumarkt ermittelt, der Mietmarkt ist ein ganz anderer, er ist ertrags-, nicht kostenorientiert. Wieviele durchaus kostenbewußt hergestellte Bauwerke sind längst nicht kostendeckend vermietet worden. Dem Eigentümer kann bei Wohnobjekten auch nicht vorgeworfen werden, er habe eben „gewerblich nicht genug daraus gemacht" — wenn der Mietmarkt dies nicht hergibt. Die Grundsätze des Bundesverfassungsgerichts werden auf den Kopf gestellt, wenn der Bürger nicht nach Einnahmen, sondern nach Ausgaben zur Besteuerung herangezogen wird. Leistungsfähig macht ihn doch nicht (mehr), wofür er früher einmal viel ausgegeben hat.

3. Das allein sachgerechte Verfahren: Bewertung nach Jahresrohmieten

Das Rohmietenverfahren (vgl. § 79 BewG) entspricht in vollem Umfang den Vorgaben des Bundesverfassungsgerichts: Es wird ein Ertrag zugrundegelegt, der üblicherweise erzielt werden kann. Die ganz herrschende Lehre geht denn auch davon aus, daß es zumindest für bebaute und damit in ihrem Ertrag zu bewertende Grundstücke die einzig richtige Bewertungsmethode ist, der Gesetzgeber sie daher zugrundelegen sollte[54]; von Hinweisen auf Verfahrensschwierigkeiten abgesehen (vgl. unten V) wird dagegen, soweit ersichtlich, kein Einwand erhoben. Mit beachtlichen Gründen wird sogar dafür plädiert, auch heute nach dem Sachwertverfahren bewertete Güter in ein Rohmietenverfahren einzubeziehen[55]. Die Finanzverwaltung muß allerdings wohl damit rechnen, daß die „übliche Miete" wesentlich unter der aus tatsächlichen Mieten abgeleiteten Durchschnittsmiete liegen wird, schon um eine Rechtsbehelfsflut zu vermeiden[56]. Doch was kann dies bedeuten gegenüber einem höchstrangigen, ja ungeschriebenen Verfassungsgebot, jener Steuergleichheit nach Leistungsfähigkeit, die eben „nur hat, wer einnimmt, einnehmen kann" — Mieterträge.

---

[54] Vgl. f. viele *Glier* (Fn. 14), S. 232 f.; *Rid* (Fn. 51), S. 4 ff.; *Wolf* (Fn. 51), S. 549; *Loritz* (Fn. 42), S. 11.

[55] *Flore* (Fn. 53), S. 276.

[56] *Gürsching/Stenger* (Fn. 3) Rdnr. 320.

IV. Bewertung für die Erbschaftsteuer

Seine wohl größte Bedeutung könnte das Bewertungsrecht für die Erbschaftsteuer erlangen. Hingewiesen wird nun darauf, daß das Bundesverfassungsgericht in seinem Erbschaftsteuer-Beschluß – anders als zur Vermögensteuer – nicht ausdrücklich Ertragswertansätze gefordert habe[57]; und schon früher hat das Bundesverfassungsgericht diese Abgabe ja auch als eine „mehr auf die Substanz angelegte Steuer" bezeichnet, weshalb hier eine Bewertung nach dem Ertrag weniger naheliege[58]; zugelassen hat das Bundesverfassungsgericht damals dennoch die Zugrundelegung von Ertragswerten.

Das Bundesverfassungsgericht hat nunmehr aber im Erbschaftsteuer-Beschluß einen neuen Akzent gesetzt[59]: Zwar werde den Erben durch den Anfall „neue Leistungsfähigkeit vermittelt" — also ist der Zugriff auf die Substanz nicht ausgeschlossen, und, da an einen Vermögensübergang anschließend, jedenfalls „weitergehend möglich als zur Einschränkung des Eigentums". Der Zugriff findet dennoch – und das ist nun entscheidend – seine Grenze dort, wo „die Steuerpflicht den Erwerber übermäßig belastet und *die ihm zugewachsenen Vermögenswerte* grundlegend beeinträchtigt" — nicht: seine Vermögensverhältnisse insgesamt. „Das Vererben" darf nicht als ökonomisch sinnlos erscheinen — d.h.: Die Besteuerung muß auf die Vermögensgüter des Erben bezogen werden, nicht auf den Erben. Es müssen für „die Werte der einzelnen zur Erbschaft gehörenden wirtschaftlichen Einheiten Bemessungsgrundlagen gefunden werden, die deren Werte in ihrer Relation realitätsgerecht abbilden." Das kann nur bedeuten: Auch hier ist ein Ertragsbezug herzustellen; würde nämlich völlig ertragsunabhängig, nur nach Verkehrswerten bewertet, so wäre der dem Erben neu zugewachsenen Leistungsfähigkeit nicht entsprochen. Sie ergibt sich aus dem Ertrags-, nicht aus dem Verkaufswert.

Denn – und dies ist nun entscheidend –: „Dem Recht des Erblassers zu vererben … entspricht das Recht des Erben, kraft Erbfolge zu erwerben" – und das Ererbte als Eigentum zu behalten –, nämlich „die ihm zugewachsenen wirtschaftlichen Einheiten und Wirtschaftsgüter" (Bundesverfassungsgericht). Der Erbe darf also nicht durch den Erbfall, über die Bewertung, wie ein „Zwangsverkäufer" in allen Fällen behandelt werden, die ihm zugewachsenen Gegenstände dürfen nicht, entgegen ihrer Natur und dem Willen von Erblasser und Erbe, zu verkaufsorientierten Werten gegenüber der Erbschaftsteuer werden (vgl. oben II, 4, 5).

---

[57] *Krüger / Kalbfleisch / Köhler* (Fn. 23), S. 1456.

[58] BVerfGE 41, S. 269 (282); vgl. auch *Kirchhof* (Fn. 16), S. 59 f.

[59] BVerfG vom 22.6.1995 – 2 BvR 552/91, DB 1995, S. 1745.

Das heißt: Die Erbschaftsteuer darf – in den Grenzen der „Identität der Erbschaft“[60] – auf die Substanz des Erbes zugreifen, weil die Vererbung einen Vermögensübergang darstellt; sie darf aber nicht, im gleichen Atemzug, die Natur der vererbten Güter zu einer durchgehend „verkaufsorientierten“ umprägen: *Auch im Erbschaftsteuer-Recht muß also grundsätzlich ertragsorientiert bewertet werden, die zulässige Staatsteilhabe an der Erbschaft ist über Tarife und Freibeträge sicherzustellen.* Es wäre auch völlig unpraktikabel, überkompliziert und dem Bürger nicht zu vermitteln, daß es für Erbschaftsteuer und Grundsteuer, vielleicht gar noch für die Vermögensteuer, jeweils besondere Bewertungen geben sollte.

V. Leichtigkeit der Steuererhebung — aber keine „Steuergleichheit nach Praktikabilität“

Die Diskussion um Verkehrswert, Sachwert, Ertragswert bei der Bewertung des Grundbesitzes verlagert sich immer mehr zu den Problemen der (leichten) Durchführbarkeit. Unstreitig dürfte sein, daß ein reines Verkehrswertverfahren allzu aufwendig sein würde[61]. Das einheitliche Sachwertverfahren wird von Kennern der Verwaltungspraxis weit überwiegend abgelehnt, weil es mit übermäßigem Aufwand verbunden sei[62], dem Rohmietenverfahren (vgl. oben III, 3) wird dagegen Einfachheit der Erhebung für die große Masse der Fälle bescheinigt[63]. Mietspiegel sind dann allerdings flächendeckend zu erstellen; darin sieht vereinzelte Kritik[64] eine übermäßige Verwaltungsbelastung, ohne dabei allerdings auch boden- und mietrechtliche Vorteile dieser Übersichten mitzuberücksichtigen. Übrigens lassen sich Richtmieten wohl bereits weithin aus den der Verwaltung vorliegenden Daten gewinnen, etwa zur Wohngeldzahlung und zur Erhebung der Fehlbelegungsabgabe.

Es ist nicht Sache des Staatsrechts, sondern der Verwaltungspraxis, das Gewicht des jeweiligen Erhebungsaufwandes einer Steuer zu bestimmen; das Staatsrecht entscheidet jedoch über dessen Abwägung gegenüber der Steuergleichheit, der Steuergerechtigkeit. Verwaltungszwänge mögen, über zulässige Typisierung, ein pauschalierendes Abweichen von der Einzelfallgerechtig-

---

[60] Vgl., insbes. zum Verbot des Verkaufszwangs, *Leisner*, Verfassungsrechtliche Grenzen der Erbschaftsbesteuerung, 1970, insbes. S. 36 ff., 89 ff.

[61] *Loritz* (Fn. 42), S. 10 f.; *Moench* (Fn. 6), S. 3, 9 — zur ablehnenden Haltung der Bundesregierung.

[62] Grundlegend *Rid* (Fn. 8), S. 3 ff.; Arbeitsgruppe Steuerrechtsvereinfachung (Fn. 8), S. 182 f.; *Meyer* (Fn. 32), S. 534; *Glier* (Fn. 14), S. 233.

[63] Vgl. die in Fn. 62 Genannten sowie noch *Schmidt, Eb.*, BB 1995, S. 1986 (1987); vgl. auch die ausgewogene Darstellung bei *Wolf* (Fn. 51), S. 459.

[64] *Gürsching/Stenger* (Fn. 3) Rdnr. 185 ff.

keit legitimieren[65]. Das BVerfG zieht dem jedoch enge Schranken; vorrangig bleibt immer der normative Höchstwert der Steuergleichheit (Art. 3 Abs. 1 GG), dem kein gleichgewichtiger Verfassungswert der „Schonung staatlicher Steuererhebungsressourcen“ gegenübersteht. Es ist hohe Zeit, die andauernd beschworene Erhebungspraktikabilität kritisch auf ihr Gewicht gegenüber elementaren Grundrechten des Bürgers zu untersuchen.

Die Neuordnung des Bewertungsrechts ist ein guter Anlaß für eine solche Bewußtseinsschärfung: Die Steuerdiskussion darf nicht zur Steuererhebungsdiskussion verkommen. Der Abgabenstaat ist nicht frei, beizutreiben wie und daher auch noch was er will, wenn ihm der Bürger, das Schrifttum überzeugend aufzeigt, daß dies anders auch geht. Bei der Steuer hat vielmehr die Erhebung dem zu Erhebenden zu folgen, nicht umgekehrt; Steuerrecht ist nicht primär Recht der Staatsorganisation.

Ertragswert oder Sachwert — das ist kein Problem der Steuertechnik, sondern eine Grundfrage des Verfassungs-, des Eigentumsrechts des Grundgesetzes. Viel ist diskutiert worden über die Einheit der Rechtsordnung; das Abgabenrecht hat sich manchen Selbstand erkämpft, vor allem gegenüber dem Zivilrecht. Doch eines kann es nicht geben: Flucht des Steuerstaates in Steuertechnik, aus der Steuergleichheit.

VI. Zusammenfassung

Die Einheitswertbeschlüsse des Bundesverfassungsgerichts machen eine Neuordnung der Bewertung des Grundbesitzes notwendig; sie wird zur Zeit vorbereitet. Dabei sollen nun bebaute und unbebaute Grundstücke allgemein nach einem Sachwertverfahren bewertet werden.

Dagegen bestehen entscheidende verfassungsrechtliche Bedenken. Das ruhende, das heißt „nicht verkaufsorientierte“ Grundvermögen muß nach dem Bundesverfassungsgericht nach einem Ertragswertverfahren beurteilt werden. Ein Sachwertverfahren, etwa für Eigenheime, Eigentumswohnungen, Mietobjekte, behandelt zu Unrecht die Eigentümer so, „als hätten sie gekauft, um zu verkaufen“. Dies ist mit der Bestandsgarantie des Eigentums in der Hand des Eigentümers nicht zu vereinbaren und kann sogar einen steuerlichen Veräußerungsdruck erzeugen.

Für den wesentlich nicht zum Verkauf bestimmten Grundbesitz ist daher ein Rohmietenverfahren vorzusehen, das den verfassungsgerichtlichen Vorgaben voll entspricht. Die Erhebungsschwierigkeiten sind nicht unüberwindlich; es ist auch nicht zulässig, ein Erhebungsverfahren, das den Ertrag nicht hinreichend berücksichtigt, nur deshalb zu wählen, weil es leichter zu handhaben ist — oder weil es mehr Geld bringt.

---

[65] Siehe BVerfGE 13, 331 (341); 65, 325 (354); 87, 153 (172).

Kein Anrechnungsverfahren für Steuerbefreite?*

Einleitung

Durch die Körperschaftsteuer-(KSt-)Reform von 1977 sollte eine Mehrfach-, insb. eine doppelte Besteuerung der Dividenden verhindert werden. Empfehlungen der Steuerreformkommission folgend, hat der Gesetzgeber[1] die Belastung bei der Körperschaft zwar beibehalten, sie jedoch durch ein Anrechnungsverfahren[2] in der Weise mit der Einkommensteuer-(ESt-)Belastung bei den Anteilseignern synchronisiert, daß diese nun die bereits von der Körperschaft entrichteten Abgaben im Wege einer Steuergutschrift in ihr Besteuerungsverfahren einbringen dürfen (§ 36 II Nr. 3 EStG). Dadurch wird die nach §§ 27 ff. KStG sich ergebende Ausschüttungsbelastung beim Anteilseigner beseitigt, der ausgeschüttete Gewinn somit völlig von der KSt entlastet[3]. Wird der Anteilseigner nicht zur ESt veranlagt, so wird ihm dennoch die anrechenbare KSt vergütet (§ 36b EStG).

Dieses Anrechnungsverfahren setzt jedoch voraus, daß der Anteilseigner *grundsätzlich steuerpflichtig ist,* gleichgültig lediglich, ob er im Einzelfall Abgaben zu entrichten hat (§ 51 KStG)[4]. Dies schließt immerhin das Anrechnungsverfahren bei mehr als 40% des Nennkapitals aller inländischen Kapitalgesellschaften aus, und zwar vor allem bei den nicht voll steuerpflichtigen Ausländern, den Gebietskörperschaften, Kirchen, gemeinnützigen Stiftungen und Wohnungsunternehmen, Berufsverbänden sowie bei Pensionskassen[5]. Im Zuge der KSt-Reform von 1977 wurde zugleich der Steuersatz für ausgeschüttete Gewinne von 24,56% (inklusive Ergänzungsabgabe) auf 36% erhöht. Da das Anrechnungsverfahren bei den nicht Steuerpflichtigen nicht durchgeführt werden kann, hat sich bei diesen die Ausschüttungsbelastung der Dividenden erheblich verschärft. Vor allem haben soziale und mildtätige Einrichtungen, wie die gemeinnützigen Stiftungen und die Pensionskassen,

* Erstveröffentlichung in: Steuer und Wirtschaft 1984, S. 244–254.

1 Vgl. die Begründung in BT-Drucks. 7 / 1470.

2 Darstellung u.a. bei *K. Tipke,* Steuerrecht, 9. Aufl. 1983, S. 347 f.; *B. Knobbe-Keuk,* Bilanz- und Unternehmenssteuerrecht, 4. Aufl. 1983, S. 356 ff.

3 *K. Tipke* (Fn. 2).

4 *K. Tipke* (Fn. 2), S. 348; *Lademann,* Komm. z. KStG, § 49 Anm. 14; *Klein / Laube / Schöberle,* Handbuch des Körperschaftsteuerrechts, Stand: Nov. 1983, Gruppe 4 — Komm., § 51 Anm. 2.

5 *Klein / Laube / Schöberle* (Fn. 4) sowie Fn 3.

unter der KSt-Reform 1977 erheblich zu leiden, soweit sie Aktienbesitz halten, wozu sie möglicherweise durch Satzungsbestimmungen sogar gezwungen sind (Stiftungen) oder, aus Gründen der gestreuten Vermögensanlagen, von einer Aufsichtsbehörde gezwungen werden können (Pensionskassen). Was die gemeinnützigen Stiftungen anlangt, so ist dieses Ergebnis bereits auf scharfe Kritik im Schrifttum gestoßen[6], es ist sogar die Verfassungswidrigkeit des Ausschlusses der Anrechnung bei ihnen (§ 51 KStG) behauptet worden[7]. Es fragt sich in der Tat, ob diese Regelung, welche die gesetzlich gewährte Steuerbefreiung durch das Anrechnungsverfahren wieder aufhebt, mit Art. 3 Abs. 1 GG (Steuergleichheit) vereinbar ist. Diese im Abgabenrecht besonders wichtige Gleichheit im Sinne der Steuergerechtigkeit und der Gleichmäßigkeit der Besteuerung ist vom BVerfG immer wieder unterstrichen worden[8]. Die „Gleichheit der Bürger bei der Auferlegung öffentlicher Lasten" ist ein „fundamentaler Grundsatz"[9]. *Im Abgabenrecht ist eine „geschärfte Gleichheitsprüfung" veranlaßt,* weil es nicht nur allgemein um Gleichheit geht, sondern um eine „*möglichst* gleichmäßige Belastung der Steuerpflichtigen"[10].

Betrachtet man die Auswirkungen der KSt-Reform von 1977 auf die Steuerbefreiten unter dem Gesichtspunkt eines so präzisierten allgemeinen Gleichheitssatzes, der insb. eine spezielle Begründung der (Un-)-Gleichbehandlung aus den tatsächlichen und rechtlichen Verhältnissen für Vergleichsgruppen verlangt, sowie eine geschärfte Gleichheitsprüfung, vor der sich die (Nicht-) Differenzierung als notwendig, wenn nicht als zwingend erweisen läßt, so ergeben sich für diese Untersuchung folgende Fragestellungen zur Gleichheit:

1. Entspricht es der Verfassung, daß der Körperschaftsteuergesetzgeber 1977 die Steuerbefreiten erheblich stärker belastet hat, während der größte Teil der Steuerpflichtigen eine wesentliche Steuererleichterung erfahren konnte? Ist die (unbeschränkte) Steuerpflichtigkeit ein zulässiges Differenzierungskriterium? Als Vergleichsgruppen erscheinen hier einerseits die „Steuerpflichtigen", auf der anderen Seite die Steuerbefreiten.

---

[6] Vgl. vor allem *K. Vogel,* Arbeitserschwernisse für gemeinnützige und mildtätige Stiftungen durch die KSt-Reform, DB 1980, Beilage Nr. 11 zu Heft 23; *K.H. Friauf,* Zur Verfassungsmäßigkeit der steuerlichen Behandlung der von gemeinnützigen Stiftungen bezogenen Erträge aus Beteiligungen an inländischen Kapitalgesellschaften, Rechtsgutachten (Masch.) Dez. 1981; *G. Felix,* BB 1976, 407; *U. Karpen,* Gemeinnützige Stiftungen im pluralistischen Rechtsstaat, neuere Entwicklungen des amerikanischen und deutschen Stiftungs-(Steuer-)Rechts, 1980, S. 33 f.; *A. Schindler,* KSt-Reform behindert Wissenschaftsförderung, Hochschulpolitische Informationen, 1978, Heft 11, S. 11 ff.; s. auch BT-Drucks. 7/5310, S. 9 (zu den wissenschaftlichen Stiftungen); BT-Drucks. 8/3165, S. 4 f.).

[7] So insb. *K.H. Friauf* (Fn. 6).

[8] Das BVerfG hat dies in ständiger Rechtsprechung hervorgehoben, vgl. etwa BVerfGE 47, 1 (28); 50, 386 (391).

[9] Vgl. BVerfG, NJW 1981, 329 (331).

[10] BVerfG, ständige Rechtsprechung, vgl. etwa BVerfGE 35, 324 (335).

2. Entspricht es der Gleichheit, daß die Steuerbefreiten hinsichtlich des Anrechnungsverfahrens genauso behandelt werden wie beschränkt Steuerpflichtige, insbes. Ausländer? Hätte hier nicht eine Differenzierung vorgenommen werden können oder gar müssen, erzwingt die Nicht-Erstattung bei Ausländern auch eine solche im Fall der Pensionskassen? Ist hier nicht Ungleiches gleich behandelt worden? Vergleichsgruppen sind dabei die Steuerbefreiten und die beschränkt Steuerpflichtigen.

3. Wird die Steuergleichheit nicht durch eine schwerwiegende Systemwidrigkeit gebrochen, die darin liegt, daß die Steuerbefreiten von der KSt durch eine materiell-rechtliche Abgabenentscheidung des Gesetzgebers befreit, daß sie aber im Ergebnis dennoch steuerlich belastet werden, in Durchführung einer „Steuererhebungstechnik", welche blind ist gegenüber einer materiellrechtlichen Entscheidung, diese aber über die Nichtanwendung des Anrechnungsverfahrens wieder aufhebt? Darin liegt unter Umständen zugleich ein weiterer Systembruch: Die Synchronisierung der KSt mit der individuellen Einkommensbesteuerung erfolgt hier nicht — sie müßte bei Steuerbefreiten zu voller Erstattung der KSt führen.

I. Diskriminierung der Steuerbefreiten gegenüber steuerpflichtigen Dividendenbeziehern

1. Steuerbefreiung als Kriterium für stärkere Belastung? — Legitimation aus der Rechtstechnik des Anrechnungsverfahrens?

Die erste Frage lautet: Ist es eine sachgerechte Überlegung, den einen Steuerbürger stärker zu belasten als den anderen, weil jener von Steuern befreit ist — dies geschieht ja im Verhältnis der Steuerbefreiten zu den durch die KSt-Reform 1977 entlasteten Steuerpflichtigen. So gestellt kann die Frage nur verneint werden — Steuerbefreiung kann begrifflich nicht als Begründung für eine Verschärfung der Belastung verwendet werden.

Bei „unbefangener Betrachtung" drängt sich doch sogleich dieses Bedenken auf: *der Steuerbefreite als schärfer Besteuerter — der Steuerpflichtige als Entlasteter.* Zwar liegt es zunächst in den „rechtlichen Verhältnissen" der Steuerbefreiten begründet, daß sie kein Anrechnungsverfahren durchführen können. Im Steuerrecht muß aber doch auch immer und in erster Linie auf das „Endergebnis" gesehen werden — die Abgabenbelastung. *Sie* bedarf der Rechtfertigung, wenn sie beim einen steigt, beim anderen fällt. Dieses Ergebnis kann den Steuerbefreiten gegenüber nur dadurch gerechtfertigt werden, daß man entweder unterstellt, der Körperschaftsteuergesetzgeber habe ihre Steuerbefreiung gerade durch die *KSt-Reform* jetzt in neuer materieller Entscheidung korrigieren wollen – dafür gibt es keinerlei Anhalt –, oder die

Rechtfertigung muß aus der Bedeutung des Anrechnungsverfahrens gewonnen werden, *also aus dem Gewicht, welches dem Grundsatz zukommen soll, daß ein Anrechnungsverfahren nur bei Steuerpflichtigen in Betracht kommen darf.* Die Ausgestaltung des Anrechnungsverfahrens im einzelnen ist aber nun kein Selbstzweck, sondern nur eine rechtstechnische Abwicklungsform der Abgabenerhebung. Sein Einsatz nur bei Steuerpflichtigen kann sicher nicht mit Gründen notwendiger Typisierung gerechtfertigt werden[11]: Einerseits ist schon nicht ersichtlich, wo denn die Vorteile des verwaltungsmäßigen Vollzugs einer Nichterstattung im Vergleich zu einer (teilweisen) Erstattung der KSt an die Pensionskassen liegen sollten; zum anderen würden durch eine solche Typisierung auch nicht nur „geringfügigere oder nur in besonders gelagerten Fällen auftretende Ungleichheiten in Kauf genommen“[12], vielmehr wird eine nicht unbedeutende Gruppe erheblich stärker belastet. Nichterstattung kann auch nicht damit gerechtfertigt werden, daß anderenfalls unzumutbare, überkomplizierte Regelungen hätten geschaffen werden müssen: Dem Gesetzgeber standen und stehen verschiedene Regelungsmöglichkeiten zur Verfügung[13]. Die einfachste Lösung wäre die Einfügung einer kurzen Bestimmung in jenem § 51 KStG, der das Anrechnungsverfahren ausschließt, nach welcher den Steuerbefreiten auf Antrag die KSt ganz oder teilweise erstattet wird.

Steuerbefreiung als Begründung für stärkere Steuerbelastung kann nichts legitimieren, der Hinweis auf das Anrechnungsverfahren als rechtstechnische Notwendigkeit kann ebenfalls nicht genügen; es müßte sich vielmehr dartun lassen, daß die Differenzierung zwischen Steuerpflichtigen und Steuerbefreiten durch (Nicht-)Anwendung des Anrechnungsverfahrens von nicht nur erhebungstechnischen Erwägungen getragen wird. „Der Prinzipiengehalt als solcher“ eines Grundsatzes „Erstattung nur bei Steuerpflicht“ ist nicht einzusehen, jedenfalls stünde er in keinem Verhältnis zu den Wirkungen einer so geschaffenen Ungleichheit zwischen Steuerbefreiten und Steuerpflichtigen. Wenn sich also keine speziellen Gründe für die erhöhte Steuerbelastung bei den Steuerpflichtigen finden lassen, ist eine solche Gestaltung verfassungswidrig, weil sie sich lediglich auf ein Differenzierungsmerkmal stützen könnte — das der Steuerbefreiung. Dies aber wäre ein Widerspruch in sich und schon deshalb mit Art. 3 Abs. 1 GG unvereinbar[14].

---

[11] Dazu grundlegend BVerfGE 13, 331 (340/341).

[12] BVerfG (Fn. 11).

[13] Vgl. *U. Karpen* (Fn. 6), S. 34; für die Stiftungen schlägt *Vogel* eine „Option für die KSt“ vor, DB 1980, Heft 23, Beilage 11.

[14] Vgl. BVerfGE 1, 14 (45); 25, 216 (227).

2. Steuerbelastung auch bei anderen Nicht-Steuerpflichtigen als Rechtfertigung?

Die Steuerbefreiten stellen zwar nicht die Mehrheit, aber doch eine wirtschaftlich bedeutsame Minderheit der Aktieninhaber dar, eine Gruppe, welche in sich wieder im einzelnen heterogen ist. Ein Argument zur Rechtfertigung der Nichtanrechnung kann aber nicht daraus abgeleitet werden, daß ja „alle Steuerbefreiten gleich behandelt" würden. Nichtanrechnung wird in ihrer Bedenklichkeit nicht gemildert, sondern eher noch dadurch gesteigert, daß die Gleichheit auch anderen Gruppen von steuerbefreiten Betroffenen gegenüber verletzt ist. Vergleichsgruppen sind ja nicht die jeweils „anderen Steuerbefreiten", sondern die Steuerpflichtigen, immerhin also die deutliche Mehrheit der Aktieneigner, mit denen die Steuerbefreiten hier zu vergleichen sind. Keiner der Steuerbefreiten muß sich also darauf verweisen lassen, anderen Steuerbefreiten gegenüber sei diese Lage berechtigt[15], jeder durch eine solche Diskriminierung gegenüber den Steuerpflichtigen betroffene Steuerbefreite hat das Recht der Berufung auf die Steuergleichheit, auf „eigenes Unrecht" würde sich jedoch der Staat berufen, wollte er ihm „den Gleichheitsverstoß anderen gegenüber" entgegenhalten.

Gleichgültig ist es auch, ob und inwieweit gewisse Gruppen von Steuerbefreiten, etwa Ausländer, durch steuerrechtliche Gestaltungen „der Belastung ausweichen" können[16] und ob der Gesetzgeber derartigen Versuchen, etwa durch Verhinderung von Steuerumgehungen, mit Erfolg entgegentreten kann oder nicht[17]. Vielen Steuerbefreiten stehen jedenfalls zulässige Gestaltungsmöglichkeiten nicht zur Verfügung, mit denen sie die Mehrbelastung nach der KSt-Reform von 1977 verhindern könnten. Die Frage, wieweit dies anderen Betroffenen gelingen kann, ist für ihre Gleichheitsbeziehung den Steuerpflichtigen gegenüber ohne Belang. Es würde die Diskriminierung gewisser Steuerbefreiter übrigens nur noch deutlicher, wenn sich andere Betroffene der Belastung entziehen könnten.

---

[15] So zutreffend für die von ihm angestellten Untersuchungen zu den gemeinnützigen Stiftungen *K.H. Friauf,* Rechtsgutachten, S. 35 f.

[16] Dazu *K. Vogel* (Fn. 6).

[17] Dies wird insbesondere bei der Frage der Zwischenschaltung von (steuerpflichtigen) Kapitalgesellschaften diskutiert, vgl. *Birk/Pöllath,* NSt, S. 21, Nr. 8/1979; *K. Tipke,* Steuerrecht, 8. Aufl. 1983, S. 348, vor allem aber *B. Knobbe-Keuk,* Bilanz- und Unternehmenssteuerrecht, S. 364 f., sowie *Vogel* (Fn. 6); siehe auch BT-Drucks. 8/3648, S. 9.

II. Rechtfertigungsversuche der Diskriminierung — Kritik

Die oben erwähnten weitergehenden Begründungen – über die Berufung auf den Unterschied Steuerpflichtige–Nicht-Steuerpflichtige hinaus – sind in der Tat versucht worden. Kann so eine Verletzung der Steuergleichheit ausgeschlossen werden?

1. Reformziel allein: keine Doppelbesteuerung

Ausgangspunkt, ja Grund der KSt-Reform 1977 war die Beseitigung der Doppelbelastung[18]. Bei Steuerbefreiten konnte dieser Erfolg aus begrifflichen Gründen nicht eintreten. Sie können auch nicht aus Gründen der Gleichheit fordern, der Steuergesetzgeber müsse auch sie (noch weitergehend als vor 1977) entlasten, nur weil er die Steuerpflichtigen entlastet habe. Wieweit er Steuerentlastungen gewähren will, darin ist der Gesetzgeber grundsätzlich frei. Hätte er die Steuerpflichtigen entlastet, die Nicht-Steuerpflichtigen nicht, oder hätte er letztere stärker belastet durch besondere, überlegte Entscheidung – im Wege einer „Teilrücknahme der Steuerbefreiung" –, so wäre dagegen unter Gleichheitsgesichtspunkten nichts einzuwenden.

Hier aber ist etwas anderes geschehen: Um die einen zu entlasten, gerade *deshalb* wurden, sozusagen „als Abfallprodukt", andere belastet, obwohl der Gesetzgeber das „an sich" gar nicht wollte. Das Ziel der Aufhebung der Doppelbesteuerung hat *an sich* keinerlei Legitimationskraft dafür, daß nun die Einfachbesteuerung verschärft werden soll — bei denen, welche einer Doppelbesteuerung gar nicht unterlagen. Hier zeigt sich ein logischer Bruch.

Hätte man also „Doppelbesteuerung aufheben wollen", so hätte sich der Gesetzgeber auf eine solche Verbesserung der Lage der Steuerpflichtigen beschränken müssen, und er hätte sie selbstverständlich durch eine gegensteuernde Tariferhöhung teilweise abschwächen dürfen. Die Vermeidung der Doppelbesteuerung gibt aber keine Legitimation dafür, daß gleichzeitig die Steuerbefreiten stärker belastet werden — es sei denn, dies habe bei Abschaffung der Doppelbesteuerung schlechthin *nicht vermieden werden können*. Davon kann nicht die Rede sein, eine kurze Sonderbestimmung hätte genügt. *Der Gesetzgeber selbst* hat durch die Regelung des § 44c Abs. 2 Ziff. 1 EStG deutlich zum Ausdruck gebracht, daß die Beseitigung der Doppelbelastung sein ausschließliches Ziel war, daß er deshalb im übrigen Besitzstandswahrung eintreten lassen wollte. Also sollte doch der Abbau der Doppelbelastung nicht zu anderweitiger Steuererhöhung legitimieren. Es mag dem Steuergesetzgeber freistehen, wieweit er ungünstige Folgen von an sich

[18] Siehe dazu *Lademann*, Komm. z. KStG, § 49 Rdnr. 13.

als Steuerentlastung beabsichtigten Regelungen für einzelne Gruppen ausschließen oder abschwächen will. Dies aber setzt voraus, daß die Differenzierung als solche berechtigt ist. Im Verhältnis zwischen Steuerpflichtigen und Nicht-Steuerpflichtigen ist dies hier *an sich nicht der Fall*, es könnte sich nur aus besonderen, vom Gesetzgeber zulässigerweise angestellten Erwägungen ergeben; die Beseitigung der Doppelbesteuerung jedenfalls bietet einen solchen Grund nicht.

Nun könnte es allerdings sein, daß es zwar primäres, aber nicht ausschließliches Ziel des KSt-Gesetzgebers 1977 war, die Doppelbesteuerung aufzuheben[19], daß er daneben aber auch noch andere Ziele verfolgen wollte, aus denen sich eine Differenzierung zwischen Steuerpflichtigen und Nicht-Steuerpflichtigen ergeben könnte. Dies ist nun zu prüfen.

2. Grundsatz der Einmalbesteuerung

a) Die Hauptbegründung der Differenzierung zwischen Steuerpflichtigen und Nicht-Steuerpflichtigen hinsichtlich der Erstattung der KSt liegt darin[20]: Im neuen KSt-Recht gebe es einen Grundsatz, nach dem Gewinne jedenfalls, mindestens aber einmal, einer Steuer vom Einkommen unterliegen müßten — entweder bei der Körperschaft oder bei dem Anteilseigner[21]. Nur weil der „Einmalzugriff" sichergestellt gewesen sei, habe auf die Mehrfachbelastung der Dividenden nach bisherigem Recht verzichtet werden können[22]. Mit dieser Begründung wurde den gemeinnützigen Stiftungen die Möglichkeit des Anrechnungsverfahrens vorenthalten[23]: Die Bundesregierung halte es für einen „tragenden Grundsatz des neuen KSt-Systems, daß nur derjenige die Anrechnung oder Vergütung von KSt beanspruchen kann, dessen Dividenden im Inland voll zur ESt oder KSt herangezogen werden"[24].

b) Einen solchen Grundsatz gibt es nicht, er würde dem System der KSt widersprechen, ebenso dem Begriff der Steuerbefreiung. Selbst wenn es ihn aber gäbe, könnte er die Diskriminierung der Nicht-Steuerpflichtigen gegenüber den Steuerpflichtigen nicht rechtfertigen.

---

[19] Was wohl *Klein/Laube/Schöberle*, Handbuch des Körperschaftsteuerrechts, Gruppe 4 — Komm., § 51, 1; ähnlich *K. Tipke* (Fn. 1), S. 348 anzunehmen scheinen.

[20] Vgl. dazu und zum folgenden *K.H. Friauf*, Rechtsgutachten, S. 40 ff. m. Nachw.

[21] Vgl. etwa die Amtl. Begründung zu dem Gesetz zur Änderung des EStG, des KStG u.a. Ges. v. 20.8.1980, BT-Drucks. 8/3648, S. 26.

[22] So *Böhme*, Staatssekretär im BMF, Ziele und Probleme der Reform der KSt, Bulletin Nr. 35 vom 27.3.1980, S. 295 (296).

[23] Siehe *Manke*, StbJb. 1977/78, S. 269 (272), unter Hinw. auf BT-Drucks. 7/1470, S. 380.

[24] Parlamentarischer Staatssekretär *Haehser*, Antwort auf eine parlamentarische Anfrage, BT-Drucks. 8/155. Sitzungsprotokolle, Anlage 50, S. 12441.

Der Wortlaut des KStG gibt keinen Anhalt für die Annahme eines „tragenden Grundsatzes der Einmalbesteuerung". Ebensowenig läßt er sich aus der Systematik des Gesetzes ableiten: Gäbe es ein derartiges „Prinzip", so wäre es nicht nötig, das Anrechnungsverfahren bei Nicht-Steuerpflichtigen durch eine eindeutige Ausnahmevorschrift (§ 51 KStG) ausdrücklich auszuschließen. Dies ist nicht nur eine Klarstellung von deklaratorischer Bedeutung, die rechtstechnische Spezialisierung des KSt-Rechts schließt dies aus, eine solche Annahme müßte wiederum aus einem allgemeinen Grundsatz gewonnen werden, der sich aber aus dem Gesetz gerade nicht ableiten läßt. § 51 KStG spricht vielmehr eindeutig dagegen. Die Beweisführung der Bundesregierung stellt also einen *offenen Zirkelschluß* dar: Die in § 51 KStG verfügte Nichtanrechnung wird als Ausdruck eines „allgemeinen Grundsatzes" angesehen, für welchen jedoch das Gesetz nichts hergibt als — eben jene Spezialbestimmung.

Selbst wenn aber ein solcher allgemeiner Grundsatz aus dem KSt-Recht gewonnen werden könnte, wäre damit noch nicht seine *Verfassungskonformität* erwiesen, es müßte seine Sachgerechtigkeit als Unterscheidungskriterium nachgewiesen werden. Der Hinweis auf den Grundsatzcharakter einer Norm sagt nichts über ihre Sachgerechtigkeit aus.

c) Der angebliche Grundsatz der „Einmalbesteuerung" wird im Schrifttum wie folgt gerechtfertigt: „Sinn und Zweck des Anrechnungsverfahrens ist nur die Beseitigung der steuerlichen Doppelbelastung des von einer Körperschaft ausgeschütteten Gewinns, nicht aber die Freistellung von jeglicher steuerlicher Belastung. Diese Folge könnte jedoch eintreten, wenn auch steuerbefreite Anteilseigner sich die KSt anrechnen lassen könnten", daher sei dies ausgeschlossen[25].

Einer solchen Begründung steht zunächst schon entgegen, daß die KSt-Reform ja nicht nur das Anrechnungsverfahren gebracht und nicht isoliert allein die Doppelbesteuerung abgeschafft hat, zugleich wurde vielmehr der KSt-Tarif wesentlich angehoben, diese Belastungen bleiben nun auf den Steuerbefreiten liegen. Selbst wenn es also einen Grundsatz der „Einmalbesteuerung" gäbe, so hätte er den Steuergesetzgeber doch keineswegs zu dieser Tarifanhebung auch für die Steuerbefreiten gezwungen. Ohne weiteres hätte vielmehr für sie die Reform besitzstandswahrend durchgeführt werden können, ein Grundsatz der „Einmalbesteuerung" wäre dadurch nicht verletzt worden. Auch dies aber ist nicht geschehen.

Selbst wenn von einem Grundsatz der „Einmalbelastung" auszugehen wäre, hätte er dem KSt-Gesetzgeber keine systematische Fessel anlegen, ihn zum Ausschluß des Anrechnungsverfahrens gegenüber Steuerbefreiten zwin-

---

[25] *Lademann,* Handb. des Körperschaftsteuerrechts, Gruppe 4, § 51 Anm. 1.

gen können. Diese Rechtssubjekte sind durch ausdrückliche Entscheidung des Steuergesetzgebers von der KSt befreit, der materiell-rechtliche Sinn dieser Entscheidung liegt darin, daß sie wegen ihrer für die Gemeinschaft wertvollen Tätigkeit keine Abgabenlast tragen sollen. Dies *kann* allenfalls durch eine Gestaltung durchbrochen werden, nach welcher eine „Quellensteuer" bei anderen Körperschaften erhoben wird mit der Begründung, es sei eben eine Tätigkeit in gesellschaftsrechtlicher Form entfaltet worden[26]. Keineswegs aber ist es eine systematische Notwendigkeit, daß „auf jeden Fall irgendwo Steuern anfallen *müssen*" — ein solcher Grundsatz kann begrifflich von vornherein *nur für Steuerpflichtige* gelten, und hier hat er, gerade nach 1977, auch einen guten Grund: Entweder die Steuer wird „an der Quelle" einbehalten, oder die Besteuerung findet beim Anteilseigner statt, unter Umständen eben nun in der Verbindung des Anrechnungsverfahrens. Eine systematische Vorgabe für die Steuerbefreiten aber kann ein Grundsatz der Einmalbesteuerung begrifflich nicht enthalten, er spricht lediglich die Rechtstechnik der Steuererhebung bei Steuerpflichtigen an, dort kann sich sein Sinn entfalten.

Ein etwaiger Grundsatz der „Einmalbesteuerung" könnte also keine Legitimation für eine gleichheitswidrige Behandlung der Steuerbefreiten im Verhältnis zu den Steuerpflichtigen bringen, schon gar nicht wäre er von solchem Gewicht, daß er auch noch eine Verschärfung bisheriger Belastungen zu legitimieren vermöchte.

d) Selbst wenn ein Grundsatz der „Einmalbelastung" im Körperschaftsteuerrecht gelten sollte, so stünde dem eine ganze oder teilweise Erstattung der KSt bei Steuerbefreiten nicht entgegen. Grund für die Steuerbefreiung ist ja das *Wesen* der gemeinnützigen, sozialen o.ä. Tätigkeit dieser Körperschaften, welches den Begriff der Steuerbefreiung selbst prägt. Diese wird gewährt, weil hier eine Tätigkeit vorliegt, die sonst vom Staat erfüllt und über Abgaben finanziert werden müßte[27], dies ist der Sinn der „Förderung der Allgemeinheit", welche die Gemeinnützigkeit des Zweckes begründet[28]: Besteuert werden soll nicht, was eingesetzt wird, als handle es sich um Steuergelder. Die Steuerbefreiten „leisten also auf jeden Fall *einmal* für Steuer-Staatszwecke": nämlich durch den Einsatz ihrer Mittel für steuerbefreite Zwecke, in gewissem Sinne stehen sie in dieser Selbstlosigkeit so, „als werde ihnen alles weggesteuert" und für die Gemeinschaft eingesetzt. Daß sie dann überhaupt noch mit Steuern, wenn auch nur im Ergebnis, belastet werden, war an sich schon bisher eine systematisch nicht unbedenkliche Anomalie. Jedenfalls wirkt es sich als eine Art der „Doppelbesteuerung" aus — einmal Steuerbela-

---

[26] Vgl. in diesem Sinn die Bundesregierung, BT-Drucks. 7/1470, S. 332; *H. Singbarth*, KSt, Losebl.-Komm., 1982, Einf. IV, 1.

[27] So zutr. *Tipke* (Fn. 2), S. 127.

[28] *Tipke/Kruse*, AO/FGO I § 52 Rdnr. 1; *K. Koch*, AO, 1979, § 52 Rdnr. 2.

stung bei der ausschüttenden Körperschaft, zum zweitenmal Belastung der steuerbefreiten Körperschaft mit der Zweckbindung ihrer Erträge für die Allgemeinheit.

Solange die Mehrfachbesteuerung dem KSt-System zugrunde lag, mochte dies hingenommen werden. Wird nun dort aber die Einmalbesteuerung zur Systemgrundlage, so müßte dies, bei vernünftiger, am Gleichheitssatz orientierter Betrachtung, eigentlich nur eine Folge haben: auch pro Steuerbefreiten nur *eine* Belastung — mit der „auf Steuerzweck orientierten Zweckbindung ihrer Einkünfte" — volle Erstattung der KSt im übrigen. Ein etwaiger Grundsatz der „Einmalbesteuerung" müßte also sogar zu voller Erstattung führen — hier aber wird er als Begründung für eine *Verschärfung einer Mehrstufenbelastung* eingesetzt; dies ist nicht zulässig.

e) *Einen Grundsatz, nach dem jedenfalls Dividenden einmal besteuert werden müßten, gibt es aber nach geltendem KSt-Recht überhaupt nicht*[29]. Der Steuerpflichtige kann auch dann Anrechnung verlangen, wenn die betroffenen Erträge von jedweder ertragsteuerlichen Belastung frei bleiben[30] — so etwa, wenn die Erträge unter den tarifmäßigen Grundfreibetrag fallen (§ 32a Abs. 1 Nr. 1 EStG), oder wenn der Gesamtbetrag der Einkünfte durch außergewöhnliche Belastungen (§ 33a EStG) und Sonderausgaben (§ 10 EStG) so vermindert wird, daß das der Steuer unterliegende Einkommen im Sinne des § 2 Abs. 4 EStG den Betrag der zugeflossenen Ertragsanteile unterschreitet. Dasselbe ergibt sich nach dem KStG bei Anwendung der Freibeträge für kleinere Körperschaften (§ 24 KStG), für Erwerbs- und Wirtschaftsgenossenschaften und andere mehr (§ 25 KStG). Macht ein Anrechnungsberechtigter Spenden nach § 10b EStG, indem er gemeinnützige Zwecke fördert, so kann er durch Sonderausgabenabzug die Bemessungsgrundlage seiner ESt vermindern. Hat er keine weiteren Einkünfte, so kann er Vergütung der bereits gezahlten KSt verlangen. Im Ergebnis fließen also den Gemeinnützigen etwa diese Beträge „völlig steuerfrei" zu, obwohl sie aus Dividenden kommen, nur weil sie „über einen Steuerpflichtigen geleitet werden". Würden sie dagegen von der ausschüttenden Körperschaft unmittelbar an die steuerbefreite Körperschaft ausgeschüttet, so unterlägen sie einer Besteuerung von 36%! Dies ist an sich schon „mehr als ungereimt"[31] und korrekturbedürftig. Jedenfalls zeigt es, daß dem geltenden KSt-Recht kein Grundsatz zu entnehmen ist, nach dem alle von einer Körperschaft ausgeschütteten Beträge besteuert werden müssen. Daraus ergibt sich auch, daß aus dem Begriff „Anrechnung" nicht geschlossen werden kann, es müsse stets „von einer Steuerschuld subtrahiert werden". In allen genannten Fällen kommt es zu einer Vergütung.

---

[29] Vgl. hierzu im einzelnen *K.H. Friauf*, Rechtsgutachten, S. 44 ff.

[30] So *Friauf* (Fn. 29), unter Hinw. auf die bei *Rose*, Die Ertragsteuern, 6. Aufl. 1981, S. 137–139 dargestellten Fallgruppen.

[31] So mit Recht *K.H. Friauf*, Rechtsgutachten, S. 48.

„Einmalbesteuerung" vermag also die Diskriminierung zwischen steuerentlasteten Steuerpflichtigen und steuer-mehrbelasteten Nicht-Steuerpflichtigen nicht zu legitimieren. Mehr noch: Hier zeigt sich deutlich, daß der Gesetzgeber bei dem Ausschluß der Anrechnung für Nicht-Steuerpflichtige in § 51 KStG sachwidrige Überlegungen angestellt hat, wenn diese später auch Grundlage des Willensbildungsprozesses im Gesetzgebungsverfahren war. Eine auf derart unsachlichen Erwägungen beruhende Norm verstößt jedoch gegen Art. 3 Abs. 1 GG.

3. Keine Erstattung bei Ausländern — also überhaupt nicht bei Steuerbefreiten?

Die Bundesregierung besorgt offenbar, daß bei (teilweiser) Zulassung des Anrechnungsverfahrens für Steuerbefreite andere und bedeutsame Gruppen von Anteilseignern, die zur Zeit keine KSt-Gutschrift geltend machen können, unter Berufung auf ein Präjudiz ebenfalls zur Anrechnung zugelassen werden müssen, insbesondere die ausländischen, im Inland im übrigen nicht steuerpflichtigen Anteilseigner. Der Bundesminister für Wirtschaft hat erklärt[32], die einmalige Besteuerung habe gewährleistet bleiben sollen. „Deshalb sind die Anteilseigner, die im Inland nicht unbeschränkt steuerpflichtig sind, vom Anrechnungsverfahren *ebenso wie die ausländischen Anteilseigner* ausgeschlossen worden" (Herv. v. Verf.). In der amtlichen Begründung zum Steueränderungsgesetz vom 20.8.1980 (BGBl. I, S. 1545) werden die nicht ESt-Pflichtigen und die Ausländer, wenn auch als zwei getrennte Fallgruppen, nebeneinander genannt, wo vom Ausschluß des Anrechnungsverfahrens die Rede ist[33]. Der parlamentarische Staatssekretär Haehser hat ausdrücklich von einer Präjudizwirkung auf andere Steuerbefreite, insbesondere ausländische Anteilseigner, gesprochen, welche zu erheblichen Steuerausfällen führen werde[34].

Auch im Schrifttum werden die Steuerbefreiten und die ausländischen Anteilseigner zusammen genannt, und die Nichtanrechenbarkeit der KSt auf diese Fälle wird offenbar als ein einheitlich anwendbares Grundprinzip angesehen[35]. Die Grundentscheidung des KSt-Rechts gehe dahin, daß nur bei *unbeschränkt* Steuerpflichtigen ein Anrechnungsverfahren möglich sei[36].

---

[32] Zit. v. *K.H. Friauf,* Rechtsgutachten, S. 41.

[33] BT-Drucks. 8/3648, S. 26.

[34] BT-Drucks. 8, Sitzungsprotokoll, S. 12441.

[35] Siehe etwa *Manke,* StbJb. 1977/78, S. 269 (272).

[36] *Lademann,* Komm. z. KStG, § 49 Rdnr. 14.

Ob die Körperschaftsbesteuerung der Ausländer zur Zeit befriedigend gelöst ist, scheint nicht als zweifelsfrei[37]. Darum aber geht es hier nicht. Anzuerkennen ist sicher, schon angesichts des Umfangs des ausländischen Aktienbesitzes und der Bedeutung der Anlagemöglichkeiten für den internationalen Kapitalverkehr, die Investitionen in der Bundesrepublik Deutschland und die deutsche Währung, ein Recht der zuständigen politischen Instanzen zu einer besonderen steuerlichen Gestaltung dieses Bereichs. Insbesondere ist es ohne weiteres als sachlich einleuchtender Grund anzusehen, wenn die Aktienanlage durch das Anrechnungsverfahren für Ausländer nicht besonders attraktiv gestaltet werden soll.

Diese legitimen Interessen tragen aber nur dann eine Diskriminierung zwischen Steuerbefreiten und (unbeschränkt) Steuerpflichtigen, wenn sich aus der Erstattung der KSt bei jenen mit *rechtlicher Notwendigkeit der Zwang ergäbe,* entsprechende Erleichterungen auch für die Ausländer vorzusehen, wenn hier also von einer *rechtlichen Präjudizwirkung* gesprochen werden könnte. Eine lediglich *politische Präjudizwirkung* ist dagegen unbeachtlich: Die Steuergewalt darf nicht Steuerbürger gleichheitswidrig benachteiligen, nur weil sie politischen Druck für den Fall befürchtet, daß sie von einer solchen verfassungswidrigen Diskriminierung abläßt.

Bei näherem Zusehen zeigt sich nun, daß eine *rechtliche Präjudizwirkung* nicht zu befürchten ist: Selbst wenn etwa steuerbefreiten Stiftungen die KSt ganz oder teilweise erstattet würde, könnten daraus die ausländischen Anteilseigner keinen rechtlichen Anspruch, unter Berufung auf Art. 3 GG, dahin ableiten, daß dies auch bei ihnen geschehen müsse. Die rechtliche Situation dieser beiden Gruppen ist nämlich unterschiedlich, sowohl steuersystematisch, als auch nach Verfassungsrecht[38]:

Die ausländischen Anteilseigner werden zwar im vorliegenden Zusammenhang nicht selten als „Nicht-Steuerpflichtige" bezeichnet oder zusammen mit den Nicht-Steuerpflichtigen, weil Steuerbefreiten, erwähnt. Dies ist jedoch *steuersystematisch ungenau.* Während gemeinnützige Stiftungen etwa nichtsteuerpflichtig sind, besteht bei den Ausländern sehr wohl eine Steuerpflicht, sie ist jedoch *eingeschränkt:* Körperschaftsteuerpflichtig sind die Ausländer „mit den inländischen Einkünften, von denen ein Steuerabzug vorzunehmen ist" (§ 2 Nr. 1 KStG), also auch mit ihren in Deutschland bezogenen Dividenden. Für diese gilt dann nach § 50 Abs. 2 (Ziff. 2), daß die KSt durch den Steuerabzug abgegolten ist.

---

[37] Vgl. zu diesem Problem u.a. allg. *B. Knobbe-Keuk,* Bilanz- und Unternehmensteuerrecht, S. 322; *Wrede,* DStR 1976, 327 (332); krit. vor allem *P. Böckli,* Keine Steuergutschrift für Steuerausländer? StuW 1979, S. 1 (10).

[38] Ebenso im Ergebnis *K.H. Friauf,* Rechtsgutachten, S. 35; *K. Vogel,* DB 1980, Beilage 11.

Der KSt-Gesetzgeber hat also ausdrücklich vorgesehen, daß die beschränkte Steuerpflicht über den Steuerabzug bei den Dividenden zu realisieren sei. Dies ist eine materiell-steuerrechtliche Entscheidung, zu welcher der deutsche Gesetzgeber grundsätzlich berechtigt ist. Würde er hier das Anrechnungsverfahren, d.h. Erstattung der KSt, vorsehen, so würde er auf solche Weise eine in sich widersprüchliche Regelung treffen: Er würde nämlich praktisch die *beschränkte Steuerpflicht in eine Steuerbefreiung für Ausländer* verwandeln. Dazu kann er nach dem Gleichheitssatz auch dann nicht verpflichtet werden, wenn er den Steuerbefreiten Erstattung gewährt.

Die Steuerbefreiten sind nämlich, den Ausländern gegenüber, dadurch *in einer grundsätzlich anderen Lage,* daß sie eben — nicht steuerpflichtig sind, auch nicht beschränkt. Der Steuergesetzgeber kann daher diese zwei Gruppen von Rechtssubjekten hinsichtlich der Anrechnung der KSt ohne weiteres unterschiedlich behandeln und die Erstattung bei den Steuerbefreiten gestatten, nicht aber bei den beschränkt Steuerpflichtigen; hier ist er wohl sogar durch die von ihm selbst gewählte Systematik daran gehindert, Erstattung zu gewähren.

Ein Grundsatz der „Einmalbesteuerung", der, wie dargelegt, für die Steuerbefreiten nicht gilt, mag systematisch auf die Ausländer angewendet werden, weil diese eben steuerpflichtig sind: Ihre Einkünfte unterliegen dem Zugriff der Steuergewalt über den Steuerabzug, damit aber ist die Steuerpflicht auch abgegolten.

Aus steuersystematischen Gründen kommt also eine Gleichbehandlung von Ausländern und steuerbefreiten Inländern nicht in Frage, hierzu müßte in der Tat das gesamte System des KStG geändert werden.

Die ausländischen Anteilseigner könnten sich jedoch, unabhängig von den vorstehend dargelegten steuersystematischen Erwägungen, schon aus *verfassungsrechtlichen Gründen* nicht auf eine etwaige Präjudizwirkung zu ihren Gunsten berufen, wenn die nach deutschem Recht steuerbefreiten Inländer zur Erstattung der KSt zugelassen würden, sie aber nicht.

Eine solche Differenzierung würde ausschließlich von Gründen der Staatsangehörigkeit bestimmt, in Verbindung allenfalls noch mit dem Hauptwohnsitz. Nach Art. 3 Abs. 3 GG fällt eine Unterscheidung nach Staatsangehörigkeiten nicht unter eines der speziellen Differenzierungsverbote des Grundgesetzes. Grundsätzlich darf also an die Nationalität angeknüpft werden. Dies entbindet freilich nicht von der allgemeinen Willkürprüfung. Im vorliegenden Zusammenhang sind jedoch durchaus sachliche Gründe dafür denkbar, daß Ausländer anders behandelt werden als inländische Steuerbefreite — sie wurden bereits genannt. Im übrigen sind ja auch schon bisher solche Unterschiede im KSt-Recht gemacht worden, vgl. etwa in § 2 KStG, ohne daß jemand darin eine verfassungswidrige Differenzierung gesehen hätte.

Eine rechtliche Präjudizwirkung ist also ausgeschlossen, dieses Ergebnis ist eindeutig.

III. Die Nichtanrechnung der Körperschaftsteuer als Systemwidrigkeit — ein Indiz für Gleichheitsverstoß

1. Die Fragestellung

Die bisherige Prüfung hat ergeben, daß die oben (I a.E.) gestellten Fragen 1 und 2 negativ zu beantworten sind: Weder läßt sich die unterschiedliche Behandlung von Steuerpflichtigen und Nicht-Steuerpflichtigen hinsichtlich der Anrechnung gegenüber Art. 3 GG rechtfertigen, noch ist, umgekehrt, die unterschiedslose Gleichstellung von Steuerbefreiten und beschränkt Steuerpflichtigen, insbesondere Ausländern, mit dem Grundgesetz vereinbar.

Bleibt noch die oben gestellte Frage 3 zu beantworten: Stellt die Nichtanrechnung der KSt bei Steuerbefreiten eine Systemwidrigkeit oder gar einen schwerwiegenden Systembruch dar, hat sich hier der KSt-Gesetzgeber mit allgemeinen Regeln ohne ausreichenden Grund in Widerspruch gesetzt, die er selbst aufgestellt hatte, und zwar ohne zwingenden, ja sogar ohne sachlichen Grund? Die Fragestellung unterscheidet sich darin von den bisher geprüften Fragen, daß nicht etwa ein Vergleich zwischen Gruppen von Rechtssubjekten im Vordergrund steht, also der Diskriminierung nachgegangen wird. Vielmehr fragt es sich, ob die Systematik des KStG selbst so schwerwiegend gebrochen wurde, daß dies auf eine willkürliche Normierung hindeutet[39]?

Eine Systemwidrigkeit kommt hier unter zwei Gesichtspunkten in Betracht:

– Grundprinzip der Reform von 1977 ist es, daß die KSt nicht mehr als eine „isolierte Quellensteuer“ erhoben werden soll, ohne Beziehung zur konkreten Steuerpflicht des einzelnen Anteilseigners. Vielmehr soll der ausgeschüttete Ertrag nur noch mit der individuellen Ertragsteuer des Anteilseigners belastet sein[40]. Bei den Körperschaften käme als Ertragsteuer die KSt in Betracht — von dieser sind sie aber gerade durch gesetzgeberische Entscheidung befreit. Die logische, systementsprechende Folge daraus müßte sein: Die Steuerbefreiten tragen überhaupt keine Belastung ihrer Dividenden, die KSt wird ihnen voll oder doch weitgehend ersetzt. Dies ist aber nicht geschehen, vielmehr ist es sogar zu einer Verschärfung dieser Besteuerung gekommen.

---

[39] Die Frage wird von *K.H. Friauf* für die Stiftungen kurz angesprochen und bejaht, Rechtsgutachten, S. 55–57.

[40] *B. Knobbe-Keuk*, Bilanz- und Unternehmensteuerrecht, 1981, S. 279.

– Die Steuerbefreiung beruht auf materiell-rechtlicher Entscheidung des Gesetzgebers. Liegt nicht eine Systemwidrigkeit darin, daß diese Steuerbefreiung aufgehoben und sogar in eine verschärfte Besteuerung verwandelt wird, nur weil eine gewisse Form des Erhebungsverfahrens, die Anrechnung, hier ebenso durchgeführt werden soll wie bei den Steuerpflichtigen, obwohl dies „nicht ins System paßt"?

2. „Systemwidrigkeit" als rechtliche Kategorie — verfassungsrechtliche Bedeutung

Systemwidrigkeit wird hier geprüft als eine verfassungsrechtliche Kategorie, welche in der Judikatur des Bundesverfassungsgerichts entwickelt worden ist: Der Gesetzgeber darf nicht ohne sachliche Gründe von einer Sachgesetzlichkeit abweichen, die er selbst statuiert hat, sei es durch den erkennbaren systematischen (Gesamt-)-Zusammenhang eines Gesetzes oder der Regelung eines Sachbereichs, sei es durch eine besonders wichtige, fundamentale, eben eine Grundsatznorm[41]. Das Bundesverfassungsgericht hat dazu im einzelnen vor allem folgende Grundsätze aufgestellt:

– Die *„Intensität einer Systembindung"* ist wesentlich für die Annahme eines „Systems", durch welches sich der Gesetzgeber selbst gebunden hat[42], ferner eine etwaige *Höherrangigkeit der Grundregel,* welche dann nicht ohne weiteres durchbrochen werden darf[43], sowie schließlich ein *quantitativer Vergleich* zwischen den von der systembildenden Grundsatznorm erfaßten Tatbeständen und anderen, der allerdings nicht überbewertet werden darf[44].

– *Systemfortentwicklung ist zulässig*[45], insb. im Steuerrecht[46].

– *Systemabweichungen sind noch nicht Systemwidrigkeit,* es müssen dann aber *sachliche Gründe* dafür vorliegen[47], insb. darf im Rahmen wirtschaftspolitischer Lenkung auch „systemkorrigiert" werden[48].

---

[41] Vgl. dazu und zum folgenden *Chr. Degenhart,* Systemgerechtigkeit und Selbstbindung des Gesetzgebers als Verfassungspostulat, 1976.

[42] *Degenhart* (Fn. 41), S. 26.

[43] *Degenhart* (Fn. 41), unter Hinw. auf BVerfGE 18, 373.

[44] *Degenhart* (Fn. 41), S. 26/27 m. Nachw.

[45] BVerfGE 36, 383 (393).

[46] Vgl. etwa BFHE 78, 379 (381).

[47] Vgl. dazu *Degenhart* (Fn. 41), S. 21, 53 m. Nachw; BVerfGE 36, 383 (394); 32, 78 (83); 30, 250 (271); 18, 315 (334); siehe auch etwa BFHE 71, 244 (247).

[48] Vgl. BVerfGE 12, 341 (349).

– Wird eine Systemwidrigkeit festgestellt, so steht damit noch nicht bereits fest, daß eine Verfassungswidrigkeit vorliegt. Eine solche kann dann vielmehr nur als Gleichheitsverletzung angenommen werden, wegen gesetzgeberischer Willkür, welche gegen Art. 3 Abs. I GG verstößt; *allein* auf „Systemwidrigkeit“ kann die Verfassungswidrigkeit nicht gestützt werden. Systemwidrige Gesetzgebung bedeutet auch noch nicht eo ipso eine Verletzung von Art. 3 I GG, wohl aber ist sie ein *Indiz* dafür. Diese Grundsätze sind neuerdings vom Bundesverfassungsgericht mehrmals unterstrichen worden[49]. Immerhin ist aber im Falle der Systemwidrigkeit ein strenger Maßstab an den zureichenden sachlichen Grund anzulegen[50]. Es findet etwas statt wie eine „Verschiebung der Beweislast“ zuungunsten des Gesetzgebers[51].

Alle diese Grundsätze gelten auch für Steuernormen; diese müssen zwar nicht nur systemgemäße Bestimmungen enthalten[52], dürfen aber auch nicht beliebige Systemwidrigkeiten in die Besteuerung bringen.

3. Die Nichtanwendung des Grundsatzes „Körperschaftsteuer-Belastung nach individueller Steuerpflicht“ als Systemwidrigkeit

a) Prüft man nach diesen Kriterien die erste der oben (1) gestellten Fragen, ob nämlich den Steuerbefreiten, anders als den Steuerpflichtigen, die Anrechnung „grundsätzlich verweigert werden“ darf, so ergibt sich:

Der Satz: „KSt-Belastung nach individueller Steuerpflicht“ ist ersichtlich eine Systemgrundlage der KSt-Reform von 1977. In erster Linie geht es darum, die Doppelbelastung zu beseitigen (siehe oben II, 1), deswegen wurde eine „Belastung nach individueller Steuerpflicht“ eingeführt, welche es früher nicht gegeben hatte. Vor 1977 war es also nicht systemwidrig, daß den Steuerbefreiten die KSt-„Quellensteuer“ als Belastung blieb — die KSt wurde ja nicht „bei ihnen erhoben“, nicht unter Berücksichtigung ihrer individuellen Verhältnisse. Nach 1977 hat sich dies geändert, und zwar im Sinne einer eindeutigen Gesamt-Systemänderung. Dem Gesetzgeber war dies klar, deswegen schritt er gleichzeitig zu einer massiven Erhöhung des „Quellensteuer“-Tarifs, die andernfalls gar nicht durchsetzbar gewesen, nie in Betracht gekommen wäre.

---

[49] BVerfGE 59, 36 (49); 61, 138 (148 / 149).

[50] *G. Rüpke,* Gesetzgeberisches Ermessen und richterliches Prüfungsrecht in der Rechtsprechung des BVerfG zum Gleichheitssatz, Diss. Göttingen 1961, S. 137 m. Nachw.

[51] *Degenhart* (Fn. 41), S. 23 (25).

[52] BFHE 71, 244 (247).

Bei den Steuerbefreiten aber hören alle diese systematischen Erwägungen gänzlich auf, sie werden mit dem neuen System nur über die kurze Bestimmung des § 51 KStG in Verbindung gebracht, der sie vom Anrechnungsverfahren ausschließt. Angesichts des Bemühens des Gesetzgebers, die Reform von 1977 als Steuerentlastung erscheinen zu lassen – und so wurde sie ja auch allgemein empfunden –, wie es sich auch in den Versuchen der Besitzstandswahrung bei den „Nicht-Steuerpflichtigen" ausdrückt, kann das Ergebnis für die Steuerbefreiten nur lauten: Das „System" wurde auf sie nicht nur nicht angewendet, sie wurden zu seinen mehrbelasteten Opfern. Dies bereits spricht dafür, daß hier nicht Systemgestaltung, sondern Systemwidrigkeit vorliegt.

b) Eine hohe *Intensität der Systembindung* im Sinne der Einführung durchgehender Individualbesteuerung ist demnach wohl zu bejahen, schon weil der Gesetzgeber die Ausnahmenorm der Nichtanrechnung wiederum durch Besitzstandswahrungen entschärfen wollte. Die individuelle KSt-Besteuerung ist auch als eine *„Norm von sehr hohem Rang"* im System von 1977 anzusehen — und daß ein solches geschaffen werden sollte, wird ja selbst von der Bundesregierung betont. Schließlich zeigt der *quantitative Vergleich* zwischen „systemkonformen" und systemabweichenden Fällen, wie denen der Steuerbefreiten, daß *bei weitem die meisten* im Sinne der individuellen Besteuerung behandelt werden können, denn es sind ja die ausländischen Anteilseigner bei einer Systemwidrigkeitsprüfung nicht den Steuerbefreiten zuzurechnen — auf sie kann die individuelle Besteuerung gar nicht angewendet werden, weil es eine solche bei beschränkt Steuerpflichtigen nicht gibt (vgl. oben II 3).

Von einer *Systemfortentwicklung* kann nicht die Rede sein, das System wird durchbrochen. Sachliche Gründe dafür, daß die individuelle Besteuerung bei Steuerbefreiten nicht angewendet wird, sind nicht ersichtlich. Das KStG stellt sie von Ertragsteuern frei, bei Erträgen von fest verzinslichem Wertpapierbesitz etwa tragen sie keine Steuerbelastung, aus welchem Grund sollten ihnen solche gerade bei Aktiendividenden auferlegt werden? Die Berufung auf die Ausländerbesteuerung versagt, eine solche auf die Notwendigkeit „reiner" Durchführung des Anrechnungsverfahrens ebenso, weil dieses hier gar nicht paßt, allenfalls konnte geltend gemacht werden, eine „reine Systemerstreckung" auf die Steuerbefreiten hätte diese in einem Maße steuerlich entlastet – um 24% KSt –, das in keinem Verhältnis zu den Entlastungseffekten bei anderen Steuerpflichtigen stehe. Den Lastenverhältnissen bisheriger Besteuerung kommt, schon aus Kontinuitäts- und damit Rechtssicherheitsgründen, bei Steuerreformen sicher eine gewisse Bedeutung zu. Doch dann hätte eben zumindest eine Teilerstattung vorgesehen werden müssen, sie hätte als „Systemanpassung bei gewissen Fallgruppen" ohne Zweifel vor der Verfassung bestehen können. Systemwidrig ist es aber, wenn ein neues System nicht nur auf eine Gruppe angewendet wird, sondern für sie eine

Sondergestaltung eintritt, welche genau das Gegenteil von dem bewirkt, was bei allen anderen Sinn der Reform war: Steuerverschärfung anstatt Steuerentlastung, und zwar in einem solchen Ausmaß wie im vorliegenden Zusammenhang.

c) Der Gesetzgeber hätte vielleicht, durch Nichtanrechnung der KSt, zwar nicht systemkonform, aber doch noch zulässig systemergänzend gehandelt, wenn er mit dieser Belastungsverschärfung irgendwelche *wirtschaftslenkende Absichten* verbunden hätte. Dies aber war eindeutig nicht der Fall. Die KSt-Reform brachte eine steuerrechtliche Kodifikation von solcher Breite, daß sie als Instrument gezielter Wirtschaftslenkung von vornherein nicht in Betracht kam. Nichts deutet darauf hin, daß die Lage der Steuerbefreiten irgendwie verschlechtert werden sollte. Soweit ersichtlich, ist ihre Problematik bei den gesetzgeberischen Arbeiten nicht eingehend diskutiert, vielleicht ist sie nicht einmal voll erkannt worden. Erst auf Proteste, vor allem seitens der Stiftungen hin, hat die Bundesregierung diese Konsequenzen zur Kenntnis genommen, eher mit einem Ausdruck des Bedauerns, ohne auch nur einen Ansatz für die Annahme einer wirtschaftslenkenden Absicht.

d) Ein Vergleich der Benachteiligung der Steuerbefreiten mit der Problemlage anderer Fälle, in denen das Bundesverfassungsgericht Systemwidrigkeit in Betracht gezogen hat, spricht hier für die Annahme einer solchen: Systemwidrig ist etwa die Sonderbelastung *einer* Branche durch Gewerbesteuer[53] — hier wird auch nur eine, ebenfalls verhältnismäßig eng umgrenzte Kategorie getroffen, nämlich die Steuerbefreiten. Die Durchbrechung des Prinzips der individuellen KSt-Belastung ist in keiner Weise nach ihrem *Gewicht* mit der Gewichtigkeit der grundsatzbestimmenden Regelungen vergleichbar[54] — durch letztere wurde für „den Steuerbürger" schlechthin ein „neues KSt-Klima", eben das der individuellen Belastung geschaffen, die Durchbrechung hat, sowohl von der Größenordnung des Steueraufkommens her wie nach den wirtschaftspolitischen Auswirkungen, nur höchst begrenztes Gewicht. Systemwidrigkeit liegt dann vor, wenn eine Systemabweichung sich zugleich auch noch gegen bestimmte Wertentscheidungen der Verfassung wendet, wie sie vor allem in den Grundrechten und Staatsgrundsatznormen zum Ausdruck kommen. Bei wichtigen Kategorien von Steuerbefreiten, insbesondere gemeinnützigen und Pensionskassen, kann hier auf die „Sozialstaatlichkeit" hingewiesen werden, welche auf gesteigerte Beachtlichkeit von Systemabweichungen zu Lasten sozialer Einrichtungen hindeutet[55]. Mögen auch aus dieser

---

[53] BVerfGE 21, 160 (168).

[54] Zu diesem Kriterium der Gewichtigkeit vgl. *Degenhart* (Fn. 41), S. 24; BVerfGE 13, 331 (341).

[55] *Degenhart* (Fn. 41), S. 99 / 100, 104.

Staatsgrundsatznorm der Art. 20, 28 GG unmittelbare Rechte sozialer Einrichtungen nicht abgeleitet werden können, weil das Wesentliche hier der Gesetzgeber leisten muß[56], so bedeutet doch eine sozialstaatswidrige Systemabweichung ein besonders gravierendes Indiz für einen Gleichheitsverstoß: Durch den Ausschluß der individuellen Besteuerung wird die soziale Tätigkeit dieser Einrichtungen behindert, gerade ihr, welche die „individuelle Steuerbefreiung" trägt, wird nicht Rechnung getragen, deshalb sind an die Rechtfertigung solcher Systemabweichungen besondere Anforderungen zu stellen. Es ist nicht ersichtlich, daß sie erfüllt sind.

e) Die Systemabweichung ist hier so *bedeutend,* daß ohne weiteres von Systemwidrigkeit gesprochen werden kann; und auch diese liegt nicht etwa „am Rande" des KSt-Rechts, sie ist zentral und schwerwiegend: Während nach dem systemprägenden Grundsatz der individuellen Ertragsteuerbelastung in der Regel sogar eine Entlastung eintritt – und dies ersichtlich auch gewollt war –, kommt es infolge der Durchbrechung für die Steuerbefreiten hier zu einer *Verschärfung der einen „Quellensteuer"-Belastung,* die es doch gerade nicht mehr geben sollte. Daraus ergibt sich eine eindeutige Gegenläufigkeit des Systems, ein Systemwiderspruch.

Angesichts des Gewichts dieser Anomalien und der gleichzeitigen Beeinträchtigung anderer Verfassungswerte liegt hier mehr vor als das Indiz eines Gleichheitsverstoßes, diese Systemwidrigkeit begründet als solche eine Verletzung der Steuergleichheit.

4. Rücknahme der Steuerbefreiung durch die Steuererhebungstechnik des Anrechnungsverfahrens

a) Die Steuerbefreiten sind durch eine materielle gesetzgeberische Entscheidung von jeder Ertragsteuerbelastung freigestellt. Bis 1977 hatten sie dennoch die KSt-Belastungen zu tragen, welche auf ihren Dividenden lagen, weil letztere von einer „Quellensteuer" erfaßt wurden. Nach dem „System 1977" gibt es diese nicht mehr, weil das Anrechnungsverfahren die individuelle Ertragsbesteuerung eingeführt hat (vgl. oben 3). Dieses Anrechnungsverfahren ist durch die Steuererhebungstechnik jedoch so ausgestaltet worden, daß es auf Steuerbefreite keine Anwendung findet. Dies kann nun so gewertet werden, daß der Grundsatz der individuellen Ertragsbesteuerung auf die Steuerbefreiten überhaupt nicht angewendet wird — dies wurde oben geprüft und als Gleichheitsverstoß beurteilt.

[56] So das BVerfG in ständiger Rechtsprechung, vgl. etwa BVerfGE, 17, S. 210 (216); 37, S. 253 (283).

Es kann dies aber auch unter dem Gesichtspunkt des Erhebungsverfahrens, also der Anrechnung, gesehen werden. In diesem Wort scheint ja die Vorstellung zu liegen, daß, grundsätzlich jedenfalls, erst einmal „eine Steuerschuld vorhanden sein müsse", bevor auf diese dann die KSt „angerechnet" wird. Dies ist sicher ein öffentlichkeitswirksames Argument gegen eine Erstattung der KSt an Steuerbefreite. Die Bundesregierung hat es sich zwar nicht ausdrücklich, wohl aber implizit zu eigen gemacht, wenn sie davon spricht, daß es ein „Grundgedanke des Anrechnungsverfahrens" sei, „daß die Anrechnung von KSt nur bei Anteilseignern in Betracht kommt, bei denen die mit KSt belasteten Gewinnanteile im Inland zur ESt oder zur KSt herangezogen werden"[57]. Dies könnte bedeuten, daß die Systemgerechtigkeit des neuen Systems von 1977 gerade durch eine systematische Verfahrensgerechtigkeit in der Durchführung des Anrechnungsverfahrens gewahrt sei, welche eben eine andere Lösung nicht zulasse.

b) Die Berufung auf eine „notwendige Verfahrensgerechtigkeit" des Anrechnungsverfahrens vermag jedoch Systemwidrigkeit nicht auszuschließen. Wie bereits dargelegt, kann „Anrechnung" durchaus auch „Erstattung", und zwar vollständige Vergütung bedeuten, wenn nämlich bei Steuerpflichtigen keine Ertragsteuern zu erheben sind (vgl. oben II 2). Aus der Wortwahl „Anrechnung" kann also nicht argumentiert werden, das zeigt bereits der Wortlaut von § 51 KStG. Ferner deutet nichts darauf hin, daß dem Gesetzgeber die Durchführung eines Anrechnungsverfahrens in Form der Subtraktion von bestehenden individuellen Steuerschulden ein *Selbstzweck* gewesen wäre, den er unbedingt, auch um den Preis der Systemwidrigkeit, hätte wahren wollen.

Wenn aber schon ein solcher „systematischer Selbstzweck" des Anrechnungsverfahrens anzunehmen wäre, so ergäbe sich die eigentliche „Systemfrage" in folgendem Sinn: Ist es systemgerecht oder nicht – umgekehrt – eine (weitere) Systemwidrigkeit, daß im Namen eines Erhebungsverfahrens (Anrechnung) eine materielle Steuerentscheidung (Steuerbefreiung) aufgehoben wird? Diese Frage kann für das „System des KSt-Rechts" gestellt werden, denn Steuerbefreiung wie Anrechnungsverfahren sind dessen zentrale Bestandteile. Sie ergibt sich aber auch *in einem weiteren systematischen Zusammenhang:* Ist es zulässig, daß materielle Steuerentscheidungen, welche das ganze Steuersystem prägen – hier die Steuerbefreiung –, durch „Steuerverfahren" im weiteren Sinn, genauer: durch Erhebungstechnik, nicht nur eingeschränkt, sondern, wie hier, durch erhöhte Belastung geradezu in ihr Gegenteil verkehrt werden?

Dies ist die rechtliche Form einer Fragestellung, die sich dem unbefangenen Betrachter im Falle der Steuerbefreiten aufdrängt: Dürfen sie stärker be-

---

[57] So BT-Drucks. 8/3165, S. 7 m. Nachw.

lastet werden, nur weil der Gesetzgeber ein gewisses Erhebungsverfahren gewählt hat — und zwar in solcher Größenordnung? Es braucht hier nicht im einzelnen untersucht zu werden, wie durch Steuererhebungstechnik materielle Steuerentscheidungen im einzelnen grenzkorrigiert werden[58]. Es geht vielmehr darum, die *Priorität* zu bestimmen — nach dem KStG von 1977 liegt sie deutlich beim Steuererhebungsverfahren, welches die materielle Entscheidung der Steuerbefreiung verdrängt.

c) *Die Priorität der Steuererhebungstechnik widerspricht jedoch der systematischen Bedeutung der Steuerbefreiung und stellt ihrerseits einen schwerwiegenden Systemverstoß dar.*

Das Gewicht der Steuerbefreiung darf systematisch nicht unterschätzt werden. Als zentrale Ausnahme vom höchstrangigen Grundsatz des Abgabenrechts, der Steuergleichheit, ist sie seit jeher[59] schon formal allen anderen Steuerentscheidungen vor- und damit systematisch auch übergeordnet: Sie haben keine oder eine völlig andere Bedeutung für Steuerbefreite. Auch materiell ist sie von sehr großem Gewicht: Hier wird ja anerkannt, daß eine Institution zur „Förderung der Allgemeinheit“ tätig wird[60]. Die Steuerbefreiung stellt sich als eine wichtige Form der „näheren Bestimmung der Staatszwecke durch den Staat“ dar, welche zum Zentrum seiner Souveränität gehört. Logisch bereits hat sie Priorität vor der Festlegung einer Erhebungstechnik, die ja immer nur in Betracht kommt, wenn vorher entschieden ist, wofür besteuert wird — oder eben nicht.

Eine „Förderung der Allgemeinheit“ kann der Gesetzgeber auch dann annehmen und deshalb Steuerbefreiung gewähren, wenn der Kreis der von der steuerbefreiten Institution Geförderten eng gezogen ist, wenn sich nur der engere Kreis als Ausschnitt aus dem Ganzen darstellt[61]. Es kann sich dann auch um einen „absolut kleinen Kreis“ handeln[62]. Das ergibt sich gerade bei Steuerbefreiungen aus sozialen Gründen[63]. Das öffentliche Interesse ist hier also nicht etwa „verdünnt“, sondern von besonderem Gewicht.

---

[58] Die Problematik hat etwa im Zusammenhang mit der GNOFÄ-Diskussion zentrale Bedeutung, vgl. dazu *J. Martens*, Verwaltungsvorschriften zur Beschränkung der Sachverhaltsermittlung, 1980.

[59] Zur Geschichte siehe *v. Wallis/Steinhardt*, Steuerbegünstigte Zwecke nach der Abgabenordnung, 1977, 5. Aufl. 1977, S. 15 f.

[60] Vgl. für viele *K. Tipke*, Steuerrecht, 9. Aufl. 1983, S. 127 f.; *Tipke/Kruse*, AO/FGO I, 1983, § 52, 1; *K. Koch*, AO 1979, S. 174.

[61] BFH, BStBl. II 1979, 482 (485).

[62] Siehe dazu *Tipke/Kruse*, AO/FGO I, 1983, § 52 AO, Rdnr. 4.

[63] Vgl. *K. Tipke*, Steuerrecht, 9. Aufl. 1983, S. 127; *Tipke/Kruse* (Fn. 62).

Dem steht die Steuererhebungstechnik nach ihrem Gewicht schon deshalb sicher nicht gleich, weil sie, in einer rechtsstaatlichen Ordnung, dem materiellen Ziel der Besteuerung – oder Nichtbesteuerung – jedenfalls untergeordnet ist: Sie legitimiert sich ja überhaupt nur aus der Durchsetzung materieller Steuerentscheidungen und hat sich also diesen unterzuordnen, nicht sie außer Kraft zu setzen oder gar, wie im vorliegenden Falle, in ihr Gegenteil zu verkehren.

„Grundregel“ im Sinne des Rechts der Systemwidrigkeit[64] kann also stets nur die Steuerbefreiung sein, sie überwiegt alles, was im Namen der Erhebungstechnik vorgesehen sein könnte, und diese letztere kann auch nicht etwa durch ein Ziel der Wirtschaftslenkung aufgewertet werden[65]. Der Hinweis auf die Steuererhebungstechnik eines den Steuerbefreiten gegenüber in gleicher Weise wie gegenüber Steuerpflichtigen durchzuführenden Anrechnungsverfahrens rechtfertigt also nicht nur nicht die „materielle Systemwidrigkeit“, von der oben 3 die Rede war, sie fügt ihr vielmehr noch eine „formelle Systemwidrigkeit“ hinzu: Die materielle Systematik wird durch Erhebungsmodalitäten ohne sachlichen Grund nicht nur gebrochen, sie wird in ihr Gegenteil verkehrt, und zwar wiederum in schwerwiegender Weise. Wie oben zu 3 muß also auch hier gelten: Es liegt in diesem Systembruch mehr als ein Indiz für einen Gleichheitsverstoß, ein solcher läßt sich unter Hinweis auf diese Systemwidrigkeit begründen.

d) Einer solchen Form der Systemwidrigkeit – Unterlaufen wichtiger materieller Steuerentscheidungen durch sachwidrigen Einsatz von Erhebungstechniken – muß *aus gesamt-steuerrechtlichen Gründen entgegengetreten werden,* die Problematik gewinnt grundsätzliche Bedeutung weit über die konkrete Problematik hinaus: Hier wird „materielles Steuerrecht durch Steuerverfahrensrecht“ ersetzt, dadurch sollen Änderungen des materiellen Rechts legitimiert werden. Solches darf nur im engen Rahmen unumgänglicher Typisierung erfolgen[66], andernfalls kommt es zu einer Selbstentbindung des „Verwaltungsverfahrensrechts im weiteren Sinn als Selbstzweck“, am Ende würde das materielle Abgabenrecht immer mehr in „Verfahren aufgelöst“. Dies liefe in Richtung auf eine höchst gefährliche und im Rechtsstaat schlechthin unerträgliche Verdrängung des materiellen Gerechtigkeitsdenkens durch ein Effizienzdenken in Prozeduren. Diese mögen ihre Bedeutung haben — sie sind immer der materiellen Entscheidung untergeordnet.

Die Konsequenzen reichen auch über das Abgabenrecht weit hinaus und bedrohen Grundlagen des demokratischen öffentlichen Rechts. Es darf nicht

---

[64] Vgl. *Degenhart* (Fn. 41), S. 24; BVerfGE 13, 331 (341).

[65] Was ja Systemwidrigkeit ausschließen könnte, vgl. BVerfGE 21, 160 (169).

[66] Dazu BVerfGE 13, 331 (341).

zu einer Emanzipation des Verfahrensrechts, zu einer Staatlichkeit kommen, die alles der Rechtsdurchsetzungstechnik unterordnet. Davon mag man hier noch weit entfernt sein; doch ein erster Schritt wird in der Benachteiligung der Steuerbefreiten in diese Richtung getan. Den Anfängen gilt es zu wehren, und deshalb stellt sich die hier erörterte Frage auch als eine staatsgrundsätzliche.

Gesamtergebnis

Der Ausschluß der Anrechnung und Vergütung der nach § 36 Abs. 2 Nr. 3 EStG anrechenbaren KSt im Falle der Steuerbefreiten verstößt gegen die Steuergleichheit (Art. 3 Abs. 1 GG), insbesondere in den Fällen der gemeinnützigen Stiftungen und der Pensionskassen. Die durch die KSt-Reform von 1977 eingetretene Diskriminierung dieser Steuerbefreiten gegenüber den Steuerpflichtigen (Entlastung hier—stärkere Belastung dort) wird nicht durch sachliche Gründe bestimmt.

Die Gleichbehandlung von Steuerbefreiten und beschränkt Steuerpflichtigen (Ausländern) ist schon aus steuersystematischen Gesichtspunkten nicht gerechtfertigt; eine sachliche Präjudizwirkung auf die Ausländer könnte von einer Vergütung der KSt an die Steuerbefreiten nicht ausgehen. Es liegt eine schwerwiegende Systemwidrigkeit darin, daß das Grundprinzip „KSt nach individueller Ertragsbesteuerung" auf die Steuerbefreiten nicht angewendet wird. Ein weiterer Systembruch ist darin zu sehen, daß die Steuerbefreiung durch die Ausgestaltung eines Steuererhebungsmechanismus (Anrechnungsverfahren) aufgehoben wird, in dessen Namen die bisherige Belastung sich sogar noch erheblich verstärkt.

Diese Diskriminierungen stehen zumindest insoweit mit dem Grundgesetz nicht im Einklang, als sie die 1977 bestehende Belastungslage einseitig und erheblich zu Lasten der Steuerbefreiten verschieben.

Es ist Aufgabe des Gesetzgebers, diese Gleichheitswidrigkeit zu beseitigen, ihm steht hier ein gesetzgeberisches Gestaltungsermessen zur Verfügung. Zumindest muß er aber eine teilweise Vergütung der KSt, etwa im Wege einer „Besitzstandswahrung", gegenüber der Lage vor 1977 vorsehen.

Abkommensbruch durch Außensteuerrecht?*

Bilanz der Diskussion um die Novelle des Außensteuergesetzes von 1992

I. Sachverhalt, Diskussion und offene Fragen

1. Die Außensteuergesetz-Novelle von 1992: weitergehende Besteuerung von Kapitaleinkünften aus dem Ausland trotz DBA

a) Durch Art. 17 des Steueränderungsgesetzes 1992 vom 25. Februar 1992 (BGBl. I, S. 197; vgl. BStBl. 1992 I, S. 173) wurde das Außensteuergesetz vom 8.9.1972 (BGBl. I, S. 1713) – und damit das deutsche Außensteuerrecht[1] – vor allem *in einem wichtigen Punkt geändert*[2]: Bei dem Hinzurechnungsbetrag (nicht ausgeschüttete Gewinne einer ausländischen Gesellschaft, an der deutsche unbeschränkt Steuerpflichtige beteiligt sind, vgl. § 7 Abs. 1 AStG) nach § 10 AStG ist nun zu unterscheiden nach Zwischeneinkünften mit und ohne Kapitalanlagecharakter (§ 10 Abs. 6 AStG n.F.)[3]. Dieser liegt vor bei „Einkünften der ausländischen Zwischengesellschaft aus dem Halten, der Verwaltung, Werterhaltung oder Werterhöhung von Zahlungsmitteln, Forderungen, Wertpapieren, Beteiligungen o.ä. Vermögenswerten"; es sei denn, der Steuerpflichtige weist das Vorliegen einer der dort umschriebenen Ausnahmen nach. Der Hinzurechnungsbetrag darf insoweit nicht gekürzt werden (§ 11 Abs. 4 AStG n.F.); vgl. auch die Änderungen der §§ 12 Abs. 3, 14 Abs. 2, 4 AStG. Die Besteuerung der deutschen Anteilseigner erfolgt also jedenfalls auf der Grundlage von (Zwischen-)Gewinnen der ausländischen Gesellschaft mit Kapitalanlagecharakter.

Der wesentliche Änderungsinhalt des AStG liegt darin: Zahlreiche von Deutschland geschlossene Doppelbesteuerungsabkommen (DBA) verbieten die Besteuerung nicht ausgeschütteter Gewinne bei den Anteilseignern[4]. § 10

---

* Erstveröffentlichung in: Recht der internationalen Wirtschaft 1993, S. 1013–1020.

[1] Überblick f. viele bei *Spanner,* H., in: Hübschmann / Hepp / Spitaler, AO / FGO Komm. 1989, § 2 AO, D.

[2] Überblick u.a. bei *Köhler,* S., BB 1993, S. 337 ff.; *Schollmeier,* A., EWS 1992, S. 137 ff.; *Ritter,* W., BB 1992, S. 361 ff.; *Schwarz / Fischer-Zernin,* RIW 1992, S. 49 ff.; *Tulloch,* A., DB 1992, S. 1444 ff.

[3] Nähere Darstellung zur Abgrenzung bei *Flick / Wassermeyer / Becker,* Komm. z. AStG, 1992, § 10 Abs. 6 AStG.

[4] Entsprechend Art. 2 Nr. 5 OECD-Musterabkommen; dazu *Vogel,* K., DB 1972, S. 1402 ff.; *ders.,* DBA-Komm., 2. Aufl. 1990, Einl. Rdnrn. 19, 79 ff. m. Nachw.; Überblick über die Abkommen bei *Flick / Wassermeyer / Becker* (Fn. 3), § 7 Allg. Rdnr. 7c.

Abs. 5 AStG schloß dementsprechend für den Geltungsbereich dieser DBA bisher die Besteuerung aufgrund des Hinzurechnungsbetrags ebenso aus, wie wenn dieser Betrag an die Steuerpflichtigen ausgeschüttet worden wäre. Diese Bestimmung des § 10 Abs. 5 AStG soll nunmehr insoweit nach Abs. 6 nicht mehr gelten, als bei der ausländischen Gesellschaft Einkünfte mit dem erwähnten Kapitalanlagecharakter anfallen. Die Folge ist: Diese Einkünfte werden bei deutschen Steuerpflichtigen besteuert, und zwar ohne Rücksicht auf anderslautende Regelungen der DBA. Dieselbe Regelung erstreckt § 20 Abs. 2 AStG n.F. auch auf Einkünfte mit Kapitalanlagecharakter, welche in der „ausländischen Betriebsstätte" eines in Deutschland unbeschränkt Steuerpflichtigen anfallen.

In all diesen Fällen ist von nun an die Doppelbesteuerung nicht mehr, wie bisher, durch Freistellung, sondern durch Anrechnung zu vermeiden (§ 20 Abs. 2, 3 AStG n.F.). Und § 20 Abs. 1 AStG bestimmt, im Verhältnis zu DBA-Recht, daß diese Bestimmungen, wie überhaupt diejenigen der §§ 7 bis 18 AStG, insbesondere also über die Hinzurechnungs-Besteuerung, durch DBA „nicht berührt" werden.

b) Das *Ziel, welches der Gesetzgeber verfolgen wollte*[5], ist deutlich: Verlagert ein in Deutschland unbeschränkt Steuerpflichtiger, etwa auch ein Unternehmen, insbesondere eine Bank, Kapital in Niedrigsteuerländer, so soll der (überwiegende, reine) Anlagegewinn bei ihr ohne Rücksicht auf früher von Deutschland geschlossene DBA im Ergebnis so besteuert werden, als fiele er in Deutschland an, und zwar unter Anrechnung lediglich der im Ausland bereits bezahlten Steuern; der Steuervermeidungseffekt der Verlagerung soll dadurch zunichte gemacht werden, gleichgültig, ob er bisher über Einkünfte einer selbständigen ausländischen Gesellschaft oder über solche einer ausländischen Betriebsstätte erfolgte. Dies ist der Sinn des durch die Novelle vorgesehenen Übergangs von der *Freistellungsmethode*, welche der früheren deutschen Vertragspraxis weitestgehend zugrunde lag[6], zu einer *Anrechnungsmethode*[7], welche im angelsächsischen Steuerrechtskreis vorherrscht[8] und den Hochsteuerländern (wenigstens) die Vorteile gerade dieser ihrer Hochsteuerpolitik sichert, als deren deutlicher Ausdruck sie zu werten ist. In dieselbe Richtung geht – für die Zukunft – die erkennbare deutsche Tendenz, DBA nunmehr unter Zugrundelegung der Anrechnungsmethode abzuschließen[9].

---

[5] Vgl. *Tulloch* (Fn. 2), S. 1445.

[6] Dazu allg. *Vogel* (Fn. 4), Rdnr. 46; *Sauren/Schultze*, RIW 1989, S. 553 (555); *Kluge*, V., Das internationale Steuerrecht der Bundesrepublik Deutschland, 2. Aufl. 1983, S. 173.

[7] Vgl. f. viele *Sauren/Schultze*, a.a.O., S. 554.

[8] Siehe *Weigell*, J., RIW 1987, S. 122 (123).

[9] *Ritter* (Fn. 2), S. 361/362, 365.

c) Kapitalanlageaktivitäten in *Irland* waren es wohl in erster Linie, wenn nicht ausschließlich[10], welche auf diese Weise für deutsche Steuerpflichtige inattraktiv gemacht werden sollten. In der Tat fällt wohl ein Großteil derartiger Einkünfte unter die verschärfte Besteuerung nach der AStG-Novelle[11]. Vor allem die steuerliche Besserstellung der Kapitalanlagegesellschaften in Dublin ist zwar durch die Europäische Gemeinschaft genehmigt worden[12]. Das nicht allzu bedeutende Gewicht Irlands in Europa wie in der internationalen Staatengemeinschaft hat den deutschen Steuergesetzgeber aber veranlaßt, sich über den dortigen Rechtsstandpunkt hinsichtlich des DBA hinwegzusetzen, entsprechend der Auffassung, die Anrechnungsmethode sei stets dann anzuwenden, wenn die Inanspruchnahme „unangemessener Steuervorteile" die Folge einer Freistellung sein könnte[13]. „Steuerausfälle" aber könnten sich, so befürchtet offenbar der BMF, durch deutsche „reine" Anlageaktivitäten in Irland, in Höhe dreistelliger Millionenbeträge, ergeben.

Legitimierendes Selbstbewußtsein konnte der deutsche Steuergesetzgeber bei einer Entscheidung, die ihn immerhin dem Vorwurf des Bruchs eines völkerrechtlichen Abkommens aussetzen mußte, aus kanadischer[14] und US-Praxis[15] gewinnen; letztere insbesondere erkennt dem nationalen Steuergesetz, das einem früher geschlossenen DBA widerspricht, Rechtswirksamkeit zu, läßt den Abkommensbruch also sanktionslos passieren. Daß in der AStG-Novelle eine eklatante Inkonsequenz seitens jenes Deutschlands gesehen werden könnte, welches kurz vorher eben jene selbe US-Praxis vehement auf internationaler Ebene kritisiert, ja bekämpft hatte[16], mochte dem deutschen Steuergesetzgeber als ein zwar weiteres, aber ebenfalls durchaus tragbares außenpolitisches Risiko erschienen sein, sah er sich doch durch den weitverbreiteten politischen Konsens getragen, Steueroasen müßten für Deutsche trockengelegt, ihre Steuerflucht müsse verhindert, Steuerverluste müßten ausgeschlossen werden — „ohne Rücksicht auf ‚rechtliche' Verluste ...".

---

[10] Dazu näher *Tulloch* (Fn. 2), S. 1448 ff.; *Köhler* (Fn. 2), S. 343; *Ritter* (Fn. 2), S. 364.

[11] *Tulloch* (Fn. 2), S. 1448.

[12] *Köhler* (Fn. 2), S. 343.

[13] *Debatin*, H., DStR 1992, H. 23, Beih. S. 1 (3).

[14] Vgl. u.a. *Langbein*, V., RIW 1984 S. 531 ff.; *Pflugfelder*, P., FR 1983, S. 319 (320 ff.).

[15] Siehe *Langbein*, RIW 1984, S. 533 ff.; *ders.*, RIW 1988, S. 875 (878 ff. und 881).

[16] Siehe die in Fn. 14 und 15 Zit., sowie noch *Ritter* (Fn. 2), S. 364.

2. Zusammenfassung der steuerlichen Diskussion um die AStG-Novelle

a) Daß solche Risiken allerdings einzugehen waren, daß dem deutschen Steuergesetzgeber schwerwiegende rechtliche Defizite, ja Defekte vorgeworfen werden würden, war vorauszusehen[17], und dies hat nicht auf sich warten lassen. Eingeleitet wurde die Kritik durch einen Zeitungsartikel Klaus Vogels[18], der sich in seiner, rechtlich wie politisch, wo immer man steht, erfreulich „deutlichen Aussprache" wohltuend von manchen Formulierungen unterscheidet, in denen viel von einer Resignation der Praxis gegenüber einer Finanzverwaltung, vor allem aber der Omnipotenz eines Steuergesetzgebers mitschwingt[19], dem man sich letztlich eben doch beugen muß, den man allenfalls, zur Erreichung von Anwendungswohlwollen, rechtlich zu verunsichern versucht.

Dennoch ist das Schrifttum[20] in diesem Fall mit bemerkenswerter Entschiedenheit weitgehend der von Vogel vorgezeichneten kritischen Linie gefolgt[21].

b) Folgt man den im Gesetzgebungsverfahren[22] zum Ausdruck gekommenen Absichten des Gesetzgebers, so liegt hier ein *offener Abkommensbruch* jedenfalls insoweit vor, als Einkünfte deutscher Steuerpflichtiger, die bei ausländischen Betriebsstätten anfallen, von jetzt an im Ergebnis mit dem höheren deutschen, nicht allein mit dem niedrigeren (insbesondere irischen) Steuersatz versteuert werden müssen. Überwiegend wird ein Vertragsbruch aber auch darin gesehen, daß bei Einkünften ausländischer Beteiligungsgesellschaften für die deutschen Anteilseigner dasselbe, weit stärker belastende, Ergebnis über die Nichtabzugsfähigkeit von Einkünften mit Kapitalanlagecharakter vom Hinzurechnungsbetrag erreicht wird. Daß insoweit die vollen völkerrechtlichen Sanktionsfolgen eines Abkommensbruchs eingreifen, von Kündigungsmöglichkeiten des DBA[23] bis zur völkerrechtlichen Haftung

---

[17] Vgl. Diskussionsbeitrag – dox –, FR 1992, S. 130 (131).

[18] Handelsblatt, 7./8.12.1991.

[19] Vgl. für seine Rechte gegenüber dem Vertragsrecht *Frowein,* A.J., ZaöRV 30, S. 1 (14 f.).

[20] Vgl. vor allem folgende Beiträge: *Eckert,* R., RIW 1992, S. 386 ff.; *Köhler* (Fn. 2); *Ritter* (Fn. 2); *Schollmeier* (Fn. 2); *Schwarz/Fischer-Zernin* (Fn. 2); *Tulloch* (Fn. 2); *Debatin* (Fn. 13); *ders.,* DB 1992, S. 2159 ff.; *Flick/Wassermeyer/Becker* (Fn. 3).

[21] Hier wird zunächst nur der Meinungsstand kurz zusammengefaßt; die Auseinandersetzung mit dem Gewicht der Einzelargumente erfolgt im folgenden (II ff.).

[22] Näher dazu *Tulloch* (Fn. 2), S. 1444 f.

[23] Und zwar unabhängig von einer besonderen Kündigungsklausel, nach dem Vorbild etwa des DBA-Kanada-USA, für den Fall späterer Änderung der internen Steuerrechtsgesetzgebung; vgl. *Langbein,* V., RIW 1984, S. 531 (536).

Deutschlands gegenüber dem Vertragspartner[24], ist unbestritten, beeindruckt die deutsche Steuergewalt aber ersichtlich nicht.

Deshalb wird im Schrifttum intensiv über *Rechtsfolgen nach innerstaatlichem deutschen Recht* nachgedacht (vgl. näher unter III, 1, 4), doch das Ergebnis ist dürftig: Die Finanzverwaltung ist an das Gesetz gebunden. Dieses aber könne, so heißt es, nicht als verfassungswidrig angesehen werden. Es widerspreche keiner allgemeinen Regel des Völkerrechts (Art. 25 GG), sondern lediglich früheren deutschen Ratifikationsgesetzen mit ausländischen Staaten abgeschlossener DBA. Diese aber hätten denselben normativen Rang der AStG-Novelle, könnten von dieser, als einer lex posterior, also außer Kraft gesetzt werden. Dasselbe gelte für § 2 AO: Der dort vorgesehene Vorrang von DBA beruhe ebenfalls auf einfachem Gesetzesrecht, habe also gleichfalls durch die – später ergangene – AStG-Novelle (teilweise) außer Kraft gesetzt werden dürfen. Völkervertragsrechtswidrige Steuergesetze seien eben nicht verfassungswidrig. Allenfalls ein Verstoß gegen – übergeordnetes – EWG-Vertragsrecht könne zur Nichtanwendung der Novelle im Einzelfall führen.

c) Von dieser – durchgehend mit einem gewissen Bedauern vorgetragenen – herrschenden Lehre hebt sich *Debatin*[25] ab, und zwar in mehrfacher Hinsicht: Zunächst betont er stark die grundsätzliche Verschiedenheit der beiden getrennten „Rechtskreise" von DBA einerseits, innerstaatlichem Steuerrecht andererseits. Auf dieser Grundlage stellt er einen Abkommensverstoß durch die Besteuerung über Hinzurechnungsbeträge, im Wege der sogenannten „Zugriffsbesteuerung", generell in Abrede; denn das DBA (insbesondere Irland) betreffe lediglich die ausgeschütteten, nicht aber die bei der ausländischen Gesellschaft thesaurierten Gewinne[26]. Soweit eine Abkommensabweichung aber nicht zu leugnen sei, wie bei der analog verschärften Besteuerung von bei ausländischen Betriebsstätten angefallenen Gewinnen, die nicht durch die ausländische Zwischengesellschaft sozusagen abgedeckt sind, sondern den durch sie an die Gesellschafter ausgeschütteten Gewinnen gleichgestellt werden müssen[27], hält er dies aus dem Gedanken der Mißbrauchsverhinderung heraus auch nach Vertragsrecht für gerechtfertigt, wenn schon ein DBA – wie im Fall Irland – keine „Aktivitätsklausel" beinhalte.

---

[24] Für viele *Maunz*, in: Maunz / Dürig, GG, Art. 25 Rdnr. 30.

[25] „StÄndG 1992 und ‚Treaty Override'" (Fn. 13); *ders.* hat die Novelle offensichtlich auch zum Anlaß genommen, in seiner Abhandlung „Doppelbesteuerungsabkommen und innerstaatliches Recht", DB 1992, S. 2159 ff., seine grundsätzlichen dogmatischen Aussagen zur normativen Bedeutung der DBA zu präzisieren (vgl. früher *ders.*, „System und Auslegung der DBA", DB 1985, Beil. Nr. 23).

[26] DB 1992, S. 2160.

[27] DB 1992, S. 2162.

Da nach *Debatin* also ein Abkommensbruch überhaupt, schon nach dem materiellen Regelungsinhalt der Normen, ausscheidet, muß er auch, im konkreten Fall der AStG-Novelle, nicht weiter über die Frage nachdenken, wie hier ein Konflikt zwischen Außensteuergesetz und Doppelbesteuerungsabkommen generell gelöst, wie ein Vertragsbruch, durch späteres Steuerrecht, allgemein verhindert oder doch in Grenzen gehalten werden kann. Allerdings ist er offenbar, was diese Probleme anlangt, gleicher Ansicht mit den Vertretern der oben (b) dargestellten herrschenden Lehre. Er unterscheidet sich von ihnen allerdings wohl im Ergebnis dadurch, daß er die Novelle auch inhaltlich billigt.

3. Offene, vertiefungsbedürftige Fragen

a) Im folgenden wird die neue Gesetzgebung nicht primär unter völkerrechtlichen Gesichtspunkten, sondern unter solchen des innerstaatlichen Rechts untersucht. Insoweit fragt es sich allerdings, ob nicht alles Wesentliche bereits gesagt und daher nicht sogleich eine kurze Schlußbilanz zu ziehen ist: Sämtliche deutschen DBA stehen in vollem Umfang zur Disposition späterer deutscher Steuergesetzgebung. Alle bisherigen DBA-Partner Deutschlands müssen sich darauf einstellen, können allenfalls solche Verträge dann im konkreten Verletzungsfall kündigen, wenn sie diesen durch Repressalien gegen Deutschland nicht auszuschließen vermögen; künftigen Partnern aber geschieht kein Unrecht mehr: Spätestens nach dieser so deutlichen Kundgabe des steuerrechtlichen Souveränitätswillens des deutschen Gesetzgebers muß jeder Partner von jetzt an, schließt er ein DBA mit Deutschland, mit solchen späteren Praktiken rechnen; sie werden zur stillschweigenden Grundlage des Vertrags, wie immer dieser im übrigen formuliert sein mag.

Bliebe dann nur noch abzuwarten, daß die Novelle 1992 zum AStG den Weg der behaupteten oder wirklichen DBA-Verletzungen durch spätere deutsche Steuergesetzgebung geht, wie er durch die Entwicklung bei § 2a EStG vorgezeichnet erscheint: Nach pflichtgemäßer Aufregung und Diskussion im Schrifttum[28] folgt nach einigen Jahren eine Entscheidung des BFH[29], der die Abkommensabweichung inhaltlich billigt, am Ende stehen allenfalls Vorlagebeschlüsse oder Verfassungsbeschwerden zum Bundesverfassungsgericht Wenn diese aus den Stößen der dort anhängigen Staatsprozesse eines Tages auftauchen sollten, wäre immer noch Zeit, die Frage erneut zu diskutieren …

---

[28] Im Falle des § 2a EStG vgl. für viele *Sauren/Schultze* (Fn. 6); *Weigell* (Fn. 8); *Henkel*, U., Zur Stellung des § 2a EStG im Einkommensteuerrecht und im Recht der DBA, Diss. Münster 1988; *Preuninger*, R., Rechtsprobleme des Funktionswandels deutscher DBA, Diss. Mannheim 1980, S. 82 ff.; alle m. zahlr. weit. Nachw.

[29] BFHE 162, S. 307; 164, S. 327; 165, S. 512.

b) Wenn im folgenden dennoch die bisherige Diskussion nochmals aufgegriffen wird, so vor allem aus drei Gründen, welche auch den Gang der Untersuchung bestimmen:

- *Der Tatbestand der Vertragsverletzung durch den deutschen Steuergesetzgeber* muß, gerade in diesem Fall, klar herausgestellt werden, da er einen Partner trifft, der sich auf internationaler oder zwischenstaatlicher Ebene ersichtlich nicht wirksam dagegen wehren kann. Davon abgesehen muß der Entwicklung von Kriterien entgegengetreten werden – insbesondere einem Fehlverständnis der „Zwei-Rechtskreise-Theorie" –, welche dem deutschen Steuergesetzgeber von vornherein freie Hand lassen könnte, wieweit er seine späteren Normen an früher geschlossenen DBA „vorbeilaufen" lassen will. Im selben Zusammenhang ist auch zu prüfen, wie weit eine Legitimation aus *Mißbrauchsverhütung* gehen kann (im folgenden unter II).
- Nach der in diesem Fall und schon früher geführten Diskussion über das „Verhältnis Steuergesetz – DBA" fragt es sich jedoch, welche Bedeutung § 2 AO in diesem Fall und in anderen vergleichbaren Sachverhalten zukommt, wie weit er nämlich durch spätere Gesetzgebung durchbrochen werden kann. Hierzu sind in der deutschen Rechtstradition wie, vor allem, im Schrifttum der vergangenen Jahre Vorstellungen bereits entwickelt worden, die es zu vertiefen gilt; der Fall der AStG-Novelle eignet sich besonders als Beispiel (im folgenden unter III).
- Die *europarechtliche* Fragestellung muß ebenfalls hinsichtlich der AStG-Novelle aufgegriffen werden (im folgenden unter IV).

c) Hier geht es um Probleme, welche zentral die vorliegende Novelle zum AStG betreffen, deren Lösung auch im Mittelpunkt stehen soll. Sie reichen jedoch darüber, ja über das Steuerrecht schlechthin hinaus: Die Fragen der *lex posterior-Regel,* welche § 2 AO aufwirft, in Verbindung mit den Normstufen, vielleicht als eine „Ergänzung" derselben, stellt sich viel allgemeiner bei der Gesetzesauslegung; Begriff und Gewicht des *„völkerrechtsfreundlichen" Verständnisses deutscher Normen* finden hier nur eines ihrer allerdings wichtigsten Anwendungsfelder. Es geht also dabei um Grundfragen nicht so sehr des deutschen Staatsrechts, als der deutschen Rechtsordnung schlechthin.

Ein Vorverständnis der folgenden Untersuchung aber sei noch, hier bereits, offengelegt: Die Dinge sollten immer klar beim Namen genannt, und hier sollte – in jeder Richtung – deutsch gesprochen werden. Worum es hier geht, das ist *Vertragsbruch durch Deutschland,* Wege, dies zu vermeiden oder in Grenzen zu halten. Der Begriff „Treaty Overriding" (oder „Override") mag sich aus der US-Praxis auch hierzulande eingebürgert haben[30]. Es ist schwer

---

[30] *Schwarz/Fischer-Zernin* (Fn. 2), S. 49.

ersichtlich, was an ihm „faszinieren" könnte[31] — es sei denn, die verharmlosende Stimmung, welche er um einen sehr ernsten Sachverhalt verbreitet. Hier aber wird der völkerrechtliche „Treaty" weder „überrollt" *(Debatin)* noch „verdrängt" *(Eckert)*, er wird schlicht verletzt. Dies ist kein gesetzgeberisches Kavaliersdelikt; Ausdrücke des Kavallerie-, Cowboy- oder ähnlicher Jargons passen nicht nur nicht in die hochtechnisierte Sprache des deutschen Steuerrechts: Verträge lassen sich in einem Rechtsstaat nie „überreiten".

II. Die AStG-Novelle — inhaltlicher Widerspruch zum DBA-Recht

1. Die These: Hinzurechnungsbesteuerung — kein Widerspruch zum DBA-Recht

Der Übergang zur Anrechnungsmethode bei der Besteuerung der Betriebsstätteneinkünfte ist mit DBA (insbesondere Irland) nicht zu vereinbaren; daran zweifelt niemand[32]. Was aber die über den Hinzurechnungsbetrag beim deutschen Steuerpflichtigen wirksam werdenden Einkünfte ausländischer Beteiligungsgesellschaften anlangt, so wird teilweise angenommen, hier liege schon deshalb kein Widerspruch zu DBA vor, weil diese, nach Sinn und Zweck, *nur Doppelbesteuerung bei demselben Steuersubjekt verböten.* Schon deshalb komme bei „Hinzurechnung" das DBA nicht zur Anwendung. Denn die Frage, wem Einkünfte anderer zuzurechnen seien, stehe „ausschließlich in der Disposition des innerstaatlichen Rechts, in die Abkommen nicht eingreifen, sondern die sie – so oder so – als vorgegeben hinnehmen"[33]. Neuerdings formuliert *Debatin*[34]: Gegenstand der Steuerpflicht nach §§ 7 ff. AStG sei ein „gesetzlich eigenständig definierter (Hinzurechnungsbetrag) ..., dessen Ermittlung zwar an die Zwischeneinkünfte der Auslandsgesellschaft anknüpft, aber diese nicht selbst als deren Einkünfte zum Gegenstand hat". Deshalb werde diese eigenständige Besteuerung „Zugriffsbesteuerung" genannt. *Diese Auffassung wird als „herrschend" bezeichnet*[35] *— zu Unrecht:* Diese Qualifikation wird neuerdings auf *Flick / Wassermeyer* gestützt; diese verweisen im wesentlichen auf *Debatin*, im übrigen auf den Gesetzgeber von 1992[36], des-

---

[31] *Debatin* (Fn. 13), S. 1.

[32] *Debatin* (Fn. 20), S. 2162; *Köhler* (Fn. 2), S. 342; *Schwarz / Fischer-Zernin* (Fn. 2), S. 51; *Vogel* (Fn. 18).

[33] *Korn / Debatin*, DBA 1991, System. III Rdnr. 49; *Kluge*, V., RIW / AWD 1972, S. 411 (415).

[34] (Fn. 20), S. 2159.

[35] *Flick / Wassermeyer / Becker* (Fn. 3), § 7 AStG Rdnr. 7d, ihnen insoweit ohne eigene Begründung folgend *Köhler* (Fn. 2), S. 340; *Schwarz / Fischer-Zernin* („wohl herrschend") (Fn. 2), S. 50.

[36] Fn. 3, § 10 Abs. 6 AStG Rdnr. 124.

sen Auffassung aber eine herrschende Meinung nicht hervorbringen kann. Sie selbst sind jedoch, in eingehenden Ausführungen, anderer Meinung[37]. Übrig bleibt also, aus dem neueren Schrifttum, nur *Debatin*, mit dem Argument der nach DBA-Recht notwendigen, im Falle der Hinzurechnungsbesteuerung aber angeblich nicht gegebenen Subjektidentität.

2. Herrschende Lehre: Die Hinzurechnungsbesteuerung ist unvereinbar mit Doppelbesteuerungsabkommen

Eindeutig herrschend ist vielmehr die Auffassung, auch die Hinzurechnungs- oder Zugriffsbesteuerung sei durch DBA verboten. Dies wird überzeugend damit begründet, daß es sich hier nur um eine *„vorweggenommene Dividende"* handelt, die nicht anders behandelt werden darf als den deutschen Steuerpflichtigen zugeflossene Dividenden[38]. Abgeleitet wird dies teilweise auch noch daraus, daß nach dem meisten DBA die Besteuerung der „Unternehmensgewinne" dem Sitzstaat überlassen bleibe[39].

Daß nur diese Auffassung – Unvereinbarkeit von Hinzurechnungsbesteuerung mit DBA-Recht – zutreffen kann, ergibt sich zwingend vor allem aus folgendem: Wäre der deutsche Steuergesetzgeber insoweit frei, so könnte er beliebig, über deutsche „Anknüpfungssteuern", nicht ausgeschüttete Gewinne besteuern, nur weil dies nicht „real" bei den Anteilseignern erfolgt, sondern nur über einen „fiktiven" Zurechnungsbetrag. Dies wäre eine eindeutige „Abkommensumgehung" seitens des Gesetzgebers[40]: Die DBA würden gegen ihren Primärsinn ausgelegt, die Doppelbesteuerung zu vermeiden[41]. Durch einen derartigen gesetzgeberischen Etikettenschwindel – denn die „Zugriffsbesteuerung" unterscheidet sich gerade nicht von der Besteuerung der Ausschüttungen – stünde es dem deutschen Steuergesetzgeber frei, DBA in jeder gewünschten Richtung beliebig und für den Vertragspartner völlig unvorhersehbar[42] zu unterlaufen[43].

---

[37] A.a.O. (Fn. 3), § 7 Allg. Rdnr. 7d-g.

[38] *Vogel*, K., DBA, Komm., 2. Aufl. 1990, Einl. Rdnr. 125; Art. 23 Rdnr. 115; ebenso im Ergebnis *Flick / Wassermeyer / Becker* (Fn. 3); *Köhler* (Fn. 2), S. 340; *Schollmeier* (Fn. 2), S. 139, nennt dies mit Recht „herrschende Meinung"; *Mössner*, in: Brezing / Krabbe / Lempenau / Mössner / Runge, Außensteuerrecht, Komm., 1991, Vor §§ 7–14 Rdnr. 35.

[39] *Mössner*, a.a.O. (Fn. 38), Rdnr. 35; *Flick / Wassermeyer / Becker*, a.a.O. (Fn. 3), Rdnr. 7d ff.; *Schollmeier* (Fn. 2), S. 139.

[40] *Vogel* (Fn. 38), Einl. Rdnr. 75; *Weigell* (Fn. 8), S. 126 m. Nachw.

[41] Vgl. dazu BFHE 93, S. 438 (442, 443).

[42] Während bei Einführung der Hinzurechnungsbesteuerung die Schweiz dies immerhin erkennen konnte; daß sie es gebilligt hat – *Debatin* (Fn. 20), S. 2159 –, legitimiert nicht allen anderen Partnern gegenüber in allen späteren Fällen einen Vertragsbruch.

[43] Diesen entscheidenden Gesichtspunkt heben vor allem *Flick / Wassermeyer / Becker* (Fn. 3), Rdnr. 7d, besonders hervor.

Ob der Steuergesetzgeber schließlich der von *Debatin* vertretenen Auffassung war, weil es ja sonst der bisher den Verstoß der Hinzurechnungsbesteuerung gegen Doppelbesteuerungsabkommen ausschließenden Vorschrift des § 10 Abs. 5 AStG gar nicht bedurft hätte[44], mag dahinstehen; diese Vorschrift kann auch als Klarstellung verstanden werden.

Die von *Debatin* vertretene Auffassung, die den deutschen Steuergesetzgeber in schwer übersehbarer Weise von DBA-Bindungen freistellen würde, ist also weder in diesem noch in einem anderen Fall nachträglicher „Umetikettierung“ durch innerstaatliches Recht zu billigen.

3. Die „Zwei-Rechtskreise-Lehre“ — keine Begründung für die Vereinbarkeit der Hinzurechnungsbesteuerung mit Doppelbesteuerungsabkommen

a) *Debatin* betont, und zwar sowohl in seinen Ausführungen zur Novelle 1992 wie auch in seiner allgemeinen DBA-Theorie[45], stark die Unabhängigkeit der sich gegenüberstehenden „Vorschriftenkreise DBA – innerstaatliches Steuerrecht“. Zwar leitet er die Zulässigkeit einer Hinzurechnungsbesteuerung, sozusagen „am DBA vorbei“, nicht direkt aus dieser Vorstellung ab; es liegt aber auf der Hand, daß sie ein derartiges Verständnis begünstigt: Wenn der „Vorschriftenkreis deutsches Steuerrecht“ als eigenständig zu verstehen und auszulegen ist, ohne Blick auf DBA-Begrifflichkeit und DBA-Ziele, so könnte dies für ein weitreichendes, jedenfalls im Zweifel anzunehmendes „Umqualifikationsrecht“ des deutschen Gesetzgebers sprechen, der insbesondere den Hinzurechnungsbetrag als etwas „ganz anderes“ sehen dürfte denn als eine (nur vorgezogene, vgl. unter 2) Dividende.

b) Die *„Zwei-Rechtskreise-Lehre“* wird vom Bundesfinanzhof in ständiger Rechtsprechung vertreten[46] und von der ganz herrschenden Lehre grundsätzlich akzeptiert[47]. Die Folgerung, dies lasse dem Gesetzgeber – ohne Abkommensverstoß – freie Hand bei der innerstaatlichen Bestimmung der Besteuerung und deren Änderung nach Abschluß eines DBA, würde jedoch, strikt gezogen, den meisten DBA weitestgehend ihre Bedeutung für die deutschen Steuerpflichtigen nehmen. So kann also die Zwei-Rechtskreise-Lehre nicht

---

[44] Ein Verständnis, das aber keineswegs zwingend ist; vgl. dazu *Schwarz/Fischer-Zernin* (Fn. 2), S. 50.

[45] Fn. 20 sowie Fn. 13, S. 2 f.

[46] Vgl. u.a. BFHE 101, S. 536 (539); 110, S. 187 (190); 115, S. 327 (330).

[47] Siehe f. viele *Wassermeyer,* F., StuW 1990, S. 404 (405, 410); *Preuninger,* R., Rechtsgedanken des Funktionswandels deutscher DBA, Diss. Mannheim 1980, S. 90 ff.; *Debatin,* RIW 1988, S. 727 (729); *Korn/Debatin* (Fn. 33), System. III Rdnrn. 41, 50; *Kluge* (Fn. 6), S. 161.

verstanden werden. *Richtig ist denn auch das gerade Gegenteil: Diese Auffassung will die Doppelbesteuerungsabkommen absichern, und zwar gegen eine einseitig-durchgehende DBA-Auslegung nach innerstaatlichem Recht.*

Der Bundesfinanzhof hat stets der Auslegung von DBA „aus sich heraus" Vorrang eingeräumt[48], während innerstaatliches Recht nur nachrangig (subsidiär) herangezogen werden darf[49], soweit das DBA nicht auf innerstaatliches Steuerrecht verweist oder dessen Begriffe ersichtlich übernimmt[50]. Dementsprechend ist auch beim Prüfungsvorgehen grundsätzlich zu beginnen mit dem DBA-Rechtskreis[51], mag auch der deutsche steuerrechtsanwendende Praktiker sich verständlicherweise meist primär an dem ihm vertrauten deutschen Steuerrecht orientieren[52]. Dies alles dient nur einem Zweck: Die Auslegung soll nicht enden bei „DBA nach deutschem Steuerrecht", gerade *Debatin* unterstreicht dies[53]. *Das Ziel ist jedoch ersichtlich: Die Doppelbesteuerungsabkommen sollen gegenüber dem deutschen Steuerrecht durchgesetzt werden, und zwar als „leges speciales"* (dazu noch näher unter III 3). Gerade dies war stets die Absicht des BFH, welche er mit der Zwei-Rechtskreise-Lehre verfolgte[54]: Ein DBA kann nur dann, als „Spezialgesetz", auch späterem innerdeutschen Steuerrecht vorgehen, wenn es einen grundsätzlich „eigenständigen Inhalt" aufweist, der allein in seinem Rechtskreis entwickelt wird. Anderenfalls wird es bereits interpretativ in jenen Rechtskreis des innerstaatlichen Rechts einbezogen, der dann ihm gegenüber kaum mehr als lex generalis aufgefaßt werden und zurücktreten kann.

Im Ergebnis muß also jedenfalls gerade die von *Debatin* zu Recht stark betonte Zwei-Rechtskreis-Lehre dazu führen, daß zwar der deutsche Steuergesetzgeber – in seinem Kreis – frei sein mag, ob er das Abkommen verletzen will, daß dies aber, nach dieser Theorie, nur um so deutlicher noch hervortritt. *Die AStG-Novelle von 1992 steht also auch hinsichtlich der Einkünfte ausländischer Gesellschaften mit der Regelung deutscher Doppelbesteuerungsabkommen, insbesondere mit dem mit Irland geschlossenen, im Wider-*

---

48 Siehe u.a. BFHE 101, S. 536 (539, 541); vgl. dazu *Weber-Fas,* Staatsverträge im internationalen Steuerrecht, 1982, S. 89; *Preuninger* (Fn. 47), S. 94; weit. Nachw. bei *Tipke/Kruse,* AO-Komm. 1992, § 2 Rdnr. 11.

49 BFHE 105, S. 8 (10); so übrigens auch *Debatin,* DStR 23/92 Beih. S. 5 f.; vgl. ferner *Kluge* (Fn. 6), S. 162 („letzte Auslegungshilfe"); *Langbein* (Fn. 15), S. 879 („ultima ratio"); *Spanner* (Fn. 1), Rdnr. 55; *Preuninger* (Fn. 47), S. 97.

50 *Korn/Debatin* (Fn. 33), Rdnr. 123; *Wassermeyer* (Fn. 47), S. 408; *Vogel* (Fn. 4), Einl. Rdnr. 91; zur renvoi-Klausel vgl. *Langbein* (Fn. 15), S. 879 f.

51 *Debatin* (Fn. 33), Rdnrn. 5 ff., 126.

52 Vgl. *Wassermeyer* (Fn. 47), S. 411.

53 Fn. 51 sowie Fn. 13, S. 5.

54 Erkannt schon von *Langbein* (Fn. 14), S. 538.

spruch. Ob sich dieser Widerspruch über die lex specialis-Theorie lösen läßt (dazu im folgenden unter III), ist eine andere Frage.

4. Die AStG-Novelle — besteht wegen zulässiger Mißbrauchsverhütung kein Widerspruch zu Doppelbesteuerungsabkommen?

a) *Debatin* stellt noch die Frage, ob der Regelungswiderspruch schon deshalb insgesamt und von vornherein aufgelöst werden könne, weil die Novelle lediglich einer zulässigen Bekämpfung von Mißbräuchen diene[55]. Dies habe die Gesetzesbegründung angenommen[56]: „ungerechtfertigte Steuervorteile durch den Einsatz ausländischer Rechtsträger mit Kapitalanlagefunktion". Wenn die Novelle nur der Mißbrauchsverhinderung dienen sollte, so stünde sie inhaltlich nicht im Widerspruch zu einem DBA; denn ein solches will „Mißbrauch" in einem Partnerstaat nie decken. Der Bundesfinanzhof hat deshalb auch gefragt, ob das Mißbrauchsverbot (früher § 6 StAnpG, nunmehr § 42 AO) nicht der Anwendung eines DBA von vornherein entgegensteht[57]. Es bedarf daher nicht der Klärung der Frage, ob bereits nach allgemeinem Völkerrecht ein Mißbrauchsvorbehalt den DBA an sich schon inhärent ist, etwa nach Art. 38 Abs. 1c IGH-Statut[58].

b) Die Annahme eines Rechtsmißbrauchs setzt voraus, „daß der Steuerpflichtige eine Gestaltung wählt, die, gemessen an dem erstrebten Ziel, unangemessen ist, und daß die Rechtsordnung dies mißbilligt"[59]. Die Verlagerung von Kapital nach Irland etwa müßte daher, gemessen an dem damit verfolgten Ziel, unangemessen sein. Ziel ist hier jedoch eindeutig die Erzielung höherer Einkünfte aus Kapitalvermögen; dies ist aber nicht unangemessen, es entspricht täglicher Praxis auf den internationalen Finanzmärkten. Auch darin kann „Unangemessenheit" nicht gesehen werden, daß diese höheren Einkünfte vorwiegend oder ausschließlich über die niedrigere ausländische Besteuerung erzielt werden: Jeder Steuerpflichtige darf eine Handlung, die er *an sich vornähme,* dann, dort und in der Art vornehmen, daß sie sich für ihn steuerlich besonders günstig auswirkt. Dies ist der Fall der Kapitalverlagerung ins Ausland: Irgendwo würde solches Kapital ja angelegt werden. Nur wenn nachzuweisen wäre, daß die deutschen Steuerpflichtigen überhaupt kein Kapital gebildet hätten, daß dies vielmehr nur geschehen sei, um z.B. in Irland, „auf Kosten des deutschen Steuerfiskus", Einkünfte zu erzielen, wäre die Ge-

---

[55] Vgl. Fn. 20, S. 2162.

[56] Näheres in diesem Sinn b. *Tulloch* (Fn. 2), S. 1445.

[57] Vgl. etwa BFHE 115, S. 327 (331).

[58] Eine Frage, die *Schwarz / Fischer-Zernin* (Fn. 2), S. 49 / 50, aufwerfen.

[59] BFHE 115, S. 327 (332) — gerade für DBA.

staltung „unangemessen“ im Sinn des Mißbrauchsbegriffs, wie etwa der Eintritt in eine Verlustzuweisungsgesellschaft. Die Gestaltung selbst muß unangemessen sein, nicht nur ihre steuergünstige Ausgestaltung.

Selbst wenn man aber die Angemessenheit doch bezweifeln wollte — die Rechtsordnung, hier: das betreffende DBA, hat gerade dies gebilligt, durch Zustimmung des deutschen Transformationsgesetzgebers, auch mit Wirkung gegenüber dem deutschen Steuerpflichtigen. Abwegig wäre die Annahme, die hoch spezialisierten Steuerrechtsexperten im BMF und im Finanzausschuß des Bundestages hätten eine solche Inanspruchnahme nicht vorausgesehen; dann aber kann das vom Gesetzgeber vorausgesehene und gebilligte Verhalten schon begrifflich nicht mißbräuchlich sein. Wenn aber der deutsche Steuergesetzgeber nachträglich, im Jahre 1992, das als „Mißbrauch“ qualifizieren will, was er früher ausdrücklich gebilligt hat, dann ist dies gerade ein eindeutiger Widerspruch zum DBA, durch spätere Steuergesetzgebung. „Mißbrauchsverhütung“ als möglicherweise ursprünglicher Vertragsinhalt ist dann eine unbehilfliche Konstruktionskrücke, um den Widerspruch von DBA und späterem Steuergesetz zu vermeiden.

c) *Daß später – der Höhe nach auch „unvorhersehbare“ – Steuerausfälle eintreten,* macht das Verhalten eines Steuerpflichtigen nicht bereits zum „Mißbrauch“, mag auch oft dieser Begriff in dem unjuristischen Sinn gebraucht werden, daß der Gesetzgeber aus diesem Grund das Gesetz glaubte ändern zu müssen; „mißbraucht“ hat es bisher der Bürger nicht. Nachteile für den Fiskus allein begründen Mißbrauch nicht; auch für die Finanzgewalt gilt: lex vigilantibus scripta, sie kann sich vom Gesetz lossagen, wenn es ihr Verluste bringt, aber nicht ohne Widerspruch zu einem früheren DBA, von dem sie unter dem Vorwand des „Mißbrauchs“ nicht abweichen darf. Letztlich wird hier also – mit dem Mißbrauchsbegriff – Begriffsmißbrauch betrieben: Er bezeichnet nur den jetzigen Willen des Steuergesetzgebers, Steuerausfälle nicht mehr hinzunehmen, nicht aber den Tatbestand, daß Steuerpflichtige das von ihm Zugestandene anders, „übel“ — eben: miß-braucht hätten.

Dies letztere läßt sich etwa im Falle Irlands so pauschal gewiß nicht sagen[60]. Der Gesetzgeber hat sich denn auch nicht ausdrücklich darauf im Gesetz berufen[61]. Zur Verschleierung eines Vertragsbruches darf also nicht – hier oder bei anderer Gelegenheit – der Mißbrauchsbegriff mißbraucht werden.

Es bleibt dabei: Die AStG-Novelle 1992 und viele der DBA stehen nach ihren normativen Aussagen in Widerspruch zueinander; dieser ist auch nicht

---

[60] *Tulloch* (Fn. 2), S. 1447 f.

[61] Schon deshalb ist die kritische Zurückhaltung auch *Debatins* (Fn. 20), S. 2162, nur zu berechtigt.

dadurch aufzulösen, daß nach § 20 Abs. 1 AStG n.F. die §§ 7 ff. von DBA „nicht berührt“ werden — dann gelten sie eben, jedenfalls nach dem Wortlaut, trotz dieser DBA — also „gegen diese“. Damit ist die Annahme eines Vertragsbruchs durch Deutschland unausweichlich, wenn dies nicht durch ein einschränkendes Verständnis der Novelle als einer lex posterior generalis vermieden werden kann, was nun zu prüfen ist.

III. Eindeutiger Wille des Novellen-Gesetzgebers, DBA zu verletzen? — DBA als lex specialis — § 2 AO

1. Herrschende Lehre: Abänderbarkeit einer DBA-Transformation durch späteres deutsches Steuergesetz

Wie oben (I 2 b) berichtet, geht die steuerrechtliche Diskussion der AStG-Novelle davon aus, diese habe grundsätzlich DBA-Transformationsgesetze, als lex posterior derselben Normstufe, abändern oder aufheben können. Diese Auffassung kann sich auf die in Deutschland durchaus herrschende Auffassung berufen, daß Transformationsgesetze durch (Bundes-)Gesetz wieder abgeändert werden dürfen[62], diesen letzteren gegenüber kein höherrangiges Recht darstellen. Die ganz herrschende Lehre lehnt es auch ab, Art. 25 GG einen – wieweit immer dem einfachen Gesetz gegenüber höherrangigen[63] – Grundsatz zu entnehmen, nach dem Völkervertragsrecht dem Gesetzesrecht vorgehe[64]; dies lasse sich auch nicht aus der allgemeinen Regel des Völkerrechts „pacta sunt servanda“ ableiten, die nur im Verhältnis zwischen den Vertragspartnern gelte und den Vertragsbruch durch innerstaatliches Recht nicht verfassungsrechtlich verbiete[65]. Das entspricht dem „gemäßigten Dualismus“ im Verhältnis Völkerrecht–innerstaatliches Recht, von dem das GG ausgeht[66]. Daß sich dem allgemeinen Völkerrecht im übrigen nichts über DBA entnehmen läßt[67], also auch kein Vorrang derselben, ist unbestritten.

Ist dann nicht der Vertragsbruch besiegelt, nachdem § 20 Abs. 1 AStG n.F. vorschreibt, daß die neuen Regelungen „von DBA nicht berührt“ werden, also, so scheint es doch, trotz dieser gelten sollen?

---

[62] BVerfGE 6, S. 309 (362/363); ebenso das Schrifttum: *Tulloch* (Fn. 2), S. 1444; *Köhler* (Fn. 2), S. 341; *Schollmeier* (Fn. 2), S. 140; *Schwarz/Fischer-Zernin* (Fn. 2), S. 50; *Spanner* (Fn. 1), Rdnrn. 8 ff.; *Langbein* (Fn. 14), S. 537; *Weber-Fas* (Fn. 48), S. 77; *Preuninger* (Fn. 47), S. 82 f.

[63] Näheres dazu in BFHE 157, S. 35 (42/43) m. Nachw.; vgl. auch *Geiger,* R., Grundgesetz und Völkerrecht, 1985, S. 190 ff.

[64] BVerfGE 31, S. 145 (177); 41, S. 88 (120).

[65] BVerfGE 31, S. 145 (177), gefolgt von der ganz herrschenden Lehre, vgl. Fn. 60.

[66] *Weber-Fas* (Fn. 48), S. 75.

[67] *Vogel* (Fn. 4), Einl. Rdnr. 6 f.; *Debatin* (Fn. 13), S. 1.

2. Die Rechtsprechung des BFH: keine Abänderbarkeit der DBA durch späteres Steuerrecht

Vereinzelt ist, für das Steuerrecht, diese herrschende Auffassung abgelehnt worden[68]. Von weit größerem Gewicht ist jedoch die vom obersten Steuergericht in mehreren Entscheidungen vertretene Auffassung. 1973 wurde ausgesprochen, „daß eine spätere Änderung der innerstaatlichen Rechtslage ... eine von den Vertragsparteien objektiv gewollte Regelung des DBA in ihrem Inhalt nicht verändern konnte“[69]. Im Jahre 1977 wurde dies ausdrücklich bestätigt[70]. Der BFH ist dieser unzweideutigen Haltung wegen kritisiert worden[71]. Im Jahre 1987 hat der BFH immer noch offengelassen, inwieweit „der Gesetzgeber überhaupt die vorbehaltlose Steuerbefreiung nach dem DBA-USA 1966 einschränken könnte“[72]. Nach dem Zusammenhang ist dies aber keine Aufweichung der dargestellten Auffassung; vielmehr sollte nur unentschieden bleiben, wieweit das DBA hier überhaupt Änderungen zuließ. 1990 schließlich wurde vom BFH eingehend geprüft[73], ob das DBA-Schweiz einer Anwendung der §§ 7 ff. AStG „entgegenstehe“. Dies wäre nicht erforderlich gewesen, wenn das Gericht davon ausgegangen wäre, daß ein Normenkomplex nach der Regel der lex posterior dem anderen hier derogieren könnte; dann hätte es genügt, dieses zeitliche Verhältnis festzustellen und entsprechend zu entscheiden.

Der BFH geht also ersichtlich vom Vorrang der DBA aus, und zwar unabhängig vom Zeitpunkt des Erlasses der kollidierenden Normen. Wie ist dies zu verstehen, zu legitimieren, rechtfertigt es etwa auch den Vorrang des DBA-Irland vor der Novelle von 1992, so daß die hier betroffenen Steuerpflichtigen aus der Novelle keinerlei für sie ungünstige Folgen hinzunehmen hätten?

3. DBA-Recht — wesentlich lex specialis, daher durch späteres deutsches Steuerrecht nicht abänderbar

Die BFH-Judikatur setzt sich überhaupt nicht mit der herrschenden Lehre (oben 1) auseinander. Dies ist nur verständlich, wenn sie das DBA zwar (unter Umständen) als derogierbare lex prior sieht, seine Abänderung durch späteres deutsches Steuerrecht aber dennoch nicht annimmt, nach dem Grundsatz: lex posterior generalis non derogat legi priori speciali.

---

[68] *Klein*, F., DStR 1976, S. 59; *Ritter* (Fn. 2), S. 364.

[69] BFHE 110, S. 187 (191).

[70] BFHE 121, S. 63 (73).

[71] Von *Weber-Fas* (Fn. 48), S. 75.

[72] BFHE 148, S. 278 (282).

[73] BFHE 158, S. 224 (227 ff.).

Absolut herrschender Lehre entspricht es in der Tat, daß DBA, ihrem Wesen nach, leges speciales sind, gegenüber anderem deutschen Steuerrecht[74]. Derselben Auffassung ist insbesondere, in mehreren Veröffentlichungen, *Debatin*[75]. Darin liegt nur die Konsequenz der „Zwei-Rechtskreise-Lehre“ (vgl. oben II 3). Aus demselben Grund hat die Finanzrechtsprechung, die ja davon ausgeht, von jeher DBA als leges speciales angesehen[76].

Dies entspricht an sich dem Inhalt der DBA, geradezu begrifflich: Jedes DBA erfaßt zwar als Rechtsnorm (virtuell) eine Vielzahl von Rechtsbeziehungen von Inländern und Ausländern zur inländischen und ausländischen Steuergewalt; doch ist dies immer nur ein auf einen besonderen auswärtigen Staat bezogener Regelungsausschnitt aus dem normativen Gesamtkomplex jener Außensteuerbeziehungen, welche das AStG als solches erfaßt — eben als lex generalis. Die Rechtsprechung des BFH (oben 2) läßt sich nur so rechtfertigen, daß das Gericht in jedem Fall diese Spezialität annimmt, den BDA daher stets Vorrang einräumt.

Dem steht ein Bedenken entgegen: Kann der deutsche Steuergesetzgeber nicht doch auch eine lex posterior specialis setzen, welche einem, einigen oder allen DBA widersprechendes Recht bringt?[77] Kann späteres deutsches Steuerrecht insoweit als eine Regelung „gebündelter leges speciales posteriores“ verstanden werden, die dann den betreffenden DBA vorgeht? Doch was sind diese „betreffenden“ DBA?

4. Abänderung der DBA nur durch „ausdrücklich“ erklärten gesetzgeberischen Willen — § 2 AO — „Zitiergebot“

a) Spätestens hier ist § 2 AO zu prüfen. Nach dem Willen des Gesetzgebers soll er klarstellen, daß „völkerrechtliche Vereinbarungen, soweit sie innerstaatliches Recht geworden sind, Vorrang vor den innerstaatlichen Steuergesetzen haben und deshalb allein durch spätere innerstaatliche Gesetze nicht aufgehoben werden können“[78]. Der Gesetzgeber wollte damit ersichtlich der Rechtsprechung des BFH (oben 2) Rechnung tragen. Dieser hat sich aller-

---

[74] *Tipke/Kruse* (Fn. 48), § 2 AO Rdnr. 1; *Spanner* (Fn. 1), Rdnr. 15; *Kluge* (Fn. 6), S. 159; *Eckert* (Fn. 20), S. 386; *Henkel* (Fn. 28), S. 170/171; siehe auch *Schröcker*, BVBl. 1958, S. 372 ff.; *Langbein* (Fn. 14), S. 537.

[75] Fn. 33 Rdnr. 41; *ders.*, RIW 1988, S. 727; *ders.*, DStR 23/92, Beih., S. 2; erstaunlich ist allerdings, daß er in seinem Beitrag zur Novelle 1992 (Fn. 20), diese Frage nicht behandelt.

[76] RFH, RStBl. 1935, S. 1399; BFHE 93, S. 438; FG Rheinland-Pfalz, EFG 1985, S. 562/563.

[77] Siehe *Henkel* (Fn. 28), S. 171.

[78] BT-Drucks. 7/4292, S. 15.

dings später, in diesem Zusammenhang, nicht auf § 2 AO berufen — verständlicherweise: Denn die ganz herrschende Lehre geht davon aus, daß § 2 AO einen Vorrang nicht konstitutiv verordnen konnte, weil eben auch diese Bestimmung, als eine solche einfachen Gesetzesrechts, durch späteres Steuerrecht abgeändert, insbesondere durchbrochen werden kann (vgl. oben 1); dies wird auch in der Diskussion um die AStG-Novelle 1992 hervorgehoben[79]. Schon nach – insoweit zwingenden – allgemeinen Rechtsgrundsätzen der Normstufen kann daher § 2 AO nur *„klarstellen", was an sich schon gilt:* die Wirkung des Satzes „lex posterior generalis non derogat legi priori speciali". Dann aber ergibt sich aus § 2 AO keine Antwort darauf, wann das spätere Steuergesetz „lex generalis" ist — die hier aber entscheidende Frage (oben 3 am Ende).

b) Der herrschenden Lehre ist es ersichtlich nicht wohl bei einem völligen Leerlauf, totaler normativer Unwirksamkeit einer Spitzenvorschrift des deutschen Steuerrechts, die hier eben – wieder einmal – durch die AStG-Novelle durchbrochen würde. Man entnimmt daher, in ebenso herrschender Lehre, § 2 AO die Regelung, daß nur dann ein späteres deutsches Steuergesetz als lex specialis vorgehe, wenn der Gesetzgeber dort „deutlich", „eindeutig", „unmißverständlich", „erkennbar" und „zweifelsfrei" zum Ausdruck gebracht habe, daß sein späteres Gesetz dem oder den DBA vorgehen solle. Eine Vermutung spreche jedenfalls für Fortbestand des DBA-Rechts[80].

Soweit hier nur – in welcher Wortwahl immer – „klare" spätere normative Spezialität gefordert wird, führt dies nicht weiter; denn „klar" muß im Rechtsstaat die Anwendbarkeit des belastenden Gesetzes ohnehin sein, insbesondere des Steuergesetzes. „Vermutung gegen Anwendbarkeit" führt darüber auch nicht hinaus, wenn sie dann doch wieder bei „Klarheit" als widerlegt gilt. Und die „Klarheit-Vermutung-Formeln" müßten im vorliegenden, wie wohl in den meisten Fällen, zum Vorrang des späteren Gesetzes führen, vor allem wenn es die Geltung von DBA mit dem gewählten Wortlaut ausschließt. Ein – verständliches – schlechtes Gewissen gegenüber § 2 AO läßt sich so also kaum beruhigen, ebensowenig wie wenn sich Richter selbst bescheinigen, sie seien über „sorgfältige Prüfung" zu einem „eindeutigen Ergebnis" gelangt …

---

[79] *Tipke/Kruse* (Fn. 74); *Eckert* (Fn. 20); *Köhler* (Fn. 2), S. 341; *Schollmeier* (Fn. 2), S. 140; *Schwarz/Fischer-Zernin* (Fn. 2), S. 50; *Tulloch* (Fn. 2), S. 1445; *Spanner* (Fn. 1), Rdnr. 12; *Vogel* (Fn. 4), Einl. Rdnr. 44; *Langbein* (Fn. 14), S. 537; *Pflugfelder,* FR 1983, S. 319 (320); *Wassermeyer* (Fn. 47), S. 411; *Weber-Fas* (Fn. 48), S. 75; *Henkel* (Fn. 28), S. 170; *Preuninger* (Fn. 47), S. 82 ff.; *Flick/Wassermeyer/Becker* (Fn. 3), Hinzurechnungsbest., Rdnr. 13.

[80] Unter den Fn. 79 Genannten, vor allem *Tipke/Kruse, Langbein, Eckert, Schollmeier, Tulloch, Weber-Fas* (S. 76).

c) Nur eine Verschärfung der Anforderungen an den späteren Gesetzgeber kann wirklich „greifen" — auch im vorliegenden Fall: wenn er DBA *„ausdrücklich"* aufheben muß, indem er dies gleich im Wortlaut zum Ausdruck bringt. Dem wäre aber auch durch § 20 Abs. 1 AStG n.F. (vgl. auch § 10 Abs. 6 i.V.m. Abs. 5 AStG n.F.) genügt, weil dort „die DBA" in Bezug genommen sind.

Eine *noch strengere Auffassung* fordert nun etwas, das in jedem Fall eindeutig Klarheit bringt und, aus § 2 AO abgeleitet, dieser Vorschrift auch einen effektiven, nicht nur verbalen, klarstellenden Sinn geben würde: daß spätere deutsche Steuergesetze *die jeweils außer Kraft gesetzten DBA ausdrücklich nennen müssen,* im Sinne eines *Zitiergebots,* vergleichbar Art. 19 Abs. 1 S. 2 GG[81].

Dafür spricht der *Begriff der Spezialität,* wie er bereits (oben 3) erläutert worden ist. Ein DBA regelt nur steuerrechtliche Fragen im Verhältnis zu gerade diesem Staat und seiner Gesetzgebung, dies allein wird in innerstaatliches Recht transformiert. Dies allein ist auch der in sich geschlossene Rechtskreis, der durch späteres deutsches Steuerrecht nur berührt wird, wenn nicht allgemein „die DBA", sondern gerade das *besondere DBA* im späteren Gesetz als abgeändert erwähnt wird; anderenfalls überschneiden sich die beiden Rechtskreise eben nicht.

Die Novelle zum Außensteuergesetz hat nach dieser Auffassung, welche die Spezialität ernst nimmt, weder das DBA-Irland noch andere früher abgeschlossene DBA abgeändert — entgegen dem (subjektiven) Willen des Gesetzgebers, der aber eben nicht im Wortlaut objektiviert erscheint, wo *diese* DBA nicht erwähnt werden.

Dann allerdings fragt es sich, welche Bedeutung der Novelle noch zukommt: Sie beschränkt sich bei solchem Verständnis auf künftig abzuschließende DBA jedenfalls dann, wenn man das „Zitiergebot" der DBA aus § 2 AO ableitet: Es wird dann für die Zukunft aufgehoben; mit Wirkung für die Vergangenheit kann es dagegen, schon seinem Wesen nach, „einfach durch Nichtzitieren", nicht durchbrochen werden[82].

---

[81] Diese Auffassung geht wohl auf *Langbein* zurück (Fn. 14), S. 537; *Tipke/Kruse* (Fn. 74) m. Nachw. haben sie übernommen, wobei übrigens *Weber-Fas* das Zitiergebot nicht erwähnt.

[82] Dies gilt auch, wenn das Zitiergebot sich nicht aus einer Bestimmung höherer Normstufe (Art. 19 Abs. 1 S. 2 GG), sondern gleichen Normranges ergibt: So hat das BVerfG im Bodenreformurteil – BVerfGE 84, S. 90 (118 ff.) – das (dogmatisch ähnliche) Textänderungsgebot bei Grundgesetzrevision (Art. 79 Abs. 1 S. 1 GG) darauf geprüft, ob es durch die Verfassungsänderung im Zusammenhang mit der Wiedervereinigung verletzt worden sei.

Nach dieser immerhin im Steuerrecht maßgeblich vertretenen Auffassung kann man von dem Weitergelten der „Freistellung" nach dem DBA-Irland ausgehen, und es steht dann zu erwarten, daß der BFH seine strenge lex-specialis-Rechtsprechung auch hier fortsetzen wird.

5. Begründung des „Zitiergebots" durch späteres Gesetz aufgehobener DBA aus dem Grundsatz der „Völkerrechtsfreundlichkeit"

a) Diese Auslegung des § 2 AO oder unmittelbar aus der Spezialität des DBA ist ohne Zweifel konstruktiv und streng. Sie läßt sich jedoch, für diese Nahtstelle von Völkerrecht und innerstaatlichem Recht, aus dem Grundsatz der Völkerrechtsfreundlichkeit der grundgesetzlichen Ordnung legitimieren.

Bereits vor 1945 folgte die Judikatur dem völkerrechtsfreundlichen Grundsatz, daß der deutsche Gesetzgeber zwar Vertragsrecht ändern oder aufheben könne, daß ihm eine solche Absicht aber, solange der Vertrag in Kraft sei, nicht unterstellt werden dürfe[83]; man ging sogar von einem entsprechenden Satz des Völkergewohnheitsrechts aus[84]. Daraus wird gerade die Notwendigkeit der „deutlichen" Abänderung von DBA abgeleitet, was „erst recht" aufgrund der erhöhten Völkerrechtsfreundlichkeit des GG heute zu gelten habe[85].

Mit Recht wird gerade in diesem steuerrechtlichen Zusammenhang auf diese besondere Völkerrechtsfreundlichkeit von der herrschenden Lehre hingewiesen[86], die eben eine völkerrechtskonforme Auslegung verlange[87], um einen Vertragsbruch zu vermeiden, insbesondere über eine Auslegung der lex-posterior-Regel sei eine Kollision nur „im äußersten Fall" anzunehmen[88] — also bei Erwähnung des DBA im späteren Gesetz. Die Völkerrechtsfreundlichkeit verbiete jedenfalls eine Abkommensumgehung durch die Staaten[89], welche gegen das Gebot internationaler Rücksichtnahme verstoße[90].

b) Völkerrechtsfreundlichkeit beherrscht nicht nur die Auslegung von Verträgen[91], sie liegt dem Grundgesetz insgesamt zugrunde[92]. Fehlen ausdrück-

---

[83] *Walz*, G.A., Die Abänderung völkerrechtsgemäßen Landesrechts, 1927, S. 56 ff.

[84] *Walz*, G.A., Völkerrecht und staatliches Recht, 1933, S. 399; neuerdings ähnlich *Vogel* (Fn. 4), Rdnr. 75.

[85] *Weber-Fas* (Fn. 48), S. 76.

[86] *Langbein* (Fn. 15), S. 879; *Tipke/Kruse* (Fn. 74); *Maunz* (Fn. 24); *Kluge* (Fn. 6), S. 158/159 m. Nachw.; *Henkel* (Fn. 28), S. 172; *Eckert* (Fn. 20).

[87] *Henkel* (Fn. 28), S. 189 m. Nachw.

[88] *Geiger* (Fn. 63), S. 199, 200.

[89] *Vogel* (Fn. 84); dazu *Henkel* (Fn. 28), S. 176 ff.

[90] *Langbein* (Fn. 14), S. 539.

[91] BVerfGE 4, S. 157 ff.

lich abändernde Bestimmungen im späteren Gesetz, so bleibt das Vertragsgesetz in Kraft. „Selbst wenn das spätere Gesetz aber eindeutig dieselbe beschränkte Materie behandelt wie im Vertrag, ist es bis zur Grenze des eindeutigen Wortlauts oder Willens des Gesetzgebers im Sinne des Vertrages auszulegen". Das gilt selbst dann, wenn das Gesetz ersichtlich den Vertrag nicht ausführen soll. Eine solche Lösung, „die den Vorzug des späteren Gesetzes im Notstand gestattet, aber im Normalfall ausschließt", erlaubt heute schon der Verfassungssatz der Völkerrechtsfreundlichkeit der nationalen Rechtsordnung[93].

Entweder gewinnt man also die strenge Auslegung der lex specialis auf Zitiergebot hin unmittelbar aus diesem höherrangigen grundgesetzlichen Rechtssatz oder auf dem Wege *einer verfassungs- und damit völkerrechtskonformen Interpretation des § 2 AO;* dieses Verständnis liegt schon deshalb nah, weil § 2 AO selbst unzweifelhaft Ausdruck der Völkerrechtsfreundlichkeit ist.

Ergebnis: Bei dem gebotenen völkerrechtsfreundlichen Verständnis der Spezialität des DBA-Irland oder ähnlicher DBA, und unter entsprechender Auslegung von § 2 AO, sind die DBA weiterhin anzuwenden[94].

IV. Europarechtliche Problematik

Die Frage, ob die AStG-Novelle 1992 gegen europäisches Recht verstößt, und zwar mit der Folge ihrer Nichtanwendbarkeit in Deutschland, ist mit Blick auf die Mutter-Tochter-Richtlinie (EWG ABl. Nr. I 225 vom 20.8. 1990, S. 6) diskutiert worden[95]. Ein Verstoß scheidet aber schon deshalb aus, weil dort die Anrechnungsbesteuerung erlaubt wird.

„Sehr viel schwerer wiegt der Vorwurf, die Hinzurechnungsbesteuerung ... verstoße gegen Art. 52 EWGV (Niederlassungsfreiheit) dann, wenn die Zwischengesellschaft in einem anderen EG-Mitgliedstaat ansässig ist"[96], etwa in Irland. Er läßt sich wie folgt begründen: Der EuGH hat entschieden[97], Art. 52

---

[92] BVerfGE 6, S. 309 (362/363).

[93] *Bleckmann,* A., Grundgesetz und Völkerrecht, 1975, S. 277/278.

[94] Die Frage, ob hier nicht eine verfassungswidrige Durchbrechung des immerhin systemtragenden Grundsatzes in § 2 AO andernfalls vorläge, dazu m. Nachw. *Degenhart,* Chr., Systemgerechtigkeit und Selbstbindung des Gesetzgebers als Verfassungspostulat, 1976, insbes. S. 26 ff., sowie BVerfGE 13, S. 331 (341); 18, S. 315 (334); 24, S. 75 (100); 30, S. 250 (270 ff.); 34, S. 103 (115 ff.); 59, S. 36 (49); usw., kann daher offenbleiben.

[95] *Schollmeier* (Fn. 2), S. 140; *Tulloch* (Fn. 2), S. 1447.

[96] *Flick/Wassermeyer/Becker* (Fn. 3), Rdnr. 125.

[97] EuGHE 1986, S. 273 ff.

EWGV werde durch die Steuergesetzgebung eines Mitgliedstaates verletzt, der bei ihm ansässigen Tochtergesellschaften von in einem anderen Mitgliedstaat ansässigen Muttergesellschaften dieselben Steuervorteile verweigere, die er den bei ihm ansässigen Gesellschaften jedoch gewähre; denn dies behindere die ausländische Muttergesellschaft, über Tochtergesellschaften Aktivitäten auch in diesem EG-Ausland zu betreiben. Dasselbe muß nun aber auch dann gelten, wenn eine solche steuerrechtliche Hemmung nicht im Ausland, sondern in Deutschland ansetzt, nicht bei einer Diskriminierung der Tochter, sondern der Mutter. Denn die Folgen für die Niederlassungsfreiheit sind dieselben: Deutsche (Gesellschaften) werden in ihrer Tätigkeit, ja in ihrer Niederlassung, im EG-Ausland behindert.

Dagegen könnte allenfalls eingewendet werden, EG-Recht hindere die Mitgliedstaaten nicht, ihre Staatsbürger nach Belieben im Inland zu besteuern; nur dies aber geschehe durch die AStG-Novelle von 1992. Dabei würde indes übersehen, daß hier eine Besonderheit vorliegt: Es wird gerade an einen EG-Auslands-Tatbestand mit dieser Besteuerung angeknüpft, und dies hat nur ein Ziel: zu verhindern, daß sich deutsche Firmen in EG-Mitgliedsländern niederlassen. Dies aber verstößt gegen Art. 52 EWGV (wenn nicht, nach oben III, Spezialität der betreffenden DBA angenommen wird). Auf Mißbrauchsverhütung kann sich der deutsche Steuergesetzgeber insoweit kaum berufen (vgl. schon oben II 4); überdies ist gerade die irische Steuergestaltung ausdrücklich durch die EG genehmigt worden[98].

Ergebnis: „In dieser Frage erscheint eine Anrufung des Europäischen Gerichtshofes über kurz oder lang als unausweichlich"[99] — wenn nicht vorher schon der deutsche Richter den früher geschlossenen Doppelbesteuerungsabkommen, darunter dem DBA-Irland, zur Anwendung verhilft. Dies wäre rechtens.

Klaus Vogel hat[100] das mächtiger werdende Deutschland gewarnt, über von ihm geschlossene Verträge hinwegzureiten. Mit der Verletzung eines völkerrechtlichen Vertrages hat 1914 das deutsche Unglück begonnen; dabei war immerhin damals das Reich unmittelbarer Existenzbedrohung ausgesetzt. Sind es einige 100 Millionen wert, daß es wieder heißen kann: „Die Deutschen zerfetzen die Verträge"?

---

[98] *Köhler* (Fn. 2), S. 343.

[99] *Flick/Wassermeyer/Becker* (Fn. 3), Rdnr. 125 (Herv. v. Verf.).

[100] Fn. 18.

Die Unzulässigkeit steuerlicher Fiskalprivilegien*

Unter besonderer Berücksichtigung der Forstwirtschaft

I. Die Steuerprivilegien der öffentlichen Hand

Die öffentliche Hand genießt auch heute noch[1] steuerliche Privilegien, und zwar nicht nur bei hoheitlicher, sondern auch bei erwerbswirtschaftlicher Tätigkeit[2], bei der die öffentliche Hand mit Privaten in Konkurrenz steht. Es wird hier die These aufgestellt, daß dies wenigstens insoweit generell verfassungswidrig ist, als juristische Personen des öffentlichen Rechts als Fiskus, also rein erwerbswirtschaftlich, handeln.

Dieses Problem ist nicht nur für die privaten Konkurrenten der öffentlichen Hand von größter Bedeutung; seine Lösung ist unumgänglich für die Erkenntnis des Wesens fiskalischer Staatstätigkeit, der öffentlichen Wirtschaftstätigkeit überhaupt. Es handelt sich nicht nur um Sonderfragen einzelner Wirtschaftssektoren, zu entscheiden ist vielmehr, ob die bestehenden steuerlichen Fiskalprivilegien als solche fallen müssen, ob der Gesetzgeber etwa neue Vergünstigungen für die öffentliche Hand begründen darf.

Bisher ist dies vor allem im Zusammenhang mit den Privilegien der Sparkassen erörtert worden[3]. Hier soll in erster Linie der wichtige Fall der Steuerbefreiungen des Forstfiskus die Problematik verdeutlichen. Zunächst hierzu einige Daten:

Der deutsche Wald gehört zu fast 60% dem Fiskus, vor allem Ländern und Gemeinden, die hier mit Privaten in schärfster Konkurrenz stehen. In einem System minimaler Staatsbeteiligung am Wettbewerb ist dies eine lediglich historisch begründete Anomalie. Ganz abgesehen von der Frage, ob

---

* Erstveröffentlichung in: Der Betriebs-Berater 1970, S. 405–413.

1 Nach Aufhebung der Steuerprivilegien für gewerbliche Fiskaltätigkeit vgl. jetzt § 1 Abs. 1 Nr. 6, 5 Abs. 1 KStG in Verbindung mit §§ 1–8 KStDV i.d.F. vom 3.5.1965.

2 Vgl. insbesondere Körperschaftsteuergesetz: § 4 Abs. 1 Nr. 1 (Bundesbahn, Unternehmen „Reichsautobahnen", staatl. Monopol und Lotterieunternehmungen); § 4 Abs. 1 Nr. 2 (Bundesbank, Kreditanstalt für Wiederaufbau); § 19 Abs 2, 2 a (Ermäßigungen für Kreditanstalten des öff. Rechts sowie für öff. oder unter Staatsaufsicht stehende Sparkassen). Vermögensteuergesetz: § 3 (wie § 4 Abs. 1 Nr. 1 KStG); § 3 Abs. 1 Nr. 2 (wie § 4 KStG); § 3 a Nr. 1 (Verkehrs-, Hafen- und Flughafenbetriebe der öffentlichen Hand).

3 Dazu insbesondere *Nipperdey*, H.C. / *Schneider*, H., Die Steuerprivilegien der Sparkassen, 1966; *Hahn*, M. / *Dintelmann*, K., DB 1967 S. 1795; *Ranft*, E., StuW 1967 Sp. 331.

der Staat sich in solcher Lage nicht besondere Zurückhaltung auferlegen sollte[4], müßte erwartet werden, daß die Steuergesetzgebung die Konkurrenzgleichheit wahrt. Das Gegenteil ist der Fall — der Fiskus genießt Privilegien, die ihm jederzeit einen entscheidenden Wettbewerbsvorsprung sichern: Er ist insbesondere von Körperschaftsteuer[5], Vermögensteuer[6] und Vermögensabgabe[7] befreit, während private Waldbesitzer diese Abgaben sowie die entsprechenden Zusatzsteuern entrichten müssen.

Daß die Freistellung mächtiger Konkurrenten von den wichtigsten direkten Abgaben die Wettbewerbslage verändert, bedarf an sich keines näheren Nachweises; so mögen Andeutungen genügen:

– Private müssen eigenen Ertrag steuerlich aktivieren, wenn sie ihn investieren wollen; der Fiskus kann solchen Kapitaleinsatz sogleich als Aufwand behandeln, während ihn der Private lediglich im Wege der Abschreibung über einen längeren Zeitraum hin gewinnmindernd geltend machen kann. Ähnliches gilt für Verzinsung und Tilgung von Fremdmitteln, mit denen der Private um so mehr arbeiten muß, als er schwerer aus eigenem Ertrag investieren kann. In der Forstwirtschaft werden zudem Investitionen in besonderem Maß durch gesetzliche oder behördliche Anordnungen sowie durch wirtschaftliche Sachzwänge bestimmt.

– In der Waldwirtschaft fallen immer wieder, vor allem durch Kalamitäten, außerordentliche Nutzungen an, die substanzmindernd wirken. Trotz einiger Steuererleichterungen[8] führt hier die progressive Einkommensteuer bei Privaten zu echten Substanzeingriffen durch Steuern, denen die öffentliche Hand nicht unterliegt.

– Die Vermögensteuerbelastung des Privatwaldes wird nicht durch die Steuererleichterung (Abziehbarkeit) ausgeglichen. Sie stellt zwar eine Sonderausgabe, nicht aber eine Betriebsausgabe dar. Bei unzulänglichem Ertrag

---

[4] Vgl. OLG München, NJW 1958 S. 1298 – gleichgültig, ob derartiges aus dem Begriff des Staates als Konkurrenten (dazu vor allem *Krüger*, H., Allg. Staatslehre, 1964, S. 454 f.; *ders.*, Die öffentlichen Massenmedien als notwendige Ergänzung der privaten Massenmedien, 1965, S. 31 f.; *Löffler*, M., Private Wirtschaftswerbung durch öffentliche Rundfunkanstalten, BB 1956 S. 729) oder aus der Grundrechtsbindung des Fiskus abgeleitet wird (dazu *Leisner*, W., Werbefernsehen und öffentliches Recht, 1967, S. 158 f. mit Nachw.). Zur Konkurrenz zwischen öffentlicher Hand und Privaten vgl. neuerdings vor allem *Isensee*, J., Subsidiaritätsprinzip und Verfassungsrecht, 1968, S. 172 f., 209 f., 286 f.; *Scholz*, R., Wettbewerbsrecht und öffentliche Hand, Zeitschr. f. d. gesamte Handelsrecht und Wirtschaftsrecht 132 (1969) S. 97 f.

[5] § 1 Abs. 1 Nr. 6 KStDV.

[6] § 1 Abs. 1 Nr. 2 g VStG.

[7] § 16 Abs. 1 Nr. 2 LAG.

[8] Vgl. etwa § 34b EStG.

oder Verlust muß sie daher aus der Substanz entrichtet werden, in späteren Jahren ist sie positiven Einkünften gegenüber nicht ausgleichsfähig. Ähnliches gilt für die Vermögensabgabe.

– Im Forstbereich muß langfristig gewirtschaftet werden, wobei Steuerbelastungen sich häufig kumulieren. Die Unvorhersehbarkeit von Kalamitäten vermindert die Möglichkeit, sich auf die Steuerbelastung einzustellen.

Steuerliche Fiskalprivilegien, welche derart die Wettbewerbslage verändern – und sich zudem noch mit weiteren Wettbewerbsvorteilen der öffentlichen Hand verbinden[9] –, sind mit dem Wesen des Fiskus und des freien Wettbewerbs nicht vereinbar. Sie verletzen daher Rechtsstaatlichkeit und zentrale Grundrechte.

II. Generelle Unzulässigkeit steuerlicher Fiskalprivilegien

1. Gleichstellung von Fiskus und Privaten im Wettbewerb

Steht der Fiskus in jeder Hinsicht seinen privaten Konkurrenten gleich, so kann „Fiskaltätigkeit als solche" keinen selbständigen Steuertatbestand begründen. Fiskaldirigismus ist Formenmißbrauch, Fiskalprivilegien sind unzulässig. Ob der Fiskus Privaten so vollständig gleichsteht, ergibt sich aus dem Staats- und Verwaltungsrecht, dessen Entscheidungen das Steuerrecht nicht ignorieren darf.

a) *Fiskalische Staatstätigkeit und „Verwaltungshandeln" sind zu unterscheiden.* Ein staatliches Verhalten, das nach Rechtsform, Inhalt, Ziel auch bei Privaten möglich ist, gehört zum Fiskalbereich[10]. Hier darf keine Hoheitsgewalt eingesetzt werden, kein zulässiges Finanzmonopol bestehen[11]; es müssen ausschließlich erwerbswirtschaftliche Ziele verfolgt werden[12]. Wird öf-

---

[9] Der Fiskus genießt Privilegien für Bedienstete, die aus öffentlichen Kassen bezahlt werden; er ist von Berufsgenossenschaftsbeiträgen frei; gerade bei ihm ist viel Waldbesitz ausmärkisch belegen, was zur Grundsteuerfreiheit führt.

[10] Zum Begriff vgl. u.a. *Forsthoff*, E., Lehrbuch des Verwaltungsrechts I, 1966, S. 342 f.; *Wolff*, H.J., Verwaltungsrecht I, 1968, S. 96 f.; *Siebert*, W., Privatrecht im Bereich der öffentlichen Verwaltung, Festschrift f. Niedermeyer, 1953, S. 215 f.; *Rinck*, G., Wirtschaftsrecht, 1963, S. 30 f.; sowie mit Nachw. *Isensee*, J., Subsidiaritätsprinzip, S. 204; *Leisner*, W., Öffentlichkeitsarbeit der Regierung im Rechtsstaat, 1966, S. 42 f.; *ders.*, Werbefernsehen und öffentliches Recht, 1967, S. 22 f., 121; für die besondere steuerliche Problematik vgl. Wiss. Beirat beim Bundesfinanzministerium: Gutachten zur Reform der direkten Steuern, 1963, S. 56 f.

[11] Dazu näheren Nachweis bei *Leisner*, W., Werbefernsehen, S. 41 f.

[12] Und nicht etwa „alle Ziele, die auch ein Privater verfolgen könnte". Dieser kann sich speziell dem Gemeinwohl verpflichtet fühlen — wo dies bei der öffentlichen Hand der Fall ist, liegt Verwaltungsprivatrecht vor.

fentliches Interesse in Form des Privatrechts wahrgenommen, so liegt Verwaltungsprivatrecht der Lenkung und Leistung, insbesondere Daseinsvorsorge, vor.

Die Unterscheidung ist fundamental: Verwaltungshandeln unterliegt voller Grundrechtsbindung — dem Fiskus gegenüber ist diese abgeschwächt oder sie entfällt völlig. Verwaltung bedarf spezieller gesetzlicher Grundlage — beim Fiskalhandeln soll die Berufung auf „Privatautonomie" genügen[13]. Vor allem aber rechtfertigt das öffentliche Interesse vielfache Privilegien im Verwaltungshandeln — beim Fiskus wären Vorzugsstellungen nur zulässig, wenn Gewinnerzielung öffentliche Aufgabe wäre. Dies aber ist nicht der Fall[14]. Der Fiskus ist also ex definitione nicht privilegienfähig.

Dies ist ein Prinzip von Verfassungsrang[15]; denn wo privilegiert wird, müssen Grundrechte und Vorbehalt des Gesetzes das rechtsstaatliche Korrektiv bilden. Es würde sonst Art. 20 GG umgangen: Der Staat müßte nicht mehr befehlend gestalten, er könnte seinen Fiskus privilegieren. Dies aber ist keine steuertechnische Frage, es berührt die Grundlage des Rechtsstaats; auch der Verfassungsgesetzgeber könnte nicht die allgemeine, prinzipielle Privilegienfähigkeit des Fiskus begründen (Art. 79 Abs. 3 GG). Einzelausnahmen von einem Grundsatz von solcher Normhöhe bedürfen jedenfalls ganz besonderer Rechtfertigung. In dubio contra privilegia.

Die Verfassungsbedeutung der Trennung von Fiskus und Verwaltung verbietet gleitende Übergänge[16], „graue Zonen" oder „untrennbare Verbindungen", in denen der Fiskus im Namen der Verwaltung privilegiert würde[17]: Jede Staatstätigkeit muß einer der drei Erscheinungsformen (Hoheitstätigkeit, Leistungsverwaltung, Fiskalbereich) zugerechnet werden. Nicht auf Umfang oder wirtschaftliche Bedeutung von Marktstellung oder Wettbewerbsposition des Staates kommt es an, sondern nur auf die von ihm verfolgten Ziele[18].

b) *Zwischen Fiskus und Privaten besteht echter Wettbewerb*; wer dies ablehnt, eliminiert den Fiskusbegriff. Daß „Amtsauftrag" oder Richtung auf das bonum commune jede Staatstätigkeit außerhalb des Wettbewerbs stelle[19],

---

13 Vgl. *Leisner*, Werbefernsehen (Fn. 4), S. 129 mit Nachw.; krit. *Isensee* (Fn. 4), S. 204 f.

14 Vgl. *Leisner*, Werbefernsehen (Fn. 4), S. 37 f.; *Isensee* (Fn. 4), S. 207.

15 *Klein*, H.H., Die Besteuerung wirtsch. Unternehmen, StuW 1967 Sp. 658.

16 Vgl. dazu *Ritschl*, H., Die Besteuerung der öff. Unternehmen, 1960, S. 78 f. (Anhang, bearb. von K. Schmölder).

17 Anklingend bei *Klein*, Hans H., Die Teilnahme des Staates am wirtsch. Wettbewerb, 1968, S. 233 f.

18 Unrichtig insoweit *Horak*, H., Die wirtsch. Betätigung der öff. Hand in der BRD und ihre Probleme, 1964, S. 94.

19 Dazu mit Nachw. *Scholz* (Fn. 4), S. 102; *Isensee* (Fn. 4), S. 209/10.

kann heute nicht mehr behauptet werden. Die Ausrichtung auf das Gemeinwohl wäre dann keine rechtsstaatlich justiziable Bindung mehr.

Steuerprivilegien des Fiskus werden denn auch von der ganz herrschenden Lehre dem Grundsatz nach als Wettbewerbsverfälschung abgelehnt[20], weil aus allgemeinen Steuermitteln nicht ein Konkurrent bevorzugt werden darf[21], und weil die an sich schon starke Stellung des Fiskus (Konkursunfähigkeit) strenge Gleichbehandlung erfordert[22].

Steuerliche Fiskalprivilegien verletzen daher stets die Wettbewerbsgleichheit (Art. 2 Abs. 1, 3 Abs. 1 GG).

c) *Die Bindung des Fiskus an die Gesetze über den unlauteren Wettbewerb und gegen Wettbewerbsbeschränkungen* unterstreicht seine Wettbewerbsgleichheit mit Privaten.

Das gesamte Konkurrenzverhalten des Staates unterliegt dem *Gesetz über den unlauteren Wettbewerb*[23]. Nur Mittel, die auch Privaten zugänglich sind, dürfen eingesetzt werden[24]. Rechts- und notwendige Organisationsformen der juristischen Personen des öffentlichen Rechts, etwa behördliche Informations- und Kontaktmöglichkeiten begründen zwar an sich noch keinen Konkurrenzverstoß, sie werden jedoch deutlich von echten Privilegien unterschieden[25], teilweise durch die Schwerfälligkeit des Apparats kompensiert. Die Rückgriffsmöglichkeit auf öffentliche Haushaltsmittel und die Konkursunfähigkeit des Fiskus werden vom Wettbewerbsrecht (noch) hingenommen[26]; gerade wegen dieser – bereits bedenklichen – Vorzugsstellung sind jedoch weitere Privilegien des Fiskus im Wettbewerb unerträglich.

Folgerichtig verbietet das Wettbewerbsrecht, daß die öffentliche Hand Vorteile aus ihrer öffentlich-rechtlichen Stellung, insbesondere aus einer engeren Verbindung zum Hoheitsbereich ziehe[27]. Dies zeigt, daß jede Art von

---

[20] Für viele: *Horak* (Fn. 18), S. 94/5; *Klein* (Fn. 17), S. 198–201; *ders.*, StuW 1967 Sp. 658; *Friedrich*, W., StuW 1958 Sp. 1 und 7; Wiss. Beirat beim Bundesfinanzministerium: 55/56; *Ritschl* (Fn. 16), S. 62.

[21] *Horak* (Fn. 18), aaO.; zurückhaltend aus wettbewerblicher Sicht *Schricker*, H., Wirtschaftl. Tätigkeit der öffentlichen Hand und unlauterer Wettbewerb, 1964, S. 52.

[22] *Klein* (Fn. 17), S. 98 f.

[23] Herrschende Lehre, Nachw. s. bei *Scholz* (Fn. 19), S. 98.

[24] *Schricker* (Fn. 21), S. 137.

[25] *Klein* (Fn. 17), S. 231/2.

[26] *Klein* (Fn. 17), S. 231; *Schricker* (Fn. 21), S. 137/8, 196 f.; siehe auch BVerfGE 15, S. 141 f.

[27] Unlauter sind insbesondere: Autoritätsmißbrauch im weiten Sinn; unsachliche Werbung; Behinderungswettbewerb durch Mißbrauch von Verwaltungs- und Anordnungsbefugnissen; Ausnutzung von amtlichen Beziehungen, Kenntnissen, Geheimnissen (vgl. *Schrikker*, Fn. 21, S. 168 f.).

„hoheitlichen Privilegien" entfallen soll, selbst wenn sich solche nur mittelbar auswirken. A fortiori sind Fiskalprivilegien unzulässig. Unerlaubt ist vor allem der Einsatz öffentlicher Mittel zur Unterbietung von Konkurrenten. Nichts anderes aber bewirken Steuerprivilegien des Fiskus. Ob dieser keine Steuer zu zahlen hat oder aus Abgaben subventioniert wird, bleibt sich gleich[28]. Die Ausweitung öffentlicher Unternehmenstätigkeit auf Kosten Privater wird schließlich nicht generell vom Grundgesetz begünstigt; dem steht bereits der Grundgedanke von Art. 15 GG entgegen[29].

Das Gesetz über den unlauteren Wettbewerb bringt in all dem deutsche Gesetzgebungstradition zum Ausdruck: Gleichstellung des Fiskus im Wettbewerb, besonders strenge Wettbewerbsbindungen der öffentlichen Hand, keine Subventionen aus Steuermitteln. Diese Prinzipien des Gesetzes über den unlauteren Wettbewerb sind zwar in einem einfachen Gesetz enthalten. Als Konkretisierungen des Sittlichkeitsgebots (§ 1 UWG) kommt ihnen aber Verfassungsrang zu, sei es als Verdeutlichung der Wettbewerbsgleichheit (Art. 2 Abs. 1, 3 Abs. 1 GG) oder des Vorbehalts des Sittengesetzes (Art. 2 Abs. 1 GG) („Verfassung nach Gesetz"). Steuerliche Fiskalprivilegien sind unvereinbar mit der durch das Gesetz über den unlauteren Wettbewerb verdeutlichten Verfassungsbindung der öffentlichen Hand in der Wettbewerbsgleichheit.

Das *Gesetz gegen Wettbewerbsbeschränkungen* bindet den Fiskus[30] ohne Rücksicht auf seine Organisationsform (Regie, Anstalt, Gesellschaft, gemischt-wirtschaftlicher Betrieb). Auch auf ihn bezieht sich die „Anti-Monopol-Grundhaltung" der deutschen Rechtsordnung. Nichts darf also erfolgen, um dem Fiskus eine marktbeherrschende Position zu verschaffen — vor allem keine steuerliche Bevorzugung der öffentlichen Hand, die oft schon in sich einen marktbeherrschenden Zusammenschluß darstellt[31]. Welchen normativen Rang die Prinzipien des Gesetzes gegen Wettbewerbsbeschränkungen auch haben mögen, die Einheit der Rechtsordnung verbietet ihre Aushöhlung durch fiskalische Steuerprivilegien.

Vorzugsstellungen der öffentlichen Hand im Wettbewerb sind nur als *Finanzmonopole* zulässig, lediglich so sind Steuerbefreiungen möglich[32]. Seit

---

[28] Dies ist seit langem zweifelsfrei vgl. *Rüfner*, W., Formen öffentlicher Verwaltung im Bereich der Wirtschaft, 1967, S. 136/7.

[29] *Klein* (Fn. 17), S. 231.

[30] Dazu *Scholz* (Fn. 4), S. 97 mit Nachw.; vgl. auch *Rinck*, G., Wirtschaftsrecht, 1963, S. 257. Zweifel aus § 98 Abs. 1 GWB können sich allenfalls für Leistungsverwaltung und marktfunktionale Hoheitsverwaltung ergeben.

[31] So etwa im Forstbereich; wie weit hier entgegengekommen werden sollte, zeigt § 100 Abs. 7 GWB.

[32] *Horak* (Fn. 18), S. 95.

1949 dürfen jedoch Finanzmonopole nur mehr errichtet werden, soweit Art. 12 GG objektive Berufszulassungsbeschränkungen zuläßt[33]. Steuerliche Fiskalprivilegien können auch nicht als solche unter den institutionell festliegenden Begriff „traditionelles Finanzmonopol" subsumiert werden. Wenn aber dem Monopol so enge Schranken gezogen sind, so dürfen diese nicht durch steuerliche Vorzugsstellungen umgangen werden.

d) Der Fiskus unterliegt *parlamentarischer Kontrolle*, vor allem nach betriebswirtschaftlicher Effizienz und Rentabilität. Diese kann jedoch nur bei voller Gleichstellung privater und öffentlicher Unternehmen beurteilt werden[34], Fiskalprivilegien machen die Kontrolle unmöglich und verkürzen damit die Rechte des Parlaments[35].

e) Die heutigen Auffassungen zur *aktiven und passiven Grundrechtslegitimation des Fiskus* zeigen, daß Steuerprivilegien unzulässig sind:

Wird die Grundrechtsträgerschaft des Fiskus bejaht[36], so unterstreicht eben dies eine Gleichstellung der öffentlichen Hand mit Privaten, die keine Vorzugsstellung erlaubt. Wer sie ablehnt, darf „erst recht" keine Steuerprivilegien dulden: Zwar mag es dann so scheinen, als stehe der nicht-grundrechtslegitimierte Fiskus außerhalb des privaten Wettbewerbs. In Wahrheit aber wird ihm die Grundrechtsträgerschaft nicht deshalb abgesprochen, weil er über Privaten steht, sondern weil er der Organisationsgewalt des Staates ausgeliefert bleiben und deshalb Grundrechte nicht in Anspruch nehmen soll[37]; vor allem aber, weil seine durch organisatorische Verbindung mit der Staatsgewalt und Konkursunfähigkeit ohnehin schon starke Stellung nicht noch grundrechtlich verfestigt werden soll. Wer daraus die Privilegierungsfähigkeit des Fiskus ableitet, verkehrt den Sinn der These von der mangelnden Grundrechtslegitimation des Fiskus in ihr Gegenteil.

Ob *gegenüber dem Fiskus* Grundrechte geltend gemacht werden können, ist umstritten[38]. Auch hier aber sprechen beide Thesen gegen die Zulässigkeit von Fiskalprivilegien: Wer Grundrechtsgeltung gegenüber dem Fiskus ab-

---

[33] Dazu mit Nachw. *Leisner* (Fn. 4), S. 40.

[34] *Ritschl* (Fn. 16), S. 79 f.; *Horak* (Fn. 18), S. 94.

[35] Wenn der Staat aus Steuermitteln nachschießt, so bleibt in der Regel eine Beurteilung möglich, weil dies ja gezielt und beschränkt geschieht (vgl. dazu *Schricker*, Fn. 21, S. 197).

[36] So für die prozessualen Grundrechte BVerfGE 6, S. 49/50; BayVerfGHE 16, S. 95. Vgl. im übrigen hierzu *Isensee* (Fn. 4), S. 210/1; *Klein* (Fn. 17), S. 234 f.

[37] Wer allerdings die Grundrechtsunfähigkeit des Fiskus aus dessen besonderer Verpflichtung auf ein bonum commune ableitet, reißt die Grenzen zum Verwaltungsprivatrecht nieder.

[38] Überblick bei *Isensee* (Fn. 4), S. 212/3.

lehnt[39], muß dies eben mit jener Gleichstellung Fiskus–Private begründen, welche keine Vorzugsstellung zuläßt. Wird dagegen die passive Grundrechtslegitimation des Fiskus bejaht, so geschieht dies entweder als ein Unterfall der allgemeinen Grundrechtsdrittwirkung[40] — eben weil die öffentliche Hand hier ein Privater unter vielen ist — oder wegen der besonderen wirtschaftlichen Macht des Staates, die grundrechtlich gebändigt werden soll; dann aber darf sie erst recht nicht durch Fiskalprivilegien gesteigert werden.

Die gesamte Grundrechtsdogmatik des Fiskalhandelns steht also einer Privilegierung der wirtschaftenden öffentlichen Hand entgegen. Diese steht nach vielfachen Grundentscheidungen der Rechtsordnung der Bundesrepublik Deutschland Privaten in einer Weise gleich, die so weitreichende steuerliche Vorzugsstellungen verbietet.

2. Unzulässigkeit eines Fiskaldirigismus durch Fiskalprivilegien

Da der Fiskus Privaten gleichsteht, darf er „an sich" nicht steuerlich begünstigt werden. Es bleibt jedoch die Frage, ob sich der Staat nicht doch konkurrenzieller Formen der Wirtschaftslenkung bedienen darf, ob also nicht aus *seiner Interventionshoheit* heraus ein Fiskaldirigismus generell zulässig ist, den Steuerprivilegien ermöglichen könnten.

a) Ein Fiskaldirigismus liegt nach der heutigen Fiskuskonstruktion weder in der Teilnahme als solcher am Wettbewerb (mag sie auch in hohem Maße wettbewerbsrelevant sein), noch in der Art der Verwendung der Erträgnisse, noch schließlich in all jenen Formen marktwirtschaftlichen Verhaltens – die auch Privaten offenstehen – bis zum Verdrängungswettbewerb[41]. Der Dirigismus beginnt aber dort, wo die öffentliche Hand durch wettbewerbsexterne Machtsteigerung Konkurrenten ein bestimmtes Verhalten aufzwingen kann, mag dieses Preise, Konditionen, Investionen oder Konzentrationsformen betreffen. Solche interventionistische Wettbewerbsführung geschieht aber im Wettbewerb, nicht allein *durch* Wettbewerb.

Ein solcher Fiskaldirigismus, den Steuerprivilegien etwa der staatlichen Forstverwaltung ermöglichen, erscheint zwar als eine eminent „marktkonforme" Interventionsform, in Wahrheit ist er überaus gefährlich: Hier wird laufend dirigiert und das gesamte Wirtschaftsgebaren getroffen, dies alles zudem noch in unvorhersehbarer Weise, auf die sich der „Fiskalunterworfene" nicht einstellen kann.

---

[39] Neuerdings insbes. *Bettermann*, K.A., Hirsch-Festschrift, 1968, S. 1 ff.

[40] So insbes. *Leisner*, W., Grundrechte und Privatrecht, 1960, S. 206 f.

[41] Inwieweit dabei besondere Zurückhaltung geboten ist, mag hier offenbleiben.

b) Fiskalintervention könnte nur diskutabel sein, wenn sich der erwerbswirtschaftlichen Zielsetzung des Fiskus eine andere „überlagern" könnte, welche mit dirigistischen Mitteln verfolgt werden dürfte, so daß sich eine Abgrenzung privater und öffentlicher Zielsetzungen der öffentlichen Hand schlechthin nicht finden ließe. Gerade dies schließt jedoch der Fiskalbegriff aus:

Zwar werden heute gelegentlich die Zielsetzungen des Fiskus bis ins öffentliche Interesse hinein ausgedehnt. Durch Konkurrenzverhalten soll der Staat Wirtschaftspolitik treiben dürfen, insbesondere Stabilisierung der Konjunktur, Wachstumsförderung und -sicherung, regionale Strukturpolitik, Antikonzentrationspolitik[42]. Solche Lenkungs- und Kontrollfunktionen sollen dem Erwerbsprinzip vorgehen[43], der Fiskus habe keine Privatautonomie, daher auch keine (reinen) Privatinteressen[44]. Im einheitlichen Begriff des „öffentlichen Unternehmers" wird alle Wirtschaftstätigkeit zusammengefaßt.

Demgegenüber hält die herrschende Lehre und Rechtsprechung mit Recht am Fiskalbegriff fest und unterscheidet ihn von der Daseinsvorsorge[45], die allein dirigistisch wirken darf, soweit dies ein spezifisches öffentliches Interesse erfordert. Daß diese Relation nicht immer deutlich gewahrt wird, ist bedauerlich, rechtfertigt aber nicht noch schwerere Einbrüche in die Rechtsstaatlichkeit durch massive Privilegierung des Fiskus. Grundrechts- und Legalitätsschutz gegenüber dem wirtschaftenden Staat ist an sich schwach und meist ineffizient[46], vor allem, was die Wettbewerbsfreiheit anlangt. Wenn Intervention nicht einmal mehr durch ein *spezifisches* öffentliches Interesse gerechtfertigt werden muß, wird sich die Flucht des Staates aus der Hoheitsgewalt in die bindungsfreien Räume privaten Beliebens steigern[47]. Schon allein in der Teilnahme am Wettbewerb liegt ein unkontrollierter interventionistischer Effekt, insoweit ist jede Fiskaltätigkeit letztlich verfassungsrechtlich bedenklich[48]. Gerade deshalb aber müssen die dirigistischen Wirkungen – aus der Dogmatik der Intervention heraus – auf das Engste begrenzt werden:

---

[42] Vgl. etwa *Horak* (Fn. 18), S. 47/61; *Kommission für die Finanzreform*, Gutachten über die Finanzreform in der BRD, 1966, S. 127.

[43] *Twiehaus*, M., Die öffentlich-rechtlichen Kreditinstitute, 1965, S. 131.

[44] Typisch etwa *Rüfner* (Fn. 28), S. 387.

[45] Vgl. oben 1 a sowie insbes. BGH JZ 1962, S. 176 f.; BGHZ 29, S. 76; 33, S. 230; *Ipsen*, H.P., öffentliche Subventionierung Privater, 1956, S. 20; *Torz*, R., DÖV 1958 S. 208.

[46] Vgl. *Rüfner* (Fn. 28), S. 388 f.

[47] Dazu mit Nachw. *Leisner* (Fn. 40), S. 199 f.

[48] Wenn die Unterscheidbarkeit von Daseinsvorsorge und Fiskus bezweifelt wird, weil der Staat sich frei Ziele wählen und daher jederzeit letztere in erstere wandeln könne, so muß eben mit der Formel geholfen werden, „im Wettbewerb" dürfe steuerlich nicht privilegiert werden. Vgl. *Isensee* (Fn. 4), S. 280.

Wenn schon Intervention durch Fiskal*existenz*, so jedenfalls nicht auch noch durch steuerliche Fiskal*privilegien*, Privilegien allenfalls für die Leistungsverwaltung[49].

c) Fiskaldirigismus ist unvorhersehbare, verschleierte, übermäßige Eingriffsverwaltung und verstößt daher gegen die Rechtsstaatlichkeit, welche „Meßbarkeit und Vorausberechenbarkeit aller staatlichen Machtäußerungen an Hand der Gesetze im formellen Sinn" verlangt[50]:

– Fiskalprivilegien „intervenieren als solche" nicht, sie ermöglichen dies lediglich. Voraussehbar ist jedoch die Wirkung für den Konkurrenten in keiner Weise. Fiskalisches Konkurrenzverhalten ist oft weder „Maßnahme" noch „gezieltes Unterlassen". Meist ist sein Effekt erst spät, in größerem Zusammenhang, feststellbar; es ist keiner Öffentlichkeit unterworfen, an keine Form von Verwaltungsverfahren gebunden. Die Interventionsziele sind nirgends auch nur ansatzweise verdeutlicht. Steuererleichterungen geben Wirtschaftskraft, sie sagen nicht — wozu.

– Fiskaldirigismus tarnt Interventionismus als Wettbewerb, den Schein freier Marktwirtschaft beläßt er. Doch der Rechtsstaat verlangt, daß *Lenkung als solche erkennbar sei*[51]. Fiskalprivilegien erwecken den Anschein, der Staat wolle irgendwelche Vorbelastungen ausgleichen oder nur „sich selbst nicht Steuer zahlen" — in Wahrheit kann, soll interveniert werden. Konkurrenten, Parlamente, Allgemeinheit werden getäuscht.

– Fiskaldirigismus tendiert wesentlich zur Verletzung des *Übermaßverbotes*, das Interventionismus nur duldet, soweit dies ein Sachbereich erfordert und Private nicht allzu sehr belastet werden. Steuerprivilegien werden jedoch global gewährt, über Interventionswirkungen macht sich der Gesetzgeber hier keine Gedanken, die Interventionsziele fixiert die Verwaltung ad hoc. Notwendig wirken die Privilegien auch dort, wo keine Notwendigkeit zur Intervention besteht. Ihre Starrheit und ihr Gewicht bringen generell eine überschießende Interventionstendenz und schließen eine Verhältnismäßigkeitskontrolle aus.

Fiskaldirigismus ist daher verfassungswidrig, insbesondere sind steuerliche Fiskalprivilegien nicht die „richtigen" Interventionsinstrumente, nach Form und Zielsetzung widersprechen sie der Rechtsstaatlichkeit. Es müßte denn nachgewiesen werden, daß in einem bestimmten Bereich *nur* durch Fiskaldirigismus ein unabweisbares Interventionsbedürfnis befriedigt werden könnte. Eine solche Durchbrechung von unabänderlichen Verfassungsgrundprinzipien wäre nur in äußersten Ausnahmefällen zulässig.

---

[49] Vgl. BVerfGE 18, S. 125 f.

[50] *Maunz/Dürig/Herzog*, GG, Art. 20 Rdnr. 86.

[51] Vgl. *Wolff* (Fn. 10), S. 102 mit Nachw.

d) Die übrigen *herkömmlichen Fiskalprivilegien*[52] sind mit den fiskaldirigistischen Steuerprivilegien nicht vergleichbar. Sie sind punktuell und, anders als die „ungerichteten" Steuervergünstigungen, in ihren Wirkungen meist unvorhersehbar. Häufig kommen sie aus dem Wesen fiskalischer Rechtspersönlichkeit: *Aneignungs- und Anfallrechte*[53] sind gegenüber der Privatinitiative subsidiär, verletzen also weder Wettbewerbsgleichheit noch Berufsfreiheit. Oft sind sie mit Lasten und Beschränkungen verbunden. Sie sind der (notwendige) vermögensrechtliche Aspekt staatlicher Ordnungsverwaltung, welche herrenloses Gut sicherstellt. Verfahrensprivilegien[54] mögen teilweise durch die enge Verbindung des Fiskus und der Hoheitsgewalt geboten sein, deren Funktionieren nicht gestört werden soll. *Registerprivilegien*[55] können mit der „natürlichen Publizität der öffentlichen Hand", deren Verwaltungspräzision (?), oder Sonderregelungen des öffentlichen Sachenrechts gerechtfertigt werden. Das Mieterschutzprivileg[56] schützt nicht öffentlichen Besitz, sondern öffentlichen Bedarf[57].

Nirgends hebt also die Rechtsordnung den Fiskus aus dem Wettbewerb heraus. Um so schwerer wiegt die steuerrechtliche Anomalie. Die Einheit der Rechtsordnung verlangt eine Gleichstellung von Fiskus und Privaten, wie sie dem bürgerlichen Recht, der Grundordnung wirtschaftlicher Tätigkeit, entspricht.

3. Steuerverfassungsrechtliche Argumente gegen die Fiskalprivilegien

a) Steuervergünstigungen des Fiskus verschieben, ja verschleiern die Berechnungsgrundlage des *Finanzausgleichs*[58]. Dieser soll Aufgabenbelastung und eigene Steuerkraft der Hoheitsträger berücksichtigen[59]. Durch die Steuerbefreiungen gehen jedoch häufig dem einen Hoheitsträger Abgaben verloren, welche der andere erspart. Dieser erhält daher praktisch eine Finanzausgleichsvorleistung. Ist dieselbe juristische Person des öffentlichen Rechts an

---

[52] Zusammenstellung bei *Wolff* (Fn. 10), S. 98.

[53] §§ 928 Abs. 2 BGB, 7 Abs. 2 SchiffsRG vom 19.11.1940 (RGBl. I S. 1499), §§ 45 Abs. 3, 46, 88, 981 BGB; § 1936 BGB.

[54] §§ 882 ZPO; Abhilfeverfahren (etwa Art. 2 BayAGZPO).

[55] §§ 36 HGB, 3 Abs. 2 GBO.

[56] § 32 MieterSchG.

[57] Im öffentlichen Interesse soll hier die Funktionsfähigkeit der Verwaltung verbessert werden. Der Staat darf Privatgebäude öffentlichen Zwecken zuführen (vgl. BVerfGE 18, S. 125, 128).

[58] Vgl. Rischl (Fn. 16), S. 83/4.

[59] Dies gilt insbes. für den Gemeindefinanzausgleich, vgl. etwa Art. 2 Abs. 1 BayFAG vom 22.6.1966, GVBl. S. 237.

sich Steuergläubiger und Privilegierte, so mag sie durch die Vergünstigungen „fiskalische Leistungsfähigkeit" gewinnen. Ob diese dem Verlust der Steuerkraft entspricht, läßt sich nicht sagen, jedenfalls wird es im Finanzausgleich nicht geprüft. Aus all dem mag sogar ein Anreiz zu fiskalprivilegiertem Verhalten kommen. Und wenn die Privilegien durch Fiskaldirigismus hoheitliche Intervention ersparen sollen, so wird der Finanzausgleich auf den Kopf gestellt: Was Belastung sein sollte, wird zur Steigerung der Leistungsfähigkeit!

b) Zentrale Voraussetzung für Vergünstigungen ist im Steuerrecht die *Gemeinnützigkeit*[60]; doch beim Fiskus liegt sie nicht vor. Die Rechtsprechung ist streng: Gemeinnützig ist nicht, was den eigenen wirtschaftlichen Belangen dient[61], sondern nur, was ohne eigenen Nutzen im öffentlichen Interesse geschieht[62]. Selbst Leistungsverwaltung ist nicht eo ipso gemeinnützig[63] — a fortiori nicht Fiskaltätigkeit, die aus Erwerbsstreben definiert wird. Die Abführung des Erwirtschafteten begründet keine Gemeinnützigkeit[64]; diese würde überdies eine (satzungsmäßige) Umschreibung der gemeinnützigen Zwekke verlangen[65], wie sie bei der generell steuerprivilegierten Fiskaltätigkeit gar nicht möglich ist. Diese bildet daher eine schwere Anomalie im Recht der Steuererleichterungen und bricht damit Grundprinzipien steuerrechtlicher Systematik, was wiederum die verfassungsrechtliche Steuer- wie Wettbewerbsgleichheit beeinträchtigt. Ein Staat, der so hohe Anforderungen an seine Bürger für Steuererleichterungen stellt, darf es sich selbst nicht so leicht machen.

c) Die Steuerprivilegien des Forstfiskus im besonderen sind so bedeutende Ausnahmen im System der jeweiligen Steuerart, daß sie gegen vom Steuergesetzgeber selbst gesetzte Maßstäbe verstoßen und damit Konsequenz und Systemgerechtigkeit, d.h. aber die Steuergerechtigkeit verletzen: Nach Körperschaftsteuerrecht ist die Forst-„Verwaltung" neben Banken und Sparkassen die einzige echte Fiskaltätigkeit, welche privilegiert wird. Dies geschieht ad hoc ohne Hinweis auf eine öffentliche Zielsetzung, und zwar obwohl sogar die Leistungsverwaltung der Steuer unterliegt[66]. Die Steuerpflicht der er-

---

[60] Vgl. §§ 17–19a StAnpG mit Gemeinnützigkeits-Verordnung.

[61] Mag auch Gewinnstreben nicht völlig ausscheiden; vgl. dazu *Steinhardt*, R., Das steuerliche Gemeinnützigkeitsrecht, 1954, S. 14.

[62] BFH 72, S. 38.

[63] Wasser-, Gas-, Elektrizitätsversorgung (BFH BStBl. 1953 III S. 227), Flughafenbetrieb (BStBl. 1952 III S. 112/3).

[64] RFH, RStBl. 1937 S. 1105; vgl. *Ritschl* (Fn. 16), S. 81; *Nipperdey/Schneider* (Fn. 3), S. 45.

[65] Steuerpflichtig sind sogar Versorgungsbetriebe und öffentlich-rechtliche Versicherungsanstalten mit Zwangs- und Monopolrechten (§ 2 KStDV).

[66] Dies wird allerdings verschleiert durch die Fassung der KStDV (§§ 1–8), nach der bei gewerblichen Staatsbetrieben die Steuerpflicht nur eintritt, wenn sie sich innerhalb der Gesamtbetätigung der öffentlichen Hand als solche herausheben (vgl. § 1 Abs. 2). Dies

werbswirtschaftlichen Staatstätigkeit ist eben nicht etwa eine Ausnahme, sondern die Regel, von der der Forstfiskus eine unbegründete Ausnahme macht. Er kann sich weder mit Unternehmen vergleichen, in denen auch oder überwiegend Hoheitstätigkeit entfaltet wird[67], noch mit solchen, die kraft Gesetzes (Quasi-)Monopolstellungen einnehmen[68]. Die Ausnahmeregelungen zeigen im ganzen[69] klare Grundsätze: Befreiung nur bei Hoheitstätigkeit oder enger Beziehung zu dieser, oder wenn kein Wettbewerb besteht. Forstfiskalprivilegien können nicht damit gerechtfertigt werden, daß das Einkommensteuer-Recht eben von der grundsätzlichen Unterscheidung von forstwirtschaftlicher und gewerblicher Tätigkeit ausgehe[70]. Diese mag an sich gerechtfertigt sein und steuerliche Differenzierungen tragen[71], dann aber müßten auch private Waldbesitzer begünstigt werden. Mit Recht meint der wissenschaftliche Beirat beim Bundesfinanzministerium[72]: Die Körperschaftsteuer muß Wettbewerbsverzerrungen beseitigen und daher auf jedem wettbewerbsrelevanten Verhalten liegen, wobei die tatsächlichen Marktverhältnisse entscheiden. Nur gemeinnützige und hoheitliche Tätigkeit kann privilegiert werden, letztere aber nur dann, wenn sie wettbewerbsneutral bleibt. Weder bei Annextätigkeiten der Hoheitsgewalt kann ermäßigt, noch darf in dubio zugunsten der Steuerfreiheit entschieden werden.

Solchen Prinzipien eines Körperschaftsteuer-Rechts widersprechen die Fiskalprivilegien so gröblich, daß sie wegen schwerer Verletzung der Steuerrechtssystematik verfassungswidrig sind (Art. 3 Abs. 1 GG).

---

wiederum folgt aus dem Grundsatz, daß die Verwaltung „sich selbst nicht Steuern zahlen soll", werden diese doch gerade zur Bestreitung von Verwaltungsaufwand erhoben. Ähnliches mag auch noch in besonderen Fällen der Daseinsvorsorge gelten (§§ 4, 19 KStG).

[67] Dazu näher unten IV. Bundespost, Bundesbank, gesamte Zwangsversicherungseinrichtungen — § 4 Abs. 1, 2, 10 KStG.

[68] Bundesbahn, Lotterie- und Monopolunternehmen, Staatsbanken hinsichtlich staatswirtschaftl. Aufgaben — § 4 Abs. 1, 3 KStG.

[69] Bedenklich allerdings auch die Regelungen bei Banken und Sparkassen — § 19 Abs. 2, 2a KStG; vgl. *Hahn/Dintelmann* (Fn. 3), S. 1795; die Replik von *Ranft* (Fn. 3) überzeugt nicht.

[70] Vgl. etwa § 15 EStG; häufig wird die Land- und Forstwirtschaft ausdrücklich, ja ausschließlich dem Gewerbebetrieb gegenübergestellt oder als Sonderkategorie innerhalb des Begriffes „wirtschaftlicher Geschäftsbetrieb" gebildet (vgl. etwa § 2 Abs. 3 GewStG; § 1 Abs. 1 GewStDV; §§ 54, 56, 57 BewG); allerdings sind solche Abgrenzungen nicht immer unproblematisch, vgl. dazu etwa Steuerrichtlinien zu § 15 EStG (EStR 1967 Abschn. 134) sowie *Blümich/Boyens/Kleinbring/Klein*, GewStG, 7. Aufl., 1966, S. 31/2, 37.

[71] Immerhin ist Landwirtschafts- und Forstrecht eine herkömmliche Spezialmaterie im deutschen Rechtssystem (vgl. Art. 74 Nr. 11, 17 GG).

[72] (Fn. 42), S. 55 f.

Auch im *Vermögensteuer-Recht* ist die Freistellung des Forstfiskus systemwidrige Ausnahme[73]: Befreit werden die – volle oder überwiegende – Hoheitstätigkeit (§ 3 VStG) sowie die Leistungsverwaltung (§ 3a VStG), der gegenüber Privilegierungen angemessen sein mögen, soweit eine spezifisch öffentliche Zweckbindung die Verwaltung belastet und nicht Rentabilität um jeden Preis erstrebt wird — gerade dann müßte ja Vermögensteuer substanzmindernd wirken. Hier wird übrigens deutlich die Funktion (der Verwaltung), nicht die Person (des Staates) privilegiert, weil auch beliehene Private begünstigt werden. Es muß somit das gesamte Vermögen juristischer Personen, nicht nur das gewerbliche, besteuert werden, wenn diese im Wettbewerb stehen[74].

Die moderne Steuersystematik macht also Befreiungen der öffentlichen Hand von der jeweiligen Wettbewerbsrelevanz abhängig. Hier mag gelegentlich der Leistungsverwaltung global und zuviel gewährt werden — die reinen Fiskalprivilegien sind in ihrer fundamentalen Systemwidrigkeit nicht einmal damit vergleichbar.

III. Versuche der Rechtfertigung steuerlicher Fiskalprivilegien

1. Steuerliche Argumente — Kritik

a) Fiskalprivilegien könnten unschädlich sein, wenn es *keine durchgehende Systematik der Besteuerungsgegenstände* gibt und es daher genügt, daß mit der Zeit durch Einzelkorrekturen wettbewerbswidrige Privilegien beseitigt werden[75]. Art. 3 Abs. 1 GG mag keine durchgehende Besteuerungssystematik erzwingen[76]. Die Grundentscheidungen des öffentlichen Rechts dürfen jedoch nicht ohne zwingenden Grund ignoriert werden. Steuergesetzgebung wirkt nicht im verfassungsfreien Raum, sie steht nicht unter dem Vorbehalt des Tatsächlichen — sie muß nicht „*näher* beim Grundgesetz" oder zwischen Staatskasse und Verfassung, sie muß ganz in der Verfassung stehen[77]. Überdies zeigt das Steuerrecht[78], daß entsprechende Prinzipien bereits beachtet werden. Aufhebung der Privilegien wäre Systembereinigung, nicht Revolution.

---

[73] Gutachten des wiss. Beirats, S. 68.

[74] Siehe *Leisner*, aaO.

[75] Vgl. dazu *Klein* (Fn. 17), S. 236/7; *ders.* (Fn. 20), S. 667.

[76] Vgl. unten IV, 1.

[77] BVerfGE 4, S. 174 f.

[78] Vgl. oben II a.E.

b) Fiskalprivilegien werden damit gerechtfertigt, daß *Ertrags- und Gewinnsteuern die Wettbewerbsverhältnisse nicht beeinflußten*, weil der Gewinn ein Wirtschaftsergebnis, nicht aber ein Kostenelement sei, das durch Steuern verteuert werde[79]. Wie immer aber nationalökonomisch konstruiert wird — diese These setzt voraus, daß die Steuern nicht auf den Verbraucher überwälzt werden. Überdies erleichtert Gewinn- und Ertragsteuerbefreiung die Investitionen aus steuerlich nicht aktivierten Eigenmitteln[80].

Auch der Einwand, der steuerbefreite Fiskus könne die Konkurrenten zwingen, Gewinnsteuern nicht auf die Konsumenten zu überwälzen[81], schlägt nicht durch: Zwar hat etwa der Forstfiskus den dafür erforderlichen wettbewerbsführenden Marktanteil. Es ist jedoch nicht sichergestellt, daß der Fiskus seine Steuerprivilegien so einsetzt, daß die Konkurrenten nicht überwälzen können — er kann ja dennoch die Preise hochhalten und den Ertrag abführen oder Rücklagen bilden, die ihm jederzeit Vernichtungswettbewerb gestatten. Privilegierung ist eben nicht eine „gerichtete Interventionsmaßnahme"; sie ermöglicht vieles und zwingt zu nichts. Andererseits wird die „Verhinderung der Steuerüberwälzung" zum Wettbewerbsvorsprung des Fiskus, soweit dieser steuerlich nicht aktivierte Eigenmittel investieren kann, was der Private nicht vermag: Der Staat überwälzt dem Konsumenten seine Vorteile. Schließlich gibt es bessere steuerrechtliche oder unmittelbar interventionistische Instrumente, um Überwälzung von Gewinnsteuern zu verhindern (Preisgesetzgebung, Abschreibungen usw.). Das übermäßige Mittel der Fiskalprivilegien ist hier aus rechtsstaatlicher Sicht bedenklich.

2. Finanzverfassungsrechtliche Argumente — Kritik

a) Die *Notwendigkeit der Selbstfinanzierung* soll Privilegien bei öffentlichen Unternehmen tragen[82]. Diesen stünde etwa die aktienrechtliche Kapitalerhöhung nicht zur Verfügung, die Formstrenge des Haushaltsrechts sei hinderlich; nur solche Konkurrenznachteile würden ausgeglichen.

Abgesehen davon, daß dies auch für Leistungsverwaltung und gewerbliche Fiskaltätigkeit gilt — Wettbewerb verlangt, daß jeder die Vor- *und* Nachteile seiner Organisationsform trage[83]. Der Fiskus genießt Behördenprestige und Konkursunfähigkeit; die Schwerfälligkeit des Haushalts muß er dann in Kauf nehmen. Übrigens könnte sich ja der Fiskus mit Privaten verbinden, um de-

[79] Minderheitsgutachten des wiss. Beirats, 70; *Ritschl* (Fn. 16), S. 22 f.

[80] Vgl. oben I.

[81] *Ritschl* (Fn. 16), S. 27 f.; *Klein* (Fn. 20), S. 662/3.

[82] *Ritschl* (Fn. 16), aaO.

[83] Ablehnend auch *Klein* (Fn. 20), S. 663 f.

ren Finanzierungselastizität zu nutzen, wie es etwa in Italien erfolgreich geschieht. Steuerliche Fiskalprivilegien begünstigen dies allerdings nicht[84]. Der Gesetzgeber mag Staatsbeteiligungen zurückhaltend gegenüberstehen — dann aber darf er erst recht nicht das schärfere, ungezielte Mittel der Steuerbefreiung des Fiskus einsetzen. Der Staat muß Defekte des Haushaltsrechts beseitigen, er darf sie nicht durch Grundrechtsverletzungen kompensieren. Finanzierungsschwierigkeiten der öffentlichen Hand könnten schließlich durch präzis bestimmte Investitionserleichterungen ausgeglichen werden. Globale Steuerbefreiungen wie im Fall des Forstfiskus verletzen das Übermaßverbot.

b) Was der Fiskus verdient, fließt in den öffentlichen Haushalt, dem er auch Steuer zu zahlen hätte. Warum sollte der Staat als Steuer verlangen, was ihm auch als Gewinn gehört? Sonderstellungen müßte dann vor allem die gewerbliche Staatstätigkeit genießen, wo ein etwaiger „Veranlagungsleerlauf" weit kostspieliger wäre. Doch die *Einheit des Haushalts* deckt kein Steuerprivileg.

In der Bundesrepublik gibt es keinen einheitlichen öffentlichen Haushalt, was einzelne Fisci an Steuern ersparen, stünde häufig anderen juristischen Personen zu. Durch Steuerbefreiungen von Gemeinden entstehen Bund und Ländern, durch Privilegien der Länder dem Bund Verluste. Die föderalistische Finanzverfassung fordert daher die unbeschränkte Steuerpflicht aller Fisci. Bei einer Ausdehnung der Fiskaltätigkeit käme sonst das finanzielle föderale Gleichgewicht in Gefahr, Privilegien wurden als Anreiz für die Fisci wirken, gerade dort zu wirtschaften, wo andere die Finanzhoheit innehaben. Weil öffentliche Haushalte heute so weitgehend durch „feste Ausgaben" belastet sind, könnten solche Kryptoformen von „Finanzausgleich durch Fiskaltätigkeit" auch politisch wirksam werden. Vor allem aber: Haushalts- und Steuerrecht verpflichten den Fiskus nicht, das „vorweg" an den allgemeinen Etat abzuliefern, was durch Steuerprivilegien erspart wird. Dies wäre auch nicht zu berechnen, weil die steuerliche Veranlagung fehlt. Ob, wie, wann „ersparte Steuergelder" dem Haushalt zufließen, bestimmt allein der Fiskus. Mit berechenbarem Steueraufkommen hat dies nichts gemein, Fiskalbesteuerung ist daher kein sinnloser Umweg.

---

[84] Vgl. dazu (in anderem Zusammenhang) *Bergmann*, K., Unternehmensformen in der kommunalen Energieversorgung, 1957, S. 177.

3. Verfassungsrechtliche, insbesondere staatsorganisatorische Argumente — Kritik

a) Die *Sozialstaatlichkeit* wird gelegentlich zur Rechtfertigung von Fiskalprivilegien bemüht[85]. Infolge der Vergünstigungen könnten Leistungen dem wirtschaftlich Schwachen billiger angeboten werden, ihm könnten auch kapitalstarke Konkurrenten des Fiskus ihre Gewinnsteuern nicht überwälzen. Die öffentliche Hand habe durch die Privilegien wirtschaftlichen Handlungsspielraum, um im Wettbewerb schwächere Konkurrenten vor stärkeren zu schützen.

Es ist bereits fraglich, ob die Sozialstaatlichkeit faßbare Norminhalte bietet[86]. Wird sie als Globalermächtigung zur Sozialgestaltung gedeutet, so fügt sie dem geltenden Wirtschaftsverfassungsrecht nichts hinzu, dessen speziellere Normen stets Beachtung heischen. Fiskalprivilegien sind so nicht zu rechtfertigen. Nichts anderes aber gilt selbst dann, wenn Sozialstaatlichkeit speziell den Schutz der wirtschaftlich Schwachen fordert[87]: Welche Gewähr ist gegeben, daß die Privilegien zu „sozialer Preisgestaltung“ führen? Kommen denn niedrige Preise mit Sicherheit nur sozial Schwachen zugute? Die primitive Forderung nach allgemeinem fiskalischen Sozialdumping müßte im totalen Staatskapitalismus enden. Sozialpreise sind allenfalls bei deutlich gebundener Leistungsverwaltung diskutabel, nicht bei der reinen Fiskaltätigkeit, wie sie etwa die Forstwirtschaft zeigt. Die Verhinderung von Steuerüberwälzungen ist an sich schon kein Argument (vgl. oben 1 b).

Auf den Schutz „wirtschaftlich schwacher Konkurrenten“ sind die Fiskalprivilegien nicht gerichtet, sie geben vielmehr die Möglichkeit zu deren Vernichtung, fördern jedenfalls die Konzentrationstendenz, weil nur mächtige private Wirtschaftseinheiten dem natürlichen Monopolstreben des steuerbegünstigten Fiskus widerstehen können. Widersinnig ist es, einem Konkurrenten Macht zu geben, damit er andere schütze. Solchen Schutz gewährt das große, verfeinerte Instrumentarium der steuerlichen Anreizmittel, das Wettbewerbsrecht und das Preisrecht. Neben diesen sachnahen Regulativen sind Globalprivilegierungen rechtsstaatswidrig, gerade wenn Sozialstaatlichkeit erstrebt wird.

b) Wenn Hoheits-, ja Leistungsverwaltung privilegiert werden können — gilt dies für den Fiskus nicht wenigstens dann, wenn er, wie gerade im Forstbereich, *organisatorisch Teil dieser Verwaltung* ist und einem parlamenta-

---

85 Vgl. etwa *Ritschl* (Fn. 16), S. 78/9; *Twiehaus* (Fn. 43), S. 143/4.

86 Vgl. dazu mit Nachw. *Leisner*, Werbefernsehen (Fn. 4), S. 34 f.

87 Siehe *Floitgraf*, H., Steuerprivilegien und Wettbewerb im Bankwesen der BRD, 1964, S. 158.

risch kontrollierten Minister untersteht?[88] Gewährleistet diese organisatorische Einheit den Fiskus nicht ipso iure ausreichende öffentlich-rechtliche *Schranken*?[89]

Auch dies rechtfertigt Privilegien nicht; Fiskus und Verwaltung müssen von Verfassungs wegen unterschieden werden (vgl. oben II 1 a), Fiskaldirigismus ist unzulässig (vgl. oben II 2). Die (traditionelle) organisatorische Einheit von Fiskus und Verwaltung (vor allem im Forstbereich) rechtfertigt keine Verletzung von Rechten der Konkurrenten durch Fiskalprivilegien, sie bedarf selbst der Rechtfertigung. Die öffentliche Hand darf nicht unzulässige Organisationseinheiten schaffen — und damit noch Grundrechtsverletzungen rechtfertigen! „Organisationseinheit heterogener Staatstätigkeit" ist kein verfassungsrechtlich geschützter Wert, den der Bürger achten müßte. Seine Rechte stehen nicht unter dem Vorbehalt der Staatsorganisation.

Und dies noch zur Begriffsklarheit: „Soziale Vorbelastungen" des Fiskus können die Organisationseinheit zwischen ihm und der Verwaltung nicht begründen. Soll dieser Begriff bedeuten, daß der Fiskus unter ungünstigeren Bedingungen leisten muß als seine privaten Konkurrenten, so liegt Leistungsverwaltung vor. Sie kann steuerlich erleichtert werden, wenn dies *im einzelnen* in vernünftigem Verhältnis zu spezifischer Sozialbelastung steht. Für „haushaltsmäßige", „haushaltsrechtliche" Vorbelastungen gilt entweder dasselbe oder es handelt sich um Organisationsschwierigkeiten, die der Staat eben tragen muß (vgl. oben 2 a), keinesfalls aber durch so weitgehende Privilegien kompensieren darf.

Es gibt also kein stichhaltiges Argument für steuerliche Fiskalprivilegien.

Bleibt nur noch die Frage, ob sie ausnahmsweise beim Forstfiskus durch *außergewöhnliche Umstände zwingend* gefordert werden (dazu näher unten V). Angesichts des generellen Verfassungsverbots der Besserstellung der wirtschaftlichen öffentlichen Hand ist dies nicht etwa der „freien Gestaltung" durch die Abgabenhoheit überlassen. Vorher aber noch ein Wort zu den Grundrechten.

IV. Grundrechtswidrigkeit steuerlicher Fiskalprivilegien

Verfassungsrechtliche Bedenken gegen steuerliche Fiskalprivilegien haben sich bisher vor allem aus der Rechtsstaatlichkeit und aus der Finanzverfassung (Steueraufkommenverteilung) der Bundesrepublik ergeben. Wenn jedoch der Fiskus als öffentliche Hand im Wettbewerb seinen Konkurrenten gleich-

---

[88] *v. Köhler*, K.H., GVBl. A 61 S. 606/7.

[89] Dazu *Klein* (Fn. 17), S. 233/4.

steht[90], so verstoßen Steuerprivilegien überdies gegen die Grundrechte der Mitwettbewerber.

1. Verletzung der Steuergleichheit (Art. 3 Abs. 1 GG)

Fiskalprivilegien berühren die Gleichheit im Wettbewerb[91]. Sie überschreiten dabei die Grenzen des Gestaltungsermessens, welches Art. 3 Abs. 1 GG dem Gesetzgeber einräumt.

a) Die Steuergleichheit, eine der wichtigsten Konkretisierungen des allgemeinen Gleichheitssatzes[92], läßt zwar der Gesetzgebung weiten Spielraum: Gerechtigkeitsgebot, Willkürverbot und ähnliche Formeln[93] haben praktisch keine Bindungswirkung mehr. Der Gesetzgeber hat weitestgehende Freiheit in der Wahl der Ziele der Besteuerung[94] wie auch der hierzu eingesetzten Mittel. Er bildet die Steuertatbestände[95], bestimmt die steuerlichen Anknüpfungspunkte[96], beurteilt dabei die (Un-)Gleichheit der Lebenssachverhalte[97], kann nach Ordnungssystemen differenzieren[98] und sich auf Tradition stützen[99]. „Nebenfolgen der Besteuerung" müssen hingenommen werden[100].

b) Wohl läuft also Art. 3 Abs. 1 GG weithin leer[101], doch selbst er steht noch Fiskalprivilegien entgegen: Gerade im Steuerrecht muß die Differenzierung *systemgerecht* sein[102] — die Privilegien durchbrechen grundlos die Sy-

---

[90] Vgl. oben II, III.

[91] Vgl. oben II 1 b.

[92] Nachw. zur Rspr. des BVerfG bei *Leibholz/Rinck*, GG, 1966, S. 91 f.; *Klein*, F., Gleichheitssatz und Steuerrecht, 1966 passim (insbesondere 130 f.); zur Rspr. des BFH *Grimm*, C., Besteuerung und GG, 1959, S. 6 f., neuerdings etwa BFHE 80, S. 356 (372 f.).

[93] Vgl. etwa BVerfGE 1, S. 52; 3, S. 135; 9, S. 244; 18, S. 46.

[94] *Finanzbedarf* (BVerfGE 13, S. 203), *Wirtschaftslenkung* (Rspr.-Nachw. *Leibholz/Rinck*, Fn. 92, S. 9, 521 sowie für viele *Badura*, P., Verwaltungsrecht im liberalen und im sozialen Rechtsstaat, 1966, S. 25/6; *Herzog*, R., EvStLexikon, 1966 S. 384; *Klein*, Fn. 92, S. 121, 203 f.), *Sozialgestaltung* (vgl. *Klein*, aaO., S. 118 f., 207/8). Einem dieser (auch zu kombinierenden: BVerfGE 13, S. 203) Ziele ist jede Abgabe zuzuordnen.

[95] Nachw. bei *Leibholz/Rinck* (Fn. 92), S. 91; *Grimm* (Fn. 92).

[96] BVerfGE 9, S. 10/1.

[97] U.a. BVerfGE 9, S. 349/50.

[98] BVerfGE 11, S. 283.

[99] BVerfGE 2, S. 263.

[100] BVerfGE 6, S. 77 (std. Rspr.).

[101] Kritisch u.a. *Bellstedt*, Chr., Verf. v. Grenzen der Wirtschaftslenkung durch Steuern, 1962, S. 102/3; *Klein* (Fn. 92), S. 182 f.

[102] Vgl. etwa BVerfGE 9, S. 241.

stematik der Einzelsteuern[103]. Unterscheidungen müssen konsequent sein[104] — hier wird durch Steuer genommen, was die Wettbewerbsordnung gewährt, und damit entgegen den Grundentscheidungen des Wirtschaftsverfassungsrechts differenziert. „Privilegien“ unterscheiden nach der Person des Pflichtigen[105] — die Steuergleichheit verbietet, daß dies zur Deckung des Finanzbedarfs geschehe[106], bei der nur nach Leistungsfähigkeit differenziert werden darf[107]. Da der Fiskus unbeschränkt „leistungsfähig“ ist, könnte er also nur aus Gründen der Lenkung oder Sozialgestaltung bevorzugt werden, gerade dies aber ist unzulässig[108].Die Steuergleichheit verbietet jedenfalls die Begründung von Fiskalprivilegien mit Berufung auf das souveräne Recht der Ausgabendeckung. Sie verschließt damit den letzten Weg einer Rechtfertigung.

Wenn überhaupt Steuergleichheit noch einen Sinn haben soll, muß der Staat selbst sie dem Bürger gegenüber achten.

2. Verletzung der Wettbewerbsgleichheit (Art. 2 Abs. 1 GG)

a) Wettbewerbsfreiheit verleiht nach heute überwiegender Auffassung[109] als Konkretisierung der allgemeinen Handlungsfreiheit das Recht, auf einem Wirtschaftssektor mit anderen staatsfrei zu konkurrieren. Weder darf der Staat den Wettbewerb durch ein octroyiertes Ordnungssystem ersetzen, noch die Chancen einzelner Konkurrenten wesentlich verändern. „Wettbewerbsfreiheit“ ist ein spezielles Differenzierungsverbot für den Sachbereich „Konkurrenz“, sie bedeutet stets *„gleiche* Wettbewerbsfreiheit“.

Die Akzentuierung des allgemeinen Gleichheitssatzes zeigt sich hier in folgendem: Fester Beziehungspunkt für die Beurteilung der Sachgerechtigkeit einer Differenzierung ist der funktionsfähige freie Wettbewerb. Zwar steht auch die Wettbewerbsfreiheit unter allgemeinem Gesetzesvorbehalt[110], dieser ist jedoch enger als die „besonders weite Ermessensfreiheit“, welche der Gleichheitssatz dem Gesetzgeber gewährt — vernünftige Gemeinwohlerwä-

---

[103] Vgl. oben II, 3 c.

[104] Z.B. BVerfGE 13, S. 331; 18, S. 233; vgl. *Klein* (Fn. 92), S. 142 f.

[105] *Bühler / Strickrodt*, Steuerrecht I, 1959, S. 234.

[106] Vgl. BVerfGE 19, S. 84.

[107] *Bühler / Strickrodt* (Fn. 105), S. 205 f.

[108] Vgl. oben II, 2.

[109] Vgl. für viele *Nipperdey*, H.C., WuW 1954, S. 215; *ders.*, Soziale Marktwirtschaft und GG, 1961, S. 26; *Huber*, E.R., DÖV 1956, S. 136; *Dürig*, G., JZ 1953, S. 198; *ders.*, in Maunz / Dürig / Herzog, GG, Art. 2 Abs. 1, Rdnr. 52; *Bellstedt* (Fn. 101), S. 80 f.; *Klein* (Fn. 92), S. 117; BVerwG JZ 1964, S. 452.

[110] Vgl. BVerfGE 6, S. 32 f.

gungen müssen einen Eingriff als zweckmäßig erweisen[111]. Als Grundrecht weist schließlich die Wettbewerbsfreiheit einen festen Wesensgehalt auf (Art. 19 Abs. 2 GG): Für den betreffenden Sachbereich (etwa der Forstwirtschaft) muß noch *etwas* vom klassischen Wettbewerbsmodell erhalten bleiben[112]. Verletzung der Wettbewerbsgleichheit kann durch Verfassungsbeschwerde von denen gerügt werden, welche von der einigen gewährten Vergünstigung (hier Fiskalprivilegien) ausgeschlossen sind[113].

b) Fiskalprivilegien verletzen das Grundrecht der Wettbewerbsgleichheit nur, wenn ein *Konkurrenz*verhältnis durch steuerliche Gestaltungen verändert werden könnte.

Im Verdeutlichungsfall der Forstwirtschaft besteht zwischen Fiskus und Privaten Wettbewerb. Auch für das Verfassungsrecht bestimmt sich dieser Begriff nach Wettbewerbsrecht[114]. Entscheidend ist also gleiche Marktstufe und Homogenität der angebotenen Güter in der Vorstellung der Abnehmer[115], während Marktoffenheit und (vergleichbare) Marktanteilsgröße der Konkurrenten allenfalls wissenschaftlichen Modell- oder politischen Idealwert haben. Private wie öffentliche Waldbesitzer bieten auf demselben Markt vergleichbare Ware (Holz) an. Sie stehen daher „als Unternehmer“ im ganzen[116] in verfassungsrechtlich relevanter Konkurrenz.

Veränderung der Wettbewerbslage durch Steuern ist nicht etwa in jedem Fall grundrechtlich zulässig, weil dies dem Steuerbegriff immanent wäre[117], mag auch volle Wettbewerbsneutralität der Steuer ausgeschlossen sein[118]. Zulässig sind etwa[119] Konkurrenzverschiebungen durch Nebenwirkungen einer im übrigen zulässig wirtschaftslenkenden Abgabe[120], oder wenn (herkömm-

---

[111] Dies gilt im Anschluß an BVerfGE 7, S. 377 wohl für alle Grundrechte unter allgemeinem Gesetzesvorbehalt.

[112] Vgl. v. *Mangoldt/Klein*, BGB 1957, S. 377 f.; *Bellstedt* (Fn. 101), S. 87 f.

[113] BVerfGE 18, S. 1 — auch darin liegt ein stärkerer Schutz als ihn der Gleichheitssatz im Steuerbereich gewährt, dessen Verletzung nur gerügt werden kann, wenn über das Angleichungsinteresse hinaus vom Beschwerdeführer ein spezieller Vorteil erstrebt wird (vgl. neuerdings BVerfG, BStBl. 1968 II S. 552).

[114] Vgl. *Ipsen*, H.P., NJW 1963, S. 2049.

[115] Siehe für viele *Zöllner*, W., EvStLexikon, S. 2488.

[116] Übrigens genießen auch wettbewerbsrelevante betriebliche Einzelvorgänge den Schutz der Verfassung, vgl. *Bellstedt* (Fn. 101), S. 84.

[117] Ständige Rspr. des BVerfG, vgl. etwa BVerfGE 4, S. 7; 16, S. 160; 18, S. 1; 21, S. 27.

[118] Dazu mit Nachw. *Klein* (Fn. 92), S. 122; BVerfGE 16, S. 160.

[119] Nach der gelegentlich allerdings nicht unbedenklich elastischen Rspr. des BVerfG (vgl. dazu *Harz*, W., GG und Steuerrecht im Lichte der Rspr. unter besonderer Berücksichtigung des Landw., 1965, S. 40).

[120] BVerfGE 16, S. 185.

liche) Steuerarten als solche den Wettbewerb verschieben (Umsatzsteuer)[121]. Sorgfältig untersucht also das Bundesverfassungsgericht die Rechtfertigung von wettbewerbsrelevanten Abgaben. Bringt etwa eine steuerrechtliche Typisierung Gruppen von Steuerpflichtigen in eine empfindlich ungünstigere Wettbewerbslage, so darf dies nicht im Mißverhältnis zu den mit der Typisierung verbundenen Vorteilen stehen. Nur die Ordnung großer Sachbereiche oder Wirtschaftslenkung rechtfertigen tiefergreifende Wettbewerbsverschiebungen durch Steuern — eben weil rein finanzielle Erwägungen steuerliche Differenzierungen in der Regel nicht decken[122] und Privilegien im Steuerrecht prinzipiell nicht „persönlich", sondern „sachlich" begründet werden müssen[123].

Im Wettbewerb steht also das Bundesverfassungsgericht den Privilegien noch zurückhaltender gegenüber als bei Anwendung des allgemeinen Gleichheitssatzes. Wenn schon gegen ihn Fiskalprivilegien verstoßen, so verletzen sie a fortiori die verfassungsrechtlich garantierte Wettbewerbsgleichheit.

3. Verletzung der Berufs- und Gewerbefreiheit (Art. 12 Abs. 1 GG)

Die Konkurrenten des Fiskus werden durch Art. 12 GG in ihrer Berufsfreiheit geschützt. Fiskalprivilegien erschweren deren Ausübung, können sie unter Umständen unmöglich machen.

a) Steuergesetze greifen in die Berufsfreiheit ein, wenn sie in engem Zusammenhang mit der Ausübung des Berufs stehen und objektiv eine berufsregelnde Tendenz erkennen lassen[124]. Der Eingriff erfolgt bei den Fiskalprivilegien über den Wettbewerb, in welchem etwa die privaten Waldbesitzer gegenüber dem Forstfiskus benachteiligt werden. Objektiv ist also die berufsregelnde Tendenz deutlich sichtbar, sie dürfte sogar subjektiv beabsichtigt sein, indem Fiskaldirigismus ermöglicht wird. Über „Nebenwirkungen" auf die Berufsfreiheit geht eine solche schwere Benachteiligung der Privaten weit hinaus.

b) Berufsregelnde Steuernormen greifen grundsätzlich in die Berufsausübungsfreiheit ein[125]. Verfassungsmäßig sind also Fiskalprivilegien nur, wenn ihr Berufsregelungseffekt durch vernünftige Zweckmäßigkeitserwägungen des Gemeinwohls gerechtfertigt wird. Da der Finanzbedarf Privilegien nicht

---

[121] BVerfGE 3, S. 435; 7, S. 251.

[122] BVerfGE 19, S. 84.

[123] BVerfGE 18, S. 125.

[124] BVerfGE 13, S. 185 f.; 16, S. 162 f.

[125] Im Sinne der Stufendogmatik des Apothekenurteils, BVerfGE 7, S. 377 f.

deckt[126], müßte in dem betreffenden Sach-(etwa dem Forst-)Bereich eine spezielle Interventionsnotwendigkeit nachzuweisen sein. Schon dies ist meist nicht der Fall[127].

Darüber hinaus können aber berufsausübungsregelnde Steuernormen zugleich Rückwirkungen auf die Berufs*wahl*freiheit haben[128], wenn etwa die Fiskalprivilegien privaten Forstwirten in der Regel ihre Tätigkeit unmöglich machen[129]. Dies ist natürlich nicht erst dann der Fall, wenn der Privatwald ohne Gewinn arbeitet und seine Besitzer in Scharen Konkurs anmelden. Bei solchen Voraussetzungen würde kaum je eine Verletzung der Berufswahlfreiheit nachzuweisen sein. Erdrosselnd wirken die Fiskalprivilegien vielmehr bereits dann, *wenn wegen der durch sie ermöglichten übermäßigen Fiskalkonkurrenz* in bestimmten Besitzgrößenklassen die Rentabilität des Privateigentums auf die Dauer wesentlich reduziert wird. Hier mag es einen Beurteilungsspielraum geben. Die privaten Konkurrenten des Fiskus können aber nicht auf die vage Ansicht verwiesen werden, der Staat werde Zurückhaltung üben. In einem Rechtsstaat vegetiert der Bürger nicht von Gnaden des Staates.

Daß etwa im Forstbereich die Befreiung des mächtigsten Konkurrenten (Fiskus) von den wichtigsten direkten Abgaben diesem die *Möglichkeit* gibt, die privaten Wettbewerber zu vernichten, bedarf hier keines Beweises. Zur Verletzung der Berufswahlfreiheit aber genügt die Möglichkeit: der Private soll nicht unter dem Damoklesschwert des Fiskus sitzen.

c) Die Fiskalprivilegien wirken letztlich als *objektive* Berufswahlbehinderung für die Privaten: Selbst bei größten Anstrengungen können sie den Steuervorsprung nicht einholen. Verfassungsmäßig ist daher die Steuerbefreiung der öffentlichen Hand nur, wenn die Abwehr nachweisbarer oder höchstwahrscheinlich schwerer konkreter Gefahren für ein überragend wichtiges Gemeinschaftsgut diese Gestaltung zwingend erfordert[130]. In der Regel wird dies nicht nachzuweisen sein. Die Erzielung von Einnahmen als solche scheidet hier als Gemeinschaftsgut aus, weil sie auch ohne einen so einschneidend berufsregelnden Effekt realisiert werden kann. Im Verdeutlichungsbeispiel der Forsten blieben allenfalls Erhaltung des Waldes und ordnungsmäßige Bewirtschaftung des Waldes — wenn dies nur durch einen steuerbefreiten Fiskus gewährleistet wäre[131].

---

[126] Vgl. oben 2.

[127] Vgl. unten V.

[128] Vgl. BVerfGE 13, S. 187.

[129] Vgl. u.a. BVerfGE 13, S. 187; 16, S. 187; vorübergehende Drosselung genügt nicht (arg. BVerfGE 14, S. 112).

[130] BVerfGE 7, S. 408; 11, S. 183.

[131] Dazu unten V.

Wenn nicht spezielle Interventionsnotwendigkeiten bestehen, verletzen daher Fiskalprivilegien die Berufsfreiheit[132].

d) Im speziellen Falle der Forstwirtschaft besteht auch ein „Berufsbild“[133] des privaten Forstwirts. Dieses ist zwar nicht gesetzlich[134], wohl aber durch Ausbildung und allgemeine Anschauungen fixiert. Die Waldbewirtschaftung kann auch Gelegenheits- oder Nebentätigkeit sein[135]. Daß hier keineswegs nur Annex oder Erweiterung anderer Berufsbilder vorliegt[136], zeigt auch die spezielle Staatsorganisation im Forstbereich.

V. Ausnahmerechtfertigung von Fiskalprivilegien im Forstbereich?

Lassen sich die Steuerprivilegien des Fiskus in dem wichtigen Verdeutlichungsfall der Forstwirtschaft begründen? Bestehen hier insbesondere spezielle Interventionsnotwendigkeiten?

1. Forstwirtschaft als selbständiger Sachbereich

Das Forstrecht hat zwar nach Rechtssystematik[137] wie Gesetzgebungszuständigkeit[138] eine gewisse Selbständigkeit; es gelten dort jedoch nicht prinzipiell eigenständige Rechtskategorien und Grundsätze, etwa in dem Sinn, daß

---

[132] Offenbleiben kann hier die Frage des Verhältnisses der Schutzfunktionen von Wettbewerbsgleichheit und Berufsfreiheit (Vorgehen letzterer, vgl. BVerfGE 6, S. 32 f.) oder Konkurrenz (dort Blick auf die Wettbewerbsordnung — hier auf die Berufstätigkeit). Ebenso wird hier die Frage der Eigentumsverletzung (Art. 14 Abs. 1 GG) ausgeklammert. Auch sie liegt jedoch nahe: Steuernormen können Eigentum verletzen – vgl. *Klein*, F., StuW 1966, Sp. 433 f.; *Klein* (Fn. 92), S. 111 f.; *Weber*, W., Staat 4 (1965), S. 437, *Huber*, E.R., WirtschaftsverwR II, 1954, S. 21 f.; *Hettlage*, K.M., VVdStL 14 (1956), S. 4 f.; BVerfGE 6, S. 144/5; 10, S. 7 –; Fiskalprivilegien verstoßen gegen die Gleichheit (vgl. oben 1), getroffen werden durch sie sowohl einzelne Eigentumsrechte (Rentabilität von Grundstükken) wie eingerichtete und ausgeübte Gewerbebetriebe.

[133] Vgl. dazu etwa BVerfGE 16, S. 164; 17, S. 241.

[134] Das BayForstG (9.7.1965, GVBl. S. 113) definiert nicht „Forstwirte“, sondern „Waldbesitzer“ (Art. 2), es will im übrigen nur Verwechslungen mit den staatlichen Forstbeamten ausschließen (Art. 33 f.).

[135] *Maunz/Dürig/Herzog*, GG, Art. 12, S. 12.

[136] Vgl. u.a. BVerfGE 11, S. 41; 12, S. 147; 12, S. 294; 16, S. 164; 16, S. 194/5; 27, S. 242; 18, S. 361.

[137] Überblick bei *Mantel*, K., Forstliche Rechtslehre, 1964; *Klein*, F./*Scheder*, Th., Zschr. für das ges. Genossenschaftswesen 1967, S. 241 f; vgl. auch (z.T. überholt) *Berner*, Forstrecht, in Mang, J., Verwaltungsrecht in Bayern, 1. Aufl. 1952, S. 383 f.

[138] Der Bund kann nur die wirtschaftsrechtlichen, die Erzeugungs- und Export-Importfragen regeln (Art. 74 Nr. 11, 17 GG).

Begriffe des Bürgerlichen oder des Verwaltungsrechts nicht oder mit völlig anderem Inhalt anzuwenden wären, oder daß sich über der technischen Spezialbegrifflichkeit eine durchgehende Forstrechtsdogmatik entwickelt hätte. Es besteht keine Vermutung für Sonderbegrifflichkeit oder Ausnahmeregelungen, die vielmehr punktuell gerechtfertigt werden müssen[139]. Auch im Forstbereich ist Hoheits-, Leistungs-, Fiskaltätigkeit zu unterscheiden.

2. Staatliche Forstwirtschaft als Hoheitstätigkeit?

Staatsforstwirtschaft erscheint zunächst als Fiskaltätigkeit[140]. Wie ein Privatunternehmer handelt die öffentliche Hand technisch-wirtschaftlich. Liegt darin (auch) Hoheitstätigkeit, welche Steuerprivilegien rechtfertigen könnte?

Die Forstgesetze *unterscheiden* traditionell *forstwirtschaftliche* und *forstaufsichtliche Aufgaben.* Letztere allein (Forstaufsicht über den Privatwald, forstliche Sicherheitspolizei) ist Hoheitstätigkeit. Die Unterscheidung Wirtschaft–Aufsicht ist im Forstbereich nicht verwischt, sondern besonders deutlich[141].

a) Die sogenannte *„forstliche Betreuung"*[142] schafft keinen gleitenden Übergang zwischen Fiskus und Hoheitsgewalt. Diese Förderungsmaßnahmen zugunsten der nichtstaatlichen Forsten auf freiwilliger Grundlage[143] ist typische Leistungsverwaltung im öffentlichen Interesse, für welche die Staatsverwaltung erhebliche Zuschüsse erhält[144] und Gebühren erhebt, wenn die Maßnahmen Einzelnen zugute kommen[145].

b) Hoheits- und Wirtschaftsaufgaben der Forstämter liegen nicht „wesentlich im Gemenge", lassen sich vielmehr, wie das österreichische Beispiel zeigt, auch technisch trennen. Selbst bei organisatorischer Zusammenfassung in den staatlichen Forstämtern prägen die (geringfügigen) Hoheitsbefugnisse

---

[139] Vgl. z.B. BVerfGE 21, S. 84; auch die Steuerrechtsprechung läßt keine ausgebildete, speziell forstrechtliche Begrifflichkeit erkennen (vgl. u.a. BFHE 74, S. 15 Ls; 75, 83 Ls 1).

[140] So die herrschende Lehre *Mantel* (Fn. 137), S. 15; *Klein/Scheder* (Fn. 137), S. 251; *Berner* (Fn. 137), S. 385; *Müller/Henneberg/Schwarz*, GWB 1958, § 98, Rdnr. 2; *Rinck*, G., Wirtschaftsrecht, 1963, S. 257.

[141] Vgl. z.B. BayForstG (Fn. 134), Art. 5, 30 f.; die Forstaufsicht steht heute meist der Inneren Verwaltung zu, vgl. *Mantel* (Fn. 137), S. 19/20.

[142] Näheres bei *Mantel* (Fn. 137), S. 15.

[143] Waldbautechnische Beratung, Hilfe bei Holzverwertung und Wegebau, Schulung und Unterricht, Musterpflanzungen, Schädlingsbekämpfung u.ä.

[144] Vgl. etwa Bay. Haushaltspläne 1969/70, Kap. 0902 Tit. 8 in Verbindung mit Kap. 0802 Tit. 380.

[145] Vgl. Fn. 144 Kap. 0904 Tit. 8.

nicht die Gesamttätigkeit[146]. Weder die wichtigsten noch die „letzten“ Entscheidungen der Forstämter fallen im Hoheitsraum. Die Forstwirtschaft ist auch nicht „schlichte Hoheitsverwaltung“[147]: Hoheitsgewalt wird durch sie weder vorbereitet, noch unterstützt oder ersetzt. Forstschutz, Forstaufsicht kann auch durchführen, wer nicht wirtschaftet.

c) Schließlich ist öffentliche Waldwirtschaft nicht „Hoheitsaufgabe kraft Gesetzes“. Das Gesetz über die Auflösung des Reichsnährstandes vom 21.1. 1948 überträgt zwar als „forsthoheitliche Staatsaufgaben“ den Ländern u.a. Waldbewirtschaftung und holzwirtschaftliche Marktordnung. Damit aber wird Forstwirtschaft nicht zur Hoheitstätigkeit[148]. Hier wird nur eine Kompetenzverschiebung bewirkt. Verbal knüpft zwar das Gesetz an die publifizierende Terminologie der NS-Spätzeit an[149], es könnte aber in der Ordnung des Grundgesetzes keinen Begriff von Forsthoheitsaufgaben aufrechterhalten, der Grundrechtsgeltung, Legalität, Gerichtsschutz einschneidend verändert, in dem Fiskus und Hoheitsgewalt neuartig abgegrenzt würden.

Die Bewirtschaftung öffentlicher Forsten ist also keine Hoheitstätigkeit, die Privilegien rechtfertigt.

3. Staatliche Forstwirtschaft als Leistungsverwaltung?

Steht die Bewirtschaftung der öffentlichen Waldungen – im Gegensatz zu Privatforsten – derart im öffentlichen Interesse, daß die dadurch bedingten Belastungen nur durch Steuerprivilegien ausgeglichen werden könnten?

a) Es wird behauptet, Staatsforstbetriebe sicherten die allgemeine und örtliche Holzversorgung sowie die landes- und volkskulturellen Aufgaben des Waldes[150]; öffentlicher Waldbesitz stehe weithin im Gemeingebrauch, soweit er der Erholung der Allgemeinheit diene[151]; gelegentlich sei er speziellen öffentlichen Zwecken gewidmet (Gebirgswaldungen, Quellenschutzzonen). Hier sei er „Verwaltungsvermögen“. Forstgesetze und Landesverfassungen[152] proklamieren den Wald als wichtiges Volksgut für Holzgewinnung, Klima, Was-

---

[146] Wie etwa i.F. der Bundespost, vgl. dazu *Leisner*, W., BayVBl. 1962, S. 331/2 mit Rspr.-Nachw.

[147] Umfangreicher Nachw. dazu bei *Leisner*, W., Öffentlichkeitsarbeit der Regierung, 1966 S. 51 f.

[148] Unhaltbar *v. Köhler*, K.H., DVBl. 1961, S. 606.

[149] Noch das Gesetz zur Oberleitung des Forst- und Jagdwesens auf das Reich (3.7.1934, RGBl. S. 534) trennt „Verwaltung“ und „Bewirtschaftung“.

[150] Vgl. etwa *Mantel* (Fn. 137), S. 15.

[151] AaO., S. 53.

[152] Nachw. bei *Klein/Scheder* (Fn. 137), S. 249; BayVerf. Art. 141 Abs. 2.

serhaushalt, Erholung. Nach dem Bundesverfassungsgericht kann der Wald nicht nur marktwirtschaftlich beurteilt werden — wegen seiner erwähnten Funktionen seien Größe, Geschlossenheit, Lage, Bewirtschaftung entscheidend[153]. An Erhaltung und Förderung öffentlicher Forsten bestehe ein erhebliches öffentliches Interesse[154].

b) Dies alles macht jedoch öffentliche Forstwirtschaft nicht zur Leistungsverwaltung.

Auch in Privatforsten wird Holz gewonnen. Bis zum 19. Jahrhundert mag der Wald so wichtig gewesen sein, daß er tatsächlich Daseinsvorsorge trug. Heute ist dies nicht mehr der Fall. Wenn Forstwirtschaft wegen ihrer Produktion Leistungsverwaltung ist, so gilt dies für die Erzeugung jedes wichtigen Wirtschaftsgutes.

- Wasserhaushalt, Agrarstruktur, Landeskultur, Klimapflege müssen von Privaten wie von der Staatsforstverwaltung, beachtet werden. Dies wird durch Forstaufsicht im Rahmen der Sozialbindungen des Eigentums (Art. 14 Abs. 1 GG) durchgesetzt, begründet aber kein Interesse an öffentlichem Besitz[155], noch weniger an Fiskalprivilegien. Wird ausnahmsweise im öffentlichen Interesse auf Ertrag verzichtet (Schutzwaldungen u.ä.), so können hier *spezielle* Steuererleichterungen für den *jeweiligen* Besitzer eingreifen.
- Das Recht der Allgemeinheit auf Naturgenuß und Erholung im Wald (vgl. Art. 141 Abs. 3 BayVerf) verändert die Eigentumsordnung nicht, verdeutlicht nur die Sozialbindung. Ihr unterliegen Private wie Fiskus[156]. Spezielle Bindungen der Staatsforsten gibt es nicht[157].
- Staatsforsten sind nicht „öffentliche Sachen im Gemeingebrauch“, sondern privatrechtliches Eigentum[158]. Nur ausnahmsweise dienen sie – über polizeigerechte Bewirtschaftung hinaus – überwiegend öffentlichen Interessen (Schutzwald), aber nicht nur, wenn sie in öffentlichem Besitz stehen.
- „Sondervorschriften“ der Forstgesetze machen Staatsforstwirtschaft nicht zur Leistungsverwaltung, wie etwa Art. 5 BayForstG zeigt; was er dem Fiskus vorschreibt, gilt auch für Private: Bewirtschaftung nach anerkann-

---

[153] BVerfGE 21, S. 84.

[154] BVerfGE 21, S. 310.

[155] So kann etwa das staatliche Erwerbsinteresse an Grundstücken keine Eigentumsbindung rechtfertigen, BVerfGE 21, S. 310.

[156] Art. 141 Abs. 3 Nr. 2 BV verlangt Freihalten (Fiskus) wie Freimachen (gegenüber Privaten) des Zutritts seitens der Hoheitsgewalt.

[157] Auch Art. 5 Ziff. 5 BayForstG bindet die Staatsforstverwaltung nicht weitergehend.

[158] *Mantel* (Fn. 137), S. 53.

ten forstlichen Gesichtspunkten, Erhaltung und Mehrung der Ertragskraft, Steigerung der Holzerzeugung usw. Auch die Bestrebungen des (von der Inneren Verwaltung) getragenen Natur- und Landschaftsschutzes muß gleichfalls der Private fördern. Und selbst eine spezielle Bindung des Fiskus könnte hier die weitreichenden Steuerprivilegien nicht decken. Trotz ersichtlicher großer Anstrengungen gelingt es eben dem Gesetzgeber nicht, Forstwirtschaft als Leistungsverwaltung zu definieren.

– Auch das Bundesverfassungsgericht[159] hat nur die Sozialbindungen des (öffentlichen *und* privaten) Waldes unterstrichen und die Zulässigkeit von öffentlichem Waldbesitz, nicht aber von dessen Privilegierung ausgesprochen.

Öffentliche Waldwirtschaft ist daher reine Fiskaltätigkeit, die steuerlich nicht privilegiert werden darf.

4. Spezielle Interventionsnotwendigkeiten im Forstbereich?

In der Forstwirtschaft sind Sozialbindungen zu beachten, nirgends zeigt sich die Notwendigkeit einer so massiven fiskaldirigistischen Intervention, daß die Steuerprivilegien gerechtfertigt wären. Dagegen spricht vielmehr speziell: In die *Holzgewinnung* als einen wirtschaftlichen Wettbewerbsvorgang darf allenfalls generell „von außen", nicht durch Begünstigung des mächtigsten Konkurrenten, „interveniert" werden. Gegen ihn ist vielmehr Schutz zu gewähren. Ein solches Fiskalinterventionsmodell könnte überall angewandt werden und würde die Marktwirtschaft vernichten. Zur Sicherung der *Landeskultur* taugen gezielte Hoheitsmaßnahmen, nicht Fiskalprivilegien, welche die Wettbewerber übermäßig schädigen, ja sie gerade dadurch unwillig oder unfähig zur Erfüllung der notwendigen Auflagen machen. Hoheitliche Anordnungen, verbunden mit gezielten Steuererleichterungen für alle Waldbesitzer, sind die richtigen Mittel. Und globale Steuerprivilegien mit dem Betretungsrecht der Allgemeinheit rechtfertigen oder gar noch durch Fiskaldirigismus Privatwaldungen dem Publikum öffnen zu wollen — hier verblaßt in „juristischer Phantasie" jede Zweck-Mittel-Relation.

Fiskalprivilegien sind daher gerade im Forstbereich nicht nur völlig unnötige und ungeeignete Interventionsmittel, sie bewirken das Gegenteil: Private werden geschwächt, private Ordnungswilligkeit und -fähigkeit wird gebrochen.

---

[159] Vgl. Fn. 153, S. 154.

5. Die organisatorische Verbindung von Hoheits-, Leistungs- und Fiskaltätigkeit der öffentlichen Hand

Die staatlichen Forstämter nehmen von jeher Hoheits-, Leistungs-, Fiskalaufgaben wahr. Muß die Forstverwaltung in toto wegen dieses engen Verbundes privilegiert werden, welcher sie im ganzen zu einem Teil der allgemeinen unmittelbaren Landesverwaltung macht?[160] Auch dies deckt kein allgemeines Steuerprivileg, die Staatsforstverwaltung ist nicht in solchem Maße durch Hoheits- oder Leistungsverwaltung „organisatorisch vorbelastet".

Die Kosten der Leistungsverwaltung (Betreuung) werden ihr erstattet. Belastungen durch Organisation der Forstpolizei trägt auch der Private. Das Schwergewicht der Hoheitsverwaltung liegt bei der Inneren Verwaltung, für die Forstämter ist dies praktisch kaum mehr als ein Annex der Wirtschaftstätigkeit. Diese Belastungen können leicht – wie im Fall der Betreuung – durch spezielle Zuschüsse ausgeglichen werden. Generelle Steuerprivilegien sind ein ungezielter und übermäßiger Ausgleich. Schließlich kann sich der Fiskus nicht auf eine wettbewerbsrechtlich bereits nicht unbedenkliche Organisationsform berufen, um Wettbewerbsverzerrungen zu verlangen. Umgekehrt fragt es sich vielmehr, ob dieser Organisationsverbund notwendig oder auch nur sachgerecht ist. Allenfalls müßten die privaten Forstbesitzer steuerlich begünstigt werden, um die in der Fiskalorganisation als solcher liegenden Vorteile (Behördenprestige, Konkursunfähigkeit) zu kompensieren.

6. Fiskalprivilegien kraft Tradition

Bleibt nur die Tradition: Weil der Forstfiskus „von jeher" Privilegien genossen habe, dürfe sich nichts ändern[161]. Dieses Prinzip aber kennt das öffentliche Recht nicht. Versteinerte Privilegien dürfen nicht die Rechtsstaatlichkeit blockieren und die Grundrechte einengen. Als öffentlich-rechtliche Positionen sind Fiskalprivilegien nicht enteignungsfähig. Die „Versteinerung" der Finanzmonopole in der Lage von 1949 ist durch die Verfassung selbst erfolgt und daher nicht analogiefähig. Andererseits hat der Steuergesetzgeber selbst bereits weitgehend Fiskalprivilegien abgebaut. Funktion und Bedeutung der Forsten haben sich in den vergangenen Jahrzehnten derart geändert, daß die Berufung auf Tradition versagt. Und übrigens: Der deutsche Wald ist zu erhalten, nicht der Wald der deutschen öffentlichen Hand.

---

[160] Vgl. *v. Köhler* (Fn. 148), S. 607/8.

[161] Anklingend bei *Twiehaus* (Fn 43), S. 143.

Fiskalprivilegien werden daher nicht durch besondere Umstände oder Sachzwänge im Forstbereich gerechtfertigt[162]. Hier gilt dasselbe wie in anderen Wirtschaftszweigen auch: Wettbewerbsgleichheit zwischen Fiskus und Privaten. Kein Gemeinschaftsgut rechtfertigt hier Fiskaldirigismus, dieser vereitelt vielmehr die notwendigen Lenkungseffekte.

VI. Schlußbemerkung

Steuerliche Fiskalprivilegien sind allgemein, insbesondere aber im Forstbereich, verfassungswidrig, weil sie gegen Grundrechte (Art. 2 Abs. 1, 3 Abs. 1, 12 Abs. 1 GG), gegen die Rechtsstaatlichkeit und gegen die grundgesetzliche Steueraufkommenverteilung (Art. 105 f. GG) verstoßen.

Der Gesetzgeber hat die Wahl, ob er die Privilegien beseitigen oder ob er sie auf die private Forstwirtschaft ausdehnen will. Letzteres wäre als Förderungsmaßnahme für einen ganzen Wirtschaftszweig zulässig, der als solcher von großer allgemeiner Bedeutung ist und sich seit langem nicht unerheblichen wirtschaftlichen Schwierigkeiten gegenübersieht.

Selbst wenn lediglich die Privilegien aufgehoben würden, müßte dies günstige Auswirkungen auf die Herstellung einer echten Konkurrenz zeitigen:

- Die öffentliche Hand würde zu privatrechtskonformem Wettbewerbsverhalten gezwungen, Dumping, Preis- und Konditionenführung seitens des Fiskus würden erschwert. Dieser könnte noch hinreichend durch die Größe seines Marktanteils wirken, aber nicht Vernichtungswettbewerb betreiben.
- Der Staat kann zwar – was meines Erachtens sehr bedenklich ist! – den notleidenden Fiskus mit allgemeinen Haushaltsmitteln stützen. Dies aber hebt die Vorteile einer Entprivilegierung für die Privaten nicht auf: Haushalts- und Rechnungskontrolle würden effizient, Zuschüsse würden gezielt und begrenzt gewährt, vor allem aber würde zunächst das Wirtschaftsgebaren der öffentlichen Hand offenbar und öffentlich kritisiert, wobei sich Private zu Wort melden könnten — wieder ein wirksamer Zwang zu marktgerechtem Verhalten.
- Die wahre Wirtschaftslage auf dem Forstsektor als solchen ist bisher durch die Fiskalprivilegien weitgehend verschleiert worden. Ihre Abschaffung würde es den privaten Forstbesitzern entscheidend erleichtern, ihre Lage Parlamenten, Regierungen und Öffentlichkeit zu verdeutlichen und Verständnis für etwa erforderliche Förderungsmaßnahmen zu gewinnen.

---

162 Vgl. zu diesem Ergebnis auch *Schödel*, H., StuW 1967 Sp. 553 ff. (insbesondere 560).

Die Aufhebung aller steuerlichen Fiskalprivilegien ist ein Gebot des geltenden Rechts und der Gerechtigkeit. In einer Ordnung kontrollierter Macht haben solche Reste absolutistischer Staatsgewalt keinen Platz mehr.

Teil IX

Sozialversicherung

Umbau des Sozialstaates*

Besinnung auf die Grundlagen der Sozialversicherung

I. Sozialstaat als Einbahnstraße? — Eine unausweichliche Fragestellung

1. Reformzwang

Reform der Sozialgesetzgebung ist ein beherrschendes, vielleicht das entscheidende Thema unserer Tage. Die welthöchsten deutschen Arbeitskosten, fast zur Hälfte durch Personalzusatzkosten verursacht, werden zur steigenden Gefahr für die Wettbewerbsfähigkeit der deutschen Wirtschaft und die Arbeitsplätze in Deutschland. Fast zur Hälfte werden diese oft verharmlosend Lohnnebenkosten genannten Belastungen der Betriebe verursacht durch ständig steigende Beiträge zur Sozialversicherung[1]. Diese Dynamik kommt nicht zum Stillstand — sie verstärkt sich, neuerdings durch soziale Pflegeversicherung und Frühverrentung. Ein Ende ist nicht abzusehen; Sozialversicherung wird zum ersten Preistreiber der Arbeit.

Heute besteht Konsens: Eine größere Reform ist unausweichlich, ein Klotzen, doch noch sieht man nur Kleckern; in zahllosen kleinen Schritten sucht die Politik das unfühlbar zu machen, zur hinzunehmenden Gewohnheit, was die einen als „Umbau des Sozialstaates" anstreben, die anderen als „Einschnitte in das soziale Netz" ablehnen; beide Seiten werden nicht an Änderungen vorbeikommen, die niemand wünscht: Strengere Voraussetzungen für, Kürzungen von Sozialversicherungsleistungen, mehr Eigenvorsorge, Entschlossenheit gegenüber Sozialmißbrauch. Des Deutschen Kaisers und seines Kanzlers Sozialversicherung hat der Welt ein Beispiel gegeben, Deutschland auf Dauer befriedet. Doch die heutige Unternehmergeneration, in totalen, computerisierten Wettbewerb geworfen, kann nicht mehr denken wie der große preußische Junker vor über einem Jahrhundert, der mit seiner Sozialversicherung den Paternalismus der Gutsherrn auf die gewerbliche Wirtschaft übertrug — wenn die ausländischen Konkurrenten daran auch nicht entfernt denken. Soll der deutsche Sozialstaat zum Kampf antreten gegen die Welt-

* Erstveröffentlichung in: Der Betriebs-Berater 1996, Beilage 6 zu Heft 13.

[1] Zu diesem Thema: *Leisner*, Verfassungsrechtliche Belastungsgrenzen der Unternehmen — dargestellt am Beispiel der Personalzusatzkosten, Verlag Duncker & Humblot (Schriften zum öffentlichen Recht), Berlin 1996.

macht internationalisierter Märkte? Ihn haben Stärkere verloren — das riesige „Sozialistische Lager".

Doch noch immer hält sich eine Grundstimmung, die 100 Jahre Sozialversicherung geschaffen hat: Der Sozialstaat darf nicht demontiert werden, seine Ausprägungen sind „Errungenschaften" auf immer, der Fortschritt kann nur immerfort in diese eine Richtung laufen, die soziale Demokratie nur in die Einbahnstraße des Sozialstaates. Unantastbar soll der Leistungsstandard der deutschen Sozialversicherung bleiben; ihre Verteidiger sind wirkliche Konservative, vielleicht die letzten in Deutschland. Um den Gesetzgeber in seinem – oft ängstlichen – Reformwillen auch noch aufzuhalten, wird das Grundgesetz beschworen, das Verfassungsrecht des Sozialstaates, der Sozialversicherung. Muß sich an ihm nicht tiefergreifender Umbauwillen brechen?

2. Verfassungsrechtliche Reformoffenheit bei Risikoentwicklungen der Sozialversicherung

These dieses Beitrages ist: Die Verfassung verbietet einen Umbau des Sozialstaates nicht, auch wenn er ältere Errungenschaften der Sozialversicherung abbaut. Das Verfassungsrecht ist auch hier „offen" — zu mehr Anreiz, Wettbewerb, Leistung, nicht nur zu mehr Gleichheit, Sicherung, Ruhe. Die Demokratie ist immer die Staatsform politischer Dynamik, auch wenn sie einmal auf Gegenkurs geht; ihre Kraft ist, daß sie eben dies darf.

Gefordert ist daher heute eine Rückbesinnung auf das Verfassungsrecht der Sozialversicherung, auf ihre Grundlagen. Sie muß erweisen, ob das System der Sozialversicherung noch reformfähig ist – was alle hoffen – was es an Neuerungen zuläßt, ja fordert.

Aus der Sicht der Unternehmen haben sich in den letzten Jahrzehnten vor allem folgende Risikoentwicklungen der Sozialversicherung angebahnt[2].

a) *Der Kreis der Versicherten ist zu weit ausgedehnt*, Versicherungsbedürftigkeit und (damit) Versicherungsberechtigung sind übersteigert, durch

- Einbeziehung nicht schutzwürdiger Personenkreise in die Sozialversicherung – etwa der Höherverdienenden –,
- Gewährung von Versicherungsschutz unter erleichterten Bedingungen für Schutzwürdige — etwa Probleme der Verlängerung der Beitragszeiten und Verkürzung der Rentenlaufzeiten,
- Versicherungsschutz für Familienangehörige, vor allem im Krankheitsfall.

---

[2] Vgl. etwa den Beschluß der Vollversammlung der Bundesvereinigung der Fachverbände des dt. Handwerks vom 24.11.1994 in Aachen.

Alle diese Entwicklungen, welche in den letzten Jahrzehnten in unterschiedlicher Intensität abgelaufen sind, haben nicht nur zu hohen Belastungssteigerungen für die Unternehmen geführt, sie weisen auch alle eine erhebliche Steigerungsdynamik auf.

b) *Die Versicherungsleistungen sind übersteigert*:

- Versichert wird gegen dem Unternehmen, dem Arbeitgeber nicht zurechenbare Risiken (Wegeunfälle bei der Unfallversicherung, Pflegeversicherung),
- Leistungen gehen über eigentliche soziale Risikovorsorge hinaus, weil dieser gegenüber zuviel geboten wird (Rentenniveau),
- den Versicherten kommen Leistungen gar nicht zugute (Fremdlasten, etwa Finanzierung arbeitsmarktpolitischer Aufwendungen der Arbeitslosenversicherung).

c) *Die Eigenbeteiligung der Versicherten ist zu gering*. Die Eigenvorsorge könnte auf allen Gebieten der Sozialversicherung erheblich ausgebaut werden, insbesondere bei der Gesetzlichen Krankenversicherung.

All diese Entwicklungen wirken zusammen, in einem komplexen Belastungskontext, der die Höhe der gesetzlichen Personalzusatzkosten steigert. Wohl kann diese durch (vielfache) Einzelreformen fühlbar gesenkt werden. Doch über „pragmatische" Detaildiskussionen allein ist dies nicht erreichbar. Zu prüfen ist vielmehr, ob sich diese Risikoentwicklungen der Sozialversicherung nicht auf allgemeinere Fehlentwicklungen der Sozialversicherung als solcher zurückführen lassen. Wenn sich die Entwicklung der Sozialversicherung insgesamt von der Verfassung wesentlich entfernt hat, oder doch zu entfernen beginnt, versagt die verfassungsrechtliche Legitimation dieser Belastungen der Unternehmen. Dann kann und muß gegengesteuert werden.

II. Fehlentwicklungen der Sozialversicherung — Korrekturen

1. „Weiter Gestaltungsraum des Gesetzgebers" — kein Belastungsblankett

Früh schon bestätigte das Bundesverfassungsgericht ganz allgemein dem Gesetzgeber, daß ihm hier „ein weiter Raum für die Gestaltung verbleibe, innerhalb dessen er Maß und Art der im Interesse des Gemeinwohls notwendigen oder doch vertretbaren Eingriffe in die Freiheit zu bestimmen" habe[3]. In diesem weiten Raum habe er „das Spannungsverhältnis zwischen der Frei-

[3] BVerfGE 10, 354 (371).

heit des einzelnen und der sozialstaatlichen Ordnung" zu lösen[4]. Schon zur Weimarer Zeit habe der soziale Rechtsstaat „den Ausgleich der durch die moderne Gesellschaft entstehenden Belastungen angestrebt"[5]. Nun sei es zulässige Tendenz der staatlichen Sozialpolitik wie der allgemeinen Gesellschaftspolitik, „daß möglichst allen sozialen Schichten des Volkes eine Versorgung gesichert wird, die ihnen ein ausreichendes Maß an Konsumkraft erhält[6]."

Solche rechtlich kaum mehr faßbare Formulierungen haben in der Nachkriegszeit die rasche Erweiterung der Sozialversicherung global rechtfertigen sollen. Später hat sich das Bundesverfassungsgericht zwar mit solchen Formeln zurückgehalten, vom „weiten Gestaltungsraum" in der Sozialversicherung war aber weiterhin die Rede[7].

Im Sozialverfassungsrecht wird denn auch weithin recht pauschal auf diese Gestaltungsfreiheit Bezug genommen, um alle möglichen Begrenzungen der Dynamik dieses Bereichs sogleich zu relativieren. Solche Vereinfachung ist unzulässig: Stets müssen die konkreten Aussagen zur gesetzlichen Belastungsgestaltung geprüft werden, es darf nicht von vorneherein ein Klima der Gesetzgebungsentbindung entstehen, bis hin zu virtueller Schrankenlosigkeit. Das Bundesverfassungsgericht hat solche weite Formeln ja auch stets mit dem Begriff der „Gestaltung" verbunden, was auf technische Ausgestaltung hinweist, nicht aber sie auf die Höhe und Schwere damit verbundener Belastungen bezogen. Ein Blankett für beliebige Belastungshöhe bietet die Formel von der sozialversicherungsrechtlichen Gestaltungsfreiheit nicht.

2. Sozialversicherung als „ausdehnungsfähiger Gattungsbegriff" — Abkoppelung von der Tradition?

a) *Der Begriff „Sozialversicherung"* kommt im Grundgesetz nur „am Rande" vor[8]; definiert wird er nicht, nur kompetenzrechtliche Festlegungen trifft die Verfassung.

Richterrechtlich wurde „Sozialversicherung" als engerer Begriff vom „Recht der sozialen Sicherheit" abgehoben[9]. Sozialversicherung ist daher von der Verfassung nicht mehr gedeckt, wenn sie in einem allgemeinen Recht der

---

[4] BVerfGE 29, 221 (235).

[5] BVerfGE 11, 105 (113).

[6] BVerfGE 29, 221 (242).

[7] Vgl. f. viele BVerfGE 53, 313 (326 m. Nachw.).

[8] Art. 74 Nr. 12, 87 Abs. 2, 120 Abs. 1 GG, vgl. dazu *Bogs*, Festgabe für Muthesius, 1960, 47.

[9] BVerfGE 11, 105 (111 f.); 62, 354 (366).

„sozialen Sicherheit“ aufgeht. Das Grundgesetz schreibt auch nicht die jeweils bestehende Sozialversicherung fest[10]. *Kein sozialversicherungsrechtlicher Entwicklungszustand ist irreversibel*[11]. Andererseits ist die Sozialversicherung nicht auf den Zustand von 1949 oder die Vorverfassungssituation der Länderverfassungen festgelegt[12].

b) Nach dem Bundesverfassungsgericht ist Sozialversicherung ein weit gefaßter *„verfassungsrechtlicher Gattungsbegriff“*, der alles erfaßt, was sich der Sache nach als Sozialversicherung darstellt[13]. Aus dieser Leerformel, der das Schrifttum ohne Vertiefung gefolgt ist[14], läßt sich ebensowenig ableiten wie aus der pauschalen Feststellung, damit sei von einem „weiten Begriff der Sozialversicherung“ auszugehen[15]. Vielmehr setzt ein solcher „Typus- und Ordnungsbegriff“ gerade einen festen (Wesens-)Kern voraus, „einen Grundbestand von Prinzipien, welche die Identität der Kompetenzmaterie ausmachen“[16].

c) Jenseits solcher Kernbereichs-Überlegungen hat allerdings das Bundesverfassungsgericht lange Zeit *die Erweiterungsfähigkeit der Sozialversicherung betont*: Bei der Abschaffung der Jahresverdienstgrenze[17], bei der Billigung des Kindergeldgesetzes als „Ausgleich der durch die moderne Gesellschaftsentwicklung bestehenden Belastungen“[18], bei der Schaffung neuer sozialer Versicherungszweige[19]. Mit der Billigung der Künstlersozialabgabe[20] erreichte dies einen Höhepunkt, erstmals regte sich breiter Widerstand im Schrifttum[21]. Dennoch wurde weithin die Ausdehnungsfähigkeit der Sozial-

---

[10] BVerfGE 39, 302 (314 f.); dies folgt auch nicht aus der Sozialstaatlichkeit, vgl. *Isensee*, DRV 1980, 145 (147).

[11] *Krause*, VSSR 1986, 115 (128).

[12] *Krause* (Fn. 11), 121; *Isensee* (Fn. 10), 147.

[13] BVerfGE 11, 105 (111 f.).

[14] Siehe etwa *Maunz*, in: Maunz/Dürig, GG, Art. 74 Rdnr. 170; *von Maydell/Ruland*, SRH 1988, 118; zurückhaltender die Rechtsprechung, vgl. etwa BVerwGE 17, 74 (79); BayVerfGH n.F. 12, 14 (17 f.).

[15] F. viele etwa *Bogs*, in: Veröffentlichung des Vereins für Versicherungswiss., 1973, 270 (271 m. Nachw.).

[16] *Isensee*, Umverteilung durch Sozialversicherungsbeiträge, 1973, 45, unter Hinw. auf BVerfGE 23, 12 (23).

[17] BVerfGE 29, 221 (238 ff.).

[18] BVerfGE 11, 105 (112 f.).

[19] Etwa der gesetzlichen Alterssicherung für Landwirte, vgl. BVerfGE 25, 311 (320).

[20] BVerfGE 75, 108 (146 ff.).

[21] Vgl. etwa *Friauf*, DB 1991, 1773 (1775 ff.); *Isensee*, in: Staatsfinanzierung im Wandel, hgg. v. Hansmeyer, Schriften des Vereins für Socialpolitik n.F. 134 (1983), 435 (460); *Ruland*, in: Die Sozialversicherung und ihre Finanzierung, hg. v. Bieback, 1986, 148; krit. auch *Osterloh*, NJW 1982, 1617 (1621 f.).

versicherung ohne nähere Schrankenziehung hingenommen, insbesondere die Ausweitung der Versicherungspflicht als zulässig angesehen[22].

d) Im Ergebnis ging das Bundesverfassungsgericht damit weit über den Bereich der „klassischen Sozialversicherung“ hinaus[23]. Zwar hatte es immer wieder die lange geschichtliche Entwicklung der Sozialversicherung nachgezeichnet, dem aber nicht ausdrücklich eine „Beschränkung auf Tradition“ entnommen[24]. Zwar prüfte es, „ob das System der Sozialversicherung auf dem Hintergrund seiner geschichtlichen Entwicklung im ganzen gesehen willkürlich“ sei[25], doch in ständiger Rechtsprechung betonte es, auf Sicherung gegen Notlagen müsse sich die Sozialversicherung nicht beschränken[26].

Damit wurde einer Entwicklung der Sozialversicherung Vorschub geleistet, welche weitestgehend von einer Tradition abgekoppelt erschien, aus der allein letztlich sich doch ihre verfassungsrechtlichen Wesenselemente, ihr Kern bestimmen lassen. Fast mag es scheinen, als enthalte die Verfassung mit ihren einfachen, noch dazu lediglich kompetenzrechtlichen Hinweisen auf die Sozialversicherung nur ganz globale Blankettnormen, über die sich jede beliebige Belastung rechtfertigen läßt; und so haben nicht wenige Autoren diese Rechtsprechung fortgedacht, es ist geradezu eine „typisch sozialrechtliche Grundstimmung“ entstanden: Sozialrechtliche Belastungen könnten den Unternehmen in einem nicht mehr nur grundrechtlich verdünnten, sondern nahezu grundrechtsfreien Bereich auferlegt werden, denn der Gesetzgeber dürfe diese Sicherungsformen „immer weiter fortentwickeln“.

e) Doch dies wäre eine Überinterpretation der Verfassungsrechtsprechung. Sozialversicherung ist kein traditionsentbundenes Belastungsreservat des Gesetzgebers gegenüber grundrechtlichem Verfassungsschutz. Selbst in Zeiten wahrer Sozialversicherungs-Euphorie hat das Bundesverfassungsgericht wesentliche Strukturelemente der Sozialversicherung herausgearbeitet, auf die es gerade heute diese Sicherungsform in kritischer Betrachtung zurückzuführen gilt, und zwar eben doch in einer deutlichen Prägung durch die „klassische“ Sozialversicherung[27]: Deckung eines möglichen, in seiner Gesamtheit schätzbaren Bedarfs, durch Verteilung auf eine organisierte Vielheit, vor allem aber sachorientierter Anknüpfungspunkt in den Beziehungen zwischen Versicherten und Beitragspflichtigen.

---

[22] F. viele *Krause* (Fn. 11), 123; *Bogs* (Fn. 8), 51; *Ruland* (Fn. 21), 163 f.

[23] Vgl. BVerfGE 11, 105 (111).

[24] F. viele BVerfGE 29, 221 (235 ff.).

[25] BVerfGE 29, 221 (244).

[26] Vgl. etwa BVerfGE 75, 108 (146 ff.).

[27] BVerfGE 11, 105 (112) — bis zur Entscheidung über die Künstlersozialabgabe, BVerfGE 75, 108 (146 ff.).

Die herkömmliche Organisation der Sozialversicherung über öffentlich-rechtliche, weitgehend autonome juristische Personen ist prägend für jede Sozialversicherung[28]. Sie kann jedoch nicht genügen, um eine Leistungsform als Sozialversicherung zu legitimieren; anderenfalls würden die übrigen eben erwähnten verfassungsrechtlichen Zulässigkeitsvoraussetzungen leerlaufen. *Sozialversicherungs-Organisation legitimiert nicht die Höhe der auf ihrer Grundlage auferlegten Belastungen.*

Immerhin zeigt sich hier, daß das Bundesverfassungsgericht eine Abkoppelung der Sozialversicherung von ihrer Tradition nicht wünscht. Für die Kriterien des „Bedarfs" und des „sachorientierten Anknüpfungspunktes" bleibt vielmehr entscheidend, was man stets darunter verstanden hat. Eine Dynamik, welche sich von der Tradition weiter entfernt, ist bisher im wesentlichen eben doch nur bei der Ausweitung des Kreises der Sicherungsbedürftigen festzustellen.

3. Keine Abkoppelung der Sozialversicherung vom „Versicherungsbegriff" — kein „grenzenloser Ausgleich"

a) Sozialversicherungs-Schutz wird heute unter immer weiter erleichterten Bedingungen gewährt, die Versicherungsleistungen werden ständig weiter erhöht. Eine Privatversicherung wäre nicht bereit und in der Lage, dies bei vergleichbaren Beitragsleistungen anzubieten. Es fragt sich daher, ob in diesem Abgehen vom privatrechtlichen Versicherungsbegriff nicht eine Fehlentwicklung der Sozialversicherung liegt, die deren oben erwähntes Wesenselement der „Verteilung schätzbaren Bedarfes" auf die Sozialversicherten betrifft.

b) Die Sozialversicherung ist in ihrer geschichtlichen Entwicklung stets in Form einer Versicherung ausgestaltet gewesen; im Bewußtsein der Allgemeinheit ist dies verankert, daher macht sich diese berechtigte Sorgen, ob angesichts der demographischen Entwicklung die heutige Generation noch von schwächeren künftigen Generationen gesichert werden kann. Im allgemeinen Bewußtsein ist eben doch Sozialversicherung — Versicherung.

Die „Beiträge" von Arbeitnehmern und Arbeitgebern sind das zentrale Wesenselement nicht nur der Privat-, sondern auch der Sozialversicherung, die „Eigenleistungen" der Beitragszahler[29]. Gerade wegen dieser „eigenen Leistung" hat das Bundesverfassungsgericht Ansprüchen aus der gesetzlichen Rentenversicherung verfassungsrechtlichen Eigentumsschutz zuerkannt[30].

---

[28] BVerfGE 11, 105 (112); 62, 354 (366).

[29] Vgl. etwa BVerfGE 69, 272 (304); 72, 9 (19); 76, 220 (235); BSGE 69, 66 (77).

[30] Siehe dazu *Ruland* (Fn. 21), 153.

Auch die Risiken, welche die Sozialversicherung abdeckt, sind an sich „typische Versicherungsrisiken“, damit versicherungsfähig: Nicht allgemeine Lebensbedürfnisse sollen erfüllt, es soll Schutz gegen bestimmte Wechselfälle des Lebens geboten werden[31]. Dieser Begriff der Wechselfälle darf nicht soweit ausgedehnt werden, daß er die Bedürfnisbefriedigung mit einschließt, welche in der allgemeinen Vorsorgefreiheit der Bürger zu leisten ist[32]; dies schließt eine Rentenversicherung nicht aus, die ja auch in der Privatversicherung entsprechenden Schutz gegen „Unsicherheit“ gewähren soll[33].

Ein solcher „Risikoabdeckungsbezug“ prägt also grundlegend Sozialversicherung wie Privatversicherung[34]. Sozialversicherungsrechtliche Risiken können deshalb auch über das für die Privatversicherung typische Kapitaldeckungsverfahren bewältigt werden[35]. Hans *Zacher* hat daher formuliert: „Die Sozialversicherung hat in erster Linie Versicherung zu sein, das heißt gegenseitige Deckung eines zufälligen und schätzbaren (Geld-)Bedarfs zahlreicher gleichartig Bedrohter“[36].

c) Demgegenüber ist in früheren Diskussionen nicht selten darauf hingewiesen worden, wesentlich sei für die Sozialversicherung, anders als im privaten Bereich, ein *„sozialer Lastenausgleich“*[37], deswegen sei Sozialversicherung „keine Versicherung im Rechtssinn“, sondern eine Sicherung anderer Art, die nicht versicherungsrechtlich, sondern „sozialpolitisch zu beurteilen sei“, zu einem besonderen „Sozialrechtsverhältnis“ führe[38]. Was aber das Wesen eines solchen „Ausgleichs“ sei, bleibt im Dunkeln — will man es nicht einfach in Umverteilung sehen[39] und dann in allgemeinen Solidaritäts-, ja Brüderlichkeitserwägungen enden[40]. Die Auffassung stützt sich vor allem auf ein frühes Urteil des Bundesverfassungsgerichts[41], nach dem „die Sozialversicherung nicht vom Risikobegriff der Privatversicherung ausgeht; sie enthält von jeher auch ein Stück staatlicher Fürsorge.“

---

[31] Dazu *Krause* (Fn. 11), 123.

[32] Dazu *Grabau*, ZRP 1993, 142 (144).

[33] Vgl. *Zacher*, Sozialpolitik und Verfassung im ersten Jahrzehnt der BRD, 1980, 56.

[34] Vgl. dazu u.a. *Krause* (Fn. 11), 133; *Isensee*, ZRP 1982, 137 (141 f.).

[35] *Krasney*, BKK 1992, 549 (550).

[36] *Zacher* (Fn. 33), 52; dabei stützt er sich auf den allgemeinen Versicherungsbegriff.

[37] *Krause* (Fn. 11), 135; *Kloepfer*, VSSR 1994, 1546 ff.; *Zacher* (Fn. 33), 54; *Rüfner*, Handb. d. Staatsrechts III, 1988, § 80 Rdnr. 116; *Ruland* (Fn. 21), 152.

[38] Zu früheren Diskussionen Nachw. bei *Krause* (Fn. 11), 124 f.; *Doetsch* (Hrsg.), Handb. z. Sozialrecht, Stand: 1989, Gruppe 2, 607 Rdnr. 17 m. Nachw.

[39] Dazu *Krause* (Fn. 11), 135 m. Nachw.

[40] *Kloepfer* (Fn. 37), 158 ff.

[41] BVerfGE 11, 105 (114).

d) Das Schrifttum hat die Bedeutung des „Ausgleichs“ für die Sozialversicherung, damit den Abstand zur Privatversicherung, überbetont. Das Bundesverfassungsgericht wollte vor allem den Fürsorgegedanken hervorheben[42], damit die Beitragspflicht des Arbeitgebers und die staatlichen Zuschüsse begründen. „Lastenausgleich“ wird dort erwähnt, wo es um die soziale Lastenverteilung zwischen den Sozialpartnern geht; nirgends wird dieser als ein nivellierendes Grundprinzip der Sozialversicherung bezeichnet. Das Sozialstaatsprinzip der Verfassung erzwingt derartiges nicht[43], das Bundesverfassungsgericht hat vielmehr ausdrücklich festgestellt, die Sozialversicherung sei mindestens ebenso stark durch die versicherungsrechtliche Komponente geprägt[44].

Allzu rasch und nicht hinreichend begründet ist im Schrifttum geradezu eine „Dualität der Grundprinzipien der Sozialversicherung“ angenommen worden[45] („Versicherung“ – „Ausgleich“). Der „Ausgleich“ kann allenfalls maßvolle Korrektur des Versicherungsprinzips sein[46]. Solidarität darf nicht überdehnt werden, es muß beim Äquivalenzprinzip der Versicherung bleiben, und sei es auch in einer gewissen Erweiterung der Globaläquivalenz für den beitragszahlenden und Leistungen empfangenden Personenkreis[47]. Die Leistung muß dem Interesse der Versicherten entsprechen, für dessen Befriedigung sie Beiträge entrichten.

Ein Verständnis der Sozialversicherung als „Sozialhilfemechanismus höheren Grades“ widerspricht dem Bewußtsein der Allgemeinheit und läßt sich auch nicht aus der Judikatur des Bundesverfassungsgerichts ableiten. Überdies wird so der Versicherungsbegriff verengt, indem als Gegenstand sozialen Ausgleichs ausgegeben wird, was ohne weiteres ein versicherbares Risiko sein kann. Sozialversicherung mag – insbesondere in der Lastenverteilung zwischen den Versicherten – eine Versicherung eigener Art sein: Versicherung bleibt sie, nach deren Grundkriterien muß sie sich behandeln lassen.

e) Daraus ergeben sich Folgerungen für die Sozialversicherungs-Belastungen der Unternehmen: Der Versicherungsschutz darf nicht, unter Berufung auf die „Ausgleichsfunktion der Sozialversicherung“ immer weiter ausgedehnt werden, weder durch Erleichterung des Zugangs zu den Leistungen (Wartezeiten), noch durch immer weitere Steigerung der Versicherungslei-

---

[42] Siehe auch etwa BVerfGE 9, 124 (133); 10, 141 (166); 21, 362 (378); 25, 314 (323); 28, 324 (348) usw.

[43] Wie *Kloepfer* (Fn. 37), 159 meint.

[44] BVerfGE 28, 324 (349).

[45] F. viele *Doetsch* (Fn. 38); *Maschmann*, SGb 1991, 300 (303).

[46] *Bogs* (Fn. 15), 278.

[47] Siehe *Isensee* (Fn. 21), 453 f.; *Kloepfer* (Fn. 37), 157.

stungen. All dies ist an dem Grundkriterium der Abdeckung des „Risikos gegen Wechselfälle des Lebens“ zu messen. Dies darf nicht zur „Befriedigung jedes Lebensbedürfnisses“ erweitert werden; sonst könnte die Kraftfahrzeug-Versicherung wie die Rechtsschutzversicherung als Sozialversicherung ausgestaltet werden, diese könnte sogar bis zu einer „Kleidungs-, Wohnungs- und Lebensmittelversicherung“ ausgebaut werden; denn dort bestehen überall „elementare Bedürfnisse“. Der Begriff der „Fürsorge“ ist völlig konturenlos, aus ihm läßt sich kein Wesenselement der Sozialversicherung erschließen.

Weiter führt der Begriff „Lastenausgleich“, legt man zutreffend den Akzent auf „Last“: Nur soweit ein solches Lastenrisiko die Leistungsfähigkeit des Arbeitnehmers übersteigt, greift die Solidargemeinschaft ein, kann es Ausgleich geben. *Sozialversicherung ist nicht Ausgleich an sich, Umverteilung, Nivellierung, sondern versicherungsrechtliche Hilfe, um bestimmte versicherbare Lasten zu tragen.*

Erhöhung der Renten oder erleichterter Zugang zu ihnen läßt sich nicht schon aus dem Begriff der Sozialversicherung als einem „sozialen Ausgleich“ ableiten. Jeder Schritt in diese Richtung ist kritisch zu überprüfen — nicht darauf, ob sich hier ein Nivellierungspotential erschließt, sondern ob gerade diese betreffende Leistung für die Versicherten lebenswichtig ist, nicht im Sinne eines steuerrechtlichen Existenzminimums, sondern in der Sicherstellung durchschnittlicher Lebensführung[48], so daß der Arbeitnehmer mit diesem Risiko nicht allein gelassen werden darf. Sozialversicherung ist mehr als „Notlagen-Versicherung“, aber gewiß weniger als „Lebensstandardversicherung“. Und Sozialversicherung schließt die Frage nach der Möglichkeit zumutbarer Eigenvorsorge nicht aus, sie erzwingt sie.

Nach solchen Kriterien sind heute die Leistungen der Sozialversicherung kritisch zu überprüfen, ohne Besitzstandsdenken, allein mit Blick auf die konkrete Lage der Versicherten, nicht aus sozialreformerischen Grundhaltungen heraus. Die Sozialversicherung ist kein Instrument zur Umgestaltung der Gesellschaft durch massive Nivellierung, mag dieses Ziel auch durch manche moralisierende Bestrebungen verfolgt werden, welche Züge einer Sozialversicherungs-Romantik tragen. Mit geltendem Verfassungsrecht hat dies nichts zu tun. Sozialversicherung darf nur Hilfe zur Lastentragung sein, nicht einebnende Bedürfnisbefriedigung durch hoheitlichen Zwang.

Sozialversicherungs-Belastungen der Betriebe können daher ohne weiteres von Verfassungs wegen abgemildert werden, in einer unideologischen, realitätsbezogenen Lastendiskussion. Diese muß geführt werden, denn die Sozialversicherung gibt dem Gesetzgeber kein Blankett zu ständig fortschreitender allgemeiner Bedürfnisbefriedigung der Quasi-Gesamtheit aller Bürger.

---

[48] Vgl. BVerfG NJW 1995, 2615 ff., 2624 ff.

4. Keine Abkoppelung der Sozialversicherung vom Arbeitsverhältnis

a) Die für jede Sozialversicherungs-Belastung entscheidende Voraussetzung eines „sachorientierten Anknüpfungspunkts" in den Beziehungen zwischen Versicherten und Beitragspflichtigen (oben 2, e) kann, wenn die „Prägung der Sozialversicherung durch deren klassische Formen" noch irgend einen Sinn haben soll, nur eines bedeuten: Der Anknüpfungspunkt liegt im Arbeitsverhältnis des Versicherten. Sozialversicherung ist wesentlich „Versicherung gegen das Lebensrisiko des Verlustes der Arbeit[49]", nicht Bedürfnisbefriedigung in Form von Arbeitsgeldersatz — das ist ein wesentlicher Unterschied.

Der Arbeitgeber tritt mit dem Versicherten nur an einem „Anknüpfungspunkt" in Beziehung, der ihrer beider Beiträge trägt und bindet: im Arbeitsverhältnis. Nur was sich unmittelbar auf dieses (Arbeitsunfall) oder doch mittelbar darauf zurückführen läßt (Verlust der Arbeit), darf nach der Verfassung Gegenstand der Sozialversicherung sein, „versicherbares Risiko" in ihrem Sinn; denn das Bundesverfassungsgericht hat mit seiner Rechtsprechung zum „Anknüpfungspunkt" Verfassungsrecht der Sozialversicherung gesetzt.

Das „Risiko des Verlustes der Arbeit als Anknüpfungspunkt" bedeutet nicht, daß die Sozialversicherung für alle Bedürfnisbefriedigung aufkommt, die sonst nicht erfolgen könnte, „weil jemand nichts verdient" — dies wäre eine gesteigerte Form der Sozialhilfe. Vielmehr soll der Versicherte so gestellt werden, als verdiene er weiter, oder so, daß er wieder verdienen kann — in einem Arbeitsverhältnis. Alle anderen Wechselfälle des Lebens gehören zur privaten Lebenshaltung, für welche die Sozialversicherung nicht aufkommen darf, etwa ein allgemeiner, nicht arbeitsverhältnisbezogener Rechtsschutz — also keine Rechtsschutzversicherung als Sozialversicherung[50].

b) Dieses Verständnis des „Anknüpfungspunkts Beschäftigungsverhältnis" bedeutet nicht, daß der Versicherungsfall auf Umstände zurückzuführen sein muß, die sich gerade aus dem Arbeitsverhältnis ergeben[51]. Nicht erforderlich ist eine Kausalitätsbeziehung zwischen dem Beschäftigungsverhältnis und dem Ereignis, das zum Verlust der Arbeitsfähigkeit führt; dieser kann auch durch ein Vorkommnis im privaten Bereich hervorgerufen werden. Diese sozialversicherungsrechtlich notwendige Kausalität wird nur unterbrochen durch Umstände, die sich der Versicherte selbst zuzuschreiben hat, aus dem Grundgedanken des Eigen- oder Mitverschuldens des Geschädigten heraus[52]. Dies

---

[49] F. viele *Isensee* (Fn. 21), 459; *Picot*, RdA 1979, 16 (21); vgl. auch *André*, ZRP 1976, 177 (179).

[50] Vgl. *André* (Fn. 49).

[51] Vgl. dazu *Krasney* (Fn. 35), 549.

[52] Nachw. bei *Schmatz/Fischwasser/Geyer/Knorr*, Vergütung der Arbeitnehmer bei

entspricht versicherungsrechtlichen Grundsätzen. Selbst der Sozialversicherungs-Mutterschutz[53] soll sich grundsätzlich daraus rechtfertigen, daß die Arbeitnehmerin ihrer Tätigkeit nicht nachgehen kann, nicht dazu gezwungen werden darf; auch dies ist „Sozialversicherung als Arbeitsverlust-Versicherung".

Allerdings gibt es Bereiche, in welchen die Kausalität zwischen dem den Sozialversicherungs-Schutz auslösenden Ereignis und dem Arbeitsverhältnis problematisch erscheint — obwohl den Arbeitnehmer kein Verschulden trifft, weil das schutzauslösende Ereignis einer „vom Arbeitsverhältnis weit entfernten Risikosphäre entstammt" und überdies ein solches Risiko höchst gering ist. Diese Frage stellte sich bei der sozialen Pflegeversicherung[54]. Nicht ohne weiteres kann hier mit einer Analogie zum Krankheitsfall des Rentners argumentiert werden, dessen Krankenversicherung wird wohl überwiegend einfach als „Verlängerung der Rentenversicherung" angesehen. Es bleibt allerdings das Grundsatzbedenken, daß es bei Rentnern nicht die Krankheit ist, welche den Bezug des Arbeitsentgelts gefährdet — weil sie ja alters- oder krankheitsbedingt bereits vorher nicht mehr arbeiten.

Insgesamt hält also das Sozialversicherungs-Recht den Grundsatz der Ankoppelung des Sozialversicherungs-Schutzes an das Arbeitsverhältnis durch.

c) Eine schwerwiegende Durchbrechung des Grundsatzes des Arbeitsverhältnis-Bezugs der Sozialversicherung liegt allerdings in der von Arbeitgeberseite denn auch nachdrücklich gerügten *Einbeziehung von Familienmitgliedern* in die Leistung der sozialen Krankenversicherung. Diese und ähnliche Formen eines Familienleistungsausgleichs weisen keinen Bezug mehr auf zum Beschäftigungsverhältnis der Eltern. Ein Verlust der Arbeitsmöglichkeit und damit des Arbeitsentgelts bei diesen droht nur in den atypischen Fällen, in denen die Eltern nicht mehr arbeiten können, weil sie sich um ihre kranken Kindern kümmern müssen.

Hier ist es zu einer deutlichen Überdehnung der Sozialversicherung gekommen: Der Solidargemeinschaft wird die Abdeckung eines Risikos zugemutet, das durch das Beschäftigungsverhältnis nicht verursacht ist und seinerseits keine wesentliche Auswirkung auf dieses Verhältnis und den sich daraus ergebenden Entgeltanspruch hat. Es handelt sich schlicht um eine *Belastung aus persönlicher Lebensführung der Arbeitnehmer*, welche eben für ihre Kinder aufkommen müssen. Der Gesetzgeber mag sie hier steuerlich entlasten,

---

Krankheit und Mutterschaft, 1995, § 3 EFZG, insbes. Rdnrn. 96 ff., 120 ff. (Verkehrsunfälle), 126 ff. (Sportunfälle); BAG DB 1972, 395 ff.; DB 1982, 706.

[53] Dazu insbes. zu der sehr unterschiedlichen Belastung der Arbeitgeber, vgl. *Picot* (Fn. 49), 21.

[54] Vgl. *Krasney* (Fn. 35).

weil die Allgemeinheit ein demographisches Interesse am Kindersegen hat; die anderen Arbeitnehmer und die Arbeitgeber haben keinerlei Interesse daran, daß Kinder geboren werden — es sei denn das höchst entfernte, daß sie auf diese Weise vielleicht künftig weitergehende Sozialversicherungs-Leistungen erhalten. Dieser Belang wird aber durch das allgemeine Interesse der gesamten Bürgergemeinschaft an demographischer Entwicklung völlig überlagert. Wird so der „Anknüpfungspunkt Beschäftigungsverhältnis" aufgegeben, so könnten bald auch andere beschäftigungsfremde Risiken über Sozialversicherung bewältigt werden, die Sozialversicherung würde zur „Bedürfnisbefriedigungs-Versicherung persönlicher Lebensführung"; dies wäre ein Verfassungsverstoß.

d) Sozialversicherung bietet Schutz gegen den Verlust der Arbeit und ihres Entgeltes, sie war nie eine „Lebensstandard-Versicherung", die den Versicherten stellen sollte, wie wenn er arbeite. Das Bundesverfassungsgericht hat solches nie zum Wesen der Sozialversicherung erklärt. Zu diesem gehört zwar die „Beschränkung auf Notlagen" nicht, entscheidend ist aber für die Sozialversicherung „das soziale Bedürfnis nach Ausgleich besonderer Lasten"[55]. Weder müssen also diese Lasten den Betroffenen vollständig abgenommen werden, noch ist damit die Verpflichtung zu eigenen Anstrengungen der Versicherten unvereinbar — angesichts der „besonderen Lasten" sollten sie gerade auch besonders intensiv sein; schließlich sind nicht „sämtliche Lasten" auszugleichen; nur für die „besonderen" ist dies zu fordern.

Die gängige Forderung, die Sozialversicherung müsse aus ihrem Beschäftigungsverhältnis-Bezug heraus zur Vermeidung jedes Abstrichs vom Lebensstandard führen, den eine volle Beschäftigung sichert, läßt sich aus dem notwendigen Bezug zwischen Sozialverhältnis und Beschäftigungsverhältnis nicht herleiten; sie widerspräche sogar Grundvorstellungen, welche gerade für die Sozialversicherung stets gegolten haben: Der Nicht-Arbeitende kann ohne weiteres schlechter gestellt werden als der voll in Arbeit Stehende, diesem ist es zuzumuten, angemessene Vorsorge für kontinuierliche Aufrechterhaltung seines Lebensstandards beim Verlust von Arbeitsentgelt zu treffen, über die Leistungen der Sozialversicherung hinaus. Mit Selbstverständlichkeit ist stets hingenommen worden, daß Rentner wie pensionierte Beamte erheblich weniger verdienen als aktiv Berufstätige. Die Alimentationspflicht des Dienstherrn gegenüber dem Ruhestandsbeamten[56] gilt nur in abgeschwächtem Maße. Also kann es auch keine Sozialversicherung als Kaskoversicherung ohne Selbstbeteiligung zur Aufrechterhaltung des Lebensstandards aktiver Berufstätigkeit geben. Dasselbe gilt für die anderen Sozialleistungen. Die Forderung von Arbeitgeberseite nach Einschränkung des Lebensstandardschutzes im Krank-

[55] BVerfGE 57, 108 (146).

[56] Vgl. *Hilg*, Beamtenrecht, 3. Aufl. 1990, 316 f.

heitsfall entspricht den Grundsätzen einer beschäftigungsverhältnis-bezogenen Sozialversicherung. Der Bezug der Sozialversicherung sagt nichts über die Höhe von Renten und Leistungen im Krankheitsfall aus. Dieser Bezug kann – und muß – aufrechterhalten werden, ohne daß dies notwendig zu einer „Lebensstandardsicherung aus aktiver Arbeit“ führen müßte. Eher trifft das Gegenteil zu: Aus dem Beschäftigungsverhältnis-Bezug folgt doch, daß sich „etwas ändern kann – wenn nicht muß –“, wenn nicht mehr gearbeitet wird. Dies dürfte von allgemeinem gesellschaftlichen Konsens getragen sein.

Arbeitgeber-Forderungen auf Einschränkung des Sozialstatus in solchen Fällen steht also wohlverstandenes Sozialversicherungs-Verfassungsrecht nicht entgegen, es stützt sie vielmehr.

e) Das Bundesverfassungericht hat in seiner *Künstlersozialabgaben-Entscheidung* den dort geprägten Begriff des „sachorientierten Anknüpfungspunktes“ erweitert, über das arbeitsrechtliche Beschäftigungsverhältnis hinaus, auf „besondere Solidaritäts- und Verantwortungsbeziehungen“. Sie können sich sogar aus einem „kulturgeschichtlich besonderen Verhältnis gleichsam symbiotischer Art“ ergeben[57]. Dies ist mit Recht scharf kritisiert worden[58]: Vermarkter sind nicht Arbeitgeber, sie tragen keinerlei Verantwortung für ihre Lieferanten, die Künstler. Der schwammige Begriff des „symbiotischen Verhältnisses“ könnte jeden Wirtschaftstätigen in soziale Verantwortung für Zulieferer und Kunden zwingen; die Marktwirtschaft würde in einem System vertikaler Versorgungs-Verzunftung aufgelöst.

Diese eindeutige Fehlentscheidung – die gewiß nicht über die „besonderen Umstände des Künstlerischen“ hinaus ausgedehnt werden darf – bringt im vorliegenden Zusammenhang aber keine Wende: Der Begriff „Arbeitsverhältnis“ ist hier erweitert, der notwendige Beschäftigungsverhältnis-Bezug der Sozialversicherung aber bestätigt worden.

5. Der Arbeitgeberanteil — Verfassungsschranken nach dem Bundesverfassungsgericht

a) Die Belastung der Unternehmen mit Personalzusatzkosten erwächst hauptsächlich aus der Beitragsverpflichtung zur Sozialversicherung. In ihrem Namen darf nur verlangt werden, was sich nach Finanz- und Sozialversicherungs-Verfassungsrecht als Abgabe legitimieren läßt: Eine besondere Verantwortung des Arbeitgebers muß gegenüber jenen Arbeitnehmern bestehen, welchen die Leistungen der Sozialversicherung ja ausschließlich zugute kommen. Diese Legitimationsverpflichtung durch besondere Gründe, die sich

[57] BVerfGE 75, 108 (158).

[58] *Isensee* (Fn. 21), 461 f.; *Ruland* (Fn. 21), 147 f.

schon aus den Freiheitsrechten ergibt[59], ist denn auch, soweit ersichtlich, bisher nie in Zweifel gezogen worden. Meinungsverschiedenheiten bestehen aber seit langem über die verfassungsrechtlichen Maßstäbe dieser „fremdnützigen Abgabe sui generis", dieser „fremdnützigen Sonderabgabe"[60]. Wie weit darf der Gesetzgeber Arbeitgeber zwingen, ihre Arbeitnehmer zu versichern, für sie eine Art von „Versicherungs-Fürsorge" zu übernehmen? Die heute erreichte Belastung der Unternehmen wird auch in der Öffentlichkeit kritisiert; die Zeit beruhigender Legitimations-Formeln ist vorbei. Man kann auch den Sozialversicherungsbeitrag der Arbeitgeber nicht mit der „Soziallohntheorie" einfach nur als versteckten Lohn für den Arbeitnehmer bezeichnen[61] und ihn damit, als privates Entgelt, der verfassungsrechtlichen Begründungspflicht entziehen: Der Arbeitgeber ist als solcher Schuldner seines Sozialversicherungs-Beitrages, er führt diesen nicht für den Arbeitnehmer ab. Was er an Lohn in (tarif-)vertraglicher Freiheit bezahlen will, entscheidet er selbst, was er an die Sozialversicherung abzuführen hat, entscheidet der Gesetzgeber. Lohnzahlung erfolgt in Privatautonomie, bedarf als solche keiner Legitimation; Sozialversicherungs-Beitragspflicht ist hoheitlicher Belastungseingriff, sie muß sich vor der Verfassung, vor den Grundrechten vor allem legitimieren.

b) Lange ist darüber gestritten worden, ob der *Arbeitgeber-Beitrag* eine Sonderabgabe im finanzverfassungsrechtlichen Sinne sei[62]. Die Kriterien des Bundesverfassungsgerichts für das Vorliegen einer *Sonderabgabe*, insbesondere Gruppenhomogenität, gruppennützige Verwendung[63], sind beim Arbeitgeberbeitrag eindeutig nicht erfüllt. Das Bundesverfassungsgericht konnte daher die Arbeitgeberbeiträge, damit das Gesamtsystem der Sozialversicherung, nur durch rein kompetenzrechtliche Argumentation retten[64]: Sozialversicherungsbeiträge seien keine Sonderbeiträge im Sinne seiner Rechtsprechung; denn bei ihnen könne es nicht zur Finanzierung allgemeiner Staatsausgaben über nicht-allgemeine, nur einzelnen Gruppen auferlegte Abgaben kommen. Art. 74 Ziff. 12 GG gestatte ja nur eine Beitragsverwendung für die Sozialversicherung.

---

[59] Siehe *Friauf* (Fn. 21), 1774 ff.

[60] *Isensee*, aaO., 459; siehe dazu *Arndt*, DRV 1987, 282 (287); *Maunz*, in: Maunz/ Dürig, GG, Art. 24 Rdnr. 174; *Picot* (Fn. 49), 20; *Ruland* (Fn. 21), 153; *Wegmann*, Transferverfassungsrechtliche Probleme der Sozialversicherung, 1987, 143.

[61] *Zacher* (Fn. 33), 57; vgl. dazu auch *Arndt* (Fn. 60), 284 f.; *Ruland* (Fn. 21), 147; vor allem aber *Isensee*, DRV 1980, 149 ff.

[62] Vgl. dazu insbes. *Isensee*, Umverteilung durch Sozialversicherungsbeiträge, 50 ff.; *Leisner*, Sozialversicherung und Privatversicherung, 1974, 90 ff. m. Nachw.; *Krause* (Fn. 11), 127 ff.; *Papier*, AöR 100 (1975), 640 (645).

[63] BVerfGE 55, 274 (306 f.); 67, 256 (275 ff.); 82, 15 (179 ff.); 91, 186 (203); vgl. dazu auch *Loritz*, NJW 1986, 1 (2 f.).

[64] BVerfGE 75, 108 (147 ff.).

c) *Damit hat das Bundesverfassungsgericht jedoch nicht entschieden*, daß den Arbeitgebern alles an Belastungen auferlegt werden darf, was irgendwie als Sozialversicherung konzipiert ist. Denn in derselben Künstlersozialhilfe-Entscheidung wurde nicht nur allgemein die Lehre vom „sachorientierten Anknüpfungspunkt" entwickelt, an dem sich alle Sozialversicherung auszurichten habe; das Gericht hat gerade dort *konkrete einschränkende Folgerungen daraus gezogen*, welchen bei einer Reform der Sozialversicherung entscheidendes Gewicht zukommt:

- Erwägungen (abgabenrechtlicher Art) zur Leistungsfähigkeit der Arbeitgeber reichen nicht aus. Das bedeutet: Nicht weil sie „sozial oder ökonomisch stärker sind", müssen sie für „sozial Schwächere", die Arbeitnehmer, zahlen — eine sozialpolitisch gar nicht zu überschätzende Aussage: Die unterschwellige Legitimation der meisten Sozialversicherungs-Theorien läuft ja gerade darauf hinaus, *den Arbeitgeber als den stets – vermeintlich – Stärkeren immer noch weiter zu belasten*. Dies ist verfassungsrechtlich schlechthin unhaltbar.

- Ein „am Gerechtigkeitsdenken orientierter, sachlich einleuchtender Grund" muß stets für die fremdnützige Sozialversicherungs-Abgabepflicht des Arbeitgebers sprechen. Eine *besondere* Legitimation ist nötig, „dafür sind beliebige Konfigurationen, die sich der Gesetzgeber fallweise zusammensuchen kann, nicht ausreichend". Allein die organisatorische Einordnung und Verwaltung einer Abgabenlast „als Sozialversicherung" gibt keine materielle Verfassungslegitimation. Die durch Tradition geprägten, klassischen Wesenselemente der Sozialversicherung dürfen nicht immer weiter ausgedehnt werden, bei jedem Schritt muß die Gerechtigkeitsfrage neu gestellt werden, in jeder neuen wirtschaftlichen und sozialen Situation. Die Frage der Berechtigung der Beitragshöhe der Unternehmen ist nicht pauschal „ein für allemal" zu beantworten, sie ist ein „offenes Problem", das für jede neue Abgabe und in jeder neuen wirtschaftlichen Lage neu gelöst werden muß.

- Schließlich betont das oberste Gericht: „Der Gesetzgeber kann sich seiner Regelungskompetenz für die Sozialversicherung nicht bedienen, um dadurch Mittel für die Finanzierung allgemeiner Staatsaufgaben aufzubringen (oder einzusparen; der Verfasser). Ein Einsatz der Sozialversicherungsbeiträge zur Befriedigung des allgemeinen Finanzbedarfs des Staates ist ausgeschlossen." Der Steuerstaat darf sich nicht auf den Sozialstaat entlasten. Die Entscheidung zur Künstlersozialabgabe ist weithin als Erweiterungsblanko für den Sozialversicherungs-Gesetzgeber mißverstanden worden. In Wahrheit ergeben sich aus ihr dogmatische Grundlagen für eine notwendige Beschränkung der Sozialversicherung, viel weiterreichend noch als nur im Sinne einer allgemeinen Verhältnismäßigkeit[65].

III. Folgerungen für eine Reform der Sozialversicherung

Das Grundgesetz gestattet nicht nur eine auch tiefgreifende Reform des Sozialversicherungsrechts, in einzelnen Punkten fordert es die Korrektur von dessen Fehlentwicklungen:

1. Das Sicherungsbedürfnis der Versicherten darf nicht beliebig und immer weiter gesteigert, der Zugang zu Versicherungsleistungen ihnen nicht ständig erleichtert werden. Der Gesetzgeber darf die traditionelle Risikoprägung der Sozialversicherung nicht im Namen einer „Volksversicherung" aus den Augen verlieren.

2. Sozialversicherung muß stets in erster Linie „Versicherung" bleiben. Die Eigenbeteiligung der Versicherten ist zu verstärken, weil sonst der fundamentale Äquivalenzgrundsatz aller Versicherung aufgegeben würde.

3. Anknüpfungspunkt der Sozialversicherung, damit auch Legitimation für Arbeitgeberbeiträge, muß stets das Beschäftigungsverhältnis bleiben; Sozialversicherung legitimiert sich nur als Versicherung gegen das Lebensrisiko des (vorübergehenden, teilweisen oder endgültigen) Entgeltverlustes des Arbeitnehmers. Der Arbeitgeber ist nicht allgemeiner Garant von dessen einmal erreichtem sozialen Status als solchem. Für Risiken, die dem Beschäftigungsverhältnis fremd sind oder allzuweit von diesem entfernt ihre Ursache haben, hat er nicht aufzukommen.

4. Aus dem Wesen der Sozialversicherung ergibt sich nicht etwas wie das Prinzip einer Volldeckung nach Art der Kaskoversicherung. Sie verlangt weder nach ständiger Dynamisierung, noch fordert sie die Erreichung oder die Aufrechterhaltung einer bestimmten Leistungshöhe. Der Arbeitgeber kann nicht einfach unter Berufung auf seine soziale Leistungsfähigkeit zu Beiträgen herangezogen werden; und wäre dies zu bejahen, so müßte seine Belastung erst recht in einer gefährdenden wirtschaftlichen Situation – also heute – vermindert werden.

Die Verfassung ist hier, wie immer, Schranke und Gebot zugleich für eine Reform der Sozialversicherung. Die große deutsche Tradition der Sozialversicherung würde gebrochen, die Grundlagen dieser Sicherungsform würden zerstört, wollte man in Besitzstandsdenken die Unternehmen überlasten: Dann würde die Sozialversicherung enden in — Arbeitslosenversicherung …

---

[65] Dazu *Friauf* (Fn. 21), 1776.

Fremdlasten der Sozialversicherung — ein schwerwiegender Verfassungsverstoß*

Die Höhe der Personalzusatzkosten – oft verharmlosend Lohnnebenkosten genannt – in Deutschland gefährdet die Wettbewerbsfähigkeit der deutschen Unternehmen und damit zahllose Arbeitsplätze. Ein wesentliches Senkungspotential dieser Personalzusatzkosten liegt bei der Belastung der Betriebe mit Leistungen für die Sozialversicherung. Wesentliches würde hier erreicht, beseitigte man die eindeutigen Fremdlasten der Sozialversicherung — sie stellen einen schweren Verfassungsverstoß dar.

I. Die Höhe der Personalzusatzkosten (PZK) — Senkungsnotwendigkeit — Senkungspotential

1. Die PZK-Belastungen — Gefahr für die Wettbewerbsfähigkeit der deutschen Wirtschaft

a) Personalzusatzkosten, früher oft auch verharmlosend Lohnnebenkosten genannt, sind in diesen Monaten zum großen wirtschafts- und sozialpolitischen Thema geworden. Seit langem weisen insbesondere die Arbeitgeber darauf hin, daß sie bereits durch die heute erreichte Höhe der PZK unverträglich belastet würden, daß ganze Branchen der Verlust der Wettbewerbsfähigkeit, vor allem dem billigen Ausland gegenüber, drohe. Die Medien haben das Thema aufgenommen, die Politik hat es ganz oben auf die Tagesordnung ihrer Bemühungen für ein „Bündnis für Arbeit" gesetzt — mit Recht.

Die PZK in Deutschland haben Rekordhöhe erreicht. Zu ihnen zählen: *Entgelt für arbeitsfreie Tage* (Urlaub, gesetzliche Feiertage, Krankheitstage, sonstige Ausfallzeiten); *Sonderzahlungen* (Urlaubsgeld, Weihnachtsgeld, Gratifikationen, Tantiemen); *Vorsorgeaufwendungen,* insbesondere Sozialversicherungsbeiträge, Aufwendungen für die betriebliche Altersversorgung; sonstige PZK (etwa Familienhilfen, Kosten der Berufsausbildung). Daten hierzu werden für das produzierende Gewerbe seit 1966, für den Dienstleistungsbereich seit 1978, vom Statistischen Bundesamt im Abstand von drei Jahren, seit 1984 im Vierteljahresabstand erhoben. Wirtschaftswissenschaftliche Untersuchungen[1] haben diese Übersichten bis 1994 fortgeschrieben.

---

* Erstveröffentlichung in: Neue Zeitschrift für Sozialrecht 1996, S. 97–102.

[1] Bis 1994 durch das Institut der Deutschen Wirtschaft, sowie etwa durch *Kornhardt,* Standortfaktur PZK — Wettbewerbsbeeinträchtigung arbeitsintensiver Produktionsweisen

Die Belastungen mit PZK, wie die mit Personalkosten überhaupt, hängt im einzelnen naturgemäß von der Personalintensität der jeweiligen Produktionsstruktur ab. Hierdurch kann es zu unterschiedlichen Belastungen kommen, etwa zwischen dem „Handwerk" und der „Industrie", oder auch zwischen größeren und kleineren Betrieben. Neuerdings[2] wird für das Handwerk etwa eine Belastungsquote von 47,7% errechnet, für die Industrie jedoch nur eine solche von 36,4%; dennoch kann und soll im folgenden *von einer an durchschnittlichen PZK-Werten für das produzierende Gewerbe orientierten Betrachtung ausgegangen werden.*

Das produzierende Gewerbe in Deutschland war bereits 1993 mit PZK in Höhe von global mehr als 80% des Direktentgelts belastet, heute muß eher mit einer Durchschnittsbelastung von nahezu 85% gerechnet werden[3]. Mit der Pflegeversicherung könnte es nun, wenn sich die vorgesehenen Kompensationsmöglichkeiten als ungenügend herausstellten, zu einem weiteren Ansteigen kommen, ebenso infolge der Frühverrentungspraxis.

Damit sind die PZK heute der Größenordnung nach zum „zweiten Lohn" geworden: Der (oft sogenannte) „Soziallohn" ist dabei, den (direkten), den „Leistungslohn" einzuholen. Da er an diesen letzteren weitestgehend durch gesetzliche Automatismen gekoppelt ist (Sozialversicherungsbeiträge, Lohnfortzahlung im Krankheitsfall), verhandeln die Tarifpartner heute offen im wesentlichen nur mehr über „halbe Summen", während die „Gesamtsummen" natürlich, meist stillschweigend, in ihre Berechnungen eingehen. Bedenklich bleibt jedoch, daß in der Allgemeinheit damit ein *unrichtiges Bild über die Einsätze bei den Tarifauseinandersetzungen* entsteht. Den Kunden wie der Allgemeinheit ist überdies die Höhe der Stundensätze schwer verständlich zu machen, welche etwa das Handwerk für eine Gesellenleistung berechnen muß: Im Schreinerhandwerk liegt der Stundenlohn bei etwa 21 DM, die PZK betragen rund 18 DM. Unter Einrechnung von Sachkosten, kalkulatorischen Kosten und einer mäßigen Wagnis / Gewinnmarge für den Unternehmer (circa 4 DM) muß dieser die Stunde dem Kunden mit über 70 DM berechnen. Da der Arbeitnehmer von seinen 21 DM noch Steuern und Sozialabgaben zu entrichten hat, bleibt ihm ein Nettolohn als „Direktentgelt" von etwa 11 bis 12 DM[4]. Überdies sind die PZK in den letzten 30 Jahren erheblich stärker

---

durch einseitige Belastung des Faktors mit Sozialabgaben, Kontaktstudium Wirtschaftswissenschaft, hrsg. v. Seminar für Handwerkswesen der Universität Göttingen 1995, vgl. insbes. S. 15.

[2] Vgl. (o. Fn. 1), S. 21, siehe auch *Elixmann* u.a., Grenzen für wirtschaftliche Auswirkungen alternativer Bemessungsgrundlagen für die Arbeitgeberbeiträge zur Sozialversicherung, Institut für Gesellschafts- und Wirtschaftswissenschaften der Universität Bonn 1985, vgl. insbes. S. 33.

[3] Vgl. Institut der Deutschen Wirtschaft, Argumente Nr. 5, 1994.

[4] Quelle: Landesverband und Fachverband Holz und Kunststoff Baden-Württemberg und

angestiegen als die Direktentgelte: 1966 betrugen die PZK im produzierenden Gewerbe etwa 43%, 1993 mindestens 84%. Von 1971 bis 1995 stiegen sie, bei gleichen Berechnungsgrundlagen, von gut 71% auf über 85% der Direktentgelte[5]; diese Zahlen beziehen sich auf Betriebe mit über 50 Beschäftigten. Bezieht man auch Betriebe mit mehr als 10 Beschäftigten ein, wie dies neuerdings der amtlichen Statistik entspricht, so liegen die PZK im Westen Deutschlands bei 80,2% der Direktentgelte.

Nachdenklich stimmt dabei nicht nur die nun erreichte Höhe, sondern auch die hier offenkundige Dynamik der PZK, welche die Lohndynamik noch erheblich übertrifft. Seit mehr als eineinhalb Jahrzehnten ist es nicht gelungen, den prozentualen Anstieg der PZK gegenüber den Direktentgelten für mehr als ein oder zwei Jahre zu stoppen, nie, eine wesentliche Tendenzwende herbeizuführen.

b) *Ein internationaler Vergleich der PZK* zeigt die Gefährdung der Wettbewerbsfähigkeit: Deutschland hat mit 42,67 DM pro Stunde im Jahr 1993 bei weitem die höchsten Arbeitskosten auf der Welt. Die USA liegen bei 27,84 DM, Frankreich bei 28,50 DM pro Stunde. Nur wenige Länder (Belgien, Österreich, Italien und Frankreich) übertreffen die deutsche PZK-Quote, die Niederlande und Spanien erreichen sie. Alle diese Länder liegen aber erheblich unter dem deutschen Niveau der Gesamt-Arbeitskosten. Im Westen Deutschlands erreichten daher die PZK – in absoluten Zahlen – einsame Spitze sämtlicher Industrieländern, mit 19,22 DM — gegenüber Frankreich mit 13,78 DM, den USA mit 8,39 DM, Großbritannien mit 6,50 DM. Die osteuropäischen PZK-Belastungen lagen etwa bei 4% bis 8% der entsprechenden Leistungen westdeutscher Betriebe, in Osteuropa kann daher gegenüber Deutschland „außerhalb jeder Konkurrenz" produziert werden, wenn ein einigermaßen vergleichbares Qualitätsniveau erreicht wird. Dies ist bereits weithin der Fall in Südostasien: Dort lagen dennoch die PZK in einigen Staaten (Thailand, Malaysia) wenig über einem Zehntel (!) der westdeutschen Zahlen, in manchen Ländern (Indonesien, China) noch wesentlich darunter[6]. Unter diesen Umständen ist Verlagerung, soweit möglich, betriebswirtschaftliche Pflicht jedes deutschen Vorstandes, will er nicht eines Tages der Untreue bezichtigt werden; und gegen die osteuropäische Konkurrenz wird sich eine „Festung Deutschland" auf Dauer nicht durch einen „Ostwall" abschirmen können.

Bayern, Stundensatz im Schreinerhandwerk: 70 DM — warum? Gemeinsame Informationsbroschüre.

[5] Institut der Deutschen Wirtschaft, Argumente, 1994 und 1995 jeweils Nr. 5.

[6] *I.W. Trends* 1/95, S. 8.

Gerade die PZK sind es also, welche die Wettbewerbsfähigkeit der deutschen Wirtschaft akut gefährden — und zwar durch hoheitlich auferlegte Belastungen, nicht durch frei ausgehandelte Tarifverträge.

2. Die Sozialversicherung — sozialer Preistreiber der Arbeit

Die Höhe der gesetzlichen PZK ist zu mehr als zwei Dritteln zurückzuführen auf die Beitragshöhe zur gesetzlichen Sozialversicherung. In besonderer Weise dürfte dies für kleinere Betriebe und damit für große Teile des Handwerks zutreffen[7]. Die Anstiegsdynamik der Sozialversicherung ist noch erheblich stärker als die der anderen Bestandteile der gesetzlichen PZK: Bei bezahlten Ausfallzeiten und Entgeltfortzahlungen im Krankheitsfall liegen die Prozentsätze zum Direktentgelt 1994 niedriger als 1978, sie sind überdies über viele Jahre konstant geblieben. Das bedeutet nicht, daß für diese Bestandteile der PZK keinerlei Reformbedarf bestünde, wenn von einer verschärften Wettbewerbslage auszugehen ist; deutlich wird jedoch, daß für eine wesentliche Verminderung der PZK, die zur Sicherung der Wettbewerbsfähigkeit unabdingbar erscheint, in erster Linie die Sozialversicherungsbeiträge abgesenkt werden müssen.

Dabei rückt nun ein Senkungspotential in den Mittelpunkt der Erörterungen, mit ihm beschäftigt sich auch die folgende Untersuchung: die sogenannten Fremdlasten der Sozialversicherungsträger. Schon vor einigen Jahren errechneten die Sozialversicherungsträger, der Beitragssatz zur Rentenversicherung könnte um etwa 2% niedriger ausfallen, wenn beitragsfinanzierte versicherungsfremde Leistungen aus Steueraufkommen finanziert würden[8]. Für die gesetzliche Krankenversicherung wird festgestellt: Würden die Aufwendungen für die Mitversicherung beitragsfreier Familienmitglieder in die Steuerfinanzierung überführt, so könnte der Beitragssatz zur gesetzlichen Krankenversicherung im Westen um 3,4%, im Osten immerhin um 2,4% abgesenkt werden. Der Beitragssatz zur Arbeitslosenversicherung könnte um 2,8% niedriger ausfallen, würden die arbeitsmarktpolitischen Leistungen aus dem allgemeinen Steueraufkommen finanziert[9]. Vor kurzem hat die Vertretung des Handwerks die Forderung nach Entlastung der Sozialversicherung von ihr fremden Leistungsverpflichtungen in den Mittelpunkt ihrer Forderungen gestellt[10]. Klar muß allerdings von vornherein sein: Sollen die Leistungen der

---

[7] Vgl. Institut der Deutschen Wirtschaft, Argumente Nr. 5, 1994.

[8] Vgl. *Ruland,* in: Die Sozialversicherung und ihre Finanzierung, hrsg. v. Bieback, 1986, S. 62.

[9] *Seffen,* in: Arbeitgeber Nr. 12 / 1994.

[10] Beschl. d. Vollversammlung der Bundesvereinigung der Verbände des Deutschen Handwerks vom 24.11.1994 in Aachen.

Sozialversicherung nicht wesentlich gekürzt werden, so muß jemand für diese Belastungen finanziell aufkommen. Eine entscheidende Frage ist es jedoch, ob dies gerade die Beitragszahler zur Sozialversicherung, die Arbeitgeber und die Arbeitnehmer, sein müssen, ob es nicht von Verfassungs wegen zwingend geboten ist, diese Fremdlasten, wenn sie denn im öffentlichen Interesse liegen, durch solidarische Leistungen aller Staatsbürger finanzieren zu lassen — d.h. aus Steuermitteln. Hinter dieser im folgenden zu vertiefenden nicht allein sozialrechtlichen, sondern eindeutig verfassungsrechtlichen Frage steht ein noch größeres Problem: Geht es wirklich an, die Versicherungsgemeinschaft einfach mit dem Staatsvolk gleichzusetzen? Und wenn man dies, angesichts der Zahl der sozialversicherten Bürger, erwägen wollte, so tritt das weitere Verfassungsproblem auf: Darf man die Hälfte dieser Belastungen den Arbeitgebern, einer verhältnismäßig kleine Gruppe von Bürgern auferlegen, die auf solche Weise, anderen Mitgliedern der Gemeinschaft gegenüber, eine eindeutige und schwere Sonderbelastung zu tragen haben?

II. Kritik der sozialversicherungsfremden Lasten — Sozialversicherungsbeiträge sind nicht Steuern

1. Fremdlasten — bisher ein zu weiter Begriff

a) Die PZK haben nicht zuletzt deshalb die oben dargestellte außerordentliche Höhe erreicht, weil der Sozialversicherung, damit der Versichertengemeinschaft, Aufgaben durch Gesetz zugewiesen wurden, die mit „Sozialversicherung" im Sinne der Verfassung nichts mehr zu tun haben, weil sie den Beitragszahlern der Sozialversicherung in keiner Weise zugute kommen (können). Sie liegen insoweit völlig außerhalb des Kompetenzbereichs der Sozialversicherungsträger.

Dieses Problem ist seit Jahrzehnten im Schrifttum unter dem Stichwort „Fremdlasten" eingehend diskutiert worden[11]. Die politisch Verantwortlichen hat dies nicht beeindruckt. Im Rahmen der Wiedervereinigung ist der Gesetzgeber sogar noch zu einer schwerwiegenden Verstärkung der Fremdbelastung der Sozialversicherung übergegangen, um die Leistungsfähigkeit der Träger in den neuen Ländern sicherzustellen. Vordergründig konnte dies damit legitimiert werden, daß Fremdlast ja nur sei, was den Trägern der Sozialversicherung gesetzwidrig als Aufgabe angesonnen oder von ihnen unter Gesetzesverstoß übernommen werden; die Fremdlasten beruhen aber in der Regel gerade auf einem Gesetz. Zwar verbietet § 30 II SGB IV den Trägern die Übernah-

[11] Bahnbrechend *Isensee*, Umverteilung durch Sozialversicherungsbeiträge, 1973, passim, insbes. S. 23, 42, 47 f.; *Krause*, Fremdlasten der Sozialversicherung, VSSR 1980, S. 115 ff., dort auch weit Nachw.

me sozialversicherungs-fremder Leistungen; dies führt aber schon deshalb nicht weiter, weil das Sozialgesetzbuch, ein einfaches Gesetz, den künftigen Gesetzgeber nie binden konnte[12].

Es muß also den Fremdlasten gegenüber die Verfassungsfrage gestellt werden: Welche Aufgaben darf der Gesetzgeber der Sozialversicherung deshalb nicht zuweisen, weil sie mit Sozialversicherung nichts zu tun haben? Solche Grenzen muß es geben, sonst wäre der Begriff „Sozialversicherung" völlig inhaltsleer, er stünde zur schrankenlosen Disposition des Gesetzgebers. Dies widerspräche der Judikatur des *Bundesverfassungsgerichts.* Das *Gericht* hat immer wieder[13] das Wesen der Sozialversicherung mit normativem Verfassungsrang präzisiert, und zwar im wesentlichen in einer Prägung durch die „klassische" Sozialversicherung: Deckung eines möglichen, in seiner Gesamtheit schätzbaren Bedarfs, durch Verteilung auf eine organisierte Vielheit, mit sachorientiertem Anknüpfungspunkt in den Beziehungen zwischen Versicherten und Beitragspflichtigen[14].

Besonders wichtig ist dabei, daß Sozialversicherung nicht alles sein kann, was lediglich in den herkömmlichen Organisationsformen dieses Bereichs bewältigt wird. Eine solche typische Sozialversicherungs-Organisation ist zwar unabdingbar für alles, was diesen Namen verdient[15], doch dies kann für die verfassungsrechtliche Legitimation von Abgabenbelastungen allein nicht genügen[16]. Nicht jede Gestaltung der Sozialversicherung kann schon deshalb vor der Verfassung bestehen, weil sie in Selbstverwaltungsorganisation die „Verteilung auf eine organisierte Vielheit" vornimmt. Dann nämlich hätte es eine — materiellrechtlich überhaupt nicht mehr beschränkte — staatliche Organisationsgewalt in der Hand, die übrigen verfassungsrechtlichen Zulässigkeitsvoraussetzungen leerlaufen zu lassen. Die Organisationsformen der Sozialversicherung allein legitimieren also nicht die Höhe der auf ihrer Grundlage auferlegten Belastungen. Insbesondere muß vielmehr der „Anknüpfungspunkt Beschäftigungsverhältnis" beachtet werden, und zwar kraft Verfassung.

b) Die verbreitete Kritik an den Fremdlasten[17] ist bisher politisch nahezu wirkungslos geblieben, insbesondere von der Rechtsprechung nicht aufgenommen worden[18]. Der Grund liegt vor allem darin, daß *der Begriff „Fremd-*

[12] Vgl. *Krause* (o. Fn. 11), S. 116.

[13] BVerfGE 11, 105 (112) — bis hin etwa zur Entscheidung über die Künstlersozialabgabe, BVerfGE 75, 108 (146).

[14] So die wichtige „Formelergänzung" in BVerfGE 75, 108 (147).

[15] BVerfGE 62, 354 (366).

[16] *Selmer,* Steuerinterventionismus und Verfassungsrecht, 1972, S. 370 f.

[17] Vgl. die in (o. Fn. 11) erwähnten Autoren, sowie etwa noch *Doetsch* (Hrsg.), HZS, Erläuterung zu SGb IV, 1, Gr. 2 Rdnrn. 16 f.; *Ruland* (o. Fn. 8), S. 150.

[18] Siehe *Krause* (o. Fn. 11), S. 119 f.

lasten" von Anfang an allzuweit gefaßt wurde. Man ordnete ihm alles zu, was man aus irgendwelchen Gründen nicht als Leistungen der Sozialversicherung gewährt sehen wollte. „Fremdlasten" ist so zu einem Sammelbegriff für angebliche oder wirkliche Fehlentwicklungen der Sozialversicherung als solcher geworden; dann aber konnten justiziable Verfassungsschranken daraus kaum mehr gewonnen werden.

Schon 1980 wurde berichtet[19], daß als Fremdlasten etwa bezeichnet wurden:

– Abdeckung von Risiken, die *per se keine Risiken der Sozialversicherung sein könnten,* etwa im Falle von Mutterschafts- und Haushaltshilfe, Krankengeld bei Erkrankung eines Kindes, bei der Hilfe zur Abtreibung, der Empfängnisverhütung und Sterilisation in der Krankenversicherung, bei Prävention oder Rehabilitation in der Renten- und Arbeitslosenversicherung;

– *personelle Überdehnung der Sozialversicherung,* etwa durch die Künstlersozialversicherung;

– Gewährung *von Leistungen der Sozialversicherung unter allzu erleichterten Bedingungen,* z.B. Anrechnung von Ausfall-, Ersatz- und Zurechnungszeiten, Gutbringen oder Anrechnung früherer Beiträge usw.;

– *Einbeziehung von Risiken, die in den Verantwortungsbereich eines Schädigers gehören,* oder deren *Entstehung „zu weit vom Beschäftigungsverhältnis entfernt ist";*

– *Leistungen der Sozialversicherung, die nicht nur den Angehörigen der Risikogemeinschaft, sondern schlechthin der Allgemeinheit* zugute kommen, etwa Arbeitsvermittlung, Berufsberatung, Fortbildung.

Wenn man dies als Belastung ansieht, so liegt in deren Kritik nicht viel weniger als die Forderung einer Reform der Sozialversicherung als solcher, politisch wird der Begriff zu einem zwar eindrucksvollen, aber kaum mehr faßbaren politischen Schlagwort. Undeutlich bleibt vor allem, worin denn jenes Wesen der Sozialversicherung gesehen wird, von dem sich die „Fremdlast" entfernen soll — in der Schutzbedürftigkeit, im Nutzen der Leistung, im Bezug zum Beschäftigungsverhältnis oder einfach in der Höhe der Leistungen[20].

c) Die Fremdlastenproblematik ist aber auch auf- und untergegangen in der Diskussion um die Sozialversicherungsbeiträge als „Sonderabgaben", weil das nicht Gruppenhomogene oder nicht Gruppennützige oft sogleich als

---

[19] *Krause* (o. Fn. 11), S. 117 ff. m. Nachw.

[20] Zu weit faßt daher den Begriff auch *Maschmann*, SGb 1991, S. 300 (305).

Fremdlast erschien. Dafür sprach insbesondere vieles, wenn der Arbeitgeberanteil als „fremdnützige Sonderabgaben“ bezeichnet werden konnte[21]. Zu den „Sonderabgaben“ hat das *Bundesverfassungsgericht* klare Kriterien aufgestellt[22]. Das *Bundesverfassungsgericht* hat daher, um das Gesamtsystem der Sozialversicherung zu retten, welches ja auf den Arbeitgeberbeiträgen beruht, rein kompetenzrechtlich argumentiert: Sozialversicherungsbeiträge seien keine Sonderbeiträge im Sinne dieser (Sonderabgaben-)Rechtsprechung; denn bei ihnen könne es gerade nicht zur Finanzierung allgemeiner Staatsaufgaben über nicht-allgemeine, nur einzelnen Gruppen auferlegte Abgaben kommen: Art. 74 Ziff. 12 GG gestatte ja nur eine Beitragsverwendung für die Sozialversicherung[23]. Damit schien nun auch der Fremdlast als Grenze aller Sozialversicherung die rechtliche Spitze genommen.

Dies wäre jedoch ein Kurzschluß: Der Arbeitgeberanteil ist nicht als solcher eine verfassungswidrige Sonderabgabe, und er ist auch keine „Fremdlast“; und nicht alles, was die Arbeitgeber allzusehr im Ergebnis belastet, ist auch eine sozialversicherungsrechtliche Fremdlast. Dieser Begriff ist vielmehr enger zu bestimmen:

2. Die eigentliche Fremdlast: primärer Nutzen außerhalb der Interessen der Versichertengemeinschaft

Nicht jede zu weit erscheinende Bestimmung des Kreises der Schutzbedürftigen in der Sozialversicherung und auch nicht jede Leistung, welche in ihrer Höhe als übersteigert erscheint, sollte als „Fremdlast“ bezeichnet werden. In solchen Fällen wird vielleicht zuviel an Sozialversicherungsleistung geboten, oder solchen Versicherten, die nicht eigentlich schutzbedürftig sind. Solche Grenzen aber sind weithin flexibel, wenn nicht sogar fließend; der Versichertengemeinschaft werden hier nicht etwa Belastungen aufgebürdet, die völlig außerhalb der Interessen ihres Mitgliederkreises entstehen. Bei der Definition dieses Kreises der Schutzbedürftigen beläßt die Rechtsprechung ohnehin dem Gesetzgeber einen besonders weiten Gestaltungsraum[24].

---

[21] So etwa *Arndt,* DRV 1987, S. 282 (287); ähnlich *Maunz,* in: Maunz/Dürig, GG, Art. 24 Rdnr. 174; *Picot,* RdA 1979, S. 16 (20); *Ruland* (o. Fn. 8), S. 153; ähnlich auch die Bezeichnung als „drittpersonennützige Finanzierungsabgabe“, *Wegmann,* Transferverfassungsrechtliche Probleme der Sozialversicherung, 1987, S. 143.

[22] BVerfGE 55, 274 (306 f.); 67, 256 (275 ff.); 82, 159 (179 ff.); in E 91, 186 (203) wird dies bereits als „gefestigte Rechtsprechung“ bezeichnet. Vgl. dazu *Loritz,* NJW 1986, S. 1 (2 f.).

[23] BVerfGE 75, 108 (147 ff.).

[24] Zu diesen Fragen wie überhaupt zu den im folgenden angesprochenen Problemen werden nähere Ausführungen und Hinweise in der im Verlag Duncker & Humblot, Berlin 1996 erschienenen Monographie des Verfassers: „Die verfassungsrechtliche Belastungsgrenze der Unternehmen“ („Schriften zum Öffentlichen Recht“) geboten.

Eine Fremdlast liegt vielmehr dann vor, wenn die Leistungen der Sozialversicherung, primär oder gar ausschließlich, Interessen befriedigen sollen, die außerhalb der Solidargemeinschaft der Beitragszahler der Sozialversicherung als solcher liegen. Diese Versicherungsform will ganz wesentlich das „Arbeitsplatzrisiko"[25] der Arbeitnehmer abdecken, für das (auch) die Arbeitgeber mit ihren Beiträgen einzustehen haben, dies ist ein herkömmlicher Grundgedanke des gesamten Sozialversicherungsrechts. Fremdlast ist also alles, was keine wesentliche Verbindung zur Fürsorgepflicht des Arbeitgebers als solchen gegenüber seinem Arbeitnehmer als solchem mehr aufweist. Diese Verbindung wird jedoch durch das konkrete Beschäftigungsverhältnis hergestellt, und zwar zwischen einem Arbeitgeber und einem Mitglied der Gemeinschaft versicherter Arbeitnehmer, dem das Risiko des Verlustes dieses seines Arbeitsplatzes drohen kann.

3. Eindeutige Beispiele für Fremdlasten

a) Belastungen der Sozialversicherungsträger mit Berufsförderungsaufgaben aus der Tätigkeit der Bundesanstalt für Arbeit, „Berufsvermittlung, Berufsberatung und Fortbildung" — all dies sind keine Aufgaben für die Beitragsfinanzierung[26]. Hier geht es um Begründung von Beschäftigungsverhältnissen, nicht um Risikovorsorge für deren Verlust. Es gibt keine Solidargemeinschaft von Arbeitgebern mit Personen, die noch nie Arbeitnehmer waren. Müßten die Arbeitgeber zu deren Gunsten Beiträge leisten, so würde das „Recht auf Arbeit" der dadurch Begünstigten gleichgestellt dem Recht am Arbeitsplatz, dem legitimen Interesse des Arbeitnehmers an dessen Erhaltung, an weiterer Entlohnung aus ihm. Der Kommunismus hatte einst den Arbeitgebern vorgeworfen, sie wünschten eine „industrielle Reservearmee", „möglichst wenig Beschäftigung"; heute läßt sich dies nicht etwa dahin umkehren, daß die Arbeitgeber auch noch verpflichtet seien, Leistungen für „möglichst viel Beschäftigung" zu erbringen. Es mag ihr gutes Recht sein, sich darauf einzulassen, wenn ihnen dafür im Lohnbereich Konzessionen gemacht werden. Die Schaffung von Arbeitsplätzen liegt jedoch als solche völlig außerhalb ihres Interessenbereichs als Arbeitgeber, und letztlich auch außerhalb des rechtlichen Interessenbereichs der beschäftigten Arbeitnehmer. Die Arbeitslosenversicherung schützt gegen die Folgen des Verlustes eines Arbeitsplatzes, sie ist kein Förderinstrument, um einen solchen zu finden. Arbeitsförderungsmaßnahmen lassen sich daher auch nicht mit der Begründung in die Solidarität der Sozialpartner einbeziehen, es handle sich dabei doch nur

---

[25] Siehe f. viele *Isensee,* Staatsfinanzierung im Wandel, hrsg. v. Hansmeyer, Schriften des Vereins für Socialpolitik n.F., 134 (1983), S. 435 (459); *Picot* (o. Fn. 21), S. 21; siehe *André,* ZRP 1976, S. 177 (179).

[26] *Rieker,* Rheinischer Merkur, 13.10.1995.

um eine verlängerte Form von Arbeitslosenversicherung: Diese letztere ist und bleibt Versicherung, weil sie ein Risiko abdeckt; die Arbeitsförderung soll jedoch Chancen eröffnen; eine „Versicherung auf Chancen" gibt es aber nicht.

b) Mit einem *„Bestandsschutz für ostdeutsche Rentner"* sind die westdeutschen Sozialversicherungsträger bereits vor der Wiedervereinigung belastet worden, wenn Ostdeutsche in die Bundesrepublik übersiedelten[27]. Nach 1989 hat sich dies in größtem Umfang fortgesetzt: Die Versichertengemeinschaft West mußte im Ergebnis für Leistungen an Personen aufkommen, die selbst dazu gar nichts oder nur unverhältnismäßig weniger als Arbeitgeber und Arbeitnehmer in den westlichen Ländern aufgewendet hatten. Dies konnte allenfalls aus nationaler Solidarität aller Bürger verlangt werden, nicht aber nach dem Recht einer Sozialversicherung, die von jeher auf dem Gedanken einer zwar weiten, aber doch fest umrissenen Solidargemeinschaft aufbaut[28], vor allem aber immerhin auch wesentlich auf einem Äquivalenzdenken[29], das wesentliche Beiträge der begünstigten Versicherten voraussetzt.

Diese eindeutige Überspannung der Solidargemeinschaft läßt sich auch nicht unter Hinweis auf die Zulässigkeit der Einrichtung eines Verbund- und Ausgleichssystems zwischen den (westdeutschen) Sozialversicherungs-Trägern rechtfertigen[30] — hier wurde allenfalls die Solidargemeinschaft vergrößert, aber sie bestand immer noch aus äquivalent Beiträge zahlenden Arbeitnehmern. Daß schließlich den Sozialversicherungsträgern früher sogar Stationierungslasten für fremde Truppen aufgebürdet wurden, ist schon seinerzeit mit Recht scharf kritisiert worden[31]. Diese Regelungen waren ein eindeutiger Verstoß gegen Sozialversicherungs-Verfassungsrecht und können daher auch die späteren „Rentenregelungen Ost" nicht legitimieren.

c) Wenn die Sozialversicherungsträger sich, weil insoweit nicht grundrechtslegitimiert, nicht gegen derartige wahre Fremdlasten wehren können, die ihnen durch Gesetz auferlegt werden[32], so muß eine solche Fehlentwicklung die Beitragspflichtigen, Arbeitnehmer wie Arbeitgeber, zur Anfechtung von Bescheiden berechtigten, deren Höhe zumindest teilweise auf solchen Fremdlasten beruht. Vor allem aber ist es hohe Zeit, daß der Gesetzgeber derartige verfassungsrechtliche Fehlentwicklungen korrigiert, welche nicht nur unvereinbar sind mit jeder an Gerechtigkeitsdenken orientierten Betrach-

---

[27] Siehe *Ruland* (o. Fn. 8), S. 150.

[28] Vgl. BVerfGE 25, 314 (321); 29, 221 (241); 75, 108 (154 f.); BSGE 22, 92 (94).

[29] *Isensee,* DRV 1980, S. 145 (147).

[30] BVerfGE 23, 12 (22 ff.); 36, 383 (392 ff.).

[31] Siehe etwa *Weber,* DRV 1963, S. 149 (153).

[32] Vgl. BVerfGE 21, 362; siehe dazu m. Nachw. *Krause* (o. Fn. 11), S. 119.

tungsweise, sondern darüber hinaus sogar noch gegen Grundprinzipien der Finanzverfassung, ja der demokratischen Staatsform verstoßen.

III. Fremdlasten der Sozialversicherung — eine Verletzung von Abgabengleichheit und Finanzverfassung: keine „Beiträge statt Steuern"

1. Fremdlasten — im Interesse aller Bürger

Bei den „echten Fremdlasten" der Sozialversicherung, wie sie vorstehend dargestellt wurden, wird dieser eindeutig die Erbringung von Leistungen auferlegt, die dem ausschließlichen, jedenfalls aber klar vorrangigen Interesse der Gemeinschaft aller Bürger dienen. Dies ist daher über Steuern zu finanzieren, nicht über Beiträge einzelner Gruppen von Bürgern, von Arbeitnehmern und Arbeitgebern. Seit langem wird dies mit Nachdruck gefordert[33]: Gemeinlasten, deren Finanzierung jedermann zugute kommt, dürfen nur aus Steuermitteln gedeckt werden[34]. Mit aller Klarheit hat das *Bundesverfassungsgericht* dies in der Kohlepfennigentscheidung hervorgehoben[35]. Damit zieht es nur die notwendige Folgerung aus dem Steuerbegriff[36]. Von jeher ist der dogmatische Unterschied zwischen Steuern und (Sozialversicherungs-)Beitrag anerkannt worden[37]. Dabei ist vom „Vorrang der Steuern" auszugehen, weil eben alle außersteuerlichen Abgaben, auch die Beiträge zur Sozialversicherung, besonderer Legitimation bedürfen[38]. Eine derartige Rechtfertigung kann keinesfalls in einer „allgemeinen Tendenz zu Sozialversicherungs-Beiträgen statt Steuern" als einer Form unterstaatlicher Lastenverteilung[39] gefunden werden; soweit es eine solche gibt, ist sie schlechthin verfassungswidrig. Auch aus der Kindergeldentscheidung des *Bundesverfassungsgerichts*[40] läßt sich hier nichts legitimieren. Dort hat das *Gericht* zwar ausgesprochen, es liege „im gesetzgeberischen Ermessen, den Familienlastenausgleich teilweise durch steuerrechtliche Vergünstigungen und teilweise durch das Kindergeld herbeizuführen." Doch dies mochte für die sozialversicherungsrechtliche Kin-

---

[33] Vgl. f. viele *Friauf,* DB 1991, S. 1773 (1778); *Arndt* (o. Fn. 21), S. 295; zur Position der Arbeitgeber vgl. *Berenz / Brock / Worzalla,* in: Arbeitgeber 1991, S. 381 (382 f.).

[34] *Krause* (o. Fn. 11), S. 132.

[35] BVerfGE 91, 186 (201 ff.).

[36] Dazu *Isensee* (o. Fn. 11), S. 439 ff.

[37] Siehe f. viele *Krause* (o. Fn. 11), S. 117 (133 ff.); *Picot* (o. Fn. 21), S. 19; *Selmer* (o. Fn. 16), S. 368 ff.

[38] *Wegmann* (o. Fn. 21), S. 151; *Picot,* a.a.O., S. 20.

[39] *Picot,* a.a.O, S. 17; dazu *ders.,* krit. ebd., S. 20.

[40] BVerfGE 11, 100 (116 f.).

dergeldleistung (gerade) noch diskutabel sein, mit einer Begründung, auf die sich das *Bundesverfassungsgericht* seinerzeit eben gestützt hat[41]: Das Kindergeld schließe eine bedeutende Lücke, „und zwar wiederum in einer Weise, die spezifisch ist für den Kreis derer, die nach diesem Gesetz Leistungen empfangen sollen", d.h. die Arbeitnehmer, auf welche sich eben die Fürsorgepflicht der Arbeitgeber erstrecke. Bei den vorstehend genannten Fremdlasten (Berufsförderung, Ost-Lasten) gibt es einen solchen Anknüpfungspunkt überhaupt nicht. Es ist überdies äußerst fraglich, ob man heute noch, nachdem die finanzverfassungsrechtlichen Unterschiede zwischen Beiträgen und Steuern in jahrzehntelanger Rechtsprechung des *Bundesverfassungsgerichts* präzisiert worden sind, eine Austauschbarkeit dieser Finanzierungsinstrumente weiterhin auf eine Jahrzehnte zurückliegende Entscheidung des *Bundesverfassungsgerichts* stützen kann.

Sozialversicherungsbeiträge und Steuerbelastungen sind schließlich nicht deshalb nach dem freien Willen des Gesetzgebers austauschbar, weil dieser ja *Zuschüsse zur Sozialversicherung* vorsehe[42]. Diese traditionelle, der Sozialversicherung in der Tat wesentliche Gestaltung ist nicht etwa herkömmlich damit gerechtfertigt worden, daß man auf diese Weise „Fremdlasten" der Sozialversicherung abdecken wollte[43]. Die Staatsgewalt wollte vielmehr über Steuern ein weitgehend nivellierendes Sozialversicherungssystem funktionsfähig halten; gewünscht war also ein Transfer zugunsten schwächerer Arbeitnehmer-Glieder der Versichertengemeinschaft. Dies kann nun nicht nach Belieben umetikettiert werden in eine Art von „Ablöse" immer weitergehender Fremdlasten der Sozialversicherung: Derartiges könnte allenfalls dann gelten, wenn der Gesetzgeber gerade dies ausdrücklich jeweils bei Zuschußgestaltung gewollt — und wenn er dann die Zuschüsse im einzelnen entsprechend erhöht hätte; davon kann aber nicht die Rede sein.

2. Sozialversicherungsbeiträge anstelle von Steuern — verfassungswidrig

Ein Einsatz von Sozialversicherungs-Beiträgen anstelle von Steuern, wie er bei den Fremdlasten erfolgt, ist eindeutig verfassungswidrig, seit dem Kohlepfennig-Urteil des *Bundesverfassungsgerichts*[44] bedarf dies keiner näheren Begründung mehr. Gemeinlasten müssen – wie der Begriff es bereits aussagt – von allen Bürgern getragen werden, also über Steuern; Versicherungslasten

---

[41] A.a.O.

[42] Dazu m. Nachw. *Isensee* (o. Fn. 11), S. 46 f.

[43] Mag sie nun auch gelegentlich mit diesen in Zusammenhang gebracht werden, vgl. *Ruland* (o. Fn. 8), S. 149.

[44] BVerfGE 91, 186 (201 ff.).

dagegen tragen Arbeitnehmer und Arbeitgeber allein. Übergänge kann es hier nicht geben, etwa in dem Sinn, daß solche Fremdlasten „sowohl der Versichertengemeinschaft als auch der Allgemeinheit" zugute kämen; die Folge wäre ja, daß dann alle öffentlichen Interessen zugleich zu privaten erklärt und dafür bestimmte Benutzer zur Kasse gebeten würden. Jedenfalls müßten in einem solchen Fall aber die anteiligen Lasten der begünstigten Privaten (der Versichertengemeinschaft also) vom Gesetzgeber genau anteilig beziffert werden, im Wege eindeutiger Vorteilsausgleichung. Dies ist im Falle der erwähnten Fremdlasten praktisch ausgeschlossen, es kann davon auch nicht ansatzweise die Rede sein.

Wenn einer Kategorie von Bürgern besondere Lasten für die Gemeinschaft auferlegt werden – hier: Arbeitnehmern und Arbeitgebern – so bricht dies die Abgabengleichheit, die wichtigste Ausprägung des überstaatlichen Gleichheitssatzes (Art. 3 I GG)[45]. Zugleich liegt darin noch ein schwerwiegender Verstoß gegen eine weitere unabänderliche Grundnorm der Verfassung (Art. 79 III i.V.m. Art. 20 III GG): gegen das *Demokratieprinzip*. Die Verantwortung für Gemeinschaftsinteressen liegt beim Volkssouverän, nicht bei Arbeitnehmern und Arbeitgebern. Versichertengemeinschaft und Staatsvolk dürfen nicht gleichgesetzt werden, noch weit weniger die Interessen der beitragspflichtigen Arbeitgeber mit denen aller Bürger. Wollte man eine solche Gleichsetzung vornehmen, so verstieße dies erst recht gegen demokratische Grundnormen: Die Wahrnehmung zentraler öffentlicher Interessen würde privaten Gruppen anvertraut — ausgeliefert. Dagegen wird seit langem mit Recht Front gemacht: Es liegt darin ein deutlicher Rückfall in Vorstellungen der Ständestaatlichkeit, wie sie dem Faschismus eigen waren.

Hier ist eine grundlegende Bewußtseinsveränderung bei denen angebracht, welche sich auf den Weg zu einer sozialen Volksversicherung machen und diese aus der Sozialversicherung heraus aufbauen wollen. Ob eine derartige Volksversicherung zulässig wäre, und in welchen Formen, ist eine hier nicht zu vertiefende, sicherlich aber kritisch zu untersuchende Frage. Fest steht jedoch, daß sie nicht aus der traditionellen Sozialversicherung heraus entwikkelt werden darf. Die Arbeitgeber sind nicht die Sachwalter des Gemeinwohls, sondern die Wahrer ihrer privaten Interessen und, im Rahmen der Fürsorgepflicht, der privaten Interessen ihrer Arbeitnehmer.

Arbeitgeber und Arbeitnehmer und ihre großen Organisationen dürfen in der Demokratie nicht etwas bilden wie einen Staat im Staat, der sich Verantwortung und Rechte anmaßt, welche allein der Volkssouverän und seine demokratisch gewählten Vertreter in Anspruch nehmen können. Hier muß der Ständestaat verhindert werden, der Staat der privaten Interessen. Dem Steuer-

---

[45] BVerfGE 1, 208 (243 f.); 6, 84 (91).

staat hat das *Bundesverfassungsgericht* vor kurzem in seinen Einheitswertbeschlüssen[46] klare Grenzen aus den Grundrechten gezogen. Dabei hat es auch zur Berücksichtigung der sozialen Belastungen aufgerufen. Was dem Steuerstaat nicht gestattet sein kann, darf auch dem Sozialstaat nicht erlaubt sein. Die Steuergewalt ist von jeher ein mindestens ebenso fundamentales Attribut der staatlichen Souveränität wie das Recht, Sozialabgaben aufzuerlegen. Verhindert werden muß die „Flucht des Steuerstaates in den Sozialstaat".

[46] BVerfG, NJW 1995, 2615, 2624.

Teil X

Gemeinsamer Markt Europa

Der europäische Eigentumsbegriff*

Schwächerer Eigentumsschutz als in Deutschland?

I.

Grundrechtsmüdigkeit geht um in Europa. Die Historia magistra erklärt sie; auch nach der großen Französischen Menschenrechtsrevolution hat der grundrechtliche Schwung kaum zwei Generationen seiner Zeit getragen: Mit zunehmender Demokratisierung wuchs die Erkenntnis von den „libertés inutiles", deren wuchtiger Formelschutz die fluktuierende Regelungsvielfalt des zeitangepaßten Willens der Volksvertreter nicht erreichen konnte; vor allem aber erinnerten sich diese an Rousseau, nicht an Locke: Grundrechtsschranken sind nicht Grundlage, sondern Hemmung der souveränen Herrschaft des Volkes.

Diesem Zustand nähert sich heute vor allem Deutschland. Daß der Grundrechtsbereich aus einer doch größeren Verfassungsänderung fast völlig ausgeklammert wird[1], kann Zeichen von Konsens sein — aber auch von steigender Indifferenz. Was sollten auch Grundrechte noch „nützen", die immer mehr in verfassungsgerichtlichen Großformeln erstarren, wie bei der Gleichheit[2], oder zur Inhaltsarmut verkümmern in dem „Eigentum in sozialen Bezügen"?[3] Dem Bürger bleibt die vage Hoffnung auf ein günstiges Richterwort im Einzelfall, vielleicht sieht er eine Chance im Gerichtsroulette — was hat dies noch gemein mit dem ehernen Normvertrauen der französischen Revolutionäre? Ziehen die Bürger nicht schon über eine Via Appia ihrer Freiheiten, auf deren verwitterten Monumenten sie immer wieder entziffern können: „Hier starb Freiheit in Abwägung", besonders deutlich lesbar beim Eigentum?

In dieser Grundstimmung bricht Deutschland auf nach Europa — gewiß doch nicht in Grundrechtsbegeisterung. Mit dieser seiner neuen Welt beschäftigen sich Verfassunggeber und Verfassungsrichter zentral bei der „Staatsorganisation", vor allem zum Einfluß von Volksvertretern und föderalen Ge-

* Erstveröffentlichung in: Verfassungsrecht im Wandel. Wiedervereinigung Deutschlands – Deutschland in der Europäischen Union – Verfassungsstaat und Föderalismus. Festschrift zum 180jährigen Bestehen des Carl Heymanns Verlags, 1995, S. 395–408.

[1] *Scholz*, NJW 1993, S. 1690 f.; *von Münch*, Staatsrecht I, 1993, S. 32 f.; *Hesse*, Grundzüge des Verfassungsrechts der Bundesrepublik Deutschland, 1993, S. 40 f.

[2] *Stern*, Staatsrecht III / 1, 1988, S. 1495 f.; BVerfGE 4, S. 1 (6 f.); 58, S. 163 (167 f.).

[3] BVerfGE 18, S. 121 (131); 37, S. 132 (140); 68, S. 361 (367 ff.).

bilden[4], nicht um des Grundrechtsschutzes willen. Ist je gefordert worden, wir sollten ein Europa der „stärkeren Grundrechte“ erstreben, in dem die inzwischen ausgeschliffenen Freiheitsformeln endlich wieder „nachgestellt“ würden, gehärtet? Nur eine große Freiheitsdiskussion ist um „Europa“ immer geführt worden: „Laissez faire, laissez passer!“ Doch wo bleibt die notwendige liberale Ergänzung „Laissez posséder“ — mehr Eigentumsschutz? Aufdrängt sich doch gerade die Gegenfrage: Wird „Europa“ nicht den Freiheitsschutz erweitern, Eigentumssicherung aber einschränken, wird dadurch nicht die große historische Balance der Grundrechte gebrochen, die „Freiheit und Eigentum“ hatten sichern wollen?

So ist der historische Augenblick gekommen, über den Europäischen Eigentumsbegriff nachzudenken, über den Schutz des Eigentums in jenem Europarecht, das sich immer mehr und rascher der Gestaltung der Eigentumsordnung in Deutschland überlagern wird. Wenn dies schon Euroenthusiasmus nicht wecken kann — befriedigt es wenigstens das Streben nach Eurosekurität?

Die Diskussion um europarechtlichen Eigentumsschutz hat sich in Deutschland gerade in letzter Zeit bemerkenswert intensiviert[5], sie steht damit im Rahmen der Bemühungen um einen grundrechtlichen Rechtsschutz allgemein in Europa[6]. Im folgenden ist insbesondere der Frage nach dem *Eigentumsschutz in der Rechtsprechung des Europäischen Gerichtshofs* nachzugehen: Ist er stärker als die Sicherung des Erworbenen in Deutschland — oder schwächer? Was läßt die juristische Qualität dieser Judikatur erwarten?

II.

1. Eine klare Beantwortung dieser Fragen ist in Deutschland zwingend gefordert, von Verfassungs wegen. Das Bundesverfassungsgericht hatte zunächst in „Solange I“[7] angekündigt, es werde Europarecht an deutschen Grundrechten messen, bis das Gemeinschaftsrecht einen „vom Europäischen Parlament beschlossenen und in Geltung stehenden formulierten Katalog von Grundrechten enthält, der dem Grundrechtskatalog adäquat ist“ — das konnte

---

4 Vgl. *von Münch* (Fn. 1); *Scholz*, NJW 1992, S. 2593 (2598 f.); *Isensee*, VVDStRL 49 (1990), S. 39 (62 f.).

5 Zu nennen sind insbesondere *Arndt*, Europarecht 1994, S. 77 f. *Lenz*, EuGRZ 1993, S. 585 (587); *Nicolaysen*, Europarecht I, 1991, S. 60 f.; *Pabsch*, AgrarR 1992, S. 278; *Rengeling*, Grundrechtsschutz in der EG, 1993, S. 30 ff.; *Rupp*, FS für Lerche, 1993, S. 487 ff.; *Schilling*, EuZW 1991, S. 310 ff.; *Thiel*, JuS 1991, S. 274 ff.; *Tomuschat*, EuR 1990, S. 357, vielerorts m.z.N.

6 Dazu für viele *Jann/Kirchhof*, EuGRZ 1994, S. 1 ff.; *Zuleeg*, DÖV 1992, S. 937 ff.

7 BVerfGE 37, S. 271.

doch nur bedeuten: der „keinen wesentlich geringeren Schutz gewährt als die Grundrechte in Deutschland". Diese Karlsruher Erkenntnis entsprach dem durch Europaskepsis geprägten Zeitgeist unter der sozialliberalen Koalition. Nach dem Regierungswechsel von 1982 wandelte sich dieser Geist, am Haupt der Bundesregierung wie an den Gliedern der die neue Mehrheit tragenden Bürger. In einer in der Judikatur des Bundesverfassungsgerichts wohl beispiellosen Kehrtwendung ging das Gericht in „Solange II"[8] von allen von ihm 12 Jahre früher eindeutig formulierten Kriterien ab: Das Europäische Parlament hatte keinen Grundrechtskatalog beschlossen, ein solcher stand nicht „formuliert in Geltung", und es gab noch immer nicht Grundrechte, welche denen des Grundgesetzes „adäquat" gewesen wären. Daß dies nicht nur 1986 der Fall war, daß es sogar heute noch längst nicht zutrifft, soll im folgenden am Beispiel des Eigentumsgrundrechts nachgewiesen werden. Dabei ist von der Behauptung des Bundesverfassungsgerichts auszugehen, im Hoheitsbereich der Europäischen Gemeinschaften sei „mittlerweile ein Maß an Grundrechtsschutz erwachsen, das nach Konzeption, Inhalt und Wirkungsweise dem Grundrechtsstandard des Grundgesetzes im wesentlichen gleichzuachten ist". Insbesondere sei dies durch die Rechtsprechung des Europäischen Gerichtshofs „inhaltlich ausgestaltet worden, gefestigt und zureichend gewährleistet[9].

2. Bevor diese EuGH-Rechtsprechung näher geprüft wird, ist vorab noch eine in diesem Zusammenhang auftretende Frage zu klären: Nach Art. 222 EWGV läßt der Vertrag „die Eigentumsordnung in den verschiedenen Mitgliedsstaaten unberührt". Unbestritten ist, daß sich der Rechtsschutz gegen nationale Akte, welche das Eigentum von Bürgern des betreffenden Mitgliedsstaates oder von Gemeinschaftsbürgern beeinträchtigen (könnten), nach wie vor ausschließlich nach innerstaatlichem Recht bemißt, soweit nicht der Schutz der Europäischen Menschenrechtserklärung eingreift.

Problematisch könnte jedoch sein, ob Art. 222 EWGV eine Globalverweisung des Europarechts auf die einzelnen Eigentumsrechtsordnungen der Mitgliedstaaten in dem Sinn enthält, daß es einen einheitlichen Eigentumsbegriff des Europarechts gar nicht geben könnte, dieser vielmehr in jedem Einzelfall mit Blick auf die jeweilige Rechtsordnung des betreffenden Mitgliedsstaates zu bestimmen wäre. Damit stünde der gesamte Vertrag unter dem Vorbehalt ganz unterschiedlicher nationaler Eigentumsordnungen: Möglicherweise würde aber der nationale Eigentumsschutz global in den Rang eines europäischen gehoben.

---

[8] BVerfGE 73, S. 339.

[9] Fn. 8, S. 378.

Die herrschende Lehre[10] lehnt dies mit Recht ab: Mit einem unter jeweiligem nationalen Eigentumsschutz-Vorbehalt stehenden EWG-Vertrag verlöre das Europarecht jede wesentliche, vereinheitlichende Direktivkraft gegenüber dem innerstaatlichen Recht: So könnte etwa eine Liberalisierung des Warenverkehrs nicht durchgesetzt werden, wenn damit verbundene Beeinträchtigungen betroffener Betriebe in deren Heimatstaat Eigentumsschutz genössen. Die – unstreitige – Entwicklung einer europäischen Eigentumsbegrifflichkeit (vgl. im folgenden III) wäre überflüssig, ja rechtswidrig: das „Solange II"-Urteil des Bundesverfassungsgerichts ginge ins Leere.

Der Hinweis auf die nationalen Eigentumsordnungen in Art. 222 EWGV kann also nur eine andere, spezifisch europarechtliche Bedeutung haben. Es mag naheliegen, sie in dem fortbestehenden Recht der Mitgliedsstaaten zu sehen, ihre Eigentumsordnung beliebig in öffentlicher oder privater Trägerschaft auszugestalten; damit wäre dann (lediglich) der „staatswirtschaftsneutrale" Charakter des EWGV festgelegt. Diese Frage kann hier offenbleiben; jedenfalls läßt sich der europarechtliche Eigentumsbegriff nicht aus den einzelnen nationalen Rechtsvorstellungen einfach durch Verweisung gewinnen.

III.

1. Zur Rechtsprechung des Europäischen Gerichtshofs führte das Bundesverfassungsgericht, noch dazu für Eigentum und wirtschaftliche Betätigungsfreiheit, drei Entscheidungen des Europäischen Gerichtshofs an, mit der juristisch übrigens kaum nachvollziehbaren Bemerkung, der Europäische Gerichtshof habe damit „Grundrechte, wie sie in den mitgliedsstaatlichen Verfassungen anerkannt sind, *mittelbar* als bindende Prüfungsmaßstäbe für das hoheitliche Verhalten von Gemeinschaftsorganen anerkannt" (Herv. v. Verf.).[11] Was soll „mittelbar" bedeuten — die deutschen Grundrechte binden als „unmittelbar geltendes Recht" (Art. 1 Abs. 3 GG), ist nicht damit allein schon der deutsche Grundrechtsstandard unterschritten, und zwar ganz grundsätzlich, entscheidend? Im Jahre 1986, also 27 Jahre nach Beginn der EuGH-Judikatur — drei Urteile für den Gesamtbereich der deutschen Grundrechtsartikel 12 und 14?

Auch heute, weitere acht Jahre später, ist die Rechtsprechungsbilanz des Europäischen Gerichtshofs entscheidungsarm, eher ärmlicher noch als damals. Siebzehn Entscheidungen aufzulisten gelingt Rengeling[12], der dabei sogar noch über den Bereich des „Eigentums" im Sinne des Art. 14 GG hin-

---

[10] Vgl. insbes. *Rengeling* (Fn. 5), S. 42; *Thiel* (Fn. 5); *Nicolaysen* (Fn. 5).

[11] BVerfGE 73, S. 339 (377 f.).

[12] Fn. 5, S. 32 ff.; weitere Überblicke bei *Lenz* und *Thiel* (Fn. 5).

ausgeht und – im Ergebnis zutreffend (vgl. im folgenden IV) – „Vertrauen“ und „wohlerworbene Rechte“ einbezieht. Eigentliche „Eigentumsentscheidungen“ unter diesen siebzehn Erkenntnissen sind – bei wohlwollendem Verständnis – allenfalls sechs. Das Bild ändert sich auch dann nicht wesentlich, wenn man noch einige weitere Erkenntnisse hinzunimmt[13], in denen immerhin vom Eigentum noch die Rede ist. Als „Grundsatzentscheidung zum Eigentum“ kann allenfalls das Urteil im Falle Hauer anerkannt werden[14] — also seit siebzehn Jahren keine Grundsatzerkenntnis des Europäischen Gerichtshofs in Sachen Eigentum! Mehr noch: Seit dieser Entscheidung erschöpft sich die Judikatur des Europäischen Gerichtshofs weitgehend darin, daß eine damals geprägte Formel angewendet wird, ohne daß sie näher als solche, jeweils am entschiedenen Einzelfall, verdeutlicht und damit wirklich „fortgeschrieben“ würde – ein typisches Beispiel des „Fortschleppens“ erstarrter Formulierungen über viele Jahre – im übrigen allenfalls reine „Einzelfalljudikatur“ (vgl. dazu noch unter IV, 3). Soll das ein europarechtlicher, grundrechtlicher Eigentumsinhalt sein, der dem Bundesverfassungsgericht genügen durfte, heute noch darf? Daran bestehen schon auf den ersten, quantitativ nur messenden Blick erhebliche Zweifel. Die höchstrichterliche Eigentumsjudikatur von Bundesgerichtshof, Bundesverwaltungsgericht und Bundesverfassungsgericht zum Eigentumsbegriff und zum Schutz dieses Grundrechts füllt in Deutschland viele Bände — und hier, für ganz Europa, sollen einige Seiten genügen? Ist da anderes zu erwarten als eine terrible simplification?

2. Betrachtet man die erwähnte Grundsatzformel des Europäischen Gerichtshofs, so verstärken sich die Bedenken, ob damit auch nur annähernd der deutsche Standard des Eigentumsschutzes erreicht wird.

a) Der Europäische Gerichtshof spricht zwar immer wieder vom „Grundrecht des Eigentums“, dessen „Schutz die Gemeinschaftsordnung gewährleistet“[15]. Doch was unter solchen „Grundrechten“ zu verstehen ist, wird deutlich in der Formulierung: „Nach ständiger Rechtsprechung ... gehören die Grundrechte zu den allgemeinen Rechtsgrundsätzen“ (Herv. v. Verf.), die der Gerichtshof zu wahren hat[16]. In der Tat — Rechtsgrundsätze „wahrt“, Grundrechte „schützt“ man. Das Bundesverfassungsgericht nimmt daran offenbar keinen Anstoß, es formuliert vielmehr wie folgt[17]. „Auf der Rechtsgrundlage der in dieser Weise und mit diesem Inhalt qualifizierten allgemeinen Rechtsgrundsätze des Gemeinschaftsrechts hat der Gerichtshof ... Grundrechte ... mittelbar als Prüfungsmaßstäbe herangezogen“. Für den Europäischen Ge-

[13] So etwa Slg. 1979, S. 2749; 1982, S. 4261; 1984, S. 3881; 1987, S. 49.

[14] Slg. 1979, S. 3727.

[15] Vgl. etwa Slg. 1980, S. 1979 (1996).

[16] So z.B. Slg. 1989, S. 2237 (2267).

[17] BVerfGE 73, S. 339 (379 f.).

richtshof ist das Eigentumsgrundrecht ein solcher Rechtsgrundsatz, für das Bundesverfassungsgericht sind solche Rechtsgrundsätze (also auch das Eigentumsrecht?) „Grundlage“ für die Heranziehung von Grundrechten. Die Formulierungen sind derart unklar – die des Bundesverfassungsgerichts schlechthin unjuristisch –, daß sich nicht einmal Konsens oder Dissens zwischen den beiden obersten Gerichten eindeutig feststellen läßt.

Wahrscheinlich ist, daß der Europäische Gerichtshof, wie in den meisten, vor allem in den wichtigen „formalen“ Fragen des Europarechts, Rechtssprache und Rechtsvorstellungen Frankreichs zugrunde legt: Dort aber sind die Grundrechte in der Tat nur als „Rechtsgrundsätze“ übernommen, seit der Verfassung von 1946. Der französische Verfassungsrat mag sie nun immer mehr zu „Normen“ im deutschen Rechtsverständnis entwickeln. Nach diesem ist und bleibt aber zwischen „Rechtsnorm“ und „Rechtsgrundsatz“ ein nicht unwesentlicher – hier nicht zu vertiefender – Unterschied jedenfalls insoweit, als „Rechtsgrundsatz“ in besonderer Weise allgemeines, nicht voll bestimmtes und daher konkretisierungsbedürftiges Recht bezeichnet. Grundrechte aber sind nach deutscher Rechtsauffassung mehr als „Rechtsgrundsätze“ — wie übrigens auch für die französischen Revolutionäre, die für ihre Rechte, nicht für „Grundsätze“ zu sterben bereit waren.

Wie immer dies erklärt werden mag — im Begriff der „Rechtsgrundsätze“ liegt eine Allgemeinheit, Konkretisierungsbedürftigkeit, wenn nicht abgeschwächte Wirklichkeit, die gerade beim Eigentum wohl vielen auch in Deutschland gefallen mag, aber eine sehr allgemeine und virtuelle, gerade deshalb jedoch besonders gefährliche, weil unabsehbare, Abschwächung des Grundrechtsschutzes zumindest bedeuten könnte.

b) Daß eine solche Befürchtung nicht von der Hand zu weisen ist, zeigt die nähere Analyse der „Eigentumsformel“ der Entscheidung „Hauer“[18]. „Eigentumsrecht wird in der Gemeinschaftsrechtsordnung gemäß den gemeinsamen Verfassungstraditionen der Mitgliedstaaten gewährleistet, die sich auch im Zusatzprotokoll der Europäischen Menschenrechts-Konvention widerspiegeln“.

– *„Eigentumsrecht gemäß Verfassungstraditionen“* ist an sich schon problematisch, als allgemeine Umschreibung eines grundrechtlichen Schutzbereichs, zumal in einem so komplexen Bereich wie dem des Eigentums. Das Bundesverfassungsgericht geht jedenfalls mit dem „Rückgriff auf Tradition“ recht sparsam um — gerade beim Eigentum, wo es eine „traditionsträchtige“ Inhaltsbestimmungsformel seit langem nicht mehr verwendet[19].

---

[18] Vgl. Fn. 14.

[19] BVerfGE 2, S. 380 (402); 11, S. 64 (70); vgl. auch E 14, S. 263 (278).

Vor allem aber: Was sind denn „gemeinsame Verfassungstraditionen der Mitgliedstaaten“? Ein Überblick[20] hinterläßt dem Juristen Ratlosigkeit: Über die Grundrechtsqualität finden sich unterschiedliche Formulierungen: In Frankreich und Irland „natürliches“, ja überpositives Recht, in anderen Ländern nicht, jedenfalls nicht ausdrücklich proklamiert; nähere Regelungen bestehen in einigen Ländern für bestimmte Schutzbereiche – etwa in Griechenland oder Italien – in den anderen nicht; in mehreren Staaten gibt es keinerlei Regelung über Inhaltsbestimmung des Eigentums – so in Belgien, Luxemburg, den Niederlanden und Dänemark, aber auch in Frankreich –; in anderen – Italien und Deutschland – ist wenigstens ein allgemeines Normierungsrecht des Gesetzgebers festgelegt; in Irland wiederum ist nach den Grundsätzen der sozialen Gerechtigkeit zu gestalten. Nicht einmal die Enteignung ist überall auch nur annähernd gleich geregelt — die irische Verfassung enthält dazu nichts, in Dänemark wird vollständige, in Luxemburg „gerechte“, in Deutschland angemessene Entschädigung gewährt. Und England, einer der wichtigsten Staaten, hat gar keine vergleichbare Verfassungstradition!

Nimmt man hinzu, daß dieser schon nach dem Wortlaut der Verfassungsformeln völlig heterogene Eigentumsschutz überdies noch in jedem einzelnen Staat durch eine vielfältige und eingehende Rechtsprechung der Zivil-, Verwaltungs- und Verfassungsgerichte näher ausgeformt ist – worauf es doch entscheidend ankommt; nirgends steckt ja der Teufel im Detail wie beim Eigentum – so bleibt nur festzustellen: Faßbare „gemeinsame Eigentumstraditionen“ der Mitgliedstaaten gibt es entweder überhaupt nicht, oder nur über einem derart kleinen gemeinsamen Nenner, daß der Europäische Gerichtshof daraus keinerlei faßbaren, normativen „Maßstab des Gemeinschaftsrechts“ ableiten kann – und in der Tat hat er solches ja auch – soweit ersichtlich, bisher nie ernstlich versucht. Dies würde gesicherte Ergebnisse einer öffentlich-rechtlichen Rechtsvergleichung voraussetzen, die es schlechthin in diesem Bereich nicht gibt[21] — sonst hätte sie das Bundesverfassungsgericht in „Solange II“ zitiert, seriöserweise zitieren müssen. Hier ist ein hartes Wort am Platze: Der Hinweis auf „gemeinsame Verfassungstraditionen“ — das sind leere Worte.

Die EMRK (Art. 1 des Ersten Zusatzprotokolls) lautet: „Jede natürliche oder juristische Person hat ein Recht auf Achtung ihres Eigentums. Niemandem darf sein Eigentum entzogen werden, es sei denn, daß das öffent-

---

[20] Vgl. etwa *Rengeling* (Fn. 5), S. 30 ff.; *Pabsch* (Fn. 5).

[21] Wer sich einmal im konkreten Fall mit eigentumsrechtlicher Rechtsvergleichung befaßt hat, kann ein Lied davon singen; nur ein Beispiel: Umweltschutzauflagen gelten in Deutschland als durch Sozialpflichtigkeit im Zweifel gedeckte Beschränkungen des Eigentums, in Frankreich werden sie unter dem – völlig anderen – Begriff der servitudes diskutiert, was für die Entschädigungspflicht Bedeutung gewinnen kann.

liche Interesse es verlangt, und nur unter den durch Gesetz und die allgemeinen Grundsätze des Völkerrechts vorgesehenen Bedingungen. Die vorstehenden Bestimmungen beeinträchtigen jedoch in keiner Weise das Recht des Staates, diejenigen Gesetze anzuwenden, die er für die Regelung der Benutzung des Eigentums in Übereinstimmung mit dem Allgemeininteresse oder zur Sicherung der Zahlung der Steuern, sonstiger Abgaben oder von Geldstrafen für erforderlich hält".

Diese Formulierung ist als solche einigermaßen faßbar; doch auch sie wirft zahlreiche ungelöste Fragen auf, wie etwa: In der EMRK sollen sich „die gemeinsamen Verfassungstraditionen der Mitgliedstaaten widerspiegeln" — was soll das heißen? Und soweit es sie gar nicht gibt (vgl. vorstehend) — wie sollen sie sich da „widerspiegeln"? Als Definitionsgrundlage für europäisches Eigentumsrecht ist daher die EMRK an sich schon völlig ungeeignet. Was heißt ferner „Achtung" — ist dies identisch mit „Garantie" des Eigentums? Wer definiert dessen Inhalt? Ist entschädigungslose Enteignung zulässig, wenn das Gesetz dies vorsieht – usw. usf., bis hin etwa zu der Einzelfrage, ob Steuergesetze das Eigentum schrankenlos belasten dürfen – oder nur in den, allerdings sehr weiten, vom Bundesverfassungsgericht gezogenen Grenzen[22].

Eine solche Formulierung wäre, schon weil mit derart allgemeinen Problemen belastet, nach deutschem Recht, nach „deutscher Rechtstradition" jedenfalls, völlig ungenügend, ja wohl sogar rechtsstaatlich bedenklich. Und dies soll nun als europäischer Grundrechtsschutz genügen?

– Hinzu kommt noch ein gewissermaßen „ungeschriebener" Regelungs-, ja Einschränkungsvorbehalt für das „europäische Eigentum": *die notwendig zu wahrende Vereinbarkeit mit Zielen und Zwecken der Gemeinschaft.* Diese müssen ja vor allem Eigentumsschutz Vorrang haben, weil sich „die Schranken, getreu der Grundrechtsdogmatik des Gerichtshofs, an den Zielen der Gemeinschaft orientieren"[23]. Der Europäische Gerichtshof hat dies denn auch – vorsichtig – angesprochen[24]: Die Gewährleistung müsse zwar von den gemeinsamen Traditionen getragen sein, habe sich aber auch in die Struktur und Ziele der Gemeinschaft einzufügen. Da diese Gemeinschaft, heute mehr denn je, in dynamischer Fortentwicklung steht, können ihre Zwecke und Ziele nur nach dem jeweils erreichten Status bestimmt werden. Also Eigentumsschutz nach Entwicklungszustand der Gemeinschaft, unter einem Vorbehalt, der nicht rechtlich formuliert ist, gar nicht formuliert werden kann. Hier ist übrigens wohl auch keinerlei (Ent-

---

[22] BVerfGE 19, S. 119 (128 f.); 50, S. 57 (104).

[23] *Lenz* (Fn. 5), S. 588.

[24] Vgl. etwa Slg. 1970, S. 1125, 1161.

eignungs-)Entschädigung vorgesehen, mögen die Belastungen noch so schwer sein. Oder wäre der Europäische Gerichtshof bereit, die Durchsetzung dieser Ziele den Gemeinschaftsbürgern abzukaufen? Jedenfalls ist dies alles völlig offen.

Das *Fazit* für die allgemeine Formel des europäischen Eigentumsschutzes kann nur sein: Wenn es ihn rechtlich faßbar überhaupt geben soll, so tendiert die Rechtssicherheit seiner Gewährleistung gegen Null. Überprüfen wir dies nun noch näher an Hand der EuGH-Judikatur zu einigen Beispielen hinsichtlich des Schutzbereichs und der Einschränkungsmöglichkeiten des Eigentums nach Europarecht.

IV.

1. Zum *Schutzbereich* ergibt sich eine ganz allgemeine Unsicherheit bereits daraus, daß der Europäische Gerichtshof es sich vorbehält, den „spezifischen Gegenstand" des jeweiligen Eigentums zu bestimmen[25], und zwar unabhängig von gesetzlichen Bestimmungen des betreffenden Mitgliedstaates[26]. Das kann nur bedeuten, daß der Schutzbereich der Bestimmung im Einzelfall unterliegt — eine nach deutschem Recht unerträgliche Unklarheit; es fehlt jede allgemeine Aussage zum Schutz vermögenswerter Rechtspositionen, und es wird auch keine eindeutige kategorienmäßige Zuordnung solcher Rechtspositionen zum Schutzbereich des Eigentums ersichtlich. Dies gilt letztlich auch für zwei immerhin vom Europäischen Gerichtshof näher angesprochene Komplexe:

– Das *Recht am eingerichteten und ausgeübten Gewerbebetrieb* hat der Europäische Gerichtshof als solches nie positiv gesichert[27]. Festgestellt hat er nur – und zwar negativ –, daß Erwerbschancen nicht geschützt seien[28]. Dies mag mit der herrschenden Lehre und Rechtsprechung in Deutschland übereinstimmen, doch mehr als eine Quasi-Selbstverständlichkeit ist damit nicht ausgesagt; der problematische Schutz des „Gewerbebetriebs als solchen" – oder nur der „Betriebsmittel" – bleibt letztlich doch offen[29]. Zu den schwierigen Fragen dieses Bereichs ist der Europäische Gerichtshof auch nicht ansatzweise vorgedrungen.

---

[25] Entschieden im Fall von Art. 36 EWGV, vgl. Slg. 1971, S. 487 (500), doch muß dies wohl allgemein gelten.

[26] Slg. 1974, S. 1147 (1163); Slg. 1976, S. 1039 (1062).

[27] Vgl. etwa Slg. 1980, S. 907 (1010); Slg. 1984, S. 4057 (4079).

[28] Slg. 1980, S. 907 (1010).

[29] Auch *Rengeling* (Fn. 5), S. 46, der dem EuGH hier einiges abgewinnen will, bleibt zurückhaltend.

– Der *Eigentumsschutz öffentlich-rechtlicher Rechtspositionen* wird zwar vom Europäischen Gerichtshof ausdrücklich angesprochen, aber nur referierend unter Hinweis auf deutsches Recht; eine Entscheidung dazu ist nicht gefallen, die schwierige und in Deutschland vieldiskutierte Frage wird im einzelnen nicht einmal ansatzweise behandelt[30]. Ob sich aus dem Schutz von „Vertrauen“ oder „wohlerworbenen Rechten“ hier eine gewisse Kompensation des Eigentumsschutzes ergeben könnte[31], ist noch unter 4 gesondert zu behandeln.

Festzuhalten bleibt: Keine der problematischen und in Deutschland auch kontroversen Fragen des Schutzbereichs des Eigentums hat die EuGH-Rechtsprechung auch nur näher berührt, von der allgemeinen Problematik der „eigentumsgeschützten Rechtspositionen“ bis zu Einzelfragen des Eigentumsschutzes des Baurechtes, dessen Bestandsschutz, von Nutzungen des (insbesondere Grund-)Eigentums. Die Aussagen der europäischen Judikative sind hier punktuell und rudimentär.

2. Keine geringeren Bedenken erwecken die Feststellungen zu den *„Schranken des Eigentums“*, an denen sich jeder rechtliche Eigentumsschutz vor allem muß messen lassen. Der Europäische Gerichtshof hat – wohl aus den italienischen Verfassungen (Art. 42 Abs. 2) – den Begriff von der „Funktion“ des Eigentums übernommen[32], der sich ja auch in deutscher Judikatur findet. Abgesehen von der allgemeinen Problematik, Grund-Freiheiten auf eine „Funktion“ einschränkend festlegen zu wollen[33] — ob hier Aufgabe, Bezug oder Beschränkung gemeint sein soll, wird in der – unerklärten – Formulierung nicht klar. In den deutschen Versionen ist überdies zunächst – etwa im Fall „Hauer“ – von der „sozialen“, später[34] und laufend von der „gesellschaftlichen“ Funktion des Eigentums die Rede. Sollte dies identisch sein, so wäre zu klären, ob dies jenen „sozialen Bezügen“ nach der Rechtsprechung des Bundesverfassungsgerichts entsprechen soll, die sich vor allem aus der Angewiesenheit Dritter auf das Eigentum ergeben[35], oder ob es als eine noch weitergehende Einschränkungsmöglichkeit verstanden werden muß; hier könnten dann Grenzen wohl gar nicht mehr gezogen werden. Nähere Aussagen, etwa zum deutschen allgemeinen Begriff der „Sozialpflichtigkeit“ oder zur „konkreten“ Einschränkung wie der „Situationsgebundenheit“, kommen überhaupt nicht vor.

---

[30] Vgl. Slg. 1978, S. 1925.

[31] Siehe dazu etwa Slg. 1976, S. 1079 (1109).

[32] Vor allem in der Grundsatzentscheidung *Hauer*, Slg. 1979, S. 3727 (3746 ff.).

[33] Für die Meinungsfreiheit könnte dies dann etwa bedeuten, daß sie nur zur Erfüllung der „demokratischen Funktion der Schaffung einer öffentlichen Meinung in politicis“ verfassungsgeschützt sei.

[34] Vgl. insbes. Slg. 1989, S. 2237 (2267 f.); EuZW 1992, S. 120 (122).

[35] Vgl. BVerfGE 79, S. 292 (301 ff.); 83, S. 82 (86) und Fn. 3.

Der Europäische Gerichtshof bietet nicht mehr als allerallgemeinste Hinweise auf das *„öffentliche Interesse"* als Beschränkungslegitimation, behält sich allerdings die Prüfung vor, ob die Einschränkungen des Eigentums zu diesem Zweck, wie zu den Zwecken der Gemeinschaft, auch *tatsächlich* notwendig sind. Was als legitimes öffentliches Interesse anzusehen ist, wird aber weder ganz allgemein, noch auch nur kategorienmäßig näher verdeutlicht. Die Nennung globaler Materien[36] kann dies natürlich nicht ersetzen.

3. „Schranken des Eigentums" könnten auch dadurch geklärt werden, daß der *„Wesensgehalt"* dieses Grundrechts positiv bestimmt würde. Seit der Entscheidung im Falle „Hauer" findet sich dieser Begriff in der EuGH-Rechtsprechung, wenn dort vom Eigentum die Rede ist[37], stets jedoch als Definitionselement der *„Verhältnismäßigkeit"*: Diese sei als „allgemeiner Rechtsgrundsatz des Gemeinschaftsrechts" zu beachten[38]. Verletzt sei sie dann, wenn das Eigentumsrecht „in seinem Wesensgehalt" angetastet werde. Nun spielt zwar sicher die Verhältnismäßigkeit im deutschen – wie wohl in jedem der europäischen – Eigentumsrechte eine bedeutsame Rolle. Sie kann aber, jedenfalls nach deutschem Recht, nicht ohne weiteres aus einem „Wesensgehalt" definiert werden; denn sie verlangt ja eine Abwägung, in welcher das besonders schwere Gewicht des Wesensgehalts nur ein Beurteilungselement darstellt. Diese notwendige Verbindung von „Wesensgehalt" und „Verhältnismäßigkeit" wirkt also, nach deutschen Rechtsvorstellungen, eher verunklarend.

Welche „absolute" Schranke sich aber aus einem „Wesensgehalt" ergeben könnte — das hat der Europäische Gerichtshof, mit Bezug auf deutsches Recht, angesprochen, dazu aber nur erklärt: Dieser Wesensgehalt sei nicht verletzt, weil im konkreten Fall der Klägerin nur Absatzchancen genommen, aber „weder ihr Eigentum noch dessen freie Nutzung" entzogen worden sei[39]. Der Begriff des „Wesensgehalts" bleibt mit derartigen, eigentumsdogmatisch unbrauchbaren Formulierungen schlechthin offen. Aussagen etwa zum Begriff der „Privatnützigkeit", mit dem in Deutschland jedenfalls eine annähernde Bestimmung des Wesens des Eigentums Privater versucht wird, sind nicht ersichtlich. Und die Verhältnismäßigkeit gibt – insbesondere wenn auf der Gegenwaagschale das massive Gemeinschaftsinteresse erscheint – praktisch eher noch weniger Eigentumssicherheit als in Deutschland.

---

[36] Im Fall *„Hauer"* (Slg. 1979, S. 3727 (3746 ff.)) werden nur Materien genannt, in denen zum Schutz öffentlicher Interessen Einschränkungen in den Mitgliedstaaten durch Gesetz angeordnet worden sind — von der Landwirtschaft über den Umweltschutz bis zum Städtebau.

[37] Slg. 1979, S. 3727 (3746 ff.); Slg. 1986, S. 2519 (2544 ff.); Slg. 1989, S. 2237 (2267 f.); EuZW 1991, S. 313 (317) usw.

[38] Vgl. etwa Slg. 1980, S. 1979 (1996 ff.).

[39] Slg. 1984, S. 4057 (4079 f.).

4. Fraglich könnte sein, ob diese prekäre Eigentumssicherung des Europarechts durch den *Vertrauensschutz* oder den *Schutz wohlerworbener Rechte* in der Rechtsprechung des Europäischen Gerichtshofs in etwa kompensiert werden kann.

– Für den *Vertrauensschutz* ist dies behauptet worden[40]. Dagegen bestehen erhebliche Bedenken. Das „Vertrauen" wird zwar gemeinschaftsrechtlich geschützt[41]. In den konkreten Fällen hat es den Betroffenen jedoch nichts genützt: denn es ist fast schrankenlos relativiert worden, etwa durch eine „ständige Rechtsprechung", daß „auf dem Gebiet der gemeinsamen Marktorganisationen, deren Zweck eine ständige Anpassung an die Veränderung der wirtschaftlichen Lage mit sich bringt, die Marktbürger nicht darauf vertrauen dürfen, daß sie Beschränkungen nicht unterworfen werden, die sich aus eventuellen marktpolitischen oder strukturpolitischen Bestimmungen ergeben"[42] — was kann das nicht alles sein? Und übrigens: Vertrauensschutz, selbst wenn es ihn gäbe, hat eben, als ein rechtsstaatlicher Grundsatz, „eine eigene Ausprägung und verfassungsrechtliche Ordnung erfahren"[43]. Wäre es wirklich vorstellbar, das Eigentumsgrundrecht aus dem Grundgesetz zu streichen und statt dessen Eigentum nur über Rechtsstaatlichkeit zu schützen? Niemand wird dies annehmen; auch im Europarecht kann hier allenfalls punktuelle Kompensation zu schwacher Eigentumssicherung erfolgen — und auch sie ist bisher nirgends recht ersichtlich.

– *„Wohlerworbene Rechte"* können grundsätzlich Schutzgegenstand sein[44]. Die entsprechenden Entscheidungen zeigen allerdings größte Zurückhaltung. Hier steht im übrigen der romanisch-rechtliche Rechtsbegriff der „droits acquis" im Mittelpunkt, den das deutsche Recht als solchen nicht kennt. Es mag hinstehen, ob er dem Begriff der „verfassungsrechtlich geschützten Rechtsposition" auch nur nahekommen kann; nähere Aussagen hierzu fehlen in der Judikatur[45]. Von einer echten Kompensation schwachen Eigentumsschutzes durch Sicherung des Vertrauens und „wohlerworbene Rechte" kann also nicht gesprochen werden.

---

[40] Siehe *Rengeling* (Fn. 5), S. 54 unter Hinw. auf *Pernice*.

[41] Siehe die Rechtsprechungsnachweise zusammengestellt bei *Rengeling* (Fn. 5), S. 49 f.

[42] EuGH EuZW 1992, S. 155.

[43] BVerfGE 45, S. 142 (168).

[44] Slg. 1976, S. 1097 (1109); 1243 (1251).

[45] Wenig zu entnehmen ist der offenbaren Leerformel in den Ausführungen des Generalanwalts *Lenz*, öffentlich-rechtliche Rechtspositionen können geschützt werden, „wenn dadurch Bechtspositionen geschaffen sind, die denjenigen von Eigentümern nahekommen" (Slg. 1984, S. 3811 f.).

5. Die *Entschädigungsfrage* bei Teil- oder Totalentzug des Eigentums ist bisher vom Europäischen Gerichtshof überhaupt noch nicht näher behandelt worden. Was aber wäre in Deutschland ein Eigentumsrecht ohne Entschädigungsregelung, Art. 14 Abs. 1 GG ohne Art. 14 Abs. 3 GG und die Aufopferungsrechtsprechung des Bundesgerichtshofs — ein nullum. Solange eine entsprechende Klärung also nicht durch den Europäischen Gerichtshof erfolgt ist, „ist eine klare Richtlinie für einen grundrechtlichen Eigentumsschutz im EG-Recht nicht zu finden“[46].

V.

1. Das Ergebnis ist nicht ernüchternd[47], sondern bestürzend. Der europarechtliche Schutzstandard des Eigentums liegt schon deshalb weit unter dem deutschen, weil dort mit einer Vielzahl weithin aussageloser Allgemeinformeln gearbeitet wird, und überdies der Eigentumsschutz unter dem juristisch nicht mehr faßbaren Vorbehalt einer Gemeinschaftsentwicklung steht, die sich ja nun, in besonderem Maße, dynamisch vollziehen soll. Wer da etwa die Übersicht über die deutsche Eigentums- und Enteignungsjudikatur von *Krohn / Löwisch*[48] oder *Nüßgens / Boujong*[49] mit dem vergleichen will, was sich mit größter Anstrengung und in extremer Auslegung gerade noch aus den Urteilen des Europäischen Gerichtshofs herauslesen läßt, der kann nur zu dem Ergebnis kommen, daß es ein „europäisches Eigentumsrecht“, das diesen Namen verdiente, schlechthin heute nicht gibt, nach dreieinhalb Jahrzehnten EuGH-Rechtsprechung.

Die deutschen Eigentümer müssen jedenfalls mit einer *wesentlichen Abschwächung ihres Grundrechtsschutzes gegenüber gegenwärtigen deutschen Standards rechnen.* Allgemein können sie etwa weder den Schutz der Privatnützigkeit ihres Eigentums, noch (jedenfalls) grundsätzliche Verkehrswertentschädigung verlangen: in konkreterer Fallgestaltung dürfen sie z.B. weder Eigentumsschutz für „sich anzubietende Nutzungen“ erwarten, noch für ihre Baurechte; und sie wissen überhaupt nicht, wann ihnen europarechtlich Entschädigung zusteht, nach welchen Kriterien — nach Schwere des Eingriffs, Sonderopfer oder ähnlichem mehr.

2. Dies ist nicht nur die negative Folge einer bestimmten Art von Verfahren, die eben, allein, vertragsbedingt den Europäischen Gerichtshof erreichen;

---

[46] *Thiel* (Fn. 5), S. 281.

[47] Als solches wird es in allen neueren vertiefenden Untersuchungen auch im Ergebnis empfunden, vgl. *Rengeling* (Fn. 5) am Ende; *Schilling* (Fn. 5) am Ende; *Thiel* (Fn. 5) am Ende; *Tomuschat* (Fn. 5).

[48] *Krohn / Löwisch*, Eigentumsgarantie, Enteignung, Entschädigung, 1984.

[49] *Nüßgens / Boujong*, Eigentum, Sozialbindung, Enteignung, 1987.

es ist auch das notwendige Ergebnis einer tieferen Strukturschwäche des gesamten europäischen Rechts des Grundrechtsschutzes, ja des gesamten materiellen Europarechts: Hier treffen einerseits völlig unterschiedliche Rechtskulturen zusammen, vor allem die romanische, die angelsächsische und die deutsche — zum anderen weithin unvergleichbare dogmatische, wissenschaftliche, ja geistige Entwicklungsstufen der einzelnen Rechtsordnungen. Niemand wird doch ernstlich behaupten wollen, daß insoweit deutsches, französisches, italienisches oder englisches Recht mit den Rechten Irlands, Portugals oder Griechenlands ohne weiteres vergleichbar sei. Gerade der hohe Entwicklungsstand der ersterwähnten Rechtskulturen, die über ein in Generationen, wenn nicht Jahrhunderten entfaltetes Eigentumsrecht verfügen, läßt die Schaffung eines einheitlichen europäischen Systems als eine juristisch nahezu unlösbare Aufgabe erscheinen. Hierzu müßten ja nicht nur die weitgehend völlig heterogenen öffentlich-rechtlichen Traditionen des Eigentumsschutzes sorgfältig analysiert und vertiefend rechtsvergleichend — nun wirklich einmal „aufgearbeitet“ werden, was über die Aufgabe rechtsvergleichender „Länderberichte“ weit hinausgeht; zusätzlich, und damit verzahnt, wäre auch noch das bürgerliche Sachenrecht entsprechend zu behandeln, ist doch das Eigentumsrecht gerade an der Schnittstelle öffentlichen und privaten Rechts angesiedelt. Privatrechtliche Rechtsvergleichung hat aber bisher, aus gutem Grunde, noch immer vorwiegend andere Schwerpunkte gesetzt, nämlich im Obligationenrecht, beim rechtsgeschäftlichen Verkehr überhaupt, bis hin zum Familienrecht. Nicht umsonst war ja auch die „Verlustliste der Rechtseinheit“ bei der deutschen Rechtsintegration 1871, im EGBGB, besonders lang zum Recht des Eigentums.

3. Dies alles wäre noch nicht Grund zu juristischem Europessimismus, es würde nur die Größe der anstehenden Aufgabe zeigen, gäbe es heute Ansatzpunkte für eine Entwicklung europäischen Eigentumsschutzes, der in etwa den deutschen Maßstäben entspräche — so wie es eben „Solange II“ erwartet hatte. Doch davon kann nach den Ergebnissen dieser Betrachtung auch nicht annähernd die Rede sein — im Gegenteil: Der Europäische Gerichtshof verfestigt immer mehr seine Judikatur in einigen wenigen Großformeln, aus denen er dann, in schwer im einzelnen nachvollziehbarem Subsumtionsvorgang, die Entscheidung im Einzelfall gewinnt. Was nahezu durchgehend fehlt, sind die „Zwischenglieder“: Subformeln, Konkretisierungen der allgemeinen Grundsätze für bestimmte Fallgruppen. Nur daraus aber kann ein echtes Eigentumsrecht wachsen, mit einer selbständigen, faßbaren Dogmatik. Allein schon die Tatsache, daß das Schrifttum sich heute ständig genötigt sieht, auf die Einzelfallergebnisse des Europäischen Gerichtshofs einzugehen, aus ihnen erst irgendwelche – meist gar nicht belegbare – Subformeln zu entwickeln, zeigt einen rudimentären, ja unterentwickelten Rechtszustand im europäischen Grundrechtsschutz: Er verliert sich in nahezu reinem Case Law — doch diese

Richter stehen nicht in dessen jahrhundertelangen angelsächsischen Traditionen; und deutsche Juristen sind schlecht darauf vorbereitet, derartiges reines Fallrecht sachgerecht zu normativieren.

„Solange" aber vor allem der Schutz deutschen Eigentums hinter kaum faßbaren „Zwecken und Zielen der Gemeinschaft" schlechthin zurücktreten muß, kann es – man möchte schon fast sagen: ex definitione – einen europäischen Grundrechtsschutz nicht geben. „Grundrechte nach Staatenvertrag", „nach Einigung" jener Mächte, die sie einschränken sollen — was wäre das für eine Freiheit?

4. Gängiger rechtspolitischer Mode entspricht es, die Übernahme der „hohen deutschen Standards" in das Europarecht zu fordern — vom Unlauteren Wettbewerb bis zum Immissionsschutz. Sollte über all dem nicht die unbedingte Forderung stehen, den unbestreitbar höchstrangigen deutschen Grundrechtsstandard, den deutschen Eigentumsstandard vor allem, nach Europa zu tragen?

Und sollte nicht noch eine weitere Forderung sich anschließen, welche dies verfahrensmäßig absichern müßte: daß sich der Europäische Gerichtshof zu Entscheidungsbegründungen bequemt, welche den juristischen Standards des RG, des BGH, des BVerfG entsprechen, in der Sorgfalt der Begründungen und in ihrer Vertiefung? Der deutsche Grundrechtsschutz ist zuallererst Ausdruck dieser judikativen Kultur Deutschlands. Darauf hinzuweisen ist nicht unangebrachter Stolz, sondern Dienst an der Bürgerfreiheit. Anderenfalls wäre der Weg vorgezeichnet zu einer „äußersten-Rahmen-Rechtsprechung", wie sie für internationale Gerichtsbarkeit typisch sein mag, im Europarecht aber keinesfalls genügen könnte.

5. Wie soll – am Ende darf ein Hochschullehrer diese Frage stellen – materielles Europarecht je in System und Dogmatik eine wirklich selbständige Rechtsmaterie und damit lehrbar werden, wenn in einem seiner Kernbereiche der Hohlraum juristischer Leerformeln sich ausbreitet? Europafreundlichkeit, ja Europabegeisterung helfen hier nicht weiter, über juristisch-technische Defizite, über Grundentscheidungs-Armut tragen sie nicht hinweg; ein optimistisches, geduldiges „Warten auf … ", auf Eigentumsschutz zumal, kann diesen letzteren nicht ersetzen. Wenn der Europäische Gerichtshof nicht bald zu einer dichten Grundsatzjudikatur übergeht – und wenig spricht dafür – dann ist „Solange III" allzulange schon überfällig[50]. Gelehrt werden können nicht europarechtliche Leerformeln. Der Weg kann letztlich nur über die Integration des Eigentumsrechts der Partnerländer führen. Ein berühmtes Wort könnte man hier abwandeln: „Suchet zuerst das Recht eurer Partner und ihre (Eigentums-)Gerechtigkeit — und alles andere (ein europäischer Eigentumsschutz) wird euch dazugegeben werden" …

---

[50] Vgl. die bedenkenswerten Ausführungen von *Scholz*, NJW 1990, S. 941 f.

Die Zulässigkeit der Subventionierung deutscher Steinkohle zur Verstromung nach europäischem Recht*

I. Vorbemerkungen

Anders als bei der Betrachtung der Steinkohlesubventionierung nach innerstaatlichem Recht[1] steht bei einer Überprüfung am Maßstab des Gemeinschaftsrechts nicht die Rechtsform der Subventionierung im Vordergrund, sondern deren Höhe, ihre Wirkung auf die gemeinsamen Märkte und den Handel zwischen den Mitgliedstaaten. Die Rechtsformen, in denen diese Förderung geboten wird, sind dabei, wie sich zeigen wird, weithin gleichgültig — mit Ausnahme der gemeinschaftsrechtlichen Kartellproblematik (Art. 85 EWGV), die sich für den „Jahrhundertvertrag" speziell stellt. Abgesehen davon müssen jedoch die Subventionen vor den Schranken des Gemeinschaftsrechts nach ihrer Höhe und ihren damit verbundenen Wirkungen bestehen können.

Subventionen, in welcher Form und zu welchem Zweck im einzelnen immer, können *sowohl der deutschen Energiewirtschaft als auch dem deutschen Bergbau gewährt werden.* Ökonomisch mögen sie in jedem Falle – und wohl auch gewollt, ja gezielt primär – den Bergbauunternehmen zugute kommen. In ihrer *Begründung,* vor allem gegenüber den europäischen Instanzen (Kommission, EuGH), können die Subventionen jedoch *rechtlich primär oder doch gleichzeitig als Hilfen für die deutsche Energiewirtschaft ausgestaltet werden.* Dies ist wichtig — zur Erfüllung von deren Daseinsvorsorge-Auftrag

- *für die anzuwendenden Gemeinschaftsrechtsnormen:* Maßnahmen zugunsten des deutschen Bergbaus sind (jedenfalls primär) nach dem EGKSV zu beurteilen, solche zugunsten der Energiewirtschaft allein nach dem EWGV;
- *für die Beurteilung der Begründung des Zwecks der Subventionen:* Gewisse Zwecksetzungen können zugunsten einer Unterstützung der Energiewirtschaft wie des Steinkohlenbergbaus angeführt werden (insbesondere das Sicherheitsargument); andere wieder kommen zur Legitimation von Hilfen nur für den Steinkohlenbergbau in Betracht (soziale Belange, weitgehend auch regionalstrukturelle Zwecksetzung).

---

* Erstveröffentlichung in: Gewerbearchiv 1990, S. 377–387.

[1] Vgl. dazu *Leisner,* W., GewArch 1990, S. 265 ff.; dort auch Näheres über die Art der Verstromungssubventionen („Kohlepfennig", „Jahrhundertvertrag").

II. Die Anwendbarkeit des Gemeinschaftsrechts (Beihilfen-Kartellverbote) auf Subventionen für die Energiewirtschaft

1. Die Energieversorgungsunternehmen — nach Art. 90 Abs. 2 EWGV von gemeinschaftsrechtlichen Bindungen freigestellt

a) Die Bundesregierung kann sich, den europäischen Instanzen gegenüber, zur Rechtfertigung einer in welcher Form immer gewählten Subvention in diesem Bereich, auf den Standpunkt stellen, geholfen werden solle hier nicht dem deutschen Bergbau, sondern *primär der deutschen Energiewirtschaft.* Dieser obliege, als einer zentralen Trägerin der Daseinsvorsorge, die besondere Aufgabe der sicheren Versorgung mit billigem Strom[2]. Diese könne sie nur erfüllen, wenn ihr stets und unbedingt Steinkohle in ausreichendem Maße, d.h. soweit zur Verfügung stehe, als sie diese Kohle in ihren Kraftwerken einzusetzen vermag. In besonderem Maße gelte dies für die kommunalen Verstromer. Insoweit seien die Energieversorgungsunternehmen nach Art. 90 Abs. 2 EWGV von allen gemeinschaftsrechtlichen Bindungen freigestellt, von denen des Art. 85 EWGV (Kartellverbot) ebenso wie vom Beihilfeverbot (Art. 92 Abs. 1 EWGV).

Der Bundesregierung müßte bei einer solchen Argumentation zugebilligt werden, daß sie von jeher in der Ausgestaltung ihres Beihilfesystems („Jahrhundertvertrag", „Kohlepfennig") von einer derartigen Begründung ausgegangen ist: Sie habe dieses System nicht als eine „Hilfe für die deutsche Steinkohle" ausgestaltet, sondern als „Selbsthilfe der deutschen Energiewirtschaft"[3]. Die günstigen Auswirkungen auf den Steinkohlenbergbau seien lediglich ein *Reflex* dieser „Energiesicherungspolitik"; sie seien von dieser nicht zu trennen und daher von deren Berechtigung insoweit erfaßt, als Energiesicherheit ohne deutsche Steinkohle nicht zu gewährleisten sei; denn ohne solche wirtschaftlich günstigen Effekte hätte der deutsche Steinkohlenbergbau (weithin) seine Förderung aufgegeben. Nicht seine Existenz aber sei für die Bundesinstanzen wichtig, sondern die Energiesicherheit in der Bundesrepublik Deutschland.

Dieser Argumentation könnte auch *nicht entgegengehalten werden, die Bundesregierung selbst habe ja diese Leistungen stets als solche an die deutschen Bergbauunternehmen betrachtet* und daher laufend in diesem Zusammenhang nach Brüssel berichtet[4]; Auswirkungen dieser Subventionierung,

---

[2] Vgl. *Hack,* H., Zur Auslegung von Art. 90 II EWGV und dessen Bedeutung für die Elektrizitätswirtschaft, Diss., Mainz 1966, S. 87 f.

[3] Begründung zum Dritten Verstromungsgesetz BT-Drucks. 7/1991, S. 15.

[4] Entscheidung der Kommission vom 28.4.1989, Amtsbl. d. EG L 116/53.

wenn sie „der Energiewirtschaft" gewährt wird, auf deren „Zulieferer", die Bergbauunternehmen, lassen sich ökonomisch nicht ausschließen, und schon deshalb mußte sich die Bundesregierung dazu äußern.

b) *Erbringen die deutschen EVU „Dienstleistungen von allgemeinem wirtschaftlichen Interesse"?* Ihre private Rechtsform steht dem nicht entgegen[5]. Daß sie in öffentlicher Hand liegen, ist, nach wohl überwiegender Auffassung[6], ebenfalls nicht erforderlich. Ein „Versorgungsmonopol" müssen solche Unternehmen wohl auch nicht innehaben[7], doch könnte diese Voraussetzung bei den deutschen EVU auch als erfüllt angesehen werden.

Abwegig wäre es auch, den Begriff der „Dienstleistung" schon deshalb nicht auf die EVU anwenden zu wollen, weil diese *„Ware verkauften, nicht Dienste erbrächten"*[8]: Art. 90 Abs. 2 EWGV liegt ersichtlich nicht diese Unterscheidung zugrunde, denn hinter ihm steht die französische Terminologie der services publics, und um solche handelt es sich im Falle der EVU mit Sicherheit. Art. 90 Abs. 2 EWGV nennt übrigens im gleichen Zusammenhang Unternehmen, „die den Charakter eines Finanzmonopols" haben — auch solche produzieren und verkaufen aber (auch) Waren (Branntwein, Zündwaren), erbringen nicht (nur) Dienste.

c) *Sind die EVU mit diesen „Dienstleistungen als mit einer besonderen Aufgabe betraut",* ist ihnen eine solche „übertragen worden", wie es der Vertragswortlaut verlangt?

Dies wird teilweise verneint[9], insbesondere mit der Begründung, ein Einzelakt der Betrauung sei nicht ersichtlich. Genügen kann aber auch eine Betrauung durch Gesetz, und dies ist aus dem deutschen Energiewirtschaftsrecht abzulesen, wird daher überwiegend bejaht[10]. In der Diskussion um die Stellung der EVU im Zusammenhang mit Art. 90 Abs. 2 EWGV[11] hat sich daher *als herrschende Auffassung herausgebildet*[12], *daß die EVU solche Dienstleistungsunternehmen sind.* Diese Lösung allein vermeidet auch die kaum annehmbare Folgerung, daß die EVU anderer Mitgliedstaaten völlig von den

---

[5] *Bernini,* G., in: Dreißig Jahre Gemeinschaftsrecht, 1983, S. 392.

[6] *Birkenmaier,* D., EuR 1988, S. 144 (151); a.A. etwa noch *Ipsen,* H.P., Europäisches Gemeinschaftsrecht, 1972, S. 908.

[7] Vgl. dazu *Hack* (Fn. 2), S. 92 f.

[8] Zu der Problematik „Energie als Ware" in diesem Zusammenhang *Seidel,* M., EuR 1988, S. 129 (133).

[9] Z.B. *Fischerhof,* H., BB 1962, S. 738 (785); *Birkenmaier* (Fn. 6), S. 149/150.

[10] *Hack* (Fn. 2), S. 71 (93); *Seidel* (Fn 8), S. 142.

[11] Überblick bei *Birkenmaier* (Fn. 6), S. 145 ff.; *Fischerhof* (Fn. 9), S. 785; *Hack* (Fn. 2), S. 43 m. Nachw.

[12] *Birkenmaier,* a.a.O, S. 146 m. Nachw.; *Ipsen* (Fn. 6), S. 908.

gemeinschaftsrechtlichen Bindungen freigestellt wären, insbesondere die französische EdF, während dies bei den deutschen EVU nicht der Fall wäre.

2. „Verhinderung der Erfüllung übertragener Aufgaben" — die Sicherheitsproblematik

a) Die Freistellung der deutschen EVU von den Kartell- und Beihilfeverboten des EWGV setzt aber weiter voraus, daß die Anwendung dieser Vorschriften die Erfüllung der „ihnen übertragenen besonderen Aufgaben rechtlich oder tatsächlich verhindert" (Art. 90 Abs. 2 S. 1 EWGV). Von einer „rechtlichen" Verhinderung könnte nicht die Rede sein — die EVU „könnten" nach wie vor Kohle jeder Art kaufen, selbst wenn sie nicht beim Kauf deutscher Kohle subventioniert würden.

Es fragt sich indes, ob nicht *„tatsächlich" die „Aufgabenerfüllung verhindert"* würde, wenn nicht der Ankauf deutscher Kohle erleichtert wäre, durch Direktsubventionen für die EVU, Direktsubventionen gegenüber der von diesen anzukaufenden deutschen Verstromungskohle (und damit wiederum Subventionen der EVU), oder im Rahmen von Absprachen („Jahrhundertvertrag"). Fest steht jedenfalls, daß ohne Subventionen die deutschen EVU keine heimische Kohle verstromen würden. Könnten sie dann „ihre Aufgabe" nicht mehr erfüllen?

Diese „besondere Aufgabe" kann in der *„sicheren und billigen Stromversorgung"* der Bevölkerung und der Wirtschaft in der Bundesrepublik Deutschland gesehen werden. Die „Billigkeit der Versorgung" wird sicher nicht primär gerade durch den Einsatz deutscher Kohle gewährleistet — sie ist ja die teuerste auf dem Markt. Die Versorgungssicherheit allein kann also die Freistellung der Subventionen für EVU von den Bindungen des EWGV begründen; die Billigkeit ist dem ein- oder untergeordnet (möglichst billige Versorgung bei Wahrung unbedingter Sicherheit).

b) *Bundesregierung und Bundesgesetzgeber haben stets die Wahrung der Energiesicherheit als Ziel aller Absprachen und Beihilfen betont,* in § 1 des Dritten Verstromungsgesetzes ist dies auch normativ deutlich zum Ausdruck gekommen[13]. Der Ministerpräsident von Nordrhein-Westfalen, Rau, hat von dem „absoluten Vorrang" der deutschen Steinkohle bei der Verstromung gesprochen[14], die Landesregierung von Nordrhein-Westfalen hält an diesen Grundvorstellungen fest[15]; Versorgungssicherheit dürfe nicht aus einer (ge-

---

[13] *Vogelsang,* I., Ordo, Bd. 28, 1977, S. 181.

[14] FAZ vom 13.5.1980.

[15] Vgl. *Beimann,* W., Kohle- und Verstromungspolitik aus der Sicht eines Revierlandes, Seminar des FORUM-Instituts in Bonn, 21.6.1989.

genwärtigen) Überflußsituation heraus betrachtet werden. Der gemeinsame Binnenmarkt möge die nationale Dimension dieser Versorgungssicherheit relativieren; aber auch in Zukunft müsse „das Risiko unvorhersehbarer Energieverknappungen und exzessiver Preissteigerungen durch *breite* Diversifizierung und die Nutzung eigener Lagerstätten auf ein Minimum beschränkt werden". „Allein die heimischen Energieträger ermöglichen es, wegen des jederzeitigen Zugriffs die Energieversorgung langfristig sicher und zuverlässig kalkulierbar zu gestalten."

c) Demgegenüber ist schon früh grundsätzlich Kritik geäußert worden, vor allem vom *Sachverständigenrat:*

- *1973 erklärte der Rat*[16], zu fordern sei ein (staatliches) Konzept, „das ausgewogen ist zwischen Sicherheit und Wirtschaftlichkeit".
- *1983 meinte der Rat*[17], eine spezielle energiewirtschaftliche Vorsorge im Fall einer globalen Krise mit Ausfall aller Seetransporte sei wenig sinnvoll; für den Fall eines bewaffneten Großkonflikts könnte es keine staatliche Vorsorge geben. Bei allen anderen zeitlich oder regional begrenzten Krisen aber sei eine Lagerhaltung das geeignete Rezept.

Vor allem und gezielt gegen Subventionierungen pro t Steinkohle in größerem Umfang wird überdies insbesondere geltend gemacht: Von Anfang an sei hier weit mehr subventioniert worden, als zur Aufrechterhaltung der Energieversorgungssicherheit erforderlich sei[18]. In der Tat sind die Versorgungsnotwendigkeiten, soweit ersichtlich, nie auch nur annähernd quantifiziert worden. Die Energieversorgung könne auch mit Hilfe anderer und billigerer Energiequellen (Importkohle, Kernenergie) gesichert werden[19]. Von seiten der Energiewirtschaft wird geltend gemacht[20], das Schlagwort von der „nationalen Energiereserve" müsse kritisch hinterfragt werden. Auch sie unterliege den Krisenbestimmungen des Art. 59 EGKSV, der aber gerade für solche Fälle Vorsorge treffe. „Der Aspekt der Versorgungssicherheit hat aus der Sicht der Elektrizitätswirtschaft nur noch nachrangige Bedeutung."

d) *Auszugehen ist bei der rechtlichen Betrachtung von der Rechtsprechung des Europäischen Gerichtshofes zur Versorgungssicherheit.* Im British-Telecommunication-Urteil will er wohl prozessual der Seite, die sich auf Art. 90

[16] Sondergutachten vom 17.12.1973 „zu den gesamtwirtschaftlichen Auswirkungen der Ölkrise", BT-Drucks. 7/1456, Tz 63.

[17] Jahresgutachten 1983/84, BT-Drucks. 10/669, Tz 541.

[18] *Schemmel,* L., Quasi-Steuern, 1980, S. 51 ff. (57), *Caesar,* R., Finanzarchiv, n.F., 38 (1980), S. 385 ff. (402); *Hansmeyer,* K.-H., Handbuch der Finanzwissenschaft, 3. Aufl., II, 1980, S. 709 ff. (841).

[19] *Dickertmann/Voss,* Wirtschaftsdienst 1979, S. 41 ff. (45).

[20] *Holzer,* J., Zukünftige Kohlepolitik, vgl. Fn. 15.

Abs. 2 EWGV beruft, eine Darlegungslast auferlegen „dafür, daß die Erfüllung der anvertrauten Aufgabe wirtschaftlich gefährdet (nicht nur erschwert oder behindert) ist[21]. Materiell wird das Interesse an einer sicheren Versorgung insoweit als legitim anerkannt, als weder die Grenze der Mindestversorgung, ohne welche die öffentliche Sicherheit gefährdet wäre, noch das Produktionsniveau überschritten wird, das nötig ist, um die zur Versorgung erforderliche Kapazität betriebsbereit zu halten[22]. Die Absicherung ausschließlich wirtschaftlicher Interessen der Mitgliedstaaten kann nach dem Gericht mit Sicherheit nicht genügen[23].

Dies läßt den nationalen Instanzen einen *gewissen Beurteilungsspielraum allgemein-politischer, nicht nur rein ökonomischer Art:* Es geht um die Gewährleistung der öffentlichen Sicherheit und Ordnung.

e) *Die Kommission hat sich, gerade auf dem Energiesektor, bereits mehrfach zur Versorgungssicherheit geäußert:*

- *1976* hat sie die Notwendigkeit einer „langfristig gesicherten Energieversorgung der Gemeinschaft" betont, was die Mitgliedstaaten veranlassen müßte, „den Grad ihrer Abhängigkeit von Energieeinführung soweit wie möglich zu verringern". Die Aufrechterhaltung der Gesamtsteinkohlenförderung in der Gemeinschaft sei deshalb anzustreben, allerdings „unter Berücksichtigung der nationalen und technischen Gegebenheiten in den einzelnen Förderrevieren und unter zufriedenstellenden wirtschaftlichen Bedingungen"[24]. In begrenztem Umfang sind genehmigungsfähig Beihilfen zur Bildung und Unterhaltung von Haldenbeständen[25].
- *1986* wiederholte die Kommission im wesentlichen diese Grundsätze und fügte hinzu: „Somit bietet auch die Förderung von Steinkohle in der Gemeinschaft den Vorteil einer relativ größeren Versorgungssicherheit und eines gewissen Schutzes vor extremen Preisausschlägen auf dem Weltmarkt."[26]
- Mitte *1990* sind Pläne von Kommissionsmitgliedern bekannt geworden, nach denen es bereits in naher Zukunft nur mehr eine gemeinsame europäische Energiesicherheit geben soll[27]. Die mit Versorgungssicherheit be-

---

[21] *Ritter,* L., in: Harms, W. (Hrsg.), Atomstrom aus Frankreich?, 1987, S. 45 (51).

[22] EuGH vom 10.7.1984, Sammlg. 1984, 2727 (2757).

[23] *Seidel,* M., EuR 1988, S. 129 (137).

[24] Amtsblatt 1976, L 63 / 1.

[25] A.a.O., 63 / 8.

[26] Amtsblatt 1986, L 177 / 2.

[27] Mitteilung des Kommissars Cardoso e Cunha in Übereinstimmung mit Sir Leon Brittan v. 26.6.1990, See (90), 1248 / 2.

gründeten Subventionen und Handelsrestriktionen der Mitgliedstaaten stünden dem geplanten gemeinsamen Energiemarkt im Wege und müßten daher in einem europäischen Konzept von der Kommission koordiniert werden, welches diese demnächst vorlegen werde. Damit würde den Bundesinstanzen die Definitionsmöglichkeit der Versorgungssicherheit entzogen und nach Brüssel verlagert; nach den hier geäußerten Vorstellungen wäre im Jahre 2000 höchstens noch die Hälfte der gegenwärtigen deutschen Steinkohlenförderung aus Sicherheitsgründen förderungsfähig.

f) Solange diese letzteren Vorstellungen nicht realisiert sind, kann noch von einem gewissen rechtlichen Beurteilungsrahmen der Energiesicherheit seitens der Bundesinstanzen ausgegangen werden. Diese dürfen zur Zeit (noch) von einer „nationalen Versorgungssicherheit für Energie" ausgehen; allerdings ist kaum anzunehmen, daß dies noch allzulang gelten wird. Zwischenzeitlich müssen die Bundesinstanzen nicht im Hinblick auf Art. 59 EGKSV die Vorsorge für den Krisenfall ausschließlich Brüsseler Entscheidungen vorbehalten. Sie brauchen nicht nur wahrscheinliche, sie dürfen auch höchst unwahrscheinliche Konstellationen ihren Sicherheitsüberlegungen zugrunde legen. Dazu gehört etwa: Der ganze oder weitgehende *Ausfall der Kernenergie* in der Bundesrepublik Deutschland oder mehreren, ja in allen europäischen Staaten (Tschernobyl-Effekt); eine schwere erneute *Erdölkrise* mit extremen Verknappungserscheinungen, zusammenfallend unter Umständen mit einer Kernenergiekrise; die längerfristige Nichtverfügbarkeit von Steinkohle im Bereich der Gemeinschaft, etwa wegen eines Rückgangs der Förderkapazitäten in Frankreich und England oder einer Weigerung dieser Länder zur Lieferung, die im Krisenfall nicht auszuschließen ist; der Ausfall südafrikanischer Kohleeinfuhrmöglichkeiten; die *Nichtverfügbarkeit ausreichender Importkohlenmengen aus den USA, Australien usw.* im Fall einer schweren internationalen Energiekrise (vgl. vorstehend); schwere wirtschaftspolitische oder sogar allgemeinpolitische Spannungen zwischen Europa und den Hauptlieferländern. Daß all dies ökonomisch und politisch unwahrscheinlich ist, hindert *rechtlich* die Bundesregierung nicht, dennoch darauf gegenüber den Brüsseler Instanzen ihr Energiesicherheitskonzept zu stützen.

Für Krisenfälle, denen durch *Haldenbildung* begegnet werden kann, auch wenn diese großen Umfang annehmen sollte, darf nur durch Halden-, nicht durch laufende Fördersubventionen Vorsorge getroffen werden.

Im Ergebnis kommt daher nur eine Subventionierung der Verstromung heimischer Steinkohle mit Blick auf „nicht ganz auszuschließende" länger dauernde Energieverknappung in Betracht. Daß auch damit nur ein (kleinerer) Teil des deutschen Energiebedarfs aus eigenen Lagerstätten zu decken sein würde, steht der Sicherheitslegitimation nicht entgegen. Die deutschen Energieversorgungsunternehmen dürfen nach Art. 90 Abs. 2 EWGV so ausgerüstet werden, daß sie ihre Aufgaben unter den gegebenen Umständen „möglichst gut", nicht daß sie diese vollständig erfüllen können.

Die Bundesinstanzen dürfen also – vorläufig noch – eine „heimische Steinkohlenreserve" für die EVU in Höhe der von diesen zu verstromenden Gesamtmenge an Kohle – oder eines Teiles davon – durch entsprechende Subventionierung der EVU sichern. Dabei ist gleichgültig, in welcher Weise diese Gelder an die Bergbauunternehmen fließen, damit sie den EVU diese Sicherheit bieten können.

Wenn die Bundesregierung Brüssel gegenüber diese rechtliche Energiesicherungskompetenz für den Notfall deutlich in Anspruch nimmt, kann sie also die bisherige Subventionspraxis fortsetzen oder Direktsubventionen der deutschen Steinkohle gewähren. Kohleimporte aus Partnerländern werden, unter dieser Voraussetzung, nicht beeinträchtigt, weil ja legitimerweise deutsche Steinkohle (weithin oder allein) verstromt werden soll, eben damit sie im extremen Krisenfall auch zur Verfügung stehe, wenn Partner nicht liefern.

Den Bundesinstanzen beläßt dies zur Zeit noch eine gewisse Freiheit der Entscheidung, wieviel deutsche Kohle sie laufend eingesetzt sehen – und damit subventionieren – wollen. Sie können sich auf den Standpunkt stellen, dafür genüge etwa nur die Hälfte oder ein Drittel der nach den deutschen Verstromungskapazitäten einsetzbaren Kohle; den Rest werde man sich schon, im Falle einer größeren, länger andauernden Krise, in der Gemeinschaft oder auf den Weltmärkten beschaffen können. Es kann nicht als von vorneherein unrealistisch in Brüssel beanstandet werden, wenn die Bundesregierung mit *quantitativen Engpässen,* etwa bei der britischen oder US-Kohlenförderung, in einem solchen Falle rechnet. Verwehrt kann es ihr auch nicht sein, die „unbedingte Deckung", etwa nur eines Bruchteils des deutschen Energiebedarfs, mit deutscher Kohle anzustreben, selbst wenn damit schwerste Störungen in Kauf genommen werden.

Sollte allerdings die Bundesregierung diese rechtliche Sicherungskompetenz für den Notfall nicht eindeutig in Anspruch nehmen, so kann nicht angenommen werden, daß sie nach Art. 90 Abs. 2 EWGV die EVU mit der besonderen Aufgabe der „unbedingten Energiesicherung auch für diesen extremen Krisenfall" beauftragt habe. *Dann unterfallen die deutschen EVU in vollem Umfang den Bestimmungen des EWGV.*

Der Bundesregierung muß klar sein: Wenn sie die Subventionierung der deutschen Steinkohle „nach außen", in ihren Vorbereitungen und Stellungnahmen, primär zu einem sozialen und zu einem finanziellen Problem macht – was sie schon weitgehend getan hat –, dann kann sie eine Subventionierung unter nationalen Sicherheitsaspekten nicht mehr überzeugend vertreten.

3. Beeinträchtigungen des „Handelsverkehrs von Elektrizität“ innerhalb der Gemeinschaft durch Subventionierung deutscher Energieversorgungsunternehmen (Art. 90 Abs. 2 S. 2 EWGV)?

In Art. 90 Abs. 2 EWGV ist ausdrücklich ein Gemeinschaftsvorbehalt aufgenommen: Der Handel zwischen den Mitgliedsländern darf, auch auf dem Elektrizitätssektor, nicht in einem gemeinschaftswidrigen Ausmaß beeinträchtigt werden. Geht man davon aus, daß unter diesem Vorbehalt auch die Sicherheitssubventionierungen (vgl. vorstehend 2) stehen, so gilt folgendes: Wird durch die Inanspruchnahme einer derartigen nationalen Sicherheitskompetenz seitens der Bundesinstanzen billigere Verstromungskohle aus Partnerländern vom deutschen Markt verdrängt, so ergibt sich daraus ein Montan-, kein EWG-Problem. Dasselbe gilt dann, wenn die deutsche Sicherheitspolitik zwar zur Verdrängung von Strom aus Partnerländern führt, dahinter jedoch nur eine Benachteiligung von Verstromungs-Kohle-Förderungen in den Partnerländern steht. Gewinnen Drittländer (etwa Dänemark) aus billiger Drittlandskohle Elektrizität und wird deren Import nach Deutschland durch die deutsche Sicherheitspolitik beeinträchtigt, so wären nicht die Art. 92 ff. EWGV, sondern die Grundsätze des Art. 115 EWGV anzuwenden: Diese deutschen Subventionen könnten dann als eine Art nationaler Sperre gegen eine Form der Weiterlieferung von Importen aus Drittländern in die Bundesrepublik Deutschland erscheinen; es ergäbe sich aber letztlich wiederum ein Montanproblem: Wieweit sich die Bundesrepublik im Rahmen des Gemeinschaftsrechts und des durch dieses vermittelten GATT-Rechts gegen Kohlelieferungen aus Drittländern wehren könnte. Es käme dann wohl zu einer rechtlichen Beurteilung nach Art. 71 EGKSV, der den Mitgliedstaaten die Montanhandelspolitik gegenüber Drittländern überläßt. Diese Bestimmung wird jedoch heute durch Art. 113 ff., also wohl auch durch die Grundsätze des Art. 115 EWGV, überlagert[28], mit der Folge, daß auch hier die Kompetenz weitgehend auf die Gemeinschaft übergegangen ist, die rechtliche Beurteilung durch diese aber nicht nach Art. 92 ff. EWGV, sondern nach dem Schutzklauselrecht der Europäischen Gemeinschaft, Art. 113 EWGV einer-, nach Art. 115 EWGV andererseits zu treffen ist. Ein solches Stromangebot aus dem Partnerland in die Bundesrepublik müßte dann als versteckte „Montan-Dumping“-Weiterlieferung angesehen werden, die Bundesrepublik könnte sich dagegen, mit Zustimmung der Kommission, durch die „notwendigen Schutzmaßnahmen“ wehren (Art. 115 Abs. 1 EWGV), soweit Brüssel nicht durch seine eigene Handelspolitik derartige Drittlandseinfuhren in das energieliefernde Mitgliedsland verhindern würde (nach Art. 113 EWGV).

Bei einer durch die deutschen Sicherheits-Subventionen bewirkten Aussperrung von Atomstrom aus einem Partnerland läge jedoch kein Montan-Fall

---

[28] EuGH, Sammlg. 1975, S. 1355 (1365).

vor. Dies wäre etwa dann der Fall, wenn die technischen Voraussetzungen für die Einleitung von französischem Atomstrom in die Bundesrepublik Deutschland in größerem Umfang gegeben wären. Dieser Sachverhalt könnte jedoch eine nationale deutsche Energiesicherungskompetenz schon deshalb nicht ausschließen, weil die nationale Energiesicherung in der Bundesrepublik gerade, ja primär, für den Fall aufgebaut würde, daß der Atomstrom überhaupt, also auch der französische Atomstrom, ausfallen könnte. Dann aber kann dessen freie Verfügbarkeit im Wege des Handelsverkehrs zwischen den Mitgliedsländern nicht zur Schranke der deutschen nationalen Energiesicherung werden.

Solange also nicht Brüssel die volle Kompetenz für die Energiesicherung der Gemeinschaft als solcher übernimmt, können die deutschen Energieversorgungsunternehmen im Namen nationaler Krisensicherungskompetenz in Grenzen subventioniert werden.

Wenn dagegen diese Krisenvermeidungskompetenz von den Bundesinstanzen nach Art. 90 Abs. 2 EWGV nicht überzeugend in Anspruch genommen wird, so ist nicht ersichtlich, mit welcher Begründung sie dann diese Beihilfen dennoch *als Subventionen für die Elektrizitätswirtschaft,* nicht für die Kohlewirtschaft, bezahlen sollten: Die deutsche Energiewirtschaft steht sektoral gar nicht vor vergleichbaren wirtschaftlichen und sozialen Problemen, die dadurch abgemildert werden müßten; regional ergeben sich *für sie und aus ihren Aktivitäten keine ernsthaften Schwierigkeiten,* die gerade durch Kohleverstromungsbeihilfen behoben werden müßten, sieht man eben von der Sicherheitsproblematik ab. Die deutschen Energieversorgungsunternehmen können ihren Bedarf in Nicht-Krisen-Zeiten unstreitig aus Drittlandsimporten zu Weltmarktpreisen decken. Hier aber sind die Möglichkeiten bisher gar nicht ausgeschöpft, eben wegen der Abnahmeverpflichtung für deutsche Kohle[29]. Fällt diese weg, so entstehen weder wirtschaftliche noch Versorgungsschwierigkeiten im Normalfall. Im übrigen müßten dann eben die Einfuhren von Drittlandskohle weiter liberalisiert werden. Dem steht das Gemeinschaftsrecht nicht im Wege. Derartige Beihilfen wären also nach dem EWGV (Art. 92 ff.), was hier nicht vertieft werden kann, nicht genehmigungsfähig.

III. Beihilfen für den Steinkohlenbergbau und EGKSV

1. Geltung des EGKSV für die Steinkohlensubventionen — Verhältnis zum EWGV

Die Subventionen, welche heute über den „Kohlepfennig" finanziert werden, mögen in der rechtlichen Konstruktion als Förderung der Elektrizitäts-

---

[29] Siehe *Schemmel* (Fn. 18), S. 58.

wirtschaft erscheinen; in Wahrheit geht es um Beihilfen für den deutschen Steinkohlenbergbau, der gegenüber den Weltmarktpreisen der Importkohle schlechthin nicht konkurrenzfähig ist und daher seine Tätigkeit vollständig einstellen müßte, würde ihm nicht über Verstromungs- und Stahlbeihilfe geholfen. Wirtschaftlich wirkt sich das System unmittelbar als Stützungsmaßnahme für den deutschen Bergbau aus, *als eine Maßnahme der deutschen Kohlepolitik*.

Aus der Sicht des Gemeinschaftsrechts sind solche Maßnahmen – zumindest auch – nach dem EGKSV zu beurteilen. Sie betreffen dessen Vertragsgegenstand (Art. 2 Abs. 1, näher Art. 4 EGKSV), die Kohle, und zwar in Form einer „Subvention oder Beihilfe", die gerade in diesem Art. 4 EGKSV ausdrücklich angesprochen – verboten – wird. Soweit ersichtlich, ist diese primäre Geltung des EGKSV für derartige Beihilfen bisher auch nie in Zweifel gezogen worden.

Die europäischen Instanzen haben stets die Kohlebeihilfen nach den Bestimmungen des EGKSV beurteilt. Dies gilt auch für das neuerliche Vorgehen der Kommission gegen den „Kohlepfennig", die Entscheidungen werden stets ausdrücklich als solche nach den EGKSV bezeichnet.

Die Bundesinstanzen werden also kaum in Brüssel oder Luxemburg damit gehört werden, daß in diesen Subventionen nur ein „Kohlereflex der Energie-Sicherungs-Beihilfe" zu sehen sei. Die Bundesrepublik Deutschland wird sich eine Beurteilung dieser Beihilfen nach dem EGKSV – schon aus der erwähnten wirtschaftlichen Betrachtungsweise heraus – auch dann gefallen lassen müssen, wenn sie diese Förderungsmaßnahmen als solche für die deutsche Energiewirtschaft ausgibt und insoweit auf der Anwendung des EWGV besteht. Die Kohle-Subventionswirkung wird jedenfalls nach dem EGKS-Vertrag beurteilt werden. In ihrer Entscheidung aus dem Jahre 1989, die von dem Sachverhalt der Energiesubvention durch den „Kohlepfennig" ausgeht, geht die Kommission denn auch auf die Frage, ob nicht eine Energiebeihilfe vorliege, gar nicht ein: Es handle sich um eine „an den Kohleabsatz gebundene Maßnahme". Außerdem bietet das System „den Bergbauunternehmen einen wirtschaftlichen Vorteil. Es stellt daher eine indirekte Beihilfe für diese Unternehmen … dar"[30].

Die Bundesregierung hat dagegen nicht protestiert und sich auf die Berichtspflichten über die Subventionen als solche des Steinkohlenbergbaus eingelassen, die also nach dem EGKS-Vertrag zu beurteilen sind. Sie kann daher die Anwendung dieses Vertrages auf ihre Förderungsmaßnahmen kaum mit dem Argument völlig verhindern, hier handle es sich lediglich um eine Subventionierung der Energiewirtschaft, diese aber sei aus Sicherheitserwägungen nach Art. 90 Abs. 2 EWGV zulässig (vgl. oben II). Eine solche Ar-

[30] ABl. 1989, L 116/52.

gumentation mag dazu führen, daß die Subventionen auch nach dem EWGV beurteilt und daß die Energieversorgungsunternehmen dann von dessen Bindungen freigestellt werden; daß daneben auch der „Kohleeffekt", der doch wirtschaftlich im Vordergrund steht, europarechtlich zu beurteilen ist und daß dies nach dem EGKSV jedenfalls zu geschehen hat, kann nicht zweifelhaft sein. Selbst wenn die Subventionen nach dem EWGV als Förderung der Energiewirtschaft beurteilt werden, selbst wenn hier die Sicherheits-Zielsetzung nach Art. 90 Abs. 2 EWGV eine Begründung für die Subventionierung bieten sollte, so sind doch jedenfalls insoweit die Grundprinzipien des EGKSV zu beachten, als dies ohne Beeinträchtigung der legitimen Sicherheitsinteressen möglich ist. Konkret bedeutet dies insbesondere: Subventioniert dürfte deutsche Steinkohle dann vielleicht werden, aber nicht einfach „flächendeckenundifferenziert pro t", sondern jedenfalls nur gezielt mit Blick auf *Stabilisierung und Rationalisierung der Förderung*[31]. Die Bundesregierung könnte kaum nachweisen, daß gerade eine „rationalisierungsblinde" pro-t-Förderung, und nur sie allein, die Energiesicherung in ihrem Lande (im Sinne von oben II, 2) aufrechterhalten könne.

Selbst wenn die Steinkohlensubventionen – weil sie auch unter den Gesichtspunkten einer Subventionierung der Energiewirtschaft zu betrachten seien – auch nach dem EWGV zu verurteilen wären, würde dies an der vollen Anwendbarkeit der Normen des EGKSV nichts ändern: *Nach Art. 232 EWGV läßt dieses Vertragswerk* den EGKSV grundsätzlich unberührt. Nach herrschender Lehre ist zwar eine *subsidiäre Geltung des EWGV* gegenüber den Regelungen des EGKSV anzunehmen[32]. Dies bedeutet jedoch nicht, daß die EWGV-Normen stets zusätzlich zu denen des EGKSV anzuwenden wären, hier also etwa die Ausnahmemöglichkeiten nach Art. 92 Abs. 2, 3 EWGV gegenüber dem strikten Verbot aller Beihilfen nach Art. 4c EGKSV. Vielmehr ist der EWGV nur insoweit heranzuziehen, als der EGKSV dafür Raum läßt, also keine Regelung enthält[33]. Entscheidend kommt es also darauf an, wie die Beihilferegelungen des EGKSV beschaffen und ob sie für Kohle als abschließende anzusehen sind, welche dann einer Ergänzung durch subsidiäres EWG-Recht nicht zugänglich erscheinen.

---

[31] Wie dies ja bereits 1976 von der Kommission gefordert worden war. ABl. 1976, L 63/1 ff.

[32] Vgl. dazu *Grabitz,* E., EWGV 1988, Art. 113, Rdnr. 30; Art. 232, Rdnr. 8/9 m. Nachw.; *v. d. Groeben/Boeckh/Thiesing/Ehlermann,* EWGV, 3. Aufl. 1983, S. 1126, 1620; *Hochbaum,* M., Das Diskriminierungs- und Subventionsverbot in der EGKS und EWG, 1962, insbes. S. 20 ff.

[33] Diskutiert worden ist dies insbes. im Hinblick auf Art. 71 EGKSV, der die Wirtschaftspolitik den Mitgliedstaaten gegenüber Drittländern reservieren wollte, heute aber infolge Art. 113 EWGV als anachronistisch erscheinen könnte, vgl. dazu *Grabitz,* a.a.O., Art. 113; ebenso EuGH, Sammlg. 1975, S. 1355 (1365); ähnlich schon früher *Carstens,* K., ZaöRV 1957/58, S. 459 (520 ff.).

2. Das Beihilfeverbot nach Art. 4c EGKSV

a) Das strenge Verbot jeder Subvention oder Beihilfe

Nach Art. 4c EGKSV werden „als unvereinbar mit dem gemeinsamen Markt für Kohle und Stahl innerhalb der Gemeinschaft ... aufgehoben und untersagt von den Staaten bewilligte Subventionen oder Beihilfen oder von ihnen auferlegte Sonderlasten, in welcher Form dies auch immer geschieht".

„Subventionen und Beihilfen" sind dabei nach dem „gewöhnlichen Sprachgebrauch" zu verstehen: Subventionen als Geld- oder Sachleistung an ein Unternehmen zu dessen Unterstützung, die nicht Entgelt ist, „Beihilfe als ein allgemein hiermit eng verwandter Vorgang, der jedoch insoweit stärker zweckbetont ist, als Beihilfen speziell als Mittel zur Verfolgung bestimmter Ziele angesehen werden, die in der Regel nicht ohne fremde Hilfe erreicht werden können"[34]. Der Begriff der „Beihilfe" soll insofern weiter sein als der der „Subvention", als er nicht nur positive Leistungen (Subventionen) umfaßt, sondern auch die Verminderung von Belastungen, „welche ein Unternehmen normalerweise zu tragen hat"[35]. Ob sich ein solcher Unterschied wirklich konstruieren läßt, ob er dem heute weiteren Verständnis des Subventionsbegriffs entspricht, ist, vor allem angesichts des einheitlichen Begriffs der „Beihilfen" in Art. 92 EWGV, bezweifelt worden[36]. Hier kann die Frage offenbleiben: Die Leistungen zur Ermöglichung der Kohleverstromung unterfallen, betrachtet man ihre ökonomischen Wirkungen gegenüber den Bergbauunternehmen, dem Begriff der Subvention.

Sinn dieses Subventionsverbots ist die Erhaltung oder Förderung der „Verteilung der Produktion auf dem höchsten Leistungsstand", sie wird „unzweifelhaft erschwert, wenn ein Teil der Produktionskosten von anderen Außenstehenden als den Käufern oder Verbrauchern aufgebracht wird"[37]. Der EuGH betont, daß diese „strenge, *keine Ausnahme vorsehende Fassung* von Art. 4 *die Ausschließlichkeit der Gemeinschaft innerhalb ihres ,Kompetenzbereichs' unterstreicht"* (Herv. v. Verf.)[38]. Daraus folgt, daß nach Meinung des EuGH eine unmittelbare, wenn auch subsidiäre Anwendung der Ausnahmeregelungen von Art. 92 Abs. 2 ff. EWGV ausscheidet.

---

[34] EuGH, Sammlg. 1961, S. 5/6.

[35] EuGH, a.a.O., S. 48.

[36] Siehe etwa *Hausner,* A., Die Zulässigkeit von Subventionen nach Art. 4c EGKS-Vertrag, 1987, S. 73 f.; *Neundörfer,* K., in: Börner/Neundörfer (Hrsg.), Recht und Praxis der Beihilfen im gemeinsamen Markt, 1984, S. 83; vgl. dazu auch *Rengeling,* H.-W., ebenda, S. 25 f.

[37] EuGH, a.a.O., S. 34/44.

[38] A.a.O., S. 47.

Adressat des Subventionsverbots ist in erster Linie der Staat selbst und seine Verwaltungen[39]. Das Verbot gilt jedoch für „staatliche Selbsthilfefonds", über welche die Subventionsmittel in *„parafiskalischer" Weise* aufgebracht und an die Bergbauunternehmen geleitet werden[40] — entsprechend der Judikatur des EuGH und der daran anschließend herrschenden Lehre zu den parafiskalischen Beihilfen nach Art. 92 Abs. 1 EWGV[41]. *Es kann daher kein Zweifel bestehen, daß das System des „Kohlepfennigs", wie auch jede andere im Bereich des deutschen Bergbaus ähnlich wirkende Maßnahme, grundsätzlich durch das geltende Gemeinschaftsrecht verboten ist*[42].

b) Art. 67 EGKSV als Relativierung des Verbots des Art. 4c? — Abgrenzungen der „montanspezifischen" von den „sektorunspezifischen" („allgemeinen") Beihilfen

Nach Art. 67 EGKSV ist eine Wettbewerbsmaßnahme eines Mitgliedstaates, die „eine fühlbare Auswirkung auf die Wettbewerbsbedingungen in die Kohle- und Stahlindustrie haben kann", nicht etwa verboten, sie ist vielmehr durch die beteiligte Regierung der Hohen Behörde zur Kenntnis zu bringen, welche dann, nach Anhörung anderer Instanzen, die in Art. 67 §§ 2, 3 vorgesehenen Maßnahmen und Empfehlungen vornehmen kann.

Nach der Rechtsprechung des Europäischen Gerichtshofes bedeutet dies aber keine Relativierung des strengen Verbotes des Art. 4c EGKSV, in dem Sinn etwa, daß bei Subventionen lediglich nach Art. 67 EGKSV zu verfahren wäre[43]. Art. 67 bezieht sich vielmehr, Art. 4c gegenüber, auf einen anderen Sachverhalt, nämlich allein auf Maßnahmen, welche weiterhin im Verantwortungsbereich der Mitgliedstaaten liegen sollen[44].

Im Anschluß daran hat sich eine *umfangreiche Diskussion über die Abgrenzung von „montanspezifischen" und „sektorunspezifischen" Beihilfen für Kohle und Stahl entwickelt*[45], vor allem, weil „die subventionswilligen Staaten das Gros ihrer Hilfsmaßnahmen für die marode Stahlindustrie in nichtsektor-

---

[39] *Hausner* (Fn. 36), S. 74 ff.

[40] *Hausner,* a.a.O., S. 79 f. m. Nachw.

[41] EuGH 1970, S. 489 f.; vgl. Antwort der Kommission, ABl. 1971, C 16/1; Entscheidung der Kommission, ABl. 1974, L 14/23; *v. d. Groeben* u.a. (Fn. 32), S. 1116/17; *Grabitz* (Fn. 32), Art. 92, Rdnr. 83; *Schemmel* (Fn. 18), S. 69 f.; *Selmer,* P., DStR 1975, S. 396 (389/399); *Weides,* P., AWD des BB 1963, S. 297 f.

[42] Insbes. *Schemmel, a.a.O.*

[43] EuGH, Sammlg. 1961, S. 5 (6); *Grabitz* (Fn. 32) vor Art. 92 Rdnr. 7 m. Nachw.; *Hausner* (Fn. 36), S. 82 ff.

[44] EuGH, a.a.O., S. 48/49.

[45] Dazu näher m. Nachw. *Hausner* (Fn. 36), S. 89 ff.

spezifische regionale oder allgemeine Beihilfesysteme eingebettet haben", aus denen sich aber „existenzbedrohende" Wirkungen für die Gemeinschaft ergeben können. Kriterien wie „allgemeinspezifisch", „direkt-indirekt" haben sich jedoch als ebenso problematisch erwiesen wie der Versuch, auf die jeweilige „Wettbewerbsverfälschung" abzuheben. Ein Operieren von Fall zu Fall[46] ist zwar gewiß nicht befriedigend, wird sich aber in der Praxis kaum umgehen lasen.

Im Falle des „Kohlepfennigs" kann aber unter Hinweis darauf die Subvention mit Sicherheit nicht gerechtfertigt werden: Hier fließen Summen „pro t" des Produzierten den Bergbauunternehmen zu, sie gehen unmittelbar in die Bezahlungskalkulation ein, wohl auch bereits in die Preiskalkulation. Noch klarer wird dies dann, wenn unmittelbar aus dem Bundeshaushalt Zahlungen pro t deutscher Kohle geleistet werden.

Es ist durchaus zu erwarten, daß die Bundesregierung versuchen wird, in Zukunft – mehr als bisher – Subventionen deutscher Kohle als derartige „allgemeine Maßnahmen" auszugeben, damit hinter Art. 67 EGKSV zu „verstekken". Dies wird jedoch nur in engen Grenzen möglich sein. Man wird hier nicht subsidiär, wohl aber analog, die zu Art. 92 Abs. 1 EWGV entwickelten Kriterien heranziehen können. Danach gilt für eine zukünftige „Verpackung" von Kohlesubventionen in die Form von „allgemeinen Maßnahmen" insbesondere folgendes:

Steuerliche Maßnahmen zugunsten des Kohlenbergbaus unterfallen dem Art. 92 EWGV als Beihilfen[47], also ist dies wohl auch für Art. 4c EGKSV anzunehmen: sie sind nicht zulässig. *Zuschüsse zur Beseitigung oder Vermeidung von Umweltschäden* sind ebenfalls Belastungen, welche an sich die deutschen Unternehmen zu tragen hätten. Werden sie gerade den Bergbauunternehmen gewährt, so handelt es sich um „Beihilfen"[48]. *Forschungs- und Entwicklungshilfen,* welche allein dem deutschen Bergbau gewährt werden, sind gleichfalls als Subventionen durch den EGKSV verboten, denn sie kommen der Konkurrenz in der Gemeinschaft nicht zugute[49]. Für *soziale Maßnahmen* hat der Europäische Gerichtshof festgestellt, er könne eine Maßnahme nicht von dem Beihilfeverbot (des EWGV) freistellen, da sie „möglicherweise eine soziale Zielsetzung hat". Anders wäre allenfalls zu entscheiden, wenn sich die durch die Beihilfe gemilderte oder aufgehobene Belastung nicht „aus der normalen Anwendung des allgemeinen Sozialversicherungs-

---

[46] *Hausner* (Fn. 36) unter Hinw. auf *Koppensteiner.*

[47] *v. d. Groeben* u.a. (Fn. 32), S. 1589.

[48] *v. d. Groeben* u.a., a.a.O.

[49] Vgl. in diesem Sinn etwa die Rspr. d. EuGH gegen die französischen Textilbeihilfen, EuGH, Sammlg. 1970, S. 487 (489 ff.).

systems" ergibt und somit die Befreiung von ihr „durch die Natur oder den inneren Aufbau dieses Systems gerechtfertigt ist"[50].

Mit anderen Worten: *Wenn die deutschen Bergbauunternehmen besonderen sozialversicherungsrechtlichen oder arbeitsrechtlichen Belastungen* durch die deutsche Gesetzgebung unterworfen werden, welche über die von anderen Unternehmen – mutatis mutandis – zu tragenden Belastungen hinausgehen, so könnte dies durch staatliche Hilfen gemildert oder aufgehoben werden, ohne daß dies dem EGKSV widerspräche. Es handelt sich insoweit um eine „allgemeine Maßnahme", nicht um eine verbotene Beihilfe.

Nach dem Recht des EGKSV, so wie es in Art. 4c verankert ist, sind also die Möglichkeiten für den Staat, dem deutschen Steinkohlenbergbau zu helfen, höchst begrenzt, praktisch fallen sie kaum ins Gewicht; entlastet können die deutschen Unternehmen nur von kohlespezifischen Soziallasten werden. Dies deckt keinerlei direkte oder indirekte Subventionierung pro t abgenommener Kohle und kann daher in diesem Zusammenhang vernachlässigt werden.

3. Die Lockerung des Beihilfeverbots für Steinkohle durch die europäischen Instanzen (Art. 95 Abs. 1 EGKSV)

a) „Mit Beginn der europäischen Kohlekrise kam diese Beihilfephilosophie ins Schleudern."[51] *1965 bereits* stellte die Hohe Behörde fest, der Steinkohlenbergbau müsse sich „auf die strukturellen Änderungen des Energiemarktes einstellen, die durch den wachsenden Druck der insbesondere durch die gesunkenen Ozeanfrachtkosten begünstigten Importkohle sowie durch das ständige Vordringen anderer Energiearten, wie Erdöl und Erdgas, veranlaßt" würden. Die Kommission hat daher den Weg des Art. 95 Abs. 1 EGKSV beschritten: Mit einstimmiger Zustimmung des Rates und nach Anhörung des beratenden Ausschusses wurde ein ganzes System staatlicher Beihilfen genehmigt[52]:

Zur *„positiven Rationalisierung":* Beihilfen für Produktionsinvestitionen zur Erhöhung der Wirtschaftlichkeit des Abbaus; zur *„negativen Rationalisierung":* Beihilfen zur Bewältigung von Lasten aus der Schließung von unwirtschaftlichen Gruben, insbesondere im sozialen Bereich; zur Anpassung an diese Rationalisierungsmaßnahmen, wenn es dadurch zu „schweren Störungen" in einem Revier kommt. Kernbegriff und zentrales Ziel der Beihilfen, welche von den europäischen Instanzen genehmigt werden konnten, waren

---

50 EuGH, Sammlg. 1974, S. 709 (719).

51 *Caspari,* M., in: Strukturanpassung durch Wettbewerb oder Staatshilfen? FIW-Schriftenreihe, Heft 114, 1985, S. 49 (57).

52 ABl. 1965, S. 480, insbes. S. 483/484.

also eindeutig „Rationalisierungen — eine Erhöhung der Wirtschaftlichkeit der Kohleförderung".

Ob dieser – seither mehrmals beschrittene – Weg über Art. 95 Abs. 1 EGKSV rechtlich einwandfrei ist, mag bezweifelt werden; denn diese Vorschrift setzt ja voraus, daß der Hohen Behörde die Befugnisse zur *Realisierung* (u.a.) des Art. 4 EGKSV fehlen, daß aber solche erforderlich sind. Hier wurde und wird dagegen Art. 4 durch Genehmigung von durch den Vertrag verbotenen Mitgliedstaaten-Beihilfen gerade dort durchbrochen. Andererseits sieht Art. 95 EGKSV eben „Vertragsänderungen" vor und verlangt ja auch dazu die nach Völkerrechtsgrundsätzen erforderliche Einstimmigkeit der Vertragspartner. Abgesehen von der inzwischen langjährigen Praxis wird man also gegen solche „zeitlich begrenzte Vertragsdurchbrechungen" im Wege der Vertragsänderung kaum etwas einwenden können.

b) *1976 wurde eine Neufassung der Entscheidung der Kommission „über das gemeinschaftliche System von Maßnahmen der Mitgliedstaaten zugunsten des Steinkohlenbergbaus" beschlossen*[53]. Wiederum wurde auf „die Ereignisse auf dem Weltmarkt für Energie und insbesondere für Erdöl" seit 1973 und die dadurch entstandene neue Lage hingewiesen.

Beihilfen der Mitgliedstaaten konnten danach genehmigt werden, wenn sie langfristig die Versorgung der Gemeinschaft mit Kohle zur Energiegewinnung unter zufriedenstellenden wirtschaftlichen Bedingungen sicherten oder die durch Rationalisierungen in den Revieren hervorgerufenen Belastungen minderten.

Deshalb waren genehmigungsfähig insbesondere *Rationalisierungsbeihilfen,* zur Verbesserung der Wirtschaftlichkeit oder Grubensicherheit, Personalgewinnungsbeihilfen, Halden- und Sicherheitsbeihilfen, ferner galt: „Genehmigungsfähig sind besondere Beihilfen der Mitgliedstaaten, die darauf gerichtet sind, Gemeinschaftskesselkohle, die in Kraftwerken verfeuert wird, zu begünstigen, um den Absatz von Kesselkohle in diesem Absatzbereich langfristig zu stabilisieren." Diese Beihilfen mußten sich jedoch in den Rahmen der anderen genehmigungsfähigen Beihilfen einordnen lassen.

Es kann kaum angenommen werden, daß eine pro-t-Subventionierung für deutsche Verstromungskohle auf der Linie der Intentionen der Entscheidung der Kommission von 1976 liegt. Diese beruht eindeutig auf dem Grundsatz der „Spezialbeihilfen", die gezielt, und damit kontrollierbar, zur Erreichung *bestimmter Zwecke* gewährt werden — die deutschen Beihilfen stellen dagegen eine Globalsubvention dar. *Rationalisierung,* Erhöhung der Wirtschaftlichkeit, verbesserte Dynamik stehen durchgehend und eindeutig im Vorder-

---

[53] Kommission, ABl. 1976, L 63 / 1.

grund, nicht die Erhaltung eines Zustandes, in dem nennenswerte Verbesserungen der Wirtschaftlichkeit nicht in Sicht, ja nicht einmal zu erwarten sind, was aber – wohl – für den deutschen Steinkohlenbergbau zutrifft.

Der Genehmigungsvorbehalt für Verstromungskohle ist schon deshalb problematisch, weil er nicht zur Begünstigung von heimischer, sondern von *Gemeinschaftskohle* dienen soll; er müßte also etwa auch britische Kohleeinfuhren begünstigen. Überdies muß er der „langfristigen Stabilisierung" der Einsatzfähigkeit solcher Kohle dienen, also einem Ziel, dessen Erreichung dann von weiteren Subventionen unabhängig machen soll — hier geschieht das Gegenteil: Die *Subvention selbst ist langfristig angelegt.* Und schließlich müssen sich auch diese Subventionen in das System der übrigen genehmigungsfähigen Subventionen einordnen, d.h. jedenfalls die (erwähnten) Grundsätze der Zweckspezialisierung und der Rationalisierung im Auge haben. Davon aber konnte und kann noch immer in Deutschland nicht die Rede sein.

Die deutsche Kohlesubventionierungspraxis ist also von Brüssel jahrzehntelang gebilligt worden, obwohl sie mit Sinn und Zweck des gemeinschaftsrechtlichen Kohlesubventionsrechts kaum in Einklang zu bringen war.

c) *1986 wurde die noch heute gültige Kommissionsentscheidung über Maßnahmen zugunsten des Steinkohlenbergbaus erlassen*[54]. Sie geht von erneuten wesentlichen Veränderungen auf dem Energiemarkt aus: zunehmend stehe nun die Gemeinschaftskohle unter dem Druck der Importkohle aus Drittländern. Dies verändere die Rationalisierungsprobleme; erneut habe nach Art. 95 EGKSV deshalb vorgegangen werden müssen. Genehmigungsfähig sind daher (nur) Beihilfen zu folgenden Zielen:

– *„Verbesserung der Wettbewerbsfähigkeit des Steinkohlenbergbaus, der dazu beiträgt, eine bessere Versorgungssicherheit zu gewährleisten" — darauf kann sich das gegenwärtige System, kann sich überhaupt eine pro-t-Subvention für deutsche Steinkohle nicht berufen.* Sinn der Genehmigungsfähigkeit ist ersichtlich: Die nationalen Unternehmen sollen in den Stand versetzt werden, so billig zu produzieren, daß sie gegenüber Drittlandskohle in etwa konkurrenzfähig sind. Dabei kann eine gewisse Differenz im Preis wohl in Kauf genommen werden, wenn sie durch die leichtere Verfügbarkeit und damit durch die Erhöhung der europäischen Versorgungssicherheit kompensiert wird. Die Gemeinschaftskohle soll, mit anderen Worten, deshalb gekauft werden, weil sie einerseits annähernd ebenso billig, andererseits eben „näherliegend" ist als Importkohle.

Von all dem kann gegenwärtig und in absehbarer Zeit im Falle der deutschen Steinkohle auch nicht entfernt die Rede sein — sie ist schlechthin

---

[54] ABl. 1986, L 177/1.

nicht wettbewerbsfähig, kann es auch durch deutsche Subventionen in nächster Zeit nicht werden, jedenfalls nicht gegenüber der billigen Drittlandskohle. Anders als im Falle des Art. 90 Abs. 2 EWGV (vgl. oben II), wo die Energiesicherheit auch allein und absolut berücksichtigt werden kann, verlangt die Entscheidung von 1986 überdies noch jene Wettbewerbsfähigkeit, welche hier nicht „hergestellt" werden kann. Schließlich müßten dann entsprechende Beihilfen auch für andere Gemeinschaftskohle, etwa aus England, genehmigt werden.

– *„Errichtung neuer Förderkapazitäten, sofern sie wirtschaftlich lebensfähig sind"* — darum geht es bei den deutschen Subventionen im wesentlichen nicht; und hier müßte auch die Voraussetzung erfüllt werden, daß Konkurrenzfähigkeit erreicht wird — nicht anders kann ja der Begriff der „Lebensfähigkeit" verstanden werden. All dies aber kann, wie dargelegt, durch die deutschen Subventionen nicht erreicht werden.

– *„Lösung der mit der Entwicklung des Steinkohlenbergbaus zusammenhängenden sozialen und regionalen Probleme".* Dies deckt etwa spezifische Beihilfen für das unter Tag arbeitende Personal (Art. 6), „staatliche Beihilfen zur Finanzierung von spezifischen Regelungen für Sozialleistungen im Steinkohlenbergbau" (Art. 7) und Beihilfen für die Tragung von sogenannten „Altlasten" (Art. 8).

Wiederum wird der *Spezialitätsgrundsatz* hier eindeutig angewendet — eine reine „pro-t-Subvention" kommt nicht in Betracht. Im Vordergrund stehen Beihilfen für wesentlich vorübergehende, nicht für „Dauerprobleme", auf die aber das deutsche Subventionswesen zugeschnitten ist.

Fazit: Nach diesen Grundsätzen ist das System des „Kohlepfennigs" in Brüssel nicht genehmigungsfähig; ebensowenig wären es Globalsubventionen „pro-t" an die Bergbauunternehmen für zu verstromende Kohle.

d) *Die Entscheidung der Kommission von 1989*[55] stützt sich ausdrücklich auf die unter vorstehend c) behandelten Zielsetzungen. Sie stellt fest: „Die automatische Gewährung der Beihilfe für die durch das Gesetz festgesetzte Fördermenge ist geeignet, die Durchführung von Investitionen zur Erhaltung von Kapazitäten zu fördern, die auf Zeit keinerlei Garantie wirtschaftlicher Lebensfähigkeit bieten. Schließlich umfassen die erklärten Ziele des fraglichen Gesetzes nicht in erster Linie die Lösung der sozialen und regionalen Probleme im Zusammenhang mit der Entwicklung des Steinkohlenbergbaus." Als Beweis für letztere Feststellung führt die Kommission an, daß in letzter Zeit die Beihilfen sogar erhöht worden seien, was zeigt, daß diese Beihilfenlegitimation keine dauernde (Erhaltungs-)Subvention zum Gegenstand haben

[55] ABl. 1989, L 115/52.

darf. *Die Folgerung, daß die Beihilfen in gegenwärtiger Form und Höhe für die Zukunft nicht genehmigungsfähig sind, erscheint zwingend.*

Die Klage der deutschen Steinkohlenunternehmen vor dem Europäischen Gerichtshof kann sich also allenfalls darauf berufen, daß sich die Kommission in der Vergangenheit großzügig gezeigt und eindeutige Beihilfen aus regional- und sozialpolitischen Gesichtspunkten heraus genehmigt habe, obwohl sie dem ebenfalls zu beachtenden Spezialitätsgrundsatz keineswegs Rechnung trugen; dies sei auch schon früher erkennbar gewesen und habe ein gewisses Vertrauen geschaffen.

e) Die Kommission hat schließlich in ihrer Entscheidung von 1989 auch die Grundsätze für ihre zukünftige Beihilfengenehmigungspolitik (im deutschen Fall) deutlich erkennen lassen[56]: Die Entscheidung von 1986 laufe Ende 1993 aus. Es sei notwendig, „auf absehbare Zeit die wirtschaftliche Lebensfähigkeit des Steinkohlenbergbaus zu erreichen". Daher sei zu gewährleisten, „daß die Gemeinschaftsbeihilfen hinreichend degressiv sind und mit Umstrukturierungs-, Rationalisierungs- und Modernisierungsplänen einhergehen".

Damit knüpft die Kommission letztlich nur an ihre Entscheidung von 1976 an, wo diese Grundsätze (Spezialisierung, Rationalisierung, Förderung der Gemeinschaftskohle) bereits angesprochen waren (vgl. oben b). Das Prinzip der Degression ergibt sich zwar begriffsnotwendig aus dem der Rationalisierung; doch kann, mit Blick auf das Endziel des vollen gemeinsamen Marktes, auch für Kohle und Energie, der Kommission nicht vorgehalten werden, sie habe mit dieser Forderung ihr Konkretisierungsermessen mißbraucht.

Dies alles bedeutet: Förderung des deutschen Steinkohlenbergbaus, ob über einen „Kohlepfennig" oder – damit kombiniert – aus dem Staatshaushalt unmittelbar, ist in der bisherigen oder auch in nur annähernder Höhe in Zukunft, d.h. ab 1994, mit Sicherheit nach dem EGKSV nicht mehr genehmigungsfähig. Überdies müßten die Beihilfen auf Rationalisierungen oder auf konkrete Problemlösungen regionaler und sozialer Art eindeutig und nachprüfbar bezogen sein. Dies würde jedenfalls eine völlig neue Form von Beihilfen voraussetzen. Hilfe „für die deutsche Kohle", Preissubventionen pro t, kann es dann nicht mehr geben; und mit Recht verlangt daher die Kommission schon jetzt von der Bundesrepublik Deutschland einen Plan zur Verringerung der Ausgleichszahlungen. Was sich also nicht über Art. 90 Abs. 2 EWGV als Energiesubvention rechtfertigen läßt, wird vor dem EGKSV bald, als Kohlesubvention, nur mehr „in engsten Grenzen und gezielt Bestand haben können".

---

[56] A.a.O., V, S. 53.

4. Berücksichtigung dieser Grundsätze selbst bei Freistellung der Beihilfen nach Art. 90 Abs. 2 EWGV

Die Grundsätze der Spezialität, des Rationalisierungszweckes und der gleichmäßigen Berücksichtigung der Gemeinschaftskohle beherrschen das Beihilferecht des EGKSV. Selbst wenn man die deutschen Beihilfen primär als solche für die heimischen EVU ansieht und diese nach Art. 90 Abs. 2 EWGV von den Bindungen an diesen Vertrag freistellt (vgl. oben I) – und damit vom Gemeinschaftsrecht schlechthin; dem EGKSV unterliegen sie ja nicht – *so bleibt dennoch die unbestreitbare Subventionierungswirkung zugunsten der deutschen Steinkohle.* Ihr muß schon deshalb Rechnung getragen werden, weil ja auch nach Art. 90 Abs. 2 EWGV der Vorbehalt des „Handels zwischen den Mitgliedstaaten im Interesse der Gemeinschaft" gilt. *Dies kann nur als eine Verweisung auf den EGKSV* verstanden werden, der ja diese Handelsinteressen für den Montanbereich konkretisiert. Nachdem überdies Art. 90 Abs. 2 EWGV ausdrücklich als Ausnahme von den gemeinschaftsrechtlichen Bindungen konzipiert und daher eng auszulegen ist, *entbindet die Inanspruchnahme der Notstandskompetenz zur Versorgungssicherung die Instanzen der deutschen Wirtschaftspolitik nicht von der Beachtung der eingangs erwähnten Grundsätze der EGKSV-Subventionspolitik,* soweit diese nur mit dem Ziel des Art. 90 Abs. 2 EWGV, unbedingt auch für alle denkbaren Krisenfälle Energieversorgungssicherheit aufrechtzuerhalten, vereinbar ist.

Die Bundesregierung darf also – auch durch Subventionen – sicherstellen, daß stets die von ihr für erforderlich gehaltene Menge heimischer Verstromungskohle verfügbar ist. Dies hat jedoch über spezielle und möglichst auf Rationalisierung zielende Kohlepolitik zu geschehen, während die gleichzeitige und gleichwertige Berücksichtigung der Kohleinteressen anderer Partnerländer nicht verlangt werden kann — sie wäre ja gerade mit dem Ziel des jederzeit möglichen Zugriffs auf Energieträger nicht zu vereinbaren.

Der Kommission steht auch im Rahmen von Art. 90 Abs. 2 EWGV ein Kontrollrecht zu, das sie innerhalb des ihr allgemein zugestandenen, ökonomisch bedingten Ermessensspielraums ausüben kann, um die Wahrung der Gemeinschaftsinteressen durchzusetzen. Sie kann also nach Art. 90 Abs. 2 EWGV, in Verbindung mit den Grundsätzen ihrer Kohle-Subventions-Politik, die Bundesinstanzen jedenfalls dazu verpflichten, *im Rahmen der Sicherung jederzeitiger Verfügbarkeit nur spezielle, auf Rationalisierung zielende Subventionen einzusetzen.*

Reine, ungezielte pro-t-Subventionen sind also keinesfalls zulässig; das System des „Kohlepfennigs" in der gegenwärtigen Form ist schon deshalb gemeinschaftswidrig; dasselbe muß für jede andere Subventionsform gelten, welche nicht dieses spezielle Rationalisierungsziel verfolgt und dies nicht durch ihre rechtliche Gestaltung deutlich zum Ausdruck bringt.

Selbst wenn also das Bundesverfassungsgericht das heutige System der Verstromungs-Subventionierung der deutschen Steinkohle über „Jahrhundertvertrag" und „Kohlepfennig" sollte passieren lassen — es muß am europäischen Recht scheitern. Wenn dieses den Mitgliedstaaten die Kompetenz entzieht, für die Elektrizitätsversorgungssicherheit Sorge zu tragen, kann nur mehr im Rahmen des dann noch von Brüssel für zulässig Erachteten – was heute noch nicht voraussehbar ist, jedenfalls aber in sehr engen Grenzen nur – Steinkohle subventioniert werden. Auch dann aber ist dies, so verlangt es der EGKSV, nur degressiv und aus Gründen der Rationalisierung möglich. Soweit also die Politik nicht das Recht in Brüssel umbiegt, kann in absehbarer Zeit mit der Zulässigkeit einer Subventionierung der deutschen Steinkohle zu Verstromungszwecken in größerem Umfang nicht mehr gerechnet werden.

Der mündige Verbraucher in der Rechtsprechung des Europäischen Gerichtshofes*

Zur europarechtlichen Zulässigkeit abstrakter Gefährdungstatbestände (§§ 6a, 6b UWG)

Der Europäische Gerichtshof verbietet es in ständiger, in letzter Zeit sich verschärfender Rechtsprechung dem nationalen Gesetzgeber, Verbraucherschutzbestimmungen im Recht des unlauteren Wettbewerbs zu erlassen, welche den freien Handelsverkehr in der Gemeinschaft behindern können. Insbesondere darf er sich dabei nicht auf traditionelle nationale Verbrauchergewohnheiten berufen, wenn der Verbraucher hinreichend, etwa durch Etikettierung, aufgeklärt werden kann. Neuerdings betont der EuGH, es sei unzulässig, dem Verbraucher Informationen überhaupt vorzuenthalten. Im Lichte dieser Judikatur ist die neueste Rechtsprechung des BGH zu den §§ 6a und 6b UWG in bezug auf die Verpflichtungen der Selbstbedienungsgroßmärkte mit Europarecht nicht zu vereinbaren. Fraglich ist überhaupt, ob abstrakte Gefährdungstatbestände im UWG aufrechterhalten werden dürfen.

I. Die Fragestellung und ein Beispielsfall

1. Das hohe deutsche Verbraucherschutzniveau und die Gefährdungstatbestände des UWG

a) Im Vordergrund europarechtlicher Betrachtung des deutschen Wettbewerbsrechts stand bis vor kurzem eindeutig das Kartellrecht[1]. Doch nun wird auch beim Lauterkeitsrecht zunehmend das Europarecht eingrenzend und orientierend wirksam, namentlich in der im folgenden darzustellenden Rechtsprechung des Europäischen Gerichtshofes, mit Blick auf jenen gemeinsamen Binnenmarkt im besonderen, der nach der Einheitlichen Europäischen Akte geschaffen werden soll (Art. 8a EWGV)[2]. Im Mittelpunkt des Interesses stehen dabei neuerdings Fragen des *Verbraucherschutzes gegen Irreführung*[3].

---

* Erstveröffentlichung in: Europäische Zeitschrift für Wirtschaftsrecht 1991, S. 498–504.

[1] Dazu *Keßler*, EuZW 1991, 107.

[2] *Koenigs*, in: Festschr. für Preu, 1988, 267 ff. fordert schon jetzt eine strenge europarechtskonforme Auslegung des nationalen Rechts; zustimmend *Keßler*, EuZW 1991, 107; krit. *Beier*, GRUR Int. 1989, 603 (607).

[3] Vgl. dazu in europarechtlicher Sicht aus letzter Zeit *Alt-Sack*, EuZW 1990, 311; *Keilholz*, GRUR Int. 1987, 390; *Keßler*, EuZW 1991, 107; *Koch*, WRP 1989, 553; *Matthies*,

Hier insbesondere trifft wohl noch immer zu, vor allem in der Rechtsprechung zu § 3 UWG: „Unser Wettbewerbsrecht gilt als das strengste in der Europäischen Gemeinschaft mit einem Schutzniveau auf einsamer Höhe“[4] — was allerdings nur richtig ist, wenn man in der schärfsten Beschränkung, ja Reglementierung der Handelsfreiheit die „höchste“ Form des Verbraucherschutzes sieht und nicht etwa in einem funktionsfähigen Wettbewerb[5]. Eine Übernahme dieser einschneidenden deutschen Anti-Irreführungs-Normen durch die Europäische Gemeinschaft ist gescheitert, jedenfalls für den zentralen Bereich der Werbung[6], und angesichts der hier zu untersuchenden EuGH-Judikatur auch nicht mehr zu erwarten. Vielmehr fragt es sich, ob die hohen deutschen Standards des Verbraucherschutzes gegen Irreführung angesichts der weit liberaleren Auffassung in den anderen Mitgliedstaaten überhaupt noch gehalten werden können. Eine Liberalisierung des deutschen Rechts unter dem Druck des Europarechts dürfte insbesondere in zwei zentralen Fragen ins Haus stehen: Bei der Entscheidung, wieviel Prozent der angesprochenen Verbraucher irregeführt werden müssen, wenn ein Verstoß gegen das UWG angenommen werden soll[7], und vor allem, ob die Enttäuschung hoch gespannter deutscher Verbrauchererwartungen im Bereich von Qualität der Waren, Preisen und Konditionen weiterhin UWG-Schutz verdient[8].

b) Eine derartige Liberalisierungswirkung des Verbraucherschutzes unter europarechtlichem Druck wird mit Sicherheit nicht beim Wortlaut des § 3 UWG, sondern bei dem zu seiner Ausformung vom Gesetzgeber geschaffenen Spezialrecht der §§ 6a ff. und bei dem zu deren Fortbildung wiederum vom BGH geschaffenen Richterrecht einsetzen. Über die Anrufung des EuGH seitens des BVerfG oder des BGH, vor allem aber einfach in einer hürdensenkenden Entwicklung der Judikatur des letzteren kann es möglicherweise auch ohne Eingreifen des deutschen Gesetzgebers zu einer flexiblen Anpassung an europäische Handelsliberalität kommen.

---

in: Grabitz, EWGV, Stand 1990, Art. 30 Rdnr. 39a; Art. 36 Rdnr. 3; *Moench,* NJW 1987, 1109.

[4] *Keilholz* (o. Fn. 31), 391, unter Zitat von *Schricker,* GRUR Int. 1982, 720.

[5] So aber etwa *Keßler,* EuZW 1991, 107 (112).

[6] Die (Mindest-)Vorstellungen der aufgrund langjähriger Vorarbeiten erlassenen Richtlinie zur Angleichung der Rechts- und Verwaltungsvorschriften der Mitgliedstaaten über irreführende Werbung vom 10.9.1984 – 84/450/EWG bleiben so weit hinter den deutschen Verbotsnormen zurück, daß eine Anpassung des deutschen Rechts nicht erforderlich war (*Baumbach-Hefermehl,* WettbewerbsR, 15. Aufl. [1988], Einl. UWG, Rdnr. 25; siehe auch im einzelnen *Keilholz,* GRUR Int. 1987, 390, sowie noch *Keßler,* EuZW 1991, 107 [111]); weitergehender nationaler Verbraucherschutz ist durch die Richtlinie nicht verboten.

[7] Vgl. *Keßler,* EuZW 1991, 107 (112); *Keilholz,* GRUR Int. 1987, 390 (391).

[8] Eingehend dazu *Keilholz,* GRUR Int. 1987, 390 (393 f.), der hier die Notwendigkeit eines Umdenkens spätestens 1992 sieht.

Der deutsche Gesetzgeber hat allerdings in den vergangenen Jahren immer wieder entschlossen den Weg in die Gegenrichtung der Handelsregulierung beschritten: Durch Erlaß der §§ 6a ff. UWG ist der bereits hochgezogene deutsche Verbraucherschutz immer noch weiter gesteigert worden. Hier wurden sogenannte *abstrakte Gefährdungstatbestände* geschaffen: Wer sie verwirklicht, dem braucht nicht im Einzelfall die Eignung seines Verhaltens zur Irreführung der Verbraucher nachgewiesen zu werden. „Diese wird nicht widerlegbar vermutet, sondern gilt als nachgewiesen“[9]. Wer sich so verhält, hat eben eine „typische Täuschungsgefahr“ geschaffen. Das allein genügt, um ihn mit einem Verbot zu belegen, selbst wenn nachweislich niemand in diesem Fall der Gefahr erlegen ist oder voraussichtlich erliegen wird. Bisher ist die Problematik, ob solche typisierende, unwiderlegliche Irreführungsvermutungen – denn um nichts anderes handelt es sich – mit Europarecht vereinbar sind, soweit ersichtlich, nicht vertieft worden. Neuerdings hat jedoch ein – im folgenden noch näher zu erörterndes – Urteil des Europäischen Gerichtshofes[10] bereits die Frage aufgeworfen, ob nicht der Gefährdungstatbestand des § 6e UWG nur mehr einschränkend anwendbar ist[11]. Das Problem soll hier vor allem mit Blick auf die Gefährdungstatbestände der §§ 6a und 6b UWG aufgegriffen werden, und zwar insbesondere aus Anlaß eines konkreten, in der deutschen Rechtsprechung entschiedenen Falles: Hier wurden nämlich diese UWG-Normen auch noch in einer erstaunlich extensiven Weise, über den Wortlaut hinaus, angewendet, wodurch neues deutsches Richterrecht zum unlauteren Wettbewerb mit bisher nicht gekannten, noch höheren Verbraucherschutz-Standards entstehen könnte. Dann aber stellt sich mit besonderer Intensität die Frage, ob solches nationales Recht nicht dem erwähnten Liberalisierungsdruck aus Luxemburg weichen muß.

2. Die neuesten Entscheidungen des Bundesgerichtshofes

Der BGH hat sein Richterrecht zu §§ 6a und 6b UWG in zentralen Fragen in Entscheidungen zum Selbstbedienungsgroßhandel entwickelt, speziell bei gerichtlichen Auseinandersetzungen des Einzelhandels mit diesem[12]. Seine richterrechtliche Dogmatik zu den beiden Gefährdungstatbeständen hat der BGH neuerdings[13] durch zwei Urteile präzisiert, in denen die Anforderungen des Verbraucherschutzes dem Selbstbedienungsgroßhandel gegenüber noch

[9] *Baumbach-Hefermehl,* WettbewerbsR, § 6a UWG Rdnr. 2; § 6b UWG Rdnr. 3 usw.

[10] EuGH, EuZW 1990, 222 – GB-INNO-BM.

[11] *Alt-Sack,* EuZW 1990, 311 (312).

[12] Dazu allg. *Schricker-Lehmann,* Der Selbstbedienungsgroßhandel, 2. Aufl. (1987); zur verfassungsrechtlichen Problematik *Leisner,* Selbstbedienungsgroßhandel und Verfassungsrecht, 1986.

[13] BGH, NJW 1990, 1294.

weiter verschärft worden sind. Im Rechtsstreit zwischen Vertretern des Einzelhandels und einem Unternehmen des Selbstbedienungsgroßhandels wurde zu § 6a UWG entschieden, daß letzteres nur dann „funktionsechten Großhandel" betreibe, sich daher auch nur dann im Geschäftsverkehr als Großhändler bezeichnen dürfe, wenn es grundsätzlich an private Letztverbraucher nichts verkaufe. Selbst an Großhandelskunden dürfe Ware nur abgegeben werden, soweit diese für sie nicht „betriebsfremd" sei, wofür das jeweils Branchenübliche einen Anhaltspunkt biete. Wenn dies vom Selbstbedienungsgroßmarkt nicht streng beachtet werde, seien die von ihm – notwendigerweise, weil gerade zur Sicherstellung eines „funktionsechten" Großhandels – ausgegebenen Einkaufsberechtigungsausweise unzulässige „Kaufscheine"; damit werde der weitere Gefährdungstatbestand des § 6b UWG erfüllt.

Hinter dem hier angewendeten §§ 6a und 6b UWG steht die Überzeugung des deutschen Gesetzgebers, wenn jemand „als Großhändler" werbe, ziehe er letzte Verbraucher an, die darauf vertrauten, bei ihm günstiger als bei seiner Konkurrenz, dem Einzelhandel, einkaufen zu können. Selbst wenn dies nach Preis und Qualität zutreffe, sei es unlauter, allein schon infolge des Anlokkungseffekts, mit der Großhändlereigenschaft zu werben. Dasselbe gelte für die Ausgabe von Einkaufsausweisen, mit denen letzte Verbraucher ähnliche Vorstellungen verbänden. Die §§ 6a und 6b gehen also von einer starken Anziehungskraft der „Großhändlereigenschaft" auf letzte Verbraucher aus, die auch durch einen – unbestrittenen möglichen – Preis- und Qualitätsvergleich nicht vermindert werde und allein deshalb schon unlauter sei, eben durch Erfüllung eines Gefährdungstatbestandes.

Diese Grundannahmen des deutschen Gesetzgebers sind seit dem Erlaß der §§ 6a und 6b UWG im Schrifttum weithin, zum Teil heftig kritisiert worden[14]. Dennoch hat sie der BGH, gerade in den erwähnten neuesten Entscheidungen, noch erheblich, zum Teil deutlich über den Wortlaut hinaus verschärft: § 6a UWG, nach dem ein Auftreten als Großhändler möglich ist, wenn (tatsächlich) überwiegend Großhandelskunden bedient werden, finde grundsätzlich nur bei „funktionsechtem" Großhandel Anwendung. Dieser wiederum sei aber nur gewährleistet, wenn der Selbstbedienungsgroßmarkt durch strenge Eingangs- und Ausgangskontrollen sicherstelle, daß kein privater Letztverbraucher bei ihm einkaufe, ja daß selbst ein Großhandelskunde bei ihm nichts (für ihn) Branchenfremdes erwerbe; denn beim Einkauf solcher Ware sei auch der – allein für Brancheneigenes – besonders sachkundige Großhandelskunde allen anderen privaten Letztverbrauchern gleichzustel-

---

[14] Vgl. die eingehenden monograpischen Behandlungen v. *Schricker-Lehmann* (o. Fn. 12), S. 97 ff., insbes. S. 154 ff., S. 187 ff.; *Fezer*, Der Kaufscheinbegriff, 1989, insbes. S. 73 ff.; *Kilian*, Schutz des Verbrauchers oder der Handelsstrukturen? Zum Anwendungsbereich der Ausnahmeregelung in § 6a II UWG, insb. S. 17 ff.; zu verfassungsrechtlichen Bedenken *Leisner* (o. Fn. 12), insb. S. 35 ff. — alle m. weit. Nachw.

len und daher ebenso wie diese irrtumsanfällig und schutzwürdig. Würden die scharfen (auch Personal-)Ausweiskontrollen nicht durchgeführt und die Großhandelskunden nicht darauf besonders untersucht, ob das Gekaufte in ihr Sortiment passe, so würden alle Einkaufsberechtigungsausweise zu unzulässigen Kaufscheinen (§ 6b UWG).

Die Einwendungen des Selbstbedienungsgroßmarktes, die angeordneten Kontrollen überforderten ihn, drohten seine Vertriebsform überhaupt unmöglich zu machen, und er könne insbesondere die ständig fluktuierenden Sortimente seiner Großhandelskunden gar nicht erfassen — all dies hat der Bundesgerichtshof als unbeachtlich erklärt, ohne freilich näher darzulegen, wie denn die Erfassung der Kundendaten und – auf deren Grundlage – jene Kontrollen erfolgen sollten, deren Durchführung allein die Erfüllung der Gefährdungstatbestände ausschließen soll.

Diese Rechtsprechung, welche die schon besonders strenge deutsche Gesetzgebung zum unlauteren Wettbewerb noch entscheidend verschärft, verschließt sich rechtlich der nach dem Gesetzeswortlaut noch möglichen Flexibilisierung und behindert entscheidend die herkömmliche Vertriebsform einer besonders absatzstarken Handelsorganisation in einem der EG-Mitgliedsländer, der Selbstbedienungsgroßmärkte. Es fragt sich daher, ob diese richterliche Verschärfung, ja ob überhaupt die ihr zugrundeliegenden §§ 6a und 6b UWG mit geltendem Europarecht vereinbar sind.

Der Bundesgerichtshof hat keinen Anlaß gesehen, den Europäischen Gerichtshof in dieser Sache anzurufen. Vielleicht hätte er anders gehandelt, wenn er bereits das wenig später ergangene neue Werbebeschränkungsurteil des EuGH hätte berücksichtigen können. Nun aber fragt es sich, ob nationale Gerichte noch an einem solchen Verständnis der UWG-Normen festhalten dürfen, oder ob dies nicht durch Europarecht ausgeschlossen ist, ja ob überhaupt noch die §§ 6a und 6b UWG angewendet werden dürfen[15]. Diese Vereinbarkeitsfrage deutschen UWG- und Richterrechts mit dem EWG-Vertrag ist daher anhand der hierzu von der Judikatur des Europäischen Gerichtshofes entwickelten Maßstäbe zu prüfen.

---

[15] Zur Wirkung des EWG-Rechts auf deutsches Recht – nicht Nichtigkeit der deutschen Normen, wohl aber künftige Nichtanwendbarkeit derselben – vgl. neuerdings BVerwG, RIW 1991, 426.

II. EuGH-Grundsätze: Optimale Information für den eigenverantwortlichen Verbraucher

1. Wettbewerbsregeln als Beeinträchtigung des innergemeinschaftlichen Handels

a) Seit der Dassonville-Entscheidung aus dem Jahre 1974[16] gilt nach ständiger Rechtsprechung des EuGH[17]: „Jede Handelsregelung der Mitgliedstaaten, die geeignet ist, den innergemeinschaftlichen Handel unmittelbar oder mittelbar, tatsächlich oder potentiell zu behindern, ist als Maßnahme mit gleicher Wirkung wie eine mengenmäßige Beschränkung anzusehen" — also nach Art. 30 EWGV grundsätzlich unzulässig. Nach dieser weiten Formel muß eine tatsächliche Beeinträchtigung nicht nachgewiesen werden, sondern es genügt die Eignung hierzu. Damit herrscht hier eine *strenge Auslegung* des Art. 30 EWGV vor[18]. Der EuGH hat dadurch sehr weitgehende Kompetenzen für sich in Anspruch genommen; selbst Kritiker seiner neuesten Werbungs-Rechtsprechung (im folgenden 4) bescheinigen ihm aber, daß dies durch den Vertrag von Rom gedeckt sei[19]. Hier finden also auch die – in Ermangelung einer gemeinschaftlichen Regelung des Absatzes einer Ware heute noch bestehenden – Kompetenzen der Mitgliedstaaten ihre Schranke, „alle den Absatz dieser Waren betreffenden Vorschriften für ihr Hoheitsgebiet zu erlassen"[20]. Daß dazu grundsätzlich auch die Regelung des unlauteren Wettbewerbs, insbesondere der Verbraucherschutz, gehört, hat der EuGH stets im selben Zusammenhang und in ständiger Rechtsprechung festgestellt.

Im erwähnten Beispielfall vertrieb der Selbstbedienungsgroßmarkt sowohl Waren deutscher Herkunft als auch solche aus anderen Mitgliedstaaten. Daß (auch) der Absatz der ausländischen Waren infolge der strengen, vom Gesetzgeber aufgestellten und vom BGH noch verschärften, Voraussetzungen nicht unerheblich zurückgehen *könnte,* steht fest; dies aber genügt zur Behinderung des innergemeinschaftlichen Handels. Tatsächlich ist sogar mit einer solchen Beeinträchtigung mit Sicherheit zu rechnen, vergleicht man das jetzt vom BGH durchgesetzte Recht nur mit einer Rechtslage, in der etwa Groß-

---

[16] EuGH, Slg. 1974, 837 = NJW 1975, 515; dazu etwa *Keßler,* EuZW 1991, 107 (109).

[17] Siehe z.B. EuGH, Slg. 1981, 1625 (1639) – Kommission / Irland; EuGH, Slg. 1982, 2349 – Robertson; EuGH, Slg. 1987, 1227 (1269) – deutsches Bier — hier bereits als ständige Rechtsprechung bezeichnet; EuGH, Slg. 1988, 4275 (4278) – Dreiglocken; EuGH, EuZW 1991, 183 – Pall Corp.

[18] So die Schlußanträge des Generalanwalts *Capotorti,* in: EuGH, Slg. 1979, 649 (672) – Rewe.

[19] So etwa *Sack,* EuZW 1990, 311 (313).

[20] EuGH, Slg. 1979, 649, bereits in Slg. 1981, 3019 (3034) als ständige Rechtsprechung bezeichnet.

handelskunden ohne strenge Sortimentbindung einkaufen könnten; sie würden dann unzweifelhaft noch andere Waren erwerben, etwa zur Erweiterung ihres Sortiments, und nicht wenige werden sich wohl überhaupt durch die geforderten scharfen Kontrollen abschrecken lassen. Es liegt also eine typische Behinderung des innergemeinschaftlichen Handels vor.

b) Auf Art. 36 EWGV können sich der deutsche Gesetzgeber des UWG und der BGH nicht berufen. Der EuGH hat klargestellt, daß sich nationale Instanzen nicht auf die Notwendigkeit der Sicherung der „öffentlichen Ordnung“ stützen dürfen, wenn sie Ziele des Verbraucherschutzes verfolgen: Art. 36 EWGV ist „als Ausnahme von der Grundregel, daß alle Hindernisse für den freien Warenverkehr zwischen den Mitgliedstaaten zu vermeiden seien, eng auszulegen“[21]; daher können weder der Verbraucherschutz noch die Lauterkeit des Handelsverkehrs im Rahmen von Art. 36 EWGV geltend gemacht werden, weil „die dort aufgeführte Ausnahmen nicht auf andere als die abschließend aufgezählten Fälle ausgedehnt werden“ können[22]. Die hier erörterten §§ 6a und 6b UWG sowie ihre judikativen Verschärfungen sind also durch Art. 36 EWGV nicht gedeckt.

2. Die europarechtlichen Schranken der nationalen Gesetzgebung zum unlauteren Wettbewerb — Allgemeines

a) In wiederum ständiger Rechtsprechung hat der EuGH seit der Rechtssache Rewe-Cassis de Dijon[23] ausgesprochen: Nationale Hemmnisse für den Binnenhandel der Gemeinschaft müssen hingenommen werden, „soweit diese Bestimmungen notwendig sind, um zwingenden Erfordernissen gerecht zu werden, insbesondere den Erfordernissen ... der Lauterkeit des Handelsverkehrs und des Verbraucherschutzes.“ Es steht den Mitgliedstaaten aber nicht frei, nun nach Belieben im Namen solcher „zwingenden Erfordernisse“ tätig zu werden. 1981 bereits hatte der EuGH nationale Hemmnisse verboten, wenn die von den nationalen Instanzen ins Feld geführten „zwingenden Erfordernisse“ – auch solche des Verbraucherschutzes – „durch Maßnahmen sichergestellt werden (können), die den freien Warenverkehr weniger stark beschränken“[24]; und ab 1982[25] wird dann die Notwendigkeitsformel für den

---

[21] EuGH, Slg. 1977, 5 (15) – Bauhuis.

[22] EuGH, Slg. 1981, 1625 (1638) – Kommission / Irland.

[23] EuGH, Slg. 1979, 649 (662) – Rewe; siehe etwa noch EuGH, Slg. 1980, 2071 (2078) – Gilli; EuGH, Slg. 1981, 1625 (1639) – Kommission / Irland; EuGH, Slg. 1981, 3019 (3034) – italienischer Weinessig; Slg. 1982, 2349 (2360) – Robertson; EuGH, Slg. 1982, 3961 (3972) – Rau; EuGH, Slg. 1982, 4574 (4582) – Oosthoek; EuGH, Slg. 1986, 3879 (3897) – pétillant de raisin; EuGH, Slg. 1988, 4275 (4278) – Dreiglocken; EuGH, Slg. 1988, 4489 (4511) – Smanor; EuGH, EuZW 1991, 183 – Pall Corp.

[24] EuGH 1981, 3019 (3035) – Italienischer Weinessig.

Verbraucherschutz in ständiger Judikatur ergänzt: „Die Regelung muß allerdings in einem angemessenen Verhältnis zum verfolgten Zweck stehen. Hat ein Mitgliedstaat die Wahl zwischen verschiedenen zur Erreichung desselben Zieles geeigneten Mitteln, so hat er das Mittel zu wählen, das den freien Warenverkehr am wenigsten behindert." Schließlich fügt er hinzu, daß auch die Ziele vom nationalen Gesetzgeber nicht frei gesetzt werden dürfen: denn diese müssen „nach Gemeinschaftsrecht gerechtfertigt sein"[26].

b) Einer zweifachen Beschränkung müssen also nach dem EuGH die deutschen Verbraucherschutznormen gerecht werden:

– Sie dürfen keine gemeinschaftswidrigen Ziele verfolgen; „der" Verbraucherschutz ist sicher ein gemeinschaftskonformes Ziel. Der EuGH überprüft auch die nationalen Zielvorstellungen nur global[27]. Im Beispielfall mag es also zunächst genügen, daß sich der deutsche Gesetzgeber darauf beruft, er müsse irreführenden Vorstellungen über Preis- und Qualitätsgünstigkeit des Einkaufs bei Großhändlern entgegenwirken. Dabei ist jedoch eine wichtige Zielbeschränkung zu beachten: Die national gesetzten Ziele dürfen nicht zu einer Versteinerung von nationalen Vorstellungen in der Gemeinschaft führen (im folgenden 3).

– Die nationalen Regelungen müssen ferner zur Erreichung solcher zulässiger Ziele zwingend erforderlich sein. Daß hier ein strenger Maßstab anzulegen ist, ergibt schon die Wortwahl.

3. Versteinerung nationaler Vorstellungen und Gewohnheiten — kein zulässiges Ziel des Verbraucherschutzes

a) Wenn es zuträfe, daß der deutsche Letztverbraucher, überzeugt davon, bei einem Großhändler stets günstiger einzukaufen, der Verlockung dieser gewerblichen Bezeichnung und der besonderen Kaufberechtigungsausweise leicht erläge, und wenn dies auch für den außerhalb seines bisherigen Sortiments einkaufenden Großhandelskunden gelten sollte, dann wären die strengen Gebote des BGH an den Selbstbedienungsgroßhandel jedenfalls nach deutschem Recht zielkonform, wobei noch offenbliebe, ob dem nicht auf andere Weise entgegengewirkt werden könnte (im folgenden 4). An einer solchen „Irreführungslage" bestehen aber bereits aus der Sicht des deutschen Rechts grundsätzlich erhebliche Zweifel, die hier jedoch nicht zu vertiefen sind, weil insoweit die endgültige Feststellungs- und Entscheidungszuständigkeit sicher dem nationalen Richter, also dem BGH, zusteht.

---

[25] EuGH, Slg. 1982, 3961 (3972) – Rau.

[26] EuGH, Slg. 1985, 2605 (2618) – Cinéthèque; EuGH, Slg. 1989, 3885 (3888) – Torfaen.

[27] Wie sich im Ladenschlußfall (EuGH, Slg. 1985, 3885 [3888/9]) gezeigt hat.

Damit ist aber noch nicht erwiesen, daß das nationale Ziel, den Verbraucher gegen solche „Großhändlerverlockung" zu schützen, europarechtlich legitim sei. Denn wenn man derartige deutsche Verbrauchergewohnheiten unterstellt, wäre ein sie berücksichtigender Verbraucherschutz europarechtlich nur zulässig, wenn es gemeinschaftsrechtlich zu billigen wäre, derartige Verbrauchervorstellungen zu erhalten, ja zu kultivieren, wenn also dem deutschen Verbraucher eine Verhaltensänderung nicht zuzumuten wäre. Daran aber bestehen erhebliche Zweifel.

b) Der Europäische Gerichtshof hat gerade dem deutschen Verbraucher gegenüber im Bierfall festgestellt: „(Es) können sich die Vorstellungen der Verbraucher, die von einem Mitgliedsland zum anderen unterschiedlich sein können, auch innerhalb eines und desselben Mitgliedstaates und im Laufe der Zeit fortentwickeln. Die Einführung des Gemeinsamen Marktes ist dabei einer der wesentlichen Faktoren, die zu einer solchen Entwicklung beitragen können." Das Recht eines Mitgliedstaates darf „nicht dazu dienen, die gegebenen Verbrauchergewohnheiten zu zementieren, um einer mit deren Befriedigung befaßten inländischen Industrie einen erworbenen Vorteil zu bewahren"[28]. Auf den Beispielfall (oben I) bezogen: Mag der deutsche letzte private Verbraucher auch bisher dem Großhändlerimage eine derartige preis- und qualitätsvergünstigende Bedeutung zugemessen haben, daß er sich gerade dadurch zum Kauf anlocken ließ — der Absatz ausländischer Produkte in deutschen Selbstbedienungsgroßmärkten darf darunter im Wege des Verbraucherschutzes nur leiden, wenn diesem deutschen privaten Endverbraucher eine entsprechende Änderung seiner Gewohnheiten nicht zuzumuten ist. Dies aber ist keine Frage des deutschen Rechts, sondern eine solche des Gemeinschaftsrechts, das grundsätzlich eine Zementierung deutscher Verbrauchergewohnheiten verbietet, wenn sie den innergemeinschaftlichen Warenverkehr hemmen.

c) Nun erhebt sich aber die Frage, was der deutsche Gesetzgeber zum unlauteren Wettbewerb dem deutschen Verbraucher – immer unterstellt, dieser sehe den Großhandel so günstig – an Gewohnheitsänderungen zumuten darf, denn das muß er ihm dann auch zumuten.

Der EuGH hat im Schaumweinfall den Verbrauchern vorgehalten[29], sie müßten sich auf die Anforderungen einstellen, „die sich aus der gegenseitigen Achtung der lauteren Praxis und herkömmlichen Übung in den verschiedenen Mitgliedstaaten ergeben." Nun handelte es sich zwar in diesem Fall um einen Vergleich desselben Produkts in zwei Mitgliedstaaten, während in dem oben (unten I) angeführten Beispiel nur die Behandlung eines ausländischen Er-

---

[28] EuGH, Slg. 1987, 1227 (1270/1) – Deutsches Bier, unter Hinweis auf EuGH, Slg. 1980, 417.

[29] EuGH, Slg. 1986, 3879 (3897) – Pétillant de raisin.

zeugnisses in Deutschland die Frage zu stehen scheint. In Wahrheit deckt aber die eben erwähnte Forderung des EuGH diesen Fall: Im Ausland wird der Vertrieb eines bestimmten Produkts bei weitem nicht in vergleichbarer Weise wie in Deutschland durch verbraucherschützende Großhandelsbeschränkungen behindert; also muß vom deutschen Verbraucher verlangt werden, daß er sich durch das „Auftreten als Großhändler" und durch „Kaufscheine" auch nicht stärker anlocken läßt als sein ausländischer Gemeinschaftsmitbürger, bei dem dies ersichtlich nicht der Fall ist. Weil der deutsche Gesetzgeber die ganz anderen Praktiken der Partnerländer achten muß, hat er seinen privaten Letztverbrauchern eine Gewohnheitsänderung zuzumuten. Sie müssen sich eben den deutschen Selbstbedienungsgroßmärkten gegenüber kritischer einstellen, verstärkten Preis-, Qualitäts- und Konditionenvergleich zum Einzelhandel betreiben, sollten sie dies wirklich, wie der BGH unterstellt, bisher nicht getan haben. Der deutsche Gesetzgeber zum unlauteren Wettbewerb aber handelt gemeinschaftswidrig, wenn er diese europarechtswidrigen Vorstellungen auch noch „zementiert".

d) Nach seiner ganzen bisherigen Rechtsprechung wird der EuGH – das steht mit einiger Sicherheit zu erwarten – auch in diesem Selbstbedienungsbereich von der Möglichkeit und damit von der Notwendigkeit einer etwaigen Gewohnheitsänderung in Deutschland und mithin davon ausgehen, daß der deutsche private Endverbraucher nicht auch ferner so weitgehend gegen großhändlerische Verlockungen gesichert werden muß. Dazu einige Beispiele:

- Es ist unzulässig, wenn Deutschland die Bezeichnung „Sekt" und „Weinbrand" nur inländischen Erzeugnissen vorbehält, selbst wenn der deutsche Verbraucher lediglich inländische Produkte darunter verstehen sollte[30].
- Es geht nicht an, daß der deutsche Gesetzgeber sich auf deutsche Verbrauchergewohnheiten beruft, um einen Mindestweingeistgehalt für Trinkbranntwein festzusetzen[31].
- Gegen den EWG-Vertrag verstößt es, wenn Italien von einer Verbraucherüberzeugung ausgeht, nach der „Essig" stets „Weinessig" sei[32], oder nach der zu „pasta" nur Hartweizen verwendet werden dürfe.
- Nach Irland dürfen Irland-Souvenirs auch ohne ausländische Herkunftsausgabe eingeführt werden, selbst wenn der aus- und inländische Käufer (Tourist) von der Vorstellung ausgegangen sein sollte, derartiges werde im Zweifel in Irland hergestellt[33].

---

30 EuGH, Slg. 1975, 181 (198/8) – Deutscher Sekt.

31 EuGH, Slg. 1979, 649 (661/3) – Rewe/Cassis de Dijon.

32 EuGH, Slg. 1980, 2071 (2078 f.) – Gilli; EuGH, Slg. 1988, 4275 (4278 ff.) – Dreiglocken.

33 EuGH, Slg. 1981, 1625 (1640) – Kommission/Irland.

- Belgien konnte einen belgischen Prägestempel für eingeführte versilberte Waren nicht verlangen, selbst wenn dort der Gesetzgeber davon ausgegangen sein sollte, der Verbraucher verlasse sich gerade auf diesen[34].
- Die belgischen Verbraucher mochten erwarten, daß Margarine stets in Würfelform angeboten werde — der EuGH läßt auch anders verpackte Margarine in Belgien vertreiben[35].
- Die Deutschen mochten in Sektflaschen nicht den französischen „pétillant de raisin" erwarten[36] und unter „Bier" nur den nach deutschen Reinheitsvorstellungen gebrauten Saft verstehen[37] — Europarecht verlangt von ihnen, derartige Gewohnheiten zu ändern.
- Die Bezeichnung „Joghurt" für tiefgefrorenen Joghurt durfte in Frankreich nicht verboten werden, weil vielleicht französische Verbraucher unter Joghurt nichts Tiefgefrorenes verstehen[38].
- Die luxemburgischen Verbraucher werden nicht darin geschützt, daß sie unter Umständen Sonderverkäufe für Schlußverkäufe halten[39].

All diesen Fällen einer wahrhaft konstanten Rechtsprechung des Europäischen Gerichtshofes, denen vergleichbare Gegenbeispiele, soweit ersichtlich, nicht gegenüberstehen, *liegt ein gemeinsamer Rechtsgedanke zugrunde:* In jedem Mitgliedstaat ist es dem Verbraucher zuzumuten, bisherige Konsumgewohnheiten zu ändern, die einerseits auf herkömmlichen prima-vista-Eindrükken beruhen, aber durch entsprechende Information zu korrigieren sind (vgl. unten 4), andererseits in anderen Partnerstaaten nicht vergleichsweise festzustellen sind. Verbrauchergewohnheitsinseln sollen in der Gemeinschaft nicht durch nationale Gesetzgebung und Rechtsprechung erhalten werden.

e) Auf den Beispielsfall (oben I) bezogen bedeutet dies: Mag der deutsche letzte private Verbraucher auch herkömmlich vom Großhandel ein bestimmtes Vergünstigungsbild haben, es kann ihm zugemutet werden, diese „erste-Anschein-Gewohnheit" aufzugeben und stets kritisch durch Vergleich zu prüfen, genauso wie er nun nicht mehr auf „Bier als deutsches Bier" vertrauen darf. Ein Verbraucherschutzziel, das die alten Gewohnheiten zementiert, lenkt Warenströme innerhalb des deutschen Vertriebs um und ist dadurch geeignet, den Absatz von Waren aus anderen Gemeinschaftsländern zu behindern. Ge-

---

[34] EuGH, Slg. 1982, 2349 (2360 / 1) – Robertson.

[35] EuGH, Slg. 1982, 3931 (3972) – Rau.

[36] EuGH, Slg. 1986, 3879 (3897) – Pétillant de raisin.

[37] EuGH, Slg. 1987, 1227 (1270 f.) – Deutsches Bier.

[38] EuGH, Slg. 1988, 4489 (4510 f.) – Smanor.

[39] EuGH, EuZW 1990, 222 (223) – GB-INNO-BM.

meinschaftsbürger aus anderen Ländern können sich in deutschen Selbstbedienungsgroßmärkten nicht zu den gleichen Bedingungen bedienen wie in anderen Staaten; sie kommen aber täglich zu Zehntausenden, im Jahr zu Millionen nach Deutschland.

f) Damit ergibt sich, daß schon das durch die §§ 6a und 6b UWG verfolgte Ziel des Verbraucherschutzes mit dem EWG-Vertrag nicht vereinbar ist. Hinzu kommt, daß es in der besonders einschneidenden Form der *Gefährdungstatbestände* verfolgt wird — ein Gegenbeweis ist überhaupt nicht möglich, jedenfalls nicht nach der Rechtsprechung des BGH. Derartige Gefährdungstatbestände zementieren daher besonders hart; die durch sie geschaffene Lage ist einer Flexibilisierung überhaupt nicht mehr zugänglich. Jene Veränderung der Gewohnheiten mit Blick auf die Partnerländer, welche der EuGH zwingend fordert, kann in keiner Weise, etwa durch viele kleine Schritte möglicher Ungefährlichkeitsbeweise der Werbung, geleistet werden.

Daraus folgen allgemein schwere Bedenken gegen derartige Gefährdungstatbestände im deutschen Recht des unlauteren Wettbewerbs. Dies zeigt gerade der neuerlich entschiedene Luxemburger Werbungsfall[40] — nicht umsonst hatte die deutsche Regierung nachdrücklich versucht, das Verdikt des EuGH zu vermeiden, das sich, jedenfalls teilweise, auch gegen den § 6e UWG wendete[41]. An diesem Spruch ist denn auch sogleich heftige Kritik von einem deutschen Autor aus Brüssel geübt worden[42]: Es sei keinesfalls Aufgabe des EuGH, Ziele der Verbraucherpolitik vorzugeben; er habe die Zielsetzungen der Mitgliedstaaten zugrunde zu legen und deren Maßnahmen lediglich auf ihre Verhältnismäßigkeit zu diesen Mitteln zu überprüfen. Diese Vorwürfe gehen fehl. Der EuGH hat, wie oben unter a) nachgewiesen, auch früher schon europarechtskonforme Zielsetzungen verlangt. Er konnte diese letzteren auch nicht dem nationalen Belieben überlassen, sonst hätte er in kaum einem der entschiedenen Fälle (vgl. oben d) die nationale Entscheidung korrigieren dürfen; denn dann hätte sich der Mitgliedstaat stets darauf berufen können, er habe hier eben seine Verbraucher schützen müssen, die ihren bisherigen, auf oberflächliche Eindrücke gestützten Vorstellungen folgten und daher getäuscht würden. Gerade dies aber läßt der EuGH nicht gelten. Vielmehr verlangt er von allen europäischen Verbrauchern genauere Prüfung, einen Abschied von bisher nur prima vista begründeten Gewohnheiten, und hier findet sich der gemeinsame Obersatz für die Entscheidung aller angeführten Fälle und des Selbstbedienungsgroßmarktfalles. Dabei zeigt sich aber vor allem:

---

[40] EuGH, EuZW 1990, 222 (223) – GB-INNO-BM.

[41] Vgl. jedoch neuestens den Vorlagebeschl. des BGH v. 11.4.1991 (EuZW 1991, 415), in dem der BGH den EuGH um Vorabentscheidung bezüglich der europarechtlichen Konformität des § 6e UWG ersucht.

[42] *Sack*, EuZW 1990, 311 (314).

der EuGH geht nicht vom gewohnheitsseligen Konsumenten aus; er verlangt vom Verbraucher Entwicklungsoffenheit und kritische Prüfung. Dies aber sind Worte, die auch nach deutschem allgemeinen Konsens den *mündigen Bürger* umschreiben, nicht denjenigen, der in geistiger Trägheit verharrt und den ständig ein regulierender Wohlfahrtsstaat gegen sich selbst und gegen jede auch nur entfernt mögliche Gefährdung schützen muß. Letztlich wird hier in erster Linie der deutsche Einzelhandel geschützt.

4. Nicht Handelsverbot — Handelsinformation

a) Die berichtete Rechtsprechung des Europäischen Gerichtshofes zum mündigen Verbraucher ist – und das weist in dieselbe Richtung – noch durch ein weiteres deutliches Merkmal durchgehend gekennzeichnet: durch ein sehr hohes Informationsvertrauen. Luxemburg verlangt laufend ein „information first": Der nationale Gesetzgeber muß immer *zunächst* prüfen, ob er eine Gefährdung der Verbraucher nicht durch entsprechende Information vermeiden kann. Dem dient vor allem die ständig wiederholte Feststellung, es genüge doch, wenn eine Etikettierung vorgeschrieben werde, welche die Qualität der betreffenden Ware deutlich zum Ausdruck bringe[43]. Damit konkretisiert der EuGH die zweite oben (unter 2 b) berichtete Bedingung, unter der die Zulässigkeit von nationalen Verbraucherschutzregelungen steht, welche den innergemeinschaftlichen Handel hemmen könnten. Die Kennzeichnung ist für den EuGH die generell mildere Form des Eingriffs in den Ablauf der europäischen Handelsströme; daher ist sie nach dem von ihm zugrunde gelegten Verhältnismäßigkeitskriterium (genauer: Kriterium des geringstnötigen Eingriffs) stets zunächst zu wählen. Nur dort, wo eine Information wesentlich täuschend wirken muß, wo ihr durch keine andere, richtigstellende entgegengewirkt werden kann, darf der Verbraucher durch Informationsverbote vor Irreführung geschützt werden[44].

Dieser Schutz darf aber nicht zu früh und „allzu vorsorglich" einsetzen. Der EuGH vertraut auch hier, hier besonders, auf den mündigen Verbraucher. Der nationale Gesetzgeber darf diesem nicht von vornherein unterstellen, er werde eben die ihn vor Irrtum schützenden Etikette nicht beachten, d.h. Preis-, Qualitäts-, Konditionenvergleiche anhand von derartigen verfügbaren Informationen nicht durchführen. Der EuGH schützt nur seine Freiheit der Informationsaufnahme; macht der Konsument von ihr nicht Gebrauch, so ist er nicht schutzwürdig: Wer nicht lesen will, wie deutsches Bier gebraut wird,

---

[43] Dies liegt der gesamten oben (o. Fn. 30–39) berichteten Judikatur zugrunde, besonders deutlich im Sekt/Weinbrand-, im Trinkbranntwein-, im Essig-, im Pasta-, im Margarine- und im Bierfall.

[44] Vgl. OLG München, EuZW 1990, 358 (359 f.).

dem widerfährt kein Übel, wenn er ausländisches trinkt, das „weniger rein“ ist, wenn dessen Hersteller einen gleichen Reinheitsgrad nicht behaupten.

Der EuGH geht hier übrigens erstaunlich weit, sowohl in der Beschränkung der Informationspflicht der Vertreiber – es genügt etwa die Angabe der Bierqualität nur auf dem Faß[45] – wie in der Ausweitung der Informationslast, die er hier dem Verbraucher aufbürdet. In einem Fall möglicher Täuschungen von Konsumenten durch das Symbol (R), das von deutschen Verbrauchern in dem – nicht zutreffenden – Sinn verstanden werden konnte, das betreffende Produkt sei auch im Vertriebsland Deutschland warenzeichengeschützt, meinen die Luxemburger Richter, es könnten umsichtige Wirtschaftsteilnehmer, die wissen möchten, ob ein Warenzeichen auch in Deutschland eingetragen sei, im öffentlichen Register die Rechtslage in bezug auf das fragliche Warenzeichen prüfen[46]; das ist eine sehr hochgesteigerte Erwartung, denn so werden nur die wenigsten handeln. Lex vigilantibus scripta — das nimmt also das europäische Gericht sehr ernst. Mit Recht: Die Mündigen wachen.

b) Auf den Beispielsfall (oben I) bezogen bedeutet das: Wenn der Selbstbedienungsgroßmarkt Preise und Qualität der angebotenen Produkte ordnungsmäßig und leicht erkennbar bezeichnet, so ist nicht einzusehen, wodurch der private letzte Käufer irregeführt werden könnte. Wie von jedem Marktteilnehmer muß von ihm erwartet werden, daß er insbesondere preisbewußt, also aufgrund von Preisvergleichen etwa mit dem Einzelhandel, einkauft. Erst recht ist dies im Falle des Großhandelskunden anzunehmen, der „außerhalb eines bisherigen Sortiments“ kauft. Er mag hier nicht so sachkundig sein wie „innerhalb seines bisherigen Sortiments“. Immerhin ist er Geschäftsmann und als solcher gewohnt, unter Preisvergleich zu kaufen, auch im Vergleich zwischen seinen Großhändlern; anderenfalls wird er es nicht weit bringen. Die Annahme, ihn werde nun mit einem Mal ein (Großhandels-)Kaufrausch erfassen, weil er ungeprüft bei außersortimentären Waren besondere Günstigkeit unterstelle, ist völlig realitätsfremd. Vor allem aber widerspricht sie den oben (unter a) dargestellten Grundsätzen des EuGH, der in einem solchen Fall den Großhandelskunden jedenfalls (wohl aber auch einen etwa zugelassenen privaten Letztverbraucher) auf seine Informationslast verweisen würde.

Der Selbstbedienungsgroßmarkt kann den Verbraucher durch nichts anderes „gefährden“, als daß er als Großhändler auftritt. Dies aber kann ebenso kritisch gewertet werden, wie dortige Preise, Warenqualitäten und Konditionen kritisch zu überprüfen sind. Dann aber muß dies auch geschehen; eine Irreführung ist folglich aus europarechtlicher Sicht ausgeschlossen, es sei

---

[45] Vgl. dazu *Moench,* NJW 1987, 1109 (1110).

[46] EuGH, EuZW 1990, 183 (184).

denn, es werde dem Kunden vom Selbstbedienungsgroßmarkt suggeriert, daß er beim Großhändler in besonders günstiger Weise einkaufen könne. Davon aber ist auch der BGH nicht ausgegangen.

c) Selbst wenn man dem allem aber nicht folgen wollte, so wäre doch zumindest die *Kontrollschärfe,* mit welcher der Selbstbedienungsgroßmarkt nach dem Urteil des BGH den Einkauf von privaten Letztverbrauchern verhindern müsse, weit übersteigert. Die BGH-Rechtsprechung ermöglicht ja schwerstwiegende Sanktionen gegen die Selbstbedienungsgroßmärkte, die nicht derart den Zutritt überwachen, daß kein Letztverbraucher bei ihnen einkaufen kann — von raffinierten Täuschungsfällen abgesehen. Unbestritten ist, daß auch bisher schon allenfalls eine kleinere Zahl von solchen privaten Endverbrauchern sich, unter Umgehung bestehender Kontrollen, Zutritt verschaffen konnte; für den BGH genügt dies aber, um einen „funktionsähnlichen Großhandel" nicht anzunehmen. Aus der Sicht des EuGH ist auch dies bedenklich, da seine Rechtsprechungsgrundstimmung zum Verbraucherschutz hier eine ganz andere ist. Während der BGH, im Namen eines auch hier wieder außerordentlich hohen Standards, die Irreführung von 10%, zum Teil von 5% des Publikums genügen läßt, spricht der EuGH nur von der Irreführung eines „Teiles der Verbraucher"[47]. Begründete Zweifel sind daher auch angemeldet worden, ob in diesem Punkt die Strenge des BGH gehalten werden kann[48] — wenn nicht, so spricht dies nicht gerade für die Schutzwürdigkeit so weniger, welche allenfalls nur durch derart scharfe Kontrollen noch abgehalten werden könnten.

Überdies stellen die geforderten höchst aufwendigen, wenn überhaupt durchführbaren Kontrollen an sich schon ein Handelshemmnis dar, und zwar sowohl aus der Sicht des Selbstbedienungsgroßmarkts wie seiner Kunden. Der Großhändler wird zu überaus belastenden Vorkehrungen gezwungen, bei welchen ihn die Kunden durch Angaben und Duldung von Kontrollen unterstützen müßten, wobei kaum anzunehmen ist, daß sie dazu überhaupt bereit sind. Es ist schwer einzusehen, daß es solcher Absatzreglementierung, so schwerer Eingriffe in die Handelsfreiheit wirklich bedürfen soll, um eine Irreführung auszuschließen, welcher allein schon sachgerechte Kennzeichnung von Preisen, Qualitäten und Abgabenbedingungen im Selbstbedienungsgroßmarkt hinreichend entgegenwirkt.

d) Daß der EuGH von dem Grundsatz ausgeht „nicht Handelsverbot — Handelsinformation", zeigt insbesondere, und dies ganz grundsätzlich, die 1990 ergangene belgisch-luxemburgische Werbeentscheidung[49]. Luxemburg

---

[47] EuGH, EuZW 1991, 383 (384).

[48] Dazu *Keilholz,* GRUR Int. 1987, 390 (391); *Keßler,* EuZW 1991, 107 (112).

[49] EuGH, EuZW 1990, 221 (222).

wollte Werbung aus Belgien verbieten, weil sie Angaben über Dauer und Preise enthielt, die nach luxemburgischem Recht aus Gründen des Verbraucherschutzes nicht zulässig waren. Der EuGH verwirft dies: Er habe in seiner Rechtsprechung gerade auf Etikettierung besonderen Wert gelegt. Sodann fährt das Gericht lapidar fort: „Es erweist sich somit, daß das Gemeinschaftsrecht eines der grundlegenden Erfordernisses des Verbraucherschutzes in der Unterrichtung der Verbraucher sieht. Art. 30 EWGV kann daher nicht in dem Sinne ausgelegt werden, daß nationale Rechtsvorschriften, die den Verbrauchern den Zugang zu bestimmten Informationen verwehren, durch zwingende Erfordernisse des Verbraucherschutzes gerechtfertigt werden können“[50].

Mit anderen Worten: Verbraucherschutz verlangt optimale, ja maximale Information; auf ihn kann Desinformation des Verbrauchers zu dessen Schutz nie gestützt werden. Der Grundgedanke des mündigen Verbrauchers trägt auch diese These, so wie der informierte Bürger stets zuallererst der mündige Bürger ist. Er erträgt Gefahren und Verlockungen jeder zutreffenden Information, eben weil er mündig ist.

Auf den Beispielsfall bezogen heißt dies: Die §§ 6a und 6b UWG versagen nach der Rechtsprechung des Bundesgerichtshofes dem privaten letzten Verbraucher, ja sogar dem außerhalb seines Sortiments kaufenden Großhandelskunden den Zugang zu Informationen über Waren, die im Selbstbedienungsgroßmarkt angeboten werden. Am Beispiel des außerhalb seines Sortiments Kaufenden wird dies besonders deutlich: Da er in den betreffenden Abteilungen des Großmarkts ohnehin nichts erwerben darf, wird er schon dadurch davon abgehalten, sich über dort aufgestellte Waren überhaupt noch zu informieren. Die Frage, ob er etwa auf sie sein Sortiment erweitern könnte, wird er also in der Regel gar nicht mehr stellen. Infolge dieser Desinformation bleibt er auf sein früheres Angebot beschränkt; im Namen des Verbraucherschutzes werden ihm wichtige Informationen vorenthalten. Dies widerspricht dem Europarecht. Die daraus notwendig erwachsende Absatzhemmung, auch für Produkte aus anderen Ländern der Gemeinschaft, beeinträchtigt den innergemeinschaftlichen Handel. In noch größerem Umfang wird dies dadurch bewirkt, daß private Letztverbraucher überhaupt nicht zugelassen werden dürfen. Die berichtete BGH-Rechtsprechung ist also auch unter dem Gesichtspunkt der optimalen Information des Verbrauchers mit dem EWG-Vertrag nicht zu vereinbaren.

---

[50] EuGH, EuZW 1990, 221.

III. Ausblick: Notwendigkeit der Entscheidung des Europäischen Gerichtshofes auch über die Zulässigkeit abstrakter Gefährdungstatbestände im deutschen UWG

Es ist zu wünschen, daß möglichst bald ein mit einer ähnlichen Sache befaßtes deutsches Gericht den EuGH anruft, damit dieser die Unzulässigkeit dieser gerichtlichen Praxis feststellt. Darüber hinaus aber sollte dem EuGH auch Gelegenheit gegeben werden, sich zur Zulässigkeit abstrakter Gefährdungstatbestände im deutschen UWG zu äußern, insbesondere zu den hier im Mittelpunkt stehenden §§ 6a und 6b UWG. Auf Bedenken wegen deren wesentlich versteinernder, jede flexible Angleichungswirkung an die Praktiken anderer Partnerländer verhindernden Wirkung wurde bereits hingewiesen.

Darüber hinaus ergeben sich Zweifel an der Vereinbarkeit der abstrakten Gefährdungstatbestände mit dem EWG-Vertrag aber noch unter einem anderen Gesichtspunkt. Der Gefährdungstatbestand stellt seinem Wesen nach nicht nur eine Vermutung auf, er bedeutet eine unwiderlegliche Fiktion der Irreführung durch ein Verhalten, das in anderen Partnerländern entweder gar nicht oder doch bei weitem nicht so durchgehend als Wettbewerbsverstoß gewertet wird. Bleiben diese Normen bestehen, so wird damit nicht nur die erforderliche Angleichung blockiert, sondern dem EuGH auch die Möglichkeit der Verhältnismäßigkeitskontrolle nationaler Maßnahmen im jeweiligen Einzelfall verschlossen, auf die er mit Recht so großen Wert legt. Die Frage, ob solches Handeln in *concreto* wirklich die Verbraucher schädigen kann, dürfte gar nicht mehr aufgeworfen werden; das europäische Gericht sähe sich, fallfern, auf die abstrakte Prüfung einer allgemeinen Fiktion beschränkt. Dies widerspräche der gesamten Grundtendenz der EuGH-Judikatur, und es würde dem nationalen Gesetzgeber die Möglichkeit eröffnen, über weite nationale Gefährdungstatbestände eine fallbezogene EuGH-Judikatur im Recht des unlauteren Wettbewerbs zu verhindern. Schließlich sind die Verbraucherschutzschranken des Handels hier so hart gezogen, daß der Verdacht und die Gefahr einer Übermaßreaktion gegen jene Handelsfreiheit naheliegt, welche die wichtigste Grundlage der Europäischen Gemeinschaft darstellt.

Deutschland hat sich in seiner Rechtspraxis die wohl weitestgehenden Relikte des alten Wohlfahrtsstaates bewahrt. Idyllisierende Gedanken freiheitsabschottend-umsorgender Inselbildung verfolgen uns gerade im Recht des unlauteren Wettbewerbs, etwas von der gesicherten Ruhe der Zünfte, von der heiteren Welt der Meistersinger. Doch der europäische Zug geht zum großen, liberalisierten Handelsverkehr, zum malo periculosam libertatem. Wann wird auch das Recht des unlauteren Wettbewerbs in Deutschland dem Bürger sagen, daß er die Freiheit vorziehen soll, auch wenn sie gefährlich ist?

Wahrheitssuche statt Suggestionsvermutung*

Ein neuer Anstoß des Europäischen Gerichtshofes zur Wettbewerbsliberalisierung

Der EuGH (EuZW 1993, 420 – Yves Rocher) hat unlängst entschieden, daß das in § 6e UWG normierte Verbot, mit Preisgegenüberstellungen zu werben, gegen Art. 30 EWGV verstößt, wenn sich die Werbung auf Waren bezieht, die aus einem anderen Mitgliedstaat importiert werden. Der nachfolgende Beitrag analysiert dieses Urteil und fragt nach den Konsequenzen, die sich aus ihm für das deutsche Wettbewerbsrecht, nicht zuletzt für die §§ 6a, 6b UWG ergeben.

I. Einführung

Die Luxemburger Liberalisierungsbewegung gegen die deutsche Verbraucherobhut gewinnt in letzter Zeit rasch an Schwung; Schritt um Schritt wird die ausufernde deutsche „Irreführungsvermutung" dorthin gedrängt, wohin sie gehört: zur Wahrheitsfrage. Der vieldiskutierten GB-INNO-BM-Entscheidung[1] („Werbungsinformation, nicht Werbungsverbot") folgten bald die Rechtssachen Pall / Dahlhausen[2] („Qualitätswahrheit, nicht Registerwahrheit"), Gutshof-Ei[3] („ganze Wahrheit, nicht Wahrheitsumrisse") und Nissan[4] („Irreführung nur bei nachgewiesener Fehlvorstellung der Käufer"). Nun hat der Europäische Gerichtshof erneut in der Werbung der Wahrheit eine Gasse gebahnt: auf Vorlage des Bundesgerichtshofes[5] in der Vorabentscheidung Yves Rocher[6].

---

* Erstveröffentlichung in: Europäische Zeitschrift für Wirtschaftsrecht 1993, S. 655–659.

[1] EuGH, Slg. I 1990 = EuZW 1990, 222; vgl. dazu *Chrocziel,* EWS 1991, 173 (177); *Funke,* WRP 1991, 550 (554); *von Gamm,* EWS 1991, 166; *Meyer,* WRP 1993, 215 (222); *Piper,* WRP 1992, 685 (689); *Reuter,* BB 1990, 1649 (1650 ff.); *Schricker,* GRUR Int. 1992, 347 (356 ff., 359); *Steindorff,* WRP 1993, 139 (148 f.); *Leisner,* EuZW 1991, 498 (502 f.).

[2] EuGH, Slg. I 1990, 4827 = EuZW 1991, 183.

[3] EuGH, EuZW 1992, 282.

[4] EuGH, EuZW 1993, 544; vgl. *Meyer,* WRP 1993, 215 (224); *Piper,* WRP 1992, 685 (690 f.).

[5] EuZW 1991, 415 = NJW 1991, 2728 L m. Anm. *Berg-Grünewald,* EWiR 1991, 821.

[6] EuGH, EuZW 1993, 420.

II. Das Yves Rocher-Urteil des Europäischen Gerichtshofes und die Brüsseler Konsequenzen

1. Inhalt und Bedeutung des Yves Rocher-Urteils

Ein deutscher „Schutzverband" wollte der Tochter einer französischen Muttergesellschaft verbieten, in Deutschland durch Gegenüberstellung von alten und neuen Preisen ihrer Erzeugnisse zu werben – was nach einem für die EG-Mitgliedstaaten einheitlichem Konzept geschah –, und zwar mit Bezug auf einen höheren Preis in einem früheren Katalog oder Verkaufsprospekt. Nach Auffassung des Bundesgerichtshofes erfolgte die Werbung blickfangmäßig, konnte also nach § 6e I, II Nr. 1 UWG verboten werden. Der BGH wollte wissen, ob das Verbot *dieser* Form preisvergleichender Werbung, nicht etwa jeder Werbung unter Preisvergleich, durch § 6e UWG gegen Art. 30 EWGV verstoße.

Die Bundesregierung trug vor, § 6e UWG schütze die Verbraucher gegen die besondere Anlockwirkung der häufig zur Irreführung geeigneten Werbung mit Preisgegenüberstellungen, die in der Regel unüberprüfbar seien. Ferner könne diese Werbung insgesamt günstige Preise suggerieren, ohne daß dies für das ganze Warensortiment zutreffe (Tz. 14 des Urteils). Auch verursache ein solches Verbot „nur eine geringfügige Beeinträchtigung des Warenverkehrs" (Tz. 20 des Urteils).

Der EuGH ließ all dies nicht gelten. Bei Anwendung der Dassonville-Formel[7] sei dieses Preisvergleichsverbot eine Maßnahme mit „gleicher Wirkung wie eine mengenmäßige Einfuhrbeschränkung" (Art. 30 EWGV), da sie geeignet sei, den innergemeinschaftlichen Handel unmittelbar oder mittelbar, tatsächlich oder potentiell zu beschränken. Dies gelte für alle Beeinträchtigungen des Absatzes eingeführter Erzeugnisse, auch wenn Verbote auf inwie ausländische Produkte anzuwenden seien (Tz. 10 des Urteils). Auf die „Intensität der Auswirkungen auf den Handel in der Gemeinschaft" komme es nicht an, da „mehr als hypothetische Auswirkungen" vorlägen (Tz. 21 des Urteils). Zwingende Erfordernisse des Verbraucherschutzes und der Lauterkeit könnten zwar derartige Verbote rechtfertigen (Tz. 12 des Urteils). Das Verbot blickfangmäßiger Preisgegenüberstellung sei in diesem Sinn aber nicht erforderlich, wenn es auch wahrheitsgemäße Gegenüberstellungen betreffe; diese könnten vielmehr für den Verbraucher „sehr nützlich" sein, damit er „seine Wahl in voller Kenntnis der Sachlage treffen könne" (Tz. 17 des Urteils). Zutreffende Preisgegenüberstellungen der streitigen Art könnten keinesfalls die Wettbewerbsbedingungen verfälschen (Tz. 22 des Urteils). Vergleichende Prüfung des Rechts der Mitgliedstaaten zeige, daß „die Infor-

[7] EuGH, Slg. 1974, 837 = NJW 1975, 515 Tz. 5.

mation und der Schutz der Verbraucher mit Maßnahmen gewährleistet werden können, die sich auf den innergemeinschaftlichen Handel weniger restriktiv auswirken" (Tz. 18 des Urteils).

2. Vertragsverletzungsverfahren der Kommission wegen § 6e UWG

Mit Fristsetzungsschreiben vom 27.4.1988 hatte die Kommission die Bundesregierung zu einer Stellungnahme zu § 2 RabattG (Begrenzung des Barzahlungsnachlasses) und § 7 UWG (Verbot befristeter Sonderangebote) aufgefordert, mit ergänzendem Schreiben vom 16.3.1990 außerdem zu § 6e UWG. Der Tenor dieser Schreiben lautet: Das generelle Verbot der Preisgegenüberstellungen sei als solches unverhältnismäßig.

Die Bundesregierung antwortete am 18.5.1990: Der für eingeführte und inländische Erzeugnisse gleichermaßen geltende § 6e UWG sei schon wegen bisher fehlender EG-Harmonisierung hinzunehmen. Im Urteil GB-INNO-BM sei eine Behinderung des innergemeinschaftlichen Handelsverkehrs nur in dem Sonderfall grenzüberschreitend wirkender Verbote angenommen worden, während § 6e UWG generell die Werbung beschränke, die für Deutschland entwickelt worden sei und sich an deutsche Verbraucher wende. Die hier verbotene Lockvogelwerbung beinhalte grundsätzlich ein sehr hohes Irreführungspotential hinsichtlich der Preiswürdigkeit des Gesamtsortiments wie des Gesamteinkaufs. Irreführung lasse sich im Einzelfall nur sehr schwer beweisen; insgesamt verliere der Kunde durch solche „Preisschaukelei" leicht die Orientierung über die „normalen, marktangemessenen Preise". § 6e UWG diene neben dem Schutz der Verbraucher auch dem der Funktionsfähigkeit der Wettbewerbsordnung, der Lauterkeit des Handelsverkehrs: Mitbewerber könnten häufig „eine Lockvogelwerbung nicht in gleicher Weise mitmachen".

Die EG-Kommission hält dennoch § 6e UWG für vertragswidrig und hat daher nach Art. 169 I EWGV, wenige Tage nach der Yves Rocher-Entscheidung, ein Vertragsverletzungsverfahren gegen Deutschland eingeleitet[8]: Die Gründe in der Rechtssache Yves Rocher seien im wesentlichen auf die Gesamtproblematik des § 6e UWG anwendbar. Nichts anderes ergebe sich aus dem Urteil GB-INNO-BM, die dort gegebene Begründung zur Konstellation „Käufer zur Ware" müsse erst recht gelten, wenn „Ware zum Käufer" gehe. Hier werde entgegen einem der „Leitfäden" des EuGH sachgerechte Information beeinträchtigt. § 6e UWG erzwinge ein Werbeverhalten, das noch viel ungenauere Information biete als die – zugegebenermaßen – oft schwer überprüfbaren Preisvergleiche. Gegenüber Täuschungen könne mit milderen Mitteln eingeschritten werden, insbesondere durch Beweislastumkehr zur Wahr-

[8] Am 3.6.1993, KOM (93) 304.

heitsfrage. Konkurrenten könnten im übrigen ebenso werben und seien schon deshalb nicht benachteiligt. Allgemein wird im Schrifttum angenommen, daß nun § 6e UWG wohl nicht mehr aufrechterhalten werden kann[9].

III. Yves Rocher — Fortbildung mit neuen Akzenten

1. „Europarechtliches Prüfungssystem" für nationales Wettbewerbsrecht

Daß Europarecht unsystematisch-punktuell in hochentwickelte nationale Systeme richterrechtlich kodifizierten Rechts einbreche, ist eine allgemeine Sorge, zumal im Wettbewerbsrecht: Gerade die Irreführung habe die EG-Richtlinie von 1984 nur teilweise, „minimal" geregelt[10]. Die erforderliche Harmonisierung sei nicht in Sicht: „Im Ergebnis entsteht ein inkohärentes, inhomogenes Rechtsgebilde, dessen weiße Flecken von der Rechtsprechung des Europäischen Gerichtshofes ausgefüllt werden." Der derzeit zu beobachtende Stil eines planlos erscheinenden Erlasses von bunt zusammengewürfelten Einzelvorschriften verstärke den „Dekodifizierungseffekt"[11]. Ob diese ungewöhnlich harsche Kritik eines deutschen Regierungsmitglieds an der EG-Kommission berechtigt ist, mag hier dahinstehen; den EuGH muß man gegen sie in Schutz nehmen: „Mit der wachsenden Zahl und Dichte der Entscheidungen wird es ... möglich, aus der Praxis des *Gerichtshofs* ein System von Normen und Unternormen abzuleiten, das die Vorschriften des Gemeinschaftsrechts detailliert und konkretisiert und durch Einwirkung auf das nationale Recht harmonisierend wirkt"[12].

Yves Rocher ist das Paradebeispiel einer „Systementscheidung", einer judikativen Systematisierung, wie sie der Gesetzgeber immer weniger selbst leisten kann und deshalb immer häufiger aus den Gerichtssälen übernehmen muß. Das Urteil in der Rechtssache Yves Rocher gibt fast schon etwas wie ein europarechtliches Prüfungsschema vor, und zwar nicht nur für nationale Werbe-, sondern für innerstaatliche Vertriebs- und Absatzregelungen schlechthin. Auf einer *ersten* Prüfungsstufe ist zu untersuchen:

- Eine Einschränkung des innergemeinschaftlichen Handelsverkehrs muß vorliegen (Art. 30 EWGV, sog. Dassonville-Formel)[13].

---

[9] *Funke,* WRP 1991, 550 (553); *Piper,* WRP 1992, 685 (690); *Reuter,* BB 1990, 1649 (1651); *Schricker,* GRUR Int. 1992, 347 (360); *Ullmann,* GRUR 1991, 789 (792).

[10] ABlEG 1984 Nr. I 250 = GRUR Int. 1984, 688; dazu *Meyer,* WRP 1993, 215 (217 f.); *Funke,* WRP 1991, 550 (551).

[11] *Funke,* WRP 1991, 550 (551, 555).

[12] *Schricker,* GRUR Int. 1992, 347 (354).

[13] EuGH, Slg. 1974, 837 = NJW 1975, 515 Tz. 5.

– Eine Diskriminierung eingeführter und inländischer Erzeugnisse ist unzulässig[14].

– Bei Nichtdiskriminierung ist weiter zu prüfen, ob eine Rechtfertigung der Einschränkung durch zwingende Erfordernisse, insbesondere Verbraucherschutz und Lauterkeit des Handelsverkehrs, anzunehmen ist[15].

Danach folgt die *zweite* Prüfungsstufe:

– Die Mitteilung der Wahrheit, sei es durch Werbung oder in anderen Vertriebs- und Absatzformen, darf prinzipiell nicht beschränkt werden.

– Suggestion ist grundsätzlich nicht Irreführung: ihre Gefahr legitimiert insoweit kein Verbot.

– Unzulässig sind in der Regel insbesondere Einschränkungen der Verbraucherinformation: die Information dient der Wahrheit und damit der Befreiung von Suggestion.

– Verbraucherverhalten darf nicht zementiert werden: es muß sich vielmehr ändern in Wahrheitssuche gegen Suggestionseinfluß.

Schließlich die *dritte* Prüfungsstufe:

– Ein Vergleich mit dem Recht anderer Mitgliedstaaten und in diesem Rahmen eine konkret-praktische Erforderlichkeitsprüfung.

Dieses Vorgehen entspricht in etwa dem bei der innerstaatlichen Verfassungsmäßigkeitsprüfung: Schutzbereich — Eingriff — verfassungsmäßige Rechtfertigung; bei letzterer dann: Eignung — Erforderlichkeit — Verhältnismäßigkeit im engeren Sinn[16]. Im Yves Rocher-Urteil hat der Europäische Gerichtshof zu all diesen Stufen Rechtsfortbildung geleistet, neue Akzente aber vor allem zur zweiten (Verhältnis: Wahrheit–Suggestion) und dritten Prüfungsebene (EG-Vergleich) gesetzt.

2. Grenzüberschreitung bei jedem Absatz importierter Erzeugnisse

Soweit das UWG nicht über deutsche Grenzen hinaus wirkt, kann es auch nicht gegen Art. 30 EWGV verstoßen[17]. Bisher waren es im wesentlichen ausländische Importeure, denen der Europäische Gerichtshof nationale Ver-

---

[14] *Steindorff,* WRP 1993, 139 (144) m.w. Nachw.

[15] Sog. Cassis de Dijon-Formel: EuGH, Slg. 1979, 649 = NJW 1979, 1766 – Rewe/ Bundesmonopolverwaltung für Branntwein.

[16] BVerfGE 30, 292 (316) = NJW 1971, 1255; BVerfGE 63, 88 (115) = NJW 1983, 1417.

[17] *Reuter,* BB 1990, 1649 (1651).

triebs- und Absatztore öffnete. Noch im GB-INNO-BM-Fall wurde gerade an den Vorgang der Grenzüberschreitung angeknüpft, vor allem der „grenznahe Verbraucher" geschützt, ebenso bei der Beschränkung (grenz-)„überbordender" (Medien-)Werbung[18]. Yves Rocher schützt eine deutsche Firma in Deutschland in ihrer Werbung für importierte Waren ohne Rücksicht darauf, ob das Werbekonzept aus dem Ausland stammt, d.h. sozusagen „bei Grenzübertritt behindert" wird. Die Konsequenz: Jeder Vertrieb ausländischer EG-Erzeugnisse in Deutschland ist durch Art. 30 EWGV nunmehr geschützt, gleichgültig, ob für das deutsche Produkt dieselben Einschränkungen in Deutschland gelten. Insoweit ist aus einem Diskriminierungsverbot für Mitgliedstaatenprodukte ein Privilegierungsgebot geworden. Fast alle größeren deutschen Handelsunternehmen mit stark diversifiziertem Sortiment kommen in seinen Genuß: Vom laissez passer zum laissez vendre. Und noch eine Bemerkung am Rande: Art. 30 EWGV kennt begrifflich („Einfuhrbeschränkungen") keine Grenzen mehr; d.h. auch Bagatellen „behindern", nur „hypothetische" Wirkungen nicht[19].

3. Wahre Werbung: EG-geschützt

Ein besonderer, in dieser Intensität zumindest neuer Akzent wird im Urteil Yves Rocher gesetzt: Tragende Begründung des Urteils ist es, daß Deutschland auch wahre, preisgegenüberstellende Angaben verbietet. Dies hielt Generalanwalt *Marco Darmon* grundsätzlich für unzulässig; er hob es immer wieder hervor[20]. Der Europäische Gerichtshof rügte dementsprechend, daß Werbung verboten werde, „unabhängig davon, ob sie wahr oder unwahr ist" (Tz. 16 des Urteils), ja auch dann, wenn sie „in keiner Weise irreführend ist, aber Gegenüberstellung von tatsächlich angewandten Preisen enthält" (Tz. 17 des Urteils). Der EuGH hätte sich auf den (anschließenden) Hinweis der Informationsnützlichkeit für den Verbraucher beschränken können, wo doch die „Wahrheit" bei Preisvergleichen sicher nicht leicht festzustellen ist; er ist jedoch einen großen Schritt darüber hinausgegangen: Die Wahrheit als solche ist zu achten; und sogar noch einen Schritt weiter: Wo die Wahrheit auch nur „möglicherweise" werblich nicht gesagt werden darf, ist der EWG-Vertrag verletzt; jedenfalls muß der Wahrheitsbeweis zulässig bleiben (so er denn praktisch möglich ist).

---

[18] *Schricker,* GRUR Int. 1990, 112 (114).

[19] Damit verschärft Yves Rocher noch „Banderolenpreis" (EuGH, Slg. 1984, 1797 = GRUR Int. 1984, 760 [761] – van de Haar u.a.).

[20] Schlußanträge: „gleichgültig, ob wahr oder nicht" (Tz. 10); „selbst ehrliche Gegenüberstellungen" (Tz. 12), die „der Wahrheit entsprechen können" (Tz. 13); „unabhängig davon, ob sie richtig sind oder nicht" (Tz. 28).

Dies ist ein mutiges Vorgehen, hin – oder zurück – zur Wahrheitsfrage beim Kampf gegen Täuschung, die mit ihr doch begrifflich beginnen sollte. Verständlich war eine gewisse Subjektivierung des Irreführungsbegriffs zum Verbraucherschutz in Deutschland — gibt es überhaupt „Werbung als Wahrheit“[21]? Doch die Wahrheit darf nicht so weit hinter Werbung und Marketing zurücktreten, daß sie am Ende dahingestellt bleibt. Der Wahrheitsgrundsatz[22] bedeutet, daß das Wahre immer informiert, immer nützlich und richtig ist. Dies liegt übrigens in der Tendenz europarechtlicher Entwicklung: Die *ganze* Wahrheit muß es sein, denn es ist nicht „liberal“, Verschleierungswahrheiten zu tolerieren[23]. Dem Urteil Yves Rocher wird man allerdings entgegenhalten, Preisgegenüberstellungen „verschleierten die Wahrheit — gerade durch Blickfang“, und hier darf sicher nicht überzogen werden; *„die* Wahrheit“ kann auch der Europäische Gerichtshof nicht enthüllen. Wohl aber muß ihm in seiner Grundthese beigetreten werden: Wahrheit darf nie dahingestellt bleiben; Wahrheitsbeweis ist noch wichtiger als Wahrheit.

4. Suggestion ist nicht Irreführung

Die Bundesregierung hat über § 6e UWG den Nebel der Suggestion legen wollen: Der Verbraucher werde „angelockt“, ihm werde etwas vorgespielt, die Wahrheit bleibe hinter den Kulissen. Selbst wenn er an sich richtig werten wolle, er komme gar nicht mehr dazu.

Letztlich steht im deutschen Wettbewerbsrecht dahinter die Sorge vor dem „psychologischen Verkaufszwang“[24], vor einer Vergewaltigung durch „gefühlsbetonte Werbung“ als Erscheinungsform der „unsachlichen Werbung“. Dem ist begründet – unter Hinweis auf außerdeutsche Praxis – widersprochen worden: „Unsachlich“ ist nicht „unlauter“: entscheidend kommt es darauf an, ob „rationale Fehlvorstellungen“ geweckt werden[25].

„Psychologie“ darf übrigens keineswegs ignoriert werden. Neuerdings hat der Europäische Gerichtshof selbst[26] sie bemüht: Wird Werbematerial für Unterricht an der Haustür angeboten, so könne, bei Schülern etwa oder Arbeitnehmern, die „starke psychologische Motivation diese Verbraucher leicht da-

---

[21] S. dazu *Schricker,* GRUR Int. 1990, 112.

[22] *Emmerich,* Das Recht des Unlauteren Wettbewerbs, 3. Aufl. (1990), S. 198.

[23] Vgl. zur Problematik der Herkunftsbezeichnungen *Funke,* WRP 1991, 550 (551 f.); s. ferner EuGH, EuZW 1992, 282 – Gutshof-Ei.

[24] *Baumbach-Hefermehl,* WettbewerbsR, 16. Aufl. (1990), § 1 Rdnr. 74.

[25] *Schricker,* GRUR Int. 1990, 112 (113 f., unter Zitat v. *Mylaeus).*

[26] EuGH, Slg. 1989, 1235 = EuZW 1990, 69 Tz. 23 – Buet u.a.; Schlußanträge des Generalanwalts *Giuseppe Tesauro,* Tz. 22.

zu treiben, unbewußt jeden Zweifel an der Wirksamkeit ... zu unterdrücken", so daß sie vom gesetzlich vorgesehenen Rücktrittsrecht nicht den richtigen Gebrauch machten. Dieser Vertrieb von pädagogischem Material unterscheide sich jedoch vom „Vertrieb anderer Güter und Dienstleistungen" durch die möglichen ernsten Folgen für den Erwerber.

Die daraus abgeleitete Rechtfertigung des Verbots solcher Vertriebspraktiken erscheint aber als ein eindeutiger Sonderfall, in dem psychologische Motive auf Verbraucherseite um so mehr zu berücksichtigen sind, als Wahrheitssuche und Wahrheitsbeweis hier praktisch kaum je erfolgreich sein werden.

Der Europäische Gerichtshof hat sich in Yves Rocher ausdrücklich mit der Suggestions-Rechtfertigung befaßt (Tz. 14 des Urteils); die „suggerierten" günstigen Preise könnten unter Umständen nicht für das ganze Warensortiment zutreffen. Ohne nähere Begründung läßt er sodann aber den Suggestionseinwand an der Wahrheitsfrage scheitern: „Ihre Beantwortung ermöglicht es dem Verbraucher gerade, seine Wahl in voller Kenntnis der Sachlage zu treffen" (Tz. 17 des Urteils). Wahrheit kommt nicht nur vor Suggestion, mit ihr kann man sich der Suggestion entziehen. Die Bedeutung dieser Aussage kann gar nicht überschätzt werden. Der EuGH will die Kapitulation der Wahrheit vor der Werbung rückgängig machen, anstatt „Suggestion als Wahrheitsersatz" soll wieder gelten: „Wahrheit statt Suggestion". Über die weitreichenden Auswirkungen, vor allem für die „Gefährdungstatbestände" des deutschen Wettbewerbsrechts, wird noch zu sprechen sein (unten IV).

5. Optimale Information

Die Entscheidung GB-INNO-BM ruhte auf der These: „Informationsverbot ist Handelshemmnis"; hier stieß der EuGH wirklich in eine „neue Dimension" vor, nämlich zum „informierten Wettbewerb"[27]. Der Grundsatz „Aufklärung vor Verbot"[28], ist etwas wie eine späte Aufklärung im behütenden Wohlfahrtsstaat[29] des deutschen Wettbewerbsrechts; im Europarecht hat das heute bereits Tradition[30]. Doch Kritik fehlt nicht: Gibt es nicht gerade irreführende Information[31]? Wieviel mehr an Information soll geboten werden? Was verlangt dieser „Glaubenssatz des EuGH"[32]?

---

[27] *Steindorff,* WRP 1993, 139 (148).

[28] Vgl. *Hauschka,* ZVglRWiss. 1990, 187; *Funke,* WRP 1991, 550 (554).

[29] *Leisner,* EuZW 1991, 498.

[30] Vom Ersten Verbraucherschutzprogramm der EG (ABlEG 1975 Nr. C 92, S. 1 Tz. 34) bis zur Etikettierungsrechtsprechung des EuGH (etwa EuGH, Slg. 1981, 3019 = NJW 1982, 1212 – Kommission / Italien).

[31] *Piper,* WRP 1992, 685 (689).

[32] *Steindorff,* WRP 1993, 139 (149).

Der EuGH verkündet nun dieses Dogma in Yves Rocher in ganz selbstverständlicher Grundsätzlichkeit: „Die Information und der Schutz des Verbrauchers" müssen gewährleistet werden; Information dient nicht nur dem Verbraucherschutz, sie ist geradezu eine Form desselben; ihre Garantie darf den innergemeinschaftlichen Handel beschränken, soweit diese Form des Verbraucherschutzes es eben zwingend erfordert (Tz. 18 des Urteils). Neu ist die Aussage nicht in der Rechtsprechung des EuGH; neu ist aber ihre grundsätzliche Verbindung mit der Wahrheitssuche durch den Verbraucher, welche der nationale Gesetzgeber nicht behindern darf. Die wettbewerbsrechtliche Informationsfreiheit des Verbrauchers soll diesem nicht nur „irgendwelche, möglichst viele" Aussagen über Fakten nahebringen, sie soll möglichst Wahres bieten; eingeschränkt werden darf sie dort keinesfalls, wo sie dies auch nur leisten könnte. Der EuGH will nicht den „Info-Konsumenten" erzwingen, sondern den Verbraucher, der in optimaler Kenntnis der Wahrheit die für sich beste Wahl trifft. Der *Gerichtshof* erliegt weder der Faszination der „Werbung" noch der einer „Information um ihrer selbst willen"; es geht ihm aber, altmodisch vielleicht, um mehr Wahrheit im Wettbewerb.

6. Der EG-Vergleich — ein „Geleitzug nach niedrigstem Verbraucherschutzniveau"?

Die Bundesregierung hatte, hier wie schon früher, das „besonders hohe" deutsche Verbraucherschutzniveau rechtfertigend eingeführt und vor EG-Vergleichen retten wollen: Deutsche Vorstellungen dürften doch nicht einfach geopfert werden[33]; „Harmonisierung ja, aber nicht um jeden Preis", kein „bloßer Gesetzes- oder Rechtsprechungsoktroi"[34] — starke, irritiert klingende Worte eines hohen deutschen Richters; allerdings ist der deutsche Bürger dem ja auch im Inland unterworfen …

Immerhin ist die Sorge verständlich, daß die schnellen, wehrhaften Zerstörer des deutschen Verbraucherschutzes auf das niedrige Tempo-Niveau ausländischer Handelsinteressen-Frachtschiffe herabgedrückt werden könnten. Dabei wäre jedoch zu unterstellen, daß der hochgesteigerte deutsche Verbraucherschutz durch Verbote und der immer mehr aus ihnen sich entwickelnde Konkurrentenschutz[35] gerade einen „so hohen Schutzstandard" darstellen, daß ganz Europa hier am deutschen Wettbewerbswesen genesen sollte. Dieses Problem wird auch noch bei der Umsetzung des Maastricht-Vertrages auftauchen[36]. Allerdings ist dort zwar vom Ziel eines „hohen Verbraucherschutz-

---

[33] *Funke,* WRP 1991, 550 (552).

[34] *Piper,* WRP 1992, 685 (686).

[35] Ein Argument, das die Kommission als „unsubstantiiert" ablehnt (vgl. o. Fn. 8).

[36] Vgl. dazu *Micklitz-Reich,* EuZW 1992, 593.

niveaus“ die Rede, zu dem die Gemeinschaft „einen Beitrag leistet“; doch gleich anschließend wird nebeneinander vom „Schutz der wirtschaftlichen Interessen der Verbraucher“ gesprochen und von der „Sicherstellung einer angemessenen Information der Verbraucher“ (Art. 129 a EGV). Sollte auch dort das „hohe deutsche Verbraucherschutzniveau“ gefährdet sein in Anlehnung an die Judikatur aus Luxemburg?

In der Tat äußert sich das Urteil Yves Rocher jetzt entschieden: Eine vergleichende Prüfung des Rechts der Mitgliedstaaten zeige, daß Verbraucherschutz mit weniger restriktiven Maßnahmen erreichbar sei. „Erforderlichkeit“ bedeutet den mildesten Eingriff, hier ebenso wie im deutschen öffentlichen, insbesondere im Verfassungsrecht[37]. Natürlich ist das „Schutzniveau“ des Polizeistaates „höher“, dafür ist aber auch das Freiheitsniveau niedriger. Worauf soll es ankommen?

Der Europäische Gerichtshof hat für die Freiheit optiert, der europäische Geleitzug – so kann man es ja auch sehen – muß schneller fahren, damit er den Anschluß an liberale Vorhuten nicht verliert. Daß Deutschland hier noch immer zurückliegt, ist in der Rechtsvergleichung bewiesen worden[38]. Der in Yves Rocher zum allgemeinen Prüfungsgrundsatz erhobene EG-Vergleich wird wohl bald zum Sturmbock werden gegen deutsche Normmauern.

IV. Die UWG-Gefährdungstatbestände — in Gefahr

Wenn § 6e UWG fällt[39], so könnte dies andere Gefährdungstatbestände mitreißen. Das „Horroralphabet“ *(Schricker)* beginnt mit §§ 6a, b UWG, ebenfalls Unikaten deutscher Gesetzgebungspolitik[40], mag sie auch das *Bundesverfassungsgericht* neuerdings am Maßstab der deutschen Verfassung legitimiert haben[41], allerdings unter deutlicher Abschwächung der vom Bundesgerichtshof aus ihnen in der Metro-III-Entscheidung für Selbstbedienungsgroßmärkte abgeleiteten Verpflichtungen[42].

Das BGH-Urteil hat in eingehenden Ausführungen scharfe Kritik erfahren[43]: Vom Berichterstatter des BGH ist es in Schutz genommen worden,

---

[37] BVerfGE 30, 292 (316) = NJW 1971, 1255; BVerfGE 59, 336 (355 f.) = NJW 1982, 1509 = NVwZ 1982, 431; BVerfGE 63, 88 (115) = NJW 1983, 1417.

[38] *Schricker,* GRUR Int. 1990, 112 (115 ff.).

[39] Vgl. oben II a.E. und Fn. 9.

[40] *Schricker,* GRUR Int. 1990, 112 (115).

[41] BVerfG, NJW 1993, 1969; europarechtliche Fragen werden dort auch nicht ansatzweise behandelt.

[42] BGH, NJW 1990, 1294 = GRUR 1990, 617.

[43] *Schricker,* GRUR 1990, 567; *ders.,* GRUR Int. 1992, 347 (360) jeweils m. zahlr. Nw.

auch gegen mögliche Gefahren, die von der EuGH-Rechtsprechung drohen könnten[44]. Und nun, nach Yves Rocher, drohen sie wohl mehr noch als nach GB-INNO-BM[45]: ob heute noch ein solches BGH-Urteil ergehen dürfte, erscheint sehr fraglich, vor allem aus folgenden Gründen:

(1) Yves Rocher knüpft nicht mehr an den Vorgang der Grenzüberschreitung an, sondern nur mehr an den Vertrieb EG-ausländischer Waren (vgl. oben III. 2.). Solche aber vertreibt jede Verkaufsstelle von Konsumgütern in erheblichem Umfang, also wird insoweit der Absatz importierter Produkte bei ihr behindert — ein Eingriff in den Schutzbereich des Art. 30 EWGV.

(2) Der Selbstbedienungsgroßhändler behauptet nichts Unwahres hinsichtlich der von ihm angebotenen Produkte: Unwahrheit in diesem – entscheidenden – Bereich wird ihm auch nicht zum Vorwurf gemacht, sondern nur „Suggestion" günstiger Einkaufsbedingungen durch sein Auftreten als Großhändler und die Ausgabe von Kaufscheinen. Diese Suggestion wird durch unwiderlegliche gesetzliche Vermutung zur Irreführung — gerade dies aber mißbilligt das Urteil Yves Rocher (vgl. oben III. 3., 4.).

(3) Verbraucherinformation ist, nach dieser neuesten Entscheidung, immer gut: bringt sie Wahres, so darf dies nicht verhindert werden. Vor allem das Verbot gegenüber Großhandelskunden, sich über ihrem Sortiment (bisher) fernere Waren auch nur zu informieren – weil sie insoweit „Private" seien – mit dem Ziel, dieses vielleicht zu verändern, verstößt gegen Europarecht.

(4) §§ 6a und 6b UWG sind, wie erwähnt, deutsche Unikate in Europa. Allein schon deshalb kann der Verbraucherschutz mit weniger einschneidenden Verboten und Geboten gegenüber Selbstbedienungsgroßmärkten gewährleistet werden, welche den Absatz EG-ausländischer Güter nicht so stark behindern.

Der Europäische Gerichtshof hat sich bisher allgemein zum Problem der „Gefährdungstatbestände" nicht geäußert. Wenn er nun mit Yves Rocher so stark die Wahrheit im Marketing betont, umgekehrt eine bloße Suggestionsgefahr nicht genügen läßt, so sollte die Diskussion um die Abschaffung auch der §§ 6a und 6b UWG intensiviert werden. Und wenn sich Deutschland auch hier drängen lassen will, wird vielleicht wieder einmal eine Vorlage helfen. Sollte eine Bundesrepublik, die Vorbehalte gegen Europa anmeldet, „solange" dort die Grundrechte nicht auf deutschem Niveau garantiert sind[46], warten, bis Luxemburg ihr Handelsfreiheit aufzwingt?

---

[44] *Ullmann,* GRUR 1990, 955 (959 ff.).

[45] Zu diesem Rechtsprechungszustand bereits eingehend krit. *Schricker,* GRUR Int. 1992, 347 (359 ff.); *Leisner,* EuZW 1991, 498.

[46] BVerfGE 37, 271 = NJW 1974, 1697; BVerfGE 73, 339 = NJW 1987, 577 = NVwZ 1987, 314 L.

Den „mündigen Verbraucher"[47] wird der Europäische Gerichtshof mit Sicherheit durchsetzen. Flüchtiges Verbraucherverhalten wird nicht mehr prämiert werden[48]. Es ist behauptet worden, die Rechtsprechung habe nicht „von einem europäischen Verbraucher" auszugehen, der dem von der nationalen Gesetzgebung geschützten werbeanfälligen gegenüberzustellen sei[49]. Es scheint, als wolle Luxemburg gerade jenen europäischen Verbraucher durchsetzen. Aber könnte denn ein europäischer Binnenmarkt wachsen ohne einen europäischen Verbraucher? Doch selbst wenn dies möglich wäre, eines muß sicher einheitlich sein: für den Handel und Wandel in Europa die eine, gleiche Freiheit.

---

[47] Das Schrifttum geht schon jetzt von ihm aus; s. etwa *Hauschka,* ZVglRWiss. 1990, 187; *Leible,* EuZW 1992, 599 (601); *Leisner,* EuZW 1991, 498; *Meyer,* WRP 1993, 215 (224).

[48] *Meyer,* WRP 1993, 215 (224); krit. auch *Schricker,* GRUR Int. 1990, 112 (116); *Meyer,* GRUR Int. 1990, 817 (819).

[49] *Ullmann,* GRUR 1991, 789 (792).

Sachverzeichnis

(Erstellt von Christoph Feddersen)

Abfall 397f.
Abfallrecht 398
Abgaben 66
– Absatzfonds-Gesetz (1970) s. dort
– Ausgleichsabgaben (§ 135 a Entwurf BBauG) 317
– Kohlepfennigentscheidung s. dort
– konfiskatorische 311, 322, 887
– Sonderabgaben 443, 859, 985, 994f.
– Sozialabgaben s. dort
– Steuern s. dort
– und Leistungsfähigkeit 813f., 845ff.
– und Mittelstandsschutz 873
– Zulässigkeit 702f., 810ff., 860, 1000
s. auch *Vermögen, Eigentumsschutz, Besteuerung, Zulässigkeit*
Abgabenbelastung 66
Abgabenordnung 920, 922, 927, 931f., 933, 934
Abgeordneter 74, 75, 76
– s. auch *Mandat, freies*
Abrundung
– Jagdbezirke 347ff.
– durch Verwaltungsakt 350
– von Amts wegen 349
Abrundungs-
– ermessen 348
– vertrag 348f.
Absatzfonds-
– Entscheidung 441ff.
– Gesetz (1970) 441f.
Abwägung 53, 144ff. (Rn. 144ff.), 215, 225ff., 299, 308, 381, 404, 460, 461f., 471, 473, 474, 478, 481, 482f., 579, 589, 606
– s. auch *Grundsatz der Verhältnismäßigkeit*
Administrativenteignung 47, 294
Advokatur, freie 367, 368
Agrarbericht der Bundesregierung 444
Agrarförderungsprogramm Ost 671
Agrarpolitik 442
Agrarrecht 345, 441, 789
Agrarstruktur 771ff.
– im Osten Deutschlands 775
Agrarstrukturgesetzgebung 771ff., 785ff.
– des Bundes 786
– historische Entwicklung 772ff.
– Schranken 776ff., 787ff.
– und Betriebsgröße 785ff.
Aktien-
– eigentum 39, 287, 492
– gesellschaft 22, 38, 487, 488
Allgemeines Berggesetz (1865) 473, 474, 475, 476
Allgemeinwohl
– s. *Sozialpflichtigkeit*
Alteigentum Ost 667ff.
Alteigentümer 546
Altlasten 395ff.
– Handlungsstörer 396
– Primärebene 397f., 403
– Sekundärebene 398ff., 403
– und Beseitigung 397f., 402, 403, 404, 408
– und Beweislast 397
– und Kostentragung 397ff., 404ff.
– und Rechtsnachfolger 409f.
– und Risikosphären 400f., 406
– und unterbrochene Privatnützigkeit 408f.
– und Zustandshaftung 400, 401ff.
– Zustandsstörer 396, 397ff.
Amtshaftung 548, 609
– s. auch *Staatshaftungsrecht*
Amtswalterstellung 66
Analogie 17, 333, 362, 365, 497, 607, 612
– s. auch *Rechtsanalogie*
Änderung der Verhältnisse 27, 98 (Rn. 37)

Angliederung von Grundflächen 350
Angliederungsgenossenschaften 356
Anlagen
– eigentumsbeeinträchtigende 360
Anspruch
– subjektiv-öffentlicher 83 (Rn. 4), 84 (Rn. 6)
– s. auch *Forderung*
Anspruchsposition
– eigentumskräftig verfestigte 127 (Rn. 106)
Anteilseigentum 37ff., 86 (Rn. 10), 130ff. (Rn. 112ff.), 185, 352
– und Mitbestimmung 130ff. (Rn. 114ff.), 186ff., 195, 489, 492
– und Sozialbindung 132 (Rn. 118)
Antikartellpolitik
– s. *Wettbewerbspolitik*
Anwalt 36, 362, 367
– und Eigentum des 365ff.
Anwaltschaft
– Zulassung 370ff.
– Zulassungsrecht 367
Anwaltsfreiheit 362
Anwaltspraxis 362ff.
– als enteignungsfähiges Gut 366ff.
– Eigentumsschutz 36f., 362ff.
– s. auch *Betriebseigentum*
Anwaltsrecht 366
Anwartschaft 57, 134f. (Rn. 121)
– s. auch *Rentenanwartschaft*
– s. auch *sozialversicherungsrechtliche Positionen*
Apothekenurteil
– s. *Stufentheorie*
Approbation 372
Äquivalenztheorie
– und Entschädigung 580f.
Arbeitgeber 67, 68
Arbeitslosenversicherung
– s. *Sozialversicherung*
Arbeitsmarktpolitik 66
Arbeitsrecht 65, 66, 267
Artenschutz 416
Artikelgesetz 377, 676
Asylrecht 646, 661
Aufforstungsverbote 623
Aufopferung
– s. *Enteignung*
Aufsichtsrat 67
Ausgleichsleistung
– und Gesetzgeber 546, 635
– und Rechtsstaatlichkeit 649, 663
– und Sozialstaatlichkeit 649, 664f.
– s. auch *Entschädigungs- und Ausgleichsleistungsgesetz*
Auslegung 272, 482
Ausschlußrecht des Eigentümers
– s. *Eigentumsgewährleistung*
Australien 1026
Außenbereich
– s. *Baufreiheit*
Außensteuergesetz 916f., 918, 923, 930, 933
Außensteuerrecht 916ff.
Außenwirtschaftsrecht 737

Baden-Württemberg 348, 349, 353, 354, 355, 357, 358, 359
Bauerwartungsland 341, 378, 615f., 617, 625
Baufreiheit 32, 125f. (Rn. 104), 142 (Rn. 139), 317, 325ff., 393f., 422, 594
– historische Entwicklung 325
– Kritik 327f.
– und BVerfG 333ff., 422
– und Planungswertausgleich s. dort
– verfassungsrechtlicher Schutz 32, 125f. (Rn. 104), 230f., 326, 393f., 422
Baugenehmigung 337
Baugenehmigungsanspruch 337
Baugesetzbuch 299, 329, 342, 377, 380, 381, 383, 388, 389
Baukonzession 317, 594
Bauland 313, 341, 342, 379, 393, 595
– Investitionserleichterungs- und Wohnbaulandgesetz (1993) s. dort
– Verbilligung 330f.
Bauleitplanung 337, 386
– s. auch *Bauplanung*
Bauordnungsrecht 336, 337, 341
Bauplanung 320, 321f., 329f., 335, 337f.
– Einwirkung von 334f.
Bauplanungsänderung 329f.
– Planungsbestandsschutz 330

Bauplanungsrecht 327, 334, 335, 336, 338, 340, 341
Bauplanungsurteil 331f., 334, 342
Baurecht 31, 34, 45, 272, 292, 320, 377, 379, 472, 483, 544, 746
– Anspruchsposition, eigentumskräftige s. dort
– Baufreiheit s. dort
– Bauplanung s. dort
– Bestandsschutz s. dort
– Novelle 1976 291, 299, 329
Baurecht, verliehenes 325ff., 327f., 331, 337, 394
– s. auch *Baufreiheit*
Bausparförderung 315
Bauzulassungsverordnung 377
Bauzulassungsverordnung / DDR 383
Bayern 348, 353, 354, 356, 357, 358, 359, 360, 786
Beamte 57, 339, 614
– Alimentation 983
– Funktionsvorbehalt 40
– hergebrachte Grundsätze 40
Beamten-
– position 372
– verhältnis 40
Bebauungsplan 321f., 334, 386
– s. auch *Bauplanung*
Bebauungsrecht, verliehenes
– s. *Baurecht, verliehenes*
Befreiung 272
Behörde 396, 409
Belange, Berücksichtigung privater 342
Belegschaftsaktionär 498
Belgien 990, 1011
Bergbau 472
– Allgemeines Berggesetz (1865) s. dort
– Berechtigter 475
– Bergordnungen 473
– bergrechtliche Grundabtretung 472, 475f., 476ff.
– Bergrechtsgruppe, preußische s. dort
– Bergregal s. dort
– Bundesberggesetz s. dort
– freiheit 473
Berggesetz
– Allgemeines Berggesetz s. dort
– Bundesberggesetz s. dort
Bergrecht 398, 465ff.
– Reform des 477
Bergrechtsgruppe, preußische 473
Bergregal 472f.
Berlin 348, 353, 356, 357, 359, 360
Beruf, Begriff des
– s. *Berufsbegriff*
Beruf, freier 368
Berufsausübungsfreiheit
– s. *Berufsfreiheit*
Berufsausübungsregelung 369
Berufsbegriff 197ff., 790f.
– und BVerfG 203f., 790
– und Gesetzgeber 791
Berufsbetrieb 368, 369
Berufsfreiheit 53, 191ff., 338, 958ff.
– Ausübungsfreiheit 193f., 791ff., 797
– Berufsbegriff s. dort
– Wahlfreiheit 193, 199, 531, 789ff.
– und Eigentum 191ff., 228, 246
– und Fiskalprivilegien 958ff.
– und Rentabilitätsminderung 703
– und Strukturgesetzgebung 789ff.
– und Wettbewerbsfreiheit 704, 779, 797, 804
Berufsgenossenschaften 500
– und BVerfG 500
Berufssperre 246f.
Berufswahlfreiheit
– s. *Berufsfreiheit*
Besatzungsrecht 637, 653
– deutsches 638
– verdecktes 638, 653f.
„Besitzer-als-Eigentümer-Entscheidung“ 188f.
Besitzwert-
– entschädigung 616
– minderung 619
Bestandsgarantie 467ff.
Bestandsschutz 48, 111 (Rn. 72), 122 (Rn. 96), 126 (Rn. 105), 227, 301, 305, 307, 471, 478, 481, 578
– und Vertrauenseigentum 126 (Rn. 105)
Besteuerung, Zulässigkeit 267, 606f., 608, 708, 805f.
– Einkommensteuer 765
– Erbschaftsteuer 177ff. (Rn. 25ff.), 800, 811, 812ff., 858ff.

– Erdrosselung 608
– und Einheitswert 678, 708, 799, 808, 809ff., 858ff.
– und Leistungsfähigkeit 813f., 868
– und Lenkung 708f., 805f.
– Vermögensteuer 138f. (Rn. 129f.), 800, 813, 858ff.
Betretungsrechte 623, 631f.
Betriebseigentum 35ff., 127ff. (Rn. 108ff.), 283, 292, 362ff., 515, 552f., 630, 782ff., 810f.
– Erwerbschancen 37, 128f. (Rn. 110), 228f., 283, 308, 364, 536
– Erwerbschancen und Eigentum 37, 228, 536
– Geschäftsbeziehungen 129 (Rn. 110), 228, 364
– in Europa 1013
– Sach- und Rechtsgesamtheit 128 (Rn. 108), 363
– und Betriebsgröße 782ff.
– und Entschädigungsrecht 364f., 630
– und Genehmigungen 129 (Rn. 110)
– und Ladenschlußgesetz 149 (Rn. 152)
– und Mitbestimmung 35ff.
– und Modernisierung 130 (Rn. 111)
Betriebsgefahr 611
Betriebsgröße
– Differenzierung nach 782ff.
– und Berufsfreiheit 789ff.
– und Eigentumsfreiheit 794ff.
– und Plafondierung 792
– s. auch *Agrarstrukturgesetzgebung*
Betriebsrat 67, 489
Beurteilungsspielraum 468
Beweislast 397
Bewertung
– Bewertungsgesetz 879, 889
– Kurswert 879
– Verkehrswert 879, 891
– s. auch *Einheitswert*
– s. auch *Ertragswertverfahren*
– s. auch *Sachwertverfahren*
Bezirke, befriedete im Jagdrecht 350f.
Bezüge, soziale
– s. *Mietrecht und BVerfG*
Billigkeitsentscheidung 272
Bindung, soziale
– s. *Sozialpflichtigkeit*
Blankettnormen 976
Bodenfonds 724, 737
Bodenordnung 345
Bodenreform 21, 49, 310ff., 537f.
– nach 1949 582ff., 598, 667, 673ff.
– und Außenpolitik 665f.
– und Entschädigung 49, 546f., 582ff., 598, 673ff.
– vor 1949 546f., 582, 598, 635ff., 651ff., 667ff., 673ff., 690, 691f., 775
Bodenreformurteil 28f., 49, 420, 546f., 582, 596, 598, 605, 635ff., 651ff., 667ff., 673ff., 690f., 718, 775
– Begründung 637ff., 641f., 642ff.
Bodenschätze
– s. *Bergbau*
Bodenschutzrecht 34
– s. auch *Umweltrecht*
Bodensteuer 322ff.
Bodenverkehr 316, 323
Boxbergurteil 380, 389, 469f., 481, 483
Bremen 356, 358
Buchendomurteil 210, 212, 221f., 435
Bund 22
Bundes- und Landesrecht 345, 361
– Verhältnis s. dort
Bundesbaugesetz 299, 316f., 481, 618
Bundesberggesetz 472, 477
– Reform 477
– und Enteignung 476ff.
– Verfassungswidrigkeit 481
Bundesjagdgesetz 346ff., 572
Bundesnaturschutzgesetz 427
Bundesrat 25
Bundesrecht 352, 355
– Verstoß gegen 356
Bundesrechtsanwaltsordnung 370
Bundesstaat, sozialer 709
– und Sozialstaat 709
Bundestag 25
Bundesurlaubsgesetz 801
Bundesverfassungsgericht, Rspr. s. dort
Bundesverfassungsgerichtsgesetz 668
Bundeswaldgesetz 444f., 446, 447, 551
Bürgerliches Gesetzbuch
– Allgemeines Preußisches 572

– Einführungsgesetz zum 418, 566, 572, 574, 642, 1018

Chancen, Eigentumsschutz von
– s. *Erwartungen*
– s. auch *Nutzungsmöglichkeiten*
China 803, 990
Christlich-Demokratische Union 274, 275, 716, 763
Christlich-Soziale Union 274, 275, 763
Code civil 340

Dänemark 1011
Daseinsvorsorge 343, 940, 945, 1021
Deichurteil 35, 48, 224, 520f., 525, 530, 577, 578ff., 606, 615, 685, 686f., 718
Deliktsrecht 597, 610, 612
– und Degression 610ff.
Demokratie 14, 28, 182, 266ff., 274, 282, 323, 546, 555, 706, 754, 835
– parlamentarische 74, 76, 834, 855
– Unabänderbarkeit 1000
– und Eigentum 9ff.
– und Markt 707f., 713f.
– und Spekulation 769f.
– unmittelbare 707
Denkmalschutz 210, 212, 221f., 291, 693
Dereliktion 410
Deutsche Demokratische Republik 49, 546, 577, 582, 605
– und Enteignungen 582, 598, 667, 673ff.
s. auch *Bodenreform*
– und Unrecht 605
s. auch *Unrechtsstaat*
Dezentralisierung 75
Dienstbarkeit 34
– s. auch *Betretungsrechte*
Dienstrecht, öffentliches 339
Dividendenbesteuerung 895ff.
– s. auch *Körperschaftsteuerreform*
Doppelbesteuerung 898f.
Doppelbesteuerungsabkommen 916ff.
– Abänderbarkeit 929ff.
– Zwei-Rechtskreise-Theorie 925ff.
Drittwirkung 8, 83 (Rn. 4), 168 (Rn. 7), 415, 510, 513
– mittelbare 168 (Rn. 7), 944

Durchschneidung
– und Forstbesitz 627, 629f.
– und Waldeigentum 623
– von Grundstücken 614ff.
– von Straßen 619
– s. auch *Energieversorgungsunternehmen*

Eigenbedarf im Mietrecht 189
Eigentum
– als Gegenwartsgrundrecht 98 (Rn. 38)
– als Vollrecht 104 (Rn. 52)
– gemeinsames s. *Miteigentum*
– halböffentliches 67
– nach Gesetz 25f., 105ff. (Rn. 54ff.), 296, 341, 421f.
– „nach Geschichte" 98 (Rn. 35)
– öffentliches 525
– Privater 24, 26, 87 (Rn. 11), 112 (Rn. 73), 180ff., 306, 403, 405, 452, 520, 537, 698, 712ff., 794
– Privatnützigkeit s. dort
– und Freiheit 18ff.
– und Gleichheit 18ff.
s. auch *Eigentumsgleichheit*
Eigentum, histor. Entwicklung 93ff. (Rn. 25ff.)
– Französische Revolution 30, 34, 94 (Rn. 28), 98 (Rn. 36), 107 (Rn. 59), 712f.
– Konstitutionalismus, deutscher 94 (Rn. 29)
– nationalsozialistische Zeit 95ff. (Rn. 31f.)
– Weimarer Reichsverfassung 26, 29, 95 (Rn. 30), 406, 467, 541, 578ff.
– Zeit nach 1945 97 (Rn. 33f.)
Eigentum, Regalien und 560ff.
– und Sozialbindung 561ff., 568ff.
Eigentum, Rückerwerb von 667ff.
– und Gesetz 670ff.
Eigentumsbefugnisse 261
Eigentumsbegriff, verfassungsrechtlicher 111 (Rn. 72), 421ff.
– Einheitlichkeit 16, 102ff. (Rn. 46ff.) , 284ff., 292
– und BVerfG 113ff. (Rn. 77ff.), 264f., 297, 422ff., 494ff., 523ff.

– und Privat- und öffentliches Recht 112 (Rn. 73)
– und Sozialrecht 54ff., 134f. (Rn. 121)
– und Zivilrecht 112 (Rn. 74f.), 188f.
– Vertrauenseigentum 121ff. (Rn. 94ff.), 522
Eigentumsfähigkeit 18
– s. auch *Eigentumsgewährleistung, Inhalts- und Schrankenbestimmung*
Eigentumsgewährleistung 82ff. (Rn. 3ff.), 419ff., 751ff., 778
– historische Entwicklung 93ff. (Rn. 25ff.)
– funktioneller Gewährleistungsinhalt 99ff. (Rn. 39ff.)
– Grundrechtsträger 87 (Rn. 11), 90ff. (Rn. 18ff.)
– in Europa 1005ff.
– Inhalts- und Schrankenbestimmung 26, 107ff. (Rn. 60ff.), 140ff. (Rn. 133ff.), 294
– Inhalt und Schranken, Abgrenzung 140ff. (Rn. 134ff.), 528f.
– Institutsgarantie 87ff. (Rn. 12ff.), 253, 278, 420, 698
– Menschenrecht 27ff., 90ff. (Rn. 18ff.), 93 (Rn. 25), 104 (Rn. 53), 181, 263, 420, 664
– Menschenwürdegehalt 643, 661, 664
– Organstellung des Eigentümers 751ff.
– Rechtsprechung des BVerfG s. dort
– subjektiv-öffentliches Recht 82ff. (Rn. 3ff.)
– und Berufsfreiheit 164 (Rn. 183 Anm. 372), 191ff., 228, 246
– und Demokratie 9ff.
– und Freiheit 3ff., 7ff., 23
– und Gesetzgeber 84 (Rn. 6), 105ff. (Rn. 54ff.), 108 (Rn. 63), 111ff. (Rn. 72ff.), 199f., 296, 341, 421f., 511, 717f.
– und Grundrechtswandel 748ff.
– und Markt 724ff.
– und Rentabilitätsminderung 703
– und Strukturgesetzgebung 794ff.
– und Zwangszusammenschluß s. *Eigentumssyndikat*
– Wertentscheidung 14f., 22ff., 72, 624f., 698, 712, 724
Eigentumsgewährleistung nach BGB 30, 39, 85 (Rn. 8), 86 (Rn. 9), 94 (Rn. 29), 104 (Rn. 52), 112 (Rn. 73), 209, 293, 334, 335, 339, 496f., 522, 524, 717
Eigentumsgleichheit 19, 84 (Rn. 6), 254
Eigentumslehren 93 (Rn. 26)
Eigentumsordnung 27f., 538
– Einheit 102 (Rn. 47)
– gerechte 84 (Rn. 6), 450, 464
Eigentumspolitik 85 (Rn. 7), 264, 270, 274, 275, 288, 752
Eigentumssyndikat 484ff.
– Erftverbandsurteil s. dort
– Rechtfertigung 497ff.
– und BVerfG s. *Erftverbandsurteil*
– und Enteignung 490ff.
– und Verfassungswidrigkeit 490ff.
– Zwangsfonds 486, 490
– Zwangsgenossenschaften 486, 491
Eingliederungsbeihilfen 605
Eingriff
– enteignender 46ff., 162 (Rn. 177), 301, 577, 591, 605
– enteignungsgleicher 47f., 162 (Rn. 177), 301, 577, 590f., 605
– s. auch *Enteignung, Aufopferung*
Einheit, deutsche
– s. *Wiedervereinigung*
Einheitliche Europäische Akte 1042
Einheitswert 323, 582, 587, 667, 678, 708
– und Besteuerung s. dort
– und BVerfG 708, 799, 808, 809ff., 858ff., 1001
– s. auch *Sachwertverfahren*
– s. auch *Ertragswertverfahren*
Einigungsvertrag 28, 48, 546, 582, 598, 635, 643, 646, 647, 650, 651, 662, 665, 666, 673, 690
Einkommensteuer- 138f. (Rn. 129f.), 601, 837
– gesetz 765, 893, 898, 902, 921
Einmalbesteuerung 899ff.
Einrichtungsgewährleistung
– s. *Institutsgarantie*
Einung, Europäische
– s. *Europäische Gemeinschaft*

Energiekrise 614
Energieversorgungsunternehmen
– und EG-Beihilfeverbot 1022ff.
– und EG-Kartellverbot 1022ff.
– und private Grundstücke 614ff.
– und Subventionen 1020ff.
– Verstromungsgesetz 1023
– s. auch *Daseinsvorsorge*
Enteignung 46ff., 116 (Rn. 83), 146ff. (Rn. 148ff.), 157ff. (Rn. 168ff.), 295, 342, 468ff., 476ff., 485, 734ff.
– Aufopferung 48, 161f. (Rn. 176ff.), 291ff., 299ff., 436, 548, 591
– berufssperrende 246f.
– durch Gesetz s. *Legalenteignung*
– durch Verwaltung s. *Administrativenteignung*
– Entschädigungsausschluß 596
– Entschädigungshöhe 48f., 163f. (Rn. 180ff.), 204f., 342, 577ff. s. auch *Verkehrswert*
– Gruppenenteignung 234f., 590
– Junktimklausel 160ff. (Rn. 173ff.), 245, 551
– und BVerwG 148 (Rn. 151), 224, 235, 293, 309, 514, 522, 551
– und Nutzungsbeschränkung 296ff.
– und Sonderopfer 65, 147f. (Rn. 150f.), 224, 234f., 293, 514, 517, 522, 585, 591
– Vorwirkung 594
– Zulässigkeit 158ff. (Rn. 170ff.)
– Zweck 158f. (Rn. 170ff.), 470, 595
Enteignungsakt, ausländischer 644, 690
– Rechtsbeständigkeit 644
– und Grundgesetz s. *Grundgesetz, fremde Staatsgewalt*
Enteignungsgesetz, preußisches s. dort
Entschädigung
– bei Durchschneidungen s. dort
– degressive 601ff.
– und BGH 580f.
– und BVerfG s. *Deichurteil*
– und Wiederbeschaffungstheorie 597, 601ff., 682
– s. auch *Enteignung*
Entschädigungs- und Ausgleichsleistungsgesetz 546, 548, 577, 597ff., 667ff., 673ff., 692, 775
– Expertenanhörung 685f.
– Verfassungswidrigkeit 587f., 673ff., 684ff.
– Wiedergutmachungsberechtigte 676ff.
– s. auch *Siedlungsprogramm Ost*
Entschädigungsklauseln, salvatorische 160f. (Rn. 174f.), 436
Entwicklungsmaßnahmen, städtebauliche 377ff.
Entwicklungssatzungen 377ff.
– Prognosespielraum 380, 382
– und städtebaulicher Vertrag 383ff., 388ff.
Erbfolge, gesetzliche 173f. (Rn. 18f.)
Erbrechtsgewährleistung 4, 165ff. (Rn. 1ff.)
– Drittwirkung 168 (Rn. 7)
– Grundrechtsträger 167f. (Rn. 6)
– Inhalt und Schranken 176f. (Rn. 22ff.)
– Institutsgarantie 168f. (Rn. 8f.)
– Menschenrecht 169f. (Rn. 10ff.)
– subjektiv-öffentliches Recht 167f. (Rn. 5ff.)
– und Eigentum 166 (Rn. 2f.)
Erbschaftsteuer- 177ff. (Rn. 25ff.), 599, 600, 601, 800, 811, 812ff., 858ff.
– beschluß 800, 811, 812ff., 858ff., 872ff., 876ff., 890
– gesetz 862
– reformgesetz 864
– und Freibeträge 873
– und Mittelstandsschutz 873
Erfturteil
– s. *Erftverbandsurteil*
Erftverbandsurteil 502
Ermessen 272, 316, 348, 354, 579
Ermessensentscheidung 348
Ersatzleistung, öffentliche 601
– s. auch *Entschädigung*
Erschließung 342, 377, 384f.
Erschließungs-
– beiträge 149 (Rn. 152)
– kosten 329
– vertrag 384
Ersitzung 57

Ertragswertverfahren 877ff.
– als Verfassungsgebot 881ff.
– s. auch *Bewertung*
– s. auch *Einheitswert*
– s. auch *Sachwertverfahren*
Erwartungen, Eigentumsschutz von 33, 37, 128f. (Rn. 110), 228f., 283, 308, 364, 536, 620, 630f., 703f., 792
– s. auch *Nutzungsmöglichkeiten*
Erwerbswirtschaftliche Tätigkeit des Staates
– s. *Fiskaltätigkeit des Staates*
Erzeugung, Recht der land- und forstwirtschaftlichen 445
Europa 24
Europäische Gemeinschaft 442, 700
– Agrarpolitik 442, 774
– Binnenmarkt 1024, 1042
– Eigentumsschutz s. *Europäischer Gerichtshof*
– Gesetzgebung 29
– Grenzen 29
– Grundrechte 1007
– Hoheitsakte 665
– Kartellrecht 1020, 1021, 1042
– Kommission 1025f., 1035, 1036, 1038, 1061
– Niederlassungsfreiheit s. dort
– Rechtsgrundsätze 1009f.
– und Beihilfen s. *Subventionen*
– und Subventionen s. dort
– Verbraucherschutz 1042ff.
– Vertragsverletzungsverf. s. dort
– Warenverkehrsfreiheit s. dort
Europäische Menschenrechtskonvention 1010
– Zusatzprotokolle 1011f.
Europäischer Gerichtshof 935f., 1005ff., 1024, 1042
– Verbraucherschutz 1047ff., 1059ff.
Europäischer Gerichtshof, Eigentumsschutz 1005ff.
– Betriebseigentum 1013
– Entschädigung 1017
– öffentlich-rechtliche Positionen 1014
– Vertrauensschutz 1016
– Wesensgehalt 1015
– wohlerworbene Rechte 1016
Europäischer Gerichtshof, Entscheidungen
– Rs. British-Telecommunication 1024f.
– Rs. Buet 1065
– Rs. Cassis de Dijon 1048, 1051, 1063
– Rs. Cinéthèque 1049
– Rs. Dassonville 1047, 1060, 1062
– Rs. Gefrorener Joghurt 1052
– Rs. Gilli 1051
– Rs. Gutshof-Ei 1059
– Rs. Hauer 1009, 1010, 1015
– Rs. INNO 1044, 1052, 1053, 1056f., 1059, 1061, 1064, 1066, 1069
– Rs. Irische Souvenirs 1051
– Rs. Nissan 1059
– Rs. Pall / Dahlhausen 1059
– Rs. Pétillant de Raisin 1050, 1052
– Rs. Rau 1049, 1052
– Rs. Reinheitsgebot für Bier 1050, 1052
– Rs. Robertson 1052
– Rs. Sekt 1051
– Rs. Yves Rocher 1059ff.
Europarecht 1019, 1020
Ewigkeitsgarantie
– s. *Verfassungsänderung, Schranken*
Existenzminimum 257, 980
– s. auch *Existenzsicherung*
Existenzsicherung 55ff., 120ff. (Rn. 91ff.), 134f. (Rn. 121), 424, 608

Familien-
– politik 280
– schutz 874
Finanzausgleich 947f.
Finanzgerichtsbarkeit 824
Finanzmonopole 942f.
Finanzpolitik, staatliche 486
Finanzverfassung 858, 952
– s. auch *Finanzausgleich*
Fischereigenossenschaft 488, 501, 562
Fischereigesetz (NRW) 488, 501, 562
– Verfassungswidrigkeit 502
Fischereipolizei 575
Fischereirecht 34, 564, 573ff.
– Sozialbindung 574ff.
Fischereiregal 567, 573ff.
– historische Entwicklung 573f.
– s. auch *Regalien*

Fiskaleigentum 520
Fiskalprivilegien 937ff.
– und Finanzverfassung 951ff.
– und Forstwirtschaft 960ff.
– und Grundrechte 954ff.
– und Sozialstaatlichkeit 953ff.
– und Steuerrecht 950f.
– und Steuerverfassungsrecht 947ff.
– und Tradition 965f.
– und Wettbewerb 940ff.
– Zulässigkeit 939ff.
Fiskaltätigkeit des Staates 937ff.
– Begriff 939, 940
– Kontrolle 943
– und Daseinsvorsorge 945
– und Dirigismus 944ff.
– und Grundrechte 943f.
– und Privilegien s. *Fiskalprivilegien*
– und Wettbewerb 940ff.
– Ziel 939
Fiskustheorie 564
Flurbereinigung 499
Föderalismus 75, 417, 517, 754
Folgekostenvertrag 39, 384f.
Fonds- 319, 487, 488, 490, 498f., 503
– eigentum 262, 275, 277, 724
– system 395
Forderung 68, 110 (Rn. 69)
– öffentlich-rechtliche 39ff., 83 (Rn. 5)
– zivilrechtliche 37ff., 103 (Rn. 49)
– s. auch *sozialversicherungsrechtliche Positionen*
Forstfiskus 937ff.
– s. auch *Fiskaltätigkeit*
– s. auch *Staatswald*
Forstgesetze 962
– Betretungsrechte 631f.
– der Länder 551, 623, 963
– des Bundes 623
– forstaufsichtl. Aufgaben 961
– forstwirtschaftl. Aufgaben 961
Forstrecht 445
Forstverwaltung 965
Forstwirtschaft 191, 258, 348, 397, 441ff., 550ff., 623ff.
Frankfurter Modell 311
Frankreich 990, 1011, 1018
Freie Demokratische Partei 274, 275, 763
Freiheit 3ff., 7ff., 50, 73, 272, 277, 306
– negative 308
– und Eigentum 3ff., 7ff., 23
– und Gleichheit 18ff.
– und Menschenwürde 12ff.
Freiheitsbegriff, doppelter 12
Freiheitsdogmatik 332
Freizügigkeit 745
Fremdenrecht 646
Führung, demokratische 10
Funktionsvorbehalt 40

Garantenstellung, öffentliche 68, 69, 70
Garantie des Erbrechts 117 (Rn. 85)
GATT 1028
Gebühr 359
Gebührenrecht 813
Gefahr 395, 396, 403, 405, 556f.
Gefahrenabwehr 35, 396, 409, 416, 557, 807
– effiziente 396, 409
Gefahrenbeseitigung 398
Gefahrenvorsorge 416
Geistiges Eigentum 103 (Rn. 49)
Geldleistungspflicht 607
– s. auch *Besteuerung*
– s. auch *Vermögen, Eigentumsschutz des*
Gemeinden 22, 321, 322, 329, 354, 380, 381, 382, 384, 488
– Satzungen s. dort
– Vorkaufsrecht 330
Gemeineigentum
– s. *Sozialisierung*
Gemeingebrauch 385
Gemeinschaft, Europäische
– s. *Europäische Gemeinschaft*
Gemeinschaftsverhältnis
– nachbarrechtliches 518f.
Gemeinwohlbindung
– s. *Sozialpflichtigkeit*
Gemeinwohlklausel
– s. *Sozialpflichtigkeit*
Genehmigung 272, 356, 373
Generalklausel 453ff.
Genossenschaften 353, 487, 503
– s. auch *Zwangsgenossenschaften*
Genossenschaftsmehrheit 488

Genossenschaftsrecht
– und Mitbestimmung 186ff.
Gerechtigkeit
– soziale 3, 46, 49, 84 (Rn. 6), 545, 730, 874
Gerichtsverfassungsrecht 367
Gesamtrechtsnachfolge 175 (Rn. 21)
Gesellschaft
– mit beschränkter Haftung 22, 38
Gesellschaftseigentum 38, 86 (Rn. 10)
Gesellschaftspolitik 15
Gesellschaftsrecht 38
– und Eigentumsbefugnisse
s. *Anteilseigentum, Mitbestimmung,*
s. *Mitbestimmungsurteil*
Gesetzesvorbehalt
– allgemeiner 15f., 17, 42, 53, 296, 334, 335, 346, 471, 541, 717
Gesetzgeber 31
– Eigentum nach Gesetz 25f., 105ff. (Rn. 54ff.), 108 (Rn. 63), 111ff. (Rn. 72ff.), 296, 341, 421f., 717
– Kompetenz s. dort
– und Eigentum 88 (Rn. 14), 90 (Rn. 17), 113f. (Rn. 78)
Gesetzgeber, Gestaltungsfreiheit des
– und Art. 14 I GG 84 (Rn. 6), 108 (Rn. 62), 113 (Rn. 75f.), 199f., 511
– und Sozialstaatsprinzip 546
– und Wiedervereinigung 648
Gesetzgebungshoheit 513
Gesetzgebungskompetenz 482
Gewalten-
– integration 824
– teilung 658, 824
– verschränkung 823
Gewerbebetrieb, Recht am
– s. *Betriebseigentum*
Gewerbefreiheit 30, 958ff.
– s. auch *Berufsfreiheit*
Gewerberecht 272, 281
Gewerkschaften 24f., 61ff., 243f., 275, 289, 490, 540, 764
Gewerkschaftsfreiheit 61ff.
– und Privateigentum 62
Gewerkschaftsstaat 64
Glaubensfreiheit 336, 741
Gleichheit 18, 53, 295, 614, 831
– und Freiheit 18ff.
– vorstaatliche 644, 656
Gleichheitssatz, allgemeiner 53, 269, 342, 546, 590, 647, 655, 656, 661, 668, 682f., 708, 709, 788, 808f., 859, 862, 880, 892, 894, 896, 955
– Gestaltungsspielraum 668, 859
– neuere Rechtsprechung des BVerfG 683
– überstaatlicher 1000
– und Steuergleichheit s. dort
– und Systemwidrigkeit 907f.
Gleichordnungsverhältnis 507, 510, 512
Griechenland 1011
Großbesitz 254
Großbritannien 990, 1011, 1018
„Großes Eigentum" 254f.
Großsozialisierung 72
Grundabtretung
– bergrechtliche 472, 475f., 476ff.
Grundbuchrecht 34
Grundeigentum 103 (Rn. 50), 124ff. (Rn. 102ff.), 311ff.
Grundentscheidungen, verfassungsrechtliche
– s. *Verfassungsprinzipien*
Grundgesetz
– Finanzverfassung s. dort
– Geltungsbereich bis 1990 639
– Notstandsverfassung s. dort
– Präambel 639
– Reform s. *Verfassungsreform*
– Unabänderbarkeit
s. *Verfassungsänderung, Schranken*
– und fremde Staatsgewalt 637ff., 690
– und Markt 700ff., 725
– und Menschenwürde 12ff., 642, 651
– und Sozialverfassung s. dort
– und Wirtschaftsverfassung s. dort
– Völkerrechtsfreundlichkeit 934
– Wertordnung 647
Grundnorm 658
Grundordnung
– freiheitlich-demokratische 265, 267
Grundrechte 16, 741ff.
– als Abwehrrechte 742ff., 746ff.
– als Gestaltungsrechte 742ff.

– als Teilhaberechte 742ff.
– Bindung 1008
– Drittwirkung s. dort
– Einschränkung 400f., 406f., 408f.
– Berechtigung s. *Grundrechtsfähigkeit*
– Gesetzesvorbehalt 17
– Grundrechtslehren s. *Grundrechtstheorien*
– Konkurrenz s. *Grundrechtskonkurrenz*
– negative Freiheit 796
– Rückwirkung 654f.
– Schutzpflicht 415
– und Demokratie 747
– und Fiskalprivilegien 954ff.
– und Fiskus 943f.
– und Internationale Beziehung 665
– und Menschenwürde 642, 651, 661, 663
– Verfassungsreform 1005
– Verzicht 847
– vorstaatliche 28, 29
– Wertordnung 729f., 732
– Wesensgehalt s. dort
– wirtschaftliche 24
Grundrechtsfähigkeit 38
Grundrechtskonkurrenz 193, 202
Grundrechtsschutz
– Entwicklung 52ff.
Grundrechtstheorien
– funktional-demokratische 744ff., 749, 751
– organisationsrechtliche 741ff., 751ff.
– status activus 742ff.
– status negativus 83 (Rn. 5), 742ff., 746ff.
– status positivus 83 (Rn. 5), 742ff.
Grundsatz der Verhältnismäßigkeit 53, 113 (Rn. 75, 77), 145f. (Rn. 146f.), 295, 299, 308, 338, 341, 342, 458f., 859
– und Interventionismus 946
Grundsätze, hergebrachte
– des Berufsbeamtentums 40
Grundsteuer 869, 876
Grundstücksdurchschneidung 614ff.
Grundstücksrecht 292
Grundstücksverkehr 780
– gesunder 620f., 628f.
– s. auch *Verkehrswert*
Grundstückswert 317f.
– entschädigung 616
– s. auch *Verkehrswert*
Grundwassernutzung 332, 335, 336, 340, 422, 521ff.
– s. auch *Naßauskiesungsbeschluß*
Gruppenenteignung
– s. *Enteignung*

Hamburg 348, 352, 358
Handelsgesellschaften, 87 (Rn. 11)
– offene 38
Handlungsfreiheit
– allgemeine 9, 12, 15, 52f., 282, 502, 661, 699, 702, 732, 766, 956
– und Wettbewerbsgleichheit s. dort
– wirtschaftliche 702, 732, 797
Handlungsstörer 396
Haushalte 595, 605
– kommunale 378
– öffentliche 592, 610
Hege 346
Hessen 348, 352, 353, 355, 356, 357, 359
Hochleitungen
– s. *Energieversorgungsunternehmen*
Hoheitsgewalt 513, 523, 784
– s. auch *Staatsgewalt*

Ideologie 276
Immaterialgüterrechte 26, 35, 110 (Rn. 69), 292, 495
Immissionen 511, 518, 519
Immissionsschutz 36
Immobilienfonds 498f.
Indonesien 803, 990
Inflation 866
– und Eigentumsschutz 139 (Rn. 131)
Inlandsbezug 641
Institutsgarantie, Lehre der 89 (Rn. 15f.), 747
– und Rechtsstaatlichkeit 121f. (Rn. 95)
Integration, Europäische
– s. *Europäische Gemeinschaft*
Integrationslehre 29, 747
Interesse

– öffentliches 43, 44, 67, 380, 381, 474, 482, 513, 542, 545, 556
Investitionserleichterungs-
– und Wohnbaulandgesetz (1993) 377ff.
Investitionshilfeurteil 224
Investitionskosten 321f.
Irland 918, 920, 927, 928, 1011, 1018
Italien 990, 1011, 1018

Jagdbezirke 347ff., 501
– Eigenjagdbezirke 351ff.
– Gemeinschaftsjagdbezirke 353
Jagderlaubnis 358f.
Jagdgenossenschaften 353, 354, 355f., 361, 501
– s. auch *Angliederungsgenossenschaften*
Jagdgesetze
– des Bundes s. *Bundesjagdgesetz*
– der Länder 346ff.
Jagdhoheit 346
Jagdpacht 357ff.
– Anzahl der Pächter 357f.
– Mindestgröße 358
– Mindestzeit 358
Jagdpolizei 572
Jagdrecht 34, 345ff., 501, 570ff.
Jagdregal 346, 359, 567
– historische Entwicklung 570ff.
– s. auch *Regalien*
Jagdwesen 346
Jägernotweg 359f.
Junktimklausel
– s. *Enteignung*

Kartellgesetz
– s. *Wettbewerbsbeschränkung, Gesetz gegen*
Kartellrecht 282
Kindergeld 998f.
Kirche 490, 563, 764
„Kleineres Eigentum" 84 (Rn. 6), 253ff.
– Begriff 256ff.
– Staatszielbestimmung 272f.
– und Demokratie 266ff.
– und Freiheit der Person 264ff.
– und Sozialstaatlichkeit 269ff.
Kleingartenentscheidung 331
Koalition
– historische Entwicklung 69
Koalitionsfreiheit 61ff., 243f., 308, 745
– und Gegnerfreiheit 67
Kohlepfennigentscheidung 998, 999
Kollektiveigentum 486ff.
Kommunalisierung 311
Kommunen 320, 378, 381, 395, 412, 606
Kompetenz
– Gesetzgebung 482
– Verwaltung 482
Konfiskation 236, 546, 598, 635, 644ff., 667, 691
– subjektbezogene 644ff., 657
– s. auch *Bodenreform*
Konkordanz 336
Konkurrenz 373
Konkurrenzfähigkeit
– s. *Wettbewerbspolitik*
Konstitutionalismus
– deutscher 7, 94 (Rn. 29)
Kontingentierung 24, 540
Konzessionsabgaben 343
Körperschaft
– öffentlich-rechtliche 356, 487, 490, 499, 546
Körperschaftsteuer 949
Körperschaftsteuergesetz 893, 902, 905, 909
Körperschaftsteuerreform 893ff.
– Diskriminierung 895ff.
– und Anrechnung 893ff.
– und Einmalbesteuerung 899ff.
– Verfassungswidrigkeit 906ff.
– Ziel 898f.
Körperschaftswald 447
Krankenversicherung
– s. *Sozialversicherung*
Kriegsfolgen-
– ausgleich 49, 296, 546, 605, 642, 646f., 649, 668, 686
– recht 686
Kulturpolitik 280
Kunstfreiheit 661

Länder 22
– Jagdgesetze 346ff.
– Waldgesetze 551, 623, 963

Landes-
– gesetzgeber 355, 356
– recht 346ff.
– verteidigung 403, 463, 537
Landschaftsplanung 343
Landschaftsschutz
– s. *Naturschutz*
Landwirtschaft 36, 37, 191, 258, 281, 287, 303, 304, 348, 397, 720, 771ff.
– im Osten Deutschlands 775
– und Agrarstrukturpolitik 771ff.
– und Nebenerwerb 780
– s. auch *Agrarstruktur*
Landwirtschaftliche Produktionsgenossenschaften 546, 775
Landwirtschaftliches Fördergesetz 786
Landwirtschaftsrecht 34
Lärmschutzwald 557
Lasten-
– ausgleichs- und Kriegsfolgelasten 49, 296, 605, 646f., 668
– gleichheit 147 (Rn. 150), 522, 590, 882
Legalenteignung 47, 267, 294, 298, 535, 654
Leistungseigentum 40, 55, 102f. (Rn. 48), 117ff. (Rn. 85ff.), 132ff. (Rn. 119ff.), 257, 370f., 424, 495, 631
Leistungsgerechtigkeit 274
Leistungsstaat 6
Leistungsverwaltung 946
– s. auch *Daseinsvorsorge*
Liberalismus 7, 698, 713, 762, 818
Lohnnebenkosten
– s. *Personalzusatzkosten*
Lohnpolitik 70
Lüth-Urteil 415, 745
Luxemburg 1011

Maastricht-Urteil 700
Malaysia 803, 990
Mandat, freies 75, 76
Markt 24, 37, 50, 314, 316, 323, 438, 481, 724
– Verfassungsgarantie 724ff.
– s. auch *Marktwirtschaft*
Marktwert 33, 48, 484, 577ff., 615, 734
– s. auch *Verkehrswert*
Marktwertprinzip 628, 631
Marktwirtschaft 21, 23ff., 37, 43, 48, 64, 183, 309, 311, 314, 379, 394, 437ff., 537, 539, 540, 542, 618, 621, 688, 697ff., 713
– als Verfassungsziel 24, 706
– soziale 307, 316, 437, 540, 714f.
– und Demokratie 707, 713f.
– und Eigentum 713f.
– und Grundgesetz 700ff.
– und Intervention 699, 706, 727f., 738ff.
– und Spekulation 769f.
Massendemokratie 75
– s. auch *Demokratie*
Medien 74, 764
Mehrheit 11, 266f.
– verfassungsändernde 267
Meinungsfreiheit 10, 30, 53, 554, 741, 745, 749
– s. auch *Wechselwirkungslehre*
Menschenbild des Grundgesetzes 205, 206, 263
Menschenrecht 27, 28
– Eigentum 27ff., 90ff. (Rn. 18ff.), 93 (Rn. 25), 104 (Rn. 53), 181, 263, 420
– Unabänderbarkeit 29, 91 (Rn. 20)
Menschenwürde 5, 12ff., 282
– Unabänderbarkeit 643
– und Grundgesetz 12ff., 642, 651
– Verletzung 644, 666
Mietrecht 59, 315
– Eigenbedarf im 189
– Reform 189
– soziales 36, 188ff., 881, 947
– und BVerfG 59, 188ff., 223, 225, 718, 813
Milchgarantieregelungen 794
Minderheit 266f.
Minderheiten
– Schutz 11, 75, 76
– Toleranz 75
Minoritäten
– s. *Minderheiten*
Mitbestimmung 9, 35ff., 62, 71, 130ff. (Rn. 114ff.), 186ff., 195, 274, 275, 489, 498, 502, 717, 719, 753
– als Grundrechtsproblem 753
– und Verfassungswidrigkeit 502

– s. auch *Mitgliedschaftsrechte*
Mitbestimmungs-
– gesetz 131 (Rn. 115)
– gesetzgebung 67
– urteil 36, 131f. (Rn. 116ff.),186, 225, 226, 718
Miteigentum, 185, 352, 498, 554f.
– s. auch *Anteilseigentum*
Mitgliedschaftsrechte 492
Mittelstandsförderung 273, 279ff., 283
– Weimarer Reichsverfassung 279
Mittelstandsklausel 279
Mittelstandspolitik 279ff., 290
Mittelstandsschutz 779, 784f., 798, 873, 874
Mitverschulden 610, 611
Monopol 743
Mülldeponie 397

Nachbarrecht 90 (Rn. 17), 359f., 507ff.
– Änderung der Verhältnisse 517f.
– Gemeinschaftsverhältnis s. dort
– und Fortschritt 517f.
– und Rechtsprechung 515ff.
Nachfolgestaat
– s. *Staatensukzession*
Nachtwächterstaat 711, 715
Naßauskiesungsbeschluß 47, 56, 111 (Rn. 72), 141f. (Rn. 135, 137), 147 (Rn. 148), 158 (Rn. 169), 161 (Rn. 175), 182, 209, 225, 226, 228ff., 293, 294ff., 301, 305, 306, 327, 331, 334, 336, 340, 422, 426, 432ff., 454, 460f., 462, 468, 477, 521ff., 602, 718
– Kontinuität 523ff.
– Kritik 532ff.
Nationalversammlung
– französische 74
Naturrecht 28, 29, 522, 658
Naturschutz 291f., 295, 299, 302, 332, 351, 402, 415, 416, 425f., 430f., 449ff., 558
– Bundesgesetz s. *Bundesnaturschutzgesetz*
– Landesgesetze 427, 454, 455
– Satzungen 458
– und Landschaftsschutz 66, 291f., 295, 299, 302, 332, 351, 402, 415, 416, 425f., 430f., 449ff., 547f., 558, 623
– Veränderungsverbote 558
– s. auch *Umweltschutz*
Naturschutzgesetz
– s. *Bundesnaturschutzgesetz*
Naturschutzrecht 345, 424f., 426
– Eigentumsschutz im 449ff.
– und Normausuferung 453ff.
Niederlande 990, 1011
Niederlassungsfreiheit 935f.
Niedersachsen 348, 351, 352, 353, 354, 357, 358, 359, 786
Nordrhein-Westfalen 348, 349, 351, 353, 354, 356, 357, 358, 395, 488, 501, 562, 1023
Normenpyramide 658
Notar 372
Notstandsverfassung 596
Notweg- 359f.
– recht 476
Nutzungs-
– befugnis des Eigentümers 298
– freiheit 343, 361
Nutzungsmöglichkeiten, Eigentumsschutz 291ff., 431ff., 535f., 630f.
– Aufopferungsschutz 299ff., 436
– Enteignungsschutz 291ff.
– und BGH 434ff.
– und BVerfG 432ff., 535f.
– und BVerwG 437
Nutzungsrechte 262

Obereigentum 34, 230f., 314, 317, 318, 346, 361, 409, 472, 496, 555, 713
Oberflächeneigentum 475, 478
Öffentliches Recht
– und Privatrecht 512
Ordnung
– öffentliche 43, 396, 542f.
– verfassungsmäßige 262f.
– s. auch *Sicherheit*
ordre public 641, 647, 665
Ortsüblichkeit
– einer Beeinträchtigung 515ff.
– s. auch *Situationsgebundenheit des Eigentums*

Ostdeutschland 546f.
Österreich 990

Pacht-
– vertrag 349f.
– zins 34
Parlament 25, 671
– s. auch *Bundestag*
Parteien, politische 10, 271, 273ff., 292
– und Verfassungsrecht 705
Parzellierung 618
Patentrechte 35, 495
– s. auch *Immaterialgüterrechte*
Person, juristische
– des Öffentlichen Rechts 87 (Rn. 11), 937ff., 977
– des Privatrechts 22, 538
– Grundrechtsfähigkeit 38, 943f.
Personalzusatzkosten 799ff., 874, 971, 988ff.
– Begriff 800ff., 988
– Dynamik 802, 971, 990
– gesetzliche 800ff.
– internationaler Vergleich 802f., 971, 990
– Schranken 804ff., 874
– tarifliche 801
– und Pflegeversicherung s. dort
– und Sozialversicherung s. dort
Personenmehrheit 352
Pfändungsgrenzen
– prozeßrechtliche 57, 257
Pflegeversicherung 802, 803, 971
– s. auch *Sozialversicherung*
Pflichtexemplarentscheidung 461
Pflichtteil 174f. (Rn. 20)
Planung
– Bauplanung s. dort
– Landschaftsplanung s. dort
Planungs-
– abwehranspruch 337
– bereich 337
– bestandsschutz 330
– gewinn 594
– hoheit 320
– recht 787
s. auch *Bauplanungsrecht*
– träger 337
– vorbehalt 332
– wertausgleich 328ff., 378, 394, 407
Planverwaltung 618
Planwirtschaft 311
Polizei 513, 565, 576
– s. auch *Fischereipolizei*
– s. auch *Jagdpolizei*
Polizeipflichtigkeit
– des Eigentums 402, 527, 533
Polizeirecht 14, 396, 398, 399, 401, 402, 405, 439
Portugal 1018
Positivismus 658
Preis-
– führerschaft 739
– kontrolle 698
– stopp 24, 540, 595, 626, 739
Pressefreiheit 10f., 76
Preußisches Allgemeines Landrecht 325, 340, 436
Preußisches Enteignungsgesetz 618
Primärebene 397f., 399, 403
Privatautonomie 69, 377
– s. auch *Vertragsfreiheit*
Privaterbfolge 166 (Rn. 1)
Privatisierung 710
– Staatsaufgabe 710
Privatkapital 276
Privatnützigkeit des Eigentums 26, 27, 35, 44, 66, 87 (Rn. 11),101 (Rn. 44), 112 (Rn. 74), 143 (Rn. 140), 184, 294, 295, 297, 306, 334, 335, 336, 341, 400, 408, 415, 423, 450, 543
– und Allgemeinnützigkeit 753
Privatrecht 346, 512
– Internationales 641f.
– und Öffentliches Recht 512
Privatrechtsgestaltung 83 (Rn. 4)
Privatwald 447
– und Abgaben 938f.
Produktionsmittel 3, 4, 21, 24, 31, 35, 36, 61, 67, 276, 488, 538, 540
Programm
– zur Wiedereinrichtung bäuerlicher Betriebe 775
Property rights 30, 58

Rahmen-
– bestimmung 345
– gesetz 348
„Reale Eigentumsfreiheit“ als Staatsaufgabe 84 (Rn. 6)
Rechnungshof 320
Recht am Eigentum 83 (Rn. 6), 85 (Rn. 7), 231
Recht auf Eigentum 83 (Rn. 6), 85 (Rn. 7), 231
Rechtsanalogie 17, 333
– s. auch *Analogie*
Rechtsanwalt 362, 367, 368, 369, 370
– s. auch *Anwalt*
Rechtsbegriff
– unbestimmter 380, 382, 427
Rechtseinheit 16, 418, 574
Rechtsfrieden 675
Rechtsgeschichte 561
Rechtspflege 369, 372, 403
Rechtsposition
– eigentumsgeschützte 229
Rechtsprechung des BVerfG 206f.
– Absatzfonds-Entscheidung s. dort
– Apothekenurteil s. *Stufentheorie*
– Baufreiheit 333ff., 422, 532
– Bauplanungsurteil s. dort
– Berufsbegriff s. dort
– Berufsfreiheit 793
s. auch *Stufentheorie*
– Berufsgenossenschaften s. dort
– „Besitzer-als-Eigentümer-Entscheidung“ s. dort
– Bodenreformurteil s. dort
– Boxbergurteil s. dort
– Deichurteil s. dort
– Eigentum 52ff., 305ff., 406, 494ff., 520ff.
s. auch *Deichurteil, Naßauskiesungsbeschluß, Pflichtexemplarentscheidung*
– Einheitswert 708, 799, 808, 809ff., 858ff., 1001
– Erbschaftsteuerbeschluß s. dort
– Erftverbandsurteil s. dort
– Europäische Gemeinschaft
s. *Solange-Urteile, Maastricht-Urteil*
– Existenzminimum 869, 870, 980
– Investitionshilfeurteil s. dort
– Kindergeld 998f.
– Kleingartenentscheidung s. dort
– Kohlepfennig 998, 999
– Kriegsfolgen 646, 649
s. auch *Reparationsschädenurteil*
– Künstlersozialabgaben 984
s. auch *Sozialversicherung*
– Lüth-Urteil s. dort
– Medienfreiheit 707
– Mietrecht 59f., 188ff., 223, 225, 718, 813
– Mitbestimmungsurteil s. dort
– Naßauskiesungsbeschluß s. dort
– Pflichtexemplarentscheidung s. dort
– Schutz von Nutzungsmöglichkeiten 291ff., 432ff., 535f.
– Solange-Urteile s. dort
– Sozialversicherung 973f., 975ff., 985ff., 993
s. auch *Künstlersozialabgaben*
– Spekulationsgeschäfte 765
– Stufentheorie s. dort
– Vermögensteuerbeschluß s. dort
– Wirtschaftsverfassung 725ff.
– Zwangszusammenschluß
s. *Berufsgenossenschaften, Erftverbandsurteil*
Rechtsschutz 41, 302, 671
Rechtssicherheit 405, 417, 611
Rechtsstaat, sozialer 22, 46, 56, 72, 263, 538
Rechtsstaatlichkeit 17, 26, 31, 383, 396, 427f., 566, 592, 657, 700ff., 728, 740, 754
– bei staatlichen Eingriffen 427f., 740
– Unabänderbarkeit 31
– und Lastenausgleich 649, 663
– und Markt 700ff.
– vorstaatliche 644
Rechtstradition 333
Rechtsverordnung 353
Regalien 560ff.
– Definition 567
– historische Entwicklung 562ff., 569
– Kommerzialisierung 564ff.
– und Sozialbindung 561ff., 568ff.
– s. auch *Fischereiregal*
– s. auch *Jagdregal*

Reichs-
– gericht 364, 365, 369
– gewerbeordnung 553, 711
– jagdgesetz 357, 358, 360
– verfassung, Entwurf der 571
Reichsnährstand, Auflösung des (1948)
Reit-
– rechte 623, 631f.
– schäden 632
Religionsfreiheit 308
Rentabilitätsminderung 703
Rente 39ff., 719
– s. auch *sozialversicherungsrechtliche Positionen*
– s. auch *öffentlich-rechtliche Forderungen*
Renten-
– anspruch 54, 83 (Rn. 5), 107 (Rn. 58), 278
– anwartschaft 54, 813
– finanzierung 57
– höhe 719f.
– recht s. *sozialversicherungsrechtliche Positionen*
– versicherung s. *Sozialversicherung*
Reparationsschädenurteil 646f.
Repressalie 921
res extra commercium 230, 529
Rheinland-Pfalz 355, 356, 357, 359, 360, 395
Richter 272, 302
Rückenteignung 468
Rückgabe vor Entschädigung 582
Rückwirkung
– Schutz vor 123 (Rn. 97)
Rundfunk- und Fernsehfreiheit 343
Rußland 310

Saarland 348, 351, 352, 353, 354, 355, 356, 359, 360
Sachsen 690
Sachverständigenrat
– für Umweltfragen 395, 425, 451
Sachwertverfahren 877ff.
– Verfassungsbedenken 888ff.
– s. auch *Bewertung*
– s. auch *Einheitswert*
– s. auch *Ertragswertverfahren*
Sanierung
– s. *Altlasten*
Satzungen 299, 356, 377, 379, 380, 381, 428
– Entwicklungssatzungen s. dort
Schadensersatz- 37
– recht, privates 601, 608, 610ff.
Schatzfund 410f.
Schenkungsteuer 599
Schleswig-Holstein 348, 353, 354, 356
Schranken 16, 85 (Rn. 9), 87 (Rn. 11)
– immanente 16, 85 (Rn. 9), 101 (Rn. 45), 109 (Rn. 65), 208, 336, 403
Schuldverschreibung 39
Schulunterricht 746
Schutzpflicht
– grundrechtliche 415
Schweiz 268
Schwerekriterium
– s. *Enteignung und BVerwG*
Sekundärebene 397, 398ff., 403
Sicherheit
– öffentliche 43, 359, 396, 405, 542f.
– und Ordnung 43, 463
Sicherheitsrecht 396
Siedlungsprogramm Ost 775
Situationsgebundenheit des Eigentums 151ff. (Rn. 157ff.), 206ff., 207, 300, 404, 418, 434ff., 457, 868
– Anknüpfungspunkt 213ff.
– Buchendomurteil s. dort
– und Eingriffsabwehr 218f.
– und Kontinuität 211ff.
– und Sozialpflichtigkeit 208ff.
– „vernünftiger" Eigentumsgebrauch 219ff., 435
Solange-Urteile 29, 1006f.
Solidargemeinschaft 155f. (Rn. 166f.)
– der Versicherten 41, 55
Sonderabgaben
– s. *Abgaben*
Sonderopfertheorie
– s. *Enteignung*
Sonderstatus
– verfassungsrechtlicher 35
Souveränität 658

Sowjetische Besatzungszone 49, 637
– Bodenreform s. dort
– und Hoheitsakte 638
Sozialabgaben 799ff.
– Schranken 804ff.
– s. auch *Personalzusatzkosten*
– s. auch *Sozialversicherung*
Sozialbindung
– s. *Sozialpflichtigkeit*
Sozialdemokratische Partei Deutschlands 36, 74, 75, 274f., 277, 488, 716, 763
Sozialer Bezug
– des Eigentums 153ff. (Rn. 161ff.)
– s. auch *Situationsgebundenheit*
Sozialgesetzbuch 992
Sozialgestaltung 86 (Rn. 9), 874
Sozialhilfe 41
Sozialisierung 21, 34, 36, 48, 73, 126 (Rn. 104), 181, 202, 204, 233ff., 316, 479, 493f., 531, 593, 601, 654f., 735
– Ausschluß 593
– distributive 239f.
– Eigentumssicherung 234ff.
– Großsozialisierung 72
– Totalsozialisierung 242ff., 247
– und abwägungslose Entschädigung 244f.
– und berufssperrende Enteignung 246f.
– und Eigentumsschutz 238f.
– und fiskalische Zielsetzung 241f.
– und Gemeinnützigkeit 240
– und Schematisierung 245f.
– und Sozialbindung 237
– und Verfassungsauftrag 247
– und verschleierte Sozialisierung 241
– Weimarer Reichsverfassung 493f.
Sozialismus 7, 28, 34, 35, 74, 699
Sozialleistungen 40
Sozialordnung
– der Bundesrepublik 271
– gerechte s. *Sozialstaatlichkeit*
Sozialpflichtigkeit
– der Erbfreiheit s. dort
– des Eigentums s. dort
– und nationalsozialistische Zeit 45, 544
– und Weimarer Reichsverfassung 42
Sozialpflichtigkeit der Erbfreiheit 176f. (Rn. 23f.)
Sozialpflichtigkeit des Eigentums 41, 84 (Rn. 6), 85 (Rn. 8), 99 (Rn. 40), 111 (Rn. 71), 140ff. (Rn. 133ff.), 278, 294, 336, 486, 541f., 550ff.
– allgemeine Formeln 151ff. (Rn. 156ff.)
– Betretungsrechte 631f.
– Einheitlichkeit 102 (Rn. 47)
– Grenzen 144ff. (Rn. 143ff.)
– mehrere Sozialbindungen 149ff. (Rn. 153ff.)
– Solidarvorbehalt 155f. (Rn. 166f.)
– und „totale“ Sozialbindung 142ff. (Rn. 138ff.), 529ff.
– und Grundeigentum 103 (Rn. 50)
– und Inhaltsbestimmung 42, 140ff. (Rn. 134ff.), 528f., 541f.
– und Situationsgebundenheit 208ff., 630
– und Sozialisierung 237
– Waldeigentum 550ff., 630f., 963f.
Sozialpolitik 12, 40, 54, 56
Sozialrecht 54ff., 65, 66
Sozialstaatlichkeit 3, 46, 76, 99 (Rn. 40), 247, 269ff., 289, 311, 545, 546, 605, 613, 647, 716, 731, 754, 874, 953
– Umbau 971ff.
– Unabänderbarkeit 647
– und Fiskalprivilegien s. dort
– und Lastenausgleich 647, 649, 664f.
– und Wirtschaftsverfassung 731
– s. auch *Sozialversicherung*
Sozialstaatsprinzip
– s. *Sozialstaatlichkeit*
Sozialverfassung 24
Sozialversicherung 40f., 55ff., 277, 278, 285, 289, 719, 971ff.
– Arbeitgeberbeiträge 799, 977, 984ff.
– Eigenbeteiligung 973, 977
– Erweiterungsfähigkeit 975f.
– Existenzminimum s. dort
– Fremdlasten 803f., 988ff.
– Leistungen 973
– Mutterschutz 982
– Reform 987
– Solidargemeinschaft s. dort
– und Beschäftigungsverhältnis 981ff.
– und BVerfG 973f., 975ff., 985ff., 993
– und Existenzsicherung s. dort
– und Gesetzgeber 973f., 986

– und Personalzusatzkosten 803f., 988ff.
– und Privatversicherung 55
– und sozialer Lastenausgleich 978ff.
– und Verfassungsrecht 54
– und Wiedervereinigung 992, 997
– Versichertenkreis 972f., 982
– s. auch *Personalzusatzkosten*
– s. auch *sozialversicherungsrechtliche Positionen*
Sozialversicherungsrecht 58, 424, 608
Sozialversicherungsrechtliche Positionen 55ff., 117 (Rn. 85), 118ff. (Rn. 87ff.), 122 (Rn. 95), 132ff. (Rn. 119ff.), 607f., 719, 746, 813, 977
– und Existenzsicherung 55ff., 120ff. (Rn. 91ff.), 134f. (Rn. 121), 424, 608
Spanien 990
Spekulation 758ff.
– Bekämpfung 763
– historische Entwicklung 759ff.
– und Demokratie 769f.
– und Marktwirtschaft 769f.
– Vorteile 769
Spekulationsgeschäfte 765
Staatensukzession 640
Staatsaufgabe
– „reale Eigentumsfreiheit" s. dort
Staatsbeteiligung 952
– s. auch *Fiskaltätigkeit*
Staatseigentum 24, 540, 564, 565
Staatsfundamentalnormen
– s. *Verfassungsprinzipien*
Staatsgewalt 8, 14, 16, 24, 27, 31, 39, 65, 67, 75, 77, 288, 320, 412, 511, 538, 571, 614, 616, 778
– und Fiskaltätigkeit s. dort
– s. auch *Hoheitsgewalt*
Staatsgrundnormen
– s. *Verfassungsprinzipien*
Staatshaftungsrecht 418, 597, 609
– und Haftungsprivilegien 610
– und Mitverschulden 610
– und Verschuldensunabhängigkeit 612
– s. auch *Amtshaftung*
Staatskrise 484
Staatslehre 8
Staatsorganisation 513
Staatspraxis 444, 705
Staatsraison 615
Staatsrecht 8, 9
Staatsrechtswissenschaft 53, 860
Staatstheorie 9, 19
Staatswald 447, 937ff.
– und Fiskaltätigkeit 961f.
– und Leistungsverwaltung 962ff.
– und Privilegien 938
Staatsziel 276, 277, 280, 288
Staatszielbestimmung 272f.
– kleineres Eigentum 272f., 289
– Umweltschutz 404
s. auch *Umweltschutz*
Städtebauförderungsgesetz 329, 379, 383, 615
Städtebaulicher Vertrag 377, 378, 379, 384, 385ff.
– und Entwicklungssatzungen 383ff., 388ff.
Ständestaat 77
status activus 742ff.
– s. auch *Grundrechtstheorien*
status negativus 83 (Rn. 5), 742ff., 746ff.
– s. auch *Grundrechtstheorien*
status positivus 83 (Rn. 5), 742ff.
– und Sozialstaatlichkeit 742ff.
– s. auch *Grundrechtstheorien*
Steinkohle
– und Subventionen 1020ff.
– und Verstromung 1020ff.
– s. auch *Energieversorgungsunternehmen*
Steuer 64
– Bodensteuer s. dort
– Dividendenbesteuerung s. dort
– Einkommensteuer s. dort
– Erbschaftsteuer s. dort
– Grundsteuer s. dort
– konfiskatorische 486, 860
– Körperschaftsteuer s. dort
– Schenkungsteuer s. dort
– und Assekuranztheorie 852f.
– und Beitrag 998
– und Bewertung s. dort
– und Ehe 871
– und Erdrosselung 867
– und Gemeinnützigkeit 948
– und Gesamtbelastung 867

– und Leistungsfähigkeit 613, 813, 845ff.
– und Lenkung 708f., 805, 871
– und Mittelstandsschutz 873
– und Nicht-Zweckgebundenheit 831
– und Regalien 565
– und Solidarität 592
– und Sozialabgaben 806
– und Substanzwahrung 867, 886
– und Umgehung 839
– und Verwaltungsgleichheit 837
– und Verwendungsfreiheit 831
– verfassungswidrige 322, 608
– Vermögensteuer s. dort
– Wertzuwachssteuer s. dort
– Zinsbesteuerung s. dort
– s. auch *Besteuerung*
Steuer-
– befreiung 895
– erfindungsrecht 833
– erleichterung 938, 948
– freibeträge 869ff.
– geheimnis 828
– gerechtigkeit 323, 894
– gestaltung 864
– gewalt 823ff.
– gewöhnung 835f.
– gleichheit 678, 823, 826f., 837, 859, 883, 892, 894, 955
– hinterziehung 825
– parteien 830
– privilegien 937ff.
– progression 273, 849, 851f., 853ff.
– recht 272, 599, 600, 813, 845
– rechtsvereinfachung 877
– staat 64, 71, 318, 566, 615, 817, 823ff.
– strafrecht 825f.
– verfassungsrecht 607, 858, 860, 868
– widerstand 829
– zahlerverbände 829f.
– zufriedenheit 826
– zweck 827, 831
– s. auch *Besteuerung*
Steueränderungsgesetz (1980) 903
Steueränderungsgesetz (1992) 916ff.
– und Anrechnung 917, 918, 923
– und Doppelbesteuerungsabkommen 916ff.
– und Europarechtswidrigkeit 935f.
– und Freistellung 917
– und Völkerrechtswidrigkeit 924f., 928f.
Stichtag 586
Störer 411, 513
– s. auch *Handlungsstörer*
– s. auch *Zustandsstörer*
Störung 396, 403
Strafrecht 613
Straßen-
– durchschneidung 619
– und Wegerecht 472
Streik 68
Streikrecht
– verfassungsrechtlicher Schutz 61
Strukturförderung
– wirtschaftliche 442
Stufentheorie 204f., 247, 338
Subsidiarität 379, 388
Substanzkriterium
– s. *Vermögen, Eigentumsschutz*
Subventionen 39f., 485, 615, 771, 783f.
– und deutsche Steinkohle 1020ff.
– und EG 1021ff., 1032
Systemwidrigkeit 907f., 910f., 914
– und Abweichung 907, 911
– und Fortentwicklung 907, 909f.
– und Verfassungswidrigkeit 908

Tarifautonomie 62, 64, 70
– s. auch *Koalitionsfreiheit*
Tatsachen
– und Meinungsfreiheit 53
Technikrecht 31
Teilhaberecht 83 (Rn. 5), 231
Testierfreiheit 172f. (Rn. 15f.)
Thailand 803, 990
Tiefleitungen
– s. *Energieversorgungsunternehmen*
Totalsozialisierung
– s. *Sozialisierung*

Übermaßverbot 295
– s. auch *Grundsatz der Verhältnismäßigkeit*
Überordnungsverhältnis 507, 510, 512
Überparität 36, 62

– s. auch *Mitbestimmung*
Umsatzsteuer 837, 958
Umverteilung 84 (Rn. 6), 194
– s. auch *Sozialversicherung*
Umwelt 414
– Grundrecht auf 404
Umweltauflagen 68
Umweltgesetzbuch 417
Umweltrecht 34, 45, 143f. (Rn. 142f.), 339, 377, 415, 418, 420, 425, 439, 544, 605
Umweltschutz 31, 36, 64, 267, 292f., 299, 332, 399, 414ff., 550, 559, 576, 623, 719, 737, 746, 824, 868, 881
– als Staatsziel 404
– Schranke 419ff.
– Schutzgut 414
– s. auch *Naturschutz*
Umweltschutzrecht
– s. *Umweltrecht*
Unfallversicherung
– s. *Sozialversicherung*
Ungleichbehandlung 342
Ungleichheit
– materielle 270
Universalsukzession
– s. *Gesamtrechtsnachfolge*
Universität 764
Unrechtsstaat 585, 645, 650, 656
Unternehmensbelastung
– Verfassungsschranken 799ff.
– s. auch *Personalzusatzkosten*
Unternehmer
– beliehener 383
Urheberrecht 26, 35, 115 (Rn. 80), 118 (Rn. 87), 495
Urproduktion 442
USA 990, 1026

Veränderungssperre 451
Veräußerungsbefugnis 88 (Rn. 13), 115 (Rn. 81), 264
Verbände 11, 76, 77, 490, 672, 705
Verbandswesen 11
Verbindung 334
Verbot, präventives
– mit Erlaubnisvorbehalt 338
Vereinigungsfreiheit 502
Verfassunggebung 657, 661
– Bindung 661
Verfassungsänderung 28, 267, 636, 642, 660ff.
– Kettenreaktion 661
– Schranken 29, 31, 420, 642ff., 651, 657ff., 660ff., 940, 1000
– Schranken-Schranken 662, 664ff.
– und Grundrechte
s. *Grundrechte, Menschenwürde*
Verfassungsbeschwerde 26, 331, 652, 675
Verfassungsgebot 31, 269
Verfassungsgerichtsbarkeit 88 (Rn. 14)
Verfassungsgeschichte 19, 30
Verfassungsgesetzgeber 28, 29, 637, 940
– Bindung des 660, 940
– s. auch *Verfassungsänderung*
Verfassungsklage 272
Verfassungsordnung 24
Verfassungsprinzipien 9, 269, 537
Verfassungsprozeß 637
Verfassungsrecht 276, 331
– verfassungswidriges 636, 651ff., 659ff.
Verfassungsreform 180, 404, 659, 717, 1005
Verfassungsrevision
– s. *Verfassungsreform*
Verfassungstradition 7, 9, 31, 32, 643
Verfassungsveränderung 278
Verfassungsvoraussetzung 267
Verfassungswidrigkeit
– durch Systemwidrigkeit 907f.
– durch Zeitablauf 808f., 815
Verfassungsziel 24, 268, 278, 282
Verfügungsbefugnis 26, 88 (Rn. 13), 115 (Rn. 81), 165 (Rn. 1), 212f., 261, 795f., 810
Verfügungseigentum 103 (Rn. 51), 261, 421
Verfügungsrecht des Erblassers 177 (Rn. 23)
Vergesellschaftung
– Weimarer Reichsverfassung 493f.
– s. auch *Sozialisierung*
Vergleichspreis 620
Verhältnis, nachbarrechtliches 345
– s. auch *Gemeinschaftsverhältnis*
– s. auch *Nachbarrecht*

Verhältnis, von Bundes- und Landesrecht 345
Verhältnismäßigkeit, Grundsatz der s. dort
Verkehrswert 48, 49, 163f. (Rn. 181ff.), 244, 255, 329, 342, 378, 390, 577ff., 617, 624, 626, 879
– Ermittlung 622, 627ff.
– s. auch *Marktwert*
Verkehrswerterhöhung 329
Verkehrswertminderung
– Ermittlung 622
Verkehrswertprinzip 350, 627
Vermessungsrecht 34
Vermögen
– Eigentumsschutz 135ff. (Rn. 124ff.), 720, 860
Vermögensabgabe 679
Vermögensbildung 268, 273ff., 289
– und Parteipolitik 274f.
Vermögensgesetz 598, 673, 675ff.
Vermögenspolitik 270
Vermögensstreuung 268
Vermögensteuer 138f. (Rn. 129f.), 322, 762, 800, 813, 858ff., 950
– und Ertragsteuern 866
– und Ertragswert 883ff.
– und Forstfiskus 950
– und Freibeträge 869ff.
– und Substanzwahrung 867, 556
Vermögensteuer-
– beschluß 800, 813, 858ff., 865ff., 876ff., 883
– gesetz 861
Verordnungen 299
Versammlungsfreiheit 741, 745, 749
Verschuldensunabhängigkeit 612
Versicherungsfunktion 261
Verstaatlichung 311
– s. auch *Sozialisierung*
Vertrag
– Abrundungsvertrag s. dort
– Einigungsvertrag s. dort
– Erschließungsvertrag s. dort
– Folgekostenvertrag s. dort
– öffentlich-rechtlicher 39
– Pachtvertrag s. dort
Vertrag, völkerrechtlicher
– Haftung 920
– Kündigung 919
Vertragsfreiheit 185
Vertragsverletzungsverfahren 1061
Vertrauen
– und Eigentumsbegriff s. dort
Vertrauenseigentum
– s. *Eigentumsbegriff*
Verursacherprinzip 559
Verwaltung 272, 321, 423, 513, 631
Verwaltungs-
– akt 350, 394, 397
– gerichtliche Klage 331
– gerichtsbarkeit 47
– kompetenz 482
– privatrecht 940
– recht 331, 402, 513, 961
– verordnung 667, 671, 672
Verwandtenerbrecht 173ff. (Rn. 17ff.)
Völkerrecht 27, 640, 644, 653, 690
– Abkommen 918
– Rechtsgrundsätze 927
– allgemeine Regel 920, 929
– Dualismus 922, 925ff., 929
– Repressalie 921
– und nationale Normen 922, 934f.
– und Transformation 929
– s. auch *Doppelbesteuerungsabkommen*
– s. auch *Vertrag, völkerrechtlicher*
Volkseigentum 21, 24, 538, 539
– verdecktes 68
– s. auch *Sozialisierung*
Volksvertreter
– s. *Abgeordneter*
Volksvertretung 391
– s. auch *Gesetzgeber*
– s. auch *Parlament*
Volkswirtschaft 324
Vollrecht
– sachenrechtliches 406
Vollregelung 347, 348, 354
Vorbehalt des Gesetzes 7, 31, 86 (Rn. 9), 940
Vorfahrtsregel
– s. *Vermögensgesetz*
Vorkauf 342
Vorkaufsrecht 330, 331
– der Gemeinden 330

Vorlagebeschluß 521
Vorsorge 56
Vorteilsausgleichung 408, 594

Wahlkampf 74
Wahlrecht 74, 75, 76, 269
– und Besitz 75, 76
– und Zensus 75, 76
Wahlrechts-
– gleichheit 266, 269
– grundsätze 269
Wald 447, 550ff., 937
– Entschädigungsrecht 623ff.
– Körperschaftswald s. dort
– Lärmschutzwald s. dort
– Privatwald s. dort
– Rodung 557
– Staatswald s. dort
– und Forstfiskus 937ff.
– und Forstgesetze s. dort
– und Landesverfassung 962, 963
Waldeigentum 550ff., 623ff.
– und Betrieb 552f.
– Belastung 623
– Sozialpflichtigkeit s. dort
Waldgesetze
– des Bundes s. *Bundeswaldgesetz*
– der Länder 551
Warenverkehrsfreiheit 1047f., 1062f.
Wasserhaushalts-
– gesetz 521, 529, 533
– schutz 557
Wasserrecht 34, 340, 345, 398, 615
Wasserschutz- 291, 557
– wälder 558
Wasserverbands-
– recht 501
– verordnung (1937) 501
Wasserwirtschaft 501, 502
Wechselwirkungslehre 450, 554
Wegerecht
– s. *Straßen- und Wegerecht*
Weimarer Republik 310
Weinrebenfall 196
Weltrechtsprinzip 642
Weltwirtschaft 23, 24, 539, 540
Wertermittlung 616
Wertersatz 484, 485
Wertgarantie 468
Wertpapiereigentum 261, 277, 287, 312
Werturteile
– und Meinungsfreiheit 53
Wertzuwachssteuer 322, 328, 407
Wesensgehalt 16, 92 (Rn. 22), 108f. (Rn. 63), 732, 957
– des Art. 14 I GG 92 (Rn. 22), 108f. (Rn. 63), 239, 243, 244
Wesentlichkeitstheorie 589, 671
Wettbewerb 762
– und Gesetzgeber 796ff.
– und Förderung 784, 797
– und Strukturgesetzgebung 796ff.
Wettbewerb, Gesetz gegen unlauteren 941f., 1042ff., 1059ff.
– Sittlichkeitsgebot 942
– und Europarechtswidrigkeit 1058, 1068f.
– und Verbraucherschutz 1042ff., 1059ff.
Wettbewerbs-
– fähigkeit 38, 800
– freiheit 704, 732, 779, 797, 804
– gleichheit 704, 779, 788, 796ff., 941, 956
– lage 779, 784, 788
– ordnung 4
– politik 282ff., 290
– recht 737, 941f.
– schutz 273, 797
– verzerrung 370, 704, 784, 797
Wettbewerbsbeschränkung, Gesetz gegen 282, 706, 941f.
– und Fiskus 941ff.
Wiederbeschaffungstheorie
– s. *Entschädigung*
Wiedergutmachung 635ff., 673
– Grundsätze 649
– Pflicht 602
– und Gleichheit 682f.
Wiedervereinigung 21f., 49, 538, 546, 547, 584, 596, 600, 604, 613, 636, 637, 665, 673, 992
– Aufschwung 636, 687
– Gestaltungsspielraum 648
– und Sozialversicherung 992, 997
– Vorbehalt des Auswärtigen 648
– s. auch *Ausgleichsansprüche*

– s. auch *Bodenreform*
– s. auch *Bodenreformurteil*
– s. auch *Einigungsvertrag*
– s. auch *Entschädigungs- und Ausgleichsleistungsgesetz*
Wild-
– park 357
– schäden 360f.
– schutzgebiete 356f.
Willkürverbot
– s. *Gleichheitssatz, allgemeiner*
Wirtschaft
– Demokratisierung 274
Wirtschaftskrise 484
Wirtschaftslenkung 486
Wirtschaftsordnung 316, 621, 627
Wirtschaftspläne 558
Wirtschaftspolitik 285, 540, 752
Wirtschaftsrecht, öffentliches 291
Wirtschaftsstandort 331, 799
Wirtschaftstätigkeit, private 481
Wirtschaftsverfassung 24, 66, 279, 307, 316, 540, 621, 714, 725
– Neutralität 725ff., 782
– und BVerfG 725ff.
– und Sozialstaatlichkeit 731
– s. auch *Grundgesetz und Markt*
Wirtschaftsverfassungsrecht 729
Wirtschaftswerbung
– und Meinungsfreiheit 53
Wissenschaftsfreiheit 343
Wohlfahrtsstaat 73, 76, 730f.
– s. auch *Sozialstaatlichkeit*
Wohnungsbau, sozialer 386
Wohnungsbau-
– Erleichterungsgesetz (1990) 330, 377, 379, 383
Wohnungseigentumsgesetz 498
Wohnungsmarkt 378
Wohnungsnot 313, 592
Wohnungswirtschaft 721ff.

Zensuswahlrecht
– s. *Wahlrecht und Zensus*
Zinsbesteuerung 139 (Rn. 131)
Zitiergebot 933
Zulassung 362
Zustands-
– haftung 400, 411
– störer 396, 397ff., 405
Zwangsfonds 486
Zwangsgenossenschaft 355, 486, 487, 501, 724
Zwangsmitgliedschaft
– s. *Zwangszusammenschluß*
Zwangszusammenschluß 484ff.
– im Bodenrecht 501
– s. auch *Berufsgenossenschaften*
– s. auch *Eigentumssyndikat*
– s. auch *Erftverbandsurteil*
– s. auch *Wohnungseigentumsgesetz*
– s. auch *Zwangsgenossenschaft*
Zweidrittelmehrheit
– s. *Mehrheit, verfassungsändernde*

Walter Leisner

STAAT

Schriften zu Staatslehre und Staatsrecht
1957 - 1991

Herausgegeben von

Josef Isensee

Schriften zum Öffentlichen Recht, Band 668

XVI, 974 S. 1994 ⟨3-428-08102-1⟩

Lw. DM 198,– / öS 1.445,– / sFr 198,–

Die Abhandlungen, die der vorliegende Band umschließt, bieten nur eine schmale Auswahl aus dem Gesamtwerk Walter Leisners und vermitteln nur ein unvollständiges Bild seines stupenden literarischen Schaffens. Gleichwohl tritt in jedem einzelnen der hier erneut veröffentlichten Texte der Autor ganz und unverwechselbar in Erscheinung.

Das geistige Band, das die hier vereinten Abhandlungen von innen zusammenhält, ist der allen gemeinsame Bezug zum Staat. „Staat" aber erscheint nicht lediglich in dem heute geläufigen, engen Verhältnis als Herrschafts- und Leistungsorganisation, sondern auch und vornehmlich in dem der frühen Tradition Europas gemäßen, umfassenden Sinne als res publica, welche Bürgerschaft und Staatsorganisation, Freiheit und Gesetz, Einung und Freiheit umschließt.

Der Band enthält Aufsätze zu folgenden Themen:

Menschenbild — Staatszweck — Verfassungstradition — Verfassungsnormativität — Staatsführung — Gewaltenteilung — Föderalismus — Rechtsstaat — Grundrechte — Verbände — Verwaltung — Rechtsprechung

Duncker & Humblot · Berlin